시민과 형법

형사전문변호사 · 형사법 법학박사

천주현

박영사

머 리 말

국민은 자국의 실정법에 따라 권리를 보호받기도 하고, 법적 책임을 지기도 한다. 이것이 법치주의를 핵심으로 하는 헌법의 이념이다. 모든 국민은 헌법의 상위가치를 존중하여 입법된 하위법규를 중심으로 생활하고, 법률에 의해 그의 생명과 신체, 재산을 보호받게 된다.

그러나 헌법과 법률이 권리의 대장전이기는 하지만 항상 보호막이 되지만은 않는다. 국민의 정당한 권리를 지키기 위한 선언인 것이지 그의 질서 일탈을 눈감아 주지는 않기 때문이다. 그런 이유로 법은 한 사람의 보호막이기도 하면서, 그의 행위의 한계점이기도 하다.

본서는 국민의 권리, 의무 중에서 강제적 제재를 기본으로 하는 형법에 대해 다루고 있다. 앞서 출간하여 과분한 사랑을 받은 「수사와 변호」는 형사소송법 서적이고, 주된 독자는 수사실무, 재판실무 종사자들, 즉 법조인들이었다. 필자의 세부전공이 형사소송법이었던 관계로 본서에 앞서 먼저 출간하여, 법원, 헌법재판소, 검찰, 경찰, 변호사, 로스쿨에 긍정적 영향을 주었다는 평가가 많았으나, 시민이 애용할 수 있는 쉬운 「형법」 책을 국내에서 발견하기가 쉽지 않아 아쉽고 마음 무거운 상태가 한동안 지속되었다.

그런 이유로 저자는 지난 2년간 영남일보 「변호인 리포트」 칼럼을 통해 시민들께 최근의 핫이슈를 형법적으로 풀이해 소개했고, 또 1년간은 대한변협신문에 「형사법 전문분야 이야기」 칼럼을 쓰며 쉬운 형사법 풀이 작업에 들어갔다.

본서 **제1편**에서 소개하고 있는 「변호인 리포트」는 가상의 사례를 소재로 한 것이 없다. 그리고 확정된 오래 전의 판결을 소개한 것도 거의 없다. 전자는 현실성이 떨어진다는 점에서, 후자는 생동감이 부족하다는 점에서, 저자는 과감하게 최근 보도된 뉴스와 하급심 판결을 소재로 칼럼을 작성했다. 내용의 수준은 국민들께 어렵지 않게, 표현은 간결하고 명료하게 하려 노력했고, 모범적 해답을 내리기 위해 고민했다. 해당 칼럼이 영남일보의 인기코너가 되고, 독자

위원회의 수준 높은 격려가 있었던 점을 고려하여 본서의 제1편에 싣게 되었다. 다만 본래의 원고가 신문의 지면제약으로 다소 부자연스럽게 편집된 것은 가급적 본래의 원고 분량이 되도록 내용을 재조정했고, 일부 글은 아직 미게재된 것도 있다. 형법 이외의 분야를 다룬 글은 독자들의 법적 시야를 넓혀 줄 것이다.

본서 **제2편**에서 소개하고 있는 「전문분야 이야기」는 대한변협신문에서 의욕적으로 신설한 코너인데, 각 분야 전문변호사의 경험담, 노하우, 제도 및 절차 소개를 담고 있다. 형사법 분야에 대해서는 필자가 1년간 글을 썼고, 이 글은 제1편의 「변호인 리포트」보다는 내용이 다소 어려울 수 있지만, 논문이나 정책보고서보다는 쉽고 간명한 장점이 있다. 형사변호사들의 논의와 고민을 일반 국민들께서 살펴봄으로써 현재 진행되고 있는 사법개혁에 좋은 의견을 내어 주실 수 있다.

본서 **제3편**의 「시민 형법」은 본서의 제목인 「시민과 형법」에 착안하여 시민의 눈높이에 맞춰 유익한 형법 정보를 제공하고 있다. 그 과정에서 필자는 다음과 같은 한계를 극복하려 노력했다.

첫째, 시중에 나와 있는 형사절차 소개 또는 형사사건 경험담류의 책들은 한결같이 쉽고 술술 읽히게 할 목적으로 형법의 체계를 지나치게 무너뜨려 놓은 단점이 있어 이를 극복해야 했다. 따라서 본서는 형사법전과 형법기본서의 체계를 유지하면서 위와 같은 목적에 다가가기 위해 애썼다. 법서는 소설책과 달라 한 번 본 후 다시 볼 필요가 없을 정도로 무익해서는 안 되고, 체계와 논의의 정밀도 면에서 두고두고 참고할 수 있어야 한다. 접근성과 유익성이 백프로 동의어가 될 수는 없다.

둘째, 전문가용 주석서와 수험생 및 실무자용 형법 기본서는 일반 국민에게 흥미와 유익성이 떨어지는 경우가 많다. 주석서는 지나치게 깊다는 점에서, 기본서는 수박 겉 핥기식으로 전 논점을 병렬적으로 소개하고 있어 시험에서 유리할지는 모르나 시민에게 그리 유익하지는 않다. 따라서 필자는 이 둘의 약점을 극복하여 유익한 책이 되도록 몇 가지 방법을 사용했다.

우선 형사실무상 자주 문제되는 죄와 쟁점에 대해서만 핀셋 식으로 솎아내어 소개함으로써 효과성을 높였다. 다음으로 이론의 소개는 간략하게, 판례의 소개는 비교적 자세히 하는 방법을 취했다. 이 과정에서 판례의 결론만을 소개하는 것을 지양하고, 또 해당 사건에서만 특별히 판시된 내용을 마치 대법원의 일반적 태도로 소개하는 오류를 경계했다. 마지막으로 수사공무원이 알아야 할 '수사조언', 변호사가 알아야 할 '변호조언', 입법가와 국민이 의문을 품을 만한 '생각할 점'과 '재판 실무'를 적절히 코멘트했다.

이러한 몇 가지 방법론을 사용하였지만 여전히 해결하지 못한 문제가 있을 수 있다. 생각보다 긴 길이의 판례 소개, 특별법까지 설명한 곳은 구성요건이 생소하거나 난해하게 느껴지는 점, 쉬운 설명체를 택하려 하면서도 법적 정의·개념에 대해서는 부득이 표준적 설명을 취해야만 했던 점 등이 그것이다. 그러나 그 같은 문제점에도 불구하고, 시민에게 맞는 형법, 두고 반복함으로써 유익한 형법 책을 출간하고자 노력한 저자의 시도는 나름의 의미가 있을 것으로 생각되며, 이 책 이후로 장차 실무 중심, 독자 중심의 연구풍토가 조성될 것을 기대한다.

본서 **제4편**의 실무논문은 형사피해자와 피의자의 형사소송법적 권리에 대해 서술하고 있다.

제1논문인 "피해자 변호권 강화방안"은 형사피해자를 위해 정리했다. 형사피해자는 힘들게 '미투운동'을 시작하고도 수사 및 형사절차에서 소외되거나 2차 피해를 당하며 힘든 투쟁을 하고 있다. 특히 성범죄피해자를 위한 입법개정이 쉼 없이 이루어져 왔는데도, 내용을 잘 몰라 이용할 수 없는 경우가 많았다. 그런 이유로 저자는 본 논문에서 형사소송법과 특별법상의 형사피해자의 권리를 모두 총정리해 보았다.

제2논문은 "피의자신문시 변호인참여권 강화방안"이다. 이는 가혹한 수사로부터 피의자를 보호하기 위해 마련된 변호인참여권에 대한 것이다. 국가형사사법체계는 국민을 위해 설계·운용돼야 하고, 그가 피의자라 해도 마찬가지다. 그런데 피의자가 된 국민의 기본적 권리가 침해되는 최초의 시점은 피의자신문시라 해도 과언이 아니다. 신문과정에서 피의자는 방어권을 행사하지 못하고, 법적 무지와 강압적 수사에 주눅들어 본인에게 불리한 허위진술을 하는 경우가 많다. 따라서 피의자신문은 가장 중요한 수사방법이자 증거방법이면서 피의자에게는 가장 중요한 변소기회가 맞으므로, 필자는 수사 초기 속절없이 침해되었던 피의자의 방어권에 관심을 갖고 해당 논문을 작성했다. 이로써 수사 초기 변호권의 약세현상을 극복할 수 있을 것이다. 논문 중간중간의 법률개정안 제시 부분은 대한변호사협회의 해당 TF 위원회 결론이므로, 좋은 참고가 될 것이다.

제3논문은 최근 몇 년간 검·경, 법원·검찰의 힘겨루기로 비쳐졌던 구속제도에 대한 것이다. 실무적 관점에서 조명한 이 논문의 제목은 "구속제도 연구 –실무운용상 문제점과 해법을 중심으로–"이다. 최근 너무나 많은 사람이 구속되었다. 특히 구속은 검찰이 골인으로 간주하는 경우가 많아 영장기각 시 검찰의 법원에 대한 비난이 도를 넘었다는 평가까지 있다. 그런데 법원은 나름의 기준과 고민으로 각 사안에 맞는 합리적 결론을 내렸다는 입장이므로, 국민은 혼란스럽기 짝이 없다. 법률전문가인 판사와 검사가 서로 자기가 옳다고 하기 때문이다. 따라서 필자는 구속제도와 관련된 상당히 광범위한 여러 문제들, 즉 구속제도의 남용 문제, 불투명성 문제, 방어권 향상의 방법을 동시에 고민하여 공격자와 방어자 양쪽의 입장을 한꺼번에 조명해 보았다. 그리하여 앞으로는 구속제도가 투명하고도 인권친화적으로 운영되기를 바라는 마음에서 해당 논문을 작성하는 데 특히 심혈을 기울였다.

본서 **부록**의 '형사실무상 문제점'은 자매서 「수사와 변호」의 부록을 재인용하면서, 현 시점에 맞게 내용을 수정·보충했다. 우리 형법과 형사소송법에 어떠한 문제가 있다기보다는, 운영자들의 법 문맹, 법 무시, 직권남용에 의해 국민의 정당한 실정법적 방어권이 속절없이 무너진 적이 너무나 많았다. 영화 1987의 꿈 많은 주인공에 대한 고문치사는 헌법 및 형사법규에 입법미비가 있어 발생한 사건이 아니다. 이미 고문과 구속의 부당한 장기화는 금지되어 있었다. 해당 사건은 수사공무원의 법 무시, 직권남용이 원인이었다. 따라서 필자는 광범위한 형사 실무상 문제점 가운데 특히 자주 발생되어 온 문제에 대해 작은 판도라의 상자를 열었다. 독자들께서는 국민의 권리에 어긋나는 위험요소들을 본서에서 발견하실 때마다 인권을 중시하는 정부에 적극적으로 의견을 내어주실 수 있다.

위와 같은 본서의 구성체계를 요약하면, 이 책은 다음과 같은 주요한 특징을 갖고 있다.

첫째, 형사칼럼(제1편, 제2편)은 이야기 형법으로, 실제사건과 형사절차를 이해하는 데 도움을 줄 수 있다.

둘째, 시민 형법(제3편)은 형법의 주요 쟁점을 38개로 압축하여 집중 기술했다. 이 과정에서 형법의 근본이념과 공통법리를 다루는 형법총론의 쟁점을 상세히 설명했고, (초판 지면의 제약상) 형법각론의 개별 죄는 실무에서 매우 빈번히 발생하는 주요 범죄로 국한했다. 다만 일단 본서에 포함시킨 범죄 군에 대해서는 빈틈없이 기술했다.

셋째, 대법원과 하급심 판결을 정밀히 분석하여 의의, 요건, 효과를 정확히 서술했다.

넷째, 항소사유와 상고이유에 대한 이해력이 저절로 향상되도록 유의하여 판례를 소개했다.

다섯째, 주관식 시험과 실무 문서를 작성하는 데 적합성이 높다.

여섯째, 형사절차의 문제점과 실무처리 기술을 적절히 언급했다.

일곱째, 특별법의 소개를 아끼지 않았다.

여덟째, 실무논문(제4편)을 수록하여 바람직한 형사실무 방향을 제시했다.

아홉째, 시민이 소장하여 평생의 공부로 삼기에 충분하다.

열째, 전문가는 본서를 수사, 변론, 재판에 바로 쓸 수 있다.

2019년 6월 4일

천 주 현

❖ **감사의 말**: 책을 쓸 때에는 여러모로 부족하였을 저자를 이해하고 격려해 주신 부모님, 장인·장모님께 감사드리며, 사랑하는 아내 장인정과 아이들, 변호사 사무실을 빈틈없이 도와준 동생 천주홍 사무국장에게 감사의 마음을 전한다.

그리고 「수사와 변호」에 이어 부족한 본서 「시민과 형법」의 출간을 허락해 주신 박영사의 안종만 회장님과 특히 본서의 출간에 깊은 관심과 배려를 아끼지 않으신 박영사의 임재무 상무님, 장규식 팀장님, 그 외 관계자 분들께도 감사드린다.

추 천 사

김신곤(영남일보 편집국장)
장준영(영남일보 편집부국장)
변종현(영남일보 사회부장)
박종진(영남일보 사회부 기자)

본지 사회면 「변호인 리포트」가 연재된 지 2년이 지났다. 이 칼럼은 헌정사상 최초로 임기 중인 대통령이 파면되고 구속되는 국가의 중대사태를 지켜보면서 법치주의의 확산과 형법 보급을 목적으로 특별히 기획됐다. 형사법에 한정된 연속 칼럼은 일찍이 국내 일간지 어디에도 없었던 의미 있는 도전이었다.

본서는 제1편에 「변호인 리포트」 칼럼을 게재 시간순으로 싣고 있다. 칼럼에서 저자는 경찰, 검사, 공정위, 대기업 오너, 의사, 변호사, 대학교수 등 우리사회 지도층들의 불법·부당한 행위를 고발, 건전한 여론 조성에 기여하는 한편 범법자들의 악의적 또는 과실적 범죄행위에 대해서도 소개하며 계몽에 힘써 왔다. 그리고 형사소송법의 기본원리인 불구속수사원칙, 긴급체포 원리, 구속기준, 영장실질심사, 구속적부심사 등의 제도를 친절하게 소개함으로써 독자들이 법제도에 친숙할 수 있도록 했다.

그간 한 회, 한 회 이 칼럼을 본지에 실으며 느낀 우리들의 소감은 다음과 같다.

첫째, 저자가 구성한 칼럼은 확정판결로 세상에 널리 공표된 것으로 진부할 수 있는 상황을 경계했다. 재료 대부분은 뉴스에 갓 보도된 기사들로, 저자는 해당 기사의 사실에 대해 법적 평가를 선제적으로 내림으로써 검찰의 수사방향과 법원의 판결을 예측할 수 있도록 재미있고 알차게 구성했다.

둘째, 저자의 글은 간결하고 명료해 읽기가 쉽다. 그리고 친절한 설명은 독자의 이해를 돕는다. 법조인인 저자가 고상한 문체로 현학적 표현을 즐겨 썼다면 칼럼에 대한 관심은 지금보다 훨씬 더 떨어졌을 것으로 짐작된다. 저자가 눈높이를 맞추려 노력한 대상은 오로지 독자였다. 이 점에서 저자는 언론의 사명을 이해한 법률가로 평가할 수 있다.

셋째, 형사법은 죄·벌을 다루는 형법과 수사·재판절차를 다루는 형사소송법으로 나누어지고, 형사법 교수들도 둘 중 하나의 학위, 하나의 교과서를 갖고 있어 주특기가 한 방향인 경우가 대부분이다. 그런데 저자는 때로는 형법의 죄에 대해, 때로는 형소법의 절차에 대해 저마다의 합리적 결론을 도출하여 독자들께 제시함으로써 영역 간 경계를 허물었다. 이 점에서 이 칼럼의 장점이 특히 돋보인다.

넷째, 저자는 대구 현직 1호 형사법 전문변호사이자 경북대학교 법학박사 수석졸업자로, 일찍이 「수사와 변호」라는 책을 출판하고 다수의 논문을 발표한 법조인이다. 이런 점이 이 칼럼을 돋보이게 하는 부분이기도 하다. 본서 전체의 내용을 꼼꼼히 살펴본다면 법률적 소양을 쌓아 범죄를 피하고, 교양을 늘리는 데 적잖은 도움이 될 것으로 보인다.

영남일보 편 집 국 장 김신곤
편집부국장 장준영
사 회 부 장 변종현
사회부 기자 박종진

추 천 사

서보학(경희대 법학전문대학원 교수)

몇 해 전 '수사와 변호'라는 무게 있는 저서를 통해 형사사법 실무가들과 관련 분야 연구자들로부터 호평을 받은 천주현 변호사가 이번에는 대중서를 지향한 '시민과 형법'이라는 저서를 새롭게 내놓았다. 형사전문변호사이자 형법학 박사인 천주현 변호사는 그동안 꾸준한 언론 기고, 다양한 전문위원회 활동, 학술연구논문의 발표 등 활발한 활동을 통해 현행 형사사법제도와 실무관행의 문제점을 지적하고 발전적 대안을 제시하는 한편 일반 시민들에게 구체적 삶과 관련된 형사법적 문제들에 대한 이해를 높이고자 노력해 왔다.

이 책에는 전문가의 형법을 넘어 '시민의 형법'을 지향하는 저자가 시민들에게 들려주고 싶은 이야기, 시민들과 함께 대화하고 고민하고 싶은 이야기가 담겨져 있다. 제1편 '변호인 리포트'는 우리 주변에서 흔하게 발생하고 언론보도에서 자주 접할 수 있는 형사사건들의 내용과 법률적 쟁점을 알기 쉽게 풀이해 줌으로써 형사범죄 및 형사규범에 대한 시민들의 이해를 높이고 있다. 본 저서의 주된 내용을 구성하고 있는 제3편 '시민 형법'은 형법총론의 이론 부분과 각론의 개별 범죄 중에서 핵심 쟁점 및 주요 범죄유형을 선별해 명료한 설명과 함께 관련된 주요 대법원 판결들을 상세하게 소개함으로써 독자 누구나 형법의 핵심 이론과 주요범죄의 내용을 쉽게 이해할 수 있도록 돕고 있다. 그러면서도 저서는 제2편 '전문분야 이야기'와 제4편 '실무 논문'에서 그동안 저자가 법조실무를 통해 얻은 경험과 학문연구를 통해 쌓은 소중한 전문지식을 제공함으로써 형사실무종사자 및 연구자들에게도 도움이 될 수 있도록 하고 있다.

'죄와 벌'을 규정하고 있는 형법은 시민 누구나의 삶을 송두리째 바꿀 수 있는 엄중한 법이라는 인상 때문인지 아직 시민들이 쉽게 범접할 수 없는 전문가만이 다룰 수 있는 법으로 남아 있다. 그런데 형법의 직접적 규율대상자가 모든 시민들이라는 점에서 형법은 본래 쉽게 쓰여져야 하고 쉽게 읽혀질 수 있어야 하며 쉽게 이해될 수 있어야만 한다. 이 책을 읽은 독자 누구나 책을 가까이에 두고 우리 삶의 일상에서 자주 발생하는 형사법적 문제들을 쉽게 이해하고 적절한 대처방안을 찾아내며 나아가 합리적 제도개선을 위한 논의마당에 참여할 수 있게 된다면 '시민의 형법'을 지향하는 저자의 의도는 성공했으리라 생각한다. 이 책의 출간을 계기로 형법과 형사제도에 대한 시민들의 이해의 폭이 한층 넓어지게 될 것을 기대한다.

바쁜 변호사 업무 중에서도 법제도와 현상의 개선을 위한 논의에의 참여와 저술에 힘쓰고 있는 저자의 성실함과 노력에 격려와 박수를 보낸다. 시민과 형법의 출간을 축하하며 저자의 건강과 발전을 기원한다.

경희대학교 법학전문대학원 교수
서 보 학

추 천 사

권오걸(경북대 법학전문대학원 교수)

젊은 법학자이자 변호사인 천주현 박사가 이번에 「시민과 형법」이라는 책을 새롭게 저술했다. 천주현 박사는 이미 「수사와 변호」라는 책을 통해 자신의 법학박사학위 논문을 더욱 심화시켰고, 대구와 경북지역을 중심으로 형사전문변호사로서 왕성히 활동해 온 성실한 법조인이다.

이번에 출간하게 된 「시민과 형법」은 그동안 본인의 언론사 기고 글들을 중심으로 그리고 본인이 평소 가져왔던 형사법 전반에 대한 신념과 해석론이 담겨져 있다. 평소 천주현 박사는 형법이론과 형사실무, 책 속의 형법과 책 밖의 형법, 머릿속의 형법과 행동으로서의 형법 사이의 관계와 긴장관계를 지속적으로 연구하고 그 갈등을 조화시키기 위해 노력해 왔다.

이 책은 그동안의 형법학자로서 그리고 형사전문변호사로서의 경계를 줄이기 위한 고뇌가 고스란히 담겨져 있다. 그래서 이 책은 이름도 아마 「시민과 형법」이 아닌가 싶다. 이 책에서 천주현 박사는 형사 실무를 소개하면서도 형법의 근본적인 이념을 놓치지 않으려고 노력하고 있다. 한편으로는 자신의 의뢰인인 피고인(피의자)의 편에서 형법을 소개하고, 또 한편으로는 피해자인 의뢰인의 편에서 형법을 소개함으로서 형법의 의사결정규범과 평가규범으로서의 성격을 쉽게 설명하고 있다. 이 책은 형법학자들은 물론 형사전문변호사 그리고 무엇보다도 일반시민의 형사실무에 대한 이해를 높이는 데 많은 도움을 줄 것으로 기대한다.

다시 한번 이 책의 출간을 축하하면서 앞으로 학자로서 그리고 변호사로서 더욱 건강한 삶을 살기를 기대하면서 추천사를 마무리하고자 한다. 감사합니다.

경북대학교 법학전문대학원 교수
권 오 걸

차　례

제1편 변호인 리포트

제2편 전문분야 이야기

제3편 서민 형법

제4편 실무 논문

약 어 표

가폭법: 가정폭력범죄의 처벌 등에 관한 특례법
공정거래법: 독점규제 및 공정거래에 관한 법률
교특법: 교통사고처리 특례법
마약류관리법: 마약류 관리에 관한 법률
방문판매법: 방문판매 등에 관한 법률
범죄수익은닉규제법: 범죄수익은닉의 규제 및 처벌 등에 관한 법률
보건범죄단속법: 보건범죄 단속에 관한 특별조치법
부수법: 부정수표 단속법
부정경쟁방지법: 부정경쟁방지 및 영업비밀보호에 관한 법률
성매매처벌법: 성매매알선 등 행위의 처벌에 관한 법률
성폭법: 성폭력범죄의 처벌 등에 관한 특례법
아청법: 아동·청소년의 성보호에 관한 법률
유사수신행위법: 유사수신행위의 규제에 관한 법률
정보통신망법: 정보통신망 이용촉진 및 정보보호 등에 관한 법률
통비법: 통신비밀보호법
특가법: 특정범죄 가중처벌 등에 관한 법률
특강법: 특정강력범죄의 처벌에 관한 특례법
특경가법: 특정경제범죄 가중처벌 등에 관한 법률
폭처법: 폭력행위 등 처벌에 관한 법률

제 1 편

변호인 리포트

[1] 성범죄 누명 벗은 연예인

지난해 가수 A씨가 성폭행 혐의로 수사를 받으면서 세상을 떠들썩하게 했다. A씨는 지난달 16일 무혐의 처분을 받았고, 관련 사건도 일단락됐다. 오히려 A씨를 고소한 여성 가운데 1명은 무고·공갈미수죄로 실형을 선고받았고, 또 다른 1명은 최근 불구속 기소됐다.

성범죄 수사의 특징은 무엇이며, 누명을 썼다면 어떻게 대처해야 하는가.

성범죄 사건은 피해 신고나 고소로 수사가 시작되는 경우가 절대적 비중을 차지해 피해자 조사를 우선하게 된다. 특히 친고죄 폐지 이후 고소가 있든 없든 수사와 처벌이 가능하게 됐다.

성년 피해자는 필요 시, 미성년 피해자는 무조건 진술조력인 또는 신뢰보호자 동석 제도, 피해자 변호사 제도를 이용할 수 있다.

진술 이외의 증거로는 여성의 신체검사를 통해 가해자 식별에 필요한 DNA 정보를 수집하고, 저항 여부도 확인한다.

또 진술의 신빙성 판단을 위해 진술 분석 전문가의 의견서가 수사기록에 편철된다.

피해자 진술이 일부 상충되거나 사실과 다른 점이 있더라도 대체로 일관되고 실제 경험하지 않고는 알 수 없는 내용을 상세히 진술한 것이라면 믿을 만하다고 판단해 신빙성을 부여하고 있다. 성범죄의 밀행성을 고려한 것인데, 피고인은 억울할 수 있다.

문제는 처음부터 돈을 노리고 피의자를 지목해 접근하는 경우다. 이 경우 진실이 규명될 때까지 피의자는 고통을 겪게 된다. 수사기관의 신문을 당하게 되고, 특히 유명인일 경우 심각한 '인격 살인'의 수모까지 당한다. 무고는 그래서 악랄한 범죄에 해당한다.

가수 A씨처럼 누명을 벗을 수 있는 주된 방법은 성관계까지 가게 된 경위가 자연스럽고 의사에 반한 사실이 없는 점을 비롯해 성관계 직후 피해자가 즉각 신고하지 않고 피의자와 연락을 주고받으며 연인처럼 사이를 유지한 점, 어느 순간 피해자가 피의자에게 폭로를 미끼로 거액의 돈을 요구한 점 등을 입증하는 것이다. 그리고 거짓말탐지기 검사를 수용해 억울함을 벗는 방법도 적극 고려해야 한다.

성범죄 피의자·피고인이 무죄를 받으면 고소인은 무고를 범했을 가능성이 높다. 무고는 악랄한 거짓말 범죄로, 사기, 위증, 허위명예훼손죄만큼 비난가능성이 높다.

무고죄는 딱 두 가지 경우에만 무죄가 될 수 있다. 사실을 오인하여 착각 고소했거나, 법리를 몰라 무식한 고소를 한 경우이다. 따라서 고소동기가 처음부터 불순했다면 처벌은 불가피하다.

이처럼 성범죄는 때로는 진실, 때로는 허구가 혼재된 특수한 사건영역이며, 증거도 실상 별로 없어 피의자에게 불리한 수사가 이뤄지고, 실형 선고되는 사례가 많다. 따라서 신고사실이 진실일 경우엔 성실한 수사협조와 진지한 사과가 있어야겠고, 허구일 경우엔 충분하고도 꼼꼼한 탄핵이 있어야 하겠다.

[2] 의사면허로 사기 친 공모자들

2016. 10. 서울 강남구의 한 유명한 치과 페이스북에는 파격할인 안내글이 올라왔다. 이 글을 본 환자들은 진료비 완납 시 대폭 할인한다는 안내 글에 의심하지 않고 수십만 원의 진료비를 한꺼번에 내어 사전완납한 후 여러 차례에 걸쳐 예정된 치료계획을 믿고 있었다.

그런데 병원은 전화를 받지 않다가 급기야 폐업 후 의사와 직원들 모두 야반도주하여 치료비를 면탈했고, 어떤 손님은 치료기간이 아직 2년이나 남은 상태라 발만 동동 구른 일이 발생하여 수사가 착수되었다. 피해환자는 총 300명이 넘었고, 피해액은 무려 8억 4천만원이나 되었다.

수사결과 치과 의료기기 업체를 운영하던 자와 광고회사 직원이 2013년 폐업 위기에 있던 이 교정전문치과를 인수해 운영해왔고, 의사는 명의를 빌려주고 월급을 받아왔던 것으로 확인됐다.

이 사건은 형법적 측면과 의료법적 측면의 양측에서 구분하여 살펴봐야 한다.

우선 형법적으로, 이와 같이 다수의 소비자를 상대로 대폭할인을 조건으로 손님을 유치한 뒤 폐업하고 잠적하는 사례는 대단히 고전적인 사기수법으로, 비단 이 사건과 같은 병원뿐만 아니라 학원, 결혼정보업체, 헬스장, 골프장 등 다양한 서비스산업에서 공공연하고도 만연하게 이루어져 왔다.

서비스 급부의무를 최종 이행할 의사가 없었다거나 이행이 곤란한 사정을 예측하고도 이를 숨기고 손님들을 유인하여 돈을 받은 것은 사기죄에 해당하고, 피해자의 수만큼의 별개 사기죄가 성립하고, 실체적 경합범으로 가중 처벌된다.

이러한 사기죄는 피해액이 클 경우 특정경제범죄가중처벌등에관한법률(이하 '특경가법'이라 한다)에 따른 가중처벌 대상으로 수사단계에서는 구속수사, 법원에서는 실형선고를 하는 경우가 대부분이다.

한편 이 같은 기획사기, 계획사기의 경우 애초에 가해자들이 재산을 빼돌리고 도주, 잠적할 계획을 세우고 일사불란하게 움직이기 때문에 수사의 생명은 신속성이고, 수사기관은 금융기관과 빠른 공조로 계좌동결과 추징보전 등의 조치를 해야만 피해회복에 도움을 줄 수 있다. 가해자에 대해 빠른 수배와 출국금지로 체포·구속 등의 신병확보를 해야 숨겨둔 범죄수익의 단서를 발견할 수 있음은 이미 조희팔 사건에서 중요성을 알 수 있었다.[1)]

다음으로, 의료법은 의료인이 그의 면허를 빌려주는 행위, 의료인이 아닌 자가 의료기관을 개설하는 행위를 모두 처벌한다.

이 사건에서 의사는 면허증을 빌려준 죄, 의료기기 업체 대표와 광고회사 직원은 경제적 어려움에 처한 의사의 면허와 명의를 빌려 치과를 인수하여 운영하였기 때문에 양자 모두 의료법 제87조 제1항에 따라 처벌된다. 명의대여

---

1) **차명계좌로 범죄수익을 송금 받으면** 범죄수익은닉의 규제 및 처벌 등에 관한 법률 제3조 제1항 제1호에 규정된 '범죄수익의 취득에 관한 사실을 가장하는 행위'에 해당하여 **처벌된다**(아래 판례 참조).

▶ 「…(전략) 4. 범죄수익은닉의 규제 및 처벌 등에 관한 법률 위반의 점에 관하여
범죄수익은닉의 규제 및 처벌 등에 관한 법률 제3조 제1항 제1호는 '범죄수익 등의 취득 또는 처분에 관한 사실을 가장하는 행위'를 처벌하고 있는바, 이러한 행위에는 이른바 차명계좌라 불리우는 다른 사람 이름으로 된 계좌에 범죄수익 등을 입금하는 행위와 같이 범죄수익 등이 제3자에게 귀속하는 것처럼 가장하는 행위가 포함될 수 있으며, 구체적인 사안에서 차명계좌에 대한 범죄수익 등 입금행위가 '범죄수익 등의 취득 또는 처분에 관한 사실을 가장하는 행위'에 해당하는지 여부를 판단할 때에는 **해당 계좌의 실제 이용자와 계좌 명의인 사이의 관계, 이용자의 해당 계좌 사용의 동기와 경위, 예금 거래의 구체적 실상** 등을 종합적으로 고려해야 한다.

그리고 범죄수익은닉의 규제 및 처벌 등에 관한 법률 제3조 제1항 제1호가 규정하는 '범죄수익의 취득 또는 처분에 관한 사실을 가장하는 행위'는 같은 조항 제3호가 규정하는 '범죄수익을 은닉하는 행위'와 달리 '특정범죄를 조장하거나 또는 적법하게 취득한 재산으로 가장할 목적'을 구성요건으로 하고 있지 않음이 법문상 명백하므로, 특정범죄를 조장하거나 또는 적법하게 취득한 재산으로 가장할 목적이 없었더라도 범죄수익 등의 취득 또는 처분에 관한 사실을 가장하였다면 위 법률에 따른 죄책을 면하지 못한다.」(대법원 2008. 2. 28, 선고 2007도10004 판결)

의사는 의료법 제65조 제1항 제4호에 따라 면허가 취소될 수 있고 2년이 지나기 전에는 면허 재교부를 받을 수 없으며, 해당 의료기관은 스스로 폐업하지 않았더라도 의료법 제64조 제1항 제4호에 따라 개설허가의 취소와 더불어 폐쇄명령이 가능하다.

[3] 불법광고와 환자유인

서울 강남구 소재 성형외과병원을 운영하던 성형외과 전문의가 병원 인터넷 홈페이지를 통해 위 병원에서 성형외과 분야에 근무하는 봉직의사들 8명이 성형외과 분야에서 최고의 그룹에 속하는지 검증할 객관적인 기준이 없음에도, “B성형외과는 각 분야별 최고의 전문의들이 체계적인 진료시스템을 바탕으로 고객님들과 함께 하고 있습니다”라고 과장되게 광고하고, 의료법상 전문의 자격을 인정받을 수 있는 과목에 ‘양악, 윤곽’ 분야는 없음에도, 국가로부터 ‘양악, 윤곽 전문의’로 인정받은 것으로 일반인들이 오인할 수 있는 표현인 ‘양악, 윤곽 전문의 A 원장’이라고 표시함으로써 거짓이나 과장된 내용의 의료광고를 하여 처벌됐다.

대표적인 거짓·과장광고 사례인데, 원인은 의료업계의 치열한 경쟁에서 기인한다. 의사배출 수가 가파르게 증가되던 1981년 정부는 일반의를 확대하고 전문의 배출을 축소하기로 했는데, 의대생 및 수련의의 95%가 나빠진 대우를 극복할 방편으로 전문의가 되기를 희망한 까닭이었다. 그리고 1986년 3만 명의 의사면허소지자를 확보하려던 1969년도 정부(보사부)의 의사수급 장기계획이 성공했는데도 의사 수는 계속 증가하여 1988년 한 해 2,800명, 1992년 한 해 3,000명 여의 의사가 배출되었다. 이후 다소간 증감은 있었지만 평균적으로 한 해 3,000명 가량의 의사가 배출되어 왔다. 이는 치과의사, 한의사, 약사, 간호사 등 다른 의료인을 제외한 숫자이고, 이런 사정으로 병·의원 간 경쟁이 매우 치열해졌다. 그래서 의료기관을 운영하는 의사들은 자신의 이력을 과대 포장하는 것에 그치지 않고, 의료법에 의해 금지되는 광고행위로 소비자를 유인하는 사례가 많아 사회적으로 문제가 됐다.

이러한 의료법 위반 광고행위는 낮은 수준의 사기에 해당하고, 의료법은 거짓, 과장광고를 금지하고 위반 시 처벌한다(의료법 제89조, 제56조 제3항). 전문의 거짓표시도 벌하고 있다(의료법 제90조, 제77조 제2항). 의료법 제3조의5 규정에 따른 보건복지부장관에 의해 전문병원으로 지정되지 않았음에도 전문을 표방하는 것, 현행법상 인정되지 않는 전문분야를 해당 의사의 전문(전문의 요건은 의료법 제77조에서 규정)이라고 표시하는 것, 부작용이나 수술 후유증이 전혀 없다고 광고하는 방식으로 치료효과를 보장하는 것이 대표적 불법 사례다.

그렇다면 법에서 명시한 전문의의 종류는 무엇일까.

전문의의수련및자격인정등에관한규정 제3조에 따라 **전문의**의 전문과목은 내과, 신경과, 정신건강의학과, 외과, 정형외과, 신경외과, 흉부외과, 성형외과, 마취통증의학과, 산부인과, 소아청소년과, 안과, 이비인후과, 피부과, 비뇨기과, 영상의학과, 방사선종양학과, 병리과, 진단검사의학과, 결핵과, 재활의학과, 예방의학과, 가정의학과, 응급의학과, 핵의학 및 직업환경의학과에 제한되고, 치과의사의 수련 및 자격 인정 등에 관한 규정 제3조에 따라 **치과의사전문의**의 전문과목은 구강악안면외과, 치과보철과, 치과교정과, 소아치과, 치주과, 치과보존과, 구강내과, 영상치의학과, 구강병리과, 예방치과 및 통합치의학과로 제한되고, 한의사전문의의 수련 및 자격 인정 등에 관한 규정 제3조에 따라 **한의사전문의**의 전문과목은 한방내과, 한방부인과, 한방소아과, 한방신경정신과, 침구과, 한방안·이비인후·피부과, 한방재활의학과 및 사상체질과로 제한되므로(보건복지부령인 의료법시행규칙 제41조의 진료과목의 표시 내용도 동일한 내용), 의료소비자의 주의를 요한다.

[4] 단체가입을 강제하면 강요 및 공갈죄

사단법인 A회는 법적으로 강제가입이 요구되는 기구가 아님에도 회원가입을 하지 않은 대구 시내 일반음식점을 상대로 해당 회 가입을 강요하고, 이에 불응 시 위법사항을 구청에 신고해 불이익을 주는 방식으로 가입을 강제한 사실이 최근 드러났다. 총 57곳의 피해가 있어 경찰이 수사에 나섰다.

경찰에 따르면 A회 대구지회 ○○구지부 소속 직원 4인은 회 가입에 불응한 식당들에 대하여 ○○구청에 민원신고를 하고, 목적달성이 되지 않을 경우 국민권익위원회의 국민신문고 홈페이지, 대구시 감사실에 추가로 민원을 제기하기까지 하는 등 치밀한 수법으로 불이익을 준 것으로 드러났다. 그리고는 해당 식당 업주에게 회원 가입 즉시 제기한 민원을 취하하겠다는 식으로 회유했다.

이 사건은 얼핏 보면 위법사실을 신고하는 방식으로 타인에게 불이익을 주는 세파라치와 닮았다. 세파라치는 신고포상금을 수령할 뿐 수사대상이 되지 않는데, 본건 수사는 어떤 측면에서 이해해야 할까.

우선 사단법인 A회는 법적으로 가입이 강제되는 대한변호사협회와 같은 법정기구가 아니다. 따라서 가입할 법적 의무가 없다. 그런데도 위 회 소속 직원들이 가입을 강제한 사실이 있다는 수사결과를 볼 때 강요죄의 구성요건에 해당됨은 자명하다. 협박으로 의무 없는 일을 강제했기 때문이다. 나아가 민원 제기 후 가입을 계속 강제한 것은 수단이 목적달성에 필요한 범위를 넘었거나 목적 자체가 정당하지 않아 위법성이 조각될 여지도 없다.

다음으로 폭행, 협박으로 외포심을 일으켜 금원을 갈취한 것은 공갈죄에 해당하고, 수단이 된 강요죄, 협박죄는 별도로 성립하지 않는다(특별관계).

경찰은 피의자들이 회원가입 실적에 따라 휴가비, 상여금 등의 금원을 수령할 위치에 있어 회 가입을 강제한 것으로 보고 있으므로, 단순 강요로 보는 것은 타당하지 않고 경제적 이득을 목적으로 공갈한 것으로 보는 것이 옳다. 그렇다면 실제 돈을 받고 입회시킨 피해자들에 대해서는 공갈죄 기수, 끝까지 버텨 돈을 갈취당하지 않은 피해자들에 대해서는 공갈미수죄가 성립하고, 이들 피해자는 다수이므로 피의자들은 경합범으로 가중 처벌된다.

만약 단체 또는 다중의 위력을 보이는 방법으로 공갈한 것이라면 특수공갈죄가 성립되어 벌금형 없는 징역형으로 형량이 급격히 상승하며, 반복적으로 상당기간 이 같은 행위를 해 왔다면 상습범으로 가중 처벌된다.

한편 본건처럼 이미 4차례 압수수색이 있었고 피의자 조사에 차질이 없었으며 기본적 사실관계가 복잡하지 않은 사건에서 구속 기소될 가능성은 비교적 낮다. 도주와 증거인멸의 위험이 없고, 강요 또는 공갈범의 고의라는 주관적 요소에 대해서는 보는 사람마다 다르게 판단할 수 있는 등 다툼의 여지가 있기 때문이다.

이 사건에서 볼 수 있듯이 타인의 약점을 잡아 관계기관에 진정, 신고하면서 사실은 신고자 자신의 경제적 목적을 위하여 타인에게 의무 없는 일을 강요하거나 금원을 빼앗는 행위는 중한 죄로 처벌될 수 있다는 것을 유의해야 한다.

같은 취지로 세파라치를 하더라도 타인의 불법사실을 신고하고 국가기관으로부터 신고포상금을 받으면 그만이지, 피신고자를 협박하여 돈을 받게 되면 위법하게 평가된다. 사무장병원에 대한 내부제보자도 마찬가지다.

[5] 현행범체포와 남용의 위험

간밤에 술자리를 가진 후 음주운전을 하지 않으려 차를 술집 근처에 놔두고 귀가한 A씨. A씨는 아침 일찍 차량을 빼달라는 경찰관의 전화를 세 차례 받고 1시간가량 떨어진 주차장소로 가서 자신의 차량을 약 2m 운전했다.

그런데 좀 더 차를 빼지 않는다는 이유로 부근의 인부와 시비가 되었고, 술 냄새가 난다며 경찰에 신고 당했다. 출동한 경찰관은 음주감지기만 현장에 가져오고 음주측정기를 갖고 오지 않아 A에게 수사관서로 동행을 요구했다가 거절당하자 A를 음주운전죄 현행범으로 체포했다. 그리고 이러한 체포상태에서 세 차례에 걸쳐 음주측정을 요구했지만, A는 불응했고 음주측정거부죄로 재판받게 됐다.

이러한 현행범 체포는 적법한가. 그리고 음주측정거부죄를 유죄로 판단한 1, 2심 판결은 정당한가.

형사소송법 제211조에서, 현행범이란 범죄의 실행 중이거나 실행의 즉후인 자라고 규정하고, 핵심적 개념표지는 행위의 가벌성, 범죄의 현행성, 시간·장소적 접착성이며, 체포의 필요성(도망 및 증거인멸 우려)도 당연히 요구된다.

따라서 이미 범죄가 이루어진지 한참이 지났거나 장소적으로도 상당히 떨어진 거리에서 범인을 발견한 경우에는 범인임이 명백하다고 확신할 수 없을 뿐 아니라 범죄의 현행성과 시간적 접착성이 결여되어 현행범으로 체포할 수 없다.

영장 없이 체포할 수 있는 경우인 긴급체포와 현행범체포 중에서 유독 현행범체포는 누구든지 할 수 있으므로 범죄가 실행 중이거나 바로 직후인 경우라서 누구라도 범죄와 범인을 명백히 알 수 있는 경우에 한하여 누구든지 체포할 수 있게 만든 제도가 현행범체포임을 유의해야 하며, 따라서 확장해석 돼서는 안 된다.

이 사건에서 운전자는 전날 술을 마시고 주거에서 잠을 자고 있었는데 다음 날 아침 경찰의 전화를 받고 차를 빼기 위해 2m 이동시켰던 바, 술을 마신 때로부터 이미 상당한 시간이 경과한 뒤 운전을 했으므로 음주운전죄를 저지른 범인인지 명백하지 않다.

또 요구받은 대로 차량을 2m 움직인 것에 불과하여 스스로 운전할 의사를 가졌다거나 차량을 이동시킨 후에도 계속해 운전할 태도를 보인 것도 아니어서 음주운전의 고의도 없었다.

따라서 경찰관의 행위는 현행범 체포의 요건을 해석하는 데 있어 현저히 합리성을 잃은 것으로 위법한 체포가 된다(대법원 2016도19907 판결).

특히 본건의 경찰관은 음주감지기 외에 별도로 음주측정기를 소지하지 아니하였으므로, 손쉽게 현장에서 측정할 수 있었는데도 그의 과실로 장비가 있는 수사관서까지 가자고 요구한 것이 되므로 임의동행 거부를 빌미로 현행범 체포한 것은 불필요한 체포가 된다. 운전자의 임의동행 거부행위가 현장에서 도망하거나 증거를 인멸하려 한 것으로 단정하기 어렵기 때문이다.

그렇다면 위법한 체포 상태 하에서 음주측정을 거부한 것은 무죄이다.

[6] 국가기관을 속인 가짜 보증업체

서울경찰청 지능범죄수사대는 최근 수천억 원대 허위 지급보증서를 발행해 거액의 수수료를 편취한 혐의로 무자격 보증업체 운영진을 구속기소했다.

이들은 대기업과 유사한 업체명으로 사무실을 차려 정상적인 금융회사로 행세하며 가짜 지급보증서를 발행했다. 피의자들은 회사 홈페이지에 '자본금 100억원을 가진 금융회사'라고 적극적으로 허위 홍보하며 5년 간 지급보증이 필요한 수백 군데에 2,542억 상당의 허위 지급보증서를 발행해 30억원에 가까운 수수료를 챙긴 것으로 드러났다.

그러나 이 회사는 실제로는 보유한 자본금이 전혀 없었을 뿐만 아니라, 금융위원회에 보증보험업 허가를 받지 않은 무자격업체였으며, 이들이 발급한 지급보증서를 받은 곳 중에는 다수의 지방자치단체도 있었다. 이들의 허위보증으로 인해 실제 보증사고가 발생하였는데도 보증금을 지급받지 못한 회사는 27개, 보증금 미지급액은 152억원이나 된다는 점에서 엄벌이 요구되는 사건이다.

법적인 평가는 어떠할까(물론 수사기관이 보증서를 수령해 간 피해자들에 대한 사기죄로만 기소했다면 불고불리 원칙에 따라 법원은 그에 따른 결론만이 가능하다.[2])

이 사건의 지급보증업체는 무허가이며 구체적 상술도 거짓이었다. 상술이 상관행상 일반적으로 시인되는 범위 내의 추상적 과장광고라면 기망행위에 해당하지 않지만(예컨대 상등품, 인기품목으로 표현), 거래상 중요한 사실에 관하여 구체적으로 증명할 수 있는 사실을 들어 신의칙상 용인될 수 없는 방법으로 허위광고를 한 것은 구체적 과장광고로써 용서받을 수 없다(예컨대 한우표시 허위기재, 백화점 변칙세일).

그렇다면 피의자들이 회사 홈페이지의 구체적 허위광고를 믿고 보증서 발급을 의뢰한 피보증인들로부터 거액의 수수료를 편취한 것은 사기죄에 해당하고(형법 제347조 제1항), 피해금이 특정경제가중처벌등에관한법률상의 가중처벌 대상이므로 최소한 주범은 당연히 구속기소 됨이 타당하다.

나아가 피보증인을 속여 가짜 보증서를 건네주자 피보증인들은 이 보증서를 지방자치단체와 기업체에 제출하여 계약을 딸 수 있었다. 그리고 보증사고가 발생하였지만 보증금이 지급될 리 없었다. 이러한 피해는 보증서를 믿고 거래한 기관들이 고스란히 떠안게 됐다. 이러한 후발피해는 어디에서 연유한 것인가.

이는 피고인들이 허위의 보증서를 피보증인들을 이용하여 해당 기관에 제출하게 한 데에서 기인하고, 이러한 행위는 보증서 수령기관의 공정하고 적법한 계약체결의무를 위계로써 방해한 것으로 평가된다. 결과적으로 사기업이 속아 계약을 체결했다면 업무방해죄, 지방자치단체가 속아 계약을 체결했다면 위계공무집행방해죄가 성립한다.

한편 이 피해는 애초부터 피고인들이 예상한 피해일 뿐만 아니라 보증서 발급 시 피해 입힐 상대방이 특정된 고의적 행위이므로 위에서 언급된 '수수료

---

2) ▶ 「…(전략) 4. 검사의 판단누락 주장에 관하여
불고불리의 원칙상 검사의 공소제기가 없으면 법원이 심판할 수 없고, 법원은 검사가 공소제기한 사건에 한하여 심판해야 한다(대법원 2001. 12. 27, 선고 2001도5304 판결 참조).
원심은 판시와 같은 사정을 종합하여, "피고인들이 공모하여 2013. 4. 1. 및 2013. 4. 2. 금융투자상품의 매매, 그 밖의 거래와 관련하여 회계분식과 신용등급 조작 등의 부정한 수단을 사용하여 부당이득을 취득했다."라는 이 부분 공소사실에 대하여, 검사가 사기적 부정거래로 인한 자본시장법 위반행위로만 기소한 것으로 보아, 법원으로서는 특정경제범죄법 위반(사기)죄에 관하여는 심판할 수 없다고 판단했다. 원심판결 이유를 기록에 비추어 살펴보면, 위와 같은 원심에 상고이유 주장과 같이 판단을 누락한 위법이 없다.」(대법원 2017. 12. 22, 선고 2017도12649 판결)

를 지급한 피보증인에 대한 사기피해'와는 '별도의 사기피해'가 될 수 있다(형법 제347조 제2항). 강학상(講學上) 고의가 없어 처벌되지 아니하는 타인을 이용하는 방식인 '간접정범의 구조를 띤 사기'로써 실제 재산상 이득자는 계약을 딸 수 있었던 피보증인인 제3자가 되는 구조이다.

[7] 재벌 2세의 일그러진 사랑

최근 미국 힐튼호텔그룹 상속자인 콘래드 힐튼은 사귀던 전 연인이 더 이상 만나주지 않자 그의 집을 찾아갔다가 피해자의 집 앞에서 체포당했다. 그는 앙심을 품고 피해자의 집을 찾아가 행패를 부렸고, 그녀의 아버지 소유의 벤틀리 차량에 몰래 들어가기도 했다.

LA 경찰국 대변인의 발표에 따르면, 힐튼은 오전 4시 50분경 피해자의 집 앞에 세워져 있던 벤틀리 안에서 검거됐고, 체포 당시 피해자가 신청한 법원의 접근금지 명령을 받은 상태였다. 경찰은 그에게 차량 절도와 법원의 접근금지 명령 위반혐의를 적용하게 될 것이라고 한다.

이러한 데이트 폭력의 법적 구성이 우리나라도 동일할까.

우선 우리나라에는 힐튼이 받은 접근금지명령(민사집행법 제305조 제2항)을 위반해도 일반적 처벌규정이 없다. 따라서 접근금지 가처분의 신청취지에 '위반시 1회 당 얼마 원'의 간접강제를 추가하여 신청하고 있다. 실제 법원의 접근금지 가처분이 인용되었는데도 의부증 증세를 보이던 딸을 위해 장모가 청부살인업자를 보내 피해자를 수시로 미행하다가 결국 살해한 사건이 있었다(여대생 공기총 청부살인사건).

예외적으로 가정폭력의 경우에는 피해자에 대한 접근이 처벌되는 경우가 있다. 판사의 보호처분이 확정되었는데도 가해자가 불이행한 경우, 피해자보호명령 또는 임시보호명령을 받고 이를 어기면서까지 피해자에게 접근한 경우에는 가정폭력범죄의처벌등에관한특례법 제63조 보호처분 등의 불이행죄에 따라 처벌된다. 그리고 아동학대범죄의처벌등에관한특례법 제59조(보호처분 등의 불이행죄)도 그 취지가 같다.

다음으로 힐튼이 타인의 주거에 허락 없이 들어간 것이라면 주거침입죄에 해당한다(형법 제319조). 법원의 접근금지 명령이 있었던 경우이므로 의사에 반해 사생활의 평온을 깨뜨린 것으로 볼 수 있다.

침입은 권한 없이 함부로 들어가는 것을 말하므로 평소 명시·묵시의 허락으로 내 집처럼 출입하거나 동거관계에 있어 출입권한이 있었던 경우에는 동죄는 성립하지 않는다. 또 출입권한이 있거나 공공의 출입을 허용한 곳은 범죄의 목적을 갖고 들어가야만 처벌된다. 공공화장실에 성범죄의 목적으로 함부로 들어간 경우가 대표적인 예다.

힐튼이 피해자의 부친 소유 차량에 몰래 들어간 행위는 미국에서와 같이 차량절도죄인가.

우리나라에서 절도란 배제의사 및 이용의사가 합쳐진 개념이다(형법 제329조). 따라서 일시적으로 이용하고 돌려줄 마음으로 타인의 물건을 잠시 갖고 간 후 실제로 돌려주었다면 절도죄로 처벌할 수 없다(가치손상이 있을 경우 손괴죄로 처벌됨은 별론). 그러한 원칙을 깨면서까지 처벌규정을 두고 있는 예외가 하나 있다. 바로 자동차등불법사용죄 조문이다. 권리자의 동의 없이 타인의 자동차, 선박, 항공기 또는 원동기장치자전차를 일시 사용할 경우에는 가져간 자동차 등을 돌려주더라도 처벌된다(형법 제331조의2).

사안에서 힐튼은 차량을 갖고 달아나지 않고 피해자의 집 앞에 있던 차 안에 숨어 있다가 체포되었고, 또 차량을 원래 용도대로 이용한 것도 아니므로 절도죄, 자동차불법사용죄 어느 것으로도 처벌되지 않게 된다.

그렇다면 힐튼이 차량에 몰래 들어가 숨어 있던 것이 침입죄에 해당할까.

형법은 사람의 주거, 관리하는 건조물, 선박이나 항공기 또는 점유하는 방실에 침입한 때에는 침입죄로 처벌하지만(형법 제319조), 열거되지 않은 '차량'에 몰래 들어간 것은 처벌하지 않는다.

마지막으로 힐튼이 벤틀리 차량 내에 무엇이 있는지를 알아내려고 침입 후 수색했다면 예외적으로 자동차 수색죄로 처벌될 수 있겠지만(형법 제321조), 힐튼은 차량에 탑승하여 몰래 숨어있었을 뿐이므로 수색죄로도 처벌되지 않는다.

결국 우리 형법으로는 힐튼을 의사에 반해 주거지에 들어간 주거침입죄로 처벌하는 것 이외에는 달리 처벌할 길이 없다. 데이트폭력에 대한 입법보완이 필요하다.

[8] 투자사기를 피하는 법

'개발될 금싸라기 땅이 있으니 투자하라', '날개 돋친 듯 팔리는 상품이니 투자하고 하부조직을 만들어보라'는 투자사기는 조희팔 사건 이후 시들해졌다. 국내 땅이나 물건 판로는 이제 쉽게 확인할 수 있는 시대가 되었고, 관계기관이나 인터넷에서 알아볼 만큼 알아보고 자신의 종자돈을 투자할 만큼 투자자들이 신중해졌기 때문이다.

그러자 최근에는 투자물건이 확실한지 확인할 수 없는 해외투자 건에 사람을 끌어들이는 사기꾼이 생겼고, 실제 다수의 소비자가 최근 피해를 입은 사례가 있다.

사기꾼 A는 아프리카 코트디부아르의 농장에 투자하면 매년 400만원의 연금을 받을 수 있다는 설명회를 열고 이에 현혹된 투자자들에게 코트디부아르의 전 대통령 로랑 그바그보로부터 고문으로 임명되었던 사실과 사진을 제시하며 수익과 관련한 설명과 함께 투자유치를 시작했다. 엄청난 크기의 농장에서 1년에도 4차례의 고추수확이 가능하므로 수익이 확실하다고 말했고, 이 말을 들은 청중 상당수는 출자금 10만원, 연회비 3만원을 내고 산양삼을 400만원어치 구입했다. 또 A는 정조합원 2~3명을 가입시킬 때마다 고추 농장 계좌 1개를 추가 지급하고 1년 동안 월 120만원의 급여도 주겠다고 하여, 투자자들은 자기 하부조직으로 지인들을 끌어들여 이제 피해는 일파만파 커졌다.

특히 처음에는 약속한 날짜에 급여와 수익금이 꼬박꼬박 입금됐기 때문에 조합원들은 계좌를 하나라도 더 늘리기 위해 지인을 끌어오지 못할 때는 사채까지 써가며 투자금액을 늘렸는데, 얼마 지나지 않아 수익은 끊겼고, A는 모든 돈을 가지고 도주하여 회사는 유령처럼 사라졌다.

이 사건으로 서울 영등포경찰서에 고소한 피해자는 총 1,400여 명이고, 이들 대부분은 노인이다. 수사결과 아프리카의 고추농장은 처음부터 거짓말이었고, 산양삼도 가짜였다. 결국 후속 가입자의 돈으로 먼저 가입한 사람의 수익금을 지급하는 돌려막기 사기였고, 투자사기였던 것이다.

A의 행위는 무슨 죄에 해당할까.

첫째, 인·허가를 받지 아니하거나 등록·신고를 하지 않고 불특정 다수인으로부터 자금을 조달하는 것을 업으로 하기 위해 출자금을 수입하였으므로 유사

수신행위의규제에관한법률위반죄에 해당한다.[3)4)]

둘째, 방문판매등에관한법률에서 금지하는 다단계판매업자 등록을 하지 않고 재화 등의 거래 없이 금전거래를 하거나 재화 등의 거래를 가장하여 사실상 금전거래만을 한 행위, 하위 판매원 모집에 대한 의무를 지게 하거나 모집 자체에 대해 경제적 이익을 지급한 행위, 판매원 등에게 금품징수를 하는 등 의무를 부과한 행위, 거짓·과장 사실을 알리거나 기만적 방법을 사용하여 거래를 유도하고 재화 등의 가격·품질 등에 대해 거짓 사실을 알리거나 실제보다도 현저히 우량하거나 유리한 것으로 오인시킨 행위에 해당한다.

셋째, A는 위와 같은 행위를 수단으로 하여 다수의 피해자들에게 있지도 않은 아프리카 농장의 수익을 가장하여 거액의 돈을 챙겼으므로 사기죄에 해당한다.

A와 같은 지능적 사기범에게 속지 않는 방법은 무엇일까.

우선 투자설명회에 가지 말아야 한다. 눈 먼 돈을 찾아 갔다가 퇴직금과 종잣돈을 날리기에 십상이다. 그리고 투자의 기초되는 사실을 철저히 확인해야 하며, 형식적으로는 공정거래위원회, 금융위원회, 구청에서 해당업체에 대한 인·허가와 등록여부를 필히 확인해야 한다. 그리고 과욕을 부리지 말아야 한다. 1구좌에 수익금이 제대로 들어오고 있을 때 흥분하여 돈을 추가로 넣어 여러 구좌의 이익금을 노리는 한방을 염려해야 한다. 더 크게 잃을 수 있기 때문이다. 세상에 공짜는 없다.

---

3) 유사수신행위의 규제에 관한 법률 제2조(정의) 이 법에서 "유사수신행위"란 다른 법령에 따른 인가·허가를 받지 아니하거나 등록·신고 등을 하지 아니하고 불특정 다수인으로부터 자금을 조달하는 것을 업으로 하는 행위로서 다음 각 호의 어느 하나에 해당하는 행위를 말한다.
   1. 장래에 출자금의 전액 또는 이를 초과하는 금액을 지급할 것을 약정하고 출자금을 받는 행위
   2. 장래에 원금의 전액 또는 이를 초과하는 금액을 지급할 것을 약정하고 예금·적금·부금·예탁금 등의 명목으로 금전을 받는 행위
   3. 장래에 발행가액(발행가액) 또는 매출가액 이상으로 재매입(재매입)할 것을 약정하고 사채(사채)를 발행하거나 매출하는 행위
   4. 장래의 경제적 손실을 금전이나 유가증권으로 보전(보전)하여 줄 것을 약정하고 회비 등의 명목으로 금전을 받는 행위

4) 유사수신행위의 규제에 관한 법률 제3조는 유사수신행위를 금지하면서 제2조 제1호에서 '장래에 출자금의 전액 또는 이를 초과하는 금액을 지급할 것을 약정하고 출자금을 수입하는 행위'를 유사수신행위의 하나로 규정하고 있는바, **상품거래의 형식을 띠었다고 하더라도** 그것이 상품의 거래를 가장하거나 **빙자한 것일 뿐 사실상 금전의 거래라고 볼 수 있는 경우**라면 이를 위 법이 금하는 유사수신행위로 볼 수 있다(대법원 2007. 1. 25, 선고 2006도7470 판결; 대법원 2009. 9. 10, 선고 2009도5075 판결).

재판 실무

(1) 대법원은 유사수신, 방문판매, 사기가 한꺼번에 혼재된 투자사기 사건에서, 피고인이 '속인 것이 맞는지'와 관련하여 다음과 같이 판시한다.

▶ 「원심은, 그 채택 증거들을 종합하여 판시와 같은 사실을 인정한 다음, 피고인 1, 2이 수익사업에 거의 투자를 하지 않고 수익을 거둔 바도 없으면서도 비록 구체적으로 정확히 몇 퍼센트 이상이라고 특정하지는 않았더라도 피해자들에게 수익사업을 통해 수당을 지급할 것이라고 약속하였거나, 적어도 위 피고인들 스스로 그러한 수익사업이 없다면 영속적인 납입 자체가 불가능할 뿐 아니라 영속적인 납입이 있다고 하더라도 결국은 후순위 매출에 대하여는 지급이 불가능하다는 것을 알면서도 마치 수당을 지급받는 데 아무런 문제가 없는 것처럼 피해자들을 기망하여 이에 속은 피해자들로부터 금원을 편취하였음을 넉넉히 인정할 수 있다고 판단하였는바, 기록에 의하여 살펴보면, 원심의 이러한 사실인정과 판단은 옳은 것으로 수긍이 가고, 거기에 채증법칙을 위배하여 사실을 오인하였거나 사기죄의 법리를 오해한 위법 등이 있다고 할 수 없다.」[5)]

▶ 「…(전략) (나) 편취의 범의가 있었는지에 관하여(피고인 3, 7, 11에 대하여)
원심은, 그 인정사실, 특히 공소외 39 주식회사 등이 피해자들로부터 투자금을 지급받은 후 재투자를 하여 수익을 발생시킨 적이 없음에도, 피해자들에게 32주에 걸쳐 130% 내지 150%에 해당하는 금원을 꾸준히 지급하여 피해자들로 하여금 공소외 39 주식회사 등이 다른 곳에 투자하여 수익을 발생시키고 있는 것처럼 오인하도록 하였던 점, 위 피고인들이 투자금으로 수익금을 지급하였을 뿐 수익을 발생시킬 만한 곳에 투자한 적이 없고, 또한 투자를 위한 구체적인 계획을 마련하고 있지도 않았던 점 등을 종합하여, 위 **피고인들이 투자자들로부터 금원을 편취할 의사로 투자자들을 기망하였다**고 판단하였는바, 기록과 대조하여 살펴보면, 원심의 이러한 사실인정과 판단은 정당하다.」[6)]

(2) 방문판매법률위반죄와 유사수신법률위반죄가 동시에 성립되는 이유는 아래 판례와 같다.

「**1. 유사수신행위의 규제에 관한 법률위반의 점에 대하여**
유사수신행위의 규제에 관한 법률(이하, '유사수신규제법'이라 한다) 제3조는 유사수신행위를 금지하면서 제2조 제1호에서 '장래에 출자금의 전액 또는 이를 초과하는 금액을 지급할 것을 약정하고 출자금을 수입하는 행위'를 유사수신행위의 하나로 규정

5) 대법원 2007. 1. 25, 선고 2006도7470 판결.
6) 서울고등법원 2009. 10. 23, 선고 2009노1291 판결.

하고 있는바, 그와 같이 유사수신행위를 규제하려는 입법 취지는 관계 법령에 의한 허가나 인가를 받지 않고 불특정 다수인으로부터 출자금 또는 예금 등의 명목으로 자금을 조달하는 행위를 규제하여 선량한 거래자를 보호하고 건전한 금융질서를 확립하려는 데에 있으므로, 이러한 입법 취지나 유사수신규제법 규정상 '출자금'이라는 용어의 의미에 비추어 보면, 실질적으로 상품의 거래가 매개된 자금의 수입은 이를 출자금의 수입이라고 보기 어려우나 그것이 상품의 거래를 가장하거나 빙자한 것이어서 실제로는 상품의 거래 없이 금원의 수입만 있는 것으로 볼 수 있는 경우에는 이를 법에서 금하는 유사수신행위로 볼 수 있다.[7]

이러한 법리를 바탕으로 원심판결 이유를 기록에 비추어 살펴보면, 피고인들이 공소외 1 주식회사의 대표이사 및 총괄이사로서 다단계 판매업을 영위하면서 불특정 다수의 판매원들의 금원을 유치하기 위하여 금 60만원을 투자할 경우 수당으로 20만원을 받게 되고, 600만원을 투자할 경우 800만원을 수당으로 받게 되며, 6,000만원을 투자할 경우 1억 700만원을 수당으로 받게 되어 장래에는 원금 이상의 금액을 돌려준다는 취지로 투자를 권유하여 구입 물품에는 관심이 없고 수당을 지급받는 것에만 관심을 두고 있는 판매원들로부터 제1심 판시와 같은 금원을 교부받은 사실, 공소외 1 주식회사가 위와 같이 물품대금 명목의 금원을 교부받았음에도 판매한 물품의 출고되지 않은 비율이 50%를 상회하였던 사실을 각 인정할 수 있으므로, 원심이 피고인들의 자금조달행위가 유사수신규제법 제2조 제1호에서 정한 유사수신행위에 해당한다고 판단한 것은 옳고, 원심판결에 채증법칙 위반 또는 유사수신행위에 관한 법리오해 등으로 판결결과에 영향을 미친 위법이 없다.

한편, 방문판매 등에 관한 법률(이하 '방판법'이라 한다) 제23조 제2항은 "누구든지 다단계판매조직 또는 이와 유사하게 단계적으로 가입한 자로 구성된 다단계조직을 이용하여 재화 등의 거래 없이 금전거래만을 하거나 재화 등의 거래를 가장하여 사실상 금전거래만을 하는 행위를 하여서는 아니 된다."고 규정하고 있고, 유사수신규제법 제3조는 "누구든지 다른 법령에 의한 인가·허가를 받지 아니하거나 등록·신고 등을 하지 아니하고 불특정 다수인으로부터 자금을 조달하는 것을 업으로 장래에 출자금의 전액 또는 이를 초과하는 금액을 지급할 것을 약정하고 출자금을 수입하는 행위 등을 하여서는 아니 된다."고 규정하고 있는바, **다단계판매조직 등을 이용하여 금전거래만을 하는 행위 자체를 유사수신행위라고 볼 수는 없으나 나아가 장래에 출자금의 전액 또는 이를 초과하는 금액을 지급할 것을 약정할 때에는 방판법위반죄와는 별개의 유사수신규제법 제3조 위반죄를 구성**하게 되므로,[8] 피고인들이 운영하는 공소외 1 주식회사가 방판법의 다단계판매업자로서 위 법 소정의 등록요건을 갖추고 다단계판매업을 영위하였다고 하여도 판시 범행과 같이 장래에 출자금의 전액 또는 이를 초과하는 금액을 지급할 것을 약정할 때에는 유사수신규제법 제3조 위반의 죄책을 면할 수 없다. 따라서 다단계판매업자에게는 유사수신규제법이 적용될 수 없다는

7) 대법원 2005. 11. 24, 선고 2003도2213 판결; 대법원 2006. 5. 26, 선고 2006도1614 판결 참조.
8) 대법원 2001. 7. 13, 선고 2001도1707 판결 참조.

상고이유의 주장은 받아들이지 않는다.

2. 사기죄에 대하여

원심판결 이유를 기록에 비추어 살펴보면, 원심이 그 채택증거를 종합하여 판시와 같은 사실을 인정한 다음, 피고인 2가 공소외 1 주식회사 직원들이나 상위사업자들 및 공소외 1 주식회사 익산센터장 공소외 2 등과 공모하여 종국적으로는 판매원들에 대한 고율의 수당지급이 원칙적으로 불가능할 것을 인식하면서도 계속적으로 고율의 수당을 미끼로 피해자들로부터 투자금 명목으로 금원을 교부받아 편취한 범죄사실을 유죄로 인정하고, 피고인 1도 공소외 1 주식회사의 대표이사로서 에이알(AR) 보상플랜이 무리한 수당을 지급하도록 되어 있는 점을 알면서도 공소외 1 주식회사의 의사결정, 고액의 투자자유치 등에 관여함으로써 편취의 범의를 가지고 피고인 2 등과 공모하여 판시 사기 범행에 가담하였음을 인정한 것은 옳고, 그 판단에 채증법칙을 위배하거나 심리를 미진하여 사실을 오인하거나, 편취의 범의 및 공동정범에 관한 법리를 오해한 위법이 없다.」[9]

(3) 투자설명회, 강연회 등을 열어 불특정다수 피해자를 대상으로 속이는 것은 조직적 사기가 아니고서는 불가능하다. 공모자 간 역할분담이 예정되어 있다. 형식적으로는 공식적 위치에 있지 않았다는 사기 피고인의 주장을 배척하는 내용이다.

▶ 「…(전략) 원심은, 그 채택 증거들을 종합하여 판시와 같은 사실을 인정한 다음, 피고인 2가 피고인 3 주식회사의 주식이나 지분을 전혀 가지고 있지 않은 독립한 사업자로서 공식적으로 피고인 3 주식회사의 운영에 전혀 관여할 지위에 있지 않다고 하더라도, **피고인 2가 피고인 3 주식회사가 주최하는 사업설명회 및 사업설명회 강사 오디션, 워크샵 등에 적극적으로 참여하여 강연 내용을 토론하고 강연의 방향을 정하며 사업설명을 하는 강사를 선정하는데 깊이 관여한 점** 등 제반 사정을 고려하여 보면, 피고인 2는 단순히 피고인 3 주식회사의 1번 사업자에 불과한 지위가 아니라 피고인 1과 역할분담을 통하여 판시 범행사실 전체를 공모하였거나, 적어도 암묵적으로 상통하여 상호 공동가공하여 그 범죄를 실현하려는 의사가 있었음을 넉넉히 인정할 수 있다고 판단하였는바, 기록에 의하여 살펴보면, 원심의 이러한 사실인정과 판단은 옳은 것으로 수긍이 가고, 거기에 채증법칙을 위배하여 사실을 오인하였거나 **공모공동정범**의 공모에 관한 법리를 오해한 위법 등이 있다고 할 수 없다.」[10]

9) 대법원 2007. 4. 12, 선고 2007도472 판결.
10) 대법원 2007. 1. 25, 선고 2006도7470 판결.

[9] 특수공무방해치상죄

재판을 받던 중 항소심 선고기일에 이르러 재판연기신청을 했지만 받아들여지지 않고 당일 항소기각판결이 선고되자, 앙심을 품고 법정 의자를 판사가 앉아 있던 법대로 던진 사건이 발생했다. 이를 본 법원보안요원은 제지하는 과정에서 피고인이 휘두른 의자에 무릎을 다쳤고, 피고인은 특수공무방해치상죄로 징역 1년 6월의 실형이 선고됐다.

판사는 자의적인 재판을 한 것인가. 그리고 피고인의 행위는 정당한가.

피고인이 신청한 변론재개는 형사소송법과 민사소송법 모두에서 규정하고 있다. 형사소송법은 제305조에서 '법원은 필요하다고 인정한 때에는 직권 또는 검사, 피고인이나 변호인의 신청에 의하여 결정으로 종결한 변론을 재개할 수 있다.'라고 규정하고, 민사소송법은 제142조에서 '법원은 종결된 변론을 다시 열도록 명할 수 있다.'라고 규정하고 있어, 종결된 변론을 재개하는 것은 어디까지나 재판장의 권한이자 임의사항인 것을 알 수 있다.[11)]

합당한 재개사유를 명확히 서면으로 제출하여 재판부가 수긍할 만한 중요내용이 담긴 재개신청이라면 실무상 대부분 변론재개결정이 내려지는데, 소송경험이 부족한 일반인은 막연히 재판이 미진했다고 생각되어 이미 정해진 선고기일을 무리하게 연장하거나 합당한 사유 없이 변론 재개신청을 하게 되어 결과가 좋지 않다. 이 사건의 피고인도 미진하게 느낀 재판을 재개하지 않고 선고하자 자의적 재판으로 느껴 불만을 갖고 재판부를 향해 테러한 것이다. 영화 '부러진 화살'의 소재 중 하나이기도 하다. 그만큼 공정한 재판에 대한 갈증이 우리 사회에는 크다.

실무상 중요 재개사유로 볼 수 있는 예로는, 핵심 증거의 추가 발견, 소환불능의 증인이 드디어 재판에 나오기로 결심한 경우, 중요문서인 합의서나 투자각서를 관련소송이나 수사에서 확보한 경우, 본인변론 또는 미진한 국선변호

---

11) 형사소송법 제305조는 "법원은 필요하다고 인정한 때에는 직권 또는 검사, 피고인이나 변호인의 신청에 의하여 결정으로 종결한 변론을 재개할 수 있다"고 규정하고 있는바, 변론종결 후 변론재개신청이 있는 경우에도 종결한 변론을 재개하느냐의 여부는 법원의 재량에 속하므로, 검사나 피고인에게 주장 및 입증을 위한 충분한 기회를 부여하였다가 변론을 종결한 이상 다른 특별한 사정이 없는 한 그 후에 이루어진 변론재개신청을 법원이 받아들이지 아니하였다고 하여 이를 위법하다고 할 수는 없다(대법원 2009. 1. 15, 선고 2008도10365 판결; 대법원 2014. 4. 24, 선고 2014도1414 판결).

로 정상변론이 거의 이루어지지 못하고 졸속으로 변론이 종결된 상태에서 사선변호인을 선임하여 장래 충실한 정상변론이 기대되는 경우 등이다.

피고인의 행위는 정당하지 않을 뿐만 아니라 가히 충격적이다. 의자는 판사를 상대로 한 폭행에 사용되었기 때문에 통상의 용례를 넘어서 흉기에 준하는 위험한 물건이 되었다. 피고인은 판사를 가격하려 했지만 이를 제지하려던 법원 보안요원에게 맞아 피해가 다른 쪽으로 발생했다. 그러나 그러한 상해결과는 피고인의 예상범위 내에 있던 것이라서 특수공무방해치상죄라는 중한 처벌이 불가피하다. 3년 이상의 유기징역이 법정형이나, 피고인이 반성하고 있고 평소 정신과 치료를 받아왔다는 점을 감안하여 감경처벌을 받았다.

이 사건과 같이 위험한 물건으로 공무원의 직무를 방해하는 것은 단순히 욕설을 하거나, 고성을 지르거나, 멱살을 잡거나, 몸을 밀치는 것과는 달리 폭행방법에 있어 비난가능성이 높다. 따라서 특수공무방해는 공무집행방해죄보다 가중 처벌한다. 나아가 위험한 물건을 휘둘러 공무원의 직무를 방해하는 것에 그치지 않고, 상해의 결과까지 발생한 경우 징역형만 규정되어 있고 형량도 상당히 높다. 강간죄의 형량에 준한다.

만약 피고인이 단순히 판사에게 욕설을 하거나 고성을 지르는 행위만을 했다면 폭행, 협박에 해당하지 않아 공무집행방해죄로는 처벌되지 않고, 재판을 방해할 목적으로 모욕했다고 보아 벌금형이 가능한 법정모욕죄로 처벌될 수 있었다(형법 제138조).

[10] 국정원을 사칭한 영화 같은 강도들

사업 후 남은 돈으로 서울 양재동과 성내동에 대지를 구입하여 주차장을 운영하던 A씨는 사실은 정신분열증으로 평소 정보당국이 자신을 늘 감시 중이며 언젠가는 잡으러 올지 모른다고 생각하고 있었다.

아는 놈이 사기친다 했던가. 평소 이러한 A씨의 푸념과 걱정을 들어온 동네 토박이이자 지인인 B씨의 눈에 A씨의 금싸라기 땅과 그의 약점이 들어왔다. B는 몇 명의 지인과 공모하여 A를 겁주어 땅을 뺏기로 했다. 일당은 A를 찾아가 안기부에서 나왔으니 함께 가자고 하며 전기충격기를 들이댔고, 겁먹은 A는 순순히 따라나섰다.

겁에 질린 A는 소유권 이전에 필요한 인감증명서, 주민등록등본을 건네었고, 일당은 땅을 매각하여 30억원을 챙겼다. 그리고도 매수대금이 들어오기 전까지 강제로 끌고 다니며 지방의 모텔을 전전한 후 일이 끝나자 정신병원에 입원시키기까지 했다. 서울경찰청 광역수사대는 일당 4명을 구속했고, 나머지 4명은 불구속 입건했다.

이러한 지능적 강도범도 실제 칼을 휘두른 강도만큼 중한 벌을 받게 될까.

피의자들은 폭행·협박으로 재물을 강취하거나 재산상 이익을 취하여 강도했다. 만약 그 행위가 야간에 사람의 주거, 관리하는 건조물, 점유하는 방실에 침입하여 범한 것이라면 특수강도죄에 해당하여 무기 또는 5년 이상의 징역에 처해진다(형법 제334조 제1항). 본 사건에서 야간에 침입한 것인지는 확실하지 않다. 분명한 것은 이들이 흉기를 휴대하거나 2인 이상이 합동하여 강도했으므로 역시 특수강도를 범한 것은 맞다(동조 제2항). 그리고 만약 A가 다쳤다면 강도상해·치상죄(무기 또는 7년 이상의 징역)에 해당하여 원칙적으로 집행유예는 불가능하다.

겁주어 재물을 빼앗은 이들의 행위는 공갈을 넘어섰기 때문에 강도죄가 성립했다. 폭행·협박으로 상대방의 반항을 억압하거나 항거 불능케 할 정도라면 강도죄, 그 정도에 이르지 않고 의사를 제한하는 정도에 불과하다면 공갈죄가 되기 때문이다.

그리고 피의자들은 A에게 전기충격기로 겁주어 매각에 필요한 문서를 강취한 것에 그치지 않고 매각대금이 들어올 때까지 감금했고, 단체·다중의 위력을 보이거나 위험한 물건을 휴대하여 특수감금죄를 저질렀으므로 5년 이하의 징역 또는 700만원 이하의 벌금의 형에 2분의 1까지 형이 가중된다. 이 과정에서 A가 다쳤다면 1년 이상의 형으로 가중 처벌된다.

위 양 죄 간의 죄수관계는 어떠할까.

감금이 처음부터 강도의 수단이 된 경우라면 강도와 감금은 상상적 경합이 되어 중한 죄인 특수강도로 처벌되나(법정형 5년 이상), 감금 중에 새로운 고의로 강도한 것이라면 두 죄는 실체적 경합으로 중한 죄의 장기에 그 1/2까지 가중 처벌된다. 사안은 전자로 볼 가능성이 높다.

한편 본건에서 위 강도들이 매매현장에 피해자를 데려가 피해자에게 소유권이전등기의 의사표시를 강제했다면 문서죄가 성립되지 않지만, 그와 달리 인감증명서 등을 강취한 후 피의자들이 직접 매매계약서를 작성했다면 사문서위조 및 동행사죄도 별도로 성립될 수 있다. 이 사건과 흡사한 것으로 남편을 정신병원에 불법감금 한 후 재산이전을 요구해 감금과 공갈죄가 성립된 처의 사건(대법원 2000도4415 판결)도 있었으므로 주의를 요한다.

❖ 법률 상식

형사입건은 **범죄인지**와 같은 말이다.

▶ 「형사소송법 제21조의2 제2항의 규정에 의한 검사의 증인신문 청구는 수사단계에서의 피의자 이외의 자의 진술이 범죄의 증명에 없어서는 안 될 것으로 인정되는 경우에 공소유지를 위하여 이를 보전하려는 데에 그 목적이 있으므로, 이 증인신문 청구를 하려면 증인의 진술로서 증명할 대상인 피의사실이 존재해야 한다.

그런데 피의사실은 수사기관이 어떤 자에 대하여 내심으로 혐의를 품고 있는 정도의 상태만으로는 존재한다고 할 수 없고, 고소, 고발 또는 자수를 받거나 또는 수사기관 스스로 범죄의 혐의가 있다고 보아 수사를 개시하는 등 수사의 대상으로 삼고 있음을 외부적으로 표현한 때에 비로소 피의사실의 존재를 인정할 수 있게 되는 바, 일반적으로 수사기관이 범죄의 혐의가 있다고 보아 수사를 개시하는 것을 범죄의 인지라고 부르고 검찰사건사무규칙 제2조 내지 제4조의 규정에 의하면 검사가 범죄를 인지한 경우에는 **범죄인지서**를 작성하여 사건을 수리하는 절차를 거치도록 되어 있다. 그러므로 특단의 사정이 없는 한 수사기관이 위와 같은 절차를 거친 때에 범죄인지가 된 것으로 볼 것이나, 다만 범죄의 인지는 **실질적인 개념**으로서 범죄인지에 관한 위 검찰사건사무규칙의 규정은 검찰행정의 편의를 위한 사무처리절차규정이라고 할 것이므로 검사가 위와 같은 절차를 거치기도 전에 범죄의 혐의가 있다고 보아 **수사를 개시하는 행위를 한 때에는 이 때**에 범죄를 인지한 것으로 봐야 하고, 그 뒤에 범죄인지서를 작성하여 사건수리절차를 밟은 때에 비로소 범죄를 인지하였다고 볼 것이 아니다.

소론 당원 1979. 6. 12, 선고 79도792 판결에서 설시한 **형사입건**이라는 용어는 위에서 말한 **범죄인지**와 같은 개념이라고 해석되므로 위 견해와 저촉되지 않는다.

이 사건 수사기록에 의하면, 검사는 피고인들에 대한 범죄인지서를 1988. 4. 28.자로 작성하였으나, 위 범죄인지서작성 전에 이미 1988. 4. 9. 공동피의자인 피고인 2를 소환하여 피고인들 사이의 뇌물수수내용을 조사하면서 진술서를 작성 제출케 했고 또 1988. 4. 26.에는 뇌물의 중간전달자인 공소외인을 소환하여 피고인들 사이의 뇌물전달내용을 조사하면서 진술서를 작성 제출케 함과 동시에 참고인 진술조서를 작성하였으며, 그 다음 날인 1988.4.27 피고인 1을 피의자로 표시하여 서울형사지방법원에 공소외인에 대한 형사소송법 제221조의2 제2항에 의한 증인신문청구를 한 사실이 인정된다. 위와 같은 사실관계에 비추어 보면, 검사는 공소외인에 대한 증인신문청구를 하기 전에 이미 피고인들에 대한 수뢰 및 증뢰의 범죄혐의가 있다고 보아 공동피의자 중 1인과 참고인을 **소환하여 조사를 시행함으로써 피고인들에 대한 수사를 개시하였음**이 명백하므로 위 증인신문청구 전에 피고인들에 대한 피의사실이 존재하였음을 인정하기에 충분하다. 결국 공소외인에 대한 형사소송법 제221조의2 제2항에 의한 증인신문이 피고인 1이 입건도 되기 전에 시행된 것으로서 피의사실의 존재라는 요건을 흠결하였는데도 이를 간과한 것은 위법하다는 논지는 이유 없다.」[12)]

[11] 허위 명예훼손범의 말로

사람이 거짓말로 짓는 죄는 어떤 것들이 있을까.

사기, 무고, 위증, 업무방해, 신용훼손, 위계간음, 위계살인, 위계공무방해, 허위명예훼손이 대표적이다.

사기는 거짓말로 재물을 가로채고, 무고는 거짓으로 국가를 동원해 정적을 제거하고, 위증은 판사로 하여금 허위 심판케 하고, 업무방해와 신용훼손은 거짓말로 남의 장사를 망치는 등 위 소개된 죄는 하나 같이 악의의 거짓을 수단으로 하고 있다. 그 중에서 거짓소문을 내어 인격을 말살하는 허위명예훼손이 으뜸이라면 과한 주장일까.

△△그룹의 명예회장인 A씨는 어렵게 살면서 성공한 후 소외된 인재를 키우기로 결심했다. 50년 간 선도적인 기업인으로 살며 번 돈으로 2000년 10억원을 출연해 장학재단을 만든 후 7,000명의 장학생을 지원하고 서울대 도서관도 지어주는 등 개인 돈 1조 원을 사회에 환원했다.

그런데 평소 A 회장과 직접 만남을 원하여 온 B씨는 자신의 뜻대로 되지 않자 앙심을 품고 차명 블로그를 만들어 A 회장을 '가짜 기부천사', '일본군가를 부르는 사람', '외도와 폭행을 일삼아 온 사람', '공금횡령에 강간범'이라는 거짓말을 지어내어 세상에 퍼트렸다. A 회장은 93세이니, 그가 받았을 마음의 상처와 훼손된 명예가 얼마나 컸을지 짐작이 된다.

사실을 적시하여 타인의 명예를 훼손하면 2년 이하 징역 또는 500만원 이하 벌금에, 허위사실로 명예를 훼손하면 5년 이하 징역, 10년 이하 자격정지 또는 1천만원 이하 벌금에, 사람을 비방할 목적으로 신문, 잡지 또는 라디오 기타

---

12) 대법원 1989. 6. 20, 선고 89도648 판결.

출판물에 의하여 명예를 훼손하면 3년 이하 징역 또는 700만원 이하 벌금에, 거짓사실로 위 출판물 명예훼손을 범하면 7년 이하 징역, 10년 이하 자격정지 또는 1천 500만원 이하 벌금에 처해진다.

위 죄 중 진실사실 적시 명예훼손(형법 제307조 제1항)에 한하여 공익적 목적을 감안하여 예외적으로 처벌하지 않는다(형법 제310조).

그리고 본건처럼 인터넷에서 그 행위를 자행한 때에는 별도의 가중처벌규정을 두고 있다. 출판물명예훼손과 징역형은 같으나 벌금형이 더 높은 점에서 가중규정이다. 상향된 형은 진실의 경우 3년 이하 징역 또는 3천만원 이하 벌금, 거짓일 경우 7년 이하 징역, 10년 이하 자격정지 또는 5천만원 이하 벌금이다(정보통신망이용촉진및정보보호등에관한법률 제70조). 진실이거나 또는 허위인식이 없고, 공익목적이라서 비방목적이 인정되지 않는 경우 처벌을 피할 수 있다.

이 사건 피고인도 공익목적을 주장했다. 물론 허위인식이 없었다는 주장도 했다. 그것도 배심원에게.

그러나 배심원들은 피고인의 죄를 너무나 나쁘게 보았다. 검사는 3년형을 구형했지만, 배심원 다수는 5~7년의 의견을 제시했고, 서울중앙지법 형사합의25부는 5년형을 선고했다. 이례적 판결이라 할 것이고, 사이버 명예훼손에 경종을 울렸다.

[12] 트럼프 대통령과 사법방해죄

최근 미국 도널드 트럼프 대통령을 탄핵 위기로 몰고 간 것은 사법방해 혐의다. 앞서 클린턴 대통령도 위증과 사법방해로 탄핵절차를 밟았고, 닉슨 대통령도 도청 수사를 방해하고 특별검사를 해임하여 탄핵 의결 직전 사임한 사실이 있다.

트럼프 대통령에 의해 최근 해임된 FBI 전 국장 제임스 코미의 언론 발표 및 상원 청문회에서의 진술로 미국 의회와 국민은 충격을 받았다. 트럼프 대통령의 측근으로 얼마 전 물러난 전 백악관 국가안보보좌관 마이클 플린이 러시아 측과 내통했고 결과적으로 러시아의 개입으로 힐러리 후보를 꺾고 당선된 의혹이 있다는 점, 플린의 이러한 혐의를 수사하던 FBI 국장을 트럼프가 수사중단 강요 끝에 해임했다는 내용이다.

코미 전 국장에 따르면 수사중단 요구를 직·간접으로 받았으며, 백악관의 대통령 집무실에서도 충성을 요구받으며 수사중단을 지시받았다고 한다.

만약 코미의 진술이 사실로 드러날 경우 트럼프 대통령은 연방법 제18장 제1503조의 사법방해 혐의(Influencing or injuring officer or juror generally)로 처벌될 수 있을 뿐만 아니라 나아가 장래 대배심에서 위증을 할 경우 연방법 제18장 제1621조에 따라 처벌될 수도 있다. 또 상원의 탄핵의결로 이어질 수 있음은 물론이다. 현재 이 사건은 특검 수사가 진행 중인 뜨거운 감자다.

우리나라도 사법절차를 방해하는 일체의 행위에 대한 사법방해(Obstruction of justice)죄를 명문으로 두고 있을까.

우리는 부패방지국제협약과 조직범죄방지UN협약, 국제형사재판소에 관한 로마규정에서 권고하는 사법방해 행위 처벌권고를 수용하고 있지 않고, 독일과 같이 개별 규정, 즉 무고, 범인도피·은닉, 위계공무방해 등의 세부규정을 두어 처벌하고 있다. (중대범죄에 대한) 불고지죄와 (넓은 의미의 사법방해로 판검사에게 적용하는) 법왜곡죄(Rechtsbeugung) 규정이 없는 것은 독일과 다르다.[13] 불고지죄에 대해 우리는 형법에 일반적 처벌규정을 두지 않는 대신 국가보안법과 부정청탁금지법에 처벌규정을 두고 있다.

그렇다면 트럼프 대통령이 우리나라의 대통령이라면 무슨 죄로 처벌될까.

대표적으로 검토되어야 할 죄가 직권남용죄다(형법 제123조). 이 죄는 최근 국정농단 사건에서 문제가 된 비교적 생소한 범죄다. 공무원이 직권을 남용하여 사람으로 하여금 의무 없는 일을 하게 하거나 권리행사를 방해하는 죄이다. 플린에 대한 FBI 수사업무가 대통령의 일반적 직무권한에 속하느냐가 처벌을 가른다. 직권남용은 공무원이 그의 일반적 권한에 속하는 사항에 관하여 권한을 불법으로 행사하는 것이기 때문이다. 한편 범죄수사권은 본죄에서 보호되어야 할 권리가 맞기 때문에 이를 방해한 것은 직권남용권리행사방해죄가 될 수 있다.

그리고 트럼프가 코미 국장에게 충성을 강요하면서 FBI 국장을 계속하고 싶으면 수사를 중단하길 바란다고 한 것이 사실이고 협박 당시 코미가 수사 중

---

13) 2018. 9. 28. 심상정 정의당 의원이 '법왜곡죄'를 신설하는 형법 개정안과 법왜곡 행위에 대해 공소시효 적용을 배제하는 형소법 개정안을 발의한 상태다. 학계에서는 서보학 교수, 실무에서는 이건리 변호사가 필요성을 강조했다(법률신문 2016. 12. 12.자 오피니언; 법률신문 2018. 10. 11.자 기사).

이었다면 공무집행방해죄(형법 제136조 제1항), 플린의 장래의 수사업무를 강요·저지하기 위한 목적으로 미리 협박한 것이 되면 직무강요죄(형법 제136조 제2항)에 해당할 수 있다.

만약 코미에게 수사를 중단케 함과 동시에 플린을 도피·은닉시켰고 러시아와의 내통행위에 트럼프도 공범이었다면 범인도피·은닉죄가 성립하나, 트럼프 자신의 처벌이 두려워 증거를 몰래 소각하였더라도 증거인멸죄가 성립하지 않는다. 예외적으로 타인을 교사하여 증거를 인멸한 경우에만 방어권 남용으로 처벌한다.

[13] 재심 없는 세상

올 봄 영화 재심(New trial)이 유행했다. 범인을 잘못 지목했고, 자백을 강요하여 얻은 조서에 따라 오판이 이뤄졌다는 것이다. 잘못된 사실확정은 경찰, 검사, 1심, 2심, 3심에 이르기까지 오류가 제거되지 못하고 억울한 시민을 전과자로 만들었다. 구속수사와 수감생활 과정에서 피고인은 학업중단, 가족해체, 직업과 수입상실의 피해를 입었을 것이다.

삼례 나라슈퍼 3인조 강도치사사건, 익산 약촌오거리 택시기사 살해사건은 모두 자백 강요로 누명을 쓰고 장기간의 복역생활을 해야 했던 피고인들의 이야기며, 영화의 소재가 됐다.

억울한 피고인이 나오지 않도록 할 묘책은 무엇인가.

수사는 실체진실을 밝히고 범인을 발견·확보하는 과정에서 반드시 인권침해를 지향하거나 동반하기 마련이다. 그러한 점을 고려하여 헌법과 형사소송법은 피의자와 피고인을 위하여 안전장치를 마련해 두었다. 기소자와 판단자의 분리, 무죄추정원칙, 수사기관의 유죄입증책임 부담, 불구속수사·재판 원칙, 강제수사법정주의, 체포·구속적부심과 필요적 보석원칙, 자백배제법칙 및 위법수집증거배제법칙, 전문증거의 원칙적 불허, 증거조사방법의 법정화, 진술거부권, 의견개진권과 증거신청권, 이의신청권, 상소권, 상소권회복청구와 재심청구권이 그것이다.

그렇다면 위와 같은 수많은 형사상 권리를 일반국민이 자유롭게 행사할 수 있는가.

그렇지 않다. 알아야 면장을 할 것인데, 법은 어렵다. 국문을 배웠으므로 법조문을 읽을 수는 있겠지만, 그것으로 곧 법정신과 법제도의 취지·요건을 관통할 수 있는 것은 아니다. 법학해석론은 그 역사가 무려 2천 년 전후이고, 로마법의 해석론을 유지하면서 독일법, 일본법을 기초로 영미법까지 혼합한 것이 현재 우리 형사소송법이다. 셀프변호가 불가능한 것은 어찌 보면 당연하다. 변호인 제도의 존재의의가 바로 여기에 있다. 위에서 언급된 위법수사와 오 판결을 방지하기 위한 많은 법제도보다 더 중요한 것이 변호인 제도이고, 실력 있는 변호사의 열정적 변론 과정에서 위 법제도들은 칼과 방패가 되어 피고인을 보호하게 되는 것이다.

재심사건에서 문제가 되는 진실발견의 저해요소는 대체로 다음과 같다.

첫째로 범인식별절차 실패이다. 피해자와 목격자의 진술 이외 범행현장과 범행도구, 피의자의 알리바이와 동선에 대한 과학적 수사가 필요하다. 그런데도 너무나 손쉽게 목격자의 진술을 믿는 반면 과학수사와 피의자의 알리바이는 외면하는 경향이 있어 왔다.

둘째로 과학수사의 미발달과 객관의무 위반이다. 현재는 통신매체에 대한 압수·수색과 복원 등 Forensic 능력이 발달하였는데, 피의자의 이익 되는 점에 대한 수사는 여전히 외면 받는 점에서 객관의무는 부족하다. 객관의무 부족은 인권옹호정신의 결핍이고, 보통은 자백강요라는 편한 수사방법으로 이어진다.

셋째로 방어권 부족의 문제이다. 구속된 후 또는 기소된 후 변호사 선임을 고려하는 시민이 많은데, 이는 수사단계 변호를 등한시 한다는 점에서 큰 문제다. 임진왜란의 승패는 이미 부산에서 결판났다. 수사변호의 중요성 때문인지, 필자의 拙著 「수사와 변호」가 대학, 로스쿨, 법원, 헌법재판소, 국회, 변호사실, 법무연수원, 경찰대학, 중앙경찰학교, 경찰인재개발원과 일선 경찰서 곳곳에 비치되어 인권수호의 도구가 되었다.

법률 상식

(1) 재심 조문

형사소송법 제420조(재심이유) 재심은 다음 각 호의 1에 해당하는 이유가 있는 경우에 유죄의 확정판결에 대하여 그 선고를 받은 자의 이익을 위하여 청구할 수 있다.

1. 원판결의 증거된 서류 또는 증거물이 확정판결에 의하여 위조 또는 변조인 것

이 증명된 때

2. 원판결의 증거된 증언, 감정, 통역 또는 번역이 확정판결에 의하여 허위인 것이 증명된 때
3. 무고로 인하여 유죄의 선고를 받은 경우에 그 무고의 죄가 확정판결에 의하여 증명된 때
4. 원판결의 증거된 재판이 확정재판에 의하여 변경된 때
5. 유죄의 선고를 받은 자에 대하여 무죄 또는 면소를, 형의 선고를 받은 자에 대하여 형의 면제 또는 원판결이 인정한 죄보다 경한 죄를 인정할 명백한 증거가 새로 발견된 때
6. 저작권, 특허권, 실용신안권, 의장권 또는 상표권을 침해한 죄로 유죄의 선고를 받은 사건에 관하여 그 권리에 대한 무효의 심결 또는 무효의 판결이 확정된 때
7. 원판결, 전심판결 또는 그 판결의 기초 된 조사에 관여한 법관, 공소의 제기 또는 그 공소의 기초 된 수사에 관여한 검사나 사법경찰관이 그 직무에 관한 죄를 범한 것이 확정판결에 의하여 증명된 때 단, 원판결의 선고 전에 법관, 검사 또는 사법경찰관에 대하여 공소의 제기가 있는 경우에는 원판결의 법원이 그 사유를 알지 못한 때에 한한다.

(2) 재심 실무

▶ 「가. 군사법원법 제469조 제5호, **형사소송법 제420조 제5호** 소정의 **무죄를 인정할 명백한 증거가 새로 발견된 때**라 함은 확정된 원판결의 소송절차에서 발견되지 못하였거나 발견되었어도 제출 또는 신문할 수 없었던 증거로서 그 증거가치가 다른 증거들에 비하여 객관적으로 두드러지게 뛰어날 정도라야 하고 법관의 자유심증에 의하여 그 증거가치가 좌우되는 증거를 말하는 것은 아니다.

나. 군사법원법 제469조 제7호, **형사소송법 제420조 제7호**는 재심사유의 하나로서 "…공소의 제기 또는 그 공소의 기초가 된 수사에 관여한 검찰관 또는 검사, 군사법경찰관 또는 사법경찰관이 그 직무에 관한 죄를 범한 것이 확정판결에 의하여 증명된 때"를 들고 있는바, 이는 그러한 직무범죄가 확정됨으로써 원판결 등의 사실오인의 존재가 현저하게 추측된다는 이유에서 이를 재심사유로 하여 제1심 혹은 상소심의 공판절차에 따라 재차 심리, 재판하도록 한 것으로서, 그러한 사유가 있으면 원판결의 증거의 증거능력이나 증명력에 영향을 미쳐 원판결의 유죄의 사실인정이 유지되지 못하는 경우가 있을 수 있으나, 그러한 사유가 있다고 하여 반드시 원판결에 사실오인이 있는 것으로 인정해야 한다거나 직무범죄를 한 사법경찰관이 수집한 모든 증거가 위법하게 된다는 취지는 아니다.」[14)]

14) 대법원 1993. 10. 12, 선고 93도1512 판결.

[14] 사자보다 무서운 배고픈 의사, 변호사

산업재해보상금은 사회복지제도의 하나다. 사업주가 근로자 임금의 일정 비율액을 보험료로 납부하고, 국가가 예산을 지원하는 제도이다. 사업주는 올바른 보험료를 산정하여 납부해야 하고, 업무상 재해가 맞는지에 대해 정부기관은 정확히 판단해야 하며, 의사는 전문가의 소신대로 장해진단을 틀림없이 해야 한다.

기능의 정점에 선 기관이 근로복지공단이고, 장해에 대한 1차 의견을 내는 곳이 산재지정병원의 의사다. 그리고 재해보상금 지급절차의 업무를 대리하는 곳이 변호사와 공인노무사이다. 위 구조는 얼핏 보면 여러 단계를 거치고, 다수의 전문가가 개입하는 점에서 틀림이 없을 것만 같다. 그런데 산재지정병원과 소속의사, 근로복지공단의 직원과 자문의사, 공인노무사와 변호사가 브로커와 힘을 합하여 국가기관을 속인다면 잘못을 적발하기 어렵다.

서울중앙지검은 산재보험금 브로커 A씨를 수사하다가 충격적인 사실을 발견했다. 산재지정병원의 원무과장이 병원을 찾은 환자를 A에게 소개하고, A는 환자의 장해등급을 조작하여 높은 보험금을 지급받도록 했다. 불법보험금은 76억원에 달했고, A는 30%에 해당하는 24억원 전후의 불법이익을 남겼다. 과정은 이러하다.

A는 병원에 소개비로 자신의 이득액의 30%를 주기로 했고, 산재지정병원의 의사는 허위진단서를 발급해 주었다. 그리고 A는 공인노무사를 고용하여 근로복지공단에 위 진단서를 첨부한 장해급여신청서를 제출했고, 공단의 직원과 자문의사는 심사 과정에서 허위의 장해등급이 결정될 수 있도록 의견을 내는 등 편의를 봐주었다. 물론 이들이 상당한 돈을 받은 것은 당연하다. 공단 직원 6명이 수수한 뇌물액은 2억 5천 5백만원이고, 공단의 자문의 5명이 받은 배임수재액은 1억 1,500만원으로 드러났다. 이들 의사는 건당 50~100만원의 돈을 받고 양심을 팔았다. 의사 2명을 포함한 관련자 16명이 구속됐고, 23명은 불구속 기소됐다. 가담한 노무사와 변호사도 6명이나 되었으니, 미국 속담에 배고픈 변호사는 사자보다 무섭다는 말이 맞다. 변호사와 의사, 노무사는 공신력이 있는 사람으로, 국가가 그들의 행위가 적법할 것으로 믿는 점을 노린 것이다.

주범인 브로커 A는 노무사와 변호사 명의를 이용하여 업으로써 보험금지급대리사무를 하여 변호사법과 공인노무사법을 위반했다. 그리고 산재지정병원의 원무과장에게 돈을 주고 환자를 받아 배임증재죄를 저질렀으며, 의사로 하여금 허위진단서를 작성케 하여 그 죄를 교사했다. 나아가 특정범죄가중처벌등에관한법률과 동법 시행령에 따라 뇌물죄의 주체로 보는 근로복지공단 간부직원에게 돈을 주어 뇌물공여죄, 공단 자문의에게 돈을 주어 배임증재죄를 저질렀다.

종전 선례에 의할 때 A는 높은 형이 예상된다. 이 사건은 실제 업무상 재해환자를 소개받고 장해등급을 조작하여 과다보험금을 수령한 사건이지만, 종래 허위 근로자의 허위 업무상 재해에 대해 이 사건과 유사한 방식으로 공단의 직원을 돈으로 매수한 사건, 자격 없이 사업주를 상대로 보험료 인하신고 절차를 불법으로 대행한 후 공단의 내부정보를 이용해 거액의 추징을 해결해 준다며 돈을 받은 사건에서 징역 7년에 추징금 20억원 전후로 판결된 선례가 있다.

해당 사건은 사회복지제도의 근간을 훼손하고 공단의 재정건전성을 해쳤으며, 공기업 비리의 표상이 됐을 뿐만 아니라 전문직 종사자들이 양심을 져버린 점에서 비난가능성이 크다.

[15] 나라다운 나라, 갑질 없는 세상

갑질은 폐쇄성, 힘의 불균형, 압도적 부당성, 피해구제의 어려움을 특징으로 하고, 마치 암수범죄(暗數犯罪, Hidden crime)처럼 피해자의 신고가 쉽지 않아 실제 범죄의 통계에 반영되지 않는 경우가 많았다. 그런데 최근 촛불혁명의 영향 때문인지 부당한 갑에게 저항하거나 적극적으로 수사기관에 신고하는 사례가 대폭 늘었다.

최근 심각히 문제가 된 갑(甲)은 대학교수, 프렌차이즈 본사, 대기업 오너, 청와대 등으로, 예전 같았으면 수면 위로 드러나지 않았을 사안이다.

제자가 써낸 논문을 새로운 실적으로 보고하여 연구비를 타냈다가 파면당한 성신여대 교수, 제자를 연구원으로 허위 등록하여 연구비를 빼돌린 혐의로 검찰에 송치된 인천대 교수 6인, 국가지원 연구프로젝트에서 허위 인건비를 받고 나아가 실제 연구비를 받은 제자들의 돈을 회수하여 구속된 서울대 교수,

허위자료로 국가보조금을 편취하고 연구원에게 지급할 인건비를 가로채 실형 선고된 경북대 및 대구한의대 교수, 조교 월급 일부를 사용하여 감사받은 포스텍 교수, 학생회 간부에게 성희롱 발언을 하여 기소유예 처분 후 사직한 A대 총장, 여직원을 성추행·성희롱한 은행 간부, 결혼한 여직원에게 사직을 강요하거나 인사차별을 강행한 주류회사, 여직원을 강제추행한 혐의로 수사 중인 치킨사 회장 사례가 화제가 되던 중 최근 보도된 피자회사의 사례는 갑질의 결정판이다.

해당 회사의 본사는 주 재료인 치즈 통행세를 부당하게 물려 가맹점주에게 피해를 입히고(독점규제및공정거래에관한법률 제23조 제1항 7호 나 위반), 신고한 가맹점주에 대해 집요한 보복조치(위 공정거래법 제23조의3) 등 불공정행위를 하다가(가맹사업거래의공정화에관한법률 제12조 제1항 1,2,3호 위반) 금번에 검찰이 직접 나서서 최근 회장을 구속했다. 본사는 치즈비, 시설비, 간판비 등 여러 명목으로 부당하게 금원을 착취하고, 착취한 돈을 횡령했으며, 저항하거나 탈퇴한 업주에 대해서는 기상천외한 방식으로 집요하게 보복했다고 하니 비난받아 마땅하다. 관련 보도를 보면 비슷한 이유로 장래 검찰의 도마에 오를 다른 피자회사도 있다.

문제는 이러한 사건을 전속적으로 처리해온 공정위의 자세다. 공정위는 2015년 가맹점주들이 본사의 불공정행위를 신고한 후 2년 넘게 고발하지 않다가 압수수색을 마친 검찰로부터 고발요청을 받고 부랴부랴 늑장고발을 했다. 고발 하루 만에 검찰이 특경가법 횡령·배임죄와 공정거래법 위반죄로 본사 회장을 구속한 속도를 보면, 공정위의 대응이 안이했음이 확인된다.

더구나 공정위는 검찰의 고발요청이 있어 부득이 따라야만 했던 이 사례를 제외한다면 최근 3년간 프렌차이즈 불공정행위에 대해 형사고발권을 행사한 적이 없었다고 한다. 공정위는 치즈 통행세에 대하여는 공정거래법 제23조 제1항 7호 나 위반으로 즉시 고발하고, 가맹점에 대해 치즈가격·간판설치비와 관련 허위·과장된 정보를 제공한 점에 대해서는 가맹사업거래의공정화에관한법률 제9조 제1항 위반으로 시정조치, 상품·용역공급·영업지원을 부당하게 중단·거절하거나 현저히 제한, 사업활동을 부당하게 구속·제한, 거래상의 지위를 이용하여 부당하게 불이익을 준 점에 대해 동법 제12조 위반으로 시정조치 후 불응 시 신속히 검찰에 고발하였어야 했다(동법 제33조, 제44조 제1항).

이 가운데 새로 취임한 공정위 위원장은 최근 한경 밀레니엄 포럼에서 "'공정위는 을의 눈물을 닦아주기 위한 민원처리 기관이 아니다', '제한적인 공정위의 자원을 개별 민원을 해결하는 데 소진하게 될 우려가 큰 상황', '공정위 역할은 제도를 개선하는 것이고 경쟁을 보호하는 것이지 경쟁자 보호가 아니다', '개별 민원은 당사자, 각종 분쟁조정기관을 거쳐서 해결해야 한다', '을을 보호하기 위해 먼저 해야 하는 건 직접적 보호가 아니라 정보공개', '민원해결을 해준다면 각광받겠지만 실패를 자처하는 일이다'"라고 발언함으로써 수많은 을의 권리구제를 후순위로 미룰 것임을 시사했다.

이쯤 되면 공정위의 전속고발권(공정거래법 제71조, 가맹사업거래의공정화에관한법률 제44조)은 폐지하고, 모든 지방검찰청에 공정거래부를 신설·강화하여 곧바로 수사에 착수할 수 있도록 할 필요가 있다.[15] 현재 서울중앙지검은 공정거래조세조사부를 별도로 두고 있지만, 대구지검은 형사2부에서 3명의 검사에게 공정거래Ⅰ, Ⅱ, Ⅲ을 전담시키고 있을 뿐이다.

[16] 대학사회의 위험한 신호

대학은 필연적으로 지식을 전달하는 교육기관임을 넘어서서 근본적 정체(正體)를 확립해야 한다. 바로 연구기관으로서의 본연의 모습이다. 따라서 연구에 중점을 두는 대학원이 대학의 중심기관이 될 수밖에 없고, 연구자가 되고자 하는 이는 누구나가 학위과정 속에서 독자적 연구가 가능할 수 있도록 배우고 연마하게 된다.

이 과정에서 교수의 연구지도는 필수적이고, 연구자는 지도교수의 연구에 참여하는 한편 참여과정에서 얻은 아이디어와 연구방식을 응용하여 스스로의 연구를 진행해 자신의 가설을 세우고 검증절차를 밟는다. 그리고 그 연구가 독자적 평가를 받는 단계에서 종국적으로 박사학위를 취득하게 되는 것이다.

---

15) 2018. 8. 21. **김상조 공정거래위원장과 박상기 법무부 장관은 정부서울청사에서 '공정거래법 전속고발제 폐지 관련 합의문'에 서명했다.** 합의에 대한 증거가 있는 경우 위법 판단이 쉬운 가격 담합, 공급 제한(생산량 조절), 시장 분할, 입찰 담합의 4개 경성담합에 한해 전속고발제를 폐지한다는 내용이 담겼다. 그 외 자진신고 정보를 두 기관이 공유키로 하고, 주요 담합 사건에 대해서는 검찰이 우선 수사키로 하였으므로 수사와 형사처벌이 행정처분보다 앞설 수 있게 됐다. 이제 담합 혐의에 대한 자진신고 접수 시 공정위의 경쟁제한성 판단을 기다릴 필요 없이 검찰이 해당 기업의 임직원을 소환하고 압수·수색할 수 있다는 점은 중요한 변화다. 공정위는 이러한 내용을 담은 공정거래법 전면개정안을 2018. 8. 27. 입법예고했다. **이에 대해 재계는 배임죄와 더불어 이제는 담합이 기업을 옥죄는 주요 수단이 될 것을 우려하였다**(매일경제, 2018. 8. 22.자, 1면 기사 참조).

위와 같은 학문의 진·출입 과정에서 사람은 필수적으로 엮여 부대끼게 되는데, 그 과정에서 발생할 수 있는 첫 번째 부작용이 바로 사제지간의 갑질이다. 두 번째 부작용은 학문인의 염결성과 연구과정의 윤리성이 쇠퇴하며 배금주의와 결합하는 문제다. 후자는 정부나 기관의 돈을 사기·횡령하거나 학교의 연구시설을 불법으로 사용해 타인에게 이익을 주는 배임의 모습을 띠게 된다.

2017년의 대표적 사례만 보아도 그 정도가 심하며 전국적으로 광범위하다.

앞서 「나라다운 나라, 갑질 없는 세상」 칼럼에서 소개된 성신여대, 인천대, 서울대, 경북대, 대구한의대, 포스텍 교수뿐만이 그 예의 전부가 아니다. 산학협력단에서 관리하는 11개 국가연구개발 사업의 연구책임자 지위를 이용하여 다수의 학생을 연구원으로 허위 등록해 인건비를 가로채 실형 선고된 부산대 교수 사례도 시사하는 바가 크고, 급기야 최근 조직폭력배의 문화를 보는듯한 대학병원의 폭행·금품갈취 사건은 매우 큰 충격을 준다.

○○대병원의 전공의 A씨는 선배들의 주말 식사비용으로 50~100만원을 늘 준비해두고 선배의사들의 요구가 있을 때마다 갈취당했다고 한다. 그간 빼앗긴 돈이 880만원이었는데도 A씨는 학교에 정식으로 신고하지 못하다가 최근 병원을 그만둔 후 수사기관에 고소했다.

A씨에 따르면, 평소 뺨을 맞거나 발길질을 당해 온 터라 두려움이 앞섰고, 평소 같은 과 펠로 교수는 술자리에서 "후배들은 좀 맞아야 한다"는 말을 즐겨했기 때문에 신고가 오히려 불이익을 부추길 것이라 생각했다는 것이다. 심지어 펠로 교수로부터 직접 구타당한 적도 있다고 하니 오죽했을까. 가해자로 지목된 이들은 허위사실 무고라고 강변했지만, A씨는 최근 보건복지부 수련환경평가위원회에 금품을 갈취당한 대화 녹취록과 통장사본을 제출한 상태다.

지난 정부 청와대를 둘러싼 광범위한 직권남용과 뇌물, 의료법 위반, 국회위증이 있어 국민들은 지도층의 권력남용과 부패 앞에서 촛불을 들었다. 이제 학생들이 대학에서 촛불을 들어야 하겠는가. 폐쇄사회인 대학의 도덕 불감증에 대해 경고음이 울리고 있다.

[17] 국민보호의무를 저버린 국가

국가는 국민의 생명과 안전을 보호할 의무를 지고, 이 임무는 헌법이 부과한 준엄한 명령이다(헌법 제10조 제2문). 이 임무를 완수하지 못할 경우 더 이상 국가가 아니므로 무용의 정부는 지대한 비난을 용인해야 하고(세월호 사건에서 본 바 있다), 국민은 선거를 통해 국가의 조직과 기능을 재구성할 권리를 갖는다. 물론 비상적 조치로 신임을 회수하여 탄핵할 수도 있다. 원래 국가권력은 국민의 것이며, 잠시 맡겨둔 것에 불과한 까닭이다.

그렇다면 국가는 어떠한 방식으로 국민을 보호해야 하는가.

대외적으로는 군사와 외교를 통해 적으로부터 영토와 국민을 수호해야 한다.

국내적으로는, 사전적으로 치안의 완성과 범죄예방을 통해(법무부와 치안경찰의 몫), 사후적으로 철저한 수사와 신속한 공소제기를 통해(검찰과 수사경찰의 몫) 범죄를 막고 피해를 회복해야 한다.

특히 마지막의 것은 정의를 구현하고 피해자의 재판절차진술권(헌법 제27조 제4항)을 보장한다는 점에서 절대적 중요성을 갖는다.

수사공무원은 범인을 발견, 신병을 확보하여 법정에 세워 처벌을 구하는 의사표시, 즉 공소를 제기함을 주된 임무로 하고 있다. 수사의 생명은 신속성과 정확성이고, 피의자를 발견·체포하는 과정에서 피의자의 자백여부에 구애되지 말고 과학적 방법으로 혐의를 입증해야 한다. 수사주재자이자 공소권자인 검사는 경찰의 수사가 지연, 미흡할 경우 수준 있는 수사지휘와 직접 수사를 통해 공소제기에 필요한 증거를 면밀히 수집해야 하고, 범죄의 의심이 있는 사건에서 함부로 수사를 종결해서는 안 된다.

최근 공소시효 완성으로 무리하게 특수강도강간으로 기소하여 무죄가 선고된 스리랑카인의 특수강간 사건에서, 수사기관은 신속하고 정확한 수사를 하지 않았다는 것이 유족의 입장이다.

1998년 계명대 학생이었던 피해자가 학교 주변 고속도로에서 트럭에 치여 숨진 사건은 실은 강간피해를 당하고 도피하다 일어난 사건으로 드러났다. 가까운 곳에서 피해자의 속옷이 발견되었고, 금번에 재판받은 스리랑카인의 DNA가 발견됐기 때문이다. 그러나 당시 경찰은 교통사고로 사건을 처리했고, 유족의 반발로 수사가 일부 더 이어졌지만 수사기록은 공개되지 않았다. 유족들이 100여 회에 걸쳐 탄원을 하고, 경찰을 직무유기로 고소한 후 불복절차를 밟으면서 비로소 수사기록을 확인할 수 있었고, 피해자의 속옷이 맞다는 점(혈흔 일치)과 남성의 체액이 검출되었음이 드러났다.

그렇다면 경찰은 당시 국과수의 감정결과, 사고 당시 피해자의 도피경로상의 특이점, 피해자의 의복 상태를 토대로 특수강간죄로 인지 후 초기부터 면밀한 과학수사를 했어야 한다. 피해자를 마지막으로 목격한 참고인 조사, 피해자의 구체적 동선 조사, CCTV, 고속도로 통행차량 운전자의 광범위한 진술 확보, 주변 성범죄 전과자 및 유사한 성범죄 수사 중인 사건 모두에서 폭넓게 용의자를 확보하는 방법으로 범인을 검거하기 위한 최선의 노력을 했어야 한다. 그랬다면 DNA법이 2010년에나 되어 시행됐으므로 당시 DNA 대조가 불가능했다는 변명은 할 필요가 없었다. 유족이 소망하고 바랬던 점은 공정하고 바른 수사였기 때문이다.

대부분의 언론에서 이러한 사건의 공소시효 폐지를 주장하고 있다. 맞는 말이다. 그러나 입법이 되더라도 이 사건 피해자의 유족은 억울함을 풀 수 없다. 국가는 보호의무 위반과 수사미진을 고백하고, 유족에게 배상과 사과를 해야 한다.

법률 상식

자백 여부에 구애되지 말고, 과학적 방법(科學的 方法)으로 입증(立證)해야 할 필요성

▶ 자백이 임의의 진술로써 증거능력이 있더라도, **신빙성(信憑性)이 부정**당한 사례

「1. 원심이 유지한 제1심판결이 유죄로 인정한 범죄사실의 요지

피고인은 소속대 소총수로 복무하는 자로서, (1) 1992. 1. 6. 05:00경부터 07:00경까지 충남 태안군 소원면 모항리 소재 50엠지 전방진지에서 이병 이○○과 함께 근무를 서던 중, 06:30경 위 이○○이 상병 엄○○에게 상황실로 불려간 사이에, 피고인이 보관 중이던 열쇠를 이용하여 위 진지 선상탄약고 내 탄통을 열고 그 속에 있던 폭발물인 K-400 세열수류탄 1발을 꺼내어 절취하고, (2) 같은 날 10:30경 같은 리 소재 제32초소 내무반에서 평소 초소원들로부터 고문관 취급 및 소외당한 데 대한 불만으로 초소원들을 한번 혼내주기로 하고, 위와 같이 절취한 폭발물인 수류탄 1발을 안전크립 및 안전핀을 제거한 후 초소원들이 자고 있던 위 내무반 복도에 던져서 그 곳 침상에서 자고 있던 일병 한○○과 이병 김○○를 다음날 국군수도병원에서 뇌연수마비등으로 사망케 하고 하사 이광○에게 요치 약 6주간의, 상병 박○○에게 요치 약 8주간의, 이병 이○○에게 요치 약 8주간의 개방성 함몰골절상 등을 각 가하고, 병장 김○○과 상병 권○○에게 각 요치 4주간의, 일병 이재○에게 요치 약 3주간의 두피열상 및 파편창상 등을 각 가한 것이다.

2. 각 상고이유 제1점에 대한 판단

검찰관이 작성한 피고인에 대한 각 피의자신문조서의 각 기재에 의하면 피고인이 이 사건 군용물절도와 폭발물사용의 각 범행에 관하여 상세히 자백하였음을 알 수 있는바, 피고인이 제1심 공판정에서 한 진술과 그 밖에 기록에 나타난 여러 사정을 종합하여 보면, 피고인이 군사법경찰관으로부터 자백을 강요당하여 임의성이 없는 상태에서 자백을 하고 그 임의성이 없는 상태가 검찰관의 조사단계에까지 계속되었다고는 인정되지 아니할 뿐더러, 피고인의 검찰관 앞에서의 자백이 임의로 진술한 것이 아니라고 의심할만한 이유가 있다고도 인정되지 아니하므로, 논지는 이유가 없다.

3. 각 상고이유 제2점에 대한 판단

가. 피고인의 자백이 임의로 진술한 것이어서 증거능력이 인정된다고 하여 자백의 진실성과 신빙성까지도 당연히 인정되는 것은 아니므로, 법원은 그 진술의 내용이 논리와 경험의 법칙에 비추어 볼 때 합리적인 것으로 인정되는지의 여부나 자백 이외의 정황증거들 중에 자백과 저촉되거나 모순되는 것이 없는지의 여부 등을 두루 참작하여 자유심증으로 자백이 신빙할 수 있는 것인지의 여부를 판단해야 할 것이다. 원심이 유지한 제1심 판결이 채용한 증거들과 원심판결이 채용한 증거들을 기록과 대조하여 검토하여 보면, 피고인이 수류탄을 절취하여 병사들이 잠들어 있는 내무반에서 폭발시켰다는 점에 **직접 부합하는 증거는 검찰관이 작성한 피고인에 대한 각 피의자신문조서(제1회 및 제2회)의 진술기재뿐임**을 알 수 있는바, **피고인이 검찰관 앞에서 한 자백은 다음에서 검토하는 바와 같이 우리의 경험칙에 반하거나 객관적인 사실에 부합하는 정황증거들과도 상치되는 것이어서 신빙성이 박약하여 유죄의 증거로 삼기에 충분한 것이 아니다.**

(1) 수류탄 절취의 점에 관하여

원심은, 1991. 12. 27. 수류탄 1발이 이병 이○○의 세면백에서 발견되어 하사 신○이 탄약을 점검한 결과 선상탄약고 내의 탄통에서 없어진 것을 확인하고 곧 탄통에 넣어둔 사실, 그 이후 이 사건 발생 전인 1992. 1. 5. 08:00경 위 신○이 위 탄통을 점검하여 이상 없음을 확인할 때까지 매일 아침근무 철수 후 위 탄통을 점검한 사실, 1992. 1. 5. 저녁부터 이 사건 당일 아침까지 피고인은위 이○○과 함께 2시간씩 3회에 걸쳐(1. 5. 19:00부터 21:00까지, 1. 5. 23:00부터 1. 6. 01:00까지, 1. 6. 05:00부터 07:00까지) 위 50엠지 진지에서 근무를 하였으며 그때마다 선임병인 피고인이 탄약고 및 탄통 열쇠를 소지하고 있었고, 세 번째 근무 중이었던 1. 6. 06:20경에는 함께 근무를 하였던 위 이○○이 상병 엄○○으로부터 인터폰으로 상황실로 불려가 위 진지에는 피고인만이 있었던 사실 등을 인정한 다음, 이러한 사실은 피고인이 위 진지에서 약 16m 떨어진 탐조등에서 근무하다가 06:20경 위 진지로 내려와 보니 위 이○○이 없어서 우발적으로 이 사건 수류탄을 절취하여 스키파카 오른쪽 주머니에 넣었다고 하는 검찰에서의 진술과 장소적·시간적 상황이 부합되어 그 신빙성이 인정된다고 판단했다.

그러나 원심이 인정한 위와 같은 사실들은 피고인이 이 사건 수류탄을 절취할 수 있는 기회가 있었다는 점을 추인할 수 있는 간접사실에 지나지 아니할 뿐, 위 신○이 탄통을 점검한 1992. 1. 5. 08:00 이후 이 사건 사고가 발생한 1. 6. 10:30까지 사이에 피고인 이외의 다른 사람이 수류탄을 절취할 가능성이 없었다거나 피고인이 수류탄을 절취하였을 개연성이 높았음을 증명하는 사실들은 아니라고 할 것이므로, 위와 같은 사실들이 위 자백의 신빙성을 인정할 만한 결정적인 정황이라고 보기는 어렵다.

그 반면에 검찰관이 작성한 피고인에 대한 각 피의자신문조서의 기재내용을 보면, 피고인이 수류탄을 절취한 후 진지근무를 마치고 내무반으로 돌아와 이광○ 하사에게 신고를 한 다음 방한모와 방한수갑을 벗어 비어 있는 관물대에 놓고 총을 총기함에 가져다 놓고 나서 스키파카의 오른쪽 주머니에 있던 수류탄을 꺼내어 피고인의 관물대 액자 뒤의 수건과 내복을 정돈하여 놓은 위에 올려놓았으며, 이어서 내무반을 쓸고 다른 사람들과 같이 총을 닦은 후 김○○ 이병과 같이 아침을 먹으러 갔다가 돌아온 후, 10:20경 잠이 깨어 자고 있던 침상으로부터 내무반 통로의 가운데에 있는 탁자를 밟고 피고인의 관물대가 있는 반대편 침상으로 건너가 감추어 두었던 수류탄을 가지고 자던 자리로 돌아왔다는 것인바, 피고인이 수류탄을 감추어 두었다는 곳이 피고인의 관물대 액자의 뒤이기 때문에 밖에서는 잘 보이지 않는 장소라고 하더라도, 액자만 들추어 보면 그대로 발각될 수 있는 상태로 수류탄을 놓아두었다는 것은 수류탄의 절취범이 취한 은닉방법으로서는 쉽게 납득할 수 없을 정도로 허술한 것이라고 하지 않을 수 없고, 더욱이 피고인이 위와 같이 허술하게 은닉한 수류탄을 놓아 둔 채로 내무반을 쓸고 총기를 닦은 후 아침을 먹으러 갔다가 돌아와서 다른 사람의 관물대 앞에서 잠을 잤다거나, 감추어 둔 수류탄을 가지러 반대편의 침상으로 건너가면서 다른 사람의 눈에 띄기 쉽게 내무반 통로의 가운데에 있는 탁자를 밟고 건너갔다는 피고인의 행동은, 수류탄을 절취한 범인의 행동으로서는 어쩐지 석연하지 않은 점이 있다는 합리적인 의심을 떨칠 수 없다.

(2) 수류탄이 폭발될 당시의 피고인의 위치와 자세에 관하여

피고인은 검찰관 앞에서 수류탄을 폭발시킨 경위와 그 당시의 피고인의 자세 등에 관하여 다음과 같이 진술하고 있다. 즉 피고인은 이 사건 사고가 일어난 1. 6. 08:30경 내무반에서 신○ 하사로부터 10분 정도 교육을 받은 후 신○ 하사가 앉아 있던 옆자리(텔레비젼이 있는 침상 중 텔리비젼으로부터 세 번째에 있는 엄○○ 상병의 관물대 앞)가 비어 있어서 그 곳에서 위 이광○와 김○○ 사이에서 잠을 자다가 10:20경 잠에서 깨어 내무반 통로의 가운데에 있는 탁자를 밟고 맞은편의 침상으로 건너가 피고인의 관물대에 감추어 둔 수류탄을 꺼내 가지고 자던 자리로 되돌아 온 다음, 엎드린 자세로 상체가 침상 끝 밖으로 조금 나온 상태에서 오른손으로 수류탄을 잡고 왼손으로 수류탄을 감싼 상태로 있다가 안전핀을 제거하여 내무반 바닥에 굴리고 나서 수사기록 제102면 42번 사진(군사법경찰관이 작성한 검증조서의 일부임)의 영상과 같이 몸을 뒤로 빼면서 양팔을 겨드랑이 밑으로 끼고 얼굴을 침상 바닥에 댄 웅크린 자세로 엎드려 있었다는 것이다. 이 점에 대하여 원심은 피고인의 상처부위가 왼쪽 안면부 및 왼쪽 이마에 집중되어 있는 점, 군복 상의의 왼쪽 앞깃에 파편창이 있는 점 등이 위와 같은 피고인의 검찰관 앞에서의 진술내용과 부합된다고 판시하고 있다.

그러나 **군사법경찰관이 작성한 검증조서와 국방부과학수사연구소장이 원심의 사실조회에 따라 작성하여 보낸 세열수류탄 파편의 비산각도와 방향에 관한 사실조회결과 통보서**의 각 기재에 의하여 명백히 인정되는, 수류탄의 폭발지점 및 세열수류탄의 파편이 위치한 면과 수직방향(방사선 모양)으로 비산된다는 파편의 비산각도 등을 감안하여 보면, 피고인이 자고 있던 위치에 관하여 검찰관 앞에서 자백한 내용이 진실한 것이라고 하더라도, 그와 같은 위치에 있던 피고인의 상처부위가 왼쪽 안면부 및 왼쪽 이마에 집중되어 있다는 점과 피고인이 입고 있던 군복 상의의 왼쪽 앞깃에 파편창이 있었다는 점은, 오히려 수류탄이 폭발될 당시 피고인이 천정을 향하여 누운 자세로 잠들어 있다가 부상을 당하였다는 피고인의 제1심 공판정에서부터 원심 공판정에 이르기까지의 진술에 보다 더 부합하는 것이라고 보일 뿐, 피고인이 얼굴을 침상바닥에 대고 엎드린 자세로 있었다는 검찰관 앞에서의 진술내용을 뒷받침하는 것이라고는 도저히 보기 어렵다. 특히 피고인을 치료한 **군의관 강창○가 작성한 소견서(수사기록 353면)의 기재와 피고인의 상처를 촬영한 사진들(수사기록 355면 내지 362면)의 각 영상**을 자세히 살펴보면, 피고인이 이 사건 사고로 인하여 입은 상처 중 왼쪽 눈과 왼쪽 귀 사이에 있는 파편창은, 파편삽입구로부터 왼쪽 눈의 아래쪽으로(7시 방향) 2cm 가량 터널이 형성되어 있는 것임을 알 수 있는바, 만일 피고인이 검찰관 앞에서 진술한 대로 피고인이 수류탄이 폭발될 당시 얼굴을 침상바닥에 대고 엎드려 있었다면, 내무반 바닥의 수류탄이 폭발된 지점과 그 파편의 비산각도 등에 비추어 볼 때 위 파편창은 파편삽입구로부터 왼쪽 귀의 아래쪽으로(5시 방향) 터널이 형성되는 형태가 될 것임이 경험칙상 명백하므로, 위와 같은 상흔의 각도와 방향은 바로, 위 파편창이 피고인이 천정을 향하여 누운 자세로 자다가 내무반 바닥에서 폭발하여 비산하는 수류탄의 파편에 의하여 입은 것이라는 피고인의 공판정에서의 진술을 뒷받침하는 결정적인 증거가 된다고 보지 않을 수 없다.

…(중략)

원심은, 피고인의 진술에 의하면 신○ 하사가 침상의 중앙에 걸터앉아서 교육하고 있을 때 그 왼쪽으로 엄○○과 박○○의 관물대(텔레비젼이 있는 곳으로부터 세 번째와 네 번째) 앞 침상이 비어 있었는데, 굳이 상급자인 위 신○의 바로 곁(박○○의 관물대 앞)에 붙어서 취침했다는 피고인의 주장은 계급사회라는 군조직의 특성상 이례적인 것으로 경험칙에 반한다고 판시하고 있으나, 피고인이 상급자의 바로 곁에서 취침하였을 리가 있겠느냐는 막연한 추측만으로 피고인이 자고 있던 위치가 위 엄○○의 관물대 앞이라고 단정할 수는 없는 노릇이므로, 원심으로서는 그 당시 같은 내무반에서 자고 있던 위 이재○·권○○ 등 초소원들을 증인으로 신문하여 피고인이 자고 있던 정확한 위치를 심리하여 보았어야 마땅하다. 만일 피고인이 그가 공판정에서 주장하는 대로 텔레비젼이 있는 곳으로부터 네 번째 관물대 앞 자리에서 자고 있었던 것이 진실이라면, 피고인이 입은 왼쪽 안면부 및 왼쪽 이마의 집중적인 상처는 피고인이 검찰관 앞에서 자백한 것과 같은 범행자세로서는 도저히 생길 수 없는 것임이 분명하기 때문이다.

(3) **수류탄의 안전크립과 안전핀이 발견되지 아니한 점에 관하여**

원심은, 당시 내무반은 문이 닫혀 있어 피고인이 나올 때 발로 차고 나왔으며 등화관제상태라서 외부에서 수류탄을 내무반 안으로 던져 넣으려면 유리창을 깨거나 창문을 열고 던져야 하는데 그러한 외부인의 소행이라고 볼만한 자료가 없다는 점을, 피고인이 검찰관 앞에서 한 자백과 부합하는 것으로 들고 있다.

그러나 피고인은 검찰관 앞에서 수류탄에서 제거한 안전크립과 안전핀에 관하여 "잘 기억은 안나나 내무반 바닥에 그냥 버린 것 같습니다"(수사기록 541면), "수류탄을 던진 것이 아니고 안전크립 및 안전핀을 빼서 가지고 있다가 당황하여 놓친 것입니다"(수사기록 650면)라고 진술하고 있는 반면, **군사법경찰관이 작성한 압수수색조서(수사기록 112면)와 수류탄폭발사상사건발생보고(수사기록 19면) 및 수류탄폭발사상사건중간보고(수사기록 30면)의 각 기재**에 의하면, 1. 6. 13:10경 이 사건 사고현장에서 수류탄의 안전손잡이만이 유류되어 있는 것이 발견되어 압수하였을 뿐, 초소화장실의 인분을 제거하고 지뢰탐지기를 동원하여 초소의 내외부를 탐색하는 등 안전핀의 수거를 위하여 현장수색을 계속하였으나 수류탄의 안전크립과 안전핀을 발견하지 못하였음을 알 수 있는바, 피고인이 검찰관 앞에서 자백한대로 범행이 이루어진 것이라면 수류탄의 안전크립과 안전핀이 현장에서 발견되지 않는다는 것은 이례적인 일이라고 볼 수밖에 없으므로(**안전크립과 안전핀이 현장에서 발견되지 않았다는 것은, 오히려 내무반에서 자고 있던 초소원들 이외의 제3자가 내무반 밖에서 안전크립과 안전핀을 제거하여 은닉한 다음 수류탄만을 내무반 안으로 던져 넣어 이 사건 사고를 일으킨 것이 아닌가 하는 의심이 강하게 생기게 한다**), 위와 같은 사정은 피고인의 자백을 신빙할 수 없게 하는 사유가 된다고 하지 않을 수 없다.

(4) 그 밖에 원심은, 평소에 동작이 둔하고 미숙한 피고인이 이 사건 사고 당시에는 취침자들 중에서 가장 먼저 밖으로 뛰어 나갔다고 피고인 스스로 진술하고 있는 점, 폭발지점으로부터 가까운 곳에 취침한 사람들 중에서 가장 경미한 상해를 입었고, 밖으로 뛰어 나와 함성○과 마주쳤을 때 잠에서 방금 깨어난 표정이 아니었다는 점 등을, 피고인이 검찰관 앞에서 한 자백을 신빙할 수 있는 사유로 내세우고 있으나, 위와 같은 점들은 피고인의 자백이 진실한 것임을 뒷받침할 만한 사유가 되지 못함이 명백하다.

나. 그럼에도 불구하고, 원심은 논리와 경험의 법칙에 반하거나 범행현장의 객관적인 상황에 부합하는 정황증거들과 상치되어 신빙하기 어려운 피고인의 검찰관 앞에서의 자백을 신빙성이 있는 것으로 보아 믿은 나머지, 피고인이 수류탄을 절취한 후의 행동·이 사건 사고가 일어날 당시 피고인이 자고 있던 위치·수류탄의 폭발로 인하여 피고인이 입게 된 상처·안전크립과 안전핀이 발견되지 아니한 이유 등에 관하여 조금 더 세심하게 심리하여 보지도 아니한 채, 이 사건 군용물절도 및 폭발물사용의 범죄사실을 유죄로 인정한 제1심 판결을 유지하였으니, 원심판결에는 심리를 제대로 하지 아니한 채 **자백의 증명력에 관한 법리를 오해**하는 등 채증법칙을 위반하여 사실을 잘

못 인정한 위법이 있다고 하지 않을 수 없고, 이와 같은 위법은 판결에 영향을 미친 것임이 분명하므로, 이 점을 지적하는 논지는 이유가 있다.」[16]

[18] 보건단속의 중요성과 의료인의 윤리

최근 의사가 단기간에 환자에게 과도한 프로포폴을 투여하여 숨지자 사체를 유기하고, 진료기록부를 조작한 끔찍한 사건이 발생했다.

41세의 여성 환자는 우울증으로 인한 수면장애를 치료하기 위해 한 병원에서 수면마취제를 투약 받다가 숨졌는데, 하마터면 억울한 죽음이 될 뻔했다. 위내시경 1회에 보통 1~10cc가 적정량인 프로포폴을 최근 두 달 사이 26차례, 한 번에 50~100cc나 투약 받았다고 하니, 약물 오·남용에 의한 사망이다. 총 투약량은 1,300cc로, 환자는 우울증으로 병원을 찾았다가 마약류에 중독된 것이다.

의사는 환자가 사망하자 우선 건물 안팎의 CCTV 영상을 삭제하고, 병원의 진료기록부를 조작한 후 렌터카를 빌려 환자의 시신을 통영 앞바다에 유기했고 근처 선착장에는 손목시계와 우울증 약도 갖다 놓는 등 자살정황을 꾸미느라 부지런을 떨었다.

마약류의 올바른 취급방법에 대해 전 국민이 주목할 필요가 있다.

국가는 마약 등의 취급관리를 적정하게 하여 오·남용으로 인한 보건상의 위해를 방지하기 위하여 마약류관리에관한법률 및 동법 시행령을 두고 있고(동법 제1조), 마약류에는 마약, 향정신성의약품, 대마가 있다. 본 사건에서 사용된 프로포폴과 같은 향정신성의약품은 인간의 중추신경계에 작용하는 것으로 오·남용 시 인체에 심각한 위해를 주는 물질이다(동법 제2조).

마약류는 취급자만이 사용할 수 있고, 의사는 의료를 목적으로 마약, 향정신성의약품을 투약하거나 처방할 수 있는 마약류취급의료업자이고, 마약류취급업자에 속한다. 마약류 취급자라 해도 품목허가증에 기재된 용량 이상의 마약 등을 남용하거나 신체적·정신적 의존성을 야기하게 할 정도로 장기 투약해서는 안 된다(동법 제5조 제3항). 의사는 마약 장부를 갖추고 투약한 마약의 품명, 수량, 사용일, 상대자의 주소, 성명, 주민등록번호, 질병분류기호를 작성하여 식품

16) 대법원 1993. 1. 12, 선고 92도2656 판결.

의약품안전처장에게 보고한 후 2년간 이 장부를 보존해야 한다(동법 제11조, 제31조). 그리고 다른 의약품과 구별하여 잠금장치가 된 견고한 장소에 보관해야 함은 물론이다(동법 제15조).

의사라 해도 마약류를 남용하여 환자에게 투약하면 식약처장의 조치를 받게 되고, 조치에 위반하거나 마약 장부를 비치·보존하지 않거나 거짓으로 기록하게 되면 마약류 취급자 허가가 취소되거나 해당 업무가 정지될 수 있다(동법 제44조). 다만 이러한 업무정지처분에 갈음하여 1억원 이하의 과징금으로 대신하는 경우도 있다(동법 제46조).

만약 의사가 장부 등에 마약투약 기록을 하지 않거나 허위기재를 하고, 처방전에 따르지 않은 투약을 하거나 처방전에 거짓을 기재하여 마약을 취급하게 되면 2년 이하의 징역, 2천만원 이하의 벌금에 처해지며(동법 제63조), 5년 이하의 자격정지와 벌금은 병과될 수 있다(동법 제66조).

나아가 마약의 재고에 차이가 있거나(동법 제11조), 마약 기록을 보존하지 않은 경우(동법 제32조)에는 별도로 과태료도 부과당할 수 있다(동법 제69조).

그리고 이 사건처럼 의사가 진료기록부를 거짓 작성하거나 기재된 내용을 허위로 추가 기재·수정하면 의료법 제88조에 따라 3년 이하 징역, 3천만원 이하의 벌금에 처해질 수 있다.

결론적으로 해당 의사는 업무상과실치사죄, 사체유기죄,[17] 마약류관리에관한법률위반죄, 의료법위반죄를 저질렀고, 소중한 가족으로부터 한 생명을 빼앗은 과실이 있다. 중독이란 이처럼 무서운 것이고, 마약류는 엄격히 관리돼야 한다.

---

17) 만약 범인이 피해자의 사체를 통영 앞바다에 유기하지 않고, 화장하여 일반의 장례 의례를 갖추는 방식으로 범행을 은폐했다면 사체유기죄는 성립되지 않는다.

▶ 「사체유기죄는 법률, 계약 또는 조리상 사체에 대한 장제 또는 감호할 의무가 있는 자가 이를 방치하거나 그 의무 없는 자가 그 장소적 이전을 하면서 종교적·사회적 풍습에 따른 의례에 의하지 아니하고 이를 방치하는 경우에 성립하는 것이므로, 일반화장절차에 따라 피해자의 시신을 화장하여 일반의 장례의 의례를 갖추었다면 비록 그것이 범행을 은폐할 목적으로 행해졌더라도 사자에 대한 종교적 감정을 침해하여 사체를 유기한 것이라고 할 수 없다.」(대법원 1998. 3. 10, 선고 98도51 판결)

[19] 주식회사를 운영하는 바른 자세

▣▣전자 및 그룹 고위 임원들이 최종변론 후 판결선고를 기다리고 있다. A 부회장에게 적용된 혐의는 뇌물공여, 재산국외도피, 횡령, 범죄수익은닉, 국회위증이다. 매출 세계 1위 기업의 총수가 대통령과 그의 공범에게 뇌물을 주기 위해 회사 돈을 빼돌려 국외로 도피시켰다는 것이다.

왜 이러한 불법경영이 최고기업에서, 최고두뇌를 가진 임직원을 거느리고 있으면서 발생하였는가. 답은 주식회사를 운영하는 바른 자세의 결핍이다.

주식회사의 운영방법과 의사결정원리는 대체로 다음과 같다.

기업의 운영은 이사회와 주주총회의 결정방식으로 처리한다. 예컨대 대표이사 선정, 중요자산의 처분·양도, 대규모 재산의 차입, 지배인의 선임·해임과 지점의 설치·이전·폐지는 이사회 결의로 한다. 이보다 더욱 중요한 영향을 미치는 정관변경, 이사해임, 영업의 전부 또는 중요한 일부의 양도, 영업 전부의 임대 또는 경영위임, 타인과 영업의 손익 전부를 같이 하는 계약, 그 밖에 이에 준하는 계약의 체결·변경·해약, 회사의 영업에 중대한 영향을 미치는 다른 회사의 영업 전부·일부의 양수는 주주총회의 특별결의사항이다. 상법에서 구체적으로 주주총회의 권한으로 규정하지 않은 것은 이사회의 권한사항이 된다. 이사회 결의가 있더라도 결의의 본질적 내용이 회사에 손해를 가져오는 것이라면 사후 효력을 부정당할 수 있다.

이사가 고의·과실로 법령·정관에 위반한 행위를 하거나 그 임무를 게을리한 경우 그 이사는 회사에 대하여 손해를 배상할 책임이 있고, 이러한 행위가 이사회의 결의에 의한 것인 때에는 그 결의에 찬성한 이사도 책임이 있다.

발행주식 총수의 1/100 이상의 주주권자는 회사에 대하여 이사의 책임을 추궁할 소제기를 청구할 수 있고, 회사가 소를 제기하지 아니하면 주주는 회사를 위하여 소를 제기할 수 있다. 대표소송을 통해 회사에 손해전보가 되면 주주는 간접적 이익을 회복하게 된다.

회사의 주요 장부, 컴퓨터매체에 대한 증거보전신청을 해 두어야 증거인멸 시도를 사전에 차단할 수 있다. 별도로 이사해임의 소가 제기된 경우 법원은 당사자의 신청에 의하여 가처분으로써 이사의 직무집행을 정지할 수 있다. 한편 이사가 고의·중과실로 그 임무를 게을리한 때 그 이사는 제3자에 대하여도 연대하여 손해를 배상할 책임이 있다.

형사적으로는, 이사회 결의의 위법을 문제 삼아 주주 및 채권자는 대표이사와 이사를 검찰에 고소·고발할 수 있고, 피의자들이 직무를 위배하여 본인이 이익을 취하거나 제3자로 하여금 이익을 취하게 한 경우 업무상 배임죄가 성립한다. 액수에 따라 특경가법에 따른 가중처벌을 받을 수 있다.

대부분의 배임죄 사건에서 피고인들은 경영판단을 내세워 면책을 꾀하지만, 유죄선고 확률이 높다. 손해를 입힌 과정, 숨은 의도, 수혜자와의 관계, 의사결정의 비신중성, 법인의 설립목적과의 배치, 사업시행의 이례적 속도를 고려하여 피의자의 범의를 넉넉히 인정하기 때문이다.

그룹 계열사 간의 모험적 지원도 얼마든지 배임죄가 가능하므로 그룹 총수는 불량 계열사에 대한 지원을 위해 우량회사의 자본위험을 초래시켜서는 안 된다.

한편 회사 돈을 빼돌리거나, 용도가 엄격히 정해진 돈의 항목을 달리하여 유용하면 업무상 횡령죄로 처벌된다. 이 때는 불법영득의사 유무가 관건이다. 대표이사의 변호사비용을 회사 돈으로 충당하거나 그의 개인 대출이자를 회사가 내도록 했다면 불법영득의사는 쉽게 인정된다.

[20] 교육자의 양심과 성적 학대의 엄중성

대구 달성군의 한 사설학원에서 여중생을 간음한 충격적 사건은 강제성이 없었다는 이유로 무혐의 종결 처리되어 논란을 불러 일으켰다.

중학교 3학년생과 합의 간음하였으므로 무혐의라는 수사결과를 우리국민 누가 호락호락 승복할 수 있을까. 현재 이 사건 피해학생의 모는 해당 학원 앞에서 1인 시위를 하고 있고, 학생도 결과에 불복할 것임을 시사했다. 장차 교육종사자의 아동을 상대로 한 이 같은 성적 행위가 마치 허락되는 것처럼 비칠 수 있어 관심이 촉구된다.

이 사건의 법적 분석과 전망은 다음과 같다.

첫째, 피해자가 중학생이므로 피의자는 아동·청소년의성보호에관한법률의 적용을 받게 되는데, 본 법에서는 간음행위와 관련하여 폭행·협박(아청법 제7조 제1항), 위계·위력(아청법 제7조 제5항)을 수단으로 했을 때만 처벌할 수 있고, 그러한 수단을 쓴 경우가 아니라면 이 사건 불기소 처분과 같이 처벌흠결 문제가 발생하게 된다. 특별법은 일반법을 배제하긴 하나, 형법의 규정도 대동소이하다. 13세 이상의 부녀를 상대로는 폭행·협박을 통해 간음·추행을 해야 강간죄, 강제추행죄가 성립되고(형법 제297조, 제298조), 그가 미성년자라도 위계·위력을 사용해야만 처벌된다(형법 제302조).

둘째, 형법 규정을 통틀어 폭행·협박, 위계·위력, 심신상실·항거불능을 사용하거나 이용하지 않더라도 처벌되는 유일한 사례가 미성년자의제간음 규정(형법 제305조)이지만, 본조는 13세 미만의 사람이 객체다. 따라서 이 사건 피의자는 13세 이상의 여중생과 간음한 결과 본조에 의한 처벌도 피해 갔다.

한편 13세 미만의 사람을 폭행·협박으로 강간, 추행했다면 성폭력범죄의 처벌등에관한특례법 제7조 제1항 및 동조 제3항에 따라 가중처벌을, 위계·위력으로써 같은 사람을 간음했다면 동조 제5항에 따라 가중처벌을 받을 뻔 했지만, 피해대상의 특수성으로 인해 이러한 처벌도 용케 면할 수 있었다.

이러한 경우의 처벌을 위해 세 가지 방법이 존재한다.

첫째는 아동복지법 제17조 제2호에 따라 음란행위를 시킨 행위 또는 성희롱한 점을 문제 삼아 성적 학대로 처벌하는 방법, 둘째는 동조 제5호에 따라 아동의 정신건강 및 발달에 해를 끼친 정서적 학대로 처벌하는 방법이다. 첫째의 것은 징역 10년 이하, 둘째의 것은 징역 5년 이하에 해당한다. 마지막으로 미성년자의제강간죄의 적용대상을 앞으로는 상향조정하여 처벌의 범위를 넓히는 것이다.

우리 헌법은 확정판결에도 불구하고 다시 기소하거나 재판하는 것을 금지하고 있을 뿐이고, 검사의 불기소처분에는 기판력도 기속력도 없으므로 재수사함이 마땅하다.[18] 영미법상의 이중위험금지(Double jeopardy)와 달리 이중처벌금지를 택한 헌법의 결단이다.

18) "일사부재리의 효력은 확정재판이 있을 때에 발생하는 것이므로 소론과 같이 이 사건 사기죄에 대하여 검사가 일차 무혐의결정을 하였다가 다시 공소를 제기하였다 하여도 이를 두고 일사부재리의 원칙에 위배된 것이라고는 할 수 없는 것이니(대법원 1984. 11. 27, 선고 84도1545 판결 참조), 논지는 이유 없다."(대법원 1987. 11. 10, 선고 87도2020 판결)

[21] 알쏭달쏭한 구속기준 1.

헌법과 형사소송법은 인신구속의 절차와 관련하여 경찰의 영장신청, 검사의 구속청구, 법원의 허부판단의 3단계 절차를 원칙으로 하고 있다. 물론 2단계 절차도 가능하다. 경찰송치의견을 무시하고 검사가 직접영장을 청구하는 사례와 애초부터 검사의 직 수사 사건이 그러하다.

이러한 경우 시민들은 검사의 머릿속과 판사의 발부기준이 몹시 궁금하여 때로는 의구심을 갖는다. 혹시 구속 기소되는 자와 불구속 기소되는 자 간에 무전유죄, 유전무죄의 법칙이 작동한 건 아닐까 하는 의심이다.

실제 개별 사건의 구속사유는 공개되지 않고, 고작 중요사건에서 공보판사의 입을 통해 미약하게 언론에 공개되는 실정이니 당연하다. 구속기준은 무엇이며, 어떤 경우에 구속되는가. 사례를 통해 이해할 수밖에 없다.

범죄혐의의 상당한 이유, 주거부정, 도주우려, 증거인멸의 위험이 구속사유이다. 그리고 그것을 판단하는데 있어 고려할 사항은 범죄 중대성, 재범 위험성, 피해자 등에 대한 위해우려이다(형사소송법 제70조). 어떤 경우가 이에 해당하는가. 법원의 구속사례를 본다.

첫째, A 전 의원은 성폭행 혐의로 수사가 시작되었다가 정치자금법 위반 혐의로 대구지방법원에 의해 구속됐다. 그리고 뇌물과 정치자금법 위반죄로 징역 4년 3월이 확정되었다. 월드클래스 300이라는 정부지원사업 선정을 대가로 뇌물을 받으면서 쪼개기 후원금 형태를 취했으니, 증거인멸의 위험이 높았던 사건이다.

둘째, 연세대 실험실에서 필로폰을 제조한 대학원 졸업생이 마약류관리법 위반죄로 구속 기소됐다. 이 사례는 채팅앱을 통해 공범자와 저지른 죄였다. 제조한 필로폰이 무려 13kg이고 430명분의 투약량이라 하니 범죄가 중대하고, 공범관련 증거 인멸할 가능성이 있었다. 중한 죄는 도주가능성도 높다.

셋째, B 전 수석에게 뇌물을 공여한 C 원장의 부인은 구속 기소된 후 징역 1년이 선고됐다. 수뢰자 역시 금품과 미용시술이 대가성이 없었다고 부인한 점을 보면 쌍방 입을 맞추어 진실을 왜곡시킬 가능성이 높았다.

넷째, 일자리를 주거나 성형수술을 시켜주겠다며 태국여성들을 속여 입국시킨 후 성매매를 강요하고 대금을 가로챈 일당 중 4명이 구속됐다. 범죄가 중

대하고, 활보할 경우 피해자들에게 위해를 가하거나 진술을 회유할 가능성이 높았다. 나아가 불구속 상태에서는 태국의 공범들을 도피시킴으로써 증거를 인멸할 가능성도 충분했다.

다섯째, 최○○씨를 도피시킨 여성은 증거인멸과 도망염려로 구속됐다. 중대 범죄자를 15일간 도피시킨 사람이라면 향후 자신의 도피처를 찾는데도 전문가라 할 수 있다.

여섯째, 234억원을 부동산 투자를 빙자하여 사기 친 ○○시의 부동산경제연구소 대표가 구속 기소됐다. 범죄 중대성이 최대의 고려사항이었을 것이다.

일곱째, 석·박사 논문을 대필하고 7억원을 챙긴 한의대 대학원장과 조교수가 구속됐다. 배임수재 및 위계 업무방해죄의 혐의가 소명되었는데도 대필이 아니라고 부인했다. 향후 도주하거나, 배임증재자인 한의사 45명 등과 입을 맞추어 증거를 인멸할 가능성이 있었다.

여덟째, 회사 돈 700억원을 횡령하고 이 중 55억원을 리베이트로 제공한 ▲▲○○ 회장이 구속됐다. 범죄혐의가 소명되고 증거인멸의 우려가 있다는 것이 법원의 판단이다. 의사들과 회사 영업부 직원들을 회유하여 증거를 인멸할 가능성이 높다. 영업직원들의 개인 비리에 불과하므로 억울하다고 피의자가 변명한 점을 보면 더욱 그러하다.

[22] 알쏭달쏭한 구속기준 2.

전(全) 형사절차에서 국민의 불신을 받아 온 대표적 지점은 바로 영장, 보석, 판결 선고단계이다.

구속기소와 불구속 기소의 불평등, 보석허가와 불허가의 불평등, 실형과 집행유예의 불평등이 국민들에겐 예사롭지 않게 보인다.

위 세 가지 불평등 요소 중에서 시간적으로 가장 먼저 도래하는 절차가 바로 영장단계이다. 초기 승세가 장래 공판에 이르기까지 가장 중요한 점을 잘 아는 수사기관은 구속을 골인으로 간주하며 자신의 수사를 평가받는 잣대로 보는 경우가 많으므로, 구속 여부는 서로에게 너무나 중요하다.

헌법상의 무죄추정원칙에 따라 형사소송법은 불구속수사를 원칙으로 하고 (형사소송법 제198조 제1항), 다만 범죄혐의가 소명되고, 도주우려 및 증거인멸의 우려가 있을 경우 예외적으로 피고인을 구속하여 재판할 수 있다.

그렇다면 범죄혐의는 어느 정도로 소명되어야 하는지, 어떤 경우 도주우려와 증거인멸 위험을 인정할 수 있는지와 관련하여 확립된 법원의 기준은 존재하는가. 그리고 대중에 공개해 왔는가.

그렇지 않다. 법원의 양형기준과 달리 구속기준은 확립된 선례 모음이 없다. 그리고 공개되지도 않는다. 법원은 영장을 발부할 경우 검찰의 영장청구서 「許(허)」란에 법관의 도장을 날인하고, 「否(부)」의 경우 인신구속사무의처리에관한예규 제51조에 따라 불허의 취지와 이유를 기재하여 검찰에 영장기록 원본 일체를 돌려줌으로써 자신의 사무를 다한다. 판결문처럼 구속결정문이 별도로 없고 작성하지도 않으며, 공개되지 않고, 심지어 대법원 사건검색 란에서 검색되지도 않는 완전 비공개 시스템이다. 영장재판 후 법원에 남는 것은 영장청구서 사본과 1쪽짜리 구속전피의자심문조서 원본에 불과하다.

그래서 구속사건에서는 형사변호사의 도움이 필수적이고, 피의자는 절박하다. 대체로 눈을 가리고 절벽 난간을 걷는 기분이리라.

최근 구속된 추가 사례다.

첫째, 인천에서 초등학생을 유인하여 살해한 미성년의 피의자가 구속되었다. 피의자는 잔혹한 범죄를 계획하여 완성시킨 후 증거를 인멸하는 수단으로 시신을 훼손하고 유기하여 증거인멸의 위험성이 현재했고, 도주할 우려도 무시할 수 없었다. 그리고 공범의 존재가 확실해지는 상태였다.

둘째, 5년간 대학원생들에게 BMW 차량 리스료 5천만원을 대납케 하고, 제자 31명으로부터 논문 심사비와 실습비 명목으로 5천 900여만원을 갈취하고, 인건비를 부풀려 청구하여 5,500만원을 가로챈 국립대 교수가 구속됐다. 피해자들이 자발적으로 준 돈이라거나 실험에 필요한 실습비라며 혐의를 부인한 점을 보면, 구속하지 않을 경우 증거를 인멸할 가능성이 농후한 사건이었다. 통상 자신의 지배 하에 있는 참고인들을 위협하거나 매수하여 허위 진술을 작출하는 것은 쉽다.

[23] 구속수사를 피하는 법

검찰은 사회기능의 한 부분을 담당하고 있고, 사회의 보편적 가치가 변하면 수사의 방식과 기능도 변하게 된다.

변하지 않는 것은 수사의 목적뿐이다. 수사는 범인을 발견, 확보하여 범죄 혐의를 밝히고, 증거를 수집, 보존하여 장래의 형사재판에서 피고인에 대해 적정한 처벌을 구함을 목적으로 한다. 수사기관은 수사의 목적을 달성하기 위하여 필요한 모든 수사수단을 쓸 수 있고, 과학수사에서부터 진술확보에 이르기까지 갖가지 수사기법을 행사한다. 수사기법 중에서 피의자와 그의 가족에게 해악이 가장 큰 것은 바로 구속이다.

구속은 피의자로 하여금 자백과 수사협조의 유혹을 느끼게 한다. 부인과 침묵으로 자칫 검사의 노여움을 사게 되면 구속이 장기화될 뿐만 아니라 높은 형을 구형받게 될 수 있기 때문이다. 검찰과 대립을 조성한 상태로는 설령 유리한 판결이 나와도 검사의 상소를 피할 수 없다. 그래서 수사 중 진술거부권을 행사할 배짱이 있는 사람은 좀체 찾기 힘들다.

여기서 우리는 세 가지 의문에 봉착한다. 첫째, 묵비권을 행사하는 것을 수사방해로 보아 구속시키는 것이 옳은가. 둘째, 우리나라 형사소송법은 구속수사와 불구속수사 중에서 원칙이란 것이 없는가. 셋째, 구속영장이 청구된다면 형사법관을 상대로 어떻게 변명해야 하는가.

첫째, 묵비권 행사를 이유로 구속수사를 고지하여 협박하거나 실제 구속사유로 삼아서는 안 된다. 헌법 제12조 제2항과 형사소송법 제244조의3(수사단계), 제283조의2(재판단계)에서 규정하고 있는 진술거부권이 괘씸죄나 구속사유가 될 수 없음은 자명하다. 그러나 실무상 묵비권 행사는 수사방해로 인식될 수 있고, 권한행사를 조언했던 A 의원의 검사 시절 칼럼은 1회 만에 중단됐다.

둘째, 헌법 제27조 제4항과 형사소송법 제275조의2는 유죄의 확정판결이 있기 전까지 무죄를 추정하므로 피의자에게 불필요한 고통은 금지돼야 한다. 그래서 2007년 신설된 조문이 불구속수사 원칙이다(형사소송법 제198조 제1항). 결국 구속수사는 예외적인 수사방식인 것이다. 그렇다면 최근 경찰이 신청한 구속영장을 검찰이 반려한 B기업 회장의 욕설·강요 사건, 같은 취지로 영장이 반려된 △△치킨 회장의 여직원 성추행 사건, 또 경부고속도로에서 졸음운전 참사를 낸 버스회사 경영진에 대한 검찰의 영장 반려 건을 함부로 비판해서는 안 된다. 불구속수사원칙이 영장반려의 주요 기준이 되었다면, 이는 검·경 수사권 갈등의 현상으로 볼 수 없다.

셋째, 구속영장이 청구된 시민은 다음과 같은 점을 주의하여 변론해야 한다. 검찰이 주장하는 범죄혐의가 충분히 소명되지 않았다고 주장하되, 검찰이 수집·제출하였을 증거를 모두 염두에 두고 세심하고도 세련된 반박을 하여 다툼의 여지가 있다는 점을 드러내야 한다. 그리고 최선을 다해 혐의사실에 대해 다투고 소명해 왔다는 점을 주장·입증하여 장래에도 도주우려가 없다고 약속해야 한다. 마지막으로 피의자의 수중에 인멸할 증거가 없다는 점을 합리적으로 주장해야 한다. 정당한 방어권 행사로 보이면 구속을 면하게 된다.

[24] 구속적부심 석방 확대 조짐

앞서 3개 칼럼에서 구속제도와 석방요령에 대해 소개한 바 있다. 금번에 다룰 주제는 수사단계에서 구속자를 석방하는 구속적부심이다.

작년과 금년은 고위공직자와 재벌에 대한 구속 뉴스로 월드컵을 보는 것처럼 나라 전체가 뜨거웠다. 국정을 농단하고, 농단자를 조력한 공무원의 직권남용죄, 뇌물죄 수사와 재판이 지리한 장맛비처럼 전국을 적시기도 했다.

이에 A 검찰총장은 피로감을 호소하듯 연내 수사완료 계획을 발표했다. 그러한 피로감은 검찰의 것만은 아니었다. 최근 서울중앙지법은 구속적부심을 청구한 4명 중 3명을 석방했다. 이러한 조치는 앞으로 검찰의 영장 청구와 법원의 발부 관행에 큰 변화가 생길 것을 예고한다.

B 전 국방장관과 C 전 국방정책실장은 정치 댓글 공작 혐의로 수사받던 중 같은 서울중앙지법의 판단에 따라 구속된 바 있다. 당시 재판부는 범죄 혐의가 소명되고 증거인멸 염려가 있다며 영장을 발부했지만, 이러한 판단이 수사 편의성만 앞세운 검찰의 주장만을 수용한 것이고 피의자의 방어권을 보장하지 않은 것이라는 반성적 고려가 금번에 반영됐다. 석방 명분은 범죄혐의에 다툼의 여지가 있다는 것.

발부된 영장을 해체시키자 비난이 일었고, 법조인이 자주 쓰는 페이스북도 예외가 아니었다. 이에 김명수 대법원장은 법원 결정에 대한 비난은 헌법정신과 법치주의에 어긋나는 것으로 규정하기까지 했다. 구속영장 발부가 줄어들어 결과적으로 검사의 영장청구가 줄어든 것은 이용훈 전 대법원장 덕분이고, 앞으로 구속적부심 석방을 늘려 영장 청구와 발부 관행에 획기적 변화를 가져올 분은 김명수 대법원장이 아닐까. 아직은 예상에 불과하다.

청구된 영장은 항상 발부돼야 하는가. 한 번 발부된 영장은 구속적부심사제도를 사문화시키면서까지 효력이 계속 유지되어야 하는가. 이는 '피의자를 가족의 품으로 돌려보내느냐 아니냐', '공정한 재판권을 보장하느냐 아니냐'의 절체절명(絕體絕命)의 중대한 문제다.

체포·구속적부심사제도는 수사기관에 의해 체포·구속된 피의자에 대해 법원이 적법성과 필요성을 심사하여 부적법·부당하게 구금당한 시민을 석방하는 선진 제도다. 영장심사에 대한 재심절차 내지 항고적 성격을 갖는다.

피의자가 전(全) 형사절차에서 잠시나마 석방되는 길은 총 6개가 있다. 영장심사, 구속적부심, 구속취소, 보석, 집행유예 및 무죄판결, 구속집행정지가 그것이다. 그런데 자유의 전진기지인 구속적부심의 인용율은 15% 이내로 너무 낮았다. 특히 영장심사와 구속적부심과 보석을 모두 사용했는데, 못 나오면 게임은 오버다. 이런 속사정이 이 제도 이용을 주저하게 만들었다.

이 제도의 특징은 현 시점에서의 구속사유의 존부를 다시 판단하고, 또 구속계속의 필요성까지도 동시에 판단하므로 영장심사보다 판단범위가 넓다. 따라서 석방율이 높아야 하는데, 실제에서는 석방이 쉽지 않았다.

이유는 여러 가지가 있겠으나, 대부분은 법관의 심리적 요인에 의한다. 동료인 영장발부 법관의 판단을 깨트려야 하는 제1요인, 만약 석방하였는데 도망하면 비난을 뒤집어 써야 한다는 제2요인. 그래서 합의나 전면자백으로의 전환 등 중대 사정변경 없이 함부로 석방하지 않는 것이 묵시적 관례였다.

그러나 이는 옳지 않았다. 시민을 위한 형사사법제도를 법관의 책임면피용으로 변칙운용 한다면 주권자가 내린 헌법결단을 공무원인 법관이 위배하는 것이고, 피의자는 구속되어서까지 검찰의 수사에 협조할 수인의무가 없다. 그리고 구속제도는 사전형벌이 결코 아니다. 따라서 방어권을 보장받아 대등한 수사를 받아야 하며, 장래 이 제도 활용은 더욱 장려돼야 한다(상세한 내용은 「수사와 변호」 참조).

지난 해 무죄확정 사건 중에서 검찰이 잘못을 인정한 사건은 무려 16.5%였다. 그중 상당수가 불필요한 구금을 당한 것이다.

[25] 닛산자동차 전(前) 회장 보석 석방

2019. 3. 5. 도쿄지방재판소는 3번째로 청구된 카를로스 곤 전(前) 닛산자동차 회장의 보석신청을 허가하면서 몇 가지 조건을 붙였다. 피고인 곤은 2019. 1.에도 두 차례 보석청구를 했으나 당시에는 받아들이지 않았는데, 수사 및 재판 장기화에 따른 방어권 보장의 필요성이 고려된 것으로 보인다. 도쿄법원의 형식적 보석허가 사유는 '증거인멸가능성이 없다'는 점인데, 장기간 무죄 주장을 해 온 곤 전(前) 회장의 주장 중에 법원이 수용가능한 주장도 있었다고 짐작해 볼 수 있다. 무죄 주장 피고인은 석방 시 '도주' 아니면 '계속 다툼'인데, 곤 회장의 그간 변명은 '배임과 금융상품거래법위반죄를 저지르지 않았으며, 제반 절차를 지켰다'는 것이므로, 계속 다툴 것을 예상할 수 있다. 피고인 곤은 출국금지 조건이 부가된 보석허가결정을 받았던 바, 만약 보석조건을 지키지 않게 되면 보석은 취소될 수 있고, 보증금도 몰취당할 수 있다. 곤에게 부과된 보석보증금은 우리 돈으로 무려 100억원여.

최근 우리나라에도 주요 사건 한 건은 보석이 허가됐고, 한 건은 불허돼 상반된 결과를 보였다. 보석 인용으로 석방된 분은 A 전 대통령, 불허돼 계속 구금 상태에서 재판받게 된 분은 B 전 대법원장이다. A 전 대통령에 대해서는 자택 거주, 변호인과 가족만 접견, 보석보증금 10억원의 조건이 붙었다. B 전 대법원장은 '본인은 방어 무기가 별반 없고, 호미 한 자루도 없는 실정에서 수십 만 쪽의 수사기록을 제대로 놓고 검토할 장소도 마땅찮다'고 주장했지만, 법원은 받아들이지 않았다. B 전 원장의 지위 및 영향력을 고려할 때 다수의 사법농단 법관들과 내통해 진술을 번복시킬 수 있는 등 증거인멸 위험이 높다고 봤을 가능성이 가장 크다.

보석은 수사 중 미리 구속된 피고인에 대해 불구속상태에서 재판받도록 석방하는 제도(조건부 구속집행정지의 일종)인데, 조건을 붙여야 하고, 보석보증금도 조건이 되는 경우가 많다. 보석은 불허사유가 없는 한 허가해야 한다. 대표적 불허사유는 도주·증거인멸 염려, 피해자 및 참고인에 대한 위해 염려 등(형사소송법 제95조)이므로, 기본적으로 구속사유(동법 제70조)와 같다. 결국 구속사유가 여전히 존재하는 한 피고인은 보석으로도 풀려날 수 없다는 것을 뜻한다.

실무상 보석에 대해서는 몇 가지 비판이 있다. 첫째, 필요적 보석이 원칙이므로, 불허사유가 없다면 무조건 보석이 허가돼야 하는데, 실무는 매우 인색한 점. 결국 법관의 자의가 많고, 쉽게 풀려날 수 없다는 말이 된다. 둘째, 지체없이 보석심문기일을 열고(형사소송규칙 제54조의 2), 특별한 사정이 없는 한 7일 이내에 결정을 해야 하는데(동 규칙 제55조), 실무상 본안의 유·무죄 판결을 하기 전까지 보석에 대해 별도의 심문기일을 잡지 않고, 판결 시 보석판단을 사실상 함께 하는 점. 결국 풀려날 수 없어서 방어권이 제대로 보장되지 못한 피고인은 유죄 및 실형 선고 시 비로소 자신의 보석청구가 진작에 기각됐음을 알게 된다. 셋째, 보석청구에 대해 검사의 의견을 물을 경우, 검사는 항상 도주 우려, 증거인멸 우려 등을 내세우며 구속재판을 원칙처럼 강행하는 점, 넷째, 보석허가결정에 대해 검사가 즉시항고하는 경우 과거에는 보석 집행이 정지돼 석방이 불가능했는데, 헌법재판소의 위헌결정 후 이제는 보통항고만 가능하고, 피고인의 석방에 제약이 없다.

이 사건 곤 전(前) 회장의 보석을 허가한 법원 결정에 대해 일본 검찰이 항고절차를 밟을 것으로 예상되는데, 검찰의 주장이 타당할 경우 상급심이 원결정을 취소할 수도 있다. 검찰의 항고가 기각되고, 곤 전(前) 회장이 보석보증금 100억원을 모두 납부하면, 불구속 상태에서 재판받게 된다. 실무상 보석보증금은 현금 이외 보증보험사가 발부한 보험증권으로 갈음할 수 있다.

[26] 개 주인의 주의의무

세계문화유산으로 지정된 고창고인돌 산책로를 걷던 40대 부부는 갑자기 으르렁 소리를 내며 달려든 개 4마리와 필사적으로 싸우게 됐다. 처음에는 산속에서 나온 맹수인 줄 알았는데, 알고 보니 주인이 목줄을 풀어 돌아다니게 한 멧돼지 잡이용 사냥개들이었다. 부부는 팔, 어깨, 허벅지 등을 무려 5분 동안 7차례나 물렸고, 한 명은 개에게 물린 채로 논바닥으로 끌려 떨어지기도 했다. 피해자 부부와 그의 지인들이 사투를 벌여 겨우 개들을 떼 내고, 병원에서 3시간이나 봉합수술을 받았는데도 성형수술이 남았다고 하니 사실상 유럽에서 발생했던 IS 테러에 가깝다. 특히 가해 개들의 주인은 개가 사람을 습격하자 현장에서 자리를 뜨고 도망했다고 하므로, 피해자는 평생 이 사건의 악몽이 잊혀질리 없다.

이 사건 개 주인은 대형견의 잡종 새끼 4마리에 대해 2년간 멧돼지 사냥훈련을 시켰다고 한다. 그렇다면 평소 맹수와 같이 대상자 또는 대상 짐승을 무는 훈련을 시켰다는 것이 된다. 이렇게 위험한 훈련을 시킨 대형견이 목줄과 입마개 없이 집 밖으로 나돌아다닐 경우 행인을 공격할 수 있고, 대참사로 이어질 수 있음은 조금만 생각해 보면 알 수 있다. 그런데도 개 주인이 그러한 주의의무를 게을리 한 것은 일반 과실이 아니고, 중과실로 평가돼 가중처벌을 피할 수 없다.

그렇다면 개 주인은 중과실로 인하여 사람을 다치게 하였으므로 중과실치상죄가 성립한다.

그리고 자신의 선행행위로 인해 구호의무가 발생했는데도 피해자를 돕지 않고 자리를 뜸으로써 유기한 것은 별도의 유기죄 또는 유기치상죄로 처벌될 필요가 있다. 이 부분은 법 개정이 필요하다.

사안을 달리하여, 만약 개를 사주하여 사람을 물게 하거나 물어 죽이게 하면 이는 중과실치상죄나 과실치사죄가 아니라 상해죄, 살인죄로 처벌된다. 또 개가 짖도록 조종하여 사람을 놀라게 하거나 놀라 넘어져 다치게 했다면 폭행죄, 상해죄로 처벌된다. 이때 개는 총 또는 총알이고, 가해자는 개를 총과 같이 이용한 직접정범이다. 한편 정신병자를 조종하여 타인을 죽이거나 때리도록 하는 것은 개를 이용한 것과 달라서, 처벌되지 않는 자를 이용하여 숨어서 범죄를 저지른 간접정범으로 처벌받게 된다.

개 주인은 위와 같은 형사처벌 이외에도 민사상 손해배상책임을 물게 되고(민법 제759조 동물 점유자 책임), 배상책임도 피해자의 치료비에 그치지 않고, 장래 성형수술비용, 개호비, 입원비, 약제비와 보조도구비, 일실수익, 피해자 가족의 정신적 위자료까지 포함하는 폭넓은 범위로 인정되므로 각별한 주의를 요한다. 위 동물 점유자의 책임에는 소유자, 간접점유자, 점유보조자가 모두 포함된다고 해석되고, 대법원은 소유자와 간접점유자의 책임을 명시적으로 인정하고 있다(대법원 80다2966 판결). 그리고 예방의무의 정도와 관련하여, 대법원은 위 판결에서, "토사견은 성질이 난폭하여 사람에게 피해를 입힐 위험이 크므로, 이를 타인에게 빌려주는 경우에는 그가 토사견을 안전하게 관리할 수 있는 시설을 갖추고 있는지 여부를 확인해야 할 주의의무가 있는바, 토사견을 보관할 별도의 개집도 갖추지 아니한 자에게 빌려주어 낡은 개 끈으로 묶어두었다가 사고를 일으킨 것은 소유자에게 과실이 있다"고 판단하여 견실한 예방조치를 요구하고 있다.

한국소비자원의 발표를 보면 개에게 물린 사고는 2016년 1,019건이었다.

[27] 골프공에 맞아 쓰러진 힐러리

도널드 트럼프 미국 대통령이 17일 힐러리 클린턴 전 민주당 대선 후보가 회고록을 내며 자신을 비판하자 합성영상을 자신의 트위터에 리트윗했다.

이 영상은 트럼프가 과거 골프샷을 한 장면과 2011년 힐러리가 전용기에 탑승하다가 발을 헛디뎌 넘어지는 장면을 인위적으로 합친 것이다. 결국 리트윗 영상을 보면 트럼프가 드라이브샷을 하여 날아간 공이 힐러리의 등에 맞았고, 이 충격으로 힐러리는 비행기 탑승구에서 넘어졌다. 그러나 이것은 사실이 아니며, 비방의 목적이 다분하다. 동영상의 제목 역시 '트럼프의 환상적인 골프 스윙, #사기꾼힐러리'인 것을 보면 의도가 뻔히 보인다.

이러한 거짓 영상을 대통령이 함부로 올려도 되는가 하는 법적 문제는 처음으로 제기된다. 그런 적이 없었기 때문이다.

우리나라에서는 A 전 대통령의 풍자 포스터를 붙였다가 처벌된 사례, 청사초롱에 쥐그림을 그려 B 전 대통령을 풍자했다가 처벌된 사례, C 전 대통령을 풍자하는 벽화를 대구 동성로에 그려 처벌된 사례, D 전 대통령 얼굴에 영화 '웰컴 투 동막골' 여주인공 복장을 합성했다가 처벌된 사례 등(이상 사례들을 명예훼손죄로 벌한 것은 아님) 민초들이 정치권력을 풍자한 적은 있었지만, 대통령이 그러한 짓을 한 사례가 없다.

트럼프 대통령의 행위는 형법상 어떠한 평가를 받을까.

첫째, 트럼프 대통령은 옥외광고물을 부착하는 방식으로 본건 행위에 나아가지 않았고, 타인의 건물 외벽에 포스터를 붙이지도 않았다. 옥외광고물등관리법과 경범죄처벌법(광고물 무단부착)의 적용대상이 아니다.

둘째, 공용물건에 그림을 새겨 넣는 방식으로 손상시키지 않았으므로 공용물건손상죄의 적용대상이 아니다.

셋째, 트럼프의 돌발 행위에도 불구하고 그 영상이 트위터의 효용을 해한 증거가 없으므로 재물손괴의 적용대상이 아니다(오히려 인기가 올라가 효용이 증진됐을 것이다).

넷째, 허위의 풍자를 하였으나, 원래 풍자는 꾸며낸 이야기를 희화화하는 것이고 시청자는 누구나 풍자임을 알았으므로 위계로써 트위터의 업무를 방해하지 않았다(오히려 영업에 도움을 주었을 것이다).

다섯째, 힐러리가 트럼프의 골프공에 맞아 넘어진 사실이 없는데 합성 동영상을 올린 것은 정보통신망을 이용한 허위 명예훼손의 가능성이 있다. 다만 현재의 판례는 타인의 사회적 가치를 저하시켜야 하고, 구체적 사실을 적시해야 한다고 보는 점에서 명예훼손죄 성립을 완전히 점칠 수는 없다. 트럼프는 타인의 사회적 가치를 저하시킨 것이 아니라 자신의 품격을 스스로 저하시킨 자학행위를 했고, 골프공에 맞아 넘어진 것이 사실이든 허위이든 그것이 곧 힐러리의 명예를 손상시킬 구체적 사실인지 의문이 든다.

만약 검찰과 법원이 명예훼손죄와 관련하여 트럼프에게 불리한 수사·재판을 할 경우 분명 트럼프는 다음과 같은 단계별 변명을 할 것이다. 명예를 훼손시키는 구체적 행위가 아니라고 하거나(구성요건 흠결 주장), 자신은 현직 대통령을 비방한 힐러리에 대항하여 방어하기 위한 정당한 행위를 하였다고 주장하거나(일반적 위법성조각사유), 재미를 제공하고 반대견해도 있다는 점을 보여 여론을 환기하기 위한 행동으로 공공의 이익에 부합하므로 비방의 목적이 없었다고 주장할 것이다(명예훼손의 특수한 위법성조각사유 또는 정보통신망법 제70조의 비방목적 구성요건 흠결 주장). 그러나 서두에서 살핀 것처럼 트럼프의 의도가 뻔히 보이는 이러한 사건에서 구성요건에 흠결이 발생하거나 위법성이 조각될 가능성은 낮다.

[28] 허위 소개령 전파는 국가보안법 위반

가뜩이나 악화일로에 선 남북정세와 국내긴장을 고조시키는 방법은 여럿 있을 수 있다.

종전에는 허위 전단을 뿌리거나, 허위 사이렌을 울리거나, 국가관서에 불을 질러야 삽시간에 나라를 혼란에 빠뜨릴 수 있었는데, 지금은 인터넷을 허위 나팔수로 이용하여 같은 목적을 달성할 수 있다.

최근 주한미군 가족과 군무원에게 '비전투원 소개작전(疎開作戰) 명령이 하달됐다'는 내용의 가짜 메시지가 대량 발송됐고, 놀란 주한미군 가족들의 소셜 미디어로 빠르게 전파되었다. 페이스북(Facebook)의 전파속도와 범위는 빛의 속도에 가깝다. 가짜 메시지가 「'주한미군' 공식경보: 실제 NEO(Noncombatant Evacuation Operation)명령 발령」이란 무시무시한 제목을 달고 있었으니, 미군 가족들의 놀란 마음이 이해가 간다. 사건의 심각성으로 인해 현재 이 일은 주한미군 수사 당국이 수사에 착수했다고 한다.

미군 가족과 군무원을 국내에서 철수시키는 작전이 실시됐다는 소문을 퍼트린 유포자는 무엇을 노렸는가. 또 이러한 허위사실 유포는 현행법에 따라 어떠한 처벌을 받게 될까.

미국은 대한민국의 동맹 1순위이며, 혈맹이다. 미군은 한미상호방위조약에 따라 동맹국인 한국을 방어하기 위해 국내에 주둔하며, 유사시 우리나라를 위해 전쟁수행을 하게 될 강력한 전쟁 억제책이다. 그런데 미군 가족과 군무원이 한국을 떠나 국외로 분산되는 대규모 비상소개작전을 펼친 것이 사실일 경우 국내에서 전쟁이 임박할 뿐만 아니라 현재했다는 것을 뜻하며, 대한민국의 정치, 사회, 경제 질서는 급속도로 혼란에 빠질 수 있다.

범인이 이러한 점을 노리고, 나아가 한·미 당국 간 사실확인 과정에서의 이견과 이간질을 노렸다면 이는 적국을 이롭게 하고 대한민국을 해롭게 한 것이다.

이러한 행위를 엄단하기 위해 국가보안법은 반국가단체의 구성원 또는 그 지령을 받은 자가 형법 제93조의 여적(적국과 합세하여 대한민국에 항적), 형법 제99조의 일반이적(대한민국의 군사상 이익을 해)하는 행위를 강력히 처벌하고(국가보안법 제4조 제1항 제1호), 위 행위를 선동·선전하거나 사회질서의 혼란을 조성할 우려가 있는 사항에 관하여 허위사실을 날조·유포하는 것을 엄중히 벌하고 있다(동법 제4조 제1항 제6호). 실행에 착수하지 않은 예비·음모도 중형으로 다스린다(동법 제4조 제3항, 제4항). 또 국가변란을 선전·선동할 목적의 단체 구성원으로써 사회질서의 혼란을 조성할 우려가 있는 사항에 관하여 허위사실을 날조·유포하면 2년 이상의 징역에 처해진다(동법 제7조 제4항).

한편 위 제4조의 죄를 저지른 범인을 알면서 신고하지 않은 시민도 처벌되고(동법 제10조), 수사기관으로부터 참고인 출석을 요구받고 정당한 이유 없이 2회 이상 불응하면 영장에 따라 강제 구인될 수도 있다(동법 제18조).

반면 범인을 통보, 체포한 시민은 상금을 받거나(동법 제21조), 압수물 가액의 1/2 범위에서 보로금을 지급받을 수도 있다(동법 제22조).

국가보안법 위반자를 체포할 때 반항 또는 교전으로 살해해도 상금을 지급받을 수 있고(동법 제21조 제3항), 범인을 신고·체포하는 과정에서 상이를 입거나 사망하면 국가유공자나 보훈보상대상자로 보아 보상받게 된다(동법 제23조).

이러한 국가보안법의 규정체계를 보면, 사례에서 행위자는 엄중한 책임을 지게 될 것이다.

[29] 뛰는 놈 위에 나는 놈

서울중앙지검 첨단범죄수사1부는 합법적 형태로 회사를 개설한 뒤 2014. 7.~2017. 9.까지 100여대의 컴퓨터를 이용하여 봇(BOT) 프로그램을 활용해 네이버 검색 순위를 조작한 운영자 두 명에 대해 컴퓨터 업무방해죄로 구속기소하고, 직원들에 대해서는 불구속 기소했다.

봇 프로그램은 자동화된 작업을 반복 수행하는 복제 프로그램으로, 피의자들은 특정 단어를 반복적으로 조회하는 수단으로 사용하여 네이버 검색순위를 조작했다. 벌어들인 수익이 33억원 이상인데, 이들에게 검색순위 조작을 의뢰하였던 이들은 성형외과, 치과의사, 음식점, 학원, 인터넷 쇼핑몰이었다.

의뢰자와 피의자들을 연결한 중개업자가 대가로 2억원 넘는 돈을 요구한 사례도 있었다고 하니, 봇 개발자, 운영자, 브로커, 의뢰인 모두에게 중요 시장이 열렸던 셈이다.

인공지능에 준하는 네이버 검색로봇을 착각에 빠뜨려 조작된 검색결과를 네티즌에게 제공하게 한 피의자는 실력이 좋아야 한다. 전직 프로게이머도 있었다고 하니, 4차 산업혁명 시대의 핵심 일꾼이 사회악이 되고 말았다. 이러한 행위로 피해를 입은 피해자는 누구이며, 재발방지책은 무엇인가.

검색어 조회를 통해 시민들의 삶은 획기적으로 변했다. 필요 시 언제든 '범어동 성형외과', '수성구 치과', '동성로 맛집', '팔공산 가볼만한 곳', '대구변호사' 등의 검색을 통해 자신의 목적을 최단기에 달성하게 됐다. 특히 스마트폰이 등장하고 4G 고속인터넷망 사회로 접어든 최근 수년 간 검색환경이 완전히 바뀌어 이제 시민들은 차 안, 극장, 공원에서 편리하게 자신의 궁금증을 풀게 도됐고, 검색을 믿고 지갑을 열었다.

이런 점을 노린 범인들은 허위정보의 입력 또는 기타 방법으로 의뢰자의 회사명을 검색 최상단에 노출시킨 것이다.

피해자는 조작된 네이버의 검색순위를 믿고 지갑을 연 시민과 네이버, 양인(兩人)이다.

다만 불특정 다수인 시민을 피해자로 공소제기하는 것은 사실상 피해자, 피해액 불특정으로 공소기각판결을 받을 수밖에 없어 검찰이 회피할 가능성이 높다.

따라서 실제 수사와 공소제기를 통해 피해자는 네이버(NAVER)가 될 것이고, 피의자들은 네이버의 검색업무를 방해했다.

위계에 의한 업무방해죄가 성립한다고 볼 여지가 있으나(형법 제314조 제1항), 정보처리장치에 허위정보·부정한 명령을 입력하거나 기타 방법으로 정보처리에 장애를 발생케 하였다고 보아 컴퓨터업무방해죄로 처벌될 것이다(동조 제2항).

심지어 법원은 포털사이트 운영회사의 통계집계시스템 서버에 허위 클릭정보를 전송하여 검색순위 결정 과정에서 전송된 허위의 클릭정보가 실제 통계에 반영됨으로써 정보처리에 장애가 현실적으로 발생한 사건에서, 설사 실제 검색순위의 변동을 초래하지 않았더라도 본죄를 인정한 선례가 있고(대법원 2008도11978 판결), 한편 대법원 2010도14607 판결은 피해자를 네이버, 네이버의 스폰서링크 광고주, 양인으로 보았다.

앞으로 이 같은 대국민 기망행위를 근절하기 위해 불법 수익에 대한 철저한 환수가 필요하다. 재산적 이욕범은 대체로 수익 전액 환수 시 범행동기를 상실하는 경우가 많다.

[30] 정당방위(Self Defence)

11일 서울북부지검 형사2부는 2년 전 발생한 서울 공릉동 살인사건의 피의자에게 무혐의 처분을 했다. 자신의 집에 침입한 군인을 살해했지만, 흉기로 약혼녀를 살해한 군인에 저항하다 일어난 일이어서 정당방위라는 판단이다. 정당방위는 쉽게 인정되는가.

정당방위는 위법성조각사유이다. 형법 및 특별형법에서 정한 범죄구성요건에는 해당하지만, 위법하지 않다는 판단이다. 이 경우 검찰에서는 무혐의, 재판에서는 무죄다.

이와 다른 것으로, 심신상실 등 책임이 조각되어 무죄가 되는 경우가 있다

(신종마약 LSD를 복용하고 환각상태에서 모와 이모를 살해하여 12일 무죄가 선고된 대전고법 판결).

결국 범죄의 성립요건은 구성요건해당, 위법, 책임의 3요소를 갖추어야 한다는 것을 알 수 있다. 구성요건에 해당하면 위법성은 추정된다. 따라서 변호인은 위법성조각사유를 적극적으로 주장·입증해야 한다.

대표적 위법성조각사유가 정당방위, 긴급피난, 정당행위이다. 정당방위는 공세적 방법으로 가해자를 막아도 된다. 반면 정당행위는 경미한 방법으로 저항한 경우 인정된다.

정당방위는 방어에 필요한 행위를 공세적으로 해도 된다는 법리이므로 남용될 가능성이 있다. 따라서 법원은 공격의 수위가 의외로 강했다거나 방어결과가 참혹할 경우 이를 인정하는데 소극적이다.[19] 검찰에서 "살인을 하고도 법률적으로 처벌을 받지 않는 경우는 매우 이례적"이라고 밝힌 것은 이러한 점을 배경으로 한다.

자기 또는 타인의 법익에 대한 현재의 부당한 침해를 방위하기 위한 행위로써 상당한 이유가 있는 경우라야 정당방위가 된다.

첫째, 침해는 현재성이 있어야 하므로, 침해행위에서 벗어난 후 분을 풀려고 한 후속 공격행위는 위법하다.

둘째, 싸움은 서로 공격의사로 교차 공격하는 것이어서 정당방위가 아니다. 서로 상해진단서를 끊어 와도 쌍방 처벌된다.

셋째, 예외적으로 싸움에서 당연히 예상할 수 있는 정도를 초과한 과격한 침해행위에 대한 반격은 허용된다. 또 싸움이 중지된 상태에서 한편이 다시 공격하여 이를 막기 위해 단도로써 상대의 복부를 찌른 것도 허용된다.

넷째, 상당한 이유 있는 방어행위여야 한다. 정당방위가 성립하려면 침해되는 법익의 종류, 정도, 침해의 방법, 침해행위의 완급 등 일체의 구체적 사정을 참작하여 방위행위가 상당한 것이었다고 인정할 수 있는 것이어야 한다. 따라서 방위에 필요한 행위에 제한되고, 필요성은 행위 당시를 기준으로 일체의 구체적 사정을 고려하되 객관적으로 판단한다. 적합한 수단을 사용해야 하나, 최후의 수단으로만 방위행위를 할 수 있는 것은 아니다. 나아가 보전되는 법익

19) 대법원은 늦게 귀가했다는 이유로 자신을 폭행하던 남편을 돌로 십수 차례 때려 살해한 아내에게 징역 4년의 실형을 확정하면서, 정당방위 주장을 배척했다(대법원 2018. 6. 28, 선고 2018도6304 판결).

이 침해되는 법익과 균형을 이루거나 우월할 것을 요하지 않는다.

이처럼 요건이 까다로우니, 정당방위를 인정받은 사례는 손에 꼽힐 정도이다. 검사와 법관은 대부분의 정당방위·정당행위 주장을 배척하고, 구체적 사정하에서 형을 감경할 뿐이다.

이런 가운데 7. 28. 대구지방검찰청은 흉기를 휴대하고 집단상해를 가한 폭력배들에게 맞선 피해자와 장모에게 (변호인인 필자의 의견을 수용하여) 증거불충분 무혐의처분을, 처에게 정당행위를 인정하여 죄 안됨 무혐의처분을 했다. 자칫하면 특수상해 피해를 입고도 오히려 가해자로 처벌될 뻔한 사건이었다.

한편 불법하게 체포한 검사나 경찰에 대항한 경우 공무집행방해가 아니고, 이 과정에서 검사나 경찰관이 상해를 입더라도 정당방위가 되는 사례가 가끔 있다(대법원 2011도3682 판결; 대법원 2006도148 판결; 대법원 2006도2732 판결; 대법원 99도4341 판결; 대구지방법원 2009고단1743 판결; 대전지방법원 95고단200 판결).

정당방위의 성립을 우리보다 폭넓게 인정하는 나라로 미국을 꼽는 경우가 많다.

[31] 피해자의 승낙

아시아의 성형수술 메카 서울 강남에서 충격적인 사건이 발생했다.

성형외과 대표원장 A가 모자이크 프락셀 레이저 기계를 구입한 이유는 피부에 레이저를 조사해 세포재생을 돕는 시술을 하기 위해서였다. 진료영역 확장을 위해 기계를 구입한 A는 고용의 B를 채용하기도 했다. 피부과 전문의 자격을 취득하지 못한 B는 카카오톡 채팅방에서 레이저 시술을 무료로 받을 병원 직원을 모집하기로 마음먹었다.

이 병원 홍보팀 직원이었던 여성이 자원하여 얼굴에 레이저 시술을 받았는데, 상해의 결과에 도달한 것이다. 무려 36군데의 얼굴 피부가 움푹 파이고 진물이 나오는 처참한 결과가 발생했다고 한다. 피해자의 승낙을 받고 시술을 하였으므로 B는 아무런 죄가 되지 않는가.

위법성조각사유로는 정당방위, 정당행위, 긴급피난, 자구행위, 피해자의 승낙이 있다.

의사의 치료행위는 상해의 결과에 도달하더라도 처벌되어서는 아니 될 필요성이 있다. 의료행위는 의사의 업무로 인한 행위로 정당하고(정당행위), 환자의 승낙을 전제로 위법하지 않기 때문이다(피해자의 승낙). 만약 의사가 적절한 주의의무를 다하여 처치(處置)한 것을 두고 형사처벌을 한다면 의료행위에 나설 의사가 없다는 입법적 고려이다.

이 같은 의사의 치료행위가 처벌되지 않는 영역 안에 들어오기 위해서는 현대과학과 주의의무를 준수한 행위여야 하고, 피해자의 승낙을 넘어서는 예상할 수 없는 결과가 발생해서는 안 된다.

따라서 의사는 의료현장에서 치료의 목적을 달성할 수 있는 처치기술과 의료기기 사용법을 사전에 충분히 익히고, 예상될 수 있는 문제점을 고려하여 주의 깊은 의술을 행해야 한다. 그리고 부작용에 대해 미리 환자에게 충분한 설명을 하여 진의에 터 잡은 유효한 승낙을 받아야 한다. 사안에서 B는 이러한 과정을 거쳤다고 볼 수 있는가.

B는 다른 병원 피부과에 근무한 적이 있었으나, 피부과 전문의에 비하여 숙련된 의술을 가졌다고 보기 어렵다. 그래서 B 스스로도 환자를 상대로 한 시술을 바로 하지 못하고 직원에게 무료 시술을 한 것이다. 그런 B가 해당 기계를 한 번도 다뤄본 적이 없음에도 정확한 사용법을 미리 숙지하지 않았고, 시술 중 의료기기 판매직원에게 세 차례나 전화로 문의했다고 하니, 지나가는 개도 웃을 의료과오가 맞다.

그런데도 B는 겁 없이 피해자의 얼굴부터 먼저 레이저를 조사했고, 레이저 강도를 지나치게 높게 설정하는 바람에 30세도 안 된 피해자에게 막대한 신체 침해의 결과를 입혔다.

B의 행위는 상해의 고의가 없었다고 하더라도 업무상과실치상죄가 성립하고, 정당행위로 볼 수 없으며, 유효한 피해자의 승낙을 얻었다고 볼 수도 없다(진단상의 과오로 처벌된 사례는, 대법원 92도2345 자궁적출 사건).

결국 B는 업무상과실치상죄로 처벌될 수 있으며, 의료과실로 인한 배상책임도 져야 한다. 한편 대표원장 A는 고용의 B의 진료업무를 감독할 위치에 있었던 자로써 사용자책임을 지게 된다.

사안을 달리하여 의사가 간호조무사로 하여금 중요한 시술행위를 직접 하도록 맡겨 두었다면, 이 자체로 정당하지 않아 처벌된다(대법원 2005도8317 판결).

그 외 업무로 인한 정당행위 사안은 변호사의 변론행위이다. 변호사는 변론의 필요상 다양한 행위를 할 수 있으나, 범인은닉, 위증, 증거인멸을 적극적으로 교사하는 것은 금지된다. 또 브로커로부터 사건을 조달받거나 명의를 대여하는 행위도 변호사법에 따라 처벌된다(최근의 대구지방법원의 변호사 처벌 사례).

[32] 사이버 범죄(SNS 모욕)

정보화 산업이 고도화되면서 SNS를 기반으로 한 블로거와 인스타그램을 개인 사업에 이용하는 사람이 생겨났다. 블로그 운영자와 인스타그래머 중에서는 명품 쇼핑과 호화 해외여행 사진을 소재로 재미있는 글을 올려 많은 사람으로부터 사랑받는 파워 블로거, 슈퍼 인스타그래머도 있다.

이들은 웬만한 연예인 못지않게 일거수일투족이 실시간으로 세간의 관심을 받는다. 그런데 파워 블로거와 슈퍼 인스타그래머의 상당수는 옷, 액세서리, 선글라스, 구두, 가방 등을 팔아서 이윤을 남길 목적으로 해당 SNS를 운영하는 사람이다. 따라서 네티즌으로부터 의심 없는 좋은 평판을 받는 것이 중요하고, 경쟁자로부터 허위사실로 공격을 받을 경우 명예와 평판이 저해되어 장사에 지장을 받게 된다.

최근 유명 블로거 ▲▲▲ A씨가 비방전에 휘말렸는데, 알고 보니 지인인 B씨와 동업자였던 C씨 사이의 막장 폭로전에 휘말린 것이었다.

많은 팔로어를 거느린 블로거 C씨는 주부 사업가였고, C씨는 가방 사업으로 성공한 다른 파워 블로거 B씨와 가방 판매사업을 동업으로 하였는데, 사이가 틀어져 2014년부터 C씨와 B씨가 서로의 비리를 폭로하면서 ▲▲▲ A씨와 D 변호사가 애꿎게 스캔들 주목을 받은 것이었다.

B씨는 C씨를 동업자금 횡령죄로 고소했고 실제 C씨는 기소되었다. 그러자 C씨는 2017. 초 3차례 페이스북에 A씨와 B씨를 두고 “너희가 인간이고 애 키우는 엄마들 맞느냐” 등의 비방글을 올려 모욕죄로 추가 기소된 일이 발생했다.

파워 블로거와 슈퍼 인스타그래머를 겨냥해서 정보통신망인 SNS에 타인을 비방하는 글을 올린 이 사건은 추상적 가치저하를 꾀했다고 보아 모욕죄로 기소됐다. 만약 구체적 사실을 적시했더라면 허위 사실일 경우 허위 명예훼손죄로 가중처벌을, 진실사실이라도 공익목적이 주된 것이 아니었던 한 사실적시 명예훼손죄로 처벌됐을 것이다. 이 사건은 피해자들이 사이버상에서 인간도 아니라는 식의 모욕을 당한 것으로, 추상적 사실적시로 피해를 입은 경우다.

사안을 달리하여 구체적 사실이 악랄한 거짓을 담고 있고 B씨와 ▲▲▲ A씨의 영업을 방해할 목적이 분명하였다면 위계 업무방해죄의 성립도 추가로 가능한 사안이었다.

한편 동업관계에서 자금을 함부로 인출하여 쓰거나 수입 일부를 속여 타방에 고지하는 식으로 가로채는 경우 타인의 재산인 동업재산을 훼손한 것으로 횡령죄가 성립한다.

횡령은 임의유용, 반환거부를 모두 포함하고, 정당한 절차를 거치지 않은 유용과 정당한 사유 없는 반환거부를 모두 처벌한다. 동업의 성립은 쌍방 출연, 동업재산의 형성, 이익과 손해 양자에 대한 이해관계의 정립이 요구된다.

일단 동업관계가 형성되면 어느 일방이 임의로 재산을 손대서는 안 되고, 동업체의 외부채권을 임의로 훼손시킬 수도 없다. 동업과 대조적인 것이 투자인데, 투자는 투자받은 자가 그 돈을 임의로 사업에 사용할 수 있으며 일일이 투자자의 허락을 받을 필요가 없다. 합유체로서의 동업재산이 형성된 적이 없기 때문이다.

투자자의 돈은 투자 즉시 투자받은 회사의 돈이 되고, 다만 정산의 약정에 따라 정산기에 이익과 손해를 정산하여 남는 돈을 반환하거나 이익금을 배당하여 주면 된다. 따라서 원칙적으로 횡령으로부터 자유로우나, 다만 애초부터 모험적 사업에 뛰어들도록 기망으로 돈을 끌어들이면 사기가 된다.

[33] 환각 살인

미국인 부와 한국인 모 사이에서 태어나 국내 외국인학교를 우수한 성적으로 졸업하고 미국 명문대 입학허가까지 받았던 청년이 그의 모와 이모를 흉기로 잔혹하게 살해한 사건이 발생했다.

피고인은 "집안 전체에 여러 목소리가 들렸고, 그 목소리가 나를 조종했고, 어머니와 이모를 로봇으로 생각하고 찔렀다"는 취지의 진술을 했다고 하니, 허망하기 짝이 없는 사건이다.

수사과정에서 밝혀진 바에 따르면, 이 청년은 사건 열흘 전 대전의 한 여관에서 친구가 준 마약을 2회 투약했는데, 하필 이 마약이 LSD로 필로폰의 300

배에 달하는 강력한 환각제였고, 이것을 투약하면 '환각제 지속성 지각장애'를 일으켜 효과가 수개월에서 1년까지 유지되는 경우가 있다고 한다. 그래서 미국에서는 같은 마약을 투약한 피고인의 살인사건에 대해 무죄 판결이 내려진 사례도 있다.

1심은 피고인이 심신상실이 아닌 심신미약 상태에서 범행을 한 것으로 보고 책임을 조각하지 않았고 살인죄에 대해 유죄를 판결했으나, 대전고등법원은 지난 10월 12일 강력한 LSD마약을 복용한 상태에서 저지른 피고인의 살인 등 행위에 대해 모두 무죄를 선고했다. 모를 살해한 존속살인, 이모를 살해한 보통살인, 출동 경찰관을 폭행한 공무집행방해죄를 모두 무죄로 판결하고, 다만 심신이 정상인 상태에서 마약을 투약한 혐의만 유죄로 판단해 중요부분의 결론을 완전 뒤집었다. 이에 따라 피고인은 마약류관리법위반죄로 징역 2년에 처해졌고, 재범의 위험성으로 인해 치료감호 처분을 함께 받게 되었다.

형법 제10조 제1항의 심신상실이란 심신장애로 인하여 사물을 변별할 능력이 없거나 의사를 결정할 능력이 없는 상태에서 저지른 범죄를 처벌하지 않는 대표적 책임조각사유다. 이 경우 무죄가 선고된다.

반면 동법 제10조 제2항의 심신미약은 책임을 조각하는 사유가 아니라 감경하는 것이어서 죄를 인정하되 형을 감경하는 사유다. 극도의 흥분상태 또는 약물중독상태에서 비이성적 결정을 할 수 밖에 없었던 행위는 책임을 감경하는 경우가 종종 있다.

그렇다면 마약을 복용한 상태에서 한 행위는 항상 무죄가 돼야 하는가. 그렇지는 않다. 법원의 공보내용을 보면, 이 판결은 마약투약상태에서 저지른 행위인 점과 더불어 피고인이 평소 모범적 생활을 해왔으며 가족과도 사이가 좋아 범죄의 인식이 없었다고 볼 특수성이 드러난다. 처벌을 피한 예외적 사례로 봐야 한다는 것이다.

사안을 바꾸어 만약 자신이 마약을 하면 범죄를 저지를 가능성이 있음을 알고도 마약을 투약했고, 투약상태에서는 별달리 살인의 고의가 없었지만 결국 심신을 제어하지 못해 살인하게 된 것이라면 어떻게 봐야 하는가.

이는 결과에 대한 고의는 없지만 원인에 있어서는 과실 있는 행위가 된다. 형법이론은 이를 '원인에 있어서 자유로운 행위'라고 하고, 살인죄의 성립은 어려우나 과실치사죄는 성립될 수 있다(일본최고재판소 1951. 1. 17.자 판결, 刑集 5-1, 형법판례백선 1, 106). 형법 제10조 제3항은 '위험의 발생을 예견하고 자의로 심신장애를 야기한 자의 행위에는 전 2항의 규정을 적용하지 아니한다'고 규정하여 심신상실도 심신미약도 아니어서 책임의 조각, 감경사유로 삼을 수 없음을 밝히고 있다(대법원 92도999 판결).

[34] 사내 성범죄

그간 은밀히 진행되고 조용히 묻혀왔던 사내 성범죄 사건이 최근 수면 위로 부상하여 초미의 관심이 되었다.

영남일보 2017. 11. 8.자 사설도 성적인 언어와 행동으로 공격해 직장 동료에게 피해를 주는 직장 내 성범죄 사건들을 예시하면서 조직문화 개선을 촉구한 바 있다.

대구의 경우도 예외가 아니다. ▣▣은행, ○○의회 사건이 발생했고, 물의를 일으킨 ◇◇치킨 회장도 원래 대구사람이고 대구기업이다.

기업총수인 전 ▲▲그룹 회장은 사임 후 미국체류 중 14일 체포영장이 발부된 상태다.

성범죄 사건 피해자들의 감수성은 뜻밖에도 무뎠다. 여성가족부는 실태조사 응답자의 78%가 '참고 넘어갔다'는 결과를 발표했는데, 성범죄의 양상과 대처방안은 무엇인가.

남자 간부에 의해 성추행 당할까 봐 최근 여직원들 사이에 회식공포(회식포비아)가 유행하고 있는 점을 보면 대부분의 사내 성범죄 사건은 부적절한 회식문화에서 기인한다고 해도 과언이 아니다.

회식도 근무의 연장이라고 본 기성세대들은 대부분 회사의 간부이고, 그들은 자신들이 신입일 때 겪고 당한 일을 전통이나 관행으로 포장하며 회식을 강요한다. 회식자리는 술잔을 강제로 돌린 후 술 취한 상태에서 러브 샷이나 옆자리 술시중을 요구하는 수순으로 자연 진화한다. 술 핑계를 댈 수 있다는 점, 공동체의 이익에 합치된다고 믿는 점, 동석한 이목이 유리한 증인이 되는 점, 예상되는 피해자의 순종성, 계속근무를 바라는 한 쉽게 형사사건화하기 쉽지 않다는 점, 회식시간이 길어질수록 신체접촉 기회를 얻을 수 있는 점 때문에 가해자는 회식을 즐기는 반면 피해자는 회식공포를 느끼는 것이다.

신고된 사내 성폭행, 성추행 사건은 2016년 한해 721건, 신고된 성희롱 사건은 같은 해 556건이다.

사내 성범죄 또는 성희롱은 형사법상 다음과 같은 분석이 가능하다. 언어(言語)에 의한 것과 신체접촉(身體接觸)에 의한 것으로 나누는 것이 중요하다.

(1) 말에 의한 희롱은 공개장소에서 피해자의 평판을 저하시키는 모욕죄에 해당하는 경우가 있고(만약 피해자가 아동이라면 성적 학대행위가 된다), (2) 체육대회, 회식장소, 노래방, 귀가길 동행과정에서의 신체접촉은 피해자가 만취(滿醉)했다면 준강간(상해, 치상), 준유사강간(상해, 치상), 준강제추행(상해, 치상)죄가 성립하고, (3) 피해자가 만취하지 않았고 폭행(暴行), 협박(脅迫)이 있었다면 강간(상해, 치상), 유사강간(상해, 치상), 강제추행(상해, 치상)죄가 성립할 수 있다. (4) 만약 상하관계를 이용해 위력이나 위계를 사용하였다면 업무상 위력 등에 의한 간음죄로 처벌된다.[20][21] (5) 나아가 위와 같은 범죄를 저지르면서 피해자의 나체 사진을 찍으면 성폭법상 카메라촬영죄가 별도로 성립하고, (6) 처음에는 피해자도 성관계에 합의하고 카메라촬영도 허락했는데 이후 피해자가 만나주지 않자 사진과 동영상을 전송하면서 유포하겠다고 겁을 줘 간음한 것은 드디어 강간죄가 성립된다. 폭행뿐만 아니라 협박을 사용한 것도 강간의 수단이 되기 때문이다.

위와 같은 형사처벌과 미 언급한 사내징계 중에서 수사 및 형사재판절차가 가해자의 범행을 밝히는 우수한 방법임은 말할 필요가 없다. 피해자는 형사판결문을 민사법정에 제출할 수 있고, 불법행위에 따른 손해를 배상받을 수 있다.

그리고 최근 2차 피해방지를 위한 사업주의 조치의무를 강화한 남녀고용평등법 개정안이 국회에서 통과됐는데, 정부의 시정지시에 불응한 사업주는 과태료를 넘어서서 형사처벌을 받게 된다.

---

20) 형법 제303조(업무상위력 등에 의한 간음) ① 업무, 고용 기타 관계로 인하여 자기의 보호 또는 감독을 받는 사람에 대하여 **위계 또는 위력**으로써 간음한 자는 7년 이하의 징역 또는 3천만원 이하의 벌금에 처한다. <개정 2018. 10. 16.>

21) "기록에 의하여 원심판결 이유를 검토하여 보아도 원심이 공소사실 (5), (6)의 범죄사실에 관하여 피해자가 피고인의 **억압적 행위에 의하여 피고인과 관계를 가졌다고 볼 증거가 없고** 더구나 (6)사실은 피해자가 피고인 경영의 회사의 경리직을 그만둔 후 독자적 생활을 한지 5개월이 경과된 후의 일이므로 피고인의 보호나 감독을 받는 부녀자라고 할 수 없다는 이유로 **무죄를 선고한 조치는 옳게 수긍**이 되고 거기에 채증법칙을 어긴 위법이 있음을 찾아볼 수 없다. 논지 역시 이유 없다."(대법원 1985. 9. 10, 선고 85도1273 판결)

[35] 쿠바의 미국 공격

최근 CBS 방송에 나온 렉스 틸러슨 미 국무부 장관은 인터뷰에서 “아바나 대사관 폐쇄 여부에 대해 검토하고 있다”고 발언했는데, 이는 지난 2월 미 정부 차원에서 쿠바 정부에 항의한 쿠바 주재 미국 대사관 환자 발생 사건에서 기인한다.

이러한 극단적 발언을 한 배경은 이러하다. 쿠바 수도 아바나 주재 미국 대사관에서 일하던 외교관들이 괴상한 소리에 시달리다 청력을 잃고 뇌가 손상돼 균형 감각까지 상실한 일이 계속 벌어졌고, 확인된 환자만 해도 21명에 달한다. 미국 정부는 일부 피해자를 미국으로 데려온 후, 항의하다가 대사관 폐쇄까지 검토하게 된 것이다.

뉴욕타임스(NYT)는 쿠바 정부가 음파장비를 동원해 미 외교관들을 비밀리에 공격하는 것으로 정부의 견해를 보도했다.

미국의 고심은 국교를 단절한지 반세기 만에 쿠바 공관을 재개설했는데, 불과 2년 만에 다시 문을 닫게 되는 점에 있다.

라울 카스트로 쿠바 국가평의회 의장은 FBI의 수사를 받을 용의가 있다는 제안을 했다.

만약 쿠바 정부가 은밀하고도 지독한 방법으로 음파를 이용해 미 외교관들의 귀를 멀게 하고, 뇌를 손상시킨 것이 맞다면 이는 무슨 죄에 해당할까.

사람의 신체를 상해한다는 것은 건강을 침해한다는 뜻이다. 신체의 완전성을 침해하는 폭행보다 가중된 결과를 상해라고 한다. 따라서 외부적으로 어떤 상처를 발생시키지 않았더라도 생리적 기능에 훼손을 입어 신체에 대한 상해가 있었다고 볼 수 있는 경우에는 상해죄가 성립한다. 협박과 폭행을 못 이겨 피해자가 실신하고 한참 후에 깨어난 것도 상해가 된다는 말이다.

반면 상처의 정도가 일상생활에서 얼마든지 생길 수 있는 극히 경미한 상처로 굳이 따로 치료할 필요도 없는 것이어서 그로 인하여 건강상태가 불량하게 변경되었다고 보기 어려운 경우는 상해로 보지 않는다. 1주일 간의 치료를 요하는 팔의 동전크기 멍은 상해가 아니다. 이러한 상해의 개념은 뺑소니 도주를 처벌하는 특가법에도 그대로 적용된다. 피해자에게 자연치유가 가능한 1주간의 치료를 요하는 요추부 통증상을 입히고 구호조치를 취하지 않은 것은 도주운전죄가 성립하지 않는다. 또 법정형이 중한 강간상해죄, 강간치상죄도 7일간의 가료를 요하는 상처 정도라면 무죄가 되는 경우가 많다. 굳이 치료받지 않더라도 일상생활에 지장이 없고 시일의 경과에 따라 자연치유될 정도의 상처일 경우에 한해서이다. 이러한 법리는 강도상해죄, 강도치상죄의 성립을 판단하는 데에도 똑같이 적용된다. 상해의 대표적 예는 피하출혈, 종창찰과상, 처녀막파열, 치아탈락, 성병감염, 보행불능, 수면장애, 식욕감퇴, 장시간의 인사불성이다.

이 사건 범행은 폭행이 아니고, 상해로 봐야 한다. 음파의 공격으로 외교관 수십 명이 청력을 잃고 뇌가 손상된 상해의 결과가 발생했기 때문이다.

문제는 '음파공격은 직접적 유형력의 행사가 아닌데, 상해행위로 볼 수 있는가'이다. 형법은 폭행에 대하여 유형력의 행사를 요구하나, 상해는 무형적 방법에 의한 상해도 인정하고 있다. 무형적 방법은 고성, 음파를 모두 포함한다. 다만 주술적 방법과 같이 자연과학적으로 설명이 불가능한 것은 배제된다.

한편 이 사건 피해자들은 일반적 상해의 결과가 아니라 불구, 불치·난치의 병을 얻게 됐다. 피해결과가 중한 경우 형법은 별도로 중상해죄로 엄히 처벌한다.

결국 쿠바 정부가 범인이라면 그들은 21명 외교관에 대한 중상해죄, 함께 근무 중이면서 피해가 없는 외교관 전원에 대한 상해미수죄가 성립하고, 이들은 경합관계에 있다.

[36] 무참히 깨진 귀농의 꿈

2009. 6. 전원생활을 꿈꾸던 부부는 운행 중 경찰의 불심검문을 받게 됐다. 술을 마시지 않은 처에 대한 음주측정요구에 항의한 남편 A씨. 경찰관은 A가 팔을 꺾어 폭행했고 공무를 방해했다며 현행범 체포 후 검찰에 동영상을 제출했다. 보통 동영상과 같은 강력한 증거가 있으면 검찰은 피의자와 참고인의 진술에도 불구하고 기소한다. A는 법정에서 억울함을 주장했고, 부인 B씨는 A를 위한 증인으로 출석해 "내 남편은 경찰의 팔을 꺾지 않았다"는 증언을 했다.

그러나 법원은 A에게 공무집행방해죄 유죄를 선고했고, 검찰은 부인 B를 위증으로 기소했다. 이후 B가 위증 유죄 판결을 받고 교직에서 파면되고 보니,

A, B 부부는 처지가 억울하기 그지없었다. 특히 부인의 위증 재판에 증인으로 출석한 남편 A씨는 이번에는 위증죄로 추가 기소됐다. 법정에서 A는 "내 아내는 위증을 하지 않았다"고 증언했는데, 이것이 거짓이라는 것이 검찰의 주장이었다. 법원은 A에게 위증 유죄를 인정하며 벌금형을 선고했고, A는 항소했다.

거듭된 불복에 의문을 품은 재판장은 증거조사방법의 객관화를 시도했다. 국과수에 영상감정을 한 것. 경찰이 촬영한 동영상에 대해 화질개선을 해 본 결과 경찰관의 몸이 숙여지는 순간 A는 다른 곳을 바라보고 있었다. 이는 보통의 가해자의 시선과는 다른 것이었다. 법원은 "팔이 꺾이는 장면이 확인이 안 되고, (중략)"라며 무죄를 선고했다.

그간 총 8년간 부부는 악몽의 시간을 보내며, 직업도, 꿈도 잃었다. 지난 11. 28. A는 재심사건에서 공무집행방해죄 무죄 판결을 추가로 받았지만, 공권력 남용의 그림자는 쉬 가시지 않을 것 같다. 불심검문의 한계는 무엇이고, 증거조사의 합리적 방법은 무엇인가.

불심검문은 정지(자동차검문을 포함)와 질문(흉기 등 소지품검사 포함), 동행요구의 3단계로 구성된다.

경찰관직무집행법 제3조에 근거를 둔 이것은 어디까지나 수사와 밀접한 관계를 가지지만 수사가 아니고, 특히 강제수사는 더더욱 아니다. 행정경찰작용 특히 보안경찰에 불과하다. 따라서 이러한 경찰활동이 수사로 둔갑되거나, 특히 인신과 기본권을 침해하는 강제로 발전하면 위법하다.

그리고 이 대상은 거동불심자이지, 귀농 중인 교사부부가 아니다.

정지와 질문은 임의의 수단이어야 하고, 떠나려 할 경우 설득을 넘어선 강제력은 쓸 수 없다. 동행의 요구를 받게 되면 대상인은 이를 거절할 수 있고, 신체를 구속당하지 아니하며 답변을 강요당하지 않는다. 그런데도 심리적 압박과 강제로써 동행하면 이는 강제연행이며 불법체포다.

나아가 경찰관이 도로교통법(제44조 제2항)에 따른 음주측정을 요구할 때에도 주취운전을 했다고 볼 상당한 이유 없이 측정을 강요한다면 이는 위법한 공무집행이 되고, 음주측정거부죄(동법 제148조의2 제1항 제2호)가 성립하지 않는다. 측정거부죄가 성립되지 않은 사람을 함부로 체포하면 이 역시 불법체포가 된다.

한편 본건에서 재판장의 국과수 감정요청은 돋보였다. 앞으로 형사변호인의 증거신청을 형사법관이 자의적으로 기각할 수 없도록 제도개선을 할 필요가 있다. 잘못된 증거판단이 항소이유가 되긴 하나 상급심에서 바로잡히는 경우가 드물고, 1심은 사실확정의 전진기지로서 자신의 중요성을 잊지 말아야 한다.

그리고 검찰은 불심검문을 비롯한 경찰력 행사의 남용위험성을 인지하고, 자칫 단속관이 매복군이 되지 않았는지 의심해야 한다.

생각할 점

'형사법관의 증거신청 자의(恣意)적 기각' 제도개선(改善) 필요성

(1) **현재 변호인의 증거신청을 법관이 채택하지 않아도 그 자체로 불법한 재판이 아니어서 문제다. 그리고 이의나 상소를 통해 바로잡는 것이 거의 불가능하다는 점에서 더욱 문제이다.** 더군다나 불법, 불공정에 대한 현실적 존재를 입증하기 어려울 뿐 아니라, 입증 또는 기피신청까지 실패하거나 기각될 경우 대립각을 세워 단단히 벼르고 있을 법관을 상대로 무죄 주장을 계속해야 하는 아이러니 상황(위험부담)에 빠지게 된다. **아래 내용은 필자가 「수사와 변호」에서 수년 전부터 주장해온 것이다.**

▶ 「실무상 증인신청에 대한 채부와 관련하여 재판부의 자의적 처리방식에 당사자들이 불만을 갖는 경우가 흔했다. 그간 증거채부와 관련하여 민사든, 형사든 딱 부러진 채부결정의 기준이 없어 법관과 변호인간 크고 작은 마찰이 있어온 점에 대하여, 최근 대법원이 개선책을 내놓았다. 2014. 3. 2. 대법원 청사에서 열린 기자간담회에서 법원행정처장이 발표한 재판제도 개선과 관련한 '로드맵'에는, 법에서 정한 증거채부의 기준을 구체화해 재판부마다 편차를 줄이도록 하여 당사자의 절차적 만족도를 높일 수 있도록 하는 내용을 담고 있다. 대법원은 필요성이나 관련성이 부정되는 유형을 제시하고, 같은 증인에 대해 재신문을 할 때의 기준, 위법하게 수집된 증거의 채부기준 등을 구체적으로 설정할 계획이라고 한다.

진작에 통일된 기준을 상세하게 마련하였더라면 좋았을 것이다. 증거채부(민, 형사)나 실권효 각하(민사) 등 당사자에게 절대적 영향을 주는 증거조사방식과 관련한 절차들을 그간 각 법관들의 양심에 맡겨두었던 것에 대한 반성적 측면으로 바람직하다고 본다.

현재 증거의 채택결정에 대해 이의할 수는 있으나 그 이상의 불복방법은 없다. 다만 증거채택에 대한 결정이 잘못되어 그로 인하여 사실오인 등 항소사유를 발생시킨 경우 항소할 수는 있다. 그러나 그것은 사실심 중 제1심을 약화시키는 원인이 되며, 불필요한 남상소를 촉발할 뿐이므로 조속히 대법원의 로드맵이 법규화될 필요가 있다.」[22]

22) 천주현, 수사와 변호, 박영사, 2015, 356-357면.

(2) **대법원(大法院)이 증거신청을 받아주지 않은 원심의 재판절차에 대해 바라보는 시각(視角)은 다음과 같다.**

▶ 「…(전략) 5. 공판심리절차상의 위법에 대하여

당사자의 증거신청에 대한 채택 여부는 법원의 재량에 속하는 것이고, 따라서 법원은 피고인이나 변호인이 신청한 증거에 대하여 불필요하다고 인정한 때에는 조사하지 않을 수 있는 것이므로(대법원 1995. 2. 24, 선고 94도252 판결 등 참조), 원심이 **변호인이 신청한 조○○와 제1심에서 이미 증언한 공소외 2를 증인으로 채택하여 신문한 바 없다고 하더라도** 상고이유 주장과 같은 위법이 있다고 할 수 없다. 그 밖에 기록을 살펴보아도 원심이 유죄의 예단을 드러내어 피고인의 진술권, 변호인의 신문권과 변호권을 박탈 내지 심하게 제한하였다고 볼 만한 사정을 찾아볼 수 없다. 원심판결에는 상고이유에서 주장하는 바와 같은 공판심리절차상의 위법이 있다고 할 수 없다.」[23]

▶ 증거신청의 채택 여부는 법원의 재량(裁量)으로서 법원이 필요하지 아니하다고 인정할 때에는 이를 조사하지 아니할 수 있는 것이므로,[24] 원심이 **피고인 2 측의 공소외 1 계좌에 대한 입출금내역 조회신청을 채택하지 않았다고 하여** 반드시 위법하다고 할 수 없고, 기록에 의하면 위와 같은 증거결정으로 인하여 원심이 불충분한 증거에 의하여 피고인 2에게 유죄를 선고하였다고 보기도 어렵다. 원심판결에는 상고이유의 주장과 같이 채증법칙을 위반하거나 심리미진으로 인한 사실오인의 위법이 없다.[25]

▶ 증거신청의 채택 여부는 법원의 재량(裁量)으로서 법원이 필요하지 않다고 인정할 때에는 이를 조사하지 않을 수 있는 것이다. 그러므로 원심이 피고인의 현장검증신청을 받아들이지 않았다고 하여 심리미진 등의 위법이 있다고 할 수 없다.[26]

▶ 증거신청의 채택 여부는 법원의 재량(裁量)으로서 법원이 필요하지 아니하다고 인정할 때에는 이를 조사하지 아니할 수 있는 것이므로,[27] 원심이 **피고인의 증거신청을 채택하지 아니하였다 하여** 반드시 위법하다고 할 수 없다.[28]

▶ 증거신청의 채택 여부는 법원의 재량(裁量)으로서 법원이 필요하지 아니하다고

---

23) 대법원 2011. 11. 10, 선고 2011도10539 판결.
24) 대법원 2003. 10. 10, 선고 2003도3282 판결 참조.
25) 대법원 2010. 1. 14, 선고 2009도9963 판결.
26) 대법원 2009. 4. 23, 선고 2009도2001 판결.
27) 대법원 1995. 6. 13, 선고 95도826 판결 참조.
28) 대법원 2003. 10. 10, 선고 2003도3282 판결.

인정할 때에는 이를 조사하지 아니할 수 있는 것이므로,[29] **변호인의 증거신청을 채택하지 아니**한 원심의 조치가 반드시 위법하다고 할 수는 없다.[30]

▶ 당사자의 증거신청에 대한 채택 여부는 법원의 재량(裁量)에 속하는 것이고, 따라서 법원은 피고인이나 변호인이 신청한 증거에 대하여 불필요하다고 인정한 때에는 조사하지 않을 수 있는 것이므로,[31] 원심이 **변호인이 신청한 검찰조사관을 증인으로 채택하여 신문한 바 없다고 하더라도** 거기에 소론과 같은 위법이 있다 할 수 없다. 논지도 이유 없다.[32]

▶ 당사자의 증거신청에 대한 법원의 채택여부의 결정은 판결 전의 소송절차에 관한 결정으로서 **이의신청을 하는 외에는 달리 불복할 수 있는 방법이 없고,** 다만 그로 말미암아 사실을 오인하여 판결에 영향을 미치기에 이른 경우에만 이를 **상소(上訴)의 이유로 삼을 수 있을 뿐**이다.[33]

▶ 증거조사에 관하여는 사건의 심리에 필요한지 여부에 따라 법원이 판단할 재량(裁量)이 있고,[34] 사실의 인정과 그 전제가 되는 증거의 취사선택 및 평가는 논리와 경험칙에 반하여 자유심증주의(自由心證主義)의 한계를 벗어나지 않는 한 사실심법원의 전권(全權)에 속한다.[35] 기록에 의하면, 원심은 원심 제2회 공판기일에서 검사의 증인 공소외 4에 대한 증인신청을 받아들인 후 검사가 원심 제5회 공판기일에서 위 증인신청을 철회함에 따라 이를 취소한 후 변론을 종결한 다음, 검사가 제출한 증거들만으로는 피고인이 자신의 급여나 상여금, 퇴직금 명목으로 공소외 1 회사의 자금을 횡령하였다고 인정하기 부족하고 달리 이를 인정할만한 증거가 없다고 보아 이 부분 공소사실을 무죄로 판단한 제1심판결을 유지했다. 원심판결 이유를 관련 증거들에 비추어 살펴보면, 원심이 **검사의 증인신청 철회에 따라 공소외 4에 대한 증인채택 결정을 취소**한 조치가 위법하다거나 그러한 조치로 인하여 원심이 이 부분 공소사실을 무죄로 판단하게 되었다고 보기 어렵고, 원심의 이 부분 무죄 판단에 논리와 경험의 법칙에 반하여 자유심증주의의 한계를 벗어나거나 필요한 심리를 다하지 아니한 위법이 있다고 할 수 없다. 상고이유의 주장은 받아들일 수 없다.[36]

---

29) 대법원 1977. 4 26, 선고 77도814 판결; 대법원 1983. 7. 12, 선고 83도1419 판결 참조.
30) 대법원 1995. 6. 13, 선고 95도826 판결.
31) 대법원 1993. 11. 26, 선고 93도2505 판결 참조.
32) 대법원 1995. 2. 24, 선고 94도252 판결.
33) 대법원 1990. 6. 8, 선고 90도646 판결.
34) 대법원 1983. 7. 12, 선고 83도1419 판결 참조.
35) 대법원 2013. 11. 28, 선고 2013도10011 판결 참조.
36) 대법원 2014. 2. 21, 선고 2011도8870 판결.

[37] 바이럴 마케팅(Viral Marketing)의 명암

도널드 트럼프 대통령은 오전 5:30경 기상하면 TV를 통해 메시지를 구상한 후 곧바로 아이폰을 들고 베개에 엎드려 아침 트윗을 한다. 트럼프의 일상을 조사한 뉴욕타임스가 "트럼프에게 있어 트위터는 엑스칼리버 같다"고 표현한 것을 보면, 인터넷 SNS의 중요성을 알 수 있다. 워낙 트럼프가 SNS에 매달려서 존 켈리 백악관 비서실장이 일부러 대통령의 일정을 빡빡하게 짠다고 하고, 우리도 최근 국정원과 사이버사령부에 대한 댓글 수사로 나라 전체가 한바탕 홍역을 치렀다.

SNS를 이용해 득을 보려는 사람이 정치권에만 존재할까. 경제활동에도 SNS는 필수적이고, 마케팅만 전담하는 수많은 기업체가 있다. 신생기업은 그들로부터 홍보방법을 배우다 못해 아예 맡겨서 관리를 받는다.

이처럼 SNS가 미치는 영향력이 커진 만큼 이용하는 방법도 병법에 준해 다양하다. 당선운동이 있듯이 낙선운동이 있고, 판매운동이 있듯이 불매운동이 있듯 SNS의 홍보도 추천 댓글과 악성 댓글 방식이 있다. 더 큰 문제는 거짓 악성 댓글로 돈을 버는 '보이지 않는 검은 손가락들'이 생겨난 것이다.

최근 서울 강남의 한 성형외과는 1억원을 주면 악성댓글을 내려주겠다는 협박전화를 받고 병원 이용후기 카페 운영자에게 돈을 주었다. 해당 원장은 억울했지만, 병원 홍보를 아무리 하더라도 막상 악성 게시물 하나로 회사가 입을 피해가 더 커서 두려워 돈을 준 것이다. 또 명예훼손으로 고소하거나 게시금지 가처분, 손해배상 소송을 제기하더라도 수개월, 많게는 1년여의 시간 동안 피해를 입을 것은 불 보듯 뻔했다.

그리고 명예훼손을 저지른 자들이 전가의 보도(傳家의 寶刀)로 내세우는 공익목적을 깨는 것도 실무상으로는 어렵다.

이런 점을 미리 알고 덤벼든 공갈단은 돈을 받아낸 후 한 술 더 떠 앞으로 자신과 홍보계약을 맺으면 인터넷에 다른 비방성 게시물이 올라오지 않도록 관리해 주겠다고 하여 2차 금품 피해까지 입혔다.

이와 같이 병원장을 상대로 공갈에 성공할 수 있었던 이유는 바로 바이럴 마케팅(Viral Marketing)의 위력 때문이다. 이는 입소문이 바이러스처럼 퍼져 나간다는 신종어로, 이용자들의 평가가 인터넷에서 눈덩이처럼 쌓여 영업에 큰 영향을 주기 때문에 생겨난 개념이다. 단순히 회사홍보 글이나 사진을 작성대행해 주는 것에 그치지 않고, 적극적으로 존재하지도 않는 이용자 후기를 달거나, 반대로 이용하여 느낀 불편사항이 아닌데도 악성 후기를 다는 것은 형사상 아무런 문제가 없을까.

거짓 바이럴 마케팅으로 속은 구매자들이 병원을 이용하거나 변호사실과 계약을 맺을 경우 거짓정보를 믿고 재물을 교부받은 점에서 사기죄 성립이 가능하다. 민사적으로는 상대방에 의해 유발된 착오이고 의사결정의 중요부분에 대한 것이었다면 계약취소도 가능하다.

한편 거짓 악성 댓글을 단 행위는 해당 병원 등에 대해 위계 업무방해죄, 허위 명예훼손죄, 신용훼손죄의 성립이 가능하고, 거짓 악성 댓글을 이용하여 이 사건처럼 금품을 수수하면 공갈죄가 된다. 참고로 특정 사이트가 네이버, 다음 카카오, 네이트 상단에 노출되도록 허위로 과도한 트래픽을 발생시키는 경우도 많은데, 이는 네이버의 업무를 방해한 컴퓨터업무방해죄가 된다.

결국 허위 바이럴 마케팅으로 인해 검색순위가 조작되는 것은 민심에 반한다. 전통과 품질로 소비자의 선택을 받는 것이 중요하다.

[38] 강간상해죄 재판과 무죄

지난 10. 13. 대구지방법원은 술집에서 만나 노래방을 거쳐 남자의 집에서 3차 술자리를 가지던 중 강간상해피해를 입었다는 강간상해죄 공소사실을 배척하고 무죄를 선고했다.

생면부지의 남녀가 술자리에서 가무를 즐기고, 당일 만난 남자의 집에 가는 것은 이례적이다. 남녀 간 어느 정도의 호감이 있을 때, 그리고 술에 취했기 때문에 가능한 일이다. 문제는 바로 그 술에 있다. 술에 취한 상태에서 남자로서는 여자와 본의 아니게 신체접촉을 할 수 있고, 여자는 남자와 잠자리까지는 같이 하고 싶지 않았을 수가 있는 것이다. 이와 같이 상대의 진의가 파악되지 않은 상태에서 어설프게 남녀가 새벽까지 함께 있다가 발생하는 성범죄 사건도 결국은 데이트폭력이다.

대구지방검찰청은 피의자의 행위가 강간과정에서 상해까지 입힌 중대범죄로 보고 2차까지 구속영장청구를 했고, 2차례 모두 영장이 기각되자 부득이 피의자를 불구속 기소했다.

피해자는 검사에 의해 선정된 피해자변호사의 도움을 받아 검찰에 수차례 의견서를 제출하면서 강간상해 피해를 특히 부각시켰고, 피의자에 대한 구속수사를 반복적으로 요청했다. 필자는 해당 사건의 피해결과가 과연 강간과정에서 발생한 것인지 심각한 의문을 갖게 됐고, 당면한 2차 영장심사 시 조만간 도래할 형사재판을 대비하는 궁극적 변론을 준비했다. 현장에 함께 있었던 증인이 보고들은 내용을 토대로 침대에 함께 누운 경위, 피의자의 집에서 추가로 음주한 사실, 피의자의 집으로 오게 된 경위, 음주가무의 모습을 역으로 추적하여 변론했고, 대구지방법원 영장전담재판부는 변호인의 주장을 수용하여 검찰의 영장청구를 기각했다.

형사재판을 담당한 대구지방법원 형사합의부 역시 강간의 실행에 착수한 사실이 없다는 변론을 토대로 공판검사에게 공소장변경을 권고하였으나, 이를 수용하지 않은 검찰의 주장을 배척하고 강간상해죄에 대해 무죄, 다만 축소사실인 상해에 대해서만 벌금 200만원을 선고했고, 대구고등법원도 원심의 결론을 유지했다.

이 사건에서 볼 수 있듯이 술자리가 길어지며 발생하는 성범죄 사건은 보통 수사와 증거관계가 엉성하고, 피해자의 주장을 토대로 억지 영장청구, 억지 기소하는 경우가 흔히 있다.

만약 영장이 청구되거나 기소될 경우 피의자는 이제 모든 것을 걸어야 한다. 이 사건의 죄명만 해도 강간상해죄로 무기 또는 징역 5년 이상에 해당하는 중범죄다. 검사는 징역 7년 내지 10년을 구형하는 경우도 허다하다.

따라서 만약 억울한 중죄로 수사를 받게 되는 시민은 몇 가지를 유의해야 한다. 첫째, 함부로 피해자를 만나 진술을 회유하려 하거나 죄를 자백하는 취지의 발언을 하여서는 안 된다. 둘째, 그러한 취지는 전화, 문자, 카카오톡, 기타 SNS 어느 것으로도 전달하지 말아야 한다. 셋째, 자신의 기억에 부합하는 증거를 수집해야 한다. 증거가 사건해결에 주요한 증거이든 간접증거이든 상관이 없다. 이러한 증거의 가치평가는 형사변호사와 검사와 판사의 몫이므로 본인이 성급히 증거를 삭제하거나 참고인의 조력을 맹신하고 조치를 미뤄서는 안 된다. 한편 CCTV는 보관기간이 한 달 이내로 짧은 경우가 많고, 내용은 덮어 기록되는 방식이므로 포렌식을 통한 복원이 불가한 경우가 많다.

실무상 자주 발생하는 성범죄는 강간, 강간상해(치상), 준강간, 준강간상해

(치상), 강제추행, 강제추행상해(치상), 준강제추행, 준강제추행상해(치상), 준유사강간, 준유사강간상해(치상), 카메라촬영, 공연음란, 성폭법 위반, 아청법 위반죄이다. '준(準)'자가 붙은 것은 주로 술이 원인이다.

[39] 야당 거물 정치인의 귀환과 증거법칙

지난 12. 22. 대법원은 정치자금법 위반죄로 기소된 ▲▲▲당 A 대표에게 무죄를 확정했다. 뇌물을 전달했다는 D씨의 진술이 추상적이고 일관되지 않고, 다른 진술인과 모순되며 스스로 허점이 있어 믿을 수 없다는 판단이다.

같은 날 국무총리직을 사퇴하고 재판을 받던 B 전 총리 역시 무죄가 확정됐다. 이 사건은 B 전 총리가 부패와의 전쟁을 추진하면서 도리어 자신이 돈 받은 혐의로 피의자가 된 기구한 사건이었다.

B 전 총리 취임 직후 자원외교와 관련한 검찰수사가 시작됐고, 수사 대상이 된 C 전 ◇◇기업 회장이 억울함을 호소하며 특정 언론사와 전화인터뷰 후 자필메모를 남기고 자살했는데, 하필 그 메모에 A 대표와 B 전 총리의 이름이 있었던 것이다. 폭로인이 폭로 후 자살하고, 그의 지인이 망인의 취지대로 금품을 교부했다는 사실을 수사와 재판에서 충분히 진술했는데도 두 사건은 왜 무죄가 선고됐을까. 이는 증거법칙을 알아야 이해할 수 있다.

첫째, 피고인이 아닌 자의 진술을 기재한 조서(陳述調書)는 조서와 진술 간 일치성이 원진술자의 법정진술 등으로 증명되고 피고인에게 반대신문권이 보장될 때 증거능력이 있지만, 그 진술은 특히 신빙할 수 있는 상태에서 행하여졌음이 증명되어야만 한다(형사소송법 제312조 제4항).

둘째, 피고인 아닌 자가 수사과정에서 스스로 작성한 진술서(陳述書)도 역시 법정에서 진정성립이 인정되고 피고인에게 반대신문권이 보장되면 증거능력이 인정되지만, 이 역시 특히 신빙할 수 있는 상태에서 작성되었어야만 한다(동법 제312조 제5항).

셋째, 위 서류 외의 피고인이 아닌 자가 작성한 진술서(非搜查過程 陳述書)는 작성자의 자필 또는 서명·날인이 있어야 하고, 작성자가 법정에서 진정성립을 인정하였으며 피고인이 반대신문권을 행사했다면 증거능력이 있다. 녹음, 영상이 정보저장매체에 저장되어 증거로 제출된 경우도 진정성립을 인정하고 피고인이 반대신문을 행사하면 된다(동법 제313조).

그리고 위 세 가지의 증거방법은 작성자 또는 진술자가 재판 전에 이미 사망 등으로 법정에 나올 수 없다면 진술내용을 증거로 삼을 수 있다. 단 중요조건이 있다. 그 진술 또는 작성이 특신상태 하에서 행하여졌음이 증명되어야만 한다(동법 제314조).[37]

결국 C 전 회장의 진술은 망자의 진술로써, 조서를 작성하였거나 그가 수사과정에서 진술서를 제출하였거나 비수사과정에서 메모를 남겼거나 기자에게 녹음파일을 남겼거나 간에 그는 사망하였으므로 법정에 출석하지 않아도 좋지만 그의 진술은 특신상태(特信狀態)에서 한 것이어야 하고, D씨는 돈 심부름을 하였다는 진술로 그의 진술이 조서에 담겼다면 법정에서 진정성립을 인정하고 피고인이 반대신문을 행사하면 증거능력이 생길 수 있으나, 조서진술이 특신상태에서 행해졌어야 한다.

설사 D씨의 진술이 조서작성 당시에는 특신상태에 있었으나, 실제로는 믿기 어려운 허구를 담고 있는 경우 증명력 말살과 감쇄로써 파괴당할 수 있다. 증거능력과 증명력은 별도의 문제이기 때문이고, 증명력의 세계에서는 법관의 자유심증주의가 작동한다.

대법원은 고 C씨는 B 전 총리에 대한 분노감으로 허위진술했을 가능성이 있다고 보았고, D씨의 진술은 믿기 어렵다고 배척했다. 결국 망자의 진술이든 돈 심부름꾼의 진술이든 모두 신뢰할 수 없다는 것으로 그들의 진술은 증거능력을 부정 당하였거나 적어도 증명력을 부정 당했다.

정치자금법은 뇌물죄와 같이 판단이 어렵다. 진술인의 수는 적더라도 증거판단이 매우 어렵다.

---

37) 형사소송법 **제314조(증거능력에 대한 예외)** 제312조 또는 제313조의 경우에 공판준비 또는 공판기일에 진술을 요하는 자가 사망·질병·외국거주·소재불명 그 밖에 이에 준하는 사유로 인하여 진술할 수 없는 때에는 그 조서 및 그 밖의 서류(피고인 또는 피고인 아닌 자가 작성하였거나 진술한 내용이 포함된 문자·사진·영상 등의 정보로서 컴퓨터용디스크, 그 밖에 이와 비슷한 정보저장매체에 저장된 것을 포함한다)를 증거로 할 수 있다. 다만, 그 진술 또는 작성이 특히 신빙할 수 있는 상태 하에서 행하여졌음이 증명된 때에 한한다.

법률 상식

(1) 증인에 의해 변호인의 반대신문권(反對訊問權)이 침해(侵害)당할 경우 조치

만약 피고인 아닌 자가 검찰에서 진술하고 작성한 자신에 대한 진술조서와 관련하여 법정에서 변호인의 신문에 아무런 답변을 하지 않는다면 어떻게 되는가(조서의 서명날인이 진술인의 것이 맞다고 하고, 자신의 진술대로 작성된 것이라고만 답한 후 침묵할 경우). 이러한 경우에는 조서의 진정성립은 이루어졌기 때문에 조서에 증거능력은 부여되지만, 실질적 반대신문권을 침해하였기 때문에 그의 진술은 믿을 만한 것이 못 되어 신빙성이 배척되어야 한다.

이러한 법리는 재판장(裁判長)에 의한 반대신문권 제약 시에도 똑같이 적용된다고 봐야 한다. 형사법관 중 상당수는 수사기록상 진술을 법정에서 묻지 말라고 하거나(법관이 장래 기록을 검토하면 족하다는 이유를 대며), 수사기록의 진술경위와 관련한 당시의 진술배경, 진술인의 지득사실, 진술인의 느낌과 판단에 대한 질문을 차단하며 신문을 제약하는 경우가 매우 많다. 그러나 이러한 행위는 증인의 수사기관 진술에 대한 실질적 탄핵을 제약함으로써 실체진실발견 및 방어권을 저해하게 됨을 유의해야 한다. **변호인이 증인신문 시 그와 같은 판사의 순간순간의 차단과 모욕을 굳이 참는 이유**는 제지당한 당해 신문사항을 강행하여 증인의 탄핵에 성공하더라도 결국 법관이 판결서 작성 시 자유심증주의(형사소송법 제308조, 민사소송법은 제202조)를 행사하여 당해 신문과 답변에서 새롭게 발견된 사실을 애써 외면하여 말짱 도루묵이 될 가능성이 있는 점, 탄핵사건은 하나같이 무죄를 다투는 사건이므로 피고인의 동석 현장에서 생사여탈권을 쥔 법관과 척을 져서는 안 된다는 판단 때문이다. 이러한 관행은 매우 오래되었을 뿐만 아니라 광범위하게 퍼져 형사법정을 직권주의적 원님재판으로 만든 주요한 원인이 되었으므로, 잘못임을 **본서에서 분명히 지적해 두기로 한다. 요컨대 자유심증주의(自由心證主義)와 소송지휘권(訴訟指揮權)은 한계를 명시하지 않는 한 독소조항(毒素條項)이 분명하고, 국민의 정당한 재판청구권과 소송상 공격·방어방법을 침해하는 근거가 된다.**

▶ 「가. 검사 작성의 공소외 1에 대한 각 진술조서의 **증거능력**

기록에 의하면 공소외 1은 검찰에서 이 사건 공소사실에 부합하는 내용으로 진술하였다가 제1심 공판기일에서 검사가 작성한 자신의 그러한 진술이 기재된 각 진술조서에 대하여 그 성립의 진정을 인정하면서도 당시 피고인에게 130만원은 부산교도소에 영치하여 주고 400만원은 공소외 2에게 전달해 달라고 부탁하면서 사례비 명목으로 100만원을 준 사실이 있는가요 라는 검사의 질문에 대하여 답변을 하지 아니하고, 이어 위 진술조서상의 진술내용을 탄핵하려는 변호인의 반대신문에 대하여도 아무런 답변을 하지 아니하였음을 알 수 있다.

검사가 피의자 아닌 자의 진술을 기재한 조서는 원진술자의 공판준비 또는 공판기

일에서의 진술에 의하여 그 성립의 진정함이 인정되면 증거로 할 수 있고, 여기에서 성립의 진정이라 함은 간인, 서명, 날인 등 조서의 형식적인 진정과 그 조서의 내용이 진술자의 진술내용대로 기재되었다는 실질적인 진정을 뜻하는 것이므로, 검사가 피의자 아닌 자의 진술을 기재한 조서에 대하여 그 원진술자가 공판기일에서 그 성립의 진정을 인정하면 그 조서는 증거능력이 있는 것이고, 원진술자가 공판기일에서 그 조서의 내용과 다른 진술을 하거나 변호인 또는 피고인의 반대신문에 대하여 아무런 답변을 하지 아니하였다 하여 곧 증거능력 자체를 부정할 사유가 되지는 아니한다 할 것이다. 따라서 공소외 1이 제1심 공판기일에서 검사가 그에 대하여 작성한 각 진술조서에 대하여 위와 같이 그 성립의 진정을 인정한 이상 그 각 진술조서는 증거능력이 있다 할 것이므로, 이 점을 다투는 상고이유의 주장은 받아들일 수 없다.

나. 위 각 진술조서 중 공소외 1의 **진술**기재의 **신빙성**

형사소송법은 제161조의2에서 피고인의 반대신문권을 포함한 교호신문제도를 규정함과 동시에, 제310조의2에서 법관의 면전에서 진술되지 아니하고 피고인에 의한 반대신문의 기회가 부여되지 아니한 진술에 대하여는 원칙적으로 증거능력을 부여하지 아니함으로써, 형사재판에 있어서 모든 증거는 법관의 면전에서 진술·심리되어야 한다는 직접주의와 피고인에게 불리한 증거에 대하여는 반대신문할 수 있는 권리를 원칙적으로 보장하고 있는바, **반대신문권의 보장은** 형식적·절차적인 것이 아니라 **실질적·효과적인 것이어야** 하므로, 증인이 반대신문에 대하여 답변을 하지 아니함으로써 **진술내용의 모순이나 불합리를 드러내는 것이 사실상 불가능하였다면,** 그 사유가 피고인이나 변호인에게 책임있는 것이 아닌 한 그 진술증거는 법관의 올바른 심증형성의 기초가 될 만한 진정한 증거가치를 가진다고 보기 어렵다 할 것이고, 따라서 이러한 증거를 채용하여 공소사실을 인정함에 있어서는 신중을 기해야 할 것이다.」[38]

(2) 외국거주자에 대한 검사 작성 진술조서의 증거능력 부여 요건

▶「…(전략) 구 형사소송법(2007. 6. 1. 법률 제8461호로 개정되기 전의 것, 이하 같다) 제314조에 따라, 같은 법 제312조의 조서나 같은 법 제313조의 진술서, 서류 등을 증거로 하기 위하여는 '진술을 요할 자가 사망·질병·외국거주 기타 사유로 인하여 공판정에 출석하여 진술을 할 수 없는 경우'이어야 하고, '그 진술 또는 서류의 작성이 특히 신빙할 수 있는 상태 하에서 행하여진 것'이라야 한다는 두 가지 요건이 갖추어져야 할 것인바, 첫째 요건과 관련하여 '**외국거주**'라 함은 진술을 요할 자가 외국에 있다는 것만으로는 부족하고, 수사 과정에서 수사기관이 그 진술을 청취하면서 그 진술자의 외국거주 여부와 장래 출국 가능성을 확인하고, 만일 그 진술자의 거주지가 외국이거나 그가 가까운 장래에 출국하여 장기간 외국에 체류하는 등의 사정으로 향후 공판정에 출석하여 진술을 할 수 없는 경우가 발생할 개연성이 있다면 그 진술자의 외국 연락처를, 일시 귀국할 예정이 있다면 그 귀국 시기와 귀국시 체류 장소와 연락 방

38) 대법원 2001. 9. 14, 선고 2001도1550 판결.

법 등을 사전에 미리 확인하고, 그 진술자에게 공판정 진술을 하기 전에는 출국을 미루거나, 출국한 후라도 공판 진행 상황에 따라 일시 귀국하여 공판정에 출석하여 진술하게끔 하는 방안을 확보하여 그 진술자로 하여금 공판정에 출석하여 진술할 기회를 충분히 제공하며, 그 밖에 그를 공판정에 출석시켜 진술하게 할 모든 수단을 강구하는 등 가능하고 상당한 수단을 다하더라도 그 진술을 요할 자를 법정에 출석하게 할 수 없는 사정이 있어야 **예외적으로 그 적용이 있다.**[39]

위와 같은 법리에 터 잡아 원심판결 이유를 기록에 비추어 살펴보면, 원심이 공소외 4의 출입국 현황과 협의이혼 후 **국내외 연락처 탐지 불능 상황** 등 여러 사정을 종합하여 공소외 4에 대한 검찰 진술조서의 증거능력이 있다고 판단한 것은 정당하고, 거기에 외국거주자에 대한 검사 작성 진술조서의 증거능력 부여에 관한 법리오해 등의 잘못이 없다.」[40]

[40] 사기 풍경(1)

언론과 영화를 통해 확인할 수 있는 강도, 살인, 강간범의 외모는 신체적, 정신적 특징이 발견되는 경우가 있다. 생래적 특징을 띠고 있다고 주장한 이탈리아의 주요 학설(롬브로조의 생래적 범죄인설)이 미국의 사회학자들(시카고학파)에 의해 반박당하기 전까지 유럽을 풍미하기까지 했다.

그런데 사기꾼은 어떠한 특징을 갖고 있는가. 사기꾼의 마수를 피할 묘책은 무엇인가. 불행히도 사기꾼을 외형상 식별하는 것은 어렵다. 그러므로 다음의 정형적 행위패턴을 숙지해야 한다.

(1) 사기꾼은 비범한 관상을 띤 경우는 적고, 오히려 순진한 인상도 많으므로 방심해선 안 된다.

(2) 사기꾼은 관계를 이용하므로, 아는 사람을 사기 치는 경우가 90%다. 나머지 10%는 불특정다수인을 상대로 하는데, 강연회, 설명회, 신문광고, 전단지, TV출연을 통하거나 이용한다.

(3) 사기꾼은 지피지기 병법을 쓰므로, 상대를 정확히 알고 덤빈다. 따라서 필요시 외모, 학력, 외국어, 경제용어를 자유자재로 변용한다. 또 유인에 필요하다면 가짜 명함, 정·재계 인사와의 사진, 상당한 금액이 찍힌 통장, 등기부, 외제차와 고급 비서에도 시간과 돈을 아끼지 않는다.

---

39) 대법원 2002. 3. 26, 선고 2001도5666 판결 참조.

40) 대법원 2008. 2. 28, 선고 2007도10004 판결.

(4) 사기는 지인 간에는 구술로 이루어지는 경우가 많고, 친하지 않은 경우 다수의 문서가 제시되거나 작성된다.

(5) 이로써 피해자는 사기당하지 않고 있다는 믿음을 갖게 되며, 사기꾼은 그 믿음을 뒷받침하는 약속과 (허울 뿐인) 담보를 제공한다.

(6) 완전한 사기기수에 도달하기 전에는 연락이 무척 잘 되며, 개인 간 경조사에서도 대담한 친밀함을 보이므로 조기에 발을 빼기 쉽지 않다. 이처럼 사기꾼은 경과에 대한 장악력이 높다.

(7) 초기에는 이익금이 차질 없이 지급되므로 피해자는 더 큰 투자금을 친인척으로부터 조달하여 스스로 화를 키우는 경우가 많다.

(8) 사기행각은 다수인이 협력관계로 공모하여 진행되는 경우가 많고, 때로 피해자의 지인도 자신의 돈을 되찾기 위해 바람잡이가 되어 있는 경우가 있다.

(9) 다양한 핑계를 대는 순간이 오는데, 여전히 이익을 약속하며 말미를 달라고 하는 때가 바로 고소해야 할 때다. 문제해결에 분주한 모습을 보이는 것은 은폐술과 도주책략에 불과한데, 피해자는 방심하고 때를 놓친다.

(10) 민사소송은 진입단계부터 장애가 많고, 승소해도 판결문은 집행불가의 휴지조각과 같다. 피고 불특정과 송달불능은 그간 피해자가 사기꾼의 이름도, 주소도, 전화도 잘못 알고 있었기 때문에 발생한다.

(11) 고소하여 형사절차로 들어선 경우 이제 사기꾼은 기발한 변론을 구사한다. 1단계는 줄 돈이 없다는 것(이미 돈을 다 주었거나 책임질 사람은 다른 사람이라는 주장), 2단계는 애초에는 지급능력이 되었는데 불가항력적 후발사유가 발생했고, 본인도 피해자라는 것, 3단계는 피해자도 손실을 예상하고 투자했으므로 속지 않아 기망이 아니라는 것.

최근 A지방법원에서 징역 6년을 선고받은 부동산경제연구소 대표도 부동산 강의로 투자자를 물색한 뒤 230억원을 가로채고는 사기 고의를 부인했다.

이러한 단계별 연막작전을 예상하지 못한 피해자는 속이 터질 지경이며, 객관적 증거자료를 준비해 두지 않았으므로 불리한 상황에 빠진다. 어차피 일이 터졌다면 필요한 것은 증거와 형사변호사 조력인데, 증거는 없고, 수사기관이 진실을 밝혀줄 것이라고 믿고 안이한 대처를 한다. 무혐의라면 그래서 억울하고, 기소해도 돈을 찾지 못해 억울하다.

지난해 6. 15. 같은 농아인에게 속아 97억원의 돈을 건넨 피해자 154명 중

1명인 서울 동작구의 임모 씨는 투신하고 말았는데, 언어장애까지 있던 피해자는 자신의 억울함을 밝히는 과정이 얼마나 답답했을까.

[41] 사기 풍경(2)

작년 한 해 남자가 여자를 기만하고, 기업가가 은행과 투자자를 속이고, 의사가 환자에게 유령수술을 하고, 변호사가 교정청을 속여 허위접견을 하는 등 거짓의 풍경이 과거보다 나아지지 않았고, 오히려 사기꾼의 폭만 더 넓어졌다. 경기가 어려울수록 사기가 기승을 부릴 수 있으므로 독자들께서는 신년부터 속지 않는 비법을 터득하셔야 한다. 지름길은 실제 사기사례를 완벽히 숙지하는 것이다.

4차례에 걸쳐 소개할 사례들은 사기죄를 넘어서서 기망, 위계, 위조, 사칭을 포함한 폭넓은 것들이다. 전형적 사기에 국한하지 않고 거짓을 수단으로 한 범죄들을 망라했다.

(1) 서울 혜화경찰서는 2014. 9.부터 2017. 9.까지 71개 성씨의 종친회나 종사편찬위원회를 사칭한 자들을 사기 혐의로 송치했다. 구속된 주범 2명과 불구속된 출판업자, 텔레마케터 등 21명이 벌어들인 돈은 44억원이 넘었다. 책 제목은 대동보감, 종사보감, 유적보감이었고, 이들은 위 71개 종친회와 아무런 관련이 없는 자들로 그들의 책 판매사업은 문중 사업과 무관했다. 2만 685명의 피해자들은 문중 일을 돕는다는 마음으로 불필요한 책을 구입해 금전손실을 입었다.

(2) "나는 검찰 직원이다. 지금 당신은…"으로 시작된 보이스피싱 전화를 받고 전화금융사기를 당한 사건의 74%, 피해액 175억원이 20대, 30대 여성을 상대로 성공한 범죄였다. 이들은 사회 초년생인 경우가 많고, 범죄에 대한 경험이 적어 의심이 덜하며, 모아둔 돈도 남자보다 많고, 사무직 여성은 보통 지시를 잘 따르기 때문에 주요 표적이 됐다. 이에 반해 같은 또래 남자가 속은 경우는 여성의 1/10 수준에 불과했다.

(3) 서울 서초경찰서는 강남구와 서초구 일대에서 불법 유턴을 하거나 건물 주차장에서 나와 우회전하는 차량만 골라 박아 사고를 내고는 보험사를 속여 보험금을 가로챈 택시운전사를 보험사기죄로 구속했다. 2013. 2.부터 2016.

11.까지 무려 25차례에 걸쳐 범행을 하면서 그가 노린 사람은 주로 직진차량에 비해 우선권이 없는 우회전 차량이었고, 법원 공무원을 대상으로 한 사건도 4건이나 됐다. 공무원이 인사상 불이익을 받을 것을 염려해 적극적으로 대처하지 않는 점을 노렸다. 최근 나이가 어린 보험사기범은 사건을 거듭할수록 자신감이 붙고 불로소득에 대한 미련으로 점점 대담한 보험사기극을 벌인다는 것이 추가 보도됐다.

(4) 무려 7개의 유령회사를 차리고 허위증명서를 적극적으로 제출하여 학교급식 전자입찰에 참여해, 2014. 4.부터 2016. 9.까지 1,368건의 입찰에서 13%인 180건을 낙찰 받아 100억원의 납품계약을 통해 이익을 취한 피의자가 충북경찰청 지능범죄수사대의 수사로 꼬리가 잡혀 입건됐다. 허위 서류로 국가사무를 방해한 것은 위계 입찰방해죄 또는 위계공무집행방해죄가 성립하고, 이에 속은 국가로부터 경제적 이득을 취한 것은 별도로 사기죄가 되는 경우도 있다. 가담자 전원은 고의로 가담한 경우 최소 위 죄의 방조죄가 된다.

(5) 중앙일간지 등을 통해 호텔분양광고를 하면서, 확정수익률 및 확정수익을 보장 지급하는 기간이 비교적 제한적이어서 그 이후에는 수익을 보장할 수 없는데도, 마치 장기에 걸쳐 해당 수익을 확정 지급하는 것처럼 소비자를 속인 회사가 적발됐다. 이 회사는 부끄럽게도 공정거래위원회의 시정명령을 받고 그 사실을 공표하기도 했다. 수익을 보장한다는 설명회나 광고는 모두 100% 거짓이다. 같은 취지로 만약 변호사가 100% 무죄, 100% 집행유예를 장담하여 계약한 소비자가 계시면 이는 사기, 변호사윤리 위반이므로 오히려 그 변호사가 처벌되거나 징계될 확률이 100%다.

[42] 사기 풍경(3)

사기는 사람을 속여 하자 있는 의사표시에 터 잡아 재물 또는 재산상 이익을 교부받는 대표적 재산범죄다.

겁주어 재물을 갈취한 것이 아니란 점에서 공갈과 다르고, 때려 빼앗는 것이 아니란 점에서 강도와 다르며, 몰래 취거하는 것이 아니란 점에서 절도와 다르다.

제3자가 밖에서 바라보면 양자의 합의로 재물이 넘어가므로 쉽게 불법성이 확인되지 않고, 적절한 계약과 때로는 반환약정이 있는 점에서 민사적 성격에 매우 가까우므로 수사기관이 가장 수사를 기피하는 난해한 죄에 속한다.

(6) 지난 9. 19. 대구 달서경찰서는 병원장과 의사 등 관련자 8명을 불구속 입건했고, 대구 성서경찰서는 병원장과 관련자 4명, 다른 병원 의사 11명을 불구속 입건하였거나 이들에 대해 수사에 착수했다.

이들은 노숙인들을 유인해 병원에 입원시키고 허위 진료기록부를 작성하는 행위, 알코올 중독 환자 등을 단순 진료했음에도 집중요법치료를 한 것처럼 허위진료기록부를 작성하는 행위, 퇴원한 환자를 여전히 입원 중으로 속이는 행위를 통해 국가로부터 부당하게 의료급여를 수령했다.

국민건강보험공단을 속여 돈을 가로챈 것은 사기죄에 해당하고, 허위 진료기록부 작성은 별도로 의료법 위반죄에 해당한다. 이들은 타 지역 노숙인에게 대구행 기차표를 제공하거나, 전자차트로 기록을 작성하면서 기록 시간을 남기지 않은 점에서 계획적이고 노련했다. 병원장은 정범, 가담의사들은 기능적 행위지배와 역할분담에 따라 공동정범이나 방조범이 된다. 미수, 방조, 자수, 심신미약은 형 감경 사유이다.

(7) 서울 강남 모 성형외과에서 유령수술로 큰 피해가 발생했다. 피해자는 해당 병원의 명성과 전문의 A의 실력을 믿고 거액의 수술비를 지급했는데, 얼굴대칭이 엉망이 되고 감각손상까지 입었다. 환자가 수술을 결심하게 된 것은 전문의 A씨 때문인데, 알고 보니 치과의사나 이비인후과 의사가 이 병원에서 집도한 사례가 많았다. 여고생이 성형수술로 뇌사상태에 빠졌다던 병원도 이 병원이다.

검찰에 따르면 이 병원 원장의 장기 범행으로 피해 입은 환자는 33명이고, 원장은 억대의 이익을 챙겼다. 지난 8. 4. 서울중앙지법은 병원 원장에게 거액의 배상금과 위자료 지급을 명했다.

계약을 결정하는 데 있어 중요부분이 허위로 드러난 경우 사기다. 속지 않았더라면 구매선택을 하지 않았을 것이 분명하기 때문이다. 이 점에서 최근 학원강사의 학력과 약력을 적극적으로 속여 홍보해 원생을 유치하는 관행은 이제 사법심판대에 오를 때가 됐다. 불법적 관행을 현 정부는 적폐라 한다.

(8) 지난 1. 11. 부산 서부경찰서는 전신마취를 하고 척추관련 수술을 받은 환자들이 낸 특진비를 가로채고 사실은 후배 조교수를 시켜 대리수술을 시행한 ○○대 의대교수를 기소의견으로 검찰에 송치했다.

해당 교수는 23건의 수술을 후배 조교수에게 시켰고, 진료기록부를 거짓으로 작성하여 사기와 의료법 위반죄를 저질렀다고 한다. 함께 기소된 후배 조교수는 전공의를 상습적으로 폭행해 파면된 상태이고, 조만간 상습상해죄로 추가 송치될 예정이다.

대리수술 또는 대리진료 사례는 서울이라 하여 다르지 않다. A병원, B의료원의 사례가 보도된 바 있다. 이처럼 의료소비자가 겪는 피해는 어디에서 온 것일까.

피의자들의 행위는 전문적인 것이라 환자들이 알기 어렵다는 점에서 원인을 찾을 수 있다. 전문가 집단의 윤리회복과 법제도적인 방지시스템이 중요하다. 국가의 책무는 특권층의 적폐로부터 국민을 지키는 것이므로.

[43] 사기 풍경(4)

강문종 교수의 1. 15.자 칼럼(동아일보)을 보면, 조선시대 사기를 한탄한 정조의 푸념과 함께 지능범, 공동정범, 생계범의 다양한 사기꾼 사례가 제시되고 있다. 대표적 고전만 해도 '성진사전(成進士傳)', '광해군일기', '청구야담(青邱野談)'이 소개되고 있는데, 이 뿐이랴.

민간에는 사기꾼이, 나라에는 간신이 들끓을 때 중국대륙도 몸살을 앓았고, 외적의 침략에서 무사하지 못했다. 대표적 시기가 '수호전'의 배경인 남송(南宋)이다.

이순신(李舜臣), 악비(岳飛), 척계광(戚繼光)의 공통점은 바로 애국과 정직이었고, 그러한 귀한 품성이 나라를 구한 점을 볼 때 다음의 사기행각들(전형적 사기 및 사람을 속인 행위 일체)은 근절될 사안들이다.

(9) 돈이 급한 시민 3,000명을 상대로 54억원을 보이스피싱의 방법으로 가로챈 조직원 163명은 범행이 발각되자 변호사를 연락책으로 사용하기까지 했다. 그들이 작명한 변호사의 이름은 '뻐꾸기', '마네킹'이었고, 수원지검 안산지청이 대거 구속했다.

(10) 고수익을 약속하여 239억원의 투자금을 가로챈 부동산경제연구소 대표가 지난 1. 11. A지방법원에서 징역 6년을 선고받았다. 피해자들은 피고인의 부동산 강의를 통해 현혹됐다.

(11) 10년간 사지마비 환자 행세를 하며 보험사기를 친 모녀는 보험금 3억원과 판결금 11억원을 편취했다. 사지를 움직이는 장면을 목격한 다른 환자에 의해 탄로 났고, 지난 1. 23. 입건됐다. 임의지급을 거절한 보험사를 상대로 승소한 부분은 소송사기다.

(12) 상당수 국군 포로가 포함된 탈북자 100여명은 높은 이자에 속아 2014년 160억원을 편취 당했다. 적국에서 고생한 대가를 너무나 쉽게 빼앗겼다.

(13) 지난 해 4. 7. 대법원은 경품행사의 주목적을 숨긴 채 사은행사를 하는 것처럼 소비자를 오인시키고 고객의 정보를 수집해 보험사에 팔아넘긴 홈플러스에 대해 무죄를 선고한 원심을 파기하고 환송했다. 파기환송심 판결선고는 2. 8.이다. 홈플러스가 판매한 개인정보는 2,400만 건, 이익금은 232억원이고, 검찰은 추징금 231억 7천만원을 구형했다. 이제 1mm 안내문은 통하지 않게 됐다. 거짓·부정한 수단으로 개인정보를 취득하거나 동의를 받으면 개인정보보호법 제59조를 위반한 것이고, 민사 배상책임도 져야 한다.

(14) 지난 해 12월 애플이 배터리 부족에 따른 전원 꺼짐을 막기 위해 아이폰 속도를 제한한 행위는 컴퓨터업무방해죄 또는 손괴죄에 해당할 수 있다. 소비자를 속여 업데이트를 통해 성능을 고의로 저하시킨 것인데, 프랑스 검찰은 의도적으로 기기 수명을 단축한 행위인지에 대해 수사를 시작했다.

(15) 뇌물공여죄로 구속된 전 국정원장이 '국정원 댓글사건'의 수사 및 재판 과정에서 각종 사법방해 활동을 펼쳐 위계공무집행방해, 국정원법 위반, 위증교사혐의로 지난 해 12. 11. 추가 기소됐다. 국정원은 자신이 수사대상이 되자 현안 TF를 꾸린 후 위계로 압수수색을 방해하고, 제출할 증거 일부를 삭제하여 수사를 방해했다고 한다. 국정원 파견검사들도 행위에 가담했다고 보아 구속됐다.

(16) 인명사고의 원인인 크레인 사고원인으로 장비의 단순노후 외에 연식위조도 한몫할 뻔했다. 서울경찰청 국제범죄수사대는 타워크레인 연식을 위조해 판매·유통한 건설기계 수입업체 대표와 구매업자 등 16명을 지난 1. 10. 기소의견으로 송치했다. 20년 된 것을 10년 된 것으로 속인 것도 있었다고 한다. 제조일자를 위조한 크레인은 132대나 되었다.

(17) 고려대, 서울시립대, 전주교대에서 장애인 증명서를 위조해 장애인전형에 부정입학한 사례가 드러났다. 지난 1. 10. 교육부는 위조한 장애인 증명서를 제출해 특별전형에 합격한 사례를 발표했다. 이 사건은 경제적 이득을 취하

지 않아 위계업무(공무)방해죄 및 문서위조죄에 해당한다.

[44] 사기 풍경(終)

사기는 지능범이고, 화이트칼라 범죄다. 풍부한 견문과 전문적 지식이 사용될 때가 많다.

(18) 지난 5일 서울북부지법은 사립대 교수와 환경전문기업 대표에게 실험데이터를 조작해 정부지원금 17억원을 편취한 죄로 실형을 선고했다.

(19) 지난 1. 27. 제자들의 인건비를 쌈짓돈처럼 꺼내 쓴 A대 교수가 벌금형을 선고받았다. 만약 애초부터 연구에 참여하지 않은 학생의 인건비를 신청하여 받았다면 사기죄가 된다. 두 경우 모두 흔한 사례다.

(20) 여수국가산단 입주회사에 채용시켜 주겠다며 수억 원을 편취한 3명이 기소됐고, 주범은 구속됐다. 1인은 전직 노조위원장이었다.

(21) 지난 1. 11. B호텔 분양광고를 하면서 임대료 확정 지급기간이 2년뿐임에도 장기수익을 줄 것처럼 광고하고, 해당 호텔이 국내 객실가동률 1위인 것처럼 광고한 회사가 거짓·과장·기만에 대한 시정명령을 공표했다. 공정위의 적극적 대응이 돋보인다.

(22) 8차례나 유사범행을 저지른 누범[41] 피의자가 인터넷과 중고시장에서 구입한 경찰근무복을 입고 경찰을 사칭하다가 창원지법에서 실형을 선고받았다. PC방에서 수색, 계도행위까지 했다고 한다.

(23) 가짜 폭발물을 넣은 택배상자의 발신인을 숙모로, 발신인 주소를 숙부회사로 기재해 정부서울청사에 택배를 보낸 피고인에게 위계공무집행방해죄와 별도로 사문서위조죄 성립이 가능해졌다. 발신인이 기재된 출력물은 거래상 중요사실을 증명하는 문서나 법률상·사회생활상 의미 있는 사항에 관한 증거라는 대법원의 판단 때문이다. 예외적 적용사례인지 두고 봐야 한다.

(24) 지난 해 4월 포항의 간호학원 원장은 학원생들에게 돈을 받고 허위

---

41) "형법 제35조 소정의 누범이 되려면 금고 이상의 형을 받아 그 집행을 종료하거나 면제를 받은 후 3년 내에 다시 금고 이상에 해당하는 죄를 범해야 하는바, 이 경우 다시 금고 이상에 해당하는 죄를 범하였는지 여부는 그 범죄의 실행행위를 하였는지 여부를 기준으로 결정해야 한다. 따라서 3년의 기간 내에 실행의 착수가 있으면 족하고, 그 기간 내에 기수에까지 이르러야 되는 것은 아니다."(대법원 2006. 4. 7, 선고 2005도9858 전원합의체 판결)

교육이수증명서를 발급해 이들이 간호조무사 자격을 취득하도록 도왔다. 자격증 부정취득자는 230여 명이나 되었다. 학원과 결탁한 병원 4곳도 함께 적발됐다.

(25) 전과 18범이 택시에 탄 후 대구지검 검사를 사칭했고, 기사는 송사를 해결하기 위해 돈을 건넸지만 사기였다. 대구 수성경찰서는 피의자를 구속했다. 한편 부산 남부경찰서도 검사 신분증을 위조하고 특검 차장검사를 사칭한 후 여성에게서 금품을 뜯은 피의자를 구속했다.

(26) 지난 해 6. 9. 서울중앙지법은 대우조선해양의 분식회계를 묵인한 혐의로 회계법인 전 이사, 상무, 회계사에게 실형을 선고했다. 대출사기를 방조한 죄다.[42)]

(27) 결손아동 후원명목으로 3년간 4만 9천명으로부터 128억원을 모금한 후 126억원을 마음대로 쓴 사단법인 '△△○○' 회장 등이 지난 해 8. 12. 입건됐다. 상습사기, 기부금품모집금지법 위반죄이다. 수집한 개인정보를 이용해 무작위 전화로 피해자를 늘렸다.

(28) 허위 출생증명서로 태어나지도 않은 두 딸의 출생신고를 하고 각종 수당·지원금 4,780만원을 편취한 유명 항공사 승무원이 지난 해 8월 구속됐다가 같은 해 9월 구속취소결정으로 석방된 후 12. 10. 집행유예 판결을 받았다. 생후 5개월 된 셋째만 진짜였다.

(29) 경영난에 처한 학습지 업체 대표가 회사가치를 부풀려 17억원을 투자

---

42) <분식회계와 대출사기에 대한 대법원의 일반적 입장>

▶ 「분식회계에 의한 재무제표 등으로 금융기관을 기망해 대출을 받았다면 사기죄는 성립하고, 변제의사와 변제능력의 유무 그리고 충분한 담보가 제공되었다거나 피해자의 전체 재산상에 손해가 없고 사후에 대출금이 상환되었다고 하더라도 사기죄의 성립에는 영향이 없다(대법원 2005. 4. 29, 선고 2002도7262 판결 참조). 또한 금융기관의 통상적인 여신처리기준에 의하면 적자상태인 당해 기업에 대한 여신이 가능했을 수도 있다고 하더라도 이로 인해 획일적으로 부실 재무제표 제출로 인한 기망행위와 여신 결정 사이의 인과관계가 단절된다고 볼 수는 없고, 기업이 적자상태를 숨기기 위해 흑자상황인 것처럼 작성한 재무제표를 제출하였다는 사실이 발각될 경우 초래될 수 있는 신뢰성 평가에 있어서의 부정적인 영향까지 적절하게 고려·평가해 인과관계 단절 여부를 살펴보아야 한다(대법원 2007. 6. 1, 선고 2006도1813 판결 참조). 원심은, 피고인 1이 공소외 2 회사의 대표이사이던 피고인 2와 공모해 위와 같이 허위로 작성된 2006회계연도 재무제표를 이용해 공소외 2 회사가 금융기관으로부터 직접 합계 1,060억원을 대출받거나 공소외 2 회사의 연대보증 하에 ○○그룹의 다른 계열회사들로 하여금 합계 4,350억 5,000만원을 대출받게 한 행위가 모두 특정경제범죄 가중처벌 등에 관한 법률 위반(사기)죄에 해당한다고 판단하였는바, 앞서 본 법리를 원심이 적법하게 채택한 증거들에 비추어 살펴보면 원심의 위와 같은 판단은 정당하고, 거기에 상고이유에서 주장하는 바와 같은 사기죄의 성립에 있어서 인과관계에 관한 법리를 오해하거나 논리와 경험칙에 반하여 자유심증주의의 한계를 벗어나는 등의 위법은 없다.」(대법원 2012. 6. 14, 선고 2012도1283 판결)

사기 쳤다가 지난 해 8. 28. 기소됐다. 같은 피해자에 대해 1차로 13억 5천만원, 2차로 4억원을 투자받았고, 피해자는 손실을 만회하려고 속은 것을 알고도 두 번째 투자를 해 손해를 키웠다.

(30) 작업화가를 고용해 그린 그림을 자신의 작품으로 판매한 유명 가수가 지난 해 10. 18. 유죄 선고된 후 항소심 재판 중이다. 대작 화가의 존재를 숨긴 것이 문제였다.[43]

(31) 지난 해 9. 12. 포항남부경찰서는 재력가 행세를 하며 이혼녀, 유부녀를 상대로 차례로 상해, 강도 행각을 벌인 피의자를 구속했다. 접근수단은 인터넷 채팅이었다.

[45] 보복범죄의 결말

지난 1. 11. ○○지방법원은 자신의 처가 강간당할 뻔 했다는 말을 듣자 공범 3인과 함께 가해자로 지목된 인척 남성을 찾아가 야구방망이, 벽돌, 주먹과 발로 무차별 폭행한 A 일당에 대해 각 징역형을 선고했다. 주범 2인은 실형 1년을 선고받고 법정구속됐다.

한편 지난 해 11. 28. 위 특수상해 사건의 피해자인 B에 대한 강제추행 선고공판(강제추행 사건에서는 B는 피고인)에서, ○○지방법원은 B가 A(위 특수상해 사건의 주범)의 처의 손을 잡고 입맞춤 했다는 공소사실을 유죄로 인정하고 B에 대해 징역 6월에 집행유예 2년의 판결을 선고했다. 대체 이들에게는 무슨 일이 일어났으며, 본래부터 원수 사이였을까.

상해사건의 주범 A는 상해사건의 피해자 B(강제추행 사건의 피고인)와 각자의 처를 사이에 둔 인척간이다. B는 강제추행 사건에서 유죄가 선고됐고, 추행사건의 피해자는 A의 처 C다. 부부는 평소 잦은 술자리와 가족모임을 통해 참으로 가깝게 지내던 사이였지만, B가 C녀를 집에 태워주고는 아파트에 들어가 C의 손을 잡으면서 원수가 됐다. B의 주장은 손을 잡았다는 것이고, C녀의 주장은 키스도 했다는 것이며, A가 C로부터 들은 말은 강간당할 뻔 했다는 것이다. A, B, C 3인의 진술이 달라도 너무 다르다. 이것이 성범죄의 특징이다.

---

43) 피고인은 항소심에서 무죄가 선고되었다(2018. 8. 17.).

더욱 이상한 점도 있다. C의 주장과 같은 범죄가 있었다면 C는 즉시 남편 A에게 피해사실을 알리거나 수사기관에 신고해야 하는데, 오히려 상반되게 B 부부와 함께 새벽까지 술을 마시거나 각종 축하모임을 가지며 친밀히 지내오다가 8개월가량 지나 고소한 것이다. 그리고 C가 남편 A에게 과장된 피해사실(키스를 넘어서서 강간당할 뻔 했다는 내용)을 알린 즉시 A는 인력을 동원해 B와 그의 처가 가족에게 집단상해를 가했다.

필자는 상해 가해자 4명에 대한 고소절차를 밟는 과정에서 의뢰인인 B와 그의 가족도 피의자로 입건돼 함께 수사 중인 사실을 파악했다. 쌍방 범죄의 동기, 방법, 피해결과, 공모관계에 대해 대조적인 비교변론을 펼쳤고, 결국 B와 그 가족들은 전원 무혐의처분을, 가해자 A와 공범자 전원은 특수상해죄로 기소시켰다. 수사과정에서 A 등이 흉기휴대상해사실, 공모, 선행타격 등을 극렬히 부인하였음은 당연하다. 심지어 A 등은 자신들이 피해자라며 B와 그 가족들에게 책임을 전가시키려 노력했다.

한편으로 A가 B를 특수상해한 다음 날 C는 8개월 전 당했다는 성범죄로 B를 고소했고, B는 이제 성범죄사건의 피의자가 됐다. 죄가 그대로 인정될 경우 부인하고 있는 피의자는 구속 기소될 운명에 처하게 된다. 유형력의 정도와 방법, 고의를 집중 조명한 결과 ○○지방검찰청은 강간미수죄가 아닌 강제추행죄로 불구속 기소했다. 형사재판에서는 합의나 피해변제가 없었지만, 단기 징역형의 집행유예를 선고받을 수 있었다.

이처럼 성범죄는 가까운 사이에서 발생하고, 또 세월이 지나며 사건이 희석되거나 혹은 보태어져 실체를 파악하기 어려운 경우가 많다. 때로는 그 과장이 중요부분에 대한 것이 되면 고소인이 무고죄로 처벌받기도 한다.

따라서 피의자와 피해자는 수사 초기부터 혐의를 정확히 확정하여 변론 또는 고소해야 하고, 자신의 주장을 경찰, 검찰에서 최대한 관철시켜야만 한다. 형사변호인의 법률적 활동이 결정적인 경우가 많고, 형사법관의 명석함을 과신하면 안 된다.

[46] 긴급체포된 검사들

지난 24일 서울중앙지법은 긴급체포되어 영장실질심사를 받게 된 현직 검사 2명에 대한 영장재판을 진행했다. 비록 긴급체포의 적법성이 부정당해 구속영장이 기각됐지만, 검사를 상대로 수사기밀유출 혐의로 강제수사가 개시된 것은 충격적이다.

언론보도에 따를 때 B 검사는 혐의를 인정하고 있다. 검찰을 수사하는 기구를 별도로 두어야 한다는 말도 전혀 틀린 말이 아니다.

대구공항 소음피해소송을 진행한 A 변호사가 고소한 사건의 수사자료를 A 변호사에게 넘긴 이는 고소사건의 형사1심 재판을 담당하던 당시 서울서부지검 공판부 B 검사였다. 그의 진술에 따르면 상관으로 근무하다 자리를 옮긴 지청장의 지시를 따른 것이라고 하여 단독범행이 아닐 수 있음을 시사한다. A 변호사와 지청장은 사법연수원 동기였고, B 검사가 건넨 자료는 A 변호사가 고소한 상대방, 즉 피고소인과 타인 간의 구치소 접견녹음파일 147개와 접견기록자료 등 수사자료였다. A 변호사의 돈을 사기친 C씨가 빼돌린 돈을 찾는데 도움이 될 증거였다.

한편 함께 영장이 청구된 D 검사는 2016년 A 변호사가 대구공군비행장 소음피해소송 원고들의 배상금 중 일부를 '홈캐스트 주가조작 사건'에 사용한 혐의로 수사받던 당시, 서울남부지검에서 함께 내사하던 E 수사관이 유출한 조서를 파기하는데 관여한 혐의를 받았다. D 검사가 조서 파기에만 가담한 것인지, 조서 유출에도 관여하였는지는 추가수사가 진행 중이다.

사안의 B 검사는 업무상 알게 된 개인정보를 누설하거나 권한 없이 다른 사람이 이용하도록 제공한 점에서 개인정보보호법 위반죄(제71조 제5호)와 공무상비밀누설죄(형법 제127조)의 혐의적용이 가능하고, D 검사는 자료파기 혐의조차 부인하고 있으나 파기혐의가 사실일 경우 정당한 권한 없이 또는 허용된 권한을 초과하여 다른 사람의 개인정보를 훼손, 멸실한 것으로 개인정보보호법 위반죄(제71조 제6호) 또는 공용서류등무효죄(형법 제141조 제1항)에 해당할 가능성이 있고, 유출에 가담했다면 B 검사와 같은 죄도 가능하다.

공무원의 비밀누설에 대해 현행법은 어떠한 구조를 띠고 있는가.

공무원은 법령에 의한 직무상 비밀을 누설하여서는 아니 되고(국가공무원법 제60조, 지방공무원법 제52조, 수사공무원은 형사소송법 제198조), 이를 위반하면 공무상비밀누설죄로 처벌된다. 이 죄는 벌금형도 없다(형법 제127조).

만약 국회 정보위원회 위원 등이 기밀을 공개·누설하면 가중 처벌된다(특가법 제4조의3). 또 업무상 군사기밀을 취급하는 자는 3년 이상의 유기징역으로 매우 중하게 처벌된다(군사기밀보호법 제13조).

'법령에 의한 직무상 비밀'의 개념에 대해, 판례는 실질비설을 취하여 '실질적으로 비밀로 보호할 가치가 있는 것'으로 본다. 모호한 개념이므로 사안마다 개별 판단하나, 적어도 본건과 같은 수사기밀은 비밀이 맞다. 그러므로 수사 과정에서 수사와 관련하여 작성하거나 취득한 서류 또는 물건에 대한 목록은 임의대로 넣고 뺌이 없이 빠짐없이 작성해야 한다(형사소송법 제198조).

그 외 중요한 공무원 처벌규정으로, 뇌물죄(형법 제129조 내지 제132조, 특가법 제2조), 알선수뢰죄(형법 제132조), 불법체포·감금죄(형법 제124조), 직무유기죄(형법 제122조), 직권남용죄(형법 제123조), 피의사실공표죄(형법 제126조)가 있다.

법률 상식

(1) 불법한 긴급체포의 억제책은 무엇인가.

긴급체포가 불법하면, **불법한 체포상태에서 받은 진술(조서)은 위법한 증거**로써 증거능력이 없다. 이러한 증거를 토대로 유죄를 선고할 수 없게 된다.

▶ 「…(전략) 긴급체포는 영장주의원칙에 대한 예외인 만큼 형사소송법 제200조의3 제1항의 요건을 모두 갖춘 경우에 한하여 예외적으로 허용되어야 하므로 긴급체포 당시의 상황으로 보아서도 그 요건의 충족 여부에 관한 검사나 사법경찰관의 판단이 경험칙에 비추어 현저히 합리성을 잃은 경우에는 그 체포는 위법한 체포라 할 것이고, 이러한 위법은 영장주의에 위배되는 중대한 것이니 그 체포에 의한 유치 중에 작성된 진술조서는 위법하게 수집된 증거로서 특별한 사정이 없는 한 이를 유죄의 증거로 할 수 없다.[44]

기록에 의하면, 공소외 4가 2000. 8. 21. 인터넷 신문고를 통해 피고인을 고발하여 2000. 9. 4. 서울지방검찰청에 진정사건으로 수리됨으로써 이 사건 수사가 개시되었는데, 검사로서는 그 때부터 공소외 3을 긴급체포한 2000. 9. 14. 16:00경까지 체포영장을 발급받을 시간적 여유가 충분히 있었던 것으로 보이고, 위 공소외 4는 피고인을 고발하였지 공소외 3을 고발한 것이 아니었으며, 공소외 3과 관련된 비자금 부분은 2000. 9. 15. 공소외 5에 대하여 조사하면서 비로소 밝혀졌는데 검사 등은 그 전에 공소외 3을 긴급체포한 사실, 검사 등은 공소외 3을 긴급체포하고 조사를 하고서도 공소외 3을 입건도 하지 아니한 사실 등을 알 수 있는바, 이러한 사정을 종합하면, **위 긴급체포는 그 당시로 보아서도 형사소송법 제200조의3 제1항의 요건을 갖추지 못하였음**을 쉽게 알 수 있어 이를 실행한 **검사 등의 판단은 현저히 합리성을 잃었다**

44) 대법원 2002. 6. 11, 선고 2000도5701 판결 참조.

고 할 것이므로, 이러한 **위법한 긴급체포에 의한 유치 중에 작성된 공소외 3에 대한 제1회 진술조서는 이를 유죄의 증거로 하지 못한다**고 할 것이다. 그럼에도 불구하고, 원심이 위 진술조서를 이 부분 공소사실에 대한 유죄의 증거로 삼은 것은 잘못이라고 할 것이다.

그러나 공소외 3에 대한 제2회 진술조서의 증거능력에 관하여는, 기록에 의하여 알 수 있는 다음과 같은 사정, 즉 공소외 3이 2000. 9. 14. 긴급체포되어 조사를 받고 다음날 20:00 내지 21:00경에 귀가한 이후 약 4개월 이상이 경과한 후인 2001. 1. 30. 다시 조사를 받고 위 진술조서가 작성된 점, 위 진술조서 작성 당시까지는 피고인이 비자금의 조성·사용에 관여한 사실을 인정하고 있어 검사로서도 공소외 3에 대하여 위 부분에 관하여 진술을 강요할 필요가 없었던 것으로 보이는 점, 공소외 3이 제1심 및 원심 공판기일에서 첫 번째만 강압수사를 받았고, 두세 번째는 강압수사를 받지 않았다고 진술하기도 하며, 검찰에서 조사를 받음에 있어서는 검찰의 조사내용에 관하여 아무런 문제제기를 하지 아니하다가 제1심 법정에 이르러서 비로소 검찰조사과정에서 강요와 회유를 받았다고 진술하기 시작한 점 등을 종합하여 볼 때, 공소외 3이 검사 등의 회유와 협박에 못 이겨 혹은 심리적 강박상태에서 그 진술을 한 것으로 보이지 아니하므로, 공소외 3의 위 진술조서에 기재된 진술은 그 임의성이 인정된다고 할 것이어서 이를 증거로 채택한 원심의 조치에 상고이유 주장과 같은 위법이 없다.

또한 기록에 비추어 살펴보면, 위 공소외 3의 제1회 진술조서를 제외하더라도, 앞서 본 바와 같이 증거능력이 인정되는 피고인에 대한 검사 작성의 제2회 피의자신문조서의 진술기재, 공소외 3에 대한 제2회 진술조서의 진술기재와 원심이 적법하게 채택한 그 밖의 다른 증거들을 종합하면, 피고인이 공소외 3에게 지시하여 1995. 11. 말경부터 1998. 1.경 사이에 12회에 걸쳐 공소외 1 주식회사의 자금을 빼돌려 비자금 356,000,000원 상당을 조성하여 개인적인 용도에 사용하였다는 이 부분 범죄사실을 넉넉히 인정할 수 있다. 그러므로 공소외 3에 대한 제1회 진술조서를 증거로 채택한 원심의 잘못은 **판결의 결과에 영향을 미치지 못한다** 할 것이다. 위와 같은 취지에서, 원심이 이 부분 공소사실을 유죄로 인정한 것은 정당하고, 거기에 채증법칙 위배로 인한 사실오인의 위법이 있다고 할 수 없다.」[45)]

(2) 공무상 비밀누설이란 무엇인가.

▶「형법 제127조는 공무원 또는 공무원이었던 자가 법령에 의한 직무상 비밀을 누설하는 것을 구성요건으로 하고 있고, 같은 조에서 법령에 의한 직무상 비밀이란 반드시 법령에 의하여 비밀로 규정되었거나 비밀로 분류 명시된 사항에 한하지 아니하고 정치, 군사, 외교, 경제, 사회적 필요에 따라 비밀로 된 사항은 물론 정부나 공무소 또는 국민이 객관적, 일반적인 입장에서 외부에 알려지지 않는 것에 상당한 이익이 있는 사항도 포함하는 것이나, 실질적으로 그것을 비밀로서 보호할 가치가 있다고 인정할

45) 대법원 2007. 1. 12, 선고 2004도8071 판결.

수 있는 것이어야 할 것이고, 본죄는 기밀 그 자체를 보호하는 것이 아니라 공무원의 비밀엄수의무의 침해에 의하여 위험하게 되는 이익, 즉 비밀의 누설에 의하여 위협받는 국가의 기능을 보호하기 위한 것이라고 볼 것이며,[46] 검찰 등 수사기관이 특정 사건에 대하여 수사를 진행하고 있는 상태에서 수사기관이 현재 어떤 자료를 확보했고, 해당 사안이나 피의자의 죄책, 신병처리에 대하여 수사책임자가 어떤 의견을 가지고 있는지 등의 정보는 그것이 수사의 대상이 될 가능성이 있는 자 등 수사기관 외부로 누설될 경우 피의자 등이 아직까지 수사기관에서 확보하지 못한 자료를 인멸하거나, 수사기관에서 파악하고 있는 내용에 맞추어 증거를 조작하거나, 허위의 진술을 준비하는 등의 방법으로 수사기관의 범죄수사 기능에 장애를 초래할 위험이 있는 점에 비추어 보면, 해당 사건에 대한 종국적인 결정을 하기 전까지는 외부에 누설되어서는 안 될 수사기관 내부의 비밀에 해당한다고 봄이 상당하다.」[47]

▶ 위 판결의 **사실관계**는 다음과 같다. 「원심은, 그 채용 증거를 종합하여, (그룹명 생략)**그룹 부회장이던 공소외 1**이 2000. 12. 초 **공소외 2**에게 "(그룹명 생략)그룹에 대한 무역금융사기 건 검찰 수사와 관련하여 구속되지 않고 선처를 받을 수 있도록 도와 달라"는 부탁을 한 사실, 공소외 2는 2000. 12.경 **공소외 3**에게 공소외 1이 무역금융사기 건으로 곤란을 겪고 있다는 사정을 설명하고 불구속 처리될 수 있도록 힘써 줄 것을 부탁하면서, 사건 내용, 수사 상황, 담당 검사 및 소속부서 등이 기재된 쪽지를 건네주었고, 공소외 3은 검찰 간부를 통하여 알아보겠다고 대답하면서 2000. 12. 중순 공소외 2를 통하여 **공소외 4**에게 경비를 요구하여 2억 5,000만원을 전달받은 사실, 공소외 3은 2001. 1. 말경 **대검찰청 차장검사실로 전화하여 피고인 1에게** "공소외 1이 서울지방검찰청 외사부의 수사를 피하기 위하여 일본에 가 있는데, 국내로 들어와서 조사를 받을 경우 불구속으로 처리되는 것이 가능한지를 알아봐 달라"고 부탁했고, 피고인 1은 공소외 3의 전화를 받은 후 그 시경 위 무역금융사기 건의 수사를 담당하고 있던 서울지방검찰청 외사부 부장검사에게 전화하여 사건의 내용이 어떠하냐고 물었고, 그 부장검사로부터 주임검사의 생각에 크게 엄벌할 정도의 중한 사안은 아니라고 한다는 답변을 듣자, 공소외 3에게 공소외 1이 국내로 들어오더라도 불구속 처리가 가능하다는 의미로 "조사받아도 되겠던데"라고 전해 준 사실, 이에 공소외 3은 공소외 2에게 모든 정리가 되었으니 공소외 1이 안심하고 국내로 들어와도 된다고 말했고, 공소외 2는 그 때쯤 공소외 4에게 공소외 3의 말을 전하고 직접 일본으로 가서 공소외 1에게 공소외 3이 피고인 1을 통하여 모든 문제를 해결하였으니 귀국해도 문제가 없다고 했고, 공소외 1은 2001. 2. 6. 귀국하였으며 며칠 뒤 서울지검에 자진 출석하여 조사를 받은 사실 등 판시와 같은 사실을 인정한 다음, **피고인 1이 담당 부장검사로부터 알아내어 공소외 3에게 전달해 준 내용**은 단지 사안의 경중에 불과한 것이 아니라, 당시 수사팀에서 (그룹명 생략)그룹 사건과 관련하여 공소외 1을 크게

46) 대법원 1996. 5. 10, 선고 95도780 판결; 대법원 2003. 12. 26, 선고 2002도7339 판결 참조.
47) 대법원 2007. 6. 14, 선고 2004도5561 판결.

엄벌할 정도로 중한 사안이 아니라는 판단을 하고 있으므로 공소외 1이 국내로 들어오더라도 불구속 처리가 가능하다는 내용이고, 그 내용은 해외에 도피한 채 검찰 수사가 확대될까봐 전전긍긍하고 있던 공소외 1이 2000. 12. 초부터 2001. 1. 말까지 공소외 2, 3에게 거액의 돈을 제공하거나 변호인을 통하여 확인하기를 원했던 가장 중요한 정보로서 장차 검찰 수사가 더 이상 강도 높게 진행되지 않고 그때까지 밝혀진 내용 범위 내에서 마무리될 것임을 예측케 하는 것임이 명백하므로, **피고인 1이 (그룹명 생략)그룹에 대한 서울지방검찰청 외사부의 수사가 계속 진행 중인 상태에서 수사 책임자인 부장검사와 주임검사가 위 무역금융사기 건이 공소외 1을 엄벌할 정도로 중한 사안은 아니라는 잠정적인 판단을 하고 있다는 수사팀의 내부 상황을 확인한 뒤 그 내용을 공소외 3에게 전달한 행위**는 형법 제127조에 정한 공무상 비밀누설에 해당한다고 판단했다.」

(3) 공용서류등무효죄란 무엇인가.

형법 제141조(공용서류 등의 무효, 공용물의 파괴) ① 공무소에서 사용하는 서류 기타 물건 또는 전자기록등 특수매체기록을 손상 또는 은닉하거나 기타 방법으로 그 효용을 해한 자는 7년 이하의 징역 또는 1천만원 이하의 벌금에 처한다.

▶ 「형법 제141조 제1항이 규정하고 있는 공용서류은닉죄에 있어서의 범의란 피고인에게 공무소에서 사용하는 서류라는 사실과 이를 은닉하는 방법으로 그 효용을 해한다는 사실의 인식이 있음으로써 족하고, 경찰이 작성한 진술조서가 미완성이고 작성자와 진술자가 서명·날인 또는 무인한 것이 아니어서 공문서로서의 효력이 없다고 하더라도 공무소에서 사용하는 서류가 아니라고 할 수는 없다.[48] 원심은, 공소외 4의 검찰 및 제1심법정에서의 진술에 의하면, 피고인 유문○이 공소외 4의 집에서 공소외 1의 제보내용처럼 공소외 3이 PC방을 갈취하였는지 여부를 확인하기 위하여 공소외 4를 상대로 1시간 30분가량 공소외 3이 제출한 임대차계약서의 진위 여부, 공소외 3과 공소이 1의 관계 등에 관하여 질문을 하고 이에 대한 공소외 4의 답변을 인쇄된 진술조서 용지에 문답형식으로 기재한 후, 공소외 4에게 그 내용의 확인을 위하여 읽어보고 서명을 하도록 요구하였으며, 그 기재한 수량이 3~4장 정도였던 사실이 인정된다는 이유로, 공소외 4에 대한 진술조서를 수사기록에 편철하지 않고 숨김으로써 공문서를 은닉하였다는 이 부분 공소사실을 유죄로 인정한 제1심판결을 유지하였는바, 앞서 본 법리에 비추어 기록을 살펴보면, 이러한 원심의 조치도 옳고, 거기에 채증법칙을 위배하여 사실을 오인하거나 공용서류은닉죄에 관한 법리를 오해한 위법이 있다고 할 수 없다.」[49]

48) 대법원 1980. 10. 27, 선고 80도1127 판결; 대법원 1987. 4. 14, 선고 86도2799 판결 참조.
49) 대법원 2006. 5. 25, 선고 2003도3945 판결.

[47] 미투 운동(#MeToo)의 본질은 여성의 인권

미투 운동의 본질은 성폭력범죄의 피해자 보호일까. 아니면 가해자 처벌일까.

필자는 이 운동의 본질을 여성인권의 문제로 본다. 헌법은 제10조에서 인간의 존엄과 가치, 행복추구권, 국가의 기본권 보장의무를, 제11조에서 성별·사회적 신분에 의한 전 생활영역에서의 차별금지를 규정한다. 성희롱, 성추행, 성폭행은 인권을 침해한 점에서 비난가능성이 크다. 지위를 이용하고 반복성을 띠므로 피해의 크기도 배가 된다. A 전 지사로부터 성폭력을 당했다는 여성 비서는 자신을 보호할 길이 없으며 벗어날 수 있는 유일한 길이 방송출연이라고 진술했다.[50]

성폭력범죄의 법적 정의는 강간, 강제추행 등 형법상의 성범죄로 국한되나(성폭력범죄의처벌등에관한특례법 제2조), 사회적 인식은 성희롱도 포함하는 넓은 개념으로 이해한다.

강간은 폭행·협박으로 사람의 반항을 제압하거나 현저히 곤란하게 하여 간음하는 것이다. 강한 폭행·협박을 요한다.

심신상실·항거불능 상태에 놓인 피해자를 간음하면 준강간이 된다.

강제추행은 폭행·협박으로 상대의 항거를 곤란하게 하여 성적 수치심을 가하는 일체의 행위다. 폭행·협박이 추행보다 꼭 앞설 필요는 없고, 기습추행도 가능하다. 유형력은 의사에 반하기만 하면 되고, 힘의 대소강약은 불문한다.

강간과 추행은 협박만을 수단으로 해서도 가능하므로, 유부녀에게 불륜사실을 알리겠다고 겁주어 간음해도 강간이 된다.

한편 성희롱은 업무, 고용 등 관계에서 지위를 이용하거나 업무와 관련하여 성적 언동·요구 등으로 상대에게 성적 굴욕감·혐오감을 느끼게 하거나 따르지 않는다는 이유로 불이익을 주거나 따르는 것을 조건으로 이익공여 의사표시를 하는 것이다(남녀고용평등법 제2조, 양성평등기본법 제3조, 국가인권위원회법 제2조 제3호 라.목). 성희롱은 언어적인 것이 많고, 시각적 방법으로도 저질러진다. 바지를

---

50) 이 사건은 2018. 8. 14. 서울서부지방법원에서 무죄 판결이 선고된 후 2019. 2. 1. 서울고등법원에서 유죄로 결론이 뒤집어지면서 피고인이 법정구속된 상태다. 2심 선고형은 징역 3년 6월이다.

벗어 성기를 보이는 것은 강간, 추행이 아니고, 성희롱에 해당한다. 성희롱은 모욕, 명예훼손, 통신매체이용음란에 이르지 않는 한 형사처벌이 불가능하고, 손해배상은 3년의 단기시효 내에 소를 제기해야 한다. 징계는 당연히 가능하다.

미투운동의 가해자에 대한 처벌흠결이 비판의 대상에 올랐다.

첫째, 친고죄 조항이었던 형법 제306조를 삭제한 것이 2012. 12. 18.이고 시행된 것은 2013. 6. 19.인 점 때문이다. 성폭법상 친고죄 조항인 제15조가 삭제되고 개정법이 시행된 것도 같은 날이다. 따라서 친고죄 대상범죄가 2013. 6. 19. 이전에 발생했다면, 불가항력을 제외하고는 범인을 안 날부터 1년 안에 고소가 있어야 했는데(2013. 4. 5. 삭제 전 성폭법 제19조의 고소기간 조항), 고소가 없었던 사건은 소추조건을 상실한 것이다. 판례는 해고될 것이 두려워 고소하지 못한 것을 불가항력으로 보지 않으므로 친고죄 조항 존속 당시의 과거 범죄는 지금 고소해 본들 수사를 할 수 없다.

둘째, 공소시효의 문제다. (사람이 죽거나 다치지 않은) 강간, 추행, 준강간, 준강제추행은 시효가 10년에 불과하다. 비난이 일자, 경찰은 친고죄가 아니었고 포괄일죄인, 상습범 규정(형법 제305조의2, 2010. 4. 15. 신설)을 적용하기 위해 공소시효가 완성된 과거범죄도 수사한다는 발표를 했다. 포괄일죄는 최종의 범죄행위가 종료된 때부터 공소시효가 진행한다.

참고로 강간등상해·치상, 강간등살인·치사는 과거부터 친고죄가 아니었고, 공소시효는 15년이며, 강간등살인은 이제 공소시효가 없다.

[48] 소음과 상해죄

지난 8일 전주지방법원은 군부대 이전에 반발해 35사단 앞 도로변에서 확성기를 이용해 1개월가량 장송곡을 튼 피고인들에게 공무집행방해와 상해죄 유죄를 인정했다.

이들은 소음기준을 지켰고 합법시위를 했다고 변명했지만, 군과 검찰은 장송곡을 튼 것이 폭행이라고 주장했다. 군의 주장은 이색적이다. 보통 군이 민간에 소음피해를 주는데 이 사건은 정반대이고, 소음으로 공무를 방해한 점도 특이하다.

법원은 장기간 고성능 확성기로 장송곡을 튼 것은 상대의 청각을 직접 자극해 육체적·정신적 고통을 준 유형력의 행사로 폭행이 맞고, 장병들의 급성 스트레스와 이명은 상해의 결과라고 판시했다.

(1) 공무집행방해죄는 직무를 집행하는 공무원(公務員)에 대해 폭행·협박하는 범죄이다.

본죄의 대표적 실사례(實事例)는, 음주측정을 요구받자 경찰을 폭행, 강제집행을 실시하자 집행관을 폭행, 응급구조 중인 소방관을 폭행하는 것이다.

직무수행을 위해 근무 중인 상태에 있는 때도 포함되므로 적용범위가 넓어질 수 있어 주의를 요한다.

그러나 위법한 직무수행을 행사하던 공무원을 폭행하는 것은 무죄다. 예컨대, 불법체포를 행사하는 수사관에게 저항할 수 있고, 심지어 영장체포를 당하는 경우에도 체포자가 이유 없이 영장을 제시하지 않거나 미란다 원칙을 고지하지 않았다면 체포에 저항할 수 있다.

폭행(暴行)은 공무원에 대한 직·간접의 유형력의 행사이므로 인분을 경찰관서 바닥에 뿌려도 본죄가 성립한다. 이 사건과 같이 음향을 이용한 것은 폭행의 방법으로는 드물게 사용된다.

협박(脅迫)은 공무원에게 공포심을 생기게 할 수 있는 일체의 해악의 고지이고, 현실적으로 공포심이 생겼는가는 불문한다. 방법은 언어, 문서, 직접, 간접, 명시, 묵시를 불문하고, 전과 12범이 경찰관으로부터 조용할 것을 주의받자 새벽에 파출소에 쫓아가 "순사새끼들 죽고 싶으냐"고 폭언했다면 협박이 된다.

폭행, 협박은 적극적, 작위적 행위이므로, 연행하려는 경찰의 손을 단순히 뿌리치거나 들어오지 못하게 문을 열어주지 않은 것은 제외된다. 소극적이고 단순 불복종에 불과하기 때문이다.

이 사건에서는 소음이 상대의 청각에 도달했고, 부대에서 불과 10m 떨어진 장소에서 이루어졌으며, 무려 확성기 4대를 사용한 점, 고성능 확성기를 이용한 점, 밤낮을 가리지 않고 장송곡으로 고통을 가한 점, 사용기간이 장기에 속하는 점이 고려되어 폭행으로 인정되었다. 피고인들은 폭행으로 군부대의 수면, 상황·경계, 군사훈련을 방해한 것이어서 공무집행방해죄에 해당한다.

(2) 피고인들의 행위로 2,000명의 장병이 밤낮으로 장송곡을 듣다가 그 중 일부가 수면장애, 환청, 급성 스트레스 병을 얻은 것은 상해죄에 해당한다. 상해는 폭행과 달리 무형적 방법에 의해서도 충분히 저질러질 수 있다. 따라서 이 사건과 같이 반복적 소음에 의해서도 가능하고, 앞서 쿠바 소재 미국대사관

직원들이 음파에 의해 상해 입은 사건을 소개한 바 있다. 여러 명이 공동으로 상해의 결과를 발생시킨 이 사건은 폭처법 제2조 제2항에 따라 가중 처벌된다.

(3) 집시법에 따라 신고를 했다거나, 법적 기준치보다 낮은 음향이었더라도 방법, 기간, 피해를 고려할 때 위법성이 조각될 여지는 없는 사건이다. 복잡한 현대사회에서는 실질적 준법이 면책의 기준이 되어야 한다. 법을 악용하는 사례가 법적용의 허점이 돼서는 안 되기 때문이다.

[49] 소취하와 무서운 인감증명서

전직 국회의원이자 유명 변호사 A씨는 최근 문서위조죄로 형사재판의 피고인이 되어 서울중앙지법에서 1회 공판기일을 맞았다.

그와 불륜관계로 의심받던 여성 유명 블로거 B녀의 남편으로부터 1억원의 손해배상 소송을 제기 당하자, A는 B녀와 공모하여 B녀 남편 C명의의 인감증명 위임장을 위조하고 소취하서에 남편의 도장을 임의로 찍어 법원에 제출했다는 혐의를 받고 있다.[51)]

이러한 소취하는 당사자 진의를 왜곡하여 남편 C의 청구권 행사에 장애를 초래하고 후소 제기의 부담을 높이는 점에서 위법하고, 법원을 속인 점에서 엄중하다. 남편 C는 이후 A변호사를 상대로 4천만원의 배상 인용판결을 받았다고 하니, C가 소취하의 의사를 갖고 처 B에게 인감증명 위임장을 작성·교부해 주었을 리는 없다. B녀가 같은 죄로 이미 유죄판결을 받았으므로, A변호사는 공모관계를 부인하는 방법 밖에 없다. 소취하의 법적 효과와 불이익은 무엇이며, 인감증명서와 관련한 범죄는 얼마나 흔히 일어나는가.

소취하는 제기된 소의 전부·일부를 철회하는 원고의 단독적 소송행위다(민사소송법 제267조 제1항). 이로써 소송계속은 소급하여 소멸하고, 소송은 종료된다. 다만 일단 소가 제기된 뒤에는 피고의 본안재판 받을 권리(기각판결 받을 권리)를 고려하여 피고 동의가 있어야만 소가 종료되는데, 실무상 이의하는 피고는 거의 없다. 따라서 소취하서 제출은 그만큼 중요하고, 진의에 기초해야 한다.

---

51) 이 사건 피고인은 1심에서 징역 1년을 선고받고 법정구속되었고, 2019. 1. 25. 보석청구가 기각돼 구속 상태에서 2심 재판을 받던 중 2019. 4. 5. (범행 고의가 부정돼) 2심에서 무죄를 선고받았다.

소취하를 하였다고 해서 다시 후소를 제기할 수 없는 것은 아니다. 소취하가 실체법상 청구권의 포기는 아니기 때문이다. 그러나 정당한 사유 없이 소를 취하했다는 것은 원고 자신의 주장책임과 증명책임에 자신이 없다는 점을 스스로 내보인 것이 되므로 후소에서 승소하는 데에 장애를 초래한다. 또 소를 반복적으로 제기한 후 취하를 거듭하는 행위는 상대로 하여금 과도한 방어비용을 지출하게 함으로써 마치 소가 상대를 괴롭히기 위한 수단으로 보여 지기도 한다. 이 점에서 거듭된 소권 행사는 신의칙 위배로 각하될 가능성도 있다. 나아가 종국판결선고 후 소취하는 재소금지효가 있으므로 각별한 주의가 요구된다(민사소송법 제267조 제2항).

인감증명서는 본인증명을 위해 거래계에서 널리 쓰여지는 공문서이다. 본인이 직접 법률행위를 할 수 없을 때에는 인감증명서 발급 단계부터 위임하는 경우가 있고, 이 때가 인감증명서 사용폐해가 가장 큰 경우이다.

인감증명서는 처분행위 시 매도확인용으로 사용된다. 매도인의 진정한 매각의사가 확인되지 않았는데도, 쉽게 인감증명서만 믿고 남의 물건에 값을 치르면 훗날 무권대리로 판명되어 계약과 등기는 무효에 직면한다. 이 경우 공인중개사도 배상책임을 지게 된다.

가능한 사례로는, 해외체류 또는 수감 중이거나 정신병원에 입원 중인 남편 부동산을 처가 불륜남과 공모하여 매각, 치매를 앓는 부친 부동산을 맏아들이 모와 공모하여 매각(허위소송과 허위답변으로 부 재산에 근저당을 설정한 유사 사례로는, 2018. 1. 31. 대구지검 구속기소 건), 공유토지의 일부소유자가 타공유자의 권리까지 매각 후 잠적, 미성년 피해자의 부모 1인이 허락 없이 배우자의 인감증명서까지 발급받아 형사합의금을 독식하는 경우를 들 수 있다.

따라서 타인의 권리를 넘겨받거나 소멸시키는 법률행위의 상대방은 항상 인감증명서가 본인발급인지를 살피고, 위조된 위임장으로 대리발급된 인감증명서가 아닌지 의심해야 한다. 만약 의심이 들면 본인과 통화하는 등 매각진의를 반드시 확인해야 한다. 또 대금 수령계좌가 매도인 본인의 것이 아니라면 대리인의 사기행각을 의심해야 뒤탈이 없다.

[50] 무고는 계획범

지난 1. 28. 대구 중구의 한 건물 앞에서 칼에 찔린 채 발견된 A는 출동 경찰관에게 함께 도박한 B로부터 칼에 찔렸다고 진술했다. 이러한 피해자의 진술은 수사의 단서가 되어 이제 경찰은 B를 쫓게 된다. 하필 A가 경찰에 발견될 당시 B는 현장에서 뛰어 도망하였으니, 이제 경찰은 B가 특수상해 또는 살인미수범이라고 확신하게 된다.

B는 대구 서구 내당동의 대형마트 앞에서 긴급체포됐다. B는 중대범죄를 저질렀다고 의심할 상당한 이유가 있고, 실제 도망했고, 도주 중 경찰관에게 우연히 발견된 것으로 체포영장을 받을 시간적 여유가 없는 긴급한 상태였다.

이제 B에게 A의 상처사진, 진단내용, 사용된 칼을 제시하며 조서에 자백을 받고, 범행동기를 밝히기만 하면 쉽게 수사가 끝나게 된다.

그런데 뜻밖에 경찰관은 이상한 느낌을 가지게 되었고, B가 범인이 아닐 수도 있다는 생각에 다다랐다. B는 무슨 이유인지, A가 칼로 스스로의 배를 찔렀고 자신에게 뒤집어씌우고 있다는 주장을 일관되게 했다. 그리고 다른 사건의 벌금 미납으로 수배 중이라 체포가 두려워 도망한 것이라고 했다.

겉으로 드러난 부분과 실제 발생한 일은 이처럼 다른 경우가 많다. B의 진술을 뒷받침할 과학적 증거도 드러났다. A를 치료한 의사는 상처가 위에서 아래로 찔린 것이라 했고, 이는 통상의 상해사건과 다른 중요한 차이였다. 정면에서 가해자가 흉기로 복부를 찌를 경우 상처는 밑에서 위로 또는 직선 형태로 생기는 점을 고려하면, B가 가해자가 될 수는 없고, A가 자기 배를 찔렀다고 볼 수 있는 것이다.

이제 경찰의 머릿속에는 A의 행적을 조사하여 칼의 출처와 소지경위를 파악할 일만 남았다. 과학수사의 결정판인 CCTV를 분석한 결과 범인은 A가 더욱 확실해졌다. 사건 며칠 전 대구 북구 한 시장에서 같은 흉기를 구입한 사람이 A로 확인됐기 때문이다.

의료진의 진술과 CCTV는 과학적 수사방법이다. 과학수사 앞에서는 완강히 부인하던 피의자들도 혐의를 끝끝내 부인하기가 어렵다. 누가 봐도 자신이 범인인 것이 확실한데, 처벌형량만 강화될 승산 없는 싸움을 계속하지는 않기 때문이다. 결국 A는 자신의 자해사실을 자백하면서, 범행동기로 도박판에서 B에게 돈을 빌려달라고 했다가 거절당하자 홧김에 저지른 행위라며 고개를 떨구었다.

그렇다면 A는 B로 하여금 형사처벌을 받게 할 목적으로 경찰공무원에 대하여 허위사실을 신고함으로써 무고죄를 범한 것이다. B가 칼로 찌른 사실이 없음에도 객관적으로 진실에 반하는 사실을 신고했고, 신고사실의 핵심 모두가 허위이다.

A의 행위는 신고사실 대부분이 사실이고 일부가 허위라거나, 신고사실의 정황만을 과장한 것이 아니다. 정황을 다소 과장하는 경우라 함은 강간당한 사실을 신고하면서 상해사실을 포함시키는 것, 금번의 상해결과가 아닌 오래 전의 골절 사실까지 기재된 상해진단서를 제출하는 것이 대표적이다.

허위사실 신고는 자발적이어야 하는데, A는 미리 칼을 준비해 B로 하여금 만져보게 하여 흉기에 B의 지문이 묻도록 한 점에서 계획적이며 자발적이다.

한편 A는 신문과 추궁 끝에 어쩔 수 없이 자백한 것이지, 죄를 뉘우치며 자진하여 자수한 것이 아니므로 감경사유가 없다. 범죄피해가 중대해야만 특종사건이 되는 것이 아니다. 이처럼 철저히 준비된 계획범죄가 화제의 사건이고, 이 같은 사건에서 범인의 진술을 탄핵하기 위해 과학수사를 실시한 경찰에 경의를 표한다.

법률 상식

자수감경을 받지 못한 국회의원 피고인

▶ 「…(전략) 이른바 'N비리'의 수사과정에서 위 피고인의 범죄 혐의사실이 드러나자 위 피고인이 먼저 기자회견을 통하여 언론에 위 각 금원을 정치자금으로 받은 사실을 공표하였으나, 위 금원의 수수와 관련된 조사를 위하여 대검찰청 중앙수사부가 1997. 2. 9. 21:30경 전화로 직접 위 피고인에게 같은 달 10. 14:00까지 대검찰청에 출석할 것을 통지하자, 위 피고인은 처음에는 같은 달 11. 14:00에 출석하겠다고 하였다가 그 후 태도를 바꾸어 이 사건 수사가 수사목적과는 다른 정치적인 의도를 가진 것이라는 이유로 임의출석을 거절했고, 이에 다시 대검찰청 중앙수사부가 같은 날 17:45경 위 피고인에게 다음날 10:00까지 대검찰청에 출석할 것을 요구하는 출석요구서를 위 피고인의 집으로 보내고 그 무렵 위 피고인이 상피고인 M으로부터 금 1억원을 추가로 받은 사실이 언론에 알려지자 **부득이** 같은 달 12. 14:30경 대검찰청에 **출석**하여 조사를 받게 되었으며, 대검찰청에서 조사를 받으면서도 위 피고인은 이 부분 금품수수 사실은 전부 사실대로 시인하였으나 이를 순수하게 정치자금으로 받은 것이라고

하여 그 직무관련성 및 대가성은 **전부 부인**하였음을 알 수 있는바, 사정이 위와 같다면 위 피고인은 자신의 범죄사실에 관하여 수사책임이 있는 관서에 자수를 한 것이라고 보기는 어렵다고 할 것이다. 원심설시의 이유는 이와 일부 다르나, 원심은 결국 위와 같은 사정들과 형법상의 자수가 임의적 감면사유에 불과한 점을 들어 위 피고인에 대하여 자수감경을 적용하지 아니한 것으로서 결과적으로 정당하고, 거기에 소론과 같은 자수의 요건에 관한 사실오인이나 법리오해 등의 위법이 있다고 할 수 없다. 논지들도 모두 이유 없다.」[52]

[51] 죽음을 부르는 죄, 자살방조

지난 3. 5. 부산에서 인터넷 방송을 진행하던 여성 BJ가 생방송 중 건물 8층에서 투신한 어이없는 사건이 발생했다. 투신한 A는 5년 전부터 BJ활동을 시작했고, 우울증 치료를 받기도 했다. 이혼 후 혼자 살면서 인터넷 방송을 했고, 20여 명이 방송을 보던 중 일어난 사건이라서 충격적이다.

A는 방송진행 중 만취 상태로 울먹이며 신세한탄을 했다고 하는데, 살 용기를 북돋아 준 사람이 있었다면 얼마나 좋았을까. 담배를 피우거나 옷을 수시로 갈아입으며 불안정한 모습을 보이던 A를 위로한 사람은 없었고, 오히려 A가 이틀 뒤 자살을 시사하자, "뛰어내려라"는 댓글로 조롱한 일이 벌어졌다고 한다. 그러자 A는 갑자기 "나, 간다"라고 하고는 창밖으로 몸을 던졌고, 키우던 개 2마리도 A에 의해 불행한 최후를 맞았다.

의혹이 제기되자 수사기관은 당시의 영상자료를 분석했지만, 댓글이 저장되어 있지 않아 수사에 난항을 겪고 있다. 당시 방송 접속자를 상대로 일일이 조롱사실을 조사할 계획이라고 한다.

이처럼 자살을 결의한 것으로 보이는 A의 행위를 촉진한 것을 어떻게 보아야 하는가.

이는 자살방조죄에 해당하여 1년 이상 10년 이하의 징역에 처해지게 된다(형법 제252조 제2항). 자살방조죄는 자살이 범죄가 아님에도 방조자를 처벌하는 특별규정이다. 방조행위를 독립된 구성요건으로 특별히 규정한 유사한 것으로, 간첩방조, 도주원조가 있다. 원래 형법총칙 상의 방조죄는 정범보다 형을 감경

---

52) 대법원 1997. 12. 26, 선고 97도2609 판결.

하는데(형법 제32조 제2항), 이 특별규정들은 방조행위 자체가 정범의 실행행위에 버금가므로 형을 감경하지 않는다. 한편 이 죄는 자살의 의미를 이해하고 자유로운 의사결정능력이 있는 자를 방조한 것만 처벌하므로, 어린 자식들에게 함께 죽자고 권유하여 익사케 한 것은 자살방조가 아니다. 우월적 의사지배를 통해 살인죄의 간접정범을 범한 것이어서 차이가 있다.

성인 간에 진실로 합의동사를 시도했는데 일방만 죽은 경우 상대 죽음에 방조사실이 인정되면 생존자에게 자살방조 책임을 물을 수 있고, 반면 애초 합의동사할 생각 없이 상대를 속여 상대만 죽게 한 것은 위계 살인죄(제253조)가 된다. 작년 3. 29.에는 알코올중독 치료를 받던 남녀가 "죽을 때까지 술 마셔보자"고 하고 투숙 후 소주 62병을 마시다가 여성이 사망한 사건도 있었다.

결국 망자에게 약을 올려 죽음을 촉진시킨 행위는 자살의 동인과 명분을 주어 자살을 용이하게 실행하도록 한 것으로 자살방조죄에 해당하고, 만약 약을 올렸지만 뛰어내리지 않았거나 뛰어내렸지만 살아난 경우라면 자살방조죄의 미수범이 된다. 유사한 사건으로, 처가 "죽고 싶다"고 하자 남편이 휘발유를 사다주었고 이를 건네받은 처가 휘발유로 자살한 사건, 또 "100% 확실, 고통 없는 '자살 세트'를 판매합니다."라는 내용으로 인터넷을 통해 '자살 세트'를 판매한 일당이 구속된 사례가 있다. 방송통신심의위원회가 인터넷상 '자살 조장 정보'에 대해 시정을 요구한 것이 작년 1분기에만 317건이라 하므로, 경각심을 가져야 한다. 돈보다 사람의 목숨이 중하다.

한편 방조행위는 이미 범행결의를 가진 자의 실행을 용이·촉진하는 원조행위로, 수단·방법에는 제한이 없다. 흉기대여, 정보제공, 조언, 격려가 모두 포함된다. 보이스피싱 인출책이 사기방조로 처벌되는 경우가 대표적 사례다. 단 이별을 안타까워하면서 "잘되겠지 몸조심해라"고 말하며 악수한 것은 범죄의사를 강화시킨 방조가 아니다.

※ 정보통신망을 통하여 자살유발정보를 유통할 경우 2019. 7. 16.부터는 자살예방및생명존중문화조성을위한법률(자살예방법) 제25조 제3항에 따라 2년 이하 징역 또는 2천만원 이하의 벌금에 처해지게 된다.

[52] 강제집행면탈죄 부실수사는 2차 피해

강제집행을 면할 목적으로 재산을 은닉, 손괴, 허위양도 또는 허위의 채무를 부담하여 채권자를 해하면 강제집행면탈죄로 처벌된다(형법 제327조). 정당한 채권자의 이익을 해치는 행위이므로 반드시 적발하여 처벌해야 한다. 그런데 실무상 본죄로 피의자를 구속시키거나 기소시키는 것은 불가능에 가깝다. 형법에 명문규정이 있는데, 어찌된 노릇인가.

첫째, 본죄를 저지르는 자는 간이 크고, 상습범인 경우가 많다. 본인 명의로 재산을 해두는 경우가 거의 없으며 취득재산을 차명으로 하고, 공부상 주소지는 다른 곳이다. 따라서 피의자의 평소 재산이 확보되지 않으므로, 은닉, 허위양도 등 핵심적 행위를 파악할 수조차 없다.

둘째, 숨겨놓은 보유재산을 우연히 알게 되는 경우가 있다. 부동산이 타인 명의라도 고가주택에 피의자가 이유 없이 살 수 없는 것은 분명하므로, 실제로는 피의자의 것이거나 적어도 전세금·보증금이 피의자의 것일 가능성이 매우 높다. 그런데 문제는 검찰이 이 정보를 토대로 수사를 하지 않는다는 점이다. 검찰은 응당 변동내용을 포함한 각 주거지의 실제 소유자가 누구인지, 전세보증금은 얼마인지, 소유자·전세금채권자와 피의자 간의 금융내역 상 연결점은 있는지에 대해 신속한 수사를 해야 하는데, 수사종결권 독점을 악용해 함께 고소되었을 사기죄 수사만 몇 차례 형식적으로 하고 본죄에 대한 판단을 유탈한다.

결국 그간 검찰이 본죄로 기소한 사건 상당수는 애초부터 피의자 명의 재산이었다가 타에 매각한 사건, 즉 고소장만 보아도 뻔하고 별도 수사가 필요 없는 사건이었을 것이란 점은 쉽게 추측된다.

이는 헌법상 재판절차진술권과 형사소송법상 고소권의 보유주체인 국민의 입장에서 용납하기 힘든 적폐(積弊)다. 특히 특수사건 또는 중요인지사건의 경우에는 빠른 관련자 진술확보, 기습 압수·수색을 통해 수사에 총력을 기울이고, 구속영장청구서 작성에 열을 올리는 것과 비교하면 피해 국민은 비애감마저 느낄 수 있다. 국민들은 자신의 애환을 해결해 줄 수 있는 기관이라면 새롭게 믿음을 부여할 태세라는 점에서 검찰(檢察)은 긴장하고, 경찰(警察)은 분발해야 한다. 수사작용은 국민의 것을 국가가 꾸어간 권한으로, 어디까지나 국민에게 도움이 돼야 하고, 뒤통수를 치지 말아야 한다.

셋째, 검찰의 부실수사는 기소독점주의(起訴獨占主義)와 기소편의주의(起訴便宜主義)를 믿고 이루어지고, 횡행하는 부실수사는 예기치 못한 부작용을 초래하기도 한다. 특히 단순한 부실수사가 아니고, 시간 끌기 식의 부실수사는 불기소처분 이후 항고단계의 공소시효 완성 위험을 높인다. 본죄는 공소시효가 5년이므로 시간 끌기는 치명적이다.

앞으로 검찰은 강제집행면탈수사를 철저히 하여 재산은닉은 반드시 발각된다는 경고음을 보내야 한다. 사실 본죄 수사를 열심히 하면, 판결 후 범죄수익금 또는 몰수·추징금 집행을 용이하게 하는 경우도 있어 일거양득(一擧兩得)이다. 검찰이 재산추적에 성공하면 경찰이 입법 추진 중인 탐정업 도입논의도 그 힘이 약해질 것이다. 그러나 이 문제를 해결하지 않으면 조만간 탐정업 도입이 현실화될 가능성이 있다. 그간 변협은 이 점을 경고해 왔다. 직권은 남용(濫用)돼서도 안 되지만, 유기(遺棄)돼서도 안 된다.

[53] 함정수사에 희생된 성매매 여성

지난 2. 25. 서울중앙지법은 경찰의 함정수사 과정에서 사망한 여성의 유족에게 국가의 배상책임을 인정했다. 피의자가 모텔 6층에서 뛰어내려 사망한 끔찍한 사건이었다. 국가의 배상 책임액은 무려 1억 6천만원이다.

경남지방경찰청 소속 남성 경찰관 6명이 이 사건 성매매 수사에서 사용한 기법은 함정수사였다. 경찰관들은 모텔에서 티켓다방에 전화해 성매매 여성을 요청했고, 25세의 여성 피의자가 모텔에 도착했다. 여성이 돈을 받고 샤워하러 간 사이 4명의 경찰관이 피의자에게 동행을 요구했으니, 수사기관의 계략에 빠진 피의자는 옷을 벗은 채로 얼마나 난감했겠는가. 수치심과 공포심을 느낀 피의자는 옷 입을 시간을 달라고 하고는 창문에서 추락해 사망하고 말았다.

이 같은 함정수사는 적법한가. 그리고 성매매처벌법으로 기소됐다면 피의자는 유죄인가. 이는 국가와 국민 간 신의(信義)의 문제다.

수사는 국가기관의 활동이고 공권력을 동원한 우월적 행위이므로 신의에 부합해야 하고, 비례성을 갖추어야 한다. 함정수사는 수사 신의칙과 관련하여 항상 비판받아 왔다.

과거 수사실무와 조폭영화에서 확인되듯이 마약범죄, 조직범죄에는 함정수사가 필요악이었다. 조직적이고 은밀한 범죄의 성격을 고려한 극단적 조치로 이해됐다.

함정수사는 수사의 효과성 측면에서는 우수한 수사기법이 맞다. 그런데 함정수사는 이를 허용하는 규정이 없고, 도덕적 비난가능성에 직면해 있다. 형사소송법은 강제수사법정주의를 취하고 있으므로 함정수사를 강제수사라고 본다면 법에 없는 함정수사는 항상 위법하다. 반면 임의수사라고 본다면 당사자의 인격권을 침해하는 경우에 한해 위법하다.

함정수사의 본 고장인 미국(美國)은 어떤 입장을 갖고 있는가. 1932년의 Sorrels v. U.S, 287 U.S. 453 판결에서 함정수사 항변을 최초로 인정한 후, 1958년의 Sherman v. U.S. 356 U.S. 369 사건에서 기준이 정해졌다. 애초부터 범의를 가진 자에게 기회를 준 것에 불과했다면 적법, 범의가 없던 자를 부추겨 범행하게 했다면 위법하다는 것이다. 우리 대법원(大法院)도, 본래부터 범의를 가진 자에게 기회를 주거나 용이하게 한 것은 함정수사가 아니거나 위법한 함정수사가 아니라고 판시하여 미국과 흡사하다. 다만 위법한 함정수사인지는 범죄의 종류와 성질, 유인자의 지위와 역할, 유인의 경위와 방법, 유인에 따른 피유인자의 반응, 피유인자의 처벌전력 및 유인행위 자체의 위법성을 종합하여 판단하므로, 피의자의 내심을 기준으로 한 주관설에다가 객관적 요소를 보충하고 있다.

함정수사는 유인한 수사기관에 귀책이 있고, 국가기관이 사술·계략을 씀은 사법정의 대신 사법불신을 조장하는 것이므로 범의유발형 함정수사는 반드시 근절돼야 한다. 반면 기회제공형 함정수사는 사회전반에 악영향을 미치는 마약, 조직, 매춘 범죄에 한해 허용될 수 있다.

이 사건은 경찰의 무리한 함정수사로 범의 없던 다방 도우미가 모텔에 불려나와 참변을 당한 점에서 범의가 유발된 수사였고, 그 위법의 정도가 중하다. 대법원도 2008도7362 판결에서, 경찰관이 노래방의 도우미알선영업 단속실적을 올리기 위해 그에 대한 제보나 첩보가 없는데도 손님을 가장하고 들어가 단속에 성공한 사건에서, 위법한 함정수사라고 판단했다. 따라서 이 사건 피의자는 살아서 단속됐더라도 공소기각 판결이 선고되었을 것이다. 다만 이 사건 판결은 민사판결이라 정면으로 함정수사의 위법을 논하는 대신 우발적 사고방지의무 위반에 따른 배상책임을 인정했으나, 필자가 보기에는 함정수사 자체가 위법하고 희생자가 발생했으므로 배상책임은 당연하다.

[54] 금전만능

충북 증평에서 발생한 모녀 사망 사건은 그 자체 사정도 딱하거니와 모의 여동생이 자신의 언니와 조카가 숨진 것을 알고도 장례절차를 밟지 않고, 언니 물건을 훔치고 차량을 매각한 사실이 드러나면서 매우 충격적으로 다가온다. 금전이 만능이고, 도리는 내팽개친 뜻밖의 사건이다.

이 사건의 논점은 몇 가지 점에서 매우 유의미하다.

첫째, 여동생 A씨의 진술대로라면, 언니 전화를 받고 가보니 조카는 숨져 있고 언니는 넋이 나간 상태였는데, 2시간 후 자수하겠다는 언니를 두고 나왔다는 부분,

둘째, 언니의 사망사실을 확인하고도 관서에 신고하거나 장례절차를 밟지 않은 부분,

셋째, 죽은 언니의 신용카드, 휴대전화, 도장을 훔친 부분,

넷째, 귀국 후 언니의 인감증명서를 대리 발급받아 언니 차량을 매각한 부분,

다섯째, 저당이 설정된 차를 팔고도 저당권 해지요구에 불응하고 도망한 부분이다.

첫째, 여동생은 노유, 질병 기타 사정으로 인하여 부조를 요하는 언니를 유기한 것인가.

애석하게도 그렇지 않다. 형법 제271조 제1항은 요부조자를 보호할 법률상 또는 계약상 의무 있는 자가 유기한 경우만을 처벌한다. 친족 간의 부양의무는 민법 제974조에 따라 직계혈족 및 그 배우자간, 생계를 같이 하는 기타 친족 간에만 발생하는데, 이 사건 여동생은 언니와 직계혈족이 아니고, 함께 생활한 것도 아니다. 따라서 유기죄(遺棄罪)의 주체가 되지 않고, 제275조의 유기치사죄의 책임을 지지도 않는다. 이래서 유기죄 주체를 넓히자는 주장이 많다.

둘째, 며칠 후 다시 들러 언니의 시신을 발견한 여동생은 사체를 유기한 것인가(형법 제161조).

사체유기죄(死體遺棄罪)는 법률, 계약 또는 조리상 사체에 대한 장제 또는 감

호할 의무있는 자가 이를 방치하거나 그 의무 없는 자가 그 장소적 이전을 하면서 종교적·사회적 풍습에 따른 의례에 의하지 아니하고 이를 방치한 경우에 성립하는데(대법원 98도51 판결), 여동생은 법률, 계약상 장제의무가 없다. 또 자기의 지배할 수 있는 지역 내(피고인의 관리구역 내)에서 자살사태가 발생하였다면 관서에 신고해야 할 조리상의 의무가 있지만(대법원 4293형상859 판결), 본건에서 평소 언니와 조카가 피의자의 지배지역 내에 있었다는 증거도 없다. 따라서 여동생은 본죄의 주체가 되지 않고, 또 의무 없는 피의자가 사체를 장소적 이전 없이 단순히 방치한 것은 유기행위도 아니다. 결국 사체유기죄 성립은 불가능하다.

셋째, 언니의 신용카드, 휴대폰, 도장을 훔쳐 나온 것은 절도죄가 맞다. 그리고 매각할 목적으로 언니 차량을 운전해 끌고 왔다면 차량 절도죄도 성립한다. 부동산은 절도죄 객체가 될 수 없지만, 동산은 가능하다. 그리고 망자의 생전 점유는 사망 후에도 여전히 계속되므로 죽은 언니의 점유를 침탈한 것은 절도죄가 맞다(대법원 93도2143 판결).

넷째, 언니의 위임 없이 언니 도장을 이용해 인감증명 위임장을 작성·제출한 것은 사문서위조, 동행사죄가 성립한다. 망자명의 문서도 같다(대법원 2002도18 판결, 대법원 2011도6223 판결).

다섯째, 저당해지의사가 없으면서 차량가격을 다 받은 것은 사기죄이고, 무권한자의 처분임을 알았더라면 구매하였을 리도 없어서 역시 사기죄가 된다.

⁘ 판례 공부

(1) 동거女의 죽음과 동거男의 항변

동거관계에서 상대의 요부조상태를 인식하고도 구조하지 않아 사망에 이르게 한 것은 유기치사죄가 된다는 1심 판결을 2심이 파기하고 무죄를 선고한 사건을 통해 유기죄(遺棄罪)에 대해 알아보기로 한다(서울고등법원 2007. 5. 9, 선고 2007노337 판결).

▶ 「1. 항소이유의 요지

가. 사실오인(원심 판시 유기치사의 점)

피고인은 이 사건 당일 공소외 1이 하는 통상적이지 않은 행동을 피고인의 관심을 끌기 위한 것으로 생각하였을 뿐, 공소외 1이 치사량의 필로폰을 전부 복용하여서 부조가 필요한 상태에 있다는 점을 인식하지 못했고, 나아가 공소외 1이 이로 인하여 사망에 이를 수 있다는 예견가능성이 없었는데도, 원심은 이들을 모두 인정하는 잘못을 저질렀다.

나. 법리오해(원심 판시 유기치사의 점)

피고인은 공소외 1과 내연관계에 있었을 뿐이고, 형법 제271조 제1항이 유기죄의 부조의무의 발생근거를 특별히 제한하고 있으므로 부작위범에 관한 형법 제18조를 원용하여 유기죄의 부조의무의 인정범위를 함부로 확장하여서는 아니 되는데도, 원심은 피고인과 공소외 1의 관계를 '사실혼에 유사한 관계'라고 보아 부부간의 상호 부양의무에 준하는 법률상 부조의무가 있다고 하고, 또, 공소외 1에게 필로폰 복용의 습성을 가지게 하고, 공소외 1이 이 사건 무렵 다량의 필로폰을 가져가는 것을 알면서도 그대로 방치한 피고인은, 위험발생의 원인을 야기한 사람으로서 구성요건적 결과가 발생하지 않도록 방지할 작위의무가 있다고 하여 이를 근거로 피고인에게 법률상 부조의무를 인정하였는바, 이는 법리를 오해하여 판결에 영향을 미친 위법을 저지른 것이다.

다. 양형부당

여러 양형조건을 고려할 때, 피고인에 대한 원심의 형(징역 4년)은 너무 무거워 부당하다.[53)]

2. 원심(原審) 판시 유기치사의 점[54)]에 대한 주장에 관한 판단

---

53) **피고인에 대해 1심이 정한 징역 4년의 형은 비단 유기치사죄 한 죄에 대해 정한 것이 아니다.** 피고인은 유기치사·마약류관리에관한법률위반(향정)·사기·유사수신행위의규제에관한법률위반·방문판매등에관한법률위반죄를 저지른 경합범으로 1심에서 위와 같은 형을 선고받았고, **1심 법원이 설시한 양형의 이유**는 다음과 같다.

▶ 「【양형의 이유】

마약류 취급과 유사수신행위 등으로 처벌받은 전력이 있는 피고인이 누범기간 중에 다시 다수의 피해자들을 고율로 투자금을 반환해 준다고 기망하여 상당한 액수의 금액을 편취하고, 6차례에 걸쳐 합계 4.8g의 필로폰을 매수하고 이를 투약하였으며, 그 과정에서 내연관계에 있던 여성이 필로폰 과다 복용으로 위급상황에 처했음에도 이를 유기하여 사망에 이르게 한 사안으로서 **죄질이 매우 불량**하여 중형의 선고가 불가피함.」(서울중앙지방법원 2007. 1. 19, 선고 2006고합1291,2006고합1403(병합),2006고합1412(병합) 판결)

54) **1심이 유기치사의 점에 대해 판단한 3가지 사항**을 순서대로 보면 다음과 같다.

▶ 「…(전략) **3. 판단**

가. 공소외 1의 필로폰 복용에 대한 피고인의 인식 여부

먼저 피고인이 이 사건 당시 피해자 공소외 1이 판시 필로폰 1.6g 상당을 모두 생수에 타 마셨음을 인식하였는지 여부에 대하여 살펴본다.

피고인의 수사기관에서의 진술을 살펴보면, 피고인은 경찰에서는 3차례의 피의자신문과정에서 일관되게 "공소외 1이 판시 필로폰을 투약할 것임을 알면서도 자신이 직접 공소외 1에게 필로폰이 들어있는 비닐봉지를 주었다"고 진술했고, 검찰에서는 "공소외 1이 물병에 필로폰을 한꺼번에 섞는 것을 보았고 물병을 흔드는 소리와 공소외 1이 '마셨다'고 말하는 것을 들었다"고 진술한 바 있다(서울중앙지방검찰청 2006형제87373호 수사기록 281쪽).

나아가 위에서 살펴 본 바와 같이 공소외 1은 피고인으로부터 1주일 동안 5차례에 걸쳐 필로폰을 투약 받았고, 피고인에게서 내연관계를 청산하자는 말을 듣고 자살을 기도하는 등 정서적으로 매우 예민하고 불안정한 상태에 있었는데, 피고인으로서는 이러한 사정을 알고 있었으면서도 공소외 1이 필로폰을 가져가도록 방치했고, 그 후 공소외 1이 밤새 잠을 못 이룬 채 가슴을 두드리며 고통을 호소하고 아침에는 방바닥에 앉은 상태에서도 목을 가누지 못할 정도의 상황에 처하였음을 목격까지 하였다는 것인바, 사정이 이와 같다면 공소외

가. 이 사건 공소사실 중 유기치사의 점의 요지

피고인은, 피해자 공소외 1(여, 47세)과는 4년여 동안 동거하면서 내연관계를 맺어 오던 중, 2006. 8. 1. 01:00경 서울 서초구 서초동 1593－○ ▲모텔 601호실에서, 그 무렵 함께 투숙해 있던 피해자에게 내연관계를 청산하고 헤어지자고 하였으나 피해자가

1이 피고인에게서 가져간 필로폰을 복용하지 않았음에도 단지 피고인의 관심을 끌기 위하여 연극을 하는 것으로 착각하였다는 피고인의 변명은 도저히 납득할 수 없고, 오히려 상당기간 필로폰 투약 경험이 있는 피고인으로서는 공소외 1이 가져간 치사량에 해당하는 필로폰을 모두 복용하였을 가능성을 충분히 인식할 수 있었을 것으로 보이므로, 이를 다투는 피고인의 주장은 받아들이지 않는다.

나. 보호의무의 존재

다음으로 피고인에게 피해자 공소외 1에 대한 보호의무가 있는지 여부에 대하여 살피건대, **판례와 학설에 따르면 유기치사죄의 주체는 부조를 요하는 자를 보호할 법률상 또는 계약상 의무 있는 자에 한정(限定)되지만,** 민법 제826조 제1항에 의하면 부부 사이에는 상호 부양의무가 있고, 나아가 자기의 행위로 인하여 위험발생의 원인을 야기한 사람은 형법 제18조에 의하여 구성요건적 결과가 발생하지 않도록 방지할 작위의무가 있는데 이러한 의무는 위에서 말한 법률상 의무에 포함된다거나 혹은 보호의무의 근거가 되는 계약은 명시적 계약이 아니더라도 묵시적 의사가 추정될 수 있는 경우를 **널리 포함해야 한다는 견해도 유력하다.**

위에서 인정한 사실관계에 따르면 **첫째,** 피고인은 공소외 1과 4년여 동안 동거하면서 내연관계를 맺어와 둘 사이에 사실혼에 유사한 관계가 형성되어 있었으므로 공소외 1과의 관계에서 부부간의 상호 부양의무에 준하는 보호의무를 인정할 만하고, **둘째,** 피고인은 공소외 1에게 필로폰을 복용하도록 하여 마약중독으로 보이는 습성을 갖게 하였는데, 이 사건 무렵에도 공소외 1에게 필로폰을 1주일 동안 5회나 투약한 상태에서 남은 필로폰 1.6g까지 공소외 1이 가져가는 것을 알면서도 그대로 방치하여 공소외 1이 급성약물중독으로 사망하게 된 원인을 제공한 것인바, 그렇다면 자기의 행위로 인하여 위험발생의 원인을 제공한 피고인은 필로폰을 복용한 공소외 1이 고통으로 신음할 때 지체 없이 공소외 1의 상태를 확인하고 의료기관에 후송하여 치료를 받게 해야 할 법률상 보호의무를 부담한다고 할 것이다(더욱이 공소외 1이 아침에 일어나 비정상적인 상태로 화장실에 들어간 후 2시간 동안 나오지 않았다는 사정은 그 사태의 긴급성과 중대성에 비추어 이러한 보호의무의 존재를 더욱 뒷받침한다). 따라서 피고인은 이 사건에서 공소외 1에 대한 법률상 보호의무를 부담하는 자로 보아야 할 것이어서 이를 다투는 피고인의 주장은 이유 없다.

다. 유기행위와 사망 사이의 인과관계

마지막으로 피고인의 판시 유기행위와 피해자 공소외 1의 사망 사이에 인과관계가 인정되는지 여부에 대하여 살펴보면, 공소외 1은 만 47세의 체격이 건장하고 별다른 질병이 있었던 것으로 보이지 않는 생명력이 왕성한 여성이었고, 청산가리 등의 극약을 복용한 경우와는 달리 필로폰을 복용한 후 8시간 동안은 몸을 움직일 수 있었던 점을 고려할 때, 피고인이 공소외 1이 필로폰 1.6g을 복용하고 착란(착란)상태에 빠져 성교를 요구하였을 때 혹은 밤새 잠을 이루지 못하고 자신의 가슴을 치면서 고통을 호소할 때 즉시 의료기관 등에 연락하여 응급치료를 요청하였거나, 적어도 공소외 1이 방바닥에 앉아 목을 가누지 못할 정도의 상황을 인식한 2006. 8. 1. 09:30경에라도 의료기관에 응급치료를 요청하였다면, 십중팔구 공소외 1의 구명이 가능하였을 것으로 보인다.

따라서 피해자 공소외 1의 구명이 합리적인 의심을 초과할 정도로 확실하다는 것이 인정되는 이상 피고인이 그러한 조치를 하지 않고 만연히 공소외 1을 모텔 내에 **방치한 행위**와 2006. 8. 1. 11:30경 공소외 1이 급성약물중독으로 **사망한 결과** 사이에는 형법상의 인과관계가 인정된다고 봄이 상당하므로, 이를 다투는 피고인의 위 주장도 이유 없다.」(서울중앙지방법원 2007. 1. 19, 선고 2006고합1291,2006고합1403(병합),2006고합1412(병합) 판결)

이를 거부하며 자신의 손목을 칼로 그어 자살을 기도하는 등 극도로 예민한 상태로 괴로움을 호소하면서 당시 피고인이 소지하고 있던 필로폰 약 1.6g을 모두 먹어 버리겠다며 전부 달라고 하였는데, 필로폰을 상습적으로 취급해 온 피고인으로서는 필로폰 약 1.6g 정도면 이를 한꺼번에 투약할 경우 사람이 사망에 이를 수 있다는 사실을 익히 알고 있었음에도 피해자가 피고인의 바지 주머니에서 위 필로폰 1.6g을 가져가도록 방치함으로써 피해자가 이를 물에 타서 전부 복용한 후 약물 과다 복용으로 밤새 잠을 못 이룬 채 자신의 가슴을 두드리며 고통을 호소하고, 같은 날 09:30경에는 방바닥에 앉은 상태에서도 목을 가누지 못할 정도의 상황에 이르렀는바, 이러한 경우 피고인으로서는 자신에게서 치사량의 필로폰을 가져간 피해자가 이를 과다 복용하였을 가능성을 충분히 인식할 수 있었고, 따라서 피해자가 고통으로 신음할 때 지체 없이 피해자의 상태를 확인하고 의료기관에 후송하여 치료를 받게 해야 할 부조의무가 있음에도 아무런 조치를 취하지 아니한 채 만연히 피해자를 그대로 방치하여 유기하고 이로 인하여 피해자로 하여금 같은 날 11:30경 같은 장소에서 급성약물중독으로 사망에 이르게 했다.

나. 사실오인 주장에 대한 판단

(1) 원심의 판단

이 사건 당시 공소외 1이 치사량의 필로폰을 복용하였음을 피고인이 인식하였는지에 관하여 원심은, 피고인이 경찰에서는 3차례의 피의자신문과정에서 일관되게 "공소외 1이 판시 필로폰을 투약할 것임을 알면서도 자신이 직접 공소외 1에게 필로폰이 들어있는 비닐봉지를 주었다."고 진술했고, 검찰에서는 "공소외 1이 물병에 필로폰을 한꺼번에 섞는 것을 보았고 물병을 흔드는 소리와 공소외 1이 '마셨다'고 말하는 것을 들었다."고 진술하였으며(서울중앙지방검찰청 2006형제87373호 수사기록 281쪽), 나아가, 공소외 1은 피고인으로부터 1주일 동안 5차례에 걸쳐 필로폰을 투약받았고, 피고인에게서 내연관계를 청산하자는 말을 듣고 자살을 기도하는 등 정서적으로 매우 예민하고 불안정한 상태에 있었는데, 피고인으로서는 이러한 사정을 알고 있었으면서도 공소외 1이 필로폰을 가져가도록 방치했고, 그 후 공소외 1이 밤새 잠을 못 이룬 채 가슴을 두드리며 고통을 호소하고 아침에는 방바닥에 앉은 상태에서도 목을 가누지 못할 정도의 상황에 처하였음을 목격까지 하였다는 것인바, 사정이 이와 같다면 공소외 1이 피고인에게서 가져간 필로폰을 복용하지 않았음에도 단지 피고인의 관심을 끌기 위하여 연극을 하는 것으로 착각하였다는 피고인의 변명은 도저히 납득할 수 없고, 오히려 상당기간 필로폰 투약 경험이 있는 피고인으로서는 공소외 1이 가져간 치사량에 해당하는 필로폰을 모두 복용하였을 가능성을 충분히 인식할 수 있었을 것으로 보인다고 판단했다.

(2) 피고인의 변소

피고인은 경찰 이래 당심에 이르기까지 일관되게, 가슴을 두드리고, 아침에 방바닥에 앉아 흐느끼고, 욕실에 큰대자로 누워있는 등 이 사건 당일 공소외 1이 통상적이지 않은 행동을 하는 것을 보기는 하였지만, 당시 피고인은 공소외 1이 관심을 끌기 위하여 연극을 하는 것이라고 생각했었지 공소외 1이 다량의 필로폰을 실제로 모두 복용하여 부조가 필요한 상태였다는 점을 인식하지 못하였다고 변소한다(다만 피고인은 경찰에서 자신이 공소외 1에게 필로폰을 건네주었고 공소외 1이 이를 복용하는 것을 보았다는 취지의 진술을 하였으나, 검찰에서부터는 이를 부인하고 있다.).

(3) **당심의 판단**

(가) **인정사실**

원심이 적법하게 채택, 조사한 증거[55]에 따르면 다음 각 사실이 인정된다.

1) 피고인은 2002. 3.경 공소외 1을 알게 되어 3, 4개월 후부터는 부산 수영구 광안동 소재 공소외 1의 집에서 동거를 시작했고, 2005. 5.경 피고인이 서울로 올라온 이후에는 공소외 1이 한 달에 절반 정도는 서울로 올라와 관악구 봉천동 소재 피고인의 원룸에서 함께 지내는 등의 생활을 했다.

2) 피고인은 2003. 초순경부터 몇 차례 공소외 1 몰래 음료수에 필로폰을 타서 마시게 하여 공소외 1로 하여금 필로폰 복용의 습성이 생기게 했고, 그 후에는 공소외 1의 손등 혈관 등에 필로폰을 주사해 주었다.

3) 피고인은 2006. 7. 25. 부산에서 올라온 공소외 1과 여관에 투숙하면서 필로폰을 함께 투약하였는데, 같은 달 27. 21:00경 평소 친분이 있던 공소외 2와 만나 술을 마신 다음 공소외 1이 있는 여관에 돌아와 공소외 2가 공소외 1에게 "피고인은 일을 해야 할 사람이니 당분간 떨어져 지내는 것이 좋겠다."고 말했고, 피고인도 공소외 1에게 "부산에 내려가서 당분간 서울에 오지 말라."고 말하고 여관에서 나갔다.

4) 이에 공소외 1은 2006. 7. 28. 오후 면도칼로 손목을 그어 자살을 기도했고, 이를 알게 된 피고인은 다시 공소외 1을 찾아가서, 약국에서 밴드, 연고, 항생제를 사서 공소외 1의 상처를 치료해 주기도 하고, 염색약을 사서 공소외 1의 머리를 염색해 주기도 했으며, 피부마사지 팩을 사서 피부마사지를 해주기도 했고, 함께 필로폰을 투약하

---

55) **1심**이 【증거의 요지】에서 적시한 피고인에 대한 **유기치사죄의 증거**는 다음과 같다.

▶ 「[판시 제3 사실]

1. 피고인의 일부 법정진술
1. 서울중앙지방법원 2006고단4491 사건의 제1회 공판조서 중 피고인 및 공소외 3의 각 진술기재
1. 증인 공소외 2의 법정진술
1. 피고인(서울중앙지방검찰청 2006형제87373호 수사기록에 편철된 것) 및 공소외 3에 대한 각 검찰피의자신문조서
1. 공소외 2에 대한 검찰진술조서
1. 경찰 실황조사서
1. 각 경찰압수조서
1. 의사 공소외 24 작성의 시체검안서사본(위 수사기록 57쪽), 국립과학수사연구소장 작성의 각 감정의뢰회보(321, 510쪽), 공소외 25 작성의 부검감정서(514쪽)
1. 수사보고[필로폰치사량확인 논문사본첨부(위 수사기록 316쪽), 유전자분석감정서 등 사본 첨부(471쪽)]
1. 수첩사본(위 수사기록 119쪽)」(서울중앙지방법원 2007. 1. 19, 선고 2006고합1291,2006고합1403(병합),2006고합1412(병합) 판결)

기도 하면서 이 사건이 발생할 때까지 함께 지냈다.

5) 피고인은 2006. 7. 31. 23:00경 외출하려고 하다가 공소외 1의 만류로 외출을 포기하였는데, 공소외 1은 피고인에게 "자지 말고 같이 놀자, 내가 짐승 같으냐, 걸레 같으냐"고 하면서 "괴롭다, 필로폰을 주사해 달라."고 말했고, 피고인이 자신의 요청을 계속 거절하자 2006. 8. 1. 01:00경 피고인의 바지주머니에 있던 필로폰 1.6g을 꺼내어 간 뒤 전부 또는 상당량을 물병(500㎖)에 넣어 흔든 다음 모두 마셨다.

6) 그 후 공소외 1은 피고인이 누워 있는 침대로 올라와 성교를 요구하기도 하고, 방안을 왔다 갔다 하면서 잠을 청하는 피고인의 몸에 손을 대거나 답답하다면서 가슴을 두드리기도 했다.

7) 피고인은 그날 09:30경 공소외 1이 방바닥에 앉아 침대에 기대어 크게 딸꾹질을 하면서 흐느끼는 소리를 내는 것을 보고, 공소외 1에게 필로폰을 복용하였으면 차라리 자수하자면서 09:35경 휴대폰으로 112 상황실에 전화를 하여 공소외 1의 얼굴에 휴대폰을 대 주었으나 공소외 1은 아무런 말을 하지 않고 전화를 끊었다.

8) 그 뒤 공소외 1이 욕실로 들어갔다가 2시간이 지나도 나오지 않자, 그 동안 컴퓨터 오락을 하고 있던 피고인은 욕실 문을 열어서 공소외 1이 욕실 바닥에 한쪽 눈을 뜨고 큰대자로 누워 있는 것을 보았고, 그 뒤 1시간이 지나서 다시 욕실 문을 열어서 공소외 1이 여전히 욕실 바닥에 누워 있는 것을 보고 다가가 호흡이 없음을 확인했다.

(나) 판단

1) 위 인정사실에 의하면, 공소외 1이 가슴을 두드리고, 딸꾹질을 하면서 침대에 기대어 있고 흐느끼는 소리를 내거나 오랫동안 욕실에서 나오지 않고, 더군다나 욕실 바닥에 큰대자로 누워있는 등의 상황을 목격한 피고인으로서는 공소외 1이 많은 양의 필로폰을 복용하여서 부조를 요하는 위험한 상태에 있다는 점을 인식하고 있지 않았나 하는 의심이 들기도 한다.

2) 그러나, 형사재판에서의 유죄 인정은 법관으로 하여금 합리적인 의심을 할 여지가 없을 정도의 확신을 생기게 하는 증명력을 가진 엄격한 증거에 의해야 하고, 그러한 증거가 없다면 설령 피고인에게 유죄의 의심이 간다 하더라도 피고인의 이익으로 판단할 수밖에 없는 것이다.[56]

그런데, 위 인정사실과 기록에 따라 인정되는 다음과 같은 사정들, 즉, 피고인이 공소외 1이 자살을 기도하였다는 소식을 듣고 그 안위를 걱정하여 다시 공소외 1이 있는 여관으로 돌아와 같이 지내면서, 상처를 치료해주고, 머리를 염색하여 주거나 피부마사지를 해주기도 한 점, 공소외 1이 사망한 뒤 피고인이 작성한 수첩(위 수사기록 119쪽 이하)에는 피고인이 공소외 1과 공소외 3의 사이를 의심하는 듯한 내용이 기재되어 있기는 하나, 위 수첩 기재는 피고인이 마약류에 취하여 환각상태에서 작성한 것이어서 그 기재를 그대로 믿을 수는 없고, 오히려, 피고인과 공소외 3의 검찰에서의 각 진술에 따르면 이는 사실이 아닐 가능성이 높은 점(위 수사기록 361쪽, 416쪽 이

56) 대법원 2006. 2. 10, 선고 2005도8965 판결.

하), 오히려 위 수첩에는, 이 사건 당시 공소외 1의 통상적이지 않은 행위를 연극하는 것으로 생각하고 무심했던 자신을 탓하거나(위 수사기록 129쪽), 공소외 1이 필로폰을 먹지 않은 것으로 보이는데 왜 죽었는지 모르겠다는 취지의 내용(위 수사기록 131쪽) 등이 기재되어 있는 점, 피고인이 공소외 1이 치사량의 필로폰을 복용하였음을 인식하고서도 일부러 구조조치를 취하지 아니하여 공소외 1로 하여금 사망에 이르게 할 정도로 증오하고 있었던 것으로 보이지 않고, 그 밖에 위와 같은 범행을 저지를 만한 동기를 찾아보기 힘든 점, 이 사건에서 공소외 1이 필로폰을 물에 타 마신 후 보인 태도와 행동은 모두 피고인의 진술에 의존하여 인정되는 것인바, 만일 피고인이 유기치사죄의 죄책을 지지 않기 위하여 거짓진술을 하려고 마음먹었다면, 공소외 1이 필로폰 복용 뒤 보인 통상적이지 않은 행동이나 그에 대한 피고인의 의심받을 만한 태도들에 대하여 진술할 이유가 없는 점, 피고인이 이 사건 당시 공소외 1이 위험한 상태에 있었음을 알고 있었다면, 112에 신고하여 공소외 1을 바꾸어 줄 이유가 없고, 이 점에 관하여는 공소외 1이 관심을 끌기 위하여 연극을 한다고 여기고 이를 그만두게 할 목적으로 112에 전화했다는 취지의 피고인의 변명이 수긍이 가는 점 등에 비추어보면, 원심이 들고 있는 사정들을 감안하더라도, 피고인이 이 사건 당시 공소외 1이 치사량의 필로폰을 복용하여 부조를 요하는 상태에 있다고 인식하였다는 점에 관하여 합리적인 의심이 생기지 않을 정도로 확신하기에는 부족하다고 판단된다.

따라서 이 점을 지적하는 피고인의 이 부분 주장은 이유 있다.

다. 법리오해 주장에 대하여

(1) 원심의 판단

원심은, 판례와 학설에 따르면 유기치사죄의 주체는, 부조를 요하는 자를 보호할 법률상 또는 계약상 의무 있는 자에 한정되지만, 민법 제826조 제1항에 의하면 부부 사이에는 상호 부양의무가 있고, 나아가 자기의 행위로 인하여 위험발생의 원인을 야기한 사람은 형법 제18조에 의하여 구성요건적 결과가 발생하지 않도록 방지할 작위의무가 있는데 이러한 의무는 위에서 말한 법률상 의무에 포함된다거나 혹은 보호의무의 근거가 되는 계약은 명시적 계약이 아니더라도 묵시적 의사가 추정될 수 있는 경우를 널리 포함해야 한다는 견해도 유력하다고 전제한 다음, ① 피고인과 공소외 1이 4년여 동안 동거하면서 내연관계를 맺어와 사실혼에 유사한 관계가 형성되어 있었으므로, 민법이 정하고 있는 부부간의 상호 부양의무에 준하는 보호의무를 인정할 만하고, ② 피고인이 공소외 1에게 필로폰을 복용하도록 하여 마약중독으로 보이는 습성을 갖게 했고, 이 사건 무렵에도 공소외 1에게 필로폰을 1주일 동안 5회나 투약한 상태에서 남은 필로폰 1.6g까지 공소외 1이 가져가는 것을 알면서도 그대로 방치함으로써, 공소외 1로 하여금 급성약물중독으로 사망하게 된 원인을 제공하였으므로, 그렇다면 자기의 행위로 인하여 위험발생의 원인을 제공한 피고인은 필로폰을 복용한 공소외 1이 고통으로 신음할 때 지체 없이 공소외 1의 상태를 확인하고 의료기관에 후송하여 치료를 받게 해야 할 법률상 보호의무를 부담한다고 판단했다.

(2) 당심의 판단

(가) 먼저, 피고인과 공소외 1 사이에 민법 제826조 제1항이 정하고 있는 부부 사이의 상호 부양의무에 준하는 의무를 인정할 수 있는지에 관하여 보건대, 당사자 사이에 주관적으로 혼인의사의 합치가 있고, 객관적으로 부부공동생활이라고 인정할 만한 혼인생활의 실체가 존재하는 경우에 한하여 사실혼관계를 인정하여,[57] 일정한 범위 안에서 법률상의 혼인에 준하는 권리의무관계를 인정할 수 있을 뿐이지, 이 사건처럼 피고인과 공소외 1이 4년 여 동안 동거하기도 하면서 내연관계를 맺어왔다는 점만으로는 두 사람의 관계를 사실혼관계라고 보거나 부부간의 상호 부양의무에 준하는 의무를 인정할 수는 없다고 판단된다.

(나) 다음으로, 피고인이 자기의 행위로 인하여 공소외 1에게 위험이 발생하는 원인을 야기했기 때문에 구성요건적 결과가 발생하지 않도록 방지할 작위의무가 있다고 할 수 있는지에 관하여 보건대, ① 피고인이 예전에 공소외 1 몰래 필로폰 복용의 습성이 생기게 하였다거나 이 사건 전에 공소외 1에게 필로폰을 투여하여 왔다는 점을 들어, 피고인이 이 사건 위험을 발생하는 원인을 야기했다고 할 수는 없고, ② 피고인이 이 사건 당일 공소외 1에게 치사량의 필로폰을 직접 복용시킨 점이 인정되지 않고, 단지 공소외 1이 피고인의 옷에서 필로폰을 꺼내가는 것을 피고인이 방치하였다는 점만 인정되는 마당에, 그 점을 들어 피고인이 공소외 1에게 이 사건 위험이 발생하는 원인을 야기하였다고 볼 수도 없다고 할 것이므로, 피고인에게 위와 같은 작위의무가 있다고 할 수 없다.

따라서, 이 점을 지적하는 피고인의 이 부분 주장도 이유 있다.

3. 결론

그렇다면, 피고인의 원심 판시 유기치사죄 부분에 대한 이 사건 항소는 이유 있고, 원심은 위 유기치사죄 부분과 나머지 부분을 형법 제37조 전단 경합범의 관계로 보아 1개의 형을 선고하였으므로, 피고인의 양형부당 주장에 대한 판단을 생략한 채, 형사소송법 제364조 제6항에 따라 원심판결을 전부 파기하고, 변론을 거쳐 다시 다음과 같이 판결한다.」[58]

[55] 고래싸움과 새우등

▲▲법원은 최근 A노총 간부 2명에 대해 공동협박등 죄로 유죄판결을 내렸다. B노총 소속 크레인 기사가 공사현장에서 일하게 되자 A노총 간부들이 그를 그만두게 하기 위해 크레인 업체 대표 등을 협박한 사건이다. 세(勢) 대결이

57) 대법원 2001. 1. 30, 선고 2000도4942 판결 참조.
58) 서울고등법원 2007. 5. 9, 선고 2007노337 판결.

일어난 곳은 ○○시이다.

A노총 타워크레인분과 지부가 본건 공사업무를 방해한 모습은 기상천외했다. 우선 이들은 A노총 ▲▲지부 운영회의를 열어 B노총 소속 크레인 기사가 ○○시 해당 공사현장에서 일할 수 없도록 공사 관계자를 협박할 것을 공모하고, 크레인 업체 대표를 찾아가 B노총 기사를 해고하지 않으면 산업안전보건법 위반으로 고발하겠다고 협박했다. 이러한 협박은 정당한 권리 행사인가(제 1 의문). 또 이들은 누구를 기사로 쓰건 그의 자유인 크레인 대표에게 'A노총 사람을 쓰든가 비노조원을 고용하라'는 요구를 했다. 이러한 행위는 크레인 대표의 의사결정의 자유를 침해한 것인가(제 2 의문). 피고인들은 자신의 요구를 관철시키고자 며칠 후부터 노조원 11명과 노동가요를 크게 틀고 시위하며 위력을 행사했고, '공사현장 간부에게 기사를 바꾸든가 크레인 대표를 바꿔야 하고 그 때까지 집회를 계속하며 사진을 찍어 고발하겠다'고 겁주었다. 단일의 범의를 갖고 공사현장 간부를 추가로 협박하고 강요한 것은 별도 죄인가(제 3 의문). 이후 피고인들은 B노총 기사가 해고되지 않자 공사현장소장에 대해 있지도 않은 산업안전보건법 위반 고발장을 노동청에 제출하고, 한 달간 16회에 걸쳐 집회를 계속했다. 추가 고발장도 제출했음은 물론이다. 고발장에는 다른 현장에서 찍은 위반사례 사진을 떡하니 첨부하기도 했다. 이러한 거짓고소는 무고인가. 그리고 노동청에 허위고발 한 것도 무고죄가 되는가(제 4 의문).

첫째, 이번 판결에서는 ▲▲지부 지회장과 지회 조직차장이 처벌되었지만, B노총 소속 기사를 쫓아내기 위한 모의는 A노총 ▲▲지부 운영회의에서 이루어졌다. 따라서 검사가 좀 더 공모관계를 발본색원했다면 당시 회의에 참석하여 동조한 그 외의 자들도 처벌이 가능할 수 있었다. 판례는 공모(共謀)공동정범을 광범위하게 인정한다.

둘째, 크레인 대표는 A노총 소속 기사를 고용할 법적 의무가 없는데, 그러한 요구를 하며 해악을 고지한 것은 협박으로 권리행사를 방해하거나 의무없는 일을 강요한 것이다. 이들의 협박은 정당하지 않고, 사회상규에도 반한다. 따라서 피고인들에게는 폭처법상 공동강요죄가 성립한다(제 1, 2 답).

셋째, 노조원 11명과 공사현장 앞에서 가요를 크게 틀고 시위한 것은 위력업무방해죄 소지가 있다. 또 공사현장 간부에게 같은 협박을 가한 것은 별도로 공동협박죄 또는 공동강요죄가 가능하다. 강요가 성립될 경우 협박은 배제된다. 보충관계다. 크레인 대표와 공사현장 간부는 각기 다른 피해자이고 가해일시도

달라서 날을 달리하는 두 개의 죄는 포괄일죄가 아니고 가중처벌의 대상인 경합범이다(제 3 답).

넷째, 허위 고발을 한 것은 무고죄이다. 이들은 본건 현장의 사진이 아닌 거짓사진을 첨부하기까지 했으므로 허위 인식이 있었다. 경찰서뿐만 아니라 노동청과 세무서, 대한변호사협회에 허위고발·진정을 하는 것도 모두 무고죄에 해당한다(제 4 답).

[56] 동생 돈은 동생 돈

지난 해 11월 교통사고로 뇌병변 장애를 앓던 동생의 성년후견인 친형이 횡령죄로 유죄판결을 받았다. 동생 보험금을 임의로 사용했기 때문이다. 때로 미성년자의 부모가 이해상반행위를 하거나 친권을 남용한 경우가 있었지만, 법원의 선임으로 성년자를 돌보던 후견인이 피후견인의 복리에 반해 재산을 함부로 착복한 것은 뜻밖이다. 특히 법원이 재산회복처분을 명하여도 이를 무시하고 오히려 자신의 보수를 달라고 주장한 것은 성년후견인의 역할을 망각한 것이다. 제주지방법원에 따르면 형은 동생 보험금으로 자신의 집을 구입했고, 매입에 사용한 보험금은 1억 2천만원이나 됐다. 피고인은 집을 사서 동생을 돌보려 했다고 변명했지만, 앞뒤가 맞지 않다. 설사 동생 보험금에 자신도 대출금을 보태 집을 샀더라도 법원이 허락한 처분행위가 아니라면 공동명의로 매수해야 했다. 성년후견인은 피후견인의 재산을 마음대로 처분해도 되는가. 또 법원의 사전허락을 받은 돈이라면 용도 외 목적으로 사용해도 되는가. 그리고 동생과 생계를 같이 하던 형의 행위는 친족 간 범죄로 보아 처벌할 수 없는 것인가.

첫째, 성년후견인은 피후견인의 전반적 재산관리, 신상보호를 할 수 있지만, 재산의 처분·사용에 대해 법원의 감독을 받고 특히 처분행위는 미리 허락된 범위를 벗어날 수 없다. 그와는 달리 임의로 재산을 처분하면 직무에 위배한 불법행위가 된다. 비위가 있을 경우 법원은 후견인의 권한을 박탈하거나 후견인을 변경하고, 심한 경우 형사고발을 하게 된다. 본건에서 형은 동생을 돌본다는 명분으로 성년후견인에 선임됐지만, 동생 재산을 사적으로 착복했고 형법상 횡령죄를 저질렀다.

둘째, 법원이 사용·처분을 허락한 돈이더라도 용도가 엄격히 정해졌다면 다른 용도로 사용하는 것은 횡령죄가 될 수 있다. 이는 개인착복과는 다르지만, 위탁받은 용도를 벗어나 유용·전용한 점에서 비난이 가능하다. 다만 용도가 엄격히 정해진 경우에 한해 처벌한다. 보통 예산집행자들은 돈의 용도가 정해졌건 말건 일단 공금을 마음대로 사용하고 훗날 다시 메워 넣으면 문제없다고 생각하는데, 이는 횡령죄의 법리를 몰라서 하는 잘못된 행동이다. 횡령은 반드시 개인착복을 해야만 성립하는 죄가 아니다. 위탁관계의 신임을 저버리는 것도 횡령이 될 수 있다. 돈의 유용은 제3자의 이익을 꾀하고 위탁자에게 손해를 주는 경우가 많다.

셋째, 형법의 재산범죄 상당수가 친족상도례(親族相盜例) 규정을 두고 있다. 부모·자식, 부부, 동거친족 간에는 절도, 권리행사방해, 사기, 공갈, 횡령, 배임죄 등을 저질러도 형이 면제된다. 이는 피해액이 큰 특경가법 사기, 불법이 중한 폭처법 공갈도 마찬가지다. 그런데 이 사건 피고인은 단순히 동거친족으로서 동생재산을 처분한 것이 아니라, 성년후견인으로서 법상 공적 역할을 수행하던 중 피후견인의 재산을 함부로 처분한 것이다. 따라서 그는 피후견인의 재산사무를 처리함에 있어 신의칙을 위배했고, 법원이 위임한 본지를 어겼다. 이 경우에는 사적 관계를 보호하기 위한 친족상도례 규정을 적용할 수 없다. 결국 피고인은 징역형을 선고받았고, 항소했다. 한편 2심에서 피고인이 전액을 동생에게 변제하더라도 이미 성립된 횡령죄는 영향을 받지 않는다. 형이 낮아지는 사유는 될 수 있다.

[57] 정당한 이유

지난 5. 18. 서울고등법원은 피고인 A, B의 항소를 기각하면서 1심과 같이 A를 징역 3년, B를 징역 4년에 각 처했다. 재판부는 '대인춘풍 지기추상(待人春風 持己秋霜)'을 언급하며, 권력을 가진 피고인의 언행이 피해자에게는 칼을 든 것과 같은 압박감이 될 수 있었으므로, 사인으로 살아오던 과거와의 차이를 인식하지 못했다는 피고인의 주장을 배척했다. 이는 판사의 단순 꾸지람이 아니라 피고인들의 법률상 면책주장을 배척한 이유 부분이다. 피고인들은 자신들의 행동에 피해자가 부담·압박을 느끼지 못했다고 생각하는 등 위법성의 인식이 없었다고 주장했다. 도대체 위법성의 인식은 무엇이며, 특히 형사항소심에서 그 같은 주장을 한 것은 무엇을 노린 변론인가.

형법은 제16조에서 '법률의 착오'라는 제목 하에 "자기의 행위가 법령에 의하여 죄가 되지 아니하는 것으로 오인한 행위는 그 오인에 정당한 이유가 있는 때에 한하여 벌하지 아니한다."라고 규정한다. 자신이 무엇을 행하는지 인식하여 고의가 존재했더라도, 법에 저촉되지 않는다고 굳게 믿고 행위 했다면 책임을 지우기가 어렵다. 적법행위에 대한 기대가능성이 없기 때문이다. 강학상 '금지착오'라고 한다. 주의할 것은, 그러한 법률이 있는지 몰랐다는 '법률의 부지' 주장은 이에 해당하지 않는다. 면책범위가 무한대로 늘어나고 법률사문화(死文化) 가능성이 있기 때문이다. 따라서 건축하려는 자는 건축법 등 관련법규의 존재와 내용을 모른 채 함부로 무단용도변경을 해서는 안 된다. 한편 위법의 인식은 그 범죄사실이 사회정의와 조리에 어긋난다는 것을 인식하는 것으로 족하고 구체적 해당 법조문까지 인식할 것을 요하지 않는다. 따라서 허위공문서작성죄에 해당되는 줄 몰랐다고 하는 주장은 처벌을 피할 수 없다. 결국 제16조가 적용되는 사안은 '일반적으로는 죄가 되는 경우라고 알고 있지만 피고인의 특수한 경우에는 법령에 의해 허용된 행위로서 죄가 되지 않는다고 그릇 인식한 경우'가 그에 해당하고, 그릇 인식함에 '정당한 이유'가 있어야만 본조에 의해 처벌을 면한다. 정확하게는 책임을 면하는 것이다.

오인에 정당한 이유가 있기 위해서는 행위의 위법가능성에 대해 심사숙고해야 하고, 조회의무를 다해야 한다. 위법성의 인식에 필요한 노력의 정도는 구체적 행위정황과 행위자 개인의 인식능력, 행위자가 속한 사회집단에 따라 달리 평가돼야 하므로, 예컨대 변호사인 국회의원이 의정보고서 형태로 공직선거법을 위반했다면 설사 그가 선관위에 형식적 문의를 하였더라도 용서받을 수 없다. 그는 자신의 우수한 지적 능력을 총동원하여 회피하기 위한 진지한 노력을 다했어야만 한다. 또 행위자는 동일한 사안에 대해 다른 내용의 국가 회답이 있을 경우 자신에게 유리한 회답만을 근거로 함부로 행위하면 안 되고(대법원 2005도3717 판결), 관례에 좇았다는 미명 하에 금원공여를 하거나(대법원 94도1017 판결), 변호사의 조언을 듣고 횡령했더라도 처벌된다(대법원 90도1604 판결). 심지어 검사의 수사지휘를 받고 허위공문서를 작성하면 23년차 경찰관도 처벌을 피할 수 없다(대법원 95도2088 판결). 단 그와 같이 불성실하나마 조회를 거친 행위는 정상참작 사유에 해당하여 형이 조금 감경될 수는 있다(대법원 91도514 판결).

[58] 대를 위해 소를 희생

범죄구성요건을 충족해도 처벌을 피하고 무죄가 되는 경우가 있다. 위법성이나 책임이 조각될 때이다. 형법은 위법성조각사유로 5가지를 규정한다. 정당방위(제21조), 긴급피난(제22조), 자구행위(제23조), 피해자의 승낙(제24조), 정당행위(제20조)이다. 쉽게 표현하면, '맞고는 못 살아'(정당방위), '대를 위해 소를 희생'(긴급피난), '이제 와서 왜 그래'(승낙), '오죽 급했으면'(자구행위), '그 정도로 뭘'(정당행위)이다. 만약 피고인이 5가지 외의 생뚱맞은, 예컨대 '범죄의 불가피성'을 주장할 경우 그러한 것은 초법규적 발상이 되고, 위 5가지 사유를 주장한 것이라면 엄격한 요건을 충족할 것이 요구된다.

지난 5. 13. 울산지방법원은 실랑이 중이던 대리기사가 차를 길에 세우고 가버리자 만취상태에서 직접 차를 운전한 피고인에게 무죄를 선고했다. 긴급피난이 이유이다. 0.140%로 운전을 했는데 무죄인 것은 이례적이다. 피고인은 위험한 상황을 벗어나려고 운전했고, 고작 300m를 몰았다는 주장을 했다. 법원도 사고회피 법익이 음주운전회피 법익보다 크다면서, 특히 피고인이 도로에서 벗어나기 위해 지인이나 경찰에 도움을 청했더라도 유효한 도움을 받았을 가능성이 낮은 새벽시간이었던 점, 300m 떨어진 주유소까지만 운행했고 도착 즉시 112에 전화해 운전사실을 신고한 점을 고려했다. 울산지법이 제공한 당시 밤시각 도로사진을 보면, 고가도로 하단의 갓길 없는 편도 2차로는 매우 위험해 보인다. 그대로 있을 수 없었다는 피고인의 주장이 설득력 있다. 긴급피난의 요건은 무엇인가.

객관적 상황으로 현재의 위난이 존재해야 하고, 위난을 피한다는 주관적 의사가 있어야 한다. 침해되는 법익보다 보호되는 이익이 더욱 커야 하고, 침해수단은 가급적 경미한 것을 선택해야 한다. 따라서 (1) 주행 중 브레이크가 고장 나 자신과 동승자의 생명을 지키고자 갓길에 주정차된 차량을 고의로 충돌한 것은 긴급피난이 맞다. 위난상황과 피난의사가 동시에 발견되고, 생명은 차보다 소중하기 때문이다. 그러나 (2) 부마사태라는 정치상황을 빙자하고 국민의 생명 등을 명분으로 대통령을 암살한 것은 용납될 수 없다. 대통령이 민중에 대한 발포명령을 하였을 것이라는 증거 없는 주장은 장래의 불확실한 사태를 환상적으로 추리한 것에 지나지 않는다. 그렇다면 현재의 부당한 위난이 존재하지 않는데도 피고인은 함부로 마지막 수단을 사용했고, 특히 그의 내심은 피난의사가 아니라 내란목적살인에 불과하여 정당방위와 긴급피난에 해당하지 않는다(대법원 80도306 판결). (3) 피고인들이 반란군인 자신들을 진압할 부대에 대항하고자 불법으로 병력을 동원한 것은 부당한 침해에 대항한 것이 아니어서 정당방위가 아니고, 또 반란목적을 달성할 의도에 불과하여 피난의사도 인정되지 않는다. 한편 5·18 민주화운동에 참가한 시민을 무차별적으로 진압한 것은 방위의사 또는 피난의사를 인정할 수 없고, 내란죄의 국헌문란 목적만 인정된다. 그리고 그들의 '강력한 타격'은 내란의 수단에 불과했다(대법원 96도3376 판결). (4) 자신의 진돗개를 보호하기 위해 기계톱을 작동시켜 남의 개를 절단해 죽인 것은 상당한 수단을 쓴 것이 아니어서, 긴급피난에 해당하지 않는다(대법원 2014도2477 판결).

[59] 정당하지 않은 행위

지난 4. 5. A사 사장실은 아수라장이 됐고, B 사장은 사장실에서 쫓겨났다. 이 날 소동에 대해 B 사장은 검찰에 수사를 의뢰했다. 가뜩이나 자금난에 허덕이던 회사의 노사 간에 무슨 일이 일어났을까. 알고 보니 원인제공은 사측이 먼저 했다. 회사는 같은 날 직원들에게 이메일을 보내 지난 해 임금협상에서 정해졌던 1인당 450만원씩의 성과급 지급약속을 지킬 수 없다고 통보했고, 직원들은 분개했다. 노조 간부 등 50여 명은 이 날 오전 인천 부평공장 본관 사장실을 점거하고 사장을 내쫓았고, 이 과정에서 의자와 서랍장을 파손했다. 돈을 못 받게 된 채권자라서 용서받게 될까. 그리고 폭력쟁의도 보호받는 노조활동일까.

노조원들 다수인이 사장실에 침입한 후 기물을 파손한 것은 공동 또는 특수 방실침입죄, 공동 또는 특수 재물손괴죄에 해당하고, 만약 사장의 퇴거요구를 받고도 불응했다면 공동 또는 특수 퇴거불응죄도 성립한다. 한편 돈을 받지 못해 화가 나 사장을 향해 쇠파이프를 휘둘렀다면 비록 B씨에게 맞지 않았어도 공동 또는 특수 폭행죄에 해당하고, 쇠파이프를 B씨 얼굴을 향해 겨냥하면서 겁만 주었더라도 공동 또는 특수 협박죄에 해당할 수 있다(가정적). 나아가 돈을 주지 않으면 가만있지 않겠다며 겁을 주었다면 공동 또는 특수 공갈미수죄에 해당한다. 채권자라도 사회상규상 용인되는 수단을 넘어 돈을 요구하면 위법하여 처벌된다. '공동'은 폭력행위등처벌에관한법률 제2조 제2항의 가중처벌을 뜻하고 형법 각 해당 조항에서 정한 형의 1/2까지 가중한다. '특수'는 형법상 가중처벌규정인데, 특수주거침입과 특수퇴거불응은 각 5년 이하, 특수손괴는 5년 이하, 특수폭행은 5년 이하, 특수협박은 7년 이하, 특수공갈은 1년 이상 15년 이하로 형이 높다. 이러한 복합범죄로 사장의 업무를 방해한 것은 위력에 의한 업무방해죄(5년 이하)다. 본건과 같은 내쫓는 행위 외에도 출입을 제지하거나 방실에 감금하는 것도 판례는 위력업무방해로 본다. 위력은 불법적 실력행사이고, 업무방해는 사용자의 사업계속에 관한 자유의사가 제압·혼란되어 정상적 운영이 저해된 상태를 말한다.

피의자들의 행위를 정당화시킬 수 있는 것은 형법 제20조의 정당행위다. 법령, 업무, 사회상규에 따른 행위는 위법성이 조각되어 처벌을 면할 수 있는데, 이 사건과 같은 강제난입, 기물파손행위는 정당하지 않다. 정당행위가 되기 위해서는 동기나 목적이 정당해야 하고, 수단과 방법이 상당해야 하며, 보호하려는 이익이 침해되는 이익보다 우월하거나 균형을 이뤄야 할 뿐만 아니라, 그 행위가 긴급을 요하고 부득이해야 하며, 다른 수단을 택할 수 없는 보충성을 충족시켜야 한다. 근로자는 월급으로 생활하는 사람으로, 돈을 떼이고 항의해야 했던 동기(動機)와 목적(目的)은 정당하다. 그런데 그 외 조건충족이 어렵다. 다수인이 사장실에 강제침입하고 기물을 파손했으며, 사장을 내쫓는 과정에서 일부는 쇠파이프를 들고 있었다면 수단(手段)·방법(方法)이 나쁘고, 법익 간 균형성(均衡性)을 상실했으며, 민사법 또는 노동관계법에 따른 절차를 생략할 만큼 긴급(緊急)·부득이(不得已)했다고 보기 어렵다. 보충성(補充性)도 고의로 위반한 것으로 보인다. 그리고 폭력쟁의가 노동조합 측의 입장 관철만을 주된 목적으로 한 것으로 평가되면 목적의 정당성도 부정당할 수 있다. 방법적 측면과 관련하여 특히 대법원은 폭력을 동반한 쟁의행위는 노동관계법률에 따른 보호를 받지 못한다고 일관되게 판시해 왔다. 정당한 쟁의행위가 되는 것이 실제에서는 참으로 어려움을 알 수 있다.

[60] 보강증거 없으면 자백해도 무죄

지난 6. 13. 대구지방법원은 아동 돌보미 A씨의 아동학대죄 재판에서 자백이 있었지만, 무죄를 선고했다. A씨는 생후 10개월의 아동을 돌보다가 우는 아기에게 막말과 욕설을 했다고 한다. 또 적절한 조치를 취하지 않은 채 아동을 방치하고 전화통화, TV시청을 했다고 하니, 정서적 아동학대가 맞다. 이러한 사건에서 대구지검의 기소결과가 무죄로 돌아갔다니, 매우 뜻밖이다. 수사, 기소, 공소유지 중 문제가 발생한 곳은 어디였을까.

이 사건 수사의 단서이자 주요증거는 아동의 모가 A씨 몰래 설치한 녹음기의 녹음내용이었다. 명백한 물증이 있다고 보고 A는 수사 및 재판에서 정서적(情緖的) 학대를 인정했다. 다만 신체적(身體的) 학대는 부인했다. 이제 법원은 녹음과 A의 자백을 토대로 유죄를 선고하면 되지 않을까. 답은 No! 이다. 바로 통신비밀보호법 때문이다. 통비법은 제14조에서 누구든지 공개되지 아니한 타인간의 대화를 녹음하거나 전자장치 또는 기계적 수단을 이용해 청취하는 것을 금지하고(제1항), 불법녹음을 재판·징계절차에서 증거로 사용할 수 없다고 규정한다(제2항). 심지어 제16조에서는 불법녹음행위를 1년 이상 10년 이하 징역과 5년 이하 자격정지에 처하도록 규정하고 있다. 도청기가 적발되어 미리 뜯겨도 제18조에 따라 미수범으로 처벌되니, 타인간 대화를 몰래 녹음하는 것은 문명사회의 중대 위법임이 분명하다. 아기 어머니의 노력은 물거품이 됐고, 되려 자신만 처벌될 상황이다. 결국 수사를 잘못한 것이다. 편리한 수사를 좇다가 불법증거만 들고 법원에 쫓아간 셈이다. 특이한 것은 재판부가 아기와 피고인 간에 대화가 있었다고 본 것이다. 아기는 우는 등의 방법으로 A에게 의사전달 했고, A는 화내는 방식으로 화답을 하여 대화가 있었다는 거다. 만약 아기의 행위를 의사전달로 볼 수 없거나 A의 욕설이 독백일 경우 타인 간 대화가 아니다. 그렇다면 통비법이 적용되지 않고, 사인이 수집한 위법수집증거의 문제가 된다. 대법원은 공익이 사익보다 우월할 경우 증거능력을 인정한다(대법원 2010도12244 판결 등).

녹음파일이 증거능력을 잃은 후 이제 남은 증거는 피고인의 자백이다. 자백한 사건에서 왜 무죄가 나왔을까. 피고인의 자백이 유일한 증거가 됐기 때문이다. 보강증거 없이 처벌할 수 없다는 것이 헌법 제12조 제7항과 형사소송법

제310조다. 이는 법관의 자유심증주의에 대한 예외이고, 허위자백으로 인한 오판방지, 자백편중 경향에 제동을 거는 역할을 한다. 따라서 피고인이 경찰, 검찰, 법원에서 계속 자백해도 보강증거가 없다면 소용없다. 이들 자백은 증거능력이 제한돼 있고, 그 어느 것이나 독립하여 유죄증거가 될 수 없다. 그래서 피고인의 자백을 모조리 합쳐도 그것만으로는 유죄판결을 할 수 없다(대법원 66도634 판결). 보강증거의 예로, 공범의 진술, 목격자 진술, DNA 증거, 통신내역, 금융내역, 진단서, CCTV, 압수물이 대표적이다. 한편 간접증거, 정황증거가 모두 보강증거가 될 수 있다(대법원 2005도8704 판결). 따라서 정 급하면 동의에 의한 거짓말탐지기 검사를 하여 그 결과를 보강증거로 쓰면 된다. 법원이 허용하는 정황증거이므로 보강증거 자격이 있기 때문이다(대법원 83도3146 판결). 이 사건은 신체학대는 부인하고 있었으므로 해당 검사가 부적합하지 않다. 수사방식을 다양화했다면 자백과 불법녹음에 의존하지 않았을 텐데 아쉬움이 크다. 자백과 보강증거가 서로 어울려 전체로서 범죄사실을 인정할 수 있으면 유죄가 나왔을 것이다(대법원 2007도1419 판결). 한편 평소 피고인이 작성한 업무용 수첩이 피고인의 자백과 별개의 증거로써 보강증거가 된다는 점은 특이하므로(대법원 94도2865 판결), 사업가들은 평소 조심해야 한다.

[61] 명예훼손과 모욕

사람에게 '미친개…'라는 표현을 쓰고도 무죄를 선고받았다면 쉽게 이해가 될까. 그것도 페이스북과 같이 전파성 높은 정보통신망에 글을 올려 타인을 비하한 것이라면 더욱 그렇다. 그런데도 대법원은 최근 2017도20326 판결에서 무죄를 선고했다. 사실 피고인이 피해자를 지칭하며 표현한 비하수법은 두 가지였다. '무식한 택시운전자'와 '미친개에게 물린 셈 치고'였는데, 두 표현 모두 무죄가 확정됐다. 앞의 것은 상대에게 모욕감을 주는 표현이지만 사회상규에 반하지 않는다는 이유, 뒤의 것은 아예 모욕적 언사가 아니라는 것이 이유다. 이처럼 사람을 비하하는 표현을 쓴 경우 명예훼손과 모욕이 갈리는 구별기준은 무엇이며, 법원에까지 올라간 모욕적 표현은 어떤 것이 있을까.

명예훼손죄(名譽毁損罪)와 모욕죄(侮辱罪)의 보호법익은 다 같이 사람의 가치에 대한 사회적 평가인 외부적 명예인데, 전자(前者)는 구체적 사실적시를 요하고, 후자(後者)는 추상적 판단이나 경멸적 감정표현을 요할 뿐이어서 방법에 차이가 있다. 명예훼손이 사람의 명예를 보다 더 해하는 방법인 점을 감안하여 모욕죄에 비해 더 중하게 처벌된다(대법원 85도1629 판결). 구별기준이 위와 같다지만, 실무상 쉽게 구별되지 않는다. 따라서 명예훼손에 이르지 못한 모욕의 예를 많이 알아둘 필요가 있다. “야 이 개 같은 잡년아, 시집을 열두 번을 간 년아, 자식도 못 낳는 창녀 같은 년”(대법원 85도1629 판결)은 피해자의 도덕성에 관한 경멸적 표현, “애꾸눈, 병신”(대법원 94도1770 판결)은 피해자의 외모에 대한 경멸적 표현, “도둑놈, 죽일 놈”(대법원 4293형상864 판결), “아무것도 아닌 똥꼬다리 같은 놈”(대법원 88도1397 판결), “년놈이 신고해서 경찰서에 갔다 왔다. 년은 안 나오고 놈만 나왔다”(대법원 93도696 판결)는 것은 분한 감정을 다소 격하게 표현한 것, “뚱뚱해서 돼지 같은 것이 자기 몸도 이기지 못한 것이 무슨 남을 돌보는가(수원지법 2006고정1777 판결)” 역시 추상적 경멸에 불과하여 명예훼손이 아니다. 모두 모욕적 표현이다.

피고인 A는 2015. 3. 운전 중 택시운전사 B와 시비가 붙자 택시를 추월하며 욕을 하고 말았다. 분노한 B기사는 A의 차량을 추월해 앞을 가로막았고, 두 사람은 하차해 몸싸움을 벌였다. 이 일로 A는 B의 멱살을 잡아 폭행죄로 벌금형을 선고받았고, 이후 B는 A에게 위자료소송을 걸어 원수가 따로 없었다. A는 B를 고소한 사건은 무혐의가 내려진 반면 자신만 전과자가 되자, 페이스북에 일련의 일들을 상세히 썼다. 그 과정에서 A는 억울함을 토로하는 방법으로 ‘미친개에게 물린 셈 치고’라는 표현을 사용한 것이다. 그렇다면 해당 표현은 형사사건까지 된 것이 억울하다는 마음을 표현한 것에 불과하여 B에 대한 모욕으로 보기 어려운 점이 있다. 한편 ‘무식한 택시운전자’라는 표현은 법상 모욕이 맞지만, 글 전체 내용에서 차지하는 비중이 작고, 모욕의 정도가 경미하며, 독자가 A의 친구에 국한된 점을 감안하면 사회상규에 반했다고까지 보기에는 무리가 따른다. 이것이 대법원이 두 표현에 대해 무죄를 선고한 이유다. 평소 법원은 명예훼손 사건의 처벌가부를 결정할 때 발설내용과 동기를 중요시하고(대법원 83도1017 판결; 대법원 2008도6515 판결; 대법원 2010도2877 판결), 표현의 객관적 내용, 독자가 게시물을 접하는 방법, 사용된 어휘의 통상적인 의미, 전체적인 흐름, 문구의 연결방법을 모두 참작한다(대법원 94도1770 판결; 대법원 98다31356 판결; 대법원 98도2188 판결; 대법원 2003도1868 판결). 헌법상 표현의 자유가 너무나 쉽게 제한돼서는 안 된다는 점과 기본권 간 비교형량을 통해 각 사건에서 적절하게 균형을 잡겠다는 취지다. 도로에서는 차량이 흉기(凶器)가 되지만, 대인관계에서는 말이 비수(匕首)가 될 수 있다.

[62] 폭행죄와 처벌불원의사

지난 1. 9. 울산지방법원은 폭행죄 무죄판결을 선고한 데에 검사가 불복항소한 2심 형사재판에서 '1심이 피해자의 처벌불원의사를 놓친 것이 잘못'이라며 공소를 기각했다. 실제 피해자는 경찰에서 멱살 잡힌 것에 대해 처벌을 원치 않는다고 진술하긴 했다. 그런데 문제는 이후 마음이 바뀌어 고소장을 제출했다는 것이다. 2심은 이런 피해자의 의사에도 아랑곳없이 공소를 기각해도 되는가. 그리고 누구도 공소기각을 주장하지 않았는데, 법원이 마음대로 판단해도 되는가.

범죄 중에는 처벌조건과 소추조건을 요구하는 것이 있다. 처벌조건과 관계된 것은 친족상도례, 국회의원의 면책특권 사안이다. 친족상도례 사건은 형면제판결 또는 비동거친족간 고소 부존재시 공소기각판결을 하고, 국회의원의 면책특권 사안도 공소기각 대상이라서 수사할 수 없다.

대비되는 것으로 요소추조건 사건이다. 친고죄와 반의사불벌죄가 그에 해당한다. 친고죄는 고소가 있어야 하는 반면 고소취소가 없어야 하고, 반의사불벌죄는 처벌불원의사가 없어야 한다. 거꾸로 되면 공소기각판결을 받게 된다. 유·무죄 판단을 할 수 없다. 이들 범죄는 피해자가 처벌을 좌우한다. 요고발사건도 있다. 조세범처벌법위반죄는 세무서장 등의, 관세법위반죄는 관세청장이나 세관장의, 독점규제및공정거래에관한법률 제66조 및 제67의 죄는 공정거래위원회의 고발이 있어야 기소가 가능하다. 이 같은 범죄에서 소추조건의 흠결 없이 피고인을 벌하기 위해서는 제기된 고소·고발이 제1심 판결선고 전까지 취소되지 않아야 하고, 처벌희망의사표시가 철회되지 않아야 한다. 1심 판결선고 후에는 고소·고발을 취소할 수 없다(공정거래사건은 공소제기 후 고발취소가 불가).

친고죄(親告罪)에는 사자명예훼손, 모욕, 비밀침해, 업무상비밀누설, 저작권법위반죄, 실용신안법위반죄가 있고, 고소는 6월 내에 해야 한다. 불가항력은 예외이지만, 해고될 것이 두려워 고소하지 못한 것은 불가항력이 아니다(대법원

85도1273 판결). 종래 성폭력범죄 중 친고죄는 1년의 고소기간제한이 있었지만, 이제는 그런 제한이 없다.

한편 이 사건과 같은 반의사불벌죄(反意思不罰罪)에는 폭행, 존속폭행, 협박, 존속협박, 명예훼손, 출판물 명예훼손, 과실치상죄가 있다. 처벌의사를 묻지 않고도 일단 수사는 가능하나, 처벌불원의사가 표시되면 기소할 수 없다. 억지로 기소하면 공소기각 사유가 된다(형사소송법 제327조 제6호). 중요한 것은 처벌불원의사의 인정기준이다. 이러한 의사는 재판을 좌우하므로 피해자의 진실한 의사가 명백하고 믿을 수 있는 방법으로 표현돼야 한다. 따라서 판결선고시까지 고소취소장을 제출하지 않으면서 생업에 바쁘다는 사유로 증인불출석한 것은 처벌불원의사로 보지 않는다(대법원 2001도1809 판결). 그리고 고소취소장의 2심 제출은 무효이고(형사소송법 제232조 제3항), 형만 감경된다. 심지어 상해죄로 기소되어 1심 무죄선고 후 2심에서 폭행죄로 공소가 변경된 후 합의서를 제출해도 역시 무효이므로(대법원 85도2518 판결), 용서는 빨리 받아야 한다.

이처럼 친고죄와 반의사불벌죄는 피해자의 의사에 의해 처벌이 좌우되므로 고소도 중요하고, 고소취소도 중요하며, 그 취소의 시기도 제한될 수밖에 없다. 그래서 이런 사정은 법원이 반드시 조사해야 하는 직권조사사항이다(대법원 2009도9939 판결). 고소를 취소하거나 처벌불원의사를 표시한 후 다시 벌해 달라고 요청해도 소용이 없다(형사소송법 제232조 제2항, 제3항). 따라서 약속한 치료비나 합의금을 안 준다고 다시 고소할 수 없으므로(대법원 2001도4283 판결), 주의해서 합의해야 한다.

[63] 소년범죄 처벌과 대책

대구에서 만 17세 소년 3명과 13세 소년 3명이 여중생을 집단 성폭행한 사건으로 수사당국과 법원이 큰 부담을 안게 됐다. 대구 중부경찰서는 성폭력범죄의처벌등에관한특례법위반죄로 가해자 6명을 검찰에 송치했고, 14세 이상 3명은 대구지방법원 형사부에서, 위 연령 이하 3명은 대구가정법원 소년부에서 재판 중이다.[59] 미성년자들의 범행수법 치고는 매우 잔혹하다. 6명이 성범죄에

59) 2019. 1. 30. 대구고등법원은 피고인 2인과 검사의 항소를 모두 기각했다. 원심에서 피고인 1인은 장기 4년, 단기 3년 6월의 징역형을, 1인은 장기 2년 6월, 단기 2년의 징역형을 선고받

나아간 것도 모자라 피해자의 사진을 촬영하고, 검찰송치 이후에도 대범하게 SNS(페이스북)에 허위사실을 올리거나 학교에 소문을 냈다고 한다. 그런데도 구속된 사람은 1명에 불과하다. 피해학생 부모는 청와대 국민청원 게시판에 글을 올렸고, 35만 명의 국민들이 참여한 것을 보면 가해자가 미성년이라는 이유로 가볍게 처벌되는 것은 매우 부당하다. 피해자 모는 특히 소년원에 있는 3명의 가해자에게 더 강한 법의 심판을 바란다고 했는데, 실정법은 어떠한 미흡한 점이 있는가.

우선 만 14세 이상의 3명은 사안이 중대하여 소년보호사건이 적절하지 않다는 검사의 판단으로 형사부 송치가 이뤄졌다. 검사는 만 14세 이상 19세 미만인 소년에 대해 소년부로도, 형사부로도 임의로 송치할 수 있다. 이를 검사선의주의라 한다(소년법 제49조 제1항). 소년의 범죄는 부득이한 경우가 아닌 한 구속할 수 없고(동법 제55조 제1항), 집행유예나 선고유예를 선고할 것이 아닌 한 단기 5년 미만, 장기 10년 미만의 범위에서 부정기형을 선고한다(동법 제60조 제1항, 제3항). 소년의 특성에 비추어 감경할 수도 있다(동조 제2항). 형의 단기가 지나면 형이 조기 종료될 수도 있고(동조 제4항), 단기의 1/3을 복역하면 가석방이 가능하다(동법 제65조). 복역은 소년교도소에서 성인범과 분리되어 하는 등(동법 제63조) 성인범에 비해 특례(特例)가 많다.

한편 형법 제9조는 14세 미만자의 행위를 벌하지 아니한다고 규정한다. 이들은 형사미성년자(刑事未成年者)로써 책임무능력자다. 변별능력과 결정능력이 현저히 약하다는 점이 감안됐다. 연령에 따라 일률적으로 처벌을 면한다는 점에서 생물학적 특성이 반영되었다. 위법하더라도 책임이 없으니 이들은 무죄이고, 벌할 수 없다. 보완책은 소년법에 따른 보호처분이다. 이 사건의 형사미성년자 3명은 특수강간죄가 무죄이되, 보호처분을 받게 된다. 보호처분은 종래 만 12세 이상 자만 가능하다가 2007. 12. 소년법 개정으로 만 10세로 연령이 조정됐다. 이 때도 소년의 성숙 정도, 소년범 연령이 낮아진 점, 범행내용의 심각성이 문제돼 연령이 조정됐으니, 소년범죄는 정말 다루기 힘든 뜨거운 감자다. 그러나 보호처분은 소년의 보호·교화가 목적이지 형사처벌이 아니라는 점에서 피해자 모의 절규는 더욱 안타깝다. 가장 중한 보호처분이래야 고작 2년간의 소년원 송치이고, 이조차 12세 이상자만 가능하다(소년법 제32조).

았다. 함께 기소된 나머지 1인은 범행 가담 정도가 경미해 대구가정법원 소년부로 송치됐다 (영남일보 2019. 1. 31.자 기사 참조).

국민청원을 고려하면 형사미성년자 하한을 더 낮춰 아예 형사처벌이 가능토록 해야겠는데, 묘책이 없을까. 필자는 처벌연령을 낮추되, 범행수법과 범죄결과를 고려해 소년법에서 보호처분우선주의를 명시할 것을 제안한다. 교통사고처리특례법이 비슷한 내용을 담고 있다. 사망사고는 합의돼도 처벌, 중상해는 개별합의 시 불처벌, 그 외 상해는 도주뺑소니나 음주측정거부 및 12대 중과실이 아니라면 종합보험가입이나 개별합의 시 불처벌하는 것에서 착안했다. 범행수법과 피해결과에 따라 합리적 결론을 도출하도록 설계할 수 있다. 만약 형사미성년자 규정을 개정하기 어렵다면 소년법상 보호처분을 매우 강화해야 한다. 부산과 강릉에 이어 대구에서 벌어진 강력범죄가 전국으로 확산되기 전에.

[64] 술 취한 피해자의 기억

지난 6. 26. 대구지방검찰청 여성아동범죄조사부는 준강간 혐의를 받던 피의자 A순경에 대한 수사결과를 발표했다. 경찰이 지난 3. 23. 기소의견으로 송치한 사건인데, 뜻밖에도 검찰은 무혐의 처분했다. 경찰이 동료경찰의 혐의와 관련해 중죄와 중형이 예상됨에도 기소의견으로 송치했는데, 검찰에서 무혐의가 나온 배경은 무엇일까.

A는 지인소개로 만난 여성 B를 대구 동구의 모텔로 데려가 간음했다. 그런데 문제는 B가 술 취해 전혀 기억나지 않는다고 신고한 것이다. 성관계에 동의한 적 없다는 주장이고, 특히 두 사람은 2. 6. 처음 만나 음주 후 모텔에 간 것이어서 A에게는 불리한 정황이었다. A는 명시적 동의는 없었지만 B가 거부하지 않았다는 주장으로 팽팽히 맞섰다. 검찰은 사건의 전체적 과정을 고려할 때 심신상실, 항거불능 상태를 이용한 간음은 아니라고 보았다.

폭행, 협박이 있었다면 당연히 강간죄가 성립하지만, 폭행, 협박이 없었어도 심신상실, 항거불능을 이용하면 준강간죄가 된다. 심신상실상태란 정신기능장애로 정상적 판단능력이 없는 상태이고, 심신장애라는 생물학적 기초에 제한되지 않는다. 따라서 깊은 잠에 빠진 여성을 간음하면 본죄가 성립하고(대법원 76도3673 판결), 잠든 여성의 옷을 벗긴 후 음부를 만지고 성기를 삽입하려 했다면 동 미수죄이다(대법원 99도5187 판결). 완전무의식상태뿐만 아니라 정신기능의 이상을 이용해도 본죄에 해당하며, 만취도 원인이 된다. 이러한 심신상실자는 정상적 판단능력이 결여돼 있으므로 성행위를 인식하고 유효한 동의를 할 수 없다. 한편 항거불능 상태란 심신상실 이외의 사유로 심리적·물리적으로 반항이 불가능·곤란한 경우이다(대법원 2009도2001 판결). 의사가 진료를 빙자해 환자를 추행하거나, 교회 노회장이 여신도를 간음·추행할 때에 피해자가 종교적 믿음에 대한 충격 등 정신적 혼란으로 항거불능상태에 있었던 경우(위 2009도2001 판결)가 그 예이다. 피해자 스스로 이미 항거불능상태가 되어 있고 피고인은 이를 이용해야 하지, 수면제를 먹여 간음하면 폭행에 의한 강간죄가 된다. 본죄를 부정한 사례로는, 병을 낫게 하려는 마음에서 여신도가 목사의 요구에 응했지만, 당시 피고인과 주고받은 대화내용을 보면 피해자는 성행위를 인식했고 항거곤란상태가 아니었다. 이 경우는 무죄가 된다(대법원 98도3257 판결).

금번 대구지검 사건의 객관적 증거는 CCTV 영상뿐이었는데, 경찰은 B가 걷는 동안 이따금 몸을 가누지 못했다고 보아 만취상태를 인정했고, 검찰은 인정하지 않았다. 그리고 설사 B가 심신상실상태에 있었더라도 A가 그런 사정을 알고 이용한 것이 아니라고 보았다. 다만 24세의 여성 B가 성관계 직후 경찰에 신고해 출동케 한 점은 진술의 신빙성을 높이는 사정인데, 검찰이 어떻게 배척했는지 의문이긴 하다.

한편 필자의 최근 변론사례 중 술 취한 피해자의 주장을 배척한 사례로, 대구지방법원 2017. 10. 13. 강간상해 무죄(대학생), 대구지검 김천지청 2018. 3. 6. 강제추행 무혐의(택시기사), 대구지검 포항지청 2018. 6. 18. 강제추행 무혐의(경찰관), 대구지방법원 서부지원 2018. 11. 1. 준강간·강제추행·강간 무죄(은행간부) 사건이 있다.

[65] 증거위조와 증거인멸

지난 17일 새벽 '드루킹 댓글 조작 사건'의 특별검사팀이 드루킹을 위해 증거를 위조한 혐의로 A 변호사를 긴급체포했다. A 변호사는 2016. 3. 드루킹이 B당 C 의원에게 불법정치자금 5천만원을 전달한 혐의와 관련하여 범죄가 실패한 것처럼 꾸몄다고 한다. 특검은 A 변호사가 4,190만원을 드루킹의 D 모임 계좌에 다시 넣은 것처럼 위조했고, 이로 인해 2016. 12. 드루킹이 무혐의 처분됐다고 보고 있다. 당시 A 변호사는 경찰에 위 입금자료와 함께 돈뭉치 사진도 제출했다고 한다. C 의원이 돈을 받지 않았다는 것을 입증하기 위한 증거였고, 드루킹은 A 변호사의 조언대로 허위답변하여 혐의를 벗기까지 했다. 증거의 위조란 무엇이며, 국가의 어떠한 기능을 해하는가.

한편 특검팀은 지난 16일 경기 파주의 한 컨테이너 창고를 압수·수색하여 노트북, 유심카드, USB 등 49점의 물품을 압수해 분석 중이라고 한다. D 회원들이 E출판사에서 이들 물건을 빼내 10km 떨어진 창고로 옮긴 것은 지난 6월이었고, 최근 진술을 확보해 해당 창고를 덮친 것이다. 드루킹의 댓글조작 범죄혐의를 입증할 증거를 다른 장소로 옮긴 것은 증거인멸에 해당하는가.

수사와 재판의 필수요소는 범인과 증거다. (1) 우선, 범인(犯人)을 은닉·도피케 하면 범인은닉·도피죄(형법 제151조)가 된다. 진범이 아닌 것이 후일 드러나더라도 수사·소추 중인 자를 숨기거나 도망케 하면 처벌되는 점에서 특이하다(대법원 81도1931 판결). 범인이 타인에게 허위자백하게 하여 범인도피죄를 범하게 했다면 범인은 동교사죄가 된다(대법원 2000도20 판결). 방어권을 남용해 형사사법에 중대한 장애를 초래한 것이다. 은닉은 범인을 숨기는 것이고, 도피는 직접 범인을 도피시키거나 도피를 직접적으로 용이하게 하는 행위에 제한되므로(대법원 2002도5374 판결; 대법원 2003도8226 판결), 단순히 참고인이 묵비하거나 허위진술하는 것은 제외된다(대법원 2007도11137 판결). 공범이 다른 공범을 도피시킨 것뿐만 아니라(대법원 2011도7262 판결), 변호사가 진범을 은폐하는 허위자백 유지를 도왔다면 그도 처벌된다(대법원 2012도6027 판결). 정당한 변론권을 일탈한 범인도피방조죄다. 성직자도 죄인을 감추거나 도망케 하면 동죄를 피할 수 없다(대법원 82도3248 판결). 초법규적 존재가 아니므로, 세속의 법이 적용된다. (2) 다음으로, 타인의 형사사건·징계사건의 증거(證據)를 인멸, 은닉, 위조, 변조하거나 위·변조 증거를 사용하면 증거인멸등죄가 성립힌다. 또 증인을 은닉·도피하게 해도 같은 형으로 처벌된다(형법 제155조). 허위진술을 녹음해 녹취록을 제출하면 증거위조(대법원 2013도8085 판결), 증거가 될 난로를 숲에 은닉하면 증거은닉(대법원 82도274 판결)에 해당한다. 증거위조는 증거자체를 위조할 것과 허위증거를 새로이 작출할 것을 요구한다. 그 경우 허위진술서를 제출하는 것과는 달리 증거가치를 판단함에 있어 오도할 위험성이 현저히 증대된다(위 2013도8085 판결). 따라서 참고인의 허위진술이 이에 해당할 리 없다(대법원 94도3412 판결).

사안에서 A 변호사가 변론의 한계를 넘어 적극적으로 증거를 위조했다면 증거위조죄에 해당하고, 그 수사결과는 드루킹의 재판에도 영향을 미치게 된다. 또 특검이 파주의 컨테이너 창고에서 압수한 증거물과 관련해서는, D 회원들이 인멸의 고의를 갖고 한 은닉행위라면 증거인멸·은닉죄가 된다. 그리고 드루킹이 지시한 것이라면 그는 동교사죄도 추가된다.

[66] 보이스피싱 피해금과 보관책임

지난 19일 대법원은 보이스피싱 범인들에게 통장을 빌려준 후 피해금이 입금되자 돈을 출금해 가로챈 A씨와 B씨(이하 'A'라고만 한다.)에게 횡령죄 유죄판결을 선고했다. 횡령죄는 돈 주인과 보관자 간 위탁관계가 인정돼야 가능한 범죄인데, 도대체 법원은 A가 누구의 돈을 보관한 것으로 보았을까.

종전에 대법원은 계좌명의인이 보이스피싱 범죄에 애초부터 가담해 **그가 사기방조범이 된 경우**, 자신이 가담한 범행의 결과 피해금을 보관하게 된 것을 두고 피해자와의 사이에 위탁관계가 인정될 수는 없다고 봤다. 그래서 돈을 찾아도 피해자에 대한 횡령죄가 안 된다고 했다. 사기죄 완성 후 이체된 돈을 찾는 것 정도로는 새로운 법익을 침해한 것도 아니다(대법원 2017도3045 판결; 대법원 2017도3894 판결).

그런데 이 사건은 A가 보이스피싱 사기에 가담한 사건이 아니다. A는 단순히 통장을 건네줬고, 피해자가 보이스피싱에 속아 돈을 보내오자 이 돈을 인출해 가로챘을 뿐이다. 그렇다면 계좌명의인이 **애초부터 사기공범이 아니고** 여하한 이유로 자기 통장에 들어온 돈을 찾은 것인데, 이는 위 사례와 달리 볼 수 있는가. 이는 형사정책적으로도 매우 중요하다. 횡령죄로 처벌된다면 통장을 함부로 빌려주거나 들어온 돈을 가로채는 일이 줄어들 것이다.

A가 보관의무를 지는지 경우를 나누어 살펴야 한다.

첫째, 사기범과의 명시·묵시의 약속은 보호받을, 지켜져야 할 약속인가. 만약 그렇다면 A는 사기범이 피해금을 빼 갈 때까지 돈을 인출하면 안 된다. 대법원은 A가 통장을 범인에게 넘겨주었어도 은행에 대한 예금채권자는 어디까지나 A라고 봤다. 범인들은 사실상 인출권을 부여받았을 뿐 법적 권리자가 아니다. 또 A와 범인 간에 법적 보호를 받을 위탁관계는 인정할 수 없고, 인정해서도 안 된다. 그래야만 피해금이 사기꾼에게 귀속되지 않게 된다. 결국 A가 범인들의 돈을 가로챈 것은 아니므로, A는 사기범의 돈을 횡령한 것이 아니다.

둘째, 속아 돈을 보낸 피해자와 A 사이에는 얼핏 보면 아무런 보관위탁이 없었던 것처럼 보인다. 그런데 송금의뢰인과 수취인 사이에 계좌이체의 원인되는 법률관계가 존재하지 않은 경우 수취인에게 반환의무를 지운 사례(대법원 2013다207286 판결), 착오 송금에서 예금주와 송금인 사이의 신의칙상 보관관계를 인정해 횡령죄로 처벌한 사례(대법원 2010도891 판결)에 주목할 필요가 있다. 그렇다면 이 사건의 A도 아무런 법률관계 없이 송금된 피해자의 돈을 그를 위해 보관할 책임을 진다고 봄이 마땅하다. 그리고 보관책임에 위배해 돈을 인출했다면 영득의사가 인정되어 피해자에 대한 관계에서 횡령죄가 된다고 봐야 한다(대법원 2017도17494 판결). 이제 보이스피싱 피해금은 통장명의인이 함부로 인출할 수 없게 되었고, 반사적으로 피해자는 돈을 돌려받을 수 있게 됐다.

결국 A는 통장을 빌려준 전자금융거래법위반죄와 피해자에 대한 횡령죄로 처벌된다. 공짜는 없고, 임자 없는 돈도 없다는 점에서 A의 행위는 비난받아 마땅하고, 반면 최근 대구에서 한 여성이 길에 뿌린 거액의 돈을 자진하여 수사관서에 전달한 시민들은 특기할 만하다.

[67] 무고죄를 비켜간 허위고소

허위고소로 처벌을 구했지만, 무고죄를 비껴간 무죄 사건이 화제다. A는 마약죄로 징역 2년 4월을 선고받고 춘천교도소에 수감 중이었다. A의 가족들이 사는 곳은 원주여서 A도 가족도 모두 면회 등 불편을 겪을 수밖에 없다. A는 누나 B에게 자신을 사기죄로 고소할 것을 부탁했고, 남매는 무고죄 재판의 공동피고인이 되고 말았다. A는 원주교도소로 이감되면 고소를 취소해 달라고 B에게 부탁했다고 하니, 짜고 한 고소가 맞다. 고소내용은 A가 빌려간 돈을 떼먹었다는 것이었다. 그런데 B가 경찰에 제출한 고소장은 반려됐고, 법을 잘 모르던 B는 법원에 제출했다. 수사권이 없는 법원은 검찰에 사건을 넘겼고, 검찰은 허위고소로 판단해 A를 무고교사, B를 무고죄로 기소했다. 허위로 판명 난 고소는 검찰 주장처럼 무고가 되는 것인데, 대법원이 무죄를 선고한 것은 무슨 연유인가.

형법 제156조의 무고죄는 타인으로 하여금 형사처분 또는 징계처분을 받게 할 목적으로 공무소 또는 공무원에 대해 허위신고를 하는 것이고, 형사처분과 관련한 공무소는 수사관서다. 검찰, 경찰, 관세청, 국세청, 노동청이 대상기관이다. 그러므로 법원에 허위고소장을 접수해도 무고죄는 되지 않는다. 이 사건의 1심도 법원에 고소장이 접수된 점에 주목해 무죄를 선고했는데, 2심은 B가 일단 경찰관에게 허위고소장을 제출한 점을 중시해 무고는 기수에 달했다고 봤다. 대법원은 원주지청에 정식접수된 때에 허위사실 신고가 있다고 봤지만, 내용적으로 무고사실을 담고 있지 않아 무죄라고 판단했다.

객관적으로 진실에 반하는 사실을 신고하는 것이 무고이다. 이 점에서 위증죄가 자신의 기억에 반해 증언할 때 처벌되는 것과 대조된다. 따라서 설사 고소인이 기억에 반한 사실로 고소했더라도, 고소내용이 사실로 드러나면 벌할 수 없다(대법원 91도1950 판결). 한편 신고사실의 핵심 또는 중요내용이 허위여야 본죄가 되고, 일부 내용이 사실에 반해도 그것이 단지 정황을 과장한데 불과하거나 범죄성부에 전체적으로 영향을 줄 정도가 못 되면 무죄가 된다(대법원 96도771 판결). 그리고 법적 평가, 죄명을 잘못 기재한 것은 허위사실 신고가 아니어서 무고가 아니란 점도 중요하다(대법원 84도1737 판결).

주의할 것은, 신고사실이 허위지만 그 사실 자체가 형사범죄로 구성되지 않아 조사가 필요없음이 명백하면 무고죄로 보지 않는다는 점이다(대법원 2006도558 판결). 공소시효가 완성된 것이 분명한 때(대법원 84도2919 판결), 사면된 것이 분명한 때(대법원 69도2330 판결), 친고죄 고소기간 경과가 분명한 때(대법원 98도150 판결)가 대표적 예다. 터무니없는 허위고소는 국가기관의 직무를 그르치게 할 위험이 없다는 이유다. A와 B는 생계를 달리하는 형제이고, 친족이다. 이러한 비동거친족 간에는 본건과 같은 사기죄의 경우 고소가 있어야만 공소를 제기할 수 있고, 이 때 고소기간은 6개월이다. 그런데 B가 속아 A에게 돈을 꿔줬더라도 범죄피해를 알고도 3년 2개월이 지나 고소했으므로 친고죄 고소기간 도과 사안이다. 이런 이유로 대법원은 B 무고 무죄, A 동 교사 무죄를 선고한 것이다(대법원 2018도1818 판결). 그러나 만약 객관적으로 공소시효가 완성되었더라도 마치 공소시효가 완성되지 않은 것처럼 교묘하게 고소했다면 A, B는 처벌됐을 것이다(대법원 95도1908 판결).

[68] 수사의 특성과 변호의 필요성

수사는 범죄혐의를 입증하고 범인을 발견·확보하는 국가기관의 특수한 활동이다. 그러나 수사는 그 자체로 특별한 의미를 가지는 것이 아니라 장래의 형사재판에 필요한 인적·물적 증거를 수집하고, 범인의 출석을 담보하는 일종의 예비절차이다. 뒤늦게 법원이 재판과정에서 증거를 압수한다거나 증인과 피고인의 신문을 통해 진실을 밝혀보겠다는 야무진 생각은 신기루와 같다. 이와 같이 재판에 앞서 매우 중요한 의미를 가지는 수사는 행정작용과는 다른 몇 가지 특징을 갖고 있다.

은밀성, 강제성, 인권침해적 성질은 수사의 문제점이기도 하고 한편으로는 특성이기도 하다. 왜 수사는 은밀해야 하는가. 그리고 강제적이며, 인권침해적인 성질을 띠는가. 피조사자의 반대편에는 피해자가 존재하기 마련이다. 그리고 피의자의 곁에는 그를 두둔하는 협조자가 있다. 그러므로 수사는 은밀히 진행되며 상당한 보안을 요하게 된다. 쉽사리 수사정보가 공개될 경우 이를 누설이라고 한다. 수사기밀 누설은 도주, 증거인멸의 결과를 가져올 뿐만 아니라 피해자에 대한 위해, 증인 및 증거의 변질을 초래하기 때문에 수사는 은밀성을 띠게 된다. 한편 피의자는 수사기관의 신사적인 출석요구와 신문에 순순히 응하지 않는 경우가 많다. 시간을 벌수록 증거는 산일될 가능성이 높고, 운이 좋으면 피해자나 참고인이 사망하여 혐의소명이 불가능해지거나 혹은 공소시효가 만료되어 수사하려야 할 수 없는 상황이 될 수도 있다. 그래서 피의자 중에서 도주하는 사람이 많고, 증거를 인멸하거나 가치를 훼손시키는 사람도 많다. 피해자에 대한 위해는 특가법에서 보복범죄로 가중처벌하고 있기도 하다. 결국 수사는 일정 부분 강제성을 띨 수밖에 없는데, 이것이 인권을 침해하는 경우가 왕왕 있다. 인권침해는 5·18 민주화 운동에서와 같이 군이 침해세력이 되는 경우도 있지만, 박종철 군 고문치사사건과 같이 수사기관이 주체가 되는 경우가 더욱 많았다.

수사의 특성이 비밀스럽고 강제적이라면 이제 피의자는 장래의 수사와 재판과정에서 심한 공포와 좌절에 빠질 수 있다. 수사와 재판은 1 : 1 싸움이 아니다. 피의자의 입장에서 보면, 다(多) : 1의 싸움이기 때문에 더욱 그러하다. 이 때 피의자가 비밀을 털어놓고 범죄사실의 이면에 있는 진짜 이야기를 말할 수 있는 사람은 그의 가족과 변호인뿐이다. 변호인은 기본권 보장을 위한 헌법상 기구 또는 중요수단이면서 한편으로는 통치작용의 정당화 수단이다. 정부에 소속되어 있지는 아니하나, 독립하여 자유롭게 공공적 역할을 수행하기 때문이다. 동서를 불문하고 어느 시대에나 재판 없는 처형과 몰수는 없었다고 해도 과언이 아니고, 로마 원로원 의원 상당수는 변호사 자격을 가진 사람들이었으니, 법과 재판과 변호사의 역사는 매우 길다고 할 것이다. 요컨대 수사 적법성의 한 계점에서 변호의 필요성은 시작되고, 변호인은 다음 호에서 소개할 구체적 수사변호절차를 이해하고 피의자의 효과적인 조력자가 되어야 한다.

[69] 수사절차에서의 변호작용(1)

변호권은 형사절차의 어느 단계에서부터 허용되는가. 내사, 소환, 압수·수색, 입건 중 어느 시점부터 변호권 행사가 허용되는지에 대해서는 설이 갈린다. 각각의 입장이 다르기 때문이다. 피의자와 변호인은 형식은 내사라도 실질(實質)이 수사라면 초기부터 가능하다고 보고, 수사기관은 정식 입건 전에는 수사 개시 전이므로 불허된다고 주장하고, 공정거래위원회 조사와 같이 권력적 행정작용이긴 하지만 수사기관의 수사와는 성질을 달리하는 것은 변호인의 참여가 적절하지 않다는 이견도 있다. 이 문제는 헌법상 변호인 제도의 존재의의에 주목하여 해결해야 할 것으로, 헌법은 체포, 구속, 압수, 수색의 피해를 당하는 국민 누구나에게 법치주의, 고문금지, 자기진술거부권, 영장주의, 변호인조력권, 자백배제법칙, 자백보강법칙을 보장하고 있다. 그리고 형사소송법과 대법원 판례는 위 모든 절차에서 변호인의 조력을 허용하면서, 수사의 개시점을 입건(범죄인지서 작성) 여부가 아닌 실질적 수사개시 시로 보고 변호인조력권을 인정하고 있다(실질설, 대법원 2000도2968 판결; 대법원 89도648 판결; 대법원 96모18 결정). 따라서 체포·구속은 물론 압수·수색, 소환, 조사가 있었다면 수사로 볼 수 있고, 변호인조력을 받는 데에 입건을 기다릴 필요가 없다. 한편 공정위는 2015년 11월 행정예고한 '공정거래위원회 조사절차에 관한 규칙(고시)' 제정안에서 변호인 입회를 허용했다.

이로써 변호권 행사의 시작점을 정확히 알았다. 그렇다면 구체적 변호의 모습은 어떤 것인가. 변호인은 체포·구속된 피의자를 접견(接見)하여 혐의에 대한 해명과 정상에 대한 사정을 파악하여 수사기관과 법원에 주장(主張)할 수 있다. 그리고 수사과정에서 고문, 폭행, 협박, 신체구속의 부당한 장기화 또는 기망이 있었는지를 파악하여 위법수사에 대한 이의와 더불어 장래 재판에서 증거의 배제를 구할 수 있다. 피의자의 건강이 악화된 경우 의사의 수진을 청구할 수도 있다. 다음으로 변호인은 수사과정에 의견서와 증거자료 및 참고자료를 제출(提出)할 수 있다. 유의할 것은 피의자의 이익을 위하여 변론해야 하는 것이므로 피의자에게 불리한 증거를 함부로 제출해서는 안 된다는 점이다. 물론 피의자에게 불리한 증거를 함부로 인멸하는 것을 허용한다는 뜻은 아니다. 그리고 없던 증거를 피의자에게 유리한 방향으로 생성시켜 위조하는 것을 허용한다는 것도 아니다. 한편 수사기관에서 피의자의 진술을 청취하여 증거를 생성시키는 중요한 방법이 바로 피의자신문이고, 그로써 발생되는 중요 증거가 피의자신문조서다. 이 증거는 수사초기의 생생한 피의자의 항변과 자백내용을 담은 것이라서 증거능력에 문제가 없는 한 높은 증명력을 갖는다. 이처럼 피의자가 수사의 객체가 되어 그의 진술이 장래 검찰의 공소사실을 입증하는 주요 증거가 되는 순간은 매우 중요하다. 따라서 종래에는 변호인의 피의자신문참여(參與)에 대해 수사기관은 매우 부정적이었고, 변호인도 수사기관과 척을 지지 않기 위해 수사참여를 신청하지 않았다. 보통은 수사방해로 인식했기 때문이다. 그러나 이 같은 관행 및 수사기관의 신문참여에 대한 적대적 태도는 인권의 신장에 역행하고, 실체진실발견을 저해할 뿐만 아니라 미국 등 인권선진국의 수사관행과 매우 다르다. 우리도 현재는 형사소송법상의 권리로 자리 잡았지만, 실무상 정착되어가는 과정에 있고, 험난하다. 이와 같이 형사변호사는 수세에 몰린 피의자와 접견할 권한, 의견을 개진하고 자료를 제출할 권한, 수사입회권이 있고, 그와 별도로 다음 호에서 소개할 이의신청 및 불복신청도 가능하다.

[70] 수사절차에서의 변호작용(2)

수사는 수사기관의 권력적·일방적 활동인데, 변호인의 이의(異議)가 가능한 것인가. 일반적인 행정작용은 우월한 공권력의 행사로써의 처분이 나오기 전 이의를 할 수 있는 경우가 거의 없다. 처분 발령 후 취소심판, 취소소송 등을 통해 시정을 구해야만 한다. 그러나 수사는 장래의 형사재판의 증거수집 활동이면서 실시간으로 이의하지 못할 경우 회복할 수 없는 손해가 발생하게 된다. 침해되는 법익이 바로 생명·신체에 대한 것이기 때문이다. 이 점에서 행정작용과 수사작용은 완전히 다른 성질을 띤다. 그러한 이유로 변호인은 불법·부당한 수사가 진행되고 있는지 감시해야 하고, 접견과정에서 이를 파악해야 하며, 수사입회나 피의자신문이 부당하게 제한되거나 강행될 경우 이의할 수 있어야 한다. 또 변호인은 압수·수색 과정에 참여할 수 있고, 압수·수색의 집행방법이 위법할 경우 이의할 수 있을 뿐만 아니라 압수대상이 영장을 초과할 경우에도 현장에서 이의할 수 있어야 한다. 그리고 피의자가 경찰서 유치장 등에 불법하게 구금되어 있을 경우에도 이의할 수 있다. 변호인의 이의신청을 묵살할 경우 변호인은 수사기관의 구금처분에 불복하여 준항고할 수 있다. 그리고 압수물건에 대해 반환을 받고자 한다면 환부·가환부를 청구할 수 있고, 기각 시 수사기관의 압수물처분에 불복해 준항고를 제기할 수 있다. 한편 수사기관의 불법수사에 대해 포괄적으로 이의할 수 있을 뿐만 아니라 특정 수사관의 편파수사가 발견된 경우에는 수사관교체신청을 할 수도 있다.

증거에 대한 변호인의 수사상 활동은 무엇이 있을까. 변호인은 피의자의 수중에 있는 증거 또는 피의자가 스스로 구해올 수 있는 증거를 반박주장에 맞추어 수사기관에 제출할 수 있다. 그와 더불어 중요한 참고인에 대한 진술을 획득할 수 없는 객관적 장애사정이 있을 경우(해외출국 예정, 사망 예상) 증거보전을 청구할 수 있고, 이는 형사재판에 앞선 법원의 증거수집행위가 된다. 기소 후 검사가 증거 일부에 대해 열람·등사를 불허할 경우 변호인은 증거개시신청을 할 수도 있다. 이는 검사 수중에 있는 증거를 빼앗아 와 변론에 사용하는 방법이다.

인신과 관련한 중요한 절차가 영장실질심사(구속전피의자심문)이다. 검찰은 중죄인 중에서 범행을 부인하고 증거인멸가능성이 있는 피의자에 대해 구속영장을 청구하게 되고, 변호인의 영장심사 변론은 모든 변론 중에서 가장 고난이도에 속한다. 사전에 준비된 자료가 많을수록, 형사변호사 선임이 빨리 이루어질수록 준비가 수월함은 말할 나위가 없다. 구속기준은 주거부정, 도주우려, 증거인멸우려이고 몇 가지 필수적 고려사항이 있으나, 가장 중요한 판단기준은 도주우려와 증거인멸우려다. 법관으로 하여금 이러한 의심(疑心)을 품도록 하는 자가 검사이고, 그러한 의심을 불식(拂拭)시키려는 이가 변호인이다.

[71] 수사변호의 최근 이슈

(1) 수사권을 경찰이 갖고, 검찰은 2차적 수사권만을 갖는 것이 타당한가. 현재 청와대는 그러한 계획을 발표한 상태다. 단 여전히 경찰에게 주지 않으려는 것이 있다. 바로 영장청구권이다. 비대한 경찰이 너도나도 할 것 없이 함부로 영장을 청구할 경우 인권침해소지가 높다는 이유가 담겨 있다. 이 계획은 수사종결권도 경찰에게 부여하고 있으나, 당사자 이의 시 검찰이 다시 수사할 수 있도록 하고 있다. 그리고 종결하려는 사건에 대한 기록사본을 검찰에 송부하도록 하여 검찰의 통제권을 완전히 상실시키지는 않았다. 수사권은 각 주 경찰과 FBI에, 기소권은 검찰에 주어 상호 견제시키는 미국의 원칙적 방식을 상당부분 받아들인 것으로 보여진다. 필자는 그간 우리나라에서 수사권과 기소권이 검사에게 독점되어 발생하는 여러 현상에 관심을 가져왔고, 특히 기소를 할지 말지에 대한 완전 자율문제(기소편의주의), 기소는 검사만이 할 수 있다는 문제(기소독점주의)가 수사권의 독점과 맞물려 많은 문제점이 있다고 보았다. 바로 권한남용의 문제이고, 권력 비통제가 횡행(橫行)했다. 청와대의 계획에 따르더라도 경찰의 인권의식과 법리능력이 문제가 되겠으나, 시간이 지나면서 국민에 의해, 경찰 내부의 자정에 의해 개선될 것으로 믿는다. 따라서 당사자가 이의만 하면 곧바로 검찰이 2차 수사를 하게 되는 안(案)에는 필자는 반대다. 경찰 수사결과에 대해 검찰의 원점수사 대신 국민과 외부전문가로 구성된 수사종결심의위원회가 판단하는 것이 좋다. 2중 수사를 피하면서, 수사권 조정의 본래 목적에 부합하고, 경찰의 부실수사를 막을 수 있는 방법이다. 이로써 국민의 피로와 불신을 씻을 수 있고, 경찰의 사기 상승도 유도할 수 있다. 경찰의 최종처분이 신중하고도 전문적으로 내려지도록 설계하면 되지, 검찰이 재수사할 필요가 없다는 말이다. 필자가 제안한 위 위원회에서 수사종결처분을 심리하여 재수사를 지시하도록 하고, 일선 서 수사종결심의위원회의 결정에 불복 시 (지방)경찰청 수사종결심의위원회에서 재판단하는 방법을 고려할 수 있다. 경찰청 수사종결심의위원회의 심의결과에도 불복할 경우에는 검찰항고제도와 헌법소원심판 중에서 불복방법을 정하도록 제도를 재정비하면 된다. 한편 위원의 자격에 경찰은 배제하고, 심의결과에는 구속력을 부여해야 한다. 위원장과 위원은 정확히 같은 한 표를 행사해야 하지, 특정인이 결정권을 행사하지 말아야 한다.

(2) 수사 시 조사내용을 메모할 수 있게 허용한 자기변호노트 도입은 경찰의 인권의식 향상을 보여주는 좋은 예다. 경황이 없는 상태에서 수사관의 질문과 자신의 답변을 모두 기억·복기하여 변호인과 전략을 수립할 수 있는 사람은 드물다. 높은 기억력과 침착함이 요구되기 때문이다. 따라서 일반 국민은 자기변호노트가 필요하다는 결론에 다다른다. 수사권 이양 즈음에 개발된 것은 오해받을 수 있으나, 잘 시작된 제도로 본다.

(3) 변호권의 구현(具現)모습들을 상기해 보면 수사단계의 변호사 강제주의가 시급해 보인다. 그러나 국민의 주머니 사정을 고려하지 않고, 또 자기변호가 가능한 사람의 의사에 반해 함부로 도입할 수는 없다. 따라서 적어도 사선변호사 강제정책은 전혀 불가능하다. 그렇다면 국가가 모든 피의자에게 무상으로 변호인을 지정해주는 것은 어떠한가. 얼핏 보면 무척 좋은 제도 같다. 그러나 결정적 문제가 있다. 범죄피해자의 구제에 역행하는 방식인 데다가 수사와 기소를 국가가 하고 변호도 국가가 한다는 희한(稀罕)한 자가당착(自家撞着)에 빠지게 되는 문제점이 있다. 논리에 어긋나거나 시기상조다.

[72] 형사변호사의 자질, 실제사건의 관점에서(1)

첫째, 사람을 돈으로 봐서는 안 된다. 사건으로 봐야 하고, 사건 속에서 피의자가 겪고 있을 불이익과 두려움을 돕겠다는 마음을 가져야 한다. 이것이 첫 번째이자 마지막 자질이다. 사람을 돈으로 볼 경우 사건의 선임도, 처리도 모두 기이하게 흘러가게 되고, 변호의 방식도 정석을 벗어나 매우 불법적인 방법을 쓰게 된다. 또 종국적으로는 변호사 자신이 피고인이 되고 만다. 변호사법위반죄의 죄인이 될 뿐만 아니라 심할 경우 사기죄로 처벌될 수도 있다. 담당재판부와 잘 안다거나 부장판사까지 한 경력을 들먹이며 반드시 보석으로 석방시킬 수 있다면서 수십억 원의 돈을 받은 사건에서, 변호인은 높은 징역형을 선고받았다.

둘째, 헌법 및 형사법규에 대한 조예(造詣)가 깊어야 한다. 변호인은 검사나 법관보다 형사지식에서 오히려 앞서야 한다. 실력미달자가 형사변론을 맡을 경우 그의 피의자는 이제 곧 죽은 목숨이다. 일의적으로 해석이 가능한 법조문을 터무니없이 해석하거나, 일관된 법원의 태도와 합헌결정을 내린 헌법재판소의 태도를 알지 못하고 함부로 무리한 주장을 하는 경우, 또 그러한 주장이 불채택될 경우 피고인의 양형에 미칠 결과를 전혀 예상하지 못하는 경우가 미달된 실력의 대표적 사례다. 따라서 실력 있는 형사변호인은 형사법규에 대한 정확하고 유기적인 해석이 가능해야 하고, 이를 뒷받침하기 위해 이론과 판례를 두루 섭렵해야만 하는 것이다.

셋째, 형사변호사는 용기 있는 사람이어야 한다. 수사변호든 재판변론이든 모두 타인의 지배영역에 걸어 들어가 자신의 의뢰인을 구출하는 것이 본연의 임무이다. 따라서 갖가지 수단을 쓰는 과정에서 사사로운 불쾌함(예컨대 재판장의 모욕)은 의뢰인을 위해 참아야만 한다. 이처럼 변호인의 책무를 잘 이해한다면 형사전문변호사에게 요구되는 역량과 자질이 매우 특별한 것은 아님을 알 수 있다.

미투운동의 반대편에는 억울한 피의자·피고인의 "난 안 그랬어요" 사건들이 있다. 무혐의, 무죄가 나온 사건 상당수에서 피해자는 피해사실을 정확히 기억하지 못한 채 진술하거나 때로는 과장·왜곡을 시도하기도 한다. 필자가 변론한 몇 가지 사례를 보자.

(1) A는 여자로, 남자 동료들과 술을 마시고 2차 장소에 갔다가 그 중 한 명으로부터 추행 당했다고 주장했다. 불행히도 피의자는 거짓말탐지기 검사를 통과하지 못하고, 거짓반응까지 보였다. A의 주장이 얼핏 보면 사실일 것 같다. 그러나 피의자 B는 형사전문변호사를 찾았고, 매우 억울하다고 했다. 변호인은 B의 주장에 부합하는 당시 상황을 재구성했고, 부합하는 진술과 관련증거를 제출하여 무혐의 처분을 받아 주었다.

(2) 택시기사 B는 술 취한 여자 손님 A를 태우고 출발했으나, 가는 내내 손님의 머리가 차 내부와 자주 부딪혀 매우 걱정이 됐다. B는 A의 좌석을 뒤로 젖혀 주었는데, A는 깨어나 마구 소리를 지르며 추행을 따졌다. B는 A가 얼마나 정신이 없었던지와 함께 자신의 선의에 대해 하소연했다. 변호사는 객관적 시각에서 상황을 재구성해 무혐의 처분을 받아 주었고, 그는 택시를 계속 몰 수 있었다.

(3) A는 사귀던 남자 B가 자신 몰래 나체사진을 찍었고, 허락 없이 휴대폰 전송을 하며 협박한다는 취지로 고소했다. B는 A의 허락으로 사진을 찍었고, A가 보내달라거나 동의하여 보낸 것일 뿐 악의로 전송한 적이 없다고 주장했다. 당시 두 사람의 관계를 면밀히 분석한 결과 B는 무혐의 처분을 받았다.

[73] 형사변호사의 자질, 실제사건의 관점에서(2)

앞서 형사변호사의 자질 3가지를 제시했다. 그렇다면 형사변호사가 취하지 말아야 할 금기는 무엇일까. 첫째, 결과를 장담하지 말아야 한다. 부당한 기대를 갖게 하는 것은 사회통념상 용인되는 한계를 넘어선 기망이고 현혹수단이다. 변호사법과 변호사윤리장전의 금지사항이기도 하다. 이 세상에 만병통치약은 없고, 사람·증상별로 효과가 다르다는 것과 같은 원리다. 둘째, 오판하지 말아야 한다. 의뢰인의 주장을 경청하되 그것이 증거와 법리에 부합하는지 정확한 판단을 해야 한다. 형사재판의 세계에서 오판은 오진보다 무섭다. 오판을 막기 위해 전문성을 강화하는 것은 필수적이다. 셋째, 변론을 무성의하게 하거나 변론경과를 숨기지 말아야 한다. 고객의 불안감을 한 걸음 떨어져 지켜봐야 한다는 종전의 업계 룰은 이제 변경돼야 한다. 냉정함이 무심함으로 변질될 수 있다. 넷째, 표준적 변론만을 고집해서는 안 된다. 아래의 변론경과를 보면, 각 사건에서 맞춤식 변론을 해야 함을 알 수 있다. 기계적·편면적으로 사건을 보지 말고, 코난 도일(Sir Arthur Conan Doyle)과 같이 세밀한 분석으로 상대편의 이야기를 뛰어넘어야만 한다.

(4) 대학생 B는 술집에서 우연히 만난 A녀와 술을 마시다가 2차로 노래를 부른 후 3차로는 자신의 집에 초대했고, 이 때 B의 동성친구 C도 있었다. 세 사람은 게임을 하다가 나체로 침대에 누웠는데, A녀가 자다가 벌떡 일어나 B를 때렸다. 왜 몸을 더듬느냐는 것이었다. B는 그런 적이 없다며 항의했고, 실랑이 끝에 A녀는 다쳤다며 강간상해죄로 처벌을 구했다. 변호인은 이 사건이 황당했으나, B의 주장과 같은 상황이 가능한 것인지 입체적으로 분석했고, B에 대한 구속영장을 기각시킨 후 재판에서 강간상해죄 무죄판결을 받아주었다. 단순상해죄로 낮은 벌금을 받게 됐으니, 대학생 B에게는 매우 다행스런 결과였다.

(5) 직장인 B는 정신장애인 A를 만나 간음했다. 특히 A는 미성년자라서 높은 형이 예상됐다. B는 합의간음이며, A가 정상인이라 생각했다고 한다. 동의와 장애인식 여부에 대해 상세히 조명했고, 검사는 고심 끝에 무혐의처분을 했다.

(6) 교사가 학생을 추행했다는 사건에서, 학생의 신고내용이 객관적 사실과 어울리지 않는 점이 있었고, 가해내용의 성질도 일방적이지 않아 이러한 사

정을 B를 위해 변론했다. B는 무혐의처분을 받았다.

(7) B는 친구 A의 돈을 맡아 보관하는 과정에서 사기 친 사실이 없었다. 그런데 A의 남편이 출소해 돈을 찾는 과정에서 B를 사기죄로 고소했고, 변호인은 사건의 핵심을 쥐고 있는 사람은 B와 A지, A의 남편이 아님을 파악했다. B와 A간에 돈이 오간 경위를 상세히 조명한 결과 B는 A를 속인 사실이 없었다. 무혐의 종결됐다.

(8) B는 A에게 프랜차이즈 대리점을 넘겨줄 때 시설만 넘겨줬다. 그런데 A는 장사가 안 되는 가게를 넘겨받아 사기당했다고 주장했다. 변호인은 B와 A 간의 계약과정을 상세히 조명하여 사기죄 무혐의 처분을 받아주고, 민사소송도 전면 승소했다.

(9) 회사의 팀장으로 재직했던 B가 재직 당시 외주업체들로부터 돈을 받고 회사에 손해를 끼쳤다며 업무상 배임죄로 고소됐다. 변호인은 배임행위와 고의의 존부에 대해 상세히 변론했고, B는 무혐의 처분을 받았다.

(10) 중동 파견근무 중 현지 법인의 돈을 횡령한 것으로 고소된 B는 중동 현지에서 억류돼 수사 받고는 귀국 후 곧바로 형사변호사를 찾았다. 자신은 회사 돈을 가로챈 적이 없고, 동업자의 돈을 가로챈 것도 전혀 없다는 내용이었다. B를 두둔해 줄 참고인이 없었지만 해외근무 형태에 대해 상세히 조명한 결과 두 사건 모두 무혐의처분을 받게 되었다.

(11) 검찰수사관의 동생 B는 생활고로 지폐를 위조해 사용했다. 사기, 통화위조, 동행사죄로 구속된 상태로 그의 형이 필자를 찾았다. 필자는 선임 즉시 보석재판을 통해 석방시킨 후 집행유예 판결을 받아 주었다. 그의 동생은 가정으로 돌아갔다.

(12) 공무원 B가 동료 A의 명예를 훼손했다는 사건에서, B의 행위 당시 동기를 상세히 조명하여 1심에서 무죄 판결이 나왔다.

(13) 남자친구와 헤어진 교사 B가 오해하여 A녀에게 문자메시지를 보내 A가 노이로제[신경증(神經症)] 상태에서 고소했다. A 때문에 자신이 버림받았다고 생각하고 행동한 B의 입장도 딱하고 기구했다. 상세한 정상변론 결과 본래의 형이 취소되고, 선고유예 되었다. B는 계속하여 학생들을 가르칠 수 있었다.

[74] 공무집행방해죄와 오물 투척

영남일보 2018. 9. 22.자 '1966년 오늘' 기사를 보면, 1966년 삼성의 계열사인 한국비료가 건설자재 대신에 상당액의 사카린 원료를 밀수한 사실, 밀수범죄로 번 돈 일부가 정치자금으로 유입된 의혹이 확인된다. 이러한 가운데 김좌진 장군의 아들이자 당시 국회의원이던 김두한 의원이 국회 내에서 장관들을 비난하며, 파고다 공원의 오물을 각료석에 투척한 사건이 발생했다. 김 의원은 이 일로 국회의장 모독죄(현행 형법 제138조의 국회회의장모욕죄)와 공무집행방해죄로 구속되고 말았다. 사람에게 오물을 투척한 것도 공무집행방해죄가 될 수 있는가.

형법 제136조의 공무집행방해죄는 직무를 집행하는 공무원에 대하여 폭행, 협박함으로써 성립한다. 그 요건으로 첫째는 직무를 집행하는 공무원에 대한 행위일 것, 둘째는 폭행 또는 협박을 행사할 것을 요구하고, 그로 인해 공무원이 다치거나 현실적으로 공무집행이 방해될 것까지 요구되지는 않는 점이 중요하다.

이 죄는 형법상 업무방해죄와는 보호법익과 보호대상 면에서 구별된다. 즉 이 죄는 공무(公務)를 보호하는 관계로, 사무(私務)를 보호하는 업무방해죄와는 완전히 별개다. 동죄의 '직무의 집행'은 널리 공무원이 직무상 취급할 수 있는 사무를 행하는 것을 의미하고, 보호법익은 공무원에 의하여 구체적으로 행하여지는 국가 또는 공공기관의 기능을 보호하고자 하는 데 있다. 그리고 행위방법도 업무방해죄는 허위사실 유포, 위계, 위력을 요구하는 반면, 형법 제136조의 공무집행방해죄는 폭행, 협박만을 요구하여 차이가 있다. 그러므로 위력으로 공무를 방해하면 동죄는 성립될 수 없다. 사안에서는 장관들에게 오물을 투척한 것이고, 이것을 폭행·협박으로 볼 수 있다면 동죄가 성립하고, 위력으로 해석된다면 동죄는 부정된다.

본죄의 폭행은 공무원에 대한 직접적인 유형력의 행사와 간접적 유형력의 행사를 모두 포함한다. 따라서 사람에 대한 유형력의 행사이면 되고 반드시 신체에 대한 것임을 요하지 않으며, 본죄는 추상적 위험범으로서 구체적 직무집행의 방해라는 결과발생을 요하지도 않는다. 합리적 범위를 넘어서 상대에게 고통을 줄 의도로 음향을 이용한 경우, 인분이 든 물통을 경찰관서 바닥에 던진 경우도 본죄의 폭행에 해당한다는 말이다.

다만 본죄의 폭행·협박은 성질상 공무원의 직무집행을 방해할 만한 정도의 것이어야 하므로, 너무나 경미하여 공무원이 개의치 않을 정도의 것이라면 본죄가 성립하지 않는다는 점은 유의할 부분이다.

결론적으로 김두한 의원은 국회 발언대 위에서 아래쪽의 각료석에 오물을 퍼부어 장관들에게 유형력을 행사한 것이므로, 국회심의를 방해할 목적으로 국회회의장에서 모욕 또는 소동함과 동시에 공무를 방해한 것이다. 설사 김 의원이 각료들의 신체를 겨냥하지 않고, 그들의 바로 앞 바닥에 오물을 투척했더라도 간접폭행에 해당하여 본죄가 성립하는 데는 지장이 없다.

[75] 뇌물죄와 배임수재죄

2017. 11. 대구지방경찰청 지능범죄수사대가 적발한 대구지방법원 집행관과 사무원의 금품수수 사건 수사가 2018. 10. 현재까지도 종결되지 못해 대구지방법원 집행관사무소와 협력업체들이 불신을 받고 있어 문제다.

경찰 스스로도 수사 지연을 고백하고 있는 만큼 그간의 압수·수색과 조사결과를 토대로 입건된 집행관 1인, 사무원 4인, 협력업체 1곳에 대해 수사를 마무리해 늦춰진 정의를 속히 구현해야 한다.

법원의 집행관은 사력구제를 원칙적으로 불허한 민사집행절차 내에서 독점적 지위를 가진다. 그런 만큼 투명한 선정, 투명한 집행이 매우 중요하다.

그런데도 최근 국회 송기헌 의원의 발표내용에 따르면, 최근 5년간 임용된 집행관 절대 다수(94.28%)인 577명이 법원과 검찰의 4급 이상 전직 공무원인 것으로 드러나 큰 충격을 주었다. 4급 이상이라 함은 서기관으로, 검찰에서는 각과 과장, 법원에서는 재판참여주사 상당의 높은 직급이다.

그런 그들이 자신이 근무한 법원에 버젓이 임용된 사례도 44.6%라고 하니, 집행관에 지원해보고 싶은 비전관 법률가들에게는 '그림의 떡'이 아닐 수 없다.

만약 이 사건 수사결과 협력업체로부터 금품을 수수하고 업무편의를 제공한 의혹이 사실로 밝혀진다면 이는 심각한 범죄행위가 된다. 집행관은 뇌물을 수수한 것이 되고, 금품을 제공한 업체는 뇌물공여죄가 성립되며, 이들의 유착으로 나머지 협력업체는 불이익을 받았거나 적어도 차별적 기회제공 등 불공평

한 대우를 받은 것이다.

장래 검찰이 기소할 경우, 해당 집행관은 공무원의 신분에서 뇌물을 수수한 것이 되고, 사무원은 집행관과는 달리 배임수재를 저지른 것이 된다. '업무 편의 제공' 명목이 경쟁업체보다 빈번한 집행참여 기회를 의미한 것이라면 이는 배임수재죄의 부정한 청탁으로 인정될 가능성이 높다.

유의할 점은 집행관과 그의 사무원이 뇌물을 공동으로 받는다는 의사로 금품을 수수했다면 이들은 뇌물죄의 공범이 될 가능성이 높다는 것이다. 그와는 달리 집행관은 사무원 몰래 따로 용역업체로부터 돈을 받았고, 그의 사무원도 집행관 몰래 따로 돈을 받았다면 위에서 본 바와 같이 집행관은 뇌물죄, 사무원은 배임수재죄로 처벌된다는 점에서 '공모', '가담' 존부는 매우 중요한 쟁점이다.

한편 집행관은 수뢰죄로 처벌할 수 있으나, 그의 사무원은 뇌물죄 주체로 볼 수 없다는 판결로는, 대법원 2011. 3. 10, 선고 2010도14394 판결을 참조.

[76] 직권남용죄(1)

최근 강원랜드 채용비리 수사에 대한 외압 의혹이 무혐의 처분(2018. 10. 9.)되자, A 검사는 페이스북에 적절한 지휘와 지시였다는 연막으로 남용된 직권이 면죄부를 받았다는 취지의 글을 올렸다. 제기된 외압은 강원랜드가 검찰에 수사를 의뢰(2016. 2.)해 시작된 수사에 부실 의혹이 있어 재수사 됐고(2017. 9.), B 전 사장과 국회의원 보좌관이 구속(2017. 12.)된 후 불거졌다. 당시 이 사건을 수사했던 A 검사가 방송에서 외압을 폭로했고(2018. 2.), 그 내용은 C 의원과 D 의원의 통화사항에 대한 증거목록 삭제 압력을 받았다는 것, 지검장이 ☆☆☆ 검찰총장을 만난 뒤 불구속 지시를 내렸다는 것이다. 외압의 실체를 밝히기 위해 다시 수사에 나선 검찰(강원랜드 수사단)조차 지난 5월 보도자료를 통해 '◇◇◇ 총장이 영장청구에 개입하거나 수사보고를 요구했고, 검찰 간부에 대한 기소문제에도 개입했다'는 발표를 하여, A 검사의 기자회견(2018. 5.)을 뒷받침하는 꼴이 됐다. 현재 이 사건은 B 전 사장과 인사팀장 기소(2017. 4.), C 의원과 D 의원이 채용비리 관여 혐의로 불구속 기소(2018. 7.)된 것으로 일단락됐다. 두 의원 및 전·현직 검찰 고위직들의 외압의혹은 무혐의 처분됐기 때문이다.

직권의 정당한 사용과 남용은 어떤 점에서 구별되며, 직권남용의 본질은 무엇인가. 직권남용죄는 과거에는 매우 낯선 죄였다.

직권남용죄는 공무원이 직권을 남용하여 사람으로 하여금 의무 없는 일을 하게 하거나 사람의 권리행사를 방해한 때에 성립하여(형법 제123조), 직무유기죄(동법 제122조)와는 상극(相剋)이다. 이 죄는 일반적 직무권한에 속하는 사항에 관하여 직권의 행사에 가탁하여 실질적, 구체적으로 위법·부당한 행위를 한 경우이기만 하면 성립하므로, 굳이 폭행·협박을 수단으로 하지 않아도 된다. 따라서 본죄의 주체는 공무원 중에서 강제력을 수반할 수 있는 직무를 행하는 자로 제한되지 않는다. 공무원이 직권을 남용하여 사람으로 하여금 의무 없는 일을 하게 하거나(강요), 사람의 권리행사를 방해(권리행사방해)하는 두 가지 행위 태양 모두로 기소된다면 직권남용권리행사방해죄만 성립하고, 직권남용강요죄는 성립하지 않는다(대법원 2008도7312 판결). 따라서 상급 경찰관이 직권을 남용하여 부하 경찰관의 수사를 중단시키거나 사건을 다른 경찰관서로 이첩하게 한 경우, '부하 경찰관의 수사권 행사를 방해한 것'에 해당함과 아울러 '부하 경찰로 하여금 수사를 중단하거나 사건을 다른 경찰서로 이첩할 의무가 없음에도 불구하고 수사를 중단하게 하거나 사건을 이첩하게 한 것' 양자에 모두 해당된다고 볼 여지가 있지만, 그는 직권남용권리행사방해죄만 성립된다. 하나의 사실을 각기 다른 측면에서 해석한 것에 불과하기 때문이다.

직권의 남용이란 공무원이 일반적 권한에 속하는 사항을 불법하게 행사하는 것이다. 형식적, 외형적으로는 직무집행으로 보이나 실질은 정당한 권한 이외의 행위를 하는 경우를 말한다. 이 점에서 공무원이 그의 일반적 권한에 속하지 않는 행위를 하는, 지위를 이용한 불법행위와는 구별된다. 어떠한 직무가 공무원의 일반적 권한에 속하는 사항이라고 하기 위해서는 그에 관한 법령상 근거 이외에도 법·제도를 종합적, 실질적으로 관찰해서 그의 직무권한에 속한다고 해석되고, 남용된 경우 상대로 하여금 사실상 의무 없는 일을 행하게 하거나 권리를 방해하기에 충분한 것이라고 인정되는 경우에는 본죄의 '일반적 권한'에 포함된다.

[77] 직권남용죄(2)

지난 7일 전 기무사령관 A 장군이 서울 송파의 한 건물에서 투신한 안타까운 사건이 발생했다. A 전 사령관은 세월호 유가족에 대한 불법 사찰을 지시한 혐의로 검찰수사를 받던 중이었다. 수사는 이미 무르익을 대로 무르익어 12. 3. 영장실질심사가 진행됐고, 법원은 구속사유, 구속의 필요성과 상당성을 인정할 수 없다고 보아 영장을 기각했다.

A 장군의 변호인인 B 변호사의 인터뷰를 보면, 검찰이 이 사건과 별도로 다른 사건도 수사할 것 같은 분위기를 보인 점, 현재 거주하고 있던 오피스텔의 취득경위(빌린 경위)와 관련 참고인 전화수사를 벌이기도 한 점이 심리적 압박으로 작용했을 것이라고 한다. C 전 총리는 A 장군의 장례식에서, “표적수사, 과잉수사, 별건수사 등의 수사 형태는 다들 잘못된 것이라 한다.”며 걱정했고, E당 D 전 대표는 검찰에 대해 원색적 불신을 드러내기도 했다.

A 장군이 받고 있던 혐의는 직권남용권리행사방해죄다. 전 정권에서 세월호 유족 동향을 사찰하도록 지시했다는 것으로, 만약 실제로 유족의 동향을 사찰하도록 지시함으로써 이러한 불법 명령에 따를 법적 의무 없는 부하들로 하여금 의무 없는 일을 하도록 강요한 것이라면 본죄가 성립될 수도 있다. 그러나 A 장군은 생전에 기무사령부의 정당한 직무수행이었다고 항변하면서 억울해 했다고 한다. 동향, 동정, 사찰은 상황, 분위기와 어감에서도 차이가 있어 A 장군은 당시에도 용어 선택에 신중을 기했다고 한다(고인은 ‘상황’, ‘분위기’라고 고치라고 까지 한 적이 있다고 한다).

직권남용권리행사방해죄는 공무원이 직권을 남용하여 타인을 강요하거나 타인의 정당한 권리행사를 방해한 경우 성립하는 진정신분범이다. 공무원 신분이어야 하고, 그의 직권을 행사하면서 실질적으로는 권한을 남용한 경우여야 한다. 따라서 문제된 행위 자체가 피의자의 직권의 범위 내에 속하지 않은 경우에는 애초부터 본죄가 성립하지 않는다. 또 아무리 내용을 자세히 들여다 보아도 직권을 남용한 것으로 보이지 않고, 지인관계로 부탁에 의해 이루어진 일에 불과하다면 강요나 권리행사방해로 볼 수 없어서 무죄가 나오는 경우도 심심찮게 있다.

한편 이 사건 투신은 적폐청산 수사와 관련하여 시사하는 바가 크다. 만약 검사가 수사과정에서 별건수사를 시사했다면 수사권 남용으로 위법한 수사가 될 뿐만 아니라 피의자로부터 임의의 자백을 받아야 했던 증거법칙을 위배한 불법수사가 될 수도 있다. 망인이 수사기관을 원망하는 유서를 남기지 않았기 때문에 투신의 원인은 앞으로도 알기가 쉽지 않겠지만, 의욕이 앞서 인권을 침해하는 경우는 앞으로 없어져야 한다. 압수·수색을 하더라도 피의자와 동거가족의 인권을 배려하도록 그 과정을 세밀히 감독하는 체계가 갖춰져야 하고, 피의자신문조서 대신 전(全) 수사에 영상녹화를 의무적으로 실시해 조서 대신 영상물과 녹취서를 법원에 제출하도록 하는 것이 필요하다. 영상녹화가 감시자가 되어 별건수사와 자백강요를 방지할 수 있기 때문이다. 필자가 대한변협신문 「(형사법) 전문분야 이야기」 칼럼에서, 또 저서 「수사와 변호」와 본서 「시민과 형법」에서 강조해 온 적법수사의 필요성은 수사기관과 국민 모두가 관심을 가져야만 한다. 누구나 피의자가 될 수 있고, 누구나 투신의 고통에 다다를 수 있기 때문이다.

[78] 사법농단과 밤샘수사

최근 사법농단 사건에 대한 수사의지가 강하다. 대통령, 대법원장, 국민 모두의 열망이며, 법원이 청와대와 긴밀히 교류하고 직권을 남용하거나 재판에 개입한 정황은 빠짐없이 수사돼야 한다.

이런 가운데 최근 서울고등법원의 한 부장판사는 법원 내부 게시판에 밤샘수사는 근절돼야 하며, 작성된 조서의 증거능력을 형사법관이 배척해야 한다는 주장을 했다. 이 게시판은 대부분의 법관이 접속하여 여러 의견을 펼치고 정보를 듣는 공간이란 점, 이러한 주장을 한 분이 고위급 법관이란 점에서 앞으로 상당한 파장이 예상된다.

한편 반복신문에 대해 비판한 울산지방법원의 한 부장판사는 '답정너'식 수사라는 표현을 인용했는데, 사실 심야조사와 반복신문은 떼려야 뗄 수 없는 관계가 맞다. 신문에 대한 답변을 일단 했으면, 같은 질문은 재차 하지 말아야 하는데 구심적(求心的) 신문에 대한 욕심을 버릴 수가 없다. 조금만 더 같은 질문을 반복하면 상대가 자백하고야 말 것 같은 환상이 들기 때문이다. 실제 그간 상당수 수사는 이런 방식으로 성공했고, 잠을 재우지 않고 밤새 묻는 경우도 있었다.

대표적 과학수사방식인 거짓말탐지기 조사도 방식이 유사하다. 같은 질문을 마치 다른 양 문장을 변형하고, 살을 보태 여러 차례 묻다 보면 피조사자 입장에서는 마치 다 알고 묻는 것 아닌가 하는 생각 또는 뭔가 증거가 다 있어서 묻는 게 아닌가 하는 생각에 심장이 요동친다. 때로는 저항을 포기하게 된다. 반복신문의 문제점은 강압성, 인격 및 건강 침해, 임의성 침해이고, 이것이 심야조사와 결합될 때, 장소가 검사실과 같은 밀실일 때 문제점은 걷잡을 수 없게 된다. 공판검사가 법정에서 재판장의 제지를 받지 않고 거침없이 반복신문, 위협신문, 유도신문을 펼치는 경우도 있는 점을 보면 검사실에서의 수사방식이 매우 파행적일 것은 어렵지 않게 짐작된다.

한편 심야조사에 대해 법무부훈령인 인권보호수사준칙은 제40조에서 자정 이전 조사를 마쳐야 하나, 피조사자나 변호인의 동의, 공소시효 임박, 구속여부 판단 등 합리적인 경우에는 인권보호관의 허가를 조건으로 심야조사를 허용하고, 경찰청훈령인 범죄수사규칙 제56조의2도 심야조사를 자정부터 오전 6시로 규정한 후 원칙적 불허, 예외적 허용을 택하고 있다. 이들 규정은 아직 위헌결정이 나온 바 없고, 또 밤샘수사를 형소법이 정면으로 불허하고 있지도 않다. 따라서 변호인이 구체적 사정 하에서 수사 장기화를 이유로 진술 임의성이 없다고 주장하고 이것이 받아들여질 예외적 사건을 제외하고는 원칙적으로 적법하다는 결론이 나온다.

장래 사법농단 수사 이후에도 밤샘수사를 위법하다고 법관들이 볼 것인지는 매우 불투명하다. 따라서 원칙적으로 야간 압수·수색을 금지한 형사소송법 제125조, 219조와 같이 심야조사에 대한 가이드라인을 상위법인 형사소송법에 명시적으로 규정할 필요가 있다.

[79] 사법농단재판 개시와 문제점

지난 달 서울중앙지방법원 형사 36부는 사법농단의 몸통으로 지목돼 온 A 전 판사에 대한 공판준비기일을 진행했다. 공판준비기일에서 법관은 검사의 공소내용을 확인하고, 불명확한 점에 대해 석명을 명한다, 피고인 측은 공소제기 방식에 대해 이의하거나 공소사실에 대한 인부의견을 밝힌다. 나아가 증거인부과정을 통해 검찰 측 증인의 신문계획을 수립함과 동시에 예상 소요시간을 상의한다. 피고인 측에서 장래의 공판수행계획을 적극적으로 밝히기도 한다. 요컨대 '공판준비기일은 본격적으로 시작될 재판에 앞서 쟁점을 명확히 하고, 검찰과 피고인 측이 공판수행계획을 상의하는 자리'라고 할 수 있다. 구체적 재판계획이 선 채로 만날 경우 쌍방 증거에 대한 의견교환과 증거채택이 마무리될 수도 있다(형사소송법 제266조의5, 6, 7, 8, 9, 10, 12). 준비기일에서 신청하지 못한 증거는 신청으로 인해 소송을 현저히 지연시키지 않는 경우, 중과실 없이 준비기일에 불제출 했음을 소명한 경우에만 공판기일에서 신청할 수 있으므로(동법 제266조의13 제1항), 주의해야 한다.

A 전 차장에 대한 준비절차에서 검찰은 뜻밖의 난관에 봉착했다. 공소장 관련 오류로 지적된 것이 38개, 오류 지적에 소요된 시간이 30분 이었다고 한다. 불분명한 사실을 담은 공소는 법관으로 하여금 이 사건 공소사실이 추리에 의해 쓴 것인지, 명백한 증거에 의해 쓴 것인지 의문을 자아내게 해, 검찰에 불리하다. 언론보도에 따르면, 검찰은 A 전 차장이 사법행정권을 남용했다고 하면서도 날짜, 명칭, 직책을 잘못 쓴 오기는 물론 불분명한 기재, 앞뒤가 맞지 않는 기재를 했고, 공범 특정에도 명백한 오류가 있었다고 한다.

공소장은 어떻게 기재돼야 하며, 왜 명확해야 하는가. 형사소송법 제254조에 따라 검사는 서면으로 공소를 제기해야 하며, 피고인 특정과 더불어 죄명, 공소사실, 적용법조를 기재하고, 특히 공소사실은 범죄일시, 장소, 방법을 분명히 밝혀 특정함으로써 처벌을 구하는 역사적 사실이 무엇인지를 명시해야 한다. 범죄사실에 대한 형사법적 평가가 곧 판결이고, 판결은 기판력을 발생시키며 같은 사실에 대해 두 번 판결할 수 없기까지 하다. 그래서 확정판결 있는 범죄사실에 대한 기소는 면소판결을 피할 수 없다(동법 제326조 제1호). 공소사실을 분명히 하는 것은 피고인과 변호인에게도 매우 중요하다. 공소사실을 적극적으로 부인해야 하는 피고인은 언제, 어디서, 누구와, 무엇을 했다는 것인지와 관련 공소장에 터잡아 자신을 방어하게 된다. 결국 공소장은 일시, 장소, 방법, 공범자에 대한 분명한 기재를 요구하고, 이는 법원의 심판범위, 기판력 범위, 피고인의 방어권 보장과 긴밀한 관계를 갖고 있음을 알 수 있다.

따라서 이 사건 검사가 신속하고 정확하게 증거와 역사에 부합하는 공소장 변경을 하지 않을 경우 판사는 불분명하거나 입증되지 않은 공소사실에 대해 무죄를 선고하게 된다. 검찰이 A 전 법원행정처 차장을 사법농단의 몸통이라고 보고 매우 많은 범죄사실로 기소한 관계로, 그 중 불분명 또는 증명불충분한 일부 공소사실은 무죄, 장래 입증에 성공할 부분은 유죄 등 혼재된 판결이 예상된다. 최근 소환된 B 전 대법원장의 혐의도 직권남용, 직무유기 등 40여개에 달한다고 하니, 비슷한 우려가 예상된다.

[80] 미투와 힘투

최근 미투(Me too) 운동에 반대되는 힘투(Him too) 운동이 미국에서 우리나라로 상륙했다. 인터넷 까페 '당신의 가족과 당신의 삶을 지키기 위하여'(당당위)는 힘투 운동을 위해 2018. 10. 8. 개설된 후 10. 27. 규탄시위를 열었다. 성폭력범죄 사건처리가 사실상 유죄추정으로 운영되는 점을 규탄하기 위한 시위였다.

'피해자 진술이 일관된다'는 것은 상당수 성범죄 유죄 판결의 이유였고, 객관적 증거 없이 처벌하는 것은 현대 형사소송법이 요구하는 엄격한 증명법칙에 반하는 것이 사실이다. 그러나 세상은 객관식 정답을 찾는 과정이 아니라 주관식 논증과 유사하고, 사회구조상 여성이 남성보다 불리한 위치에 선 경우가 많아 조기신고를 기대하거나 객관적 증거를 수집할 것을 기대하기가 현실적으로 곤란한 점도 이해해야 한다. 그래서 남성 피의자가 여성 피해자를 무고죄로 고소해도 앞서 달려간 성범죄 수사 및 재판을 멈춰 세울 수 없다. 최근 대검찰청은 여성 피해자의 진술권을 저해할 가능성이 있는 무고죄 수사를 성범죄 재판이 끝날 때까지 보류한다고 발표했다.

그렇다면 무고를 주장하며 억울함을 호소하는 남성들은 어떻게 대응하여 피의자의 권리, 피고인의 권리를 지킬 수 있는가.

바로 헌법과 형사소송법이 예정하고 있는 형사변호사의 조력을 받는 방법이다. 다만 변호의 각도가 중요하다. 변호인은 분명한 객관적 증거가 없는 한 무고죄 고소를 자제하고, 진행되는 성범죄 수사와 재판에 몰입해야 한다. 그래야만 변호 과정에서 처음에는 보이지 않던 길이 발견되기도 하고, 그 길이 입증되기도 한다. 증거를 보고 떠오른 피고인의 새로운 기억도 중요하다.

형사변호의 요체는 주장정리, 증거수집, 증거 간 연관성 입증, 피해진술 탄핵, 법원의 힘을 빌린 외부증거 확보다. 다만 위 예시들은 형사변호사의 실력에 따라 입증의 방법, 입증의 순서, 입증의 강도, 입증의 체계성 면에서 많은 차이를 보인다. 또 변호인의 주장방식과 재판부의 수용방식이 비슷한 채널 또는 주파수여야 한다. 수사절차의 특성, 수사증거의 분석, 재판절차의 속성과 모순을 속속들이 알고 있어야만 변호의 관점을 판결서에 투영시킬 수 있다.

현재 검찰의 여성아동범죄조사부, 경찰의 여성청소년계는 피해자 진술만으로도 무조건 기소하는 관행이 자리잡은 상태다. 그럴수록 거리의 힘투 운동이 법정 내 진실다툼으로 속히 들어와야 한다. 목숨이 경각에 달린 환자일수록 병원에 빨리 도착해야 사는 것과 같다.

변론 사례

(1) 최근 대구지방법원 서부지원은 금융기관 간부로서 여직원을 준강간, 강제추행, 강간했다는 경합 범죄에 대해 모두 무죄 판결을 선고하면서 필자의 변론요지 전부를 수용했다. 피해자가 수사단계에서 거짓말탐지기 검사 진실반응이 나온 예민한 사건이었던 점을 감안하면 재판부의 상세한 사실 판단이 돋보인 사건이었다.

(2) 구속사유와 관련한 변론도 다르지 않다. 구속의 이유와 필요성이 있다는 검사의 주장에 맞서 피의자의 범죄혐의, 도주 및 증거인멸 우려를 불식시키기 위해 변호인은 타당한 주장과 증거를 토대로 합리적 방법으로 법관을 설득해야만 한다. 최근 대구지방법원 영장전담재판부는 성폭법, 아청법, 아동복지법 위반의 8개 경합범죄로 구속영장이 청구된 사건에서, 필자의 변론 내용을 고려하여 구속영장을 기각했다. 범죄 대부분을 다투던 피의자이지만 그 주장의 나름의 합리적 이유와 증거를 토대로 펼친 필자의 변론이 바로 피의자의 억울한 속마음이었고, 재판부에 수긍할 이유를 제공한 것이다.

[81] 수사권 조정(1)

후반기 국회 사법개혁특별위원회('사개특위')의 주요과제는 지난 6. 21. 청와대가 발표한 수사권 조정안 입법화다. 수사권 조정은 긴 세월 검·경이 대립한 민감한 주제다. 경찰은 검찰의 권한이 과도하다고 주장하는데, 현행 수사체계는 어떠한가.

검사는 범죄의 혐의 있다고 사료하는 때에는 범인, 범죄사실과 증거를 수사해야 하고(형사소송법 제195조, 이하 '형사소송법'을 '법'이라 한다), 수사관, 경무관, 총경, 경정, 경감, 경위는 사법경찰관으로서 모든 수사에 관하여 검사의 지휘를 받는다(법 제196조 제1항). 이 규정에 따라 검사는 완전한 수사권을, 사법경찰관은 검사의 수사지휘를 받는 불완전한 수사권을 갖게 된다. 사법경찰관리는 검사의 지휘가 있는 때에는 이에 따라야 하고, 검사의 지휘에 관한 구체적 사항은 대통령령으로 정하며(동조 제3항), '검사의 사법경찰관리에 대한 수사지휘 및 사법경찰관리의 수사준칙'이 그것이다. 이 규정에는 검사의 경찰내사 통제, 검사지휘에 대한 경찰의 이의도 들어 있다. 경사, 경장, 순경은 사법경찰리로서 수사의 보조를 해야 하므로, 이들 사법경찰관리도 독립적 수사권한이 없음은 같다(동조 제5항). 검사의 지휘사항으로는 입건지휘, 송치 전 지휘, 수사중단 및 송치지휘, 송치 이후 보완지휘, 송치 후 계속수사 지휘, 검사 수사사건 지휘, 신병지휘 및 영장보완지휘, 석방지휘, 압수물 지휘, 긴급통신제한조치 지휘, 변사자검시지휘, 소재수사 지휘가 있다. 정당한 수사지휘에도 불구하고 경정 이하의 사법경찰관리가 직무집행과 관련하여 부당한 행위를 하는 경우 검사장은 수사중지를 명하고, 임용권자에게 그 사법경찰관리의 교체임용을 요구할 수 있고, 이 요구를 받은 임용권자는 정당한 사유가 없으면 교체임용을 해야 한다(검찰청법 제54조).

한편 사법경찰관은 범죄의 혐의가 있다고 인식하는 때에는 범인, 범죄사실과 증거에 관하여 수사를 개시·진행해야 하므로, 자율적 수사개시권을 보장받고 있다(법 제196조 제2항). 이 조항이 신설되자 당시 검찰은 강력히 반발했다. 사법경찰관의 수사개시권과 사법경찰관에 대한 검사의 수사지휘권을 명시한 것은 2011. 7. 18. 개정 형사소송법이다. 다만 사법경찰관리가 범죄수사와 관련해 소관 검사가 직무상 내린 명령에 복종해야 한다고 규정한 검찰청법 제53조의 내용은 2011. 7. 18. 동법 개정으로 삭제됐다.

강제수사의 영역에서는 검사의 사법경찰관에 대한 수사통제권이 절대적이어서, 경찰은 검사와 법관을 차례로 설득한 경우에만 체포·구속영장, 압수·수색영장을 발부받아 본격적인 강제수사를 할 수 있다. 제4차 개정 헌법은 제9조 제2문에서 수사기관 모두가 영장을 청구할 수 있도록 하였으나, 제5차 개정 헌법([시행 1963. 12. 17.] [헌법 제6호, 1962. 12. 26., 전부개정])은 제10조 제3항에서 "체포·구금·수색·압수에는 검찰관의 신청에 의하여 법관이 발부한 영장을 제시해야 한다."라고 하여 검사(검찰관)만이 영장을 청구할 수 있도록 해 오늘에 이르렀다(현행 헌법 제12조 제3항). 강제수사권 영역에서 검사가 절대적 우위에 있는 구체적 내용은 다음 호에서 살핀다.

[82] 수사권 조정(2)

체포·구속, 압수·수색과 관련한 경찰의 불만은 영장청구권이 없어서 제대로 수사할 수 없다는 것이다.

피의자가 죄를 범했다고 의심할 상당한 이유가 있고, 정당한 이유 없이 출석요구에 응하지 않거나 그럴 우려가 있는 때 검사는 판사에게 청구하여 체포영장을 발부받아 피의자를 체포할 수 있으나, 경찰은 검사에게 신청할 수 있을 뿐 판사에게 직접 영장을 청구할 수 없다(형사소송법 제200조의2 제1항). 경찰은 피의자가 장기 3년 이상의 징역·금고에 해당하는 죄를 범했다고 의심할 상당한 이유가 있고, 증거인멸 염려, 도망·도망우려 사유가 있는 경우 긴급을 요할 시 영장 없이 긴급체포할 수 있으나 즉시 검사의 승인을 받아야 하고(법 제200조의3 제1항, 제2항), 긴급체포한 피의자를 임의로 석방하면 즉시 검사에게 보고해야 한다(동조 제6항). 긴급체포한 피의자를 구속하고자 할 때에도 경찰은 독립하여 법원에 구속영장을 청구할 수 없고 검사에게 신청할 수 있을 뿐이다(법 제200조의4 제1항). 또 경찰은 현행범 체포를 자유로이 할 수 있으나(법 제212조), 체포한 피의자를 구속하려면 48시간 이내에 검사가 구속영장을 청구해야 하고(법 제213조의2, 제200조의2 제5항), 경찰은 검사에게 구속영장을 신청할 수 있을 뿐이다.

사전구속영장 역시 경찰이 검사에게 신청하고 검사가 청구하게 되므로, 사법경찰관은 검사에 비해 인신강제수사에서 후순위 또는 보조작용만 하고 있다(법 제201조). 따라서 구속전피의자심문(영장실질심사) 기일에 구속사유를 소명하고 의견을 개진할 권한 역시 사법경찰관에게 있지 않고 검사에게 있으며(법 제201조의2 제4항), 체포·구속적부심 기일진행도 같다(법 제214조의2 제9항). 일단 구속된 피의자라도 구속의 사유가 없거나 소멸된 때 검사는 법원에 구속취소를 청구할 수 있고(법 제209조, 제93조), 검사 자신의 직권에 의하여도 구속을 취소할 수 있지만(법 제204조, 검찰사건사무규칙 제50조, 제28조), 경찰은 검사에게 구속취소를 신청할 수 있을 뿐 자신이 구속취소청구권자가 될 수는 없다. 또 구속집행정지결정과 관련해 검사에게는 의견개진권이 원칙적으로 있는 반면(법 제200조의6, 제101조 제1항, 제2항) 경찰은 그러한 의견을 개진할 권한이 없다.

압수·수색과 관련해 영장주의가 적용되는 원칙적 사건에서, 검사는 영장청구권이 있는 반면, 경찰은 검사에게 신청할 수 있을 뿐 직접청구권이 없다(법 제215조 제1항, 제2항). 한편 일단 압수된 물건이라 하더라도 검사는 사본을 확보한 경우 등 압수를 계속할 필요가 없다고 인정되는 압수물 및 증거에 사용할 압수물에 대해 환부·가환부할 수 있으나(법 제218조의2 제1항), 경찰은 환부·가환부에 대해 검사 지휘를 받아야 한다(동조 제4항).

통신비밀보호법 상의 범죄수사를 위한 통신제한조치(동법 제6조) 역시 경찰은 검사에게 허가를 신청하고 검사가 법원에 허가를 청구하며, 긴급통신제한조치에 한해서는 경찰도 법원허가 없이 조치 할 수 있고 집행착수 후 법원에 직접 허가청구를 할 권한이 있지만, 미리 검사의 지휘를 받아야 하고, 특히 급속을 요하여 미리 지휘를 받을 수 없는 경우에는 집행착수 후 지체 없이 검사의 승인을 얻어야 한다(동법 제8조).

[83] 수사권 조정(3)

앞서 경찰이 임의로 수사를 개시할 수는 있지만, 송치 전이라도 세세한 검사 지휘를 받아야 한다는 점, 체포·구속, 압수·수색 등 강제수사에서는 검사가 전권을 갖고 있다는 점을 보았다. 수사종결은 어떠한가. 경찰은 범죄를 수사한 때에는 관계 서류와 증거물을 지체 없이 검사에게 송부해야 하고, 이를 송치의무라고 한다(형사소송법 제196조 제4항). 경찰은 수사 종결권이 없고, 일단 수사를 하였으면 사건을 검찰에 송치함으로써 최종처분에 대한 전권도 검사에게 있다. 고소·고발 사건의 처리 및 송치의무도 같고(법 제238조). 고소가 취소된 때에도 동일하다(법 제239조, 제238조, 범죄수사규칙 제50조). 결국 경찰은 수사의 세계에서 좀체 독립행위를 할 수 없는, 자존심 상하는 상태에 놓여 있다. 시대가 변했고, 검사는 권한을 남용했으니 수사권 조정은 당연하다는 것이 경찰의 입장이다.

2018. 6. 21. 정부는 검·경 수사권 조정 합의안을 발표했다. 수사권 조정안이 국회에서 본격적으로 다뤄지는 것은 2011년 경찰 독자 수사개시권 부여 이후 7년 만이다. 이번 정부안에서 새롭게 등장한 내용은 **수사지휘권 폐지, 경찰의 1차 수사종결권**이다. 정부안은 경찰과 검찰을 대등관계로 만드는 것을 골

자로 한다. 그렇다면 검찰의 수사지휘권 폐지는 당연하다. 또 경찰에게 1차 수사권을 주고, 수사권의 내용 속에는 수사종결권도 포함되게 된다. 고소·고발사건의 접수와 처리도 경찰 몫이 되었다(부패, 경제, 선거사건 등 검찰 직수사 영역 제외). 검찰은 송치 전 또는 영장신청 전에는 과거와 같이 세세한 수사지휘를 할 수 없고, 가장 앞선 단계라 하더라도 앞으로는 영장청구 단계에 가야 비로소 경찰을 통제할 수 있게 된다. 경찰은 검사의 영장지휘에 불만이 있을 경우 고등검찰청 영장심의위원회에 이의할 수 있다.

강화될 경찰권에 대한 통제(統制)방법으로, 기소(起訴)의견으로 송치된 사건에 대해 검사의 직접수사권 행사, **보완수사 요구** 및 정당한 이유 없이 불응 시 **직무배제·징계 요구**, 불기소(不起訴)로 경찰이 종결한 사건에 대해 검찰에 불송치결정문과 수사기록등본 송부, 당사자 이의 시 검찰로의 사건송치제도를 두고 있다. 불송치결정문과 기록등본을 송부받은 검사는 불송치 결정이 위법·부당하다고 판단되면 재수사를 요구할 수 있다. 영장지휘를 제외하고는 사후적 통제권을 갖게 된 것이다. 한편 자치경찰제 도입과 경찰대 개혁 내용도 포함됐다.

검찰은 부패, 경찰·공수처 검사 및 직원의 비리, 경제·금융, 공직자범죄, 선거범죄 등 특수사건에 대해 직접 수사권을 갖게 된다. 검찰의 직접수사 범위에서 조직폭력, 마약범죄는 빠져 있어 강력부가 폐지될 가능성이 있다. 강력부는 부패범죄특별수사부와 함께 대표적 인지수사 부서였다. 동일 사건을 검찰과 경찰 양쪽이 수사한 경우 검사에게 우선적 수사권이 있고, 경찰이 영장에 의한 강제처분에 착수했다면 영장기재범죄사실에 대해 경찰이 우선권을 갖는다. 향후 검찰이 특수사건을 수사하는 과정에서 권한을 남용할 것을 대비해 고위공직자범죄수사처를 설치하게 된다.

한편 사건 당사자는 경찰조사 과정에서 인권침해, 법령위반, 현저한 수사권 남용이 발생한 경우 검사에게 이를 신고할 수 있고, 검찰은 경찰에 시정 및 징계 요구, 사건 송치를 요구할 수 있다.

[84] 수사권 조정(4)

금번 수사권 조정의 기본배경은 무엇인가. 수사는 임의의 수단으로 시작하지만, 저항·도주하는 피의자를 발견·확보하거나 증거를 수집하는 과정에서 강제적 수단으로 끝을 맺는 것이 보통이다. 임의의 방법이라 하더라도 반복적 소환과 신문은 언제든 강제수사로 변질될 수 있거나 강제가 동반·포함될 우려가 있다. 따라서 눈에 보이는 수단이 강제력이 아니라 하더라도 강제성을 내포하거나 인권을 침해하고 있다면 강제수사로 봐야 한다. 법원의 판례도 이와 같다(실질설). 이처럼 수사가 본래 강제적인 것이건, 언제든 강제적인 것으로 변화할 수 있는 것이건 매우 위험한 공권력 작용임에는 틀림없다. 수사 중 자살하는 사람이 많은 것을 보면 수사는 절제돼야 하고, 신중해야 하며, 정확해야 한다. 인권침해를 지향하는 속성을 가진 수사는 아래와 같은 문제점도 갖고 있다.

그간의 우리 수사구조는 경찰(警察)의 현장중심 수사, 초동 수사 후(後) 검찰(檢察)의 법리중심 수사, 보충 수사를 예정하고 있었으나, 실제로는 검찰의 경찰 지휘, 검사의 광범위한 직접수사 중심으로 운영돼 왔다. 이 과정에서 국민은 경찰과 검사로부터 이중 수사를 받는 고통을 겪었고, 경찰이 무혐의 의견으로 송치해도 검사의 생각이 기소의견이라면 장기간의 보완수사를 받아야 했다. 반면 경찰이 기소의견으로 송치해도 검사의 생각이 불기소이면 실체진실이 법정에서 가려지기도 전에 사건은 은폐·암장됐다. 결국 둘의 의견이 같으면 과잉수사, 다르면 장기수사 또는 진실암장의 문제가 있었다. 이는 수사기관이 위·아래 두 개인 것에서 발생한 문제점이다. 한편 수사는 실체진실발견을 위한 전(前) 단계이기도 하면서 수사작용 자체의 독립적 성격도 갖고 있다. 수사는 법규의 규정에 예속되면서도 한편으로는 법규해석 과정에서 덤으로 얻는 수사재량도 있다. 이런 이유로 과잉수사와 수사축소가 동시에 가능하고, 이는 곧 피의자 인권침해와 피해자 권리침해로 귀결된다. 이것은 수사가 본래적으로 재량적이라서 발생하는 문제점이다. 나아가 수사는 강제적 수단을 당연히 예정하고 있기 때문에 인권을 침해할 수 있고, 진실발견을 위해서는 어떠한 수단도 사용해도 좋다는 강한 유혹을 초래한다. 이는 수사작용이 예정하고 있는 부수적 문제점이 된다.

헌법과 형사소송법은 검사제도를 두고, 경찰에 전적인 수사권을 주지 않아 왔다. 그러나 검사제도에 대한 환상으로 입법된 순진한 내용이 많고, 수사지휘건 영장지휘건 검사에 의해 악용될 경우를 대비한 실효적 규정이 없다. 때로 현실에서는 검사의 직접수사와 부당한 수사지휘로 인권이 침해되거나 사건이 왜곡되는 경우도 많다. 여기서 검사제도를 그대로 둘 수 없다는 당위에 도달하게 되며, 검사와 경찰을 상호 견제·대립시킬 묘안이 필요하게 된다. 수사권의 남용과 유기 모두를 막기 위해 고안된 것이 이번 정부의 수사권 조정안이며, 이 목적은 인권보장이고, 수단은 검찰권 약화다. 대전제는 당연히 타당하다고 볼 수밖에 없다.

검사에게 요구되었던 자질에 대해, 법은 "검사는 공익의 대표자로서, 범죄수사, 공소의 제기 및 그 유지에 필요한 사항, 범죄수사에 관한 사법경찰관리 지휘·감독, …(중략) 사항에 대한 직무와 권한이 있고, 검사는 그 직무를 수행할 때 국민 전체에 대한 봉사자로서 정치적 중립을 지켜야 하며 주어진 권한을 남용해서는 안 된다(검찰청법 제4조)."고 규정하고 있다. 이번에 손보려는 것은 수사와 수사지휘 부분이다. 그간 검사가 국민 전체에 대한 봉사자로서 정치적 중립을 지키지 않고 권한을 남용했기 때문이다. 상당수 사건에서 검사는 공익의 대표자도 아니었다.

[85] 수사권 조정(5)

정부의 합의안에 어떤 점수를 줄 수 있을까.

(1) 경찰이 전체 형사사건의 98%를 수사해 온 만큼 이번 조정안은 검찰의 다양한 수사지휘를 폐지해 경찰의 임의수사권을 온전히 보장하겠다는 것으로 평가된다. (2) 검찰 직수사 사건을 제외한 일반사건의 처리 절차가 빨라질 것으로 평가하는 견해가 있다. 반면 불송치결정 사건이나 당사자 이의 사건에 대해 검찰이 재수사하거나 보완수사를 요구할 수 있어 현재와 별반 다를 바 없다는 평가도 가능하다. 오히려 경찰 수사결과에 대해 이의신청, 검사 처분에 대해 항고가 가능하므로 지금보다 절차가 한 단계 더 늘어난다고 볼 수도 있다. (3) 검찰이 직접 수사할 수 있는 '부패범죄 등 중요사건'이 무엇인지 불명확하다는 비판이 가능하다. 직접수사권의 범위를 세밀하게 규정할 필요가 있다. (4) 검찰은 '송치 전 수사지휘권 폐지'로 인해 업무가 경감되면서도 한편으로는 그 힘을 특수사건에 집중함으로써 수사총력이 오히려 강화될 수 있다. 인지사건을 계속 제한 없이 수사할 수 있게 된 것인데, 이로써 검찰의 직접 수사를 제약하겠다는 정부의 본래 목적은 매우 반감되었고, 검찰권 남용 위험은 그대로 남게 됐다. (5) 검·경이 중복 수사 시 검사에게 우선적 수사권을 줘 경찰에 시긴 송치

를 요구할 수 있으나, 경찰이 영장에 의한 강제처분에 착수한 경우는 경찰이 계속 수사할 수 있는 바, '영장에 의한 강체처분 착수'가 무엇을 말하는지 논란이 예상된다. (6) 경찰의 수사종결권은 당사자 이의가 많아질수록 선언에 그칠 수 있다는 평가가 가능하다. 완전한 수사종결권을 보유하게 됐다고 보기 힘들다. 따라서 필자는 경찰 사기 상승을 고려하고 국민의 수사기관에 대한 불신을 말끔히 씻기 위해 다음과 같은 안을 제안한다. 경찰 불기소 종결처분에 대해 검찰이 경찰을 통제하지 말고, 경찰에 수사종결심의위원회를 설치해 재판단하고 재수사를 명령하는 것이다. 위원회는 전문성을 갖춘 외부위원으로 구성하고, 각 위원은 상호 대등한 표결권이 있으며, 위원회의 의견에 경찰이 기속되도록 한다면 당사자 승복률을 제고할 수 있다. 이는 수사·기소와 관련한 일종의 배심작용이므로 민주적 정당성이 높아지는 장점도 있다. 필자의 제안과 비교하면, 정부 조정안의 '경찰 부속 국가수사본부 직속 수사심의위원회에서 1년에 두 차례 불송치 결정 사건의 적법·타당을 심의하겠다'는 구상은 매우 현실성이 떨어진다는 것을 알 수 있다. 현재도 경찰 불기소의견 송치 건을 검찰이 기소한 건수가 연간 3,300여 건이나 되니 말이다. (7) 뇌물사건 등 피해자 없는 범죄는 부실수사 끝에 무혐의 결정이 내려져도 범죄의 성질상 당사자의 이의제기가 불가능하다. 당사자 이의가 없더라도 기록등본을 송부받은 검찰이 보완수사를 요구할 수 있지만, 실효성을 항상 담보할 수는 없다. 따라서 여러 다양한 경우에서 경찰 수사종결 사건에 대한 검찰 통제가 불가능한 지대가 발생하게 된다. (8) 한편 경찰이 매우 바라왔던 경찰의 영장청구권은 이번 조정안의 내용이 아니다. 이는 헌법 개정사항일 뿐만 아니라 강제수사의 영역인 만큼 검사와 법관에 의한 이중판단을 받도록 함이 바람직하다. 경찰에게 영장청구권까지 부여하여 검사가 영장을 1차적으로 판단하지 못하도록 하는 것은 검사의 준사법기관 성격에 반하며, 검사의 영장검토는 인권보호의 주요한 수단이 된다고 본다. 검사가 일반 사건의 수사에서 물러남으로써 검사의 영장검토는 보다 객관적으로 운용될 수 있게 됐다.

[86] 윤창호법과 음주운전 처벌 강화(1)

검사를 꿈꾸던 윤창호 군이 불의의 사고로 세상을 떠나면서 음주운전자에 대한 처벌강화 여론이 들끓었다. 청와대 국민청원, 문재인 대통령의 높은 관심 끝에 2018. 11. 29. 국회는 특정범죄가중처벌등에관한법률('특가법'이라 함) 제5조의11(위험운전치사상)의 개정안을 의결하고, 12. 7.에는 도로교통법 개정안을 추가로 의결해 술을 마시고 운전대를 잡는 것은 생각도 하기 힘들어졌다. 높은 재범률을 그대로 둘 수 없다는 점, 음주사고의 피해가 극심한 점이 개정 이유다. 작년 기준 재범률은 44.7%였고, 이는 행위자의 반규범적 속성에 기인한다. 준법정신 결여, 안전의식의 현저한 부족이 주 특징이다.

윤창호법은 '음주운전 자체'에 대한 법과 '음주사고로 인한 상해·사망'에 대한 법으로 나누어진다. 전자가 도로교통법이고, 후자는 특가법이다.

2018. 12. 7. 국회의결 후 공포를 앞둔 도로교통법의 주요 특징은 다음과 같다. 운전면허 정지기준이 0.03%로 변경됐다. 종전에는 0.05%가 기준이었다. 체중 68kg의 성인남성이 소주 1잔을 마시면 1시간 후 0.013%, 2잔을 마시면 같은 시간 경과 후 0.042%, 3잔을 마시면 0.071%라는 분석이 있다. 이에 따를 때 소주 2잔을 마시면 운전면허 정지사유에 해당하고, 처벌되기까지 한다. 운전면허 취소기준은 0.08%로 변경됐다. 종전에는 0.1%가 기준이었다. 그리고 운전면허 정지기준인 0.03%~0.8% 미만에 2회 단속되면 앞으로는 운전면허가 취소된다. 종전 0.05%~0.1% 미만(종전 면허정지사유)에 3회 단속됐을 때 취소된 것과 비교하면 면허 취소가 쉬워졌다.

처벌과 관련한 동법 제148조의2 제1항 및 제2항도 개정됐다. 운전면허 정지사유(단속기준)에 해당하는 술을 마시고 운전하다가 2회 적발 시 징역 2년~5년 또는 1천만원~2천만원의 벌금에 처해진다(동법 제148조의2 제1항 제1호). 종전에는 3회 적발 시 징역 1년~3년 또는 500만원~1천만원의 벌금에 처해졌다. 종전보다 형량이 상향됐고, 단속기준도 0.03%로 강화됐다. 위 2회라는 개념은 유죄판결이나 확정판결을 받은 것을 전제로 후범이 저질러질 것을 요구하지 않는다. 최근 대법원은 단순히 음주운전으로 적발된 사실만 있어도 1회로 본다고 판시했다. 위반전력의 유무와 횟수는 자유심증주의에 따라 법관이 임의로 판단할 수 있다고도 보았다. 이러한 해석이 헌법상 무죄추정원칙에 반하지 않는다는 것이 대법원의 금번 판시다(대법원 2018도11378 판결).

1회 단속된 경우의 처벌도 상향됐다. 0.2% 이상 시 징역 2년~5년 또는 1천만원~2천만원의 벌금에 처해진다. 종전에는 징역 1년~3년 또는 500만원~1천만원의 벌금이었다(동법 제148조의2 제2항 제1호). 0.08%~0.2% 미만 시는 징역 1

년~2년 또는 500만원~1천만원의 벌금에 처해진다. 종전에는 0.1%~0.2% 미만 시 징역 6월~1년 또는 200만원~500만원의 벌금이었다(동조 동항 제2호). 0.03%~0.08% 미만 시는 징역 1년 이하 또는 500만원 이하의 벌금에 처해진다. 종전에는 0.05%~0.1% 미만 시 징역 6월 이하 또는 300만원 이하의 벌금이었다(동조 동항 제3호). 단속기준이 강화됐고, 형도 모두 상승된 것을 알 수 있다.

[87] 윤창호법과 음주운전 처벌 강화(2)

음주운전으로 사망·상해사고를 일으킨 경우에는 특정범죄가중처벌등에관한법률(특가법)이 적용된다(2018. 11. 29. 국회 의결, 12. 11. 국무회의 공포안 의결, 이 달 18. 부터 공포·시행). 동법 제5조의11 위험운전치사상죄가 그것인데, 사망 시 무기 또는 3년 이상의 징역에 처한다. 종전에는 사망사고 시 1년 이상의 징역이 고작이었다. 살인죄에 준해 징역 5년 이상으로 개정하려던 노력은 성공하지 못했다. 고의범과 과실범의 구조적 차이 때문이다. 음주사고로 상해발생 시에는 징역 1년~15년 또는 1천만원~3천만원의 벌금에 처해진다. 종전에는 10년 이하 징역 또는 500만원~3천만원의 벌금이었다. 단기 1년 이상의 징역 사건은 합의부 소관으로(일부 죄는 법원조직법상 예외 있음), 중한 형이 예정된 경우가 많다.

개정된 도로교통법과 특가법은 최근 빈번했던 음주사고에 경종을 울리려는 일반예방 목적이 강하다. 현재 3회 이상 음주사고는 대구 5위, 경북은 4위라고 한다. 그리고 2015~2017년 음주사고는 전국적으로 총 63,685건이고, 재범사고는 28,009건(음주사고의 44%), 재범사고 중에서 3회 이상 사고는 11,440건(재범사고의 40.8%)이라고 하니(경찰청 발표자료), 음주사고의 총수(總數)가 많을 뿐만 아니라 재범사고와 3회 이상 상습재범사고의 수도 너무 많다.

위 두 법률에 저촉되는 행위 중에서 특히 상습범, 사망·중상해사고 시 엄정 대처한다는 것이 법무부 입장이다. 앞으로 이러한 범죄에 대해선 구속영장 청구, 벌금형 대신 무조건 징역형 구형, 법정최고형 구형, 적극 항소, 가석방 제한, 현행범 체포, 차량 압수, 공범자에 대한 적극적 수사를 할 예정이다.

참고로, 음주운전 사고자가 알코올 의존 증후군을 주장하고 만약 심신미약으로 드러나더라도, 앞으로 법관은 형을 감경하지 않아도 된다. 형법 제10조 제2항이 임의적 감경사유가 됐기 때문이다(12. 18. 개정 형법 시행).

음주를 핑계로 과경한 형을 받는 것을 방지하기 위해 이미 성폭력범죄의 처벌등에관한특례법 제20조와 아동·청소년의성보호에관한법률 제19조에서는 형법 제10조 제2항을 적용하지 않을 수 있도록 규정하고 있었는데(정확히는 형법 제10조 제1항 심신상실, 동조 제2항 심신미약, 제11조 농아자 규정을 적용치 않을 수 있도록 규정), 금번에 개정된 형법의 파급효과는 성범죄뿐만이 아니라 국민의 전 생활영역에 크게 영향을 미칠 것으로 보인다. 이를 '김성수법'이라고 한다.

[88] 윤창호 사건 재판결과와 법 개정 역사

지난 13일 부산지방법원 동부지원 형사4단독 법정은 고(故) 윤창호 군의 유족과 시민, 취재진으로 뜨거웠다. 안타까운 이 사고로 청와대 국민청원, 특정범죄가중처벌등에관한법률(제5조의11 위험운전치사상죄) 개정, 도로교통법(제44조제4항 혈중알코올농도기준, 제82조제2항 운전면허결격기간, 제93조제1항제2호 음주운전면허취소기준, 제148조의2 벌칙) 개정이 뒤따랐던 만큼 이 사건 선고에 국민의 관심이 쏠린 것은 당연했다.

재판부는 피고인에게 징역 6년을 선고했다. 사건이 2018. 9. 25. 발생한 탓에 구(舊) 특가법이 적용됐다. 2018. 12. 18. 동 개정법률이 즉시 시행되었지만, 부칙에서 소급효를 규정하지 않았기 때문이다. 행위시법주의를 원칙으로 하는 형벌법규의 일반적 속성이다. 그렇다면 구법 하에서 일어난 이 사망사고는 1년 이상의 징역에 해당하고, 가중, 감경요소를 감안해 선고형량을 정하게 된다. 개정법의 무기 또는 3년 이상의 징역 조항이 적용되지 않는다는 말이다. 그럼에도 법관은 6년형을 선고했고(검사 구형은 10년), 주의의무위반정도가 중하고 결과가 참담하며, 사회적 인식을 고려 중형을 피할 수 없다고 판단했다. 양형기준을 이탈해 처벌한다는 점도 밝혔다. 재판부가 수용한 것으로 보이는 가중요소로는, 주의의무위반 정도(운전 동기와 경위, 0.181%의 높은 수치, 급가속, 횡단보도 피해자), 피해결과의 중대성, 유족의 엄벌 촉구, 범행 후 정황을 들 수 있다. 감경요소로는, 동종전과가 없고, 모를 부양해야 하는 점, 종합보험에 가입된 점 정도에 불과하다.

한편 이 사건 변호인은 사고 직전 운전자와 동승자 간 애정 행각이 사고원인이라면 이는 음주사고가 아니므로, 특가법이 적용돼서는 안 된다는 주장을 했다고 한다. 재판부는 블랙박스, 관련자 진술 등을 통해 피고인이 운전 시작 시점에 만취 상태에 있었다고 보고, 주장을 배척했다. 변호인의 주장이 관철되려면 음주운전을 했지만, 음주하지 않았더라도 사고를 막을 수 없는, 즉 사고는 기필코 일어날 수밖에 없는 상황이었음이 입증돼야만 한다. 음주운전과 사고발생 간의 인과관계 단절 문제다. 그러나 이 사건을 음주 사고가 아니라고 주장하는 것은 법상식에 반하고, 법문을 엄격히 해석해 보아도 특가법 적용대상이 된다고 봐야 한다. 음주운전이 주된 사고원인인 한 다른 요소가 있었다 해도 동죄 성립을 방해하지 않는다. 변호인이 적용을 희망한 교특법은 5년 이하 금고 또는 2천만원 이하 벌금을(동법 제3조), 음주운전죄는 6월~1년 징역, 300~500만원 벌금(도로교통법 제148조의2 제2항 제2호)을 규정하고 있다.

언제부터 우리는 음주사고를 중하게 바라보았는가. 교특법에서 벌금을 현재와 같이 상향한 것은 1996년이고(제3조), 종합보험에 가입됐더라도 중상해 시 기소할 수 있도록 개정한 것은 2010년이며(제4조), 교특법 처벌이 약해 특가법 위험운전치사상죄(제5조의11)를 신설한 것은 2007년이고, 상해 시 1년~15년 징역 또는 1천~3천만원 벌금, 사망 시 무기 또는 3년 이상으로 강하게 개정한 것은 2018. 12. 18.이다. 또 도로교통법에 3진 아웃이 처음으로 도입된 때가 2011년이고, 이 때 음주측정거부죄 형량도 크게 상승했다. 올 6. 25.부터 시행될 신법은 2차례 음주운전이나 측정거부 시 2년~5년 징역이나 1천~2천만원 이하 벌금에 처하고, 1회 측정거부해도 1년~5년 징역이나 5백~2천만원 이하의 벌금에 처하며, 1회 음주운전한 경우도 0.2% 이상 시 2년~5년 징역이나 1천~2천만원 이하의 벌금에, 0.08~0.2% 미만 시 1년~2년 징역이나 5백~1천만원 이하의 벌금에, 0.03~0.08% 미만 시 1년 이하 징역이나 5백만원 이하의 벌금으로 높게 처벌한다(제148조의2). 단속기준이 0.03%로 변경됐으므로(제44조 제4항), 0.03~0.05% 사이여서 면책됐던 다수의 운전자(경찰통계상 월 1,225명)는 이제 처벌을 피할 수 없다.

[89] 대구지방검찰청의 인권 거듭나기

대구지방검찰청은 검찰의 업무방식 및 조직문화 개선을 위해 인권감독관의 주관 아래 설문조사를 실시했다. 필자가 대구지방변호사회로부터 받아본 설문지상 주된 조사내용은 다음과 같다. △검찰청 출입의 불편, △대기 시 불편, △조사시각 엄수, △검사의 응대 태도, △수사관과 실무관의 응대 태도, △의뢰인을 조사한 자, △검찰수사관 단독 수사 여부, △변호인접견권 구현형태, △피의자신문참여권 형태, △검사와 수사관의 폭언 및 욕설, △기타 인권침해, △공정성 의심사례, △동의 없는 심야조사, △수사 시 계구사용, △전반적 인권 수준, △개선요망사항, △제도상 문제점과 건의사항이 그것이다.

현 정부 들어 검찰의 태도가 다소간 민주적 양상을 띠고 있는 것으로 보이고, 열람·등사 직후 클린콜(해피콜) 전화, 설문조사 실시가 그를 뒷받침한다. 그러나 필자는 수사가 강제력을 예정하고 있고 반드시 한쪽은 피해를 보는 입장에 있으므로, 정확한 수사, 절제된 수사, 인권중심 수사, 실정법을 준수한 적법수사가 필요하고, 수사과정은 (국가기밀, 군사상·외교상 기밀을 담고 있지 않는 한) 반드시 100% 공개돼야 한다고 주장해 왔는바, 현재까지의 검찰의 개선태도는 못 미친다. '밀실수사'와 '밀실판단'이 검찰수사의 핵심이므로, 피의자신문조서 대신 영상녹화와 영상녹취서로 증거를 삼아야 하고, 수사기록은 여과 없이 당사자에게 공개돼야 하는 것인데, 실제 수사는 그와 정반대다. 영상녹화는 검찰이 장래 입장을 번복할 피의자에 대해 선별적으로 녹화하므로 검찰편의 위주가 됐고(이 부분은 관행개선 영역이다), 검찰수사관이 임의로 요약·가감한 조서가 법원에 제출되고 있으며(이 부분은 법개정 영역이다), 수사기록 중 피고인에게 유리한 증거는 복사가 불허되고 행방이 묘연하다. 또 종결 사건에 대해 고소인, 항고인, 재정신청인, 재항고인이 수사기록 열람·등사를 신청해도 일체 불허하므로(가끔 고소인 자신의 진술과 제출증거는 허락되나, 그 정도는 이미 고소인의 수중에 있는 것이다), 공정한 수사 여부를 확인할 방법도 없다. 공무수행 중 생산된 문서를 당사자에게조차 교부하지 않는 이유로 검찰은 검찰보존사무규칙을 들고 있으나, 해당 규칙은 형사소송법 등 상위법에 없는 제한사유를 임의로 만든 것으로 무효라는 것이 법원의 일관된 판결이다. 수사 중(中) 수사기록 일체를 열람·등사해 달라는 것이 아니라 종결(終結)사건에 대한 수사기록을 복사하겠다는 것조차 일체 거부하는 경우가 많은데, 그 같은 검사의 처분은 위법하다.[60)]

---

60) 서울행정법원은 검찰이 불기소처분사건의 수사기록과 재정신청 재판기록을 고소인에게 공개해야 한다고 판결했다(서울행정법원 2017구합89773 판결, 상세 내용은 법률신문 2018. 10. 8.자 기사; 법률신문 2018. 10. 15.자 사설; 법률신문 2019. 3. 18.자 기사 참조).
同旨 대법원 2017. 9. 7, 선고 2017두44558 판결; 서울행정법원 2018구합83611 판결; 서울행정법원 2018구합3905 판결.

따라서 필자는 검찰청 출입 시 불편, 대기 등의 여러 행정적 시정을 추구하는 대구지방검찰청의 개선 시도가 방향성 측면에서 잘못됐다는 주장을 한다. 애초부터 인권 중심의, 상위법 준수 방식의, 공개 지향적 수사를 한다면 위 검찰이 스스로 제 발 저리는 몇 가지 꼴사나운 모양새(설문조사 항목)는 애초 발생하지 않게 된다. 검찰이 스스로 전향적 발전을 할 의사가 없다고 필자는 확신하므로, 위 언급한 필자의 제안방식인 의무적 영상녹화, 의무적 영상녹취서 제출, 피의자신문조서 증거능력 배제, 종결 수사기록 완전 공개와 같은 극단적 조치가 필요하다고 보는 것이다. 검찰은 공정한 수사와 수사내용 공개를 통해, 법원은 소송관계자 중심의 재판과 정확한 사실판단, 재판내용 공개를 통해 국민의 신뢰를 찾아야 한다. 행정편의 증진이 아니라 검·판사의 본분에 충실해야 하고, 눈속임을 써서는 가망이 없다. 신 청사, 법원 이전, 전자법정 구현, 설문조사 따위의 우회적 개선은 임시로 국민의 눈을 가리고 예산을 타내는 데에는 도움이 될 지 모르지만, 시간만 지연시키고 국민의 미움만 키우는 일이 된다. 국민을 위한 검찰과 법원, 국민의 검찰·법원이 되기를 바라며, 2019년 첫 날을 열어본다.

[90] 우수검사와 하위검사

대한변호사협회는 2018. 12. 20.자 보도자료를 통해, 공판검사 10명과 수사검사 10명을 우수검사로 선정해 언론에 발표하고, 명단을 법무부에 제출했음을 밝혔다. 평가연도는 2017. 12.~2018. 11.까지, 피평가 검사 수는 1,396명이었다. 평가사례는 5,986건, 평가기준은 정의, 인권, 직무의 3개 영역이었다.

우수 수사검사가 나온 검찰청은 대전 3(본청 2, 천안지청 1), 수원 3, 서울중앙 1, 서울동부 1, 의정부 1, 광주 1이고, 우수 공판검사가 나온 검찰청은 인천 2, 서울중앙 1, 서울동부 1, 의정부 1, 광주 순천 1, 부산 1, 창원 마산 1, 광주고등 1이다. 우수검사가 나오지 않은 곳 중 규모가 큰 곳으로는, 서울남부, 서울북부, 대구지방검찰청, 울산지방검찰청, 전주, 제주, 춘천, 서울고등, 대구고등검찰청, 부산고등, 대전고등이다. 반면 하위검사가 나온 검찰청은 서울중앙, 서울동부, 서울남부, 수원 평택, 인천, 의정부 고양, 대전, 창원 진주, 대구고등이다.

우수검사들은 △전과 불문 선입견 없는 공정한 수사, △탈권위적 자세, △

정확한 고소사건 처리, △변호인의 의견서와 증거를 상세히 검토·반영, △변호인 면담 시 경청, △객관적 자세 유지, △공소사실의 오류를 형사재판에서 정정·철회, △적절한 공판수행, △법리에 대한 깊은 견해 제시, △간결하고 온화한 신문의 특징을 보였고, 반면 하위검사들은 △고압적 수사, △자백 강요, △변호인 접견 제한, △불성실한 조사, △변호인 대기, △불필요한 계구 사용, △기습 처분, △당사자 조사 없이 변호인 출석 반복 요구, △사전 피의사실 고지 생략, △반복신문, △거만한 공판수행, △탄핵 부족의 특징을 보여 정반대라고 한다.

검사는 공익의 대표자로, 국민 전체에 대한 봉사자로서 정치적 중립을 지키며 객관적으로 직무를 수행해야 하고, 권한을 남용해선 안 된다(검찰청법 제4조 참조). 분설하면 다음과 같다. 첫째, 검사는 공익을 대표하지, 피의자나 피해자, 상급자나 권력자의 이익을 대표하지 말아야 한다. 또 검사는 사사로운 출세욕과 원한, 이해관계를 수사·공소에 반영해서는 안 된다. 둘째, 검사는 국민 전체에 대한 봉사자여야 하므로, 피의자·피고인을 마음대로 하대해서는 안 된다. 인격을 짓밟힐 대상은 없다. 헌법상 무죄추정을 받는 보호의 대상이고, 그의 납세의무에 의해 검사는 봉급을 받는 공복(公僕)에 불과하다. 셋째, 검사는 정치적 중립을 지켜야 하므로, 특정 정당이나 정권의 이익을 위해 하명수사를 수용해서는 안 되고, 수사권 행사는 항시 절제돼야 한다. 어디까지나 혐의 여부와 혐의 경중에 따라 수사 개시, 수사 수단을 결정해야 하지, 정권에 따라 종결된 사건을 결정적 증거 없이 뒤집기 수사를 해서는 안 된다. 신의의 문제도 된다. 넷째, 검사는 권한을 남용해 인권을 침해하지 말아야 한다. 수사기록과 그가 중도에 폐기하는 수사초안서 전부를 세상에 내놓아도 한 치의 부끄럼이 없어야만 한다.

이러한 검사의 책임을 자세히 보면, 검사는 무거운 책무를 소임으로 받아들여 공익을 위해 그의 권한을 행사해야 함을 알 수 있다. 대한변호사협회는 검사 대부분이 변호사 대부분과 연고관계이긴 하나, 부득이 검사평가제를 시행해 무소불위 권력을 감시·견제하고 있다. 이 제도를 도입한 분은 하창우 전 대한변호사협회장이다. 국민에게 도움되는 제도로 보이므로, 국민 홍보를 강화하고, 검증을 조건으로 해당 결과를 인사에 반영해야 한다고 본다.

[91] 수원고검 신설

2019. 3. 1. 신설된 수원고등검찰청이 업무를 개시한다. 이로써 전국의 고등검찰청은 서울, 대구, 광주, 부산, 대전과 더불어 금번 개설되는 수원까지 6개가 된다. 수원고검은 서울고검이 수행하던 수원지검 및 산하지청(성남, 여주, 평택, 안산, 안양)의 항고사건과 형사 항소사건 공판업무를 수행하게 된다. 성남, 용인, 수원 등 19개 시·군, 840만 국민의 애로가 해소됐다.

지방검찰청은 형사부, 여성·아동범죄조사부, 공안부, 특별수사부, 강력부, 공판부를 두고 수사와 공소유지 업무를 수행하는 반면 고등검찰청은 항고, 감찰, 공판, 송무, 기획 업무를 담당하고, 특히 1인의 공판전담 검사를 제외한 나머지 모든 고검 검사는 항고 사건 처리업무를 담당하면서 다른 사무도 겸한다.

대구고등검찰청의 고검 검사 6인(고검장, 차장검사 제외)도 1인은 공판업무만 담당, 나머지 5인은 의무적으로 항고 사건을 담당하면서 그외 업무를 겸하고 있다. 항고 업무는 고등검찰청의 주요 업무가 분명해 보인다.

그렇다면 항고는 무엇인가. 이는 재판상 항고와 구분하기 위해 '검찰청법상 항고'라고 하여 단어 앞에 주된 수식어를 붙여 부르는 경우가 많다.

재판상 항고는 법관의 결정에 불복해 상급기관에 제기하는 불복수단이고, 일반항고와 즉시항고로 나눠진다.

검찰청법상 항고는 지방검찰청 검사의 불기소 처분에 불복한 고소·고발인이 재수사를 촉구하는 절차이다. 지방검찰청을 경유한 항고사건은 원칙적으로 고등검찰청이 담당하게 된다. 지방검찰청이 '지불항' 사건 번호를 부여하고 자체 수사를 한 번 더 하여 원처분을 시정할 수도 있고(검찰청법 제10조 제1항 2문), 형식적으로 사건번호를 부여한 후 곧바로 고검에 사건을 송치하기도 한다.

고등검찰청에 접수된 사건은 '고불항' 사건 번호를 부여받은 후 담당검사가 배정되고, 검사는 자신의 이름과 직책, 사무실 호수 등을 기재하여 항고인에게 사건배당통지를 우편으로 보낸다. 이후 고검 검사는 항고인의 주장이 이유있고, 지검 검사의 수사가 미진했거나 유탈된 사실 등이 있어 위법할 경우 사건을 재기하게 된다.

재기된 사건을 고검 검사 자신이 직접 수사하여 원불기소처분을 경정할 수 있으나(동법 제10조 제2항), 대체로는 지검에 사건을 내려보내 재수사를 지시하는 경우가 많다. 그러나 그 경우에도 지검의 수사 사무를 감독하거나, 항고 결과를 통지하는 의무는 고검 검사 본인의 고유한 사무가 된다.

[92] 검찰총장 신년사

A 검찰총장은 2019. 1. 1. 신년사를 통해 올 한 해 가장 중요한 검찰의 책무를 밝혔다. 국민의 인권보호.

A 총장은 검찰청법이 제정된 지 70년이 되는 해인 만큼 이 시대 국민이 원하는 검찰로 거듭나야 한다면서, 구체적으로는 다음의 사항을 강조했다.

1. 형사절차에서 피해자의 권리 보장,
2. 피의자와 피고인을 배려하고, 각 단계별로 충분한 정보 제공,
3. 피의자에 대한 변호인 조력권 실질적 보장,
4. 참고인 등 제3자 인권 침해 금지 등 신중한 수사,
5. 민생 수사에 집중.

금번 A 총장의 중점 강조사항에 대한 필자의 의견은 다음과 같다.

위 1.은 이미 구체적 특별법(아동·청소년의성보호에관한법률, 성폭력범죄의처벌등에관한특례법, 성폭력방지및피해자보호등에관한법률과 각 법 시행령, 성폭력범죄등사건의심리·재판 및 피해자 보호에 관한 규칙, 성희롱·성폭력 근절을 위한 공무원 인사관리규정, 여성폭력방지기본법)에서 상세히 규정하고 있었으므로, 전혀 새로울 것이 없다. 공무원이 실정법을 준수하며 완성도 높게 인권중심의 수사, 2차 피해 방지 위주의 수사를 하면 되므로, 정신교육, 법교육이 중요할 뿐이다. 현재 법에는 부족한 부분이 없다.

위 2.는 피조사자에 대한 유죄추정적 시각을 가지는 한, 또 검찰이 구속을 골인으로 간주하는 한, 나아가 성범죄 사건의 경우 피해자의 처벌의사가 확고할 경우 무조건 기소를 당연시하는 한 피의자를 배려한 수사는 불가능하다. 각 사건 수사에 대해 인권침해를 감시하거나 처분결과의 적정성을 담보할 장치가 실재하지 않기 때문이다. 인권감독관, 항고검사, 재정신청심리재판부가 강도 높은 징계조치, 원처분 파기, 부심판결정(강제공소제기결정)를 취하지 않는 한 수사의 전권을 가진 전국의 각 검사가 A 총장의 말을 들을 리가 없다. 총장은 유한하나, 검사 자신의 법적 권한은 무한하다고 믿기 때문이다.

또 피고인과 피해자에게 각 단계별 충분한 정보제공을 할 리 만무하다. 검찰보존사무규칙(법무부령)과 사건기록 열람·등사에 관한 업무처리 지침(대검 예규)를 근거로 먼저 정보제공을 할 리 없고, 피해자 등이 종결사건 수사기록 열람·등사를 신청해도 위 규칙을 토대로 거절하기 때문이다. 그런데 문제는 검찰보존사무규칙 등 하위규정에서 복사금지사유로 삼고 있는 제한사유는 형사소송법 등 상위법규에서 규정하지 않은 제한사유를 마음대로 규정하고 있어서 무효라는 점이다. 동 규정이 무효이므로, 검사장의 불허처분은 위법하여 취소된 사례가 여러 건에 달하는 데도, 현재까지 대구지방검찰청 검사장 등 각 청 책임자는 무효인 규정임을 알고도 여전히 수사기밀, 사건당사자 명예보호 등의 이유로 사건당사자에게도 복사를 불허하고 있다. 이는 징계사유이자 국가배상사유다. 수사미진을 감추고자 하는 검찰청의 제 식구 감싸기 정책에 불과하다.

그래서 대구지방검찰청이 2019년 새해를 맞아 인권 개선의 의지를 보이고 있더라도, 그는 위장에 불과하여 믿을 것이 못 된다는 필자의 글로, '대구지방검찰청의 인권 거듭나기'(영남일보 2019. 1. 4.자)가 있다. 이 글을 보고 매일신문 구민수 법조기자가 정보공개청구를 했지만 대구지검은 불허했고, 기자는 이의를 제기한 상태라고 한다.

위 3.과 관련해서는, 변호인이 사기꾼이라 생각하지 말고, 법률전문가인 그의 글과 자료를 상세히 보아주기만 하더라도 좋다. 총장이 말하는 바와 같이 변호인조력권 실질적 보장이라는 거창한 용어를 쓰지 않아도 된다. 명백히 드러난 무혐의, 무죄의 주장과 각 근거자료를 통해 그에 상응한 수사 처분을 하면 되는 것이지, 일부러 잘 봐줄 필요가 없다. 변호인의 주장대로 범죄가 성립되지 않는다면 무혐의 처분을 하면 되는 것이고, 자수자에 대해서는 불구속 기소하면 되는 것이다.

위 4.와 관련해서는, 압수·수색 시 야간 수색을 금지하고, 어린 자식이 집에 있는 시간대 수색을 금지하고, 수색을 마친 공간에 대한 정리를 통해 피압수자의 인권을 존중함을 표시하면 족할 것이다. 현재의 검찰은 "제3자의 인권을 보호하고…"를 운운할 자격이 없다.

위 5.와 관련해서는, 가습기 살균제 수사를 통해 다수 피해자와 그 유족들의 원한을 풀어준 B 전 검사장처럼만 수사해 주기를 국민은 바란다. 민생범죄가 따로 있는 것이 아니라 억울한 국민의 눈물을 닦아 주고, 공권력으로 거대악에 맞서 정의를 실현해 주면 되는 것이다.

특수수사로 지대한 비난을 받다가 경찰로 수사권이 이양될 시점에 민생수사에 집중하여 앞으로는 모범적인 수사기관이 되겠다고 하는 것은 전략적이고 지능적, 임시변통에 불과하여 진정성이 의심된다.

모름지기 사람은, 공무원은, 공권력은 평소 잘하여야 하고, 도리와 법칙에 맞게 힘을 사용해야 한다. 자의적 법해석으로 인권을 말살하는 공무수행은 이제 그만둬야 한다. 인권침해의 1순위에 항상 검찰이 있었음을 기억해야 한다.

[93] 공격과 방어

2018년 6. 13. 지방선거에서 불법 여론조사죄를 저지른 혐의로 현재 재판받고 있는 A 전 대구 △구청장 사건 심리 과정에서 두 가지가 이색적이다.

첫째는, 피고인이 범행을 부인하며 관련자에게 책임을 떠넘겨 왔다고 하는데, 변호인은 피고인이 반성하고 있으므로 선처를 구하고 있다는 점이다. 물론 피고인도 최후 진술에서는 반성하며 후회한다 하였다 하나, 이것이 공직선거법 위반죄 자체, 그리고 공모 및 주도적 지위를 인정하는 것이라고 볼 수 없음은 당연하다. 최후 진술 시 반성 운운은 재판 초기 공소사실 부인과 대조적인 것으로, 양립 불가능한 것이기 때문이다.

다음으로, 검찰이 추가 증거 제출을 위해 최후진술이 마쳐진 재판에서 추가 기일을 요청했다고 하는 바, 이 같이 증거조사가 사실상 마쳐진 상태에서 추가 증거를 제출할 수 있는가 하는 점이 중요하다. 원칙적으로 증거의 신청은 공판준비기일에 해야 하고, 다만 본 재판에서의 제출이 소송지연 목적이 없고 불제출에 당사자 과실이 없으면 추가로 제출할 수 있다.

이는 피고인의 방어권 문제로 귀결된다. 검찰이 추가로 제출하려는 증거가 피고인에게 너무나 불리한 것이라면 증거조사 완료를 이유로 추가 증거의 제출이 방어권을 침해하는 실기한 공격방법이라고 주장해 배척시켜야 한다.

그러나 문제는 결심 후에도 추가 증거의 제출이 사실판단에 너무나 중요할 경우 법원이 변론재개 결정을 내릴 수도 있는 마당에 결심 당일 검찰이 법정에서 곧바로 추가증거 제출의견을 내었는데 이를 함부로 배척할 경우, 검찰의 변론재개 신청을 막기가 사실상 어렵다는 점이다. 딜레마다.

변론재개 신청에 대한 허부 판단에서 허락 사정이 보여 재판부가 허가하고 수 주일 후 다시 재판을 속행한다면 이는 심각한 소송불경제가 되고, 특히 구속재판 중인 피고인 A에 대해서는 신속한 재판받을 권리 침해의 결과가 될 수 있다. 또 구금기간이 장기화된 피고인에 대해서는 항상 구속만기를 고려하여 법관은 신속히 재판해야 하는 중압감이 있다.

요컨대, 원칙적으로는 변론준비기일에 검찰의 과실로 제출하지 못한 증거이고, 또 본 재판 과정에서도 검찰이 고의로 제출을 해태하다가 결심에 이르러 비로소 제출계획을 밝히며 속행을 구하는 것은 피고인의 방어권을 침해하여 위법할 수 있다. 다만 변론재개에 준할 만한 사정이 보이고, 사실판단에 중요하며, 검찰의 불제출 과실이 미약할 때에는 부득이 추가증거 제출을 허가할 수밖에 없는 점을 유의하여 이해해야 한다.

이처럼 신 증거제출, 주장의 변경은 항상 때가 있고, 이의 절차가 있으며, 법원의 허부 판단이 요구됨을 알았다. 이는 본질적으로 형사소송이 카운트파트(상대방)가 있는 싸움이기 때문이다. 이를 당사자주의라고 한다.

※ 본 칼럼 게재 후 대구지검은, 분리되어(따로) 재판받던 공범에 대한 결심공판조서(피고인신문 기재 포함)를 중요한 증거로 보고 본건에 제출하게 됐다고 해명했다(매일신문 2019. 2. 10.자 기사 참조).

[94] 전(前) 검찰국장 구속 풍경

2019. 1. 23. A 전 검찰국장은 B 검사를 추행한 후 인사 불이익을 줬다는 직권남용죄 유죄 선고와 함께 법정구속됐다.

B 검사가 자신을 피해자로 한 강제추행과 후속된 직권남용 수사를 부실수사로 비판한 것을 고려하면 매우 놀라운 결과다. 부실수사였던지, 강도 높은 수사였던지는 외부에서 파악하기 어려운 부분이지만, 이 사건 재판은 분명한 처리기준이 있었던 것 같다.

검찰이 징역 2년을 구형했는데, 법관이 징역 2년을 선고하여 이례적이었던 점, 피고인의 사회적 신분과 다툼의 여지 등을 고려하여 법정구속은 면해 주고 항소심 방어권을 보장하는 경우가 가능할 터인데도 즉시 법정구속 시킨 점을 보면 그러하다.

피고인은 그간 재판과정에서, 2010. 10. 장례식장에서 B 검사를 추행한 적 없고, 인사 보복을 할 동기가 없었다고 주장하며 혐의를 완강히 부인했다. 그러나 이 사건 재판부는 피고인이 법무부 검찰국장의 직권을 남용해 인사 담당 검사로 하여금 인사원칙과 기준에 반해 B 검사를 전보시키는 행위를 하도록 했고, 피고인이 자신의 보직 관리에 장애가 있을 것을 우려해 피해자에게 인사 불이익을 줄 동기가 충분했다고 하여, 피고인의 주장과 정반대의 판결을 했다. 이 사건 인사불이익이 피고인의 성추행 비위를 덮으려는 의도에서 이뤄졌고, 피해자에게 막대한 정신적 상처를 주었다는 가중 양형인자도 언급했다. 재판부는 검찰 내부 인사들의 증언, 검찰 인사위원회의 심의·의결로 축적된 원칙과 기준을 토대로, B 검사에 대한 인사가 형평에 반했고, 위법한 것으로 판단했다.

선고를 들은 A는 의외, 뜻밖이라는 태도를 취하며 한숨을 쉬었다고 한다. 그리고 평검사의 전보 인사까지 보고받고 신경쓰는 검찰국장은 아무도 없을 것이라며 억울함을 호소했다고 하는데, 이는 C 대법원장의 구속 전 변명과 흡사하다.

이 사건 추행은 2010년 10월, 인사 불이익은 2015년 8월, B 검사의 폭로는 2018년 1월에 이뤄졌다. 1심 판결까지 무려 8년 이상이 걸렸고, 여성검사의 인격적 가치가 훼손된 사건으로 평가될 것이다. 피고인의 범행동기, 피해자의 무고동기 내지 무고로 얻을 이익이 실제 사건에서 어떻게 작동되는지 알 수 있는 사건이었다. 이 사건 피고인에게는 범행동기가 있었고, 피해자에게는 무고동기가 없다는 것이 법원의 판단이다.

[95] 로스쿨 교수와 검사의 범죄 공모

2019. 1. 16.자 동아일보는 충격적 기사를 보도했다. 법률가를 양성하는 로스쿨에서 대학의 학사업무를 방해한 범죄 혐의가 드러났다는 취지의 초기 기사다.

A대 법학전문대학원 교수가 제자인 현직 검사의 박사학위 예비심사 논문의 대필을 적극적으로 돕거나 지시했다는 내용이고, 검사는 현직 검사라고 하

니, 도대체가 믿을 사람이 없다. 동아일보가 대검찰청 감찰본부에서 입수한 내용에 따르면, A대 로스쿨 박사과정에 있던 검사는 본래 12쪽 분량의 미완의 예비심사 논문 초안을 교수에게 전달했고, 교수는 석사과정 대학원생들에게 여러 부분을 수정하라고 지시했다고 한다. 두 명의 석사과정 제자가 위 초안을 19쪽으로 불렸고, 최종 단계에서는 제목마저도 피심사자인 검사의 초안과 달라졌다고 한다. 이 과정에서 교수는 대학원생에게 이메일로 작업 경과를 묻고, 자신의 논문 내용을 검사의 논문 초안에 인용하라는 지시도 했다고 한다. 이후 교수는 검사의 부친에게 이메일로 논문을 전했고, 피심사자인 현직 검사는 2016. 12. 10. A대에서 박사학위 예비심사 논문을 발표하는 데 성공했다.

A대의 학위수여 과정을 보면, 박사학위 예비심사 논문이 통과되지 못하면 본심사 학위 논문 작성에 들어갈 수 없는 구조라고 한다. 결국 피혐의자인 A대 교수와 현직 검사는 명시 내지 묵시의 공모를 통하여 A대 법학전문대학원의 박사학위 수여와 관련한 학사업무를 방해했고(형법 제314조), 이 과정에서 석사과정 대학원생 2명에게 의무 없는 일을 강요한 것이다(형법 제324조).

결국 피혐의자들은 위계로써 A대학이라는 사립대학의 학사업무를 방해하였고, 예비논문 심사는 발표되기까지 하여 동죄의 기수에 도달하였다. 다만 강요와 관련하여서는, 석사과정의 대학원생들로 하여금 의무 없는 일을 하게 한 것은 분명하나, 이 과정에서 폭행, 협박이 사용되었는지에 대한 확실한 증거가 없다면 강요죄 성립은 어렵다. 만약 석사과정의 대학원생들이 자발적으로 교수를 도와 현직 검사의 논문 예비발표를 수정한 것이라면, 이들도 업무방해죄의 방조 내지 공동정범으로 처벌될 위기에 처해 있다.

[96] 법원공무원과 뇌물죄

최근 서울중앙지방검찰청 공정거래조사부는 현직 법원행정처 직원 3명을 전직 법원 공무원이자 현 사업가로부터 뇌물을 수수한 혐의로 체포했다(2018. 12. 18.).[61]

61) 서울중앙지검은 2019. 1. 4. 법원행정처 과장 등 4명을 뇌물 및 공무상비밀누설죄로 구속 기소하고, 피고인들의 도움으로 법원 발주사업 수주에 성공한 납품업자 등 11명은 입찰방해죄로 불구속 기소했다.

피의자들은 법원 전산직 공무원이고, 전자법정 구축 등 정보화 사업 진행 과정에서 전직 법원 공무원이 실질적 사장인 업체에 일감을 몰아주는 대가로 돈을 수수한 혐의를 받고 있다. 일부는 수천만 원, 일부는 억 대의 돈을 받았다고 하니, 일반 뇌물죄가 아닌 특정범죄가중처벌등에관한법률상 가중뇌물죄의 대상이다.

검찰이 법원행정처 전산정보관리국 사무실과 공여자인 A씨가 사실상 운영한 업체 3곳, 전현직 법원행정처 직원의 주거지 10여 곳을 압수·수색했다고 하므로, 이미 확보한 증거 속에 장래 공소사실을 입증할 유의미한 내용이 있을 것으로 보인다. 공여자가 세운 회사는 2009년~최근까지 수백억 원 대의 법원 정보화 사업을 수주했고, 공여자인 A씨는 이미 12. 13. 입찰방해죄와 횡령죄로 구속된 상태다.

A씨에 대한 구속수사 과정에서 새로 발견한 혐의가 바로 뇌물공여죄이고, 이 사건은 애초 법원행정처가 감사를 벌인 뒤 검찰에 수사를 의뢰한 사건이므로, 법원이 관련자를 비호하거나 증거를 인멸할 가능성이 거의 없다.

한편 검찰은 법원행정처 직원들이 입찰관련 서류를 A씨 업체 등에 유출했는지도 별도로 수사하고 있다고 하므로, 새 혐의에 대한 입증이 완료되면 이는 별도의 공무상비밀누설죄에 해당할 여지도 있다.

특히 뇌물 공여자인 피의자 A씨가 2007년 부인 명의로 설립한 회사는 2009년부터 최근까지 실물화상기 도입 등 사업으로 200억원대 매출을 올렸고, 이들이 공급한 영상장비는 일반 공급가보다 10배 가량 가격이 부풀려졌다고 한다. 만약 뇌물을 수수한 공무원들이 10배나 비싼 장비를 구입하여 법원에 손해를 주고 있음을 알고도 한 행위라면, 또 그들이 국가의 회계사무를 집행하는 자 또는 보조자의 직위에 있었음이 확인된다면, 회계관계직원 등의 책임에 관한 법률 제2조 제1호(국가의 회계사무를 집행하는 자)·제2호(지방자치단체의 회계사무를 집행하는 자) 또는 제4호(제1호 또는 제2호에 규정된 사람의 보조자로서 그 회계사무의 일부를 처리하는 사람만 해당한다)의 직위에 있는 자가 국가의 손실을 입힐 것을 알면서 그 직무에 관하여 형법 제355조(횡령, 배임)의 죄를 범한 경우에 해당하므로, 특가법 제5조의 국고손실죄로 매우 무거운 처벌을 받게 될 수도 있다.

공소장(위 수사내용이 모두 증거에 의해 입증될 것이어서 검사가 대부분의 죄에 대해 기소할 경우) 내지 유죄판결의 범죄사실에 담길 내용을 사건의 발생 시간별로 예측해 보면 다음과 같다.

피고인 B, 피고인 C는 법원행정처 전산정보관리국 소속 과장으로, 피고인 D는 같은 국 소속 행정관으로 근무하는 자, 피고인 A는 전직 법원공무원으로써 2009~2018. ○○.경까지 사이에 주식회사 甲, 주식회사 乙, 주식회사 丙을 자신 또는 처 등 타인의 명의로 운영한 실질적 운영자이다.

피고인 B, 피고인 C, 피고인 D는 대법원 전자법정 사업 입찰과 관련하여 피고인 A가 실질적으로 운영하던 위 甲, 乙, 丙 각 주식회사가 별지 목록 기재 각 입찰에서 선정될 수 있도록 하기 위하여 공동으로, 위 피고인 A에게 법원행정처의 입찰 관련 서류를 건네는 방법으로 공무상비밀을 누설하고, 위 각 회사들이 공급하는 제품만 응찰 가능한 조건을 내거는 등으로 입찰을 진행토록 하여 별지 목록 기재 일시 각 입찰에서 위 회사들이 낙찰되도록 함으로써 피고인 A, 주식회사 甲, 乙, 丙으로 하여금 합계 40,000,000,000 원 가량의 정보화사업 입찰을 부당하게 수주케 하여 공정한 입찰을 방해하였다.

피고인 A는 위와 같은 수주의 대가로 별지 목록 기재 일시, 장소에서 피고인 B, 피고인 C, 피고인 D에게 금 ○○원을 지급한 것을 비롯하여 2018년 ○월 ○일까지 사이에 총 ○○회에 걸쳐 총 ○○○원을 공여하였고, 피고인 B, 피고인 C, 피고인 D는 피고인 A로부터 동액을 수수하였다.

[97] 한전 직원과 뇌물죄

지난 1. 17. 전주지방검찰청 형사1부는, 한국전력공사 임직원들이 차명으로 태양광발전소를 분양받은 점을 포착하고 4명을 뇌물죄로 구속 기소, 9명을 동죄로 불구속 기소했다. 이들 임직원은 처, 자녀 등의 명의로 발전소를 분양받았고, 그와 별도로 태양광 업체들로부터 발전소 공사대금을 할인받는 방식으로 작게는 1천만원, 많게는 1억원 상당의 이득을 취해 각 뇌물죄로 기소된 것이다.

우리는 여기서 두 가지 궁금증에 직면한다. 첫째, 한전 직원은 얼핏 보면 공무원이 아닌 것 같은데, 어째서 뇌물죄로 처벌되는 것인가. 둘째, 돈 대신 발전소를 분양받은 것도 뇌물에 해당하는가.

첫째, 뇌물죄의 주체에 대해 본다.

형법 제129조에서의 공무원이라 함은 법령의 근거에 기하여 국가 또는 지방자치단체 및 이에 준하는 공법인의 사무에 종사하는 자로서 그 노무의 내용이 단순한 기계적·육체적인 것에 한정되어 있지 않은 자를 지칭하는 것이다. 따라서 이러한 개념에 포함되는 한 국가공무원, 지방공무원, 경력직(일반직, 특정직, 기능직), 특수경력직(정무직, 별정직, 전문직, 고용직) 공무원 모두가 본죄의 적용을 받으며, 특가법과 동법 시행령에서는 뇌물죄의 주체를 확대규정하고 있다.

판례가 본죄의 주체로 판시한 것으로는, 지방공사와 지방공단의 직원, 지방의회의원, 구 주택건설촉진법에 의하여 설립인가를 받아 도시 및 주거환경정비법 부칙에 의하여 법인 등기를 마친 재건축조합의 조합장, 지방교통영향심의위원회 위원으로 임명된 자, 건설기술관리법령에 따라 발주청의 '설계심의분과위원회' 위원으로 임명 또는 위촉된 자, 구 건설기술관리법 제45조 제1호(현 건설기술진흥법 제84조 제1호)의 지방위원회 위원 중 공무원이 아닌 위원, 시·구도시계획위원회 위원, 도시 및 주거환경정비법에 의하여 공무원으로 의제되는 정비사업전문관리업자의 임·직원, 문화재관리국 관리과 운영계 고용원으로서 문화재관리국 소관 국유재산처분업무를 담당하면서 필지별 재매매계약에 관한 업무 및 그 대금수납업무 등을 수행하였음이 명백한 자가 있다.

반면 집행관사무소의 사무원, 서울특별시 후생복지심의위원회가 정한 서울특별시 후생복지시설 운영규정 제6조에 따라 위 후생복지심의위원회 위원장에 의해 서울시청 구내식당 소속 시간제 종사원으로 고용된 자는 본죄의 주체가 아니다.

한편 특정범죄가중처벌등에관한법률 제3조의 "공무원의 직무에 속한 사항"의 의미와 관련한 사례로, (서울대학교병원의 조직과 운영, 임직원들의 직무내용, 인사 및 보수에 관하여 공무원인 서울대학교 교직원과 별도로 규율, 운영되고 있는 점에 비추어 보면) 서울대학교 의과대학 교수가 서울대학교병원 의사를 겸직하더라도 의사로서의 진료행위의 실질이나 직무성격이 바로 공무로 되거나 당연히 공무적 성격을 띤다고 할 수 없으며, 진료행위 등은 고등교육법에 의해 교원의 임무로 되어 있는 학생의 교육지도나 학문연구와는 밀접하게 관련되어 있다고도 볼 수 없다는 이유로, 특정범죄가중처벌등에관한법률위반(알선수재)의 공소사실에 관하여 무죄가 선고된 사례도 있다.[62] 이 판례에 따르면 국립대 의대 교수가 진료편의를 봐주는 대가로 금원을 수수하더라도 적어도 뇌물죄에 해당하지는 않게 된다.

62) 대법원 2006. 5. 26, 선고 2005도1904 판결.

부정청탁및금품등수수의금지에관한법률(일명 '김영란법')위반죄가 성립할 수 있음은 별론이다.

둘째, 뇌물이란 무엇인가.

뇌물은 직무에 관한 부정한 보수로서의 모든 이익을 말한다. 이때의 이익은 사람의 수요, 욕망을 충족시킬 수 있는 일체의 유, 무형의 이익으로 폭넓게 해석되므로 성(性)을 제공받은 것도 뇌물에 해당한다. 뇌물의 내용인 이익이라 함은 금전, 물품 기타의 재산적 이익뿐만 아니라 사람의 수요·욕망을 충족시키기에 족한 일체의 유형·무형의 이익을 포함하는 것이므로, 뇌물이 반드시 경제적 가치가 있거나 금전적 이익으로 환산할 수 있는 것에 한정된다고 볼 수 없기 때문이다.

같은 취지에서, 공무원이 투기적 사업에 참여할 기회를 얻는 것도 뇌물에 해당하며, 이러한 뇌물성의 유무는 공무원의 직무와 이익공여자와의 관계, 이익수수의 경위, 그 당시의 사회상태 등 제반 사정을 종합하여 합리적으로 판단해야 한다. 한편 뇌물죄는 직무집행의 공정과 이에 대한 사회의 신뢰에 기하여 직무행위의 불가매수성을 그 직접적 보호법익으로 하고 있으므로 뇌물성은 의무위반행위의 유무와 청탁의 유무 및 금품 수수 시기와 직무집행행위의 전후를 가리지 않는다.

결국 이 사건 한전 임직원들은 뇌물죄의 주체가 되며, 이들이 태양광 발전소를 분양받거나 공사대금을 감면받는 방식으로 이익을 본 것은 뇌물을 수수한 것이 맞다는 결론이 나온다.

[98] 강제집행관의 보조인력 준수사항

최근 서울행정법원은 인접한 서울중앙지방법원 소속 집행관이 동 법원장을 상대로 낸 징계처분 취소소송에서 원고 청구를 기각하고, 서울중앙지방법원장이 원고에게 내린 징계가 적법하다고 판시했다(서울행정법원 2018구합4083 판결).

보통 법원장과 집행관은 상부상조의 관계일 뿐만 아니라 집행관 거의 대부분이 검찰과 법원에서 정년을 채운 전직 공무원인 관계로 법원장이라 하더라도 함부로 대하지 않는 경우가 많으며, 특히 이 사건과 같이 징계처분을 하는 경우는 매우 드물다.

가끔 집행관이 금품을 수수한 것과 같이 매우 중대한 죄명에 해당하는 범법을 저지르는 경우가 있고 그로써 법원장이 부득이 고발조치를 하는 경우가 있지만, 이 사건의 집행관은 상가 임대료 인상 문제로 폭력사태까지 간 유명한 '○○족발'에 대한 강제집행 과정에 법원장의 승인을 받지 않은 인력을 사용해 징계를 당했다. 그리고 퇴거에 불응하는 채무자를 상대로 집행행위 중 채무자의 손가락 일부가 절단되는 일이 발생한 점도 징계의 배경으로 볼 수 있다.

서울중앙지방법원장이 원고 집행관에 대해 징계사유로 삼은 것으로는, 원고가 승인받지 않은 인력을 함부로 사용했고, 일부 인력의 인적사항을 장부에 기재하지 않았고, 집행 과정에서 노무자의 신분증을 제출받는 행위를 소홀히 했을 뿐만 아니라 정해진 조끼를 착용케 할 지휘의무를 소홀히 했다는 점이다.

위와 같은 관리지침 위배를 이유로 징계권자인 법원장은 집행관에게 과태료 200만원을 처분했다. 이는 징계에 해당하고, 현재 또는 장래 집행관은 신분상 불이익을 당할 처지에 놓였다. 그리하여 집행관인 원고가 제기한 이 사건 소송에서, 법원은 집행관으로 하여금 사용노무자 관리부를 작성케 한 지침의 취지를 중요하게 판시, 또 미등록 인부를 함부로 사용한 위험성을 지적하며, 피고의 원고에 대한 이 사건 징계는 적법하다고 판단했다.

무릇 국가에서 정한 절차가 있다면, 각 절차가 요구하는 방식과 시기는 반드시 지켜져야 한다. 보호법익이 어느 개인의 안전과 평화를 위해서가 아니고, 반복되는 동종 행위 과정에서 수시로 발생할 사회적 위험을 방지하는 지혜가 담겨 있기 때문이다.

우리 변호사들도 수임사건 경유의무, 수임내역 보고, 선임계 내지 위임장 제출 후 변론활동 의무, 변론 목적 이외 집사 노릇 목적의 접견금지, 쌍방대리 금지, 1변호사 2사무소 운영 금지, 겸직 금지, 비변호사와 동업 금지, 명의대여 금지, 고객에 대한 충근의무와 로비 명목 금원수령 금지, 확인 불가능한 허위 경력 및 허위 수임실적 광고 금지, 전문분야 허위광고 금지, 변호사 연수의무, 공익활동 보고의무 등 참으로 다양한 의무를 준수하고, 금지에 몸이 메여 있다.

때로 지침을 어겨가며 불법적 운영과 변론을 일삼는 변호사가 발견된 경우, 대한변호사협회는 홈페이지 내 '변호사 징계내역'과 같이 과감하게 징계하고 있고, 대부분의 징계는 취소됨이 없이 유지되어 왔다.

[99] 별건 감찰과 공무원 징계

2018. 12. 27.자 조선일보는, 2017년 말 별건 감찰로 정직 처리된 외교부 간부에 대한 징계처분을 소청심사위원회가 취소하고 감경처분한 사실을 보도했다.

외교부 간부 A에게 내려진 처분은 정직 1개월이었고, 이는 외교부 감사담당관실이 A의 비위에 대해 요구한 직위해제 요구를 감안한 중징계였다. 그런데 문제는, 청와대 특별감찰반의 A에 대한 감찰조사 목적이 공무 사안에 대한 언론 유출이었는데도 실제로는 사생활에 대한 조사가 이루어진 점(별건 감찰), 당사자의 동의로 휴대폰을 제출받았다고는 하지만 조사 목적을 속이고 다른 목적의 증거를 찾아낸 꼴이 된 점(독수독과)이었다. 소청심사위원회도 제기된 의혹으로 업무상 물의를 일으킨 적이 없는 점, 근무 평정이 양호한 점을 들어 원처분을 취소하고 감봉 3개월로 감경했다.

국가는 공무원이 신분을 망각하여 문란한 생활을 하거나 사행적 생활을 일삼는다면 품위유지의무위반으로 징계할 수 있다. 그러나 그것은 어디까지나 품위유지의무위반 행위가 징계조사의 목적이 된 경우 타당한 것이지, 다른 목적으로 조사하다가 별건을 발견하고 증거를 수집한 것이라면 불법하거나 적어도 부당한 징계가 된다. 공권력 행사에는 적법절차원칙이 준수돼야 하기 때문이다.

본건은 피혐의자의 방어권과 적법절차원칙 침해 소지가 있다.

적법절차원칙은 헌법상 법치국가 원리에서 파생되는 국가의 기본적 제도로써, 형사소송법, 민사집행법, 행정대집행법, 질서위반행위규제법, 도로교통법, 자동차관리법, 토지수용에 관한 여러 법률, 경찰관직무집행법, 출입국관리법, 형집행법, 군형법, 공무원·교원·군인·군무원의 인사 및 징계에 관한 각종 법규 등 국가의 공권력을 기반으로 국민에게 가해지는 불이익한 처우 대부분에 폭넓게 적용된다.

특히 형사소송법은 제308조의2(위법수집증거의 배제)에서 "적법한 절차에 따르지 아니하고 수집한 증거는 증거로 할 수 없다."고 규정하여 위법수집증거배제법칙을 명문으로 채택하고 있으며, 이 조항은 헌법상 법치국가 원리와 깊은 관련이 있다.

위법수집증거는 당사자의 증거동의 대상이 되지 않으므로, 설령 휴대폰 제출과 복원 행위, 증거수집 행위에 A가 동의했다고 하더라도 (별건 감찰이 위법한 한) 그 증거는 적법성을 부여받을 수 없다.

적법절차원칙을 공무원의 징계 절차에도 엄격히 적용할 경우, 위법하게 수집된 포렌식 복원 자료는 A의 징계 증거로 사용할 수 없게 된다.

국가는 국민은 물론이고 수하의 공무원에게도 항상 정직해야 하며, 신의를 위배하는 행위를 하여서는 안 된다. 만약 국가가 그의 힘을 제어하지 못하고 나쁜 의도로 공권력을 작동시킨다면, 이는 국민이 국가에게 준 권한을 남용한 것이 되고, 적법하게 취득한 민주적 정당성을 그 스스로의 권한남용으로 훼손하는 나쁜 결과에 도달한다.

참고로 필자는, 설령 A가 공무상 지득한 정보를 언론에 유출했더라도 유출 내용이 사실이고, 또 그것이 국민적 관심이 되는 중요 사안이라고 한다면, 그러함에도 국가가 은밀한 방식으로 성급히 처리하고자 하여 국익에 반하는 결과가 예상되는 위험한 상황이었다면 A를 면책시켜야 한다고 본다.

만약 6·25 당시 "북한군의 남하 속도를 늦추기 위해 한강철교를 폭파하라"는 명령을 받은 군인이 피난길에 오른 수많은 서울시민의 희생을 막기 위해 그 내용을 피난민들에게 알려 다수 국민의 목숨을 구했다면, 그 군인은 총살돼야 하는가, 아니면 긴급피난의 법리가 적용되어 처벌을 면해야 하는가.

상부의 명령보다 국가와 국익, 공익을 우선시한 사례로, 최근 국방부장관직을 사임한 미국의 메티스 전 장관이 소개되곤 한다.

[100] 리벤지포르노 법 개정

지난해 겨울 국회가 통과시킨 민생범죄 개정법률 중에서 윤창호법, 김성수법 다음으로 중요한 것이 리벤지포르노법이다. 리벤지포르노법의 핵심은 성폭력처벌등에관한특례법(성폭법)상의 카메라촬영죄 구성요건을 확대·강화함과 동시에 본래는 동의 하에 찍은 연인 사이의 성관계 동영상이라도 이후 피해자의 의사에 반해 유포하는 경우 처벌을 높이면서, 몇 가지 주요한 요소를 추가하였다. 이 법은 2018. 9. 정부가 발표한 '디지털 성범죄 피해 방지 종합대책'의 일환으로 평가된다(2018. 12. 18. 개정·시행).

개정된 성폭법 제14조의 카메라 등을 이용한 촬영죄 규정을 보면, 단번에 처벌 강화 변화를 읽을 수 있다.

제14조(카메라 등을 이용한 촬영) ① 카메라나 그 밖에 이와 유사한 기능을 갖춘 기계장치를 이용하여 성적 욕망 또는 수치심을 유발할 수 있는 사람의 신체를 촬영대상자의 의사에 반하여 촬영한 자는 5년 이하의 징역 또는 3천만원 이하의 벌금에 처한다. <개정 2018. 12. 18.>

② 제1항에 따른 촬영물 또는 복제물(복제물의 복제물을 포함한다. 이하 이 항에서 같다)을 반포·판매·임대·제공 또는 공공연하게 전시·상영(이하 "반포등"이라 한다)한 자 또는 제1항의 촬영이 촬영 당시에는 촬영대상자의 의사에 반하지 아니한 경우에도 사후에 그 촬영물 또는 복제물을 촬영대상자의 의사에 반하여 반포등을 한 자는 5년 이하의 징역 또는 3천만원 이하의 벌금에 처한다. <개정 2018. 12. 18.>

③ 영리를 목적으로 촬영대상자의 의사에 반하여 정보통신망이용촉진및정보보호등에관한법률 제2조 제1항 제1호의 정보통신망(이하 "정보통신망"이라 한다)을 이용하여 제2항의 죄를 범한 자는 7년 이하의 징역에 처한다. <개정 2018. 12. 18.>

몇 가지 변화를 분석하면 다음과 같다.

첫째, 제14조 제1항의 구성요건은 본래 다른 사람의 신체를 의사에 반해 촬영한 경우 처벌하고 있었는데, 금번에 법이 개정되어 '사람의 신체'를 촬영대상자의 의사에 반해 촬영하면 처벌하게 되었다. 그리고 종전에는 타인의 신체를 의사에 반해 촬영한 그 촬영물을 반포·판매·임대·제공·전시·상영한 경우를 처벌하고 있었는데, 이제는 동조 제2항에서 그 촬영물의 복제물과 복제물의 복제물을 반포등 한 경우도 처벌할 뿐만 아니라 촬영대상자의 동의로 찍었거나 촬영대상자가 스스로 셀카를 찍은 영상물이라도 그의 의사에 반해 반포등의 행위를 한 경우도 처벌할 수 있게 되었다. 나아가 제14조 제1항은 원래 5년 이하의 징역 또는 1천만원 이하의 벌금이었는데, 금번에 법이 개정되어 5년 이하의 징역은 같은데, 벌금이 3천만원 이하로 상향되었다.

둘째, 동조 제2항의 구성요건은 본래 촬영 당시에는 의사에 반하지 않은 경우에도 사후에 의사에 반해 촬영물을 반포등 한 경우 처벌하고 있었는데, 처벌 흠결 비난이 있었다. 사람의 신체를 직접 촬영하지 않은, 즉 화상통화 중인 화면을 촬영하였거나 동영상을 다시 복사한 복제물, 그리고 복제물의 복제물 유포를 처벌할 수 없는 흠결이 그것이었다. 종래 대법원은 다른 사람의 신체 그 자체를 직접 촬영한 것과 달리 피해자의 신체 이미지가 담긴 영상(화상통화 영상)을 휴대전화 내장 카메라를 통해 동영상 파일로 저장한 것은 불법촬영죄가 아니어서 동조 제1항으로 처벌할 수 없다고 보아 무죄를 확정하였다(대법원 2013도4279 판결). 이러한 해석에 따를 때 피고인의 행위는 불법촬영죄로 처벌할 수 없을 뿐만 아니라 반포등 죄로도 처벌할 수 없었다.

그래서 예컨대 야동 동영상을 복제하여 그것을 음란사이트 내지 성인물사이트에 업로드 하더라도 형법상 음화반포죄(제243조, 1년 이하 징역 또는 500만원 이하 벌금)로는 처벌할 수 있었지만, 상대적으로 형이 높은 성폭법상 카메라등촬영죄 규정을 적용하여 처벌할 수 없어 비판의 대상으로 남아 있었다. 그러나 금번에 법을 개정하여 제1항에 따른 촬영물(불법촬영물) 또는 복제물과 복제물의 복제물을 반포등 한 경우 뿐만 아니라 촬영 당시 대상자의 의사에 반하지 않았지만 이후 촬영물 또는 복제물을 의사에 반해 반포등 하는 경우를 처벌할 수 있게 되었다. 다만 개정법에 따르더라도 단순히 복제물을 제작하기만 하고 반포등의 행위에 나아가지 않는다면 성폭법 본조로는 처벌할 수 없다(형법상 음화제조등 죄는 별론). 동조 제1항에는 복제물의 제작을 처벌하는 내용이 없고, 동조 제2항으로 가면 복제물의 반포등의 행위를 처벌하고 있기 때문이다.

그리고 처벌 형량도 종전에는 촬영 당시 의사에 반하지 않았다는 점을 감안해 반포등의 행위를 3년 이하의 징역 또는 500만원 이하의 벌금에 처하던 것(따라서 불법촬영행위와 불법촬영물의 유포행위보다 법정형이 낮았다)을 이번에 법을 바꾸어 5년 이하의 징역 또는 3천만원 이하의 벌금으로 높게 처벌하게 되었다. 이로써 불법촬영행위, 불법촬영물 반포등 행위, 동의촬영물을 의사에 반해 반포등 한 행위는 모두가 5년 이하의 징역 또는 3천만원 이하의 벌금으로 동일하게 처벌된다.

셋째, 동조 제3항의 구성요건은 영리목적으로 타인의 신체를 의사에 반해 촬영한 촬영물을 정보통신망을 이용해 유포한 자를 처벌하던 규정을 확대하여, 영리목적으로 사람의 신체를 대상자의 의사에 반해 촬영한 촬영물 및 그 복제물과 복제물의 복제물을 반포등 하거나, 촬영 당시에는 대상자의 의사에 반하지 않았지만 사후 의사에 반해 반포등 한 경우까지도 모두 처벌하는 것으로 변경하였다. 따라서 성인사이트에 헤어진 여자친구와 합의 하에 찍은 섹스동영상을 영리목적으로 전 여친의 의사에 반해 올려 유포하면 이제는 처벌된다. 이를 리벤지 포르노 처벌법이라 한다. 그리고 처벌도 과거에는 7년 이하의 징역 또는 3천만원 이하의 벌금으로 처벌했으나, 이제는 벌금형이 없어지고 7년 이하의 징역형만 남게 되었다.

참고로 반포는 불특정 또는 다수인에게 무상으로 교부하는 것을 말하고, 계속적·반복적으로 전달하여 불특정 또는 다수인에게 반포하려는 의사를 가지고 있다면 특정한 1인 또는 소수의 사람에게 교부하는 것도 반포에 해당할 수 있다. 반면 제공은 반포에 이르지 않는 무상 교부 행위를 말하며, 반포할 의사 없이 특정한 1인 또는 소수의 사람에게 무상으로 교부하는 것을 말한다. 따라서 삼각관계에서 화가 나자 이성의 새 남자친구에게 촬영물을 전송한 것은 불특정 또는 다수인에게 교부하거나 전달할 의사로 전송한 것으로 보기 어렵기 때문에 제공에 해당하고, 반포로는 볼 수 없다(대법원 2016도16676 판결). 만약 피해자의 신체 사진을 피해자의 휴대전화로 전송하기만 하고 타에 반포등 하지 않은 경우라면, 본 조의 제공에 해당하지 않는다. 촬영의 대상이 된 피해자 본인은 성폭법 제14조에서 말하는 '제공'의 상대방인 '특정한 1인 또는 소수의 사람'에 포함되지 않기 때문이다(대법원 2018도1481 판결).

[101] 자살예방법

국가는 자살에 대한 국가적 차원의 책무와 예방정책에 관하여 필요한 사항을 규정함으로써 국민의 소중한 생명을 보호하고 생명존중문화를 조성함을 목적으로, 자살예방정책과 관련한 법률을 제정·시행해야 하고, 동 정책은 자살위험에 노출된 개인이 처한 특수한 환경을 고려하여 성별·연령별·계층별·동기별 등 다각적이고 범정부적인 차원의 사전예방대책에 중점을 두고 수립돼야 한다. 이러한 목적으로 시행되고 있는 법률이 자살예방및생명존중문화조성을위한법률(약칭: 자살예방법)이다.

위 법에 따라 국민은 자살위험에 노출되거나 스스로 노출됐다고 판단될 경우 국가 및 지방자치단체에 도움을 요청할 권리가 있고, 국민은 국가 및 지방자치단체가 자살예방정책을 수립·시행함에 있어 적극 협조해야 하며, 자살할 위험성이 높은 자를 발견한 경우에는 구조되도록 조치를 취해야 한다. 또 국가 및 지방자치단체는 자살위험자를 위험으로부터 적극 구조하기 위하여 필요한 정책을 수립해야 하고, 자살의 사전예방, 자살 발생 위기에 대한 대응 및 자살이 발생한 후 또는 자살이 미수에 그친 후 사후대응의 각 단계에 따른 정책을 수립·시행해야 한다. 이 경우 자살시도자 및 그 가족 또는 자살자의 가족을 보호하기 위한 방안을 포함해야 한다.

자살예방법의 취지와 목적이 자살 실태파악, 대책 수립, 자살시도자 지원 및 구호에 있고, 그간 벌칙규정으로는 비밀엄수의무자가 비밀을 누설한 경우에만 처벌규정이 있었다. 자살예방 직무를 수행하였던 자 또는 수행하고 있는 자는 직무 수행과 관련하여 알게 된 타인의 비밀을 누설하거나 발표해서는 안 되고, 위반한 자는 3년 이하의 징역 또는 3천만원 이하의 벌금에 처해지는 내용이었다(동법 제25조). 그런 관계로 그간 자살을 방조한 행위에 대해서는 형법 각칙 상의 자살방조죄에 의해 처벌되었고, 제252조 제2항에 따라 1년 이상 10년 이하의 징역에 처해지고 있었다.

그러나 자살방조는 자살을 결의한 자로 하여금 그 실행을 용이하게 할 수 있는 각종 유·무형의 원조행위로, 모호한 개념풀이가 주를 이루었고, 그리하여 자살을 직접적으로 용이하게 하는 행위에 처벌이 주로 집중되어 실무상 혼선이 있었다. 그 결과 금번에 자살예방법이 개정됐다. 자살 도구, 자살 방법 등 자살을 돕거나 부추기는 정보를 인터넷에 올리는 행위도 동법 처벌규정 신설에 따라 처벌된다. 자살예방법 일부 개정안이 2018. 12. 27. 국회 본회의를 통과했고, 올 7. 16. 개정법이 시행된다. 정보통신망을 통하여 자살유발정보를 유통 시 처벌하는 동법 제25조 제3항이 그것이다. 이제 인터넷을 통한 자살동반자 모집, 자살 조장 정보를 유통하면 2년 이하 징역 또는 2천만원 이하 벌금에 처해진다. 이는 단순한 유해정보로써 방송통신심의위원회에 의한 삭제조치의 대상을 넘어선 자살원조행위가 맞기 때문에 이번 법안 통과는 매우 시의적절하다.

자살위험자가 발생한 경우, 긴급구조기관(경찰, 해경, 소방)은 통신사업자로부터 개인정보와 위치정보를 신속히 받을 수 있는 내용도 동법 개정안에 담겨 있다(동법 제19조의3).

[102] 양형기준 최근 동향

최근 대법원 양형위원회는 몇 가지 주요범죄에 대한 양형기준을 발표했다. SNS상 허위사실 게재·유포 행위와 보이스피싱 방조행위에 대해 권고형을 상향시켜 눈길을 끈다.

대한민국 사회가 해당 범죄를 받아들이는 수용 감수성, 발생빈도와 피해의 추이를 감안해, 이번에는 여론이 들끓어 온 사이버 명예훼손과 보이스피싱 방조, 다단계 사기가 주인공이 됐다. 겉으로는 전국 하급심 판결을 분석해 평균치 형량을 확보한다는 취지이겠으나, 진정한 목적은 시대변화에 따라 형량을 상승시킨 것으로 보는 것이 맞다.

양형기준을 정할 때는 일반가중인자와 특별가중인자로 잘게 세분화하고, 종전에 고려치 못한 가중인자를 새로 발굴할 경우 형 상승 요인은 계속 늘어나게 된다. 금번 의결된 양형기준에 따르면, 정보통신망을 이용한 명예훼손과 출판물 명예훼손죄의 기본 권고형은 6월 내지 1년 4월이고, 이에 대해 8월 내지 2년 6월을 가중할 수 있게 됐다. 특별가중인자(피해정도가 심하거나 범행수법과 동기가 불량)가 존재하면 징역 3년 9월까지도 처벌될 수 있다.

△△그룹의 A 명예회장을 SNS상에서 허위 명예훼손한 피고인이 지난 해 서울중앙지방법원에서 징역 5년을 선고받았으니, 사이버 허위명예훼손을 우리 사회가 얼마나 중하게 보는지 짐작할 수 있고, 이번 의결은 매우 타당하다.

사실 양형기준이 여론을 수용해야 양형기준을 넘어서는 튀는 하급심 판결이 사라지게 된다. 양형기준 준수율이 높아야 대법원의 체면도 서게 되고, 양형부당 항소율을 낮출 수 있어 상급심 심리부담도 줄어드는 일거양득이 있다.

SNS에 허위사실을 유포하는 행위는 엄히 처벌하는 것이 맞다. 높은 전파가능성과 피해결과를 생각하면 인격을 살해한 것과 같다. 살인죄의 법정형이 5년 이상이지만 우발적 살인일 경우 5년을 크게 초과하지 않는 경우도 있다. 인격살인을 당한 사람이 자살하는 경우가 갈수록 늘어나는 점을 고려하면 죄질이 중한 사건은 높은 형 선고가 불가피하다. A 명예회장을 허위로 비방한 피고인을 징역 5년에 처한 사람은 사실 배심원들이었다. 시민의 상식에서 매우 나쁜 범죄라는 말이다. 한편 이번 회의에서 진실사실적시 명예훼손은 기준을 정하지 않았고, 이는 사실적시 명예훼손에 대해 처벌을 폐지해야 한다는 여론도 높다

는 점이 반영됐을 것이다.[63)]

그리고 보이스피싱 수단에 사용되는 통장대여행위(전자금융거래법위반)가 앞으로는 징역 2년 6월까지 가중 처벌되고, 특별가중요소(비난가능성이 큰 경우)가 있는 사건은 징역 3년도 선고할 수 있게 됐다.

마지막으로 다단계판매조직을 이용해 타인의 돈을 수신하는 유사수신범은 그 수법이 조직적인 경우 징역 4년까지 가중처벌할 수 있도록 하고, 특별가중요소가 발견될 경우에는 징역 5년까지도 선고하도록 권고했다. 유사수신은 다단계판매를 규율하는 방문판매법과 떼려야 뗄 수 없고, 그 수단은 사기이므로, 사기, 유사수신법률위반, 방문판매법위반죄는 항상 세트로 붙어다니는 범죄다. 유사수신 사기의 대표적 범죄가 바로 조희팔 사건이다.

이러한 범죄에 대해서는 높은 형을 부과해 사회와 철저히 격리하고, 피해자들과 합의하도록 유도할 필요가 있다. 유사수신 사기범이 자진해서 숨겨 놓은 수익금을 내놓게 해야 하지, 범죄수익환수팀을 동원해도 숨긴 재산을 찾아내는 것이 쉽지 않다.

[103] 무고사범, 위증사범 단속강화

2019. 1. 14.자 법률신문은, 부산과 창원지방검찰청이 최근 무고사범과 위증사범을 단속해 기소한 건수를 보도했다. 부산지검이 2018년 적발한 무고, 위증사범은 147명이었고, 85명이 구공판 기소, 49명은 약식기소 됐다고 한다. 위 정식기소된 사람 중 구속기소된 사람은 몇 명일까? 4명에 불과했다. 한편 창원지검이 2018년 10월부터 12월까지 3개월간 단속해 같은 범죄로 기소한 자는 25명이었다.

수사와 재판이라는 중요 국가기능을 해치는 무고사범과 위증사범에 대한 대대적 단속은 시시때때로 나오는 지방검찰청 단골 메뉴다. 무고는 허위사실로 수사기관 내지 행정기관에 수사와 징계를 촉구하는 범죄이고, 위증은 기억에

63) 최근 발간된 한국형사정책연구원의 보고서(사실적시 명예훼손죄의 비범죄화 논의와 대안에 관한 연구)는, 유엔인권위원회와 UN산하 시민적·정치적권리에관한국제규약위원회가 우리나라에 진실사실적시 처벌규정 폐지를 권고한 사실, 처벌 대신 민사적 방법을 따르는 나라로 미국, 독일을 들 수 있는 점, 일본과 우리나라가 처벌규정을 두고 있지만, 일본은 친고죄, 우리는 반의사불벌죄로 운영돼 다른 점을 소개하고 있다(법률신문 2018. 12. 6.자 기사 참조).

반한 진술을 함으로써 공정한 재판권 행사를 방해하는 범죄다. 무고는 진실에 반한 사실로 고소 내지 신고한다는 점에서 객관설을 취하고 있고, 위증은 사실이든 아니든 증인이 자신의 기억에 반해 증언하는 경우 처벌된다는 점에서 주관설을 따르고 있다.

무고는 고소인 내지 신고인이 적극적으로 수사기관 또는 국가기관에 처벌 등을 촉구하는 반면 위증은 증인으로 소환되는 등 소극적으로 소송에 관여하며 질의에 답변하는 방식이므로 차이가 있다. 무고는 수사기관 내지 국가기관을 상대로 허위고소 내지 허위신고 시 성립되는 범죄이고 이 자는 선서의무가 없으나, 형법상 위증은 법관 앞에서 허위증언을 해야 성립하는 범죄이고[64] 이 자는 반드시 증인선서를 하고 증언거부권을 고지받은 자여야 한다. 무고와 위증은 모두 미필적이나마 거짓 내지 기억에 반한다는 점을 인식하면 족하다는 점에서 확신을 요하지는 않는다.

무고는 10년 이하 징역 또는 1천500만원 이하의 벌금, 위증은 5년 이하의 징역 1천만원 이하의 벌금에 처해지므로,[65] 기본적으로 무고가 더 무겁고 위증이 더 경하다. 이 점은 필자가 위에서 언급한 바와 같이 수사나 징계를 촉발시킨 적극적 행위라는 점에서 무고가 더 중한 범행방법이기 때문이다. 비난가능성도 무고가 더 높다고 볼 수 있다.

부산지검과 창원지검처럼 대구지방검찰청과 대구지검 서부지청, 대구지검 김천지청도 대대적으로 무고, 위증사범 단속에 나가는 경우가 있다. 다만 금번 부산, 창원지검 사례와 같이 구속수사 사건이 비율적으로 매우 적다는 점은 생각해 볼 점이 된다.

'구속수사되거나 실형선고되지 않는데, 무고를 조심할 사람이 얼마나 될 것인가?', '어차피 징역을 살리지도 못했는데, 이미 실추된 무고 피해자의 권리는 어떻게 회복될 수 있는가?'라는 두 가지 진지한 의문점이 그것이다.

그리고 차제에 무고, 위증사범을 단속해 처벌할 때에는 공무방해의 목적을 가진 피고인보다 오히려 지능형, 이욕형, 보복형 피고인을 더 엄히 단속할 필요가 있다. 공무원에 대한 무고행위를 시민 간 무고행위보다 더 중하게 보는 경우가 있는데, 무고의 경중은 피해자가 공무원이냐, 시민이냐에 따라 구분해야 할 성질이 아니다. 무고는 국가기능을 해쳤다는 점에서, 피해자(피무고자)를 기준

64) 이 점은 국회위증죄(국회에서의 증언·감정 등에 관한 법률 제14조)와 다른 점이다.

65) 국회위증죄는 1년 이상 10년 이하의 징역에 처한다.

으로 처벌 수위를 정하는 것은 타당하지 않다.

[104] 형사판결문 검색 확대

대한변협신문은 2018. 12. 17.자 제1면에서, 판결문 온라인 열람 확대는 변협의 노력이 빛난 성취였다는 취지의 기사를 싣고 있다. 대법원이 2018. 12. 4.자로 '형사판결서등의열람및복사에관한규칙'을 개정하여, 2019년 1월부터는 규칙 제5조에 따라 피고인과 사건번호 없이 임의어 검색으로 법원 홈페이지에서 판결서를 열람하거나 출력할 수 있게 된 것에 대한 평가다.

대법원은 판결서 통합검색열람 시스템을 도입해 이제 하나의 홈페이지에서 형사는 물론 민사 판결도, 그리고 전국 각 법원의 판결서를 검색하거나 열람할 수 있도록 하겠다고 밝혔다. 겉으로는 국민의 알 권리 및 재판공개 원칙을 위해서라고 하지만, 사실은 투명성과 예측가능성을 제고하여 하급심 법관들로 하여금 튀는 판결을 막고 통일된 판례를 유도하며, 국민으로 하여금 숨기는 것 없이 투명하게 재판이 진행되고 있으니 사법을 불신하지 말아 달라는 취지의 제도 개선이다(사견).

헌법과 형사소송법 등 상위법규가 판결을 공개하도록 명령하고 있었는데도, 막상 실제 재판은 판결선고만 공개하고 판결문은 도대체 공개를 하지 않아온 통에 법원에 대한 불신이 높았다. 밝은 이 21세기에, 국민이 주인인 대한민국에서, 국민의 세금으로 진행되고 양산된 판결문이 판사들끼리만 공개되고 국민에게 공개되지 않아온 것은 매우 잘못된 관행이었다.

그간 국민에게 공개되지 않은 하급심 판결이 법관들 사이에서는 '하급심 판결검색 시스템'을 통해 그 전부가 검색되었고, 이는 검찰의 내부검색 시스템과 흡사했다. 심지어 검찰은 신청인 자신의 수사사건에 대한 수사기록조차 무효인 검찰보존사무규칙을 들이대며 복사를 거부해 오고 있고, 이는 현재 진행형이다.

대법원 판결 일부가 인터넷을 통해 공개돼 왔지만, 이는 전체 판결문 중 극히 일부에 불과하여 법률전문가인 변호사조차 유사한 하급심 사건을 자신이 선임한 변론의 선례로 제출할 수 없었다. 그리하여 변호사들의 원성도 높았고, 민주적 운영을 약속한 김명수 대법원장 재임 기간에 이 같은 조치가 이루어졌다.

그간은 대법원이 공개키로 한 대법원 판결과 일부 하급심 판결이 대법원 종합법률정보에서 검색되었고, 2012년 제정, 2013. 1. 1.부터 시행한 대법원 규칙(형사판결서등의열람및복사에관한규칙)에 따라 판결을 선고한 법원과 사건번호를 기재하여 열람등사를 신청하면 비실명 처리 후 공개한 것이 전부였다(비실명 작업이 수개월 이상 지연되는 사례도 있다). 따라서 판결을 선고한 법원과 사건번호를 모르고는 무용지물인 제도여서 비판이 높았다.

필자의 저서 「수사와 변호」에서도 이미 수년 전부터 올바른 시행을 당부했고, 대한변협과 대법원이 참고하였을 것으로 생각된다.

금태섭 의원이 2018. 6. 발표한 설문조사 결과에 따르면, 국민 1천명 중 80% 이상이 법원 판결문을 모든 국민에게 공개해야 하고, 변호사는 1,586명 중 93.7%가 모든 판결문을 인터넷에서 열람할 수 있도록 해야 한다고 답했다고 한다(대한변협신문 2018. 12. 17.자 참조). 그런데도 대법원이 2018. 5. 발표한 법관 설문조사에서는, 판사 1,117명 중 78%가 확정되지 않은 형사판결서 검색을 반대했다고 하니, 국민과의 인식 차이를 확인할 수 있다(위 날짜 대한변협신문).

판결문에 등장하는 인적사항 등은 이번 개정 규칙 제4조의 내용처럼 "법원 사무관 등은 전산정보처리시스템에 등록된 판결서 등에 대해 개인정보 보호를 위한 비실명처리를 해야 한다"고 과거부터 규정했으면 될 일이었고, 해당 직원의 업무량을 고려할 경우 직원 충원 등 지원절차를 통해 법원이 해결할 일이었다.

한편 판결문이 공개되어야 하는 것과 같이 법원과 검찰의 청사도 마땅히 개방돼야 한다. 필자가 본서 「시민과 형법」 부록에서도 밝히고 있듯이 특히 사법행정은 투명성이 요망되는 예민한 부분이다. 법률신문 2018. 12. 17.자 11면의 '기자의 시선' 란에서 강 한 기자도, 청사보안을 철저히 하기로 했다는 법원의 대응이 아쉽다고 하는 바, 비공개, 보안 위주로 국가를 운영하다가는 이 열린 세상에서 미움받는 영역이 될 가능성이 높다. 국가는 국민이 주인이고, 국민이 국가기관을 구성했으며, 법원도 국가기관 일부에 다름 아니기 때문이다. 그리고 모든 국가의 기능은 국민의 세금으로 운영되고 있다. 따라서 공무는 국민 편의를 위해 작동되고 개선돼야 하지, 거꾸로 공무원과 공무소의 편의 위주로 운영되고 개악돼선 안 된다. 강 한 기자는 노르웨이 청사 테러 당시, 총리의 말을 적절하게 인용했다. "테러에는 더 많은 민주주의와 더 많은 개방성과 더 많은 인간애로 대응하자.”

[105] 경찰 수사관행 개선(심야조사 금지)

2018. 11. 경찰청은 원칙적으로 금지하나, 예외적인 경우에는 허용해 온 밤샘수사, 심야수사 관행을 더욱 엄격하게 관리하겠다는 방침을 밝혔다.

검찰과 경찰이 심야수사와 관련 적용해 온 규정은 다음의 두 가지 것이 있었다.

법무부훈령인 인권보호수사준칙에서는 제40조에서, 자정 이전 조사를 마쳐야 하나, 피조사자나 변호인의 동의, 공소시효 임박, 구속여부 판단 등 합리적인 경우에는 인권보호관의 허가를 조건으로 심야조사를 허용하고, 경찰청훈령인 범죄수사규칙 제56조의2도 심야조사를 자정부터 오전 6시로 규정한 후 원칙적 불허, 예외적 허용을 택하고 있다. 위 규정들은 아직 위헌결정이 나온 바 없고, 또 밤샘수사를 형소법이 정면으로 불허하고 있지도 않기 때문에 증거법의 세계에서 살아남는 조서가 부지기수로 많았다.

변호인이 구체적 사정 하에서 수사 장기화를 이유로 진술 임의성이 없다고 주장하고 이것이 받아들여질 예외적 사건을 제외하고는 원칙적으로 적법하다고 보아 온 것이다. 그러나 수사요원과 수세에 몰린 피혐의자가 심야 시각에 죄를 규명키 위해 장시간 묻고 답하는 것은 실체진실발견의 욕심으로 인해 인권을 침해할 가능성이 높다. 관청 내 상당수 사무실의 불이 꺼진 상태에서, 일반인의 출입이 완전 차단된 장소에서, 혐의를 몰아가는 수사기관과 추궁 당하는 피혐의자 간에 (감시하는 눈이 없는) 사실상 밀실에서, 시간을 두고 반복질문하는 장면은 쉽게 예상할 수 있다.

또 본죄 수사가 막히거나 진술을 거부할 경우 여죄를 언급하여 겁을 주는 방식, 확보되지도 않은 증거 또는 공범자와 관련자의 진술을 언급하며 회유하는 방식 등 다양한 수사기법이 사용될 수 있다.

그래서 필자는 2018. 10. 26. 영남일보 「변호인 리포트」 칼럼에서 밤샘수사를 원칙적으로 완전히 근절할 필요성과 방안을 소개한 바 있다. 원칙적으로 야간 압수수색을 금지한 형사소송법 제125조, 제219조와 같이 심야조사에 대한 가이드라인을 상위법인 형사소송법에 명시함으로써 명령, 규칙의 기준이 되도록 한다는 점이다.

경찰청이 이번에 같은 취지로 문제를 인식한 것은 매우 다행이다. 경찰에 따르면, 체포피의자에 대해 구속영장을 신청하는 경우, 공소시효 완성을 앞둔 상황 등 극히 예외적인 경우에만 심야수사를 허용하고, 그 외의 경우에는 조사대상자가 단순히 동의한 것을 넘어서서 '조사대상자가 적극적으로 요청한 경우'의 요건을 충족해야 하며, 이 경우 자필로 심야조사요청서를 받아 기록에 첨부하겠다고 한다. 또 피의자의 요청이 있더라도 이미 장시간 조사가 진행돼 건강에 무리가 예상되는 경우, 향후 재출석 조사가 불가피하여 금일 굳이 심야수사를 할 필요가 없는 경우에는 심야조사를 불허할 방침이다.

사람은 자정부터 아침까지는 잠을 자야 한다. 수사를 받거나 이로 인하여 우울감에 사로잡힐 경우 '자신이 한 행위'와 '했다며 씌우는 혐의'를 정확히 분간하지 못하게 되고, 또 '내가 한 말'과 '들은 말'을 정확히 구분하지 못하게 된다. 특히 그것이 반복적 신문에 터잡아 이루어질 때에는 더욱 그러하다. 그러하기에 이번 경찰의 태도변화는 수사편의주의를 탈피하려는 작은 노력으로써 바람직하게 보인다.

[106] 대구경찰 진술녹음 활성화

2018. 12. 12.부터 3개월간 전국 17개 지방경찰청과 21개 경찰서에서 진술녹음제도가 확대 운영된다. 최근까지 대전경찰청 산하 2개 경찰서에서 시범운영해 왔다고 한다. 대구·경북에서는 달서경찰서와 영주경찰서가 시범운영기관으로 뽑혔다.

형사소송법에서는 영상녹화제도가 진작에 규정되어 있었고, 피의자에 대해서는 동의를 불문하고, 참고인에 대해서는 동의를 전제로 이용이 가능했다. 이번 진술녹음제도 활성화라고 하는 것은 영상녹화보다는 그 수위가 낮고 수집이 간편한 음성만 녹음하는 제도를 뜻하는 것으로 보인다.

우리가 미국의 영화나 드라마를 보면, 영상녹화제도가 특히 눈에 띈다. 우리나라도 형사소송법에서 규정하고 있었으나, 사실 피의자에 대해서는 그가 이후의 수사절차나 재판절차에서 진술을 바꿀 가능성이 높은 경우, 강제수사를 당했다며 자백의 임의성을 다툴 가능성이 있는 경우에 한해 제한적으로 사용돼

왔다.

피해자에 대해서는 주로 성범죄 사건에서 사용되었고, 이후 재판진술이 불가능할 사정이 있거나 피해자가 아동·장애인인 경우 유용하게 이용된 제도였다. 성범죄 피해자가 아동·장애인일 경우 그의 진술이 영상녹화되었다면, 성폭법과 아청법의 특칙에 의해 그 영상녹화물은 동석했던 변호인이 진정성립을 하면 아동·장애인이 법정에 출석하지 않더라도 증거능력이 있기까지 하다.

금번에 확대시행할 진술녹음은 조사 대상자가 동의한 경우에만 녹음을 시행하고, 녹음파일은 인권침해 여부 확인, 기억 환기, 조서와 진술의 불일치 여부 확인용으로 쓰일 것이라고 한다. 경찰은 이 제도가 피조사자에게 심리적 안정감을 주고, 부수적으로 수사과정에 대한 신뢰가 제고될 것으로 보고 있다.

변호인의 입장에서도, 피의자가 자신이 말한 대로 조서에 기재된 것이 아니라고 주장할 경우 녹음파일에는 어떻게 진술한 것으로 되어 있는지 파악할 수 있고, 사실과 달리 왜곡 작성된 조서에 대해 다툴 수 있는 장점이 있다.

최근 강압수사 논란 속에서 인권침해를 방지하기 위해 수사기관이 먼저 나서 신중한 수사, 역사 앞에 부끄럽지 않은 수사를 하겠다는 의지를 피력한 것으로, 매우 바람직한 조치이다. 참고로 이 제도를 2019년 상반기부터는 전국 경찰서에 전면 확대할 예정이라고 경찰은 밝혔다.

[107] 묵비권을 확실히 고지하겠다는 대구경찰청

대구지방경찰청은 체포 시 단순히 피의사실 요지, 체포 이유, 변호인 선임권, 체포·구속적부심사권의 고지 이외에 앞으로는 진술거부권을 고지하겠다고 밝혔다.

본래부터 고지해 온 위 언급된 내용들은 형사소송법 제200조의5 규정에 따른 강제규정인데 반해, 진술거부권 고지는 미국 영화에서는 흔히 볼 수 있었지만 우리 체포실정상으로는 경찰관 개인의 성향에 따라 고지 여부가 일률적이지 않았다. 체포는 기습적 인신확보이므로 사실 체포행위 자체에 곤욕을 치르는데, 몸싸움 등을 거치면서 진술거부권까지 고지하는 것이 녹록치 않다. 또 미리부터 진술거부권을 고지하는 신사적 수사방식은 실제 피의자를 신문하기 전에 얻을 수 있는 피의자의 조서 외적 진술을 얻는 데에 방해가 되어 수사에 불리한 점이 있었다.

그래서 대체로는 체포 시에는 묵비권을 고지하지 않고, 피의자신문을 시작하는 시점에 고지하는 경우가 대부분이었다(형사소송법 제244조의3). 사실 고지라기보다는 피신조서 앞부분에 부동문자로 인쇄되어 있는 불친절한 형태였다.

위와 같은 체포방식, 수사방식이 피의자에게 유리할 일은 없고, 체포과정에서 심리적으로 위축돼 정당한 헌법상, 형사소송법상 권리를 제대로 행사하지 못하는 경우가 많았다. 그런 실정을 감안해 금번 대구지방경찰청이 마련한 경찰청 지침은 체포단계에서부터 진술거부권(묵비권)을 고지하도록 규정하고 있다. 그리고 체포 시 묵비권을 제대로 고지했는지를 확인하기 위해 경찰서 연행 후 '체포시 권리 고지 확인서'를 작성하겠다고도 한다.

바야흐로 이제 경찰이 민주적 수사, 법 합치적 수사방식을 도입하기 시작했고, 이는 매우 바람직한 현상이다. 이에 앞서서도 경찰은 피의자신문 시 변호인참여권을 검찰보다도 더 전향적으로 확대 인정한 사실이 있고, 자기변호노트를 허용하여 피의자가 수사받은 사항을 상세히 알고 변론할 수 있도록 조치한 바가 있다.

수사권 이양 시점에 경찰이 먼저 변하려 한다는 점, 보수색채가 짙은 대구사회의 그것도 경찰이 미국과 같은 수준의 인권 수사를 예정하고 있다는 점은 형사법 학자이자 형사전문변호사인 필자의 마음을 매우 만족시킨다. 필자는 저서 「수사와 변호」에서 2015년부터, 그리고 박사학위 논문 '수사단계의 변호권 강화방안'(2014년)에서부터 제대로 된 진술거부권 고지 등 피의자의 권리가 똑바로 보호돼야 한다고 강조해 왔다.

이 같은 경찰의 수사방식 변경은 자백편중 수사의 포기 내지 축소를 의미하며, 객관적 증거를 중시하는 과학수사 자신감에서 기인한다고 생각된다. 과학수사는 객관적 증거를 수집·분석·복원하는 것으로, 국과수 감식과 감정 대부분이 그에 해당했다. 다만 국과수의 업무여건상 일선경찰서의 감정신청 등이 신속히 이루어지지 못한 측면이 있었는데, 이제 각 지방경찰청마다 과학수사 수준이 많이 향상됐다고 짐작해 볼 수 있다. 필자의 경험상 적어도 지방경찰청 광역수사대의 수사 수준은 검찰보다 결코 뒤지지 않는다.

자백은 고문, 협박, 기망, 강요 등을 필수적으로 수반할 수밖에 없으므로 반드시 근절돼야 하고, 수사기관은 앞으로도 과학수사 기법을 향상시키고 자백편중 수사를 더욱 축소해야 한다(이 점도 필자는 종전 저서에서 꾸준히 강조해 왔다). 따라서 금번 대구지방경찰청의 당연하고도 새로운 도전에 큰 박수를 보낸다.

[108] 경찰 채용시험 개편과 헌법, 형사법

2018. 12. 14. 경찰청은 경찰공제회관에서 '경찰 채용시험 과목개편 공청회'를 개최했다. 의견을 수렴하기 위한 이번 공청회는 2021년부터 경찰이 개편할 경찰관채용시험 과목 시행에 대한 사전 논의 자리였다.

현행 순경공채시험의 과목은 필수적으로 한국사, 영어를, 선택적으로 형법, 형사소송법, 경찰학, 국어, 수학, 사회, 과학을 요구하고 있다. 선택과목은 3과목을 택하면 되고, 반드시 형법, 형사소송법을 택할 의무는 없다. 경찰청은 앞으로 선택과목을 폐지하고, 영어, 한국사, 헌법, 형사법, 경찰학의 필수 5과목으로 시험을 실시, 그 중 영어와 한국사는 검정제도를 도입하겠다고 한다. 또 경력채용시험은 형법, 형사소송법, 행정법, 경찰학개론, 수사로 치뤄온 종전 방식에서, 헌법, 형법, 형사소송법, 경찰학, 범죄학, 영어로 개편하겠다고 한다. 결국 앞으로 신규채용에서는 형법과 형사소송법의 합체과목인 형사법, 헌법 두 과목이 당락을 가를 가능성이 높고, 경력직채용은 헌법에 대한 새로운 부담이 발생하게 된다.

헌법과 형사법(형법 및 형사소송법)은 경찰의 덕목으로 얼마만큼 중요하다고 볼 것인가.

우선 신입채용시험에서 그간 헌법이 필수과목도, 선택과목도 아니었다는 점은 매우 놀랍다. 헌법은 국민의 기본권의 열거와 예시를 통해 기본권수호의무를 국가에 지우고, 기본권 수호를 위한 통치체제를 상세히 규정하고 있다. 헌법을 모른다는 것은 헌법제정권력자이자 동 개정권력자인 국민의 열망을 알지 못한다고 보아야 하므로, 그간 경찰관의 인권침해가 어디서부터 원인된 것인지 추측해 보는 중요지표가 된다.

최대한의 기본권을 보장하기 위한 기구로 헌법은 통치기구를 두고 있고, 대한민국은 입법부, 행정부, 사법부의 3부가 주된 통치기구다. 경찰은 행정부의 수장인 대통령과 그를 보좌하는 국무총리, 국무위원의 하급에 위치한다. 국무위원 중 한 명인 행정안전부 장관의 외청으로 경찰청이 존재하고 있는 것에 불과하므로, 경찰청은 국민의 생명권, 신체의 자유, 명예권, 인격권, 사생활에 대한 권리, 거주이전의 권리, 재산권, 종교의 자유, 언론출판의 자유 등을 수호하기 위해 존재한다. 따라서 헌법을 공부한 경찰이라면 인권에 대한 각별한 주의력이 고양될 수밖에 없는 반면 헌법을 듣도 보도 못한 경찰이라면 인권을 침해하는 주된 공권력으로 변질될 수도 있는 것이다.

필자는 "구속제도 연구", "피의자신문 시 변호인 참여권 강화방안", "수사권 조정안에 대한 각계 입장연구" 등 주요 논문에서, 그리고 「수사와 변호」 및 본서 곳곳에서 헌법합치적 형법, 형사소송법, 즉 헌법적 형사관이 매우 중요함을 강조해 왔다. 형사규범에 대한 실정법적 해석이 필요하고, 또 그 해석이 엄격해야 하는 것은 형법의 보장적 원칙에 비추어 바람직하나, 그 해석이 모호할 경우 수사기관과 재판기관 편의 위주로 해석돼서는 안 된다는 말이었다. 국민의 기본권 보장을 최고 목표로 하는 헌법에 합치되는 해석을 통해 자의적 공권력을 제한하고 통제해야 한다는 필자의 주장에 다수의 국민과 법조인도 동조해 왔다.

다음으로, 그간 순경공채에서 형법, 형사소송법을 택하지 않고도 시험에 합격해 왔다는 사실 또한 매우 의아하다. 형법은 죄와 벌을 규정함과 동시에 죄의 성립요소를 해석하는 방법론도 담고 있다. 어떠한 행위가 범죄에 해당하고 그것이 구속사유나, 체포사유, 압수수색사유에 해당하는지를 판단하려면, 그 행위가 구속과 체포, 압수·수색의 대상인 '범죄'로 볼 수 있을 것인지가 중요하다.

그런데 그간 형법 과목이 선택에 불과하여 형법과목을 피하고도 경찰로 채용된 분들이 있다는 것은 시민의 입장에서도 법률가의 입장에서도 끔찍하다. 시민의 행동은 형법에 도달하지 않을 경우 거의 무한대로 자유롭고, 형법의 선 안에 들어오면 범죄로서 단속되는 것이므로, 어떠한 행위가 범죄가 될 것인지에 대해 상세한 학습을 한 사람만이 경찰공무원이 돼야 한다는 당위는 자명하다.

나아가 형사소송법은 범죄로 의심된 자에 대한 내사, 소환, 신문, 체포, 구속, 압수·수색, 구금에 대한 요건과 방법을 다루고 있다. 이 같은 형사소송법의 정신에 따라 하위법인 형사소송규칙, 범죄수사규칙이 정해졌고, 만약 하위 규칙이 형사소송법과 같은 상위법의 규정에 위배된다면 무효이기까지 하다. 가령 종결사건에 대해서도 사건관계인의 복사를 불허할 수 있도록 규정된 검찰보존사무규칙은 대외적으로 사용되는 한 무효라는 헌법재판소 결정과 일반법원 판결이 존재한다.

그러므로 형사소송법을 잘 알면 범죄혐의자에 대한 수사과정에서 인권을 준수하고 상대의 방어권을 침해하지 않는 방법으로 수사할 수 있게 되고, 반대로 형소법 대신 범죄수사규칙만 일정 수준 익히고 수사업무에 종사할 경우 하위규정에 메여 상위법의 정신을 침해하는 부작용을 초래할 수 있다.

결국 헌법, 형법, 형사소송법은 국민의 마그나 카르타이자 공권력 종사자에게는 넘지 말아야 할 선이므로, 지금보다 더욱 철저히 교육시키고, 실력자만을 경찰관으로 채용하는 것이 옳다. 앞으로 수사권도 대부분 이양받게 된 경찰조직에서, 위 과목들에 대한 필수적 도입은 너무 늦은 감이 있다. 실력이 있고, 인권을 철저히 준수하는 경찰들이 포진해 있어야만 수사권을 완전히 이양받을 수 있기 때문이다.

[109] 경찰 사칭 피싱 이메일

대구지방경찰청은 경찰 명의로 이메일 출석통지서를 보내는 일이 없으니, 그러한 메일을 받은 시민은 사칭 메일로 간주하고 결코 첨부파일을 열지 말 것을 당부했다. 아예 메일을 삭제해야 한다는 것이다.

대구 달서경찰서 등 여러 경찰서를 사칭해 보내는 메일은 '온라인 명예훼손 관련 출석통지서'다.

경찰에 따르면 이 메일에 첨부된 파일은 악성코드를 포함하고 있으므로 이를 내려받아 실행하면 컴퓨터가 감염된다고 한다. 도대체 어떻게 생긴 내용인지 필자가 알아보았다.

경찰청
KOREAN NATIONAL POLICE AGEENCY

온라인 명예훼손관련 출석통지서

귀하는 '정보통신망 이용촉진 및 정보보호 등에 관한 법률 제44조(정보통신망에서의 권리보호)' 위반으로 고소가 되어 조사를 실시할 예정임을 알려드리오니 아래의 출석요구서와 신분증 및 도장 그리고 기타 귀하가 필요하다고 생각하시

는 자료를 가지고 나오시기 바라며, 이 사건과 관련하여 귀하께서 진술하고 싶은 사항 및 조사가 필요하다고 생각되는 사항이 있으시면 이를 정리한 진술서를 작성하여 출석하시기 바랍니다. 아울러 붙임과 같이 조사 시 준수할 사항을 알려드리오니 서명기재하시어 조사 시 교부하여 주시기 바랍니다.

1. 조사 목적: 온라인 명예훼손
2. 조사 기간: 2019. 02. 11 – 2019. 03. 01
3. 조사 기준일: 2019. 01. 22
4. 조사 인원: 미정
5. 조사방법: 대면 및 서면조사

붙임: 전산 및 비전산 자료 보존요청서 1부.
정보통신망 이용촉진 및 정보보호 등에 관련 법률 제44조 위반관련 고소장 2부.
출석 요구서 1부.

경찰과 검찰은 조사대상자의 생업, 환경 등을 고려하여 신원이 분명한 사람에 대해 때로 이메일 조사를 하는 경우가 있지만, 대뜸 출석통지서를 피조사자에게 이메일로 발송하여 일방적 출석을 강요하는 법이 없다.

출석요구는 수사기관의 권한이지만, 피의자든 참고인이든 출석할 의무는 없으며, 다만 피의자에 한해 소환 불응 시 영장체포 사유가 된다. 출석요구의 방법은 우편 내지 전화인데, 전화를 기본으로 하는 경우가 많다. 우편과 전화는 고소사건일 경우 고소장 적시 주소와 전화번호를 우선적으로 고려하고, 가해자의 주소, 전화번호가 불명일 경우에는 소환을 위한 주민조회, 통신사 가입자 인적사항 조회를 통해 확인 후 우편 내지 전화를 하게 된다. 따라서 이메일을 우선적으로 수집하는 수사기관은 없고, 사실 이메일은 수신 여부, 미수신 사유 등을 정확히 파악할 수 없어 소환방법으로 부적합하다. 또 수사기관은 .com이 아닌 .go.kr을 사용하는 점도 알고 있어야 한다.

대구경찰청 사이버안전과에서도 이메일로 출석통지서를 보내지 않는다고 강조하고 있으므로, 피의자나 참고인으로 수사를 요구받게 되면 해당 메일을 삭제하는 것이 좋다.

참고로 수사기관은 본격적 수사가 개시되기도 전에 미리부터 고소장을 제공하는 법이 없다. 결국 위 메일은 수준 이하의 사칭 메일인 셈이다.

[110] 사무장병원 단속과 국민건강보험공단의 고충

최근 민주당 송기헌 의원이 특색있는 법률안을 발의했다. 국민건강보험공단 직원이 사법경찰관리의 직무를 수행할 수 있도록 하는 법률안이다. 이에 대해 의료계는 수사권 남용을 이유로 반대견해가 높고, 사무장병원이 판을 치는 이유가 보건복지부와 공단의 조사 한계 때문이 아니라 부실한 관리감독에서 연유한다고 주장한다. 조만간 위 법안이 본회의에 상정된다면 의사협회가 다시 한 번 파업을 선언할지 모르겠다.

수사권을 가진 건강보험공단 직원이 특별사법경찰이 되어 관련자 소환, 자료제출 요구, 불응 시 체포·구속 신청, 압수·수색 신청, 자료 포렌식 복원 등 광범위한 수사활동을 할 경우 다수의 병·의원이 직접적 타격을 입을 가능성이 높다. 사무장병원이 아니더라도 과잉진료로 보험사기를 저질러 온 병원들도 이제 본격적으로 수사망에 오르게 되기 때문이다.

사법경찰은 우리가 흔히 경찰이라고 알고 있는 일반사법경찰과 다소 생소한 특별사법경찰로 나누어진다. 특사경은 법정특사경과 지정특사경으로 나누어지는데, 이번 송기헌 의원안은 국민건강보험법에서 아예 공단 직원에게 수사권을 부여하는 안으로 보이는 바, 이렇게 될 경우 전국의 건강보험공단 직원 중 상당수가 수사활동에 종사하게 되면서 의료계 종사자 상당수가 전과자가 될 가능성이 높다.

또 미리부터 수사할 경우 2009년부터 2017년까지 적발한 사무장병원 중 환수조치에 응하지 않았던 1조 6천 7백 9십 2억 3천 4백만원과 같은 숨은 돈을 찾아내어 모두 환수할 가능성도 높다. 김용익 국민건강보험공단 이사장도 12. 19. 기자간담회에서 사무장병원 단속에는 특사경이 필요하다고 강조함으로써 공식적으로 지지했다.

병원개설과 운영은 어디까지나 의료인과 의료법인만이 하도록 규정돼 있고, 이는 국민건강보장의 기초이며 마지막인데도, 그간 사무장병원이 횡행했던 이유는 의료인의 경제력보다 그들을 고용한 사기꾼들의 경제력이 더 우세했기 때문이다. 또 명의대여를 해도 환자나 공단과 같이 병원 외부자는 운영 내막을 쉽게 파악할 수 없는 구조적 특징에서 기인하는 바가 크므로, 이번 법안은 매우 시의적절한 발의였다고 본다.

의료계가 그간 의약분업, 문재인 캐어, 의사 구속 등의 사건마다 거리에 나와 시위를 한 것은 의료인의 권익을 지키기 위한 조치였다는 점에서 이해가 간다(물론 필자가 동의하는 것은 아니다). 그러나 이번 법안은 정상적으로 병원을 운영하는 의사의 권익을 오히려 지켜줄 수도 있다는 점에서 의료계에서도 동조 의견이 있는 듯하여 고무적이다. 불법을 근절하면 정상운영방식의 병원 수익이 개선될 가능성이 있다.

명의대여는 한두 군데 업계에 국한된 얘기가 아니다. 의료계, 법조계, 법무사업계, 건축업계 등에서 명의대여는 폭넓게 자리잡고 있다. 근절돼야 하는데도 오히려 그 수가 늘고 있고, 단속 시 음성화로 변질되는 정도에 불과해 특단의 대책이 필요하다.

변호사업계에서도 이 같은 문제를 인식하고, 대한변호사협회에서 고발사건들에 대해 신속히 조사하여 징계하고 있다. 그 정도가 심하거나 반복될 경우 해당 회원을 제명하기도 한다. 사무장 변호사실은 때로 사무장 로펌으로 규모를 키우기도 한다. 이러한 '무늬만 법무법인'은 과도한 지점 또는 지방사무소 개설, 부실변론, 과대·허위광고, 무가치한 기획소송 남발, 고객 돈 횡령 등을 저지르는 경우가 있어서 소비자들의 주의를 요한다.

무릇 의사든 변호사든 자신의 이름을 걸고 국민에 대한 전문서비스를 펼치는 이들은 정당한 경력과 실력으로 소비자의 권익을 지켜내야 하는 것이지, 일반 사업처럼 생각하고 무책임한 행위를 해서는 안 된다고 필자는 믿는다.

그러한 의미에서 대한변호사협회도 홈페이지를 통해 변호사 징계내역과 법무법인 징계내역을 공개하고 있다. 이 같은 조치를 보건복지부와 의사협회도 비슷한 수준으로 취하는 것이 국민에게 좋을 줄로 안다.

[111] 한방치료 과잉과 보험사기 대책

신년부터 안 좋은 소식이 있다. 조만간 자동차보험료를 3~4% 올린다는 소식이다. 손해보험사는 작년 7천억원의 적자를 봤고, 정비요금뿐만 아니라 한방병원 진료비로 들어가는 보험금 문제가 심각하다는 판단에서 인상 조치를 단행하게 됐다고 한다.

최근 김○○ 손해보험협회장이 언론 인터뷰를 통해 보험금 누수를 막아야만 보험료를 덜 올릴 수 있다고 강조했고, 협회 발표자료에 따르면, 자동차보험으로 한방병원에서 치료한 액수는 2015~2017년까지 3년 간 1조 3천 8백 4십 6억원이고, 해마다 20~30% 가량 증가해 왔다고 한다. 손보협회와 손해보험사들은 한방병원, 한의원의 과잉진료, 부당진료를 의심하고 있다고 하고, 공실을 줄이려고 한 해 180일, 360일 입원하는 경우가 있다며 병원 운영형태를 비판했다.

최근에는 각 보험사가 한방병원의 과잉진료비 문제를 해결할 수가 없어 국무총리실에서 해법을 고민했다고도 하니, 보통 심각한 일이 아닌 것은 분명하다. 한방진료보험금 지급 규모는 사실 10여년 전 법조 시장 규모와 맞먹는 사이즈다. 손해보험금과 별도로 국민건강보험금, 국민의 현금 등까지 합치면 국내 전체 한방 치료는 수 조원에 이를 것으로 보이므로, 사교육 시장, 일반병원 다음으로 큰 시장 중 하나가 되었다.

보험사기 여부를 심사하거나 수사하여 처벌하려 해도 현재 경찰은 건강보험심사평가원에 조사를 의뢰한다고 하고, 인력 등 문제로 심평원의 조사는 속히 끝을 보지 못해 보험사는 전전긍긍하는 중이라고 한다. 앞으로 한방치료를 표준화하고 세부 진료기준을 마련해야 한다는 점까지 해법으로 나온 상태인데, 우선은 언발에 오줌누기 식으로 보험료를 올려 적자를 메운다고 하니, 국가가 단단히 심사해 과잉진료기관을 퇴출시켜야 할 것이다.

사실 의료는 법조보다 사정이 낫다고 봐야 한다. 국민건강보험, 산업재해보험, 자동차보험, 운전자보험, 생명보험 및 상해보험, 실비보험 등에 의해 병원 또는 국민은 진료비의 상당부분을 보전받게 되고, 국가와 시장이 개발한 그러한 보전방식 때문에 국민들의 의료기관 방문은 매우 많다. 반면 법조는 국가보험, 사보험 어느 것도 해당사항이 없고, 요사이 시판되는 보험이라고 해봐야 고작 운전자 보험에서 '정식재판 청구 시 변호사 선임비용 5백~1천만원'이 전부다. 교통사고 발생으로 정식재판이 청구되는 경우는 중상해, 사망사고를 제외하고는 거의 없고, 운전자가 고의 음주운전, 뺑소니 등을 저지른 사건은 보험사의 개별약관에 따라 변호사비용 지급이 거절되는 경우도 있을 것이다.

국가와 보험사, 그리고 국민의 주머니 속에서 수십 조원이 지출되는 의료시장에서 과잉진료, 보험사기, 제약사 리베이트가 근절되지 못하는 것은 국가의 단속의지 결핍이 원인이므로, 의료관계법 개정을 통해 국민건강보험공단, 건강보험심사평가원 직원에게 사법경찰관 지위를 부여하고 강도 높은 수사를 벌여야 한다.

[112] 삼성증권 유령주식 배당사고 재판풍경(1)

2019. 1. 30. 서울남부지법에서 희귀한 재판이 열렸다. 지난 해 4. 6. 발생한 삼성증권 유령주식 배당사고 시 잘못 배당받은 주식을 함부로 판 직원들이 피고인으로 섰다. 당시 증권가를 발칵 뒤집은 사건이다. 일류 증권사에서 직원의 실수로 막대한 유령주식이 유통됐고(시스템), 주식이 잘못 배당된 것을 알고도 직원들이 모의하여 주식을 매각했기 때문이다(도덕성). 이 사고로 총 28억 주의 유령주식이 직원들에게 배당됐고, 실제로는 발행되지 않은 주식을 직원들이 전산상 거래한 주는 총 501만주였다. 회사가 즉시 3차례 경고했는데도, 직원 21명이 매도 건으로 검찰고발 됐고, 그 중 8명이 기소(3명은 구속)됐다. 구속된 자는 기업경영본부 팀장, 과장, 영업점 과장이었다. 이들 3명은 205억원에서 511억원 상당의 주식을 여러 차례 분할 매도했다. 가격안정화 장치 VI(Volatility Interruption) 발동에도 불구하고, 추가 매도도 드러났다. 이들 죄명은 자본시장법 위반죄(부정거래행위금지), 형법상 컴퓨터등사용사기죄, 업무상 배임죄다.

자본시장법 제443조 제1항 제8호는 금융투자상품의 매매 등 거래와 관련해 제178조의 부정거래행위를 처벌한다. 이 사건은 동조 제1항 제1호의 부정한 수단, 계획, 기교행위로 보여진다. 이 조항은 금융투자상품의 매매 등 거래 관련 사회통념상 부정하다고 인정되는 일체의 수단·계획·기교를 일반적, 포괄적으로 금지한다(대법원 2013도9933 판결; 대법원 2011도8109 판결; 대법원 2016도6297 판결). 부정행위 여부는 금융투자상품의 구조 및 거래방식과 경위, 거래 시장의 특성, 상품으로부터 발생하는 투자자의 권리·의무 및 종료시기, 투자자와 행위자의 관계, 행위 전후 제반 사정을 종합적으로 고려해 판단하며(대법원 2015다69853 판결), 또 행위가 법령 등에서 금지된 것인지, 다른 투자자들로 하여금 잘못된 판단을 하게 함으로써 공정한 경쟁을 해치고 선의의 투자자에게 손해를 전가해

자본시장의 공정성, 신뢰성 및 효율성을 해칠 위험이 있는지도 고려한다(대법원 2013도1206 판결; 대법원 2013도9933 판결). 위반행위로 상품 투자자의 권리·의무의 내용이 변경되거나 결제되는 금액이 달라져 투자자가 손해를 입었다면 부정거래행위자에 대해 동법 제179조 1항에 따라 배상을 청구할 수 있다(대법원 2014마188 결정). 이 사건 피고인들은 대량의 주식을 실제로 양도할 능력이 없었고, 주가의 급격한 하락으로 자본시장의 공정 및 신뢰를 저해할 수 있음을 알고도 금융투자상품의 매매와 관련해 부정한 방법으로 주식을 매도한 점에서 유죄가 선고될 가능성이 높다.

한편 피고인들은 자신의 계좌로 입고된 주식이지만 이를 매도할 실질적 권한이 없음에도 불구하고 컴퓨터 등 정보처리장치에 부정한 명령을 입력하거나 권한 없이 정보를 입력하여 정보처리를 하게 함으로써 재산상의 이익을 취득한 점에서 컴퓨터 등 사용사기죄(형법 제347조의2)가 성립된다. 이 사건에서 '컴퓨터 등 정보처리장치'는 삼성증권 HTS와 MTS 등 주식거래 프로그램이 되고, 매도주문을 입력한 것은 '부정한 명령의 입력 또는 권한 없이 정보를 입력'한 것에 해당한다. 피고인들이 주식을 매도해 장차 그 계좌에서 현금화된 돈을 인출해 갈 수 있는 재산상 이익을 취득하였으므로 본죄 기수에 이른 것으로 봄이 옳다. 뒤따른 회사의 봉쇄 조치로 현금화되지 못했다고 하더라도 이미 성립한 본죄에 영향을 주지 않는다(대법원 2006도4127 판결 참조).

[113] 삼성증권 유령주식 배당사고 재판풍경(2)

앞서 삼성증권 직원들에 대한 자본시장법위반죄, 컴퓨터등사용사기죄를 살펴보았다. 검찰은 피고인들을 업무상 배임죄로도 기소한바 추가로 살핀다. 피고인들은 삼성증권 직원으로서 배당오류 사고를 인지했다면 마땅히 사고수습 사무 등에 협력할 업무상 임무가 있음에도 불구하고 이를 위배하여 적극적으로 주식을 매도해 회사에 손해를 끼친 점에서 업무상 배임죄(형법 제356조)가 성립한다. 배당오류와 연속된 피고인들의 본건 매도행위로 삼성증권 주가가 개장 1시간도 안 돼 전일 종가 대비 12%까지 급락한 점에서 회사에 손해를 끼친 것이 맞고, 배임은 기수가 된다. 업무상배임죄는 범의가 외부에 표출되고 피해자에게 재산상 손해발생의 위험이 현실화되면 기수에 이른다(대법원 2003도4382 판결).

대법원은 배임죄에 있어서 '재산상의 손해를 가한 때'라 함은 현실적인 손해를 가한 경우뿐만 아니라 재산상 실해 발생의 위험을 초래한 경우도 포함되고 일단 손해의 위험성을 발생시킨 이상 사후에 피해가 회복됐더라도 배임죄의 성립에 영향을 주는 것은 아니라고 판시하였다(대법원 99도3338 판결).

삼성증권이 피고인들을 대신해 결제를 이행하는 과정에서 발생한 손실 92억원 말고도 장래 투자자들이 주가하락 피해를 이유로 공동불법행위소송이나 사용자책임소송을 제기해 올 경우 입게 될 손해 역시 삼성증권의 손해액으로 볼 여지가 있다. 검찰은 주가하락으로 인해 손해 입은 일반 투자자가 최소 500명에 달할 것으로 보았다. 실제 삼성증권은 피해를 입은 투자자들에게 5억원 상당의 보상금을 지급했고, 금융당국으로부터 1억 4,400만원의 과태료 부과 처분을 받았다고 한다. 또 일부(위탁매매) 신규 영업정지, 대표 직무정지 및 전 대표에 대한 해임권고 등 여러 제재를 받을 위험에 직면해 있다는 보도도 있었다.

한편 피고인들은 결심재판 최후진술에서 "한순간의 어이없는 행동이었다"거나, "이익을 취할 생각이 없었다"고 변명했다는데, 이는 고의 부인 내지 범행동기 주장(우발성)에 해당한다. 그러나 검찰은 고의행위로 보고 있다. 특히 구속피고인을 포함한 4명의 직원들은 당시 회의실에서 네이버증권과 카카오스탁을 통해 주가하락 사실을 확인하고 정보를 공유하며 본건 범행에 나아갔고, 불구속피고인 5명도 3억원에서 279억원 상당의 주식을 매도할 때에 카카오톡 메신저로 정보를 소통했다고 하므로, 이러한 메시지는 피고인들의 고의, 암묵적·묵시적·순차적 공모를 입증하는 중요한 증거가 될 것이다. 나아가 "빨리 팔고 회사를 퇴사하자"라든가, "판 돈으로 변호사를 선임하자"는 취지의 내용도 있었다는 점에서 자신의 행위가 위법하다는 점을 충분히 인식한 것으로 보이므로, 책임조각·감경 요소도 없는 사건이다.

법관이 판단해야 할 머리 아픈 쟁점은 첫째가 고의, 둘째가 불능미수 내지 불능범, 셋째가 장애미수 내지 기수 판단일 수 있다(어디까지나 피고인 편에서 가정적으로 구성한 것이다). 첫째, 매도는 됐지만 실제 현금화되지 못했고, 현금화되어 출금하기까지 2내지 3거래일이 더 필요하다는 점을 증권 전문가들인 피고인들이 몰랐을 리 없는데, 이 같은 이해할 수 없는 행위를 했다는 점에서 범의, 즉 고의를 인정할 수 있느냐, 둘째, 수단 또는 대상의 착오로 애초부터 범죄발생이 불가능한 것으로 보아 불능미수 감면을 해야 하느냐, 아니면 범죄발생의 위험성조차도 없었다고 보아 불능범으로 불벌 사안이냐, 셋째, 삼성증권의 봉쇄 조치로 현금화되지 않았을 뿐 범죄완성이 가능했던 사안으로 보아(위험성이 있다고 보아) 장애미수를 인정해야 하느냐, 아니면 매도의 성공만을 놓고 기수 책임을 지울 수 있느냐가 그것이다. 필자는 앞서 본 세 개 범죄 모두에 대한 고의 기수범이 맞다고 보나, 현재 이 사건과 같은 증권사 내 배당오류와 공격적 매도 사고는 선례를 찾기 힘든 특이 사건이므로, 장차 판결 결론에 주목할 만하다.[66)]

참고로 피고인들은 회사로부터 55억원의 손해배상 소송을 당한 상태이기도 하다. 한 순간의 탐욕이 얼마나 무서운지 알 수 있는 사건이다.

[114] 다수 피해자와 집단소송

우리나라는 미국, 독일 등 선진국과 달리 아직 집단소송이 폭넓게 인정되지 않고 손해배상과 관련해서는 증권소송에서만 이를 인정하고 있어(침해의 금지·중지를 구하는 단체소송은 소비자기본법 제70조) 피해구제에 미온적이라는 평가가 많다.

최근 집단소송을 제조물, 공정거래 등 여러 분야에 추가로 확대하자는 법안이 국회에 발의돼(2018. 12.말 기준 8개 법안) 있는 것도 이런 문제점을 개선하기 위함이다. 증권집단소송과 관련한 재판사례로, 주가연계증권(ELS) 투자로 피해를 입은 원고들이 제기한 증권집단소송 허가신청 재항고심(즉시항고) 결정이 대표적이다.

2016. 4. 대법원은 증권관련집단소송법에 따라 피해자들이 제기한 증권집단소송 허가 신청의 재항고심에서, 원심과 같이 소송을 허가하는 결정을 내렸다. 당초 파기 전 1, 2심은 시세조종 후 투자가 이뤄진 것이 아니라 투자 후 시세조종행위가 발생해 배상청구가 불가능하다는 이유로 집단소송을 불허했고, 신청인(원고)의 즉시항고(증권관련 집단소송법 제17조 제1항) 결과 대법원은 투자가 이뤄진 뒤 조건 성취에 영향을 준 행위도 부정행위로 보고 서울고등법원에 파기환송했다.

파기환송심이 파기취지에 따라 집단소송을 허가하자, 이번에는 피고가 즉

---

66) 2019. 4. 10. 서울남부지방법원은 피고인 4인에 대해서는 징역형의 집행유예를, 나머지 4인에 대해서는 벌금형을 각 선고했다. 무죄가 선고된 범죄가 있다는 보도는 보지 못했다.

시항고한 결과(동법 제15조 제4항) 대법원이 기각결정을 내림으로써 이 사건 집단소송이 최종적으로 허가됐고, 2005년 1월 1일 법 시행 후 처음으로 본안소송이 열렸다.

이처럼 집단소송에 법원의 허가가 요구되는 것은(동법 제7조 제1항), 한 번 허가된 집단소송은 제외신고를 하지 않은 구성원 전원에게 판결효가 미치는 강한 파급효가 있기 때문이다(동법 제18조 제1항 제8호, 동법 제37조). 단체가 아닌 개인이 대표당사자가 되어 소송을 수행하고 그 효과는 이해관계를 같이하는 다수(총원)에게 미치는 것이어서, 선정당사자 제도와 비슷하다. 다만 대표당사자는 구성원으로부터 수권을 받지 않아도 된다. 집단소송제도는 타인의 소송에 참가하는 보조참가와 성질을 달리하고, 특정 개인이 법원의 허가를 받아 집단소송을 제기할 수 있다는 점에서 독일의 단체소송과도 차이가 있다. 증권집단소송은 50명 이상의 구성원이 모두 증권거래 과정에서 피해를 입은 경우로 법률상·사실상의 중요 쟁점이 공통돼야 하고, 법원의 허가가 요구된다(동법 제12조).

앞으로 집단소송이 개인정보, 환경, 식품, 노동, 제조물, 기타 소비자 분쟁에까지 확대되고, 피해액을 정함에 있어서도 징벌적 배상에까지 이르게 된다면(최근의 징벌적 배상 도입은 2018. 4. 19. 시행된 제조물 책임법 제3조 제2항) 투명한 기업운영이 예상되고, 제품의 원료와 성질에 대해 지식이 부족한 소비자가 대기업에 의해 피해를 입는 사례를 막을 수 있을 것으로 본다.

최근에만 해도 라돈 침대, 자동차 배기가스 조작, BMW 화재, 가습기 사망사고 등 위험사회로 접어든 경고음이 사회 곳곳에서 울려 퍼지고 있어, 앞으로 소비자 보호를 위한 입법 대책이 지속적으로 요구된다.

[115] 공격적 민원

지난해 12. 6. 울산지방법원은 특수상해, 재물손괴죄로 기소된 ○○노조 간부에 대해 징역 10월의 실형을 선고했다(울산지방법원 2018고단558 판결). 검찰이 집행유예형을 구형했는데, 법원이 실형을 선고해 이례적이라는 평가가 많았다. A노총 간부인 피고인은 산재보험 불승인 문제와 관련한 민원항의였다고 주장했지만, 법원은 피고인이 근로복지공단 지사장과 사전 약속 없이 방문하여 업무개선을 요구하면서 폭력을 행사한 것은 정당한 민원항의를 넘어섰다고 봤다.

A노총 산하 전국○○노조 노동안전보건실장인 피고인은 조합원 10명과 함께 울산 남구 근로복지공단 울산지사장실에 들어갔다가 자리를 옮겨달라는 말을 듣고 화를 내며 화분을 차고, 벽면과 칸막이에 화분을 집어 던져 손괴했다고 한다.

또 자신을 촬영하는 직원에게 깨진 화분 조각을 집어던져 전치 2주의 상해를 가한 후 퇴거하지 않고, 태연하게 중국음식과 술을 시켜 먹은 점에서 비난가능성이 크다고 볼 수 있다. 재판부도 피고인의 행동이 적법한 사법절차를 통하지 않고 다수인의 위력으로 목적을 관철시키려 했다는 점에서 상응한 처벌이 불가피하다고 판시했다.

피고인은 깨진 화분 조각을 던져 사람을 다치게 했다는 점에서 특수상해죄로 처벌되었는 바, 화분은 본래부터 살상용으로 만들어진 것은 아니지만 깨진 화분 조각은 사용용도에 따라 상대방으로 하여금 위협을 느끼게 할 수 있는 위험한 물건에 해당한다. 화분조각을 사람을 향해 집어던진 이 사건의 쟁점은 '깨진 화분 조각이 위험한 물건에 해당하는가'였을 것이다.

나아가 피해자가 전치 2주의 비교적 가벼운 상처만을 입었다는 점이 주요 쟁점이 되어 장래 2심에서 다투어질 가능성이 높다. 전치 2주의 상처인 경우 특수상해죄로 처벌되는 경우가 있는가 하면, 상해죄는 인정되지 않고 단순히 특수폭행죄로만 처벌되는 경우도 있다.

상해죄는 일상생활 중에서 저절로 완치될 수 있을 정도의 상처는 상해로 보지 않고, 병원을 다니며 치료를 하고 약을 복약하는 등 의료처치가 추가로 필요했던 경우 본죄를 인정하는 경우가 많다.

한편 특수상해죄와 관련하여 위험한 물건을 휴대한 경우에 해당하지 않더라도 본건과 같이 단체 또는 다중의 위력을 보이면서 상해를 한 경우에도 특수상해죄로 처벌될 수 있으므로 주의를 요한다. 위력을 보이는 방법으로 가해자 전원이 폭행할 필요가 없다. 일부는 직접 폭행을 가하고, 일부는 욕을 하며 주위에 서 있었다 하더라도 본죄로 처벌될 수 있으므로 다중의 위력을 보인다는 점을 함부로 제한해석해서는 안 된다.

한편 본건 피고인은 재물손괴죄로도 처벌되었는데, 단체 또는 다중의 위력을 보이며 손괴한 경우와 위험한 물건을 휴대하여 손괴한 경우 특수손괴죄로 가중처벌되므로 유의해야 한다. 본건 피고인을 특수손괴죄로 처벌했다 하더라도 법리상 문제가 있는 것은 아니다.

산재보험의 승인여부는 근로복지공단의 판단에 따르며, 외부 의사와 공단의 자문의사의 의학적 판단과 더불어 공단직원 및 자문변호사의 협의가 필요하다. 그 결과 불승인처분이 내려지면 근로복지공단을 상대로 불승인처분에 대한 취소소송을 제기해야 하며, 재판과정에서는 신체감정 및 상해의 원인사실에 대한 심리가 이루어진다.

위와 같은 법적 불복절차를 밟지 않고 다중이 위력을 행사하거나 폭력을 행사하는 것은 자칫하면 실형이 선고될 수도 있다는 것을 환기시킨 의미 있는 판결이라 할 것이다.

다만 이 사건의 항소심은 원심의 형을 유지하되 피고인의 지사 방문이 정당하고, 손괴 및 폭행이 우발적으로 발생한 점, 반성하고 있는 점을 토대로 2년간 형의 집행을 유예했다(울산지방법원 2019. 2. 15. 선고).

[116] 현장출동 경찰관의 직무유기

지난 달 A노총의 ○○기업 임원 집단폭행 사건과 관련하여 경찰의 당시 대응이 소극적이라서 피해를 키웠다는 비판이 강하다. 그럼에도 12. 17. 경찰청장은 출동 경찰에게 책임을 묻기는 어려울 것으로 내다봤다. 다수가 에워싸고 있고, 안쪽에 있는 상황에서 적은 수로는 소임을 다한 것이라는 것이 면책의 항변이다. 경찰청이 11. 29. 특별합동감사단을 꾸려 당시 경찰이 출동 수칙을 준수했는지 조사한 후 경찰 수뇌부가 밝힌 입장이므로, 거의 확실한 입장표명인 것으로 보인다.

이 사건은 11. 22. 발생했고, A노총 조합원 40~50명이 ○○기업 사측과 새 노조가 임금 협상을 벌이던 집무실로 몰려가 노무담당 상무이던 피해자를 폭행한 사건이다. 폭행에 가담한 인원은 피해자를 둘러싼 10여 명이고, 피해자는 집단폭행으로 전치 12주라는 중한 상해를 입었다. 회사가 6차례 112에 신고했고, 첫 신고로부터 10분이 지나 관할 파출소 경관 4명이 현장에 도착했는데도, 폭행을 방치했다는 것이 회사 측 주장이다.

결국 경찰청은 책임자인 △△경찰서장에 대한 징계절차를 밟는 것으로 사건을 마무리 하려는 것으로 보인다. 상황관리에 대한 체계적 지도가 부족했다는 점으로 서장에게 묻겠다는 책임도 매우 경미할 것은 쉽게 짐작된다.

출동 경찰관은 직무를 유기했는가. 아니면 경찰청장의 발표와 같이 어쩔 수 없는 상황에서 나름의 소임을 한 것인가. 이는 직무유기와 관련한 해석의 문제이다.

공무원이 정당한 이유 없이 그 직무수행을 거부하거나 그 직무를 유기해야 직무유기죄가 성립한다(형법 제122조). 직무유기죄에서 '직무를 유기한 때'란 공무원이 법령, 내규 등에 의한 추상적 성실의무를 태만히 하는 일체의 경우에 성립하는 것이 아니라 주관적(主觀的)으로 직무를 버린다는 인식과 객관적(客觀的)으로 직무 또는 직장을 벗어나는 행위가 있어야 하므로, 직장의 무단이탈, 직무의 의식적인 포기 등과 같이 국가의 기능을 저해하고 국민에게 피해를 야기시킬 가능성이 있는 경우만을 가리킨다(대법원 82도3065 판결; 대법원 95도748 판결; 대법원 2009도9963 판결). 이는 특정범죄 가중처벌 등에 관한 법률 제15조 소정의 특수직무유기죄의 경우에도 마찬가지이다(대법원 2011도1739 판결).

그리하여 일단 직무집행의 의사로 자신의 직무를 수행한 경우에는 직무집행의 내용이 위법한 것으로 평가된다는 점만으로 직무유기죄의 성립을 인정할 것은 아니고(대법원 2003도3718 판결; 대법원 2004도5259 판결; 대법원 2006도1390 판결), 공무원이 태만·분망 또는 착각 등으로 인하여 직무를 성실히 수행하지 않은 경우나 형식적으로 또는 소홀히 직무를 수행한 탓으로 적절한 직무수행에 이르지 못한 것에 불과한 경우에도 직무유기죄는 성립하지 않는다(대법원 4292형상1081 판결; 대법원 65도984 판결; 대법원 70도1790 판결; 대법원 72도1175 판결; 대법원 75도70 판결; 대법원 82도117 판결; 대법원 81도2538 판결; 대법원 82도1633 판결; 대법원 83도3260 판결; 대법원 91도96 판결; 대법원 2006도1390 판결; 대법원 2011도1739 판결; 대법원 2012도15257 판결; 대법원 2013도229 판결).

결국 법원은 본죄가 성립되기 위해 당해 공무원의 직무에 대한 의식적 방임, 포기, 거부가 있어야 하고, 부족하나마 직무집행의 외관이 있었다면 죄의 성립을 부정하는 것인데, 이러한 태도는 공무원의 면책범위를 지나치게 넓게 인정하여 국민의 입장에서 부당하므로 변경돼야 한다. 특히 수사공무원의 수사직무유기사례가 많고, 처분에 불복하더라도 검찰항고 시 수사미진 주장이 좀체 수용되지 않는다는 점을 고려하면 법원의 태도 변화가 요구된다.

현재의 법원 시각에서 이 사건을 보면, 출동 경찰관들은 출동지령에 따라 현장에 출동한 것은 사실이므로, 자신의 출동의무를 의식적으로 방임·포기·거부한 것은 아니라고 보인다. 그리고 현장에 대기하고 있었지, 자리를 이탈한 것도 아니라고 보인다. 그리하여 부족하나마 직무집행의 외관이 있었다는 이유로 직무유기죄가 성립되지 않을 가능성이 높다. 다만 이러한 경우라도 그 직무집행행위가 위법하여 민사상 손해배상책임이 성립되는 것은 별개의 문제다(대법원 2006도1390 판결 참조).

[117] 자발적 음주와 심신미약

대구지방법원 제11형사부는 2019. 1. 22. 묻지마 흉기 살인미수범에게 징역 10년을 선고했다. 부수처분으로는 20년간의 전자장치 부착 명령도 포함됐다. 피고인은 심야시각에 귀가 중이던 여학생을 뒤 따라가 흉기를 휘둘렀다. 흉기를 미리 준비한 점, 7차례 가슴과 목을 찔러 우발적으로 볼 수 없는 점을 고려하면 상해, 폭행죄가 아니라 살인의 고의가 맞다. 이 사건은 이처럼 살해행위에 나아갔으나 우연히 피해자가 사망하지 않은 경우라서 살인미수죄가 적용됐다.

그런데 문제는 피고인이 알콜의존증을 주장했다는 점이다. 이는 형법 제10조 제2항의 임의적 감경사유인 심신미약 주장이다. 심신장애로 인해 사물변별능력과 의사결정능력이 미약한 상태에서 저지른 행위이므로 작량감경에 앞서 법률상 감경을 받아 보겠다는 심산이다.

법률상 감경사유로는, 자수, 미수, 방조, 심신미약이 대표적인데, 이 중에서 심신미약은 술, 약물, 정신병에 의해 사물을 변별하거나 의사를 결정할 능력이 약하므로 그가 한 행위를 온전히 그의 것으로 돌릴 수 없다는 취지에서 감경사유로 규정됐다. 책임감경 사유인데, 이 조항은 불과 얼마 전까지만 해도 필수적 감경사유였다가 김성수 사건으로 개정되어(2018. 12. 18.) 현재는 임의적 감경사유이다. 이 사건 피고인은 결과적으로 심신미약 감경을 받지 못했다.

심신미약을 인정받기 위해 알콜의존 주장을 하는 것은 실무상 받아들여지지 않는 경우가 많다. 중대 정신질환이거나 마약 등 환각물질에 취해 심신을 제어하지 못하고 범행에 나간 경우에 해당하지 않기 때문이다. 또 이 사건 피고인은 생활고를 비관해 음주 후 범행에 나갔다고 하는 바, 이는 위험을 예견하고도 스스로 심신장애를 야기한 것이어서 책임조각도, 책임감경도 받지 못한다고 형법 제10조 제3항이 규정하고 있기도 하다(이 사건 재판부도 피고인의 행위를 자발적 음주로 보았고, 범행전후 태도를 볼 때 심신미약을 인정할 수 없다고 판단).

한편 미수감경과 관련해서는, 외부적 요인으로 결과발생에 장애가 초래된 것을 장애미수라고 하여 자의로 중지한 중지미수와 완전 다르다. 장애미수는 임의적 감경사유에 불과해 법관이 미수감경을 하지 않아도 되고, 중지미수일 때만 필수적 감면이 요구된다. 이 사건 법관이 미수감경을 했는지, 작량감경을 했는지는 확실하지 않으나, 살인미수죄에 징역 10년이 선고된 것은 매우 이례적이므로 감경 판단 없이 가중판단만 됐을 가능성이 높다. 앞서 피고인이 주점 여주인을 살해했을 때에도 피고인은 징역 10년을 선고받았었다.

[118] 윤창호법 적용 첫 연예인

서울 강남경찰서에 따르면, 뮤지컬 배우 A씨가 12. 26. 새벽 서울 강남 청담동 소재 도로에서 만취 상태로 벤츠 자동차를 운전하다가 사고를 내고는 도주했다고 한다. 경찰은 인신사고까지 내고도 피해자 상태를 확인하지 않고 중앙선을 넘어 도주한 점, 도망 중 시민과 택시운전사에게 체포된 점, 혈중알콜농도가 0.206%나 되고 동일전과가 4회로, 이미 11. 18. 운전면허 취소 상태에서 다시 운전대를 잡은 점을 모두 고려하여 구속수사할 방침을 밝혔다.

바뀐 법에 따를 때 A씨는 얼마나 중한 범죄를 저지른 것인가.

A씨는 현행 도로교통법상 무면허운전위반죄(1년 이하의 징역 또는 300만원 이하의 벌금), 음주운전위반죄(징역 1년~3년 또는 500만원~1천만원의 벌금, 단 내년 6. 25.부터 적용되는 신법에 따를 때 징역 2년~5년 또는 1천만원~2천만원의 벌금), 특정범죄가중처벌등에관한법률위반(도주차량죄 : 1년 이상의 유기징역 또는 500만원 이상 3천만원 이하의 벌금), 동법 위반(위험운전치상죄 : 징역 1년~15년 또는 1천만원~3천만원의 벌금)의 경합범죄를 저지른 것으로 보인다.

위 죄들 중에서 현재 가장 무거운 법정형을 규정하고 있는 범죄는 특가법상 도주차량죄(1년 이상 30년 이하)이고, 단기형만 보면 특가법 위험운전치상죄, 도로교통법상 음주운전위반죄도 모두 단기 1년 이상의 징역으로 같다. 따라서 A씨는 가장 무거운 특가법 도주차량치상죄에다가 위 여러 범죄를 저지른 경합범 법리를 적용받아 중한 죄의 정한 형에 1/2까지 가중처벌받을 수 있다. 결국 A씨는 징역 1년 6월 전후의 처벌을 받을 확률이 높고, 처벌을 경하게 받기 위해서는 재판부에 반성, 합의, 재범불가라는 세 가지 요소가 정확히 전달돼야 한다.

만약 A씨가 사고사실을 인식하지 못했고, 구호의무를 위반한 것이 아니라면 위 죄들 중 도주차량죄는 무죄가 될 것이나, 단기형으로 보면 동급의 죄가 두 개 더 있으므로 징역 1년 6월에서 형이 많이 내려올 것으로 보이지는 않는다. 이 사건에서 검사는 징역 2년 내지 3년의 실형을 구형할 가능성이 높다.

A씨와 같은 상습범, (중)상해 사고 시 엄정 대처한다는 것이 법무부 입장인데, A씨가 이번에 같은 혐의로 체포된 것은 불행한 일이다. 법무부 장관의 발표대로라면, 이 사건은 구속영장 청구, 벌금형 대신 무조건 징역형 구형, 법정최고형 구형, 적극 항소, 가석방 제한, 현행범 체포, 차량 압수, 공범자에 대한 적극적 수사가 예상된다. 실제 경찰은 A씨 차량에 동승한 남성에 대해서도 음주운전 방조 혐의로 입건할 예정이라고 한다.

참고로, A씨가 알코올의존증후군을 주장하고 만약 심신미약으로 드러나더라도, 이 사건 법관은 형을 감경하지 않아도 된다. 형법 제10조 제2항이 임의적 감경사유가 됐기 때문이다(12. 18. 개정 형법 시행).

[119] 현직 판사의 음주운전 벌금 불복소송

윤창호법이 시행된 후로 음주단속 기준이 강화되고, 처벌도 세졌다는 점을 여러 차례 설명드린 적이 있다.

그런 가운데 현직 판사가 0.056% 음주 수치로 단속되고, 벌금 100만원의 약식명령을 받자 불복한 사건이 화제다. 한 지방법원의 판사가 2018. 10. 서울 강남에서 음주 후 운전대를 잡았다가 위와 같은 측정결과가 나와 벌금형에 처해졌는데, 판사이자 피고인이 된 피청구인은 법원에 정식재판을 청구했다.

약식명령청구는 구약식기소라 하고, 약식절차에서는 징역형 처벌이 불가능하여 피고인에 유리하다. 반면 정식기소를 구공판기소라 하고, 이는 징역형 선고가 가능하며, 기소의 방식은 구속기소와 불구속기소로 나뉜다. 구공판기소 사건 중에서 보호사건으로 다루는 것이 적절하다고 판단한 사건은 가정법원으로 이송하여 형벌 대신 보호처분으로 사건이 종결되는 경우가 있다.

약식기소와 구공판기소는 어떠한 기준에서 누가 하게 되는가. 바로 검사의 재량에 따른다. 검사는 사건의 경중, 재범 여부, 합의 여부 등을 감안해 사건을 간이하게 처리할 필요가 있다고 생각되는 사건에 대해 약식기소를 해 왔다.

문제는 당사자가 무죄를 다투는 등 혐의를 적극 부인하는데도 약식기소한 사례가 있어, 불복율이 매우 높았다. 그리고 의외로 청구된 약식 벌금액이 높아서 불복하는 사안, 또 혐의는 인정하지만 기소유예 처분을 희망하였는데 뜻밖에도 벌금형 처분이 되어 전과가 남게 된 경우도 불복의 주요 사유가 되어 왔다.

위와 같은 세 가지 이유로 불복율이 지나치게 높아지자 정부와 법원은 업무경감을 꾀하는 방편으로 형사소송법을 개정하여 약식명령에 불복하여 정식재판을 청구할 경우 같은 형종 내에서 형량을 더 높일 수 있도록 했고, 이는 법관에 의한 재판받을 청구권의 실질적 보장 측면에서 위헌적 요소가 있다고 필자는 2015년 출간한 「수사와 변호」 책에서도 강조했다.

약식제도에 대한 형사소송법 규정(제448조 내지 제457조의2)에 따를 때 우리는 다음과 같은 몇 가지 사실을 요약적으로 알 수 있고, 생활 속에서 유의하여 제도를 이용해야 한다.

첫째, 사법경찰관과 검사를 상대로 수사변호를 최대한도로 펼쳐 조기에 무혐의, 기소유예 처분을 받도록 손을 미리 쓰는 것이 낫다. 형사절차는 조기에 빠져나오는 것이 돈이 적게 들고, 생계를 덜 위협받는다. 또 자신의 연고사회에 소문확산을 막을 수도 있다.

둘째, 검사가 약식명령을 청구한 경우 그 벌금액이 과도하지 않고, 벌금형 전과가 본인의 장래에 크게 영향을 미치지 않는 경우는 불복하지 않는 것도 고려해야 한다. 공무원 또는 공기업, 공사에 취업코자 하는 분들은 벌금형 전과가 영향을 미치지 않는다(성범죄 100만원 이상 벌금 전과 제외). 또 현재 공무원인 분이라도 벌금형만으로는 국가공무원법, 지방공무원법, 경찰공무원법, 소방공무원법, 교육공무원법상 당연퇴직 사유가 아니므로 걱정하실 필요가 없다(성범죄 100만원 이상 벌금 전과 제외).

셋째, 약식명령에 불복할 경우 벌금형이 높아질 수 있다는 점을 각오해야 한다.

넷째, 다만 벌금형이 징역형으로 바뀌는 경우는 없으므로 불이익에 한계가 있다.

다섯째, 약식명령에 불복하여 정식재판을 청구한 경우 1심 법관에게 무죄 주장을 확실히 해야 한다. 억울하다는 것이 혐의를 인정할 수 없다는 것인지, 형이 과중하다는 것인지 구분해서 주장해야 상대가 알아들을 수 있다.

여섯째, 형사법관은 정식재판사건에서 벌금형의 선고유예를 통해 장래의 전과발생을 막을 수도 있어, 그 권한이 막강하다.

위와 같은 사정을 복합적으로 보면, 입건되어 장래 불이익이 예상되는 분들은 수사초기부터 변호사 선임에 특별히 신경 써서 검사를 설득하는 것이 중요하고, 만약 약식기소 등 기소에 이른 경우 자신의 신분상 불이익을 제거하기 위해 최선을 다해 1심 법관을 상대로 변호하되, 신분상 불이익이 없는 일반 시민이라면 정식재판청구는 무죄를 다투는 사건에 한하는 것이 좋다.

[120] 음주측정 시기의 중요성

최근 서울고등법원 행정부는 한 부모 가정의 가장인 모 A씨가 서울지방경찰청장을 상대로 제기한 운전면허취소소송에서 원고인 A씨에 대해 승소판결했다(서울고법 2018누51814 판결). 주된 요지는 음주운전적발 당시 바로 음주측정을 하지 않고, 그로부터 상당 시간이 경과한 후 경찰서 교통사고 조사계에서 실시한 음주측정결과는 믿을 수 없다는 내용이다.

A는 아이 아빠 없이 배달 식료품 소매업을 하는 사람으로, 점포 없이 차로 이동하며 식료품을 판매하는 딱한 사람이었다. 장사를 마친 A가 상인들과 저녁식사와 술을 취식하고는, 대리기사를 부른 후 차를 빼달라는 요구로 불과 20m 차량을 운전하게 되었다. 바로 그 순간 접촉사고가 발생했고, A는 음주운전 혐의로 조사를 받게 되었다.

문제는 A가 음주운전을 한 시점으로부터 1시간 가량 후에 측정이 이뤄졌다는 것이다. 현장에서 단속 즉시 바로 측정했다면 그 결과를 신뢰할 수 있지만, 이 사건과 같이 술 마신 후 30분 내지 90분 사이의 혈중알콜농도 최고치 순간에 실시된 측정결과만으로는 A에게 운전취소 사유가 발생한 것이 맞는지 단정할 수 없다. 하필 A의 측정결과는 0.13%였고, 만약 아직 완전히 상승기가 아니었던 운전 당시 바로 측정했다면 그보다 수치가 낮을 수 있었다는 것이 법원의 결론이다.

재판부의 지적과 같이 도로교통법과 동 시행규칙에서는 혈중알콜농도가

0.1%일 때 면허를 취소하되 다만 운전이 가족의 생계를 유지할 중요수단인 때에는 취소기준을 0.12% 초과로 규정하고 있으므로(도로교통법 시행규칙 제91조 제1항의 [별표 28] 운전면허 취소·정지처분 기준 1.의 바.), A는 술기운이 다소나마 덜 올랐을 운전당시 바로 측정됐다면 0.1199% 이내였을 가능성이 얼마든지 있었다.

위와 같은 사정을 모두 감안한 법원은 뒤늦게 측정된 결과만을 토대로 처분한 피고 서울지방경찰청장의 행위는 사실을 오인한 나머지 감경사유 존부에 대한 판단을 그르쳤으며, 재량준칙을 위반해 평등원칙에 위배된 잘못이 있다고 판시했다.

우리 헌법은 평등의 원칙을 규정하고 있고, 헌법재판소는 합리적 차별, 즉 이유 있는 불평등을 오히려 평등원칙에 부합하는 것으로 보고 있다. "같은 것은 같게, 다른 것은 다르게"라는 헌재의 입장이 이 사건에 어떻게 적용된 것인지 필자가 법원의 속마음을 표현해 보면, 다음과 같다.

"운전면허취소 예외사유(감경사유) 있는 자는 모두가 단순정지 처분을, 그러한 감경사유 없는 자는 모두가 면허취소 처분을", "운전면허취소 사유가 없는 자는 운전면허취소 사유 있는 자와 다른 경감된 처분을" 받는 것이 헌법이 요구한 합리적 차별칙에 부합함을 알 수 있는 귀한 판결이었다.

[121] 무단횡단 보행자 사망 무죄

무단횡단 사고 운전자 처벌은 주위 사정, 보행자의 보행 속도, 차량의 운행 속도, 운전자의 주의의무 정도를 복합적으로 고려한다. 보행자의 무단횡단이 평소 자주 예상되던 위치라든가 당해 사고 운전자의 운전과실이 정상을 넘어 특수했다면, 무단횡단사고 임에도 불구하고 운전자에게 유죄 판결이 선고된다. 그런 가운데 최근 대법원이 교통사고처리특례법 사건에서 무죄를 선고한 원심을 확정해 주목된다(대법원 2018도11767 판결).

사고발생 도로는 왕복 6차선, 전남 광주 소재 도로였다. 택시운전기사인 피고인은 편도 3차로 도로를 시속 50km 속도로 운전하던 중 무단횡단 중이던 피해자를 발견하지 못하고 치는 바람에 한 달 후 피해자가 사망했다.

1심은 유죄를 선고했으나, 2심은 왕복 6차로 도로였고 당시 차량이 많이 다니는 상황에서 피해자가 함부로 무단횡단을 한 점, 무단횡단이 차량 진행신호가 들어온 후 시작된 점을 고려하여, 이러한 경우에도 무단횡단하는 사람이 있을 것으로는 예상할 수 없다고 보아 운전자의 과실을 부정했다. 한편 CCTV 상으로 피해자는 상당한 속도로 무단횡단을 하였기 때문에 발견 즉시 제동을 했더라도 충돌을 피할 수 없었다고 보았다.

대법원이 2심의 견해와 같이 보고 원심을 확정한 이 사건에서 우리가 눈여겨 볼 부분은 과실과 신뢰의 원칙, 그리고 인과관계이다. 차량의 운전자는 업무상과실치사상죄의 주체가 되고, 차의 운행으로 사람을 죽거나 다치게 할 경우 교통사고처리특례법에 따라 특별히 다루어진다.

교특법 유죄 판결이 선고되기 위해서는 운전자의 과실이 있고, 그로 인하여 사상의 결과가 발생하고, 과실과 결과 사이에 인과관계가 있어야 한다. 물론 교통사고를 발생시킨 후 도주한 경우에는 특가법상 도주차량운전죄가 성립하여 가중처벌되고, 술이나 약에 취하여 운전대를 잡아 사상케 하면 특가법상 위험운전치사상죄가 성립되기도 한다.

과실은 정상의 주의를 태만히 한 경우다. 고의범 처벌을 원칙으로 하는 우리 형법은 과실을 특별히 처벌하는 규정이 있는 경우에 한해 처벌하고, 과실이 인정되기 위해서는 결과발생에 대한 예견가능성과 회피가능성을 필요로 한다. 과실범은 그러한 과실과 사상의 결과발생 사이에 인과관계를 요구한다. 음주, 무면허, 신호위반, 중앙선 침범, 과속, 차선 변경방법 위반, 횡단보도 서행의무 위반, 전방주시 위반 등이 운전사고의 주요 과실이 되는데, 이 사건에서는 서행의무 내지 전방주시의무 위반이 문제된 것으로 보인다.

그런데 운전자의 과실을 조각하는 주요한 법리가 신뢰의 원칙이다. 자동차 전용도로 및 고속도로에는 보행자나 자전거가 나타나지 않을 것이라는 신뢰, 비행기 조종사는 활주로에 사람이 나타나지 않을 것이라는 신뢰, 외과의사는 마취과의사가 과잉마취를 하지 않았을 것이라는 신뢰가 그것이다. 이 사건 법원도 신호변경으로 차량이 출발하는 시점에 하필 피해자가 무단횡단을 하지 않을 것이라고 피고인이 신뢰한 것은 정당하다고 보았다. 그리고 피해자가 5개 차로를 넘어 무단횡단할 것을 예측하고 운전할 것을 피고인에게 기대하는 것이 가혹하다는 점도 시사하고 있다.

한편 과실범 성립에 요구되는 인과관계에 대해서도 판결은 의미 있는 판시를 담고 있다. 이 사건 2심은 피해자가 상당한 속도로 무단횡단을 한 만큼 피고인이 발견 즉시 제동장치를 조작했더라도 충돌을 피할 수 없었을 것으로 보았는데, 이는 과실 문제가 아니라 인과관계를 부정한 대목이다.

인과관계는 자연적, 과학적 개념으로 시작되어 법적, 규범적 개념으로 끝을 맺는다. 규범적 판단의 대표적인 것이 상당성이고, 그러한 상황에서 그러한 결과가 통상 발생할 경우에만 상당성이 인정된다. 또 인과관계는 객관적 귀속을 요구한다. 이 사건과 같이 피고인이 합법적 행위를 하였더라도 사고를 피할 수 없었다면 결과에 대한 책임을 피고인에게 지울 수 없다. 이를 합법적 대체행위이론이라고 하고, 강학상 개념이다(법원은 인과관계와 객관적 귀속이론을 '상당성'이라는 하나의 개념으로 설시한다).

이 사건 피고인에게 운전과실이 있었더라도 6차로 반대편에서 빠른 속도로 신호를 위반해 갑자기 차량 앞으로 돌진하던 피해자를 칠 수밖에 없었으므로(사고를 피할 수 없었으므로) 인과관계가 부정된다.

과실, 주의의무, 인과관계, 사상의 결과, 도로교통법, 교통사고처리특례법, 특정범죄가중처벌등에관한법률 등은 모두 법적인 판단이 요구되고, 형사변호사의 각도에 따라 다른 결론이 도출될 수 있는 예민한 부분임을 알 수 있었다.

[122] 과실범과 긴급피난

최근 청주지방법원 형사항소심은 수상오토바이 면허가 없는 상태에서 해당 기기를 운전하여 강에 빠진 시민을 구하다가 오토바이가 뒤집혀 1명이 사망한 사건과 관련하여, 피고인에게 업무상과실치사의 점에 대해 무죄를 선고했다(청주지법 2018노575 판결).

1심은 수상레저안전법위반죄와 업무상과실치사죄 양 죄에 대해 모두 유죄를 선고한 반면, 이 사건 2심은 면허 없이 수상오토바이를 몬 점에 대해서는 유죄, 사람을 구출하는 과정에서 오토바이가 뒤집혀 사람을 숨지게 한 점에 대해서는 무죄를 선고했다. 그 결과 징역 6월의 선고유예를 선고한 1심과 달리 2심은 위 유죄의 점에 대해서만 벌금 100만원의 선고유예형을 선고했다.

무죄의 요지는, 업무상 과실 유무를 판단함에 있어 보통인의 합리적이고 객관적 주의 정도를 기준으로 통상 예견할 수 있는 범위에서 사고를 방지할 회피의무가 있다는 것이다. 따라서 통상 예견할 수 있는 범위를 넘는 이례적인 사태의 발생까지 대비할 것을 요구할 수 없다는 것이고, 피고인은 4명의 시민이 물에 빠진 상태에서 한 대의 수상오토바이에 모두를 태울 경우 뒤집어져 사망자가 생길 수 있다는 점까지 대비할 주의의무는 없다는 결론에 다다른다.

나아가 재판부는 피고인이 비록 수상오토바이에 안전하게 탑승시킬 의무가 있었지만, 위험한 상황에 처한 사람을 피신시키는 경우에는 이와 동등한 주의의무를 요구할 수 없다고 봤다. 이는 사실상 위난상황을 판결문에 반영시킴으로써 주의의무(과실) 조각사유로 설시한 것을 넘어서 긴급피난 상황임을 강조한 것으로 볼 수 있다.

비록 재판부가 과실이라는 구성요건 자체를 조각시키는 것으로 결론지었지만, 위 판시 이유 중 뒤의 것은 긴급피난의 법리로 보아도 무방하다는 점에서 장래 이 재판결과가 상고심에서 파기될 가능성은 거의 없다. 구성요건이 조각되어 무죄건, 위법성이 조각돼 무죄건 판결 결론에 영향을 미친 것이 아니므로 파기를 면하게 된다.

이 사건 피고인이 면허 없이 위 기기를 조작한 점에서 수상레저안전법을 위반했다는 점에 대해서는 이설이 있을 수 없다. 다만 긴급피난 상황임에도 통상의 오토바이 탑승과 동일한 안전의무 기준을 적용시킬 수 있는가가 주요 쟁점이 된다.

이 사건 오토바이는 운전자를 포함하여 3명이 정원이었지만, 피고인은 자신을 포함 물에 빠진 요위난구조자 4명을 모두 오토바이에 태우려다가 뒤집혀 사망사고를 발생시켰다.

정원에 해당하는 사람만 구조하고, 나머지 물에 빠져 허덕이는 사람은 구조하지 않을 수 있겠는가. 이것이 법원의 고민이고, 구체적 타당성 내지 합목적성이 요구되는 부분이다. 이 사건 법원의 결론은 타당하다고 하지 않을 수 없고, 과실의 주의의무가 경감되는 특별한 경우를 창조한 것이다.

미국에서는 정치, 사회, 문화를 리더하는 법원의 경향을 사법적극주의라 하고, 법적 안정성을 강조하여 타 영역에 적극적으로 개입하지 않기 위해 법규를 엄격히 해석하는 문화를 사법소극주의라고 한다. 우리나라 법원은 대체로 사법소극주의적 태도를 취한 반면, 헌법재판소는 사법적극주의 정신을 구현해왔다고 평가된다.

앞으로는 법원이 각 법관의 판결 독립성을 존중하기로 하고, 각 법관은 적극적으로 자신의 양심에 따라 판시하여 사회문화를 개선시켜 나갈 책무가 있다고 본다.

[123] 형사사건 사실인정의 난해함

법관은 사실을 확정하고 법률을 적용해 분쟁을 해결하고(민사, 이혼, 행정, 특허소송), 검사의 공소에 대해 심판하여 범죄자를 처단한다(형사소송). 위와 같은 법률의 적용과 선언에 있어 가장 앞선 단계는 사실의 확정이고, 사실확정은 자유심증에 따른다.

한편 사실을 인정함에 있어 증거에 따른다는 점은 민사소송이나 형사소송이나 같다. 그 증거는 직접증거, 간접증거, 정황정거, 보강증거 등 모양과 수준이 다양하고, 그 외 법관은 경험법칙, 공지의 사실, 변론의 전취지를 보충하여 사실을 인정할 수도 있다.

사실을 인정하는 수단과 수법이 복잡한 이유는 직접증거가 존재하는 사건이 드물기 때문이다. 예컨대, 사람을 살해하는 현장이 촬영된 휴대폰 영상이나 CCTV가 존재한다면, 흉기 구입내역, 흉기를 판매한 상인의 진술, 피해자를 죽이고야 말겠다고 다짐해 놓은 일기장 또는 메모, 피해자의 근무지를 목적지로 한 인터넷 지도 검색내역 등 간접증거, 간접증거는 확보할 필요가 없는 것이다.

그러나 불행히도 형사사건은 직접증거가 부족한 경우가 매우 많다. 민사소송이나 행정소송은 당사자 간 처분문서, 행정청의 처분 및 기초자료가 상세히 남아 있는 경우가 대부분이지만, 형사사건은 우발적 범행이 많아 직접증거 확보가 불가능한 경우가 많고, 또 계획적 범죄는 범인이 자신의 행적과 증거를 인멸·훼손하는 경우가 많아서 역시 직접증거 확보가 어렵다. 수사기관이 건질 수 있는 실무상 직접증거는 현행범이 아닌 바에야 고작 (흐리거나 각도가 안 맞는) CCTV, 계좌내역, 신용카드 내역이 전부인 경우가 많다.

위와 같은 사정을 두루 보면, 직접증거의 확보가 어려우므로 간접증거, 정황증거가 실무의 세계에서는 판을 치고, 경험칙과 공지의 사실, 전문가의 감정의견, 수사와 소송에 임해 온 피고인의 태도(변론의 전취지)까지도 모두 살펴 혐의 여부를 판단해야 함을 알 수 있다. 이 같은 어려움으로 인해 부득이 형사소송법과 민사소송법은 자유심증주의를 두고 있고, 다만 자유가 현저히 자의적인 경우로 판단된 예외적 경우에는 원심을 파기하여 다른 결론을 내리게 된다.

그리고 범죄사실, 즉 혐의에 대한 판단이 가장 어려운 순간은 수사단계의 것이다. 기소 전 검사가 피의자의 신병을 확보하기 위해, 그리고 자백 진술을 보다 용이하게 받아내기 위해 구속영장을 청구한 경우 영장실질심사를 담당한 법관은 주로 수사기관이 수집하여 제출한 자료를 토대로 구속사유를 판단해야 하고, 구속사유의 1순위는 범죄혐의 소명인데, 이것을 판단하는 것이 형사공판에서의 유·무죄 판별보다 더욱 어렵다는 것을 뜻한다.

아직 피의자의 변소와 변호인의 변론이 충분하지 않은 상태에서, 그것도 수사기관으로 하여금 범죄를 입증할 것 까지 요구하지 않고 고작 소명할 것만을 요구하는 현행 구속제도 하에서 경솔한 판단을 하기가 쉽고, 그 경우 대부분의 피의자는 오판에 의해 구속돼야 한다는 부당한 결론에 이르기 때문이다. 여기서 영장담당법관의 고충이 시작된다.

사법시험 합격자에 대해 실무교육을 실시하던 곳이 사법연수원이었다. 70년의 역사를 뒤로 하고 사법시험이 사라져 앞으로 이곳은 법관 교육기관으로만 사용될 터인데, 사법연수원에서 가장 어렵다고 강조한 부분이 바로 사실인정과 증인신문기술이었다. 자의적 사실인정을 하고 말았다면 아무리 훌륭한 법규를 적용시켜도 틀린 답이 나오게 되므로, 사실인정론은 참으로 중요하고도 어렵다.

사실인정 화두에 대해 묵직한 걱정을 던진 분으로, 이정봉 검사가 있다. 이 검사는 '사실인정이라는 무거움'이라는 제목 하에, 사실인정이란 '오류가능성을 가진 존재가 버거운 짐을 짊어진 채로 운명처럼 꿋꿋이 걸어가야 하는 일'이라고 표현했다.67)

[124] 이탈리아 항소법원의 강간죄 오판

최근 이탈리아 대법원은 강간죄 무죄 판결을 한 원심인 안코나 항소법원의 2심 판결을 파기하고 사건을 원심에 환송했다. 2015년 두 명의 피고인이 페루인 여성을 강간한 점과 관련 1심 유죄판결이 내려졌는데, 위 2심이 무리하게 무죄로 판결했다는 취지다.

놀라운 것은 항소심 법관 전원이 여성이었는데도 무죄판결을 했다는 점, 무죄의 주된 이유가 '피해자의 외모가 남성처럼 보여 성적 매력이 없기 때문에 피해진술을 그대로 믿을 수 없다'고 본 점이다. 그리고 그러한 내용을 판결문에

---

67) 법률신문, 목요일언, "사실인정(fact-finding)이라는 무거움", 2016. 11. 10.자.

담았다고 하니, 국민들이 가만있을 리 없다. 이 사건은 영국 일간 가디언에서 소개하며 세계적 반향을 불러 일으켰다.

해외의 이 사건을 토대로 몇 가지 생각할 점을 보면, 첫째, 파기사유는 무엇이며, 특히 사실오인은 무엇인가. 둘째, 강간죄 2심의 올바른 사실판단 기준은 무엇인가. 셋째, 대법원이 자판과 파기환송 중 어떤 방식을 택하든 이는 자유인가.

첫째, 2심은 사실오인, 이유불비·모순, 법리오해, 양형부당을 파기사유로 삼는다. 무죄를 다투는 사건에서는 사실오인 주장과 그 판단이 가장 많다. 따라서 통상 2심은 사실확정에 가장 힘을 쏟는다. 법리오해는 중간중간 또는 말미에 근소하게 적시되는 경우가 많다. 사실오인은 원심이 사실확정을 잘못했다는 것으로, 주된 원인은 증거판단을 그르쳐 오판을 한 것이 된다. 이러한 사건에서는 '피고인의 주장을 배척하고, 피해자의 주장을 함부로 믿은 것이 잘못'이라는 점이 사실오인판단의 주된 요소가 된다. 이 사건 2심이 피해자 진술의 신빙성을 뒤집은 것은 피해자 주장에 터잡아 양산된 각종 증거를 믿을 수 없다는 것이고, 원심이 사실을 잘못 판단했다고 보는 한 2심은 사실오인을 이유로 파기할 수 있고, 이는 적법하다.

둘째, 이 사건 항소심이 사실오인을 인정할 경우 판결문에 피해자 진술 신빙성을 배척하는 사유를 반드시 적시해야 한다(형사소송법 제369조). 다만 피해자가 남자처럼 생겨 그의 강간피해 진술이 믿기 어렵다고 판시한 이탈리아 항소법원의 무죄 이유는 필자는 처음 본다. 우리 대법원은 사력을 다해 반항하지 않았다는 점만으로 강간죄에서 요구되는 폭행·협박이 없었다고 단정해서는 안 되며(대법원 2005도3071 판결; 대법원 2012도4031 판결), 피해자의 입장에서 성희롱 사안을 바라봐야 한다고 판시했다(대법원 2017두74702 판결). 심지어 대법원은 최근 삼성가 A 사장의 이혼소송에서, 재판장과 삼성과의 관계 등을 고려할 때 일반인의 관점에서 불공정한 재판을 할 염려가 있다고 보고 재판장을 교체하는 결정을 내리기도 했다(대법원 2018스563 결정).

셋째, 대법원은 원심과 1심법원이 적법하게 조사한 증거에 의하더라도 상고심 스스로가 판단할 수 있다고 생각되는 때에는 자판하고(형사소송법 제396조), 그 외의 경우에는 환송을 원칙으로 한다(형사소송법 제397조). 따라서 파기자판은 예외, 파기환송이 원칙이 된다. 이후 환송받은 2심(파기환송심)은 대법원의 파기취지에 구속되어 판단해야 한다(법원조직법 제8조). 반면 항소심은 파기자판이 원칙이다(형사소송법 제364조 제6항, 동법 제366조).

요컨대, 이 사건 이탈리아 안코나 항소법원은 1심 판결과 다른 판단을 할 수 있고, 항소이유에 대한 판단을 내려야 하므로 피해자 진술 신빙성에 대한 설시를 하여야 하나, 법관 개인의 성향에 따라 사실을 달리 확정해서는 안 되고 피해자 내지 일반인의 관점에서 판단했어야 하므로 위법한 판결이 되었다. 이탈리아 대법원은 우리 형사소송법에 따를 때 파기자판 대신 파기환송을 택했고, 파기환송심은 대법원의 파기이유에 따라 재심리해야 한다.

[125] 형사 무혐의가 민사·행정소송에 미치는 영향

우리는 타인 또는 기업으로부터 피해를 입은 경우 소송전략을 고심하게 된다. 민사소송부터 먼저 제기해서 승소판결을 받고 형사고소를 할 것인가, 아니면 형사고소부터 먼저 하여 유죄판결을 받거나 적어도 기소시킨 후 민사소송을 제기할 것인가에 대한 고민이 그것이다.

일단의 실무흐름은, 민사소송을 제기하여 승소판결 하더라도 형사고소에서는 무혐의를 받는 경우가 있다. 형사의 불법성은 민사의 위법성보다 매우 좁은 개념이기 때문이다.

반면 형사고소를 하여 유죄판결을 받은 경우에는 민사소송에서 원고가 예외없이 승소하게 된다. 더 좁은 형사의 관문을 통과했다면 민사소송의 불법행위 배상청구는 당연 충족된 것이기 때문이다. 또 수사기록과 형사재판기록을 민사소송에 끌어들임으로써 심리가 단축되거나 입증이 용이해지는 장점도 있다. 그러나 형사고소 결과 가해자가 무혐의 처분을 받으면, 이제 민사소송에서는 난처한 일이 발생한다. 형사 불법성이 없더라도 민사상 위법할 수는 있지만 승소하지 못하는 경우가 많기 때문이다(불법행위 배상청구의 경우). 또 피고가 수사기록 상당부분을 민사소송에 끌어들일 경우 재판부의 심리부담이 가중되고, 원고로서는 공격방법이 협소해지는 단점이 있다. 그만큼 형사 무혐의가 민사에 미치는 영향이 크고, 때로는 행정소송도 영향을 받게 된다.

건설업체 직원이 뇌물공여죄 무혐의 처분을 받은 사건에서, 대법원은 국방부가 ㅇㅇ건설에 대해 민간투자사업 참가를 제한한 것이 부당하다고 판결했다(대법원 2014두2621 판결). 뇌물공여 혐의를 받던 ㅇㅇ건설 부장이 무혐의 처분을 받았다면, ○○건설이 민간투자법상 참가자격이 제한되는 '관계 공무원이나 심의위원회 위원에게 뇌물을 준 자'(사회기반시설에대한민간투자법 제46조의2, 동법 시행령 제35조의2 제1항 제5호)에 해당하지 않는다고 본 것이다(원심 확정).

[126] 인과관계와 증언 신빙성

공사현장 안전반장으로 근무하던 근로자가 걸어서 현장으로 출근 중 빙판길에서 넘어지며 어깨 근육이 찢어지는 상해를 입었다. 출퇴근 재해로 보고 재해보상금과 요양급여를 신청한 근로자는 뜻밖에도 공단의 불승인 처분을 받고 황당하여 소송을 내게 됐다.

비록 원고가 사업주가 제공한 교통수단이나 그에 준하는 교통수단을 이용하지 않았더라도 산업재해보상보험법 제37조 제1항 제3호의 '그 밖에 통상적인 경로와 방법으로 출퇴근하던 중 발생한 사고'이므로, 원고는 업무상 재해 판정을 받았어야 한다.

근로복지공단의 불승인 사유는, 바로 근로자의 기왕증이었다. 본래부터 문제가 있던 어깨의 치료를 위해 산재 신청을 했다는 주장이고, 여러 증언은 서로 다른 점이 있어 근로자가 주장하는 사고 발생경위를 믿을 수 없다는 내용이었다. 이에 대해 서울행정법원은 비록 사고 장소에 대한 목격자들의 진술이 일부 다르더라도 당일 출근 시간에 근로자로부터 사고 사실을 들었다는 점은 모두 공통되고, 근로자의 주장처럼 통상적 경로와 방법으로 출근 중 발생한 사고라면 본래부터 어깨의 기왕증이 있었더라도 업무와 관련해 발생한 사고로 더 악화된 것이 되므로 산업재해가 맞다는 판단을 했다. 이 같이 법원은 기왕증을 가진 경우라도 해당 근무를 위해 출퇴근 내지 업무상 사고로 기왕증이 악화돼 별도 치료가 요구된 경우라면 업무와 재해 사이의 인과관계를 인정해 왔다. 이렇게 해석하는 것이 동법 제37조가 명시적으로 규정하는 상당인과관계설에 부합한다.

인과관계는 형사사건에서도 중요한데(형법도 상당인과관계를 요구), 이는 객관적 구성요건요소가 된다. 인과관계는 사회경험상 상당성이 인정되면 충족되므로, 매우 비정상적 인과가 없었던 한 피고인의 행위로 피해가 발생한 자연적 인과에 주목하여 책임을 묻는 경우가 많다. 예컨대 A가 B를 살짝 때렸는데, B

가 원래 건강이 좋지 않던 중 A의 타격으로 상해를 입었다면 특별한 사정이 없는 한 A는 상해죄 내지 폭행치상죄로 처벌된다. A가 책임을 면하기 위해서는, B가 특이체질이란 점을 입증해야만 한다.

한편 증인의 증언들이 서로 간 일부 다르거나, 혹은 조사단계 별로 상이하더라도 법원은 전체적 신빙성을 고려해 유·무죄, 승·패소를 정하므로, 세부적 사항에서 약간 기억을 달리하거나 목격사실을 일부 다르게 진술하더라도 법원이 결론을 정하는 데 방해하지 않는다. 따라서 원고든 피고든 자신의 주장사실을 입증하기 위해 증언을 요청할 경우 반드시 원·피고 자신의 기억에 부합하는 진술만을 강요하거나 교사 내지 유도하지 말고, 각 증인이 겪은 경험사실을 자유롭고 생생하게 진술하도록 내버려 두는 것이 유리하다.

[127] 송달불능 사례

민사소송이든 형사소송이든 서류의 송달은 중요하다. 가장 중요한 문제이기도 하다.

민사사건은 본안전 보전단계에서는 가압류결정문, 가처분결정문, 사전처분결정문, 본안 단계에서는 변론기일통지서, 소장 및 준비서면과 각종 증거가 송달돼야 채무자 또는 피고가 대응을 할 수 있다. 집행단계에서는 압류·추심·전부명령이 (채무자 또는) 제3채무자에게 송달될 것을 효력요건 또는 효력의 전제요건으로 하고 있다.

형사사건은 피고인 소환장, 공판기일통지서가 피고인에게 송달돼야 자신이 고소당해 재판받게 된 사실을 알 수 있고, 몇 차례 송달절차와 소재탐지절차를 거치고도 피고인이 출석하지 않는 경우 일정한 요건 하에서 피고인 없이 재판하는 궐석재판도 가능하다(형사소송법 제365조 제2항). 이 경우 피고인은 자신이 무슨 잘못으로 전과자가 되었는지 알지도 못한 채 세월을 보내다가 뒤늦게 알고 난감한 상태가 된다.

그런데 문서의 송달이 거듭 실패로 돌아간 사례가 최근 보도됐다. 포스코가 보안 규정에 따라 우체부의 출입을 제한했다는 내용의 기사다(매일신문 2019. 1. 23.자).

포스코에 송달 횟수가 가장 많은 대구지방법원 포항지원은, 포항제철로 보낸 법원 등기가 입주업체에 전달되지 않아 법집행에 문제가 있고, 심지어 일제 강제노역 피해자가 신청한 압류도 입주업체에 전달되지 못한 채 반송된 사실이 있다고 한다.

이런 문제점은 법원등기의 특징과 맞물려 매우 심각한 문제가 되고 말았다. 법원등기를 수령할 수 있는 자는 민사소송법 등 관련 법에 따라 본인과 적법한 대리인 등에 한정되는데, 포스코의 문서수발실이 입주업체 전부로부터 문서 수취 위임을 받은 대리인이 아닌 한 우체부는 수발실에 등기를 맡겨둘 수 없는 상황이 된 것이다.

국민의 정당한 재판청구권과 집행절차를 침해하는 보안 방식이라면 수정돼야 하고, 법원등기가 도달되지 못한 각종 책임은 포스코에 있게 된다. 예컨대, 문제 있는 보안 방식으로 송달불능상태를 야기했거나 그러한 불능을 알고도 사법절차를 방해하여 발생하는 금전적 손해, 전과자 양산 등에 대한 책임이다.

참고로 불변기간이 정해진 소송행위에서 당사자가 책임질 수 없는 사유로 그 기간을 지킬 수 없었던 경우 당사자는 소송행위의 추후보완을 신청할 수 있고(민사소송법 제173조), 상소의 추후보완신청 시 강제집행을 일시 정지할 것을 신청하거나 실시한 강제처분을 취소하도록 신청할 수도 있다(동법 제500조). 형사사건에서는 상소권자가 책임질 수 없는 사유로 인해 상소기간 내 상소하지 못한 때에는 상소권회복청구를 할 수 있고(형사소송법 제345조), 이 경우 법원은 상소회복청구 결정 때까지 집행을 정지할 수 있다(동법 제348조 제1항). 제345조와 제348조 규정은 정식재판청구에도 준용한다(동법 제458조). 이 사건 송달불능으로 피해를 입은 분이 있으면 위와 같이 추완항소 등을 통해 구제받을 수 있다.

[128] 골프장 회원권 자격정지 소송 비화

최근 대구경북의 한 유명 골프장에서 회원권 소지 회원들과 골프장 사이에 입씨름이 오가다가 이제는 소송 직전까지 비화된 사건이 발생했다.

골프장이 일부 회원의 자격을 1년간 정지하자, 불이익을 당한 회원이 대구지방법원에 이사회 결의 효력 정지 가처분 신청과 함께 이사회 결의 취소 소송을 제기하겠다고 한다.

본래의 다툼은 회원의 어떠한 행위가 문제 된다는 것이 아니었다. 회원권 회원들이 부킹곤란을 넘어 대란을 겪게 되면서, 회원들이 항의한 것이 싸움의 본질이었다. 회원들은, 회칙에 따라 회원권 보유회원은 일반 이용자보다 유리한 조건으로 골프장을 이용할 수 있어야 하는데, 해당 골프장이 골프 부킹 대행 회사와 지역 골프협회 등에게 부킹예약 편의 내지 특혜를 줬다는 주장을 했다. 그런데 행정적 항의에 그치지 않고, 일부 회원들이 항의 집회, SNS 활동, 허위사실 유포와 명예훼손, 시위용 조끼 착용 상태로 라운딩을 했다는 것이 골프장과 임시이사회의 입장이다.

누구의 말이 맞을지는 가처분과 본안소송에서 판명 나겠지만, 일반적으로 특정 집단의 이익을 위한 사실적시가 공익적 목적에 해당하는 경우가 많고 그 경우 비방의 목적이 부인되어 정보통신망법상 명예훼손이 성립되지 않는 경우가 대부분이다.

또 행위자들이 허위사실을 적시했고, 또 허위라는 정을 알고 행위했다는 점은 검사가 입증해야 한다. 이 사건 예정 원고들 역시 회원의 권리를 찾고자 항의 시위한 것이고, 밴드에 올린 글은 공공의 이익에 관한 것이라고 주장하고 있다.

장래 이 사건은 예정 원고들의 회원자격을 정지시킨 임시이사회가 그 같은 결정권이 있는지, 이사회 소집절차는 적법하였는지, 만약 이사회가 아닌 운영위원회가 결정할 사항이었다면 이 사건 정지결정은 무효사유인지 취소사유인지, 반대로 임시이사회가 그 같은 결정권이 있다고 한다면은 내용상 타당한지가 심리의 주된 관건이 된다.

내용상 타당여부는 예정 원고들의 항의 집회와 SNS 활동이 적법한 것이었는지, 위법한 것이었는지가 결론을 가를 것으로 보인다.[68)]

[129] 골프장과 회원간 대격돌 최근 양상

2019. 2. 23. 영남일보는 대구경북의 대표적 회원제 골프장 △△CC와 일부 회원간 대격돌 양상과 관련 최근의 다툼을 보도했다.

---

68) 2019. 4. 3. 대구지방법원 제20민사부는 1년간 자격정지 처분을 받은 골프장 회원 3명이 제기한 지위보전가처분 신청을 인용했다.

해당 골프장이 부킹대란에 불만을 품고 항의집회를 한 회원들에게 1년간 자격정지처분을 내린 지 얼마 지나지 않아 이번에는 △△CC 회장과 대표이사가 2019. 1. 23. 회원 한 명을 모욕죄로 대구 수성경찰서에 고소했다는 내용이다.

고소이유는 피고소인이 SNS에서 지속적으로 악의적, 모욕적 언어를 사용하며 악성글을 올려 골프장 임원들을 인신공격하고 모욕했다는 것인데, 골프장 측은 5개월 이상 모욕적 악성 댓글을 개시한 점, 해당 밴드 가입 회원들이 이러한 모욕사실을 알려준 점을 토대로 고소했다고 한다.

그런데 피고소인은 회원간 친목도모 목적으로 만들어진 회원제밴드에 골프장 측이 들어와 밴드 감시, 불법 사찰을 했기 때문에 증거를 수집할 수 있었다고 항의하고 있다.

피고소인은 골프장에 대한 불만을 토로하는 과정에서 과도한 용어를 사용한 것은 인정하지만, 골프장의 부당 내지 부정한 부킹에 대한 의견교환을 위해 회원들이 자발적으로 만든 밴드 글을 불법 사찰한 것은 있을 수 없는 일이라고 하는 바, 몇 가지 법률상 항변을 발견할 수 있다.

첫째, 피고소인은 완전 개방된 SNS에 글을 올린 것이 아니라 비공개 장소에 올린 것이며, 밴드 구성원들은 대체로 골프장의 부킹 등 경영정책에 불만을 가진 사람으로, 서로간 불평을 하기 위해 가입한 것으로 볼 여지가 강하다.

이처럼 비공개 밴드에서 당초의 밴드 개설 취지에 맞게 골프장의 부당한 정책에 항의한다는 차원에서 글을 올린 것은 바깥으로 퍼져나갈 가능성이 없다고 보아, 즉 공연성이 없다고 보아 무죄가 될 가능성이 있다.

그러나 한편 본건 모욕의 증거를 밴드 구성원들이 고소인에게 알려주어 고소하게 된 것이라는 고소인의 주장이 정말로 사실이라면, 공연성을 충족하지 않을 것이라고 믿었지만 실제로는 공연하게 유포된 것이 된다.

이때는 피의자에게 전파가능성에 대한 인식이 없었거나 그 위험을 용인하는 내심의 의사가 없다고 보아 무죄가 선고될 수 있다(고의 조각).

둘째, 다수 회원들의 정당한 권익이 침해되고 있다는 전제 하에, 밴드 내에서 의견을 교환하고 대책을 강구하려는 동기에서 여러 언사를 사용했고 일부 과격한 언어가 사용되었다면, 이는 형법 제20조의 정당행위가 되어 위법성이 조각될 수 있다. 사회상규에 반하지 않는 행위로 볼 여지가 있기 때문이다.

모욕죄는 형법 제310조의 특수한 위법성조각사유가 적용되지 않지만, 일반적 위법성조각사유 중 하나인 정당행위가 적용됨은 이설이 없다.

셋째, 위 두세 가지 주장 모두가 실패로 돌아가더라도 피고소인의 행위는 동기, 경위에 참작할 점이 크고, 비공개 밴드에서 경영정책 등 비교적 공적인 사안을 비판한 것으로 보여지는 점에서 형량 감경이 가능할 것으로 보인다. 참고로 모욕죄는 친고죄라서 이후라도 고소인이 고소를 취하하면 수사는 종결된다.

넷째, 만약 고소인이 비밀밴드에 들어가 대화내용을 탐지했다 하더라도 해킹을 한 것이 아니라 정당한 사용권자(예컨대 밴드회원)로부터 권한을 위임받아 접속한 것이라면, 비밀침해죄, 정보통신망법위반죄(정보통신망침해, 비밀침해등) 등이 성립하기는 어려울 것으로 보인다.

[130] 무서운 오해와 순간의 실수

2018. 12. 7. 대구지방법원은 자신의 단원을 지목하여 SNS에 허위사실로 명예를 훼손한 자치단체 소속 합창단 단장에게 유죄를 인정하면서 벌금 400만원을 선고했다. 피고인은 합창단 단원 42명이 가입돼 있는 SNS 게시판에 피해자를 지목하면서, "거짓제보를 한 단원"이라는 표현을 쓰며 퇴단하라는 취지의 글을 올렸다. 피해자가 피고인을 구청 감사과에 투서한 사람으로 오해하여 저지른 행위다. 피해자는 해당민원을 제기한 적이 없는 무고(無辜)한 사람이었다.

정보통신망법상 명예훼손죄는 두 개의 행위를 처벌하고 있다. 비방할 목적으로 정보통신망에 사실을 적시할 것, 비방할 목적으로 정보통신망에 허위의 사실을 적시할 것.

두 개의 행위유형은 정보통신망을 이용하여 타인의 명예를 훼손한다는 점에서 형법보다 가중 구성요건이 된다. 그리고 비방할 목적을 요구하므로, 공익 목적으로 행위를 한 경우에는 구성요건 자체가 조각되어 무죄가 된다. 마지막으로 허위로 그 같은 행위에 나아갔다면 진실사실 적시보다 형이 가중된다. 허위라는 점에 대한 입증책임은 검사가 진다.

피해자가 자신을 모함했다고 함부로 생각하고, 사실을 상세히 확인치 않고 성급히 행위에 나아가는 사례가 많다. 이 경우 평소 자신과 사이가 좋지 않았던 사람이 허위 명예훼손 피해를 입게 되는 경우가 많다.

이 같은 명예훼손 행위, 특히 SNS를 이용한 행위는 주로 교수사회, 종중, 교회, 동호회에서 심심찮게 발생한다. 사람이 모여 활동하면서 상시로 특수목적을 갖고 대면하며, 자연스럽게 내 편과 네 편이 나뉘는 경우가 많기 때문이다.

본건 피고인 입장에서 보면 피해자가 자신을 구청에 제보했다고 믿고 한 행동일 수 있다. 그렇다면 허위성에 대한 인식이 없는 사건으로 볼 수 있다. 그러나 피고인은 무엇이 사실인지 확인도 없이 너무나 성급히 피해자를 제보자로 단정 지은 점에서 허위성에 대한 미필적 인식이 있었다고 보는 것이 옳다.

한편 피고인의 행위가 공익 목적이어서 비방의 목적이 없었다고 보기는 어렵다. 특정인을 지목해 SNS에 '거짓제보를 한 사람'으로, 그리고 '퇴단하기 바란다'는 내용의 글을 올린 것은 합창단의 공익을 위한 것이라기보다는 자신이 제보당한 점에 대한 보복목적이었다고 보여지기 때문이다.

[131] 농담과 모욕 사이

최근 부산지방법원은 동료 여교수를 비하한 가해자에게 배상판결을 내렸다. 이는 가해자가 모욕죄로 1심, 2심, 3심 형사재판에서 유죄판결이 확정되면서, 당연히 예상된 결과다.

일반적으로 민사소송에서 승소하더라도 형사절차에서는 무혐의 내지 무죄가 선고될 수 있다. 그러나 형사소송에서 유죄 판결을 받은 가해자가 민사소송에서 승소하는 사례는 없다.

부산 모 대학 교수인 피고는 남자 교수들과 술을 마시다가 피해자를 향해 큰 소리로 "불쌍한 인간", "시집도 못가고 성관계도 못 하고", "솔직히 바보 아니냐"는 취지의 발언을 했다고 한다.

가해자는 형사재판에서는 단순한 농담에 불과했다며 정당행위를 주장했지만, 사회상규는 아무 데나 갖다 쓰는 내용이 아니다. 형법 제20조에서 정한 사회상규에 위배되지 않는 행위란 법질서 전체의 정신이나 그 배후의 사회윤리 또는 사회통념에 비추어 용인될 수 있는 행위를 말하므로, 어떤 행위가 그 동기나 목적이 정당하고 수단이나 방법이 상당하며 보호법익과 침해법익이 균형을 이루는 등으로 당시의 상황에서 사회윤리나 사회통념상 취할 수 있는 본능적이고 소극적인 방어행위라고 평가할 수 있다면 이는 사회상규에 위배되지 않는 행위라고 봐야 할 것이지만, 반대의 경우라면 위법성이 조각될 수 없다.

또 형법상 처벌하지 않는 소위 사회상규에 반하지 아니하는 행위라 함은 법규정의 문언상 일응 범죄구성요건에 해당된다고 보이는 경우에도 그것이 극히 정상적인 생활형태의 하나로서 역사적으로 생성된 사회질서의 범위 안에 있는 것이라고 생각되는 경우에 한해 위법성이 조각돼 처벌할 수 없게 되는 것으로서, 어떤 법규정이 처벌대상으로 하는 행위가 사회발전에 따라 전혀 위법하지 않다고 인식되고 그 처벌이 무가치할 뿐만 아니라 사회정의에 위반된다고 생각될 정도에 이를 경우나, 국가법질서가 추구하는 사회의 목적가치에 비춰 이를 실현하기 위해 사회적 상당성이 있는 수단으로 행해졌다는 평가가 가능한 경우에 한해 이를 사회상규에 위배되지 아니한다고 할 것인데, 이 사건은 모욕죄의 구성요건에 해당할 뿐만 아니라 그 행위가 극히 정상적 생활형태로는 볼 수 없고 역사적으로 생성된 사회질서의 범위를 벗어났으며, 처벌하는 것이 사회정의와 가치에 부합하며, 국가법질서가 추구하는 사회의 목적가치에 비춰 보면 피고 여교수의 행위는 사회적 상당성이 없는 수단을 쓴 행위로, 용서받을 수 없다고 평가된다.

생각은 자유지만(양심의 자유), 표현은 사회상규에 부합하는 내용과 수단이어야 한다는 점을 알려준 유의미한 사건이다.

[132] 분쟁 속으로 뛰어든 호텔○○

최근 필자는 호텔○○에 다녀온 적이 있다. 모대학 최고경영자과정 총동창회 송년모임에 감사로서 참석했다.

종전 호텔○○은 산 밑에 지어진 조그만 숙박시설이었는데, 이번에 가보니 ◇◇못 바로 앞 대로에 높은 새 건물이 들어서 있었고, 행사는 그 곳에서 열리고 있었다.

특이하게도 행사장소를 대관하는(빌려주는) 대로 앞 높은 건물은 '컨벤션센터'로 벌써 개관하였는데, 산 밑 호텔○○ 숙박시설은 미완공 상태였다. 아니나 다를까 숙박동 건립은 이 호텔이 개관하는데 반드시 필요한 허가의 부관, 즉 조건이었는데 아직 공정률이 80%에 이르고 있어 문제되고 있다는 보도가 나왔다. 안전상 공사를 중단할 필요가 있었고, 이 결정은 감리사가 내렸다고 한다.

행정행위는 단순한 처분도 가능하지만, 조건 등 부관을 붙인 행정행위도 가능하다(단 법률행위적 행정행위와 재량행위에만 가능).

호텔○○은 수익을 위해 컨벤션센터 개관을 원했고, □□구청은 호텔 본래의 목적인 숙박용도를 유지할 수 있어야 허가를 내려줄 수 있는 상황에서 나온 것이 조건부 처분이다. □□구청 민간자문위원회는 2019. 3. 31.까지 숙박동 완공을 조건으로 컨벤션센터 개관을 허용했고, 현재처럼 공사가 계속 지연될 경우라면 □□구청은 컨벤션센터 준공 승인을 철회할 권한을 갖게 된다.

한편 호텔○○은 위와 같은 행정분쟁에 대비하는 것과 별개로 현재 민사소송을 당한 상태이다. 호텔○○ 컨벤션센터 지하에는 본래 성인나이트클럽을 들이기로 임대차계약이 체결됐는데, 주민반발로 호텔이 계약을 해지한 것이 문제가 됐다.

계약은 다음과 같은 경우 무효로 돌릴 수 있다.
불공정행위, 반사회질서행위, 무권대리, 무권한자처분행위.

계약은 다음과 같은 경우 취소할 수 있다.
착오, 사기, 강박.

계약은 다음과 같은 경우 해제할 수 있다.
이행지체, 이행불능, 약정해제권행사.

계약은 다음과 같은 경우 해지할 수 있다.
쌍방의 합의, 사정변경.

이 사건은?

본건은 계약의 무효사유, 취소사유, 해제사유가 발생한 사건으로는 보이지 않는다. 이 사건 호텔○○과 나이트클럽 간에는 합의 내지 사정변경을 이유로 계약이 해지된 것으로 보인다. 문제는 손해의 배상이다(민법 제551조).

나이트클럽이 입은 손해는 얼마일까. 즉 호텔○○이 배상할 손해액은 얼마일까. 나이트클럽은 56억원대 소송을 제기한 것으로 보인다. 호텔○○이 나이트와 계약을 해지하면서 투자한 시설비 등 명목으로 56억원을 배상해 주겠다는 약정서를 건넨 것이 약정금 청구소송의 근거가 됐다. 현재 호텔○○은 금액이 터무니없어 지급을 못하겠다는 입장이므로, 소송은 불가피하다.

본래 손해는 서로 주장하는 바가 다르다. 이때 요구되는 것이 손해감정 절차다. 법원이 지정한 감정인이 나이트클럽에 투자한 시설비, 인건비 등을 감정해 의견을 개진하면 법관은 피고 호텔○○이 원고 나이트클럽에 지급할 판결금을 정하게 된다. 그리고 감정 전후 원·피고가 조정, 화해권고결정 등의 절차에서 합의에 도달한다면 소송비용을 일방이 부담하지 않아도 되는 장점이 있다.

이 사건 분석을 통해 호텔 하나가 신장개업하는 과정에서 많은 인물이 등장하게 됨을 알 수 있었다. 호텔 사장(나이트클럽에 대해서는 임대인이면서, 구청허가를 받아야 하는 입장에서는 민원인), 나이트클럽 사장(임차인이자 해지 피해자이면서 민사소송의 원고), 증인 등 조사의 객체가 될 수 있는 나이트클럽 인테리어 공사업자, 호텔○○ 숙박동 건립공사장 시공사, 건설 감리, □□구청, 구청 민간자문위원회, 판사, 조정위원, 법원 지정 감정인, 양쪽 변호사.

그리고 계약을 깰 수 있는 사유는 무효, 취소, 해제, 해지의 여러 사유가 있고, 그 중에서 해당 사건에 딱 맞아 들어가는 청구원인을 찾아 소를 제기해야 한다는 점, 그 내용은 아무리 복잡한 법률관계라도 반드시 민법을 거치게 된다는 점(특별법에 직접적 근거규정이 있더라도 민법의 주요원칙은 반드시 등장한다)을 알 수 있었다. 따라서 기본기가 충만한 소송전문가인 변호사의 자문 하에 계약을 해지하고, 해지 시 약정서 내지 각서를 작성해 주는 것이 중요하다. 사실 변호사는 이미 발생한 분쟁을 강제적 방법으로 해결할 줄 안다는 점에서 사전에 분쟁지점을 알고 이를 막을 실력도 있다.

[133] 개를 안전하게 피해야 할 의무?

위협적으로 다가오는 개를 안전하게 피하지 못한 것도 과실이 될까? 즉 개를 피하다 다친 행인이 안전하게 피하지 못한 점을 책망 당해 과실상계 당할 처지에 있을까? 놀랍게도 법원은 그렇다고 했다. 30%의 과실이 있다는 것이다.

최근 서울중앙지방법원은 개에 놀라 넘어져 제1요추 추체 압박골절상을 당한 행인이 개 주인이 가입한 보험사를 상대로 낸 소송에서, 8,900만원 청구 중 인정된 돈의 일부금인 2,160만원에 대해서만 승소 판결했다(서울중앙지방법원 2015가단5130680 판결).

피해자는 애완견 2마리를 키우던 사람의 집 앞을 지나가고 있었고, 대문이 열려 있었다. 열린 대문으로 갑자기 개 2마리가 뛰어나와 마구 짖는 바람에 원고는 넘어졌고 크게 다치고 말았다. 보험사는 임의의 보험금 지급을 거절했거나 합의 불발됐고, 원고는 개 주인의 보험사를 상대로 소송을 내게 됐다.

그런데 재판부는 개 주인에게 동물 점유자 책임을 인정해 애완견들이 함부로 집 밖으로 나가 사람을 위협하지 않도록 할 조치의무를 위반했다고 보면서도, 행인인 원고에게도 과실이 있다고 판시했다. 애완견을 안전하게 피하지 못하고 스스로 넘어진 과실이 있고, 당시 상황을 볼 때 넘어지는 것이 불가피할 정도로 급박했다고 보이지 않는다는 내용이다. 원고는 사고 당시 59세의 여성이었다.

과실상계는 채무불이행 책임(약정책임)이건 손해배상 책임(법정책임)이건 적용되는 법리이긴 하다. 그러나 피해자 내지 피해자 측 과실이 있다고 보기 위해서는 피해자에게 광의나마 법규위반이 존재해야 한다. 이 사건의 원고는 행인으로, 국가가 지정한 도로를 걷고 있었을 뿐이고, 개 주인의 집에 들어간 사실이 발견되지 않는다. 그러함에도 재판부가 함부로 국민의 거주이전의 기본권을 제한한 듯한 마구잡이식의 판결을 한 것은 심히 유감스럽다.

행인은 타인의 집 대문 안에서 도로로 개가 뛰어나올 것까지 예견하며 주의를 기울여 서행할 의무가 없고, 또 뛰어나온 개가 짖을 때 넘어지지 않도록 중심을 잘 잡을 의무도 없을 뿐만 아니라 넘어지는 순간까지 다치지 않게 조심해서 넘어질 의무가 없기 때문이다.

결국 서울중앙지법 민사50단독의 이 사건 판결은 과실상계 법리를 함부로 적용해 원고의 손해배상청구권을 제약하고, 개 주인의 과실 일부를 면책시킨 것과 다를 바 없다고 할 것이어서 심리미진, 채증법칙 위반, 법리오해의 위법이 있다.

한편 개 주인이 개 2마리를 묶지 않고 대문을 열어둔 탓에 사람을 다치게 한 것은 범죄가 된다. 원고는 피해자로서 개 주인을 상대로 과실치상 내지 중과실치상죄로 고소할 수도 있다.

[134] 반려견주의 눈물겨운 희생

보통은 개가 주인을 지키기 위해 괴한에게 달려들다 총에 맞거나 술 취해 잠든 주인을 구하기 위해 불을 끄다가 죽고 만다. 어릴 적 교과서에서 보았거나 영화에서 흔히 볼 수 있는 광경이다. 실제로 개는 주인에 대한 충성이 매우 강하다. 소년과 늑대가 생태계의 적수로 만났다가 늑대의 생명을 구해준 이후 그 늑대가 소년의 목숨을 구하고, 함께 마을로 돌아와 개가 된 영화(알파 : 위대한 여정)가 화제를 모으기도 했다.

그런데 사람은 보통 개를 사냥에 사용하기는 하지만, 필요가 없어지면 잡아먹는 경우가 많아 '토사구팽'이라는 사자성어까지 있다.

그렇다면 사람은 개를 위해 자신을 희생하는 경우가 없을까. 놀랍게도 자신의 반려견이 우연히 만난 개에게 물려 죽지 않도록 온 몸으로 막아낸 개 주인이 있다. 최근 우리나라에서 일어난 일이다. 미담으로 보도돼야 했던 이 사건은 불행히도 소송당사자가로 소개되어 안타까움을 준다.

최근 부산지방법원 동부지원 민사5단독은 자신의 반려견을 구하기 위해 덤벼들던 진돗개에 맞섰다가 전치 12주와 영구 노동능력상실 16%의 피해를 입은 피해자가 공격견의 주인을 상대로 낸 민사소송에서 일부승소 판결했다.

애완견을 산책시키고 있던 원고는 평소 목줄을 묶어두지 않고 생활하던 피고의 집 대문에서 뛰처나온 진돗개를 보고, 본능적으로 자신의 개를 보호하게 됐다. 진돗개는 애완견을 얕잡아 보고 공격했고, 원고는 진돗개를 막다가 손을 물리고 넘어져 허리를 크게 다치는 중상을 입었다. 원만한 합의가 되지 않았던지 피해자는 치료비, 위자료 등 4,300만원의 배상청구를 했고, 피고는 동물 점유자 책임을 지고 2,900만원을 배상하게 됐다. 다만 원고도 진돗개를 안전하게 피하지 못하고 스스로 넘어진 과실이 있다며 과실상계를 30% 당했다.

앞서, 갑자기 달려나온 개를 피하지 못한 책임을 피해자에게 지우는 것은 부당하다는 칼럼('개를 안전하게 피해야 할 의무?')을 쓴 적이 있다. 그 사건과 이 사건의 차이는, 이 사건 원고는 혼자 걷다가 개로부터 공격당한 것이 아니라 가해견이 자칫 흥분할 수 있는 상태, 즉 자신도 애완견을 데리고 지나가다가 가해견을 맞닥뜨린 점이 다르다. 그러나 필자는 이 사건 역시 가해자의 책임을

100%로 보고, 영구 노등능력 상실 16%의 손해를 입은 원고에게 과실상계 처리한 것은 잘못이라고 본다. 문제 있는 이 사건 판결은 부산지법 동부지원 2018가단209302 판결이다.

사람을 무는 개를 묶어두지 않은 과실은 의외로 중할 수 있다. 만약 가해견주가 중과실치상죄로 기소됐다면 원만한 배상합의가 가능했을 것으로 본다. 민사소송에 앞서 형사고소를 선행했더라면 좋았을 사건이다.

[135] 업주의 고객보호의무 위반

최근 창원지방법원 밀양지원은 엔진오일 교환을 부탁한 손님에게 위험경고를 하지 않아 손님을 사망케 한 자동차정비소 업주와 정비사에게 공동책임을 지웠다.

피해자는 엔진오일 교환을 부탁하고는 리프트에 올려져 작업 중인 차량 조수석에서 물건을 꺼내다가 미끄러져 낙상, 그로 인해 사망하였다. 당시 정비사는 피해자에게 리프팅 작업이 위험하니 작업장으로 들어오지 말라는 경고를 하지 않았고, 차량 바로 뒤에 서 있던 피해자를 발견하고도 제지하지 않고 작업을 계속하다가 이 사건 사고를 일으켰다. 또 평소 정비소 주인 역시 위험한 작업장 부근에 출입제한이나 위험표지판을 설치하지 않아 충분한 경고의무를 다하지 않은 과실이 있었다.

이 같은 정비사와 정비업주의 공동과실로 인해 피해자가 사망하게 된 점은 불법행위 또는 채무불이행에 해당하여 두 사람은 망인의 처, 자녀들에게 각자(부진정연대) 1억 4,200만원을 지급하는 책임을 지게 되었다. 다만 피해자도 위험성이 예견되는 리프트에 올라가 물건을 꺼내다 사고를 당한 점에서 60%의 과실이 있어 비율만큼 손해를 떠안게 되었다.

이처럼 고객에 대한 안전배려의무를 위배하여 불법행위 배상책임을 지는 사례가 심심찮게 있다. 공중이 이용하는 시설에 대한 안전한 관리, 위험 경고는 위험사회를 살아가는 사업주들의 중요 책임이 되었다. 선박 침몰, 차량 화재, 가습기 사망, 목욕탕 및 골프장 사망사고 등은 불특정 다수 소비자의 목숨을 위협하는 중대 사고에 해당한다.

거래계에서 발생하는 책임은 크게 계약책임과 법정책임이 있다. 불법행위

책임은 대표적 법정책임이다.

계약책임은 주된 급부위반, 부수 급부위반, 보호의무 위반으로 나누어지고, 보호의무 위반과 불법행위는 경계선 상에서 지척거리에 있어 구별이 어려운 경우가 있다.

계약책임 중 보호의무 위반을 주장하게 되면 업주만이 피고가 되고, 공동불법행위책임을 주장하게 되면 업주와 정비사 둘 모두를 피고로 삼을 수 있다. 불법행위 배상청구는 시효가 짧고, 피고의 고의·과실을 원고가 입증해야 하는 단점이 있지만, 상속인인 원고들은 망인의 일실수익, 망인의 위자료 청구권을 상속받아 행사함과 동시에 각자 자신들이 입은 정신적 손해에 대한 배상청구도 할 수 있다.

[136] 가지각색 신상피해

현대사회를 살아가는 과정에서 생명, 신체, 재산권 침해와 같은 고전적 피해를 넘어서서 헌법상 인격권을 침해당하는 사례가 있다. 바로 신상과 관련된 부분이다. 타인의 신상을 공표할 수단이 확대될수록 피해도 가지각색이다.

인격권은 인간의 존엄과 가치(헌법 제10조), 사생활의 비밀과 자유(헌법 제17조)에 근거를 둔 헌법상 기본권으로서, 프라이버시, 초상, (성명을 포함한) 신상정보 등 기본권 주체와 일체로서의 인격적 이익을 말하며, 현대적 권리로 분류된다. 개별법으로는 주민등록법, 개인정보보호법, 통신비밀보호법이 상세 규정을 두어 보호하고 있다.

그런 가운데 서울중앙지방법원은 공개구혼 이벤트에 참가한 회원의 나이, 직업, 거주지역 등을 함부로 언론에 공개해 기사화 시킨 결혼정보업체에게 500만원의 배상책임을 부과했다(서울중앙지법 2015가단5372675 판결). 돈 많고 나이 든 남성들이 젊은 배우자를 찾는 소위 '트로피 아내' 이벤트에 참가했다는 이색적 기사를 신문에 내보내면서, 신상정보 주체의 동의를 받은 적도 없거니와 비교적 상세한 원고의 신상(거주지역, 직업, 나이, 희망한 배우자의 연령대)을 특정하여 원고의 인격권을 침해한 사건이다. 특히 이 사건 원고는 전문직이었고, 거주지 역시 미국의 비교적 협소한 지역이라 특정이 용이하였다. 다만 이 사건 법원은, 기사내용이 객관적으로 원고의 명예를 훼손한 것으로 보지는 않았다. 개인정보자기

결정권 침해 및 인격권 침해로만 보고, 원고가 제기한 1억원의 청구 중 5%인 500만원만을 인용한 것도 이 때문이다.

이 사건과 같은 신상은 물론이고 거래계에서는 초상 침해도 흔히 발생하고 있고, 유명 연예인이나 운동선수의 초상을 함부로 제품홍보에 사용해 손해배상책임을 지는 경우가 있다. 상업적 가치 있는 초상권 등을 프블리시티권(The Right of Publicity)이라 한다.

[137] 불수능 손해배상소송이 제기되면?

금년 수능을 역대급 불수능으로 보도하는 언론이 많다. 고교 교육과정 범위 밖에서 시험이 출제돼 도저히 풀 수가 없다는 이유에서다. 특히 국어 31번과 수학 가형 30번이 원수 같은 난해한 문제였다고 한다. 이에 사교육걱정없는세상 단체는 12. 11. 기자회견을 열고, 정부의 수능 출제에 문제가 있으므로 국가를 상대로 소송을 제기하겠다고 밝혔다. 학교 교육과정만으로 도저히 대비할 수 없어 물리적·정신적으로 피해가 매우 크다는 것이 소송제기의 이유로 설명됐다.

한국교육과정평가원은 위 문제들이 일정한 성취기준을 평가하는 데 문제가 없었다는 반면 사교육걱정없는세상 단체는 해당 과목의 성취기준에 존재하지 않는 내용(국어)이거나 인위적으로 10개가 넘는 성취기준을 통합해 만든 문제(수학)로 잘못 출제됐다는 입장이다.

교육부는 평가원장이 사과할 정도의 난이도였던 것은 맞지만 교육과정 내에서 출제했으므로 내용상 문제가 없고, 또 위 단체가 주장하는 공교육정상화법은 학교 시험과 교내 대회와 관련한 적용법규이므로 수능 출제는 위 법의 적용을 받지도 않는다고 항변했다.

공교육정상화법은 지필평가, 수행평가 등의 학교 시험과 각종 교내 대회가 학교 교육과정의 범위와 수준을 벗어난 내용을 출제하여 평가할 수 없도록 규정하고 있다(동법 제8조 제3항).

불수능 사건이 소송으로까지 비화된다면 국가는 패소하게 될까?

정답이 없는 문제를 내었다거나, 정답이 둘 또는 세 개인 문제를 낸 것과 같이 명백한 오출제 또는 오채점의 경우라면 국가가 패소할 수밖에 없다. 행정소송으로 다툴 경우 국가의 수능점수(결과)통지처분은 취소될 것이다. 그러나 이 사건은 정답이 없거나 정답이 여러 개라는 주장이 제기된 사건으로는 보이지 않는다. 문제가 너무 어려웠다는 것이 소송의 이유이기 때문이다. 이러한 경우에는 오출제, 오채점이 아니므로 수능점수통지처분 취소소송과 같은 항고소송에서 승소하는 것은 불가능하다. 국가의 재량 범위 내에서 적법하게 출제됐기 때문이다.

그렇다면 문제가 어려워 수험생과 부모에게 정신적 고통을 가했다는 손해배상 소송은 어떠한가.[69] 이 역시 원고의 패소가 예상된다. 시험출제위원의 고도의 재량이 인정되는 경우가 많고, 시험의 영역에서 국가와 출제위원에게 배상을 부과하는 것은 사실상 장래의 시험업무를 중단시키는 것과 동일한 위험이 따르기 때문이다(아무도 출제위원이 되려 하지 않을 것이다).

결과적으로 불수능이 소송으로 가게 되면, 정부의 해명처럼 공교육정상화법의 적용범위가 아니어서 피고의 법위반 사실을 입증할 수 없고, 재량권 일탈·남용을 다투더라도 고도의 재량권이 인정되는 시험출제 채점업무의 특성상 원고가 승소할 가능성이 거의 없다. 특히 이 사건은 국가가 원고들에게 손해를 가할 고의가 전혀 없었고, 또 재량의 범위 내에 있었던 한 과실도 인정되기 어렵다.

과거 국가시험 중 최고의 난이도로 악명을 떨친 사법시험에 대해서도 이의를 제기한 분들이 많았다. 그러나 위에서 설명한 바와 같이 명백한 오출제, 오채점의 경우를 제외하고는 갑자기 유형이 바뀌었다거니, 제 시간에 다 못 풀 정도로 지문이 너무 길다느니, 학설과 판례의 비중이 균형을 이루지 못했다거니, 선택과목이 갑자기 줄었다거나 선택과목 간 난이도 조절에 실패했다는 이유 등은 어느 것도 원고의 승소로 돌아간 적이 없다. 공교육, 자격시험, 임용시험 등은 국가에 상당한 재량이 인정될 수밖에 없다.

[138] 슬라임 독성 발표 논란

2018. 12. 18. 우리나라 완구업계는 비상이 걸렸다. ○○대 보건환경연구소

69) 2019. 2. 서울중앙지방법원에 손해배상 청구소송이 제기된 상태다(한국대학신문, 2019. 2. 13. 자 기사 참조).

교수팀이 시중 슬라임 제품의 붕소 함량이 EU 기준을 크게 초과했다고 발표했기 때문이다. 몸에 해로운 완구를 사 준 것으로 생각한 부모들은 당장 아이들이 슬라임을 갖고 놀지 못하게 했고, 추가 구입을 하지 않는 통에 장난감업계는 큰 충격에 빠졌다.

그런데 최근 ○○대의 위 발표가 잘못된 논문에 터잡은 것이고, 슬라임의 유해 기준을 잘못 적용했다는 동아일보와 대한화학회의 보도가 나왔다(2019. 1. 24.자). EU의 기준은 슬라임을 삼켰을 때 몸에 남는 붕소의 양을 연구한 기준치이고, ○○대 연구소는 슬라임 속에 든 붕소 전체의 양을 연구한 것이라서 잘못됐다는 내용의 기사다.

장난감을 삼킨 후 위 속에서 2시간 머물 때 위산에 의해 녹아 나올 수 있는 붕소의 양(용출량)을 발표한 EU 표준문서 '장난감안전기준(EN 71)'과 달리 ○○대 연구팀은 용출량이 아닌 함량을 기준으로 발표해 버렸다는 취지다. 그리고 ○○대 논문이 EU 표준문서를 인용하지도 않았고 분석방법도 명확히 밝히지 않았다는 국가기술표준원 관계자의 말을 인용했다.

함량과 용출량의 개념상 차이를 이해하지 못했다면 ○○대 연구진이 자격미달이 되고, 그럼에도 해당 교수팀에게 어린이용품의 환경유해물질 연구비로 3년 간 13억 6천만원을 지원한 것이라면 환경부의 능력 미달 사태가 된다.

앞으로 환경부, 산업통상자원부, 국가기술표준원, 대한화학회가 공동으로 전문가 조사를 벌여 심도 있는 논의, 비교법적 검토 끝에 대국민 발표를 하는 것이 좋겠다. 어른들이 혼란을 겪으면 아이들도 제대로 성장할 수가 없다.

참고로, 본건에서 ○○대 연구소가 그간 지원받은 연구 상당수에서 연구능력이 현저히 부족했음에도 불구하고 허위의 연구계획서를 국가에 제출해 과도한 연구비를 수령한 것이라면, 연구를 주모한 자들은 허위공문서작성죄 및 동행사죄(이 사건 ○○대가 국립대일 경우), 사기 내지 보조금관리에관한법률위반죄가 성립될 수 있고, 이어 수령한 연구비를 개인적으로 착복했다면 횡령죄로도 처벌될 수 있다.

나아가 슬라임 판매호황 기세를 꺾기 위해 고의로 허구의 연구결과를 발표한 것이라면, 위계업무방해죄 내지 허위명예훼손죄 등의 처벌을 받게 됨과 동시에 불법행위배상청구를 당하게 될 가능성도 있다.

단 위 형사법적 내용들은 ○○대 교수진이 애초부터 나쁜 의도를 갖고 고의적인 범죄를 저지른 경우에 한함을 밝혀 둔다.

[139] 가석방과 토사구팽

가장이혼은 유효한데, 가장혼인은 무효다. 선뜻 이해되지 않아 보이지만, 확고한 대법원 판례다. 대법원은 비록 다른 목적을 갖고 있었더라도 이혼하고자 하는 의사합치가 있었다면 그 이혼은 유효라고 판시해 왔다. 그러나 대법원은 한국국적 취득, 국내 취업 목적 등의 다른 목적을 가진 가장혼인은 항상 무효가 된다는 태도를 취하여 와 가장이혼과 대조적이다.

▶ 민법 제815조 제1호는 당사자 사이에 혼인의 합의가 없는 때에는 그 혼인을 무효로 한다고 규정하고 있고, 이 혼인무효 사유는 당사자 사이에 사회관념상 부부라고 인정되는 정신적·육체적 결합을 할 의사를 가지고 있지 않은 경우를 가리킨다. 그러므로 비록 당사자 사이에 혼인의 신고가 있었더라도, 그것이 단지 다른 목적을 달성하기 위한 방편에 불과한 것으로서 그들 사이에 참다운 부부관계의 설정을 바라는 효과의사가 없을 때에는 그 혼인은 무효라고 할 것이다(대법원 2004도4426 판결; 대법원 2014도11533 판결).

▶ 피고인들이 중국 국적의 조선족 여자들과 참다운 부부관계를 설정할 의사 없이 단지 그들의 국내 취업을 위한 입국을 가능하게 할 목적으로 형식상 혼인하기로 한 것이라면, 피고인들과 조선족 여자들 사이에는 혼인의 계출에 관하여는 의사의 합치가 있었으나 참다운 부부관계의 설정을 바라는 효과의사는 없었다고 인정되므로 피고인들의 혼인은 우리나라의 법에 의하여 혼인으로서의 실질적 성립요건을 갖추지 못하여 그 효력이 없고, 따라서 피고인들이 중국에서 중국의 방식에 따라 혼인식을 거행하였다고 하더라도 우리나라의 법에 비추어 그 효력이 없는 혼인의 신고를 한 이상 피고인들의 행위는 공정증서원본불실기재 및 동행사죄의 죄책을 면할 수 없다(대법원 85도1481 판결; 대법원 96도2049 판결).

▶ 피고인들이 해외로 이주할 목적으로 이혼신고를 하였다 하더라도 일시적이나마 이혼할 의사가 있었다고 보여지므로 혼인 및 이혼의 효력발생여부에 있어서 형식주의를 취하는 이상 피고인 등의 이 건 이혼신고는 유효하다 할 것

이다(대법원 76도107 판결).

▶ 협의상 이혼에 관하여 민법 제834조는 부부는 협의에 의하여 이혼할 수 있다고 하고, 제836조 제1항은 협의상 이혼은 가정법원의 확인을 받아 호적법에 정한 바에 의하여 신고함으로써 그 효력이 생긴다고 하며, 호적법 제79조의2 제1항은 협의상 이혼을 하고자 하는 자는 본적지 또는 주소지를 관할하는 가정법원의 확인을 받아 신고하여야 한다고 하고, 같은 조 제4항은 가정법원의 확인의 절차와 신고에 관하여 필요한 사항은 대법원규칙으로 정한다고 하며, 호적법시행규칙 제87조 제1항은 가정법원은 당사자 쌍방을 출석시켜 그 진술을 듣고 이혼의사의 존부를 확인하여야 한다고 하고, 제90조는 당사자 쌍방의 이혼의사가 확인되면 가정법원은 확인서를 작성하여야 하고(제1항 전문), 확인서에는 당사자의 성명, 주소 및 주민등록번호, 이혼의사가 확인되었다는 취지, 확인연월일, 확인법원을 기재하고 판사가 서명날인하여야 하며(제2항), 확인서가 작성된 경우에는 가정법원의 서기관 등은 지체 없이 이혼신고서에 확인서등본을 첨부하여 당사자 쌍방에게 교부 또는 송달하여야 하고(제3항), 이혼의사를 확인할 수 없는 때에는 신청서 또는 조서에 그 취지를 기재하고 판사가 기명날인하여야 한다(제1항 후문)고 규정하고, 제92조 제1항은 이혼의사의 확인을 받은 당사자가 이혼의사를 철회하고자 하는 경우에는 이혼신고가 접수되기 전에 본적지의 시·읍·면의 장에게 이혼의사철회서에 이혼의사확인서등본을 첨부하여 제출하여야 한다고 규정하고 있어, 협의상 이혼의 경우에는 이혼하려는 당사자 쌍방은 가정법원에 출석하여 이혼의사의 유무에 관하여 판사의 확인을 받아 그 확인서를 첨부하여 이혼신고를 하여야 하므로 협의상 이혼이 가장이혼으로서 무효로 인정되려면 누구나 납득할 만한 충분한 증거가 있어야 하고, 그렇지 않으면 이혼 당사자 간에 일응 일시나마 법률상 적법한 이혼을 할 의사가 있었다고 인정함이 이혼신고의 법률상 및 사실상의 중대성에 비추어 상당하다 할 것이나(대법원 75도1712 판결; 대법원 76도107 판결; 대법원 80므77 판결; 대법원 93므171 판결; 대법원 96도2049 판결), 혼인의 경우에는 혼인 당사자 사이에 혼인의 의사가 있는지에 관하여 호적공무원이 이를 심사할 권한이 없으므로 가장이혼에 관한 대법원 판례들은 가장혼인에 관한 이 사건에 원용하기에 적절하지 아니하다고 할 것이다(대법원 96도2049 판결).

이런 가운데, 부산가정법원은 가석방 목적으로 동료 수감자의 모와 혼인신고를 하였을 뿐 두 사람 사이에 참다운 부부관계의 설정을 바라는 효과의사가 없었다는 이유로, 혼인무효청구를 한 원고의 손을 들어주었다(부산가정법원 2016드단8189 판결). 결국 가석방 심사대상자가 되었던 재소자가 동료 수감자의 모와 혼인하여 가석방으로 조기 출소한 후 법률상 처가 된 동료 재소자의 모를 상대로 혼인무효청구를 하여 승소하였으니, 법이 악용되었다. 이처럼 법은 늘 허점투성이라 악용이 가능하고, 고위공직자 출신 중에서도 '법꾸라지'라는 별칭을 얻은 분이 있다.

[140] 재벌가 이혼소송과 폭로 양상

수년 전부터 ◇◇ 가에 액운이 많다. ★★★★ 사건부터 폭언, 폭행, 밀수, 탈세, 횡령, 배임 등 구설이 끊이지 않다가 최근에는 A씨와 남편과의 이혼소송이 불거졌다.

재벌가 맏사위가 된 성형외과 의사이면 보통 행복할 것으로 생각하기 마련인데, 남편 B씨의 주장에 따르면 반대였던 것 같다. 남편 B씨가 A씨를 상대로 이혼소송을 제기한 후 특수상해 등으로 고소까지 했다는 보도가 나왔다. 관할은 서울 수서경찰서이다.

경찰에 따르면 B씨가 A씨를 상대로 제기한 고소사건 죄명은 특수상해, 아동학대라고 하고, 배임죄로도 고발했다고 한다. 특수상해와 관련하여, A씨가 위험한 물건으로 남편을 상해했다는 것인데, 태블릿 PC를 던져 엄지발가락을 다쳤다는 부분을 말하는 것으로 보인다. 또 평소 남편 목을 조르는 등 상습폭행, 자녀들에게 수저를 던지고 폭언하여 아동학대죄도 저질렀다는 것이 B씨 주장이다. 그와 별도로 B씨는 장인인 ◇◇그룹 C 회장과 처 A 전 부사장이 회사에 피해를 주고 제3자에 이익을 준 배임도 의심된다며 고발했다고 한다. 배임에서는 B씨는 피해자가 될 수 없으므로 고소인이 아니라 고발인이 되었다.

두 사람이 별거한 것은 2017년 5월이고, 이혼소송은 2018. 4. 제기된 상태다. 이에 대해 A씨는 자신은 남편과 아이들을 학대한 적 없고, 오히려 남편이 알코올 중독자라서 틀린 주장을 하는 것이라고 반박했다. A씨에 따르면 남편의

알코올 및 약물 중독, 아이들에 대한 무관심과 방치가 파탄원인이 되었다고 하므로, 두 사람이 결혼생활을 유지할 의사는 없어 보이고, 다만 파탄원인의 경위 주장에 대해 첨예한 대립이 예상된다.

앞으로 A씨가 남편을 상대로 허위 명예훼손 등으로 고소하게 될 경우 사건은 더욱 복잡해지게 된다.

두 사람이 제각각 조금씩의 과장을 한다고 하더라도, 최근 보도를 보면 두 사람은 애정이 없어 결혼유지의 의사는 없는 것으로 보이므로 이혼은 성사될 것이다. 다만 그 경위와 관련 쌍방이 매우 다른 주장을 하며 여러 증거를 제출할 것으로 보이는데, 특히 언론에 제공된 일부 동영상은 그 전부가 법관에게 제출되어 재생 등 증거조사될 경우 강한 증거가치를 갖게 된다. 조작됐다는 주장을 할 경우 동영상감정절차를 밟게 되고, A씨 목소리가 아니다고 주장할 경우 성문감정(음성)을 거치게 된다.

결국 한 쪽의 귀책이 너무 중해 혼인생활이 파탄된 것으로 본다면 귀책자는 위자료를 지급해야 하고, 그는 보통 재산증식에 기여한 바가 거의 없다고 인정되는 경우가 많아 재산분할에서도 불리한 위치에 서게 된다. 한편 폭력, 폭언, 중독 등 어느 사유든 중한 귀책을 가진 사람은 부모의 역할을 제대로 할 것으로 보기 어렵고, 아동과 함께 생활할 경우 자의 복리에 반하는 경우가 많아 양육자로 지정될 확률이 낮다.

두 사람 중 한 사람이라도 이혼을 원치 않고 있다면 하나의 소송으로써 판단이 날 것이고, 두 사람이 동시에 이혼을 원하되 상대의 잘못을 밝혀내어 위자료와 재산분할에서 유리한 위치에 서고자 하는 것이라면 일방의 본소, 타방의 반소 사건이 병합되어 함께 심리될 것이다.

참고로 A 전 ◇◇ㅁㅁ 부사장의 재산 대부분이 부로부터 증여받았다는 등 본래부터 그의 소유였다면 원칙적으로 A씨의 특유재산으로 재산분할 대상이 아니고, 다만 예외적으로 남편 B씨의 기여로 재산이 유지·증식된 사정이 있다면 재산분할의 대상이 된다.

[141] 법관의 재판 불공정 염려

법관은 심판자이다. 심판권을 보유한다는 것은 남의 생사와 다툼을 공식적으로 정리한다는 것을 뜻한다. 따라서 판사에게 가장 중요한 덕목은 유능함이 아니다. 인자함도 아니다. 신속함도 아니다. 제 일의 덕목은 바로 공정성이다.

그런데 최근 편향된 판결로 어찌어찌 되었다는 둥, 심지어 하급심 법관의 판결 내지 심리과정에 전직 대법원장 및 법원행정처가 관여했다는 둥 해괴한 일이 무수히 보도되었다. 실제 전직 대법원장과 법원행정처 차장이 구속기소된 상태고, 몇몇 고명하던 대법관과 고위직 법관들이 추가 기소될 것이라고 한다.

만약 형사사건이건, 행정사건이건, 민사사건이건, 심지어 이 글의 바탕이 된 이혼사건이건 공정하지 않은 법관이 심리하고 판결할 경우 상급심에서 시정될 확률이 높다고 볼 것인가. 이는 시간의 차이를 둘 뿐 진실은 반드시 규명될 것인가 아니면 영원히 암장될 것인가의 절대절명의 중요한 문제다.

필자는 그간 여러 기회에 다음과 같은 말씀을 드려 왔다. 수사와 재판은 공정해야 하며, 법집행자인 사람을 믿지 말아야 한다고. 촘촘한 제도를 설계해 자의를 막아야 하고, 수사와 재판과정은 철저히 공개돼야 하며, 검증받아야 한다는 말도 함께였다. 그리고 이미 엉망이 된 하급심 증거조사와 자의적 사실인정은 상급심 시정이 어렵다는 것도 여러 곳에서 말씀드렸다. 그만큼 재판의 공정이 중요한데도 불공정이 시정되기 어렵다면은, 불공정 의심 판사를 미리부터 교체해야만 한다. 그리하여 법에 두고 있는 제도가 바로 제척, 회피, 기피 제도다.

제척은 법상 사유가 발생한 경우 별도 재판을 기다리지 않고(재판 유무에 관계없이) 법관을 당연히 직무에서 배제하는 것이며, 기피는 법상 제척사유 이외 재판의 불공정 사정이 있을 경우 소송당사자의 신청을 받아 재판에 의해 배제시키는 것이며, 회피는 제척사유 내지 불공정사정이 있을 경우 법관이 스스로 재판에서 물러나는 것을 말한다. 이를 규정한 법률은 민사소송법과 형사소송법이고, 가사소송법과 행정소송법은 민사소송법을 준용한다. 민사소송법은 제41조 내지 제50조에서, 형사소송법은 제17조 내지 제25조에서 요건과 절차를 규정하고 있고, 가사소송법은 제12조에서, 행정소송법은 제8조 제2항에서 각각 민사소송법을 준용한다.

위 법률의 규정들을 보면, 민사소송이든, 형사소송이든, 가사소송이든, 행정소송이든 어느 것 하나 재판 공정성을 강조하지 않는 것이 없다. 그런데 심각한 문제는 제척사유는 생각보다 좁고, 기피신청은 거의 백발백중 기각시켜 온 점, 회피신청을 스스로 하는 법관은 거의 없다고 보아야 하는 점이다.

그런 가운데 삼성가 A 사장과 남편 B 전 고문의 이혼소송에서 대법원이 이혼소송의 항소인이자 기피신청 결정에 불복한 즉시항고인 B의 손을 들어 주어 화제다. 대법원이 서울고등법원 재판장에게 재판 불공정 의심 사정이 있다고 본 것이다. 과거 10여 차례나 재판장이 삼성그룹 고위직에게 문자메시지를 보냈다는 보도를 무시할 수 없었을 것이다.

재판부는 "기피신청 대상 법관과 C의 관계, 원고와 C의 삼성그룹에서의 지위 및 두 사람 사이의 밀접한 협력관계 등에 비춰보면, 우리 사회의 평균적인 일반인의 관점에서 볼 때, 법관과 사건과의 관계로 인해 법관이 불공정한 재판을 할 수 있다는 의심을 할 만한 객관적인 사정이 있고, 그러한 의심이 단순한 주관적 우려나 추측을 넘어 합리적인 것이라고 볼 여지가 있다", "기피 신청을 기각한 원심 판단에는 기피사유에 관한 법리를 오해해 재판에 영향을 미친 잘못이 있다"고 판단함으로써, 힘들게 구한 '라이언 일병' 선례가 되었다.

그간 기피신청을 심리한 재판부와 상급심인 대법원은 거의 항상 신청을 기각 내지 각하해 왔고, 변호사와 소송당사자의 막대한 비난을 감수하고서도 동료 법관을 보호해 왔다(국민의 관점에서 추측하여 비난하는 바이다). 대법관이 민의의 총체인 위 각 명문법률을 사문화시키면서까지 법관 구성원을 보호할 권한은 없는 것인데도, "재판불공정성을 의심할 증거가 없다"라거나 "이미 재판부가 교체되어 신청의 이익이 없어 각하한다"는 무책임한 결정을 내려온 셈이니, 비판이 당연하다. 그래서 필자가 금번 대법원 특별2부의 2018스563 결정을 '라이언 일병'으로 묘사한 것이다.

이 판결의 특색 내지 속마음을 보면, 과거에는 대법원이 법관의 기준에서 불공정 의심 여부를 판단했다면은 이번에는 우리 사회의 평균적 일반인의 관점에서 보아 법관과 사건과의 관계(법관과 당사자 사이의 특수관계 내지 법관과 사건 사이의 특별이해관계 등)로 인해 불공정 재판 의심 사정이 발견되는지를 판단하여 차이가 있다. 관점의 전환이다. 그리고 불공정 재판 의심에 대해서는 객관적 사정으로 판단하되, 그 의심이 단순한 주관적 우려나 추측을 넘어 합리적인 것이라고 인정되기만 하면 기피가 허용돼야 한다고 봄으로써 허용기준을 다소 완화했다고도 볼 수 있다.

결국 국민의 관점에서 불공정 재판을 의심하기 시작한 대법원의 태도는 매우 바람직하다. 공정한 재판 운운 구호만 천명한 사례가 많았다. 그런데 알고 보니 뒤에서 졸속재판, 기획재판, 편파재판을 한 사례들이 우리 사법역사상 매우 많았다. 적폐의 근본이 수사와 사법에서 시작되어 유전무죄, 무전유죄, 전관예우 등으로 우리 사회를 부끄럽게 한 점을 고려하면 대법원의 전향적 태도는 너무 늦었고, 그러나 환영한다.

한 가지 대법원에 더 당부하자면 앞으로 '재벌가' 소송이라고 하여 이 같이 장고 끝에 특별한 결정을 내리지 말고, 돈없고 힘없는 일반 국민이 낸 각종 신청, 소제기에 대해서도 거의 항상 특별한 결정을 내려 주길 바란다. 재정신청, 이의신청, 재항고 등에 대해 순식간에 기각하는 버릇, 기각 주문 밑의 이유는 한 두 줄로 참으로 초라하기 짝이 없는 부실한 재판은 이제 멈춰져야 한다.

필자는 법률소비자와 시민을 위해 변론과 연구의 흔적을 상세히 남겨 왔다. 전국의 법조인 모두가 각자의 영역에서 성실한 족적을 남겨 국민을 위한 법치를 실현해야 할 것으로 본다. 부실변론과 부실수사와 부실재판은 이제 사라져야 한다.

[142] 개인파산·면책요건, 가수 A씨 사례

2018. 10. 27. 대구 경북대 강당에서는 가수 A씨의 콘서트가 열릴 계획이다. A씨는 힘든 시기를 겪으면서 채무초과상태, 지병으로 고통을 받았지만, 10대 가수에 9번이나 선정될 만큼 노래에 대한 열정이 누구보다 강한 사람이라고 한다.

A씨가 이번 공연을 통해 다시 팬들과 만날 수 있게 된 계기는 법원에서 파산 및 면책신청이 받아들여져 법적으로, 경제적으로 안정을 찾을 수 있게 되었기 때문이다. 뜻하지 않았던 개인의 불행에 대해 국가가 법적인 도움을 주어 이제 A씨는 앞으로의 공연수익을 채권자에게 압류당하지 않게 되었다.

우리 법상 면책의 요건은 무엇일까. 이는 사실 법상의 비면책사유가 아니기만 하면 되므로, 면책불허사유를 알아두는 것이 중요하다.

면책요건에 대해서는 채무자회생법 제564조 제1항에서 규정하고 있고, 동 규정은 비면책사유 발견을 제외하고는 면책허가를 강제하고 있다. 대표적 면책불허요건은 사기파산, 편파변제, 상업장부 미기재 및 부정기재, 파산증뢰, 설명의무위반, 허위서류 제출 및 허위진술, 사행행위로 재산감소 또는 과대채무부담을 들 수 있다.

한편 법원은 동조 제2항에 따라 제1항 각호의 면책불허가사유가 있는 경우라도 파산에 이르게 된 경위, 그 밖의 사정을 고려하여 상당하다고 인정되는 경우에는 면책을 허가할 수 있다. 이를 재량면책이라고 하고, 실무상으로는 매우 중요하다.

그런데 파산신청을 한 후 조사 끝에 파산절차가 폐지되면서 면책만은 불허되는 최악의 상황이 때로 초래되는데, 이러한 원인의 실무상 대표 유형은 편파변제나 장부작성 소홀이 아니라 재산은닉, 설명의무위반인 경우이다. 재산은닉은 전체 채권자의 정당한 권리를 해친 대표적 사해행위라는 점에서, 설명의무위반은 조사를 담당한 파산관재인과 법원의 재산환가업무 수행을 곤란하게 하고 재산은닉의 의심을 키운 점에서 그러하다.

결국 확인된 채권자 전부를 채권자목록에 기재하여 정당하게 계산된 채무액을 모두 법원에 신고하고, 은닉된 재산이 없음을 법원과 파산관재인에게 소명함으로써 정직한 채무자, 재기의 기회를 줄 정당한 채무자로 인식될 필요가 있다. 이 법의 존재의의 자체가 성실한 채무자를 압류의 고통에서 구제하는 것이기 때문이다.

A씨는 부친의 건설업 채무에 빚보증을 섰다가 원금의 10배 이상의 돈이 이자 등으로 불어나 채무초과상태가 되었다고 한다. 이처럼 보증채무가 불어나 지급불가상태로 들어선 경우에는 채무발생경위를 성실히 소명하고 은닉재산이 없다는 점을 상세히 설명함으로써 면책이 가능하고, 사실 이런 사건의 면책은 매우 쉽다. 채무면책은 채무액이 많을 때 어려운 것이 아니라 재산상태와 채무발생경위가 오락가락할 때 어렵다.

모쪼록 어렵게 준비된 A씨의 대구 공연이 성공하기를 기원한다.

[143] 개인회생신청 급증 원인

개인회생은 개인파산·면책제도와 다르다. 파산면책제도는 변제능력이 전혀 없는 채무자의 책임을 완전 면제해 주는 반면, 회생제도는 변제기간을 설정하여 일정액의 빚을 갚고 나면 나머지 채무에 대한 책임을 면제해 주는 제도다.

두 제도 모두 법원의 인가 또는 면책결정이 요구되는 점에서 채권자단과 자율협상하는 워크아웃과는 다르다. 채권자단과 임의의 교섭이 실패할 경우 마지막으로 기댈 수 있는 채무자 구제절차가 파산면책, 회생 제도이다.

개인파산 또는 법인파산은 기본적 요건에 미달되지만 않는다면 지방법원 파산부 또는 회생법원 판사의 파산선고 결정이 내려지고, 이후부터는 법원이 임명한 파산관재인이 채무자의 재산을 환가하여 배당 순위에 따라 채권자들에게 배당함으로써 사건이 종결된다.

다만 개인파산의 경우 환가배당과 면책은 별도이므로, 채무의 발생원인이 사행적이라거나 실제로는 재산을 은닉한 상태에서 책임만 면하려고 파산신청을 했다든가, 관재인의 조사에 불응한 경우 면책불허 결정이 떨어질 수도 있어 더 큰 주의가 요망된다.

이와 달리 개인회생과 기업회생(법인회생)은 기본적 수입이 있어서, 일정 기간 변제를 유예해 주거나 일정액을 변제책임에서 면해 주면 상당액의 채무이행이 가능한 경우 이용되는 제도다. 그러므로 회생신청을 하더라도 실제로는 변제계획안이 가망이 없다고 판단되면 회생신청이 기각되고, 또 회생계획안이 인가된 후라도 지급불능이 이어지면 인가된 회생결정이 폐지된다. 폐지 후 직권으로 파산선고가 내려진 경우 파산관재인을 임명하여 보수를 지급하고, 이후부터는 파산관재인이 채무자의 재산을 관리하게 된다.

개인회생 변제기간은 종전에는 5년이었다가 2018. 6. 13. 시행된 개정 채무자회생법으로 인해 3년으로 줄었다(2017. 12. 12. 일부개정, 2018. 6. 13. 시행된 법률 제15158호). 법 개정 이유는 변제기간 장기화로 채무이행을 중도에 포기하는 채무자가 많아 개인회생 제도의 실익이 반감되고 있으므로, 제도의 도입취지에 맞게 회생 가능한 채무자들을 조속히 적극적인 생산활동에 복귀할 수 있도록 하기 위해 미국·일본과 같이 개인회생의 변제기간은 3년을 초과하지 못하도록 단축할 필요가 있다는 것이었다(법제처 제정·개정이유 참조).

기간 단축(동법 제611조 제5항)으로 채무자는 3년간만 일정 채무액을 변제하면 되고, 그 결과 제도 이용자가 늘었다는 것이 법원 설명이다. 서울회생법원의 발표에 따르면, 2014년부터 기하급수적으로 신청 건수가 줄다가 2018년에는 지난 해 접수 건보다 16% 증가했다고 하니, 채무자 입장에서는 매우 반가운 제도 개선이 맞다.

반면 직접적 이해관계자인 채권자는 위 개정법으로 인해 종전보다 미달된 변제금을 받게 됐다. 그런 가운데 일부 사건은 법원이 개정법을 소급적용하기까지 해 이의 건수가 늘었다고 한다. 채권자는 이의가 받아들여지지 않을 경우 상급법원에 항고, 대법원에 재항고할 수 있다.[70] 같은 법원의 발표에 따르면, 항고 건수 역시 올 5월보다 약 9배 가까이 증가했고, 그 중 상당수는 변제기간 단축 관련 항고 사건이다.

개정 채무자회생법 부칙 제2조(적용례) 제1항은 변제기간 단축을 규정한 제611조 제5항의 개정규정은 '같은 개정규정 시행 후 최초로 신청하는 개인회생사건부터 적용'하도록 규정하고 있다.

[144] 서울회생법원 성황

최근 서울회생법원에 건설회사 등 기업인과 중소상공인의 방문이 늘어났다. 경기불황으로 미지급금이 늘어나고, 임금과 자재비가 뛰는 등 다각도의 어려움에 직면하면서 매출보다 빚이 더 빨리 느는 경우가 많아졌기 때문이다. 그런데도 은행은 강화된 부동산 규제정책 등에 영향을 받아 대출을 해주지 않고 있다.

막바지에 다다른 대표자가 택할 수 있는 법적 수단으로, 법인회생, 법인파산, 대표자 개인파산 및 개인회생절차가 있다.

한때 잠시 줄었던 법인회생이 증가세로 돌아선 것은 특히 올해부터라고 한다. 법인회생 신청도 늘었지만, 법인파산 사건도 최근 7년 사이 가장 많다는 것이 법원의 발표다. 회생법원 판사들은 IMF 때와 달리 중소기업, 자영업자의 신청이 늘어나 우려스럽다고 한다.

기업회생은 계속적 기업가치가 청산가치보다 높을 경우에 허락된다. 계속적 기업가치를 입증하는 방법은 단순히 부동산 등 고정자산이 많은 것을 증명하는 것으로는 되지 않는다. 회사의 기술력, 거래처와의 관계, 매출계약의 이행가능성, 노조의 대응태도 등 여러 가지를 놓고 합리적 결정을 하게 된다. 어려운 문제이므로, 단순히 공인회계사나 감정평가사의 자산평가만으로 회생절차에 뛰어들 수는 없다. 법률전문가인 변호사의 도움이 요구되는 이유가 여기에 있다.

---

70) 최근 대법원은 재항고인인 채권자의 손을 들어줬고(대법원 2019. 3. 19, 선고 2018마6364 결정), 서울회생법원은 단축 지침을 폐기하기로 했다.

일단 회생개시결정이 내려지고 나면 회생계획안을 작성해 채권자 등 이해관계인 집회에서 동의를 받는데, 채권자의 요구를 수용하여 중간에 회생계획안이 변경되는 경우도 있다. 한편 회생개시결정 후 기존 대표이사 또는 회사를 공정하게 운영할 수 있는 자가 관리인으로 임명되고, 그는 법원 파산부 판사(또는 회생법원 판사)와 관리위원의 감독을 받게 된다. 채권자 집회에서 채권자의 동의를 얻어 회생계획안이 인가된 후 인가된 회생계획이 모두 완수되고 나면, 쉽게 말해 법정관리를 졸업할 경우 종전 경영주가 회사를 되찾는 경우가 많다.

한편 법인파산은 기업회생과 정반대다. 더 회사운영을 허락하지 않고 즉시 파산시켜 환가금을 채권자에게 나누어 주고, 회사법인을 소멸시켜 버리는 것이다. 계속적 기업가치보다 청산가치가 높은 경우 회생법원 또는 법원 파산부는 당해 회사를 더 살려둘 필요가 없다고 보게 된다. 시간이 지날수록 체납세액, 지연이자, 체납임금만 더 쌓여 사회에 해를 끼칠 것이 분명하므로, 법원은 회생신청이 기각되어 법인파산을 신청한 회사, 애초부터 법인파산신청을 한 회사, 회생인가결정을 내려주었음에도 인가계획을 지킬 수 없게 돼 회생폐지된 회사에 대해 파산선고를 하게 된다.

법인파산의 경우에는 종전 대표자가 관리인이 될 필요가 하등 없고, 법원이 선임한 파산관재인 변호사가 청산업무를 대신하게 된다. 채권회수, 부동산 매각 등 환가업무를 완수한 관재인은 법원에 사무종결을 구하고, 계산을 완료하게 된다. 신고된 채권자들에게 환가금을 배당한 후 법인은 소멸한다.

마지막으로, 회사채무에 대해 연대보증을 선 기업 대표자는 어떠한 구제수단을 갖게 될까.

대표자는 법인파산절차를 이용할 수 없고, 개인파산, 개인회생 또는 고액채무자 회생제도를 이용해 책임에서 벗어나야 한다. 주의할 것은, 개인파산의 경우 채무자가 고의로 재산을 은닉하는 등 부당한 방법으로 채권자를 해했음이 드러나면 파산만 선고되고, 면책은 불허되는 매우 큰 불상사가 발생할 수 있다.

개인파산 신청사건에서도 일단 파산이 선고되고 나면 의무적으로 변호사인 파산관재인이 선임되므로, 관재인의 재산 및 채무발생경위 조사에 성실히 임해야 하는 것은 당연하다. 불성실하게 조사에 응할 경우 그 자체로 면책이 불허되기도 한다.

[145] ○○시 교육감 2심 재판전략 분석과 전망

○○시 A 교육감에 대한 ○○지방법원 1심 유죄 판결의 범죄사실은 10만장의 선거 홍보물에 정당 경력이 포함된 점, 선거사무소에 □□당 국회의원 이력을 표시한 점이었다. 1심 재판부는 A 교육감의 행위가 지방교육자치법을 위반한 것이 맞고, 선거의 공정성을 중대하게 훼손했다고 판단하면서 당선무효형인 벌금 200만원을 선고했다.

당시 이 사건은 B 시장의 벌금 90만원 선고 사건에 비해 극명한 차이를 가져오는 바람에 ○○시민들 사이에서도 의견이 분분했다. B 시장은 A 교육감과 달리 정당 표방(당원경력의 표시 포함)이 금지된 교육감 후보가 아니었고, 그 행위가 체육대회에서 인사차 대인 접촉하는 방식으로 이뤄져 비교적 소극적으로 평가됐다(1행위). 한편 그가 예비후보 개소식에 참석해 발언하는 방법으로 도움을 준 기초단체장 후보는 낙선해 선거 결과에 영향을 미치지 못한 것으로도 드러났다(2행위). 반면 A 교육감은 정당 이력을 표시하는 것이 엄격히 금지된 교육감 후보였고, 10만부나 되는 막대한 홍보물이 유권자에게 배포된 점에서 선거 결과에 영향을 미쳤을 가능성이 높다고 일반적으로 평가된다.

A 교육감이 1심에서 당선무효형에 처해진 후 바뀐 변호인단의 항소심 변론전략이 최근 드러났다.

피고인 측은 ○○고등법원 제1형사부에서 주관적 측면과 객관적 측면 양쪽의 방어형 공격전략(형식은 방어인데, 실질은 공격하는 양상)을 표출했다. 주관적으로는, A 교육감이 출마할 당시 이미 C 전 대통령 탄핵으로 당 지지율이 폭락한 상황인데, 피고인이 굳이 정당 경력을 강조할 하등의 이유가 없었으므로, 정당 이력이 기재된 홍보물이 다량 배포됐더라도 피고인의 고의가 아니라는 주장. 객관적으로는, 후보자가 선관위에 제출한 후보자등록경력신고서에는 선거법에 따라 공직선거 입후보 경력이 기재되게끔 되어 있고, 선관위는 홈페이지에 이를 공개하게 돼 있었으므로, 피고인의 부주의로 공소사실과 같은 선거불공정 사정이 일부 발생했더라도 그로 인해 선거 공정성에 중대한 장애가 초래된 것으로 볼 수 없다는 취지의 주장(피고인이 정당 경력을 선거에 활용한 것이 아니라는 주장이 된다)이 그것이다.

필자는 피고인의 고의 부정의 기반은 매우 약하다고 생각된다. 당시 □□

당 경력을 강조하는 것이 어리석은 선거 전략이었고, C 정부에서 장관을 지낸 경력은 오히려 해당 선거에서 큰 걸림돌이었다는 주장, 그러므로 피고인이 ㅁㅁ당(현 ◪◪당) 경력으로 선거에서 이득을 볼 생각이 없었으므로 피고인의 고의로 범죄가 발생한 것이 아니라는 일련의 주장은 일방적 주장으로 치부될 가능성이 높다.

그러나 객관적 측면에서 피고인 측이 새롭게 주장한 부분, 즉 의무적으로 선관위에 제출한 경력신고서에 (법에 따라) 과거 선거 입후보 경력을 기재한 것에는 잘못이 없고, 또 선관위가 이를 홈페이지에 공개하게 돼 있었는데 굳이 피고인이 위험을 무릅쓰고 홍보물에 같은 경력을 기재해야 했던 동기를 찾을 수 없을 뿐만 아니라, 선관위 홈페이지의 파급력과 피고인의 위법행위의 파급력 중 무엇이 선거에 중요한 영향을 미쳤는지 판별이 사실상 불가능하여 피고인의 행위가 선거 공정에 중대한 장애를 가져온 것으로 단정할 수 없다는 주장은 앞서 살핀 고의 부인보다는 설득력 있다고 생각된다.

다만 피고인의 주장대로 실제 선관위에서 회시될 사실조회 결과가 피고인의 두 번째 주장을 일부 뒷받침한다고 하더라도, 검찰의 주장처럼 경력신고서에 과거 선거 경력을 기재하는 것과 법에서 금하는 정당 표방(당원경력 표시, 지방교육자치법 제46조 제3항)은 전혀 다른 문제여서 피고인의 그 같은 주장이 무죄의 이유가 될 수는 없다. 선관위 공식 홈페이지에 정당 경력이 공개되는 것과 별도로 피고인 측은 홍보물을 이용해 선거에서 유리한 결과를 추가로 점하려 했을 가능성이 충분히 있다. 당시 경쟁이 박빙이었던 점을 고려하면, 결국 피고인 측의 새로운 주장이 원심의 판단을 정면으로 뒤집을 정도는 되지 못한다는 평가에 이른다. 경우에 따라 형 감경요소는 될 수 있다.

한편 피고인이 원심에서는 대체로 인정 후 항소심에서는 전면 부인으로 돌아섰다고 언론은 전하고 있다. 공소사실을 대체로 인정하면서 선처를 구하는 전략 대신 위에서 본 바와 같이 주관적 측면(정당 경력이 이용되고 있는지 몰랐다)과 객관적 측면(정당 경력을 선거에 활용한 것으로 볼 수 없다)의 양 쪽에서 완전 부인 전략(完全 否認 戰略)을 쓰는 것은 벼랑 끝에 몰렸을 때 나오는 전략이 된다.

요컨대 새로운 전략 구성이 다소간 세련된 측면도 있지만, 항소심 전략수립 과정에서 놓친 것을 꼽자면, 첫째, 원심에서 적법하게 채택된 증거는 항소심에서도 그대로 사용될 운명이라는 점, 둘째, 그러한 증거를 깨트리기 위해서는 탄핵증거의 힘이 매우 강대해야 하는데, 현재까지 변호인이 계획한 수단만으로는 현저히 미달되는 점, 셋째, 항소심에서 고의를 전면 부인하는 근거로 ○○시민심과 ㅁㅁ당(현 ◪◪당) 간의 당시 소원했던 관계를 주장하는데, 이는 상식에 어긋나 적절한 예로 볼 수 없을 뿐만 아니라 자칫하면 납득하기 어려운 해괴한 주장이 될 수도 있는 점, 넷째, 검찰의 적절한 주장과 같이 선관위에 선거 입후보 경력을 기재해 제출하는 것과 유권자인 국민을 상대로 불법 홍보물이 대량 발송되게 한 것은 차원을 달리하고, 선거에 직접 영향을 미치는 수단으로 충분히 볼 수 있는 점이 그에 해당한다.

그렇다면 항소심이 원심을 깨는 것은 거의 불가능하다. 세부적 파기사유를 예상해 보더라도, 원심이 오인한 사실이 거의 없어 보이고, 지방교육자치법의 입법목적 및 동법 벌칙규정의 취지에 대해 법리를 오해하여 설시한 흔적은 발견되지 않고, 충분한 이유를 설시했을 뿐만 아니라 이유간 모순없이 일관적으로 생각되며, 형을 정함에 있어 행위의 엄중성과 침해된 선거의 불공정성을 감안할 때 양형에 부당한 점도 그다지 발견되지 않으므로, 결국 피고인의 항소이유는 여러 모로 무리한 것으로 판단된다.

제 2 편

전문분야 이야기

[1] 형사절차에 임하는 변호인의 자세

대한변협의 전문분야 구분표를 보면 형사법 전문은 형식적으로는 하나이고 확장해석해 보아도 불과 수 개 이내인 반면, 민사법은 다수의 특화분야로 세분화되어 있다. 형사분야도 민사법과 같이 세분화해 본다면, 수사변호, 신병, 형사재판으로 나눌 수 있거나 사기전문, 성범죄전문, 아동학대전문, 상해전문 등으로 나눌 수 있으므로 실상 형사분야는 매우 넓은 영역임을 알 수 있다. 따라서 통상의 공판과정에서의 일반적 변론을 넘어선 폭넓은 역할이 형사변호인에게 요구되는 점에서 가벼운 자세로 임할 것이 아니다.

수사는 실체진실을 밝히고 범인을 발견·확보한다는 점에서 인권침해를 지향하거나 필연적으로 동반하게 된다. 수사개시로 인해 국민의 기본권인 신체, 양심, 재산의 자유가 침해되거나 제한받게 되며, 그러한 점을 고려하여 헌법과 형사소송법은 안전장치를 마련해 두었다.

탄핵주의, 무죄추정, 검사의 입증책임, 불구속재판, 강제수사법정주의, 필수적 영장실질심사, 체포·구속적부심과 필요적 보석, 자백배제 및 위법수집증거배제법칙, 전문증거의 원칙적 불허 및 엄격한 인정, 증거조사방법의 법정화, 진술거부권, 각종 의견개진권과 증거신청권, 이의신청권, 상소권, 상소권회복청구와 재심청구권이 그러한 예다.

그러나 이상의 수많은 방어권을 일반국민이 직접 정확하게 행사한다는 것은 불가능하다. 이 점에서 변호인 제도의 존재의의가 있다. 변호사의 열정적 변론 과정에서 위 법제도들은 칼과 방패가 되어 거대한 국가기관과 수많은 증거를 마주한 피의자·피고인을 보호하게 되는 것이다. 결국 피의자에게 가장 중요한 제도, 즉 왕도는 변호인의 조력인 것이다.

수사과정에서 진실발견의 저해요소 또는 변호인의 개입이 필요한 이유는 대체로 다음과 같다.

첫째로 범인식별절차 실패이다. 피해자와 목격자의 진술 이외 범행현장과 범행도구, 피의자의 알리바이와 동선에 대한 과학적 수사가 필요하다. 그런데도 너무나 손쉽게 피해자와 목격자의 진술을 믿는 반면 과학수사와 피의자의 알리바이는 외면하는 경향이 있어왔다.

둘째로 과학수사의 미발달과 객관의무 위반이다. 전자와 관련하여 현재는 통신매체에 대한 압수·수색과 복원 등 Forensic 능력이 발달하였는데, 피의자의 이익되는 점에 대한 수사는 여전히 외면받는 점에서 후자의 객관의무는 부족하다. 객관의무 부족은 인권옹호정신의 결핍이고, 보통은 자백강요라는 편한 수사방법으로 이어진다.

셋째로 방어권 부족의 문제다. 구속된 후 또는 기소된 후 변호사 선임을 고려하는 시민이 많은데, 이는 수사단계 변호를 등한시한다는 점에서 큰 문제이다. 임진왜란의 승패는 이미 부산에서 결판났다.

형사변호인이 수사단계 변호에서 가장 중점을 둘 것은 무엇인가.

단도직입적으로 말한다면 자신의 고객인 피의자가 구속되어서는 안 된다. 구속수사는 많은 점에서 피의자의 방어권 행사를 제약한다. 방어의 속도에서도 지장을 받게 되며, 무기평등을 이룰 수 없다. 피의자를 위한 인적, 물적 자료는 모두 피의자가 잘 아는 곳에 보관되어 있고, 피의자의 구속은 유죄를 추정하므로 더 이상 조력할 참고인도 없어진다. 초기 승세가 장래 공판에 이르기까지 가장 중요한 점을 잘 아는 수사기관은 그래서 구속을 골인으로 간주하며 자신의 수사를 평가받는 잣대로 본다.

[2] 법조 3륜의 첫 만남, 영장실질심사

모든 국민은 법 앞에 평등하고, 유죄의 확정판결이 있기 전에는 무죄로 추정된다는 점도 평등하게 작동되어야 한다. 법조인들이 그러한 헌법가치를 고려하여 수사, 재판, 변론을 해 왔더라도 국민의 신뢰를 받지 못했다면 장래에는 검찰과 사법부가 탄핵될 수 있다.

전 형사절차에서 국민의 불신을 받은 대표적 지점은 바로 영장, 보석, 판결 선고단계이다. 구속기소와 불구속 기소의 불평등, 보석허가와 불허가의 불평등, 실형과 집행유예의 불평등이 국민들에겐 예사롭지 않게 보이는 것이고, 특히 형사변호인에게 중요한 문제는 구속의 문제란 점을 전술(前述)했다.

헌법상의 무죄추정원칙에 따라 형사소송법은 불구속수사를 원칙으로 하고(형사소송법 제198조 제1항), 다만 범죄혐의가 소명되고, 도주우려 및 증거인멸의 우려가 있을 경우 예외적으로 피고인을 구속하여 재판할 수 있다.

해당 조문이 명문화된 2007년 이전만 해도 법원이 창안한 이러한 원칙을 검찰은 수용하지 못했다. 판사만큼 재판을 잘 아는 이가 없듯 검사만큼 수사내용을 잘 아는 사람이 없다는 시각이었다. 따라서 구속영장 기각이 검찰의 수사를 방해하는 결과가 되며, 종국적으로 검찰을 길들이는 수단으로 전락했다는 불만이 있었던 것도 사실이다.

그러나 불구속수사, 불구속재판 원칙은 헌법적 형사소송관의 발현으로 지극히 당연한 것이고, 인권국가에서 의문을 제기한다는 자체가 이상하게 느껴지는 시대에 우리는 살고 있다. 장래 이 원칙은 실무에서 더욱 세련되게 지켜져야 하며, 법률가의 사명은 구속법 제도와 구속 실무기준을 효과적으로 고안하는데 있다고 해도 과언이 아니다.

실무상 형사변호인은 어떠한 점에 주안을 두고 의뢰인의 구속수사를 막아야 할까.

첫째, 검찰이 주장하는 범죄혐의가 충분히 소명되지 않았다고 주장해야 한다. 검찰의 증거기록 대부분을 접할 수 없는 변호인으로서는 검찰이 수집·제출하였으리라 추정되는 증거를 모두 염두에 두고 세심하고도 세련된 반박을 해야 한다. 검사가 제출한 증거를 모두 고려하더라도 다툼의 여지가 있다는 점을 드러내야 하지, 막연히 검찰의 수사내용이 처음부터 잘못되었다고 항의하여서는 안 된다. 영장 범죄혐의의 소명 부족은 법관으로 하여금 '현 단계에서 반드시 구속해야 할까'라는 의문을 자아내며, 구속필요성 부분에도 핵심적 영향을 주게 된다.

둘째, 높은 법정형에 해당하는 죄를 저지른 경우 검찰과 법원은 중형선고가 예상된다는 이유로 도주우려가 있다고 보아 왔다. 변호인은 장래 본안에서 유죄의 선고가 예상되더라도 피의자가 주어진 상황에서 최선을 다해 나름대로 혐의사실에 대해 다투고 소명해 왔다는 점을 주장·입증해야 한다. 그렇다면 피의자가 반드시 도주하리라고 단정하기 어렵다는 결론에 다다른다.

셋째, 물적 증거에 대해 더 이상 인멸할 것이 없고, 인적 증거인 참고인에 대한 악의의 접촉도 없을 것임을 합리적으로 주장해야 한다. 때로는 다짐도 필요하다. 이미 압수되어 피고인의 지배영역에 있지 아니한 증거에 대해 인멸할 수 없고, 일부 참고인과의 접촉은 선의의 진술확보로 정당한 방어권 행사라는 점에 대하여 법관이 공감할 수 있어야 한다.

넷째, 영장심사를 앞둔 형사변호인은 합리적 주장을 해야 하며, 어떤 경우에도 수사의 수준을 폄하해서는 불리하다.

[3] 법원의 영장판단과 남겨진 변호인의 역할

구속의 사유와 필요성에 대한 법원의 판단결과는 너무나 간단하며, 역사적 기록 속에서 사유의 과정을 찾는 것은 거의 불가능에 가깝다. 그 연유는 다음과 같다.

출석과 변명을 포기하지 않은 대부분의 심문절차에서, 법관은 범죄의 객관, 주관을 질문하고, 부인할 경우 구체적 이유, 주거, 직장, 수입 및 재산, 가족관계, 피해자와의 합의 또는 위해적 접촉사실을 피의자로부터 듣게 된다. 이는 직권심문으로, 원칙적으로 변호인이 중간에 나설 수 없고(예외는 있다), 당연히 변호인에 의한 피의자신문절차(또는 심문)도 존재하지 않는다. 변호인의 역할은 입회와 최후변론 뿐이라 해도 과언이 아니다. 법관의 직권심문과 피의자의 답변이 끝나고, 출석한 검사가 있다면 검사의 의견을, 없다면 검사가 선정한 피해자 국선 변호사가 의견을, 그리고 마지막으로 변호인의 의견을 청취한다.

그리고 남는 것은 구속전피의자심문조서이고, 대부분의 사건에서 그 조서는 1쪽 짜리에 불과하다. 내용의 기재 또한 심문의 요지만을 간단하게 적고 있어서, 고작해야 조서에 남는 것은 피의자가 "선처를 바란다.", 변호인이 "도주우려와 증거인멸의 위험이 없다."고 주장한 정도이다. 그리고 최근에는 피해자 변호사가 "피해자가 겪은 충격이 크므로, 구속수사 하여주길 바란다. 또는 강력히 처벌해 주기를 바란다."라고 주장한 내용의 취지도 조서에 담기고 있다. 그렇게 구속전피의자심문조서는 허무하게도 한 쪽짜리에 불과한 형식적 요점만 남게 되었다.

따라서 심문과정에서의 피의자의 변소내용과 변호인의 변론내용이 상세히 남지 않았으므로 장래 석방을 위한 다른 절차를 밟더라도 종전의 심문내용에 대해 충분한 이해가 없는 다른 법관을 새롭게 설득해야 하고, 주된 변론 방향도 사정변경에 초점이 맞추어진다. 현재 시점의 구속 계속의 필요성에 대한 것으로, 결국 구속영장 발부를 문제 삼는 방식이 아니다.

심문절차가 끝나고 피의자는 구인구속영장의 남은 효력에 따라 지정된 유치장소에서 대기하고, 이때부터 변호사는 피 말리는 시간을 보내게 된다. 오후 5시 경부터 때로는 늦은 시간까지 결과확인을 위해 동분서주한다. 법원과 검찰의 영장계에 수시로 확인을 하게 되는데, 먼저 알려주는 법은 없다.

영장발부 또는 기각사실을 알게 되고 상실감에 또는 기뻐서 손을 놓고 있어서는 안 된다. 즉각 법원 영장계에서 발부의 경우에는 구속영장 등본을, 기각의 경우에는 법관의 불허이유가 기재된 구속영장청구서 등본을 발부받아야 한다. 조금이라도 지체하면 순식간에 영장청구서 또는 구속영장이 포함된 영장기록 일체가 검찰로 반환된다.

왜 그러한 서류의 입수가 변호인에게 중요한가.

발부되었다면 구속영장에 기재된 법관의 발부사유를 확인하고 구속적부심사청구를 서둘러 고려해야 하고, 기각되었다면 인신구속사무의처리에관한예규 제51조에 따라 불허의 취지와 이유를 기재한 내용을 확인해야 2차 영장청구에 대비할 수 있으며 때로는 장래 본안법관을 설득할 수 있다.

확보 결과 발부된 구속영장에 부동문자와 해당사항 체크만 표시되었더라도, 기각된 영장청구서에 법관이 간명한 사유를 들어 영장을 불허했더라도 허탈해 할 일이 아니다. 각 결과에 따른 이유를 신속히 입수하여 피의자와 다음 절차를 상의하는 것이 도리이고, 형사변호인은 본시 위를 향해 공성(攻城)하는 불리한 숙명을 갖고 태어났다. 발부법관이 우려했던 사유를 해소시킨 후 구속적부심과 보석을 준비해야 하고, 기각 시 검사의 무리했던 주장을 장래 2차 영장심사 또는 본안에서 확실히 드러내야 한다.

[4] 구속제도를 둘러싼 최근의 4가지 문제 고찰

형식적 민주화에서 실질적 민주화로 변화되고 그 속도가 고도화됨에 따라 구속제도도 존재 그 자체에서 나아가 국민의 기본권 보장을 위한 수단적·역할적 측면에서 고찰돼야 한다. 따라서 기능적 측면의 합목적성과 효율성을 고려해야 하고, 그렇다면 현재의 구속제도는 몇 가지 점에서는 부족하고, 또 몇 가지 점과 관련하여서는 의문이 제기된다.

첫째, 구속제도는 투명하게 운영되고 있는가. 그리고 투명성 부족으로 변호인의 변론권에 제약요소가 존재하지는 않는가(운영상의 투명성 문제).

둘째, 불구속수사원칙이 2007년 형사소송법에 신설된 이후 10년이 지난 시점에도 검찰의 불만이 여전한 것은 실제로 법원이 검찰의 수사권 약화를 의도해서인가(불구속수사원칙의 작동원리와 이유).

셋째, 영장기각과 관련한 법원의 의도가 수사방해나 수사권 약화가 아니라면 형사소송법상 구속사유가 실무상 세밀한 기준으로 정립되어 있지 아니한 까닭이고, 그로 인하여 불필요한 의심을 받아온 것이 아닌가(구속기준의 미정립, 미공개 문제).

넷째, 구속영장청구권한을 검사에게만 부여하고 있는 헌법 규정(제12조 제3항)이 경찰의 수사권을 위축시키고, 경찰 길들이기의 수단으로 사용되고 있다고 볼 것인가(영장청구권의 독점과 남용 문제).

위 네 가지의 문제점 중 변호인에게 가장 심각한 문제로 작용하는 것은 투명성 문제(첫째 문제)와 구속기준의 미정립·미공개(셋째 문제)로 봐야 한다.

투명성과 방어권 차원에서 제기할 수 있는 실무상의 구체적 의문은 다음과 같다. '미체포 피의자마저도 영장심문기일은 왜 그리 촉박하게 잡혀 왔는가. 구속영장청구서 확보는 왜 그리 어려웠는가. 실제에서 영장청구서 이외의 수사서류를 열람·등사하여 변론에 사용할 수 있는가. 영장심문기일에 변호인의 역할은 왜 그토록 미미한 수준으로 보장된 것인가. 구속전피의자심문조서는 누구를 위하여 허술하게 작성되는가. 변호인에 대한 영장결과통보는 은혜적인 것인가. 발부에 따른 구속영장 등본과 기각에 따른 구속영장불허이유를 확보할 수 있는 제반여건이 마련되어 있는가. 구속의 재판에서 결정문은 존재하지도 않으며 불복방법이 없는데, 이는 법원의 편의를 위한 것인가, 피의자를 위한 것인가, 검사의 수사기밀유지와 재영장청구를 위한 공익적 배려인가.'

구속기준과 관련한 문제는 다음과 같다. '구속기준이 정립되어 있다면 법원도 비교적 상세한 결정문을 작성하게 될 것이고, 오판단에 대해 불복할 수 있지 않겠는가. 재영장청구와 구속적부심사청구가 직접적 불복방법이 되겠는가. 이 제도는 법관의 전지전능을 전제로 설계된 제도인가.'

법원과 검찰의 충돌문제(위 둘째 문제)와 검찰과 경찰의 갈등부분(위 넷째 문제)은 불구속수사원칙을 주요한 기준으로 해석상 해결될 수 있다.

무죄추정을 받는 피의자에게 불필요한 고통을 가하지 말라는 점, 구속은 피의자에게 가할 수 있는 가장 중대한 고통이란 점은 이미 헌법재판소에 의해 거듭 확인되었다. 그 결과 탄생한 원칙이 불구속수사원칙이고, 실현수단으로 경찰권에 대한 검찰권의 합리적 통제, 검찰권에 대한 법원의 합리적 통제를 두고 있음은 헌법상 의문의 여지가 없다. 따라서 검찰제도가 본래의 모습인 지구상에서 가장 객관적 관청을 유지하는 한 검찰의 경찰영장반려를 비난할 수 없고, 법원이 인권보장의 최후의 보루인 한 법원의 검찰영장불허에 문제를 제기해서는 안 된다. 그렇다면 위 4가지 문제 중 두 가지는 해결됐다고 봐야 한다.

기관 간의 불만이 있다 하여 지금처럼 언론을 통한 난타전을 벌여서는 안 되고, 기관 상호간 이해와 소통을 토대로 법이 부여한 상대방의 권한을 존중해야 한다. 애초에 기관 간의 상호견제를 통해 헌법이 꾀하고 있는 것은 바로 국민의 인권보장이기 때문이다.

물론 제도적으로 종국적 해결을 돕는 방법도 있다. 구속제도 운영상의 불투명성을 해소하고, 구체적 구속기준을 정립하여 공개하는 것이다.

[5] 변호인이 의견을 개진하기까지

형사변호인은 크게 4차례 의견을 개진하게 된다.

첫째가 수사기관에 대한 것, 둘째가 영장전담법관에 대한 것, 셋째가 형사본안 중 1회 기일에 앞선 것, 넷째는 최종변론이다.

형사본안의 변론과는 달리 검사와 영장법관에 대한 변론은 빈약하거나 허구가 될 가능성이 높다. 수사는 현재진행형으로 변화되기 마련이고, 참고인의 진술과 압수물을 포함한 수사기록을 볼 수 없으며, 피의자가 자신의 기억 전부를 진실되게 고지하지는 않기 때문이다. 설사 그가 진실된 고지를 하였더라도 다른 객관적 증거들을 염두에 둔 주장을 해야 하고, 피의자의 주장을 그대로 대리 표명하여서는 결과가 좋지 않다. 따라서 형사변호인은 의견을 개진함에 있어 다음의 점을 유의하여 사건의 경과를 객관적으로 전달해야 한다.

첫째, 피의자는 상담 시 일정부분 허위고지를 하는 경우가 많다는 것을 고려하여 가급적 사건선임 전에 경험칙을 총동원하여 깊이 있는 현상을 파악해야 한다.

일단 사건선임에 주된 관심을 갖고 나중 변론에서 주요 사항을 발견하게 되면 신뢰관계가 파탄나고, 나쁜 결과를 맞을 수 있다. 또 의뢰인은 자신의 허위고지를 변론의 중요 장애요소로 생각하지 않는 경우가 많아 변론결과를 변호사의 능력문제로 치부하는 경우도 있다. 사건문의 단계와 사건선임 이후 추가로 밝혀진 내막은 크든 작든 다른 경우가 많다.

둘째, 수사받은 횟수와 방법, 피해액, 주모(主謀) 여부, 공범의 수와 책임관계, 압수 여부 및 압수 가능성을 고려하여 조속히 구속사건과 불구속사건을 구분할 줄 알아야 한다. 명백한 구속사건과 명백한 불구속사건의 중간 지점에 있는 사건들에 대해서 확률계산에 밝을 필요가 있다.

구속이 고려되고 있는지 순진하게 검사에게 질의할 수 있는 것이 아니므로 수사의 큰 그림이 보일 때까지 구속사유에 대한 면밀한 분석을 해야 한다. 구속사건은 불시에 일격을 당할 수 있으므로 변론 속도에서 불구속사건과 차이를 두어야 하는 것은 당연하다.

셋째, 수사기록을 볼 수 없으므로 진행되고 있을 수사를 모두 염두에 두고 검찰의 증거수집경과를 짚어내야 한다. 이 과정에서 피의자의 진술을 뒷받침할 유의미한 참고인이 있을 경우 참고인 조사와 증거보전 청구절차와 관련한 의견을 개진할 수도 있다.

검찰은 상당수의 사건에서 경찰의 증거와 변호인의 자료 중에서 경찰의 증거를 우위에 둘 뿐만 아니라 적법성에 대해 문제 삼지 않는 경우가 많으므로 변호인은 사건의 경위와 관련하여 최대한 폭 넓은 주장을 해야 할 필요도 있다. 검사의 객관의무에 환상을 가져서는 안 된다. 검사는 기소권자이면서 동시에 적극적인 공격자라는 점을 이해해야 한다. 따라서 변호인의 주장은 증거로써 뒷받침 돼야 하고, 객관적 증거 앞에서 검사는 객관의무를 발동한다.

넷째, 변호인의 주장은 사실에 대한 것과 법리에 대한 것을 명확히 구분하여 명료하게 이루어져야 한다. 연차에 따라 처음에는 법리 주장을 많이 하고, 나중에는 사실 주장을 많이 하는 것이 대체적이다. 무혐의와 무죄는 사실과 법리 양쪽에서 모두 가능한 것이므로 법조경력이 짧은 분도 충분히 좋은 결과를 얻을 수 있다.

다섯째, 구속영장청구서의 확보가 앞으로 쉬워질 전망이지만 맹신해서는 안 된다. 영장청구서를 뒷받침하는 각종 수사서류를 감안하지 않고 무리한 주장을 펼치거나, 구속사유 중 특정사유에 집착하여 다른 부분을 소홀히 다루는 점을 경계해야 한다. 형사변호인은 예상치 못한 결과가 발생하지 않도록 세심하게 변론계획을 세워야 하고, 상대와 나, 증거와 주장 사이에서 균형적 변론을 해야 한다.

[6] 형사재판에 임하는 변호인의 자세

범죄의 단서를 좇아 혐의를 밝혀온 일련의 수사 노력은 공소의 제기로써 원칙적으로 완성된다.

공소제기 후의 본건 수사, 별건 수사가 가능하고, 별건으로 본건 피고인을 추가 구속할 수도 있다(학계와 원로법조인의 반대견해 존재). 그러나 증언이 끝난 증인을 소환하여 참고인조서를 받는 것은 공판중심주의에 반하여 허용되지 않으므로 공소제기로 본건 수사는 원칙적으로 완성되었다고 볼 수 있는 것이다.

수사검사는 수사 중 피의자의 태도, 변호인이 제출한 자료, 수집된 증거 및 압수물, 피해를 고려하여 1차적으로는 구속여부를 판단하였을 것이고, 2차적으로는 구형에 대한 의견을 기재하여 공판검사에게 전달하게 된다.

공판검사는 공소사실을 뒷받침하는 증거가 적법하게 채택될 수 있도록 공소와 증거에 대한 유지의무를 지게 된다. 물론 공소는 피고인의 방어권을 침해하지 않는 범위 내에서 변경할 수 있고, 유지할 수 없을 때는 취소할 수도 있다. 증거에 대해서도 기 증거의 유지와 별개로 신 증거를 공판 중에 추가로 제출할 수도 있다. 위와 같은 검사의 형사재판 중의 역할은 대체로 형사소송법에서 상세하게 규정하고 있다.

반면 변호인의 의견제시 방법과 증거의 제출방법, 변호인 증거에 대한 증거조사에 대해서는 상세하지 않아 실무상 혼선이 많고, 각기 다른 실력을 가진 변호인을 상대하면서 형사법관들이 겪을 어려움의 종류도 다양할 것이다. 형사변호인이 형사재판에서 유념할 것들은 무엇일까.

공소제기 사실을 확인한 변호인은 법원에서 공소장을, 검찰에서 증거목록과 증거기록 일체를 열람·등사하여 제출된 증거의 내용만으로 공소사실을 입증하기에 충분한 것인지 신속히 살펴야 한다.

증거는 대체로 공소입증에 유익한 것들로 이루어져 있으나, 때로 공소입증에 유해적, 무익적 증거도 제출되어 있는 경우가 있으므로 상세한 검토가 필요하다.

전체 증거를 통하여서도 공소사실 입증이 현저히 부족한 경우에는 공소사실이 다소 허구나 상상(원만한 표현으로는 '추측', '과장')에 의해 구성된 것이 아닌지 의심해야 한다.

나아가 공소사실이 적용법조 상의 범죄구성요건을 충족하고 있는지를 검토해야 한다. 예컨대 폭행, 협박 자체가 발견되지 아니하는데도 강간죄 또는 강간상해죄로 구성된 공소장은 무죄를 피할 수 없다.

공소장과 증거기록을 모두 검토한 후 피고인과 변호인의 의견은 법률적으로 정리돼야 한다. 의견의 핵심은 공소사실에 대한 인부와 증거의 인부이다.

공소사실의 인부는 대체로 어렵지 않은 가벼운 것으로 취급하는 경우가 많은데, 이는 잘못된 것이다. 사실에 대한 것과 법리에 대한 것으로, 그리고 구성요건에 대한 것과 위법성에 대한 것 내지 책임에 대한 것으로 정확히 구분하여 인정 또는 부인을 해야 한다. 따라서 경위 중 일부가 역사적 사실과 배치되는 것이 있을 경우 주요한 범행방법과 관련된 것이라면 객관적 사실 자체 중 일부사실을 부인해야 하는 것이고, 경위사실 일부가 다르긴 하나 범죄의 완성에 아무런 차이를 주지 않는 것은 정상으로 주장해야 하는 것이다. 부인의 대상으로 자주 언급되는 것은 현장부재, 범행방법의 현저한 차이, 공모관계 및 역할, 피해자 수 및 피해액, 고의, 주의의무, 인과관계, 예견가능성, 정당방위, 심신상실 및 심신미약과 관련된 것이다.

공소사실을 어느 범위에서 부인하느냐에 따라 증거인부는 양적, 질적 차이를 가져온다. 만약 심신상실을 주장하는 것에 불과하다면 피해사실을 진술하거나 피해를 탐구한 진술조서, 각종 수사보고서는 부동의할 필요가 없다. 반면 객관적 사실 상당부분을 부인하는 것이라면 위 증거들 대부분에 대하여 동의할 수 없다. 기망의 고의를 부인하면서도 미지급사실을 모두 인정하고 있다면 검찰증거의 조사절차가 중요하기 보다는 오히려 변호인의 증거제출이 효과적일 수도 있다.

[7] 범죄피해자와 고소대리인(上)

혐의를 받는 피의자의 변호사실 방문은 실체 면에서 죄의 불성립 요소를 찾는 것과 절차 면에서 장래의 수사방향을 짚어내는 것을 목적으로 한다. 피의자의 목적은 무혐의 처분을 받거나 불구속 기소를 통해 단기의 위험을 제거하고 장기전에 돌입하는 것이 분명한 만큼 피의자의 그러한 목적을 고려하지 않고 단순히 절차 면에서 '변호인의 등장으로 아마도 도움이 될 것'이라 조언하는 것은 전혀 도움이 되지 않는다.

이처럼 피의자가 변호인과 수사절차를 상의하게 된 것은 반대쪽에 선 피해자가 고소하였거나 신고했기 때문이다. 피해자는 범인을 지목하고 범죄로 입은 피해사실을 주장하며 수사를 촉구한 사람으로, 그는 헌법상 재판절차진술권, 형사소송법상 고소권, 수사상 진술권, 증거제출권을 가진 수사관계인이다. 그리고 진술인의 신분은 증거의 객체로도 평가된다.

이러한 피해자를 조력하여 형사변호인은 어떤 점을 유념하여 고소절차를 진행해야 하는가.

부실한 작전과 허술한 조력은 늘 피의자와 그의 변호인을 돕는 이적행위가 된다. 그리고 검사의 1차 무혐의 처분은 대부분 확정처분이 되는 까닭에 피해자에게 회복불가의 손해를 끼치게 되므로 고소전략을 가벼이 평가해서는 안 된다.

한 때 변호사가 고소를 대리하는 것은 무익할 뿐만 아니라 체면에도 맞지 않는 것으로 보고 고소대리권에 대한 연구와 관심이 대단히 부족했다. 심지어 범죄피해자는 수사기관에 그의 피해사실을 알리며 범인을 지목하면 되고, 수사기관의 수사계획과 역량에 성패가 달려있다고 봤기 때문에 고소장 작성의 중요성을 낮추어 보았다. 물론 범죄피해자는 대부분 중범죄 피의자만큼 충분한 변호비를 지급할 형편이 되지 않는다는 편견도 한 몫 했을 것이다.

그러나 이러한 인식은 크게 잘못됐다. 변호사는 법조인으로, 검사로 하여금 신속하고 올바른 수사를 촉구하고, 법관의 불공정한 재판을 감시해야 하는 사명을 가졌다. 이러한 역할은 피의자의 변호인이 되었든 피해자의 대리인이 되었든 다르지 않다. 또 형사변호는 일정부분 기술적 성격을 강하게 갖고 있으므로 피의자가 혐의를 벗는 방법, 피해자가 정당한 재판절차진술권을 확보하는 방법에서 변호사는 피의자와 피해자보다 능하다. 그러므로 법조인이 되는 과정에서 배우고 익힌 형사법 지식을 고소절차에서 발휘하는 것은 매우 중요하다.

첫째, 고소대리인은 범죄의 구성요건에 부합하는 사실을 정확히 탐구하여 법적 테두리 안에 끌고 들어와야 한다. 중요성이 떨어지거나 현 단계에서 추측에 불과한 것은 동기와 경위에 배치시켜야 한다.

둘째, 수사기관이 익숙한 법률용어로 수사를 촉구함으로써 세련되게 다듬어진 고소로 인식되어야 한다. 이로써 수사의지와 기소가능성을 높인다.

셋째, 정확한 죄명을 추출하고, 피해가 다수인 경우 행위별로, 피해자별로 각 죄의 처벌을 구하여 정의를 추구해야 한다. 죄명과 범죄사실 구성이 불량하거나 중요혐의를 누락 고소하여 종국의 결과가 나쁜 경우 이는 의료과실에 준한 변론사고가 된다. 의뢰인의 정당한 이익을 해치고, 회복할 수 없는 손해를 끼친 것이다.

넷째, 죄 되는 사실도 공소시효의 범위 내에 있는지를 살피고, 고소장 제출로부터 공소제기에 이르기까지의 소요시간을 계산하여 신중한 조언을 해야 한다. 자칫하면 계약체결상 과실책임에서 자유롭기 어렵다. 따라서 형사변호사는 공소시효가 기재된 두꺼운 법전을 항상 가까이 두고 수임사무간 일의 선후를 살펴야 하고, 범죄구성요건의 문언과 법리해석에 대한 판례변경에 관심을 기울여야 한다.

[8] 범죄피해자와 고소대리인(中)

고소대리의 목적은 피의자를 기소시키는 것이다. 이로써 피해자는 재판절차진술권을 행사할 수 있으며, 배상명령을 획득하는 경우 분쟁의 일회적 해결에도 기여하게 된다. 따라서 고소대리에 있어 기소가능성을 면밀히 살피는 것이 무엇보다 중요하다. 무혐의 처분은 고소의뢰인의 민사적 공격수단을 제약하는 경우로 작동하므로 일단 고소했다면 반드시 혐의를 밝혀내야 한다(예컨대 사기 무혐의 결정은 민사소송에서 불법행위 청구에 나쁜 영향을 준다).

기소가능성을 높이는 효과적 방책은 무엇인가.

첫째, 법조인이 재판변론에서 중시하는 '사실과 증거'가 고소에서도 우선적으로 중요하게 요구됨은 동일하다. 따라서 역사적 사실을 육하원칙에 맞게 정리하고, 사실을 입증하는 증거자료의 정리도 누락 없이 이루어져야 하나, 유의할 점이 있다. 바로 죄형법정주의다.

민사대리인은 민법 채권각칙 상의 전형계약에 해당사항이 없더라도 비전형계약으로써 가장 가까운 전형계약을 각색하여 주장할 수 있고, 또 여의치 않을 경우 약정금이라는 슈퍼청구권을 주장하여 상대의 이행을 촉구할 수 있다. 그러나 형사의 영역에서는 그와 같은 주장이 허용되지 않는다. 함부로 죄를 창설하거나 다른 죄를 유추하여 죄를 물을 수 없기 때문이다. 죄형법정주의는 형법 제1조에서 규정하는 대원칙임에도 평소 깊이 생각하지 않는 경우가 많고,

검사와 법관에게만 요구되는 직무규범으로 이해하는 경향도 적지 않다. 그러나 고소대리는 원칙적으로 피의자에 대하여 형사처벌을 촉구하는 수사의 단서이고, 수사는 강제처분까지 예정하고 있으므로 성급한 고소장의 작성은 금물이다.

그러므로 고소대리인은 형법과 특별형법에서 명문으로 규정하고 있는 범죄구성요건에 부합하는 사실의 정리와 증거의 제출을 해야 한다.

둘째, 증거자료는 객관적 증거와 진술을 두루 살펴 제출해야 하므로, 진술만 있고 객관적 증거는 없는 상태라면 기소가능성을 높이 평가해서는 안 된다.

고소대리는 법적으로 유의미한 피해자의 주장을 대리하는 것이지 고소사주(告訴使嗾)를 수용하는 절차가 아닌데도, 객관적 증거가 거의 없는 상태에서 장래 주변인의 진술을 확보하면 될 것으로 안이하게 생각했다면 전문적 판단을 생략한 꼴이 되고, 수사기관으로부터도 고소인으로부터도 신임을 잃게 되는 감점요소가 된다. 참고인은 수사에 협조할 법상 의무가 없고, 진실을 말한다고 보장할 수 없으므로 이러한 점을 간과하는 것은 미숙함 또는 안이함을 고백하는 것이다. 이 점에서 당사자가 직접 수사기관에 고소하는 것보다 변호사의 고소대리는 난이도가 높다고 봐야 한다. 실제 수사기관은 특수사건, 인지사건을 제외한 많은 사건에서 고소장을 통해 사건의 성격과 수사범위를 결정하는 경우가 많다.

셋째, 피의자가 장래 변명하게 될 변소방향까지도 예상하고 치밀하게 계산된 고소를 해야 한다.

따라서 피의자를 상습사기죄로 고소할 경우 다음과 같은 피의자의 변소를 예상하고 엄정한 수사를 촉구해야 한다. 줄 돈이 없다는 1단계 주장(이미 돈을 다 주었거나 책임질 사람은 다른 사람이라는 것), 애초에는 지급능력이 되었는데 불가항력적 후발사유가 발생했고, 본인도 피해자라는 2단계 주장, 피해자도 손실을 예상하고 투자했으므로 속지 않아 기망이 아니라는 3단계 주장이 그것이다.

[9] 범죄피해자와 고소대리인(下)

수사기관과 고소대리인의 관계는 늘 상반되거나, 항상 일치하는가.

양자 사이에는 실체진실발견이라는 공동의 목적이 있다. 그러나 사안을 달리 해석하여 각자의 주장을 할 수도 있다. 수사기관이 고소사건에 관심을 갖고,

공감할 수 있게 하는 방법이 있는가.

첫째, 예의(禮儀)다. 예의는 많은 것을 내포한다. 속이지 않아야 하며, 실현 가능한 수사를 촉구해야 하며, 의뢰인의 피해감정에 함몰되어 객관성을 잃지 말아야 하고, 과도한 내용이나 빈번한 항의가 되지 않도록 주의해야 한다. 수사는 범인과 혐의를 찾는 과정이지, 법률가끼리 이전투구(泥田鬪狗)하는 과정이 아니다.

둘째, 기소를 결정짓는 최대 변수는 주장의 타당성 여부가 아니라 증거이다. 증거 중에서는 물적 증거가 1위, 인적 증거가 2위다. 증거를 선별하고 정리할 때 요구되는 능력은 날카로운 눈과 참을성이다. 의뢰인의 주장이 일관성이 부족하여도 그가 소지한 증거와 부합하는 경우가 있고, 증거는 두터운 것에서부터 전자적인 것에 이르기까지 다양하므로 참을성을 갖고 상세히 살펴야 한다.

셋째, 증거를 정리할 때에는 일목요연해야 한다. 금융내역이 복잡하고 두터울 경우 독자를 고려하여 범죄사실에 맞게 체계적으로 정리해야 한다. 그리고 모든 증거는 증명에 필요한 유익한 것이어야 한다. 유해하거나 무익한 증거도 함께 제출될 경우 인위적으로 작출한 느낌이 적을 수는 있겠지만, 이는 당사자 고소와 다를 바가 없어 수사기관으로 하여금 수사의 동력을 잃게 하고 고소의 절실성에 의문을 갖게 한다.

넷째, 증거가 부족한 경우는 항상 존재한다. 그러므로 일단 형사절차에 뛰어든 변호인은 용기를 잃지 않아야 한다. 시간의 경과로 소실(消失)된 증거, 금융기관과 통신사가 법령의 제한으로 내어주지 않는 증거, 의뢰인의 수중에 있지 아니하고 피고소인의 수중에 있을 증거 등 아쉬움이 있게 마련이다. 따라서 현재 가능한 범위의 증거로써 혐의를 소명하고 수사를 촉구해야 한다. 이 과정에서 필요한 것이 용기다.

다섯째, 부족한 증거를 보충하는 방법이 있고, 그것은 매우 중요하다. 바로 '수사의 필요성' 부분이다. 주장사실이 법리에 부합하고 제출된 증거가 이를 뒷받침할 경우 고소는 각하를 면하고, 수사로 접어든다. 수사기관은 수사의 필요성에 따라 다양한 수사방식을 택할 수 있는데, 변호인도 의견을 개진할 수 있음은 당연하다. 각 검사가 가진 경험과 역량이 모두 같다고 볼 수 없으므로 형사변호인의 실력과 노력이 빛나게 되는 부분도 이 부분이다. 수사의 대상, 수사의 방식, 수사의 선후와 관련한 변호인의 요청이 수사에 고려되는 경우가 있다.

함부로 주장을 배척할 경우 수사미진의 항고사유가 되기도 한다.

여섯째, 수사기관의 속성을 이해해야 한다. 수사기관은 심하게 몰아세우면 객관의무의 장벽 뒤로 숨어 버리고, 반대로 피의자가 극렬히 저항하면 피해의 중대성이라는 깃발을 들고 맹렬히 전진하는 본능이 있다. 결국 실력뿐만 아니라 감성적 공감을 이끌어내야 하는 것이다.

[10] 수사주재자와 검사(檢事)

변호사의 입장에서 바라본 올바른 수사주재자의 모습은 무엇인가.

'고소사건에 대한 빠르고 정확한 수사,' '피의자의 변소를 고려한 신중하고 객관적인 수사'의 이중적 모습이 그려진다.

전자와 관련하여 본다. 정확한 고소는 빠른 수사의 원동력이 되고, 수사범위를 설계할 수 있도록 할 뿐만 아니라 수사의 중요내용을 빠트리지 않게 한다. 따라서 수사기관이 피의자와 참고인으로부터 확인할 범죄사실이 간단·명료해지게 된다.

그런데 때로는 정확한 죄명을 기재하고 적확한 증거를 첨부해 고소해도 수사공무원 중에서는 범죄 구성요건에 대한 이해가 부족하여 수사에서 사용될 중요법리에 대해 변호인으로부터 보정의 형식으로, 실질은 자문을 구한 후 본격적인 수사를 시작하는 경우도 있다. 이것이 그간 검찰의 수사지휘권, 영장청구권 독점, 수사종결권 독점의 중요 명분이었다.

그렇다면 사실적 조사능력과 법리적 수사능력을 모두 갖출 경우 경찰에 대해 광범위한 수사권 부여가 가능하다는 결론에 도달한다. 여기서 검찰의 고민이 발생하고, 전 국민이 해결하기 힘든 다른 논의를 던진다. 바로 경찰파쇼 위험과 그를 해결할 자치경찰제이다.

단순히 경찰의 법리향상만이 수사권 조정에 필요한 유일조건이라면 수사전문요원 양성과 법조자격자에 대한 경찰특채로 간단하게 해결될 수 있다. 그러나 자치경찰제 도입문제를 던지면 쉽게 해결될 수 없다. 헌법내용 중 상당수를 개정해야 하며, 통치구조(統治構造)와 통치작용(統治作用)을 손봐야 하는 난해한 문제가 되는 것이다. 특히 외교, 국방, 치안, 수사, 소방처럼 영토의 보전과 국민의 생명·신체·안전에 대한 사무는 본래 국가의 통일적 처리가 요구되고 일사불란해야 할 필요가 크다. 따라서 그러한 헌법개정안이 쉽게 통과될 리가 없다. 이런 점을 미리 계산에 넣었다면, 자치경찰제 도입 논의는 수사권 이양이 유야무야(有耶無耶)되도록 할 강력한 억제책이며, 경찰파쇼 위험은 가짜 연기(煙氣)일 수 있다.

후자와 관련하여 본다. 피의자의 변소를 고려한 신중하고 객관적인 수사가 그간의 검찰수사의 특성이었는가.

검사는 객관의무를 가지고 있으나, 동시에 수사의 종결자이자 수사결과의 이익을 전적으로 향유하는 위치에 있었다. 그래서 다음과 같은 비난을 받아왔다. 목표를 이룰 때까지 반복되는 소환, 반복적 영장청구, 별건수사와 별건구속, 구속상태를 이용한 자백편중수사, 밤샘 수사, 수사 전후 변호인 접견의 거부, 신문 시 변호인 참여권의 침해, 압수물 (가)환부에 대한 자의적 결정 또는 폐기, 자의적 증거제출, 증거기록과 증거물 열람·등사 시 방어권 침해는 지능적 인권침해이자 헌법 위반사례였고, 고문, 협박, 회유는 적극적이고 공격적인 법 위반사례였다. 만약 독일처럼 법왜곡죄(Rechtsbeugung) 규정이 있었다면 전혀 가능하지 않은 일들이었다. 대한변호사협회의 검사평가제 시행목적이 바로 위법한 수사관행에 대한 견제였다.

따라서 검찰은 인권옹호기관이자 객관의무를 가진 기소관청으로써 경찰의 수사를 감시하고 견제할 필요가 있다. 수사권과 객관의무의 조합은 어쩌면 원천적으로 불가능한 것이었는지도 모른다. 그러나 공소권과 객관의무는 무척이나 잘 어울리며, 하필 검찰도 스스로를 prosecutor's office로 표현해 왔지 않는가.

[11] 좋은 법관

법관은 사실을 확정하고, 법률을 적용하여 구체적 사건에서 법이 무엇인지 확인·선언하는 역할을 한다. 또 소송지휘권을 행사하여 소송관여자의 소송법상 권리·의무를 제약하거나 확장할 수도 있다. 직권주의를 기본으로 하면서 사실인정과 양형을 법관에게 집중시킨 형사소송 체제에서 그 힘은 매우 강하다. 법관은 어떤 부분에서 자신의 힘을 경계하여 좋은 법관이 될 것인가.

첫째, 법관은 검사의 공소가 이유 있는지 심판하는 위치에 있다. 검사의 공소를 확인하거나 보강하는 역할을 하는 것이 그의 임무가 아니다. 공소내용을 입증할 의무는 검사에게 있고, 그것을 검사의 입증책임, 검사의 공소유지의무라고 한다. 따라서 법관은 공소내용이 사실이 아닐 수 있다는 의심을 마지막까지 품어야 하고, 그것은 무죄추정 임무를 부여한 헌법의 명령이다. 공소내용이 그 자체 불명확하거나 믿을 수 없는 내용을 담고 있다면 법관은 무죄를 선고하는 데에 주저해서는 안 된다. 만약 공소내용 일부만이 유죄일 경우 피고인의 방어권 범위, 사실의 동일성 범위 내에서 축소사실을 인정할 수 있다.

둘째, 법관은 수사의 과정과 내용이 무기불평등 상태에서 이루어졌고, 주로는 유죄시각을 형성한 검사에 의해 막강한 수사권한이 행사된 후 기소에 도달했다는 점을 인식해야 한다. 피고인이 억울함을 벗을 기회는 형사1심 재판이고, 검사가 사용한 수사기간과 방식에 비해 피고인의 시간과 수단은 매우 제한된 것이라는 것도 이해해야 한다. 이러한 점을 잘 알고 있는 대법원이 공판중심주의, 사실심충실화 정책을 내어놓았지만, 검사와 피고인의 무기불평등을 심각하게 인식하지 못한 법관에게는 공염불이다. 특히 그의 평소 성향이 조서재판과 빠른 결심을 선호하는 것이라면 피고인은 재판에서 또 한 번의 벽에 가로막히게 된다. 따라서 법관은 피고인의 증거신청을 과감하게 수용하고, 재판의 장기화는 때로 충실한 재판과 동의어라는 것을 명심해야 한다.

셋째, 각종 재판조서는 공판에서 새롭게 생산되는 강력한 증거이므로, 법관은 법원사무관 등이 그 내용을 작성함에 있어 허술하게 작성하거나 상투적 표현만을 기재하는 것을 금지시켜야 한다. 1심 재판을 직접심리하지 않은 상급심 법관은 피고인과 변호인의 원심 핵심주장을 접하지 못하게 된다.

넷째, 검찰의 증거를 조사할 때에는 변호인의 증거의견을 매우 귀담아 들을 필요가 있다. 변호인은 법률전문가로 공익적 사명을 갖고 있지, 괜히 절차만 방해하거나 거짓 변론을 일삼을 생각이 없다. 따라서 부동의 수사보고서를 취지부인·동의 의견으로 변경토록 권유할 필요가 없다. 번거로운 절차가 반복된다면 검찰은 수사보고서 작성을 자제할 것이다. 그것은 피고인의 방어권, 직접주의, 전문법칙과 맞닿아 있다. 위법과 부당의 경계선에 서 있는 수사방식이 수사보고서다. 만약 변호인의 변론보고서를 마구 수용해 준다면 변호인도 무한대의 방식으로 변칙적 변론을 펼칠 수 있다. 따라서 법관은 심리에 매우 유용하고 객관적 내용을 담고 있는 수사보고서, 예컨대 체포경위, 금융내역 분석보고

등에 한해서만 관대해야 한다.

[12] 형사절차의 개선점

우리 형사절차는 다분히 체제수호, 응보에 중점을 두고 하향식 수사, 재판의 모습을 띠어 왔다. 주옥같은 판결을 통해 기본권을 강화해 온 미국과 비교할 때 우리와 같은 기본권 억제형 사법절차는 매우 나쁘다. 사법주권자인 국민을 위해 앞으로는 인권친화적, 민주적, 공개형 사법모델을 구축시켜야 한다. 아래의 절차개선사항은 선진사법을 위한 최소한의 제안에 불과하다.

1. 수사서류작성 시 광범위한 유도신문은 금지하고, 답변인의 진술을 왜곡해 정리하지 말아야 한다. 수사녹취서가 피신조서를 대체하는 것이 바람직할 수도 있다.
2. 변호인 참여권은 실질적으로 보장돼야 하고, 변호인 접견은 함부로 제한돼서는 안 된다.
3. 고소된 경제사건 수사를 인지 사건과 차이를 두지 말고 엄정히 수사해야 하고, 증거제출의무를 고소인에게 대거 부과하지 말아야 한다.
4. 검사는 변호인의 자료를 소홀히 취급하지 말아야 하고, 유죄를 깨트릴 증거가 발견되면 객관의무를 발동해야 한다.
5. 기소 시에는 피의자 측 증거도 함께 제출해야 하고, 함부로 폐기하거나 은닉해서는 안 된다.
6. 반복적 영장청구가 수사의 능사는 아니므로 영장청구권을 남용하여 피의자를 제압하려 해서는 안 된다. 자백은 어디까지나 임의적이어야 한다.
7. 영장청구서 이외의 참고자료를 은밀히 제출하지 말아야 한다. 이는 반칙이고, 방어권을 형해화한다.
8. 자수자는 원칙적으로 강제수사의 대상으로 삼기에 적합하지 않다. 변제기회를 주는 것이 회복적 사법정신에 부합한다.
9. 중형선고가 예상된다며 생각 없이 영장을 발부하는 관행은 시정돼야 한다.
10. 혐의부인이 곧 도주우려, 증거인멸 위험과 동의어가 될 수 없고, 이는 정당한 방어권 행사일 수 있다.

11. 영장심문 시 변호인의 역할을 강화하여 강제수사의 칼날에 선 피의자의 효과적인 조력자가 되도록 해야 한다.
12. 구속적부심사는 고등법원 부장판사가 진행함으로써 영장발부법관의 눈치를 보지 않도록 할 필요가 있다.
13. 고소사건은 법의 기한 내에 신속히 수사가 완료되어야 한다.
14. 경찰은 고소인 및 피의자에게 변호인의 등장을 비난하거나, 나쁜 예단을 표현하지 말아야 한다.
15. 무영장체포 후 석방 전 작성된 조서의 증거가치를 일부러 낮추어 보아야 한다.
16. 수사지휘는 신속히 이뤄져야 한다.
17. 유죄의 확신이 없으면서도 기소하고 보는 것은 가혹하다.
18. 사기죄, 강제집행면탈죄의 수사의지를 강화해야 한다.
19. 항고·재정신청사건의 진행경과가 전혀 공개되지 않는 것은 불투명하다.
20. 고소인의 수사기록 등사권리를 강화하여 항고권, 재정신청권, 재항고권을 실질적으로 보장해야 한다.
21. 수사미진과 판단유탈, 수사 중 공소시효 도과는 검찰수사의 오랜 적폐다.
22. 수사과정도 「대법원 나의 사건검색」에 준해 공개할 필요가 있다.
23. 영장심사는 반드시 결정문을 작성하고, 판결문에 준해 공개해야 한다.
24. 영장, 구속적부심, 보석, 검찰항고, 재정신청, 재항고, 이의신청에 대한 판단은 상세해야 한다. 일건 기록을 상세히 검토했다고 기재한들 당사자는 승복할 수 없다.
25. 상고(재항고) 판결(결정)서는 상세히 기재돼야 하고, '법령위반' 유무와 '판결결과에의 영향' 여부는 구분해서 기재해야 한다.
26. 필요적 보석이 원칙인 점을 잊어서는 안 된다.
27. 공소장일본주의가 법관의 눈을 가려 불량한 증거조사가 될 가능성이 있다.
28. 변호인 신문 시 수사기록의 공판정 현출은 공판중심주의에 부합하지, 법관을 번거롭게 하는 것이 아니다.
29. 피고인신문은 반드시 실시돼야 하고, 그 순서도 다시 생각해야 한다.
30. 피고인 측 증거신청에 인색해서는 안 된다. 무기대등이 가능한 곳은 법원뿐이다.

31. 각종 공판조서는 상세히 작성돼야 한다.
32. 공판검사는 압수물 등사신청에 열린 자세로 임해야 한다.
33. 증거의 세계에서 수사보고서는 큰 문제다.
34. 정당방위 인정에 지나치게 엄격하다.

재판조서 개선점

실무상 공판조서가 부실하게 작성되는 일이 부지기수라는 점, 특히 재판녹음이 이루어지지 않은 순간의 재판진행 중 그런 경우가 흔하다는 것은 재판받는 국민의 입장에서 매우 큰 문제이다. **존재한 역사가 기록되지 않아 반증이 허용되지 않는 문제는 재판관계인의 정당한 권리를 해치게 된다.**

공판조서가 부실하게 작성될 경우 법관의 구술 소송지휘내용, 변호인의 구술 사실인부와 증거의견 등이 소송기록에 옳게 남지 않는다. 특히 이런 문제점을 같은 심급의 차회 공판기일에 시정시키거나 상급심에서 조서와 다른 내용을 주장하여 변경 인정받는 것은 불가능에 가깝다. 공판조서에 기재된 내용 외의 다른 내용은 존재하지 않은 것이 되었으므로, 존재하였으나 조서에서 사라진 역사적 사실을 입증하여 시정을 구하는 것이 쉬울 리가 없다.

특히 대법원은 공판조서의 오기, 주장 누락, 문맥의 어색함에 대해 심각하게 생각지 않고, 상고사유로 고려하지도 않는다. 따라서 이런 문제점을 미리 알고 한 회의 공판기일이 끝날 때마다 작성된 공판조서를 일일이 확인하고, 기재 부실에 대해 이의하는 방법 밖에 없다.

그런데 이의 및 시정에도 중대한 장애요소가 있다. 공판조서 작성이 빨리 되지 않는다는 점, 이의진술을 하여도 법관이 시정하지 않고 실체심리에만 집중하다가 심리를 종결하는 것, 그리고 이의진술한 내용마저 당해 공판조서에 기재되지 않는 문제반복이 그것이다. 특히 이러한 조서 부실작성의 관행은 억울하여 맹렬히 부인하는 사건에서는 피고인의 방어권과 상소권에 지대한 지장을 주므로 경각심을 가져야 한다.

한편 위와 같은 이유로 **시정도 아니 되었고, 상급심에서 바로잡을 수도 없는 공판조서가 증거법의 세계에서는 제한 없는 증거능력[1)]과 절대적 증명력[2)]을 부여받고 있으므로, 피고인에게 미칠 불이익은 이루 말할 수 없다.** 잘못 기재된 재판조서가 오류 없고 수정 불가한 임금님 말씀이 된 것이다.

모름지기 수사기관은 신문조서를 똑바로 작성해야 하고, 법원은 공판조서, 증인신

---

1) 형사소송법 제311조(법원 또는 법관의 조서) 공판준비 또는 공판기일에 피고인이나 피고인 아닌 자의 진술을 기재한 조서와 법원 또는 법관의 검증의 결과를 기재한 조서는 증거로 할 수 있다. 제184조 및 제221조의2의 규정에 의하여 작성한 조서도 또한 같다.
2) 형사소송법 제56조(공판조서의 증명력) 공판기일의 소송절차로서 공판조서에 기재된 것은 그 조서만으로써 증명한다.

문조서, 검증조서 등 각종 재판조서를 정확하게 작성해야 한다. 따라서 **원천적 해법을 두 가지 제시한다.**

첫째, 작성자인 공무원이 문제이므로 왜곡이 아예 불가능하도록 공판녹취서를 공판조서에 대체하는 것, **둘째,** 형사소송법을 개정하여 공무원의 작성재량을 대폭 축소하고, 잘못이 쉽게 시정되도록 제도를 바꾸는 것이다. **국민은 국회에 문제점 해결을 요구해야 하고, 국민을 위해 제도를 개선하는 것은 국회의 본래적 역할이다.** 한 때 사법의 독립이 강조되던 어두운 시기가 있었지만, **현재는 사법권이 유기·남용되어 나라의 걱정거리가 되었다.** 대의제를 기본으로 한 민주주의 정치는 비단 부당한 행정권의 통제에 그치지 않고 사법권에 대한 통제에도 관심을 기울여야 한다. **사법권은 성역이 아니고, 고작해야 민주주의를 수호하기 위한 평화적 해결절차 중 하나에 불과하다.** 재판의 독립은 초법적인 것이 아니라 어디까지나 헌법과 법률에 의한 양심적 판단을 보장하는 것에 불과한데도(헌법 제103조), 최근 재판독립 그 자체를 목적시하는 경향이 강해 매우 우려스럽다.

∵ 대법원이 공판조서를 바라보는 관점

▶ 피고인이 주장하는 이 사건 공판조서의 오기, 주장 누락, 문맥의 어색함 등도 적법한 상고이유가 되지 아니하거나, 판결 결과에 영향을 미쳤다고 할 수 없다. 나아가 기록을 자세히 살펴보아도 검찰이 편파수사를 하고 기소재량권을 남용하였다고 볼 아무런 자료가 없고, …(이하 생략).[3]

▶ 공판조서의 기재가 명백한 오기인 경우를 제외하고는, 공판기일의 소송절차로서 공판조서에 기재된 것은 조서만으로써 증명해야 하고 그 증명력은 공판조서 이외의 자료에 의한 반증이 허용되지 않는 절대적인 것이므로,[4] 원심 및 제1심 공판조서의 기재가 잘못되었다는 취지의 상고이유의 주장은 더 나아가 살필 필요 없이 이유 없다.[5]

▶ 형사소송법 제56조는 "공판기일의 소송절차로서 공판조서에 기재된 것은 그 조서만으로써 증명한다."고 규정하고 있는바, 같은 법 제48조,[6] 제50조,[7] 제51조,[8] 제53

3) 대법원 2006. 5. 25, 선고 2005도4642 판결.
4) 대법원 1996. 9. 10, 선고 96도1252 판결.
5) 대법원 2000. 7. 4, 선고 2000도1908,2000감도62 판결.
6) 형사소송법 제48조(조서의 작성방법)
① 피고인, 피의자, 증인, 감정인, 통역인 또는 번역인을 신문하는 때에는 참여한 법원사무관 등이 조서를 작성해야 한다.
② 조서에는 다음 사항을 기재해야 한다.
1. 피고인, 피의자, 증인, 감정인, 통역인 또는 번역인의 진술

조[9]가 공판조서의 작성자, 작성방식, 기재요건 등을 엄격하게 규정하고 있는 점, 같은 법 제52조가 공판조서의 경우 진술자의 청구가 있는 때에는 그 진술에 관한 부분을 읽어주고 증감변경의 청구가 있는 때에는 그 진술을 기재하도록 규정하고 있는 점, 같은 법 제54조가 차회의 공판기일에 있어서는 전회의 공판심리에 관한 주요사항의 요지를 조서에 의하여 고지하고, 검사, 피고인 또는 변호인이 그 변경을 청구하거나 이의를 진술한 때에는 그 취지를 공판조서에 기재하며, 그 경우 재판장이 그 청구 또는 이의에 대한 의견을 기재할 수 있도록 규정하고 있는 점, 같은 법 제55조가 피고인은 공판조서의 열람 또는 등사를 청구할 수 있고 그 청구에 응하지 아니한 때에는 그 공판조서를 유죄의 증거로 할 수 없도록 규정하고 있는 점, 공판조서의 기재가 소송기록

---

2. 증인, 감정인, 통역인 또는 번역인이 선서를 하지 아니한 때에는 그 사유

③ 조서는 진술자에게 읽어주거나 열람하게 하여 기재내용의 정확여부를 물어야 한다.

④ 진술자가 증감변경의 청구를 한 때에는 그 진술을 조서에 기재해야 한다.

⑤ 신문에 참여한 검사, 피고인, 피의자 또는 변호인이 조서의 기재의 정확성에 대하여 이의를 진술한 때에는 그 진술의 요지를 조서에 기재해야 한다.

⑥ 전항의 경우에는 재판장 또는 신문한 법관은 그 진술에 대한 의견을 기재하게 할 수 있다.

⑦ 조서에는 진술자로 하여금 간인한 후 서명날인하게 해야 한다. 단, 진술자가 서명날인을 거부한 때에는 그 사유를 기재해야 한다.

7) 형사소송법 제50조(각종 조서의 기재요건) 전2조의 조서에는 조사 또는 처분의 연월일시와 장소를 기재하고 그 조사 또는 처분을 행한 자와 참여한 법원사무관등이 기명날인 또는 서명해야 한다. 단, 공판기일 외에 법원이 조사 또는 처분을 행한 때에는 재판장 또는 법관과 참여한 법원사무관등이 기명날인 또는 서명해야 한다.

8) 형사소송법 제51조(공판조서의 기재요건)

① 공판기일의 소송절차에 관하여는 참여한 법원사무관등이 공판조서를 작성해야 한다.

② 공판조서에는 다음 사항 기타 모든 소송절차를 기재해야 한다.

1. 공판을 행한 일시와 법원
2. 법관, 검사, 법원사무관등의 관직, 성명
3. 피고인, 대리인, 대표자, 변호인, 보조인과 통역인의 성명
4. 피고인의 출석여부
5. 공개의 여부와 공개를 금한 때에는 그 이유
6. 공소사실의 진술 또는 그를 변경하는 서면의 낭독
7. 피고인에게 그 권리를 보호함에 필요한 진술의 기회를 준 사실과 그 진술한 사실
8. 제48조제2항에 기재한 사항
9. 증거조사를 한 때에는 증거될 서류, 증거물과 증거조사의 방법
10. 공판정에서 행한 검증 또는 압수
11. 변론의 요지
12. 재판장이 기재를 명한 사항 또는 소송관계인의 청구에 의하여 기재를 허가한 사항
13. 피고인 또는 변호인에게 최종 진술할 기회를 준 사실과 그 진술한 사실
14. 판결 기타의 재판을 선고 또는 고지한 사실

9) 형사소송법 제53조(공판조서의 서명 등)

① 공판조서에는 재판장과 참여한 법원사무관등이 기명날인 또는 서명해야 한다.

② 재판장이 기명날인 또는 서명할 수 없는 때에는 다른 법관이 그 사유를 부기하고 기명날인 또는 서명해야 하며 법관전원이 기명날인 또는 서명할 수 없는 때에는 참여한 법원사무관등이 그 사유를 부기하고 기명날인 또는 서명해야 한다.

③ 법원사무관등이 기명날인 또는 서명할 수 없는 때에는 재판장 또는 다른 법관이 그 사유를 부기하고 기명날인 또는 서명해야 한다.

상 명백한 오기인 경우에는 공판조서는 그 올바른 내용에 따라 증명력을 가진다고 해석되는 점[10] 등에 비추어 보면, 위 조항이 비록 다음에서 보는 바와 같이 공판조서의 절대적 증명력을 인정하는 취지라고 하더라도 그것이 공판조서 작성자를 다른 공무원이나 국민보다 지나치게 보호함으로써 헌법상 평등의 원칙이나 과잉금지의 원칙에 위반된다고 볼 수는 없으므로, 위 조항이 헌법에 위반된다는 취지의 상고이유의 주장은 이유 없다.

형사소송법 제56조에 의하면, 소송절차에 관한 사실은 공판조서의 기재가 소송기록상 명백한 오기인 경우를 제외하고는, 공판조서에 기재된 대로 공판절차가 진행된 것으로 증명되고, 다른 자료에 의한 반증은 허용되지 아니한다고 할 것이다.[11]

▶ 원심이 형사소송법상의 절차에 위반 하였다는 것이므로 이 점에 관하여 살펴본다.

먼저 원심이 증인 한○○에 대한 증인신문조서가 작성되지 않은 상태에서 위 증인신문조서를 증거로 채택하여 유죄판결을 선고한 것은 위법한 것이라는 주장에 관하여 보건대, 원심판결 이유에 의하면, 원심이 채택한 유죄의 증거는 증인 한○○에 대한 증인신문조서가 아니라 증인 한○○의 원심법정에서의 진술이고, 공판조서는 공판기일 후 5일 이내에 정리해야 하는 것이나(형사소송법 제54조 제1항), 이는 훈시규정으로서 정리기간이 경과되었다는 사실만으로 공판조서가 무효가 된다고 볼 수 없으므로, 위 주장은 이유 없다.

다음, 원심판결 선고 당시 판결서가 작성되지 아니한 상태에서 판결선고하였다는 주장에 관하여 보건대, 공판기일의 소송절차로서 공판조서에 기재된 것은 그 조서만으로써 증명해야 하고(형사소송법 제56조), 그 증명력은 공판조서 이외의 자료에 의한 반증이 허용되지 않는 절대적인 것인바,[12] 원심 제5회 공판조서(소송기록 제572쪽)의 기재에 의하면 원심 재판장이 판결서에 의하여 판결을 선고하였다고 기재되어 있음이 명백하므로, 원심판결은 판결서에 의하여 적법하게 선고되었다 할 것이고, 소론과 같이 원심 판결 선고 후에 수회에 걸쳐 판결문등본 교부신청을 하였으나 즉시 교부받지 못하였다는 사유만으로써 위 공판조서의 기재 내용이 허위라고 단정할 수 없다 할 것이다. 논지는 이유 없다.

또 형사소송법 제377조 제1항 소정의 소송기록 송부기간 및 형사소송규칙 제148조 소정의 구속 피고인에 대한 판결서등본 송부기간은 강행규정이 아니라 훈시규정이라 할 것이므로 원심이 소송기록 송부기간이 지난 후에 검찰청에 기록을 송부하고, 판결등본 송부기간 후에 피고인에게 판결등본을 송부한 사유만으로는 적법한 상고이유가 될 수 없다.[13] 논지는 이유 없다.

---

10) 대법원 1995. 4. 14, 선고 95도110 판결.

11) 대법원 1995. 4. 14, 선고 95도110 판결; 대법원 1996. 4. 9, 선고 96도173 판결; 대법원 2005. 10. 28, 선고 2005도5996 판결.

12) 대법원 1983. 10. 25, 선고 82도571 판결.

13) 대법원 1961. 4. 28, 선고 4294형상85 판결.

그 밖에 원심판결에 선고일에 원본을 영수한 것으로 사실과 다르게 기재되었고, 판결선고 후까지도 보석허부 결정을 고지하지 아니하고 결정문을 송부하지 아니하였다는 주장에 관하여 살펴보면, 이러한 사유는 적법한 상고이유가 될 수 없을 뿐만 아니라, 원본 영수일자가 사실과 다르다고 인정할 자료가 없고, 원심 제5회 공판조서의 기재를 보면 보석신청 기각결정을 고지한 사실을 인정할 수 있으며, 형사소송법 제42조, 제43조의 규정에 비추어 보면 공판정에서 결정을 고지하는 경우에는 그 결정등본을 피고인에게 송달할 필요가 없는 것이다. 논지는 모두 이유 없다.[14)]

▶ 공판에 참여한 서기관 또는 서기는 공판기일에서의 피고인의 진술과 증인의 진술을 공판조서에 기재해야 하고(형사소송법 제51조 제1항, 제2항 제8호, 제48조 제2항, 이하 형사소송법은 '법'이라 한다), 피고인이나 피고인 아닌 자의 진술을 기재한 당해사건의 공판조서는 법 제311조 전문의 규정에 의하여 당연히 증거능력이 있다. 한편, 법이 피고인에게 공판조서의 열람 또는 등사청구권(법 제55조 제1항)을 부여한 이유는 공판조서의 열람 또는 등사를 통하여 피고인으로 하여금 진술자의 진술내용과 그 기재된 조서의 기재내용의 일치 여부를 확인할 수 있도록 기회를 줌으로써 그 조서의 정확성을 담보함과 아울러 피고인의 방어권을 충실하게 보장하려는 데 있다 할 것이므로, 피고인의 공판조서에 대한 열람 또는 등사청구에 법원이 불응하여 피고인의 열람 또는 등사청구권이 침해된 경우에는 그 공판조서를 유죄의 증거로 할 수 없을 뿐만 아니라(법 제55조 제3항), 공판조서에 기재된 당해 피고인이나 증인의 진술도 증거로 할 수 없다고 봐야 한다.

기록에 의하면, 피고인은 제1심에서 2002. 11. 17.자 제1회 공판기일의 공판조서와 2002. 12. 11.자 제2회 공판기일의 공판조서에 대한 등사청구를 하였으나(공판기록 376면), 제1심이 이에 대하여 아무런 조치를 취하지 아니함으로써 피고인의 등사청구에 불응한 사실을 알 수 있는바, 앞서 본 법리에 비추어 제1심 제2회 공판기일의 공판조서는 증거능력이 없고, 따라서 그 공판조서에 기재된 증인 강○○·정연○의 각 진술은 증거로 사용할 수 없다고 할 것이다.

그럼에도 불구하고 원심이, 제1심 제2회 공판기일에서의 증인 강○○·정연○의 각 진술이 기재된 공판조서에 대한 피고인의 열람 또는 등사청구가 거부되기는 하였지만 그 공판기일에서의 증인 강○○·정연○의 각 진술 자체는 증거로 사용할 수 있다고 판단하는 한편, 피고인의 양형부당의 항소이유를 받아들여 제1심판결을 파기하고 다시 판결하면서 법 제369조에 의하여 제1심판결에 기재한 증거를 인용하는 방식으로 증인 강○○·정연○의 각 진술을 유죄의 증거로 사용한 것은 증인의 진술을 기재한 공판조서의 증거능력에 관한 법리를 오해한 위법을 저질렀다 할 것이다.

그러나 기록에 의하면, 공소사실에 일부 부합하는 피고인의 원심법정에서의 진술, 증인 박영○, 임경○의 원심법정에서의 각 진술, 검사 작성의 피고인에 대한 각 피의

---

14) 대법원 1995. 6. 13, 선고 95도826 판결.

자신문조서의 기재, 피고인이 증거로 함에 동의한 사법경찰리 작성의 김상○, 김삼○○, 김○열에 대한 각 진술조서의 기재, 의사 이천○ 작성의 소견서의 기재 등을 종합하면, 피고인에 대한 이 사건 공소사실을 인정하기에 충분하므로 원심의 위와 같은 잘못은 판결에 영향이 없다고 할 것이다. …(중략)

공판조서의 기재가 명백한 오기인 경우를 제외하고는 공판기일의 소송절차로서 공판조서에 기재된 것은 조서만으로써 증명해야 하고, 그 증명력은 공판조서 이외의 자료에 의한 반증이 허용되지 않는 절대적인 것이다.[15]

기록에 의하면, 원심 각 공판기일에 재판장이 피고인에게 전회 공판심리에 관한 주요사항의 요지를 고지한 것으로 공판조서에 기재되어 있음을 알 수 있고, 그 기재가 명백한 오기라고 볼 만한 자료가 없다. 따라서 이와 같은 공판조서의 기재 내용을 다투는 상고이유는 이유 없다.[16]

▶ 원심 제1회 공판조서의 기재에 의하면 피고인에게 증거조사결과에 대한 의견을 묻고 증거조사를 신청할 수 있음을 고지하였을 뿐만 아니라 최종의견진술의 기회를 주었음이 명백하다. 이와 같은 소송절차에 관한 사실은 공판조서에 기재된 대로 공판절차가 진행된 것으로 증명되고 다른 자료에 의한 반증은 허용되지 않는 것이다.[17]

▶ 최후진술권의 미부여 등 공판절차상의 위법이 있다는 주장에 대하여

이 사건 제1심 및 원심법원의 각 공판조서의 기재에 의하면, 피고인에게 증거조사결과에 대한 의견을 묻고 증거를 신청할 수 있음을 고지하였으며, 최종의견진술의 기회를 주었음이 분명하다. 이러한 제반 소송절차에 관하여는 공판조서에 기재된 대로 공판절차가 진행된 것으로 증명되고, 다른 자료에 의한 반증은 허용되지 않는 것이다. 논지도 받아들일 수 없다.

판결의 선고에 위법이 있다는 주장에 대하여

판결의 선고를 변론종결일로부터 14일 이내에 해야 하고, 번잡한 사건이나 기타 특별한 사정이 있는 때에도 21일을 초과할 수 없다고 규정한 형사소송규칙 제146조의 규정은 이른바 훈시적인 규정임에 다름 아니며, 또한 판결서에 피고인의 직업 등을 잘못 기재하였다 하여 그러한 잘못이 판결결과에 어떤 영향을 미친 것이라고 볼 수도 없다.[18] 논지 역시 이유 없다.

공판조서의 증거능력이 없다는 주장에 대하여

피고인은 변호인이 없는 때에 한하여 공판조서의 열람을 청구할 수 있는 것인바(형사소송법 제55조 제1항), 기록에 의하면 이 사건 피고인에 대하여는 원심에서 국선변호인이 선임되어 있었음이 분명하므로, 원심이 피고인의 공판조서 열람청구를 불허하

15) 대법원 1996. 4. 9, 선고 96도173 판결; 대법원 2002. 7. 12, 선고 2002도2134 판결.
16) 대법원 2003. 10. 10, 선고 2003도3282 판결.
17) 대법원 1990. 2. 27, 선고 89도2304 판결.
18) 대법원 1979. 4. 24, 선고 79도456 판결.

였다고 하여 그 공판조서를 유죄의 증거로 삼을 수 없다는 논지는 더 따져 볼 필요 없이 이유 없다.[19)]

▶ 원심 제3차 공판조서에 피고인의 변호인이 출석한 것으로 기재되어 있음이 명백한 이상, 피고인의 변호인이 출석하지 아니한 상태에서 재판을 진행한 것이 잘못이라는 소론 주장은 받아들일 수 없다.

원심이 판결선고기일에 변론을 재개하고 바로 검사의 공소장변경허가신청을 허가하여 변경된 공소사실에 대하여 심리를 하고 이에 출석한 피고인과 피고인의 변호인이 별다른 이의를 제기하지 아니한 채 달리 신청할 증거가 없다고 진술함에 따라 피고인 및 피고인의 변호인에게 최종 의견진술의 기회를 부여한 다음 다시 변론을 종결하고, 같은 날 판결을 선고하였다고 하여, 피고인의 방어권을 제약하여 법률에 의한 재판을 받을 권리를 침해하였다고 할 수는 없다. 논지는 이유 없다.[20)]

▶ 기록에 의하면, 원심 제1회 공판기일에 재판장이 피고인에게 진술거부권이 있음을 고지했고, 제3회 공판기일에 변호인의 최종변론 및 피고인의 최후진술이 있은 후 변론이 종결되었으며, 제4회 공판기일에 재판장이 판결을 선고하면서 상소기간, 상소장 제출법원 및 상소법원에 대하여 고지한 것으로 공판조서에 기재되어 있음을 알 수 있고, 그 기재가 명백한 오기라고 볼 만한 자료가 없다. 따라서 이와 같은 공판조서의 기재 내용을 다투는 상고이유는 받아들이지 아니한다.[21)]

▶ 기록에 의하면, 원심 각 공판기일에 재판장이 피고인에게 전회 공판심리에 관한 주요사항의 요지를 고지한 것으로 공판조서에 기재되어 있음을 알 수 있고, 그 기재가 명백한 오기라고 볼 만한 자료가 없다. 따라서 이와 같은 공판조서의 기재 내용을 다투는 상고이유는 이유 없다.[22)]

▶ 형사소송법 제42조는 재판의 선고를 공판정에서 할 때에는 재판서에 의해야 한다는 취지로 규정하고 동법 제43조는 판결을 선고함에는 재판장이 주문을 낭독하고 이유의 요지를 설명해야 한다고 규정하고 있으며 동법 제51조는 공판조서의 필요적 기재사항의 하나로 판결 기타의 재판을 선고 또는 고지한 사실을 규정하고 동법 제56조는 공판기일의 소송절차로서 공판조서에 기재된 것은 그 조서만으로써 증명한다고 명시하고 있다.

그런데 기록에 의하여 1982. 2. 11.의 원심 8차 공판조서를 보건대 재판장은 판결서에 의하여 판결을 선고하였음이 기재되어 있으므로 동 판결선고절차는 적법하게 이루

19) 대법원 1993. 11. 26, 선고 93도2505 판결.
20) 대법원 1996. 4. 9, 선고 96도173 판결.
21) 대법원 2002. 7. 12, 선고 2002도2134 판결.
22) 대법원 2003. 10. 10, 선고 2003도3282 판결.

어졌음이 증명되었다고 할 것이며 여기에는 다른 자료에 의한 반증을 허용하지 못하는 바이므로[23] 소론 검찰서기의 보고서로써는 위 공판조서의 내용이 허위라고 단정할 수 없으니 판결서 없이 판결을 선고한 위법이 있다는 논지는 채택할 바 못된다.[24]

▶ 기록에 비추어 보면, 재항고인에 대한 본건 1심판결 선고조서에 피고인인 재항고인이 출석했고 판사는 판결서에 의하여 판결을 선고하고 상소기간 및 상소법원을 고지한 기재가 있고 판사가 서명날인한 사실이 인정되므로 동 판결선고절차는 적법하게 진행되었다 할 것이고 선고기일에 피고인이 입원하여 있었고 피고인의 형이 대신 출석하였다는 변소는 받아들일 수 없다.

그리고 징역1년의 실형을 선고받았으나 법정구속을 하지 않으므로 형집행유예를 선고받은 것으로 잘못 전해 듣고 또한 선고당시 법정이 소란하여 판결주문을 알아들을 수 없었으므로 항소제기기간 내 항소를 하지 못한 것이라면 그 사유만으로는 형사소송법 제345조의 자기 또는 대리인이 책임질 수 없는 사유로 상소제기기간 내 상소를 하지 못한 경우에 해당된다고 볼 수 없으므로 거기에 상소권회복청구에 관한 법리를 오해한 바 없다.[25]

저자의 다른 책 「수사와 변호」에서 인용[26]

「…(전략) **(나) 법원이 보관하고 있는 서류 등의 열람·등사**

1) 피고인과 변호인은 소송계속 중의 관계서류 또는 증거물을 열람하거나 등사할 수 있다. 피고인의 법정대리인, 특별대리인, 보조인 또는 피고인의 배우자·직계친족·형제자매로서 피고인의 위임장 및 신분관계를 증명하는 문서를 제출한 자도 같다(형사소송법 제35조, 이하 '형사소송법'을 '법'이라 한다).

피고인 및 변호인은 각 회 차 공판조서 및 첨부 증인신문조서, 피고인신문조서에 대해서도 등사할 수 있다(법 제55조 제1항).

2) **실무상 문제점으로는, 공판진행 중 공판조서 및 증인신문조서의 열람·등사**를 신청할 경우 **즉각 등사가 되지 않는다**는 것이다.

실무상으로는 공판조서의 작성이 덜 되었다거나, 공판조서에 재판장의 날인이 되지 않았다거나, 차회 증인신문이 남았다는 이유를 들거나, 사건의 특수성으로 인해 재판장이 고민 중이라거나, 판사가 기록을 보고 있다거나 하는 각종 핑계를 대며 1~2주 이상 보류하는 경우가 많다.

23) 대법원 1965. 7. 20, 선고 65도2 판결.
24) 대법원 1983. 10. 25, 선고 82도571 판결.
25) 대법원 1987. 4. 8, 선고 87모19 결정.
26) 천주현, 수사와 변호, 박영사, 2015, 297~306면.

그러나 이는 다음과 같은 현행법 규정에 위배된 관행이고, 위법하다.

가) 형사소송법은 공판기일의 소송절차에 관하여는 참여한 법원사무관 등이 공판조서를 작성해야 하고(법 제51조 제1항), 공판조서에는 제51조 제2항에 규정된 사항과 모든 소송절차를 기재해야 하며, 재판장과 참여한 법원사무관 등이 기명날인 또는 서명해야 하고(법 제53조 제1항), 재판장이 기명날인 또는 서명할 수 없는 때에는 다른 법관이 그 사유를 부기하고 기명날인 또는 서명해야 하며 법관 전원이 기명날인 또는 서명할 수 없는 때에는 참여한 법원사무관 등이 그 사유를 부기하고 기명날인 또는 서명해야 하며(법 제53조 제2항), 법원사무관 등이 기명날인 또는 서명할 수 없는 때에는 재판장 또는 다른 법관이 그 사유를 부기하고 기명날인 또는 서명해야 한다(법 제53조 제3항)고 규정하고 있다. 또한 공판조서는 각 공판기일 후 신속히 정리해야 하며(법 제54조 제1항), 다음 회 공판기일에는 전회의 공판심리에 관한 주요사항의 요지를 공판조서에 의하여 고지해야 하되, 다음 회의 공판기일까지 전회의 공판조서가 정리되지 아니한 때에는 조서에 의하지 아니하고 고지할 수 있고(법 제54조 제2항), 검사·피고인 또는 변호인은 공판조서의 기재에 대하여 변경을 청구하거나 이의를 제기할 수 있으며(법 제54조 제3항), 청구나 이의에 대해 재판장은 그 취지와 자신의 의견을 기재한 조서를 당해 공판조서에 첨부해야 한다(법 제54조 제4항). 피고인은 **공판조서의 열람 또는 등사를 청구할 수 있고, 응하지 않은 때에는 그 공판조서는 증거로 할 수 없기까지 하다**(법 제55조).[27)]

위 규정들을 보면, 적어도 차회 공판기일까지는 전회의 공판조서가 정리되어야 하며, 신속히 정리하라고 하였으므로 더 빨리 되어야 하는 것으로 해석하는 것이 오히려 자연스럽다. 만약 늦게 정리되더라도 차회 기일을 넘겼다면 즉시 밀린 전전회의 것은 정리되어야 하는 것이 맞다.[28)] 법관은 정당한 이유 없이 공판조서 정리가 미루어진 경우 이를 시정시켜야 할 것이다.

나) 공판조서가 제때 기재되지 않음으로 인해 변호인의 등사권이 허용되지 않을 경우 그 공판조서는 증거로 삼지 못하는데도, 공판조서를 제때 정리하지 않거나 열람·등사를 수차 불허함은 법의 명문규정에 반하는 처사이다. 또한 공판조서의 등사와 검토가 이루어져야 변호인과 피고인이 변경을 청구하거나 이의를 제기할 수 있을 것이어서 그 전제로서의 등사의 중요성은 두말할 나위가 없고, 등사가 제때 되지 아니하여 결심 이후 또는 선고 이후에나 잘못된 기재사실을 알게 된다면 변경의 청구나 이의도

---

27) 그러나 실무상으로는 변론종결 전까지 열람·등사가 허용되었고 방어권 침해가 엿보이지 아니하다면(실제 열람·등사를 한 날로부터 변론종결일 사이 상당한 기간이 있었을 경우), 위법하지 않고 공판조서는 증거로 삼을 수 있다고 보고 있다(대법원 2007. 7. 26, 선고 2007도3906 판결 참조).

28) 불구속 사건의 경우에는 다음 회 공판이 3-4주가량 후로 잡히는 경우가 많다는 점을 감안하면, 차회 공판기일까지의 시간은 이미 충분하다. 그 날 즉시 또는 수일 내로 정리 못할 사정이 무엇이 있겠는가. 공판조서에 피고인과 변호인의 변론을 그대로 수용하는 것도 아니고, 보통 그 취지만 간략히 요약기재하고 있는 현실을 보면 더더욱 그러하다.

제대로 할 수 없다. 심지어 공판조서의 제한 없는 증거능력(법 제311조)과 공판기일의 소송절차로서 공판조서에 기재된 것은 그 조서만으로 증명한다는 절대적 증명력(법 제56조)을 감안한다면 반드시 공판조서 및 증인신문조서는 제때 정리되어야 하며, 피고인 및 변호인이 제때 열람·등사할 수 있어야 할 것이다. 1심에서의 열람·등사가 늦게 허용되어 상소심에서 조서내용의 부정확성을 주장한다 하더라도 항소심은 그에 반한 사실판단을 할 수 없으므로, 피고인은 방어권을 침해당했고, 변호인은 변론권을 침해당한 것이다.[29)]

다) 심지어 아래와 같은 방법으로 절차규정을 위반함으로써 열람·등사신청에 대한 법원의 판단보류상태(부작위)가 대법원 검색란에 나타나지 조차 않아 위법한 관행을 통제할 길조차 없다.

즉, 변호사의 직원이 공판조서 및 증인신문조서 열람·등사 신청서를 작성하여 형사단독과(혹은 합의과) 접수처에 그것을 제출만 하면, 접수처에서 담당부에 신청서를 인계한 후 판사의 허가를 받아 해당부분을 등사하여 다시 형사단독과(혹은 합의과) 접수처로 등사된 기록이 내려와야 하고 그것을 신청인에게 교부하면 될 것이다.

그런데 실무상으로는 형사단독과(혹은 합의과) 접수처에 열람·등사신청서를 제출하러 가면 법원에서는 연필로 날짜만 표시한 후 신청인에게 직접 담당부에 가서 열람·등사한 후 다시 오면 열람·등사신청서를 접수받겠다고 한다. 신청인이 담당부의 실무관에게 가접수된 열람·등사 신청서를 제시하며 등사를 요청하면 실무관은 열람·등사신청서가 정식으로 접수되지 않았다는 사정을 악용하여 위 여러 가지 핑계를 대며 기록을 내어주지 않는 경우가 많다. 그 같은 경우 변호사실 직원은 그 날 갖고 간 열람·등사신청서를 그대로 갖고 돌아올 수밖에 없다. 그 경우 대법원 나의 사건검색란 사이트에는 변호사실 직원이 열람·등사신청서를 제출한 사실이 드러나지 않는다.

그와 같이 보류 또는 사실상 반려로 변론에 충분히 지장을 받은 후 담당부에서 기록을 내어주면 간신히 열람·등사를 하고, 형사단독과(혹은 합의과) 접수처에 그 날 날짜로 된 열람·등사신청서를 제출하고 돌아오게 된다. 대법원 '나의 사건검색 사이트'란[30)]에는 마지막 날, 즉 실제로 등사가 허용된 날 변호인의 열람·등사신청서가 법원에 제출된 것으로 기록된다.

결국 법원 직원의 임무태만과 공모공동의 변론방해증거는 남아 있지 않다. 최근 수사방해죄(넓게는 사법방해죄)를 신설해야 한다는 주장이 많다. 그것도 아무런 협조의무 없는 참고인의 거짓진술과 불출석에 맞서기 위해서 수사방해죄가 신설되어야 할

29) 심지어 늦게 정리되고 늦게 열람·등사되는 시기적 문제점과는 별도로 **내용적인 면에서도 공판조서 작성관행은 문제가 많다.** 공판조서 역시 수사조서와 마찬가지로 조서작성자의 판단이 개입되고 또한 법률용어가 사용됨으로써 있는 그대로의 사실 확인에 중대한 장애를 줄 수 있고, 원진술자의 진술 의미가 그대로 진술되지 않을 가능성이 높다는 견해로는 권오걸, "사실인정과 언어적 한계", 「형사정책연구」 제24권 제1호(통권 제93호), 한국형사정책연구원, 2013, 225-227면.

30) http://www.scourt.go.kr/portal/information/events/search/search.jsp

실정이라면, 오히려 위와 같은 정당한 변론권을 침해한 공무소의 부실행정을 대비해 변론방해죄를 신설함이 더 타당할지 모른다. **변호사의 변론권의 보호법익은 단순히 변호사의 영리사무가 아니다. 헌법상 피고인의 변호인조력권이라는 중대한 법익을 수호하기 위한 전제라고 봐야 한다.**

(4) 문제점 및 개선책

(가) **우선, 수사단계의 등사와 관련하여,** 1) 검찰에 기록 열람·등사를 신청할 경우 즉각 복사가 이루어지는 경우가 거의 없다. 일단 신청서를 민원공무원에게 제출하면 검사실에 알아보고 등사가 가능한 시간대를 통지해 줄 것이니 돌아가라고 하여 돌아오면, 하루나 이틀 또는 수일 이내에 검찰 민원실에서 복사가 가능하니 복사하러 언제 오라고 한다. 수사진행으로 인한 경우로서 어쩔 수 없는 경우도 있겠으나, 경우에 따라서는 단순히 기록을 찾아 즉각 꺼내어 주는 것이 어려운 등 담당검사실의 사정으로 등사가 지연되는 경우도 많다. 한시가 바쁠 수 있는 수사단계의 변호권에 사실상 제약이 되고(**등사지연의 문제**),[31] 만약 영장실질심사 또는 구속적부심 일정이 눈앞에 있을 경우 이러한 문제는 더욱 심각하게 다가온다. 2) 이러한 등사지연은 물론이고, 검찰보존사무규칙 제22조 각 호의 사유는 지나치게 추상적이고 포괄적이어서 언제든지 수사방해 등의 사유를 들어 등사를 거부할 수 있는 점, 실제 자신의 진술 이외에는 전혀 등사가 되지 아니하는 문제(**거부사유 및 등사범위의 문제**)가 있고, 이에 대해 불복한다 한들 이미 시간이 경과한 후에는 불복의 실익이 없어진다는 점(**효과적 불복이 될 수 없음**), 3) 피고소인·피고발인 또는 변호인은 필요한 사유를 소명하고 고소·고발장의 열람·등사를 신청할 수 있으나, 고소·고발장에 첨부된 제출서류는 제외한다고 규정[32]되어 있는데, 실제 실무상 고소장 열람·등사는 거의 불가능하고 첨부서류는 아예 원천적으로 등사가 불허되도록 입법되어 방어권이 현저하게 위축된 점(**특히 고소사건의 경우 등사제외의 문제**), 4) 합의나 공탁을 위해 피해자 인적사항 열람·등사가 꼭 필요하나, 실제 성폭법, 아청법 등의 취지에 따라 등사가 거부되고 있는 사정(**피해변제의 어려움**), 5)「사건기록 열람·등사에 관한 업무처리 지침」에 따르면, 신청인이 민원사무담당직원에게 열람·등사신청서를 제출하면, 민원사무담당직원은 이를 기

31) 필자의 이 같은 비판이 2014년부터 있어오던 중 2015. 6. 11.현재 규정보다 오히려 개선된 등사제도를 시행하고 있는 검찰청이 등장하였으므로 차차 이 부분 문제가 개선될 것으로 생각된다. 광주지검 순천지청은 근무시간 중 민원실을 방문하기 어려운 민원인을 위해 '사건기록 열람·등사 전화신청 예약제'를 2015. 5. 28.부터 시행하였는데, 이 제도는 민원인이 전화로 본인 진술이나 본인 제출 서류에 한해 기록 열람·등사를 신청하고, 퇴근시간 또는 휴일에 검찰청 당직실에서 등사본을 찾아가는 제도이다(법률신문, 기사, "기록 열람·등사 예약제 지난달 28일부터 실시 광주지검 순천지청", 2015. 6. 11, 8면 참조). 의정부지방검찰청은 이 제도를 2015. 3.부터 시행했다. 통상의 열람·등사의 방법과 같이 처리부서는, 수사 중 기록은 사건과, 재판 중 기록은 공판송무부, 불기소 또는 재판확정 기록은 집행과에서 담당하고, 피의자든 고소인이든 본인 진술부분과 본인 제출서류에 해당하는 부분만 신청이 가능하다(법률신문, 기사, "사건 기록 열람·등사 예약제 실시", 2015. 3. 30, 8면 참조).

32) 사건기록 열람·등사에 관한 업무처리 지침 제3조 제3항.

재하고 기록 열람·등사신청직원에게 인계하고, 그 직원은 담당검사의 허가를 득한 후 해당부분에 대한 등사를 직접 한 후 등사본을 민원사무담당관에게 주면, 민원담당사무직원은 수령부에 수령케 한 후 등사된 기록을 내어주게끔 되어 있는데도(신청인→민원담당직원→열람·등사직원→검사 허가 후 열람·등사직원의 등사→민원담당직원→신청인에게 교부), 실무상 변호사의 직원이 위와 같은 절차를 밟을 경우 변호사의 직원이 열람·등사를 직접하고 이때 열람·등사직원은 등사 전후 지켜보며 기록의 파훼를 방지하는 정도의 일만 하고, 피해자의 인적사항 등을 칼로 제거하는 과정 및 천공을 하는 일련의 작업도 모두 변호사의 직원을 시키고 있다(**등사절차 위배**). 만약 지침에 정해진 바와 같이 올바르게 절차가 진행된다면 변호인의 직원은 손쉽게 등사된 기록을 건네받아 찾아오기만 하면 되는 것으로 변론보조에 더욱 힘을 쓸 수 있을 것이다. 한 번 가면 여러 시간 지나서 돌아오는 일이 허다하며, 한 번 만에 등사가 허가되지 않았다며 다시 오라 하여 수차 검찰청 민원실을 방문하여 이제나 저제나 등사가 되는지 확인해야 하는 것이 검찰청과 변호사 사무실간 오늘날 모습이다. 법 규정 어디에도 없는 행위의무 및 수인의무를 강요하는 것이 된다.

따라서 장차 ① 등사거부사유를 더욱 구체적으로 한정함이 타당할 것이고, ② 고소·고발장의 첨부서류를 알지 못하고서야 수사기관이 가진 증거에 대한 반박변론이 충분하지 못할 것이므로 이에 대해서도 열람·등사를 허용해야 할 것이며, ③ 피해자의 인적사항은 목적 외 사용을 벗어날 경우 변호사가 유출에 대한 책임을 질 각오를 하고라도 입법을 바꾸어 단순히 피해변제를 할 목적이 분명할 경우에는 이를 공개해야 할 것이며, ④ 등사절차가 법 규정대로 이루어지는지에 대해서는 각 청 검사장이 애착을 갖고 수시로 사무감독권을 제대로 행사해야 할 것이다.

(나) **재판단계의 등사와 관련하여서도,** 등사 지연문제, 등사절차위배문제, 피해자 인적사항 불고지 문제 등에 대해 같은 지적을 할 수 있고, 해당 부분에서 상세한 바 있다. 특히 공판조서 및 증인신문조서 작성의 지연 및 이와 결부된 등사지연의 문제에 대해서는 아무리 강조해도 지나치지 않다.

나아가 단순의 등사지연 이외에 **부정확한 조서정리도 이곳에서 문제를 제기하고자 한다.**

1) 우선, 공판조서(公判調書)와 관련하여, 통상 변호인이 공판조서를 보려 하는 것은 변호인과 피고인의 진술 및 증인의 진술을 법원사무관 등이 공판조서에 그대로 기재하는 경우가 없고 그 취지만을 요약하여 기재하게 되는데, 요약하는 과정에서 그 취지마저도 왜곡되게 기재되는 경우가 많기 때문이다.[33]

---

33) 同旨 권오걸, "사실인정과 언어적 한계", 「형사정책연구」 제24권 제1호(통권 제93호), 한국형사정책연구원, 2013, 225-227면; 권순민, "소송구조와 합리적인 형사소송의 방향", 「비교형사법연구」 제10권 제1호, 한국비교형사법학회, 2008, 293면 및 주59), 주60)에서는, **공판조서 작성의 충실화는** 법관의 심증형성의 과정을 투명하게 공개함으로써 법관 자신의 증거 조사와 공판진행 과정이 그대로 노출된다는 인식을 심어주어 **공정한 재판을 유도하는 사후적 통제수단**으로 보고 있다. 그런데 그 간 실무의 공판조서 기재 방식은 대단히 부정확했다는 것이다.

예를 들면 변호인이 열심히 강조한 법리변론마저도 '선처를 바란다'고 기재하여 법리변론을 정상변론으로 기재하여 두는 경우가 허다하다. 또 피해변제를 하지 않으면 실형이 예상된다는 재판장의 예단적 편파발언, 피고인신문에서 피고인의 부인답변 후 갑작스레 방청석의 피해자를 일으켜 세워 피고인을 탄핵케 하는 절차위반행위,[34)35)] 증거신청의 불허과정에서 보여준 재판장의 자질부족발언[36)] 등 판사의 불공정성이나

---

34) 피해자는 검찰 또는 변호인의 증인신청으로 정해진 증인신문기일에 출석하여 위증의 벌을 경고 받은 후 선서하고, 증인석에서 주신문과 반대신문이 교차하는 과정에서 증언할 수 있을 뿐 방청석에서 피해 진술을 할 수는 없다. 또한 법관은 증거조사과정이 끝난 후 피고인신문 즉후 바로 피해자를 방청석에서 일으켜 세운 후 피고인의 진술을 탄핵하는 답변을 들을 수도 없다. 모두가 증거조사절차 위배행위이고, 임의의 진술을 구하는 피고인신문의 본질을 훼손하는 것이다. 同旨 손동권, "한국 형사사법의 현황과 발전방향", 「형사정책연구」 제8권 제3호(통권 제31호), 한국형사정책연구원, 1997, 46면.

35) 참고로 부동의한 증거(예컨대 익명의 투서)여서 증거로 채택되지 않은 것을 피고인신문 중 검사가 투서의 존재와 내용을 신문하고, 재판장은 호기심에 그대로 신문을 진행시킨 경우도 증거능력 없는 증거를 재판에 현출시켜 유죄심증의 자료로 삼은 것이어서 증거법을 위반한 위법행위이다. 또 증인이 아니어서 재판절차에 참여할 길이 없는 제3자가 악의적으로 재판부에 진정서, 탄원서, 투서를 익명, 가명, 허무인 명의로 내용이 불분명하거나 구체적 사실이 적시되지 아니한 형태로, 때로는 단순한 풍문이나 인신공격적인 내용, 가공의 소설을 써내는 경우 실무상으로는 모두 공판기록에 편철되고 재판부가 읽어보게 되는데, 이러한 기록편철과 사실상의 증거로 사용되는 실무현실은 마치 가랑비에 옷 젖듯이 서서히 유죄심증을 형성하게 되는 것으로 반드시 고쳐져야 한다는 지적이 있다. 반대신문을 통해 탄핵되어야 할 내용의 서류라면 재판부가 피고인에게 동의 여부를 물어 부동의하면 기록에서 배제해야 하고, 아니면 그 작성 명의인을 증인으로 신문한 후에야 증거로 채택해야 한다는 주장으로, 엄격한 증거조사절차보장권 차원에서 지극히 타당하다{법률신문, 오피니언(황정근 변호사), "탄원서와 진정서와 투서", 2015. 5. 11, 14면 참조}.

필자가 이 같은 주장을 하여 받아들여져 공판단계에서의 피해자 제출서면 일체를 소송기록에서 분리한 사례로는, 대구지방법원 2014고단6473호 사건이 있었다. 소송기록분리결정 전 판사는 평소 자신도 피해자 제출의 모든 자료가 소송기록에 여과 없이 편철되어 함께 검토되는 점이 이상하게 생각되었다고 말했다.

36) 검찰증거기록이 법원에 제출된 이후인데도 신청하고자 하는 증인이 무슨 진술을 수사기관에서 했는지에 대해 전혀 모르고 있거나, 피해자 이름도 모르는 있는 등 자질부족에서 기인한 불필요한 실랑이가 종종 있다. **법관은 우선 사실관계를 잘 알고 입증취지와 입증필요성을 판단하여 증거신청에 대한 판단을 해야 하는데, 실무는 그렇지 않은 경우가 많다. 경솔한 증거신청기각이 문제인 것은, 실체진실발견과 피고인의 방어권에 직접적으로 침해가 되는데도 당해 절차 내에서는 현행 법규 하에서 사실상 불복방법이 없다는 점**(현재는 이의권 뿐임) 때문이다. 현행 법규 하에서는 잘못된 증거신청기각결정이 사실오인의 주된 원인이 되었을 경우 항소사유가 될 뿐인데, 이것은 사실심 강화라는 대법원의 목표에 반하고, 불필요한 불복율을 높이는 것이고, 항소심에서의 같은 취지의 증거신청이 반드시 받아들여진다는 보장도 없을 뿐 아니라 경우에 따라서는 (민사라면) 실공방으로 각하될 가능성을 함께 고려해보면 부족하기 짝이 없는 입법이다.

소송지연과 실제진실발견저해, 방어권 침해를 법원이 행할 경우를 대비하여 불복방법이 있어야 할 것이며, 그 방법으로 (실익이 의심되는) 기피신청 정도로는 부족한 입법이다. 항고절차를 신설하고 항고 심리결과 타당한 증거신청에 대해 자의적으로 결정한 것이 드러날 경우 당해 형사법관에게 본안판단오류에 준한 불이익이 있어야 하며, 당해 재판에서 배제되는 경우를 상정하여 입법해야만 공정한 재판의 이념이 구현될 것이다. 그러한 이념이 잘 구현되는 재판부에서 재판받을 때 피고인은 최종확정 전까지 무죄추정의 원칙에 따라 절차적 권리가 보

자질을 의심할 대목이 애초 기재되지 않는 것은 당연하다.

2) 다음으로, 증인신문조서(證人訊問調書)는 변호인이 신문한 것을 재판장의 신문으로 바꾸어 기재해 두거나, 신문 일부가 축소되거나 순서에 어긋나게 정리되어 있음은 물론 증인의 답변도 자의적으로 요약하여 기재한 경우가 많다.[37)]

3) 만약 모든 재판에 대해 의무적으로 영상녹화하고,[38)] 그 내용을 토대로 조서의 이의과정에서 조서와 대조한다면 허위공문서라 해도 과언이 아닐 조서가 상당할 것이다. 이러한 점 때문에 모든 재판에 대한 녹화, 녹음, 속기의 필요성을 대한변호사협회에서 오랫동안 주장하고 있는 것인데, 번번이 법원의 반대로 좌절되었다.[39)]

법원은 사건관계인에 대한 보호, 심리부담 등을 이유로 반대해 왔으나, 이는 타당하지 않다. 파행적 재판운영을 하는데 심리적 부담이 되긴 하겠으나 올바른 재판에 대한 물리적 부담은 될 수 없고, 조서작성의 정확성을 확인하기 위해 필요한 경우에 한하여 보관된 녹화물을 공판조서와 대조하는 것은 직전 재판에 대한 재공개에 불과할 뿐 첫 공개도 아니므로 갑작스레 사건관계인에게 피해가 갈 리도 없기 때문이다.

생각할 점

작게는 위와 같은 공판조서 및 증인신문조서의 작성상의 문제점, 크게는 편파재판 및 불공정재판의 문제점을 해결하기 위해 대한변호사협회가 시행 중인 법관평가제로 충분할 것인지 재고해 볼 필요가 있다.

장될 것임이 분명하다(이러한 문제점에 대해 2014. 12. 18. 대구지방법원에서 주최한 배석판사와 대구지방변호사회와의 간담회에서 필자가 위와 같은 입장을 전달한 바 있고, 참여법관 상당수가 수긍한 바 있다).

한편 법원의 증거결정도 일정한 한계가 있다고 봐야 한다는 同旨의 견해로, 이재상, 형사소송법, 제9판, 박영사, 2013, 471면.

37) 이와 반대로, 이례적으로 변호인의 최후변론 내용을 변론종결 후 재판부의 요청으로 이메일로 제출하였더니, 변론서의 내용을 공판조서에 그대로 또는 공판조서 말미에 별지로 상세히 기록하여둔 사건으로는(필자의 경험), 대구지방법원 2011고합500호 특경가법위반, 대구지방법원 2014고단4289호 강제추행등 사건이 있었다. 두 사건 모두 무죄를 극렬히 다투던 사건으로, 재판부의 상세한 공판조서 및 증인신문조서의 노력이 돋보인 경우였다.

38) 현재는 검사·피고인·변호인의 신청이 있는 때에는 공판정 심리의 전부 또는 일부를 속기하게 하거나 녹음장치 또는 영상녹화장치를 사용하여 녹음 또는 영상녹화 해야 하며, 필요시 직권으로도 명할 수 있다고 규정되어 있으나(법 제56조의2 제1항), 어느 변호인도 조서의 부정확성을 예견하고 재판부를 불신하고 있다는 점을 시사하면서까지 미리 영상녹화신청을 할 수는 없고, 재판부가 직권을 행사하는 일도 좀체 없어 왔다.

39) **고위법관 출신 법조인 중에서도** 원칙적으로 이 같은 필요성을 절감하나 속기사의 배치가 부족하고 예산부족으로 현재는 어렵다는 입장을 보이며, **현재의 공판조서, 증인신문조서의 작성방법을 보면 파행적인 증인신문방식이라고까지 표현한 분이 있다**{이러한 견해로는 이재홍, "사법제도의 세계화 추진방향", 「형사정책연구」 제6권 제1호(통권 제21호), 한국형사정책연구원, 1995, 18면, 23-25면}.

사견으로는 강제력이 없고 표본을 모으기에 늘 어려움이 따르는 법관평가제만으로는 한계가 있고, **종국적 해결법은, 가) 모든 재판의 공개**(피해자보호를 위한 일부 경우 제외), **나) 재판과정의 영상기록화 또는 녹음**(예외 없음), **다) 하급심 판결의 전면 인터넷 공개**(예외 없음)**가 답이라고 본다.**

가) 재판의 공개(裁判公開)와 관련하여 최근 변화되고 있는 모습을 보면, 헌법재판소는 2014. 2. 18. 통합진보당 해산심판 제2차 변론기일을 열었고 4시간에 걸친 변론내용 전부를 인터넷 헌법재판소 홈페이지에 동영상 공개했다.[40] 또 2014년 4월 법원은 대법원 공개변론의 사상 최초 온라인 생중계를 실시한 사실이 있고, 이에 대해 대한변호사협회는 '2013 인권보고서'에서, 사법신뢰, 사법참여, 재판장 막말 방지 차원에서 대단히 바람직하다고 평가했다.[41] 현재 재판공개가 특별히 제한되는 경우는 많지 않으나, 재판의 제한 없는 생중계 및 법원 홈페이지에 변론 전부의 동영상을 공개하는 것은 헌법 제27조 제3항을 실질적으로 보장한 것으로 볼 수 있고, 이 점에서 헌법재판소 및 대법원의 재판내용 동영상 공개는 선진사법의 미래모습이라 해도 과언이 아니다.

나) 재판과정의 영상기록화(裁判過程 映像記錄畵)에 대해 최근 변화된 흐름을 보면, 대법원은 앞으로 전국 법원의 모든 재판 과정을 녹음하기로 하는 법정녹음제도를 전면 실시한다는 방침을 최근 밝힌 바 있고,[42] 대법원이 밝힌 구체안은, 우선 민사재판의 모든 증인신문은 법정에서 녹음하고, 변론과정은 원·피고가 모두 동의하는 경우 녹음, 형사재판은 증인신문에 한해 녹음하고 심급별로 녹취도 병행, 1심 단독 재판은 법정 녹음을 원칙으로 하고 항소하면 사후 녹취 가능, 1심 합의재판과 2심에서는 속기록 작성과 현장녹음을 병행하는 안이었고,[43] 이에 대해 대한변호사협회는 재판과정 녹음 전면 실시를 환영하면서도 조서작성과 반드시 병행해야 한다고 주장했다. 법정녹음으로 조서를 전면 대체할 경우, 녹음파일은 종이로 된 조서보다 재생장치의 작동이나 보관과정에서 훼손되거나 조작될 위험성이 높고, 중요한 부분만을 확인하고자 하는 경우 파일 내에서 저장위치 등을 파악하기 어려워 그 내용 확인에 시간이 많이 소요된다는 이유이다. 따라서 조서가 주가 되어야 하고, 녹음파일은 조서의 객관적 공정성을 보완하는 역할을 해야 한다는 것이다.[44]

그리고 이 책의 집필 중 드디어 재판과정 중 일부 소송행위(증인신문 또는 피고인신문)에 대해 필수적으로 녹음하는 제도가 시행되었다. 즉 2015년부터 대법원의 지침

---

40) 법률신문, 사설, "재판 동영상 더 적극적으로 공개해야", 2014. 2. 27.자, 15면.
41) 법률신문, 기사, "대법원 공개변론 온라인 중계… 사법 민주화 촉진", 2014. 4. 3, 7면.
42) 동아일보, 기사, "대법, 모든 재판과정 녹음 추진", 2014. 4. 2.자; 법률신문, 기사, "증거채부 기준 설정·법정녹음 확대·민사판결서 공개", 2014. 4. 7.자, 3면.
43) 동아일보, 기사, "황제노역 판결 논란 '향판제' 10년만에 폐지", 2014. 4. 3, 12면 참조.
44) 대한변호사협회, 성명서, "법정 녹음 전면 실시, 조서작성과 반드시 병행해야 한다", 2014. 4. 7.자.

에 따라 증인신문시 녹음을 의무화했고, 2015. 4. 현재 필자가 증인신문조서를 등사하여본 결과 증인신문녹취 파일을 USB에 담아 교부하면서 별도로 녹취서를 등사할 수 있었다. 이제 증인신문조서의 그릇된 정리관행이 개선될 것이고, 녹음파일을 토대로 허위증언에 대해 적극적으로 나설 수 있을 것으로 보인다. 근거규정은 **민사소송규칙 및 변론의 속기·녹음에 관한 업무처리요령(재일 2004-3), 형사소송규칙 및 공판정에서의 속기·녹음·영상녹화에 관한 예규(재형 2007-5), 형사공판조서 등의 작성에 관한 예규(재형 2003-3)**이다. 형사소송의 경우에는 증인신문 및 피고인신문절차에서 의무적으로 녹음을 해야 하고, 녹취서의 경우에는 자백사건은 녹취서는 작성하지 않고 부인사건은 필요적으로 녹취서를 작성하여 기록에 편철해야 한다. 형사항소심의 경우에는 양형부당만 다투는 경우에는 녹음만 하고, 유무죄 판단을 다투는 사건에서는 녹취를 병행한다.

외국의 경우를 보면,[45] 미국(美國) 켄터키 주에서는 재판기록이 녹화된 비디오 기록을 항소심에서 직접 사용하고 있고, 다른 많은 주에서는 법정에서 비디오를 사용하고 있기는 하지만 그 내용을 기록한 조서도 별도로 첨부하도록 하고 있다. 이와 같이 재판과정을 비디오로 녹화하면 표정이나 억양 등을 포함하여 문자로 기록하는 것보다 훨씬 자세하게 기록하게 되고, 종래의 공판조서에 의해서는 1심에서의 증언이나 피고인의 태도 등을 그대로 생생하게 항소심에 전달할 수 없었던 문제점도 해결할 수 있어, 결과적으로 항소심 판사도 사실심에서의 증언이나 진술을 보고 들을 수 있기 때문에 사실심 판사처럼 증언의 신빙성에 관하여 판단할 기회를 가지게 된다.

다) **하급심 판결의 전면 인터넷 공개(下級審 判決 公開)**도 점차 강화되고 있다. 대법원은 「형사 판결서 등의 열람 및 복사에 관한 규칙」을 제정하여 2013. 1. 1.부터 형사판결문을 공개하고 있다.

현재 대법원에 별도로 마련된 자료실에서 하급심 판결을 확인하는 방법은, 확인하고자 하는 해당 사건의 당사자 이름과 사건번호 등을 이미 알고 있어야 열람할 수 있는 방식인데다가 대법원의 특정 장소에 설치되어 있는 컴퓨터로만 확인할 수 있어 실효성이 적다.

그와 별도로 형사 판결서 등의 열람 및 복사에 관한 규칙에 따라 판결을 선고한 법원에 미리 신청하여 판결문을 발급받을 수도 있으나, 이 역시 선고법원, 사건번호, 당사자명을 모두 알고 있을 때라야 가능한 것이어서 사실상 법원출입기자로서 이미 그 사건에 대해 내막을 알고 있는 경우만 가능하고 일반 국민이 하급심 법원의 일반 흐름을 위해 여러 판결을 확인할 수 있는 제도는 아니다. 또 사건당사자가 판결비공개 신청을 할 경우 등사가 불가능하다.

결국 현재의 운영형태는 **당초의 도입취지에 반한다.** 판결서를 제공하여 국민의 알 권리를 충족시키겠다고 하면서 제도를 잘 활용할 수 있는 대상자를 사실상 미리 한정

45) 아래 입법례는 안경옥, "[제12부] 형사재판절차에서 테크놀로지의 활용과 형사소송법적 문제점", 「연구총서」, 제04-05, 한국형사정책연구원, 2004. 12, 129면 및 주38) 참조.

하고, 공개될 판결도 전국 하급심 판결 모두를 예정했다기보다는 일단 판결서 제공 신청이 들어온 판결을 급히 비실명처리 후 제공하는 형태로 볼 수밖에 없어 제도 도입은 실패했다고 본다. 따라서 향후에는 당사자 이름 등 프라이버시와 관련된 부분을 비실명처리 후 모든 사건을 원칙적으로 대법원 및 각급 법원의 홈페이지에서 자유롭게 열람할 수 있도록 바꾸어야 할 것이다.[46]」

46) **필자가 실무상 법원의 형사판결서 공개가 매우 만족스럽지 못하다고 지적하였는데, 대법원도 판결서 공개를 더욱 확대해야 한다는 점에 대하여는 일단 공감하고 있는 것으로 보인다.** 법률신문, 기사, "증거채부 기준 설정·법정녹음 확대·민사판결서 공개", 2014. 4. 7.자, 3면을 보면, 박병대 법원행정처장이 2014. 3. 2. 대법원 청사에서 열린 기자간담회에서 발표한 재판제도 개선과 관련한 '로드맵'에는, 2005. 1. 1.부터는 민사 판결서도 공개할 예정으로 소개되고 있다; 동아일보, 기사, "황제노역 판결 논란 '향판제' 10년만에 폐지", 2014. 4. 3, 12면.

제 3 편

시민 형법

형법은 죄와 벌을 규정하는 국가의 범죄·형벌기본법이다. 수사 및 재판을 규정한 형사소송법은 형법상 범죄구성요건이 충족된 자를 상대로 어떻게 수사하고 재판해야 하는지를 규정한 일종의 게임 룰에 불과하다. 특히 성문형법주의를 택하고 있는 우리는 사전에 명문으로 규정된 형법상의 범죄를 탐구하여 이에 부합하는 자만을 상대로 수사와 재판을 할 수 있지, 금지규정과 처벌규정을 두지 않은 행위에 대해 어떠한 형벌을 가할 수는 없으며, 그를 구속시킬 수도 없다.

이로써 절차법에 비해 실체법의 공부가 왜 더욱 중요한지 알았다.

한편 성문형법주의는 형식적 형법 이외에 형사특별법의 제정을 방해하지 않는다. 형법적 내용을 담고 있는 특별법은 언제든 제·개정될 수 있고, 삭제·폐지될 수도 있다.

따라서 형법을 공부하려는 시민과 법률가들은 현 시점의 형벌법규를 특별법까지 포함하여 폭넓게 이해해야 하고, 개정법에 대한 공부 역시 소홀할 수 없음을 알았다.

형법공부를 어렵게 만들고, 법을 코걸이, 귀걸이라고 비하하는 이유는 법의 내용이 추상적이고 개방적인 부분이 많아 일의적이고 항구불변의 해석이 가능하지 않기 때문이다. 이 점을 고려한 영미의 형사공부는 판례가 중심이 된 교수법이 발달했다.

그렇다면 해석법학을 중시해온 우리는 판례를 어떻게 바라봐야 하는가.

형법공부를 하는 시민은 불분명하고 짧은 범죄구성요건을 마음대로 해석할 위험에 놓여 있다. 따라서 우리에게도 판례공부는 필수적인 것이다. 다만 주의할 점이 있다. 판례의 결론만을 무분별하게 암기하는 것은 반드시 피해야 한다. 판례를 통해 논리와 논거를 학습함으로써 해석의 힘을 길러나가는 용도로 판례공부가 이뤄져야 한다. 스스로의 해석기법이 완성되는데 필요한 도구로 판례를 이용한다면 판례는 좋은 수단이 될 것이고, 주종이 바뀔 리도 없다.

이로써 본편에서는 올바른 판례학습을 중요하게 다룰 것임을 알았다.

형법을 탐구하는 순서는 개별 범죄의 공통분모를 묶은 형법총론을 먼저 공부하고, 각 죄의 구성요건을 형법각론에서 차근차근 공부하는 것이 좋다. 지겨울 수 있는 방법이지만, 별도의 총론을 두고 있고 총론의 내용이 각론의 범죄를 해석하는 데에 항상 작용하는 점에서 총론을 보다 중시하지 않을 수 없다.

위와 같은 관점에서 저자가 본편에서 사용하고 있는 방법은 다음과 같다.

첫째, 형법총론과 형법각론 중에서 보다 중시한 부분은 총론이다.

둘째, 쟁점은 실무상의 중요도를 기준으로 분별하여 수록했고, 형법각론의 구체적 죄와 관련해서는 실무상 가장 빈번히 발생하는 죄를 추출하여 집중 서술했다.

셋째, 판례의 소개에 힘을 쏟았고, 논리와 논거를 소개하는 데에 중점을 두었다.

넷째, 해석론은 가급적 간결하면서, 보편적으로 기술했다.

다섯째, 학교교재에서 볼 수 없는 실무조언을 다양한 형태로 드리고 있다.

여섯째, 실무상 자주 등장하는 특별법은 적용법조의 소개와 더불어 해석을 덧붙였다.

[1] 형법의 의의

형법은 범죄 성립요건과 법적 효과로서의 형사제재를 규정한 법규범이다.

형법은 형법전(刑法典) 그 자체가 아니다. 실무상 형사절차를 이루는 형벌법규는 형법전이라는 협의의 형법 이외에 금지규정 위반 시 처벌규정이 있는 다수의 특별법을 대거 포함한다. 따라서 형사실무에서는 **형법**의 기초를 튼튼히 한 후 다수의 **특별법** 구성요건과 사례를 반드시 숙지해야 한다.

수사업무 종사자는 구성요건 별로 피의사실을 정확히 조사하고 그 과정에서 부합증거를 수집해야 하며, 변론업무 종사자는 특별법을 포함한 형사 처벌법규의 구성요건을 깨뜨릴 수 있는 객관적·주관적 사유 중에서 피의자에게 유리한 요소를 끄집어내어 사실을 법적 주장으로 승화시켜야 한다. 유리한 반증이나 참고자료의 수집은 당연하다.

실질적, 광의의 형법의 예로, ◈ 경범죄처벌법, ◈ 군형법, ◈ 폭력행위등처벌에관한법률(이하 **'폭처법'**이라 함), ◈ 가정폭력범죄의처벌등에관한특례법, ◈ 성폭력범죄의처벌등에관한특례법(이하 **'성폭법'**이라 함), ◈ 특정범죄자에대한보호관찰및전자장치부착등에관한법률, ◈ 치료감호등에관한법률, ◈ 아동·청소년의성보호에관한법률(이하 '**아청법**'이라 함), ◈ 청소년보호법, ◈ 아동복지법, ◈ 공연법, ◈ 풍속영업의규제에관한법률, ◈ 소년법, ◈ 노인복지법, ◈ 성매매알선등행위의처벌에관한법률, ◈ 특정경제범죄가중처벌등에관한법률(이하 '**특경가법**'이라 함), ◈ 민사집행법, ◈ 부정경쟁방지및영업비밀보호에관한법률, ◈ 외국환거래법, ◈ 특정범죄가중처벌등에관한법률(이하 '**특가법**'이라 함), ◈ 특정강력범죄의처벌에관한특례법, ◈ 총포·도검·화약류등의안전관리에관한법률, ◈ 도로교통법, ◈ 도로법, ◈ 하천법, ◈ 교통사고처리특례법(이하 '**교특법**'이라 함), ◈ 여객자동차운수사업법, ◈ 화물자동차운수사업법, ◈ 자동차관리법, ◈ 건설기계관리법, ◈ 건설산업기본법, ◈ 산업안전보건법, ◈ 도시가스사업법, ◈ 액화석유가스의안전관리및사업법, ◈ 고압가스안전관리법, ◈ 석유및석유대체연료사업법, ◈ 화학물질관리법, ◈ 해사안전법, ◈ 선원법, ◈ 항공보안법, ◈ 항공사업법, ◈ 항공안전법, ◈ 항공·철도사고조사에관한법률, ◈ 사격및사격장안전관리에관한법률, ◈ 조세범처벌법, ◈ 개발이익환수에관한법률, ◈ 재건축초과이익환수에관한법률, ◈ 관세법, ◈ 은행법, ◈ 상호저축은행법, ◈ 수산업협동조합법, ◈ 금융실명거래및비밀보장에관한법률, ◈ 부동산실권리자명의등기에관한법률, ◈ 부동산거래신고등에관한법률, ◈ 부동산등기특별조치법, ◈ 부동산투자회사법, ◈ 부정수표단속법, ◈ 이자제한법, ◈ 정보통신망이용촉진및정보보호등에관한법률, ◈ 통신비밀보호법, ◈ 전기통신사업법, ◈ 전기통신기본법, ◈ 전파법, ◈ 정보통신공사업법, ◈ 전자서명법, ◈ 위치정보의보호및이용등에관한법률, ◈ 게임산업진흥에관한법률, ◈ 사행행위등규제및처벌특례법, ◈ 국민체육진흥법, ◈ 체육시설의설치·이용에관한법률, ◈ 한국마사회법, ◈ 경륜·경정법, ◈ 신용정보의이용및보호에관한법률, ◈ 대부업등의등록및금융이용자보호에관한법률, ◈ 독점규제및공정거래에관한법률, ◈ 가맹사업거래의공정화에관한법률, ◈ 대규모유통업에서의거래공정화에관한법률, ◈ 대리점거래의공정화에관한법률, ◈ 하도급거래공정화에관한법률, ◈ 불공정무역행위조사및산업피해구제에관한법률, ◈ 채권의공정한추심에관한법률, ◈ 채용절차의공정화에관한법률, ◈ 표시·광고의공정화에관한법률, ◈ 물가안정에관한법률, ◈ 기부금품의모집및사용에관한법률, ◈ 정치자금법, ◈ 공직선거법, ◈ 보조금관리에관한법률, ◈ 전자금융거래법, ◈ 보험사기방지특별법, ◈ 전기통신금융사기피해방지및피해금환급에관한특별법, ◈ 계량에관한법률, ◈ 농수산물유통및가격안정에관한법률, ◈ 여신전문금융업법, ◈ 유사수신행위의규제에관한법률, ◈ 방문판매등에관한법률, ◈ 근로기준법, ◈ 노동조합및노동관계조정법, ◈ 특허법, ◈ 저작권법, ◈ 상표법, ◈ 실용신안법, ◈ 디자인보호법, ◈ 음악산업진흥에관한법률, ◈ 수도법, ◈ 먹는물관리법, ◈ 물환경보전법, ◈ 한강수계상수원수질개선및주민지원등에관한법률, ◈ 하수도법, ◈ 식품위생법, ◈ 공중위생관리법, ◈ 위생용품관리법, ◈ 축산물위생관리법, ◈ 가축전염병예방법, ◈ 수입식품안전관리특별법, ◈ 식품산업진흥법, ◈ 식품등의표시·광고에관한법률(2019. 3. 14. 시행), ◈ 농수산물의원산지표시에관한법률, ◈ 수산물유통의관리및지원에관한법률, ◈ 농수산물품질관리법, ◈ 식품·의약품분야시험·검사등에관한법률, ◈ 수산생물질병관리법, ◈ 수산업법, ◈ 수산자원관리법, ◈ 해양수산생명자원의확보·관리및이용등에관한법률, ◈ 해양생태계의보전및관리에관한법률, ◈ 야생생물보호및관리에관한법률, ◈ 수산직접지불제시행에관한법률, ◈ 친환경농어업육성및유기식품등의관리·지원에관한법률, ◈ 가축및축산물이력관리에관한법률, ◈ 축산법, ◈ 소방기본법, ◈ 화재예방,소방시설설치·유지및안전관리에관한법률, ◈ 자연재해대책법, ◈ 환경범죄등의단속및가중처벌에관한법률, ◈ 환경보건법, ◈ 환경오염시설의통합관리에관한법률, ◈ 대기환경보전법, ◈ 수도권대기환경개선에관한특별법, ◈ 자연환경보전법, ◈ 도시공원및녹지등에관한법률, ◈ 자연공원법, ◈ 산림보호법, ◈ 산림자원의조성및관리에관한법률, ◈ 농지법, ◈ 산지관리법, ◈ 민간인통제선이북지역의산지관리에관한특별법, ◈ 폐기물관리법, ◈ 개발제한구역의지정및관리에관한특별조치법, ◈ 도시및주거환경정비법, ◈ 역세권의개발및이용에관한법률, ◈ 지역개발및지원에관한법률, ◈ 택지개발촉진법, ◈ 건축법, ◈ 주택법, ◈ 건축사법, ◈ 주차장법, ◈ 집합건물의소유및관리에관한법률, ◈ 공사중단장기방치건축물의정비등에관한특별조치법, ◈ 건축물의분양에관한법률, ◈ 산업집적활성화및공장설립에관한법률, ◈ 해양심층수의개발및관리에관한법률, ◈ 해외자원개발사업법, ◈ 해저광물자원개발법, ◈ 해양과학조사법, ◈ 내수면어업법, ◈ 문화재보호법, ◈ 매장문화재보호및조사에관한법률, ◈ 한옥등건축자산의진흥에관한법률, ◈ 장사등에관한법률, ◈ 보건범죄단속에관한특별조치법, ◈ 건강기능식품에관한법률, ◈ 의료법, ◈ 감염병의예방및관리에관한법률, ◈ 정신건강증진및정신질환자복지서비스지원에관한법률, ◈ 약사법, ◈ 마약류관리에관한법률, ◈ 국민건강증진법, ◈ 국민건강보험법, ◈ 고용보험법, ◈ 노인장기요양보험법, ◈ 보험업법, ◈ 산업재해보상보험법, ◈ 변호사법, ◈ 공증인법, ◈ 공인중개사법, ◈ 남북교류협력에관한법률, ◈ 국가보안법, ◈ 여권법, ◈ 출입국관리법, ◈ 주민등록법, ◈ 병역법, ◈ 경찰관직무집행법, ◈ 집회및시위에관한법률, ◈ 학원의설립·운영및과외교습에관한법률, ◈ 옥외광고물등의관리와옥외광고산업진흥에관한법률, ◈ 영화및비디오물의진흥에관한법률, ◈ 119구조·구급에관한법률, ◈ 해양경비법, ◈ 수상에서의수색·구조등에관한법률, ◈ 국회에서의증언·감정등에관한법률이 대표적이다.

변호 조언

일반형법을 뛰어넘어 특별법으로 진입한 사건은 형량이 높거나 징역형으로만 규정되어 있는 범죄가 많다.

수사기관의 진실규명이 성공할 경우 실형선고 사례가 많을 뿐만 아니라 수사단계에서 구속될 가능성이 높으므로, 사건을 선임한 변호인은 특별법 위반 사례인지를 잘 파악하고 변론의 강도를 높게 잡아야 한다.

피의자들은 보통 자신의 죄명을 정확히 알고 오는 경우가 드물기 때문에 피의자의 진술 중에서 피해자의 연령, 행위방법, 공범의 존부, 흉기 등 사용여부, 상해 등 결과 발생을 상세히 물어 일응의 범죄사실을 정리한 후 예상 적용법조를 찾아두어야 한다.

구속가능성이 높다고 판단되면 응급실 의사처럼 영장심사라는 수술 대비를 해야 한다. 갑작스러운 영장청구만큼 피의자와 변호인 사이의 신뢰를 깨트리는 요인도 없다.

[2] 죄형법정주의

제1조(범죄의 성립과 처벌)[1] ① 범죄의 성립과 처벌은 행위 시의 법률에 의한다.

성문의 법률에 처벌규정이 없으면 벌할 수 없다. 이를 죄형법정주의라 한다. 자의적인 수사권과 재판권으로부터 국민을 보장하는 기능을 하며, 독재왕정으로부터 시민의 자유와 재산권을 지키는 수단으로 발전했다. 따라서 세상의 변화에 따라 처벌흠결이 발생할 경우 국회에서 새로이 입법을 하여 처벌해야만 한다. 우리나라는 성문형법주의를 채택하고 있고, 형식적 의미의 법률이 아닌 명령, 규칙, 관습법에 의한 처벌을 금한다.

따라서 간통죄, 혼인빙자간음죄는 삭제되었으므로 성문형법에서 처벌규정을 두지 않고 있는 죄를 비난가능성이 있다는 이유로 수사하거나 처벌할 수 없다.

생각할 점

성문형법주의 하에서 죄형법정주의를 실무상 적용할 때 죄의 구성요건을 함부로 불리하게 확장해석하거나 유추해석 해서는 안 된다.[2] 이러한 법해석의 중요한 원리는

1) 이하 특별히 법명을 표시하지 않은 것은 형법을 뜻한다.

그 형벌법규의 적용대상이 행정법규가 규정한 사항을 내용으로 하고 있는 경우에 그 행정법규의 규정을 해석하는 데에도 마찬가지로 적용된다.[3] 일의적 해석이 가능한 부분을 함부로 확장해석·유추해석하여 고소, 수사, 공소제기, 유죄판결하는 것은 죄형법정주의에 정면으로 반한다.

문제는 다의적 해석이 가능한 구성요건이거나 세상의 발전이 너무 빨라 현행 형법의 규정 속에서 처벌근거를 찾기 어려운 경우이다.

이 같은 경우에는 대법원이 해당 조문에 대해 판시한 개념적 징표를 토대로, 그리고 그것을 한계로 삼아 사안을 처리할 수 있겠으나, 그것이 합리적 범위 내의 목적론적 해석이 가능하다는 뜻이지 유추해석이나 불리한 확장해석을 함부로 허용한다는 뜻은 아니다.[4] 이 점은 피해자를 위해 고소 대리하는 변호사, 수사공무원, 하급심 법관 모두가 유의해야 한다. 따라서 예컨대 사기결혼으로 정조를 침해하였다 하여도 이것이 혼인취소사유와 손해배상사유가 될지언정 함부로 형법상 사기죄로 의율할 수는 없는 것이다. 재물 또는 재산상 이익을 교부받지 않는 한 사기죄가 될 수 없고, 일반적으로 정조는 재산상 환산이 불가능한 개념이기 때문이다.

<**구성요건의 무리한 확장해석**(1심, 2심)**을 저지한 사례**(3심)>

해악의 내용이 제3자의 법익을 침해하겠다는 것이 명백하고, 피해자 본인과 제3자가 밀접한 관계에 있지 않아 그것이 피해자에게 공포심을 일으킬 수 없는데도 협박죄를 인정한 1, 2심을 파기(대법원 2012. 8. 17, 선고 2011도10451 판결).

▶ 서울중앙지방법원 2011. 4. 28, 선고 2010**고단**7083 판결 **(1심)**

【주 문】

피고인을 징역 8월에 처한다.

【이 유】

【범죄사실】 피고인은 2010. 10. 14. 인천지방법원에서 항공안전및보안에관한법률위

---

2) 따라서 형벌법규의 해석에 있어서 유추해석이나 확장해석도 피고인에게 유리한 경우에는 가능한 것이다(대법원 2004. 11. 11, 선고 2004도4049 판결).

3) 대법원 1993. 2. 23, 선고 92도3126 판결.

4) ▶ 「…(전략) 형벌법규는 문언에 따라 엄격하게 해석·적용해야 하고 피고인에게 불리한 방향으로 지나치게 확장해석하거나 유추해석 하여서는 아니 되지만, 형벌법규의 해석에서도 법률문언의 통상적인 의미를 벗어나지 않는 한 그 법률의 입법취지와 목적, 입법연혁 등을 고려한 **목적론적 해석**이 배제되는 것은 아니라고 할 것이다.」(대법원 2002. 2. 21, 선고 2001도2819 전원합의체 판결; 2003. 1. 10, 선고 2002도2363 판결; 대법원 2006. 5. 12, 선고 2005도6525 판결)

▶ 「형벌법규는 문언에 따라 엄격하게 해석·적용해야 하고 피고인에게 불리한 방향으로 지나치게 확장해석하거나 유추해석하여서는 아니 되나, 형벌법규의 해석에 있어서도 가능한 문언의 의미 내에서 당해 규정의 입법 취지와 목적 등을 고려한 법률체계적 연관성에 따라 그 문언의 논리적 의미를 분명히 밝히는 **체계적·논리적 해석방법**은 그 규정의 본질적 내용에 가장 접근한 해석을 위한 것으로서 죄형법정주의의 원칙에 부합한다.」(대법원 2007. 6. 14, 선고 2007도2162 판결)

반죄 등으로 징역1년에 집행유예 2년 및 보호관찰을 선고받고 2010. 10. 22. 위 판결이 확정되어 현재 그 유예기간 중에 있다.

1. 피고인은 2010. 12. 10. 21:39경 서울 마포구 서교동 (지번 생략)에 있는 ㅁㅁ예식장 앞 공중전화로 수원중부경찰서 지령실로 전화하여 그 곳에서 근무하는 피해자 경위 공소외 2에게 "수원시 (이하 생략) 공소외 1 정당(대법원 판결의 공소외 정당) 경기도당에 폭발물을 설치하였다"라고 말하고 이어 같은 날 21:55경 같은 동 357호에 있는 지하철 2호선 합정역 1번 출구 앞 공중전화로 같은 곳에 전화하여 위 피해자에게 같은 말을 하여 협박했다.

2. 피고인은 2010. 12. 11. 23:14경 서울 중구 (이하 생략)에 있는 공중전화로 같은 곳에 전화하여 그곳에서 근무하는 피해자인 경찰관 경위 공소외 3에게 "나는 공소외 4대표 아들인데, 오늘밤 12시안으로 수원시 (이하 생략) 공소외 1 정당 당사를 폭파하겠다. 빨리 잡으러 와 씨발놈들아"라고 말하고, 이어 같은 날 23:35경 서울 중구 (이하 생략)에 있는 ◇◇빌딩 앞 공중전화로 같은 곳에 전화하여 위 피해자에게 같은 말을 하여 협박했다.

【양형이유】

피고인이 인천국제공항을 폭파시키겠다는 내용으로 인천공항경찰대에 전화하고 인천국제공항공사 인터넷 홈페이지에 글을 게시하였다는 범죄사실로서 징역 1년에 집행유예 2년 및 보호관찰의 형을 선고받은 지 불과 2개월도 경과하지 않은 시점에 거의 동일한 수법의 이 사건 협박의 각 범행을 저지른 점에 비추어 볼 때, 피고인에게는 실형의 선택이 불가피하다.

▶▶ 서울중앙지방법원 2011. 7. 22, 선고 2011노1419 판결 (2심)

【원심판결】 서울중앙지방법원 2011. 4. 28, 선고 2010고단7083 판결

【주 문】

피고인의 항소를 기각한다.

【이 유】

2. 판 단

가. 사실오인

협박죄에 있어서의 협박이라 함은 일반적으로 보아 사람으로 하여금 공포심을 일으킬 수 있는 정도의 해악을 고지하는 것을 의미하는바, 원심이 적법하게 채택, 조사한 증거들에 의하면, 피고인이 서울에 위치한 공중전화로 수원중부경찰서에 전화하여 공소외 1 정당(대법원 판결의 공소외 정당)에 대한 반감을 표시하면서 수원시 (이하 생략)에 있는 공소외 1 정당 당사를 폭파하겠다고 말한 사실, 이에 경찰관 공소외 2와 공소외 3은 공중전화의 위치를 파악하여 관할 경찰서에 신고자를 확인하도록 하고, 공소외 3은 △△지구대에 통보하여 공소외 1 정당 당사에 이상이 없는지 확인하고 순찰을 강화하도록 통보한 사실이 인정된다.

위 인정사실에 의하면, 피고인이 고지한 해악의 내용과 고지의 방법, 태도 등에 비

추어 피고인의 위와 같은 행위는 공공의 안녕과 질서유지의 임무를 수행하는 경찰관의 입장에서 명백한 장난을 넘어, 실현가능성이 있다고 생각할 수 있을 정도에 이르렀다고 보인다. 따라서 피고인의 위 주장은 이유 없다.

3. 결 론

따라서 피고인의 항소는 이유 없으므로 형사소송법 제364조 제4항에 의하여 이를 기각하기로 하여 주문과 같이 판결한다.

▶▶▶ 대법원 2012. 8. 17, 선고 2011**도**10451 판결 (**3심**)

【**원심판결**】 서울중앙지법 2011. 7. 22, 선고 2011노1419 판결

【주 문】

원심판결을 파기하고, 사건을 서울중앙지방법원 합의부에 환송한다.

【이 유】

상고이유를 판단한다.

1. **형법 제283조에서 정하는 협박죄의 성립에 요구되는 '협박'이라고 함은 일반적으로 그 상대방이 된 사람으로 하여금 공포심을 일으키기에 충분한 정도의 해악을 고지하는 것**으로서, 그러한 해악의 고지에 해당하는지 여부는 행위자와 상대방의 성향, 고지 당시의 주변 상황, 행위자와 상대방 사이의 관계·지위, 그 친숙의 정도 등 행위 전후의 여러 사정을 종합하여 판단되어야 한다.[5] 한편 여기서의 '해악'이란 법익을 침해하는 것을 가리키는데, 그 해악이 반드시 피해자 본인이 아니라 그 친족 그 밖의 제3자의 법익을 침해하는 것을 내용으로 하더라도 피해자 본인과 제3자가 밀접한 관계에 있어서 그 해악의 내용이 피해자 본인에게 공포심을 일으킬 만한 것이라면 협박죄가 성립할 수 있다.[6]

2. 원심은 그 판시와 같은 사실을 인정한 다음 피고인이 경찰서에 전화를 걸어 경찰관에게 수원시에 있는 공소외 정당(그 후 ○○○당으로 당명이 변경되었다. 이하 '공소외 정당'이라고 한다) 경기도당 당사를 폭파하겠다고 말한 행위는 고지한 해악의 내용과 고지의 방법, 태도 등에 비추어 공공의 안녕과 질서유지의 임무를 수행하는 경찰관의 입장에서 명백한 장난을 넘어서 실현가능성이 있다고 생각할 수 있을 정도에 이르렀다고 하여 협박죄를 인정했다.

3. **그러나 원심의 위와 같은 판단은 아래와 같은 이유로 수긍하기 어렵다.**

기록에 의하면, 피고인은 혼자서 술을 마시던 중 공소외 정당이 국회에서 예산안을 강행처리하였다는 것에 화가 나서 공중전화를 이용하여 수원중부경찰서 지령실에 여러 차례에 걸쳐 전화를 한 사실, 그리하여 피고인은 전화를 할 때마다 위 지령실에서 근무하면서 그 전화를 받은 각 경찰관에게 위 경찰서의 관할구역 내에 있는 공소외 정당 경기도당 당사를 폭파하겠다는 말을 한 사실을 알 수 있다.

그렇다면 피고인은 공소외 정당에 관한 해악을 고지한 것으로서 이 사건 공소사

5) 대법원 2007. 9. 28, 선고 2007도606 전원합의체 판결.
6) 대법원 2010. 7. 15, 선고 2010도1017 판결.

실에서 피해자로 일컫고 있는 각 경찰관 개인에 관한 해악을 고지하였다고 할 수 없다. 그리고 이들 경찰관은 수원중부경찰서 지령실에서 근무하던 공무원으로서, 그들이 공공의 안녕과 질서유지의 임무를 수행하고 있어서 피고인의 행위가 직무상 그에 따른 경비조치 등을 불필요하게 취하도록 하는 결과를 초래한다고 하더라도, **그것이 사안에 따라 공무집행방해 등의 죄책에 해당하는 경우가 있을 수 있음은 별론**으로 하고, 다른 특별한 사정이 없는 한 일반적으로 공소외 정당에 대한 해악의 고지가 그들 개인에게 공포심을 일으킬 만큼 그와 밀접한 관계에 있다고 보기는 어렵다.

그럼에도 그 판시와 같은 사정만으로 피고인의 행위가 위 각 경찰관에 대한 협박죄를 구성한다고 보아 이 사건 각 공소사실을 유죄로 인정한 원심판결에는 협박죄에 관한 법리를 오해하여 판결에 영향을 미친 위법이 있다고 할 것이다. 이 점을 지적하는 상고취지는 타당하다.

4. 그러므로 원심판결을 파기하고, 이 사건을 다시 심리·판단하게 하기 위하여 원심법원에 환송하기로 하여, 관여 대법관의 일치된 의견으로 주문과 같이 판결한다.

[3] 소급효금지

1. 형벌법규는 시행 이후의 범죄행위에 대해서 적용되고, 그 전의 행위까지 소급하여 처벌할 수 없다. 이로써 모든 국민은 행위 시[7]의 법률에 따라 처벌된다. 법치국가이념의 당연한 원리이며, 국민의 신뢰이익[8]과 예견가능성을 제고한다. 형법 제1조 제1항은 성문형법주의와 별도로 소급효금지원칙을 당연히 포함하고 있다.

▶ 「2. 검사의 상고이유에 대하여

가. 포괄일죄에 관한 기존 처벌법규에 대하여 그 표현이나 형량과 관련한 개정을 하는 경우가 아니라 애초에 죄가 되지 아니하던 행위를 구성요건의 신설로 포괄일죄의 처벌대상으로 삼는 경우에는 신설된 포괄일죄 처벌법규가 시행되기 이전의 행위에 대하여는 신설된 법규를 적용하여 처벌할 수 없다(형법 제1조 제1

7) 범죄행위 종료 시를 말한다(대법원 1994. 5. 10, 선고 94도563 판결). 따라서 **상습범**과 같이 포괄일죄의 경우에는 행위가 상당한 시일에 걸쳐 진행되다가 중간에 처벌법규가 개정되어 신법 시행 상태에서 범죄실행이 종료되는 경우가 있고, 이 경우 신·구법의 법정형에 대한 경중을 비교해 볼 필요도 없이 당연히 신법이 적용된다(대법원 1998. 2. 24, 선고 97도183 판결; 대법원 1986. 7. 22, 선고 86도1012 전원합의체 판결; **영업범**과 관련한 同旨의 판결로는 대법원 1970. 8. 31, 선고 70도1393 판결).

8) 따라서 행위자에게 유리한 소급효는 허용된다. 예컨대 형법 제1조 제2항.

항). 이는 신설된 처벌법규가 상습범을 처벌하는 구성요건인 경우에도 마찬가지라고 할 것이므로, 구성요건이 신설된 상습강제추행죄가 시행되기 이전의 범행은 상습강제추행죄로는 처벌할 수 없고 행위시법에 기초하여 강제추행죄로 처벌할 수 있을 뿐이며, 이 경우 그 소추요건도 상습강제추행죄에 관한 것이 아니라 강제추행죄에 관한 것이 구비되어야 한다.

위 법리에 따라 원심판결 이유를 기록에 비추어 살펴보건대, 원심이 처벌법규가 신설된 상습강제추행죄(형법 제305조의2)가 시행되기 이전 시점의 공소사실인 피해자 공소외 1, 공소외 2에 대한 상습강제추행의 점은 죄가 되지 아니하는 경우에 해당한다고 보아 이유 무죄로 판단하면서, 그 상습강제추행죄의 공소사실에 포함된 각 강제추행의 점에 대하여는 위 피해자들의 적법한 고소가 없어 공소제기의 절차가 법률의 규정에 위반하여 무효인 때에 해당한다고 보아 공소기각판결을 선고한 제1심판결을 그대로 유지한 것은 정당하다. 이와 달리 처벌법규 자체가 신설된 상습강제추행죄의 규정을 적용하여 그 신설 이전의 강제추행 범행까지 포괄하여 상습범으로 처벌해야 한다는 검사 상고이유의 주장은 받아들일 수 없으며, 원심판결에 상습범에 관한 법리를 오해한 위법이 없다.」[9]

2. 다만 이것은 실체형법을 변경하여 과거의 행위를 처벌하는 것을 금지하는 것이고, 처벌규정이 아닌, 예컨대 보호관찰,[10] 위치추적 전자감시,[11] 신상정보 공개고지명령[12]규정을 사후에 신설하여 법 시행 이전의 행위를 의율하거나 위치추적 부착명령 기간을 연장하도록 개정하였다고 하더라도 신체의 자유를 직접 제한하는 형사처벌이 아니므로 허용된다. 또 법적 구속력이 없는 대법원 양형위원회의 양형기준을 발효 전 기소된 범죄에 대해 참고하여 형을 정하는 것도 허용된다.[13]

▶ 「개정 형법 제62조의2 제1항에 의하면 형의 집행을 유예하는 경우에는 보호관찰을 받을 것을 명할 수 있고, 같은 조 제2항에 의하면 제1항의 규정에 의한 보호관찰의 기간은 지행을 유예한 기간으로 하고, 다만 법원은 유예기간의 범위 내에서 보호관찰의 기간을 정할 수 있다고 규정되어 있는바, 위 조항에서 말하는 보호관찰은 형벌이 아니라 보안처분의 성격을 갖는 것으로서, 과거의 불법에 대

9) 대법원 2016. 1. 28, 선고 2015도15669 판결.
10) 대법원 1997. 6. 13, 선고 97도703 판결.
11) 대법원 2010. 12. 23, 선고 2010도11996,2010전도86 판결.
12) 대법원 2011. 3. 24, 선고 2010도14393,2010전도120 판결.
13) 대법원 2009. 12. 10, 선고 2009도11448 판결.

한 책임에 기초하고 있는 제재가 아니라 장래의 위험성으로부터 행위자를 보호하고 사회를 방위하기 위한 합목적적인 조치이므로, 그에 관하여 반드시 행위 이전에 규정되어 있어야 하는 것은 아니며, 재판시의 규정에 의하여 보호관찰을 받을 것을 명할 수 있다고 보아야 할 것이고, 이와 같은 해석이 형벌불소급의 원칙 내지 죄형법정주의에 위배되는 것이라고 볼 수 없다.」[14)]

▶ 「특정 범죄자에 대한 위치추적 전자장치 부착 등에 관한 법률에 의한 전자감시제도는, 성폭력범죄자의 재범방지와 성행교정을 통한 재사회화를 위하여 그의 행적을 추적하여 위치를 확인할 수 있는 전자장치를 신체에 부착하게 하는 부가적인 조치를 취함으로써 성폭력범죄로부터 국민을 보호함을 목적으로 하는 일종의 보안처분이다. 이러한 전자감시제도의 목적과 성격, 그 운영에 관한 위 법률의 규정 내용 및 취지 등을 종합해 보면, 전자감시제도는 범죄행위를 한 자에 대한 응보를 주된 목적으로 그 책임을 추궁하는 사후적 처분인 형벌과 구별되어 그 본질을 달리하는 것으로서 형벌에 관한 소급입법금지의 원칙이 그대로 적용되지 않으므로, 위 법률이 개정되어 부착명령 기간을 연장하도록 규정하고 있더라도 그것이 소급입법금지의 원칙에 반한다고 볼 수 없다.」[15)]

▶ 「2010. 4. 15. 법률 제10258호로 제정·공포된 성폭력범죄의 처벌 등에 관한 특례법(이하'특례법'이라 한다)은 신상정보의 공개명령 및 고지명령 제도에 관하여 제도의 시행시기를 규정하면서도 대상이 되는 범죄가 행하여진 시기에 대해서는, 신상정보의 공개명령 및 고지명령 제도에 관하여 그에 관한 규정 시행 후에 범한 범죄로 한정하는 부칙 규정을 두고 있는 아동·청소년의 성보호에 관한 법률과는 달리 아무런 제한을 두고 있지 아니한 점, 특례법이 성인 대상 성범죄자에 대하여 신상정보 공개명령 및 고지명령 제도를 도입한 것은 성인 대상 성범죄자 역시 재범률이 높을 뿐만 아니라 아동을 대상으로 한 성범죄도 저지르고 있으므로 성인 대상 성범죄자에 대한 신상정보 공개를 통하여 성인 대상 성범죄는 물론 아동·청소년 대상 성범죄를 미연에 예방하고자 하는 데 입법 취지가 있는 점, 신상정보의 공개명령 및 고지명령 제도는 성범죄자에 대한 응보 목적의 형벌과 달리 성범죄의 사전예방을 위한 보안처분적 성격이 강한 점 등에 비추어 보면, 특례법 제32조 제1항에 규정된 등록대상 성폭력범죄를 범한 자에 대해서는 특례법 제37조, 제41조의 시행 전에 그 범죄를 범하고 그에 대한 공소제기가 이루어졌더라도 특례법 제37조, 제41조의 시행 당시 공개명령 또는 고지명령이 선

14) 대법원 1997. 6. 13, 선고 97도703 판결.
15) 대법원 2010. 12. 23, 선고 2010도11996,2010전도86 판결.

고되지 아니한 이상 특례법 제37조, 제41조에 의한 공개명령 또는 고지명령의 대상이 된다고 보아야 한다.[16] 원심판결 이유를 위 법리와 기록에 비추어 살펴보면, 원심이 그 판시와 같은 이유를 들어 피고인 겸 피부착명령청구자가 2008. 1. 11. 범한 이 사건 강간죄가 특례법 제37조, 제41조에 의한 공개명령 또는 고지명령의 대상이 된다고 판단한 것은 정당하고, 거기에 상고이유 주장과 같이 특례법 부칙 제2조 제2항의 해석 등에 관한 법리를 오해하는 등의 위법이 없다.[17] 아동·청소년의성보호에관한법률에 정한 공개명령 제도도 보안처분이므로 공개명령 제도가 시행되기 이전에 범한 범죄에도 공개명령 제도를 적용하도록 개정되었다고 하더라도 그것이 소급입법금지의 원칙에 반한다고 볼 수 없다.」[18]

▶ 「법원조직법 제81조의2 이하의 규정에 의하여 마련된 대법원 양형위원회의 양형기준은 법관이 합리적인 양형을 정하는 데 참고할 수 있는 구체적이고 객관적인 기준으로서 마련된 것이다(같은 법 제81조의6 제1항 참조). 위 양형기준은 법적 구속력을 가지지 아니하고(같은 법 제81조의7 제1항 단서), 단지 위와 같은 취지로 마련되어 그 내용의 타당성에 의하여 일반적인 설득력을 가지는 것으로 예정되어 있으므로 법관의 양형에 있어서 그 존중이 요구되는 것일 뿐이다. 그렇다면 법관이 형을 양정함에 있어서 참고할 수 있는 자료에 달리 제한이 있는 것도 아닌 터에 원심이 위 양형기준이 발효하기 전에 법원에 공소가 제기된 이 사건 범죄에 관하여 형을 양정함에 있어서 위 양형기준을 참고자료로 삼았다고 하여, 거기에 상고이유로 주장하는 바와 같이 피고인에게 불리한 법률을 소급하여 적용한 위법이 있다고 할 수 없다.」[19]

3. 반면 보안처분이라 하더라도 그 성격이 형사처벌의 성격도 내포되어 있는 경우에는 실질적으로는 신체의 자유를 제한하게 되므로, 형벌불소급원칙이 적용되는 점을 주의해야 한다.[20]

▶ 「원심은, 2006. 7. 말경에 있었던 재항고인의 이 사건 폭행행위에 대하여 현행 가정폭력범죄의 처벌 등에 관한 특례법(이하 '가정폭력처벌법'이라고 한다) 제41조, 제40조 제1항 제5호, 제4호를 적용하여 재항고인에게 6개월간 보호관찰을 받을 것과 200시간의 사회봉사 및 80시간의 수강을 명하고 있는데, 원심이 적

16) 대법원 2011. 9. 29, 선고 2011도9253,2011전도152 판결.
17) 대법원 2012. 6. 28, 선고 2012도2947,2012전도65 판결.
18) 대법원 2011. 3. 24, 선고 2010도14393,2010전도120 판결.
19) 대법원 2009. 12. 10, 선고 2009도11448 판결.
20) 대법원 2008. 7. 24, 선고 2008어4 결정.

용한 보호처분에 관한 위 규정은 이 사건 폭행행위 이후인 2007. 8. 3. 법률 제8580호로 개정된 것으로서 개정 전 가정폭력처벌법(이하 '구 가정폭력처벌법'이라고 한다)에는 사회봉사 및 수강명령의 상한이 각각 100시간으로 되어 있다가 위 개정 당시 각각 200시간으로 그 상한이 확대되었다. 그런데 가정폭력처벌법이 정한 보호처분 중의 하나인 사회봉사명령은 가정폭력범죄를 범한 자에 대하여 환경의 조정과 성행의 교정을 목적으로 하는 것으로서 형벌 그 자체가 아니라 보안처분의 성격을 가지는 것이 사실이나, **한편으로 이는 가정폭력범죄행위에 대하여 형사처벌 대신 부과되는 것**으로서, 가정폭력범죄를 범한 자에게 의무적 노동을 부과하고 여가시간을 박탈하여 **실질적으로는 신체적 자유를 제한하게 되므로, 이에 대하여는 원칙적으로 형벌불소급의 원칙에 따라 행위시법을 적용**함이 상당하다. 그렇다면 이 사건 폭행행위에 대하여는 행위시법인 구 가정폭력처벌법 제41조, 제40조 제1항 제4호, 제3호를 적용하여 100시간의 범위 내에서 사회봉사를 명해야 함에도 불구하고, 원심은 현행 가정폭력처벌법을 잘못 적용한 나머지 위 상한시간을 초과하여 사회봉사를 명하였으니, 원심결정에는 법률 적용을 그르친 위법이 있고, 이 점을 지적하는 재항고인의 주장은 이유 있다.」[21]

변호 조언

(1) 직접적 처벌규정이 아니더라도 실질적으로 기본권을 침해하거나 제한하는 사후 신법에 대해서는 위헌법률심판을 통해 위헌성 여부를 다투어 구제받을 길이 열려 있다.

그러나 실무상 사익과 공익을 비교하여 공익이 우월하고, 또 침해되는 사익이 인권에 대한 절대적 침해(기본권의 형해화)가 아닌 한 합헌결정을 받게 되는 경우가 많다. 따라서 다수의 헌재결정 선례에 의하더라도 해당 사건에서 위헌결정을 받기 어렵다고 판단되면 변호인은 위헌법률심판제청신청을 남발해서는 안 된다. 잘못하면 재판신속성이 저해되고 재판비용만 가중되는 경우가 되기 쉽고, 이러한 부작용 또는 불이익은 온전히 변호인의 의뢰인이 감당하게 되기 때문이다.

따라서 변호인으로서는 수사와 재판 변론과정에서, 수사공무원의 상급자에게 수사이의 하거나 재판과정에서 위법증거배제를 구하는 **실효성 있는 변론에 주력함이 보다 바람직**하고, 그것이 의뢰인의 이익에 부합하는 경우가 많다.

한편 실제 위헌법률심판을 제청하는 변호사의 변호실력이 본 재판에서는 날카롭지 못한 경우도 있으므로, 결국 본말이 전도(本末顚倒)된 변론, 요란스런 변론은 피해야 함을 알 수 있다.

(2) 신상정보 공개 소급적용 사건에서 중요한 법적 쟁점은 재범의 위험성이다. 재범

---

21) 대법원 2008. 7. 24, 선고 2008어4 결정.

위험성은 피고인의 당해 행위뿐만이 아닌 피고인을 둘러싼 과거, 현재, 미래의 다양한 요소를 모두 고려하여 법관이 판단하는 규범적 개념이어서, 변호인으로서는 상당한 정상변론을 한다는 심정으로 피고인의 전(全) 인격적 요소를 법정에 현출해야 한다.

4. 형사소송법을 개정하여 범죄 후 공소시효를 연장, 정지[22)23)]하는 것은 허용된다.

▶「공소시효를 정지·연장·배제하는 내용의 특례조항을 신설하면서 소급적용에 관한 명시적인 경과규정을 두지 아니한 경우에, 그 조항을 소급하여 적용할 수 있다고 볼 것인지에 관하여는 보편타당한 일반원칙이 존재하지 아니하며, 적법절차원칙과 소급금지원칙을 천명한 헌법 제12조 제1항과 제13조 제1항의 정신을 바탕으로 하여 법적 안정성과 신뢰보호원칙을 포함한 법치주의 이념을 훼손하지 아니하는 범위 내에서 신중히 판단해야 한다.[24)] 아동학대범죄의 처벌 등에 관한 특례법(2014. 1. 28. 제정되어 2014. 9. 29. 시행되었으며, 이하 '아동학대처벌법'이라 한다)은 아동학대범죄의 처벌에 관한 특례 등을 규정함으로써 아동을 보호하여 아동이 건강한 사회 구성원으로 성장하도록 함을 목적으로 제정되었다. 아동학대처벌법 제2조 제4호 (타)목은 아동복지법 제71조 제1항 제2호, 제17조 제3호에서 정한 '아동의 신체에 손상을 주거나 신체의 건강 및 발달을 해치는 신체적 학대행위'[구 아동복지법(2011. 8. 4. 법률 제11002호로 전부 개정되기 전의 것, 이하 '구 아동복지법'이라 한다) 제29조 제1호 '아동의 신체에 손상을 주는 학대행위'에 상응하는 규정이다]를 아동학대범죄의 하나로 규정하고, 나아가 제34조는 '공소시효의 정지와 효력'이라는 표제 밑에 제1항에서 "아동학대범죄의 공소시효는 형사소송법 제252조에도 불구하고 해당 아동학대범죄의 피해아동이 성년에 달한 날부터 진행한다."라고 규정하며, 부칙은 "이 법은 공포 후 8개월이 경과한 날부터 시행한다."라고 규정하고 있다. 이처럼 아동학대처벌법은 신체적 학대행위를 비롯한 아동학대범죄로부터 피해아동을 보호하기 위한 것으로서, 같은 법 제34조 역시 아동학대범죄가 피해아동의 성년에 이르기 전에 공소시효가 완성되어 처벌대상에서 벗어나지 못하도록 그 진행을 정지시킴으로써 보호자로부터 피해를 입은 18세 미만 아동을 실질적으로 보호하려는 취지로 보인다. 이러한 아동학대처벌법의 입법 목적 및 같은 법 제34조의 취지를 앞에서 본 공소시효를 정지하는 특례조항의 신설·소급에 관한 법리에 비추어 보면, 비록 아동학대처벌

22) 대법원 2016. 9. 28, 선고 2016도7273 판결.
23) 대법원 2003. 11. 27, 선고 2003도4327 판결.
24) 대법원 2015. 5. 28, 선고 2015도1362 판결.

법이 제34조 제1항의 소급적용 등에 관하여 명시적인 경과규정을 두고 있지는 아니하나, 위 규정은 완성되지 아니한 공소시효의 진행을 일정한 요건 아래에서 장래를 향하여 정지시키는 것으로서, 그 시행일인 2014. 9. 29. 당시 범죄행위가 종료되었으나 아직 공소시효가 완성되지 아니한 아동학대범죄에 대하여도 적용된다고 해석함이 타당하다.」[25)]

▶ 「형사소송법은 1995. 12. 29. 법률 제5054호로 개정되면서 시효의 정지와 효력에 관한 제253조에 제3항으로 '범인이 형사처분을 면할 목적으로 국외에 있는 경우 그 기간 동안 공소시효는 정지된다.'는 규정을 신설하고, 그 부칙 제1항은 시행일에 관하여 '이 법은 1997. 1. 1.부터 시행한다.'고 규정하고, 제2항은 경과조치로서 '이 법은 이 법 시행 당시 법원 또는 검찰에 계속된 사건에 대하여 적용한다. 다만, 이 법 시행 전 종전의 규정에 의하여 행한 소송행위의 효력에는 영향을 미치지 아니한다.'고 규정하고 있는데, 이와 같은 부칙 제2항은 형사절차가 개시된 후 종결되기 전에 형사소송법이 개정된 경우 신법과 구법 중 어느 법을 적용할 것인지에 관한 입법례 중 이른바 혼합주의를 채택하여 구법 당시 진행된 소송행위의 효력은 그대로 인정하되 신법 시행 후의 소송절차에 대하여는 신법을 적용한다는 취지에서 규정된 것으로서, 위 개정 법률 시행 당시 법원 또는 검찰에 계속된 사건이 아닌 경우에 위 개정 법률이 적용되지 않는다는 것은 아니며, 위 개정 법률은 그 시행일인 1997. 1. 1.부터 적용되는 것인바, 기록에 의하면, 피고인은 형사처분을 면할 목적으로 1997. 12. 28. 출국하였다가 2002. 10. 9. 입국한 사실을 엿볼 수 있으므로, 위 개정 법률 시행 당시 공소시효가 완성되지 아니한 위 각 외국환관리법위반죄에 대한 공소시효는 위 개정 법률에 의하여 피고인이 외국에 있는 기간 동안 정지되었고, 따라서 이와 같이 공소시효가 정지된 기간을 제외할 경우 위 각 외국환관리법위반죄의 범죄행위가 종료한 때로부터 이 사건 공소가 제기된 2002. 10. 28.까지 5년의 공소시효의 기간이 경과되지 아니하였음은 역수상 명백하므로, 결국 위 각 외국환관리법위반죄에 대한 이 사건 공소는 형사소송법 제326조 제3호에 규정된 '공소의 시효가 완성되었을 때'에 해당한다고 할 수 없다. 그럼에도 불구하고, 원심은 위 각 외국환관리법위반죄에 대하여는 위 개정 법률 부칙 제2항에 의하여 위 개정 법률이 적용되지 아니한다는 이유로 공소시효가 완성된 때에 해당한다고 보아 면소를 선고하고 말았으니, 이에는 위 개정 법률 부칙의 해석에 관한 법리를 오해하여 판결 결과에 영향을 미친 위법이 있다고 하지 않을 수 없다. 이 점을 지적하는 상고이유에서의 주장

25) 대법원 2016. 9. 28, 선고 2016도7273 판결; 대법원 2003. 11. 27, 선고 2003도4327 판결; 대법원 2011. 7. 14, 선고 2011도6032 판결.

은 이유 있다.」[26)]

심지어 공소시효가 이미 완성되었더라도 후일 공소시효 정지 규정을 신설하여 5·18 사건 관련자를 처벌한 사례가 있다(진정소급효도 예외적으로 허용).[27)]

▶ 「…(전략) **[다수의견]** 2. 공소시효의 완성 등

가. 5·18특별법 제2조가 위헌이므로 적용되어서는 아니되고, 공소시효가 완성되었다는 피고인 C, D, G, H, I, N의 변호인들의 주장에 대하여

5·18특별법 제2조는 그 제1항에서 그 적용대상을 '1979년 12월 12일과 1980년 5월 18일을 전후하여 발생한 헌정질서파괴범죄특례법 제2조의 헌정질서파괴범죄행위'라고 특정하고 있으므로, 그에 해당하는 범죄는 위 법률 조항의 시행 당시 이미 형사소송법 제249조에 의한 공소시효가 완성되었는지의 여부에 관계없이 모두 그 적용대상이 됨이 명백하다고 할 것인데, 위 법률 조항에 대하여는 헌법재판소가 1996. 2. 16, 선고 96헌가2, 96헌마7, 13 사건에서 위 법률 조항이 헌법에 위반되지 아니한다는 합헌결정을 하였으므로, 위 법률 조항의 적용범위에 속하는 범죄에 대하여는 이를 그대로 적용할 수밖에 없다고 할 것이다.

그런데 위 피고인들에 대하여 공소가 제기된 군사반란에 관한 범죄, 내란에 관한 범죄 및 내란목적살인죄(이하 '이 사건 헌정질서파괴범죄'라 한다)는 1979. 12. 12.과 1980. 5. 18.을 전후하여 발생했고, 이들은 헌정질서파괴범죄특례법 제2조에서 헌정질서파괴범죄로 규정하고 있는 형법 제2편 제1장 내란의 죄 또는 군형법 제2편 제1장 반란의 죄에 해당하는 범죄로서, 5·18특별법 제2조의 적용범위에 속하는 범죄임이 명백하므로, 이에 대하여는 위 법률 조항을 그 시행 당시 이미 형사소송법 제249조에 의한 공소시효가 완성되었는지 여부에 관계없이 적용할 수밖에 없다고 할 것이다.

한편 5·18특별법 제2조는 그 적용범위에 속하는 범죄에 대하여는 1993. 2. 24.까지 그 공소시효의 진행이 정지된 것으로 본다고 규정하고 있으므로, 이 사건 헌정질서파괴범죄에 대하여는 1993. 2. 25.부터 그 공소시효가 진행한다고 할 것인데, 이 사건 헌정질서파괴범죄는 모두 형사소송법 제249조 제1항 제1호에서 규정하고 있는 '사형에 해당하는 범죄'로서 그 공소시효의 기간이 15년이고, 그 중 이른바 12·12군사반란에 관련된 부분의 공소는 1996. 2. 28.에, 이른바 5·18 내란에 관련된 부분의 공소는 1996. 1. 23.과 1996. 2. 7.에 각 제기되었음이 기록상 분명하므로, 모두 그 공소시효가 완성되기 전에 공소가 제기되었음이 역수상

26) 대법원 2003. 11. 27, 선고 2003도4327 판결.
27) 대법원 1997. 4. 17, 선고 96도3376 전원합의체 판결.

명백하다.」[28)]

한편 위 판결에서 대법관 박만호, 대법관 박준서, 대법관 신성택은 반대의견을 통해, 5·18특별법 제2조 제1항이 "1979. 12. 12.과 1980. 5. 18.을 전후하여 발생한 헌정질서파괴범죄의공소시효등에관한특례법 제2조의 헌정질서파괴범죄행위에 대하여 국가의 소추권 행사에 장애사유가 존재한 기간은 공소시효의 진행이 정지된 것으로 본다."라고 규정하고, 그 제2항이 "제1항에서 국가의 소추권 행사에 장애사유가 존재한 기간이라 함은 당해 범죄행위의 종료일부터 1993. 2. 24.까지의 기간을 말한다."고 규정한 것은 행위시의 법률상 인정되던 공소시효 정지사유를 확인한 것이 아니라, 새로운 공소시효 정지사유를 형성적으로 설정한 것으로서 소급효를 갖는 것이라고 보았다. 그리고 위 반대의견은 진정소급효는 행위시의 법률에 의하지 아니하고는 처벌받지 아니한다는 헌법상의 원칙에 위배되는 것이므로, 공소시효에 관한 것이라 하더라도 공소시효가 이미 완성된 경우에 다시 소추할 수 있도록 공소시효를 소급하여 정지하는 내용의 법률은 그 정당성이 인정될 수 없는 것이라고 전제한 뒤 5·18특별법 제2조의 공소시효 정지규정이 적용되는 범위를 해석함에 있어서, 5·18특별법 시행 당시 공소시효 완성 여부에 관계없이 위 법률 조항의 문언에만 근거하여 위 이른바 헌정질서파괴범죄행위에 해당하는 모든 범죄에 대하여 적용된다고 보는 것은 헌법에 위반되는 해석방법이고, 따라서 위 법률조항은 5·18특별법 시행 당시 공소시효가 완성하지 않은 범죄에 대하여만 한정하여 적용되고, 이미 공소시효가 완성된 범죄에 대하여는 적용되지 않는 것으로 해석하는 것이 옳다고 보았다.[29)]

---

28) 대법원 1997. 4. 17, 선고 96도3376 전원합의체 판결.

29) 나아가 **위 반대의견은 헌법재판소가 대상 법률규정이 합헌이라고 판단하였더라도 이에 기속되지 않고, 달리 해석·적용할 수 있다**고 보면서, 아래와 같은 이유를 설시했다.
▶ 「…(전략) 헌법재판소는 1996. 2. 16. 선고한 96헌가2, 96헌바7, 13(병합) 사건에서 5·18특별법 제2조는 헌법에 위반되지 아니한다고 결정하면서, 결정 이유에서 위 법률조항은 그 시행일 이전에 위 법률 소정의 범죄행위에 대한 공소시효가 이미 완성된 경우에도 적용하는 한 헌법에 위반된다고 보는 한정위헌의견이 다수 재판관의 견해이기는 하나, 헌법재판소법 제23조 제2항 제1호에 정한 위헌결정의 정족수에 이르지 못하여 합헌으로 선고할 수밖에 없음을 설시하고 있다. 그러나 법원은 헌법재판소의 위 결정에서 공소시효가 이미 완성된 경우에도 위 법률 조항이 합헌이라고 한 결정 **이유** 중의 판단내용에 **기속**되지 아니하는 것이며, 합헌으로 선고된 법률 조항의 의미·내용과 적용범위가 어떠한 것인지를 정하는 권한 곧 법령의 해석·적용의 권한은 바로 사법권의 본질적 내용을 이루는 것으로서, 전적으로 대법원을 최고법원으로 하는 법원에 전속하는 것이다(대법원 1996. 4. 9, 선고 95누11405 판결 참조). 법원이 어떠한 법률 조항을 해석·적용함에 있어서 한 가지 해석방법에 의하면 헌법에 위배되는 결과가 되고 다른 해석방법에 의하면 헌법에 합치하는 것으로 볼 수 있을 때에는 위헌적인 해석을 피하고 헌법에 합치하는 해석방법을 택해야 하는 것임은 또 하나의 헌법수호기관인 법원의 당연한 책무이기도 하다(대법원 1992. 5. 8.자 91부8 결정 참조). **따라서 헌법재판소의 합헌결정에 불구하고 5·18특별법 제2조를 위와 같이 해석·적용함에 아무런 장애가 없다**고 보는 것

[4] 처벌의 적정성

범죄와 형벌을 규정하는 법률의 내용이 기본적 인권을 실질적으로 침해하지 않기 위해서는 적정한 내용을 담고 있어야 한다. 형벌이 적정하지 아니하면 위헌법률심판을 통해 과잉적 법조항을 폐지시킬 수 있다. 실질적 의미의 죄형법정주의를 위배했기 때문이다. 죄형법정주의는 형식적으로 죄와 형을 법에 정해두는 것을 넘어서서 그 내용이 실질적 정의에 부합하고 과도하지 않아야 한다.

▶ 구(舊) 폭처법상 가중처벌 규정 중에서 **단체, 다중, 집단의 위력을 이용**하거나 **흉기 그 밖의 위험한 물건을 휴대한** 폭행, 협박, 주거침입, 퇴거불응, 재물손괴, 존속폭행, 체포, 감금, 존속협박, 강요, 상해, 존속상해, 존속체포, 존속감금, 공갈 규정은 **삭제**되었고(구 폭처법 제3조 제1항), **상습으로** 구 폭처법 제3조 제1항의 죄를 범한 경우 가중처벌 규정을 별도로 두었던 것도 **삭제**됐다(구 폭처법 제3조 제3항).

현재(現在)는 형법상의 특수폭행(제261조), 특수협박(제284조), 특수상해(제258조의2) 등 각 해당 규정에 따라 종전 폭처법 규정(1년 이상, 2년 이상, 3년 이상)보다 낮게 처벌되고, 상습범도 형법 규정에 따르므로 종전과 같이 가혹한 처벌(2년 이상, 3년 이상, 5년 이상)을 피할 수 있게 되었다.

▶ 참고로 폭처법 제2조 제2항의 공동폭행, 공동협박, 공동주거침입, 공동퇴거불응, 공동재물손괴, 공동존속폭행, 공동체포, 공동감금, 공동존속협박, 공동강요, 공동상해, 공동존속상해, 공동존속체포, 공동존속감금, 공동공갈 가중처벌 규정은 그대로 유효하며 형법 해당규정보다 1/2까지 가중 처벌한다.

생각할 점

(1) 처벌은 선고형에 따른다. 따라서 법정형의 과중성을 헌법소송적 방법으로 깨지 못하더라도 사건의 성질, 행위의 동기, 방법, 범행 후 정황, 피해자의 귀책 등을 변론하여 이것이 받아들여질 경우 선고형을 낮출 수 있다. 이와 같이 변론의 최대성으로 적정한 형벌을 추구할 수 있고, 형의 감경요소는 형법 제51조(양형의 조건)와 이것을

이다.」(대법원 1997. 4. 17, 선고 96도3376 전원합의체 판결의 반대의견)

구체화한 대법원의 양형기준에 잘 나와 있다.

(양형기준 사례)

▶ 「…(전략) 1. 상고이유를 정한 형사소송법 제383조는 그 제4호에 사형, 무기 또는 10년 이상의 징역이나 금고가 선고된 사건에 있어서 중대한 사실의 오인이 있어 판결에 영향을 미친 때 또는 형의 양정이 심히 부당하다고 인정할 현저한 사유가 있는 때를 규정하고 있다. 평면적 해석으로는 사형, 무기 또는 10년 이상의 징역이나 금고가 아닌 다른 형 즉 10년 미만의 징역이나 금고 또는 벌금형 등이 선고된 사건에 있어서는 사실오인, 양형부당 등은 상고이유로 삼을 수 없다는 취지이다. 전통적으로는 형의 양정은 사실심 법관의 전권사항이며 그 행사가 위법이 아닌 한 형의 양정을 들어 상고를 할 수 없다는 것이 일반이다. 그러나 형의 양정이 현저하게 부당하다고 할 때 이를 바로 잡는 것은 우선 법이 추구하는 정의이며, 형의 양정에 관하여 일반적으로 이유를 명시하지 아니하는 법제 하에서 사실심 법관의 형의 양정에 관한 현저한 개인차를 줄이고 상고에 의하여 양형의 기준을 일반화하여 형의 불균형을 해소한다는 이 두 가지 뜻에서 양형부당을 이유로 하는 상고가 예외적으로 허용되는 의의가 있다고 할 것이며 형사소송법의 위의 규정은 이와 같은 뜻에서 정해진 것으로 풀이할 것이므로 상고심에서의 양형에 관한 사후 심사는 이와 같은 테두리를 벗어날 수 없음이 당연하다 할 것이다.

형법 제51조는 "형을 정함에 있어서는 다음 사항을 참작해야 한다"라고 규정하고, 1. 범인의 연령, 성행, 지능과 환경 2. 피해자에 대한 관계 3. 범행의 동기, 수단과 결과 4. 범행후의 정황을 열거하고 있는바 이 규정이 양형에 관한 유일한 규정이며 유일한 조건이다.

따라서 원심의 형의 양정을 살펴봄에는 위 전단의 상고심의 기능적 제약 내에서 위의 양형조건에 따를 따름인 것이다.」[30]

▶ 범행의 동기, 범행의 도구 및 수법, 피고인의 성행, 전과, 연령, 직업과 환경 등의 양형의 조건을 참작하면 제1심의 형량이 적절하다고 판단된다고 하여 항소기각의 판결을 선고하였다면, 양형의 조건이 되는 사유에 관하여는 이를 판결에 일일이 명시하지 아니하여도 위법이 아니다.[31]

(2) 양형요소를 정확히 주장하였음에도 높은 형 또는 실형을 선고받게 되는 경우에는 항소심에서 양형부당을 중심으로 다시 다툴 수 있다. 다만 종래에는 항소심 파기율이 높아 일단 상소하고 보는 일이 많았는데, 대법원 전원합의체 판결에 따라 가급적이면 하급심의 판단을 존중하는 경향이 늘어난 현재 상황에서는 원심의 사정을 그대로 놓고 양형부당을 다투는 것은 가망이 낮아졌다. 따라서 항소하게 된다면 반드시 합의

30) 대법원 1983. 3. 8, 선고 82도3248 판결.
31) 대법원 1994. 12. 13, 선고 94도2584 판결.

나 전격적 자백 등 사정변경을 염두에 두고 양형부당을 다투어야 한다.[32)33)]

▶ **최근 대법원(대법원 2015. 7. 23, 선고 2015도3260 판결)은 항소심의 사후심적 성격을 강조**하며, 1심과 비교해 양형 조건에 변화가 없고 1심의 양형이 합리적인 범위를 벗어나지 않는 경우에는 이를 존중함이 타당하고, 1심의 형량이 합리적인 범위 내에 있음에도 항소심의 견해와 다소 다르다는 이유만으로 1심 판결을 파기해 1심과

---

32) **<합의되었지만, 무기징역과 징역 15년을 선고한 판결의 이유>**
▶ 「5. 피고인 1· ·5·6의 각 상고이유 제4점과 변호인의 상고이유 제5점에 대한 판단
원심은, 이 사건 범행은 보복을 위하여 사전에 면밀한 계획 하에 이루어진 것이고, 그 내용도 야간에 회칼·낫·쇠파이프·각목 등 흉기를 소지한 채 여관에 난입하여 피해자들을 무차별난자 구타한 것으로 잔인하기 그지없으며, 그 결과도 사망과 중상으로 매우 무거운 점, 피해자들은 원래 위 피고인들이 목표하였던 타위파 조직폭력배와는 전혀 상관없는 사람들로서, 결국 이 사건 범행은 무리를 지어 흉기를 소지한 채 어처구니없게도 여관에서 잠자고 있던 무고한 사람을 무차별 난자하여 살해한 사건인 점, 이 사건 범행 후 일부 공범들이 범행을 은폐 조작하려고 시도하였던 점, 그 밖에 위 피고인들의 성행·지능·범죄전력·가족관계와 가정환경, 범죄 후의 정황 등 변론에 나타난 양형의 기준이 되는 여러 사정들을 종합하면, 위 피고인들이 모두 아직 나이가 많지 아니한 점, 피해자들과 합의된 점 등을 참작하더라도, 제1심이 피고인 1·5·6에 대하여 선고한 각 무기징역형과 피고인 3에 대하여 선고한 15년의 징역형은 적정하고 그것이 결코 너무 무겁다고는 인정되지 아니한다고 판단하였는바, 관계증거와 기록에 의하여 양형의 조건이 되는 여러 사정을 살펴보면, 위 피고인들이나 변호인이 주장하는 정상을 참작하더라도, 원심의 위와 같은 판단은 정당한 것으로 수긍이 되고, 원심판결에 소론과 같이 형의 양정이 심히 부당하다고 인정할 현저한 사유가 있다고 볼 수 없으므로, 논지도 이유가 없다.」(대법원 1994. 3. 22, 선고 93도3612 판결)

33) **<극히 예외적으로 대법원 상고심에서 양형부당이 인정되어 원심을 파기한 사례>**
▶ 「이 사건 기록에 나타난 양형의 조건이 되는 제반사정을 살펴볼 때, 제1심도 판시한 바와 같이 피고인은 3살 때 부친을 여의어 편모슬하에서 어렵게 자라온 자신의 가정환경 및 모친의 병환등 으로 평소에 비관적인 생각을 가져 가슴에 응어리진 마음을 품고 왔는데, 자신의 마음속의 응어리진 것을 풀고자 엠16에이원 소총 1정과 탄약 30발, 수류탄 4발등을 휴대한 채 소속부대를 탈영하게 된 점, 자신의 탈영이 잘못된 것을 느끼고 부산 ○성당에 들어가 신부에게로부터 고백성사를 받고는 마음을 정리하여 자진 복귀하려고 위 성당에 찾아갔으나 신부가 없어 그곳 차고에서 1시간가량 기도를 한 후, 복귀하려고 마음먹고 그 전에 판시 채플린 디스코클럽으로 갔는데 그 주인으로부터 "군인이 이런 곳에 오면 장사가 안 된다"는 말을 듣고 내심 불쾌하게 생각하여 총을 쏘며 소란을 피워서라도 자신의 울분을 풀어보겠다고 마음먹고서 판시 사고장소에 들어가게 된 점, 그 장소에서 손님 중의 1인인 피해자 이○○(남 19세)가 술에 취하여 피고인 쪽으로 빠른 걸음으로 다가오자 자신을 덮치려는 줄 알고 약 3미터 전방에서 동인을 향하여 실탄 1발을 쏜 것이 그의 복부에 명중되어 그 자리에서 동인을 사망케 한 점, 범행 후 피고인은 자신의 죄책이 용서받지 못할 것임을 생각하고 자살하려고 기도했고, 사망한 위 피해자를 병원에 데려가도록 진술한 점, 사고장소에 손님들을 감금하는 도중에도 인질의 일부는 석방하였으며 중간에 탈출하는 손님들에게도 어떠한 보복조치를 취하지 아니한 점, 피고인 소속의 군사단 지휘관의 설득에 의하여 자신의 범행을 중단하고 자수한 점 및 피고인의 평소 군복무의 태도는 극히 성실하였던 점등 이 사건 **범행의 동기, 경위, 범행후의 정황 등**에 비추어 보면 피고인을 무기징역에 처한 제1심의 양형을 정당하다하여 그대로 유지한 원심의 양형은 심히 부당하다고 인정할 현저한 사유가 있는 경우이므로 이 점을 지적하는 논지는 이유 있어 원심판결은 파기를 면치 못한다.이에 원심판결을 파기하고 사건을 다시 심리판단케 하고자 원심법원에 환송하기로 관여법관의 의견이 일치되어 주문과 같이 판결한다.」(대법원 1988. 10. 11, 선고 88도1238 판결)

별로 차이 없는 형을 선고하는 것은 자제하는 것이 바람직하다고 판단했다. 다만 항소심이 이러한 바람직한 판단방법을 따르지 않는다고 하더라도 이를 두고 양형심리 및 양형판단 방법이 위법하다고까지 할 수는 없다고 보았다.

[5] 범죄의 성립요건

범죄는 구성요건해당성, 위법성, 책임의 3요소를 갖추어야 성립한다.

1. 범죄구성요건은 행위 당시 처벌법규가 구체적으로 존재할 것을 요하며, 확장 내지 유추해석 없이 그 충족 여부가 엄격히 해석되어야 한다. 따라서 개를 죽였는데 살인죄로 처벌한다거나, 편취사실이 없는 단순한 사기결혼에 대해 사기죄로 벌할 수 없다.

구성요건에 해당하는 사실은 엄격한 증명에 의하여 이를 인정해야 하고, 증거능력이 없는 증거는 구성요건 사실을 추인하게 하는 간접사실이나 구성요건 사실을 입증하는 직접증거의 증명력을 보강하는 보조사실의 인정자료로서도 허용되지 아니한다.[34)]

2. 구성요건에 해당하는 행위는 원칙적으로 위법하고, 예외적으로 위법성 조각사유에 해당하는 행위는 처벌을 피할 수 있다. 정당방위, 긴급피난, 피해자의 승낙, 자구행위, 정당행위가 그것이다.

3. 사물변별능력과 의사결정능력을 포함하는 책임은 원칙적으로 인정되고, 다만 예외적으로 형사미성년자, 심신상실자, 정당한 법률의 착오사례, 강요된 행위 사안에서 책임이 조각되어 무죄가 선고될 수 있다. 심신미약자, 농아자는 책임이 조각되지 않고 감경 처벌된다(단, 심신미약자는 임의적 감경).

생각할 점

(1) 실무상 **범죄 불성립사유**(정당방위, 정당행위, 긴급피난 등의 위법성조각사유 및 심신상실, 금지착오 등의 책임조각사유), **법률상 감경사유**(음주명정 등 심신미약, 중

34) 대법원 2005. 1. 27, 선고 2004도5493 판결; 대법원 2006. 12. 8, 선고 2006도6356 판결.

지미수, 자수 등)는 놓쳐서는 안 되는 중요 변론 요소이다. 특히 법률상 감경사유는 작량감경과는 별도로 적용이 가능해 2중 감경도 가능하므로 **매우 중요하다.**

(2) 정당방위 실무

우리 형사실무는 이론 교과서와는 달리 정당방위 적용에 인색하다. 상당히 제한된 범위에서 예외적으로 인정하고 있기 때문이다. 정당방위는 정당행위와 달리 방어에만 급급하는 소극적 제도가 아닌데도 반격행위나 과잉행위로 판단되면 대부분 유죄판결을 하고 있다.

그러나 이러한 실무태도는 잘못되었다. 정당방위의 법리에 대해 지나치게 엄격한 판결을 보면, 과연 실제에서 정당방위를 부정(不正) 대 정(正)의 관계로 보고 있는지 회의적이다. 정당방위상황이 부정 대 정의 관계인 것을 고려하면 법익균형성이나 피해결과를 중요하게 고려하여서는 안 되고, '필요성의 원칙'이 제대로 작동될 수 있도록 정당방위를 폭넓게 인정해야 한다. 따라서 필자는 안면도 모르는 3인의 폭력배에 의해 흉기 등으로 집단구타 당하다가 도주하였는데, 따라오며 계속하여 폭행을 가하기에 부득이 곡괭이를 휘둘러 사망 1인, 상해 1인의 결과를 발생시킨 점에 대하여 대법원이 정당방위 주장을 배척하고 원심과 같이 과잉방위만을 인정한 사례[35]를 **부당한 결론으로 본다.**

정당방위를 인정한 사례로는, 검사가 참고인 조사를 받는 줄 알고 검찰청에 자진출석한 변호사사무실 사무장의 퇴거요구를 거절하고 합리적 근거 없이 긴급체포하자 사무장의 변호사가 검사실에서 이를 제지하는 과정에서 검사에게 상해를 가한 것이 정당방위에 해당한다고 본 사례,[36] 정당하지 아니한 경찰관의 체포에 대항하여 반항하는 과정에서 경찰관에게 상해를 가한 것이 불법체포로 인한 신체에 대한 현재의 부당한 침해에서 벗어나기 위한 행위로서 정당방위에 해당한다는 사례,[37] 비록 준현행범 체포의 요건은 갖추었지만 체포 시 준수할 적법절차를 어겨 결국 그 체포가 적법한 공무집행이 아닌 경우에 그에 대항하다가 발생한 상해행위가 정당방위에 해당한다는 사례[38] 등 매우 제한적이다.

수사를 미진하게 하여 함부로 혐의를 인정한 후 기소유예하거나 공소제기 하는 사례가 많은데, 이 경우 헌법재판소는 "청구인의 행위가 정당방위 내지 소극적 방어행위에 해당할 여지가 있음에도, 피청구인은 경찰 송치 후 이러한 점에 관하여 아무런 추가 조사 없이 피해자의 진술만을 받아들여 청구인의 혐의를 인정하였는바, 이와 같은 수사미진의 잘못이 이 사건 기소유예처분의 결정에 영향을 미침으로써 청구인의 평등권과 행복추구권을 침해하였다 할 것이다."라고 설시하여 **검사의 기소유예처분**

---

35) 대법원 1985. 9. 10, 선고 85도1370 판결.
36) 대법원 2006. 9. 8, 선고 2006도148 판결.
37) 대법원 2011. 5. 26, 선고 2011도3682 판결; 대법원 2002. 5. 10, 선고 2001도300 판결.
38) 대법원 2000. 7. 4, 선고 99도4341 판결.

을 **취소**해 왔다.[39)]

▶ 「1. 공무집행방해의 점에 대하여

원심판결 이유에 의하면, 원심은, 형사소송법 제211조가 현행범인으로 규정한 '범죄 실행의 즉후인 자'란 체포하는 자가 볼 때 범죄의 실행행위를 종료한 직후의 범인이라는 것이 명백한 경우를 일컫는 것으로서, 시간이나 장소로 보아 체포당하는 자를 방금 범죄를 실행한 범인이라고 볼 증거가 명백히 존재하는 것으로 인정되는 경우에만 그를 현행범인으로 볼 수 있는 것인데, 이 사건 교통사고가 발생한 지점과 피고인이 체포된 지점은 거리상으로 약 1㎞ 떨어져 있고 시간상으로도 10분 정도의 차이가 있으며, 경찰관들이 피고인의 차량을 사고현장에서부터 추적하여 따라간 것도 아니고 순찰 중 경찰서로부터 무전연락을 받고 도주차량 용의자를 수색하다가 그 용의자로 보이는 피고인을 발견하고 검문을 하게 된 사정에 비추어 보면, 피고인을 현행범인으로 보기 어렵다고 판단했다. 사실관계가 위와 같다면, 피고인을 형사소송법 제211조 제1항이 규정하고 있는 현행범인에 해당한다고 보기는 어려울 것이나, 원심이 확정한 사실관계에 의하면, 인천중부경찰서 신흥파출소에 근무하는 경장 공소외 1과 순경 공소외 2가 112차량을 타고 순찰 근무를 하던 중 이 사건 교통사고가 발생한 지 4분 만에 경찰서 지령실로부터 교통사고를 일으킨 검정색 그랜져 승용차가 경찰서 방면으로 도주하였다는 무전연락을 받고 인천 중구 신흥동 2가 54 소재 삼익아파트 쪽으로 진행하고 있었는데, 다시 도보 순찰자인 이운○ 순경으로부터 검정색 그랜져 승용차가 펑크가 난 상태로 삼익아파트 뒷골목으로 도주하였다는 무전연락을 받고 그 주변을 수색하던 중 삼익아파트 뒤편 철로 옆에 세워져 있던 검정색 그랜져 승용차에서 피고인이 내리는 것을 발견했고, 그 승용차의 운전석 범퍼 및 펜더 부분이 파손된 상태였다는 것인바, 사정이 이와 같다면, 피고인으로서는 형사소송법 제211조 제2항 제2호의 '장물이나 범죄에 사용되었다고 인정함에 충분한 흉기 기타의 물건을 소지하고 있는 때'에 해당한다고 볼 수 있으므로, 준현행범인으로서 영장 없이 체포할 수 있는 경우에는 해당한다고 봄이 상당하다. 그럼에도 피고인이 형사소송법 제211조 제1항의 현행범인이 아니라는 이유에서 그를 영장 없이 체포한 공소외 2 등의 행위가 적법한 공무집행에 해당하지 않는다고 한 원심판결에는 형사소송법 제211조 제2항 제2호의 준현행범인에 관한 법리를 오해하였거나, 그 점을 간과하여 공무집행의 적법성에 관한 판단을 그르친 위법이 있다고 하지 않을 수 없다.

그러나 헌법 제12조 제5항 전문은 '누구든지 체포 또는 구속의 이유와 변호인의 조력을 받을 권리가 있음을 고지받지 아니하고는 체포 또는 구속을 당하지 아니한다.'는 원칙을 천명하고 있고, 형사소송법 제72조는 '피고인에 대하여 범죄사실의 요지, 구속의 이유와 변호인을 선임할 수 있음을 말하고 변명할 기회를 준 후가 아니면 구속할 수 없다.'고 규정하는 한편, 이 규정은 같은 법 제213조의2에 의하여 검사 또는 사법경

39) 헌법재판소 2012. 7. 26, 선고 2010헌마642 결정.

찰관리가 현행범인을 체포하거나 일반인이 체포한 현행범인을 인도받는 경우에 준용되므로, 이 사건과 같이 사법경찰리가 피고인을 현행범인으로 체포하는 경우에 반드시 피고인에게 범죄사실의 요지, 구속의 이유와 변호인을 선임할 수 있음을 말하고 변명할 기회를 주어야 할 것임은 명백하다. 이러한 법리는 비단 현행범인을 체포하는 경우뿐만 아니라 긴급체포의 경우에도 마찬가지로 적용되는 것이고,[40] 이와 같은 고지는 체포를 위한 실력행사에 들어가기 이전에 미리 해야 하는 것이 원칙이나, 달아나는 피의자를 쫓아가 붙들거나 폭력으로 대항하는 피의자를 실력으로 제압하는 경우에는 붙들거나 제압하는 과정에서 하거나, 그것이 여의치 않은 경우에라도 일단 붙들거나 제압한 후에는 지체 없이 행해야 할 것이다.

그리고 형법 제136조가 규정하는 공무집행방해죄는 공무원의 직무집행이 적법한 경우에 한하여 성립하는 것이고, 여기서 적법한 공무집행이라 함은 그 행위가 공무원의 추상적 권한에 속할 뿐 아니라 구체적 직무집행에 관한 법률상 요건과 방식을 갖춘 경우를 가리키는 것이므로, 경찰관이 적법절차를 준수하지 아니한 채 실력으로 현행범인을 연행하려고 하였다면 적법한 공무집행이라고 할 수 없고, 현행범인이 그 경찰관에 대하여 이를 거부하는 방법으로써 폭행을 하였다고 하여 공무집행방해죄가 성립하는 것은 아니다.[41]

원심이 같은 취지에서 위와 같은 적법절차를 준수하지 아니한 채 피고인을 강제로 순찰차에 태우려고 한 사실을 들어 공소외 1 등이 피고인을 현행범인으로 체포하려고 한 행위를 적법한 공무집행으로 볼 수 없다고 판단하였음은 정당하고, 위에서 본 원심의 잘못은 판결 결과에 영향을 미칠 만한 것이 되지 못한다. 이 점을 다투는 상고이유의 주장은 받아들일 수 없다.

2. 폭력행위등처벌에관한법률위반의 점에 대하여

원심판결 이유에 의하면, 원심은 피고인이 공소외 1 등에게 상해를 가하였다는 부분에 관하여, 피고인은 자신을 파출소로 강제로 끌고 가려는 공소외 1 등의 불법한 강제수사로 신체의 자유가 자신의 의사에 반하여 부당하게 침해되는 긴급한 상황에 놓이게 되자, 이를 벗어날 목적으로 그들을 폭행한다고 생각할 겨를도 없이 단지 자신을 강제로 붙잡고 놓아주지 않는 그들의 손에서 벗어나기 위하여 발버둥치는 과정에서 팔꿈치로 그들의 가슴 부분을 밀어 넘어뜨리거나 손으로 밀어낸 것임을 알 수 있어, 피고인에게 폭력행위의 범의가 있다고 보기 어려울 뿐만 아니라, 피고인이 그와 같이 반항하게 된 경위와 반항의 정도, 방법 등에 비추어 볼 때, 피고인의 위와 같은 행위는 신체의 자유에 대한 현재의 부당한 침해를 방위하기 위한 행위로서 정당방위에 해당되어 위법성이 조각된다고 판단했다. 상해죄의 성립에는 상해의 원인인 폭행에 대한 인식이 있으면 충분하고 상해를 가할 의사의 존재까지는 필요하지 아니한 것인 바,[42] 기록에 의하면, 피고인이 비록 공소외 1 등의 손에서 벗어나기 위해서이기는 하

40) 대법원 1994. 3. 11, 선고 93도958 판결; 대법원 1995. 5. 26, 선고 94다37226 판결.

41) 대법원 1994. 10. 25, 선고 94도2283 판결; 대법원 1995. 5. 9, 선고 94도3016 판결; 대법원 1996. 12. 23, 선고 96도2673 판결.

나 그들과 몸싸움을 벌인 것은 분명하고, 피고인이 팔꿈치 또는 손으로 경찰관들을 밀어 넘어뜨렸다면 적어도 폭행에 대한 인식은 있었다고 봄이 상당하므로, 피고인에게 폭력에 대한 범의조차 없다고 본 원심의 판단 부분은 수긍하기 어렵다. 그러나 공소외 1 등의 행위는 앞서 본 바와 같이 이미 적법한 공무집행을 벗어나 피고인을 불법하게 체포한 것으로 볼 수밖에 없으므로, 피고인이 그 체포를 면하려고 반항하는 과정에서 그들에게 상해를 가한 것은 이러한 불법 체포로 인한 신체에 대한 현재의 부당한 침해에서 벗어나기 위한 행위로서 정당방위에 해당하여 위법성이 조각된다고 본 원심의 판단은 정당하고,[43] 결국 원심판결에 상고이유에서 주장하는 바와 같이 판결에 영향을 미친 채증법칙 위반으로 인한 사실오인 또는 법리오해 등의 위법이 있다고 할 수 없다. 이 점을 지적하는 상고이유의 주장도 받아들일 수 없다.」[44]

(3) 심신미약 실무

심신미약의 대표적 예로, 정신장애, 음주명정, 약물중독을 들 수 있는데, 이 중에서 실무상 심신미약으로 인정하는 경우는 심한 정신병, 마약중독 사안이고, 단순한 공황장애, 자폐증, 음주명정을 심신미약사유로 보아 감경하는 경우는 흔치 않다. 오히려 술에 취하여 성범죄에 나아갈 경우 성폭법과 아청법에서는 명시적으로 불벌 또는 감경하지 않는 것을 허용하고 있고,[45] 주폭 사건은 더욱 엄정 대처할 뿐만 아니라 제복 경찰관에 대한 만취자의 폭행은 구속 사정으로 감안되고 있다. 행안부장관, 경찰청장, 해양경찰청장, 소방청장이 한자리에서 엄정 대처 불가피성을 발표하기도 했다.[46]

▶ 음주명정에 의한 심신장애 주장을 배척하는 정형적 이유는 다음과 같다.

「…(전략) 2. 음주로 인한 심신장애 주장에 대하여

원심판결 이유에 의하면, 원심은 제1심법원이 조사·채택한 증거들에 의하여 인정되는 피고인의 평소 주량, 이 사건 범행 당시의 음주량, 범행 전후의 피고인의 태도와 언행, 범행의 동기와 수단 등 여러 가지 사정을 종합하여 보면 피고인은 이 사건 범행

42) 대법원 1983. 3. 22, 선고 83도231 판결.

43) 대법원 1999. 12. 28, 선고 98도138 판결.

44) 대법원 2000. 7. 4, 선고 99도4341 판결.

45) ▶ **성폭력범죄의 처벌 등에 관한 특례법** 제20조(「형법」상 감경규정에 관한 특례) 음주 또는 약물로 인한 심신장애 상태에서 성폭력범죄(제2조 제1항 제1호의 죄는 제외한다)를 범한 때에는 「형법」 제10조 제1항·제2항 및 제11조를 적용하지 아니할 수 있다.

▶ **아동·청소년의 성보호에 관한 법률** 제19조(「형법」상 감경규정에 관한 특례) 음주 또는 약물로 인한 심신장애 상태에서 아동·청소년대상 성폭력범죄를 범한 때에는 「형법」 제10조 제1항·제2항 및 제11조를 적용하지 아니할 수 있다.

▶ **형법** 제10조(심신장애인) ① 심신장애로 인하여 사물을 변별할 능력이 없거나 의사를 결정할 능력이 없는 자의 행위는 벌하지 아니한다. ② 심신장애로 인하여 전항의 능력이 미약한 자의 행위는 형을 감경할 수 있다.

▶ **형법** 제11조(농아자) 농아자의 행위는 형을 감경한다.

46) 뉴시스 2018. 6. 4.자. 기사 참조.

당시 다소 술에 취하여 있기는 하였으나 이로 인하여 사물을 변별하거나 의사를 결정할 능력을 상실하거나, 그러한 능력이 미약한 상태에 이르지는 아니한 것으로 보인다 하여 피고인의 심신장애에 대한 주장을 배척하였는바, 기록과 대조하여 검토하여 보면 원심의 위와 같은 판단은 정당하고 여기에 논하는 바와 같은 심신장애에 대한 법리오해, 채증법칙 위반 등의 위법이 있다고 할 수 없다. 이 점에 대한 피고인과 국선변호인의 논지도 이유가 없다.」[47)]

(4) 강요된 행위 실무

형법 제12조(강요된 행위)의 저항할 수 없는 폭력은, 심리적인 의미에 있어서 육체적으로 어떤 행위를 절대적으로 하지 아니할 수 없게 하는 경우와 윤리적 의미에 있어서 강압된 경우를 말할 수 있다 하겠으며, 일정한 협박이란 자기 또는 친족의 생명, 신체에 대한 위해를 달리 막을 방법이 없는 협박을 말하고, 강요라 함은 피강요자의 자유스런 의사결정을 하지 못하게 하면서 특정한 행위를 하게 하는 것을 말한다.[48)]

▶「…(전략) 이 사건 납북경위에 비추어 볼 때 위와 같이 어로작업을 하다가 북괴의 구성원이 출현하면 도주할 의사이었을 뿐이고, 그들에게 납치되어 가도 좋다고 생각하면서 어로작업을 한 것은 아니라고 피고인들이 변소하고 있는 외에 달리 피고인들이 납치되어 가도 좋다고 생각하면서 어로저지선을 넘어 본건 어로작업을 한 것이었다고 인정할 자료가 없다고 하여 피고인들의 본건 **납북된 후의 행위는** 피고인들의 생명, 신체에 대한 위해를 방어할 방법이 없는 협박에 의하여 **강요된 행위**로서 통상 이러한 상황 하에서는 피고인들이 아니라 다른 일반인이라 할지라도 달리 특별한 사정이 없는 한 **위와 같은 행위를 하지 아니할 것을 기대할 수 없다**는 이유로 피고인들에게 **무죄**를 선고한 제1심 판결을 유지하고 있는 바, …(중략) 원심판결에 채증법칙 위배나 법리오해의 위법이 있다는 상고논지는 받아들일 것이 되지 못하므로 관여법관 전원의 일치된 의견으로 상고를 기각하기로 하여 주문과 같이 판결한다.」[49)]

▶「…(전략) 제8. 책임조각사유

상고이유 중에 중앙정보부직원들은 정보부장을 정점으로 하여 군대조직 보다 더 엄격한 상명하복관계에 있으므로 상관의 명령이 위법한가 여부를 판단하거나 그 명령의 이행여부를 선택할 수 있는 여지가 없고, 따라서 상관의 명령을 거부할 수 없는 특별한 상황에서 행한 피고인 D, E, F, G, H의 각 소위는 강요된 행위이거나, 기대가능성이 없는 경우에 해당된다 할 것이므로 결국 처벌할 수 없음에도 불구하고 원심은 강요된 행위 내지 기대가능성의 법리를 오해하여 위 책임조각사유를 간과한 위법을 저

---

47) 대법원 1998. 6. 9, 선고 98도980 판결.
48) 대법원 1983. 12. 13, 선고 83도2276 판결.
49) 대법원 1969. 12. 9, 선고 69도1671 판결.

지른 것이라는 주장에 대하여 판단한다. 살피건대 이 점에 관하여 제1심은 무릇 공무원은 직무를 수행함에 있어서 소속 상관의 직무상의 명령에 복종해야 할 의무는 있으나 명백히 위법한 명령에 대해서까지 복종할 의무는 없을 뿐만 아니라 중앙정보부 직원은 비록 상관의 명령에 절대 복종해야 한다는 것이 불문율로 되어 있다 하더라도 단지 그 점만으로는 이건 판시 범죄와 같이 중매하고도 명백한 위법명령에 따른 범법행위가 강요된 행위이거나 적법행위에 대한 기대가능성이 없는 경우라고는 도저히 볼 수 없고 달리 이건 범행 시 피고인들이 저항할 수 없는 폭력이나 방어할 방법이 없는 협박에 의하여 자유롭게 의사결정을 할 수 없는 강요된 행위였으며 또한 상관의 위법한 명령을 거부할 수 없는 특별한 사정 하에 있었기 때문에 적법행위를 기대할 수 없었다고 볼 하등의 자료를 찾아볼 수 없으므로 위 주장은 이유 없다고 판시하였으며 원심 또한 위와 같은 제1심은 견해를 유지한다는 설시를 하고 있는바 당원이 일건기록을 검토한 바에 의하더라도 **이 건 범행의 일시 및 장소관계로 보아 위 피고인들이 만약 이건 혁명거사에 참여함으로써 그 대가조로 얻어지리라고 예상되었던 이른바 "한몫"을 바라는 마음만 없었더라면 얼마든지 소론 상관의 명령을 거부하고 그 자리에서 피해 나올 수 있는 시간적 여유와 공간적 환경에 놓여 있었음을 쉽사리 인정할 수 있는 형편이고 보니 더욱 위 원심판단은 정당하다고 인정**되고 따라서 이점에 관한 논지는 이유 없다.」[50]

(5) 자수 실무

검찰에 자진 출석하여 범행을 사실대로 진술한 후 법정에서 범행을 부인한 경우에도 자수감경을 할 수 있으나,[51] 범행이 발각될 상황에서 추궁에 의해 자백한 경우는 자수에 해당하지 않고,[52] 특히 뉘우침 없는 자수는 형의 감경사유가 되는 진정한 자수라고는 할 수 없고 수개의 범죄사실 중 일부에 관하여만 자수한 경우에는 그 부분 범죄사실에 대하여만 자수의 효력이 있다.[53] 법인의 형사책임이 문제되었을 때에는 법인의 이사 기타 대표자가 수사책임이 있는 관서에 자수해야 하고, 위반행위를 한 직원 또는 사용인이 자수한 것만으로는 형법 제52조 제1항의 규정을 적용하여 형의 감경을 할 수 없으므로 유의해야 한다.[54]

▶ 「…(전략) **형법 제52조**는 자수를 임의적 감면사유로 규정하고 있는데 1953. 9. 18. 우리 형법 제정 이전의 구 형법(의용형법)에서는 자수는 "발각 전"이어야 한다는 시기적 제한을 두었으나, 현행 형법은 이런 제한을 삭제하였으므로 체포 전이라면 지명수배 후라도 자수에 해당한다고 할 것이다.[55] 그리고 **국가보안법** 제16조 제1호는

50) 대법원 1980. 5. 20, 선고 80도306 판결.
51) 대법원 2005. 4. 29, 선고 2002도7262 판결.
52) 대법원 1999. 4. 13, 선고 98도4560 판결.
53) 대법원 1994. 10. 14, 선고 94도2130 판결.
54) 대법원 1995. 7. 25, 선고 95도391 판결.

"이 법의 죄를 범한 후 자수한 때"에는 형을 필요적으로 감면하도록 규정하고 있는바, 국가보안법상의 자수도 형법상의 자수와 동일한 것으로 해석되므로 범인의 발각 전후에 불구하고 체포되기 전에 자발적으로 수사기관에 범죄사실을 신고한 이상 자수로 보아야 할 것이다.[56] …(중략) 그런데 **공직선거법** 제262조의 요건에 "자수"라는 단어외에 '범행발각 전'이라는 제한은 전혀 포함되어 있지는 아니하고, 앞에서 본 바대로 형법 제52조나 국가보안법 제16조 제1호에서도 공직선거법 제262조에서와 같이 모두 "자수"라는 단어를 사용하고 있는데 형법 제52조나 국가보안법 제16조 제1호의 "자수"에는 범행이 발각되고 지명수배된 후의 자진출두도 포함되는 것으로 판례가 해석하고 있으므로 이것이 "자수"라는 단어의 관용적 용례라고 할 것이다. 또한 앞에서 본 바와 같이 우리 형법 제90조 제1항 단서, 제111조 제3항 단서 등에서 "그 목적한 죄의 실행에 이르기 전에 자수"한 경우에 형을 필요적으로 감면하도록 규정하고 있는데, 만일 "자수"라는 단어 속에 '그 범죄에 관하여 자수에 따른 혜택을 줄 수 있는 시간적 제한'이라는 개념이 포함되어 있다면 "자수"라는 단어의 해석에 의하여 "그 목적한 죄의 실행에 이르기 전"이라는 개념이 도출될 수 있을 것이므로 굳이 이를 명문으로 규정하지 아니하였을 것이라고 생각된다. 그러므로 이러한 점에 비추어 보면 우리 형법의 입법자는 "자수"라는 단어를 이러한 개념이 포함되는 의미로 사용하지 아니하였기 때문에 위와 같은 형식의 입법을 한 것으로 해석하는 것이 합리적이다. 그러므로 공직선거법 제262조의 "자수"를 '범행발각 전에 자수한 경우'로 한정하는 풀이는 "자수"라는 단어가 통상 관용적으로 사용되는 용례에서 갖는 개념 외에 '범행발각 전'이라는 또 다른 개념을 추가하는 것으로서 결국은 '언어의 가능한 의미'를 넘어선 것이라 할 것이므로, 이는 앞서 본 형법 제90조 제1항 단서, 제101조 제1항 단서 등으로부터의 유추를 통하여 공직선거법 제262조의 "자수"의 범위를 그 문언보다 제한함으로써 공직선거법 제230조 제1항 등의 처벌범위를 실정법 이상으로 확대한 것이라고 할 것이다. 따라서 이는 원심의 설시와 같이 단순한 목적론적 축소해석에 그치는 것이 아니라, 형면제 사유에 대한 제한적 유추를 통하여 처벌범위를 실정법 이상으로 확대한 것으로서 죄형법정주의의 파생원칙인 유추해석금지의 원칙에 위반된다고 할 것이다.」[57]

[6] 처벌조건

1. 범죄가 성립하더라도 처벌조건을 갖추어야 한다. 범죄는 성립하지만 형벌권이 발생하지 않는 것 중 중요한 것으로 **인적처벌조각사유**(人的處罰阻却事由)

55) 대법원 1965. 10. 5, 선고 65도597 판결; 대법원 1994. 5. 10, 선고 94도659 판결; 대법원 1994. 9. 9, 선고 94도619 판결.

56) 대법원 1968. 7. 30, 선고 68도754 판결.

57) 대법원 1997. 3. 20, 선고 96도1167 전원합의체 판결.

가 있다.

2. **친족상도례** 규정이 적용되는 사건은 형면제판결을 하거나(형법 제328조 제1항 및 제365조 제1항, 형사소송법 제322조), 상대적 친고죄에 해당하여 고소가 없거나 취소된 경우 공소기각판결을 하게 된다(형법 제328조 제2항 및 제365조 제1항, 형사소송법 제327조). 전자는 처벌조건, 후자는 소추조건에 대한 설명이 된다.

▶ **형법 제328조(친족간의 범행과 고소)** ① 직계혈족, 배우자, 동거친족, 동거가족 또는 그 배우자간의 제323조의 죄는 그 형을 면제한다.

② 제1항 이외의 친족간에 제323조의 죄를 범한 때에는 고소가 있어야 공소를 제기할 수 있다.

③ 전 2항의 신분관계가 없는 공범에 대하여는 전 이항을 적용하지 아니한다.

3. 국회의원이 **면책특권**을 누리는 사안은 공소기각판결의 대상이 된다(헌법 제45조, 형사소송법 제327조). 따라서 국회의원이 직무상 타인의 명예를 훼손하는 발언을 하더라도 직무에 부수한 행위로 인정될 경우 처벌을 면한다. 단 면책특권은 직무행위가 주가 되고 명예훼손은 불가피한 부수적 행위여야 하고, 명예훼손의 고의로 직무를 가장한 것은 처벌될 수 있다.

4. 처벌조건이 결여된 사건은 원칙적으로 수사의 필요성을 인정할 수 없다(공범자에 대한 수사는 예외).

친족상도례 판결

▶ 「형법 제354조에 의하여 준용되는 제328조 제1항에서 "직계혈족, 배우자, 동거친족, 동거가족 또는 그 배우자 간의 제323조의 죄는 그 형을 면제한다."고 규정하고 있는바, 여기서 **'그 배우자'**는 동거가족의 배우자만을 의미하는 것이 아니라, 직계혈족, 동거친족, 동거가족 모두의 배우자를 의미하는 것으로 볼 것이다. 기록에 의하면, 피고인이 피해자 조성○의 **직계혈족의 배우자**임을 이유로 형법 제354조, 제328조 제1항에 따라 피해자 조성○에 대한 **상습사기**의 점에 관한 공소사실에 대하여 형을 면제한 것은 정당하고, 거기에 상고이유의 주장과 같이 친족상도례에 관한 법리를 오해한 위법이 없다.」[58]

▶ 「1심 판결이 채택한 검사의 피고인에 대한 피의자신문조서와 사법경찰관 사무취급의 석정○에 대한 진술조서 중에 (1) 피해자 공소외 3이 피고인의 **친할머니의 동생**이라는 점과 (2) 위 석정○이 피고인과 **외4촌 남매**간이라는 점 (3) 피해자 공소외 4는 피고인의 **고모**라는 점에 관한 진술기재가 있음이 소론이 지적하는 바와 같고 (위 (3)은 지적하지 않았다) 그 진술이 사실이라면 피해자 공소외 5와 공소외 4는 피고인과 형법 제344조로 동법 제329조 내지 제332조의 죄 또는 그 미수죄에 준용 되는 동법 제328조 제2항에 정한 친족관계가 있다 할 것인바 원심법원이 그 관계의 존부에 관한 심리를 소홀히 하여 그 관계를 확인함이 없이 위 각 피해자들로부터의 고소유무를 살피지 않고 동인들의 각 피해사실을 유죄로 인정한 1심판결을 그대로 유지하였음은 잘못이었다고 않을 수 없으니 이점에 관한 본 논지는 이유 있다 할 것이다(**상습절도** 사안).」[59]

▶ 「이 사건 **절도**피해자에 대한 증인신문조서(기록23정), 사법경찰관사무취급 작성의에 대한 진술조서(수사기록 8정), 검사 및 사법경찰관 사무취급 작성의 피고인에 대한 피의자신문조서(수사기록 32정 및 14정) 기재내용에 의하면 피고인은 이 사건 절도피해자는 자기의 고모 아들의 부인 즉 **고종사촌 형수**라는 진술이 있고, 피해자는 피고인이 자기 남편의 외삼촌 아들이라 하고 처벌을 원치 아니한다고 진술하고 있음을 알 수 있는바, 위 피해자의 진술이 사실이라면 피해자와 피고인 은 형법 제344조에 의하여 준용되는 형법 제328조 제2항 소정의 친족관계가 있다 할 것인바(민법 제777조 제4호 참조), 원심법원으로서는 위 친족관계의 존부와 피해자로부터의 고소여부에 관한 심리를 하였어야 옳았다 할 것임에도 불구하고 이에 관한 심리를 소홀히 하여 그 친족관계 및 고소 유무를 살피지 아니하고, 위 피해자에 대한 피해사실을 유죄로 인정한 제1심 판결을 그대로 유지한 원심판결은 심리를 미진하여 이른바 친족간의 범행과 고소에 관한 법리를 오해함으로써 판결결과에 영향을 미쳤다 할 것이므로 이 점에 관한 취지로 풀이되는 상고논지는 이유 있음에 귀착되어 원심판결은 이 점에서 파기를 면치 못한다 할 것이다.」[60]

▶ 「피해자에 대한 호적등본과 피고인의 망부에 대한 제적등본의 각 기재에 의하면 피고인은 피해자의 **이모**인 사실을 인정할 수 있다. 그렇다면 피고인과 피해자 사이에는 민법상 소위 편면적 친족관계가 존재하는 것으로 보여진다. 즉 피고인 쪽에서 보면 피해자는 피고인의 자매의 직계비속인데 민법 제768조는 형제

---

58) 대법원 2011. 5. 13, 선고 2011도1765 판결.
59) 대법원 1966. 2. 28, 선고 66도105 판결.
60) 대법원 1980. 3. 25, 선고 79도2874 판결.

의 직계비속만을 혈족으로 규정하고 있으므로 자매의 직계비속은 자연적으로는 혈족관계가 존재한다고 하더라도 법률상 혈족관계가 없는 것으로 해석되어 친족관계가 없다 할 것이고(친족법 학자들 가운데는 이 경우도 친족관계가 존재한다는 유력한 반대설이 있다.),[61] 다른 한편 피해자 쪽에서 보면 피고인은 4촌 이내의 모계혈족으로서 민법 제777조 제2항의 규정[62]에 따라 친족관계가 있는 것으로 보여지는 것이다. 그런데 한편 이러한 편면적 친족관계에도 형법 제328조 제2항 소정의 친족상도례가 적용된다고 보는 것이 타당하다 할 것이므로(대법원 1980. 3. 25, 선고 79도2874 판결; 대법원 1980. 9. 9, 선고 80도1335 판결 등 참조: 위 각 판결에 따르면 결국 결론은 편면적 친족관계에도 친족상도례를 적용한다는 입장을 천명한 것으로 보여진다. 따라서 우리 대법원의 견해에 따르면 편면적으로도 친족관계가 존재하지 않는 것으로 보여지는 **이종사촌** 또는 그 배우자들 사이에는 친족상도례의 적용이 없고,[63] **외삼촌과 조카**사이, **이모와 조카**사이, 한편에서는 **외사촌**이고 반대편에서는 **고종사촌**인 경우 또는 그 배우자들 사이에 존재하는 편면적 친족관계에는 친족상도례의 적용이 있으며, 그 나머지 **삼촌과 조카**사이, **고모와 조카**사이, **친사촌** 또는 그 배우자들 사이에는 쌍면적인 완전한 친족관계가 있으므로 친족상도례의 적용이 있어야 할 것이다) 이 건 범죄도 마땅히 피해자의 고소가 있어야 이를 논할 수 있을 것임에도 불구하고 고소인이 피고인을 상대로 고소를 제기하였다 이를 취소하였을 뿐 피해자의 고소 없이 이건 공소가 제기되었음이 기록자체에 의하여 명백하므로 결국 이 건 공소는 그 절차가 법률의 규정에 위반하여 무효인 때에 해당되어 형사소송법 제327조 **제2호**에 의하여 이건 공소를 기각하기로 한다.」[64]

---

61) 현재는 민법이 개정되어 **자매의 직계비속**도 혈족이 맞다. 대상판결은 1990년 개정 민법 이전의 조문을 토대로 설시되었고, 편면적 친족관계에도 친족상도례 규정이 적용된다고 보아 공소를 기각하였으니, 결론은 현재에도 틀린 것이 없다.

민법 제768조(혈족의 정의) 자기의 직계존속과 직계비속을 직계혈족이라 하고 자기의 형제자매와 형제자매의 직계비속, 직계존속의 형제자매 및 그 형제자매의 직계비속을 방계혈족이라 한다. <개정 1990. 1. 13>

62) **제777조(친족의 범위)** 친족관계로 인한 법률상 효력은 이 법 또는 다른 법률에 특별한 규정이 없는 한 다음 각 호에 해당하는 자에 미친다.

1. 8촌 이내의 **혈족**
2. 4촌 이내의 인척
3. 배우자

[전문개정 1990. 1. 13]

63) **현재**는 민법 제768조에 따라 **이종사촌**은 직계존속의 자매의 직계비속으로써 **방계혈족**이고, 이는 민법 제777조에 따라 4촌 이내의 혈족이므로 친족상도례의 적용을 받는다. 대상 판결은 1990년 개정 민법 이전의 민법을 적용하여 설시한 것이다.

64) 서울지방법원 의정부지원 1984. 12. 14, 선고 84고단1006 판결 : 확정.

▶ 「사기죄의 보호법익은 재산권이라고 할 것이므로 사기죄에 있어서는 재산상의 권리를 가지는 자가 아니면 피해자가 될 수 없다. 그러므로 법원을 기망하여 제3자로부터 재물을 편취한 경우에 피기망자인 법원은 피해자가 될 수 없고 재물을 편취당한 제3자가 피해자라고 할 것이므로 피해자인 제3자와 사기죄를 범한 자가 직계혈족의 관계에 있을 때에는 그 범인에 대하여는 형법 제354조에 의하여 준용되는 형법 제328조 제1항에 의하여 그 형을 면제해야 할 것이다.[65] 원심판결 이유 및 기록에 의하면, **사기미수**의 점의 피해자인 공소외인과 피고인은 **모녀** 사이로서 직계혈족 관계에 있음을 알 수 있고, 따라서 원심으로서는 이 사건 공소사실 중 사기미수의 점에 대하여는 형법 제354조, 제328조 제1항의 규정을 적용하여 형을 면제하였어야 한다. 그럼에도 원심은 이와 달리 사기미수의 점에 대하여 형을 면제하지 아니하고 실체판단에 나아가 유죄로 인정한 후 나머지 범죄사실과 함께 형을 정했다. 이러한 원심판결에는 소송사기에 있어서의 피해자 및 친족상도례의 적용범위에 관한 법리를 오해한 위법이 있다.」[66]

▶ 「원심은, 피고인이 1990. 8. 11. 11:30경 피해자의 방실에 들어가 동인 소유의 비디오 카메라 1대, 손목시계 1개를 **절취**하였다는 공소사실을 유죄로 인정한 제1심판결을 유지하고 있다. 그런데 제1심이 유죄의 증거로 채택한 사법경찰관 사무취급 작성의 피해자에 대한 피해자 진술조서의 기재에 의하면, 피해자는 피고인이 그의 **외사촌 동생**으로서 처벌을 희망하지 않는다는 취지의 진술을 하고 있음을 알 수 있다. 만약 피고인이 피해자의 외사촌 동생이라면 형법 제344조, 제328조 제2항에 의하여 이 사건 절도죄는 피해자의 고소가 있어야 처벌할 수 있는 것이므로 원심으로서는 이 점에 대하여 심리를 하여 보았어야 할 것인바, 위와 같은 친족관계의 진술이 있음에도 불구하고 이에 대한 심리를 하여 보지도 않고 이 사건 절도죄를 유죄로 인정한 원심은 심리미진 아니면 형법 제328조의 법리를 오해한 위법을 범하였다고 하지 않을 수 없다. 이 점을 지적하는 논지는 이유 있다.」[67]

▶ 「**절도죄**는 재물의 점유를 침탈하므로 인하여 성립하는 범죄이므로 재물의 점유자가 절도죄의 피해자가 되는 것이나 절도죄는 점유자의 점유를 침탈하므로 인하여 그 재물의 소유자를 해하게 되는 것이므로 재물의 소유자도 절도죄의 피해자로 보아야 할 것이다. 그러니 형법 제344조에 의하여 준용되는 형법 제328조 제2항 소정의 친족간의 범행에 관한 조문은 **범인과** 피해물건의 **소유자 및 점유**

65) 대법원 1976. 4. 13, 선고 75도781 판결.
66) 대법원 2014. 9. 26, 선고 2014도8076 판결.
67) 대법원 1991. 7. 12, 선고 91도1077 판결.

자 쌍방 간에 같은 조문 소정의 친족관계가 있는 경우에만 적용되는 것이고, 단지 절도범인과 피해물건의 소유자간에만 친족관계가 있거나 절도범인과 피해물건의 점유자간에만 친족관계가 있는 경우에는 그 적용이 없는 것이라고 보는 것이 타당할 것이다. 그런데 이 사건에 있어서 피고인이 본건 피해물건의 점유자(소지자)인 공소외 1에 대한 관계에서만 위 법조 소정의 친족관계가 있을 뿐이고 본건 피해물건의 소유자인 공소외 홍상○과의 사이에 위 법조 소정의 친족관계가 없는 것이라면 피고인에 대하여 형법 제344조에 의하여 준용되는 형법 제328조 제2항은 적용될 수 없는 것이라고 할 것이니 원심이 피고인에 대하여 위 친족간의 범행에 관한 규정을 적용하여 공소를 기각한 제1심판결을 유지한 것은 절도죄의 보호법익 및 친족간의 범행에 관한 법리를 오해하여 판결결과에 영향을 미친 위법을 범하였다고 아니할 수 없다.」[68]

▶ 「**횡령죄**는 다른 사람의 재물에 관한 소유권 등 본권을 그 보호법익으로 하고, 위탁이라는 신임관계에 반하여 타인의 재물을 보관하는 자가 이를 횡령하거나 또는 반환을 거부함으로써 성립하는 것이므로, 범인이 위탁자가 소유자를 위해 보관하고 있는 물건을 위탁자로부터 보관 받아 이를 횡령한 경우에 형법 제361조에 의하여 준용되는 제328조 제2항 소정의 친족간의 범행에 관한 조문은 **범인과** 피해물건의 **소유자 및 위탁자 쌍방 사이**에 같은 조문 소정의 친족관계가 있는 경우에만 적용되는 것이고, 단지 횡령범인과 피해물건의 소유자간에만 친족관계가 있거나 횡령범인과 피해물건의 위탁자간에만 친족관계가 있는 경우에는 그 적용이 없다고 보아야 한다. 그런데 원심은 "피고인이 공소외 1로부터 공소외 2에게 전달해 달라는 부탁과 함께 금 2,000,000원을 교부받은 공소외 3으로부터 공소외 2에게 전달해 주겠다며 위 금원을 받아 보관하던 중 위 금 2,000,000원을 임의 사용함으로써 이를 횡령하였다"라는 이 사건 공소사실에 대하여, 피고인이 피해자 공소외 1의 삼촌인 사실이 인정되고, 공소외 1이 피고인을 고소하였음을 인정할 아무런 자료가 없다는 이유로 피고인에 대하여 위 친족간의 범행에 관한 규정을 적용하여 공소를 기각하였는바, 피고인이 이 사건 피해금원의 소유자인 공소외 1에 대한 관계에서만 위 법조 소정의 친족관계가 있을 뿐이고 이 사건 피해금원의 위탁자인 공소외 3과 사이에는 위 법조 소정의 친족관계가 없는 것이라면 피고인에 대하여 형법 제361조에 의하여 준용되는 형법 제328조 제2항은 적용될 수 없는 것이라고 할 것임에도 이와 견해를 달리한 원심의 판단은 횡령죄의 보호법익 및 친족간의 범행에 관한 법리를 오해하여 판결결과에 영향을 미친 위법을 범하였다고 하지 않을 수 없다. 이 점에 관한 상고이

---

68) 대법원 1980. 11. 11, 선고 80도131 판결; 대법원 2014. 9. 25, 선고 2014도8984 판결.

유의 주장은 이유 있다.」[69]

▶ 「기록에 의하여 원심의 증거취사과정을 보면 이 건 민화를 공소외 1이 구입한 동인 소유의 재산으로서 그의 점유에 속한다고 인정한 조치는 정당하게 수긍되고 거기에 논지와 같은 채증법칙에 위배되었거나 심리미진의 위법이 없으므로 논지는 결국 증거의 취사에 관한 사실심의 전권사항을 탓하는 것에 불과하여 채용할 수 없으며 위와 같이 피고인이 그 아들인 공소외 2로 하여금 절취하도록 교사한 피해품인 이 건 민화가 피고인의 **오빠**인 공소외 1이 매수한 동인의 특유재산이라면 이에 대한 점유, 관리권은 동인에게 있다 할 것이고 범행당시 동인이 집에 없었다 하더라도 그것이 동인소유의 집 벽에 걸려있었던 이상 동인의 지배력이 미치는 범위 안에 있는 것이라 할 것이므로 동인의 소지에 속한다 할 것인즉 이 사건 **절도교사**는 피고인과 친족관계에 있는 피해자 공소외 1의 고소가 있어야 논할 수 있다 할 것인바 원심이 피고인에 대한 공소외 1의 고소가 없다는 이유로 공소를 기각한 조치는 옳게 수긍이 되고 위 민화가 공소외 1 부부의 공유재산이고 따라서 위 양인의 공동점유 하에 있다는 전제아래 원판결에 부부 재산관계(점유)의 법리를 오해한 위법이 있다는 논지는 이유 없다.」[70]

▶ 「형법 제344조, 제328조 제1항 소정의 친족간의 범행에 관한 규정이 적용되기 위한 친족관계는 원칙적으로 범행 당시에 존재해야 하는 것이지만, **부**가 혼인 외의 출생자를 인지하는 경우에 있어서는 민법 제860조에 의하여 그 자의 출생시에 소급하여 인지의 효력이 생기는 것이며, 이와 같은 인지의 소급효는 친족상도례에 관한 위 규정의 적용에도 미친다고 보아야 할 것이므로, 인지가 범행 후에 이루어진 경우라고 하더라도 그 소급효에 따라 형성되는 친족관계를 기초로 하여 위 친족상도례의 규정이 적용되어야 한다고 할 것이다. 이와 같은 취지에서 범행 후 피고인이 재판상 인지의 확정판결을 받음으로써 피해자와의 사이에 형법 제328조 제1항의 친족관계가 소급하여 발생하였다고 하여 피고인에 대한 형을 면제한 제1심판결을 유지한 원심의 조치는 정당하고, 거기에 소론과 같은 법리오해의 위법이 있다고 할 수 없으므로, 논지도 이유 없다.」[71]

▶ 「형법 제354조, 제328조의 규정에 의하면, 직계혈족, 배우자, 동거친족, 동거가족 또는 그 배우자 간의 **사기죄**는 그 형을 면제해야 하고 그 외의 친족 간에는 고소가 있어야 공소를 제기할 수 있는바, 형법상 사기죄의 성질은 특정경제

69) 대법원 2008. 7. 24, 선고 2008도3438 판결.
70) 대법원 1985. 3. 26, 선고 84도365 판결.
71) 대법원 1997. 1. 24, 선고 96도1731 판결.

범죄 가중처벌 등에 관한 법률(이하 '특경법'이라 한다) 제3조 제1항에 의해 가중처벌되는 경우에도 그대로 유지되고 **특경법**에 친족상도례에 관한 형법 제354조, 제328조의 적용을 배제한다는 명시적인 규정이 없으므로, 형법 제354조는 특경법 제3조 제1항 위반죄에도 그대로 적용된다.」[72)]

▶ 「형법 제361조, 제328조의 규정에 의하면, 직계혈족, 배우자, 동거친족, 동거가족 또는 그 배우자 간의 **횡령죄**는 그 형을 면제해야 하고 그 외의 친족 간에는 고소가 있어야 공소를 제기할 수 있는바, 형법상 횡령죄의 성질은 '특정경제범죄 가중처벌 등에 관한 법률'(이하 '특경법'이라고 한다) 제3조 제1항에 의해 가중 처벌되는 경우에도 그대로 유지되고, **특경법**에 친족상도례에 관한 형법 제361조, 제328조의 적용을 배제한다는 명시적인 규정이 없으므로, 형법 제361조는 특경법 제3조 제1항 위반죄에도 그대로 적용된다. 이 사건 공소사실에 의하더라도 피해자는 피고인의 **외사촌**이라는 것이므로 횡령으로 인한 이 사건 특경법위반죄는 위에서 본 법리에 비추어 고소가 있어야 공소를 제기할 수 있는 경우이고, 이때 고소기간은 형사소송법 제230조 제1항에 의하여 범인을 알게 된 날부터 6개월이므로 이를 도과한 후의 고소는 부적법하여 효력이 없다. 따라서 원심으로서는 이 사건 공소사실에 관하여 유·무죄 판단을 하기에 앞서 마땅히 피해자의 이 사건 고소가 범인을 알게 된 날부터 6개월 이내에 제기되었는지 여부를 심리한 다음 그 기간이 도과된 후 제기된 것으로 확인되면 형사소송법 제327조 **제2호**에 의하여 공소기각의 선고를 해야 했다. 그런데도 원심은 위와 같은 조치에 이르지 아니한 채 이 사건 공소사실에 대하여 유죄를 선고한 제1심판결을 그대로 유지하고 말았으니, 이러한 원심판결에는 특경법위반죄에 있어서 친족상도례의 적용에 관한 법리를 오해하여 필요한 심리를 다하지 아니함으로써 판결에 영향을 미친 위법이 있다. 이 점을 지적하는 상고이유의 주장은 이유 있다.」[73)]

▶ 「피고인들의 주장에 대한 판단에 앞서 직권으로 보건대, **피고인** 2와 피해자들이 같은 ○○김씨 문중의 종중원들이어서 그들 간에 **사기죄**에 있어서의 친족상도례 규정이 적용될 수 있는지가 문제된다. 먼저 이 사건 기록에 의하면, 피고인 2와 피해자 공소외 1는 **8촌**의 혈족지간인 사실이 인정되어 민법상의 친족범위(민법 제777조)에 해당한다. 1) 그러나 이 사건 부동산은 피해자 공소외 3, 공소외 2, 공소외 1의 **합유**로 등기되어 있었는바 피고인들의 공소사실 기재 사기범행으로 인한 피해자들의 손해가 가분인 경우에 해당한다고 볼 수 없어 **친족**

72) 대법원 2000. 10. 13, 선고 99오1 판결; 대법원 2008. 10. 23, 선고 2008도7614 판결; 대법원 2010. 2. 11, 선고 2009도12627 판결.

73) 대법원 2013. 9. 13, 선고 2013도7754 판결.

상도례의 규정의 적용이 없는 경우에 해당한다고 봄이 상당하다.[74] 2) **가사 피고인 2의 이 사건 범행에 친족상도례의 규정이 적용된다고 하더라도,** 피고인 2의 피해자 공소외 1에 대한 사기 부분은 형법 제328조 제2항, 제354조에 의하여 공소외 1의 적법한 고소가 있어야만 공소 제기가 유효하다 할 것인바, 이와 관련해 형사소송법 제230조 제1항은 '친고죄에 대하여는 범인을 알게 된 날로부터 6월을 경과하면 고소하지 못한다'라며 고소기간의 제한을 규정하고 있고, '범인을 알게 된 날'과 관련해 **상대적 친고죄**의 경우에는 **'신분관계가 있는 범인을 알게 된 날'**을 의미하여 그때부터 고소기간이 진행된다 할 것이다. 그런데 여기서, 친족사이의 재산관리, 소비 등은 공동체적으로 이루어지는 경우가 많기 때문에 재산적 범죄에 있어서도 친자, 부자 등 친족 내부에서 논의하여 그들의 처분에 위임하는 것이 가족적 정의를 존중하는 것이고, 친족의 의사에 반하면서까지 국가가 형벌로서 적극적으로 개입하는 것은 타당하지 않다는 친족상도례 규정의 입법취지, 간통죄 등과 같이 범인에 대한 소추가 오히려 범죄피해자의 명예를 해칠 염려가 있거나 모욕죄 등과 같이 피해법익이 개인적 영역에만 국한되어 직접적으로 공익에 영향을 미치지 아니하는 경우 범인의 소추, 처벌 등을 범죄피해자의 의사에 맡기는 친고죄의 취지, 형사사법권의 발동이 범죄피해자 기타 고소권자 개인의 의사에 의하여 장시간 동안 불확정한 상태로 방치되는 것을 미리 방지하려는 고소기간의 제한 취지 등에 비추어 보면, '신분관계가 있는 범인을 알게 된 날'이라 함은 피해자가 범인이 누구인지를 특정할 수 있을 정도로 알게 되는 것 외에 '그 범인이 피해자와 신분관계가 있음을 알게 되는 것'도 포함한다 할

---

74) **대법원은** 8촌인 피해자 공소외 1의 단독소유가 아닌 합유 부동산에 대한 사기 범행에는 형법상 친족상도례 규정이 적용되지 않는다는 점만 확인했고, **원심의 가정적 판단은 살피지 않았다.**

「…(전략) 2. 피고인 2의 상고이유에 관하여

가. 피고인 2에 대한 공소사실 중 사기의 점은 "피고인 2는 피고인 1과 공모하여 피해자 공소외 1, 공소외 2 등을 기망하여 공소외 3 및 피해자 공소외 1, 공소외 2와 충남 당진군 (주소 1 생략), (주소 2 생략) 임야(이하 '이 사건 부동산'이라 한다)에 관하여 매매계약을 체결하고 그 소유권을 이전받은 다음 잔금 8억 3,160만원을 지급하지 않아 동액 상당의 재산상 이익을 취득했다."는 것이다.

나. 원심판결 이유 및 기록에 의하면, ① 이 사건 부동산에 관하여 1965. 10. 26. 공소외 4, 공소외 3, 공소외 2, 공소외 1 등 17인의 합유로 매매를 원인으로 한 소유권이전등기가 마쳐졌다가, 나머지 합유자들의 사망으로 2009. 11. 25. 공소외 3, 공소외 2, 공소외 1 3인의 합유로 소유권변경등기가 마쳐진 사실, ② 합유자 중 공소외 3은 피고인 2의 부친이고, 공소외 1은 피고인 2의 8촌인 혈족인 사실을 알 수 있다.

다. 원심은, 이 사건 부동산은 공소외 3, 공소외 2, 공소외 1의 합유로 등기되어 있어 피고인 2에 대한 공소사실 중 사기죄와 관련하여 형법상 친족상도례 규정이 적용되지 아니한다고 판단하였는바, 원심판결 이유를 기록에 비추어 살펴보면, 원심의 위와 같은 판단은 정당한 것으로 수긍이 가고, 거기에 필요한 심리를 다하지 아니한 채 논리와 경험의 법칙에 반하여 자유심증주의의 한계를 벗어나거나 친족상도례에 관한 법리를 오해하거나 판단을 누락한 잘못이 없다.」(대법원 2015. 6. 11, 선고 2015도3160 판결)

것인바(즉, 범인이 친족관계에 있을 경우 6개월의 고소기간 동안만 형사사법권의 발동 여부를 범죄피해자 등 고소권자 개인에게 주고 그 이후에는 국가가 개인의 가정사에 관여하지 않겠다는 것이 상대적 친고죄에 있어서의 고소기간의 제한을 둔 취지인데, 피해자가 처음부터 범인이 자신과 친족관계에 있음을 알지 못하였다면 이러한 취지 자체가 무색해짐), 이 사건 기록에 의하면 피해자 공소외 1가 자신이 피고인 2와 8촌 관계라는 사실을 당심에 들어 처음 알게 된 것으로 인정되고, 따라서 피해자 공소외 1의 피고인 2에 대한 고소(이하 '이 사건 고소'라 한다)기간의 기산점도 이 무렵부터이며, 이 사건 고소장이 2011. 9. 22.경 접수된 이상 고소기간이 아직 도과하지 않았음은 역수상 명백하므로 이 사건 고소는 **유효한 고소**이고, 결국 피고인 2의 피해자 공소외 1에 대한 사기의 점과 관련한 이 부분 **공소 제기 역시 유효하다** 할 것이다.」[75)]

▶ 「형법 제354조, 제328조의 규정에 의하면, 직계혈족, 배우자, 동거친족, 동거가족 또는 그 배우자 간의 **공갈죄**는 그 형을 면제해야 하고 그 외의 친족 간에는 고소가 있어야 공소를 제기할 수 있는바, 흉기 기타 위험한 물건을 휴대하고 공갈죄를 범하여 폭력행위 등 처벌에 관한 법률 제3조 제1항, 제2조 제1항 제3호에 의하여 가중처벌되는 경우에도 형법상 공갈죄의 성질은 그대로 유지되는 것이고, 특별법인 위 법률에 친족상도례에 관한 형법 제354조, 제328조의 적용을 배제한다는 명시적인 규정이 없으므로, 형법 제354조는 폭력행위 등 처벌에 관한 법률 제3조 제1항 위반죄에도 그대로 적용된다고 보아야 할 것이다.[76)] 원심판결 이유에 의하면, 원심은 피고인과 친족관계에 있는 피해자에 대한 흉기휴대 공갈의 폭력행위 등 처벌에 관한 법률 위반죄를 형법 제354조, 제328조에 의하여 피해자의 고소가 있어야 논할 수 있는 친고죄로 보고, 제1심판결 선고 전에 피고인의 처벌을 바라지 아니하는 의사가 표시된 합의서가 제출되었다는 이유로, 형사소송법 제327조 **제5호**에 의하여 공소기각의 판결을 선고한 제1심판결을 그대로 유지했다. 앞서 본 법리에 비추어 살펴보면, 원심의 위와 같은 판단은 정당한 것으로 수긍이 간다. 원심판결에는 상고이유에서 주장하는 바와 같은 폭력행위 등 처벌에 관한 법률 위반죄에 있어서 친족상도례의 적용에 관한 법리오해의 위법이 없다.」[77)]

▶ 「**공갈죄**가 야간에 범하여져 폭력행위등처벌에관한법률 제2조 제2항에 의해 가중처벌되는 경우에도 형법상 공갈죄의 성질은 그대로 유지되는 것이고, 특

---

75) 대전지방법원 2015. 1. 29, 선고 2014노1768 판결.
76) 대법원 1994. 5. 27, 선고 94도617 판결.
77) 대법원 2010. 7. 29, 선고 2010도5795 판결.

별법인 위 법률에 친족상도례에 관한 형법 제354조, 제328조의 적용을 배제한다는 명시적인 규정이 없으므로, 형법 제354조는 위 특별법 제2조 제2항 위반죄에도 그대로 적용된다고 보아야 할 것이며,[78] 위 특별법 제2조 제4항에서 공갈죄의 수단이 되는 형법 제260조 제1항, 제2항 소정의 폭행 및 존속폭행죄와 형법 제283조 제1항, 제2항 소정의 협박 및 존속협박죄가 위 특별법 제2조 제2항, 제3항에 의하여 가중처벌되는 경우에 그 각 죄에 대하여 피해자의 명시한 의사에 반하여 논할 수 없다는 형법 제260조 제3항, 제283조 제3항을 적용하지 않는다고 규정하고 있다 하여 이를 달리 새길 것이 아니다. 같은 취지에서 원심이 피고인과 친족관계에 있는 피해자에 대한 각 공갈의 폭력행위등처벌에관한법률위반죄를 형법 제354조, 제328조에 의하여 피해자의 고소가 있어야 논할 수 있는 친고죄라고 보고, 제1심 판결 선고 전에 고소를 취소한 피고인과 친족관계에 있는 위 피해자에 대한 폭력행위등처벌에관한법률위반의 공소사실에 대하여 형사소송법 제327조 **제5호**에 의하여 공소기각의 판결을 선고하였음은 옳고, 그 밖에 폭력행위등처벌에관한법률위반죄에 있어서 친족상도례의 적용에 관한 법리오해의 위법이 있다는 취지로 소론이 들고 있는 사유들은 모두 독자적인 견지에서 원심판단을 탓하는 것에 불과하다. 논지는 이유 없다.」[79]

▶ 「1. 민법 제815조 제1호는 당사자 사이에 혼인의 합의가 없는 때에는 그 혼인을 무효로 한다고 규정하고 있고, 이 혼인무효 사유는 당사자 사이에 사회관념상 부부라고 인정되는 정신적·육체적 결합을 할 의사를 가지고 있지 않은 경우를 가리킨다. 그러므로 비록 당사자 사이에 혼인의 신고가 있었더라도, 그것이 단지 다른 목적을 달성하기 위한 방편에 불과한 것으로서 그들 사이에 참다운 부부관계의 설정을 바라는 효과의사가 없을 때에는 그 혼인은 무효라고 할 것이다.[80] 그리고 형법 제354조, 제328조 제1항에 의하면 **배우자** 사이의 사기죄는 이른바 친족상도례에 의하여 형을 면제하도록 되어 있으나, 사기죄를 범하는 자가 금원을 편취하기 위한 수단으로 피해자와 혼인신고를 한 것이어서 그 혼인이 무효인 경우라면, 그러한 피해자에 대한 **사기죄**에서는 친족상도례를 적용할 수 없다고 할 것이다.

2. 원심은, 이 사건 공소사실 중 '피고인이 2013. 6. 18.경 피해자를 기망하여 차용금 명목으로 600만원을 교부받은 것을 비롯하여 그때부터 2013. 6. 27.경까지 제1심판결 별지 범죄일람표 2 기재와 같이 총 18회에 걸쳐 합계 51,761,788원 상당을 편취하였다'는 부분에 관하여, 피해자는 2013. 6. 18. 피고인과 혼인신고

78) 대법원 1989. 6. 13, 선고 89도582 판결.
79) 대법원 1994. 5. 27, 선고 94도617 판결.
80) 대법원 2004. 9. 24, 선고 2004도4426 판결.

를 마쳐 위 범행 당시 피고인의 배우자였던 사실이 인정된다는 이유로, 친족상도례를 적용하여 형을 면제하는 판결을 선고했다.

3. **그러나 원심의 이러한 판단은 다음과 같은 이유로 수긍할 수 없다.**

가. 원심판결 이유와 적법하게 채택된 증거들에 의하면 다음과 같은 사실을 알 수 있다.

① 피고인과 피해자는 2013년 초에 우연히 채팅으로 만났던 사이인데, 피고인은 2013. 6. 13.경 피해자에게 '아버지의 사망에 따른 상속 사건으로 변호사 선임비와 소송비용이 많이 들어가는 소송을 하는데 네 명의의 신용카드를 내가 사용하게 해주면 상속 지분 중 2억 1,000만원을 주겠다'고 거짓말하여 피해자로부터 피해자 명의의 삼성카드와 우리은행 신용카드를 받아 사용했다.

② 피고인은 2013. 6. 18. 피해자에게 2억 1,000만원에 관한 준소비대차계약 공정증서를 작성하여 교부했고, 피해자를 안심시킬 목적으로 '결혼하여 금전 문제를 잘 해결하자'고 제안하여 피해자와 함께 혼인신고까지 했다. 피고인은 그때부터 2013. 6. 27.경까지 피해자로부터 위와 같은 명목으로 이 부분 공소사실 기재와 같이 합계 51,761,788원을 교부받았다.

③ 그 후 피해자는 피고인과 연락이 두절되자 피고인을 의심하여 2013. 7. 1.경 피고인의 혼인관계증명서를 발급받고 비로소 피고인이 2007. 6. 4. 다른 사람과 혼인신고를 하였다가 2007. 8. 16. 협의이혼을 한 사실을 알게 되었으며, 2013. 7. 4. 피고인을 사기죄로 고소했다.

④ 피고인이 피해자와 혼인신고를 하고 피해자의 금원을 편취한 후 잠적할 때까지 피고인과 피해자는 동거하지도 않았고, 함께 거주할 집이나 가재도구 등을 알아보거나 마련한 바도 없다.

나. 이러한 사실관계를 앞서 본 법리에 비추어 보면, 피고인은 피해자로부터 금원을 편취하기 위한 기망의 수단으로 피해자와 혼인신고를 하였을 뿐이고, 그들 사이에 부부로서의 결합을 할 의사나 실체관계가 있었다고 볼 아무런 사정도 없으므로, 비록 피고인과 피해자 사이에 혼인신고가 되어 있었다고 하더라도 그들 사이의 혼인은 '당사자 사이에 혼인의 합의가 없는 때'에 해당하여 무효이고, 따라서 피고인의 이 부분 사기 범행에 대하여는 친족상도례를 적용할 수 없다고 할 것이다.

다. 그럼에도 원심은 이와 달리 이 부분 사기 범행에 대하여 친족상도례를 적용하여 피고인에 대한 형을 면제하였으므로, 이러한 원심의 판단에는 친족상도례에 관한 법리를 오해하여 판결에 영향을 미친 잘못이 있다. 이 점을 지적하는 상고이유의 주장에는 정당한 이유가 있다.

4. 그러므로 원심판결 중 위와 같이 형을 면제한 죄에 관한 부분을 파기하고, 이 부분 사건을 다시 심리·판단하도록 원심법원에 환송하기로 하여, 관여 대법

관의 일치된 의견으로 주문과 같이 판결한다.」[81)]

▶「친족상도례가 적용되는 친족의 범위는 민법의 규정에 의해야 하는데, 민법 제767조는 배우자, 혈족 및 인척을 친족으로 한다고 규정하고 있고, 민법 제769조는 혈족의 배우자, 배우자의 혈족, 배우자의 혈족의 배우자만을 인척으로 규정하고 있을 뿐, 구 민법(1990. 1. 13. 법률 제4199호로 개정되기 전의 것) 제769조에서 인척으로 규정하였던 '혈족의 배우자의 혈족'을 인척에 포함시키지 않고 있다. 따라서 이 사건과 같이 피고인의 딸과 피해자의 아들이 혼인관계에 있어 피고인과 피해자가 **사돈**지간이라고 하더라도 이를 민법상 친족으로 볼 수 없다. 그럼에도 불구하고 제1심은 피고인과 피해자가 사돈지간으로 2촌의 인척인 친족이라는 이유로 이 사건 공소사실 범죄를 친고죄라고 판단한 후 피해자의 고소가 고소기간을 경과하여 부적법하다 하여 형사소송법 제327조 **제2호**에 따라 이 사건 공소를 기각했고, 원심은 이러한 제1심의 판단을 그대로 유지하였는바, 이는 친족의 범위에 관한 법리를 **오해**하여 판결에 영향을 미친 위법이 있다. 따라서 형사소송법 제393조에 의하여 원심판결 및 제1심판결을 모두 파기하기로 한다.」[82)]

▶「친척 소유 예금통장을 절취한 피고인이 그 친척 거래 금융기관에 설치된 현금자동지급기에 예금통장을 넣고 조작하는 방법으로 친척 명의 계좌의 예금 잔고를 피고인이 거래하는 다른 금융기관에 개설된 피고인 명의 계좌로 이체한 경우, 그 범행으로 인한 피해자는 이체된 예금 상당액의 채무를 이중으로 지급해야 할 위험에 처하게 되는 그 친척 거래 금융기관이라 할 것이고, 거래 약관의 면책 조항이나 채권의 준점유자에 대한 법리 적용 등에 의하여 위와 같은 범행으로 인한 피해가 최종적으로는 예금 명의인인 친척에게 전가될 수 있다고 하여, 자금이체 거래의 직접적인 당사자이자 이중지급 위험의 원칙적인 부담자인 거래 금융기관을 위와 같은 **컴퓨터 등 사용사기** 범행의 피해자에 해당하지 않는다고 볼 수는 없다. 따라서 위와 같은 경우에는 친족 사이의 범행을 전제로 하는 친족상도례를 적용할 수 없는 것이다. 검사가, 피고인이 절취한 친할아버지 공소외인 소유 ○○ 농업협동조합 예금통장을 현금자동지급기에 넣고 조작하는 방법으로 공소외인 명의 위 농업협동조합 계좌의 예금 잔고 중 57만원을 피고인 명의 국민은행 계좌로 이체한 이 사건 컴퓨터 등 사용사기 범행 부분의 피해자를 ○○ **농업협동조합**이라고 특정하여 공소 제기한 이 사건에서, 원심이 위 범행의 피해

81) 대법원 2015. 12. 10, 선고 2014도11533 판결.
82) 대법원 2011. 4. 28, 선고 2011도2170 판결.

자는 피고인의 친할아버지 공소외인이라는 이유를 들어, 공소사실을 유죄로 인정한 제1심을 파기하고 친족상도례를 적용하여 피고인에게 형 면제를 선고한 조치는, 컴퓨터 등 사용사기죄에 있어서의 피해자 및 친족상도례의 적용범위에 관한 법리를 오해한 위법이 있고 이는 판결에 영향을 미친 것이 분명하므로 그대로 유지될 수 없다. 그러므로 원심판결 중 형 면제 부분을 파기하고, 이 부분 사건을 다시 심리·판단하게 하기 위하여 원심법원으로 환송하기로 하여 관여 법관의 일치된 의견으로 주문과 같이 판결한다.」[83)]

▶ 「원심이 유죄로 인정한 판시 **업무상배임죄** 및 특정경제범죄가중처벌등에관한법률위반(**횡령**)죄의 피해자는 피고인의 배우자인 공소외 2가 아니라 **공소외 1 회사**므로, 형법 제361조에 의하여 준용되는 형법 제328조의 친족상도례 규정은 위 각 범죄에 적용될 여지가 없다. 이 부분 상고이유의 주장 또한 받아들일 수 없다.」[84)]

▶ 「기록에 의하면, 제1심에서 이 사건 공소사실 중 피해자가 피고인들 및 공범의 이름이나 그들의 친족으로 되어 있는 부분을 제외하기 위하여 3회에 걸쳐 공소장변경이 있었고, 다시 원심에서 최초로 변론을 종결한 1996. 1. 31.의 다음날인 같은 해 2. 1.에 피고인들의 변호인이 김현○ 외 24명 등 피해자 중 많은 사람이 피고인들과 친족관계에 있어 형사책임이 없다는 취지의 변론요지서(공판기록 제2권 제1471면)를 제출하자, 원심은 같은 달 14. 변론을 재개하여 공판정에서 재판장이 피고인들에게 피해자 중 친족관계가 있는 자가 있는지를 물었으나, 피고인들은 "피고인들과 친족관계에 있는 사람들은 제1심 공소사실에서 철회되고 판결에 기재된 사람은 없다"라고 명백히 진술하여(공판기록 제2권 제1505면) 원심은 같은 날 다시 변론을 종결하고 판결을 선고한 사실이 인정되는바, 원심의 심리경위가 위와 같다면 원심이 이 사건 피해자들과 피고인들 사이에 친족관계가 있는지에 관하여 더 이상 직권으로 조사하지 아니하였다고 하여 친족상도례에 관한 법리를 오해하였거나 이 점에 관한 심리를 다하지 아니한 위법이 있다고 할 수 없다.」[85)]

▶ 「원심은 보호감호처분이 보호대상자에게 미치는 고통이나 영향은 형벌에 못지않게 중대함으로 그 처분의 여부에 관한 조항은 엄격하게 해석해야 하고 그 법의 취지나 법리에 따른 유추 내지 확대해석은 허용되지 않는다는 전제아래 피

83) 대법원 2007. 3. 15, 선고 2006도2704 판결.
84) 대법원 2014. 2. 21, 선고 2011도8870 판결.
85) 대법원 1996. 6. 14, 선고 96도835 판결.

고인과 이 사건 **절도** 피해자 박영○과는 호주와 **가족**관계에 있어 피고인의 절도 행위는 형법 제328조 제1항 소정의 친족상도례에 해당되어 형이 면제될 경우이고 사회보호법 제15조에는 형이 면제되는 경우 감호만 독립하여 청구할 수 있다는 규정이 없으므로 이건 독립감호청구를 기각한 제1심의 조치는 정당한 것으로 지지하고 있는바, 사실관계가 판시와 같아서 형의 면제를 할 경우라면 이는 위 법 제15조의 독립감호청구의 사유에는 해당한다고 볼 수 없다고 해석함이 마땅하다 할 것이므로 원심의 위와 같은 판단조치는 옳게 수긍이 되고 이와는 달리 범죄는 성립하나 어떠한 사유로 형벌이 저각되는 경우라도 재범의 위험성이 있는 경우에는 독립감호청구의 사유에 해당하는 것으로 확대해석할 것이라는 논지는 당원이 채용하지 않는 바이므로 논지는 이유 없다. 따라서 상고를 기각하기로 하여 관여법관의 일치된 의견으로 주문과 같이 판결한다.」[86)]

면책특권 판결

▶ 「제1점에 대하여

헌법 제45조(구헌법 제81조)는 국회의원은 국회에서 직무상 행한 발언과 표결에 관하여 국회 외에서 책임을 지지 아니한다고 규정하여 국회의원의 면책특권을 인정하고 있는바, 이는 국회의원이 국민의 대표자로서 자유롭게 그 직무를 수행할 수 있도록 보장하기 위하여 마련한 장치인 것이므로 면책특권의 대상이 되는 행위는 직무상의 발언과 표결이라는 의사표현행위 자체에 국한되지 아니하고 이에 **통상적으로 부수하여 행하여지는 행위까지 포함**한다고 할 것이고, 그와 같은 **부수행위인지 여부는** 결국 구체적인 행위의 목적, 장소, 태양 등을 종합하여 개별적으로 판단할 수밖에 없다고 할 것이다.

원심판결의 이유에 의하면, 원심은 피고인이 C정당 소속 제12대 국회의원으로서 1986. 7.경 제131회 정기국회 본회의에서의 정치분야 대정부 질문자로 내정되어 그 질문 원고를 작성함에 있어 우리나라의 통일정책과 관련하여 '이 나라의 국시는 반공이 아니라 통일이어야 한다' '통일이나 민족이라는 용어는 공산주의나 자본주의보다 그 위에 있어야 한다'는 등 통일을 위해서라면 공산화통일도 용인해야 한다는 취지 등을 담은 원고를 완성하고 비서인 공소외 D로 하여금 50부를 복사하게 한 다음, 같은 해 10. 13. 13:30 국회의사당 내 기자실에서 위 D를 통하여 그 중 30부를 국회 출입기자들에게 배포함으로써 반국가단체인 북괴의 활동에 동조하여 이를 이롭게 한 것이다 라는 공소사실에 대하여, 피고인이 배포한 원고의 내용이 공개회의에서 행할 발언내용이고(회의의 공개성), 원고의 배포

86) 대법원 1983. 7. 26, 선고 83감도108 판결.

시기가 당초 발언하기로 예정된 회의시작 30분 전으로 근접되어 있으며(**시간적 근접성**), 원고배포의 장소 및 대상이 국회의사당 내에 위치한 기자실에서 국회출입기자들만을 상대로 한정적으로 이루어졌고(**장소 및 대상의 한정성**), 원고배포의 목적이 보도의 편의를 위한 것이라는(**목적의 정당성**) 등의 사실을 인정한 후 이와 같은 사실을 종합하여 피고인이 **국회 본회의에서 질문한 원고를** 위와 같이 **사전에 배포한 행위**는 국회의원의 면책특권의 대상이 되는 직무부수행위에 해당한다고 판시하고 있는바, 기록에 비추어 원심의 판단은 옳게 수긍이 되고 거기에 국회의원의 면책특권에 관한 법리를 오해하였거나 채증법칙을 어긴 위법이 없다. 그리고 피고인이 자신의 발언내용이 국회 회의록에 게제되지 못할 것이라는 정을 알고 있었다거나, 원고의 내용을 본회의에서 그대로 발언하게 될 가능성이 없어 결국 외부에 공포될 수 없음을 예견하였다고 인정되지 아니하는 바에야 이를 전제로 한 주장들은 어느 것이나 받아들일 수 없다. 주장은 이유 없다.

제2점에 대하여

국회의원의 면책특권에 속하는 행위에 대하여는 공소를 제기할 수 없으며 이에 반하여 공소가 제기된 것은 결국 공소권이 없음에도 공소가 제기된 것이 되어 형사소송법 제327조 **제2호**의 "공소제기의 절차가 법률의 규정에 위반하여 무효인 때"에 해당된다고 **보아야 할 것**이므로 이와 같은 경우에는 위 규정에 따라 공소를 기각해야 할 것이다. **원심은** 피고인의 행위가 면책특권의 대상이 되는 직무부수행위에 해당한다고 판단하면서도 이와 같은 경우에는 형사소송법 제327조 **제1호**의 "피고인에 대하여 재판권이 없는 때"에 해당한다고 보아 이를 이유로 이 사건 공소를 기각하였는 바 이와 같은 견해는 국회의원의 면책특권에 해당하는 경우에는 재판권의 일부가 입법부에 속하는 것으로 파악됨을 전제로 한 것이 되어 재판권행사에 관한 현행법체계하에서는 채용할 수 없다 하겠다. 결국 이 점에서 원심의 판단은 잘못이라 하겠으나 어차피 이 사건 공소를 기각한 결론에 있어서는 정당하므로 위 잘못은 판결결과에는 영향이 없다. 그리고 나머지 주장들은 이와 다른 견해에서 원심판결을 탓하는 것에 지나지 아니한다. 결국 주장은 모두 이유 없다.」[87]

▶ 「1. 보도자료 배포에 의한 허위사실적시 명예훼손 및 통신비밀보호법 위반의 점에 대하여

이 사건 공소사실 중 **보도자료 배포**에 의한 허위사실적시 명예훼손 및 통신비밀보호법 위반의 점의 요지는, 피고인이 국회 법제사법위원회 소속 국회의원으로서 전 국가안전기획부가 공소외 1 당시 ▣▣그룹 회장 비서실장과 공소외 2

87) 대법원 1992. 9. 22, 선고 91도3317 판결.

당시 ▲▲일보 사장이 1997년 9월경 나눈 대화 내용을 불법 녹음한 자료(이하 '이 사건 도청자료'라고 한다)를 입수한 후, 2005. 8. 18. 09:30경부터 같은 날 10:00경 사이에 국회의원회관에서 "▣▣ 명절 때마다 검사들에게 떡값 돌려. X파일에 등장하는 떡값검사 7인 실명 공개"라는 제목 아래 이 사건 도청자료에 담겨 있던 대화 내용과 피해자 공소외 3이 ▣▣으로부터 떡값 명목으로 금품을 수수하였다는 내용이 게재된 이 사건 보도자료를 기자들에게 배포함으로써 허위사실을 적시하여 피해자의 명예를 훼손함과 동시에 통신비밀보호법에 규정된 절차에 의하지 아니하고 지득한 공개되지 아니한 타인간의 대화 내용을 공개하였다는 것이다. 그런데 원심판결 이유와 기록에 의하면, 이 사건 보도자료는 피고인이 2005. 8. 18. 제255회 국회 법제사법위원회에서 발언할 내용을 정리한 것으로, 피고인은 당일 법제사법위원회가 개의되기 직전에 보도의 편의를 위하여 이 사건 보도자료를 기자들에게 배포했고, 그 날 열린 법제사법위원회의 법무부 소관 현안보고 과정에서 이 사건 보도자료의 주요 내용을 발언한 사실을 알 수 있다.

위 사실관계를 앞서 본 법리에 비추어 살펴보면, **피고인이 국회 법제사법위원회에서 발언할 내용이 담긴 이 사건 보도자료를 사전에 배포한 행위**는 국회의원의 면책특권의 대상이 되는 직무부수행위에 해당한다고 할 것이다. 따라서 이 사건 공소사실 중 보도자료 배포에 의한 허위사실적시 명예훼손 및 통신비밀보호법 위반의 점에 대한 부분은 형사소송법 제327조 **제2호**의 "공소제기의 절차가 법률의 규정에 위반하여 무효인 때"에 해당되어 그 공소를 기각해야 한다.

같은 취지에서 이 사건 공소사실 중 보도자료 배포에 의한 **통신비밀보호법 위반의 점**에 대한 공소를 기각한 원심의 조치는 정당하다. 다만 원심이 보도자료 배포에 의한 **허위사실 적시 명예훼손의 점**에 대하여 실체적 심리에 나아가 범죄의 증명이 없다는 이유로 무죄라고 판단한 것은 적절하다고 할 수 없으나, 판결주문에서 이 부분에 관하여 따로 무죄를 선고하지 아니하고 이와 상상적 경합관계에 있는 보도자료 배포에 의한 통신비밀보호법 위반의 점에 대한 공소를 기각한 이상, 원심의 이와 같은 조치가 판결 결과에 영향을 미쳤다고 할 수 없다.」[88)]

▶ 「헌법 제45조는 "국회의원은 국회에서 직무상 행한 발언과 표결에 관하여 국회 외에서 책임을 지지 아니한다."고 규정하여 국회의원의 면책특권을 인정하고 있는바, 그 취지는 국회의원이 국민의 대표자로서 국회 내에서 자유롭게 발언하고 표결할 수 있도록 보장함으로써 국회가 입법 및 국정통제 등 헌법에 의하여 부여된 권한을 적정하게 행사하고 그 기능을 원활하게 수행할 수 있도록 보장하는 데에 있다. 따라서 면책특권의 대상이 되는 행위는 국회의 직무수행에 필

88) 대법원 2011. 5. 13, 선고 2009도14442 판결.

수적인 국회의원의 국회 내에서의 직무상 발언과 표결이라는 의사표현행위 자체에만 국한되지 않고 이에 통상적으로 부수하여 행하여지는 행위까지 포함된다고 할 것이다.[89] 국회의원이 국회의 위원회나 국정감사장에서 국무위원·정부위원 등에 대하여 하는 **질문**이나 **질의**는 국회의 입법활동에 필요한 정보를 수집하고 국정통제기능을 수행하기 위한 것이므로 면책특권의 대상이 되는 발언에 해당함은 당연하고, 또한 국회의원이 국회 내에서 하는 정부·행정기관에 대한 **자료제출의 요구**는 국회의원이 입법 및 국정통제 활동을 수행하기 위하여 필요로 하는 것이므로 그것이 직무상 질문이나 질의를 준비하기 위한 것인 경우에는 직무상 발언에 부수하여 행하여진 것으로서 면책특권이 인정되어야 한다. 이와 같이 면책특권이 인정되는 국회의원의 직무행위에 대하여 수사기관이 그 직무행위가 범죄행위에 해당하는지 여부를 조사하여 소추하거나 법원이 이를 심리한다면, 국회의원이 국회에서 자유롭게 발언하거나 표결하는 데 지장을 주게 됨은 물론 면책특권을 인정한 헌법규정의 취지와 정신에도 어긋나는 일이 되기 때문에, **소추기관은** 면책특권이 인정되는 직무행위가 어떤 범죄나 그 일부를 구성하는 행위가 된다는 이유로 **공소를 제기할 수 없고,** 또 **법원으로서도** 그 직무행위가 범죄나 그 일부를 구성하는 행위가 되는지 여부를 **심리하거나 이를 어떤 범죄의 일부를 구성하는 행위로 인정할 수 없다**고 할 것이다.

원심이 인용한 제1심판결 이유에 의하면 그 판시 범죄사실 제2항, 제3항, 제4항, 제6항 기재의 각 공갈죄를 인정함에 있어서 국회의원인 피고인이 국회의 재무위원회, 재정경제위원회 또는 국정감사장 등에서 국무위원 등에게 소관 국정사항과 관련하여 해당 기업체의 비리 의혹 등에 대하여 질의하거나 그 질의를 준비하기 위하여 정부기관 등에 대하여 자료제출을 요구한 사실을 적시한 다음에, 피고인이 국회 외에서 해당 기업체의 경영주나 임직원 등에게 위 질의 또는 자료제출요구의 내용과 관련하여 겁을 주고 금원을 교부받은 사실을 일부 적시하고 있음을 알 수 있으나, 이는 원심이 국회의원인 피고인의 직무상 발언에 해당하는 질의나 이에 부수하여 행하여진 자료제출요구가 위 각 공갈의 실행행위 내지 수단에 해당하는지 여부를 심리하여 이를 인정한 것으로 보이지는 아니하고, 표현방법에 있어서 다소 적절치 못한 면이 없지는 아니하지만 원심은 피고인의 질의나 자료제출요구를 단지 피고인이 국회 외에서 이 사건 각 공갈행위를 개시하거나 실행하게 되기까지의 경위로 참고로 적시한 것에 불과한 것으로 보이며, 피고인의 위 질의 및 자료제출요구를 제외한 나머지 행위만으로도 위 판시 각 항의 공갈죄를 인정하기에 충분하다. 따라서 상고이유 중 원심판결에 국회의원의 면책특권이 인정되는 직무행위를 형사상 범죄인 공갈죄를 구성하는 수단행

89) 대법원 1992. 9. 22, 선고 91도3317 판결.

위로 인정한 잘못이 있다는 부분도 받아들일 수 없다.」[90]

▶ 「헌법 제45조는 "국회의원은 국회에서 직무상 행한 발언과 표결에 관하여 국회 외에서 책임을 지지 아니한다."고 규정하여 국회의원의 면책특권을 인정하고 있는바, 이는 국회의원이 국민의 대표자로서 국회 내에서 자유롭게 발언하고 표결할 수 있도록 보장함으로써 국회가 입법 및 국정통제 등 헌법에 의하여 부여된 권한을 적정하게 행사하고 그 기능을 원활하게 수행할 수 있도록 보장하는 데에 그 취지가 있는 것이다.[91] 이러한 **면책특권의 목적 및 취지 등에 비추어 볼 때,** 발언내용 자체에 의하더라도 직무와는 아무런 관련이 없음이 분명하거나, 명백히 허위임을 알면서도 허위의 사실을 적시하여 타인의 명예를 훼손하는 경우 등까지 면책특권의 대상이 된다고 할 수는 없다 할 것이지만, 발언 내용이 **허위라는 점을 인식하지 못하였다면** 비록 발언 내용에 다소 근거가 부족하거나 진위 여부를 확인하기 위한 조사를 제대로 하지 않았다고 하더라도, 그것이 직무 수행의 일환으로 이루어진 것인 이상 이는 면책특권의 대상이 된다고 할 것이다.

원심이 인정한 사실관계에 의하면, 국회의원인 피고는 국회 예산결산위원회 회의장에서 법무부장관을 상대로 대정부질의를 하던 중, 당시 제기되어 있던 '(그룹명 생략) 그룹'측의 노○○ 대통령 측근에 대한 대선자금 제공 의혹과 관련하여 이에 대한 수사를 촉구하는 과정에서 이 사건 발언을 했고, 이 사건 발언 이후 위 의혹에 대하여 특별검사의 수사가 이루어지기도 했던 사실을 알 수 있는바, **이 사건 발언이 이루어진 전후 경위 및 그 내용 등에 비추어 보면,** 피고로서는 이 사건 발언 내용이 허위라고 생각하면서도 발언을 하였다기보다는 당시 대통령을 둘러싼 정치자금 의혹이 제기되어 있던 상황에서 이에 대한 수사를 촉구하기 위하여 미처 진위 여부를 정확하게 파악하지 못하거나 다소 근거가 부족한 채로 이 사건 발언을 하였다고 봄이 상당하고, 따라서 이 사건 발언이 면책특권의 범위를 벗어나는 것이라고 보기는 어렵다 할 것이다. 원심은 그 이유설시에 있어 다소 미흡한 점은 있으나, 이 사건 발언이 면책특권의 범위 내에 있다는 이유로 원고의 청구를 배척한 결론에 있어서는 정당한 것으로 수긍할 수 있고, 거기에 상고이유로 주장하는 바와 같은 국회의원의 면책특권에 관한 법리오해 등의 위법이 있다고 할 수 없다.」[92]

---

90) 대법원 1996. 11. 8, 선고 96도1742 판결.
91) 대법원 1992. 9. 22, 선고 91도3317 판결; 대법원 1996. 11. 8, 선고 96도1742 판결.
92) 대법원 2007. 1. 12, 선고 2005다57752 판결.

[7] 소추조건

범죄가 성립하고 처벌조건을 충족하더라도 소추조건을 갖추어야 하는 범죄가 있다.

형법 및 특별법 상의 **친고죄**(親告罪)는 적법한 **고소**가 있어야 하고, **반의사불벌죄**(反意思不罰罪)는 **처벌**불원**의사표시**가 존재하지 않아야 한다. 조세범처벌법위반죄는 세무서장 등의, 관세법위반죄는 관세청장이나 세관장의, 독점규제및공정거래에관한법률 제66조 및 제67의 죄는 공정거래위원회의 각 **고발**이 있어야만 공소를 제기할 수 있다.

위와 같은 범죄에서 소송조건의 흠결 없이 피고인을 처벌하기 위해서는 제기된 고소·고발이 제1심 판결선고 전까지 취소되지 않아야 하고, 처벌희망의사표시도 같은 시기까지 철회되지 않아야 한다. 1심 판결선고 후에는 고소·고발을 취소할 수 없다.

> **조세범처벌법** 제21조(고발) 이 법에 따른 범칙행위에 대해서는 국세청장, 지방국세청장 또는 세무서장의 고발이 없으면 검사는 공소를 제기할 수 없다.

> **관세법** 제284조(공소의 요건) ① 관세범에 관한 사건에 대하여는 관세청장이나 세관장의 고발이 없으면 검사는 공소를 제기할 수 없다.
>
> 제312조(즉시 고발) 관세청장이나 세관장은 범죄의 정상이 징역형에 처해질 것으로 인정될 때에는 제311조(통고처분) 제1항에도 불구하고 즉시 고발해야 한다.
>
> 제316조(통고의 불이행과 고발) 관세범인이 통고서의 송달을 받았을 때에는 그 날부터 15일 이내에 이를 이행해야 하며, 이 기간 내에 이행하지 아니하였을 때에는 관세청장이나 세관장은 즉시 고발해야 한다. 다만, 15일이 지난 후 고발이 되기 전에 관세범인이 통고처분을 이행한 경우에는 그러하지 아니하다.
>
> 제317조(일사부재리) 관세범인이 통고의 요지를 이행하였을 때에는 동일사건에 대하여 다시 처벌을 받지 아니한다.
>
> 제318조(무자력 고발) 관세청장이나 세관장은 다음 각 호의 어느 하나의 경우에는 제311조 제1항에도 불구하고 즉시 고발해야 한다.
>
> 1. 관세범인이 통고를 이행할 수 있는 자금능력이 없다고 인정되는 경우
> 2. 관세범인의 주소 및 거소가 분명하지 아니하거나 그 밖의 사유로 통고를 하

기 곤란하다고 인정되는 경우

독점규제및공정거래에관한법률 제71조(고발) ① 제66조(罰則) 및 제67조(罰則)의 죄는 공정거래위원회의 고발이 있어야 공소를 제기할 수 있다.

② 공정거래위원회는 제66조 및 제67조의 죄 중 그 위반의 정도가 객관적으로 명백하고 중대하여 경쟁질서를 현저히 저해한다고 인정하는 경우에는 검찰총장에게 고발해야 한다.

③ 검찰총장은 제2항의 규정에 의한 고발요건에 해당하는 사실이 있음을 공정거래위원회에 통보하여 고발을 요청할 수 있다.

④ 공정거래위원회가 제2항에 따른 고발요건에 해당하지 아니한다고 결정하더라도 감사원장, 중소벤처기업부장관, 조달청장은 사회적 파급효과, 국가재정에 끼친 영향, 중소기업에 미친 피해 정도 등 다른 사정을 이유로 공정거래위원회에 고발을 요청할 수 있다.

⑤ 제3항 또는 제4항에 따른 고발요청이 있는 때에는 공정거래위원회 위원장은 검찰총장에게 고발해야 한다.

⑥ 공정거래위원회는 공소가 제기된 후에는 고발을 취소하지 못한다.

1. 친고죄

가. 사자명예훼손, 모욕, 비밀침해, 업무상비밀누설죄, 저작권법위반죄, 실용신안법위반죄가 이에 해당한다.

한편 고발사건인 조세범처벌법위반죄는 고소취소의 시기제한과 관련하여 친고죄와 같은 제한이 있고, 독점규제및공정거래에관한법률위반죄는 공소제기 후 고발을 취소하지 못한다.

나. 친고죄 중에서 장차 고소의 가능성이 없는 사건은 수사할 수 없다.[93] 수사의 필요성에 반하기 때문이다.

▶ 「**친고죄**나 이 사건과 같이 **세무공무원 등의 고발이 있어야 논할 수 있는 죄**에 있어서 고소 또는 고발은 이른바 소추조건에 불과하고 당해 범죄의 성립요건이나 수사의 조건은 아니므로, 위와 같은 범죄에 관하여 고소나 고발이 있기 전에 수사를 하였다고 하더라도, 그 수사가 장차 고소나 고발이 있을 가능성이

93) 대법원 1995. 2. 24, 선고 94도252 판결.

없는 상태 하에서 행해졌다는 등의 특단의 사정이 없는 한, 고소나 고발이 있기 전에 수사를 하였다는 이유만으로 그 수사가 위법하다고 볼 수는 없다 할 것이다. 기록에 의하면 원심이 인용한 제1심판결의 채택증거 중 검사 작성의 피고인에 대한 피의자신문조서, 공소외 1에 대한 각 피의자신문조서등본 및 공소외 2에 대한 각 진술조서등본은 이 사건 조세범처벌법위반죄에 대한 세무서장의 고발이 있기 전에 작성된 것으로 보여지나, 한편 피고인이나 공소외 1, 공소외 2 등에 대한 신문이 이 사건 범죄에 대한 고발의 가능성이 없는 상태 하에서 이루어졌다고 볼 아무런 자료도 없으므로, 그들에 대한 신문이 고발 전에 이루어졌다는 이유만으로 위 조서나 각 조서등본의 증거능력을 부정할 수는 없다.」[94]

다. 고소능력, 고소위임능력

▶ 「1. 고소대리권의 존재 여부에 대하여

가. 고소를 함에는 소송행위능력, 즉 고소능력이 있어야 하는바, 고소능력은 피해를 받은 사실을 이해하고 고소에 따른 사회생활상의 이해관계를 알아차릴 수 있는 사실상의 의사능력으로 충분하므로 민법상의 행위능력이 없는 자라도 위와 같은 능력을 갖춘 자에게는 고소능력이 인정된다고 할 것이고, 고소위임을 위한 능력도 위와 마찬가지라고 할 것이다.

기록에 의하면, 피해자 류승○은 1976. 12. 20.생으로서 공소외 박○승에게 고소를 위임한 1996. 10. 16. 및 공소외 박○성에게 고소를 위임한 1996. 11. 5. 당시 만 19세 남짓 되었으므로 위와 같은 고소를 위임할 능력이 있다고 보아야 할 것이다. 위 류승○이 당시 미성년자이므로 그 고소위임은 법정대리인인 후견인만이 할 수 있다는 논지는 이유 없다.

나. 피해자 류승○, 류경○가 1996. 10. 16.자로 공소외 박○승에게 고소를 위임한 위임장(수사기록 12쪽)에 의하면, "… 한국유선방송사의 모든 민, 형사 및 권리를 위임한다."라고 기재되어 있고, 피해자 류승○이 1996. 11. 5.자로 공소외 박○성에게 고소를 위임한 위임장(수사기록 25쪽)에 의하면, "피고소인 피고인에 대한 배임 등 사건의 모든 민, 형사상의 권한을 위임합니다."라고 기재되어 있는바, 이상을 종합하면, 피해자들이 이 사건 배임죄에 대한 고소를 위임한 것으로 보기에 충분하다. 논지도 이유 없다.

다. 친고죄에서의 고소 유무에 대한 사실은 자유로운 증명의 대상이 된다고 할 것이다.

기록에 의하면, 피해자 류승○, 류경○ 명의의 1996. 10. 16.자 위임장에는 위

94) 대법원 1995. 2. 24, 선고 94도252 판결.

류경○ 본인이 발급받은 인감증명서가 첨부되어 있으나 "단 류승○은 미성년자인 관계로 등본으로 증명함"이라고 기재되어 있고, 피해자 류승○ 명의의 1996. 11. 5.자 위임장에는 인감증명 등이 첨부되어 있지 않다고 하더라도 기록상 피해자 류승○에 대하여도 특별히 고소위임의 진정성을 의심할 만한 사정은 보이지 아니하므로 원심이 그 점에 대하여 구체적으로 심리하지 아니한 것이 위법하다고 할 수 없다. 논지도 이유 없다.」[95)]

라. 친고죄의 고소기간

'친고죄'의 고소는 범인을 알게 된 날로부터 6월 이내에 해야 하고, 6개월을 경과하면 고소하지 못한다. 단, 고소할 수 없는 불가항력의 사유가 있는 때에는 그 사유가 없어진 날로부터 기산한다(**형사소송법 제230조 제1항**).[96)]

(1) **범인을 알게 된다 함은** 통상인의 입장에서 보아 고소권자가 고소를 할 수 있을 정도로 **범죄사실과 범인을 아는 것을 의미**하고, **'범죄사실을 안다는 것'은** 고소권자가 친고죄에 해당하는 범죄의 피해가 있었다는 사실관계에 관하여 확정적인 인식이 있음을 말한다.[97)]

▶ 「고소인은 피고인들 사이에 이 사건 성관계가 있은 당시 외국에 있다가 1996. 9. 23. 귀국한 후 처인 피고인 1의 신변에 이상이 있음을 알고 1996. 10. 31. 집 전화의 통화내역을 조사하는 등으로 증거를 수집하고 1996. 11. 11. 및 같은 달 12일 피고인들을 추궁하여 피고인들 사이에 성관계가 있었다는 취지의 말을 들었으나, 피고인 1이 위 성관계는 피고인 2의 강간에 의한 것이라고 주장하며 1996. 12. 30. 피고인 2를 강간죄 등으로 고소하자 그에 대하여 검찰에서 1997. 4. 1.자로 무혐의결정이 이루어진 후인 1997. 4. 7. 피고인들을 간통죄로 고소하였음을 알 수 있는바, 그렇다면 고소인으로서는 피고인 1의 피고인 2에 대한 강간 고소사건에 대하여 검찰의 무혐의결정이 있은 1997. 4. 1. 비로소 피고인들의 간통사실을 알았다고 봄이 상당하고, 그로부터 6월 내인 1997. 4. 7. 이루어진 이 사건 고소는 적법하다 할 것이다. 따라서 고소인이 1996년 9월 말경 피고인들

95) 대법원 1999. 2. 9, 선고 98도2074 판결.

96) 다만, 피해자가 범행을 당할 때에는 나이 어려 고소능력이 없었다가 그 후에 비로소 고소능력이 생겼다면 그 고소기간은 고소능력이 생긴 때로부터 기산되어야 한다(대법원 1987. 9. 22, 선고 87도1707 판결; 대법원 1995. 5. 9, 선고 95도696 판결; 대법원 2009. 11. 19, 선고 2009도6058 전원합의체 판결).

97) 대법원 2001. 10. 9, 선고 2001도3106 판결.

의 간통사실을 알았음을 전제로 이 사건 고소가 고소기간 도과 후에 제기된 부적법한 것이라는 취지의 상고이유 주장은 받아들일 수 없다.」[98)]

(2) **'범인을 알게 된다 함'은** 범인이 누구인지 특정할 수 있을 정도로 알게 된다는 것을 의미하고, 범인의 동일성을 식별할 수 있을 정도로 인식함으로써 족하며, 범인의 성명, 주소, 연령 등까지 알 필요는 없다.[99)] 수인의 공범이 있는 경우에는 공범 중 1인을 알면 족하고, 나머지 공범의 경우에는 성명불상, 주소불상 등을 기재하는 방식으로 고소할 수 있으므로 결국 공범 중 1인이라도 안 때로부터 고소기간은 진행한다.

(3) 고소할 수 없는 불가항력의 사유가 있는 때에는 고소기간은 그 사유가 없어진 날로부터 기산한다. 해고될 것이 두려워 고소하지 못했다는 것으로는 불가항력에 해당하지 않는다.[100)]

▶ 원심은 1984. 4. 17.부터 같은 달 28일 사이에 이루어진 제1, 2, 3, 4의 범죄사실에 대하여는 1984. 11. 3.에 피해자의 고소가 있었음이 명백하나 이는 친고죄에 있어서의 고소기간인 피해자가 범인을 안 때부터 6월을 경과한 후의 부적법한 고소이고 거기에 고소할 수 없는 불가항력적 사유도 발견되지 않는다 하여 공소를 기각하고 있는바, 기록에 의하면 원심의 위와 같은 판단조치는 옳게 여겨지고 설사 소론과 같이 피고인이 위 범행 시 피해자가 불응하는 경우 해고할 것을 위협하였다 하더라도 이는 업무상 위력에 의한 간음죄의 구성요건일 뿐 해고될 것이 두려워 고소를 하지 않은 것은 고소할 수 없는 불가항력적 사유에 해당한다고 할 수 없으므로 이와 다른 견해의 논지는 이유 없다.[101)]

마. 종래 성폭력범죄 중 친고죄에 대한 고소기간은 1년이었으나(성폭법 제19조), 2013. 6. 19. 시행된 개정 형법과 개정 성폭법에 의해 성폭력범죄는 더 이상 친고죄가 아니므로 고소기간의 제한도 없어졌다. 정확히는 형법 제296조를 삭제하여 추행·간음목적약취·유인·수수·은닉죄와 그 미수범에 대한 친고죄 규정이 폐지되었고, 형법 제306조를 삭제하여 강간, 강제추행, 준강간 및 준강

98) 대법원 2001. 10. 9, 선고 2001도3106 판결.
99) 대법원 1999. 4. 23, 선고 99도576 판결.
100) 대법원 1985. 9. 10, 선고 85도1273 판결.
101) 대법원 1985. 9. 10, 선고 85도1273 판결.

제추행과 그 미수범, 미성년자등에 대한 간음(위계, 위력), 업무상위력등에 의한 간음, 미성년자 의제강간에 대한 친고죄 규정이 폐지되었으며, 성폭법상 친고죄(업무상 위력등에 의한 추행, 공중밀집장소에서의 추행, 통신매체이용음란) 조항(성폭법 제15조)을 삭제했다.[102] 친고죄 폐지이유는, 친고죄로 인하여 성범죄에 대한 처벌이 합당하게 이루어지지 못하고 피해자에 대한 합의 종용으로 2차 피해가 야기되는 문제가 있으므로 친고죄 조항을 삭제한다는 것이었다.[103]

바. 친고죄 아닌 범죄는 공소시효의 제한은 있더라도, 고소기간의 제한은 없다. 고소가 소송조건이 아니기 때문이다.

> ▶「고소가 있어야 죄를 논할 수 있는 친고죄의 경우와는 달리 비친고죄에 있어서 고소는 단순한 수사의 단서로 됨에 지나지 않으므로 고소의 유무 또는 그 고소의 취소여부에 관계없이 그 죄를 논할 수 있다할 것인즉, 피해자가 비친고죄인 이 사건 사기죄의 고소를 취소하였다든지 또는 고소취소 후에 다시 고소하였다는 등의 사정은 피고인에 대한 사기죄를 논함에 있어 아무런 장애가 되지 아니한다.」[104]

사. 대리고소, 구술고소

형사소송법 제236조의 대리인에 의한 고소의 경우 대리권이 정당한 고소권자에 의하여 수여되었음이 실질적으로 증명되면 충분하고 그 방식에 특별한 제한은 없다고 할 것이며, 한편 친고죄에 있어서의 고소는 고소권 있는 자가 수사기관에 대하여 범죄사실을 신고하고 범인의 처벌을 구하는 의사표시로서 서면뿐만 아니라 구술로도 할 수 있는 것이므로, 피해자로부터 고소를 위임받은 대리인은 수사기관에 구술에 의한 방식으로 고소를 제기할 수도 있다.[105]

아. 일단 제기된 고소가 취소된 경우에는 친고죄 사건이라면 검사는 소송

---

102) 법률신문, 기사, "성범죄'친고죄'규정, 역사 속으로 사라져", 2012. 11. 23.자. 및 개정 형사소송법 참조.

103) 법제처 제·개정 이유 참조.
http://www.law.go.kr/lsRvsRsnListP.do?lsiSeqs=138754%2c138766%2c130816%2c121966%2c118762%2c116777%2c115737%2c112088%2c104431&chrClsCd=010102

104) 대법원 1987. 11. 10, 선고 87도2020 판결.

105) 대법원 2002. 6. 14, 선고 2000도4595 판결.

조건 결여로 공소권없음 처분을, 법원은 공소기각 판결을 하게 된다(형사소송법 제327조 제5호).

자. 상상적 경합범으로 공소가 제기된 죄 중, 하나는 친고죄이고, 다른 하나는 친고죄가 아닌 경우 피해자로부터 고소가 취소된 경우에, 판결주문에서 고소취소된 죄에 대하여 따로이 공소기각의 판결을 할 것이 아니라 판결이유에서 그 이유만 설시하면 족한 것이므로, 원판결이 유지한 제1심 판결이 그 주문에서 공소기각의 선고를 하지 아니하였다고 위법이라고 할 수 없다.[106]

2. 반의사불벌죄

가. 폭행, 존속폭행, 협박, 존속협박, 명예훼손, 출판물에 의한 명예훼손, 과실치상죄가 이에 해당한다.

나. 반의사불벌죄는 고소나 처벌희망의사표시가 없더라도 수사를 시작할 수 있으나, 다만 수사 중 처벌불원의사가 제출되면 기소할 수 없고, 처벌불원의사에도 불구하고 기소하였거나 재판 중 그와 같은 의사표시가 있을 경우 공소기각판결 사유가 된다(형사소송법 제327조 제6호).

▶ 「형법 제312조 제2항에 의하면, 형법 제309조의 출판물등에의한명예훼손죄는 피해자의 고소가 있어야 공소를 제기할 수 있는 이른바 친고죄가 아니라 피해자의 명시한 의사에 반하여 공소를 제기할 수 없는 이른바 반의사불벌죄이므로, 피해자 1이 피고인을 고소한 일이 없다고 하더라도 이 사건 공소제기의 효력에는 아무런 영향이 없다 할 것이다. 또한 반의사불벌죄에 있어서 피해자가 처벌을 희망하지 아니하는 의사표시나 처벌을 희망하는 의사표시의 철회를 하였다고 인정하기 위해서는 피해자의 진실한 의사가 명백하고 믿을 수 있는 방법으로 표현되어야 할 것이다.」[107]

106) 대법원 1968. 3. 5, 선고 68도105 판결.
107) 대법원 2001. 6. 15, 선고 2001도1809 판결.

다. 소송능력과 반의사불벌죄 처벌불원 의사표시능력

▶ 「…(전략) 반의사불벌죄에서 피해자가 피고인 또는 피의자에 대하여 처벌을 희망하지 않는다는 의사를 표시하거나 처벌을 희망하는 의사표시를 철회하는 것은 형사소송절차에서 소극적 소송조건으로서 법원 또는 수사기관에 대한 피해자의 소송행위에 해당하므로, 피해자에게 소송능력이 있어야 형사소송법상 그 효과가 인정된다.

형사소송법상 소송능력이라 함은 소송당사자가 유효하게 소송행위를 할 수 있는 능력, 즉 피고인 또는 피의자가 자기의 소송상의 지위와 이해관계를 이해하고 이에 따라 방어행위를 할 수 있는 의사능력을 의미한다. 형사소송법이 제26조에서 "형법 제9조(형사미성년자) 내지 제11조(농아자)의 규정의 적용을 받지 아니하는 범죄사건에 관하여 피고인 또는 피의자가 의사능력이 없는 때에는 그 법정대리인이 소송행위를 대리한다"고, 제306조 제1항에서 "피고인이 사물의 변별 또는 의사의 결정을 할 능력이 없는 상태에 있는 때에는 법원은 검사와 변호인의 의견을 들어서 결정으로 그 상태가 계속하는 기간 공판절차를 정지해야 한다"고 각 규정하고 있는 것도 형사소송절차에서의 소송능력을 위와 같이 파악하고 있기 때문이다. 이는 민사소송법이 소송능력에 관하여 특별한 규정이 없으면 민법상의 행위능력에 의하도록 하는 것(민사소송법 제51조, 제55조)과는 대비되는데, 형사벌과 관련한 자기책임의 원칙상 피고인 또는 피의자에게 의사능력이 있으면 직접 소송행위를 하는 것이 원칙이라는 데에 근거한 것이다. 의사능력이 있으면 소송능력이 있다는 위 원칙은 피해자 등 제3자가 소송행위를 하는 경우에도 마찬가지라고 보아야 한다. 종래 대법원도 "고소를 함에는 소송행위능력, 즉 고소능력이 있어야 하는바, 고소능력은 피해를 받은 사실을 이해하고 고소에 따른 사회생활상의 이해관계를 알아차릴 수 있는 사실상의 의사능력으로 충분하므로, 민법상의 행위능력이 없는 자라도 위와 같은 능력을 갖춘 자에게는 고소능력이 인정된다"고 하여 이러한 입장을 분명히 하고 있다.[108] 따라서 반의사불벌죄에 있어서 피해자의 피고인 또는 피의자에 대한 처벌을 희망하지 않는다는 의사표시 또는 처벌을 희망하는 의사표시의 철회는, 위와 같은 형사소송절차에 있어서의 소송능력에 관한 일반원칙에 따라, 의사능력이 있는 피해자가 단독으로 이를 할 수 있고, 거기에 법정대리인의 동의가 있어야 한다거나 법정대리인에 의해 대리되어야만 한다고 볼 것은 아니다.

…(중략) 이와 달리, 만약 반의사불벌죄에 있어서 피해자에게 의사능력이 있음

---

108) 대법원 1999. 2. 9, 선고 98도2074 판결; 대법원 2004. 4. 9, 선고 2004도664 판결; 대법원 2007. 10. 11, 선고 2007도4962 판결.

에도 불구하고 그 처벌을 희망하지 않는다는 의사표시 또는 처벌희망 의사표시의 철회에 법정대리인의 동의가 있어야 하는 것으로 본다면, 이는 피고인 또는 피의자에 대한 처벌희망 여부를 결정할 수 있는 권한을 명문의 근거 없이 새롭게 창설하여 법정대리인에게 부여하는 셈이 되어 부당하며, 형사소송법 또는 청소년성보호법의 해석론을 넘어서는 입론이라고 할 것이다. 뿐만 아니라, 처벌을 희망하지 않는다는 의사표시 또는 처벌희망 의사표시의 철회는 이른바 소극적 소송조건에 해당하고, 소송조건에는 죄형법정주의의 파생원칙인 유추해석금지의 원칙이 적용된다고 할 것인데, 명문의 근거 없이 그 의사표시에 법정대리인의 동의가 필요하다고 보는 것은 유추해석에 의하여 소극적 소송조건의 요건을 제한하고 피고인 또는 피의자에 대한 처벌가능성의 범위를 확대하는 결과가 되어 죄형법정주의 내지 거기에서 파생된 유추해석금지의 원칙에도 반한다.

…(중략) 다만, 여기에서 피해자인 청소년의 의사능력은 그 나이, 지능, 지적 수준, 발달성숙도 및 사회적응력 등에 비추어 그 범죄의 의미, 피해를 당한 정황, 처벌을 희망하지 않는다는 의사표시 또는 처벌희망 의사표시의 철회가 가지는 의미·내용·효과를 이해하고 알아차릴 수 있는 능력을 말하고, 그 의사표시는 흠이 없는 진실한 것이어야 하므로, 법원으로서는 위와 같은 의미에서 피해자인 청소년에게 의사능력이 있는지 여부 및 그러한 의사표시가 진실한 것인지 여부를 세밀하고 신중하게 조사·판단해야 함은 물론이다.

…(중략) 원심은, 청소년성보호법 제16조를 적용함에 있어 의사능력 있는 피해자인 청소년의 처벌희망 의사표시의 철회에 법정대리인의 동의가 있어야 하는 것은 아니라고 전제한 다음, 그 채택 증거에 의하여 인정되는 그 판시와 같은 사실들에 비추어 피해자가 피고인들에 대한 처벌희망 의사표시를 철회할 당시에 비록 14세 10개월 정도의 어린 나이였다고 하더라도 이 사건 범행의 의미와 본인이 피해를 당한 정황 및 자신이 하는 처벌희망 의사표시의 철회의 의미와 효과 등을 충분히 이해하고 분별할 수 있어 의사능력이 있는 상태에서 위와 같은 의사표시를 한 것이고, 따라서 그 의사표시에 법정대리인의 동의가 없었더라도 그 의사표시는 유효하다고 판단하여 피고인들에 대한 이 사건 공소사실 중 청소년성보호법 위반의 점의 공소를 기각했다. 앞서 본 법리에 비추어 살펴보면, 원심의 판단은 정당하고, 거기에 상고이유로 주장하는 바와 같은 반의사불벌죄에 있어서의 청소년인 피해자의 소송능력에 관한 법리오해 등의 위법이 없다.」[109]

---

109) 대법원 2009. 11. 19, 선고 2009도6058 전원합의체 판결.

라. 반의사불벌죄에 있어서, 피해자가 처벌을 희망하지 아니하는 의사표시나 처벌을 희망하는 의사표시의 철회를 하였다고 인정하기 위한 요건

▶ 「형법 제312조 제2항에 의하면, 형법 제309조의 출판물등에의한명예훼손죄는 피해자의 고소가 있어야 공소를 제기할 수 있는 이른바 친고죄가 아니라 피해자의 명시한 의사에 반하여 공소를 제기할 수 없는 이른바 **반의사불벌죄**이므로, 피해자 1이 피고인을 **고소한 일이 없다고 하더라도 이 사건 공소제기의 효력에는 아무런 영향이 없다** 할 것이다.

또한, 반의사불벌죄에 있어서 피해자가 처벌을 희망하지 아니하는 의사표시나 처벌을 희망하는 의사표시의 철회를 하였다고 인정하기 위해서는 피해자의 진실한 의사가 명백하고 믿을 수 있는 방법으로 표현되어야 할 것인바, 기록에 의하면 피해자 2은 1999. 1. 27. 피고인을 고소한 다음, 제1심법원으로부터 2000. 8. 26.에 2000. 9. 27. 14:00에 증인으로 출석하라는 소환장을 송달받고서 "수출무역 상담차 약 1개월간 미국을 방문할 예정이니 증인소환을 연기하여 주기 바랍니다."라는 내용의 2000. 9. 13.자 서면을 제출하고 불출석했고, 2000. 9. 30.에 2000. 11. 22. 14:00에 증인으로 출석하라는 소환장을 송달받고서 "업무출장 관계로 출석할 수 없으니 기일을 변경하여 주시기 바랍니다. 공소외 1(피고인과 함께 피해자 2으로부터 고소된 사람임)은 90회 이상 증인을 고소, 고발하여 괴롭히고 있습니다. 공소외 2를 고소 취하하였는데 무엇 때문에 또 증인을 부르시나요? 제발 생업에 종사할 수 있도록 선처하여 주시기 바랍니다."라는 내용의 2000. 11. 13.자 서면을 제출하고 불출석했고, 2000. 11. 27.에 2000. 12. 13. 14:00에 증인으로 출석하라는 소환장을 송달받고서 "수출 협의차 외국출장중이니 기일을 변경하여 주시기 바랍니다. 공소외 1은 증인을 90회 이상 고소, 고발했고, 증인도 공소외 1을 20회 이상 고소, 고발하여 그동안 제대로 업무를 할 수가 없었습니다. 이번 수출 건은 꼭 상담해야 하니 선처하여 주시기 바랍니다."라는 내용의 2000. 12. 2.자 서면을 제출하고 불출석하였으며, 제1심판결 선고 시까지도 고소취하장 등을 제출한 일이 없는 사실을 인정할 수 있고, 그렇다면 위 2000. 11. 13.자 서면만으로는 피고인에 대한 처벌을 희망하지 아니하거나 처벌을 희망하는 의사표시를 철회하는 피해자 2의 진정한 의사가 명백하고 믿을 수 있는 방법으로 표시되었다고 볼 수 없을 것이다. 따라서 이 사건 공소를 기각하지 않은 원심판결에는 주장과 같은 위법이 없다.」[110]

---

110) 대법원 2001. 6. 15, 선고 2001도1809 판결.

3. 고소취소, 처벌희망의사 철회 유의사항

가. 친고죄의 고소취소는 제1심 판결 선고 전까지만 할 수 있다(**형사소송법 제232조 제1항**). 따라서 1심 선고 후 고소를 취소하더라도 고소취소로서의 효력은 없고 단순히 양형사유에 불과하여 형 감경 요소가 된다. 이는 항소심에서 비로소 공소사실이 친고죄로 변경된 후 고소를 취소한 경우에도 같다.[111)]

▶ 「형사소송법 제232조 제1항, 제3항에 의하면 **친고죄에서 고소의 취소** 및 **반의사불벌죄에서 처벌을 희망하는 의사표시의 철회**는 제1심판결 선고 전까지만 할 수 있고, 따라서 제1심판결 선고 후에 고소가 취소되거나 처벌을 희망하는 의사표시가 철회된 경우에는 효력이 없으므로 형사소송법 제327조 제5호 내지 제6호의 공소기각 재판을 할 수 없다.」[112)]

▶ 「항소심에서 비로소 공소사실이 친고죄로 변경된 경우에도 항소심을 제1심이라 할 수는 없는 것이므로, 항소심에 이르러 고소인이 고소를 취소하였다면 이는 친고죄에 대한 고소취소로서의 효력이 없다. 기록에 의하면 검사는 피고인의 피해자 공소외인에 대한 2005. 5. 7.자 및 2005. 5. 21.자 범행에 대해서 정보통신망 이용촉진 및 정보보호 등에 관한 법률 위반죄로 기소를 하였다가 **항소심에 이르러 친고죄인 모욕죄로 공소장을 변경**하였는데, 피해자 공소외인은 제1심판결이 선고된 후에야 고소취소를 하였으므로 앞서 본 법리에 비추어 볼 때 그 고소취소 역시 아무런 효력이 없다. 따라서 원심이 고소취소의 효력을 배척한 것은 정당하고, 원심판결에 고소취소의 시기에 관한 법리오해의 위법이 없다.」[113)]

또 형사소송법 제233조는 "친고죄의 공범 중 그 1인 또는 수인에 대한 고소 또는 그 취소는 다른 공범자에 대하여도 효력이 있다"라고 하고 동법 제232조 제1항은 "고소는 제1심판결선고전까지 취소할 수 있다"라고 규정하고 있으므로 친고죄의 공범 중 그 일부에 대하여 제1심판결이 선고된 후에는 제1심판결선고전의 다른 공범자에 대하여는 그 고소를 취소할 수 없고 그 고소의 취소가 있다 하더라도 그 효력을 발생할 수 없다 할 것인데,[114)] 이러한 법리는 필요

111) 대법원 1985. 2. 8, 선고 84도2682 판결; 대법원 1999. 4. 15, 선고 96도1922 전원합의체 판결; 대법원 2007. 3. 15, 선고 2007도210 판결.
112) 대법원 2012. 2. 23, 선고 2011도17264 판결.
113) 대법원 2007. 3. 15, 선고 2007도210 판결.

적 공범이나 임의적 공범이냐를 구별함이 없이 모두 다 적용된다.[115)]

▶ 「직권으로 살피건대 기록에 의하면 피고인에 대한 본건 공소사실은 피고인은 원심 상피고인 1, 2, 3, 4와 공모하여 1973. 11. 중순경부터 1974. 1. 28.까지 사이에 고소인 김○○ 의 실용신안권을 침해하였다는 것이고 적용법조는 실용신안법 제30조 제1항 제1호임을 알 수 있고 고소인인 김○○은 위의 피고인들과 함께 공소외인에 대하여도 동일한 내용의 실용신안법위반의 **공범**으로 고소하였다가(수사기록 10장) 1974. 2. 26. **공소외인**에 대한 고소를 취소한 사실을 알 수 있는바(수사기록 542장) **실용신안법** 제30조 제2항(**현재 동법 제45조 제2항**[116)]) 에 의하면 위의 실용신안침해죄는 고소가 있어야 이를 논하는 **친고죄**이므로 고소인의 이 고소취하의 효력은 형사소송법 제233조에 의하여 다른 **공범으로 고소된 피고인에 대하여도 효력이 있다** 할 것인즉 원심으로서는 위 고소취하의 적법여부를 심리한 연후에 그가 적법한 것이라면 형사소송법 제327조 제5호에 따라 판결로써 공소기각을 하였어야 옳았을 것인데 위의 고소취소에 대하여 가려보지 아니하고 본안에 대하여 판단하였음은 형사소송법 제233조의 해석을 그릇한 잘못이 있고 이는 판결 결과에 영향을 미쳤다 할 것이므로 원판결은 파기를 면치 못할 것이다.」[117)]

▶ 「기록에 의하면, 피고인은 제1심 공동피고인 정정○ , **공소외 1과 공동**하여 1982. 10. 23. 23:30경 서울 구로구 가리봉동 소재 친구인 공소외 2의 자취방에서 피해자(13세)를 차례로 강간한 사실에 관하여 위 **공소외 1**은 1983. 2. 18. 서울지방법원 남부지원에서 징역 단기 2년, 장기 3년의 형 선고를 받고 동년 5. 11. 서울고등법원에서 징역 단기1년 6월, 장기 2년의 형 선고를 받았으나 동월 13일 상소권포기로 확정되었는데 한편 **피고인**에 대하여는 **1984. 12. 19. 그 고소가 취소**되었음에도 불구하고 1984. 12. 21. 공소제기 되어 1985. 2. 15. 서울지방법원 남부지원에서 징역 단기 1년 6월, 장기 2년의 형선고를 받고 1985. 8. 8. 피고인의 항소가 기각되자 본건 상고에 이른 사실을 알 수 있는 바, 원심판결이 피고인에 대한 고소가 취소되었음에도 불구하고 위와 같은 취지에서 피고인에

114) 대법원 1975. 6. 10, 선고 75도204 판결.

115) 대법원 1985. 11. 12, 선고 85도1940 판결.

116) 실용신안법 제45조(침해죄)

① 실용신안권 또는 전용실시권을 침해한 자는 7년 이하의 징역 또는 1억원 이하의 벌금에 처한다.

② 제1항의 죄는 고소가 없으면 공소(公訴)를 제기할 수 없다.

117) 대법원 1976. 4. 27, 선고 76도578 판결.

대하여 공소기각의 판결을 하지 아니한 제1심판결을 유지한 것은 정당하고 거기에 소론과 같은 고소불가분의 원칙에 관한 법리오해의 위법이 없으므로 논지 이유 없다.」[118)]

나. 반의사불벌죄의 처벌희망의사 철회도 고소의 취소에 관한 규정을 준용하므로 제1심 판결선고 전까지만 할 수 있다(**형사소송법 제232조 제3항**). 따라서 항소심에서 반의사불벌죄로 공소장이 변경된 경우 더 이상 처벌불원의사를 제출할 수 없다.[119)]

▶ 「기록에 의하면 피해자들은 제1심판결 선고 후에야 피고인의 정보통신망 이용촉진 및 정보보호 등에 관한 법률 위반죄에 대해서 처벌을 희망하는 의사표시를 철회한다는 내용이 담긴 고소취소장과 합의서 등을 제출하였으므로 그러한 처벌희망 의사표시의 철회는 아무런 효력이 없다.」[120)]

▶ 「원심은 이 사건이 **당초에는 상해죄**로 수사하여 기소되었으나 제1심에서 무죄가 선고된 후 **원심에 이르러 비로소 검사가 예비적으로 폭행죄로 공소장 변경**을 하였는데 피해자는 이 사건 발생 이후 피고인에 대한 처벌의사를 밝히지 않고 있던 중 제2심인 원심법정에서 그 처벌의사없음을 명시하여 진술한 사실을 기록에 의하여 인정한 다음 폭행죄와 같이 피해자의 명시한 의사에 반하여 논할 수 없는 소위 반의사불벌죄에 있어서 그 명시한 처벌의사의 철회는 제1심판결선고전까지만 할 수 있게 규정되어 있으나, 한편 이 사건처럼 항소심에서 공소장의 변경이 있어 항소심이 그 변경을 허가하여 심판을 하는 경우에는 항소심의 실질상 제1심인 셈이므로 항소심에서 반의사불벌죄로 공소장변경이 된 이 사건에 있어서는 그 처벌을 희망하는 의사의 철회는 공소장의 변경이 있는 항소심의 판결선고전까지는 유효하게 할 수 있다고 볼 것이라는 이유로 형사소송법 제327조 제6호에 의하여 위 폭행죄에 관한 공소를 기각하고 있다. **그러나** 형사소송법 제232조 제1항, 제3항에 의하면, 반의사불벌죄에 있어서 처벌을 희망하는 의사표시의 철회는 제1심판결선고전까지 이를 할 수 있다고 규정하고 있는 바, 이 규정의 취지는 국가형벌권의 행사가 피해자의 의사에 의하여 좌우되는 현상을 장기간 방치할 것이 아니라 제1심판결선고 이전까지로 제한하자는데 그 목적이 있다 볼 것이고, **비록 이 사건에 있어서와 같이 항소심에 이르러 비로소 반의사불벌죄**

118) 대법원 1985. 11. 12, 선고 85도1940 판결.
119) 대법원 1988. 3. 8, 선고 85도2518 판결.
120) 대법원 2007. 3. 15, 선고 2007도210 판결.

가 아닌 죄에서 반의사불벌죄로 공소장변경이 있었다 하여 항소심인 제2심을 제1심으로 볼수는 없다 할 것이다. (원심이 확정한 바에 의하면 이 사건에 있어 피해자는 항소심에서 처벌을 희망하지 아니하는 의사를 명시하였다는 것인바 이는 처벌을 희망하는 의사표시를 철회하는 경우와 마찬가지로 제1심 판결선고 전까지 할 수 있다고 할 것이다) 그러므로 원심이 이와 다른 견해에서 제2심에서 밝힌 처벌을 희망하지 아니하는 피해자의 의사를 받아들여 피고인에 대한 판시 폭행죄에 대한 공소를 기각하였음은 형사소송법 제232조 제3항, 제1항의 처벌을 희망하는 의사표시의 철회의 시기에 관한 법리를 오해한 위법이 있다 할 것이므로 이 점을 지적하는 논지는 이유 있다. 이에 원심판결 중 예비적 공소사실에 관한 부분은 파기를 면치 못할 것인바, 이 부분 사건은 소송기록과 원심에 이르기까지 조사된 증거에 의하여 판결하기에 충분하다고 인정되므로 형사소송법 제396조에 의하여 당원이 이를 직접 판결하기로 한다.」[121)]

반의사불벌죄인 출판물에 의한 명예훼손죄의 공범 중 1인에 대하여만 처벌불원 의사표시를 한 경우 다른 공범에게도 처벌불원의 효력이 미치는가와 관련하여,[122)] 대법원은 **친고죄와는 달리** 고소불가분 원칙이 적용되지 않는다고 봄으로써 그 다른 공범은 처벌을 피할 수 없다고 한다.[123)]

다. 조세범처벌법 위반 사건에 대한 세무공무원의 고발취소도 제1심 판결선고 전에 한하여 취소할 수 있다(해석상).

▶ 「**변호인 김○○ 의 상고이유는** '1, 본건에 관해서는 단기 4290년 3월 11일 고발인 정읍세무서장이 고발을 취하하여 (우 고발취하서는 단기 4290년 3월 11일 전주지방검철청에서 수리하여 목하 상신 중에 있음) **소추조건이 결여되었으므로 공소기각판결이 있으시기를 무망**하나이다' 운하다.[124)] 심안컨대 조세범처벌법 제6조 본문(**현재 동법 제21조**[125)])에 의하면 "본 법에 의한 범칙행위는

121) 대법원 1988. 3. 8, 선고 85도2518 판결.

122) 이러한 문제는 형사소송법 **제232조 제3항의 규정에 의하면 반의사불벌죄에 있어서도** 제1심 판결 선고 전까지 고소를 취소할 수 있고 고소를 취소한 자는 다시 고소하지 못한다는 **같은 조 제1, 2항의 규정을 준용한다고 명문으로 규정하고 있으면서도** 같은 법 **제233조는 친고죄**에 대하여만 고소와 고소취소의 **불가분**에 관한 규정을 함으로써 **반의사불벌죄에 대하여는** 고소불가분에 관한 위의 규정을 적용할 것인지 또는 준용할 것인지의 여부에 관하여 이를 **명문으로 규정하고 있지 아니**하여 발생한 문제이다(대법원 1994. 4. 26, 선고 93도1689 판결의 원심판결인 서울형사지방법원 1993. 5. 20, 선고 92노5251 판결 이유 참조).

123) 대법원 1994. 4. 26, 선고 93도1689 판결.

124) "(한문 투로) 무엇이라고 이르다. 또는 그렇게 하게 하다."(국립국어원 우리말샘 참조)

사세청장, 세무서장 또는 세무에 종사하는 공무원의 고발을 기다려 논한다." 규정했고 본건은 정읍세무서장의 고발에 의한 사건이므로 우 **고발은 마치 친고죄의 고소와 같이 소송조건**이라 할 것인바 비록 형사소송법전상 고소와 같이 그 취소시기에 관하여 제1심 판결선고전까지 취소할 수 있다(제232조,[126] 제255조[127] 참조)는 **명문의 규정은 없으나 당해 고발의 취소시기도** 전시 친고죄의 고소취소시기에 준하여 제1심 판결선고전까지 할 수 있고 동 **판결 선고 후에 있어서는 이를 허용할 수 없다고 해석**함이 타당하다 할 것이다 그런데 **본건 고발의 취소는 기록상 그 형적을 간취할 수 없을 뿐 아니라 설사 취소한 사실이 있었다 할지라도 제1심 판결선고 후의 것임이 기록상 명백하므로 그 취소의 효력이 없다**할 것이요 따라서 소론과 같은 공소기각론은 채용할 수 없고 논지는 이유 없다.」[128]

한편 조세범처벌법위반범죄, 관세법위반범죄, 독점거래및공정거래에관한법률위반범죄와 같은 **즉시고발**(또는 전속고발 사건)도 **반의사불벌죄의 해석과 같이** 고소 및 그 취소에 관한 **주관적 불가분 원칙은 적용되지 않으므로,** 국세청, 관세청, 공정위가 공범 중 1인만을 고발하였다면 고발되지 않은 다른 공범에 대하여는 공소를 제기 할 수 없다. 공소기각 사유가 된다(형사소송법 제327조 제2호).[129][130]

---

125) 조세범 처벌법 제21조(고발) 이 법에 따른 범칙행위에 대해서는 국세청장, 지방국세청장 또는 세무서장의 고발이 없으면 검사는 공소를 제기할 수 없다.

126) 제232조(고소의 취소)
① 고소는 제1심 판결선고 전까지 취소할 수 있다.
② 고소를 취소한 자는 다시 고소하지 못한다.
③ 피해자의 명시한 의사에 반하여 죄를 논할 수 없는 사건에 있어서 처벌을 희망하는 의사표시의 철회에 관하여도 전2항의 규정을 준용한다.

127) 제255조(공소의 취소)
① 공소는 제1심판결의 선고 전까지 취소할 수 있다.
② 공소취소는 이유를 기재한 서면으로 해야 한다. 단, 공판정에서는 구술로써 할 수 있다.

128) 대법원 1957. 3. 29, 선고 4290형상58 판결.

129) 同旨의 **조세범처벌법위반 사건의 판결**로는, 대법원 1962. 1. 11, 선고 4293형상883 판결; 광주고등법원 1985. 6. 28, 선고 82노328 제1형사부판결 : 상고; 서울지방법원 북부지원 1991. 3. 29, 선고 90고합428,662 제1형사부판결 : 항소.

130) 同旨의 **공정거래법위반 사건의 1, 2, 3심 판결**도, 처벌과 직결되는 소송조건에 대한 유추적용은 죄형법정주의에 반하는 점(서울중앙지방법원 2008. 2. 12, 선고 2007고단7030 판결), **독점규제 및 공정거래에 관한 법률상 고발은 형사소송법상 고소와 소송조건이라는 점만 일치할 뿐 입법취지, 주체 등 여러 가지 점에서 다르고,** 같은 부당한 공동행위에 참가한 여러 사업자별로 고발의무 여부가 달라질 수 있으며, 법규정의 취지에 비추어 보면 공정거래위원회가 고발을 하지 않을 권한에는 공범 중 일부에 대하여만 고발을 면제하는 권한도 포함된다고 보아야 하는 점(서울중앙지방법원 2008. 5. 16, 선고 2008노734 판결), 명문의 근거규정이 없을 뿐

라. 고소의 취소는 통상은 **고소취소장**을 제출하나 반드시 그와 같은 서식을 사용해야 하는 것은 아니다. 수사기관 또는 법관 앞에서 **구술**로도 고소취소 의사를 표시할 수 있다.[131] 단, **친고죄**의 고소취소 및 **반의사불벌죄**의 처벌불원 의사표시의 존재 또는 처벌을 희망하는 의사표시의 철회는 소송조건 결여로 공소기각판결 사유(각 형사소송법 제327조 제5호 및 제6호)이므로 법원은 이러한 중요한 점을 정확히 확인하기 위하여 반드시 인감증명서를 첨부한 고소취소장을 확인한다. 직권조사사항(職權調査事項)이기 때문이다.[132]

▶ 「이 사건 **저작권법위반**의 공소사실은 저작권법 제97조의5에 해당하는 죄로서 저작권법 제102조(**현재 동법 제140조**[133])에 의하여 저작권자 등의 고소가 있어야 공소를 제기할 수 있고, 형사소송법 제232조에 의하면 고소는 제1심판결 선고 전까지 취소할 수 있되 고소를 취소한 자는 다시 고소할 수 없으며, 한편 고소취소는 범인의 처벌을 구하는 의사를 철회하는 수사기관 또는 법원에 대한 고소권자의 의사표시로서 형사소송법 제239조, 제237조에 의하여 서면 또는 **구술**로써 하면 족한 것이므로, 고소권자가 서면 또는 구술로써 수사기관 또는 법원에 고소를 취소하는 의사표시를 하였다고 보여지는 이상 그 고소는 적법하게 취소되었다고 할 것이고, 그 후 고소취소를 철회하는 의사표시를 다시 하였다고 하여도 그것은 효력이 없다 할 것이다.[134]

원심판결 이유에 의하면, 원심은 그 채용증거에 의하여 고소인 공소외인은 검

만 아니라 소추요건이라는 성질상의 공통점 외에 그 고소·고발의 주체와 제도적 취지 등이 상이함에도 불구하고 친고죄에 관한 고소의 주관적 불가분원칙을 규정하고 있는 **형사소송법 제233조가 공정거래위원회의 고발에도 유추적용된다고 해석한다면** 이는 공정거래위원회의 고발이 없는 행위자에 대해서까지 형사처벌의 범위를 확장하는 것으로서, 결국 피고인에게 불리하게 형벌법규의 문언을 유추해석한 경우에 해당하므로 죄형법정주의에 반하여 허용될 수 없다(대법원 2010. 9. 30, 선고 2008도4762 판결)고 보았다. 同旨 서울중앙지방법원 2010. 11. 3, 선고 2010노639 판결.

131) 대법원 2007. 4. 13, 선고 2007도425 판결; 대법원 1983. 7. 26, 선고 83도1431 판결.

132) 대법원 1983. 7. 26, 선고 83도1431 판결; 대법원 2001. 4. 24, 선고 2000도3172 판결; 대법원 2002. 3. 15, 선고 2002도158 판결; 대법원 2005. 10. 28, 선고 2005도4462 판결; 대법원 2008. 2. 29, 선고 2007도11339 판결; 대법원 2009. 12. 10, 선고 2009도9939 판결.

133) 저작권법 제140조(고소) **이 장의 죄에 대한 공소는 고소가 있어야 한다.** 다만, 다음 각 호의 어느 하나에 해당하는 경우에는 그러하지 아니하다.

1. 영리를 목적으로 또는 상습적으로 제136조 제1항 제1호, 제136조 제2항 제3호 및 제4호(제124조 제1항 제3호의 경우에는 피해자의 명시적 의사에 반하여 처벌하지 못한다)에 해당하는 행위를 한 경우
2. 제136조 제2항 제2호 및 제3호의2부터 제3호의7까지, 제137조 제1항 제1호부터 제4호까지, 제6호 및 제7호와 제138조 제5호의 경우

134) 대법원 1983. 7. 26, 선고 83도1431 판결.

사의 “피의자들에 대한 처벌을 원합니까.”라는 질문에 “처벌을 원하지 않습니다.” 라고 답한 사실, 공소외인은 제1심법정에서 검찰조사를 받으면서 위와 같이 진술하였으나 고소를 취하한다는 의미가 아니라 신앙인으로서 피고인을 꼭 처벌하기보다는 사실 자체가 완전히 드러나기만 하면 된다는 생각을 했기 때문에 피고인을 처벌하는 것은 원치 않는다는 것이었다고 진술한 사실을 인정한 다음, 검사의 항소이유 주장 자체에 의하더라도 고소인 공소외인은 이 사건 공소제기 전에 검사에게 친고죄인 저작권법위반의 점에 대한 피고인의 처벌을 구하는 의사표시를 철회하는 의사표시를 한 것이고, 그 의사표시 당시 고소인에게 앞에서 인정한 것과 같은 내심의 진정한 의사가 있었다 하더라도 친고죄에서 처벌을 구하는 의사표시의 철회는 수사기관이나 법원에 대한 공법상의 의사표시로서 내심의 조건부 의사표시는 허용되지 않는 것이므로, 위 의사표시로서 저작권법위반의 점에 대한 고소인의 고소는 적법하게 취소되었다고 할 것이어서 이 사건 공소제기 전에 저작권법위반의 공소사실에 대한 고소취소가 있었다고 보아 공소를 기각한 제1심의 판단은 정당하다고 판단하였는바, 관계 증거들을 위 법리와 기록에 비추어 살펴보면 원심의 위와 같은 조치는 정당한 것으로 수긍이 가고, 거기에 상고이유에서 주장하는 바와 같은 고소취소에 관한 법리오해의 위법이 있다고 할 수 없다.」[135)]

▶ 「형법 제311조의 **모욕죄**는 고소가 있어야 논하고, (동법 제312조) 고소의 취소가 있으면 고소권상실의 효과가 생겨서 이후 다시 고소할 수 없음은 형사소송법 제232조 제2항의 규정에 의하여 명백하다. 원심판결이유에 의하면, 그 판시 범죄사실중 모욕죄에 관하여 고소의 취소가 있었는가의 여부를 판단함에 있어서, 검사작성의 피해자에 대한 각 진술조서(1982. 6. 17.자 및 같은 달 18자.)의 기재에 의하면, 피해자가 확정적으로 고소취소의 의사를 표시한 것으로는 단정할 수 없고 장차 고소를 취하할 예정인데 이는 고소취소장이라는 서면방식에 의하겠다는 정도의 의사표시에 불과하며 고소의 취소로 볼 수 없다고 판시하고 있다. 그러나 기록에 의하여 피해자에 대한 검사작성의 진술조서(1982. 6. 17.자)의 기재내용을 살펴보면 동 피해자는 피고인의 처벌을 원하지 않으며 이 사건 고소를 취소하겠다고 명백히 하고 또 한 번 고소를 취소한 후는 다시 고소할 수 없다는 점도 잘 알고 있다고 진술하고 있음을 엿볼 수 있고 고소취소는 범인의 처벌을 구하는 의사를 철회하는 고소권자의 의사표시로서 형사소송법상 요식행위가 아니므로 고소권자인 피해자로부터 검사에게 고소를 취소하는 의사표시를 하였다고 보여지는 이상 그 고소는 적법하게 취소되었다 고 할 것이고 설사 그 후 고소

---

135) 대법원 2007. 4. 13, 선고 2007도425 판결.

취소를 철회하는 의사표시를 다시 하였다고 하여도 그것은 효력이 없다 할 것이다. 그런데도 위 고소취소 사실을 인정하지 아니하고 모욕죄로 처단한 원심판결에는 증거의 가치판단을 잘못하였거나 고소취소의 효력에 관한 법리를 오해하여 판결에 영향을 미친 위법이 있다 할 것인즉, 이 점을 지적하는 논지는 이유 있다.」[136)]

▶ 「반의사 불벌죄에 있어서 처벌불원의 의사표시의 부존재는 소위 소극적 소송조건으로서 직권조사사항(職權調査事項)이라 할 것이므로 당사자가 항소이유로 주장하지 아니하였다고 하더라도 원심은 이를 직권으로 조사·판단해야 할 것이다(더욱이 기록에 의하면, 피고인은 항소이유 제출기간이 경과된 후에 제출한 항소이유보충서에서 이에 관한 주장을 하고 있다). 부정수표단속법 제2조 제4항에 의하면 같은 조 제2항 위반죄는 **수표**의 소지인의 명시한 의사에 반하여 공소를 제기할 수 없다고 규정하고 있고, 이러한 처벌불원의 의사표시를 할 수 있는 소지인이란 이러한 의사를 표시할 당시의 수표 소지인을 말하는 것으로서 통상 지급제시를 한 자가 이에 해당한다고 할 것이나 지급거절 이후 당해 수표가 전자에게 환수되었다면 환수받아 실제로 이를 소지하고 있는 자가 이에 해당하고, 이 경우 만약 환수받은 수표를 분실하였다면 그 분실 당시의 소지인이 이러한 처벌불원의 의사를 표시할 수 있다고 해야 할 것이며,[137)] 그러한 처벌불원의 의사는 제1심판결 선고 전까지 하면 되는 것이다(형사소송법 제232조 제1항, 제3항 참조).」[138)]

▶ 「부정수표단속법 제2조 제4항에서 부정수표가 회수된 경우 공소를 제기할 수 없도록 하는 취지는 부정**수표**가 회수된 경우에는 수표소지인이 부정수표 발행자 또는 작성자의 처벌을 희망하지 아니하는 것과 마찬가지로 보아 같은 조 제2항 및 제3항의 죄를 이른바 반의사불벌죄로 규정한 취지로서 부도수표 회수나 수표소지인의 처벌을 희망하지 아니하는 의사의 표시가 제1심판결 선고 이전까지 이루어지는 경우에는 공소기각의 판결을 선고해야 할 것이고,[139)] 이는 부정수표가 공범에 의하여 회수된 경우에도 마찬가지이다.」[140)]

▶ 「상고이유에 대한 판단에 앞서 직권으로 살피건대, 원심판결 이유에 의하

136) 대법원 1983. 7. 26, 선고 83도1431 판결.
137) 대법원 1995. 11. 28, 선고 95도1836 판결; 대법원 2000. 5. 16, 선고 2000도123 판결.
138) 대법원 2001. 4. 24, 선고 2000도3172 판결.
139) 대법원 1995. 2. 3, 선고 94도3122 판결.
140) 대법원 2005. 10. 7, 선고 2005도4435 판결; 대법원 2009. 12. 10, 선고 2009도9939 판결.

면 원심은, 피고인이 2003. 12. 11. 피고인 경영의 사업장에서 퇴직한 공소외 1, 공소외 2, 공소외 3, 공소외 4에 대하여 퇴직일로부터 14일 이내인 같은 달 24.까지 제1심판결 별지 미지급금품내역서 기재의 **퇴직금** 등을 지급해야 함에도 불구하고 지급기일 연장에 관한 당사자간의 합의 없이 이를 각 지급하지 아니하였다는 이 부분 공소사실에 대하여 피고인에게 적법행위를 기대할 수 없었던 불가피한 사정이 있었다는 이유로 무죄를 선고한 제1심판결의 조치를 유지했다. 그런데 이른바 반의사불벌죄에 있어서 처벌불원의 의사표시의 부존재는 소극적 소송조건으로서 직권조사사항이라 할 것이고, 2005. 3. 31. 법률 제7465호로 개정되어 2005. 7. 1.부터 시행된 근로기준법 제112조 제2항에 의하면, 종전에는 피해자의 의사에 상관없이 처벌할 수 있었던 근로기준법 제112조 제1항, 제36조 위반죄가 반의사불벌죄로 개정되었고,[141] 부칙에는 그 적용과 관련한 경과규정이 없지만 개정법률이 피고인에게 더 유리할 것이므로 형법 제1조 제2항에 의하여 피고인에 대하여는 개정법률이 적용되어야 할 것인바, 기록에 의하면, 공소외 1, 공소외 2, 공소외 3, 공소외 4는 이 사건 공소제기 전인 2004. 1. 9. 전주지방노동사무소에서 피고인에 대한 처벌을 원하지 아니한다고 진술한 사실을 알 수 있으므로, 위 피해자들에 대한 부분에 있어서는 개정법률에 따라 형사소송법 제327조 제2호에 따라 공소제기의 절차가 법률의 규정에 위반된다고 하여 공소기각의 판결을 선고해야 할 것임에도, 이에 대하여 종전의 규정을 적용한 원심판결에는 결국 형사소송법 제383조 제2호 소정의 "판결 후 형의 변경이 있는 때"에 준하는 사유가 있다고 보아야 할 것이어서 파기를 면할 수 없다.」[142]

▶ 「형법 제283조 제3항에 의하면 같은 조 제1항의 죄는 피해자의 명시한 의사에 반하여 공소를 제기할 수 없다고 규정하고 있고, 2001. 12. 19. 법률 제6534호로 개정되어 같은 날부터 시행되는 폭력행위등처벌에관한법률 제2조 제4항에 의하면 종전에는 야간에 형법 제283조 제1항의 죄를 범한 경우 같은 조 제3항의 규정의 적용을 배제함으로써 피해자의 의사에 상관없이 처벌할 수 있던 것이 위 반의사불벌에 관한 형법 규정이 그대로 적용되는 것으로 변경되었음이 분명하고, 한편 형사소송법 제232조 제3항, 제1항의 규정에 의하면, 피해자의 명시한 의사에 반하여 죄를 논할 수 없는 사건에서 처벌을 희망하는 의사표시의 철회 또는 처벌을 희망하지 아니하는 의사표시는 제1심판결 선고시까지 할 수 있다고 할 것인데, 기록에 의하면, 원심이 인용한 제1심판결의 피고인 1에 대한 판시 범죄일람표(Ⅰ) 순번 11, 14, 17, 18번, 피고인 2에 대한 판시 범죄일람표(Ⅱ) 순번

141) **현재 동법 제109조 제2항.**
142) 대법원 2005. 10. 28, 선고 2005도4462 판결.

20, 22, 25번의 각 범행(주간에 **단순협박**한 범행) 및 피고인 1에 대한 범죄일람표(Ⅰ) 순번 8, 9, 10, 13, 15, 16, 19번, 피고인 2에 대한 범죄일람표(Ⅱ) 순번 24번의 각 범행(야간에 **단순협박**한 범행)의 피해자들의 일부인 피해자 1, 2, 3이 제1심판결 선고 전에 피고인들에 대한 처벌을 바라지 않는다는 의사를 명시적으로 표시하고 있음을 알 수 있으므로(공판기록 42, 43, 83, 88면 참조), 원심은 이 부분에 대하여는 공소를 기각하였어야 할 것인바, 원심판결이 위 피해자들에 대한 위 각 협박죄 및 각 폭력행위등처벌에관한법률위반죄 부분에 관하여 공소를 기각하지 아니하고 유죄로 인정한 것은 반의사불벌죄에 관한 법리오해의 위법을 저질렀다고 할 것이다.」[143)]

▶ 「원심판결이 유지한 제1심판결이 판시한 범죄사실에는 피해자 공소외인에 대한 각 **협박**의 점이 포함되어 있음을 알 수 있는바, 형법 제283조 제3항에 의하면 협박죄는 피해자의 명시한 의사에 반하여 공소를 제기할 수 없는 이른바 반의사불벌죄임이 분명하다. 그런데, 기록에 의하면 위 피해자는 피고인의 제1심 국선변호인을 통하여 2007. 10. 11. "가해자와 피해자 간에 원만한 합의를 하였으므로 이 건을 차후 민·형사상 어떠한 이의도 제기치 않을 것을 서약하면서 합의서를 제출합니다"라는 내용과 "합의금 이백 중 나머지 일백만원은 11월부터 매월 10만원씩 송금하기로 함"이라는 내용이 기재된 합의서를 제1심법원에 제출하였음을 알 수 있는바, 그렇다면 위 피해자는 위 합의서를 제출함으로써 피고인에 대한 처벌을 희망하지 아니한다는 의사를 명시적으로 표시한 것으로 봄이 상당하다고 할 것이다.[144)] 그럼에도 불구하고 원심은, 위 각 협박의 점에 대한 공소를 기각하지 아니한 채 이를 유죄로 인정하여 판시 나머지 죄와 실체적 경합범으로 처단하고 말았으니, 원심판결에는 반의사불벌죄에 관한 법리를 오해하였거나 사실을 오인하여 판결에 영향을 미친 위법이 있어 원심판결 전부가 파기를 면할 수 없다.」[145)]

마. 단순히 합의서가 '작성'된 것만으로는 고소취소가 되었다고 볼 수 없다.[146)] 합의서는 수사기관이나 법원에 대한 고소취소의 의사표시가 아니기 때문이다.[147)]

---

143) 대법원 2002. 3. 15, 선고 2002도158 판결.

144) 대법원 1994. 2. 25, 선고 93도3221 판결; 대법원 2001. 12. 14, 선고 2001도4283 판결.

145) 대법원 2008. 2. 29, 선고 2007도11339 판결.

146) 대법원 1980. 10. 27, 선고 80도1448 판결; 대법원 1983. 9. 27, 선고 83도516 판결; 대법원 2012. 2. 23, 선고 2011도17264 판결.

147) 대법원 2012. 2. 23, 선고 2011도17264 판결; 이재상, 형사소송법, 제9판, 박영사, 2013, 217면.

한편 내용적으로는, 합의서와 함께 관대한 처분을 바란다는 취지의 탄원서가 법원에 제출된 때에는 고소가 취소된 것으로 볼 것이나,[148] 구술에 의해 고소를 취소하면서 "법대로 처벌하되 관대하게 처리하여 달라"고 말하였다면 고소취소로 인정하기 어렵다.[149] 따라서 가장 확실한 것은 고소취소장을 접수하는 것이고, 그 다음으로 확실한 것은 합의서 내용 속에 더 이상 처벌을 바라지 않는다는 명시문언이 있는 경우이다.

▶ 「고소의 취소나 처벌을 희망하는 의사표시의 철회는 수사기관 또는 법원에 대한 법률행위적 소송행위이므로 공소제기 전에는 고소사건을 담당하는 **수사기관**에, 공소제기 후에는 고소사건의 **수소법원**에 대하여 이루어져야 한다. 원심판결 이유 및 기록에 의하면, 이 사건 공소사실에는 피해자 공소외인에 대한 명예훼손의 점 및 모욕의 점이 포함되어 있는데, 원심은 피해자 공소외인에 의해 2011. 4. 27.자로 작성된 합의서(이하 '2011. 4. 27.자 합의서'라 한다) 및 공소외인의 원심법정에서의 증언을 근거로 공소외인이 이 사건 공소가 제기된 후 명예훼손의 점에 관하여 처벌을 희망하는 의사표시를 철회했고, 모욕의 점에 관하여 고소를 취소하였다는 이유로 제1심판결을 파기하면서 이 사건 공소사실 중 명예훼손의 점과 모욕의 점에 관한 공소를 기각하는 판결을 선고하였음을 알 수 있다. 그러나 원심의 위와 같은 판단은 앞서 본 법리 및 기록에 비추어 볼 때 다음의 이유로 수긍할 수 없다. **2011. 4. 27.자 합의서**는 이 사건과 별건인 피고인에 대한 형사사건의 검찰 수사과정에서 작성된 것으로 보이는데, 위 합의서에는 2011. 4. 27. 전의 피고인에 대한 모든 민·형사상 고소, 고발, 진정 등을 취소한다는 취지의 기재가 있으므로 이 사건 공소사실 중 명예훼손의 점에 관하여 처벌을 희망하는 의사표시를 철회하고 모욕의 점에 관하여 고소를 취소하는 내용이 포함되어 있는 것으로 볼 여지가 있다. 그러나 2011. 4. 27.자 합의서에 이 사건 공소사실에 관한 고소취소 및 처벌의사의 철회로 볼 내용이 있다 하더라도, 고소사건에 관한 이 사건 공소제기 후에 작성된 2011. 4. 27.자 합의서는 이 사건 공소가 제기되어 있는 제1심법원에 제1심판결 선고 전까지 **제출되어야만 고소취소 및 처벌의사의 철회로서의 효력**이 있다. **그런데 기록을 살펴보아도** 이 사건 합의서가 제1심판결 선고 전에 제1심**법원에 제출되었다고 볼 아무런 자료가 없고,** 그 밖에 공소외인이 제1심판결 선고 전에 제1심법원에 이 사건 공소사실에 관한 고소를 취소하고 처벌의사를 철회하였다고 볼 만한 자료도 없다. 오히

148) 대법원 1981. 11. 10, 선고 81도1171 판결.
149) 대법원 1981. 1. 31, 선고 80도2210 판결.

려 공소외인은 제1심법정에 증인으로 출석하여 2011. 4. 27.자 합의 건을 거론하면서 그것은 이 사건과는 별도의 문제이고 이 사건에 대하여는 피고인의 처벌을 희망한다는 취지로 증언했고, 원심법정에 증인으로 출석하여 피고인이 더 이상 행패를 부리지 않는다면 그간의 일을 용서해 주겠다는 의미로 합의서를 작성한 것인데 피고인이 합의서 작성 후에도 달라지지 않았으므로 이 사건에 관한 피고인의 처벌을 원한다는 의사를 명백히 한 점을 고려하면 이 사건 공소사실에 관한 고소취소 및 처벌의사의 철회가 있었다고 할 수 없다. 그런데도 원심은 이 사건 공소제기 후 이 사건 공소사실에 관한 고소취소 및 처벌의사의 철회가 있었다고 보아 이 부분 공소를 기각하고 말았으니, 이러한 원심의 판단에는 친고죄에 있어서의 고소의 취소 및 반의사불벌죄에 있어서 처벌을 희망하는 의사표시의 철회에 관한 법리를 오해하여 판결 결과에 영향을 미친 위법이 있다. 이 점을 지적하는 검사의 상고이유 주장은 이유 있다.」[150]

바. 반의사불벌죄로서 처벌불원의 의사표시는 의사능력이 있는 피해자가 단독으로 할 수 있는 것이고, 피해자가 사망한 후 그 상속인이 피해자를 대신하여 처벌불원의 의사표시를 할 수는 없다.[151]

▶ 「피해자가 제1심 법정에서 피고인들에 대한 처벌희망 의사표시를 철회할 당시 비록 14세 10개월의 어린 나이였다고는 하나, 피해자의 의사표시가 당해 사건 범행의 의미, 본인이 피해를 당한 정황, 자신이 하는 처벌희망 의사표시 철회의 의미 및 효과 등을 충분히 이해하고 분별할 수 있는 등 의사능력이 있는 상태에서 행해졌다면 법정대리인의 동의가 없었더라도 그 철회의 의사표시는 유효하다.」[152]

▶ 「폭행죄는 피해자의 명시한 의사에 반하여 공소를 제기할 수 없는 반의사불벌죄로서 처벌불원의 의사표시는 의사능력이 있는 피해자가 단독으로 할 수 있는 것이고, 피해자가 사망한 후 그 상속인이 피해자를 대신하여 처벌불원의 의사표시를 할 수는 없다고 보아야 한다. 따라서 변호인 주장과 같이 피해자의 상속인들이 이 사건 제1심판결 선고 전에 피고인에 대한 처벌불원의 의사표시를 하였다고 하더라도, 원심이 피고인에 대한 폭행죄를 유죄로 판단한 것은 위 법리에 따른 것으로서 옳고, 거기에 상고이유와 같은 반의사불벌죄에 있어서의 처벌

150) 대법원 2012. 2. 23, 선고 2011도17264 판결.
151) 대법원 2010. 5. 27, 선고 2010도2680 판결.
152) 대법원 2009. 11. 19, 선고 2009도6058 전원합의체 판결.

불원의 의사표시에 관한 법리를 오해한 위법 등이 없다.」[153)]

사. 삼촌의 통장을 훔쳐 예금주를 가장하고 예금해약을 빙자하여 금원을 편취한 경우(또는 이자를 찾아달라는 삼촌의 부탁을 받고는 은행을 속여 예금을 해약하여 돈을 가로챈 경우), **피해자가 삼촌이라면** 제328조 제2항의 비동거 친족간의 범행으로 삼촌의 고소와 고소취소는 심리와 판결의 절대적 요소가 되겠지만, 이 경우 **피해자는 은행이므로** 삼촌의 고소와 고소취소는 소송조건과 관련하여 아무런 의미가 없으므로 유죄판결을 선고할 수 있다.

▶ 「제1점 그 요지는 원심이 고소 취소에 관한 법리를 오해하였다고 한다.

그러나 본건 고소인 김윤○ 은 피고인의 **삼촌** 숙부로서 피고인과는 동거하고 있지는 않아도 서로 친족관계가 있는데 그가 **1심판결 선고 전에 피고인에 대한 본건 고소취소장을 1심법원에 제출하였다 하여도** 피고인의 본건 범행 중 2개의 사기죄를 제외한 나머지 문서위조죄 등은 친고죄의 대상이 되지 않고, 또 그 사기죄 중 1심 판시 3의(5) 사실과 같이 피고인이 위 김윤○ 소유 토지를 문서를 위조하여 자기 앞으로 그 소유권 이전등기를 한 연후 그 중 1필지를 공소외 정창○ 에게 매각하여 그로부터 그 대금 명목으로 금 300만원을 편취하였다는 그 범행은 그 피해자가 정창○이고 위 김윤○ 이는 그 사기피해자가 아니므로 그는 그 고소권이 없고 따라서 그가 고소를 하였어도 이는 고발의 효력 밖에는 없을 것이니 여기에 고소취소를 운운할 여지가 없을 것이다.

그리고 또 원심이 지지한 1심 판시 1사실에 적시된 사기사실에 의하면 **피고인은 공소외인으로 부터 정기예금의 이자를 찾아달라는 부탁을 받고** 그로부터 100만원짜리 정기예금증서 1장과 그 인감도장을 교부받자 그 예금을 편취할 목적으로 **담당은행 직원에게 예금주를 가장하고 그 정기예금을 해약**하겠으니 예금한 돈을 달라고 거짓말을 하여 그로 하여금 그와 같이 오신케 한 후 그로부터 이자를 공제한 나머지 금 90만원을 공소외인 명의로 인출 교부받아 피해자 공소외인 소유의 돈을 편취한 것이라고 설시하고 있다. **만일 위 설시와 같이 그 정기예금의 피해자가 은행이 아니고 공소외인이라고 한다면** 공소외인은 피고인의 숙부로서 위와 같이 이미 그 고소를 취소한 이상 원심은 의당 형법 제354조, 328조 2항 형사소송법 327조 5호에 따라 그 부분에 대해서는 공소기각 판결을 해야 할 것인데 이를 간과한 위법이 있다고 하지 않을 수 없을 것이나 원심판시와 같이 피고인이 예금주를 가장하고 예금해약을 빙자하여 그 예금을 편취하

153) 대법원 2010. 5. 27, 선고 2010도2680 판결.

였다면 그 예금의 소유권은 소비기탁으로 은행에 귀속되었다 할 것이므로 은행에서 피고인에게 내준 돈이 공소외인 소유의 돈이라고 볼 수 없을 것이며, 은행은 피고인이 위 정기예금 증서와 그 인감도장을 소지하고 있었기 때문에 혹 채권의 준점유자에 대한 변제로서 민사상 보호를 받고 그 예금주로부터의 책임추궁을 면하는 경우가 있다손 치더라도 그 때문에 **형사상 그 사기 피해자가 은행이 아니고 공소외인이라고 단정할 수는 없을 것이다.** 그렇다면 위 범행사실 역시 공소외인이 고소를 해야 할 **친고죄에 해당한다고는 볼 수 없을 것이므로** 원심이 위와 같이 그 사기 피해자를 잘못 인정한 허물이 있을망정 결국 위 사실을 사기죄로 인정하고 공소외인의 **고소취소를 받아주지 않은 조처는 결과적으로 정당**함에 귀착된다. 따라서 논지는 이유 없다.」[154)]

아. 친고죄에 있어서 이미 한 고소의 취소를 다시 취소하려면 먼저 한 고소취소의 의사표시가 수사기관이나 법원에 도달하기 전에 한하여 이를 할 수 있다.

▶「이 사건 공소의 간통죄가 이른바 친고죄로서 고소권자의 고소가 없거나 일단 제기된 고소가 취소된 때에는 그 처벌을 논할 수 없음은 소론과 같고 한편 제1심 공판기록에 의하면 이 사건 고소인은 피고인들에 대한 이 사건 고소를 취소한다는 내용의 고소취소장을 작성하여 제1심판결선고전인 1987. 11. 4. 업무시간이 끝난 후 대구지방법원 당직실에 이를 접수시켜 그것이 위 법원 형사단독과에 그 이튿날 아침 09:00에 접수된 후 그 바로 30분 뒤인 그날 아침 09:30경 위 고소취소장이 아직 합의가 이루어지지 아니한 상태에서 작성된 것이라는 것을 이유로 위 고소취소를 다시 취소한다는 내용의 사실경위서를 작성 위 법원에 제출한 사실이 인정된다. 그런데, 이 사건과 같은 이른바 **친고죄에 있어서 일단 한 고소의 취소를 다시 취소하려면,** 먼저 한 고소취소의 의사표시가 수사기관이나 법원에 도달하기 전에 한하여 이를 할 수 있다 할 것인데 위에서 본 바와 같이 이 사건 고소인은 그가 한 이 사건 고소취소의 의사표시가 위 법원에 도달된 뒤에 다시 그 취소의 의사표시를 하였으므로 이는 아무런 효력을 발생하지 못한다 할 것이다. 그렇다면 원심은 마땅히 이 사건 고소인이 한 이 사건 고소의 취소가 효력을 발생하고 있으므로 피고인들에 대하여 이 사건 공소를 기각하는 판결을 선고해야 할 것인데도 그렇지 아니하고 유죄의 판결을 선고하였으니 거기에는 판결에 영향을 미친 법률위반의 위법이 있다.」[155)]

---

154) 대법원 1972. 11. 14, 선고 72도1946 판결.
155) 대구지방법원 1988. 2. 24, 선고 87노1851 제1형사부 판결 : 확정

자. 재고소금지

고소를 취소한 자는 다시 고소하지 못한다(**형사소송법 제232조 제2항**). 반의사불벌죄에서 처벌불원을 표시한 자도 다시 처벌을 구할 수 없다(**동조 제3항**).

▶ 「이 사건 피해자인 공소외 유한회사 ○○ 통운은 피고인과 이 사건 **교통사고**에 대하여 원만히 합의하고 공소외 박상○ 을 통하여 1992. 3. 3. 자동차교통사고합의서라는 제목으로 그 제목 바로 밑 부분 괄호 안에 **"교통사고처리특례법 제3조 제2항"**이라고 기재하고, 피해자 및 가해자는 이 사건 교통사고에 대하여 상호 원만히 합의되었기에 서명날인한 합의서를 제출한다는 내용의 서면을 이 사건 수사기관인 순천경찰서에 제출한 사실을 알 수 있는바, 따라서 위 피해자는 위 자동차교통사고합의서를 제출함으로써 피고인의 처벌을 희망하지 아니한다는 의사를 명시적으로 표시하였다고 할 것이고, 그 후 위 피해자가 1992. 4. 4. 위 박상○을 통하여 위 합의를 무효화한다는 의사표시를 하였다고 하더라도 반의사불벌죄에 있어서는 처벌을 희망하지 아니하는 의사를 명시적으로 표시한 이후에는 다시 처벌을 희망하는 의사를 표시할 수 없는 것이므로, 이 사건 공소는 결국 공소제기의 절차가 법률의 규정에 위반하여 무효인 때에 해당한다고 할 것이다. 같은 취지의 원심판결은 정당하고, 거기에 소론과 같이 반의사불벌죄에 있어서 처벌을 희망하는 의사표시의 철회에 관한 법리를 오해한 위법이 있다고 할 수 없다.」[156)]

▶ 「원심은, 피해자 권돌○ 이 2000. 5. 29. 피고인과 사이에, 피고인이 이 사건 **교통사고**로 인한 피해자의 치료비 전액을 부담하는 조건으로 더 이상 민·형사상 문제삼지 아니하기로 합의하고 피고인으로부터 일부 합의금 명목으로 150만원을 수령하면서 피고인에게 합의서를 작성·교부한 사실, 피고인이 위 합의서를 수사기관에 제출한 사실을 인정한 다음, 위 인정 사실에 의하면, 피해자는 위 합의서를 작성·교부함으로써 피고인에게 자신을 대리하여 자신의 처벌불원의사를 수사기관에 표시할 수 있는 권한을 수여하였다 할 것이고, 이에 따라 피고인이 위 합의서를 수사기관에 제출한 이상 피해자의 처벌불원의사가 수사기관에 적법하게 표시되었다 할 것이며, 이후 피고인이 피해자에게 약속한 치료비 전액을 지급하지 아니한 경우에도 민사상 치료비에 관한 합의금지급채무가 남는 것은 별론으로 하고 처벌불원의사를 철회할 수 없다는 이유로 이 사건 공소는 결

※ 위 사건의 재판부가 참조한 외국판결은, 일본대심원 1939. 2. 25, 선고 소화13년 제1550호 판결(대심원형사판결집 18권 49면)이다.

156) 대법원 1994. 2. 25, 선고 93도3221 판결.

국 공소제기의 절차가 법률의 규정에 위반하여 무효인 때에 해당한다고 판단하였는바, 기록을 살펴보면 원심의 위와 같은 사실인정과 판단은 정당하고, 거기에 상고이유의 주장과 같은 반의사불벌죄에 있어서 처벌을 희망하지 않는 의사표시에 관한 법리를 오해한 위법이 있다고 할 수 없다.」[157]

▶ 「이 사건 공소사실은 형법 제260조 제1항에 해당하는 죄로서 같은 조 제3하에 의하여 피해자의 명시한 의사에 반하여 공소를 제기할 수 없는 사건인바, 수사보고(증거목록 순번 제24번)에 첨부된 손▲▲에 대한 제3회 피의자신문조서 사본의 각 진술기재 및 수사결과보고서의 기재에 의하면, 손▲▲는 이 사건 공소제기 전인 2016. 9. 21, 2016. 11. 29, 이 사건과 관련하여 피고인에 대한 상해죄로 경찰 조사를 받는 과정에서 "이 사건 당일 피고인으로부터 멱살을 잡히는 등의 폭행을 당한 부분에 대하여는 처벌을 원하지 않는다"는 취지의 의사를 명시적으로 표시했고, 이와 같은 점을 고려하여 수사기관은 최초에 이 사건을 별도로 인지·수사하지 아니한 사실을 인정할 수 있으므로, 이 사건 공소는 공소제기의 절차가 법률의 규정에 위반되어 무효인 때에 해당하여 형사소송법 제327조 제2호에 따라 공소를 기각해야 할 것이고, 그 후 손▲▲가 수사기관에 고소장을 제출하면서 피고인의 처벌을 희망하는 의사를 표시하였다고 하더라도 달리 볼 것이 아니다. 그럼에도 원심은 이를 간과한 채 이 사건 공소사실을 무죄로 판단하였는바, 이러한 원심판결에는 반의사불벌죄에 있어서 피해자의 처벌불원 의사표시에 관한 사실을 오인하거나 법리를 오해한 위법이 있으므로 더 이상 유지될 수 없게 되었다.」[158]

변호 조언

위에서 본 바와 같이 종래 강간 등 성범죄는 다수의 범죄가 친고죄로 규정되어 있었다. 따라서 성범죄 사건이 입건된 후 변호의 주된 방향은 피해자와 합의토록 하는 것이 가장 중요한 것이었고, 수사단계에서 합의에 도달하지 못하고 구속기소 되더라도 형사재판 과정에서 합의서와 고소취하서를 제출하면 공소기각판결을 받을 수 있었다.

그러나 앞서 본 바와 같이 성범죄에 대한 합의과정에서 피해자가 2차 피해를 입는 문제, 금원에 매수되어 실체진실규명과 상응한 처벌이 불가능해지고 피고인들이 무조건 면책되는 문제, 피해자가 미성년일 경우 그의 친권자인 부모가 피해자 본인의 의사와 다른 결정을 하게 되는 문제로 인해 성범죄의 친고죄성이 삭제되었다. 친고죄 폐지

157) 대법원 2001. 12. 14, 선고 2001도4283 판결.
158) 울산지방법원 2018. 1. 9, 선고 2017노928 판결.

전 성범죄의 구속기소사건 또는 실형예정사건의 합의금액은 매우 높았다.

이제 수사기관은 성범죄에 대한 고소가 있었는지, 진정한 고소권자에 의해 고소가 제기되었는지, 고소시효를 도과한 것은 아닌지, 수사 중 고소취하서가 제출되지 않았는지에 대해 걱정할 필요 없이 수사를 개시하고 공소제기 할 수 있게 되었다.

이후 변호활동은 공소기각판결을 노리던 형식적 **변론**에서 **진화**하여 피고인의 전인격적 측면에 대한 포괄적 양형변론으로 바뀌게 되었고, 성범죄 사건도 변론다운 변론이 필수적이다. 그렇지 않으면 대부분 실형, 법정구속될 운명에 처해져 있을 만큼 대부분의 성범죄 사건은 법정형이 높다. 양형변론이 갈수록 정교해지는 **반면 중요 양형요소의 긍정적인 면을 충족시키기 어려운 부분도 있다. 바로 피해자와의 합의 또는 공탁의 문제**이다.[159] 피해자의 인적사항을 알려면 수사단계 및 형사재판에서 피해자가 합의에 응하려는 의사가 확인되어야만 하고, 합의에 응할 생각이 없는 피해자는 자신의 인적사항에 대한 공개를 불허 요청하므로 연락처를 알 수 없는 성범죄 피해자와 합의할 수 없다. 나아가 피해자의 인적사항을 알지 못하고서 피해금을 공탁할 수도 없다.

위와 같은 문제점은 공탁법을 개정하거나 형사소송법을 개정하여 해결해야 하는데 몇 차례 입법발의는 되었으나 쉬운 일이 아니다.[160] 그리고 **피해자 변호사 제도가 도입된 이후 피해자 변호사의 성향에 따라 그가 합의의 장애요소로 작동될 수도 있다는 점은 무척 우려스러운 대목**이다.

[8] 구성요건요소

범죄구성요건은 객관적 요소와 주관적 요소로 나누어지고, 양자 모두를 충족해야 한다. **객관적**인 것은 행위, 인과관계, 결과이고, **주관적**인 것은 고의, 목적, 경향, 불법영득의사 등 내심의 것을 말한다.

일반적으로 피의자의 행위로 결과가 발생했고, 그 간에 상당한 인과관계가 있고, 그가 고의로 한 행위인 한 고의범의 기수로 처벌된다.

만약 결과가 발생하지 않았다면 고의범의 미수로 처벌되고, 인과관계가 부정될 경우에도 고의범의 미수가 되거나 경우에 따라서는 무죄가 된다.[161]

---

159) 同旨 법률신문 2019. 2. 25.자 기사.

160) 2017. 5. 민주당 박경미 의원 발의 법안, 2017. 10. 자유한국당 곽상도 의원 발의 법안에 대해 법사위는 "필요성이 인정된다"는 검토보고서를 작성한 후에도 처리하지 못하고 있다(법률신문 2019. 2. 25.자 기사; 대한변협신문 2018. 11. 5.자 기사).

161) 형법 제17조(인과관계) 어떤 행위라도 죄의 요소되는 위험발생에 연결되지 아니한 때에는 그 결과로 인하여 벌하지 아니한다.

그리고 주관적 요소가 결여될 경우에는 무죄가 되거나 과실범이 문제된다.

재판 실무

이론적인 면에서 객관적 구성요건과 주관적 구성요건 모두를 충족해야만 범죄가 성립하는 것으로 기술되고 있지만, **실무상 주관적 구성요건에 대한 상세한 주장을 하는 경우가 많은가.** 또 주관적 구성요건 결여를 주장할 경우 **법원은 고의(故意) 부재 등의 사유로 무죄선고를 하는 경우가 많은가.**

애석하게도 재판실무는 검사가 기소한 범죄의 성립을 쉽게 인정하는 경향이 많고, 진지한 고민을 한 흔적을 찾기도 힘들다. 이런 실무관행을 겪어 온 다수의 변호인들은 고의 조각을 주장하기보다 객관적 사실 중 모순점을 찾아 주장하는 변론방법을 구사하게 된다.

예컨대 모의 몸을 낫게 해준다는 명분으로 안수기도를 하다가 모가 사망하게 될 경우 검찰이 존속살인죄로 공소제기하면 존속살인죄로 유죄판결을, 존속폭행치사죄로 공소제기하면 존속폭행치사죄로 판결하는 경우가 있다. **그러나 적어도 전자(前者)는 잘못된 판결이다.** 검찰이 살인죄로 기소하였더라도 행위 당시 피고인에게 살인의 고의가 없었다면 살인죄에 대해 무죄를 선고해야 하고, 이종(異種) 구성요건이지만 축소사실의 범위 내에 있다면 폭행죄나 폭행치사죄를 인정해야 하며, 축소사실로 볼 수조차 없는 경우 검사로 하여금 공소장 변경을 하도록 하여 경한 죄를 인정해야 하기 때문이다.[162)]

구체적 사정 하에서 평소 피고인과 모의 사이가 나빴으므로 **살인의 고의를 가진 것이 맞는지,** 절명의 원인된 신체부위는 어디이며, 살인의 수법 내지 폭행의 수법상 유형력의 강도는 어떠하였는지, 범행 후 피고인이 취한 태도가 즉시 도주였는지 아니면 시신 곁에서 모를 흔들어 깨우거나 가족과 통화하며 당황해 한 것인지, 범행 전 치료받은 정신과 이력은 어떠한지를 **상세히 고찰하여 그의 고의가 무엇이었는지에 대해 엄격한 판단을 해야 하는데, 법원의 판단은 고의를 분석하는데 있어 신중하지 못한 경우가 많다.**

한편 돈을 지급하지 않은 사정에 착안하여 검사가 사기죄로 기소하면 변호인이 지불능력과 지불의사가 있었다는 주장을 하여도 법원은 쉽게 사기죄 유죄판결과 함께 실형구속하는 경향이 많고, 반대로 검사가 지불의사가 있었다는 피의자의 주장에 속아 무혐의 처분하면 항고검사와 재정신청법원은 아무런 상세이유 없이 항고와 재정신청을 기각하는 사례가 많다.[163)] **역시 편취범의에 대한 진지한 고민 없이 검사의 처**

---

162) 존속살해죄는 무기 또는 7년 이상의 징역(형법 제250조 제2항), 존속폭행치사죄는 무기 또는 5년 이상의 징역(형법 제262조, 제259조 제2항)에 해당하므로 형량 상 상당한 차이가 있다.

163) 검찰 기소독점을 견제하는 장치인 재정신청 제도는 실제에서 무용하여, 종전 헌법재판소의 헌법소원 기능에 비하면 있으나 마나한 형식적 불복수단이 되었다. 2013년부터 2017년까지 전국 고등법원의 재정신청 인용률은 평균 0.75%(90,651건 접수, 658건 인용)에 그쳤음이 드

벌의사를 좇는 모양새는 고의(故意)라는 중요 사실인정에 대해 경시하는 경향에서 비롯된다.

이러한 경향은 위법성조각사유 중 정당방위의사를 주장해 보아도 무죄선고를 받기 힘든 현실과도 관련되어 있다. 방위의사(防衛意思)라는 피고인의 속마음만으로는 확인된 구성요건상의 결과를 조각할 수 없다는 심산이거나 혹은 고의나 방위의사를 인정하기 위해서는 검사가 제출한 상당수의 증거를 배척해야 하므로 판결문 쓰기가 어렵다는 법관의 고충을 반영한 졸렬한 결과라고 볼 수밖에 없다.

그러함에도 변호인은 주관적 구성요건과 관련한 주장을 함부로 누락하여서는 아니 되고, 법관으로 하여금 피고인의 내심의 의사에 대해 관심을 갖도록 촉구해야 한다. 어떻게 보면 **최후까지 실체진실을 추구하는 자는 검사, 법관이 아니라 변호인일 가능성이 높다.** 그렇다면 대법원이 '형사절차에서는 검사, 법관의 권한이 강하여 변호인의 역할은 미미하다'는 취지로 판시한 형사변호사성공보수무효판결은 논거가 박약하고, 의도가 불량하여 마땅히 폐기되어야 한다.[164)165)166)]

러났다(매일신문 2018. 10. 4.자 기사).

164) **아래 내용은 저자의 다른 책 '수사와 변호'에서 인용한 글이다.**

▶ 「최근 대법원은 형사사건 변호인이 성공보수 약정을 하는 것은 장래를 향하여 무효라고 판결하였는데(대법원 2015. 7. 23, 선고 2015다200111 전원합의체 판결), 대법원의 판단이 다소 급진적이라는 점에 대다수의 법조인이 공감하고 있는 반면, 판결의 이유 중 전관예우를 방지할 근본책이라는 내용은 상당히 타당하여 반박하기 힘들다. 다만, 필자는 판결이유 중 형사절차는 판사와 검사에게 많은 권한을 주고 있어 변호사의 노력만으로는 '성공'이라는 결과를 거두기 어려운데도 성공보수금을 주고받는 점이 문제라는 부분에 대해서는, 대법원이 **변호사 사무 자체에 대해 왜곡된 시각**을 갖고 있는 것으로 보여 안타깝게 생각한다. 사람을 살리기 위해 최선의 치료법을 찾는 의사와 같이, 사람을 구명하기 위해 국내의 모든 선례를 검토하여 본건에 적용시키려는 법리적 노력, 증거의 취사선택과 제출을 통해 유리한 사실이 인정되도록 노력하는 사실적 노력, 증거조사절차에 법관, 검사, 변호인이 삼위일체가 되어 어려운 산을 함께 넘는 소통과 협조의 노력이 형사사건의 성공에 아무런 영향을 미칠 수 없다는 것인지 형사소송법 입안자와 개정자(국회)에게 묻고 싶어지지 않을 수 없다. **요컨대, 현행 형사소송 구조를 지나치게 직권주의로 단정한 후 변호인의 역할을 가벼이 취급한 부분**에 대한 안타까움으로, …(중략) 아쉬움이 남는다.」(천주현, 수사와 변호, 박영사, 2015, 408면)

165) **한편 아래 내용은 저자의 2016. 7. 17.자 페이스북(Facebook) 게시글 중 일부이다.** 이 글에 공감하신 대표적 분으로는, 장윤기 변호사님(전 법원행정처장), 하창우 법조윤리협의회 위원장님(당시 대한변호사협회장), 박찬운 교수님(한양대 법학전문대학원).

▶ 「왜 형사 성공보수 무효 판결은 문제가 있는가?

첫째, 전체 형사절차에서 변호인의 역할이 미미하다는 취지로 판시한 대법원의 태도는 당사자주의 형사소송관을 전면 부인한 것으로 부당하다. 만약 직권주의를 전제로 현대 형사소송법이 운용되고 있다면, 이는 형사소송법의 당사자주의적 요소의 의미들을 전적으로 부인하는 것이 된다.

둘째, 변호사 보수계약은 첩계약과 다르다. 전자는 원칙적 허용, 예외적 부정으로 평가되어야 하고, 후자는 절대 금지하고 예외를 열어두어서는 아니될 것으로, 그 성질이 다르다. 그러한 관계로 대법원의 전통적 견해는 이를 허용한 후 과도한 금액만을 규제하였던 것이다.

셋째, 만약 대법원이 변호사 직역 자체, 그리고 그의 사무를 낮추어 본 것이라면 이는 심각한 헌법침해행위가 된다. 변호인은 헌법적 사명을 담당하는 중요 기구이므로 그러한

[9] 인과관계

제17조(인과관계) 어떤 행위라도 죄의 요소되는 위험발생에 연결되지 아니한 때에는 그 결과로 인하여 벌하지 아니한다.

발생결과를 행위자의 책임으로 귀속시키는 데에 요구되는 행위와 결과 사이의 연관관계를 말한다. 판례는 상당인과관계를 따진다. 상당인과관계설이란 사회생활상 일반적인 생활경험에 비추어 그러한 행위로 그러한 결과가 발생하는 것이 상당하다고 인정될 때, 즉 개연성(蓋然性)이 있을 때 인과관계를 긍정하는 견해이다.

상당성 여부는 일반적인 생활경험을 기준으로 판단한다. 따라서 보편타당한 상식에 비추어 원인된 행위로 결과가 발생한 것으로 보여지는 경우 인과관계를 긍정하고, 특수조건 등 예상할 수 없는 비정상적인 인과가 개입된 것이

시각은 타당하지 않다. **헌법수호와 인권보장에 있어서의 중요도는 법원과 변호인이 같다**는 결론이 나온다.

넷째, 대법원의 성공보수 전면금지는 실효성을 거둘 수 없었다. 전관은 오히려 착수금을 높였고 성공보수도 받았음이 드러났다. 비전관은 막막해진 생계를 위해 명의대여 행위에 나아가게 되었고, 일반 국민의 변호인의 조력을 받을 권리는 높은 착수금으로 인해 한 걸음 더 멀어지게 되었다.

다섯째, 사적 자치로서의 자유로운 계약을 부정하는 것은 현대 계약법을 부정하는 것이 되므로 허용되어서는 안 된다. 오남용될 구체적 사례에 대해서만 제재하는 것이 맞다.

여섯째, 외국에서 성공보수를 부정하는 경우가 있더라도 우리도 그러할 필요는 없다. 사법사대주의로 비판받을 수 있으며, 우리나라의 국선변호제도가 더욱 대폭 확대되기 전에는 사선변호인의 역할을 쉽게 낮추어보면 안 된다.

일곱째, 목적달성에 부합하는 수단을 써야 하는데, 과도한 수단을 사용했다.

여덟째, 보는 관점에 따라 다를 수 있으나, 대법원은 구체적 사건에 대한 법해석을 함을 넘어서서 법 창조행위를 하였다고 볼 수 있고, 이는 아직 우리나라에 생소한 미국식 사법적극주의를 표방한 것으로 볼 수 있다. 그러나 이러한 기관으로 우리 헌법은 일반법원이 아닌 헌법재판소를 별도로 두고 있다.

아홉째, **변호사법 제110조 제2호**는 변호사의 처벌대상 행위로 판사, 검사, 재판·수사공무원과의 교제명목의 돈을 변호사 선임료, 성공사례금에 포함시키는 행위를 규정하고 있으므로, **변호사의 보수는 일반적 선임료와 성공사례금의 두 종류가 허용되고 있음이 분명하다.** 다만 형사절차 주재자와의 교제비 즉 로비자금을 변호사의 선임료든 성공사례금이든 포함시키는 경우만을 금지하고 있는 것이다. **대법원의 판결로 멀쩡한 변호사법만 살아서 뇌사상태가 되었다.**」

166) 2019년부터 임기를 시작한 신임 서울지방변호사회장께서 형사성공보수 부활 방안을 묻는 글을 페이스북에 게재(2019. 2. 16.)하여, 필자는 변호사법에 '변호사보수 종류'를 규정할 것을 제안하면서 다음 내용의 입법을 권고하였다. "변호사의 보수는 착수금, 성공보수, 시간당보수로 구분된다. 형사사건도 이와 같다."

드러날 경우 상당성을 부정한다. 이에 따를 때 살인의 실행행위가 피해자의 사망이라는 결과를 발생하게 한 유일한 원인이거나 직접적인 원인이어야만 하는 것은 아니므로 살인의 실행행위와 피해자의 사망과의 사이에 다른 사실이 개재되어 그 사실이 치사의 직접적인 원인이 되었다고 하더라도 그와 같은 사실이 통상 예견할 수 있는 것에 지나지 않는다면 살인의 실행행위와 피해자의 사망과의 사이에 인과관계가 있는 것으로 봐야 하고,[167] 상해행위를 피하려고 하다가 차량에 치어 사망하였다면 상해행위와 사망 사이에 상당인과관계가 있다.[168]

한편 고의범이 아닌 과실범도 행위자의 과실과 결과 간의 인과관계를 필요로 한다.[169] 따라서 의료과오로 환자가 사망한 경우 의사의 처치과실과 환자의 사망 사이에 인과관계를 요구하고 있다. 참고로 의사의 처치과실은 흔히 인정되지 않을 만큼 전문적 영역에 속하여 의사인 피고인의 방어가능성이 높고, 비전문가인 피해자와 검사의 입증이 실패할 확률이 높다.

전원조치 과실과 환자 사망 간의 인과관계

▶ 「1. 산모 관찰, 전원 무렵 산모의 상태에 대한 사실오인 주장에 관하여

이 부분 상고이유의 주장은 결국 사실심인 원심의 전권에 속하는 증거의 취사선택과 사실의 인정을 비난하는 것에 불과하여 적법한 상고이유가 되지 못한다.

2. 전원지체 과실에 관하여

가. 의료과오사건에 있어서 의사의 과실을 인정하려면 결과 발생을 예견할 수 있고 또 회피할 수 있었음에도 하지 못한 점을 인정할 수 있어야 하고, 위 과실의 유무를 판단함에는 같은 업무와 직무에 종사하는 일반적 보통인의 주의 정도를 표준으로 해야 하며, 이때 사고 당시의 일반적인 의학의 수준과 의료환경 및 조건, 의료행위의 특수성 등을 고려해야 한다.[170]

… (중략)

위 법리에 비추어 위 사실관계를 살펴보면, 피고인이 간호사들에게 진료 보조행위에 해당하는 자궁의 수축상태 및 질출혈의 정도를 관찰하도록 위임하는 것 자체가 과실이라고 볼 수는 없으나(피고인은 간호사로부터 출혈량이 많다는 보고를 받으면 즉시 환자를 살펴 수혈 또는 전원 여부 등을 판단하면 될 것이다), 피고인으로서는 태반조기박리 등으로 인한 대량출혈의 위험성이 높다는 것을 예

167) 대법원 1994. 3. 22, 선고 93도3612 판결.
168) 대법원 1996. 5. 10, 선고 96도529 판결.
169) 대법원 1986. 7. 8, 선고 86도1048 판결.
170) 대법원 1999. 12. 10, 선고 99도3711 판결; 대법원 2008. 8. 11, 선고 2008도3090 판결.

견하였거나 이를 예견할 수 있었으므로 간호사가 위임받은 업무를 제대로 수행하고 있는지 평소보다 더 주의 깊게 감독하여, 피해자의 출혈량이 많을 경우 신속히 수혈을 하거나 수혈이 가능한 병원으로 전원시킬 의무가 있다고 할 것인데, 이를 게을리하여 피해자의 대량출혈 증상을 조기에 발견하지 못하고, 전원을 지체하여 피해자로 하여금 신속한 수혈 등의 조치를 받지 못하게 한 과실이 있다고 할 것이다.

3. 전원과정상 설명의무 위반에 관하여

가. 응급환자를 전원하는 의사는 전원받는 병원 의료진이 적시에 응급처치를 할 수 있도록 합리적인 범위 내에서 환자의 주요 증상 및 징후, 시행한 검사의 결과 및 기초진단명, 시행한 응급처치의 내용 및 응급처치 전후의 환자상태, 전원의 이유, 필요한 응급검사 및 응급처치, 긴급성의 정도 등 응급환자의 진료에 필요한 정보를 전원받는 병원 의료진에게 제공할 의무가 있다.

나. …(중략) 피고인에게는 전원과정에서 ○○병원 의료진에게 피해자의 상태 및 응급조치의 긴급성에 관하여 충분히 설명하지 않은 과실이 있다 할 것이다.

4. 인과관계에 관하여

앞서와 같은 피고인의 전원지체 등의 과실로 피해자에 대한 신속한 수혈 등의 조치가 지연된 이상 피해자의 사망과 피고인의 과실 사이에는 인과관계를 부정하기 어렵고, ○○병원 의료진의 조치가 다소 미흡하여 피해자가 ○○병원 응급실에 도착한 지 약 1시간 20분이 지나 수혈이 시작되었다는 사정만으로 피고인의 과실과 피해자 사망 사이에 인과관계가 단절된다고 볼 수 없으므로, 피해자의 사망에 대한 피고인의 책임을 인정한 원심의 조치는 정당하고, 거기에 상고이유 주장과 같은 인과관계에 관한 법리오해, 판단누락 등의 위법이 있다고 할 수 없다.」[171)]

의사의 치료과실과 전원 후 사망 간의 인과관계 단절여부

▶ 「1. 원심은 피고인에 대한 이 사건 공소사실을 유죄로 인정한 제1심 판결을 그 설시와 같은 이유로 이를 그대로 유지하였는바, 원심이 유지한 제1심은 일반외과 전문의인 피고인이 교통사고 환자인 이 사건 피해자에 대하여 행한 진료행위에 관하여 그 판결 이유와 같은 사실을 인정하고, 그러한 사실을 전제로 피고인이 피해자의 후복막 전체에 형성된 혈종을 발견한 지 14일이 지나도록 전산화단층촬영 등 후복막 내의 장기 손상이나 농양 형성의 여부를 확인하기에 적절한 진단방법을 시행하지 않은 채, 피해자가 보인 그 판시의 염증 증상의 원인을

171) 대법원 2010. 4. 29, 선고 2009도7070 판결.

단순히 장간막 봉합수술에 따른 후유증 정도로만 생각하고 필요한 적절한 진단 및 치료조치를 취하지 아니한 것은 진단 및 치료상의 주의의무를 다하지 아니한 것으로서 피고인에게 과실이 있다고 판단하였는바, 기록에 비추어 살펴보면, 이러한 판단은 옳고, 거기에 상고이유로 주장하는 바와 같이 채증법칙을 위배하여 사실을 오인하였거나 심리를 다하지 아니한 위법이 있다고 할 수 없다.

2. 기록에 의하면 피해자가 사망하게 된 것은 후복막 내에 위치한 췌장 등의 장기 손상과 후복막 전체의 혈종이 광범위 후복막강 농양 및 조직괴사로 악화되어 이로 인한 패혈성 쇼크로 인한 것이고, 이 사건 피해자의 췌장 등 장기의 손상정도가 적절한 치료를 하더라도 회복이 어려울 정도로 심각한 것은 아니었던 것임을 알 수 있으므로, 피해자의 장간막 파열상은 피해자의 사망과 직접적인 관련이 없다고 보이고, 피고인이 후복막의 혈종을 발견한 후 앞서 본 주의의무를 다하였더라면 시기에 늦지 않게 후복막 내 장기 손상 및 농양을 발견하여 이에 대한 적절한 치료를 행함으로써 그 농양이 광범위하게 퍼지거나 후복막 내 장기 등 조직의 괴사에 이르는 것을 방지할 수 있었다고 여겨진다.

나아가, 기록에 의하면, 피해자가 ○대학교 ○병원으로 전원할 당시 이미 후복막에 농양이 광범위하게 형성되어 있었고 췌장이나 십이지장과 같은 후복막 내 장기 등 조직의 괴사가 진행되어 이미 회복하기 어려운 상태에 빠져 있었음을 인정할 수 있으므로(위 ○병원에서 피해자를 진료한 일반외과 전문의에게 과실이 있었다고 인정할 만한 자료도 없다), 피해자가 ○병원으로 전원하여 진료를 받던 중 사망하였다는 사실 때문에 피고인의 진료상의 과실과 피해자의 사망과의 사이의 인과관계가 단절된다고 볼 수는 없다.」[172)]

요양방법 지도 태만과 인과관계

▶ 「1. 기록을 살펴보면 원심의 사실인정을 수긍할 수 있고, 거기에 심리미진이나 채증법칙을 어긴 위법이 있다고 할 수 없다.

2. 그리고 원심이 인정한 바와 같이 피고인이 대구○○○○병원 인턴과정 수련의로 근무 중 피해자 신상○, 신초○이 자기 집 안방에서 취침하다가 일산화탄소(연탄가스) 중독으로 1987. 1. 27. 10:00경 위 병원 응급실에 후송되어 온 것을 담당의사로서 진단하여 일산화탄소 중독으로 판명하고 치료한 후 회복케 했고, 이튿날 11:50경 위 병원에서 퇴원할 당시 위 피해자들이 피고인에게 자신의 병명을 문의하였는데도 피고인이 위 피해자들에게 아무런 요양방법을 지도하여 주지 아니하여, 위 피해자들이 일산화탄소에 중독되었던 사실을 모르고 위 병원에서

172) 대법원 1996. 9. 24, 선고 95도245 판결.

퇴원 즉시 사고 난 자기 집 안방에서 다시 취침하다 전신피부파열 등 일산화탄소 중독을 입은 것이라면 피고인에게 의사로서의 업무상과실이 있다고 보아야 할 것이고, 이 과실과 재차의 일산화탄소 중독과의 사이에는 인과관계가 있다고 보아야 할 것이다.

기록을 살펴보면 피고인은 당초 위 피해자들이 약물중독 아니면 일산화탄소에 중독된 것으로 의심하고 위세척을 하였으나 약물중독 사실이 발견되지 아니하여 일산화탄소중독으로 진단(추정)한 것으로 보이는 바, 그렇다면 피고인은 의사로서 이 사건에 있어서와 같이 환자가 연탄가스 중독으로 판명된 경우, 환자가 그 원인사실을 모르고 병명을 문의하는 경우에는 그 병명을 알려주고 이에 대한 주의사항인 피해장소인 방의 수선이나 환자에 대한 요양의 방법 기타 건강관리에 필요한 사항을 지도하여 줄 **요양방법의 지도의무**가 있는 것이며(의료법 제22조 참조, **현행 의료법 규정으로는 제24조**), 이를 **태만**하였다면 의사로서의 업무상 과실이 있는 경우라 할 것이다.」[173]

재판 실무

인과관계는 법관의 규범적 판단영역이므로, 사례마다 암기가 요구된다. 매우 어려운 영역이다.

◉ 피고인이 그 두부로 23살이나 많은 여성 피해자의 흉부 복부를 받고 수권으로 구타하여 약 1주간 치료를 요할 타박상을 가하여 심장이 비대한 동녀로 하여금 뇌일혈을 야기케 하여 사망에 이르게 한 것은 인과관계와 예견가능성을 모두 인정할 수 있고,[174] ◉ 멱살을 잡아 흔들고 주먹으로 가슴과 얼굴을 구타하고 또 멱살을 붙들고 넘어뜨려 피해자의 여러 부위에 외상이 생길 정도로 심하게 폭행하여 사망한 경우 상당인과관계가 있고,[175] ◉ 피고인들이 피해자에게 낫과 흉기를 함부로 휘둘러 상처 입은 피해자가 치료 중 콜라와 김밥을 함부로 먹어 사망했더라도 이 정도의 개입사실은 통상 예견범위 안의 것이어서 이 때의 사망결과는 피고인들이 책임져야 하는 결과이며,[176] ◉ 2회에 걸쳐 두 손으로 힘껏 밀어 넘어뜨리는 폭행을 하였더니 쇼크성 심장마비로 사망한 경우 비록 피해자에게 본래의 지병이 있었다고 하더라도 본건 폭행과 사망 간에 인과관계가 있고,[177] ◉ 폭행이 사망의 중요 원인이었던 한 평소 피해자가 지병을 앓고 있었더라도 인과관계를 부정할 수 없고,[178] ◉ 여성을 유인하여 호텔에서

173) 대법원 1991. 2. 12, 선고 90도2547 판결.
174) 대법원 1955. 6. 7, 선고 4288형상88 판결.
175) 대법원 1989. 10. 13, 선고 89도556 판결.
176) 대법원 1994. 3. 22, 선고 93도3612 판결.
177) 대법원 1986. 9. 9, 선고 85도2433 판결.
178) 대법원 1979. 10. 10, 선고 79도2040 판결.

강간하려다가 겁에 질린 피해자가 창문에서 뛰어내리다가 사망한 것은 인과관계가 있으므로 강간치사죄가 성립하고,[179] ◉ 피해자를 차에 가둔 채 마구 달려 피해자가 겁을 먹고 뛰어내리다가 사망한 것은 감금치사죄에 해당하고,[180] ◉ 강도를 하려 하자 극도의 흥분으로 피해자가 도망하려다가 다친 것 또한 강도치상죄의 죄책을 져야 한다.[181]

인과관계가 부정(否定)될 정도가 되려면, ◉ 교사가 학생의 뺨을 1회 가볍게 때린 것에 불과한데 두개골이 비정상적으로 얇고 뇌수종을 앓고 있던 피해자가 넘어져 갑자기 사망한 것,[182] ◉ 강간당한 피해자가 집에 돌아가 수치심에 자살한 것[183] 정도는 되어야 한다.

그러므로 실무상 원인행위를 했고 결과가 발생한 경우 대부분은 책임을 져야 하고, 인과관계의 단절을 주장하거나 다른 원인의 중간 개재를 주장하여도 죄를 면하기 어렵다는 결론이 나온다.

다만 피고인의 과실이 없었다 하더라도 결과를 회피할 수 없었다면 피고인의 행위가 직접적 원인이 되었다고 할 수 없으므로 결과책임을 지울 수 없다.[184]

[10] 고의

제13조(고의) 죄의 성립요소인 사실을 인식하지 못한 행위는 벌하지 아니한다.

---

179) 대법원 1995. 5. 12, 선고 95도425 판결.

180) 대법원 2000. 2. 11, 선고 99도5286 판결.

181) 대법원 1996. 7. 12, 선고 96도1142 판결.

182) 대법원 1978. 11. 28, 선고 78도1961 판결.

183) 강간을 당한 피해자가 집에 돌아가 음독자살하기에 이르른 원인이 강간을 당함으로 인하여 생긴 수치심과 장래에 대한 절망감 등에 있었다 하더라도 그 자살행위가 바로 강간행위로 인하여 생긴 당연의 결과라고 볼 수는 없으므로 강간행위와 피해자의 자살행위 사이에 인과관계를 인정할 수는 없다(대법원 1982. 11. 23, 선고 82도1446 판결).

184) ▶ 「…(전략) 원심판결 이유에 의하면 원심은 그 증거에 의하여 피고인이 트럭을 운전하여 판시도로의 중앙선 위를 왼쪽 바깥바퀴가 걸친 상태로 운행하던 중 그 판시와 같은 경위로 그 50미터 앞쪽 반대방향에서 피해자가 승용차를 운전하여 피고인이 진행하던 차선으로 달려오다가 급히 자기차선으로 들어가면서 피고인이 운전하던 위 트럭과 교행할 무렵 다시 피고인의 차선으로 들어와 그 차량의 왼쪽 앞부분으로 위 트럭의 왼쪽 뒷바퀴 부분을 스치듯이 충돌했고 이어서 위 트럭을 바짝 뒤따라 운전해오던 공소외 이진○의 운전차량을 들이받아 이 사건 사고가 발생한 사실을 인정한 다음 이와 같은 사고 경위에 비추어 설사 피고인이 중앙선 위를 달리지 아니하고 정상차선으로 달렸다 하더라도 이 사건 사고는 피할 수 없다 할 것이므로 피고인이 트럭의 왼쪽바퀴를 중앙선 위에 올려놓은 상태에서 운전한 것만으로는 이 사건 사고의 직접적인 원인이 되었다고는 할 수 없다고 판시하고 달리 이 사건 범죄에 대한 증명이 없음을 이유로 피고인에게 무죄의 선고를 하였는바, 기록에 비추어 원심의 판단은 옳게 수긍이 되고 거기에 지적하는 바와 같은 법리의 오해나 채증법칙을 어긴 위법이 없다.」(대법원 1991. 2. 26, 선고 90도2856 판결)

단 법률에 특별한 규정이 있는 경우에는 예외로 한다.

1. 고의책임 원칙

과실범을 제외한 모든 범죄는 고의를 필요로 한다. 형법은 고의 원칙, 과실 예외주의를 택하고 있다(제13조). 행정상의 단속을 주안으로 하는 법규라 하더라도 '명문규정이 있거나 해석상 과실범도 벌할 뜻이 명확한 경우'를 제외하고는 형법의 원칙에 따라 '고의'가 있어야 벌할 수 있다.[185]

2. 주관적 구성요건

고의는 인식과 의사를 합한 개념이고, 주관적 구성요건에 속한다. 고의와 별도로 불법영득의사, 행사할 목적, 비방할 목적, 모해할 목적, 허위사실로 형사처분을 받게 할 목적 등의 초과 주관적 요건을 요구하는 범죄도 있다.

3. 미필적 고의

확정적 고의가 아닌 미필적 고의만으로도 고의기수로 처벌된다. 따라서 살인죄의 범의는 자기의 행위로 인하여 피해자가 사망할 수도 있다는 사실을 인식, 예견하는 것으로 족하지 피해자의 사망을 희망하거나 목적으로 할 필요는 없고, 확정적인 고의가 아닌 미필적 고의로도 족한 것이다.[186] 미필적 고의가 있었다고 하려면 범죄사실의 발생 가능성에 대한 인식이 있음은 물론 나아가 범죄사실이 발생할 위험을 **용인**하는 내심의 의사가 있어야 한다.

▶ 「가. 피고인이 미성년자를 유인하여 포박 감금한 후 단지 그 상태를 유지하였을 뿐인데도 피감금자가 사망에 이르게 된 것이라면 피고인의 죄책은 감금치사죄에 해당한다 하겠으나, 나아가서 그 감금상태가 계속된 어느 시점에서 피고인에게 살해의 범의가 생겨 피감금자에 대한 위험발생을 방지함이 없이 포박감금상태에 있던 피감금자를 그대로 방치함으로써 사망케 하였다면 피고인의 부작위는 살인죄의 구성요건적 행위를 충족하는 것이라고 평가하기에 충분하므로 부작위에 의한 살인죄를 구성한다.

185) 대법원 2010. 2. 11, 선고 2009도9807 판결.
186) 대법원 1998. 3. 24, 선고 97도3231 판결; 대법원 2002. 10. 25, 선고 2002도4089 판결.

나. 피해자를 아파트에 유인하여 양 손목과 발목을 노끈으로 묶고 입에 반창고를 두 겹으로 붙인 다음 양 손목을 묶은 노끈은 창틀에 박힌 시멘트 못에, 양 발목을 묶은 노끈은 방문손잡이에 각각 잡아매고 얼굴에 모포를 씌워 감금한 후 수차 아파트를 출입하다가 마지막 들어갔을 때 피해자가 이미 탈진 상태에 이르러 박카스를 마시지 못하고 그냥 흘려버릴 정도였고 피고인이 피해자의 얼굴에 모포를 덮어씌워 놓고 그냥 나오면서 피해자를 그대로 두면 죽을 것 같다는 생각이 들었다면, 피고인이 위와 같은 **결과발생의 가능성을 인정**하고 있으면서도 피해자를 병원에 옮기지 않고 사경에 이른 피해자를 그대로 방치한 소위는 **피해자가 사망하는 결과에 이르더라도 용인**할 수밖에 없다는 내심의 의사 즉 살인의 미필적 고의가 있다고 할 것이다.」[187]

4. 범의부인과 증명방법

가. 피고인이 그 실행행위에 직접 관여한 사실을 인정하면서도 공모의 점과 함께 범의를 부인하는 경우에는, 이러한 주관적 요소로 되는 사실은 사물의 성질상 범의와 상당한 관련성이 있는 간접사실을 증명하는 방법에 의하여 이를 입증할 수 있다.[188]

나. 사기죄의 주관적 구성요건인 편취의 범의는 **피고인이 자백하지 않는 이상** 범행 전후의 피고인 등의 재력, 환경, 직업, 경제활동, 범행의 경위와 내용, 거래의 이행과정 등 제반의 객관적인 사정을 종합하여 판단할 수밖에 없고,[189] 한편 유죄의 인정은 법관으로 하여금 합리적인 의심을 할 여지가 없을 정도로 공소사실이 진실한 것이라는 확신을 가지게 하는 증명력을 가진 증거에 의해야 하므로, 그와 같은 증거가 없다면 설령 피고인에게 유죄의 의심이 간다고 하더라도 피고인의 이익으로 판단할 수밖에 없으며, 이는 사기죄의 주관적 요소인 범의를 인정함에 있어서도 마찬가지이다.[190]

5. 검사의 증명책임

공소가 제기된 범죄사실의 주관적 요소인 고의의 존재에 대한 증명책임

187) 대법원 1982. 11. 23, 선고 82도2024 판결.
188) 대법원 1998. 11. 24, 선고 98도2654 판결.
189) 대법원 1984. 9. 25, 선고 84도312 판결; 대법원 1994. 10. 21, 선고 94도2048 판결.
190) 대법원 2004. 5. 14, 선고 2004도74 판결; 대법원 2005. 10. 14, 선고 2005도12 판결.

역시 검찰관에게 있고, 유죄의 인정은 법관으로 하여금 합리적인 의심을 할 여지가 없을 정도로 공소사실이 진실한 것이라는 확신을 가지게 하는 증명력을 가진 증거에 의해야 하므로, 그러한 증거가 없다면 피고인들에게 유죄의 의심이 간다고 하더라도 피고인들의 이익으로 판단해야 한다. 나아가 형벌법규의 해석과 적용은 엄격해야 하므로, 범행 결과가 매우 중대하고 범행 동기나 방법 및 범행 정황에 비난 가능성이 크다는 사정이 있더라도, 이를 양형에 불리한 요소로 고려하여 형을 무겁게 정하는 것은 별론, 그러한 사정을 이유로 살인의 고의를 쉽게 인정할 것은 아니고 이를 인정할 때에는 신중을 기해야 한다.[191]

고의가 인정된 사례

◉ 형법상 범의가 있다 함은 자기가 의도한바 행위에 의하여 범죄사실이 발생할 것을 인식하면서 그 행위를 감행하거나 하려고 하면 족하고 그 결과 발생을 희망함을 요하지 아니한다고 할 것인즉, 피고인들이 평소 가지고 다니던 흉기 등으로 피해자들의 머리, 가슴, 팔, 다리 등을 수십 회씩 난자, 난타하여 두개골 골절에 의한 뇌출혈, 가슴과 팔, 다리에 관통상, 절창 등 치명상을 가한 사실을 알 수 있으니 피고인들의 이러한 행위에 비추어 보면 그 결과 발생에 대한 인식이 있었다 할 것이고, 가사 피고인들이 피해자들의 사망이라는 결과를 희망하지 아니하였더라도 그 살인의 범의가 인정된다.[192] ◉ 살인의 고의를 인정함에 있어서 반드시 살해의 목적이나 계획적인 살해의 의도가 있어야 하는 것은 아니고 살해에 대한 인식이 있으면 족한 것인바, 만 6세된 여아의 입을 손수건으로 막아 머리 뒤로 졸라매고 피해자의 어깨를 왼손으로 누르면서 목을 오른손으로 5분 정도 조르면 질식사 할 위험이 있다는 것은 일반적으로 충분히 예상할 수 있는 것이므로 피고인에게 살해의 범의가 있다.[193] ◉ 피해자에 대한 가해행위를 직접 실행한 피고인 3, 4이 피해자의 머리나 가슴 등 치명적인 부위가 아닌 허벅지나 종아리 부위 등을 주로 찔렀다고 하더라도 칼로 피해자를 20여 회나 힘껏 찔러 그로 인하여 피해자가 과다실혈로 사망하게 된 이상 피고인 3, 4이 자기들의 가해행위로 인하여 피해자가 사망할 수도 있다는 사실을 인식하지 못하였다고는 볼 수 없고, 오히려 살인의 미필적 고의가 있었다고 볼 수 있을 뿐만 아니라 범행장소에서 위 피고인들을 지휘하던 피고인 5으로서도 집단적인 보복을 할 목적

191) 대법원 2015. 10. 29, 선고 2015도5355 판결.
192) 대법원 1987. 10. 13, 선고 87도1240 판결.
193) 대법원 1991. 9. 13, 선고 91도1473 판결.

으로 칼을 가지고 피해자의 집으로 들어간 피고인 3, 4이 피해자를 살해할 수도 있다는 사실을 예견할 수 없었다고는 보여지지 아니하므로, 피고인 3, 4은 물론 피고인 5에게도 살인의 범의가 있었고,[194] ◉ 다수인이 현존하는 건조물에 방화를 한다면 인명피해가 있을지도 모른다는 것은 당연히 예견되는 것이어서 인명피해의 결과에 대한 미필적 인식이 있었고,[195] ◉ 운전자가 신경질적으로 좌회전하면서 택시 우측 앞 범퍼로 경찰의 무릎을 들이받았다면 상해 또는 공무집행방해의 미필적 고의가 있었고,[196] ◉ 쇠파이프와 각목으로 피해자들의 머리와 몸을 마구 때리고 낫으로 팔과 다리를 난자한 것은 살인의 미필적 고의를 가졌던 것이고,[197] ◉ 9세 어린이의 목을 감아서 졸라 실신시킨 후 현장을 떠나 버렸다면 살인의 고의가 인정되고,[198] ◉ 모욕감에 격분하여 가로 15㎝, 세로 16㎝, 길이 153㎝, 무게 7㎏의 각이 진 목재로 길바닥에 누워 있던 피해자의 머리를 때려 피해자가 외상성뇌지주막하출혈로 사망한 경우 최소한 살인의 미필적 고의는 있었던 것이고,[199] ◉ 허리띠를 잡고 욕설하는 피해자의 가슴을 과도로 깊숙이 찌르고 현장을 도망쳐 나왔다면 살인의 미필적 고의가 있는 것이며,[200] ◉ 인체의 급소를 잘 알고 있는 무술교관 출신의 피고인이 무술의 방법으로 피해자의 울대를 가격하여 사망케 한 것은 살인의 범의를 인정할 수 있으며,[201] ◉ 건장한 군인이 왜소한 피해자의 목을 설골이 부러질 정도로 세게 졸라 사망케 한 경우 그가 살인범의를 부인하더라도 피해부위, 가해방법 등 여러 사정을 고려하여 살인의 미필적 고의를 인정할 수 있고,[202] ◉ 피고인이 운전 중 다른 차량 운전자와 시비

---

194) 대법원 2002. 10. 25, 선고 2002도4089 판결.
195) 대법원 1983. 3. 8, 선고 82도3248 판결.
196) 대법원 1995. 1. 24, 선고 94도1949 판결.
197) 대법원 1994. 3. 22, 선고 93도3612 판결.
198) 대법원 1994. 12. 22, 선고 94도2511 판결.
199) 대법원 1998. 6. 9, 선고 98도980 판결.
200) 대법원 1989. 12. 26, 선고 89도2087 판결.
201) 대법원 2000. 8. 18, 선고 2000도2231 판결.
202) ▶ 「…(전략) 살인죄에 있어서의 범의는 반드시 살해의 목적이나 계획적인 살해의 의도가 있어야 인정되는 것은 아니고, 자기의 행위로 인하여 타인의 사망의 결과를 발생시킬 만한 가능 또는 위험이 있음을 인식하거나 예견하면 족한 것이고 그 인식이나 예견은 확정적인 것은 물론 불확정적인 것이라도 소위 미필적 고의로 인정되는 것인바(대법원 2000. 8. 18, 선고 2000도2231 판결 참조), 피고인이 범행 당시 살인의 범의는 없었고 단지 상해 또는 폭행의 범의만 있었을 뿐이라고 다투는 경우에 피고인에게 범행 당시 살인의 범의가 있었는지 여부는 피고인이 **범행에 이르게 된 경위, 범행의 동기, 준비된 흉기의 유무·종류·용법, 공격의 부위와 반복성, 사망의 결과발생가능성 정도 등 범행 전후의 객관적인 사정을 종합**하여 판단할 수밖에 없다.
원심판결 이유에 의하면, 원심은 제1심판결이 채택한 증거들과 피고인의 원심법정에서의 진술 등을 종합하여, 피고인은 건장한 체격의 군인으로서 키 150㎝, 몸무게 42㎏의 왜소한 피해자를 상대로 폭력을 행사했고 특히 급소인 목을 15초 내지 20초 동안 세게 졸라 피해자의 설골이 부러질 정도였던 사실을 인정한 다음, 이러한 폭력의 태양 및 정도에 비추어 보면

끝에 살해할 의도로 자신의 차량으로 다른 차량 운전자를 충격하였으나 상해만 가하고 미수에 그친 경우 단순히 상해죄가 아니라 피고인에게 살인의 미필적 고의가 있었다고 볼 것이며,[203] ◉ 유흥업소의 업주로서는 다른 공적 증명력 있는 증거를 확인해 봄이 없이 단순히 건강진단결과서상의 생년월일 기재만을 확인하는 것으로는 청소년보호를 위한 연령확인의무이행을 다한 것으로 볼 수 없고, 따라서 이러한 의무이행을 다하지 아니한 채 대상자가 성인이라는 말만 믿고 타인의 건강진단결과서만을 확인한 채 청소년을 청소년유해업소에 고용한 업주에게는 적어도 청소년 고용에 관한 미필적 고의가 있음을 인정할 수 있다.[204] ◉ 원심은 그 내세운 증거를 종합하여, 광주재진입작전(이른바 '상무충정작전') 계획은 1980. 5. 21.경부터 육군본부에서 여러 번 논의를 거친 후 최종적으로 **피고인** L이 같은 달 25. 오전에 AX 작전참모부장에게 지시하여 육본작전지침으로 이를 완성하여, 같은 날 12:15 국방부 내 육군회관에서 **피고인** A, C, L, M 등이 참석한 가운데 같은 달 27. 00:01 이후 이를 실시하기로 결정하였는데, 피고인 C는 같은 달 25. 오후 AX 작전참모부장과 함께 광주에 내려가 전투병과교육사령부 사령관 육군소장 AY에게 이를 직접 전달하는 한편, 위와 같이 광주재진입작전이 논의되던 중인 같은 해 5. 23. 12:30경 AZ 전교사 부사령관에게 무장 헬기 및 전차를 동원하여 시위대를 조속히 진압할 것을 지시했고, **피고인** N은 광주에 투입된 공수여단의 모체부대장으로서 공수여단에 대한 행정, 군수지원 등의 지원을 하는 한편, AY 전교사령관에게 공수여단의 특성이나 부대훈련상황을 알려 주거나 재진입작전에 필요한 가발, 수류탄과 항공사진 등의 장비를 준비하여 예하부대원을 격려하는 등 광주재진입작전의 성공을 위하여 측면에서 지원하였으며, 위 작전지침에 따라 전교사령관 AY가 공수여단별로 특공조를 편성하여 전남도청 등 목표지점을 점령하여 20사단에 인계하기로 결정하는 등 구체적인 작전계획과 작전준비를 했고, 이에 따라 공수여단 특공조가 같은 달 26. 23:00경부터 침투작전을 실시하여 광주재진입작전을 개시한 이래 같은 달 27. 06:20까지 사이에 전남도청, 광주공원, 여자기독교청년회(YWCA) 건물 등을 점령하는 과정에서 그 특공조 부대원들이 총격을 가하여 BA 등 18명을 각 사망하게 한 사실을 인정한

이 사건 범행 당시 피고인에게 최소한 살인의 미필적 고의는 있었다고 판단하여 이 사건 살인의 공소사실을 유죄로 인정하였는바, 앞서 본 법리와 기록에 비추어 살펴보면, 원심의 위와 같은 사실인정과 판단은 정당한 것으로 수긍할 수 있고, 피고인이 폭력을 행사한 후 피해자에게 인공호흡을 실시하였다고 하더라도 달리 볼 것은 아니라 할 것이므로 원심판결에 상고이유로 주장하는 바와 같은 채증법칙 위배로 인한 사실오인이나 살인죄의 범의에 관한 법리오해 등의 위법이 있다고 할 수 없다. 상고이유는 받아들일 수 없다.」(대법원 2001. 3. 9, 선고 2000도5590 판결)

203) 서울고등법원 2016. 3. 4, 선고 2015노3544 판결.

204) 대법원 2002. 6. 28, 선고 2002도2425 판결.

다음, 광주재진입작전을 실시하여 전남도청 등을 다시 장악하려면 위와 같이 무장을 하고 있는 시위대를 제압해야 하며, 그 과정에서 이에 저항하는 시위대와의 교전이 불가피하여 필연적으로 사상자가 생기게 되므로, **피고인 A 및 위 피고인들이** 이러한 사정을 알면서 재진입작전의 실시를 강행하기로 하고 이를 명령한 데에는 그와 같은 살상행위를 지시 내지 **용인**하는 **의사**가 있었음이 분명하고, 재진입작전명령은 위에서 본 바와 같은 시위대의 무장상태 그리고 그 작전의 목표에 비추어 볼 때 시위대에 대한 사격을 전제하지 아니하고는 수행할 수 없는 성질의 것이므로, 그 실시명령에는 그 작전의 범위 내에서는 사람을 살해하여도 좋다는 발포명령이 들어 있었음이 분명하며, 당시 위 피고인들이 처하여 있는 상황은 광주시위를 조속히 제압하여 시위가 다른 곳으로 확산되는 것을 막지 아니하면 내란의 목적을 달성할 수 없는, 바꾸어 말하면 집권에 성공할 수 없는, 중요한 상황이었으므로, 광주재진입작전을 실시하는 데에 저항 내지 장애가 되는 범위의 사람들을 살상하는 것은 내란의 목적을 달성하기 위하여 직접 필요한 수단이었다고 할 것이어서, 위 피고인들은 피고인 A와 공동하여 내란목적살인의 책임을 져야 한다고 판단했다. 기록에 비추어 살펴보면, 원심의 위와 같은 사실인정 및 판단은 정당하다.[205]

고의가 부정된 사례

어로저지선을 넘어 어로작업을 하면 납북될 염려와 납북되면 그들의 활동을 찬양할 것을 예견하였다 하더라도 납북되어도 좋다는 생각에서 들어간 것이 아니면 반공법위반 및 국가보안법위반 범행에 대한 미필적 고의가 있다 할 수 없다.[206] 고의는 인식과 의사 모두를 요구하고 있기 때문이다. 결과발생을 예견할 수 있었더라도 결과를 용인·감수할 의사가 별도로 입증되어야만 미필적 고의를 인정할 수 있다.

[11] 과실범

제14조(과실) 정상의 주의를 태만함으로 인하여 죄의 성립요소인 사실을 인식하지 못한 행위는 법률에 특별한 규정이 있는 경우에 한하여 처벌한다.

205) 대법원 1997. 4. 17, 선고 96도3376 전원합의체 판결.
206) 대법원 1969. 12. 9, 선고 69도1671 판결.

1. 고의책임 원칙, 과실책임 예외

고의 없는 행위가 정상의 주의를 태만히 하여 구성요건적 결과발생을 예견·회피하지 못한 경우 법률에 특별한 규정이 있는 경우 과실범으로 벌한다. 고의범이 아닌 한 과실범 처벌규정이 없다면 처벌할 수 없고, 이것은 고의책임을 택한 형법의 원칙이다.[207)]

2. 주의의무 위반

과실의 본질은 주의의무 위반이다. 주의의무는 결과발생에 대한 예견가능성과 회피가능성을 전제로 한다. 만취된 피해자 옆에 초를 켜두어 그가 자고 있던 사이에 불이 나 사망케 했다면 적절하고 안전한 조치를 위해야 할 주의의무를 위반한 과실치사죄의 책임을 져야 한다.[208)] 만취자가 잠결에 초를 발로 차 넘어뜨릴 수 있음을 예견할 수 있기 때문이다.

3. 보통과실 VS. 업무상 과실, 경과실 VS. 중과실

과실은 일반적 과실인 보통과실과 일정한 업무에 종사하는 자가 당해 업무수행상 요구되는 주의의무를 태만히 한 업무상 과실로 구분할 수 있고, 경과실과 주의의무를 현저히 태만히 한 중과실로도 나누어진다.

가. 보통과실범에는 실화, 과실일수, 과실폭발성물건파열, 과실가스·전기방류, 과실가스·전기공급방해, 과실교통방해, 과실치상, 과실치사죄가 있다.

▶ 「**임차인**이 자신의 비용으로 설치·사용하던 가스설비의 휴즈콕크를 아무런 조치 없이 제거하고 이사를 간 후 가스공급을 개별적으로 차단할 수 있는 주밸브가 열려져 가스가 유입되어 폭발사고가 발생한 경우, 구 액화석유가스의안전및사업관리법상의 관련 규정 취지와 그 주밸브가 누군가에 의하여 개폐될 가능성을 배제할 수 없다는 점 등에 비추어 그 휴즈콕크를 제거하면서 그 제거부분에 아무런 조치를 하지 않고 방치하면 주밸브가 열리는 경우 유입되는 가스를

207) 대법원 2010. 2. 11, 선고 2009도9807 판결.
208) 대법원 1994. 8. 26, 선고 94도1291 판결.

막을 아무런 안전장치가 없어 가스 유출로 인한 대형사고의 가능성이 있다는 것은 평균인의 관점에서 객관적으로 볼 때 충분히 예견할 수 있으므로 임차인의 과실과 가스폭발사고 사이의 상당인과관계를 인정할 수 있으므로, 과실폭발성물건파열죄, 과실치사상죄가 인정된다. 반면 **임대인**이 주택을 임대함에 있어서 그 주택의 하자로 말미암아 임차인에게 발생할 수 있는 사고를 방지해야 할 일반적인 주의의무는 있다고 할 것이나 기록에 의하면, 위 피고인이 종전의 임차인인 피고인 1로부터 가스와 관련한 수선요청을 받았다거나 휴즈콕크를 제거하였다는 사실을 고지받았다고 볼 만한 자료가 없고, 가스사용시설의 설치나 변경 등은 일정한 자격을 갖춘 자만이 이를 할 수 있는 것이어서 피고인 2로서도 당연히 자격있는 자에 의하여 안전하게 연소기가 제거되었으리라고 믿었고 따라서 임차인이 그 제거부분에 아무런 조치를 취함이 없이 임의로 휴즈콕크를 제거하여 갔으리라고 상상하기 어려워 보이는 점 등에 비추어 보면, 피고인 2가 이 사건 주택을 임대함에 있어서 이 사건 휴즈콕크가 제거된 사실을 발견하지 못함으로써 결과적으로 하자 있는 상태의 주택을 임대하게 되었다고 하더라도 가스누출로 인한 이 사건 가스폭발사고에 대하여 집주인인 임대인에게 어떠한 과실책임이 있다고 보기는 어렵다.」[209]

▶ 「오피스텔의 소유자이자 임대인인 **피고인 갑**은 임차인 을이 방실 내에 설치된 가스레인지를 사용하지 않는다는 이유로 문 앞에 내놓자 이를 갖고 가 창고에 넣어두었을 뿐 가스레인지 철거로 노출된 가스배관에 정상적인 마감조치를 취하지 아니했고, 오피스텔에 액화석유가스를 공급하는 병 주식회사의 안전점검 직원인 **피고인 정**은 가스레인지 등에 대한 안전점검을 실시하지 아니함으로써 방실 내부에 유입된 폭발성 있는 물건인 액화석유가스를 파열시켜 을에게 상해를 입게 함과 동시에 주변의 차량 및 건물을 파손하였다고 하여 과실폭발성물건파열 및 과실치상(피고인 갑),[210] 액화석유가스의 안전관리 및 사업법 위반(피고인 정)[211]으로 기소된 사안에서, 오피스텔 및 내부 시설(가스레인지 등)의 소유자인 피고인 갑은 액화석유가스 사용자로서 법령이 정한 시설기준과 기술기준에 맞도록 액화석유가스의 사용시설과 가스용품을 갖추고 사고방지와 안전 확보 등을 위하여 사용시설의 정상작동이 가능하도록 필요설비 및 장치를 설치하고 적절한 조치를 할 의무가 있고, 그와 함께 오피스텔의 임대인으로서 오피스텔 및 내부에 구비된 시설을 사용목적에 따라 안전하게 사용할 수 있는 상태로 임차인

209) 대법원 2001. 6. 1, 선고 99도5086 판결.
210) 적용법조 : 형법 제173조의2 제1항, 제172조 제1항(과실폭발성물건파열의 점), 형법 제266조 제1항(과실치상의 점)
211) 적용법조 : 액화석유가스의 안전관리 및 사업법 제68조 제7호, 제30조 제1항, 제72조 본문

에게 인도할 의무가 있음에도, 오피스텔을 임차인 을에게 인도할 당시 가스레인지와 가스호스가 제대로 연결되어 있는지 등을 충분히 확인하지 않은 채 가스레인지와 분리된 가스호스의 마감처리를 제대로 하지 않은 과실이 있고, 을이 오피스텔을 임차·점유한 이후에는 방실 내부에 있는 가스레인지와 가스호스 등 가스 사용시설에 대한 관리책임을 부담하게 된다고 하더라도, 가스레인지와 가스호스의 분리 및 분리된 가스호스의 마감처리 불이행이 가스누출의 직접적 원인 중 하나여서 피고인 갑에게 위와 같은 과실이 인정되지 않는다거나 피고인 갑의 과실과 폭발사고 사이에 상당인과관계가 부정된다고 볼 수 없으며, 한편 병 회사의 사용인인 피고인 정은 병 회사의 업무에 관하여 액화석유가스의 안전관리 및 사업법 제30조 제1항을 위반하여 안전점검을 하지 않은 것이라는 이유로, 피고인 갑, 정에 대한 공소사실을 모두 유죄로 판단했다.」[212)]

▶「아파트 거주자가 이사를 가거나 올 때마다 직접 방문하여 가스레인지를 탈·부착하고 가스시설에 대한 안전관리·점검을 해 오던 **액화석유가스 집단공급사업자**가, 종전 거주자나 새로운 거주자의 연락을 받았음에도 다른 일 때문에 가스시설에 대한 안전점검을 하지 못하고 안전 사용에 관한 내용도 지도하지 않고 있던 사이에, **무자격자인 이사대행업체 직원**에 의해 가스레인지만 철거되고 봉인조치 등 가스 누출 방지를 위한 조치가 행해지지 않은 상태에서 새로운 거주자가 온수 사용을 위해 가스 밸브를 열었다가 가스폭발사고가 발생한 사안에서, 종전 거주자,[213)] 이사대행업체 직원,[214)] 액화석유가스 집단공급사업자[215)]의 공동 과실과 가스폭발사고 사이에 상당인과관계가 있다.[216)] 두 명의 피해자가 사망하고, 한 명의 피해자가 중상을 입었으나, 합의되지 않은 사건이다.」

▶「중앙선에 서서 도로횡단을 중단한 피해자의 팔을 갑자기 잡아끌고 피해자로 하여금 도로를 횡단하게 만든 피고인으로서는 위와 같이 무단횡단을 하는 도중에 지나가는 차량에 충격당하여 피해자가 사망하는 교통사고가 발생할 가능성이 있으므로, 이러한 경우에는 피고인이 피해자의 안전을 위하여 차량의 통행 여

212) 춘천지방법원 영월지원 2018. 2. 1, 선고 2017고합17 판결 : 확정.
213) 적용법조 : 형법 제173조의2 제1항, 제172조 제1항, 제30조(과실폭발성물건파열의 점), 각 형법 제267조, 제30조(과실치사의 점), 형법 제266조 제1항, 제30조(과실치상의 점)
214) 적용법조 : 형법 제173조의2 제1항, 제172조 제1항, 제30조(과실폭발성물건파열의 점), 각 형법 제267조, 제30조(과실치사의 점), 형법 제266조 제1항, 제30조(과실치상의 점)
215) 적용법조 : 형법 제173조의2 제1항, 제172조 제1항, 제30조(과실폭발성물건파열의 점), 각 형법 제268조, 제30조(업무상과실치사의 점), 형법 제268조, 제30조(업무상과실치상의 점), 액화석유가스의 안전관리 및 사업법 제48조 제3호, 제11조 제1항(액화석유가스의 안전관리 및 사업법 위반의 점)
216) 청주지방법원 2009. 6. 25, 선고 2009고합6 판결 : 항소.

부 및 횡단 가능 여부를 확인해야 할 주의의무가 있다 할 것이므로, 피고인으로서는 위와 같은 주의의무를 다하지 않은 이상 교통사고와 그로 인한 피해자의 사망에 대하여 과실책임을 면할 수 없다.」[217)]

▶ 「피고인들이 자신들과 함께 술을 마시고 만취되어 의식이 없는 피해자를 부축하여 학교선배인 장○○의 자취집에 함께 가서 촛불을 가져 오라고 하여 장○○이 가져온 촛불이 켜져 있는 방안에 이불을 덮고 자고 있는 피해자를 혼자 두고 나옴에 있어 그 촛불이 피해자의 발로부터 불과 약 70 내지 80cm 밖에 떨어져 있지 않은 곳에 마분지로 된 양초갑 위에 놓여져 있음을 잘 알고 있었던 피고인들로서는 당시 촛불을 켜놓아야 할 별다른 사정이 엿보이지 아니하고 더욱이 피고인들 외에는 달리 피해자를 돌보아 줄 사람도 없었던 터이므로 술에 취한 피해자가 정신없이 몸부림을 치다가 발이나 이불자락으로 촛불을 건드리는 경우 그것이 넘어져 불이 이불이나 비닐장판 또는 벽지 등에 옮겨 붙어 화재가 발생할 가능성이 있고, 또한 화재가 발생하는 경우 화재에 대처할 능력이 없는 피해자가 사망할 가능성이 있음을 예견할 수 있으므로 이러한 경우 피해자를 혼자 방에 두고 나오는 피고인들로서는 촛불을 끄거나 양초가 쉽게 넘어지지 않도록 적절하고 안전한 조치를 취해야 할 주의 의무가 있다 할 것인바, 비록 피고인들이 직접 촛불을 켜지 않았다 할지라도 위와 같은 주의 의무를 다하지 않은 이상 피고인들로서는 이 사건 화재발생과 그로 인한 피해자의 사망에 대하여 과실책임을 면할 수는 없다.」[218)]

나. 업무상 과실범에는 업무상실화, 업무상과실폭발성물건파열, 업무상과실가스·전기방류, 업무상과실가스·전기공급방해, 업무상과실교통방해, 업무상과실치상, 업무상과실치사, 업무상과실장물죄가 있다.

▶ 「업무상 실화죄에 있어서의 업무에는 그 직무상 화재의 원인이 된 화기를 직접 취급하는 것에 그치지 않고 화재의 발견, 방지 등의 의무가 지워진 경우를 포함한다 할 것이고, 공동의 과실이 경합되어 화재가 발생한 경우에 적어도 각 과실이 화재의 발생에 대하여 하나의 조건이 된 이상은 그 공동적 원인을 제공한 각자에 대하여 실화죄의 죄책을 물어야 함이 마땅하다.」[219)]

217) 대법원 2002. 8. 23, 선고 2002도2800 판결.
218) 대법원 1994. 8. 26, 선고 94도1291 판결.
219) 대법원 1983. 5. 10, 선고 82도2279 판결.

▶ 「원심은 피고인이 판시일시에 판시 3륜 자동차를 운전하고 판시도로를 달리다가 판시와 같은 운전 과실로 같은 방향 전방 오른쪽을 걸어가는 행들과 그 뒤를 따라가는 자전차를 피하려고 그 차를 왼쪽으로 돌리려할 무렵 반대방향에서 왼쪽으로 달려오는 짚차를 발견하고 급정거를 하였으나 마침 노면이 미끄러운데다가 전진이력으로 그 자체가 180도로 회전하는 바람에 그 차체로 자전차에 한 사람을 치어 다치게 하고 이에 들어닥친 짚차 차체에 부딪쳐 3륜차의 기름 탱크가 터지면서 마후라에 불이 붙어 퍼져서 3륜차와 짚차에 탄 사람 7명에게도 치사상(1명 사망)을 입힘과 동시에 그 3륜차를 태워서 파괴 하였다고 하는 사실을 확정 처단한 다음 본건 공소사실 중 피고인이 업무상 과실로 그가 운전하는 3륜차의 기름 탱크를 반대 방향에서 오는 짚차 차체에 부딪쳐서 파열케 하고 이로 인한 발화로 그 차체를 태웠다고 하는 업무상 실화의 점에 대해서는 무죄를 선고하고 그 이유로써 "피고인은 자동차 운전 업무에 종사하는 자이니 만치 자동차의 충돌로 인한 사고 발생을 미리 방지해야 할 업무상의 주의 의무가 있다고 하는 것은 몰라도 일반적으로 그 자동차 운전 중 충돌로 인한 기름 탱크의 파열로 발생할지 모를 화재를 미리 방지해야 할 업무상의 주의의무는 없다"라고 설시하고 있는바, 기록에 비추어 위 판단은 정당하다.」[220)]

▶ 「한국가스기술공업 주식회사가 한국가스공사로부터 도급을 받아 가스누설 점검작업 중 발생한 가스폭발사고에 대하여 한국가스공사 소속 직원들에게 업무상 과실이 있다.」[221)]

▶ 「도시가스사업자가 비록 신축 중인 아파트 내 가스시설 설치공사의 중요부분을 완성하여 관할관청으로부터 완성검사를 받았더라도 아직 그 아파트공사가 진행 중에 있어서 각 가구의 출입문이 개방된 상태이고 아파트의 준공검사를 받을 때 가스시설도 그 검사대상이 되는 것이라면 그 준공검사를 마칠 때까지는 도시가스사업법에 따른 시공관리자를 현장에 배치해야 한다.」[222)]

▶ 「도시가스공급사업은 도시가스의 가연성, 폭발성으로 말미암아 사소한 잘못으로도 광범위한 지역에 걸쳐서 많은 사람의 신체 및 재산에 큰 위해를 가할 우려가 있는 사업이니만치 그와 같은 사업의 안전업무를 책임지고 있는 피고인들(피고인 1 제외, 이와 같다)로서는 배관의 안전과 가스압력의 적정유지 등 안전사고의 방지를 위한 기본적 사항의 준수에 총력을 기울여야 할 것이고, 특히

220) 대법원 1972. 2. 22, 선고 71도2231 판결.
221) 대법원 1996. 1. 26, 선고 95도2263 판결.
222) 대법원 1989. 9. 12, 선고 89도383 판결.

이 사건에서는 원심이 적법히 확정한 바와 같이 애당초 이 사건 가스공급관의 시설공사를 전문가가 아닌 서울시의 수도국 직원들이 수도관시설공사에 준하여 날림으로 했고, 배관망도는 부정확하여 믿을 수가 없으며, 배관도 10년 이상 경과되어 노후되어 있은 데다가 누기사고가 빈발하는 등 배관의 안전성을 심히 의심할만한 여러 사정들이 있었고, 또 그와 같은 사정들은 사업을 인계한 서울시의 관계자들이 서울도시가스(주)의 관계자들에게 누누이 고지하여 주어 피고인들도 잘 알고 있었다는 것이므로 서울도시가스(주)의 안전업무를 책임지고 있는 피고인들로서는 원심이 지적하는 모든 방법을 동원하여 배관망도, 배관시설의 안전성 등을 전면적으로 재점검하여 배관의 결함을 찾아내어 그 대책을 세웠어야 할 것이며, 뿐만 아니라 압송기 가동에 있어서는 배관의 취약상태를 고려하여 원심 설시의 조치를 취함으로써 송출압력이 급격히 상승하는 일이 없도록 해야 할 업무상의 주의의무가 있었다고 할 것이다. 결국 이 사건 가스폭발사고는 위와 같은 업무상의 주의의무를 다하지 못한 피고인들의 과실이 경합하여 발생하였다 할 것이므로 같은 취지의 원심판단은 옳고, 여기에 소론과 같은 심리미진, 업무상과실, 인과관계에 관한 법리를 오해한 위법이 없다.」[223]

▶ 「전문업자에게 도급을 주어 타워크레인 설치작업을 하던 중 발생한 사고에 대하여 건설회사의 현장대리인에게 업무상과실치사상의 죄책을 물을 수 없다.」[224]

다. 중과실범에는 중실화, 중과실폭발성물건파열, 중과실가스·전기방류, 중과실가스·전기공급방해, 중과실교통방해, 중과실치상, 중과실치사, 중과실장물죄가 있다.

중과실은 극히 근소한 주의만 기울였다면 결과발생을 방지할 수 있었음에도 불구하고 부주의로 예견하지 못한 경우이므로 가중 처벌된다. 중과실에 해당하는지는 사회통념을 고려하여 결정한다.

▶ 「성냥불이 꺼진 것을 확인하지 아니한 채 플라스틱 휴지통에 던진 것이 중대한 과실에 해당한다.」[225]

▶ 「원심판결과 원심이 인용한 제1심판결이 든 증거에 의하면, 피고인이 약

223) 대법원 1989. 9. 26, 선고 88도1411 판결.
224) 대법원 2005. 9. 9, 선고 2005도3108 판결.
225) 대법원 1993. 7. 27, 선고 93도135 판결.

2.5평 넓이의 주방에 설치된 간이온돌용 새마을보일러에 연탄을 갈아 넣음에 있어서 연탄의 연소로 보일러가 가열됨으로써 그 열이 전도, 복사되어 그 주변의 가열 접촉물에 인화될 것을 쉽게 예견할 수 있었음에도 불구하고 그 주의의무를 게을리하여 위 보일러로부터 5 내지 10센티미터쯤의 거리에 판시 가연물질을 그대로 두고 신문지를 구겨서 보일러의 공기조절구를 살짝 막아놓은 채 그 자리를 떠나버렸기 때문에 판시와 같은 화재가 발생한 사실을 인정하기에 넉넉하므로 원심판결의 지적하는 바와 같은 채증법칙을 어긴 위법이 없다. 그리고 형법 제171조가 정하는 중실화는 행위자가 극히 작은 주의를 함으로써 결과발생을 예견할 수 있었는데도 부주의로 이를 예견하지 못하는 경우를 말하는 것이므로 앞에서 본 바와 같은 피고인의 행위를 중실화죄로 다스린 원심의 조치도 정당하여 거기에 지적하는 바와 같은 중실화에 관한 법리오해의 위법도 없다.」[226)]

▶「모텔 방에 투숙하여 담배를 피운 후 재떨이에 담배를 끄게 되었으나 담뱃불이 완전히 꺼졌는지 여부를 확인하지 않은 채 불이 붙기 쉬운 휴지를 재떨이에 버리고 잠을 잔 과실로 담뱃불이 휴지와 침대시트에 옮겨 붙게 함으로써 화재가 발생했다면, 위 화재가 중대한 과실 있는 선행행위로 발생한 이상 화재를 소화할 법률상 의무는 있다 할 것이나, 화재 발생 사실을 안 상태에서 모텔을 빠져나오면서도 모텔 주인이나 다른 투숙객들에게 이를 알리지 아니하였다는 사정만으로는 화재를 용이하게 소화할 수 있었다고 보기 어려우므로, 부작위에 의한 현주건조물방화치사상죄가 성립하지는 않는다.[227)] 따라서 피고인은 중실화, 중과실치사상죄는 유죄, 현주건조물방화치사상죄는 무죄이다.」

▶「호텔오락실의 경영자가 그 오락실 천정에 형광등을 설치하는 공사를 하면서 그 호텔의 전기보안담당자에게 아무런 통고를 하지 아니한 채 무자격전기기술자로 하여금 전기공사를 하게 하였더라도, 전기에 관한 전문지식이 없는 오락실경영자로서는, 시공자가 조인터박스를 설치하지 아니하고 형광등을 천정에 바짝 붙여 부착시키는 등 부실하게 공사를 하였거나 또는 전기보안담당자가 전기공사사실을 통고받지 못하여 전기설비에 이상이 있는지 여부를 점검하지 못함으로써 위와 같은 부실공사가 그대로 방치되고 그로 인하여 전선의 합선에 의한 방화가 발생할 것 등을 쉽게 예견할 수 있었다고 보기는 어려우므로 위 오락실경영자에게 위와 같은 과실이 있었더라도 사회통념상 이를 화재발생에 관한 중대한 과실이라고 평가하기는 어렵다.[228)] 따라서 피고인은 중실화, 중과실치사상

226) 대법원 1988. 8. 23, 선고 88도855 판결.
227) 대법원 2010. 1. 14, 선고 2009도12109,2009감도38 판결.
228) 대법원 1989. 10. 13, 선고 89도204 판결.

죄는 무죄이고, 단순실화, 과실치사상죄의 성립이 가능하다.」

▶「피고인은 소속대 분대장요원 교육대장으로 근무하던 자로서 사격성적이 불량하다는 이유로 피해자 서동○, 문태○ 등을 비롯한 피교육생 27명을 저수지 제방에 2열 횡대로 정열시킨 다음, 수심이나 피교육생들의 수영가능여부 등을 확인함이 없이 전투화와 전투복을 착용한 채 전열과 후열 순차적으로 제방으로부터 25미터 가량 떨어진 수심 2미터가 넘는 수심표시기까지 갔다 오도록 함으로써 이 중 위 피해자들로 하여금 심장마비로 사망케 하였다는 것인바, 위와 같은 수심 등을 확인하지도 않고 피교육생들을 저수지에 들어가도록 한 행위는 훈계의 한도를 벗어난 것으로서 군형법 제62조 소정의 직권을 남용한 가혹행위에 해당한다고 할 것이다. 같은 취지로 판단한 원심판결은 정당하고 법률해석을 그릇친 위법이 없으며, 수중행군과 같은 훈계목적의 이른바 얼차려 행위는 가혹행위가 아니라거나 수심이 2미터 넘는 점에 대한 인식이 없었으므로 고의범이 아니라는 취지의 논지는 모두 이유 없다.[229] 피고인은 군형법상의 가혹행위죄, 중과실치사죄의 유죄이다.」

▶「임차인이 사용하던 방문에 약간의 틈이 있다거나 연통 등 가스배출시설에 결함이 있는 정도의 하자는 임대차 목적물인 위 방을 사용할 수 없을 정도의 파손상태라고 볼 수 없고 이는 임차인의 통상의 수선 및 관리의무에 속하는 것이므로 임차인이 그 방에서 연탄가스에 중독되어 사망하였더라도 위 사고는 임차인이 그 의무를 게을리 함으로써 발생한 것으로서 임대인에게 중과실치사의 죄책을 물을 수 없다.」[230]

▶「이 사건 공장지붕스레트 교체작업은 회사가 공소외인에게 도급주어 공사케 한 것이고 피고인은 위 회사의 관리과장으로서 그 공사의 시공업자의 선정, 공사계약의 체결, 공사의 지정 및 공사금의 지급 등만을 담당하였을 뿐이라면 피고인에게 위 작업 중의 사고를 방지하는데 필요한 안전조치를 취할 주의의무가 있다고 보기 어렵다. 피고인에게 중과실치사죄 무죄를 선고한 것은 정당하다.」[231]

▶「원심은 1967. 2. 25. 10:00경 피고인집 안방에서 자부인 망 공소외 1이 농약 "푸라에스"약 100씨씨를 음독하고 신음하고 있음을 발견하고, 큰 며느리와 같

229) 대법원 1985. 4. 9, 선고 85도75 판결.
230) 대법원 1986. 6. 24, 선고 85도2070 판결.
231) 대법원 1983. 9. 27, 선고 83도1610 판결.

이 비눗물을 2되 가량 만들어 마시게 하고 이에 쌀물을 만들어 마시게 한 결과 여러 차례 위 내용물을 토하였으며, 의사가 있는 곳이 약 10킬로미터나 떨어져 있어서 중태에 빠져있는 환자를 업고 가느니 보다 의사를 초빙하는 것이 좋다고 생각하여 같은 날 15:00경 약사면허증을 가지고 매약상을 하고 있으나 피고인 거주 부락에서는 모두 의사로 통하고 있는 "공소외 2"를 초빙하여 환자를 보이고 식염수를 마시게 하고 약 4.50분 동안에 걸쳐 포도당을 섞은 링겔주사 500씨씨를 놓고 난 뒤에 10:00경 공소외 2는 돌아가고 피고인과 큰 며느리 공소외 3이 간호겸 지켜보고 있다가 피고인은 21:00경 큰방으로 옮겨가고 공소외 3 혼자서 지켜보고 있던 중 22:00경 공소외 1이 절명하였다는 사실을 인정했다. 그렇다면 농약을 음독하였다면 정상적인 치료 아니고서는 죽는다는 사실을 알았고, 약사 공소외 2도 의사로 오인하였으며, 농약 "푸라에스"가 저독으로서 병원에서 치료하였으면 생명을 건질 수 있었을 것이며, 의사가 있는 곳까지 2시간이면 갈수 있었고, 자전거를 타고 사천읍에 가니 택시를 불러올 수도 없지 않았고, 피고인은 가장으로서 지시를 할 수 있었으며, 부녀자가 음독하면 소문이 날까 봐 집안에서 치료를 하였다한들 피고인에게 망 공소외 1을 사망케 한 중대한 과실이 있다고는 할 수 없다.」[232)]

▶「경찰관인 피고인들은 동료 경찰관인 갑 및 피해자 을과 함께 술을 많이 마셔 취하여 있던 중 갑자기 위 갑이 총을 꺼내 을과 같이 총을 번갈아 자기의 머리에 대고 쏘는 소위 "러시안 룰렛" 게임을 하다가 을이 자신이 쏜 총에 맞아 사망한 경우 피고인들은 위 갑과 을이 "러시안 룰렛"게임을 함에 있어 갑과 어떠한 의사의 연락이 있었다거나 어떠한 원인행위를 공동으로 한 바가 없고, 다만 위 게임을 제지하지 못하였을 뿐인데 보통사람의 상식으로서는 함께 수차에 걸쳐서 흥겹게 술을 마시고 놀았던 일행이 갑자기 자살행위와 다름없는 위 게임을 하리라고는 쉽게 예상할 수 없는 것이고 (신뢰의 원칙), 게다가 이 사건 사고는 피고인들이 "장난치지 말라"며 말로 위 갑을 만류하던 중에 순식간에 일어난 사고여서 음주 만취하여 주의능력이 상당히 저하된 상태에 있던 피고인들로서는 미처 물리력으로 이를 제지할 여유도 없었던 것이므로, 경찰관이라는 신분상의 조건을 고려하더라도 위와 같은 상황에서 피고인들이 이 사건 "러시안 룰렛"게임을 즉시 물리력으로 제지하지 못하였다 한들 그것만으로는 위 갑의 과실과 더불어 중과실치사죄의 형사상 책임을 지울 만한 위법한 주의의무위반이 있었다고 평가할 수 없다. …(중략) 그리고 사실관계가 위와 같다면 피고인들에게 과실이 있다고 인정되지 아니한다는 이유로 무죄를 선고한 원심의 조처도 정당하다고

232) 대법원 1969. 7. 22, 선고 69도684 판결.

할 것이고, 거기에 과실범의 공동정범의 성립요건이나 중과실치사죄의 과실에 관하여 소론과 같은 법리를 오해한 위법이 있다고 할 수 없다.」[233)]

▶「피고인이 84세 여자 노인과 11세의 여자 아이를 상대로 안수기도를 함에 있어서 그들을 바닥에 반드시 눕혀 놓고 기도를 한 후 "마귀야 물러가라", "왜 안 나가느냐"는 등 큰 소리를 치면서 한 손 또는 두 손으로 그들의 배와 가슴 부분을 세게 때리고 누르는 등의 행위를 여자 노인에게는 약 20분간, 여자아이에게는 약 30분간 반복하여 그들을 사망케 한 것은, 고령의 여자 노인이나 나이 어린 연약한 여자아이들은 약간의 물리력을 가하더라도 골절이나 타박상을 당하기 쉽고, 더욱이 배나 가슴 등에 그와 같은 상처가 생기면 치명적 결과가 올 수 있다는 것은 피고인 정도의 연령이나 경험 지식을 가진 사람으로서는 약간의 주의만 하더라도 쉽게 예견할 수 있음에도 그러한 결과에 대하여 주의를 다하지 않아 사람을 죽음으로까지 이르게 한 행위이므로 중대한 과실이라고 할 것이고, 피고인에 대하여 중과실치사죄로 처단한 것은 정당하다.」[234)]

4. 의료과실

최근의 ○○대△△병원 신생아실 집단사망사고에 대하여 국민이 공분하고 있는 반면, 해당 의료진은 열악한 근무환경, 의료계의 관행 등을 주장하며 면책 항변을 하고 있다. 이례적으로 해당 의료인들에 대한 구속영장이 발부되었으나, 최종심까지 이들의 과실이 그대로 인정될지는 확실하지 않다.[235)] 의료과오에서 관행, 업무분장, 요구되는 의학적 처지의 수준과 방법, 불가항력, 피해자의 특이체질, 의사의 폭넓은 재량권을 주장할 경우 면책된 사례가 많았기 때문이다. 무혐의 처분이 나거나, '1심 집행유예, 2심 벌금'이 선고되거나, '1심 벌금형, 2심 선고유예'로 변경되는 일, '1심 벌금형'에 의사인 피고인이 승복하고 검사도 항소하지 않아 1심에서 벌금형이 확정되는 일이 흔했다.

그리하여 형사사건에서 충분한 재판절차진술권을 보장받지 못했거나 응보를 가하지 못한 유족들이 민사소송에서 위자료 청구소송을 제기하는 경우가 많았는데, 민사소송에서도 형사소송과 같이 의사의 폭넓은 재량을 인정하여 분명하지 않은 과실에 대해서는 처치과실, 치료과실 자체를 인정하지 않고, 단순히

233) 대법원 1992. 3. 10, 선고 91도3172 판결.

234) 대법원 1997. 4. 22, 선고 97도538 판결.

235) 이 사건 1심은, "**과실은 인정**되지만, 과실과 신생아 사망 사이의 **인과관계가 부정**된다"고 하여 무죄를 선고했다(조선일보 2019. 2. 22.자 기사 참조).

설명의무 위반 또는 부족에 따른 위자료 지급책임만 인정해 온 것이 안타까운 현실이었다.

따라서 아래 **의료인의 주의의무위반에 대한 판례**를 상세히 살펴 피해자와 변호인은 의료소송 또는 형사고소에서 과실을 주장·입증하는 데에 필요한 지식을 얻을 수 있고, 의료인들은 혹시 발생할지 모를 아래와 같은 의료사고를 미리 방지하기 위해 주의의무 이행에 더 노력한다면 안타까운 사고를 막을 수 있다.

가. 산모의 태반조기박리에 대한 대응조치로서 응급 제왕절개 수술을 하는 산부인과 의사에게 수혈용 혈액을 미리 준비해야 할 업무상 주의의무가 있다고 한 사례

▶ 「원심이 인용한 제1심판결의 이유에 명시된 증거들을 기록에 비추어 검토하여 보면, 피고인이 1995. 6. 30. 07:00경 피고인 경영의 산부인과 병원(서울 도봉구 방학동 소재)에 입원한 피해자(1960. 3. 5.생)에 대하여 자연분만에 의한 출산을 시도하려고 하였으나 같은 날 13:30경에 이르러 피해자가 호흡곤란, 전신창백 증세와 함께 자궁수축이 경직된 상태를 보이며 질에서 혈액성 물질이 배출되는 증상이 나타나자 피고인은 이를 태반조기박리로 진단하고 그 대응조치로서 응급 제왕절개 수술을 시행하기로 결정하고 마취과 의사를 부르는 등 수술준비를 마친 다음 같은 날 14:15경 제왕절개 수술을 시행하여 같은 날 14:22경 태아를 정상적으로 분만시키고 약 40%의 태반조기박리 상태(태반박리의 정도가 1/4 내지 2/3인 중등도에 속함)를 확인한 사실, 피고인은 그 수술 도중 태반조기박리와 아울러 자궁파열과 이완성자궁출혈을 발견하고 같은 날 15:00경 자궁파열 부위에 봉합과 압박지혈을 한 다음 강력 자궁수축제를 투여하는 등 지혈조치를 반복하였으나 출혈이 계속되고 혈압이 내려가 종합병원 후송을 결정하고 같은 날 15:30경 구급차로 피해자를 서울 동대문구 전농동 소재 성○○○ 병원으로 출발하여 같은 날 16:15 위 병원에 도착한 다음 인공호흡과 심장마사지 및 자궁출혈 중지를 위한 자궁수축제 투여와 함께 수혈을 하는 등 치료를 받게 하였으나 피해자는 18:30 범발성 혈액응고장애로 실혈사(선행사인은 태반조기박리 및 자궁근무력증)한 사실, 태반조기박리는 임신 후반기에서 볼 수 있는 출혈 중 가장 자주 보이는 질환으로서 태반조기박리 치료의 기본방침에 수혈이 포함되어 있는 사실, 피고인은 전치태반인 경우에 제왕절개를 할 때에는 수혈 준비를 한다고 진술하였는데(수사기록 118면), 전치태반은 태반조기박리와 더불어 임신 후반기에서 볼 수 있는 출혈 중 가장 자주 보이는 질환으로 되어있는 사실, 피고인이 위

와 같이 같은 날 13:30경 피해자에 대하여 태반조기박리로 진단하고 응급 제왕절개 수술을 시행하기로 결정하였을 때 인근에 있는 서울동부혈액원(피고인 경영의 병원에서 자동차로 편도 10 내지 15분 거리에 위치)으로부터 신속하게 혈액을 공급받을 수 있도록 조치를 취하였다면 그 제왕절개 수술 도중이나 수술직후에라도 수혈조치를 하여 피해자가 위와 같이 실혈에 의하여 사망하는 것을 방지할 수 있었다고 보이는 사실 등을 알아볼 수 있는바, 위와 같이 피고인이 산모인 피해자의 태반조기박리에 대한 대응조치로서 응급 제왕절개 수술을 시행하기로 결정하였다면 이러한 경우에는 적어도 제왕절개 수술 시행 결정과 아울러 산모에게 수혈을 할 필요가 있을 것이라고 예상되는 특별한 사정이 있어 미리 혈액을 준비해야 할 업무상 주의의무가 있다고 보아야 할 것이므로, 피고인이 그러한 수술결정과 아울러 피해자에 대한 수혈의 필요성에 대비하여 수술 도중이나 수술 후에라도 가능한 빠른 시기에 혈액을 공급받기 위한 조치를 전혀 취하지 아니한 과실로 인하여 수혈시기를 놓치게 하여 피해자가 사망하였다는 내용의 이 피고사건에 대하여 범죄의 증명이 있다고 한 제1심판결을 유지한 원심판결에 상고이유 주장과 같은 의료과오에 있어서 과실의 판단 기준에 관한 법리오해나 심리미진, 채증법칙 위배로 인한 사실오인의 위법이 있다고 할 수 없다.」[236)]

나. 침투태반에 의한 출혈이라 하여 보존적인 요법을 거치지도 않고 우선 자궁적출술부터 시행할 주의의무가 있다고 보기 어렵다고 본 사례

▶ 「1. 원심이 인정한 기초적인 사실

원심판결 이유에 의하면 원심은 내세운 증거에 의하여 산부인과 전문의로서 인천 북구 ○○동 73의 10에서 산부인과 의원을 개설하고 있는 피고인이 1994. 4. 14. 09:30경 임산부인 피해자에게 제왕절개수술을 시행하여 같은 날 09:39경 여아를 분만시키고 계속하여 자궁 안의 태반을 분리·제거하였으나 이른바 침투태반으로 말미암아 자궁이 수축되지 않고 다량의 출혈이 수반되자 이를 막기 위하여 자궁수축제인 옥시토신 20유니트, 메델진 1앰플을 정맥에 주사하고 자궁마사지를 하면서 지혈되기를 기다렸으나 출혈이 멈추지 아니하자, 같은 날 10:05경 간호조무사인 원○○을 인천적십자혈액원에 혈액을 구하러 보내는 한편 피해자에게 수혈대용제인 하트만용액 4,000cc 및 레모마크로덱스 1,000㎖를 주사하면서 자궁경부를 제외한 자궁적출술을 시행하여 같은 날 11:50경 자궁적출술을 마쳤으나 그 과정에서 피해자가 2,500cc 내지 3,000cc 정도의 출혈을 한 사실, 피고인은 피해자의 후송을 위하여 119구급차를 대기시킨 다음 같은 날 12:00경 혈

236) 대법원 2000. 1. 14, 선고 99도3621 판결.

액이 도착하자 피해자에게 수혈을 하면서 그녀를 인천 중○○병원으로 후송한 사실 및 피해자가 인천 중○○병원에 도착한 후에도 출혈이 약 2,000cc 가량 계속되자 위 병원에서는 수혈을 하면서 자궁경부제거수술 및 출혈부위 결찰술을 시행하였으나 피해자는 같은 달 19. 21:50경 산후과다출혈로 인한 쇼크와 그에 따른 성인성호흡곤란증으로 사망한 사실 등을 인정했다.

2. 수혈용 혈액을 준비하지 아니한 채 제왕절개수술을 시행한 것이 과실인지에 관하여

원심은 내세운 증거에 의하여 인천 시내에 혈액관리법에 따라 혈액원이 설치된 곳은 12곳이고 산부인과 의원에서 혈액원을 개설한 경우는 한 곳도 없는 사실, 일반 산부인과 의원에서는 매 분만마다 혈액을 준비하는 것이 사실상 어렵기 때문에 필요한 경우에는 인근 혈액원에서 혈액을 구입하여 사용하고, 제왕절개수술을 하는 경우에도 헤모글로빈 수치가 10 이하인 경우에만 혈액을 미리 준비하고 그 이외의 경우에는 혈액을 미리 준비하지 아니하는 것이 관행이고, 피해자의 경우 헤모글로빈 수치가 10.2로 산출된 사실, 침투태반의 경우 사전 검사를 통하여는 이를 발견할 수 없고, 그 발생빈도는 평균 7,000분만 건수당 1회 정도인 사실 등을 인정하고, 산부인과 의원을 개설한 전문의인 피고인으로서는 수술 전에 발견할 수 없는 자궁이완이나 태반이상 등의 원인으로 야기될 산후과다출혈에 대비하여 제왕절개수술을 시행하기 전에 미리 혈액을 준비할 업무상 주의의무가 있다고 보기 어렵다고 판단했다.

기록에 의하면 산부인과 개업의들이 매 분만마다 수혈용 혈액을 준비한다 하더라도 이를 사용하지 아니한 경우(대부분의 분만에서 사용하지 아니한다)에는 혈액원에 반납할 수 없고, 산부인과 의원에서는 이를 보관하였다가 다른 산모에게 사용할 수도 없기 때문에 결국 사용하지 못한 혈액은 폐기해야 하고, 헌혈 부족으로 충분한 혈액을 확보하지 못하고 있는 이 사건 당시 우리나라의 실정상 만약 산부인과 개업의들이 매 분만마다 수혈용 혈액을 미리 준비하고, 이를 폐기한다면 혈액 부족이 심화될 우려가 있음을 알 수 있는바, 여기에 원심이 적법하게 인정한 위와 같은 사정들을 고려하면, 특히 피고인이 이 사건 제왕절개분만을 함에 있어서 피해자에게 수혈을 할 필요가 있을 것이라고 예상할 수 있었다는 사정이 보이지 않는 이 사건에서 원심의 위와 같은 판단은 정당하고, 여기에 어떠한 위법이 있다고 할 수 없다. 이 점에 관한 논지는 이유가 없다.

3. 분만 후 25분 정도가 지난 후 자궁적출술을 시행한 것이 과실인지에 관하여

원심은 내세운 증거에 의하여 제왕절개수술을 시행하여 다량의 출혈이 수반되는 경우에 우선 자궁수축제를 투여하고 마사지를 하면서 결과를 지켜 본 후 그래도 지혈되지 아니하는 경우 비로소 수혈을 하면서 자궁적출술을 시행하며, 만일 수혈용 혈액이 준비되어 있지 아니한 경우 임시방편으로 수혈대용제를 투여하는 것이 일반적인 의료방법이라고 인정하고, 피고인이 분만 후 자궁수축제인 옥시토신 20유니트, 메델진 1앰플을 투여하고 자궁마사지를 실시하고 자궁이 수축되어 출혈이 멈추기를 기다렸으나 출혈이 계속되자 간호사를 인천적십자혈액원에 혈액을 구하러 보내는 한편 피해자에게 수혈대용제를 주사하면서 자궁경부를 제외한 자궁적출술을 시행하고, 위 수술이 완료되는 대로 피해자를 후송하기 위하여 119구급차를 요청하여 대기시켜 두었다가 인천 적십자혈액원으로부터 혈액이 도착하자마자 피해자에게 수혈하면서 인천 중○○병원으로 후송하였으므로 피고인으로서는 피고인의 시설과 당시의 일반적인 진료방법에 따라 대처하였다고 볼 것이고, 달리 피고인이 이와 같은 수술을 시행함에 있어서 업무상 주의의무를 위반한 과실이 있음을 인정할 증거가 없다고 판단했다.

이 점에 관한 검사의 상고이유의 요점은 피해자의 출혈은 침투태반에 의한 것이었고, 침투태반에 의한 출혈인 경우에는 피고인이 취한 것과 같은 처치로는 이를 지혈시킬 수 없으므로 즉시 자궁적출술을 시행해야 한다는 것이다. 살피건대, 원심은 특히 침투태반에 의한 산후 출혈인 경우를 구분하지 않고 일반적으로 제왕절개에 의한 분만 후 다량의 출혈이 수반되는 경우에 피고인이 취한 처치 방법이 적절한 것이었다고 인정하고 있을 뿐이다. 그런데 기록에 의하면 침투태반은 태반이 자궁근육 조직까지 침투하여 붙어 있는 것을 말하고, 산과학 서적의 기재(공판 기록 71쪽에 첨부된 산과학 341쪽 참조), 피해자의 유가족들이 피고인을 상대로 제기한 손해배상 소송에서 법원에 제출된 ▲병원장의 사실조회회신 사본의 기재, 특히 수사기관과 제1심 법정에서의 인천 중○○병원 산부인과 과장 김득○의 진술 등에 의하면 제왕절개수술을 한 후 침투태반으로 인하여 과다출혈이 발생하는 경우에는 피고인이 취한 바와 같은 자궁수축제 투여, 자궁마사지 등의 단계를 밟을 여유도 없이 즉시 자궁적출술을 시행해야 하는 것처럼 보이기도 하지만, 한편 침투태반이라 하여도 그 부위, 유착에 관여하는 태반엽의 수 등에 따라 정도에 차이가 있고(공판기록 87쪽에 편철된 산과학 569쪽 참조), 그 정도에 따라 출혈량, 급속다량출혈의 빈도 등에 차이가 있고(▲병원장의 사실조회회신 사본), 또한 침투태반이라 하여도 자궁수축이 정상적으로 이루어져 출혈이 멎는 수도 있으며, 어떤 경우에는 조직검사까지 해야만 침투태반인지 여부를 확진할 수 있는 경우도 있음(원심 증인 민기○의 증언)을 알 수 있다. 이와 같은 점들을 고려한다면 침투태반에 의한 출혈이라 하여도 개업한 산부인과 전문의로서는 우선은 보존적인 요법을 시행하여 지혈이 되기를 기대하면서 관찰을 하여 보고, 그로써 지혈이 될 수 없다는 판단이 서게 되면 그 때에 지체 없이 자궁적출술을 시행해야 할 것이지, 침투태반에 의한 출혈이라 하여 보존적인 요법을 거치지도 않고 우선 자궁적출술부터 시행할 주의의무가 있다고 보기는 어렵다 할 것이다. 결국 원심이 그 채용한 증거에 의하여 분만 직후에 상당한 출혈이 있는 경우에도 일반적으로 산부인과 전문의들은 즉시 자궁적출술을 하는 것이 아니고, 자궁수축제를 투여하고 더 나아가 자궁을 마사지하고 자궁이 수축되기를 기다려 본다는 취지로 사실인정을 한 것은 침투태반이 출혈의 원인이 된 경우에도 타당하다 할 것이다(더욱이 이 사건에서는 기록상 피해자에게 자궁이완증도 함께 왔는데, 자궁이완증에 대하여는 일단 자궁수축제를 투여하고 자궁마사지를 하면서 수축을 기대하며 관찰하여 보는 것이 당시 개업한 산부인과 전문의들의 일반적인 치료방법임을 알 수 있다). 한편 기록에 의하면 피고인은 분만 후 약 16분 후(1994. 4. 19. 09:55경) 피해자의 남편인 김정○에게 자궁적출술에 관하여 동의를 구하였음을 알 수 있는바, 이는 그 무렵에 이미 피고인이 자궁적출술을 시행해야 한다는 판단을 하고 단계적인 조치를 취하여 나가고 있었음을 보여준다. 그러므로 달리 피고인이 자궁수축제를 투여하고 자궁마사지를 실시한 후 지혈이 될 것을 기대하며 관찰할 여유도 없이 바로 자궁적출술을 시행해야 한다고 판단하였어야 할 사정이 보이지 않는 이 사건에서 그 설시에 다소 미흡한 점은 있어도 원심의 위와 같은 판단도 옳은 것으로 수긍할 수 있고, 여기에 어떤 위법이 있다고 할 수 없다. 이 점에 관한 논지도 이유가 없다.」[237]

다. 마취환자의 마취회복업무를 담당한 의사 VS. 피해자를 감시하도록 업무를 인계받지 않은 간호사

▶ 「1. 원심이 증거에 의하여 적법하게 확정한 사실에 의하면, 이 사건 피해자는 1990. 8. 27. 판시 병원의 수술실에서 마취된 상태에서 판시와 같은 수술을 받고 그 날 10:25경 피고인 1에게서 마취회복을 위한 처치를 받고 회복실로 이송되었는데 10:55경 마취담당의사인 공소외 1에 의하여 호흡중단의 생리장애가 발견되어 응급처치를 받았으나 의식을 회복하지 못하고 그 해 10. 22. 무산소성 또는 저산소증으로 인한 뇌손상으로 사망하였다는 것이다.

2. 피고인 1의 상고이유에 대하여

원심판결이유를 기록에 대조하여 살펴볼 때 원심이 그 채용증거에 의하여 판시와 같은 사실을 인정한 다음, 마취환자의 마취회복업무를 담당하던 피고인 1로서는 마취환자가 수술 도중 특별한 이상이 있었는지를 확인하여 특별한 이상이 있었던 경우에는 보통 환자보다 더욱 감시를 철저히 하고 또한 마취환자가 의식이 회복되기 전에는 호흡이 정지될 가능성이 적지 않으므로 피해자의 의식이 완전히 회복될 때까지 주위에서 관찰하거나 적어도 환자를 떠날 때는 피해자를 담

237) 대법원 1997. 4. 8, 선고 96도3082 판결.

당하는 간호사를 특정하여 그로 하여금 환자의 상태를 계속 주시하도록 하여 만일 이상이 발생한 경우에는 즉시 응급조치가 가능하도록 할 의무가 있다 고 할 것이라고 전제하고서, 위 피고인이 피해자가 어떤 이상증세가 일어났는지에 대하여 확인하여 회복처치에 참고하지도 않았으며 피해자에게 자발호흡이 있는 것만 확인하고는 의식이 회복되었는지 분명하지도 않은 상태에서 특정 간호사에게 확실한 인계조치나 구체적인 지시도 하지 않은 채 환자를 떠난 점을 마취의사로서의 업무상 주의의무를 해태한 것으로 판단한 것이나, 피고인이 위와 같은 주의의무를 다하였다면 다른 간호사가 함부로 심전도기를 탈착하지 못하였을 것이니 다른 간호사가 피고인이 피해자에게 부착한 심전도기를 탈착하였다고 하여 피고인의 주의의무 해태와 피해자간의 사망 간에 인과관계가 중단되었다고 할 수 없다고 판단한 것은 모두 정당한 것으로 수긍되고 거기에 소론과 같은 **주의의무나 인과관계에 대한 법리오해의 위법이 있다고 할 수 없으므로 논지는 모두 이유 없다.**

3. 검사의 상고이유에 대하여

원심이, 피고인 2는 원래 회복실을 담당하던 간호사도 아니고 피해자를 감시하도록 업무를 인계받지도 않았으므로 피해자를 감시할 의무가 있다고 할 수 없고 또한 위 피고인은 자기 환자의 회복처치에 전념하고 있던 중으로서 피해자의 호흡이 중단된 것을 알 수 있는 상황도 아니었으므로 피해자에 대한 관계에서 어떤 주의의무를 해태하였다고 할 수 없으며, 회복실에 다른 간호사가 남아있지 않은 이 사건과 같은 경우에도 자기의 고유업무에 전념하고 있었다면 다른 환자의 이상증세가 인식될 수 있는 상황에서라야 이에 대한 조치를 할 의무가 있다고 보일 뿐 회복실 내의 모든 환자에 대하여 적극적, 계속적으로 주시, 점검을 할 의무는 있다고 할 수 없다고 하여 위 피고인에 대한 이 사건 공소사실은 범죄의 증명이 없는 경우에 해당한다고 할 것이라고 인정 판단한 것은 그 채용증거들을 기록에 대조하여 살펴볼 때 수긍되고 거기에 소론과 같은 채증법칙위배나 과실범의 공동정범의 법리를 오해한 위법이 있을 수도 없다.」[238]

라. 대학병원 인턴의사의 간호사 감독 과실

▶ 「1. 이 사건 공소사실의 요지는 다음과 같다.

피고인은 진주시 ○○동 소재 ○○대학교 병원 내과 인턴으로서 간경화, 식도정맥류 출혈 등으로 치료받던 피해자 안○○(남, 57세)의 주치의인 1심 공동피고인 1을 보좌하여 피해자의 치료를 맡은 자인바, 수혈을 할 때에는 직접 혈액봉지

238) 대법원 1994. 4. 26, 선고 92도3283 판결.

를 확인해야 할 뿐만 아니라 수혈 도중에 부작용이 발생하는 등 만일의 사태에 대비해야 하고, 간호사에 대하여는 의사의 참여 없이는 수혈을 하지 아니하도록 지도·교육해야 하며, 자신의 참여하에 간호사로 하여금 수혈을 하게 하더라도 그 환자에게 수혈할 혈액봉지가 맞는지 여부를 확인해야 할 업무상의 주의의무가 있음에도, 1996. 5. 25. 13:00경부터 같은 병원 62병동 11호실에서 피해자에게 신선 냉동혈장 3봉지(320㎖) 및 농축적혈구 1봉지(200㎖)를 수혈하면서, 간호사인 1심 공동피고인 2로 하여금 단독으로 수혈을 하도록 내버려 둠으로써, 1심 공동피고인 2가 같은 날 14:40경 혈액봉지의 라벨을 확인하지 아니하여 간호처치대 위에 놓여있던 공소외 최○○에게 수혈할 혈액봉지를 피해자에 대한 혈액봉지로 오인하고서, 혈액형이 B형인 피해자에 대하여 A형 농축적혈구 약 60㎖를 수혈하여, 피해자로 하여금 같은 달 26일 11:42경 급성 용혈성 수혈부작용 등으로 사망에 이르게 하였다는 것이다.

2. 원심판결 이유에 의하면, 원심은, 인턴인 공소외 성○○가 주치의인 1심 공동피고인 1의 처방에 따라 신선 냉동혈장 3봉지와 농축적혈구 1봉지를 수령하여 같은 날 12:40경 첫 번째 신선 냉동혈장 1봉지를 피해자에게 수혈한 후 같은 날 13:00경 같은 병원 지하 구내식당에서 피고인에게 피해자에 대한 나머지 혈액 3봉지의 수혈을 인계했고, 피고인은 같은 날 13:40경 피해자에게 두 번째 혈액봉지를 교체해 준 다음 같은 날 14:00경 최○○에게 수혈할 농축적혈구 1봉지를 수령하여 최○○에게 수혈하려고 하였으나, 최○○가 화장실에서 관장 등의 시술을 받고 있어 이를 뒤로 미루고 13:30경부터 시작되는 회진에 대비하여 환자들의 X선 필름을 찾으러 X선실에 다녀온 후 환자들을 소독하였으며, 한편 1심 공동피고인 2은 피해자에게 세 번째 혈액봉지를 교체한 후 그 혈액이 거의 전부 수혈되었을 때 쯤 피해자가 혈변을 보고 혈압이 떨어지는 증세를 보이자, 이를 그 앞방에 있던 1심 공동피고인 1에게 알려 1심 공동피고인 1로부터 수혈을 계속하라는 지시를 받고, 다른 혈액형의 환자인 최○○에게 수혈할 혈액봉지를 피해자에게 수혈할 농축적혈구 봉지로 오인하여 이를 피해자에게 수혈한 사실을 인정하고서, 환자에 대한 수혈은 원칙적으로 의사가 직접 시술해야 하고, 피해자에 대한 수혈지시는 주치의인 1심 공동피고인 1이 성○○에게 했고, 성○○는 이를 피고인에게 인계하였으므로 피고인은 피해자의 수혈에 관한 시술의 책임이 있는 자라 할 것이나, 그 병원은 인턴 부족으로 업무부담이 과중하여 1995. 3.경 병원 부서장 회의에서 간호사들이 인턴을 도와주기로 하는 결의를 하여, 첫 번째 혈액봉지의 수혈은 의사가 직접 실시하되 수혈중인 환자에 대하여 혈액봉지를 교체하는 등의 일은 간호사들이 대신해 주는 관행이 생겼고, 비록 그 관행이 의료시술의 원칙에 어긋나는 점이 있다 하더라도 수련과정에 있는 인턴에 불과한 피고인으로서는 인턴의 수를 늘려 그 관행의 시정을 요구할 수 있는 사실상의 지위에 있었

다고 볼 수 없으므로, 피고인의 지시·감독이 없는 상태에서 1심 공동피고인 2가 임의로 혈액봉지를 교체한 행위에 대하여 피고인이 교육·감독의무를 해태하였다고 피고인에게 책임을 묻는 것은 피고인이 가지고 있지 않은 권한을 행사하지 아니한 책임을 묻는 것이라 할 것이고, 한편 피고인은 1심 공동피고인 2가 농축적혈구를 피해자에게 수혈할 당시에는 다른 업무를 보고 있던 관계로 1심 공동피고인 2로부터 이를 수혈한다는 보고를 받지 못하였으므로, 1심 공동피고인 2가 피해자에 대한 수혈을 실시할 때 현장에 참여하여 지도·감독할 수 있는 상태에 있지 아니했고, 오히려 1심 공동피고인 2는 1심 공동피고인 1에게 이를 직접 알리고 그의 지시에 의하여 관행에 따라 농축적혈구를 수혈하였으므로, 그 응급상황의 보고와 농축적혈구의 수혈 과정에 피고인의 과실이 개입할 여지가 없었다고 하여, 이 사건 공소사실은 범죄의 증명이 없는 때에 해당한다는 이유로 무죄를 선고했다.

3. **그러나 원심의 판단은 다음과 같은 이유에서 수긍하기 어렵다.**

수혈은 종종 그 과정에서 부작용을 수반하는 의료행위이므로, 수혈을 담당하는 의사는 혈액형의 일치 여부는 물론 수혈의 완성 여부를 확인하고, 수혈 도중에도 세심하게 환자의 반응을 주시하여 부작용이 있을 경우 필요한 조치를 취할 준비를 갖추는 등의 주의의무가 있다.[239)]

그리고 의사는 전문적 지식과 기능을 가지고 환자의 전적인 신뢰 하에서 환자의 생명과 건강을 보호하는 것을 업으로 하는 자로서, 그 의료행위를 시술하는 기회에 환자에게 위해가 미치는 것을 방지하기 위하여 최선의 조치를 취할 의무를 지고 있고, 간호사로 하여금 의료행위에 관여하게 하는 경우에도 그 의료행위는 의사의 책임 하에 이루어지는 것이고 간호사는 그 보조자에 불과하므로, 의사는 당해 의료행위가 환자에게 위해가 미칠 위험이 있는 이상 간호사가 과오를 범하지 않도록 충분히 지도·감독을 하여 사고의 발생을 미연에 방지해야 할 주의의무가 있고, 이를 소홀히 한 채 만연히 간호사를 신뢰하여 간호사에게 당해 의료행위를 일임함으로써 간호사의 과오로 환자에게 위해가 발생하였다면 의사는 그에 대한 과실책임을 면할 수 없다.

기록에 의하면, 피고인은 같은 인턴인 성○○로부터 피해자에 대한 수혈임무를 인계받고서 같은 날 13:30경 피해자에게 수혈할 두 번째 혈액봉지를 직접 교체한 후 간호사인 1심 공동피고인 2에게 다음 혈액봉지를 교체하는 것을 맡기고, 같은 날 14:05경 최○○에게 수혈할 혈액봉지를 수령하여 수혈을 하려고 하였으나 최○○가 관장시술을 받고 있어 그 혈액봉지를 피해자의 나머지 혈액봉지 2개와 구분하지 않고 간호처치대 위에 함께 놓아두면서, 혈액봉지에 환자의 성명,

239) 대법원 1964. 6. 2, 선고 63다804 판결.

혈액형 등이 기재되어 있는 관계로 간호사가 오인하지 아니할 것으로만 생각한 나머지 별다른 주의를 환기시키지 아니한 채 회진에 대비하여 그 현장을 떠났고, 피해자 이외에 다른 수혈 환자가 있는 것을 모르고 있던 1심 공동피고인 2는 같은 날 14:30경 자신이 교체해 준 세 번째 혈액봉지의 수혈이 다 끝나갈 무렵 피해자가 다량의 혈변을 보는 등의 증세를 보이자 이를 1심 공동피고인 1에게 보고하여 수혈을 계속하라는 지시를 받고서 다급하게 수혈을 하느라고 피해자의 혈액봉지와 함께 놓여 있던 최○○의 혈액봉지를 피해자의 것으로 오인하고서 이를 가져가 피해자에게 수혈했고, 피고인은 같은 날 15:00경 최○○에게 수혈을 하기 위하여 현장에 돌아와서 간호처치대 위에 있던 최○○의 혈액봉지가 없어진 것을 보고 비로소 최○○의 혈액봉지가 피해자에게 잘못 수혈되고 있는 것을 발견하였음을 알 수 있다.

피고인은 피해자에 대한 수혈을 담당하는 의사로서, 수혈을 하기에 앞서 그 혈액봉지가 피해자의 것인지 여부를 확인하여 다른 환자의 혈액봉지를 잘못 수혈함으로써 피해자에게 위해가 발생하는 것을 방지해야 할 주의의무가 있는바, 이 사건에서와 같이 피고인이 피해자와 최○○ 두 명의 환자에 대한 수혈을 동시에 담당한 관계로 그들에게 수혈할 혈액봉지를 같은 장소에 구분 없이 준비해 둔 경우라면, 피고인으로서는 혈액봉지가 바뀔 위험을 방지하기 위하여 직접 피해자의 혈액봉지를 교체하거나, 간호사인 1심 공동피고인 2에게 혈액봉지의 교체를 맡기는 경우에도 그와 같은 사정을 주지시켜 1심 공동피고인 2로 하여금 교체하는 혈액봉지를 반드시 확인하게 하고, 스스로 사후 점검을 하여 혈액봉지가 바뀜으로 인하여 피해자에게 위해가 발생하지 않도록 필요한 조치를 취해야 할 주의의무가 있고, 피고인이 피해자와 최○○의 혈액봉지를 구분 없이 함께 놓아두고서도 위와 같은 조치를 취하지 아니한 채 만연히 1심 공동피고인 2에게 혈액봉지의 교체를 맡긴 후 현장을 떠나 1심 공동피고인 2가 추가로 2개의 혈액봉지를 교체하여 마지막 혈액봉지의 혈액이 피해자에게 상당량 수혈될 때까지 돌아오지 아니함으로써, 1심 공동피고인 2가 혈액봉지가 피해자의 것인지 여부를 확인하지 아니하고 피고인도 피해자의 혈액봉지가 잘못 교체된 것을 조기에 발견하지 못한 것이라면, 피고인에게 그에 대한 과실이 있다고 하지 않을 수 없다.

그리고 피고인이 근무하는 병원에서는 인턴의 수가 부족하여 수혈의 경우 두 번째 이후의 혈액봉지는 인턴 대신 간호사가 교체하는 관행이 있었다고 하더라도, 위와 같이 혈액봉지가 바뀔 위험이 있는 상황에서 피고인이 그에 대한 아무런 조치도 취함이 없이 간호사인 1심 공동피고인 2에게 혈액봉지의 교체를 일임한 것이 관행에 따른 것이라는 이유만으로 정당화될 수는 없고, 1심 공동피고인 2가 혈액봉지를 교체한 것이 1심 공동피고인 1의 지시에 따른 것이었다고 하더라도 피고인이 1심 공동피고인 1로부터 피해자에 대한 수혈 임무를 부여받은 이상 위와 같은 조치를 소홀히 함으로써 혈액봉지가 바뀐 데 대한 과실책임을 면할 수 없다.

그럼에도 불구하고, 원심은 앞에서 본 바와 같은 이유로 1심 공동피고인 2가 피해자에게 다른 환자의 혈액봉지를 잘못 교체하여 수혈한 데 대하여 피고인에게 아무런 과실이 없다고 판단하였으니, 원심판결에는 의사의 업무상 주의의무에 관한 법리를 오해하여 판결에 영향을 미친 위법이 있다고 할 것이므로, 이 점을 지적하는 상고이유의 주장은 이유 있다.」[240]

마. 마취주사와 관련 사이드 인젝션(Side Injection)방법이 아닌 직접주사를 간호조무사에게 지시한 의사의 과실

▶「1. 상고이유 제1점을 본다.

원심이 적법히 인정한 사실에 의하면, 이 사건 주사약인 에폰톨은 3, 4분 정도의 단시간형 마취에 흔히 이용되는 마취제로서 점액성이 강한 유액성분이고 반드시 정맥에 주사해야 하며, 정맥에 투여하다가 근육에 새면 유액성분으로 인하여 조직괴사, 일시적인 혈관수축 등의 부작용을 일으킬 수 있으므로 위와 같은 마취제를 정맥주사할 경우 의사로서는 스스로 주사를 놓든가 부득이 간호사나 간호조무사에게 주사케 하는 경우에도 주사할 위치와 방법 등에 관한 적절하고 상세한 지시를 함과 함께 스스로 그 장소에 입회하여 그 주사시행과정에서의 환자의 징후 등을 계속 주시하면서 주사가 잘못 없이 끝나도록 조치해야 할 주의의무가 있다고 할 것이다.

또한 위와 같은 마취제의 정맥주사방법으로서는 수액세트에 주사침을 연결하여 정맥 내에 위치하게 하고 수액을 공급하면서 주사제를 기존의 수액세트를 통하여 주사하는 이른바 사이드 인젝션(Side Injection) 방법이 주사방법보다 안전하고 일반적인 것이라 할 것이다.

원심이 같은 견해에서 산부인과 의사인 피고인이 피해자에 대한 임신중절수술을 시행하기 위하여 마취주사를 시주함에 있어 피고인이 직접 주사하지 아니하고, 만연히 간호조무사에 불과한 공소외인으로 하여금 직접방법에 의하여 에폰톨 500밀리그램이 함유된 마취주사를 피해자의 우측 팔에 놓게 하여 설시와 같이 피해자에게 상해를 입혔으므로 이에는 의사로서의 주의의무를 다하지 아니한 과실이 있다고 판단하였음은 정당하고, 거기에 소론과 같은 의료과오에 있어서의 과실범에 관한 법리오해가 있다 할 수 없으니 이 점에 관한 논지는 이유 없다.

---

240) 대법원 1998. 2. 27, 선고 97도2812 판결.

2. 상고이유 제2점을 본다.

원심은 그 거시의 증거에 의하여 인정한 위 약제의 성질, 이 사건 당시 피해자에게 행한 주사방법, 주사후의 피해자의 증상과 상해를 입게 되기까지의 경위 등을 종합하여 위 마취제가 정확히 정맥에 주사되지 아니하고 피하로 유출되어 피해자가 이 사건 상해를 입은 사실을 인정하였는바, 기록에 비추어 살펴보면 원심의 조치는 정당하고, 거기에 채증법칙 위배로 인한 사실오인의 위법이 있다고 할 수 없으므로 이 점에 관한 논지도 이유 없다.」[241)]

바. 간호사가 의사의 처방에 의한 정맥주사(Side Injection 방식)를 의사의 입회 없이 간호실습생(간호학과 대학생)에게 실시하도록 하여 발생한 의료사고에 대해 의사의 과실을 부정한 사례

▶ 「의료법에 의하면, 간호사는 의사와 함께 '의료인'에 포함되어 있고(제2조 제1항), 간호사의 임무는 '진료의 보조' 등에 종사하는 것으로 정하고 있으며(제2조 제2항), 간호사가 되기 위하여는 간호학을 전공하는 대학 또는 전문대학 등을 졸업하고 간호사국가시험에 합격한 후 보건복지부장관의 면허를 받도록 되어 있음(제7조)을 알 수 있는바, 이와 같이 국가가 상당한 수준의 전문교육과 국가시험을 거쳐 간호사의 자격을 부여한 후 이를 '의료인'에 포함시키고 있음에 비추어 볼 때, 간호사가 '진료의 보조'를 함에 있어서는 모든 행위 하나하나마다 항상 의사가 현장에 입회하여 일일이 지도·감독해야 한다고 할 수는 없고, 경우에 따라서는 의사가 진료의 보조행위 현장에 입회할 필요 없이 일반적인 지도·감독을 하는 것으로 족한 경우도 있을 수 있다 할 것인데, 여기에 해당하는 보조행위인지 여부는 보조행위의 유형에 따라 일률적으로 결정할 수는 없고 구체적인 경우에 있어서 그 행위의 객관적인 특성상 위험이 따르거나 부작용 혹은 후유증이 있을 수 있는지, 당시의 환자 상태가 어떠한지, 간호사의 자질과 숙련도는 어느 정도인지 등의 여러 사정을 참작하여 개별적으로 결정해야 할 것이다.

원심판결의 이유에 의하면, 원심은, 이 사건 피해자(여, 70세)가 1999. 12. 3. 뇌출혈 증세로 부산 백병원에 입원하여 뇌실외배액술 등의 수술을 받은 다음 중환자실에서 치료를 받다가 같은 달 9. 일반병실로 옮겨졌는데, 피해자의 몸에는 수술 직후부터 대퇴부 정맥에 주사침을 통하여 수액을 공급하기 위한 튜브가 연결되어 있었고 머리에는 뇌실 삼출액(삼출액)을 배출하기 위한 튜브(뇌실외배액관)가 연결되어 있었던 사실, 위 병원 신경외과 전공의인 피고인은 수술 직후 피

241) 대법원 1990. 5. 22, 선고 90도579 판결.

해자의 주치의로 선정되었고 위 병원 간호사들은 피고인의 처방 및 지시에 따라 계속하여 대퇴부 정맥에 연결된 튜브를 통하여 항생제, 소염진통제 등의 주사액을 투여하였지만 별다른 부작용이 없었던 사실, 피고인은 1999. 12. 10. 종전 처방과 마찬가지로 피해자에게 항생제, 소염진통제 등을 정맥에 투여할 것을 당직 간호사에게 지시하였는데, 위 병원의 책임간호사인 원심 공동피고인 1(경력 7년)은 신경외과 간호실습을 하고 있던 원심 공동피고인 2(간호학과 3학년)를 병실에 대동하고 가서 그에게 주사기를 주면서 피해자의 정맥에 주사하라고 지시하고 자신은 그 병실의 다른 환자에게 주사를 하는 사이에 원심 공동피고인 2가 뇌실외배액관을 대퇴부 정맥에 연결된 튜브로 착각하여 그 곳에 주사액을 주입하는 것을 뒤늦게 발견하고 즉시 이를 제지한 다음 직접 나머지 주사액을 대퇴부 정맥에 연결된 튜브에 주입하였지만 피해자는 뇌압상승에 의한 호흡중추마비로 같은 날 사망한 사실 등을 인정한 다음, 피고인의 처방과 지시에 따라 수술 직후부터 계속하여 항생제, 진통소염제 등의 주사액이 간호사들에 의하여 피해자의 대퇴부 정맥에 연결된 튜브를 통하여 투여되어 왔으므로 사고 당일 주사행위 자체에 특별한 위험성이 있었다고 볼 수 없고 피고인이 입회하지 않더라도 간호사가 주사의 부위 및 방법에 관하여 착오를 일으킬 만한 사정도 없었던 점, 신체에 직접 주사하여 주사액을 주입하는 것이 아니라 대퇴부정맥에 연결된 튜브를 통하여 주사액을 주입하는 행위는 투약행위에 가깝다는 점, 원심 공동피고인 1의 경력과 그가 취한 행동에 비추어 볼 때 피해자에 대한 주사의 부위 및 방법에 관하여 정확히 이해하고 있었고 그의 자질에 문제가 없었던 것으로 보이는 점, 피해자는 주사로 인한 부작용 발생 여부에 대한 검사가 끝난 상태이고 수술 뒤 상태가 다소 호전되었을 뿐만 아니라 이 사건 사고 전까지 주사로 인한 부작용이 발생하지 아니하였던 점, 피고인으로서는 자신의 지시를 받은 간호사가 자신의 기대와는 달리 간호실습생에게 단독으로 주사하게 하리라는 사정을 예견할 수도 없었다는 점 등을 종합하여 보면, 피고인으로 하여금 그 스스로 직접 주사를 하거나 또는 직접 주사하지 않더라도 현장에 입회하여 간호사의 주사행위를 직접 감독할 업무상 주의의무가 있다고 보기 어렵다는 이유로, 위와 같은 업무상 주의의무가 있음을 전제로 한 이 사건 업무상과실치사의 공소사실에 대하여 무죄를 선고했다.

앞에서 본 법리와 기록에 비추어 살펴보면, 원심의 사실인정과 판단은 정당하고 거기에 상고이유로 주장하는 바와 같은 의사의 업무상 주의의무에 관한 법리를 오해한 잘못이 있다고 할 수 없다. 그리고 상고이유에서 인용한 판례들은 이 사건과 사안을 달리하여 이 사건에 원용하기에 적절하지 아니하다.」[242)]

242) 대법원 2003. 8. 19, 선고 2001도3667 판결.

사. 종합병원 간호사의 주의의무

▶「의료사고에 있어 의료인의 과실을 인정하기 위하여서는 의료인이 결과 발생을 예견할 수 있음에도 불구하고 그 결과 발생을 예견하지 못했고 그 결과 발생을 회피할 수 있었음에도 불구하고 그 결과 발생을 회피하지 못한 과실이 검토되어야 하고, 그 과실의 유무를 판단함에는 같은 업무와 직무에 종사하는 일반적 보통인의 주의정도를 표준으로 해야 하며, 이에는 사고 당시의 일반적인 의학의 수준과 의료환경 및 조건, 의료행위의 특수성 등이 고려되어야 한다.[243)]

원심이 인정한 사실관계와 기록에 의하면, ○○대학병원의 정형외과 수련의 공소외 1이 정형외과 전공의인 공소외 2의 지시를 받아 종양제거 및 피부이식수술을 받고 회복 중에 있던 피해자에 대한 처방을 함에 있어 근이완제인 베큐로니움 브로마이드(Vecuronium Bromide, 이하 '베큐로니움'이라 한다)를 투약하도록 처방한 사실, 그런데 위 베큐로니움은 전신근육을 이완시켜 수술을 쉽게 하는 작용을 가진 마취보조제로서 수술 후 회복과정에 있는 환자에게는 사용되지 않는 약제일 뿐 아니라 호흡근을 마비시키는 작용을 하기 때문에 환자에 대한 인공호흡 준비를 갖추지 않은 상태에서는 사용할 수 없고 인공호흡 준비 없이 투약할 경우 피해자에게 치명적인 결과를 초래하는 약품인 사실, 위 베큐로니움은 그 이틀 전에 있었던 피해자의 수술에 사용되었던 약품으로서, 수술 시에 투약된 실제 사용량과 수술 당일 전산 입력된 사용량(착오로 실제 사용량보다 적게 입력되었다)의 차이를 메우기 위한 편법으로 마취과 의사가 약제과와의 협의 아래 실제 투약함이 없이 수술 다음날의 처방 약품에 형식적으로만 포함시켜 둔 것인데, 전공의 공소외 2가 수술 이틀 후의 처방을 함에 있어 이와 같은 사정을 알지 못하고 단순히 전날과 동일한 내용으로 처방할 것을 공소외 1에게 지시하고, 이에 따라 공소외 1은 전산장치를 이용하여 전자처방을 내리는 과정에서 전날의 처방에 포함되어 있던 베큐로니움을 후속 처방에 그대로 이기함으로써 잘못 처방이 된 사실, 간호사인 피고인은 위 약제를 인수한 후 그 약효나 부작용을 전혀 알지 못하였었음에도 불구하고 그에 관해 아무 확인도 하지 아니한 채 정맥주사의 방법으로 피해자에게 이를 투약함으로써 그 즉시 피해자가 의식불명의 상태에 빠지는 상해를 입게 된 사실을 알 수 있다.

위에서 본 사실관계를 위 법리에 비추어 볼 때, 피고인이 경력이 오래된 간호사라 하더라도 단지 잘 모르는 약제가 처방되었다는 등의 사유만으로 그 처방의 적정성을 의심하여 의사에게 이를 확인해야 할 주의의무까지 있다고 보기는 어

243) 대법원 1996. 11. 8, 선고 95도2710 판결.

렵다 할 것이지만, 환자에 대한 투약 과정 및 그 이후의 경과를 관찰·보고하고 환자의 요양에 필요한 간호를 수행함을 그 직무로 하고 있는 **종합병원의 간호사로서는** 그 직무 수행을 위하여 처방 약제의 투약 전에 미리 그 기본적인 약효나 부작용 및 주사 투약에 따르는 주의사항 등을 **확인·숙지해야 할 의무가 있다** 할 것인바, 이 사건 처방의 경위와 위 베큐로니움의 특수한 용도 및 그 오용의 치명적 결과 등을 감안할 때, 만일 베큐로니움이라는 약제가 수술 후 회복과정에 있는 환자에게는 사용할 수 없는 성질이며 특히 인공호흡의 준비 없이 투여되어서는 아니 된다는 등의 약효와 주의사항 및 그 오용의 치명적 결과를 미리 확인하였다면 위 처방이 너무나 엉뚱한 약제를 투약하라는 내용이어서 필시 착오 또는 실수에 기인한 것이라고 의심할 만한 사정이 있음을 쉽게 인식할 수 있었다 할 것이고, 그러한 사정이 있다면 간호사에게는 그 처방을 기계적으로 실행하기에 앞서 당해 처방의 경위와 내용을 관련자에게 재확인함으로써 그 실행으로 인한 위험을 방지할 주의의무가 있다고 봄이 상당하다.

그렇다면 이 사건에서 피고인이 위 베큐로니움의 약효 등을 확인하지 않음으로 인해 그 투약의 위험성을 인식하지 못함으로써 처방내용을 재확인할 기회를 놓친 채 그대로 이를 주사 투약한 점에서 위 주의의무를 위반한 과실이 인정된다 하겠고, 이를 투약함으로써 그 약효 내지 부작용으로 인하여 피해자에게 상해가 발생한 이상 그와 같은 결과는 피고인의 주의의무 위반과 상당인과관계가 있다고 할 것이며, 피해자의 상해 발생에 피고인 외에도 다른 사람들의 과실이 주로 작용하였다는 사정이 있다 하여 피고인의 책임을 면제할 사유가 된다고 할 수는 없다.

따라서 원심판결이 피고인이 알지 못하는 약제가 처방된 사정만으로 그 약제가 실수로 처방된 것인지 의심하여 의사에게 확인할 주의의무가 있다는 점을 과실 판단의 주된 사유로 설시한 점은 부적절한 것으로 보이지만, 피고인이 업무상 주의의무를 게을리한 결과 베큐로니움이 투약되어 피해자가 상해에 이르렀다고 본 원심의 결론은 정당하다 할 것이다.

그러므로 피고인의 상고를 기각하기로 하여 관여 대법관의 일치된 의견으로 주문과 같이 판결한다.」[244]

아. 대학병원 과장의 주의의무와 인과관계

▶ 「1. 원심판결 이유에 의하면, 원심은 그 판결에서 채용하고 있는 증거들을 종합하여, 다음과 같은 사실을 인정하고 있다.

---

244) 대법원 2009. 12. 24, 선고 2005도8980 판결.

피고인은 대학교 의과대학 부속병원 구강악안면외과 과장으로 근무하고 있고, 피해자 이○○은 1992. 6. 27. 목포시 소재 ○○치과에서 하악좌측치아(일명 사랑니) 1개를 뺀 후 환부에 부종이 있고 열이 심하여 ○○치과와 같은 시 소재 ▲▲▲▲병원에서 치료를 받다가 이빨을 뺀 곳 주위는 물론 좌측 턱부위까지 부종 및 발열이 악화되어 같은 해 7. 1. 14:00경 위 부속병원 구강악안면외과에 입원하였는데, 사망 당시 만 18세 9개월로서 2.5㎝가량의 태아를 임신한 상태였다.

입원 당시 피해자는 체온이 섭씨 39.2도의 고열과 오한이 있었고, 부종으로 입이 약 15㎜밖에 열리지 않았으며 음식물을 씹기 곤란했고 화농으로 구취가 심한 상태였는데, 전문의(수련의의 오기로 보인다) 3년차 김수○, 전문의(수련의의 오기로 보인다) 1년차 이효○이 외래담당의사인 김영○ 교수와 상의하여 피해자의 치료를 담당하게 되어 피해자에게 포도당과 항생제를 투여했다. 같은 해 7. 2. 위 의료진은 피해자의 병명을 봉와직염의 일종인 루드비히 안기나(Ludwig's Angina)로 진단하고 환부의 긴장을 풀어주고 배농을 용이하게 하기 위하여 김수○의 집도로 피해자의 턱밑을 절개하고 배농을 시도하였으나 농이 나오지 아니했고, 같은 해 7. 3. 두 번째 구강 외 절개수술을 시행한 결과 피 섞인 약간의 고름을 배출하였으나 피해자는 음식물 섭취를 하지 못하고 전신적 상태가 더욱 악화되었다.

같은 해 7. 4. 피해자의 구강의 절개 부분에서 농이 나오지 아니하여 피고인의 집도로 구강 내 절개수술을 시행함으로써 다량의 농을 배출하였으나 그 때에도 농배양은 하지 아니한 채 항생제를 세파졸린에서 클레오신으로 바꾸었다. 같은 해 7. 5. 피해자는 오한과 고열이 지속되고 구강 내 절개 부분에서 농이 계속 배출되었으나 전신적 상태가 계속 악화되고 같은 해 7. 6. 같은 상태가 지속되면서 혈소판이 위험수위로 떨어짐에 따라 내과의사 정규○에게 구두로 증상을 설명하여 진료 의뢰한 결과 항생제를 바꾸도록 조언 받았다. 같은 해 7. 7. 피해자는 기침을 하고 호흡에 곤란을 느끼며 체온이 섭씨 39.6도에 이르고 구강 내 절개 부위에서는 계속 농이 배출되었으며 전신적 상태가 좋지 않아 의료진은 항생제를 클레오신에서 세파만돌로 바꾸고 큐란과 아미카신을 투약하였으며, 비로소 농배양을 하기 시작했다. 같은 해 7. 8. 피해자의 혈소판 수치는 정상으로 회복되었으나 피해자는 가슴이 답답하고 코가 막히지 않았음에도 호흡에 곤란을 느끼고 호흡수가 분당 40회 정도였으며 감기증상을 호소했고 피고인은 피해자의 구강 내 좌측 잇몸과 볼 사이를 절개한 후 피 섞인 농을 배출하였으나 피해자가 체온 섭씨 40도의 고열과 호흡곤란 증상을 보이자 피고인은 피해자의 항균력 및 항생제 효능에 의심을 가지고 피해자에게 과거 병력에 관하여 물었고 이에 대하여 피해자는 국민학교 때 맹장수술 받은 외에는 특별히 병을 앓은 사실이 없다고 답했다. 같은 해 7. 9. 피해자에게 가슴이 답답하고 호흡이 곤란한 증상이 지속되었으며 체온은 섭씨 38.5도 정도였고 보호자들은 피해자의 감기증상을 계속 호소하였으며 흉부외과에 의뢰하여 흉부 X선 촬영을 한 결과 폐삼출의 가능성이 있음이 진단되었고 내과에 진료를 상담한 결과에 따라 진료하면서 혈액배양검사를 실시하는 한편 피해자에게 과거 병력을 다시 물었으나 위와 같은 답변만 들었다. 같은 해 7. 10. 피해자는 기침이 여전하고 가래배출이 안 되었으며 호흡곤란이 지속되었고 진신적 상태가 여전히 쇠약하며 수면곤란 증상을 보여 의료진은 피해자에게 안정제(바리움 10mg)를 투여했다. 같은 해 7. 11. 여전히 호흡곤란이 지속되고 체온이 섭씨 39도 정도로 지속되었으며 농배양검사 결과가 알파용혈성연쇄상구균인 것으로 나타났다. 같은 해 7. 12. 오전 피해자는 호흡장애 증상을 보이면서 호흡수가 분당 70회 정도로 빨라지고 체온이 섭씨 41도까지 올라갔으며 내과에 진료를 의뢰한 결과 내과수련의 1년차 정규○이 와서 피해자 흉부의 X선 촬영을 했고 이 때 피해자는 폐부종과 성인성호흡장애증후군을 나타내고 있었으므로 피고인은 정규○의 권유에 따라 피해자를 내과병동으로 전과조치했다. 그 후 피해자는 호흡곤란의 증상이 더욱 심해지다가 맥박이 약해지고 저산소혈증으로 인한 청색증 등이 나타나며 혼수상태에 이르고 심장마사지와 산소호흡기를 통한 응급조치를 시행하였음에도 같은 해 7. 14. 01:20경 화농성폐렴, 신장 및 기관의 염증세포침윤, 경부조직의 농양 및 염증 등으로 인한 성인성호흡장애증후군과 패혈증 등으로 사망했다.

위 인정사실을 바탕으로 하여 **원심은 피고인에게 다음과 같은 업무상 과실이 있다고 판단하고 있다.**

첫째, 피해자가 1992. 7. 1. 위 부속병원 구강악안면외과에 입원할 당시 피해자는 루드비히 안기나로 의심할 수 있는 증상들을 나타내고 있었고 루드비히 안기나는 대개 이를 뽑은 후의 세균감염에 의하여 유발되어 급성으로 진행하며 패혈증으로 진행하는 경우 사망에 이를 가능성이 높은 질병(치사율 5%)이므로 피고인이 과장으로서 비록 진료체계상 담당의사가 아니더라도 외래담당의사 및 담당전문의(수련의의 오기로 보인다)들의 처치 및 치료 결과를 예의 주시하고 같은 해 7. 2. 위 김수○, 이효○이 배농에 성공하지 못하였으므로 같은 해 7. 3. 재수술시는 외래담당의사나 담당 수련의에게 적절한 수술방법을 지시하거나 피고인이 직접 수술을 하여 배농을 한 후 농배양을 실시하도록 할 주의의무가 있음에도 김수○, 이효○에게 재차의 수술을 하도록 방임한 과실이 있다.

둘째, 농배양을 통하여 원인균을 밝혀내고 그 원인균에 대한 항생제감수성검사를 통하여 적절한 항생제를 선택하기까지 4일 내지 7일이 소요되는데 루드비히 안기나는 급성 염증으로서 조기에 그 원인균을 규명하고 대처하지 않으면 치사율이 매우 높은 패혈증으로 발전할 가능성이 크므로 위 김수○, 이효○이 같은 해 7. 3. 재차 구강 외 절개수술을 시행하여 소량이나마 농을 배출시켰다면 즉시 농배양을 실시할 것을 지시, 감독하였어야 할 업무상 주의의무가 있음에도 불구하고 피고인은 이를 게을리한 채 즉시 농배양을 하도록 조치하지 아니한 과실이 있다.

셋째, 피고인이 같은 해 7. 4. 직접 집도하여 다량의 농을 배출하였으면 즉시 농배양을 시켜 가급적 빨리 원인균을 규명하고 항생제 감수성검사를 통하여 적절한 항생제를 선택하여 치료함으로써 패혈증으로 발전하지 않도록 할 업무상 주의의무가 있음에도 만연히 봉와직염의 원인균에 일반적으로 효과가 있다고 알려진 세파졸린과 클레오신 항생제만을 교체 투약하다가 피해자의 증상이 호전되지 않고 더욱 악화되는 것을 보고 같은 해 7. 7. 농배양을 하기에 이른 과실이 있다(투약한 항생제가 밝혀진 원인균에 적절한 것으로 판명되었다 하여도 진료상의 적절성이 인정될 수는 없으므로 위 과실이 피해자의 사망과 인과관계가 없다는 주장은 받아들일 수 없다.).

넷째, 피해자는 입원 당시부터 섭씨 39도를 오르내리는 고열의 체온이 지속되었고, 같은 해 7. 3.부터 음식물을 제대로 섭취하지 못하고 전신적 상태가 좋지 아니하였으며, 특히 같은 해 7. 6.에는 혈소판의 수가 위험수위까지 떨어지고, 같은 해 7. 7.부터는 기침을 하고 호흡곤란을 호소하였으며 혈소판 감소 외의 증상은 갈수록 심해졌고 특히 패혈증으로 발전할 가능성이 높은 루드비히 안기나 증상이 전혀 호전되지 아니한 상태이므로 피고인으로서는 피해자의 증상이 패혈증으로 발전하는지 여부에 대하여 각별한 주의를 가지고 관찰, 진료함은 물론 피해자가 기침을 하고 호흡곤란을 호소한 같은 해 7. 7.부터는 권위 있는 내과의사나 흉부외과 의사에게 루드비히 안기나의 특수성 및 패혈증으로의 진화 위험성을 설명한 후 곧바로 피해자를 직접 검진하게 하고, 흉부 X선 촬영 및 타액검사 등을 시행하여 줄 것을 요청하여 패혈증으로 진화하는지 여부에 대하여 기민하게 그리고 적극적으로 대처해야 할 업무상 주의의무가 있음에도 불구하고 같은 해 7. 6.부터 내과의사들에게 전화로 증상을 설명하여 상담하는 방식으로 소극적으로 협진하여 오다가 같은 해 7. 9.에 이르러 피해자의 증상이 더욱 악화된 후에야 비로소 내과와 흉부외과에 의뢰하여 흉부 X선 촬영 및 혈액검사 등 적극적 협진을 하기 시작한 과실이 있다.

다섯째, 피해자에 대하여는 ○○치과에서부터 항생제를 투여했고 위 병원 구강악안면외과에 입원할 당시 이미 루드비히 안기나 증상을 보였으며 지속적인 항생제 투여에도 불구하고 그 증상이 호전되지 아니한 채 오히려 패혈증으로 의심할 수 있는 증상들이 추가적으로 나타나고 있었고, 임신 여부는 환자의 면역 및 항균능력에 중대한 영향을 줄 수 있지만 피해자와 같이 미혼이면서 임신 초기인 임부로서는 자신의 임신 여부를 알지 못할 수 있으므로 피고인으로서는 피해자의 과거 병력에 대한 문진에 그칠 것이 아니라 임신반응검사와 같은 방법을 통하여 피해자의 임신 여부 등에 대하여도 검진할 업무상 주의의무가 있음에도, 피고인은 이에 대한 검진을 하지 아니한 과실이 있다(그 점이 공소장에 기재되지 않아 범죄사실의 내용으로는 인정하지 않는다고 부기하고 있다.).

위와 같이 피해자는 피고인의 위와 같은 복합적인 과실들이 경합하여 사망한 것으로 판단하여 피고인을 유죄로 인정한 제1심판결을 유지하고 있다.

2. 상고이유 제1점에 대하여

원심판결 이유를 보면, 원심은 피해자가 사망에 이르게 된 경위사실을 인정하고, 그에 기하여 피고인의 과실점을 설시하고 있으므로 그 전체를 범죄사실로 보아야 할 것이고, 형식적으로 범죄사실이란 제목 아래 사실을 인정하지 않았다고 하여 형사소송법 제323조 제1항에 반하여 범죄사실을 명시하지 않은 위법이 있다고 할 수 있는 것은 아니다. 이 점을 지적하는 상고이유는 받아들일 수 없다.

3. 상고이유 제2점에 대하여

의료사고에 있어서 의료종사원의 과실을 인정하기 위하여서는 의료종사원이 결과 발생을 예견할 수 있음에도 불구하고 그 결과 발생을 예견하지 못했고 그 결과 발생을 회피할 수 있었음에도 불구하고 그 결과 발생을 회피하지 못한 과실이 검토되어야 하고,[245] 그 과실의 유무를 판단함에는 같은 업무와 직무에 종사하는 일반적 보통인의 주의정도를 표준으로 해야 하며, 이에는 사고 당시의 일반적인 의학의 수준과 의료환경 및 조건, 의료행위의 특수성 등이 고려되어야 하는 것이다.[246]

그러므로 나아가서 원심이 인정한 피고인의 업무상 과실의 점에 관하여 차례로 살피기로 한다.

우선 원심이 피고인이 피해자의 치료에 관여하기 전임에도 불구하고 피고인의 과실로 인정한 **첫째, 둘째 과실의 점**에 관하여 보건대, 피고인은 위 부속병원 구강악안면외과 과장이지만 진료체계상 피해자를 담당한 의사가 아니었다는 것인데, 기록에 의하면, 일반적으로 대학병원의 진료체계상 과장은 병원행정상의 직급으로서 다른 교수나 전문의가 진료하고 있는 환자의 진료까지 책임지는 것은 아니고, 소속 교수 등이 진료시간을 요일별 또는 오전, 오후 등 시간별로 구분하여 각자 외래 및 입원 환자를 관리하고 진료에 대한 책임을 맡게 된다는 것이다(공판기록 644, 645면). 그러한 사정을 감안하면, 피고인에게 피해자를 담당한 의사가 아니어서 그 치료에 관한 것이 아님에도 불구하고 구강악안면외과 과장이라는 이유만으로 외래담당의사 및 담당 수련의들의 처치와 치료 결과를 주시하고 적절한 수술방법을 지시하거나 담당의사 대신 직접 수술을 하고, 농배양을 지시·감독할 주의의무가 있다고 단정할 수 없는 것이다.

다음 원심이 인정하고 있는 피고인이 피해자의 치료에 관여한 이후의 **셋째 과**

245) 대법원 1984. 6. 12, 선고 82도3199 판결; 대법원 1987. 1. 20, 선고 86다카1469 판결.
246) 대법원 1987. 1. 20, 선고 86다카1469 판결.

실의 점에 관하여 보면, 피해자의 병명인 루드비히 안기나와 같이 이미 원인균이 알려진 경우라 할지라도 배농이 되었을 경우 원칙적으로 농에 대한 배양검사를 실시하여 적절한 약물을 선택해야 한다는 것이므로(공판기록 646면), 피고인이 농배양을 하지 않은 것이 과실이라고 할 수는 있겠으나, 그것이 피해자의 사망에 기여한 인과관계 있는 과실이 된다고 하려면 원심으로서는 농배양을 하였더라면 피고인이 투약해 온 항생제와 다른 어떤 항생제를 사용하게 되었을 것이라거나 어떤 다른 조치를 취할 수 있었을 것이고, 따라서 피해자가 사망하지 않았을 것이라는 점을 심리·판단하였어야 한다.[247]

그러나 기록상 그러한 점을 밝힐 수 있는 자료는 없고, 오히려 후에 밝혀진 바에 의하면, 피고인이 투약해 온 항생제는 원인균에 적절한 것으로 판명되었다는 것이므로(공판기록 366면, 645면 등) 피고인의 과실이 피해자의 사망과 인과관계가 있다고 보기는 어렵고, 이와 같이 인과관계가 없는 이상 진료상의 적절성 여부를 불문하고 원심이 판시한 바와 같이 다른 과실과 합하여 피해자 사망의 한 원인이 된 것이라고 할 수 없을 것이다.

피고인의 **넷째 과실의 점**에 관하여 보면, 원심은 같은 해 7. 7.부터 피고인에게 환자의 패혈증에 대비하여 내과의사와 흉부외과의사에게 흉부 X선 촬영 및 타액검사 등을 시행하여 줄 것을 요청하는 등 적극적으로 협진하였어야 할 것임에도 소극적 협진만 하다가 7. 9.부터 비로소 적극적 협진을 시작한 것이 과실이라고 판단하고 있는 바, 피고인 스스로 피해자가 패혈증으로 발전할 우려가 있는 것으로 보고 있었다는 것이므로(공판조서 510면), 피고인이 예견한 패혈증으로의 발전을 회피할 수 있었는데도 회피하지 못한 것인지 여부가 문제가 된다고 할 것인데, 피고인은 같은 해 7. 6.부터 2, 3일 간격으로 혈액검사를 하도록 하고 3회에 걸쳐 혈액배양 실험을 하였으나 이상이 없었다는 것이어서 패혈증으로 이미 발전한 것으로는 생각지 않았던 것으로 보이고(공판조서 510면), 이에 따라 내과의사들에게 증상을 설명하여 상담하는 방식으로 협진하였다는 것이다.

감정인 최강○의 보충감정서의 기재에 의하면, 혈액배양에서 균이 검출되지 않았어도 패혈증의 증상과 임상경과를 나타내고 있으면 패혈증이라고 보아야 하고 피해자가 7. 9.에는 이미 패혈증을 가지고 있었다고 하면서, 1992년 미국 흉곽내과-중환자치료학회의 패혈증 정의를 인용하고 있으나(공판기록 671, 672면), 기록에 편철된 의학사전의 사본 등의 기재(공판기록 683면 이하)에 의하면, 일반적인 패혈증의 정의는 "혈액 중에 병원성 미생물 또는 그 독소가 존재하며 지속되는 전신성 질환"을 의미하는 것이어서 그러한 정의에 따르면, 혈액검사 결과 이상이 없었다는 점을 토대로 피해자의 증상이 패혈증으로 발전하지 않았다고

247) 대법원 1990. 12. 11, 선고 90도694 판결.

본 피고인의 판단을 나무랄 수 있는 것인지 의심이 가고, 피고인이 패혈증에 관한 최신 정의를 알지 못하여 이미 진행 중인 패혈증을 아직 진행하지 않고 있는 것으로 잘못 판단하고 적절한 치료방침을 정하지 못한 것이라 하더라도 그 판단이 현재 우리나라의 일반적 기준으로서의 의학수준과 함께 기록에 나타난 피고인의 경력·전문분야 등 개인적인 조건이나 진료지·진료환경 등을 고려할 때, 통상의 의사의 정상적인 지식에 기한 것이 아니고, 따라서 그것이 과실이라고 단정하기는 어렵다고 할 것이고,[248] 더욱이 감정인 김종○의 감정서 기재에 의하면 (공판기록 367면), 루드비히 안기나에 대한 치료는 구강악안면외과를 제외한 타과에서는 치료가 거의 불가능한 질환이기 때문에 환자의 상태가 전신적으로 악화되기 전까지는 일반적으로 구강악안면외과에서 단독으로 치료하는 것이 대학병원의 일반적인 관례라는 것이므로, 피고인이 원심이 인정한 바와 같은 단순한 대진의뢰 등 소극적 협진마저도 그 시기가 적절치 않았는지 여부와 이에 그치지 않고 내과로 전과하는 등 적극적 협진을 하였다면 그 치료방법이 어떻게 달라져서 피해자의 생명을 구할 수 있었는지 여부가 심리되어야 할 것이다.[249]

나아가 피고인의 **다섯째 과실의 점**에 관하여 보면, 원심이 피해자의 과거 병력에 대한 문진에서 나아가 피해자의 임신 여부 등에 대하여도 검진하지 않은 것이 피고인의 과실이라고 하려면 봉와직염에 감염된 여자환자라면 19세로서 미혼이라고 하여도 그 임신 여부 검사를 하는 것이 보편적임에도 불구하고 피고인이 그 검사를 하지 않았다거나 위와 같은 여자환자가 증세가 호전되지 않는 경우 임신에 의한 면역기능 저하를 당연히 의심하여 대처해야 함에도 불구하고 피고인이 그러한 통상적인 예견과 판단도 하지 못한 것이라는 점이 밝혀져야 할 것이다.

그렇다면 결국 **피고인에게 업무상 과실을 인정한 원심의 판단에는 그 사실 인정에 있어서 채증법칙을 위배하였거나 심리를 다하지 아니하여 판결 결과에 영향을 미친 위법을 저질렀다**고 할 것이다. 상고이유는 이 점을 지적하는 범위 내에서 이유 있다.」[250]

자. 레지던트의사의 인턴의사에 대한 감독 과실

▶ 「의사는 전문적 지식과 기능을 가지고 환자의 전적인 신뢰 하에서 환자의 생명과 건강을 보호하는 것을 업으로 하는 자로서 그 의료행위를 시술하는 기회에 환자에게 위해가 미치는 것을 방지하기 위하여 최선의 조치를 취할 의무를

248) 대법원 1987. 1. 20, 선고 86다카1469 판결.
249) 대법원 1990. 12. 11, 선고 90도694 판결.
250) 대법원 1996. 11. 8, 선고 95도2710 판결.

지고 있으므로, 의사가 다른 의사와 의료행위를 분담하는 경우에도 자신이 환자에 대하여 주된 의사의 지위에 있거나 다른 의사를 사실상 지휘 감독하는 지위에 있다면, 그 의료행위의 영역이 자신의 전공과목이 아니라 다른 의사의 전공과목에 전적으로 속하거나 다른 의사에게 전적으로 위임된 것이 아닌 이상, 의사는 자신이 주로 담당하는 환자에 대하여 다른 의사가 하는 의료행위의 내용이 적절한 것인지의 여부를 확인하고 감독해야 할 업무상 주의의무가 있고, 만약 의사가 이와 같은 업무상 주의의무를 소홀히 하여 환자에게 위해가 발생하였다면, 의사는 그에 대한 과실 책임을 면할 수 없다.[251]

원심이 채용한 증거들을 기록과 위 법리에 비추어 살펴보면, 원심이, 피고인이 피해자의 주치의 겸 이 사건 병원 정형외과의 전공의로서, 같은 과의 수련의인 공소외 1이 피고인의 담당 환자인 피해자에 대하여 한 처방이 적절한 것인지의 여부를 확인하고 감독해야 할 업무상 주의의무가 있음에도 불구하고(이는 공소외 1이 성형외과 영역과 관련한 처방에 대하여 이 사건 병원 성형외과 전공의인 공소외 2의 지시를 받았다고 하여 달리 볼 것이 아니다), 위 의무를 소홀히 한 나머지, 피해자가 공소외 1의 잘못된 처방으로 인하여 이 사건 상해를 입게 되었다는 이유로, 피고인에 대한 판시 업무상과실치상죄의 범죄사실을 유죄로 인정한 것은 정당하고, 거기에 상고이유의 주장과 같은 채증법칙 위배로 인한 사실오인, 형법상 업무상과실치상죄에 관한 법리오해 등의 위법이 없다.」[252]

차. 주치의와 야간당직의사의 과실 경합

▶ 「1. 원심판결 이유에 의하면, 원심은 그 판시 증거를 종합하여, 피고인은 1991. 3. 5. 그가 근무하는 ○○정신병원에 입원한 피해자를 진찰하고 정신과질환인 조증으로 진단한 뒤 그 치료를 위하여 처음부터 클로르포르마진을 1일 300mg 단위로 같은 달 13.까지 계속적으로 투여하였던 사실, 정신질환자에게 사용하는 약물인 클로르포르마진을 처음부터 1일 300mg을 투여하는 것은 환자의 상태에 따라서는 과다할 수 있으며, 클로르포르마진의 투여에 의하여 기립성저혈압이 발생할 가능성이 있고, 한번 발생하면 재발가능성이 높은 사실, 피해자는 건강상태가 갑자기 나빠지기 시작하여 같은 달 13. 01:55경 화장실에 다녀오다가 기립성저혈압으로 쓰러졌음에도 피고인은 그녀를 내과전문의 등에게 전원시키는 등의 조치를 취하지 아니하고 혈압이 저하되어 있다는 이유로 혈압을 상승시키기 위하여 계속하여 포도당액을 투여했고 그 포도당액을 주사하기 전이나 후에

251) 대법원 1990. 5. 22, 선고 90도579 판결; 대법원 1998. 2. 27, 선고 97도2812 판결.
252) 대법원 2007. 2. 22, 선고 2005도9229 판결.

신체의 균형을 담당하는 전해질 이상 유무에 대하여 아무런 검사도 아니한 사실, 포도당액을 과다하게 투여할 경우 혈액이 희석되어 전해질이상 등의 결과를 초래할 수 있는 사실, 위 병원의 야간당직의사는 환자에게 위급상황이 발생할 경우나 응급환자의 처치를 위하여 병동을 순시하고 그러한 상황이 발생할 경우 주치의와 상의하여 문제를 처리하는데 당직의사인 공소외 1은 피고인으로부터 처방전과 간호일지 등을 인계받고 이에 따라 포도당액을 주사하였던 사실을 각 인정한 다음, 위 인정사실에 의하면 피고인은 자기가 치료를 전담하는 입원환자인 피해자 의 건강상태를 사전에 면밀하게 살펴서 그 상태에 맞도록 조증치료제인 클로르프로마진을 가감하면서 투여해야 하며, 클로르프로마진의 과다투여로 인하여 피해자에게 기립성저혈압이 발생하게 되었고 그 당시 피해자의 건강상태가 갑자기 나빠지기 시작하였으므로 좀 더 정확한 진찰과 치료를 위하여 내과전문병원 등으로 전원조치를 해야 할 것이고, 그러하지 못하고 피고인이 혈압상승을 위하여 포도당액을 주사하게 되었으면 그 과정에서 피해자의 전해질 이상 유무를 확인하고 투여해야 함에도 의사에게 요구되는 이러한 일련의 조치를 취하지 아니한 과실이 있다고 할 것이고 그러한 과실로 인하여 피해자가 전해질이상, 빈혈, 저알부민증 등으로 인한 쇼크로 사망하였음을 인정할 수 있고, 위 치료과정에서 야간당직의사인 공소외 1의 과실이 일부 개입하였다고 하더라도 동인의 피고인 및 환자와의 관계에 비추어 볼 때 피해자의 주치의사인 피고인이 그 책임을 면할 수는 없다고 하여 피고인에 대한 업무상과실치사죄의 범죄사실을 유죄로 인정했다.

원심이 든 증거들을 기록과 대조하여 살펴보면, 피고인이 그 판시 업무상과실치사죄를 범한 사실을 인정하기에 넉넉하고, 거기에 소론과 같은 채증법칙위반으로 인한 사실오인이나 이유모순의 위법이 있다고 할 수 없으므로 논지는 이유가 없다.」[253]

카. 내과의사가 신경과의사의 회신내용을 믿은 과실

▶ 「1. 원심의 판단

가. 공소사실의 요지

피고인 1은 서울 동작구에 있는 종합병원 내과 전문의로 근무하던 자이고, 피고인 2는 같은 병원 내과 레지던트로 근무하던 자인바, 같은 병원 신경과 공소외 1과 순차로 상호 공모하여, 1992. 8. 1.경 위 종합병원에서, 피해자(43세) 가 격심한 두통과 분출성 구토 등으로 입원을 하게 되었는바, 피해자는 같은 해 6. 23.경

253) 대법원 1994. 12. 9, 선고 93도2524 판결.

부터 1주일간 도끼로 머리를 찍는 듯한 격심한 두통과 분출성 구토 증세를 보였고, 같은 해 7. 12.경 같은 증세와 함께 머리를 두손으로 감싸고 "아이구, 아이구" 하는 비명까지 지르는 등 분출성 구토를 동반한 심한 두통증세를 보여 같은 해 7. 20.경 위 병원 내과에서 공소외 최상○으로부터 외래진료를 받고, 고혈압이라는 진단 하에 혈압강하제를 복용하였으나, 여전히 위 병세가 낫지 아니하여, 위와 같은 두통과 구토에 관한 전문적인 진찰과 치료를 받기 위하여, 같은 해 8. 1.부터 15일간 입원을 하게 되었으면, 그 주치의인 피고인 2, 담당과장인 피고인 1으로서는 피해자에 대한 자세한 병력과 증세, 건강상태 등에 관하여 정확히 문진하여 위와 같은 증상을 파악함과 동시에, 초진 시 피해자의 측정혈압 수치가 130－110mmHg으로 최저혈압이 정상인보다 많이 높았었기 때문에, 피해자가 단순 고혈압이 아닌 뇌압 상승에 의한 2차성 고혈압, 즉 뇌동맥류 파열에 의한 뇌지주막하출혈 등 병인성 고혈압일 가능성이 충분하였으므로, 그 원인에 대한 정확한 진단을 위하여 뇌전산화단층촬영, 척수액검사 등의 정밀검사조치를 취하여, 피해자의 두뇌에 있는 뇌동맥류 파열 여부를 조기발견하고, 뇌동맥류 제거수술을 함으로써 뇌동맥류의 대파열을 사전에 방지할 수 있었음에도, 공소외 1에게 신경과 협의진료를 보내어 회신받은 내용인 "뇌신경에 이상이 없다."는 취지의 공소외 1의 소견을 경솔히 오신한 나머지, 피해자에 대한 병세를 제대로 관찰 내지 진단을 하지 아니하고, 혈압강하제만 계속 투여하면서 피해자의 위와 같은 병세 및 입원동기와는 무관한 복부전산화단층촬영, 간초음파 검사를 실시하는 등 오진을 하여, 입원기간 동안 계속적으로 진행되어 온 뇌동맥류 파열에 의한 지주막하출혈을 발견하지 못하고, 공소외 1은, 같은 해 8. 3.경 위 병원 신경과에서 피고인 2, 1의 협의진료 요청을 받았으면, 피해자의 두통과 구토증세에 관한 정확한 병력, 두통의 초발시기, 두통의 부위와 강도 및 지속성 여부, 분사성 구토의 동반 여부 등에 대한 상세하고 정확한 문진과 아울러 안구운동 및 안저검사, 대광반사, 구역반사 등을 포함한 뇌신경검사, 경부항직검사 등을 실시하여, 두통과 분사성 구토로 인하여 입원한 피해자의 뇌동맥류 파열에 의한 지주막하출혈 가능성 여부를 면밀히 검토하여 진단해야 함에도, 형식적인 문답과 무릎을 두드려 보는 타전검사만을 한 채, 위와 같은 기본적인 필수 검사조차 실시하지도 아니함으로써, 위 증세를 발견하지 못한 채 정상인과 다름없다는 취지인 "이상소견 없다."고 오진을 하는 등 피고인들과 공소외 1의 위와 같은 순차적 업무상 과실로 인하여 피해자에게 혈압강하제만 투여하였을 뿐, 뇌지주막하출혈에 대한 근본적 치료를 하지 못함으로써, 피해자로 하여금 입원기간 내인 같은 해 8. 10.경 뇌동맥류 소파열에 의한 1차 지주막하출혈을 야기시키고, 같은 해 11. 10. 2차 출혈을 야기시키고, 같은 해 11. 19.경 뇌동맥류 대파열에 의한 지주막하출혈로 인하여 같은 해 12. 4.경 ○○대학교 세○○○ 병원에서 뇌동맥류 결찰 수술을 받았으나, 회복되지 못하고 의식불명상태인 이른바 식물인간의 상태에 이르게 하는 상해를 입게 했다.

나. 원심의 판단

원심은 위 공소사실을 유죄로 인정한 제1심판결에 대하여 제1심이 피해자에게 1992. 8. 10.경 지주막하출혈이 있었다고 인정한 것을 같은 달 1.경 지주막하출혈이 있었다고 변경하여 인정하는 한편, 그 판시 사실관계에 비추어 비록 내과 전문의인 피고인 1과 내과 1년차 수련의인 피고인 2에게 직접 신경과 소관인 지주막하출혈을 진단, 치료하기를 기대할 수는 없다 하더라도, 피고인들로서는 다시 한 번 그 때까지의 진료 경과에 비추어 피해자의 두통과 구토 증세에 관한 정확한 병력, 두통의 부위와 강도 및 지속성 여부, 분출성 구토의 동반 여부 등에 대하여 문진하고, 필요한 검사를 실시하거나 재차 협의진료를 요청하는 등 적절한 조치를 취하였어야 함에도 불구하고, 공소외 1의 "현재로서는 이상 소견 없어 보입니다."라는 소견만을 경솔히 신뢰한 채 이를 게을리 함으로써 피해자를 이른바 식물인간 상태에 이르게 하였다 할 것이어서, 피해자에 대한 담당 주치의 및 전문의로서의 업무상의 주의의무를 다하였다고 볼 수 없다는 이유로 제1심판결을 그대로 유지했다.

2. 이 법원의 판단

원심이 피고인들에게 업무상과실이 있었다고 인정한 것은 수긍하기 어렵다.

의료사고에 있어서 의사의 과실을 인정하기 위해서는 의사가 결과 발생을 예견할 수 있었음에도 불구하고 그 결과 발생을 예견하지 못했고, 그 결과 발생을 회피할 수 있었음에도 불구하고 그 결과 발생을 회피하지 못한 과실이 검토되어야 하고, 그 과실의 유무를 판단함에는 같은 업무와 직무에 종사하는 일반적 보통인의 주의 정도를 표준으로 해야 하며, 이에는 사고 당시의 일반적인 의학의 수준과 의료환경 및 조건, 의료행위의 특수성 등이 고려되어야 한다.[254)]

관련 증거와 기록에 의하면, 피해자는 1992. 6. 23.경부터 1주일간과 같은 해 7. 중순경 격심한 두통과 구토 증세를 보여 그 치료를 위하여 같은 해 7. 20. 위 병원 내과에서 소화기 내과 전문의 최상○과 순환기 내과 전문의 홍석○으로부터 외래 진료를 받았고, 같은 달 27. 위 홍석○으로부터 다시 외래진료를 받았으나 모두 고혈압으로 진단되어 혈압강하제를 복용하였는데, 위 병세가 낫지 않아 두통과 구토에 관한 전문적 진찰과 치료를 위하여 1992. 8. 1.부터 같은 달 14.까지 위 종합병원에 입원하게 된 사실, 피해자나 가족은 입원 당시 피해자가 1992. 6.말경부터 위와 같은 증세와 속이 울렁거리고 메스꺼우며, 목이 뻣뻣한 증세로 고통을 받고 있다고 말하였으나, 실제로 입원 당시 피해자의 두통은 종전보다 완

254) 대법원 1999. 12. 10, 선고 99도3711 판결.

화된 상태였고, 목이 뻣뻣한 상태와 속이 울렁거리고 메스꺼운 상태는 남아 있었으나 입원 이후 구토를 하지는 아니하였던 사실, 피고인 2가 주치의로서, 피고인 1이 내과 전문의로서 피해자를 함께 진료하던 위 입원기간 중이나 피고인 1이 피해자의 퇴원 후 외래진료를 담당하였던 1992. 10. 19.경까지의 기간 동안에는 피해자에게 뇌지주막하출혈을 의심할 만한 정도의 두통과 구토 증세가 보이지 않았던 사실, 피고인 2는 피해자가 1992. 8. 1. 입원한 이후 주치의로서 일반적으로 요구되는 문진을 한 후, 이학적 검사와 신경학적 기본검사인 뇌신경 검사, 뇌막자극징후(경부항직), 감각신경, 운동신경, 심부전 반사 등을 실시하였으나 모두 정상으로 나타나자, 일응 피해자의 질환을 본태성 고혈압으로 추정하면서 일과성 허혈성 발작(뇌혈관 질환), 뇌막염 등에도 의심을 둔 후, 우선 내과 영역인 고혈압에 대한 치료를 수행하는 한편, 피고인 1과 의논을 거쳐 같은 달 3. 뇌혈관 질환 및 뇌압상승 등이 피해자의 증세의 원인일 가능성이 있는지 확인하기 위하여 같은 병원 내의 전문과인 신경과에 협의진료를 요청한 사실, 위와 같은 협의진료 요청을 받은 같은 병원 신경과 전문의 공소외 1은 피해자에 대한 문진과 안구운동검사, 대광반사, 구역반사 등을 포함한 뇌신경검사, 운동검사, 감각검사, 경부항직 검사, 안저검사 등을 실시한 후, 피해자에게 이상 소견이 없어 보인다고 회신한 사실, 이에 피고인들은 위와 같은 협의진료 회신 결과를 믿고 그 이전 피고인 2가 피해자에 대하여 실시하려고 계획하였던 뇌전산화단층촬영 및 뇌척수액 검사 등을 실시할 필요가 없다고 판단한 후 피해자에게 뇌혈관계통 질환이 있을 가능성을 염두에 두지 않고 내과적 검사 및 고혈압에 대한 치료를 계속한 사실, 피해자는 입원 후 1주일 정도 지나면서 두통 증세가 경미하게 된 데 이어 점차로 두통과 구토증세가 없어지고, 혈압도 잘 조절되기에 이르자 피고인들은 같은 달 14. 피해자를 퇴원하도록 조치한 사실, 피해자는 퇴원 후 같은 해 10. 19. 피고인 1으로부터 마지막 외래진료를 받기까지 두통과 구토 등 별다른 이상 없이 잘 지냈던 사실, 뇌동맥류파열에 의한 지주막하출혈은 뇌의 지주막과 연막 사이를 통과하는 뇌의 동맥 일부분이 주로 선천적인 요인으로 약하여 세월이 흐름에 따라 동맥의 내압(혈압)에 눌리어 서서히 부풀어 올라 풍선이나 혹 모양으로 되었다가, 이 부풀어 오른 부분(뇌동맥류)이 동맥의 내압에 견딜 수 없게 되어 파열하면서 뇌압을 상승시키는 질환인 사실, 경미한 뇌동맥류 파열에 의한 소량의 지주막하출혈은 뇌전산화단층촬영을 하더라도 발견할 가능성이 낮고, 뇌출혈 분야를 전문하는 의사가 아니라면 경미한 뇌동맥류 파열에 의한 소량의 지주막하출혈을 진단하기 어려운 사실, 입원하기 전 피해자에게 나타난 지주막하출혈은 경미한 뇌동맥류 파열에 의한 소량의 지주막하출혈로서 피해자의 입원 기간 중 또는 피고인 1의 외래진료 기간 중 뇌전산화단층촬영을 하거나 뇌척수액 검사를 하였다고 하더라도 이를 발견하기는 결코 쉽지 않았을 것으로 보이는 사실을 알 수 있고, 위와 같은 피해자에 대한 진료의 경과, 내과의사로서는 경미한 뇌동맥류 파열에 의한 소량의 지주막하출혈을 발견하기 어려운 점, 특히 피고인들이 신경과 전문의에 대한 협의진료 결과 피해자의 증세와 관련하여 신경과 영역에서 이상이 없다는 회신을 받았고, 그 회신 전후의 진료 경과에 비추어 그 회신 내용에 의문을 품을 만한 사정이 있다고 보이지 않자 그 회신을 신뢰하여 뇌혈관계통 질환의 가능성을 염두에 두지 않고 내과 영역의 진료 행위를 계속하다가 피해자의 증세가 호전되기에 이르자 퇴원하도록 조치한 점 등에 비추어 볼 때, **내과의사인 피고인들이 피해자를 진료함에 있어서 지주막하출혈을 발견하지 못한 데 대하여 업무상과실이 있었다고 단정하기는 어렵다**고 할 것이다.

그럼에도 불구하고, 원심이 그 내세우는 사정만으로 피고인들의 업무상과실로 인하여 피해자의 뇌동맥류 소파열과 대파열을 예방하지 못하여 피해자가 이른바 식물인간 상태에 이르게 되었다고 인정하였으니, 원심에는 채증법칙 위배로 인한 사실오인이나 심리미진 또는 **의료사고에 있어서의 의사의 과실에 관한 법리를 오해함**으로써 판결에 영향을 미친 위법이 있다고 할 것이다. 이 점을 지적하는 상고이유의 주장은 이유 있다.」[255)]

타. 사무장병원에 고용된 성형외과 의사의 주의의무 등

▶ 「1. **피고인 1의 상고이유에 대한 판단**(상고이유서 제출기간 경과 후에 제출된 상고이유보충서의 기재는 상고이유를 보충하는 범위 내에서)

가. 업무상과실치상의 점

의사가 진찰·치료 등의 의료행위를 할 때는 사람의 생명·신체·건강을 관리하는 업무의 성질에 비추어 환자의 구체적 증상이나 상황에 따라 위험을 방지하기 위하여 요구되는 최선의 조치를 취해야 하고, 환자에게 적절한 치료를 하거나 그러한 조치를 취하기 어려운 사정이 있다면 신속히 전문적인 치료를 할 수 있는 다른 병원으로의 전원조치 등을 취해야 하며,[256)] 특히 미용성형을 시술하는 의사로서는 고도의 전문적 지식에 입각하여 시술 여부, 시술의 시기, 방법, 범위 등을 충분히 검토한 후 그 미용성형 시술의 의뢰자에게 생리적, 기능적 장해가 남지 않도록 신중을 기해야 할 뿐 아니라, 회복이 어려운 후유증이 발생할 개연성이 높은 경우 그 미용성형 시술을 거부 내지는 중단해야 할 의무가 있다.

이 사건에서 피해자 공소외 1을 상대로 피고인 1가 시행한 안면 주름 및 오른쪽 볼 부분 볼거리 흉터 제거수술의 목적과 방법, 위 피고인의 위 수술에 대한

---

255) 대법원 2003. 1. 10, 선고 2001도3292 판결.

256) 대법원 2005. 10. 28, 선고 2004다13045 판결; 대법원 2006. 12. 21, 선고 2005도9213 판결.

지식의 정도와 시술경험, 위 수술 이후 피해자의 상태 변화, 피해자의 증상이 악화된 이후 피해자를 △△대학교 의과대학 부속 세○○○병원(이하 '세○○○병원'이라 한다)에 이송할 때까지 위 피고인이 취한 조치의 내용 등을 위 법리에 비추어 살펴보면, 비록 위 수술로 인한 부작용을 확대시키는 데 있어서 피해자의 과실이 있음을 고려한다고 하더라도, 피고인 1는 미용성형 시술을 하는 의사로서 요구되는 업무상 주의의무를 다하지 아니했고, 이로 인하여 피해자가 위와 같은 성형수술 이후 그 회복과정에서 통상적으로 수인해야 하는 범위를 초과하여 생리적·기능적 장해를 입게 되었다고 보이므로, 원심이 같은 취지에서 피고인 1에 대한 판시 업무상과실치상의 공소사실을 유죄로 인정한 것은 옳고, 상고이유의 주장과 같은 채증법칙 위배로 인한 사실오인, 의사의 업무상 주의의무와 상당인과관계에 관한 법리오해 등의 위법이 없다.

나. 초진기록 미송부로 인한 의료법위반의 점

원심은, 제1심이 채택한 증거들을 인용하여 공소외 1이 세○○○병원으로 이송될 당시 안면 오른쪽 귀 근처의 수술 부위의 창상이 벌어져 있었고 염증이 있었으며 부종과 감염이 매우 심하여 방치한다면 패혈증으로 발전할 수 있을 정도의 상태였던 사실, 세○○○병원에서는 공소외 1에게 '응급A'(응급상태에서 제일 빠른 상태로 우선적으로 입원장을 발부해야 한다는 뜻)로 입원장을 발부한 사실을 인정한 다음, 위 인정사실에 의하면 공소외 1은 이송될 당시 '응급환자'에 해당하는데도 피고인 1는 공소외 1의 초진기록을 세○○○병원에 함께 송부하지 않음으로써 구 의료법(2007. 4. 11. 법률 제8366호로 전문 개정되기 전의 것, 이하 같다) 제20조 제3항을 위반하였다는 이유로 이 부분 공소사실을 유죄로 인정했다.

그러나 원심의 위 판단은 아래와 같은 이유로 수긍하기 어렵다.

구 의료법은 제20조 제3항에서 "의료인은 응급환자를 다른 의료기관에 이송할 때에는 환자이송과 동시에 초진기록을 송부해야 한다"고 규정하고 제69조에서 위 조항을 위반한 행위에 대한 처벌규정을 두고 있으므로, 환자이송 시 이송 대상 의료기관에 초진기록을 송부하지 않았음을 이유로 의료인을 처벌하기 위하여는 그 환자가 '응급환자'에 해당되어야 한다.

그리고 구 의료법에서 위와 같은 규정을 둔 취지는, 응급환자를 이송받은 의료기관으로서는 새로이 환자에 대한 검진을 할 시간적 여유가 없어 우선 그 응급환자에 대한 초진기록에 의존하여 응급처치를 계속할 수밖에 없음을 감안하여, 응급환자 이송과 동시에 초진기록을 송부토록 의무화한 것일 터인데, 의료법은 본법 및 그 시행령 또는 시행규칙에서 따로 '응급환자'의 정의를 규정한 조항을 두고 있지는 않고, 다만 제16조 제2항에서 의료인은 응급환자에 대하여 응급의료에 관한 법률(이하 '응급의료법'이라 한다)이 정하는 바에 따라 최선의 처치를 행해야 한다고 규정하고, 제30조 제1항에서는 응급의료법 제2조 제1호의 규정에 의한 응급환자를 진료하는 경우 등 각 호에서 정한 경우를 제외하고는 의료인은 의료법에 의해 개설한 의료기관 내에서 의료업을 행해야 한다고 규정하고 있을 따름이며, 응급의료법은 국민들이 응급상황에서 신속하고 적절한 응급의료를 받을 수 있도록 응급의료에 관한 국민의 권리와 의무, 국가·지방자치단체의 책임, 응급의료제공자의 책임과 권리를 정하고 응급의료자원의 효율적인 관리를 위하여 필요한 사항을 규정함으로써 응급환자의 생명과 건강을 보호하고 국민의료의 적정을 기함을 목적으로(제1조 참조) 제정된 법률로서, 응급의료법 제11조 제2항에서는 의료기관의 장이 응급환자를 이송하는 경우에는 응급환자를 이송받는 의료기관에 진료에 필요한 의무기록을 제공하도록 하여 구 의료법 제20조 제3항과 유사한 규정을 두고 있는 점에 비추어 보면, 결국 환자이송 시 초진기록 송부의무의 대상이 되는 '응급환자'의 개념도, 응급의료법이 정한 내용을 중심으로 객관적이고 일반적인 의학의 수준과 사회통념을 표준으로 결정되어야 하고, 단지 그 환자의 주관적인 느낌이나 의료기관의 행정처리의 편의를 위한 환자 상태의 분류 등에 좌우되어서는 안될 것이다.

한편, 응급의료법 제2조에서는 '응급환자'에 대하여 '질병, 분만, 각종 사고 및 재해로 인한 부상이나 기타 위급한 상태로 인하여 즉시 필요한 응급처치를 받지 아니하면 생명을 보존할 수 없거나 심신상의 중대한 위해가 초래될 가능성이 있는 환자 또는 이에 준하는 자로서 보건복지부령이 정하는 자'로(제1호), '응급의료'에 대하여 '응급환자의 발생부터 생명의 위험에서 회복되거나 심신상의 중대한 위해가 제거되기까지의 과정에서 응급환자를 위하여 행하여지는 상담·구조·이송·응급처치 및 진료 등의 조치'로(제2호), '응급처치'에 대하여 '응급의료행위의 하나로서 응급환자에게 행하여지는 기도의 확보, 심장박동의 회복 기타 생명의 위험이나 증상의 현저한 악화를 방지하기 위하여 긴급히 필요로 하는 조치'로(제3호) 각 정의하고 있고, 나아가 같은 법 시행규칙(보건복지부령)은 제2조에서 법 제2조 제1호의 '보건복지부령이 정하는 자'를 '[별표 1]의 응급증상 및 이에 준하는 증상'(제1호)과 '제1호의 증상으로 진행될 가능성이 있다고 응급의료종사자가 판단하는 증상'(제2호)으로 대별한 다음 [별표 1]에서 각 전문분야별로 응급증상 및 이에 준하는 증상을 열거하고 있는데, 그 중에서 외과적 응급증상으로는 '개복술을 요하는 급성복증(급성복막염·장폐색증·급성췌장염 등 중한 경우에 한함), 광범위한 화상(외부신체 표면적의 18% 이상), 관통상, 개방성·다발성 골절 또는 대퇴부 척추의 골절, 사지를 절단할 우려가 있는 혈관 손상, 전신마취 하에 응급수술을 요하는 증상, 다발성 외상'을, 이에 준하는 증상으로는 '화상, 급성복증을 포함한 배의 전반적인 이상증상, 골절·외상 또는 탈골, 그 밖에 응급수술을 요하는 증상, 배뇨장애'를 각 들고 있다.

그런데 이 사건에서 세○○○병원 성형외과 의사로서 공소외 1의 치료를 담당한 공소외 2에 대한 증인신문조서와 사실조회회신을 비롯한 기록에 의하면, 공소외 1이 피고인 1로부터 받은 성형수술로 인한 부작용으로 안면부의 고통을 호소하며 세○○○병원으로의 전원을 강력히 요구하자 위 피고인은 공소외 1로 하여금 사전 예약 없이 전원 즉시 ○○대학교 의과대학 성형외과 교수 공소외 2의 진료를 받도록 하기 위하여 편법으로 응급환자의 형식을 빌리기로 병원 측과 미리 약속해 놓음에 따라, 세○○○병원 측은 공소외 1이 응급실에 내원하자 '응급 A'의 입원장을 발부하여 입원수속을 밟게 한 사실, 그러나 공소외 1은 응급실에서 특별한 처치를 받지는 아니하고 당직의사의 안내로 즉시 성형외과 외래로 전과되어 공소외 2로부터 진료를 받게 된 사실, 공소외 2는 공소외 1을 초진한 결과 공소외 1의 증상의 심각성 여부에 관하여, 오른쪽 귀 근처의 수술 부위의 창상이 벌어져 있었고 염증이 있었으며 부종과 감염이 매우 심하기는 하나 당장 패혈증에 이를 정도까지는 아니고 방치한다면 패혈증으로 갈 수 있는 정도이며 불안해 하기는 하나 의식은 명료하였던 점에 비추어, 시급을 다투는 상태 또는 응급환자의 형태는 아니라는 진단을 내린 후, 수술 부위의 재절개 등 침습적인 조치 없이 소독과 항생제 투여와 같은 통상적인 염증치료행위로 보이는 정도의 처치만을 한 사실을 알 수 있는바, 위와 같은 사정을 앞에서 본 관계 규정 및 법리에 비추어 보면, 세○○○병원에 이송 당시 공소외 1의 증상이 '질병, 분만, 각종 사고 및 재해로 인한 부상이나 기타 위급한 상태로 인하여 즉시 필요한 응급처치, 즉 기도의 확보, 심장박동의 회복 기타 생명의 위험이나 증상의 현저한 악화를 방지하기 위하여 긴급히 필요로 하는 조치를 받지 아니하면 생명을 보존할 수 없거나 심신상의 중대한 위해가 초래될 가능성이 있는 환자 또는 이에 준하는 자로서 응급의료법 시행규칙이 정하는 자'의 증상 중 하나에 해당한다고 보기 어렵고, 따라서 피고인 1로 하여금 자신이 작성한 공소외 1에 대한 초진기록을 세○○○병원에 송부하도록 할 의무는 발생하지 않았다고 보아야 한다. 그런데도 세○○○병원에 이송될 당시의 공소외 1의 상태가 '응급환자'에 해당함을 전제로 피고인 1에 대하여 초진기록 송부의무를 이행하지 않은 책임을 물어 위 피고인이 구 의료법 제20조 제3항을 위반하였다고 인정한 원심판결에는, 위 조항의 '응급환자'에 관한 법리를 오해하거나 채증법칙에 위배하여 사실을 잘못 인정함으로써 판결 결과에 영향을 미친 위법이 있으므로, 이 점을 지적하는 상고이유의 주장은 이유 있다.

…(중략)

라. 보건범죄단속에 관한 특별조치법 위반(부정의료업자)의 점

기록에 의하여 살펴보면, 원심이 채택 증거에 의하여 이 부분 판시와 같은 사실을 인정한 다음, 판시 (이름 생략)의원의 원장이자 유일한 의사인 피고인 1가, 의사면허 없는 원심 공동피고인 중 5가 자신이 수술한 환자들에 대해 재수술을 맡아 하고 있다는 사실을 알면서도 월 1,000만원이라는 급여를 안정적으로 지급받으며 원장으로 계속 근무함으로써 위 원심 공동피고인 중 5의 무면허의료행위가 가능하도록 한 이상, 위 의원을 실질적으로 운영한 피고인 2와 원심 공동피고인 중 4 및 위 원심 공동피고인 중 5와 적어도 묵시적인 의사연결 아래 그 무면허의료행위에 가담하였다고 보아 피고인 1에게 위 무면허의료행위에 대한 공동정범으로서의 죄책이 있다고 판단한 조치는 옳고, 공동정범에 관한 법리를 오해하거나 채증법칙을 위반하여 사실을 오인한 위법이 없다.

…(중략)

3. 피고인 3의 상고이유에 대한 판단

제1심 증인 공소외 3에 대한 제10회 공판에서의 증인신문조서 및 각 검찰 피의자신문조서 등 원심이 유지한 제1심 채택 증거들을 종합하면, 피고인 3이 판시 일시·장소에서 공소외 1의 눈썹부분 교정수술 등의 진료를 하였음에도 이에 대한 진료기록부를 작성하지 아니한 사실을 충분히 인정할 수 있는바, 같은 취지에서 피고인 3에 대한 진료기록부 미작성에 의한 의료법위반의 공소사실을 유죄로 인정한 원심판결의 결론은 정당하고, 상고이유에서 주장하는 바와 같은 채증법칙 위배 또는 심리미진에 의하여 사실을 오인한 위법이 없다.

위 피고인의 변호인이 상고이유에서 들고 있는 대법원 판결은, 제1심 증인들이 각자 증언에 임하는 입장과 진술취지가 명확하여 그 증인신문조서에 기재된 진술의 신빙성 유무에 대한 판단을 토대로 충분히 유·무죄 여부를 판단할 수 있으므로 굳이 위 증인들을 항소심에서 다시 소환해야 할 특별한 필요가 있다고 보이지 아니하는 이 사건에서는 원용하기에 적절하지 아니하다.

4. 결 론

따라서 원심판결 중 피고인 1에 대한 초진기록 미송부에 의한 의료법위반의 공소사실을 유죄로 인정한 부분은 파기되어야 하고, 위 피고인의 나머지 범죄사실에 대한 상고는 이유 없으나, 위 파기될 부분과 나머지 유죄부분은 형법 제37조 전단의 경합범 관계에 있으므로, 위 피고인에 대한 원심판결을 모두 파기하여 이 부분 사건을 다시 심리·판단하게 하기 위하여 원심법원에 환송하고, 피고인 2, 3의 상고를 모두 기각하며, 피고인 2에 대한 상고 후의 구금일수 중 일부를 징역형에 산입하기로 하여 관여 대법관의 일치된 의견으로 주문과 같이 판결한다.」[257)]

257) 대법원 2007. 5. 31, 선고 2007도1977 판결.

파. 한의사의 주의의무

▶ 「1. 원심은 그 채택 증거들에 의하여 판시와 같은 사실과 사정을 인정한 다음, 비록 피고인의 이 사건 진료 목적이 당뇨병 치료가 아니라 피해자의 발 저림, 통증을 완화하기 위한 것이었다고 하더라도, 당뇨족으로 인한 발 괴사의 가능성에 유의하여 침이나 사혈 등 한방시술로 인한 세균감염의 위험에 세심한 주의를 기울이고, 필요한 경우 전문병원으로 전원시켜 전문의의 치료를 받게 할 업무상 주의의무가 있음에도 피고인이 이러한 주의의무를 위반한 업무상과실이 있고, 이러한 피고인의 업무상 과실과 피해자에게 발생한 왼쪽 발 괴사 등의 상해 사이에 상당인과관계가 있다고 보아, 피고인에 대한 이 사건 공소사실을 유죄로 판단했다.

2. **그러나 위와 같은 원심의 판단은 다음의 이유로 수긍하기 어렵다.**

가. 의료사고에서 의사에게 과실이 있다고 하기 위하여는 의사가 결과 발생을 예견할 수 있고 또 회피할 수 있었는데도 이를 예견하지 못하거나 회피하지 못하였음이 인정되어야 하며, 과실의 유무를 판단할 때에는 같은 업무와 직종에 종사하는 일반적 보통인의 주의정도를 표준으로 하고, 사고 당시의 일반적인 의학의 수준과 의료환경 및 조건, 의료행위의 특수성 등을 고려해야 한다. 이러한 법리는 한의사의 경우에도 마찬가지라고 할 것이다.[258]

그리고 형사재판에서 공소가 제기된 범죄사실은 검사가 증명해야 하고, 법관은 합리적인 의심을 할 여지가 없을 정도로 공소사실이 진실한 것이라는 확신을 가지게 하는 증명력을 가진 증거에 의하여 유죄를 인정해야 하므로, 그와 같은 증거가 없다면 설령 피고인에게 유죄의 의심이 간다고 하더라도 피고인의 이익으로 판단할 수밖에 없다.

나. 원심판결 이유와 원심이 적법하게 채택한 증거에 의하면, 다음과 같은 사실과 사정을 알 수 있다.

1) 대한한의사협회에 대한 사실조회결과 등에 의하면 당뇨 병력이 있는 환자나 당뇨병성 족병변에 대하여 침을 놓거나 사혈을 하는 것이 금지되어 있지는 않고, 다만 시술 전에 소독을 철저히 하고 자침 시에 너무 강하게 찌르거나 너무 깊게 찔러서 상처를 필요 이상으로 크게 하거나 기타 조직을 손상하는 일이 없도록 주의를 기울여야 한다고 되어 있다. 따라서 피고인과 같은 업무와 직종에 종사하는 일반적인 한의사의 주의정도를 표준으로 하였을 때 당뇨 병력이 있는 피해자에게 침을 놓거나 사혈을 한 행위 자체만으로 어떠한 과실이 있다고 단정

258) 대법원 2011. 4. 14, 선고 2010도10104 판결.

할 수는 없다.

2) 피해자는 1999년경부터 당뇨병으로 ○○○○병원에서 치료를 꾸준히 받고 있던 상태에서 당뇨병 치료가 아니라 다리 통증의 치료를 위하여 피고인 운영의 한의원에 내원했고, 그때 자신이 ○○○○병원에서 당뇨병 치료를 받고 있다고 말하였을 뿐만 아니라, 피고인 운영의 한의원에 다니던 중에도 ○○○○병원에 가 당뇨병에 대한 치료를 받고 그 사실 역시 피고인에게 말하였기 때문에, 피고인으로서는 당뇨병에 대하여는 피해자가 알아서 ○○○○병원 등에서 적절한 치료를 받을 것이라고 생각하였을 것으로 보인다.

3) 괴사되어 절단된 피해자의 족부에서 배양된 균들은 통상 족부에서 발견되는 것이어서, 이러한 균이 피고인이 침 등을 시술하는 과정에서 감염된 균이라고 단정하기는 어렵다.

4) 피해자가 피고인의 치료를 받은 후 △△△△△병원에 내원하였을 당시에 촬영한 피해자의 발 사진을 보면 왼쪽 발가락 부분에만 괴사가 되어 있는데 그 부위는 피해자가 피고인에게 치료를 받기 전부터 상처가 나있던 엄지발가락 쪽 발바닥의 상처 부위 및 일본에 출장을 갔을 당시에 발생한 새끼발가락 쪽 발바닥의 상처 부위와 밀접하고, 피고인이 침을 놓거나 사혈을 한 왼쪽 종아리 쪽이나 발등 쪽과는 다소 거리가 있는 부위이다.

5) '위 괴사는 2개월 정도 지속된 좌하지의 사혈로 인해 2차 감염이 당뇨족에 발생하여 진행된 것으로 사료된다'는 취지의 진단서를 발급한 의사 공소외인은 피해자의 족부를 절단하는 수술을 담당한 의사인데, 그는 법정에서 위 진단서는 피해자의 이야기를 통해 전해들은 치료과정 등의 여러 정황을 고려하여 자신의 추정적인 의견을 기재한 것이라고 밝히고 있으며, 피해자가 일본에 다녀온 이후 통증이 훨씬 심해지고 계속 몸이 아픈 등의 증세가 나타났던 점에 비추어 보면 피해자의 왼쪽 발 괴사가 피고인의 침술행위 때문이 아니라 피해자의 왼쪽 발바닥 좌, 우측에 종전부터 있던 상처들이 자극을 받아 그 부위에 염증이 생기는 바람에 발생하였을 개연성도 배제할 수 없고, 실제로 자신이 진료할 당시에 피해자의 왼쪽 발바닥에 기존의 상처부위의 앞, 옆쪽 전체적으로 괴사가 진행되고 있었다고 증언했다.

6) 한편 피해자도 피고인으로부터 2008. 5. 6.경 왼쪽 발의 상태가 심상치 않으니 피부과 검진을 반드시 받아보라는 권유를 받았고, 그 후 피고인에게 아는 피부과를 소개해 달라고 했더니 피부과 의사와 통화한 후 피부과로는 안 되니 ○○○○병원에 가보라는 권유를 받았다고 했다. 그럼에도 불구하고 피해자는 위와 같은 전원 권유를 받은 지 13일이 지난 2008. 5. 19.경에야 ○○○○병원에 내원했고, 그 당시에 좌측 첫 번째 발가락이 검은 색깔로 변하여 있어서 입원을 권유받았음에도 입원하지 않고 그대로 귀가했고, 그 다음날 △△△△△병원에

내원하여 당뇨로 인한 족부궤양으로서 왼쪽 엄지발가락이 검은 색깔로 변하여 괴사가 진행 중이라는 진단을 받고 나서야 입원하였으며, 5. 26.경 △△△△△병원에서 좌하지 쪽 동맥혈류 공급을 개선하기 위한 동맥 연결수술을 받았다가 그 후 좌족지 절제술 등을 받았다.

다. 이러한 사실관계와 사정을 앞서 본 법리에 비추어 보면, 검사가 제출한 증거만으로는 피고인이 같은 업무와 직종에 종사하는 보편적인 한의사에게 요구되는 정도의 업무상 주의의무를 다하지 아니했고 그로 인하여 피해자에게 왼쪽 발 괴사 등의 상해가 발생하였다는 점이 합리적인 의심을 할 여지가 없을 정도로 증명되었다고 보기는 어렵다고 할 것이다.

그럼에도 원심은 이와 달리, 그 판시와 같은 사정만으로 피고인이 세균감염의 위험에 세심한 주의를 기울이지 않았거나 제때에 피해자를 전문병원으로 전원시키지 않은 잘못을 저질렀고, 그러한 피고인의 잘못과 피해자의 상해 사이에 상당인과관계가 있다고 보아 이 사건 공소사실에 대하여 유죄로 판단하였으니, 이러한 원심판결에는 논리와 경험의 법칙을 위반하여 자유심증주의의 한계를 벗어나거나 형사상 의료과실 및 인과관계의 증명 등에 관한 법리를 오해하여 판결결과에 영향을 미친 잘못이 있다고 할 것이다.

3. 그러므로 원심판결을 파기하고, 사건을 다시 심리·판단하도록 원심법원에 환송하기로 하여, 관여 대법관의 일치된 의견으로 주문과 같이 판결한다.」[259]

하. 수술 후 경과관찰, 필요검사, 적절한 조치·처치에 소홀하고, 전원지체 과실

▶ 「…(전략) (2) 원심판결 이유와 적법하게 채택된 증거에 따르면, 다음과 같은 사실을 알 수 있다.

(가) 피고인은 2014. 10. 17. 16:45경부터 20:00경까지 피고인이 운영하는 병원 3층에서 피해자 공소외인을 상대로 위장관 유착박리 수술을 했다. 그 수술은 복강경과 복강경용 초음파 절삭기 등을 이용하여 소장, 대장, 위, 복막 사이에 유착된 부위를 박리하고 그 과정에서 약해진 소장 부위를 봉합하며, 위 대만 부위를 따라 길이 15cm의 위벽을 위 내강 쪽으로 1회 집어넣어 주름을 만든 다음 봉합하는 것이었다.

(나) 복강경을 이용한 수술은 일반적인 개복술에 비하여 통증이 적은 것이 보통인데 피해자는 수술 직후인 2014. 10. 17. 20:10경부터 지속적으로 강한 통증을 호소했다. 피해자의 백혈구 수치는 2014. 10. 18.경 16.9 × $10^3/\mu$ L, 2014. 10. 19.경 14.9 × $10^3/\mu$ L로 정상 수치를 초과하고 있었다. 그러나 피고인은 피해자의

259) 대법원 2014. 7. 24, 선고 2013도16101 판결.

혈액검사상 백혈구 수치가 좋아지고 있고 압통과 반발통이 심하지 않은 점을 들어 피해자에게 단순한 '수술 후 통증'이라고 설명했고, 피해자가 퇴원을 요청하자 '상태를 봐서 괜찮으면 예정대로 2014. 10. 19. 퇴원을 하라.'고 말했다.

(다) 2014. 10. 19. 09:05경 피해자의 흉부를 촬영한 엑스레이 사진에는 좌측 횡격막 상부에 공기 음영이 있어 심낭기종과 종격동기종의 소견을 보였다. 일반적으로 복부와 장 유착으로 수술한 환자가 퇴원을 하려면 대변 배출, 구강 음식 섭취 가능, 경구용 진통제로 통증 조절이 가능한 상태여야 한다. 피해자는 이러한 퇴원조건을 갖추지 못하였지만 2014. 10. 19. 13:17경 피고인의 허락을 받아 퇴원했다. 2014. 10. 19. 16:00경 피해자의 체온은 38.3도였고, 30분 후에는 38.7도였다. 피해자는 통증이 계속되자 2014. 10. 20. 05:10경 피고인의 병원을 다시 방문했다. 진통제로 통증이 줄어들자 같은 날 08:02경 귀가했다.

(라) 피해자는 2014. 10. 20. 16:57경 다시 피고인의 병원을 방문하였는데 피해자의 체온은 38.8도, 맥박은 분당 137회였다. 피고인은 복부초음파 검사를 한 결과 장 부종과 압통이 있으나, 수분저류가 발견되지 않고 반발통이 없다고 보아 복막염은 아니라고 판단하고, 같은 날 17:20경 피해자에게 '지금은 복막염이 아니니까 걱정하지 않아도 되지만 열이 있으므로 항생제를 추가하고 혈액 검사를 비롯한 추가 검사를 할 테니 입원하라.'고 했다. 피해자는 같은 날 18:15경 귀가했다.

(마) 피해자는 2014. 10. 22. 04:40경 왼쪽 가슴 통증, 복통, 오심을 호소하며 피고인의 병원을 방문했다. 피해자는 같은 날 04:50경 복부팽만 증상을 보였고, 08:09경 가슴의 답답함과 좌측 어깨 방사통을 호소했다. 같은 날 08:28경 피해자의 심전도 검사 결과 피해자의 맥박은 분당 145회로 심각한 빈맥 상태였고, 심장 전압은 0.19mV로 현저히 낮은 상태였다. 피고인은 허혈성 심혈관 질환을 의심하여 피해자에게 혈관확장제와 진통제를 투여하고 경과를 관찰하기로 하였지만, 피해자는 2014. 10. 22. 12:40경 병실에서 의식을 잃었다. 피고인은 즉시 심폐소생술을 시작하고 기도삽관 등 응급조치를 취한 후 피해자를 ○○○○병원으로 전원시켰다.

피해자는 2014. 10. 22. 14:10경 동공이 6mm 열려 있고 사지 반응이 없는 상태로 ○○○○병원 응급실에 도착했다. ○○○○병원 의료진은 피해자에게 복막염, 장 유착, 심낭압전의 소견을 확인하고 응급으로 개복수술 등의 치료를 하였지만, 피해자는 2014. 10. 27. 20:19경 범발성 복막염에 의한 심낭압전에 따른 저산소 허혈성 뇌손상으로 사망했다.

(바) ○○○○병원 의료진에 의한 수술 과정에서 피해자의 상부 소장 70~80cm 하방 부위에서 1cm의 천공이 발견되었고, 피해자에 대한 부검 과정에서 약 0.3cm 크기의 심낭 천공과 그에 대응하는 위치에서 횡격막 천공이 확인되

었다.

(3) **이러한 사실을 위 법리에 비추어 살펴보면, 피고인은 다음과 같은 주의의무가 있었는데도 이를 게을리한 과실이 있다**고 볼 수 있다.

피해자와 같이 장 유착 상태가 심하고 주변 장기들도 많이 약해져 있는 경우에 유착박리술 이후 지연성 천공은 예상되는 합병증이므로 그 발생 가능성을 염두에 두고 계속 피해자의 경과를 관찰하는 등의 조치를 할 주의의무가 있다. 복강경을 이용한 수술은 일반적인 개복술에 비하여 통증이 적은 것이 보통인데도 피해자는 수술 이후부터 지속적으로 강한 통증을 호소했고, 2014. 10. 19. 09:05 촬영한 피해자의 흉부 엑스레이 사진에는 종격동기종과 심낭기종의 소견이 확인되었다. 이런 상황에서 피해자에게 고열, 메슥거림 등의 증상이 있고 심한 복통이 상당한 기간 지속되었으며 높은 백혈구 수치, 빈맥 증상이 있었던 점 등에 비추어 피고인으로서는 지연성 천공 등으로 인한 피해자의 복막염 가능성을 예견하였거나 이를 예견할 수 있었다고 보아야 한다. 따라서 피고인은 피해자에게 이에 관한 위험성을 제대로 고지·설명하고, 경과 관찰이나 필요한 검사를 통하여 피해자의 상태를 정확하게 진단하고 이에 대해 조치를 하거나 이러한 조치를 할 수 있는 병원으로 전원시킬 주의의무가 있다.

그런데도 피고인은 이러한 주의의무를 게을리하여 피해자가 수술 후 보인 증상을 통상적인 통증으로 안일하게 판단하여 피해자에게 지연성 천공 등 예상되는 합병증에 대한 위험을 제대로 고지·설명하지 않았고, 퇴원 조건을 갖추지 못한 피해자에 대한 퇴원을 허락했다. 나아가 피고인은 피해자가 재차 병원을 방문하였을 때에도 복막염이 아니라고 속단한 채 피해자에게 필요한 적절한 검사나 치료를 하지 않고, 피해자가 마지막으로 병원에 온 이후에도 허혈성 심질환으로만 의심하여 이에 대한 조치만 취하였을 뿐이다. 그 결과 심장 전문의 등과의 협진을 통한 정확한 원인 규명과 이에 따른 필요한 처치나 전원을 지체하는 등으로 피해자로 하여금 제때에 필요한 조치를 받지 못하게 한 과실이 있다.

같은 취지에서 피고인에게 수술 후 피해자에게 발생한 복막염의 진단과 처치 과정에서 과실이 있다는 원심의 판단에 상고이유 주장과 같이 필요한 심리를 다하지 않은 채 논리와 경험의 법칙에 반하여 자유심증주의의 한계를 벗어나거나 업무상 과실치사죄에서 말하는 과실에 관한 법리를 오해한 잘못이 없다.

나. 인과관계

위에서 보았듯이 피고인의 수술 후 복막염에 대한 진단과 처치 지연 등의 과실로 피해자가 제때 필요한 조치를 받지 못하였다면 피해자의 사망과 피고인의 과실 사이에는 인과관계가 인정된다. 비록 피해자가 피고인의 지시를 일부 따르지 않거나 퇴원한 적이 있더라도, 그러한 사정만으로는 피고인의 과실과 피해자의 사망 사이에 인과관계가 단절된다고 볼 수 없다.」[260]

거. 의사의 설명의무 위반과 사망 사이의 인과관계

▶ 「1. 상고이유 제1점에 관하여

가. 의사가 설명의무를 위반한 채 의료행위를 하였다가 환자에게 상해 또는 사망의 결과가 발생한 경우 **의사에게 업무상 과실로 인한 형사책임을 지우기 위해서는 의사의 설명의무 위반과 환자의 상해 또는 사망 사이에 상당인과관계가 존재해야 한다.**[261]

나. 원심은 피고인이 고령의 간경변증 환자인 피해자 공소외 1에게 화상 치료를 위한 가피절제술과 피부이식수술(이하 통틀어 '이 사건 수술'이라고 한다)을 실시하기 전에 출혈과 혈액량 감소로 신부전이 발생하여 생명이 위험할 수 있다는 점에 대해 피해자와 피해자의 보호자에게 설명을 하지 아니한 채 수술을 실시한 과실로 인하여 피해자로 하여금 신부전으로 사망에 이르게 하였다는 공소사실에 대하여 유죄로 판단했다.

다. **그러나 원심판단은 다음과 같은 이유로 수긍하기 어렵다.**

기록에 의하면, 피해자의 남편 공소외 2는 피해자가 화상을 입기 전 다른 의사로부터 피해자가 간경변증을 앓고 있기 때문에 어떠한 수술이라도 받으면 사망할 수 있다는 말을 들었고, 이러한 이유로 피해자와 공소외 2는 피고인의 거듭된 수술 권유에도 불구하고 계속 수술을 받기를 거부하였던 사실을 알 수 있다. 이로 보건대, 피해자와 공소외 2는 피고인이 수술의 위험성에 관하여 설명하였는지 여부에 관계없이 간경변증을 앓고 있는 피해자에게 이 사건 수술이 위험할 수 있다는 점을 이미 충분히 인식하고 있었던 것으로 보인다. 그렇다면 피고인이 피해자나 공소외 2에게 공소사실 기재와 같은 내용으로 수술의 위험성에 관하여 설명하였다고 하더라도 피해자나 공소외 2가 수술을 거부하였을 것이라고 단정하기 어렵다. 원심이 유지한 제1심이 적법하게 채택한 증거를 종합하여 보더라도 피고인의 설명의무 위반과 피해자의 사망 사이에 상당인과관계가 있다는 사실이 합리적 의심의 여지가 없이 증명되었다고 보기 어렵다.

라. 그런데도 이와 달리 설명의무를 위반한 피고인의 과실로 인하여 피해자가 사망에 이르렀다고 보아 공소사실을 유죄로 판단한 원심판결에는 의사의 설명의무 위반으로 인한 업무상과실치사죄의 인과관계에 관한 법리를 오해한 잘못이 있다.

---

260) 대법원 2018. 5. 11, 선고 2018도2844 판결.
261) 대법원 2011. 4. 14, 선고 2010도10104 판결.

2. 상고이유 제2점에 관하여

가. 의료과오사건에 있어서 의사의 과실을 인정하려면 결과 발생을 예견·회피할 수 있었는데도 이를 하지 못한 점을 인정할 수 있어야 하고, 과실의 유무는 같은 업무에 종사하는 일반적인 의사의 주의 정도를 표준으로 판단해야 하며, 이 때 사고 당시의 의학의 수준, 의료환경과 조건, 의료행위의 특수성 등을 고려해야 한다. 또한 의사에게는 환자의 상황, 당시의 의료수준, 자신의 지식·경험 등에 따라 적절하다고 판단되는 진료방법을 선택할 폭넓은 재량권이 있으므로, 의사가 특정 진료방법을 선택하여 진료를 하였다면 해당 진료방법 선택과정에 합리성이 결여되어 있다고 볼 만한 사정이 없는 이상 진료의 결과만을 근거로 하여 그 중 어느 진료방법만이 적절하고 다른 진료방법을 선택한 것은 과실에 해당한다고 말할 수 없다.[262)]

나. 원심은 앞서 본 설명의무를 위반한 과실 외에도 피고인이 이 사건 수술을 실시하기 전에 수술을 실시하였을 때의 출혈 위험성과 수술을 하지 않았을 때의 감염 가능성을 비교하는 등 수술의 필요성을 면밀히 검토하지 아니한 채 수술을 실시한 과실로 인하여 피해자로 하여금 신부전으로 사망에 이르게 하였다는 공소사실에 대하여 다음과 같은 이유로 유죄로 판단했다.

1) 수술이 필요할 정도로 피해자의 화상 상처가 악화되었다고 보기 어렵다.

2) 피해자의 간기능 관련 수치가 낮았고, 신장 기능이 저하되어 있었으며, 혈소판 수치가 75K/uL로 정상치보다 낮아 출혈경향이 매우 증가되어 있었는데도, 피고인이 수술 시 출혈로 인한 위험과 비수술 시 감염으로 인한 위험을 비교·판단하지 아니한 채 수술을 실시했다.

3) 피해자에 대한 2010. 10. 15.자 혈액응고인자(COA) 검사에서 관련 수치가 모두 정상치를 벗어나 있었으므로 피고인이 2010. 10. 27. 수술을 실시하기 전에 다시 혈액응고인자 검사를 하여 피해자의 출혈경향이 어떠한지를 다시 확인하였어야 하는데도 위 검사를 하지 아니한 채 수술을 실시했다.

4) 피해자가 화상을 입기 전 다른 병원에서 간경변증 치료를 받아왔고, 공소외 2가 다른 의사로부터 간경변증 때문에 피해자가 수술을 받으면 사망할 수 있다는 말을 들었다고 피고인에게 알렸는데도, 피고인이 해당 의사 등에게 피해자의 상태 등에 관하여 문의하거나 상의를 하지 아니하고 수술을 실시했다.

다. **그러나 위와 같은 원심판단은 수긍하기 어렵다.**

즉, 피고인은 피해자가 고령의 간경변증 환자인 점, 화상 상처가 악화되고 있었던 점, 다른 고령의 화상 환자가 수술을 실시하지 않았다가 사망한 점 등을 고려하여 볼 때 상처 부위 감염에 의한 패혈증으로 피해자가 사망하는 것을 막기

262) 대법원 2008. 8. 11, 선고 2008도3090 판결.

위해서는 수술을 실시할 필요가 있었고, 피해자의 간경변증의 정도, 수술부위의 크기, 수술 내용, 수술에 성공한 다른 간경변증 환자의 사례 등을 고려하여 볼 때 피해자가 수술로 인하여 사망할 위험이 크지 않다고 판단하였기 때문에 수술을 실시하였다고 주장한다. 앞서 본 법리와 같이 **피고인은 피해자의 상황과 자신의 지식·경험 등에 따라 피해자에게 적절하다고 판단되는 진료방법을 선택할 폭넓은 재량권**을 가지고 있었으므로, 피고인이 피해자에 대한 치료방법으로서 비수술요법 대신 수술요법을 선택한 것이 과실에 해당한다고 보기 위해서는 피고인의 선택과정에 합리성이 결여되었다고 판단해야 하는데, 다음에서 보는 바와 같이 **피고인의 선택과정에 합리성이 결여되었다는 점에 대한 증명이 부족하다.**

1) 피고인이 작성한 2010. 10. 25.자 경과기록지에는 "공소외 1 환자 수술 설명"이라는 제목 아래 "상처악화(환자상태)", "상처감염 → 패혈증 → 사망" 등의 내용이 기재되어 있다. 위 기재 내용에 비추어 보면, 피고인은 피해자의 상처가 악화되어 감염에 의한 패혈증이 발생할 수 있으므로 수술이 필요하다고 판단했고, 그와 같은 판단 내용을 피해자 측에 설명한 사실을 알 수 있다. 비록 간호정보조사지나 간호기록지의 내용으로는 피해자의 상태가 악화되었는지 여부가 불분명하지만, 경과기록지의 내용과 달리 피고인이 피해자의 상처가 악화되지 않았는데도 상처가 악화되었다고 잘못 판단하였다거나 수술을 할 필요가 없었는데도 수술이 필요하다고 잘못 판단하였다고 볼 만한 객관적인 증거가 없다.

2) 원심이 유죄판단의 근거로 삼은 공소외 3의 증언과 공소외 3 작성의 감정서에 의하더라도, 피해자의 간기능 관련 검사결과와 혈액응고인자 검사결과를 기초로 판단할 때 피해자는 당시 객관적으로 수술을 받을 수 있는 상태에 있었던 사실을 알 수 있다. 또한 피고인은 혈액응고인자 관련 수치만으로는 수술 후 출혈경향을 예측하기 어렵다고 주장하면서 관련 혈액학회지 논문을 제출했다. 따라서 2010. 10. 15.자 혈액응고인자 검사결과 관련 수치가 정상치를 벗어나 있었다고 하여 그로부터 12일 후에 수술을 실시하면서 수술 전 동일 항목의 검사가 반드시 필요하였다거나, 피해자의 간경변증과 관련하여 피고인이 다른 의사에게 문의할 필요가 있었다고 단정하기 어렵다.

3) 공소외 3은 제1심 공판기일에서 혈소판 수치가 75K/uL인 경우 수술 시 출혈경향이 높다고 증언하였는데, 그 증언 내용은 객관적인 자료에 근거한 것이 아니라 자신의 주관적인 판단에 근거한 것이고, 수술 시 출혈경향은 혈액응고인자 관련 수치, 혈소판 수치, 환자의 질환 등을 종합적으로 고려하여 판단해야 한다는 취지로 증언했다. 출혈경향 판단에 있어서 혈소판 수치가 차지하는 비중이나 구체적인 혈소판 수치와 출혈경향의 상관관계에 관한 객관적인 자료가 제출되어 있지 아니하므로, 피해자의 혈소판 수치가 75K/uL이었다는 점을 근거로 하여 피

해자의 출혈경향이 현저히 증가된 사실이 증명되었다고 보기도 어렵다.

4) 피해자의 신장 기능과 관련하여서도, 공소외 3은 당초 피해자의 신장 기능이 좋지 않은 상태에 있었다고 증언하였다가 나중에 이를 번복했고, 달리 피해자의 신장 기능이 좋지 않았다고 볼 만한 객관적인 자료가 제출되어 있지 않다.

라. 그런데도 이와 달리 수술의 필요성을 면밀히 검토하지 아니한 채 수술을 실시한 피고인의 과실로 인하여 피해자가 사망에 이르렀다고 보아 공소사실을 유죄로 판단한 원심판결에는 의사의 진료방법 선택 재량권에 관한 법리를 오해한 잘못이 있다.」[263)]

너. 약사가 약의 표시를 신뢰한 과실

▶ 「변호인의 상고이유 제1, 2점에 대한 판단

원심이 유지한 제1심판결에서 피고인이 약국제제를 제조하려면 그 제조하고자 하는 품목별로 부산시장에게 신고하여 신고된 품목만을 제조해야 하는데 원 판시와 같이 판매의 목적으로 각 의약품을 혼합하여 약국제제 신고에 없는 의약품을 제조하고 또 의약품수출입 허가 없이 원 판시 일본국 제품인 기응환을 매입하여 판매의 목적으로 저장하였음은 각각 약사법에 위반된다고 인정한 조처를 기록에 의하여 보아도 적법하고 일괄 신고한 경우에는 같은 약효를 가진 다른 약으로 대용하여 제조할 수 있고 이 경우에는 위법성이 없다는 주장은 독자적인 견해로서 채용할 수 없고 판결에는 죄 되지 않는 사실을 유죄로 인정한 채증법칙 위배의 위법이 있다 할 수 없으므로 논지는 모두 이유 없다.

동 상고이유 제3점 및 피고인의 상고이유에 대한 판단

원판결 이유에 의하면 원심은 약국개설자가 의약품을 조제함에는 관능시험과 기기시험을 할 업무상의 주의의무가 있고, 이 의무는 그 의약품이 제약회사나 국가관계기관의 검인이 찍혀있고 소분포장이 되어 있는 경우에도 해당된다고 설시한 후 본건 탄산바륨과 침강탄산칼슘은 그 성상, 촉감, 무게, 색깔 등에 있어 서로 상위함을 인정할 수 있는바 그렇다면 피고인이 이 사건 감기약을 조제함에 있어서 위의 관능, 기기시험을 세밀히 하였다면 이 사건 약품이 탄산바륨인 사실까지는 감별해 내지는 못하였을망정 침강탄산칼슘이 아닌 점을 감별할 수 있었을 것임에도 불구하고 피고인은 이 사건 약품이 ○○약품상사에서 소분하여 포장한 것이고 더욱이 국가기관의 검인까지 되어 있어 이 약품이 그 포장에 쓰여져 있는 약품명과 동일한 것이라고 가볍게 믿는 나머지 그 직무상 해야 할 업무상의 주의의무인 관능시험과 기기시험을 하지 아니한 잘못으로 인하여 이건 약

263) 대법원 2015. 6. 24, 선고 2014도11315 판결.

품이 침강탄산칼슘이 아닌 점을 감별해 내지 못한 과실이 있었다고 판시했다.

그러나 약사가 의약품을 판매하거나 조제함에 있어서 약사로서는 그 의약품이 그 표시포장상에 있어서 약사법 소정의 검인, 합격품이고 또한 부패 변질 변색되지 아니하고 유효기간이 경과되지 아니함을 확인하고 조제판매한 경우에는 우연히 그 내용에 불순물 또는 표시된 의약품과는 다른 성분의 약품이 포함되어 있어 이를 사용하는 등 사고가 발생하였다면 특히 그 제품에 불순물 또는 다른 약품이 포함된 것을 간단한 주의를 하면 인식할 수 있고 또는 이미 제품에 의한 사고가 발생된 것이 널리 알려져 그 의약품의 사용을 피할 수 있었던 특별한 사정이 없는 한 **관능시험 및 기기시험까지 해야 할 주의의무가 있다 할 수 없고 따라서 그 표시를 신뢰하고 그 약을 사용한 점에 과실이 있었다고는 볼 수 없다**고 할 것이다. 기록에 의하면 본건 침강탄산칼슘의 제조회사인 ○○약품상사의 소분 담당약사인 원심 상 피고인은 동사의 사원인 양○○으로부터 침강탄산칼슘이라고 매수한 극물인 화공약품 탄산바륨 약20키로그람들이 1포대를 받아 시험 분석함에 있어서 그 약품의 성분을 확인하기 위하여 대한약전상 규정된 확인시험, 순도시험을 해야 함에도 불구하고 그 시험을 다하지 아니하고 탄산바륨을 침강탄산바륨이라고 오인 감정하고 이를 450그람들이 침강탄산칼슘 45개로 소분포장한 후 침강탄산칼슘으로 부산시의 검인을 받은 후 도매약국인 후○약국에 판매하고 피고인은 후○약국으로부터 이를 매수하여 조제함에 있어서 그 포장과 검인 및 그 약품의 색깔, 촉감 등을 확인하고 사용한 사실을 알 수 있고 또 1심증인 홍문○(증거품제시함) 2심증인 황원○의 각 진술 기재에 의하면 침강탄산칼슘과 탄산바륨은 전부 냄새와 맛이 없고 색은 백색이되 침강탄산칼슘은 순백색이고 탄산바륨은 약간 누런빛이 있는 백색이고 또한 2약품은 동일한 무기율표에 속하며 화학 반응도 거의 동일하며 대한약전에 규정된 단계적인 모든 시험을 끝까지 하지 아니하면 2약품의 성질을 구분할 수 없고 그 성상에 있어서도 침강탄산칼슘은 매우 미끄러운 고운 분말이고 탄산바륨은 입자가 고르지 못하고 미끄럽지 못한 것이 상예이나 각 제품에 따라 이러한 성상이 다를 수 있으므로 위와 같은 성상에 따른 구별은 어디까지나 2약품을 미리 알고 구분한 경우에 두 가지 중에서 하나를 구별할 수 있다는 것이지 미리 두 가지를 알지 못하고 육안으로서 탄산바륨을 침강탄산칼슘과 구별할 수 있다는 것은 아닌 사실을 알 수 있다. 사실관계가 이러하다면 약사인 피고인에게는 관능시험과 기기시험을 하여 2약품을 구별해야 할 업무상의 주의의무가 있다고 보기 어렵고 또한 그 포장과 검인을 신뢰하고 위의 약품이 탄산바륨임을 감별하지 못한 점에 과실이 있었다고는 볼 수 없음에도 불구하고 원심은 피고인에게 그 업무상의 주의의무에 위배한 과실이 있다하여 업무상과실치사상죄를 유죄로 인정하였음은 업무상과실의 법리를 오해하였거나 채증법칙을 위배한 위법이 있다 아니할 수 없으므로 이점에 대한 논지는 이유 있다.」[264)]

[12] 결과적 가중범

제15조 ② 결과로 인하여 형이 중할 죄에 있어서 그 결과의 발생을 예견할 수 없었을 때에는 중한 죄로 벌하지 아니한다.

고의에 의한 기본범죄에 의해 행위자가 의도하지 않았던 중한 결과가 발생한 경우 형이 가중되는 범죄이다. 고의에 의한 기본행위,[265)] 중한 결과의 발생, 기본행위와 중한 결과 사이의 인과관계, 중한 결과에 대한 예견가능성(과실)을 필요로 한다.

1. 인과관계

피고인이 주먹으로 피해자의 복부를 1회 강타하여 장파열로 인한 복막염으로 사망케 하였다면, 비록 의사의 수술지연 등 과실이 피해자의 사망의 공동원인이 되었다 하더라도 피고인의 행위가 사망의 결과에 대한 유력한 원인이 된 이상 그 폭력행위와 치사의 결과 간에는 인과관계가 있다.[266)] 판례는 상당인과관계설을 취하고 있기 때문이다.

2. 예견가능성

형법 제15조 제2항이 규정하고 있는 이른바 결과적 가중범은 행위자가 행위시에 그 결과의 발생을 예견할 수 없을 때에는 비록 그 행위와 결과 사이에 인과관계가 있다 하더라도 중한 죄로 벌할 수 없다.[267)]

---

264) 대법원 1976. 2. 10, 선고 74도2046 판결.

265) **기본범죄는 미수에 그쳐도 된다.** 다만 기본범죄는 미수범 처벌규정이 있는 경우에 한한다. 강간이 미수에 그쳤지만 그 과정에서 피해자가 상해를 입은 경우 강간치상죄, 강도가 미수에 그쳤지만 강취 과정에서 피해자가 상해를 입은 경우 강도치상죄가 성립한다.

266) 대법원 1984. 6. 26, 선고 84도831,84감도129 판결.

267) 대법원 1988. 4. 12, 선고 88도178 판결.

중한 결과의 예견가능성이 긍정된 사례

◉ 피해자에게 심장질환 등의 지병이 있는 까닭으로 매우 쇠약한 상태임을 알고도 폭행하여 사망의 결과를 발생시킨 경우,[268] ◉ 두개골 부위를 세게 타격한 경우 사망결과에 대해 당연히 예견할 수 있고,[269] ◉ 피해자의 뺨을 2회 때리고 두 손으로 어깨를 잡아 땅바닥에 넘어뜨리고 머리를 세멘트벽에 부딪치게 하여서, 피해자가 그 다음날부터 머리에 통증이 있었고 같은 달 의사 3인에게 차례로 진료를 받을 때에 혈압이 매우 높았고 몹시 머리가 아프다고 호소하였으며 그 후 병세가 계속 악화되어 결국 같은 해 4. 30 뇌손상(뇌좌상)으로 사망하였다면, 피해자가 평소 고혈압과 선천성혈관기형인 좌측전고동맥류의 증세가 있었고 피고인의 폭행으로 피해자가 사망함에 있어 위와 같은 지병이 사망결과에 영향을 주었다고 해서 피고인의 폭행과 피해자의 사망 간에 상당인과관계가 없다고 할 수 없으며, 피고인이 피해자를 폭행할 당시에 이미 폭행과 그 결과에 대한 예견가능성이 있었다 할 것이고 그로 인하여 치사의 결과가 발생하였다면 이른바 결과적가중범의 죄책을 면할 수 없다.[270] ◉ 피고인이 그 두부로 23세나 많은 여성 피해자의 흉부 복부를 받고 수권으로 구타하여 약 1주간 치료를 요할 타박상을 가하여 심장이 비대한 동녀로 하여금 뇌일혈을 야기케 하여 사망에 이르게 하였다면 상해치사죄로 처벌하는 것이 타당하다.[271]

중한 결과의 예견가능성을 부정한 사례

◉ 피해자를 떠밀어 엉덩방아를 찧고 주저앉게 하였을 뿐인데 외관상 건강하던 피해자가 갑자기 심장마비로 사망한 것은 예기하기 어렵다 할 것이므로 폭행치사죄로 벌할 수 없고,[272] ◉ 피해자의 어깨죽지를 잡고 조금 걸어가다가 놓아주었는데 피해자가 뇌실질내 혈종의 상해를 입을 것은 예견할 수 없던 결과이

268) 대구지방법원 2008. 12. 17, 선고 2008고합783 판결.

269) ▶ 「원심이 인용한 증거들을 기록에 의하여 살펴보면 피고인은 과거에 동거하던 피해자 에게 다시 동거할 것을 요구하며 서로 말다툼을 하다가 주먹으로 얼굴과 가슴을 수없이 때리고 머리채를 휘어잡아 방벽에 여러 차례 부딪치는 폭행을 가하여 두개골결손, 뇌경막하출혈 등으로 2일후 사망케 한 사실이 인정된다. 사람의 얼굴과 가슴에 대한 가격은 신체기능에 중대한 지장을 초래할 수 있고 더구나 두뇌부위에 대하여 두개골 결손을 가져올 정도로 타격을 가할 경우에 치명적인 결과를 가져올 수 있다는 것은 누구나 예견할 수 있는 일이라고 할 것이므로, 원심이 피고인에게 피해자의 사망의 결과에 대한 예견가능성이 있었던 것으로 인정하여 피고인을 상해치사죄로 의율한 조치는 정당하고, 이 점을 다투는 논지는 이유 없다.」 (대법원 1984. 12. 11, 선고 84도2183 판결)

270) 대법원 1983. 1. 18, 선고 82도697 판결.

271) 대법원 1955. 6. 7, 선고 4288형상88 판결.

272) 대법원 1985. 4. 3, 선고 85도303 판결.

며,[273] ◉ 여관에 투숙하여 별 저항 없이 성관계를 하고 피해자가 구조요청을 한 후 창문으로 뛰어내려 상해당한 것이라면 피고인을 강간치상죄로 처벌할 수 없으며,[274] ◉ 피고인 일행과 술집 작부가 밤새 술을 마시고 각자 상대방과 성교까지 한 후 술값을 빌리려고 피해자를 동승시켜 차로 이동 중 피고인이 피해자를 추행하였더니 피해자가 욕설을 하고 갑자기 차문을 열고 뛰어내려 사망하였다면 강제추행치사상죄로 벌할 수 없다(이 판결에 대해 필자는 반대견해이다).[275]

3. 결과적 가중범의 공범

가. 공동가공의 의사대로 결과가 발생한 경우

▶「원심이 유지한 제1심 판결 거시의 증거를 모아보면 **원심판시 피고인 등의 이 사건 범죄사실을 인정하기에 넉넉**하여 이에 심리를 다하지 아니하고 채증법칙을 위반하여 사실을 오인한 위법을 가려낼 수가 없을 뿐만 아니라 **인과관계나 예견가능성 등에 관한 법리를 오해하였다고 볼 자료도 없다.**

공동정범은 2인 이상이 공동하여 죄를 범하는 것으로 공동가공의 의사를 그 주관적 요건으로 하며 이 공동가공의 의사는 상호적임을 요하나 이는 상호 공동가공의 인식이 있으면 족하고 사전에 어떤 모의과정이 있어야 하는 것이 아니므로 **원심이 위와 같이 적법하게 확정한 바 이 사건 피고인 등**은 1984. 2. 25. 21:00경부터 그 다음날 09:00경까지 부산직할시 동래구 ○○1동 ▲의15 공소외

---

273) 대법원 1982. 1. 12, 선고 81도1811 판결.

274) 대법원 1985. 10. 8, 선고 85도1537 판결.

275) ▶「형법 제15조 제2항이 규정하고 있는 이른바 결과적 가중범은 행위자가 행위 시에 그 결과의 발생을 예견할 수 없을 때는 비록 그 행위와 결과사이에 인과관계가 있다 하더라도 중한 죄로 벌할 수 없는 것으로 풀이된다. 원심판결 이유에 의하면, 원심은 그 증거에 의하여 피고인이 친구 5명과 같이 술집에서 그 집 작부로 있는 피해자 등 6명과 더불어 밤늦도록 술을 마시고 모두 각자의 상대방과 성교까지 하였는데 술값이 부족하여 친구 집에 가서 돈을 빌리려고 위 일행 중 피고인과 공소외 1, 2가 함께 봉고차를 타고 갈 때 공소외 1과 성교를 한 피해자도 그 차에 편승하게 된 사실과 피고인과 피해자가 그 차에 마주앉아 가다가 피고인이 **장난삼아 피해자의 유방을 만지고 피해자가 이를 뿌리치자 발을 앞으로 뻗어 치마를 위로 걷어 올리고 구두발로 그녀의 허벅지를 문지르는 등 그녀를 강제로 추행**하자 그녀가 욕설을 하면서 **갑자기 차의 문을 열고 뛰어 내림**으로써 부상을 입고 사망한 사실을 확정한 다음 이와 같은 상황에서는 피고인이 그때 피해자가 피고인의 추행행위를 피하기 위하여 달리는 차에서 뛰어내려 사망에 이르게 될 것이라고 예견할 수 없고 달리 이를 인정할 만한 증거가 없다고 하여 피고인에게 그 사망의 결과에 대하여 책임을 묻지 아니하고 다만 강제추행으로 다스리고 있다. 기록에 비추어 원심의 사실인정과 위와 같은 상황에서 피고인에게 피해자가 사망에 이르게 된 결과에 대한 예측가능성이 없다고 판단한 조치는 옳게 수긍이 가고 거기에 주장하는 바와 같은 채증법칙을 어겼거나 결과적 가중범에 관한 법리를 오해한 위법이 없다.」(대법원 1988. 4. 12, 선고 88도178 판결)

인의 집에서 처음에는 피고인 1, 2, 3, 4가, 그 다음에는 연락을 받고 그 곳에 차례로 온 피고인 5와 6(1984. 2. 25. 22:30경) 피고인 7과 8(같은 날 23:00경) 등이 **같이 참여**하여 공소외인의 몸에서 잡귀를 물리친다면서 뺨 등을 때리고 팔과 다리를 붙잡고 배와 가슴을 손과 무릎으로 힘껏 누르고 밟는 등 하여 그로 하여금 우측간 저면파열, 복강내출혈로 사망에 이르게 하였다면 **피고인등 간에는 상호 공동가공의 의사가 있었다**고 할 것이므로 피고인등 간에는 의사공통이 없어 공범이 아니라는 상고논지는 독자적 견해에 지나지 아니하여 그 이유가 없다.」[276]

나. 공동가공의 의사(또는 교사)를 넘어선 중한 결과가 발생한 경우

(1) 기본범죄의 **공동정범** 중 1인이 중한 결과를 야기한 경우 중한 결과에 과실이 있는 자를 어떻게 처벌할 것인지의 문제이다.

결과적 가중범인 상해치사죄의 공동정범은 폭행 기타의 신체침해 행위를 공동으로 할 의사가 있으면 성립되고 결과를 공동으로 할 의사는 필요 없으며,[277] 여러 사람이 상해의 범의로 범행 중 한 사람이 중한 상해를 가하여 피해자가 사망에 이르게 된 경우 나머지 사람들은 사망의 결과를 예견할 수 없는 때가 아닌 한 상해치사의 죄책을 면할 수 없다.[278]

▶ 「원심에서 적법하게 변경된 이 사건 공소사실의 요지는, 피고인은 1999. 4. 18. 01:55경 상근예비역으로 근무하는 친구인 공소외인으로부터 공소외인의 여동생을 강간한 피해자를 혼내주러 가자는 연락을 받고 공소외인과 함께 피해자를 만나 ○초등학교 앞에서 공소외인과 피고인은 주먹으로 피해자를 때리면서 공소외인은 소지하고 있던 부엌칼(증 제1호)로 피해자를 위협하였으며, 그 후 피해자를 ▲초등학교로 끌고 가면서 피고인이 주변에 있던 각목으로 피해자의 머리 부분을 4회 때리고 공소외인이 위 부엌칼을 피해자의 목에 들이대면서 주먹과 발로 무수히 때려 이를 견디지 못한 피해자가 ○적사 입구 방면으로 도망가자, 피고인은 공소외인의 뒤를 따라 피해자를 추격하던 중 공소외인이 떨어뜨린 위 부엌칼을 소지하게 된 다음 격분한 나머지 같은 날 02:21경 ▲초등학교 옆 골목길에서 공소외인에 의하여 붙잡힌 피해자의 좌측 흉부를 위 부엌칼로 1회 찔러 좌측흉부 자창상 등을 가하고, 이로 인하여 같은 날 04:00경 피해자로 하여금 실혈로 사망에 이르게 하였다는 것이고, 원심이 인정한 사실은, 피고인은 위 공소사

276) 대법원 1985. 12. 10, 선고 85도1892 판결.
277) 대법원 1978. 1. 17, 선고 77도2193 판결; 대법원 1993. 8. 24, 선고 93도1674 판결; 대법원 2000. 5. 12, 선고 2000도745 판결.
278) 대법원 1996. 12. 6, 선고 96도2570 판결; 대법원 2000. 5. 12, 선고 2000도745 판결.

실과 같은 과정을 거쳐 ▲초등학교 옆 골목길에서 공소외인에 의하여 붙잡힌 피해자를 공소외인과 함께 폭행하면서 둘 중 누군가가 불상의 방법으로 위 부엌칼로 피해자의 좌측 흉부를 1회 찔러 좌측흉부 자창상 등을 입히고, 이로 인하여 피해자를 사망에 이르게 하였다는 것이다. …(중략) 원심판결 이유에 의하면 원심은, 제1심판결 명시의 증거들을 인용하여 앞서 본 바와 같은 사실 등을 인정한 다음, 결국 피고인과 공소외인의 공동가공행위로 피해자에게 상해를 가하고 이로 인하여 피해자가 사망하게 된 것이 분명하다는 이유로 피고인을 상해치사죄로 의율하였는바, 이를 기록 및 앞서 본 법리에 비추어 살펴보면 옳다고 여겨지고, 공소외인과 피고인이 위험한 물건인 부엌칼과 각목을 휴대하고 피해자에 대하여 폭력을 행사한 이 사건에 있어서 피고인으로서는 **능히** 피해자가 부엌칼 등으로 상해를 입고 사망에 이를 수도 있다는 사정을 **예견**할 수 있었다고 할 것이다.」[279)]

▶「피고인을 비롯한 30여 명의 공범들이 화염병 등 소지 공격조와 쇠파이프 소지 방어조로 나누어 이 사건 건물을 집단방화하기로 공모하고 이에 따라 공격조가 위 건물로 침입하여 화염병 수십 개를 1층 민원실 내부로 던져 불을 붙여 위 건물 내부를 소훼케 하는 도중에 공격조의 일인이 위 건조물 내의 피해자를 향하여 불이 붙은 화염병을 던진 사실을 알 수 있는바, 이와 같이 공격조 일인이 방화대상 건물 내에 있는 피해자를 향하여 불붙은 화염병을 던진 행위는, 비록 그것이 피해자의 진화행위를 저지하기 위한 것이었다고 하더라도, 공격조에게 부여된 임무 수행을 위하여 이루어진 일련의 방화행위 중의 일부라고 보아야 할 것이고, 따라서 피해자의 화상은 이 사건 방화행위로 인하여 입은 것이라 할 것이므로 피고인을 비롯하여 당초 공모에 참여한 집단원 모두는 위 상해 결과에 대하여 현존건조물방화치상의 죄책을 면할 수 없다 할 것이다. 설령 원심이 판단한 바와 같이 피해자에 대한 화염병 투척행위가 이 사건 집단방화행위 도중에 그 행위자에게 새로이 발생한 별도의 상해의 범의에 따라 이루어진 것이어서 피해자의 상해가 이 사건 방화 및 건물소훼로 인하여 입은 것이라고 보기 어렵다고 하더라도, 형법(1995. 12. 29. 법률 제5057호로 개정되기 전의 것) 제164조 후단이 규정하는 현존건조물방화치상죄와 같은 이른바 부진정결과적가중범은 예견가능한 결과를 예견하지 못한 경우뿐만 아니라 그 결과를 예견하거나 고의가 있는 경우까지도 포함하는 것이므로 이 사건에서와 같이 사람이 현존하는 건조물을 방화하는 집단행위의 과정에서 일부 집단원이 고의행위로 살상을 가한 경우에도 다른 집단원에게 그 사상의 결과가 예견가능한 것이었다면 다른 집단원도

279) 대법원 2000. 5. 12, 선고 2000도745 판결.

그 결과에 대하여 현존건조물방화치사상의 책임을 면할 수 없는 것인바, 피고인을 비롯한 집단원들이 당초 공모시 쇠파이프를 소지한 방어조를 운용하기로 한 점에 비추어 보면 피고인으로서는 이 사건 건물을 방화하는 집단행위의 과정에서 상해의 결과가 발생하는 것도 **예견**할 수 있었다고 보이므로, 이 점에서도 피고인을 현존건조물방화치상죄로 의율할 수 있다고 할 것이다.」[280)]

(2) **교사**자가 피교사자에 대하여 상해 또는 중상해를 교사하였는데 피교사자가 이를 넘어 살인을 실행한 경우, 일반적으로 교사자는 상해죄 또는 중상해죄의 죄책을 지게 되는 것이지만 이 경우에 교사자에게 피해자의 사망이라는 결과에 대하여 과실 내지 예견가능성이 있는 때에는 상해치사죄의 죄책을 지울 수 있다.[281)]

▶ 「교사자가 피교사자에 대하여 상해 또는 중상해를 교사하였는데 피교사자가 이를 넘어 살인을 실행한 경우에, 일반적으로 교사자는 상해죄 또는 중상해죄의 죄책을 지게 되는 것이지만 이 경우에 교사자에게 피해자의 사망이라는 결과에 대하여 과실 내지 예견가능성이 있는 때에는 상해치사죄의 죄책을 지울 수 있는 것이다.[282)] 원심이 제1심판결 적시의 각 증거를 인용하여, **피고인** 1가 상피고인 3, 4, 5 및 원심 공동피고인 7에게 피고인과 사업관계로 다툼이 있었던 피해자를 혼내 주되, 평생 후회하면서 살도록 허리 아래 부분을 찌르고, 특히 허벅지나 종아리를 찔러 병신을 만들라는 취지로 이야기 하면서 차량과 칼 구입비 명목으로 경비 90만원 정도를 주어 범행에 이르게 한 사실, **피고인** 2는 위와 같이 1가 상피고인들에게 범행을 지시할 때 그들에게 연락하여 모이도록 하였으며, "피고인 1을 좀 도와주어라" 등의 말을 했고, 그 결과 **상피고인들**이 공소사실 기재와 같이 피해자의 종아리 부위 등을 20여 회나 칼로 찔러 살해한 사실을 인정한 다음, 그 당시 상황으로 보아 **피고인 2 역시 공모관계에 있고, 피고인 1와 2는 피해자가 죽을 수도 있다는 점을 예견할 가능성이 있었다**고 판단하여, 상해치사죄로 의율한 조치는 위 법리에 따른 것으로 정당하고, 거기에 상고이유에서 주장하는 바와 같은 상해치사죄 또는 공동정범에 관한 법리오해의 위법이 있다고 할 수 없다.」[283)]

280) 대법원 1996. 4. 12, 선고 96도215 판결.
281) 대법원 2002. 10. 25, 선고 2002도4089 판결.
282) 대법원 1993. 10. 8, 선고 93도1873 판결.
283) 대법원 2002. 10. 25, 선고 2002도4089 판결.

4. 종류와 예

가. 고의의 기본범죄에 중한 결과가 **과실**로 발생한 것을 **진정결과적 가중범**이라고 한다.

상해치사(사람을 때려 다칠 것을 예상했는데 막상 때리니 사람이 죽어버린 경우), **폭행치사상**(사람을 살짝 때린다는 것이 그만 죽거나 다치게 한 경우), **낙태치사상**(임신중절 수술할 고의만 가졌는데 뜻밖에도 임부가 죽거나 다친 결과가 발생), **유기치사상**(피고인이 믿는 종교인 "여호와의 증인"의 교리에 어긋난다는 이유로 최선의 치료방법인 수혈을 거부함으로써 딸을 사망케 한 유기치사[284]), **인질치사상**(사람의 인신을 강제로 확보하는 과정에서 인질이 죽거나 다친 결과가 발생), **체포·감금치사상**(사람을 체포하거나 감금한다는 고의밖에 없었는데 피체포자, 피감금자가 죽거나 다치기까지 한 경우), **약취·유인·매매치사상**(미성년자 또는 사람을 약취, 유인하여 매매하는 과정에서 피인취자가 죽거나 다친 경우), **강간·강제추행치사상**(의사에 반해 폭행, 협박으로 간음하거나 추행하려 했을 뿐인데 피해자의 저항 그 밖의 사정으로 피해자가 죽거나 다친 경우), **강도치사상**(폭행, 협박으로 재물을 강취하려 했는데 계획에도 없이 피해자가 죽거나 다친 경우), **해상강도치사상**, **손괴치사상**(물건을 부술 생각이었는데, 뜻밖에 물건이 파열되면서 사람까지 죽거나 다친 경우), **연소**(홧김에 자기소유 일반건조물 또는 일반물건에 불을 질렀는데, 그만 불이 번져 현주건조물, 공용건조물등, 타인소유 일반건조물 또는 일반물건에 불이 옮겨 붙은 경우), **폭발성물건파열치사**, **가스·전기등방류치사**, **가스·전기등공급방해치사**, **교통방해치사**, **음용수혼독치사죄**가 있다.

나. 고의의 기본범죄에 중한 결과가 과실 또는 **고의**로 발생한 경우 **부진정결과적 가중범**이라 하고, 중상해, 중유기, 중손괴, 중권리행사방해, 현주건조물방화치사상,[285] 현주건조물일수치사상, 폭발성물건파열치상, 가스·전기등방류치상, 가스·전기등공급방해치상, 교통방해치상, 음용수혼독치상, 특수공무방해치사상죄가 이에 해당한다.

---

284) 대법원 1980. 9. 24, 선고 79도1387 판결.

285) 현주건조물방화치사죄와 살인죄 간의 실체적 경합범 사례로는, 대법원 1983. 1. 18, 선고 82도2341 판결.

[13] 정당방위

제21조(정당방위) ① 자기 또는 타인의 법익에 대한 현재의 부당한 침해를 방위하기 위한 행위는 상당한 이유가 있는 때에는 벌하지 아니한다.

② 방위행위가 그 정도를 초과한 때에는 정황에 의하여 그 형을 감경 또는 면제할 수 있다.

③ 전항의 경우에 그 행위가 야간 기타 불안스러운 상태 하에서 공포, 경악, 흥분 또는 당황으로 인한 때에는 벌하지 아니한다.

1. 위법성조각사유와 정당방위

위법성조각사유가 있으면 구성요건에 해당하는 행위도 무죄가 된다. 위법성은 적극적으로 규명하는 방식이 아니라, 소극적 검토방식을 취하고 있다.[286] 형법이 인정하는 위법성조각사유에는, 정당방위(제21조), 정당행위(제20조), 긴급피난(제22조), 자구행위(제23조), 피해자의 승낙(제24조)이 있다.

만약 피고인이 형법이 규정하는 위법성조각사유 외의 것, 예컨대 '범죄의 불가피성'을 주장하며 무죄를 주장할 경우 그러한 것은 초법규적 발상으로서 그것이 위법성 조각사유로서의 정당방위나 긴급피난을 말하는 것이라면 그에는 엄격한 요건이 있을 뿐만 아니라 이와 같은 사유는 행위의 위법성 조각의 문제일 뿐 형의 양정의 조건이 되는 것은 아니다.[287]

2. 자기 또는 타인의 법익에 대한 부당한 침해를 방위하기 위한 행위

가. 객관적 정당화 상황

자기의 법익을 지키기 위한 행위뿐만 아니라 타인의 법익을 방어하기 위한 행위도 정당방위가 된다. 따라서 피고인이 그의 부에게 닥친 부당한 침해를 방위하기 위한 행위를 한 것은 위법하지 않다.[288]

부당한 침해행위는 공권력에 의해서도 이루어질 수 있다. 특히 경찰관의 불법 체포, 불법 임의동행은 위법한 직무수행이므로 이에 대항한 것은 공무집

---

286) 이재상·장영민·강동범, 형법총론, 제9판, 박영사, 2017, 216면.
287) 대법원 1983. 3. 8, 선고 82도3248 판결.
288) 대법원 1986. 10. 14, 선고 86도1091 판결.

행방해죄가 성립되지 않고, 나아가 그로 인해 경찰관이 상해를 입었다고 하더라도 그것이 자신의 신체를 지키기 위한 일념에서 저항 끝에 발생한 것이라면 상해죄는 정당방위로 인해 위법성이 조각된다. 양 죄는 모두 무죄가 된다.

불법체포에 저항한 사례

▶「피고인의 모욕 범행은 불심검문에 항의하는 과정에서 저지른 일시적, 우발적인 행위로서 사안 자체가 경미할 뿐 아니라, 피해자인 경찰관이 범행현장에서 즉시 범인을 체포할 급박한 사정이 있다고 보기도 어려우므로, 경찰관이 피고인을 체포한 행위는 적법한 공무집행이라고 볼 수 없고, 피고인이 **체포를 면하려고** 반항하는 과정에서 상해를 가한 것은 불법체포로 인한 신체에 대한 현재의 부당한 침해에서 벗어나기 위한 행위로서 정당방위에 해당한다.」[289)]

▶「현행범인으로서의 요건을 갖추고 있었다고 인정되지 않는 상황에서 경찰관들이 동행을 거부하는 자를 체포하거나 강제로 연행하려고 하였다면, 이는 적법한 공무수행이라고 볼 수 없고, 그 **체포를 면하려고** 반항하는 과정에서 경찰관에게 상해를 가한 것은 불법 체포로 인한 신체에 대한 현재의 부당한 침해에서 벗어나기 위한 행위로서 정당방위에 해당하여 위법성이 조각된다.」[290)]

▶「봉담지구대에 가게 된 피고인은 같은 날 23:38경 경찰관 공소외 2로부터 음주측정기에 입김을 불어넣는 방법으로 음주측정에 응할 것을 요구받았으나 1차 측정을 거부한 사실, 피고인은 같은 날 23:49경 위 장소에서 다시 공소외 2로부터 "선생님, 음주측정을 거부하면 불이익이 있습니다."라는 말과 함께 2차 측정을 요구받자 이를 거부하면서 공소외 2의 배를 주먹으로 1회 때려 공소외 2에게 약 14일간의 치료를 요하는 복부좌상을 가한 사실, 그와 같이 음주측정을 요구하는 과정에서 공소외 2를 비롯한 경찰관들이 피고인에게 실력을 행사하지는 않은 사실 등을 알 수 있는바, 비록 피고인이 위법하게 체포된 상태에 있었고 공소외 2가 음주측정을 요구한 행위가 위법하다고 하더라도, 공소외 2가 피고인에게 음주측정을 요구하였을 뿐 공소외 2를 비롯한 경찰관들이 피고인에게 실력을 행사하는 등의 침해행위를 하지 않았고, 피고인이 위법한 체포상태를 벗어나려는 데에 대하여 공소외 2가 이를 저지하는 상황도 아니었는데, **피고인이 공소외 2의 배를 때려서 공소외 2에게 상해를 가**한 이상 피고인의 행위를 사회적으로

289) 대법원 2011. 5. 26, 선고 2011도3682 판결.
290) 대법원 2002. 5. 10, 선고 2001도300 판결.

상당한 방위행위에 해당한다고 보기는 어려우므로, 피고인의 위 상해행위가 정당방위에 해당한다고 볼 수 없고, 달리 위법성이 조각되는 등 범죄가 성립되지 않는다고 볼 사유가 없다.」[291)]

반란진압부대에 대항한 불법 병력동원행위

▶ 「…(전략) (4) 피고인들의 병력동원이 정당방위 또는 긴급피난이라는 피고인 C, G, H의 변호인 T의 주장에 대하여

(가) 정당방위가 성립하기 위하여는 현재의 부당한 침해를 방위하기 위한 행위이어야 할 것인데, 앞서 본 바와 같이 W 차장의 부대출동명령이나 그 출동준비명령과 X 수경사령관의 피고인들에 대한 공격준비행위는 피고인들의 불법공격에 대비하거나 반란을 진압하기 위한 정당한 직무집행으로서, 이를 가리켜 현재의 부당한 침해행위라고 볼 수는 없으므로, 이에 대항한 피고인들의 병력동원행위가 정당방위에 해당한다고 할 수 없다.」[292)]

정당한 침해에 대해 정당방위는 불가

▶ 「공직선거 후보자 합동연설회장에서 후보자 갑이 적시한 연설 내용이 다른 후보자 을에 대한 명예훼손 또는 후보자비방의 요건에 해당되나 그 위법성이 조각되는 경우, 갑의 연설 도중에 을이 마이크를 빼앗고 욕설을 하는 등 물리적으로 갑의 연설을 방해한 행위가 갑의 '위법하지 않은 정당한 침해'에 대하여 이루어진 것일 뿐만 아니라 '상당성'을 결여하여 정당방위의 요건을 갖추지 못했다.」[293)]

나. 주관적 정당화요소

침해상황이라는 객관적 요건 하에서 방위의사로 행위해야만 정당방위가 된다.[294)] 따라서 자신에게 총구를 겨누고 있는 사실을 인식하지 못한 채로 평소 피해자를 살해해야겠다고 생각하다가 유리한 시점이라 보아 총을 쏘아 살해했다면, 설령 상대방이 먼저 총구를 겨누고 있었다는 객관적 정당화 상황이 뒤늦게 밝혀지더라도 그에게는 주관적 정당화요소가 결여되어 정당방위로 평가될 수 없다.

---

291) 대법원 2012. 12. 13, 선고 2012도11162 판결.
292) 대법원 1997. 4. 17, 선고 96도3376 전원합의체 판결.
293) 대법원 2003. 11. 13, 선고 2003도3606 판결.
294) 대법원 1981. 8. 25, 선고 80도800 판결.

마찬가지로 긴급피난에는 피난의사가, 자구행위에는 자구의사가 요구된다.

3. 침해의 현재성

침해행위에서 벗어난 후 분을 풀려고 한 후속 공격행위는 침해의 현재성을 충족하지 못하여 위법하다.

또 평소 남편으로부터 지속적인 폭행이나 학대를 당해오던 피고인이 잠자고 있던 남편을 살해한 것은 살해 당시 객관적으로도 피고인 등의 법익에 대한 침해나 위난이 현존하고 있었다고 보기 어려우므로 정당방위나 긴급피난은 성립하지 않는다.[295)]

4. 싸움

공격의사로 서로 교차 공격하는 싸움은 정당방위가 성립되지 않는다. 싸움의 가해행위는 방어행위인 동시에 공격행위의 성격을 갖고 있다. 따라서 서로가 상해진단서를 제출해도 쌍방 처벌되고, 정당방위도 과잉방위행위도 모두 성립하지 않는다.[296)]

그러나 예외적으로 싸움에서 당연히 예상할 수 있는 정도를 초과한 과격한 침해행위에 대한 반격은 정당방위가 되고,[297)][298)] 또 외관상 서로 격투를 하

---

295) 대전지방법원 2006. 10. 18, 선고 2006고합102 판결.

296) 대법원 1955. 6. 21, 선고 4288형상98 판결; 대법원 1984. 6. 26, 선고 83도3090 판결; 대법원 1986. 12. 23, 선고 86도1491 판결; 대법원 1993. 8. 24, 선고 92도1329 판결; 대법원 1996. 9. 6, 선고 95도2945 판결; 대법원 2000. 3. 28, 선고 2000도228 판결.

297) 대법원 1968. 5. 7, 선고 68도370 판결(초소교대근무를 하던 중 교대근무병이 늦게 도착하자 피고인이 그를 폭행했고, 폭행당하던 망인이 소총을 장전하며 피고인의 등 뒤에서 사살하려 하자 피고인이 먼저 망인을 쏘아 사망케 한 사건).

298) 필자는 집단구타에 대항해 손톱깎기 칼을 휘둘러 군중 중 일인을 상해한 아래 사건도 당연히 예상할 수 있는 정도를 초과한 과격한 침해에 대해 피고인이 반격한 사례로 보고 있다.
▶ 「원심판시와 같이 피고인이 자전거를 절취한 사실이 없는데 자전거 절취범으로 오인하고 **군중들이 피고인을 에워싸고 무차별 구타**를 하기에 자기는 자전거 절도범이 아니라고 외쳤으나, 군중들은 그것을 믿지 않고 무차별 구타를 계속하므로 피고인은 이를 제지하고 자기의 신체에 대한 가해행위의 부당한 침해를 방위하기 위하여, 또 야간에 위와 같은 불안스러운 상태 하에서 당황으로 인하여 피고인이 소지하고 있던 손톱깎기에 달린 줄칼을 내어 들고 이를 휘둘렀던바, 이에 공소외인의 등에 찔려 1주간의 치료를 요하는 상해를 입은 사실을 인정할 수 있고 원심의 위 사실인정에 채증법칙 위배의 위법은 없으며 사실관계가 그렇다면 이는 형법 제21조 제1항에서 말하는 소위 정당방위에 해당한다 할 것이고, 이와 같은 취지에서 나온 원판결은 정당하고 거기에는 정당방위에 대한 법리를 오해한 잘못은 없으므로, 논지는 채용할 수 없다.」(대법원 1970. 9. 17, 선고 70도1473 판결)

는 것처럼 보이는 경우라고 할지라도 실제로는 한쪽 당사자가 일방적으로 불법한 공격을 가하고 상대방은 이러한 불법한 공격으로부터 자신을 보호하고 이를 벗어나기 위한 저항수단으로 유형력을 행사한 경우,[299] 싸움이 중지된 상태에서 한편이 다시 공격하여 이를 막기 위해 단도로써 상대의 복부를 찌른 경우[300]에는 정당방위가 될 수 있다.

5. 방어행위의 상당성

정당방위가 성립하려면 침해행위에 의하여 침해되는 법익의 종류, 정도,[301] 침해의 방법, 침해행위의 완급과 방위행위에 의하여 침해될 법익의 종류·정도 등 일체의 구체적 사정을 참작하여 방위행위가 상당한 것이었다고 인정할 수 있는 것이어야 한다(대법원 80도800 판결,[302] 대법원 84도242 판결; 대법원 92도2540 판

299) 대법원 1984. 9. 11, 선고 84도1440 판결; 대법원 1999. 10. 12, 선고 99도3377 판결; 대법원 2010. 2. 11, 선고 2009도12958 판결.

300) 대법원 1957. 3. 8, 선고 4290형상18 판결.

301) **대법원은 겉으로는 법익의 균형성이나 우월성을 요구하지 않는다고 하나, 침해되는 법익의 종류(種類), 정도(程度)를 고려하겠다는 것은 (현저한) 법익불균형이 발생한 사건은 정당방위로 보지 않겠다는 점을 내포하고 있다.** 다만, 대법원은 개별 사건에서 정당방위를 인정하지 않는 속마음을 감추고, 상당성이 없다는 점을 정당방위 배척사유로 설시함으로써 일반에게 혼란을 주고 나아가 하급심 법관들에게 모호한 기준을 던져 왔다. 대법원의 역할이 통일된 법령해석이라는 점을 감안할 때 앞으로는 모호한 일반론 위주의 판결문 작성을 지양하고, 가급적 당해 사건의 결론에 도달하는 데에 사용된 핵심법리를 선명하게 표현해 주는 것이 좋다. 하급심 법관들로부터 표준적 재판을 받기를 희망하는 국민에게 도움이 될 것이다.
▶ 「원심판결이 채용한 증거에 의하면, 피고인이 그 판시와 같이 피해자에게 폭행을 가하여 치료일수 미상의 우측상박부 타박상을 입게 한 사실이 넉넉히 인정되고 그 증거취사과정을 기록에 의하여 살펴보아도 논지가 주장하는 바와 같이 채증법칙을 어긴 잘못이 없다. 또 논지는 위와 같은 피고인의 범행이 정당방위에 해당한다는 것이나, 정당방위는 자기 또는 타인의 법익에 대한 현재의 부당한 침해를 방지하기 위한 행위로서 상당한 이유가 있음을 요하므로 **위법한 법익침해행위가 있다고 하더라도** 긴박성이 결여되거나 또는 방위행위가 **상당성**을 결여한 때에는 정당방위의 요건을 갖추었다고 볼 수 없는 것인바, 원심판시 사실에 의하면 피고인은 피고인 소유의 밤나무 단지에서 피해자가 밤 18개를 푸대에 주워 담는 것을 보고 푸대를 빼앗으려다가 반항하는 그녀의 뺨과 팔목을 때려 그 판시와 같은 **상처를 입혔다는 것**이므로 위와 같은 피고인의 행위가 비록 피해자의 절취행위를 방지하기 위한 것이었다고 하여도 긴박성과 상당성을 결여하여 정당방위라고 볼 수 없으니, 위 논지는 이유 없다.」(대법원 1984. 9. 25, 선고 84도1611 판결)

302) ▶ 「형법 제20조 제1항 소정의 정당방위가 성립하기 위하여는 행위자에게 방위의사가 있어야 하고 그 방위행위가 행위 당시의 사정으로 보아서 상당성이 있어야 함은 소론과 같으나 원심이 유지한 제1 심 판결이 적법히 확정한 사실에 의하면, 피고인 경영의 주점에서 공소외 1 등 3인이 외상술을 마시면서 통금시간이 지나도 귀가하지 않고 피고인에게 접대부와 동침시켜 줄 것을 요구하고, 피고인이 이를 거절한데 불만을 품고 내실까지 들어와 피고인의 처가 있는 데서 소변까지 하므로 피고인이 항의하자 공소외 1은 주먹으로 피고인의 안면을 강타하고 이어 피고인을 계단 아래 주점으로 끌고 가 다른 일행 2명과 함께 집단으로 구타하자

결[303]). 따라서 방위에 필요한 행위에 제한되고, 필요성은 행위 당시를 기준으로 일체의 구체적 사정을 고려하되 객관적으로 판단한다.[304]

적합한 수단을 사용하여 최소 침해수단을 선택해야 하나, 보충적으로 최후의 수단으로만 방위행위를 할 수 있는 것은 아니다.[305] 나아가 보전되는 법익이

피고인은 공소외 1을 업어치기식으로 홀 위에 넘어뜨려 그에게 전치 12일간의 상해를 입혔다는 것인바, 이와 같은 구체적 사정에서 볼 때 피고인의 공소외 1에 대한 폭행행위는 단순한 싸움 중에 행한 공격행위가 아니라 피고인 자신의 신체에 대한 **현재의 부당한 침해를 방지하기 위한 의사**에 기한 것으로 판단함이 상당하고, 한편 위 침해행위와 방위행위의 방법 폭행정도 등 제반정황에 비추어 **위 방위행위는 상당성이 있다**고 할 것이고 , 피고인이 위 주점의 주인이고 위 공소외 1이 손님이란 사정이 있다 하여도 다를 바 없으므로 피고인의 이건 소위는 정당방위로서 죄가되지 않는다는 원심의 위 판단은 정당하고, 거기에 소론의 위법은 없다.」(대법원 1981. 8. 25, 선고 80도800 판결)

303) ▶ 「…(전략) 정당방위 또는 과잉방위를 주장하는 부분에 대하여
원심이 인정한 바와 같이, 피고인 D가 약 12살 때부터 의붓아버지인 피해자의 강간행위에 의하여 정조를 유린당한 후 계속적으로 이 사건 범행 무렵까지 피해자와의 성관계를 강요받아 왔고, 그 밖에 피해자로부터 행동의 자유를 간섭받아 왔으며, 또한 그러한 침해행위가 그 후에도 반복하여 계속될 염려가 있었다면, 피고인들의 이 사건 범행 당시 피고인 D의 신체나 자유 등에 대한 **현재의 부당한 침해**상태가 있었다고 볼 여지가 없는 것은 아니나, 그렇다고 하여도 판시와 같은 경위로 이루어진 피고인들의 이 사건 살인행위가 형법 제21조 소정의 정당방위나 과잉방위에 해당한다고 하기는 어렵다. 정당방위가 성립하려면 침해행위에 의하여 침해되는 법익의 종류, 정도, 침해의 방법, 침해행위의 완급과 방위행위에 의하여 **침해될 법익의 종류, 정도** 등 일체의 구체적 사정들을 참작하여 방위행위가 사회적으로 상당한 것이었다고 인정할 수 있는 것이어야 할 것인데(대법원 1966. 3. 15, 선고 66도63 판결; 1984. 6. 12, 선고 84도683 판결 각 참조), 피고인들이 사전에 판시와 같은 경위로 공모하여 범행을 준비하고, 술에 취하여 잠들어 있는 피해자의 양팔을 눌러 꼼짝 못하게 한 후 피해자를 깨워 피해자가 제대로 반항할 수 없는 상태에서 식칼로 피해자의 심장을 찔러 살해한다는 것은, 당시의 상황에 비추어도 **사회통념상 상당성을 인정하기가 어렵다**고 하지 않을 수 없고, 피고인들의 범행의 동기나 목적을 참작하여도 그러하므로, 원심이 피고인들의 판시 행위가 정당방위에 해당한다거나 야간 기타 불안스러운 상태 하에서 공포, 경악, 흥분 또는 당황으로 인하여 그 정도를 초과한 경우에 해당한다는 피고인들의 주장을 배척한 조처도 정당하고, 거기에 소론과 같은 법리를 오해하거나 채증법칙을 어긴 위법이 있다고 할 수 없다. 정당방위의 성립요건으로서의 방어행위에는 순수한 수비적 방어뿐 아니라 적극적 반격을 포함하는 반격방어의 형태도 포함됨은 소론과 같다고 하겠으나, 그 방어행위는 자기 또는 타인의 법익침해를 방위하기 위한 행위로서 상당한 이유가 있어야 하는 것인데, 피고인들의 판시 행위가 위에서 본 바와 같이 그 상당성을 결여한 것인 이상 정당방위행위로 평가될 수는 없는 것이므로, 원심이 피고인들의 이 사건 범행이 현재의 부당한 침해를 방위할 의사로 행해졌다기보다는 공격의 의사로 행하여졌다고 인정한 것이 적절하지 못하다고 하더라도, 정당방위행위가 되지 않는다는 결론에 있어서는 정당하여, 이 사건 판결의 결과에 영향이 없는 것이다. 따라서 논지는 이유 없다.」(대법원 1992. 12. 22, 선고 92도2540 판결)

304) 대법원 1991. 5. 28, 선고 91다10084 판결.

305) ▶ 「경찰관이 범인의 체포·도주의 방지, 자기 또는 타인의 생명·신체에 대한 방호, 공무집행에 대한 항거의 억제를 위하여 상당한 이유가 있을 때에는 필요한 한도 내에서 무기를 사용할 수 있으나, 무기를 사용하는 경우에는 형법 소정의 정당방위와 긴급피난에 해당할 때 또는 체포·도주의 방지나 항거의 억제를 위하여 다른 수단이 없다고 인정되는 상당한 이유가 있는 때(대간첩작전수행의 경우 제외)에 한하여 필요한 한도 내에서만 사람에게 위해를 가할 수 있음이 경찰관직무집행법 제11조의 규정에 비추어 명백하다. 원심은 그 거시증거에

침해되는 법익과 균형을 이루거나 우월할 것을 요하지 않는다. 따라서 신체와 정조를 지키기 위해 추행범의 혀를 물어 절단해도 정당방위로 위법하지 않고, 무죄이다.[306] 그런데도 대법원은 **변태적 성행위를 요구하며 폭력을 행사하던 이혼소송 중이던 남편을 격분하여 칼로 복부 명치를 힘껏 찔러 사망에 이르게 한 것은 방위행위가 상당성이 없고 한도를 넘어선 것으로 정당방위나 과잉방위에 해당하지 않는다고 보았는데,**[307] 필자는 반대이다. 최근 대법원은 사건을 심리하는 법관은 피해자의 처지와 입장(피해자가 처한 특별한 사정)을 고려해야 한다

의하여 소외 망 서은○이 1989.12.5. 20:30경 술에 취한 상태에서 대전 ○구 ○○ ○동 532의 7 소재 변○○ 신경외과의원에 교통사고로 입원 중인 동인의 형인 소외 서○○을 문병하러 갔다가 입원실에 있던 과도를 들고 '우리 형 살려내라'고 고함을 치며 1층 복도에 있던 접수실 대형유리창문을 칼로 쳐 깨뜨리고 잠가놓은 원무과 문을 발로 차고 들어가 그곳에 있던 4명의 직원을 향해 자신의 복부에 칼을 대고 할복자살하겠다고 하며 '우리 형 살려내라', '원장 나와라'라는 등의 고함을 치며 난동을 부린 사실, 대전경찰서 명정로 파출소 소속 소외 1 순경은 칼빈소총 1정과 실탄 15발 까스총 1정, 경찰봉, 수갑 등을 휴대하고 소외 정상○ 의경(위 정상○ 의경은 당시 까스총 1정과 경찰봉 등을 휴대하고 있었다)과 같이 위 병원으로 출동하여 위 난동행위의 제압과 난동자의 체포업무에 임하게 되었는데, 당시의 상황은 위 서은○은 원무과로 들어가 칼을 들고 위와 같이 직원들을 위협하고 있었고 그가 깨뜨린 유리조각들이 복도바닥에 흩어져 있었으며 그가 유리를 깨뜨리면서 손에서 피를 흘린 관계로 복도바닥에 핏자국이 묻어 있었으므로, 소외 1 순경은 위와 같은 상황을 보고 위 서은○이 난동으로 인명피해가 있었던 것으로 판단하여 휴대하고 있던 칼빈소총에 실탄을 장진하고 위 정상○ 의경과 같이 원무과 출입문 앞으로 가서 위 서은○을 향해 칼을 버리고 나올 것을 명령한 사실, 그러나 위 서은○은 소외 1 순경 및 위 정상○ 의경을 보자 '이 새끼들아 쏠 테면 쏴라'하며 오른손에 칼을 들고 동인들 앞으로 다가섰고 이에 위협을 느낀 소외 1 순경은 총구를 위 서은○ 앞으로 들이대고 다가오지 말 것을 명령하였으나 위 서은○은 계속 칼을 들고 소외 1 순경 등에게 다가가자 소외 1 순경과 정상○ 의경은 함께 주춤주춤 복도를 따라 뒤로 밀리다가 약 11미터 정도 뒤로 밀려 복도끝부분에 이르게 되자, 더 이상 물러설 공간이 없음을 알고 위 총의 총구부분으로 위 서은○의 가슴을 밀어냈으나 동인이 그래도 계속 다가오자 소외 1 순경은 위 서은○ 앞으로 들이댄 위 칼빈소총의 방아쇠를 당겨 1회 발사함으로써 총알이 위 서은○의 왼쪽가슴 아래부위를 관통하여 위 서은○에게 총기관통에 의한 횡경막파열, 간파열, 위장파열 등의 상해를 입혀 그 후 사망케한 사실을 인정했다. 위와 같이 원심이 확정한 사실관계에 비추어 보면, 위 망인이 칼을 들고 소외 1 순경 등에게 항거하였다고 하여도 소외 1 순경 등이 약 11미터나 뒤로 밀리는 동안 공포를 발사하거나 정상○ 의경이 소지한 가스총과 경찰봉을 사용하여 위 망인의 **항거를 억제할 시간적 여유와 보충적 수단이 있었다**고 보여지고, 또 복도 끝에 밀려 부득이 총을 발사하여 위해를 가할 수밖에 없었다고 하더라도 가슴부위가 아닌 **하체부위를 향하여 발사함으로써 그 위해를 최소한도로 줄일 여지가 있었다**고 보여지므로, 위와 같은 소외 1 순경의 총기사용행위는 경찰관직무집행법 제11조 소정의 총기사용 한계를 벗어난 것 이라고 하지 않을 수 없다.

정당방위에 있어서는 반드시 방위행위에 보충의 원칙은 적용되지는 않으나 방위에 필요한 한도 내의 행위로서 사회윤리에 위배되지 않는 상당성 있는 행위임을 요하는 것인 바, 위 설시와 같은 총기사용의 경위에 비추어 소외 1 순경의 행위는 상당성 있는 행위라고 볼 수 없어 정당방위에도 해당하지 않는다.」(대법원 1991. 9. 10, 선고 91다19913 판결)

306) 대법원 1989. 8. 8, 선고 89도358 판결.

307) 대법원 2001. 5. 15, 선고 2001도1089 판결.

고 판시하였으니,[308] 이러한 기준에서 앞의 판결을 다시 심리한다면 다른 결론이 나올 수 있다.

생각할 점

전술한 바와 같이 실무상 정당방위를 인정한 사례는 손에 꼽힐 정도이다. 대부분 행위자의 주장을 배척하고, 구체적 사정 하에서 형을 감경할 뿐이다. 그 같은 실무태도는 **현재성**을 엄격하게 판단하여 예방적 방위를 어떠한 경우에도 인정하지 않는 점, **싸움**의 원인을 따지지 않고 모든 싸움은 결국 공방이 교차한다는 전제 하에 분을 풀기 위한 행위로 매도하여 행위자의 내심에 반하는 실제와 다른 사실이 확정되는 점, 소극적 방어에 그치지 않았다며 정당방위가 배척되는 경우가 많은데 **정당방위의 적극적 성격**을 무시하여 개념적으로 문제가 있는 점,[309] **상당성**의 개념이 모호할 뿐만 아니라 구체적 사정을 고려하여 판단하도록 허락된 점에서 담당법관의 성향에 따라 큰 차이가 발생할 수 있는 점, 보충성이나 법익균형성을 요구하지 않는다고 하면서도 실무상 방어의 의사로 사람을 상해에 이르게 하거나 사망에 이르게 하면 정당방위를 인정하지 않고, 고작해야 **과잉방위**로 형 감경에 그치는 점(사실 과잉방위의 인정도 인색하다)에서 부당하다.

---

308) 대법원 2018. 4. 12, 선고 2017두74702 판결(교원소청심사위원회결정취소 (라) 파기환송). 학생들에 대한 성희롱을 이유로 해임된 대학교수인 원고가 소청심사 청구를 기각한 결정의 취소를 구하는 사건에서, 피해자가 사건 이후에도 계속하여 원고의 강의를 수강한 점, 피해 진술에 소극적인 점, 사건 발생 후 오랜 시간이 지난 후에야 문제를 제기한 점 등을 이유로 피해자 진술을 배척하거나 원고의 언동이 성희롱에 해당하지 않는다고 본 원심판단에 자유심증주의의 한계를 벗어나거나 성희롱에 관한 법리를 오해한 위법이 있다고 보아 파기한 사례이다.

309) **법원이 정당방위를 바라보는 관점은 '소극적 방어였는지**(대항하여 폭행한 것이 아니라 벗어나기 위하여 저항한 것을 의미)**'가 관건**이므로, 이러한 비판을 할 수 있다.

▶ 「…(전략) 그렇다면 위에서 본 여러 사정에 비추어 보면, 이 사건은 피고인은 방안에서 피해자로부터 깨진 병으로 찔리고 이유 없이 폭행을 당하여 이를 피하여 방밖 홀로 도망쳐 나온 것이고 피해자는 피고인을 쫓아 나와서까지 폭행을 가한 것으로서 이때 피고인이 방안에서 피해자를 껴안거나 두 손으로 멱살부분을 잡아 흔든 일이 있고 홀 밖에서 서로 붙잡고 밀고 당긴 일이 있다고 하여도 위와 같은 사실관계 하에서는 이는 특별한 사정이 없는 한 **피해자에 대항하여 폭행을 가한 것이라기보다는 피해자의 부당한 공격에서 벗어나거나 이를 방어하려고 한 행위였다**고 보는 것이 상당하다고 할 것이고 그 행위에 이르게 된 경위, 목적, 수단, 의사 등 제반사정에 비추어 사회통념상 허용될 만한 정도의 상당성이 있는 경우에는 위법성이 결여된 행위라고 볼 것이며 이에 반하여 피고인으로부터 폭행을 당하였다고 하는 피해자의 진술은 믿기 어려운 것이며 방밖 홀에서 피고인이 피해자의 몸을 1회 구타하였다는 김점○의 진술(경찰, 제1심법정 등)도 위와 같은 피고인의 행위를 잘못 보고한 진술이거나 아니면 그대로 믿기 어려운 것이라고 보여지고 사법경찰리 작성의 남○○에 대한 진술조서만으로서는 예비적 공소사실을 인정하기에 부족한 것이라고 보여진다. 그렇다면 원심판결에는 **채증법칙을 위배하여 사실을 잘못 인정**하였거나 **정당행위 또는 정당방위의 법리를 오해한 위법**이 있다고 할 것이고 이는 판결에 영향을 미치는 것이므로 논지는 이유 있다.」(대법원 1989. 10. 10, 선고 89도623 판결)

이처럼 정당방위의 개념을 실무 적용 시 편협하게 해석할 경우 미국 등 외국의 실무례와 조화될 수 없는 차이를 가져올 뿐만 아니라, 임박한 예방적 자위권을 부정할 경우 정당방위의 실효성에도 의문이 생길 수 있다. 방어의 의사로 방위에 나아가면서도 수위를 조절할 수밖에 없기 때문이다.

6. 과잉방위, 오상방위

가. 방위행위가 정도를 초과한 것을 과잉방위라 하고 책임을 감경 또는 면제할 수 있다(형법 제21조 제2항). 과잉방위가 야간 기타 불안스러운 상태 하에서 공포, 경악, 흥분 또는 당황으로 인한 때에는 벌하지 아니한다(형법 제21조 제3항).

단, 과잉방위가 적용되기 위해서는 행위자는 방위의사를 갖고 행위 하였어야 하므로, 공격의사를 포함한 싸움에서의 반격은 정당방위도 과잉방위도 모두 성립되지 않는다.

정당방위를 부정하고, 과잉방위만을 인정한 사례

▶ 「…(전략) 원심판결 이유에 의하면, 원심은 제1심 판결 거시의 증거를 종합하여 판시 일시에 공소외 이대○ 경영의 ○○식품점 앞길을 술에 취하여 지나가던 1심 공동피고인 1(폭력전과자), 2, 공소외 1(사망)이 피고인에게 이유 없이 욕설을 하고 피고인이 이에 대꾸를 하자 공소외 1이 피고인의 얼굴에 연필깎기용 면도칼을 들이대며 찌를 듯이 위협을 하고, 피고인은 이에 겁이 나서 위 ○○식품점 안으로 일단 피신을 하였다가 위 가게주인이 가게에서 나가라고 요구하여 가게 밖으로 나왔던 바 공소외 1이 그 부근 가게에서 가지고 나온 소주병을 깨어 던져서 피고인의 왼 손목에 맞게 하고 1심 공동피고인 1은 ○○식품점에서 들고 나온 사이다병을 깨어 던져 피고인의 오른손목에 맞게 하고 1심 공동피고인 2도 이 새끼 죽으려고 환장하였느냐고 하면서 시멘트벽돌을 집어던지는 등 3인이 공격행위를 하여 오므로 피고인은 공격행위를 계속하여 올 경우 이에 대항하기 위하여 자신이 전화케이블선공사 도구로 사용하던 곡괭이 자루를 집어 들고 약 50미터 떨어진 일신타이어 수리점 앞까지 도망가는데 공소외 1은 각목을 들고, 1심 공동피고인 1은 빈 전화케이블선을 들고 계속 쫓아와 마구 휘두르며 피고인의 어깨, 머리, 왼손, 옆구리 등을 마구 때리므로 이에 대항하여 피고인도 곡괭이자루를 마구 휘두른 결과 공소외 1의 머리뒷부분을 1회 힘껏 맞게 하여 동인도 사망하고 1심 공동피고인 1은 상해를 입었으며 피고인 자신도 왼쪽 셋째손가락이 부러지는 상해를 입은 사실을 인정한 후 이와 같이 집단구타를 당하게 된 피고

인이 더 이상 도피하기 어려운 상황에서 이를 방어하기 위하여 반격적인 행위를 하려던 것이 그 정도가 지나친 행위를 한 것이 뚜렷하므로 이는 과잉방위에 해당한다고 판시하고 있다.

그러므로 기록과 대조하여 검토하여 보니 원심의 위 사실인정은 정당하여 거기에 채증법칙에 위배하여 사실을 오인한 위법이 없으며, 앞서 본 정당방위의 성립요건에 비추어 보면 원심이 피고인의 위 행위를 과잉방위에 해당한다고 판단한 조치 또한 정당하게 시인되고 거기에 소론이 지적하는 바와 같은 정당방위에 관한 법리오해의 위법이 있다 할 수 없으므로 논지는 모두 이유 없다.」[310]

정당방위를 부정하고, 제21조 제3항의 불가벌적 과잉방위를 인정한 사례 1.

▶ 「1. 원심판결 이유에 의하면, 원심은 그 거시 증거들을 종합하여 피고인의 오빠인 이 사건 피해자 (남,33세)는 고향인 부산에서 고등학교를 졸업한 뒤 아무런 직업 없이 지내면서 거의 매일 술에 취하여 집에 들어와서는 어머니인 공소외 1에게 술값을 달라고 요구하며 가재도구를 부수는 등 행패를 계속하므로, 그의 술주정과 그로 인한 생활고 등을 참다못한 공소외 1은 1978.경 그녀의 둘째 아들인 공소외 2와 딸인 피고인을 데리고 피해자 몰래 서울로 이사한 다음, 그녀는 시장에서 노점상등으로 피고인은 목욕탕 또는 미용실의 종업원으로, 동생 공소외 2는 공원으로 각기 열심히 일하여 근근이 생활을 유지해 왔으나, 피해자가 1982.경 그의 가족들이 사는 집을 수소문하여 찾아와 그때부터 함께 살면서 다시 전과 같이 술주정과 행패를 계속해 오다가 1985. 1. 13.경 교통사고를 당하여 머리에 큰 상해를 입어 같은 해 8. 7.까지 입원치료를 받고 퇴원한 후에는 술에 취하지 않은 상태에서도 정신이상자처럼 욕설을 하거나 흉포한 행동을 할 뿐만 아니라 술에 취하면 행패를 부리는 정도가 더욱 심하여진 사실, 이 사건이 있기 전날인 1985. 8. 28. 21:30경에도 피해자 는 술에 몹시 취하여 그의 가족들이 사는 집에서 집 안팎을 들락날락하면서 퇴근하여 집에 돌아온 피고인에게 갖은 욕설을 퍼붓고 있다가 같은 날 24:00경 시장에서 신발 노점상을 하는 어머니 공소외 1이 장사를 마치고 집에 돌아오자 그녀에게 "씹할년" 등의 심한 욕설을 하면서 술값을 내놓으라고 요구하여 그의 버릇을 잘 아는 공소외 1로부터 "내일 아침에 돈 10,000원을 줄 테니 들어가서 자거라"는 대답을 듣고는 일단 수그러진 듯 그의 방에 들어갔으나 곧 그의 방에 있는 선풍기를 들고 다시 나오면서 "10,000원이 뭐냐, 100,000원을 줘야지, 이년들, 저희들은 새 선풍기를 쓰고 내게는 헌 선풍기를 줘"라고 소리치며 위 선풍기를 집어던져 부수는 등 난동을 계속하므로

310) 대법원 1985. 9. 10, 선고 85도1370 판결.

이에 겁을 먹은 어머니 공소외 1과 피고인 및 공소외 2가 모두 안방으로 피해 들어가 문을 잠그고 피해자가 잠들기를 기다렸으나, 잠들기는커녕 오히려 더욱 거칠게 "문을 열라"고 고함치면서 안방 문을 주먹으로 치고 발로 차는가 하면, 문손잡이를 잡아 비틀고 힘을 주어 미는 등의 행패를 5시간가량 계속함으로써 다음 날인 같은 달 29. 05:00경에는 위 안방 문이 거의 부서질 지경에 이르게 된 사실, 이에 견디다 못한 공소외 1이 방문을 열고 마루로 나가자 피해자는 주방에 있는 싱크대에서 식칼을 찾아 꺼내어 왼손잡이인 그의 왼손에 들고 공소외 1을 향해 "이 년, 너부터 찔러 죽이고 식구들을 모두 죽여 버리겠다고" 소리치며 달려들어 칼을 그녀의 얼굴 가까이 갖다 들이대어 그녀가 놀라서 기절한 사실, 그 순간 이를 방안에서 보고 있던 동생 공소외 2가 어머니의 생명이 위험하다고 느끼고 마루로 뛰어나감과 동시에 왼손으로는 어머니 공소외 1을 옆으로 밀치면서 오른손으로는 피해자의 왼 손목을 잡고 칼을 뺏으려 하였으나 피해자가 오히려 오른손으로 공소외 2의 목을 앞에서 움켜쥐고 손아귀에 힘을 줌으로써 공소외 2로 하여금 숨쉬기가 곤란할 지경에 이르게 한 사실, 그때까지 겁에 질려 방안에서 이를 보기만 하고 있던 피고인은 그대로 두면 공소외 2의 생명이 위험하다고 순간적으로 생각하고, 그를 구하기 위하여 마루로 뛰어나가 피해자에게 달려들어 두 손으로 그의 목을 앞에서 감아쥐고 힘껏 조르면서 뒤로 밀자, 그가 뒤로 넘어지므로 피고인도 함께 앞으로 쓰러진 다음, 그의 몸 위에 타고 앉은 채로 정신없이 두 손으로 계속 그의 목을 누르고 있던 중, 피고인의 도움으로 위기에서 풀려난 공소외 2가 기절하여 쓰러져 있는 공소외 1의 상태를 살피는 등 약간 지체한 후에 피고인이 그때까지도 피해자의 몸 위에서 두 손으로 그의 목을 계속 누르고 있는 것을 비로소 알아차리고 "누나, 왜 이래"하고 소리치자 피고인은 그때서야 정신을 차린 듯 피해자의 목에서 손을 떼면서 일어났으나, 그때 이미 피해자는 피고인의 목졸임으로 말미암아 질식된 채 아무런 움직임이 없었던 사실 등을 인정하고, 위 인정에 어긋나는 증거들을 믿을 수 없다 하여 배척한 다음, 위 인정사실에 의하면, 이 사건 당시 평소 흉포한 성격인데다가 술까지 몹시 취한 피해자 가 심하게 행패를 부리던 끝에 피고인들을 모두 죽여버리겠다면서 식칼을 들고 공소외 1에게 달려들어 찌를 듯이 면전에 칼을 들이대다가 공소외 2로부터 제지를 받자, 다시 공소외 2의 목을 손으로 졸라 숨쉬기를 어렵게 한 위급한 상황에서 피고인이 순간적으로 공소외 2를 구하기 위하여 피해자에게 달려들어 그의 목을 조르면서 뒤로 넘어뜨린 행위는 공소외 1, 2의 생명, 신체에 대한 현재의 부당한 침해를 방위하기 위한 상당한 행위라 할 것이고, 나아가 위 사건당시 피해자가 피고인의 위와 같은 방위행위로 말미암아 뒤로 넘어져 피고인의 몸 아래 깔려 더 이상 침해행위를 계속하는 것이 불가능하거나 또는 적어도 현저히 곤란한 상태에 빠졌음에도 피고인이 피해자의 몸 위에 타고앉아 그의 목을 계속하여 졸라 누름으로써 결국 피해자로 하여금 질식하여 사망에 이르게 한 행위는 정당방위의 요건인 상당성을 결여한 행위라고 보아야 할 것이나, 극히 짧은 시간 내에 계속하여 행하여진 피고인의 위와 같은 일련의 행위는 이를 전체로서 하나의 행위로 보아야 할 것이므로, 방위의사에서 비롯된 피고인의 위와 같이 연속된 전후행위는 하나로서 형법 제21조 제2항 소정의 과잉방위에 해당한다 할 것이고, 당시 야간에 흉포한 성격에 술까지 취한 피해자가 식칼을 들고 피고인을 포함한 가족들의 생명, 신체를 위협하는 불의의 행패와 폭행을 하여 온 불안스러운 상태 하에서 공포, 경악, 흥분 또는 당황 등으로 말미암아 저질러진 것이라고 보아야 할 것이라고 판단하고 있다.

2. 살피건대, 원심판결이 들고 있는 증거들을 기록에 비추어 살펴보면, 원심의 위와 같은 사실인정과 판단은 수긍이 가고 거기에 소론이 주장하는 바와 같이 정당방위의 법리를 오해한 위법이 없다. 결국 논지는 모두 이유 없다.」[311)]

정당방위를 부정하고, 제21조 제3항의 불가벌적 과잉방위를 인정한 사례 2.

▶「원심이 확정한 사실에 의하면 피고인이 1969. 8. 30. 22:40경 그의 처 공소외 1(31세)과 함께 극장구경을 마치고 귀가하는 도중 피해자(19세)가 피고인의 질녀 공소외 2(14세) 등의 소녀들에게(음경을 내놓고 소변을 보면서) 키스를 하자고 달려드는 것을 피고인이 술에 취했으니 집에 돌아가라고 타이르자 도리어 피고인의 뺨을 때리고 돌을 들어 구타하려고 따라오는 것을 피고인이 피하자, 위 피해자는 피고인의 처 공소외 1을 땅에 넘어뜨려 깔고 앉아서 구타하는 것을 피고인이 다시 제지하였지만 듣지 아니하고 돌로서 위 공소외 1을 때리려는 순간 피고인이 그 침해를 방위하기 위하여 농구화 신은 발로서 위 피해자의 복부를 한차례 차서 그 사람으로 하여금 외상성 12지장 천공상을 입게 하여 동년 10.13. 06:25경 사망에 이르게 했다는 것이다.

위와 같은 객관적인 사실에 의하여 볼 때 피고인의 행위는 형법 제21조제2항 소정의 이른바 과잉방위에 해당한다 할 것이고, 다시 원심판결에 적시된 여러 가지 증거를 기록에 의하여 대조 검토하면, 피고인의 이 행위는 당시 야간에 술이 취한 위 피해자의 불의의 행패와 폭행으로 인한 불안스러운 상태에서의 공포, 경악, 흥분 또는 당황에 기인되었던 것임을 알 수 있다. 그러므로 같은 취지에서 원심이 형법 제21조제3항을 적용하여 피고인에게 무죄를 선고한 제1심 판결을 유지하였음은 정당 하고 여기에 소론과 같은 정당방위에 관한 법리의 오해가 있다고 할 수 없다.」[312)]

---

311) 대법원 1986. 11. 11, 선고 86도1862 판결.
312) 대법원 1974. 2. 26, 선고 73도2380 판결.

정당방위, 제21조 제3항의 불가벌적 과잉방위를 배척하고, 감경한 사례

▶「원심이 채용한 증거를 기록에 의하여 살펴보면 피고인이 원심판시와 같이 깨어진 병으로 피해자를 찌를 듯이 겨누어 협박한 사실이 넉넉히 인정되는 바, 피고인이 위와 같은 행위를 하게 된 것은 위 피해자로부터 갑작스럽게 뺨을 맞는 등 폭행을 당하여 서로 멱살을 잡고 다투다가 수세에 몰리자 이에 대항하기 위한 것이었음이 위 각 증거에 비추어 명백하므로 피고인의 위 행위는 자기의 법익에 대한 현재의 부당한 침해를 방위하기 위한 것이라고 볼 수 있으나, 맨손으로 공격하는 상대방에 대하여 위험한 물건인 깨어진 병을 가지고 대항한다는 것은 당시의 상황에 비추어도 사회통념상 그 정도를 초과한 방위행위로서 상당성이 결여된 것이라고 보지 않을 수 없고, 또 위 원심 채용증거에 의하면 피고인과 위 피해자 사이에 싸움이 일어나자 동석한 변제○이나 ○○주점 종업원들은 싸움을 제지하였다는 것이어서 이러한 상황에 비추어 당시 피고인의 위와 같은 대항행위가 야간의 공포나 당황으로 인한 것이었다고 보기도 어렵다.

원심이 위와 같은 취지에서 피고인의 정당방위 또는 야간의 공포나 당황으로 인한 과잉방위주장을 배척하고 다만 그 정황을 참작하여 형을 감경한 조치는 정당하며 거기에 소론지적과 같이 채증법칙위반으로 사실을 오인하거나 정당방위 또는 과잉방위에 관한 법리를 오해한 위법이 없으므로 이 점 논지도 이유 없다.」[313)]

과잉방위 배척사례 1.

▶「원심판결은 그 이유에서 피고인이 제1심 상피고인 B 및 공소외 C와 공동하여 1991. 9. 29. 00:10경 위 C 경영의 D나이트클럽에서 위 C는 주먹과 발로 피해자 E의 전신을 수회 구타하고, 피고인은 공사용 삽으로 피해자 F의 머리부분을 1회 구타한 다음 봉걸레자루로 피해자 G의 허리 부분을 1회 구타하고, 위 B는 주먹으로 피해자 H의 얼굴을 3회 구타한 다음 봉걸레자루로 피해자 I의 가슴 부분을 2회 구타하여 위 G에게 전치 2주일을 요하는 흉부좌상 등을, 위 F에게 전치 10일을 요하는 좌두정부열상 등을, 위 I에게 전치 10일을 요하는 전두부타박상을 각 입게 하고 위 E와 J에게 각 폭행을 가하였지만 위 피해자들 일행은 모두 20여 명 가량으로 그중 일부는 위 나이트클럽에 오기 전에 이미 상당히 취해 있었는데도 위 나이트클럽에서 다시 술을 마시고 술값을 외상으로 하여 줄 것을 요구한 것이 발단이 되어 언쟁하다가 그중 1명이 위 C로부터 뺨을 맞자 일부는 의자와 탁자 또는 벽돌이나 돌을 함부로 집어 던지고, 일부는 주먹이나 봉걸레자

313) 대법원 1991. 5. 28, 선고 91도80 판결.

루로 피고인을 비롯한 위 나이트클럽 종업원 등을 구타하는 등 하여 피고인과 위 B 및 공소외 K에게 각 전치 1주일을 요하는 요추염좌상 등을 각 입게 하고 위 C 소유의 전자올갠 등 싯가 금 1,251,000원 상당의 물건을 손괴하므로 피고인 등도 이에 대항하여 싸우는 과정에서 위와 같이 피해자들에게 상해를 입히거나 폭행을 가한 사실을 인정한 다음 이 사건의 발생경위와 그 진행과정, 이 사건에 가담한 피고인 측과 피해자 측의 각 인원수 및 상대방에 대한 폭행정도, 위 나이트클럽의 파손상태 등을 고려하면 위와 같은 피고인의 행위는 자기나 위 C의 법익에 대한 현재의 부당한 침해를 방위하기 위한 행위가 그 정도를 초과한 경우인 과잉방위행위에 해당한다고 판단했다.

그러나 사실관계가 위와 같다면 이 사건은 위 C가 피해자 일행 중 1명의 뺨을 때린 데에서 비롯된 것으로 피고인 등의 행위는 피해자 일행의 부당한 공격을 방위하기 위한 것이라기보다는 서로 공격할 의사로 싸우다가 먼저 공격을 받고 이에 대항하여 가해하게 된 것이라고 봄이 상당하고 이와 같은 **싸움의 경우 가해행위는 방어행위인 동시에 공격행위의 성격을 가지므로 정당방위 또는 과잉방위행위라고 볼 수 없다.**[314]

그런데도 원심이 그 판시와 같은 이유로 피고인의 행위가 과잉방위행위에 해당한다고 판단한 것은 그에 관한 법리를 오해하여 판결결과에 영향을 미쳤다 하겠다. 주장은 이유 있다.」[315]

과잉방위 배척사례 2.

▶ 「원심은, 피고인이 1996. 8. 19. 10:00경 서울 강서구 ○동 664의 13 소재 피고인의 처남인 피해자의 집에서 피해자의 왼쪽 허벅지를 길이 21㎝ 가량의 과도로 1회 찔러 피해자에게 약 14일간의 치료를 요하는 좌측대퇴외측부 심부자상 등을 가하였지만, 피해자가 술에 만취하여 누나인 공소외인과 말다툼을 하다가 공소외인의 머리채를 잡고 때렸으며, 당시 공소외인의 남편이었던 피고인이 이를 목격하고 화가 나서 피해자와 싸우게 되었는데, 그 과정에서 몸무게가 85㎏ 이상이나 되는 피해자가 62㎏의 피고인을 침대 위에 넘어뜨리고 피고인의 가슴 위에 올라타 목 부분을 누르자 호흡이 곤란하게 된 피고인이 안간힘을 쓰면서 허둥대다가 그 곳 침대 위에 놓여있던 과도로 피해자에게 상해를 가한 사실을 인정한 다음, 위와 같은 이 사건의 발생경위와 그 진행과정을 고려하여 피고인의

314) 대법원 1958. 5. 16, 선고 4291형상61 판결; 대법원 1960. 9. 21, 선고 4293형상411 판결; 대법원 1966. 11. 22, 선고 66도1150 판결; 대법원 1971. 4. 30, 선고 71도527 판결; 대법원 1984. 5. 22, 선고 83도3020 판결; 대법원 1986. 12. 23, 선고 86도1491 판결.

315) 대법원 1993. 8. 24, 선고 92도1329 판결.

행위는 피고인의 신체에 대한 현재의 부당한 침해를 방위하기 위한 행위가 그 정도를 초과한 경우인 과잉방위행위에 해당한다고 판단했다.

그러나 사실관계가 위와 같다 하더라도, 피고인의 행위는 피해자의 부당한 공격을 방위하기 위한 것이라기보다는 서로 공격할 의사로 싸우다가 먼저 공격을 받고 이에 대항하여 가해하게 된 것이라고 봄이 상당하고, 이와 같은 **싸움의 경우 가해행위는 방어행위인 동시에 공격행위의 성격을 가지므로 정당방위 또는 과잉방위행위라고 볼 수 없다.**[316] 그런데도 원심이 피고인의 행위가 과잉방위행위에 해당한다고 판단한 것은 과잉방위에 관한 법리를 오해하여 판결에 영향을 미친 위법을 저지른 것이다. 따라서 이를 지적하는 상고이유의 주장은 이유가 있다.」[317]

정당방위·과잉방위 배척사례 3.

▶ 「1. 원심은 그 채택 증거들을 종합하여, 피고인이 피해자와 말다툼을 하다가 건초더미에 있던 낫을 들고 반항하는 피해자로부터 낫을 빼앗아 그 낫으로 피해자의 가슴, 배, 등, 뒤통수, 목, 왼쪽 허벅지 부위 등을 10여 차례 찔러 피해자로 하여금 다발성 자상에 의한 기흉 등으로 사망하게 하였다는 사실을 인정한 다음, 이에 비추어 보면, 피고인에게는 이 사건 범행 당시 적어도 살인의 미필적 고의는 있었다고 판단하였는바, 기록에 비추어 살펴보면, 위와 같은 원심의 판단은 옳고, 거기에 상고이유의 주장과 같은 채증법칙 위배 또는 심리미진으로 인한 사실오인이나 미필적 고의에 관한 법리오해 등의 위법이 있다고 할 수 없다.

2. 형법 제21조 소정의 정당방위가 성립하려면 침해행위에 의하여 침해되는 법익의 종류, 정도, 침해의 방법, 침해행위의 완급과 방위행위에 의하여 침해될 법익의 종류, 정도 등 일체의 구체적 사정들을 참작하여 방위행위가 사회적으로 상당한 것이어야 한다.[318] 원심은 그 채택 증거에 의하여 판시와 같은 사실을 인정한 다음, **피해자가 피고인에게 한 가해의 수단 및 정도, 그에 비교되는 피고인의 행위의 수단, 방법과 행위의 결과** 등 제반 사정에 비추어, 피고인의 이 사건 범행행위가 피해자의 피고인에 대한 현재의 부당한 침해를 방위하거나 그러한 침해를 예방하기 위한 행위로 상당한 이유가 있는 경우에 해당한다고 볼 수 없고, 또 피고인의 이 사건 범행행위는 방위행위가 그 정도를 초과한 때에 해당하거나 정도를 초과한 방위행위가 야간 기타 불안스러운 상태 하에서 공포, 경

316) 대법원 1971. 4. 30, 선고 71도527 판결; 대법원 1993. 8. 24, 선고 92도1329 판결.
317) 대법원 2000. 3. 28, 선고 2000도228 판결.
318) 대법원 1992. 12. 22, 선고 92도2540 판결; 대법원 2005. 9. 30, 선고 2005도3940,2005감도15 판결.

악, 흥분 또는 당황으로 인한 때에 해당한다고 볼 수도 없다고 판단하였는바, 앞서 본 법리와 기록에 비추어 살펴보면, 위와 같은 원심의 조치는 옳은 것으로 수긍이 가고, 거기에 상고이유의 주장과 같은 채증법칙 위배로 인한 사실오인이나 정당방위 및 과잉방위에 관한 법리오해의 위법이 있다고 할 수 없다.」[319)]

과잉방위를 인정하고 정당방위를 부정한 원심을 파기한 사례

▶ 「1. 원심판결 이유에 의하면, 원심은 피고인의 정당방위 주장에 대하여 판단하면서, 제1심이 채택한 증거들과 원심 증인 공소외인의 증언을 종합하여, 피고인은 1997. 7. 10. 21:25경 피고인의 약혼자인 공소외 공소외인을 피고인 소유의 승용차에 태우고 서울 성동구 용답동 ▲의 10 앞 노상을 진행하고 있었는데, 술에 취하여 인도에서 택시를 기다리고 있던 피해자 피해자가 피고인 운전의 차를 자신의 회사직원이 타고 가는 차로 오인하고 차도로 나와 위 승용차를 세우고 위 승용차에 타려고 하였던바, 이로 인하여 피고인과 위 피해자가 서로 말다툼을 하면서 위 피해자는 피고인의 허리춤을 잡아 끌어당기고, 피고인은 위 피해자의 양손을 잡고 버티는 등으로 몸싸움을 하면서 피고인의 바지가 찢어졌고 피고인과 위 피해자가 함께 땅바닥에 넘어졌으며, 피고인이 넘어진 위 피해자의 배 위에 올라타 양 손목을 잡고 위 공소외인의 신고로 출동한 경찰관이 현장에 도착할 때까지 약 3분가량 위 피해자를 누르고 있었던 사실을 인정한 다음, 위 인정 사실에 의하면 피고인이 위 피해자의 배 위에 올라타서 양 손목을 잡고 땅바닥에 약 3분 정도 누르고 있었던 행위는 피고인이 위 피해자로부터 부당한 침해를 방위하기 위한 것으로 보이기는 하나, 침해되는 법익의 종류, 정도, 침해의 방법, 침해행위의 완급 등에 비추어 볼 때 사회통념상 허용될 만한 정도의 상당성이 있는 것으로 보여 지지 아니하므로 피고인의 위 행위는 과잉방위에 해당한다고 할 것이나, 정당방위에 해당한다고는 볼 수 없다는 이유로 피고인의 정당방위 주장을 배척하고 있다.

2. **그러나** 원심이 인정한 위 사실관계와 같이, 위 피해자가 야간에 술에 취하여, 피고인 운전의 차량 앞에 뛰어 들어 함부로 타려고 했고, 이에 항의하는 피고인의 바지춤을 잡아 끌어당겨 바지가 찢어지기까지 했고, 이에 반하여 피고인이 피고인을 잡아끌고 가려다가 넘어진 위 피해자의 양 손목을 잡아 누르고 있었던 것에 불과한 것이라면(원심은 "피고인이 위 피해자의 배 위에 올라타 누르고 있었다."고 인정하였으나, 기록에 의하더라도 피고인이 피해자의 양 손목을 누를 당시 그의 배에 올라타고 있었음을 인정할 만한 자료가 없고, 공소장이나

319) 대법원 2007. 4. 26, 선고 2007도1794 판결.

제1심이 인정한 범죄사실에도 단지 "배 위에서 양 손목을 잡고 눌렀다."고만 되어 있다), **피고인의 행위는 위 피해자에 대항하여 폭행을 가한 것이라기보다는 그의 계속되는 부당한 공격으로부터 벗어나거나 이를 방어하기 위하여 한 것**으로 보는 것이 상당하고, 그 행위에 이르게 된 경위, 목적, 수단, 의사 등과 피고인의 **방어행위로 인하여 입은 위 피해자의 피해가 극히 미미하다는 점** 등의 제반 사정에 비추어 볼 때, **피고인의 행위는 사회통념상 허용될 만한 정도의 상당성이 있는 것으로서 위법성이 결여된 행위**라고 보아야 할 것이다.

그럼에도 불구하고 원심이 피고인의 행위를 정당방위가 아닌 과잉방위로 인정한 조치에는 정당방위에 관한 법리를 오해하였거나 채증법칙을 위배하여 사실을 잘못 인정한 위법이 있다고 할 것이고, 이 점을 지적하는 주장은 이유 있다.」[320]

나. 과잉방위는 방위상황 하에서 방위의사를 가졌으나 정도를 초과하여 심하게 대처한 경우인 반면, 방위상황이 아닌데도 오판하여 위험을 느끼고 상대를 다치게 하는 경우가 있다. 바로 오상방위(誤想防衛)이다. 방위의사라는 주관적 정당화요소는 있는데, 침해상황이라는 객관적 정당화사유는 없는 대단히 특이한 경우이다. 위법성조각사유의 전제사실의 착오라고도 한다.

오상방위는 현재의 급박하고도 부당한 침해가 있는 것으로 오인하는 데 정당한 사유가 있는 경우 벌하지 않는다.

가정적으로 오상방위를 설시한 사례

▶ 「싸움을 함에 있어서의 격투자의 행위는 서로 상대방에게 대하여 공격을 함과 동시에 방위를 하는 것이므로 그중 일방 당사자의 행위만을 부당한 침해라 하고, 다른 당사자의 행위만을 정당방위에 해당하는 행위라고는 할 수 없을 것이나, 격투를 하는 자중의 한사람의 공격이 그 격투에서 당연히 예상을 할 수 있는 정도를 초과하여 살인의 흉기 등을 사용하여 온 경우에는 이는 역시 부당한 침해라고 아니할 수 없으므로 이에 대하여는 정당방위를 허용해야 한다고 해석해야 할 것이다.

본건에 있어서 원심이 인정한 사실은 다음과 같다. 즉 피고인은(피고인은 상병이다) 소속대의 경비병으로 복무를 하고 있는 자로서 1967. 7. 28. 오후 10시부터 동일 오후 12시까지 소속 연대장숙소 부근에서 초소근무를 하라는 명령받고 근무 중, 그 이튿날인 1967. 7. 27. 오전 1시 30분경 동소에서 다음번 초소로 근무

320) 대법원 1999. 6. 11, 선고 99도943 판결.

를 해야 할 상병 공소외인과 교대시간이 늦었다는 이유로 언쟁을 하다가 피고인이 동인을 구타하자 공소외인(22세)은 소지하고 있던 카빙소총을 피고인의 등 뒤에 겨누며 실탄을 장전하는 등 발사할 듯이 위협을 하자 피고인은 당황하여 먼저 동인을 사살치 않으면 위험하다고 느낀 피고인은 뒤로 돌아서면서 소지하고 있던 카빙소총을 동인의 복부를 향하여 발사함으로써 동인을 사망케 하였다는 것이다.

그렇다면 피고인과 공소외인과의 사이에 언쟁을 하고, 피고인이 동인을 구타하는 등의 싸움을 하였다하여도, 다른 특별한 사정이 없는 한, 구타를 하였음에 불과한 피고인으로서는 공소외인이 실탄이 장전되어있는(초소근무인 만큼 실탄이 장전되어 있다) 카빙소총을 피고인의 등 뒤에 겨누며 발사할 것 같이 위협하는 방위 행위는 위와 같은 싸움에서 피고인이 당연히 예상하였던 상대방의 방위 행위라고는 인정할 수 없으므로 이는 부당한 침해라고 아니할 수 없고, 원심이 인정한 바와 같이 피고인이 동인을 먼저 사살하지 않으면 피고인의 생명이 위험하다고 느낀 나머지 뒤로 돌아서면서 소지 중인 카빙총을 발사하였다는 행위는 현재의 급박하고도 부당한 침해를 방위하기 위한 행위로서 상당한 이유가 있는 행위라고 아니할 수 없고, 만일 공소외인이 피고인의 등 뒤에서 카빙총의 실탄을 발사하였다면, 이미 그 침해행위는 종료되고 따라서 피고인의 정당방위는 있을 수 없을 것임에도 불구하고, 원심이 위와 같은 사실을 인정하면서 피고인이 발사를 할 때까지는 공소외인이 발사를 하지 아니한 점으로 보아, 동인에게 피고인을 살해 할 의사가 있다고는 볼 수 없으므로 피고인의 생명에 대한 현재의 위험이 있다고는 볼 수 없다는 취지로 판시함으로써, 위와 같은 피고인의 행위를 정당방위가 아니라는 취지로 판시하였음은 정당방위에 관한 법의를 오해한 위법이 있다고 아니할 수 없을 뿐 아니라, **가사** 피해자인 공소외인에게 피고인을 상해할 의사가 없고 객관적으로 급박하고 부당한 침해가 없었다고 가정하더라도 원심이 인정한 사실자체로 보아도 피고인으로서는 **현재의 급박하고도 부당한 침해가 있는 것으로 오인**하는데 대한 정당한 사유가 있는 경우(기록에 의하면 공소외인은 술에 취하여 초소를 교대해야 할 시간보다 한 시간 반 늦게 왔었고, 피고인의 구타로 동인은 코피를 흘렸다는 것이며, 동인은 코피를 닦으며 흥분하여 "월남에서는 사람하나 죽인 것은 파리를 죽인 것이나 같았다. 너 하나 못 죽일 줄 아느냐"라고 하면서 피고인의 등 뒤에 카빙총을 겨누었다고 한다)에 해당된다고 아니할 수 없음에도 불구하고, 원심이 위와 같은 이유로서 피고인의 정당방위의 주장을 배척하였음은 역시 오상방위에 관한 법리를 오해한 위법이 있다고도 아니할 수 없으므로 원판결은 부당하다하여 파기하기로 한다.」[321)]

321) 대법원 1968. 5. 7, 선고 68도370 판결.

오상방위로 볼 수 있는데도, 만연히 유죄를 인정한 원심을 파기한 사례

▶ 「1. 이 사건 공소사실의 요지

진주경찰서 동부파출소 소속 경찰관인 피고인은, 2001. 11. 27. 밤 동료 경찰관인 김○○와 함께 순찰차를 타고 동부파출소 관내를 순찰하던 중 진주경찰서 상황실로부터 공소외 1이 술병으로 타인을 찌른 사건이 상대파출소 관내에서 발생하였으니 이와 관련하여 상대파출소를 지원하라는 무선지령을 받고 상대파출소로 순찰차를 운전하여 가 공소외 1의 처인 공소외 2로부터 공소외 1이 현재 그의 주거인 진주시 상대동 소재 꽃집에 있다는 말을 듣고, 23:50경 공소외 2과 함께 위 꽃집 앞에 도착하여 김○○는 꽃집 주위에 있는 막대기를 들고 앞장서고 피고인은 권총을 꺼내어 안전장치를 풀고 김○○의 뒤에 서서 따라 위 꽃집 안으로 걸어 들어가, 그 곳에 미리 와 있던 이웃 주민 심○○에게 "공소외 1이 어디에 있느냐?"고 묻는 순간, 공소외 1이 세면장에서 나오면서 피고인과 김○○에게 "당신들 뭐야, 이 밤에 왜 왔어? 빨리 가!"라고 소리를 지르며 피고인과 김○○가 서 있는 곳으로 나오다가 이를 말리는 심○○와 몸싸움을 하므로, 그만둘 것을 종용하였음에도, 공소외 1이 계속하여 심○○와 몸싸움을 하다가 심○○를 바닥에 넘어뜨리고 출입문 쪽으로 달려 나오며 김○○와 피고인을 밀어 넘어뜨리고 넘어진 김○○의 몸 위에 올라 타 김○○와 몸싸움을 하자, 피고인이 넘어져 있는 상태에서 소지하고 있던 권총으로 공포탄 1발을 발사하였음에도 공소외 1이 이에 굴복하지 아니하고 계속 김○○의 몸 위에서 김○○의 목을 누르는 등 김○○를 일어나지 못하게 하고 있는 것을 목격하였는바, 이러한 경우 총기를 소지한 경찰관으로서는 구체적인 사태를 합리적으로 판단하여 가급적 총기사용을 자제해야 할 뿐만 아니라 가사 총기를 사용하더라도 그 상대방의 대퇴부 이하를 조준하여 발사해야 할 업무상 주의의무가 있는데, 당시는 피고인과 김○○ 2인이 현장에 출동하여 1명의 범인을 검거하는 상황이라 2인이 힘을 합하면 총기를 사용하지 않고도 공소외 1을 제압할 수 있고, 그렇지 않다고 하더라도 최소한 경찰관 2인의 힘이면 김○○가 권중○의 몸 밑에 깔린 상황을 해소하고 함께 공소외 1에게 대항할 수 있으므로 총기를 사용하기 전에 먼저 권중○에게 달려들어 김○○가 일어날 수 있도록 도와 함께 공소외 1에게 대항할 궁리를 해야 함에도, 공소외 1이 김○○의 몸 위에서 몸싸움하던 과정에 김○○의 허리춤에 손을 대는 것을 보고는 공소외 1이 김○○의 총을 꺼낼지도 모른다고 성급하게 생각하고 당황하여 위와 같은 조치를 먼저 취하지 아니하고 바로 공소외 1을 향하여 대퇴부 이하를 제대로 조준하지 못하고 권총을 발사한 과실로 인하여 탄환이 공소외 1의 흉부를 관통하게 하여 공소외 1으로 하여금 같은 해 12. 3. 08:55경 진주시 ○○동 90 소재 ○○대학교병원에서 패혈증 등으로 사망하게 했다.

2. 피고인의 주장

피해자 공소외 1은 진주시내 일반부 씨름대회에서 우승할 정도로 힘이 센 사람이어서 김○○나 피고인이 몸싸움을 통하여 공소외 1을 제압할 수 없었고, 공소외 1이 김○○를 넘어뜨린 상태에서 위에서 누르면서 김○○의 권총을 잡으려고 하고 있어서 피고인이 공소외 1에게 달려들어 김○○가 일어날 수 있도록 도와줄 수도 없는 위협적이고 급박한 상황이었기 때문에 권총을 발사할 수밖에 없었으며, 공소외 1이 김○○의 몸 위에 올라앉은 채로 위에서 누른 상태에서 몸을 움직이고 있었으므로 공소외 1의 대퇴부 이하를 조준하여 총을 발사하기도 어려운 상황이었는바, 피고인의 행위는 당시 상황으로 보아 정당방위에 해당한다.

3. 원심의 판단

원심은, 피고인이 현장으로 가기 전에 상대파출소에서 그 곳에 근무하는 경찰관 김재○으로부터, '상대파출소장이 현장으로 오고 있으니 총기는 사용하지 말고 대치만 하고 있으라.'는 당부를 들은 사실, 당시 공소외 1은 공소외 2의 신고와는 달리 칼로 아들을 위협하는 등 인질극을 벌이고 있지 않았던 사실, 피해자가 아무런 무기나 흉기를 휴대하고 있지 않았던 사실, 현장에는 피고인과 김○○ 등 경찰관 2명이 있는데다가 공소외 2와 그녀의 연락을 받고 미리 와 있던 심○○가 있어 유사시 어느 정도의 도움을 줄 수 있었던 사실을 인정했다.

이어서 원심은 피고인의 주장, 즉 공소외 1이 김○○가 허리 부위에 차고 있는 권총을 빼앗으려고 하였다는 주장에 대하여, 김○○는 공소외 1의 몸 밑에 깔린 상태에서 공소외 1과 몸싸움을 벌였으므로 공소외 1이 자신의 권총을 빼앗으려 하였는지에 관하여 가장 잘 알 수 있음에도 불구하고, 최초 경찰 진술 시에는 권중○의 손이 자신의 허리 부분에 닿으려고 했다는 등의 진술을 하지 않았고, 2회 조사 시 그러한 내용을 피고인으로부터 들었다고 진술하였으며, 그 이후부터 공소외 1의 손이 권총을 차고 있는 허리 부위에 닿는 것을 느꼈다고 진술하는 등 진술에 일관성이 없으므로, 공소외 1이 김○○의 총기를 꺼내려 하였다는 피고인의 진술 및 김○○의 일부 진술은 그대로 믿기 어렵다는 이유로 이를 배척한 다음, 사정이 위와 같다면, 경찰관인 피고인이 공포탄 발사에서 나아가 근접한 거리에서 피해자의 몸을 향한 실탄 발사로 나아간 것은 사회통념상 총기 사용의 허용범위를 벗어난 것으로서 상당성을 결하였다고 봄이 상당하므로 정당방위에 해당하지 아니한다고 판단하여 이 사건 공소사실을 유죄로 인정한 제1심판결을 그대로 유지했다.

4. 이 법원의 판단

그러나 원심의 위와 같은 판단은 수긍하기 어렵다.

경찰관직무집행법 제10조의4 제1항 에 의하면, 경찰관은 범인의 체포, 도주의 방지, 자기 또는 타인의 생명·신체에 대한 방호, 공무집행에 대한 항거의 억제를 위하여 필요하다고 인정되는 상당한 이유가 있을 때 그 사태를 합리적으로 판단하여 필요한 한도 내에서 무기를 사용할 수 있되, 다만 형법에 규정한 정당방위나 긴급피난에 해당하는 때, 사형·무기 또는 장기 3년 이상의 징역이나 금고에 해당하는 죄를 범하거나 범하였다고 의심할 만한 충분한 이유가 있는 자가 경찰관의 직무집행에 대하여 항거하거나 도주하려고 할 때 또는 체포, 도주의 방지나 항거의 억제를 위하여 다른 수단이 없다고 인정되는 상당한 이유가 있는 때를 제외하고는 무기 사용으로 인하여 사람에게 위해를 주어서는 안 된다고 규정하고 있고, 경찰관의 무기 사용이 위와 같은 요건을 충족하는지 여부는 범죄의 종류, 죄질, 피해법익의 경중, 위해의 급박성, 저항의 강약, 범인과 경찰관의 수, 무기의 종류, 무기 사용의 태양, 주변의 상황 등을 고려하여 사회통념상 상당하다고 평가되는지 여부에 따라 판단해야 하고, 특히 사람에게 위해를 가할 위험성이 큰 권총의 사용에 있어서는 그 요건을 더욱 엄격하게 판단해야 할 것임은 원심이 판시하고 있는 바와 같다.

그런데 기록에 의하면, 공소외 1의 처인 공소외 2은 진주경찰서 상대파출소에 찾아가 실내 근무자인 김재○에게 "남편이 집에서 칼로 아들을 위협하고 있다."고 신고하면서 경찰관의 출동을 요청하여 피고인과 김○○ 등 경찰관 2명과 함께 자신의 집인 위 꽃집으로 왔고, 한편 공소외 1은 피고인과 김○○가 위 꽃집으로 출동하기 직전인 2001. 11. 27. 23:20경 진주시 상대동 소재 '한○' 주점에서 후배인 정정○와 술을 마시던 중 공소외 1이 자신의 처인 공소외 2과 이혼해야 하겠다는 등의 말을 하고 위 정정○가 이혼을 만류하는 등 서로 이야기를 나누다가 공소외 1이 갑자기 맥주병을 깨뜨려 위 정정○의 목을 찔렀고, 신고를 받고 출동한 위 상대파출소 소속 경찰관인 강기○, 유용○가 위 정정○를 병원으로 후송하는 사이에 공소외 1은 위 주점 인근에 있는 자신의 집인 위 꽃집으로 도주한 사실, 그 후 공소외 2은 상대파출소에 찾아와 위에서 본 바와 같은 위급한 상황을 신고하면서 경찰관의 출동을 요청했고, 본서 상황실의 지원지령에 따라 상대파출소에 도착한 인근 동부파출소 소속 경찰관 피고인과 김○○는 그 곳 근무자인 김재○으로부터 공소외 1이 술집에서 맥주병을 깨 다른 사람의 목을 찌르고 현재 집으로 도주하여 칼로 아들을 위협하고 있으니 신속하게 출동하여 총은 쏘지 말고 대치만 하고 있으라고 당부했고, 이에 피고인과 김○○는 순찰차에 공소외 2를 태워 위 꽃집으로 출동한 사실, 한편 공소외 1 가족과 평소 친하게 지내는 소외 심○○는 위 공소외 2가 휴대폰으로 "○○씨, 집에 한번 와 보세요."라는 말을 하고 전화를 끊어버리자 부부싸움을 하는 것으로 생각하고 즉시 위 꽃집으로 달려갔으나 전화를 한 위 공소외 2는 집에 없고 위 공소외 1 혼자서 꽃집 안쪽 끝의 세면장에서 양치질을 하고 있는 것을 보고 그대로 돌아오려고 할 때 피고인과 김○○가 같은 날 23:59경 위 꽃집에 도착한 사실, 이 때 김○○는 권총을 허리에 찬 채 나무막대기를 들고 먼저 들어가고 피고인은 권총을 빼어들고 그 뒤를 따라 꽃집 안으로 들어갔고, 김○○가 꽃집 안으로 들어가면서 위 심○○에게 "어떻게 된 겁니까?"라고 묻는 순간 공소외 1이 위 꽃집 안쪽 세면장에서 나오면서 "당신들 뭐야? 이 밤에 왜 왔어? 빨리 가!"라고 소리를 지르며 김○○와 피고인 쪽으로 달려들었고 위 심○○가 이를 제지하려고 하자 심○○를 간단히 넘어뜨린 후 위 김○○와 몸싸움을 하게 되었는데, 진주시 씨름대회에서 우승할 만큼 건장한 체구의 소유자였던 공소외 1은 이내 김○○로부터 나무막대기를 빼앗고 그를 뒤로 밀어붙여 피고인과 김○○가 거의 동시에 뒤로 넘어진 사실, 이어서 공소외 1은 김○○의 배 위에 올라탄 자세에서 그를 공격했고 김○○는 공소외 1으로부터 빠져나오기 위하여 발버둥치고 있었으며, 피고인은 뒤로 넘어져 있다가 정신을 차리는 순간 공소외 1이 손으로 김○○의 목을 조이는 등 폭행하고 있는 것을 발견하고 이를 제지하기 위하여 넘어졌다가 일어나 앉은 자세로 공포탄 1발을 발사하여 공소외 1에게 경고를 하였지만 공소외 1은 김○○를 풀어주지 아니한 채 동일한 자세로 몸싸움을 계속한 사실, 이에 피고인은 공소외 1을 향하여 실탄 1발을 발사했고 그 실탄은 공소외 1의 우측 흉부 하단 제9번 늑간 부위를 관통한 사실, 공소외 1은 총에 맞은 다음 김○○에 대한 압박을 풀고 꽃집 밖으로 나와 복부통증을 호소하면서 쓰러졌는데 **나중에 확인하여 보니 공소외 1은 김○○ 등과 격투를 할 당시 칼을 소지하지 않고 있었던 사실,** 공소외 1은 즉시 병원에 후송되어 입원치료를 받았으나 간파열 등으로 인한 패혈증으로 2001. 12. 3. 사망한 사실을 알 수 있다.

사실관계가 위와 같다면, 상대파출소 근무자인 김재○으로부터 '공소외 1이 술집에서 맥주병을 깨 다른 사람의 목을 찌르고 현재 자기 집으로 도주하여 칼로 아들을 위협하고 있다.'는 상황을 고지 받고 현장에 도착한 **피고인으로서는, 공소외 1이 칼을 소지하고 있는 것으로 믿었고 또 그렇게 믿은 데에 정당한 이유가 있었다고 할 것**이므로, 피고인과 김○○가 공소외 1과의 몸싸움에 밀려 함께 넘어진 상태에서 칼을 소지한 것으로 믿고 있었던 공소외 1과 다시 몸싸움을 벌인다는 것은 피고인 자신의 생명 또는 신체에 위해를 가져올 수도 있는 위험한 행동이라고 판단할 수밖에 없을 것이고, 따라서 피고인이 공포탄 1발을 발사하여 경고를 하였음에도 불구하고 공소외 1이 김○○의 몸 위에 올라탄 채 계속하여 김○○를 폭행하고 있었고, 또 그가 언제 소지하고 있었을 칼을 꺼내어 김○○나 피고인을 공격할지 알 수 없다고 피고인이 생각하고 있던 급박한 상황에서 김○○를 구출하기 위하여 공소외 1을 향하여 권총을 발사한 것이므로, 이러한 피고인의 권총 사용이, 경찰관직무집행법 제10조의4 제1항의 허용범위를 벗어난 위법한 행위라거나 피고인에게 업무상과실치사의 죄책을 지울만한 행위라고 선뜻 단정할 수는 없다(다만 민사상으로 공무원인 피고인의 위와 같은 행위에 관하여 국가가 국가배상책임을 질 것인지 여부는 이와 별도의 관점에서 검토되어야 할 것이며, 이 점은 별론으로 한다). 그럼에도 불구하고, 원심은 이와 달리 피고인이 공소외 1을 향하여 실탄을 발사한 행위가 경찰관의 무기 사용의 허용범위를 벗어난 위법행위라고 판단하였으니, 거기에는 경찰관직무집행법 제10조의4 제1항 소정의 경찰관 무기 사용의 허용범위 및 정당방위 등에 관한 법리를 오해하여 판결에 영향을 미친 위법이 있다. 이를 지적하는 상고이유의 주장은 이유 있다.」[322]

[14] 긴급피난

제22조(긴급피난) ① 자기 또는 타인의 법익에 대한 현재의 위난을 피하기 위한 행위는 상당한 이유가 있는 때에는 벌하지 아니한다.

② 위난을 피하지 못할 책임이 있는 자에 대하여는 전항의 규정을 적용하지 아니한다.

③ 전조 제2항(감면적 과잉방위)과 제3항의 규정(불가벌적 과잉방위)은 본조에 준용한다.

1. 자기 또는 타인의 법익에 대한 현재의 위난을 피하기 위한 행위

주행 중 브레이크가 고장 나 주정차되어 있던 화물차에 고의로 충돌하여 인명피해를 막은 경우처럼 자기 또는 타인의 법익에 대한 위난을 피하기 위한 행위는 긴급피난에 해당하여 위법성이 조각된다.

정당방위에서 살핀 바와 같이 객관적 정당화 상황에서 행위자는 주관적 정당화 요소, 즉 피난의사를 갖고 행위 하였어야 한다.[323]

▶ 「…(전략) **피고인 C에게 당시 과연 그와 같은 위난을 피하려는 의사 즉 "피난의사"가 있었는가 여부를 따져본다.** 일건기록을 살펴보면, 첫째, 동 피고인이 진정히 소론 위난을 피하려는 의사가 있었다면 최소한 당시의 국무총리(대통령권한대행이 당연히 될 사람) AO에 대해서만은 진실 즉 A가 고의로 대통령

322) 대법원 2004. 3. 25, 선고 2003도3842 판결.
323) 대법원 1980. 5. 20, 선고 80도306 판결.

을 살해한 사실을 알리고 선후책을 의논하였어야 할 터인데 그러지 아니하고 A의 오발탄에 대통령이 죽은 것으로 거짓 보고한 점은 위난을 피하려는 의사보다는 A의 내란에 가담하려는 의사가 앞서 있었다고 인정되고, 둘째, 동 피고인이 진정히 소론 위난을 피하려는 의사가 있었다면 당시 막강한 수도경비군단을 장악하고 있었던 동 군단장 겸 대통령경호실차장 AN육군중장과 상의해서 소규모 작전으로 넉넉히 A를 체포 또는 사살할 수 있었을 터인데 이에 이르지 아니한 점은 위난을 피하려는 의사보다는 A의 내란에 가담하려는 의사가 앞서 있었다고 인정되고, 셋째, 동 피고인은 본건 범행 당일 오후 7시 43분경 A가 총격을 마치고 나오면서 자기에게 보안유지 등 후사를 부탁하고 육본방카로 향발한 직후 상피고인 E가 가지고 있던 권총을 빼앗아 가지고 이를 소지한 채 군병원, 청와대, 육군본부방카, 국방부등을 출입하였으니만큼 동 피고인이 진정히 소론 위난을 피하려는 의사가 있었다면 육본방카 또는 국방부사무실에서 A를 만나서 고담할 때 얼마든지 이를 사살할 수 있는 기회가 있었음에도 불구하고 이에 이르지 아니한 점은 위난을 피하려는 의사보다는 A의 내란에 가담하려는 위사가 앞서 있었다고 인정된다. **그렇다면 설사 그 당시의 사태가 소론 현재의 위난이 존재하는 상태이었다고 가정하더라도 소위 피난의사 있었다고 인정할 수 없는 이상 이건 긴급피난의 성립을 인정할 수 없다.**」[324)]

따라서 반란목적을 달성하기 위해 불법으로 병력을 동원한 것은 긴급피난의사를 인정할 수 없으므로 위법성이 조각될 수 없다.

반란진압부대에 대항한 불법 병력동원행위

▶「…(전략) (4) 피고인들의 병력동원이 정당방위 또는 긴급피난이라는 피고인 C, G, H의 변호인 T의 주장에 대하여

(가) 정당방위가 성립하기 위하여는 현재의 부당한 침해를 방위하기 위한 행위이어야 할 것인데, 앞서 본 바와 같이 W 차장의 부대출동명령이나 그 출동준비명령과 X 수경사령관의 피고인들에 대한 공격준비행위는 피고인들의 불법공격에 대비하거나 반란을 진압하기 위한 정당한 직무집행으로서, 이를 가리켜 현재의 부당한 침해행위라고 볼 수는 없으므로, 이에 대항한 피고인들의 병력동원행위가 정당방위에 해당한다고 할 수 없다.

(나) 그리고 긴급피난이 성립하기 위하여는 행위자에게 피난의 의사가 있어야 할 것인데, 기록에 의하면, 피고인들이 병력을 동원한 것은 위난을 피할 의사에

324) 대법원 1980. 5. 20, 선고 80도306 판결.

의한 것은 아니고 반란목적을 달성할 의도에 의한 것이라고 보이므로, 피고인들에게 피난의 의사가 있었다고도 할 수 없다.」[325)]

2. 긴급피난은 피고인이 발생시킨 고의의 자초위난 사례에는 적용되지 않는다. 따라서 피고인이 스스로 야기한 강간범행의 와중에서 피해자가 피고인의 손가락을 깨물며 반항하자 물린 손가락을 비틀며 잡아 뽑다가 피해자에게 치아결손의 상해를 입힌 소위를 가리켜 법에 의하여 용인되는 피난행위라 할 수 없다.[326)]

3. 위난의 현재성

위난은 현재 발생하고 있는 중이어야 하고, 당면한 위난이 없는데 미리 예방적 피난행위를 하는 것은 허용되지 않는다.

4. 피난행위의 상당성

보호되는 법익이 우월해야 하고(법익균형성), 경미한 수단부터 사용해야 한다(보충성). 긴급피난은 정당방위보다 상당성 판단을 엄격하게 한다. 부당한 침해에 대한 반격이 정당방위라면, 적법한 침해에 대한 반격도 긴급피난에서는 허용하기 때문이다. 법문도 위난의 원인을 특별히 제한하고 있지 않다.

따라서 ◉ 한의사인 피고인이 같은 아파트에 거주하는 응급환자를 자신의 한의원으로 옮기기 위한 행위를 하는 과정에서 다른 대체 이동수단을 이용할 수 있었는데도 굳이 스스로가 무면허운전을 감행한 것은 보충성의 원칙에 반하여 허용되지 않고,[327)] ◉ 자신의 진돗개를 보호하기 위하여 기계톱을 작동시켜 타인의 개를 절단하여 죽인 것은 긴급피난의 상당성 요건을 갖추지 못했다.[328)]

5. 과잉피난, 오상피난

가. 피난행위의 정도가 심할 때에는 정황에 의하여 형을 감경 또는 면제할

325) 대법원 1997. 4. 17, 선고 96도3376 전원합의체 판결.
326) 대법원 1995. 1. 12, 선고 94도2781 판결.
327) 청주지방법원 2006. 5. 3, 선고 2005노1200 판결.
328) 대법원 2016. 1. 28, 선고 2014도2477 판결.

수 있고(제22조 제3항, 제21조 제2항), 야간 기타 불안스러운 상태 하에서 공포, 경악, 흥분 또는 당황으로 인한 행위를 벌하지 않는 점은 정당방위의 조문을 그대로 준용한다(제22조 제3항, 제21조 제3항).

나. 오인함에 정당한 이유가 있는 오상피난은 벌하지 않는다.

[15] 피해자의 승낙

제24조(피해자의 승낙) 처분할 수 있는 자의 승낙에 의하여 그 법익을 훼손한 행위는 법률에 특별한 규정이 없는 한 벌하지 아니한다.

1. 승낙 VS. 양해

가. 피해자의 동의가 위법성(違法性)을 조각하는 경우가 바로 형법 제24조의 피해자의 **승낙**에 의한 행위이다.

나. 반면 동의로 인해 구성요건(構成要件)을 조각하는 것은 **양해**라고 하고, 주거침입, 비밀침해,[329][330] 절도, 횡령, 강간, 강제추행, 문서위조죄에서의 피해자 동의가 그에 해당한다. 따라서 합의정사는 강간죄가 아니고, 무죄다.

문서위조죄에서 작성권자의 지시 내지 승낙 → 구성요건해당성 조각

▶ 「원심판결은 범죄사실 제4로서, 피고인은 1981. 7. 24. 10:00경 진지이전 공사에 관한 내부결재서류를 위조하여 감사원의 서울특별시에 대한 감사에서 문제가 된 위 진지이전 공사금에 대하여 위 감사원 감사관에게 행사할 목적으로 제71훈련단 제511지단 정작과 사무실 등에서 육군 양식의 기안지에 작성일 및 접수처 보관란에 각 "80.11.24" 로 업무담당관란에 "정작과장 소령 김영○" 로 수신

329) 제316조(비밀침해) ① 봉함 기타 비밀장치한 사람의 편지, 문서 또는 도화를 개봉한 자는 3년 이하의 징역이나 금고 또는 500만원 이하의 벌금에 처한다.
② 봉함 기타 비밀장치한 사람의 편지, 문서, 도화 또는 전자기록등 특수매체기록을 기술적 수단을 이용하여 그 내용을 알아낸 자도 제1항의 형과 같다.

330) 비밀번호를 설정하여 둔 컴퓨터의 하드디스크는 형법 제316조 제2항에 정한 '비밀장치한 전자기록'에 해당한다(서울동부지방법원 2007. 7. 5, 선고 2007노318 판결).

란에 "서울특별시장" 으로 참조란에 "토목국장(도로 보수과장" 으로 제목란에 "강변1로(천호대교 북측) 조성공사군시설물이전 공사비 청구" 로 금액을 "14,808,939원" 으로 하고 이에 맞도록 설계 내역서를 첨부한 다음 위 지단장 대령 김연○에게 결재란의 서명을 요청하였던 바 위 지단장이 직접 이에 서명을 할 수는 없다면서 18절지의 백지에 "김연○" 이라고 서명한 다음 이를 보고 위 기안지의 결재란에 피고인이 대신 서명을 하라는 말을 듣고서 위 김연○의 서명을 흉내내어 위 결재란에 서명함으로써 위 공문서를 위조하고 이를 정작과 사무실에 비치하여 행사한 것이라고 판시하고 있다.

그러나 공문서의 **위조라 함은** 행사할 목적으로 공무원 또는 공무소의 문서를 정당한 작성권한 없는 자가 작성권한 있는 자의 명의로 작성하는 것을 말하는 바 위 판시사실과 관계증거를 종합하여 보면 위 공문서의 작성권한 있는 지단장 김연○은 감사원의 서울특별시에 대한 감사에서 문제가 된 위 진지 이전 공사금에 대하여 동인 및 피고인이 유용한 범행 등을 합리화시키기 위하여 피고인에게 이 사건 문서를 작성케 하고 그의 서명을 대신하게 하여 비치하도록 지시 내지 승낙한 사실을 인정하기에 충분하므로 피고인의 위 소위는 공문서위조죄 등의 **구성요건해당성이 조각됨**에도 불구하고 원심이 위와 같이 공문서위조 동행사죄가 성립된다고 단정하였음은 동죄의 법리를 오해하여 판결에 영향을 미친 위법을 범하였다고 할 것이므로 논지 이유 있다.」[331)]

양해가 있다고 착각한 경우 고의가 조각되고, 과실범 성립이 가능하다. 다만 실제에서는 상대가 동의한 것으로 생각하고 함부로 몸을 만지거나 성관계를 가진 경우 고의 성범죄 성립을 인정하는 경향이 강하다.

다. 동의가 있는데도 (구성요건이 조각되거나 위법성이 조각되지 않고) **처벌**되는 것으로 미성년자의제강간·의제강제추행, 피구금자간음죄가 있고, 동의로 인해 **경하게 처벌**되는 것에는 촉탁·승낙살인, 동의낙태죄가 있다.

2. 처분할 수 있는 자의 유효한 승낙

가. 형법 제24조의 규정에 의하여 위법성이 조각되는 피해자의 승낙은 개인적 법익을 훼손하는 경우에 법률상 이를 **처분할 수 있는 사람의 승낙**을 말할 뿐만 아니라 그 승낙이 윤리적, 도덕적으로 사회상규에 반하는 것이 아니어야

331) 대법원 1983. 5. 24, 선고 82도1426 판결.

한다.[332)]

따라서 개인적 법익이라 하더라도 생명은 피해자라 하여도 함부로 처분할 수 있는 것이 아니므로 자신을 죽여도 좋다는 피해자의 승낙의사표시가 있더라도 살해행위를 한 피고인은 촉탁·승낙살인죄로 처벌된다.

나. 승낙은 부정확 또는 불충분한 설명을 근거로 이루어질 경우 위법성을 조각하는 **유효한 승낙**이라고 볼 수 없다.[333)]

▶「기록에 의하여 원심이 유지한 제1심 판결이 채용한 증거들을 살펴보면 피고인이 ○대학교 의과대학 산부인과 전문의 수련과정 2년차의 의사로서 ▲▲▲▲병원병원에 파견근무 중 환자인 피해자(여 38세)의 복부에서 만져지는 혹을 제거하기 위한 개복수술을 하려고 하였으면 진료경험이나 산부인과적 전문지식이 비교적 부족한 상태이므로 산부인과 전문의 지도를 받는다든지 자문을 구하고, 위 환자의 진료에 필요한 모든 검사를 면밀히 실시하여 병명을 확인하고 수술에 착수해야 하고 개복 후에도 개복 전의 진단병명은 정확하며 혹시 다른 질환은 아닌지를 세밀히 검토하여 필요한 범위 내에서 수술을 시행해야 할 업무상 주의의무가 있음에도 불구하고 당초 위 환자를 진찰한 결과 복부에 혹이 만져지고 하혈을 하고 있어 자궁외 임신일 가능성도 생각하였으나 피해자가 10년 간 임신경험이 없고 경유병원에서의 진단소견이 자궁근종 또는 자궁체부암으로 되어 있자 자궁외 임신인지를 판별하기 위한 수술 전 검사법인 특수호르몬검사, 초음파검사, 복강경검사, 소변임신반응검사 등을 전혀 실시하지 않고 자궁근종을 확인하는 의미에서의 촉진 및 시진을 통하여 자궁외 임신환자인 피해자의 병명을 자궁근종으로 오진했고 수술단계에서도 냉동절편에 의한 조직검사 등을 거치지 아니한 상태에서 자궁근종으로 속단하고 일반외과 전문의인 공소외 이○○와 함께 병명조차 정확히 확인하지 못한 채 자궁적출술을 시행하여 현대의학상 자궁적출술을 반드시 필요로 하는 환자가 아닌 위 피해자의 자궁을 적출함으로써 동인을 상해에 이르게 한 사실을 인정하기에 넉넉하므로 원심이 피고인을 업무상 과실치상죄를 적용하여 처벌한 제1심 판결을 유지한 조치에 수긍이 가고 거기에 소론과 같은 채증법칙위반, 심리미진 또는 법리오해의 위법이 없다.

소론은 위 자궁적출술의 시행에 앞서 위 피해자로부터 그에 대한 승낙을 받았으므로 위법성이 조각된다는 취지이나, 기록에 의하면 피고인은 자신의 시진, 촉

332) 대법원 1985. 12. 10, 선고 85도1892 판결.
333) 대법원 1993. 7. 27, 선고 92도2345 판결.

진결과 등을 과신한 나머지 초음파검사 등 피해자의 병증이 자궁외 임신인지, 자궁근종인지를 판별하기 위한 정밀한 진단방법을 실시하지 아니한 채 위 피해자의 병명을 자궁근종으로 오진하고 이에 근거하여 의학에 대한 전문지식이 없는 위 피해자에게 자궁적출술의 불가피성만을 강조하였을 뿐 위와 같은 진단상의 과오가 없었다면 당연히 설명받았을 자궁외 임신에 관한 내용을 설명받지 못한 피해자로부터 수술승낙을 받은 사실을 인정할 수 있으므로 위 승낙은 피고인의 부정확 또는 불충분한 설명을 근거로 이루어진 것으로서 이 사건 수술의 위법성을 조각할 유효한 승낙이라고 볼 수 없다 할 것이다.

또 소론은 위 피해자가 난소의 제거로 이미 임신불능 상태에 있어 자궁을 적출했다 하더라도 이는 업무상 과실치상죄 소정의 상해에 해당하지 않는다는 것이나, 그와 같은 사유만으로 자궁을 제거한 것이 신체의 완전성을 해한 것이 아니라거나 생활기능에 아무런 장애를 주는 것이 아니라거나 건강상태를 불량하게 변경한 것이 아니라고 할 수 없고 이는 업무상 과실치상죄에 있어서의 상해에 해당한다 할 것이다.

그리고 이와 같은 이 사건 의료사고가 일어난 연유, 경위, 피해의 결과 등을 놓고 볼 때 피고인의 이 사건 범행을 상회상규상 허용되는 정당행위라고 볼 수는 없다. 논지는 모두 이유 없다.」[334)]

다. 병역을 면탈하기 위해 손가락을 대신 잘라달라는 피해자의 말대로 신체상해행위를 한 것은 **사회상규**에 반하므로 피해자의 승낙이 있더라도 위법하다.

따라서 ◉ 보험사기를 위해 고의로 상해를 가한 것,[335)] ◉ 잡귀를 물리친다면서 뺨 등을 때리고 팔과 다리를 붙잡고 배와 가슴을 손과 무릎으로 힘껏 누르고 밟는 등 하여 피해자로 하여금 우측간 저면파열, 복강내출혈로 사망에 이르게 한 것,[336)] ◉ 1분 이상 가슴과 배를 때리는 장난권투로 하급자를 죽게 한 행위[337)]는

334) 대법원 1993. 7. 27, 선고 92도2345 판결.

335) 대법원 2008. 12. 11, 선고 2008도9606 판결.

336) ▶「형법 제24조의 규정에 의하여 위법성이 조각되는 소위 피해자의 승낙은 해석상 개인적 법익을 훼손하는 경우에 법률상 이를 처분할 수 있는 사람의 승낙을 말할 뿐만 아니라 그 승낙이 윤리적, 도덕적으로 사회상규에 반하는 것이 아니어야 한다고 풀이해야 할 것이다. 이 사건에 있어서와 같이 폭행에 의하여 사람을 사망에 이르게 하는 따위의 일에 있어서 피해자의 승낙은 범죄성립에 아무런 장애가 될 수 없는 윤리적, 도덕적으로 허용될 수 없는 즉 사회상규에 반하는 것이라고 할 것이므로 피고인 등의 행위가 피해자의 승낙에 의하여 위법성이 조각된다는 상고논지는 받아들일 수가 없다.」(대법원 1985. 12. 10, 선고 85도1892 판결)

337) 대법원 1989. 11. 28, 선고 89도201 판결.

승낙으로 인한 행위가 상당하지 못하여 처벌을 피할 수 없다.

라. 승낙은 사전에 외부에서 인식할 수 있는 방법으로 표시되어야 하는 것이 원칙이고, 예외적으로 추정적 승낙이 인정될 경우 처벌을 피할 수 있다.

[16] 정당행위

第20條(정당행위) 법령에 의한 행위 또는 업무로 인한 행위 기타 사회상규에 위배되지 아니하는 행위는 벌하지 않는다.

1. 본조의 성격

가. 형법 제20조는 정당행위라고 하여 법령에 의한 행위 또는 업무로 인한 행위 기타 사회상규에 위배되지 아니하는 행위는 벌하지 아니한다고 규정하고 있다. 소위 위법성 조각사유로서의 정당행위 즉 **법령**에 근거하여 행하여진 권리행위로서의 행위와 직접적으로 법령상 근거는 없다고 하더라도 사회통념상 정당하다고 인정되는 행위를 **업무**로서 행하는 행위 및 법령에 근거하거나 정당한 업무로 하는 행위에 속하지는 않으나 **사회상규**에 반하지 않는 행위 등은 **일반적으로 정당한 행위는 적법하다는 원칙에 따라 그 위법성이 조각되는 것**이다. 그러므로 어떠한 경우에 어떠한 행위가 정당한 행위로서 위법성이 조각되는 것인가는 그 구체적 행위에 따라 합목적적, 합리적으로 가려져야 할 것이며 또 행위의 적법여부는 국가 생활질서를 벗어나서 이를 가릴 수는 없는 것이다. 따라서 위법성 조각사유로서 정당행위를 인정하려면 첫째, 건전한 사회통념에 비추어 그 행위의 **동기나 목적**이 정당해야 한다는 정당성 둘째, 그 행위의 **수단이나 방법**이 상당해야 하는 상당성 셋째, 그 행위에 의하여 보호하려는 이익과 그 행위에 의하여 침해되는 법익이 서로 균형을 이루어야 한다는 **법익권형성** 넷째, 그 행위 당시의 정황에 비추어 그 행위가 긴급을 요하고 부득이 한 것이어야 한다는 **긴급성** 및 다섯째로 그 행위 이외에 다른 수단이나 방법이 없거나 또는 현저하게 곤란해야 한다는 **보충성**이 있어야 한다고 풀이할 것이다.[338]

338) 대법원 1983. 3. 8, 선고 82도3248 판결; 대법원 1984. 5. 22, 선고 84도39 판결.

5·18 민주화운동 강제진압과 위법성

▶ 「…(전략) 사. 위법성조각사유 등

(1) 비상계엄 전국확대조치 및 개별행위가 정당행위에 해당하여 처벌할 수 없다는 주장에 대하여

이른바 위법성 조각사유로서의 정당행위, 즉 법령에 근거하여 행하여진 권리행사로서의 행위와 직접적으로 법령상 근거가 없다고 하더라도 사회통념상 정당하다고 인정되는 행위를 업무로서 행하는 행위 및 법령에 근거하거나 정당한 업무로 하는 행위에 속하지 아니하나 사회상규에 반하지 아니하는 행위 등은 일반적으로 정당한 행위는 적법하다는 원칙에 따라 그 위법성이 조각되는 것이다. 따라서 위법성 조각사유로서의 정당행위가 성립하기 위하여는 먼저 건전한 사회통념에 비추어 그 행위의 **동기**나 **목적**이 정당해야 할 것인데, 앞서 본 바와 같이 피고인들의 위 각 행위는 모두 피고인들이 국헌문란의 목적을 달성하기 위하여 행한 것이므로, 그 행위의 동기나 목적이 정당하다고 볼 수 없어 정당행위에 해당한다고 할 수는 없다고 할 것이다.

(2) 시위진압행위가 정당행위, 정당방위·과잉방위, 긴급피난·과잉피난에 해당하여 처벌할 수 없거나 그 형을 면제해야 한다는 주장에 대하여

정당행위가 성립하기 위하여는 건전한 사회통념에 비추어 그 행위의 동기나 목적이 정당해야 하고, **정당방위·과잉방위나 긴급피난·과잉피난이 성립하기 위하여는** 방위의사 또는 피난의사가 있어야 한다고 할 것이다.

그런데 원심은 피고인들이 국헌을 문란할 목적으로 시국수습방안의 실행을 모의할 당시 그 실행에 대한 국민들의 큰 반발과 저항을 예상하고, 이에 대비하여 '강력한 타격'의 방법으로 시위를 진압하도록 평소에 훈련된 공수부대 투입을 계획한 후, 이에 따라 광주에 투입된 공수부대원들이 시위를 진압하는 과정에서 진압봉이나 총 개머리판으로 시위자들을 가격하는 등으로 시위자에게 부상을 입히고 도망하는 시위자를 점포나 건물 안까지 추격하여 대량으로 연행하는 강경한 진압작전을 감행하였으며, 이와 같은 난폭한 계엄군의 과잉진압에 분노한 시민들과 사이에 충돌이 일어나서 계엄군이 시민들에게 발포함으로써 다수의 사상자가 발생했고, 그 후 일부 시민의 무장저항이 일어났으며, 나아가 계엄군이 광주시 외곽으로 철수한 이후 귀중한 국민의 생명을 희생하여서라도 시급하게 재진입작전을 강행하지 아니하면 안 될 상황이나 또는 광주시민들이 급박한 위기상황에 처하여 있다고 볼 수가 없었는데도 불구하고, 그 시위를 조속히 진압하여 시위가 다른 곳으로 확산되는 것을 막지 아니하면 내란의 목적을 달성할 수 없는 상황에 처하게 되자, 계엄군에게 광주재진입작전을 강행하도록 함으로써 다수의 시민을 사망하게 한 사실을 인정하였는바, 기록에 비추어 살펴보면, 원심의 위와 같은 사실인정은 정당하고, 거기에 상고이유로 지적하는 바와 같은 채증법칙 위반으로 인한 사실오인 등의 위법이 있다고 할 수 없다.

사정이 이와 같다면, 피고인들이 위 계엄군의 시위진압행위를 이용하여 국헌문란의 목적을 달성하려고 한 행위는 그 행위의 **동기**나 **목적**이 정당하다고 볼 수 없고, 또한 피고인들에게 **방위의사**나 **피난의사**가 있다고 볼 수도 없어 정당행위, 정당방위·과잉방위, 긴급피난·과잉피난에 해당한다고 할 수는 없다고 할 것이다.

같은 취지의 원심 판단은 정당하고, 거기에 상고이유로 지적하는 바와 같은 법리오해 등의 위법이 있다고 할 수 없다.

2. 검사의 상고이유에 대한 판단

가. 광주교도소의 방어 부분과 관련한 내란 및 내란목적살인의 점에 대하여

원심은 3공수여단 11대대 병력이 1980. 5. 21.부터 같은 달 23.까지 광주교도소의 방어임무를 수행하던 중 무장 시위대로부터 전후 5차례에 걸쳐 공격을 받았는데, 같은 달 22. 00:40경에는 차량 6대에 분승하여 광주교도소로 접근하여 오는 무장 시위대와 교전하고, 같은 날 09:00경에는 2.5톤 군용트럭에 엘엠지(LMG) 기관총을 탑재한 상태에서 광주교도소 정문 방향으로 접근하면서 총격을 가하여 오는 무장시위대에 응사하는 등 2차례의 교전과정에서 BB, BC, BD를 각 사망하게 한 사실, 당시 광주교도소는 간첩을 포함한 재소자 약 2,700명이 수용된 주요 국가보안시설이었던 사실 등을 인정한 다음, 첫째로 다수의 재소자들을 수용하고 있는 광주교도소에 무장한 시위대들이 접근하여 그 곳을 방어하는 계엄군을 공격하는 행위는 불법한 공격행위라 할 것이며, 둘째로 피고인 A, O, Q, C, D, G, H, I, L, M, N이 쿠데타에 의하여 군의 지휘권과 정권을 불법으로 장악하였다 하더라도, 위와 같은 불법한 공격을 감행하는 무장 시위대로부터 교도소와 같은 주요 국가보안시설을 방어하기 위하여 계엄군으로 하여금 총격전을 벌여 시위대를 저지하게 한 행위는, 선량한 정부 또는 합법적인 정부가 당연히 취하였으리라고 생각되는 그러한 조치를 수행한 것으로서, 그 범위 내에서는 정당행위라 할 것이므로, 이 부분에 대하여 위 피고인들을 내란죄로 처벌할 수 없고, 또한 내란목적살인죄는 국헌을 문란할 목적으로 사람을 살인한 경우에 성립하는 범죄인데, 계엄군의 위와 같은 살해행위에 대하여 피고인 A, C, L, M, N에게 국헌문란의 목적이 있었음을 인정할 수 없으므로, 위 피고인들을 내란목적살인죄로 처벌할 수도 없다고 판단했다.

기록에 비추어 살펴보면, 원심의 판단은 정당한 것으로 수긍이 가고, 거기에 상고이유로 지적하는 바와 같이 채증법칙을 위반하거나 정당행위에 관한 법리를 오해한 위법이 있다고 할 수 없다.」[339)]

나. 정당방위, 긴급피난에 비해 형법 제20조의 정당행위 규정은 포괄적이고, 일반적이다. 따라서 개별 위법성조각사유(정당방위, 긴급피난, 자구행위, 피해자의 승낙)의 적용이 없을 경우 본조 적용을 최후에 검토한다.

한편 위법성조각사유로 정당행위를 최후에 검토하고도 부족할 경우 실정법에 근거하지 않는 저항권 이론을 재판의 준거규범으로 채용 적용해 달라는 주장을 하는 것은 타당하지 않다.[340)] 따라서 저항권을 행사하는 수단으로 대통령을 살해한 것은 위법하다.[341)]

2. 법령에 의한 행위

가. 법령에 의한 행위는 실정법률(국내법), 행정규칙, 명령을 모두 포함한다. 따라서 공무원이 국내법에 의해 요구된 직무를 수행하기 위해 사형집행, 구속, 압수수색, 강제집행을 하는 것은 비록 법익침해적인 강제력 행사이지만 위법성이 조각된다. 현행범 체포는 그 요건이 갖추어진 사안에서는 사인이 하여도 이는 법령에 의한 행위이므로 위법성이 조각된다.

사인의 현행범 체포

▶ 「1. 채증법칙 위배에 의한 사실오인의 점에 대하여

원심이 그 사실인정을 유지한 제1심판결 이유에 의하면, 원심은, 이 사건 공소사실 중 폭력행위등처벌에관한법률위반의 점, 즉, 피고인이 1997. 4. 2. 22:40경 ○시 팽성읍 ▲리 35의 3 소재 피해자 잭 엘 ○△(Jack L. ○△)의 집 앞 노상에서 피해자가 그 곳에 주차하여 둔 피고인의 차를 열쇠 꾸러미로 긁어 손괴하는 것을 보고 이에 격분하여 피해자의 멱살을 수회 잡아 흔들어 피해자에게 약 14일간의 치료를 요하는 흉부찰과상을 가하였다는 점에 대하여, 검사가 제출한 증거들에 의하더라도 피고인이 **피고인의 차를 손괴하고 도망하려는 피해자를 도망하지 못하게 멱살을 잡은 결과** 피해자의 목 부분이 빨갛게 되었다는 사실은 인정되나, 나아가 피고인이 상해의 고의로 피해자의 멱살을 잡아 흔들었다는 사

339) 대법원 1997. 4. 17, 선고 96도3376 전원합의체 판결.
340) 대법원 1997. 4. 17, 선고 96도3376 전원합의체 판결; 대법원 1980. 5. 20, 선고 80도306 판결.
341) 대법원 1980. 5. 20, 선고 80도306 판결.

실을 인정할 아무런 증거가 없다고 판시하였는바, 기록에 비추어 살펴보면, 원심의 위와 같은 사실인정은 수긍이 가고, 거기에 채증법칙을 위배하여 사실을 오인한 위법이 있다고 할 수 없다. 논지는 이유 없다.

2. 법리오해의 점에 대하여

가. 어떠한 행위가 위법성조각사유로서의 정당행위가 되는지 여부는 구체적인 경우에 따라 합목적적, 합리적으로 가려져야 할 것인바, 정당행위를 인정하려면 첫째 그 행위의 동기나 목적의 정당성, 둘째 행위의 수단이나 방법의 상당성, 셋째 보호법익과 침해법익의 권형성, 넷째 긴급성, 다섯째 그 행위 이외의 다른 수단이나 방법이 없다는 보충성의 요건을 모두 갖추어야 할 것이다.[342] 그리고 **현행범인은 누구든지 영장 없이 체포할 수 있으므로(형사소송법 제212조) 사인의 현행범인 체포는 법령에 의한 행위로서 위법성이 조각된다**고 할 것인데, 현행범인 체포의 요건으로서는 행위의 가벌성, 범죄의 현행성·시간적 접착성, 범인·범죄의 명백성 외에 체포의 필요성 즉, 도망 또는 증거인멸의 염려가 있을 것을 요한다고 보아야 함은 소론과 같다고 할 것이다.

그러나 이 사건에서 피해자가 재물손괴죄의 현행범인에 해당함은 명백하고, 피해자는 당시 열쇠로 피고인의 차를 긁고 있다가 피고인이 나타나자 부인하면서 도망하려고 하였다는 것이므로 위에서 말하는 체포의 필요성의 요건도 갖추었다고 할 것이다. 같은 취지의 원심 판단은 정당하다.

나. 한편, 적정한 한계를 벗어나는 체포행위는 그 부분에 관한 한 법령에 의한 행위로 될 수 없다고 할 것이나, 적정한 한계를 벗어나는 행위인가 여부는 결국 앞서 본 정당행위의 일반적 요건을 갖추었는지 여부에 따라 결정되어야 할 것이지 소론이 주장하고 있는 바와 같이 **그 행위가 소극적인 방어행위인가 적극적인 공격행위인가에 따라 결정되어야 하는 것은 아니다.** 소론이 인용하고 있는 당원의 판결들이 본능적인 소극적 방어행위에 해당하는 경우에 위법성이 없다고 판시하고 있음은 소론과 같으나, 그 행위 자체로서는 다소 공격적인 행위로 보이더라도 사회통념상 허용될 수 있는 행위인 경우에는 위법성이 없다고 할 것이므로 **당원의 판례가 소극적인 방어행위에 한하여 정당행위를 인정하고 있다는 소론은 당원의 판례를 오해한 것이다.**

그런데 이 사건에서 피고인이 피해자를 체포함에 있어서 멱살을 잡은 행위는 그와 같은 적정한 한계를 벗어나는 행위라고 볼 수 없을 뿐만 아니라 설사 소론이 주장하는 바와 같이 피고인이 도망하려는 피해자를 체포함에 있어서 멱살을 잡고 흔들어 피해자가 결과적으로 그 주장과 같은 상처를 입게 된 사실이 인정

342) 대법원 1992. 9. 25, 선고 92도1520 판결; 대법원 1994. 4. 15, 선고 93도2899 판결; 대법원 1998. 10. 13, 선고 97도3337 판결.

된다고 하더라도 그것이 사회통념상 허용될 수 없는 행위라고 보기는 어렵다고 할 것이다. 따라서 원심에 현행범인의 체포와 정당행위의 법리를 오해한 위법이 있다는 논지는 이유 없다.」[343)]

나. 그러나 공무원이 법정의 절차 없이 경찰서보호실에 불법감금한 것은 법령에서 허용하는 행위가 아니고, 오히려 수사공무원 자신이 불법감금죄의 죄책을 질 뿐만 아니라 민사상 손해배상 책임을 지게 된다. 또 불법감금 중 얻어낸 진술은 유죄의 증거로 삼을 수 없다(형사소송법 제308조의2 또는 제309조). 불법적 진술확보를 소재로 한 최근의 영화는 '1987'(이 영화의 소재는 대법원 1988. 2. 23, 선고 87도2358 판결의 대상사건인 박종철 군 고문치사사건이다).

경찰서 보호실에 불법감금한 사례

▶ 「광주지방검찰청 검사장 대리검사 신○ ○의 상고이유에 대하여,

원판결에 의하면, 원심은 그가 든 증거를 종합하여, 피고인의 이건 범행은 자기의 직무권한인 수사목적 달성을 위한 적절한 행위라고 믿고 취한 경우로서, 자신이 그 직권을 남용하여 사람을 감금한다는 것을 인식 인용하고 감행한 행위라고 보기 어렵고, 달리 그 직권을 남용하여 피해자를 감금케 하였다는 범의를 인정할 자료가 없다는 이유로써, 무죄를 선고한 제1심 판결이 정당하다 하여 검사의 항소를 기각 했다.

그러나 피고인이 피해자에게 형사소송법 제70조에 정한 구속사유가 있다고 인정하였으면, 검사에게 청구하여 관할 지방법원판사의 구속영장을 받아 피해자를 구속할 것이고, 긴급을 요하여 지방법원판사의 구속영장을 받을 수 없는 때에는 같은 법 제206조에 의하여 그 사유를 고하고 영장 없이 긴급구속 할 수 있을 것이며, 모든 국민이 이러한 법정절차에 의하지 아니하고는 구금을 받지 아니한다는 것은 헌법 제10조가 보장한 권리라 할 것임에도 불구하고, 피고인이 위와 같은 법정절차 없이 피해자를 이른바 경찰서 보호실에 구금케 한 행위는, 피고인이 이를 수사목적 달성을 위한 적절한 행위라고 믿고 한 행위라 할 수 없을 것이고, 설사 이를 정당한 행위로서 법령에 의하여 죄가 되지 아니하는 것으로 믿었다 하더라도, 기록상 그와 같이 믿을만한 정당한 이유가 있었다 할 수 없으며, 피고인이 위와 같이 그 직무상의 권능을 행사함에 필요한 **법정조건을 구비하지 않았음에도 불구하고 이를 행사한 것이니, 이는 곧 그 직권을 남용한 것에**

343) 대법원 1999. 1. 26, 선고 98도3029 판결.

해당한다 할 것이고, 피해자를 소위 보호실에 구금케한 것이 곧 피해자를 감금한다는 것을 인식한 것에 해당한다 할 것이므로, 이에 피고인이 그 직권을 남용하여 사람을 감금한 범의를 인정할 수 있을 것임에도 불구하고, 원심이 이와 상반되는 견해에서 위와 같이 판단하였음은 정당행위 및 불법감금죄의 범의에 관한 법리를 오해하여 판결에 영향을 미친 위법이 있다 할 것이므로, 논지 이유 있어 원판결은 파기를 면치 못할 것이다.」[344)]

다. 상관의 지시를 수행할 경우 유의할 점이 있다. 국가공무원법에 따라 모든 공무원은 상관의 명령을 따라야 하지만(국가공무원법 제57조), 적법한 명령에만 복종해야 하고 불법명령에 복종할 경우 범죄의 공모자가 된다. 명백한 위법 내지 불법한 명령인 때에는 이는 직무상의 지시명령이라 할 수 없으므로 이에 따라야 할 의무가 없다.[345)] 따라서 중앙정보부장의 지시로 대통령 경호실 직원을 사살하는 행위, 피의자나 참고인에게 가혹행위를 가하라는 명령에 따라 행한 고문치사, 재벌총수나 국정원으로부터 돈을 받아오라는 지시를 이행,[346)] 문화예술인에 대한 블랙리스트를 만들어 불이익을 주라는 지침에 따라 불이익 명단을 작성, 국가의 기밀문서를 공무원이 아닌 자에게 배달한 행위는 불법명령을 따르는 것이어서 위법성이 조각될 수도, 면책될 수도 없다. 영화 1987과 최근의 국정농단 사건을 참고하면 쉽게 이해할 수 있다.

안기부(국정원) 직원의 항변 배척사례

「…(전략) 다. 피고인 6의 **정당행위**로서 위법성이 조각된다는 주장에 대하여

어떠한 행위가 위법성조각사유로서 정당행위가 되는지 여부는 구체적인 경우에 따라 합목적적, 합리적으로 가려져야 할 것인바, 정당행위를 인정하려면, 첫째 그 행위의 동기나 목적의 정당성, 둘째 행위의 수단이나 방법의 상당성, 셋째 보호법익과 침해법익의 권형성, 넷째 긴급성, 다섯째 그 행위 이외의 다른 수단이나 방법이 없다는 보충성의 요건을 모두 갖추어야 한다.[347)]

---

344) 대법원 1971. 3. 9, 선고 70도2406 판결.

345) 대법원 1980. 5. 20, 선고 80도306 판결; 대법원 1988. 2. 23, 선고 87도2358 판결; 대법원 1997. 4. 17, 선고 96도3376 전원합의체 판결.

346) **특히 국정원으로부터 특수활동비를 수령한 것이 뇌물죄가 성립되는지와 관련하여서는 설이 대립 중이다.** 뇌물죄는 무죄, 특가법상 국고손실(동법 제5조)죄는 유죄 판결된 사례로 서울중앙지방법원 2018. 7. 20, 선고 2018고합20 판결이 있고, 반면 뇌물죄가 유죄 선고된 사례로는 서울고등법원 2019. 1. 17, 선고 2018노2040 판결, 서울고등법원 2019. 1. 4, 선고 2018노2073 판결이 있다.

원심이 확정한 사실에 의하면, 피고인은 국가안전기획부장의 비서실장으로서 국가기관인 국가안전기획부(이하 '안기부'라 한다)의 자금으로 허위의 사실로 특정 후보를 비방하는 내용의 책자를 발간·배포하거나 기사를 게재하도록 하였다는 것이어서, 그러한 책자의 발간·배포나 기사의 게재가 상관의 지시에 따른 것인지 여부를 불문하고 위와 같은 정당행위의 요건을 갖추었다고는 볼 수 없으므로, 피고인의 행위가 정당행위로서 위법성이 조각되는 것은 아니라고 판단한 원심판결은 정당하고, 거기에 위법성조각사유에 관한 법리오해의 위법이 있다고 할 수 없다. 이 점에 관한 상고이유의 주장도 이유 없다.

라. 피고인 6의 **기대가능성**이 없다는 주장에 대하여

공무원이 그 직무를 수행함에 즈음하여 상관은 하관에 대하여 범죄행위 등 위법한 행위를 하도록 명령할 직권이 없는 것이며, 또한 하관은 소속상관의 적법한 명령에 복종할 의무는 있으나 그 명령이 이 사건에서와 같이 대통령 선거를 앞두고 특정후보에 대하여 반대하는 여론을 조성할 목적으로 확인되지도 않은 허위의 사실을 담은 책자를 발간·배포하거나 기사를 게재하도록 하라는 것과 같이 명백히 위법 내지 불법한 명령인 때에는 이는 벌써 직무상의 지시명령이라 할 수 없으므로 이에 따라야 할 의무가 없고,[348] 설령 안기부가 그 주장과 같이 엄격한 상명하복의 관계에 있는 조직이라고 하더라도 안기부 직원의 정치관여가 법률로 엄격히 금지되어 있고, 피고인도 상피고인 피고인 1의 의도를 잘 알고 있었으며, 여기에 피고인의 경력이나 지위 등에 비추어 보면, 이 사건 범행이 강요된 행위로서 적법행위에 대한 기대가능성이 없다고 볼 수는 없으므로, 같은 취지로 피고인의 주장을 배척한 원심판결은 정당하고, 거기에 기대가능성에 관한 법리오해의 위법이 있다고 할 수 없다. 이 점에 관한 상고이유의 주장도 이유 없다.」[349]

군사반란명령을 따른 사례

▶ 「…(전략) **바. 명령복종행위의 위법성 및 책임성**

(1) 상관의 명령에 따른 것으로서 **정당행위**라는 피고인 H, J, K의 변호인들의 주장에 대하여

상관의 적법한 직무상 명령에 따른 행위는 정당행위로서 형법 제20조에 의하여 그 위법성이 조각된다고 할 것이나, 상관의 위법한 명령에 따라 범죄행위를 한 경우에는 상관의 명령에 따랐다고 하여 부하가 한 범죄행위의 위법성이 조각

347) 대법원 1999. 1. 26, 선고 98도3029 판결; 대법원 1992. 9. 25, 선고 92도1520 판결.
348) 대법원 1988. 2. 23, 선고 87도2358 판결.
349) 대법원 1999. 4. 23, 선고 99도636 판결.

될 수는 없다고 할 것이다.

피고인 H가 피고인 A의 지시를 받고 병력을 이끌고 가서 S 총장을 체포한 행위나 피고인 J가 제3공수여단장인 피고인 E의 지시를 받고 병력을 이끌고 가서 AF 특전사령관을 체포한 행위 및 피고인 K가 수도경비사령부 헌병단장 AN의 지시를 받고 병력을 이끌고 가서 X 수경사령관을 체포한 행위는 앞서 본 바와 같이 모두 상관의 위법한 명령에 따라서 범죄행위를 한 것이므로, 위 피고인들이 각자의 직근상관의 명령에 따라 위와 같은 행위를 하였다고 하여 위 피고인들의 행위가 정당행위가 된다고 할 수는 없다고 할 것이다.

같은 취지의 원심 판단은 정당하고, 거기에 상고이유로 지적하는 바와 같이 위법성에 관한 법리를 오해한 위법이 있다고 할 수 없다.

(2) 위법성의 인식이 없거나 **기대가능성**이 없어 책임이 조각된다는 피고인 H, I, J, K의 변호인들의 주장에 대하여

앞서 본 바와 같이, 피고인 H, I는 S 총장의 체포행위가 위법한 것임을 알면서도 피고인 A와 함께 이 사건 반란을 모의하여 S 총장의 구체적인 체포계획을 수립하고, 피고인 H는 이를 실행하였으며, 피고인 J, K의 경우에도 각자의 직근상관의 명령이나 이에 따른 AF 특전사령관 또는 X 수경사령관의 체포행위가 상급상관인 위 AF 또는 X 및 육군의 정식지휘계통에 반항하는 것임을 알면서도 이 사건 반란에 가담하였던 것이므로, 위 피고인들이 그 위법성을 인식하지 못하였다고 볼 수는 없다.

그리고 기록에 의하여 살펴보면, 당시 위 피고인들에게 각 직근상관의 위법한 명령에 따르지 아니하고 적법행위에 나아갈 기대가능성이 없었던 것으로 보이지도 아니한다.」[350)]

대공수사관의 고문치사 사례

▶ 「…(전략)

2. 피고인들의 국선변호인 변호사 이○○의 상고이유 제2점에 대하여,

특정범죄가중처벌등에관한법률 제4조의2 제2항 위반죄는 결과적 가중범으로서 행위자에게 폭행 또는 가혹행위의 범의 외에 사망의 결과에 대한 예견가능성이 있음을 요한다 함은 논지가 지적하는 바와 같으나, 원심이 적법하게 확정한 바와 같이 양손을 뒤로 결박당하고 양 발목마저 결박당한 피해자의 양쪽 팔, 다리, 머리 등을 그 판시와 같은 방법으로 밀어누름으로써 피해자의 얼굴을 욕조의 물속으로 강제로 찍어 누르는 가혹행위를 반복할 때에 욕조의 구조나 신체구조

350) 대법원 1997. 4. 17, 선고 96도3376 전원합의체 판결.

상 피해자의 목 부분이 욕조의 턱에 눌릴 수 있고, 더구나 물속으로 들어가지 않으려고 반사적으로 반항하는 피해자의 행동을 제압하기 위하여 강하게 피해자의 머리를 잡아 물속으로 누르게 될 경우에는 위 욕조의 턱에 피해자의 목 부분이 눌려 질식현상 등의 치명적인 결과를 가져올 수 있다는 것은 우리의 경험칙상 어렵지 않게 **예견**할 수 있다 할 것이고, 나아가 피고인들의 위와 같은 가혹행위와 피해자의 사망과의 사이에는 **상당인과관계**가 있다할 것이므로 원심이 피고인들을 결과적 가중범인 위 법조 위반으로 의율한 조치는 정당하고 거기에 결과적 가중범에 있어서의 예견가능성 또는 인과관계에 관한 법리를 오해한 위법이 있다할 수 없으므로 이 점을 다투는 논지 또한 이유 없다.

3. 피고인들의 국선변호인 변호사 이○○, 피고인 3의 사선변호인 변호사 변○○, 피고인 5 , 4의 각 상고이유 중 책임조각사유 주장에 대하여,

피고인 2, 3, 같은 반○○ , 4 등의 원판시 소위는 상사인 상피고인 1의 명령에 따른 정당한 행위에 해당하거나 절대적 복종관계에 기한 강요된 행위이기 때문에 책임이 조각되어야 한다고 주장하나, 공무원이 그 직무를 수행함에 있어 상관은 하관에 대하여 범죄행위 등 위법한 행위를 하도록 명령할 직권이 없는 것이며, 또한 하관은 소속상관의 적법한 명령에 복종할 의무는 있으나 그 명령이 참고인으로 소환된 사람에게 가혹행위를 가하라는 등과 같이 명백한 위법 내지 불법한 명령인 때에는 이는 벌써 직무상의 지시명령이라 할 수 없으므로 이에 따라야 할 의무는 없다 할 것이고,[351] 설령 치안본부 대공수사단 직원은 상관의 명령에 절대 복종해야 한다는 것이 그 주장과 같이 불문률로 되어있다 할지라도, 국민의 기본권인 신체의 자유를 침해하는 고문행위 등이 금지되어 있는 우리의 국법질서에 비추어 볼 때 그와 같은 불문률이 있다는 점만으로는 이 사건 판시 범죄와 같이 중대하고도 명백한 위법명령에 따른 행위가 **정당한 행위**에 해당하거나 **강요된 행위**로서 적법행위에 대한 기대가능성이 없는 경우에 해당하게 되는 것이라고는 볼 수 없고 더욱이 일건 기록에 비추어볼 때 위와 같은 위법한 명령이 피고인들이 저항할 수 없는 폭력이나 방어할 방법이 없는 협박에 상당한 것이라고 인정되지 않을 뿐 아니라 같은 피고인들이 그 당시 그와 같은 위법한 명령을 거부할 수 없는 특별한 상황에 있었기 때문에 적법행위를 기대할 수 없었다고 볼만한 아무런 자료도 찾아볼 수 없으므로 같은 취지로 위 피고인들의 주장을 배척한 원심의 조처는 정당하고, 논지는 이유 없다(당원 80도306 판결 참조).」[352]

351) 대법원 1980. 5. 20, 선고 80도306 판결.
352) 대법원 1988. 2. 23, 선고 87도2358 판결.

3. 업무로 인한 행위

직분의 정당한 수행을 위해 합목적적으로 요구되는 일체의 행위를 말하고, 요구되는 행위가 법령에 규정되어 있는 경우도 있다.

정당한 직무수행 의사가 없었던 범죄행위는 업무로 인한 행위로 볼 수 없고, 정당행위가 아니다.[353)]

▶ 「…(전략) (2) 정당한 직무집행

상고이유 중 피고인 C에 대한 내란중요임무종사미수의 점에 대한 원 판시사실인 보안유지, 병력출동의 금지, 국무총리에 대한 보고와 내무, 법무장관 등에 대한 계엄선포건의와 그 사유 등은 모두 대통령비서실장으로서 너무나 뜻밖에 닥친 국가적위기라는 돌발사태에 대처하기 위한 최선의 조치로서 형법 제20조의 정당행위에 해당하는 정당한 직무집행행위임에도 불구하고 원심이 이점을 간과하였음은 **정당행위**에 관한 법리오해 및 심리미진의 위법이 있고, 또한 위 피고인의 변호인의 이점에 관한 항소이유에 대한 판단을 유탈한 위법이 있다는 주장에 대하여 판단한다. 살피건대 일건기록을 검토한 바에 의하면 위 논지와 같은 주장은 피고인 C가 그에 대한 내란중요임무종사미수죄의 죄책을 면하기 위하여 거짓변소한 것에 불과하다고 인정되며 도리어 피고인 C의 위 소론행위들은 모두 내란의 괴수인 피고인 A의 범행에 적극 가담, 호응, 동조하기 위하여 이루어진 행동으로 인정되므로 원심이 이점에 관한 법리오해, 심리미진의 위법 있다고 할 수 없고 또 이점에 관한 법리오해, 심리미진의 위법이 없다고 보여지는 이상 설사 이점에 관한 항소이유에 대한 판단이 원심판결에서 유탈되었다 하더라도 판결에 영향을 미친 위법이라고 할 수 없으니 결국 논지 이유 없음에 돌아간다.」[354)]

따라서 정보보안과 소속 경찰관이 자신의 지위를 내세우면서 타인의 민사분쟁에 개입하여 빨리 채무를 변제하지 않으면 상부에 보고하여 문제를 삼겠다고 말한 것은 정당한 직무집행이라거나 목적 달성을 위한 상당한 수단으로 인정할 수 없어 정당행위에 해당하지 않고, 협박죄에 해당한다. 외관상(外觀上) 직무집행으로 보이더라도 실질적(實質的)으로 직무권한이 남용된 경우 업무로 인

353) 대법원 1980. 5. 20, 선고 80도306 판결.
354) 대법원 1980. 5. 20, 선고 80도306 판결.

한 행위가 아니고, 또 이 경우 사회상규에 반하는 행위에 더불어 해당하므로 어느 모로 보나 위법성이 조각될 수 없다.[355]

업무로 인한 행위여서 위법성이 조각된 사례

◉ 재건축조합의 사무를 총괄하는 조합장인 피고인은 법률 및 조합규약에 따라 사업시행구역 안의 조합원들 소유의 건물 등 지장물을 철거할 수 있는 것이므로 조합탈퇴의 의사표시를 한 자를 상대로 '사업시행구역 안에 있는 그 소유의 건물을 명도하고 이를 재건축사업에 제공하여 행하는 업무를 방해하여서는 아니 된다'는 가처분의 판결을 받아 건물을 철거한 것은 형법 제20조에 정한 업무로 인한 정당행위에 해당하고,[356] ◉ 신문기자가 기사 작성 자료를 수집하기 위해 취재에 응해줄 것을 요청하고 취재한 내용을 관계 법령에 저촉되지 않는 범위 내에서 보도하는 것은 신문기자의 일상적 업무 범위에 속하는 것으로서, 특별한 사정이 없는 한 사회통념상 용인되는 행위로 정당행위이며,[357] ◉ 의사의 치료행위는 피해자의 승낙에 의해 정당한 것과 별도로 업무로 인한 것으로 정당할 수 있으며,[358] ◉ 변호사가 피고인의 이익을 위한 적절한 변론과 그에 필요한 활동을 하는 과정에서 타인의 법익을 침해하는 일이 발생하더라도 위법성이 조각되고,[359] ◉ 사제가 죄 지은 자를 능동적으로 고발하지 않는 것은 사제의 정당한 직무에 속하는 것이다(단, 적극적으로 범인을 도피시키는 것은 금지됨).[360]

4. 기타 사회상규에 위배되지 않는 행위

가. 형법 제20조에서 정한 사회상규에 위배되지 않는 행위란 법질서 전체의 정신이나 그 배후의 사회윤리 또는 사회통념에 비추어 용인될 수 있는 행위를 말하므로, 어떤 행위가 그 동기나 목적이 정당하고 수단이나 방법이 상당하며 보호법익과 침해법익이 균형을 이루는 등으로 당시의 상황에서 사회윤리나

---

355) 대법원 2007. 9. 28, 선고 2007도606 전원합의체 판결.
356) 대법원 1998. 2. 13, 선고 97도2877 판결.
357) 대법원 2011. 7. 14, 선고 2011도639 판결.
358) 대법원 1976. 6. 8, 선고 76도144 판결.
359) ▶「피고인이 변호인으로서 단순히 갑의 이익을 위한 **적절한 변론과 그에 필요한 활동**을 하는 데 그치지 아니하고, 갑과 을 사이에 부정한 거래가 진행 중이며 갑 피고사건의 수임과 변론이 거래의 향배와 불가결한 관련이 있을 것임을 분명히 인식하고도 을에게서 갑 피고사건을 수임하고, 그들의 합의가 성사되도록 도왔으며, 스스로 합의금의 일부를 예치하는 방안까지 용인하고 합의서를 작성하는 등으로 갑과 을의 거래관계에 깊숙이 관여한 행위를 **정당한 변론권의 범위** 내에 속한다고 평가할 수 없다.」(대법원 2012. 8. 30, 선고 2012도6027 판결)
360) 대법원 1983. 3. 8, 선고 82도3248 판결.

사회통념상 취할 수 있는 본능적이고 소극적인 방어행위라고 평가할 수 있다면 이는 사회상규에 위배되지 않는 행위라고 보아야 할 것이다.[361)]

▶ 「원심은 그 채택 증거들에 의하여 이 사건 공소사실 중 피고인이 2010. 9. 25. 14:30경 청주시 상당구 용암동에 있는 ○○마트 실내 어린이 놀이터에서 자신의 딸에게 접근하는 피해자 공소외인(2세)의 얼굴을 왼손으로 밀어 넘어뜨려 폭행하였다는 사실을 인정하면서, 그 행위가 사회상규에 위배되지 않는다는 피고인의 주장에 대하여는, 현재의 부당한 침해가 있었다고 보기 어렵고 설령 그러한 침해가 있었다고 하더라도 자신의 딸을 잡아끌지 않고 2세의 유아에게 34세의 성인이 얼굴에 대한 폭행을 통하여 그 침해를 방위하는 것은 그 수단이 상당한 범위를 벗어났다는 등의 이유로 그 주장을 배척하고, 피고인에 대한 이 부분 폭행의 공소사실을 유죄로 판단했다.

그러나 원심의 이러한 판단은 다음과 같은 이유로 수긍하기 어렵다. 형법 제20조에서 정한 사회상규에 위배되지 않는 행위란 법질서 전체의 정신이나 그 배후의 사회윤리 또는 사회통념에 비추어 용인될 수 있는 행위를 말하므로, 어떤 행위가 그 동기나 목적이 정당하고 수단이나 방법이 상당하며 보호법익과 침해법익이 균형을 이루는 등으로 당시의 상황에서 사회윤리나 사회통념상 취할 수 있는 본능적이고 소극적인 방어행위라고 평가할 수 있다면 이는 사회상규에 위배되지 않는 행위라고 보아야 할 것이다. 원심판결의 이유와 기록에 의하면, 당시 피고인은 실내 어린이 놀이터 벽에 기대어 앉아 자신의 딸(4세)이 노는 모습을 보고 있었는데, 피해자가 다가와 딸이 가지고 놀고 있는 블록을 발로 차고 손으로 집어 들면서 쌓아놓은 블록을 무너뜨리고, 이에 딸이 울자 피고인이 피해자에게 '하지 마, 그러면 안 되는 거야'라고 말하면서 몇 차례 피해자를 제지한 사실, 그러자 피해자는 피고인의 딸을 한참 쳐다보고 있다가 갑자기 딸의 눈 쪽을 향해 오른손을 뻗었고 이를 본 피고인이 왼손을 내밀어 피해자의 행동을 제지하였는데, 이로 인해 피해자가 바닥에 넘어져 엉덩방아를 찧은 사실, 그 어린이 놀이터는 실내에 설치되어 있는 것으로서, 바닥에는 충격방지용 고무매트가 깔려 있었던 사실, 한편 피고인의 딸은 그 전에도 또래 아이들과 놀다가 다쳐서 당시에는 얼굴에 손톱자국의 흉터가 몇 군데 남아 있는 상태였던 사실 등을 알 수 있다. 이러한 사실관계에서 알 수 있는 피고인의 **이 사건 행위의 동기와 수단 및 그로 인한 피해의 정도** 등의 사정을 앞서 본 법리에 비추어 살펴보면, 피고인의 이러한 행위는 피해자의 갑작스런 행동에 놀라서 자신의 어린 딸이 다시 얼굴에 상처를 입지 않도록 보호하기 위한 것으로 딸에 대한 피해자의 돌발적인 공격을

361) 대법원 2014. 3. 27, 선고 2012도11204 판결.

막기 위한 **본능적이고 소극적인 방어행위**라고 평가할 수 있고, 따라서 이를 사회상규에 위배되는 행위라고 보기는 어렵다고 할 것이다.」[362)]

나. 형법상 처벌하지 아니하는 소위 사회상규에 반하지 아니하는 행위라 함은 법규정의 문언상 일응 범죄구성요건에 해당된다고 보이는 경우에도 그것이 극히 정상적인 생활형태의 하나로서 역사적으로 생성된 사회질서의 범위 안에 있는 것이라고 생각되는 경우에 한하여 그 위법성이 조각되어 처벌할 수 없게 되는 것으로서, 어떤 법규정이 처벌대상으로 하는 행위가 사회발전에 따라 전혀 위법하지 않다고 인식되고 그 처벌이 무가치할 뿐만 아니라 사회정의에 위반된다고 생각될 정도에 이를 경우나, 국가법질서가 추구하는 사회의 목적가치에 비추어 이를 실현하기 위하여서 사회적 상당성이 있는 수단으로 행하여졌다는 평가가 가능한 경우에 한하여 이를 사회상규에 위배되지 아니한다고 할 것이다.[363)]

다. 사회상규에 반하지 않는 행위의 평가기준은 국가질서의 존중이라는 인식을 바탕으로 한 국민일반의 건전한 도의적 감정에 반하지 아니한 행위로서 초법규적인 기준에 의하여 이를 평가한다.[364)]

▶「사회상규에 반하지 아니하는 행위는 이를 처벌하지 아니하는 것인 바, 소위 사회상규에 반하지 아니한 행위라 함은 국가질서의 존중이라는 인식을 바탕으로 한 국민일반의 건전한 도의적 감정에 반하지 아니한 행위로써 초법규적인 기준에 의하여 이를 평가할 것인데 돌이켜 이 사건 원심판시 피고인의 소위를 살펴보면 피고인은 서울세관에서 수년간 관행적으로 취급하여 온 바에 따라 이 사건 수입신고를 함에 있어 세번을 3904, 세율을 40으로 신고하였음이 원심이 적법하게 확정한 바이므로 그렇다면 피고인의 행위는 비록 그 행위의 외관에 있어 설사 어떤 위법이 있다고 할지라도 국민일반의 도의적 감정에 있어 결코 비난할 수 없는 사회상규에 반하지 않는 행위에 해당한다고 할 것이며 이와 같은 이치는 부산세관에서는 이와 같은 경우 세번을 3907, 세율을 60퍼센트로 취급하고 있고 피고인이 이와 같은 사실을 알고 있었다 하여 다를 바가 없다고 할 것이다. 결국 이 사건 경화카제인을 낮은 세율로 신고하여 통관하였다는 사실만으로 피

362) 대법원 2014. 3. 27, 선고 2012도11204 판결.
363) 대법원 1994. 11. 8, 선고 94도1657 판결.
364) 대법원 1983. 11. 22, 선고 83도2224 판결.

고인을 관세포탈죄로 다스린 원심조치에는 소론 채증법칙 위반으로 인한 사실오인 또는 법리오해의 위법이 있다고 하지 않을 수 없으므로 상고논지는 그 이유 있다고 하겠다.」[365)]

라. 어떠한 행위가 사회상규에 반하지 않는다고 평가되기 위해서는, 첫째 그 행위의 동기나 목적의 정당성, 둘째 행위의 수단이나 방법의 상당성, 셋째 보호법익과 침해법익의 균형성, 넷째 긴급성, 다섯째 그 행위 이외의 다른 수단이나 방법이 없다는 보충성의 요건을 모두 갖추어야 한다.[366)]

사회상규에 반하여 위법한 행위사례

◉ 구속근로자에 대한 구형량에 대한 항의와 석방촉구를 목적으로 한 근로자들의 집단조퇴, 월차휴가신청에 의한 결근 및 집회 등은 **목적**의 정당성이 없으므로 노동쟁의조정법의 규제대상인 쟁의행위에 해당하지 않고,[367)] ◉ 회사의 긴박한 경영상의 필요에 의하여 실시되는 정리해고 자체를 전혀 수용할 수 없다는 노동조합 측의 입장 관철을 주된 목적으로 하는 쟁의행위는 그 **목적**의 정당성이 인정되지 않고,[368)] ◉ 또 단체교섭의 대상이 될 수 없는 미국산 쇠고기 수입 반대 등을 주된 목적으로 한 것으로서 그 쟁의행위 전체가 정당성을 갖지 못하는 불법파업도 **목적**의 정당성이 인정될 수 없고,[369)] ◉ 피고인들이 한 판시 통근버스 운행방해, 탈의실 농성점거, 농성행위 등의 행위는 적법한 **절차**를 거치지 않고 이루어진 것이라는 것인바, 사실이 그러하고 그 방법이 판시와 같으며 또 위 피고인들의 행위가 업무방해죄, 일반교통방해죄의 구성요건에 해당하는 것이라면 위 피고인들의 판시와 같은 행위는 정당한 노동조합 활동이라고 볼 수 없어 법령에 의한 행위 또는 업무로 인한 행위라고 할 수 없을 것이므로 원심이 위 피고인들의 행위가 정당한 노동조합활동이어서 위법성이 조각된다는 위 피고인들의 주장을 배척한 조처는 정당하다고 할 것이고 설사 위 피고인들이 노동조건의 개선이나 임금인상 등의 목적을 관철하기 위하여 그와 같은 행위를 하였다고 하여도 이와 같이 그 절차가 위법이고, 또 그 방법이 판시와 같은 것이어서 사회상규상 허용될 수 없는 것인 이상은 마찬가지라고 할 것이다. 또한 위 피고인들이 피해자 2를 감금한 목적이 근로조건의 개선 및 임금인상을 요구하는데 있다고

365) 대법원 1983. 11. 22, 선고 83도2224 판결.
366) 대법원 1983. 3. 8, 선고 82도3248 판결; 대법원 1984. 5. 22, 선고 84도39 판결.
367) 대법원 1991. 1. 23, 선고 90도2852 판결.
368) 대법원 2011. 1. 27, 선고 2010도11030 판결.
369) 대법원 2011. 10. 27, 선고 2009도3390 판결.

하여도 이 사건의 사실관계 하에서 건전한 사회통념에 비추어 피해자 2에 대한 신체의 자유의 침해가 정당화 될 수도 없는 것이고 피고인들이 근로조건 개선을 위하여 피해자 2를 감금하지 않을 수 없었던 긴급성이나 보충성도 인정되지 아니한다 할 것이므로 원심이 이와 같은 이유로 위 피고인들이 피해자 2를 감금한 것이 사회상규에 위배되지 아니한다는 위 피고인들의 주장을 배척한 것도 정당하다.[370] ◉ 집회나 시위는 다수인이 공동목적으로 회합하고 공공장소를 행진하거나 위력 또는 기세를 보여 불특정 다수인의 의견에 영향을 주거나 제압을 가하는 행위로서 그 회합에 참가한 다수인이나 참가하지 아니한 불특정 다수인에게 의견을 전달하기 위하여 어느 정도의 소음이 발생할 수밖에 없는 것은 부득이한 것이므로 집회나 시위에 참가하지 아니한 일반 국민도 이를 수인할 의무가 있다고 할 수 있으며, 합리적인 범위에서는 확성기 등 소리를 증폭하는 장치를 사용할 수 있고 확성기 등을 사용한 행위 자체를 위법하다고 할 수는 없으나, 그 집회나 시위의 장소, 태양, 내용과 소음 발생의 **수단, 방법 및 그 결과** 등에 비추어, **집회나 시위의 목적 달성의 범위를 넘어 사회통념상 용인될 수 없는 정도로 타인에게 심각한 피해를 주는 소음**을 발생시킨 경우에는 위법한 위력의 행사로서 정당행위라고는 할 수 없다.[371] ◉ 피고인이 판시 슈퍼마켓사무실에서 식칼을 들고 피해자를 협박한 행위와 식칼을 들고 매장을 돌아다니며 손님을 내쫓고 영업을 방해한 행위는 별개의 행위라 할 것이고 피고인이 판시 슈퍼마켓의 점장으로 근무한 일이 있었다 하여도 판시와 같이 그 점포의 영업을 방해하였다면 그것은 점장인 피고인의 업무가 아니라 경영주의 업무를 방해하였다 할 것이며 피고인의 판시 업무방해행위는 정당한 노동쟁의행위라고는 보여지지 아니한다.[372] ◉ 중공의 정치, 사회현실에 불만을 품어오던 중 중공여객기를 납치 자유중국으로 탈출하려 한 행위는 **수단이나 방법**이 상당하지 않고, 긴급·부득이한 것으로 볼 수 없어 처벌되며,[373] ◉ 타인의 주거에 침입한 행위가 비록 불법선거운동을 적발하려는 목적으로 이루어진 것이라고 하더라도 타인의 주거에 도청장치를 설치한 행위는 그 **수단과 방법**의 정당성을 결하는 것이어서 정당행위가 아니다.[374] ◉ 또 단군상이 마음에 들지 않는다고 손괴하거나,[375] ◉ 피해어민들이 그들의 피해보상 주장을 관철하기 위하여 집단적인 시위를 하고, 선박의 입·출항 업무를 방해하며 이를 진압하려는 경찰관들을 대나무 사앗대 등을 들고 구타하여 상해를 입히는 등의 행위를 한 경우 각 범행의 **수단, 방법 및 그 결과** 등

370) 대법원 1990. 7. 10, 선고 90도755 판결.
371) 대법원 2004. 10. 15, 선고 2004도4467 판결.
372) 대법원 1991. 1. 29, 선고 90도2445 판결.
373) 대법원 1984. 5. 22, 선고 84도39 판결.
374) 대법원 1997. 3. 28, 선고 95도2674 판결.
375) 대법원 2001. 9. 7, 선고 2001도3167 판결.

에 비추어 위 각 범행이 사회통념상 용인될 만한 상당성이 있는 정당행위라고는 할 수 없고,[376] ◉ 피고인들을 비롯한 대학생 및 민노총 광주지역본부 회원 등 800여명은 2007. 11. 11. 08:10경부터 09:40경까지 광주 서구 유촌동에 있는 기아자동차 광주공장 앞 도로에서, 위 집회에 참가하기 위해 버스 22대를 대절하여 나누어 타고 상경하려다가 경찰에 의해 차단된 사실, 이에 피고인들을 비롯한 참가자 200여 명은 경찰이 상경을 차단하였다는 이유로 버스에서 내려 광주지방경찰청 북부경찰서 방범순찰대 소속 의경 공소외 1, 2, 3 등 대비병력을 향해 PVC 파이프를 휘두르거나 돌을 던지고, 진압방패와 채증장비를 빼앗고, 주먹과 발로 마구 때리고, 경찰버스 유리창 등을 부순 사실, 그때 피고인들은 제1심 약식명령 공동피고인 1, 3, 4, 5, 7과 함께 도로를 가로막고 있는 대비병력 사이로 관광버스가 지날 수 있는 길을 뚫기 위하여 병력과 밀고 당기는 등의 몸싸움을 한 사실을 인정할 수 있는바, 위 법리에 비추어 보면, **비록 경찰관들의 위법한 상경 제지 행위에 대항하기 위하여 한 것이라 하더라도,** 피고인들이 다른 시위참가자들과 공동하여 위와 같이 경찰관들을 때리고 진압방패와 채증장비를 빼앗는 등의 폭행행위를 한 것은 소극적인 방어행위를 넘어서 공격의 의사를 포함하여 이루어진 것으로서 그 **수단과 방법**에 있어서 상당성이 인정된다고 보기 어려우며 긴급하고 불가피한 수단이었다고 볼 수도 없으므로, 이를 사회상규에 위배되지 아니하는 정당행위나 현재의 부당한 침해를 방어하기 위한 정당방위에 해당한다고 볼 수 없다.[377] ◉ 피고인들은 공소외 1 등과 공동하여 2008. 12. 18. 10:30경부터 13:30경까지 사이에 국회 외교통상 상임위원회(이하 '외통위'라 한다) 회의장 앞 복도에서 성명불상의 민주당 및 민주노동당 의원, 의원 보좌직원, 당직자 등과 함께 봉쇄된 회의장 출입구를 뚫을 목적으로, 피고인 3은 해머로 출입문을 수회 쳐서 부수고, 피고인 2, 피고인 4, 피고인 5는 각자 해머로 출입문을 수회 치고 떼어낸 후 그 안쪽에 바리케이드로 쌓여있던 책상, 탁자 등 집기를 밀치거나 잡아당겨 부수고, 공소외 1은 출입문을 양손으로 젖혀 떼어낸 후 그 안쪽에 쌓여있던 소파 등 집기를 해머로 쳐서 부수고, 민주당 국회의원 보좌직원들인 공소외 2, 공소외 3은 각자 출입문 안쪽에 쌓여있던 탁자 등 집기를 밀치거나 잡아당겨 부수고, 피고인 1은 출입문 안쪽에 쌓여있던 탁자를 전동그라인더를 이용하여 부순 사실, 피고인 2는 2008. 12. 18. 13:45경 국회 외교통상 상임위원회 회의장 앞 복도에서 위와 같이 회의장 출입구 확보를 위한 시도가 실패로 돌아가자, 한미자유무역협정 비준동의안의 상정 등 심의를 방해하기 위해 민주당 국회의원 보좌직원들인 공소외 3, 공소외 4와 함께 교대로 소화전에 연결된 소방호스를 이

376) 대법원 1991. 5. 10, 선고 91도346 판결.
377) 대법원 2009. 6. 11, 선고 2009도2114 판결.

용하여 바리케이드 틈 사이로 회의장 내에 물을 분사한 사실을 알 수 있다. 피고인들의 위와 같은 행위가 공용물건손상죄 및 국회회의장소동죄의 구성요건에 해당한다는 점은 너무나 명백하고, 국민의 대의기관인 국회에서 서로의 의견을 경청하고 진지한 토론과 양보를 통하여 더욱 바람직한 결론을 도출하는 합법적 절차를 외면한 채 곧바로 폭력적 행동으로 나아간 피고인들의 행위는 그 **방법이나 수단**에 있어서도 상당성의 요건을 갖추지 못하였다고 할 것이므로 이를 위법성이 조각되는 정당행위나 긴급피난의 요건을 갖춘 행위로 평가하기도 어렵다.[378] ◉ 피고인 3이 피해자 1에게 채무변제를 추궁하자 피해자 1이 자신은 잘못한 것이 없다고 나이가 더 많은 피고인 3에게 대들어 이에 화가 난 피고인 3이 피해자 1을 **폭행**하고, 피고인 1이 **이에 가세하여 폭행**하여 피해자 1에게 우안면부찰과상 등을 입혀 피가 흐르게 하는 등 **상해를 가한 것**임을 알 수 있으므로 이는 동일기회에 동일장소에서 상호 다른 자의 범행을 인식하고 이를 이용하여 범행하여 피해자 1에게 신체의 완전성을 훼손하는 상해를 입힌 경우에 해당한다고 봄이 상당하며, 범행의 동기, 범행수단과 방법, 상해의 정도 등 위에서 말하는 제반사정에 비추어 사회상규에 어긋나지 않는다고 볼 수는 없다.[379] ◉ 백범 김구의 암살범을 직접 **살해**한 행위,[380] ◉ 주주총회에 참석한 의결권 대리인이 사무실을 뒤져 회계장부를 찾아낸 **수색**행위는 정당하지 않은 행위이다.[381] ◉ 피해자의 기망에 의하여 부동산을 비싸게 매수한 피고인이라도 그 계약을 취소함이 없이 등기를 피고인 앞으로 둔 채 피해자의 전매차익을 받아낼 셈으로 피해자를 **협박**하여 재산상의 이득을 얻거나 돈을 받았다면 이는 **정당한 권리행사의 범위를 넘은 것**으로서 사회통념상 용인될 수 없으므로 공갈죄를 구성한다.[382] ◉ 정당한 권리가 있다 하더라도 그 권리행사에 빙자하여 사회통념상 허용되는 범위를 넘어 협박을 **수단**으로 상대방을 외포시켜 재물의 교부 또는 재산상의 이익을 받는 경우와 같이 그 행위가 정당한 권리행사라고 인정되지 아니하는 경우에는 공갈죄가 성립된다고 할 것인바, 공사 수급인의 공사부실로 하자가 발생되어 도급인 측에서 하자보수 시까지 기성고 잔액의 지급을 거절하자 수급인이 일방적으로 공사를 중단하여 수급인에게 자신이 임의로 결가계산한 기성고 잔액 등 금 199,000,000원의 지급청구권이 있다고 볼 수 없을 뿐만 아니라, 비록 그렇지 않다 하더라도 수급인이 권리행사에 빙자하여 도급인 측에 대하여 비리를 관계기관에 고발하겠다는 내용의 협박 내지 사무실의 장시간 무단점거 및 직원들에 대

378) 대법원 2013. 6. 13, 선고 2010도13609 판결.
379) 대법원 2000. 2. 25, 선고 99도4305 판결.
380) 대법원 1997. 11. 14, 선고 97도2118 판결.
381) 대법원 2001. 9. 7, 선고 2001도2917 판결.
382) 대법원 1991. 9. 24, 선고 91도1824 판결.

한 폭행 등의 위법수단을 써서 기성고 공사대금 명목으로 금 80,000,000원을 교부받은 소위는 사회통념상 허용되는 범위를 넘는 것으로서 이는 공갈죄에 해당한다.[383] ◉ 채권을 변제받기 위한 방편으로 **기망**하여 약속어음을 교부받은 행위,[384] ◉ 판결과 집행절차를 거치지 않고 임의로 타인의 옹벽을 **철거**한 행위도 역시 위법성이 조각되지 않는 행위이다.[385]

사회상규에 합치되어 적법한 행위사례

◉ 피해자가 피고인의 넥타이를 잡고 늘어져 목 졸린 상태를 벗어나기 위해 피해자의 손을 잡아 비틀면서 서로 밀고 당긴 행위,[386] ◉ 시비를 걸어오며 얼굴을 때리는 술 취한 자를 뿌리치고 도망가는 바람에 그가 넘어져 다친 것,[387] ◉ 분쟁이 있던 옆집 사람이 야간에 술에 만취된 채 시비를 하며 거실로 들어오려 하므로 이를 제지하며 밀어내는 과정에서 2주 상해를 입힌 행위,[388] ◉ 피고인의 차를 손괴하고 도망하려는 피해자를 도망하지 못하게 멱살을 잡고 흔들어 피해자에게 전치 14일의 흉부찰과상을 가한 행위,[389] ◉ 피고인이 엘리베이터 안에서 개를 안고 있다가 피해자와 시비가 되어 피해자가 개를 때리자 손으로 피해자의 얼굴을 한 차례 민 행위,[390] ◉ 피해자가 갑자기 달려 나와 정당한 이유 없이 피고인의 멱살을 잡고 파출소로 가자면서 계속하여 끌어당기므로 피고인이 그와 같은 피해자의 행위를 제지하기 위하여 그의 양팔부분의 옷자락을 잡고 밀친 행위,[391] ◉ 강제연행을 모면하기 위하여 팔꿈치로 뿌리치면서 가슴을 잡고 벽에 밀어부친 행위,[392] ◉ 먼저 공격을 받고 반격이 아닌 소극적 저항의 수단으로 서로 멱살을 잡아 밀고 당긴 행위,[393] ◉ 택시운전사가 승객의 요구로 택시를 출발시키려 할 때 피해자가 부부싸움 끝에 도망 나온 위 승객을 택시로부터 강제로 끌어내리려고 운전사에게 폭언과 함께 택시 안으로 몸을 들이밀면서 양손으로 운전사의 멱살을 세게 잡아 상의단추가 떨어질 정도로 심하게 흔들어대었고, 이에 운전사가 위 피해자의 손을 뿌리치면서 택시를 출발시켜 운행한 행

383) 대법원 1991. 12. 13, 선고 91도2127 판결.
384) 대법원 1982. 9. 14, 선고 82도1679 판결.
385) 대법원 2008. 3. 27, 선고 2007도7933 판결.
386) 대법원 1996. 5. 28, 선고 96도979 판결.
387) 대법원 1990. 5. 22, 선고 90도748 판결.
388) 대법원 1995. 2. 28, 선고 94도2746 판결.
389) 대법원 1999. 1. 26, 선고 98도3029 판결.
390) 서울남부지방법원 2016. 6. 9, 선고 2015고정402 판결.
391) 대법원 1990. 1. 23, 선고 89도1328 판결.
392) 대법원 1982. 2. 23, 선고 81도2958 판결.
393) 대법원 1984. 9. 11, 선고 84도1440 판결.

위[394], ◉ 피해자가 피고인의 고소로 조사받는 것을 따지기 위하여 야간에 피고인의 집에 침입한 상태에서 문을 닫으려는 피고인과 열려는 피해자 사이의 실랑이가 계속되는 과정에서 문짝이 떨어져 그 앞에 있던 피해자가 넘어져 상해를 입게 한 행위,[395] ◉ 연립주택 아래층에 사는 피해자가 위층 피고인의 집으로 통하는 상수도관의 밸브를 임의로 잠근 후 이를 피고인에게 알리지 않아 하루 동안 수돗물이 나오지 않은 고통을 겪었던 피고인이 상수도관의 밸브를 확인하고 이를 열기 위하여 부득이 피해자의 집에 들어간 행위,[396] ◉ 피고인이 그 소유건물에 인접한 대지 위에 건축허가조건에 위반되게 건물을 신축, 사용하는 소유자로부터 일조권 침해 등으로 인한 손해배상에 관한 합의금을 받은 행위,[397] ◉ 피고인이 공소외 1에게 빼앗겼던 토지를 되찾는 과정에서 피고인의 토지 환원요구에 불응하는 동 공소외인에게 법에 호소하여 잡아넣어서라도 땅을 되찾고 말겠다는 등 다소 언짢은 말을 한 경우,[398] ◉ 회사의 이익을 빼돌린다는 소문을 확인할 목적으로, 피해자가 사용하면서 비밀번호를 설정하여 비밀장치를 한 전자기록인 개인용 컴퓨터의 하드디스크를 검색한 행위[399]는 모두 수단의 상당성이 인정되거나 기타 사회상규에 반하지 않으므로 적법하다. 또 ◉ 의료행위에 해당하는 어떠한 시술행위가 무면허로 행하여졌을 때, 그 시술행위의 위험성의 정도, 일반인들의 시각, 시술자의 시술의 동기, 목적, 방법, 횟수, 시술에 대한 지식수준, 시술경력, 피시술자의 나이, 체질, 건강상태, 시술행위로 인한 부작용 내지 위험발생 가능성 등을 종합적으로 고려하여 법질서 전체의 정신이나 그 배후에 놓여 있는 사회윤리 내지 사회통념에 비추어 용인될 수 있는 행위에 해당한다고 인정되는 경우에는 사회상규에 위배되지 아니하는 행위로서 위법성이 조각된다.[400]

---

394) ▶「원심이 인정한 바와 같이 피고인이 운전하는 택시에 탄 공소외인의 요구로 택시를 출발시키려 하였는데 피해자가 부부싸움 끝에 도망 나온 공소외인이 도망치지 못하게 막으면서 택시로부터 강제로 끌어내리려고 피고인에게 폭언과 함께 택시 안으로 몸을 들이밀면서 양손으로 피고인의 멱살을 세게 잡아 상의단추가 떨어질 정도로 심하게 흔들어대었고, 이에 피고인은 피해자의 손을 뿌리치면서 택시를 출발시켜 운행하였을 뿐이라면 피고인의 이러한 행위는 사회상규에 위배되지 아니하는 행위라 할 것이다. 원심이 위와 같은 사실을 확정하고 피고인의 판시소위가 **정당방위에 해당한다고 판단한 조치는 옳은 것이라고는 할 수 없으나** 범죄로 되지 아니한다는 **원심의 결론은** 위에 설시한 바와 같은 이유에 의하여 **유지**할 수 있으므로 소론과 같은 잘못은 판결결과에 영향을 미칠 사유가 되지 않는다 할 것이다. 따라서 원판시 피고인의 행위가 범죄를 구성하는 것임을 전제로 원심판결을 공격하는 상고논지는 받아들일 수 없다.」(대법원 1989. 11. 14, 선고 89도1426 판결)

395) 대법원 2000. 3. 10, 선고 99도4273 판결.

396) 대법원 2004. 2. 13, 선고 2003도7393 판결.

397) 대법원 1990. 8. 14, 선고 90도114 판결.

398) 대구고등법원 1981. 12. 4, 선고 81노527 판결.

399) 대법원 2009. 12. 24, 선고 2007도6243 판결.

400) 대법원 2000. 4. 25, 선고 98도2389 판결; 대법원 2002. 12. 26, 선고 2002도5077 판결; 대법원

마. 언론보도와 정당행위, 특히 불법증거의 실명보도

▶「…(전략) 통신비밀보호법은 이와 같은 헌법정신을 구현하기 위하여, 먼저 통신비밀보호법과 형사소송법 또는 군사법원법의 규정에 의하지 아니한 우편물의 검열 또는 전기통신의 감청, 공개되지 아니한 타인 간의 대화의 녹음 또는 청취행위 등 통신비밀에 속하는 내용을 수집하는 행위(이하 이러한 행위들을 '불법 감청·녹음 등'이라고 한다)를 금지하고 이에 위반한 행위를 처벌하는 한편(제3조 제1항, 제16조 제1항 제1호), 불법 감청·녹음 등에 의하여 수집된 통신 또는 대화의 내용을 공개하거나 누설하는 행위를 동일한 형으로 처벌하도록 규정하고 있다(제16조 제1항 제2호). 이와 같이 통신비밀보호법이 통신비밀의 공개·누설행위를 불법 감청·녹음 등의 행위와 똑같이 처벌대상으로 하고 그 법정형도 동일하게 규정하고 있는 것은, 통신비밀의 침해로 수집된 정보의 내용에 관계없이 그 정보 자체의 사용을 금지함으로써 당초 존재하지 아니하였어야 할 불법의 결과를 용인하지 않겠다는 취지이고, 이는 불법의 결과를 이용하여 이익을 얻는 것을 금지함과 아울러 그러한 행위의 유인마저 없애겠다는 정책적 고려에 기인한 것이라고 할 것이다. …(중략)

개인 간에 이루어지는 통신 또는 대화의 내용이 공적 관심의 대상이 되는 경우에도 이에 대한 언론기관의 보도는 통신의 비밀을 침해하지 아니하는 범위 내에서 이루어져야 하고, 언론의 자유가 헌법상 중요한 기본권이라는 이유만으로 앞서 본 통신비밀보호법의 공개·누설금지 조항의 적용을 함부로 배제함으로써 통신의 비밀이 가볍게 침해되는 결과를 초래하여서는 아니 된다. 이는 뒤에서 살펴보는 바와 같이 **언론기관이 그 통신 또는 대화의 불법 감청·녹음 등에 관여하지 아니한 경우**에도 마찬가지이다.

다만 형법은 제20조에서 "법령에 의한 행위 또는 업무로 인한 행위 기타 사회상규에 위배되지 아니하는 행위는 벌하지 아니한다."라고 규정하여 일반적인 위법성조각사유를 두고 있는바, 이는 통신비밀보호법이 그 적용을 배제하는 명시적인 조항을 두고 있지 아니한 이상 통신비밀의 공개·누설에 의한 통신비밀보호법 위반행위에 대해서도 당연히 적용된다. 따라서 **불법 감청·녹음 등에 관여하지 아니한 언론기관의 그 통신 또는 대화의 내용에 관한 보도**가 통신의 비밀이 가지는 헌법적 가치와 이익을 능가하는 우월적인 가치를 지님으로써 법질서 전체의 정신이나 사회윤리 내지 사회통념에 비추어 용인될 수 있다면, 그 행위는 사회상규에 위배되지 아니하는 행위로서 위법성이 조각된다고 할 수 있다.

2004. 10. 28, 선고 2004도3405 판결; 대법원 2006. 3. 23, 선고 2006도1297 판결; 대법원 2007. 6. 28, 선고 2005도8317 판결.

이와 같이 불법 감청·녹음 등에 관여하지 아니한 언론기관이 그 통신 또는 대화의 내용이 불법 감청·녹음 등에 의하여 수집된 것이라는 사정을 알면서도 그것이 공적인 관심사항에 해당한다고 판단하여 **이를 보도하여 공개하는 행위가 형법 제20조의 정당행위로서 위법성이 조각된다고 하려면, 적어도 다음과 같은 요건을 충족할 것이 요구된다.** 첫째, 그 보도의 **목적**이 불법 감청·녹음 등의 범죄가 저질러졌다는 사실 자체를 고발하기 위한 것으로 그 과정에서 불가피하게 통신 또는 대화의 내용을 공개할 수밖에 없는 경우이거나, 불법 감청·녹음 등에 의하여 수집된 통신 또는 대화의 내용이 이를 공개하지 아니하면 공중의 생명·신체·재산 기타 공익에 대한 중대한 침해가 발생할 가능성이 현저한 경우 등과 같이 비상한 공적 관심의 대상이 되는 경우에 해당해야 한다. 국가기관 등이 불법 감청·녹음 등과 같은 범죄를 저질렀다면 그러한 사실을 취재하고 보도하는 것은 언론기관 본연의 사명이라 할 것이고, 통신비밀보호법 자체에 의하더라도 '국가안보를 위협하는 음모행위, 직접적인 사망이나 심각한 상해의 위험을 야기할 수 있는 범죄 또는 조직범죄 등 중대한 범죄의 계획이나 실행 등 긴박한 상황'에 있는 때에는 예외적으로 법원의 허가 없이 긴급통신제한조치를 할 수 있도록 허용하고 있으므로(제8조), 이러한 예외적인 상황 아래에서는 개인 간의 통신 또는 대화의 내용을 공개하는 것이 허용된다. 둘째, 언론기관이 불법 감청·녹음 등의 결과물을 **취득함에 있어** 위법한 방법을 사용하거나 **적극적·주도적으로 관여하여서는 아니 된다.** 셋째, 그 보도가 불법 감청·녹음 등의 사실을 고발하거나 비상한 공적 관심사항을 알리기 위한 목적을 달성하는 데 필요한 부분에 한정되는 등 통신비밀의 **침해를 최소화하는 방법**으로 이루어져야 한다. 넷째, 언론이 그 내용을 보도함으로써 얻어지는 이익 및 가치가 통신비밀의 보호에 의하여 달성되는 이익 및 가치를 초과해야 한다. 여기서 그 이익의 **비교·형량**은, 불법 감청·녹음된 타인 간의 통신 또는 대화가 이루어진 경위와 목적, 통신 또는 대화의 내용, 통신 또는 대화 당사자의 지위 내지 공적 인물로서의 성격, 불법 감청·녹음 등의 주체와 그러한 행위의 동기 및 경위, 언론기관이 그 불법 감청·녹음 등의 결과물을 취득하게 된 경위와 보도의 목적, 보도의 내용 및 그 보도로 인하여 침해되는 이익 등 제반 사정을 종합적으로 고려하여 정해야 한다.

…(중략)

위와 같은 사실관계와 앞에서 본 법리에 **비추어 위 피고인의 이 사건 통신비밀 공개행위가 형법 제20조 소정의 정당행위로서 위법성이 조각되는 경우에 해당하는지 여부**에 관하여 살펴본다. 첫째, 이 사건 도청자료는 국가기관이 자신들의 대화를 공론화시키려는 의도가 전혀 없었던 사인들 사이에 은밀히 이루어진 대화를 불법으로 녹음한 것이다. 그런데 위 피고인이 이 사건 도청자료를 입수하고 그 성문분석을 통해 원본임을 확인하는 한편, 그 출처에 대한 추적과 그 내용의 보도에 관한 법률자문 등을 통해 그 녹음과정 및 실명공개의 불법성을 확인하고도 그 수록 내용을 실명으로 보도하기까지의 제반 경위와 사정에 비추어 보면, 우선 위 피고인이나 ▲▲방송이 국가기관에 의하여 불법 녹음이 저질러졌다는 사실 자체를 고발하기 위하여 불가피하게 이 사건 도청자료에 담겨 있던 대화 내용을 공개한 것이 아니라, 그 대화의 당사자나 내용 등이 공중의 관심을 끌 만한 사안이 된다고 보았기 때문에 공개를 한 것으로 판단된다. 한편 굴지의 재벌그룹 경영진과 유력 중앙일간지 사장이 대통령 선거를 앞두고 정치자금을 지원하는 문제나 정치인과 검찰 고위관계자에게 이른바 추석 떡값을 지원하는 문제 등을 논의하였다는 것은 그 진위 여부를 떠나 논의 사실 자체만으로도 국민이 알아야 할 공공성·사회성을 갖춘 공적인 관심사항에 해당한다고 볼 여지가 있다. 그러나 위 대화의 내용은 앞으로 제공할 정치자금 내지 추석 떡값을 상의한 것이지 실제로 정치자금 등을 제공하였다는 것이 아닐 뿐더러, 이 사건 보도가 행하여진 시점에서 보면 위 대화는 이미 약 8년 전의 일로서 그 내용이 보도 당시의 정치질서 전개에 직접적인 영향력을 미친다고 보기 어렵고, 제15대 대통령 선거 당시 기업들의 정치자금 제공에 관하여는 이 사건 보도 이전에 이미 수사가 이루어졌다. 이러한 사정을 고려하면, 위 대화 내용의 진실 여부의 확인 등을 위한 심층·기획 취재를 통해 밝혀진 사실 및 그 불법 녹음 사실을 보도하여 각 행위의 불법성에 대한 여론을 환기함으로써 장차 그와 유사한 사태가 재발하지 않도록 할 수 있음은 별론으로 하더라도, 그러한 사실확인 작업도 없이 곧바로 불법 녹음된 대화 내용 자체를 실명과 함께 그대로 공개해야 할 만큼 위 대화 내용이 '공익에 대한 중대한 침해가 발생할 가능성이 현저한 경우'로서 비상한 공적 관심의 대상이 되는 경우에 해당한다고 보기는 어렵다. 둘째, 위 피고인이 이 사건 도청자료가 불법 녹음이라는 범죄행위의 결과물이라는 사실을 알면서도 녹음테이프를 입수하기 위하여 미국으로 건너가 녹음테이프의 소지인을 만나 취재 사례비 명목의 돈으로 1,000달러를 제공하고 앞으로 1만 달러를 추가로 제공하겠다는 의사를 밝힌 것은, 단순히 국가기관에 의한 불법 녹음의 범행을 고발하기 위한 것이 아니라 처음부터 불법 녹음된 대화의 당사자나 내용의 공적 관심도에 착안하여 그 내용을 공개하고자 하는 목적으로 그 자료의 취득에 적극적·주도적으로 관여한 것으로 봄이 상당하다. 셋째, 위 피고인이나 ▲▲방송은 국가기관이 재벌 경영진과 유력 언론사 사장 사이의 사적 대화를 불법 녹음한 일이 있었다는 것과 그 대화의 주요 내용을 비실명 요약 보도하는 것만으로도 국가기관의 조직적인 불법 녹음 사실 및 재계와 언론, 정치권 등의 유착관계를 고발할 수 있었음에도 불구하고, 대화 당사자 등의 실명과 대화의 상세한 내용까지 그대로 공개함으로써 그 수단이나 방법의 상당성을 일탈했다. **더욱이 이 사건 보도가 나가기 전에 법원이 이 사건 도청자료의 전면적인 방송 금지가 아**

닌 녹음테이프 원음의 직접 방송, 녹음테이프에 나타난 대화 내용의 인용 및 실명의 거론을 금지하는 내용의 가처분결정을 하였는바, 그 취지는 이 사건 도청자료와 관련된 내용의 보도는 허용하되 대화 당사자들에 대한 통신비밀의 침해가 최소화될 수 있도록 실명의 거론이나 구체적인 대화 내용의 보도를 금지한 것이다. 이처럼 법원이 서로 상충하는 통신의 비밀과 언론의 자유가 조화를 이루면서 최대한 충실하게 보장될 수 있도록 상당한 방법을 제시하였음에도 불구하고, 위 피고인이나 ▲▲방송이 이를 따르지 아니하고 대화 당사자들의 실명과 구체적인 대화 내용을 그대로 공개한 행위는 수단이나 방법의 상당성을 결여한 것으로 볼 수밖에 없다. 넷째, 이 사건 보도가 국가기관의 조직적인 불법 녹음행위를 폭로하고 아울러 재계와 언론, 정치권 등의 유착관계를 고발하여 공공의 정보에 대한 관심을 충족시켜 주고 향후 유사한 사태의 재발을 방지한다는 점에서 공익적인 측면이 있음을 부인할 수는 없다. 그러나 앞에서 본 것처럼 이와 같은 공익적 효과는 비실명 요약보도의 형태로도 충분히 달성할 수 있었을 뿐만 아니라, 이 사건 대화의 내용이 이를 공개하지 아니하면 공익에 중대한 침해가 발생할 가능성이 현저한 비상한 공적 관심의 대상이 된다고 보기도 어려운 이상, 이 사건 대화 당사자들에 대하여 그 실명과 구체적인 대화 내용의 공개로 인한 불이익의 감수를 요구할 수는 없다고 할 것이다. 또한 이 사건 대화 당사자들이 비록 국민의 경제적·사회적 생활 등에 영향을 미치는 소위 공적 인물로서 통상인에 비하여 사생활의 비밀과 자유가 일정한 범위 내에서 제한된다고 하더라도, 그렇다고 해서 지극히 사적인 영역에서 이루어지는 개인 간의 대화가 자신의 의지에 반하여 불법 감청 내지 녹음되고 공개될 것이라는 염려 없이 대화를 할 수 있는 권리까지 쉽게 제한할 수는 없다. 이상과 같은 사정에 앞서 본 이 사건 대화가 불법 녹음된 경위, 위 피고인이 이 사건 도청자료를 취득하게 된 경위, 이 사건 보도의 목적과 내용, 방법 등 이 사건 보도와 관련된 모든 사정을 종합하여 보면, 이 사건 보도에 의하여 얻어지는 이익 및 가치가 통신비밀이 유지됨으로써 얻어지는 이익 및 가치보다 결코 우월하다고 볼 수 없다. **결국 위 피고인이 이 사건 도청자료를 공개한 행위는 형법 제20조 소정의 정당행위로서 위법성이 조각되는 경우에 해당하지 아니한다**고 할 것이다. 만약 이러한 행위가 정당행위로서 허용된다고 한다면 장차 국가기관 등이 사인 간의 통신이나 대화를 불법 감청·녹음한 후 소기의 목적에 부합하는 자료를 취사선택하여 언론기관 등과 같은 제3자를 통하여 그 내용을 공개하는 상황에 이르더라도 사실상 이를 막을 도리가 없게 된다. 같은 취지에서 원심이 위 피고인의 이 사건 통신비밀 공개행위가 정당행위에 해당하지 아니한다고 판단한 것은 정당하고, 거기에 상고이유에서 주장하는 바와 같이 정당행위에 관한 법리를 오해한 잘못이 없다.

…(중략)

원심이 유지한 제1심이 적법하게 인정한 사실관계에 의하면, **피고인 2는 월간 ○○ 편집장**으로 있던 당시 전 국가안전기획부 직원들이 불법 녹음하여 제작한 녹음테이프와 녹취보고서 등이 존재한다는 소문을 듣고 편집부 소속 직원을 통해 녹취록과 녹취보고서를 입수한 다음 ▲▲방송의 위와 같은 보도가 나간 후인 2005. 8.경 편집국 소속 기자로 하여금 월간○○에 위 녹취록과 녹취보고서의 내용 전문을 게재하도록 하였는데, 그 내용 중에는 공중의 정당한 관심사항과 관계없는 사적인 내용이 그대로 포함되어 있음을 알 수 있다. 위 사실관계를 위 1.의 가.항에서 본 법리에 비추어 살펴보면, 위 피고인의 주도로 이루어진 월간○○의 보도는 통신비밀의 취득과정, 보도에 의하여 공개된 대화의 내용, 보도 목적과 방법 등에 있어서 언론기관의 보도에 의한 통신비밀 공개행위에 있어 위법성 조각을 위하여 요구되는 요건을 갖추지 못하였다고 할 것이다. 원심이 같은 취지로 위 피고인의 통신비밀 공개행위가 정당행위에 해당하지 아니한다고 판단한 것은 정당하고, 거기에 상고이유에서 주장하는 바와 같이 정당행위에 관한 법리를 오해한 잘못이 없다.」[401]

바. 국회의원의 국회 외 불법감청·녹음자료 공개행위

▶ 「…(전략) 3. 인터넷 홈페이지 게재에 의한 통신비밀보호법 위반의 점에 대하여 …(중략) 이러한 법리는 불법 감청·녹음 등에 의하여 수집된 통신 또는 대화 내용의 공개가 관계되는 한, 그 공개행위의 주체가 언론기관이나 그 종사자 아닌 사람인 경우에도 마찬가지로 적용된다고 보아야 할 것이다.

나. 원심판결 이유와 기록에 의하면, 이 사건 도청자료에는 1997년 9월경 공소외 1과 공소외 2가 검찰 고위 관계자에 대한 이른바 추석 떡값 지원 문제 등을 논의한 대화가 담겨 있는데, 2005년 7월경 언론매체를 통하여 이 사건 도청자료 중 관련 검사들의 실명을 제외한 대부분의 내용이 언론매체를 통하여 공개된 사실, 피고인은 2005년 8월경 신원미상자의 제보를 통하여 이 사건 도청자료를 입수한 후 국회의원으로서 검찰의 금품 수수 진위에 대한 수사 촉구 및 특별검사제 도입에 관한 사회 여론을 조성할 목적으로 이 사건 보도자료를 작성하여 2005. 8. 18. 자신의 인터넷 홈페이지에 게재한 사실, 이 사건 보도자료의 주된 내용은 "▣▣이 명절 때마다 검사들에게 떡값을 제공하는 등 지속적으로 검사들을 관리하여 왔다"는 것으로서, 구체적인 내용을 보면 이 사건 도청자료에 담겨 있던 공소외 1과 공소외 2의 대화 내용과 관련 검사들의 실명

401) 대법원 2011. 3. 17, 선고 2006도8839 전원합의체 판결.

이 그대로 적시되어 있을 뿐만 아니라, 이 사건 도청자료에서 직책만 언급되었고 실명은 거론되지 아니한 '지검장'이 누구인지를 특정하여 그 실명을 적시한 사실을 알 수 있다.

다. 위와 같은 사실관계와 앞서 본 법리에 비추어 피고인의 인터넷 홈페이지 게재에 의한 통신비밀 공개행위가 형법 제20조의 정당행위에 해당하는지에 관하여 본다.

먼저 위에서 본 이 사건의 경위에 비추어 피고인이 국가기관의 불법 녹음 자체를 고발하기 위하여 불가피하게 이 사건 도청자료에 담겨 있던 대화 내용을 공개한 것이 아님은 분명하다. 또한 위 대화의 시점은 이 사건 공개행위 시로부터 8년 전의 일로서, 이를 공개하지 아니하면 공익에 대한 중대한 침해가 발생할 가능성이 현저한 경우로서 비상한 공적 관심의 대상이 되는 경우에 해당한다고 보기 어렵다.

한편 피고인이 검찰의 수사를 촉구할 목적으로 이 사건 보도자료를 자신의 인터넷 홈페이지에 게재하였다고는 하나, 이미 언론매체를 통하여 그 전모가 공개된 데다가 국회의원이라는 피고인의 지위에 기하여 수사기관에 대한 수사의 촉구 등을 통하여 그 취지를 전달함에 어려움이 없었음에도 굳이 전파성이 강한 인터넷 매체를 이용하여 불법 녹음된 대화의 상세한 내용과 관련 당사자의 실명을 그대로 공개한 행위는 그 방법의 상당성을 결여한 것으로 보아야 할 것이다.

나아가 피고인의 이 사건 공개행위가 재계와 검찰의 유착관계를 고발하고 이에 대한 수사를 촉구한다는 점에서 공익적인 측면을 갖고 있다고 하더라도, 이러한 공익적 효과는 이미 언론의 보도를 통하여 상당 부분 달성된 바로서, 위 대화의 내용이 이를 공개하지 아니하면 공익에 중대한 침해가 발생할 가능성이 현저한 경우라고 보기 어려운 터에 굳이 인터넷 홈페이지 게재라고 하는 새로운 방식의 공개를 통하여 위 대화의 직접 당사자나 위 대화에 등장하는 관련자들에게 그로 인한 추가적인 불이익의 감수까지 요구할 수는 없다고 할 것이다. 이와 같은 사정에 앞서 본 이 사건 공개행위의 목적과 방법 등 모든 사정을 종합하여 보면, 이 사건 공개행위에 의하여 얻어지는 이익 및 가치가 통신비밀이 유지됨으로써 얻어지는 이익 및 가치를 초월한다고 볼 수 없다.

그렇다면 **설사 피고인이 이 사건 도청자료를 취득하는 과정에 위법한 점이 없었다고 하더라도** 이를 내용으로 하는 이 사건 보도자료를 인터넷 홈페이지에 게재함으로써 통신비밀을 공개한 행위는 형법 제20조의 정당행위로서 위법성이 조각되는 경우에 해당한다고 볼 수 없다.

그럼에도 원심은 그 판시와 같은 이유로 이를 정당행위라고 판단하였으니, 원심판결에는 통신비밀 공개행위에 있어서 정당행위에 관한 법리를 오해하여 판결

결과에 영향을 미친 위법이 있다. 이 점을 지적하는 상고취지는 이유 있다.」[402)]

생각할 점

(1) **소방공무원**이 소방활동으로 인하여 타인을 사상(死傷)에 이르게 한 경우 형사 책임을 감경하거나 면제할 수 있다는 소방기본법 규정을 2017. 12. 신설[403)]하지 않았더라도, 종전부터도 형법의 긴급피난, 정당행위 규정을 적용하여 처벌할 수 없었다고 보는 것이 합리적 해석이다. 타인의 법익에 대한 현재의 위난을 피하기 위한 행위로 상당성이 있었다면 제22조의 긴급피난에 해당하고, 법령 또는 업무로 인한 행위로 볼 경우 제20조의 정당행위에 해당하여 위법성이 조각되기 때문이다.

(2) **수사공무원**이 위법한 체포, 감금, 고문, 회유, 협박으로 피의자의 진술을 얻어낸 것은 재판실무상 휴지조각과 같다. 형사소송법 제308조의2[404)]에 따라 위법수집증거로 보아 증거능력이 없거나, 동법 제309조[405)]의 강제 등 자백의 증거능력 규정에 따라 증거에서 배제당하기 때문이다.

제309조가 금지하는 것은 고문, 폭행, 협박, 신체구속의 부당한 장기화, 기망 기타 방법이고, 임의성 없는 자백을 근절하는 것을 목적으로 하고 있다. 반면 위법수집증거 배제법칙을 규정한 제308조의2는 절차위반이 있는 경우 자백이건 증거물이건 불문하고 증거로 삼지 아니하겠다는 선언이고, 자백이 임의건 강제건 간에 무조건 증거능력을 상실시킨다는 점에서 제308조의2가 더욱 강력하고 적용범위가 넓다고 볼 수 있다. 제308조의2는 2007년 신설되었다.

---

402) 대법원 2011. 5. 13, 선고 2009도14442 판결.

403) 소방기본법 제16조의5 (소방활동에 대한 면책) 소방공무원이 제16조제1항에 따른 소방활동으로 인하여 타인을 사상(死傷)에 이르게 한 경우 그 소방활동이 불가피하고 소방공무원에게 고의 또는 중대한 과실이 없는 때에는 그 정상을 참작하여 사상에 대한 형사책임을 감경하거나 면제할 수 있다. [본조신설 2017. 12. 26] [시행일 2018. 6. 27]

404) 형사소송법 제308조의2 (위법수집증거의 배제) 적법한 절차에 따르지 아니하고 수집한 증거는 증거로 할 수 없다. [본조신설 2007. 6. 1] [시행일 2008. 1. 1]

405) 형사소송법 제309조 (강제등 자백의 증거능력) 피고인의 자백이 고문, 폭행, 협박, 신체구속의 부당한 장기화 또는 기망 기타의 방법으로 임의로 진술한 것이 아니라고 의심할 만한 이유가 있는 때에는 이를 유죄의 증거로 하지 못한다.

▶ 「피고인의 검찰에서의 자백이 잠을 재우지 아니한 채 폭언과 강요, 회유한 끝에 받아낸 것으로 임의로 진술한 것이 아니라고 의심할 만한 상당한 이유가 있는 때에 해당한다면 형사소송법 제309조의 규정에 의하여 그 피의자신문조서는 증거능력이 없고, 임의성 없는 자백의 증거능력을 부정하는 취지가 허위진술을 유발 또는 강요할 위험성이 있는 상태 하에서 행하여진 자백은 그 자체가 실체적 진실에 부합하지 아니하여 오판의 소지가 있을 뿐만 아니라 그 진위 여부를 떠나서 자백을 얻기 위하여 피의자의 기본적 인권을 침해하는 위법부당한 압박이 가하여지는 것을 사전에 막기 위한 것이므로, 그 **임의성**에 다툼이 있을 때에는 그 임의성을 의심할 만한 합리적이고, 구체적인 사실을 **피고인이 입증할 것이 아니고** 검사가 그 임의성의 의문점을 해소하는 입증을 해야 한다.」(대법원 1999. 1. 29, 선고 98도3584 판결)

(3) **국정농단 사건에 조력**한 청와대, 문체부 공무원들이 직무상 지시를 이행한 것에 불과하다고 항변하였으나, 다수가 유죄 선고되었다. 문재인 정부는 공무원의 복종의무(국가공무원법 제57조)에서 기인한 직무상 고충을 감안하여 다음과 같은 내용의 '불법지시에 대한 이의제도'를 명문화하는 노력을 기울이고 있다. 인사혁신처가가 2017년 11월 15일 발표한 국가공무원법 개정안 입법예고의 내용은, 공무원이 상관의 위법한 지시 등을 거부하고 소신 있게 일할 수 있도록 하는 법률적 근거를 마련할 것이며, 공무원이 위법한 상관의 지시, 명령을 거부해도, 어떠한 인사 상 불이익도 받지 않도록 하겠다는 것이다. 이행 거부로 부당한 인사조치 등을 받게 되면 소청심사 외에도 고충상담 또는 고충심사를 청구하여 구제받을 수 있게 하고, 고충심사를 청구한 경우 반드시 민간위원이 포함된 고충심사위원회에 상정해 공정한 심사가 이뤄지도록 한다는 내용도 포함돼 있다. 다만 이 개정안은 아직도 국회를 통과하지 못했다.

(4) 타인과 육체적 실랑이가 발생할 경우 소극적 저항을 해야만 하고 적극적 행위를 하면 **실무상 정당행위**로 인정되지 않는다는 점을 유의해야 한다. 따라서 타인에게 멱살을 잡히면 상대의 잡은 손을 뿌리치는 것은 허용되나 상대방을 밀어 넘어뜨리는 것은 불허되고, 뺑소니 차량을 체포하기 위해 용의자의 손목을 잡고 도망하지 못하게 하는 것은 허용되나 상대를 차 밖으로 끌어내 상대의 몸 위에 올라타 목을 조르는 행위는 불허되고, 공공장소에서 허위의 사실로 자신을 비난하는 자를 발견하고 항의하는 것은 허용되나 상대의 발언을 제지하기 위해 손으로 입을 막는 행위는 폭행죄로 처벌되기 때문에 조심해야 한다.

[17] 형사미성년자

제9조(형사미성년자) 14세 되지 아니한 자의 행위는 벌하지 아니한다.

1. 형사미성년자의 책임능력

14세 미만의 자는 사물변별능력과 의사결정능력이 현저히 약하다는 판단에서 일괄적으로 형사책임능력이 없다고 규정하고 있다. 생물학적 특성을 고려한 입법이다.

2. 형사미성년자와 보호처분

다만 형사미성년자가 범죄를 저지른 경우 보호처분을 받을 수는 있다. 보호처분은 해당 소년을 보호·교화하는 처분으로, 형벌이 아니다.

보호처분이 가능한 소년은 14세 이상의 **범죄소년**(犯罪少年) 중 검사가 보호사건으로 처리함이 적합하다고 판단하여 소년부로 송치한 사건(소년법 제49조 제1항, 동법 제4조), 10세 이상 14세 미만의 **촉법소년**(觸法少年, 동법 제4조), 10세 이상 19세 미만의 **우범소년**(虞犯少年, 동법 제4조)이다. 촉법소년과 우범소년의 하한연령은 구 소년법 하에서는 만 12세였으나, 사회적 문제로 인해 만 10세로 2007. 12. 21. 소년법 개정 시 낮추었다.

▶ 소년법 개정 주요내용

「가. 이 법의 적용 연령 및 촉법소년(觸法少年)·우범소년(虞犯少年)의 연령 인하(법 제2조 및 제4조 제1항 제2호·제3호)

(1) 청소년의 성숙 정도, 「청소년보호법」 등 다른 법률과의 통일성, 만 19세는 대학생인 점 등에 비추어 이 법의 적용 상한 연령을 낮출 필요가 있고, 소년범 연령이 낮아질 뿐 아니라 범행내용도 사회적으로 문제가 되는 경우가 적지 아니하여 촉법소년 및 우범소년의 하한 연령을 낮출 필요가 있음.

(2) 이 법의 적용 연령을 현행 20세 미만에서 19세 미만으로 낮추고, 촉법소년 및 우범소년의 연령을 현행 12세 이상에서 10세 이상으로 낮춤.

(3) 만 19세에 해당하는 사람은 이 법의 적용을 받지 아니하게 되고, 현재 범죄를 저질러도 아무런 법적 조치를 받지 아니하는 만 10세와 만 11세의 소년에 대하여 이 법을 적용할 수 있게 됨에 따라 이 법에 따른 교화·선도 등이 가능하게 됨.」[406)]

소년법 [법률 제4057호, 1988. 12. 31, 전부개정]	소년법 [법률 제8722호, 2007. 12. 21, 일부개정]
제4조 (보호의 대상과 송치 및 통고) ① 다음 각 호의 1에 해당하는 소년은 소년부의 보호사건으로 심리한다. 1. 죄를 범한 소년 2. 형벌법령에 저촉되는 행위를 한 12세 상 14세 미만의 소년 3. 다음에 해당하는 사유가 있고 그의 성	제4조(보호의 대상과 송치 및 통고) ① 다음 각 호의 어느 하나에 해당하는 소년은 소년부의 보호사건으로 심리한다. 1. 죄를 범한 소년 2. 형벌 법령에 저촉되는 행위를 한 10세 이상 14세 미만인 소년 3. 다음 각 목에 해당하는 사유가 있고 그의 성격이나 환경에 비추어 앞으로 형

406) 국가법령정보센터 법률 개정이유 참조.
http://www.law.go.kr/lsInfoP.do?lsiSeq=81983&lsId=&viewCls=lsRvsDocInfoR&chrClsCd=010102#0000

격 또는 환경에 비추어 장래 형벌법령에 저촉되는 행위를 할 우려가 있는 12세 이상의 소년 가. 보호자의 정당한 감독에 복종하지 않는 성벽이 있는 것 나. 정당한 이유없이 가정에서 이탈하는 것 다. 범죄성이 있는 자 또는 부도덕한 자와 교제하거나 자기 또는 타인의 덕성을 해롭게 하는 성벽이 있는 것 ② 제1항 제2호 및 제3호에 해당하는 소년이 있을 때에는 경찰서장은 직접 관할소년부에 송치해야 한다. ③ 제1항 각호의 1에 해당하는 소년을 발견한 보호자 또는 학교와 사회복리시설의 장은 이를 관할소년부에 통고할 수 있다.	벌 법령에 저촉되는 행위를 할 우려가 있는 10세 이상인 소년 가. 집단적으로 몰려다니며 주위 사람들에게 불안감을 조성하는 성벽(性癖)이 있는 것 나. 정당한 이유 없이 가출하는 것 다. 술을 마시고 소란을 피우거나 유해환경에 접하는 성벽이 있는 것 ② 제1항 제2호 및 제3호에 해당하는 소년이 있을 때에는 경찰서장은 직접 관할 소년부에 송치(送致)해야 한다. ③ 제1항 각 호의 어느 하나에 해당하는 소년을 발견한 보호자 또는 학교·사회복리시설·보호관찰소(보호관찰지소를 포함한다. 이하 같다)의 장은 이를 관할 소년부에 통고할 수 있다. [전문개정 2007. 12. 21]

▶ 보호처분의 종류로는, 1. 보호자 또는 보호자를 대신하여 소년을 보호할 수 있는 자에게 감호 위탁, 2. 수강명령, 3. 사회봉사명령, 4. 보호관찰관의 단기(短期) 보호관찰, 5. 보호관찰관의 장기(長期) 보호관찰, 6. 「아동복지법」에 따른 아동복지시설이나 그 밖의 소년보호시설에 감호 위탁, 7. 병원, 요양소 또는 「보호소년 등의 처우에 관한 법률」에 따른 소년의료보호시설에 위탁, 8. 1개월 이내의 소년원 송치, 9. 단기 소년원 송치, 10. 장기 소년원 송치가 있다(소년법 제32조 제1항).

위 3호의 처분은 14세 이상의 소년에게만 할 수 있고(동법 제32조 제3항), 2호 및 10호의 처분은 12세 이상의 소년에게만 할 수 있다(동법 제32조 제4항).

생각할 점

갈수록 소년의 범죄가 잔혹해지고 보호처분만으로는 사회방위 및 피해학생을 보호할 수 없다는 비판으로 최근 형사미성년자의 연령을 낮추자는 청와대 국민청원이 이슈가 되었다. '소년의 보호'냐, '사회방위'냐에 대한 비교형량이 쉽지 않은 점, 소년의 책임능력 및 형벌능력(형벌감수성)이 기대에 미칠 만큼 발달한 것이 맞느냐는 의문으로 인해 법 개정이 쉽지 않다.

이러한 어려운 문제를 해결하는 데 있어 필자는 형법을 개정하여 형사미성년의 연령을 낮추어 만 14세 미만이더라도 국민적 합의 연령까지 원칙적으로 형사처벌할 수 있도록 규정하되, 다만 소년법에서 범죄**결과**가 중하지 아니하고 범행**수법**이 잔혹하지 아니한 사건에 대해 보호처분우선주의를 별도로 명시한다면 절묘하게 고민을 해결할 수 있을 것으로 본다.[407)][408)]

교통사고처리특례법이 그와 비슷한 내용(제3조 및 제4조)을 담고 있는데, 차의 운행으로 사람을 **죽게 한 경우** 합의가 되더라도 형사처벌을 하고, 사람을 **가볍게 다치게 한 경우**에는 도주뺑소니나 음주측정거부 및 12대 중과실에 해당하는 것이 아닌 한 합의 또는 종합보험가입 시 처벌하지 않고, **중상해가 발생한 경우**에는 종합보험에 가입되었더라도 별도의 합의가 없으면 처벌되는 것을 내용으로 하고 있다.

[18] 심신장애인

제10조(심신장애인) ① 심신장애로 인하여 사물을 변별할 능력이 없거나 의사를 결정할 능력이 없는 자의 행위는 벌하지 아니한다.
② 심신장애로 인하여 전항의 능력이 미약한 자의 행위는 형을 감경할 수 있다.
③ 위험의 발생을 예견하고 자의로 심신장애를 야기한 자의 행위에는 전2항의 규정을 적용하지 아니한다.

1. 심신상실자는 책임무능력자로 벌하지 않고, 심신미약자는 한정책임능력자로 형을 감경할 수 있다.[409]

그러나 고의 또는 과실로 심신장애상태를 초래한 경우, 예컨대 음주하면 운전대를 잡는 자신의 성향을 알고도 자의로 술을 마신 후 운전 중 인신사고를 일으키거나, 특정 향정신성약물을 복용하면 환각증세가 나타나 주변 사람을 폭행하는 자신의 성향을 알면서 자의로 약물을 복용 후 사람을 가격하면 제10조 제1항, 동조 제2항을 적용하지 않는다(형법 제10조 제3항). 따라서 그 같은 경우 고의범으로 기소된 사건은 적어도 과실치사상죄로 처벌되고, 과실범으로 기소된 사건은 형 감경을 받을 수 없다.

▶ 「피고인이 소론과 같이 심신미약 상태에 있었다고 하더라도 형법 제10조 제3항에 의하면 "위험의 발생을 예견하고 자의로 심신장애를 야기한 자의 행위

---

407) 이에 대해서 저자는 2018. 7. 3. TBC 8시 저녁뉴스와 2018. 8. 27.자 영남일보와의 인터뷰에서도 같은 의견을 밝힌 바 있다.

408) **현재도 소년법은 검사선의주의를 명시하고 있으나, 필자는 보호처분우선대상사건을 열거 또는 예시함으로써 검사가 그릇 판단하는 일이 없도록 보충입법하자는 주장을 새롭게 하고 있다.** 현재 검사선의주의를 명시한 소년법 규정은 동법 제49조 제1항이다.
소년법 제49조(검사의 송치) ① 검사는 소년에 대한 피의사건을 수사한 결과 보호처분에 해당하는 사유가 있다고 인정한 경우에는 사건을 관할 소년부에 송치해야 한다.

409) 심신미약이 필요적 감경에서 임의적 감경으로 바뀐 것은 2018. 12. 18. 개정 형법.

에는 전 2항의 규정을 적용하지 아니한다"고 규정하고 있는바, 기록에 의하면, 피고인은 자신의 차를 운전하여 술집에 가서 술을 마신 후 운전을 하다가 이 사건 교통사고를 일으킨 사실을 인정할 수 있고, 이는 피고인이 음주할 때 교통사고를 일으킬 수 있다는 위험성을 예견하고도 자의로 심신장애를 야기한 경우에 해당하여 심신미약으로 인한 형의 감경을 할 수 없다 할 것이다.」[410)]

2. 심신상실은 범행 당시 심신장애로 인해 사물변별능력과 의사결정능력을 상실한 상태, 심신미약은 그러한 능력이 미약한 상태에 있었던 경우이다. **심신상실은 책임조각사유로 무죄, 심신미약은 책임감경요소로 형을 감경**할 수 있다. 범죄를 저지를 수밖에 없었던 요소를 배제하고 피고인의 책임으로만 돌리는 것이 타당하지 않다는 점이 고려되었다. 구체적으로는, **도저히 참을 수 없는 도벽, 심각한 만성형 정신분열증**은 심신상실사유에 해당하나, 단순히 **소아기호증, 우울성 인격장애, 충동조절장애, 망상형 정신분열증, 편집형 정신분열증, 정신박약증세**는 원칙적으로 심신상실로 보지 않고, 심신미약으로만 보거나 경우에 따라서는 책임을 온전히 부과한다.

심한 만성형 정신분열증은 심신상실로 인정

▶「원심은 그 거시증거인 서울시립정신병원 신경정신과 전문의 김헌○이 작성한 정신감정서와 수사기록에 편철되어 있는 강화정신요양원장 김세○ 작성의 각 입원확인서, 강화병원 소속 의사 신승○ 작성의 진단서, 의사 김진○ 작성의 소견서, 검사 작성의 김진○에 대한 진술조서 등의 각 기재에 의하여 피고인은 이미 10여년 전부터 만성형 정신분열증 질환을 앓아 왔고 그 동안 각종 정신병원 및 정신요양원 등의 치료시설에 장기간 수용되어 치료를 받아 온 사실과 피고인의 현재 지능은 보통수준이고 외면상으로는 정상적인 지적 판단능력을 갖춘 듯이 보이나 내면에는 과대망상이나 피해망상 등 비현실적인 사고로 가득 차 있어 정상적인 사리판단이나 의사결정을 기대할 수 없는 상태로 보이며 이 사건 범행의 경위도 위와 같은 왜곡된 사고와 망상의 지배로 말미암아 아무런 관계도 없는 생면부지의 행인인 피해자들의 머리를 이유 없이 도끼로 내리쳐 상해를 가하기에 이른 사실을 인정한 다음, 이와 같은 여러 가지 사정을 종합하여 보면 피고인은 이 사건 범행당시 **심한 만성형 정신분열증**에 따른 망상에 지배되어 사

410) 대법원 1992. 7. 28, 선고 92도999 판결; 대법원 1994. 2. 8, 선고 93도2400 판결; 대법원 1995. 6. 13, 선고 95도826 판결.

물의 선악과 시비를 구별할만한 판단능력이 결여된 상태에 있었다고 보여지므로 피고인의 이 사건 범행에 대하여는 형법 제10조 제1항에 따라 벌할 수 없는 것이라고 판시하고 피고인에 대하여 무죄를 선고했다.

원심판결이 적시한 증거들을 기록과 대조하여 살펴보면 원심이 위와 같은 인정판단 아래 무죄를 선고한 조치는 수긍이 가고 거기에 소론과 같은 채증법칙을 어긴 잘못이나 심신미약상태에 있었음이 분명한 피고인을 감정서의 기재만으로 심신상실상태에 있었다고 판단한 위법이 있다고 할 수 없으므로 논지는 이유 없다.」[411)]

피해망상형 정신분열증이 심신상실로 인정된 사례

▶「원심은 감정인 김재○ 작성의 피고인에 대한 정신감정서, 사법경찰관사무취급작성의 피해자 "패트리크 멀○"에 대한 진술조서, 검사 및 사법경찰관 사무취급 작성의 피고인에 대한 피의자 심문조서의 각 기재내용, 피고인의 원심 공판정에서의 진술 등을 종합하여 피고인은 1963. 7.경부터 정신장애가 생겨 1967. 9. 30.부터 같은 해 11. 23.까지 신경 정신과 병원에서 그 치료를 받았으나 경과가 좋지 못하여 현재에 이르기까지 만성정신분열이 계속되고 있는 사실 및 이 사건 범행 당시인 1969. 7. 21. 19:00 피고인의 정신상태는 **정신분열증**이 있어서 피해자 "패트리크 멀○(미국인 신부)"이 사상적으로 불순하고(공산주의자) 피고인의 종교생활을 방해하며 방사선으로 피고인을 전기고문 할 것이라고 **피해망상**에 사로잡혀서 이에 대하여 정당방위를 한다는 **자폐증**적 사고로서 이 사건 공소사실인 절도, 살인미수의 범행을 저지르게 되었던 사실을 인정한 다음 피고인의 위 범행은 심신상실 상태 하에 소행이라고 단정하여 피고인에게 무죄를 선고하였는바, 원판결 적시의 각 증거들을 기록에 의하여 대비 검토하여 보아도 위 사실 인정과정에 소론이 지적하는 바와 같은 채증법칙의 위배나 법리의 위배가 있었음을 찾아 볼 수 없으므로 논지를 이유 없다.」[412)]

망상형 정신분열질환에 기한 심신장애주장을 함부로 배척한 것은 잘못이고, 구체적 심리 필요

▶「1심판결이 인정한 피고인의 범죄사실은 피고인이 그 판시 및 장소에서 피고인과 같이 식사를 하러 갔던 다방종업원인 공소외 최경○이 시간요금을 받고도 시간 전에 돌아가려고 했다는 이유로 점퍼 안주머니에 넣어 소지하고 있던

411) 대법원 1991. 5. 28, 선고 91도636 판결.
412) 대법원 1970. 7. 28, 선고 70도1358 판결.

길이 34㎝되는 식칼을 오른 손에 꺼내 들고 휘두르는 것을 위 식당주방일을 하던 피해자 용월○(여, 72세)이 피고인을 가로막고 제지하는 데에 격분하여 들고 있던 식칼로 위 피해자의 왼쪽 어깨, 왼쪽 등, 왼쪽 배 부분을 각 1회씩 찔러 위 피해자로 하여금 같은 날 11:20경 병원에서 좌측배부자창에 의한 좌심실관통으로 인한 심정지로 사망케 한 것이라고 함에 있는바, **원심은** 피고인이 정신이상으로 심신상실 또는 심신미약의 상태에서 위 범행을 저지른 것이라는 피고인 측의 주장에 대하여, 1심이 적법하게 조사 채택한 여러 증거들(특히 의사 이정○ 작성의 정신감정서의 기재)에 의하여 인정되는 피고인이 이 사건 범행에 이르게 된 경위, 범행의 수단과 방법, 범행을 전후한 피고인의 행동, 범행 후의 정황 등을 종합검토해 보면 피고인이 이 사건 범행 당시 **심신상실이나 심신미약의 상태에 있었던 것으로 인정되지 않는다고 판단**하여 위 주장을 배척하고 피고인을 징역 10년에 처한 1심판결을 유지했다.

그러나 형법 제10조에 규정된 심신장애는 생물학적 요소로서 정신병, 정신박약 또는 비정상적 정신상태와 같은 정신적 장애가 있는 외에 심리학적 요소로서 이와 같은 정신적 장애로 말미암아 사물에 대한 판별능력과 그에 따른 행위통제능력이 결여되거나 감소되었음을 요하므로, 정신적 장애가 있는 자라고 하여도 범행 당시 정상적인 사물판별능력이나 행위통제능력이 있었다면 심신장애로 볼 수 없음은 물론이나, 정신적 장애가 정신분열증과 같은 고정적 정신질환의 경우에는 범행의 충동을 느끼고 범행에 이르게 된 과정에 있어서의 범인의 의식상태가 정상인과 같아 보이는 경우에도 범행의 충동을 억제하지 못한 것이 흔히 정신질환과 연관이 있을 수 있고, 이러한 경우에는 정신질환으로 말미암아 행위통제능력이 저하된 것이어서 심신미약이라고 볼 여지가 있는 것이다.

기록에 의하면 피고인은 **망상형 정신분열증질환**을 가진 자로서 1983. 10. 28. 정신분열증세가 발작하여 그의 처를 살해한 사실로 치료감호처분을 받아 1990. 12. 5.까지 치료감호를 받은 전력이 있고, 또 이 사건에 관한 검찰조사에서 피고인은 "약 3개월 전부터 누군가가 저를 감시하는 것 같고 따라다니면서 저를 죽이려고 하여 그날 아침 생각해 보니 도저히 견딜 수 없어 식칼을 저의 점퍼 안주머니에 넣고 위 사람을 만나 대결하려고 생각하였는데 막상 찾을 길이 없어 강릉으로 가서 술이나 실컷 마시고 자살을 하려고 강릉까지 온 것입니다", "…이번에는 자살을 하러 왔다가 술을 마신 것이 취하여 순간적으로 감정이 폭발하여 칼을 휘둘렀는데 술만 취하지 않았다면 그런 행동을 하지 않았을 것입니다"라고 진술하고 있으며, 한편 원심이 채용한 의사 이정○ 작성의 정신감정서에 의하면 피고인이 망상형 정신분열증질환을 가지고 있으나 이 사건 범행은 환청이나 피해망상이 관련되어 있지 않았고, 다만 이 사건 살인은 자살하려던 피고인의 억압된 분노가 술로 인하여 억압되지 못하고 타인에게로 향해져 야기된 것으로 추정된다고 하면서, 결론적으로 피고인은 생물학적으로 정신분열증을 가지고 있지만 범행 당시 살인의 위법성을 모르고 있었다고 생각하기 어려우며 술로 인해 억제기능이 저하되어 있기는 하지만 의사결정능력이 없다고 보기는 어렵다는 취지로 감정하고 있는 사실이 인정된다.

위와 같은 사실관계에 비추어 보면 피고인은 망상형 정신분열증의 정신적 장애를 가진 자로서 범행 당시 범행의 충동을 억제하지 못하고 범행에 이르게 된 것임을 알 수 있는바, 피고인이 느낀 범행의 충동이 직접적으로 위 정신질환의 증상인 환청이나 피해망상으로부터 비롯된 것은 아니라고 하여도, 정상인이라면 그 정도의 술을 마신 것만으로는(피고인은 검찰에서 술에 조금 취한 상태라고 진술하고 있다)범행의 충동을 억제할 수 있는데도 피고인이 정신질환으로 말미암아 그 억제능력이 저하되어 억제하지 못하고 범행에 나간 것이라면 정신질환은 행위통제능력감소의 원인을 이루고 있다고 볼 여지가 있을 것이다.

원심으로서는 피고인의 범행충동의 억제능력이 저하된 것이 **술만이 아니라 피고인이 앓고 있던 정신질환과 관련이 있는 것인지의 여부를 좀 더 밝혀 본 후에 심신미약 여부를 판단하였어야 함**에도 불구하고 이에 이름이 없이 위와 같이 판단하고 말았음은 심리미진으로 판결에 영향을 미친 위법을 저지른 것이라고 할 것이다. 논지는 이유 있다.」[413)]

망상형 정신분열증세라도 심신미약만을 인정하고, 감정의견을 배척한 사례

▶ 「원심판결 이유를 기록에 대조 검토하여 볼 때 원심이 피고인이 이 사건 범행 당시 심신상실상태에 있었다는 감정인 신정○ 작성의 감정서의 일부 기재 및 동인의 원심법정에서의 일부증언을 배척하고 거시증거와 일건 기록내용에 의하여 판시사실을 인정한 다음 그 판시사실에 나타난 피고인의 학력 및 직업, 군복무경력, 형수인 피해자와의 심리적 갈등관계, 이 사건 피고인의 정신분열증의 주된 원인이 피고인 자신에 대한 지나친 건강염려를 바탕으로 한 특정인(피해자)을 대상으로 삼은 **피해망상형**인 점, 피고인의 의식상태 및 기억력, 지남력, 판단력의 정도와 이 사건 범행방법이나 그 범행 후 체포를 면하려는 일련의 행위가 정상적인 범주를 크게 벗어나지 아니하는 점 등을 종합하여 피고인이 이 사건 범행 당시 **망상형 정신분열증세**로 인하여 사물을 변별하거나 의사를 결정할 능력이 미약한 증세에 있었다고 판단한 것은 이를 수긍할 수 있으며 심신장애 유무와 그 정도를 판단함에 있어 반드시 감정인의 의견에 따라야 하는 것은 아니므로 그와 같은 인정과정에 채증법칙을 위반한 위법이나 형법에 정한 심신상실

413) 대법원 1992. 8. 18, 선고 92도1425 판결.

과 심신미약에 관한 법리오해의 위법이 있다 할 수 없다.」[414)]

편집형 정신분열증환자로서 심신상실의 상태에 있었다는 감정인의 의견을 배척하고, 심신미약만을 인정한 사례

▶ 「1. 원심판결과 원심이 인용한 제1심 판결이 들고 있는 증거들을 살펴보아도 원심이 이혼한 전 남편인 피해자의 술잔에 피고인이 메소밀 농약을 넣어 피해자로 하여금 이를 마시고 사망하게 하였다는 범죄사실을 인정한 조치에 수긍이 가고 거기에 소론과 같이 채증법칙 위배로 인한 사실오인이 있다고는 보이지 아니하므로 논지는 이유 없다.

2. 형법 제10조 제1항 및 제2항 소정의 심신장애의 유무 및 정도의 판단은 법률적 판단으로서 반드시 전문감정인의 의견에 기속되어야 하는 것은 아니고,[415)] 정신분열병의 종류 및 정도, 범행의 동기 및 원인, 범행의 경위 및 수단과 태양, 범행 전후의 피고인의 행동, 증거인멸 공작의 유무, 범행 및 그 전후의 상황에 관한 기억의 유무 및 정도, 반성의 빛 유무, 수사 및 공판정에서의 방어 및 변소의 방법과 태도, 정신병 발병 전의 피고인의 성격과 그 범죄와의 관련성 유무 및 정도 등을 종합하여 법원이 독자적으로 판단할 수 있는 것이다.

3. 원심은 피고인이 이 사건 범행 당시 피해망상을 주 증상으로 하는 **편집형 정신분열증**으로 말미암아 심신상실의 상태에 있었다는 감정인 곽영○ 작성의 감정서의 기재 및 동인에 대한 사실조회 회보서의 기재를 배척하면서, 이 사건 범행의 동기와 범행방법, 범행 후의 정황 등 피고인의 일련의 행위가 정상적인 사람의 행동범위를 크게 벗어나지 아니하고, 피고인의 의식과 지남력, 기억력, 지식, 지능이 모두 정상이며, 착각이나 환각 같은 지각장애가 없는 점 등을 종합하면 피고인은 이 사건 범행 당시 사물의 선악과 시비를 합리적으로 판단하여 구별할 수 있는 능력이나 사물을 변별한 바에 따라 의지를 정하여 자기의 행위를 통제할 수 있는 능력이 미약한 상태에 있었다고 봄이 상당하고, 이에서 나아가 그 사물의 변별력이나 의사결정능력을 상실한 상태에까지 이른 것이라고는 볼 수 없다고 판시하였는바, 기록에 비추어 보면 원심의 이와 같은 인정과 판단은 정당한 것으로 수긍이 가고 거기에 소론과 같은 책임능력 판단에 있어서의 법리오해 및 사실오인 등의 위법을 발견할 수 없다. 논지는 이유 없다.」[416)]

---

414) 대법원 1990. 11. 27, 선고 90도2210 판결.
415) 대법원 1991. 9. 13, 선고 91도1473 판결; 대법원 1990. 11. 27, 선고 90도2210 판결.
416) 대법원 1994. 5. 13, 선고 94도581 판결.

아동을 납치·몸값 수수·살해한 자의 심신장애주장은 배척됨

▶「형법 제10조 제1항 및 제2항 소정의 심신장애의 유무 및 정도를 판단함에 있어서 반드시 전문감정인의 의견에 기속되어야 하는 것은 아니고,[417] 범행의 경위, 수단, 범행 전후의 피고인의 행동 등 기록에 나타난 제반자료와 공판정에서의 피고인의 태도 등을 종합하여 법원이 독자적으로 심신장애의 유무를 판단 할 수 있는 것이다.

원심은 피고인이 이 사건 범행 당시 편집성 정신장애로 말미암아 심신미약의 상태에 있었다는 감정인 한성○ 작성의 감정서의 기재 및 동인의 원심법정에서의 증언에 대하여 이를 배척하면서 그 이유로 위 감정인의 감정증언이나 감정서의 기재내용과 같이 **편집성 망상**은 특정부분에서만 나타나고 다른 부분에 있어서는 정상인과 다름이 없다는 것이라는 점을 감안한다 하더라도, 이 사건 범행의 과정, 방법, 범행 후의 행동 등에 비추어 볼 때 이 사건 범행의 동기가 피고인이 변소하고 있는 바와 같이 정상인으로서는 납득할 수 없는 친구인 공소외 박영○의 잘못을 세상에 알리기 위한다는 데 있었다기보다는 월급생활자라는 자신의 위장된 신분을 유지하기 위한 금전적 필요[418]에 있었다고 봄이 상당하고, 이 사건 범행 당시 피고인에게는 사물의 변별능력이나 의사결정능력이 없다거나 미약한 상태에 있지 아니하였음이 명백하기 때문이라고 판시하고 있다.

기록에 비추어 보건대, 원심의 이와 같은 인정과 판단은 정당한 것으로 수긍이 가고 거기에 소론과 같은 책임능력판단에 있어서의 법리오해, 사실오인, 심리미진, 이유불비 등의 위법은 없다.」[419]

---

417) 대법원 1983. 7. 12, 선고 83도1262 판결; 대법원 1990. 11. 27, 선고 90도2210 판결.

418) ▶「피고인은 현재 비록 24세의 젊은 미혼여자이기는 하나 자신이 케이 비 에스(KBS)방송국에 취직하였다는 신분위장 생활을 합리화하기 위한 **돈을 마련할 목적**으로 미성년자를 유인하고 그의 안전을 염려하는 부모 등의 우려를 이용하여 재물을 취득하기로 결의한 후 범행 전에 가명으로 예금구좌를 개설하고 현금카드를 발급받는 등 **치밀한 사전준비**를 하였으며 제1차 범행을 시도하였으나 재물취득에 실패하자 **재차 범행을 시도**하여 피해자를 유인한 후 겁에 질려 집으로 보내줄 것을 울면서 애원하는 피해자를 목 졸라 살해하고 사체를 은닉하여 놓은 후, 4회에 걸쳐 대담하게 피해자의 집에 돈을 요구하고 피해자의 어머니로부터 송금된 돈을 지능적으로 인출해 가는 등 그 **범행수법이 매우 치밀**하며 **지능적**이고 **대담**할 뿐더러 그 죄질 또한 극히 반사회적이며 불량하다고 할 것이고 그밖에 양형의 조건이 되는 여러 사유들을 종합해 볼 때 원심이 이 사건 범행들을 경합범으로 처단하면서 가장 중한 유인미성년자살해의 특정범죄가중처벌등에관한법률위반죄의 법정형 중 사형을 선택하여 피고인을 사형으로 처단하였음은 수긍이 가고 그 형의 양정이 심히 부당하다고 보여지지 아니한다.」(대법원 1991. 9. 13, 선고 91도1473 판결)

419) 대법원 1991. 9. 13, 선고 91도1473 판결.

우울성 인격장애는 심신장애사유가 아니라는 판시

▶ 「각 상고이유의 요지는, 피고인이 원심판시와 같이 피해자 3을 칼로 찔러 살해하고 피해자 1, 2 등에게 상해를 가한 것은 사실이나 피고인은 열등감과 우울증으로 시달리다가 범행순간은 자기도 모르게 범행을 저지른 것으로서 심신장애의 상태에 있었음에도 불구하고 심신장애의 상태에 있지 아니하였다고 판단한 원심조치는 심리미진 또는 심신장애사유에 관한 법리오해의 위법이 있고 또 원심이 유지한 징역 15년의 1심 판결 양형은 과중하여 위법하다고 함에 있다.

그러나 1심 판결에서 채용한 검사의 피고인에 대한 피의자신문조서 기재에 의하면 피고인은 범행당일 피해자들과 같이 피해자 3집 방에서 놀다가 피해자들이 과거에 피고인이 자살미수한 일을 화제로 삼자 피고인을 비웃는 것 같고 창피한 생각이 들어 피해자들을 전부 죽이고 자살하기로 결의하고 피해자들이 잠든 사이에 판시와 같은 범행을 저질렀으며, 피해자들을 찌르고 난후 피고인 자신의 목을 칼로 찔렀으나 도저히 깊이 찌를 수 없어 자살을 포기하고 외부사람의 범행인 것처럼 가장하고자 엎드려 있다가 피해자 중 피해자 1이 사람을 부르러 밖으로 나간 사이에 피고인이 잠바 안주머니에 소지 중인 과도생각이 나서 그것이 발견되면 의심을 받을 것 같아 굴뚝에 과도를 버리고 다시 들어와 엎드려서 병원에 운반될 때까지 기절한 것처럼 가장하였다는 취지로 진술하고 있고, 한편 1심 감정인 황익○의 피고인에 대한 정신감정서 기재와 원심법정에서의 증언에 의하면 피고인은 **우울성 인격장애자**이나 이는 병적인 것이 아니라 성격적 결함을 말하는 것으로서 사물을 변별할 능력 또는 의사를 결정할 능력이 없다거나 미약한 것은 아니라는 취지이다.

위와 같이 피고인이 수사과정에서 이 사건 범행의 동기, 방법 및 범행후의 정황에 관하여 진술한 내용이라든가 피고인에 대한 정신감정의 결과에 비추어 본다면 피고인이 이 사건 범행당시 사물을 변별할 능력이나 의사를 결정할 능력이 미약한 상태에 있지 아니하였다고 본 원심판단은 정당하고 이 점에 관한 논지는 이유 없다.」[420)]

소아기호증이 심신장애로 인정되기 위해서는 구체적 심리가 필요

▶ 「원심판결 이유에 의하면, **원심은,** 피고인에 대한 정신감정 결과 피고인이 중학생이던 1983.경 9세의 여아를 강간하여 학교를 더 다니지 못하게 된 점, 피고인에 대한 누범전과의 내용도 어린 나이의 여아를 강간한 것인 점, 피고인에 대한 임상심리검사 결과 피고인은 초등학교 6학년 때 아버지로부터 성적 폭행을

420) 대법원 1984. 3. 13, 선고 84도76 판결.

당하였다고 주장하는데, 그 후부터 지속적으로 나이 어린 여아에 대하여만 성욕을 느끼고, 소녀와의 성행위 내지 성적 공상에 탐닉하여 왔고, 피고인의 자아 이미지가 매우 부정적이고 기능이 매우 손상되어 있으며 불안정, 우울, 충동성 등 정서적 문제가 발견되는 점 등을 종합하여 볼 때, 피고인에게 변태성욕의 일종인 소아기호증이 존재하는 것으로 진단되고, 이 사건 범행 당시에도 피고인은 **소아기호증**이라는 정신질환으로 인하여 심신미약의 상태에 있었던 것으로 추정하고 있는데, 위와 같은 정신감정 결과, 피고인의 범행전력, 이 사건 범행 내용 및 횟수 등에 비추어 볼 때, 피고인은 이 사건 범행 당시 소아기호증으로 인하여 범행의 충동을 억제하지 못하고 범행에 이르게 된 것으로서 의사를 결정하거나 사물을 변별할 능력이 **미약**한 상태에 있었다고 **판단**했다.

형법 제10조에 규정된 심신장애는 생물학적 요소로서 정신병 또는 비정상적 정신상태와 같은 정신적 장애가 있는 외에 심리학적 요소로서 이와 같은 정신적 장애로 말미암아 사물에 대한 변별능력과 그에 따른 행위통제능력이 결여되거나 감소되었음을 요하므로, 정신적 장애가 있는 자라고 하여도 범행 당시 정상적인 사물변별능력이나 행위통제능력이 있었다면 심신장애로 볼 수 없는 것이고,[421] 특단의 사정이 없는 한 성격적 결함을 가진 자에 대하여 자신의 충동을 억제하고 법을 준수하도록 요구하는 것이 기대할 수 없는 행위를 요구하는 것이라고는 할 수 없으므로, 사춘기 이전의 소아들을 상대로 한 성행위를 중심으로 성적 흥분을 강하게 일으키는 공상, 성적 충동, 성적 행동이 반복되어 나타나는 소아기호증은 성적인 측면에서의 성격적 결함으로 인하여 나타나는 것으로서, **소아기호증과 같은 질환이 있다는 사정은 그 자체만으로는 형의 감면사유인 심신장애에 해당하지 아니한다**고 봄이 상당하고, 다만 그 증상이 매우 심각하여 원래의 의미의 정신병이 있는 사람과 동등하다고 평가할 수 있거나, 다른 심신장애사유와 경합된 경우 등에는 심신장애를 인정할 여지가 있을 것이며 ,[422] 이 경우 **심신장애의 인정 여부는** 소아기호증의 정도, 범행의 동기 및 원인, 범행의 경위 및 수단과 태양, 범행 전후의 피고인의 행동, 증거인멸 공작의 유무, 범행 및 그 전후의 상황에 관한 기억의 유무 및 정도, 반성의 빛 유무, 수사 및 공판정에서의 방어 및 변소의 방법과 태도, 소아기호증 발병 전의 피고인의 성격과 그 범죄와의 관련성 유무 및 정도 **등을 종합하여 법원이 독자적으로 판단**할 수 있다.[423]

기록에 의하면, 피고인이 범행 내용을 비교적 뚜렷하게 기억하고 있는 것으로 보이는 사실, 피고인이 이 사건과 같은 소아에 대한 성범죄로 종전에 재판받을

421) 대법원 1992. 8. 18, 선고 92도1425 판결.
422) 대법원 1995. 2. 24, 선고 94도3163 판결.
423) 대법원 1994. 5. 13, 선고 94도581 판결.

당시 소아기호증 등의 질환이 있다는 사정을 주장하지 않았던 사실, 피고인이 이 사건 이전에 소아기호증으로 치료를 받았다고 볼 자료가 전혀 없고, 원심 재판 진행 중 소아기호증으로 진단을 받아 진단서를 제출하기는 하였으나 위와 같은 진단을 받은 이후에도 전혀 치료를 받지 않았고, 오히려 치료를 거부하기도 한 것으로 보이는 사실, 피고인이 범행 장소를 사전에 답사하기도 한 것으로 보이는 등 이 사건 각 범행이 우발적이라고 하기는 어려운 것으로 보이는 사실, 피고인이 약 3년 만에 처와 헤어진 것으로 보이기는 하지만, 이 사건 범행 이전에 성인 여성과 결혼을 하여 아들을 두기도 하는 등 정상적인 가정생활을 하였던 것으로 보이고, 이 사건 각 범행 당시에도 직업적으로 운전을 하는 등 사회적, 직업적으로 지장을 받고 있다고 볼 자료가 부족한 사실, 피고인에 대한 정신감정 결과에 의하더라도 피고인의 의식은 명료하고, 시간·장소·사람에 대한 지남력은 보존되어 있으며, 특별한 감정의 고조나 우울감은 관찰되지 않으며, 사고과정 및 내용상 망상은 없고, 지각 장애도 의심되지 않으며, 시험적인 판단력은 보존되어 있었던 것으로 판단되었으며, 피고인의 소아기호증이 이 사건 범행에 끼친 영향은 적고, 정신과적 치료 효과도 제한적이라고 하면서, 피고인의 소아기호증이 이 사건에 **적은** 부분 **영향**이 있었을 것이며, 정신질환으로 인하여 적은 정도의 심신 **미약** 상태에 있었다고 **판단**한 사실 등을 알 수 있다.

이러한 사정을 앞서 본 법리에 비추어 살펴보면, 피고인이 이 사건 범행 당시 소아기호증이라는 정신적 장애가 있다는 사정 이외에 더 나아가 사물을 변별할 능력이나 의사를 결정할 능력이 **미약한 상태였다고 인정할 수 있을지,** 피고인의 소아기호증의 정도가 원래의 의미의 정신병이 있는 사람과 동등하다고 평가할 수 있을 정도로 **심각하다고 인정할 수 있을지 의문**의 여지가 있다.

따라서 원심으로서는 피고인의 소아기호증의 정도 및 내용, 이 사건 각 범행의 동기 및 원인, 범행의 경위 및 수단과 태양, 범행 전후의 피고인의 행동, 범행 및 그 전후의 상황에 관한 기억의 유무 및 정도, 수사 및 공판정에서의 방어 및 변소의 방법과 태도, 소아기호증 발병 전의 피고인의 성격과 그 범죄와의 관련성 유무 및 정도 등에 관하여 나아가 심리한 다음, 피고인에게 인정되는 소아기호증이 원래의 의미의 정신병을 가진 사람과 동등하다고 평가할 수 있을 정도로 심각한 것인지, 피고인에게 소아기호증의 정신적인 장애가 있다는 사정 이외에 그로 인하여 사물 변별능력이나 의사결정능력이 감소된 상태였다고 인정할 사정이 존재하는지를 검토하여, 피고인이 심신장애 상태에서 이 사건 각 범행을 범한 것인지의 여부에 대하여 판단하였어야 할 것으로 보인다.

그럼에도 불구하고, 원심이 이러한 사정에 대하여 구체적으로 심리, 검토하지 않은 상태에서 그 판시와 같은 사정만을 근거로 피고인이 이 사건 각 범행 당시 심신미약의 상태에 있었다고 판단한 것은, 심신장애에 관한 법리를 오해함으로써 판결 결과에 영향을 미친 위법을 저지른 경우에 해당하므로, 이 점을 지적하는 상고이유의 주장은 이유 있다.」[424)]

심신장애를 인정한 원심은 잘못이지만, 검사가 항소하지 않아 파기를 면함

「원심은 피고인이 1992. 12. 8. 서울형사지방법원에서 절도죄 등으로 징역 1년에 집행유예 2년을 선고 받고, 1993. 8. 2. 서울형사지방법원에서 절도죄로 벌금 3,000,000원을 선고받아 이 사건 범행 당시 위 집행유예기간 중에 있는 자인데 상습으로 1994. 1. 26. 14:00경 서울 성동구 ○1동 17 소재 ▲대학교 도서관에서 위 학교 학생들의 지갑을 절취하였다는 제1심 인정의 범죄사실을 그대로 유지하면서도, 피고인은 **충동조절장애**에 의한 병적인 도벽성이 있어 이 사건 범행 당시 사물을 변별하거나 의사를 결정할 능력이 미약한 상태에 있었던 사실이 인정되므로 피고인의 이 사건 범행은 심신미약자의 행위로서 마땅히 그 형을 감경하였어야 함에도 이에 이르지 아니한 제1심은 심신미약에 관한 사실을 오인하거나 그 법리를 오해하여 판결에 영향을 미친 위법을 범하였다고 하여 제1심판결을 파기하고 피고인에 대하여 심신**미약**감경 및 작량감경을 하여 징역 1년을 선고했다.

그런데 소론은 위와 같이 원심이 피고인의 심신미약을 인정하면서도 그러한 심신장애의 상태에 있는 탓으로 저지른 절도의 범행을 상습성 인정의 자료로 삼아 피고인을 상습범으로 처벌한 것은 잘못이라고 주장하는바, 우선 **피고인이 원심이 인정한 것처럼 심신미약의 상태에 있는 것인지**를 살펴보기로 한다.

원심은 위와 같이 피고인이 심신미약의 상태에 있다고 인정함에 있어서 주로 원심 감정인인 의사 권정○ 작성의 감정서의 기재에 의존하였음이 원심판결 자체에 의하여 명백한데, 위 감정서에는 피고인이 충동조절장애로 인한 병적 도벽(Kleptomania), 즉 자신의 필요에 의하거나 금전상의 이득을 위한 것이 아니면서도 사전에 아무 계획 없이 그 순간에 어떠한 사물을 도둑질하고 싶은 충동을 억제할 수 없는 일이 반복되는 상태에 있고, 이 사건 범행 당시에는 사전에 아무런 계획 없이 일단 절도충동이 발생하면 스스로의 의지로는 저항할 수 없는 상태로 되어 현실변별력을 잃은 병적 상태에서 범행한 것으로 사료된다고 기재되어 있기는 하다.

그러나 **형법 제10조 소정의 심신장애의 유무는 법원이 형벌제도의 목적 등에 비추어 판단해야 할 법률문제**로서, 그 판단에 있어서는 전문감정인의 정신감정 결과가 중요한 참고자료가 되기는 하나, 법원으로서는 반드시 그 의견에 기

424) 대법원 2007. 2. 8, 선고 2006도7900 판결.

속을 받는 것은 아니고, 그러한 감정결과 뿐만 아니라 범행의 경위, 수단, 범행 전후의 피고인의 행동 등 기록에 나타난 제반 자료 등을 종합하여 독자적으로 심신장애의 유무를 판단해야 하는 것이다.[425)]

그런데 위 권정○의 감정서에 의하더라도 피고인의 병적 도벽이라는 증상은 그것이 뇌손상과 같은 기질적 손상이나 정신분열증 또는 조울증 등 사물을 변별할 수 있는 능력에 장애를 가져오는 원래의 의미의 정신병으로 인한 것이라는 취지는 아니고 다만 성장기의 불우한 가정환경으로 인하여 심리적 손상을 받았거나 소홀히 취급된 결과로 인하여 성격적 결함인 충동조절장애가 생기게 된 데서 유래하였다는 것임을 알 수 있다.

그러나 피고인이 자신의 절도의 충동을 억제하지 못하는 성격적 결함(정신의학상으로는 정신병질이라는 용어로 표현하기도 한다)으로 인하여 이 사건 범행에 이르게 되었다고 하더라도, 이와 같이 자신의 충동을 억제하지 못하여 범죄를 저지르게 되는 현상은 **정상인에게서도 얼마든지 찾아볼 수 있는 일**로서 이는 정도의 문제에 불과하고, 따라서 특단의 사정이 없는 한 위와 같은 성격적 결함을 가진 자에 대하여 자신의 충동을 억제하고 법을 준수하도록 요구하는 것이 기대할 수 없는 행위를 요구하는 것이라고는 할 수 없으므로 원칙적으로는 충동조절장애와 같은 성격적 결함은 형의 감면사유인 심신장애에 해당하지 않는다고 봄이 상당하고, 다만 그러한 성격적 결함이 매우 심각하여 원래의 의미의 정신병을 가진 사람과 동등하다고 평가할 수 있다든지, 또는 다른 심신장애사유와 경합된 경우에는 심신장애를 인정할 여지가 있을 것이다.

그런데 위 감정서에 의하면 피고인에게는 병적 도벽 외에도 타인의 나체 등을 엿보려는 관음증(Voyeurism)이라는 증상이 있기는 하나 이 또한 마찬가지로 성격적 결함의 일종으로서 위 관음증이 발전하여 병적 도벽까지 진행되었다는 것이고 그 외에는 피고인의 의식 및 지남력, 기억력 및 지적 능력, 추상적 사고 능력 및 판단력 등은 모두 보존되어 있어 평소에는 현실변별력에 아무런 제한이 없다는 것이며, 또한 위 감정서 및 기타 기록에 나타난 자료에 의하면 피고인은 대학 1학년 때부터 위와 같은 병적인 도벽이 나타났으나 그럼에도 불구하고 정상적으로 대학을 졸업하고 회사에 근무하다가 일본에 유학까지 하였는데 회사에 근무하거나 일본에 유학하고 있는 동안에는 아무런 문제가 없었고 다만 도서관에 들어갔을 때에만 이러한 도벽이 나타난다는 것이며(피고인의 절도전과상의 범행장소도 모두 대학교 도서관이었다), 또한 피고인이 성립 및 임의성을 인정하고 있는 검사 작성의 피고인에 대한 피의자신문조서의 기재에 의하면 피고인이 이 사건 범행장소인 ▲대학교 도서관에 들어갈 때 이미 물건을 훔칠 목적을 가

425) 대법원 1991. 9. 13, 선고 91도1473 판결.

지고 있었다는 것인바(수사기록 63장 참조), 이러한 여러 사정을 종합하면 **피고인에게 위와 같은 충동조절장애로 인한 병적 도벽이 있다고 하더라도 이는 형법 제10조 소정의 심신장애에는 해당하지 않는다**고 봄이 상당하다.

그럼에도 불구하고 원심이 피고인에게 위와 같은 심신장애사유가 있다고 하여 형을 감경한 것은 심신장애에 관한 법리를 오해한 위법을 범한 것이라고 할 것이나 **피고인만이 상고한 이 사건**에서는 이는 원심판결을 파기할 사유는 되지 못한다고 할 것이고, 따라서 피고인이 심신미약자임을 전제로 하여 원심판결을 비난하는 소론은 이유 없으며, 그 외에 기록에 나타난 여러 사정을 종합하여 보면 피고인이 상습으로 이 사건 절도죄를 저질렀다고 인정한 원심의 판시는 정당하고 거기에 어떤 위법이 있다고 할 수 없다. 논지는 이유 없다.」[426]

저능아의 정신박약과 만취 주장 배척사례

▶「각 상고이유의 요지는, 피고인이 원심이 유지한 제1심판결 판시와 같은 범행을 한 것은 사실이나 피고인은 어릴 때 머리를 다쳐 **저능아**가 된 데다가 이 사건 범행당시에는 **술에 많이 취하기**까지 하여 심신상실 또는 심신미약의 상태에 있었음에도 불구하고 심신상실은 물론 심신미약의 상태에도 있지 아니하였다고 판단한 원심조치에는 채증법칙을 위배하여 사실을 오인하고 심신장애에 관한 법리를 오해한 위법이 있다고 하지 아니할 수 없고, 또 원심이 유지한 무기징역의 제1심판결 양형은 과중하여 위법하다고 함에 있다. 제1심 감정인 변원○의 정신감정서 기재와 피고인 및 제1심 증인 박곡○의 진술을 기록과 함께 살펴보면 피고인은 4세 때 방에서 부엌 쪽으로 떨어져 죽솥에 빠지면서 머리를 부딪쳐 상처를 입은 때부터 저능아로 성장했으며 지능은 종합지능지수 71로서 경계선 정도의 정신박약증을 나타내고 있고 이 사건 범행직전에는 상당한 량의 술을 마신 사실을 인정할 수 있으나, 한편 기록에 의하여 살펴보면 피고인은 국민학교 졸업 후 15세경부터 용접공으로 취업하여 한 직장에서 7년간이나 별 탈 없이 종사하여 왔고(그 뒤 1977. 4.경부터 이건 범행 직전인 1984. 3. 18.경까지는 교도소에서 복역하였다), 이 사건 범행은 범행 10여일 전 피해자의 아들과 싸우다가 찢긴 피고인의 옷값을 변상받기 위하여 3번째로 피해자 집을 찾아갔다가 범한 것으로서 이해타산에도 밝은 사실, 피고인은 이 사건 범행 전 동리청년들과 어울려 같이 술을 마시러 다니고 낚시도 같이 다니는 등 정상적인 교우관계를 맺어온 사실, 이 사건 범행은 비록 충동적인 데가 있지만 명백한 동기를 가지고 전반에 걸쳐 분명한 사리인식과 상황판단하에 행동했고 심지어는 피해자의 사망을 확인하기

426) 대법원 1995. 2. 24, 선고 94도3163 판결.

위하여 확인타격을 가했고, 범행을 은폐하고 피해자의 신원을 확인할 수 없도록 하기 위하여 사체의 옷을 벗기고 암장하였을 뿐 아니라 범행 후 피고인의 옷이나 살인 및 암장에 쓴 삽에 묻은 피를 물로 닦아내어 범행흔적을 없애려고 노력하는 등으로 그 범행과정에 있어서 유치하다거나 이상하다고 할만한 점을 전혀 찾아볼 수 없고 피고인을 용의자로 지목하고 수사를 개시하자 피고인은 처음에는 이를 완강히 부인하고, 오히려 알리바이조작을 기도하기까지 하였으며, 또 범행자백 후에는 범행과정을 비교적 소상하게, 전후 모순됨이 없이 조리에 맞게 일관되게 진술하고 있는 사실을 인정할 수 있다. **피고인의 이러한 범행전후의 정황과 이 사건 범행과 같은 살인범죄는 그 반사회성, 비윤리성이 명백하여 다소 지능이 낮더라도 그 위법성을 쉽사리 알 수 있으므로 그에 대한 제어 능력은 지능적 요소보다는 정의적 요소가 더욱 중요한 작용을 하게 된다는 점** 등을 고려하면 피고인이 이 사건 범행당시 음주로 인하여 상당히 취한 상태에 있었고 여기에 위에서 본 정도의 정신박약증세가 보태어져 있다 하더라도 바로 피고인이 이건 범행당시 심신장애로 인하여 사물을 변별하거나 의사를 결정할 능력이 없거나 미약해진 상태에 있었다고는 인정되지 아니하므로 같은 취지에서 피고인이 이 사건 범행당시 심신상실 내지 심신미약상태에 있지 아니하였다고 본 원심판단은 정당하고 거기에 채증법칙을 위배하여 사실을 오인하고 심신장애에 관한 법리를 오해한 위법 있다 할 수 없으므로 이 점에 관한 논지는 이유 없다.」[427]

3. 정신적 장애가 있는 자라고 하여도 범행 당시 정상적인 사물변별능력과 행위통제능력이 있었다면 심신장애로 볼 수 없다.[428] 특히 죄증을 인멸하고 알리바이를 조작하려고 노력한 흔적이 있다면 심신상실로 보기 어렵다.

▶「1. 원심이 유지한 제1심판결이 들고 있는 증거에 의하면, 피고인에 대한 판시 강간, 살인의 범죄사실을 모두 적법하게 인정할 수 있고 그 사실인정에 중대한 사실오인이 있다고 할 수 없으며, 피고인이 증거로 함에 동의하여 제1심이 증거를 채택하고 있는 의사 최응○ 작성의 사체검안서 및 감정서의 기재와 사법경찰관작성의 현장검증조서의 기재를 기록에 의하여 살펴보면 판시 강간범행에 관한 피고인의 자백은 가공적인 것이 아니고 진실한 것이라고 인정되므로 보강증거 없는 피고인의 자백만으로 강간범죄사실을 인정한 위법이 있다고 할 수도 없다.

2. 기록에 의하여 살펴보면 피고인은 이 사건 범행장소에서 범행을 저지른 직

427) 대법원 1986. 7. 8, 선고 86도765 판결.
428) 대법원 2013. 1. 24, 선고 2012도12689 판결.

후 공장숙소에 돌아와서 혈흔이 묻어 있던 운동화와 상의를 목욕탕에서 빨아 난로불에 말린 사실이 있을 뿐만 아니라 그 후 함께 근무하는 공원들에게는 자기가 숙소에 돌아온 시각에 관하여 범행시각 이전에 돌아온 것처럼 진술해 달라고 부탁하는 한편 범행당시에 신었던 운동화를 땅에 묻었다가 다시 파내어 소각하는 등 **죄증을 인멸하고 알리바이를 조작하려 노력한 흔적**을 엿볼 수 있다. 피고인의 이러한 범행 후의 행동에 비추어 보더라도 피고인의 원판시 범행이 소론과 같은 심신상실의 상태 하에서 저지른 소행이라고 보기 어렵고, 기록에 의하여 살펴보아도 피고인의 범행이 심신상실자의 소행이라고 의심할만한 사유를 찾아볼 수 없으니 원심판결에 이 점에 관한 심리미진의 위법이 있다할 수 없다.」[429]

4. 심신장애인지 여부는 법관이 전속적으로 판단하며, 규범적인 것이다. 따라서 정신감정인의 의견에 구애되지 않는다.[430]

▶ 「…(전략) **심신장애를 주장하는 부분에 대하여**

형법 제10조 소정의 심신장애의 유무 및 정도를 판단함에 있어서 반드시 전문인의 의견에 기속되어야 하는 것은 아니고 범행의 경위, 수단, 범행 전후의 피고인의 행동 등 기록에 나타난 제반자료와 공판정에서의 피고인의 태도 등을 종합하여 법원이 독자적으로 판단할 수 있는 것이다. 그러므로 원심이 같은 취지에서, 원심증인 E, F의 법정에서의 각 진술부분과 그들이 작성하여 공판기록에 편철된 피고인들의 정신 및 심리상태의 조회에 대한 회신의 각 기재부분은 그들이 피고인들을 면담조차 아니한 채 변호인이 제공한 이 사건 공판기록의 일부분과 변호인이 작성한 "사실관계요지서"라는 서면에 기초하여 피고인들의 정신 및 심리상태를 분석하여 작성되었거나 이를 근거로 진술한 것이라는 이유로 배척하고, 이 사건 기록에 나타난 피고인들의 연령, 생활환경, 성장과정, 대학교 생활의 내용 및 성적, 이 사건 범행 당시의 상황, 그 범행 후의 정황 등과 그 밖에 수사기관을 비롯하여 제1심 및 원심법정에서의 피고인들의 태도 및 언동 등에 비추어 보면 피고인들이 이 사건 범행 당시 사물을 변별할 능력이나 의사를 결정할 능력이 없었다거나 미약한 상태에 있었던 것은 아니라고 하여 피고인들의 심신장애 또는 심신미약의 주장을 배척한 조처는 정당한 것으로 수긍이 가고, 거기에 채증법칙을 어긴 위법이 있다거나 소론과 같은 법리오해의 위법이

429) 대법원 1984. 7. 24, 선고 84도1246 판결.

430) 대법원 1983. 7. 12, 선고 83도1262 판결; 대법원 1990. 11. 27, 선고 90도2210 판결; 대법원 1991. 9. 13, 선고 91도1473 판결; 대법원 1992. 12. 22, 선고 92도2540 판결; 대법원 1999. 8. 24, 선고 99도1194 판결; 대법원 2007. 7. 12, 선고 2007도3391 판결; 대법원 2007. 11. 29, 선고 2007도8333,2007감도22 판결.

있다고 할 수 없다. 따라서 논지도 이유 없다.」[431)]

▶「형법 제10조에 규정된 심신장애의 유무 및 정도의 판단은 **법률적 판단으로서** 반드시 전문감정인의 의견에 기속되어야 하는 것은 아니고, **정신질환의 종류와 정도, 범행의 동기, 경위, 수단과 태양, 범행 전후의 피고인의 행동, 반성의 정도 등 여러 사정을 종합**하여 법원이 독자적으로 판단할 수 있다.」[432)]

물론 실무상 감정인의 의견을 적극 참고할 수는 있고, 심신장애 여부의 심리를 요하는 사정이 있는데도 정신감정 결과를 받아 참작하지 않고 무기징역형을 선고한 것이 심리미진이 되는 경우도 있다.

정신감정 미실시가 심리미진에까지는 이르지 않은 사례

▶「일건기록을 살펴보면 원심이 비록 피고인의 본건 발행당시의 정신상태에 관한 감정을 명하지 아니하였다 하더라도 이를 가지고 심리미진이라고 탓할 정도로는 인정되지 아니하므로 이점 논지 또한 이유 없다.」[433)]

심신장애 여부의 심리를 요하는 사정이 있다고 한 사례

▶「원심은 그 판결이유 거시의 증거에 의하여 피고인이 과거 **전환신경증세**로 정신병원에 입원했던 병력이 있고, 1982. 6.경 학교를 무단결석한 일로 퇴학조처 하겠다는 교사의 말을 듣고 갑자기 쓰러져 몸을 뒤트는 행동을 하였으며, 현재 교도소의 병동에 수용되어 정신과적 관찰과 치료를 받고 있는데 사소한 일에도 쉽게 흥분하고 저돌적으로 시비를 거는 등 희노애락에 대한 감응도가 보통사람보다 예민하고 일반수용자보다 규칙의 준수와 간섭을 싫어하여 교도관이 주의를 주면 갑자기 얼굴이 창백해지며 간질환자처럼 손과 무릎을 떨고 큰 소리로 울어 버리는 등 증상을 보이는 면이 있으나, 한편 피고인이 치밀한 사전계획 하에 이 사건 범행을 분담 실행한 다음 도주하여 죄적을 인멸하고 장물을 처분하고 나서 가족들에게 범행을 털어놓아 자수를 권유받기에 이른 일련의 행적을 논리정연하게 진술해온 점, 이 사건 범행의 전후를 통하여 정신착란이나 이상증세를 보인 적이 없고 다른 수용자들과도 대화를 나누며 지내는 점 등을 종합하여

431) 대법원 1992. 12. 22, 선고 92도2540 판결.
432) 대법원 2007. 11. 29, 선고 2007도8333,2007감도22 판결.
433) 대법원 1979. 8. 28, 선고 79도1671 판결.

보면, 전문가에의 정신감정의뢰에 나가 볼 것도 없이 피고인은 연령에 상응한 지능과 자각능력이 제대로 발달치 못하고 사회생활과 환경의 변화에 따른 적응능력이 미비하여 인격형성이 불완전한 면이 있음을 간취할 수 있을 뿐 이 사건 범행이 심신장애로 인하여 사물을 판별할 능력이나 의사를 결정할 능력이 없거나 또는 미약한 상태 하에서 저질러졌다고는 도저히 인정할 수 없다고 하여, 심신장애 상태 하에서 이 사건 범행을 저질렀다는 피고인의 법률적인 주장을 배척하고 있다.

그러나 피고인의 평소 정신장애 상황에 관하여 원심판결 전단에서 들고 있는 자료들이 나와 있다면 원심으로서는 이 사건 범행당시 피고인의 심신장애 여부를 좀 더 심리함이 바람직스럽다 할 것이다. 더욱 피고인이 소속 고등학교의 양궁부원이었다면 과녁을 적중시킬 정신의 집중력과 최소한 보통인의 지능이 필요할 것인즉 피고인이 어떻게 하여 동 양궁부원으로 참여하게 된 것인가를 살펴보는 것도 이 사건 심리의 한 방편이 될 것이며, 피고인의 부 공소외인 제출의 탄원서(공판기록 제133정 이하 참조)에 의하면, 피고인이 동네 아이들과 야구를 하다가 야구공으로 머리를 맞고 난 후부터 정신상태가 변하여 이상행동을 하게 되었다 하는바, 이 점도 좀 더 심리함과 동시에 이 사건과 같은 정황 하에서는 전문가에 의한 정신감정 결과를 받아 참작함으로서 성년에 가까운 소년학생범인 피고인에 대하여 무기징역형을 선고함에 미진한 점이 없도록 하였어야 할 것임에도 불구하고 만연히 원심판결 후단의 인정사실에 비추어 피고인이 그 주장과 같은 심신장애가 아니라고 판시한 것은 결국 심리미진 내지 이유모순의 위법을 저지른 것이라고 아니할 수 없고, 이 점을 탓하는 논지는 이유 있다.」[434)]

범죄의 준비상황 등에서 나타나는 치밀성 등에 비추어 범행당시 심신장애상태에 있었다고 보기 어렵다고 한 사례

▶ 「…(전략) **2. 피고인 2의 심신장애에 관한 상고이유에 관하여,**

일건기록에 의하여 제1심증인 박○○, 같은 최○의 각 증언, 원심감정인 진○○ 작성의 정신감정서 기재와 변호인 제출의 참고자료 등을 모아보면, 피고인이 고등학교 2학년 재학 중에 아무런 뚜렷한 이유 없이 자신이 백혈병에 걸려 있다는 등의 말을 하며 가출을 하여 신경정신과 의사의 치료를 받은 전력이 있었는데 그 당시 **고도의 신경증**으로 진단을 받은 바 있고, 시를 즐겨 쓰면서 공허, 죽음 등 극단적 소재와 단어를 많이 사용하였으며 이 사건으로 인하여 정신감정을 받은 1985. 2. 4. 현재 피고인은 **경계형 정신분열증**의 증상이 있었다는 사실은

434) 대법원 1983. 7. 26, 선고 83도1239 판결.

인정되나, 한편 원심거시 증거 등에 의하여 이 사건 범행의 동기, 모의과정과 그 준비상황 및 범행 후 지문을 지우는 등의 치밀성과 범행 후에도 평소와 다름없이 학교에 나가는 등 일상생활에 아무 특이한 점이 없었다는 점이 인정되는 이 사건에서 피고인이 이 사건범행당시 심신장애상태에 있었다고는 보기 어렵다 하겠으므로 상고논지는 받아들일 만한 것이 되지 못한다.

3. 피고인 등의 양형부당에 관한 상고이유에 관하여,

일건기록에 의하여 형의 양정의 기준이 되는 피고인 등의 연령, 성행, 지능과 환경, 피해자에 대한 관계, 범행의 동기와 수단 및 그 결과 범행 후의 정황 등을 살펴볼 때 피고인 등이 갓 20세가 채 되지 않은 미숙한 연령이기는 하나 양친슬하의 비교적 유복한 가정에서 화목하게 성장하여 면학에 종사하는 대학생으로서 유흥비 등을 마련하기 위하여 범행을 모의하여 범행에 사용할 칼, 철사, 파스 등을 마련하고 여러 차례에 걸쳐 범행장소를 답사하는 등 치밀하게 범행을 준비하였을 뿐만 아니라 그 죄증을 음폐하기 위하여 항거 불능상태에 있는 피해자를 잔학하게 살해하고 범행현장의 지문을 없애는 등 대담면밀한 면을 보이고 범행 후에도 학교에 나가는 등 일상생활에 아무런 변화도 없었다는 점에 비추어 원심이 피고인 등에 과한 형의 양정이 결코 무겁다고만은 할 수 없어 상고이유 또한 그 이유가 없다고 하겠다.」[435]

히로뽕과 술로 담력을 키워 살인범행에 나아간 사례

▶ 「…(전략) **나. 심신장애에 관한 법리오해 등의 주장에 대하여**

(1) 원심은 피고인의 심신장애 주장을 다음과 같은 이유로 배척했다.

즉, 피고인이 그 판시 이 사건 각 범행 당시 상당히 음주한 사실은 인정되나, 피고인이 범행에 이르게 된 경위, 범행의 수단과 방법, 범행을 전후한 피고인의 행동, 범행 후의 정황 등에 비추어 보면, 피고인이 음주로 인하여 사물을 변별할 능력이나 의사를 결정할 능력이 없거나 미약한 상태에까지 이르지는 아니하였다고 인정될 뿐만 아니라, 가사 그와 같이 인정된다고 하더라도 이는 피고인이 상피고인들과 공모하여 살인 등 범행에 나아가기 직전에 제1심 판시 범죄사실 제3의 가. 항과 같이 히로뽕을 투약한 것 등과 아울러 볼 때에, 음주 당시 이미 위 범행을 예견하고도 담력을 키우기 위하여 자의로 위와 같은 심신장애를 야기한 경우에 해당한다 할 것이어서, 형법 제10조 제3항에 의하여 심신장애로 인한 감경 등을 할 수 없다고 판단했다.

(2) 기록에 비추어 살펴보면, 원심의 위와 같은 판단은 정당한 것으로 수긍할

435) 대법원 1985. 6. 25, 선고 85도696 판결.

수 있고, 거기에 상고이유로 주장하는 바와 같이 채증법칙 위반 또는 심리미진으로 인하여 사실을 잘못 인정하였거나, 심신장애 및 형법 제10조 제3항에 관한 법리를 오해한 위법이 있다고 할 수 없다.

다. 양형부당의 주장에 대하여

기록에 비추어 살펴보면, 피고인이 이 사건 범행 전에도 수회에 걸쳐 폭력범죄를 저질러 수회 실형을 복역한 바 있음에도 개전의 정이 없이 고등학생들까지 포함된 폭력배를 모아 그 우두머리 노릇을 하면서 단지 다른 폭력배 무리가 자신의 존재를 인정해 주지 않는다는 등의 이유만으로 범행을 저질러 그 범행동기에 있어 전혀 참작할 만한 점이 없는 점, 범행 당일 오전 무렵부터 상피고인들에게 칼, 야구방망이 등의 흉기를 구입하도록 지시하고, 피고인 자신은 담력을 키우기 위하여 히로뽕을 투약하는 등 그 범행 준비과정이 매우 치밀하고 조직적인 점, 피고인 등의 1차 범행으로 거의 사경에 이른 피해자를 병원에까지 찾아가 상피고인들로 하여금 재차 칼로 찔러 살해하도록 지시하고 사건조사차 출동한 경찰관들까지 무차별 폭행하도록 지시하여 반대파 2명을 살해하고 경찰관 3명을 포함한 7명에게 중·경상을 가하는 등 그 범행대상, 방법에 있어 무차별적이고 매우 잔인한 점, 피해자들 및 그 유족이 입은 정신적·육체적 고통이 매우 크고 피해자들 측과의 합의가 이루어지지 않은 상태인 점, 범행 후 도망 다니면서도 범행을 후회하거나 반성한 흔적을 찾아볼 수 없을 뿐만 아니라 오히려 상피고인들에게 범행과정을 조작하도록 지시하고 있는 점 등의 원심이 설시하고 있는 양형의 조건이 되는 사실들을 충분히 수긍할 수 있고, 위와 같은 양형의 조건에 비추어 보면, 상고이유로 주장하는 바와 같은 사정을 참작하더라도, 피고인에 대하여 사형을 선고한 제1심의 판단을 그대로 유지한 원심의 양형이 심히 부당하게 무겁다고는 보이지 아니하므로, 이 점을 다투는 상고이유도 받아들일 수 없다.」[436]

5. 심신미약은 형의 임의적 감경사유에 불과하므로, 심신미약자의 반복된 행위를 상습범으로 인정하는 것은 부당하지 않다.

▶「범행 수로 미루어 피고인의 상습적 습벽을 인정한 판단도 역시 옳다고 못할 바도 없으며 책임무능력자인 심신미약자의 범행도 범죄 자체가 구성되지 아니하는 것이 아니고, 성립된 행위에 대한 형이 감경될 뿐이니 원심이 심신미약자로 인정한 피고인의 강도소위에 상습성을 인정한 데에 무슨 위법이 있을 수 없다.」[437]

436) 대법원 1996. 12. 23, 선고 96도2588 판결.
437) 대법원 1979. 9. 25, 선고 79도1735 판결.

6. 심신상실자와 심신미약자는 치료가 필요하고 재범의 위험성이 인정될 경우 치료감호를 별도로 명할 수 있다.

▶ 「법원으로서는 피고인에 대한 정신 감정을 실시함에 있어 그 장애가 장차 사회적 행동에 있어서 미칠 영향 등에 관하여도 아울러 감정하게 하고, 그 감정 의견을 참작하여 치료 후의 사회복귀와 사회안전을 도모하기 위하여 별도로 보호처분이 실시될 수 있도록 검사에게 치료감호청구를 요구할 수 있다.」[438)]

재판 실무

(1) 만취범행은 과거 형 감경요소로 널리 주장되고, 또 작용했다. 그러나 술을 핑계 삼아 무절제하게 행위한 후 집행유예 판결을 받거나 형을 감경받는 것은 피해자의 입장에서는 이해하기 어렵고, 사회분위기가 음주운전을 죄악시하고 주취폭행을 용서하지 않는 쪽으로 바뀌면서 형 감경요소로 삼지 않는 경우가 많아졌다.

재판실무는 만취사실을 인정한 후 형 감경요소로 삼지 못하겠다는 판시가 아니다. 대부분 '만취한 것이 아니라고 보인다', 또는 '다소 술에 취하여 있기는 하였으나 이로 인하여 사물을 변별하거나 의사를 결정할 능력을 상실하거나, 그러한 능력이 미약한 상태에 이르지는 아니한 것으로 보인다'[439)]라는 판시를 통해 **음주로 몸을 가누기 어려웠다는 사실 자체에 동의하지 않는다.** 따라서 이제는 소주 4~5병을 마셔 충동적으로 강제추행 했다거나, 폭행했다는 변론은 실제에선 설 자리가 없다.

그러므로 평소 피고인의 주량은 얼마인지, 범행 당일 술을 얼마나 많이 마셨는지, 급하게 마셨는지 등을 입증하기 위한 결재내역이나 동석인 및 목격자의 증언은 그다지 중요하지 않게 되었다. 그런데도 피고인들은 그것이 중요 변론요소라고 전해 듣고 꼭 강조해 달라고 요청한다. 그러나 간헐적인 장기, 반복적 정신병원 입원조차도 실무상 심신상실, 심신미약 그 어느 것으로도 인정받지 못하는 것이 재판현실이므로, 변호인은 법률상 형 감경요소가 아니라 단순한 작량감경 요소로 주장하는 것이 유리하다.

▶ 「…(전략) 기록에 의하면 피고인은 원심에서 한 국선변호인의 반대신문 중에 이 사건 발생 전에 막걸리 1병을 마셨다고 진술한 사실은 인정되나(공판기록 73면), 이는 피고인이 평소 승용차로 출·퇴근을 하는데 그 날은 위와 같이 술을 마셨기 때문에 걸어서 집으로 가게 되었다는 경위를 진술한 것에 불과하고 음주로 인한 **심신미약주장을 한 것으로 볼 수 없으며, 달리 기록을 살펴보아도 피고인은 시종일관 이 사건 범행을 부인하는 진술만을 하였을 뿐 주취상태로 인한 심신미약주장을 하였음을 찾아볼 수 없으므로, 원심판결에 심신미약주장에 대한 판단유탈의 위법이 있다는**

438) 대법원 1998. 4. 10, 선고 98도549 판결.
439) 대법원 1998. 6. 9, 선고 98도980 판결.

상고이유의 주장은 받아들일 수 없다.」[440)]

(2) 2018. 12. 18. 개정 형법은 위와 같은 사회적 분위기를 받아들여 형법 제10조 제2항의 심신미약을 필요적 감경사유가 아닌 임의적 감경사유로 규정하게 되었다. 김성수법이라고도 한다.[441)] 개정이유는 형법상 책임원칙을 부정하지 않으면서 감형 여부는 법관의 재량과 사건의 경중 등에 따라 유연하게 적용하여, 심신미약 감경에 반대하는 국민의 비판여론에 부응하고, 심신미약을 감형의 수단으로 악용하려는 일부 범죄자들에 효과적으로 대응하려는 것이다(법제처 법률 제정·개정 이유 참조).

[19] 금지착오

제16조(법률의 착오) 자기의 행위가 법령에 의하여 죄가 되지 아니하는 것으로 오인한 행위는 그 오인에 정당한 이유가 있는 때에 한하여 벌하지 아니한다.

1. 자기의 행위가 법령에 의하여 죄가 되지 아니하는 것으로 오인한 행위

자신이 무엇을 행하는지 인식하였으나 법에 저촉되지 않는다고 굳게 믿고 행위한 경우 책임을 그대로 지우기가 어렵다. 그래서 금지규범에 대한 착오가 있는 경우에는 책임을 조각한다.

그러나 금지규범이 있는지 몰랐다는 단순한 '법률의 부지' 주장까지 일반적으로 용서할 수는 없다. 면책의 범위가 무한대로 늘어나고, 법률사문화 가능성까지 있기 때문이다. 따라서 건축을 하려는 사람은 허가대상인지를 잘 살펴야 하고, 건축법 등 관련법규의 존재와 내용을 모른 채 함부로 무단용도변경행위를 해서는 안 된다.

결국 형법 제16조에서 규정하고 있는 것은 단순한 법률의 부지의 경우를 말하는 것이 아니고, 일반적으로 범죄가 되는 경우이지만 자기의 특수한 경우에는 법령에 의하여 허용된 행위로서 죄가 되지 아니한다고 그릇 인식하고 그와 같이 그릇 인식함에 정당한 이유가 있는 경우에는 벌하지 않는다는 취지이다.[442)]

---

440) 대법원 2000. 2. 11, 선고 99도4794 판결.

441) 김성수는 서울 강서구 PC방 살인사건의 피고인이다.

442) 대법원 1992. 4. 24, 선고 92도245 판결; 대법원 1992. 5. 22, 선고 91도2525 판결; 대법원 1994. 4. 15, 선고 94도365 판결; 대법원 1995. 6. 16, 선고 94도1793 판결; 대법원 1995. 8. 25, 선고 95도1351 판결; 대법원 1995. 11. 10, 선고 95도2088 판결; 대법원 2000. 8. 18, 선고

▶ 「이 사건에 있어서 피고인은 이 사건 건물의 임차인으로서 건축법의 관계 규정을 알지 못하여 이 사건 건물을 자동차정비공장으로 사용하는 것이 건축법상의 무단용도변경 행위에 해당한다는 것을 모르고 사용을 계속하였다는 것이므로, 이는 단순한 법률의 부지에 해당한다고 할 것이고 피고인의 소위가 특히 법령에 의하여 허용된 행위로서 죄가 되지 않는다고 그릇 인식한 경우는 아니므로 범죄의 성립에 아무런 지장이 없다고 할 것이다. 결국 피고인에게 위법성의 인식이 있다고 본 원심의 판단은 옳고, 거기에 소론과 같은 잘못은 없으므로 논지도 이유가 없다.」[443)]

한편 범죄의 성립에 있어서 위법의 인식은 그 범죄사실이 사회정의와 조리에 어긋난다는 것을 인식하는 것으로서 족하고 구체적인 해당 법조문까지 인식할 것을 요하는 것은 아니므로 설사 형법상의 허위공문서작성죄에 해당되는 줄 몰랐다고 가정하더라도 그와 같은 사유만으로는 위법성의 인식이 없다고 할 수 없다.[444)]

2. 그 오인에 정당한 이유가 있는 때

형법 제16조에서 자기가 행한 행위가 법령에 의하여 죄가 되지 아니한 것으로 오인한 행위는 그 오인에 정당한 이유가 있는 때에 한하여 벌하지 아니한다고 규정하고 있는 바, 이때 정당한 이유가 있는지 여부는 행위자에게 자기 행위의 위법의 가능성에 대해 심사숙고하거나 조회할 수 있는 계기가 있어 자신의 지적능력을 다하여 이를 회피하기 위한 진지한 노력을 다하였더라면 스스로의 행위에 대하여 위법성을 인식할 수 있는 가능성이 있었음에도 이를 다하지 못한 결과 자기 행위의 위법성을 인식하지 못한 것인지 여부에 따라 판단해야 한다.[445)] 그리고 이러한 위법성의 인식에 필요한 노력의 정도는 구체적인 행위정황과 행위자 개인의 인식능력 그리고 행위자가 속한 사회집단에 따라 달리 평가되어야 한다.[446)] 그렇다면 변호사 자격을 가진 국회의원의 인식능력은 매

2000도2943 판결; 대법원 2002. 1. 25, 선고 2000도1696 판결; 대법원 2004. 1. 15, 선고 2001도1429 판결; 대법원 2005. 5. 27, 선고 2004도62 판결; 대법원 2005. 6. 10, 선고 2005도835 판결; 대법원 2006. 3. 24, 선고 2005도3717 판결.

443) 대법원 1995. 8. 25, 선고 95도1351 판결.

444) 대법원 1987. 3. 24, 선고 86도2673 판결.

445) 대법원 2007. 10. 26, 선고 2006도7968 판결; 대법원 2009. 9. 10, 선고 2009도5075 판결.

446) 대법원 2006. 3. 24, 선고 2005도3717 판결.

우 뛰어나므로 공직선거법 위반소지가 있을 경우 상세한 회피의무를 다해야만 한다.

변호사인 국회의원이 처벌된 사례

▶ 「…(전략) 피고인은 변호사 자격을 가진 국회의원으로서 법률전문가라고 할 수 있는바(더구나 피고인은 2000년 총선 당시 후보자가 되어 현역 국회의원인 경쟁후보자를 상대로 선거운동을 하면서 현역 국회의원이 의정보고서를 법정 선거일 전일까지 무제한 배포하는 것을 허용하는 것은 위헌이라고 주장하여 헌법소원을 제기y하고 헌법재판소의 판단을 받은 바 있으므로 의정보고서의 내용이 선거운동의 실질을 갖추고 있는 한 허용될 수 없다는 것을 잘 알고 있다고 진술하고 있기도 하다. 수사기록 98면 참조), 피고인으로서는 의정보고서에 앞서 본 바와 같은 내용을 게재하거나 전재하는 것이 허용되는지에 관하여 의문이 있을 경우, 관련 판례나 문헌을 조사하는 등의 노력을 다 하였어야 할 것이고, 그렇게 했더라면, 낙천대상자로 선정된 이유가 의정활동에 관계있는 것이 아닌 한 낙천대상자로 선정된 사유에 대한 해명을 의정보고서에 게재하여 배부할 수 없고 더 나아가 낙천대상자 선정이 부당하다는 취지의 제3자의 반론 내용을 싣거나 이를 보도한 내용을 전재하는 것은 의정보고서의 범위를 넘는 것으로서 허용되지 않는다는 것을 충분히 인식할 수 있었다고 할 것이다.

따라서 피고인이 그 보좌관을 통하여 관할 선거관리위원회 직원에게 문의하여 이 사건 의정보고서에 앞서 본 바와 같은 내용을 게재하는 것이 허용된다는 답변을 들은 것만으로는(또한, 원심도 인정하는 바와 같이 이 사건 의정보고서의 제작과 관련하여, 피고인 측에서 관할 선거관리위원회의 지도계장인 공소외 1에게 구두로 문의를 하였을 뿐 관할 선거관리위원회에 정식으로 질의를 하여 공식적인 답신을 받은 것도 아니다), 자신의 지적 능력을 다하여 이를 회피하기 위한 진지한 노력을 다 하였다고 볼 수 없고, 그 결과 자신의 행위의 위법성을 인식하지 못한 것이라고 할 것이므로 그에 대해 정당한 이유가 있다고 하기 어렵다.

한편, 피고인 측이 위 선거관련 책자의 내용을 그 나름대로 해석하여 위 의정보고서의 발간이 위법이 아니라고 판단하였을 가능성에 관하여 보더라도, 앞서 본 바와 같이 위 책자에는 동일한 사안에 대하여 다른 내용의 회답이 존재하고 있는데도 불구하고 **자신에게 유리한 회답만을 근거로 하여 행위**를 한 것일 뿐만 아니라, 위 책자에는 "국회의원이 의정보고서에 시민단체가 발표한 낙천대상자에 자신이 포함된 것에 대한 자신의 해명내용을 일부 포함·작성하여 선거구민에게 배부하는 것은 무방하다."고 기재되어 있는바, 이는 의정보고서에 낙천대상자 선정에 대한 자신의 해명내용을 일부 포함·작성하는 것이 무방하다는 취지에 불과하고, 더 나아가 낙천대상자 선정이 부당하다는 취지의 제3자의 글을 싣거나 제3자의 반론을 보도한 내용을 전재하는 것까지 허용된다는 취지는 아님이 분명하다고 할 것이다. 따라서 피고인이 낙천대상자로 선정된 사유에 대하여 자신의 해명 내용만을 게재한 것이 아니라, 다른 동료의원들이나 네티즌의 낙천대상자 선정이 부당하다는 취지의 반론을 보도한 내용을 전재한 이 사건에서 이를 근거로 하여 정당한 이유가 있다고 할 수도 없다.」[447]

정당한 이유가 인정되지 않아 처벌된 사례

◉ 임대를 업으로 하는 자가 임차인으로 하여금 계약상의 의무이행을 강요하기 위한 수단으로 계약서의 조항을 근거로 임차물에 대하여 일방적으로 단전·단수조치를 함에 있어 자신의 행위가 죄가 되지 않는다고 오인하더라도, 특별한 사정이 없는 한 그 오인에는 정당한 이유가 있다고 볼 수는 없다.[448] ◉ 신고 없이 사체를 이장한 행위,[449] ◉ 금원공여행위가 관례에 좇은 것,[450] ◉ 가처분결정으로 직무집행정지 중에 있던 종단대표자가 종단소유의 보관금을 소송비용으로 사용함에 있어 변호사의 조언을 듣고 보관금을 인출하여 사용한 행위,[451] ◉ 변호사에게 문의하고 압류물을 집행관의 승인 없이 마음대로 치운 행위,[452] ◉ 피고인들의 연령, 학력, 경력 및 피고인들이 이 사건 범행에 이른 경위 등 여러 사정에 비추어 볼 때, 비록 피고인들이 변호사에게 자문을 하여 이 사건 상품권 판매행위가 유사수신행위에 해당하지 않는다는 취지의 의견서를 받았다거나 이를 토대로 한 회사 경영진의 설명을 듣고 이를 그대로 믿었다고 하더라도, 이는 피고인들이 자신들의 행위의 위법 가능성에 대하여 심사숙고하거나 조회하는 등 자신들의 지적능력을 다하여 이를 회피하기 위한 노력을 하지 아니한 채, 경솔하게 변호사의 자문이나 경영진의 설명을 그대로 믿은데 기인한 것으로 보이고, 그 이외에 달리 피고인들이 자신들의 행위가 일반적으로는 범죄가 되는 경우이지만 자기의 특수한 경우에는 법령에 의하여 허용된 행위로서 죄가 되지 아니한다고

---

447) 대법원 2006. 3. 24, 선고 2005도3717 판결.

448) 대법원 2006. 4. 27, 선고 2005도8074 판결; 대법원 2007. 9. 20, 선고 2006도9157 판결. **단 뒤의 판례인 2006도9157 판결은 제16조의 법률의 착오 적용을 배제하였으나, 제20조의 정당행위를 적용하여 일부 피해자에 대한 단전·단수행위에 대해서는 무죄선고를 했다.**

449) ▶「사람이 죽으면 으레 당국에 신고한 연후에 그 사체를 이장해야 함은 **일반상식**으로 되어 있으므로 그것을 몰랐다고 변소한다 하여 이를 위법행위를 합법행위로 오인하였음에 정당한 이유가 있는 때에 해당한다고 할 수 없다.」(대법원 1979. 8. 28, 선고 79도1671 판결)

450) 대법원 1995. 6. 30, 선고 94도1017 판결.

451) 대법원 1990. 10. 16, 선고 90도1604 판결.

452) 대법원 1992. 5. 26, 선고 91도894 판결.

그릇 인식했고 그와 같이 그릇 인식함에 정당한 이유가 있음을 인정할 자료가 없으므로, 이 부분 주장도 이유 없다.[453] ◉ 중개업자가 단순히 부동산중개업협회의 자문회시결과만 믿고 법을 위반한 행위,[454] ◉ 검사의 수사지휘를 받고 허위공문서를 작성한 행위,[455] ◉ 담당공무원의 종용이 건축법령에 어긋난다는 도청 건축과 소속공무원 및 건물신축에 관여한 건축사의 견해가 옳다고 믿고, 행정쟁송 절차에 따라 위법을 다투지 않고 적법한 변경신고 절차 없이 변경신고의 내용과 어긋나는 건축행위를 한 것,[456] ◉ 피고인들이 부산해운대구청장의 1990. 1. 10.자 회신내용에 배치되는 그 이전인 1989. 11. 4.자와 같은 해 12. 11.자 회신만을 자신들에게 유리하게 해석하여 이 사건 토지형질변경행위에는 관할관청의 허가가 필요 없다는 회신이 있은 것으로 믿고 함부로 성토행위를 하여 토지의 외부적 형상을 변경시킨 것,[457] ◉ 설사 피고인이 대법원의 판례에 비추어 자신의 행위가 무허가 의약품의제조·판매행위에 해당하지 아니하는 것으로 오인하였다고 하더라도, 사안을 달리하는 사건에 관한 대법원의 판례의 취지를 오해하였던 것에 불과한 경우에는 그와 같은 사정만으로는 그 오인에 정당한 사유가 있다고 볼 수 없다.[458] 신중한 조회의무를 거쳤다면 회피가 가능하였던 위 사례 모두 책임을 조각할 수 없다. 또 ◉ 피고인의 주장 및 기록에 의하면, ○○농산은 남원시로부터 식품위생법 제22조 제1항, 동법시행규칙 제22조의 규정에 의하여 즉석판매제조가공 영업을 허가받고 이 사건 '녹동달오리골드'를 제조하였다는 것인바, 그와 같은 사유만으로 피고인의 이 사건 무면허 의약품 제조행위로 인한 보건범죄단속에관한특별조치법위반죄의 범행이 형법 제16조에서 말하는 '그 오인에 정당한 이유가 있는 때'에 해당한다고 할 수 없으니, 피고인의 행위가 형법 제16조에 의하여 죄가 되지 않는다는 상고이유의 주장은 이유 없다.[459] ◉ 자격

453) 서울고등법원 2009. 5. 13, 선고 2008노3261,2009초기27,92,93,99,101～115,118～127,129～149,152～166,169～197,199～273,275～329,335 판결.

454) 대법원 2000. 8. 18, 선고 2000도2943 판결.

455) ▶「…(전략) 피고인은 1971. 4. 10. 순경으로 임용된 이래 이 사건 범행 당시까지 약 23년간 경찰공무원으로 근무하여 왔고, 이 사건 범행당시에는 관악경찰서 형사과 형사계 G로 근무하고 있는 사람으로서 일반인들보다도 형벌법규를 잘 알고 있으리라 추단이 되고 이러한 피고인이 검사의 수사지휘만 받으면 허위로 공문서를 작성하여도 죄가 되지 아니하는 것으로 그릇 인식하였다는 것은 납득이 가지 아니하고, 가사 피고인이 그러한 그릇된 인식이 있었다 하여도 피고인의 직업 등에 비추어 그러한 그릇된 인식을 함에 있어 정당한 이유가 있다고 볼 수도 없으므로 피고인의 위 주장은 어차피 배척될 것이 분명하므로 원심의 이러한 잘못은 판결 결과에 영향이 없다 할 것이므로 이 점을 다투는 상고이유의 주장은 이유 없다.」(대법원 1995. 11. 10, 선고 95도2088 판결)

456) 대법원 1991. 6. 14, 선고 91도514 판결.

457) 대법원 1992. 11. 27, 선고 92도1477 판결.

458) 대법원 1995. 7. 28, 선고 95도1081 판결.

459) 대법원 2004. 1. 15, 선고 2001도1429 판결.

기본법에 의한 민간자격관리자로부터 대체의학자격증을 수여받은 자가 사업자등록을 한 후 침술원을 개설하였다고 하더라도 국가의 공인을 받지 못한 민간자격을 취득하였다는 사실만으로는 자신의 행위가 무면허 의료행위에 해당되지 아니하여 죄가 되지 않는다고 믿는 데에 정당한 사유가 있었다고 할 수 없다.[460] 원심이 채용한 증거들을 기록에 비추어 살펴보면, 원심이 현행 의료법상 한의사의 의료행위(한방의료행위)에는 당연히 침술행위가 포함된다 할 것이므로, 면허 없이 침술행위를 하는 것은 의료법 제25조의 무면허 의료행위(한방의료행위)에 해당되고, 또한 피고인이 자격기본법에 의한 민간자격을 취득하였다 하더라도 한방의료행위인 침술행위를 할 수 없다고 판단하여 피고인에 대한 보건범죄단속에 관한특별조치법위반(부정의료업자)의 범죄사실을 모두 유죄로 인정한 조치는 정당하고, 거기에 상고이유의 주장과 같은 무면허 의료행위 및 법률의 착오에 관한 법리오해 등의 위법이 있다고 할 수 없다.[461] ◉ 피고인들이 피고인 4가 한독약품 간부로 근무한다면서 마약이 없어 약을 제조하지 못하니 구해 달라는 거짓부탁을 믿고 제약회사에 쓰는 마약은 구해주어도 죄가 되지 아니하는 것으로 알고 이 사건 생아편을 구해주었다 하더라도 피고인들이 마약 취급의 면허가 없는 이상 위와 같이 믿었다 하여 이러한 행위가 법령에 의하여 죄가 되지 아니하는 것으로 오인하였거나, 그 오인에 정당한 이유가 있는 경우라고는 볼 수 없으므로 범죄의 성립에 영향이 없다.[462] ◉ 건설업면허가 없는 피고인으로서는 시공할 수 없는 이 건 건축공사를 피고인이 타인의 건설업면허를 대여받아 그 명의로 시공하였다면 비록 위 면허의 대여가 감독관청인 진주시의 주선에 의하여 이루어졌다 하더라도 그와 같은 사정 만으로서는 피고인의 소위를 사회상규에 위배되지 않는 적법행위로 볼 수는 없을 뿐만 아니라, 나아가 설사 피고인으로서는 이를 적법행위로 오인하였다 하더라도 위와 같은 사정 만으로서는 그 오인에 정당한 이유가 있다고 볼 수도 없다. 그럼에도 불구하고 원심이 이 건 면허의 대여가 감독관청인 진주시의 주선에 의하여 이루어졌다는 이유를 들어 피고인에게 건설업법위반의 점에 대한 범의가 없다고 단정한 것은 범의에 관한 법리 내지는 법률의 착오에 관한 법리를 오해하여 판결에 영향을 미친 위법을 저질렀다.[463] ◉ 피고인은 채무자에게 돈을 빌려주면서 이 사건 부동산 위에 자기 명의의 가등기를 마친 다음 약정변제기까지 약정이자 외에는 원금반환이 지체되자 소유권이전의 본등기를 마친 다음 은행에 저당잡히고 돈을 빌린 후 이의 변제를 지체하여 임의경매절차가 진행되고 있는 동안에 피고인의 채무자가 차용원리금을 변제공탁

460) 대법원 1995. 4. 7, 선고 94도1325 판결; 대법원 2002. 5. 10, 선고 2000도2807 판결.
461) 대법원 2003. 5. 13, 선고 2003도939 판결.
462) 대법원 1983. 9. 13, 선고 83도1927 판결.
463) 대법원 1987. 12. 22, 선고 86도1175 판결.

한 것을 아무런 이의도 남기지 아니하고 이를 받고서도 경매절차에 대하여 손도 쓰지 아니하고 두었다가 다른 사람에게 경락되게 하고 그 부동산의 경락잔금까지 받아 갔다는 것인바 이 사실에 의하면, 비록 피고인이 소론처럼 민사법상 이의의 유보없는 공탁금수령의 법률상의 효과에 대한 정확한 지식이 없었다 하더라도 금전소비대차거래에 있어서 이자제한법의 존재가 공지의 사실로 되어 있는 거래계의 실정에 비추어 막연하게나마 자기의 행위에 대한 위법의 인식이 있었다고 보지 못할 바 아니므로 피고인의 미필적 고의는 넉넉하게 인정할 수 있다 할 것이고 따라서 원심이 비록 피고인이 공탁금수령의 법률상의 효과에 대하여 정확한 지식을 갖지 못하였다 하더라도 이로써 피고인의 행위가 법령에 의하여 죄가 되지 아니하는 것으로 오인함에 정당한 이유가 된다고 할 수는 없다고 판단하고 있는 것은 옳고 여기에 잘못도 있다 할 수 없다.[464] ◉ 소론과 같이 유선비디오 방송업자들의 질의에 대하여 체신부장관이 1985. 7. 12. 또는 그 후에 한 회신에서 유선비디오 방송이 전기통신기본법이 정하는 자가전기통신설비로 볼 수 없어 같은 법 제15조 제1항 소정의 허가대상이 되지 아니한다는 견해를 밝힌 바 있다 하더라도 그 견해가 법령의 해석에 관한 법원의 판단을 기속하는 것은 아니므로 그것만으로 피고인에게 원판시 범행에 범의가 없었다고 할 수 없다. 결국 원심판결에 범의에 관한 법리를 오해한 잘못이 있다는 상고논지는 이유 없다. 또한 피고인과 같은 사업자들이 유선비디오 방송시설을 허가대상이 되는 자가전기통신설비가 아닌 것으로 알고 그 사업을 계속하였는데도 당국이 이를 단속하기 위한 행정지도를 하지 아니하였다 하여 이 사건 행위가 범죄가 안 된다고 볼 수 없고 피고인이 이렇게 오인한데 대하여 정당한 이유가 있는 것으로 보기 어렵다. 논지는 모두 이유 없다.[465]

정당한 이유가 인정되어 처벌을 면한 사례

◉ 행정청의 허가가 있어야 함에도 불구하고 허가를 받지 아니하여 처벌대상의 행위를 한 경우라도 **허가를 담당하는 공무원**이 허가를 요하지 않는 것으로 잘못 알려 주어 이를 믿었기 때문에 허가를 받지 아니한 것이라면 허가를 받지 않더라도 죄가 되지 않는 것으로 착오를 일으킨데 대하여 정당한 이유가 있는 경우에 해당하여 처벌할 수 없고,[466] ◉ 광역시의회 의원이 선거구민들에게 의정보고서를 배부하기에 앞서 미리 관할 **선거관리위원회 소속 공무원**들에게 자문

464) 대법원 1988. 12. 13, 선고 88도184 판결.

465) 대법원 1989. 2. 14, 선고 87도1860 판결.

466) 대법원 1983. 3. 22, 선고 81도2763 판결; 대법원 1993. 9. 14, 선고 92도1560 판결; 대법원 1995. 7. 11, 선고 94도1814 판결.

을 구하고 그들의 지적에 따라 수정한 의정보고서를 배부한 경우 죄가 되지 아니한다고 그릇 인식한 피고인에게는 그와 같이 그릇 인식함에 정당한 이유가 있었다고 봄이 상당하고,[467] ◉ 범행과 동일한 성질의 행위에 대해 이전에 검찰의 혐의 없음 결정을 받은 적이 있다면 법률의 착오에 해당하고,[468] ◉ 초등학교 교장이 도 교육위원회의 지시에 따라 교과내용으로 되어 있는 꽃양귀비를 교과식물로 비치하기 위하여 양귀비 종자를 사서 교무실 앞 화단에 심은 것이라면 이는 죄가 되지 아니하는 것으로 오인한 행위로서 그 오인에 정당한 이유가 있는 경우에 해당하고,[469] ◉ 경제의 안정과 성장에 관한 긴급명령 공포 당시 기업사채의 정의에 대한 해석이 용이하지 않았던 사정 하에서 겨우 국문정도 해득할 수 있는 60세의 부녀자가 채무자로부터 사채신고권유를 받았지만 지상에 보도된 내용을 참작하고 관할 공무원과 자기가 소송을 위임하였던 변호사에게 문의 확인한바 본건 채권이 이미 소멸되었다고 믿고 또는 그렇지 않다고 하더라도 신고해야 할 기업사채에 해당하지 않는다고 믿고 신고를 하지 아니한 경우에는 이를 벌할 수 없다.[470]

3. 벌하지 아니한다.

금지착오에 대해 대법원은 '법률착오가 범의를 조각한다'고 판시했고, 학자들은 책임조각설을 지지한다. 실무상으로는 처벌되지 않는 경우로 이해하면 족하다.

고의조각설

▶ 「주민등록법 17조의 7에 의하여 주민등록지를 공법관계에 있어서의 주소로 볼 것이므로 주민등록지를 이전한 이상 향토예비군설치법 3조 4항 동법시행령 22조 1항 4호에 의하여 대원신고를 해야하나 이미 주거를 이동하고 같은 주소에 대원신고를 하였던 터이므로 피고인이 재차 동일 주소에 대원신고(주소이동)를 아니하였음이 향토예비군설치법 15조 6항에 말한 정당한 사유가 있다고 오인한 데서 나온 행위였다면 이는 법률착오가 **범의**를 조각하는 경우이다.」[471]

467) 대법원 2005. 6. 10, 선고 2005도835 판결.
468) 대법원 1995. 8. 25, 선고 95도717 판결.
469) 대법원 1972. 3. 31, 선고 72도64 판결.
470) 대법원 1976. 1. 13, 선고 74도3680 판결.
471) 대법원 1974. 11. 12, 선고 74도2676 판결.

▶ 「민사소송법 기타 공법의 해석을 잘못하여 압류물의 효력이 없어진 것으로 착오하였거나 또는 봉인 등을 손상 또는 효력을 해할 권리가 있다고 오신한 경우에는 형벌법규의 부지와 구별되어 **범의**를 조각한다고 해석할 것이다.」[472)]

▶ 「원심판결 이유에 의하면, 원심은 판시와 같은 사실을 인정한 후 이를 전제로 피고인 8이 구체적인 형벌규정의 내용은 정확한 내용은 모르고 있었다고 하더라도 금융거래를 함에 있어서 법령·약관 또는 이에 준하는 금융기관의 규정에 정해진 이외의 금품을 수수하는 것은 위법하다는 인식은 하고 있었다고 보이므로 위 피고인에게 적어도 미필적 **고의**가 있었음은 넉넉히 인정할 수 있고, 또한 법률의 규정을 몰랐다거나 그러한 거래가 적법한 절차에 따른 관행이었고, 정상적인 회계처리를 하였다는 것만으로는 그러한 위 피고인의 행위가 법령에 의하여 죄가 되지 아니하는 것으로 오인함에 정당한 이유가 될 수 없다고 판단했다. 관계 증거를 기록에 비추어 살펴보면, 원심의 위와 같은 사실인정과 판단은 정당한 것으로 수긍이 가고, 거기에 피고인 8이 상고이유로 주장하는 바와 같은 법률의 착오에 관한 법리오해나 사실오인으로 인하여 판결 결과에 영향을 미친 위법 등이 없다.」[473)]

▶ 「건설업면허가 없는 피고인으로서는 시공할 수 없는 이 건 건축공사를 피고인이 타인의 건설업면허를 대여받아 그 명의로 시공하였다면 비록 위 면허의 대여가 감독관청인 진주시의 주선에 의하여 이루어졌다 하더라도 그와 같은 사정 만으로서는 피고인의 소위를 사회상규에 위배되지 않는 적법행위로 볼 수는 없을 뿐만 아니라, 나아가 설사 피고인으로서는 이를 적법행위로 오인하였다 하더라도 위와 같은 사정 만으로서는 그 오인에 정당한 이유가 있다고 볼 수도 없다. 그럼에도 불구하고 원심이 이 건 면허의 대여가 감독관청인 진주시의 주선에 의하여 이루어졌다는 이유를 들어 피고인에게 건설업법위반의 점에 대한 **범의**가 없다고 단정한 것은 범의에 관한 법리 내지는 법률의 착오에 관한 법리를 오해하여 판결에 영향을 미친 위법을 저질렀다.」[474)]

▶ 「피고인은 채무자에게 돈을 빌려주면서 이 사건 부동산 위에 자기 명의의 가등기를 마친 다음 약정변제기까지 약정이자 외에는 원금반환이 지체되자 소유권이전의 본등기를 마친 다음 은행에 저당잡히고 돈을 빌린 후 이의 변제를 지체하여 임의경매절차가 진행되고 있는 동안에 피고인의 채무자가 차용원리금을

472) 대법원 1970. 9. 22, 선고 70도1206 판결.
473) 대법원 2006. 3. 9, 선고 2003도6733 판결.
474) 대법원 1987. 12. 22, 선고 86도1175 판결.

변제공탁한 것을 아무런 이의도 남기지 아니하고 이를 받고서도 경매절차에 대하여 손도 쓰지 아니하고 두었다가 다른 사람에게 경락되게 하고 그 부동산의 경락잔금까지 받아 갔다는 것인바 이 사실에 의하면, 비록 피고인이 소론처럼 민사법상 이의의 유보없는 공탁금수령의 법률상의 효과에 대한 정확한 지식이 없었다 하더라도 금전소비대차거래에 있어서 이자제한법의 존재가 공지의 사실로 되어 있는 거래계의 실정에 비추어 막연하게나마 자기의 행위에 대한 위법의 인식이 있었다고 보지 못할 바 아니므로 피고인의 미필적 **고의**는 넉넉하게 인정할 수 있다할 것이고 따라서 원심이 비록 피고인이 공탁금수령의 법률상의 효과에 대하여 정확한 지식을 갖지 못하였다 하더라도 이로써 피고인의 행위가 법령에 의하여 죄가 되지 아니하는 것으로 오인함에 정당한 이유가 된다고 할 수는 없다고 판단하고 있는 것은 옳고 여기에 잘못도 있다 할 수 없다.」[475)]

▶ 「소론과 같이 유선비디오 방송업자들의 질의에 대하여 체신부장관이 1985. 7. 12. 또는 그 후에 한 회신에서 유선비디오 방송이 전기통신기본법이 정하는 자가전기통신설비로 볼 수 없어 같은 법 제15조 제1항 소정의 허가대상이 되지 아니한다는 견해를 밝힌 바 있다 하더라도 그 견해가 법령의 해석에 관한 법원의 판단을 기속하는 것은 아니므로 그것만으로 피고인에게 원판시 범행에 **범의**가 없었다고 할 수 없다. 결국 원심판결에 범의에 관한 법리를 오해한 잘못이 있다는 상고논지는 이유 없다. 또한 피고인과 같은 사업자들이 유선비디오 방송시설을 허가대상이 되는 자가전기통신설비가 아닌 것으로 알고 그 사업을 계속하였는데도 당국이 이를 단속하기 위한 행정지도를 하지 아니하였다 하여 이 사건 행위가 범죄가 안 된다고 볼 수 없고 피고인이 이렇게 오인한데 대하여 정당한 이유가 있는 것으로 보기 어렵다. 논지는 모두 이유 없다.」[476)]

친절하게도, 고의설과 책임설 양자(兩者)의 입장에서 행위를 판단한 사례

▶ 「…(전략) 제3. 피고인 김○○, 동 주식회사 남○○레저타운 등의 건축법, 관광사업법, 자연공원법, 산림법 등 위반의 점에 관한 변호사 안○○, 동 김○○의 상고이유 및 피고인 김○○의 위 같은 점에 관한 위 변호사 장○○의 상고이유

상고이유의 요지를 간추려 보면 피고인 등에 대한 건축법, 관광사업법, 자연공원법 및 산림법위반 등에 관한 공소장기재와 같은 위반사실이 있었던 것은 사실이나 ○○그룹에서 시공한 공소장기재 각 공사는 그룹 내의 건설본부가 기획, 관리, 감독하고 그 산하의 설악, 양평, 용인, 지리산, 백암 등 각 지역별 현장 사업

475) 대법원 1988. 12. 13, 선고 88도184 판결.
476) 대법원 1989. 2. 14, 선고 87도1860 판결.

소가 시공을 맡아 그룹 부회장 겸 건설본부장인 공소외 김기○과 이사직의 각 사업소장 책임아래 공사가 수행되어 피고인 김○○로서는 구체적인 시공상의 하자에 관하여 아는 바가 없으며 각 지역의 관광휴양지 공사는 국토개발과 관광사업진흥의 국가적 사업으로서 현지 관계기관의 숙원사업이기도 하였기 때문에 행정적으로 관계기관의 적극 지원 하에 진행되어 각종 허가, 설계변경, 검사 등은 사전 조치가 없었다고 하더라도 관계기관의 요청과 양해 또는 사전협의에 의하여 이루어진 것으로 위법성의 인식이 있었다고 할 수 없을 것임에도 불구하고 피고인의 변소와 관계가 없는 자료만으로 건축법등 위반의 죄가 성립한다고 판시한 원심판결은 위법성의 인식유무를 가리지 아니하고 채증법칙에 위반하여 법인의 대표이사의 책임에 관한 법리를 오해한 위법한 판결이라고 함에 있다.

논지가 내세우는 위법성의 인식은 그 뜻하는 바가 반드시 명확하다고는 할 수 없으나 첫째, 책임의 지적 요소인 위법성의 인식에 관한 **고의설**의 입장에서 볼 때 위법성의 인식은 고의를 뜻하므로 이 사건의 경우 피고인이 이 사건 여러 공사의 시공 상의 하자에 관하여 이를 몰랐다고 볼만한 자료가 없을 뿐만 아니라 일건기록에 의하여 원심이 그 사실인정의 자료로 한 증거들을 모아보면, ▲▲○○은행 혜화동지점을 통하여 상피고인 김동○이 조성한 소위 사채자금을 빼돌리는 등의 범죄적 수법에 의하여 단시일 내에 방대한 사업을 벌인 소위 ○○그룹은 그 자금의 수급에서부터 콘도미니엄 등 관광위락시설의 건설, 관리, 운영에 이르기까지 그 전체의 운영이 피고인의 독단전횡에 의하여 이루어진 사실이 인정되어 범의가 없었다는 취지의 논지는 그 이유가 없다고 하겠고, 둘째로, **책임요소**로서의 위법성의 인식은 형법 제16조가 정하는 바 "자기의 행위가 법령에 의하여 죄가 되지 아니하는 것으로 오인한 행위는 그 오인에 정당한 이유가 있는 때에 한하여 벌하지 아니한다." 는 기대가능성에 관한 것이므로 살피건대, 소론 논지가 내세우는 사유(그 주장취지가 모호하여 반드시 법률의 착오를 내세우는 것이라고 보기도 어려우나)만으로서는 허가를 받지 아니하고 건축을 하고 죽림을 채취하고 또는 중간검사를 받지 아니하고 건축공사를 계속하거나 준공검사를 받지 아니하고 건축물을 사용하는 등의 공소장기재 각 소위가 사회상규에 반하지 아니하거나 사회일반관념에 비추어볼 때 급박, 부득이한 사정이 있다거나 또는 사회통념상 허용될 상당한 행위로서 죄가 되지 아니한 것으로 오인하고 그 오인에 정당한 이유가 있다고 할 수 없으므로 **어느 모로 보나 상고논지는 독자적 견해에 불과하여 채용할만한 것이 되지 못한다.**」[477]

477) 대법원 1984. 8. 14, 선고 84도1139 판결.

[20] 미수

제25조(미수범) ① 범죄의 실행에 착수하여 행위를 종료하지 못하였거나 결과가 발생하지 아니한 때에는 미수범으로 처벌한다.

② 미수범의 형은 기수범보다 감경할 수 있다.

제26조(중지범) 범인이 자의로 실행에 착수한 행위를 중지하거나 그 행위로 인한 결과의 발생을 방지한 때에는 형을 감경 또는 면제한다.

제27조(불능범) 실행의 수단 또는 수단의 착오로 인하여 결과의 발생이 불가능하더라도 위험성이 있는 때에는 처벌한다. 단 형을 감경 또는 면제할 수 있다.

제29조 (미수범의 처벌) 미수범을 처벌할 죄는 각 본조에 정한다.

1. 장애미수

가. 범죄의 실행에 착수한 후 실행행위를 종료하지 못하였거나 결과가 발생하지 않은 것을 미수라 하고, 구성요건 내용을 충족하지 못한 경우(범죄의 미완성 단계)로 이해하면 쉽다. 형법 제25조는 전형적 미수의 형태인 장애미수를 규정하고 있다.

나. 미수범은 장애미수와 중지미수, 불능미수로 나누어지며, 장애미수는 임의적 감경(제25조), 중지미수는 필요적 감면(제26조), 불능미수는 임의적 감면이다(제27조).

다. 이러한 미수범은 형법 각칙에 미수범 처벌규정이 있을 때에만 처벌한다(제29조).

▶ 미수를 처벌하는 규정으로는, 형법[478] **제89조**(내란, 내란목적살인에 대한), **제100조**(외환유치, 여적, 모병이적, 시설제공이적, 시설파괴이적, 물건제공이적, 간첩, 일반이적에 대한), **제111조 제2항**(외국에 대한 사전), **제119조 제3항**(폭발물사용에 대한), **제124조 제2항**(불법체포, 불법감금에 대한), **제143조**(공무상 비밀표시무효, 부동산강제집행효용침해, 공용서류 등의 무효, 공용물의 파괴, 공무상 보관물 무효에 대한), **제149조**(도주, 집합명령위반, 특수도주, 도주원조, 간수

478) 이하 법명을 밝히지 않은 것은 형법임.

자 도주원조에 대한), **제162조**(분묘발굴, 사체 등의 영득에 대한), **제174조**(현주건조물 등 방화, 공용건조물 등 방화, 일반건조물 등 방화, 폭발성물건파열, 가스·전기 등 방류, 가스·전기 등 공급방해에 대한), **제182조**(현주건조물 등 일수, 공용건조물 등 일수, 일반건조물 등 일수에 대한), **제190조**(일반교통방해, 기차, 선박 등의 교통방해, 기차 등의 전복 등에 대한), **제196조**(음용수에 독물 등 혼입, 수도불통에 대한), **제202조**(아편 등의 제조 등, 아편흡식기의 제조 등, 관세공무원의 아편 등의 반입, 아편흡식 등, 동장소제공에 대한), **제212조**(통화위조 등, 위조통화취득, 통화유사물의 제조 등에 대한), **제223조**(유가증권위조 등, 자격모용에 의한 유가증권작성, 허위유가증권작성 등, 위조유가증권 등의 행사 등, 인지·우표의 위조 등, 위조인지·우표 등의 취득, 인지·우표유사물의 제조 등에 대한), **제235조**(공문서 등 위·변조, 자격모용에 의한 공문서 등의 작성, 허위공문서작성 등, 공전자기록위작·변작, 공정증서원본 등 불실기재, 위조 등 공문서의 행사, 공문서 등의 부정행사, 사문서 등의 위조·변조, 자격모용에 의한 사문서의 작성, 사전자기록위작·변작, 허위진단서 등의 작성, 위조사문서 등의 행사에 대한), **제240조**(공인 등의 위조, 부정사용, 사인 등의 위조, 부정사용에 대한), **제254조**(살인, 존속살해, 영아살해, 촉탁, 승낙에 의한 살인 등, 위계 등에 의한 촉탁살인 등에 대한), **제257조 제3항**(상해, 존속상해에 대한), **제280조**(체포, 감금, 존속체포, 존속감금, 중체포, 중감금, 존속중체포, 존속중감금, 특수체포, 특수감금, 상습체포, 상습감금, 상습존속체포, 상습존속감금, 상습 중체포, 상습 중감금, 상습존속중체포, 상습존속중감금에 대한), **제286조**(협박, 존속협박, 특수협박, 상습협박, 상습존속협박, 상습특수협박에 대한), **제294조**(미성년자 약취, 유인, 추행 등 목적 약취, 유인 등, 인신매매, 약취, 유인, 매매, 이송 등 상해, 약취, 유인, 매매, 이송 등 살인, 약취, 유인, 매매, 이송된 사람의 수수·은닉에 대한), **제300조**(강간, 유사강간, 강제추행, 준강간, 준강제추행에 대한), **제322조**(주거침입, 퇴거불응, 특수주거침입, 주거·신체 수색에 대한), **제325조 제3항**(점유강취, 준점유강취에 대한), **제342조**(절도, 야간주거침입절도, 특수절도, 자동차 등 불법사용, 상습절도, 상습야간주거침입절도, 상습특수절도, 강도, 특수강도, 준강도, 인질강도, 강도상해, 치상, 강도살인, 치사, 강도강간, 해상강도, 상습강도, 상습특수강도, 상습인질강도, 상습해상강도에 대한), **제352조**(사기, 컴퓨터 등 사용사기, 준사기, 편의시설부정이용, 공갈, 특수공갈, 상습사기, 상습 컴퓨터 등 사용사기, 상습 준사기, 상습 편의시설부정이용, 상습 부당이득, 상습공갈, 상습특수공갈에 대한), **제359조**(횡령, 배임, 업무상 횡령, 업무상 배임, 배임수증재에 대한), **제371조**(재물손괴 등, 공익건조물파괴, 특수손괴에 대한)가 있다.

라. 미수는 실행의 착수 후의 개념이라서, 착수에도 이르지 못한 예비와는 다르다. 범죄의 음모 또는 예비행위는 법률에 특별한 규정이 없는 한 벌하지 않는다(제28조).

마. 실행의 착수는 구성요건을 실현하는 행위를 직접적으로 개시하는 것이다. 각 죄의 입법취지와 규정에 따라 법원이 판단한다.

▶ **절도죄는 물색행위 시**이다. 따라서 ◉ 노상에 세워 놓은 자동차안에 있는 물건을 훔칠 생각으로 자동차의 유리창을 통하여 그 내부를 손전등으로 비추어 본 것에 불과하다면 비록 유리창을 따기 위해 면장갑을 끼고 있었고 칼을 소지하고 있었다 하더라도 절도의 예비행위로 볼 수는 있겠으나 타인의 재물에 대한 지배를 침해하는데 밀접한 행위를 한 것이라고는 볼 수 없어 절취행위의 착수에 이른 것이었다고 볼 수 없고,[479] ◉ 소를 흥정하고 있는 피해자의 뒤에 접근하여 그가 들고 있던 가방으로 돈이 들어 있는 피해자의 하의 왼쪽 주머니를 스치면서 지나간 행위는 단지 피해자의 주의력을 흐트려 주머니 속에 들은 금원을 절취하기 위한 예비단계의 행위에 불과한 것이고 이로써 실행의 착수에 이른 것이라고는 볼 수 없다.[480] 반면 ◉ 절도죄의 실행의 착수시기는 재물에 대한 타인의 사실상의 지배를 침해하는데 밀접한 행위가 개시된 때라 할 것인바 피해자 소유 자동차 안에 들어 있는 밍크코트를 발견하고 이를 절취할 생각으로 공범이 위 차 옆에서 망을 보는 사이 위 차 오른쪽 앞문을 열려고 앞문손잡이를 잡아당기다가 피해자에게 발각되었다면 절도의 실행에 착수하였다고 봄이 상당하고,[481] ◉ 소매치기의 경우 피해자의 양복 상의 주머니로부터 금품을 절취하려고 그 호주머니에 손을 뻗쳐 그 겉을 더듬은 때에는 절도의 범행은 예비단계를 지나 실행에 착수했다.[482]

▶ **야간에 타인의 재물을 절취할 목적으로 사람의 주거에 침입**한 경우에는 주거에 침입한 행위의 단계에서 이미 형법 제330조에서 규정한 야간주거침입절도죄라는 범죄행위의 실행에 착수한 것이라고 볼 것이다.[483]

▶ **강간**은 폭행, 협박을 개시한 때에 동죄의 실행에 착수한 것이다. 따라서 강

479) 대법원 1985. 4. 23, 선고 85도464 판결.
480) 대법원 1986. 11. 11, 선고 86도1109,86감도143 판결.
481) 대법원 1986. 12. 23, 선고 86도2256 판결.
482) 대법원 1984. 12. 11, 선고 84도2524 판결.
483) 대법원 1984. 12. 26, 선고 84도2433 판결.

간죄의 실행의 착수가 있었다고 하려면 강간의 수단으로서 폭행이나 협박을 한 사실이 있어야 할 터인데 피고인이 강간할 목적으로 피해자의 집에 침입하였다 하더라도 안방에 들어가 누워 자고 있는 피해자의 가슴과 엉덩이를 만지면서 간음을 기도하였다는 사실만으로는 강간의 수단으로 피해자에게 폭행이나 협박을 개시하였다고 하기는 어렵다.[484] 추행이 됨은 별론이다.

▶ **살인죄**는, ◉ 낫을 들고 피해자에게 접근하였다면 착수한 것이고,[485] ◉ 상관인 그 소속 중대장을 살해 보복할 목적으로 수류탄의 안전핀을 빼고 그 사무실로 들어간 행위는 상관살인미수죄에 해당한다.[486] ◉ 중앙청 내 개천절 경축식장에서 수류탄을 투척하여 대통령을 살해할 목적으로 갑이 사직공원에서 실행담당자인 을, 병에게 수류탄 2개를 교부하였다 해도 이를 살인죄 및 폭발물사용미수죄의 범죄실행의 착수로는 볼 수 없다. 살인예비 및 전시폭발물사용예비죄로 볼 것이다. 국제공산군과의 일대 전쟁인 6.25사변은 여전히 휴전상태로 미해결 중이니 본건 범행 당시가 전시임은 일호의 의심 없으므로 논지는 이유 없다고 인정한다.[487]

▶ 북한에서 **간첩**할 목적으로 휴전선을 월경하는 경우에는 월경과 동시에 간첩행위의 착수가 된다.[488]

▶ **공동정범**은 공범 중 1인이라도 공모계획에 따라 실행에 착수한 때, **간접정범**은 피이용자가 행위에 나아간 때,[489] **교사범**과 **종범**은 정범이 행위를 한 때가 실행의 착수시기이다.

2. 중지미수

가. 범죄의 실행행위에 착수하고 그 범죄가 완수되기 전에 자기의 자유로운 의사(자의)에 따라 범죄의 실행행위를 중지하거나 결과의 발생을 방지한 경우 그것이 일반사회통념상 장애에 의한 미수라고 보여지는 경우가 아니면 이는 중지미수에 해당한다.[490]

---

484) 대법원 1990. 5. 25, 선고 90도607 판결.
485) 대법원 1986. 2. 25, 선고 85도2773 판결.
486) 대법원 1970. 6. 30, 선고 70도861 판결.
487) 대법원 1956. 11. 30, 선고 4289형상217 판결.
488) 대법원 1963. 11. 7, 선고 63도265 판결.
489) 견해의 대립이 있다.
490) 대법원 1985. 11. 12, 선고 85도2002 판결; 대법원 1993. 10. 12, 선고 93도1851 판결; 대법원

나. 중지미수는 양형에서 매우 유리하므로 주의하여 놓침 없이 필요한 주장을 해야 한다. 중지미수와 장애미수는 대립적이고, 중지미수 주장은 장애미수에 비해 먼저 주장되어야 한다.

다. 범인이 자의로 실행에 착수한 행위를 중지하거나 그 행위로 인한 결과의 발생을 방지하면 중지미수로써 무조건 감면된다.

라. 자의성

외부적 장애요소가 없는데도 스스로 중단하는 것을 말한다.

중지미수 인정사례

◉ 피고인이 피해자를 강간하려다가 피해자의 다음번에 만나 친해지면 응해 주겠다는 취지의 간곡한 부탁으로 인하여 그 목적을 이루지 못한 후 피해자를 자신의 차에 태워 집에까지 데려다 주었다면 피고인은 자의로 피해자에 대한 강간행위를 중지한 것이고 피해자의 다음에 만나 친해지면 응해 주겠다는 취지의 간곡한 부탁은 사회통념상 범죄 실행에 대한 장애라고 여겨지지는 아니하므로 피고인의 행위는 중지미수에 해당한다.[491)]

중지미수 부정사례

◉ 피고인이 장롱 안에 있는 옷가지에 불을 놓아 건물을 소훼하려 하였으나 불길이 치솟는 것을 보고 겁이 나서 물을 부어 불을 끈 것이라면, 위와 같은 경우 치솟는 불길에 놀라거나 자신의 신체안전에 대한 위해 또는 범행 발각시의 처벌 등에 두려움을 느끼는 것은 일반 사회통념상 범죄를 완수함에 장애가 되는 사정에 해당한다고 보아야 할 것이므로, 이를 자의에 의한 중지미수라고는 볼 수 없다.[492)] 또 ◉ 피고인이 피해자를 살해하려고 그의 목 부위와 왼쪽 가슴 부위를 칼로 수 회 찔렀으나 피해자의 가슴 부위에서 많은 피가 흘러나오는 것을 발견하고 겁을 먹고 그만 두는 바람에 미수에 그친 것이라면, 위와 같은 경우 많은 피가 흘러나오는 것에 놀라거나 두려움을 느끼는 것은 일반 사회통념상 범죄를 완수함에 장애가 되는 사정에 해당한다고 보아야 할 것이므로, 이를 자의에 의한 중지미수라고 볼 수 없으며,[493)] ◉ 피고인이 공소외 2에게 위조한 주식인수계약

1993. 10. 12, 선고 93도1851 판결.

491) 대법원 1993. 10. 12, 선고 93도1851 판결.

492) 대법원 1997. 6. 13, 선고 97도957 판결.

서와 통장사본을 보여주면서 50억원의 투자를 받았다고 말하며 자금의 대여를 요청했고, 이에 공소외 2와 함께 50억원의 입금 여부를 확인하기 위해 은행에 가던 중 은행 입구에서 차용을 포기하고 돌아간 것이라면, 이는 피고인이 범행이 발각될 것이 두려워 범행을 중지한 것으로서, 일반 사회통념상 범죄를 완수함에 장애가 되는 사정에 해당한다고 보아야 할 것이므로, 이를 자의에 의한 중지미수라고는 볼 수 없다.[494] 또 ◉ 피고인들이 강도행위를 하던 중 피고인 C와 A는 피해자 전○○을 강간하려고 작은방으로 끌고 가 팬티를 강제로 벗기고 음부를 만지던 중 피해자가 수술한지 얼마 안 되어 배가 아프다면서 애원하는 바람에 그 뜻을 이루지 못한 경우, 강도행위의 계속 중 이미 공포상태에 빠진 피해자를 위와 같이 강간하려고 한 이상 강간의 실행에 착수한 것으로 보아야 할 것이고, 피해자의 진술을 비롯한 관계증거의 내용에 비추어 보면 피고인들이 간음행위를 중단한 것은 피해자를 불쌍히 여겨서가 아니라 피해자의 신체조건상 강간을 하기에 지장이 있다고 본데에 기인한 것이므로, 이는 일반의 경험상 강간행위를 수행함에 장애가 되는 외부적 사정에 의하여 범행을 중지한 것에 지나지 않는 것으로서 중지범의 요건인 자의성을 결여한 것이라 보아야 할 것이다. 따라서 중지범감면규정을 적용하지 않는 것은 정당하다.[495]

마. 실행행위를 종료하기 전에 멈추었다면 그 자체로 중지된 것이고(착수미수의 중지), 실행행위를 완료한 후 멈추었다면 결과발생을 자의로 방지까지 해야 중지미수 적용을 받는다(실행미수의 중지). 결과가 발생해 버리면 기수로 처벌된다.

바. 공범의 경우에는 자신의 이탈 이외에 다른 공범의 행위를 저지시켜 결과발생을 방지해야만 중지미수의 적용을 받게 되고,[496] 저지당한 공범은 장애미수로 처벌된다.

---

493) 대법원 1999. 4. 13, 선고 99도640 판결.

494) 대법원 2011. 11. 10, 선고 2011도10539 판결.

495) 대법원 1992. 7. 28, 선고 92도917 판결.

496) ▶ 「피고인이 공소외 1 중위와 범행을 공모하여 동 중위는 엔진오일을 매각 처분하고, 피고인은 송증정리를 하기로 한 것은 사후에 범행이 용이하게 탄로 나지 아니 하도록 하는 안전방법의 하나이지, 위 중위가 보관한 위 군용물을 횡령하는데 있어 송증정리가 없으면, 절대 불가능한 것은 아니며, 피고인은 후에 범의를 철회하고 송증정리를 거절하였다 하여도 공범자인 위 중위의 범죄 실행을 중지케 하였다는 것이 아님이 원판결 및 1심 판결에 의하여 확정된 사실이므로 피고인에게 중지미수를 인정할 수 없고(대법원 1954. 1. 30, 선고 4286형상103 판결), 원 판결의 범죄사실 인정에 사실오인이 있다는 취의에 귀착되는 논지는 군법회의법 제432조의 규정에 비추어 적법한 상고이유가 될 수 없다. 논지는 채택할 것이 못된다.」(대법원 1969. 2. 25, 선고 68도1676 판결)

3. 불능미수

가. 실행의 수단 또는 대상의 착오로 인해 결과발생이 불가능했더라도 위험성(결과발생의 가능성, 결과발생을 초래할 위험)이 있었다면 불능미수로 처벌하며, 형을 임의적 감면한다.

▶ 「권총에 탄자를 충전하여 발사하였으나 탄자가 불량하여 불발된 경우에도 이러한 총탄을 충전하여 발사하는 행위는 **결과발생을 초래할 위험**이 내포되어 있었다 할 것이므로 이를 불능범이라 할 수 없다.」[497]

▶ 「'초우뿌리'나 '부자'는 만성관절염 등에 효능이 있으나 유독성 물질을 함유하고 있어 과거 사약(사약)으로 사용된 약초로서 그 독성을 낮추지 않고 다른 약제를 혼합하지 않은 채 달인 물을 복용하면 용량 및 체질에 따라 다르나 부작용으로 사망의 **결과가 발생할 가능성**을 배제할 수 없는 사실을 알 수 있는바, 원심이 그 설시 증거를 종합하여 피고인이 원심 공동피고인 공소외 1과 공모하여 일정량 이상을 먹으면 사람이 사망에 이를 수도 있는 '초우뿌리' 또는 '부자' 달인 물을 피해자(공소외 1의 남편)에게 마시게 하여 피해자를 살해하려고 하였으나 피해자가 이를 토해버림으로써 미수에 그친 행위를 불능범이 아닌 살인미수죄로 본 제1심의 판단을 유지한 것은 정당하고 거기에 앞서 본 불능범에 관한 법리오해 또는 채증법칙 위배 등의 위법이 없다.」[498]

▶ 「감정서의 기재를 검토하여 보면 원심판시의 소론 치사추정량은 쥐에 대한 것을 인체에 대하여 추정하는 극히 일반적, 추상적인 것이어서 마시는 사람의 연령, 체질, 영양 기타의 신체상황 여하에 따라 상당한 차이가 있을 수 있어서 이 사건에 있어 피고인이 요구르트 한병 마다 섞은 농약 1.6씨씨가 그 치사량에 약간 미달한다 하더라도 이를 마시는 경우 사망의 **결과발생의 가능성**을 배제할 수는 없다고 할 것이므로 같은 취지의 원심판단은 정당하다.」[499]

나. 이와 달리, 설탕으로 사람을 죽이겠다며 설탕물을 원수에게 건넨 것은

497) 대법원 1954. 1. 30, 선고 4286형상103 판결.
498) 대법원 2007. 7. 26, 선고 2007도3687 판결.
499) 대법원 1984. 2. 28, 선고 83도3331 판결. 판례는 이처럼 '위험성'을 '결과발생의 가능성' 내지 '객관적으로 결과발생의 가능성'이라고 표현하고 있다. 후자의 표현을 쓴 판결은 대법원 2002. 2. 8, 선고 2001도6669 판결.

수단 자체가 애초 위험하지 않으므로 처벌하지 않는다. 불능범(不能犯)이라고 한다. 불능범은 범죄행위의 성질상 결과발생 또는 법익침해의 가능성이 절대로 있을 수 없는 경우를 말한다.[500)]

▶ 「사탕으로 살인을 하려고 함에 있어서 사탕을 피해자에게 급여하였거나 피해자가 사탕을 받아먹었을 때에 그 행위가 불능범이라는 것은 누구나 의심치 않을 것이다.」[501)]

▶ 「사자를 살해하려고 모의하였다 할지라도 살인음모죄에 문의할 수 없고 설탕을 양잿물로 오인하고 살인용에 공하려고 준비하였다 할지라도 살인예비죄로 벌할 수 없은 즉 음모예비에도 형법상 위험성 없는 불능범이 있음이 명백하다.」[502)]

▶ 「소송사기란 법원에 허위의 사실을 주장하거나 허위의 증거를 제출함으로써 법원을 기망하여 승소판결을 받는 경우를 말하는바, 소송사기죄는 부실한 청구를 목적으로 법원에 소장을 제출하거나 허위 내용의 서류를 증거로 제출한 때에 실행의 착수가 있으며, 법원을 기망하여 승소판결을 받아 확정되면 기수에 이르게 되고, 한편 민사소송법은 소송비용의 청구는 소송비용액 확정절차에 의하도록 규정하고 있으므로, 위 절차에 의하지 아니하고 손해배상금 청구의 소 등으로 소송비용의 상환을 구하는 것은 소의 이익이 없는 부적법한 소로서 허용될 수 없다고 할 것이다.」[503)] 따라서 피고인이 각하를 면할 수 없는 부적법한 소를 제기한 것은 애당초 승소할 수 없는 경우에 해당하여 실행수단의 착오로 인하여 결과발생이 불가능하며 위험성도 없으므로 기수로도, 미수로도 처벌할 수 없고, 불가벌적인 불능범(不能犯)에 해당한다.

다. 불능범의 판단기준으로서의 위험성 판단은 피고인이 행위 당시에 인식한 사정을 놓고 이것이 객관적으로 일반인의 판단으로 보아 결과발생의 가능성이 있느냐를 따져야 한다.[504)]

---

500) 대법원 1998. 10. 23, 선고 98도2313 판결; 대법원 2007. 7. 26, 선고 2007도3687 판결.
501) 대법원 1956. 11. 30, 선고 4289형상217 판결의 피고인 민▲▲의 상고이유 중 일부.
502) 대법원 1956. 11. 30, 선고 4289형상217 판결의 피고인 나○○의 변호인의 상고이유 중 일부.
503) 전주지방법원 2005. 10. 7, 선고 2005노1035 판결.
504) 대법원 1978. 3. 28, 선고 77도4049 판결.

▶ 「본건 피고인의 행위의 위험성을 판단하려면 피고인이 행위당시에 인식한 사정 즉 원심이 인정한 대로라면 에페트린에 빙초산을 혼합하여 80−90도의 가열하는 그 사정을 놓고 이것이 객관적으로 제약방법을 아는 일반인(과학적 일반인)의 판단으로 보아 결과발생의 가능성이 있느냐를 따졌어야 할 것이거늘 이 점 심리절차 없이 다시 말해서 어째서 위험성이 있다고 하는지 그 이유를 밝힌바 없어 위험성이 있다고 판단한 조치에는 **이유불비의 위법** 아니면 **불능범 내지는 위험성의 법리를 오해**한 잘못이 있다.」[505)]

라. 대법원은 하급심으로 하여금 장애미수와 불능미수를 구별(區別)할 것을 요구하고 있다.[506)]

▶ 「원심이 인용한 제 1심판결 이유에 의하면 제 1심은 그 채택한 증거를 종합하여 피고인이 남편인 공소외인을 살해할 것을 결의하고 배추국 그릇에 농약인 종자소독약 유제3호 8미리리터 가량을 탄 다음 위 공소외인에게 먹게 하여 동인을 살해하고자 하였으나 이를 먹던 위 피해자가 국물을 토함으로써 그 목적을 이루지 못하고 미수에 그친 사실을 인정하고 피고인에 대하여 형법 제254조, 제250조 제1항, 제25조(장애미수), 제55조(법률상 감경) 등을 적용하여 처단하고 있다. 그러나 원심이 채택한 사법경찰관 사무취급작성의 신○○에 대한 진술조서의 기재에 의하면, 위 농약유제 3호는 동물에 대한 경구치사량에 있어서 엘.디(LD) 50이 키로그람당 1.590미리그람이라고 되어 있어서 피고인이 사용한 위의 양은 그 치사량에 현저히 미달한 것으로 보이고, 한편 **형법은 범죄의 실행에 착수하여 결과가 발생하지 아니한 경우의 미수(장애미수)와 실행수단의 착오로 인하여 결과발생이 불가능하더라도 위험성이 있는 경우의 미수(불능미수)와는 구별하여 처벌**하고 있으므로 원심으로서는 이 사건 종사소독약유 제3호의 치사량을 좀더 심리한 다음 피고인의 소위가 위의 어느 경우에 해당하는지를 가렸어야 할 것임에도 불구하고 원심이 이를 심리하지 아니한 채 그 판시와 같은 사유만으로 피고인에게 형법 제254조, 제250조 제1항, 제25조의 살인미수의 죄책을 인정하였음은 **장애미수와 불능미수에 관한 법리**를 오해하였거나 심리를 다하지 아니함으로써 판결에 영향을 미친 위법을 범하였다 할 것이고 이 점을 탓하는 논지는 이유 있다.」[507)]

---

505) 대법원 1978. 3. 28, 선고 77도4049 판결.
506) 대법원 1984. 2. 14, 선고 83도2967 판결.
507) 대법원 1984. 2. 14, 선고 83도2967 판결.

[21] 예비, 음모

제28조(음모, 예비) 범죄의 음모 또는 예비행위가 실행의 착수에 이르지 아니한 때에는 법률에 특별한 규정이 없는 한 벌하지 아니한다.

1. 형법상 음모죄가 성립하는 경우의 **음모**(陰謀)란 2인 이상의 자 사이에 성립한 범죄실행의 합의를 말하는 것으로, 범죄실행의 합의가 있다고 하기 위하여는 단순히 범죄결심을 외부에 표시·전달하는 것만으로는 부족하고, 객관적으로 보아 특정한 범죄의 실행을 위한 준비행위라는 것이 명백히 인식되고, 그 합의에 실질적인 위험성이 인정될 때에 비로소 음모죄가 성립한다.[508] **예비**(豫備)는 범죄실행 합의 이후의 외부적 준비행위이고, 아직 실행에 착수하지 않은 전 단계적 행위를 말한다. 여기서의 준비행위는 물적인 것에 한정되지 아니하며 특별한 정형이 있는 것도 아니지만, 단순히 범행의 의사 또는 계획만으로는 그것이 있다고 할 수 없고 객관적으로 보아서 범죄의 실현에 실질적으로 기여할 수 있는 외적 행위를 필요로 한다.[509]

따라서 음모와 실행착수의 중간적 행위가 예비행위이고, 결국 **예비는 음모에 해당하는 행위를 제외하는 것**으로 새겨야 한다.[510]

2. 범죄의 음모·예비는 실행의 착수에 이르지 아니한 때라도 높은 위험성으로 인해 예외적으로 처벌하는 경우이므로, 예비죄의 구성요건은 결코 유추, 확장해석 되어서는 아니 된다.[511]

▶ 따라서 사람을 살해하기 위해 살인청부업자를 고용하면서 대가지급을 약속한 것은 살인의 목적 및 준비에 관한 고의뿐만 아니라 살인죄의 실현을 위한 준비행위를 하였음을 인정할 수 있고 처벌규정이 있으므로 살인예비죄가 성립할

---

508) 대법원 1999. 11. 12, 선고 99도3801 판결.

509) 대법원 2009. 10. 29, 선고 2009도7150 판결.

510) 대법원 1984. 12. 11, 선고 82도3019 판결.

511) 형법 제28조는 예비죄의 처벌이 가져올 범죄의 구성요건을 부당하게 유추 또는 확장해석하는 것을 금지하고 있기 때문에 형법 각칙의 예비죄를 처단하는 규정을 바로 독립된 구성요건 개념에 포함시킬 수는 없다고 하는 것이 죄형법정주의의 원칙에도 합당하는 해석이라 할 것이며 형법 전체의 정신에 비추어 예비의 단계에 있어서는 그 종범의 성립을 부정하고 있다고 보는 것이 타당한 해석이라 할 것이다(대법원 1976. 5. 25, 선고 75도1549 판결).

수 있지만,[512] 범죄의 외부적 준비행위가 없는 상태에서 단순히 범죄계획만 세우거나 범죄할 의사를 술 먹는 과정에서 표시하거나, 수첩에 범행계획을 적어두는 정도의 내심적 준비를 한 것에 불과한 것은 살인의 예비죄로 처벌할 수는 없다. 또 마음에 드는 이성을 조용히 따라가면서 괜찮은 순간이 오면 키스해야겠다고 속으로 생각하며 **상당한 거리를 두고 뒤를 밟았을 뿐**이고 일정시간 미행하다 발길을 돌린 것을 강제추행예비죄로 처벌할 수 없고, 또 강제추행죄는 예비죄 처벌규정을 두고 있지 않기도 하다. ※ **비교할 최근의 판례**로는, 피고인이 밤에 술을 마시고 배회하던 중 버스에서 내려 혼자 걸어가는 피해자(여, 17세)를 발견하고 마스크를 착용한 채 **뒤따라가다가** 인적이 없고 외진 곳에서 (피고인의 팔이 피해자의 몸에 닿지 않았더라도) **양팔을 높이 들어 갑자기 뒤에서 피해자를 껴안으려고 한 행위는** 의사에 반하는 유형력의 행사로서 폭행행위에 해당하며, 그때 **'기습추행'에 관한 실행의 착수**가 있는데, 마침 피해자가 뒤돌아보면서 소리치는 바람에 몸을 껴안는 추행의 결과에 이르지 못하고 미수에 그쳤으므로, 피고인의 행위는 아동·청소년에 대한 강제추행미수죄에 해당한다.[513]

3. 사례

예비·음모 긍정사례

◉ 피고인이 행사할 목적으로 미리 준비한 물건들과 옵세트인쇄기를 사용하여 한국은행권 100원 권을 사진 찍어 그 필름 원판 7매와 이를 확대하여 현상한 인화지 7매를 만들었음에 그쳤다면 아직 통화위조의 착수에는 이르지 아니했고 그 준비단계에 불과하고,[514] ◉ 갑이 위조미완성 연옥 5백개와 서울세관 납세필 연옥압날용철제 뺀지 1개를 을에게 주어 보관케 하고 후일 적당한 시기에 각 점포를 순방하여 위 기재 등을 사용하여 그 위조를 완성하려 하였으나 사전 발각으로 인하여 그 목적을 달치 못하였다면 아직 공기호위조행위의 예비단계에 불과하다.[515] ◉ 피고인이 북한공작원들과의 사전연락 하에 주도한 민○당의 방북신청은 그러한 정을 모르는 다른 민○당 인사들에게는 남북교류협력의 목적이 있었다 할 수 있음은 별론으로 하고, 피고인 자신에 대한 관계에서는 위 법률 소정의 남북교류협력을 목적으로 한 것이라고 볼 수 없으므로, 피고인의 위 법률에 의한 방북신청은 국가보안법상의 탈출예비에 해당한다.[516] ◉ 적측과 아무런 연

512) 대법원 2009. 10. 29, 선고 2009도7150 판결.
513) 대법원 2015. 9. 10, 선고 2015도6980,2015모2524 판결.
514) 대법원 1966. 12. 6, 선고 66도1317 판결.
515) 대법원 1955. 7. 15, 선고 4288형상110 판결.

516) **해당 대법원 판결은 국가보안법상 다수 구성요건을 간결이 설명하고 있다.**
▶ 「4. 개별 구성요건에 대하여
가. 회합, 통신, 연락의 점
현행 국가보안법 제8조 제1항이나 구 국가보안법의 같은 조항에 의한 회합, 통신, 연락죄는 반국가단체의 이익이 된다는 정을 알면서, 또는 국가의 존립, 안전이나 자유민주적 기본질서를 위태롭게 한다는 정을 알고서 그 구성원과 또는 그 지령을 받은 자와 회합, 통신 또는 연락을 하면 성립되는 것으로서, 그것이 의례적, 사교적인 차원에서의 전혀 다른 의도 하에서의 모임이 아닌 한 회합자 상호간에 사전의 공동의사가 있어야 하는 것도 아니고, 그 회합의 경위나 방법도 불문하며, 반드시 일정한 사항을 논의하거나 결정해야 하는 것도 아니고, 목적수행을 위한 일련의 활동과정에서의 모임으로 인정되면 족하며, 같은 반국가단체의 구성원이나 그 지령을 받은 자 상호 간에도 회합 등의 죄는 성립하는 것이라 할 것이다(대법원 1990. 8. 24, 선고 90도1285 판결). 같은 취지에서 원심이 제1심 판시 제1, 2항의 모임을 비롯하여 북한공작원들이나 공소외인과의 회합, 통신, 연락 등을 포함한 이 부분 나머지 공소사실을 모두 유죄로 인정하였음은 정당하고, 거기에 소론 주장과 같은 법리오해, 채증법칙위배에 의한 사실오인 등의 위법은 없다.
나. 금품수수의 점
위 죄는 반국가단체의 구성원이나 그 지령을 받은 자라는 정을 알면서 또는 국가의 존립, 안전이나 자유민주적 기본질서를 위태롭게 한다는 정을 알면서 반국가단체의 구성원이나 그 지령을 받은 자로부터 금품을 수수함에 의하여 성립하는 것으로서, 그 수수가액이나 가치는 물론 그 목적도 가리지 아니하고, 그 수수가 대한민국을 해할 의도가 있는 경우에 한하는 것도 아니라 할 것이므로(대법원 1991. 12. 24, 선고 91도2495 판결; 대법원 1990. 6. 8, 선고 90도646 판결; 대법원 1985. 12. 10, 선고 85도1367 판결), 원심이 제1심 판시 제57항의 물건을 피고인이 수수한 행위가 금품수수죄에 해당한다고 한 것은 옳고, 그 외 다른 금품수수행위에 대한 원심의 인정판단에도 소론과 같은 법리오해와 중대한 사실오인 등의 위법은 없다. 논지도 이유 없다.
다. 표현물 제작, 반포의 점
기록에 의하여 살펴보면, 피고인의 이 사건 논문은 북한이 대남선전활동의 일환으로 내세우는 국가보안법의 폐지, 평화협정체결, 상호불가침선언 등의 주장에 동조하여 대한민국의 대북정책이나 통일정책 등을 적극적으로 비난하는 내용을 담고 있는 것으로서, 피고인의 경력, 교육정도 등과 위 1.항 기재와 같은 사정 등을 종합하여 보면, 피고인은 국가의 존립, 안전과 자유민주적 기본질서를 위태롭게 한다는 정을 알면서 북한의 활동에 동조할 목적으로 위 표현물을 제작, 반포하였다고 할 것이므로, 같은 취지의 원심판단은 옳고 거기에 소론주장과 같은 헌법과 국가보안법의 법리오해, 사실오인 등의 위법은 없다.
라. 국가기밀의 수집, 탐지, 누설 등의 점
현행 국가보안법 제4조 제1항 제2호 (나)목 소정의 국가기밀과 구 국가보안법 제4조 제1항 제2호 소정의 국가기밀이라 함은, 반국가단체에 대하여 비밀로 하거나 확인되지 아니함이 대한민국의 이익을 위하여 필요한 모든 정보자료로서, 순전한 의미에서의 국가기밀에 한하지 않고 정치, 경제, 사회, 문화 등 각 방면에 관한 국가의 모든 기밀사항이 포함되며, 그것이 국내에서의 적법한 절차 등을 거쳐 널리 알려진 공지의 사항이라도 반국가단체인 북한에게는 유리한 자료가 되고, 대한민국에는 불이익을 초래할 수 있는 것이면 국가기밀에 속한다 할 것인바(대법원 1992. 10. 27, 선고 92도2068 판결; 대법원 1990. 6. 8, 선고 90도646 판결), 기록에 비추어 보아도 피고인이 수집, 탐지, 누설한 사항과 논문이 모두 국가기밀에 해당되고, 또한 자신이 주도적으로 관리, 운영하는 ▲연구회의 활동에 의하여 피고인이 공소외 노중○을 통하여 판시 논문 등 자료를 수집하였다고 인정한 원심판단 역시 옳다고 수긍되므로, 거기에 소론 주장과 같은 국가기밀에 관한 법리오해와 사실오인 등의 위법이 없다.
마. 탈출예비의 점 등
국가보안법의 규정은 남북교류협력에관한법률 제3조 소정의 남북교류와 협력을 목적으로

락 없이 편면적으로 군사에 관한 정보를 수집하였다면 군사상 기밀누설의 예비행위라고 볼 것이지, 간첩죄 기수가 성립하는 것이 아니며,[517] ◉ 강도에 기할 흉기를 휴대하고 범행할 장소에 이르러 습격의 대상이 될 통행인의 출현을 기대하고 있은 소위는 강도 예비죄에 해당하며 이 경우에 위 흉기가 그 전부터 소지하고 있어 타 강도 행위에 기용된 사실이 있다 할지라도 강도 예비죄의 성립에는 하등의 영향이 없으며 또 강도 행위의 대상이 될 인물이 소론과 같이 특정되지 않으면 동 예비죄가 성립되지 않는 것도 아니므로 논지는 결국 독립적 견해로써 원판결을 공격하는데 불과하므로 도저히 채용할 수 없다.[518] ◉ 살인죄에 있어서 통례는 흉기의 구입, 실행방법의 토의 등은 이를 실행의 착수로 보지 않고 살인예비로 보는 것이다.[519] ◉ 피고인이 ▲▲파의 간부 및 조직원 수십 명과 공모하여 목포◆◆파 조직원들을 살해할 목적으로 쇠창 등 흉기를 준비한 것은 살인예비죄에 해당한다.[520]

하는 행위에 관하여는 정당하다고 인정되는 범위 안에서는 적용이 배제된다 할 것이나, 원심과 제1심 판결이 적법하게 인정한 이 부분 사실관계에 비추어 보면, 피고인이 북한공작원들과의 사전 연락 하에 주도한 민중당의 방북신청은 그러한 정을 모르는 다른 민중당 인사들에게는 남북교류협력의 목적이 있었다 할 수 있음은 별론으로 하고, **피고인 자신에 대한 관계에서는 위 법률 소정의 남북교류협력을 목적으로 한 것이라고는 도저히 볼 수 없으므로,** 피고인이 비록 형식상으로는 위 법률에 의한 방북신청을 하였지만 국가보안법상의 탈출예비에 해당한다 할 것이고, 나아가 국가보안법 제6조 제2항의 탈출, 잠입죄는 반국가단체의 지배하에 있는 지역으로 탈출하거나 그 지역으로부터 잠입할 것을 요건으로 하지 않으므로, 공소외인이 북한의 지령을 받거나 그 목적수행을 위하여 태국으로 출국하였다가 입국한 행위에 대하여 피고인이 위 조항 소정의 죄에 대한 공동정범으로서의 죄책이 있다고 한 원심판단 역시 옳다고 인정되고, 거기에 소론이 지적하는 바와 같은 위법은 없다.
5. 양형부당의 주장에 대하여
기록에 의하여 양형의 조건이 되는 여러 사정을 검토해 보면, 피고인에 대하여 선고된 무기 징역형 등의 형량이 너무 무거워 부당하다고는 판단되지 아니한다. 이 점 상고논지 역시 이유 없다.」(대법원 1993. 10. 8, 선고 93도1951 판결)

517) ▶ 「직권으로 심안컨대 원심은 그 판시사실을 인정하고 형법 제98조 제1항의 간첩 기수죄로 문죄하였다 연이나 형법 제98조 제1항에 간첩이라 함은 동조 제2항의 규정과 대조 고찰할 때 적국을 위하여 적국의 지령 사수 기타의 의사의 연락 하에 군사상(총력전 하에서는 정치 경제 사회 문화에 관한 분야를 포함한 광의로 해석해야 할 것임)의 기밀사항 또는 도서물건을 탐지 수집하는 것을 의미한다고 해석해야 할 것이므로 본 안건과 같이 적측과 아무런 의사연락 없이 편면적으로 취학을 주된 목적으로 하고 월북하여 그곳 관헌의 호의를 사기 위하여 누설코저 군사에 관한 정보를 수집하였다면 그는 형법 제98조 제2항의 군사상 기밀누설의 예비행위라고 보는 것이 타당하다고 볼 것이다 그럼에도 불구하고 원판결이 전 설시와 같은 의율를 한 것은 법령 적용에 착오가 있다 할 것이고 간첩 기수죄와 군사상 기밀누설의 예비죄와는 그 법정형에 현격한 차이가 있어 이는 판결에 영향을 미칠 것이므로 원판결은 파기를 면치 못할 것이다.」(대법원 1959. 5. 18, 선고 4292형상34 판결)

518) 대법원 1948. 8. 17, 선고 4281형상80 판결.

519) 대법원 1955. 7. 15, 선고 4288형상110 판결.

520) 대법원 2005. 9. 29, 선고 2005도4205 판결.

예비·음모 부정사례

◉ 피고인은 「간첩에 당하여 불특정 다수인인 경찰관으로 부터 체포 기타 방해를 받을 경우에는 이를 배제하기 위하여 원판시 무기를 휴대한」 것임이 명백한 바 이 경우에 있어서의 무기 소지는 법령 제5호 위반으로 문책함은 별론이라 할 것이나 살인 대상이 특정되지 아니한 살인 예비죄의 성립은 이를 인정할 수 없다고 해석함이 타당하다.[521] ◉ 피고인 1와 피고인 3이 수회에 걸쳐 '총을 훔쳐 전역 후 은행이나 현금수송차량을 털어 한탕 하자'는 말을 나눈 정도만으로는 강도**음모**를 인정하기에 부족하다.[522]

4. 예비죄 처벌규정을 두고 있는 죄는 다음과 같다.

▶ 형법[523] **제90조 제1항**(내란, 내란목적살인에 대한), **제101조 제1항**(외환유치, 여적, 모병이적, 시설제공이적, 시설파괴이적, 물건제공이적, 간첩, 일반이적에 대한), **제111조 제3항**(외국에 대한 사전), **제120조 제1항**(폭발물사용에 대한), **제150조**(도주원조, 간수자 도주원조에 대한), **제175조**(현주건조물 등 방화, 공용건조물 등 방화, 일반건조물 등 방화, 폭발성물건파열, 가스·전기 등 방류, 가스·전기 등 공급방해·사용방해, 공공용의 가스·전기 등 공급방해·사용방해에 대한), **제183조**(현주건조물 등 일수, 공용건조물 등 일수, 일반건조물 등 일수에 대한), **제191조**(기차, 선박 등의 교통방해, 기차 등의 전복등에 대한), **제197조**(음용수 독물 등 혼입, 수도음용수 등 독물 등 혼입, 수도불통에 대한), 제213조(통화 위·변조에 대한), **제224조**(유가증권위조 등, 자격모용 유가증권 작성, 인지·우표 위·변조에 대한), **제255조**(살인, 존속살해, 위계등에 의한 촉탁살인 등에 대한), **제296조**(미성년자 약취, 유인, 추행 등 목적 약취, 유인 등, 인신매매, 약취, 유인, 매매, 이송 등 상해, 약취, 유인, 매매, 이송 등 살인, 약취, 유인, 매매, 이송된 사람의 수수·은닉에 대한), **제343조**(강도에 대한)이다.

[22] 공범

형법상 다수인이 가담한 범죄형태를 공범이라고 하고(형법 총칙 제2장 제3절),

521) 대법원 1959. 7. 31, 선고 4292형상308 판결.
522) 대법원 1999. 11. 12, 선고 99도3801 판결.
523) 이하 법명을 밝히지 않은 것은 형법임.

그 종류로는 공동정범(제30조), 교사범(제31조), 종범(제32조), 간접정범(제34조)이 있다.

1. **간접정범**은 실행행위자가 따로 있고 이에 대한 의사조종을 한 배후를 처벌하는 것이다. 교사·방조의 예로 처벌한다(형법 제34조 제1항). 실무상으로는 적용대상이 극히 제한적이다.

2. **공동정범**은 공모와 기능적 역할분담에 착안하여, 직접 실행행위를 또는 주요 실행행위를 공범 중 누가 했건 불문하고 관여자 전부를 정범으로 처벌하는 것이다(형법 제30조). 실무상 가장 흔한 경우이고, '공범', '상피의자', '공범인 공동피고인' 표현이 모두 실무상 사용되는 지칭이다.

3. 구별 개념으로, **동시범**은 동시 또는 이시의 독립행위가 경합한 경우를 말하고, 결과발생의 원인된 행위가 판명되면 각자가 결과기수 또는 미수로 책임지고, 원인이 불명인 때에는 각 행위를 미수범으로 처벌한다(형법 제19조). 실무상 흔한 경우는 아니다. 공모 없이 우연히 다수인이 각자의 계획과 고의에 따라 순차로 동일 피해자에게 가해하는 경우가 흔치 않기 때문이다. 한편 2인 이상이 범행을 저지른 경우 상호의사의 연락이 있어 공동정범이 성립한다면, 독립행위경합 등의 문제는 아예 제기될 여지가 없다.[524]

▶ 「2인 이상의 사람이 상호의사의 연락 없이 동시(서로 접촉된 전후관계도 포함된다)에 범죄구성요건에 해당하는 행위를 하였을 때에는 원칙적으로 각 인에 대하여 그 죄를 논해야 하나 그 결과발생의 원인이 된 행위가 분명하지 아니한 때에는 각 행위자를 미수범으로 처벌하고(독립행위의 경합) 이 독립행위가 경합하여 특히 상해의 결과를 발생하게 하고 그 결과 발생의 원인이 된 행위가 밝혀지지 아니한 경우에는 공동정범의 예에 따라 처단(동시범)하는 것이므로 공범관계에 있어 공동가공의 의사가 있었다면 이에는 도시 동시범 등의 문제는 제기될 수 없는 것이다.

원심이 적법하게 확정한 바는 피고인 등이 공동하여 원심판시 행위를 하였다는 것으로 원심은 이에 대하여 형법 제30조를 적용하여 공동정범으로 처단하고

524) 대법원 1985. 12. 10, 선고 85도1892 판결; 대법원 1997. 11. 28, 선고 97도1740 판결.

있는 터이므로 비록, 공소외인의 사망의 원인이 된 행위가 어느 피고인의 행위인지 명확하게 판명되지는 아니하였다고 하더라도 이는 동시범이 아님이 명백할 뿐만 아니라 원심이 이를 동시범으로 처단하지도 아니하였음이 그 판문상 또한 명백하여 소론 상고논지는 원심판결을 잘못 파악한데 연유하는 것으로 그 이유가 없다.」[525]

동시범과 관련하여 중요한 쟁점은 상해죄 동시범 특례규정이고, 행위자들은 매우 불리하게 처벌된다. 우연히 각자의 고의로 피해자를 순차 때렸는데 상해의 원인관계가 판명되면 각자 기수 또는 미수로 처벌되고, 원인관계 불명 시에도 공동정범의 예에 따라 처벌되기 때문이다(형법 제263조).[526] 상해의 결과책임을 함께 묻는 점에서 특칙에 해당한다. 따라서 이미 얼굴이나 손에 피를 흘리고 있던 자를 발견하고도 원한관계를 떠올려 피해자를 후발적으로 별개 폭행한 경우 자신의 행위가 추가 상해를 야기한 것이 아니더라도 상해의 공동정범의 예에 따라 처벌되므로 주의를 요한다. 판례는 상해, 폭행치상, 상해치사,[527] 폭행치사[528] 모두 제263조를 적용하고, 다만 폭행과 상해의 죄에 관한 특례를 적용하기에 적합하지 않은 강간치상죄에는 위 특례를 적용하지 않는다. 폭행치사죄에도 이 특례가 적용된다는 것이므로, 이미 누군가로부터 폭행당하여 쓰러져 있던 피해자를 발견하고 평소 괘씸했던 피해자를 걷어찼고, 피해자는 둘 중 누구의 폭행 때문인지는 몰라도 사망하고 말았다면 두 사람 모두 폭행치사죄의 공동정범의 예에 따라 인과관계가 합일적으로 정해지고 각자 정범으로 처벌된다.

---

525) 대법원 1985. 12. 10, 선고 85도1892 판결; 대법원 1997. 11. 28, 선고 97도1740 판결.

526) 제263조 (동시범) 독립행위가 경합하여 상해의 결과를 발생하게 한 경우에 있어서 원인된 행위가 판명되지 아니한 때에는 공동정범의 예에 의한다.

527) ▶ 이시의 독립된 상해행위가 경합하여 사망의 결과가 일어난 경우에 그 원인된 행위가 판명되지 아니한 때에는 공동정범의 예에 의해야 한다(대법원 1981. 3. 10, 선고 80도3321 판결).
▶ 동시범의 특례를 규정한 형법 제263조가 상해치사죄에도 적용되는 관계상 피해자의 사망이 피고인의 범행에 인한 것인지, 원심상피고인의 범행에 인한 것인지가 판명되지 아니하는 때에 예외적으로 공동정범의 예에 의할 수 있을 것(대법원 1985. 5. 14, 선고 84도2118 판결).

528) ▶ 「시간적 차이가 있는 독립된 상해행위나 폭행행위가 경합하여 사망의 결과가 일어나고 그 사망의 원인된 행위가 판명되지 않은 경우에는 공동정범의 예에 의하여 처벌할 것이므로, 2시간 남짓한 시간적 간격을 두고 피고인이 두 번째의 가해행위인 이 사건 범행을 한 후, 피해자가 사망했고 그 사망의 원인을 알 수 없다고 보아 피고인을 폭행치사죄의 동시범으로 처벌한 원심판단은 옳고 거기에 동시범의 법리나 상당인과관계에 관한 법리를 오해한 위법도 없다.」(대법원 2000. 7. 28, 선고 2000도2466 판결)

4. 한편 **합동범**은 공동정범과 유사하나 높은 불법성과 위험성으로 인해 특히 가중 처벌하는 공범이다. 개별 법문에서 2인 이상의 행위주체를 예정하고 있고, 현장성을 요구하는 점에서 공동정범과는 다르다.[529] 이 개념은 형법총칙 상의 규정에 따른 것이 아니다.

현장에서의 실행분담 또는 시간적·장소적 협동관계를 요하는 합동범의 예로, 형법상 **특수절도**(제331조 제2항),[530] **특수강도**(제334조 제2항),[531] **특수도주**(제146조),[532] **성폭법** 제4조의 특수강간, 특수강제추행, 특수준강간, 특수준강제추행,[533] **특강법**상 특수강간, 특수유사강간, 특수강제추행, 특수준강간, 특수준강제추행, 특수미성년자간음·추행죄가 있다.[534] 나아가 **폭처법** 제2조 제2항 각

529) 김성돈, 형법총론, 제3판, SKKUP, 2014, 563면.

530) 제331조(특수절도) ① 야간에 문호 또는 장벽 기타 건조물의 일부를 손괴하고 전조의 장소에 침입하여 타인의 재물을 절취한 자는 1년 이상 10년 이하의 징역에 처한다. ② 흉기를 휴대하거나 2인 이상이 합동하여 타인의 재물을 절취한 자도 전항의 형과 같다.

531) 제334조(특수강도) ① 야간에 사람의 주거, 관리하는 건조물, 선박이나 항공기 또는 점유하는 방실에 침입하여 제333조의 죄를 범한 자는 무기 또는 5년 이상의 징역에 처한다. ② 흉기를 휴대하거나 2인 이상이 합동하여 전조의 죄를 범한 자도 전항의 형과 같다.

532) 제146조(특수도주) 수용설비 또는 기구를 손괴하거나 사람에게 폭행 또는 협박을 가하거나 2인 이상이 합동하여 전조 제1항의 죄를 범한 자는 7년 이하의 징역에 처한다.

533) **성폭법** 제4조(특수강간 등) ① 흉기나 그 밖의 위험한 물건을 지닌 채 또는 **2명 이상이 합동**하여 「형법」 제297조(**강간**)의 죄를 범한 사람은 무기징역 또는 5년 이상의 징역에 처한다.
② 제1항의 방법으로 「형법」 제298조(**강제추행**)의 죄를 범한 사람은 3년 이상의 유기징역에 처한다.
③ 제1항의 방법으로 「형법」 제299조(**준강간, 준강제추행**)의 죄를 범한 사람은 제1항 또는 제2항의 예에 따라 처벌한다.

534) **특강법** 제2조(적용 범위) ① 이 법에서 "특정강력범죄"란 다음 각 호의 어느 하나에 해당하는 죄를 말한다. <개정 2010. 4. 15, 2011. 3. 7, 2012. 12. 18, 2013. 4. 5, 2016. 1. 6.>

1. 「형법」 제2편 제24장 살인의 죄 중 제250조[살인·존속살해(尊屬殺害)], 제253조[위계(僞計)등에 의한 촉탁살인(囑託殺人)등] 및 제254조(미수범. 다만, 제251조 및 제252조의 미수범은 제외한다)의 죄
2. 「형법」 제2편 제31장 약취(略取), 유인(誘引) 및 인신매매의 죄 중 제287조부터 제291조까지 및 제294조(제292조제1항의 미수범은 제외한다)의 죄
3. 「형법」 제2편 제32장 강간과 추행의 죄 중 제301조(강간등 상해·치상), 제301조의2(강간등 살인·치사)의 죄 및 흉기나 그 밖의 위험한 물건을 휴대하거나 2명 이상이 합동하여 범한 제297조(강간), 제297조의2(유사강간), 제298조(강제추행), 제299조(준강간·준강제추행), 제300조(미수범) 및 제305조(미성년자에 대한 간음, 추행)의 죄
4. 「형법」 제2편 제32장 강간과 추행의 죄, 「성폭력범죄의 처벌 등에 관한 특례법」 제3조부터 제10조까지 및 제15조(제13조의 미수범은 제외한다)의 죄 또는 「아동·청소년의 성보호에 관한 법률」 제13조의 죄로 두 번 이상 실형을 선고받은 사람이 범한 「형법」 제297조, 제297조의2, 제298조부터 제300조까지, 제305조 및 「아동·청소년의 성보호에 관한 법률」 제13조의 죄
5. 「형법」 제2편 제38장 절도와 강도의 죄 중 제333조(강도), 제334조(특수강도), 제335조(준강도), 제336조(인질강도), 제337조(강도상해·치상), 제338조(강도살인·치사), 제339조(강도강간), 제340조(해상강도), 제341조(상습범) 및 제342조(미수범. 다만, 제329조부

호의 공동범죄[535]를 합동범으로 해석하는 견해도 있다.[536]

합동범은 주관적(主觀的) 요건으로서 공모 외에 객관적(客觀的) 요건으로서 범행현장에서의 실행행위의 분담을 요하나,[537] 이 실행행위의 분담은 반드시 동시에 동일 장소에서 실행행위를 특정하여 분담하는 것만을 뜻하는 것이 아니라 시간적으로나 장소적으로 서로 협동관계에 있다고 볼 수 있으면 충분하다.[538] 따라서 피고인들 중 피고인 C가 피해자의 집 담을 넘어 들어가 대문을 열어 피고인 A, F로 하여금 들어오게 한 다음 피고인 F, C는 드라이버로 현관문을 열고 들어가 그 곳에 있던 식칼 두 개를 각자 들고 피고인들 모두가 안방에 들어가서 피해자들을 칼로 협박하고 손을 묶은 뒤 장농설합을 뒤져 귀금속과 현금 등을 강취하였다면, 피고인 A가 소론과 같이 직접 문을 열거나 식칼을 든 일이 없다고 하여도 다른 피고인들과 함께 행동하면서 범행에 협동한 이상 현장에서 실행행위를 분담한 것이라고 볼 것이다.[539] 반면 피고인이 다른 피고인들과 택시강도를 하기로 모의한 일이 있다고 하여도 다른 피고인들이 피해자에 대한 폭행에 착수하기 전에 겁을 먹고 미리 현장에서 도주해 버렸다면 다른 피고인들과의 사이에 강도의 실행행위를 분담한 협동관계가 있었다고 보기는 어려우므로 피고인을 형법 제334조 제2항의 특수강도의 합동범으로 다스릴 수는 없다.[540]

적어도 3인 이상이 공모하고 2인 이상의 나머지 범인이 현장에서 실제 범행을 하였다면 합동범행을 공모한 후 현장에 가지 않은 자도 **합동범의 공동정범**으로 처벌된다. 공동정범의 법리를 합동범에 적용하지 못할 이유가 없고, 현

터 제331조까지, 제331조의2 및 제332조의 미수범은 제외한다)의 죄
6. 「폭력행위 등 처벌에 관한 법률」 제4조(단체 등의 구성·활동)의 죄
② 제1항 각 호의 범죄로서 다른 법률에 따라 가중처벌하는 죄는 특정강력범죄로 본다.

535) **폭처법** 제2조(폭행 등) ② **2명 이상이 공동**하여 다음 각 호의 죄를 범한 사람은 「형법」 각 해당 조항에서 정한 형의 2분의 1까지 가중한다. <개정 2016. 1. 6.>
1. 「형법」 제260조 제1항(폭행), 제283조 제1항(협박), 제319조(주거침입, 퇴거불응) 또는 제366조(재물손괴 등)의 죄
2. 「형법」 제260조 제2항(존속폭행), 제276조 제1항(체포, 감금), 제283조 제2항(존속협박) 또는 제324조 제1항(강요)의 죄
3. 「형법」 제257조 제1항(상해)·제2항(존속상해), 제276조 제2항(존속체포, 존속감금) 또는 제350조(공갈)의 죄

536) 신동운, 형법총론, 제7판, 법문사, 2013, 713면.

537) 대법원 1981. 9. 8, 선고 81도2159 판결.

538) 대법원 1992. 7. 28, 선고 92도917 판결.

539) 대법원 1992. 7. 28, 선고 92도917 판결.

540) 대법원 1985. 3. 26, 선고 84도2956 판결.

장에 직접 가지 않은 주모자를 처벌할 수 있는 장점이 있다. 상세한 논거는 아래 전원합의체 판결과 같다.

▶ 「2. 합동범의 공동정범의 성립 여부 주장(1997. 4. 18. 04:08경 삼성동 소재 ○마트 편의점에서 범하였다는 특수절도죄)에 대하여

가. 형법 제331조 제2항 후단의 '2인 이상이 합동하여 타인의 재물을 절취한 자'(이하 '합동절도'라고 한다)에 관한 규정은 2인 이상의 범인이 범행현장에서 합동하여 절도의 범행을 하는 경우는 범인이 단독으로 절도 범행을 하는 경우에 비하여 그 범행이 조직적이고 집단적이며 대규모적으로 행하여져 그로 인한 피해도 더욱 커지기 쉬운 반면 그 단속이나 검거는 어려워지고, 범인들의 악성도 더욱 강하다고 보아야 할 것이기 때문에 그와 같은 행위를 통상의 단독 절도범행에 비하여 특히 무겁게 처벌하기 위한 것이다.

합동절도가 성립하기 위하여는 주관적 요건으로 2인 이상의 범인의 공모가 있어야 하고, 객관적 요건으로 2인 이상의 범인이 현장에서 절도의 실행행위를 분담해야 하며, 그 실행 행위는 시간적, 장소적으로 협동관계가 있음을 요한다.

나. 한편 2인 이상이 공동의 의사로서 특정한 범죄행위를 하기 위하여 일체가 되어 서로가 다른 사람의 행위를 이용하여 각자 자기의 의사를 실행에 옮기는 내용의 공모를 하고, 그에 따라 범죄를 실행한 사실이 인정되면 그 공모에 참여한 사람은 직접 실행행위에 관여하지 아니하였더라도 다른 사람의 행위를 자기 의사의 수단으로 하여 범죄를 하였다는 점에서 자기가 직접 실행행위를 분담한 경우와 형사책임의 성립에 차이를 둘 이유가 없는 것인바(형법 제30조), 이와 같은 공동정범 이론을 형법 제331조 제2항 후단의 합동절도와 관련(關聯)하여 살펴보면, **2인 이상의 범인이 합동절도의 범행을 공모한 후 1인의 범인만이 단독으로 절도의 실행행위를 한 경우에는 합동절도의 객관적 요건을 갖추지 못하여 합동절도가 성립할 여지가 없는 것**이지만, 3인 이상의 범인이 합동절도의 범행을 공모한 후 적어도 2인 이상의 범인이 범행 현장에서 시간적, 장소적으로 협동관계를 이루어 절도의 실행행위를 분담하여 절도 범행을 한 경우에는 위와 같은 공동정범의 일반 이론에 비추어 그 공모에는 참여하였으나 현장에서 절도의 실행행위를 직접 분담하지 아니한 다른 범인에 대하여도 그가 현장에서 절도 범행을 실행한 위 2인 이상의 범인의 행위를 자기 의사의 수단으로 하여 합동절도의 범행을 하였다고 평가할 수 있는 정범성의 표지를 갖추고 있다고 보여지는 한 그 다른 범인에 대하여 합동절도의 공동정범의 성립을 부정할 이유가 없다고 할 것이다.[541)]

541) 대법원 1956. 5. 1, 선고 4289형상35 판결; 대법원 1960. 6. 15, 선고 4293형상60 판결.

형법 제331조 제2항 후단의 규정이 위와 같이 3인 이상이 공모하고 적어도 2인 이상이 합동절도의 범행을 실행한 경우에 대하여 공동정범의 성립을 부정하는 취지라고 해석할 이유가 없을 뿐만 아니라, 만일 공동정범의 성립가능성을 제한한다면 직접 실행행위에 참여하지 아니하면서 배후에서 합동절도의 범행을 조종하는 **수괴**는 그 행위의 기여도가 강력함에도 불구하고 공동정범으로 처벌받지 아니하는 불합리한 현상이 나타날 수 있다. 그러므로 **합동절도에서도 공동정범과 교사범·종범의 구별기준은 일반원칙에 따라야 하고, 그 결과 범행현장에 존재하지 아니한 범인도 공동정범이 될 수 있으며, 반대로 상황에 따라서는 장소적으로 협동한 범인도 방조만 한 경우에는 종범으로 처벌**될 수도 있다.

이와 다른 견해를 표명하였던 대법원 1976. 7. 27, 선고 75도2720 판결 등은 이를 변경하기로 한다.

다. 원심판결 이유에 의하면, 원심은 제1심이 채택한 증거들을 인용하여 피고인에 대하여 1997. 4. 18. 04:08경 삼성동 소재 ○마트 편의점에서 범한 특수절도죄를 유죄로 인정했다. 그런데 원심이 인용한 제1심판결이 채택한 증거들을 기록과 대조하여 검토하여 보면, 속칭 **삐끼주점의 지배인인 피고인**이 피해자 오건○로부터 신용카드를 강취하고 신용카드의 비밀번호를 알아낸 후 현금자동지급기에서 인출한 돈을 삐끼주점의 분배관례에 따라 분배할 것을 전제로 하여 원심 공동피고인 1(삐끼), 2(삐끼주점 업주) 및 공소외인(삐끼)과 **피고인**은 삐끼주점 내에서 피해자를 계속 붙잡아 두면서 감시하는 동안 원심 공동피고인 1, 2 및 공소외인은 피해자의 위 신용카드를 이용하여 현금자동지급기에서 현금을 인출하기로 공모했고, 그에 따라 **원심 공동피고인 1, 2 및 공소외인**이 1997. 4. 18. 04:08경 서울 강남구 삼성동 소재 ○마트 편의점에서 합동하여 현금자동지급기에서 현금 4,730,000원을 절취한 사실을 인정하기에 넉넉한바, 비록 피고인이 범행 현장에 간 일이 없다 하더라도 위와 같은 사실관계 하에서라면 피고인이 합동절도의 범행을 현장에서 실행한 원심 공동피고인 1, 2 및 공소외인과 공모한 것만으로서도 그들의 행위를 자기 의사의 수단으로 하여 합동절도의 범행을 하였다고 평가될 수 있는 **합동절도 범행의 정범성의 표지를 갖추었다**고 할 것이고, 따라서 위 **합동절도 범행에 대하여 공동정범으로서의 죄책**을 면할 수 없다. 같은 취지의 원심의 판단은 정당하고, 여기에 논하는 바와 같은 법리오해의 위법이 있다고 할 수 없다. 이 점에 관한 논지도 이유가 없다.」[542)]

542) 대법원 1998. 5. 21, 선고 98도321 전원합의체 판결.

5. **교사범**은 정범과 같은 형으로 벌한다(형법 제31조 제1항).

가. 교사자의 교사로 인해 피교사자가 비로소 범행결의를 갖게 되는 점에서 이미 범행결의를 갖고 있던 자를 돕는 방조와 다르고, 불법이 중하여 방조보다 처벌수위가 높다.

나. 교사범이 성립하기 위해서는 범행의 일시, 장소, 방법 등의 세부적인 사항까지를 특정하여 교사할 필요는 없는 것이고, 정범으로 하여금 일정한 범죄의 실행을 결의할 정도에 이르게 하면 교사범이 성립된다.[543)]

다. 그리고 피교사자가 교사자의 교사행위 당시에는 일응 범행을 승낙하지 아니한 것으로 보여진다 하더라도 이후 그 교사행위에 의하여 범행을 결의한 것으로 인정되는 이상 교사범의 성립에는 영향이 없다.[544)]

라. 한편 교사자가 피교사자에 대하여 상해 또는 중상해를 교사하였는데 피교사자가 이를 넘어 살인을 실행한 경우, 일반적으로 교사자는 상해죄 또는 중상해죄의 죄책을 지게 되는 것이지만 교사자에게 피해자의 사망이라는 결과에 대하여 과실 내지 예견가능성이 있는 때에는 상해치사죄의 죄책을 지울 수 있다.[545)]

▶ 「원심이 제1심 판결 적시의 각 증거를 인용하여, **피고인 1**가 상 피고인 3, 4, 5 및 원심 공동피고인 7에게 피고인과 사업관계로 다툼이 있었던 피해자를 혼내 주되, 평생 후회하면서 살도록 허리 아래 부분을 찌르고, 특히 허벅지나 종아리를 찔러 병신을 만들라는 취지로 이야기 하면서 차량과 칼 구입비 명목으로 경비 90만원 정도를 주어 범행에 이르게 한 사실, 피고인 2는 위와 같이 1가 상피고인들에게 범행을 지시할 때 그들에게 연락하여 모이도록 하였으며, "피고인 1을 좀 도와주어라" 등의 말을 했고, 그 결과 상피고인들이 공소사실 기재와 같이 피해자의 종아리 부위 등을 20여 회나 칼로 찔러 살해한 사실을 인정한 다음, 그 당시 상황으로 보아 피고인 2 역시 공모관계에 있고, 피고인 1와 2는 피해자

543) 대법원 1991. 5. 14, 선고 91도542 판결.
544) 대법원 2013. 9. 12, 선고 2012도2744 판결.
545) 대법원 2002. 10. 25, 선고 2002도4089 판결.

가 죽을 수도 있다는 점을 예견할 가능성이 있었다고 판단하여, 상해치사죄로 의율한 조치는 위 법리에 따른 것으로 정당하고, 거기에 상고이유에서 주장하는 바와 같은 상해치사죄 또는 공동정범에 관한 법리오해의 위법이 있다고 할 수 없다.」[546)]

6. **종범**은 방조범이라 불리며, 정범보다 필요적으로 감경한다(형법 제32조).

가. 형법상 방조행위는 정범의 범죄에 종속하여 성립하는 것이므로, 방조의 대상이 되는 정범의 실행행위가 없는 이상 방조죄만이 독립하여 성립될 수 없다.[547)]

나. 방조행위는 정범이 범행을 한다는 정을 알면서 실행행위를 용이하게 하는 직·간접의 행위이다.

▶ 「형법상 방조행위는 정범이 범행을 한다는 정을 알면서 그 실행행위를 용이하게 하는 행위로서 그것은 정범의 실행에 대하여 물질적 방법이건, 정신적 방법이건, 직접적이건, 간접적이건 가리지 아니한다 할 것인바, 피고인들이 정범의 변호사법 위반행위(금 2억원을 제공받고 건축 사업허가를 받아 주려한 행위)를 하려한다는 정을 알면서 자금능력 있는 자를 소개하고 교섭한 행위는 그 방조행위에 해당한다.」[548)]

다. 방조는 정범이 범행을 한다는 것을 알면서 그 실행행위를 용이하게 하는 종범의 행위이므로, 종범은 정범의 실행을 방조한다는 방조의 고의와 정범의 행위가 구성요건에 해당한다는 점에 대한 정범의 고의가 있어야 한다.[549)]

▶ 「피고인 2로서도 원심공동피고인 4가 관리지역으로 기재된 허위의 토지이용계획확인서를 이용하여 타인에게 토지를 매도하여 매매대금 상당을 편취하려 한다는 것을 미필적으로나마 인식 또는 예견하였다고 봄이 상당하므로 정범의 고의를 가지고 있음이 인정되고, 위와 같은 피고인 2의 행위는 정범의 사기범행

546) 대법원 2002. 10. 25, 선고 2002도4089 판결.
547) 대법원 2011. 7. 28, 선고 2011도1739 판결; 대법원 2017. 5. 31, 선고 2016도12865 판결.
548) 대법원 1982. 9. 14, 선고 80도2566 판결.
549) 대법원 1986. 12. 9, 선고 86도198 판결; 대법원 1999. 1. 29, 선고 98도4031 판결; 대법원 2003. 4. 8, 선고 2003도382 판결.

의 실행을 직접적으로 용이하게 하는 것이어서 피고인 2에게 방조의 고의도 있었음이 명백하므로, 피고인 2에게 각 특정경제범죄 가중처벌 등에 관한 법률 위반(사기) 방조의 죄책을 물을 수 있다.」[550]

라. 방조범에 있어서 정범의 고의는 정범에 의하여 실현되는 범죄의 구체적 내용을 인식할 것을 요하는 것이 아니고 미필적 인식 또는 예견으로 족하다.[551]

따라서 ◉ 자동차운전면허가 없는 자에게 승용차를 제공하여 그로 하여금 무면허운전을 하게 하였다면,[552] 설령 방조범으로서는 그가 운전하리란 점을 명확히 인식하지 못하였다고 하더라도 이를 용인하는 **미필적** 고의는 있었다고 보아야 하므로 이는 도로교통법 위반(무면허운전의 점) 범행의 방조행위에 해당한다. 또 ◉ 계 운영을 통한 갑의 사기범행을 **미필적**으로나마 인식 또는 예견하면서도 그 범행의 실행행위를 직·간접적으로 도와 용이하게 한 을의 행위는 사기방조죄에 해당하고,[553] ◉ 금괴를 부가가치세 영세율이 적용되는 수출원자재 명목으로 구입한 후 실제로는 시중에 판매처분하고 허위로 수출신고를 하여 이를 근거로 관세를 부정환급받은 정범의 범행에 대하여, 정범이 설립한 위장수출회사의 직원인 피고인이 **미필적**으로나마 정범의 범행을 인식 또는 예견하고 그 실행행위를 용이하게 하였다고 볼 여지가 있다.[554]

마. 형법상 방조행위는 정범이 범행을 한다는 정을 알면서 그 실행행위를 용이하게 하는 직접·간접의 행위를 말하므로, 방조범은 정범의 실행을 방조한다는 이른바 방조의 고의와 정범의 행위가 구성요건에 해당하는 행위인 점에 대한 정범의 고의가 있어야 하나, 이와 같은 고의는 내심적 사실이므로 피고인이 이를 부정하는 경우에는 사물의 성질상 고의와 상당한 관련성이 있는 간접사실을 증명하는 방법에 의하여 입증할 수밖에 없고, 이 때 무엇이 상당한 관련성이 있는 간접사실에 해당할 것인가는 정상적인 경험칙에 바탕을 두고 치밀한 관찰력이나 분석력에 의하여 사실의 연결상태를 합리적으로 판단하는 외에

550) 대법원 2010. 1. 14, 선고 2009도9963 판결.
551) 대법원 2004. 6. 24, 선고 2002도995 판결; 대법원 2005. 4. 29, 선고 2003도6056 판결.
552) 대법원 2000. 8. 18, 선고 2000도1914 판결. 이하 내용은 필자가 방조 피고인의 예상 변명을 반박해 본 것이다.
553) 대법원 2010. 4. 29, 선고 2010도2810 판결.
554) 대법원 2005. 4. 29, 선고 2003도6056 판결.

다른 방법이 없다고 할 것이다.[555)]

바. 의사연락이 없는 편면적 공동정범은 인정되지 않지만, 편면적 종범은 처벌된다. 종범에게 방조의 고의와 정범의 고의가 있으면 족하고, 공동정범과 같이 의사의 일치를 필요로 하지 않기 때문이다.

▶ 「공동정범은 행위자 상호간에 범죄행위를 공동으로 한다는 공동가공의 의사를 가지고 범죄를 공동실행하는 경우에 성립하는 것으로서, 여기에서의 공동가공의 의사는 공동행위자 상호간에 있어야 하며 행위자 일방의 가공의사만으로는 공동정범관계가 성립할 수 없다.」[556)]

▶ 「원래 방조범은 종범으로서 정범의 존재를 전제로 하는 것이다. 즉 정범의 범죄행위 없이 방조범만이 성립될 수는 없다. 이른바 편면적 종범에 있어서도 그 이론은 같다. 이 사건에서 볼 때 피고인은 스스로가 단독으로 자기 아들인 공소외인에 대한 징집을 면탈케 할 목적으로 사위행위를 한 것으로서 위 공소외인의 범죄행위는 아무것도 없어 피고인이 위 공소외인의 범죄행위에 가공하거나 또는 이를 방조한 것이라고 볼 수 없음이 명백하니, 피고인을 방조범으로 다스릴 수 없다고 한 원심판결은 정당하고, 여기에 소론과 같은 법리의 오해가 있다고 할 수 없다.」[557)]

사. 실무상 방조는 공동정범 다음으로 흔히 발견되고, 공동정범으로 기소하기에는 증거상 무리가 따를 경우, 전체 행위에서 해당 피의자의 기여도가 낮은 경우, 주요 계획의 실행행위 후반부에 경미하게 가담한 경우, 아무리 보아도 공동정범의 의사가 아니라 방조의 의사로 행한 것이 분명한 경우[558)]에는 공동정범이 아닌 방조죄로 기소하는 경우가 많다.

공모공동정범 VS. 방조의 구별기준 1. 커닝 방조사건

▶ 「피고인 2이 상피고인 1의 요청을 받아들여 상피고인 1 및 원심 공동피고인를 특정 고사실의 감독관으로 배치하여 주었을 때 상피고인 1이 특정 응시자

555) 대법원 1999. 1. 29, 선고 98도4031 판결; 대법원 2005. 4. 29, 선고 2003도6056 판결.
556) 대법원 1985. 5. 14, 선고 84도2118 판결.
557) 대법원 1974. 5. 28, 선고 74도509 판결.
558) 대법원 1996. 1. 26, 선고 95도2461 판결.

가 다른 응시자의 답안을 보는 정도의 부정행위를 눈감아 주는 정도의 행위를 할 것으로 인식하였음은 인정할 수 있으나, 상피고인 1은 검찰 이래 원심 법정에 이르기까지 특정 고사실에 자신 및 위 원심 공동피고인를 배치하여 줄 것을 요구하는 이유를 묻는 피고인 2에 대하여 자신이 계획한 범행 내용을 은폐하면서 친구가 시험에 응시하는데 마음 편하게 시험을 볼 수 있도록 자신이 감독관으로 들어가려는 것이라고만 대답했고, 피고인 2과 사이에 범행을 공모한 바는 없다고 진술하고 있으며, 달리 상피고인 1이 다른 고사실에서 다른 응시자의 답안지를 빼내는 방법으로 범행을 저지를 것임을 피고인 2가 알고 있었다는 점을 인정할 증거는 전혀 없는바, 그렇다면 피고인 2는 상피고인 1이 특정 응시자의 경미한 부정행위(다른 응시자의 답안을 몰래 보고 쓰는 정도의 행위 등)를 눈감아 주는 위계공무집행방해 행위를 방조할 의사로 상피고인 1의 요구대로 상피고인 1및 원심 공동피고인을 특정 고사실의 감독관으로 배치하여 준 것에 불과하고, 피고인 2에게 상피고인 1과 공동으로 일체가 되어 상피고인 1의 행위를 이용하여 자신의 의사를 실행에 옮긴다는 의사가 있었다고 볼 수는 없으므로, 피고인 2에게는 상피고인 1과 위계공무집행방해의 범죄를 공동으로 한다는 공동가공의 의사가 있었다고 볼 수 없고, 따라서 피고인 2는 위계공무집행방해의 공동정범에 해당한다고 볼 수는 없다고 할 것이다.」[559)]

공모공동정범 VS. 방조의 구별기준 2. 미문화원 방화사건

▶ 「…(전략) 1. 수인이 공모하여 즉 공동범행의 인식으로 범죄를 실행하는 것을 공동정범이라 하나 이 공모와 범죄의 실행에 있어서는 범인 전원이 동일일시, 동일 장소에서 모의하지 아니하고 순차로 범의의 연락이 이루어짐으로써 그 범의내용에 대하여 포괄적 또는 개별적 의사의 연락이나 인식이 있었으면 범인 전원의 공모관계가 있다고 할 것이며, 그 실행행위에 있어서도 이에 직접 가담하지 않았다고 하더라도 다른 공모자가 분담 실행한 행위에 대하여도 공동정범으로서의 죄책을 지게 되는 것이고 이 점에 있어서 정범을 방조한 종범과 구별되는 것이다.

정범을 **방조**한다는 것은 정범의 행위를 도와 그 실행을 용이하게 하는 것으로 그 행위는 범죄의 구성요건을 이르는 실행행위가 아니고 그 실행행위의 실현을 도우는 행위이며 이에는 방조행위 및 그것이 정범의 실행행위를 용이하게 한다는 인식과 결과에 대한 예견을 필요로 하고 한편 **공모공동정범**은 공동범행의 인식으로 범죄를 실행하는 것으로 공동의사주체로서의 집단전체의 하나의 범죄행

559) 대법원 1996. 1. 26, 선고 95도2461 판결.

위의 실행이 있음으로 성립하고 공모자 모두가 그 실행행위를 분담하여 이를 실행할 필요가 없고 실행행위를 분담하지 않아도 공모에 의하여 수인 간에 공동의사주체가 형성되어 범죄의 실행행위가 있으면 그 실행행위를 분담하지 않았다고 하더라도 공동의사주체로서 정범의 죄책을 지게 하는 것이니 범죄의 집단화현상으로 볼 때 범행의 모의만 하고 실행행위는 분담하지 않아도 그 범행에 중요한 소임을 하는 것을 간과할 수 없기 때문에 이를 공모공동정범으로서 처단하는 것이다. …(중략)

3. 이미 위 제1에서 판시한 바에 의하여 그 진술의 임의성이 인정되는 검사가 작성한 피고인등 및 관련 상피고인 등에 대한 각 피의자신문조서의 각 진술기재를 비롯하여 위와 같은 내용이 담긴 압수한 유인물의 현존 등 원심 의용의 증거를 모아보면 **피고인 등이 상피고인 등과 순차 공모하여 부산미국문화원에 방화하고 이 방화의 의의와 목적 및 방화선언 등의 뜻이 담긴 유인물을 살포한 원심판시 피고인 등의 범죄사실을 인정하기에 넉넉하며 피고인 등이 비록 방화의 실행행위는 이를 분담 실행한 바가 없다고 하더라도 위 1항 설시와 같이 방화의 공모공동정범으로서의 죄책을 면할 수 없는 것이므로 원심의 이 부분 사실 인정과정에 소론 채증법칙 위반이나 공모공동정범에 관한 법리오해의 위법을 가려낼 수가 없고** 한편 이 사건 피고인 등에 대한 이 부분 원심판시는 위 전2항 기재와 같이 피고인 등이 상피고인 등과 순차 공모하여 즉 동일일시, 장소에서 관련 피고인 등이 범행을 모의하지는 아니하였으나 피고인 A, 동 W의 모의가 이루어지고 그 다음 순차로 동 W와 동 C, 동 W와 동 D, 동 W와 피고인등(E, F) 및 동 G, 동 W와 동 I, 동 W와 동 H, 동 C와 동 G등 간에 순차 또는 점 조직 식으로 범행모의가 성립됨으로써 범의의 연락이 이루어져 그 범의내용에 포괄적 의사의 인식하에 각 그 분담한 바에 따라 범행을 계획 총괄하고 방화용 휘발유를 구입운반하고 이 휘발유를 부산미국문화원 출입문 내부에 살포하여 이에 방화하고 이에 때맞추어 이 방화의 의의와 목적 및 그 방화선언 등의 뜻이 담긴 유인물 등을 살포한 사실을 그 의용증거에 의하여 인정하고 있는 것이고, 소론 지적과 같이 피고인 등이 최소한 여러 가지 정황으로 미루어 상피고인 등의 방화계획을 눈치를 채고 어렴풋이 알고 있으면서 유인물을 살포하였다고 하여 방화범행에 가담한 것이라고 인정한 취지가 아님이 판문 상 명백한 바이므로, 이 점에 관한 소론 논지는 위 유인물의 내용과 피고인등이 이 유인물을 받아 17시간가량 가지고 있었으며 피고인 E는… 미문화원을 불태움으로써…의 글이 담겨있는 위 유인물을 언뜻 보았다고 원심 법정에 이르기까지 일관하여 진술하고 있는 사실 등 피고인 등의 방화범행의 공모가담 사실을 추단할 수 있는 여러 정황에 집착한 나머지 마치 원심이 공모를 전제로 하지 않고 그런 정황에 비추어 상피고인 등의 방화계획을 알고 유인물을 살포함으로써 방화에 대한 공동정

> 범의 죄책을 인정한 양 오해함에 연유한 것으로 보여지고 따라서 원심의 공모공동정범에 관한 법리오해를 내세우는 **상고논지는 그 입론 자체가 실당하여 채용의 여지가 없고** 따라서 이 부분 상고이유는 모두 이유가 없다.」[560)]

아. 정범이 방조범의 인식과는 달리 결과적 가중범의 중한 결과를 발생시킨 경우 방조범에게 중한 결과에 대한 예견가능성이 있는 때에 한해 결과적 가중범의 방조범으로 처벌된다.

자. 종범은 정범보다 감경하고, 정범조차 범죄의 미완성인 미수상태에 그치면 종범은 이중 감경이 가능하다.

[23] 간접정범

> 第34조(**간접정범,** 특수한 교사, 방조에 대한 형의 가중) ① 어느 행위로 인하여 처벌되지 아니하는 자 또는 과실범으로 처벌되는 자를 **교사** 또는 **방조**하여 범죄행위의 결과를 발생하게 한 자는 교사 또는 방조의 예에 의하여 처벌한다. → 간접정범
>
> ② 자기의 지휘, 감독을 받는 자를 교사 또는 방조하여 전항의 결과를 발생하게 한 자는 교사인 때에는 정범에 정한 형의 장기 또는 다액에 그 2분의 1까지 가중하고 방조인 때에는 정범의 형으로 처벌한다. → 특수교사·방조

1. 간접정범은 우월적 의사지배가 핵심이고, 의사지배가 없는 경우 교사 또는 방조를 검토해야 한다.

2. 처벌되지 아니하는 타인의 행위를 적극적으로 유발하고 이를 이용하여 자신의 범죄를 실현한 자는 형법 제34조 제1항이 정하는 간접정범의 죄책을 지게 되고, 그 과정에서 타인의 의사를 부당하게 억압해야만 간접정범에 해당하는 것은 아니다.[561)]

---

560) 대법원 1983. 3. 8, 선고 82도3248 판결.
561) 대법원 2008. 9. 11, 선고 2007도7204 판결.

3. 간접정범 피이용자의 피해자성 부인

간접정범을 통한 범행에서 피이용자는 간접정범의 의사를 실현하는 수단으로서의 지위를 가질 뿐이므로, 피해자에 대한 사기범행을 실현하는 수단으로서 타인을 기망하여 그를 피해자로부터 편취한 재물이나 재산상 이익을 전달하는 도구로서만 이용한 경우에는 편취의 대상인 재물 또는 재산상 이익에 관하여 피해자에 대한 사기죄가 성립할 뿐 도구로 이용된 타인에 대한 사기죄가 별도로 성립한다고 할 수 없다.[562)]

4. 간접정범 해당사례

◉ 범죄는 '어느 행위로 인하여 처벌되지 아니하는 자'를 이용하여서도 이를 실행할 수 있으므로, 내란죄의 경우에도 '국헌문란의 목적'을 가진 자가 그러한 목적이 없는 자를 이용하여 이를 실행할 수 있다. 따라서 시국이 어수선한 상황에서 대통령을 이용하여 비상계엄 전국 확대를 통해 국헌을 문란 시킬 수 있고, 이 때 대통령은 처벌되지 않는 자, 비상계엄을 선포케 한 자는 내란죄의 간접정범이 된다.[563)] ◉ 간접정범이 성립하려면 피이용자에 대한 행위지배가 있어야 한다고 하더라도, 기록에 의하면, 위 피고인이 광주시위 진압에 투입된 특전사의 사령관으로서, 피고인 A 등과 공모하여 이 사건 내란을 모의하고 그 실행을 위한 준비까지 마친 후, 광주시위에 대하여 공수부대의 파견에 관여한 점 등을 알 수 있으니, 피고인 N에게 위와 같은 행위지배가 있었다고 보아야 할 것이고, 따라서 위 피고인이 내란죄 및 내란목적살인죄의 간접정범에 해당한다고 본 원심의 판단은 정당하며, 거기에 상고이유로 지적하는 바와 같은 간접정범에 관한 법리오해 등의 위법이 있다고 할 수 없다.[564)] ◉ 피고인이 피해자를 협박하여 그로 하여금 자상케 한 경우에 피고인에게 상해의 결과에 대한 인식이 있고 또 그 협박의 정도가 피해자의 의사결정의 자유를 상실케 함에 족한 것인 이상 피고인에 대하여 상해죄를 구성한다.[565)] ◉ 피고인이 7세, 3세 남짓 된 어린자식들에 대하

---

562) 대법원 2017. 5. 31, 선고 2017도3894 판결.

563) 대법원 1997. 4. 17, 선고 96도3376 판결. "비상계엄 전국 확대가 국무회의의 의결을 거쳐 대통령이 선포함으로써 외형상 적법하였다고 하더라도, 이는 피고인들에 의하여 국헌문란의 목적을 달성하기 위한 수단으로 이루어진 것이므로 내란죄의 폭동에 해당하고, 또한 이는 피고인들이 국헌문란의 목적을 달성하기 위하여 그러한 목적이 없는 대통령을 이용하여 이루어진 것이므로 피고인들이 간접정점의 방법으로 내란죄를 실행한 것으로 보아야 할 것이다."

564) 대법원 1997. 4. 17, 선고 96도3376 전원합의체 판결.

565) ▶「1심 및 2심 판결에 의하여 확정된 사실에 의하면, 피고인은 동거한 사실이 있는 피해자

여 함께 죽자고 권유하여 물속에 따라 들어오게 하여 결국 익사하게 하였다면 비록 피해자들을 물속에 직접 밀어서 빠뜨리지는 않았다고 하더라도 자살의 의미를 이해할 능력이 없고 피고인의 말이라면 무엇이나 복종하는 어린 자식들을 권유하여 익사하게 한 이상 살인죄의 범의는 있었음이 분명하므로, 피고인을 살인죄의 간접정범으로 처벌할 수 있다.[566] ◉ 피고인이 축산업협동 공소외 1 조합이 점유하는 타인 소유의 창고의 패널을 점유자인 공소외 1 조합으로부터 명시적인 허락을 받지 않은 채 소유자인 위 타인으로 하여금 취거하게 한 경우 소유자를 도구로 이용한 절도죄의 간접정범이 성립될 수 있지만, 여러 사정에 비추어 피고인에게 공소외 1 조합의 의사에 반하여 위 창고의 패널을 뜯어간다는 범의가 있었다고 단정하기는 어렵다.[567] ◉ 출판물에 의한 명예훼손죄는 간접정범에 의하여 범하여질 수도 있으므로 타인을 비방할 목적으로 허위의 기사 재료를 그 정을 모르는 기자에게 제공하여 신문 등에 보도되게 한 경우에도 성립할 수 있다.[568] ◉ 감금죄는 간접정범의 형태로도 행하여질 수 있는 것이므로, 인신구속에 관한 직무를 행하는 자 또는 이를 보조하는 자가 피해자를 구속하기 위하여 진술조서 등을 허위로 작성한 후 이를 기록에 첨부하여 구속영장을 신청하고, 진술조서 등이 허위로 작성된 정을 모르는 검사와 영장전담판사를 기망하여 구속영장을 발부받은 후 그 영장에 의하여 피해자를 구금하였다면 형법 제124조 제1항의 직권남용감금죄가 성립한다고 할 것이다. 원심은, 피고인들이 상해죄만으로는 구속되기 어려운 공소외 3에 대하여 허위의 진술조서를 작성하고, 공소외 3의 혐의없음이 입증될 수 있는 유리한 사실의 확인결과, 참고자료 및 공용서류인 공소외 4에 대한 참고인 진술조서 등을 구속영장신청기록에 누락시키는 한편, 공소외 3에게 사문서위조 및 동행사, 360만원 상당의 신용카드대금 편취, 200만원 갈취, 4,000만원 상당의 PC방 갈취의 혐의가 인정된다는 허위내용의 범죄인지보고서를 작성한 다음, 2001. 8. 8. 위와 같은 범죄사실로 구속영장을 신청하여 그 정을 모르는 담당 검사로 하여금 구속영장을 청구하게 하고, 같은 해 8. 9. 수사서

인 공소외인 여인에게 피고인을 탈영병이라고 헌병대에 신고한 이유와 다른 남자와 정을 통한 사실들을 추궁한 바, 이를 부인하자 하숙집 뒷산으로 데리고 가 계속 부정을 추궁하면서 상대 남자를 말하자 대답을 하지 못하고 당황하던 동 여인에게 소지 중인 면도칼 1개를 주면서 "네가 네 코를 자르지 않을 때는 돌로서 죽인다"는 등 위협을 가해 자신의 생명에 위험을 느낀 동 여인은 자신의 생명을 보존하기 위하여 위 면도칼로 콧등을 길이 2.5센치, 깊이 0.56센치 절단하므로서 동 여인에게 전치 3개월을 요하는 상처를 입혀 안면부 불구가 되게 하였다는 것으로서 이와 같이 피고인에게 피해자 여인의 상해결과에 대한 인식이 있고 또 그 여인에게 대한 협박정도가 그의 의사결정의 자유를 상실케 함에 족한 것인 이상, 피고인에게 중상해 사실을 인정하고 피해자 여인의 자상행위로 인정하지 아니한 원판결 판단에 소론 위법이 있다는 논지는 이유 없다.」(대법원 1970. 9. 22, 선고 70도1638 판결)

566) 대법원 1987. 1. 20, 선고 86도2395 판결.

567) 대법원 2006. 9. 28, 선고 2006도2963 판결.

568) 대법원 2002. 6. 28, 선고 2000도3045 판결.

류 등이 허위작성되거나 누락된 사실을 모르는 부산지방법원 영장전담판사로부터 구속영장을 발부받아 같은 날부터 공소외 3이 검사의 구속취소에 의하여 석방된 같은 해 9. 4.까지 구속·수감되게 함으로써 직권을 남용하여 공소외 3을 감금하였다는 이 부분 공소사실을 유죄로 인정한 제1심판결을 유지하였는바, 앞서 본 법리에 비추어 기록을 살펴보면, 이러한 원심의 조치는 옳고, 거기에 직권남용감금죄에 관한 법리를 오해한 위법이 있다고 할 수 없다.[569]

5. 허위공문서작성죄는 외부의 **일반인**이 작성권자인 공무원을 속여 즉 간접정범의 방식으로 범할 수는 없으나,[570] 공직 내부의 **작성권자**는 다른 공무원을 속여 범할 수 있으며, 나아가 **작성권자를 보조하는 자도** 작성권자를 속여 서명날인하게 함으로써 허위공문서작성죄의 간접정범이 될 수 있다.[571]

▶ 「시장의 토지구획정리사무를 보조하는 지방행정주사보가 행사할 목적으로 그 직무상 초안하는 문서에 허위사실을 기재한 체비지매각 증명서 및 매도증서를 기안하여 그 정을 모르는 총무과 직원으로 하여금 시장 직인을 압날케 하여 시장명의의 위 문서들을 작성케 한 경우에는 허위공문서작성죄의 간접정범이 성립한다.」[572]

6. 이용행위가 교사에 해당하면 정범과 동일한 형으로 처벌하고(형법 제31조 제1항), 방조에 해당하면 정범보다 감경한다(형법 제32조 제1항). 따라서 간접정범으로 공소가 제기된 공소사실에 대하여 이를 유죄로 인정하면서도 그 법령의 적용에 있어서 이를 공동정범에 해당한다고 보아 이에 해당하는 형법 제30조를 적용한 경우, 범행을 주도한 간접정범에 대하여는 어차피 죄를 실행한 자와 동일한 형으로 처벌하는 것이어서 결국 그 판결에는 판결 결과에 영향을 미친 위법이 있다고 할 수 없다.[573]

---

569) 대법원 2006. 5. 25, 선고 2003도3945 판결.

570) 일반인이 작성공무원을 속이는 방법으로 간접정범을 범할 수 없다는 부정설은 몇 가지로 나누어진다. 부진정이나마 자수범의 성격이 있어 그렇다는 견해, 원래는 간접정범의 형식으로 범할 수 있지만 구성요건의 규정형식에서 간접정범의 형태로 범할 수 없도록 되어 있는 형식적 자수범이라서 그렇다는 견해, 진정신분범인 허위공문서작성죄의 정범적격이 없어 그렇다는 견해가 존재한다. 그러나 **실무상 결론만 알아두는 것으로도 충분하다. 일반인은 공무원을 속여 허위공문서를 작성하게 하여도 간접정범으로 처벌되지 않는다는 점.**

571) 대법원 1962. 5. 17, 선고 4293형상297 판결; 대법원 1981. 7. 28, 선고 81도898 판결; 대법원 1983. 9. 27, 선고 83도1404 판결.

572) 대법원 1983. 9. 27, 선고 83도1404 판결.

7. 자기의 지휘, 감독을 받는 자를 교사 또는 방조하여 범죄행위의 결과를 발생케 한 자는 특수교사·방조 규정(**형법 제34조 제2항**)에 따라 교사인 때에는 정범에 정한 형의 장기 또는 다액에 그 1/2까지 가중하고, 방조인 때에는 정범의 형으로 벌한다.

[24] 공동정범

第30조(공동정범) 2인 이상이 공동하여 죄를 범한 때에는 각자를 그 죄의 정범으로 처벌한다.

1. 실무상 보통 공범이라고 하면 공동정범을 뜻하는 경우가 많고, 가장 흔한 공범의 형태이다. 특히 2인 이상이 동시에 기소되어 재판받는 경우 공범인 공동피고인이라 하고, 형법 제30조가 적용된다. 공범 아닌 공동피고인(서로 간 대항하여 싸워 함께 기소된 경우)은 본조가 적용되지 않는다. 우연히 두 사람이 함께 재판받는 것에 불과하기 때문이다.

2. 공모한 후 역할분담을 통해 각자가 기능적 행위지배를 하는 형태이므로 위험성과 불법성이 높다. 따라서 공모한 후 1인만이 계획대로 범행하고 나머지 공범은 공모한 대로의 역할분담을 하지 못하였어도 나머지 공범 모두가 결과에 대해 책임을 져야 한다.

3. **공모**는 주관적 요건으로서의 공동가공의 의사를 말한다. 공모는 타인의 범행을 인식하면서도 이를 제지하지 아니하고 용인하는 것만으로는 부족하고, 공동의 의사로 특정한 범죄행위를 하기 위하여 일체가 되어 서로 다른 사람의 행위를 이용하여 자기의 의사를 실행에 옮기는 것을 내용으로 하는 것이어야 한다.[574]

573) 대법원 1997. 7. 11, 선고 97도1180 판결.

574) 대법원 1993. 3. 9, 선고 92도3204 판결; 대법원 1996. 1. 26, 선고 95도2461 판결; 대법원 1997. 1. 24, 선고 96도2427 판결; 대법원 1997. 9. 30, 선고 97도1940 판결; 대법원 1998. 6. 26, 선고 97도3297 판결; 대법원 2000. 4. 7, 선고 2000도576 판결.

▶「오토바이를 절취하여 오면 그 물건을 사 주겠다고 한 것이 절도죄에 있어 공동정범의 성립을 인정하기 위하여 필요한 공동가공의 의사가 있었다고 보기 어렵다. **피고인을 절도죄의 공동정범으로 처벌하기 위하여는** 피고인이 원심 공동피고인 1, 공소외 1, 공소외 2와 공모한 내용이 그들과 공동의사로 절도 범행을 하기 위하여 일체가 되어 그들의 행위를 이용하여 피고인의 절취 의사를 실행에 옮기는 것이라고 평가할 수 있어야 하기 때문이다.[575] 또 전자제품 등을 밀수입해 올 테니 이를 팔아달라는 제의를 받고 승낙한 경우, 그 승낙은 물품을 밀수입해 오면 이를 취득하거나 그 매각 알선을 하겠다는 의사표시로 볼 수 있을 뿐 밀수입 범행을 공동으로 하겠다는 **공모의 의사를 표시한 것으로 볼 수 없다. 피고인들을 밀수입범죄의 공동정범으로 처벌하기 위하여서는** 피고인들이 공소외 1 등이나 공소외 3 등의 밀수입범행을 미리 알고 이를 용인하였다는 것만으로는 부족하고 적어도 피고인들의 의사가 밀수입 범행을 위하여 그들과 일체가 되어 그들의 행위를 이용하여 자신들의 밀수입 의사를 실행에 옮기려는 것이라고 평가될 수 있는 정도에까지는 이르러야 하기 때문이다. 그런데 기록을 아무리 살펴보아도 피고인들이 밀수입범행을 위하여 공소외 1 등이나 공소외 3 등과 일체가 되어 그들의 행위를 이용하여 자신들의 밀수입 의사를 실행에 옮기려는 의사를 표시하였다고 보기에 충분한 자료를 찾아보기 어렵다.」[576]

이러한 공모는 공범자 상호간에 직접 또는 간접으로 범죄의 공동실행에 관한 암묵적인 의사연락이 있으면 족하고,[577] 이에 대한 직접증거가 없더라도 정황사실과 경험법칙에 의하여 이를 인정할 수 있다.[578] 공동정범은 2인 이상이 공동하여 죄를 범하는 것으로 공동가공의 의사를 그 주관적 요건으로 하며 이 공동가공의 의사는 상호적임을 요하나 이는 상호 공동가공의 인식이 있으면 족하고 사전에 어떤 모의과정이 있어야 하는 것이 아니다.[579]

순차적·암묵적 공모 인정사례 1.

▶「…(전략) 앞서 적법하게 채택하여 조사한 증거들을 종합하면, ① 피고인 1, 2, 3은 모두 공소외 14 주식회사의 상위 판매원들로서 사업설명회나 공소외

575) 대법원 1997. 9. 30, 선고 97도1940 판결.
576) 대법원 2000. 4. 7, 선고 2000도576 판결.
577) 대법원 1983. 3. 22, 선고 81도2545 판결.
578) 대법원 2005. 9. 9, 선고 2005도2014 판결.
579) 대법원 1961. 7. 12, 선고 1961형상213 판결; 대법원 1970. 1. 27, 선고 69도2225 판결; 대법원 1985. 12. 10, 선고 85도1892 판결.

14 주식회사 및 공소외 15 주식회사의 각종 행사에 참석하여 판매원들을 모집하는 것을 주 업무로 하는 센터의 업무를 지원했고, ○○○의 임원으로서 판매원들을 대표하는 지위에서 센터 대표들로 하여금 판매원을 모집하여 매출을 증대하도록 독려하였으며, 이러한 활동을 통하여 공소외 14 주식회사의 상위 판매원으로서는 하위 판매원이 증가함에 따른 수당을 지급받았고, 공소외 15 주식회사의 판매원으로서는 나중에 가입한 판매원들에 비하여 더 빨리 수당을 지급받아 상당한 이익을 얻었으며, ② 피고인 4, 5, 6, 12, 13, 14, 15는 모두 센터 대표들로서 방문판매 등에 관한 법률에 저촉되는 내용의 사업설명회를 개최하여 판매원들을 모집했고, 그러한 내용의 강의를 직접 하거나 개별적으로라도 사업설명을 하였으며, 그렇게 모집한 판매원들의 매출액 일부를 센터지원비 명목으로 지급받은 사실을 인정할 수 있다.

따라서 위 피고인들은 다단계판매업자의 일반적인 통제·감독을 받으면서도 하위 판매원을 모집하고 이들에게 부담을 지우는 다단계판매업자의 업무에 있어 어느 정도의 범위 안에서 자신들의 독자적인 판단이나 권한에 의하여 그 업무를 수행한 것이므로, 위 법률 제57조의 양벌규정에서 말하는 사용인으로서 당해 업무를 실제로 집행한 자라고 봄이 상당하고, 나아가 위 피고인들의 지위와 행위태양 및 경제적 이해관계 등을 종합하여 볼 때, 위 피고인들은 공소외 8, 9 등과 사이에서 이러한 행위에 대한 순차적·암묵적인 공모가 있었다고 판단된다.」[580]

묵시적 공모 인정사례 2.

▶ 「…(전략) 2. 피고인 2 부분에 대한 검사의 상고이유를 판단한다.

살피건대 원심판결 이유에 의하면, 원심은 제1심 증거들에 의하여 같은 피고인이 피고인 1을 도와 이 사건 안수기도에 참여한 사실과 위 안수기도 시 피고인 1을 보조하여 피해자가 몸을 움직일 때 피해자의 팔을 잡아 움직이지 못하게 하고, 간혹 피해자의 가슴을 가볍게 손바닥으로 때린 사실을 인정하면서도 피고인 2가 피해자를 가볍게 때린 행위는 피해자의 사망과 인과관계가 있다고 볼 증거가 없고, 나아가 같은 피고인이 피고인 1의 안수기도에 참여하게 된 경위와 동기, 통상적인 안수기도의 방법과 피고인 1이 안수기도를 하여 온 결과 등에 관하여 판시와 같은 사실을 인정한 후, 그러한 점에 비추어 피고인 2는 기성교단의 정식목사인 피고인 1의 정상적인 안수기도행위를 도와주려는 의사였을 뿐 피고인 1의 정상을 벗어난 폭행행위를 도와주려는 의사였다고 보기 어렵고, 그 밖에 달리 피고인 1과 명시적 의사연락 혹은 암묵리에 서로 의사가 상통하여 피해자

580) 서울중앙지방법원 2009. 5. 7, 선고 2007고합1375(분리)－2,2008고합1247(병합),2009고합10(병합),2008초기4062,2009초기398 판결.

를 폭행하였다고 인정할 증거가 없다는 이유로 무죄를 선고했다.

그러나 원심이 인정한 사실에 의하더라도 피고인 1이 1993. 6. 4.부터 같은 달 7.까지 매일 한차례 피해자에 대하여 안수기도를 하던 중 같은 달 6. 22:00경부터 다음날 03:00경까지 약 5시간 동안 및 같은 달 7.22:00경부터 다음날 00:10경까지 약 2시간 동안 각 판시와 같이 주먹과 손바닥으로 피해자의 가슴과 배를 반복하여 누르거나 때려 폭행하고, 그로 인하여 피해자가 사망했고 피고인 2는 시초부터 피고인 1의 안수기도에 참여하여 피고인 1이 위와 같이 2회에 걸쳐 안수기도의 방법으로 폭행을 함에 있어서도 시종일관 피고인 1의 폭행행위를 보조하였을 뿐 아니라 더 나아가 스스로 피해자를 폭행하기도 한 점에 비추어 보면, 사망의 원인이 된 피고인 1의 폭행행위를 인식하고서도 이를 안수기도의 한 방법으로 알고 묵인함으로써 위 **폭행행위에 관하여 묵시적으로 의사가 상통**하였다고 밖에 볼 수 없고, 나아가 그 행위에 공동가공 함으로써 피고인 1의 행위에 대하여 공동정범의 책임을 면할 수 없다 할 것이다.[581]

따라서 원심이 그 판시와 같은 이유로 무죄를 선고한 것은 공동정범의 성립요건에 관하여 법리를 오해하였거나 채증법칙을 위배하여 사실을 오인함으로써 판결결과에 영향을 미친 위법이 있다고 할 것인바, 이를 지적하는 검사의 상고는 이유 있다.」[582]

묵시적 공모 인정사례 3.

▶ 「공모라고 함은 반드시 사전에 이루어질 필요는 없고, 사전 모의가 없었더라도 우연히 모인 장소에서 수인이 각자 상호간의 행위를 인식하고 암묵적으로 의사의 투합, 연락 하에 범행에 공동가공하면 수인은 각자 공동정범의 책임을 면할 수 없다 할 것인바 기록에 의하면, 피고인들은 판시 2의 가. 나 범죄사실과 같이 대항세력인 김○○파와 이◈◈를 가해한 후 그 대항세력들로부터 보복공격을 받을 것을 우려하여 각자 생선회칼, 사제대검 등을 몸에 지니고 다니고, 야구방망이, 칼 등을 차에 싣고 다니면서 이에 대비하는 한편, 여러 차례의 단체훈련을 통하여 흉기사용법 등을 익혀 왔음을 알 수 있고, 이 사건 살인의 경우에 있어서도 비록 그 싸움의 경위는 판시와 같이 우발적으로 일어난 것이기는 하나 피고인들이 싸움현장에 나와 각기 판시와 같은 가해행위를 분담하여 실행한 이상 피고인들은 상호간 암묵적인 의사합치를 보고 이 사건 범행을 공동가공한 것이라고 보아야 할 것이다.」[583]

---

581) 대법원 1985. 12. 10, 선고 85도1892 판결.
582) 대법원 1994. 8. 23, 선고 94도1484 판결.
583) 대법원 1987. 10. 13, 선고 87도1240 판결.

역할·이익을 볼 때 공모가 넉넉히 인정된 사례 1.

▶ 「…(전략) 다. 공모관계에 관한 주장에 대한 판단

(1) **피고인 7, 11**

앞서 본 공모공동정범에 관한 법리 및 적법하게 채택하여 조사한 증거들을 종합하여 인정되는 다음과 같은 사정들, 즉, ① 이 사건 익명조합출자 형태의 영업방식은 피고인 7이 운영하였던 다단계업체인 공소외 6 주식회사의 영업방식과 동일하고, 피고인 39 주식회사 등이 2007. 5. 21.경 성남시 분당구 소재 (상세주소 생략)에 사무실을 마련한 후 위 공소외 6 주식회사 사무·관리 직원을 피고인 39 주식회사 등의 직원으로 채용한 점, ② 피고인 1은 검찰에서 피고인 7이 사업아이템을 제공하고, 자신이 투자자 조직을 이끌어 와서 피고인 39 주식회사 등의 사업이 가능했다는 취지로 진술한 바 있고, 피고인 2, 3, 4도 이 법정에서 피고인 7, 11이 2006. 12.경 상위사업자들에게 '새로운 회사를 설립해 제대로 사업을 진행하여 피해자들을 구제하는데 조금이라도 도움이 되어보자'라고 하면서 새로운 회사 설립을 제안했고, 그 후 피고인 7, 11의 주도하에 2007. 3.경부터 본격적인 준비에 들어가 2007. 5. 2. 피고인 39 주식회사 등이 설립되었다고 진술하는 등 피고인 39 주식회사 등의 설립배경 및 설립과정에 관해 매우 구체적이고 자세하게 진술하고 있는 점, ③ 실제로 피고인 7 운영의 공소외 17 주식회사 및 공소외 77 주식회사이 피고인 39 주식회사 등의 설립 당시 발기인 및 주주로 참여했고, 피고인 7, 11이 피고인 39 주식회사 등의 각종 행사에 참여한 후 임원으로서 피고인 39 주식회사 등의 사업비전 등을 제시하기도 하였던 점, ④ 피고인 7, 11이 피고인 39 주식회사 등으로부터 고급 승용차를 제공받았고, 피고인 39 주식회사 등의 사무실에 피고인 7을 위한 회장실이 별도로 마련되어 있었으며, 피고인 39 주식회사 등의 자금사정이 악화된 2008. 2.경부터 피고인 1, 2, 3에 대한 급여가 월 500만원으로 감소하였음에도 불구하고, 피고인 7, 11에 대한 급여는 종전 그대로 2,100만원으로 유지되었을 뿐만 아니라 피고인 7이 구속된 이후에도 계속 지급되었던 점, ⑤ 경찰이 2008년 초경 피고인 39 주식회사 등에 대한 수사를 개시하자, 피고인 7이 위 수사상황에 관해 보고를 받는 등 위 수사상황에 지대한 관심을 보였던 점 등 제반사정을 종합하면, 피고인 7, 11이 피고인 1 등과 이 사건 전체 범행에 대해 공모하였음을 넉넉히 인정할 수 있다.

(2) **피고인** 2, 3, 4, 8, 16, 5, 6, 12, 13, 14, 15, 7, 8, 16, 9, 17, 18, 19, 10, 20, 21, 22, 23, 24, 25, 26, 27, 28, 29, 30, 31, 32, 33, 34, 35, 36, 37

앞서 본 공모공동정범에 관한 법리 및 적법하게 채택하여 조사한 증거들을 종합하여 인정되는 다음과 같은 사정들, 즉, ① **피고인** 2, 3, 4에 대하여는, ㉠ 피고인 2, 3, 4이 피고인 39 주식회사 등의 설립 당시부터 설립자금을 대여하는 등

피고인 39 주식회사 등의 설립과정에 적극 참여한 점, ㉡ 그 후 피고인 2, 3, 4이 전국 지점을 방문하여 사업자들을 상대로 사업설명을 했고, 피고인 39 주식회사 등의 창립총회 등에 참석하여 사업비전을 제시하기도 하였던 점, ㉢ 위 피고인들이 회사로부터 고급승용차를 제공받아 이를 이용하기도 하였던 점, ② **피고인 8, 16**에 대하여는, ㉠ 피고인 8은 불법 다단계업체인 공소외 78 주식회사에서 영업이사로 직원들 관리 및 매출 등 자료를 전산처리하는 업무를 담당하다가 형사처벌을 받은 전력이 있고, 피고인 16는 다단계업체인 공소외 79 주식회사 및 위 공소외 78 주식회사에서 근무한 경력이 있으며, 피고인 16는 피고인 1의 제의를 받고, 피고인 8은 피고인 16의 제의를 받고 각 피고인 39 주식회사 등에 입사한 점, ㉡ 피고인 8은 영업부장으로서 상급 직급자들에 대한 교육 실무를 담당했고, 특히 2008. 10. 13.경에는 피고인 1에게 보상플랜 내용 중 투자금에 대한 수익금 배당 부분을 일부 변경하자는 제안을 하기도 했고, 피고인 16는 전산업무를 담당한 것 이외에 경영지원, 총무 및 비서업무 등을 더불어 담당하였음은 물론 보상플랜 작성 당시 피고인 1의 지시에 따라 전산업체인 공소외 74 주식회사에 보상플랜 개발을 의뢰하였던 점, ㉢ 검찰 조사시 피고인 16는 자신이 경리업무를 담당하면서 사업자로부터 투자금을 받은 것 이외에 수익금이 들어오는 것을 보지 못하여 돈이 없어지면 어떻게 될 지 걱정하기도 하였다고 진술한 사실이 있고, 피고인 8도 피고인 39 주식회사 등에 입사하자 유사수신을 하고 있음을 알고 있었고, 이 사건 보상플랜 내용에 의할 경우 자금이 곧 바닥날 것임을 처음부터 알고 있었다고 진술한 사실이 있는 점, ③ **피고인 5, 6, 12, 13, 14, 15, 7, 8, 16, 9, 17, 18, 19, 10, 20, 21, 22, 23, 24, 25, 26, 27, 28, 29, 30, 31, 32, 33, 34, 35, 36, 37(이하, '피고인 손오○ 등'**이라고 한다)에 대하여는, ㉠ 피고인 5 등은 종전 공소외 14 주식회사에서 오랫동안 다단계 판매원으로 근무하였던 자들로서, 매달 본사에서 개최하는 세미나에 참석하였기 때문에 보상플랜 내용에 문제가 있음을 잘 알고 있었던 것으로 보이고, 특히 위 피고인들이 경찰 조사 이후에 명백히 위 보상플랜에 문제가 있음을 알고서도 계속적으로 이 사건 범행을 저지른 점, ㉡ 피고인 5 등이 전국 지점 등에서 사업자들을 상대로 개별적으로 사업설명을 하기도 하였던 점, ㉢ 피고인 5 등이 센터 지원금을 지급받기도 했고, 하위 사업자들의 투자에 따라 일정한 이익을 배당받기도 하였던 점 등 제반사정을 종합하면, 위 피고인들이 피고인 1 등과 공모하였음을 넉넉히 인정할 수 있다.」[584)]

584) 서울중앙지방법원 2009. 5. 7, 선고 2007고합1375(분리)－2,2008고합1247(병합),2009고합10(병합),2008초기4062,2009초기398 판결.

역할·이익을 볼 때 공모가 넉넉히 인정된 사례 2.

▶ 「…(전략) 라. 피고인 2의 공모관계

판시 증거들에 의하여 인정되는 바와 같이 피고인 2는 피고인 3 주식회사를 직접 설립하였던 점, 피고인 2를 비롯한 대표사업자들이 피고인 3 주식회사의 모든 마케팅 플랜과 영업 전반에 관하여 본사에서 매일 2회씩 하는 사업설명회 및 사업설명회 강사의 오디션과 1~2개월에 1회씩 개최되는 워크샵 등을 주도적으로 주최했고, 앞서 살핀 바와 같이 이러한 것들은 회사가 장소를 제공하고 임원도 참가하며 그 영업으로 인한 매출액을 직접 받게 되는 점 등에 비추어 단순한 사업자들의 영업활동으로만 볼 수 없고 회사의 경영 및 발전 방향까지도 논의하는 자리였던 것으로 보이는 점, 피고인 2는 1번 사업자로서 구조적으로 피고인 3 주식회사의 구체적인 영업으로 인한 모든 방식의 마케팅플랜에서 회사의 매출로 인한 이득을 보게 되어 있는 점, 피고인 2는 검찰에서 “SB 마케팅은 인도네시아에서 만든 것을 피고인 1 대표이사와 제가 상의해서 채택한 것이고, SR 마케팅은 사업자였던 공소외 10이 만든 것을 피고인 1 대표이사와 제가 상의해서 채택한 것이다”(○○검찰청 2005형 제13481호 등 수사기록 3366쪽), “2002. 3.경 인도네시아 다단계판매업체의 한국지사를 설립하기 위하여 준비하던 중 2002. 12.경 피고인 1을 만나 상황을 설명하고, 함께 일을 하기로 했고, 2002. 11.경 피고인 3 주식회사를 설립하여 제가 2003. 3. 20.경까지 대표이사를 맡고, 그 후에는 피고인 1이 대표이사를 맡고 나는 최상위판매원을 맡았다”(같은 기록 3599쪽)라고 각 진술하고 있는 점, 피고인 1도 “피고인 2의 권유로 2002. 11. 피고인 3 주식회사를 설립했고 나는 회사 총괄 업무를 담당, 피고인 2는 사업설명을 담당하였다”(같은 기록 3606)라고 진술하고 있는 점 등을 종합적으로 고려하면 피고인 2는 단순한 1번사업자가 아닌 피고인 1과 역할분담을 통하여 판시사실 전체를 공모하였거나 적어도 암묵적으로 상통하여 상호 공동 가공하여 그 범죄를 실현하려는 의사가 있었음을 넉넉히 인정할 수 있다. 따라서 피고인 2의 변호인의 이 부분 주장도 받아들이지 아니한다.」[585]

수사단계의 자백에도 불구하고 공모관계가 부인(否認)된 사례

▶ 「…(전략) 피고인은 자신의 강간 상대방으로 정해졌다는 공소외 1을 강간하거나, 원심공동피고인 2 및 원심공동피고인 1의 범행에 공동가공하여 피해자들을 폭행하거나 협박하는 등으로 실행행위를 한 바가 전혀 없다는 것이고, 나아

585) 서울동부지방법원 2006. 6. 19, 선고 2005고합216,2006고합15(병합),2006고합106(병합),2006고합107(병합) 판결.

가 **원심공동피고인 1의 경찰에서의 진술**에 의하면, 원심공동피고인 2의 제의에 따라 원심공동피고인 1은 피해자 2를, 원심공동피고인 2는 피해자 1을 각 강간하기로 하였으나, 피고인은 아무런 말도 하지 않았다는 것이며(수사기록 61쪽), **원심공동피고인 2의 검찰에서의 진술**에 의하면, 피고인은 처음부터 처벌이 두려워 강간할 마음이 없었던 것으로 알고 있다는 것이고(수사기록 142쪽), **공소외 1의 검찰에서의 진술**에 의하면, 원심공동피고인 2와 원심공동피고인 1이 피해자들을 강간하기 위하여 숲 속으로 끌고갈 때 피고인은 야산 입구에 앉은 채 "우리 그대로 가만히 앉아 있자"고 하면서 자신의 몸에 손도 대지 않았고, 이에 피고인 옆에 앉아 서로 각자 가지고 있던 담배를 피우면서 피고인의 물음에 대하여 "고향은 거제이고, 현재 마산 구암동 이모집에서 살고 있고, 마산 창동의 미용실에 근무하고 있다."라고 말했고, 자신의 휴대폰으로 수 차 전화를 걸어 온 피해자 2의 남자친구인 공소외 2와 통화를 하기까지 하였는데, 그 때 피고인이 통화를 제지하지도 아니했고, 자신이 피해를 당하고 있는 친구들에게 데려다 달라고 하거나, 피고인이 자신의 팔을 잡아 만류한 적은 없고 다만, 친구들이 애처로워 피고인에게 "우리 친구들을 좀 보내주면 안 되느냐"고 부탁하자, 피고인은 아무런 대꾸도 없이 그 자리에 앉아 있었다는 것인바(수사기록 158~160쪽), 이와 같은 전후 사정을 종합하여 볼 때, **피고인이 원심공동피고인 2 및 원심공동피고인 1로부터 피해자 일행을 강간하자는 제의를 받고 가부 간에 아무런 의사표시를 하지 아니한 채 가만히 있었다는 점**만으로는 피고인이 원심공동피고인 2 및 원심공동피고인 1과 강간범행을 공모한 것으로 보기는 어렵고, 이와는 달리 피고인과 사이에 강간범행을 공모하였다는 취지의 원심공동피고인 2 및 원심공동피고인 1의 수사기관에서의 일부 진술은 위와 같은 피고인의 태도가 강간범행에 참여하겠다는 의사로 비추어진 데에 기인하는 것으로 보이고, **처음에는 강간할 마음이 있었다는 피고인의 경찰에서의 일부 진술**은, 심야에 젊은 남녀가 각기 3명씩 함께 어울려 드라이브를 하는 상황에서 피고인이 다른 일행들과 마찬가지로 욕정을 느꼈을 수도 있고, 다른 일행들의 강간 제의에 피고인으로서도 내심 자신의 욕정을 강간을 통하여서라도 해소하고 싶은 마음이 들었을 수도 있는데, 피고인이 경찰의 집요한 추궁에 이러한 심리상태에 대하여 진술한 것으로 보이고, 어쩔 수 없이 함께 **강간하기로 모의하기는 하였다는 취지의 피고인의 검찰에서의 일부 진술**은, 피고인이 사건 발생 당시 가석방 중이었던 관계로 가중처벌될 것이 두렵기도 하는 등 내키지는 않았으나, 분위기 때문에 가부 간에 의사표시도 하지 못한 채 소극적으로 따라간 행동(당시는 야간이었을 뿐만 아니라 피고인으로서는 원심공동피고인 1이 운전하는 승용차에 동승하여 시외 한적한 곳으로 나와 있던 관계로 일행들을 따라다니는 외에는 달리 행동을 취할 수도 없었다.)에 대하여 위와 같이 진술한 것으로 볼 수 있고, 특히 앞서 본 **모의의**

경위라든가 **그 후의 진행경과** 등에 비추어 볼 때, 이 정도의 심리상태나 행동만으로는 피고인이 원심공동피고인 2 및 원심공동피고인 1과 함께 피해자 일행을 강간하기로 모의하였다고 단정하기는 어렵고, 피고인이 원심공동피고인 2 및 원심공동피고인 1이 피해자들을 강간하려는 것을 보고도 이를 제지하지 아니하고 용인하였다고 하여 이들의 범행에 공동으로 가공할 의사가 있었다고 볼 수도 없다. 그럼에도 불구하고, 원심은 그 판시와 같은 이유로 피고인이 원심공동피고인 2 및 원심공동피고인 1과 함께 피해자 일행을 강간하기로 공모한 것으로 보아 공소사실에 대하여 모두 유죄로 인정하고 말았으니, 원심판결에는 채증법칙을 위배하여 사실을 오인하거나 공동정범의 주관적 요건에 관한 법리를 오해한 위법이 있다 할 것이다.」[586)]

4. 공동정범은 객관적 요건으로 **기능적 행위지배**가 인정되어야 한다. 이는 공모에 따른 역할분담을 뜻한다. 따라서 정범의 고의가 인정되더라도 기능적 행위지배가 흠결될 경우 공동정범이 성립하지 않는다. 보호자가 의학적 권고에도 불구하고 치료를 요하는 환자의 퇴원을 간청하여 담당 전문의와 주치의가 치료중단 및 퇴원을 허용하는 조치를 취함으로써 환자를 사망에 이르게 하여 보호자, 담당 전문의, 주치의 모두가 부작위에 의한 살인죄의 공동정범으로 기소되었더라도, 담당 전문의와 주치의에게 환자의 사망이라는 결과 발생에 대한 정범의 고의는 인정되나 환자의 사망이라는 결과나 그에 이르는 사태의 핵심적 경과를 계획적으로 조종하거나 저지·촉진하는 등으로 지배하고 있었다고 보기는 어려워 공동정범의 객관적 요건인 기능적 행위지배가 흠결되어 있으므로 작위에 의한 살인방조죄만 성립하고, 부작위에 의한 살인죄의 공동정범은 인정되지 아니한다.[587)]

5. 공모공동정범

- 외관상으로는 구성요건 행위 일부를 직접 분담·실행하지 않은 공모자에게 기능적 행위지배를 인정하는 '공모공동정범'
- 공모에 참여한 사실이 인정되는 이상 직접 실행행위에 관여하지 않았더라도 다른 사람의 행위를 자기의사의 수단으로 하여 범죄를 하였다는 점에서, 자기가 직

586) 대법원 2003. 3. 28, 선고 2002도7477 판결.
587) 대법원 2004. 6. 24, 선고 2002도995 판결.

접 실행행위를 분담한 경우와 형사책임의 성립에 차이를 둘 이유가 없다는 '공모공동정범'

형법 제30조의 공동정범은 공동가공의 의사와 그 공동의사에 의한 기능적 행위지배를 통한 범죄 실행이라는 주관적·객관적 요건을 충족함으로써 성립한다. 따라서 공모자 중 **구성요건행위를 직접 분담하여 실행하지 아니한 사람**도 위 요건을 충족함으로써 이른바 공모공동정범으로서의 죄책을 질 수 있다. 다만 구성요건행위를 직접 분담하여 실행하지 아니한 공모자가 공모공동정범으로 인정되기 위하여는 **전체 범죄에 있어서 그가 차지하는 지위·역할이나 범죄 경과에 대한 지배 내지 장악력 등을 종합**하여 그가 단순한 공모자에 그치는 것이 아니라 범죄에 대한 본질적 기여를 통한 **기능적 행위지배**가 존재하는 것으로 인정되어야 한다.[588] 이 경우 범죄의 수단과 태양, 가담하는 인원과 그 성향, 범행 시간과 장소의 특성, 범행과정에서 타인과의 접촉가능성과 예상되는 반응 등 제반 상황에 비추어, 공모자들이 공모한 범행을 수행하거나 목적 달성을 위하여 나아가는 도중에 부수적인 다른 범죄가 파생되리라고 예상하였거나 충분히 예상할 수 있었음에도 이를 방지하기에 족한 합리적인 조치를 취하지 아니하고 공모한 범행에 나아갔다면, 비록 그 파생적인 범행 하나하나에 대하여 개별적인 의사의 연락이 없었다고 하더라도 그 범행 전부에 대하여 암묵적인 공모는 물론 그에 대한 기능적 행위지배가 존재한다고 볼 수 있다.[589]

'공모공동정범'에서 "모의"의 내용, 증명 및 판시정도

▶ 「공모공동정범에 있어서의 모의는 사전모의를 필요로 하거나 범인 전원이 일정한 시간과 장소에 집합하여 행할 필요는 없고 그 가운데 한 사람 또는 두 사람 이상을 통하여 릴레이식으로 하거나 또는 암묵리에 서로 의사가 상통해도 된다 하겠으나 그 모의의 내용만은 두 사람 이상이 공동의 의사로 특정한 범죄행위를 하기 위하여 일체가 되어 서로가 다른 사람의 행위를 이용하여 각자 자기의 의사를 실행에 옮기는 것을 내용으로 하는 것이어야 하고 그에 따라 범죄를 실행한 사실이 인정되어야만 공모공동정범이 성립되는 것이고 이와 같은 공모에

588) 대법원 2007. 4. 26, 선고 2007도235 판결.

589) 대법원 2007. 4. 26, 선고 2007도428 판결; 대법원 2011. 4. 28, 선고 2011도284 판결; 대법원 2011. 12. 22, 선고 2011도12927 판결.

참여한 사실이 인정되는 이상 직접 실행행위에 관여하지 않았더라도 다른 사람의 행위를 자기 의사의 수단으로 하여 범죄를 하였다는 점에서 자기가 직접 실행행위를 분담한 경우와 형사책임의 성립에 차이를 둘 이유가 없는 것이다.[590)]

한편 위에서 본 바와 같은 공모나 모의는 공모공동정범에 있어서의 "범죄될 사실"이라 할 것이므로 이를 인정하기 위하여서는 엄격한 증명에 의하지 않으면 안 된다 할 것이고 그 증거는 판결에 표시되어야 하는 것이다.

이와 같이 공모나 모의가 공모공동정범에 있어서의 "범죄될 사실"인 이상 모의가 이루어진 일시, 장소 또는 실행방법, 각자 행위의 분담역할 따위의 구체적 내용을 상세하게 판시할 필요는 없다 하겠으나 공모의 판시는 위에서 본 취지대로 성립된 것이 밝혀져야만 하는 것이다.」[591)]

▶ 「공모공동정범에 있어서의 공모는 두 사람 이상이 공동의 의사로 특정한 범죄행위를 하기 위하여 일체가 되어 서로 다른 사람의 행위를 이용하여 각자 자기의 의사를 실행에 옮기는 것을 내용으로 해야 하는 것이나, 그 공모의 판시는 모의의 구체적인 일시, 장소, 내용 등을 상세하게 판시해야만 할 필요는 없고 의사합치가 성립된 것이 밝혀지는 정도면 된다.」[592)]

실행행위 관여사실은 인정하면서, 공모의 점과 함께 범의를 부인하는 경우

▶ 「채증법칙위배 주장에 관하여

2인 이상의 범죄에 공동가공하는 공범관계에 있어서 공모는, 법률상 어떤 정형을 요구하는 것이 아니고 2인 이상이 공모하여 범죄에 공동가공하여 범죄를 실현하려는 의사의 결합만 있으면 되는 것으로서, 비록 전체의 모의과정이 없었다고 하더라도 수인 사이에 순차적으로 또는 암묵적으로 상통하여 그 의사의 결합이 이루어지면 공모관계가 성립한다고 할 것이고, 공모공동정범에 있어서의 이러한 공모나 모의는 범죄사실을 구성하는 것으로서 이를 인정하기 위하여는 엄격한 증명이 요구되지만, 피고인이 그 실행행위에 직접 관여한 사실을 인정하면서도 공모의 점과 함께 범의를 부인하는 경우에는, 이러한 주관적 요소로 되는 사실은 사물의 성질상 범의와 상당한 관련성이 있는 간접 사실을 증명하는 방법에 의하여 이를 입증할 수밖에 없고, 무엇이 상당한 관련성이 있는 간접 사실에 해당할 것인가는 정상적인 경험칙에 바탕을 두고 치밀한 관찰력이나 분석력에 의하여 사실의 연결상태를 합리적으로 판단하는 방법에 의해야 할 것이다.」[593)]

590) 대법원 1988. 4. 12, 선고 87도2368 판결.
591) 대법원 1988. 9. 13, 선고 88도1114 판결.
592) 대법원 1996. 3. 8, 선고 95도2930 판결; 대법원 2003. 10. 10, 선고 2003도3516 판결.

교수들의 저작권법위반죄 공모공동정범 성립 사례

▶ 「대학교수인 피고인들이 갑 및 출판사 직원 등과 공모하여, 갑 등의 공동저작물인 책의 표지에 저작자가 아닌 피고인들을 공저자로 추가한 책을 발행한 다음, 책의 제목을 그대로 둔 채 표지에 저작자가 아닌 대학교수 을, 병을 공저자로 새로 추가한 이른바 '표지갈이' 책을 다시 발행함으로써 저작자 아닌 자를 저작자로 실명을 표시하여 저작물을 공표하였다고 하여 저작권법 위반으로 기소된 사안에서, 저작권법상 '공표'는 '발행'을 포함하는 개념이고, '발행'을 최초의 발행에 한정하는 취지의 규정이 없는 점 등을 종합하면 저작권법 제137조 제1항 제1호의 '공표' 개념을 최초 발행으로 제한하여 해석할 수 없고, 피고인들이 추가 발행된 책을 수령한 후 출판사 측에 이의를 제기하거나 성명 삭제를 요청하지 않았고 대학 강의교재로 계속 사용하여 왔으므로, 피고인들은 최초 발행뿐만 아니라 추가 발행에 대하여도 공모공동정범으로서 책임을 진다.」[594]

해적과 공모공동정범

▶ 「…(전략) 피고인들을 포함한 이 사건 해적들은 선박을 총기 등으로 위협하여 강취한 다음 선박과 선원들을 소말리아로 끌고 가 인질로 삼아 그 석방대가를 요구하기로 공모했다. 이 사건 해적들은 두목과 부두목을 중심으로 선박 납치를 위한 선발대, 조타실 내 인질 및 통신장비 감시, 기관실 통제, 윙브리지에서의 경계, 통역, 요리 등으로 각자 역할을 분담하여 조직적·체계적으로 활동했다. 또한 이 사건 선박의 납치 이후 국적은 모르지만 군함이 이 사건 선박을 쫓아오고 있음을 알고 있었고, 기관총 등 무기를 소지한 채 윙브리지에서 주야로 교대해 가며 해적 소탕을 위하여 접근하는 외부세력이 있는지 감시했다. 2011. 1. 18.에 있은 해군의 제1차 구출작전 당시 이 사건 해적들은 조타실에 감금하여 둔 선원들을 탑브리지 또는 윙브리지로 내몰아 세웠음에도 해군 리브 보트가 계속 접근하자 단순한 위협사격이 아니라 위 리브 보트를 향하여 일제히 조준사격을 하여 위 리브 보트에 타고 있던 피해자 공소외 1 등 군인 3명이 총상을 입었다. 원심은 위 인정사실에 기하여 이 사건 해적들의 공모내용에는 납치한 이 사건 선박을 소말리아로 끌고 가는 과정에서 이를 회복하려는 행위를 총격 등 무력으로 저지하는 것도 포함되고 당시 해군의 리브 보트를 향하여 총격을 가한 것은 위 공모내용에 부합하는 행위이므로, 이 부분 범행에 관하여 이 사건 해적들 사이에는 암묵적인 공모가 존재한다고 보았다. 나아가 원심은 당시 리브 보트를 향하여

593) 대법원 2000. 7. 7, 선고 2000도1899 판결; 대법원 1998. 11. 24, 선고 98도2654 판결.
594) 의정부지방법원 2016. 9. 8, 선고 2016노1619 판결 : 상고.

기관총으로 사격을 한 피고인 2는 위와 같은 공모에 따라 살해의 고의로 군인들을 향하여 총격을 가하였으므로 당연히 공동정범으로서 책임을 지고, 피고인 3 또한 당시 사격행위에 가담하였는지 여부와 관계없이 공동정범으로서의 책임을 부담한다고 판단했다. 위 법리와 기록에 비추어 살펴보면, 피고인들을 포함한 이 사건 해적들의 공모내용에 군인들에 대한 총격행위도 포함되어 있고 그러한 행위에 살인의 고의를 인정할 수 있다고 본 원심의 사실인정과 판단은 정당한 것으로 수긍할 수 있다. 그리고 원심의 사실인정 및 그 채용증거에 의하면, 피고인 3은 이 사건 해적들 내부의 업무분담에 따라 조타실 내에서 통신장비를 감시하는 역할을 하는 한편 소총을 소지한 채 외부 경계활동에도 가담하였음을 알 수 있고, 위와 같은 이 사건 전체 범행의 경위 및 공모내용, 이 사건 해적행위에 가담한 사람들의 전체적인 역할 분담 내용을 종합하여 보면, 위 피고인이 이 부분 범행에 관한 실행행위를 직접 분담하지 아니하였다고 하더라도 이에 대한 본질적 기여를 통하여 위 해상강도살인행위에 대하여 **기능적 행위지배를 한 공모자**라고 보아야 할 것이다. 원심의 이 부분 설시에는 다소 부적절한 점이 없지 아니하나 위 피고인도 이 부분 범행에 대하여 공동정범의 죄책을 부담한다고 본 결론에 있어서는 정당하다. 결국 원심의 이 부분 사실인정과 판단에 위 피고인들의 변호인들의 상고이유 주장과 같이 공동정범에 관한 법리를 오해하거나 사실을 오인하여 판결에 영향을 미친 위법이 있다고 할 수 없다.」[595)]

살인죄의 공모공동정범

▶ 「1. 공모관계의 성립 및 피고인들의 **공모 및 범의**에 관한 상고이유에 대하여

공모공동정범의 성립요건인 공모는 법률상 어떤 정형을 요구하는 것이 아니고 2인 이상이 공모하여 범죄에 공동가공하여 범죄를 실현하려는 의사의 결합만 있으면 되는 것으로서, 비록 전체적인 모의과정이 없었다고 하더라도 수인 사이에 순차적으로 또는 암묵적으로 상통하여 그 의사의 결합이 이루어지면 공모관계가 성립하고, 이러한 공모가 이루어진 이상 **실행행위에 직접 관여하지 아니한 자라도** 다른 공모자의 행위에 대하여 공동정범으로서 형사적 책임을 진다 할 것이다.[596)]

원심판결 이유에 의하면 원심은, 적법한 증거조사를 거쳐 채택한 증거들을 종합하여 피고인들이 공소외인과 함께 피해자를 밀감과수원 관리사로 끌고 가 관리사 내부가 피해자의 피로 물들 정도로 피해자를 폭행했고 피해자가 실신하면 다시 깨워서 재차 폭행하여 결국 피해자로 하여금 완전히 의식을 상실하도록 하

595) 대법원 2011. 12. 22, 선고 2011도12927 판결.
596) 대법원 2003. 10. 10, 선고 2003도3516 판결.

였으며, 피해자가 목숨을 잃은 것으로 오인하고 땅속에 매장하려다가 피해자가 깨어나 살려달라고 애원하자 피고인 1이 위 공소외인에게 삽을 건네주어 위 공소외인이 삽날 부분으로 피해자를 여러 차례 내려쳐 피해자를 살해한 사실을 인정한 다음, **비록 피고인들이 처음부터 위 공소외인과 피해자를 살해하기로 공모하지는 아니하였다 하더라도** 위 공소외인과 함께 피해자를 **폭행할 당시**에는 이로 인하여 피해자가 사망할지도 모른다는 점을 인식하고 있었다고 보이므로, 위 공소외인과 **암묵적으로 상통**하여 피해자를 살해하기로 공모하였다고 인정되고, **피고인들이 직접 삽으로 피해자를 내려쳐 살해하지 아니하였다는 것만으로는** 위 공소외인의 행위에 대하여 공동정범으로서의 **책임을 면하지 못**한다고 판단하였는바, 위에서 본 법리와 관계 증거들을 기록에 비추어 살펴보면, 원심의 위와 같은 사실인정과 판단은 정당하며, 거기에 상고이유에서 주장하는 바와 같이 채증법칙을 위배하여 사실을 잘못 인정하거나 공모공동정범에 관한 법리를 오해한 위법이 있다고 할 수 없다.」[597)]

6. 실행행위에 참여하지 않았더라도 기능적 행위지배가 인정되는 한 공모한 범죄의 공동정범으로 처벌된다는 것을 공모공동정범의 설명에서 보았다. 그런데 이례적으로 **공모관계로부터의 이탈**이 효과적이었던 경우 처벌되지 않는 중요한 예외가 있다.

가. 공모자 중 누구라도 실행착수에 이르기 전에 이탈한 자는 이탈 이후의 결과에 대해 공동정범으로 처벌되지 않고, 다만 공모한 범죄의 예비죄 처벌규정이 있다면 예비죄의 공동정범은 가능하다. 그러나 이탈이 인정된 사례는 공모에 소극적으로 참여한 자에 한하고, 주도적으로 참여한 공모자(주모자)는 사정이 다르다. 그는 적극적으로 실행에 미친 영향력을 제거하고 이탈해야만 처벌을 면할 수 있다.[598)]

이탈로 인해 공동정범 성립이 배제된 사례

◉ 공모자 중의 어떤 사람이 다른 공모자가 **실행행위에 이르기 전**에 그 공모관계에서 이탈한 때에는 그 이후의 다른 공모자의 행위에 관하여 공동정범으로서 책임은 지지 않는다고 할 것이요, 그 이탈의 의사 표시는 반드시 명시임을 요

597) 대법원 2004. 3. 12, 선고 2004도126 판결.
598) 대법원 2010. 9. 9, 선고 2010도6924 판결.

하지 않는다고 할 것이다. 본건에 있어서 원심이 적법히 확정한 사실에 의하면 피고인은 피해자 1에 대한 치사의 범행이 있을 무렵 피해자 2를 데리고 인근 부락의 약방에 가고 없었다는 것이고, 다시 원심이 인용한 제1심 판결 적시의 증거들을 기록에 의하여 검토하면 피고인은 **공소사실 중의 (1)범죄사실**(폭력행위등처벌에 관한법률위반사실)로 인하여 피해자 2가 그 판시와 같은 상해를 입고 약방으로 가는 것을 보자 자기의 잘못을 깨닫고 다른 공모자들이 또 동인에게 폭행을 하려는 것을 제지하는 한편 동인을 데리고 그곳에서 약 400미터 떨어진 약국으로 가서 응급치료를 받게 했고(그 후 피고인은 귀가하였다) 그 **공소사실 (2) 범죄사실**(특수폭행치사)은 위와 같이 피고인이 위의 약국으로 간 뒤에 다른 공범자들 만에 의하여 저질렀다는 사실을 엿볼 수 있는바 그렇다면 피고인이 공소사실 적시 (1)폭력행위등처벌에 관한 법률 위반의 범행에는 가담하였다 하여도 그 적시의 (2)사실인 특수폭행치사의 범행에 관하여는 피고인은 명시적 또는 묵시적으로 그 공모관계에서 이탈하였다고 볼 수 있을 것이므로 원심이 위와 같은 취지를 전제로 한 원심판단은 정당하다.[599] ◉ 구체적인 살해방법이 확정되어 피고인을 제외한 나머지 공범들이 피해자의 팔, 다리를 묶어 저수지 안으로 던지는 순간에 피해자에 대한 살인행위의 실행의 착수가 있다 할 것이고 따라서 피고인은 살해모의에는 가담하였으나 다른 공모자들이 **실행행위에 이르기 전**에 그 공모관계에서 이탈하였다 할 것이고 그렇다면 피고인이 위 공모관계에서 이탈한 이후의 다른 공모자의 행위에 관하여는 공동정범으로서의 책임을 지지 않는다.[600] ◉ 원심은, 피고인은 1993. 4. 청주시 북문로 2가 소재 수아사 부근에서 청주 시내 유흥업소를 활동무대로 하여 폭행, 공갈 등을 목적으로 하는 '▲▲▲'파 범죄단체조직에 2기 조직원으로 가입하여 활동하던 자로서 공소외 1, 원심 공동피고인 1, 2 등 같은 '▲▲▲'파 조직원들과 공모 공동하여, 1993. 5. 28. 20:30경 반대파 조직 '◘◘◘◘'파로부터 피고인 소속 조직원인 공소외 2, 3가 칼에 찔려 피해를 입자 이에 대한 보복을 하기 위하여 같은 날 21:00경부터 22:30경까지 청주시 사직동 무심천 고수부지 로울러스케이트장에 집결한 후 '◘◘◘◘'파 조직원들을 공격하여 상해를 가하거나 살해할 것을 결의하고, 위 조직원들과 공동하여 생선회칼, 손도끼, 낫 등 흉기를 들고 8대 차량에 분승하여 청주 ○○ 나이트클럽에 이르러 반대파 김영○을 찾았으나 없자 종업원 피해자 1을 폭행하고, 위와 같이 위 김영○과 '◘◘◘◘'파 조직원들을 찾았으나 보이지 않자, '◘◘◘◘'파 두목 피해자 2, 공소외 4를 살해하기로 결의, 같은 날 23:20경 청주○호텔 ▲ 나이트클럽에 이르러 피고인, 원심 공동피고인 2, 3 등은 밖에서 망을 보고

599) 대법원 1972. 4. 20, 선고 71도2277 판결.
600) 대법원 1986. 1. 21, 선고 85도2371,85감도347 판결.

다른 공범자들은 흉기를 소지하고 잠자는 피해자 2을 깨워 무차별 찔러 흉부자창으로 같은 날 23:50경 실혈사로 사망케 하였다는 요지의 공소사실에 대하여 피고인은 공소외 1 등과 같이 술을 마시고 있다가 같은 조직원으로부터 연락을 받고 ○○천 롤러스케이트장에 가서 '▣▣▣▣'파에게 보복을 하러 간다는 말을 듣고 다른 조직원들이 여러 대의 차에 분승하여 출발하려고 할 때 사태의 심각성을 실감하고 범행에 휘말리기 싫어서 그곳에서 택시를 타고 집에 왔으므로 피해자 1에 대한 폭력행위등처벌에관한법률위반 및 피해자 2에 대한 살인의 점에 대하여 다른 조직원들과의 사이에 '▣▣▣▣'파 조직원들을 공격하여 상해를 가하거나 살해하기로 하는 모의가 있었다고 보기 어렵고, 가사 피고인에게도 그 범행에 가담하려는 의사가 있어 공모 관계가 인정된다 하더라도 다른 조직원들이 각이 사건 **범행에 이르기 전**에 그 공모 관계에서 이탈한 것이라 할 것이므로 피고인은 위 공모 관계에서 이탈한 이후의 행위에 대하여는 공동정범으로의 책임을 지지 않는다고 할 것이고, 달리 피고인이 원심 공동피고인 1 등과 공모하여 이 사건 범행을 범하였다고 인정할 아무런 증거가 없다는 이유로 위 공소사실은 범죄의 증명이 없는 때에 해당한다고 하여 무죄를 선고했다. 기록에 의하여 살펴보면, 원심의 위와 같은 사실인정과 판단은 수긍이 가고, 거기에 소론이 지적하는 바와 같이 채증법칙 위배로 인한 사실을 오인하였거나 공모공동정범에 관한 법리를 오해한 위법이 있다고 할 수 없다.[601] ◉ 피고인 5는 1999. 12. 중순경 피고인 4 등과 원심 공동피고인 2, 3, 4, 공소외 4 등이 슈퍼마켓에 휘발유를 뿌려 방화 준비를 해 두면 피고인 5가 불을 붙인 목장갑 등을 던져 넣어 방화한 다음 실화를 가장하여 화재보험금을 편취하기로 공모한 사실, 그 후 피고인 4는 1999. 12. 하순 일자불상경 원심공동피고인 2, 3, 공소외 4 등에게 같은 날 밤에 피고인 5가 슈퍼마켓에 와서 불을 붙일 것이니 사전에 슈퍼마켓에 휘발유를 뿌려 두라고 지시하는 한편, 피고인 5에게 슈퍼마켓에 휘발유를 뿌려 둘 것이니 밤에 와서 목장갑 등을 던져 넣어 불을 붙여 달라고 부탁한 사실, 이에 원심 공동피고인 2, 공소외 4 등은 휘발유를 준비하고 슈퍼마켓 직원들이 모두 퇴근한 다음 원심 공동피고인 3 등과 함께 슈퍼마켓에 휘발유를 뿌린 사실, 그런데 피고인 5는 피고인 4에게 슈퍼마켓에 불을 놓겠다고 약속하고 이를 실행하려고 하였으나, 자신이 방화한 사실이 밝혀질 경우 크게 처벌받게 될 것이 두려워 방화를 포기하고 슈퍼마켓에 가지 아니한 사실, 피고인 5는 다음날 피고인 4로부터 방화하지 않은 것에 대하여 항의를 받고 "미안하지만 겁이 나서 방화를 못하겠다."고 대답한 사실, 그 후 피고인 4는 1999. 12. 29. 오후에 원심 공동피고인 2, 공소외 4, 원심 공동피고인 3, 4 등에게 같은 날 밤에 다시 방화를 할 것이니 사전에 휘발유를

601) 대법원 1996. 1. 26, 선고 94도2654 판결.

준비하여 슈퍼마켓에 휘발유를 뿌려 두라고 지시했고, 피고인 5에게도 연락하려고 계속 전화하였으나 연락이 되지 않아 그러한 사실을 전혀 알리지 못한 사실, 원심 공동피고인 2, 3, 4, 공소외 4, 등은 같은 날 밤 휘발유를 준비하고 슈퍼마켓 직원들이 모두 퇴근한 다음 슈퍼마켓에 휘발유를 뿌리고 출입문을 잠그는 등으로 방화 준비를 해 두었고, 같은 날 24:20경 피고인 4가 슈퍼마켓에 와서 온풍기 연통을 통하여 불을 붙인 목장갑을 집어넣어 슈퍼마켓에 방화한 사실을 인정할 수 있는바, 위 인정 사실에 의하면 피고인 5는 피고인 4 등과 슈퍼마켓에 방화하고 이를 이용하여 보험금을 편취하기로 공모하였으나 1999. 12. 하순경의 방화예비 때 처벌이 두려워 방화를 포기하고 현장에 가지 아니했고, 또 다음날 항의하는 피고인 4에게 방화하지 못하겠다고 밝힘으로써 그 이후에 다시 이루어진 방화와 이를 이용한 사기의 범행에는 다른 공모자들이 그 **실행행위에 이르기 전**에 그 공모관계에서 이탈하였다고 할 것이고, 그렇다면 피고인 5가 위 공모관계에서 이탈한 이후의 다른 공모자의 행위에 대하여는 공동정범으로서의 책임을 지지 않는다고 할 것이다. 그럼에도 불구하고, 원심은 피고인 5가 피고인 4 등과 공모하여 원심판결 1.의 판시 제9의 나항, 다항의 일반건조물방화 및 사기 범행을 하였다고 인정하였으니, 원심판결에는 사실을 잘못 인정하고 공동정범에 관한 법리를 오해하여 판결에 영향을 미친 위법이 있다.[602] ◉ 피고인 13은 2009. 6. 26. 10:40경 현행범으로 체포되어 수원서부경찰서에 구금되어 있다가 2009. 6. 27. 21:20경 석방되어 그 다음날 무렵 이 사건 공장으로 복귀하였는바, 위 시기에 이루어진 폭력행위는 쌍용자동차 임직원들이 이 사건 공장 안으로 진입하여 일부를 점거하게 된 돌발적인 상황에서 이에 대응하는 과정에서 발생한 것이거나 이후 임직원들을 공장 밖으로 밀어내는 과정에서 발생한 것으로서 사전에 그에 관한 공모가 있었다고 보기 어려우므로, 위 피고인으로서는 위 시기에 발생한 폭력행위에 관하여는 **다른 공모자가 실행행위에 이르기 전**에 공모관계에서 이탈하였다고 봄이 상당하고, 따라서 이에 관하여는 공동정범으로서의 책임을 지지 않는다고 할 것이다.[603]

---

602) 대구고등법원 2001. 4. 17, 선고 2000노673,2001노73 판결 : 상고기각.

603) ▶「…(전략) 3. **피고인 13**에 대한 각 폭력행위등처벌에관한법률위반(집단·흉기등상해), 각 폭력행위등처벌에관한법률위반(집단·흉기등폭행), 폭력행위등처벌에관한법률위반(집단·흉기등체포) 및 특수체포치상의 점

가. 공소사실의 요지

피고인 13은 피고인 1 등 파업주도세력 및 다수의 성명불상 조합원들과 공모하여 다중의 위력으로 위험한 물건을 이용하여 ① 2009. 6. 26. 제1원심 판시 범죄일람표 3 기재와 같이 피해자 23명에게 상해를 가하고 피해자 2명을 폭행하였으며, ② 2009. 6. 27. 제1원심 판시 범죄일람표 4 기재와 같이 피해자 23명에게 상해를 가하고 피해자 1명을 폭행하였으며, ③ 2009. 6. 27. 제1원심 판시 범죄일람표 5 기재와 같이 피해자 20명에게 상해를 가하고 피해자 3명을 폭행하였으며, ④ 2009. 6. 27. 공소외 10을 체포하고 이로 인하여 공소외 10에게 상

이탈이 유효하지 못하여 공동정범이 성립된 사례

◉ 다른 3명의 공모자들과 강도 모의를 하면서 삽을 들고 사람을 때리는 시늉을 하는 등 그 **모의를 주도한 피고인**이 함께 범행 대상을 물색하다가 다른 공모자들이 강도의 대상을 지목하고 뒤쫓아 가자 단지 "어?"라고만 하고 비대한 체격 때문에 뒤따라가지 못한 채 범행현장에서 200m 정도 떨어진 곳에 앉아 있었으나 위 공모자들이 피해자를 쫓아가 강도상해의 범행을 하였다면, 피고인에게 공동가공의 의사와 공동의사에 기한 기능적 행위지배를 통한 범죄의 실행사실이 인정되므로 강도상해죄의 공모관계에 있고, 다른 공모자가 강도상해죄의 실행에 착수하기까지 범행을 만류하는 등으로 그 공모관계에서 이탈하였다고 볼 수 없으므로 강도상해죄의 공동정범으로서의 죄책을 진다.[604] ◉ 공모공동정범에 있어서 공모자 중의 1인이 다른 공모자가 실행행위에 이르기 전에 그 공모관계에서 이탈한 때에는 그 이후의 다른 공모자의 행위에 관하여는 공동정범으로서의 책임은 지지 않는다 할 것이나, 공모관계에서의 이탈은 공모자가 공모에 의하여 담당한 기능적 행위지배를 해소하는 것이 필요하므로 공모자가 공모에 **주도적으로 참여**하여 다른 공모자의 실행에 영향을 미친 때에는 범행을 저지하기 위하여 적극적으로 노력하는 등 실행에 미친 영향력을 제거하지 아니하는 한 공모자가 구속되었다는 등의 사유만으로 공모관계에서 이탈하였다고 할 수 없다.[605] 원심판결 이유를 위 법리와 기록에 비추어 살펴보면, 원심이 그 채택 증거들을 종합하여 피고인이 공소외 1과 공모하여 2009. 5. 12. 피해자 공소외 2(여, 16세)에게 낙태수술비를 벌도록 해 주겠다고 말하여 성매수 행위의 상대방이 되게 했고, 홍보용 명함을 제작하기 위하여 공소외 1로 하여금 위 피해자의 나체사진을 찍도록 하면서 자세를 가르쳐 주기도 한 사실, 피고인은 위 피해자가 중도에 도망갈 것을 염려하여 위 피해자로 하여금 3개월간 공소외 1의 관리를 받으면서 성매매를 하게 했으며 약속을 지키지 않을 경우에는 민형사상 책임을 진다는 내용의 각서를 작성하도록 한 사실, 피고인이 별건으로 2009. 5. 13. 체포되어 수원구치소에 수감되었다가 2009. 5. 28. 석방되었는데, 그 수감기간 동안 피해자 공소외 2는 공소외 1의 관리 아래 2009. 5. 14.부터 2009. 5. 20.까지 사이에 12회에 걸쳐

해를 가했다.

나. 판단

앞서 "항소이유에 대한 판단" 제3의 나. 2)항에서 본 바와 같이, 피고인 13은 위 각 범행에 관하여 다른 공모자가 실행행위에 이르기 전에 공모관계에서 이탈하였으므로 공동정범으로서의 책임을 진다고 할 수 없다. 따라서 이 부분 공소사실은 범죄사실의 증명이 없는 때에 해당하므로 형사소송법 제325조 후단에 따라 무죄를 선고한다.」(서울고등법원 2010. 8. 9, 선고 2010노733,1858(병합) 판결)

604) 대법원 2008. 4. 10, 선고 2008도1274 판결.

605) 대법원 2007. 4. 12, 선고 2006도9298 판결; 대법원 2008. 4. 10, 선고 2008도1274 판결.

불특정 다수 남성의 성매수 행위의 상대방이 되었고 그 대가로 받은 금원은 피해자 공소외 2, 공소외 1, 피고인의 처인 공소외 3 등이 나누어 사용한 사실 등을 인정한 다음, 그 판시와 같은 이유로 피해자 공소외 2가 19세 미만의 청소년인지 알지 못하였다는 피고인의 주장을 배척하고, 비록 위 피해자가 성매매를 하는 기간 동안 피고인이 수감되어 있었다고 하더라도 피고인은 공소외 1과 함께 이 사건 미성년자유인죄, 구 청소년의 성보호에 관한 법률 위반죄의 책임을 진다고 판단한 조치는 정당하고, 거기에 논리와 경험의 법칙에 위배하고 자유심증주의의 한계를 벗어나 사실을 인정하거나 청소년의 성보호에 관한 법률 및 공모공동정범 등에 관한 법리를 오해한 위법이 없다.[606] ◉ 3. '인간방패' 사용 관련 해상강도살인미수 등의 점에 관하여, 살인죄의 고의는 반드시 살해의 목적이나 계획적인 살해의 의도가 있어야 하는 것은 아니고 자기의 행위로 인하여 타인의 사망의 결과를 발생시킬 만한 위험이 있음을 예견·용인하면 족하며 그 주관적 예견 등은 확정적인 것은 물론 불확정적인 것이더라도 미필적 고의로서 살인의 범의는 인정될 수 있다.[607] 그리고 공모공동정범에 있어서 공모자 중의 1인이 다른 공모자가 실행행위에 이르기 전에 그 공모관계에서 이탈한 때에는 그 이후의 다른 공모자의 행위에 관하여는 공동정범으로서의 책임은 지지 아니한다고 할 것이나, 공모관계에서의 이탈은 공모자가 공모에 의하여 담당한 기능적 행위지배를 해소하는 것이 필요하므로 공모자가 **공모에 주도적으로 참여**하여 다른 공모자의 실행에 영향을 미친 때에는 범행을 저지하기 위하여 적극적으로 노력하는 등 실행에 미친 영향력을 제거하지 아니하는 한 공모관계에서 이탈하였다고 할 수 없다.[608] 원심은, 해군의 제1차 구출작전 이후 이 사건 해적들 두목은 모든 해적들에게 해군의 공격이 또다시 시작되면 인질로 억류하고 있는 선원들을 윙브리지로 내몰아 세우라고 지시한 사실, 이에 따라 해군의 제2차 구출작전이 시작되자 해적들 중 한 명이 피해자 공소외 2 등 선원들을 윙브리지로 내몰아 세웠고, 당시 윙브리지로는 해군의 위협사격에 의하여 총알이 빗발치는 상황이었던 사실 등을 인정했다. 나아가 원심은, 이 사건 해적들 사이에는 해군이 다시 구출작전에 나설 경우 선원들을 '인간방패'로 사용하는 것에 관하여 사전 공모가 있었고, 해군의 총격이 있는 상황에서 선원들을 윙브리지로 내몰 경우 선원들이 사망할 수 있다는 점을 당연히 예견하고 나아가 이를 용인하였다고 할 것이므로 살인의 미필적 고의 또한 인정되며, 나아가 선원들을 윙브리지로 내몰았을 때 살해행위의 실행에 착수한 것으로 판단했다. 그리고 위와 같은 행위는 사전 공모에 따른 것으로서 피고인 2, 피고인 3 및 피고인 4가 당시 총을 버리고 도망갔다고

606) 대법원 2010. 9. 9, 선고 2010도6924 판결.
607) 대법원 2004. 6. 24, 선고 2002도995 판결.
608) 대법원 2010. 9. 9, 선고 2010도6924 판결.

하더라도 그것만으로는 공모관계에서 이탈한 것으로 볼 수 없다고 판단했다. 위 법리와 기록에 비추어 살펴보면, 원심의 사실인정과 판단은 정당한 것으로 수긍이 가고 거기에 위 피고인들의 변호인들의 상고이유 주장과 같이 공모공동정범에 관한 법리를 오해하거나 사실을 오인하여 판결에 영향을 미친 위법이 없다.[609] ◉ 법인세에 대한 포탈범죄는 각 사업연도마다 1개의 범죄가 성립하고, 부가가치세에 대한 포탈범죄는 제1기분인 1. 1.부터 6. 30.까지와 제2기분인 7. 1.부터 12. 31.까지의 각 과세기간별로 1개의 범죄가 성립하며,[610] 조세범처벌법 제9조가 규정하는 조세포탈죄에 있어서의 '사기 기타 부정한 행위'라고 함은 조세의 포탈을 가능하게 하는 행위로서 사회통념상 부정이라고 인정되는 행위, 즉 조세의 부과징수를 불능 또는 현저히 곤란하게 하는 위계 기타 부정한 적극적인 행위를 말하고, 어떤 다른 행위를 수반함이 없이 단순한 세법상의 신고를 하지 아니하거나 허위의 신고를 함에 그치는 것은 이에 해당하지 않는다고 할 것이므로,[611] 범인이 조세포탈의 고의를 가지고 조세의 부과징수를 불능 또는 현저히 곤란하게 하는 위계 기타 부정한 적극적인 행위를 한 때에 위 각 포탈범죄의 실행행위에 착수한 것으로 보아야 할 것이다. 그런데 원심판결 이유와 기록에 의하면, 피고인 2는 남편인 피고인 1이 업무상배임 등으로 구속된 2004. 2. 25.부터 2004. 7. 5.까지는 피고인 1의 지시를 받고 그를 대행하여, 2004. 7. 6. 이후에는 대표이사로서 '(상호 생략)에프씨'를 운영하여 온 사실, 피고인 2는 위 기간 동안 각 가맹점업주와 가맹점 계약을 체결하고 그들로부터 받은 가맹비와 가맹점개설비 등에 대하여 세금계산서를 발급하지 아니하는 등 원심 판시와 같은 방법으로 매출액을 누락시키거나 줄이는 부정행위를 한 후, 2005. 1.경 2004년 2기분 부가가치세를, 2005. 3.경 2004년도 법인세를 각각 신고하면서 허위로 매출액을 축소 신고한 사실, 이 사건에서 가장 늦게 체결된 가맹점계약은 위 협의이혼 합의 전인 2004. 10. 26. 신부점 업주 공소외 2와 체결한 것인 사실, 피고인 1은 2004. 11. 22. 피고인 2와 협의이혼에 합의하기 전까지 피고인 2와 서신 교환이나 면회 등의 방법으로 '(상호 생략)에프씨'의 경영에 관여하여 온 사실을 인정할 수 있는바, 앞서 본 법리에 비추어 보면, 피고인 1은 2004. 2. 25.부터 2004. 11. 22.경까지 직접 조세포탈행위를 분담한 바가 없다고 하더라도 2004년 2기분 부가가치세와 2004년도 법인세를 포탈한 피고인 2와 조세포탈의 공범관계에 있다고 할 것이고, **피고인 1**이 2004. 11. 22. 피고인 2와 협의이혼에 합의한 이후로 '(상호 생략)에프씨'의 경영에 전혀 관여하지 않았다고 하더라도, **나중에 이루어진 피고인 2의 허위신고행위에 대하여도 공동정범**으로서의 형사책임을 부담한다고 할

609) 대법원 2011. 12. 22, 선고 2011도12927 판결.
610) 대법원 2002. 7. 23, 선고 2000도746 판결.
611) 대법원 2007. 8. 23, 선고 2006도5041 판결.

것이다. 그럼에도 불구하고, 원심은 이와 다른 견해에서 피고인 1에 대한 이 부분 공소사실에 관하여 무죄를 선고한 것은 조세포탈범에 대한 공모공동정범의 성립 또는 **공모관계로부터의 이탈에 관한 법리를 오해**함으로써 판결 결과에 영향을 미친 위법이 있다 할 것이고, 이 점을 지적하는 검사의 상고이유 주장은 이유 있다.[612] ◉ 공모공동정범에 있어서 공모자 중의 1인이 다른 공모자가 실행행위에 이르기 전에 그 공모관계에서 이탈한 때에는 그 이후의 다른 공모자의 행위에 관하여는 공동정범으로서의 책임은 지지 않는다 할 것이나, 공모관계에서의 이탈은 공모자가 공모에 의하여 담당한 기능적 행위지배를 해소하는 것이 필요하므로 피고인과 같이 **대표이사로서 직접 딱지어음 발행을 위한 당좌를 개설하고, 자신의 명의로 약속어음을 발행하는 등 공모에 주도적으로 참여한 자**의 경우 다른 공모자의 범행을 저지하기 위하여 적극적으로 노력하는 등 실행에 미친 영향력을 제거하지 아니하는 한 공모관계에서 이탈하였다고 할 수는 없는 바,[613] 피고인이 대표이사직을 사임한 이후에 피고인의 재직 당시의 노력으로 인하여 이미 확보된 어음용지 및 나아가 향후 확보하게 된 어음용지로 인하여 딱지어음이 지속적으로 발행되었음에도, 피고인이 그 딱지어음 발행을 저지하기 위한 아무런 노력을 하지 아니한 이상 피고인이 위 딱지어음 발행·판매의 공모관계를 벗어났다고는 볼 수 없으므로, 피고인의 위 사실오인 주장은 이유 없다. 따라서 이 사건 공소사실 중 자본시장과 금융투자업에 관한 법률위반의 점 전부가 유죄로 인정되고, 그 각 범행은 '자본시장과 금융투자업에 관한 법률'이 시행된 2009. 2. 4. 이후까지 지속되었는바, 이는 단일하고 계속된 범의 아래 일정 기간 계속하여 자본시장의 공정성 및 신뢰성이라는 동일한 피해법익을 침해하는 범죄로서 포괄일죄의 관계에 있으므로, 그 종료시점에 시행되고 있던 '자본시장과 금융투자업에 관한 법률'을 적용해야 할 것이므로, 피고인의 법리오해 주장 또한 이유 없다.[614]

나. 만약 **공범자 중 1인이 실행에 착수한 후 이탈**한 때는 어떻게 봐야 하는가.

이 경우는 피고인이 관여하지 않은 이탈 이후의 부분에 대해서도 책임을 진다. 강도를 모의한 후 현장에 가서 공범들이 피해자의 집에 침입한 후 담배를 사려고 망을 보지 않았다 하더라도 담배 산 자를 포함한 전원이 강도(상해)죄의 공동정범이 될 수 있다.

612) 대법원 2008. 7. 24, 선고 2007도4310 판결.
613) 대법원 2008. 4. 10, 선고 2008도1274 판결.
614) 부산지방법원 2011. 7. 8, 선고 2011노810 판결.

◉ 주식시세조종의 목적으로 허위매수주문행위, 고가매수주문행위 및 통정매매행위 등을 반복한 경우, 이는 시세조종 등 불공정거래의 금지를 규정하고 있는 구 증권거래법 제188조의4에 해당하는 수개의 행위를 단일하고 계속된 범의 하에서 일정기간 계속하여 반복한 범행이라 할 것이고, 이 범죄의 보호법익은 유가증권시장 또는 협회중개시장에서의 유가증권 거래의 공정성 및 유통의 원활성 확보라는 사회적 법익이고 각각의 유가증권 소유자나 발행자 등 개개인의 재산적 법익은 직접적인 보호법익이 아닌 점에 비추어 위 각 범행의 피해법익의 동일성도 인정되므로, 구 증권거래법 제188조의4 소정의 불공정거래행위금지 위반의 포괄일죄가 성립하는 것이고, 피고인이 **포괄일죄**의 관계에 있는 **범행의 일부를 실행한 후** 공범관계에서 이탈하였으나 다른 공범자에 의하여 나머지 범행이 이루어진 경우, 피고인이 관여하지 않은 부분에 대하여도 죄책을 부담한다.[615) **원심은** 그 채택 증거를 종합하여, 2005. 6. 7.경부터 2005. 10. 14.경까지 사이에 이루어진 이 사건 각 시세조종행위에 의한 구 증권거래법 위반의 공소사실은 계속된 범의 아래 일정기간 계속하여 반복된 행위로서 그 보호법익도 동일하므로 포괄일죄라고 인정하는 한편, 제1심이 들고 있는 사정들을 근거로 피고인이 ○○○투자금융에 입사하여 다른 공범들과 함께 공소외 1 주식회사 주식의 시세조종 주문을 내기로 공모한 후 시세조종행위의 일부를 실행하였으나 **2005. 8. 18. 공소외 2로부터 해고를 당하여 공범관계로부터 이탈한 사실,** 그 이후 다른 공범들이 2005. 8. 18. 이후의 나머지 시세조종행위를 계속한 사실을 **인정했다.**[616)]

---

615) 대법원 2005. 4. 15, 선고 2005도630 판결.

616) **<포괄일죄의 범행 중간에 해고된 것만으로 공모관계가 해소되었다고 본 원심(原審)－대법원 파기>**

▶ 「…(전략) 다. 당심의 판단

(1) 죄수 판단

(가) 주식시세조종의 목적으로 허위매수주문행위, 고가매수주문행위 및 통정매매행위 등을 반복한 경우, 이는 시세조종 등 불공정거래의 금지를 규정하고 있는 구 증권거래법(2007. 8. 3. 법률 제8635호「자본시장과 금융투자업에 관한 법률」부칙 제2조 제1호로 폐지되기 전의 것, 이하 같다) 제188조의4에 해당하는 수개의 행위를 단일하고 계속된 범의 아래 일정기간 계속하여 반복한 범행이라 할 것이고, 이 범죄의 보호법익은 유가증권시장 또는 협회중개시장에서의 유가증권 거래의 공정성 및 유통의 원활성 확보라는 사회적 법익이고 각각의 유가증권 소유자나 발행자 등 개개인의 재산적 법익은 직접적인 보호법익이 아닌 점에 비추어 위 각 범행의 피해법익의 동일성도 인정되므로, 구 증권거래법 제188조의4 소정의 불공정거래행위금지 위반의 포괄일죄가 성립한다(대법원 2002. 7. 26, 선고 2002도1855 판결 등 참조).

(나) 이 사건 각 증권거래법위반의 공소사실은 계속된 범의 아래 일정기간 계속하여 반복된 행위로서 그 보호법익도 동일하므로 포괄일죄라고 할 것인바, 원심이 원심판결 범죄사실을 경합범으로 의율한 것은 판결에 영향을 미친 위법을 범한 것이다.

(다) 따라서, 검사의 이 부분 주장은 이유 있다.

(2) 원심 무죄 부분에 대한 판단

(가) 원심이 들고 있는 사정들에 비추어 보면, 공소외 3의 소개로 ○○○투자금융에 입사하여 공소외 2와 공소외 3의 지시를 받고 시세조종행위를 하다가 해고된 피고인의 경우, 피

(**그러나 원심의 판단은 공모관계 이탈에 대한 법리를 오해했다.**[617]) 사실관계가 이와 같다면, 위 법리에 비추어 피고인은 **다른 공범들의 범죄실행을 저지하지 않은 이상,** 피고인이 관여하지 않은 2005. 8. 18. 이후 나머지 공범들이 행한 시세조종행위에 대하여도 **죄책을 부담한다.**[618] ◉ 피고인이 원심 공동피고인 1, 2, 공소외 1, 2 등과 합동하여 부산직할시 ○구 ▲동 2가 52 소재 피해자 1, 2 부부의 집밖에서 금품을 강취할 것을 공모하고 피고인은 집밖에서 망을 보기로 하였으나 **상피고인들이 위 피해자 1의 집에 침입한 후** 담배생각이 나서 담배를 사기 위하여 망을 보지 않았다고 하더라도 피고인은 판시 강도상해죄의 죄책을 면할 수가 없다.[619] ◉ 원심과 당심이 적법하게 채택·조사한 증거들을 종합하면, ① 피고인 2, 피고인 3, 피고인 4는 피고인 1의 폭행 당시 직접 폭행에 가담하거나 망을 보는 등 역할분담을 하였던 점, ② 피고인 2, 피고인 3, 피고인 4는 피해자의 상태를 비교적 정확히 인식하고 있었고 피고인 1이 피해자에게 가한 폭행의 정도와 양 그리고 4. 5. 저녁 점호 이후 계속적으로 폭행하여 오고 있음을 알고 있었던 점, ③ 피고인 2, 피고인 3, 피고인 4는 피고인 1이 주도하였다는 취지로 진술하고 있으나 이 진술만으로 공동정범 인정에 장애가 되지 않는 점 등을 인정할 수 있고, 위 인정된 사정들을 종합하면, 피고인 2, 피고인 3, 피고인 4는 망을 보거나 직접 폭행하는 등 살인죄의 본질적 구성요건과 관련된 행위의 분담을 상호 이해하고 있었고, 피고인 2, 피고인 3, 피고인 4 중 누구도 진지하게 범행을 중단하거나 다른 피고인의 범행을 만류하지 않았던 것으로 판단되므로 피고인 2, 피고인 3, 피고인 4가 공동정범이 아니라거나 공모관계에서 이탈되었다고 판단되지 않는다. 따라서 피고인 1만이 살인죄의 죄책을 부담하고 피고인 2, 피고인 3, 피고인 4는 상해치사의 죄책을 부담할 뿐이라는 피고인 2의 주장은 이유 없다.[620] ◉ 피고인이 피해자를 청포도농장에 데리고 간 목적, 피고인이 공소외인들과 같이 피해자를 감금하고 프락치 사실을 추궁하다가 공소외 3, 4 등이 피해자를 폭행에 이르게 된 사정, 피고인이 당시 이를 만류하였다거나 폭행에 반대한 적이 없는 사실 등에 비추어 피고인이 공소외인들과 같이 피해자를 감금, 폭행 시에 암묵리에 피해자의 감금, 폭행에 관하여 서로 의사가 상통되어 공모관

고인이 공소외 2로부터 해고를 당하여 위 회사를 퇴사함으로써 기존의 공모관계에서 이탈했고, 그 무렵 피고인이 담당한 공소외 1 주식회사 주식의 시세조정에 대한 기능적 행위지배도 해소되었다고 봄이 상당하므로, 피고인이 해고된 후인 2005. 8. 18. 이후의 각 증권거래법위반의 공소사실에 대하여는 공범으로서 책임이 없다.

(나) 따라서, 이 부분 원심의 판단은 정당하고, 검사의 이 부분 주장은 이유 없다.」(**서울중앙지방법원 2010. 7. 21, 선고 2010노1784 판결**)

617) 본문을 매끄럽게 하기 위해 저자가 삽입한 설명임.

618) 대법원 2011. 1. 13, 선고 2010도9927 판결.

619) 대법원 1984. 1. 31, 선고 83도2941 판결.

620) 고등군사법원 2015. 4. 9, 선고 2014노315 판결.

계가 성립되었고, 그 후 위 공모관계에서 이탈하였다고 보여지지도 아니하며, 또한 이 사건 구타행위의 경위, 수단과 방법, 결과 등에 비추어 피해자의 승낙 하에서 이 사건 폭행, 상해가 이루어 졌다고는 인정되지 아니하므로, 원심이 피고인에 대하여 그 판시와 같이 각 폭력행위등처벌에관한법률위반죄의 성립을 인정한 조치에 수긍이 가고, 거기에 소론과 같은 채증법칙위배나 공모공동정범에 관한 법리오해의 위법이 없다.[621)]

7. 특이한 것은 공모를 통한 기능적 행위지배를 공동정범으로 보면서도, 판례는 주관적 요건인 **공모(共謀)와 관련하여 '고의를 공동으로 가질 의사'임을 필요로 하지 않고** 고의행위이고 과실행위이고 간에 그 '행위를 공동으로 할 의사'이면 족하다고 판시하여, 2인 이상이 어떠한 과실행위를 서로의 의사연락 아래 하여 범죄되는 결과를 발생케 하면 과실범의 공동정범으로 처벌하고 있다는 것이다. 성수대교 붕괴사고에서도 대법원은 교량 제작책임자, 건설공사 현장감독자, 시 감독공무원 모두가 행위를 공동으로 하였다고 보아 업무상과실치사상, 업무상과실일반교통방해, 업무상과실자동차추락죄의 공동정범으로 처벌했고, 당시 학계의 비판이 집중되었다. 대법원의 이러한 태도를 고의공동설(범죄공동설)에 대비하여 과실공동설(행위공동설)이라고 부르고 있다. **과실공동설**은 각 가담자들의 인과관계를 합일적으로 확정할 수 있어 처벌의 흠결을 막을 수 있고, 심리의 편의상 매우 큰 장점이 있다.

▶ 「…(전략) **형법 제30조에 「공동하여 죄를 범한 때」의 「죄」는 고의범이고 과실범이고를 불문한다고 해석**해야 할 것이고 따라서 공동정범의 주관적 요건인 공동의 의사도 고의를 공동으로 가질 의사임을 필요로 하지 않고 고의 행위이고 과실 행위이고 간에 그 행위를 공동으로 할 의사이면 족하다고 해석해야 할 것이므로 2인 이상이 어떠한 과실 행위를 서로의 의사연락 아래 하여 범죄되는 결과를 발생케 한 것이라면 여기에 과실범의 공동정범이 성립되는 것이다 기록에 의하면 본건 사고는 **경관의 검문에 응하지 않고 트럭을 질주함**으로써 야기된 것인 바 제1심판결에서 본 각 증거를 종합하면 피고인은 원심 공동 피고인과 **서로 의사를 연락하여 경관의 검문에 응하지 않고 트럭을 질주**케 하였던 것임을 충분히 인정할 수 있음이 명백하므로 피고인은 본건 **과실치사죄의 공동정범이 된다**고 할 것이므로 논지는 이유 있다.」[622)]

621) 대법원 1991. 4. 23, 선고 91도212 판결.
622) 대법원 1962. 3. 29, 선고 4294형상598 판결.

▶ 「1심 및 원심이 인용한 1심 판결 거시의 증거에 의하면 피고인에 대한 1심 판시 범죄사실이 적법히 인정되며 그 판시와 같은 과실과 본건 피해자들의 사상이란 결과 간에는 상당인과관계가 있다고 할 것이며 위 판시사실에 의하면 피고인은 상피고인들과 그 판시와 같이 그 의사연락 아래 그와 같은 과실을 저질러 그와 같은 범죄되는 결과를 발생케 한 것이니 여기에는 과실범의 공동정범이 성립된다 할 것이어서 그와 같은 1심 판결을 유지한 위 원판결에 업무상과실치사상죄에 있어서의 과실과 상당인과관계에 관한 법리를 오해하거나 공동정범에 관한 법리를 오해하여 법률적용을 잘못한 위법이 없고 소론 당원판결은 본건에 적절한 것이 되지 못하므로 논지는 이유 없다.」[623)]

▶ 「1. 형법 제30조에 "공동하여 죄를 범한 때" 의 "죄" 라 함은 고의범이고 과실범이고를 불문하므로 두 사람 이상이 어떠한 과실행위를 서로의 의사연락하에 이룩하여 범죄가 되는 결과를 발생케 한 것이라면 과실범의 공동정범이 성립된다.

2. 운전병이 운전하던 짚차의 선임 탑승자는 이 운전병의 안전운행을 감독해야 할 책임이 있는데 오히려 운전병을 데리고 주점에 들어가서 같이 음주한 다음 운전케 한 결과 위 운전병이 음주로 인하여 취한 탓으로 사고가 발생한 경우에는 위 선임 탑승자에게도 과실범의 공동정범이 성립한다.」[624)]

▶ 「제1, 피고인 1의 상고이유에 대하여,

1. 기록에 의하여 살피건대, 피고인이 본건 사고건널목에 진입할 때 우선멈춤을 아니하고 기차의 동행여부를 살피지 아니한 중대한 과실이 있다고 한 원심판결 인정사실을 수긍할 수 있고 그 사실인정 과정에 소론과 같은 채증상의 위법이 있다고 할 수 없으며,

2. 기록에 의하면, 본건 건널목은 제4조 이기는 하나 열차의 통행이 빈번하고 그 부근이 곡각지점으로 우측인 경산방면은 시야가 산에 가리어져 있어 잘못 통과하다가는 열차와의 충돌사고가 예측되는 만큼 세심한 주의를 기우려야 할 것임에도 불구하고 이를 태만히 한 점에는 중대한 과실이 있다고 할 것이니 이런 취지에서 중과실로 단정한 원심의 판단은 정당하고 거기에 소론과 같은 법리오해 있다고 할 수 없다.

제2, 피고인 2에 관한 상고이유에 대하여,

1. 공동정범에 관하여

623) 대법원 1978. 9. 26, 선고 78도2082 판결.
624) 대법원 1979. 8. 21, 선고 79도1249 판결.

본건 공소장의 공소사실 기재에 의하면, 피고인은 원심 상피고인 1, 2와 공동정범으로 기소되었음이 분명한바 그 공소장에 공범에 관한 형법 제30조가 적시되지 아니함은 소론과 같으나 그렇다고 공소제기의 절차에 위법이 있다고 할 수 없다. 왜냐하면 그것에 기재되지 아니하였다 하여 공소사실의 특정에 무슨 지장이 있는 것도 아닐 뿐 아니라 범죄사실에 대한 법률의 적용은 법원이 소신에 따라 직권으로 하는 것이기 때문이다. 그리고 공동정범은 고의범이나 과실범을 불문하고 의사의 연락이 있는 경우는 모두 이에 해당된다고 할 것이다.

2. 기록을 자세하게 검토하건대, 본건 제116열차의 퇴행에는 피고인도 원심 상피고인 1 및 2와 서로 상론 동의하여 즉 피고인도 이에 가공하였다는 원판시 사실을 수긍할 수 있고 거기에 소론과 같은 채증상의 위법이 있다고는 보아지지 아니한다. 피고인이 정기관사의 지휘감독을 받는 부기관사이기는 하나 이와 같이 위 열차의 퇴행에 관하여 상론 동의한 이상 이에 과실이 있다면 과실책임을 면할 수 없으며, 위의 퇴행에는 원판시와 같이 적절한 조처 없이 한 업무상의 과실이 있다 할 것이므로 견해를 달리하는 소론은 이유 없다.」[625)]

▶ 「건물붕괴의 원인이 건축계획의 수립, 건축설계, 건축공사공정, 건물 완공 후의 유지관리 등에 있어서의 과실이 복합적으로 작용한 데에 있다고 보아 각 단계별 관련자들을 업무상과실치사상죄의 공동정범으로 처단한 사례로는, 삼품백화점 붕괴사고가 있다.」[626)]

▶ 「[1] 성수대교 붕괴사고에서 교량 건설회사의 트러스 제작 책임자, 교량공사 현장감독, 발주 관청의 공사감독 공무원 등에게 업무상과실치사상, 업무상과실일반교통방해, 업무상과실자동차추락죄 등의 유죄를 인정한 사례.

[2] 구 형법(1995. 12. 29. 법률 제5057호로 개정되기 전의 것) 제189조 제2항, 제185조에서 업무상과실일반교통방해의 한 행위태양으로 규정한 '손괴'라고 함은 물리적으로 파괴하여 그 효용을 상실하게 하는 것을 말하므로, 이 사건 성수대교의 건설 당시의 부실제작 및 부실시공행위 등에 의하여 트러스가 붕괴되는 것도 위 '손괴'의 개념에 포함된다.

[3] 구 형법(1995. 12. 29. 법률 제5057호로 개정되기 전의 것) 제189조 제2항에서 말하는 '업무상과실'의 주체는 기차, 전차, 자동차, 선박, 항공기나 기타 일반의 '교통왕래에 관여하는 사무'에 직접·간접으로 종사하는 자이어야 할 것인바, 성수대교는 차량 등의 통행을 주된 목적으로 하여 건설된 교량이므로, 그 건

625) 대법원 1982. 6. 8, 선고 82도781 판결.
626) 대법원 1996. 8. 23, 선고 96도1231 판결.

설 당시 제작, 시공을 담당한 자도 '교통왕래에 관여하는 사무'에 간접적으로 관련이 있는 자에 해당한다. 따라서 이와 달리, 단순히 교통왕래에 제공될 교량을 건설한 것에 불과한 위 피고인들의 경우에는 위 법조 소정의 '업무상 과실'의 주체가 될 수 없다는 상고이유도 역시 받아들일 수 없다.

[4] 업무상과실로 인하여 교량을 손괴하여 자동차의 교통을 방해하고 그 결과 자동차를 추락시킨 경우에는 구 형법(1995. 12. 29. 법률 제5057호로 개정되기 전의 것) 제189조 제2항, 제185조 소정의 업무상과실일반교통방해죄와 같은 법 제189조 제2항, 제187조 소정의 업무상과실자동차추락죄가 성립하고, 위 각 죄는 형법 제40조 소정의 상상적 경합관계에 있다.

[5] 성수대교와 같은 교량이 그 수명을 유지하기 위하여는 건설업자의 완벽한 시공, 감독공무원들의 철저한 제작시공상의 감독 및 유지·관리를 담당하고 있는 공무원들의 철저한 유지·관리라는 조건이 합치되어야 하는 것이므로, **위 각 단계에서의 과실 그것만으로 붕괴원인이 되지 못한다고 하더라도, 그것이 합쳐지면 교량이 붕괴될 수 있다는 점은 쉽게 예상**할 수 있고, 따라서 위 각 단계에 관여한 자는 전혀 과실이 없다거나 과실이 있다고 하여도 교량붕괴의 원인이 되지 않았다는 등의 특별한 사정이 있는 경우를 제외하고는 붕괴에 대한 공동책임을 면할 수 없다. 이 사건의 경우, 피고인들에게는 트러스 제작상, 시공 및 감독의 과실이 인정되고, 감독공무원들의 감독상의 과실이 합쳐져서 이 사건 사고의 한 원인이 되었으며, 한편 **피고인들은 이 사건 성수대교를 안전하게 건축되도록 한다는 공동의 목표와 의사연락이 있었다**고 보아야 할 것이므로, 피고인들 사이에는 이 사건 업무상과실치사상등죄에 대하여 형법 제30조 소정의 공동정범의 관계가 성립된다고 보아야 할 것이다.

[6] 2인 이상이 상호의사의 연락이 없이 동시에 범죄구성요건에 해당하는 행위를 하였을 때에는 원칙적으로 각 인에 대하여 그 죄를 논해야 하나, 그 결과발생의 원인이 된 행위가 분명하지 아니한 때에는 각 행위자를 미수범으로 처벌하고(독립행위의 경합), 이 독립행위가 경합하여 특히 상해의 경우에는 공동정범의 예에 따라 처단(동시범)하는 것이므로, 상호의사의 연락이 있어 공동정범이 성립한다면, 독립행위경합 등의 문제는 아예 제기될 여지가 없다. 이 사건의 경우도, 앞서 본 바와 같이 피고인들에 대하여 업무상과실치사상죄, 업무상과실일반교통방해죄, 업무상과실자동차추락죄의 공동정범으로 인정되는 이상, 여기에는 독립행위의 경합문제가 제기될 여지가 없다고 할 것이다. 뿐만 아니라, 이 사건 붕괴는 앞서 본 바와 같이 피고인들의 제작시공 및 감독상의 과실과 공소외 2 등 서울시의 유지·관리담당 공무원들의 유지·관리의 잘못이 모두 합쳐져서 발생한 것이므로, 결과발생의 원인이 된 행위가 판명되지 아니한 경우에 해당한다고 볼 수도 없다.

[7] 공소시효의 기산점에 관하여 규정한 형사소송법 제252조 제1항에 정한 '범죄행위'에는 당해 범죄행위의 결과까지도 포함하는 취지로 해석함이 상당하므로, 교량붕괴사고에 있어 업무상과실치사상죄, 업무상과실일반교통방해죄 및 업무상과실자동차추락죄의 공소시효도 교량붕괴사고로 인하여 피해자들이 사상에 이른 결과가 발생함으로써 그 범죄행위가 종료한 때로부터 진행한다고 보아야 한다. 이 사건의 경우 피해자들이 사상에 이른 1994. 10. 21.부터 5년이 경과되기 전에 공소가 제기되었음이 역수상 명백하므로 이 사건 각 죄의 공소시효는 경과되지 아니하였다고 할 것이다.」[627)]

8. 강도를 공모했는데, 공범이 강간한 경우에는 어떠한가.

질적(質的) **초과** 사례이다. 모의한 것과 전혀 다른 범죄를 공범이 저지른 황당한 경우이다. 이 경우는 공모한 범죄와 전혀 다른 결과가 나타났으므로 질적으로 초과한 강도강간의 책임을 지지는 않고, 특수강도죄의 책임만을 진다. 초과범죄에 대한 인식이 없기 때문이다.

한편 상해를 공모했는데 공범이 사망의 결과를 발생시킨 경우와 같이 **양적**(量的) **초과** 사례에서는 사망의 결과에 대해 예견가능성이 있다면 결과적 가중범인 상해치사는 가능하고, 살인은 전혀 예상치 못한 결과이므로 책임을 물을 수 없다.

9. 부작위범 사이의 공동정범

부작위범 사이의 공동정범은 다수의 부작위범에게 공통된 의무가 부여되어 있고 그 의무를 공통으로 이행할 수 있을 때에 성립한다.

▶ 「공중위생관리법 제3조 제1항 전단은 "공중위생영업을 하고자 하는 자는 공중위생영업의 종류별로 보건복지부령이 정하는 시설 및 설비를 갖추고 시장·군수·구청장에게 신고해야 한다"고 규정하고 있고, 제20조 제1항 제1호는 '제3조 제1항 전단의 규정에 의한 신고를 하지 아니한 자'를 처벌한다고 규정하고 있는 바, 그 규정 형식 및 취지에 비추어 신고의무 위반으로 인한 공중위생관리법 위반죄는 구성요건이 부작위에 의하여서만 실현될 수 있는 진정부작위범에 해당한다고 할 것이고, 한편 부작위범 사이의 공동정범은 다수의 부작위범에게 공통된

627) 대법원 1997. 11. 28, 선고 97도1740 판결.

의무가 부여되어 있고 그 의무를 공통으로 이행할 수 있을 때에만 성립한다고 할 것이다. 그리고 공중위생영업의 신고의무는 '공중위생영업을 하고자 하는 자'에게 부여되어 있고, 여기서 '영업을 하는 자'라 함은 영업으로 인한 권리의무의 귀속주체가 되는 자를 의미하므로, 영업자의 직원이나 보조자의 경우에는 영업을 하는 자에 포함되지 않는다고 해석함이 상당하다. 원심은, 그 채택 증거를 종합하여 판시와 같은 사실을 인정한 다음, 이 사건 (상호 생략)케어코리아 각 지점의 실장 직에 있었던 피고인들은 위 회사의 근로소득자에 불과하고 영업상의 권리의무의 귀속주체가 아니라는 이유로 위 규정에 의한 신고의무를 부담하는 자에 해당하지 않는다고 판단하고, 나아가 피고인들에게 공통된 신고의무가 부여되어 있지 않은 이상 부작위범인 신고의무 위반으로 인한 공중위생관리법 위반죄의 공동정범도 성립할 수 없다고 판단하였는바, 앞서 본 법리에 비추어 위와 같은 원심의 판단은 옳고, 거기에 상고이유의 주장과 같은 법리오해의 위법이 있다고 할 수 없다.」[628]

[25] 공범과 제33조

제33조(공범과 신분) 신분관계로 인하여 성립될 범죄에 가공한 행위는 신분관계가 없는 자에게도 전3조의 규정을 적용한다. 단, **신분관계로 인하여 형의 경중**이 있는 경우에는 중한 형으로 벌하지 아니한다.[629]

1. 신분없는 자도 신분있는 자의 범죄에 가담하여 공동정범, 교사범, 종범이 될 수 있다(형법 제33조 본문). 단 신분으로 가중처벌 되는 범죄(부진정신분범)에 가담한 비신분자는 중한 형으로 벌하지 않는다(동조 단서).

2. 신분이 있어야만 범죄가 성립될 수 있는 **진정신분범**에는, 직무유기죄(형법[630] 제122조, 공무원의 신분을 요함), 직권남용죄(제123조, 공무원의 신분을 요함), 불법체포, 불법감금죄(제124조, 재판, 검찰, 경찰 기타 인신구속에 관한 직무

628) 대법원 2008. 3. 27, 선고 2008도89 판결.

629) 형법 제152조 제1항과 제2항은 위증을 한 범인이 형사사건의 피고인 등을 '모해할 목적'을 가지고 있었는가, 아니면 그러한 목적이 없었는가 하는 범인의 특수한 상태의 차이에 따라 범인에게 과할 형의 경중을 구별하고 있으므로, 이는 바로 형법 제33조 단서 소정의 '신분관계로 인하여 형의 경중이 있는 경우'에 해당한다고 봄이 상당하다(대법원 1994. 12. 23, 선고 93도1002 판결).

630) 이하 법명을 밝히지 않은 것은 형법임.

를 행하는 자 또는 보조하는 자의 신분을 요함), 폭행, 가혹행위죄(제125조, 재판, 검찰, 경찰 기타 인신구속에 관한 직무를 행하는 자 또는 보조하는 자의 신분을 요함), 피의사실공표죄(제126조,[631] 검찰, 경찰 기타 범죄수사에 관한 직무를 행하는 자 또는 감독하거나 보조하는 자의 신분을 요함), 공무상 비밀누설죄(제127조,[632] 공무원 또는 공무원이었던 자의 신분을 요함), 선거방해죄(제128조, 검찰, 경찰 또는 군의 직에 있는 공무원의 신분을 요함), 수뢰, 사전수뢰죄(제129조, 공무원 또는 중재인, 공무원 또는 중재인이 될 자의 신분을 요함), 제3자 뇌물제공죄(제130조, 공무원 또는 중재인의 신분을 요함), 수뢰후부정처사, 사후수뢰죄(제131조, 공무원 또는 중재인, 공무원 또는 중재인이었던 자의 신분을 요함), 알선수뢰죄(제132조, 공무원의 신분을 요함),[633] 도주, 집합명령위반죄(제145조, 체포 또는 구금된 자의 신분을 요함), 특수도주죄(제146조, 체포 또는 구금된 자의 신분을 요함), 위증, 모해위증죄(제152조, 법률에 의하여 선서한 증인의 신분을 요함), 허위감정, 통역, 번역죄(제154조, 법률에 의하여 선서한 감정인, 통역인, 번역인의 신분을 요함), 허위공문서작성, 변개죄(제227조, 공무원의 신분을 요함), 허위진단서등의 작성죄(제233조, 의사, 한의사, 치과의사 또는 조산사의 신분을 요함), 유기죄(제271조 제1항, 노유, 질병 기타 사정으로 인하여 부조를 요하는 자를 보호할 법률상[634] 또는 계약상 의무 있는 자의 신분을 요함), 학대죄(제273

631) '피의사실'이란 수사기관이 혐의를 두고 있는 범죄사실로서 그 내용이 공소사실에 이를 정도로 구체적으로 특정될 필요는 없지만, 그것이 단순한 의견의 표명에 이르는 정도로는 피의사실을 공표한 것이라고 할 수 없다(대법원 2013. 11. 28, 선고 2009다51271 판결).

632) 본죄는 비밀 그 자체를 보호하는 것이 아니라 공무원의 비밀엄수의무의 침해에 의하여 위험하게 되는 이익, 즉 비밀 누설에 의하여 위협받는 국가의 기능을 보호하기 위한 것이고(대법원 2012. 3. 15, 선고 2010도14734 판결), 본조에서 말하는 '법령에 의한 직무상 비밀'이란 객관적, 일반적인 입장에서 외부에 알려지지 않는 것에 상당한 이익이 있는 사항도 포함하나, 실질적으로 그것을 비밀로서 보호할 가치가 있다고 인정할 수 있는 것이어야 한다(대법원 2007. 6. 14, 선고 2004도5561 판결).

633) 본죄의 주체가 되기 위해서는 적어도 당해 직무를 처리하는 공무원과 직무상 직접, 간접의 연관관계를 가지고 법률상으로나 사실상이거나를 막론하고 어떠한 영향력을 미칠 수 있는 지위에 있는 공무원이라야 한다(대법원 1982. 6. 8, 선고 82도403 판결).

634) **경찰관은 경찰관직무집행법 제1조, 제2조 제1호, 제4조에 따른 구호조치의무를 가진 자이다.** ▶「제2점 유기의 점에 관하여 원판결 이유에 의하면, 피해자를 향토예비군 4명이 떠메어 와서 쌍백지서안 의자에 눕혀둔 사실은 피고인의 원심법정에서의 진술에 의하여 이를 인정할 수 있으나 피고인은 검찰 이래 원심법정에 이르기까지 일관하여 당시 피해자가 술에 만취되어 있어서 술이 깰 때 까지 피해자를 지서에 보호할 정도라고 생각했지 달리 피해자가 질병 기타 사정으로 인하여 병원으로 옮겨서 진료를 하게 할 정도라고 생각하지 아니하였다고 변소하여 그 범의를 부인하고 있을 뿐 아니라 피고인이 공소외 1로 부터 피해자가 술에 취하였으니 쌀물이라도 갈아 먹여야 할 것 아닌가라는 말을 들었고 피해자의 입술에 피가 맺힌 것을 보고 이를 묵살했다 한들 그 직무를 소홀히 다룬 책임은 면할 수 없다 하더라도 이로서는 그 범의를 인정하기에 부족하고 달리 그 범의를 인정할 증거가 없다하여 원심의 유죄인정을 파기하고 무죄를 선고했다. **그러나 제1심증인 공소외 2, 3, 4, 5, 6의 각 증언**을 종합하면 피해자가 상피고인 1로 부터 좌측 머리 부분을 구두 발로 채여 좌측 뇌에 상처를 입은 후 쌍백

조 제1항, 타인을 보호 또는 감독하는 자의 신분을 요함), 업무상 비밀누설죄(제317조, 의사, 한의사, 치과의사, 약제사, 약종상, 조산사, 변호사, 변리사, 공인회계사, 공증인, 대서업자, 직무상 보조자 또는 차등의 직에 있던 자의 신분을 요함), 횡령죄(제355조 제1항, 타인의 재물을 보관하는 자의 신분을 요함), 배임죄(제355조 제2항, 타인의 사무를 처리하는 자의 신분을 요함), 업무상 횡령죄(제356조 제1항, 업무상 타인의 재물을 보관하는 자의 신분을 요함), 업무상 배임죄(제356조 제2항, 업무상 타인의 사무를 처리하는 자의 신분을 요함), 배임수증재죄(제357조, 타인의 사무를 처리하는 자의 신분을 요함), 상법상 납입가장죄(상법 제628조)[635]가 있다.

3. 신분으로 인해 형의 경중에 차이가 있는 **부진정신분범**에는, 불법체포, 불법감금죄(제123조, 특수공무원이라는 신분으로 인하여 책임이 가중), 폭행, 가혹행위죄(제125조, 특수공무원이라는 신분으로 인하여 책임이 가중), 간수자도주원조죄(제148조, 간수자, 호송자라는 신분으로 인하여 도주원조죄보다 책임이 가중), 세관공무원의 아편등의 수입죄(제200조, 일반인의 수입죄에 대하여 세관공

지서로 운반되어 나무의자 위에서 신음타가 3시간 미만에 뇌 지루막 출혈로 사망한 사실, 위 문○○가 위 지서에 운반되어 왔을 때에는 이미 치명적인 중태가 진행되고 있었던 사실, **제1심 증인 공소외 2, 7, 8, 9의 각 일부 증언**에 의하면 피해자가 위 지서 나무의 자에 옮기기 전부터 자신의 수족과 의사를 자재 할 수 없이 숨도 가프게 쿨쿨 내 품고 있었으며 위 지서에 향토예비군 4명이 떠메어 운반하여 나무의자에 눕혀 놓은 후에도 그런 중환의 상태를 나타내고 있었던 사실 등을 인정할 수 있고, 원심판결이 적법한 증거에 의하여 인정한 사실에 의하더라도 피고인이 공소외 1이라는 사람으로부터 피해자가 술에 취하였으니 쌀물이라도 갈아 먹여야 할 것이 아닌가라는 말을 들었다는 점, 피해자의 입술에 피가 맺힌 것을 피고인이 보았다는 점 등을 종합하면, 피고인은 적어도 술에 만취된 피해자가 향토예비군 4명에게 떠메어 운반되어 위 지서 나무의자에 눕혀 놓았을 때 숨이 가프게 쿨쿨 내품고 자신의 수족과 의사도 자재할 수 없을 상태로서 부조를 요하는 자이었다는 것을 충분히 인식하였음을 인정할 수 있음으로, **국민의 생명, 신체의 안전을 보호하기 위한 응급의 조치를 강구해야 할 직무를 가진**(경찰관 직무집행법 제1조, 제3조) **경찰관인 피고인**으로서는 위 피해자의 숨소리 용색 등 신체를 살펴보아 찬물을 먹이는 등 간단한 응급조치를 취한다던지 가족에게 통지를 한다든지, 나아가 위험한 상태에 있을 때에는 병원으로 옮겨 진료를 받도록 하는 등의 구호를 해야 함에도 불구하고 기록에 의하면 피고인은 피해자를 그 사망 임박까지 근 3시간 동안을 전혀 아무런 응급 보호 조치를 취하지 않았음이 명백한 본건에 있어서 원심이 위에서 본바와 같이 유기에 대한 범의를 인정할 만한 자료가 없다하여 무죄를 선고한 원 판결에는 채증법칙을 위배하여 판결 결과에 영향을 미친 위법이 있다할 것이고 이점에 관한 상고 논지는 이유 있어 파기를 면치 못할 것이다.」(대법원 1972. 6. 27, 선고 72도863 판결).

635) "상법 제628조의 납입가장죄는 상법 제622조 제1항에 규정된 자가 납입 또는 현물출자의 이행을 가장하는 행위를 한 때에 성립하는 이른바 **신분범**으로, 상법 제622조 제1항에는 납입가장죄의 주체를 회사의 발기인, 업무집행사원, 이사, 감사위원회 위원, 감사 또는 상법 제386조 제2항, 제407조 제1항, 제415조 또는 제567조의 직무대행자, 지배인 기타 회사영업에 관한 어느 종류 또는 특정한 사항의 위임을 받은 사용인으로 한정하고 있다."(대법원 2006. 6. 2, 선고 2005도3431 판결)

무원이라는 신분으로 인하여 책임이 가중), 상습도박죄(제246조 제2항, 상습성으로 인하여 책임이 가중), 존속살해죄(제250조 제2항, 객체가 직계존속이라는 이유로 책임이 가중), 존속상해죄(제57조 제2항, 객체가 직계존속이라는 이유로 책임이 가중), 존속중상해죄(제258조 제3항, 객체가 직계존속이라는 이유로 책임이 가중), 존속상해치사죄(제259조 제2항, 객체가 직계존속이라는 이유로 책임이 가중), 존속폭행죄(제260조 제2항, 객체가 직계존속이라는 이유로 책임이 가중), 업무상동의낙태죄(제270조 제1항, 의사 등의 신분관계로 인하여 책임이 가중),[636] 존속유기죄(제271조 제2항, 객체가 직계존속이라는 이유로 책임이 가중), 존속학대죄(제273조 제2항, 객체가 직계존속이라는 이유로 책임이 가중), 존속체포, 존속감금죄(제276조 제2항, 객체가 직계존속이라는 이유로 책임이 가중), 존속 중체포, 중감금죄(제277조 제2항, 객체가 직계존속이라는 이유로 책임이 가중), 업무상 횡령죄(제356조 제1항, 업무상 보관자라는 신분으로 인해 책임이 가중), 업무상 배임죄(제356조 제2항, 업무상 타인의 사무처리자라는 신분으로 인해 책임이 가중)가 있다.

4. 제33조 본문이 적용되어 비신분자가 처벌된 사례로는, ◉ 의사 아닌 자를 교사하여 의사와 공모하여 허위진단서를 작성케 하면 교사죄가 성립하고,[637] ◉ 비공무원이 건축물조사 및 가옥대장 정리업무를 담당하는 지방행정서기를 교사하여 무허가 건물을 허가받은 건축물인 것처럼 가옥대장 등에 등재케 하여 허위공문서 등을 작성케 한 사실이 인정된다면, 허위공문서작성죄의 교사범으로 처벌되고,[638][639] ◉ 점포의 임차인이 임대인이 그 점포를 타에 매도한 사실을 알고 있으면서 점포의 임대차 계약 당시 "타인에게 점포를 매도할 경우 우선적으로 임차인에게 매도한다" 는 특약을 구실로 임차인이 매매대금을 일방적으로 결정하여 공탁하고 임대인과 공모하여 임차인 명의로 소유권이전등기를 경료하였다면 임대인의 배임행위에 적극가담한 것으로서 배임죄의 공동정범에 해당하고,[640] ◉ 병가 중인 철도공무원들이 그렇지 아니한 철도공무원들과 함께 전국철도노동조합의 일부 조합원들로 구성된 임의단체인 전국기관차협의회가 주도한 파업에 참가하였다면, 쟁의행위에 참가한 일부 조합원이 병가 중이어서 직무유기죄의 주체로 될 수는 없다 하더라도 직무유기죄의 주체가 되는 다른 조합원들

---

636) 임산부의 촉탁이 있으면 의사로서 낙태를 거절하는 것이 보통의 경우 도저히 기대할 수 없게 되었다고 할 수 없다(대법원 1985. 6. 11, 선고 84도1958 판결).

637) 대법원 1967. 1. 24, 선고 66도1586 판결.

638) 대법원 1983. 12. 13, 선고 83도1458 판결.

639) 일반인이 허위공문서작성에 가담한 경우 이 자가 허위공문서작성죄의 간접정범은 될 수 없으나, 공동정범, 교사범, 방조범은 될 수 있다.

640) 대법원 1983. 7. 12, 선고 82도180 판결.

과의 공범관계가 인정되므로, 그 쟁의행위에 참가한 조합원들 모두 직무유기죄로 처단되어야 한다.[641)]

5. **제33조 단서**가 적용되어 신분없는 자가 신분범에 비하여 경하게 처벌된 경우로는, ◉ 업무상 횡령죄와 같은 부진정신분범에 가담한 비점유자는 점유자와 공모하여 횡령했더라도 일단 본문에 따라 업무상 횡령죄가 성립하나 처단에 있어서는 단서에 따라 일반 횡령죄로 낮게 처벌된다.[642)] 다만 군용물횡령죄에 있어서는 업무상횡령이던 단순횡령이던 간에 군형법 제75조[643)]에 의하여 그 법정형이 동일하게 되어 양 죄 사이에 형의 경중이 없게 되었으므로 법률적용에 있어서 형법 제33조 단서의 적용을 받지 않는다.[644)] ◉ 은행원이 아닌 자가 은행원들과 공모하여 업무상 배임죄를 저질렀다 하여도, 이는 업무상 타인의 사무를 처리하는 신분관계로 인하여 형의 경중이 있는 경우이므로, 그러한 신분관계가 없는 자에 대하여서는 형법 제33조 단서에 의하여 형법 제355조 제2항(단순 배임죄)에 따라 경하게 처단해야 한다.[645)] ◉ 형법 제152조 제1항과 제2항은 위증을 한 범인이 형사사건의 피고인 등을 '모해할 목적'을 가지고 있었는가 아니면 그러한 목적이 없었는가 하는 범인의 특수한 상태의 차이에 따라 범인에게 과할 형의 경중을 구별하고 있으므로, 이는 바로 형법 제33조 단서 소정의 "신분관계로 인하여 형의 경중이 있는 경우"에 해당한다고 봄이 상당하다. 따라서 피고인이 갑을 모해할 목적으로 을에게 위증을 교사한 이상, 가사 정범인 을에게 모해의 목적이 없었다고 하더라도, 형법 제33조 단서의 규정에 의하여 피고인을 중한 모해위증교사죄로 처단할 수 있다.[646)]

---

641) 대법원 1997. 4. 22, 선고 95도748 판결.

642) 대법원 1961. 10. 15, 선고 4294형상396 판결; 대법원 1986. 10. 28, 선고 86도1517 판결; 대법원 1989. 10. 10, 선고 87도1901 판결; 대법원 2012. 11. 15, 선고 2012도6676 판결; 대법원 2015. 2. 26, 선고 2014도15182 판결.

643) 군형법 제75조(군용물 등 범죄에 대한 형의 가중)
① 총포, 탄약, 폭발물, 차량, 장구, 기재, 식량, 피복 또는 그 밖에 군용에 공하는 물건 또는 군의 재산상 이익에 관하여 「형법」 제2편 제38장부터 제41장까지의 죄(제38장 절도와 강도의 죄, 제39장 사기와 공갈의 죄, 제40장 횡령과 배임의 죄)를 범한 경우에는 다음 각 호의 구분에 따라 처벌한다.
1. 총포, 탄약 또는 폭발물의 경우: 사형, 무기 또는 5년 이상의 징역
2. 그 밖의 경우: 사형, 무기 또는 1년 이상의 징역
② 제1항의 경우에는 「형법」에 정한 형과 비교하여 중한 형으로 처벌한다.
③ 제1항의 죄에 대하여는 3천만원 이하의 벌금을 병과(倂科)할 수 있다.

644) 대법원 1965. 8. 24, 선고 65도493 판결.

645) 대법원 1986. 10. 28, 선고 86도1517 판결.

646) 대법원 1994. 12. 23, 선고 93도1002 판결.

[26] 죄수

1. 기준

가. 행위마다 1죄가 되는 죄

미성년자의제강간, 미성년자의제강제추행, 무면허운전죄는 각 행위마다 하나의 죄가 성립한다. 따라서 여러 번의 강간과 추행은 각 행위마다 각 죄가 성립하고, 성립된 죄 간에 실체적 경합관계에 있다. 이 경우 공소시효는 개별적으로 진행하고, 검사는 행위마다 범행일시,[647] 장소, 방법을 특정해야 한다.

▶ 「미성년자의제강간죄 또는 미성년자의제강제추행죄는 행위 시마다 1개의 범죄가 성립하므로 **각 강간 또는 강제추행시마다 일시를 특정하여 공소사실을 기재해야 한다**는 전제하에, 원심이 이 사건 공소사실 중 "피고인이 1980. 12. 일자불상 경부터 1981. 9. 5. 전일 경까지 사이에 피해자를 협박하여 약 20여회 강간 또는 강제추행(택일적 공소사실)하였다"는 부분은 그 범행일시가 명시되지 아니하여 공소사실을 특정할 수 없어 위 공소사실부분에 대한 공소를 기각하는 판결을 선고한 원심의 조처는 정당하다.」[648]

▶ 「보세장치장에 장치된 물품을 출고하는 경우에 관한 무면허수입죄, 관세 및 방위세포탈죄는 관세법 제2조 제1항의 규정상 위 보세구역의 물품을 구체적으로 출고할 때마다 이에 따른 관세 및 방위세의 부과 및 납부절차로서의 통관절차를 요함을 전제로 하여 성립하는 것인 만큼 성질상 위 과세물품을 소정의 통관절차 없이 인취할 때마다 각각 1개의 독립된 범죄가 성립한다.」[649]

▶ 「관세법 제269조 제2항 제1호 소정의 무신고수입죄는 수입물품에 대한 정당한 관세의 확보를 그 보호법익으로 하는 것이므로, 물품을 신고하지 아니하고

---

647) "공소장을 보면 이 점에 관한 **범행일시**는 1991. 5. 14.로 기재되어 있고 그 후 이에 관하여 공소장이 변경된 사실이 없으며, 기록에 나타난 피해자 이○○의 수차례에 걸친 진술과 피고인의 변소내용을 대조하면 위 범행일시에 관하여 공소장과 원심판결의 기재가 다른 것이 오기 기타 단순한 오류로 인한 것이라고는 볼 수 없는바, 그렇다면 피고인이 1991. 6. 14. 위와 같은 범행을 저지른 것으로 인정한 원심의 조치는 공소제기가 없거나 적법하게 변경되지 아니한 공소사실에 대하여 심판함으로써 판결에 영향을 미친 위법을 미친 위법을 저지른 것이라 아니할 수 없다."(대법원 1993. 1. 15, 선고 92도2588 판결)

648) 대법원 1982. 12. 14, 선고 82도2442 판결.

649) 대구고등법원 1983. 11. 15, 선고 83노1266 제4형사부판결 : 상고.

수입하는 경우에는 그 수입시마다 당해 수입물품에 대한 정당한 관세의 확보라는 법익이 침해되어 별도로 구성요건이 충족되는 것이어서 각각의 수입시마다 1개의 죄가 성립하는 것이고,[650] 수개의 무신고수입행위를 경합범으로 기소하는 경우에는 각 행위마다 그 일시와 장소 및 방법을 명시하여 사실을 특정할 수 있도록 공소사실을 기재해야 한다. 원심은, 피고인 1에 대한 공소사실 중 같은 피고인이 2001. 2.부터 2002. 6.까지 보따리상을 통하여 장뇌삼 9,398뿌리 외 7종 시가 1억 99,928,460원 상당품을 밀수입하고, 2002. 9.경부터 2003. 2.경까지 보따리상을 통하여 중국산 장뇌삼 9,529뿌리 외 3종 시가 1억 60,673,000원 상당의 물품을 밀수입하였다는 공소사실에 대하여, 2002. 4.경 홍경천 23박스와 2002. 12. 5.경 장뇌삼 500뿌리를 각 수입한 부분을 제외한 나머지 부분은 그 수입의 일시, 방법, 품목, 수량 등이 기재되어 있지 않는 등으로 공소사실이 특정되지 아니하여 공소제기의 절차가 법률에 위반하여 무효인 때에 해당한다고 보아 형사소송법 제327조 제2호에 의하여 이 부분에 대한 공소를 기각하였는바, 앞서 본 법리와 기록에 비추어 살펴보면, 원심의 이러한 조치는 옳고 거기에 공소사실의 특정에 관한 법리를 오해한 위법이 있다고 할 수 없다.

관세법 제274조 제1항 제1호에 의한 밀수품의 취득·보관죄 역시 각 취득행위 또는 보관행위마다 1개의 죄가 성립하는 것이고,[651] 수개의 밀수품 취득·보관행위를 경합범으로 기소하는 경우에는 각 행위마다 그 일시와 장소 및 방법을 명시하여 사실을 특정할 수 있도록 공소사실을 기재해야 한다. 따라서 위 공소사실 중 공소사실이 특정되지 아니한 부분이 있다면 공소의 제기가 법률에 위반하여 무효인 때에 해당하므로 형사소송법 제327조 제2호에 의하여 공소를 기각해야 할 것이고, 공소사실이 특정된 부분에 대하여는 심리를 통하여 유무죄를 확정한 다음 주문에서 그에 따른 선고를 해야 할 것이다.」[652]

▶「원심이 이 사건 공소사실이 위 약식명령이 확정된 도로교통법위반(무면허운전) 사건의 범죄사실 가운데 포함되어 있다고 본 것은 수긍할 수 없다. **무면허운전으로 인한 도로교통법위반죄에 있어서는 어느 날에 운전을 시작하여 다음날까지 동일한 기회에 일련의 과정에서 계속 운전을 한 경우 등 특별한 경우를 제외하고는 사회통념상 운전한 날을 기준으로 운전한 날마다 1개의 운전행위가 있다고 보는 것이 상당**하므로 운전한 날마다 무면허운전으로 인한 도로교통법위반의 1죄가 성립한다고 보아야 할 것이고, 비록 계속적으로 무면허운

650) 대법원 2000. 5. 26, 선고 2000도1338 판결; 대법원 2000. 11. 10, 선고 99도782 판결; 대법원 2001. 1. 30, 선고 2000도2903 판결.
651) 대법원 1999. 1. 26, 선고 98도1480 판결.
652) 대법원 2007. 1. 11, 선고 2004도3870 판결.

전을 할 의사를 가지고 여러 날에 걸쳐 무면허운전행위를 반복하였다 하더라도 이를 포괄하여 일죄로 볼 수는 없다고 할 것이다. 기록에 의하면, 위 약식명령이 확정된 도로교통법위반(무면허운전) 사건의 범죄사실은 피고인이 자동차운전면허 없이 2001. 5. 5. 11:35경 서울 구로구 가리봉동 소재 가리봉 5거리 앞길에서부터 서울 구로구 신도림동 소재 대림아파트 앞길까지 약 5㎞ 가량을 경기 ○나 43▲호 아반테 승용차를 운전하였다는 것임을 알 수 있고, 위 범죄사실과 이 사건 공소사실은 피고인이 운전한 차량에 있어서는 동일하나, 운전한 일자가 다르고, 전후 운전행위 사이에 하루 반 정도의 시간적 간격이 있으며, 전후 운전행위를 사회통념상 동일한 기회에 일련의 과정에서 계속된 하나의 운전행위로 볼 만한 자료도 찾아볼 수 없으므로 앞서 본 법리에 비추어 보면 위 각 무면허운전행위는 수죄로 처벌되어야 할 것으로 보인다. 그럼에도 불구하고, 원심이 그 내세우는 사정만으로 이 사건 공소사실이 위 약식명령이 확정된 사건의 범죄사실에 포함되어 있다고 보았으니, 원심에는 무면허운전으로 인한 도로교통법위반죄의 죄수에 관한 법리를 오해함으로써 판결에 영향을 미친 위법이 있다고 하지 않을 수 없다. 이 점을 지적하는 상고이유의 주장은 이유 있다. 그렇다면 원심판결 중 면소부분은 위법하여 파기하고, 사건을 다시 심리·판단하게 하기 위하여 원심법원에 환송하기로 한다.」[653]

나. 피해자마다 1죄가 되는 죄

사기, 살인, 상해, 폭행, 명예훼손, 공갈, 협박 등 전속적 법익은 법익주체마다 1개의 죄가 성립한다. 따라서 하나의 행위로 다수인을 살해한 경우 포괄하여 살인 1죄가 성립하는 것이 아니라 피해자 수만큼의 살인죄가 성립하고, 각 죄는 상상적 경합관계에 놓인다.

반면 공공의 안전과 같은 비전속적 법익은 침해되는 법익이 하나이므로, 한 개의 방화로 수채의 집을 불태우더라도 방화죄는 1죄만 성립한다.

2. 일죄(一罪)

가. 법조경합(法條競合)

(1) 특별관계

음주로 인한 특정범죄가중처벌 등에 관한 법률 위반(위험운전치사상)죄는 그 입법 취지와 문언에 비추어 볼 때, 주취상태에서의 자동차 운전으로 인한 교통

653) 대법원 2002. 7. 23, 선고 2001도6281 판결.

사고가 빈발하고 그로 인한 피해자의 생명·신체에 대한 피해가 중대할 뿐만 아니라 사고발생 전 상태로의 회복이 불가능하거나 쉽지 않은 점 등의 사정을 고려하여, 형법 제268조에서 규정하고 있는 업무상과실치사상죄의 **특례**를 규정하여 가중처벌함으로써 피해자의 생명·신체의 안전이라는 개인적 법익을 보호하기 위한 것이므로,[654] 그 죄가 성립되는 때에는 차의 운전자가 형법 제268조의 죄를 범한 것을 내용으로 하는 위 교통사고처리특례법 위반죄는 그 죄에 흡수되어 별죄를 구성하지 아니한다고 볼 것이다.[655]

그러나 음주로 인한 특정범죄가중처벌 등에 관한 법률 위반(위험운전치사상)죄와 도로교통법 위반(음주운전)죄는 입법 취지와 보호법익 및 적용영역을 달리하는 별개의 범죄이므로, 양 죄가 모두 성립하는 경우 두 죄는 실체적 경합관계에 있다.[656]

(2) 보충관계

보충적으로 적용되는 죄는 기본적으로 적용되는 죄에 의해 배제되고 별도로 성립하지 않는다. 경찰관의 직무유기와 범인도피가 동시에 성립할 경우 부작위는 작위에 대해 보충관계에 있으므로(직무위배의 위법상태가 범인도피행위 속에 포함되어 있는 것으로 봐야 할 것이므로) **작위범인 범인도피죄만 성립**한다.[657] 또 공무원이 직무유기와 은폐목적의 허위공문서작성·동행사죄를 동시에 저지른 경우 직무위배의 위법상태는 허위공문서작성 당시부터 그 속에 포함되는 것이므로 **작위범인 허위공문서작성죄 및 동행사죄만 성립**하고, 부작위범인 직무유기는 별도로 성립하지 않는다.[658]

그러나 복명서 및 심사의견서를 허위작성한 것이 농지일시전용허가를 신청하자 이를 허가하여 주기 위하여 한 것이라면 직접적으로 농지불법전용 사실을 은폐하기 위하여 한 것은 아니므로 **허위공문서작성, 동행사죄와 직무유기죄는 실체적 경합범**의 관계에 있다.[659]

---

654) 대법원 2008. 11. 13, 선고 2008도7143 판결.
655) 대법원 2008. 12. 11, 선고 2008도9182 판결.
656) 대법원 2008. 11. 13, 선고 2008도7143 판결.
657) 대법원 1996. 5. 10, 선고 96도51 판결.
658) 대법원 1972. 5. 9, 선고 72도722 판결; 대법원 1982. 12. 28, 선고 82도2210 판결; 대법원 1993. 12. 24, 선고 92도3334 판결.
659) 대법원 1993. 12. 24, 선고 92도3334 판결.

(3) 흡수관계

– 수반행위와 사후행위

불가벌적 수반행위와 불가벌적 사후행위는 별도의 범죄가 되지 않고 주된 범죄에 흡수된다.

(가) **불가벌적 수반행위**로는, ◉ 사문서위조에 수반되는 인장위조,[660] ◉ 감금의 수단으로서의 협박,[661] ◉ 신용카드부정사용 시에 수반되는 사문서위조·행사(매출전표 서명·교부행위),[662] ◉ 특가법상 상습절도 등 죄를 범한 범인이 그 범행의 수단으로 주거침입을 한 경우,[663] ◉ 향정신성의약품관리법 제42조 제1항 제1호가 규정하는 향정신성의약품수수의 죄가 성립되는 경우에는 그 수수행위의 결과로서 그에 당연히 수반되는 향정신성의약품의 소지행위는 수수죄의 불가벌적 수반행위로서 수수죄에 흡수되고 별도의 범죄를 구성하지 않는다.[664]

그러나 ◉ 감금행위가 강간죄나 강도죄의 수단이 된 경우에도 감금죄는 강간죄나 강도죄에 **흡수되지 아니하고** 별죄를 구성하고,[665] ◉ 업무상배임과 배임수재행위의 요건을 동시에 충족시킨 경우 일반적 범위 내의 수반행위로 볼 수 없고 고유한 불법내용을 띰으로써 별개의 죄로 보아 경합범으로 처벌한다. **형법 제357조 제1항의 배임수재죄**는 타인의 사무를 처리하는 자가 그 임무에 관하여 부정한 청탁을 받고 재물 등을 취득함으로써 성립하는 것이고 어떠한 임무 위배

---

660) 대법원 1978. 9. 26, 선고 78도1787 판결. "흡수관계에 있는 인장위조죄와 사문서위조죄를 경합범으로 잘못 기소한 경우에 인장위조사실 자체가 없는 것으로 밝혀진 경우에는 경합범으로 기소한 인장위조의 공소사실에 대한 판단으로서 별도로 무죄선고를 해야 한다."

661) 대법원 1982. 6. 22, 선고 82도705 판결.

662) 대법원 1992. 6. 9, 선고 92도77 판결.

663) ▶「형법 제330조 및 제331조 제1항에 규정된 야간주거침입절도죄와 손괴특수절도죄를 제외하고 **일반적으로 주거침입은** 절도죄의 구성요건이 아니므로 절도범인이 그 범행수단으로 주거침입을 한 경우에 그 주거침입행위는 **절도죄에 흡수되지 아니하고 별개**로 주거침입죄를 구성하며 **절도죄와는 실체적 경합**의 관계에 서는 것이 원칙이다.

그러나 특정범죄가중처벌등에 관한 법률 제5조의4 제1항에 규정된 상습절도등 죄(**2016. 1. 6. 삭제되었다.**)를 범한 범인이 그 범행의 수단으로 주거침입을 한 경우에 주거침입행위는 상습절도등 죄에 흡수되어 위 법조에 규정된 상습절도등 죄의 1죄만이 성립하고 별개로 주거침입죄를 구성하지 않으며, 또 위 상습절도등 죄를 범한 범인이 그 범행 외에 상습적인 절도의 목적으로 주거침입을 하였다가 절도에 이르지 아니하고 주거침입에 그친 경우에도 그것이 절도상습성의 발현이라고 보여지는 이상 주거침입행위는 다른 상습절도등 죄에 흡수되어 위 법조에 규정된 상습절도등 죄의 1죄만을 구성하고 이 상습절도등 죄와 별개로 주거침입죄를 구성하지 않는 다고 보아야 할 것이다. 위 견해에 배치하는 대법원 1983. 4. 12, 선고 83도422 판결은 이를 폐기하기로 한다.」(대법원 1984. 12. 26, 선고 84도1573 전원합의체 판결)

664) 대법원 1990. 1. 25, 선고 89도1211 판결.

665) 대법원 1997. 1. 21, 선고 96도2715 판결.

행위나 본인에게 손해를 가한 것을 요건으로 하는 것이 아닌데 대하여 **동법 제256조, 제355조 제2항의 배임죄**는 타인의 사무를 처리하는 자가 그 임무에 위배하는 행위가 있어야 하고 그 행위로서 본인에게 손해를 가함으로써 성립하는 것이나 부정한 청탁을 받거나 금품을 수수한 것을 그 요건으로 하지 않고 있으므로 이들 양 죄는 행위의 태양을 전연 달리하고 있어 일반법과 특별법관계가 아닌 별개의 독립된 범죄라고 보아야 하고 또 업무상 배임죄의 법정형은 10년 이하의 징역(단순배임죄의 법정형도 5년 이하의 징역)인데 비하여 배임수재죄의 그것은 업무상 배임죄의 법정형 보다 경한 5년 이하의 징역이므로 업무상 배임죄가 배임수재죄에 **흡수되는 관계에 있다거나** 결과적 가중범의 관계에 있다고는 **할 수 없으므로** 위 양 죄를 형법 제37조 전단의 경합범으로 의율처단하였음은 정당하다.[666]

(나) **불가벌적 사후행위**로는, ◉ 절취한 자기앞수표를 현금 대신으로 교부한 행위는 절도행위에 대한 가벌적 평가에 당연히 포함되는 것으로 봄이 상당하다 할 것이므로 절취한 자기앞수표를 음식대금으로 교부하고 거스름돈을 환불받은 피고인의 소위는 절도의 불가벌적 사후처분행위로서 사기죄가 되지 아니하고,[667] ◉ 절취한 자기앞수표를 추심의뢰에 의하여 환금한 피고인의 소위는 불가벌적 사후행위로서 사기죄가 되지 아니하고,[668] ◉ 장물인 자기앞수표를 취득한 후 이를 현금 대신 교부한 행위는 장물취득에 대한 가벌적 평가에 당연히 포함되는 불가벌적 사후행위로서 별도의 범죄를 구성하지 아니하고,[669] ◉ 횡령죄는 타인의 재물을 보관하는 자가 재물을 횡령하는 경우에 성립하는 범죄로서, 일단 횡령한 이후 재물을 처분하는 것은 불가벌적 사후행위에 해당하여 처벌할 수 없다. 따라서 미등기건물의 관리를 위임받아 보관하고 있는 자가 임의로 건물에 대하여 자신의 명의로 보존등기를 하거나 동시에 근저당권설정등기를 마치는 것은 객관적으로 불법영득의 의사를 외부에 발현시키는 행위로서 횡령죄에 해당하고, 피해자의 승낙 없이 건물을 자신의 명의로 보존등기를 한 때 이미 횡령죄는 완성되었다 할 것이므로, 횡령행위의 완성 후 근저당권설정등기를 한 행위는 피해자에 대한 **새로운 법익의 침해를 수반하지 않는** 불가벌적 사후행위로서 별도의 횡령죄를 구성하지 않고,[670] ◉ 절도범인으로부터 장물보관의뢰를 받은 자가 그 정을 알면서 이를 인도받아 보관하고 있다가 임의 처분하였다 하여도 장물보

666) 대법원 1984. 11. 27, 선고 84도1906 판결.
667) 대법원 1987. 1. 20, 선고 86도1728 판결.
668) 대법원 1982. 7. 27, 선고 82도822 판결.
669) 대법원 1993. 11. 23, 선고 93도213 판결.
670) 대법원 1993. 3. 9, 선고 92도2999 판결.

관죄가 성립되는 때에는 이미 그 소유자의 소유물추구권을 침해하였으므로 그 후의 횡령행위는 불가벌적 사후행위에 불과하여 별도로 횡령죄가 성립하지 않으며,[671] ◉ 장물죄는 타인(본범)이 불법하게 영득한 재물의 처분에 관여하는 범죄이므로 자기의 범죄에 의하여 영득한 물건에 대하여는 성립하지 아니하고 이는 불가벌적 사후행위에 해당한다.[672]

그러나 ◉ 절취한 전당표를 제3자에게 교부하면서 자기 누님의 것이니 찾아 달라고 거짓말을 하여 이를 믿은 제3자가 전당포에 이르러 그 종업원에게 전당표를 제시하여 기망케 하고 전당물을 교부받게 하여 편취하였다면 이는 **다시 새로운 법익을 침해**하는 행위로서 사기죄를 구성하는 것이고,[673] ◉ 절취한 은행 예금통장을 이용하여 은행원을 기망해서 진실한 명의인이 예금을 찾는 것으로 오신시켜 예금을 편취한 것이라면 **새로운 법익의 침해**로 절도죄 외에 따로 사기죄가 성립한다.[674] ◉ 영득죄에 의하여 취득한 장물을 처분하는 것은 재산죄에 수반하는 불가벌적 사후행위에 불과하므로 다른 죄를 구성하지 않는다 하겠으나, 강취한 은행예금통장을 이용하여 은행직원을 기망하여 진실한 명의인이 예금의 환급을 청구하는 것으로 오신케 함으로써 예금의 환급 명목으로 금원을 편취하는 것은 **다시 새로운 법익을 침해**하는 행위이므로 여기에 또 다시 범죄의 성립을 인정해야 하고 이것으로써 장물의 단순한 사후처분과 같게 볼 수는 없는 것이다. 따라서 별도의 사기죄를 구성한다.[675] ◉ 예금통장과 인장을 갈취한 후 예

---

671) 대법원 1976. 11. 23, 선고 76도3067 판결.

672) 본문은 대법원 1986. 9. 9, 선고 86도1273 판결 이유 중 일부를 인용했다. **다만 이 사건 피고인은 당해 범죄의 정범자가 아니었고, 장물을 취득하였으므로 유죄판결이 확정되었다.**
▶ 「장물죄는 타인(본범)이 불법하게 영득한 재물의 처분에 관여하는 범죄이므로 자기의 범죄에 의하여 영득한 물건에 대하여는 성립하지 아니하고 이는 불가벌적 사후행위에 해당하나 여기에서 자기의 범죄라 함은 정범자(공동정범과 합동범을 포함한다)에 한정되는 것이므로 평소 본범과 공동하여 수차 상습으로 절도등 범행을 자행함으로써 실질적인 범죄집단을 이루고 있었다 하더라도, 당해 범죄행위의 정범자(공동정범이나 합동범)로 되지 아니한 이상 이를 자기의 범죄라고 할 수 없고 따라서 그 장물의 취득을 불가벌적 사후행위라고 할 수 없다.」

673) 대법원 1980. 10. 14, 선고 80도2155 판결.

674) ▶ 「절도행위의 완성 후 그 장물을 처분하는 것은 재산죄에 수반하는 사후처분행위에 불과하므로 별죄를 구성하지 않음은 소론과 같으나 그 사후처분이 새로운 다른 법익을 침해하는 경우에는 별죄가 성립한다고 보아야 할 것인바, 원심이 유지한 제1심 판결에서 피고인이 이○○양복점에서 동인 명의의 은행예금 통장을 절취하여 그를 이용하여 은행원을 기망하여 진실한 명의인이 예금을 찾는 것으로 오신시켜 예금의 인출명의 하의 금원을 편취한 것이라고 인정하고 이는 절도죄 외 새로운 법익을 침해한 것이라는 견지에서 사기죄를 인정한 조치는 정당하고, 위 절도행위 후에 예금인출행위가 그 절도행위의 연장이라든가 또는 그에 흡수되는 것이라고도 볼 수 없다 할 것이고, 사기의 피해자는 은행이 되는 수도 있고, 은행이 피해자가 되지 아니하는 경우에는 예금통장 명의인이 피해자가 되는 수도 있다할 것이므로 논지는 그 어느 것이나 이유 없다.」(대법원 1974. 11. 26, 선고 74도2817 판결)

금 인출에 관한 사문서를 위조한 후 이를 행사하여 예금을 인출한 행위는 공갈죄 외에 별도로 사문서위조, 동행사 및 사기죄가 성립하고,[676] ◉ 신용카드를 절취한 후 이를 사용한 경우 신용카드의 부정사용행위는 **새로운 법익의 침해**로 보아야 하고 그 법익침해가 절도범행보다 큰 것이 대부분이므로 위와 같은 부정사용행위가 절도범행의 불가벌적 사후행위가 되는 것은 아니다.[677] ◉ 대표이사 등이 회사의 대표기관으로서 피해자들을 기망하여 교부받은 금원은 그 회사에 귀속되는 것인데, 그 후 대표이사 등이 이를 보관하고 있으면서 횡령한 것이라면 이는 위 사기범행과는 **침해법익을 달리**하므로 횡령죄가 성립되는 것이고, 이를 단순한 불가벌적 사후행위로만 볼 수 없다.[678] ◉ 횡령 교사를 한 후 그 횡령한 물건을 취득한 때에는 취득행위가 횡령교사의 불가벌적 사후행위가 될 수 없고, 횡령교사죄와 장물취득죄의 경합범이 성립되는 것이다.[679] ◉ 대마를 절취 후 소지하고 다닌 것은 절도죄의 보호법익과는 **다른 새로운 법익을 침해**하는 행위이므로 절도에 흡수되지 않고 별개의 무허가대마소지죄를 구성하며,[680] ◉ 다니던 회사의 영업비밀이 든 디스크를 절취 후 그 영업비밀을 사용하면 절도죄와 영업비밀침해죄가 모두 성립하고,[681] ◉ 판매목적으로 향정신성의약품(히로뽕)을 제조하여 이를 판매한 경우에 그 제조행위와 제조품의 판매행위는 **각각 독립된 가벌적 행위**로서 별개의 죄를 구성한다고 봄이 상당하고 판매행위가 판매목적의 제조행위에 흡수되는 불가벌적 사후행위라고 볼 수 없으므로 경합범으로 처단해야 하고,[682] 같은 취지로 보건범죄단속에 관한 특별조치법 제3조 제1항은 약사법 제26조 제1항의 허가를 받지 아니하고 의약품 또는 화장품을 제조한 자, 그 정을 알고 이를 판매하거나 판매할 목적으로 취득한 자 등을 그 소정 각호의 구분에 따라 처벌한다고 규정하고 있는 바, 이는 무허가의약품의 제조행위와 판매행위를 개별적으로 가중처벌하는 것이라고 보아야 할 것이어서 허가 없이 판매의 목적으로 의약품을 제조하여 이를 판매한 경우에도 **그 제조행위와 판매행위는 각각 독립된 행위**로서 별개의 죄를 구성하고, 위 판매행위가 판매목적의 제조행위에 흡수되는 불가벌적 사후행위는 아니라고 새겨진다.[683] ◉ 구 문화재보호법의 각 규정의 입법취지는 지정 또는 그 이외의 모든 문화재를 등록케 하여 그 목록

675) 대법원 1990. 7. 10, 선고 90도1176 판결.
676) 대법원 1979. 10. 30, 선고 79도489 판결.
677) 대법원 1996. 7. 12, 선고 96도1181 판결.
678) 대법원 1989. 10. 24, 선고 89도1605 판결.
679) 대법원 1969. 6. 24, 선고 69도692 판결.
680) 대법원 1999. 4. 13, 선고 98도3619 판결.
681) 대법원 2008. 9. 11, 선고 2008도5364 판결.
682) 대법원 1983. 11. 8, 선고 83도2031 판결.
683) 대법원 1984. 10. 23, 선고 84도1945 판결.

을 작성 비치하고 그 이동을 통제, 파악함으로써 문화재보호법이 목적하는 문화재를 보존하여 이를 활용케 함으로써 국민의 문화적 향상을 도모하는 동시에 인류문화의 발전에 기여하려는데 그 의의가 있는 것이라고 할 것이므로 위 문화재를 위 각 규정에 위반하여 취득하고 또 이를 양도하는 행위는 **위 각 규정의 취지에 비추어 볼 때 별개의 구성요건을 충족**하는 것으로 보아 위 문화재의 양도행위는 그 취득행위의 불가벌적 사후행위가 아니라고 할 것이다.[684] ◉ 횡령죄는 다른 사람의 재물에 관한 소유권 등 본권을 그 보호법익으로 하고 그 법익침해의 위험이 있으면 그 침해의 결과가 발생되지 아니하더라도 성립하는 위험범이다.[685] 그리고 일단 특정한 처분행위(이를 '선행 처분행위'라 한다)로 인하여 법익침해의 위험이 발생함으로써 횡령죄가 기수에 이른 후 종국적인 법익침해의 결과가 발생하기 전에 새로운 처분행위(이를 '후행 처분행위'라 한다)가 이루어졌을 때, 그 후행 처분행위가 선행 처분행위에 의하여 발생한 위험을 현실적인 법익침해로 완성하는 수단에 불과하거나 그 과정에서 당연히 예상될 수 있는 것으로서 새로운 위험을 추가하는 것이 아니라면 후행 처분행위에 의해 발생한 위험은 선행 처분행위에 의하여 이미 성립된 횡령죄에 의해 평가된 위험에 포함되는 것이라 할 것이므로 그 후행 처분행위는 이른바 불가벌적 사후행위에 해당한다. 그러나 후행 처분행위가 **이를 넘어서서**, 선행 처분행위로 **예상할 수 없는 새로운 위험을 추가함으로써 법익침해에 대한 위험을 증가**시키거나 **선행 처분행위와는 무관한 방법으로 법익침해의 결과를 발생**시키는 경우라면, 이는 선행 처분행위에 의하여 **이미 성립된 횡령죄에 의해 평가된 위험의 범위를 벗어나는 것**이므로 특별한 사정이 없는 한 **별도로 횡령죄**를 구성한다고 보아야 한다. 따라서 타인의 부동산을 보관 중인 자가 불법영득의사를 가지고 그 부동산에 근저당권설정등기를 경료함으로써 일단 횡령행위가 기수에 이르렀다 하더라도 그 후 같은 부동산에 **별개의 근저당권을 설정**하여 새로운 법익침해의 위험을 추가함으로써 법익침해의 위험을 증가시키거나 해당 부동산을 매각함으로써 **기존의 근저당권과 관계없이 법익침해의 결과를 발생**시켰다면 이는 당초의 근저당권 실행을 위한 임의경매에 의한 매각 등 그 근저당권으로 인해 **당연히 예상될 수 있는 범위를 넘어 새로운 법익침해의 위험을 추가시키거나 법익침해의 결과를 발생시킨 것**이므로 특별한 사정이 없는 한 불가벌적 사후행위로 볼 수 없고, **별도로 횡령죄**를 구성한다 할 것이다. 이와 반대되는 취지의 대법원 1996. 11. 29. 선고 96도1755 판결, 대법원 1997. 1. 20. 선고 96도2731 판결, 대법원 1998. 2. 24. 선고 97도3282 판결, 대법원 1999. 4. 27. 선고 99도5 판결, 대법원 1999.

684) 대법원 1983. 7. 26, 선고 83도706 판결.

685) 대법원 2002. 11. 13, 선고 2002도2219 판결.

11. 26. 선고 99도2651 판결, 대법원 2000. 3. 24. 선고 2000도310 판결, 대법원 2006. 8. 24. 선고 2006도3636 판결, 대법원 2006. 11. 9. 선고 2005도8699 판결 등은 이 판결과 배치되는 범위에서 이를 변경하기로 한다. 이 사건에서 원심은, 피고인 1은 1995. 10. 20. 피해자 종중으로부터 위 종중 소유인 파주시 적성면 (이하 주소 1 생략) 답 2,337㎡, (이하 주소 2 생략) 답 2,340㎡(이하 위 두 필지의 토지를 합하여 '이 사건 토지'라 한다)를 명의신탁받아 보관하던 중 자신의 개인 채무 변제에 사용하기 위한 돈을 차용하기 위해 이 사건 토지에 관하여 1995. 11. 30. 채권최고액 1,400만원의 근저당권을, 2003. 4. 15. 채권최고액 750만원의 근저당권을 각 설정한 사실, **그 후 피고인들이 공모하여 2009. 2. 21. 이 사건 토지를 공소외인에게 1억 9,300만원에 매도**한 사실 등을 인정한 다음, 피고인들이 이 사건 토지를 매도한 행위는 선행 근저당권설정행위 이후에 이루어진 것이어서 불가벌적 사후행위에 해당한다는 취지의 피고인들 주장을 배척하고, 피고인들의 **이 사건 토지 매도행위가 횡령죄를 구성한다**고 보아 이를 모두 유죄로 인정했다. 원심판결 이유를 앞서 본 법리와 기록에 비추어 살펴보면, 원심의 위와 같은 판단은 정당하고, 거기에 상고이유의 주장과 같이 논리와 경험의 법칙을 위반하여 자유심증주의의 한계를 벗어나거나 불가벌적 사후행위에 관한 법리를 오해하는 등의 위법이 없다.[686] ◉ 사람을 살해한 자가 그 사체를 다른 장소로 옮겨 유기하였을 때에는 별도로 사체유기죄가 성립하고, 이와 같은 사체유기를 살인의 불가벌적 사후행위로 볼 수는 없고,[687] ◉ 자동차를 절취한 후 자동차등록번호판을 떼어내는 행위가 절도범행의 불가벌적 사후행위에 해당하지 않는다.[688]

(다) 사후행위가 주된 범죄와 이질적 보호법익, 다른 행위객체에 대한 것이고 다른 사람의 새로운 법익을 침해하였다면 불가벌적 사후행위가 아니고, 가벌적 사후행위로 보아야 한다. 그러므로 절도 범인이 절취한 장물을 자기 것인 양 제3자에게 담보로 제공하고 금원을 편취했다면 피해자가 다르고 새로운 법익침해가 있으므로 사기가 성립된다. 또 강취한 신용카드를 가지고 자신이 그 신용카드의 정당한 소지인인양 가맹점의 점주를 속이고 그에 속은 점주로부터 주류 등을 제공받아 이를 취득한 것이라면 신용카드부정사용죄와 사기죄가 별도로 성립한다.[689]

(라) 사후행위는 주된 범죄의 침해의 양을 초과하지 않아야 한다. 따라서 절도

686) 대법원 2013. 2. 21, 선고 2010도10500 전원합의체 판결.
687) 대법원 1997. 7. 25, 선고 97도1142 판결; 대법원 1984. 11. 27, 선고 84도2263 판결.
688) 대법원 2007. 9. 6, 선고 2007도4739 판결.
689) 대법원 1997. 1. 21, 선고 96도2715 판결.

범이 훔친 문서를 이용하여 재물을 편취하면 절도죄뿐만 아니라 사기죄도 성립하는 것이고, 명의수탁자가 신탁 받은 부동산의 일부에 대한 토지수용보상금 중 일부를 소비하고 이어 수용되지 않은 나머지 부동산 전체에 대한 반환을 거부한 경우 부동산의 일부에 관하여 수령한 수용보상금 중 일부를 소비하였다고 하여 객관적으로 부동산 전체에 대한 불법영득의 의사를 외부에 발현시키는 행위가 있었다고 볼 수는 없으므로, 그 금원 횡령죄가 성립된 이후에 수용되지 않은 나머지 부동산 전체에 대한 반환을 거부한 것은 새로운 법익의 침해가 있는 것으로서 별개의 횡령죄가 성립하는 것이지 불가벌적 사후행위라 할 수 없다.[690]

(마) 사후행위 자체는 구성요건에 해당하고 위법한 행위가 맞으므로,[691] 사후행위에만 가담한 공범 성립은 당연히 가능하다.

나. 포괄일죄

수개의 범죄행위가 범의의 단일성과 계속성이 있고, 동종의 범행을 유사한 방법으로 일정 기간 반복하여 행하고 그 피해법익도 동일한 경우 각 범행을 통틀어 포괄일죄로 본다.[692] 따라서 범의의 단일성과 계속성을 인정할 수 없을 때에는 각 범행마다 별개의 죄가 성립하는 것으로서 경합범으로 처단하는 것이 마땅하다.[693]

---

690) 대법원 2001. 11. 27, 선고 2000도3463 판결.

691) 이재상·장영민·강동범, 형법총론, 제9판, 박영사, 2017, 541면.

692) 대법원 1990. 10. 10, 선고 90도1580 판결; 대법원 1996. 7. 12, 선고 96도1181 판결; 대법원 2001. 8. 24, 선고 2001도2832 판결.

693) ▶「…(전략) 단일하고 계속된 범의 하에 동종의 범행을 일정기간 반복하여 행하고 그 피해법익도 동일한 경우에는 각 범행을 통틀어 포괄 1죄로 볼 것이나, 이러한 범의의 단일성과 계속성을 인정할 수 없을 때에는 각 범행마다 별개의 죄가 성립하는 것으로서 경합범으로서 처단하는 것이 마땅하다.

원심판결 이유에 의하면, 원심은 1984년부터 1987년까지 4개년 간 서울특별시가 발주한 공사금액 10억원 이상의 공사 중 피고인 2가 회장으로 있는 주식회사 한○은 공사금액 62억 8천만원의 이 사건 ○○산 근린공원 조성공사 외에도 공사금액 83억 3천만원의 농수산물 종합도매시장 내 축산부류시장공사 등 총 공사금액 279억에 이르는 도합 8건의 공사를 수주 받아 시공한 사실과 피고인들 사이에 수수된 이 사건 각 금원은 1985.1.초부터 1987.10.경까지 약 2년 9개월간에 걸쳐 길게는 8개월, 짧게는 1개월의 간격을 두고 연초, 추석 등 명절이나 국회개원 등의 시기를 골라 교부된 사실을 인정하고 있다.

위와 같은 사실관계에 원심채용증거를 합쳐 살펴보면, 피고인들이 특히 이 사건 ○○산 근린공원조성공사에 관한 청탁과 사례의 취지로 뇌물을 수수한다는 단일하고도 계속된 범의 하에 이 사건 각 금원을 주고받은 것이라고 볼 수는 없고, 위 회사가 서울특별시로부터 수주한 위 인정과 같은 여러 건의 공사의 발주, 시공 및 준공 등 과정에서 도움을 받기 위하거나 사례의 뜻으로 연초, 추석 등 명절이나 국회개원 시를 빙자하여 그때마다 별개의 범의 하에 뇌물을 주고받은 것이라고 본 원심판단에 수긍이 간다. 결국 **원심이 이 사건 각 범행을 포괄**

(1) 강도는 폭행·협박과 절도가 결합되었고, 강도강간은 강도와 강간이 결합되었고, 강도살인은 강도와 살인이 결합되어 있으므로 포괄일죄이다. 이러한 포괄일죄를 **결합범**(結合犯)이라 한다. 절도범이 체포를 면탈할 목적으로 체포하려는 여러 명의 피해자에게 같은 기회에 폭행을 가하여 그 중 1인에게만 상해를 가하였다면 이러한 행위는 포괄하여 하나의 강도상해죄만 성립하고,[694] 주거침입을 당연히 포함하는 성폭법 위반 사건에서 주거침입은 별죄를 구성하지 않고 포괄하여 성폭법위반죄가 된다.[695]

(2) 감금, 주거침입, 퇴거불응, 직무유기죄처럼 위법상태를 야기하는 행위와 야기된 위법상태를 유지하는 행위가 포괄하여 1개 구성요건을 실현하는 경우가 있다. **계속범**(繼續犯)이라 한다. 이러한 계속범은 기수시기와 종료시기가 일치하지 않는다. 기수 이후에도 법익침해가 계속되는 동안에는 범죄행위가 종료되지 않고 계속되는 성질을 갖고 있기 때문이다. 따라서 범죄의 기수 이후에도 종료 이전까지 공범 성립이 가능하고, 공소시효의 기산점도 종료 시가 된다.[696]

> ▶ 「직무유기죄는 그 직무를 수행해야 하는 작위의무의 존재와 그에 대한 위반을 전제로 하고 있는바, 그 작위의무를 수행하지 아니함으로써 구성요건에 해당하는 사실이 있었고 그 후에도 계속하여 그 작위의무를 수행하지 아니하는 위법한 부작위상태가 계속되는 한 가벌적 위법상태는 계속 존재하고 있다고 할 것이며 형법 제122조 후단("그 직무를 유기한 때")은 이를 전체적으로 보아 1죄로 처벌하는 취지로 해석되므로 이를 즉시범이라고 할 수 없다 고 할 것이다.」[697]

(3) 단독으로도 범죄가 될 수 있는 수개 행위가 동일한 기회에 동일한 법

1죄로 보지 아니하고 수죄로 보아 경합범으로 처단한 것은 정당하고 소론과 같은 포괄 1죄의 법리를 오해하거나 사실오인 또는 이유불비의 위법이 없으므로 이점 논지는 이유 없다.」(대법원 1989. 6. 20, 선고 89도648 판결)

694) 대법원 1966. 12. 6, 선고 66도1392 판결; 대법원 2001. 8. 21, 선고 2001도3447 판결.

695) ▶ 「성폭력범죄의처벌및피해자보호등에관한법률 제5조 제1항은 형법 제319조 제1항의 죄를 범한 자가 강간의 죄를 범한 경우를 규정하고 있고, 성폭력범죄의처벌및피해자보호등에관한법률 제9조 제1항은 같은 법 제5조 제1항의 죄와 같은 법 제6조의 죄에 대한 결과적 가중범을 동일한 구성요건에 규정하고 있으므로, 피해자의 방안에 침입하여 식칼로 위협하여 반항을 억압한 다음 피해자를 강간하여 상해를 입히게 한 피고인의 행위는 그 전체가 포괄하여 같은 법 제9조 제1항의 죄를 구성할 뿐이지, 그 중 주거침입의 행위가 나머지 행위와 별도로 주거침입죄를 구성한다고는 볼 수 없다.」(대법원 1999. 4. 23, 선고 99도354 판결)

696) 대법원 2002. 5. 10, 선고 2001도1779 판결.

697) 대법원 1965. 12. 10, 선고 65도826 판결; 대법원 1997. 8. 29, 선고 97도675 판결.

익에 대해 불가분적으로 접속하여 행해지는 경우를 **접속범**(接續犯)이라 한다.

(가) 접속범 사례

◉ 단일범의로서 절취한 시간과 장소가 접착되어 있고 같은 관리인의 관리하에 있는 방 안에서 소유자를 달리하는 두 사람의 물건을 절취한 경우에는 1개의 절도죄가 성립한다.[698] ◉ 특수강도의 소위가 동일한 장소에서 동일한 방법에 의하여 시간적으로 접착된 상황에서 이루어진 경우에는 피해자가 여러 사람이더라도 단순일죄가 성립한다. 대법원은 일찍이 단일한 범의로써 절취한 시간과 장소가 접착되어 있고 같은 사람의 관리 하에 있는 방안에서 소유자가 다른 물건을 여러 가지 절취한 경우에는 단순일죄가 성립한다고 판시한 바 있는데 이는 강도죄의 경우에도 적용이 되는 것이라 함이 상당하고 또 절도나 강도죄와 같은 도죄의 죄수를 정하는 표준이 반드시 법익 침해의 개수에만 의거하지 않는 경우가 있다는 것을 말한 것이라 할 것이다.[699] ◉ 동일한 폭행·협박을 이용하여 수회 간음하면 강간1죄가 된다. 따라서 피해자를 1회 간음하고 200미터쯤 오다가 다시 1회 간음하였더라도 두 번째의 간음행위는 처음 한 행위의 계속으로 볼 수 있다. 반면 1회 간음 후 장소를 옮겨 다시 1회 간음한 것은 범행시간과 장소를 달리하고 있을 뿐 아니라 각 별개의 범의에서 이루어진 행위이므로 실체적 경합관계로 2죄가 된다.[700] ◉ 하나의 사건에 관하여 한 번 선서한 증인이 같은 기일에 여러 가지 사실에 관하여 기억에 반하는 허위의 진술을 한 경우 이는 하나의 범죄의사에 의하여 계속하여 허위의 진술을 한 것으로서 포괄하여 1개의 위증죄를 구성하는 것이고 각 진술마다 수개의 위증죄를 구성하는 것이 아니므로, 당해 위증 사건의 허위진술 일자와 같은 날짜에 한 다른 허위진술로 인한 위증 사건에 관한 판결이 확정되었다면, 비록 종전 사건 공소사실에서 허위의 진술이라고 한 부분과 당해 사건 공소사실에서 허위의 진술이라고 한 부분이 다르다 하여도 종전 사건의 확정판결의 기판력은 당해 사건에도 미치게 되어 당해 위증죄 부분은 면소되어야 한다.[701] 나아가 행정소송사건의 같은 심급에서 변론기일을 달리하여 수차 증인으로 나가 수개의 허위진술을 하더라도 최초 한 선서의 효력을 유지시킨 후 증언한 이상 1개의 위증죄를 구성함에 그친다.[702] 이러한 법리에 비추어 원심이 이 사건 제3차 변론기일에서의 증언이 무죄로 확정되었다는 이유로 이 사건 제1차 변론기일 및 제3차 변론기일에서의 증언을 허위진술이라는 이 사

698) 대법원 1970. 7. 21, 선고 70도1133 판결.
699) 대법원 1979. 10. 10, 선고 79도2093 판결.
700) 대법원 1987. 5. 12, 선고 87도694 판결.
701) 대법원 1998. 4. 14, 선고 97도3340 판결; 대법원 2007. 3. 15, 선고 2006도9463 판결.
702) 대법원 2005. 3. 25, 선고 2005도60 판결.

건 공소사실에 대하여 면소의 판결을 선고한 것은 정당하다.[703] ◉ 업무상 횡령의 소위는 피해법익이 단일하며, 단일 또는 계속된 범의의 발동에 의하여 이루어진 범행이라면 그 행위가 복수인 경우에도 이를 포괄적으로 파악하여 일죄로 인정할 수 있으므로 업무상 횡령사실이 비록 **약 4년 3개월간에 걸친 것이라 하여도** 그 기간 내의 횡령범행이 전 기간을 통하여 접속되어 있고 그 횡령사실이 모두 (갑)은행을 위하여 업무상 보관관리하고 있는 돈을 횡령한 것이라면 그 피해법익이 단일하다 할 것이므로 이를 일죄로 파악한 경우가 그것이다.[704] ◉ 피고인은 1993. 8. 20.경 서울 성동구 ◆ 1가 1동 322의 21 소재 2층 건물에서 만화출판을 목적으로 하는 출판사를 설립, 경영하면서 그 때부터 한국간행물윤리위원회로부터 제재건의를 받기 전인 같은 해 11.경까지 위 '엑◈'와 '▲▲ 스토리' 만화를 제작하고 위 만화들의 내용이 문제되자 1994. 4. 20.경 위 출판사를 폐업했고, 위 두 만화의 제작장소가 동일하며, 비록 두 만화의 줄거리가 다르기는 하나 두 만화의 문제되는 내용은 줄거리의 불량성이 아니라 위 두 만화에 사람의 신체에 장검이 관통된 장면, 신체의 일부가 떨어져 나가는 모습 등이 그려져 있는 것으로서 그 장면이 포악성, 잔인성을 조장하는 점에서 동일하고, 위 '엑◈' 3, 4

703) 대법원 2007. 3. 15, 선고 2006도9463 판결.

704) **대법원은 이 사건을 접속범으로 보고 판시하고 있는 것으로 보인다. 이 사건 판시를 자세히 보면, 접속범과 연속범을 구별하면서 접속범의 정의와 이 사건 분석을 일치시키고 있음을 알 수 있다**(대법원 1984. 8. 14, 선고 84도1139 판결). 따라서 이 판례를 연속범으로 소개하는 견해는 틀린 것으로 볼 것이다.

▶ 「…(전략) 소위 포괄적 1죄라는 것은 각기 존재하는 복수의 행위가 그 구성요건을 한 번만 충족하는 것이라고 포괄적으로 평가되는 것을 말하며 협의의 포괄1죄 결합범, 집합범, 접속범, 계속범 등이 이에 해당하여 본래적으로 1죄라고 하는 것인바 현행 형법에서 연속범의 규정이 삭제됨으로써 연속범을 경합죄로 처단하게 되는 해석이 가능하게 되어 이 경우 공소장의 기재도 각 소인별에 따라 명시해야 하고 기판력의 범위도 심판의 대상이 된 사실에만 한정하게 되어 소추 및 심판의 절차상의 불편이 따르므로 소위 접속범 개념이 중요한 소임을 갖게 된다. **접속범**이라는 것은 서로 접속하여 동종의 행위를 반복하는 것을 말하고 이 반복된 동종의 행위는 구성요건을 한 번만 충족하는 것으로 포괄적으로 평가되며 그 외의 포괄1죄가 구성요건상 동종 복수행위의 존재를 전제로 하거나 또는 행위의 계속성을 요구하고 있다는 점에서, 또 **연속범**은 행위의 연속성 즉 독립된 수개의 행위의 존재를 전제로 하고 있다는 점 등에서 접속범과 구별되며 **접속범**이 일죄로 파악되는 것은 복수의 행위가 동일 죄명에 해당하며 그 피해법익이 단일하고 범의에 계속성이 있는 까닭이다. 따라서 업무상 횡령의 소위는 피해법익이 단일하여 단일 또는 계속된 범의의 발동에 의하여 이루어진 범행이라면 그 행위가 복수인 경우에도 이를 포괄적으로 파악하여 일죄로 인정하는 것이다.

이 사건 원심판시 공소사실을 보면 업무상 횡령사실은 비록 범행일시는 1979. 4. 일자불상경부터 1983. 7.말경에 이르는 4년 3개월간에 걸치는 것이기는 하나 그 기간 내의 횡령범행이 전 기간을 통하여 접속되어 있고 그 횡령사실이 모두 ▲▲○○은행을 위하여 업무상 보관관리하고 있는 돈을 횡령하였다는 것이므로 그 피해법익의 단일함이 인정되므로 원심이 이를 1죄로 파악한 것은 정당하고 이에 포괄1죄에 관한 법리오해 및 판례위반(구체적 판례의 적시는 없으나 그 취지로 보아 포괄 1죄의 범죄사실기재방법에 관한 판례를 가리키는 것으로 보인다)의 위법이 있다고 할 수 없고 필경 소론 논지는 공모관계, 피해금액, 피해자 등에 관한 원심의 사실인정을 비난하는 독단적 견해에서 비롯된 것으로 그 이유 없음이 명백하다.」

권과 위 '▲▲ 스토리' 만화가 병행 제작되어 그 일시도 근접되어 있으며, 비록 만화 제목과 그 줄거리가 상이하기는 하나 피고인의 이 사건 행위는 미성년자에게 폭력성, 잔인성을 조장하게 하는 내용의 만화를 제작하려는 의도 하에서 연속적으로 이루어진 것이라고 할 수 있어 그 범의의 계속성도 있다고 보여지는바, 따라서 이 사건 공소사실과 위 확정된 판결의 범죄사실은 각 행위 상호간에 인정되는 **기회 및 장소의 동일성, 범의의 계속성, 일시의 근접성, 방법의 유사성 기타 밀접관계**로 그 전체를 1개의 죄로 평가하여 처단함이 상당하다고 인정되므로 포괄하여 1죄를 구성한다고 할 것이어서, 위 확정판결의 기판력은 그 판결 선고시 이전에 이루어진 이 사건 공소사실에도 미친다.[705]

(나) 접속범이 되기 위해서는 침해법익이 동일해야 하므로, 수개의 행위로 서로 다른 법익을 침해하면 포괄일죄가 될 수 없다. 따라서 피고인이 슈퍼마켓 사무실에서 식칼을 들고 피해자를 협박한 행위와 식칼을 들고 매장을 돌아다니며 손님을 내쫓고 영업을 방해한 행위는 별개의 행위라 할 것이므로 협박죄와 업무방해죄의 경합범이 된다.[706]

(다) 생명과 같은 전속적 법익을 여러 차례 침해하면 수개의 살인죄를 구성한다. 단순한 양적 증가로 볼 수 없기 때문이다. 마찬가지로 강도가 한 개의 강도범행을 하는 기회에 수명의 피해자에게 각 폭행을 가하여 각 상해를 입힌 경우에는 각 피해자별로 수개의 강도상해죄가 성립하며 이들은 실체적 경합범의 관계에 있다.[707] 두 사람에 대하여 각기 칼을 휘둘러 한 사람을 사망에 이르게 하고, 또 한 사람에 대하여는 상처를 입게 한 경우에는 상해치사죄와 상해죄의 두 죄가 성립한다.[708]

(4) 연속하여 행하여진 수개의 행위가 동종(同種)의 범죄에 해당하는 경우를 **연속범**(連續犯)이라 한다.

(가) 절도범이 같은 상점에서 여러 날에 걸쳐 매일 밤 물건을 훔친 경우이

705) 대법원 1996. 4. 23, 선고 96도417 판결.
706) 대법원 1991. 1. 29, 선고 90도2445 판결.
707) 대법원 1987. 5. 26, 선고 87도527 판결.
708) 대법원 1981. 5. 26, 선고 81도811 판결.

다. 이러한 연속범은 수개의 행위가 반드시 구성요건적으로 일치하지 않아도 되고, 시간적·장소적 접속도 요건으로 하지 아니한다. **동일방법**(동종, 범행의 유사성), **동일의사, 동일법익침해**를 중요하게 보고 포괄일죄로 의율하는 것이다.

(나) 「신용카드를 절취한 직후 약 2시간 20분 동안에 카드가맹점 7곳에서 합계금 2,008,000원 상당의 물품을 구입하면서 마치 자신이 위 신용카드의 소유자인 것처럼 행세하여 위 물품의 각 구입대금을 신용카드로 결제하였으며, 피고인이 신용카드를 훔친 목적은 이를 사용하여 신용카드의 가맹점들에서 물품을 구입하는데 있었고, 같은 날 위 신용카드에 대한 도난·분실신고가 될 것을 염려하여 즉시 신속하게 위 카드가맹점들을 계속 돌아다니며 위 신용카드를 각 사용한 경우, 피고인은 절취한 카드로 가맹점들로부터 물품을 구입하겠다는 단일한 범의를 가지고 그 범의가 계속된 가운데 동종의 범행인 신용카드 부정사용행위를 동일한 방법으로 반복하여 행하였다고 할 것이고, 또 위 신용카드의 각 부정사용의 피해법익도 모두 위 신용카드를 사용한 거래의 안전 및 이에 대한 공중의 신뢰인 것으로 동일하다고 할 것이므로, 피고인이 동일한 신용카드를 위와 같이 부정사용한 행위는 포괄하여 일죄에 해당한다고 할 것이고, 신용카드를 부정사용한 결과가 사기죄의 구성요건에 해당하고 그 각 사기죄가 실체적 경합관계에 해당한다고 하여도 신용카드부정사용죄와 사기죄는 그 보호법익이나 행위의 태양이 전혀 달라 실체적 경합관계에 있다고 보아야 할 것이므로 신용카드 부정사용행위를 포괄일죄로 취급하는데 아무런 지장이 없다. 따라서 위 신용카드의 각 부정사용행위를 각각 별개의 범죄로 보고 경합범으로 처리하게 되면 죄수 및 경합범의 법리를 오해한 위법이 있게 된다.[709]

그러나 피해자 명의의 신용카드를 부정사용하여 현금자동인출기에서 현금을 인출하고 그 현금을 취득까지 한 행위는 신용카드업법 제25조 제1항의 부정사용죄에 해당할 뿐 아니라 그 현금을 취득함으로써 현금자동인출기 관리자의 의사에 반하여 그의 지배를 배제하고 그 현금을 자기의 지배하에 옮겨 놓는 것이 되므로 별도로 절도죄를 구성하고, 위 양 죄의 관계는 그 보호법익이나 행위태양이 전혀 달라 실체적 경합관계에 있는 것으로 보아야 한다.」[710]

(다) 같은 법익이라도 전속적 법익을 다수 침해하면 연속범이 되지 않으므로, 수인에 대한 살인이나 여러 부녀에 대한 강간은 경합범이 된다.[711]

709) 대법원 1996. 7. 12, 선고 96도1181 판결.
710) 대법원 1995. 7. 28, 선고 95도997 판결.
711) 이재상·장영민·강동범, 형법총론, 제9판, 박영사, 2017, 548면.

(라) 포괄1죄라 함은 개개의 행위가 (원칙적으로) 같은 구성요건에 해당하는 경우를 말하므로,[712] 구성요건을 달리하는 횡령, 배임 등의 행위와 사기의 행위는 포괄1죄를 구성할 수 없다.[713]

(마) 침해방법이 같은 종류여야 하므로, 각 행위의 범죄 실행형태가 유사해야 한다.

▶ 「피고인들이 공소외 주식회사가 석유를 수입하는 것처럼 가장하여 신용장 개설은행의 직원들을 기망하여 신용장 개설은행들로 하여금 신용장을 개설하게 하고 신용장 대금 상당액의 지급을 보증하게 함으로써 동액 상당의 재산상 이익을 취득한 행위는 피해자들인 신용장 개설은행별로 각각 포괄하여 1죄가 성립하고, 분식회계에 의한 재무제표 및 감사보고서 등으로 농업협동조합 함열지점의 직원들을 기망하여 위 농협으로 하여금 신용장을 개설하게 하여 신용장 대금 상당액의 지급을 보증하게 함으로써 동액 상당의 재산상 이익을 취득한 행위도 포괄하여 1죄가 성립한다고 할 것이나, 위와 같이 **가장거래에 의한 사기죄**와 **분식회계에 의한 사기죄**는 범행 방법이 동일하지 않아 그 피해자가 동일하더라도 포괄일죄가 성립한다고 할 수 없다.」[714]

(바) 주관적으로는 범의의 단일성과 계속성이 인정되어야 한다.

1) 여러 개의 뇌물수수행위가 있는 경우에 그것이 단일하고 계속된 범의 하에 동종의 범행을 일정 기간 반복하여 행한 것이고, 그 피해법익도 동일한 경우에는 각 범행을 통틀어 포괄일죄로 볼 것이지만, 그러한 범의의 단일성과 계속성을 인정할 수 없을 때에는 각 범행마다 별개의 죄가 성립하는 것으로서 경합범으로 처단하는 것이 마땅하다.[715]

▶ 「피고인이 3회에 걸쳐서 동일 증뢰자로 부터 동일한 직무에 관하여 동일한 명목으로 금품을 받은 경우, 비록 **그 금품의 수수가 20여일의 기간에 걸쳐 이**

712) 이재상·장영민·강동범, 형법총론, 제9판, 박영사, 2017, 549면.
713) 대법원 1988. 2. 9, 선고 87도58 판결.
714) 대법원 2010. 5. 27, 선고 2007도10056 판결.
715) 대법원 1989. 9. 26, 선고 89도1334 판결; 대법원 1989. 6. 20, 선고 89도648 판결; 대법원 1985. 7. 9, 선고 85도740 판결; 대법원 1998. 2. 10, 선고 97도2836 판결.

루어졌더라도 단일범의 하에 이루어진 계속된 행위라고 볼 수 있고 피해법익 또한 동일한 경우이므로 위 소위는 포괄하여 일죄만을 구성하는 것이라고 봄이 상당하다.」[716)]

▶ 「뇌물을 준 장소와 기간이 일정하지 아니하고 또한 그 전체의 기간이 길다 할지라도 그 범의의 계속성이나 시간적 접속성을 인정하는데 지장이 되지 아니하는 경우에는 포괄적 1죄로 다스림이 정당하다.」[717)]

▶ 「원심은 피고인 1이 1995. 4.부터 같은 해 11. 초순까지 7개월간에 걸쳐 피고인 2로부터 어음할인 한도액 증액, 대출심사 승인에서 선처, 지급보증 등의 부탁을 받으면서 제1심 판시 돈을 받은 행위를 경합범으로 처단하고 있는바, 기록과 대조하여 검토하여 보면, 피고인 1이 단일하고도 계속된 범의 하에 위 각 돈을 받은 것이라고 볼 수는 없고, 그 때마다 별개의 범의 하에 뇌물을 받은 것이라고 볼 수 있으므로 위와 같은 원심의 조치는 수긍할 수 있고, 여기에 논하는 바와 같이 죄수에 대한 판단을 그르친 위법이 있다고 할 수 없다(피고인 1이 제1심 공동피고인 1로부터 수뢰한 것은 3회 모두 같은 명목으로 돈을 받은 것이어서 그 범의가 단일하다고 볼 수 있으므로 피고인 1이 피고인 2로부터 수뢰한 것에 대한 죄수 평가를 제1심 공동피고인 1로부터 수뢰한 것과 같이 할 것이 아니다).」[718)]

2) 사기죄에 있어서 **수인의 피해자**에 대하여 각 피해자별로 기망행위를 하여 각각 재물을 편취한 경우에 그 범의가 단일하고 범행방법이 동일하다고 하더라도 포괄1죄가 성립하는 것이 아니라 피해자별로 1개씩의 죄가 성립하는 것으로 봐야 한다. **그러나** 사기죄에 있어 **동일한 피해자**에 대하여 수회에 걸쳐 기망행위를 하여 금원을 편취한 경우 범의가 단일하고 범행방법이 동일하다면 사기죄의 포괄1죄만이 성립한다고 할 것이고, 다만 범의의 단일성과 계속성이 인정되지 아니하거나 범행방법이 동일하지 않은 경우에는 각 범행은 실체적 경합범에 해당한다.[719)]

3) 히로뽕 제조행위도 단일하고 계속된 범의 하에 동종의 범행을 일정기

716) 대법원 1983. 11. 8, 선고 83도711 판결.
717) 대법원 1978. 12. 13, 선고 78도2545 판결.
718) 대법원 1998. 2. 10, 선고 97도2836 판결.
719) 대법원 1997. 6. 27, 선고 97도508 판결.

간 반복하여 행하고 그 피해법익도 동일한 경우에 이를 포괄일죄로 봐야 할 것이나, 피고인의 원판시 (가)의 히로뽕 제조행위와 (나)의 히로뽕 제조행위를 서로 비교하여 보면 그 사이에 약 9개월의 간격이 있고 범행장소도 상이하여 범의의 단일성과 계속성을 인정하기 어려우므로 이들 두 죄를 포괄일죄라고 보기는 어려우니 경합가중을 한 원심조치는 정당하다.[720]

연속범 긍정 사례

◉ 예금주인 현금카드 소유자를 협박하여 그 카드를 갈취했고, 하자 있는 의사표시이기는 하지만 피해자의 승낙에 의하여 현금카드를 사용할 권한을 부여받아 이를 이용하여 현금을 인출한 이상, 피해자가 그 승낙의 의사표시를 취소하기까지는 현금카드를 적법, 유효하게 사용할 수 있고,[721] 은행의 경우에도 피해자의 지급정지 신청이 없는 한 피해자의 의사에 따라 그의 계산으로 적법하게 예금을 지급할 수밖에 없는 것이다. 따라서 피고인이 피해자인 위 피해자로부터 이 사건 현금카드를 사용한 예금인출의 승낙을 받고 현금카드를 교부받은 행위와 이를 사용하여 현금자동지급기에서 위 피해자의 예금을 여러 번 인출한 행위들은 모두 피해자의 예금을 갈취하고자 하는 피고인의 단일하고 계속된 범의 아래에서 이루어진 일련의 행위로서 포괄하여 하나의 공갈죄를 구성한다고 볼 것이지, 현금지급기에서 피해자의 예금을 취득한 행위를 현금지급기 관리자의 의사에 반하여 그가 점유하고 있는 현금을 절취한 것이라 하여 이를 현금카드 갈취행위와 분리하여 따로 절도죄로 처단할 수는 없다.[722] ◉ 신용카드의 거래는 신용카드회사로부터 카드를 발급받은 사람이 위 카드를 사용하여 카드가맹점으로부터 물품을 구입하면 그 카드를 소지하여 사용하는 사람이 카드회사로부터 카드를 발급받은 정당한 소지인인 한 카드회사가 그 대금을 가맹점에 결제하고, 카

720) 대법원 1982. 11. 9, 선고 82도2055 판결.

721) **현금카드**는 종래의 예금거래에 있어서 은행원을 통하여 이루어졌던 예금출급 부분을 온라인 현금자동지급기(이하 현금지급기라 한다)라고 하는 기계를 통하여 이루어지게 하는 수단으로서, 예금주가 현금지급기에 전자(전자)적 기록으로 정보가 수록된 현금카드를 삽입한 후에 비밀번호와 인출하고자 하는 금액을 버튼을 통하여 조작하면, 현금지급기가 온라인을 통해 인출가능 여부를 확인한 후 거래명세서를 2매 작성하여 그 중 1매는 기명날인된 예금청구서로 갈음하고, 나머지 1매는 현금카드 사용자에게 인출금액과 잔액을 기입하여 교부한 후 예금이 자동으로 인출된다. 이와 같은 현금지급기는 은행과 예금자 간의 약정에 따라 예금자가 은행이 지정해 준 비밀번호 등 정보를 입력하면 일정한 컴퓨터프로그램에 따라 그 정보를 자동 처리하는 것이고, 현금지급기에 삽입된 현금카드와 입력된 비밀번호 등 정보가 정확하기만 하면 현금지급기의 카드의 사용자가 누구이든 간에 인출 가능한 한도 내에서 예금이 인출되는 **특성**을 지니고 있다(대법원 1996. 9. 20, 선고 95도1728 판결).

722) 대법원 1996. 9. 20, 선고 95도1728 판결.

드회사는 카드사용자에 대하여 물품구입대금을 대출해 준 금전채권을 가지는 것이고, 또 카드사용자가 현금자동지급기를 통해서 현금서비스를 받아 가면 현금대출관계가 성립되게 되는 것인바, 이와 같은 카드사용으로 인한 카드회사의 금전채권을 발생케 하는 카드사용 행위는 카드회사로부터 일정한 한도 내에서 신용공여가 이루어지고, 그 신용공여의 범위 내에서는 정당한 소지인에 의한 카드사용에 의한 금전대출이 카드 발급 시에 미리 포괄적으로 허용되어 있는 것인바, 현금자동지급기를 통한 현금대출도 결국 카드회사로부터 그 지급이 미리 허용된 것이고, 단순히 그 지급방법만이 사람이 아닌 기계에 의해서 이루어지는 것에 불과하다. 그렇다면 피고인이 카드사용으로 인한 대금결제의 의사와 능력이 없으면서도 있는 것 같이 가장하여 카드회사를 기망하고, 카드회사는 이에 착오를 일으켜 일정 한도 내에서 카드사용을 허용해 줌으로써 피고인은 기망당한 카드회사의 신용공여라는 하자 있는 의사표시에 편승하여 자동지급기를 통한 **현금대출**도 받고, 가맹점을 통한 **물품구입대금 대출**도 받아 카드발급회사로 하여금 같은 액수 상당의 피해를 입게 함으로써, **카드사용으로 인한 일련의 편취행위가 포괄적으로 이루어지는 것이다.** 따라서 카드사용으로 인한 카드회사의 손해는 그것이 자동지급기에 의한 인출행위이든 가맹점을 통한 물품구입행위이든 불문하고 모두가 피해자인 카드회사의 기망당한 의사표시에 따른 카드발급에 터잡아 이루어지는 사기의 포괄일죄이다.[723] ◉ 공무원인 피고인들이 1987. 7. 15.부터 1988. 12. 28.까지 사이에 전후 17회에 걸쳐 정기적으로 동일한 납품업자로부터 신속한 검수, 검수과정에서의 함량미달 등 하자를 눈감아 달라는 청탁명목으로 계속하여 금원을 교부받아 그 직무에 관하여 뇌물을 수수한 것이라면, 공무원이 직무에 관하여 뇌물을 수수한다는 단일한 범의 아래 계속하여 일정기간 동종행위를 반복한 것이 분명하므로, 뇌물수수의 포괄일죄로 보아 특정범죄가중처벌등에관한법률에 의율해야 한다.[724]) ◉ 금융기관 임직원이 그 직무에 관하여 여러 차례 금품을 수수한 경우에 그것이 단일하고도 계속된 범의 아래 일정기간 반복하여 이루어진 것이고 그 피해법익도 동일한 경우에는 각 범행을 통틀어 포괄일죄로 볼 것이다. 따라서 피고인이 제1심 공동피고인 1로부터 정식 이사가 될 수 있도록 도와달라는 부탁을 받고 1997년 3월경부터 1998년 6월 초순경까지 사이에 12회에 걸쳐 그 사례금 명목으로 합계 1억 2,000만원을 교부받은 것은 금융기관의 임직원이 그 직무에 관하여 금품을 수수한 것으로서 포괄하여 특정경제범죄가중처벌등에관한법률 제5조 제4항 제1호에 해당한다.[725] ◉ 구 농업협동조합

---

723) 대법원 1996. 4. 9, 선고 95도2466 판결.

724) 대법원 1990. 9. 25, 선고 90도1588 판결.

725) 대법원 1998. 2. 10, 선고 97도2836 판결; 대법원 1999. 1. 29, 선고 98도3584 판결; 대법원 2000. 1. 21, 선고 99도4940 판결; 대법원 2000. 6. 27, 선고 2000도1155 판결.

법 제172조 제2항, 제50조 제2항은 임원이 되려는 자가 정관으로 정하는 기간 중에 선거운동을 위하여 조합원을 호별로 방문하는 행위를 불법선거운동으로 규정하여 이를 처벌하고 있고, 위 호별방문죄는 연속적으로 두 호 이상을 방문함으로써 성립하는 범죄로서,[726] 연속적인 호별방문이 되기 위해서는 각 방문행위 사이에 어느 정도의 시간적 근접성은 있어야 하지만 반드시 각 호를 중단 없이 방문해야 하거나 동일한 일시 및 기회에 방문해야 하는 것은 아니므로 해당 선거의 시점과 법정 선거운동기간, 호별방문의 경위와 장소, 시간, 거주자와의 관계 등 제반 사정을 종합하여 단일한 선거운동의 목적으로 둘 이상 조합원의 호를 계속해서 방문한 것으로 볼 수 있으면 그 성립이 인정되고, 이와 같이 연속성이 인정되는 각 호별방문행위는 그 전체가 포괄일죄의 관계에 있게 된다.[727] ◉ 동일 죄명에 해당하는 수 개의 행위를 단일하고 계속된 범의하에 일정기간 계속하여 행하고 그 피해법익도 동일한 경우에는 이들 각 행위를 모두 포괄하여 일죄로 처단해야 할 것인바, 주식시세조종의 목적으로 허위매수주문행위, 고가매수주문행위 및 통정매매행위 등을 반복한 경우, 이는 시세조종 등 불공정거래의 금지를 규정하고 있는 증권거래법 제188조의4에 해당하는 수개의 행위를 단일하고 계속된 범의 하에서 일정기간 계속하여 반복한 범행이라 할 것이고, 이 범죄의 보호법익은 유가증권시장 또는 협회중개시장에서의 유가증권 거래의 공정성 및 유통의 원활성 확보라는 사회적 법익이고 각각의 유가증권 소유자나 발행자 등 개개인의 재산적 법익은 직접적인 보호법익이 아닌 점에 비추어 위 각 범행의 피해법익의 동일성도 인정되므로, 증권거래법 제188조의4 소정의 불공정거래행위금지위반의 포괄일죄가 성립한다.[728] ◉ 주식을 매입한 다음 그 매입한 주식을 고가에 매도하여 차액에 따른 이익을 얻을 목적으로 단일하고 계속된 범의 하에 2000. 8. 1.경부터 2001. 2. 1.경까지 사이에 실제 매수의사가 없는 대량의 허수매수주문을 내어 매수잔량을 증가시키거나 매수잔량의 변동을 심화시켜 일반투자자의 매수세를 유인하여 주가를 상승시킨 후 매수주식을 고가에 매도하고 허수매수주문을 취소하는 동일한 방법으로 합계 7,542회에 걸쳐 168개 종목에 관하여 시세조종행위를 하였음을 알 수 있는바, 이는 동일 죄명에 해당하는 수 개의 행위를 단일하고 계속된 범의 하에서 일정기간 계속하여 반복한 범행이라 할 것이고, 이 사건 범죄의 보호법익은 유가증권시장 또는 협회중개시장에서의 유가증권 거래의 공정성 및 유통의 원활성 확보라는 사회적 법익이고 각각의 유가증권 소유자나 발행자 등 개개인의 재산적 법익은 직접적인 보호법익이 아닌 점에 비추어 위 각 범행의 피해법익의 동일성도 인정되므로, 원심이 이 사건 각 범죄

726) 대법원 2002. 6. 14, 선고 2002도937 판결.
727) 대법원 2010. 7. 8, 선고 2009도14558 판결.
728) 대법원 2002. 7. 26, 선고 2002도1855 판결.

사실을 모두 포괄하여 증권거래법 제207조의2 제2호, 제188조의4 제2항 제1호 소정의 시세조종행위금지위반죄의 일죄가 성립한다.[729] ◉ 피고인이 1981. 7.초순경부터 1983. 2. 19.경까지 사이에 8회에 걸쳐 소속대 주계창고 및 2, 4종 창고에서 업무상 보관 중인 군용백미 등을 꺼내어 타인에게 매각하거나 피고인 자신이 임의로 소비한 것으로 공소제기된 경우, 이는 피해법익이 단일하고 범죄의 태양이 동일하여 이것이 단일한 범의에 의하여 일어난 것이라면 포괄하여 1개의 범죄를 구성한다고 볼 여지가 있다고 할 것이고, 그렇게 보면 원심이 공소장기재의 별지 범죄일람표(2)의 3 내지 8의 범행에 대하여 주문에서 무죄를 선고한 것은 잘못이라 할 것이나, 그렇다고 하여도 이는 판결결과에 영향을 미친다고 할 수 없다.[730] ◉ 17개월 동안 피해자의 휴대전화로 거의 동일한 내용을 담은 문자메세지를 발송함으로써 이루어진 정보통신망 이용촉진 및 정보보호 등에 관한 법률 위반행위 중 일부 기간의 행위에 대하여 먼저 유죄판결이 확정된 후, 판결확정 전의 다른 일부 기간의 행위가 다시 기소되었다면, 이는 판결이 확정된 위 법률 위반죄와 포괄일죄의 관계이므로 확정판결의 기판력이 미친다.[731] ◉ 피고인들이 공소외 주식회사가 석유를 수입하는 것처럼 가장하여 신용장 개설은행의 직원들을 기망하여 신용장 개설은행들로 하여금 신용장을 개설하게 하고 신용장 대금 상당액의 지급을 보증하게 함으로써 동액 상당의 재산상 이익을 취득한 행위는 피해자들인 신용장 개설은행별로 각각 포괄하여 1죄가 성립하고, 분식회계에 의한 재무제표 및 감사보고서 등으로 농업협동조합 함열지점의 직원들을 기망하여 위 농협으로 하여금 신용장을 개설하게 하여 신용장 대금 상당액의 지급을 보증하게 함으로써 동액 상당의 재산상 이익을 취득한 행위도 포괄하여 1죄가 성립한다.[732]

연속범 부정 사례

◉ 수인의 피해자에 대하여 각 별로 기망행위를 하여 각각 재물을 편취한 경우에는 비록 범의가 단일하고 범행방법이 동일하다고 하더라도 각 피해자의 피해법익은 독립한 것이므로 이를 포괄 1죄로 파악할 수는 없고 피해자별로 독립한 사기죄가 성립된다.[733] ◉ 피고인이 본건 범행 후에 받은 확정판결(서울지방

729) 대법원 2002. 6. 14, 선고 2002도1256 판결.
730) 대법원 1993. 10. 12, 선고 93도1512 판결.
731) 대법원 2009. 2. 26, 선고 2009도39 판결.
732) 대법원 2010. 5. 27, 선고 2007도10056 판결.
733) 대법원 1989. 6. 13, 선고 89도582 판결; 대법원 1993. 6. 22, 선고 93도743 판결; 대법원 1995. 8. 22, 선고 95도594 판결; 대법원 1996. 2. 13, 선고 95도2121 판결; 대법원 1997. 6. 27, 선고 97도508 판결.

법원 북부지원 1984. 10. 16, 선고 84고단○○)의 범죄사실은 피해자인 ▲▲건설주식회사, 이정○, 주식회사◈◈개발 및 ◆◆흥업주식회사로부터 각기 등기신청절차의 의뢰를 받고 등록세 등 등기비용을 업무상 보관 중 각 횡령하였다는 사실로 인하여 경합 1죄로 처단 되었음이 분명하며 본건 범죄사실은 공소외 ◭◭산업주식회사 및 ○○건재주식회사로부터 각기 등기신청절차의 의뢰를 받고 등록세 등 등기비용을 업무상 보관 중 각 횡령하였다는 것이므로 그것들은 동종의 범죄이기는 하나 피해법익을 모두 달리하고 있으므로 위 확정판결의 범죄사실이나 본건 각 범죄사실이 포괄 1죄로 될 리 없으니 위 확정판결의 기판력이 본건 범죄사실에 미친다고 할 수 없다.[734] ◉ 수개의 업무상 배임행위가 포괄하여 1개의 죄에 해당하기 위하여는 피해법익이 단일하고 범죄의 태양이 동일할 뿐만 아니라, 그 수개의 배임행위가 단일한 범의에 기한 일련의 행위라고 볼 수 있어야 하므로, 신용협동조합의 전무가 수개의 거래처로부터 각기 다른 일시에 조합정관상의 1인당 대출한도를 초과하여 대출을 하여 달라는 부탁을 받고 이에 응하여 각기 다른 범의 하에 부당대출을 하여 줌으로써 수개의 업무상 배임행위를 범한 경우, 그것은 포괄일죄에 해당하지 않는다.[735] ◉ 아파트의 각 세대를 분양받은 각 피해자에 대하여 소유권이전등기절차를 이행하여 주어야 할 업무상의 임무가 있었다면, 각 피해자의 보호법익은 독립된 것이므로, 범의가 단일하고 제3자 앞으로 각 소유권이전등기 및 근저당권설정등기를 한 각 행위시기가 근접하여 있으며 피해자들이 모두 위 회사로부터 소유권이전등기를 받을 동일한 권리를 가진 자라고 하여도, 각 공소사실이 포괄일죄의 관계에 있다고는 할 수 없고 피해자별로 독립한 수개의 업무상 배임죄의 관계에 있다.[736] ◉ 비록 공소외 2와 공소외 1이 모두 양산지역 유지모임인 ○○회의 회원으로 서로 친밀한 관계에 있었고, 공소외 2가 피고인의 요청에 따라 공소외 1의 채무를 대신 변제하여 주기도 하였으나, 공소외 2가 운영하는 (상호 생략)건설과 공소외 1이 운영하는 (상호 생략)중기는 서로 별개의 법인으로 그 사업내용이 다르고, 각각 다른 일자에 피해자 회사와 어음거래약정을 체결하였으며, 담보도 별도로 제공했고, 피고인의 공소외 2에 대한 부당대출과 공소외 1에 대한 부당대출도 서로 다른 일자에 독립하여 이루어진 사실을 인정할 수 있는바, 사정이 이와 같다면 피고인의 공소외 2에 대한 부당대출 행위와 공소외 1에 대한 부당대출 행위는 단일한 범의에 기한 일련의 행위가 아니라 각기 다른 범의 하에 저질러진 수개의 행위라고 할 것이므로, 포괄일죄에 해당하지 아니하고 수개의 죄에 해당하고, 이들은 실체적 경합범 관계에 놓여 있다.[737]

734) 대법원 1985. 8. 13, 선고 85도1275 판결.
735) 대법원 1997. 9. 26, 선고 97도1469 판결.
736) 대법원 1994. 5. 13, 선고 93도3358 판결.

(사) 연속범은 소송법상 일죄로 취급되므로, 연속범에 대한 판결의 기판력은 판결 이전에 범한 모든 행위에 미친다. 따라서 연속범의 기판력 범위 내의 종전 범행을 추가로 기소하면 면소판결 된다.

(5) 다수의 동종의 행위가 동일한 의사의 경향에 따라 반복될 것이 당연히 예상되어 있기 때문에 수개의 행위가 일괄하여 일죄를 구성하는 경우를 **집합범**(**集合犯**)이라 한다. 상습범(常習犯), 영업범(營業犯), 직업범(職業犯)이 이에 해당하고, 직업범과 영업범은 구별실익이 없다.

(가) 따라서 특수절도, 특수절도미수, 야간주거침입절도, 절도 사실들이 상습반복된 것으로 볼 수 있다면 법정형이 가장 중한 **상습**특수절도죄에 나머지 행위를 포괄시켜 하나의 죄만 성립한다.[738)]

▶ 「이 사건 공소사실에 의하면 피고인이 1974. 9. 5. 03:00부터 1974. 9. 26. 22:00까지 행한 3번의 특수절도사실, 2번의 동 미수사실, 1번의 야간주거침입절도사실, 1번의 절도 사실들을 상습특수절도, 상습특수절도미수, 상습야간주거침입절도, 상습절도의 4가지 행위로 보고 이 네 가지 행위의 사이에는 실질적 경합범관계가 있다고 되어 있고 원심 또한 검사의 이와 같은 견해에 찬동하고 공소를 제기한 대로 받아들여서 판결하고 있다. 그러나 위에서 본 7가지의 사실이 **상습적으로 반복된 것으로 볼 수 있다면** 이러한 경우에는 그 중 법정형이 가장 중한 상습특수절도의 죄에 나머지의 행위를 포괄시켜 하나의 죄만이 성립된다고 보는 것이 상당하다. 만일 이렇게 보지 아니하고 원심의 견해와 검사의 견해대로 처리한다면 법정형에 있어서 특수절도의 죄보다 경한 죄를 범한 경우가 그것이 모두 특수절도의 죄에 해당하는 경우에 대비하여 그 처단형에 있어서 보다 중하게 되어 피차 균형이 맞지 아니하는 기이한 결과가 생기기 때문이다.」[739)]

▶ 「단순절도와 야간주거침입절도를 상습적으로 범한 경우에는 그 중 법정형이 중한 상습야간주거침입절도죄에 나머지 행위들을 포괄시켜 하나의 죄만이 성립된다.」[740)]

---

737) 대법원 2005. 10. 28, 선고 2005도5996 판결.

738) 대법원 1975. 5. 27, 선고 75도1184 판결; 이재상·장영민·강동범, 형법총론, 제9판, 박영사, 2017, 549면.

739) 대법원 1966. 6. 28, 선고 66도693 판결; 대법원 1975. 5. 27, 선고 75도1184 판결; 대법원 1979. 12. 11, 선고 79도2371 판결.

▶ 「상습특수절도죄, 상습야간주간침입절도죄, 상습절도죄를 함께 재판할 때 위 3가지 죄는 모두 형법 38장 중 **절도죄의 범주에 속하는 죄질이 동일한 상습범이므로** 중한 상습특수절도죄 1죄로 인정해야하고 경합가중 할 것이 아니다.」[741]

▶ 「5가지의 범죄사실 즉, 상습특수절도와 상습절도행위가 **상습적으로 반복된 것이라면** 그 중 법정형이 중한 상습특수절도의 죄에 상습절도를 포괄시켜 하나의 죄만이 성립하고[742] 이러한 경우 1죄의 일부분인 상습절도 부분에 관하여 유죄로 인정되지 아니한다 하여도 주문에서 특히 무죄를 선고할 필요는 없고 단지 판결이유에서만 이를 설시하였으면 족하다고 하는 것은 소론과 같다고 할지라도 원심이 판결주문에서 이 부분에 관하여 무죄를 선고하였다 한들 원심의 그와 같은 처사가 이 사건 판결결과에 어떤 영향을 미친다고는 할 수 없어 이점을 탓하여 원판결은 파기할 수는 없다.」[743]

▶ 「원심이 유지한 제1심판결이 채용한 증거들을 기록에 의하여 살펴보면, 피고인에 대한 판시 범죄사실을 유죄로 인정하는 한편, 피고인이 이 사건 범행 당시 심신상실 상태에 있지 아니하였다고 본 원심판단은 수긍이 가고, 거기에 주장과 같은 법리오해, 심리미진 또는 채증법칙 위배 등의 위법이 없으며, 기록에 의하여 인정되는 제반 정황에 의하면, 피고인이 2001. 11. 23.부터 2002. 3. 22.까지 사이에 직계존속인 피해자를 2회 폭행하고, 4회 상해를 가한 것은 존속에 대한 **동일한 폭력습벽의 발현에 의한 것으로 인정**되므로 그 중 법정형이 더 중한 상습존속상해죄에 나머지 행위들을 포괄시켜 하나의 죄만이 성립한다고 할 것인바, 원심이 피고인의 위 각 행위들에 관한 상습성을 인정하면서도 상습존속폭행죄와 상습존속상해죄가 각각 별도로 성립한다고 보아 이들 2개의 범죄가 형법 제37조 전단의 경합범관계에 있다고 판단한 제1심의 법령적용을 그대로 유지한 점은 잘못이라고 하겠지만, 원심이 그와 같이 죄수평가를 잘못하였다 하더라도 결과적으로 처단형의 범위에는 아무런 차이가 없으므로, 원심의 이러한 잘못이 판결 결과에 영향을 미쳤다고 보기 어렵다 할 것이니[744] 이 점을 지적하는 상고이유의 주장도 받아들이지 아니한다.」[745]

740) 대법원 1979. 12. 11, 선고 79도2371 판결.

741) 대구고등법원 1972. 12. 14, 선고 72노944 형사부판결 : 상고.

742) 대법원 1975. 5. 27, 선고 75도1184 판결.

743) 대법원 1975. 2. 10, 선고 74도2479 판결; 대법원 1975. 12. 23, 선고 75도3155 판결.

744) 대법원 1979. 2. 13, 선고 78도3090 판결; 대법원 2001. 2. 9, 선고 2000도1216 판결; 대법원 2002. 5. 10, 선고 2000도5019 판결.

745) 대법원 2003. 2. 28, 선고 2002도7335 판결.

(나) 영업범과 관련해서는, 반복성을 예정하고 있는 무면허의료행위가 대표적 사례다. 업으로써 하는 경우가 많고(이욕범죄), 구성요건의 성질에서 이미 동종행위가 반복될 것이 충분히 예상되는 범죄다.[746]

◉ 반복계속의 의사로 한 무면허의료행위,[747] ◉ 무허가유료직업소개 행위는 범죄구성요건의 성질상 동종행위의 반복이 예상되는데, 반복된 수개의 행위 상호간에 일시·장소의 근접, 방법의 유사성, 기회의 동일, 범의의 계속 등 밀접한 관계가 있어 전체를 1개의 행위로 평가함이 상당한 경우에는 포괄적으로 한 개의 범죄를 구성하고,[748] ◉ 약사법 제35조 제1항(현행 제44조 제1항)은 '약국개설자가 아니면 의약품을 판매하거나 판매의 목적으로 취득할 수 없다.'고 규정하고 있고, 벌칙 조항인 제74조 제1항(현행 제93조 제1항 제7호)에서는 위 제35조 제1항의 규정에 위반한 자를 형벌에 처하도록 규정하고 있으며, 한편 동일 죄명에 해당하는 수개의 행위를 단일하고 계속된 범의 하에 일정기간 계속하여 행하고 그 피해법익도 동일한 경우에는 이들 각 행위를 통틀어 포괄일죄로 처단해야 할 것이다.[749]

그러나 동일죄명에 해당하는 수개의 행위를 복수의 범죄로 처벌하지 않고 포괄하여 일죄로 처단하는 이유는 행위 상호간에 인정되는 일시·장소의 근접, 방법의 유사성, 기회의 동일, 범의의 계속 기타 밀접관계로 그 전체를 1개의 행위로 평가함이 상당하기 때문인바, 1977. 12. 20.부터 1979. 3. 29.까지 사이 충남 홍성읍에서 행한 무면허의료행위와 그보다 4년 5개월 뒤인 1982. 9. 초순부터 1983. 3. 12.까지 사이 서울 강동구에서 행한 무면허의료행위와는 앞서와 같은 일시·장소의 근접성이나 범의의 계속 등을 인정할 수 없어 각각 별개의 죄를 구성하는 행위라 할 것이고 그 행위가 다 같이 범죄구성요건의 성질상 동종행위의 반복이 예상되는 범죄라는 이유만으로 포괄일죄에 해당한다고 단정할 수 없다.[750]

(6) 위와 같은 다섯 가지 부류의 포괄일죄는 하나의 죄이고, 행위 간에 구성요건을 달리할 때는 중한 일죄만 성립하고, 포괄일죄의 부분적 행위가 진행

---

746) 대법원 2004. 7. 22, 선고 2004도2390 판결.
747) 대법원 1966. 9. 20, 선고 66도928 판결.
748) 대법원 1993. 3. 26, 선고 92도3405 판결.
749) 대법원 1996. 4. 23, 선고 96도417 판결; 대법원 1998. 5. 29, 선고 97도1126 판결; 대법원 2001. 8. 21, 선고 2001도3312 판결.
750) 대법원 1985. 10. 22, 선고 85도1457 판결.

중에 형의 변경이 있는 때에는 최후 행위시법이 적용되고, 포괄일죄의 일부분에 대한 공범 성립도 가능하다.

> ▶ 「포괄일죄로 되는 개개의 범죄행위가 법 개정의 전후에 걸쳐서 행하여진 경우에는 신·구법의 법정형에 대한 경중을 비교하여 볼 필요도 없이 범죄 실행 종료시의 법이라고 할 수 있는 신법을 적용하여 포괄일죄로 처단해야 하는 것이므로[751] 원심이 위 법 개정 전후에 걸쳐 있는 판시 마.의 (2), (4) 기재 각 범죄사실들을 각 포괄일죄로 보아 신법인 법률 제4462호를 적용하여 처벌한 것은 적법하고, 여기에 논하는 바와 같은 위법이 있다고 할 수 없다.」[752]

(7) 동일 죄명에 해당하는 수개의 행위 혹은 연속된 행위를 단일하고 계속된 범의 하에 일정 기간 계속하여 행하고 그 피해법익도 동일한 경우에는 이들 각 행위를 통틀어 포괄일죄로 처단해야 할 것이고,[753] 한편 포괄일죄의 관계에 있는 범행에 관하여 판결이 확정되었다면 사실심 판결 선고시를 기준으로 하여 그 전의 범행에 대하여는 면소의 판결을 해야 할 것이다.[754]

(8) 포괄일죄의 공소시효는 최종의 범죄행위가 종료한 때로부터 진행한다.[755]

(9) 공소장에의 공소사실 기재는 법원에 대하여 심판의 대상을 한정하고 피고인에게 방어의 범위를 특정하여 그 방어권 행사를 용이하게 하기 위하여 요구되는 것이므로 범죄의 일시, 장소, 방법 등 소인을 명시하여 사실을 가능한 한 명확하게 특정할 수 있도록 하는 것이 바람직하나, 그렇다고 해서 필요 이상 엄격하게 특정을 요구하는 것도 공소의 제기와 유지에 장애를 초래할 수 있으므로, 범죄의 일시는 이중기소나 시효에 저촉되지 않을 정도로, 장소는 토지관할을 가름할 수 있을 정도로, 그리고 방법에 있어서는 범죄구성요건을 밝히

751) 대법원 1970. 8. 31, 선고 70도1393 판결; 대법원 1994. 10. 28, 선고 93도1166 판결; 대법원 1998. 2. 24, 선고 97도183 판결.
752) 대법원 1998. 2. 24, 선고 97도183 판결.
753) 대법원 2002. 5. 10, 선고 2001도1779 판결; 대법원 2005. 9. 30, 선고 2005도4051 판결.
754) 대법원 1982. 12. 28, 선고 82도2500 판결; 대법원 1994. 8. 9, 선고 94도1318 판결; 광주지방법원 2013. 9. 11, 선고 2013노1552 판결.
755) 대법원 2002. 5. 10, 선고 2001도1779 판결.

는 정도로 기재하면 족하다고 할 것이다. 특히 이 사건과 같은 포괄일죄에 있어서는 그 일죄의 일부를 구성하는 개개의 행위에 대하여 구체적으로 특정되지 아니하더라도 그 전체 범행의 시기와 종기, 범행방법, 범행횟수 또는 피해액의 합계 및 피해자나 상대방을 명시하면 이로써 그 범죄사실은 특정되는 것이므로 포괄일죄인 이 사건 절도의 공소사실에 관하여 그 범행의 모든 피해자 성명이 명시되지 아니하였다 하여 범죄사실이 특정되지 아니하였다고 볼 수 없는 것이다.[756)]

(10) 검사가 포괄일죄로 기소한 범죄사실에 대하여, 법원이 공소장변경(적용법조 변경) 없이 실체적 경합범으로 처단하는 것은 불고불리의 원칙에 위배되는 것이 아니다. 동일한 범죄사실을 가지고 포괄일죄로 보지 아니하고 실체적 경합관계에 있는 수죄로 인정하였다고 하더라도 이는 다만 죄수에 관한 법률적 평가를 달리한 것에 불과할 뿐이지 소추대상인 공소사실과 다른 사실을 인정한 것도 아니고 또 피고인의 방어권행사에 실질적으로 불이익을 초래할 우려도 없다고 하겠으므로 불고불리의 원칙에 위반되는 것이 아니라 할 것이다.[757)] 따라서 강도가 한 개의 강도범행을 하는 기회에 수 명의 피해자에게 각 폭행을 가하여 각 상해를 입힌 경우에는 각 피해자별로 수개의 강도상해죄가 성립하며, 이들은 실체적 경합범의 관계에 있다고 보아야 할 것이므로, 비록 검사가 강도상해의 포괄일죄로 기소하였더라도 법원이 피고인을 강도상해죄의 경합범으로 처단한 것은 정당하다.[758)] 또 적법한 공소장변경이 없었다고 하더라도 원심이 피고인의 공소외 1에 대한 부당대출죄와 공소외 2에 대한 부당대출죄를 포괄일죄로 보지 아니하고 실체적 경합범으로 인정한 것이 위법하다고 볼 수 없으므로, 원심이 적법한 공소장변경절차 없이 피고인에게 불리한 범죄사실을 인정하였다는 취지의 상고이유의 주장은 이유 없다.[759)]

---

756) 대법원 1984. 8. 14, 선고 84도1139 판결; 대법원 1984. 9. 25, 선고 84도1581 판결; 대법원 1987. 7. 21, 선고 87도546 판결; 대법원 1988. 11. 8, 선고 88도1580 판결; 대법원 1989. 5. 23, 선고 89도570 판결; 대법원 1990. 6. 26, 선고 90도833 판결; 대법원 1992. 9. 14, 선고 92도1532 판결.

757) 대법원 1982. 6. 22, 선고 82도938 판결; 대법원 1987. 5. 26, 선고 87도527 판결; 대법원 2005. 10. 28, 선고 2005도5996 판결.

758) 대법원 1987. 5. 26, 선고 87도527 판결.

759) 대법원 2005. 10. 28, 선고 2005도5996 판결.

(11) 포괄일죄의 관계에 있는 공소사실에 대하여는 그 일부가 무죄로 판단되는 경우에도 이를 판결 주문에 따로 표시할 필요가 없으나 이를 판결 주문에 표시하였다 하더라도 판결에 영향을 미친 위법사유가 되는 것은 아니라 할 것이다.[760]

▶「이 사건과 같이 피고인이 1981. 7.초순경부터 1983. 2. 19.경까지 사이에 8회에 걸쳐 소속대 주계창고 및 2, 4종 창고에서 업무상 보관중인 군용백미 등을 꺼내어 타인에게 매각하거나 피고인 자신이 임의로 소비한 것으로 공소제기된 경우, 이는 피해법익이 단일하고 범죄의 태양이 동일하여 이것이 단일한 범의에 의하여 일어난 것이라면 포괄하여 1개의 범죄를 구성한다고 볼 여지가 있다고 할 것이고, 그렇게 보면 원심이 공소장기재의 별지 범죄일람표(2)의 3 내지 8의 범행에 대하여 주문에서 무죄를 선고한 것은 잘못이라 할 것이나, 그렇다고 하여도 이는 판결결과에 영향을 미친다고 할 수 없다.」[761]

▶「상습특수절도와 상습절도행위가 상습적으로 반복된 것이라면 그중 법정형이 중한 상습특수절도죄에 상습절도를 포괄시켜 하나의 죄만이 성립하고 이러한 경우 1죄의 일부분인 상습절도부분에 관하여 유죄로 인정되지 아니한다 하여도 주문에서 특히 무죄를 선고할 필요는 없고 단지 판결 이유에서만 이를 설시하면 족하다 할지라도 원심이 판결주문에서 이 부분에 관하여 무죄를 선고하였다 하여 판결결과에 어떤 영향을 미친다고는 할 수 없다.」[762]

(12) 포괄일죄의 일부에 대하여는 유죄의 증거가 없고 나머지 부분에 대하여 공소시효가 완성된 경우에는 피고인에게 유리한 무죄를 주문에 표시하고 면소부분은 판결이유에서만 설명하면 족하다.[763]

3. 수죄(數罪)

일죄로 취급되지 못하는 여러 개의 범행은 모두 수죄이다. 수죄에는 상상적 경합과 실체적 경합이 있다.

---

760) 대법원 1993. 10. 12, 선고 93도1512 판결.
761) 대법원 1993. 10. 12, 선고 93도1512 판결.
762) 대법원 1975. 12. 23, 선고 75도3155 판결.
763) 대법원 1977. 7. 12, 선고 77도1320 판결.

가. 상상적 경합

제40조(상상적 경합) 1개의 행위가 수개의 죄에 해당하는 경우에는 가장 중한 죄에 정한 형으로 처벌한다.

(1) 상상적 경합 VS. 법조경합

상상적 경합은 1개의 행위가 실질적으로 수개의 구성요건을 충족하는 경우를 말하고, 법조경합은 1개의 행위가 외관상 수개의 죄의 구성요건에 해당하는 것처럼 보이나 실질적으로 1죄만을 구성하는 경우를 말하며, 실질적으로 1죄인가 또는 수죄인가는 구성요건적 평가와 보호법익의 측면에서 고찰하여 판단해야 한다.[764]

(2) 상상적 경합 VS. 실체적 경합

상상적 경합은 실질적으로 구성요건과 보호법익을 달리하는 수개의 죄가 법률상 **1개의 행위**로 평가되는 경우를 말한다(형법 제40조).[765] 여기에서 1개의 행위란 법적 평가를 떠나 사회관념상 행위가 사물자연의 상태로서 1개로 평가되는 것을 말한다.[766] 이러한 상상적 경합 관계의 경우 그 중 1죄에 대한 확정판결의 기판력은 다른 죄에 대하여도 미친다.[767]

반면 실체적 경합은 실질적으로 구성요건과 보호법익을 달리하는 수개의 죄가 법률상 **수개의 행위**로 평가되는 경우를 말한다(형법 제37조 전단의 경합범).[768] 서로 다른 시기에 다른 장소에서 수인의 피해자들에게 각각 범행한 것은 법률상 1개의 행위로 평가되는 것이 아니므로, 그 피해자들 중 1인에 대해 저지른 죄에 관하여 확정판결이 있었더라도, 그 확정판결의 효력은 그 밖의 피해자들에 대한 범죄행위에 대하여는 미치지 않는다.[769]

---

764) 대법원 2001. 3. 27, 선고 2000도5318 판결; 대법원 2002. 7. 18, 선고 2002도669 전원합의체 판결; 대법원 2004. 1. 15, 선고 2001도1429 판결; 대법원 2012. 8. 30, 선고 2012도6503 판결.

765) 대법원 2011. 12. 8, 선고 2011도9242 판결; 대법원 2017. 9. 21, 선고 2017도11687 판결.

766) 대법원 1987. 2. 24, 선고 86도2731 판결; 대법원 2017. 9. 21, 선고 2017도11687 판결.

767) 대법원 1991. 6. 25, 선고 91도643 판결; 대법원 1991. 12. 10, 선고 91도2642 판결; 대법원 2007. 2. 23, 선고 2005도10233 판결; 대법원 2017. 9. 21, 선고 2017도11687 판결.

768) 대법원 1991. 6. 25, 선고 91도643 판결; 대법원 2000. 7. 7, 선고 2000도1899 판결; 대법원 2011. 12. 8, 선고 2011도9242 판결.

769) 대법원 1991. 6. 25, 선고 91도643 판결.

사회관념상 1개의 행위

▶ 「형법 제40조에서 말하는 1개의 행위란 법적 평가를 떠나 사회관념상 행위가 사물자연의 상태로서 1개로 평가되는 것을 말하는 바, **무면허인데다가 술이 취한 상태에서 오토바이를 운전**하였다는 것은 위의 관점에서 분명히 1개의 운전행위라 할 것이고 이 행위에 의하여 도로교통법 제111조 제2호, 제40조와 제109조 제2호, 제41조 제1항의 각 죄에 동시에 해당하는 것이니 두 죄는 형법 제40조의 **상상적 경합관계**에 있다고 할 것이다.」[770)]

▶ 「피고인이 '2015. 4. 16. 13:10경부터 14:30경까지 갑 업체 사무실에서 직원 6명가량이 있는 가운데 직원들에게 행패를 하면서 피해자 을의 업무를 방해하였다'는 공소사실로 기소되었는데, 피고인은 '2015. 4. 16. 13:30경부터 15:00경 사이에 갑 업체 사무실에 찾아와 피해자 병, 정과 일반직원들이 근무를 하고 있음에도 피해자들에게 욕설을 하는 등 큰소리를 지르고 돌아다니며 위력으로 업무를 방해하였다'는 등의 범죄사실로 이미 유죄판결을 받아 확정된 사안에서, 업무방해의 공소사실과 확정판결 중 업무방해죄의 범죄사실은 범행일시와 장소가 동일하고, 범행시간에 근소한 차이가 있으나 같은 시간대에 있었던 일이라고 보아도 무리가 없으며, 각 범행내용 역시 업무방해의 공소사실은 '직원들을 상대로 행패를 부렸다'는 것이고, 확정판결의 범죄사실은 '직원들이 근무를 하고 있는데도 욕설을 하는 등 큰소리를 지르고 돌아다녔다'는 것으로 본질적으로 다르지 않아, 결국 양자는 **동일한 기회에, 동일한 장소에서 다수의 피해자를 상대로 한 위력에 의한 업무방해행위로서 사회관념상 1개의 행위**로 평가할 여지가 충분하므로 **상상적 경합 관계**에 있고, 확정판결의 기판력이 업무방해의 공소사실에 미침에도, 이를 간과하여 업무방해의 공소사실을 유죄로 인정한 원심판결에 상상적 경합 관계, 확정판결의 기판력 등에 관한 법리오해의 잘못이 있다.」[771)]

▶ 「원심은, 이 사건 확정판결의 범죄사실 중 업무방해죄와 이 사건 공소사실 중 명예훼손죄(이하 '이 사건 공소사실 2'라 한다)는 모두 피고인이 같은 일시, 장소에서 피해자의 기념전시회에 참석한 손님들에게 피해자가 공사대금을 주지 않는다는 취지로 소리를 치며 소란을 피웠다는 1개의 행위에 의하여 실현된 경우로서 **상상적 경합 관계**에 있다고 보아, 이 사건 확정판결의 기판력이 이 사건 공소사실 2에 대해서도 미친다고 할 것이어서, 이 사건 공소사실 2에 대하여 이미 확정판결이 있다는 이유로 면소의 판결을 선고한 제1심판결을 정당하다고 판

770) 대법원 1987. 2. 24, 선고 86도2731 판결.
771) 대법원 2017. 9. 21, 선고 2017도11687 판결.

단했다. 원심의 위와 같은 판단은 옳고, 거기에 상고이유로 주장하는 바와 같은 법리를 오해하는 등의 위법이 없다.」[772)]

▶ 「원심판결 이유와 기록에 의하면, 이 사건 공소사실 중 특정경제범죄 가중처벌 등에 관한 법률 위반(배임)의 점의 요지는, "피고인은 피해자 공소외 1 건설의 개발기획팀 부장으로 근무하는 사람인데, 2005. 4. 22.자 공소외 1 건설과 공소외 2 건설 사이에 작성된 양해각서 내용을 공소외 1 건설이 이행을 하지 못하게 되어 공소외 2 건설로부터 약정금 및 위약금의 반환을 요구받던 중, 2005. 6. 28. 공소외 1 건설 사무실에서, 공소외 2 건설의 공소외인이 작성해 온 '공소외 1 건설이 공소외 2 건설에게 계약금 5억원의 배액을 배상하되, 1차로 2005. 6. 29.까지 5억원을, 2차로 2005. 7. 6.까지 5억원을 지급한다'는 내용의 합의서에 공소외 1 건설의 인감을 날인해주도록 요구받자 대표이사의 승낙을 받는 등 정상적인 결재절차를 밟아 합의서를 작성해야 하는 임무에 위배하여 위 합의서에 공소외 1 건설의 인감을 날인한 뒤 위 공소외인에게 건네주어 공소외 2 건설로 하여금 당초 지급받을 약정금보다 5억원을 초과한 재산상 이익을 취득하게 하고, 공소외 1 건설에게 당초 반환할 약정금을 초과하여 5억원의 재산상 채무를 추가로 부담하게 하여 동액 상당의 재산상 손해를 가하였다"는 것이고, 한편 피고인은 위 공소사실 기재 2005. 6. 28.자 합의서를 작성·행사한 행위에 관하여 2006. 10. 13. 수원지방법원에서 사문서위조와 그 행사죄로 벌금 500,000원의 약식명령을 고지 받아 위 약식명령이 그 무렵 확정된 사실을 알 수 있다. 그렇다면 약식명령이 확정된 위 사문서위조 및 그 행사죄의 범죄사실과 피고인이 동일한 합의서를 임의로 작성·교부하여 회사에 재산상 손해를 가하였다는 위 공소사실은 그 **객관적 사실관계가 하나의 행위**라고 할 것이어서 1개의 행위가 수개의 죄에 해당하는 경우로서 형법 제40조에 정해진 **상상적 경합관계**에 있다고 할 것이다. 같은 취지에서 위 확정된 약식명령의 기판력이 위 공소사실에도 미친다고 한 원심의 판단은 정당하고, 거기에 상고이유로 주장하는 바와 같은 법리를 오해하는 등의 위법이 없다.」[773)]

▶ 「피고인이 약국개설자 등의 허가를 받지 아니하고 불특정 다수인을 상대로 의약품인 삼지구엽초를 판매하였다는 약사법위반의 예비적 공소사실과 관할 관청에 신고하지 아니하고 삼지구엽초를 음료로 제조하여 판매하였다는 이미 판결이 확정된 식품위생법위반의 범죄사실은 모두 피고인의 삼지구엽초 판매행위라

772) 대법원 2007. 2. 23, 선고 2005도10233 판결.
773) 대법원 2009. 4. 9, 선고 2008도5634 판결.

는 1개의 행위에 의하여 실현된 경우로서 형법 제40조에서 정한 **상상적 경합관계**에 있다고 봄이 상당할 것이어서, 위 식품위생법위반 사건의 판결이 확정되기 이전에 행하여진 위 약사법위반의 예비적 공소사실에 대하여 확정판결의 기판력이 미친다고 보아 결국 피고인에 대하여는 형사소송법 제326조 제1호에 의하여 면소를 선고한다.」[774)]

▶「**피고인이 여관에서 종업원을 칼로 찔러 상해를 가하고 객실로 끌고 들어가는 등 폭행·협박을 하고 있던 중, 마침 다른 방에서 나오던 여관의 주인도 같은 방에 밀어 넣은 후, 주인으로부터 금품을 강취하고, 1층 안내실에서 종업원 소유의 현금을 꺼내 갔다면,** 여관 종업원과 주인에 대한 각 강도행위가 각별로 강도죄를 구성하되 피고인이 피해자인 종업원과 주인을 폭행·협박한 행위는 **법률상 1개의 행위**로 평가되는 것이 상당하므로 위 2죄는 **상상적 경합범 관계**에 있다고 할 것이다. **그러나** 강도가 서로 다른 시기에 다른 장소에서 수인의 피해자들에게 각기 폭행 또는 협박을 하여 각 그 피해자들의 재물을 강취하고, 그 피해자들 중 1인을 상해한 경우에는, 각기 별도로 강도죄와 강도상해죄가 성립하는 것임은 물론, 법률상 1개의 행위로 평가되는 것도 아닌 바, **피고인이 여관에 들어가 1층 안내실에 있던 여관의 관리인을 칼로 찔러 상해를 가하고, 그로부터 금품을 강취한 다음, 각 객실에 들어가 각 투숙객들로부터 금품을 강취하였다면,** 피고인의 위와 같은 각 행위는 비록 시간적으로 접착된 상황에서 동일한 방법으로 이루어지기는 하였으나, 포괄하여 1개의 강도상해죄만을 구성하는 것이 아니라 **실체적 경합범의 관계**에 있는 것이라고 할 것이다. 따라서 피고인들이 201호실 및 202호실과 207호실의 각 투숙객들에 대한 특수강도죄에 관하여 이미 유죄의 확정판결을 받았다고 하더라도, 그 확정판결의 효력은 피해자 3에 대한 강도상해 행위에 대하여는 미치지 않는다는 취지로 판단한 것은 정당하다.」[775)]

(3) 법적 효과

(가) 상상적 경합관계에 있는 여러 개의 죄는 중한 죄의 정한 형으로 처벌한다. 형법 제40조가 "1개의 행위가 수개의 죄에 해당하는 경우에는 가장 중한 죄에 정한 형으로 처벌한다."고 규정하는 것은 그 수개의 죄명 중 가장 중한 형을 규정한 법조에 의하여 처단한다는 취지와 함께 다른 법조의 최하한의 형보다 가볍게 처단할 수는 없다는 취지, 즉 각 법조의 상한과 하한을 모두 중한 형

774) 의정부지방법원 2004. 6. 24, 선고 2003노1212 판결 : 확정.
775) 대법원 1991. 6. 25, 선고 91도643 판결.

의 범위 내에서 처단한다는 것을 포함하는 것으로 새겨야 한다.[776] 이와 같이 법조의 상한과 하한의 경중을 모두 비교하여 중하게 처단하도록 하는 것으로 해석되는 형법 제40조의 취지에 비추어 보면, 가벼운 죄에서 정한 병과형 또는 부가형의 법조가 있을 때에는 형이 더 무거운 죄에 정한 형으로 처벌하기로 한 경우에도 가벼운 죄에서 정한 병과형 또는 부가형의 법조 역시 적용된다고 보아야 한다.[777]

(나) 상상적 경합의 관계에 있다고 하여 그 중 어느 한 죄로만 공소가 제기된 경우에 법원이 공소장변경절차를 거치지 아니하고 다른 죄로 바꾸어 인정하거나 다른 죄를 추가로 인정하는 것은 불고불리의 원칙에 위배된다고 할 것이다.[778]

(다) 상상적 경합관계의 수죄 중 일부에 대한 공소제기의 효력 및 기판력은 수죄 전부에 미친다.[779]

(라) 원심이 두개의 죄를 경합범으로 보고, 한 죄는 유죄, 다른 한 죄는 무죄를 각 선고하자 검사만이 원심판결 중 무죄된 부분만을 불복 상고하였다 하더라도 위 두죄가 상상적 경합관계에 있다면 공소불가분의 원칙이 적용되어, 유죄부분도 상고심에 이심되고 따라서 심판의 대상이 된다.[780]

---

776) 대법원 1984. 2. 28, 선고 83도3160 판결; 대법원 2006. 1. 27, 선고 2005도8704 판결; 대법원 2008. 12. 24, 선고 2008도9169 판결.

777) ▶ 「…(전략) 원심판결 이유를 위 법리와 적법하게 채택된 증거들에 비추어 살펴보면, 원심이 금융회사 등의 임직원의 직무에 속하는 사항의 알선에 관하여 알선할 의사와 능력이 없음에도 알선을 한다고 기망하고 이에 속은 피해자로부터 알선자금 명목으로 금원을 받은 피고인의 행위가 사기죄와 특정경제범죄 가중처벌 등에 관한 법률 위반(알선수재)죄에 해당하고 위 두 죄는 상상적 경합의 관계에 있다고 판단하는 한편 형이 더 무거운 사기죄에 정한 형으로 처벌하기로 하면서도 특정경제범죄 가중처벌 등에 관한 법률 제10조 제3항, 제2항에 의하여 피고인이 특정경제범죄 가중처벌 등에 관한 법률 위반(알선수재)죄로 받은 금품 상당액을 추징한 제1심을 유지한 조치는 정당하다. 위와 같은 원심의 판단 및 조치에 상고이유로 주장하는 바와 같이 논리와 경험의 법칙을 위반하여 자유심증주의의 한계를 벗어나 사실을 잘못 인정하거나 사기죄와 특정경제범죄 가중처벌 등에 관한 법률 위반(알선수재)죄의 관계 및 죄수, 상상적 경합범의 처리 등에 관한 법리를 오해한 위법이 없다.」(대법원 2012. 6. 28, 선고 2012도3927 판결; 대법원 2006. 1. 27, 선고 2005도8704 판결; 대법원 2008. 12. 24, 선고 2008도9169 판결)

778) 대법원 2007. 5. 10, 선고 2007도2372 판결.

779) 대법원 2009. 4. 9, 선고 2008도5634 판결.

780) 대법원 1980. 12. 9, 선고 80도384 전원합의체 판결.

(마) 수죄 중 일부가 무죄인 경우 판결주문에 표시할 필요가 없고, 판결이유에서 적시하면 된다.

▶ 「상상적 경합범의 관계에 있는 공소사실의 일부에 대하여 무죄를 선고해야 할 것으로 판단되는 경우에 이를 판결주문에 따로 표시할 필요가 없는 것임은 상고이유에서 주장하는 바와 같으나, 그것을 판결주문에 표시하였다 하더라도 판결에 영향을 미친 위법사유가 되는 것은 아니라 할 것이므로,[781] 원심이 상상적 경합범으로 공소가 제기된 이 사건 공소사실 중 일부에 대하여 주문에서 무죄를 선고한 것은 위법하여 파기되어야 한다는 상고이유의 주장은 받아들일 수 없다.」[782]

(바) 판결이유에는 수죄의 범죄사실과 적용법조를 모두 기재해야 하고, 공소시효와 친고죄 고소는 각 죄별로 살펴야 한다.[783]

(4) 상상적 경합 사례

◉ 단일하고 계속된 범의 아래 같은 장소에서 반복하여 여러 사람으로부터 계불입금을 편취한 소위는 **피해자별로 포괄하여 1개의 사기죄**가 성립하고 **이들 포괄일죄 상호간은 상상적 경합관계**에 있다고 볼 것이므로 그중 일부 피해자들로부터 계불입금을 편취하였다는 공소사실에 대하여 확정판결이 있었다면 나머지 피해자들에 대한 이 사건 공소사실에 대하여도 위 판결의 기판력이 미치게 된다.[784] ◉ 업무상배임행위에 사기행위가 수반된 때의 죄수 관계에 관하여 보면, 사기죄는 사람을 기망하여 재물의 교부를 받거나 재산상의 이익을 취득하는 것을 구성요건으로 하는 범죄로서 임무위배를 그 구성요소로 하지 아니하고 사기죄의 관념에 임무위배 행위가 당연히 포함된다고 할 수도 없으며, 업무상배임

781) 대법원 1983. 8. 23, 선고 83도1288 판결 참조.

782) 대법원 1982. 9. 28, 선고 82도1656 판결; 대법원 1983. 8. 23, 선고 83도1288 판결; 대법원 1999. 12. 24, 선고 99도3003 판결.

783) ▶ 「…(전략) 1개의 행위가 여러 개의 죄에 해당하는 경우 형법 제40조는 이를 과형상 일죄로 처벌한다는 것에 지나지 아니하고, **공소시효를 적용함에 있어서는 각 죄마다 따로 따져야 할 것**인바, 공무원이 취급하는 사건에 관하여 청탁 또는 알선을 할 의사와 능력이 없음에도 청탁 또는 알선을 한다고 기망하여 금품을 교부받은 경우에 성립하는 사기죄와 변호사법 위반죄는 상상적 경합의 관계에 있으므로(대법원 2006. 1. 27, 선고 2005도8704 판결), 변호사법 위반죄의 공소시효가 완성되었다고 하여 그 죄와 상상적 경합관계에 있는 사기죄의 공소시효까지 완성되는 것은 아니다.」(대법원 2006. 12. 8, 선고 2006도6356 판결)

784) 대법원 1990. 1. 25, 선고 89도252 판결.

죄는 업무상 타인의 사무를 처리하는 자가 그 업무상의 임무에 위배하는 행위로써 재산상의 이익을 취득하거나 제3자로 하여금 이를 취득하게 하여 본인에게 손해를 가하는 것을 구성요건으로 하는 범죄로서 기망적 요소를 구성요건의 일부로 하는 것이 아니어서 양 죄는 그 구성요건을 달리하는 별개의 범죄이고 형법상으로도 각각 별개의 장에 규정되어 있어, 1개의 행위에 관하여 **사기죄**와 **업무상배임죄**의 각 구성요건이 모두 구비된 때에는 양 죄를 법조경합 관계로 볼 것이 아니라 상상적 경합관계로 봄이 상당하다 할 것이고, 나아가 업무상배임죄가 아닌 단순배임죄라고 하여 양 죄의 관계를 달리 보아야 할 이유도 없다.[785] ◉ 상상적 경합관계에 있는 **업무상배임죄**와 **'영업비밀 국외누설로 인한 부정경쟁방지 및 영업비밀보호에 관한 법률 위반죄'**에 대하여, 형이 더 무거운 업무상배임죄에 정한 형으로 처벌하기로 하면서도, '영업비밀 국외누설로 인한 부정경쟁방지 및 영업비밀보호에 관한 법률 위반죄'에 대하여 징역형과 벌금형을 병과할 수 있도록 규정한 구 부정경쟁방지 및 영업비밀보호에 관한 법률(2007. 12. 21. 법률 제8767호로 개정되기 전의 것) 제18조 제4항에 의하여 벌금형을 병과한 조치는 정당하다.[786] ◉ 판매의 목적으로 휘발유에 솔벤트 벤젠 등을 혼합하여 판매한 행위는 **석유사업법 제24조, 제22조 위반죄**와 **형법상 사기죄**의 상상적 경합관계에 있다.[787] ◉ **공무원이 취급하는 사건에 관하여 청탁 또는 알선**을 할 의사와 능력이 없음에도 청탁 또는 알선을 한다고 기망하고, 이에 속은 피해자로부터 이른바 로비자금 명목으로 금원을 송금 받은 경우 형법 제347조 제1항과 구 변호사법 제111조에 각 해당하고, 이러한 **사기죄**와 **변호사법 위반죄**는 상상적 경합의 관계에 있고,[788] ◉ 공무원이 취급하는 사건에 관하여 청탁 또는 알선을 할 의사와 능력이 없음에도 청탁 또는 알선을 한다고 기망하고, 이에 속은 피해자로부터 청탁 또는 알선을 한다는 명목으로 금품을 받은 경우, 그 행위가 **공무원이 취급하는 사건에 관하여 청탁 또는 알선**을 한다는 명목으로 금품·향응 기타 이익을 받은 것으로서 구 변호사법(2007. 3. 29. 법률 제8321호로 개정되기 전의 것) 제111조 위반죄가 성립하거나 **공무원의 직무에 속한 사항의 알선**에 관하여 금품을 수수한 경우로서 특정범죄 가중처벌 등에 관한 법률 위반(알선수재)죄가 성립하는 것과 상관없이, 그 행위는 다른 사람을 속여 재물을 받은 행위로서 **사기죄**를 구성한다. 따라서 피고인 1이 검찰에 청탁하여 공소외 3을 석방케 해 줄 의사나 능력이 없음에도 피해자로부터 사건 해결 여부를 의

785) 대법원 2002. 7. 18, 선고 2002도669 전원합의체 판결.
786) 대법원 2008. 12. 24, 선고 2008도9169 판결.
787) 대법원 1980. 12. 9, 선고 80도384 전원합의체 판결. "…(전략) 견해를 달리하는 본원 1980. 5. 13, 선고 80도716 판결의 견해(실체적 경합범으로 판시)는 이를 폐기한다."
788) 대법원 2006. 1. 27, 선고 2005도8704 판결.

뢰받자 피해자에게 **"검사한테 말해서 풀어주겠으니 돈을 가지고 와라"**고 말하여 이를 진실로 믿은 피해자로부터 돈을 받은 경우 사기죄가 별도로 성립하고 이들 죄는 상상적 경합관계에 있다.[789] ◉ 국회의원 선거에서 정당의 공천을 받게 하여 줄 의사나 능력이 없음에도 이를 해 줄 수 있는 것처럼 기망하여 공천과 관련하여 금품을 받은 경우, **공직선거법상 공천관련금품수수죄**와 **사기죄**가 모두 성립하고 양자는 상상적 경합의 관계에 있다.[790] ◉ 금융회사 등의 임직원의 직무에 속하는 사항의 알선에 관하여 금품이나 그 밖의 이익을 수수한 때에는 위와 같은 금품 등을 수수하는 것으로써 특정경제범죄 가중처벌 등에 관한 법률 위반(알선수재)죄가 성립되고, 위와 같은 금품 등을 수수한 자가 실제로 알선할 생각이 없었다 하더라도 금품 등을 수수하는 것이 자기의 이득을 취하기 위한 것이라면 위 죄의 성립에는 영향이 없다. 따라서 피고인이 금융회사 등의 임직원의 직무에 속하는 사항에 관하여 알선할 의사와 능력이 없음에도 알선을 한다고 기망하고 이에 속은 피해자로부터 알선을 한다는 명목으로 금품 등을 수수하였다면 이러한 피고인의 행위는 형법 제347조 제1항의 **사기죄**와 **특정경제범죄 가중처벌 등에 관한 법률 제7조 위반죄**에 각 해당하고 위 두 죄는 상상적 경합의 관계에 있다.[791] ◉ 건설사 개발기획팀 부장으로 근무하던 자가 회사명의 합의서를 임의로 작성·교부하여 타인에게 재산상 이익을 취득하게 하고 회사에 재산상 손해를 가한 것은 **사문서위조 및 그 행사죄, 업무상 배임죄**가 모두 성립하고 다만 그 객관적 사실관계가 하나의 행위이므로 1개의 행위가 수개의 죄에 해당하는 경우로서 형법 제40조에 정해진 상상적 경합관계에 있다.[792] ◉ 문서에 2인

---

789) 대법원 2008. 2. 28, 선고 2007도10004 판결.

790) ▶ 「…(전략) 원심판결 이유에 의하면 원심은, 그 판시와 같은 사정들을 종합하여, 피고인 1은 피고인을 후보자로 추천받게 할 **능력은 없었더라도** 그 나름대로의 **의사가 있었던 것으로 보이므로,** 피고인 1이 그러한 의사로 ○○○당의 비례대표 국회의원 후보자 추천과 관련하여 금원을 수수한 이상 그 과정에서 금원의 제공을 유도하기 위하여 후보자 추천이 확실히 보장된 것처럼 자신의 영향력을 과장하는 등의 기망 수단을 사용하였더라도 피고인 1의 이러한 행위는 **사기죄**와는 별도로 **공직선거법 제47조의2 제1항 위반죄**에 해당되고 이러한 공직선거법 위반죄와 앞에서 본 사기죄는 상상적 경합의 관계에 있다 할 것이고, 한편으로는 피고인으로서도 피고인 1로부터 기망당하여 후보자 추천에 영향력을 행사할 수 있는지에 관하여 피고인 1의 능력 등을 잘못 판단하였으나, 피고인 1의 말을 믿고 ○○회 몫의 비례대표 국회의원 자리가 있다고 생각하고 금품을 제공하고서라도 ○○회의 추천을 받아 ○○○당의 비례대표 국회의원 후보자로 추천받겠다는 생각으로 금품을 제공한 것이므로, 결국 피고인이 위 금원을 제공하는 과정에서 의사결정상 어느 정도의 하자가 있었다고 하더라도 후보자 추천과의 관련성이 인정되는 이상 이러한 피고인의 행위 역시 공직선거법 제47조의2 제1항 위반죄에 해당한다고 봄이 상당하다고 판단했다. 위의 법리와 기록에 비추어 살펴보면, 원심의 판단은 정당한 것으로 수긍이 간다. 원심판결에는 상고이유의 주장과 같은 사기죄와 공직선거법상 공천관련금품수수죄의 관계나, 공천관련금품수수죄의 주체에 관하여 법리를 오해한 위법이 없다.」(대법원 2009. 4. 23, 선고 2009도834 판결)

791) 대법원 2006. 1. 27, 선고 2005도8704 판결; 대법원 2007. 5. 10, 선고 2007도2372 판결; 대법원 2008. 2. 28, 선고 2007도10004 판결; 대법원 2012. 6. 28, 선고 2012도3927 판결.

이상의 작성명의인이 있을 때에는 각 명의자마다 1개의 문서가 성립되므로,[793] 2인 이상의 연명으로 된 문서를 위조한 때에는 작성명의인의 수대로 수개의 문서위조죄가 성립하고 그 연명문서를 위조하는 행위는 자연적 관찰이나 사회통념상 하나의 행위라 할 것이므로 위 **수개의 문서위조죄**는 형법 제40조가 규정하는 상상적 경합범에 해당한다.[794] 따라서 원심이 이와 같은 견해에서 피고인이 유죄의 확정판결을 받은 원심판시 동의서 가운데 공소외 박○○ 명의부분을 위조한 죄와 이 사건 공소사실인 같은 동의서의 공소외 문△△ 명의 부분을 위조한 죄를 상상적 경합범이라고 보고, 위 박○○ 명의부분에 관하여 유죄의 확정판결을 받은 이상 그 판결의 효력은 이와 상상적 경합관계에 있는 이 사건 공소사실에도 미친다는 전제아래 피고인에 대하여 면소의 판결을 한 것은 정당하고 거기에 주장하는 바와 같은 문서위조죄의 죄수에 관한 법리오해의 위법이 없다.[795] ◉ 한국소비자보호원을 비방할 목적으로 18회에 걸쳐서 출판물에 의하여 공연히 허위의 사실을 적시·유포함으로써 한국소비자보호원의 **명예를 훼손**하고 **업무를 방해**하였다는 각 죄는 1개의 행위가 2개의 죄에 해당하는 형법 제40조 소정의 상상적 경합의 관계에 있다.[796] ◉ 무면허로 술을 마시고 운전한 것은 **무면허운전죄**와 **음주운전죄**의 상상적 경합,[797] ◉ 음주 또는 약물의 영향으로 정상적인

---

792) 대법원 2009. 4. 9, 선고 2008도5634 판결.

793) 대법원 1956. 3. 2, 선고 4288형상343 판결.

794) 1956. 3. 2, 선고 4288형상343 판결; 대법원 1977. 7. 12, 선고 77도1736 판결; 대법원 1987. 7. 21, 선고 87도564 판결.

795) 대법원 1987. 7. 21, 선고 87도564 판결.

796) 대법원 1998. 3. 24, 선고 97도2956 판결.

797) ▶ 「검사의 상고이유에 대하여,

피고인이 원동기장치 자전거 운전면허 없이 혈액 1미리리터에 대하여 3.1미리그람의 주취상태에서 자기소유인 오토바이를 운전하다가 신용옥을 치어 사망케 한 이 사건 공소사실에 대하여 제1심이 교통사고처리특례법 제3조 제1항, 형법 제268조, 도로교통법 제109조 제2호, 제41조 제1항, 제111조 제2호, 제40조에 해당하는 범죄로서 실체적 경합범으로 의율한데 대하여 원심은 위 범죄사실 중 피고인의 무면허운전 행위와 주취운전을 한 행위는 1개의 행위가 수개의 죄에 해당하는 상상적 경합범관계에 있다 하여 제1심 판결과 견해를 달리했다. …(중략)

형법 제40조의 규정은 1개의 행위가 수개 범죄의 구성요건에 해당하여 수죄로 경합하는 경우에 처벌상 1죄로 취급한다는 취지로서 여기서 말하는 1개의 행위란 소론이 전제하고 있는 바와 같이 법적평가를 떠나 **사회관념상 행위가 사물자연의 상태로서 1개로 평가되는 것**을 말한다. 이 사건에서 피고인이 무면허인데다가 술에 취한상태에서 오토바이를 운전하였다는 것은 위의 관점에서 **분명히 1개의 운전행위라 할 것**이고 이 행위에 의하여 도로교통법 제111조 제2호, 제40조와 제109조 제2호, 제41조 제1항의 각 죄에 동시에 해당하는 것이니 두죄는 형법 제40조의 상상적 경합관계에 있다고 할 것이다.

소론이 전개하고 있는 두 가지 견해에 대하여 생각해 본다 하더라도 피고인의 운전행위라는 착수단계에서 두개의 죄명에 저촉되는 터임은 앞에서 본 바와 같고 **무면허와 음주상태를 분할하여 어느 하나의 범죄행위를 하지 아니하는 것이 사회관념상 과연 가능하다고 할 것인가 하는 것도 의문이다.**

운전이 곤란한 상태에서 자동차를 운전하여 사람을 상해에 이르게 함과 동시에 다른 사람의 재물을 손괴한 때에는 **특정범죄가중처벌 등에 관한 법률 위반(위험운전치사상)죄** 외에 **업무상과실 재물손괴로 인한 도로교통법 위반죄**가 성립하고, 위 두 죄는 1개의 운전행위로 인한 것으로서 상상적 경합관계에 있다.[798] ◉ 자동차운전자가 타 차량을 들이받아 그 **차량을 손괴하고 동시에 동 차량에 타고 있던 승객에게 상해**를 입힌 경우, 이는 동일한 업무상과실로 발생한 수개의 결과로서 형법 제40조 소정의 상상적 경합관계에 있다.[799] ◉ **한 번의 자동차교통사고로 여러 사람이 다쳤다면** 이는 포괄 1죄가 아니라 1개의 행위가 수개의 죄에 해당하는 경우로서 상상적 경합범으로 처단해야 한다.[800] ◉ 간호사는 의료법 제2조 소정의 의료인이므로 간호사인 피고인 C가 의사인 피고인 A와 공모하여 이 사건 범행을 한 이상 의료법상의 진료거부와 응급조치불이행에 대한 공동정범의 죄책을 면할 수 없고 의료법 제68조, 제16조 제1항의 **진료거부로 인한 의료법위반죄**와 같은 법 제67, 제16조 제2항의 **응급조치불이행으로 인한 의료법위반죄**는 그 규제내용이나 같은 법 시행규칙 제10조 등의 관계규정에 비추어 포괄1죄의 관계에 있는 것이 아니라 상상적 경합관계에 있다.[801] ◉ 피고인들이 피해자들의 재물을 강취한 후 그들을 살해할 목적으로 현주건조물에 방화하여 사망에 이르게 한 경우, 피고인들의 행위는 **강도살인죄**와 **현주건**

원심이 같은 취지에서 무면허와 음주운전행위를 상상적 경합으로 처리한 조치는 정당하고 소론과 같은 법리오해의 잘못이 없다. 논지는 이유 없다.」(대법원 1987. 2. 24, 선고 86도2731 판결)

798) ▶ 「…(전략) 2. 이 사건 공소사실의 요지는, 피고인이 자동차 **운전면허 없이** 혈중알콜농도 0.201%의 **술에 취하여** 정상적인 운전이 곤란한 상태에서 (차량 번호 생략) 무쏘 차량을 운전하던 중, 전방에 신호대기로 정차하고 있던 포터 화물차량의 뒷부분을 들이받아 위 포터 화물차량이 밀리면서 그 앞에 정차하고 있던 포터II 화물차량을 들이받도록 함으로써, **피해자로 하여금 상해를 입게 함**과 동시에 위 **각 화물차량을 손괴**하였다는 것이고, 원심은 이를 특정범죄가중처벌 등에 관한 법률 위반(위험운전치사상)죄, 도로교통법 위반(음주운전)죄, 도로교통법 위반(무면허운전)죄, 각 업무상과실 재물손괴로 인한 도로교통법 위반죄의 유죄로 인정하였는바, 앞서 본 법리에 따르면 특정범죄가중처벌 등에 관한 법률 위반(위험운전치사상)죄와 각 업무상과실 재물손괴로 인한 도로교통법 위반죄는 상상적 경합관계에 있다 할 것이다.

이와 달리 원심은, 도로교통법 위반(음주운전)죄와 도로교통법 위반(무면허운전)죄 상호간만 상상적 경합관계에 있고 특정범죄가중처벌 등에 관한 법률 위반(위험운전치사상)죄와 각 업무상과실 재물손괴로 인한 도로교통법 위반죄는 실체적 경합관계에 있는 것으로 보아, 특정범죄가중처벌 등에 관한 법률 위반(위험운전치사상)죄와 각 업무상과실 재물손괴로 인한 도로교통법 위반죄 및 도로교통법 위반(음주운전)죄에 정한 형의 장기를 합산한 형기범위 내에서 하나의 형을 선고하였는바, 이러한 원심의 조치에는 죄수관계에 관한 법리를 오해한 위법이 있고, 이는 판결 결과에 영향을 미쳤음이 분명하다. 상고이유 중 이 점을 지적하는 부분은 이유 있다.」(대법원 2010. 1. 14, 선고 2009도10845 판결)

799) 대법원 1986. 2. 11, 선고 85도2658 판결.

800) 서울고법 1974. 11. 21, 선고 74노1017 제3형사부판결 : 확정.

801) 대법원 1993. 9. 14, 선고 93도1790 판결.

조물방화치사죄에 모두 해당하고 그 두 죄는 상상적 경합범관계에 있다.[802)] ◉ **감금**행위가 **강간죄**나 **강도죄**의 수단이 된 경우에는 감금죄는 강간죄나 강도죄에 흡수되지 않고 별도의 죄를 구성하고, 양 죄는 상상적 경합관계에 있다.[803)] ◉ 형법 제139조에 규정된 **인권옹호직무명령불준수죄**와 형법 제122조에 규정된 **직무유기죄**의 각 구성요건과 보호법익 등을 비교하여 볼 때, 인권옹호직무명령불준수죄가 직무유기죄에 대하여 법조경합 중 특별관계에 있다고 보기는 어렵고 양 죄를 상상적 경합관계로 보아야 한다.[804)] ◉ 공무원이 거짓말로 돈을 수수한 경우 직무관련성이 있다면 **사기죄**와 **수뢰죄**의 상상적 경합이다.[805)]

나. 실체적 경합

제37조(경합범) 판결이 확정되지 아니한 수개의 죄[806)] 또는 금고 이상의 형에 처한 판결[807)]이 확정된 죄와 그 판결확정 전에 범한 죄[808)]를 경합범으로 한다.

제38조(경합범과 처벌례)[809)] ① 경합범을 동시에 판결할 때에는 다음의 구별에 의하여 처벌한다.

1. 가장 중한 죄에 정한 형이 사형 또는 무기징역이나 무기금고인 때에는 가장 중한 죄에 정한 형으로 처벌한다.
2. 각 죄에 정한 형이 사형 또는 무기징역이나 무기금고 이외의 동종의 형인 때에는 가장 중한 죄에 정한 장기 또는 다액에 그 2분의 1까지 가중하되 각 죄에 정한 형의 장기 또는 다액을 합산한 형기 또는 액수를 초과할 수 없다. 단 과료와 과료, 몰수와 몰수는 병과할 수 있다.
3. 각 죄에 정한 형이 무기징역이나 무기금고 이외의 이종의 형인 때에는 병과한다.

802) 대법원 1998. 12. 8, 선고 98도3416 판결.

803) 대법원 1983. 4. 26, 선고 83도323 판결; 대법원 1984. 8. 21, 선고 84도1550 판결; 대법원 1997. 1. 21, 선고 96도2715 판결.

804) 대법원 2010. 10. 28, 선고 2008도11999 판결.

805) 대법원 1977. 6. 7, 선고 77도1069 판결; 대법원 1985. 2. 8, 선고 84도2625 판결; 대법원 2015. 10. 29, 선고 2015도12838 판결.

806) **통상의 경합범, 즉 전단의 동시적 경합범**이다. 가중 처벌 대상이다.

807) 2003. 12. 30. 형법개정 전에는 대법원은 제37조 후단의 '판결'에는 약식명령도 포함된다고 해석하였다(대법원 1994. 1. 11, 선고 93도1923 판결; 대법원 1999. 4. 13, 선고 99도640 판결; 대법원 2000. 3. 24, 선고 2000도102 판결; 대법원 2001. 8. 24, 선고 2001도2832 판결). 그러나 그러한 해석은 명문의 규정에 반하여 더 이상 유효하지 않다.

808) **사후적 경합범**이다. 먼저 판결된 죄보다 가중 처벌할 필요는 없고, 앞서 판결된 사건을 고려하여 판결을 받지 않고 후발 기소된 이번 죄에 대해서만 형을 정한다. 형을 정함에 있어서는 동시에 판결됐을 경우와의 형평을 고려하여 재량껏 정한다. 유의할 것은 먼저 판결된 전과를 가중전과로 삼아 후발 기소된 사건의 형을 정함에 있어 고려하여서는 아니 된다는 점이다.

809) **가중 처벌하는 동시적 경합범 규정**이다. 수개의 죄가 함께 기소되어 같은 재판에서 하나의 형을 받기 위해 기다리는 중이다.

② 전항 각호의 경우에 있어서 징역과 금고는 동종의 형으로 간주하여 징역형으로 처벌한다.

제39조(판결을 받지 아니한 경합범,[810] 수개의 판결과 경합범, 형의 집행과 경합범) ① **경합범 중 판결을 받지 아니한 죄가 있는 때**에는 그 죄와 판결이 확정된 죄를 동시에 판결할 경우와 **형평을 고려하여 그 죄에 대하여 형을 선고한다.** 이 경우 그 형을 **감경 또는 면제할 수 있다.**

(1) 실체적 경합범은 수개의 행위가 수죄에 해당하는 점에서, 하나의 행위가 수죄에 해당하는 상상적 경합과 다르다. 따라서 중한 죄의 정한 형으로 벌하는 상상적 경합범보다 원칙적으로 **가중 처벌한다**(동시적 경합범의 경우).

(2) 동시적 경합범

실체적 경합범은 **동시적 경합범**과 **사후적 경합범**으로 나누어진다. 여러 개의 행위로 수죄를 범하였으나 상상적 경합관계에 있지 아니하고 함께 재판받는 경우가 동시적 경합범이다. 동시적 경합범은 사형, 무기 이외의 동종의 형인 때 중한 죄의 장기에 1/2을 가중 처벌한다. **형법 제37조 전단이 동시적 경합범**을 표현하고 있고, 처벌에 대해서는 제38조가 가중처벌을 규정하고 있다.

▶ 동시적 경합 사례

◉ 형법 제88조의 내란목적살인죄는 국헌을 문란할 목적을 가지고 직접적인 수단으로 사람을 살해함으로써 성립하는 범죄라 할 것이므로, 국헌문란의 목적을 달성함에 있어 내란죄가 '폭동'을 그 수단으로 함에 비하여 내란목적살인죄는 '살인'을 그 수단으로 하는 점에서 두 죄는 엄격히 구별된다 할 것이다. 그러므로 내란의 실행과정에서 **폭동행위에 수반**하여 개별적으로 발생한 **살인**행위는 내란행위의 한 구성요소를 이루는 것이므로 **내란행위에 흡수**되어 내란목적살인의 별죄를 구성하지 아니하나, 특정인 또는 일정한 범위내의 한정된 집단에 대한 살해가 내란의 와중에 폭동에 수반하여 일어난 것이 아니라 **그것 자체가 의도적으로 실행**된 경우에는 이러한 살인행위는 내란에 흡수될 수 없고 **내란목적살인의 별죄**를 구성한다고 할 것이다. 같은 취지에서 이 사건 광주재진입작전 수행으로 인하여 피해자들을 사망하게 한 부분에 대하여 **내란죄**와는 별도로 **내란목

810) **사후적 경합범 규정**이다. 후발 기소된 죄는 앞서 먼저 판결 받은 사건보다 가중 처벌되지 않는다. 이번 사건에 대해 적절한 형을 정하는 것이 목적이고, 가중 우려를 배제하기 위한 명문 규정이다.

적살인죄로 다스린 원심의 조처는 정당하고, 거기에 상고이유로 지적하는 바와 같이 내란목적살인죄와 내란죄의 관계에 관한 법리를 오해한 위법이 있다고 할 수 없다.[811] ◉ 단일하고 계속된 범의 하에 동종의 범행을 일정기간 반복하여 행하고 그 피해법익도 동일한 경우에는 각 범행을 통틀어 포괄 1죄로 볼 것이나 이러한 범의의 단일성과 계속성을 인정할 수 없을 때에는 각 범행마다 별개의 죄가 성립하는 것이므로 경합범으로서 처단해야 한다.[812] 원심판결을 기록과 함께 보면, 원심은 위와 같은 취지에서 피고인 1의 판시행위 중 그 판시의 제1심 판시 1의 가, 판시 1의 나중 원심판결의 별지 6항, 제8항 및 판시 1의 다의 각 뇌물수수의 점은 같은 피고인에 대한 각 그 범의의 단일성과 계속성을 인정할 수 있다고 보아 이를 포괄하여 각 특정범죄가중처벌등에관한법률 제2조 제1항 제2호를 적용하고, 판시 1의 나중 원심판결의 별지 제5항, 제7항, 제9항 내지 제12항의 각 뇌물수수의 점은 그와 같은 **범의의 단일성과 계속성을 인정할 수 없다고 보아** 이에 대하여는 각 형법 제129조 제1항을 적용한 다음 위 여러 개의 범죄를 경합범으로 다스리고 있음이 분명하므로 거기에 지적하는 바와 같은 포괄 1죄 또는 경합범에 관한 법리를 오해하였거나 법률적용을 잘못한 허물이 없다.[813] ◉ 피고인에 대하여 판시 <별지1> 금품수수일람표 순번 제2의 가 내지 라.항 기재의 각 금품수수의 점은 이를 통틀어 포괄일죄라고 보되, 같은 일람표 순번 제1항 기재의 금품수수의 점은 그것과 독립하여 별개의 죄를 구성한다고 판단한 것은 정당하다.[814] ◉ 원심은 1984년부터 1987년까지 4개년 간 서울특별시가 발주한 공사금액 10억원 이상의 공사 중 피고인 2가 회장으로 있는 주식회사 한○은 공사금액 62억 8천만원의 이 사건 ○○산 근린공원 조성공사 외에도 공사금액 83억 3천만원의 농수산물 종합도매시장 내 축산부류시장공사 등 총 공사금액 279억에 이르는 도합 8건의 공사를 수주 받아 시공한 사실과 피고인들 사이에 수수된 이 사건 각 금원은 1985. 1.초부터 1987. 10.경까지 약 2년 9개월간에 걸쳐 길게는 8개월, 짧게는 1개월의 간격을 두고 연초, 추석 등 명절이나 국회개원 등의 시기를 골라 교부된 사실을 인정하고 있다. 위와 같은 사실관계에 원심채용증거를 합쳐 살펴보면, 피고인들이 특히 이 사건 ○○산 근린공원조성공사에 관한 청탁과 사례의 취지로 뇌물을 수수한다는 **단일하고도 계속된 범의 하에 이 사건 각 금원을 주고받은 것이라고 볼 수는 없고,** 위 회사가 서울특별시로부터 수주한 위 인정과 같은 여러 건의 공사의 발주, 시공 및 준공 등 과정에서 도움을 받기 위하거나 사례의 뜻으로 연초, 추석 등 명절이나 국회개원 시를 빙자하여 그

811) 대법원 1997. 4. 17, 선고 96도3376 전원합의체 판결.
812) 대법원 1989. 6. 20, 선고 89도648 판결.
813) 대법원 1989. 9. 26, 선고 89도1334 판결.
814) 대법원 1997. 12. 26, 선고 97도2609 판결.

때마다 별개의 범의 하에 뇌물을 주고받은 것이라고 본 원심판단에 수긍이 간다. 결국 원심이 이 사건 각 범행을 포괄 1죄로 보지 아니하고 수죄로 보아 경합범으로 처단한 것은 정당하다.[815] ◉ 경찰서 생활질서계에 근무하는 피고인 갑이 사행성 게임장 업주인 피고인 을로부터 뇌물을 수수하면서, 피고인 을의 자녀 명의 은행 계좌에 관한 현금카드를 받은 뒤 피고인 을이 위 계좌에 돈을 입금하면 피고인 갑이 현금카드로 돈을 인출하는 방법으로 범죄수익의 취득에 관한 사실을 가장한 경우, 위 행위는 범죄수익은닉의 규제 및 처벌 등에 관한 법률 제3조 제1항 제1호에서 정한 '범죄수익 등의 취득 또는 처분에 관한 사실을 가장하는 행위'에 해당하므로, 피고인 갑에게 **범죄수익규제법 위반죄**와 **특정범죄 가중처벌 등에 관한 법률 위반(뇌물)죄**가 성립하고 두 죄가 실체적 경합범 관계에 있다.[816] ◉ 부외자금 인출행위는 정치자금의 기부를 위한 수단으로 이루어진 것으로서, 횡령행위는 정치자금에관한법률위반행위에 흡수되는 법조경합의 관계에 있다고 주장하나, 법조경합은 1개의 행위가 외관상 수개의 죄의 구성요건에 해당하는 것처럼 보이나 실질적으로 1죄만을 구성하는 경우를 말하며, 실질적으로 1죄인가 또는 수죄인가는 구성요건적 평가와 보호법익의 측면에서 고찰하여 판단해야 할 것이고,[817] 특정경제범죄가중처벌등에관한법률위반(**횡령**)죄와 기부제한 규정위반으로 인한 **정치자금에관한법률위반죄**는 **보호법익과 구성요건의 내용이 서로 다른 별개의 범죄**이므로, 실체적 경합범 관계에 놓여 있다.[818] ◉ **다수의 계**를 조직하여 수인의 계원들을 개별적으로 기망하여 계불입금을 편취한 경우, **각 피해자별로 독립**하여 사기죄가 성립하고 그 사기죄 상호간은 실체적 경합범 관계에 있고,[819] ◉ 동일한 피해자에 대하여 수회에 걸쳐 기망행위를 하여 금원을 편취하였으나 **범의의 단일성과 계속성이 인정되지 않거나 범행방법이 동일하지 않은 경우** 포괄일죄로 볼 수 없고, 실체적 경합범으로 보아야 한다.[820] 피고인이 동일한 피해자로부터 3회에 걸쳐 돈을 편취함에 있어서 그 시간적 간격이 각 2개월 이상이 되고 그 기망방법에 있어서도 처음에는 경매보증금을 마련하여 시간을 벌어주면 경매목적물을 처분하여 갚겠다고 거짓말을 했고, 두 번째는 한번만 더 시간을 벌면 위 부동산이 처분될 수 있다고 하여 돈을 빌려주게 하고, 마지막에는 돈을 빌려주지 않으면 두 번에 걸쳐 빌려준 돈도 갚을 수 없게 되었다고 거짓말을 함으로써 피해자로 하여금 부득이 그 돈을 빌려주지 않을 수 없는 상태에 놓이게 하였다면 피고인에게 **범의의 단일성과 계속성이 있**

815) 대법원 1989. 6. 20, 선고 89도648 판결.
816) 대법원 2012. 9. 27, 선고 2012도6079 판결.
817) 대법원 1998. 3. 24, 선고 97도2956 판결.
818) 대법원 2005. 5. 26, 선고 2003도5519 판결. ※ 지금은 '정치자금법'이다.
819) 대법원 2010. 4. 29, 선고 2010도2810 판결.
820) 대법원 2004. 6. 25, 선고 2004도1751 판결.

었다고 보여지지 아니하므로 위의 각 범행은 실체적 경합범에 해당한다.[821] ◉ 법원을 기망하여 승소판결을 받고 그 확정판결에 의하여 소유권이전등기를 경료한 경우에는 **사기죄**와 **별도로 공정증서원본 불실기재죄**가 성립하고 양 죄는 실체적 경합범 관계에 있다.[822] ◉ 피고인이 예금통장을 강취하고 예금자 명의의 예금청구서를 위조한 다음 이를 은행원에게 제출 행사하여 예금인출금 명목의 금원을 교부받았다면 **강도, 사문서위조, 동행사, 사기**의 각 범죄가 성립하고 이들은 실체적 경합관계에 있고,[823] ◉ 위조한 사문서를 행사하여 기망한 경우 **위조사문서행사죄**와 **사기죄**는 실체적 경합,[824] ◉ 사기의 수단으로 발행한 수표가 지급 거절된 경우 **부정수표단속법위반죄와 사기죄**는 그 **행위의 태양과 보호법익을 달리하므로** 실체적 경합범의 관계에 있고,[825] ◉ 통화위조죄에 관한 규정은 공공의 거래상의 신용 및 안전을 보호하는 공공적인 법익을 보호함을 목적으로 하고 있고, 사기죄는 개인의 재산법익에 대한 죄이어서 양 죄는 그 보호법익을 달리하고 있으므로 위조통화를 행사하여 재물을 불법영득한 때에는 **위조통화행사죄**와 **사기죄**의 양 죄가 성립된다.[826] ◉ 유가증권위조죄의 죄수는 원칙적으로 **위조된 유가증권의 매수**를 기준으로 정할 것이므로, 약속어음 2매의 위조행위는 포괄일죄가 아니라 경합범이다.[827] ◉ 보건범죄단속에관한특별조치법 제3조 제1항 제2호는 약사법 제26조 제1항의 허가를 받지 아니하고 의약품을 제조한 자가 그 가액이 소매가격으로 연간 1천만원 이상인 경우를 처벌하고 있는 바, 위와 같은 무허가 의약품 제조행위 자체를 사기행위라고 볼 수는 없고, 형법 제347조 제1항의 **사기죄**와 **위 보건범죄단속에관한특별조치법위반죄**는 각 그 **구성요건을 달리하는 별개의 범죄로서, 서로 보호법익을 달리 하고 있어** 양 죄를 법조경합관계로 볼 것이 아니라 실체적 경합관계로 봄이 상당하다.[828] ◉ **형법 제357조 제1항의 배임수재죄**는 타인의 사무를 처리하는 자가 그 임무에 관하여 부정한 청탁을 받고 재물 등을 취득함으로써 성립하는 것이고 어떠한 임무 위배행위나 본인에게 손해를 가한 것을 요건으로 하는 것이 아닌데 대하여 **동법 제256조, 제355조 제2항의 배임죄**는 타인의 사무를 처리하는 자가 그 임무에 위배하는 행위가 있어야 하고 그 행위로서 본인에게 손해를 가함으로

821) 대법원 1989. 11. 28, 선고 89도1309 판결.
822) 대법원 1983. 4. 26, 선고 83도188 판결.
823) 대법원 1991. 9. 10, 선고 91도1722 판결.
824) 위조사문서행사죄와 이로 인한 사기죄와는 상상적 경합관계에 있다고 볼 수 없다(대법원 1981. 7. 28, 선고 81도529 판결).
825) 대법원 1983. 11. 22, 선고 83도2495 판결; 대법원 2004. 6. 25, 선고 2004도1751 판결.
826) 대법원 1979. 7. 10, 선고 79도840 판결.
827) 대법원 1983. 4. 12, 선고 82도2938 판결.
828) 대법원 2004. 1. 15, 선고 2001도1429 판결.

써 성립하는 것이나 부정한 청탁을 받거나 금품을 수수한 것을 그 요건으로 하지 않고 있으므로 이들 양 죄는 **행위의 태양을 전연 달리하고 있어** 일반법과 특별법관계가 아닌 별개의 독립된 범죄라고 보아야 하고 또 업무상 배임죄의 법정형은 10년 이하의 징역(단순배임죄의 법정형도 5년 이하의 징역)인데 비하여 배임수재죄의 그것은 업무상 배임죄의 법정형 보다 경한 5년 이하의 징역이므로 업무상 배임죄가 배임수재죄에 흡수되는 관계에 있다거나 결과적 가중범의 관계에 있다고는 할 수 없으므로 위 양 죄를 형법 제37조 전단의 경합범으로 의율처단하였음은 정당하다.[829) ◉ 방문판매등에관한법률 제45조 제2항 제1호는 "누구든지 다단계판매조직 또는 이와 유사하게 순차적·단계적으로 가입한 가입자로 구성된 다단계조직을 이용하여 상품 또는 용역의 거래 없이 금전거래만을 하거나 상품 또는 용역의 거래를 가장하여 사실상 금전거래만을 하는 행위를 하여서는 아니 된다."고 규정하고 있어서 그 행위 자체를 사기행위라고 볼 수는 없고, 그러한 금전거래를 통한 형법 제347조 제1항의 **사기죄**와 **방문판매등에관한법률 제45조 제2항 제1호의 위반죄**는 법률상 1개의 행위로 평가되는 경우에 해당하지 않으며, 또 각 그 **구성요건을 달리하는 별개의 범죄로서, 서로 보호법익을 달리하고 있어** 양 죄를 상상적 경합관계나 법조경합관계로 볼 것이 아니라 실체적 경합관계로 봄이 상당하다.[830)] ◉ **방문판매등에관한법률위반죄**와 **유사수신행위의규제에관한법률위반죄, 특정경제범죄가중처벌등에관한법률위반(사기)죄**는 각 그 **구성요건과 보호법익을 달리할 뿐 아니라, 이 사건 각 죄의 판시사실 자체의 범죄 일시나 행위 태양도 서로 일치하지 않으므로** 위 각 죄는 법률상 1개의 행위로 평가되는 경우에 해당하지 않는다 할 것이어서, 위 각 죄는 상상적 경합관계가 아닌 실체적 경합관계로 봄이 상당하다.[831)] 따라서 프랜차이즈사업과 방문판매사업에 투자하면 수익을 창출하여 이익금을 지급하겠다며 다수인을 끌어들여 돈을 투자받고 자금의 수신과 이익금 명목의 돈의 지급을 일정부분 반복하다가 도망한 경우 **사기, 유사수신법률위반, 방문판매법률위반죄**의 실체적 경합범이 된다.[832)] ◉ 방문판매등에관한법률상 **무등록영업행위**와 **사실상 금전거래만을 하는 영업행위**는 각 그 구성요건이, 등록을 하지 않고 다단계판매업을 하거나(제28조 제1항) 다단계조직을 이용하여 금전거래만을 하는 행위(제45조 제2항 제1호)로서 **서로 상이하고, 나아가 그 하나의 행위가 다른 하나의 행위를 포함한다고 할 수도 없으며, 그 보호법익 또한 다른 전혀 별개의**

829) 대법원 1984. 11. 27, 선고 84도1906 판결.
830) 대법원 2000. 7. 7, 선고 2000도1899 판결.
831) 서울동부지방법원 2006. 6. 19, 선고 2005고합216,2006고합15(병합),2006고합106(병합),2006고합107(병합) 판결; 대법원 2003. 1. 24, 선고 2002도6427 판결; 2001. 12. 24, 선고 2001도205 판결.
832) 대구지방법원 서부지원 2011. 10. 19, 선고 2011고단552 판결.

행위로서 별개의 죄를 구성한다고 할 것이므로 어느 한쪽의 죄가 다른 한쪽의 죄에 흡수된다고 볼 수는 없는 것이어서 위 두 가지 죄는 실체적 경합범의 관계에 있다.[833] ◉ 감금행위가 단순히 강도상해 범행의 수단이 되는 데 그치지 아니하고 강도상해의 범행이 끝난 뒤에도 계속된 경우에는 1개의 행위가 **감금죄**와 **강도상해죄**에 해당하는 경우라고 볼 수 없고, 이 경우 감금죄와 강도상해죄는 형법 제37조의 경합범 관계에 있다.[834] ◉ 강도강간죄는 강도가 강간하는 것을 그 요건으로 하므로 부녀를 강간한 자가 강간행위 후(後)에 강도의 범의를 일으켜 재물을 강취하는 경우에는 **강간죄**와 **강도죄**의 경합범이 성립된다.[835] ◉ 피해자를 2회 강간하여 2주간 치료를 요하는 질입구파열창을 입힌 자가 피해자에게 용서를 구하였으나 피해자가 이에 불응하면서 위 강간사실을 부모에게 알리겠다고 하자 피해자를 살해하여 위 범행을 은폐시키기로 마음먹고 철삿줄과 양손으로 피해자의 목을 졸라 질식 사망케 하였다면, 동인의 위와 같은 소위는 **강간치상죄**와 **살인죄**의 경합범이 된다.[836] ◉ 운전 중 과실로 사람을 다치게 하고 물건도 손괴하고는 도주한 경우 도로교통법상 **안전운전의무위반죄**와와 도로교통법상 **사고후미조치죄,** 특가법상 **도주차량운전죄**가 모두 성립하고, 사고후미조치죄와 도주차량운전죄 간 상상적 경합관계, 이들 두 죄와 안전운전의무위반죄 간에는 실체적 경합관계에 있다.[837] ◉ 업무상과실치상죄와 도로교통법상 과실재물손괴죄를 저지른 자가 사고현장을 이탈하지 않고 현장에 그대로 있으면서 사고후조치를 취하지 않은 경우 **업무상과실치상죄** 또는 도로교통법상 **과실재물손괴죄(현행 제151조)**외에 도로교통법상 **사고후미조치죄(현행 제148조)가** 성립하고, 이는 실체적 경합관계에 있다.[838] ◉ 도로교통법 제107조의2 제2호 음주

833) 대법원 2001. 3. 27, 선고 2000도5318 판결.
834) 대법원 2003. 1. 10, 선고 2002도4380 판결.
835) 대법원 1977. 9. 28, 선고 77도1350 판결.
836) 대법원 1987. 1. 20, 선고 86도2360 판결.
837) 대법원 1993. 5. 11, 선고 93도49 판결은, 도로교통법상 **안전운전위반죄**와 같은 법 **사고후미조치죄(현행 제148조)**, 특가법상 **도주차량운전죄(제5조의3)**의 3가지 죄가 모두 성립하고, 사고후미조치죄와 도주차량운전죄는 1개의 행위가 수개의 죄에 해당하는 상상적 경합관계, 이들 두 죄와 안전운전의무위반죄는 1개의 행위에 의한 것이 아니므로 실체적 경합범 관계에 있다고 보았다.
838) 대법원 1991. 6. 14, 선고 91도253 판결. "…(전략) **도로교통법 제106조(사고후미조치죄; 현행 제148조)**는 동법 제50조 제1항의 규정에 의한 교통사고 발생 시의 조치를 하지 아니한 사람을 처벌한다고 규정하고 있는바, 그 보호법익은 도로교통의 안전과 원활이고(동법 제1조 참조) 그 행위주체는 차의 교통으로 인하여 사람을 사상하거나 물건을 손괴한 차의 운전자 및 승무원으로서 그 교통사고가 위 운전자 등의 고의, 과실 등의 귀책사유로 발생할 것을 요하지 아니하며, 또 사람의 사상, 물건의 손괴가 있다는 것에 대한 인식이 있을 것을 필요로 하는 고의범(故意犯)으로써, 과실범(過失犯)인 형법 제268조의 죄 중 **업무상과실 또는 중과실 치상죄** 및 **도로교통법 제108조의 죄(과실재물손괴; 현행 제151조)**와는 그 보호법익, 주체, 행위 등 구성요건이 전혀 다른 별개의 범죄이므로, 차의 운전자가 업무상과실 또는 중과실에

측정불응죄의 규정 취지 및 입법 연혁 등을 종합하여 보면, 주취운전은 이미 이루어진 도로교통안전침해만을 문제 삼는 것인 반면 음주측정거부는 기왕의 도로교통안전침해는 물론 향후의 도로교통안전 확보와 위험 예방을 함께 문제 삼는 것이고, 나아가 **주취운전**은 도로교통법시행령이 정한 기준 이상으로 술에 '취한' 자가 행위의 주체인 반면, **음주측정거부**는 술에 취한 상태에서 자동차 등을 운전하였다고 인정할 만한 상당한 이유가 있는 자가 행위의 주체인 것이어서, 결국 양자가 반드시 **동일한 법익을 침해하는 것이라거나 주취운전의 불법과 책임내용이 일반적으로 음주측정거부의 그것에 포섭되는 것이라고는 단정할 수 없으므로,** 결국 주취운전과 음주측정거부의 각 도로교통법위반죄는 실체적 경합관계에 있는 것으로 보아야 한다.[839] ◉ 음주로 인한 특정범죄가중처벌 등에 관한 법률 위반(**위험운전치사상**)죄와 도로교통법 위반(**음주운전**)죄는 **입법 취지와 보호법익 및 적용영역을 달리하는 별개의 범죄**이므로, 양 죄가 모두 성립하는 경우 두 죄는 실체적 경합관계에 있다.[840] ◉ **세금계산서합계표를 허위기재하여 정부에 제출하는 행위**를 처벌하는 구 조세범 처벌법(2010. 1. 1. 법률 제9919호로 전부 개정되기 전의 것, 이하 같다) 제11조의2 제4항 제3호 소정의 죄와 **사기 기타 부정한 행위로써 부가가치세 등의 조세를 포탈하거나 조세의 환급·공제를 받는 행위**를 처벌하는 구 조세범 처벌법 제9조 제1항 제3호 소정의 죄는 그 **구성요건적 행위의 태양과 보호법익이 서로 다를 뿐 아니라 어느 한 죄의 불법과 책임의 내용이 다른 죄의 불법과 책임의 내용을 모두 포함하고 있지 아니하므로,** 세금계산서합계표를 허위기재하여 정부에 제출하는 방법으로 부가가치세를 포탈하거나 부가가치세의 환급·공제를 받는 경우 구 조세범 처벌법 제11조의2 제4항 제3호 소정의 죄와 같은 법 제9조 제1항 제3호 소정의 죄는 별개로 성립한다. 나아가 구 조세범 처벌법 제9조 제1항 제3호 소정의 죄가 성립하기 위해서는 세금계산서합계표를 조작하여 제출하는 행위 외에 과세표준과 세액에 관한 허위의 신고를 하고 그에 근거하여 조세를 포탈하거나 조세의 환급·공제를 받는 행위가 있어야 하므로, 부가가치세를 포탈하거나 부정하게 환급·공제받는 범죄와 허위기재 세금계산서합계표를 정부에 제출하는 범죄는 법률상 1개의 행위로 볼 수 없다. 이러한 법리는 위 각 범죄에 대한 가중처벌 조항인 구 특정범죄 가중처벌 등에 관한 법률(2010. 1. 1. 법률 제9919호로 개정되기 전

의하여 사람을 상해에 이르게 하거나 재물을 손괴하고 도로교통법 제50조 제1항 소정의 구호조치 등 필요한 조치를 취하지 아니한 경우에는 업무상과실, 중과실치상죄 또는 도로교통법 제108조의 죄 외에 도로교통법 제106조의 죄가 성립하고(다만 특정범죄가중처벌등에관한 법률 제5조의3에 해당하는 경우에는 그 죄만이 성립함), 이는 1개의 행위에 의한 것이 아니므로 **실체적 경합범**이라고 보아야 할 것 …(후략)"

839) 대법원 2004. 11. 12, 선고 2004도5257 판결.

840) 대법원 2008. 11. 13, 선고 2008도7143 판결.

의 것) 제8조의2 제1항 소정의 죄와 같은 법 제8조 제1항 소정의 죄에도 그대로 적용된다. 같은 취지에서 원심이 피고인의 **허위기재 세금계산서합계표 제출행위**와 **부가가치세 포탈행위**가 별개의 행위로서 별개의 죄를 구성한다고 보아 형법 제37조 전단의 경합범으로 처단한 조치는 정당하다.[841] ◉ **부정수표단속법** 제4조는 수표금액의 지급 또는 거래정지처분을 면할 목적으로 금융기관에 거짓 신고를 한 자를 처벌하도록 규정하고 있는바, 위 **허위신고죄**는 타인으로 하여금 형사처분 또는 징계처분을 받게 할 목적으로 공무소 또는 공무원에 대하여 허위의 사실을 신고하는 때에 성립하는 **무고죄**와는 행위자의 목적, 신고의 상대방, 신고 내용, 범죄의 성립시기 등을 달리하는 별개의 범죄로서 서로 보호법익이 다르고, 법률상 1개의 행위로 평가되는 경우에도 해당하지 않으므로, 두 죄는 상상적 경합관계가 아니라 실체적 경합관계로 보아야 한다. 따라서 이와 달리 위 두 죄가 상상적 경합관계에 있음을 전제로 이 사건 공소사실 중 무고의 점에 대하여 면소판결이 선고되어야 한다는 취지의 상고이유 주장은 받아들일 수 없다.[842]

(3) 사후적 경합범

여러 개의 행위로 수죄를 범하였는데 하필 몇 개의 행위만 적발되어 먼저 재판받아 판결이 선고되었고, 이후 앞서 저지른 범죄 중에서 기소되지 않아 함께 재판받지 못했던 범죄가 뒤늦게 적발돼 별도로 재판받는 경우가 있다. 이를 사후적 경합범이라 하고(제37조 후단 경합범), 처벌은 제39조 제1항에서 규정하고 있다.[843] 동시적 경합범과 달리 가중처벌의 근거가 되지 못한다. 따라서 법원의 재량으로 후단 경합범에 대해 형을 감경 또는 면제할 수도 있다. **그러나** 형법 제37조 후단 및 제39조 제1항의 문언, 입법취지 등에 비추어 보면, 아직 판결을 받지 아니한 죄가 이미 판결이 확정된 죄와 동시에 판결할 수 없었던 경우에는 형법 제39조 제1항에 따라 동시에 판결할 경우와 형평을 고려하여 형을 선고하거나 그 형을 감경 또는 면제할 수 없다.[844]

요컨대 사후적 경합범 규정은 판결확정 전에 범하였으나 뒤늦게 발각된

841) 대법원 2011. 12. 8, 선고 2011도9242 판결.

842) 대법원 2014. 1. 23, 선고 2013도12064 판결.

843) 오영근 교수는 제39조 제1항과 관련하여, "구 형법에서는 단순히 '그 죄에 대하여 형을 선고한다'고 규정했다. 그러나 두 개의 형을 따로 선고하는 경우 동시적 경합범으로 형을 선고할 때에 비해 불리한 결과가 초래되는 경우가 많기 때문에 2005. 7. 개정형법은 두 개의 죄를 동시적 경합범으로 판결할 때와의 형평을 고려하도록 했다."고 설명하고 있다(오영근, 신 형법입문, 제3판, 박영사, 2013, 221면).

844) 대법원 2011. 10. 27, 선고 2009도9948 판결; 대법원 2012. 9. 27, 선고 2012도9295 판결.

이 죄가 미리 함께 공소제기 되었다면 당연히 경합범의 예에 따라 처벌되었을 것이므로, 후발 기소됐다는 점만으로 불리하게 처벌되어서도, 유리하게 처벌돼서도 안 된다는 점을 분명히 하고 있다.[845)]

▶ 「형법 제37조는 '판결이 확정되지 아니한 수개의 죄'(아래에서는 '전단 경합범'이라 한다) 또는 '금고 이상의 형에 처한 판결이 확정된 죄와 그 판결확정 전에 범한 죄'(아래에서는 '후단 경합범'이라 한다)를 경합범으로 하고, 제38조 제1항에서 전단 경합범을 그 처단형에 따라 흡수주의(제1호 : 가장 중한 죄에 정한 처단형이 사형 또는 무기징역이나 무기금고인 때), 가중주의(제2호), 병과주의(제3호)에 따라 처벌하도록 한 다음, 제39조 제1항에서 "경합범 중 판결을 받지 아니한 죄가 있는 때에는 그 죄와 판결이 확정된 죄를 **동시에 판결할 경우와 형평을 고려**하여 그 죄에 대하여 형을 선고한다. **이 경우 그 형을 감경 또는 면제할 수 있다.**"고 정하고 있다.

형법 제39조 제1항이 후단 경합범과 전단 경합범 사이에 처벌의 불균형이 없도록 하고자 하면서도, 경합범 중 판결을 받지 아니한 죄가 있는 때에는 "그 죄와 판결이 확정된 죄에 형법 제38조를 적용하여 산출한 처단형의 범위 내에서 전체형을 정한 다음 그 전체형에서 판결이 확정된 죄에 대한 형을 공제한 나머지를 판결을 받지 아니한 죄에 대한 형으로 선고한다."거나 "그 죄와 판결이 확정된 죄에 대한 선고형의 총합이 두 죄에 대하여 형법 제38조를 적용하여 산출한 처단형의 범위 내에 속하도록 판결을 받지 아니한 죄에 대한 형을 선고한다." 고 하지 않고, "그 죄와 판결이 확정된 죄를 동시에 판결할 경우와 형평을 고려하여" 판결을 받지 아니한 죄에 대하여 형을 선고한다고 정한 취지는, 위와 같은 방법으로 전체형을 정하거나 처단형의 범위를 제한하게 되면, 이미 판결이 확정된 죄에 대하여 일사부재리 원칙에 반할 수 있고, 먼저 판결을 받은 죄에 대한 형이 확정됨에 따라 뒤에 판결을 선고받는 후단 경합범에 대하여 선고할 수 있는 형의 범위가 지나치게 제한되어 책임에 상응하는 합리적이고 적절한 선고형의 결정이 불가능하거나 현저히 곤란하게 될 우려가 있음을 감안한 것이다.

따라서 후단 경합범에 대하여 심판하는 법원은 판결이 확정된 죄와 후단 경합범의 죄를 동시에 판결할 경우와 형평을 고려하여 후단 경합범의 처단형의 범위 내에서 후단 경합범의 선고형을 정할 수 있는 것이고, 그 죄와 판결이 확정된 죄에 대한 선고형의 총합이 두 죄에 대하여 형법 제38조를 적용하여 산출한 처단형의 범위 내에 속하도록 후단 경합범에 대한 형을 정해야 하는 제한을 받는 것은 아니며, **후단 경합범에 대한 형을 감경 또는 면제할 것인지는 원칙**

845) 이재상·장영민·강동범, 형법총론, 제9판, 2017, 564-565면 참조.

적으로 그 죄에 대하여 심판하는 법원이 재량에 따라 판단할 수 있는 것이다. …(후략)」[846)]

▶ 「…(전략) 판결이 확정된 죄와 형법 제37조 후단 경합범(이하 '후단 경합범'이라 한다)을 동시에 판결할 경우와의 형평을 고려하라는 형법 제39조 제1항 취지에 비추어 볼 때 **후단 경합범에 대하여 심판하는 법원의 재량이 무제한이라 할 수는 없으므로, 후단 경합범에 해당한다는 이유만으로 특별히 형평을 고려해야 할 사정이 존재하지 아니함에도 형법 제39조 제1항 후문을 적용하여 형을 감경 또는 면제하는 것은** 오히려 판결이 확정된 죄와 후단 경합범을 동시에 판결할 경우와 형평에 맞지 아니할 뿐만 아니라 책임에 상응하는 합리적이고 적절한 선고형이 될 수 없어 **허용될 수 없다.** 따라서 형법 제39조 제1항 후문의 '감경' 또는 '면제'는 판결이 확정된 죄의 선고형에 비추어 후단 경합범에 대하여 처단형을 낮추거나 형을 추가로 선고하지 않는 것이 형평을 실현하는 것으로 인정되는 경우에만 적용할 수 있다고 보는 것이 타당하다. 이때 **형법 제39조 제1항 후문을 적용하여 후단 경합범 자체에 대한 처단형을 낮추어 선고형을 정하는 경우, 그러한 조치가 판결이 확정된 죄와 후단 경합범을 동시에 판결할 경우와 형평에 맞는 정당한 것인지는** 판결이 확정된 죄의 선고형과 후단 경합범에 대하여 선고할 형의 각 본형을 기준으로 판단하되, 후단 경합범에 대한 형의 집행을 유예하는 등 다른 처분을 부과할 경우에는 그 처분을 비롯한 관련 **제반 사정을 종합하여 전체적, 실질적으로 판단해야 한다.**

원심판결 이유를 위 법리에 비추어 살펴보면, 원심이 징역 2년에 집행유예 3년에 처하는 판결이 확정된 군무이탈죄(법정형 2년 이상 10년 이하의 징역) 등과 후단 경합범의 관계에 있는 피고인의 이 사건 강도상해죄(법정형 무기징역 또는 7년 이상의 유기징역)에 대하여, 형법 제39조 제1항이 정한 법률상 감경을 하고 거듭 작량감경을 하여 산출한 처단형 범위 내인 징역 3년으로 형을 정하고 그 형의 집행을 유예한 판결을 선고한 조치는, 선고된 각 본형의 합계, 집행유예의 실효 가능성 및 이 사건 강도상해죄 범행 당시 피고인의 연령(만 18세) 등 이 사건 강도상해죄와 관련된 제반 사정에 비추어 볼 때 판결이 확정된 죄와 후단 경합범을 동시에 판결할 경우와 형평을 고려한 것으로 볼 수 있어 정당한 것으로 수긍할 수 있고, 거기에 상고이유 주장과 같이 형법 제39조 제1항과 형법 제62조 제1항의 해석·적용에 관하여 법령을 위반한 잘못이 없다.」[847)]

---

846) 대법원 2008. 9. 11, 선고 2006도8376 판결.
847) 대법원 2011. 9. 29, 선고 2008도9109 판결.

[27] 살인죄

제250조(살인, 존속살해) ① 사람을 살해한 자는 사형, 무기 또는 5년 이상의 징역에 처한다.

1. 고의범

가. 본죄는 고의범이므로, 사람을 고의로 살해한 경우에만 살인죄가 성립한다.

살인죄의 범의는 자기의 행위로 인하여 피해자가 사망할 수도 있다는 사실을 인식·예견하는 것으로 족하지 피해자의 사망을 희망하거나 목적으로 할 필요는 없고, 또 확정적인 고의가 아닌 미필적 고의로도 족하다.[848]

나. 미필적 고의

사람이 죽을 수도 있다는 미필적 인식으로 결과를 용인하고 행위한 경우 사망의 결과가 발생하면 본죄 기수 책임을 진다. 자신의 행위로 사람이 죽게 될 것이라는 확정적 고의는 필요하지 않다.

따라서 ◉ 살인의 고의를 인정함에 있어서 반드시 살해의 목적이나 계획적인 살해의 의도가 있어야 하는 것은 아니고 살해에 대한 인식이 있으면 족한 것인바, 만 6세된 여아의 입을 손수건으로 막아 머리 뒤로 졸라매고 피해자의 어깨를 왼손으로 누르면서 목을 오른손으로 5분 정도 조르면 질식사 할 위험이 있다는 것은 일반적으로 충분히 예상할 수 있는 것이므로 피고인에게 살해의 범의가 있다.[849] ◉ 피해자들에 대한 **가해행위를 분담하여 직접 실행한 피고인 1·3·5·6 등**이 피해자들의 머리나 가슴 등 치명적인 부위를 낫이나 칼로 찌르지는 않았다고 하더라도, 쇠파이프와 각목으로 피해자들의 머리와 몸을 마구 때리고 낫으로 팔과 다리를 난자한 이상(그로 인하여 피해자 1은 10일이 지나도록 의식조차 회복하지 못했고, 피해자 2는 16주 내지 18주의 치료를 요하는 상해를 입음), 위 피고인들은 자기들의 가해행위로 인하여 피해자들이 사망할 수도 있다는 사실을

848) 대법원 1987. 7. 21, 선고 87도1091 판결; 대법원 1988. 6. 14, 선고 88도692 판결; 대법원 1994. 3. 22, 선고 93도3612 판결; 대법원 1998. 6. 9, 선고 98도980 판결, 대법원 2002. 10. 25, 선고 2002도4089 판결.

849) 대법원 1991. 9. 13, 선고 91도1473 판결.

인식하지 못하였다고 볼 수 없고 오히려 살인의 미필적 고의가 있었다고 볼 것이고, 또 **여관의 안내실에서 종업원을 감시한 피고인** 4로서도 위와 같은 경위로 집단적인 보복을 할 목적으로 낫과 쇠파이프 등을 가지고 여관으로 들어간 위 피고인들이 피해자들을 살해할 수도 있다는 사실을 인식하였을 것이므로, 피고인 1·3·5·6은 물론 피고인 4에게도 살인의 범의가 있었다고 할 것이다. **그러나 피고인 2**는 검찰청에서부터 일관하여, 자신이 비록 다른 피고인들과 함께 공소외 7 등을 찾아다닌 사실은 있지만, 도중에 일행과 헤어져 목련장여관에 가 있다가 공소외 7의 소재를 알아냈으니 여관 1로 오라는 연락을 받고 여관 1로 찾아간 때에는 이미 피고인 1 등이 낫과 쇠파이프 등을 들고 여관방으로 들어갔기 때문에, 그들이 어느 정도는 가해행위를 할 것으로 인식하고 밖에서 망을 보기는 하였으나 피해자들을 살해할 것이라고는 전혀 예상하지 못하였다고 진술하여 살인의 범의를 부인하고 있는바, 공소장에 기재된 공소사실 자체에 의하더라도 위 피고인은 이 사건 범행장소에 뒤늦게 도착하여 여관 1의 문앞에서 망을 보았다는 것일 뿐만 아니라, 여러 증거를 자세히 보아도, 피고인 2가 피고인 1 등 이 사건 살인 및 살인미수의 범죄에 직접 가담한 범인들이 피해자들을 살해할 수도 있다는 사실을 인식하거나 예견하고 위와 같이 여관문 앞에서 망을 보아주었음을 인정할 만한 자료가 전혀 없으므로, 결국 피고인 2의 경우는 살인의 범의에 관한 증명이 없는 것으로 볼 수밖에 없다.[850] ◉ 피고인이 살인의 범의를 자백하지 아니하고 **상해 또는 폭행의 범의만이 있었을 뿐이라고 다투고 있는 경우**에 피고인에게 범행 당시 살인의 범의가 있었는지 여부는 피고인이 범행에 이르게 된 경위, 범행의 동기, 준비된 흉기의 유무·종류·용법, 공격의 부위와 반복성, 사망의 결과발생가능성 정도, 범행 후에 있어서의 결과회피행동의 유무 등 범행 전후의 객관적인 사정을 종합하여 판단할 수밖에 없는 바, 피고인이 무술교관출신으로서 인체의 급소를 잘 알고 있으면서도 무술의 방법으로 피해자의 울대를 가격하여 피해자를 사망케 하였다면 살인의 범의를 인정할 수 있다. 그리고 피고인이 피해자의 울대를 쳐 피해자를 사망에 이르게 한 행위가 피해자가 먼저 피고인을 할퀴고, 피고인의 고환을 잡고 늘어지는 등 피고인을 폭행한 것이 원인이 되었다고 하더라도, 피고인의 이와 같은 행위가 살인의 범의에 기한 것이라고 인정되는 이상, 피고인의 행위는 정당방위나 과잉방위에 해당하는 행위라고 볼 수 없다.[851] ◉ 피고인이 소란을 피우는 피해자를 말리다가 피해자가 한 쪽 다리를 저는 피고인에게 '병신새끼'라고 욕하는 데 격분하여 예리한 칼로 피해자의 팔꿈치 부분에 길이 13센티미터, 허리 부분에 길이 3센티미터, 왼쪽 가슴 부분에

850) 대법원 1994. 3. 22, 선고 93도3612 판결.
851) 대법원 2000. 8. 18, 선고 2000도2231 판결.

길이 6센티미터의 상처가 나도록 찔렀고 그 가슴의 상처깊이가 무려 17센티미터나 되어 곧바로 좌측심낭까지 절단된 경우 다음 피고인에게 살인의 고의가 있었다.[852] ◉ 피고인이 과도를 소지하고 범행현장에 가게 된 동기가 살상하기 위한 계획적인 의도가 없었다 하더라도 범행현장에서 피해자로부터 폭행을 당하자 소지하고 간 길이 30센티미터의 과도로 피해자를 힘껏 찔러 사망케 한 경우라면 피고인의 범의가 순간적 발생이라 할지라도 살해의 결과가 발생하리라는 인식이 있었다고 봄이 상당하다.[853] ◉ 범행의 수단이 사람의 생명을 쉽게 빼앗을 수 있는 과도인 점, 피고인이 과도를 소지하게 된 동기와 경위, 피해자의 상해 부위가 생명과 직결되는 목 부위인 점 등을 고려하면 피고인에게 살인의 고의가 있었다.[854] ◉ 남편의 전처 소생의 딸인 피해자(9세)를 도로에서 약 17미터 떨어진 야산 속의 경작하지 않는 밭으로 데리고 들어가 주먹으로 피해자의 얼굴을 수차례 때리고, 이에 피해자가 피고인의 머리채를 잡아 뜯고 왼쪽 팔꿈치를 입으로 무는 등 반항을 하자 가지고 있던 스카프(또는 신고 있던 양말, 늘렸을 때의 길이 70cm)로 피해자의 목을 감아 스카프의 양끝을 양손에 나누어 잡고 피해자의 머리를 땅에 비비면서 약 4분 동안 2회에 걸쳐 목을 졸라 그에게 약 4주간의 치료를 요하는 판시 상해를 가하고 피해자를 실신시킨 후 피해자를 버려둔 채 그곳을 떠났고, 그 이후 피해자가 스스로 깨어나 소생하였다면, 피고인이 9세의 여자 어린이에 불과하여 항거를 쉽게 제압할 수 있는 피해자의 목을 감아서 졸라 실신시킨 후 그곳을 떠나버린 이상 그와 같은 자신의 가해행위로 인하여 피해자가 사망에 이를 수도 있다는 사실을 인식하지 못하였다고 볼 수 없으므로, 적어도 그 범행 당시에는 피고인에게 살인의 범의가 있었고, 피고인의 행위를 살인미수죄로 처단할 수 있다.[855] ◉ 피고인은 건장한 체격의 군인으로서 키 150㎝, 몸무게 42㎏의 왜소한 피해자를 상대로 폭력을 행사했고 특히 급소인 목을 15초 내지 20초 동안 세게 졸라 피해자의 설골이 부러질 정도였던 사실 등 폭력의 태양 및 정도에 비추어 보면 이 사건 범행 당시 피고인에게 최소한 살인의 미필적 고의는 있었다. 이는 피고인이 폭력을 행사한 후 피해자에게 인공호흡을 실시하였다고 하더라도 달리 볼 것이 아니다.[856] ◉ 피고인이 시위대원 3명과 같이 시내버스를 탈취한 후, 술이 취한 채 탈취한 버스를 운전하여 그때 시위대를 진압하기 위하여 차도를 차단하여 포진하고 있는 충남경찰국 기동대원을 향하여 시속 50킬로미터의 속력으로 돌진하자, 이러한 경우 그들이 버스에 치어 사망할 것

852) 대법원 1991. 10. 22, 선고 91도2174 판결.
853) 대법원 1987. 12. 8, 선고 87도2195 판결.
854) 대법원 2001. 9. 28, 선고 2001도3997 판결.
855) 대법원 1994. 12. 22, 선고 94도2511 판결.
856) 대법원 2001. 3. 9, 선고 2000도5590 판결.

이라는 점을 충분히 인식할 수 있음에도 불구하고 계속 같은 속도로 운행하면서 차도에서 인도 쪽으로 피하는 대원들을 따라 일부러 핸들을 우측으로 틀면서 돌진하여 위 버스 전면차체부위로 피해자들을 들이받아 쓰러뜨려 대원 중 일경 피해자 1 (남, 20세)은 두개골 골절 등으로 사망케 하여 그를 살해하고 상경 피해자 2 (남, 22세), 수경 피해자 3 (남, 24세)들에게는 상처를 입혔을 뿐 살해의 목적을 이루지 못하고 미수에 그쳤다면, 피고인은 위 범행에 대하여 미필적인 살의가 있었다.[857] ◉ 범행의 도구로 사용된 엽총은 통상 사냥하기 직전에 총알을 장전하는 것인데도 사냥과는 전혀 관계없는 이 사건 범행 당시 이미 총알이 장전되어 있었고, 실탄의 장전 유무는 탄창에 나타나는 표시에 의해서 쉽게 확인될 수 있어 총기에 실탄이 장전된 것인지 몰랐다고 하기 어려울 뿐 아니라, 안전장치를 하지 않은 상태에서 방아쇠를 잡고 있었던 점 등과 관계 증거에 나타난 전후 사정을 살펴보면 이 사건은 피고인의 변소처럼 피해자를 겁주려고 협박하다가 피해자의 접촉행위로 생겨난 단순한 오발사고가 아니라, 살인의 고의가 있는 범죄행위였다고 보기에 그 증거가 충분하다.[858] ◉ 형법상 범의가 있다 함은 자기가 의도한바 행위에 의하여 범죄사실이 발생할 것을 인식하면서 그 행위를 감행하거나 하려고 하면 족하고 그 결과 발생을 희망함을 요하지 아니한다고 할 것인즉, 피고인들이 평소 가지고 다니던 흉기 등으로 피해자들의 머리, 가슴, 팔, 다리 등을 수십 회씩 난자, 난타하여 두개골 골절에 의한 뇌출혈, 가슴과 팔, 다리에 관통상, 절창 등 치명상을 가한 사실을 알 수 있으니 피고인들의 이러한 행위에 비추어 보면 그 결과 발생에 대한 인식이 있었다 할 것이고, 가사 피고인들이 피해자들의 사망이라는 결과를 희망하지 아니하였더라도 그 살인의 범의가 인정된다.[859]

다. 범의 부인 시 판단의 사정

(1) 피고인이 살인의 고의를 부정할 경우, 법원은 범행동기와 범행수단, 타격부위, 타격의 속도와 강도, 피해자의 상처의 정도와 사망의 원인을 복합적으로 고려하여 살인의 미필적 고의를 인정한다.[860]

(2) 살인의 고의는 반드시 살해의 목적이나 계획적인 살해의 의도가 있어야만 인정되는 것은 아니고, 자기의 폭행 등 행위로 인하여 타인의 사망이라는

857) 대법원 1988. 6. 14, 선고 88도692 판결.
858) 대법원 1997. 2. 25, 선고 96도3364 판결.
859) 대법원 1987. 10. 13, 선고 87도1240 판결.
860) 대법원 1998. 6. 9, 선고 98도980 판결.

결과를 발생시킬 만한 가능성 또는 위험이 있음을 인식하거나 예견하였다면 고의가 있다고 할 수 있다. **피고인이 범행 당시 살인의 고의는 없었고 단지 상해 또는 폭행의 고의만 있었을 뿐이라고 다투는 경우**에, 피고인에게 범행 당시 살인의 고의가 있었는지는 피고인이 범행에 이르게 된 경위, 범행의 동기, 준비된 흉기의 유무·종류·용법, 공격의 부위와 반복성, 사망의 결과발생 가능성 정도, 범행 후 결과 회피행동의 유무 등 범행 전후의 객관적인 사정을 종합하여 판단할 수밖에 없다.[861] 그런데 공소가 제기된 범죄사실의 주관적 요소인 고의의 존재에 대한 입증책임 역시 검찰관에게 있고, 유죄의 인정은 법관으로 하여금 합리적인 의심을 할 여지가 없을 정도로 공소사실이 진실한 것이라는 확신을 가지게 하는 증명력을 가진 증거에 의해야 하므로, 그러한 증거가 없다면 설령 피고인들에게 유죄의 의심이 간다고 하더라도 피고인들의 이익으로 판단해야 한다.[862] 나아가 형벌법규의 해석과 적용은 엄격해야 하므로, 비록 범행 결과가 매우 중대하고 범행 동기나 방법 및 범행 정황에 비난 가능성이 크다는 사정이 있더라도, 이를 양형에 불리한 요소로 고려하여 그 형을 무겁게 정하는 것은 별론, 그러한 사정을 이유로 살인의 고의를 쉽게 인정할 것은 아니고 이를 인정함에 있어서는 앞서 본 법리에 따라 신중을 기해야 한다.[863]

라. 착오 사례

▶ 「원심판결이 유지한 제1심판결 거시의 증거를 기록과 대조하여 살펴보면 피고인에 대한 제1심 판시 살인범죄사실을 넉넉히 인정할 수 있으니 소론 피해자 1인 피고인의 형수 의 등에 업혀 있던 피고인의 조카 피해자 2(남1세)에 대하여는 살인의 고의가 없었으니 과실치사죄가 성립할지언정 살인죄가 성립될 수 없다는 주장을 살피건대, 피고인이 먼저 피해자 1을 향하여 살의를 갖고 소나무 몽둥이(증 제1호, 길이 85센티미터 직경 9센티미터)를 양손에 집어 들고 힘껏 후려친 가격으로 피를 흘리며 마당에 고꾸라진 동녀와 동녀의 등에 업힌 피해자 2의 머리 부분을 위 몽둥이로 내리쳐 피해자 2를 현장에서 두개골절 및 뇌좌상으로 사망케 한 소위를 살인죄로 의율한 원심조처는 정당하게 긍인되며 소위 타격의 착오가 있는 경우라 할지라도 행위자의 살인의 범의성립에 방해가 되지 아니

861) 대법원 2000. 8. 18, 선고 2000도2231 판결; 대법원 2015. 10. 29, 선고 2015도5355 판결.
862) 대법원 2004. 5. 14, 선고 2004도74 판결.
863) 대법원 2015. 10. 29, 선고 2015도5355 판결.

하니 어느 모로 보나 원심판결에 채증법칙 위배로 인한 사실오인의 위법이나 살인죄에 관한 법리오해의 위법이 없어 논지는 이유 없다.」[864)]

▶「기록을 검토하여 보아도 피고인의 소론 심신장애를 인정하지 아니한 원심의 판단에 위법사유 있다 할 수 없을 뿐만 아니라 범죄사실을 부인함으로써 원판결에 사실의 오인이 있다는 것과 원판결의 형의 양정이 과중하다는 주장은 군법회의법 제432조 소정 사유에 해당하지 아니하여 적법한 상고이유가 되지 못하므로 논지는 이유 없고, 사람을 살해할 목적으로 총을 발사한 이상 그것이 목적하지 아니한 다른 사람에게 명중되어 사망의 결과가 발생하였다 하더라도 살의를 조각하지 않는 것이라 할 것이니 원심인정과 같이 피고인이 하사 공소외 1을 살해할 목적으로 발사한 총탄이 이를 제지하려고 피고인 앞으로 뛰어들던 병장 공소외 2에게 명중되어 공소외 2가 사망한 본건의 경우에 있어서의 공소외 2에 대한 살인죄가 성립한다 할 것이므로 공소외 2에 대한 피고인의 살의를 부정하는 논지도 이유 없다.」[865)]

2. 비교개념

가. 과실로 사람을 죽게 하면 **과실치사죄**(형법 제267조)[866)]가 되어 별개 개념이 된다.

나. 특히 운전 중 과실로 사람을 사망케 한 것은 **업무상과실치사죄**(형법 제268조)[867)]에 해당하고, 적용법조는 **교통사고처리특례법 제3조 제1항**이다. 후술한다.

---

864) 대법원 1984. 1. 24, 선고 83도2813 판결.

865) 대법원 1975. 4. 22, 선고 75도727 판결.

866) 제267조(과실치사) 과실로 인하여 사람을 사망에 이르게 한 자는 2년 이하의 금고 또는 700만원 이하의 벌금에 처한다.

867) **최근 뉴스에서 사회의 근심이 되고 있는 업무상과실치사상죄 사건**은 크레인 사고, 화물운송차량의 교통사고 및 적재물 사고, 유독가스 중독사고, 화재사고, 배의 침몰사고, 신생아 사망사고를 포함한 주요 의료사고, 어린이집 사망사고가 대표적이고, 건물붕괴사고와 다리붕괴사고, 열차이탈사고도 대량 사상자 발생이 예견되므로 고도의 주의를 요한다. 이러한 사고 중에서는 현저히 부주의하여 발생한 어처구니없는 사고도 많이 있다. 중과실치사상죄가 성립할 수 있고(형법 제268조, 5년 이하의 금고 또는 2천만원 이하 벌금), 때로 **사망사고가 강력히 예견됨에도 불구하고 고의에 가까운 부주의로 사람을 죽게 한 경우에는 살인죄로 처벌하는 경우도 있다**(형법 제250조, 사형, 무기 또는 5년 이상의 징역). 2015. 11. 12. **대법원은 세월호 선장**으로, 퇴선명령을 내리지 않고 배를 탈출하여 300여명의 승객을 사망케 한 피고인에 대하여 업무상과실치사죄나 유기치사죄가 아닌 살인죄를 적용했다.

▶ **교통사고처리특례법 제3조(처벌의 특례)** ① 차의 운전자가 교통사고로 인하여 「형법」 제268조의 죄를 범한 경우에는 5년 이하의 금고 또는 2천만원 이하의 벌금에 처한다.

다. 운전 중 사람을 다치게 한 후 도주함으로써 피해자가 사망한 경우에는 **특가법상 도주운전죄치사죄**(특가법 제5조의3)[868]로, 업무상과실치사죄보다 가중 처벌된다. 판례를 통한 이해가 필요하다. 후술한다.

라. 불을 질러 사람을 죽게 하면 **현주건조물방화치사죄**(형법 제164조 제2항)[869]이고, 형량은 존속살해죄와 같이 사형, 무기, 7년 이상의 징역형이다.

마. 사람을 직접 죽이지 않고 속여 죽게 만들면 위계살인죄, 겁을 주어 죽게 만들면 위력살인죄이다. **위계·위력살인죄**(형법 제253조)는 간접정범의 형태를 띠고 있지만 별개 구성요건인 동조가 적용된다. 형량은 제250조 살인죄와 같다. 같이 죽자고 거짓말하고 상대가 먼저 독약을 마시게 만든 경우 위계살인죄, 죽지 않으면 가족을 죽이겠다고 겁주어 무서워서 피해자가 자살한 경우는 위력살인죄에 해당한다.

---

868) 특정범죄가중처벌등에관한법률 제5조의3(도주차량 운전자의 가중처벌) ① 「도로교통법」 제2조에 규정된 자동차·원동기장치자전거의 교통으로 인하여 「형법」 제268조의 죄를 범한 해당 차량의 운전자(이하 "사고운전자"라 한다)가 피해자를 구호(救護)하는 등 「도로교통법」 제54조제1항에 따른 조치를 하지 아니하고 도주한 경우에는 다음 각 호의 구분에 따라 가중 처벌한다.

1. 피해자를 사망에 이르게 하고 도주하거나, 도주 후에 피해자가 사망한 경우에는 무기 또는 5년 이상의 징역에 처한다.
2. 피해자를 상해에 이르게 한 경우에는 1년 이상의 유기징역 또는 500만원 이상 3천만원 이하의 벌금에 처한다.

② 사고운전자가 피해자를 사고 장소로부터 옮겨 유기하고 도주한 경우에는 다음 각 호의 구분에 따라 가중 처벌한다.

1. 피해자를 사망에 이르게 하고 도주하거나, 도주 후에 피해자가 사망한 경우에는 사형, 무기 또는 5년 이상의 징역에 처한다.
2. 피해자를 상해에 이르게 한 경우에는 3년 이상의 유기징역에 처한다.

869) 제164조(현주건조물 등에의 방화) ① 불을 놓아 사람이 주거로 사용하거나 사람이 현존하는 건조물, 기차, 전차, 자동차, 선박, 항공기 또는 광갱을 소훼한 자는 무기 또는 3년 이상의 징역에 처한다.

② 제1항의 죄를 범하여 사람을 상해에 이르게 한 때에는 무기 또는 5년 이상의 징역에 처한다. 사망에 이르게 한 때에는 사형, 무기 또는 7년 이상의 징역에 처한다.

바. 피해자의 촉탁을 받아 그를 죽이면 **촉탁살인죄**, 피해자의 승낙을 받아 죽이면 **승낙살인죄**(형법 제252조 제1항)[870]로 감경 처벌된다.

사. 교사 또는 방조로 사람을 자살하게 하면 **자살교사죄, 자살방조죄**(형법 제252조 제2항)[871]이다. 형량은 촉탁, 승낙 살인죄와 같다.

▶ 「형법 제252조 제2항의 자살방조죄는 자살하려는 사람의 자살행위를 도와주어 용이하게 실행하도록 함으로써 성립되는 것으로서, 그 방법에는 자살도구인 총, 칼 등을 빌려주거나 독약을 만들어 주거나 조언 또는 격려를 한다거나 기타 적극적, 소극적, 물질적, 정신적 방법이 모두 포함된다 할 것이나,[872] 이러한 자살방조죄가 성립하기 위해서는 그 방조 상대방의 구체적인 자살의 실행을 원조하여 이를 용이하게 하는 행위의 존재 및 그 점에 대한 행위자의 인식이 요구된다고 보아야 할 것이다. 따라서 판매대금 편취의 목적으로 인터넷 자살사이트에 청산염 등 자살용 유독물 판매광고의 글을 게시한 행위는 자살방조에 해당하지 않는다.」[873]

3. 가중처벌

가. 특가법상 보복살인죄

특정범죄가중처벌등에관한법률 제5조의9(보복범죄의 가중처벌 등) ① 자기 또는 타인의 형사사건의 수사 또는 재판과 관련하여 고소·고발 등 수사단서의 제공, 진술, 증언 또는 자료제출에 대한 보복의 목적으로 「형법」 제250조 제1항(**살인**)의 죄를 범한 사람은 사형, 무기 또는 **10년 이상**의 징역에 처한다. 고소·고발 등 수사단서의 제공, 진술, 증언 또는 자료제출을 하지 못하게 하거나 고소·고발을 취소하게 하거나 거짓으로 진술·증언·자료제출을 하게 할 목적인 경우에도 또한 같다.

870) 제252조(촉탁, 승낙에 의한 살인 등) ① 사람의 촉탁 또는 승낙을 받아 그를 살해한 자는 1년 이상 10년 이하의 징역에 처한다.

871) 제252조(촉탁, 승낙에 의한 살인 등) ① 사람의 촉탁 또는 승낙을 받아 그를 살해한 자는 1년 이상 10년 이하의 징역에 처한다.
② 사람을 교사 또는 방조하여 자살하게 한 자도 전항의 형과 같다.

872) 대법원 1992. 7. 24, 선고 92도1148 판결.

873) 대법원 2005. 6. 10, 선고 2005도1373 판결.

▶ 「【주 문】

제1심 판결들을 모두 **파기**한다.

피고인을 **징역 23년**에 처한다.

압수된 칼(손잡이 11cm, 칼날 10cm) 1개(증 제2호), 부러진 칼(손잡이 10cm, 칼날 10cm) 1개(증 제3호), 스웨터 상의 1벌(증 제4호), 바지 1벌(증 제5호), 휴대폰 1개(증제7호)를 각 몰수한다.

【이 유】

1. 항소이유의 요지

가. 제1 제1심판결에 대하여

1) 피고인

제1심이 피고인에 대하여 선고한 형(징역 20년)은 너무 무거워 부당하다.

2) 검사

제1심이 피고인에 대하여 선고한 형은 **너무 가벼워 부당하다.**

나. 제2 제1심판결에 대하여

제1심이 피고인에 대하여 선고한 형(징역 4월)은 너무 무거워 부당하다.

2. 직권 판단

가. 병합심리

피고인에 대하여 인천지방법원 2013**고합**730호 및 인천지방법원 2014**고단**23호로 판결이 선고되었다. 피고인은 위 각 판결에 대하여, 검사는 제1 제1심판결에 대하여 **각 항소**를 제기했고, **이 법원은 위 각 항소사건을 병합**하여 심리하기로 결정했다. 위 각 제1심의 범죄사실은 형법 제37조 전단의 경합범에 관계에 있어 형법 제38조 제1항에 따라 하나의 형이 선고되어야 하므로 제1심 판결들은 그대로 유지될 수 없게 되었다.

나. 공소장 변경

한편, 검사는 당심 제5회 공판기일에 이르러 피고인의 죄명 중 '살인'을 '특정범죄가중처벌등에관한법률위반(보복살인등)'으로, 적용법조 중 '형법 제250조 제1항'을 '특정범죄 가중처벌 등에 관한 법률 제5조의9 제1항, 형법 제250조 제1항'으로, 공소사실을 아래 범죄사실 2.항 기재와 같이 택일적으로 추가·변경하는 내용의 공소장변경허가신청을 했고, 이 법원이 이를 허가함으로써 그 심판대상이 변경되었으므로 위와 같은 이유로도 제1심판결은 더 이상 유지될 수 없게 되었다.

3. 결 론

그렇다면, 제1심판결에는 위에서 살펴본 직권파기사유가 있으므로, 피고인 및 검사의 각 양형부당 주장에 대한 판단을 생략한 채, 형사소송법 제364조 제6항에 따라 제1심 판결들을 모두 파기하고 변론을 거쳐 다시 다음과 같이 판결한다.

【범죄사실】

1. 정보통신망이용촉진및정보보호등에관한법률위반의 점

누구든지 정보통신망을 통하여 공포심이나 불안감을 유발하는 부호·문언·음행·화상 또는 영상을 반복적으로 상대방에게 도달하게 하여서는 아니 됨에도 불구하고, 피고인은 피해자 공소외 1의 **승용차 앞에 적혀 있던 피해자의 휴대전화번호**(번호 1 생략)를 보고 그녀의 전화번호를 알고 있음을 기화로, 2013. 5. 29. 16:39경 인천 부평구 (주소 생략)에 있는 피고인의 집에서 피고인의 휴대전화(번호 2 생략)를 이용하여 위와 같이 알고 있던 피해자의 휴대전화에 "안녕하십니까, 그동안 잘 지냈죠 본 지가 오래되어서 문자 한번 드렸어요"라는 문자메시지를 보낸 것을 비롯하여 그 때부터 2013. 8. 17.까지 별지 범죄일람표와 같이 총 55회에 걸쳐 피해자에게 공포심 또는 불안감을 유발하는 문언을 반복적으로 도달하게 했다.

2. 특정범죄가중처벌등에관한법률위반(보복살인등)**의 점**

피고인은 인천 부평구 (주소 생략) 다세대 주택 반지하방에서 90세의 어머니를 홀로 모시고 사는 53세의 미혼 남성으로, 2013. 5.경 이웃 주민인 피해자 공소외 1(여, 51세)을 집 앞에서 우연히 마주친 뒤 피해자의 인상이 마음에 들어 교제하고 싶은 마음에 피해자의 승용차 앞 유리창 쪽에 적혀 있는 피해자의 휴대전화 번호를 알아낸 뒤, 2013. 5. 29. 피해자에게 "안녕하십니까 그 동안 잘 지냈지요 본 지가 오래 되어서 문자 한번 드렸습니다", "연락이 없으시네요 나이트에서 만난 사람입니다"라는 등으로 문자메시지를 전송하며 마치 나이트클럽에서 피해자를 만난 적이 있는 것처럼 행세했다. 피고인은 피해자로부터 그러한 사실이 없으니 신원을 밝히라는 답신을 받았으나, 자신의 체격이 왜소하고 경제적인 능력이 부족하다고 느끼고 자신감이 부족하여 전화 통화를 하거나 직접 만나지 못한 채 피해자에게 계속 "△△씨 좋은 아침" 등의 문자메시지만을 수십 회에 걸쳐 반복하여 전송했고, **모르는 사람으로부터 감시받는 듯한 불안감을 느낀 피해자로부터 경찰에 진정을 당하여 2013. 9. 3.경 인천 부평경찰서에서 조사를 받았다.** 피고인은 위 경찰서 민원실에서 합의를 위하여 피해자를 처음으로 대면한 자리에서 피해자에게 계속 사과를 하며 용서를 구하였으나 피해자로부터 거절당했고, 경찰에서 처음 조사를 받을 때 나이트클럽에서 만난 피해자로부터 전화번호를 받은 것처럼 거짓 진술하였다가 피해자로부터 사실대로 진술해 주면 합의를 해 주겠다는 취지의 말을 듣고 사실대로 진술하였으나 **합의를 해 주지 않자 피해자에 대하여 강한 불만을 품고 있었다.** 그 뒤 피고인은 2013. 9. 말경 피고인의 집 부근 슈퍼 앞에서 우연히 피해자를 다시 마주쳤고, 피고인을 본 피해자가 동네 주민 여러 사람이 들을 수 있는 상황에서 피고인을 가리키며 "이 사람이 나이트에서 나를 만났다고 거짓말을 하고 다닌다."라고 말하자, 피고인은 동네 주민들 앞에서 망신을 당하였다고 생각하며 피해자에게 더욱 분한 감정을 가졌다.

피고인은 2013. 10. 24. 22:10경 인천 남동구 구월동에 있는 술집 등에서 회사 동료 3명과 함께 신입직원 환영 회식을 하며 소주와 맥주 약 20병을 나누어 마시고 만취한 상태에서 귀가한 뒤, 위와 같이 피해자가 경찰서에 피해 신고를 하고 합의를 해 주지 않는 것과 동네 주민들 앞에서 모욕을 받은 것 같은 생각이 들자 격분하여 **진정서를 제출하여 수사단서를 제공하고 피해 진술을 한 것에 대한 보복의 목적** 등으로 칼을 들고 피해자를 찾아가 살해할 것을 마음먹었다.

그리하여 피고인은 같은 날 23:40경 위 피고인의 집 부엌에서 과도로 쓰는 칼 2개(각 칼날 길이 10cm)를 바지 양쪽 호주머니에 한 개씩 넣어 가지고 나와, 피고인의 집으로부터 약 30m 떨어져 있는 피해자의 집 앞까지 걸어가 그곳에 주차된 승용차를 밟고 올라 담을 넘은 뒤 피해자의 집 마당을 거쳐 현관문에 이르러 현관문을 두드렸고, 피해자의 동생 공소외 2가 집안에서 현관문을 열어 주자, 그에게 "공소외 1씨 사세요?"라고 2회 물어보았다.

이에 피해자가 피고인의 인기척을 느끼고 집 안쪽에서 위 공소외 2의 옆까지 걸어 나왔는데, 피고인은 피해자를 보자마자 피해자를 향하여 "너 오늘 죽인다!"라고 외치며 위 칼 2개를 바지 호주머니에서 꺼내어 양 손에 들고 피해자에게 그대로 달려들어 위 칼 2개로 피해자의 가슴 부분 가운데 2곳을 힘껏 찔러 그 칼 중 1개가 피해자의 오른쪽 제4번 및 제5번 늑간을 지나 심낭을 뚫고 대동맥 기시부(기시부)를 스치면서 우심방을 찔러 심장에 도달하게 하고, 이어서 위 칼 2개를 양손에 들고 피해자의 가슴 부분 왼쪽 윗부분 1곳, 가슴 부분 왼쪽 아랫부분 1곳, 목 부분 왼쪽 1곳, 목 부분 오른쪽 1곳을 각각 찌르고, 피해자의 얼굴 부분 3곳을 베어, 피해자로 하여금 다음 날 01:03경 인천 남동구 구월동 ○○○○병원에서 치료 중 가슴 부분 가운데 오른쪽 길이 2.3cm, 깊이 7cm의 자창, 가슴 부분 가운데 왼쪽 길이 1.8cm의 자창, 가슴 부분 왼쪽 윗부분 길이 1.4cm의 자창, 가슴 부분 왼쪽 아랫부분 길이 2.4cm의 자창, 목 부분 왼쪽 길이 1.7cm의 자창 등 다발성 자창으로 인한 출혈성 쇼크로 사망하게 했다.

이로써 피고인은 자기의 형사사건 수사와 관련하여 수사단서의 제공, 진술에 대한 보복의 목적으로 피해자를 살해했다.

【증거의 요지】

1. 피고인의 일부 법정진술
1. 공소외 2에 대한 검찰 및 경찰 각 진술조서
1. 공소외 1에 대한 경찰진술조서
1. 상황보고서, 변사사건 발생보고 및 지휘 건의, 수사보고(사건송치서 및 의견서 첨부), 수사보고(본건 관련 사건 기록 사본 첨부 보고), 수사보고(국과수

부검감정의 통화보고), 수사보고(피의자 통화내역 출력물), 피의자 메시지 내역 출력물

1. 현장사진 및 변사체 사진, 피의자의 범행 동선 사진
1. 각 압수조서
1. 사망진단서, 부검감정서, 감정의뢰 회보

【피고인 및 변호인의 주장에 대한 판단】

1. 피고인 및 변호인의 주장 요지

피고인은 2013. 9. 말경 피고인의 집 앞에서 우연히 피해자와 만나게 되었는데, 동네 주민이 여러 명 있는 가운데 피해자로부터 망신을 당하였다고 생각하며 분한 감정을 가지던 중 술에 취한 상태에서 우발적으로 피해자를 살해한 것이지, 이 사건 살인 범행 당시 피해자가 진정서를 제출하여 피해 진술을 한 것에 대한 보복 목적은 없었다.

2. 판 단

가. …(중략)

나. 위와 같은 법리에 비추어 이 사건에 관하여 살피건대, 이 법원이 적법하게 채택하여 조사한 증거들에 의하여 인정되는 다음과 같은 사정, 즉 ① 피해자는 모르는 사람으로부터 감시받는 듯한 불안감을 느끼고 경찰에 피고인을 진정하게 되었고, 이로써 피고인은 2013. 9. 3.경 인천 부평경찰서에서 조사를 받게 되었던 점, ② 피고인은 위 경찰서 민원실에서 피해자를 처음으로 대면한 자리에서 피해자에게 계속 사과를 하며 용서를 구하였으나 피해자로부터 거절당하였던 점, ③ 피고인은 경찰에서 처음 조사를 받을 때 나이트클럽에서 만난 피해자로부터 전화번호를 받은 것처럼 거짓 진술하였다가 피해자로부터 사실대로 진술해 주면 합의를 해 주겠다는 취지의 말을 듣고 사실대로 진술하였으나 합의를 해 주지 않자 피해자에 대하여 좋지 않은 감정을 갖게 되었던 점(수사기록 43쪽), ④ 피고인의 변소대로라면 피고인은 동네 주민이 여러 명 있는 가운데 피해자로부터 망신을 당하였다는 것 외에는 별다른 범행 동기를 찾아볼 수 없다 할 것인데, 피해자로부터 망신을 당한데 대한 분노만으로 피해자를 살해한 것으로 보기에는 범행 수법이 잔혹한 이유를 설명하기 어려운 점, ⑤ 피고인은 수사기관에서의 '피해자 집에 과도를 가지고 간 이유에 대하여 피해자를 위협하려고 했다. 그동안 감정이 안 좋아서 술도 마신 김에 위협을 하고, 겁을 주고 나한테 그러지 마라고 하려고 하였다'(수사기록 116쪽), '그동안 있었던 좋은 감정이 안 좋은 감정으로 바뀌면서 피해자를 위협하려고 갔다'(수사기록 337쪽)고 진술하고 있는 점 등에 비추어 보면, 피고인이 피해자를 살해한 것은 피해자가 경찰서에 진정서를 제출하여 수사단서를 제공하고 피해 진술을 한 것에 대한 보복의 목적으로 한 것이라고 판단된다.

【양형의 이유】

1. 법률상 처단형의 범위 : 징역 10년 ~ 31년

2. 양형기준에 따른 권고형의 범위

가. 특정범죄가중처벌등에관한법률위반(보복살인등)죄

[유형의 결정] 살인범죄군, 비난 동기 살인(제3유형)

[특별양형인자] 가중 요소 : 계획적 살인 범행

[권고형의 범위] 징역 18년 이상, 무기 이상(가중영역)

나. 정보통신망이용촉진및정보보호등에관한법률위반죄

양형기준이 설정되어 있지 않음

3. 수정된 권고 형량범위 : 징역 18년 이상, 무기 이상

양형기준이 설정된 특정범죄가중처벌등에관한법률위반(보복살인등)죄와 양형기준이 설정되지 아니한 정보통신망이용촉진및정보보호등에관한법률위반죄는 형법 제37조 전단의 경합범 관계에 있으므로, 다수범죄 처리기준에 따라 양형기준이 설정된 특정범죄가중처벌등에관한법률위반(보복살인등)죄의 권고형량 범위의 하한을 준수

4. 선고형의 결정 : 징역 23년

가. 양형조건

○ 범행내용

피고인은 피해자에게 계속하여 공포심이나 불안감을 조성하는 문자메시지를 수십 회에 걸쳐 반복하여 전송했다. 피고인은 위 사건으로 피해자로부터 경찰에 진정을 당하여 부평경찰서에서 조사를 받게 되었는데 피해자에게 용서를 구하였으나 거절을 당했다. 이에 피고인은 피해자에게 보복할 목적으로 범행도구인 과도 2개를 사전에 준비하고 피해자와 그 가족들이 평온하게 거주하고 있는 집에 들어가 피해자의 동생이 보는 앞에서 피해자를 칼로 잔인하게 찔러 살해했다.

○ 전과

폭력행위등처벌에관한법률위반죄로 5회에 걸쳐 벌금형을, 절도죄 등으로 2회의 집행유예의 형을, 음주·무면허운전으로 인한 도로교통법위반죄로 3회에 걸쳐 벌금형을 선고받았다.

○ 생활환경 및 성장과정

피고인은 3남 2녀 중 막내로 태어났다. 부친은 술을 좋아하여 피고인이 3세 때 술병으로 돌아가시고, 모친은 현재 91세로 피고인이 부양하고 있다. 피고인은 20세 경 직업훈련원에서 6개월간 용접 기술을 배웠으며, 방위병으로 군복무를 할 때 취사병 생활을 하며 요리를 배우게 되었다. 2002년까지 뷔페식당 등에서 요리사를 하다가 고기부페, 분식집 등 창업을 했으나 사업에 실패하고 빚을 지게 되었으며 2004년에 살던 빌라가 경매로 넘어갔다. 그 이후로 노모와 단칸방 생활을

하며 노동일을 하다가, 2006년부터 2009년까지 ㅁㅁ 협력업체에 비정규직으로 취업했고, 그 후 용접업체에 2년 정도 근무하였으며, 2012년 다른 ㅁㅁ 협력업체에 취업하여 현재 포장나무상자 제조하는 일을 하고 있다. 회사에서는 조장 직급이었다고 하며 세후 150만원 정도 월급을 받았다. 회사 규모는 직원 16명 정도되며 회식과 술자리를 자주(주 2-3회) 가졌다.

○ **범행 동기**에서의 특수성 (당심 **전문심리위원** 공소외 3의 **의견**)

피고인은 내성적이고 자존감이 낮으며 감정에 대한 통찰이 낮은 성격의 소유자로서 대인관계에서도 피상적이고 자기중심적으로 사고할 가능성이 높아 보인다. 이러한 성격은 피고인이 과거에 폭행과 음주운전, 무면허운전 등을 반복해서 저지른 것을 설명해 준다. 신체적으로 왜소하고 경제적으로 어렵고 90대 노모를 혼자 모시고 사는 것 등 피고인은 자신이 여성에게 매력적이지 않은 사람이라고 생각하여 이성에 대한 자존감은 특히 낮은 상태이다. 피고인은 50대가 될 때까지 한 번도 동거나 결혼을 해보지 않았고, 여성과 교제를 할 때에도 소극적이었고 자기 감정표현을 하지 못했으며 상대방의 감정을 이해하는 능력이 다소 낮아 보인다. 나이트클럽이나 채팅 등을 통해서 만난 여성들과도 피상적인 관계를 맺어 온 것으로 보인다.

피고인은 우연히 마주친 피해자에게 호감을 느껴 채팅을 통해 접근을 하여 피상적인 대화를 유지해왔으나, 피해자가 먼저 만나자고 하자 피고인은 계속 회피하면서 피해자의 의심을 받게 되었다. 공교롭게도 피해자가 이웃 주민이었고 피고인의 실체를 알게 되어 피해자가 신고를 하는 바람에 피고인은 피해자와 구체적으로 얽히게 된다. 피해자가 경찰에 신고하여 피고인이 몇 시간 동안 조사를 받고 피해자에게 사과하고 후회하는 모습을 보이면 사건이 종결될 줄 알았는데, 한 달 여 지난 시점에서 피해자가 동네 사람들 앞에서 피고인을 노골적으로 비난하니 좌절감과 화를 강하게 느낀 것으로 보인다. 피고인은 피해자가 자신의 사과를 받아주지 않고 모르는 동네 사람들 앞에서 자신의 자존감에 상처를 주었다는 것 때문에 피해자에 대한 배신감과 분노감을 강하게 느낀 것으로 보이며, 그러한 감정을 적절히 해소할 수 있는 심리적 자원과 기술이 부재한 상태에서 피해자에 대한 분노의 감정을 키워온 것으로 보인다. 몇 달 간 누적되어 온 분노의 감정이 사건 당일 행동 억제력이 완화된 주취 상태에서 피해자에 대한 극단적인 행동을 하도록 만든 것으로 보인다. 범행 당시 피고인은 극도의 흥분상태에 놓여 있었던 것으로 보이며 알콜의 영향과 극도의 흥분 상태로 인해서 사건 이후 범행 당시 행동을 기억하지 못하는 것은 감정적 살인 사건에서 종종 관찰되는 현상이다.

○ **범행 전후**의 심리상태 (당심 **전문심리위원** 공소외 3의 **의견**)

피고인은 피해자가 만나자고 할 때 진작에 만나서 자신의 있는 그대로의 모습을 보여주었더라면 이런 일이 없었을 텐데 가진 것 없고 자신감이 없어서 만나지 않은 것을 후회하고 있다. 피해자의 입장에서 만나자고 하는데 안 만나주니 피고인을 '나쁜 남자'라고 생각했을 것 같다며 피해자에게 지각된 자신의 부정적 이미지에 대해서 언급할 뿐, 피해자가 그 동안 느꼈을 심적 스트레스나 불안감에 대해서는 깊은 통찰이 없어 보인다. 피고인은 피해자가 자신의 이야기를 충분히 들어주지 않고 사과를 받아주지 않은 것과 동네 사람들 앞에서 자신을 망신 준 것에 대해서는 여전히 원망의 감정을 느끼고 있는 것으로 보인다.

나. 판 단

피고인은 우연히 알아낸 피해자의 휴대전화로 지속적으로 불안감을 조성하는 문자메세지 등을 보낸 것을 피해자가 경찰에 신고하자 피해자를 찾아가 보복의 목적으로 피해자를 살해하였던 점, 보복 범죄는 피해자 보호에 터 잡은 올바른 사법권의 행사를 저해하고 더 나아가 사법부에 대한 국민의 신뢰를 근본적으로 훼손한다는 점에서 엄히 대처할 필요가 있는 점, 피고인은 미리 범행도구를 준비하여 피해자와 그 가족들이 평온하게 거주하고 있는 집에 들어가 피해자의 동생이 보는 앞에서 피해자를 2개의 칼로 잔인하게 찔러 살해한 것으로 범행의 구체적 내용과 경위 등에 비추어 피고인의 죄질이 매우 좋지 아니한 점, 당시 피해자가 피고인에게 격렬히 저항했고, 피해자의 동생 또한 피고인을 저지하기 위하여 노력하였음에도 불구하고 피해자의 가슴, 목 부위 등을 칼로 찔러 심장을 관통하게 하는 등 범행 수법이 몹시 잔인한 점, 피고인의 공격으로 죽어가면서 느꼈을 피해자의 육체적·정신적 고통은 매우 컸을 것이고, 피해자의 유족들 또한 극심한 충격과 고통에 시달리면서 피고인에 대한 엄벌을 탄원하고 있는 점, 그럼에도 피해자의 유족들의 슬픔을 위로하기 위한 어떠한 조치도 이루어지지 않은 점 등에 비추어 피고인을 사회로부터 장기간 격리시키는 중형 선고의 필요성이 크다.

다만, 피고인이 대체적으로 이 사건 각 범행을 시인하면서 잘못을 반성하고 있는 점, 피고인은 당시 술에 취해 있었고, 열등감에서 비롯된 분노를 이기지 못하고 극도로 흥분한 상태에서 이 사건 범행을 저지른 점, 피고인에게 집행유예형을 넘어선 실형 전과가 없는 점, 불우한 환경 속에서 90세의 노모를 홀로 부양하며 살아왔던 점 등을 참작하고, 그 밖에 피고인의 연령, 성행, 환경, 피해자와의 관계, 범행의 동기, 수단, 결과 및 범행 후의 정황 등 모든 양형요소를 고려하여 주문과 같이 형을 정한다.」[874]

나. 존속살해죄

제250조(살인, 존속살해) ② 자기 또는 배우자의 직계존속을 살해한 자는 사

874) 서울고등법원 2014. 6. 19, 선고 2014노138,2014노848(병합) 판결.

형, 무기 또는 7년 이상의 징역에 처한다.

(1) 직계존속

(가) 직계존속은 법률상의 개념이고, 민법에 따라 정해진다. 따라서 사실상 혈족관계가 있는 부자관계일지라도 법적으로 인지절차를 완료하지 아니한 한 직계존속이라 볼 수 없고, 아무 특별한 관계가 없는 타인 사이라도 일단 합법적 절차에 의해 입양관계가 성립한 뒤에는 직계존속이라 할 것이다.[875] 심지어 다소간의 형식상 잘못이 있더라도 입양의 실질적 요건이 구비되어 있다면 이 경우의 허위의 친생자 출생신고는 법률상의 친자관계인 양친자관계를 공시하는 입양신고의 기능을 하게 되는 것이므로 자신을 계속 양육하여 온 사람을 살해했다면 존속살해죄가 성립한다.[876]

(나) 혼외 자와 생부 사이에는 인지절차가 필요하나, 생모는 인지나 출생신고 없이도 출생으로 당연히 직계존비속 관계가 성립된다.[877] 혼인외 생모자 관계는 분만하였다는 사실로써 명백한 것이며, 생부의 혼인외의 출생자에 대한 인지가 형성적인 것에 비해 생모의 혼인외의 출생자에 대한 인지는 확인적인 것이기 때문이다.[878]

(다) 전부 소생자와 계부, 인지된 서자와 적모는 직계존비속 관계가 아니다.

(라) 배우자는 민법에 따르므로, 사실혼관계의 상대방 존속을 살해한 것은 일반살인죄가 된다. 또 현재의 배우자만을 의미하므로, 처 사망 후 일자의 간격을 두고 장모를 살해하면 보통살인죄가 된다.

(2) 고의

직계존속을 살해한다는 점에 관한 인식과 의사가 있어야 한다. 따라서 직계존속임을 인식하지 못하였거나 존속을 살해할 의사를 갖지 않았다면 동조의 결과가 발생했더라도 보통살인죄로 처벌할 수밖에 없다.

---

875) 대법원 1981. 10. 13, 선고 81도2466 판결.
876) 대법원 2007. 11. 29, 선고 2007도8333,2007감도22 판결.
877) 대법원 1980. 9. 9, 선고 80도1731 판결; 대법원 1967. 10. 4, 선고 67도1791 판결.
878) 대법원 1967. 10. 4, 선고 67도1791 판결.

분을 이기지 못해 칼을 마구 휘두르다가 예상과 달리 존속을 살해한 경우

▶ 「원심이 일건기록에 의하여 제반증거를 종합하면 1심이 인정한 피고인에 대한 공소사실을 충분히 인정할 수 있다 하여 그대로 유지한 1심판결이유에 의하면 피고인은 1975. 12. 26. 23:00경 자기 집에서 동리거주 피해자 1 경영의 상점에서 피해자 1이 피고인의 부 피해자 2에게 피고인이 음주 후 피해자 1에게 행패를 부린 사실에 관하여 고자질하자 피해자 2가 피고인을"그놈 쳐넣어야겠다"고 말하는 것을 듣고 분개하여 피해자 1에게 이를 따지려고 식도를 가지고 나가려 할 때 피고인의 모 피해자 3이 그 식도를 뺏으려 하자 식도를 휘둘러 피해자 3에게 전치 10일을 요하는 우전박부외측가상의 상해를 가하고 피고인은 동 식도를 가슴에 숨기고 동소에서 약 100미터 가량 떨어진 피해자 1의 집으로 가서 동 식도를 꺼내들고 휘두르며 피해자 1에게 죽여버린다고 찌를 듯이 협박을 하고 동소에 치재된 상품인 환타 등을 밖으로 내던져 손괴하고 이를 말리던 피해자 4의 흉부를 1회 찔러 동인에게 전치 2주일을 요하는 우전흉부자창의 상해를, 그곳에 있던 피해자 5의 머리를 식도로 1회 때려 동인에게 전치 1주일을 요하는 우두정부절창의 상해를, 동 피해자 장△△의 우둔부를 1회 찔러 동인에게 전치 10일을 요하는 우둔부자창의 상해를 각 가하는 등 무차별 횡포를 행하고 있을 때 피고인의 부인, 피해자 2가 나타나 피고인의 뺨을 수회 때리고 욕을 하면서 꾸중을 하자 동 식도로 피해자 2의 조전 흉부를 1회 찔러 쇄골하동정맥절단으로 인한 실혈로 동인을 현장에서 사망케 하여 살해하였다고 인정하고 위 각 소위 중 피고인의 부 피해자 2를 살해한 점에 대하여 형법 제250조 2항을 적용하여 이상 수회인 경합범의 처벌로서 존속살인죄에 정한 형으로 피고인을 무기징역에 처했다.

그러나 1심이 채택하고 있는 증거들을 기록에 대조하여 종합하여 보면 1심 판시사실과 같이 피고인이 피해자 1이 피고인이 음주 후 행패를 부린 사실을 피고인의 부 피해자 2에게 고자질한 것에 분개하여 피해자 1에게 이를 따지려고 식도를 가지고 나가려 할 때 그 식도를 뺏으려 하던 피고인의 모 피해자 3에게 식도를 휘둘러 상해를 가하고 이어 피해자 1의 집으로 가서 동 식도를 꺼내들고 휘두르며 죽여버린다고 찌를 듯이 협박을 하고 동소에 치재된 상품인 환타 등을 밖으로 내던져 손괴하고 이를 말리던 피해자 4의 흉부를 그 식도로 그곳에 있던 피해자 5의 머리를 1회 때리고 피해자 6의 우둔부를 1회 찔러 각 상해를 가하는 등 무차별 횡포를 하고 있을 때 피고인의 부 피해자 2가 나타나 왜 이러느냐고 피고인의 뺨을 때리고 욕을 하면서 꾸중을 하자 피고인의 동 식도로 피해자 2의 좌전흉부를 1회 찔러 사망에 이르게 한 사실은 이를 인정할 수 있을지라도 피고인이 그 부 피해자 2를 살해하기로 결의할만한 동기나 이유 있음을 인정할 만한 자료 있음을 찾아볼 수 없다. 피해자 2가 피해자 1로부터 피고인이 음주 후 행패를 부린 사실을 듣고 피고인을 "그놈 쳐 넣어야겠다"고 말하는 것을 피고인이 들었다는 것만으로서 그 부 피해자 2를 살해할 결의를 하였다고 볼만한 사유로 삼을 수는 없다고 본다. 거기에다 이건 범행전모의 경위와 순서가 위에서 본 바와 같은 것임을 아울러 고찰하여 볼 때 피고인이 피해자 1에게 위 고자질한 일을 따지러 가서 식도를 꺼내들고 죽인다고 협박을 할 때 피해자 1이 무서워서 그 자리를 피해 버리자 제분에 이기지 못하여 식도를 휘두르는 피고인을 말리거나 그 식도를 뺏으려고 한 그 밖의 피해자들을 닥치는 대로 찌르는 무차별 횡포를 부리던 중에 그의 부까지 찌르게 된 결과를 빚은 것으로 엿보일 뿐 **피고인이 칼에 찔려 쓰러진 피해자 2를 부축해 데리고 나가지 못하도록 한 일이 있다는 1심 채택 증거 중의 일부 진술정도로써 피고인이 그의 부 피해자 2를 살해할 의사로 식도로 찔러 살해하였다는 사실을 인정하기는 어렵다**고 봄이 상당하다 할 것이다. 1심의 법령적용에 있어서 피고인이 식도를 휘둘러 그의 모 피해자 3에게 자상의 상해를 가한 점에 대하여는 존속상해죄를, 그 밖의 피해자들을 식도로 찌르거나 때려서 자창이나 절창을 가한 점에 대하여는 각 상해죄를 적용하였음에 그쳤음을 보면 피고인의 부 피해자 2를 찔러 사망케 한 행위만을 존속살해죄로 의율한 것은 이유에 서로 맞지 아니한 점이 있다고 보여진다. 이러함에도 불구하고 피고인에 대한 존속살해사실을 인정 처단해 버린 원심판결은 채증법칙에 위배하여 증거 없이 사실을 인정하였거나 심리미진 이유불비의 잘못 있어 판결에 영향을 미친다 할 것이므로 논지들은 이유있음에 돌아간다. 그러므로 형사소송법 제391조, 제397조에 의하여 원판결을 파기환송하기로 하여 관여법관의 일치된 의견으로 주문과 같이 판결한다.」[879]

(3) 이처럼 존속을 객체로 하였을 때 가중 처벌되는 죄는, 존속살해죄(형법[880] 제250조 제2항), 존속상해죄(제257조 제2항), 존속중상해죄(제258조 제3항), 존속상해치사죄(제259조), 존속폭행죄(제260조 제2항), 존속유기죄(제271조 제2항), 존속유기치사상죄(제275조 제2항), 존속학대죄(제273조 제2항), 존속학대치사상죄(제275조 제2항), 존속체포·감금죄(제276조 제2항), 존속중체포·감금죄(제277조 제2항), 존속체포·감금치사상죄(제281조 제2항), 존속협박죄(제283조)가 있다.

879) 대법원 1977. 1. 11, 선고 76도3871 판결.
880) 이하 법명을 밝히지 않은 것은 형법임.

생각할 점

(1) 살인죄는 살인의 고의, 존속살해죄는 존속이라는 정에 대한 인식 및 살해의 고의를 각기 필요로 한다. 따라서 피고인의 행위로 사람 또는 존속이 사망하였다고 하여 당연히 살인죄, 존속살해죄가 성립되는 것은 아니다.

객관적 구성요건요소('사람'이라는 객체)에 대한 인식이 없는 경우 사실의 착오로 형법 **제13조**에 의해 고의가 조각될 수 있다. 그렇다면 고의 살인죄, 고의 존속살해죄는 성립할 수 없다. 이 경우 과실범 처벌규정이 있고 정상의 주의의무 태만이 있다면 동법 **제14조**에 의해 과실범으로 처벌된다.

그리고 형법은 명문으로 **제15조 제1항**에서 가중구성요건을 인식하지 못한 경우에는 중한 죄로 벌하지 아니한다고 규정하고 있으므로, 주위가 너무 어두운 나머지 원수라 생각하고 힘껏 칼을 휘둘러 목표물을 살해했는데, 쓰러진 사람이 뜻밖에 피고인의 부(父)였다면 위 규정에 따라 존속살해죄가 아닌 보통살인죄가 성립하게 된다.

한편 형법 제13조의 사실의 착오가 항상 고의가 조각된다고 할 경우 막대한 처벌의 흠결문제가 발생할 수 있다. **착오가 어느 정도로 중요해야 고의를 조각할 수 있느냐의 문제는 해석과 판례**에 맡겨져 왔다. 예컨대, 노루라고 생각하여 총을 쏘았더니 덤불 속에 사람이 있었고 그가 사망한 경우는 과실치사죄로 의율 되어야 하고(추상적 사실의 착오 중 객체의 착오, 만약 노루가 아니라 애초에 타인소유 재물인 옆집의 시끄러운 개를 고의로 겨냥했었다면 재물손괴미수와 과실치사죄의 상상적 경합이 된다.), 원수와 똑같은 복장을 한 경호원이 나타나자 원수로 **오인**하고 총을 쏘아 살해한 경우는 객관적으로 발생한 결과(살인)가 인식(살인)과 부합하여 착오가 법상 의미를 가지지 않으므로 고의를 조각하지 않고 사망한 경호원에 대한 살인죄가 인정되고(구체적 사실의 착오 중 **객체**의 착오), 원수에게 방망이를 휘둘렀는데 옆에서 말리던 피고인의 부가 재수 없게 맞아 사망하였다면 원수에 대한 살인미수와 부에 대한 과실치사죄의 상상적 경합범이 성립하고(추상적 사실의 착오 중 방법의 착오), 만약 발사한 총알이 **빗나가** 겨냥한 원수의 옆에 있던 경호원이 사망한 것이라면 구성요건적 사실을 인식하고 그 결과를 실현한 이상 고의를 조각할 수 없고 고의는 전용되어 사망한 경호원에 대한 살인죄가 성립한다(구체적 사실의 착오 중 **방법**의 착오).

▶ 「피해자 1인 피고인의 **형수**의 등에 업혀 있던 피고인의 **조카** 피해자 2(남1세)에 대하여는 살인의 고의가 없었으니 과실치사죄가 성립할지언정 살인죄가 성립될 수 없다는 주장을 살피건대, 피고인이 먼저 피해자 1을 향하여 살의를 갖고 소나무 몽둥이(증 제1호, 길이 85센티미터 직경 9센티미터)를 양손에 집어 들고 힘껏 후려친 가격으로 피를 흘리며 마당에 고꾸라진 동녀와 동녀의 등에 업힌 피해자 2의 머리 부분을 위 몽둥이로 내리쳐 피해자 2를 현장에서 두개골절 및 뇌좌상으로 사망케 한 소위를 살인죄로 의율한 원심조처는 정당하게 긍인되며 소위 **타격(방법)의 착오가 있는 경우라 할지라도 행위자의 살인의 범의성립에 방해가 되지 아니**하니 어느 모로 보나 원

심판결에 채증법칙 위배로 인한 사실오인의 위법이나 살인죄에 관한 법리오해의 위법이 없어 논지는 이유 없다(구체적 사실의 착오 중 방법의 착오).」[881]

(2) 나아가 원래의 고의가 살인의 고의보다 작은 경우가 있다. 즉 폭행의 고의로 살짝 밀쳤더니 피해자가 장애물에 걸려 넘어져 머리를 다쳐 사망했다면 살인죄로 의율할 수 없고 폭행치사죄가 성립하며, 각목으로 상대 조직원의 다리를 가격하였는데 하필 각목의 한 쪽 부위에 못이 있어 피해자가 패혈증으로 사망했다면 상해치사죄가 인정된다. 형법 **제15조 제2항**의 결과적 가중범 사례이고, 중한 결과에 대한 예견이 가능했다면 중한 죄로 처벌된다.

(3) 따라서 **행위 당시 피고인의 내심의 의사와 관련한 변론탐구는 아무리 강조해도 지나치지 않다.** 탐구방법은 면담, 범행도구, 범행방법, 가해정도와 횟수, 피해부위, 피해결과, 범행 후 정황을 모두 중요하게 생각하되 가급적 객관적으로 밝혀내야 한다.

(4) 그러나 불행히도 수사실무, 재판실무는 사람이 죽었다는 피해결과에 주목해 살인죄, 존속살해죄를 고민 없이 적용하는 경우가 많고, 일단 수사단계에서 살인죄로 수사하고 자백받았다면, 재판부도 당해 범죄의 고의와 관련한 변호인의 주장을 쉽게 배척하는 경향이 있다. 배척의 이유기재도 부실하기 짝이 없다. 법관의 내심적 의사는 어차피 형량에서 적절한 감형이 이루어져 죄명의 변경이 무의미하다거나, 고의의 탐구과정을 분석하는 것이 재판경제상 유익하지 않다는 것이겠지만, **재판은 경제성이 작용될 수 없는 영역이고 실체진실에 부합하는 죄와 벌을 부과하는 것이 형사법관의 중임(An important duty, A heavy responsibility)임을 잊어서는 안 된다.**

때로 검찰과 법원에서 근무하다 퇴직한 후 변호사로 활동하면서, 과거 자신의 수사와 재판이 경솔했거나 오류였을 수 있다는 고백을 하는 분들이 있다. 이 같은 뒤늦은 후회를 하기보다는, 검사와 법관으로 재직 시 그것이 직위가 아니라 직책에 불과하다는 점을 명심하고{검사(檢事)의 한자 표기를 참고}, 피고인이 정당한 재판을 받을 한 사람의 국민이라는 것을 늘 고민해야 한다. **고민과 탐구가 오판을 줄이는 유일한 해법이다.**

4. 인과관계

살인의 실행행위가 피해자의 사망이라는 결과를 발생하게 한 유일한 원인이거나 직접적인 원인이어야만 되는 것은 아니므로, 살인의 실행행위와 피해자의 사망과의 사이에 다른 사실이 개재되어 그 사실이 치사의 직접적인 원인이

881) 대법원 1984. 1. 24, 선고 83도2813 판결.

되었다고 하더라도 그와 같은 사실이 통상 예견할 수 있는 것에 지나지 않는다면 살인의 실행행위와 피해자의 사망과의 사이에 인과관계가 있는 것으로 보아야 한다.[882)]

그러므로 피고인의 자상행위가 피해자를 사망하게 한 직접적 원인은 아니었다 하더라도 이로부터 발생된 다른 간접적 원인이 결합되어 사망의 결과를 발생하게 한 경우라도 그 행위와 사망 간에는 인과관계가 있다는 결론에 도달한다.[883)]

▶ 「1. 원심이 유지한 제1심판결 및 원심판결이 들은 각 증거를 기록에 대조하여 보면, 피고인 이 판시와 같은 경위로 길이 39센티미터(2중 손잡이 길이는 13센티미터임), 너비 4.8센티미터의 서독제 식도로 피해자의 하복부를 찔러 직경 5센티, 깊이 15센티미터 이상의 자창을 입혀 복강내 출혈로 인한 혈복증으로 의식이 불명하고 혈압이 촉진되지 아니하는 위급한 상태에서 병원에서 지혈을 위한 응급개복수술을 한바 우측외장골 동·정맥 등의 완전 파열로 인한 다량의 출혈이 있어 지혈시술과 함께 산소호흡을 시키고, 다량의 수혈을 하였으나 사건 후 약 1개월 만에 패혈증과 급성심부전증의 합병증을 일으켜 사망하였던 사실을 인정하기 충분하고 거기에 채증법칙을 어겼거나 증거 없이 사실을 인정한 위법은 없고, 위 인정사실과 같이 피고인이 예리하고 긴 식도로 피해자의 하복부를 찔러 그 결과 사망한 것이라면 일반적으로 판시와 같은 내장파열 및 다량의 출혈과 자창의 감염으로 사망의 결과를 발생케 하리라는 점을 경험상 예견할 수 있는 것이므로 피고인에게 살인의 결과에 대한 확정적 고의는 없다 치더라도 미필적 인식은 있었다고 보기 어렵지 아니하므로 살인죄로 의율한 원심의 조치는 어떠한 위법이 있다고 할 수 없다.

2. 피고인의 행위가 피해자를 사망케 한 직접적 원인은 아니었다 하더라도 이로부터 발생된 다른 간접적 원인이 결합되어 사망의 결과를 발생케 한 경우라도 그 행위와 사망 간에는 인과관계가 있다고 할 것인바, 소론의 진단서에는 직접사인 심장마비, 호흡부전, 중간선행사인 패혈증, 급성심부전증, 선행사인 자상, 장골 정맥파열로 되어 있으나, 소론이 지적한 원심증인 강민서의 증언에 의하더라도 망인의 경우 위와 같은 패혈증은 자창의 감염과 2차에 걸친 수술, 과다한 수혈 때문이며, 위 망인의 증상에 비추어 위와 같은 수술과 수혈은 불가피했다는 것이고 심부전증, 심장마비는 몸 전체의 기관의 기능이 감소되어 생긴 것이라는

882) 대법원 1994. 3. 22, 선고 93도3612 판결.
883) 대법원 1982. 12. 28, 선고 82도2525 판결.

것이므로(거기에 치료상의 과실이 있다고 볼 자료도 없다.) 피해자가 이건 범행으로 부상한 후 1개월이 지난 후에 위 패혈증 등으로 사망하였다 하더라도 그 패혈증이 위 자창으로 인한 과다한 출혈과 상처의 감염 등에 연유한 것인 이상 피고인의 행위와 피해자의 사망과의 사이에 인과관계의 존재를 부정할 수는 없다 할 것이므로 거기에 인과관계에 관한 법리를 위반한 위법도 없다.」[884]

5. 부작위 살인

가. 부작위(不作爲)로도 살인의 결과를 발생시킬 수 있다. 특히 작위범의 구성요건을 부작위에 의하여 실현하는 부진정부작위범의 대표적 사례로, 세월호 선장이 승객들을 두고 탈출하여 살인죄로 처벌된 것을 중요하게 눈여겨 보아야 한다. 부작위에 의한 살인죄 책임을 지우기 위해서는 그가 결과를 방지해야 할 보증인지위에 있어야 하고,[885] 그의 부작위 행위가 작위와 동등한 가치로 평가되어야 한다. 대법원은 법문의 규정형식이 작위범이고, 작위를 내용으로 하는 범죄를 부작위에 의하여 범하는 것을 부진정부작위범(不眞正不作爲犯)이라고 하며, 동범죄가 성립하기 위하여는 행위자의 부작위를 실행행위로서의 작위와 동일시할 수 있어야 한다고 보고 있다.[886] 이와 비교적으로 어떠한 죄의 구성요건

884) 대법원 1982. 12. 28, 선고 82도2525 판결.

885) 작위의무는 법적인 의무이어야 하므로 단순한 도덕상 또는 종교상의 의무는 포함되지 않으나 작위의무가 법적인 의무인 한 성문법이건 불문법이건 상관이 없고 또 공법이건 사법이건 불문하므로, 법령, 법률행위, 선행행위로 인한 경우는 물론이고 기타 신의성실의 원칙이나 사회상규 혹은 조리상 작위의무가 기대되는 경우에도 법적인 작위의무는 있다(대법원 1996. 9. 6, 선고 95도2551 판결).

886) 대법원 2006. 4. 28, 선고 2003도80 판결. "…(전략) 사이트를 운영하는 피고인들은 위 사이트의 일부를 할당받아 유료로 정보를 제공하는 정보제공업체들이 음란한 정보를 반포·판매하지 않도록 이를 통제하거나 저지해야 할 조리상의 의무를 부담한다고 할 것이기는 하다. 그러나 구 전기통신기본법(2001. 1. 16. 법률 제6360호로 개정되기 전의 것) 제48조의2 위반죄는 전기통신역무를 이용하여 음란한 부호·문언·음향 또는 영상을 반포·판매 또는 임대하거나 공연히 전시한 경우에 성립하는 것으로서 그 규정형식으로 보아 작위범이고, 이와 같이 **작위를 내용으로 하는 범죄를 부작위에 의하여 범하는 부진정부작위범이 성립하기 위하여는 부작위를 실행행위로서의 작위와 동일시할 수 있어야** 하는데, 이 사건에서 음란한 정보를 반포·판매한 것은 정보제공업체이므로, 위와 같은 작위의무에 위배하여 그 반포·판매를 방치하였다는 것만으로는 음란한 정보를 반포·판매하였다는 것과 **동일시할 수는 없고, 따라서 피고인들이 정보제공업체들의 전기통신기본법 위반 범행을 방조하였다고 볼 수 있음은 별론**으로 하고 위와 같은 작위의무 위배만으로는 피고인들을 전기통신기본법 위반**죄의 정범에 해당한다고 할 수는 없다**. 또한, 검사가 피고인들을 작위범으로 공소제기한 것으로 본다고 하더라도, 피고인들이 정보제공업체들이 음란한 부호 등을 제공하리라는 것을 인식하면서도 이를 의욕 내지 묵인하는 의사 아래 서버 이용권한을 주어 음란한 부호 등을 반포·판매하였다고 볼 만한 아무런 증거가 없으므로, 결국 이 사건 공소사실은 범죄의 증명이 없는 때에 해당한다고 할 것이다."

이 부작위에 의하여서만 실현될 수 있는 범죄를 진정부작위범(眞正不作爲犯)이라고 한다.[887]

세월호 사건

▶ 「1. 피고인 1, 피고인 2, 피고인 3, 피고인 9의 **살인·살인미수의 점**에 대하여

가. 부작위범의 법리와 선원들의 구조의무

(1) 범죄는 보통 적극적인 행위에 의하여 실행되지만 때로는 결과의 발생을 방지하지 아니한 부작위에 의하여도 실현될 수 있다. 형법 제18조는 "위험의 발생을 방지할 의무가 있거나 자기의 행위로 인하여 위험발생의 원인을 야기한 자가 그 위험발생을 방지하지 아니한 때에는 그 발생된 결과에 의하여 처벌한다."라고 하여 부작위범의 성립 요건을 별도로 규정하고 있다.

자연적 의미에서의 부작위는 거동성이 있는 작위와 본질적으로 구별되는 무(無)에 지나지 아니하지만, 위 규정에서 말하는 부작위는 법적 기대라는 규범적 가치판단 요소에 의하여 사회적 중요성을 가지는 사람의 행태가 되어 법적 의미에서 작위와 함께 행위의 기본 형태를 이루게 되는 것이므로, **특정한 행위를 하지 아니하는 부작위가 형법적으로 부작위로서의 의미를 가지기 위해서는,** 보호법익의 주체에게 해당 구성요건적 결과발생의 위험이 있는 상황에서 행위자가 구성요건의 실현을 회피하기 위하여 요구되는 행위를 현실적·물리적으로 행할 수 있었음에도 하지 아니하였다고 평가될 수 있어야 한다.

나아가 살인죄와 같이 일반적으로 작위를 내용으로 하는 범죄를 부작위에 의하여 범하는 이른바 부진정부작위범의 경우에는 보호법익의 주체가 그 법익에 대한 침해위협에 대처할 보호능력이 없고, 부작위행위자에게 그 침해위협으로부터 법익을 보호해 주어야 할 **법적 작위의무**가 있을 뿐 아니라, 부작위행위자가 그러한 보호적 지위에서 법익침해를 일으키는 사태를 지배하고 있어 그 작위의무의 이행으로 결과발생을 쉽게 방지할 수 있어야 그 **부작위로 인한 법익침해가 작위에 의한 법익침해와 동등한 형법적 가치**가 있는 것으로서 범죄의 실행행위로 평가될 수 있다. 다만 여기서의 작위의무는 법령, 법률행위, 선행행위로 인한 경우는 물론, 신의성실의 원칙이나 사회상규 혹은 조리상 작위의무가 기대되는 경우에도 인정된다고 할 것이다.[888]

또한 부진정부작위범의 고의는 반드시 구성요건적 결과발생에 대한 목적이나 계획적인 범행 의도가 있어야 하는 것은 아니고 법익침해의 결과발생을 방지할

---

887) 대법원 2008. 3. 27, 선고 2008도89 판결.

888) 대법원 1992. 2. 11, 선고 91도2951 판결; 대법원 2008. 2. 28, 선고 2007도9354 판결.

법적 작위의무를 가지고 있는 자가 그 의무를 이행함으로써 그 결과발생을 쉽게 방지할 수 있었음을 예견하고도 결과발생을 용인하고 이를 방관한 채 그 의무를 이행하지 아니한다는 인식을 하면 족하며, 이러한 작위의무자의 예견 또는 인식 등은 확정적인 경우는 물론 불확정적인 경우이더라도 미필적 고의로 인정될 수 있다. 이때 작위의무자에게 이러한 고의가 있었는지는 작위의무자의 진술에만 의존할 것이 아니라, 작위의무의 발생근거, 법익침해의 태양과 위험성, 작위의무자의 법익침해에 대한 사태지배의 정도, 요구되는 작위의무의 내용과 그 이행의 용이성, 부작위에 이르게 된 동기와 경위, 부작위의 형태와 결과발생 사이의 상관관계 등을 종합적으로 고려하여 작위의무자의 심리상태를 추인해야 할 것이다.

(2) 해사안전법은 "누구든지 선박의 안전을 위한 선장의 전문적인 판단을 방해하거나 간섭하여서는 아니 된다."라고 규정하고(제45조), 구 선원법(2015. 1. 6. 법률 제13000호로 개정되기 전의 것, 이하 같다)은 선장의 권한으로서 "선장은 해원을 지휘·감독하며 선내에 있는 사람에게 선장의 직무를 수행하기 위하여 필요한 명령을 할 수 있다."라고 규정하며(제6조), 그 밖에 해원이 상급자의 직무상 명령에 따르지 아니할 경우나 선장의 허가 없이 선박을 떠난 경우 등에 있어서 선장의 해원들에 대한 징계권(제22조), 위험한 물건 등에 대한 대물강제권(제23조 제2항), 인명이나 선박에 위해를 가할 우려가 있는 사람 등에 대한 대인강제권(제23조 제3항) 등을 규정하는 한편, 선장의 의무로서 "선장은 화물을 싣거나 여객이 타기 시작할 때부터 화물을 모두 부리거나 여객이 다 내릴 때까지 선박을 떠나서는 아니 된다."(제10조), "선박에 급박한 위험이 있을 때에는 인명, 선박 및 화물을 구조하는 데 필요한 조치를 다해야 한다."라고 규정하고 있다(제11조).

이러한 선장의 권한이나 의무, 해원의 상명하복체계 등에 관한 규정들은 모두 선박의 안전과 선원 관리에 관한 포괄적이고 절대적인 권한을 가진 선장을 수장으로 하는 효율적인 지휘명령체계를 갖추어 항해 중인 선박의 위험을 신속하고 안전하게 극복할 수 있도록 하기 위한 것이므로, 선장은 승객 등 선박공동체의 안전에 대한 총책임자로서 선박공동체가 위험에 직면할 경우 그 사실을 당국에 신고하거나 구조세력의 도움을 요청하는 등의 기본적인 조치뿐만 아니라 위기상황의 태양, 구조세력의 지원 가능성과 그 규모, 시기 등을 종합적으로 고려하여 실현가능한 구체적인 구조계획을 신속히 수립하고 선장의 포괄적이고 절대적인 권한을 적절히 행사하여 선박공동체 전원의 안전이 종국적으로 확보될 때까지 적극적·지속적으로 구조조치를 취할 법률상 의무가 있다고 할 것이다.

또한 선장이나 승무원은 제2의 가.항에서 보는 바와 같이 수난구호법 제18조 제1항 단서에 의하여 조난된 사람에 대한 구조조치의무를 부담하고, 해당 선박의 해상여객운송사업자와 승객 사이의 여객운송계약에 따라 승객의 안전에 대하여 계약상 보호의무를 부담하므로, **모든 승무원은 선박 위험 시 서로 협력하여 조난된 승객이나 다른 승무원을 적극적으로 구조할 의무가 있다**고 할 것이다.

(3) 따라서 선박침몰 등과 같은 조난사고로 승객이나 다른 승무원들이 스스로 생명에 대한 위협에 대처할 수 없는 급박한 상황이 발생한 경우에는 선박의 운항을 지배하고 있는 선장이나 갑판 또는 선내에서 구체적인 구조행위를 지배하고 있는 선원들은 적극적인 구호활동을 통해 보호능력이 없는 승객이나 다른 승무원의 사망 결과를 방지해야 할 작위의무가 있다 할 것이므로, **법익침해의 태양과 정도 등에 따라 요구되는 개별적·구체적인 구호의무를 이행함으로써 사망의 결과를 쉽게 방지할 수 있음에도 그에 이르는 사태의 핵심적 경과를 그대로 방관하여 사망의 결과를 초래하였다면, 그 부작위는 작위에 의한 살인행위와 동등한 형법적 가치를 가진다**고 할 것이고, 이와 같이 작위의무를 이행하였다면 그 결과가 발생하지 않았을 것이라는 관계가 인정될 경우에는 그 작위를 하지 않은 부작위와 사망의 결과 사이에 인과관계가 있는 것으로 보아야 할 것이다.

나. 공소사실의 요지

피고인 1, 피고인 2, 피고인 3, 피고인 9는 2014. 4. 16. 08:52경 세월호가 좌현으로 기울어져 멈춘 후 침몰하고 있는 상황에서 피해자인 승객과 사무부 승무원 등(이하 '승객 등'이라 한다)이 안내방송 등을 믿고 대피하지 않은 채 세월호의 선내에 대기하고 있고, 승객 등을 퇴선시킬 경우 충분히 구조가 가능하며, 승객 등이 선내에 그대로 대기하고 있는 상태에서 배가 더 기울면 밖으로 빠져나오지 못하고 익사할 수도 있다는 사실을 알았고, 더욱이 피고인 9는 세월호 3층 복도에서 다른 기관부 선원들과 모여 있던 중, 자신의 바로 옆 복도에 스스로 이동이 불가능할 정도로 부상을 당한 피해자 공소외 1, 공소외 2가 구조조치를 받지 못한 채 방치되어 있어 이들에 대하여 아무런 조치를 취하지 아니할 경우 세월호에서 빠져나오지 못해 익사하는 상황에 이르게 된다는 사실을 인식하였음에도, 승객 등에 대한 어떠한 구조조치도 취하지 아니한 채, 피고인 9는 09:38경 기관부 선실 복도에서 나와 09:39경 해경 구명단정을 이용하여 먼저 세월호에서 퇴선했고, 피고인 1, 피고인 2, 피고인 3은 09:39경 피고인 9 등이 퇴선하는 것을 보고 퇴선하기로 마음먹고, 09:46경 세월호에서 퇴선했다.

이로써 위 피고인들은 공모 공동하여 세월호에 남아있던 304명의 피해자들을 그 무렵 바다에 빠져 익사하게 하여 살해하고, 152명의 피해자들이 사망할 것을 용인하면서 퇴선하였으나 위 피해자들이 해경 등에 의하여 구조되는 바람에 사망하지 아니했다.

다. 원심의 판단

원심은, 피고인들의 지위와 부작위의 내용, 당시 상황의 흐름 등을 고려하여 위 공소사실 중 ① **피고인 1**의 피해자 공소외 3을 제외한 나머지 피해자들 부분에 대하여는 **부작위에 의한 살인·살인미수죄를 인정**했고, ② 피고인 1의 피해자 공소외 3 부분에 대하여는 부작위와 사망 결과 사이에 인과관계가 없다는 이유로 무죄로 판단하였으며, ③ 피고인 2, 피고인 3, 피고인 9에 대하여는 부작위에 의한 살인의 미필적 고의를 인정하기 어렵다는 이유로 역시 무죄로 판단했다.

…(중략)

마. 대법원의 판단

(1) 원심판결 이유와 원심 및 제1심이 적법하게 채택하여 조사한 증거들에 의하면 다음의 사실을 알 수 있다.

(가) 피고인 1, 피고인 2, 피고인 3, 피고인 9의 지위와 임무

① 피고인 1

피고인 1은 총 27년 9개월의 승무경력을 가진 2급 항해사 자격면허 소지자로서 이 사건 사고 당시 세월호의 선장으로 승선했다. 피고인 1은 해원을 지휘·감독하고 여객을 목적지까지 안전하게 운송하기 위한 운항관리에 대한 책임을 지는 선장으로서, 선박에 급박한 위험이 있을 때에는 인명, 선박 및 화물을 구조하는 데 필요한 조치를 다하고, 비상시에 조치해야 할 해원의 임무를 정한 비상배치표를 선내의 보기 쉬운 곳에 걸어두고 선박에 있는 사람에게 소방훈련, 구명정훈련 등 비상시에 대비한 훈련을 실시해야 하며, 비상상황 발생 시에는 해운법에 근거한 공소외 4 주식회사의 운항관리규정과 비상배치표에 따라 퇴선, 인명구조 등 선원의 구호의무를 지휘해야 한다.

…(중략)

(나) 이 사건 사고 발생과 피고인들의 구조요청 등

…(중략)

(다) 피고인 1과 피고인 2, 피고인 3 등 갑판부 소속 피고인들의 조치내용

① 당시 세월호에는 피고인들을 포함한 승무원 33명 외에 443명의 승객들이 승선하고 있었고 그중에는 부녀자와 노약자, 특히 수학여행을 가는 △△고 학생들이 다수 포함되어 있었으므로, 세월호의 승무원들은 승객들을 잘 통솔하여 이들이 이 사건 사고로 동요하지 않도록 해야 하고, 승객들에게 선내방송을 통하여 사고 발생 사실을 알리고 적당한 간격으로 선원들에 의해 어떤 비상조치가 시행되고 있는지 등의 구조 관련 상황을 반복해서 알림으로써 승객들이 불안해하지 않도록 해야 함은 물론, 사고 직후 이미 세월호가 좌현으로 약 30도 정도 기울고 선수 갑판에 있던 컨테이너 등의 화물들이 좌현으로 쏠려 무너져 내리는 등 평소 복원력이 나빴던 세월호가 곧 전복되어 침몰될 위험에 직면하게 되었으므로, 무엇보다도 퇴선이 불가피한 위급상황에 대비하여 미리 퇴선이 용이한 갑판으로 대피하도록 유도하는 등 퇴선을 위한 적절한 조치를 신속하게 취해야 할 긴박한

상황이었다.

② 그런데 피고인 1은 위와 같이 피고인 2가 구조요청을 마친 후인 08:58경 피고인 3에게'승객들로 하여금 구명조끼를 입고 그 자리에 대기하라'는 방송만을 지시하였을 뿐, 정작 선원들에게 승객 등의 퇴선에 대비한 각자의 임무를 수행하도록 지시하는 등 선박 위험 시 선장이 취해야 할 지휘·감독상 임무를 전혀 수행하지 아니했다. 또한 피고인 2, 피고인 3을 비롯하여 조타실에 모여 있던 갑판부 소속 피고인들이나 3층 선실 복도에 모여 있던 피고인 9 등 기관부 소속 피고인들도 비상배치표 등에 따른 임무를 수행할 시도조차 하지 아니한 채 오로지 각각 조타실과 3층 기관부 선실 복도에 머물며 진도 VTS 등과의 교신에 매달려 구조요청을 반복하거나 아무런 대책 논의도 없이 상황을 주시하기만 했다. 그에 따라 3층 안내데스크에 있던 사무부 승무원들은 자세한 사고경위도 모른 채 위 방송지시에 따라 승객들에게 선박의 침몰상황, 구조계획 등에 대한 설명 없이 '현 위치에서 절대 움직이지 말고 그 자리에 대기하라'는 취지의 안내방송을 실시한 후, 그저 조타실의 추가 지시만을 기다리면서 같은 내용의 안내방송을 반복하는 상황이 전개되었다.

③ 피고인 1은 위와 같이 세월호의 승무원들 모두가 승객을 선내 대기 상태로 방치한 채 수수방관하는 동안, 09:13경 세월호 부근을 항해 중이던 ㅁㅁㅁㅁㅁ호가 진도 VTS의 구조요청을 받고 세월호의 승객들을 구조하기 위해 세월호에 다가오면서 "탈출을 하면 저희들이 구조를 하겠습니다."라고 하는 교신을 들었고, 이후 진도 VTS와의 교신을 통해서 경비정 및 인근 어선들도 구조를 위해 오고 있다는 사실도 알게 되었을 뿐 아니라, 09:21경 진도 VTS 및 ㅁㅁㅁㅁㅁ호로부터 "지금 ㅁㅁㅁㅁㅁ가 지금 접근 중에 있는데 지금 그 어롱사이드(ALONGSIDE)가 할 수 없는 상태라 구조 대기하고 있습니다.", "인근에 있다가 인명들이 탈출하면 인명구조 하겠습니다."라고 하는 교신을 들었음에도, 선원들을 지휘하여 구명뗏목과 슈트 등 구조장비를 투하하고 승객들을 대피시키는 등의 퇴선을 위한 조치를 전혀 취하지 아니했고, 조타실에 함께 있던 피고인 2, 피고인 3 등 나머지 갑판부 소속 피고인들도 교신내용을 듣고만 있었을 뿐 별다른 조치를 취하지 아니했다.

④ 또한 피고인 1은 세월호가 45도 이상 기운 09:23경 진도 VTS로부터 "경비정 오는 데 15분, 15분입니다.", "방송이 안 되더라도 최대한 나가셔서 그 승객들한테 구명동의를 꼭 착용을 하고 옷을 두껍게 입으라고 최대한 많이 전파를 좀 부탁드리겠습니다."라고 하는 교신을 들었고, 09:24경 ㅁㅁㅁㅁㅁ호 선장으로부터 "맨몸으로 하지 마시고 라이프링이라도 하여간 착용을 시켜서 탈출을 시키십시오, 빨리."라고 하는 교신을 들었음에도 아무런 추가 조치 없이 이를 묵살하고, 다시 09:25경 진도 VTS로부터 "지금 저희가 그쪽 상황을 모르기 때문에 저 선장

님께서, 세월호 선장님께서 최종적으로 판단을 하셔 갖고 지금 승객 탈출을 시킬지 최대한 지금 빨리 결정을 해 주십시오."라고 하는 교신을, 09:26경 "경비정이 10분 이내에 도착할 겁니다."라고 하는 교신을 들었을 뿐 아니라, 그 무렵 피고인 3으로부터 수차례 "어떻게 할까요?"라고 하는 추가 대응지시를 독촉받고, 조타실에 있는 무전기를 통해 3층 객실 안내데스크에 있던 사무부 승무원들로부터 선내에 대기 중인 승객들의 대피 등 추가 조치 요청을 수차례 받았음에도, 퇴선 등 구조조치에 관한 논의나 설명 없이 이를 모두 묵살한 채 아무런 추가 조치를 취하지 아니했다. 또한 피고인 2, 피고인 3 등 나머지 갑판부 소속 피고인들도 여전히 조타실에 머물면서 승객 등의 퇴선을 위한 조치에 나서지 아니했고 피고인 1의 위와 같이 무책임한 행동에 대해 이의를 제기하거나 승객 등의 구조방안을 언급하지 아니했다.

(라) 피고인 9 등 기관부 소속 피고인들의 조치내용

…(중략)

(마) 퇴선명령 등 필요 최소한의 구조조치와 그 이행 가능성 등

① 승객 등은 08:58경 배가 기울고 엔진이 꺼진 사실 자체만으로도 스스로 갑판으로 나와서 침몰상황을 파악한 후 그에 따른 정보를 공유하고 생존을 위한 조치를 할 수 있었고, 그 경우 적어도 경비정이 도착할 무렵에는 구명조끼를 착용한 상태에서 바다에 뛰어들어 구조를 받을 수 있었다. 하지만 대부분의 승객 등은 피고인 1의 지시에 의한 선내 대기 명령에 따라 경비정이 도착할 때 및 그 이후까지도 선실 내부 또는 복도 등에서 그대로 대기하고 있었다. 세월호가 급박하게 침몰하고 있는 당시 상황에서 후속 조치인 퇴선준비나 퇴선명령이 이루어지지 않을 경우에는 선내 대기 명령으로 인하여 구조세력이 도착하더라도 승객 등이 침몰하는 선박 안에서 빠져나오지 못하고 그대로 익사할 가능성이 매우 높았다.

② 좌현으로 기울고 있던 당시 상황에서의 퇴선은 주로 좌현 갑판을 이용할 수밖에 없었고, 선체가 계속 기울고 있었으므로 많은 승객 등이 빠른 시간 안에 퇴선하기 위해서는 미리 이동하는 것이 필수적이었다. 선체가 기울어진 상태에서도 선수와 선미 사이의 수평이동은 어렵지 않았고, 3층과 4층 좌현 갑판에는 난간과 계단이 설치되어 있어 운동능력이 있는 사람이라면 3층과 5층 사이의 상하 이동도 가능했다. 그리고 3층의 경우 선체의 좌현 쪽 전체가 갑판이고, 4층의 경우도 갑판의 길이가 약 40m 정도 되어 승객 등이 대피할 수 없을 만큼 공간이 협소하지 아니했다.

③ 또한 카페리 여객선인 세월호는 선체 아래쪽이 풍우밀구역으로 되어 있고 차량 등 화물을 싣는 공간에 격벽이 설치되어 있지 아니하여 바닷물이 침투할 경우 빠른 시간 내에 침몰할 것으로 예상될 뿐 아니라 당시 세월호가 계속 기울어져서 승객 등이 선내에서 이동하기가 점점 더 어려워지고 있었다. 반면 사고

당시 날씨가 맑고 파도가 잔잔하였을 뿐 아니라 구조세력과의 교신과정에서 해경 등의 구조세력이 가까운 시간 내에 세월호에 도달할 것이 충분히 예상되었으므로, 피고인 2, 피고인 3, 피고인 9 등 해원들은 승객 등이 안전하게 퇴선할 수 있도록 준비를 하고, 선장인 피고인 1은 승객 등이 선내에 갇히기 전에 퇴선명령을 내릴 필요가 있었다.

④ 한편 ○대학교 초고층방재융합연구소에서 실시한 가상 대피 시나리오 및 탈출 시뮬레이션 결과에 의하면, 세월호가 52.2도 기운 상태에서 선실에 있던 승객 등이 탈출을 시작하였다면 약 9분 28초 안에 탈출을 완료할 수 있으므로 늦어도 09:26경까지 승객 등이 탈출을 시작하였다면 3, 4층의 출입구가 침수되기 전에 세월호를 탈출할 수 있었다.

⑤ 이러한 상황에서 선내 대기 중인 승객 등의 구조를 위한 최소한의 조치에 해당하는 적시의 퇴선조치 또는 유보갑판 등으로의 퇴선준비 조치는, 조타실 내의 방송장비 또는 선내 전화기를 통한 안내방송, 무전기를 통한 사무부에의 지시, 비상벨의 이용 등 조타실에 있었던 선원이면 누구나 쉽게 이용 가능한 방법으로 할 수 있었고, 그것이 여의치 않더라도 선원들이 직접 객실이 있는 3층과 4층으로 이동하여 승객 등에게 퇴선을 알리거나 유보갑판으로 유도하는 것도 충분히 가능했다.

⑥ 그럼에도 피고인 1은 09:34경 세월호의 침수한계선이 수면에 잠기어 복원력을 완전히 상실하고 09:35경 해경 경비정이 사고현장에 도착한 후에도 퇴선명령 등 퇴선을 위한 기본적인 조치조차 취하지 아니했고, 피고인 2, 피고인 3, 피고인 9 등 나머지 선원들도 그와 같은 상황을 방관하고 있었다.

⑦ 그에 따라 승객 등은, 해경 등 구조세력이 사고현장에 도착하였음에도 구조가 가능한 적절한 시점인 이른바 '골든타임'이 다 지나갈 때까지 세월호의 침몰상황에 대해서는 제대로 알지 못한 채, 반복적인 선내 대기 안내방송 등에 따라 막연히 선내에 대기하는 상태가 지속되었다.

(바) 피고인들의 퇴선행위와 사고 발생 후의 피해상황

① 피고인 9는 위와 같이 나머지 기관부 소속 피고인들과 3층 선실 복도에서 대기만 하고 있다가 09:38경 해경 구명단정이 세월호의 좌현으로 접근하자 피고인 10 등 기관부 소속 피고인들에게 3층 복도와 연결된 좌현 쪽 출입문을 통하여 밖으로 나가도록 한 뒤 09:39경 해경 구명단정에 탑승하면서 자신이 선원임을 밝히지 않고 세월호에서 퇴선했고, 피고인 10 등 나머지 기관부 소속 피고인들도 피고인 9의 지시에 편승하여 승객 등에 대한 아무런 구조조치 없이 피고인 9와 함께 세월호에서 퇴선했다.

② 피고인 1과 피고인 2, 피고인 3 등 갑판부 소속 피고인들은 09:37경 이후진도 VTS로부터의 교신에 응답하지 않은 채 해경 경비정이 세월호에 다가오기만

을 기다리면서 대피명령 및 퇴선명령, 승객 퇴선유도 등 승객 등을 구조하기 위한 아무런 조치를 취하지 않았을 뿐만 아니라, 승객 등의 상황에 대하여 확인하거나 승객 등의 구조 방법에 대한 논의조차 하지 않다가, 09:39경 피고인 9 등 기관부 소속 피고인들이 퇴선하는 것과 전방에 경비정이 다가오는 것을 보자, 곧바로 조타실 좌측에 있는 출입문을 통해 차례로 윙브릿지로 나간 후, 09:46경 세월호의 조타실 앞에 도착한 해경 123호 경비정에 탑승하면서 자신들이 선장 또는 선원임을 밝히지 않고 퇴선했고, 퇴선 이후에도 해경에게 승객 등이 선내 대기 중인 사실 등을 알려 주지 아니했다.

③ 결국 승객 등은 구조세력이 도착한 이후에도 퇴선명령이나 이에 수반되는 퇴선유도 등 퇴선 상황에 따른 조치가 전혀 이루어지지 아니한 상태에서 막연히 퇴선지시를 기다리면서 선내에 대기하다가 09:47경 세월호의 3층 난간이, 09:50경 4층 난간이 완전히 침수되어 출구가 차례로 폐쇄되면서 스스로의 힘으로 선체를 빠져나가는 것이 사실상 불가능하게 되어, 해경 등의 구조활동에도 불구하고 303명이 바다에 빠져 사망했고, 152명은 해경 등에 의하여 구조되었으나 세월호가 갑자기 기울어질 때 또는 탈출 과정에서 상해를 입었다.

(2) 피고인 1의 상고이유에 관하여

(가) 퇴선방송 지시 관련 주장에 관하여

원심판결 이유를 원심 및 제1심이 적법하게 채택하여 조사한 증거들에 의하여 살펴보면, 원심이 그 판시와 같은 이유를 들어 피고인 1이 퇴선방송 지시를 하지 아니한 채 퇴선하였다고 판단한 것은 정당하고, 거기에 상고이유 주장과 같이 논리와 경험의 법칙을 위반하여 자유심증주의의 한계를 벗어나는 등의 잘못이 없다.

(나) 부작위에 의한 살인 관련 주장에 관하여

1) 먼저 피고인 1의 부작위가 작위에 의한 살인행위와 동등한 형법적 가치를 가지는 것으로 평가될 수 있는지에 관하여 본다.

앞서 본 사실관계에 의하면, ① 피고인 1은 승객 등의 구조를 위한 가장 핵심적인 역할을 수행해야 할 선장으로서, 퇴선명령 등을 통하여 적극적으로 선내 대기 상태에 있는 승객 등의 사망 결과를 방지해야 할 의무가 있을 뿐 아니라 승객 등의 퇴선 여부 및 그 시기와 방법을 결정하고 선원의 비상임무 배치를 지시하는 등 승객 등의 인명구조를 위한 조치를 지휘·통제할 수 있는 법률상·사실상 유일한 권한을 가진 지위에 있었으며, 당시 피고인 3에게 승객으로 하여금 구명조끼를 입고 선내에 대기하라는 방송을 지시하여 세월호 승무원들이 피고인 1의 다음 지시를 기다리고 있었고, 한편 승객 등은 이 사건 사고로 세월호가 침몰할 수 있는 상황에서 각자의 인식과 판단에 따라 스스로 탈출할 가능성이 있었음에도, 선장인 피고인 1의 지시에 의한 선내 대기 안내방송에 따라 기울어져 가는 세월호 선내에서 해경 등 구조세력을 기다리며 마냥 대기하고 있었으므로, 당시 사태의 변화를 지배하고 있었다고 할 것이다. ② 당시 세월호가 상당한 정도로 기울어져 좌현과 우현 간의 이동이 자유롭지 아니하였다는 점을 감안하더라도 주어진 상황에서 승객 등에 대한 구조활동이 얼마든지 가능했고, 무엇보다 적절한 시점의 퇴선에 대비한 대피명령이나 퇴선명령만으로도 상당수 피해자들의 탈출 및 생존이 가능하고, 이러한 대피명령이나 퇴선명령은 조타실 내의 장비이용 등 비교적 간단하고 쉬운 방법으로 충분히 이행할 수 있었으므로, 피고인 1은 적어도 승객 등이 선내 대기 안내방송에 따라 침몰하는 세월호 선내에 계속 대기하다가 탈출 자체에 실패하여 사망에 이르게 되는 상황만큼은 쉽게 방지할 수 있었음을 알 수 있다. ③ 그럼에도 피고인 1은 선내 대기 중인 승객 등에 대한 퇴선조치 없이 갑판부 선원들과 함께 해경 경비정으로 퇴선하였을 뿐 아니라 퇴선 이후에도 아무런 조치를 취하지 아니하여 승객 등이 스스로 세월호에서 탈출하는 것이 불가능하게 되는 결과를 초래하였는바, 피고인 1의 이러한 퇴선조치의 불이행은 승객 등을 적극적으로 물에 빠뜨려 익사시키는 행위와 다름없다고 할 것이다.

그렇다면 피고인 1의 위와 같은 부작위는 작위에 의한 살인의 실행행위와 동일하게 평가할 수 있고, 승객 등의 사망 또는 상해의 결과는 작위행위에 의해 결과가 발생한 것과 규범적으로 동일한 가치가 있다고 할 것이다.

2) 다음으로 피고인 1에게 부작위에 의한 살인의 고의가 있었는지에 관하여 본다.

앞서 본 사실관계에 의하면, 피고인 1은 승선경험이 풍부한 선장으로서 포괄적이고 절대적인 권한을 행사하여 세월호의 승객 등의 안전이 종국적으로 확보될 때까지 적극적·지속적으로 구조조치를 다할 의무가 있음을 잘 알고 있었을 뿐 아니라 당시 세월호의 침몰상황이나 구조세력과의 교신내용 등을 통하여 지체할 경우 자신의 명령에 따라 선내 대기 중인 승객 등이 세월호에서 빠져나오지 못하고 익사할 수밖에 없다는 것을 충분히 예상하였다고 할 것이다. 그럼에도 피고인 1은 승객의 안전에 관하여 아무런 논의나 설명도 없이 해경 등 구조세력의 수차례에 걸친 퇴선요청마저 묵살하고 승객 등을 선실 내에 계속 대기하도록 내버려 둔 채 해경 경비정이 도착하자 승객 등보다 먼저 퇴선한 것이므로, 이는 구조작업이나 승객 등의 안전에 대한 선장으로서의 역할을 의식적이고 전면적으로 포기한 것으로 보아야 한다. 나아가 피고인 1은 퇴선 직전이라도 선내 대기 중인 승객 등에게 직접 또는 다른 선원을 통하여 쉽게 퇴선상황을 알려 피해를 줄일 수 있었음에도 그것마저도 하지 아니한 채 퇴선하였을 뿐 아니라 해경 경비정에 승선한 후에도 구조세력에게 선내 상황에 대한 정보를 제공하지 아니하는 등 승객 등의 안전에 대하여 철저하게 무관심한 태도로 일관하면서 선내 대기 중인 승객 등의 탈출 가능성이 점차 희박해져 가는 상황을 그저 방관하였음을 알 수 있다.

피고인 1의 이와 같은 행태는 자신의 부작위로 인하여 승객 등이 사망에 이를 수 있음을 예견하고도 이를 용인하는 내심의 의사에서 비롯되었다고 할 것이므로, 부작위에 의한 살인의 미필적 고의가 인정된다고 할 것이다.

3) 끝으로 피고인 1의 부작위와 승객 등의 사망 결과 사이에 인과관계가 있는지에 관하여 본다.

위 사실관계를 앞서 본 법리에 비추어 살펴보면, 피고인 1이 해경 등 구조세력의 퇴선요청에 따라 퇴선 대피 안내방송을 실시하고 승객 등을 퇴선하기 좋은 외부 갑판으로 유도하거나 구호장비를 작동시키는 등 승객 등에 대한 구조조치를 하였다면, 적어도 승객 등이 사망에 이르지는 아니하였을 것으로 보이므로, 피고인 1의 부작위와 피해자 공소외 3을 제외한 나머지 익사자 303명의 사망 결과 사이에 인과관계가 인정된다고 할 것이다.

4) 그렇다면 같은 취지에서 피고인 1의 위 공소사실 중 피해자 공소외 3을 제외한 나머지 피해자들 부분에 대하여 부작위에 의한 살인 및 살인미수죄를 인정한 원심의 판단은 정당하고, 거기에 상고이유 주장과 같이 논리와 경험의 법칙을 위반하여 자유심증주의의 한계를 벗어나거나 부작위범 및 살인의 미필적 고의와 인과관계에 관한 법리를 오해하는 등의 잘못이 없다.

(3) 검사의 상고이유에 관하여

(가) 피고인 1의 피해자 공소외 3에 대한 살인의 점에 관하여

원심은 피고인 1의 위 공소사실 중 피해자 공소외 3 부분에 대하여, 그 판시와 같은 이유를 들어 위 피해자의 경우 이 사건 사고 관련 나머지 실종자들과는 달리 세월호가 침몰할 때까지 선체 내부에 있었다고 볼 수 없고, 검사가 제출한 증거만으로는 사망시점이나 사망원인을 알 수도 없으므로, 피고인 1의 행위와 위 피해자의 사망 결과 사이에 인과관계가 인정되지 아니한다고 판단하여, 무죄를 선고한 제1심판결을 그대로 유지했다.

원심판결 이유를 관련 법리와 기록에 비추어 살펴보면, 원심의 위와 같은 판단은 정당하고, 거기에 상고이유 주장과 같이 논리와 경험의 법칙을 위반하여 자유심증주의의 한계를 벗어나는 등의 잘못이 없다.

(나) 피고인 2, 피고인 3, 피고인 9의 살인·살인미수의 점에 관하여

1) 앞서 본 사실관계와 기록에 의하여 알 수 있는 다음 사정을 고려하면, 위 피고인들이 간부 선원들로서 선장을 보좌하여 승객 등을 구조해야 할 지위에 있음에도 별다른 구조조치를 취하지 아니한 채 사태를 방관하여 결과적으로 선내 대기 중이던 승객 등이 탈출에 실패하여 사망에 이르게 한 잘못은 있다고 할 것이나, 그렇다고 하여 그러한 부작위를 작위에 의한 살인의 실행행위와 동일하게

평가하기 어렵고, 또한 살인의 미필적 고의로 피고인 1의 부작위에 의한 살인행위에 공모 가담하였다고 단정하기도 어렵다.

① 우선 피고인 1은 이 사건 사고 직후 조타실로 복귀하여 조타실 내 평소 지휘 장소인 해도대 부근에 머물면서 피고인 9에게 엔진정지를 지시하거나 피고인 2, 피고인 3 등 조타실에 있던 나머지 갑판부 선원들이 구조세력과 교신하는 상황을 주시하면서 피고인 3에게 승객들에 대한 선내 대기 방송을 지시한 후 구조세력의 퇴선요구와 이에 대한 피고인 3의 대응지시 요청 등을 받고도 모두 묵살하여 승객 등의 선내 대기 상태가 그대로 유지되도록 하는 등 퇴선할 무렵까지 선박의 안전에 관한 선장으로서의 포괄적이고 절대적인 권한을 가지고 이 사건 사고 이후의 사태 변화를 주도하거나 조종하고 있었음을 알 수 있다. 반면 피고인 2, 피고인 3, 피고인 9는 비록 간부 선원이기는 하나 나머지 선원들과 마찬가지로 선박침몰과 같은 비상상황 발생 시 각자 비상임무를 수행할 현장에 투입되어 선장의 퇴선명령이나 퇴선을 위한 유보갑판으로의 대피명령 등에 대비하다가 선장의 실행지휘에 따라 승객들의 이동과 탈출을 도와주는 임무를 수행하는 자로서, 그 임무의 내용이나 중요도가 선장의 지휘 내용이나 구체적인 현장상황에 따라 수시로 변동될 수 있을 뿐 아니라 퇴선유도 등과 같이 경우에 따라서는 승객이나 다른 승무원에 의해서도 비교적 쉽게 대체 가능하다. 따라서 승객 등의 퇴선을 위한 선장의 아무런 지휘·명령이 없는 상태에서 피고인 2, 피고인 3, 피고인 9가 단순히 비상임무 현장에 미리 가서 추가 지시에 대비하지 아니한 채 선장과 함께 조타실에 있었다거나 혹은 기관부 선원들과 함께 3층 선실 복도에서 대기하였다는 사정만으로, 선장과 마찬가지로 선내 대기 중인 승객 등의 사망 결과나 그에 이르는 사태의 핵심적 경과를 계획적으로 조종하거나 저지·촉진하는 등 사태를 지배하는 지위에 있었다고 보기 어렵다.

② 또한 선박 위험 시 퇴선조치는 선박 위험의 태양과 정도, 선박의 내부구조와 승선자의 선내 위치 및 규모, 수온·조류·기상상황 등 자연조건, 구명장비·구조세력 등에 의한 생존 또는 구조 가능성 등을 종합적으로 고려할 때 승선자로 하여금 사고 선박에 계속 머물게 하는 것보다 퇴선하게 하는 것이 오히려 안전하다고 판단되는 최악의 비상상황에서 선박공동체의 안전을 위하여 부득이하게 행하여지는 극단의 조치이므로, 퇴선조치의 필요성이나 시기·방법 등은 선박공동체의 총책임자인 선장의 전문적인 판단과 지휘에 따라야 하고, 다른 선원들이 함부로 이를 방해하거나 간섭하여서는 아니 된다. 따라서 비록 피고인 2, 피고인 3, 피고인 9가 구조세력과의 교신과정이나 선내 대기 안내방송 등을 통하여 승객 등에 대한 퇴선조치의 필요성을 어느 정도 인식할 수 있었다고 하더라도, 선장으로서의 경험이 풍부하고 연륜이 깊은 피고인 1을 중심으로 한 지휘명령체계가 그대로 유지되고 다른 승무원들과 마찬가지로 그 지휘체계에 편입되어 선장의

상황 판단과 지휘 내용에 의존하면서 후속 임무를 수행해야 하는 지위에 있었을 뿐 아니라, 피고인 1이 명시적으로 퇴선조치에 대한 거부의사를 밝힌 것도 아니었던 당시 상황을 고려하면, 선장의 전문적인 판단과 지휘명령체계를 무시하면서까지 결과책임이 따를 수 있는 퇴선조치를 독단적으로 강행해야 할 만큼 비정상적인 상황이 전개되고 있음을 쉽게 인식할 수 있었다고 단정할 수 없다.

③ 나아가 피고인 2, 피고인 3, 피고인 9는 조타실 또는 3층 기관부 선실 복도에 있던 나머지 선원들과 마찬가지로 구조세력에 구조요청을 하면서 대기하다가 해경 경비정 등 구조세력이 사고현장에 도착하여 해경을 중심으로 한 체계적인 구조작업이 개시된 후에야 피고인 1의 선원들에 대한 퇴선명령이나 해경의 구조 유도에 따라 세월호에서 퇴선했고 그 과정에서 특별히 피고인 1의 지시에 불응하고 상황 판단에 혼란을 주거나 혹은 다른 승무원들의 승객 등에 대한 구조활동을 방해 또는 제지하지 아니하였음에도, 이들이 상대적으로 간부 선원의 지위에 있었다고 하여 조타실 또는 3층 기관부 선실 복도에 함께 있었던 3등 항해사인 피고인 4, 1등 기관사인 피고인 10 등 나머지 피고인들과 달리 승객 등에 대한 유기의 고의를 넘어 살인의 미필적 고의를 가지고 피고인 1의 범행에 가담하였다고 단정하기도 어렵다.

④ 한편 피고인 9는 당시 피해자 공소외 1, 공소외 2를 직접 보지는 못한 상태에서 함께 대기하던 다른 피고인들의 보고를 통해 상황을 파악하였을 뿐이며, 그 보고내용 중에는 피해자들이 생존 가능성이 없다는 취지도 있었고 이러한 상황보고가 허위라고 볼 만한 뚜렷한 사정이 보이지 아니한 점, 피고인 9를 제외한 나머지 기관부 소속 피고인들도 위 피해자들의 생존 가능성을 의심하여 퇴선 시 구조방안을 전혀 마련하지 아니하였을 뿐 아니라 아무도 피고인 9에게 위 피해자들을 데리고 나가자고 제안하지 아니하였던 점을 고려하면, 피고인 9가 적어도 퇴선 무렵에는 위 피해자들이 이미 사망한 것으로 오인하였을 가능성을 배제하기 어렵다.

2) 그렇다면 피고인 2, 피고인 3, 피고인 9의 위 공소사실에 대하여 부작위에 의한 살인의 고의를 인정하기 어렵다는 이유로 무죄를 선고한 원심의 조치는 앞서 본 관련 법리에 기초한 것으로서 정당하고, 거기에 상고이유 주장과 같이 논리와 경험의 법칙을 위반하여 자유심증주의의 한계를 벗어나거나 살인의 미필적 고의에 관한 법리를 오해하는 등의 잘못이 없다.

…(중략)

8. 결론

그러므로 상고를 모두 기각하기로 하여, 주문과 같이 판결한다.」[889]

---

889) 대법원 2015. 11. 12, 선고 2015도6809 전원합의체 판결.

나. 반면 결과발생에 피고인의 적극적인 행위, 즉 작위(作爲)가 주요한 원인이 되었다면 작위 살인죄가 된다.

의사의 치료중단을 작위 살인방조죄로 처벌한 사례

▶ 「…(전략) **2. 피고인 3에 대한 원심 판단의 당부**

원심은, 피고인 3은 1년차 수련의로서 전문의인 담당의사의 지시에 따라 그의 의료행위를 보조하는 역할을 담당하고 있을 뿐, 피해자의 퇴원결정에 관여한 바 없고, 담당의사인 피고인 1 등의 지시에 따라 피해자의 퇴원절차를 밟기 위한 과정을 도와 인공호흡기 또는 인공호흡보조장치를 제거하였더라도 인공호흡기 등의 제거는 퇴원조치에 따르는 일부 과정에 지나지 않아, 그가 회생가능성이 있는 피해자를 살해하려는 원심공동피고인의 의도까지 인식하였다고 보기는 어려우므로, 결국 살인죄의 정범으로서의 고의뿐만 아니라 방조범으로서의 고의도 인정할 수 없다고 하여 피고인 3에 대하여 무죄를 선고한 제1심판결을 그대로 유지하였는바, 기록에 비추어 보면 이러한 원심의 조치는 수긍할 수 있고, 거기에 검사가 상고이유로서 내세운 바와 같이 살인죄의 정범 및 방조범의 범의에 관한 법리오해 등으로 판결 결과에 영향을 미친 위법이 없다.

3. 피고인 1, 피고인 2에 대한 원심 판단의 당부

가. 원심의 판단

원심은, 피고인 13, 피고인 2(이하 '피고인들'이라 할 때는 이 두 피고인을 가리킨다)가 피해자의 퇴원을 위하여 취한 조치와 그로 인한 치료행위의 중단은 한 개의 사실관계의 양면으로 서로 결합되어 있는 것으로서, 의사(의사)의 관점에서 볼 때 피고인들에 대한 비난은 피고인들이 소극적으로 치료행위를 중단한 점에 있다기보다는 원심공동피고인의 퇴원 요청을 받아들여 적극적으로 퇴원에 필요한 조치를 취한 점에 집중되어야 할 것이고, 피고인들은 피해자를 퇴원시킬 당시 원심공동피고인이 피해자에 대한 보호의무를 저버려서 그를 사망에 이르게 하리라는 사정을 인식하고 있었을 뿐 나아가 그러한 결과의 발생을 용인하는 내심의 의사까지는 없었다 할 것이어서 정범의 고의를 인정할 수 없으므로, 피고인들의 행위는 부작위에 의한 살해행위가 아니라 원심공동피고인의 부작위에 의한 살인행위 실행을 용이하게 한, 작위의 방조행위로 봄이 상당하다는 이유로, 피고인들을 부작위에 의한 살인죄의 정범으로 처단한 제1심판결을 파기하고, **피고인들을 작위에 의한 살인방조죄로 처단**했다.

나. 검사의 상고이유 주장에 대한 판단

(1) 살인죄에 있어서의 고의는 반드시 살해의 목적이나 계획적인 살해의 의도

가 있어야 하는 것은 아니고 자기의 행위로 인하여 타인의 사망의 결과를 발생시킬 만한 가능 또는 위험이 있음을 인식하거나 예견하면 족한 것이고 그 인식 또는 예견은 확정적인 것은 물론 불확정적인 것이더라도 소위 미필적 고의로서 살인의 범의가 인정되는 것인바,[890] 기록에 의하면, 피해자는 경막하 출혈상을 입고 9시간 동안 두개골 절제술 및 혈종 제거수술을 받은 후 중환자실로 옮겨져 인공호흡기를 부착한 상태로 계속 합병증 및 후유증에 대한 치료를 받고 있었는데 그로부터 불과 하루 남짓이 경과한 상태에서 피해자에게서 인공호흡기를 제거하는 등 치료를 중단하는 경우 종국에는 사망할 가능성 내지 위험성이 있음이 예견되었고, 피고인들 또한, 담당 전문의와 주치의로서 이러한 사실을 인식하고 있었는바, 이러한 점에 비추어 보면 피고인들이 비록 원심공동피고인의 요청에 의하여 마지못해 치료를 중단하였다고 하더라도 그 당시 피해자의 사망이라는 결과 발생에 대한 미필적 인식 내지 예견마저 없었다고 보기는 어려우므로, 피고인들에게 **정범의 고의가 없다고 본 원심의 판단은 잘못**된 것이다.

(2) **그러나 다른 한편,** 형법 제30조의 공동정범이 성립하기 위하여는 주관적 요건인 공동가공의 의사와 객관적 요건으로서 그 공동의사에 기한 기능적 행위지배를 통하여 범죄를 실행하였을 것이 필요하고, 여기서 공동가공의 의사란 타인의 범행을 인식하면서도 이를 제지함이 없이 용인하는 것만으로는 부족하고 공동의 의사로 특정한 범죄행위를 하기 위하여 일체가 되어 서로 다른 사람의 행위를 이용하여 자기의 의사를 실행에 옮기는 것을 내용으로 하는 것이어야 하는바,[891] 기록에 의하여 드러난 사정들, 즉, 피고인들이 원심공동피고인의 퇴원 조치 요구를 극구 거절하고, 나아가 꼭 퇴원을 하고 싶으면 차라리 피해자를 데리고 몰래 도망치라고까지 말하였던 점, 퇴원 당시 피해자는 인공호흡 조절수보다 자가호흡수가 많았으므로 일단 자발호흡이 가능하였던 것으로 보이고, 수축기 혈압도 150/80으로 당장의 생명유지에 지장은 없었던 것으로 보이는 점, 피해자의 동맥혈 가스 분석 등에 기초한 폐의 환기기능을 고려할 때 인공호흡기의 제거나 산소 공급의 중단이 즉각적인 호흡기능의 정지를 유발할 가능성이 적었을 것으로 보이는 점 등에 비추어 보면, 피고인들은 피해자의 처 원심공동피고인의 간청에 못 이겨 피해자의 퇴원에 필요한 조치를 취하기는 하였으나, 당시 인공호흡장치의 제거만으로 즉시 사망의 결과가 발생할 것으로 생각하지는 아니하였던 것으로 보이고(피해자가 실제로 인공호흡장치를 제거한지 5분 정도 후에 사망하였다는 것만으로 그러한 결과가 사전에 당연히 예견되는 것이었다고 단정하기는 어렵다.), 결국 피고인들의 이 사건 범행은, 피해자의 담당 의사로서 피해

---

890) 대법원 2003. 4. 25, 선고 2003도949 판결.
891) 대법원 2003. 3. 28, 선고 2002도7477 판결.

자의 퇴원을 허용하는 행위를 통하여 피해자의 생사를, 민법상 부양의무자요 제1차적 보증인의 지위에 있는 원심공동피고인의 추후 의무 이행 여부에 맡긴 데 불과한 것이라 하겠고, 그 후 피해자의 사망이라는 결과나 그에 이르는 사태의 핵심적 경과를 피고인들이 계획적으로 조종하거나 저지·촉진하는 등으로 지배하고 있었다고 보기는 어렵다. 따라서 **피고인들에게는 앞에서 본 공동정범의 객관적 요건인 이른바 기능적 행위지배가 흠결되어 있다고 보는 것이 옳다.**

(3) 따라서 피고인들이 원심공동피고인의 부작위에 의한 살인행위를 용이하게 함으로써 이를 **방조**하였을 뿐이라고 본 원심의 판단은 결론에 있어 정당하고, 거기에 판결 결과에 영향을 미친 위법이 있다고 할 수 없다. 검사의 이 부분 상고이유 주장은 이유 없다.

다. 피고인 1, 피고인 2의 상고이유에 대한 판단

(1) 어떠한 범죄가 적극적 작위에 의하여 이루어질 수 있음은 물론 결과의 발생을 방지하지 아니하는 소극적 부작위에 의하여도 실현될 수 있는 경우에, 행위자가 자신의 신체적 활동이나 물리적·화학적 작용을 통하여 적극적으로 타인의 법익 상황을 악화시킴으로써 결국 그 타인의 법익을 침해하기에 이르렀다면, 이는 작위에 의한 범죄로 봄이 원칙이고, 작위에 의하여 악화된 법익 상황을 다시 되돌이키지 아니한 점에 주목하여 이를 부작위범으로 볼 것은 아니며, 나아가 악화되기 이전의 법익 상황이, 그 행위자가 과거에 행한 또 다른 작위의 결과에 의하여 유지되고 있었다 하여 이와 달리 볼 이유가 없다.

이 사건의 경우 피고인들은 피고인 3에게 피해자를 집으로 후송하고 호흡보조장치를 제거할 것을 지시하는 등의 **적극적 행위를 통하여** 원심공동피고인의 부작위에 의한 **살인행위를 도운 것**이므로, 이를 **작위에 의한 방조범**으로 본 원심의 판단은 정당한 것으로 수긍할 수 있고, 거기에 피고인들이 상고이유로 주장하는 바처럼 형법상 작위와 부작위의 구별 및 방조행위의 성립에 관한 법리오해 등의 위법이 없다.

나아가 피고인들의 행위를 작위에 의한 방조범으로 보는 이상 치료위임계약의 해지에 관한 법리오해 및 수임인의 긴급처리의무·의사의 교체(이른바 전의)의무 등 피고인들의 작위의무와 관련된 각종 법리오해 등은 어느 것이나 판결 결과에 영향을 미칠 수 없다(원심 역시 위와 같은 이유로 피고인들이 한 같은 취지의 원심 주장을 배척한 바 있다).

(2) 원심은 피고인들이 피고인 3으로 하여금 원심공동피고인과 함께 피해자를 집까지 데리고 간 다음 인공호흡보조장치와 기관에 삽입된 관을 제거하도록 지시한 사실을 인정한 이상, 위와 같은 원심의 조치에 피고인들이 상고이유로 주장하는 바처럼 범죄사실을 특정하지 아니한 위법이 있다고도 볼 수 없다.

(3) 원심은, 피고인 2가 신경외과 전문의가 되기 위한 수련과정을 밟고 있는

전공의로서 퇴원이나 치료 중단을 결정할 권한이 없고, 또 실제로 퇴원을 지시한 사실이 없다 하여도, 피고인 2는 피해자가 처음 응급실로 왔을 때부터 퇴원에 이르기까지 피해자의 치료를 담당하여 피해자의 상태를 누구보다도 잘 알고 있었고, 나아가 피해자가 퇴원하면 원심공동피고인이 피해자에게 적절한 치료를 베풀지 아니하여 사망에 이르게 할 가능성이 크다는 사정까지 알면서도 원심공동피고인의 범행을 방조한 이상, 위와 같은 사정은 살인방조죄의 성립을 좌우할 수 없다는 취지로 판시했다. 기록에 의하면 이와 같은 원심의 사실인정과 판단은 모두 옳고, 거기에 채증법칙 위배로 인한 사실오인 등으로 판결 결과에 영향을 미친 위법을 찾아볼 수 없다. 피고인 2의 이 부분 상고이유 주장 역시 이유 없다.

(4) 원심이 피고인들에게 정범의 고의가 없다고 본 것은 앞서 본 바와 같이 잘못이나, 방조의 고의를 인정한 조치에는 법리오해의 위법이 있다 할 수 없고, 따라서 피고인들의 이 사건 범행은 방조범의 성립에 요구되는 정범의 고의와 방조의 고의를 모두 갖추고 있는 것이어서, 위와 같은 원심의 잘못은 판결 결과에 영향이 없다 할 것이다. 결국, 원심의 판단에는 방조범의 고의에 관한 법리 및 의학적 권고에 반하는 환자의 퇴원(discharge against medical advice)에 있어 의사(의사)의 고의에 관한 법리를 오해하는 등의 위법이 없으므로, 이 부분의 상고이유 주장은 받아들일 수 없다.

(5) 치료를 요하는 피부양자를 방치하여 사망에 이르게 한 원심공동피고인의 행위가 경제적 곤궁으로 인한 것이라거나, 피고인들이 피해자에 대한 치료를 지속시키기 위하여 원심공동피고인을 설득하는 등 최선을 다하였으나, 원심공동피고인이 마음을 바꾸지 아니하여 불가피하게 이 사건 범행에 이르게 되었다는 것은 모두 형의 양정에 참작할 사정에 불과하므로, 피고인들의 상고이유 주장과는 달리 원심공동피고인을 살인죄의 정범으로, 피고인들을 방조범으로 각 처단한 원심의 조치에 채증법칙 위배로 인한 사실오인이나 정당행위 및 정범의 실행행위에 관한 법리오해 등으로 판결 결과에 영향을 미친 위법이 없다.

(6) 종범은 정범의 실행행위 중에 이를 방조하는 경우뿐만 아니라, 실행 착수 전에 장래의 실행행위를 예상하고 이를 용이하게 하는 행위를 하여 방조한 경우에도 성립하므로,[892] 원심이 피고인들의 행위가 원심공동피고인의 부작위에 의한 살인행위를 방조한 것으로 본 데에 인과관계에 관한 법리오해 또는 채증법칙 위배로 인한 사실오인으로 판결 결과에 영향을 미친 위법이 없으며, 가사 피해자가 매우 위독한 상태에 있었다 하여도 회복할 가능성이 전혀 없었던 것이 아닌 이상 피고인들의 이 사건 범행과 피해자의 사망 사이에 합법칙적 연관 내지 상당인과관계를 인정할 수 없다고는 보기 어렵다. 피고인들의 이 부분 상고이유 주

892) 대법원 1996. 9. 6, 선고 95도2551 판결.

장은 받아들일 수 없다.

(7) 법원은 공소사실의 동일성이 인정되는 범위 내에서 공소가 제기된 범죄사실보다 가벼운 범죄사실이 인정되는 경우에 있어서, 그 심리의 경과 등에 비추어 볼 때 피고인의 방어에 실질적인 불이익을 주는 것이 아니라면 공소장 변경 없이 직권으로 가벼운 범죄사실을 인정할 수 있다고 할 것이므로 공동정범으로 기소된 범죄사실을 방조사실로 인정할 수 있다.[893)]

원심이 공소장 변경 없이 살인죄의 공동정범으로 기소된 피고인들을 살인방조죄로 처단한 조치는 위 법리에 비추어 정당하고, 거기에 상고이유로 주장하는 바처럼 공소장 변경에 관한 법리오해 등의 위법이 없다.

4. 결 론

따라서 피고인 1, 피고인 2와 검사의 각 상고를 기각하기로 하여 주문과 같이 판결한다.」[894)]

6. 미수

흉기 등 사용된 수단, 가격부위를 볼 때 상해의 고의를 넘어서고 살인의 고의가 인정되는 경우, 사망의 결과가 발생하지 않았다면 살인미수죄로 처벌한다(형법 제254조). 장애미수, 중지미수, 불능미수의 세 종류가 있음은 앞서 보았다. 대법원은 하급심으로 하여금 장애미수와 불능미수를 구별할 것을 요구하고 있다.[895)]

▶ 「피고인이 원심 상피고인에게 피해자를 살해하라고 하면서 준 원비－디 병에 성인 남자를 죽게 하기에 족한 용량의 농약이 들어 있었고, 또 피고인이 피해자 소유 승용차의 브레이크호스를 잘라 피해자가 운전 중 사이드브레이크를 잡아당김으로써 겨우 사고 위기를 모면하였다면 피고인의 행위는 어느 것이나 사망의 결과발생에 대한 위험성을 배제할 수 없다 할 것이므로 각 살인미수죄를 구성한다.」[896)]

▶ 「원심이 인용한 제 1심판결 이유에 의하면 제 1심은 그 채택한 증거를 종합하여 피고인이 남편인 공소외인을 살해할 것을 결의하고 배추국 그릇에 농약인 종자소독약 유제3호 8미리리터 가량을 탄 다음 위 공소외인에게 먹게 하여

893) 대법원 1995. 9. 29, 선고 95도456 판결.
894) 대법원 2004. 6. 24, 선고 2002도995 판결.
895) 대법원 1984. 2. 14, 선고 83도2967 판결.
896) 대법원 1990. 7. 24, 선고 90도1149 판결.

동인을 살해하고자 하였으나 이를 먹던 위 피해자가 국물을 토함으로써 그 목적을 이루지 못하고 미수에 그친 사실을 인정하고 피고인에 대하여 형법 제254조, 제250조 제1항, 제25조(장애미수), 제55조(법률상 감경) 등을 적용하여 처단하고 있다. 그러나 원심이 채택한 사법경찰관 사무취급작성의 신○○에 대한 진술조서의 기재에 의하면, 위 농약유제 3호는 동물에 대한 경구치사량에 있어서 엘.디(LD) 50이 키로그람당 1.590미리그람이라고 되어 있어서 피고인이 사용한 위의 양은 그 치사량에 현저히 미달한 것으로 보이고, 한편 **형법은 범죄의 실행에 착수하여 결과가 발생하지 아니한 경우의 미수(장애미수)와 실행수단의 착오로 인하여 결과발생이 불가능하더라도 위험성이 있는 경우의 미수(불능미수)와는 구별하여 처벌**하고 있으므로 원심으로서는 이 사건 종사소독약유 제3호의 치사량을 좀더 심리한 다음 피고인의 소위가 위의 어느 경우에 해당하는지를 가렸어야 할 것임에도 불구하고 원심이 이를 심리하지 아니한 채 그 판시와 같은 사유만으로 피고인에게 형법 제254조, 제250조 제1항, 제25조의 살인미수의 죄책을 인정하였음은 장애미수와 불능미수에 관한 법리를 오해하였거나 심리를 다하지 아니함으로써 판결에 영향을 미친 위법을 범하였다 할 것이고 이 점을 탓하는 논지는 이유 있다.」[897]

7. 예비

살인 대상을 정한 후 살인을 위한 외부적 준비행위를 마쳤지만, 실제 살해행위에는 나아가지 않은 경우 살인예비죄로 처벌된다(**형법 제255조**).[898]

▶ 「형법 제255조, 제250조의 살인예비죄가 성립하기 위하여는 형법 제255조에서 명문으로 요구하는 살인죄를 범할 목적 외에도 살인의 준비에 관한 고의가 있어야 하며, 나아가 실행의 착수까지에는 이르지 아니하는 살인죄의 실현을 위한 준비행위가 있어야 한다. 여기서의 준비행위는 물적인 것에 한정되지 아니하며 특별한 정형이 있는 것도 아니지만, 단순히 범행의 의사 또는 계획만으로는 그것이 있다고 할 수 없고 객관적으로 보아서 살인죄의 실현에 실질적으로 기여할 수 있는 외적 행위를 필요로 한다. **갑이 을을 살해하기 위하여 병, 정 등을 고용하면서 그들에게 대가의 지급을 약속**한 경우, 갑에게는 살인죄를 범할 목적 및 살인의 준비에 관한 고의뿐만 아니라 살인죄의 실현을 위한 준비행위를 하였음을 인정할 수 있다.」[899]

---

897) 대법원 1984. 2. 14, 선고 83도2967 판결.

898) 제255조(예비, 음모) 제250조와 제253조의 죄를 범할 목적으로 예비 또는 음모한 자는 10년 이하의 징역에 처한다.

▶ 「직권으로써 살인 예비점에 관하여 심안컨대 원판결에 의하면 원심은 그 판시와 같은 사실적시(제1심 판결 인용)를 하고 살인 예비로 의율하였으나 일건 기록을 정사한 바에 의하면 피고인은 「간첩에 당하여 불특정 다수인인 경찰관으로 부터 체포 기타 방해를 받을 경우에는 이를 배제하기 위하여 원판시 무기를 휴대한」 것임이 명백한 바 이 경우에 있어서의 무기 소지는 법령 제5호 위반으로 문책함은 별론이라 할 것이나 살인 대상이 특정되지 아니한 살인 예비죄의 성립은 이를 인정할 수 없다고 해석함이 타당하다 할 것이므로 원심은 이 점에서 법령의 해석을 그릇했다.」[900)]

8. 공동정범

▶ 「피고인 2는 판시 일시경 판시 술집 ◈회관 20호실에서 피고인 1, 4, 5, 7 등과 함께 술을 마시고 있던 중 밖에서 원심판시와 같이 피해자들 일행과 피고인 3, 6 등 사이에 사소한 일로 시비가 벌어져 시끄럽게 싸우는 소리가 들려 처음에는 피고인 4가, 다음에는 피고인 5와 7이 각각 방밖으로 나간 후 돌아오지 아니하자 피고인 2도 밖으로 나가던 중 피고인 5로부터 별일 아니라는 말을 듣고 다시 자리에 앉아 있다가 잠시 후 콜라병 2개를 손에 들고 20호실의 문을 열고 나갔던 바, 그 당시에는 피고인 7, 8 등이 역기를 들고 17호실 문을 부수고 있었는데, 피고인 2는 위20호실 문 앞에서 위 회관 전무 박○○ 및 상무 정○○으로부터 싸움을 말려 달라는 부탁을 받았으나 이를 거절하고 도리어 위 17호실 문 앞에 몰려들었던 공동피고인들에게 판시와 같이 **"전부 죽여버려"**라고 고함을 질러 범행을 부추기고 공동피고인들이 위 17호실 안에 들어가서 피해자 3, 4에 대한 가해행위를 하는 동안 위 17호실 문밖 복도에 계속 버티고 있었음을 인정할 수 있는바, 사실관계가 이와 같다면 공동피고인들이 판시와 같이 흉기를 들고 위 싸움을 하고 있는 도중에 **이 사건 폭력단체의 두목급 수괴의 지위에 있는 피고인** 2가 그 현장에 모습을 나타내고 더욱이나 부하들이 판시 흉기들을 소지하고 있어 살상의 결과를 초래할 것을 예견하면서도 판시와 같이 전부 죽이라는 고함을 친 것이므로 이는 부하들의 행위에 큰 영향을 미치는 것으로서 피고인 2는 이로써 **위 싸움에 가세한 것**이라고 보지 아니할 수 없고, 나아가 부하들이 판시와 같이 칼, 야구방망이 등으로 위 피해자들을 난타, 난자하여 사망케 한 것이라면, 피고인 2는 이 사건 살인죄의 공동정범으로서의 죄책을 면할 수 없다 할 것이니 같은 취지의 원심판결의 사실인정과 판단은 정당하고, 거기에 소론과 같은 채증법칙위배, 심리미진 내지 공동정범에 관한 법리오해 등의 위법이 있다고

899) 대법원 2009. 10. 29, 선고 2009도7150 판결.
900) 대법원 1959. 7. 31, 선고 4292형상308 판결.

할 수 없다.」[901)]

9. 위법성 조각

실무상 살인죄에서 **정당방위**는 매우 인색하고, 법익교량 면에서 목숨보다 우월한 이익은 없으므로 **긴급피난**도 원칙적으로 쉽지 않다. 한편 도품을 회수하기 위해 도둑을 총으로 쏘아 죽이는 것은 행위의 상당성이 결여되므로 **자구행위**에도 해당할 수 없다. 또 사람의 목숨은 피해자의 **승낙**으로 처분할 수 있는 법익이 아니므로 위법성이 조각될 수 없고, 다만 전시에 전투행위로 한 행위이거나 교도관이 법령에 따라 사형을 집행한 경우는 **정당행위**로 보아 위법성이 조각된다.

10. 안락사

의사가 시행하는 안락사 중에서 어떤 경우든 독극물 또는 과다용량의 마약류를 주사하여 적극적으로 사람을 살해하는 **직접적**(直接的)·**적극적**(積極的) **안락사는 허용되지 않는다.** 따라서 엄격한 요건 하에서 연명치료의 중단만 허용될 뿐이고, 이러한 면책규정도 최근에야 신설했을 정도로 우리나라는 생명에 대한 적극적 보호의무를 다해 왔다. 최근의 연명의료중단 법률은 환자의 존엄하게 죽을 권리(존엄사), 인격권을 고려하여 예외적으로 치료중단이 가능하도록 길을 열었다. 치료중단은 적극적 안락사에 대비하여 **소극적**(消極的) **안락사**라고 한다.

연명치료 중단 방법

호스피스·완화의료 및 임종과정에 있는 환자의 연명의료결정에 관한 법률 (약칭 : 연명의료결정법) [시행 2018. 3. 27.] [법률 제15542호, 2018. 3. 27. 일부개정]

제15조(연명의료중단등결정 이행의 대상) 담당의사는 임종과정에 있는 환자가 다음 각 호의 어느 하나에 해당하는 경우에만 연명의료중단등결정을 이행할 수 있다.

1. 제17조에 따라 연명의료계획서, 사전연명의료의향서 또는 환자가족의 진술을 통하여 환자의 의사로 보는 의사가 연명의료중단등결정을 원하는 것이고, 임

901) 대법원 1987. 10. 13, 선고 87도1240 판결.

종과정에 있는 환자의 의사에도 반하지 아니하는 경우
2. 제18조에 따라 연명의료중단등결정이 있는 것으로 보는 경우

제16조(환자가 임종과정에 있는지 여부에 대한 판단) ① 담당의사는 환자에 대한 연명의료중단등결정을 이행하기 전에 해당 환자가 임종과정에 있는지 여부를 해당 분야의 전문의 1명과 함께 판단하고 그 결과를 보건복지부령으로 정하는 바에 따라 기록(전자문서로 된 기록을 포함한다)해야 한다.

② 제1항에도 불구하고 제25조에 따른 호스피스전문기관에서 호스피스를 이용하는 말기환자가 임종과정에 있는지 여부에 대한 판단은 담당의사의 판단으로 갈음할 수 있다.

제17조(환자의 의사 확인) ① 연명의료중단등결정을 원하는 환자의 의사는 다음 각 호의 어느 하나의 방법으로 확인한다.

1. 의료기관에서 작성된 연명의료계획서가 있는 경우 이를 환자의 의사로 본다.
2. 담당의사가 사전연명의료의향서의 내용을 환자에게 확인하는 경우 이를 환자의 의사로 본다. 담당의사 및 해당 분야의 전문의 1명이 다음 각 목을 모두 확인한 경우에도 같다.
   가. 환자가 사전연명의료의향서의 내용을 확인하기에 충분한 의사능력이 없다는 의학적 판단
   나. 사전연명의료의향서가 제2조제4호의 범위에서 제12조에 따라 작성되었다는 사실
3. 제1호 또는 제2호에 해당하지 아니하고 19세 이상의 환자가 의사를 표현할 수 없는 의학적 상태인 경우 환자의 연명의료중단등결정에 관한 의사로 보기에 충분한 기간 동안 일관하여 표시된 연명의료중단등에 관한 의사에 대하여 환자가족(19세 이상인 자로서 다음 각 목의 어느 하나에 해당하는 사람을 말한다) 2명 이상의 일치하는 진술(환자가족이 1명인 경우에는 그 1명의 진술을 말한다)이 있으면 담당의사와 해당 분야의 전문의 1명의 확인을 거쳐 이를 환자의 의사로 본다. 다만, 그 진술과 배치되는 내용의 다른 환자가족의 진술 또는 보건복지부령으로 정하는 객관적인 증거가 있는 경우에는 그러하지 아니하다.
   가. 배우자
   나. 직계비속
   다. 직계존속
   라. 가목부터 다목까지에 해당하는 사람이 없는 경우 형제자매

② 담당의사는 제1항 제1호 및 제2호에 따른 연명의료계획서 또는 사전연명의료의향서 확인을 위하여 관리기관에 등록 조회를 요청할 수 있다.

③ 제1항 제2호나 제3호에 따라 환자의 의사를 확인한 담당의사 및 해당 분야의 전

문의는 보건복지부령으로 정하는 바에 따라 확인 결과를 기록(전자문서로 된 기록을 포함한다)해야 한다.

제18조(환자의 의사를 확인할 수 없는 경우의 연명의료중단등결정) ① 제17조에 해당하지 아니하여 환자의 의사를 확인할 수 없고 환자가 의사표현을 할 수 없는 의학적 상태인 경우 다음 각 호의 어느 하나에 해당할 때에는 해당 환자를 위한 연명의료중단등결정이 있는 것으로 본다. 다만, 담당의사 또는 해당 분야 전문의 1명이 환자가 연명의료중단등결정을 원하지 아니하였다는 사실을 확인한 경우는 제외한다.

1. 미성년자인 환자의 법정대리인(친권자에 한정한다)이 연명의료중단등결정의 의사표시를 하고 담당의사와 해당 분야 전문의 1명이 확인한 경우
2. 환자가족(행방불명자 등 대통령령으로 정하는 사유에 해당하는 사람은 제외한다) 전원의 합의로 연명의료중단등결정의 의사표시를 하고 담당의사와 해당 분야 전문의 1명이 확인한 경우

② 제1항 제1호·제2호에 따라 연명의료중단등결정을 확인한 담당의사 및 해당 분야의 전문의는 보건복지부령으로 정하는 바에 따라 확인 결과를 기록(전자문서로 된 기록을 포함한다)해야 한다.

※ 2019. 3. 28. **시행된 개정법**에서는 위 제18조 제1항 제2호의 환자가족의 범위를 배우자 및 1촌 이내 직계존비속 등으로 조정하였다. 환자가족 전원의 합의가 현실적으로 어렵고, 환자의 의사를 추단할 수있는 범위의 사람으로 줄이는 것이 현실적이라는 것이 개정이유다(법제처 법령 제정·개정 이유 참조).

제19조(연명의료중단등결정의 이행 등) ① 담당의사는 제15조 각 호의 어느 하나에 해당하는 환자에 대하여 즉시 연명의료중단등결정을 이행해야 한다.

② 연명의료중단등결정 이행 시 통증 완화를 위한 의료행위와 영양분 공급, 물 공급, 산소의 단순 공급은 시행하지 아니하거나 중단되어서는 아니 된다.

③ 담당의사가 연명의료중단등결정의 이행을 거부할 때에는 해당 의료기관의 장은 윤리위원회의 심의를 거쳐 담당의사를 교체해야 한다. 이 경우 의료기관의 장은 연명의료중단등결정의 이행 거부를 이유로 담당의사에게 해고나 그 밖에 불리한 처우를 하여서는 아니 된다.

④ 담당의사는 연명의료중단등결정을 이행하는 경우 그 과정 및 결과를 기록해야 한다.

⑤ 의료기관의 장은 제1항에 따라 연명의료중단등결정을 이행하는 경우 그 결과를 지체 없이 보건복지부령으로 정하는 바에 따라 관리기관의 장에게 통보해야 한다.

제20조(기록의 보존) 의료기관의 장은 연명의료중단등결정 및 그 이행에 관한 다음 각 호의 기록을 연명의료중단등결정 이행 후 10년 동안 보존해야 한다.

1. 제10조에 따라 작성된 연명의료계획서
2. 제16조에 따라 기록된 임종과정에 있는 환자 여부에 대한 담당의사와 해당 분야 전문의 1명의 판단 결과
3. 제17조 제1항 제1호 및 제2호에 따른 연명의료계획서 또는 사전연명의료의향서에 대한 담당의사 및 해당 분야 전문의의 확인 결과
4. 제17조 제1항 제3호에 따른 환자가족의 진술에 대한 자료·문서 및 그에 대한 담당의사와 해당 분야 전문의의 확인 결과
5. 제18조 제1항 제1호·제2호에 따른 의사표시에 대한 자료·문서 및 그에 대한 담당의사와 해당 분야 전문의의 확인 결과
6. 제19조 제4항에 따라 기록된 연명의료중단등결정 이행의 결과
7. 그 밖에 연명의료중단등결정 및 그 이행에 관한 중요한 기록으로서 대통령령으로 정하는 사항

제39조(벌칙) 다음 각 호의 어느 하나에 해당하는 자는 3년 이하의 징역 또는 3천만원 이하의 벌금에 처한다.

1. 삭제 <2018. 3. 27.>
2. 제20조 각 호에 따른 기록을 허위로 기록한 자
3. 제32조를 위반하여 정보를 유출한 자

제40조(벌칙) ① 다음 각 호 어느 하나에 해당하는 자는 1년 이하의 징역 또는 1천만원 이하의 벌금에 처한다.

1. 제11조 제1항을 위반하여 보건복지부장관으로부터 지정받지 아니하고 사전연명의료의향서의 등록에 관한 업무를 한 자
2. 임종과정에 있는 환자에 대하여 제17조에 따른 환자의 의사 또는 제18조에 따른 연명의료중단등결정에 반하여 연명의료를 시행하지 아니하거나 중단한 자

② 제20조 각 호에 따른 기록을 보존하지 아니한 자는 300만원 이하의 벌금에 처한다.

제41조(자격정지의 병과) 이 법을 위반한 자를 유기징역에 처할 경우에는 7년 이하의 자격정지를 병과할 수 있다.

제42조(양벌규정) 법인의 대표자나 법인 또는 개인의 대리인, 사용인, 그 밖의 종업원이 그 법인 또는 개인의 업무에 관하여 제39조 또는 제40조의 어느 하나에 해당하는 위반행위를 하면 그 행위자를 벌하는 외에 그 법인 또는 개인에게도 해당 조문의 벌금형을 과(科)한다. 다만, 법인 또는 개인이 그 위반행위를 방지하기 위하여 해당 업무에 관하여 상당한 주의와 감독을 게을리하지 아니한 경우에는 그러하지 아니하다.

11. 죄수

가. 사람의 생명은 전속적 법익이라서 피해자의 수에 따라 죄수가 결정된다. 폭탄 1개로 여러 명을 죽이면 수 개 살인의 상상적 경합, 여러 번의 사격행위로 여러 명을 죽인 경우에는 수 개 살인의 실체적 경합범이다. 어떤 경우에도 1죄가 될 수 없다. 이례적으로 하나의 폭행으로 산모의 배를 강하게 쳐서 태아와 산모가 동시에 죽은 경우 태아는 형법에서 사람으로 인정하지 아니하므로,[902] 산모에 대한 살인 1죄만 성립한다.

나. 살해 후 사체를 유기하거나 훼손한 경우 사체유기, 사체손괴죄가 별도로 성립한다.

▶ 사람을 살해한 다음 그 범죄의 흔적을 은폐하기 위하여 그 시체를 다른 장소로 옮겨 유기하였을 때에는 살인죄와 사체유기죄의 경합범이 성립하고 사체유기를 불가벌적 사후행위라 할 수 없다.[903]

사형의 고려요건

(1) 사형은 인간의 생명자체를 영원히 박탈하는 냉엄한 궁극의 형벌로서 문명국가의 이성적인 사법제도가 상정할 수 있는 극히 예외적인 형벌이라는 점을 감안할 때, 사형의 선고는 범행에 대한 책임의 정도와 형벌의 목적에 비추어 그것이 정당화될 수 있는 특별한 사정이 있다고 누구라도 인정할 만한 객관적인 사정이 분명히 있는 경우에만 허용되어야 하고, 따라서 사형을 선고함에 있어서는 범인의 연령, 직업과 경력, 성행, 지능, 교육 정도, 성장과정, 가족관계, 전과의 유무, 피해자와의 관계, 범행의 동기, 사전 계획의 유무, 준비의 정도, 수단과 방법, 잔인하고 포악한 정도, 결과의 중대성, 피해자의 수와 피해감정, 범행 후의 심정과 태도, 반성과 가책의 유무, 피해회복의 정도, 재범의 우려 등 양형의 조건이 되는 모든 사항을 철저히 심리하여 위와 같은 특별한 사정이 있음을 명확하게 밝힌 후 비로소 사형의 선택 여부를 결정해야 할 것이고, 이를 위하여는 법원으로서는 마땅히 기록에 나타난 양형조건들을 평면적으로만 참작하는 것에서 더 나아가, 피고인의 주관적인 양형요소인 성행과 환경, 지능, 재범의

902) 사람의 생명과 신체의 안전을 보호법익으로 하고 있는 형법의 해석으로는 규칙적인 진통을 동반하면서 분만이 개시된 때(소위 진통설 또는 분만개시설)가 사람의 시기라고 봄이 타당하다(대법원 2007. 6. 29, 선고 2005도3832 판결). 이는 형법 제251조(영아살해)에서 분만 중의 태아도 살인죄의 객체가 된다고 규정하고 있는 점을 미루어 보아서도 그 근거를 찾을 수 있다(대법원 1982. 10. 12, 선고 81도2621 판결).

903) 대법원 1984. 11. 27, 선고 84도2263 판결.

위험성, 개선교화 가능성 등을 심사할 수 있는 객관적인 자료를 확보하여 이를 통하여 사형선택 여부를 심사해야 할 것은 물론이고, 피고인이 범행을 결의하고 준비하며 실행할 당시를 전후한 피고인의 정신상태나 심리상태의 변화 등에 대하여서도 정신의학이나 심리학 등 관련 분야의 전문적인 의견을 들어 보는 등 깊이 있는 심리를 하여 본 다음에 그 결과를 종합하여 양형에 나아가야 할 것이다.[904)]

(2) **왕따를 핑계로 수류탄과 소총으로 부대원들을 살해하여 사형이 선고된 사건**

▶ 「…(전략) 다. **피고인에 대한 양형 판단**

이 사건 범행은 피고인이 북한군과 지근거리에서 군사적으로 대치하고 있는 최전방 소초에서 신성한 국방의 의무에 헌신하고 있는 무고한 동료 병사들과 자신의 상관들을 향해 수류탄을 터뜨리고 총격을 가하여 **5명의 무고한 생명을 빼앗고, 7명의 신체에 상해를 가한 후 총기와 실탄을 소지한 채 도주한 사안**으로, 국가안보에 중대한 공백을 초래했고 군에 대한 국민의 신뢰와 군의 사기를 극도로 저하시켰을 뿐만 아니라, 피해자와 유족들 그리고 더 나아가 서로에게 자신의 생명을 의지하며 생활하고 있던 동료 장병들에게 평생 지울 수 없는 충격과 고통 그리고 커다란 슬픔을 안겨 주었다.

피고인은 스스로 집단적인 따돌림이나 괴롭힘이 없었고 단지 일부 소초원들로부터 따돌림이나 괴롭힘을 당하였지만 살인의 범행을 저지를 정도로 고통을 준 것은 아니었다고 하거나, 이미 초소 근무 때 순찰일지 뒷면에 그려진 자신을 희화한 그림의 존재와 늘어가는 과정을 인지하고 있었음에도 사건 당일 그 그림을 보고 과거 중·고등학교 시절 및 군 입대 후의 괴롭힘을 당한 것이 한꺼번에 떠올라 소초원 모두를 살해하기로 마음먹은 것이라고 하는 등 **이해하기 어려운 변명**을 하고 있을 뿐이어서 이 사건 범행에 있어 피고인에게 **정상에 참작할 만한 뚜렷한 동기를 발견할 수 없음**에도 불구하고 **소초원 전원을 살해하려는 극악한 결심**을 했다. 또한 피고인은 특정인에 대한 원한이나 복수심이 없었음에도 자신에게 아무런 해악을 가하지 않고 오히려 친하게 지내기까지 하였던 동료들을 포함한 소초원 전부를 목표로 삼고, 일부 소초원들이 별명을 부르거나 무시하는 태도를 보이는 정도의 괴롭히는 행위를 살인 행위와 동일시하며 비난하는 등 **극도의 인명경시의 태도**를 보였다.

피고인은 범행을 결심한 후 소초원들의 대응 가능성, 대응 방식 및 시간 등을 고려하여 공격방법, 대상 및 우선순위를 정한 후 범행 실행의 경과를 예측하여 행동하는 **치밀함**을 보였고, 범행을 실행해 나감에 있어 **주저함 없는 결단성과 대담함 그리고 냉철함**을 보여주었으며, 근무를 마치고 모여 무방비 상태로 잠시 휴식 중이던 동료들을 향해 살상력이 큰 수류탄을 망설임 없이 던졌고, 수류탄 폭발로 부상을 당한 동료들이 도망하자 이들을 추격하여 살상하였으며 또한 영문을 몰라 우왕좌왕하던 동료들

904) 고등군사법원 2015. 8. 17, 선고 2015노84 판결; 대법원 2003. 6. 13, 선고 2003도924 판결; 대법원 2002. 2. 8, 선고 2001도6425 판결; 대법원 1999. 6. 11, 선고 99도763 판결.

에게 불과 5-6m 거리에서 총격을 가하여 살상하였을 뿐만 아니라 부상으로 신음하고 있는 동료에게 자신의 위치가 발각되자 그를 향해 즉시 최후의 일격을 가하는 모습에서는 **보통사람으로서는 상상도 할 수 없는 냉혹함과 태연함**이 몸서리 처질 정도여서 피고인에게 문명사회의 일원으로서 교화·개선될 여지가 과연 있는지 의심이 들게 한다.

그럼에도 불구하고 피고인은 피해자들 및 그 유족들에게 진심어린 사죄의 의사표시를 하지 않고 있다가 당심에 이르러서야 사죄 및 반성의 글을 제출하여 반성하는 듯한 태도를 취하였으나, 여전히 모순과 부조리로 가득 찬 사회 및 군대에 대한 원망과 비난을 하면서 마치 제3자의 관점에서 불운하게 피해를 당한 피해자들 및 유족들에 대해 안타까운 마음을 가지고 있다는 식의 표현을 하고 있고, 피고인의 이와 같은 태도에 대해 **유가족들은 진심어린 반성과 사죄의 말 한마디 없는 피고인에게 법정 최고형을 선고하여 줄 것을 호소**하고 있다.

이와 같은 피고인의 범행은 형법상 살인죄 및 군형법상 상관살해죄가 예상하고 있는 가장 중한 유형에 속하고 우리 법은 가장 중한 유형의 살인죄에 대하여는 그 법정형을 사형으로 정하고 있다. 비록 피고인이 아직 나이가 어리고 처벌전력은 없으나, 진심으로 잘못을 뉘우치고 있다고 보기 어려운 피고인에게 개선·교화의 기회를 부여하는 것은, 누구보다 믿고 의지하던 전우에게 그 목숨을 빼앗기고 상해를 입은 피해자들의 고통과 배신감, 사회 구성원 전체가 받은 충격, 저지른 죄와 형벌의 균형, 유사한 유형의 범죄 발생을 막기 위한 일반예방의 필요성 등을 종합적으로 고려할 때 적절하지 아니하다고 판단된다. 그렇다면 원심의 선고형량은 너무 무거워서 부당하다고 인정되지 않으므로, 피고인의 항소는 이유 없다.」[905]

(3) 현주건조물방화치사죄 등을 저지른 피고인에게 사형을 선고한 원심판결에 대해, 피고인이 상고하였으나 대법원이 기각한 사건(미문화원방화사건)의 판결문 중 **양형과 관련한 대법원의 판단을 일독하면, 양형부당 상고에 대한 대법원의 태도를 잘 알 수 있다.** 본건은 대법원이 양형부당 상고를 기각하는 이유를 이례적으로 상세히 밝힌 사건이다.

▶ 「…(전략) **제7. 같은 변호인 등의 상고이유 제7점 및 피고인 A, 동 C, 동 D, 동 H 등의 같은 취지의 각 상고이유**

1. 상고이유를 정한 형사소송법 제383조는 그 제4호에 사형, 무기 또는 10년 이상의 징역이나 금고가 선고된 사건에 있어서 중대한 사실의 오인이 있어 판결에 영향을 미친 때 또는 형의 양정이 심히 부당하다고 인정할 현저한 사유가 있는 때를 규정하고 있다. 평면적 해석으로는 사형, 무기 또는 10년 이상의 징역이나 금고가 아닌 다른 형 즉 10년 미만의 징역이나 금고 또는 벌금형 등이 선고된 사건에 있어서는 사실오인,

905) 고등군사법원 2015. 8. 17, 선고 2015노84 판결.

양형부당 등은 상고이유로 삼을 수 없다는 취지이다.

전통적으로는 형의 양정은 사실심 법관의 전권사항이며 그 행사가 위법이 아닌 한 형의 양정을 들어 상고를 할 수 없다는 것이 일반이다. 그러나 형의 양정이 현저하게 부당하다고 할 때 이를 바로 잡는 것은 우선 법이 추구하는 정의이며, 형의 양정에 관하여 일반적으로 이유를 명시하지 아니하는 법제 하에서 사실심 법관의 형의 양정에 관한 현저한 개인차를 줄이고 상고에 의하여 양형의 기준을 일반화하여 형의 불균형을 해소한다는 이 두 가지 뜻에서 양형부당을 이유로 하는 상고가 예외적으로 허용되는 의의가 있다고 할 것이며 형사소송법의 위의 규정은 이와 같은 뜻에서 정해진 것으로 풀이할 것이므로 상고심에서의 양형에 관한 사후 심사는 이와 같은 테두리를 벗어날 수 없음이 당연하다 할 것이다.

형법 제51조는 형을 정함에 있어서는 다음 사항을 참작해야 한다라고 규정하고, 1. 범인의 연령, 성행, 지능과 환경 2. 피해자에 대한 관계 3. 범행의 동기, 수단과 결과 4. 범행후의 정황을 열거하고 있는바 이 규정이 양형에 관한 유일한 규정이며 유일한 조건이다.

따라서 원심의 형의 양정을 살펴봄에는 위 전단의 상고심의 기능적 제약 내에서 위의 양형조건에 따를 따름인 것이다.

2. 상고논지는 장장 80여 장에 걸쳐 원심의 양형을 통박하고 사법부의 권위와 존엄을 위해서도 원심판결은 파기되어야 한다고 주장하고 있다. 그러나 일건 기록에 의하면, 피고인 등의 이 사건 부산미국문화원 방화라는 범행은 치밀하게 계획되고 면밀하게 준비되어 대담하게 감행된 범죄라는 점에서, 그 범인들이 대학을 졸업하였거나 재학 중에 있는 이 나라의 젊은 지성인들이라는 점에서, 그 동기의 불순함과 그 수단, 방법의 대담 악랄함과 그 결과의 중대함에 있어서 그리고 피고인 등이 범행 후 추호의 뉘우침도 없다는 점에서 피고인 등의 정상에 어떠한 참작사유도 가려낼 수 없고, 따라서 피고인등이 이 사건 범행에 이르게 된 동기, 범행의 수단과 결과 특히 이로 인하여 국가와 사회에 미치는 영향등 양형의 조건이 되는 모든 사정을 참작하면 엄벌함이 마땅하다고 하여 한 원심의 형의 양정은 정당하다고 할 수 밖에 없다.

① 이 사건 **범행의 경위**에 대하여는 피고인 A가 그의 모의사실을 부인하고 동 E, 동 F가 범행가담 사실을 부인하는 외 대체로 원심판시와 같다는 것은 피고인들이 시인하는 바인 바 이방화가 약 3개월에 걸쳐 치밀하게 계획되었으며 그 계획에 따라 방화와 동시에 살포할 삐라를 비롯해서 범행에 사용할 물건의 마련, 현장의 답사, 예행연습의 반복 등 주도면밀하게 준비되었고 부산시내 번화가에 자리 잡고 있을 뿐만 아니라 직원과 내방객 등 많은 사람이 있는 이 미국문화원에 그곳 경비원면전에서 불을 놓아 대담하게 감행된 범행이라는 점엔 아무런 이론이 있을 수 없다.

② 논지는 그리스도교 신앙인으로서 비폭력으로 정의와 평화의 실현을 추구하고 자유와 민주주의를 열망하는 순결한 마음씨의 피고인들에 대하여 책임 있는 답변으로 판결을 통해 양형을 밝히라고 촉구하고 있으나 피고인들은 모두가 대학을 졸업하였거나 또는 재학 중인 위로는 33세로부터 아래로는 갓 20세에 달한 이 나라의 젊은 지성

인이며 논지와 같이 기독교인이며 비폭력으로 정의와 평화의 실현을 추구하고 자유와 민주주의를 열망하는 기독교 신앙인이라면서 어찌하여 교리에 반하고 정의와 평화에 반하고 자유와 민주주의에 또한 반하는 **방화라는 폭력적 범행**을 감행하였는지 헤아릴 길이 없으며 이와 같은 숨길 수 없는 엄연한 사실을 놓고 어떻게 피고인들이 기독교인으로 비폭력으로 정의와 평화의 실현을 추구하고 자유와 민주주의를 갈망한다고 자부하는 것인지 이해할 수가 없고 피고인 A를 제외하면 나머지 피고인 등이 모두 20대 초반의 젊은 지성인들이라는 점에서는 가슴 아픔을 어찌 할 수 없으나 이는 한낱 인간적 연민의 정일 뿐 이 사건에 있어서 피고인 등에 대한 형을 가볍게 할 사유는 되지 않는다고 할 수 밖에 없다. 원심의용 증거에 의하면, 피고인 W는 이 사건 상피고인 외에도 공소외 AJ 동 AK(각 제1심 증인) 등에게 부림사건 선배들은 이론싸움만 하다가 굴비 엮듯이 줄줄이 엮어 들어갔다. 부림사건 선배들이 한명이라도 일을 하였다면 부산미문화원은 남아있지 않을 것이다 라는 말을 하였다는 사실이 인정되는 바 이에 의하더라도 피고인은 방화의 필요성, 당위성 내지 불가피성을 확신한 것으로 볼 수밖에 없고 그 계획과 준비가 장기간에 걸쳐 치밀하고 면밀하게 이루어졌으며 피고인 등이 고등 교육을 받은 지식인 이라는 점 등을 아울러 고려한다면 이건 범행은 결코 나이 어리고 지식수준이 낮아 **무사려, 무경험으로 인한 우발적 범행이라고 할 수 없다.**

③ 논지는 부산미국문화원에 대한 방화의 불가피성을 들고 그에 앞서 방화의 동기의 정당함과 그 순수함을 역설하고 있다. 그러나 동기에 의하여 그 수단과 방법 그리고 그 결과가 정당화 될 수 없고 하물며 범죄의 불가피성이란 도시 초법규적 발상이라고 할 수 밖에 없다. 혹시 범죄의 불가피성이라는 게 위법성 조각사유로서의 정당방위나 긴급피난을 말하는 것이라면 그에는 엄격한 요건이 있을 뿐만 아니라 이와 같은 사유는 행위의 위법성 조각의 문제일 뿐 형의 양정의 조건이 되는 것은 아닌 것이다.

논지는 ○사태가 없었더라면 부산미국문화원 방화사건은 일어나지 않았을 것이라고 하여 피고인 등의 이 사건 방화의 동기가 ○사태에 연유하는 것임을 내세우고 이 범행동기에 대한 올바른 이해가 결여되어 있다고 원심판결을 비의하고 있는 바, 우선 피고인 등이 파악하고 있는 ○사태나 또는 당시 ○일원에 투입된 군 병력이 주한미군사령관의 작전지휘에 의한 것인지의 여부 등은 전연 객관성이 없는 피고인 등의 독단에 불과하다 할 것이므로, 동기에 의하여 범행의 수단과 방법 그리고 그 결과가 정당화 될 수 없음은 물론 그 동기 자체에도 객관성과 정당성을 인정할 수 없는 이 사건에 있어서 이 범행의 동기가 형의 양정을 가볍게 해야 할 이유가 되지 못한다고 할 것이다.

④ 논지는 피고인 등의 이건 방화는 부산미국문화원에 방화를 하였다는 사실 자체에 그 의의를 둔 것이므로 그 피해를 줄이기에 여러모로 애썼으며 또 인명피해는 전혀 의도한 것이 아니라고 주장하는바, 원심이 적법하게 확정한 이사건 범행의 수단과 방법 그 경위 등을 살펴보면 피해를 줄이려 하였다는 논지가 내세우는 자료만으로는 이를 인정할 근거가 되지 못할 뿐더러 다수인이 현존하는 건조물에 방화를 한다면 인명피해가 있을지도 모른다는 것은 당연히 예견되는 것이어서 오히려 **미필적 인식**이

있다고 할 수 밖에 없으므로 많은 입법예가 방화치사상이라는 결과적 가중을 규정하지 않고 방화자체가 인명의 살상이 예상된다는 입장에서 방화만으로 사형 등 중형을 규정하고 있는 추세에 비추어 이 또한 피고인 등의 변소에 불과하여 받아들일 것이 되지 못한다.

⑤ 논지는 이 사건 방화의 피해자를 미국정부와 사망한 BY라 하여(화상을 입은 BZ, CA등 여학생에 대하여는 언급이 없다) 부시 CB가 한국에서의 미국문화원 방화사건과 한국교회 사회선교협의회의 성명 등은 한국국민의 점증하는 자각을 반영하는 것이라는 취지의 발언을 하였으며 위 BY의 유가족이 내 자식이 희생된 위에 이 사건으로 더 이상의 인명희생을 원하지 않는다고 말한 사실은 이 사건 형의 양정에 참작되어야 한다고 한다. 그러나 방화죄는 불특정다수인의 생명, 신체, 재산에 대하여 위험을 발생시키고 공공의 평온을 해하는 공공위험죄이므로, 논지가 내세우는 위 부시 CB의 발언이나 피해자 BY의 유가족들의 말의 뜻과 그 의의를 바르게 파악하기도 어려울 뿐만 아니라 이것으로 피고인들의 범행으로 인하여 침해된 법익이 회복되었다고 할 수도 없고 피고인 등의 이 건 범행으로 인한 그 결과의 중대성은 그로 인한 사망자 및 부상자등 인명피해와 소훼된 재산적 피해 외에 그로 인하여 침해된 공공의 안정과 평온 방화와 함께 살포된 삐라 내용에 기재된 반미구호 등을 비롯하여 방화로 빚어진 그 영향은 우리나라의 대외 관계 등 실로 국가안위에 관련된다는 사실에 상도할 때 소론이 드는 사유만으로는 피고인 등의 형의 양정에 참작할 사유가 되지 못한다고 할 것이다.

⑥ 피고인 등에게는 도시 이 사건 범행을 **뉘우치는 빛**이 없다. 피고인 등은 논지가 지적하는바 한결 같이 참회와 속죄를 말하면서 한편으로는 "이 방화사건은 단군 이래 처음으로 우리 민족에 대한 강대국의 부당한 간섭 및 횡포를 민족의 이름으로 규탄함으로 국제사회에 자주, 자존, 존엄한 우리 민족의 존재를 과시하였다는 데는 누구도 그 이의를 제기할 수 없을 것이다"라는 말에 집약되듯 부산미국문화원 방화의 필요성과 당위성 그리고 그 불가피성을 시종여일하게 주장하고 격렬한 어조로 제1심 및 원심법원을 매도하고 있으니 피고인 등이 회참하고 속죄하는 마음으로 살겠다는 말의 뜻을 헤아릴 길이 없어 피고인 등에게 이 사건 범행을 뉘우치는 빛을 가려낼 수가 없다.

자수는 법률상 필요적 감경사유가 아니다. 뿐만 아니라 자수를 형의 감경사유로 하는 첫째 이유는, 범인이 그 죄를 뉘우치고 있음에 있는 것이므로 죄를 뉘우침이 없는 자수는 그 외형은 자수일지라도 법률상 형의 감경사유가 되는 **진정한 자수라고 할 수 없는 것**이다.

논지는 피고인 W, 동 C가 자수하게 된 경위를 들어 자수에 즈음한 정부고위당국자의 약속은 사법부의 권위와 존엄을 위하여서도 판결에 의하여 지켜져야 한다고 하나 설사 그와 같은 사실이 있었다고 하더라도 이는 독립된 사법부의 권능 밖의 일임이 명백하여 논의의 여지가 없다고 할 것이다.

⑦ 끝으로 소론 논지는 사형은 어떠한 이유에서건 반드시 피해야 한다고 역설한다.

인도적 또는 종교적 견지에서 존귀한 생명을 빼앗아 가는 사형은 피해야 할 것임에는 이론이 있을 수 없다. 그러나 한편으로는 범죄로 인하여 침해되는 또 다른 존귀한 생명을 외면할 수 없고 또 사회공공의 안녕과 질서를 위하여 생명형의 존치를 이해하지 못할 바가 아니다. 이것은 바로 그 나라의 실정법에 나타나는 국민적 총의라고 파악될 것이며, 방화죄가 불특정다수인의 생명, 신체, 재산에 대하여 위험을 발생시키고 공공의 평온을 해하는 공공위험죄인 까닭에 그 형이 특히 무겁고 역사적으로는 나라마다 방화죄에 극형을 부과하였음이 일반이었음에 비추어 보고 **형법 제164조가 생명형을 규정한 취의**로 보아 사형이 반드시 피해야 할 형이라고만 할 이유도 없다. 하물며 이 사건 방화의 태양이 방화와 동시에 살포된 삐라에 표상된 바와 같이 공격범적이고 폭력범적인 것일 때 소론이 내세우는 사유는 원심의 형의 선택을 비의하는 논거로서는 너무나 박약하다고 하지 않을 수 없다.」[906)]

[28] 상해와 폭행죄

제257조(상해) ① 사람의 신체를 상해한 자는 7년 이하의 징역, 10년 이하의 자격정지 또는 1천만원 이하의 벌금에 처한다.

제260조(폭행) ① 사람의 신체에 대하여 폭행을 가한 자는 2년 이하의 징역, 500만원 이하의 벌금, 구류 또는 과료에 처한다.

③ 제1항(폭행) 및 제2항(존속폭행)의 죄는 피해자의 명시한 의사에 반하여 공소를 제기할 수 없다.[907)]

1. 상해와 폭행의 구별

가. 유형력을 행사하였는데 상해의 결과가 발생하면 상해죄(傷害罪)가 되고, 상해의 결과가 없는 경우 폭행죄(暴行罪)가 되므로 상해의 판단기준은 매우 중요하다. 상해는 피해자의 신체의 완전성을 침해하거나 생리적 기능장애를 초래하여 건강이 침해되는 것을 의미한다. 따라서 폭행에 수반된 상처가 극히 경미한 것으로서 굳이 치료할 필요가 없어서 자연적으로 치유되며 일상생활을 하는 데 아무런 지장이 없는 경우에는 상해에 해당되지 아니한다고 할 수 있을 터이나, 이는 폭행이 없어도 일상생활 중 통상 발생할 수 있는 상처와 같은 정도임을

906) 대법원 1983. 3. 8, 선고 82도3248 판결.

907) 상습존속폭행죄에 대하여는 제260조 제3항은 적용될 수 없다고 보아야 하므로, 이 죄에 대하여는 피해자의 명시한 의사에 반하여 논하지 못한다 할 수 없다(대법원 1965. 1. 26, 선고 64도687 판결).

전제로 하는 것이므로 그러한 정도를 넘는 상처가 폭행에 의하여 생긴 경우라면 상해에 해당된다고 할 것이며, 피해자의 신체의 완전성을 훼손하거나 생리적 기능에 장애를 초래하였는지는 객관적, 일률적으로 판단할 것이 아니라 피해자의 연령, 성별, 체격 등 신체, 정신상의 구체적 상태 등을 기준으로 판단해야 한다.[908]

나. 폭행죄는 반의사불벌죄여서 합의 시 수사가 종결되므로, 실무상 상해진단서 제출 여부는 중요하다. 상해진단서가 제출되면 원칙적으로 폭행죄가 되기 어렵다. 그러나 상해죄를 확정하는 데 있어 상해진단서가 필요충분조건이 될 수는 없고, 여러 증거에 의해 상해 부위와 정도에 대해 명확히 입증될 것이 요구된다.

상해의 부위와 정도가 증거에 의하여 명백히 확정되어야 하고, 상해부위의 판시 없는 상해죄의 인정은 위법

▶ 「**상해부위를 명시**하고 있는 이상 그 치료일수가 미상이라 하여도 상해죄의 성립에 아무런 지장이 없다.」[909]

▶ 「1. 기록에 의하면, 피고인에 대한 공소사실은 피고인은 1992. 4. 1. 12:50경 피해자에게 욕설을 하면서 그의 멱살을 잡고 흔드는 등 폭행하여 동인에게 치료일수 미상의 상해를 가하였다는 것이고, 제1심은 공소사실을 그대로 인정하였으며, 원심은 피해자가 상해를 입은 사실이 없다는 피고인의 항소이유를 배척하고 피고인의 항소를 기각했다.

2. 그러나 상해죄의 성립에는 상해의 고의가 있는 행위와 이로 인하여 발생하는 인과관계 있는 **상해의 결과**가 있어야 하므로, 상해죄에 있어서는 이러한 행위와 그로 인한 **상해의 부위와 정도**가 증거에 의하여 명백하게 확정되어야 하고, 상해부위의 판시 없는 상해죄의 인정은 위법한 것이다.[910]

3. 그런데 원심이 유지한 제1심 판결은 피고인에 피해자에게 치료일수 미상의 상해를 가하였다고 인정하였을 뿐 **피해자의 신체의 어느 부위에 어떠한 내용의 상해를 입혔다는 것인지 알 길이 없다.**

908) 대법원 2000. 2. 25, 선고 99도4305 판결; 대법원 2005. 5. 26, 선고 2005도1039 판결; 대법원 2008. 11. 13, 선고 2007도9794 판결.
909) 대법원 1983. 11. 8, 선고 83도1667 판결.
910) 대법원 1982. 12. 28, 선고 82도2588 판결.

4. 또, 기록을 살펴보면, 피해자의 상해에 대하여 의사가 진단을 한 것도 아니고, 피해자나 참고인 봉서○은 경찰에서 피해자의 목 근처에 손톱자국이 있었는데 잠을 자고 보니 흔적이 없었다는 것인바, 공소사실이나 원심이 들고 있는 상해가 이것을 가리키는 것이라면 원심으로서는 이것이 피해자의 신체의 완전성을 해하거나 기능의 장애 등을 일으키는 상해에 해당하는 것인지도 살펴보아야 할 것이다.

5. 원심판결에는 상해죄의 법리를 오해하여 심리를 미진하고 이유불비의 위법이 있다고 할 것이고, 논지는 이 범위 안에서 이유 있다.」[911]

▶ 「1. 원심이 인용한 제1심판결 이유기재에 의하면, 원심은 그 거시증거를 모아 피고인은 서울특별시 성동구 화양동 소재 공소외 1주식회사 대표이사로서 1981. 7. 14. 10:00경 위 회사 사무실에서 그 회사 업무부장인 공소외 2에게 업무처리능력이 부족하니 회사를 그만두라고 함에 대하여 공소외 2가 왜 부당해고를 시키느냐고 항의하자 사기업체에서 사장이 그만두라고 하면 그만두지 무슨 말이 많으냐고 하면서 한 손으로 그의 멱살을 잡고 오른손 주먹으로 그의 가슴을 1회, 목 부분을 2회 구타하여 그에게 약 14일간의 치료를 요하는 상해를 가한 사실을 인정했다.

2. 그러나 일건기록에 의하면, 피고인은 사법경찰관의 제1회 피의자신문 이래 원심법정에 이르기까지 일관하여 폭행사실을 부인하면서 공소외 2가 피고인의 허리띠를 잡고 빙빙 돌면서 행악을 하므로 동인의 가슴을 잡아 흔들었을 뿐이라고 변소하고 있을 뿐만 아니라 현장에서 이를 목격한 제1심증인 임영○, 박세○ 원심증인 조윤○, 윤현○ 등이 피고인은 공소외 2의 가슴이나 목 부분을 때린 일이 없고 공소외 2 스스로가 행악을 하면서 자기 가슴을 친일은 있다고 진술하고 있고 이와 같은 사실은 공소외 2가 제1심 법정에서 억울하여 자기 가슴을 자신이 친 일은 있다고 자인하는 터이므로 원심판시 사실에 일부 부합하는 공소외 2의 진술은 믿기가 어렵고 그 밖에 피고인의 폭행사실을 인정할만한 자료가 없다.

3. 상해죄의 성립에는 상해의 고의와 신체의 완전성을 해하는 행위 및 이로 인하여 발생하는 **인과관계 있는 상해의 결과가 있어야 할 것**이므로 **상해죄에 있어서는 신체의 완전성을 해하는 행위와 그로 인한 상해의 부위와 정도가 증거에 의하여 명백하게 확정되어야 할 것**임에도 불구하고 원심이 인용한 제1심 판결에는 앞서 기재한 바와 같이 약 14일간의 치료를 요하는 상해를 가하였다고만 판시 기재되었을 뿐이고 또 판시 상해의 부위와 정도에 부합하는 증거라고 거시한 의사 김종○ 작성의 상해진단서 기재를 보면 "경부전측 및 흉부상측 중

911) 대법원 1993. 5. 11, 선고 93도711 판결.

앙부위에 발적종창 및 파상이 있고 경부압착에 의한 연하통이 있으며 흉통을 호소함 좌측대퇴부하 3분의 1 부위 배 측에 찰과상이 있고 피하 출혈로 인한 자적색흔이 있음" 이라고 되어 있어 도시 위 판시에는 상해의 부위에 관하여 아무런 판시가 없어 **피고인의 어떠한 행위로 인하여 피해자의 신체의 어느 부위에 어떤 상해가 발생한 것인지 알 길이 없다.**

4. 결국 원심은 상해죄의 법리를 오해하고 심리를 다하지 아니하여 그 이유를 갖추지 아니하였을 뿐만 아니라 채증법칙에 위배하여 사실을 오인한 잘못을 저질러 파기를 면치 못할 것이므로 상고는 이유 있어 원심으로 하여금 다시 심리판단케 하기 위하여 원심판결을 파기하고 사건을, 서울형사지방법원 합의부에 환송하기로 관여법관의 일치한 의견으로 주문과 같이 판결한다.」[912)]

의사의 진단서에 의하지 않고 상해사실을 인정하였다거나 또는 범죄사실에 치료일수가 명시되지 않았더라도 상해죄로 처벌 가능

▶ 「…(전략) 3. 상해사실의 인정에 대하여

가. 원심이 채용한 증거들을 기록과 대조하여 검토하여 보면, 피고인과 그의 공범들이 피해자를 피고인 경영의 초밥집에 불러내어 22:00경부터 그 다음날 02:30경까지 사이에 회칼로 죽여버리겠다거나 소주병을 깨어 찌를 듯한 태도를 보이면서 계속하여 협박하다가 손바닥으로 피해자의 얼굴과 목덜미를 수회 때리자, 피해자가 극도의 공포감을 이기지 못하고 기절하였다가 피고인 등이 불러온 119 구급차 안에서야 겨우 정신을 차리고 인근 병원에까지 이송된 사실이 명백히 인정되는바, 이와 같이 오랜 시간 동안의 협박과 폭행을 이기지 못하고 실신하여 범인들이 불러온 구급차 안에서야 정신을 차리게 되었다면, 외부적으로 어떤 상처가 발생하지 않았다고 하더라도 생리적 기능에 훼손을 입어 신체에 대한 상해가 있었다고 봄이 상당하므로, 원심판결에 논하는 바와 같은 채증법칙 위반이나 상해죄에 관한 법리오해의 위법이 있다고 할 수 없고, 또 위와 같은 **상해사실이** 피해자와 피고인의 공범들의 진술 및 소방서장의 구급활동사항통보서의 기재에 의하여 **충분히 인정**되는 이상, 원심이 의사의 진단서에 의하지 아니하고 상해사실을 인정하였다거나 또는 범죄사실에 치료일수가 명시되지 않았다고 하여 위법이라고 할 수도 없다.

나. **상해의 부위와 정도가 증거에 의하여 명백히 확정되어야 하고 상해부위의 판시 없는 상해죄의 인정은 위법하다**는 점은 논하는 바와 같으나,[913)] 기록에 의하면 원심 판시 제3항 범죄사실의 피해자들은 의사(의사)와 그의 직원들

912) 대법원 1982. 12. 28, 선고 82도2588 판결.

913) 대법원 1983. 11. 8, 선고 83도1667 판결; 대법원 1993. 5. 11, 선고 93도711 판결.

로서, 피해자들이 흉기에 찔려 입은 **상해의 부위를 촬영한 사진을 제시**하면서 상해의 부위와 정도에 관하여 진술하고 있고, 피고인의 공범들 또한 피해자들을 흉기로 찔러 그와 같은 **상해를 입힌 사실을 시인**하고 있으며, 원심인정의 범죄사실에 **상해부위가 특정**되어 있으므로, 원심이 **진단서 없이 상해사실을 인정**했고 또한 **치료일수를 명시하지 아니하였다**고 하더라도 원심판결에 어떤 위법이 있다고 볼 수 없다.」[914)]

상해진단서의 증명력 판단

▶ 「상해죄의 피해자가 제출하는 상해진단서는 일반적으로 의사가 당해 피해자의 진술을 토대로 상해의 원인을 파악한 후 의학적 전문지식을 동원하여 관찰·판단한 상해의 부위와 정도 등을 기재한 것으로서 거기에 기재된 상해가 곧 피고인의 범죄행위로 인하여 발생한 것이라는 사실을 직접 증명하는 증거가 되기에 부족한 것이지만, 그 상해에 대한 진단일자 및 상해진단서 작성일자가 상해발생시점과 시간상으로 근접하고 상해진단서 발급 경위에 특별히 신빙성을 의심할 만한 사정이 없으며 거기에 기재된 상해의 부위와 정도가 피해자가 주장하는 상해의 원인 내지 경위와 일치하는 경우에는, 그 무렵 피해자가 제3자로부터 폭행을 당하는 등으로 달리 상해를 입을 만한 정황이 발견되거나 의사가 허위로 진단서를 작성한 사실이 밝혀지는 등의 특별한 사정이 없는 한, 그 상해진단서는 피해자의 진술과 더불어 피고인의 상해 사실에 대한 유력한 증거가 되고, 합리적인 근거 없이 그 증명력을 함부로 배척할 수 없다고 할 것이다.」[915)]

▶ 「1. 형사사건에서 상해진단서는 피해자의 진술과 함께 피고인의 범죄사실을 증명하는 유력한 증거가 될 수 있다. 그러나 **상해 사실의 존재 및 인과관계 역시 합리적인 의심이 없는 정도의 증명에 이르러야 인정할 수 있으므로, 상해진단서의 객관성과 신빙성을 의심할 만한 사정이 있는 때에는 그 증명력을 판단하는 데 매우 신중해야 한다.** 특히 상해진단서가 주로 통증이 있다는 피해자의 주관적인 호소 등에 의존하여 의학적인 가능성만으로 발급된 때에는 그 진단 일자 및 진단서 작성일자가 상해 발생 시점과 시간상으로 근접하고 상해진단서 발급 경위에 특별히 신빙성을 의심할 만한 사정은 없는지, 상해진단서에 기재된 상해 부위 및 정도가 피해자가 주장하는 상해의 원인 내지 경위와 일치하는지, 피해자가 호소하는 불편이 **기왕에 존재하던 신체 이상과 무관한 새로운 원인으로 생겼다고 단정할 수 있는지,** 의사가 그 상해진단서를 발급한 근거 등을

914) 대법원 1996. 12. 10, 선고 96도2529 판결.
915) 대법원 2007. 5. 10, 선고 2007도136 판결; 대법원 2011. 1. 27, 선고 2010도12728 판결.

두루 살피는 외에도 피해자가 상해 사건 이후 진료를 받은 시점, 진료를 받게 된 동기와 경위, 그 이후의 진료 경과 등을 면밀히 살펴 논리와 경험법칙에 따라 그 증명력을 판단해야 한다. …(중략)

2. 이 사건 공소사실은, '피고인이 2013. 11. 27. 16:00경 부산 동구 (주소 생략)에 있는 ○○○오피스텔 1층 관리사무실에서 위 오피스텔 704호의 세입자였던 피해자 공소외 1(63세)과 보증금 반환 문제로 언쟁을 하던 중 피해자가 피고인의 앞을 가로막자, 비키라고 하면서 양손으로 피해자의 상의 가슴 쪽 옷을 잡아당겨 옆으로 밀어 넘어뜨려 약 2주간의 치료를 요하는 요추부 염좌상을 가하였다'는 것이다. 이에 대해 원심은, 피해자의 진술과 상해진단서 등을 토대로 피해자가 피고인의 행위에 의하여 상해를 입었다고 평가함이 상당하다는 이유로 상해죄의 유죄를 인정한 제1심판결을 그대로 유지했다.

3. **그러나 적법하게 채택된 증거에 의하면 다음과 같은 사정을 알 수 있다.**

① 피해자는 이 사건 범행이 있은 날로부터 7개월이 다 된 2014. 6. 24. 피고인을 고소하였는데, 처음에는 고소할 생각이 없어서 △△△병원에서 치료만 받고 진단서를 발급받지 않았다가 고소를 하기 위해 뒤늦게 진단서를 발급받았다고 진술하고 있고, 고소 직전인 2014. 6. 19. 상해진단서를 발급받은 것으로 보인다.

② 그런데 상해진단서의 발행일은 이 사건 범행 다음 날인 2013. 11. 28.로 기재되어 있고, 이에 대해 △△△병원장은 '상해진단서가 2013. 11. 28. 이미 발급되어 있었으나 피해자가 찾아가지 않고 있다가 2014. 6. 19. 내원해서 발급받아 갔다'는 취지로 사실조회회신을 했다. 그러나 상해진단서 발행일에 대한 △△△병원장의 위와 같은 해명은 피해자의 위 진술에 비추어 석연치 않은 점이 없지 않다.

③ 상해진단서에 기재된 피해자의 병명은 요추부 염좌로 수상일로부터 2주간 치료를 요하는 것으로 되어 있다. 피해자를 진료하고 진단서를 발급한 의사 공소외 2는 제1심 법정에서 '밀쳐서 다쳤고, 요추부 동통이 있다'는 피해자의 진술과 방사선 촬영검사 결과 피해자의 요추부가 일자로 서 있는 것을 보고 위와 같은 내용의 상해진단서를 발급하였다고 증언했다. 그러나 다른 한편으로, '방사선 촬영검사 결과 일자형 요추가 확인되기는 하였으나 퇴행성, 즉 노화의 흔적도 보였고 일자형 요추가 있다고 해서 바로 요추부 염좌라는 진단을 내릴 수 없지만 피해자가 요추부 동통을 호소하였기 때문에 요추부 염좌로 진단한 것이며, 동통은 여러 원인에 의해 발생할 수 있는데 이를 확인할 수는 없으므로 환자가 호소하는 대로만 기록하고 환자가 허리가 아프다고 하면 요추부 염좌 2주 진단은 얼마든지 나갈 수 있다'는 취지로 진술하기도 했다.

④ 피해자는 이 사건 공소사실 기재 시비가 있은 후 △△△병원을 방문하여 의사 공소외 2로부터 진료를 받기는 하였으나, 문진과 방사선 촬영검사 외에 물

리치료 등 그가 호소하는 통증에 대하여 별다른 치료를 받은 바가 없고, 처방받은 약품도 구입하지 않았으며, 이후 다시 병원을 방문하거나 허리 부위와 관련하여 치료를 받은 흔적을 찾아볼 수 없다.

4. 위와 같은 이 사건 **상해진단서의 발급 경위, 진단 내용과 치료 경과, 의사가 진술하는 진단서 발급의 근거 등** 여러 사정을 앞서 본 법리에 비추어 보면, 피해자가 피고인의 행위에 의하여 요추부 염좌라는 상해를 입었다고 쉽게 단정하기는 어려워 보인다.

그럼에도 원심은 위와 같은 점을 제대로 살피지 아니한 채 그 판시와 같은 이유만으로 이 사건 공소사실을 유죄로 인정하였으니, 거기에는 논리와 경험칙에 의해야 할 자유심증주의의 한계를 벗어나거나 필요한 심리를 다하지 아니한 잘못이 있다. 이 점을 지적하는 취지의 상고이유 주장은 이유 있다.

나아가 이 사건 공소사실에는 폭행의 점이 포함되어 있으므로 심리결과 상해사실이 인정되지 않는다고 하더라도 폭행죄가 인정되면 유죄의 판결을 하고, 공소권이 없으면 공소기각의 판결을 해야 한다. 그런데 기록에 의하면, 피해자는 이 사건 직후 현장에 출동한 지구대 경찰관 앞에서 피고인의 행위에 대해 처벌을 원하지 않는다는 의사를 표시했다. 이러한 피해자의 처벌불원의사가 명백하고 믿을 수 있는 방법으로 표현되었다고 평가되는 경우라면, 반의사불벌죄에서 처벌을 희망하지 아니하는 의사를 명시적으로 표시한 이후에는 다시 처벌을 희망하는 의사를 표시할 수 없는 것이므로, 피고인에 대한 이 사건 공소제기는 공소제기의 절차가 법률의 규정에 위반하여 무효인 때에 해당한다고 볼 여지마저 없지 아니하다.

5. 그러므로 나머지 상고이유에 대한 판단을 생략한 채 원심판결을 파기하고, 사건을 다시 심리·판단하도록 원심법원에 환송하기로 하여, 관여 대법관의 일치된 의견으로 주문과 같이 판결한다.」[916]

2. **가정구성원 사이의 상해, 폭행**은 가정폭력범죄[917]의 처벌 등에 관한 특

916) 대법원 2016. 11. 25, 선고 2016도15018 판결.

917) 가정폭력범죄의처벌등에관한특례법 제2조 3. "가정폭력범죄"란 가정폭력으로서 다음 각 목의 어느 하나에 해당하는 죄를 말한다.

가. 「형법」 제2편 제25장 **상해와 폭행의 죄** 중 제257조(상해, 존속상해), 제258조(중상해, 존속중상해), 제258조의2(특수상해), 제260조(폭행, 존속폭행)제1항·제2항, 제261조(특수폭행) 및 제264조(상습범)의 죄

나. 「형법」 제2편 제28장 **유기와 학대의 죄** 중 제271조(유기, 존속유기)제1항·제2항, 제272조(영아유기), 제273조(학대, 존속학대) 및 제274조(아동혹사)의 죄

다. 「형법」 제2편 제29장 **체포와 감금의 죄** 중 제276조(체포, 감금, 존속체포, 존속감금), 제277조(중체포, 중감금, 존속중체포, 존속중감금), 제278조(특수체포, 특수감금), 제279조(상습범) 및 제280조(미수범)의 죄

례법이 우선 적용된다.

▶ 동법 제3조(다른 법률과의 관계) 가정폭력범죄에 대하여는 이 법을 우선 적용한다. 다만, 아동학대범죄에 대하여는 「아동학대범죄의 처벌 등에 관한 특례법」을 우선 적용한다.

3. **보복범죄**에 대해서는 특가법에서 가중처벌 규정을 두고 있다.

▶ **특정범죄가중처벌등에관한법률 제5조의9(보복범죄의 가중처벌 등)** ① 자기 또는 타인의 형사사건의 수사 또는 재판과 관련하여 고소·고발 등 수사단서의 제공, 진술, 증언 또는 자료제출에 대한 보복의 목적으로 「형법」 제250조 제1항(**살인**)의 죄를 범한 사람은 사형, 무기 또는 10년 이상의 징역에 처한다. 고소·고발 등 수사단서의 제공, 진술, 증언 또는 자료제출을 하지 못하게 하거나 고소·고발을 취소하게 하거나 거짓으로 진술·증언·자료제출을 하게 할 목적인 경우에도 또한 같다.

② 제1항과 같은 목적으로 「형법」 제257조 제1항(**상해**)·제260조 제1항(**폭행**)·제276조 제1항(**체포, 감금**) 또는 제283조 제1항(**협박**)의 죄를 범한 사람은 1년 이상의 유기징역에 처한다.

③ 제2항의 죄 중 「형법」 제257조 제1항·제260조 제1항 또는 제276조 제1항의 죄를 범하여 사람을 사망에 이르게 한 경우에는 무기 또는 3년 이상의 징역에 처한다.

④ 자기 또는 타인의 형사사건의 수사 또는 재판과 관련하여 필요한 사실을

라. 「형법」 제2편 제30장 **협박의 죄** 중 제283조(협박, 존속협박)제1항·제2항, 제284조(특수협박), 제285조(상습범)(제283조의 죄에만 해당한다) 및 제286조(미수범)의 죄

마. 「형법」 제2편 제32장 **강간과 추행의 죄** 중 제297조(강간), 제297조의2(유사강간), 제298조(강제추행), 제299조(준강간, 준강제추행), 제300조(미수범), 제301조(강간등 상해·치상), 제301조의2(강간등 살인·치사), 제302조(미성년자등에 대한 간음), 제305조(미성년자에 대한 간음, 추행), 제305조의2(상습범)(제297조, 제297조의2, 제298조부터 제300조까지의 죄에 한한다)의 죄

바. 「형법」 제2편 제33장 **명예에 관한 죄** 중 제307조(명예훼손), 제308조(사자의 명예훼손), 제309조(출판물등에 의한 명예훼손) 및 제311조(모욕)의 죄

사. 「형법」 제2편 제36장 **주거침입의 죄** 중 제321조(주거·신체 수색)의 죄

아. 「형법」 제2편 제37장 **권리행사를 방해하는 죄** 중 제324조(강요) 및 제324조의5(미수범)(제324조의 죄에만 해당한다)의 죄

자. 「형법」 제2편 제39장 **사기와 공갈의 죄** 중 제350조(공갈), 제350조의2(특수공갈) 및 제352조(미수범)(제350조, 제350조의2의 죄에만 해당한다)의 죄

차. 「형법」 제2편 제42장 **손괴의 죄** 중 제366조(재물손괴등)의 죄

카. 가목부터 차목까지의 죄로서 다른 법률에 따라 가중처벌되는 죄

알고 있는 사람 또는 그 친족에게 정당한 사유 없이 **면담을 강요**하거나 **위력(威力)을 행사**한 사람은 3년 이하의 징역 또는 300만원 이하의 벌금에 처한다.

▶ 「구 특정범죄 가중처벌 등에 관한 법률(2010. 3. 31. 법률 제10210호로 개정되기 전의 것, 이하 '특가법'이라 한다) 제5조의9 제2항은 '자기 또는 타인의 형사사건의 수사 또는 재판과 관련하여 고소·고발 등 수사단서의 제공, 진술, 증언 또는 자료제출에 대한 보복의 목적' 또는 '고소·고발 등 수사단서의 제공, 진술, 증언 또는 자료제출을 하지 못하게 하거나 고소·고발을 취소하게 하거나 거짓으로 진술·증언·자료제출을 하게 할 목적'으로 형법상 폭행죄, 협박죄 등을 범한 경우 형법상의 법정형보다 더 무거운 1년 이상의 유기징역에 처하도록 하고 있다. 여기에서 **행위자에게 그러한 목적이 있었는지 여부는 행위자의 나이, 직업 등 개인적인 요소, 범행의 동기 및 경위와 수단·방법, 행위의 내용과 태양, 피해자와의 인적 관계, 범행 전후의 정황 등 여러 사정을 종합하여 사회통념에 비추어 합리적으로 판단**해야 한다. …(중략) 피고인 1는, 검찰에서 공소외 회사의 직원들을 증인으로 신청하지도 않았는데도 그 직원들이 자진하여 나왔으니 공소외 회사에 대하여 다시 광고중단 압박을 하겠다는 취지로 이야기하면서 피해자에게 '두고 보자'는 등의 협박적 언사와 함께 욕설 등을 하고, 이러한 상황을 인식한 피고인 2도 이에 가세하여 피해자의 얼굴을 향해 양 주먹을 휘둘러 겁을 주면서 팔꿈치로 피해자의 목을 미는 등의 행위를 한 사실을 알 수 있고, **피고인들의 이 같은 행위는 피해자가 수사기관에서 한 진술과 법정에서 곧 하려는 증언에 대하여 보복의 목적으로 폭행, 협박한 것**으로 볼 수 있으므로, 이 사건 공소사실을 유죄로 인정한 제1심판결을 유지한 원심의 판단은 정당하다. 거기에 상고이유 제1점에서 주장하는 바와 같은 특가법 제5조의9 제2항의 보복의 목적에 관한 법리오해 등의 위법이 없다. 나아가 상고이유 제2 내지 4점에 대하여 보더라도, 원심이 피고인들의 행위가 폭행죄 및 협박죄에 해당하고 피고인들에게 공동가공의 의사가 있었다고 판단한 것은 정당하고, 거기에 상고이유 주장과 같이 논리와 경험의 법칙을 위반하여 자유심증주의의 한계를 벗어나거나 폭행죄, 협박죄, 공모공동정범 등에 관한 법리를 오해한 위법이 없다.」[918]

4. 상해죄

가. 상해의 개념

생리적 기능의 훼손으로 건강이 침해된 것을 상해라고 한다. 따라서 단순

918) 대법원 2013. 6. 14, 선고 2009도12055 판결.

히 외상에 국한되지 않고, 다양한 모습의 상해가 가능하다. 특히 성폭법상 상해는 피해자의 **신체의 완전성을 훼손**하거나 **생리적 기능에 장애를 초래**하는 것으로, 반드시 외부적인 상처가 있어야만 하는 것이 아니고, 여기서의 생리적 기능에는 육체적 기능뿐만 아니라 정신적 기능도 포함된다고 해석되고 있다.[919]

상해 인정사례

◉ 피고인 2가 배수로 뚜껑으로 경비차량 뒷 유리창을 파손하여 그 유리조각을 튀기는 방법으로 경찰관 공소외인의 뒷머리 부위에 가한 약 14일간의 치료를 요하는 후두부 찰과상이 상해죄의 상해에 해당한다.[920] ◉ 불안, 불면, 악몽, 자책감, 우울감정, 대인관계 회피, 일상생활에 대한 무관심, 흥미상실 등의 증상으로 **외상 후 스트레스 장애** 진단을 받았으며, 2일간 치료약을 복용했고, 6개월간의 치료를 요하는 사실이 인정된 경우,[921] ◉ 보행불능, 수면장애, 식욕감퇴 등은 모두 **기능장애**이고,[922] ◉ 강제추행 과정에서 가해자로부터 왼쪽 젖가슴을 꽉 움켜잡힘으로 인하여 왼쪽 젖가슴에 약 10일간의 치료를 요하는 좌상을 입고, 심한 압통과 약간의 종창이 있어 그 치료를 위하여 병원에서 주사를 맞고 3일간 투약을 한 경우, 피해자는 위와 같은 상처로 인하여 신체의 건강상태가 불량하게 변경되고 생활기능에 장애가 초래되었다 할 것이어서 이는 강제추행치상죄에 있어서의 상해의 개념에 해당한다.[923] ◉ 피해자가 범행 당일 우측 두부 타박으로 인한 피하출혈, 부종 및 찰과상, 두정부와 우측 발목 타박으로 부종과 동통 소견이 있어 약 2주일간의 치료를 요한다는 내용의 상해진단서를 발급 받았고, 가해자가 범행 당시 주먹으로 머리를 1회 때리고 피해자의 발을 걸어 넘어뜨린 후 발로 가슴을 1회 걷어 차 피해자가 위와 같은 상처를 입었다면 이로 인하여 피해자의 신체의 건강상태가 불량하게 변경되고 생활기능에 장애가 초래된 것이라고

919) 대법원 1999. 1. 26, 선고 98도3732 판결.

920) 대법원 2008. 11. 13, 선고 2007도9794 판결.

921) 대법원 1999. 1. 26, 선고 98도3732 판결.

922) ▶ 「…(전략) 타인의 신체에 폭행을 가하여 **보행불능, 수면장애, 식욕감퇴등 기능의 장해**를 일으킨 때에는 외관상 상처가 없더라도 형법상 상해를 입힌 경우에 해당한다 할 것이므로, 원심이 피해자 공소외 1에게 위 상해를 가한 피고인을 강간치상으로 처단한 것은 정당하며, 또 원심이 인용한 1심 판결에 거시된 증거를 기록에 대조하여 검토하면, 소론과 같은 사실이 있다하더라도 위 상해와 직무유기의 각 사실을 인정하는데 지장이 없다고 본다. 그리고 또 군인 전화 교환수가 정당한 이유 없이 그 맡고 있는 교환대의 자리를 비운 경우에는 밤중이라 전화교환을 할일이 없었다 하더라도 군인 복무규율 32조의 직무를 유기한 때에 해당한다 할 것이며, 또 강간치상과 명령위반은 서로 그 구성 요건이나 피해법익이 다를뿐더러 명령위반이 강간치상의 요소가 되는 것이 아니므로, 위 두개의 행위를 경합범으로 본 원심판결은 정당하다. 따라서 논지는 모두 채용할 수 없다.」(대법원 1969. 3. 11, 선고 69도161 판결)

923) 대법원 2000. 2. 11, 선고 99도4794 판결.

볼 수 있어 강도상해죄를 구성하는 상해에 해당한다.[924] ◉ 미성년자(여, 8세)에 대한 추행행위로 인하여 그 피해자의 외음부 부위에 염증이 발생한 것이라면, 그 증상이 약간의 발적과 경도의 염증이 수반된 정도에 불과하다고 하더라도 그로 인하여 피해자 신체의 건강상태가 불량하게 변경되고 생활기능에 장애가 초래된 것이 아니라고 볼 수 없으니, 이러한 상해는 미성년자의제강제추행치상죄의 상해의 개념에 해당한다.[925] ◉ 피고인이 7세 1월 남짓밖에 안 되는 피해자의 질내에 손가락을 넣어 만지는 등 추행을 하여 피해자의 음순 좌우 양측에 생긴 남적색 피하일혈반이 타박이나 마찰로 말미암아 음순내부에 피멍이 든 것으로서 그 상처부위에 소변의 독소가 들어가면 염증이 생길 수도 있는 것이라면, 그 상처를 치료하는데 필요한 기간이 2일에 불과하더라도, 형법 제301조 소정의 상해의 개념에 해당하는 것으로 보아야 한다.[926] ◉ 난소의 제거로 이미 임신불능 상태에 있는 피해자의 자궁을 적출했다 하더라도 그 경우 자궁을 제거한 것이 신체의 완전성을 해한 것이 아니라거나 생활기능에 아무런 장애를 주는 것이 아니라거나 건강상태를 불량하게 변경한 것이 아니라고 할 수 없고 이는 업무상 과실치상죄에 있어서의 상해에 해당한다.[927] ◉ 피고인이 피해자의 반항을 억압하는 과정에서 주먹으로 피해자의 얼굴과 머리를 때려 피해자가 코피를 흘리고 콧등이 부었다면 비록 병원에서 치료를 받지 않더라도 일상생활에 지장이 없고 또 자연적으로 치료될 수 있는 것이라 하더라도 강간치상죄에 있어서의 상해에 해당한다.[928] ◉ 심지어 오랜 시간 동안의 협박과 폭행을 이기지 못하고 **실신**하여 범인들이 불러온 구급차 안에서야 정신을 차리게 되었다면, 외부적으로 어떤 상처가 발생하지 않았다고 하더라도 생리적 기능에 훼손을 입어 상해가 있었다고 볼 수 있다.[929]

상해 부정사례

◉ 피고인이 피해자와 연행문제로 시비하는 과정에서 치료도 필요 없는 가벼

924) 대법원 2002. 1. 11, 선고 2001도5925 판결.
925) 대법원 1996. 11. 22, 선고 96도1395 판결.
926) 대법원 1990. 4. 13, 선고 90도154 판결.
927) ▶ 「…(전략) 또 소론은 위 피해자가 난소의 제거로 이미 임신불능 상태에 있어 자궁을 적출했다 하더라도 이는 업무상 과실치상죄 소정의 상해에 해당하지 않는다는 것이나, 그와 같은 사유만으로 자궁을 제거한 것이 신체의 완전성을 해한 것이 아니라거나 생활기능에 아무런 장애를 주는 것이 아니라거나 건강상태를 불량하게 변경한 것이 아니라고 할 수 없고 이는 업무상 과실치상죄에 있어서의 상해에 해당한다 할 것이다.」(대법원 1993. 7. 27, 선고 92도2345 판결)
928) 대법원 1991. 10. 22, 선고 91도1832 판결.
929) 대법원 1996. 12. 10, 선고 96도2529 판결.

운 상처를 입었으나, 그 정도의 상처는 일상생활에서 얼마든지 생길 수 있는 극히 경미한 상처이므로 굳이 따로 치료할 필요도 없는 것이어서 그로 인하여 인체의 완전성을 해하거나 건강상태를 불량하게 변경하였다고 보기 어려우므로, 피해자가 약 1주간의 치료를 요하는 좌측 팔 부분의 동전크기의 멍이 든 것은 상해죄에서 말하는 상해에 해당되지 않고,[930] ◉ 경미한 교통사고로 인하여 피해자가 입은 요추부 통증이 굳이 치료할 필요가 없이 자연적으로 치유될 수 있는 것이어서 주사 및 물리치료를 받지 않고 약만 받아가 2번 복용했고, 이후 병원에서 아무런 치료도 받지 않았다면 '상해'에 해당한다고 볼 수 없다.[931]

나. 고의

대법원은 상해죄가 결과범이란 점을 강조하여 그 성립에 상해의 원인인 폭행에 관한 인식이 있으면 충분하고 상해를 가할 의사의 존재는 필요하지 않다고 본다. 다만 폭행을 가한다는 인식조차 없었는데 상해 결과가 발생한 경우에는 상해죄가 성립하지 않는다고 보아, 결과적으로 **상해 고의**를 쉽게 인정한다.[932]

▶ 「피고인은 피해자 백○○이 경영하는 포장마차 식당에서 공소외 김○○와 술내기 팔씨름을 하여 피고인이 이겼는데도 위 김○○가 다시 한번 하자고 덤벼들자 피고인은 식탁위에 있던 식칼을 집어들고 자신의 팔뚝을 1회 그어 자해하고, 이를 제지하려고 피해자가 양팔로 피고인을 뒤에서 붙잡자 그 제지를 벗어나

930) ▶ 「…(전략) 나. 상해의 점에 관하여
원심판결 이유에 의하면, 원심은 피고인 2가 위 가 항의 원심사실인정에서 본 바와 같은 실랑이를 하는 과정에서 위 공소외 1의 좌측팔 부분에 약간의 멍이 생기기는 하였으나 그 크기도 동전 크기 정도이고 별도의 병원치료를 받을 정도의 상처는 아니어서 위 공소외 1이 며칠 뒤 **파스를 붙인 것** 이외에는 따로 치료를 받지도 않았으며 위 상해 부분에 대한 **소견서**의 기재도 단순히 약 **1주간의 안정을 요한다**는 취지인 사실, 위 공소외 1이 위 상처를 입은 후에도 경찰단계에서는 아무런 고소나 이 부분 수사가 이루어지지 않았다가 위 피고인이 검찰에 송치된 후에도 묵비권을 행사하는 등 **수사에 비협조적이자 위 피해자의 구두 고소에 의하여 사법경찰관이 이 부분을 인지·수사**하여 1995. 12. 19. 검찰에 **추송**한 사실을 인정한 다음, 위 상해는 피고인이 피해자와 연행문제로 시비하는 과정에서 치료도 필요 없는 가벼운 상처로서 그 정도의 상처는 일상생활에서 얼마든지 생길 수 있는 극히 경미한 상처이므로 굳이 따로 치료할 필요도 없는 것이어서 그로 인하여 인체의 완전성을 해하거나 건강상태를 불량하게 변경하였다고 보기 어려우므로 피해자가 입은 위 상처를 가지고서 상해죄에서 말하는 상해에 해당된다고 할 수 없다고 판단했다. 기록을 검토하여 보면 원심의 위와 같은 사실인정과 판단은 정당한 것으로 여겨지고, 거기에 채증법칙을 위배하여 사실을 오인하였다거나 상해죄에 있어서의 상해에 관한 법리를 오해한 위법 등이 있다고 할 수 없다. 논지도 이유가 없다.」(대법원 1996. 12. 23, 선고 96도2673 판결)

931) 대법원 2000. 2. 25, 선고 99도3910 판결.

932) 대법원 1983. 3. 22, 선고 83도231 판결.

려고 식칼을 잡은 채 이를 뿌리친 잘못으로 이 사건 상해를 입혔다는 것으로서 **피고인에게는 폭행에 대한 인식마저 인정할 수 없다**는 취지이므로 피고인이 폭행을 가한다는 인식 없는 행위의 결과로 피해자가 상해를 입었다 하여도 상해죄를 구성하지 않는다는 취지의 원심판단은 정당하고, 원심의 위 인정판단에 소론의 상해죄의 범의에 관한 법리오해의 위법이 있다고는 할 수 없다.」[933)]

▶ 「상해죄의 성립에는 상해의 원인인 폭행에 대한 인식이 있으면 충분하고 상해를 가할 의사의 존재까지는 필요하지 아니한 것인바, 기록에 의하면, 피고인이 비록 공소외 1 등의 손에서 벗어나기 위해서이기는 하나 그들과 몸싸움을 벌인 것은 분명하고, 피고인이 팔꿈치 또는 손으로 경찰관들을 밀어 넘어뜨렸다면 적어도 폭행에 대한 인식은 있었다고 봄이 상당하므로, 피고인에게 폭력에 대한 범의조차 없다고 본 원심의 판단 부분은 수긍하기 어렵다.」[934)]

그러나 폭행의 고의를 가졌으나 상해의 결과가 발행한 경우 폭행치상죄(제262조)를 별도로 두고 있고, 형법은 결과책임이 아닌 행위책임을 원칙으로 하면서 예외적으로 행위자의 고의를 넘어서는 중한 결과에 대해서는 예견가능한 경우에 한해 결과책임을 지우고 있으므로 **판례의 태도는 타당하지 않다.** 비록 폭행치상죄가 상해의 예에 따른다고 하더라도(제262조) 법정형이 같다는 의미일 뿐 행위자의 고의를 중시하여 양형상 차이가 발생할 수 있으므로, 폭행의 고의와 상해의 고의는 반드시 구분하여 주장해야 한다고 본다.

다. 착오

갑이 을 등 3명과 싸우다가 힘이 달리자 식칼을 가지고 이들 3명을 상대로 휘두르다가 이를 말리면서 식칼을 뺏으려던 피해자 병에게 상해를 입혔다면 갑에게 상해의 범의가 인정되며 상해를 입은 사람이 목적한 사람이 아닌 다른 사람이라 하여 과실상해죄에 해당한다고 할 수 없다.[935)] 판례는 구체적 사실의 착오 중 방법(타격)의 착오[936)]가 있었다 하여도 본래의 고의를 발생결과에 그대로 전용하여 인정한다.

933) 대법원 1983. 3. 22, 선고 83도231 판결.
934) 대법원 2000. 7. 4, 선고 99도4341 판결.
935) 대법원 1987. 10. 26, 선고 87도1745 판결.
936) '총알이 빗나가 뜻밖의 사람이 죽은 경우', '마구잡이로 칼을 휘두르다가 예기치 않게 목표물의 옆에 있던 사람이 찔린 경우'.

▶ 「원심이 인용한 제1심 판결이 든 증거에 의하면 피고인의 판시 범죄사실을 넉넉히 인정할 수 있고, 성명불상자 3명과 싸우다가 힘이 달리자 옆 포장마차로 달려가 길이 30센티미터의 식칼을 가지고 나와 이들 3명을 상대로 휘두르다가 이를 말리면서 식칼을 뺏으려던 피해자의 귀를 찔러 상해를 입힌 피고인에게 상해의 범의가 인정되며 상해를 입은 사람이 목적한 사람이 아닌 다른 사람이라 하여 과실상해죄에 해당한다고 할 수 없고, 싸움의 경위, 범행방법 등 제반사정에 비추어 피고인의 범행이 정당방위나 긴급피난 또는 과잉방위에 해당되는 것으로도 보이지 않으므로 여기에 소론과 같은 사실오인이나 법리오해의 위법이 있다할 수 없다.」[937)]

라. 정당방위 법리오해 및 채증법칙 위배

▶ 「원심은 제1심이 들고 있는 증거들에 의하면 피고인은 제1심 공동피고인과 서로 욕설을 하며 싸우던 중 손으로 위 제1심 공동피고인의 손과 멱살 등을 잡고 밀쳐서 약 10일 간의 치료를 요하는 우측슬부좌상 등을 가한 사실을 넉넉히 인정할 수 있고, 위 제1심 공동피고인이 피고인 등이 가입하여 있는 친목회의 회장을 흉보는 것 때문에 피고인이 위 제1심 공동피고인과 서로 욕설을 하며 시비하다가 위와 같이 싸운 사실을 인정할 수 있으므로, 피고인의 행위는 정당방위에 해당한다고 볼 수 없다고 판시했다.

그러나 원심이 유지한 제1심이 들고 있는 증거들을 살펴보면 피고인은 식당에서 위 제1심 공동피고인과 함께 술을 마시던 중 위 제1심 공동피고인은 피고인이 자신에게 욕설을 하였다는 이유로 주먹으로 피고인의 얼굴을 수 회 때리고, 발로 피고인의 가슴을 걷어 찬 후 피고인이 식당 밖으로 피신하자 따라 나가 플라스틱 의자로 피고인의 팔 부위를 수회 내리치는 바람에 피고인이 약 4주간의 치료를 요하는 좌제6늑골골절상을 입었고, 그 과정에서 위와 같이 폭행을 가하는 위 제1심 공동피고인의 손과 멱살 등을 잡고 밀친 사실을 인정할 수 있는바, 그렇다면 이는 상대방의 부당한 공격에서 벗어나거나 이를 방어하려고 한 행위였다고 봄이 상당하고, 그 행위에 이르게 된 경위와 목적 및 수단, 행위자의 의사 등 제반 사정에 비추어 위법성이 결여된 행위라고 할 것이다.

더구나 위 증거들에 의하면 위 제1심 공동피고인이 입은 상해는 '우측슬부, 좌측제1족지부, 좌수배부의 좌상, 찰과상'인바, 이는 그 상해부위로 보아 손과 멱살 등을 잡고 밀친 피고인의 행위로 생긴 것이라고 선뜻 단정하기 어렵고, 피해자

937) 대법원 1987. 10. 26, 선고 87도1745 판결.

제1심 공동피고인 의 수사기관 및 원심 법정에서의 진술에 의하더라도 피고인으로부터 직접 맞은 일은 없다고 진술하고 있는바, 그렇다면 위 상처는 오히려 위 제1심 공동피고인이 피고인을 위와 같이 폭행하는 과정에서 발생하였을 가능성도 배제할 수 없다.

따라서 피고인과 위 제1심 공동피고인 이 서로 욕설을 하던 중에 싸움이 일어났다는 이유만을 들어 피고인의 행위가 정당방위에 해당된다는 주장을 배척하였을 뿐 아니라, 싸우는 과정에서 발생한 상해라 하여 그 구체적인 발생원인에 관하여는 살펴보지도 아니한 채 별다른 증거 없이 상대방의 행위로 인한 것이라고 단정한 원심판결에는 정당방위에 관한 법리를 오해하고 또 채증법칙을 위배한 위법이 있다고 할 것이다. 논지는 이유 있다.」[938]

마. 정당행위

▶「남자인 피해자가 비좁은 여자 화장실 내에 주저앉아 있는 피고인으로부터 무리하게 쇼핑백을 빼앗으려고 다가오는 것을 저지하기 위하여 피해자의 어깨를 순간적으로 밀친 것은 피해자의 불법적인 공격으로부터 벗어나기 위한 본능적인 소극적 방어행위에 지나지 아니하므로 이는 사회통념상 허용될 수 있는 행위로서 그 위법성을 인정할 수 없다.」[939]

▶「원심판결 이유에 의하면, 원심은 그 채택 증거들을 종합하여, ① 피고인과 피해자는 1997년 7월경 공소외 이△△의 소개로 알게 되어 일시 교제하였는데, 피고인은 같은 해 8월경 대전지검 천안지청에 '피해자가 피고인과 결혼할 것처럼 가장하면서 피고인을 도박판에 유인하여 금원을 편취하고, 돈을 빌려가고 갚지 않는 방법으로 금원을 편취하였을 뿐만 아니라 성명 미상의 남자와 함께 피고인을 폭행하였다'는 이유로 피해자를 사기 및 폭행 혐의로 고소하였으나, 무혐의 처리되자 다시 대전고검에 항고했고, 위 항고에 따라 피해자는 1998. 3. 4.경 대전고검으로부터 같은 달 5일 10:00까지 위 검찰청에 출석하라는 통지서를 송달받은 사실, ② 이에 피해자는 피고인 때문에 검찰청까지 가서 조사를 받아야 한다고 생각한 나머지 이를 따지기 위하여 같은 날 22:00경 피고인에게 전화를 걸었으나 피고인이 피해자의 말을 들으려 하지 않고 전화를 끊자 이에 화가 난 피해자는 피고인을 직접 만나 따지기로 하고 공소외 1, 2와 함께 위 공소외 1의 차를 타고 같은 날 23:00경 피고인의 집까지 찾아가 피고인의 집으로 침입한 다음

938) 대법원 1996. 12. 23, 선고 96도2745 판결.
939) 대법원 1992. 3. 27, 선고 91도2831 판결.

피고인의 미닫이 방문을 두드린 사실, ③ 당시 피고인은 방안에서 자고 있다가 방문 두드리는 소리에 일어나 방문을 열자마자 피해자는 왼손으로는 위 방문을, 오른손으로는 문틀을 붙잡고 피고인의 고소 때문에 검찰청까지 가서 조사를 받게 된 것을 따지려 했고, 이에 피고인은 피해자와 이야기를 하고 싶지 않아 방문을 닫으려 하였는데, 문이 닫히는 순간 피해자의 오른손이 문과 문틀 사이에 끼이었고, 그 후 문을 닫으려는 피고인과 열려는 피해자 사이의 실랑이가 계속되는 과정에서 문짝이 떨어지자 그 앞에 있던 피해자가 넘어져 2주간의 치료를 요하는 요추부염좌 및 우측 제4수지 타박상의 각 상해를 입게 된 사실을 인정한 다음, 피고인의 가해행위가 이루어진 시간 및 장소, 경위와 동기, 방법과 강도 및 피고인의 의사와 목적 등에 비추어 볼 때, 이를 사회통념상 허용될 만한 정도를 넘어서는 위법성이 있는 행위라고 보기는 어려우므로 이는 정당행위에 해당한다고 판단하여 피고인에 대하여 무죄를 선고했다. 기록과 위 법리에 비추어 살펴볼 때 원심의 위와 같은 사실인정과 판단은 정당하고, 거기에 상고이유로 주장하는 바와 같이 채증법칙을 위반한 사실오인 등의 위법이 있다고 할 수 없다.」[940]

바. 치료행위와 상해죄

의사의 치료가 실패 시 환자에 대한 상해죄를 검토하게 된다. 치료가 성공했다면 애초부터 상해죄는 성립될 수 없고, 최선의 처치를 하였으나 치료가 실패한 경우가 문제이다.

의사의 정당한 업무행위였다면 정당행위로 위법성이 조각되고, 피해자의 유효한 승낙이 있었던 경우도 처벌을 피할 수 있다. 그러나 업무상 과실이 있었고 무리한 시술의 결과이며, 피해자가 치료결과를 이해했더라면 승낙하지 않았을 경우라면 위법성이 조각되지 않고 업무상과실치사상죄가 성립하게 된다.

정당행위에 해당한다는 사례

▶ 「원판결이유에 의하면 피고인은 개업의사로서 임부 소외인을 진찰하고 동녀로 하여금 태아를 분만케 하려 하였으나 동녀는 골반간격이 좁아 자연분만을 할 수 없게 되자 부득이 인공분만기인 '샤숀'을 3회 반복 사용하여 동녀에게 전치 1주간의 회음부 및 질내염상을, 동 태아에게 전치 9일간의 두혈종상을 각 입혔는바 이는 피고인이 의사로서의 정상의 주의의무를 해태한 나머지 '샤숀'을 거칠고 험하게 사용한 탓으로 산부 및 태아에 위 상해를 입혔음이 인정되는 바이므로

940) 대법원 2000. 3. 10, 선고 99도4273 판결.

피고인의 판시 소위가 비록 의료행위를 시행함에 인한 소위라 하더라도 정당업무의 범위를 넘은 위법행위라고 판시하고 있다.

원심의 판결요지는 본건에서 피고인의 인공분만기 '샥숀'사용은 의사로서 정상적인 의료행위의 시행에 속함을 인정하면서도 다만 '샥숀'을 거칠고 험하게 사용한 것이 의사로서의 정상의 주의의무를 해태한 것이 되고 그 결과 위 각 상해를 입힌 것이고 이는 의사의 정당업무의 범위를 넘는 위법행위라는 취지임을 알 수 있다.

그러나 원심이 인정한 '샥숀' 사용에 있어서 피고인이 거칠고 험하게 사용하였다는 점에 관하여 살펴보건대 일건기록을 정사하여 보아도 그를 인정할 만한 증거있음을 찾아 볼 수 없고 다만 산부와 태아에게 판시 상해가 있기는 하나 서울대학교 의과대학 부속병원장의 사실조회의뢰 회신기재 및 증인 박○○, 동 이○○의 각 진술기재에 의하면 위 '샥숀'을 사용하면 통상 판시 상해정도가 있을 수 있다는 것임을 규지할 수 있으므로 그 상해가 있다하여 피고인이 '샥숀'을 거칠고 험하게 사용한 결과라고는 보기 어렵다 할 것인데도 불구하고 원심은 아무런 증거 없이 사실을 인정한 채증법칙 위반의 위법이 아니면 형법 제20조의 정당행위의 법리를 오해한 위법이 있다 할 것 이고 이 점을 논란하는 논지는 이유 있어 원판결은 파기를 면치 못할 것이다.」[941]

▶「피고인이 태반의 일부를 떼어낸 행위는 그 의도, 수단, 절단부위 및 그 정도 등에 비추어 볼 때 의사로서의 정상적인 진찰행위의 일환이라고 볼 수 있으므로 형법 제20조 소정의 정당행위에 해당한다.」[942]

유효한 승낙이 아니고, 정당행위도 아닌 사례

▶「…(전략) 피고인은 자신의 시진, 촉진결과 등을 과신한 나머지 초음파검사 등 피해자의 병증이 자궁외 임신인지, 자궁근종인지를 판별하기 위한 정밀한 진단방법을 실시하지 아니한 채 위 피해자의 병명을 자궁근종으로 오진하고 이에 근거하여 의학에 대한 전문지식이 없는 위 피해자에게 자궁적출술의 불가피성만을 강조하였을 뿐 위와 같은 진단상의 과오가 없었다면 당연히 설명받았을 자궁외 임신에 관한 내용을 설명받지 못한 피해자로부터 수술승낙을 받은 사실을 인정할 수 있으므로 위 승낙은 피고인의 부정확 또는 불충분한 설명을 근거로 이루어진 것으로서 이 사건 수술의 위법성을 조각할 유효한 **승낙**이라고 볼 수 없다 할 것이다.

941) 대법원 1978. 11. 14, 선고 78도2388 판결.
942) 대법원 1976. 6. 8, 선고 76도144 판결.

또 소론은 위 피해자가 난소의 제거로 이미 임신불능 상태에 있어 자궁을 적출했다 하더라도 이는 업무상 과실치상죄 소정의 상해에 해당하지 않는다는 것이나, 그와 같은 사유만으로 자궁을 제거한 것이 신체의 완전성을 해한 것이 아니라거나 생활기능에 아무런 장애를 주는 것이 아니라거나 건강상태를 불량하게 변경한 것이 아니라고 할 수 없고 이는 업무상 과실치상죄에 있어서의 상해에 해당한다 할 것이다.

그리고 이와 같은 이 사건 의료사고가 일어난 연유, 경위, 피해의 결과 등을 놓고 볼 때 피고인의 이 사건 범행을 사회상규상 허용되는 **정당행위**라고 볼 수는 없다.」[943]

사. 죄수

(1) 상해를 입힌 행위가 동일한 일시, 장소에서 동일한 목적으로 저질러진 것이라 하더라도 피해자를 달리하고 있으면 피해자별로 각각 별개의 상해죄를 구성한다고 보아야 할 것이고 1개의 행위가 수개의 죄에 해당하는 경우라고 볼 수 없다.[944]

(2) 원심이 유지한 제1심판결이 채용한 증거들을 기록에 의하여 살펴보면, 피고인에 대한 판시 범죄사실을 유죄로 인정하는 한편, 피고인이 이 사건 범행 당시 심신상실 상태에 있지 아니하였다고 본 원심판단은 수긍이 가고, 거기에 주장과 같은 법리오해, 심리미진 또는 채증법칙 위배 등의 위법이 없으며, 기록에 의하여 인정되는 제반 정황에 의하면, 피고인이 2001. 11. 23.부터 2002. 3. 22.까지 사이에 직계존속인 피해자를 2회 폭행하고, 4회 상해를 가한 것은 존속에 대한 동일한 폭력습벽의 발현에 의한 것으로 인정되므로 그 중 법정형이 더 중한 상습존속상해죄에 나머지 행위들을 포괄시켜 하나의 죄만이 성립한다고 할 것인바, 원심이 피고인의 위 각 행위들에 관한 상습성을 인정하면서도 상습존속폭행죄와 상습존속상해죄가 각각 별도로 성립한다고 보아 이들 2개의 범죄가 형법 제37조 전단의 경합범관계에 있다고 판단한 제1심의 법령적용을 그대로 유지한 점은 잘못이라고 하겠지만, 원심이 그와 같이 죄수평가를 잘못하였다 하더라도 결과적으로 처단형의 범위에는 아무런 차이가 없으므로, 원심의 이러한 잘못이 판결 결과에 영향을 미쳤다고 보기 어렵다 할 것이니[945] 이 점을 지적하는 상고이유의

---

943) 대법원 1993. 7. 27, 선고 92도2345 판결.

944) 대법원 1983. 4. 26, 선고 83도524 판결.

945) 대법원 1979. 2. 13, 선고 78도3090 판결; 대법원 2001. 2. 9, 선고 2000도1216 판결; 대법원 2002. 5. 10, 선고 2000도5019 판결.

주장도 받아들이지 아니한다.[946)]

(3) 원심이 유지한 제1심판결에 의하면 제1심은 피고인이 그 판시와 같은 경위로 위험한 물건인 **소주병으로 피해자의 머리를 1회 쳐서 상해를 가하고** 또 **흉기인 가위로써 동 피해자를 찔러 죽인다고 협박**을 하였다는 사실을 인정한 다음 피고인의 소위를 폭력행위등처벌에관한법률 제3조 제1항 제2호 제1항, 형법 제257조 제1항(상해), 제283조 제1항(협박) 죄의 경합범으로 보고 피고인을 다스리고 있다. 그러나 위 협박사실 행위라는 것은 피고인에게 인정된 위 상해사실과 같은 시간 같은 장소에서 동일한 피해자에게 가해진 것임이 명백하여 달리 특별한 사정이 있었음을 찾아볼 수 없는 본건에 있어서는 상해의 단일범의 하에서 이루어진 하나의 폭언에 불과하여 위 상해죄에 포함되는 행위라고 봄이 상당하다 할 것이다. 그렇다면 위의 행위를 두 가지 죄로 보고 피고인을 경합범으로 가중처벌하고 있는 제1심판결을 그대로 유지한 원심판결은 결국 경합범에 관한 법리를 오해하여 판결에 영향을 미친 위법이 있다고 아니할 수 없다.[947)]

아. 동시범 특례

독립행위가 경합하여 상해의 결과를 발생하게 한 경우에 있어서 원인된 행위가 판명되지 아니한 때에는 공동정범의 예에 의한다(**상해죄 동시범 특례, 형법 제263조**).

행위자에게는 불리한 조문이다. 형법에서 행위자에게 불리하게 적용되는 대표적 사례로, 상해죄 동시범 특례, 공모공동정범, 과실범의 공동정범이 있다.

상해의 원인이 판명되면 원인행위자는 결과에 대한 기수(예컨대 상해기수, 상해치사 기수, 폭행치사 기수), 원인제공자가 아닌 자는 상해미수 또는 단순폭행 등으로 처벌된다. 그런데 원인행위 불판명 시에는 인과관계 입증의 어려움과 피해자 구제를 위해 특별한 규정을 둘 필요가 있고, 제263조가 그것이다. 공모가 없었지만 각자를 공동정범의 예로 처벌하는 특별규정이므로 비판이 가능하고, 확대적용은 금물이다. **현재 판례는 상해, 상해치사,[948)] 폭행, 폭행치사[949)]에 이 규**

946) 대법원 2003. 2. 28, 선고 2002도7335 판결.
947) 대법원 1976. 12. 14, 선고 76도3375 판결.
948) 대법원 1981. 3. 10, 선고 80도3321 판결; 대법원 1985. 5. 14, 선고 84도2118 판결.
949) 시간적 차이가 있는 독립된 상해행위나 폭행행위가 경합하여 사망의 결과가 일어나고 그 사망의 원인된 행위가 판명되지 않은 경우에는 공동정범의 예에 의하여 처벌할 것이므로, 2시간 남짓한 시간적 간격을 두고 피고인이 두 번째의 가해행위인 이 사건 범행을 한 후, 피해자가 사망했고 그 사망의 원인을 알 수 없다고 보아 피고인을 폭행치사죄의 동시범으로 처벌한

정을 적용하나, 이질적 성격의 강간치상에는 적용하지 않고 있다.

자. 중상해죄

사람의 신체를 상해하여 생명에 대한 위험을 발생하게 한 자는 중상해죄로 1년 이상 10년 이하의 징역에 처한다. 또 신체의 상해로 인하여 불구 또는 불치나 난치의 질병에 이르게 한 자도 같은 형으로 처벌한다(형법 제258조). 고의로 에이즈에 감염시킨 사례를 본조에 포함시킬 수 있다.

차. 특수상해죄

단체 또는 다중의 위력을 보이거나 위험한 물건을 휴대하여 상해하거나 존속상해한 때에는 특수상해로, **1년 이상** 10년 이하의 징역에 처한다. 또 단체 또는 다중의 위력을 보이거나 위험한 물건을 휴대하여 중상해·존속중상해한 때에는 2년 이상 20년 이하의 징역에 처한다(형법 제258조의2).

카. 폭처법상 공동상해죄

2명 이상이 공동으로 상해, 존속상해를 범한 때에는 형법에서 정한 형의 1/2까지 가중한다(폭처법 제2조 제2항 제3호).

▶「피고인 3이 피해자 1에게 채무변제를 추궁하자 피해자 1이 자신은 잘못한 것이 없다고 나이가 더 많은 피고인 3에게 대들어 이에 화가 난 피고인 3이 피해자 1을 **폭행**하고, 피고인 1이 **이에 가세하여 폭행**하여 피해자 1에게 우안면부찰과상 등을 입혀 피가 흐르게 하는 등 **상해를 가한 것**임을 알 수 있으므로 이는 동일기회에 동일장소에서 상호 다른 자의 범행을 인식하고 이를 이용하여 범행하여 피해자 1에게 신체의 완전성을 훼손하는 상해를 입힌 경우에 해당한다고 봄이 상당하며, 범행의 동기, 범행수단과 방법, 상해의 정도 등 위에서 말하는 제반 사정에 비추어 사회상규에 어긋나지 않는다고 볼 수는 없다. 같은 취지의 원심의 인정과 판단은 정당하고, 거기에 상고이유의 주장과 같은 채증법칙 위배로 인한 사실오인, 폭력행위등처벌에관한법률 소정의 '공동하여'의 의미, 상해의 개념, 위법성과 정당행위에 관한 법리오해 등의 위법이 없다.」[950]

원심판단은 옳고 거기에 동시범의 법리나 상당인과관계에 관한 법리를 오해한 위법도 없다(대법원 2000. 7. 28, 선고 2000도2466 판결).

950) 대법원 2000. 2. 25, 선고 99도4305 판결.

타. 상해치사죄

사람의 신체를 상해하여 사망에 이르게 한 경우 3년 이상의 유기징역에 처하고, 존속에 대하여 상해하여 사망에 이르게 한 때에는 무기 또는 5년 이상의 징역에 처한다(형법 제259조).

(1) 인과관계 및 예견가능성

계속되는 상해행위를 피하려 하다가 피해자가 차량에 치어 사망한 경우에는 상해행위와 피해자의 사망 사이에 상당인과관계가 있고 사망의 결과를 예견할 수 있으므로 상해치사죄로 처단할 수 있다.[951] 또 안면 및 흉부에 대한 구타는 생리적 작용에 중대한 영향을 줄 뿐 아니라 신경에 강대한 자극을 줌으로써 정신의 흥분과 이에 따르는 혈압의 항진을 초래하여 뇌일혈을 야기케 할 수 있고 이는 누구든지 예견할 수 있으므로 구타와 뇌일혈 사이에 인과관계가 있다.[952]

사망의 결과에 대해 예견가능성을 인정한 사례

▶ 「…(전략) 공소외 2는 「네까진 놈은 지서에 가서 해결해야 한다」하고 먼저 동인가 평상에 앉았을 무렵에 동 공소외 3은 계속 욕설을 하면서 피고인과 연달아 동인가에 왔었는데 기시 피고인은 계속하여 「지서에라도 가자」 등 공소외 2에게 시비를 하고 달려들므로 공소외 3은 「자식 같은 놈 좀 때려주면 어쩔라드냐, 그만두라면 그만두지 어른하고 싸움을 한다」하며 부근에 있던 「대비자루」로 약 2회 피고인의 하각부를 구타하자 피고인은 이에 격분하여 공소외 3에게 달려들어 「당신네는 4인이고 나는 혼자다 해볼 테면 해봐라」하는 일편 일본어로 「요시, 요시」하면서 동녀에게 **박치기 식으로 동녀의 안면 급 흉부를 강타 수장으로 전신을 구타**하여 이결절부 피하출혈급 하악문치 4개에 요동비근부 피박탈흉복부 우 측액와전하방피하출혈 좌측서혜부 표피찰과 4지 6개소 피하출혈 등 타박상을 가하였음으로 인하여 극도의 격분을 유인케 한 결과 동인은 뇌일혈을 야기하여 익 15일 영시 30분 사망케 하였다는데 있는 바, (2) 원심은 우 사실을 전부 인정하면서 법률에 비추건대 피고인의 판시소위는 상해치사죄의 결과가 발생한 것이나 일건기록에 비추어 볼 때 피해자 공소외 3의 사망이 피고인의 상해행

---

951) 대법원 1996. 5. 10, 선고 96도529 판결.
952) 대법원 1955. 6. 7, 선고 4288형상88 판결.

위에 직접 기인된 것이 아니고 피해자의 심장비대증 이체질에 기하여 흥분 끝에 뇌일혈을 야기 치사한 것이며 차는 일반인의 예견할 수 없었던 사실이고 피고인 역시 예견 못한 사실이므로, 형법 제15조 제2항에 의하여 피고인의 예견할 수 없는 중한상해치사죄로 벌하지 아니할 경우라 하여 피고인에 대하여 상해죄를 인정하고 상해치사죄의 성립을 인정치 않았으나, (3) 심안컨대 판시에 피고인은 당 22세의 혈기 방창한 남자로서 「당신네들은 4인이고 나는 혼자다 해볼 테면 해보자」는 언사를 쓰는 정도에 달하였으니, 극도로 흥분한 나머지 힘이 있는 대로 두부로서 피해자 공소외 3에 대하여 전흉부를 받고 양수권으로 닿는 대로 무수 난타하여 전신에 피하출혈, 충혈, 찰과상 등의 상해를 준 결과 피해자 공소외 3은 성질이 급하고 심장비대 등의 특이체질로서 격분한 나머지 뇌일혈을 일으켜 사망한 것이라고 인정했다. 일반적으로 피해자가 여자인 경우에 남성에 비하여 성이 급하고 투쟁력이 열등함으로 흥분의 정도가 강한 것은 오인의 사회일상생활상 경험하는 바이거니와 본건 피해자는 45년의 여자로서 혈압이 높을 것이며 23년이나 연하자인 피고인으로부터 전신창상을 당하였으니 극도로 흥분하는 것은 공지의 사실이다. 그렇다면 심장비대 등 특이체질인 점은 조치하고라도 피해자는 전시한 바와 여히 극도로 흥분되어 혈압상형으로 뇌일혈을 일으켜 사망될 수 있는 것은 일반인이나 피고인으로서 능히 **예견**할 수 있을 것이다. 원심은 차점에 관하여 하등 심리함이 없이 피해자의 특이체질인 점 만에 치중하여 그 특이체질로 사망하였다 하여 차에 대한 예견유무를 단정하였음은 심리미진이라 아니할 수 없다. 판시에 피해자의 사망은 피고의 상해행위에 직접 기인된 것이 아니고 피해자의 심장비대 등 특이체질에 기하여 흥분 끝에 뇌일혈을 야기 치사한 것이라고 하여 피고인의 상해행위와 피해자의 사망 간에 인과관계를 인정치 않았으나, 피해자의 특이체질이 사망에 어느 정도 영향을 주었을지는 모르나 그것이 독립지배적으로 효과를 나타냈다고 할 수 없는 이상 피해자가 판시에도 인정한 것과 여한 상해로 인하여 극도의 흥분으로서 뇌일혈을 야기 사망한 것이니 피고인의 상해행위는 피해자의 사망이란 위험발생에 연결되였음이 명백한즉 원심판결은 **인과관계**에 관한 의율의 착오의 위법이 있다 아니할 수 없다. 이상의 이유로서 원심판결은 파기를 미면할 것으로 사료한다 함에 있다.

심안컨대 원심은 피고인은 그 두부로 공소외 3의 흉부 복부를 받고 수권으로 구타하여 약 1주간 치료를 요할 타박상을 가하여 심장이 비대한 동녀로 하여금 뇌일혈을 야기케 하여 사망에 이르렀다는 사실을 인정한 후 이는 우 폭행행위에 직접 기인한 것이 아니고 피해자의 심장비대 등 특수체질에 기인하여 흥분 끝에 뇌일혈로 말미암아 치사된 것인바 이는 예견할 수 없는 사실임으로 형법 제15조 제2항에 의하여 중한 상해치사죄로 벌할 수 없다 하였으나, 무릇 안면 및 흉부는 인체의 가장 중요한 부위를 점하여 있고 이에 대한 강도의 타격은 생리적으로 두부와 흉부에 중대한 영향을 줄 뿐만 아니라 신경에 강대한 자극을 줌으로서 정신의 흥분과 이에 따르는 혈압의 항진을 초래할 수 있고 누구나 이를 **예견**할 수 있을 것인바, 의사 이○○의 감정서 기재에 의하면 피해자는 비교적 비대한 심장의 소유자로서 정신흥분 중 피고인으로부터 안면 및 흉복부에 판시와 같은 타격을 받고 정신흥분의 도를 더하여 혈압항진으로 뇌출혈을 야기케 하여 사의 결과에 이르렀음을 인정할 수 있음으로 이는 형법 제259조 제1항에 의하여 처단할 것이오, 형법 제15조 제2항에 해당치 아니함으로 이와 반대의 견해에서 나온 원심판결은 법의 해석을 그릇한 위법이 있음으로 결국 상고이유 있다.」[953]

(2) 공모내용을 넘어 중한 결과가 발생한 경우

결과적 가중범인 상해치사의 공동정범은 폭행 기타의 신체침해행위를 공동으로 할 의사가 있으면 성립되고, 결과를 공동으로 할 의사는 필요 없다 할 것인바,[954] 사실이 원심이 확정한 바와 같아서 피고인 C가 피고인 A, 원심 공동피고인 D와 공동하여 피해자의 신체를 상해하거나 피해자의 신체에 대하여 폭행을 가하는 기회에 피고인 A가 피해자를 살해한 것이라면 피고인 C가 살인의 공모를 하지 아니하였다 하여도 상해나 폭행행위에 관하여는 인식이 있었다고 할 것이므로 그 살인행위나 치사의 결과를 **예견**할 수 없었다고 할 수 없는 이상 상해치사의 죄책을 면할 수 없다고 보아야 할 것이다.[955]

(3) 교사내용을 넘어 중한 결과가 발생한 경우

상해치사죄는 결과적 가중범이므로, 상해와 사망 사이의 인과관계 및 중한 결과에 대한 예견가능성을 요구한다. 따라서 교사자가 피교사자에게 피해자를 "정신차릴 정도로 때려주라"고 교사한 것에 불과하다면 이는 상해에 대한 교사로 보아야 하고, 발생한 중한 결과인 상해치사죄로 처벌할 수 없다.[956]

5. 폭행죄

가. 사람의 신체에 대해 유형력의 행사를 하였는데, 상해 결과가 발생하지 않았다면 폭행죄가 된다.

---

953) 대법원 1955. 6. 7, 선고 4288형상88 판결.
954) 대법원 1978. 1. 17, 선고 77도2193 판결.
955) 대법원 1993. 8. 24, 선고 93도1674 판결.
956) 대법원 1997. 6. 24, 선고 97도1075 판결.

폭행은 사람의 신체에 대한 유형력의 행사를 가리키며, 그 유형력의 행사는 신체적 고통을 주는 물리력의 작용을 의미하므로 신체의 청각기관을 직접적으로 자극하는 음향도 경우에 따라서는 유형력에 포함될 수 있다.[957)]

폭행죄 긍정사례

◉ 기도행위에 수반하는 신체적 행위가 단순히 손을 얹거나 약간 누르는 정도가 아니라 그것이 지나쳐서 가슴과 배를 반복하여 누르거나 때려 그로 인하여 사망에 이른 것과 같은 정도의 것이라면 이는 사람의 신체에 대한 유형력의 행사로서 폭행의 개념에 속하는 행위이다.[958)] ◉ 속칭 '생일빵'을 한다는 명목 하에 피해자를 가격하였다면 폭행죄가 성립한다.[959)] ◉ 신체에 공간적으로 근접하여 고성으로 폭언이나 욕설을 하거나 동시에 손발이나 물건을 휘두르거나 던지는 행위는 직접 피해자의 신체에 접촉하지 아니하였다 하더라도 피해자에 대한 불법한 유형력의 행사로서 폭행에 해당될 수 있는 것이다.[960)]

폭행죄 부정사례

◉ 피해자에게 근접하여 욕설을 하면서 때릴 듯이 손발이나 물건을 휘두르거나 던지는 행위는 직접 피해자의 신체에 접촉하지 않았다고 하여도 피해자에 대한 불법한 유형력의 행사로서 폭행에 해당하나, 공소사실 중에 때릴 듯이 위세 또는 위력을 보인 구체적인 행위내용이 적시되어 있지 않다면 결국 욕설을 함으로써 위세 또는 위력을 보였다는 취지로 해석할 수밖에 없고 이와 같이 **욕설**을

957) 대법원 2003. 1. 10, 선고 2000도5716 판결; 대법원 2009. 10. 29, 선고 2007도3584 판결.
958) 대법원 1994. 8. 23, 선고 94도1484 판결.
959) 대법원 2010. 5. 27, 선고 2010도2680 판결.
▶ **이 사건은 폭행치사죄에 대해서는** 다음과 같은 이유로 **무죄가 선고**되고, **축소사실인 폭행죄 유죄가 선고되었다.** "폭행치사죄는 결과적 가중범으로서 폭행과 사망의 결과 사이에 인과관계가 있는 외에 사망의 결과에 대한 예견가능성 즉 과실이 있어야 하고, 이러한 예견가능성의 유무는 폭행의 정도와 피해자의 대응상태 등 구체적 상황을 살펴서 엄격하게 가려야 한다(대법원 1990. 9. 25, 선고 90도1596 판결 등 참조). 원심판결 이유에 의하면 원심은, 비록 피고인의 폭행과 피해자의 사망 간에 인과관계는 인정되지만 판시와 같은 폭행의 부위와 정도, 피고인과 피해자의 관계, 피해자의 건강상태 등 제반 사정을 고려하여 볼 때 피고인이 폭행 당시 피해자가 사망할 것이라고 예견할 수 없었다는 이유로 피고인에 대한 공소사실 중 폭행치사의 점은 범죄의 증명이 없는 경우로서 무죄라고 판단하였는바, 원심이 들고 있는 제반 사정을 위 법리에 비추어 보면 원심의 위와 같은 판단은 옳은 것으로서 수긍할 수 있고, 거기에 상고이유 주장과 같은 폭행치사죄의 성립 내지 예견가능성에 관한 법리를 오해한 위법 등이 없다."
960) 대법원 2003. 1. 10, 선고 2000도5716 판결; 대법원 1956. 12. 12, 선고 4289형상297 판결; 대법원 1990. 2. 13, 선고 89도1406 판결.

한 것 외에 별다른 행위를 한 적이 없다면 이는 유형력의 행사라고 보기 어렵다.[961] ◉ 피해자의 신체에 공간적으로 근접하여 고성으로 폭언이나 욕설을 하거나 동시에 손발이나 물건을 휘두르거나 던지는 행위는 직접 피해자의 신체에 접촉하지 아니하였다 하더라도 피해자에 대한 불법한 유형력의 행사로서 폭행에 해당될 수 있는 것이지만, 거리상 멀리 떨어져 있는 사람에게 **전화기를 이용하여 전화하면서 고성**을 내거나 그 전화 **대화를 녹음 후 듣게 하는 경우**에는 특수한 방법으로 수화자의 청각기관을 자극하여 그 수화자로 하여금 고통스럽게 느끼게 할 정도의 음향을 이용하였다는 등의 특별한 사정이 없는 한 신체에 대한 유형력의 행사를 한 것으로 보기 어렵다.[962] ◉ 피해자 1의 집에서 피고인이 그 집 **대문을 발로 차고** 피해자 1의 처인 피해자 2에게 "이 개 같은 년아"라고 **욕설**을 한 것만을 가지고 당연히 폭행을 한 것이라고 할 수는 없을 것이고, 피해자 1 집의 대문을 발로 찬 것이 막바로 또는 당연히 피해자 2의 신체에 대하여 유형력을 행사한 경우에 해당한다고 할 수도 없다. 따라서 제1심이나 원심으로서는 피고인이 피해자 1에 대하여서 뿐 아니라 피해자 2에 대하여도 폭행을 하였다고 인정하려면 피고인이 피해자 1 집의 대문을 차고 욕설을 한 것이 어떻게 해서 피해자 2의 신체에 대한 유형력을 행사한 것에 해당하는 것인지를 범죄사실에 구체적으로 적시해야 할 것이다.[963] ◉ "갑" 이 먼저 "을" 에게 덤벼들고, 빰을 꼬집고, 주먹으로 쥐어박았기 때문에 피고인이 상대방을 **부둥켜안은 행위**를 유형력의 행사인 폭행으로 볼 수 없다.[964] ◉ 피고인이 피해자 의 멱살을 잡거나 그의 허리띠를 강제로 잡아끌었다는 공소사실은 이를 뒷받침할 자료가 없고, 단지 피고인이 피해자의 시비를 만류하면서 조용히 얘기나 하자며 그의 팔을 잡아 2, 3회 끌은 사실은 인정되나 그 당시 상황으로 미루어 위 인정사실만으로는 사람의 신체에 대한 불법한 공격이라고 볼 수 없어 형법 제260조 제1항 소정의 폭

---

961) ▶ 「…(전략) 그런데 이 사건에서 문제 된 공소사실 부분을 보면 피고인들이 피해자 1에게 "너의 가족 씨를 말려 버린다. 저놈이 이 재산을 빼앗아 국회의원에 나올려고 한다. 이 도둑놈"이라고 욕설을 하면서 곧 때릴 것처럼 위세를 보여 폭행하고, 또 피해자 2에게 "이년 왜 문중 산을 빼앗아 갈려고 그러느냐, 선거 때 남편을 위하여 쓴 100,000원을 빨리 내놓아라"고 소리를 치면서 동인을 때릴 듯이 위력을 보여 폭행하였다는 것인바, 위와 같이 **때릴 듯이 위세 또는 위력을 보인 구체적인 행위내용이 적시되어 있지 않으므로** 결국 위 공소사실은 욕설을 함으로써 위세 또는 위력을 보였다는 취지로 해석할 수밖에 없고 이와 같이 욕설을 한 것 외에 별다른 행위를 한 것이 없다면 이는 유형력의 행사라고 보기 어려울 것이다.

원심이 이와 같은 취지에서 위 공소사실 부분에 대하여 사람의 신체에 대한 유형력의 행사라고 볼 수 없다는 이유로 무죄를 선고한 조치는 정당하고 소론과 같은 법리오해의 위법이 없으며 소론 판례는 이 사건에 적절한 선례가 아니므로 논지는 이유 없다.」(대법원 1990. 2. 13, 선고 89도1406 판결)

962) 대법원 2003. 1. 10, 선고 2000도5716 판결.

963) 대법원 1991. 1. 29, 선고 90도2153 판결.

964) 대법원 1977. 2. 8, 선고 76도3758 판결.

행죄에 해당된다고 볼 수 없다.[965] 따라서 판시취지를 고려하면 사람의 멱살을 잡거나 허리띠를 강제로 잡아끌게 되면 이는 폭행에 해당하나, 본건은 그 정도의 유형력에 이르지 않았거나 폭행의 고의를 인정할 수 없다는 판단이 된다. ◉ 통금시간이 가까운 23:30경 설계도 작성의 야간작업을 하고 있는 설계사무실에서 느닷없이 생면부지의 일행3명이 사무실 유리문 1개 싯가 6000원 상당을 발로 차서 손괴하고는 그냥 가려고 하므로 동인들에게 피해변상을 받고자 그 중 1인의 가죽잠바를 잡아 사무실에 들어오게 하여 멱살을 잡고 흔든 행위는 그 목적 수단 행위자의 의사 등 제반사정에 비추어 보건대 사회통념상 용인될 상당성이 있고 위법성이 결여되는 사회상규에 위배되지 않는 행위라고 할 것이다.[966] ◉ 피해자가 피고인의 양팔을 잡고 피고인에게 시비를 걸려고 하므로 피고인이 이를 피하고자 몸을 틀어 뿌리치고 이로 인하여 피해자의 발이 위 출입문턱에 걸려 그가 문밖으로 뒤로 자빠진 사실은 인정할 수 있으나 피고인이 양손으로 피해자의 양팔을 잡아 세게 뿌리쳐 넘어지게 하였다는 사실은 이를 인정할 증거 없는 바, 이러한 사정 아래서 피해자가 시비를 걸려고 양팔을 잡는 것을 피하고자 피고인이 몸을 틀어 뿌리친 것뿐인 행위는 이를 폭행에 해당한다고 할 수 없을 뿐만 아니라 설사 폭행에 해당한다고 하더라도 위 인정사실에 의하면 피고인은 피해자의 불법한 공격으로부터 자신을 보호하고 이를 벗어나기 위하여 필요한 최소한도의 방어를 한 것으로서 위와 같은 피고인의 행위는 사회상규에 어긋나지 아니하여 위법성이 없다.[967] ◉ 피해자가 피고인을 따라다니면서 귀찮게 싸움을 걸어오는 것을 막으려고 피고인이 피해자의 멱살을 잡고 밀어 넘어뜨렸다면 이는 사회통념상 용인되는 행위로서 위법성이 없다.[968] ◉ 피고인들과 피해자 사이에 차량 주차 문제로 시비가 되어 서로 다투던 중, 피고인 2이 피해자의 멱살을 잡는 등 다소의 유형력을 행사한 것은 26세의 청년인 피해자가 자신의 딸인 피고인 1의 뺨을 때리는 등 구타할 뿐 아니라 62세인 자신까지 밀어 넘어뜨리는 상황에서 싸움을 말리기 위하여 한 행위이므로, 피고인 2의 행위는 이러한 과정에서 이루어진 소극적인 방어행위로서 사회통념상 허용될 수 있는 정도의 상당성이 있으므로 위법성이 없어 죄가 되지 않는다.[969]

965) 대법원 1986. 10. 14, 선고 86도1796 판결.
966) 대법원 1975. 5. 27, 선고 75도990 판결.
967) 대법원 1985. 10. 8, 선고 85도1915 판결.
968) 대법원 1983. 5. 24, 선고 83도942 판결.
969) 대법원 1996. 2. 23, 선고 95도1642 판결.

심리미진 사례

▶ 「1. 각 폭행죄에 관하여

가. 이 부분 공소사실의 요지는 피고인이, (1) 1996. 4. 일자불상경 피해자 의 집으로 전화를 하여 피해자에게 "트롯트 가요앨범진행을 가로챘다, 일본노래를 표절했다, 사회에 매장시키겠다."라고 수회에 걸쳐 폭언을 하고 그 무렵부터 1997. 12.경까지 위와 같은 방법으로 일주일에 4 내지 5일 정도, 하루에 수십 회 반복하여 그 피해자에게 "강도 같은 년, 표절가수다."라는 등의 폭언을 하면서 욕설을 하여 그 피해자를 폭행하고, (2) 1998. 3. 일자불상경 피해자의 바뀐 전화번호를 알아낸 후 그 피해자의 집으로 전화하여 그 피해자에게 "전화번호 다시 바꾸면 가만 두지 않겠다."라는 등으로 폭언을 하여 그 피해자를 폭행하고, (3) 1998. 8. 일자불상경 같은 장소로 전화하여 그 피해자에게 "미친년, 강도 같은 년, 매장될 줄 알아라."라는 등으로 폭언을 하면서 심한 욕설을 하여 그 피해자를 폭행하고, (4) 1999. 9. 1. 00:40경 그 피해자의 집 자동응답전화기에 "제가 가수 피고인이라는 사람인데 공소외1이라는 분이 서울음반에 전화를 해가지고 말도 안 되는 소리를 했던 사람인가, 피해자가 살인 청부교사범 맞아, 남의 작품을 빼앗아 간 여자, 피해자 도둑년하고 살면서, 미친년 정신 똑바로 차려."라는 욕설과 폭언을 수회에 걸쳐 녹음하여 그 피해자를 폭행하고, (5) 1999. 9. 2. 일시불상경 전항과 같은 방법으로 "또라이년, 병신 같은 년, 뒷구녁으로 다니면서 거짓말을 퍼뜨리고 있어, 사기꾼 같은 년, 강도년, 피해자 이 또라이년" 이라고 녹음하여 그 피해자를 폭행하였다는 것이다.

나. 형법 제260조에 규정된 폭행죄는 사람의 신체에 대한 유형력의 행사를 가리키며,[970] 그 유형력의 행사는 신체적 고통을 주는 물리력의 작용을 의미하므로 신체의 청각기관을 직접적으로 자극하는 음향도 경우에 따라서는 유형력에 포함될 수 있다 하겠다.

그런데 피해자의 신체에 공간적으로 근접하여 고성으로 폭언이나 욕설을 하거나 동시에 손발이나 물건을 휘두르거나 던지는 행위는 직접 피해자의 신체에 접촉하지 아니하였다 하더라도 피해자에 대한 불법한 유형력의 행사로서 폭행에 해당될 수 있는 것이지만,[971] **거리상 멀리 떨어져 있는 사람에게 전화기를 이용하여 전화하면서 고성을 내거나 그 전화 대화를 녹음 후 듣게 하는 경우**에는 특수한 방법으로 수화자의 청각기관을 자극하여 그 수화자로 하여금 고통스럽게 느끼게 할 정도의 음향을 이용하였다는 등의 **특별한 사정**이 없는 한 신체에 대한 유형력의 행사를 한 것으로 보기 어렵다 할 것이다.

970) 대법원 1991. 1. 29, 선고 90도2153 판결.

971) 대법원 1956. 12. 12, 선고 4289형상297 판결; 대법원 1990. 2. 13, 선고 89도1406 판결.

이 사건에서 원심은 피고인이 피해자에게 전화를 하여 "강도 같은 년, 표절가수다."라는 등의 폭언을 하면서 욕설을 한 행위 또는 그 전화녹음을 듣게 한 행위에 대하여 폭행죄의 성립을 인정하여 이를 유죄로 인정했다.

그러나 위에서 본 법리에 따를 때, 사실심이 그 전화 대화를 폭행으로 단정하기 위하여는 사람의 **청각기관이 통상적으로 고통을 느끼게 되는 정도의 고음이나 성량에 의한 전화 대화였다는 특별한 사정을 밝혀내는 등의 심리가 선행될 필요**가 있다 할 것이다.

다. 그럼에도 원심이 이 사건 전화 대화에 의한 음향의 정도나 사람의 청각기관이 고통을 느끼게 되는 **음향의 정도에 대한 심리를 거치지 않은 단계**에서 전화에 의한 대화 또는 그 대화의 녹음 재생에 의한 청취의 결과가 위에서 본 폭행에 해당한다고 단정한 데에는 필요한 심리를 다하지 아니하였거나 폭행행위에 관한 법리를 오해한 위법이 있다 하겠으며 그 점을 다투는 상고이유 중의 주장은 정당하기에 이 법원은 그 주장을 받아들인다.」[972]

나. 폭행이 다른 죄의 수단으로 사용된 경우, 폭행은 불가벌적 수반행위로서 상해죄 또는 살인죄에 흡수된다.[973]

다. 폭행은 반의사불벌죄로, 처벌불원의 의사표시는 의사능력이 있는 피해자가 해야 하지 피해자 사망 후 상속인이 할 수 없다. 그 의사표시에 관한 권한이 배우자 등 유족에게 승계되는 것이 아니기 때문이다.[974]

라. 특수폭행죄

(1) 단체 또는 다중의 위력을 보이거나 위험한 물건을 휴대하여 폭행, 존속폭행하면 특수폭행죄로 5년 이하의 징역 또는 1천만원 이하의 벌금에 처해진다 (형법 제261조).

(2) 위험한 물건인지는 객관적 성질과 사용방법에 따라 판단한다. 구체적 사안별로 사회통념과 피해자가 느꼈을 위험성을 함께 고려하여 판단하므로, 사례를 암기해야 한다. 실무에서는 등산용 스틱을 위험한 물건으로 보지 않는 경우도 있는데 이는 일반적으로 위험한 물건이 아니라는 뜻이 아니고, 해당 사안에서의 가격부위, 사용된 힘의 정도, 피해정도가 경미하여 위험한 물건으로 보

972) 대법원 2003. 1. 10, 선고 2000도5716 판결.
973) 김일수·서보학, 새로쓴 형법각론, 제9판, 박영사, 2018, 67면.
974) 서울고등법원 2006. 5. 26, 선고 2005노1861 판결.

지 않아 감경 처벌하겠다는 뜻이다.[975] 이처럼 사안별로 규범적으로 판단하는 것은 피고인이나 피해자 입장에서 때로 예상하지 못한 함정이 된다.

위험한 물건에 해당

◉ 깨어지지 아니한 상태의 맥주병은 위험한 물건에 해당한다.[976] ◉ 피고인 1은 빈 양주병을 들고 피해자 2의 머리를 내리쳤고, 그로 인하여 피해자 2은 치료기간 미상의 타박상을 입었는바, 이러한 경우 상대방이나 일반 제3자가 살상의 위험성을 느낄 수 있다 함은 경험칙에 속한다.[977] ◉ 마이오네즈병은 이로써 사람을 구타하거나 깨어진 부분으로 찌른다면 생명신체에 해를 끼칠 수 있어 사람을 해할 목적으로 이를 들고 대하면 그 상대방이나 일반 제3자가 위험성을 느낄 수 있음은 경험칙에 속한다 할 것이므로 마이오네즈병을 들고 구타하는 행위는 폭력행위등처벌에관한법률 제3조 제1항 소정의 "위험한 물건"을 휴대한 경우에 해당한다.[978] ◉ 폭력행위등처벌에관한법률 제3조 제1항(현재 삭제됨)에 있어서 '위험한 물건'이라 함은 흉기는 아니라고 하더라도 널리 사람의 생명, 신체에 해를 가하는 데 사용할 수 있는 일체의 물건을 포함한다고 풀이할 것이므로, 본래 살상용·파괴용으로 만들어진 것뿐만 아니라 다른 목적으로 만들어진 칼, 가위, 유리병, 각종 공구, 자동차 등은 물론 화학약품 또는 **사주된 동물** 등도 그것이 사람의 생명·신체에 해를 가하는 데 사용되었다면 본조의 '위험한 물건'이라 할 것이며, 한편 이러한 물건을 '휴대하여'라는 말은 소지뿐만 아니라 널리 이용한다는 뜻도 포함하고 있다 할 것이다.[979] 그런데 원심이 적법하게 확정한 사실관계에 의하면 피고인은 피해자가 전화를 끊어버렸다는 이유로 피해자에게 "똑바로 살아라, 다른 남자와 잠자리를 했는지 몸 검사를 해야겠다"라고 소리치면서 강제로 피해자의 옷을 벗겨 알몸을 만든 다음 맥주잔에 바스타액제(농약, 제초제)를 부어 들고서 위 피해자에게 "피해자 때문에 너무 괴로워 죽고 싶다", "죽으려면 네가 먼저 죽어야 한다"라면서 왼손으로 위 피해자의 어깨를 잡고 오른손으로 위 맥주잔을 위 피해자의 입에 들이대면서 먹이려다가 위 피해자가 완강히 반항하자 그 곳에 있던 당구큐대(약 70cm)로 위 피해자의 무릎과 엉덩이를 수회 때려 위 피해자에게 약 2주간의 치료를 요하는 골반둔부타박상 등을 가하였다는 것이므로, 원심이 위 법리에 비추어 위 바스타액제와 당구큐대를 위 법률 소정의

975) 대전고등법원 2011. 4. 14, 선고 (청주)2010노180 판결.
976) 대법원 1991. 12. 27, 선고 91도2527 판결.
977) 대법원 1997. 2. 25, 선고 96도3411 판결.
978) 대법원 1984. 6. 12, 선고 84도647 판결.
979) 대법원 1984. 10. 23, 선고 84도2001,84감도319 판결; 대법원 1997. 5. 30, 선고 97도597 판결.

위험한 물건으로 보았음은 정당하고, 거기에 위험한 물건에 관한 법리오해 또는 법률적용을 잘못한 위법이 없다.[980] ◉ **새벽**에 **인적이 없는 야산**에서 **폭력조직**의 선배가 **나이 어린 후배들을** 집합시켜 엎드리게 한 다음 길이 150㎝, 지름 7㎝의 쇠파이프와 길이 100㎝, 굵기 4㎝ 내지 5㎝의 각목으로 엉덩이와 허벅지 부분을 **1인당 70대씩** 때려 피멍이 들게 한 경우, 그 쇠파이프와 각목은 폭력행위등처벌에관한법률 제3조 제1항 소정의 '위험한 물건'에 해당한다.[981] ◉ 원심은, 피고인이 피고인의 승용차 트렁크에서 공기총(구경 4.5㎜로 독일제인 다이아나 54이다)을 꺼내어 피해자를 향해 들이대고 피해자를 협박한 사실, 그 무렵 피고인은 위 승용차 트렁크에 공기총 실탄 474개를 위 공기총과 함께 보관하고 있었던 사실을 인정하고 나서, 비록 피고인이 위 **공기총**에 실탄을 장전하지 아니하였다고 하더라도 피고인은 범행 현장에서 공기총과 함께 실탄을 소지하고 있었고 피고인으로서는 언제든지 실탄을 장전하여 발사할 수도 있었던 것이므로 위 공기총이 폭력행위등처벌에관한법률 제3조 제1항 소정의 '흉기 기타 위험한 물건'에 해당한다고 판단하였는바, 이는 정당하고, 거기에 상고이유에서의 주장과 같은 '흉기 기타 위험한 물건'에 관한 법리오해의 위법이 없다.[982] ◉ 원심은, ① 이 사건 최루탄의 신관은 관체를 파괴하여 최루물질을 공중에 비산시키는 역할을 하므로 신관 폭발에 의한 직접 위험은 크지 않으나 기폭관이 파열하면서 생성되는 구리 관체의 파편에 의한 상해 위험성이 존재한다는 국립과학연구소의 감정 회보, ② 이 사건 최루탄의 탄통 소재는 강화플라스틱(FRP, fiber reinforced plastics)으로서 깨어지는 구조가 아니고 찢어지는 재료로 되어 있어 파편으로 인한 사람의 생명과 신체에는 영향이 없으나 근접거리에서는 상당히 위험요소가 있다는 최루탄 제조업체에 대한 사실조회 회신, ③ 피해자들과 이 사건 최루탄 폭발 지점의 물리적 거리가 상당히 근접하였기 때문에 자칫 일부 피해자들의 신체에 파편으로 말미암아 치명적인 피해가 발생할 우려가 있었던 점, ④ 다수 피해자에게 이 사건 최루탄에서 비산된 최루분말로 인한 신체적 고통이 현실적으로 나타난 점 등을 근거로, 이 사건 **최루탄**과 **최루분말**은 사회통념에 비추어 상대방이나 제3자로 하여금 생명 또는 신체에 위험을 느낄 수 있도록 하기에 충분한 물건으로서 폭력처벌법 제3조 제1항의 위험한 물건에 해당한다고 판단했다. 원심의 위와 같은 판단은 정당한 것으로 수긍할 수 있고, 거기에 폭력처벌법 제3조 제1항의 '위험한 물건'에 관한 법리를 오해한 잘못이 없다.[983]

980) 대법원 2002. 9. 6, 선고 2002도2812 판결.
981) 대법원 1999. 11. 9, 선고 99도4146 판결.
982) 대법원 2002. 11. 26, 선고 2002도4586 판결.
983) 대법원 2014. 6. 12, 선고 2014도1894 판결.

위험한 물건에 불해당

◉ 폭력행위등처벌에관한법률 제3조 제1항(현재 삭제됨) 소정의 위험한 물건의 위험성 여부는 **구체적인 사안에 따라서 사회통념**에 비추어 **그 물건을 사용하면 그 상대방이나 제3자가 곧 위험성을 느낄 수 있으리라고 인정되는 물건**인가의 여부에 따라 이를 판단해야 할 것인바,[984] 원심이 확정한 바에 의하면 피해자인 윤수○가 먼저 문제의 식칼을 들고 나와 피고인을 찌르려하자 피고인이 이를 저지하기 위하여 그 칼을 뺏은 다음 피해자를 훈계하면서 위 **칼의 칼자루 부분**으로 피해자의 머리를 가볍게 쳤을 뿐이라는 것이므로 그와 같은 사정 아래에서는 피해자가 위험성을 느꼈으리라고는 할 수 없다.[985] ◉ 피고인이 원심 상 피고인으로부터 길이 2미터, 직경 5센티미터 되는 쇠파이프로 머리를 구타당하면서 이에 **대항**하여 그 곳에 있던 길이 1미터, 직경 5센티미터의 **각목**을 들고 위 원심상피고인의 허리를 구타하여 전치 2주의 상처를 입힌 경우 위 각목은 위 원심상피고인이 사용한 쇠파이프와의 관계 및 이를 사용하게 된 동기, 경위를 보면 그 상대방인 위 원심상피고인이나 일반 제3자가 그 위험성을 느낄 수 있는 정도의 물건이었다고 보여지지 않는다.[986] ◉ 피고인이 술에 취하여 경륜장 매표소에서 행패를 부리자 피해자들을 비롯한 다수의 경륜장 직원들이 피고인을 제지했고 이에 피고인이 경륜장 사무실로 들어가자 위 직원들이 따라 들어갔고, 피고인은 사무실 안에서도 위 직원들 5－6명이 있는 상태에서 소화기들을 던지며 소란을 피웠는데 특정인을 겨냥하여 던진 것으로는 보이지 아니하고, 피해자들이 상해를 입지 않은 경우 피고인이 위 소화기들을 던진 행위로 인하여 사회통념상 피해자들이나 제3자가 생명 또는 신체에 위험을 느꼈던 것으로는 보기 어렵다.[987] ◉ 피고인이 피해자의 얼굴을 주먹으로 가격하여 생긴 상처가 주된 상처로 보이고, 당구공으로는 피해자의 머리를 툭툭 건드린 정도에 불과한 것으로 보이므로, 위와 같은 사정 아래에서는 피고인이 당구공으로 피해자의 머리를 때린 행위로 인하여 사회통념상 피해자나 제3자에게 생명 또는 신체에 위험을 느끼게 하였으리라고 보여지지 아니하므로 위 당구공은 폭력행위 등 처벌에 관한 법률 제3조 제1항의 '위험한 물건'에는 해당하지 아니한다.[988] ◉ 피고인이 2002. 6. 초순 18:30경 피고인의 자취방 안에서 길이 50～60cm 정도의 당구큐대로 피해자의 머리 부위를 3～4회, 배 부위를 1회 가량 폭행하였으나, 피고인은 당초 피해자에게 돈을 빌려 줄 것을 요청하였다가 피해자가 거짓말을 하면서 이를 거부하

984) 대법원 1981. 7. 28, 선고 81도1046 판결.
985) 대법원 1989. 12. 22, 선고 89도1570 판결.
986) 대법원 1981. 7. 28, 선고 81도1046 판결.
987) 대법원 2010. 4. 29, 선고 2010도930 판결.
988) 대법원 2008. 1. 17, 선고 2007도9624 판결.

자 피해자와 피해자의 친구인 강창구 등과 함께 피고인의 자취방으로 가서 피해자가 거짓말을 하였다는 이유로 위 당구큐대로 피해자의 머리 부위를 3~4회 가볍게 톡톡 때리고 배 부위를 1회 밀어 폭행한 것이고, 그로 인하여 피해자에게 어떠한 상해가 발생하였다는 흔적도 없으며, 피해자도 위 폭행에 별다른 저항을 하지 아니한 사정, 피고인과 피해자는 나이 차이가 두 살 차이에 불과하고 이 사건 전후에도 함께 어울리며 지낸 사정 등을 알 수 있는바, 위와 같은 사정 아래에서는 피고인의 위와 같은 폭행으로 인하여 사회통념상 피해자나 제3자가 생명 또는 신체에 위험성을 느꼈으리라고 보여지지는 아니하므로, 같은 취지에서 위 당구큐대를 위 법률 제3조 제1항 소정의 위험한 물건에 해당하지 않는다.[989)]

(3) 자동차로 사람을 들이받는 것은 위험한 물건인 차를 널리 이용한 것으로 볼 수 있다.[990)] 특히 이러한 위험한 물건으로 단속 중인 경찰관을 치면 특수공무방해죄가 성립하고(형법 제144조 제1항, 공무방해 각 규정의 1/2까지 가중), 경찰관이 다치면 특수공무방해치상죄가 된다(형법 제144조 제2항, 3년 이상의 징역). 다만 자동차를 이용한 경우에도 '위험한 물건인지'에 대한 일반적 기준이 그대로 적용되므로, 사용용법에 따라 **상대방과 제3자가 위험성을 느꼈는지**는 여전히 중요하다.

위험한 물건이 된 자동차

◉ 피고인은 견인료납부를 요구하면서 피고인 운전의 캐피탈 승용차의 앞을 가로막고 있는 교통관리직원인 피해자의 다리 부분을 위 승용차 앞범퍼 부분으로 들이받고 약 1m 정도 진행하여 동인을 땅바닥에 넘어뜨려 폭행하였다는 것이므로, 피고인의 이러한 행위는 위험한 물건인 자동차를 이용하여 피해자를 폭행한 것에 해당한다.[991)] ◉ 형법 제144조 특수공무집행방해죄에 있어서의 위험한 물건이라 함은 비록 흉기는 아니라고 하더라도 널리 사람의 생명, 신체에 해를 가하는데 사용할 수 있는 일체의 물건을 포함한다고 풀이할 것이므로 본래 살상용, 파괴용으로 만들어진 것뿐만 아니라 다른 목적으로 만들어진 칼, 가위, 유리병, 각종 공구, **자동차** 등은 물론 화학약품 또는 **사주된 동물** 등도 그것이 사람

989) 대법원 2004. 5. 14, 선고 2004도176 판결.

990) '위험한 물건'이라 함은 흉기는 아니라고 하더라도 널리 사람의 생명, 신체에 해를 가하는 데 사용할 수 있는 일체의 물건을 포함한다고 풀이할 것이고, 한편 이러한 물건을 '휴대하여'라는 말은 소지뿐만 아니라 **널리 이용한다는 뜻도 포함**하고 있다고 풀이할 것이다(대법원 1997. 5. 30, 선고 97도597 판결).

991) 대법원 1997. 5. 30, 선고 97도597 판결.

의 생명, 신체에 해를 가하는데 사용되었다면 본조의 위험한 물건이라 할 것이며 한편 이러한 물건을 휴대하여 라는 같은 법조 소정의 휴대라는 말은 소지뿐만 아니라 널리 이용한다는 뜻도 있으므로, 피고인이 향토예비군설치법위반으로 피고인을 연행하려는 경찰관을 뿌리치고 도망가다가 경찰관 공소외 1의 추격을 당하자 부근에 세워두었던 승용차에 올라 타 문을 잠그고 출발하여 도주하려고 하던 중 공소외 1이 위 승용차 본넷트 위에 뛰어 올라 운전석 앞 유리창을 몸으로 막고 도주하지 못하게 하여 피고인을 체포하려고 하자 그대로 약 500미터 가량을 시속 30킬로미터로 진행하다가 진행방향을 갑자기 오른쪽으로 바꾸어 공소외 1을 도로에 나가떨어지게 하여 그로 하여금 약 6주일의 치료를 요하는 좌측 측두골골절상 및 뇌진탕 등의 상해를 입힌 것은 위험한 물건인 자동차를 이용하여 공소외 1의 공무집행을 방해하고 그로 인하여 공소외 1에게 상해를 입게 한 것으로 특수공무집행방해치상죄에 해당한다.[992] ◉ 어떤 물건이 폭력행위등처벌에관한법률 제3조 제1항의 '위험한 물건'에 해당하는지 여부는 구체적인 사안에서 사회통념에 비추어 그 물건을 사용하면 상대방이나 제3자가 생명 또는 신체에 위험을 느낄 수 있는지 여부에 따라 판단해야 하고,[993] 자동차는 원래 살상용이나 파괴용으로 만들어진 것이 아니지만 사람의 생명 또는 신체에 위해를 가하거나 다른 사람의 재물을 손괴하는 데 사용되었다면 폭력행위등처벌에관한법률 제3조 제1항의 '위험한 물건'에 해당한다.[994] 한편, 위험한 물건을 휴대하고 다른 사람의 재물을 손괴하면 상대방이 그 위험한 물건의 존재를 인식하지 못하였거나 그 위험한 물건의 사용으로 생명 또는 신체에 위해를 입지 아니하였다고 하더라도 폭력행위등처벌에관한법률 제3조 제1항 위반죄가 성립한다. 따라서 피고인이 위험한 물건인 자동차를 이용하여 다른 사람의 자동차 2대를 손괴한 이상, 그 자동차의 소유자 등이 실제로 해를 입거나 해를 입을 만한 위치에 있지 아니하였다고 하더라도 폭력행위등처벌에관한법률 제3조 제1항 위반죄가 성립한다.[995]

위험한 물건이 아닌 자동차

◉ 어떤 물건이 폭력행위 등 처벌에 관한 법률 제3조 제1항에 정한 '위험한 물건'에 해당하는지 여부는 구체적인 사안에서 사회통념에 비추어 그 물건을 사용하면 상대방이나 제3자가 생명 또는 신체에 위험을 느낄 수 있는지 여부에 따라 판단해야 하고,[996] 이러한 판단 기준은 자동차를 사용하여 사람의 생명 또는 신

992) 대법원 1984. 10. 23, 선고 84도2001,84감도319 판결.
993) 대법원 1999. 11. 9, 선고 99도4146 판결.
994) 대법원 1997. 5. 30, 선고 97도597 판결.
995) 대법원 2003. 1. 24, 선고 2002도5783 판결.

체에 위해를 가하거나 다른 사람의 재물을 손괴한 경우에도 마찬가지로 적용된다. 원심판결 이유에 의하면, 원심은 그 판시와 같이 사실을 인정한 다음, 피고인이 이혼 분쟁 과정에서 자신의 아들을 승낙 없이 자동차에 태우고 떠나려고 하는 피해자들 일행을 상대로 급하게 추격 또는 제지하는 과정에서 이 사건 자동차를 사용하게 된 점, 이 사건 범행은 소형승용차(라노스)로 중형승용차(쏘나타)를 충격한 것이고, 충격할 당시 두 차량 모두 정차하여 있다가 막 출발하는 상태로서 차량 속도가 빠르지 않았으며 상대방 차량의 손괴 정도가 그다지 심하지 아니한 점, 이 사건 자동차의 충격으로 피해자들이 입은 상해의 정도가 비교적 경미한 점 등의 여러 사정을 종합하면, 피고인의 이 사건 자동차 운행으로 인하여 사회통념상 상대방이나 제3자가 생명 또는 신체에 **위험을 느꼈다고 보기 어렵다**고 판단하여 피고인에 대한 폭력행위 등 처벌에 관한 법률 제3조 제1항 위반죄가 성립하지 아니한다고 본 것은 정당하다.[997] ◉ 의무경찰이 학생들의 가두캠페인 행사관계로 직진하여 오는 택시의 운전자에게 좌회전 지시를 하였음에도 택시의 운전자가 계속 직진하여 와서 택시를 세우고는 항의하므로 그 의무경찰이 택시 약 30㎝ 전방에 서서 이유를 설명하고 있는데 그 운전자가 신경질적으로 갑자기 좌회전하는 바람에 택시 우측 앞 범퍼부분으로 의무경찰의 무릎을 들이받은 사안에서, 그 사건의 경위, 사고 당시의 정황, 운전자의 연령 및 경력 등에 비추어 특별한 사정이 없는 한 택시의 회전반경 등 자동차의 운전에 대하여 충분한 지식과 경험을 가졌다고 볼 수 있는 운전자에게는, 사고 당시 최소한 택시를 일단 후진하였다가 안전하게 진행하거나 의무경찰로 하여금 안전하게 비켜서도록 한 다음 진행하지 아니하고 그대로 좌회전하는 경우 그로부터 불과 30㎝ 앞에서 서 있던 의무경찰을 충격하리라는 사실을 쉽게 알고도 이러한 결과발생을 용인하는 내심의 의사, 즉 공무집행방해의 미필적 고의가 있었다고 봄이 경험칙상 당연하다. 그러나 사건의 경위와 정황, 그 의무경찰의 피해가 전치 5일 간의 우슬관절부 경도좌상 정도에 불과한 점 등에 비추어 볼 때, 그와 같은 택시운행으로 인하여 사회통념상 피해자인 의무경찰이나 제3자가 **위험성을 느꼈으리라고는 보여지지 아니**하므로 그 택시 운전자의 범행을 특수공무집행방해 치상죄로 의율할 수는 없다.[998]

(4) 사람의 신체는 특수폭행의 수단이 아니므로 주먹에 의한 강한 타격이라도 특수폭행이 되지 않는다.[999] 유의할 것은, 개는 사용용법에 따라 얼마든지

996) 대법원 1981. 7. 28, 선고 81도1046 판결; 대법원 1995. 1. 24, 선고 94도1949 판결; 대법원 2003. 1. 24, 선고 2002도5783 판결.

997) 대법원 2009. 3. 26, 선고 2007도3520 판결.

998) 대법원 1995. 1. 24, 선고 94도1949 판결.

위험한 물건이 될 수 있으므로 고의로 개를 풀어 사람을 물게 하거나 덤벼들게 하면 특수폭행이 된다.[1000]

(5) 위험한 물건을 미리 휴대할 필요는 없다. 현장에서 눈에 띄길래 순간적으로 이용해도 휴대로 본다.

그러나 범행현장에서 사용할 의도 아래 위험한 물건을 몸 또는 몸 가까이에 소지한 것이 아니라 단순히 피고인의 아파트 등 집에 보관한 것으로는 본조의 휴대라고 할 수 없고, 흉기를 사용할 의도 없이 폭행현장에서 우연히 소지하고 있었던 경우도 휴대로 보지 않는다.

▶ 「폭력행위등 처벌에 관한 법률 제3조 제1항에서 말하는 위험한 물건의 휴대라고 함은 소론과 같이 손에 드는 등 몸에 지닌 것을 말하나 이 휴대라 함은 반드시 몸에 지니고 다니는 것을 뜻한다고는 할 수 없으니 범행 현장에서 범행에서 사용할 의도 아래 이를 소지하거나 몸에 지니는 경우도 휴대라고 볼 것이므로 본건에서 피고인이 깨어진 유리조각을 들고 피해자의 얼굴에 던졌다면 이는 위험한 물건을 휴대하였다고 볼 것이다.」[1001]

▶ 「피고인이 처음부터 이 사건 화훼용 가위를 피해자에게 상해를 가하기 위하여 소지하고 있었던 것은 아니라 하더라도 피해자와 시비하는 과정에서 의도적으로 이를 휘둘러 피해자에게 상해를 가한 이상, 이는 폭력행위 등 처벌에 관한 법률 제3조 제1항 소정의 위험한 물건을 휴대한 경우에 해당한다.」[1002]

▶ 「피고인이 이 사건 폭력행위당시 판시 과도를 범행현장에서 호주머니 속에 지니고 있었던 이상 이는 위험한 물건을 휴대한 경우로서 폭력행위등처벌에 관한 법률 제3조 제1항 소정의 죄에 해당한다.」[1003]

▶ 「피고인은 피해자를 강간하기 위하여 피해자의 주거 부엌에 있던 칼과 운동화 끈을 들고 피해자가 자고 있던 방안으로 들어가서, 소리치면 죽인다며 손으

999) 이재상·장영민·강동범, 형법각론, 제10판 보정판, 박영사, 2017, 66면; 김일수·서보학, 새로쓴 형법각론, 제9판, 박영사, 2018, 70면.

1000) 대법원 1984. 10. 23, 선고 84도2001,84감도319 판결; 대법원 1997. 5. 30, 선고 97도597 판결.

1001) 대법원 1982. 2. 23, 선고 81도3074 판결; 대법원 1985. 9. 24, 선고 85도1591 판결.

1002) 대법원 2007. 3. 30, 선고 2007도914 판결.

1003) 대법원 1984. 4. 10, 선고 84도353 판결.

로 피해자의 입을 틀어막고 운동화 끈으로 피해자의 손목을 묶어 반항을 억압한 다음 간음을 했고, 부엌칼은 굳이 사용할 필요가 없어 이를 범행에 사용하지 않은 사실을 알 수 있는바, 그렇다면 당시 피고인의 부엌칼 휴대 사실을 피해자가 알지 못하였다고 하더라도 피고인은 "흉기 기타 위험한 물건을 휴대하여" 피해자를 강간한 것이라고 보아야 할 것이다.」[1004]

▶ 「폭력행위등처벌에관한법률의 목적과 그 제3조 제1항의 규정취지에 비추어보면, 같은 법 제3조 제1항 소정의 흉기 기타 위험한 물건(이하 '흉기'라고 한다)을 휴대하여 그 죄를 범한 자란 범행현장에서 그 범행에 사용하려는 의도아래 흉기를 소지하거나 몸에 지니는 경우를 가리키는 것이지, 그 범행과는 전혀 무관하게 우연히 이를 소지하게 된 경우까지를 포함하는 것은 아니라고 할 것이다. 원심이 인정한 사실에 의하면, 피고인은 1989. 8. 23.의 판시 범행일에 버섯을 채취하러 산에 가면서 칼을 휴대한 것일 뿐 판시 주거침입에 사용할 의도 아래 이를 소지한 것이 아니고 판시 주거침입 시에 이를 사용한 것도 아니라는 것인바 기록에 비추어 보면 원심의 이와 같은 사실인정은 수긍이 되고 거기에 소론과 같은 채증법칙에 위배된 바 있다고 할 수 없고, 사실이 그러하다면 피고인은 같은 법 제3조 제1항 소정의 흉기를 휴대하여 주거침입의 죄를 범한 자라고 할 수는 없으므로 이와 같은 취지의 원심판단은 정당하다.」[1005]

▶ 「폭력행위등처벌에관한법률 제7조에서 말하는 위험한 물건의 "휴대"라고 함은 범행현장에서 사용할 의도 아래 위험한 물건을 몸 또는 몸 가까이에 소지하는 것을 말한다 할 것이므로 장칼 2개 등 제1심 판시 제2항의 위험한 물건들을 피고인의 아파트에 보관 (수사보고서의 기재에 의하면, 위 물건들은 아파트출입구 씽크대 옆 라면상자, 보일러실, 찬장 등에 은익 보관되어 있었다. 수사기록 41면 이하) 하였다는 것만으로는 이를 위 법조에서 말하는 위험한 물건의 휴대라고 할 수는 없을 것이다.」[1006]

▶ 「원심은 제1심판결의 범죄사실을 인용하여, 피고인 2는 1990. 1. 하순 일자미상경부터 같은 해 4. 15.까지의 사이에 청주시 수동에 있는 피고인의 집에서, 사람을 살상하는데 사용될 우려가 있는 흉기인 알루미늄 장검 1개를 보관하여 이를 휴대하였다고 인정하고, 법률 제4294호로 개정되기 전의 폭력행위등처벌에관한법률 제7조를 적용하여 처단했다. 그러나 위 법률 제7조에서 말하는 위험한

1004) 대법원 2004. 6. 11, 선고 2004도2018 판결.
1005) 대법원 1990. 4. 24, 선고 90도401 판결.
1006) 대법원 1990. 11. 13, 선고 90도2170 판결.

물건의 휴대라 함은 범행현장에서 사용할 의도 아래 위험한 물건을 몸 또는 몸 가까이에 소지하는 것을 말한다 할 것이므로, 같은 피고인이 위의 장검 1개를 피고인의 집에 보관하였다는 것만으로는 이를 위 법조에서 말하는 위험한 물건을 휴대한 것이라고 할 수 없다.」[1007]

▶ 「방안에서 위험한 물건인 곡괭이자루 1개, 몽둥이 1개, 조각도 3개를 보관하여 폭력행위등의 범죄에 공용될 우려가 있는 위험한 물건을 휴대하였다는 부분은 이를 인정하여 폭력행위등처벌에관한법률 제7조를 적용하여 처단했다. 그러나 위 법률 제7조에서 말하는 위험한 물건의 "휴대"라 함은 범죄현장에서 사용할 의도아래 위험한 물건을 몸 또는 몸 가까이에 소지하는 것을 말하는 것이고, 자기가 기거하는 장소에 보관하였다는 것만으로는 위 법조에서 말하는 위험한 물건의 휴대라고 할 수 없는 것이므로, 피고인 2의 공갈미수 사실이 인정되지 아니하는 이 사건의 경우에 있어 사실심으로서는 이 부분 공소사실을 유죄로 인정하려면, 그러면 같은 피고인이 위와 같은 물건들을 보관한 이유와 경위는 무엇이고, 어떠한 방법으로 소지한 것인지를 심리하여 같은 피고인이 어떠한 범행현장에서 이를 사용할 의도가 있었는지를 밝혀야 할 것인데, 원심이 여기에 이르지 아니한 것은 위 법률 제7조의 법리를 오해하여 심리를 미진한 것 아니면 이유불비의 위법이 있다고 아니할 수 없다. 따라서 논지는 이유 있다.」[1008]

▶ 「원심은, 피고인 1이 검찰 직원의 전화를 받고 검찰청에 가기 전에 사용한 주사기와 소지하던 칼을 검은 비닐봉지에 담아 버리려고 집 밖으로 나오는 순간 검찰 직원 5~6명이 전기총을 쏘고 쇠파이프로 가격해 손에 들고 있던 비닐봉지를 땅에 떨어뜨렸다고 변소하고 있고, 원심 증인 공소외 2의 진술도 위 피고인이 집 밖으로 나오는 순간 검찰 직원이 호명을 하고 거의 동시에 전기총을 쏘아 제압하였다는 것이며, 원심 증인 공소외 3의 진술도 위 피고인이 정장 차림에 비닐봉지를 들고 집 밖으로 나왔다는 것인데, 이러한 정황에 비추어 보면 위 피고인이 칼을 검은 비닐봉지에 담아 버리려고 했다는 변소에 충분히 수긍이 가고, 이와 달리 위 피고인이 범행 현장에서 사용할 의도 아래 흉기를 휴대하였다고 볼 수 없다는 이유로, 이 부분 공소사실에 대하여 무죄를 선고했다. 앞서 본 법리 및 기록에 의하여 살펴보면, 원심의 위와 같은 조치는 옳은 것으로 수긍이 가고, 거기에 상고이유로 주장하는 바와 같은 채증법칙 위배나 폭력행위 등 처벌에 관한 법률 제7조에서 말하는 위험한 물건의 휴대에 관한 법리오해 등의 위법이 없다.」[1009]

1007) 대법원 1991. 4. 9, 선고 91도427 판결.
1008) 대법원 1992. 5. 12, 선고 92도381 판결.
1009) 대법원 2008. 7. 24, 선고 2008도2794 판결.

마. 폭처법상 공동폭행죄

2명 이상이 공동으로 폭행, 존속폭행하면 폭처법에 따라 형법에서 정한 형의 1/2까지 가중한다(**폭처법 제2조 제2항 제1호 및 제2호**).

▶ 「폭력행위등처벌에관한법률 제2조 제2항의 "2인 이상이 공동하여 상해 또는 폭행의 죄를 범한 때"라고 함은 그 수인 간에 소위 공범관계가 존재하는 것을 요건으로 하는 것이고, 또 수인이 동일 장소에서 동일기회에 상호 다른 자의 범행을 인식하고 이를 이용하여 범행을 한 경우임을 요한다 할 것인데,[1010] 기록을 살펴보면 공소외인은 경찰이나 검찰에서 모두 위 폭행사실을 부인한 것으로 되어 있고(수사기록 16,49면), 피해자 1의 제1심 법정에서의 증언에도 그와 같은 내용의 진술은 없으며, 사법경찰리작성의 피해자 1에 대한 진술조서나 검사작성의 피고인 및 공소외인에 대한 피의자 심문조서 중 피해자 1의 진술(대질)기재부분에 의하면 공소외인은 피고인의 폭행을 오히려 만류한 것으로 되어 있는 바(수사기록 25,50,56면), 이와 같이 공소외인이 피고인의 폭행을 만류한 것이라면 피고인이 공소외인과 공동하여 폭력행위등처벌에관한법률 제2조 제1항 게기의 죄를 범하였다고 할 수는 없을 것이다.」[1011]

▶ 「**폭력행위등처벌에관한법률 제2조 제2항의 '2인 이상이 공동하여 폭행의 죄를 범한 때'라고 함은** 그 수인 간에 소위 공범관계가 존재하는 것을 요건으로 하고, 또 수인이 동일 장소에서 동일 기회에 상호 다른 자의 범행을 인식하고 이를 이용하여 범행을 한 경우임을 요한다 할 것이므로,[1012] 이 사건에 있어서와 같이 피고인 2는 피고인 1이 피해자와 상호 다투면서 폭행을 하는 것을 **만류한 것이라면,** 피고인 1은 피고인 2와 **공동하여 피해자를 폭행하였다고 할 수 없다** 할 것이다. 이와 같은 취지에서 피고인 1의 행위는 형법상의 폭행죄만을 구성할 뿐인데 피해자가 위 피고인에 대한 처벌을 바라지 않는다고 하여 같은 피고인에 대한 공소를 기각한 원심판단은 옳고, 거기에 소론과 같은 법리오해의 위법이 있다고 할 수 없다.」[1013]

▶ 「피고인들을 비롯한 대학생 및 민노총 광주지역본부 회원 등 800여명은

1010) 대법원 1986. 6. 10, 선고 85도119 판결.
1011) 대법원 1991. 1. 29, 선고 90도2153 판결.
1012) 대법원 1991. 1. 29, 선고 90도2153 판결; 대법원 1996. 2. 23, 선고 95도1642 판결; 대법원 2000. 2. 25, 선고 99도4305 판결.
1013) 대법원 1996. 2. 23, 선고 95도1642 판결.

2007. 11. 11. 08:10경부터 09:40경까지 광주 서구 유촌동에 있는 기아자동차 광주공장 앞 도로에서, 위 집회에 참가하기 위해 버스 22대를 대절하여 나누어 타고 상경하려다가 경찰에 의해 차단된 사실, 이에 피고인들을 비롯한 참가자 200여 명은 경찰이 상경을 차단하였다는 이유로 버스에서 내려 광주지방경찰청 북부경찰서 방범순찰대 소속 의경 공소외 1, 2, 3 등 대비병력을 향해 PVC파이프를 휘두르거나 돌을 던지고, 진압방패와 채증장비를 빼앗고, 주먹과 발로 마구 때리고, 경찰버스 유리창 등을 부순 사실, 그때 피고인들은 제1심 약식명령 공동피고인 1, 3, 4, 5, 7과 함께 도로를 가로막고 있는 대비병력 사이로 관광버스가 지날 수 있는 길을 뚫기 위하여 병력과 밀고 당기는 등의 몸싸움을 한 사실을 인정할 수 있는바, 위 법리에 비추어 보면, **비록 경찰관들의 위법한 상경 제지 행위에 대항하기 위하여 한 것이라 하더라도,** 피고인들이 다른 시위참가자들과 공동하여 위와 같이 경찰관들을 때리고 진압방패와 채증장비를 빼앗는 등의 폭행행위를 한 것은 소극적인 방어행위를 넘어서 공격의 의사를 포함하여 이루어진 것으로서 그 수단과 방법에 있어서 상당성이 인정된다고 보기 어려우며 긴급하고 불가피한 수단이었다고 볼 수도 없으므로, 이를 사회상규에 위배되지 아니하는 정당행위나 현재의 부당한 침해를 방어하기 위한 정당방위에 해당한다고 볼 수 없다.」[1014)]

수사 조언

2인 이상이 의사 합치되어 피해자를 폭행하면서, 맥주병으로 피해자의 머리를 가격하기도 하여 상해의 결과가 발생했다면 이는 특수상해죄에 해당한다. 이러한 사건에서 경찰은 피해자의 신고와 초기진술만 믿고 있지 말고 빠른 객관적 증거확보가 중요하다. 시간이 지날수록 당사자 간 합의로 사실왜곡이 가능하고, 특히 수사관과 법관이 왜곡의 흐름을 끊고 바로잡기 쉽지 않다. 심지어는 수사의 주체와 객체가 영합할 가능성도 있다. 구체적 문제점을 본다.

첫째, 피의자들은 피해자가 상해진단서를 제출하지 못하도록 회유·협박할 수 있다. 회유가 앞서는 것은 당연하다. 이러한 사유로 상해진단서가 제출되지 않았고, 하필 범행 당일 피해자의 외상사진도 확보해두지 않았다면 상해의 점과 관련해 남게 될 증거는 이제 피해자의 진술에 불과하다. 부합하는 목격자의 진술은 확보하기 쉽지 않거나 이마저도 회유가 가능하여 쓸모없는 증거가 될 수 있다.

둘째, 이제 상해의 점이 제거되었으므로, 피의자들은 공동폭행의 점, 흉기휴대폭행의 점에 대비한다. 우선 맥주병이 사용되지 않았다는 변론을 성공시킨다. 이후 공동하여 폭행한 것이 아니라, 1인은 말리고, 1인만 폭행한 것으로 상황을 왜곡한다.[1015)] 피

1014) 대법원 2009. 6. 11, 선고 2009도2114 판결.

해자의 진술변경과 피의자측 참고인이 입을 맞추니, 수사관은 더 수사를 진행하기가 어렵게 된다.

셋째, 위와 같은 3단계 변론 끝에 피의자들은 특수상해, 폭처법 공동폭행, 형법상 특수폭행의 혐의 모두를 벗었다. 남은 것은 폭행했다고 자백한 1인 피고인에 대한 폭행죄 적용 여부이다. 이 때 당해 피의자는 피해자와 미리 작성한 합의서를 제출함으로써 드디어 공소권없음 처분, 공소기각 판결을 받게 된다. 한편 상피의자는 폭행 자체가 없었다고 보아 무혐의 처분된다.

요컨대 초동수사와 초기 증거확보는 매우 중요하고, 당사자 및 관련자의 진술 여하에 무관하게 실체진실을 밝혀야 한다. 번거롭더라도, 진실을 밝히는 것을 중시하는 수사환경이 조성되어야 하고, 청렴성, 초동수사 기술, 사실과 법리교육이 함께 실시되어야 한다.

바. 폭행치사상죄

폭행, 존속폭행, 특수폭행으로 사람이 다치거나 사망한 경우 제257조 내지 제259조의 예에 의한다(**형법 제262조**).

(1) 폭행으로 인해 사람이 다친 경우 **제257조 상해의 예**에 따라 7년 이하의 징역, 10년 이하의 자격정지 또는 1천만원 이하의 벌금에, 그의 존속이 다친 경우는 10년 이하의 징역 또는 1천500만원 이하의 벌금에 처해지고, 폭행하였는데 중상해의 결과가 발생한 경우는 **제258조 중상해의 예**에 따라 1년 이상 10년 이하의 징역에, 그의 존속이 중상해를 입은 경우는 2년 이상 15년 이하의 징역에 처해지며, 특수폭행을 하였는데 상해, 존속상해가 발생한 경우에는 **제258조의2 특수상해의 예**에 따라 1년 이상 10년 이하의 징역에 처해지고, 특수폭행의 결과 중상해, 존속중상해가 발생한 경우에는 2년 이상 20년 이하의 징역에 처해지며, 폭행하였는데 피해자가 사망한 경우에는 **제259조 상해치사의 예**에 따라 3년 이상의 징역에 처해지고, 폭행피해자가 존속이고 그가 사망한 때에는 무기 또는 5년 이상의 징역에 처해진다.

(2) 폭행치사죄와 같은 결과적 가중범은 기본범죄와 중한 결과 사이에 인과관계 및 예견가능성을 요구한다. 특히 인과관계가 있더라도 중한 결과에 대한 예견가능성이 없었다면 본죄는 성립하지 않는다.[1016]

1015) 대법원 1996. 2. 23, 선고 95도1642 판결.

▶ 「형법 제15조 제2항이 규정하고 있는 이른바 결과적 가중범은 행위자가 행위 시에 그 결과의 발생을 예견할 수 없을 때는 **비록 그 행위와 결과사이에 인과관계가 있다 하더라도** 중한 죄로 벌할 수 없는 것으로 풀이된다. 원심판결 이유에 의하면, 원심은 그 증거에 의하여 피고인이 친구 5명과 같이 술집에서 그 집 작부로 있는 피해자 등 6명과 더불어 밤늦도록 술을 마시고 모두 각자의 상대방과 성교까지 하였는데 술값이 부족하여 친구 집에 가서 돈을 빌리려고 위 일행 중 피고인과 공소외 1, 2가 함께 봉고차를 타고 갈 때 공소외 1과 성교를 한 피해자도 그 차에 편승하게 된 사실과 피고인과 피해자가 그 차에 마주앉아 가다가 피고인이 장난삼아 피해자의 유방을 만지고 피해자가 이를 뿌리치자 발을 앞으로 뻗어 치마를 위로 걷어 올리고 구두 발로 그녀의 허벅지를 문지르는 등 그녀를 강제로 추행하자 그녀가 욕설을 하면서 갑자기 차의 문을 열고 뛰어 내림으로써 부상을 입고 사망한 사실을 확정한 다음 이와 같은 상황에서는 피고인이 그때 피해자가 피고인의 추행행위를 피하기 위하여 달리는 차에서 뛰어내려 사망에 이르게 될 것이라고 **예견할 수 없고** 달리 이를 인정할 만한 증거가 없다고 하여 피고인에게 그 사망의 결과에 대하여 책임을 묻지 아니하고 다만 강제추행으로 다스리고 있다. 기록에 비추어 원심의 사실인정과 위와 같은 상황에서 피고인에게 피해자가 사망에 이르게 된 결과에 대한 예측가능성이 없다고 판단한 조치는 옳게 수긍이 가고 거기에 주장하는 바와 같은 채증법칙을 어겼거나 결과적 가중범에 관한 법리를 오해한 위법이 없다. 내세우는 판례들은 이 사건과 사안을 달리하는 것이 아니면 결과적 가중범에 관한 위의 견해와 반드시 상반된다고 할 수 없다. 주장은 이유 없다.」[1017]

폭행치사죄 부정사례

◉ 삿대질을 했을 뿐인데 피해자가 뒷걸음질 치다가 걸려 넘어져 사망한 경우 통상 삿대질로 인해 피해자가 넘어져 죽게 되리라고는 예상할 수 없으므로 폭행치사죄로 벌할 수 없고,[1018] ◉ 피고인의 폭행정도가 서로 시비하다가 피해자를 떠밀어 땅에 엉덩방아를 찧고 주저앉게 한 정도에 지나지 않은 것이었고 또 피해자는 외관상 건강하여 전혀 병약한 흔적이 없는 자인데 사실은 관상동맥경화 및 협착증세를 가진 특수체질자이었기 때문에 위와 같은 정도의 폭행에 의한 충격에도 심장마비를 일으켜 사망하게 된 것이라면 피고인에게 사망의 결과에 대한 예견가능성이 있었다고 보기 어려워 결과적 가중범인 폭행치사죄로 의율할

1016) 대법원 1988. 4. 12, 선고 88도178 판결.
1017) 대법원 1988. 4. 12, 선고 88도178 판결.
1018) 대법원 1990. 9. 25, 선고 90도1596 판결.

수는 없다.[1019] ◉ 고등학교 교사가 제자의 잘못을 징계코자 왼쪽뺨을 때려 뒤로 넘어지면서 사망에 이르게 한 경우 위 피해자는 두께 0.5미리밖에 안 되는 비정상적인 얇은 두개골이었고 또 뇌수송을 가진 심신허약자로서 좌측뺨을 때리자 급성뇌성압상승으로 넘어지게 된 것이라면 위 소위와 피해자의 사망 간에는 이른바 인과관계가 없는 경우에 해당하여 폭행치사죄로 처벌할 수 없다.[1020] ◉ 속칭 '생일빵'을 한다는 명목 하에 피해자를 가격하여 사망에 이르게 한 사안에서, 폭행과 사망 간에 인과관계는 인정되지만 폭행 당시 피해자의 사망을 예견할 수 없었다는 이유로 폭행치사의 공소사실에 대하여 무죄를 선고한 사례가 있다.[1021]

폭행치사죄 긍정사례

각종의 장기와 신경이 밀집되어 있어 인체의 가장 중요한 부위를 점하고 있는 흉부에 대한 강도(强度)의 타격은 생리적으로 중대한 영향을 줄 뿐만 아니라 신경에 자극을 줌으로써 이에 따른 쇼크로 인해 피해자를 사망에 이르게 할 수 있고, 더욱이 그 가격으로 급소를 맞을 때에는 더욱 그러할 것인데, 피할만한 여유도 없는 좁은 장소와 상급자인 피고인이 하급자인 피해자로부터 아프게 반격을 받을 정도의 상황에서 신체가 보다 더 건강한 피고인이 피해자에게 약 1분 이상 가슴과 배를 때렸다면 사망의 결과에 대한 예견가능성을 부정할 수도 없을 것이며 위와 같은 상황에서 이루어진 폭행이 장난권투로서 피해자의 승낙에 의한 사회상규에 어긋나지 않는 것이라고도 볼 수 없다.[1022] **이 사건의 판결이유에서는 자백의 임의성, 신빙성, 인과관계, 예견가능성, 피해자의 승낙에 대해 유의미한 분석을 하고 있다.**

(3) 폭행치사죄와 위법성

살인죄, 상해치사죄는 위법성조각 사례가 매우 드물다. 특히 상해치사죄(傷害致死罪)에서 인과관계 및 예견가능성을 부정하여 기본범죄인 상해로만 처벌하는 사안은 드물지 않게 발견되지만, 위법성을 조각하여 무죄를 선고하는 것은 흔치 않다. 폭행보다 강한 상해의 고의가 인정되는 사안을 적법한 행위로 보는 것은 매우 어렵기 때문이다.

반면 폭행치사죄(暴行致死罪)는 가벼운 유형력을 행사하였을 뿐인데 뜻밖에

1019) 대법원 1985. 4. 3, 선고 85도303 판결.
1020) 대법원 1978. 11. 28, 선고 78도1961 판결.
1021) 대법원 2010. 5. 27, 선고 2010도2680 판결.
1022) 대법원 1989. 11. 28, 선고 89도201 판결.

피해자가 사망한 것이고, 피고인의 고의는 상해보다 가벼운 폭행고의에 불과하므로 위법성을 조각함으로써 처벌을 피할 수 있다. 약한 타격과 상해보다 낮은 고의를 감안해 소극적 저항행위로 보는 경우가 많다.

유형력의 행사로 사람이 죽었지만, 처벌을 면한 사례

▶ 「원심이 인정한 사실에 의하면 만 57세 남자인 피해자는 이 사건 사고일 오전부터 술에 만취하여 아무 연고도 없는 피고인의 집에 함부로 들어가 지하실 방으로 들어가는 출입문의 유리창을 발로 걷어차 깨뜨리는가 하면 성기를 꺼내어 아무데나 마구 소변을 본 뒤 2층으로 통하는 계단을 따라 올라갔고, 피고인은 가정주부로서 피고인의 집에서 혼자 있는 상태에서 현관문을 열고 밖으로 나오다가 피해자의 위와 같은 행동을 보고, 말로 어른이 술에 취해 무슨 짓이냐, 집 밖으로 나가라는 요구를 하였으나 피해자는 오히려 피고인에게 상스러운 욕설을 마구 퍼부으면서 횡설수설했고, 결국은 피해자가 집밖으로 나갔으나, 피해자가 유리창을 깬 것을 안 피고인이 피해자의 집에 가서 유리창 값을 받을 생각으로 피해자의 뒤를 따라가자 뒤돌아보면서 다시 피고인에게 상스러운 욕설을 할 뿐더러 피고인이 "당신집이 어디냐, 같이 가서 당신 부인으로부터 유리 깨어진 것 변상을 받아야겠으니 같이 가자"고 왼손으로 피해자의 어깨 위쪽을 붙잡자, 피해자는 "내가 들어있는 방이 금1,400,000원이니 당장 금 1,400,000원을 내어 놓으라"고 피고인으로서는 이해할 수 없는 엉뚱한 요구를 하면서 다시 "이 씹할 년아 개 같은 년아"하면서 욕설을 계속하므로, 피고인이 더 이상 이를 참지 못하고 빨리 가라면서 잡고 있던 왼손으로 피해자의 오른쪽 어깨부위를 밀치자 술에 만취하여 비틀거리던 피해자가 몸을 제대로 가누지 못하고 앞으로 넘어져 시멘트바닥에 이마를 부딪히면서 1차성 쇼크로 사망하게 되었다는 것이다.

사정이 이러하다면 가정주부인 피고인으로서는 예기치 않게 피해자와 맞닥뜨리게 되어 위와 같은 행패와 엉뚱한 요구를 당하는가 하면 상스러운 욕설을 듣고 매우 당황하였으리라고 보여지고, 이에 화도 나고 그 행패에서 벗어나려고 전후 사려 없이 피해자를 왼손으로 밀게 된 것으로 인정되며, 그 민 정도 역시 그다지 센 정도에 이르지 아니한 것으로 인정되므로, 피고인의 위와 같은 행위는 피해자의 부당한 행패를 저지하기 위한 본능적인 소극적 방어행위에 지나지 아니하여 사회통념상 용인될 수 있는 정도의 상당성이 있어 위법성이 없다고 봄이 상당하고, 피해자가 비록 술에 취하여 비틀거리고는 있었지만 **피고인의 위 행위가 정당행위인 이상** 피해자가 술에 취한 나머지 **여자인 피고인이 피해자의 어깨를 미는 정도의 행위로 인하여 넘어져 앞으로 고꾸라져 그 곳 시멘트가 돌**

처럼 솟아 있는 곳에 이마부위를 부딪히게 되고 이로 인한 1차성 쇼크로 사망하게 되었다 하더라도 그 사망의 결과에 대하여 피고인에게 형식적 책임을 지울 수는 없다고 봄이 상당하다는 원심의 판단은 정당하다고 보아야 할 것이다.

따라서 피고인의 행위는 사회상규에 위반되지 아니하므로 형법 제20조에 정한 정당행위에 해당하여 죄가 되지 아니한다고 판단한 원심의 조처에 정당행위에 대한 법리를 오해한 위법이 있다고 할 수 없고, 소론의 판례는 이 사건에 적절하지 아니하며, 논지는 이유가 없다.」[1023)]

재판 실무

(1) 피해자는 상해사실을 입증하기 위해 범죄피해 후 반드시 상해진단서를 끊어두어야 한다. 복합 상해를 당한 경우라면, 안면부에 대해서는 성형외과와 치과의 것을, 뼈에 대한 것은 정형외과, 신경과 인대에 대한 것은 신경외과, 복부 내 장기에 대한 것은 내과로 구분하여 각 전문의의 상해진단서를 발급받아 두는 것이 유리하다. 한 부위에 대한 진단서만 받아둔 후 뒤늦게 애초에는 제출하지 않았던 진단서를 새롭게 끊어 제출할 경우 상해결과의 신빙성에 의문이 제기될 수 있기 때문이다. 나아가 상해진단서와 별도로 상해부위 사진을 찍어 함께 제출하여도 좋다. 사진은 진단내용을 보강하는 자료가 된다.

한편 상해진단서와 별도로 장래 치료계획이 포함된 소견서, 신체장애진단서를 함께 발부받아 둘 경우 장래의 민사소송에서 주요한 입증자료가 된다. 민사소송에서는 기치료비, 장래 치료비, 기 일실수익, 장래 일실수익, 위자료 모두의 합산금액을 청구해야 한다. 원고의 증거자료에 대해 피고가 다툴 경우 원고가 제출한 증거자료들을 모두 참작하여 감정의견이 나오게 된다. 법관은 감정결과에서 확인되는 배상액 모두를 인정할 수도 있고, 피해자의 과실을 고려하여 일부만을 인정할 수도 있다.

(2) 위 (1)과 같이 피해자의 측면에서 바라본 상해진단서의 효능 및 역할과는 달리, 피고인 입장에서는 피해자가 제출한 자료에 불만을 가지는 경우가 흔히 있다. 1차 의원의 진단은 전문적 검사를 통한 소견이 아니라 임상적 추정소견에 불과하여 정확한 진단으로 볼 수 없는 경우가 많고, 환자의 진술에 의존하여 피해경위가 작성되었을 뿐만 아니라 환자가 극심한 고통을 호소할 경우 진단일수가 많이 나오도록 발급하는 경우도 얼마든지 있을 수 있기 때문이다. 때로는 환자와 짜고 허위진단서를 작성한 경우도 있으며, 이러한 허위진단서[1024)]는 가해자를 처벌시키는 증거로만 작동되는 것이 아니라 보험회사와 건강보험공단, 근로복지공단을 속이는 증거로 사용되기도 한다.

1023) 대법원 1992. 3. 10, 선고 92도37 판결.

1024) 비록 그 문서의 명칭이 소견서로 되어 있더라도 그 내용이 의사가 진찰한 결과 알게 된 병명이나 상처의 부위, 정도 또는 치료기간 등의 건강상태를 증명하기 위하여 작성된 것이라면 허위진단서작성죄의 진단서에 해당된다(대법원 1990. 3. 27, 선고 89도2083 판결).

따라서 진단서의 내용이 과학적 근거를 따르지 않았거나 현상을 정확히 반영하지 못한 경우 법원감정을 통해 바로잡아야 한다. 감정에서는 최종결과가 회시되기 전까지는 보완감정신청을 통해 미진한 부분을 보강하여 감정해 줄 것을 요청할 수 있다.

(3) 폭행이 아닌 것으로 착각하여 주장(항변)하는 경우가 있다. 때리지 않았고 단순히 멱살만 잡았다거나, 손목을 잡고 잠시 후 놓아주었다는 주장, 삿대질만 하였을 뿐이라거나 얼굴에 침을 뱉았을 뿐이라는 주장 등이다.

그러나 앞서 본 바와 같이 폭행은 신체에 대한 유형력의 행사이기만 하면 되고, 반드시 안면부나 복부를 타격해야만 성립하는 범죄가 아니다. 그러므로 피의자들의 그러한 항변은 확고한 법리와 수사실무에 반할 뿐만 아니라 피해자의 감정을 자극하여 합의 불발의 결과를 초래할 수 있어 주의를 요한다. 폭행죄는 합의만 되면 수사가 종결되는 반의사불벌죄이므로, 폭행사실을 인정하고 조기에 합의하는 것이 좋다. 범죄를 부인하여 피해자와 척을 진 후에는 합의가 어렵거나 합의금액이 상승되는 경우가 많다.

(4) 폭행치사죄의 대표적 예는 안수기도다. 병을 고쳐준다며 다수인이 피해자를 꼼짝 못하게 한 후 손과 발 등으로 때리고 밟는 행위는 악귀를 물리쳐 병을 낫게 한다는 목적이 있었다고 하더라도 지나치게 위험하고 비과학적이며, 그간 다수의 안수기도 사망사건 발생이 보도되었는데도 위험한 종교의식을 한 것이므로 용서받지 못한다.

한편 목사가 안수기도를 하는 것은 폭행치사죄로 처벌하는 반면, 정신병 증세가 있던 피고인이 노모의 병 치료를 위해 안수기도를 하다가 모를 사망케 한 것에 대해서는 존속폭행치사죄(무기 또는 5년 이상의 징역) 대신 존속살해죄(무기 또는 7년 이상의 징역)로 처벌하는 실무례가 있는데,[1025] 이는 다르지 않은 사안에서 고의를 다르게 인정한 것으로 형평에 반하고, 경솔한 처사다. 5년 이상의 법정형은 감경되어 집행유예를 선고받을 수 있지만, 7년 이상의 법정형에 해당하면 2중 감경을 받지 않는 한 실형이 선고되므로 피고인에게 가혹하기까지 하다.

[29] 협박죄

제283조(협박, 존속협박) ① 사람을 협박한 자는 3년 이하의 징역, 500만원 이하의 벌금, 구류 또는 과료에 처한다.

② 자기 또는 배우자의 직계존속에 대하여 제1항의 죄를 범한 때에는 5년 이하의 징역 또는 700만원 이하의 벌금에 처한다.

③ 제1항 및 제2항의 죄는 피해자의 명시한 의사에 반하여 공소를 제기할 수 없다.

1025) 대구고등법원 2015. 11. 19, 선고 2015노501 판결.

第284조(특수협박) 단체 또는 다중의 위력을 보이거나 위험한 물건을 휴대하여 전조제1항, 제2항의 죄를 범한 때에는 7년 이하의 징역 또는 1천만원 이하의 벌금에 처한다.
第285조(상습범) 상습으로 제283조제1항, 제2항 또는 전조의 죄를 범한 때에는 그 죄에 정한 형의 2분의 1까지 가중한다.
第286조(미수범) 전3조의 미수범은 처벌한다.

1. 의의, 성격

해악을 고지하여 의사결정 자유를 침해하거나 공포심을 일으킬 정도의 해악을 고지하는 것이다. 전단은 학설의 침해범 성격, 후단은 판례의 위험범 성격이다.

▶ 「[1] **[다수의견]** (가) 협박죄가 성립하려면 고지된 해악의 내용이 행위자와 상대방의 성향, 고지 당시의 주변 상황, 행위자와 상대방 사이의 친숙의 정도 및 지위 등의 상호관계, 제3자에 의한 해악을 고지한 경우에는 그에 포함되거나 암시된 제3자와 행위자 사이의 관계 등 행위 전후의 여러 사정을 종합하여 볼 때에 일반적으로 사람으로 하여금 공포심을 일으키게 하기에 충분한 것이어야 하지만, 상대방이 그에 의하여 현실적으로 공포심을 일으킬 것까지 요구하는 것은 아니며, 그와 같은 정도의 해악을 고지함으로써 상대방이 그 의미를 인식한 이상, 상대방이 현실적으로 **공포심을 일으켰는지 여부와 관계없이** 그로써 구성요건은 충족되어 협박죄의 기수에 이르는 것으로 해석해야 한다.

(나) 결국, 협박죄는 사람의 의사결정의 자유를 보호법익으로 하는 **위험범**이라 봄이 상당하고, **협박죄의 미수범 처벌조항**은 해악의 고지가 현실적으로 상대방에게 도달하지 아니한 경우나, 도달은 하였으나 상대방이 이를 지각하지 못하였거나 고지된 해악의 의미를 인식하지 못한 경우 등에 **적용**될 뿐이다.

[대법관 김영란, 박일환의 반대의견] (가) 해악의 고지에 의해 현실적으로 공포심을 일으켰는지 여부나 그 정도는 사람마다 다를 수 있다고 하더라도 이를 판단할 수 없다거나 판단을 위한 객관적인 척도나 기준이 존재하지 않는다고 단정할 것은 아니며, 사람이 현실적으로 공포심을 일으켰는지 여부를 판단할 만한 객관적인 기준 및 개별 사건에서 쌍방의 입증과 그에 의하여 인정되는 구체적인 사정 등을 모두 종합하여, 당해 협박행위로 상대방이 현실적으로 공포심을 일으켰다는 점이 증명된다면 협박죄의 **기수**에 이르렀다고 인정하고, 이에 대한 증명이 부족하거나 오히려 상대방이 현실적으로 공포심을 일으키지 않았다는 점이

증명된다면 협박죄의 **미수**에 그친 것으로 인정하면 될 것이다. 기수에 이르렀는지에 대한 의문을 해결하기 어렵다고 하여 모든 경우에 기수범으로 처벌하는 것은 오히려 "의심스러울 때는 피고인의 이익으로"라는 법원칙 등 형사법의 일반원칙과도 부합하지 아니하며 형벌과잉의 우려를 낳을 뿐이다.

(나) 결국, 현행 형법의 협박죄는 **침해범**으로서 일반적으로 사람으로 하여금 공포심을 일으킬 수 있는 정도의 해악의 고지가 상대방에게 도달하여 상대방이 그 의미를 인식하고 나아가 현실적으로 공포심을 일으켰을 때에 비로소 기수에 이르는 것으로 보아야 한다.」[1026]

2. 해악의 고지

가. 협박죄에 있어서 협박이라 함은 **일반적으로 보아** 사람으로 하여금 공포심을 일으킬 수 있을 정도의 해악을 고지하는 것을 의미하고, 그러한 해악의 고지는 구체적이어서 해악의 발생이 **일응** 가능한 것으로 생각될 수 있을 정도일 것을 필요로 한다.[1027] **객관적**으로 행위자가 해악을 실현할 의사가 있다는 **인상**을 주고 상대방이 그러한 해악발생가능성을 인식하면 족하지, 해악의 현실적 발생가능성이나 현실적 실현의사는 본죄의 성립을 결정하는데 고려되지 않는다.[1028] 또 해악을 고지함으로써 상대가 그 의미를 인식한 이상 상대방이 현실적으로 공포심을 느꼈는지는 불문한다.[1029]

나. 협박죄에 있어서의 해악을 가할 것을 고지하는 행위는 통상 **언어**에 의하는 것이나 경우에 따라서는 한마디 말도 없이 **거동**에 의하여서도 고지할 수 있다.[1030]

다. 협박의 경우 행위자가 직접 해악을 가하겠다고 고지하는 것은 물론, **제3자로 하여금 해악을 가하도록 하겠다는 방식**으로도 해악의 고지는 얼마든지 가능하지만, 이 경우 고지자가 제3자의 행위를 사실상 지배하거나 제3자에게 영향을 미칠 수 있는 지위에 있는 것으로 믿게 하는 명시적·묵시적 언동을 하

1026) 대법원 2007. 9. 28, 선고 2007도606 전원합의체 판결.
1027) 대법원 1995. 9. 29, 선고 94도2187 판결; 대법원 1998. 3. 10, 선고 98도70 판결; 대법원 2003. 1. 10, 선고 2000도5716 판결.
1028) 이재상·장영민·강동범, 형법각론, 제10판 보정판, 박영사, 2017, 116-117면.
1029) 대법원 2007. 9. 28, 선고 2007도606 전원합의체 판결.
1030) 대법원 1975. 10. 7, 선고 74도2727 판결.

였거나 제3자의 행위가 고지자의 의사에 의하여 **좌우될 수 있는 것**으로 상대방이 인식한 경우에 한하여 비로소 고지자가 직접 해악을 가하겠다고 고지한 것과 마찬가지의 행위로 평가할 수 있고, 만약 고지자가 위와 같은 명시적·묵시적 언동을 하거나 상대방이 위와 같이 인식을 한 적이 없다면 비록 상대방이 현실적으로 외포심을 느꼈다고 하더라도 이러한 고지자의 행위가 협박죄를 구성한다고 볼 수는 없다.[1031]

라. 협박죄에서 협박이란 일반적으로 보아 사람으로 하여금 공포심을 일으킬 정도의 해악을 고지하는 것을 의미하며, 그 고지되는 해악의 내용, 즉 침해하겠다는 법익의 종류나 법익의 향유 주체 등에는 아무런 제한이 없다. 따라서 피해자 본인이나 그 친족뿐만 아니라 그 밖의 **'제3자'에 대한 법익 침해를 내용으로 하는 해악을 고지하는 것이라고 하더라도** 피해자 본인과 제3자가 밀접한 관계에 있어 그 해악의 내용이 피해자 본인에게 공포심을 일으킬 만한 정도의 것이라면 협박죄가 성립할 수 있다.[1032] 이 때 '제3자'에는 자연인뿐만 아니라 법인도 포함된다 할 것인데, 피해자 본인에게 법인에 대한 법익을 침해하겠다는 내용의 해악을 고지한 것이 피해자 본인에 대하여 공포심을 일으킬 만한 정도가 되는지 여부는 고지된 해악의 구체적 내용 및 그 표현방법, 피해자와 법인의 관계, 법인 내에서의 피해자의 지위와 역할, 해악의 고지에 이르게 된 경위, 당시 법인의 활동 및 경제적 상황 등 여러 사정을 종합하여 판단해야 한다.[1033]

협박 인정사례

◉ 피고인이 피해자인 누나의 집에서 갑자기 온 몸에 연소성이 높은 고무놀을 바르고 라이타 불을 켜는 동작을 하면서 이를 말리려는 피해자 등에게 가위, 송곳을 휘두르면서 "방에 불을 지르겠다" "가족 전부를 죽여버리겠다"고 소리쳤고, 피해자가 피고인의 행위를 약 1시간가량 말렸으나 듣지 아니하여 무섭고 두려워서 신고를 하였다면, 피고인의 행위는 피해자 등에게 공포심을 일으키기에 충분할 정도의 해악을 고지한 것이고, 나아가 피고인에게 실제로 피해자 등의 신체에

1031) 대법원 2006. 12. 8, 선고 2006도6155 판결.
1032) 대법원 2012. 8. 17, 선고 2011도10451 판결.
1033) 대법원 2010. 7. 15, 선고 2010도1017 판결.

위해를 가할 의사나 불을 놓을 의사가 없었다고 할지라도 위와 같은 해악을 고지한다는 점에 대한 인식, 인용은 있었다고 봄이 상당하고, 피해자가 그 이상의 행동에 이르지 못하도록 막은 바 있다 해도 피고인의 행위가 단순한 감정적 언동에 불과하거나 가해의 의사가 없음이 객관적으로 명백한 경우에 해당한다고는 볼 수 없다.[1034] ◉ 피고인은 21:00경 피고인의 집 앞에서 피해자와 사소한 문제로 시비하다가 동인이 자기 집으로 돌아가자 피고인은 동인을 따라서 그 집 마당까지 가서 그 곳에서 소지 중이던 위험한 물건인 가위로 목을 찌를 듯이 동인을 겨누었다면 신체에 대하여 위해를 가할 고지로 못 볼 바 아니다.[1035] ◉ 피고인이 정보과 소속 경찰관의 지위에 있음을 내세우면서 빨리 변제하지 않으면 상부에 보고하여 문제를 삼겠다고 이야기한 것은, 객관적으로 보아 사람으로 하여금 공포심을 일으키게 하기에 충분한 정도의 해악의 고지에 해당한다고 볼 것이므로, 피해자가 그 취지를 인식하였음이 명백한 이상 현실적으로 피해자가 공포심을 일으켰는지 여부와 무관하게 협박죄의 기수에 이르렀다.[1036] ◉ 피고인은 피해자와 횟집에서 술을 마시던 중 피해자가 모래 채취에 관하여 항의하는 데에 화가 나서, 횟집 주방에 있던 회칼 2자루를 들고 나와 죽어버리겠다며 자해하려고 한 행위는 단순한 자해행위 시늉에 불과한 것이 아니라 피고인의 요구에 응하지 않으면 피해자에게 어떠한 해악을 가할 듯한 위세를 보인 행위로서 협박에 해당한다고도 볼 수 있다.[1037] ◉ 피고인이 피해자의 장모가 있는 자리에서 서류를 보이면서 "피고인의 요구를 들어주지 않으면 서류를 세무서로 보내 **세무조사를 받게** 하여 피해자를 망하게 하겠다"라고 말하여 피해자의 장모로 하여금 피해자에게 위와 같은 사실을 전하게 하고, 그 다음날 피해자의 처에게 전화를 하여 "며칠 있으면 국세청에서 조사가 나올 것이니 그렇게 아시오"라고 말한 경우, 위 각 행위는 협박죄에 있어서 해악의 고지에 해당한다.[1038] ◉ 채권추심 회사의 지사장이 회사로부터 자신의 횡령행위에 대한 민·형사상 책임을 추궁당할 지경에 이르자 이를 모면하기 위하여 회사 본사에 '회사의 내부비리 등을 금융감독원 등 **관계 기관에 고발**하겠다'는 취지의 서면을 보내는 한편, 위 회사 경영지원본부장이자 상무이사에게 전화를 걸어 자신의 횡령행위를 문제삼지 말라고 요구하면서 위 서면의 내용과 같은 취지로 발언한 것은 피해자와 회사의 관계, 당시 회사의 상황, 피고인이 위와 같은 행위에 이르게 된 경위 및 동기, 피해자에게 고지한 내용 및 그 표현방법 등을 종합할 때, 피해자인 상무이사에 대한 협박이 된

1034) 대법원 1991. 5. 10, 선고 90도2102 판결.
1035) 대법원 1975. 10. 7, 선고 74도2727 판결.
1036) 대법원 2007. 9. 28, 선고 2007도606 전원합의체 판결.
1037) 대법원 2011. 1. 27, 선고 2010도14316 판결.
1038) 대법원 2007. 6. 1, 선고 2006도1125 판결.

다.[1039] ◉ 피고인 1는, 검찰에서 공소외 회사의 직원들을 증인으로 신청하지도 않았는데도 그 직원들이 자진하여 나왔으니 공소외 회사에 대하여 다시 광고중단 압박을 하겠다는 취지로 이야기하면서 피해자에게 '두고보자'는 등의 협박적 언사와 함께 욕설 등을 하고, 이러한 상황을 인식한 피고인 2도 이에 가세하여 피해자의 얼굴을 향해 양 주먹을 휘둘러 겁을 주면서 팔꿈치로 피해자의 목을 미는 등의 행위를 한 사실을 알 수 있고, 피고인들의 이 같은 행위는 피해자가 수사기관에서 한 진술과 법정에서 곧 하려는 증언에 대하여 보복의 목적으로 폭행, 협박한 것으로 볼 수 있으므로, 이 사건 공소사실을 유죄로 인정한 제1심판결을 유지한 원심의 판단은 정당하다. 거기에 상고이유 제1점에서 주장하는 바와 같은 특가법 제5조의9 제2항의 보복의 목적에 관한 법리오해 등의 위법이 없다. 나아가 상고이유 제2 내지 4점에 대하여 보더라도, 원심이 피고인들의 행위가 폭행죄 및 협박죄에 해당하고 피고인들에게 공동가공의 의사가 있었다고 판단한 것은 정당하고, 거기에 상고이유 주장과 같이 논리와 경험의 법칙을 위반하여 자유심증주의의 한계를 벗어나거나 폭행죄, 협박죄, 공모공동정범 등에 관한 법리를 오해한 위법이 없다.[1040]

협박 부정사례

◉ 피고인이 혼자 술을 마시던 중 갑 정당이 국회에서 예산안을 강행처리하였다는 것에 화가 나서 공중전화를 이용하여 경찰서에 여러 차례 전화를 걸어 전화를 받은 각 경찰관에게 경찰서 관할구역 내에 있는 갑 정당의 당사를 폭파하겠다는 말을 한 것은 어디까지나 피고인이 갑 정당에 관한 해악을 고지한 것에 불과하고 각 경찰관 개인에 관한 해악을 고지하였다고 할 수 없고, 갑 정당과 각 경찰관 개인은 서로 밀접한 관계에 있다고 보기 어려워 갑 정당에 대한 해악의 고지가 경찰관 개인에게 공포심을 일으킬 수 없는 경우의 협박전화,[1041] ◉ "앞으로 수박이 없어지면 네 책임으로 한다"고 말하였다고 하더라도 그것만으로는 구체적으로 어떠한 법익에 어떠한 해악을 가하겠다는 것인지를 알 수 없어 이를 해악의 고지라고 보기 어렵고, 가사 다소간의 해악의 고지에 해당한다고 가정하더라도 위법성이 없다.[1042] ◉ 피해자의 처와 통화하기 위하여 야간에 피해자의 집에 여러차례 전화를 하여 피해자가 전화를 받으면 20분 내지 30분 동안 아무말도 하지 않고 있다가 전화를 끊어 버리거나 어떤 때는 "한번 만나자, 나한테

1039) 대법원 2010. 7. 15, 선고 2010도1017 판결.
1040) 대법원 2013. 6. 14, 선고 2009도12055 판결.
1041) 대법원 2012. 8. 17, 선고 2011도10451 판결.
1042) 대법원 1995. 9. 29, 선고 94도2187 판결.

자신 있나"등의 말을 한 정도로는 피해자로 하여금 의구심을 가지게 하여 심적인 고통을 가하거나 분노를 일으키는 등 감정을 자극하는 폭언을 한 정도에 그칠 뿐 피해자의 생명이나 신체 등에 대하여 일정한 해악을 고지한 협박에 이른다고 볼 수 없다.[1043] ◉ 피고인이 자신과 갑 사이의 폭행 사건 재판의 증인으로 출석하여 대기하고 있던 을에게 "막말로 표현하면, 법정에 출석 시 그냥 넘어갈 수는 없다.", "증인 출석을 하면 나는 그냥 넘어가지는 않겠다."라고 말했다 하더라도, 피고인의 직장동료 갑이 피고인을 폭행하여 상해를 입게 하고 협박하였다는 범죄사실로 기소된 형사 사건에서 피고인과 을이 증인으로 출석하게 되었고, 피고인은 법정 앞 로비에서 대화 내용을 녹음하면서 을 및 직장동료 병, 정과 대화를 나누던 중 을에게 위와 같은 말을 하였는데, 피고인이 을에게 증언을 하지 못하도록 적극적으로 종용하였다기보다는 오히려 자신의 억울함을 토로하는 상황이었고, 대화를 나누면서 고성·욕설이 있었거나 분위기가 험악하였던 것도 아니며, 을이나 병, 정은 피고인의 말에 별다른 반응을 보이지 않은 점 등을 종합하면, 피고인이 위와 같은 말을 한 것은 단순한 폭언에 불과할 뿐 협박죄가 성립할 수 있는 정도의 구체적인 해악을 고지한 것으로 보기 어렵다.[1044] ◉ 피해자와 언쟁 중 "입을 찢어 버릴라"라고 한 말은 당시의 주위사정 등(원심이 인정한 피해자와의 관계, 피고인이 그와 같은 폭언을 하게 된 동기와 그 당시의 주의사정 등)에 비추어 단순한 감정적인 욕설에 불과하고 피해자에게 해악을 가할 것을 고지한 행위라고 볼 수 없어 협박에 해당하지 않는다.[1045] ◉ 피고인이 자신의 동거남과 성관계를 가진 바 있던 피해자에게 "사람을 사서 쥐도 새도 모르게 파묻어버리겠다. 너까지 것 쉽게 죽일 수 있다."라고 말한 것은 언성을 높이면서 말다툼으로 흥분한 나머지 단순히 감정적인 욕설 내지 일시적 분노의 표시를 한 것에 불과하고 해악을 고지한다는 인식을 갖고 한 것이라고 보기 어렵다.[1046]

3. 객체

자연인만이 협박의 객체가 되고, 법인은 포함되지 않는다. 협박죄는 사람의 의사결정의 자유를 보호법익으로 하는 범죄로서 형법규정의 체계상 개인적 법익, 특히 사람의 자유에 대한 죄 중 하나로 구성되어 있는바, 위와 같은 협박죄의 보호법익, 형법규정상 체계, 협박의 행위 개념 등에 비추어 볼 때, 협박죄는 자연인만을 그 대상으로 예정하고 있을 뿐 법인은 협박죄의 객체가 될 수

1043) 부산지방법원 1985. 7. 5, 선고 85노638 제2형사부 판결 : 상고.
1044) 청주지방법원 2016. 5. 19, 선고 2016노69 판결 : 상고.
1045) 대법원 1986. 7. 22, 선고 86도1140 판결.
1046) 대법원 2006. 8. 25, 선고 2006도546 판결.

없다.[1047]

해악고지에 의해 공포심을 일으킬 만한 정신능력이 있는 자를 상대로 한 해악의 고지만이 협박이 되므로, 갓난아기에게 협박하는 것은 본죄가 성립할 수 없다.[1048]

4. 고의

주관적 구성요건으로서의 고의는 행위자가 그러한 정도의 해악을 고지한다는 것을 인식, 인용하는 것을 그 내용으로 하고 고지한 해악을 실제로 실현할 의도나 욕구는 필요로 하지 아니하고, 다만 행위자의 언동이 단순한 감정적인 욕설 내지 일시적 분노의 표시에 불과하여 주위사정에 비추어 가해의 의사가 없음이 객관적으로 명백한 때에는 협박행위 내지 협박의 의사를 인정할 수 없으나 위와 같은 의미의 **협박행위 내지 협박의사가 있었는지의 여부는 행위의 외형뿐만 아니라 그러한 행위에 이르게 된 경위, 피해자와의 관계 등 주위상황을 종합**적으로 고려하여 판단해야 할 것이다.[1049] 따라서 피고인이 자신의 동거남과 성관계를 가진 바 있던 피해자에게 "사람을 사서 쥐도 새도 모르게 파묻어버리겠다. 너까지 것 쉽게 죽일 수 있다."라고 말한 것은 언성을 높이면서 말다툼으로 흥분한 나머지 단순히 감정적인 욕설 내지 일시적 분노의 표시를 한 것에 불과하고 해악을 고지한다는 인식을 갖고 한 것이라고 보기 어렵다.[1050]

5. 위법성

해악의 고지가 있다 하더라도 그것이 사회의 관습이나 윤리관념 등에 비추어 볼 때에 사회통념상 용인할 수 있을 정도의 것이라면 협박죄는 성립하지 않는다.[1051]

1047) 대법원 2010. 7. 15, 선고 2010도1017 판결.

1048) 이재상·장영민·강동범, 형법각론, 제10판 보정판, 박영사, 2017, 116면; 김일수·서보학, 새로쓴 형법각론, 제9판, 박영사, 2018, 98면.

1049) 대법원 1991. 5. 10, 선고 90도2102 판결.

1050) 대법원 2006. 8. 25, 선고 2006도546 판결.

1051) 대법원 1998. 3. 10, 선고 98도70 판결.

가. 권리행사와 협박

사회상규에 반하여 위법한 사례 1.

▶ 「협박죄에 있어서의 협박이라 함은 사람으로 하여금 공포심을 일으킬 수 있을 정도의 해악을 고지하는 것을 말하고 협박죄가 성립하기 위하여는 적어도 발생 가능한 것으로 생각될 수 있는 정도의 구체적인 해악의 고지가 있어야 하며, 해악의 고지가 있다 하더라도 그것이 사회의 관습이나 윤리관념 등에 비추어 사회통념상 용인될 정도의 것이라면 협박죄는 성립하지 않으나, 이러한 의미의 협박행위 내지 협박의 고의가 있었는지 여부는 행위의 외형뿐 아니라 그러한 행위에 이르게 된 경위, 피해자와의 관계 등 전후 상황을 종합하여 판단해야 할 것이다.[1052] 그리고 채권자가 채권추심을 위하여 독촉 등 권리행사에 필요한 행위를 할 수 있기는 하지만, 법률상 허용되는 정당한 **절차**에 의한 것이어야 하며, 또한 채무자의 자발적 이행을 촉구하기 위해 필요한 **범위** 안에서 **상당**한 방법으로 그 권리가 행사되어야 한다.

원심이 확정한 사실관계에 의하면, 사채업자인 피고인은 피해자에게, 채무를 변제하지 않으면 피해자가 숨기고 싶어 하는 과거의 행적과 사채를 쓴 사실 등을 남편과 시댁에 알리겠다는 등의 문자메시지를 발송하였다는 것인바, 이는 피해자에게 공포심을 일으키기에 충분하다고 보아야 할 것이고, 그 밖에 피고인이 고지한 해악의 구체적인 내용과 표현방법, 피고인이 피해자에게 위와 같은 해악을 고지하게 된 경위와 동기 등 제반 사정 등을 종합하면, 피고인에게 협박의 고의가 있었음을 충분히 인정할 수 있으며, 피고인이 정당한 절차와 방법을 통해 그 권리를 행사하지 아니하고 피해자에게 위와 같이 해악을 고지한 것이 사회의 관습이나 윤리관념 등 사회통념에 비추어 용인할 수 있는 정도의 것이라고 볼 수는 없다. 원심이 같은 취지에서 이 사건 공소사실을 유죄로 인정하는 한편 위와 같은 행위가 정당행위에 해당한다는 피고인의 주장을 배척한 것은 정당하고, 거기에 협박죄 및 정당행위에 관한 법리를 오해한 위법은 없으며, 그 밖에 원심의 사실인정을 탓하는 취지의 주장은 적법한 상고이유가 되지 못한다.」[1053]

사회상규에 반하여 위법한 사례 2.

▶ 「…(전략) 다. 정당행위에 해당한다는 주장에 대하여

권리행사나 직무집행의 일환으로 상대방에게 일정한 해악의 고지를 한 경우,

1052) 대법원 1991. 5. 10, 선고 90도2102 판결; 대법원 2005. 3. 25, 선고 2005도329 판결.
1053) 대법원 2011. 5. 26, 선고 2011도2412 판결.

그 해악의 고지가 정당한 권리행사나 직무집행으로서 사회상규에 반하지 아니하는 때에는 협박죄가 성립하지 아니하나, **외관상** 권리행사나 직무집행으로 보이는 경우에도 그것이 **실질적으로** 권리나 직무권한의 남용이 되어 사회상규에 반하는 때에는 협박죄가 성립한다고 보아야 할 것인바, 구체적으로는 그 해악의 고지가 정당한 목적을 위한 상당한 수단이라고 볼 수 있는 경우라면 위법성이 조각된다고 할 것이지만, 위와 같은 관련성이 인정되지 아니하는 경우에는 그 위법성이 조각되지 아니한다.

원심판결 이유에 의하면, 피해자로부터 돈을 돌려받지 못해 걱정하고 있는 공소외 2를 친구의 부탁으로 상담차 만난 피고인은 공소외 2로부터 그가 처한 상황에 관한 설명을 듣고 그 자리에서 피해자에게 전화를 걸어 자신이 정보과 형사라고 신분을 밝힌 다음 공소외 2가 집안 동생이라고 거짓말을 하면서 공소외 2의 돈을 빨리 안 해 주면 상부에 보고하여 문제를 삼겠다고 말한 사실, 당시 피고인은 피해자와 공소외 2 사이의 금전거래로 인한 사건을 정식으로 수사하거나 내사하는 상황이 아니었을 뿐만 아니라 범죄 혐의에 대한 뚜렷한 의심도 갖기 이전이었던 사실을 알 수 있다.

이에 의하면, 우선 피고인이 피해자에게 고지한 해악의 내용은 피고인이 경우에 따라 소속기관에 보고하여 문제삼을 수도 있다는 취지여서 **외관상**으로는 직무집행의 의사가 있음을 피력한 것에 지나지 아니하며, 그 목적 역시 피해자의 공소외 2에 대한 채무의 조속한 변제 혹은 피해 변상에 있었던 것으로 보여 그 자체로 위법하다거나 부당한 것이라고는 볼 수 없다 하더라도, 경찰공무원복무규정 제10조(민사분쟁에의 부당개입금지)에서 "경찰공무원은 직위 또는 직권을 이용하여 부당하게 타인의 민사분쟁에 개입하여서는 아니 된다."고 규정하고 있는 점과 피해자의 범죄혐의가 드러나기 이전이라는 당시의 상황에 비추어 보면, 피해자의 공소외 2에 대한 채무의 변제나 피해 변상 여부에 따라 직무집행 여부를 결정할 의사를 갖고 있다는 취지의 해악의 고지는, 정당한 직무집행의 일환으로 평가할 수 없을 뿐 아니라, 그 목적 달성을 위한 상당한 수단으로 인정할 수도 없다 할 것이다. 따라서 위와 같은 해악의 고지가 경찰관으로서의 정당한 업무상의 행위라거나 사회상규에 반하지 아니하는 행위라고 볼 수는 없으므로, 같은 취지의 원심 판단은 정당하고, 거기에 정당행위에 관한 법리를 오해한 위법이 있다고 할 수 없다.」[1054]

1054) 대법원 2007. 9. 28, 선고 2007도606 전원합의체 판결.

사회상규에 반하여 위법한 사례 3.

▶「채권추심 회사의 지사장이 회사로부터 자신의 횡령행위에 대한 민·형사상 책임을 추궁당할 지경에 이르자 이를 모면하기 위하여 회사 본사에 '회사의 내부비리 등을 금융감독원 등 관계 기관에 고발하겠다'는 취지의 서면을 보내는 한편, 위 회사 경영지원본부장이자 상무이사에게 전화를 걸어 자신의 횡령행위를 문제 삼지 말라고 요구하면서 위 서면의 내용과 같은 취지로 발언한 것은 피해자와 회사의 **관계**, 당시 회사의 **상황**, 피고인이 위와 같은 행위에 이르게 된 **경위 및 동기**, 피해자에게 고지한 **내용** 및 그 **표현방법** 등을 종합할 때, 피해자인 상무이사에 대한 협박이 되고, 피고인에게 협박의 고의가 있었음을 충분히 인정할 수 있으며, 비록 피고인이 횡령죄로 기소된 부분에 관하여 원심에서 보관자의 지위에 있지 않다는 이유로 무죄를 선고받아 이 부분 판결이 확정되기는 하였지만, 회사에 대하여 정당한 절차와 방법을 통해 자신의 무고함을 주장하는데 그치지 않고 피해자를 상대로 그와 무관한 회사의 내부 비리 등을 고발하겠다는 내용의 해악을 고지한 것은 관습이나 윤리관념 등 사회통념에 비추어 용인할 수 있는 정도의 것이라고는 볼 수 없다.」[1055)]

사회상규상 용인되는 사례

▶「해악의 고지가 있다 하더라도 그것이 사회의 관습이나 윤리관념 등에 비추어 볼 때에 사회통념상 용인할 수 있을 정도의 것이라면 협박죄는 성립하지 아니한다.…(중략) 제1심 공동피고인이 피해자 1과 피해자 2에게 한 말 역시 "공소외 1을 찾아내어 피고인을 유혹하여 부정한 행위를 한 데에 대하여 사과하게 하라."는 것을 요구하며, 그 뜻을 강조하기 위하여 고소를 하겠다거나, 시집가는 데에 방해를 하겠다는 등의 언사를 한 것으로 볼 수 있으며, 공소외 1의 앞서 본 부정한 행동과 모순된 태도에 비추어 보면 제1심 공동피고인의 위와 같은 요구에 수반된 위와 같은 해악의 고지는 사회통념상 이를 용인해야 할 것으로 볼 소지가 있다. 결국 원심이 위에 적은 각 언사를 모두 협박죄로 인정한 것은 협박죄에 대한 법리를 오해하거나 심리를 다하지 아니한 위법이 있다 할 것이다. 이 점을 지적하는 취지가 담긴 피고인의 논지는 이유가 있다.」[1056)]

나. 친권행사와 협박

친권자는 자를 보호하고 교양할 권리의무가 있고(민법 제913조) 그 자(子)를

1055) 대법원 2010. 7. 15, 선고 2010도1017 판결.
1056) 대법원 1998. 3. 10, 선고 98도70 판결.

보호 또는 교양하기 위하여 필요한 징계를 할 수 있기는 하지만(민법 제915조) 인격의 건전한 육성을 위하여 필요한 범위 안에서 상당한 방법으로 행사되어야만 할 것인데, 원심이 확정한 사실관계에 의하면 스스로의 감정을 이기지 못하고 야구방망이로 때릴 듯이 피해자에게 "죽여 버린다."고 말하여 협박하는 것은 그 자체로 피해자의 인격 성장에 장해를 가져올 우려가 커서 이를 교양권의 행사라고 보기도 어렵다.[1057]

다. 취재과정의 협박

▶「신문은 헌법상 보장되는 언론자유의 하나로서 정보원에 대하여 자유로이 접근할 권리와 취재한 정보를 자유로이 공표할 자유를 가지므로(신문 등의 진흥에 관한 법률 제3조 제2항 참조), 종사자인 신문기자가 기사 작성을 위한 자료를 수집하기 위해 취재활동을 하면서 취재원에게 취재에 응해줄 것을 요청하고 취재한 내용을 관계 법령에 저촉되지 않는 범위 내에서 보도하는 것은 신문기자의 일상적 업무 범위에 속하는 것으로서, 특별한 사정이 없는 한 사회통념상 용인되는 행위라고 보아야 한다.

신문기자인 피고인이 고소인에게 2회에 걸쳐 증여세 포탈에 대한 취재를 요구하면서 이에 응하지 않으면 자신이 취재한 내용대로 보도하겠다고 말하여 협박하였다는 취지로 기소되었고,[1058] 원심은 그 채용 증거에 의하여 피고인이 공소사실과 같이 고소인을 협박한 사실을 인정한 다음, 피고인의 그러한 행위는 취재요구의 과정과 방법, 피고인과 고소인의 관계, 취재대상의 내용에 비추어 볼 때 사회통념상 용인되는 정당행위라고 할 수 없다고 보아 피고인에 대하여 유죄를 선고했다.

그러나 피고인이 취재와 보도를 빙자하여 고소인에게 부당한 요구를 하기 위한 취지는 아니었던 점, 당시 피고인이 고소인에게 취재를 요구하였다가 거절당하자 인터뷰 협조요청서와 서면질의 내용을 그 자리에 두고 나왔을 뿐 폭언을 하거나 보도하지 않는 데 대한 대가를 요구하지 않은 점, 관할 세무서가 피고인의 제보에 따라 탈세 여부를 조사한 후 증여세를 추징하였다고 피고인에게 통지한 점, 고소인에게 불리한 사실을 보도하는 경우 기자로서 보도에 앞서 정확한 사실 확인과 보도 여부 등을 결정하기 위해 취재 요청이 필요했으리라고 보이는 점 등 제반 사정에 비추어, 위 행위가 설령 협박죄에서 말하는 해악의 고지에 해

1057) 대법원 2002. 2. 8, 선고 2001도6468 판결.
1058) 대법원 2011. 7. 14, 선고 2011도639 판결.

당하더라도 특별한 사정이 없는 한 기사 작성을 위한 자료를 수집하고 보도하기 위한 것으로서 신문기자의 일상적 업무 범위에 속하여 사회상규에 반하지 아니하는 행위라고 보는 것이 타당한데도, 이와 달리 본 원심판단에 정당행위에 관한 법리오해의 위법이 있다.」[1059]

6. 기수시기, 미수

협박죄가 성립하려면 고지된 해악의 내용이 행위자와 상대방의 성향, 고지 당시의 주변 상황, 행위자와 상대방 사이의 친숙의 정도 및 지위 등의 상호관계 등 행위 전후의 여러 사정을 종합하여 볼 때에 일반적으로 사람으로 하여금 공포심을 일으키게 하기에 충분한 것이어야 하지만, 상대방이 그에 의하여 현실적으로 공포심을 일으킬 것까지 요구되는 것은 아니며, 그와 같은 정도의 해악을 고지함으로써 상대방이 그 의미를 인식한 이상, 상대방이 현실적으로 공포심을 일으켰는지 여부와 관계없이 그로써 구성요건은 충족되어 협박죄의 기수에 이르는 것으로 해석해야 한다.[1060]

우리 형법은 제286조에서 협박죄의 미수범을 처벌하는 조항을 두고 있으나 미수범 처벌조항이 있다 하여 반드시 침해범으로 해석할 것은 아니며, 지극히 주관적이고 복합적이며 종종 무의식의 영역에까지 걸쳐 있는 상대방의 정서적 반응을 객관적으로 심리·판단하는 것이 현실적으로 불가능에 가깝고, 상대방이 과거 자신의 정서적 반응이나 감정상태를 회고하여 표현한다 하여도 공포심을 일으켰는지 여부의 의미나 판단 기준이 사람마다 다르며 그 정도를 측정할 객관적 척도도 존재하지 아니하는 점 등에 비추어 보면, 상대방이 현실적으로 공포심을 일으켰는지 여부에 따라 기수 여부가 결정되는 것으로 해석하는 것은 적절치 아니하므로, 결국 협박죄는 사람의 의사결정의 자유를 보호법익으로 하는 **위험범**이라 봄이 상당하고, 위 미수범 처벌조항은 해악의 고지가 현실적으로 상대방에게 도달하지 아니한 경우나, 도달은 하였으나 전혀 지각하지 못한 경우, 혹은 고지된 해악의 의미를 상대방이 인식하지 못한 경우 등에 적용될 뿐이라 할 것이다.[1061]

1059) 대법원 2011. 7. 14, 선고 2011도639 판결.

1060) 대법원 2007. 9. 28, 선고 2007도606 전원합의체 판결; 대법원 2011. 1. 27, 선고 2010도14316 판결.

1061) 대법원 2007. 9. 28, 선고 2007도606 전원합의체 판결.

7. 죄수

가. 피고인이 판시 슈퍼마켓사무실에서 식칼을 들고 피해자를 협박한 행위와 식칼을 들고 매장을 돌아다니며 손님을 내쫓고 영업을 방해한 행위는 별개의 행위라 할 것이고 피고인이 판시 슈퍼마켓의 점장으로 근무한 일이 있었다 하여도 판시와 같이 그 점포의 영업을 방해하였다면 그것은 점장인 피고인의 업무가 아니라 경영주의 업무를 방해하였다 할 것이며 피고인의 판시 업무방해행위는 정당한 노동쟁의행위라고는 보여지지 아니한다.[1062]

나. 원심이 유지한 제1심판결에 의하면 제1심은 피고인이 그 판시와 같은 경위로 위험한 물건인 **소주병으로 피해자의 머리를 1회 쳐서 상해를 가하고** 또 **흉기인 가위로써 동 피해자를 찔러 죽인다고 협박**을 하였다는 사실을 인정한 다음 피고인의 소위를 폭력행위등처벌에관한법률 제3조 제1항 제2호 제1항, 형법 제257조 제1항(상해), 제283조 제1항(협박) 죄의 경합범으로 보고 피고인을 다스리고 있다. 그러나 위 협박사실 행위라는 것은 피고인에게 인정된 위 상해사실과 같은 시간 같은 장소에서 동일한 피해자에게 가해진 것임이 명백하여 달리 특별한 사정이 있었음을 찾아볼 수 없는 본건에 있어서는 상해의 단일범의 하에서 이루어진 하나의 폭언에 불과하여 위 상해죄에 포함되는 행위라고 봄이 상당하다 할 것이다. 그렇다면 위의 행위를 두 가지 죄로 보고 피고인을 경합범으로 가중처벌하고 있는 제1심판결을 그대로 유지한 원심판결은 결국 경합범에 관한 법리를 오해하여 판결에 영향을 미친 위법이 있다고 아니할 수 없다.[1063]

8. 반의사불벌죄

협박죄와 존속협박죄는 반의사불벌죄이므로(제283조 제3항), 합의서가 제출되면 공소권없음 처분으로 사건을 종결하고 재판에까지 도달되지 않는다.

9. 수사·재판의 고소인 또는 참고인에게 보복의 목적으로 협박하면 특가법에 따라 가중처벌된다.[1064]

1062) 대법원 1991. 1. 29, 선고 90도2445 판결.

1063) 대법원 1976. 12. 14, 선고 76도3375 판결.

1064) 특정범죄가중처벌등에관한법률 제5조의9(보복범죄의 가중처벌 등) ① 자기 또는 타인의 형사사건의 수사 또는 재판과 관련하여 고소·고발 등 수사단서의 제공, 진술, 증언 또는 자료제출에 대한 보복의 목적으로 「형법」 제250조 제1항의 죄를 범한 사람은 사형, 무기 또는

▶ 「피고인 1는, 검찰에서 공소외 회사의 직원들을 증인으로 신청하지도 않았는데도 그 직원들이 자진하여 나왔으니 공소외 회사에 대하여 다시 광고중단 압박을 하겠다는 취지로 이야기하면서 피해자에게 '두고 보자'는 등의 협박적 언사와 함께 욕설 등을 하고, 이러한 상황을 인식한 피고인 2도 이에 가세하여 피해자의 얼굴을 향해 양 주먹을 휘둘러 겁을 주면서 팔꿈치로 피해자의 목을 미는 등의 행위를 한 사실을 알 수 있고, 피고인들의 이 같은 행위는 피해자가 수사기관에서 한 진술과 법정에서 곧 하려는 증언에 대하여 보복의 목적으로 폭행, 협박한 것으로 볼 수 있으므로, 이 사건 공소사실을 유죄로 인정한 제1심판결을 유지한 원심의 판단은 정당하다. 거기에 상고이유 제1점에서 주장하는 바와 같은 특가법 제5조의9 제2항의 보복의 목적에 관한 법리오해 등의 위법이 없다. 나아가 상고이유 제2 내지 4점에 대하여 보더라도, 원심이 피고인들의 행위가 폭행죄 및 협박죄에 해당하고 피고인들에게 공동가공의 의사가 있었다고 판단한 것은 정당하고, 거기에 상고이유 주장과 같이 논리와 경험의 법칙을 위반하여 자유심증주의의 한계를 벗어나거나 폭행죄, 협박죄, 공모공동정범 등에 관한 법리를 오해한 위법이 없다.」[1065)]

10. 단체다중의 위력이나 위험한 물건을 이용하면 특수협박죄가 성립하고,[1066)] 2명 이상이 공동하여 협박하면 폭처법 제2조 제2항 제1호에 따라 형법이 정한 형의 1/2까지 가중처벌한다.

특수협박과 공동협박은 반의사불벌죄가 아니므로, 합의서가 제출되더라도 수사는 계속된다.

▶ 「폭력행위등처벌에관한법률 제2조 제2항의 '2인 이상이 공동하여 제1항의 죄를 범한 때'라고 함은 그 수인 간에 소위 공범관계가 존재하는 것을 요건으로 하고, 수인이 동일 장소에서 동일 기회에 상호 다른 자의 범행을 인식하고 이를 이용하여 범행을 한 경우임을 요한다.[1067)]

10년 이상의 징역에 처한다. 고소·고발 등 수사단서의 제공, 진술, 증언 또는 자료제출을 하지 못하게 하거나 고소·고발을 취소하게 하거나 거짓으로 진술·증언·자료제출을 하게 할 목적인 경우에도 또한 같다.

② 제1항과 같은 목적으로 「형법」 제257조 제1항·제260조 제1항·제276조 제1항 또는 **제283조 제1항의 죄**를 범한 사람은 1년 이상의 유기징역에 처한다.

1065) 대법원 2013. 6. 14, 선고 2009도12055 판결.

1066) 형법 제284조(특수협박) 단체 또는 다중의 위력을 보이거나 위험한 물건을 휴대하여 전조 제1항, 제2항의 죄를 범한 때에는 7년 이하의 징역 또는 1천만원 이하의 벌금에 처한다.

1067) 대법원 1997. 2. 14, 선고 96도1959 판결; 대법원 1996. 2. 23, 선고 95도1642 판결; 대법원 1986. 6. 10, 선고 85도119 판결.

그러나 공소사실 자체에 의하더라도 위 1.의 가.의 각 항에 기재된 협박행위는 피고인 또는 제1심 공동피고인이 단독으로 협박 범행을 하였다는 것임이 분명하고, 위 1.의 다.항에 기재된 협박행위는 제1심 공동피고인이 협박 행위를 함에 있어 피고인이 어떠한 가담행위를 하였는지 알 수 없다(피해자 2의 경찰에서의 진술에 의하면 당시 제1심 공동피고인은 피해자 2의 집 방에 들어가 피해자 2에게 이야기했고, 피고인은 피해자 2의 대문 밖에 서 있었다고 한다. 수사기록 77쪽, 79쪽 참조). 따라서 위에 적은 부분에 대하여 피고인이 제1심 공동피고인과 공동하여 각 협박죄를 저질렀다고 인정한 원심의 조치는 폭력행위등처벌에관한법률 제2조 제2항의 '2인 이상이 공동하여'의 법리를 오해한 것이거나, 이유를 갖추지 못한 위법이 있다.」[1068]

11. 정보통신을 이용한 협박행위는 정보통신망이용촉진및정보보호등에관한법률(이하 '정통법'이라 한다)에서 규정하고 있다.

▶ **정통법 제74조(벌칙)** ① 다음 각 호의 어느 하나에 해당하는 자는 1년 이하의 징역 또는 1천만원 이하의 벌금에 처한다.

3. 제44조의7 제1항 제3호[1069]를 위반하여 공포심이나 불안감을 유발하는 부호·**문언·음향**·화상 또는 영상을 반복적으로 상대방에게 도달하게 한 자

② 제1항 제3호의 죄는 피해자가 구체적으로 밝힌 의사에 반하여 공소를 제기할 수 없다.

1068) 대법원 1998. 3. 10, 선고 98도70 판결.

1069) 제44조의7(불법정보의 유통금지 등) ① 누구든지 정보통신망을 통하여 다음 각 호의 어느 하나에 해당하는 정보를 유통하여서는 아니 된다.

1. 음란한 부호·문언·음향·화상 또는 영상을 배포·판매·임대하거나 공공연하게 전시하는 내용의 정보
2. 사람을 비방할 목적으로 공공연하게 사실이나 거짓의 사실을 드러내어 타인의 명예를 훼손하는 내용의 정보
3. 공포심이나 불안감을 유발하는 부호·문언·음향·화상 또는 영상을 반복적으로 상대방에게 도달하도록 하는 내용의 정보
4. 정당한 사유 없이 정보통신시스템, 데이터 또는 프로그램 등을 훼손·멸실·변경·위조하거나 그 운용을 방해하는 내용의 정보
5. 「청소년 보호법」에 따른 청소년유해매체물로서 상대방의 연령 확인, 표시의무 등 법령에 따른 의무를 이행하지 아니하고 영리를 목적으로 제공하는 내용의 정보
6. 법령에 따라 금지되는 사행행위에 해당하는 내용의 정보

6의2. 이 법 또는 개인정보 보호에 관한 법령을 위반하여 개인정보를 거래하는 내용의 정보

7. 법령에 따라 분류된 비밀 등 국가기밀을 누설하는 내용의 정보
8. 「국가보안법」에서 금지하는 행위를 수행하는 내용의 정보
9. 그 밖에 범죄를 목적으로 하거나 교사(敎唆) 또는 방조하는 내용의 정보

가. 데이트폭력에 대한 간접적 처벌수단이 된다. 또 삼각관계에서 문자테러를 자행하다가 본조로 처벌되는 경우도 있다.

음향을 보내야 하지, 벨소리만 울리게 하는 것은 정통법 본조 행위 태양이 아님

▶ 「정보통신망이용촉진및정보보호등에관한법률(2004. 1. 29. 법률 제7142호로 개정되기 전의 것, 이하 '법'이라 한다) 제65조 제1항 제3호는, 정보통신망을 통하여 공포심이나 불안감을 유발하는 말, 음향, 글, 화상 또는 영상을 반복적으로 상대방에게 도달하게 한 자를 형사처벌하도록 규정하고 있는바, 여기의 '정보통신망'을 이 사건에서 문제된 전화기의 벨소리와 관련하여 풀이하면, 전기통신설비(전화시설)를 이용하여 음향을 송신 또는 수신하는 정보통신체계를 의미하는 것(법 제2조 제1항 제1호)이라 할 수 있으므로, 위 조항의 '정보통신망을 통하여 공포심이나 불안감을 유발하는 음향을 반복적으로 상대방에게 도달하게 한다는 것'은 상대방에게 전화를 걸어 반복적으로 음향을 보냄(송신)으로써 이를 받는(수신) 상대방으로 하여금 공포심이나 불안감을 유발케 하는 것으로 해석된다. 따라서 상대방에게 전화를 걸 때 상대방 전화기에서 울리는 '전화기의 벨소리'는 정보통신망을 통하여 상대방에게 송신된 음향이 아니므로, 반복된 전화기의 벨소리로 상대방에게 공포심이나 불안감을 유발케 하더라도 이는 법 제65조 제1항 제3호 위반이 될 수 없다 할 것이다.」[1070]

불안감을 조성하는 반복적 행위가 아니어서, 본죄 불성립 1.

▶ 「정보통신망 이용촉진 및 정보보호 등에 관한 법률 제74조 제1항 제3호, 제44조의7 제1항 제3호는 "정보통신망을 통하여 공포심이나 불안감을 유발하는 문언을 반복적으로 상대방에게 도달하게 한 자"를 처벌하고 있는바, 이 범죄는 구성요건상 위 조항에서 정한 정보통신망을 이용하여 상대방의 **불안감 등을 조성하는 일정 행위의 반복**을 필수적인 요건으로 삼고 있을 뿐만 아니라, 그 **입법취지에 비추어 보더라도** 위 정보통신망을 이용한 일련의 불안감 조성행위가 이에 해당한다고 하기 위해서는 각 행위 상호간에 일시·장소의 근접, 방법의 유사성, 기회의 동일, 범의의 계속 등 밀접한 관계가 있어 **그 전체를 일련의 반복적인 행위로 평가**할 수 있는 경우라야 이에 해당하고, 그와 같이 평가될 수 없는 **일회성 내지 비연속적인 단발성 행위가 수차 이루어진 것에 불과한 경우에는**

1070) 대법원 2005. 2. 25, 선고 2004도7615 판결.

그 문언의 구체적 내용 및 정도에 따라 협박죄나 경범죄처벌법상 불안감 조성행위 등 별개의 범죄로 처벌함은 별론으로 하더라도 위 법 위반죄로 처벌할 수는 없다.

원심은, 생명보험회사 보험설계사로 근무하면서 피해자로부터 투자금 명목으로 받은 금원을 변제하지 못해 피해자로부터 지속적으로 변제독촉을 받아 오던 피고인이 피해자의 핸드폰으로 2007. 8. 24. 01:00경 **"너 어디야 기다리고 있다. 칼로 쑤셔줄 테니까 빨리 와. 내 자식들한테 뭐라구? 내 목숨같은 딸들이다."** 라는 내용으로, 같은 달 25. 22:20경 **"당신 그 날 나 안 만난 것 잘했어. 진짜 칼 가지고 있었어. 내 자식들 얘기 잘못하면 당신은 내 손에 죽어. 장난 아냐. 명심해요. 나 자식 위해서 감옥 가는 것 하나도 안 무서워. 알았어"**라는 내용으로 각 발송한 문자메시지가 그 내용에 있어 위 법에서 정한 공포심이나 불안감을 조성하는 글에 해당한다는 이유를 들어, 위 범죄의 성립을 다투는 피고인의 주장을 배척하고 제1심의 유죄판단을 그대로 유지했다.

그러나 공소사실에 기재된 바와 같이 **하루 간격으로 피해자에게 단 두 번 문자메시지를 보낸 것**만으로는 일련의 반복적인 행위라고 단정하기 쉽지 아니할 뿐만 아니라, 위 각 문자메시지의 발송 경위와 관련하여 원심의 채택 증거에서 알 수 있는 다음과 같은 사정들, 즉 위 문자메시지 발송 이전에 피해자가 피고인에게 보낸 문자메시지 중 보관되어 있는 자료를 보면, "너는 사기꾼, 마누라는 너랑 짜고 노는 몽골도둑년, 그럼 니 딸들이 커서 이 다음에 뭐가 되겠냐?"라는 내용으로 몽고 출신인 피고인의 처 등 피고인의 가족에 대한 인신모독적·인종차별적인 험구로 일관되어 있는 점, 피고인의 진술로는 위 남아 있는 문자메시지보다 훨씬 심한 내용의 문자메시지를 피해자가 계속해서 피고인에게 보내기에 화가 나서 이 사건 각 문자메시지를 발송한 것이라고 하는바, 피해자도 경찰 진술에서 피고인의 이 사건 문자발송 직전에 피고인에게 전화를 하여 '감정적인 몇 마디를 한 사실'을 시인한 바 있고, 피고인으로부터 위 투자금을 돌려받기 위해 수시로 피고인 근무 회사에 찾아가 고성으로 거칠게 항의하는 과정에서 근거도 없이 피고인 사무실의 비서에게 피고인과 불륜관계가 아니냐고 말하기도 하였다는 것이어서, 이 사건 **각 문자메시지의 발송 경위에 관한 피고인의 위 진술은 대체로 신빙성**이 있어 보이는 점, **그와 같은 경위에 비추어 2회에 걸쳐 발송한 이 사건 각 문자메시지의 전체적인 의미는, '내 가족에게 참을 수 없는 모욕행위를 그만두지 않으면 그에 대한 보복으로 나도 위해를 가하겠다'라는 취지로 해석**될 수 있다는 점 등의 사정들을 종합하여 보면, 이 사건 각 문자메시지는 그에 앞서 있은 피해자의 피고인 가족에 대한 불법적인 모욕행위에 격분한 피고인이 피해자에게 그러한 행위의 중단을 촉구하는 차원에서 **일시적·충동적으로 다소 과격한 표현의 경고성 문구를 발송**한 것으로 볼 여지가 많고, 피해자 또한 전후 사정상 이를 알았다고 보아야 할 것이니, 이러한 피고인의 행위는 정보통신망을 이용하여 상대방의 불안감 등을 조성하기 위한 일련의 반복적인 행위에 해당한다고 인정하기에 충분하지 않다 할 것이다.

그럼에도 원심이 이 사건 각 문자메시지의 내용에만 치중한 나머지 그 발송행위의 반복성과 관련하여 위 법에서 정한 구성요건을 충족하는지를 제대로 살피지 아니한 채 만연히 제1심의 유죄판단을 그대로 유지한 것은, 정보통신망 이용촉진 및 정보보호 등에 관한 법률 위반죄의 법리를 오해하여 판결 결과에 영향을 미친 위법이 있다.」[1071]

불안감을 조성하는 반복적 행위가 아니어서, 본죄 불성립 2.

▶「원심은 피고인이 사채업자인 피해자로부터 돈을 빌렸다가 갚지 못하여 피고인 소유의 그 판시 부동산에 설정하여 준 근저당권에 기한 임의경매절차의 개시 및 가등기말소청구소송 등의 분쟁이 벌어지고 피고인이 피해자를 부당이득 등의 죄명으로 고소하여 조사받는 과정에서 각 피해자의 핸드폰으로 2005. 2. 14. 17:12경 **"전화받아 새끼야. 내가 널 조사할 거야"**라는 내용으로, 2005. 5. 24. 19:52경 및 19:57경 각 **"10. 10. 조금만 더 기다려 주세요. 당신에게 행운이 갈 거니까요"**, **"니놈의 종말이 올 걸세. 조금만 기다려봐"**라는 내용으로, 2005. 9. 18. 14:32경 **"개새끼야"**라는 내용으로 발송한 문자메시지가 그 내용에 있어 위 법에서 정한 공포심이나 불안감을 조성하는 글에 해당한다는 이유만을 들어 제1심의 유죄판단을 그대로 유지했다. 그러나 공소사실에 기재된 바와 같이 **총 7개월 동안 약 3, 4개월 간격으로 3회**(2005. 5. 24.자 2회의 문자메시지는 그 시간적 간격 및 내용에 비추어 사실상 단일한 내용의 것으로 평가된다)의 문자메시지를 보낸 것만으로는 일련의 반복적인 행위라고 보기 어려운 측면이 있을 뿐만 아니라, 기록에 나타나는 바와 같이 위 문자메시지 발송 도중이나 그 전후에 걸쳐 피고인 측에 의한 가등기말소청구소송 및 가등기상권리의 처분금지가처분신청, 탈세·대부업법위반·부당이득 혐의의 고소·고발 등의 조치와 피해자 측의 위 임의경매신청, 소송사기미수 혐의의 고소 등의 조치 등 상호 법적 공방이 교차되어 온 점, 피해자는 당초 피고인으로부터 위 부당이득 등으로 고소를 당해 조사를 받던 중에 피고인의 문자메시지 발송행위를 모욕죄로 고소하였다가 공연성이 없다는 경찰의 지적을 받고 고소죄명을 변경하였는데, 그 조사과정에서 피해자는 위 각 문자메시지에 대하여 **"겁을 먹지는 않았고 귀찮게 생각을 했고 다만, 협박성 문자를 보내기에 처벌해 달라고 고소를 했다"**라고 진술한 점, 위 가

1071) 대법원 2009. 4. 23, 선고 2008도11595 판결.

등기권자인 공소외인의 제1심 증언에 의하면 피고인의 신청에 기한 위 처분금지 가처분 당시 피해자가 피고인에게 전화를 하여 심한 욕설을 한 적이 여러 번 있었다고 하는 점 등의 **경위 및 사정을 종합**하여 보면, 피고인의 위 문자메시지 발송행위가 피해자의 공포심이나 불안감을 유발하는 문언의 반복행위에 해당한다고 인정하기에 충분하지 않다고 보아야 할 것이다. 그럼에도 불구하고, 원심이 이 사건 문자메시지 발송행위가 위 법에서 정한 반복성에 관한 구성요건을 충족하는지를 살피지 아니한 채 그 내용에만 초점을 맞추어 만연히 제1심의 유죄판단을 그대로 유지한 것은, 정보통신망 이용촉진 및 정보보호 등에 관한 법률 위반죄에 관한 법리를 오해하여 판결 결과에 영향을 미친 위법이 있다.」[1072]

문자정보의 증거성격과 사진의 증거능력

▶ 「구 정보통신망 이용촉진 및 정보보호 등에 관한 법률(2005. 12. 30. 법률 제7812호로 개정되기 전의 것) 제65조 제1항 **제3호**는 정보통신망을 통하여 공포심이나 불안감을 유발하는 글을 반복적으로 상대방에게 도달하게 하는 행위를 처벌하고 있는바, **검사가 위 죄에 대한 유죄의 증거로 문자정보가 저장되어 있는 휴대전화기를 법정에 제출하는 경우** 휴대전화기에 저장된 문자정보는 그 자체가 범행의 직접적인 수단으로서 이를 증거로 사용할 수 있다고 할 것이다. 또한, **검사는 휴대전화기 이용자가 그 문자정보를 읽을 수 있도록 한 휴대전화기의 화면을 촬영한 사진을 증거로 제출할 수도 있을 것**인바, 이를 증거로 사용하기 위해서는 문자정보가 저장된 휴대전화기를 법정에 제출할 수 없거나 그 제출이 곤란한 사정이 있고, 그 사진의 영상이 휴대전화기의 화면에 표시된 문자정보와 정확하게 같다는 사실이 증명되어야 할 것이다.

한편, 형사소송법 제310조의2는 "제311조 내지 제316조에 규정한 것 이외에는 공판준비 또는 공판기일에서의 진술에 대신하여 진술을 기재한 서류나 공판준비 또는 공판기일 외에서의 타인의 진술을 내용으로 하는 진술은 이를 증거로 할 수 없다."고 규정하고 있는바, 이는 사실을 직접 경험한 사람의 진술이 법정에 직접 제출되어야 하고 이에 갈음하는 대체물인 진술 또는 서류가 제출되어서는 안 된다는 이른바 전문법칙을 선언한 것이다. 따라서 정보통신망을 통하여 공포심이나 불안감을 유발하는 글을 반복적으로 상대방에게 도달하게 하는 행위를 하였다는 공소사실에 대하여 휴대전화기에 저장된 문자정보가 그 증거가 되는 경우와 같이, 그 문자정보가 범행의 직접적인 수단이 될 뿐 경험자의 진술에 갈음하는 대체물에 해당하지 않는 경우에는 형사소송법 제310조의2에서 정한 전문법

1072) 대법원 2008. 8. 21, 선고 2008도4351 판결.

칙이 적용될 여지가 없다. 이와 달리, 문자메시지의 형태로 전송된 문자정보를 휴대전화기의 화면에 표시하여 이를 촬영한 이 사건 사진들에 대하여 피고인이 그 성립 및 내용의 진정을 부인한다는 이유로 이를 증거로 사용할 수 없다고 한 원심판결에는, 위 문자정보의 증거로서의 성격 및 위 사진들의 증거능력에 관한 법리를 오해하여 판결 결과에 영향을 미친 위법이 있다. 이 점을 지적하는 상고이유 주장은 이유 있다.」[1073)]

본죄 포괄일죄와 면소판결

▶ 「'정보통신망 이용촉진 및 정보보호 등에 관한 법률'(이하 "정보통신망이용법"이라 한다) 제44조의7 제1항 제3호는 누구든지 정보통신망을 통하여 공포심이나 불안감을 유발하는 부호·문언·음향·화상 또는 영상을 반복적으로 상대방에게 도달하게 하는 내용의 정보를 유통하여서는 아니 된다고 규정하고, 그 벌칙조항인 법 제65조에서는 위 제44조의7 제1항 제3호의 규정을 위반하여 공포심이나 불안감을 유발하는 부호·문언·음향·화상 또는 영상을 '반복적으로' 상대방에게 도달하게 한 자를 형벌에 처하도록 규정하고 있다. 한편 동일 죄명에 해당하는 여러 개의 행위를 단일하고 계속된 범의 아래 일정 기간 계속하여 행하고 그 피해법익도 동일한 경우에는 이들 각 행위를 통틀어 포괄일죄로 처단해야 한다.

이 사건 공소사실의 요지는, 피고인이 2006. 8. 18.경 불상의 장소에서 자신과 이혼한 피해자 공소외인의 휴대폰으로 **"너는 진짜 인간쓰레기다. 너 같은 인간은 청소기로 확 쓸어버려야 한다. 이 벌레보다도 못한 인간아"**라는 내용의 문자메시지를 발송한 것을 비롯하여 그 무렵부터 2007. 5. 9.까지 모두 33회에 걸쳐 문자메시지를 발송하는 등으로 정보통신망을 통하여 불안감을 유발하는 글을 반복적으로 피해자에게 도달하게 하였다는 것이다.

그런데 기록에 의하면, 피고인은 "2007. 5. 30. 00:23경 불상의 장소에서 위 피해자가 사용하는 휴대폰으로 **'너 진짜 죽을래 왜 내 전화 안 받고 무시해 빨랑 전화 받아 전화 안 받으면 너 진짜로 죽을 줄 알아'**라는 내용의 문자메시지를 보낸 것을 비롯하여 그 시경부터 2007. 12. 16.경까지 총 539회에 걸쳐 공포심이나 불안감을 유발하는 문언을 반복적으로 피해자에게 도달하게 하였다"는 범죄사실의 정보통신망이용법위반죄 및 이와 별도의 상습협박죄로 2008. 3. 19. 서울중앙지방법원에서 징역 1년, 집행유예 3년 및 보호관찰의 판결을 선고받아 그 판결이 2008. 3. 27.에 확정되었다.

그런데 위 확정판결의 정보통신망이용법 위반의 범죄사실과 이 사건 공소사실

1073) 대법원 2008. 11. 13, 선고 2006도2556 판결.

은 **모두 그 주된 내용이 위 피해자가 전화를 받지 않은 데 대한 분노를 표출하거나 욕설을 해 대며 또는 전화를 받으라고 윽박지르는 것으로서 거의 동일**하며, 그 범행일시에서도 이 사건 공소사실은 2006년도 하반기부터 2007년 5월 초까지의 문자메시지 등의 발송행위에 관한 것이고, 위 확정판결의 범죄사실은 2007년 5월말부터 2007년 12월까지의 문자메시지 발송행위에 관한 것으로서 **시간적으로 연속되어 있음**을 알 수 있다(원심에서 공소장변경이 되기 전의 이 사건 공소사실은 2007년 7월까지의 문자메시지 발송행위를 포함하는 것이어서 범행기간의 점에서 위 확정판결의 범죄사실과 중첩되는 부분도 존재하였다). 그리고 이 사건 공소사실과 위 확정판결의 범죄사실에 따르면 피고인은 2006년 8월경에부터 문자메시지를 발송한 이래 2007년 3월경부터 매달 수회에서 많게는 수십 회씩 피해자의 휴대전화로 문자메시지 등을 특별한 내용변경 없이 계속적으로 발송하여 2007년 12월에까지 이르고 있다. 이러한 문자메시지의 발송시기와 발송방법, 그 내용의 유사성과 함께 이 사건 범죄 자체가 구성요건의 성질에서 이미 동종행위가 반복될 것으로 당연히 예상되는 범죄인 점을 종합하여 보면, 이 사건 공소사실과 위 확정판결의 범죄사실은 동일 죄명에 해당하는 수 개의 행위를 단일하고 계속된 범의 아래 일정 기간 계속하여 행하고 그 피해법익도 동일한 경우에 해당하여 포괄일죄의 관계에 있다고 봄이 상당하다.

따라서 이와 같이 포괄일죄의 관계에 있는 범행의 일부에 대하여 판결이 확정된 경우에는 그 사실심 판결선고시를 기준으로 그 이전에 이루어진 범행에 대하여는 확정판결의 기판력이 미쳐 형사소송법 제326조 제1호에 의하여 면소의 판결을 선고해야 할 것이다.

그럼에도 불구하고 원심은 이 사건 공소사실과 위 확정판결의 범죄사실이 포괄일죄에 해당하지 않는다는 전제 하에 위 확정판결의 판결선고시 이전에 이루어진 범행인 이 사건 공소사실에 대하여 위 확정판결의 범죄와 형법 제37조 후단의 경합범관계로 보아 유죄로 처단했다. 이러한 원심판결에는 정보통신망이용및보호법위반죄에 있어서의 포괄일죄에 관한 법리를 오해한 위법이 있고, 이러한 위법은 판결에 영향을 미쳤음이 분명하다.」[1074]

나. 만약 음란한 사진, 영상 등을 통신매체를 통해 상대방에게 도달하게 하면 **성폭법상 통신매체이용음란죄**로 처벌된다.[1075]

1074) 대법원 2009. 2. 26, 선고 2009도39 판결.

1075) 성폭법 제13조(통신매체를 이용한 음란행위) 자기 또는 다른 사람의 성적 욕망을 유발하거나 만족시킬 목적으로 전화, 우편, 컴퓨터, 그 밖의 통신매체를 통하여 **성적 수치심이나 혐오감을 일으키는 말, 음향, 글, 그림, 영상 또는 물건**을 상대방에게 도달하게 한 사람은 2년 이하의 징역 또는 500만원 이하의 벌금에 처한다.

생각할 점

'해악고지가 협박이다'라는 협박죄의 구성요건 설명은 지극히 추상적이고 규범적 성격을 갖는다. 따라서 어떠한 행위는 협박죄가 되는 반면 유사한 다른 행위는 협박으로 인정되지 않는 등 **판례 결론만 보아서는 일관성을 찾기 어렵다.**[1076]

그러므로 "나한테 자신 있나 만나보자", "입을 찢어버리겠다", "사람을 사서 쥐도 새도 모르게 죽여버리겠다"는 표현이 협박이 되지 않는다고 본 그간의 법적 평가는 장래 바뀔 가능성이 있거나, 발언의 경위, 당사자 간 관계가 조금만 달라져도 결론이 바뀔 수 있다.

한편 현재 협박에 해당하지 않았던 분한 감정의 표현이 때로는 모욕죄로 평가될 수도 있으므로, 판례의 결론을 암기하는 습관은 수험생활 중의 일시습관으로 삼고, 실무의 연구습관은 완전히 바뀌어야 한다.

해결사 검사 사례

현직 검사가 2012년 11월 프로포폴 투약혐의로 자신이 직접 구속기소했던 여자 방송인의 해결사 노릇을 자처하며 성형외과 원장에게 성형수술 부작용 치료비용과 재수술을 요구하여 공갈죄로 구속기소된 사건은 충격적이었다. 공갈죄(제350조)가 협박을 수단으로 함은 당연하다.

피고인이 되고 만 당시 현직 검사는 자신의 요구가 받아들여지지 않자, "재수술을 해주면 검찰이 수사 중인 다른 사건이 잘 처리될 수 있도록 해주고, 그렇지 않으면 압수수색 등의 방법으로 병원 문을 닫게 하겠다"는 내용으로 협박했다고 알려진 사건이다.[1077]

이 사건은 서울중앙지방법원에서 2천 730만원을 받아낸 공갈 부분은 유죄, 수사 무마 청탁 대가로 돈을 받았다는 변호사법 위반 공소사실은 무죄판결이 선고되었다.[1078] 당시 재판부는 "사사로운 정에 이끌려 부당이득을 취할 목적으로 타인의 법적분쟁에 관여해서는 안 되는 검사의 지위를 이용해 연인의 무료성형수술을 돕고, 치료비 명목으로 금품을 갈취한 것은 그 범행수법이 불량하다"고 판시했다.[1079] 이후 해당 검사는 유죄의 집행유예 판결이 확정되었다.[1080]

1076) 본서에서 판례를 소개할 때에, 결론도달에 사용되었을 법관의 사고구조를 필자가 풀어서 코멘트한 것은 그러한 이유에서 기인한다(본서는 사실적 표현을 적나라하게 인용하거나 판례 결론 사이사이에 추정되는 이유를 코멘트한 곳이 많다).

1077) 2014. 1. 22.자, 파이낸셜뉴스 참조.

1078) 2014. 6. 28. 10:40, MBN 뉴스; 2014. 6. 27. 17:36, 연합뉴스 TV

1079) 2014. 6. 27.자, 경향신문 참조.

1080) 2015. 5. 6.자, 파이낸셜뉴스 참조.

[30] 공무집행방해죄

제136조(공무집행방해) ① 직무를 집행하는 공무원에 대하여 폭행 또는 협박한 자는 5년 이하의 징역 또는 1천만원 이하의 벌금에 처한다.

제137조(위계에 의한 공무집행방해) 위계로써 공무원의 직무집행을 **방해한 자**는 5년 이하의 징역 또는 1천만원 이하의 벌금에 처한다.

제144조(특수공무방해) ① **단체 또는 다중의 위력**을 보이거나 **위험한 물건을 휴대**하여 제136조(공무집행방해), 제138조(법정 또는 국회회의장모욕)와 제140조 내지 전조(공무상 비밀표시무효, 부동산강제집행효용침해, 공용서류등의 무효, 공용물의 파괴, 공무상 보관물의 무효, 제140조 내지 제142조의 미수범)의 죄를 범한 때에는 각조에 정한 형의 2분의 1까지 가중한다.

② 제1항의 죄를 범하여 공무원을 **상해에 이르게 한 때**에는 3년 이상의 유기징역에 처한다. **사망에 이르게 한 때**에는 무기 또는 5년 이상의 징역에 처한다.

1. 공무집행방해(제136조)

가. 직무를 집행하는 공무원에 대하여 폭행, 협박함으로써 성립한다. 공무를 방해한 경우여야 하고,[1081] 폭행, 협박을 행사해야 동조의 공무집행방해죄가 된다. 따라서 사인의 업무를 방해하거나, 위력으로써 공무를 방해하는 것은 본조의 적용대상이 될 수 없다.

▶ 「형법상 업무방해죄의 보호법익은 업무를 통한 사람의 사회적·경제적 활동을 보호하려는 데 있으므로, 그 보호대상이 되는 '업무'란 직업 또는 계속적으로 종사하는 사무나 사업을 말하고, 여기서 '사무' 또는 '사업'은 단순히 경제적 활동만을 의미하는 것이 아니라 널리 사람이 그 사회생활상의 지위에서 계속적으로 행하는 일체의 사회적 활동을 의미한다. 한편, 형법상 업무방해죄와 별도로 규정한 공무집행방해죄에서 '직무의 집행'이란 널리 공무원이 직무상 취급할 수 있는 사무를 행하는 것을 의미하는데, 이 죄의 보호법익이 공무원에 의하여 구체적으로 행하여지는 국가 또는 공공기관의 기능을 보호하고자 하는 데 있는 점을 감안할 때, 공무원의 직무집행이 적법한 경우에 한하여 공무집행방해죄가 성립하고, 여기에서 적법한 공무집행이란 그 행위가 공무원의 추상적 권한에 속할 뿐

1081) 본죄가 침해범이라는 뜻이 아니라 사인의 업무(私務)에 대비하여 기술한 것이다.

아니라 구체적 직무집행에 관한 법률상 요건과 방식을 갖춘 경우를 가리키는 것으로 보아야 한다. 이와 같이 업무방해죄와 공무집행방해죄는 그 보호법익과 보호대상이 상이할 뿐만 아니라 업무방해죄의 행위유형에 비하여 공무집행방해죄의 행위유형은 보다 제한되어 있다. 즉 공무집행방해죄는 폭행, 협박에 이른 경우를 구성요건으로 삼고 있을 뿐 이에 이르지 아니하는 위력 등에 의한 경우는 그 구성요건의 대상으로 삼고 있지 않다. 또한, 형법은 공무집행방해죄 외에도 여러 가지 유형의 공무방해행위를 처벌하는 규정을 개별적·구체적으로 마련하여 두고 있으므로, 이러한 처벌조항 이외에 공무의 집행을 업무방해죄에 의하여 보호받도록 해야 할 현실적 필요가 적다는 측면도 있다. 그러므로 형법이 업무방해죄와는 별도로 공무집행방해죄를 규정하고 있는 것은 사적 업무와 공무를 구별하여 공무에 관해서는 공무원에 대한 폭행, 협박 또는 위계의 방법으로 그 집행을 방해하는 경우에 한하여 처벌하겠다는 취지라고 보아야 한다. 따라서 공무원이 직무상 수행하는 공무를 방해하는 행위에 대해서는 **업무방해죄로 의율할 수는 없다**고 해석함이 상당하다. 이와 달리 대법원 1996. 1. 26. 선고 95도1959 판결, 대법원 2003. 3. 14. 선고 2002도5883 판결 등에서 위력을 행사하여 공무원들의 정상적인 업무수행을 방해하거나 업무방해의 결과를 초래한 경우에는 업무방해죄가 성립한다고 판시한 의견은 이 판결로써 변경하기로 한다. 따라서 피고인들이 충남지방경찰청 1층 민원실에서 자신들이 진정한 사건의 처리와 관련하여 지방경찰청장의 면담 등을 요구하면서 이를 제지하는 경찰관들에게 큰소리로 욕설을 하고 행패를 부린 행위가 경찰관들의 수사관련 업무를 방해한 것이라는 이유로 업무방해죄를 인정하여서는 아니되고, 폭행·협박으로 인정된다면 공무집행방해죄가 성립된다고 보아야 하고, 단순히 위력에 그친 경우에는 공무집행방해죄가 성립되지 않는다.」[1082)]

▶ 「형법이 업무방해죄와는 별도로 공무집행방해죄를 규정하고 있는 것은 사적 업무와 공무를 구별하여 공무에 관해서는 공무원에 대한 **폭행, 협박** 또는 **위계**의 방법으로 그 집행을 방해하는 경우에 한하여 처벌하겠다는 취지라고 보아야 할 것이고, 따라서 공무원이 직무상 수행하는 공무를 방해하는 행위에 대해서는 **업무방해죄로 의율할 수는 없다.** 그럼에도 원심은 이와 다른 견해에서, 위 공소사실 중 마산시장 공소외 1의 기자회견 업무에 대한 업무방해의 점을 유죄로 인정하고 말았으니, 이 부분 원심판결에는 업무방해죄의 성립범위에 관한 법리를 오해하여 판결에 영향을 미친 위법이 있다.」[1083)]

1082) 대법원 2009. 11. 19, 선고 2009도4166 전원합의체 판결.
1083) 대법원 2011. 7. 28, 선고 2009도11104 판결.

나. 직무를 집행하는 공무원

(1) 형법 제136조 제1항에 규정된 공무집행방해죄에서 '직무를 집행하는'이라 함은 공무원이 직무수행에 직접 필요한 행위를 현실적으로 행하고 있는 때만을 가리키는 것이 아니라 공무원이 직무수행을 위하여 근무 중인 상태에 있는 때를 포괄하고, 직무의 성질에 따라서는 그 직무수행의 과정을 개별적으로 분리하여 부분적으로 각각의 개시와 종료를 논하는 것이 부적절하고 여러 종류의 행위를 포괄하여 일련의 직무수행으로 파악함이 상당한 경우가 있으며,[1084] 나아가 현실적으로 구체적인 업무를 처리하고 있지는 않다 하더라도 자기 자리에 앉아 있는 것만으로도 업무의 집행으로 볼 수 있을 때에는 역시 직무집행 중에 있는 것으로 보아야 하고, 직무 자체의 성질이 부단히 대기하고 있을 것을 필요로 하는 것일 때에는 대기 자체를 곧 직무행위로 보아야 할 경우도 있다.[1085]

▶ 「도로교통법과 동법 시행령의 관계 규정 및 기록에 의하면, 피해자는 서울 노원구청 교통지도과 주차관리계 소속의 단속담당 공무원으로 정차, 주차위반 차량의 운전사나 관리책임자에 대하여 일정한 조치를 명할 수 있고, 또한 고지서를 교부하고 운전면허증의 제출을 요구하여 이를 보관할 수도 있는 등의 직무권한이 있음을 알 수 있으므로, 피해자가 불법주차 스티커를 피고인 차량에 붙인 행위나 과태료 부과고지서를 떼어 낸 행위만을 따로 분리하여 그러한 시점에 직무수행이 종료되고 피해자가 피고인에 대하여 별개의 조치를 취하거나 다른 차량에 대한 단속에 착수할 때에 직무수행이 재개된다고 보는 것은 부적절하고 피해자의 위와 같은 여러 종류의 행위를 포괄하여 일련의 직무수행으로 파악함이 상당하다 할 것이며, 따라서 원심 확정의 사실관계 아래에서 피고인의 피해자에 대한 폭행 당시 피해자는 일련의 직무수행을 위하여 근무 중인 상태에 있었다고 봄이 상당하다.」[1086]

▶ 「노동조합관계자들과 사용자측 사이의 다툼을 수습하려 하였으나 노동조합측이 지시에 따르지 않자 경비실 밖으로 나와 회사의 노사분규 동향을 파악하거나 파악하기 위해 대기 또는 준비 중이던 근로감독관을 폭행한 행위는 공무집행방해죄를 구성한다.」[1087]

1084) 대법원 1999. 9. 21, 선고 99도383 판결; 대법원 2009. 1. 15, 선고 2008도9919 판결.
1085) 대법원 2002. 4. 12, 선고 2000도3485 판결.
1086) 대법원 1999. 9. 21, 선고 99도383 판결.

▶「야간 당직 근무 중인 청원경찰이 불법주차 단속요구에 응하여 현장을 확인만 하고 주간 근무자에게 전달하여 단속하겠다고 했다는 이유로 민원인이 청원경찰을 폭행한 사안에서, 야간 당직 근무자는 불법주차 단속권한은 없지만 민원 접수를 받아 다음날 관련 부서에 전달하여 처리하고 있으므로 불법주차 단속업무는 야간 당직 근무자들의 민원업무이자 경비업무로서 공무집행방해죄의 '직무집행'에 해당하여 공무집행방해죄가 성립한다.」[1088]

▶「지방법원 지원 서기과장이 일반직원이 서기과장과 동일실 내에 수용배치되어 있는 경우에 서기과장은 그 집무시간 중 시간중단 없이 부하직원을 통율하고 그 사무를 감독할 직책과 권한이 있다할 것이므로 설사 과장이 때마침 어떠한 구체적 사무를 현실적으로 집행 중에 있지 않다 할지라도 소정 집무시간 중 과장이 그의 정석에 착석하고 있는 이상 의연(依然) 감독사무집행 중에 있다고 해석함이 타당하므로 이에 대하여 폭행을 가한 경우에 있어서는 공무원집행방해죄가 성립한다.」[1089]

(2) **적법(適法)한 직무(職務)를 집행하는 공무원을 폭행·협박한 경우에만 본죄의 성립이 있다.**[1090] 여기서 적법한 공무집행이라고 함은 그 행위가 공무원의 추상적 권한에 속할 뿐 아니라 구체적 직무집행에 관한 법률상 요건과 방식을 갖춘 경우를 가리키는 것이므로, 이러한 적법성이 결여된 직무행위를 하는 공무원에 대항하여 폭행을 가하였다고 하더라도 그 항거행위가 폭력을 수반한 경우에 폭행죄 등의 죄책을 묻는 것은 별론으로 하고 이를 공무집행방해죄로 다스릴 수는 없다.[1091]

공무원의 공무가 적법한지 여부는 **행위 당시의 구체적 상황에 기**하여 객관적·합리적으로 판단해야 하고 사후적으로 순수한 객관적 기준에서 판단할 것은 아니어서,[1092] **현행범 체포**의 적법판단은 체포 당시의 구체적 상황을 기초

1087) 대법원 2002. 4. 12, 선고 2000도3485 판결.
1088) 대법원 2009. 1. 15, 선고 2008도9919 판결.
1089) 대법원 1957. 3. 29, 선고 4290형상48 판결.
1090) 대법원 2014. 2. 27, 선고 2013도5356 판결.
1091) 대법원 1992. 2. 11, 선고 91도2797 판결; 대법원 1992. 5. 22, 선고 92도506 판결; 대법원 1994. 9. 27, 선고 94도886 판결; 대법원 1996. 12. 23, 선고 96도2673 판결; 대법원 2004. 7. 9, 선고 2003도8336 판결; 대법원 2005. 10. 28, 선고 2004도4731 판결; 대법원 2011. 4. 28, 선고 2007도7514 판결; 대법원 2011. 5. 26, 선고 2010도10305 판결; 대법원 2012. 12. 13, 선고 2012도11162 판결; 대법원 2013. 3. 14, 선고 2011도7259 판결; 대법원 2013. 6. 13, 선고 2010도13609 판결; 대법원 2013. 11. 28, 선고 2013도9138 판결; 대법원 2017. 9. 26, 선고 2017도9458 판결.

로 객관적으로 판단해야 하고, 사후에 범인으로 인정되었는지에 따를 것이 아니다.[1093] **긴급체포**의 요건을 갖추었는지 여부 역시 사후에 밝혀진 사정을 기초로 판단하는 것이 아니라 체포 당시의 상황을 기초로 판단해야 하고, 이에 관한 검사나 사법경찰관 등 수사주체의 판단에는 상당한 재량의 여지가 있다고 할 것이나, 긴급체포 당시의 상황으로 보아서도 그 요건의 충족 여부에 관한 검사나 사법경찰관의 판단이 경험칙에 비추어 현저히 합리성을 잃은 경우에는 그 체포는 위법한 체포라 할 것이다.[1094] 그리고 **경찰관직무집행법 제6조 제1항에 따른 경찰관의 제지 조치**[1095]가 적법한 직무집행으로 평가될 수 있기 위해서는, 형사처벌의 대상이 되는 행위가 눈앞에서 막 이루어지려고 하는 것이 객관적으로 인정될 수 있는 상황이고, 그 행위를 당장 제지하지 않으면 곧 인명·신체에 위해를 미치거나 재산에 중대한 손해를 끼칠 우려가 있는 상황이어서, 직접 제지하는 방법 외에는 위와 같은 결과를 막을 수 없는 절박한 사태이어야 하고, 경찰관의 제지 조치가 적법한지 여부는 제지 조치 당시의 구체적 상황을 기초로 판단해야 하고 사후적으로 순수한 객관적 기준에서 판단할 것은 아니다.[1096]

적법한 공무에 대항한 사례, 본죄 성립

◉ 도로교통법 상 경찰공무원이 운전자에 대하여 음주 여부나 주취정도를 측정함에 있어서는 그 측정방법이나 측정회수에 있어서 합리적인 필요한 한도에 그쳐야 하겠지만 그 한도 내에서는 어느 정도의 재량이 있다고 해야 할 것인바, 경찰공무원이 승용차에 가족을 태우고 가던 술을 마시지 않은 운전자에게 음주여부를 확인하려고 후렛쉬봉에 두 차례 입김을 불게 했으나 잘 알 수 없어 동료경찰관에게 확인해 줄 것을 부탁했고 그가 위와 같은 방법으로 다시 확인하려했으나 역시 알 수 없어 보다 정확한 음주측정기로 검사받을 것을 요구했다면 다른 사정이 없는 한 위와 같은 상황에서의 음주 여부의 확인을 위하여 한 위 경

1092) 대법원 1991. 5. 10, 선고 91도453 판결; 대법원 2014. 2. 13, 선고 2011도10625 판결; 대법원 2014. 5. 29, 선고 2013도2285 판결; 대법원 2014. 2. 27, 선고 2013도9990 판결.

1093) 대법원 2013. 8. 23, 선고 2011도4763 판결.

1094) 대법원 2006. 9. 8, 선고 2006도148 판결.

1095) 경찰관직무집행법 제6조(범죄의 예방과 제지) 경찰관은 범죄행위가 목전(목전)에 행하여지려고 하고 있다고 인정될 때에는 이를 예방하기 위하여 관계인에게 필요한 경고를 하고, 그 행위로 인하여 사람의 생명·신체에 위해를 끼치거나 재산에 중대한 손해를 끼칠 우려가 있는 긴급한 경우에는 그 행위를 제지할 수 있다.

1096) 대법원 2013. 6. 13, 선고 2012도9937 판결.

찰공무원의 행위는 합리적인 필요한 한도를 넘은 것이라고 할 수 없어 적법한 공무집행에 해당한다. 따라서 지나친 단속으로 느끼고 화가 난 피고인이 차에서 내려 공소외 1의 뺨을 때리고 멱살을 잡고 밀어 그에게 전치 10일 간의 전경부찰과상을 입게 한 것은 공무집행방해죄를 구성한다.[1097] ◉ 경찰관이 범죄에 관한 신고를 받고 죄를 범하였다고 의심할만한 상당한 이유가 있는 자를 경찰서에 임의동행하여 그 자에 대하여 인적사항 등을 질문하는 것은 경찰관의 정당한 직무집행에 속한다 할 것이므로 이에 대하여 폭행을 가한 경우에는 공무집행방해죄가 성립한다.[1098] ◉ 범칙행위를 하였다고 인정되는 운전자가 자신의 인적사항을 밝히지 아니하고 면허증제시를 거부하며 차량을 출발시킨 경우, 교통단속업무에 종사하던 의경이 서서히 진행하는 차량의 문틀을 잡고 정지할 것을 요구한 행위는 적법한 공무집행의 범위 안에 든다.[1099] ◉ 피고인들은 전경 5명을 불법으로 납치하여 감금하고 있었던 중이었고, 경찰의 수회에 걸친 즉시 석방요구에도 불구하고 불가능한 조건(경찰이 연행된 학생 8명을 석방하겠다고 하였으나 구속영장이 신청되어 임의석방이 불가능한 공소외인까지 석방요구)을 내세워 이에 불응하였으며, 경찰이 납치된 전경 5명을 구출하기 위하여 농성장소인 도서관 건물에 진입하기 직전 이를 통고받아 알고 있는 동 대학교 총장의 설득에도 응하지 아니한 상황 아래에서는 현행의 불법감금상태를 제거하고 범인을 체포할 긴급한 필요가 있다고 보여지므로, 경찰이 압수수색영장 없이 도서관 건물에 진입한 것은 적법한 공무원의 직무집행이라 할 것이고, 감금된 전경 5명의 신변이 안전하였다든가 또는 도서관 건물 내에서 학생들의 저항으로 인하여 생길지도 모를 사태를 고려하여 경찰이 학생들을 더 설득하고 선무방송을 하는 외에 소화준비, 고층에서의 추락에 따른 대비 등 사고방지조치를 철저히 하였어야 할 텐데 이를 소홀히 하였다는 주장들은 이 사건 공무집행의 적법성을 부정할만한 사유가 되지 않는다. 그러함에도 피고인들이 도서관에 농성 중인 학생들과 함께 경찰의 도서관 건물에로의 진입에 대항하여 바리케이트 등을 치고 화염병을 투척하는 등 방법으로 강력히 저지하기로 하여, 도서관 건물의 현관입구에는 빈 드럼통 등으로, 도서관 1층 홀과 1층에서 4층 사이의 계단 등에는 책상과 걸상 등으로 각 장애물을 설치하고, 화염병이 든 상자, 천조각, 두루말이 휴지 등 가연물질이 많이 모여 있는 7층 세미나실 복도와 8, 9층으로 통하는 계단에는 석유를 뿌려놓고 경찰이 도서관 건물에 진입하자 현관입구, 1, 2층 사이의 계단, 7층 세미나실 복도, 8, 9층으로 통하는 계단에 화염병을 투척하여 경찰관의 직무집행을 방해하고, 이로 인하여 7층 세미나실 복도에서 대형 화재가 발생한 결과 7명의 전경이 사망

1097) 대법원 1992. 4. 28, 선고 92도220 판결.
1098) 대법원 1980. 10. 27, 선고 80도1127 판결.
1099) 대법원 1994. 9. 27, 선고 94도886 판결.

하고 6명이 부상을 당하였으며, 학생들이 던진 화염병과 돌, 의자 등에 경찰이 맞거나 미끄러져 원심판시 범죄사실 3 기재의 상해를 입었다는 사실을 인정할 수 있고 거기에 채증법칙위배로 인한 사실오인의 위법은 없다.[1100] ◉ 경찰관 공소외 1은 공소외 2의 상해피해신고에서 비롯된 피고인의 공소외 2에 대한 폭행 등을 이유로 피고인을 현행범인으로 체포하면서 피고인에게 범죄사실의 요지, 체포의 이유와 변호인을 선임할 수 있음을 고지한 것으로 인정되고, 피고인에 대한 현행범인 체포경위 및 그에 대한 현행범인체포서와 범죄사실에 다소 차이가 있다고 하더라도 이러한 차이는 논리와 경험칙상 장소적·시간적인 동일성이 인정되는 범위 내에서의 차이로 볼 수 있으므로, 경찰관 공소외 1 등이 피고인을 현행범인으로 체포하여 경찰 지구대로 연행한 행위는 적법한 공무집행행위라고 볼 수 있고, 따라서 피고인이 이러한 적법한 현행범인 체포 및 그에 이은 구금상태를 벗어나거나 저항하기 위하여 경찰관에게 판시와 같은 폭행·협박을 하였다면 공무집행방해죄가 충분히 성립된다.[1101] ◉ 대간첩작전의 수행을 임무로 하는 전투경찰순경(이른바 '전경') 이라도 상관의 명령에 의하여 치안업무의 보조를 임무로 하는 전투경찰순경(이른바 '의경')의 직무를 도와 시위진압을 하는 것은 객관적으로 보아 적법한 공무집행이라고 할 것이다. 따라서 이 사건 집회·시위는 피고인이 서총련의장으로서 주최한 것으로서 거기에서 '서총련 출범식의 열기를 5월투쟁열기에 연결하여 가열찬 투쟁을 전개하자'는 취지의 연설을 하고, 시위대와 같이 구호를 외치고 노래를 합창하였으며, 시위참가자들로 하여금 경찰의 진압에 대비하여 미리 각목, 쇠파이프 등을 소지하도록 함과 아울러 출범식 이후 시위에 나서도록 하여 시위대가 이를 진압하는 경찰관에게 화염병과 돌을 던져 진압경찰관 3명이 부상한 사실을 인정되므로, 피고인에게 그가 주최한 집회·시위에 참가한 시위군중이 다중의 위력으로써 폭력을 행사하고 화염병을 투척함으로써 경찰관의 시위진압 직무를 방해하고, 그로 인한 상해의 결과에 대하여 공모공동정범으로서의 죄책을 지는 것은 정당하다. 결국 피고인은 특수공무집행방해치상죄의 책임을 져야 한다.[1102] ◉ 도로 관리청은 도로를 설치하고 존립을 유지하여 이를 일반교통에 제공함으로써 도로로서 본래의 기능이 발휘될 수 있도록 하기 위한 포괄적 관리권을 가지고, 이러한 도로관리권에는 도로 시설물 등을 기능에 적합하도록 유지·관리하는 것뿐 아니라, 도로 관리를 위한 직무집행 행위로서 합리적 상당성이 인정되는 범위 내에서 도로의 기능 발휘에 장애가 되는 행위를 금지하거나 제지하는 등의 사실행위를 할 권한도 포함된다. 그런데 구 도로법(2010. 3. 22. 법률 제10156호로 개정되기 전의 것)에 의하면, 누구든지 정당

1100) 대법원 1990. 6. 22, 선고 90도767 판결.
1101) 대법원 2008. 10. 9, 선고 2008도3640 판결.
1102) 대법원 1992. 8. 18, 선고 92도1244 판결.

한 사유 없이 도로를 손괴하는 행위, 도로에 장애물을 쌓아놓는 행위, 그 밖에 도로의 구조나 교통에 지장을 끼치는 행위를 하여서는 아니 되므로(제45조), 위와 같은 금지행위를 하고 있는 위반자에 대하여 도로관리권에 기하여 이를 제지하는 것은 특별한 사정이 없는 한 정당한 직무집행 행위에 속한다고 보아야 한다. 따라서 피고인이 갑 시청 옆 일반국도인 도로의 보도에서 철야농성을 위해 천막을 설치하던 중 이를 제지하는 갑 시청 소속 공무원들에게 폭행을 가한 사안에서, 정당한 사유 없이 보도에 천막을 설치하여 교통에 지장을 끼치는 등 도로법 제45조에 규정된 금지행위를 하는 데 대하여 도로 관리청 소속 공무원이 도로 관리의 목적으로 이를 제지하고 시설물의 설치를 완성하지 못하도록 막는 등의 행위는 도로의 본래 목적을 달성하도록 하기 위한 합리적 상당성이 있는 조치로서 포괄적인 도로관리권의 행사 범주에 속하므로, 도로관리권에 근거한 공무집행을 하는 공무원에 대하여 폭행 등을 가한 피고인의 행위는 공무집행방해죄를 구성한다.[1103] ◉ 피고인들이 갑 시에서 관리하는 도로의 보도에서 농성용 천막을 설치하던 중 이를 제지하려는 갑 시청 소속 공무원들에게 상해 또는 폭행을 가한 사안에서, 도로관리청인 갑 시청 소속 공무원들이 보도에서 피고인들의 천막 설치를 제지하거나 설치 중인 천막을 철거하려고 한 행위는 구 도로법(2012. 6. 1. 법률 제11471호로 개정되기 전의 것. 이하 같다) 제83조에 따라 구 도로법 제45조에 규정된 도로에 관한 금지행위를 제지하기 위한 합리적 상당성이 있는 조치로서 보도의 본래 목적을 달성하도록 하기 위한 관리권 범위 내의 행위에 해당하므로, 이러한 도로관리권에 근거하여 적법하게 공무집행을 하는 공무원들에게 폭행 등을 가한 피고인들의 행위는 공무집행방해죄를 구성한다.[1104] ◉ 제주시청 소속 공무원들이 보도에 피고인들 등이 설치한 구조물을 철거하려고 한 행위는 도로의 일부인 보도의 기능 발휘에 장애가 되는 시설물의 설치행위 등 도로에 관한 금지행위를 제지하기 위한 합리적 상당성이 있는 조치로서 보도의 본래 목적을 달성하도록 하기 위한 도로관리청의 포괄적인 관리권 범위 내의 행위에 해당한다고 보아야 하고, 따라서 이러한 도로관리권에 근거하여 적법하게 공무집행을 하는 공무원에게 폭행 등을 가한 피고인들의 행위는 공무집행방해죄를 구성한다.[1105] ◉ 법외 단체인 전국공무원노동조합의 지부가 당초 공무원 직장협의회의 운영에 이용되던 군 청사시설인 사무실을 임의로 사용하자 지방자치단체장이 자진폐쇄 요청 후 행정대집행법에 따라 행정대집행을 하였는데, 지부장 등인 피고인들과 위 지부 소속 군청 공무원들이 위 집행을 행하던 공무원들에게 대항하여 폭행 등 행위를 한 사안에서, 위 행정대집행은 주된

1103) 대법원 2014. 2. 13, 선고 2011도10625 판결.
1104) 대법원 2014. 2. 27, 선고 2013도5356 판결.
1105) 대법원 2014. 2. 27, 선고 2013도9990 판결.

목적이 조합의 위 사무실에 대한 사실상 불법사용을 중지시키기 위하여 사무실 내 조합의 물품을 철거하고 사무실을 폐쇄함으로써 군 청사의 기능을 회복하는 데 있으므로, 전체적으로 대집행의 대상이 되는 대체적 작위의무인 철거의무를 대상으로 한 것으로 적법한 공무집행에 해당한다고 볼 수 있고, 그에 대항하여 피고인 등이 폭행 등 행위를 한 것은 단체 또는 다중의 위력으로 공무원들의 적법한 직무집행을 방해한 것에 해당하므로, 피고인들에게 특수공무집행방해죄를 인정한 원심판단의 결론을 정당하다.[1106] ◉ 지방의회의 회의가 적법한 소집절차를 밟아 소집되었고 소집의 목적이 불법적이거나 사회질서에 반하는 것이 아닌 이상, 그 회의의 의결사항 중에 지방의회의 권한에 속하지 아니하는 사항이 포함되어 있었다 하더라도 지방의회 의원들이 그 회의에 참석하고 그 회의에서 의사진행을 하는 직무행위는 적법한 것이다.[1107] ◉ 사법경찰리의 직무를 행하는 산림보호서기가 사법경찰관 직무취급인 산림계장의 지시에 의하여 임산물 단속에 관한 법률위반으로 조사를 받는 피의자를 체포하여 긴급구속하려다가 폭행을 당한 경우에는 공무집행방해죄가 성립한다.[1108] ◉ 갑 정당의 당원들인 피고인 등이 갑 정당 당원명부 등을 관리하는 서버에 대한 수사기관의 압수수색을 저지함으로써 그 직무집행을 방해하였다고 하여 특수공무집행방해로 기소된 사안에서, 수사기관이 법원으로부터 발부받은 압수·수색영장에 기하여 위 서버를 압수한 공무집행은 적법하게 이루어졌다고 할 것이므로 피고인에게 공무집행방해죄가 인정된다.[1109]

위법한 공무에 대항한 사례, 본죄 불성립

◉ 면사무소에 설계도면을 제출할 의무나 설계에 필요한 금원을 지급할 의무가 없다면 피고인이 설계도를 제출하지 않음으로써 건축시공 상의 어떤 불이익을 받는 것은 별론으로 하고 면사무소 공무원으로서도 이를 적법하게 강제할 권한이 없는 것이므로 면사무소 공무원이 자신의 행정사무의 편의를 위한 목적으로 설계도의 제출을 요구한 행위는 공무집행방해죄에 있어서의 공무집행에 해당한다고 단정할 수는 없다. 따라서 피고인이 1979. 5. 24. 14:30경 경기 제1군 제1면 능내리 소재 취락구조개선 공사현장에서 와부면사무소 근무 공무원 공소외 1이 표준설계도 1매를 더 제출하라고 하자 공소외 1의 멱살을 잡고 박치기를 하는 등 폭행을 가하였다고 하더라도 공무집행방해죄로 의율할 수 없다.[1110] ◉ 헌

1106) 대법원 2011. 4. 28, 선고 2007도7514 판결.
1107) 대법원 1998. 5. 12, 선고 98도662 판결.
1108) 대법원 1965. 1. 19, 선고 64도740 판결.
1109) 대법원 2014. 5. 29, 선고 2013도2285 판결.

법 제49조가 국회에서의 다수결 원리를 선언하고 있으나, 이는 어디까지나 통지가 가능한 국회의원 모두에게 회의에 출석할 기회가 부여된 바탕 위에서 재적의원 과반수의 출석과 출석의원 과반수의 찬성으로 그 결의가 이루어질 것을 전제로 하고 있다고 해석되는 점, 국회 상임위원회의 의사·의결정족수를 규정한 국회법 제54조의 규정 또한 실질적으로 모든 위원회의 구성원에게 출석의 기회가 보장된 상태에서 자유로운 토론의 기회가 부여되는 것을 전제조건으로 하고 있는 점 등에 비추어 보면 누구든지 국회의원이 본회의 또는 위원회에 출석하기 위하여 본회의장 또는 위원회 회의장에 출입하는 것을 방해하여서는 아니 되며, 특히 국회의 경호 업무 등을 담당하는 국회 경위가 상임위원회 위원의 회의장 출입을 막는 것은 이를 정당화할 만한 특별한 사정이 없는 한 위법하다. 따라서 한미FTA 비준동의안에 대한 국회 외교통상 상임위원회(이하 '외통위'라 한다)의 처리 과정에서, 갑 정당 당직자인 피고인들이 갑 정당 소속 외통위 위원 등과 함께 외통위 회의장 출입문 앞에 배치되어 출입을 막고 있던 국회 경위들을 밀어내기 위해 국회 경위들의 옷을 잡아당기거나 밀치는 등의 행위를 한 사안에서, 제반 사정에 비추어 외통위 위원장이 을 정당 소속 외통위 위원들이 위원장실에 이미 입실한 상태에서 회의장 출입구를 폐쇄하고 출입을 봉쇄하여 다른 정당 소속 외통위 위원들의 회의장 출입을 막은 행위는 상임위원회 위원장의 질서유지권 행사의 한계를 벗어난 위법한 조치이고, 회의장 근처에 배치된 국회 경위들이 갑 정당 소속 외통위 위원들의 회의장 출입을 막은 행위는 외통위 위원장의 위법한 조치를 보조한 행위에 지나지 아니하여 역시 위법한 직무집행이며, 피고인들이 갑 정당 소속 외통위 위원들을 회의장으로 들여보내기 위하여 그들과 함께 국회 경위들을 밀어내는 과정에서 경위들의 옷을 잡아당기는 등의 행위를 하였더라도, 이러한 행위는 적법성이 결여된 직무행위를 하는 공무원에게 대항하여 한 것에 지나지 아니하여 공무집행이 적법함을 전제로 하는 공무집행방해죄는 성립하지 않는다.[1111] ◉ 교통경찰관이 서행 중인 차를 정차시켜 정차여부의 확인도 하지 아니한 채 정차금지구역에서 정차하였다고 욕설과 폭행을 한 행위는 공무원이 그 권한에 속하는 사항에 관하여 법령에 정한 방식에 따라 그 직무를 집행하는 경우에 해당된다고 보기 어렵다.[1112] ◉ 경찰관이 주민의 신고를 받고 현장에 도착했을 때에는 이미 싸움이 끝난 상태였다면 그러한 상황은 형사소송법 제211조(현행범, 준현행범), 제206조(긴급구속조항 삭제)에 해당하지 않으므로 경찰관이 임의동행을 거부하는 피고인을 체포하려는 행위는 적법한 공무집행이라 볼 수 없다.[1113] ◉ 경찰서에 설치되어 있는 보호실은 영장대기자나 즉결대

1110) 대법원 1982. 11. 23, 선고 81도1872 판결.
1111) 대법원 2013. 6. 13, 선고 2010도13609 판결.
1112) 대법원 1978. 10. 10, 선고 78도2134 판결.

기자 등의 도주방지와 경찰업무의 편의 등을 위한 수용시설로서 사실상 설치, 운영되고 있으나 현행법상 그 설치근거나 운영 및 규제에 관한 법령의 규정이 없고, 이러한 보호실은 그 시설 및 구조에 있어 통상 철창으로 된 방으로 되어 있어 그 안에 대기하고 있는 사람들이나 그 가족들의 출입이 제한되는 등 일단 그 장소에 유치되는 사람은 그 의사에 기하지 아니하고 일정장소에 구금되는 결과가 되므로,[1114] 경찰관직무집행법상 정신착란자, 주취자, 자살기도자 등 응급의 구호를 요하는 자를 24시간을 초과하지 아니하는 범위 내에서 경찰관서에 보호조치할 수 있는 시설로 제한적으로 운영되는 경우(경찰관직무집행법 제4조 제1항, 제7항)를 제외하고는 구속영장을 발부받음이 없이 피의자를 보호실에 유치함은 영장주의에 위배되는 위법한 구금으로서 적법한 공무수행이라고 볼 수 없다 할 것이다. 돌이켜 이 사건을 보건대, 피고인을 보호실에 유치함에 있어 구속영장에 의하지 아니하였음은 기록상 자명하고, 피의자를 구속영장 없이 현행범으로 체포하든지 긴급구속하기 위하여는(헌법 제12조 제3항 단서, 형사소송법 제212조, 제206조[1115]), 체포 또는 긴급구속 당시에 헌법 및 형사소송법에 규정된 바와 같이 피의자에 대하여 범죄사실의 요지, 체포 또는 구속의 이유와 변호인을 선임할 수 있음을 말하고 변명할 기회를 준 후가 아니면 체포 또는 긴급구속할 수 없다고 할 것인데(헌법 제12조 제5항, 형사소송법 제213조의2, 제209조, 제72조),[1116] 기록에 의하면 피고인이 피해자 경장 1을 구타하여 상해를 가한 범행으로 경찰서에 연행될 당시 이러한 절차가 준수되었다고 볼 아무런 자료가 없으므로 피고인을 적법하게 현행범으로 체포하거나 긴급구속한 것이라고 볼 수는 없고, 나아가 경찰관직무집행법 제4조 제1항, 제4항에 의하면 경찰관은 수상한 거동 기타 주위의 사정을 합리적으로 판단하여 술 취한 상태로 인하여 자기 또는 타인의 생명, 신체와 재산에 위해를 미칠 우려가 있는 자에 해당함이 명백하며 응급의 구호를 요한다고 믿을만한 상당한 이유가 있는 자를 발견한 때에는 24시간을 초과하지 아니하는 범위 내에서 동인을 경찰관서에 보호하는 등 적절한 조치를 취할 수 있으나, 이 경우에도 경찰관이 이러한 조치를 한 때에는 지체 없이 이를 피구호자의 가족, 친지 기타의 연고자에게 그 사실을 통지하도록 되어 있는바, 기록에 의하면 피고인이 이 사건 보호실에 유치될 당시 피고인이 위와 같은 응급의 구호를 요한다고 믿을만한 상당한 이유가 있었다든지, 피고인이 이 사건 보호실에 유치된 후 경찰관이 지체 없이 그 사실을 피고인의 가족 등에게 통지하였다고 볼 아무런 자료가 없으므로 피고인을 적법하게 보호조치한 것도 아니

1113) 대법원 1989. 12. 12, 선고 89도1934 판결.
1114) 대법원 1971. 3. 9, 선고 70도2406 판결; 대법원 1985. 7. 29, 선고 85모16 결정.
1115) 긴급구속을 규정하고 있었던 형사소송법 제206조는 삭제되었음.
1116) 대법원 1993. 11. 23, 선고 93다35155 판결.

라 할 것이다. 따라서 경찰관이 피고인을 이 사건 보호실에 유치한 것은 적법한 공무로 볼 수 없고, 피고인이 보호실의 유치에 항의하면서 나오려는 것을 피해자 순경 2 등이 제지할 적법한 권한도 없다 할 것이므로 원심이 이와 같은 취지에서 피고인에 대한 공무집행방해죄에 대하여 무죄를 선고한 것은 정당하다.[1117] ◉ 국가안전기획부 수사관들이 피의자를 연행한 1991. 7. 8. 04:40경부터 48시간 내에 사후 구속영장을 발부받지 아니하고 같은 해 7. 10. 01:35경 통상의 구속영장을 발부받아 집행하였다면 피의자를 불법체포 구금한 것에 해당하고 이와 같은 경우 통상의 구속영장을 발부받아 집행하였다고 하여 불법체포나 그 동안의 구금이 적법하게 된다고 할 수 없다.[1118] ◉ 경찰관 공소외 1 등이 피고인을 봉담지구대로 데려갈 당시 피고인에 대하여는 이 사건 조항의 보호조치 요건이 갖추어지지 않았다고 볼 것이므로, 경찰관 공소외 1 등이 위와 같이 피고인 및 피고인 처의 의사에 반하여 피고인을 봉담지구대로 데려간 행위를 이 사건 조항에 의한 적법한 보호조치라고 할 수는 없다. 나아가 경찰관 공소외 1 등이 이미 행하여진 주취운전이라는 범죄행위에 대한 증거 수집을 위한 수사절차로서의 의미를 가지는 음주측정 등의 수사목적으로 피고인을 봉담지구대로 데려가면서, 달리 피고인을 현행범으로 체포하였다거나 임의동행에 관한 동의를 얻는 등의 적법 요건을 갖추었다고 볼 자료가 없는 이상, 경찰관 공소외 1 등이 피고인을 봉담지구대로 데려간 행위는 위법한 체포에 해당한다고 보아야 한다. 따라서 그와 같이 위법한 체포 상태에서 이루어진 경찰관 공소외 2의 음주측정요구 또한 위법하다고 볼 수밖에 없고, 피고인에게 그와 같은 위법한 음주측정요구에 대해서까지 응할 의무가 있다고 보아 이를 강제하는 것은 부당하므로 그에 불응하였다고 하여 피고인을 음주측정거부에 관한 도로교통법 위반죄로 처벌할 수는 없으며, 위법한 음주측정요구가 있었던 것으로 볼 수밖에 없다면 그 위법한 음주측정요구라는 공무집행행위 역시 위법하므로, 피고인이 음주측정을 요구하는 경찰관 공소외 2를 폭행하였다고 하여 **공무집행방해죄**가 성립한다고 볼 수도 없다. **그러나** 봉담지구대에 가게 된 피고인은 같은 날 23:38경 경찰관 공소외 2로부터 음주측정기에 입김을 불어넣는 방법으로 음주측정에 응할 것을 요구받았으나 1차 측정을 거부한 사실, 피고인은 같은 날 23:49경 위 장소에서 다시 공소외 2로부터 "선생님, 음주측정을 거부하면 불이익이 있습니다."라는 말과 함께 2차 측정을 요구받자 이를 거부하면서 공소외 2의 배를 주먹으로 1회 때려 공소외 2에게 약 14일간의 치료를 요하는 복부좌상을 가한 사실, 그와 같이 음주측정을 요구하는 과정에서 공소외 2를 비롯한 경찰관들이 피고인에게 실력을 행사하지는 않은

1117) 대법원 1994. 3. 11, 선고 93도958 판결.

1118) 대법원 1993. 11. 23, 선고 93다35155 판결.

사실 등을 알 수 있는바, 비록 피고인이 위법하게 체포된 상태에 있었고 공소외 2가 음주측정을 요구한 행위가 위법하다고 하더라도, 공소외 2가 피고인에게 음주측정을 요구하였을 뿐 공소외 2를 비롯한 경찰관들이 피고인에게 실력을 행사하는 등의 침해행위를 하지 않았고, 피고인이 위법한 체포상태를 벗어나려는 데에 대하여 공소외 2가 이를 저지하는 상황도 아니었는데, 피고인이 공소외 2의 배를 때려서 공소외 2에게 상해를 가한 이상 피고인의 행위를 사회적으로 상당한 방위행위에 해당한다고 보기는 어려우므로, 피고인의 위 **상해**행위가 정당방위에 해당한다고 볼 수 없고, 달리 위법성이 조각되는 등 범죄가 성립되지 않는다고 볼 사유가 없다.[1119] ◉ 현행범인으로서의 요건을 갖추고 있었다고 인정되지 않는 상황에서 경찰관들이 동행을 거부하는 자를 체포하거나 강제로 연행하려고 하였다면, 이는 적법한 공무집행이라고 볼 수 없으므로 강제연행을 거부하는 자를 도와 경찰관들에 대하여 폭행을 하는 등의 방법으로 그 연행을 방해하였다고 하더라도, 공무집행방해죄는 성립되지 않는다.[1120] ◉ 경찰관들이 주민들의 신고를 받고 현장에 도착한 당시 이미 싸움이 끝나 피고인이 의자에 앉아 있었던 사실이 인정됨에 비추어 피고인을 현행범으로 보기 어려울 뿐만 아니라, 위 경찰관들 스스로가 피고인을 현행범으로 체포하려 한 것이 아니라 임의동행하려 하였다고 진술하고 있고, 위 경찰관들이 현행범 체포에 필요한 형사소송법 제72조 소정의 절차를 밟지도 않았던 점 등으로 보아, 피고인을 임의동행하려고 한 것이 명백하다 할 것이므로, 피고인이 임의동행을 강요하는 경찰관들에 대하여 이를 거부하는 방법으로 폭행을 한 것은 공무집행방해죄가 성립하지 아니한다.[1121] ◉ 현행범이나 준현행범에 해당하지 아니하고, 순순히 검거에 응하지 않자, 법정형이 긴급구속사유에 해당하지 않는 범죄혐의로 기소중지된 공소외인을 검거하는 과정에서 경찰관들이 임의동행을 거절하는 공소외인을 강제로 연행하려고 한 것이라면 이는 적법한 공무집행에 해당하지 아니하므로, 강제적인 임의동행을 거부하는 방법으로서 그와 함께 있던 피고인 등이 공소외인의 구원요청을 받고 경찰관에게 폭행·협박을 가하여도 공무집행방해죄는 성립하지 아니한다.[1122] ◉ 경찰관 공소외 1은 피고인이 피해자 공소외 2를 구타하고 있다는 신고를 받고 현장에 갔었는데 싸움은 이미 끝나고 피해자는 없고 하여 피고인에게 불심검문을 하고 경찰관서까지 임의동행을 요구하였으나 피고인이 거절하므로 피고인을 잡아끄는 등 강제로 인치하려 하므로 서로 밀치다가 피고인이 폭행을 가하기에 이른 것이고 경찰관 공소외 1이 당시 피고인을 현행범으로 취급할 요

1119) 대법원 2012. 12. 13, 선고 2012도11162 판결.
1120) 대법원 1991. 9. 24, 선고 91도1314 판결.
1121) 대법원 1995. 5. 9, 선고 94도3016 판결.
1122) 대법원 1991. 5. 10, 선고 91도453 판결.

건도 인정되지 않는다. 그렇다면 경찰관 공소외 1은 본건에 있어 피고인에 대하여 임의 동행을 요구하다가 거절당하자 무리하게도 피고인을 잡아끄는 등 강제로 인치하려고만 하였을 뿐 피고인을 현행범으로 체포할 요건도 갖추어 지지 않았거니와 현행범으로 체포하려 한것도 아닌 것이니 적법한 공무집행 행위가 있었다고 볼수 없고 따라서 피고인이 공소외 1의 현행범 체포의 공무집행을 방해하였다는 공소사실은 그 증명이 없음에 귀착된다.[1123] ◉ 경찰관들이 이 사건 회사 앞길에서 자신에 대한 해고의 부당함을 주장하며 농성을 벌이고 있던 위 회사의 해고 근로자인 공소외 B에게 경찰서까지 동행할 것을 요구하였다가 거절당함에 따라 그를 연행하기 위하여 경찰순찰차량에 강제로 승차시키려고 하자 피고인이 이를 제지하는 방법으로서 폭행행위를 한 것은 불법한 체포에 대항하기 위한 행동이다. B의 행위는 도로교통법 제63조 제3항 제2호 내지 경범죄처벌법 제1조 제24호, 제26호 등을 위반한 것으로 그 법정형이 5만원 이하의 벌금, 구류 또는 과료에 해당하는 경미한 범죄에 불과하여 비록 위 B가 현행 범인이라고 하더라도 영장 없이 위 B를 체포할 수는 없고, 또한 범죄의 사전 진압이나 교통단속의 목적만을 이유로 위 B에 대하여 임의동행을 강요할 수도 없다 할 것이므로, 위 경찰관들이 위 B를 그 의사에 반하여 강제로 연행하려고 한 행위는 적법한 공무집행이라고 볼 수 없고, 따라서 피고인이 위 경찰관들의 행위를 제지하기 위하여 그들에게 폭행을 가하였다고 하여도 이는 공무집행방해죄를 구성하지 아니하는 것이다.[1124] ◉ 피고인이 교통단속 경찰관의 면허증 제시 요구에 응하지 않고 교통경찰관을 폭행한 사안에 대하여 경찰관의 면허증 제시 요구에 순순히 응하지 않은 것은 잘못이라고 하겠으나, 피고인이 위 경찰관에게 먼저 폭행 또는 협박을 가한 것이 아니라면 경찰관의 오만한 단속 태도에 항의한다고 하여 피고인을 그 의사에 반하여 교통초소로 연행해 갈 권한은 경찰관에게 없는 것이므로, 이러한 강제연행에 항거하는 와중에서 경찰관의 멱살을 잡는 등 폭행을 가하였다고 하여도 공무집행방해죄가 성립되지 않는다.[1125] ◉ 피고인이 경찰관의 불심

1123) 대법원 1972. 10. 31, 선고 72도2005 판결.

1124) 대법원 1992. 5. 22, 선고 92도506 판결.

1125) ▶「…(전략) 기록에 의하면 의경 공소외인은 경찰 및 검찰에서 피고인에게 면허증 제시를 요구하면서 욕을 한 일이 없는데도 피고인은 공소외인이 욕을 하였다면서 먼저 공소외인의 얼굴에 침을 뱉기 때문에 교통초소에 갈 것을 요구하고 팔을 잡아끌자 공소외인의 멱살을 잡아 당기는 등 폭행을 가하였다고 진술하고 있으나, 피고인이 경찰관의 면허증 제시 요구에 느닷없이 욕을 하였다는 구실로 경찰관의 얼굴에 침을 뱉었다는 것은 통상인의 행동으로서 상상하기 어려운 행위이어서 선뜻 수긍이 가지 않을 뿐 아니라, 그 밖의 원심거시 증거를 보아도 의경 공소외인이 연행하려고 하기 전에 피고인이 먼저 침을 뱉는 등 폭력을 행사하였다는 공소외인의 진술부분을 뒷받침할 자료는 발견되지 않는다(피고인이 공소외인과 다툴 당시 현장에 있었던 의경 이○○의 진술조서(수사기록 17정)나 목격자 김○○의 진술서(수사기록54, 55정)를 보아도 피고인이 먼저 침을 뱉었다고 인정할 자료는 없고, 오히려 위 김○○ 진술서 기재에 의하면 그 주변에 있던 시민 중에서 의경 공소외인에게 피고인의

검문을 받아 운전면허증을 교부한 후 경찰관에게 큰 소리로 욕설을 하였는데, 경찰관이 모욕죄의 현행범으로 체포하겠다고 고지한 후 피고인의 오른쪽 어깨를 붙잡자 반항하면서 경찰관에게 상해를 가한 사안에서, 피고인은 경찰관의 불심검문에 응하여 이미 운전면허증을 교부한 상태이고, 경찰관뿐 아니라 인근 주민도 욕설을 직접 들었으므로, 피고인이 도망하거나 증거를 인멸할 염려가 있다고 보기는 어렵고, 피고인의 모욕 범행은 불심검문에 항의하는 과정에서 저지른 일시적, 우발적인 행위로서 사안 자체가 경미할 뿐 아니라, 피해자인 경찰관이 범행현장에서 즉시 범인을 체포할 급박한 사정이 있다고 보기도 어려우므로, 경찰관이 피고인을 체포한 행위는 적법한 공무집행이라고 볼 수 없어 **공무집행방해죄의 구성요건을 충족하지 않고,** 피고인이 체포를 면하려고 반항하는 과정에서 **상해**를 가한 것은 불법체포로 인한 신체에 대한 현재의 부당한 침해에서 벗어나기 위한 행위로서 **정당방위**에 해당하여 죄가 되지 않는다.[1126][1127] ◉ 사법경찰리가 피고인을 현행범인으로 체포하는 경우에 반드시 피고인에게 범죄사실의 요지, 구속의 이유와 변호인을 선임할 수 있음을 말하고 변명할 기회를 주어야 할 것임은 명백하다. 그런데 이 사건의 경찰관은 이 같은 적법절차를 준수하지 아니한 채 피고인을 강제로 순찰차에 태우려고 한 사실이 인정되므로 실력으로 현행범인을 연행하려 한 본 건 공무집행은 적법한 공무집행이라고 할 수 없고, 현행범인이 그 경찰관에 대하여 이를 거부하는 방법으로써 폭행을 하였다고 하여 **공무집행방해죄가 성립하는 것은 아니다.** 그리고 피고인이 그 체포를 면하려고 반항하는 과정에서 그들에게 **상해**를 가한 것은 이러한 불법 체포로 인한 신체에 대한 현재의 부당한 침해에서 벗어나기 위한 행위로서 **정당방위**에 해당하여 위법성이 조각된다.[1128] ◉ 공소외 2 및 공소외 1는 피고인에게 정읍경찰서까지 임의동행할 것을 요구하여 피고인을 순찰차에 태운 다음 피고인 옆에 탑승한 공소외 2이 피고인의 오른쪽 손목을 잡고 뒤로 꺾어 올리는 등으로 피고인을 제압하자 피고인이 거기에서 벗어나려고 공소외 2과 몸싸움을 하는 과정에서의 몸부림으로 앞서와 같은 상해 및 손괴가 발생한 사실을 인정할 수 있는바, 공소외 2 및

연행을 항의하는 사람이 있었다는 것이므로 이에 의하면 공소외인의 연행행위는 주변 사람들에게도 무리한 처사를 비쳤던 것 같다). 원심으로서는 공소외인의 피고인에 대한 행위를 적법한 직무집행으로 볼 수 있는 지의 여부를 좀 더 면밀하게 검토해 보았어야 할 것이다. 이 점에서 원심판결에는 법리오해 및 심리미진의 위법이 있고 논지는 이유 있다.」(대법원 1992. 2. 11, 선고 91도2797 판결)

1126) 대법원 2011. 5. 26, 선고 2011도3682 판결.

1127) 참고로 다액 50만원 이하의 벌금, 구류 또는 과료에 해당하는 경미범죄를 저질렀으나 주거가 분명한 자에 대해 영장 없이 강제연행하려 한 경찰을 폭행한 것은 본죄가 성립되지 않는다. 그는 현행범 체포 대상자가 아니고, 동행에 거부할 권리가 있기 때문이다(형사소송법 제214조).

1128) 대법원 2000. 7. 4, 선고 99도4341 판결.

공소외 1의 이와 같은 행위는 임의동행을 거부하는 피고인을 불법하게 체포·구금한 것으로 볼 수밖에 없고(그러므로 **공무집행방해죄는 무죄**), 따라서 피고인의 **상해 및 손괴** 범행은 이러한 불법 체포·구금으로 인한 신체에 대한 현재의 부당한 침해에서 벗어나기 위한 행위로서 그 행위에 이른 경위와 그 목적 및 수단, 행위자의 의사 등 제반 사정에 비추어 **위법성이 결여**된 행위라고 볼 것이다.[1129] ◉ 검사나 사법경찰관이 수사기관에 자진출석한 사람을 긴급체포의 요건을 갖추지 못하였음에도 실력으로 체포하려고 하였다면 적법한 공무집행이라고 할 수 없고, 자진출석한 사람이 검사나 사법경찰관에 대하여 이를 거부하는 방법으로써 폭행을 하였다고 하여 **공무집행방해죄가 성립하는 것은 아니다.** 나아가 검사가 참고인 조사를 받는 줄 알고 검찰청에 자진출석한 변호사사무실 사무장을 합리적 근거 없이 긴급체포하자 그 변호사가 이를 제지하는 과정에서 위 검사에게 **상해를 가한 것은 정당방위에 해당한다.**[1130] ◉ 비록 사법경찰관 등이 피의자에 대한 **구속영장을 소지하였다 하더라도** 피의자를 체포하기 위하여는 체포 당시에 피의자에 대한 범죄사실의 요지, 구속의 이유와 변호인을 선임할 수 있음을 말하고 변명할 기회를 준 후가 아니면 체포할 수 없고, 이와 같은 **절차를 밟지 아니한 채 실력으로 연행하려 하였다면 적법한 공무집행으로 볼 수 없다**고 할 것이다. 원심은 이 사건 공무집행방해의 점에 부합하는 검사 제출의 증거를 배척한 다음, 그 거시 증거에 의하여 서울지방경찰청 보안2과 소속 경장 공소외 1의 일행이 피고인 2의 집에 이르러 현관문을 갑자기 두드리자 위 피고인과 그의 처인 위 공소외 2가 잠옷차림으로 현관으로 나가 잠금장치를 풀었는데, 문을 열자마자 사복차림의 위 공소외 1 등이 피고인 등을 밀치면서 현관 안으로 들어온 사실, 이에 순간적으로 당황한 위 피고인은 현관입구 신발장 쪽에 있던 야구방망이를 잡아 위 공소외 1 등을 향해 들었는데 위 공소외 1이 이를 맞잡으면서 설득하여 위 방망이를 그 곳 바닥에 내려놓은 사실, 그 후 위 공소외 1 등 일행들이 위 피고인이 옷을 갈아입을 시간을 주기 위하여 현관 밖으로 나가면서 그때야 방문목적 등을 고지하면서 영장을 제시한 사실 및 그 후 피고인은 옷을 갈아입고 아무런 반항 없이 순순히 연행에 응한 사실 등을 인정한 다음, 그렇다면 경찰관들이 현행범이나 준현행범도 아닌 피의자를 체포하기 위하여(비록 법원의 영장을 가지고 있었다고 하더라도) 피의자의 집에 불시에 강제로 들어가려고 하여 피고인이 방어차원에서 이를 제지하는 행위를 한 것이므로 이와 같은 경찰관들의 행위는 적법한 공무집행이라고 볼 수 없어 피고인의 위 인정과 같은 행위는 공무집행방해죄에 해당하지 아니한다는 취지로 판단했다. 기록을 검토하

1129) 대법원 1999. 12. 28, 선고 98도138 판결.
1130) 대법원 2006. 9. 8, 선고 2006도148 판결.

여 보면, 원심의 위와 같은 사실인정 및 판단은 수긍이 가고, 거기에 채증법칙을 위배하여 사실을 오인한 위법 등이 있음을 발견할 수 없다.[1131] ◉ 경찰관 갑이 도로를 순찰하던 중 벌금 미납으로 지명수배된 피고인과 조우하게 되어 벌금 미납 사실을 고지하고 벌금납부를 유도하였으나 피고인이 이를 거부하자 벌금 미납으로 인한 노역장 유치의 집행을 위하여 구인하려 하였는데, 피고인이 이에 저항하여 갑의 가슴을 양손으로 수차례 밀침으로써 벌금수배자 검거를 위한 경찰관의 공무집행을 방해하였다는 내용으로 기소된 사안에서, **피고인에 대하여 확정된 벌금형의 집행을 위하여 형집행장이 이미 발부되어 있었으나,** 갑이 피고인을 구인하는 과정에서 형집행장이 발부되어 있는 사실은 **고지하지 않았던 사정**에 비추어 갑의 위와 같은 직무집행은 위법하다고 보아 공무집행방해죄는 성립하지 않는다.[1132] ◉ 벌금형에 따르는 노역장 유치는 실질적으로 자유형과 동일하므로, 그 집행에 대하여는 자유형의 집행에 관한 규정이 준용된다(형사소송법 제492조). 따라서 구금되지 아니한 당사자에 대하여 형의 집행기관인 검사는 그 형의 집행을 위하여 이를 소환할 수 있으나, 당사자가 소환에 응하지 아니한 때에는 형집행장을 발부하여 이를 구인할 수 있는데(같은 법 제473조), 이 경우의 형집행장의 집행에 관하여는 형사소송법 제1편 제9장(제68조 이하)에서 정하는 피고인의 구속에 관한 규정이 준용된다(같은 법 제475조). 그리하여 사법경찰관리가 벌금형을 받은 이를 그에 따르는 노역장 유치의 집행을 위하여 구인하려면, 검사로부터 발부받은 형집행장을 그 상대방에게 제시해야 한다(같은 법 제85조 제1항). 그러함에도 불구하고 이 사건에서 경찰관이 벌금형에 따르는 노역장 유치의 집행을 위하여 **형집행장을 소지하지 아니한 채** 피고인을 구인할 목적으로 그의 주거지를 방문하여 임의동행의 형식으로 데리고 가다가, 피고인이 동행을 거부하며 다른 곳으로 가려는 것을 제지하면서 체포·구인하려고 하자 피고인이 이를 거부하면서 경찰관을 폭행한 사안에서, 위와 같이 피고인을 체포·구인하려고 한 것은 노역장 유치의 집행에 관한 법 규정에 반하는 것으로서 적법한 공무집행행위라고 할 수 없으며, 또한 그 경우에 형집행장의 제시 없이 구인할 수 있는 "급속을 요하는 경우"(같은 법 제85조 제3항)라고 함은 애초 사법경찰관리가 적법하게 발부된 형집행장을 소지할 여유가 없이 형 집행의 상대방에 조우한 경우 등을 가리키는 것이고, 위와 같이 피고인의 주거로 찾아가 그를 만난 사법경찰관리가 임의동행을 요구하였다가 피고인이 이를 거부하고 그 장소를 이탈하려고 한 것을 두고 위의 "급속을 요하는 경우"에 해당한다고 할 수 없고, 이는 피고인이 벌금미납자로 지명수배되었다고 하더라도 달리 볼 것이 아니므로, 결

1131) 대법원 1996. 12. 23, 선고 96도2673 판결.
1132) 대법원 2017. 9. 26, 선고 2017도9458 판결.

국 위법한 공무집행에 대항한 피고인의 행위는 무죄이다.[1133] ◉ 피고인은 서울 노량진경찰서 소속 순경인 국○○이 신호를 위반하여 진행하던 피고인 차량을 단속한 후 범칙금납부통고서를 발부하려고 하자, 국○○의 손목을 잡아채며 욕설을 하고, 계속하여 교통단속을 위하여 출발하려고 하는 국○○의 견장을 잡아당기고 멱살을 잡아 2~3회 밀치는 등 폭행하여 국○○의 교통단속에 관한 정당한 직무집행을 방해하였다는 것인바, 이에 대하여 원심은, 국○○이 경찰관으로서 교통단속 업무를 수행하고 있던 중 피고인의 신호위반을 이유로 피고인의 차량을 정지시킨 후 피고인에게 신호위반 사실을 고지하고 운전면허증을 제시할 것을 요구하였으나, 피고인은 신호위반을 하지 않았다면서 국○○에게 범칙금납부통고서를 받지 않겠으니 즉결심판을 받을 수 있게 해달라고 요구한 사실, 국○○은 이와 같은 피고인의 요구를 무시한 채 피고인에게 재차 운전면허증의 제시를 요구했고, 이를 거부하는 피고인과 사이에 다소간 몸싸움이 있었던 사실, 결국 피고인은 국○○에게 운전면허증을 제시했고 국○○은 범칙금납부 통고처분을 한 사실을 인정한 다음, 신호기가 표시하는 신호를 따르지 않은 사람은 도로교통법 제117조, 제113조, 제5조에 따라 도로교통법 제12장 '범칙행위에 관한 처리의 특례'에 정하여진 범칙자에 해당한다고 할 것인데, 도로교통법 제118조는 "경찰서장은 범칙자로 인정되는 사람에 대하여는 그 이유를 명시한 범칙금납부통고서로 범칙금을 납부할 것을 통고할 수 있으나, 범칙금납부통고서를 받기를 거부한 사람에 대하여는 그러하지 아니하다."고 규정하고 있고, 같은 법 제120조는 "경찰서장은 범칙금납부통고서를 받기를 거부한 사람에 대하여는 지체 없이 즉결심판을 청구해야 한다."고 규정하고 있으므로, 교통경찰관인 국○○으로서는 교통단속 업무를 수행함에 있어 피고인이 신호위반을 하였다고 하더라도 범칙금납부통고서를 받지 않겠다는 의사를 분명히 밝힌 이상, 피고인에 대하여 지체 없이 즉결심판 출석통지서를 교부 또는 발송하고 즉결심판청구서를 작성하여 관할법원에 제출하는 등 즉결심판청구의 절차로 나아가야 함에도, 이러한 절차를 밟지 아니한 채 **범칙금납부 통고처분을 강행할 목적으로 무리하게 운전면허증을 제시할 것을 계속 요구한 것은 적법한 교통단속 업무라고 할 수 없으며,** 이와 같이 적법성이 결여된 직무행위를 하는 국○○에 대항하여 피고인이 폭행을 가하였다고 하더라도 이를 공무집행방해죄에 해당한다고 볼 수 없고, 달리 이 사건 공소사실을 인정할 증거가 없다는 이유로, 범죄사실의 증명이 없다고 보아 피고인에 대하여 무죄를 선고했다. 원심판결 이유를 관계 법리 및 기록에 비추어 검토하여 보면, 원심의 사실인정과 판단은 정당한 것으로 수긍이 가고, 거기에 상고이유에서 주장하는 바와 같은 채증법칙 위배나 심리미진으로 인한 사실오인,

1133) 대법원 2010. 10. 14, 선고 2010도8591 판결.

법리오해 등의 위법이 있다고 할 수 없다. 검사는 상고이유에서 피고인은 국○○의 요구에도 불구하고 운전면허증을 제시하지 못한 자로서 도로교통법 제117조 제2항 제1호에 따라 '범칙자'가 아니므로 '범칙자'임을 전제로 하는 도로교통법 제118조의 적용대상이 아니고, 또한 범칙금 통고처분을 끝내고 다른 교통단속을 위하여 출발하려는 국○○을 피고인이 다시 폭행하였으므로 이러한 피고인의 행위는 공무집행방해죄에 해당한다고 주장하고 있는바, 살피건대 피고인은 즉결심판을 받겠다는 이유로 국○○의 범칙금 통고처분을 위한 운전면허증 제시요구에 일시 불응하였을 뿐이므로 피고인을 도로교통법 제117조 제2항 제1호가 규정하고 있는 '운전면허증을 제시하지 못한 자'에 해당한다고 볼 수 없고, 또한 범칙금 통고처분을 끝내고 다른 교통단속을 위하여 출발하려는 국○○을 피고인이 폭행한 것은 앞서 본 바와 같은 국○○의 **부적법한 직무집행에 항의하는 과정에서 일어난 연속된 일련의 행위**로 보여지므로 이를 따로 공무집행방해로 볼 것은 아니다. 검사의 상고이유의 주장은 모두 받아들일 수 없다.[1134] ◉ 출입국관리법에서는, 출입국관리공무원 및 대통령령이 정하는 관계기관 소속 공무원(이하 '출입국관리공무원 등'이라고 한다)은 외국인이 이 법 또는 이 법에 의한 명령에 따라 적법하게 체류하고 있는지 여부를 조사하기 위하여 외국인, 그 외국인을 고용한 자, 그 외국인의 소속 단체 또는 그 외국인이 근무하는 업소의 대표자와 그 외국인을 숙박시킨 자를 방문하여 질문을 하거나 기타 필요한 자료의 제출을 요구할 수 있고(출입국관리법 제81조 제1항), 위 규정에 의하여 질문을 받거나 자료의 제출을 요구받은 자는 정당한 이유 없이 이를 거부하여서는 아니 되며(같은 법 제81조 제2항), 위와 같은 출입국관리공무원의 장부 또는 자료 제출 요구를 기피한 자는 100만원 이하의 과태료에 처한다(같은 법 제100조 제2항 제3호)고 규정하고 있다. 영장주의 원칙의 예외로서 출입국관리공무원 등에게 외국인 등을 방문하여 외국인동향조사 권한을 부여하고 있는 위 법 규정의 입법 취지 및 그 규정 내용 등에 비추어 볼 때, 출입국관리공무원 등이 출입국관리법 제81조 제1항에 근거하여 제3자의 주거 또는 일반인의 자유로운 출입이 허용되지 아니한 사업장 등에 들어가 외국인을 상대로 조사하기 위해서는 그 주거권자 또는 관리자의 사전 동의가 있어야 한다고 할 것이다. 원심은 그 채택 증거에 의하여 법무부 의정부출입국관리소 소속 피해자 공소외 1 등이 이 사건 당시 공장장인 공소외 2의 동의나 **승낙 없이 공장에 들어가** 그 공장 내에서 일하고 있던 피고인 등을 상대로 **불법체류자 단속업무를 개시**한 사실이 인정되므로 이 사건 불법체류자 단속업무는 적법한 공무집행행위로 볼 수 없고, 따라서 피고인이 피해자 공소외 1을 칼로 찌른 행위는 특수공무집행방해죄를 구성하지 않는다고 판단

1134) 대법원 2004. 7. 9, 선고 2003도8336 판결.

한 제1심판결을 그대로 유지하였는바, 위 법리와 기록에 비추어 살펴보면 원심의 사실인정과 판단은 정당한 것으로 수긍할 수 있고, 거기에 상고이유로 주장하는 바와 같은 출입국관리법상 조사의 절차에 관한 법리오해, 채증법칙 위반으로 인한 사실오인 등의 위법이 없다.[1135] ◉ 경찰관들이 노래연습장에서의 주류 판매 여부를 확인하기 위하여 법관이 발부한 **영장 없이 노래연습장을 검색**한 행위가 적법한 직무집행이라고 볼 수 없어 그 검색행위를 방해하였다고 하더라도 공무집행방해죄를 구성하지 않는다.[1136] ◉ 이 사건 계고처분의 주된 목적은 이 사건 요양병원 건물 및 반출된 물품을 포함한 의료기기 등 일체에 대한 피고인들의 점유를 배제하고 그 점유를 이전받는 것에 있는데, 이러한 의무는 그것을 강제적으로 실현함에 있어 직접적인 실력행사가 필요한 것이지 대체적 작위의무에 해당하는 것이 아니어서 행정대집행의 대상이 되지 아니하므로, 이 사건 행정대집행은 행정대집행법상의 요건을 갖추지 아니하여 적법한 직무집행으로 볼 수 없다고 판단하여 이 부분 공소사실에 대하여 무죄를 선고한 제1심의 조치를 그대로 유지했다. 법리와 기록에 비추어 살펴보면, 이러한 원심의 판단은 정당하고, 거기에 상고이유 주장과 같이 행정대집행의 대상이 되는 대체적 작위의무나 공무집행방해죄의 적법성 요건에 관한 법리오해 등의 위법이 없다.[1137] ◉ 도심광장으로서 '서울특별시 서울광장의 사용 및 관리에 관한 조례'에 의하여 관리되고 있는 '서울광장'에서, 서울시청 및 중구청 공무원들이 행정대집행법이 정한 계고 및 대집행영장에 의한 통지절차를 거치지 아니한 채 위 광장에 무단설치된 천막의 철거대집행에 착수했고, 이에 피고인들을 비롯한 '광우병위험 미국산 쇠고기 전면 수입을 반대하는 국민대책회의' 소속 단체 회원들이 몸싸움을 하거나 천막을 붙잡고 이를 방해한 사안에서, 위 서울광장은 비록 공부상 지목이 도로로 되어 있으나 도로법 제65조 제1항 소정의 행정대집행의 특례규정이 적용되는 도로법상 도로라고 할 수 없으므로 위 철거대집행은 구체적 직무집행에 관한 법률상 요건과 방식을 갖추지 못한 것으로서 적법성이 결여되었고 따라서 피고인들이 위 공무원들에 대항하여 폭행·협박을 가하였더라도 특수공무집행방해죄는 성립되지 않는다.[1138] ◉ 경찰관직무집행법 제6조 제1항과 구 집회 및 시위에 관한 법률(2007. 12. 21. 법률 제8733호로 개정되기 전의 것, 이하 같다) 등 관련 법률 조항들의 내용과 취지를 종합하면, 비록 장차 특정 지역에서 구 집회 및 시위에 관한 법률에 의하여 금지되어 그 주최 또는 참가행위가 형사처벌의 대상이 되는 위법한 집회·시위가 개최될 것이 예상된다고 하더라도, 이와 시간적·장소적으로

1135) 대법원 2009. 3. 12, 선고 2008도7156 판결.
1136) 대법원 2005. 10. 28, 선고 2004도4731 판결.
1137) 대법원 2013. 3. 14, 선고 2011도7259 판결.
1138) 대법원 2010. 11. 11, 선고 2009도11523 판결.

근접하지 않은 다른 지역에서 그 집회·시위에 참가하기 위하여 출발 또는 이동하는 행위를 함부로 제지하는 것은 경찰관직무집행법 제6조 제1항에 의한 행정상 즉시강제인 경찰관의 제지의 범위를 명백히 넘어서는 것이어서 허용될 수 없으므로, 이러한 제지행위는 공무집행방해죄의 보호대상이 되는 공무원의 적법한 직무집행에 포함될 수 없다.[1139] 따라서 피고인들에게 **특수공무집행방해죄가 성립하지 않는다. 그러나** 피고인들을 비롯한 대학생 및 민노총 광주지역본부 회원 등 800여명은 2007. 11. 11. 08:10경부터 09:40경까지 광주 서구 유촌동에 있는 기아자동차 광주공장 앞 도로에서, 위 집회에 참가하기 위해 버스 22대를 대절하여 나누어 타고 상경하려다가 경찰에 의해 차단된 사실, 이에 피고인들을 비롯한 참가자 200여 명은 경찰이 상경을 차단하였다는 이유로 버스에서 내려 광주지방경찰청 북부경찰서 방범순찰대 소속 의경 공소외 1, 2, 3 등 대비병력을 향해 PVC파이프를 휘두르거나 돌을 던지고, 진압방패와 채증장비를 빼앗고, 주먹과 발로 마구 때리고, 경찰버스 유리창 등을 부순 사실, 그때 피고인들은 제1심 약식명령 공동피고인 1, 3, 4, 5, 7과 함께 도로를 가로막고 있는 대비병력 사이로 관광버스가 지날 수 있는 길을 뚫기 위하여 병력과 밀고 당기는 등의 몸싸움을 한 사실을 인정할 수 있는바, 위 법리에 비추어 보면, **비록 경찰관들의 위법한 상경 제지 행위에 대항하기 위하여 한 것이라 하더라도,** 피고인들이 다른 시위참가자들과 공동하여 위와 같이 경찰관들을 때리고 진압방패와 채증장비를 빼앗는 등의 **폭행**행위를 한 것은 소극적인 방어행위를 넘어서 공격의 의사를 포함하여 이루어진 것으로서 그 수단과 방법에 있어서 상당성이 인정된다고 보기 어려우며 긴급하고 불가피한 수단이었다고 볼 수도 없으므로, 이를 사회상규에 위배되지 아니하는 **정당행위나** 현재의 부당한 침해를 방어하기 위한 **정당방위에 해당한다고 볼 수 없다.**[1140] ◉ 징벌사유에 해당하는 행위를 하였다고 의심할 만한 상당한 이유가 있는 수용자에 대하여 조사가 필요한 경우라 하더라도, 특히 그 수용자에 대한 조사거실에의 분리 수용은 형의 집행 및 수용자의 처우에 관한 법률 제110조 제1항의 각 호에 따라 그 수용자가 증거를 인멸할 우려가 있는 때 또는 다른 사람에게 위해를 끼칠 우려가 있거나 다른 수용자의 위해로부터 보호할 필요가 있는 때에 한하여 인정되는데, 피고인이 이 사건 사진 제거 지시가 부당하다면서 교도관 공소외 2의 자술서 작성 요구를 거부하였다는 것이 피해자가 피고인을 조사거실에 강제로 수용하려고 한 행위의 실질적으로 유일한 원인이었음을 알 수 있을 뿐이고, 달리 피해자가 피고인을 조사거실에 강제로 수용하려고 할 당시 피고인에게 그 직전 지시위반에 대한 증거를 인멸할 우려가

1139) 대법원 2008. 11. 13, 선고 2007도9794 판결; 대법원 2009. 6. 11, 선고 2009도2114 판결.
1140) 대법원 2009. 6. 11, 선고 2009도2114 판결.

있었다거나 타인 또는 자신에 대한 위해의 우려가 있었다고 인정할 만한 증거는 찾아볼 수 없으며, 또한 기록상, 이 사건 공소사실과 같은 피고인의 폭행이 있기 이전까지 피해자가 피고인을 조사거실로 강제로 데려가려는 과정에서 피고인에 대하여 형집행법 제100조에서 정한 강제력을 행사해야 할 만한 정황도 찾아볼 수 없는 경우, 이러한 사정 하에서라면, 피해자가 피고인을 조사거실에 강제로 수용하려고 한 행위는 **형집행법상의 조사거실 수용에 관한 요건을 갖추지 못하여** 적법한 직무집행으로 볼 수 없고, 그 수용을 위하여 **검신을 요구한 행위 역시 위법한 직무집행을 전제로 한 것으로서 적법한 직무집행으로 볼 수 없다.** 결국 피고인을 조사거실에 강제로 수용하려고 한 행위 및 그 수용을 위하여 검신을 요구한 행위라는 피해자의 위법한 직무집행에 저항하는 과정에서 이루어진 피고인의 피해자에 대한 폭행은 공무집행방해죄에 해당하지 않는다.[1141]

'적법한 직무집행인지'에 대한 심리미진 · 이유불비는 위법

▶ 「…(전략) 원심은 피고인 5는 공소외 4와 공모하여 1973.7.1 14:00경 여수시 종화동 해안에 정박 중인 위 17호 선상에서 당시 동 선박이 일본에서 밀수품을 싣고 왔다는 정보에 의하여 동 선박의 수색을 하고 있던 마산세관 충무출장소 남해안 감시선단 소속 세관원 장○○, 여○○, 장◈주에게 작년도에 왔더니 1년 만에 또 죽으러 왔느냐 이 새끼들 다 죽여 버린다고 하면서 위 장◈주에게 달려들어 동인의 가슴을 수회 박치기 하고 양손으로 목을 조르고 위 여○○가 법대로 하자면서 제지하자 "법 좋아하네" 하면서 생선 찍는 칼쿠리를 집어 들고 휘두르며 위협하고 칼쿠리 손잡이로 여○○의 입술을 치고 장○○의 배를 3,4회 발길질하고, 공소외 4는 장◈주의 배를 10여회 주먹질하는 등 하여 직무를 집행하는 공무원에 대하여 폭행을 하고, 이로 인하여 여○○에게 치료 일수 미상의 구순부열상의 상해를 입혔다는 특수공무집행방해치상의 공소사실을 유죄로 인정했다.

그러나 공무집행방해죄에 의한 보고의 대상은 공무원의 적법한 직무의 집행이라야 한다는 것인바 본건의 경우 세관공무원이 밀수품을 싣고 왔다는 정보에 의하여 정박 중인 선박에 대하여 수색을 하려면 선박의 소유자 또는 점유자의 승낙을 얻거나 법관의 압수 수색영장을 발부 받거나 또는 관세법 212조 1항 후단에 의하여 긴급을 요하는 경우에 한하여 수색압수를 하고 사후에 영장의 교부를 받아야 할 터인데 위의 **어느 하나의 요건을 갖추었음에 대한 아무런 심리판단도 없이** 위 선박을 수색하던 공무원에 대하여 **위험한 물건을 들고 폭행하여 상**

1141) 대법원 2014. 9. 25, 선고 2013도1198 판결.

해를 입힌 사실만을 확정한 채 특수공무집행방해치상죄를 적용하고 나아가 피고인 5에 대한 형을 산정함에 이어 작량감경하는 이유로 특수공무집행방해치상 부분은 피해자들이 불법으로 동 피고인 소유선박을 수색하면서 재물손괴를 하였기 때문에 일어난 일이고 라고 설시하였음은 **필경** 특수공무집행방해치상죄의 구성요건에 해당하는 **적법한 직무의 집행에 대한 심리를 다하지 않음**으로서 이유를 명시 못한 허물을 저질렀거나 특수공무집행방해치상죄의 법리를 오해하여 판결이유에 모순을 가져온 위법이 있다 할 것이고, 이는 판결의 결과에 영향을 가져온다 할 것이므로 다른 논점에 대한 이유를 판단할 것 없이 이 부분은 파기를 면치 못한다 할 것이다. 논지 이유 있다.」[1142]

다. 폭행

공무집행방해죄의 폭행이라 함은 공무원에 대한 직접적인 유형력의 행사뿐 아니라 간접적인 유형력의 행사도 포함하는 것이다.[1143] 따라서 여기서의 폭행은 사람에 대한 유형력의 행사로 족하고 반드시 그 신체에 대한 것임을 요하지 아니하며, 또한 추상적 위험범으로서 구체적으로 직무집행의 방해라는 결과발생을 요하지도 아니한다.[1144]

다만 공무집행방해죄에 있어서의 폭행·협박은 성질상 공무원의 직무집행을 방해할 만한 정도의 것이어야 하므로, 경미하여 공무원이 개의치 않을 정도의 것이라면 여기의 폭행·협박에는 해당하지 아니한다고 할 것이다.[1145]

본죄의 폭행 인정사례

◉ 민주사회에서 공무원의 직무 수행에 대한 시민들의 건전한 비판과 감시는 가능한 한 널리 허용되어야 한다는 점에서 볼 때, 공무원의 직무 수행에 대한 비판이나 시정 등을 요구하는 집회·시위 과정에서 일시적으로 상당한 소음이 발생하였다는 사정만으로는 이를 공무집행방해죄에서의 음향으로 인한 폭행이 있었다고 할 수는 없을 것이나, 그와 같은 의사전달수단으로서 합리적 범위를 넘어서 상대방에게 고통을 줄 의도로 음향을 이용하였다면 이를 폭행으로 인정할 수 있을 것인바, 구체적인 상황에서 공무집행방해죄에서의 음향으로 인한 폭행에 해

1142) 대법원 1976. 11. 9, 선고 76도2703 판결.
1143) 대법원 1970. 5. 12, 선고 70도561 판결; 대법원 1981. 3. 24, 선고 81도326 판결; 대법원 1998. 5. 12, 선고 98도662 판결; 대법원 2009. 10. 29, 선고 2007도3584 판결.
1144) 대법원 2018. 3. 29, 선고 2017도21537 판결.
1145) 대법원 1972. 9. 26, 선고 72도1783 판결; 대법원 2007. 6. 1, 선고 2006도4449 판결.

당하는지 여부는 음량의 크기나 음의 높이, 음향의 지속시간, 종류, 음향발생 행위자의 의도, 음향발생원과 직무를 집행 중인 공무원과의 거리, 음향발생 당시의 주변 상황을 종합적으로 고려하여 판단해야 할 것이다. 그런데 원심은 음향발생 행위만으로는 공무집행방해죄에서의 폭행이 될 수 없다는 전제 하에서 위 피고인들에 대한 공무집행방해의 점에 관한 주위적 공소사실에 대하여 무죄로 선고하였는바, 이러한 원심의 판단에는 공무집행방해죄에서의 폭행에 관한 법리 등을 오해하여 판결 결과에 영향을 미친 위법이 있다.[1146] ◉ 피고인이 순경 공소외인이 공무를 집행하고 있는 경찰관 파출소 사무실 바닥에 인분이 들어 있는 물통을 던지고 또 책상 위에 있던 재떨이에 인분을 퍼 담아 동 사무실 바닥에 던지는 행위는 동 순경 공소외인에 대한 폭행이다.[1147] ◉ 피고인이 지구대 내에서 약 1시간 40분 동안 큰 소리로 경찰관을 모욕하는 말을 하고, 그곳 의자에 드러눕거나 다른 사람들에게 시비를 걸고 그 과정에서 경찰관들이 피고인을 내보낸 뒤 문을 잠그자 다시 들어오기 위해 출입문을 계속해서 두드리거나 잡아당기는 등 소란을 피운 사안에서, 피고인이 밤늦은 시각에 술에 취해 위와 같이 한참 동안 소란을 피운 행위는 그 정도에 따라 공무원에 대한 간접적인 유형력의 행사로서 형법 제136조에서 규정한 '폭행'에 해당할 여지가 있는데도, 이와 달리 보아 공무집행방해의 점을 무죄로 판단한 원심판결에 법리오해 등 잘못이 있다.[1148] ◉ 피고인이 갑과 주차문제로 언쟁을 벌이던 중, 112 신고를 받고 출동한 경찰관 을이 갑을 때리려는 피고인을 제지하자 자신만 제지를 당한 데 화가 나서 손으로 을의 가슴을 1회 밀치고, 계속하여 욕설을 하면서 피고인을 현행범으로 체포하며 순찰차 뒷좌석에 태우려고 하는 을의 정강이 부분을 양발로 2회 걷어차는 등 폭행함으로써 경찰관의 112 신고처리에 관한 직무집행을 방해하였다는 내용으로 기소된 사안에서, 제반 사정을 종합하면 피고인이 손으로 을의 가슴을 밀칠 당시 을은 112 신고처리에 관한 직무 내지 순찰근무를 수행하고 있었고, 이와 같이 공무를 집행하고 있는 을의 가슴을 밀치는 행위는 공무원에 대한 유형력의 행사로서 공무집행방해죄에서 정한 폭행에 해당하며, 피고인이 체포될 당시 도망 또는 증거인멸의 염려가 없었다고 할 수 없어 체포의 필요성이 인정되고, 공소사실에 관한 증인들의 법정진술의 신빙성을 인정한 제1심의 판단을 뒤집을 만한 특별한 사정이 없으므로, 이와 달리 보아 공소사실을 무죄라고 판단한 원심판결에 공무집행방해죄의 폭행이나 직무집행, 현행범 체포의 요건 등에 관한 법리오해 또는 제1심 증인이 한 진술의 신빙성을 판단할 때 공판중심주의와 직접심리주의 원칙을 위반한 잘못이 있다.[1149]

1146) 대법원 2009. 10. 29, 선고 2007도3584 판결.
1147) 대법원 1981. 3. 24, 선고 81도326 판결.
1148) 대법원 2013. 12. 26, 선고 2013도11050 판결.

본죄의 폭행 부정사례

◉ 원심은, 교통단속 경찰관인 공소외 장○○는 당시 피고인이 운전하던 차량이 1차선으로 주행하는 것을 보고 정지시킨 다음 피고인에게 면허증제시를 요구하자 피고인이 이를 거부하면서 약 5분간 실랑이를 하다가 고발을 하라면서 화물차량을 출발하려 할 때, 위 화물차량의 왼쪽 문손잡이를 잡고 2-3m를 따라가다가 차량발판에 뛰어 올랐고, 이에 피고인은 곧 정차를 하였으며, 화물차량이 진행한 거리는 약 7-8m였는데, 이 사건 상해는 위 장○○가 위 차량의 발판에 뛰어 오르다가 왼쪽 앞 타이어에 왼쪽 무릎을 부딪힘으로써 입게 된 사실 등을 인정한 다음, 위 인정에 터잡아 위 장○○가 입은 이 사건 상해는 화물차량을 붙잡으려고 차량 발판에 뛰어 오르다가 그 자신의 부주의로 인하여 생긴 것일 뿐이라 할 것이어서, 피고인이 공무집행중인 경찰관을 화물차량의 손잡이에 매단 채 그대로 달려 폭행을 가함과 동시에 상해를 입였다고는 볼 수 없고, 또 피고인이 위 장○○의 면허증 제시요구에 불응하고 그대로 출발하였다거나, 피고인이 위 장○○가 화물차량에 올라타는 것을 발견하고 정차하는 과정에서 위 장○○가 차량에 올라탄 채 약간 진행하게 되었다 하여 이러한 사실들만으로는 위 장○○에게 폭행을 가한 것이라 할 수 없다고 판시한 제1심판결 이유를 그대로 유지하고 있는 바, 사실관계가 위와 같다면 피고인의 행위가 공무집행방해죄에 있어서 폭행에 해당한다 할 수 없고, 또 피고인에게 상해에 대한 미필적 고의가 있은 경우라고도 볼 수 없으므로 원심의 위와 같은 판단은 옳고, 거기에 소론과 같은 법리오해의 위법이 없다.[1150] ◉ 종로경찰서 교통지도계 소속 의경으로 교통단속업무에 종사하던 공소외 이○○가 피고인이 그 차량운행 중 안전띠를 착용하지 아니하였다는 이유로 이를 단속하기 위하여 피고인에게 운전면허증 제시를 요구하였으나 피고인이 이에 응하지 않고 차량을 도로 우측으로 정지시키는 듯 하면서 그대로 운전하여 가다가 일방통행 길에 막혀 더 이상 진행하지 못하고 다시 되돌아오는 것을 보고 피고인의 차량을 정차시키고 운전사 쪽 열린 유리창 윗부분을 손으로 잡고서 피고인에게 운전면허증 제시를 요구하였는데 피고인이 그의 처가가 바로 앞에 있으니 차를 세워놓고 오겠다고 하면서 면허증 제시에 응하지 않다가 그대로 출발하려 하므로 잡고 있던 위 차량 운전사 쪽 열린 유리창 윗부분을 놓지 않은 채 10 내지 15m 가량을 걸어서 따라가다가 위 차량의 속도가 빨라지자 더 이상 차량을 잡은 채로 있을 수 없어 손을 놓게 되었다면, 이러한 사실만으로는 피고인의 행위가 공무집행방해죄에 있어서의 폭행에 해당한다고 할 수 없다.[1151] ◉ 피고인 2가 위 오락실 밖에서 기판이 든 박스를 옮기고

1149) 대법원 2018. 3. 29, 선고 2017도21537 판결.
1150) 대법원 1994. 9. 9, 선고 94도701 판결.

있던 의경 공소외 3을 뒤쫓아 가 '이 박스는 압수된 것이 아니다'라고 말하며 공소외 3의 손에 있던 박스를 들고 간 것은 당시 공소외 3이 즉각적으로 대응하거나 저항하지 아니한 점에 비추어 공소외 3의 공무집행을 방해할 만한 폭행 또는 협박에 해당하지 아니한다.[1152] ◉ 피해자들은 피고인 등이 미리 바닥에 뿌려 놓은 윤활유에 미끄러져 넘어지거나 미리 뿌려 놓은 철판조각에 찔려 다쳤다는 것에 지나지 아니하는바, 피고인 등이 위 윤활유나 철판조각을 위 각 피해자들의 면전에서 그들의 공무집행을 방해할 의도로 뿌린 것이라는 등의 특별한 사정이 있는 경우는 별론으로 하고, 단순히 위 피해자 등이 위 공장에 진입할 경우에 대비하여 그들의 부재 중에 미리 뿌려 놓은 것에 불과하다면, 이를 가리켜 위 피해자들에 대한 유형력의 행사, 즉 폭행에 해당하는 것으로 볼 수 없다고 할 것이다. 그럼에도 원심이 이와 다른 전제에서 미리 바닥에 뿌려둔 윤활유에 위 피해자들이 스스로 넘어져 다친 행위를 판시 특수공무집행방해치상죄로 의율한 조치에는 특수공무집행방해치상죄에 관한 법리를 오해하였거나 필요한 심리를 다하지 아니하고 채증법칙에 위반하여 사실을 오인함으로써 판결에 영향을 미친 위법이 있다고 할 것이다.[1153]

라. 협박

공무집행방해죄에서 협박이란 상대방에게 공포심을 일으킬 목적으로 해악을 고지하는 행위를 의미하는 것으로서, 고지하는 해악의 내용이 그 경위, 행위 당시의 주위 상황, 행위자의 성향, 행위자와 상대방과의 친숙함의 정도, 지위 등의 상호관계 등 행위 당시의 여러 사정을 종합하여 객관적으로 상대방으로 하여금 공포심을 느끼게 하기에 족하면 되고, 상대방이 현실로 공포심을 품게 될 것까지 요구되는 것은 아니며, 다만 그 협박이 경미하여 상대방이 전혀 개의치 않을 정도인 경우에는 협박에 해당하지 않는다.[1154]

본죄의 협박 방법은 언어, 문서, 직접, 간접 또는 명시, 암시를 불문한다.[1155]

1151) 대법원 1996. 4. 26, 선고 96도281 판결.
1152) 대법원 2007. 6. 1, 선고 2006도4449 판결.
1153) 대법원 2010. 12. 23, 선고 2010도7412 판결.
1154) 대법원 1972. 9. 26, 선고 72도1783 판결; 대법원 1976. 5. 11, 선고 76도988 판결; 대법원 1989. 12. 26, 선고 89도1204 판결; 대법원 2005. 3. 25, 선고 2004도8644 판결; 대법원 2005. 10. 28, 선고 2004도4731 판결; 대법원 2007. 6. 1, 선고 2006도4449 판결; 대법원 2011. 2. 10, 선고 2010도15986 판결.
1155) 대법원 1981. 3. 24, 선고 81도326 판결.

본죄의 협박 긍정사례

◉ 순경에 대하여 "씹할 놈들 너희가 나를 잡아넣어, 소장 데리고 와라"고 폭언을 농한 것은 이에 불응하면 신체에 위해를 가할 것을 암시하는 협박에 해당한다.[1156] ◉ 폭력행위 등 전과 12범인 피고인이 그 경영의 술집에서 떠들며 놀다가 주민의 신고를 받고 출동한 경찰로부터 조용히 하라는 주의를 받은 것뿐인데 그 후 새벽 4시의 이른 시각에 파출소에까지 뒤쫓아 가서 "우리 집에 무슨 감정이 있느냐, 이 순사새끼들 죽고 싶으냐"는 등의 폭언을 하였다면, 이는 단순한 불만의 표시나 감정적인 욕설에 그친다고 볼 수 없고, 경찰이 계속하여 단속하는 경우에 생명, 신체에 어떤 위해가 가해지리라는 것을 통보함으로써 공포심을 품게 하려는데 그 목적이 있었다고 할 것이고, 또 이는 객관적으로 보아 상대방으로 하여금 공포심을 느끼게 하기에 족하다고 할 것이다.[1157] ◉ 수산업협동조합 조합장인 피고인이 수사 중인 해양경찰서 소속 경찰공무원인 갑에게 전화를 걸어 폭언하며 협박함으로써 범죄수사 등에 관한 직무집행을 방해하였다는 공소사실에 대하여, 피고인은 당시 조합장을 7년 이상 역임해 온 자로서 지역사회에 상당한 영향력을 행사하고 있었고, 검찰청 또는 해양경찰청 고위 간부들과의 친분관계를 과시하였으므로 갑으로서는 충분히 위협을 느낄 수 있는 지위에 있었던 것으로 보이는 점, 당시 피고인의 전화통화 내용도 수사에 대하여 강하게 항의하면서 해양경찰청 고위 간부들과의 친분관계를 이용하여 갑에게 인사상 불이익을 가하겠다는 것으로 갑이 공포심을 느낄 수 있는 해악의 고지로 보여지는 점, 기타 폭언을 하게 된 동기 및 경위, 그 내용 등에 비추어 보면, 피고인의 폭언은 단순히 경찰공무원의 수사에 대한 불만의 표시나 감정적인 욕설에 그친다고 볼 수는 없고, 수사를 계속하는 경우에는 담당 경찰관에게 어떤 인사상 불이익이 가해지리라는 것을 통보함으로써 공포심을 품게 하려는 데 그 목적이 있었다 할 것

1156) 대법원 1981. 3. 24, 선고 81도326 판결.

1157) 대법원 1989. 12. 26, 선고 89도1204 판결.

▶ **원심(춘천지방법원 1989. 2. 2, 선고 88노951 판결)은 다음과 같은 이유로 무죄를 선고**했다. "원심판결 이유에 의하면 원심은 피고인이 1988. 6. 14. 04:00경 태백경찰서 화전파출소에서 제1심 판시의 이유 즉 피고인이 그 무렵 피고인 경영의 술집에서 친구들과 함께 음악을 크게 틀어놓고 춤추며 놀던 중 취침방해를 호소해 온 주민의 신고를 받은 위 파출소 근무 의경 박경○가 위 주점을 찾아가 조용히 해줄 것을 요청하고 갔다는 이유로 위 파출소까지 찾아가서 소내 근무 중인 위 박경○와 경장 유찬○ 등에게 "우리 집에 무슨 감정이 있느냐, 이 순사새끼들 죽고 싶으냐"라고 폭언을 한 사실을 확정한 다음, 그러나 공무집행방해죄가 성립하기 위하여는 직무를 집행하는 공무원에 대하여 폭행 또는 협박을 해야 하는 바, 위에서 인정되는 피고인의 행위가 폭행에 해당한다고 볼 수 없고, 또한 피고인이 위와 같은 폭언을 하게 된 경위, 피고인이 술에 취하여 있었던 점, 그 장소가 파출소이고 상대방이 경찰관이란 점 등을 고려하면 피고인의 위와 같은 행위는 **단순한 욕설에 불과할 뿐** 상대방으로 하여금 외포심을 일으키게 할 만한 해악의 고지라고 볼 수 없어 협박에도 해당한다고 볼 수 없다고 판시하여 제1심판결을 파기하고 피고인에게 무죄를 선고했다."

이고, 또 이는 객관적으로 보아 상대방으로 하여금 공포심을 느끼게 하기에 충분하다.[1158]

본죄의 협박 부정사례

◉ 경찰관의 임의동행을 요구받은 피고인이 자기 집 안방으로 피하여 문을 잠그었다면 이는 임의동행 요구를 거절한 것이므로 피요구자의 승락을 조건으로 하는 임의동행하려는 직무행위는 끝난 것이고 피고인이 문을 잠근 방안에서 면도칼로 앞가슴 등을 그어 피를 보이면서 자신이 죽어버리겠다고 불온한 언사를 농하였다 하여도 이는 자해자학행위는 될지언정 위 경찰관에 대한 유형력의 행사나 해악의 고지표시가 되는 폭행 또는 협박으로 볼 수 없다.[1159] ◉ 원심이 기록을 바탕으로 피고인이 2002. 4. 2. 군산경찰서 방범과에서 경위 공소외인에게 이 부분 공소사실과 같은 방법으로 항의한 사실을 인정하면서도 피고인이 그 당시에 한 행위는 상대방인 공소외인으로 하여금 객관적으로 공포심을 느끼게 하기에 족한 정도에 이르지 못하고 그 정도가 경미하여 위 공소외인이 이를 개의치 아니할 정도에 그쳤으므로, 공무집행방해죄에 있어서의 폭행, 협박에 해당하지 아니한다고 판단한 것은 정당하고, 거기에 상고이유의 주장과 같은 채증법칙 위배로 인한 사실오인, 공무집행방해죄에 있어서의 폭행, 협박에 관한 법리오해 등의 위법이 없다.[1160]

마. 고의

공무집행방해죄에 있어서의 범의는 상대방이 직무를 집행하는 공무원이라는 사실, 그리고 이에 대하여 폭행 또는 협박을 한다는 사실을 인식하는 것을 그 내용으로 하고, 그 인식은 불확정적인 것이라도 소위 미필적 고의가 있다고 보아야 하며,[1161] 그 직무집행을 방해할 의사를 필요로 하지 아니하고 이와 같은 범의는 피고인이 이를 자백하고 있지 않고 있는 경우에는 그것을 입증함에 있어서는 사물의 성질상 고의와 상당한 관련성이 있는 간접사실을 증명하는 방법에 의할 수밖에 없는 것이나, 그때에 무엇이 상당한 관련성이 있는 간접사실에 해당할 것인가는 정상적인 경험칙에 바탕을 두고 치밀한 관찰력이나 분석력에 의하여 사실의 연결상태를 합리적으로 판단하는 것 외에 다른 방법은 없

1158) 대법원 2011. 2. 10, 선고 2010도15986 판결.
1159) 대법원 1976. 3. 9, 선고 75도3779 판결.
1160) 대법원 2005. 10. 28, 선고 2004도4731 판결.
1161) 대법원 1995. 1. 24, 선고 94도1949 판결.

다.[1162)]

▶ 「피고인 2, 4, 3으로서는 공소사실 기재 일시, 장소에서 공소외 2, 3 등이 영부인을 경호하는 공무를 수행 중인 사복경찰관들이라는 사실을 미필적으로나마 인식하고 있었다고 보아야 하고, 대통령 등의 경호에 관한 법률과 관련 법령 및 경호업무의 특성에 비추어 비록 영부인의 경호업무를 담당하게 된 공소외 2, 3 등의 경찰관들이 사복을 착용한 채 경찰관임을 나타내는 표식을 달지 않거나 위 피고인 등에게 경호업무 수행 중이라는 것을 이야기하지 않았다고 하더라도 그들의 경호업무는 적법한 공무집행에 해당하므로 위 피고인들이 공소외 2, 3에게 폭력을 행사하여 경호업무를 방해한 것은 공무집행방해죄에 해당하며, 그것이 정당방위나 정당행위라고 할 수는 없다.」[1163)]

▶ 「시청 소속 수도검침원인 피해자가 수도검침차 피고인 집으로 가다가 그 집과 약 32미터 떨어진 공터에서 피고인으로부터 폭행을 당한 경우, 피고인이 피해자가 공무원인 사실을 알았다거나 나아가 위 피해자가 폭행을 당할 당시 공무집행 중이었고 또는 공무집행중이라고 볼만한 근접한 행위가 있었다고 볼 수 없으면 범죄의 증명이 없는 경우에 해당된다.」[1164)]

바. 기수시기

폭행·협박이 있으면 즉시 기수가 되고, 공무의 현실적 방해결과는 요하지 않는다. 추상적 위험범이다. 위계공무집행방해죄와 달리 법문에서 "직무집행을 방해한 자"라고 요구하고 있지 않고, 단순히 "폭행 또는 협박한 자"라고만 규정하여 차이가 있다.

사. 미수범 처벌여부

미수에 그친 경우에는 별도로 공무집행방해 미수죄로 처벌되지 않는다. 미수범 처벌규정이 없기 때문이다.

(1) 공무방해에 관한 죄 중에서 **미수를 벌**하는 것은 공무상비밀표시무효, 부동산강제집행효용침해, 공용서류등의 무효, 공용물의 파괴, 공무상 보관물 무

1162) 대법원 1988. 11. 22, 선고 88도1523 판결; 대법원 1995. 1. 24, 선고 94도1949 판결; 대법원 2012. 5. 24, 선고 2010도11381 판결.
1163) 대법원 2012. 5. 24, 선고 2010도11381 판결.
1164) 대법원 1979. 7. 24, 선고 79도1201 판결.

효죄이고, (2) **미수를 처벌하지 않는 것**으로는 공무집행방해, 위계에 의한 공무집행방해, 법정 또는 국회회의장모욕, 인권옹호직무방해죄가 있다(형법 제143조 미수범 규정 참조).

아. 죄수

(1) 여러 사람이 함께 공무를 집행하는 경우에 이에 대하여 폭행을 하고 공무집행을 방해하는 경우에는 피해자의 수에 따라 여러 죄가 성립하는 것이 아니고,[1165] 하나의 행위로서 여러 죄명에 해당하는 소위 상상적 경합관계에 있다.[1166]

▶ 동일한 공무를 집행하는 여럿의 공무원에 대하여 폭행·협박 행위를 한 경우에는 공무를 집행하는 **공무원의 수**에 따라 여럿의 공무집행방해죄가 성립하고, 위와 같은 폭행·협박 행위가 동일한 장소에서 동일한 기회에 이루어진 것으로서 사회관념상 1개의 행위로 평가되는 경우에는 여럿의 공무집행방해죄는 상상적 경합의 관계에 있다. 따라서 범죄 피해 신고를 받고 출동한 두 명의 경찰관에게 욕설을 하면서 차례로 폭행을 하여 신고 처리 및 수사 업무에 관한 정당한 직무집행을 방해한 사안에서, 동일한 장소에서 동일한 기회에 이루어진 폭행 행위는 사회관념상 1개의 행위로 평가하는 것이 상당하므로, 위 공무집행방해죄는 형법 제40조에 정한 상상적 경합의 관계에 있다. 그럼에도 불구하고 이 사건 각 공무집행방해의 범행이 실체적 경합의 관계에 있다고 보아 형을 가중한 제1심의 조치는 위법하다.[1167]

▶ 동일한 공무를 집행하는 여럿의 공무원에 대하여 폭행·협박 행위가 이루어진 경우에는 공무를 집행하는 공무원의 수에 따라 여럿의 공무집행방해죄가 성립한다(물론, 위와 같은 폭행·협박 행위가 동일한 장소에서 동일한 기회에 이루어진 것으로서 사회관념상 1개의 행위로 평가되는 경우에는 여럿의 공무집행방해죄는 상상적 경합의 관계에 있다.[1168]

(2) **절도범**인이 체포를 면탈할 목적으로 경찰관에게 폭행 협박을 가한 때에는 준강도죄와 공무집행방해죄를 구성하고 양 죄는 상상적 경합관계에 있으나, **강도범**인이 체포를 면탈할 목적으로 경찰관에게 폭행을 가한 때에는 강도죄와

1165) 실체적 경합범이 아니라는 취지로 이해해야 한다.
1166) 대법원 1961. 9. 28, 선고 4294형상415 판결.
1167) 대법원 2009. 6. 25, 선고 2009도3505 판결.
1168) 수원지방법원 평택지원 2011. 10. 20, 선고 2009고단1660 판결.

공무집행방해죄는 실체적 경합관계에 있고 상상적 경합관계에 있는 것이 아니다.[1169]

2. 특수공무방해(제144조 제1항)

가. 단체 또는 다중의 위력을 보이거나 위험한 물건을 휴대하여 공무집행방해, 직무·사직강요, 법정·국회회의장모욕, 공무상비밀표시무효, 부동산강제집행효용침해, 공용서류등무효, 공용물파괴, 공무상보관물무효죄 및 그 미수죄를 범한 경우 특수공무방해죄가 성립한다. 각조에 정한 형의 2분의 1까지 가중한다.

◉ 불법노조집회 해산을 요구하는 경찰관에게 다중의 위력을 보이는 경우, ◉ 불심검문을 당하자 소지하던 흉기로 경찰의 체포행위에 대항한 경우, ◉ 운전면허증 제시를 요구받자 차량을 전진하여 경찰관의 신체를 향해 돌진한 경우, ◉ 명도집행 또는 유체동산압류집행을 당하게 되자 집행관에게 몽둥이를 휘두른 경우, ◉ 판결 내용이 마음에 들지 않자 법관을 향해 의자를 집어던진 경우[1170] 본죄가 성립한다.

나. 형법상 특수범죄로 가중 처벌되는 것은 특수폭행, 특수체포·감금, 특수협박, 특수주거침입, 특수공무방해, 특수절도, 특수강도, 특수손괴, 특수도주죄가 있다.

3. 특수공무방해치사상(제144조 제2항)

가. 특수공무방해로 공무원을 상해에 이르게 한 때에는 3년 이상의 유기징역, 사망에 이르게 한 때에는 무기 또는 5년 이상의 징역에 처해진다.

나. 성질

특수공무집행방해치사상죄는 원래 결과적 가중범이기는 하지만, 이는 중한 결과에 대하여 예견가능성이 있었음에도 불구하고 예견하지 못한 경우에(만) 벌하는 진정결과적가중범이 아니라, 그 결과에 대한 예견가능성이 있었음에도 불구하고 예견하지 못한 경우뿐만 아니라 고의가 있는 경우까지도 포함하는 부진

1169) 대법원 1992. 7. 28, 선고 92도917 판결.
1170) 서울중앙지방법원 2015. 7. 2, 선고 2015고합294 판결.

정결과적가중범이다.[1171)]

다. 특수공무방해

▶ 「**최루탄**은 특수공무집행방해죄의 '위험한 물건'에 해당하고, 피고인의 다음과 같은 주장, 즉 한미 자유무역협정에 관한 비준동의안의 이 사건 본회의 직권상정 절차, 본회의 소집통보 절차 및 비공개 진행 등은 관련 규정을 위반한 것으로 위법하므로 공소외인 국회부의장의 이 사건 본회의 진행 및 해당 국회의원들의 안건 심의 업무는 정당한 직무집행에 해당하지 않는다는 주장에 대하여 보건대, ① 위 비준동의안의 직권상정, 본회의 비공개 결의는 이 사건 범행 후에 본회의가 개의된 후에 이루어진 점, ② 국회사무처가 본회의 비공개 결의가 있을 경우를 대비하여 사전에 국회 방청석에서 기자 등을 밖으로 내보냈다는 사정만으로 곧바로 이 사건 본회의 개의절차가 위법하다고 볼 수는 없는 점, ③ 국회사무처의 이 사건 본회의 소집 통지가 그 실효적인 측면에서 문제가 있다고 볼 여지가 있더라도 일단 본회의를 위하여 참석한 개별 국회의원들의 안건 심의를 위한 직무집행 자체를 부적법한 공무라고 할 수 없는 점, ④ 공무집행방해죄에서 직무집행의 적법성을 요구하는 취지 등에 비추어 볼 때 직무집행이 강제처분이 아닌 경우에 세밀한 부분에 있어 절차상 위법이 있다 하더라도 일단 직무상 권한 있는 자에 의하여 법령이 정한 방식에 따라 이루어졌다면 형법상 보호가치 있는 직무에 해당한다고 보아야 하는 점 등을 고려할 때, 피고인의 행위는 국회부의장의 본회의 진행 및 해당 국회의원들의 안건 심의 업무를 폭행 등의 방법으로 방해한 경우에 해당하여 형법상 특수공무집행방해죄가 성립한다.」[1172)]

▶ 「형법 제144조 특수공무집행방해죄에 있어서의 위험한 물건이라 함은 비록 흉기는 아니라고 하더라도 널리 사람의 생명, 신체에 해를 가하는데 사용할 수 있는 일체의 물건을 포함한다고 풀이할 것이므로 본래 살상용, 파괴용으로 만들어진 것뿐만 아니라 다른 목적으로 만들어진 칼, 가위, 유리병, 각종 공구, **자동차** 등은 물론 화학약품 또는 **사주된 동물** 등도 그것이 사람의 생명, 신체에 해를 가하는데 사용되었다면 본조의 위험한 물건이라 할 것이며 한편 이러한 물건을 휴대하여 라는 같은 법조 소정의 휴대라는 말은 소지뿐만 아니라 널리 이용한다는 뜻도 있으므로, 피고인이 향토예비군설치법위반으로 피고인을 연행하려는 경찰관을 뿌리치고 도망가다가 경찰관 공소외 1의 추격을 당하자 부근에 세워두었던 승용차에 올라 타 문을 잠그고 출발하여 도주하려고 하던 중 공소외 1

1171) 대법원 1990. 6. 26, 선고 90도765 판결; 대법원 1995. 1. 20, 선고 94도2842 판결.
1172) 대법원 2014. 6. 12, 선고 2014도1894 판결.

이 위 승용차 본넷트 위에 뛰어 올라 운전석 앞 유리창을 몸으로 막고 도주하지 못하게 하여 피고인을 체포하려고 하자 그대로 약 500미터 가량을 시속 30킬로미터로 진행하다가 진행방향을 갑자기 오른쪽으로 바꾸어 공소외 1을 도로에 나가떨어지게 하여 그로 하여금 약 6주일의 치료를 요하는 좌측 측두골골절상 및 뇌진탕 등의 상해를 입힌 것은 위험한 물건인 자동차를 이용하여 공소외 1의 공무집행을 방해하고 그로 인하여 공소외 1에게 상해를 입게 한 것으로 특수공무집행방해치상죄에 해당한다.」[1173]

▶ 「법외 단체인 전국공무원노동조합의 지부가 당초 공무원 직장협의회의 운영에 이용되던 군(郡) 청사시설인 사무실을 임의로 사용하자 지방자치단체장이 자진폐쇄 요청 후 행정대집행법에 따라 행정대집행을 하였는데, 지부장 등인 피고인들과 위 지부 소속 군청 공무원들이 위 집행을 행하던 공무원들에게 대항하여 폭행 등 행위를 한 사안에서, 위 행정대집행은 주된 목적이 조합의 위 사무실에 대한 사실상 불법사용을 중지시키기 위하여 사무실 내 조합의 물품을 철거하고 사무실을 폐쇄함으로써 군 청사의 기능을 회복하는 데 있으므로, 전체적으로 대집행의 대상이 되는 대체적 작위의무인 철거의무를 대상으로 한 것으로 적법한 공무집행에 해당한다고 볼 수 있고, 그에 대항하여 피고인 등이 폭행 등 행위를 한 것은 **단체 또는 다중의 위력**으로 공무원들의 적법한 직무집행을 방해한 것에 해당하므로, 피고인들에게 특수공무집행방해죄를 인정한 원심판단의 결론을 정당하다.」[1174]

▶ 「의무경찰이 학생들의 가두캠페인 행사관계로 직진하여 오는 택시의 운전자에게 좌회전 지시를 하였음에도 택시의 운전자가 계속 직진하여 와서 택시를 세우고는 항의하므로 그 의무경찰이 택시 약 30㎝ 전방에 서서 이유를 설명하고 있는데 그 운전자가 신경질적으로 갑자기 좌회전하는 바람에 택시 우측 앞 범퍼 부분으로 의무경찰의 무릎을 들이받은 사안에서, 그 사건의 경위, 사고 당시의 정황, 운전자의 연령 및 경력 등에 비추어 특별한 사정이 없는 한 택시의 회전반경 등 자동차의 운전에 대하여 충분한 지식과 경험을 가졌다고 볼 수 있는 운전자에게는, 사고 당시 최소한 택시를 일단 후진하였다가 안전하게 진행하거나 의무경찰로 하여금 안전하게 비켜서도록 한 다음 진행하지 아니하고 그대로 좌회전하는 경우 그로부터 불과 30㎝ 앞에서 서 있던 의무경찰을 충격하리라는 사실을 쉽게 알고도 이러한 결과발생을 용인하는 내심의 의사, 즉 공무집행방해의 미

1173) 대법원 1984. 10. 23, 선고 84도2001,84감도319 판결.
1174) 대법원 2011. 4. 28, 선고 2007도7514 판결.

필적 고의가 있었다고 봄이 경험칙상 당연하다. 그러나 사건의 경위와 정황, 그 의무경찰의 피해가 전치 5일 간의 우슬관절부 경도좌상 정도에 불과한 점 등에 비추어 볼 때, 그와 같은 택시운행으로 인하여 **사회통념상 피해자인 의무경찰이나 제3자가 위험성을 느꼈으리라고는 보여지지 아니**하므로 그 택시 운전자의 범행을 특수공무집행방해 치상죄로 의율할 수는 없다.」[1175]

▶ 「피해자들은 피고인 등이 미리 바닥에 뿌려 놓은 윤활유에 미끄러져 넘어지거나 미리 뿌려 놓은 철판조각에 찔려 다쳤다는 것에 지나지 아니하는바, 피고인 등이 위 윤활유나 철판조각을 위 각 피해자들의 면전에서 그들의 공무집행을 방해할 의도로 뿌린 것이라는 등의 특별한 사정이 있는 경우는 별론으로 하고, **단순히 위 피해자 등이 위 공장에 진입할 경우에 대비하여 그들의 부재 중에 미리 뿌려 놓은 것에 불과하다**면, 이를 가리켜 위 피해자들에 대한 유형력의 행사, 즉 폭행에 해당하는 것으로 볼 수 없다고 할 것이다. 그럼에도 원심이 이와 다른 전제에서 미리 바닥에 뿌려둔 윤활유에 **위 피해자들이 스스로 넘어져 다친 행위**를 판시 특수공무집행방해치상죄로 의율한 조치에는 특수공무집행방해치상죄에 관한 법리를 오해하였거나 필요한 심리를 다하지 아니하고 채증법칙에 위반하여 사실을 오인함으로써 판결에 영향을 미친 위법이 있다고 할 것이다.」[1176]

라. 치상

형법 제257조의 '상해'는 피해자의 신체의 완전성을 훼손하거나 생리적 기능에 장애를 초래하는 것을 의미하는 것으로서,[1177] 특수공무집행방해치상죄에서의 상해가 형법 제257조의 '상해'로 평가될 수 없을 정도의 극히 하찮은 상처로서 굳이 치료할 필요가 없는 것이어서 그로 인하여 건강상태를 침해했다고 보기 어려운 경우에는 위 죄가 성립하지 않는다.[1178]

마. 치사

신호위반에 따른 정지 지시를 무시하고 도주하던 사람이 자신을 추격해 온 경찰관의 하차 요구에 불응한 채 계속 도주를 시도하다가 자동차 앞 범퍼로 경찰관을 들이받고, 차 본넷 위에 경찰관을 매달은 채로 그대로 차를 몰고 진

1175) 대법원 1995. 1. 24, 선고 94도1949 판결.
1176) 대법원 2010. 12. 23, 선고 2010도7412 판결.
1177) 대법원 1999. 1. 26, 선고 98도3732 판결; 대법원 2000. 2. 25, 선고 99도4305 판결.
1178) 대법원 2011. 5. 26, 선고 2010도10305 판결.

행하던 중 인도에 있던 가로수를 들이받아 결국 경찰관을 사망에 이르게 하였다면, '위험한 물건'인 자동차를 이용하여 경찰관의 정당한 업무를 방해하고, 이로 인해 사망에 이르게 한 특수공무방해치사죄에 해당한다.[1179] 중한 결과에 대한 예견가능성을 인정할 수 있기 때문이다.

바. 중한 결과와 예견가능성

특수공무집행방해치사상죄는 단체 또는 다중의 위력을 보이거나 위험한 물건을 휴대하고 직무를 집행하는 공무원에 대하여 폭행, 협박을 하여 공무원을 사상에 이르게 한 경우에 성립하는 결과적 가중범으로서 행위자가 그 결과를 의도할 필요는 없고 그 결과의 발생을 예견할 수 있으면 족하다.[1180]

▶ 「가연물질이 많은 옥내에 화염병이 투척되면 화염병의 불씨에 의하여 발화할 가능성이 있고 행동반경이 좁은 고층건물의 옥내인 점을 감안하여 볼 때, 불이 날 경우 많은 사람이 다치거나 사망할 수 있다는 것은 일반경험칙상 넉넉히 예상할 수 있는 것이므로 피고인 등에게 위와 같은 화재로 인한 사망 등의 결과발생에 관하여 예견가능성이 없었다는 상고논지는 이를 받아들일 수 없다.」[1181]

▶ 「피고인 1로서는 공소사실 기재 2007. 6. 28.자 집회 과정에서 조합원들의 과격한 행동이 있을 수 있고 이를 진압하거나 막기 위한 경찰과의 물리적 충돌 및 그에 따른 집단적 폭행, 상해 및 손괴 행위가 뒤따를 것을 충분히 예상할 수 있었다고 보임에도 죽봉을 수거하는 등 이를 방지하기에 충분한 합리적이고 적절한 조치도 없이 오히려 투쟁사 및 경과보고와 ○○○ 구내 진입 시도를 통하여 집회의 분위기를 고조시킴으로써 조합원들이 폭력행위를 하도록 유도한 점, 그 밖에 집회의 성격과 경위, 그 규모와 형태, 구체적인 방법과 진행과정, 그 과정에서 피고인 1의 역할 등을 종합하면, 피고인 1이 위 집회 과정에서 발생한 경찰에 대한 특수공무집행방해치상이나 특수공용물건손상의 범행에 대하여 구체적으로 모의하거나 이를 직접 분담하여 실행한 바 없었다 하더라도 적어도 이에 대한 암묵적 공모와 본질적 기여를 통한 기능적 행위지배를 한 것으로 볼 수 있고, 상해의 결과발생도 예견할 수 있었다고 할 것이므로, 피고인 1은 특수공무집행방해치상 및 특수공용물건손상죄에 대하여 공모공동정범으로서의 책임을 면할

1179) 대법원 2008. 2. 28, 선고 2008도3 판결.
1180) 대법원 1990. 6. 22, 선고 90도767 판결; 대법원 1997. 10. 10, 선고 97도1720 판결; 대법원 2002. 4. 12, 선고 2000도3485 판결; 대법원 2008. 6. 26, 선고 2007도6188 판결; 대법원 2012. 5. 24, 선고 2010도11381 판결.
1181) 대법원 1990. 6. 22, 선고 90도767 판결.

수 없다.」[1182)]

사. 본죄와 공범

▶「어느 범죄에 2인 이상이 공동가공하는 경우 공모는 법률상 어떠한 정형을 요구하는 것이 아니고 2인 이상이 공모하여 범죄에 공동가공하여 범죄를 실현하려는 의사의 결합만 있으면 되는 것으로서, 비록 암묵적으로라도 수인 사이에 의사가 상통하여 의사의 결합이 이루어지면 공모관계가 성립하고, 이러한 공모가 이루어진 이상 실행행위에 직접 관여하지 아니한 자라도 다른 공모자의 행위에 대하여 공동정범으로서 형사책임을 지며, 또 결과적가중범의 공동정범은 기본행위를 공동으로 할 의사가 있으면 성립하고 결과를 공동으로 할 의사는 필요 없는바, 특수공무집행방해치상죄는 단체 또는 다중의 위력을 보이거나 위험한 물건을 휴대하고 직무를 집행하는 공무원에 대하여 폭행·협박을 하여 공무원을 사상에 이르게 한 경우에 성립하는 결과적가중범으로서 행위자가 그 결과를 의도할 필요는 없고 그 결과의 발생을 예견할 수 있으면 족하다. 피고인은 금속연맹 본부의 간부는 아니어서 이 사건 집회 및 시위를 주최하는 지위에 있지는 않았고, 시위행렬의 선두에 서서 구호를 제창하는 등의 행위만을 하였으나, 그 시위 도중에 행렬의 중간과 후미에 있던 쌍용자동차와 대우자동차 노동조합원 등을 중심으로 한 일부 시위 참가자들이 시위진압 경찰관들과 대치하면서 몸싸움을 벌이고 각목 등을 경찰관들에게 휘두르는 등 폭력행위에 나아간 이상, 피고인은 금속연맹 지역 본부장이라는 간부의 직책을 갖고 있어 그 지역 내 노동조합원 45명을 대동하고 상경하여 그 집회 및 시위에 적극적으로 참가했고, 일부 노동조합원들이 각목을 휴대하고 있었던 사실을 알았거나 알 수 있었다고 보이며, 나아가 약 4,500명이나 되는 시위자들이 3시간 동안 도심 한복판의 차로를 점거한 채 행진을 하고 차로에 드러눕는 등으로 시위를 계속할 경우 시위진압 경찰관들이 이를 제지하려 할 것이고, 그 과정에서 상당수의 시위자들과 경찰관들 사이에 몸싸움이 벌어지고 특히 각목이나 깃대 등을 휴대한 일부 시위자들이 이를 휘두르는 등으로 경찰관들에게 상해를 입게 할 수 있으리라는 것도 충분히 예견할 수 있었을 것이므로, 피고인과 다른 시위 참가자들 사이에는 순차적 또는 암묵적으로 이 사건 특수공무집행방해의 범행에 대한 공모관계가 성립하고, 나아가 특수공무집행방해치상의 점에 대한 공모공동정범으로서의 책임도 면할 수 없으며, 또 집단적인 폭행·손괴 등으로 공공의 안녕질서에 직접적인 위해를 가할 것이 명백한 시위에 참가한다는 범의가 있었다고 보아야 할 것이다.」[1183)]

1182) 대법원 2012. 5. 24, 선고 2010도11381 판결.
1183) 대법원 2002. 4. 12, 선고 2000도3485 판결.

▶ 「부진정결과적 가중범인 특수공무집행방해치사상죄에 있어서 공무집행을 방해하는 집단행위의 과정에서 일부 집단원이 고의로 방화를 하여 사상의 결과가 초래된 경우 다른 집단원이 그 방화행위로 인한 사상의 결과를 예견할 수 있는 상황이었다면 특수공무집행방해치사상의 책임을 져야 하나, 그 방화행위 자체에 공모가담한 바 없다면 방화치사상죄로 의율할 수는 없다. 이와 같은 취지에서 원심이 피고인 1에 대하여 특수공무집행방해치사상의 책임을 인정하면서 방화치사상 부분은 무죄라고 판단한 것에 소론과 같은 이유모순이나 법리오해의 위법이 없다.」[1184]

아. 죄수

▶ 특수공무집행방해치상죄는 원래 결과적가중범이기는 하지만, 이는 중한 결과에 대하여 예견가능성이 있었음에 불구하고 예견하지 못한 경우에 벌하는 진정결과적가중범이 아니라 그 결과에 대한 예견가능성이 있었음에도 불구하고 예견하지 못한 경우뿐만 아니라 고의가 있는 경우까지도 포함하는 부진정결과적가중범이다.[1185] 그러나 결과적가중범에 이와 같이 고의로 중한 결과를 발생케 하는 경우가 포함된다고 하여서 고의범에 대하여 더 무겁게 처벌하는 규정이 있는 경우까지 고의범에 정한 형으로 처벌할 수 없다고 볼 것은 아니다. 결과적가중범은 행위자가 중한 결과를 예견하지 못한 경우에도 그 형이 가중되는 범죄인데, 고의로 중한 결과를 발생케 한 경우까지 이를 결과적가중범이라 하여 무겁게 벌하는 고의범에 정한 형으로 처벌할 수 없다고 하면, 결과적가중범으로 의율한 나머지 더 가볍게 처벌되는 결과를 가져오기 때문이다. 따라서 고의로 중한 결과를 발생케 한 경우에 무겁게 벌하는 구성요건이 따로 마련되어 있는 경우에는 당연히 무겁게 벌하는 구성요건에서 정하는 형으로 처벌해야 할 것이고, 결과적가중범의 형이 더 무거운 경우에는 결과적가중범에 정한 형으로 처벌할 수 있도록 해야 할 것이다. 그러므로 기본범죄를 통하여 고의로 중한 결과를 발생케 한 부진정결과적가중범의 경우에 그 중한 결과가 별도의 구성요건에 해당한다면 이는 결과적가중범과 중한 결과에 대한 고의범의 상상적 경합관계에 있다고 보아야 할 것이다. 이와 같은 법리에 비추어 볼 때 피고인 1의 제1심판시 "제2의 나"항 범죄사실을 특수공무집행방해치상죄와 폭력행위등처벌에관한법률 제3조 제2항 제1항, 형법 제257조 제1항(상해)위반죄의 **상상적 경합범**으로 처단한 제1심판결

1184) 대법원 1990. 6. 26, 선고 90도765 판결. 한편 다른 공범의 방화로 인해 발생한 현존건조물방화치상죄에 대하여 피고인의 예견이 있었다고 보아 공범으로 책임진 사례로는, 대법원 1996. 4. 12, 선고 96도215 판결.

1185) 대법원 1990. 6. 26, 선고 90도765 판결.

을 그대로 유지한 원심의 조치는 정당하고, 거기에 결과적가중범 및 상상적경합범에 관한 법리를 오해한 잘못이 없다. 상고이유 중 이 점을 지적하는 부분은 이유 없다.[1186)]

[31] 교통사고

차의 운전으로 사람을 죽거나 다치게 하면 교통사고처리특례법에 따른다. 상해와 폭행죄와는 달리 전형적인 과실범이다.

교통사고처리특례법

제3조(처벌의 특례) ① 차의 운전자가 교통사고로 인하여「형법」제268조의 죄(업무상 과실·중과실치사상)를 범한 경우에는 5년 이하의 금고 또는 2천만원 이하의 벌금에 처한다.

② 차의 교통으로 제1항의 죄 중 업무상과실치상죄(業務上過失致傷罪) 또는 중과실치상죄(重過失致傷罪)와「도로교통법」제151조의 죄(운전자의 업무상 과실·중과실 건조물 및 재물손괴)를 범한 운전자에 대하여는 피해자의 명시적인 의사에 반하여 공소(公訴)를 제기할 수 없다. **다만, 차의 운전자가 제1항의 죄 중 업무상과실치상죄 또는 중과실치상죄를 범하고도 피해자를 구호(救護)하는 등「도로교통법」제54조 제1항에 따른 조치를 하지 아니하고 도주하거나 피해자를 사고 장소로부터 옮겨 유기(遺棄)하고 도주한 경우, 같은 죄를 범하고「도로교통법」제44조 제2항[1187)]을 위반하여 음주측정 요구에 따르지 아니한 경우(운전자가 채혈 측정을 요청하거나 동의한 경우는 제외한다)와 다음 각 호의 어느 하나에 해당하는 행위로 인하여 같은 죄를 범한 경우에는 그러하지 아니하다.**

1. 「도로교통법」제5조에 따른 신호기가 표시하는 신호 또는 교통정리를 하는 경찰공무원등의 신호를 위반하거나 통행금지 또는 일시정지를 내용으로 하는 안전표지가 표시하는 지시를 위반하여 운전한 경우
2. 「도로교통법」제13조 제3항을 위반하여 중앙선을 침범하거나 같은 법 제62조를 위반하여 횡단, 유턴 또는 후진한 경우

1186) 대법원 1995. 1. 20, 선고 94도2842 판결; 대법원 1990. 5. 8, 선고 90도670 판결.

1187) 도로교통법 제44조(술에 취한 상태에서의 운전 금지) ② 경찰공무원은 교통의 안전과 위험방지를 위하여 필요하다고 인정하거나 제1항을 위반하여 술에 취한 상태에서 자동차등을 운전하였다고 인정할 만한 상당한 이유가 있는 경우에는 운전자가 술에 취하였는지를 호흡조사로 측정할 수 있다. 이 경우 운전자는 경찰공무원의 측정에 응해야 한다.

3. 「도로교통법」 제17조 제1항 또는 제2항에 따른 제한속도를 시속 20킬로미터 초과하여 운전한 경우
4. 「도로교통법」 제21조 제1항, 제22조, 제23조에 따른 앞지르기의 방법·금지시기·금지장소 또는 끼어들기의 금지를 위반하거나 같은 법 제60조 제2항에 따른 고속도로에서의 앞지르기 방법을 위반하여 운전한 경우
5. 「도로교통법」 제24조에 따른 철길건널목 통과방법을 위반하여 운전한 경우
6. 「도로교통법」 제27조 제1항에 따른 횡단보도에서의 보행자 보호의무를 위반하여 운전한 경우
7. 「도로교통법」 제43조, 「건설기계관리법」 제26조 또는 「도로교통법」 제96조를 위반하여 운전면허 또는 건설기계조종사면허를 받지 아니하거나 국제운전면허증을 소지하지 아니하고 운전한 경우. 이 경우 운전면허 또는 건설기계조종사면허의 효력이 정지 중이거나 운전의 금지 중인 때에는 운전면허 또는 건설기계조종사면허를 받지 아니하거나 국제운전면허증을 소지하지 아니한 것으로 본다.
8. 「도로교통법」 제44조 제1항을 위반하여 술에 취한 상태에서 운전을 하거나 같은 법 제45조를 위반하여 약물의 영향으로 정상적으로 운전하지 못할 우려가 있는 상태에서 운전한 경우
9. 「도로교통법」 제13조 제1항을 위반하여 보도(步道)가 설치된 도로의 보도를 침범하거나 같은 법 제13조제2항에 따른 보도 횡단방법을 위반하여 운전한 경우
10. 「도로교통법」 제39조 제3항에 따른 승객의 추락 방지의무를 위반하여 운전한 경우
11. 「도로교통법」 제12조 제3항에 따른 어린이 보호구역에서 같은 조 제1항에 따른 조치를 준수하고 어린이의 안전에 유의하면서 운전해야 할 의무를 위반하여 어린이의 신체를 상해(傷害)에 이르게 한 경우
12. 「도로교통법」 제39조 제4항을 위반하여 자동차의 화물이 떨어지지 아니하도록 필요한 조치를 하지 아니하고 운전한 경우

제4조(보험 등에 가입된 경우의 특례) ① 교통사고를 일으킨 차가 「보험업법」 제4조, 제126조, 제127조 및 제128조, 「여객자동차 운수사업법」 제60조, 제61조 또는 「화물자동차 운수사업법」 제51조에 따른 보험 또는 공제에 가입된 경우에는 제3조 제2항 본문에 규정된 죄를 범한 차의 운전자에 대하여 공소를 제기할 수 없다. **다만, 다음 각 호의 어느 하나에 해당하는 경우에는 그러하지 아니하다.**

1. 제3조 제2항 단서에 해당하는 경우
2. 피해자가 신체의 상해로 인하여 생명에 대한 위험이 발생하거나 불구(不具)가 되거나 불치(不治) 또는 난치(難治)의 질병이 생긴 경우

도로교통법상 사고발생운전자의 조치의무

도로교통법 제54조(사고발생 시의 조치) ① 차의 운전 등 교통으로 인하여 사람을 **사상**하거나 물건을 **손괴**(이하 "교통사고"라 한다)한 경우에는 그 차의 운전자나 그 밖의 승무원(이하 "운전자등"이라 한다)은 즉시 정차하여 다음 각 호의 조치를 해야 한다.

1. 사상자를 구호하는 등 필요한 조치
2. 피해자에게 인적 사항(성명·전화번호·주소 등을 말한다. 이하 제148조 및 제156조 제10호에서 같다) 제공

② 제1항의 경우 그 차의 운전자등은 경찰공무원이 현장에 있을 때에는 그 경찰공무원에게, 경찰공무원이 현장에 없을 때에는 가장 가까운 국가경찰관서(지구대, 파출소 및 출장소를 포함한다. 이하 같다)에 다음 각 호의 사항을 지체 없이 신고해야 한다. 다만, 차만 손괴된 것이 분명하고 도로에서의 위험방지와 원활한 소통을 위하여 필요한 조치를 한 경우에는 그러하지 아니하다.

1. 사고가 일어난 곳
2. 사상자 수 및 부상 정도
3. 손괴한 물건 및 손괴 정도
4. 그 밖의 조치사항 등

③ 제2항에 따라 신고를 받은 국가경찰관서의 경찰공무원은 부상자의 구호와 그 밖의 교통위험 방지를 위하여 필요하다고 인정하면 경찰공무원(자치경찰공무원은 제외한다)이 현장에 도착할 때까지 신고한 운전자등에게 현장에서 대기할 것을 명할 수 있다.

④ 경찰공무원은 교통사고를 낸 차의 운전자등에 대하여 그 현장에서 부상자의 구호와 교통안전을 위하여 필요한 지시를 명할 수 있다.

⑤ 긴급자동차, 부상자를 운반 중인 차 및 우편물자동차 등의 운전자는 긴급한 경우에는 동승자로 하여금 제1항에 따른 조치나 제2항에 따른 신고를 하게 하고 운전을 계속할 수 있다.

⑥ 경찰공무원(자치경찰공무원은 제외한다)은 교통사고가 발생한 경우에는 대통령령으로 정하는 바에 따라 필요한 조사를 해야 한다.[1188]

1188) **도로교통법 시행령 제32조(교통사고의 조사)** 국가경찰공무원은 교통사고가 발생하였을 때에는 법 제54조 제6항에 따라 다음 각 호의 사항을 조사해야 한다. 다만, 제1호부터 제4호까지의 사항에 대한 조사 결과 사람이 죽거나 다치지 아니한 교통사고로서 「교통사고처리 특례법」 제3조 제2항 또는 제4조 제1항에 따라 공소(公訴)를 제기할 수 없는 경우에는 제5호부터 제7호까지의 사항에 대한 조사를 생략할 수 있다.

1. 교통사고 발생 일시 및 장소
2. 교통사고 피해 상황
3. 교통사고 관련자, 차량등록 및 보험가입 여부

▶ 「**도로교통법 제54조 제1항, 제2항이 규정한 교통사고 발생 시의 구호조치의무 및 신고의무는** 차의 교통으로 인하여 사람을 사상하거나 물건을 손괴한 때에 운전자 등으로 하여금 교통사고로 인한 사상자를 구호하는 등 필요한 조치를 신속히 취하게 하고, 또 속히 경찰관에게 교통사고의 발생을 알려서 피해자의 구호, 교통질서의 회복 등에 관하여 적절한 조치를 취하게 하기 위한 방법으로 부과된 것이므로, **교통사고의 결과가 피해자의 구호 및 교통질서의 회복을 위한 조치가 필요한 상황인 이상** 그 의무는 교통사고를 발생시킨 당해 차량의 운전자에게 그 사고 발생에 있어서 **고의·과실 혹은 유책·위법의 유무에 관계없이** 부과된 의무라고 해석함이 타당하고, 당해 사고의 발생에 귀책사유가 없는 경우에도 위 의무가 없다 할 수 없다(대법원 2002. 5. 24, 선고 2000도1731 판결 참조). 위 법리에 따라 원심과 제1심이 적법하게 채택하여 조사한 증거들을 살펴보면, 원심이 그 판시와 같은 이유를 들어 이 사건 공소사실 중 도로교통법위반(사고후미조치)의 점을 유죄로 인정한 것은 정당하다. 거기에 논리와 경험의 법칙을 위반하여 자유심증주의의 한계를 벗어나거나 도로교통법위반(사고후미조치)죄에 관한 법리를 오해한 위법이 없다.」[1189)]

同旨 ▶ 「…(전략) 당해 사고에 있어 귀책사유가 없는 경우에도 위 의무가 없다 할 수 없고, 또 위 의무는 신고의무에만 한정되는 것이 아니므로 타인에게 신고를 부탁하고 현장을 이탈하였다고 하여 위 의무를 다한 것이라고 말할 수는 없다 할 것이다. 기록에 비추어 살펴보면, 이 사건 교통사고 시 피고인 운전의 5t 화물차와 위 1t 화물차가 충돌하여 1t 화물차가 폐차되도록 손괴되는 교통사고가 발생한 사실을 피고인이 알았음에도 불구하고 즉시 정차하여 필요한 조치를 취하지 아니한 사실을 인정할 수 있으므로 원심이 위 법리에 따라 피고인을 위 도로교통법위반죄로 의율·처단한 것은 정당한 것으로 수긍되고, 거기에 상고이유에서 주장하는 바와 같은 도로교통법 소정의 사고 후 조치의무에 관한 법리오해 등의 위법이 있다고 할 수 없다.」[1190)]

위 규정에 따라 운전 중 사고로 ① 피해자가 **사망한 경우** 무조건 처벌되고, ② **단순 상해**만 입은 경우에는 개별합의가 되었거나 종합보험에 가입되었다면 **12대 중과실**이 없는 경우 벌하지 않는다. 12대 중과실에는 신호위반, 중

---

4. 운전면허의 유효 여부, 술에 취하거나 약물을 투여한 상태에서의 운전 여부 및 부상자에 대한 구호조치 등 필요한 조치의 이행 여부
5. 운전자의 과실 유무
6. 교통사고 현장 상황
7. 그 밖에 차량 또는 교통안전시설의 결함 등 교통사고 유발 요인 및 「교통안전법」 제55조에 따라 설치된 운행기록장치 등 증거의 수집 등과 관련하여 필요한 사항

1189) 대법원 2015. 10. 15, 선고 2015도12451 판결.
※ **교통사고의 결과가 피해자의 구호 및 교통질서의 회복을 위한 조치가 필요하지 않은 상황임이 명백하다면 사안의 결론은 달라진다.**

1190) 대법원 2002. 5. 24, 선고 2000도1731 판결.

앙선 침범과 고속도로 등에서의 횡단·유턴·후진, 속도초과, 앞지르기·금지시기·금지장소·끼어들기 금지를 위반하거나 고속도로에서 앞지르기 방법위반, 철도건널목 통과방법위반, 횡단보도에서 보행자 보호의무 위반, 무면허 또는 면허정지 중 운전, 술과 약에 취해 운전, 도로보도침범, 개문발차(開門發車) 등 승객추락방지의무를 위반, 어린이 보호구역에서의 안전의무위반이 있다. ③ **도주**하였거나 **음주측정을 거부**한 때에는 종합보험에 들었건 개별합의를 하였건 불문하고 무조건 처벌된다. 제3조 제2항 단서에 따라 반의사불벌죄가 아니기 때문이다. ④ **중상해** 피해결과가 발생한 경우에는 종합보험에 가입했더라도 별도의 개별합의를 해야만 한다.

[32] 도주 및 측정거부죄

1. 도주차량죄, 사고후미조치죄

도로교통법상 사고후미조치죄를 저지른 후 합의하더라도 특가법 도주차량죄와 마찬가지로 처벌을 피할 수 없다. 반의사불벌죄가 아니기 때문이다. 또 이 죄는 개인적 법익을 보호하고자 하는 것이 아니라 도로교통상의 위험과 장해를 방지·제거하여 안전하고 원활한 교통을 확보함을 보호법익으로 하므로 합의가 곧바로 작량감경 사유가 될 수는 없다. 물론 실무상 감경사유로 삼는 것이 부당하다는 뜻은 아니다.

특가법 도주차량죄와 도교법 사고후미조치죄는 합의돼도 처벌

▶ 「**교통사고처리특례법 제3조 제2항**의 취지는 차의 교통으로 인한 업무상과실치상죄 또는 중과실치상죄와 도로교통법 제108조의 죄(과실재물손괴; 현행 제151조)를 반의사불벌죄로 규정하면서 다만 그 중에서 차의 운전자가 범한 업무상과실치상죄와 중과실치상죄 중 위 특례법 동조 동항 제1호 내지 제8호에 규정된 사유에 해당하는 경우에는 이를 반의사불벌죄에서 제외하여 처벌하려는 데에 있고, **도주차량**의 경우에도 반의사불벌죄에서 제외된다고 규정하고 있는 것은 이 경우에는 특정범죄가중처벌등에관한법률에 의하여 처벌되기 때문에 당연한 것을 확인하는 의미에 불과하며, **도로교통법 제106조의 죄(사고후미조치; 현행 제148조)**를 반의사불벌죄로 보아야 할 필요성은 전혀 없으므로 업무상과실

로 다른 사람의 재물을 손괴한 자가 같은 법 제50조 제1항(현행 제54조 제1항)에 의한 교통사고 발생 시의 조치(1. 사상자를 구호하는 등 필요한 조치, 2. 피해자에게 인적 사항 제공)를 하지 아니함으로써 성립되는 같은 법 제106조의 죄는 반의사불벌죄로 볼 수 없다.」[1191]

경미한 교통사고로 경미하게 다쳤다면, 특가법 도주차량죄는 불성립

▶ 「1. 피고인에 대한 이 사건 공소사실 중 특정범죄가중처벌등에관한법률위반의 점의 요지는, 피고인이 1997. 3. 18. 00:30경 그 소유의 프라이드승용차를 운전하고 가다가 전방에서 신호대기 중이던 피해자 이기○ 운전의 인천 ○○바 24▲호 영업용 택시를 들이 받아서, 피해자로 하여금 약 1주간의 치료를 요하는 요추부 통증상을 입게 하고 피해차량을 수리비로 금 214,700원이 소요되도록 손괴하는 교통사고를 일으키고서도 아무런 구호조치를 취하지 않은 채 도주하였다는 것인데, 원심이 적법한 증거조사를 거쳐서 채택한 증거들에 의하면, 피고인이 위 일시경 위 장소에서 위와 같은 교통사고를 일으키고서도 별다른 조치를 취하지 않은 채 집으로 귀가한 사실은 충분히 인정된다.

2. **원심의 판단**

원심은 나아가 그 내세운 증거들에 의하여, 피해자는 이 사건 교통사고로 인하여 머리가 멍멍하고 허리가 약간 아프게 다쳤는데 사고 당일 병원에서 약 1주간의 치료를 요하는 요추부 통증상을 입은 것으로 진단받고 주사 및 물리치료 등은 받지 않았으나 약을 처방받아 2번을 복용한 사실을 인정한 다음, 그에 따르면 피해자는 위 사고로 인하여 약 1주간의 치료를 요하는 요추부 통증상을 입었다고 인정함으로써, 피해자가 위와 같은 **상해**를 입은 이상 특별한 사정이 없는 한 사고운전자인 피고인에게 피해자를 **구호**하는 등 필요한 조치를 취할 **의무**가 발생했고, 피고인도 위 사고로 인하여 피해자가 상해를 입은 사실과 그에 따른 구호조치가 필요하다는 사실을 **미필적으로라도 인식**하였다고 할 것이므로, 피고인의 행위는 특정범죄가중처벌등에관한법률 제5조의3 제1항이 정하는 '피해자를 구호하는 등 필요한 조치를 취하지 아니하고 도주한 때'에 해당한다고 판단하여, 결론에 있어서 위 공소사실 부분에 대하여 그 이유에서 무죄를 선고한 제1심판결 부분을 파기하고 이를 유죄로 인정했다.

3. **대법원의 판단**

특정범죄가중처벌등에관한법률 제5조의3 제1항이 정하는 '피해자를 구호하는 등 도로교통법 제50조 제1항에 의한 조치를 취하지 아니하고 도주한 때'라고 함

1191) 대법원 1991. 6. 14. 선고 91도253 판결.

은 사고운전자가 사고로 인하여 피해자가 사상을 당한 사실을 인식하였음에도 불구하고, 피해자를 구호하는 등 도로교통법 제50조 제1항에 규정된 의무를 이행하기 이전에 사고현장을 이탈하여 사고를 낸 자가 누구인지 확정할 수 없는 상태를 초래하는 경우를 말하는 것이므로, 위 도주운전죄가 성립하려면 피해자에게 사상의 결과가 발생해야 하고, 생명·신체에 대한 단순한 위험에 그치거나 형법 제257조 제1항에 규정된 '상해'로 평가될 수 없을 정도의 극히 하찮은 상처로서 굳이 치료할 필요가 없는 것이어서 그로 인하여 건강상태를 침해하였다고 보기 어려운 경우에는 위 죄가 성립하지 않는다고 할 것이다.[1192]

그런데 기록에 의하면, 사고결과 피해차량인 택시의 뒷 범퍼가 미미하게 탈착된 데 그친 점에 비추어 볼 때 이 사건 교통사고는 **매우 경미한 추돌사고**라고 보여지고, 피해자는 사고 당시 신호대기를 위하여 택시를 정차하고 있다가 뒤에서 충격을 당하는 느낌을 받았는데, 사고 후 어디를 다쳤는지는 모르고 정신만이 몽롱한 상태였을 뿐이며, 파출소에서는 진단서를 제출하겠다고 하였다가 다시 경찰서에서는 아픈 데가 없어서 진단서를 제출하지 않겠다고 하였으나 담당경찰관이 그 제출을 종용하므로 병원에서 이를 발급받아서 제출하였다고 진술하고 있고, 진단서를 발급한 의사인 정○은 피해자가 허리의 통증을 호소하여 다른 객관적인 자료 없이 진단서를 발급했고, 통상적으로 통증을 이유로 진단서를 발급하는 경우 주사와 약물 및 물리치료를 하는데 피해자는 위 진단서를 발급받을 당시 주사 및 물리치료는 받지 않고 약만 받아간 이후 병원에서 아무런 치료도 받지 않았다는 취지로 진술하고 있음을 알 수 있다.

위와 같은 사정들에 비추어 보면, 이 사건 사고로 인하여 피해자가 입었다는 요추부 통증은 굳이 치료를 받지 않더라도 일상생활을 하는데 아무런 지장이 없고 시일이 경과함에 따라 자연적으로 치유될 수 있는 정도라고 보여질 뿐만 아니라 실제로도 피해자는 아무런 치료를 받은 일이 없으므로, 그와 같은 단순한 통증으로 인하여 신체의 완전성이 손상되고 생활기능에 장애가 왔다거나 건강상태가 불량하게 변경되었다고 보기 어려워서 이를 형법상 '상해'에 해당한다고 할 수 없음이 분명하고, 그 밖에 기록을 살펴보아도 **피해자가 위 사고로 인하여 어떠한 상해를 입었다는 사실을 인정할 자료를 찾아볼 수 없다.**

따라서 피고인이 비록 위 사고 후 피해자에 대한 구호조치를 취하지 않은 채 사고현장을 이탈하였다고 하더라도 그러한 행위는 위 도주운전죄에 해당하지 않는다고 할 것임에도 불구하고, 원심이 피고인의 위 행위를 위 도주운전죄에 해당한다고 판단한 것은 위 법률이 정하는 도주운전죄에 있어서의 상해의 개념에 관한 법리를 오해한 나머지 채증법칙에 위반하여 판결에 영향을 미치는 사실을 잘

1192) 대법원 1997. 12. 12, 선고 97도2396 판결.

못 인정한 위법을 저지른 것이라고 할 것이므로, 이 점을 지적하는 변호인의 상고논지는 이유가 있다.

4. 그러므로 원심판결을 파기하고, 이 사건은 대법원이 직접 재판하기에 충분하다고 인정되므로 형사소송법 제396조에 의하여 다음과 같이 자판한다.

그렇다면 피고인에 대한 이 사건 공소사실 중 위 특정범죄가중처벌등에관한법률위반의 점은 앞에서 설시한 바와 같은 이유로 범죄의 증명이 없는 경우에 해당한다고 할 것이므로, 같은 취지로 이 부분 공소사실에 대하여 그 이유에서 무죄를 선고한 제1심판결 부분은 정당하고, 그에 대한 검사의 항소는 이유 없으므로 이를 기각하기로 하여 관여 법관의 일치된 의견으로 주문과 같이 판결한다.」[1193]

구호의 필요성 부존재

▶ 「…(전략) 원심은, 그 채용증거를 종합하여 그 판시 사실을 인정한 다음, 이 사건 사고로 인한 피해자의 상해 부위와 정도, 특히 이 사건 사고 당시 피해자에게는 외관상 확인할 수 있는 출혈, 멍, 부종 등의 외상이 없었고 이 사건 사고로 인한 피해자의 상해는 특별한 치료를 받지 않았음에도 불구하고, 별다른 후유증 없이 완쾌된 점과 이 사건 사고 후 피해자의 태도 등에 비추어 보면, 피해자가 이 사건 사고로 인하여 피고인 등으로부터 구호를 받아야 할 필요성이 있었다고 보기 어렵고, 그 밖에 달리 이를 인정할 만한 아무런 증거가 없다는 이유로, 피고인을 특정범죄 가중처벌 등에 관한 법률 위반(도주차량)죄로 처벌할 수 없다고 판단했다. 앞서 본 법리와 기록에 비추어 살펴보면, 원심의 위와 같은 인정 및 판단은 정당하고, 거기에 상고이유로 주장하는 바와 같은 사실오인 또는 도주차량에 관한 법리오해의 위법이 없다.」[1194]

현장이탈이 도주로 평가되지 않은 사례

▶ 「…(전략) 원심은 그 증거에 의하여 이 사건 교통사고 당시 그 장소에는 이미 여러 건의 연쇄충돌사고가 발생하여 피고인의 사고신고 없이도 경찰관이 출동하여 조사하고 있었고, 피고인은 사고발생 후 피고인 스스로는 피해자에 대한 구호조치를 취한 바는 없지만 피해차량의 조수인 공소외 B가 지나가던 봉고차량을 세워 피해자를 병원에 보내는 것을 보고 그에게 피고인의 이름과 전화번호를 사실대로 적어 주고 사고현장을 떠난 사실, 피해자는 위 전화번호에 의하여 피고

1193) 대법원 2000. 2. 25, 선고 99도3910 판결.
1194) 대법원 2007. 4. 12, 선고 2007도828 판결.

인의 가족과 연락이 되었고 사고차량이 가입된 보험회사에서 지급되는 치료비로 치료를 받은 사실을 인정하였는 바, 원심의 위와 같은 사실확정은 정당하고 그 증거취사과정에 소론과 같은 채증법칙을 위배한 위법이 있다고 할 수 없다.

또한 특정범죄가중처벌등에관한법률 제5조의3 제1항 소정의 도주라 함은 사고운전자가 피해자를 구호하는 등 도로교통법 제50조 제1항에 규정된 의무를 이행하기 이전에 사고현장을 이탈하여 사고야기자로서 확정될 수 없는 상태를 초래하는 경우라고 할 것인바, 원심이 확정한 바와 같이 이미 사고현장에 출동한 경찰관에 의하여 교통사고가 인지되고 또 피해자의 일행에 의하여 피해자에 대한 구호조치가 끝난 것을 보고 그 피해자 일행에게 그의 요구로 피고인의 이름과 전화번호 등 인적사항을 적어 주고 현장을 이탈하였다면 **이러한 현장이탈을 가지고 위 법조 소정의 도주라고는 할 수 없다.**」[1195]

외형상 도주범의가 있지만, 실제 이탈은 하지 않아 특가법 도주차량죄 무죄

▶「원심은 그 채용증거들을 종합하여 그 판시와 같은 사실을 인정한 다음, **비록 피고인이 교통사고 현장에서 동승자이던 원심 공동피고인 2로 하여금 이 사건 차량의 운전자인 것처럼 허위로 신고하도록 하였다 하더라도,** 피고인은 사고 직후 사고 장소를 **이탈한 바 없이** 피해자의 피해사실을 확인한 후 곧바로 보험회사에 **사고접수**를 하고, 출동한 경찰관에게 이 사건 차량이 **가해차량임을 명백히 밝혔으며,** 경찰관의 요구에 따라 위 원심 공동피고인 2와 함께 영등포경찰서로 동행하여 **조사를 받은 후 귀가**하였다가 **이틀 후 자진하여 경찰에 출두, 자수하기까지 한 점** 등의 사정에 비추어 보면, 피고인이 피해자를 구호하는 등의 의무를 이행하기 전에 도주의 범의를 가지고 사고현장을 이탈하였다고까지 인정하기에는 부족하다는 이유로, 피고인에 대한 공소사실 중 특정범죄가중처벌등에 관한 법률 위반(도주차량)의 점에 대하여는 무죄라고 판단했다. 위와 같은 피고인의 행위는 **외형상**으로는 차의 교통으로 사람을 사상한 운전자가 도로교통법 제54조 제1항에서 정한 조치 중 피해자나 경찰관 등 교통사고와 관계있는 사람에게 사고운전자의 **신원을 밝혀야 하는 의무를 이행하지 아니한 것**으로 볼 수 있겠지만, 원심이 인정한 여러 사정들에 비추어 볼 때 도주의 범의로써 사고현장을 이탈한 것으로까지 보기는 어렵다 할 것이니, 같은 취지에서 이 부분 공소사실이 **무죄**라고 본 원심의 판단은 정당하다.」[1196]

1195) 대법원 1992. 4. 10, 선고 91도1831 판결.

1196) 대법원 2009. 6. 11, 선고 2008도8627 판결.

특가법 도주차량죄, 도교법 사고후미조치죄 모두 무죄 사례 1.

▶ 「(1) 특정범죄가중처벌등에관한법률(이하 특가법이라 한다) 제5조의3 제1항 소정의 '피해자를 구호하는 등 도로교통법 제50조 제1항의 규정에 의한 조치를 취하지 아니하고 도주한 때'라 함은 사고운전자가 그 사고로 인하여 피해자가 사상을 당한 사실을 인식하였음에도 불구하고 피해자를 구호하는 등 도로교통법 제50조 제1항에 규정된 의무를 이행하기 이전에 사고현장을 이탈하여 사고야기자로서 확정될 수 없는 상태를 초래하는 경우를 말하므로,[1197] 위 특가법위반죄는 사람을 사상에 이르게 한 사실을 **인식**하고 도주한 경우에 성립하는 고의범인 것이다.

또한, 도로교통법 제50조 제1항(현행 제54조 제1항)을 위반하였을 때에 성립하는 같은 법 제106조 소정의 죄(현행 제148조)도 그 행위의 주체가 차의 교통으로 인하여 사람을 사상하거나 물건을 손괴한 운전자 및 그 밖의 승무원으로서 특가법위반죄와 마찬가지로 사람을 사상하거나 물건을 손괴한 사실을 **인식**할 것을 필요로 하는 고의범에 해당하는바,[1198] 도로교통법 제50조 제1항의 취지는 도로에서 일어나는 교통상의 위험과 장해를 방지·제거하여 안전하고 원활한 교통을 확보함을 그 목적으로 하는 것이지 피해자의 물적 피해를 회복시켜 주기 위한 규정은 아니며, 이 경우 운전자가 현장에서 취해야 할 조치는 사고의 내용, 피해의 태양과 정도 등 사고 현장의 상황에 따라 적절히 강구되어야 할 것이고, 그 정도는 건전한 양식에 비추어 통상 요구되는 정도의 조치를 말한다고 할 것이다.[1199]

(2) 그런데 기록에 의하면, 피고인은 직장 상사인 장○○을 가해 차량의 조수석에 태우고 가던 중 이 사건 사고 지점에 이르러 좌회전 신호대기를 위하여 정차하였는데, 자동변속장치가 된 위 차량의 기어를 주행상태로 둔 채 브레이크 페달만 밟고 정차하였다가 잠시 부주의로 브레이크 페달에서 발이 떨어지자 가해 차량이 **서서히** 앞으로 진행하여 피해 차량의 뒷범퍼 부분을 **충격**하게 된 사실, 피고인은 충격의 강도가 경미하여 별일 없을 것으로 생각하고 그대로 앉아 있었는데, 피해 차량의 조수석에 타고 있던 배○○이 차에서 내린 다음 가해 차량에 다가와서는 "왜 남의 차를 박아놓고 내리지도 않느냐."고 말하므로 장○○이 먼저 차에서 내리고 피고인도 따라 내려서 피해 차량의 뒷범퍼 부분을 확인하여 보았으나 **육안으로는 별다른 피해를 발견할 수 없었던 사실,** 그 후 피해 차량

1197) 대법원 1993. 6. 11, 선고 92도3437 판결; 대법원 1994. 9. 13, 선고 94도1850 판결.
1198) 대법원 1991. 6. 14, 선고 91도253 판결; 대법원 1993. 5. 11, 선고 93도49 판결.
1199) 대법원 1993. 11. 26, 선고 93도2346 판결; 대법원 1995. 1. 24, 선고 94도2691 판결; 대법원 1998. 3. 24, 선고 98도34 판결.

의 운전자인 피해자가 차에서 내리므로 피고인은 피해자에게 "별 피해가 없는 것 같으니 양해하여 달라. 미안하다."고 사과한 후 뒷차량이 밀리므로 먼저 가해 차량에 타서 차량을 도로변에 대려고 했고, 그러는 동안 피고인의 일행인 장○○은 피해자가 "접촉사고를 일으키고도 그냥 있으면 예의가 아니지 않느냐."고 말하면서 계속 나무라자 미안하다며 재차 사과를 한 후, 피해자의 태도가 누그러지자 마지막으로 한 번 더 고개 숙여 사과를 한 뒤 피해자가 양해를 한 것으로 생각하고 가해 차량으로 돌아온 사실, 피고인은 장○○이 가해 차량에 타면서 별다른 말을 하지 아니하므로 잘 해결된 것으로 생각했고, 그 때 마침 피해자가 피고인을 향하여 손짓을 하자 이를 **가도 좋다는 표시로 알고** 가해 차량을 운전하여 사고 현장을 떠난 사실, 한편 이 사건 사고로 인한 충격이 경미하였던 관계로 피해 차량 조수석에 동승하였던 배○○은 아무런 상해도 입은 바 없고, 피해자도 사고 당시에는 몸이 아픈 것을 전혀 느끼지 못하여 **아프다는 말을 한 일이 없다가,** 그 다음 날 아침에 목이 뻐근한 증세를 느끼고 사고 2일 후인 1998. 2. 13. 에야 비로소 병원에 가게 되었는데, 피해자가 평소 강직성 척수염을 앓고 있는 2급 장애인이었던 관계로 담당의사는 이학적 및 신경학적 검사를 하고 피해자의 기왕증을 감안하여 전치 3주를 요하는 흉추부 염좌 진단을 하였던 사실을 알 수 있다.

(3) 이와 같은 제반 사정을 종합하여 보면, 이 사건 사고 당시 피해자는 이 사건 사고로 말미암아 **외견상 쉽게 알 수 있는 상해를 입었다고 볼 수 없을 뿐만 아니라, 피해 차량의 손괴도 일견하여 알 수 있는 것이 아니었고** 나아가 **교통상의 위험과 장해를 방지·제거하여 안전하고 원활한 교통을 확보하기 위한 조치도 취하여졌다고 보여지므로,** 피고인으로서는 이 사건 사고 당시 위와 같은 상해나 손괴 사실을 인식하면서도 피해자를 구호하는 등 도로교통법 제50조 제1항 소정의 필요한 조치를 취하지 아니한 채 도주한 것으로 보기는 어렵다고 할 것이다.

그럼에도 불구하고 원심이 앞서 본 바와 같이 이 사건 공소사실 전부에 대하여 범죄의 증명이 있다고 단정한 것은 채증법칙에 위배하여 사실을 오인하였거나 특가법 제5조의3 제1항 및 도로교통법 제106조에 관한 법리를 오해한 위법이 있다고 할 것이고, 이러한 위법은 판결 결과에 영향을 미쳤음이 분명하므로, 이 점을 지적하는 상고이유의 주장은 이유 있다.」[1200]

1200) 대법원 1999. 11. 12, 선고 99도3140 판결.

특가법 도주차량죄, 도교법 사고후미조치죄 모두 무죄 사례 2.

▶ 「특정범죄가중처벌등에관한법률 제5조의3 제1항 소정의 '피해자를 구호하는 등 도로교통법 제50조 제1항의 규정에 의한 조치를 취하지 아니하고 도주한 때'라 함은 사고 운전자가 사고로 인하여 피해자가 사상을 당한 사실을 **인식**하였음에도 불구하고 피해자를 구호하는 등 도로교통법 제50조 제1항에 규정된 의무를 이행하기 이전에 사고현장을 이탈하여 사고를 낸 자가 누구인지 확정될 수 없는 상태를 초래하는 경우를 말하는 것이나, 특정범죄가중처벌등에관한법률 제5조의3 제1항의 규정은 자동차와 교통사고의 격증에 상응하는 건전하고 합리적인 교통질서가 확립되지 못한 현실에서 자신의 과실로 교통사고를 야기한 운전자가 그 사고로 사상을 당한 피해자를 구호하는 등의 조치를 취하지 아니하고 도주하는 행위에는 강한 윤리적 비난가능성이 있음을 감안하여 이를 가중처벌함으로써 교통의 안전이라는 공공의 이익을 보호함과 아울러 교통사고로 사상을 당한 피해자의 생명·신체의 안전이라는 개인적 법익을 보호하기 위하여 제정된 것이라는 **입법 취지와 보호법익**에 비추어 볼 때, **사고의 경위와 내용, 피해자의 상해의 부위와 정도, 사고 운전자의 과실 정도, 사고 운전자와 피해자의 나이와 성별, 사고 후의 정황** 등을 종합적으로 고려하여 사고 운전자가 **실제로 피해자를 구호하는 등 도로교통법 제50조 제1항에 의한 조치를 취할 필요가 있었다고 인정되지 아니하는 경우에는** 사고 운전자가 피해자를 구호하는 등 도로교통법 제50조 제1항에 규정된 의무를 이행하기 이전에 **사고현장을 이탈하였더라도 특정범죄가중처벌등에관한법률 제5조의3 제1항 위반죄로는 처벌할 수 없다** 할 것이고,[1201] 도로교통법 제50조 제1항의 취지는 도로에서 일어나는 교통상의 위험과 장해를 방지·제거하여 안전하고 원활한 교통을 확보함을 그 목적으로 하는 것이지 피해자의 물적 피해를 회복시켜 주기 위한 규정은 아니며, 이 경우 운전자가 현장에서 취해야 할 조치는 사고의 내용, 피해의 태양과 정도 등 사고 **현장의 상황에 따라 적절히 강구**되어야 할 것이고, 그 정도는 건전한 양식에 비추어 통상 요구되는 정도의 조치를 말한다 고 할 것이다.

원심이 인용한 증거들 중 피해자 E의 진술 내용은, 피고인이 횡단보도 앞에서 신호대기 중이던 피해차량을 뒤에서 충돌했고, 그 충격으로 인하여 피해차량 운전석에 앉아 있던 피해자의 목이 뒤로 크게 젖혀져 공소사실과 같은 상해를 입게 되었는데, 사고 후 피해자는 피고인에게 위 사고로 다쳐 아프다고 말한 다음 각자 자신의 차를 운전하여 함께 병원으로 가기로 하여 피해자가 앞서 운전하여 가던 중 피고인이 도주하였다는 것이다.

1201) 대법원 2002. 1. 11, 선고 2001도2869 판결.

그런데 기록에 의하면, 이 사건 사고로 인한 피해차량의 손괴 정도는 뒷범퍼 좌측 모서리 부위가 **약간 긁히면서 도장이 벗겨진 정도**이고, 가해차량의 충돌 부위 및 손괴 정도 또한 앞범퍼 우측 모서리 부분이 피해차량과 비슷한 정도로 파손된 것에 불과하며, 이 사건 사고로 인한 피해차량의 수리 내용 및 비용은 뒷범퍼 도장 등을 위하여 공임 금 155,210원이 소요되고(새 부품으로의 교체는 필요하지 않은 것으로 보인다), 위 수리비 중 대부분인 금 119,500원이 범퍼도장 공임인 사실, 피고인은 위 사고 이후 피해자에게 자신의 **이름과 전화번호를 알려 주었고,** 피해자도 피고인에게 돈을 송금하여 달라면서 자신의 **은행계좌를 알려 준 후 사고 장소 바로 옆에 D병원이 있음에도 불구하고** 차를 운전하여 사고**현장을 떠난 사실,** 피해자는 경찰서에 위 사고에 관하여 신고를 하지 않고 있다가 피고인이 돈을 송금하지 않자 그 다음날 19:15경에야 신고를 했고, 같은 날 위 G가 경영하는 병원에 가서 위 진단서를 발급받아 경찰서에 제출한 사실, 피고인은 이 사건 사고 당시 피해자에게 피해차량의 수리비로 금 250,000원을 송금하여 주기로 하고도 이를 송금하여 주지 않자 피해자가 이에 대한 앙갚음으로 피고인이 교통사고 후 도주한 양 경찰에 신고하였다고 주장하고 있는 사실이 인정되는바, 위와 같은 피해차량 및 가해차량의 손괴의 형태나 정도 등에 비추어 보면 이 사건 사고는 가해차량이 앞범퍼 우측 모서리 부분으로 피해차량의 뒷범퍼 좌측 모서리 부분을 스치는 형태로 발생한 **가벼운 접촉사고에 불과**한 것으로 보여져 피해자의 진술과 같은 충격을 가져올 정도의 사고는 아니었던 것으로 판단되고, 따라서 이 사건 사고의 충격으로 인하여 피해자의 목이 뒤로 크게 젖혀져 다쳤다는 피해자의 진술은 믿기 어렵다 할 것이고, 피해자의 위 상해의 부위 및 정도에 관한 위 G의 진술 및 그 **진단서**의 기재 내용도 주로 위 G가 피해자를 문진하면서 동인으로부터 들은 내용에 의거한 것으로 보여질 뿐이어서 **신빙성이 없다** 할 것인데, 그 밖에 위에서 본 바와 같은 사고 이후의 피해자의 태도 등의 제반 사정까지 종합하여 보면, 이 사건 사고에서 피고인이 **실제로 피해자를 구호하거나 나아가 교통상의 위험과 장해를 방지·제거하여 안전하고 원활한 교통을 확보하기 위한 조치를 취해야 할 필요가 있었다고 보기는 어려우므로,** 피고인이 자신의 연락처를 알려 주기는 하였으나 피해자를 구호하는 등 도로교통법 제50조 제1항 소정의 필요한 조치를 취하지 아니한 채 사고현장을 이탈하였다고 하여, 피고인을 특정범죄가중처벌등에관한법률 제5조의3 제1항 제2호 위반죄와 도로교통법 제106조 위반죄로 처벌할 수는 없다 할 것이다.」[1202]

1202) 대법원 2002. 6. 28, 선고 2002도2001 판결.

특가법 도주차량죄, 도교법 사고후미조치죄 모두 무죄 사례 3.

▶ 「이 사건에서 보면, 피고인은, 혈중알콜농도 0.181%의 술에 취한 상태에서 위 쏘나타 승용차를 운전하고 집으로 돌아가다가 골목길에서 차량 정체로 길이 막혀 후진하던 중 뒤에서 진행하여 오던 B 운전의 엘란트라 승용차를 충돌하자 차에서 내려 피해자들과 함께 차량 충돌 부위를 확인한 뒤 다시 위 쏘나타 승용차를 운전하여 사고장소에서 약 200m 떨어진 자신의 집 앞까지 시속 약 20㎞의 속도로 진행하여 왔고, 피고인의 집 앞에 차량을 주차시킨 다음 뒤따라온 피해자들에게 차량 수리비는 모두 책임지겠다고 하는 등 **사고처리절차를 협의**하던 중, C가 피고인의 음주운전사실을 경찰에 신고하는 것을 보고 집 안으로 들어가 있다가 경찰관이 그 곳에 출동하자 밖으로 나와 음주측정요구에 응했다. **피해자들은 위 사고로 외상을 입지 아니했고 사고 뒤 아프다는 말도 하지 아니하였는데,** 경찰에서 조사받게 되자 사고장소에서 **상당히 떨어져 있는** 대구 달서구 D 소재 E정형외과**의원에서** B는 경추염좌 및 요부염좌로, C는 경추염좌로 각 **2주**간의 가료가 필요할 것으로 추정된다는 **진단서를 발급**받아 제출했다. 그런데 원심의 E정형외과의원장에 대한 사실조회 결과에 따르면, 피해자들에 대한 진단결과 경부동통, 경부압통, 운동제한이 확인되었을 뿐이다. 이와 같이 피고인이 사고 직후 차량의 충돌 부위를 피해자들과 함께 살펴보고 차량 정체로 길이 막혀 있던 사고장소에서 가까운 자신의 집까지 서행하여 차량을 이동시킨 뒤 피해자들과 피해 변상 방법 등을 협의한 점 등 이 사건 **사고의 경위**와 **그 뒤의 정황** 등에 비추어 볼 때 피고인에게 **도주의 의사가 있었다고 단정하기 어렵고,** 또 피해자들의 상해의 부위와 정도, 피해 차량의 손괴 정도, 사고장소의 상황, 사고 뒤 피해자들의 태도 등에 비추어 보더라도 위 사고로 피고인이 피해자들을 **구호하거나** 교통상의 위험과 장해를 방지·제거하여 안전하고 원활한 교통을 확보하기 위한 **조치를 취해야 할 필요가 있었다고 보기도 어려우므로,** 피고인이 사고장소에서 도로교통법 제50조 제1항의 규정에 따른 조치를 취하지 아니하고 그 곳을 벗어났다고 하여 피고인을 특정범죄가중처벌등에관한법률 제5조의3 제1항 제2호 위반죄와 도로교통법 제106조 위반죄로 처벌할 수 없다.」[1203]

특가법 도주차량죄, 도교법 사고후미조치죄 모두 무죄 사례 4.

▶ 「원심판결 이유 및 원심이 채택한 증거에 의하면, ① 피고인은 2012. 4. 4. 14:30경 자신의 승용차(이하 '가해 차량'이라 한다)를 **시속 약 5km로** 운전하다가 중앙선을 침범하여 좌회전한 업무상 과실로 피해자 공소외 1 운전의 승용차(이

1203) 대법원 2002. 10. 22, 선고 2002도4452 판결.

하 '피해 차량'이라 한다) 좌측 문짝을 가해 차량 앞범퍼 우측 모서리 부분으로 들이받는 이 사건 사고를 낸 사실, ② 피고인은 가해 차량을 정차하고 차에서 내린 후 피해 차량 쪽으로 다가가 피해자 공소외 1에게 피해 차량을 이동하여 달라고 요청했고, 도로 우측으로 이동 주차한 피해 차량에서 피해자 공소외 1과 동승자인 피해자 공소외 2, 3이 내린 후 피고인에게서 술 냄새가 난다고 하자, 보험처리를 해 주겠다면서 사고신고를 만류한 사실, ③ 그럼에도 피해자들이 경찰에 사고신고를 하자, 피고인은 가해 차량은 그대로 둔 채 사고 장소를 떠나 부근 골목으로 걸어갔고, 그곳에서 전화로 보험회사에 사고접수를 한 사실, ④ 피고인이 사고 장소를 벗어난 지 약 10분 만에 보험회사 직원이 현장에 도착했고, 피고인은 그의 전화를 받은 지 약 1∼2분 만에 다시 사고 장소로 돌아온 사실, ⑤ 피해자들이 피고인에게 곧 경찰이 올 테니 음주측정을 해 보자고 하자, 피고인은 다시 사고 장소를 벗어나 부근 골목으로 걸어갔다가 출동한 경찰이 사고조사를 마치고 돌아간 후에야 현장에 다시 나타난 사실, ⑥ 피해자들은 경찰의 사고조사 후 피해 차량을 운전하여 수리를 맡기고 정형외과에 가서 진단을 받은 사실, ⑦ 그런데 **피해자들은 사고 장소에서 피고인에게 자신들이 이 사건 사고로 외상을 입었다거나 통증이 있다는 말은 하지 아니한 사실**, ⑧ 피해자들은 각 26세, 27세, 30세의 남성들로서, 이 사건 사고 이후 목뼈, 허리뼈의 염좌 등으로 각 2주 진단을 받았으나, 위 각 진단은 임상적 추정으로 이루어진 것이고, 피해자들이 물리치료 또는 약물치료 이외에 특별한 치료를 받지는 아니한 사실, ⑨ 피해 차량은 좌측 문짝이 찌그러져 수리비 견적이 511,390원으로 나왔으나, 가해 차량은 앞범퍼 우측 모서리 부분이 **조금 긁힌 정도**이고, 각 차량의 **파편이 도로에 떨어지지는 않은 사실** 등을 알 수 있다. 이러한 사실관계와 원심이 채택한 증거에 의하여 알 수 있는 **이 사건 사고의 경위 및 내용, 피해자들의 나이와 그 상해의 부위 및 정도, 피고인과 피해자들의 사고 장소에서의 대화 내용, 가해 차량 및 피해 차량의 이동 주차 경위와 당시 사고 현장의 도로 상황** 등을 앞서 본 법리에 비추어 살펴보면, 이 사건 사고 당시 피고인이 실제로 피해자들을 **구호하거나** 나아가 교통상의 위험과 장해를 방지·제거하여 안전하고 원활한 교통을 확보하기 위한 **조치를 취해야 할 필요가 있었음에도 이를 이행하지 아니하고 도주의 고의로써 사고 장소를 떠났다고 단정하기 어렵다.** 그렇다면, 피고인이 이 사건 사고 직후 위와 같이 사고 장소를 일시 떠났다 하더라도 피고인을 특정범죄 가중처벌 등에 관한 법률 제5조의3 제1항 제2호 위반죄 및 도로교통법 제148조 위반죄로 처벌할 수는 없다.」[1204]

1204) 대법원 2014. 2. 27, 선고 2013도15885 판결.

특가법 도주차량죄, 도교법 사고후미조치죄 모두 무죄 사례 5.

▶「원심은 그 채용 증거를 종합하여, 판시와 같은 사실을 인정한 다음, **비록 피고인이 교통사고 현장에서 이 사건 차량의 동승자인 원심 공동피고인로 하여금 그녀가 사고운전자인 것으로 출동한 경찰관에게 허위신고하도록 하였다고 하더라도,** 피고인은 사고 직후 피해자가 119 구급차량에 의하여 병원으로 **후송될 때까지 사고장소를 이탈하지 아니**했고, 출동한 경찰관에게 이 사건 차량이 **가해차량임을 명백히 밝혔으며,** 피해자 후송조치를 마친 후 사고현장에서 위 경찰관의 요구에 따라 원심 공동피고인와 함께 **조사를 받기 위해 경찰서로 동행**한 점 등의 제반 사정에 비추어 보면, 피고인이 피해자를 구호하는 등의 의무를 이행하기 전에 도주의 범의를 가지고 사고현장을 이탈하였다고 인정하기에 부족하고 달리 이를 인정할 증거가 없다고 보아, 피고인의 행위는 특정범죄가중처벌등에관한법률 제5조의3 제1항 및 도로교통법 제106조에 해당하지 아니한다고 할 것이어서, 도로교통법위반의 점에 대하여는 무죄를 선고하고, 특정범죄가중처벌등에관한법률위반(도주차량)의 공소사실에 포함된 교통사고처리특례법위반죄에 대하여 이 사건 차량이 자동차종합보험에 가입되어 있다는 이유로 공소기각의 판결을 선고하고 주문에서 따로 무죄의 선고를 하지 아니한다고 판단했다. 원심의 위와 같은 인정과 판단은 정당한 것으로 수긍이 가고, 거기에 상고이유로 주장하는 바와 같은 특정범죄가중처벌등에관한법률 제5조의3 제1항 소정의 도주에 관한 법리나 도로교통법 제106조 소정의 교통사고발생시의 조치에 관한 법리를 오해한 위법이 있다고 볼 수 없다.」[1205]

특가법 도주차량죄, 도교법 사고후미조치죄 모두 무죄 사례 6.

▶「**비록 피고인이 교통사고 현장에서 출동한 119 구조대원 및 경찰관에게 이 사건 차량의 동승자인 공소외인이 위 차량의 운전자인 것으로 진술하거나 그녀로 하여금 그와 같이 허위신고하도록 하였다고 하더라도,** 피고인은 사고 직후 피해자가 119 구급차량에 의하여 병원으로 **후송될 때까지** 사고장소를 **이탈하지 아니**했고, 출동한 경찰관에게 이 사건 차량이 **가해차량임을 명백히** 밝혔으며, 피해자 후송조치를 마친 후 사고현장에서 위 경찰관의 요구에 따라 공소외인과 함께 조사를 받기 위해 경찰 **지구대로 동행**한 점 등 제반 사정에 비추어, 피고인이 피해자를 구호하는 등의 의무를 이행하기 전에 **도주의 범의를 가지고 사고현장을 이탈하였다고 볼 수는 없다** 하겠다. 또한 위 법리와 기록에 비추어 살펴보면, 이 사건 교통사고 후 도로상에 넘어진 피해자의 오토바이는 피

1205) 대법원 2005. 4. 14, 선고 2005도790 판결.

고인이 위 사고현장을 떠나기 이전에 이미 위 구조대원 등 다른 사람에 의해 도로 한쪽으로 **치워졌고,** 달리 사고현장에 교통상의 위해가 될 만한 사정이 있었음을 인정할 자료가 보이지 아니하는바, 그렇다면 피고인이 사고현장을 떠날 당시 교통상의 위험과 장해를 방지·제거하기 위하여 더 이상의 특별한 조치가 필요하였다고 할 수 없으므로, 이런 상황이라면 설사 피고인이 사고로 피해자의 오토바이를 손괴한 후 **직접 위 오토바이에 대한 조치를 취하지 않았다 하더라도 이에 대하여 따로 구 도로교통법 제106조 위반죄로 처벌할 수는 없다.** 따라서 피고인의 행위는 구 특정범죄 가중처벌 등에 관한 법률 제5조의3 제1항 및 구 도로교통법 제106조에 해당하지 아니한다고 판단한 다음, 도로교통법 위반(**교통사고 후 미조치)의 점에 대하여는 무죄**를 선고하고, 특정범죄 가중처벌 등에 관한 법률 위반(도주차량)의 공소사실에 포함된 교통사고 처리 특례법 위반죄를 유죄로 인정하여 주문에서 그 형을 선고하면서 특정범죄 가중처벌 등에 관한 법률 위반(도주차량)의 점에 대하여는 주문에서 따로 무죄의 선고를 하지 아니한 원심의 조치는 결론에 있어서 정당하고, 상고이유로 주장하는 바와 같이 채증법칙을 위배하여 사실을 오인하거나 구 특정범죄 가중처벌 등에 관한 법률 제5조의3 제1항 소정의 도주에 관한 법리 또는 구 도로교통법 제50조 제1항 소정의 교통사고발생시의 조치에 관한 법리를 오해하여 판결 결과에 영향을 미친 위법이 없다.」[1206]

특가법 도주차량죄는 무죄, 도교법 사고후미조치죄는 유죄인 사례

▶ 「**1. 특정범죄가중처벌 등에 관한 법률 위반(도주차량)의 점에 대하여**

특정범죄가중처벌 등에 관한 법률 제5조의3 제1항이 정하는 "피해자를 구호하는 등 도로교통법 제54조 제1항에 의한 조치를 취하지 아니하고 도주한 때"라고 함은, 사고운전자가 사고로 인하여 피해자가 사상을 당한 사실을 인식하였음에도 불구하고, 피해자를 구호하는 등 도로교통법 제54조 제1항에 규정된 의무를 이행하기 이전에 사고현장을 이탈하여 사고를 낸 자가 누구인지 확정할 수 없는 상태를 초래하는 경우를 말하는 것이다. 그러므로 위 도주운전죄가 성립하려면 피해자에게 사상의 결과가 발생해야 하고, 생명·신체에 대한 단순한 위험에 그치거나 형법 제257조 제1항에 규정된 "상해"로 평가될 수 없을 정도의 극히 하찮은 상처로서 굳이 치료할 필요가 없는 것이어서 그로 인하여 건강상태를 침해하였다고 보기 어려운 경우에는 위 죄가 성립하지 않는다.

원심은 그 채택 증거들을 종합하여 인정되는 판시와 같은 사정 즉, 이 사건 사

1206) 대법원 2007. 10. 11, 선고 2007도1738 판결.

고는 피고인 차량이 2차로로 진행하다가 1차로로 차선을 변경하는 과정에서 뒤에서 진행해 오던 피해차량과 충돌한 것인데, 피해차량이 가해차량과 충격된 부분을 촬영한 사진의 영상에 의하면 그 **충격의 정도가 심하지 않았던 것**으로 보이는 점, 피해자 공소외 1은 이 사건 사고 직후 완주경찰서에 사고신고를 하면서 담당 경찰관에게 몸이 **아프다고 호소한 적은 없고,** 다만 "위 사고로 제 차가 약간 흠집이 났고 제 부상 정도는 조금 지켜봐야 알 것 같습니다."라는 취지의 진술서를 작성하였던 점, 피해자들의 병명은 각 "목뼈의 염좌 및 긴장, 허리뼈의 염좌 및 긴장"으로 공소외 1은 전치 1주, 공소외 2는 **전치 2주**의 각 진단을 받았는데, 피해자 공소외 2는 1심법정에서 "몸을 못 움직여서 일상생활에 지장이 있을 정도는 아니었지만 안 아픈 사람도 병원에 있으면 더 아픈 것 같은 느낌 정도는 들었습니다."라고 진술하였던 점, 피해자들을 치료한 ▲병원의 진료기록부 및 방사선사진에 근거한 사실조회 결과에 의하면 **피해자들은 경추 및 요추부 동통을 호소하는 외에 특이 소견 없는 환자들**이었기 때문에 컴퓨터 단층 촬영 등의 **정밀 검사는 실시된 바 없고,** 당시 피해자들의 상태는 불편함을 줄 수는 있으나 일상생활에 지장을 줄 상태는 아니었던 것으로 보이는 점, 피해자들이 받은 치료는 **근육 이완제 성분의 주사를 맞고 물리치료**를 받는 정도에 불과했고, 그럼에도 피해자들은 각 25일에 걸쳐 입원치료를 받았는데, **입원 기간 동안 집에 가서** 스스로 옷을 갈아입고 샤워를 한 적도 있는바, 통원치료의 필요성조차도 의문스러워 보이는 상태였음에도 **피해자들이 의도적으로 장기간의 입원생활을 하였던 것**으로 보이는 점, 이 사건 사고 전부터 공소외 1은 어깨의 통증 및 근육파열의 **기왕증이 있었고,** 공소외 2는 이 사건 사고 발생 **7~8개월 전에 요추 4, 5번 허리 수술을 한 병력**이 있는 점, 그 외 이 사건 사고 당시 피해자들의 연령과 건강상태, 이 사건 사고 후의 피해자들의 태도 등에 비추어 보면, 피해자들이 이 사건 사고로 각 신체의 완전성이 손상되고 생활기능에 장애가 왔다거나 건강상태가 불량하게 변경되어 형법상 **'상해'를 입었다고 인정하기에 부족하다**는 이유로 이 사건 공소사실 중 특정범죄가중처벌 등에 관한 법률 위반(**도주차량)의 점을 무죄**로 판단했다. 앞서 본 법리와 기록에 비추어 살펴보면, 위와 같은 원심의 판단은 정당한 것으로 수긍이 가고, 거기에 상고이유의 주장과 같은 심리미진 등의 위법이 있다고 할 수 없다.

2. 도로교통법 위반의 점에 대하여

가. 공소사실 및 원심의 판단

이 사건 공소사실 중 도로교통법 위반의 점의 요지는, 피고인은 전북 (번호 1 생략)호 세피아 승용차의 운전업무에 종사하는 자인바, 2006. 11. 4. 13:10경 위 차를 운전하여 전북 완주군 봉동읍 구만리 소재 굿모닝주유소 앞 편도 2차로 도로를 전주 방면에서 봉동 방면을 향하여 그 도로의 2차로를 따라 시속 약 70km

로 진행함에 있어 진행방향 좌측 1차로로 차로를 변경하게 되었으므로 이러한 경우 운전업무에 종사하는 자로서는 방향지시등을 작동하여 그 진로변경을 예고하고 전후좌우의 교통상황을 잘 살피면서 차로를 변경해야 할 업무상 주의의무가 있음에도 이를 게을리 한 채 그대로 좌측으로 차로를 변경한 과실로 때마침 1차로를 따라 진행 중인 피해자 공소외 1 운전의 (번호 2 생략) 그랜져 승용차를 미처 발견하지 못하고 피고인 운전의 승용차 좌측 뒤 범퍼 부분으로 공소외 1 운전의 승용차 우측 앞 범퍼 부분을 충격하여 위 그랜져 승용차를 수리비 427,588원이 들도록 손괴하고도 즉시 정차하여 필요한 조치를 취하지 아니하고 그대로 도주하였다는 것이다.

이에 대하여 **원심은** 피해차량의 앞 범퍼 우측 모서리 부분에 가해차량 범퍼의 페인트가 약간 묻어난 외에 **외견상 가해차량 및 피해차량에 찌그러지는 등의 파손 부위는 발견되지 않았고,** 피해차량 수리비로 427,588원(부가세 포함)이 들었는데, 이는 앞 범퍼 도장 보수비용이었던 점, 가해차량이나 피해차량으로부터 떨어져 나온 파편물이 도로상에 비산되지 아니한 점 등을 감안하면, 이 사건에 있어 교통상의 위험과 장해를 방지·제거하여 안전하고 원활한 교통을 확보하기 위한 **조치를 취해야 할 필요가 있었다고 보기 어렵다는 이유로 이에 대하여 무죄를 선고**했다.

나. 상고이유에 대한 판단

도로교통법 제54조 제1항의 취지는 도로에서 일어나는 교통상의 위험과 장해를 방지·제거하여 안전하고 원활한 교통을 확보하기 위한 것으로서 피해자의 피해를 회복시켜 주기 위한 것이 아니고, 이 경우 운전자가 취해야 할 조치는 사고의 내용과 피해의 정도 등 구체적 상황에 따라 적절히 강구되어야 하고 그 정도는 건전한 양식에 비추어 통상 요구되는 정도의 조치를 말한다 할 것이다.

기록에 의하면, 피고인은 공소사실 기재 일시·장소에서 피고인 차량을 시속 약 70km로 운전하여 편도 2차선 도로 중 2차로에서 1차로로 차선을 변경하면서 1차로에서 진행하던 피해차량을 충격하고 이를 알았던 사실, 당시 피해차량에는 운전자 외 조수석에도 사람이 탑승하고 있었던 사실, 피해차량은 이 사건 사고로 인하여 수리비 427,588원이 들도록 앞범퍼 등이 손괴된 사실, 피고인은 사고 직후 정차하지 않고 그대로 진행했고, 이에 피해차량의 운전자가 약 1km 이상 피고인 차량을 추격하다가 전방 삼거리 교차로의 정지 신호로 인하여 추격을 중단한 사실, 이 사건 **사고장소는 편도 2차선의 도로이고, 사고시각은 낮으로서 차량들의 흐름이 적지 않았던 사실** 등을 알 수 있다. 사실관계가 이와 같다면, **피고인은 도로교통법 제54조 제1항의 규정에 의한 교통사고를 일으키고도 즉시 정차하지 아니하고 그대로 진행하였을 뿐 아니라, 피해자가 도주하는 피고인을 약 1km 이상 추격함으로써 새로운 교통상의 위험과 장해를 초래하였음이**

분명하다. 그러므로 비록 위 사고로 인하여 **피해차량이 경미한 물적 피해만을 입었고 파편물이 도로상에 비산되지는 않았다고 하더라도, 피고인이 도로교통법 제54조 제1항의 규정에 의한 교통사고 발생시의 필요한 조치를 다하였다고 볼 수 없다.**

그럼에도 불구하고, 원심이 위 교통사고가 경미한 접촉사고에 불과하여 피고인이 사고현장을 이탈할 당시 교통상의 위험과 장해를 방지·제거하여 안전하고 원활한 교통을 확보하기 위한 조치를 취할 필요가 있었다고 보기 어렵다는 이유로 위 공소사실에 대하여 무죄를 선고한 것은 도로교통법 제148조, 제54조 제1항에 관한 법리를 오해하는 등으로 판결 결과에 영향을 미친 위법을 저지른 것이라고 할 것이다. 이 점을 지적하는 상고이유의 주장은 이유 있다.」[1207]

특가법 도주차량죄는 유죄, 도교법 사고후미조치죄는 무죄 사례 1.

▶ 「**1. 도로교통법위반의 점에 대하여**

기록에 의하여 살펴보면, 피고인이 이 사건 교통사고 후 피고인의 차량과 피해자의 차량을 도로 한쪽으로 **치우고** 사고현장에 도착한 견인차 기사에게 차량들을 정비공장으로 **견인하게 하고** 사고현장을 **떠난 사실**을 인정한 다음, 피고인이 사고현장을 떠날 당시 교통상의 위험과 장해를 방지·제거하여 원활한 교통을 확보하기 위한 더 이상의 조치를 취해야 할 필요가 있었다고 보기 어렵다고 하여 이 사건 공소사실 중 도로교통법 제106조 위반의 점에 대하여 무죄를 선고한 원심의 조치는 옳고, 거기에 상고이유의 주장과 같은 사실오인이나, 법리오해의 위법이 없다.

2. 특정범죄가중처벌등에관한법률위반(도주차량)의 점에 대하여

가. 원심은, 피고인이 이 사건 교통사고 후 즉시 정차하여 피해차량으로 가서 피해자에게 다쳤는지를 묻고 피해자 일행인 조영○에게 피고인의 이름, 직장, 전화번호 등이 기재된 명함을 건네주었고, 조영○는 피고인의 명함 뒤에 피고인의 차량 번호를 메모한 사실, 그 후 사고현장에 있던 택시 기사인 김영○ 등은 피해자를 택시에 옮겨 태웠는데 피고인은 택시 기사인 김영○에게 근처의 ▲병원으로 피해자를 빨리 이송하여 달라고 하였으나, 피해자가 경찰이 오기 전에는 가지 않겠다고 하면서 경찰서에 이 사건 교통사고 발생 사실을 신고한 사실, **피고인은 이 사건 교통사고 후 15분 가량 사고현장에 머물렀으나 경찰관이 도착하였을 때에는 사고현장을 이미 이탈**하여 그 곳에 있지 아니하였던 사실, 피해자는 경찰이 사고현장에 도착한 후 위 택시를 타고 병원으로 가서 입원치료를 받

1207) 대법원 2008. 10. 9, 선고 2008도3078 판결.

은 사실 등을 인정한 다음, 피고인이 이 사건 교통사고 후 즉시 정차하여 피해자 일행에게 명함을 건네주어 자신의 신원을 확인할 수 있는 자료를 제공하고, 택시기사인 김영○에게 피해자를 병원으로 이송해 달라고 하여 피해자가 택시를 타고 병원으로 간 것이라면, 피해자가 병원으로 이송된 시점이나 경찰관이 도착하였을 무렵에 피고인이 사고현장에 있지 않았다고 하더라도, 피고인이 교통사고를 일으킨 자로서 취해야 할 구호의무 등은 모두 이행하였다고 보아야 할 것이어서 피고인의 행위는 특정범죄가중처벌등에관한법률 제5조의3 제1항에 해당하지 아니한다고 하여, 특정범죄가중처벌등에관한법률위반(도주차량)의 공소사실에 포함된 교통사고처리특례법위반죄에 대하여 피고인의 차량이 자동차종합보험에 가입되어 있다는 이유로 공소기각의 판결을 선고하고 주문에서 따로 무죄의 선고를 하지 아니한다고 판단했다.

나. 특정범죄가중처벌등에관한법률 제5조의3 제1항 소정의 '피해자를 구호하는 등 도로교통법 제50조 제1항의 규정에 의한 조치를 취하지 아니하고 도주한 때'라 함은 사고 운전자가 사고로 인하여 피해자가 사상을 당한 사실을 인식하였음에도 불구하고 피해자를 구호하는 등 도로교통법 제50조 제1항에 규정된 의무를 이행하기 이전에 사고현장을 이탈하여 사고를 낸 자가 누구인지 확정될 수 없는 상태를 초래하는 경우를 말하는 것 이므로, 사고 운전자가 사고로 인하여 피해자가 사상을 당한 사실을 인식하였음에도 불구하고 피해자를 구호하는 등 도로교통법 제50조 제1항에 규정된 의무를 이행하기 이전에 사고현장을 이탈하였다면, **사고 운전자가 사고현장을 이탈하기 전에 피해자에 대하여 자신의 신원을 확인할 수 있는 자료를 제공하여 주었다고 하더라도,** '피해자를 구호하는 등 도로교통법 제50조 제1항의 규정에 의한 조치를 취하지 아니하고 도주한 때'에 해당한다 할 것이다.

한편, 위 법률 조항 소정의 피해자 구호조치는 반드시 본인이 직접 할 필요는 없고, 자신의 지배하에 있는 자를 통하여 하거나, 현장을 이탈하기 전에 타인이 먼저 구호조치를 하여도 무방하다고 할 것이나, 이 사건의 경우와 같이 사고 운전자가 그가 일으킨 교통사고로 상해를 입은 피해자에 대한 구호조치의 필요성을 인식하고 부근의 택시 기사에게 피해자를 병원으로 이송하여 줄 것을 요청하였으나 경찰관이 온 후 병원으로 가겠다는 피해자의 거부로 피해자가 병원으로 이송되지 아니한 사이에 피해자의 신고를 받은 경찰관이 사고현장에 도착했고, 피해자의 병원이송 및 경찰관의 사고현장 도착 이전에 사고 운전자가 사고현장을 이탈하였다면, 비록 그 후 피해자가 택시를 타고 병원에 이송되어 치료를 받았다고 하더라도 **운전자는 피해자에 대한 적절한 구호조치를 취하지 않은 채 사고현장을 이탈하였다**고 할 것이어서, 설령 운전자가 사고현장을 이탈하기 전에 피해자의 동승자에게 자신의 신원을 알 수 있는 자료를 제공하였다고 하더라도, 피고인의 이러한 행위는 '피해자를 구호하는 등 조치를 취하지 아니하고 도주한 때'에 해당한다고 할 것이다.

다. 그럼에도 불구하고, 원심이 이와 달리 특정범죄가중처벌등에관한법률위반(도주차량)의 점에 관한 공소사실을 무죄라고 판단한 것은 위 법률 조항 소정의 도주의 법리를 오해함으로써 판결에 영향을 미친 위법이 있다 할 것이다.」[1208]

특가법 도주차량죄는 유죄, 도교법 사고후미조치죄는 무죄 사례 2.

▶ 「…(전략) 피고인은 이 사건 사고 후 피해자에게 **다친 곳이 있는지 물어본 바도 없이 사고현장을 떠났고,** 위 공소외인은 피고인과 잘 알고 지낸 것이 아니라 단순히 안면만 있어서 피고인이 누구라는 사실을 아는 정도에 지나지 아니하며(수사기록 26쪽의 피고인 진술 참조), 공소외인이 피해자를 구호하겠다고 피고인에게 응낙하거나 실제로 그가 피해자를 구호한 것도 아니고, 오히려 현장에 있던 다른 사람으로부터 연락을 받고 현장에 온 피해자의 아버지가 피해자를 병원으로 후송한 사실을 알 수 있는바, 사정이 이와 같다면 **피고인이 비록 위 공소외인에게 뒤처리를 부탁한다고 말을 하고 현장을 떠났다고 하더라도** 그것만으로 그가 사고현장을 이탈하기 전에 피해자에 대한 **적절한 구호조치를 취하였다고 볼 수 없고,** 이와 같이 **피고인이 사고현장을 떠나기 전에 피해자를 구호하는 조치를 취하지 아니한 이상 설령 위 공소외인이 피해자뿐만 아니라 피고인을 알고 있었고 이 사건 사고당시 다른 목격자들도 피고인을 알아볼 가능성이 높았다고 하더라도,** 피고인은 도로교통법 제50조 제1항에 규정된 필요한 조치를 취하지 아니하고 도주하였다고 보지 아니할 수 없으며, 피고인이 이와 같이 필요한 조치를 다 취하지 아니하고 현장을 이탈한 이상 그에게 도주의 범의가 없었다고 할 수 없을 것이다. 그럼에도 불구하고, 원심이 이와 달리 그 인정과 같은 사실만으로 이 사건 특정범죄 가중처벌 등에 관한 법률 위반(도주차량)의 점에 관한 공소사실을 무죄라고 판단한 것은 위 법률 조항 소정의 도주에 관한 법리를 오해함으로써 판결에 영향을 미친 위법이 있다 할 것이다.

2. 도로교통법위반의 점에 대하여

가. 원심은 위 1.의 가.항에서 본 바와 같이 사실인정을 한 다음, 피고인이 이 사건 교통사고 후 교통상의 위험과 장해를 방지·제거하는 등 도로교통법 제50조 제1항의 규정에 의한 조치를 취하지 아니할 의사나 목적을 가지고 사고현장을 이탈하였다고 보기 어렵고, 달리 피고인에게 교통사고 후 미조치의 범의가 있었다고 인정할 만한 증거가 없다고 하여 이 부분 공소사실에 대하여 무죄를 선고

1208) 대법원 2004. 3. 12, 선고 2004도250 판결.

했다.

나. 피고인이 이 사건 사고현장을 떠나기 전에 공소외인에게 뒤처리를 부탁한 것만으로는 도로교통법 제50조 제1항의 규정에 의한 필요한 조치를 모두 다하였다고 볼 수 없음은 위에서 본 바와 같으므로, 피고인에게 교통사고 후 미조치의 범의가 없었다고 본 원심의 이 부분 설시는 부적절하다고 할 것이나, 한편 기록에 비추어 살펴보면, 이 사건 교통사고 후 도로 상에 넘어진 피해자의 오토바이는 피고인이 그의 차량을 운전하여 이 사건 교통사고 현장을 떠나기 이전에 이미 다른 사람에 의해 도로 한쪽으로 **치워졌고,** 달리 사고현장에 교통상의 위해가 될 만한 사정이 있었음을 인정할 자료가 보이지 아니하는바, 그렇다면 피고인이 사고현장을 떠날 당시 교통상의 위험과 장해를 방지·제거하기 위하여 더 이상의 특별한 조치가 필요하였다고 할 수 없다. **이런 상황이라면 물건손괴 사고발생 후 미조치 행위에 대하여 따로 도로교통법 제106조 위반죄로 처벌할 수 없다** 할 것이므로, 원심이 이 부분 공소사실에 대하여 무죄를 선고한 것은 그 결론에 있어서 정당하다고 할 것이고, 거기에 판결 결과에 영향을 미친 법리의 오해나 경험칙 또는 채증법칙을 위반한 잘못이 있다고 할 수 없다.」[1209]

이탈이 도주로 평가된 유죄 사례 1.

▶ 「피고인은 피해자에게 약 3주간의 치료를 요하는 우좌골 골절상 등을 입게 하는 이 사건 교통사고를 일으킨 후 피해자로부터 넘어져서 조금 아프기는 하지만 많이 다치지는 않은 것 같으니 일단 경찰서에 신고하러 가자는 말을 듣고, 먼저 경찰서에 신고를 하고 나중에 병원에 가도 될 것으로 여기고 피해자를 피고인의 자동차에 태우고 경찰서에 신고하러 갔는데, **피해자가 먼저 차에서 내려 경찰서로 들어가자** 피고인은 자신의 음주운전이 발각될 것이 두려워 **아무런 말도 없이 경찰서 앞에서 그냥 돌아가 버린 사실**을 인정할 수 있는바, 사정이 이와 같다면 당시 피해자의 부상이 걸을 수 있는 정도의 경미한 상태였고, 피고인이 돌아간 이유가 범죄를 은폐하고 도주하기 위한 것이 아니라 음주운전으로 인한 처벌을 면하기 위한 것이었으며, **피해자에게 피고인의 직업과 이름을 알려주었다는 등의 여러 사정이 있다고 하더라도,** 피고인이 피해자의 구호의무를 이행하지 아니하고 사고현장을 이탈하여 **도주한 것**이라고 할 것이므로, 원심이 같은 취지에서 피고인에 대하여 유죄를 인정한 조치는 정당한 것으로 수긍이 되고, 거기에 그 주장과 같이 특정범죄가중처벌등에관한법률 제5조의3, 도로교통법 제50조의 법리를 오해한 위법이 있다고 할 수 없다.」[1210]

1209) 대법원 2005. 12. 9, 선고 2005도5981 판결.
1210) 대법원 1996. 4. 9, 선고 96도252 판결.

이탈이 도주로 평가된 유죄 사례 2.

▶ 「피고인은 이 사건 교통사고를 낸 후 피해를 입은 르망승용차로 가서 피해자 2명이 정신을 잃고 의자에 기대어 있는 것을 목격하고는 지병인 고혈압으로 인하여 정신이 멍멍해지고 얼굴이 하얗게 변하는 등 크게 당황하게 되자 이 사건 교통사고로 인하여 차량이 손괴되면서 가벼운 부상을 입은 택시운전기사 이○○에게 약을 사먹고 올 테니 신고하여 달라고 말을 한 후 사고를 낸 차량을 두고 현장을 떠났고, 위 르망승용차에 탄 피해자들은 마침 그 곳을 지나던 다른 택시운전기사들이 이○○의 부탁을 받아 신고를 하여 사고현장에 출동한 경찰관이 구급차를 불러 병원으로 후송하였는데, 피고인은 사고현장에서 약 2km를 걸어가다가 택시를 타고 유성터미널 근처의 약방에서 약을 사서 먹고 **2시간 후에 현장에 왔으나 부상자들은 이미 병원으로 후송**되었고 사고차량의 견인작업도 거의 끝난 것을 보고 집으로 귀가하였을 뿐 아니라 **피고인이 스스로 피해자에게 이름과 주소, 전화번호 등을 알려준 것이 아니고** 차량등록명의가 피고인이 대표로 있는 공소외 합자회사로 되어 있어 사고를 야기한 자가 누구인지 쉽게 확인할 수 없는 상태를 초래하였음을 알 수 있는 바, 사정이 이와 같다면 피고인이 피해자의 구호의무를 이행하지 않고 사고현장을 이탈하여 도주하였다고 할 것이므로, 원심이 같은 취지에서 피고인에게 유죄를 인정한 제1심판결을 유지한 조처는 정당한 것으로 수긍이 가고 거기에 소론과 같은 심리미진이나 구호조치위반 및 도주에 관한 법리오해의 위법이 없다.」[1211)]

이탈이 도주로 평가된 유죄 사례 3.

▶ 「이 사건 교통사고로 인하여 피해자 나○○은 차에 왼쪽 다리가 끼어 빠져나올 수 없어 고함을 지르는 상태에 있었음에도 피고인은 위 피해자의 상처 부위와 정도를 살피는 등의 조치를 취하지 아니함은 물론이고 피해차량 부근에도 가지 아니한 채 사고장소로부터 피고인의 집 쪽으로 약 400m 가량 걸어가다가 뒤따라오던 공소외 김병○의 차량에 동승하여 피고인의 **집으로 갔고,** 피고인은 집으로 온 이후에도 이 사건 교통사고로 다친 아들인 공소외 1를 병원으로 데려가지 아니하고 혼자 술을 마셨으며, 위 공소외 1나 피고인이 진단서를 발급받을 정도의 상처를 입지는 아니했고, 위 피해자 나○○은 위 김병○의 도움을 받아 차에서 빠져 나온 후 우연히 뒤따라오던 친구인 공소외 박도○의 차량 편으로 그 처인 피해자 강순○ 등과 함께 병원으로 갔으며, 피고인의 처 공소외 2은 현

1211) 대법원 1994. 10. 21, 선고 94도2204 판결.

장에 남아 있다가 위 박도○에게 위 나○○ 등을 구미 ▲병원으로 데려가라고 말한 후 집으로 돌아 왔고, 피고인과 피해자 나○○ 및 강순○, 위 박도○은 평소 알지 못하는 사이이고 피고인이나 위 공소외 2이 그들에게 피고인의 **인적사항이나 연락처를 스스로 이야기한 사실도 없으며** 피고인이 운전하던 차량의 등록 명의자는 공소외 허남○으로 되어 있다는 것인바, 사정이 이와 같다면 피고인이 위 피해자들의 구호의무를 이행하지 않고 사고현장을 이탈하여 도주하였다고 할 것이므로, 원심이 같은 취지에서 피고인에 대하여 유죄를 인정한 조치는 정당한 것으로 수긍이 가고, 거기에 상고이유에서 지적한 바와 같은 구호조치 위반 및 도주에 관한 법리오해의 위법이 있다고 할 수 없다.」[1212)]

이탈이 도주로 평가된 유죄 사례 4.

▶ 「피고인은 이 사건 사고 후 차에서 내려 택시운전사인 피해자 유지○에게 일단 차를 뺀 다음 이야기하자고 하고 차를 15m 정도 후진하여 도로 옆 화단부근에 정차했고, 위 피해자는 위 사고로 위 택시의 좌측 앞바퀴 부분이 파손되어 이를 이동시킬 수 없게 되자 걸어서 피고인이 차량을 정차한 화단 옆까지 가서 피고인에게 운전면허증의 제시를 요구한 사실, 그러자 피고인은 위 피해자에게 운전면허증을 소지하고 있지 않다고 하면서 피고인이 운전하던 차량의 자동차등록원부(그 속에 보험료납입영수증이 들어 있었음)를 교부하여 주었고, 위 피해자는 피고인 운전의 차량번호와 위 자동차등록원부상의 차량번호가 일치하는지를 확인한 다음 위 피해자 운전의 택시에 탑승한 승객의 안전을 확인하기 위하여 택시로 돌아간 사실, **그 순간 피고인은 위 피해자에게 아무런 말도 하지 않고 그 운전의 차량을 후진**하다가 다시 신호 대기 중이던 소외 정해○ 운전의 차량을 충격하게 되었고 그에 대한 필요한 조치를 취하지 않은 채 위 차를 우회전하여 계속 진행하다가 도로변에 차량을 주차시킨 다음 차에서 내려 **사고현장을 이탈**한 사실, 당시 위 피해자는 위 사고로 인하여 목과 어깨부분에 통증을 느꼈으나 걷는 데는 별 지장이 없었는데, 피고인은 위 **피해자와 그 승객의 상해 여부를 확인하지도 않고 사고 처리방법 등에 대한 합의도 하지 않은 상태**에서 위와 같이 사고현장을 **이탈**한 사실, 피고인은 그 후 자동차등록원부를 통하여 피고인의 연락처를 알아낸 경찰서로부터 출석요구를 받자 사고 다음 날 경찰서에 출두한 사실 등을 인정한 다음, **비록 당시 위 피해자에게 외상이 전혀 없었다고 하더라도** 교통사고의 경우에는 외상 이외의 상해나 후유증이 있을 수 있는 사정을 고려하여 볼 때(위 피해자는 위 사고로 약 2주간의 치료를 요하는 경추부 염

1212) 대법원 1995. 11. 24, 선고 95도1680 판결.

좌상 등을 입었다.), 피고인으로서는 위 피해자가 상처를 입은 사실을 **미필적으로나마 인식할 수 있었다**고 보아야 할 것이고, 따라서 사고 후 즉시 피해자가 상처를 입었는지 여부를 확인한 다음 피해자의 상해 정도에 상응하는 적절한 구호조치 등을 취해야 함에도 **피해자의 상해 여부를 확인하지도 않은 채 임의로 사고현장을 이탈**하였다면 피고인으로서는 도로교통법 제50조 제1항 소정의 의무를 다하였다고 할 수 없으며, 위와 같은 **피고인의 현장 이탈상황에 비추어 볼 때,** 자동차의 소유자가 누구라는 것을 증명하는 데에 그칠 뿐 운전면허증이나 주민등록증과 같이 사고야기자의 신분을 확인하기에는 불충분한 자동차등록원부만을 피해자에게 교부하였을 뿐이라면 피고인에게 도주의 의사가 없었다고 보기는 어렵다.」[1213)]

이탈이 도주로 평가된 유죄 사례 5.

▶ 「피고인(27세, 43kg의 여자)은 승용차를 운전하여 중앙선을 침범하여 진행한 과실로 이 사건 사고를 일으킨 후 그 직후 차를 도로변 옆 풀밭으로 진입시켜서 되돌린 뒤 현장에 접근하여 **두 피해자들이 가드레일 밑에서 피를 흘리며 신음하고 있는 것을 발견**하였는바, 가사 피고인의 변소대로 피해자들은 건장한 청년들이고 이 사건 사고 일시 및 장소는 심야에 차량이나 인적의 **통행이 드문 산속이라 혼자의 힘으로 구호조치를 할 수 없다고 생각하였다 하더라도,** 피고인으로서는 승용차에서 하차하여 피해자들에게 필요한 최소한의 응급조치를 하고(기록에 의하면 피고인은 5년 경력을 가진 보건진료원인 사실을 알 수 있다) 피해자들을 부축하여 위 승용차에 실어 병원으로 후송하도록 시도하여 본 후 그것이 불가능하였다면 위 도로 상을 지나가는 차량을 기다려 그 차량 운전사 등의 도움을 받아 피해자들을 병원으로 후송하도록 하였어야 하고, 그 곳을 지나가는 차량이 없어 그조차 불가능하였다면 피해자들에게 경찰 등의 도움을 받기 위하여 연락을 취하고자 현장을 떠난다는 취지를 고지한 후 현장을 떠나 연락 가능한 장소에서 즉시 경찰관서나 병원에 연락 또는 신고를 하는 **등 필요한 조치를 취하였어야** 할 것인데, **피고인은 위 피해자들을 구호하는 등의 조치를 전혀 취하지 아니하고 위 승용차에서 하차하지도 아니한 채 그대로 위 승용차를 운전하여 진행하여 온 방향인 고흥읍 방향으로 되돌아 가 버린 것**이므로 피고인에게는 특정범죄가중처벌등에관한법률 제5조의3 제1항 소정의 도주에 대한 범의가 있었다고 봄이 상당하다 할 것이다. 피고인이 사고현장을 이탈하여 도주한 이후, 고흥읍에 도착하여 평소 알고 지내던 자동차 외판원에게 연락하여

1213) 대법원 1996. 8. 20, 선고 96도1415 판결.

사고사실을 말하고 도움을 요청하여 그와 함께 사고발생 약 20분 뒤에 사고현장으로 되돌아갔으나 피해자들이 **이미 구조된 뒤**이어서 피해자들을 발견하지 못했고, 사고발생 약 40분 뒤 평소 알고 지내던 고흥읍내 파출소 소속 순경에게 전화로 연락한 뒤 위 파출소에 찾아가 사고사실을 신고하였으며, 곧바로 피해자들이 후송되어 있는 병원으로 찾아가 피해자들에게 자신이 가해 운전자임을 알렸다고 하는 **원심 인정의 사정들은** 피고인의 특정범죄가중처벌등에관한법률 제5조의3 제1항 위반의 **범죄 완성 후의 정황에 불과**할 뿐 그 점을 들어 피고인에게 도주의 범의가 없었다고 볼 수는 없는 것이다. 그렇다면 위에서 본 바와 같은 이유를 들어 피고인에게 도주의 범의가 있었다고 보기 어렵다고 판단한 원심에는 도주차량에 관한 법리를 오해하였거나 채증법칙을 위배한 위법이 있다.」[1214)]

이탈이 도주로 평가된 유죄 사례 6.

▶「피고인은 순찰차가 이미 사고현장으로 오고 있는 것을 발견하고도 자기가 사고운전자임을 알릴 것도 아니면서 이미 사고사실을 알고 있는 파출소까지 계속하여 걸어감으로써 구호조치를 소홀히 했고(기록에 의하면 당시 사고현장에 모인 사람들 중 하나가 인공호흡을 시도하고 있었던 것으로 보여진다), 그 사이에 피해자가 경찰 순찰차에 실려 병원으로 후송되었다면, 피고인으로서는 도로교통법 제50조 제1항이 규정하는 '사상자를 구호하는 등 필요한 조치'를 다하지 아니하였다고 할 것이고, 이러한 **조치를 취하지 아니한 상태에서 사고현장에 남아 목격자로 행세**하다가 비록 경찰관에게 자기의 신분을 밝힌 후 귀가한 것이라고 하더라도, 도로교통법 제50조 제1항에 규정된 의무를 이행하기 전에 사고현장을 이탈한 것으로 도주에 해당한다.」[1215)]

이탈이 도주로 평가된 유죄 사례 7.

▶「피고인은 **피해자를 병원으로 데리고 가기는 하였으나,** 피해자나 그 밖의 누구에게도 **피고인이 교통사고를 낸 사람이라는 것을 밝히지 아니하고 목격자로 행세**하다가 참고인 조사를 받으면서 경찰관에게 자기의 신분을 밝힌 후 귀가한 것으로 인정된다. 그렇다면 피고인은 도로교통법 제50조 제1항이 정하고 있는 사고를 낸 사람으로서 취해야 할 필요한 조치를 제대로 이행하지 아니한 상태에서 목격자라고 하면서 신분을 밝히고 감으로써 이 사건 교통사고를 낸 사람이 누구인지 확정할 수 없는 상태를 초래했고, 따라서 이러한 피고인의 행위는

1214) 대법원 1996. 12. 6, 선고 96도2407 판결.
1215) 대법원 1997. 5. 7, 선고 97도770 판결.

법 제5조의3 제1항에 정하여진 '피해자를 구호하는 등 조치를 취하지 아니하고 도주한 때'에 해당한다. 그럼에도 불구하고, 원심이 이와 달리 법위반(도주차량)의 점에 관한 공소사실을 무죄라고 판단한 제1심판결을 유지한 것은 법 제5조의3 제1항의 해석 적용을 그르쳐 판결에 영향을 미친 법령위반의 잘못을 저지른 것이다.」[1216]

이탈이 도주로 평가된 유죄 사례 8.

▶ 「피고인은 이 사건 교통사고를 낸 후 **피해자들을 자신의 차량에 태우고 근처에 있는 병원으로 데리고 간 다음,** 그 병원 접수창구 의자에 피해자들을 앉힌 후 접수직원에게 교통사고 피해자들이라고 말하고, 피해자들이 치료를 받기 위하여 의자에 앉아 대기하고 있는 사이에 **병원 밖으로 나가 도주**했고, 피해자들의 상태는 2주 또는 3주의 치료를 요하는 뇌진탕, 염좌상 정도로 그 후 병원 측의 안내로 치료를 받은 사실을 알아 볼 수 있다. 이와 같은 사실관계에 의하면, 피고인은 피해자를 병원에 데리고 가기는 하였으나 도로교통법 제50조 제1항이 예정하고 있는 사고야기자로서 취해야 할 구호의무를 제대로 이행하였다고 할 수 없음은 물론 피해자나 그 밖의 누구에게도 자기의 신원을 밝히지 않고 도주함으로써 사고를 낸 자가 누구인지 확정할 수 없는 상태를 초래케 하였다고 할 것이므로, 위에서 본 법리에 비추어 볼 때 피고인의 행위는 법 제5조의3 제1항 소정의 '피해자를 구호하는 등 필요한 조치를 취하지 아니하고 도주한 때'에 해당한다고 보아야 할 것이다. 그럼에도 불구하고 원심이 이 사건 공소사실 중 위 법 소정의 도주의 점이 무죄라고 판단하여 교통사고처리특례법위반으로 처벌한 제1심의 조치를 그 판시와 같은 이유로 그대로 유지한 것은 법 제5조의3 제1항 소정의 도주에 관한 법리를 오해하여 판결에 영향을 미친 위법이 있다.」[1217]

이탈이 도주로 평가된 유죄 사례 9.

▶ 「피고인은 판시 일시, 장소에서 판시 자동차를 시속 약 10km로 운행하다가 보행 중이던 피해자를 충격하여 전치 3주의 좌슬관절염좌상을 입게 하는 사고를 내고, **피해자를 병원 응급실에 데려다 준 다음, 피해자나 병원 측에 아무런 인적사항을 알리지 않고 병원을 떠나** 경찰이 피해자가 적어 놓은 차량번호를 조회하여 피고인의 신원을 확인하여 연락을 취하자 2시간쯤 후에 파출소에 출석한 사실이 인정되는바, 이와 같은 사실관계에 의하면, 피고인은 피해자를 병원에

1216) 대법원 2003. 3. 25, 선고 2002도5748 판결.
1217) 대법원 1997. 11. 28, 선고 97도2475 판결.

데리고 가기는 하였으나 도로교통법 제50조 제1항이 예정하고 있는 사고야기자로서 취해야 할 구호의무를 제대로 이행하였다고 할 수 없음은 물론 피해자나 그 밖의 누구에게도 자기의 신원을 밝히지 않고 도주함으로써 사고를 낸 자가 누구인지 확정할 수 없는 상태를 초래케 하였다고 할 것이므로, 위에서 본 법리에 비추어 볼 때 피고인의 행위는 법 제5조의3 제1항 소정의 '피해자를 구호하는 등 필요한 조치를 취하지 아니하고 도주한 때'에 해당한다.」[1218]

이탈이 도주로 평가된 유죄 사례 10.

▶ 「피고인은 ▲정형외과 병원을 떠나기 전에 피해자나 위 병원관계자 혹은 이 사건 교통사고를 조사하는 경찰관에게 피고인의 신원을 밝힌 바 없음을 알 수 있고, ▲정형외과 병원 이전에 들렀던 ◆병원의 접수담당 직원이 피고인과 피해자를 알고 있다거나 피고인이 당시 자신이 근무하는 회사의 로고가 새겨진 옷을 입고 있었다고 하더라도, 그것만으로 피해자나 피해자를 치료하는 ▲정형외과 병원관계자가 피고인을 알고 있었다거나 쉽게 찾아낼 수 있다고 보이지 아니하는바, 이와 같이 피해자 등이 가해 운전자의 신원을 쉽게 확인할 수 없는 상태에서 피고인이 피해자 등에게 **자신의 신원을 밝히지 아니한 채 병원을 이탈하였다면,** 이는 사고를 낸 사람이 누구인지 확정될 수 없는 상태를 초래한 경우에 해당한다고 할 것이고, 따라서 비록 피고인이 이 사건 교통사고 후 피해자를 병원에 후송하여 치료를 받게 하는 등의 구호조치는 취하였다고 하더라도 그것만으로 '도로교통법 제50조 제1항의 규정에 의한 조치'를 모두 취하였다고 볼 수 없다. 나아가 피고인이 신원을 밝히지 않은 채 병원을 떠난 후 피고인이 가해 운전자임을 알게 된 경위, **특히 경찰관이** 피고인의 인상착의에 관한 병원 관계자와 피해자의 진술을 종합하여 피고인 근무회사에 교통사고 **가해자가 있는지를 확인하자 피고인이 교통사고 발생 시로부터 10여 시간이 경과한 때에 비로소 자신의 신원을 밝힌 점**에 비추어 볼 때, 피고인에게 도주의 범의가 없었다고 할 수도 없다. 그럼에도 불구하고, 원심은 이와 달리 피고인이 피해자를 병원에 후송하여 치료를 받게 하였다는 등 그 인정과 같은 사실만으로 피고인이 병원을 떠나기 전 '도로교통법 제50조 제1항의 규정에 의한 조치'를 모두 취하였다고 보아 이 사건 공소사실을 무죄라고 판단하였는바, 원심판결에는 '특정범죄 가중처벌 등에 관한 법률' 제5조의3 제1항 소정의 도주에 관한 법리를 오해하였거나 채증법칙을 위반하여 사실을 잘못 인정한 위법이 있다고 할 것이다.」[1219]

1218) 대법원 1999. 12. 7, 선고 99도2869 판결.
1219) 대법원 2006. 1. 26, 선고 2005도8264 판결.

이탈이 도주로 평가된 유죄 사례 11.

▶ 「피고인은 이 사건 사고 직후 사고 승용차의 운전석에 앉은 채로 피고인에게 다가온 **피해자 이상○에게 "죄송합니다"라는 말 한마디만 남긴 채 곧바로 사고 현장을 이탈**하여 사고 현장에서는 보이지도 아니하는 위 슈퍼마켓으로 갔는바, 당시 피고인의 승용차는 강력한 충격으로 말미암아 폐차 지경에 이를 정도로 손괴되어 엔진 부분에서 연기가 나오고 바로 불꽃이 났으며 승용차 전면 하반부에서 윤활유가 나와 길바닥에 흐르고 있었을 뿐만 아니라, 피해자들의 차량도 그 파손의 정도가 매우 심했고, 이에 따라 피해자 이상○과 이미○은 그 충격으로 말미암아 실제로 상해를 입었던 사실을 알 수 있다. 이러한 경우 **피고인으로서는 피해자들이 사상을 당하였으리라는 사정이나 당시의 현장 상황이 매우 급박하였다는 사정을 능히 알았다**고 할 것이므로, 마땅히 도로교통법 제50조 제1항에 의하여 피해자를 구호하는 등의 필요한 조치를 취하였어야 하고, 따라서 이 사건의 경우에는 원심의 설시와 같이 이 사건 사고 당시에 **피해자들에게 특별한 외상이 없었다는 이유로 피고인의 이러한 의무가 면하여 질 수 없는 것임**은 물론이며, 나아가 **피고인이 음주운전 사실을 은폐하기 위하여 다시 음주를 하였다는 다소 황당한 이유를 내세워 피고인에게 특정범죄가중처벌등에관한법률 제5조의3 제1항 소정의 도주의 범의가 없었다고 단정할 수도 없는 것**이다. 또한, 위 증거들에 의하면, 피고인은 위와 같이 사고 현장을 이탈함에 있어서 스스로 피해자에게 **이름과 주소, 전화번호 등을 알려준 바가 전혀 없으며,** 심지어는 사고 현장으로 되돌아 온 후에도 피고인의 승용차가 추돌을 당한 사실을 들먹이면서 자신이 이 사건 사고의 야기자가 아니라는 듯한 태도를 취하자, 피고인이 당한 종전의 추돌 사고를 우연히 목격한 바 있었던 피해자 이상○이 적극적으로 나서서 피고인이 말하는 사고는 이 사건 사고와는 전혀 무관한 것이라고 주장함으로써 피고인이 이 사건 사고의 야기자라는 사실이 명확하게 밝혀지게 되었으며, 그 과정에서 피해자의 연락을 받고 현장에 이미 출동한 119대원과 경찰은 이 사건 사고를 수습하였던 사실을 알 수 있으므로, **피고인이 위와 같은 음주 후에 다시 현장으로 돌아온 사정이 있다고 하더라도** 이 사건 사고를 낸 사람이 누구인지를 쉽게 알 수 없는 상태는 여전히 계속되었다고 봄이 상당하고, 피고인의 승용차 안에 피고인의 지갑, 운전면허증, 주민등록증이 그대로 있었다고 하여(그것도 피고인의 일방적인 주장에 불과하다) 달리 볼 것도 아니다. 따라서 원심판결 중 특정범죄가중처벌등에관한법률 제5조의3 제1항 위반죄에 대한 무죄 부분은 파기를 면하지 못할 것인바, 원심이 공소를 기각한 교통사고처리특례법위반의 점은 위 죄에 포함되어 있고, 원심이 유죄로 인정한 위 ① 공소사실 중 손괴 후 미조치의 점은 위 죄와 상상적 경합범의 관계에 있으므

로, 이 부분 역시 파기되어야 할 것이며, 나아가 이 사건에서 검사는 유죄 이외의 부분에 대하여만 상고를 제기했고, 원심이 유죄로 인정한 위 ② 공소사실은 위 죄와 형법 제37조 전단의 경합범 관계에 있지만, 원심이 이를 위 ① 공소사실 중 손괴 후 미조치의 점과 경합범 처리하여 피고인에 대하여 하나의 형을 선고한 이상에는 위 ② 공소사실에 관한 도로교통법위반죄에 대한 형만을 분리하여 이 부분 원심판결이 별도로 확정된다고 볼 수는 없으므로, 결국 원심판결은 모두 파기되어야 할 것이다.」[1220]

이탈이 도주로 평가된 유죄 사례 12.

▶「피고인의 업무상의 과실로 피해자가 공소사실 기재와 같은 상해를 실제로 입었고, 피고인이 피해자에 대한 구호조치의 필요성을 인식하였음에도 불구하고 적절한 구호조치를 취하지 않은 채 사고현장을 이탈한 것으로 인정된다면, **설령 피고인이 사고현장을 이탈하기 전에 피해자에게 피고인의 주민등록증을 교부하고 자신의 사무실 전화번호를 가르쳐 주었다고 하더라도,** 피고인에게는 특정범죄가중처벌등에관한법률 제5조의3 제1항 소정의 도주의 범의가 있었다고 할 것이어서, 피고인에게 도주의 범의를 인정할 증거가 없다고 하여 위 공소사실을 무죄로 판단한 원심판결에는 특정범죄가중처벌등에관한법률 제5조의3 제1항 소정의 도주의 범의에 관한 법리를 오해함으로써 판결에 영향을 미친 위법이 있다 할 것이다. 따라서 원심판결 중 특정범죄가중처벌등에관한법률위반죄에 대한 부분은 파기를 면하지 못할 것인바, 원심이 유죄로 인정한 도로교통법위반죄는 위 죄와 상상적 경합범의 관계에 있거나 포함되어 있고, 또한 이 사건에서 제1심이 공소를 기각한 교통사고처리특례법위반의 점은 위 죄에 포함되어 있으므로, 결국 원심판결은 모두 파기되어야 할 것이다.」[1221]

비록 피해의 정도는 경미하지만, 신체의 생리적 기능에 손상을 가한 경우에 해당하여 도주운전죄가 성립된 사례

▶「**1. 원심판결의 요지**

원심판결의 이유에 의하면, 원심은 피고인이 1994. 4. 30. 17:30경 혈중알콜농도 0.15%의 주취상태에서 판시 피해 택시를 스치면서 그 옆에 서 있던 피해자의 좌측 무릎 부분을 충격하여 그 충격으로 피고인 운전의 승용차 앞유리 우측 부분이 파손되고 **피해자가 정신을 잃고 쓰러진 사실,** 이에 주위에 있던 택시 운

1220) 대법원 2001. 1. 5, 선고 2000도2563 판결.
1221) 대법원 2002. 1. 11, 선고 2001도5369 판결.

전사들 중 일부가 피해자를 외과병원으로 후송하는 한편 다른 일부가 **도주하는 피고인을 수백 미터 추격하여 체포**한 사실, 피해자는 위 충격으로 인해 좌측주관절 및 좌슬관절 타박상을 입었으나 위 병원에서의 진찰 및 약 1일간의 치료 결과 큰 이상은 없는 것으로 판명되었고 바빴던 관계로 귀가하여 연고 등으로 치료한 사실을 인정한 다음, 사실관계가 이와 같다면, 피해자가 이 사건 사고로 입은 피해의 정도는 신체의 생리적 기능의 손상에 이를 정도라고 보여진다는 이유로 피고인에 대한 특정범죄가중처벌등에관한법률위반(도주차량, 이하 위 법률을 "특가법"이라 한다)의 점을 유죄로 인정했다.

2. 채증법칙 위배로 인한 사실오인의 점에 대하여

관계 증거를 기록과 대조하여 검토하면, 원심이 피해자가 비록 경미하지만 이 사건 사고로 판시 타박상을 입었다고 판단한 것은 정당하고, 거기에 소론과 같이 판결 결과에 영향이 있는 채증법칙 위배로 인한 사실오인의 위법이 있다고 할 수 없다. 논지는 이유 없다.

3. 법리오인의 점에 대하여

특가법 제5조의3 제1항 소정의 도주운전죄가 성립하려면 피해자에게 사상의 결과가 발생해야 하고, 생명·신체에 대한 단순한 위험에 그치거나 형법 제257조 제1항에 규정된 '상해'로 평가될 수 없을 정도의 극히 하찮은 상처로서 굳이 치료할 필요가 없는 것이어서 그로 인하여 건강상태를 침해하였다고 보기 어려운 경우에는 본조의 도주운전죄가 성립하지 않는다고 할 것이나, 기록에 의하면, 피해자는 피고인이 운전한 차량에 부딪혀 도로에 나뒹그러진 사실을 엿볼 수 있고, 그 후 앞에서 인정한 바와 같이 피해자가 좌측 주관절 및 좌슬관절 타박상을 입었음이 밝혀진 이 사건의 경우, 그 피해의 정도는 비록 경미하지만 신체의 생리적 기능에 손상을 가한 경우이므로 위 도주운전죄가 성립하기에 필요한 상해(치상)에 해당한다고 할 것인바, 같은 취지의 원심판결은 수긍이 가고 거기에 소론과 같이 특가법 제5조의3 제1항 소정의 "치상"에 관한 법리오인의 위법이 있다고 할 수 없다. 논지도 이유 없다.」[1222]

2. 측정거부죄

{음주측정의 순서 : 호흡조사 → 불복 → 혈액채취}

술에 취한 상태에서 운전하였다고 인정할 상당한 이유 있는 자는 경찰관의 요구에 따라 (운전자의 신체 이상이 없는 한) 호흡조사에 의한 음주측정에 응해야 하고, 불복하는 운전자는 자신의 동의를 전제로 혈액채취 등의 방법으로 다시

1222) 대법원 1997. 12. 12, 선고 97도2396 판결.

측정할 수 있다. 따라서 술 냄새가 나는데도 경찰관의 호흡조사요구를 정당한 이유 없이 거부하고, 채혈측정부터 요구할 수 없다.

음주측정거부죄의 조문과 성부(成否)에 대한 판례를 보자.

▶ **도로교통법 제44조(술에 취한 상태에서의 운전 금지)** ① 누구든지 술에 취한 상태에서 자동차등(「건설기계관리법」 제26조 제1항 단서에 따른 건설기계 외의 건설기계를 포함한다. 이하 이 조, 제45조, 제47조, 제93조 제1항 제1호부터 제4호까지 및 제148조의2에서 같다), 노면전차 또는 자전거를 운전하여서는 아니 된다. <개정 2018. 3. 27.>

② 경찰공무원은 교통의 안전과 위험방지를 위하여 필요하다고 인정하거나 제1항을 위반하여 술에 취한 상태에서 자동차등, 노면전차 또는 자전거를 운전하였다고 인정할 만한 상당한 이유가 있는 경우에는 운전자가 술에 취하였는지를 **호흡조사**로 측정할 수 있다. 이 경우 운전자는 경찰공무원의 측정에 응해야 한다. <개정 2014. 12. 30., 2018. 3. 27.>

③ **제2항에 따른 측정 결과에 불복**하는 운전자에 대하여는 그 운전자의 동의를 받아 **혈액 채취 등의 방법으로 다시 측정**할 수 있다.

④ 제1항에 따라 운전이 금지되는 술에 취한 상태의 기준은 운전자의 혈중알코올농도가 0.05퍼센트 이상인 경우로 한다.

[전문개정 2011. 6. 8.]

[시행일 2019. 3. 28.] 제44조의 개정규정 중 노면전차의 도입에 관한 사항

[시행일 2018. 9. 28.] 제44조

※ 위 제4항의 기준은 **2019. 6. 25. 시행되는 개정법**에 따를 때 혈중알코올농도 0.03% 이상으로 하향 조정된다.

▶ **도로교통법 제148조의2(벌칙)** ① 다음 각 호의 어느 하나에 해당하는 사람은 **1년 이상 3년 이하의 징역**이나 500만원 이상 1천만원 이하의 벌금에 처한다. <개정 2018. 3. 27.>

1. 제44조 제1항을 2회 이상 위반한 사람(자동차등 또는 노면전차를 운전한 사람으로 한정한다)으로서 다시 같은 조 제1항을 위반하여 술에 취한 상태에서 자동차등 또는 노면전차를 운전한 사람
2. **술에 취한 상태에 있다고 인정할 만한 상당한 이유가 있는 사람으로서 제44조 제2항에 따른 경찰공무원의 측정에 응하지 아니한 사람**(자동차등 또는 노면전차를 운전한 사람으로 한정한다)

② 제44조 제1항을 위반하여 술에 취한 상태에서 자동차등을 운전한 사람은

다음 각 호의 구분에 따라 처벌한다.

1. 혈중알콜농도가 0.2퍼센트 이상인 사람은 1년 이상 3년 이하의 징역이나 500만원 이상 1천만원 이하의 벌금

2. 혈중알콜농도가 0.1퍼센트 이상 0.2퍼센트 미만인 사람은 6개월 이상 1년 이하의 징역이나 300만원 이상 500만원 이하의 벌금

3. 혈중알콜농도가 0.05퍼센트 이상 0.1퍼센트 미만인 사람은 6개월 이하의 징역이나 300만원 이하의 벌금

③ 제45조를 위반하여 약물로 인하여 정상적으로 운전하지 못할 우려가 있는 상태에서 자동차등을 운전한 사람은 3년 이하의 징역이나 1천만원 이하의 벌금에 처한다.

[전문개정 2011. 6. 8.]

[시행일 : 2019. 3. 28.] 제148조의2 제1항의 개정규정 중 노면전차의 도입에 관한 사항

[시행일 : 2018. 9. 28.] 제148조의2 제1항

※ 2019. 6. 25. **시행되는 개정법**에 따를 때 음주운전 또는 측정거부를 2회 이상 한 자는 2년 이상 5년 이하 징역이나 1천만원 이상 2천만원 이하의 벌금으로 높게 처벌된다(시행 예정 제148조의2 제1항). 한편 1회 음주측정거부는 1년 이상 5년 이하 징역이나 5백만원 이상 2천만원 이하의 벌금으로 높게 처벌된다(같은 조 제2항). 그리고 1회 음주운전 시 0.2% 이상은 2년 이상 5년 이하 징역이나 1천만원 이상 2천만원 이하의 벌금에, 0.08% 이상 0.2% 미만은 1년 이상 2년 이하 징역이나 5백만원 이상 1천만원 이하의 벌금에, 0.03% 이상 0.08% 미만은 1년 이하 징역이나 5백만원 이하의 벌금으로 높게 처벌된다(같은 조 제3항).

술에 취한 상태에서 운전하였다고 인정할 만한 상당한 이유가 없으므로, 무죄가 선고된 사례 1.

▶ 「도로교통법 제107조의2 제2호의 음주측정불응죄는 술에 취한 상태에 있다고 인정할 만한 상당한 이유가 있는 사람이 같은 법 제41조 제2항의 규정에 의한 경찰공무원의 측정에 응하지 아니한 경우에 성립하는 것인바, 여기서 **'술에 취한 상태'**라 함은 음주운전죄로 처벌되는 음주수치인 혈중알코올농도 0.05% 이상의 음주상태를 말한다고 보아야 할 것이므로, 음주측정불응죄가 성립하기 위하여는 음주측정 요구 당시 운전자가 반드시 혈중알코올농도 0.05% 이상의 상태에 있어야 하는 것은 아니지만 적어도 혈중알코올농도 0.05% 이상의 상태에 있다고 인

정할 만한 상당한 이유가 있어야 하는 것이고, 나아가 술에 취한 상태에 있다고 인정할 만한 상당한 이유가 있는지 여부는 음주측정 요구 당시 개별 운전자마다 그의 외관·태도·운전 행태 등 객관적 사정을 종합하여 판단해야 할 것이다.[1223]

따라서 호흡측정기에 의한 음주측정을 요구하기 전에 사용되는 음주감지기 시험에서 음주반응이 나왔다고 할지라도 현재 사용되는 음주감지기가 혈중알코올농도 0.02%인 상태에서부터 반응하게 되어 있는 점을 감안하면 그것만으로 바로 운전자가 혈중알코올농도 0.05% 이상의 술에 취한 상태에 있다고 인정할 만한 상당한 이유가 있다고 볼 수는 없고, 거기에다가 운전자의 외관·태도·운전행태 등의 객관적 사정을 종합하여 술에 취한 상태에 있다고 인정할 만한 상당한 이유가 있는지 여부를 판단해야 할 것이다.[1224]

기록에 의하면, 피고인은 이 사건 당일인 2001. 8. 15. 22:16경 음주운전 일제 단속과정의 음주감지기에 의한 시험에서 음주반응이 나왔음에도 경찰관의 호흡측정기에 의한 음주측정 요구에 불응한 사실은 인정되나, 당시 피고인을 단속한 경찰관인 이석○의 진술에 의하더라도 음주감지기 시험에서는 음주반응이 나왔기 때문에 피고인이 음주운전을 하였다는 의심을 하였을 뿐이지 여기에 더 나아가 피고인의 입에서 술 냄새가 나거나 걸음걸이에 특이한 점은 없었다고 진술하고 있을 뿐만 아니라, 피고인이 최초로 음주측정을 요구받은 시점으로부터 약 25분이 경과한 22:41경 음주측정에 응한 결과에 의하더라도 피고인이 당시 운전이 금지되는 술에 취한 상태의 기준에 미달하는 0.032%의 혈중알코올농도가 나왔다고 하는 사후적인 사정까지 아울러 고려하여 볼 때, 이 사건에서 음주감지기 시험에서 음주반응이 나왔다고 하여 피고인이 음주측정을 요구받을 당시 음주운전죄로 처벌되는 음주수치인 혈중알코올농도 0.05% 이상의 음주상태에 있다고 인정할 만한 상당한 이유가 있었다고 보기는 어렵다고 할 것이고, 달리 이를 인정하기에 충분한 객관적 사정도 기록상 더 이상 발견되지 아니하므로, 결국 이러한 상태에서 피고인이 음주측정을 요구받고서도 이를 불응하였다고 하여 도로교통법 제107조의2 제2호, 제41조 제2항 소정의 음주측정불응죄에 해당한다고 볼 수는 없다고 할 것이다.

따라서 피고인에 대한 이 사건 공소사실에 대하여 무죄를 선고한 원심판결은 결론에 있어서 옳고, 거기에 주장과 같은 판결 결과에 영향을 미친 도로교통법상 음주측정불응죄에 관한 법리오해의 위법이 있다고 할 수 없다.」[1225]

1223) 대법원 1999. 12. 28, 선고 99도2899 판결; 대법원 2001. 8. 24, 선고 2000도6026 판결.
1224) 대법원 2002. 6. 14, 선고 2001도5987 판결.
1225) 대법원 2003. 1. 24, 선고 2002도6632 판결.

술에 취한 상태에서 운전하였다고 인정할 만한 상당한 이유가 없으므로, 무죄가 선고된 사례 2

▶ 「…(전략) 기록에 의하면, 피고인은 이 사건 당일 22:48경 음주운전 일제단속과정의 음주감지기에 의한 시험에서 음주반응이 나타났음에도 경찰관의 호흡측정기에 의한 음주측정 요구에 불응한 사실이 인정되나, 피고인은 당일 14시에서 15시 사이에 **소주 2잔 정도**를 마셨다고 주장했고, 단속경찰관도 피고인이 별로 취해 보이지 않았으며 음주측정기를 불더라도 낮은 수치가 나올 것으로 생각되어 음주측정거부스티커를 발부하면서 안타까운 마음이 들었다고 진술하고 있는 점, 피고인에 대한 주취운전자 정황진술보고서에는 음주측정요구 당시 피고인의 언행상태, 보행상태, 혈색이 모두 정상이었다고 기재되어 있는 점 등을 종합하여 볼 때, 이 사건에서 음주감지기 시험에서 음주반응이 나왔다고 하여 피고인이 음주측정을 요구받을 당시 술에 취한 상태에 있다고 인정할 만한 상당한 이유가 있었다고 보기는 어려우므로, 원심이 같은 취지에서 음주측정불응죄가 성립하지 않는다고 판단한 것은 정당하고, 거기에 상고이유로 주장하는 바와 같은 음주측정불응죄에 대한 법리오해 등의 위법이 있다고 할 수 없다.」[1226]

술에 취한 상태에서 운전하였다고 인정할 만한 상당한 이유가 없으므로, 무죄가 선고된 사례 3

▶ 「…(전략) 피고인은 원심에서부터 일관하여 이 사건 공소사실과 같이 음주측정을 거부한 사실이 없고, 단속경찰관의 요구에 따라 음주측정에 응하였다고 진술하여 이 사건 공소사실을 부인하고 있는바, 당심 증인 공소외인의 진술 및 수사보고(측정거부건)의 기재에 의하면, 피고인은 이 사건 운전 당일인 2004. 8. 30. 22:00경 음주운전 단속과정의 음주감지기에 의한 시험에서 음주반응이 나왔음에도 경찰관의 호흡측정기에 의한 음주측정 요구에 불응한 사실은 인정된다.

그러나 도로교통법 제107조의2 제2호의 음주측정불응죄는 술에 취한 상태에 있다고 인정할 만한 상당한 이유가 있는 사람이 같은 법 제41조 제2항의 규정에 의한 경찰공무원의 측정에 응하지 아니한 경우에 성립하는 것인바, 여기서 '술에 취한 상태'라 함은 음주운전죄로 처벌되는 음주수치인 혈중알코올농도 0.05% 이상의 음주상태를 말한다고 보아야 할 것이므로, 음주측정불응죄가 성립하기 위하여는 음주측정 요구 당시 운전자가 반드시 혈중알코올농도 0.05% 이상의 상태에 있어야 하는 것은 아니지만 적어도 혈중알코올농도 0.05% 이상의 상태에 있다고 인정할 만한 상당한 이유가 있어야 하는 것이고, 나아가 술에 취한 상태에

1226) 대법원 2002. 6. 14, 선고 2001도5987 판결.

있다고 인정할 만한 상당한 이유가 있는지 여부는 호흡측정기에 의한 음주측정을 요구하기 전에 사용되는 음주감지기 시험에서 음주반응이 나왔는지 여부와 함께 개별 운전자의 외관·태도·운전행태 등 객관적 사정을 종합하여 판단해야 할 것이다.[1227]

그러므로 당시 피고인이 혈중알콜농도 0.05% 이상의 상태에 있다고 인정할 만한 상당한 이유가 있는지 여부에 관하여 살피건대, ① 주취운전자정황진술보고서(수사기록 4, 5면)에 의하면, 당시 피고인이 음주감지기 시험에서 음주반응이 나왔기 때문에 단속경찰관이 피고인이 음주운전을 하였다는 의심을 하게 되었으나 피고인의 혈색이 붉었을 뿐 언행상태와 보행상태는 정상이었던 사실, ② 더 나아가 위드마크공식에 의하여 적발 당시 피고인의 혈중알콜농도를 계산하더라도 운전이 금지되는 술에 취한 상태의 기준에 훨씬 미달하는 0.008%에 불과했고(수사기록 9면), 피고인은 단속 후 차량을 직접 운전하여 귀가하였다고까지 진술하고 있는 점 등에 비추어 보면, 이 사건에서 음주감지기 시험에서 음주반응이 나왔다고 하여 피고인이 음주측정을 요구받을 당시 음주운전죄로 처벌되는 음주수치인 혈중알코올농도 0.05% 이상의 음주상태에 있다고 인정할 만한 상당한 이유가 있었다고 보기는 어렵고, 달리 이를 인정할 만한 증거도 없으므로, 결국 이러한 상태에서 피고인이 음주측정을 요구받고서도 이를 불응하였다고 하여 도로교통법 제107조의2 제2호, 제41조 제2항 소정의 음주측정불응죄에 해당한다고 볼 수는 없다고 할 것이다.」[1228]

피고인이 경찰관으로부터 적법한 호흡조사 측정의 요구를 받았다고 보기에 부족하여, 무죄가 선고된 사례

▶ 「…(전략) 【무죄부분】

1. 공소사실

피고인은 2012. 6. 9. 19:35경 충남 태안군 망재산 고개 부근 노상에서 교통사고를 낸 후 현장에 출동한 충남서산경찰서 남면파출소 소속 경장 공소외 5로부터 음주감지기 측정을 요구받고 측정한 결과 알코올이 높음(High)으로 감지되었고, 이에 위 공소외 5로부터 위 남면파출소로 이동하여 음주측정을 하라는 요구를 받았음에도 불구하고 위 남면파출소로 가서 음주측정을 받지 아니하고 피고인의 부 공소외 6이 운전하여 온 번호 불상의 포터 화물차를 타고 그대로 도주하여 술에 취한 상태에 있다고 인정할 만한 상당한 이유가 있음에도 불구하고 경찰공무원의 측정에 응하지 아니했다.

1227) 대법원 2005. 10. 28, 선고 2005도6575 판결.

1228) 대구지방법원 2006. 4. 11, 선고 2005노4020 판결 : 확정.

2. 판단

도로교통법 제148조의2 제1항 제2호의 음주측정거부죄는 술에 취한 상태에 있다고 인정할 만한 상당한 이유가 있는 사람이 같은 법 제44조 제2항에 따른 경찰공무원의 측정에 응하지 아니한 경우 성립하고, 같은 법 제44조 제2항은 교통의 안전과 위험방지를 위하여 필요하다고 인정되거나 술에 취한 상태에서 자동차 등을 운전하였다고 인정할 만한 상당한 이유가 있는 경우 운전자는 경찰공무원의 호흡조사 측정에 응해야 함을 규정하고 있으므로, **음주측정거부죄가 성립하기 위하여는 경찰공무원의 적법한 호흡조사 측정 요구가 있어야 한다.**

그런데 술에 취한 상태에서 자동차 등을 운전하였다고 인정할 만한 상당한 이유가 있는 경우의 호흡조사 측정 요구는 수사의 일종으로[1229] 음주운전을 하였다고 의심되는 사람의 행동의 자유를 제한하는 것이지만, 음주운전으로 인한 폐해의 심각성, 수사의 시급성에 비하여 호흡조사 측정이 운전자의 자유를 침해하는 정도가 약한 점에 비추어 영장주의의 예외로서 운전자에게 수인의무가 부과되고, 그 간접강제의 방법으로 측정 요구에 불응하는 경우 처벌하는 것이므로 그 적법요건을 엄격히 해석해야 한다. 이에 더하여, 수사절차로서 동행 또는 특정한 장소에의 출두를 의무화하는 것은 체포·구금에 있어서의 영장주의(헌법 제12조) 및 강제수사는 형사소송법에 특별한 규정이 있는 경우에 한하여 필요한 최소한도 내에서만 가능하다는 강제수사 법정주의(형사소송법 제199조)에 반할 소지가 큰 점을 감안하면, **호흡조사 측정을 위한 동행 또는 특정한 장소에의 출두요구는 음주측정을 위한 준비의 요구일 뿐** 도로교통법 제44조 제2항에서 규정한 적법한 호흡조사 측정의 요구로 볼 수 없다.

이 사건에 돌아와 경찰공무원에 의한 적법한 호흡조사 측정 요구가 있었는지에 대하여 보건대, 공소사실 자체가 피고인이 교통사고 현장에서 남면파출소로 이동하여 음주측정을 하라는 요구를 받았다는 것에 불과하여 그것만으로는 적법한 호흡조사 측정의 요구가 있었다고 보기 어렵고, 증거를 통하여 보더라도, 피고인은 교통사고 현장에 출동한 서산경찰서 남면파출소 소속 공소외 5 경장의 요구에 따른 음주감지기 검사에서 음주반응이 나온 직후 위 경찰관으로부터 음주측정을 위하여 남면파출소로 동행할 것을 요구받은 사실, 이에 피고인은 피고인의 연락을 받고 현장에 온 피고인의 아버지 공소외 6의 화물차로 남면파출소로 가겠다고 하여 먼저 출발했고, 위 경찰관은 순찰차를 돌려 남면파출소로 뒤쫓아 갔으나, 피고인은 남면파출소에 출두하지 아니하고 연락이 두절되었다가 1~2일 뒤 서산중앙병원에 입원한 채 위 경찰관을 대면하게 된 사실을 인정할 수 있을 뿐이고, 위와 같은 사실관계에서라면 피고인이 경찰관으로부터 적법한 호흡

1229) 대법원 2006. 11. 9, 선고 2004도8404 판결; 대법원 2012. 12. 13, 선고 2012도11162 판결.

조사 측정의 요구를 받았다고 보기에 부족하며, 달리 이를 인정할 증거가 없다.

따라서 이 부분 공소사실은 범죄사실의 증명이 없는 때에 해당하여 형사소송법 제325조 후단에 의하여 무죄를 선고한다.」[1230)]

호흡측정기에 의한 적법한 음주측정요구가 없었다면 도로교통법상 음주측정거부죄는 성립할 수 없고, 이러한 상황에서 강제연행되어 음주측정요구에 재차 불응한 행위 역시 동죄를 구성하지 않는다고 한 사례

▶ 「…(전략) 그러므로 살피건대, 기록에 의하면, 피고인은 2007. 9. 1. 인천국제공항 장기주차장 내에서 택시기사인 공소외 1과 공소외 2가 서로 싸우는 것을 말리다가, 공소외 1을 자신의 (차량번호 생략) 쏘나타 영업용 택시에 태워 그 장소를 빠져나간 사실, 피고인은 공소외 1과 주변 상가에서 술을 마신 후 술에 취한 상태에서 위 택시를 운전하여 다시 인천국제공항 장기주차장으로 되돌아온 사실(피고인은 공소외 1과 술을 마신 후에는 동생인 공소외 3이 위 택시를 운전하였을 뿐 자신은 운전한 사실이 없다고 주장하나, 이에 부합하는 듯한 증인 공소외 3의 증언은 선뜻 믿기 어렵고, 오히려 피고인이 위 택시 안에서 주차장에 들어오기 위해 주차권을 뽑는 것을 직접 목격하였다는 증인 공소외 2의 법정진술이나 피고인이 수사기관에서 운전한 사실을 자백하기도 하였던 점 등 여러 사정에 비추어 볼 때 피고인이 당시 술에 취한 상태에서 위 택시를 운전하여 위 주차장에 들어온 사실은 충분히 인정된다고 할 것이다), 한편 당시 위 폭행사건에 관한 신고를 받고 출동하였던 경찰관 공소외 4는 공소외 2와 함께 경찰서로 이동하기 위해 주차장을 빠져 나가다가 피고인이 다시 주차장으로 들어오고 있다는 공소외 2의 얘기를 듣고 폭행사건의 가해자 행방을 알기 위해 피고인 쪽으로 다가간 사실, 공소외 4는 피고인과 대화 도중 피고인이 상당히 술에 취한 상태에 있다는 것을 확인하고 동료 경찰관인 공소외 5에게 인천국제공항 장기주차장에 음주운전자가 있다는 것을 알리고 출동을 요청한 사실, 경찰관 공소외 5는 공항관내 순찰을 돌고 있던 중 공소외 4로부터 연락을 받고, 호흡측정기 없이 당시 순찰차에 있던 음주감지기만을 가지고 위 장기주차장에 도착한 사실, 공소외 5는 피고인에 대한 음주감지기 시험을 하였는데 음주감지기가 3단계 중 최고 단계의 반응을 보이자 피고인에게 음주측정을 위해 공항경찰대로 동행할 것을 요구한 사실, 피고인은 자신이 운전한 사실이 없다고 하면서 대리운전을 하여 왔다고 하거나 옆에 있던 다른 사람에게 대신 운전하였다고 말해 달라고 부탁하기도 하는 등의 행동을 보이다가, 공소외 5에게 욕설을 하고 거칠게 반항하면서 공항경찰대

1230) 대전지방법원 서산지원 2013. 6. 13, 선고 2012고합182 판결 : 항소.

로 갈 수 없다고 동행요구를 거부한 사실, 공소외 5는 30분이 넘게 피고인에게 음주측정을 요구하면서 음주측정을 위해 공항경찰대 사무실로 동행할 것을 요청하였으나, 피고인은 절대 응할 수 없다면서 공소외 5를 폭행할 것처럼 행동한 사실, 이에 공소외 5는 피고인을 음주측정거부죄의 현행범인으로 체포하여 피고인을 인천공항경찰대 교통계 사무실로 인치한 사실, 이후 경찰관 공소외 6은 피고인에게 위 사무실에 비치된 호흡측정기를 이용하여 음주측정에 응할 것을 요구하였으나 피고인은 재차 이를 거부한 사실 등을 인정할 수 있는바, 위 인정 사실에 의하면, 경찰공무원은 피고인이 술에 취한 상태에서 운전하였는지를 객관적으로 확인하는 단계에 불과한 **음주감지기에 의한 시험만을 하였을 뿐 호흡측정기에 의한 음주측정을 요구하지 않은 상태**에서, 피고인이 음주측정에 불응하였다는 것으로 피고인을 음주측정거부죄의 현행범인으로 체포한 것이므로, 비록 피고인이 주취운전을 한 상태에서 경찰공무원의 음주측정을 위한 동행요구를 거부하면서 그 경찰공무원을 폭행할 것처럼 행패를 부렸다 하더라도 그러한 사실만으로 적법한 측정요구도 없이 곧바로 도로교통법상의 음주측정거부죄가 성립한다고 볼 수는 없다. 나아가 위와 같이 피고인에 대한 음주측정거부죄가 성립될 수 없음에도 불구하고, 피고인을 음주측정거부죄의 현행범인으로 체포하여 공항경찰대까지 연행한 이상, 그와 같은 경찰공무원의 피고인에 대한 강제연행은 위법한 체포에 해당한다고 하지 않을 수 없고, 그러한 **위법한 체포가 지속된 상태**에서 경찰공무원이 다시 호흡측정기에 의한 음주측정을 요구하였다 하더라도, 이는 전체적으로 볼 때 위법한 음주측정요구라고 볼 수밖에 없어, 피고인이 주취운전을 하였다고 인정할 만한 상당한 이유가 있기는 하나, 이러한 위법한 음주측정요구에 대해서까지 이에 응할 의무가 있다고 보아 이를 강제할 수는 없으므로, 결국 공항경찰대에서 경찰공무원으로부터 재차 음주측정요구를 받고도 다시 이에 불응한 피고인의 행위도 도로교통법상의 음주측정거부죄에 해당한다고 볼 수는 없다.

따라서 이 사건의 음주측정요구의 경우 피고인에 대한 적법한 음주측정요구 자체가 없었거나 위법한 체포 상태에서 이루어진 것이어서 이에 응할 의무가 없었다고 할 것이고, 이와 달리 피고인에 대하여 적법한 절차에 따른 음주측정요구가 있었음에도 불구하고, 피고인이 이에 불응하였다는 사실을 인정할 다른 증거는 없다.

3. 결 론

그렇다면 이 사건 공소사실은 범죄의 증명이 없는 경우에 해당하므로 형사소송법 제325조 후단에 의하여 피고인에게 무죄를 선고한다.」[1231]

1231) 인천지방법원 2008. 12. 18, 선고 2008고정299 판결 : 항소.

불법체포 상태에서 측정을 거부하고, 공무를 방해하고, 경찰관을 상해한 행위가 모두 무죄 선고된 사례

▶ 「…(전략) 다. 이 사건에서 보건대, 경찰관인 공소외 3, 공소외 4는 피고인에게 경찰서 동행의 목적에 관하여 올바른 설명을 해 주지 않은 것은 물론, 2명의 경찰관이 피고인을 약 30분 이상 설득한 후에야 비로소 그 동행이 이루어졌고, 동행을 거부할 수 있다는 점에 관한 고지는 없었던 점, 만일 피고인에게 동행 목적이 음주측정을 위한 것임을 고지하였다면, 피고인으로서는 그에 응하지 않았을 것이 명백해 보이는 점, 또한 피고인의 동행과정에서 피고인에게 동행목적에 따른 조사가 이루어지지 않거나 할 경우에는 그냥 돌아가도 좋다고 이야기한 바도 전혀 없는 사실, 피고인을 동행하여 간 곳은 범행 현장과는 아무런 상관이 없는 피고인의 집이었을 뿐만 아니라, 공소외 1이 사고를 낸 시점은 2009. 2. 21. 06:00경이고, 피고인을 경찰서에 데리고 간 시간은 같은 날 약 10:00경으로서 상당한 시간적 간격이 있는 점 등에 비추어 보면, 비록 사법경찰관이 피고인을 동행할 당시에 물리력을 행사한 바가 없고, 피고인이 결국에는 자발적으로 동행에 응하였다고 하더라도, 사법경찰관이 피고인을 수사관서까지 동행한 것은 위에서 본 적법요건이 갖추어지지 아니한 채 사법경찰관의 동행 요구를 거절할 수 없는 심리적 압박 아래 행하여진 사실상의 강제연행, 즉 불법체포에 해당한다고 보아야 할 것이다.

그렇다면 위와 같이 위법한 체포 상태에서 이루어진 음주측정요구 또한 위법한 것이라도 보아야 할 것이고, 그러한 위법한 음주측정요구에 대하여 피고인이 응하지 아니하였다고 하여 피고인을 음주측정거부에 관한 도로교통법 위반죄로 처벌할 수는 없다 할 것이다.

4. 공무집행방해죄 및 상해죄의 인정 여부

가. 형법 제136조가 규정하는 공무집행방해죄는 공무원의 직무집행이 적법한 경우에 한하여 성립하는 것이고, 여기서 적법한 공무집행이라 함은 그 행위가 공무원의 추상적 권한에 속할 뿐 아니라 구체적 직무집행에 관한 법률상 요건과 방식을 갖춘 경우를 가리키는 것이다.[1232] 그렇다면 경찰관이 적법절차를 준수하지 아니한 채 피고인에 대하여 음주측정을 요구한 것은 위법한 공무집행이라 할 것이고, 피고인이 이러한 위법한 음주측정을 거부하기 위하여 경찰관을 폭행하였다고 하여 공무집행방해죄가 성립하는 것은 아니라 할 것이므로, 피고인에 대한 이 사건 공무집행방해죄는 성립하지 아니한다.

나. 또한, 피해자가 입은 이 사건 상해는 피고인이 강제로 위법한 음주측정을

1232) 대법원 2000. 7. 4, 선고 99도4341 판결.

요구하는 경찰관을 상대로 위 상황에서 벗어날 목적으로 저항하는 과정에서 피해 경찰관을 밀치거나 당기거나 함으로써 발생한 것이고, 그 상해의 정도는 앞서 본 바와 같이 비교적 경미한 것인바, 피고인이 불법체포 및 그에 따른 위법한 음주측정요구 등 자신의 신체 등에 대한 현재의 부당한 침해에서 벗어나기 위하여 한 위와 같은 행위는, 그 행위에 이른 경위, 목적 및 수단, 행위자의 의사 등 제반 사정에 비추어 보면 정당방위 또는 정당행위에 해당하여, 위법성이 결여된 행위로 보여진다.

5. 결론

그렇다면 이 사건 각 공소사실은 모두 그 범죄의 증명이 없는 때에 해당하므로 형사소송법 제325조 후단에 의하여 피고인에게 무죄를 선고하고, 형법 제58조 제2항에 의하여 피고인에 대한 판결의 요지를 공시하기로 하여 주문과 같이 판결한다.」[1233)]

(체포절차가 위법한) 불법체포 하에서 측정요구에 불응한 것이 무죄가 선고된 사례

▶ 「…(전략) 형사소송법 제200조의3 제1항에 의하면 긴급체포의 대상은 '사형·무기 또는 장기 3년 이상의 징역이나 금고에 해당하는 죄'를 범하였다고 의심할 만한 상당한 이유가 있는 피의자에 한정되므로 음주운전에 의한 도로교통법위반죄를 범한 피의자는 현행범 또는 준현행범이 아닌 한 법관의 영장 없이 체포·구금할 수 없으며(이 점에서 '음주단속을 하는 경찰관이 임의동행에 응하지 않는 음주운전자를 긴급체포할 수 있다'고 판단한 원심은 잘못이다), 이러한 적법절차를 무시하고 이루어진 위법한 체포상태에서의 단속경찰관의 음주측정요구는 설령 그것이 도로교통법 제41조 제2항 소정의 음주측정요구의 요건에 해당하는 외형을 갖추었다고 하더라도 허용될 수 없는 것으로 보아야 하는바, 이 사건은 피고인이 이 사건 오토바이를 운전하여 자신의 집에 도착하여 운전행위를 마친 상태에서 단속경찰관인 공소외 1로부터 음주운전에 관한 증거수집을 위하여 인근 파출소에 동행하여 음주측정에 응할 것을 요구받자 이를 명백히 거절하였음에도 위법하게 체포·감금된 상태에서 음주측정요구를 받아 이에 응하지 아니한 경우에 해당하므로 위와 같은 상태에서 요구받은 음주측정을 거부한 것을 이유로 피고인을 음주측정거부에 의한 도로교통법위반죄로 처벌할 수는 없다고 할 것이다.

(2) 한편 도로교통법 제41조 제2항 소정의 '측정'이란, 측정결과에 불복하는 운

1233) 대구지방법원 2009. 9. 29, 선고 2009고단1743 판결 : 항소.

전자에 대하여 그의 동의를 얻어 혈액채취 등의 방법으로 다시 측정할 수 있음을 규정하고 있는 같은 조 제3항과의 체계적 해석상, 호흡을 채취하여 그로부터 주취 정도를 객관적으로 환산하는 측정방법, 즉 호흡측정기에 의한 측정이라고 이해해야 할 것이므로,[1234] 피고인이 경찰관의 음주측정을 위한 임의동행 요구를 거부한 것만으로 위 도로교통법위반죄가 성립한다고 할 수도 없다.[1235]」[1236]

운전자의 신체 이상으로 호흡측정이 제대로 되지 못하였으므로, 무죄가 선고된 사례

▶ 「구 도로교통법(2005. 5. 31. 법률 제7545호로 전문 개정되기 전의 것) 제41조 제2항, 제3항의 해석상, 술에 취한 상태에서 자동차 등을 운전하였다고 인정할 만한 상당한 이유가 있는 경우에 경찰공무원은 운전자가 술에 취하였는지 여부를 호흡측정기에 의하여 측정할 수 있고 운전자는 그 측정에 응할 의무가 있으나, 운전자의 신체 이상 등의 사유로 호흡측정기에 의한 측정이 불가능 내지 심히 곤란한 경우에까지 그와 같은 방식의 측정을 요구할 수는 없으며(**이와 같은 상황이라면 경찰공무원으로서는 호흡측정기에 의한 측정의 절차를 생략하고 운전자의 동의를 얻거나 판사로부터 영장을 발부받아 혈액채취에 의한 측정으로 나아가야 할 것이다**), 이와 같은 경우 경찰공무원이 운전자의 신체 이상에도 불구하고 호흡측정기에 의한 음주측정을 요구하여 운

1234) 대법원 2002. 3. 15, 선고 2001도7121 판결; 대법원 2000. 4. 21, 선고 99도5210 판결.

1235) **검사는 다음과 같은 황당한 항소이유를 개진했다. 특히 법리오해 사유의 항소이유가 심히 독특하다.**

「**2. 검사의 항소이유의 요지**

가. 사실오인

신빙성이 의심되는 공소외 2의 진술과 수사기록에 현행범체포 관련 서류가 편철되지 아니하였다는 점만으로 단속경찰관인 공소외 1의 음주측정요구가 위법한 체포 상태에서 이루어진 것이라고 단정한 원심판결에는 사실오인의 위법이 있다.

나. 법리오해

설령 단속경찰관인 공소외 1의 음주측정요구가 위법한 체포 중에 이루어진 것이라고 하더라도, 공무집행방해죄는 공무집행 자체를 보호법익으로 하기 때문에 위법한 공무집행을 보호할 필요성이 없으나, 이와 달리 음주측정거부에 의한 도로교통법위반죄는 도로교통의 원활과 안전을 보호법익으로 하기 때문에 도로교통법 소정의 요건을 갖춘 음주측정요구에 불응하였다면 범죄가 성립한다고 할 것임에도, 위 도로교통법위반죄의 성립에 공무집행방해죄와 같은 요건이 요구되는 것으로 본 원심판결에는 법리오해의 위법이 있고, 그렇지 않다고 하더라도 피고인이 단속경찰관으로부터 술에 취한 상태에서 오토바이를 운전하였다고 인정할 만한 상당한 이유가 있다는 이유로 음주측정을 위해 파출소로 갈 것을 요구받고도 이를 거부한 이상 도로교통법 소정의 음주측정거부죄가 성립한다고 할 것이므로 이 점을 간과한 원심판결에는 법리오해의 위법이 있다.」(청주지방법원 2004. 11. 19, 선고 2004노854 판결)

1236) 청주지방법원 2004. 11. 19, 선고 2004노854 판결.

전자가 음주측정수치가 나타날 정도로 숨을 불어넣지 못한 결과 호흡측정기에 의한 음주측정이 제대로 되지 아니하였다고 하더라도 음주측정에 불응한 것으로 볼 수는 없다.[1237]

원심은 채택 증거에 의하여, 피고인이 이 사건 교통사고로 약 8주간의 치료를 요하는 좌쇄골 분쇄골절, 다발성 늑골 골절, 흉골 골절 등의 상해를 입은 사실, 위와 같은 상해로 인한 피고인의 골절부위와 정도에 비추어 깊은 호흡을 하게 되면 흉곽용적을 많이 늘려야 하므로 골절편의 움직임으로 인해 심한 통증이 유발되는 사실, 피고인은 사고 직후 처음 응급실에 도착했을 때부터 수련의에게 가슴 통증을 호소했고, 그 후 음주측정을 요구하는 경찰관에게도 계속 가슴과 어깨의 통증을 호소한 사실, 피고인은 3시간 동안 20여 회에 걸쳐 음주측정기를 불었으나 끝내 음주측정이 되지 아니한 사실을 인정한 다음, 피고인은 이 사건 음주측정 당시 통증으로 인하여 깊은 호흡을 하기 어려웠고 그 결과 음주측정이 제대로 되지 아니하였던 것으로 보이므로, 피고인이 음주측정에 불응한 것이라고 볼 수는 없다고 판단하여, 이 사건 공소사실에 대하여 무죄를 선고했다.

위와 같은 법리와 기록에 비추어 살펴보면, 원심의 사실인정과 판단은 정당하고, 원심판결에 상고이유로 주장하는 바와 같이 심리를 다하지 아니하고 채증법칙을 위반하여 사실을 오인하는 등의 위법이 있다고 할 수 없다.」[1238]

운전자의 신체 이상으로 호흡측정이 제대로 되지 못하였으므로, 무죄가 선고된 위 2005도7125 판결의 원심

▶ 「【주 문】

원심판결을 파기한다.

피고인은 무죄.

【이 유】

1. 피고인의 항소이유의 요지

2. 이 사건 공소사실의 요지 및 원심의 판단

3. 당심의 판단

가. 인정사실

원심이 적법하게 조사하여 채택한 증거들 및 당심 법정에서의 증인 공소외 1의 진술, 의사 공소외 1 작성의 입원확인서, 통원확인서, 진료기록부 사본의 각 기재와 당원의 공소외 2정형외과의원에 대한 사실조회결과에 의하면 다음과 같은 사실을 인정할 수 있다. …(중략)

1237) 대법원 2002. 10. 25, 선고 2002도4220 판결.

1238) 대법원 2006. 1. 13, 선고 2005도7125 판결.

2) 피고인은 위 사고로 좌쇄골 분쇄골절, 다발성 늑골 골절, 흉골 골절, 뇌진탕, 우주관절부 좌상, 안면개방창 등 약 8주간의 치료를 요하는 상해를 입자, 차량을 근처 도로 가장자리에 세워둔 후 택시를 타고 서울 서대문구에 있는 적십자병원 응급실로 갔다. 3) 위 병원 응급실 수련의(인턴) 공소외 3은 가슴이 아프다는 피고인의 호소에 피고인의 몸을 눌러 보고 왼쪽 쇄골뼈에 압통이 있음을 확인한 후, 당시 위 사고로 콧등에 난 상처에 대해 적십자병원에는 성형외과가 없어 코의 상처는 치료할 수 없다며 다른 병원으로 갈 것을 권유했고, 피고인은 정형외과가 없어 골절상 등을 치료할 수 없다는 것으로 잘못 알아듣고 집 근처에 있는 정형외과로 가기로 하여 응급구조단(129)에 연락하고 응급실에 누워 기다리고 있었다. 4) 같은 날 아침 교통사고 신고를 접수한 경찰관 공소외 4는 위 사고차량에 부착된 피고인의 휴대전화번호로 전화하여 피고인이 적십자병원에 있음을 확인하고 06:40경 위 병원으로 찾아가 응급실에 누워있는 피고인에게 사고경위를 묻던 중 피고인에게 술냄새가 나자 음주측정을 요구했다. 5) 피고인이 음주측정기의 불대에 입을 대고 불었으나 음주측정이 제대로 되지 않자, 공소외 4는 불대를 교체하며 다시 불 것을 요구했고, 이에 피고인은 가슴과 어깨의 통증을 호소하였으나, 공소외 4는 계속 음주측정에 응할 것을 요구했다. 6) 결국 피고인은 3시간 동안 20여회에 걸쳐 음주측정기를 불었으나 끝내 음주측정이 되지 않자, 공소외 4는 피고인에게 채혈을 요구했고, 피고인이 이를 거부하자 채혈을 위하여 압수수색영장을 신청했다. 7) 그 사이에 응급차가 와서 피고인과 공소외 4는 함께 피고인의 집 근처에 있는 공소외 1정형외과로 갔고, 공소외 4는 같은 날 오후 3시경 압수수색영장을 발부받아 피고인의 혈액을 채취하여 국립과학수사연구소에 감정의뢰하였으나, 혈중알콜농도 0.010%미만이라는 감정결과가 나왔다. 8) 그 후 피고인은 2004. 9. 7. 공소외 1정형외과에서 체내 금속핀 고정술 등의 수술을 포함하여 약 41일간 입원치료를 받았다.

나. 판단

위 인정사실 및 당심 법정에서의 증인 공소외 1의 진술에 의하여 인정되는 다음과 같은 사정, 피고인은 이 사건 당시 교통사고로 다발성 늑골 골절 및 쇄골 골절 등의 상해를 입었는데 이러한 경우 피고인의 골절부위와 정도에 비추어 깊은 호흡을 하게 되면 흉곽용적을 많이 늘려야 하므로 골절편의 움직임으로 인해 심한 통증이 유발되는 점, 피고인은 사고 직후 처음 응급실에 도착했을 때부터 수련의에게 가슴 통증을 호소했고, 그 후 음주측정을 요구하는 경찰관 공소외 4에게도 계속 가슴과 어깨의 통증을 호소한 점 등에 비추어 보면, 피고인은 이 사건 음주측정 당시 통증으로 인하여 깊은 호흡을 하기 어려웠고 그 결과 음주측정이 제대로 되지 않았던 것임을 알 수 있는바, 피고인이 경찰관의 거듭된 음주측정요구에 응하여 **최선을 다해 음주측정기에 숨을 불어넣은 이상** 위와 같은 이유로 음주측정기에 음주측정 수치가 나타나지 않았다고 해서 이를 음주측정에 불응한 것이라고 보기는 어렵고, 달리 이 사건 공소사실을 인정할 만한 증거가 없다. 그렇다면 이 사건 공소사실은 범죄의 증명이 없는 때에 해당함에도 불구하고 원심은 사실을 오인하여 위 공소사실을 유죄로 인정한 위법이 있다.

4. 결론

따라서 형사소송법 제364조 제6항에 따라 원심판결을 파기하고, 변론을 거쳐 다시 다음과 같이 판결한다. 피고인에 대한 이 사건 공소사실의 요지는 위 제2항의 기재와 같은바, 위 제3항에서 설시한 바와 같이 위 공소사실은 범죄사실의 증명이 없는 경우에 해당하므로 형사소송법 제325조 후단에 따라 피고인에 대하여 무죄를 선고한다.」[1239]

신체 이상 등의 사유로 호흡측정에 응할 수 없는 운전자가 채혈측정을 거부·불가능하게 했더라도 측정거부죄가 성립하지 않는다고 본 사례

▶ 「…(전략) 또한, 구 도로교통법 제150조 제2호는 "술에 취한 상태에 있다고 인정할 만한 상당한 이유가 있는 사람으로서 제44조 제2항의 규정에 의한 경찰공무원의 측정에 응하지 아니한 사람은 2년 이하의 징역이나 500만원 이하의 벌금에 처한다"라고 규정하고 있으므로, 위 조항에서 규정한 경찰공무원의 측정은 같은 법 제44조 제2항 소정의 호흡조사에 의한 측정만을 의미하는 것으로서 같은 법 제44조 제3항 소정의 혈액채취에 의한 측정을 포함하는 것으로 볼 수 없음은 법문상 명백하다. **따라서 신체 이상 등의 사유로 인하여 호흡조사에 의한 측정에 응할 수 없는 운전자가 혈액채취에 의한 측정을 거부하거나 이를 불가능하게 하였다고 하더라도 이를 들어 음주측정에 불응한 것으로 볼 수는 없다.**

원심은, 피고인이 척추장애로 인하여 지체장애 3급의 장애인으로 등록되어 있는 점, 정상인에 비하여 피고인의 폐활량은 약 26.9%에 불과하고 1초간 노력성 호기량은 약 33.5%에 불과한 점, 경찰공무원이 피고인에게 제시한 음주측정기가 작동하기 위하여는 최소 1.251ℓ 의 호흡유량이 필요하나 피고인의 폐활량은 0.71ℓ 에 불과하여 그 조건을 충족하지 못하는 점 등에 비추어 볼 때 피고인이 음주측정기에 숨을 불다가 끊는 방법으로 음주측정에 응하지 아니하였다고 볼 수는 없다고 판단하는 한편, 구 도로교통법 제150조 제2호 소정의 '경찰공무원의 측정'은 같은 법 제44조 제2항에 의한 '호흡조사에 의한 측정'에 한정되는 것이므로 경찰공무원의 혈액채취에 의한 음주측정 요구에 응하지 아니하였다 하더라도 음주측

1239) 서울중앙지방법원 2005. 8. 30, 선고 2005노1712 판결.

정에 불응한 것으로 볼 수 없다고 판단하여 이 사건 공소사실을 무죄로 인정한 제1심의 조치를 그대로 유지했다.

앞서 본 법리와 기록에 비추어 살펴보면, 원심의 이와 같은 판단은 정당한 것으로 수긍이 가고, 거기에 상고이유에서 주장하는 바와 같이 채증법칙을 위반하거나 음주측정불응죄에 관한 법리를 오해한 위법이 있다고 할 수 없다.」[1240]

음주감지기 시험 거부가 음주측정기 측정 거부 의사를 객관적으로 명백히 나타낸 것으로 볼 수 있다면 본죄가 성립하지만, 본건은 종합적 사정을 고려할 때 술에 취한 상태에서 자동차를 운전했다고 인정할 상당한 이유가 부족하여 무죄가 선고된 사례

▶ 「1. 구 도로교통법(2014. 12. 30. 법률 제12917호로 개정되기 전의 것, 이하 '도로교통법'이라 한다) 제44조 제2항에 의하여 경찰공무원이 운전자가 술에 취하였는지를 알아보기 위하여 실시하는 측정은 호흡을 채취하여 그로부터 주취의 정도를 객관적으로 환산하는 측정 방법, 즉 음주측정기에 의한 측정으로 이해해야 한다.[1241] 그리고 경찰공무원이 음주 여부나 주취 정도를 측정하는 경우 합리적으로 필요한 한도 내에서 그 측정 방법이나 측정 횟수에 관하여 어느 정도 재량을 갖는다.[1242] 따라서 경찰공무원은 운전자의 음주 여부나 주취 정도를 확인하기 위하여 운전자에게 음주측정기를 면전에 제시하면서 호흡을 불어넣을 것을 요구하는 것 이외에도 그 사전절차로서 음주측정기에 의한 측정과 밀접한 관련이 있는 검사 방법인 음주감지기에 의한 시험도 요구할 수 있다고 봄이 타당하다.

한편 도로교통법 제148조의2 제1항 제2호에서 말하는 '경찰공무원의 측정에 응하지 아니한 경우'란 전체적인 사건의 경과에 비추어 **술에 취한 상태에 있다고 인정할 만한 상당한 이유가 있는 운전자가 음주측정에 응할 의사가 없음이 객관적으로 명백하다고 인정되는 때**를 의미한다. 운전자의 측정불응의사가 객관적으로 명백하였는지는 음주측정을 요구받을 당시의 운전자의 언행이나 태도 등을 비롯하여 경찰공무원이 음주측정을 요구하게 된 경위, 그 측정 요구의 방법과 정도, 주취운전자 적발보고서 등 측정불응에 따른 관련 서류의 작성 여부, 운전자가 음주측정을 거부한 사유와 태양 및 거부시간 등 전체적 경과를 종합적으로 고려하여 신중하게 판단해야 한다.[1243]

1240) 대법원 2010. 7. 15, 선고 2010도2935 판결.
1241) 대법원 2000. 3. 10, 선고 99도5377 판결; 대법원 2008. 5. 8, 선고 2008도2170 판결.
1242) 대법원 1992. 4. 28, 선고 92도220 판결.
1243) 대법원 2015. 12. 24, 선고 2013도8481 판결.

그리고 경찰공무원이 운전자에게 음주 여부를 확인하기 위하여 음주측정기에 의한 측정의 전 단계에 실시되는 음주감지기에 의한 시험을 요구하는 경우 그 시험 결과에 따라 음주측정기에 의한 측정이 예정되어 있고, 운전자가 그러한 사정을 인식하였음에도 음주감지기에 의한 시험에 불응함으로써 음주측정을 거부하겠다는 의사를 표명한 것으로 볼 수 있다면, 음주감지기에 의한 시험을 거부한 행위도 음주측정기에 의한 측정에 응할 의사가 없음을 객관적으로 명백하게 나타낸 것으로 볼 수 있다.

2. 원심이, 경찰공무원이 운전자의 면전에서 음주측정기에 의한 측정을 요구하였는지 여부만을 기준으로 경찰공무원의 측정 요구에 불응한 것이 아니라고 판단한 부분은 도로교통법 제44조 제2항에서 정한 경찰공무원의 음주측정에 관한 법리를 오해한 것으로 적절하지 않다.

그러나 원심이 적법하게 채택한 증거들에 의하여 인정되는 다음과 같은 사정, 즉 경찰공무원이 음주감지기에 의한 시험을 요구하였을 당시 피고인은 이미 운전을 종료한 지 약 2시간이 경과하였던 점, 피고인은 자신의 차량을 운전하여 이 사건 현장에 도착한 이후 일행들과 40분 이상 편의점 앞 탁자에 앉아 있었고 그 위에는 술병들이 놓여 있었으므로, 피고인이 운전을 마친 이후 이 사건 현장에서 비로소 술을 마셨을 가능성도 없지 않았던 점 등을 종합적으로 고려하여 보면, 피고인이 술에 취한 상태에서 자동차를 운전하였다고 인정할 만한 상당한 이유가 있다고 하기에 부족하다.

결국 이 사건 공소사실 중 도로교통법 위반(음주측정거부)의 점을 무죄로 판단한 원심 결론은 정당하다. 거기에 상고이유 주장과 같이 도로교통법 제44조 제2항에서 정한 경찰공무원의 음주측정과 현행범 체포 요건에 관한 법리를 오해하여 판결에 영향을 미친 잘못이 없다.

한편 검사는 원심판결 중 유죄 부분에 대하여도 상고를 제기하였으나, 상고장에 이유의 기재가 없고 상고이유서에도 이에 대한 불복이유의 기재를 찾아볼 수 없다.

3. 그러므로 상고를 기각하기로 하여, 관여 대법관의 일치된 의견으로 주문과 같이 판결한다.」[1244)]

각기 다른 장소에서 연거푸 측정을 거부한 사건에서, ① 적법한 임의동행 하에서, 음주측정요구에 1회 불응한 사실만으로는 '술에 취한 상태에 있다고 인정할 만한 상당한 이유가 있는 운전자로서 음주측정에 응할 의사가 없음을 객관적으로 명백하다고 인정할 수 있을 정도로 명시적·적극적으

1244) 대법원 2017. 6. 8, 선고 2016도16121 판결.

로 표명'한 것은 아니어서 본죄 불성립, ② 위법한 체포 하에서 측정을 거부한 행위는 애초 본죄가 성립되지 않아 결국 무죄가 선고된 사례

▶ 「1. 가. 도로교통법 제148조의2 제1항 제2호는 "술에 취한 상태에 있다고 인정할 만한 상당한 이유가 있는 사람으로서 같은 법 제44조 제2항에 따른 경찰공무원의 측정에 응하지 아니한 사람은 1년 이상 3년 이하의 징역이나 500만원 이상 1천만원 이하의 벌금에 처한다."고 규정하고 있다.

위 처벌조항의 주된 목적은 음주측정을 간접적으로 강제함으로써 교통의 안전을 도모함과 동시에 음주운전에 대한 입증과 처벌을 용이하게 하려는 데 있는 것이지, 측정불응행위 그 자체의 불법성을 처벌하려는 데 있는 것은 아닌 점, 한편 위 처벌조항의 음주측정불응죄는 주취운전죄 중에서도 불법성이 가장 큰 유형인 3회 이상 또는 혈중알콜농도 0.2% 이상의 주취운전죄와 동일한 법정형으로 규율되고 있는 점, 경찰청의 교통단속처리지침 제38조 제11항은 위와 같은 처벌조항의 입법취지 등을 참작하여 "음주측정 요구에 불응하는 운전자에 대하여는 음주측정 불응에 따른 불이익을 10분 간격으로 3회 이상 명확히 고지하고, 이러한 고지에도 불구하고 측정을 거부한 때(최초 측정 요구 시로부터 30분 경과)에는 측정결과 란에 본문 내 삽입된 이미지로 기재하여 주취운전자 적발보고서를 작성한다."고 규정하고 있는 점 등을 고려해 볼 때, 위 처벌조항에서 말하는 '경찰공무원의 측정에 응하지 아니한 경우'라 함은 **전체적인 사건의 경과에 비추어 술에 취한 상태에 있다고 인정할 만한 상당한 이유가 있는 운전자가 음주측정에 응할 의사가 없음이 객관적으로 명백하다고 인정되는 때를 의미하는 것으로 봄이 타당하고, 그러한 운전자가 경찰공무원의 1차 측정에만 불응하였을 뿐 곧이어 이어진 2차 측정에 응한 경우와 같이 측정거부가 일시적인 것에 불과한 경우까지 측정불응행위가 있었다고 보아 위 처벌조항의 음주측정불응죄가 성립한다고 볼 것은 아니다.**

따라서 술에 취한 상태에 있다고 인정할 만한 상당한 이유가 있는 운전자가 **호흡측정기에 숨을 내쉬는 시늉만 하는 등으로 음주측정을 소극적으로 거부한 경우**라면, 그와 같은 소극적 거부행위가 일정 시간 계속적으로 반복되어 운전자의 측정불응의사가 객관적으로 명백하다고 인정되는 때에 비로소 음주측정불응죄가 성립한다고 보아야 하고, 반면 그러한 운전자가 명시적이고도 적극적으로 음주측정을 거부하겠다는 의사를 표명한 것이라면 그 즉시 음주측정불응죄가 성립할 수 있으나, 그 경우 운전자의 측정불응의사가 객관적으로 명백한 것이었는지는 음주측정을 요구받을 당시의 운전자의 언행이나 태도 등을 비롯하여 경찰공무원이 음주측정을 요구하게 된 경위 및 그 측정요구의 방법과 정도, 주취운전자 적발보고서 등 측정불응에 따른 관련 서류의 작성 여부 및 운전자가 음

주측정을 거부한 사유와 태양 및 그 거부시간 등 전체적 경과를 종합적으로 고려하여 신중하게 판단해야 한다.

나. 또한 수사관이 수사과정에서 당사자의 동의를 받는 형식으로 피의자를 수사관서 등에 동행하는 것은 오로지 피의자의 자발적인 의사에 의하여 동행이 이루어졌음이 객관적인 사정에 의하여 명백하게 입증된 경우에 한하여 그 적법성이 인정된다고 봄이 타당하다.[1245] 한편 위법한 체포 상태에서 음주측정요구가 이루어진 경우 그 음주측정요구 역시 위법한 것으로 볼 수밖에 없고, 그러한 위법한 음주측정요구에 대해서까지 운전자가 응할 의무가 있다고 보아 이를 강제하는 것은 부당하므로, 그에 불응하였다고 하여 도로교통법 제148조의2 제1항 제2호의 음주측정불응죄로 처벌할 수는 없다.[1246]

2. 가. 원심판결 이유 및 원심이 적법하게 채택한 증거들에 의하면, ① 장성경찰서 북일파출소 소속 경찰관 2명은 2012. 5. 29. 05:21경 폭행 신고를 받고 호남고속도로 백양사휴게소로 출동하여, 당시 그곳에 시동과 전조등이 켜져 있는 ⊛⊛⊛ 승용차 앞에서 피해 여성의 머리채를 잡아 흔들고 있던 피고인을 발견하고서는, 피고인과 피해 여성에게 북일파출소까지 동행해 줄 것을 요구하면서 언제라도 자유로이 퇴거가 가능하다고 알려준 사실, ② 북일파출소에서 위 경찰관 중 1명은 폭행 사건을 조사하던 중에 피해 여성으로부터 피고인이 음주운전을 하였다는 진술을 듣고서 그 사실을 다른 경찰관에게 알려주었고, 이에 그 경찰관이 같은 날 06:10경 피고인을 상대로 음주측정을 요구하였는데, 피고인은 후배가 운전한 것이라고 하면서 음주측정을 거부한 사실(이하 '**파출소에서의 측정불응행위**'라고 한다), ③ 그러자 위 경찰관들은 더 이상 음주측정요구를 하거나 주취운전자 적발보고서 등 측정불응에 따른 서류를 작성하지 아니한 채로, 피해 여성을 상대로 폭행 사건에 관한 조사만을 마친 다음, 피고인에게 폭행 사건의 추가 조사를 위하여 장성경찰서까지 임의동행해 줄 것을 요구했고, 피고인은 위 경찰관들과 함께 장성경찰서까지 동행한 사실, ④ 장성경찰서 폭력계 담당 경찰관은 인계받은 서류를 검토한 후 위와 같이 동행한 경찰관들에게 음주운전 부분을 조사하라고 했고, 이에 위 경찰관들은 장성경찰서 본관 입구에 있던 피고인에게 교통조사계 사무실로 가자고 권유하였으나, 피고인은 음주운전을 한 사실이 없다고 하면서 동행을 거절한 사실, ⑤ 그런데 위 경찰관들은 피고인의 팔을 잡아당기며 교통조사계 사무실로 이끌었고, 피고인은 교통조사계 사무실에서 같은 날 09:06경, 09:21경, 09:33경 등 3회에 걸쳐 음주측정요구를 받았으나 이를 모두 거부한 사실(이하 '**교통조사계에서의 측정불응행위**'라고 한다)을 알 수 있다.

1245) 대법원 2006. 7. 6, 선고 2005도6810 판결.

1246) 대법원 2006. 11. 9, 선고 2004도8404 판결.

나. 앞에서 든 법리에 비추어 **우선 교통조사계에서의 측정불응행위**에 관하여 보면, 당시 경찰관들이 장성경찰서 본관 입구에서 동행하기를 거절하는 피고인의 팔을 잡아끌고 교통조사계로 데리고 간 것은 위법한 강제연행에 해당하므로, 그러한 위법한 체포 상태에서 이루어진 교통조사계에서의 음주측정요구 역시 위법하다고 할 것이어서, 피고인이 그와 같은 음주측정요구에 불응하였다고 하여 음주측정불응죄로 처벌할 수는 없다.

또한 **파출소에서의 측정불응행위**에 관하여 보면, 피고인은 경찰관들로부터 언제라도 자유로이 퇴거할 수 있음을 고지받고 북일파출소까지 자발적으로 동행한 것이므로 위 파출소에서의 음주측정요구를 위법한 체포 상태에서 이루어진 것이라고 할 수 없으나, 위 사실관계에 나타난 다음과 같은 사정, 즉 ① 피고인은 폭행 사건으로 경찰관들과 함께 북일파출소로 동행하였다가 피해 여성의 진술로 인해 갑작스럽게 음주측정요구를 받게 된 것인 점, ② 북일파출소에서 피고인이 운전을 한 사실이 없다고 다투자, 경찰관들은 더 이상 음주측정을 요구하지 않은 채 폭행 사건만을 조사한 점, ③ 당시 위 경찰관들은 피고인에게 측정불응으로 인한 불이익을 고지해 주지 않았을 뿐만 아니라 주취운전자 적발보고서 등 측정불응에 따른 서류를 작성하지 않았던 점 등 여러 사정을 종합해 볼 때, 피고인이 위와 같이 북일파출소에서 음주측정요구에 1회 불응한 사실만으로는 술에 취한 상태에 있다고 인정할 만한 상당한 이유가 있는 운전자로서 음주측정에 응할 의사가 없음을 객관적으로 명백하다고 인정할 수 있을 정도로 명시적이고도 적극적으로 표명한 것이라고 할 수 없으므로, 결국 파출소에서의 위 측정불응행위만으로 음주측정불응죄가 성립한다고 볼 수 없다.

따라서 원심이 같은 취지에서 이 사건 공소사실에 대하여 무죄를 선고한 것은 정당하고, 거기에 상고이유 주장과 같이 임의동행의 적법성에 관한 법리를 오해하거나 추가된 공소사실인 파출소에서의 측정불응행위에 관한 판단을 유탈함으로써 판결에 영향을 미친 위법이 없다.」[1247)]

음주측정거부죄가 기수가 된 후 채혈측정에 의해 음주운전이 밝혀진 경우 양 죄는 모두 성립하고, 실체적 경합관계

▶ 「【주문】

원심판결 중 무죄 부분을 파기하고 이 부분 사건을 대구지방법원 본원 합의부에 환송한다.

1247) 대법원 2015. 12. 24, 선고 2013도8481 판결.

【이유】

1. 원심은 그 설시 증거들을 종합하여 피고인이 2003. 7. 3. 21:15경 대구 ○마▲호 스타렉스 승합차를 운전하여 대구 달성군 ◐◐면 ◬리 352의 7 소재 ◆◆공업사 앞길에서 같은 군 구지면 고봉리 소재 고봉네거리 앞길까지 2㎞ 가량 진행하다가, 그 곳에서 음주단속 중이던 대구 달성경찰서 구지파출소 소속 순경 장성○에 의하여 음주감지기로 음주사실이 감지되었고, 당시 피고인은 혈색이 붉고 입에서 술 냄새가 나고 있었던 사실, 피고인은 같은 날 21:27경 구지파출소에서 장성○로부터 음주측정 고지를 받았으나, 21:35경, 21:47경 및 21:57경 총 3차에 걸쳐 음주 측정을 거부한 사실, 피고인은 음주측정거부로 입건된 후, 혹시 채혈을 하여 음주수치가 나오지 않을지도 모른다는 생각에 채혈을 요구하여, 같은 날 23:02경 대구 달성군 현풍면 소재 현풍○○병원 응급실에서 채혈했고, 국립과학연구소 남부 분소의 감정인 유재○의 채혈감정결과 위 혈액의 혈중알코올농도는 0.130%로 판명된 사실 등 판시 사실들을 인정한 다음, 음주측정거부죄의 입법취지가 음주운전임을 입증하기 위하여 운전자의 자발적인 협조가 필요한 음주측정호흡기에 의한 측정을 실시하고 있으나 이를 거부하게 되면 운전자의 음주상태를 도저히 입증하기가 어렵게 되므로, 음주측정을 거부한 자에 대하여 음주측정요구에 불응하는 행위 자체를 주취운전과 동일한 법정형으로 처벌하도록 함으로써 음주측정을 간접적으로 강제하여 교통의 안전을 도모함과 아울러 음주운전에 대한 입증과 처벌을 용이하게 하려는 데에 있는 점, 동일한 음주운전에 대하여 음주측정거부와 주취운전의 각 도로교통법위반죄가 실체적 경합관계에 있다고 인정한다면 동일한 법익침해가 있을 뿐인 일련의 행위에 대해서 이중 처벌하는 결과가 될 뿐만 아니라, 음주측정거부 후에 음주수치가 확인되는 경우가 끝까지 음주측정을 거부하는 경우보다 비난가능성이 높다고 할 수 없음에도 불구하고 그 처단형이 경합범 가중으로 인하여 더 높아지게 되는 불합리성이 있는 점 등에 비추어 보면, 운전자가 호흡측정기에 의한 음주측정을 거부하여 음주측정거부죄가 기수에 도달한 경우에는 그 후 채혈 등을 통하여 음주수치가 밝혀졌다 하더라도 음주측정거부죄로만 처벌해야 하고, 음주측정거부 외에 주취운전을 추가로 처벌할 수는 없다고 판단하여, 이 사건 공소사실 중 음주측정거부의 점만을 유죄로 처단하고 주취운전의 점에 대하여는 무죄를 선고했다.

2. **그러나 위와 같은 원심의 판단은 다음에서 보는 바에 비추어 수긍하기 어렵다.**

가. 도로교통법 제107조의2 제2호의 음주측정불응죄는 술에 취한 상태에 있다고 인정할 만한 상당한 이유가 있는 사람이 같은 법 제41조 제2항의 규정에 의한 경찰공무원의 측정에 응하지 아니한 경우에 성립하는 것으로서, 당초 도로교통법 제41조 제2항은 “경찰공무원은 교통안전과 위험방지를 위하여 필요하다고 인

정하는 때에는 운전자가 술에 취하였는지의 여부를 측정할 수 있으며, 운전자는 이러한 경찰공무원의 측정에 응해야 한다"고 규정되어 있다가 1995. 1. 5.자 개정에 따라 같은 조 제1항의 규정에 위반하여 술에 취한 상태에서 자동차 등을 운전하였다고 인정할 만한 상당한 이유가 있는 때까지 포함하도록 개정되었는바, 위 조항의 규정 취지 및 입법 연혁 등을 종합하여 보면, ① 주취운전은 이미 이루어진 도로교통안전침해만을 문제 삼는 것인 반면 음주측정거부는 기왕의 도로교통안전침해는 물론 향후의 도로교통안전 확보와 위험 예방을 함께 문제 삼는 것이고, ② 나아가, 주취운전은 도로교통법시행령이 정한 기준 이상으로 술에 '취한' 자가 행위의 주체인 반면, 음주측정거부는 술에 취한 상태에서 자동차 등을 운전하였다고 인정할 만한 상당한 이유가 있는 자가 행위의 주체인 것이어서, 결국 양자가 반드시 동일한 법익을 침해하는 것이라거나 주취운전의 불법과 책임내용이 일반적으로 음주측정거부의 그것에 포섭되는 것이라고는 단정할 수 없다.

나. 원심은 음주측정거부 후에 음주수치가 확인되는 경우가 끝까지 음주측정을 거부하는 경우보다 비난가능성이 높다고 할 수 없음에도 불구하고 그 처단형이 경합범 가중으로 인하여 더 높아지게 되어 불합리하다는 점을 그 논거의 하나로 내세우고 있다. 그러나 ① 우리 형사소송법에 의하더라도 음주측정을 거부한 사람에 대하여 법원의 감정처분허가장 등을 발부 받아 강제로 혈액을 채취한 다음 그 혈액을 의사로 하여금 감정하게 하는 방법으로 혈중알코올농도를 측정하지 못할 이유는 없으며, 교통경찰관들이 음주측정을 거부하는 운전자들에 대하여 강제채혈을 하지 않고 음주측정거부로만 의율하는 것은 어디까지나 우리 형사소송법이 강제채혈에 관련된 명시적 규정을 따로 두지 아니하고 있는 데서 오는, 절차적인 불명확함이나 번거로움, 시·공간적 제약 등에서 비롯되는 실무 관행일 뿐이므로, 원심이 지적하는 처단형의 불균형이란 결국 위와 같은 실무 여건으로 말미암아 생길 수 있는 극히 예외적인 현상으로서 이를 이유로 내세워 도로교통법위반(주취운전)죄의 성립 자체를 부인함은 사리에 맞지 않고, ② 오히려 음주측정거부의 주체는 술에 취한 상태에 있다고 인정할 만한 상당한 이유가 있는 사람일 뿐, 반드시 술에 취한 상태에 있는 사람이 아니므로, 예를 들어 술에 취한 상태에서 운전을 하였다고 인정할 만한 상당한 이유가 있는 두 사람의 운전자들이 각각 음주측정거부를 하였다가, 사후에 혈액을 채취하여 감정한 결과, 한 사람은 적발 당시의 혈중알코올농도가 기준(0.05%)에 미달하는 것으로 드러나고 다른 사람은 이를 초과하는 것으로 드러나더라도, 원심의 논리를 따르자면 두 사람 모두 음주측정거부로만 처벌할 수밖에 없어 오히려 비난가능성과 처단형이 균형을 이루지 못하게 되며, ③ 특히 이 사건의 경우 피고인은 일단 음주측정을 거부한 후 혹시 채혈 감정한 결과 혈중알코올농도가 0.05%에 미달하면 처벌이 감면될지도 모른다고 착각한 나머지 채혈검사를 요구하였는바, 이는 음

주측정거부행위를 뉘우친 것이 아니어서 비난가능성의 경중에 관한 원심의 논리는 이 사건의 실제 내용과는 무관한 일반론에 근거한 것이고 구체적 타당성이 결여되어 있다. 결국, 위와 같은 원심의 견해는 범죄의 성립요건으로서의 책임과 양형의 기초로서의 책임을 혼동한 것이어서 받아들이기 어렵고, 원심이 지적한 문제점은 선고형량을 정하는 과정에서 충분히 해소될 수 있는 것이다.

다. 결국, **주취운전**과 **음주측정거부**의 각 도로교통법위반죄는 실체적 경합관계에 있는 것으로 보아야 함에도 불구하고 원심은 위 두 죄의 죄수관계에 관한 법리를 오해하여 이와 다른 판단을 함으로써 판결에 영향을 미쳤으므로, 검사가 이 점을 지적하여 상고이유로 내세운 주장은 이유 있다.

3. 결국, 원심판결의 위 무죄 부분을 파기하고, 그 부분의 사건을 원심법원에 환송하기로 하여 주문과 같이 판결한다.」[1248)]

[33] 성범죄

제297조(강간) 폭행 또는 협박으로 사람을 강간한 자는 3년 이상의 유기징역에 처한다.

제297조의2(유사강간) 폭행 또는 협박으로 사람에 대하여 구강, 항문 등 신체(성기는 제외한다)의 내부에 성기를 넣거나 성기, 항문에 손가락 등 신체(성기는 제외한다)의 일부 또는 도구를 넣는 행위를 한 사람은 2년 이상의 유기징역에 처한다.

제298조(강제추행) 폭행 또는 협박으로 사람에 대하여 추행을 한 자는 10년 이하의 징역 또는 1천500만원 이하의 벌금에 처한다.

1. 강간죄

가. 폭행 또는 협박으로 사람을 강간하는 것이다(**형법 제297조**). 따라서 남자, 여자, 처 모두가 본죄의 객체가 된다.

▶ 「강간죄의 객체인 '부녀'에는 법률상 처가 포함되고, 혼인관계가 파탄된 경우뿐만 아니라 혼인관계가 실질적으로 유지되고 있는 경우에도 남편이 반항을 불가능하게 하거나 현저히 곤란하게 할 정도의 폭행이나 협박을 가하여 아내를 간음했다면 강간죄가 성립한다.」[1249)]

1248) 대법원 2004. 11. 12, 선고 2004도5257 판결.

나. 강간죄에서 요구되는 폭행·협박은 상대의 반항을 불가능 또는 현저히 곤란하게 하는 정도의 폭행·협박을 의미한다(**최협의의 폭행·협박**).[1250] 절대적 폭력(물리적 폭력), 강압적 폭력(의사적 폭력)을 포함한다. 마취제나 수면제를 음료수에 혼입하여 피해자로 하여금 마시고 의식을 잃게 한 것은 절대적·물리적 폭력에 해당하여 이 즉시 강간죄의 실행에 착수한 것이다.[1251]

폭행·협박의 내용과 정도, 유형력을 행사하게 된 경위, 피해자와의 관계, 성교 당시와 그 후의 정황 등 모든 사정을 종합하여 강간이 맞는지를 판단한다.[1252] 따라서 사후적으로 보아 피해자가 성교 이전에 범행 현장을 벗어날 수 있었다거나 피해자가 사력을 다하여 반항하지 않았다는 사정만으로 가해자의 폭행·협박이 피해자의 항거를 현저히 곤란하게 할 정도에 이르지 않았다고 섣불리 단정해서는 안 된다.[1253]

무죄를 선고한 원심을 뒤집고, 유죄를 선고한 사례 1.

▶ 「1. **원심의 판단**

원심은, 이 사건 **공소사실에 부합하는 피해자의 진술은** 피고인이 노래방의 방실 밖으로 나간 일이 있음에도 피해자가 그대로 머물러 있었던 점, 피고인이 피해자를 때리거나 위협적인 말로 협박하지는 않았던 것으로 보이는 점, 피해자가 그녀의 옷이 벗겨진 경위에 관하여 다소 일관성 없게 진술하고 있는 점, 피해자의 주장대로 피고인이 양손이나 몸으로 피해자의 어깨부위를 강하게 눌렀다면 피해자의 어깨부위 등에 멍이 드는 등 상당한 정도의 상해를 입었을만한데 그와 같은 상처가 없는 점, 성행위 당시 피해자가 몸을 일으켜 그 장소를 탈출하려고 하거나 소리를 질러 구조를 요청하는 등 적극적으로 반항한 흔적을 찾아볼 수 없는 점, 피해자가 피고인의 성기를 잡거나 피고인이 성기를 피해자의 입 안에 넣었을 때 피해자로서는 보다 적절하게 피고인에게 대항하여 그 자리를 모면할 수 있었을 것으로 보임에도 그와 같이 행동하지 않은 점, 공소외 1, 공소외 2가 이 사건 노래방에 들어와서 성교가 중단되었을 당시 피해자가 공소외 1 등에게 피고인으로부터 강간을 당하였다고 말하지 않았던 점 등에 비추어 **그대로 믿기**

1249) 대법원 2013. 5. 16, 선고 2012도14788 판결.

1250) 대법원 2007. 1. 25, 선고 2006도5979 판결.

1251) 이재상·장영민·강동범, 형법각론, 제10판 보정판, 박영사, 2017, 163－164면; 김일수·서보학, 새로쓴 형법각론, 제9판, 박영사, 2018, 133면.

1252) 대법원 1992. 4. 14, 선고 92도259 판결; 대법원 2004. 6. 25, 선고 2004도2611 판결; 대법원 2007. 1. 25, 선고 2006도5979 판결.

1253) 대법원 2005. 7. 28, 선고 2005도3071 판결; 대법원 2012. 7. 12, 선고 2012도4031 판결.

어렵거나 그것만으로는 항거를 불가능하게 하거나 현저히 곤란하게 할 정도의 폭행·협박을 받았다고 인정하기에 부족하고, 공소외 1, 공소외 2, 공소외 3의 진술은 성교 후의 정황에 관한 것이거나 피해자로부터 피고인에게 강간을 당하였다는 말을 전해 들었다는 것에 불과하며, 피해자가 입었다는 외음부찰과상, 외음부습진은 다른 원인에 의하여도 발생할 수 있는 것이어서 피고인과의 이 사건 성관계로 인하여 발생한 것이라고 단정할 수도 없다는 이유로, 이 사건 공소사실에 관하여 무죄를 선고한 제1심판결을 유지했다.

2. 이 법원의 판단

강간죄가 성립하기 위한 가해자의 폭행·협박이 있었는지 여부는 그 폭행·협박의 내용과 정도는 물론 유형력을 행사하게 된 경위, 피해자와의 관계, 성교 당시와 그 후의 정황 등 모든 사정을 종합하여 피해자가 성교 당시 처하였던 구체적인 상황을 기준으로 판단해야 하며, 사후적으로 보아 피해자가 성교 이전에 범행 현장을 벗어날 수 있었다거나 피해자가 사력을 다하여 반항하지 않았다는 사정만으로 가해자의 폭행·협박이 피해자의 항거를 현저히 곤란하게 할 정도에 이르지 않았다고 **섣불리 단정하여서는 안 된다.**

기록에 의하면, **피해자는** 이른바 노래방 도우미로서, "피고인 운영의 노래방에 와서 피고인 및 그 일행들의 유흥을 돋우는 일을 하다가 피고인의 일행들이 먼저 귀가한 후 1시간 더 연장하자는 피고인의 요청에 따라 피고인과 단둘이 노래방에 있던 중, 피해자가 울면서 하지 말라고 하고 '사람 살려'라고 소리를 지르는 등 반항하였음에도, 피고인이 피해자를 소파에 밀어붙이고 양쪽 어깨를 눌러 일어나지 못하게 하는 등으로 피해자의 반항을 억압하고는 피고인의 성기를 피해자의 음부에 삽입했다."고 **일관되게 진술**하고 있는바, 위와 같은 피해자의 진술은 피고인이 강간범의를 확정적으로 드러내기 이전에 피해자가 노래방에서 벗어날 기회가 있었다거나 옷이 벗겨진 구체적인 경위를 기억하지 못한다는 것만으로 **쉽사리 배척할 수 있는 내용이 아닐 뿐만 아니라,** 공소외 1, 공소외 2, 공소외 3은 "이 사건 후 노래방에 갔더니 피해자가 울면서 옷을 입고 있었고, 그 후 피고인은 '술 한 잔 먹고 실수를 하였다, 미안하다'고 하면서 피해자에게 그녀가 요구하는 금원의 일부를 지급할 의사를 표시하기도 했다."고 진술하여 피해자 진술의 신빙성을 **뒷받침하고 있다. 그렇다면 이 사건 공소사실에 부합하는 피해자의 진술은 신빙성이 있고,** 그에 의하여 인정되는 사실을 위의 법리에 비추어 살펴보면 **피해자가 당시 피고인과 단둘이 노래방 안에 있었던 점을 고려**할 때 피고인의 폭행으로 인하여 피해자는 항거하기 현저히 곤란한 상태에 이르렀던 것으로 봄이 상당하다.

또한, 비록 피해자의 외음부찰과상, 외음부습진이 일반적으로는 강간행위 이외의 원인에 의하여서도 생길 수 있는 것이기는 하지만, 피해자의 진술에 의하면

이 사건 발생 후 너무 아파서 잠을 자지 못하여 이 사건 당일 바로 치료를 받은 결과 외음부찰과상 등으로 진단되었다는 것이고, 다른 원인에 의하여 발생한 것이라고 의심할 만한 자료도 없는 이상, 피해자의 외음부찰과상 등은 이 사건 범행으로 인하여 입은 것이라고 할 것이다.

그럼에도 이와 견해를 달리하여 이 사건 공소사실을 무죄로 본 원심의 판단은 **채증법칙을 위반**하였거나[1254] 강간치상죄의 성립에 관한 법리를 오해한 위법이 있고, 이를 지적하는 검사의 상고이유의 주장은 이유 있다.」[1255]

무죄를 선고한 원심을 뒤집고, 유죄를 선고한 사례 2.

▶ 「1. **원심의 판단**

가. 이 사건 공소사실의 요지는, 피고인과 피해자는 '(동호회 명칭 생략)밴드' 동호회 회원인바, 2010. 12. 23.(아래에서 보는 바와 같이 이 사건 발생일은 2010. 12. 24.로, 2010. 12. 23.은 오기로 보인다) 02:30경 양주시 덕계동 (이하 생략) 노상에 주차된 피고인 운전의 소울(Soul) 승용차 안에서, 동호회 회식 후 귀가하기 위해 위 승용차의 뒷좌석에 앉아 있던 피해자를 간음하기로 마음먹고, 손으로 피해자의 온몸을 만지며 입맞춤을 하고, 피해자가 이에 저항하자 양손으로 피해자의 어깨를 눌러 옆으로 눕혀 항거 불능케 한 다음 피해자의 바지와 속옷을 벗기고 1회 간음하여 피해자를 강간하였다는 것이다.

나. 원심판결 이유에 의하면, 원심은 그 채용 증거를 종합하여 판시와 같은 사실을 인정한 다음, ① 피해자는 이 사건 성관계 당시 피고인이 피해자의 어깨를 눌러 옆으로 눕히고 팬티를 억지로 내리는 유형력을 행사한 외에 폭행 또는 협박을 가한 사실은 없다고 진술하고 있는 점, ② 이 사건 성관계가 피고인의 소형 승용차 뒷좌석의 좁은 공간에서, 피고인이 피해자의 핫팬츠와 팬티를 완전히 벗기지 않고 종아리까지만 내린 상태에서 이루어졌다는 점에 비추어 당시 피해자가 피고인의 차량 문을 열거나 몸을 움직이는 등의 행동만 하였어도 피고인에

1254) **원심은 피해자 진술을 믿지 않았으나, 대법원은 신빙성을 부여하여 결론을 뒤집었다. 그러나 아래 대법원의 태도를 보면 이 같은 경우는 예외적인 것으로 이해해야 한다.**

"우리 형사소송법이 채택하고 있는 실질적 직접심리주의의 정신에 비추어, 항소심으로서는 제1심 **증인이 한 진술의 신빙성 유무**에 대한 제1심의 판단이 항소심의 판단과 다르다는 이유만으로 이에 대한 **제1심의 판단을 함부로 뒤집어서는 아니 된다** 할 것이나, 제1심 증인이 한 진술의 신빙성 유무에 대한 제1심의 판단이 명백하게 잘못되었다고 볼 특별한 사정이 있거나, 제1심의 증거조사 결과와 항소심 변론종결시까지 추가로 이루어진 증거조사 결과를 종합하면 제1심 증인이 한 진술의 신빙성 유무에 대한 제1심의 판단을 그대로 유지하는 것이 현저히 부당하다고 인정되는 예외적인 경우에는 그러하지 아니하다 할 것이다."(대법원 2006. 11. 24, 선고 2006도4994 판결; 대법원 2008. 5. 29, 선고 2007도5711 판결; 대법원 2009. 1. 30, 선고 2008도7462 판결)

1255) 대법원 2005. 7. 28, 선고 2005도3071 판결.

의한 일방적인 성관계가 쉽게 이루어지지는 않았을 것으로 보이는 점, ③ 피고인 차량이 주차되어 있던 장소는 횡단보도와 육교가 접한 대로변으로 주변에 늦게까지 영업하는 상가가 있고 차량의 통행도 있었으며 피고인과 피해자가 수년 전부터 알고 지내던 사이로 피해자가 성적인 자기방어를 포기할 정도의 심리적 억압상태에 있었다고 보이지는 않는 점, ④ 이 사건 성관계 당시에 피해자로서는 피고인과의 성관계가 주변에 알려지는 것이 두려웠던 것으로 보이기는 하나, 피해자가 강간에 대한 반항을 완전히 포기할 정도의 심리적 항거불능 상태에까지 이르렀는지 또는 성관계 당시 이를 용인하는 이외의 다른 행위를 기대할 수 없는 상태였는지 여부에 관해서는 여전히 의문이 제기되는 점, ⑤ 한편 **피고인이 수사기관에서부터 제1심법정에 이르기까지 이 사건 공소사실을 인정한다는 취지의 진술을 한 사실은 있으나, 피고인이 인정한 내용은 피해자의 의사에 반하여 간음하였다는 사실에 관한 것일 뿐** 피고인이 피해자를 폭행·협박하였다는 사실까지 인정한 것으로 보이지는 않는 점 등 이 사건 유형력 행사의 정도나 그 경위, 범행 당시 정황이나 주변 상황, 피해자와의 관계 등을 종합하여, 피고인이 피해자의 명시적 의사에 반하여 위력을 행사하여 간음한 것은 사실이나 더 나아가 그러한 유형력의 행사로 인하여 반항을 못하거나 반항하는 것이 현저하게 곤란하게 할 정도에 이르렀다는 점이 합리적 의심이 없을 정도로 증명되었다고 보기 어렵다는 이유로, 제1심의 유죄판결을 파기하고 무죄를 선고했다.

2. 대법원의 판단

그러나 원심의 위와 같은 판단은 다음과 같은 점에서 수긍하기 어렵다.

가. 강간죄가 성립하기 위한 가해자의 폭행·협박이 있었는지 여부는 그 폭행·협박의 내용과 정도는 물론 유형력을 행사하게 된 경위, 피해자와의 관계, 성교 당시와 그 후의 정황 등 모든 사정을 종합하여 피해자가 성교 당시 처하였던 구체적인 상황을 기준으로 판단해야 하며, 사후적으로 보아 피해자가 성교 전에 범행 현장을 벗어날 수 있었다거나 피해자가 사력을 다하여 반항하지 않았다는 사정만으로 가해자의 폭행·협박이 피해자의 항거를 현저히 곤란하게 할 정도에 이르지 않았다고 섣불리 단정하여서는 안 된다.[1256]

나. 기록에 의하면, ① 피고인과 피해자는 밴드동호회 회원들로서 2010. 12. 23. 동호회 활성화 등을 위한 연말 회식을 하면서 2차로 양주시 덕계동 (지번 생략) 상가건물에 있는 밴드연습실에서 다른 동료들과 함께 술을 마신 사실, ② 2010. 12. 24. 새벽 2시경 술자리를 마치며 피해자가 집으로 돌아가려 하자 피고인은 대리기사를 불러 자신의 차량으로 피해자를 데려다 주겠다면서 피해자를 밴드연습실 앞 노상에 주차되어 있던 피고인의 승용차 뒷좌석에 태운 사실, ③

1256) 대법원 2005. 7. 28, 선고 2005도3071 판결.

그런데 피고인은 실제로는 대리기사를 부르지 않았고 대리기사를 기다린다며 차량 뒷좌석에 있는 피해자 옆에 타고는 피해자를 껴안으려 한 사실, ④ 피해자는 피고인을 밀치면서 억지로 껴안는 것이 싫다고 얘기한 사실, ⑤ 그럼에도 피고인은 이를 무시하고 '억지로 하는 것이 뭔지 보여주겠다'고 하면서 손으로 피해자의 얼굴을 잡고 억지로 키스를 하고, 온 몸을 만지고 피해자의 어깨를 잡고 옆으로 눕힌 사실, ⑥ 피고인이 피해자의 치마를 걷어 올리고 그 안에 입은 핫팬츠를 벗기려고 하자 피해자는 옷을 벗기지 못하도록 버티면서 하지 말라고 울면서 애원한 사실, ⑦ 그럼에도 피고인은 강제로 피해자의 핫팬츠와 팬티를 내린 후 피해자를 간음한 사실, ⑧ 피고인은 키 175㎝, 몸무게 70㎏의 건장한 체격의 성인 남성인 데 비하여 피해자는 키 158㎝, 몸무게 51㎏ 정도에 불과하여 체격의 차이가 크고, 당시 술에 취한 상태인 피해자가 좁은 차량 안에서 피해자를 잡고 있던 피고인을 벗어나기는 어려웠던 사실, ⑨ 이 사건 차량이 대로변에 있다고 하여도 당시 주변에는 차량이나 다니는 사람이 없었고(수사기록 101쪽) 새벽 2시 30분경의 추운 날씨에 입고 있던 핫팬츠와 팬티가 종아리까지 벗겨져 있는 상태에서 피해자가 피고인을 물리치고 피고인의 차량 문을 열고 뛰쳐나가기는 쉽지 않은 상황이었던 사실, ⑩ 피고인이 이 사건 범행 후 자신의 차량을 운전하여 피해자의 집에 데려다 주면서 친근감을 표현하는 말을 하였지만 피해자는 단순히 '알았다'는 말만 하고 뒷좌석에 그대로 앉아 있었던 사실, ⑪ 피해자는 이 사건 당일 아침 곧바로 밴드동호회 리더인 공소외인에게 밴드를 그만두겠다는 문자메시지를 보냈고, 그 메시지를 보고 전화를 한 공소외인에게 '피고인이 강제적으로 성관계를 했다'는 취지의 얘기를 한 사실, ⑫ 피고인이 같은 날 피해자에게 '밴드를 그만두지 마라, 자신이 잘못했다'는 취지의 문자메시지를 보내자, 이에 대해 피해자는 '나도 그만두지(기) 싫어서 지금까지 참고 그리고 오빠 믿고서 나간 거야~ 성폭행당한 여자가 그 사람 얼굴을 어떻게 봐~ 내가 밴드 다 포기할 테니까 이제 더 이상 생각나지 않게 해줘~ 제발 부탁이야', '내가 울면서 하지 말라고 했는데 내가 싫다고 하는데도 힘으로 막 했잖아~ 그게 성폭행이지~ 억지로 막 했잖아~ 당하는 내 심정은 생각해봤어? 내가 왜 그런 대우를 받아야 하는데? 내 의지는 완전히 무시됐잖아~ 앞으로 어떻게 살아야할지 모르겠어~'라는 메시지를 피고인에게 보내 전날의 피고인의 행위에 대하여 **강력하게 항의**한 사실, ⑬ 피고인도 계속 피해자의 **용서를 구하는 문자메시지**를 보낸 사실, ⑭ 피해자는 2010. 12. 26. '생각 같아서는 경찰에 신고하고 싶어~ 어떻게 할지 지금 고민 중이야'라는 문자를, 2010. 12. 28.에는 '그만한 각오도 없이 그런 일을 벌이다니~ 그날 나는 이러다 죽는 게 아닌가 하고 얼마나 무서웠고~ 지금까지 일도 제대로 못하고 있어~ 잠도 못자고~'라는 내용의 문자를 보낸 사실, ⑮ 그러나 피해자는 주변 사람들이 피고인과의 성교 사실을 알게 되는 것이 두려워 어떠한 조치도 취하지 못하던 중 위 성교로 인해 자궁외임신이 되고 급기야 2011. 2. 1. 복강경하 좌측 나팔관절제술을 받게 되자, 2011. 2. 13. 피해자의 주거지나 직장과는 동떨어진 성북경찰서에 가 피고인을 강간죄로 고소한 사실 등을 인정할 수 있는바, 이와 같이 **피고인이 피해자에게 대리기사를 불러 집으로 데려다 주겠다고 하며 피해자를 피고인의 차량 뒷좌석에 태운 후 간음을 하게 된 경위, 피고인과 피해자의 체격, 피해자가 처해 있던 상황, 피해시간, 피고인과 피해자와의 관계, 성교 당시의 상황, 성교 이후의 피해자의 피고인에 대한 행동 등 제반 사정을 종합**하여 보면, 피고인은 피해자의 의사에 반하여 피해자의 반항을 억압하거나 현저하게 곤란하게 할 정도의 유형력을 행사하여 피해자를 강간하기에 이르렀다고 보기에 충분하다.

그럼에도 불구하고, 원심은 수사기관 및 제1심 법정에서 강간의 공소사실을 자백한 피고인이 원심에 이르러 피해자와의 합의에 의한 성관계라고 범행을 부인하자 별다른 심리도 없이 피고인이 피해자의 항거를 불능하게 하거나 현저히 곤란하게 할 정도의 유형력을 행사하였다고 볼 수 없다면서 이 사건 공소사실이 범죄의 증거가 없는 경우에 해당한다고 하여 무죄를 선고하고 말았는바, 이는 심리를 제대로 하지 아니한 채 논리와 경험의 법칙에 반하여 자유심증주의의 한계를 벗어나거나 강간죄에 있어서의 폭행·협박의 정도에 관한 법리를 오해하여 판단을 그르친 것이다.」[1257)]

다. 심리의 주요 요소

강간죄 재판에서 주된 심리는 폭행·협박이 존재했는지, 그로 인해 피해자의 항거가 불가능했거나 현저히 곤란하게 된 것인지에 대한 것이다. 두 가지 사정 모두에 대해 상세한 심리를 하지 않을 경우 심리미진으로 인한 사실오인의 위법을 저지를 수 있다. 따라서 성관계에 이르게 된 경위, 성관계 당시의 여러 사정, 성관계 직후의 관계, 고소의 사정을 상세히 심리해야만 한다.

무죄 사례 1.

▶「…(전략) **그러나 원심이 피고인에 대한 이 사건 공소사실을 모두 유죄로 인정한 제1심판결을 그대로 유지한 조치는 다음과 같은 이유로 이를 수긍하기 어렵다.**

강간죄가 성립하려면 가해자의 폭행·협박은 피해자의 항거를 불가능하게 하

1257) 대법원 2012. 7. 12, 선고 2012도4031 판결.

거나 현저히 곤란하게 할 정도의 것이어야 하고, 그 폭행·협박이 피해자의 항거를 불가능하게 하거나 현저히 곤란하게 할 정도의 것이었는지 여부는 그 폭행·협박의 내용과 정도는 물론 유형력을 행사하게 된 경위, 피해자와의 관계, 성교 당시와 그 후의 정황 등 모든 사정을 종합하여 판단해야 한다.[1258]

원심이 유지한 제1심 판결은, 피고인의 법정진술, 피고인에 대한 검찰 및 경찰에서의 피의자신문조서, 피해자 공소외 1에 대한 경찰 진술조서, 피해자 공소외 1의 아버지 공소외 2 작성의 고소장을 종합하여 이 사건 공소사실을 유죄로 인정하고 있는바, 우선 공소외 2 작성의 고소장은 '피고인이 피해자를 2회에 걸쳐 강간한 것에 대하여 처벌해 달라.'는 취지로서 위 공소외 2가 범행현장을 직접 목격하거나 경험한 사실을 기재한 것이 아니며, 피고인의 제1심 법정에서의 진술은 '피해자의 동의를 구하지 아니하고 성행위를 하였지만 거세게 반항을 한 것이 아니었으므로 누르거나 억압을 할 필요가 없었고 피해자를 폭행한 사실이 없다.'는 취지로서 강간범행을 자백하는 취지의 진술로 볼 수는 없으므로, 위 증거들은 이 사건 공소사실을 인정하기 위한 증거로 삼기에는 부족하다 할 것이어서, 나머지 증거들인 피해자 공소외 1에 대한 경찰 진술조서와 피고인에 대한 검찰 및 경찰 피의자신문조서에 의하여 이 사건 공소사실을 인정할 수 있는지에 관하여 살펴본다.

먼저 사법경찰리 작성의 피해자 공소외 1에 대한 진술조서(수사기록 13~19면)를 보면, 피해자 공소외 1은 "피고인과는 2004. 1. 6. 인터넷 채팅방인 '◈◆◈◆'에서 종교에 관한 이야기를 하면서 알게 되어 1. 14.까지 채팅을 통하여 고민상담을 하면서 친하게 되었는데 피고인이 1. 15. 채팅만 하지 말고 만나서 이야기하자고 하기에 겁이 나서 거절했는데 1. 16. 생일에 어머니와 할머니로부터 잔소리와 꾸중을 듣고 울적한 기분에 피고인과 채팅을 하다가 만나기로 하여 1. 17. 집 근처에 있는 PC방에서 만나게 되었다. 피고인이 1. 18. 00:00가 조금 넘어 면목동에 있는 비디오방으로 데리고 들어가 홍콩영화를 틀어주기에 영화를 보면서 누워 졸고 있는데 피고인이 갑자기 '우리 뭐 하자.'고 하면서 바지를 강제로 벗기려고 하여 너무 놀라 일어서서 나가려고 하니까 피고인이 끌어다가 눕히더니 강제로 바지를 벗기고 그 짓을 했다. 1. 18. 07:00경 비디오방에서 나와 피고인과 함께 PC방으로 가서 피고인이 게임하는 것을 2시간가량 보다가 피고인의 제의로 피고인이 근무하는 회사 숙직실로 함께 가서 쪼그려 자고 있는데 피고인이 다시 바지를 강제로 벗기더니 비디오방에서 한 것처럼 강간을 했다. 그 후 1. 18. 14:00경 인근 미장원에 가서 피고인이 (피해자의) 머리손질을 하게 했고, 면목동에 있는 PC방으로 갔으며, 그 후로도 집에 들어가려고 하니 너무 억울하고

1258) 대법원 1999. 9. 21, 선고 99도2608 판결; 대법원 2001. 2. 23, 선고 2000도5395 판결.

창피한 생각이 들어 무작정 따라다녀 보고 싶은 생각이 들어 계속 같이 다니면서 PC방과 목욕탕을 돌아다니다가 1. 20. 오전에 집으로 돌아갔다. 강간할 당시 피고인이 위험한 물건이나 흉기로 협박한 사실은 없었고, 힘으로 누르고 인상을 쓰면서 미친 사람처럼 강간했다."고 진술하고 있다.

다음으로 사법경찰리 작성의 피고인에 대한 피의자신문조서(수사기록 20~27면)를 보면, 피고인은 "비디오방에서 처음 강간할 당시에는 피해자가 피고인을 믿고 따라왔는데 피고인이 짐승처럼 그런 행동을 하니 엄청 놀라 강하게 반항하였으나 피고인이 힘으로 꼼짝 못하게 하고 비디오방의 긴 소파에 눕힌 후 피해자의 바지를 강제로 벗기고 강간했다. 회사 숙직실에서도 같은 방법으로 강간했다. 강간할 당시 위험한 물건이나 흉기로 위협하거나 폭행하지는 않았고, 단지 피고인이 너무 흥분하여 위협하듯이 인상만 썼다."고 진술하고 있고, **검사 작성의 피고인에 대한 피의자신문조서(수사기록 36~44면)를 보면,** 피고인은 "피해자를 만나 PC방에서 게임을 하다가 집으로 돌려보내려고 하였으나 집에 들어가지 않는다고 하여 비디오방으로 가게 되었는데, 비디오방에서 갑자기 욕정이 생겨 피해자의 가슴을 만지자 피해자가 '하지 마라.'고 하면서 손을 뿌리쳤으나, 피고인이 '야, 우리하자.'고 말하였더니 피해자가 아무 말도 하지 않고 소파에 기대어 누워 있어 피고인이 피해자의 위로 올라간 뒤 강제적으로 바지를 벗기려고 하자 피해자가 너무 놀라 피고인을 밀치며 비디오를 계속 보라고 하였으나 욕정을 참지 못하고 피해자를 꼼짝 못하게 한 뒤 강제적으로 피해자의 바지를 벗기고 강간을 했다. 회사 숙직실에 온 뒤에도 피해자가 누워있는 모습을 보고 피해자에게 다가가 '하자'고 하였더니 아무런 대답을 하지 않아 팬티바람으로 자고 있던 피해자에게 다가가 옷을 벗고 위로 올라가 강제로 성관계를 맺었다. 그 후 함께 지내다가 1. 20. 오후에 택시를 태워 피해자를 집으로 보내주었다."고 진술하고 있다.

이와 같이 피해자와 피고인의 진술에 의하여 인정되는 피고인이 피해자를 간음하게 된 경위, 피고인과 피해자의 관계, 간음 당시의 정황 및 그 이후 피고인과 피해자의 행적 등 모든 사정을 종합하여 보면, 피고인은 피해자의 의사에 반하는 정도의 유형력을 행사하여 피해자를 간음한 것으로 볼 여지는 있으나, 더 나아가 그 유형력의 행사로 인하여 피해자가 반항을 못하거나 반항을 현저하게 곤란하게 할 정도에까지 이르렀다는 점에 대하여는 합리적인 의심이 없을 정도로 증명이 되었다고 보기는 어렵다 할 것이므로, 사정이 이와 같다면 **원심으로서는 피해자를 증인으로 신문하는 등 피고인이 피해자와 성관계를 맺기 전후의 사정을 자세히 심리하여 본 후 피고인이 피해자의 항거를 현저하게 곤란하게 할 정도의 유형력을 행사하였는지에 관하여 판단하였어야** 할 것임에도 불구하고 위와 같이 강간범행을 인정하기에는 불충분한 증거들만으로 이 사건 공소사실을 유죄로 인정한 제1심판결을 유지하고 말았으니 이러한 원심판결에는 심리를 제대로 다하지 아니하였거나 채증법칙에 위반하여 사실을 오인하여 판결 결과에 영향을 미친 위법이 있다 할 것이다. 이 점을 지적하는 상고이유의 주장은 이유 있다.」[1259)]

무죄 사례 2.

▶「1. 원심판결 이유에 의하면, 원심은, 피고인이 1999. 1. 22. 01:30경 도로상에 주차한 승용차 조수석에서 함께 타고 간 다방종업원인 피해자(여, 19세)에게 성관계를 요구하며 옷을 벗으라고 하였으나 거절하자 심한 욕설을 하며 조수석으로 넘어가 의자를 뒤로 젖혀 피해자를 눕히고 피고인의 무릎으로 피해자의 허벅지를 내리눌러 반항을 억압한 다음 상, 하의를 벗기고 간음한 사실을 인정하고, 이를 강간죄로 다스린 제1심판결을 유지하고 있는바, 그 사실인정 과정을 보면, 피해자의 진술을 가장 유력한 증거로 삼고 있음이 분명하다.

2. **그러나 이러한 원심의 사실인정과 판단은 수긍하기 어렵다.**

…(중략) 강간죄가 성립하려면 가해자의 폭행, 협박은 피해자의 항거를 불가능하게 하거나 현저히 곤란하게 할 정도의 것이어야 하고, **그 폭행, 협박이 피해자의 항거를 불가능하게 하거나 현저히 곤란하게 할 정도의 것이었는지 여부**는 그 폭행, 협박의 내용과 정도는 물론, 유형력을 행사하게 된 경위, 피해자와의 관계, 성교 당시와 그 후의 정황 등 모든 사정을 종합하여 판단해야 할 것이다.[1260)]

…(중략) 그러나 유○○의 경찰 진술을 보더라도, 피해자가 여관에 왔다가 나갈 때까지 피고인에게 두려움을 느끼는 것으로는 보이지 않았고(수 18쪽), 피고인이 203호실에서 피해자를 뒤따라 내려와 여관 내실에 들어가 있는 피해자에게 여관방에 올라가 자고가라고 말하고, 피고인이 아침에 데려다 주겠다는 말을 한 것 외에 달리 피해자를 협박하거나 행패를 부린 일이 없고, 피해자가 자신을 데리러 온 남자 친구의 승용차를 타고 간 뒤 피고인도 그대로 여관을 나갔다는 것이며(수 17쪽), 제1심 증언을 보면, 여관방에서 카운터로 내려온 피해자가 뒤따라 온 피고인에게 돈 이야기를 비치면서 피고인이 염치가 없을 정도로 말을 했고, 피해자를 데리러 온 차량이 여관 앞에 도착하자 피고인에게 다시 욕설을 하면서 여관을 나갔으며(공판기록 89쪽, 이하 '공 몇 쪽'이라고 표시한다.), 피해자가 여관에 들어오면서부터 나갈 때까지 두려워하거나 긴장한 것 같지는 않았고, 오히려 피해자는 화가 난 상태이고 피고인은 말을 제대로 하지 못하였다는 것이

1259) 대법원 2004. 6. 25, 선고 2004도2611 판결.
1260) 대법원 1992. 4. 14, 선고 92도259 판결.

고(공 90쪽), 원심 증언을 보면, 피해자가 내실에서 자신을 데려가 달라고 전화하여 차량이 도착하자 여관을 나가면서 피고인에게 창피를 주는 내용의 욕설을 했고(공 242쪽), 피고인이 피해자가 여관방에서 나가지 못하게 하거나, 내실로 들어가지 못하게 하거나, 또는 여관을 나가지 못하게 하는 등의 행동을 한 사실이 없으며(공 241, 242쪽), 피해자가 여관에 들어올 때 머리나 옷매무새가 흐트러지지 않았고(공 242쪽), 피해자가 먼저 여관에 걸어 들어오고 피고인이 잠시 후 따라 들어왔는데, 피해자가 도망갈 수 없을 정도로 급박한 상황이 아니고 도망가려면 충분히 도망갈 수 있었다는 것이다(공 243쪽).

…(중략) 피해자는 정읍시에 있는 다방에 종업원으로 있으면서 이 사건 범행 전일 23:20경 같은 시에 있는 가요주점에서 피고인으로부터 쌍화차 2잔을 주문받아 배달 갔다가(수 7, 8, 135쪽), 피고인으로부터 1만원을 받아 쌍화차 2잔 값 8,000원을 제하고 2,000원을 거슬러 주었을 뿐 4만원을 따로 받은 바 없다고 진술하고(수 42쪽), 피고인은 경찰 이래 원심에 이르기까지 다방에 가서 입금하고 돌아오겠다는 피해자의 말에 피해자에게 5만원을 주었더니 2,000원을 거슬러 주었다고 주장한다(수 33쪽). 그런데 가요주점 종업원 이○○의 진술을 보면, 얼마인지 모르지만 피고인이 돈을 세어 피해자에게 주는 것을 보았다거나(수 55쪽), 만원짜리 몇 장을 주었다고 하고 있고(공 36쪽), 피해자가 이○○ 자신의 휴대폰을 빌려 다방주인에게 전화하여 이른바 티켓영업을 하여도 되느냐고 물어 승낙을 받고 피고인에게 다방에 가서 입금하고 돌아오겠으니 기다리라고 말하는 것을 들었으며, 그러한 경위로 보아 피고인이 쌍화차 값 외에 다른 돈을 준 것으로 생각하고(수 59쪽), 또한 당시 술값이 5만원이 나왔는데 피고인이 돈이 없다면서 주민등록증과 운전면허증을 맡기고 전화번호를 적어주면서 다음날 갚기로 하였다는 것인바(수 59쪽), 이러한 이○○의 진술이 허위라고 볼 만한 사정은 없다. 피해자가 찻값 이외에 따로 돈을 받았다면, 이는 다방종업원이 술집 등에서 손님들과 술을 마시며 함께 있어주는 대가를 받는 이른바 티켓영업은 물론, 경우에 따라서는 윤락행위까지 하려고 피고인의 승용차에 동승한 것으로 볼 여지가 있다. …(중략)

차를 배달하러 왔다가 피고인을 처음 만나 30분 정도 술을 마시면서 얘기를 나눈 것에 불과한 피해자가 15살이나 나이 차가 있는 피고인에 대하여 각별한 호감이 생겼다고 보기도 어려워 아무런 대가 없이 단순히 술을 마시려고 되돌아온다는 것은 설득력이 없고, 자정이 지난 시간에 단순히 개인적으로 술을 먹는 것이라면 굳이 다방주인에게 사전에 승낙을 받을 이유가 없어 보이므로, 피고인의 주장과 같이 성관계를 맺기로 사전에 약속하였거나, 적어도 이른바 티켓영업의 대가를 이미 받았기 때문에 되돌아온 것으로 보는 것이 합리적으로 보인다.

그리고 피고인은 승용차 안에서 성관계를 맺기로 합의하여 피해자가 조수석에 앉아 스스로 옷을 벗었고, 피고인도 뒤따라 옷을 벗었다고 주장하고 있음(수 33쪽)에 반하여, 피해자는 …(중략) 최초 경찰 진술은 고소장을 제출한 당일에 이루어진 것으로 그 진술 내용이 구체적이고 명확하여 피고인이 먼저 알몸으로 조수석으로 넘어와서 피해자의 옷을 강제로 벗겼다는 내용의 최초 경찰 진술이 다른 진술에 비하여 신빙성이 있어 보인다.

더욱이 피고인은 왼쪽 무릎 아래부위가 절단된 불구자로서 의족을 착용하고 있어(공 122−127, 148, 149쪽) 옷을 벗을 때 상당히 불편한 처지이고, 피해자도 피고인이 왼쪽 다리에 의족을 하고 있는 것을 이미 알고 있었다는 것이므로(공 98, 218쪽), 범행 장소라는 프린스 승용차의 비좁은 조수석(공 211쪽 이하의 사진 참조)에서 의족을 한 피고인에게 강간당한 구체적 경위에 관한 피해자의 진술은 그 신빙성이 의심스럽다.

또 피해자는 당시 입고 있던 바지의 종류에 대하여 경찰에서는 진술한 바 없고, 검찰에서 처음으로 청바지를 입고 있었다고 하고는(수 136쪽) 제1심 법정에서는 청바지 비슷한 통이 큰 바지를 입고 있었다고 하고(공 102쪽), 다시 원심 법정에서는 꽉 조이는 청바지가 아니라 헐렁한 면바지를 입고 있었다고 하여 진술을 달리하고 있는바(공 220쪽), 이 또한 피고인이 피해자의 상, 하의를 강제로 벗겼다는 피해자 진술의 신빙성을 의심스럽게 한다.

나아가 피고인은 승용차 안에서 성관계를 맺은 후 자신의 전화번호 등이 기재된 명함을 피해자에게 건네주었고(수 44쪽), 여관에서 숙박부에 자기 본명을 기재하였다(수 17쪽)고 진술하면서, 명함을 준 것은 수중에 돈이 없어 여관이 아닌 승용차 안에서 성관계를 하게 되어 미안한 마음과 윤락행위의 대가를 주지 못하여 나중에 분명히 주겠다는 뜻이고(수 44쪽), 숙박부에 본명을 적고 여관비가 없다면서 핸드폰과 자동차 키를 맡겼다는 것은 여관주인 유○○의 진술과도 일치하는바, 여기에다 앞서 본 바와 같이 유○○의 진술로써 알 수 있는 피고인과 피해자의 여관에서의 언동 등을 보태어 보면, 피고인에게 강간당하였다는 피해자의 각 진술은 아무래도 의심스럽다.

형사재판에서 범죄사실의 증명은 법관으로 하여금 합리적인 의심을 할 수 없을 정도로 고도의 개연성에 대한 확신을 가지게 해야 하고, 피고인에 대하여 유죄의 의심이 간다는 사정만으로 유죄로 인정할 수는 없는 것이다.

결국, 이 사건 공소사실은 합리적인 의심이 없을 정도로 증명되었다고 보기 어려운데도, **원심이 피고인이 피해자와 성관계를 맺기 전후의 사정 등을 좀 더 자세히 심리하여 폭행 또는 협박의 내용과 정도와 함께 그 두 사람이 한 진술의 신빙성을 가려보지 아니한 채 피해자의 진술을 그대로 받아들여 이 사건 강간의 공소사실을 유죄로 단정한 것**은 심리를 다하지 아니하거나, 증거의 가치판단을 그르친 나머지 채증법칙을 위반하여 사실을 오인한 위법을 저지른 것으로서, 이는 판결 결과에 영향을 미쳤음이 분명하다.」[1261]

라. 폭행·협박의 개시
– 실행의 착수

◉ 피고인이 강간할 목적으로 피해자의 집에 침입하였지만 안방에 들어가 누워 자고 있는 피해자의 가슴과 엉덩이를 만지며 간음을 시도하였다는 사실만 있고 별도로 폭행·협박을 개시한 증거가 없다면 피고인에게 강간죄의 죄책을 지울 수 없다.[1262] 반면 ◉ 피고인이 간음할 목적으로 새벽 4시에 여자 혼자 있는 방문 앞에 가서 피해자가 방문을 열어주지 않으면 부수고 들어갈 듯한 기세로 방문을 두드리고 피해자가 위험을 느끼고 창문에 걸터앉아 가까이 오면 뛰어 내리겠다고 하는데도 베란다를 통하여 창문으로 침입하려고 하였다면 강간의 수단인 폭행에 착수하였다고 보아야 한다.[1263] 한편 ◉ 피고인이 피해자가 자동차에서 내릴 수 없는 상태에 있음을 이용하여 강간하려고 결의하고, 주행 중인 자동차에서 탈출불가능하게 하여 외포케 하고 50킬로미터를 운행하여 여관 앞까지 강제연행한 후 강간하려다 미수에 그친 경우 위 협박은 감금죄의 실행의 착수임과 동시에 강간미수죄의 실행의 착수라고 할 것이다.[1264]

마. 강간죄의 기수시기는 성기삽입 시이다. 사정했는지는 범죄의 완성에 영향을 주지 않는다.

바. 동일한 폭행·협박을 이용하여 수회 간음하면 강간 1죄가 된다. 따라서 피해자를 위협하여 항거불능케 한 후 1회 간음하고 200미터쯤 오다가 다시 1회 간음하였더라도 두 번째의 간음행위는 피고인의 의사 및 그 범행시각과 장소로 보아 처음 한 행위의 계속으로 볼 수 있다.[1265] 반면 1회 간음 후 장소를 옮겨 다시 1회 간음한 것은 범행시간과 장소를 달리하고 있을 뿐 아니라 각 별개의 범의에서 이루어진 행위이므로 실체적 경합관계로 2죄가 된다.[1266]

사. 감금행위가 강간죄나 강도죄의 수단이 된 경우 감금죄는 강간죄나 강

1261) 대법원 2001. 2. 23, 선고 2000도5395 판결.
1262) 대법원 1990. 5. 25, 선고 90도607 판결.
1263) 대법원 1991. 4. 9, 선고 91도288 판결.
1264) 대법원 1983. 4. 26, 선고 83도323 판결.
1265) 대법원 1970. 9. 29, 선고 70도1516 판결.
1266) 대법원 1987. 5. 12, 선고 87도694 판결.

도죄에 흡수되지 않고 별도의 죄를 구성한다.[1267]

▶ 「가. 강간죄의 성립에 언제나 직접적으로 또 필요한 수단으로서 감금행위를 수반하는 것은 아니므로 감금행위가 강간미수죄의 수단이 되었다 하여 감금행위는 강간미수죄에 흡수되어 범죄를 구성하지 않는다고 할 수는 없는 것이고, 그때에는 감금죄와 강간미수죄는 일개의 행위에 의하여 실현된 경우로서 형법 제40조의 상상적 경합관계에 있다.

나. 피고인이 피해자가 자동차에서 내릴 수 없는 상태에 있음을 이용하여 강간하려고 결의하고, 주행 중인 자동차에서 탈출불가능하게 하여 외포케 하고 50킬로미터를 운행하여 여관 앞까지 강제연행한 후 강간하려다 미수에 그친 경우 위 협박은 감금죄의 실행의 착수임과 동시에 강간미수죄의 실행의 착수라고 할 것이다.

다. 형법 제40조의 소위 상상적 경합은 1개의 행위가 수개의 죄에 해당하는 경우에는 과형상 1죄로서 처벌한다는 것이고, 또 가장 중한 죄에 정한 형으로 처벌한다는 것은 경한 죄는 중한 죄에 정한 형으로 처단된다는 것이지, 경한 죄는 그 처벌을 면한다는 것은 아니므로, 이 사건에서 중한 강간미수죄가 친고죄로서 고소가 취소되었다 하더라도 경한 감금죄(폭력행위등처벌에 관한 법률 위반)에 대하여는 아무런 영향을 미치지 않는다.」[1268]

아. 2013. 6. 19.까지는 친고죄였고, 익일부터 친고죄 규정인 제306조가 완전 폐지되었다. 친고죄 존치 당시에는 합의서가 제출되면 공소권이 없었으므로 수사가 즉시 종결되었다.

자. 폭행·협박으로 사람에 대하여 구강, 항문 등 신체의 내부에 성기를 넣거나 성기, 항문에 손가락 등 신체의 일부 또는 도구를 넣는 행위는 유사강간죄로 2년 이상의 징역에 처한다(제297조의2). 2012. 12. 18. 신설된 조문이다.

2. 강제추행죄

가. 폭행 또는 협박으로 사람에 대하여 추행하는 것이다(형법 제298조). 강제추행죄는 개인의 성적 자유라는 개인적 법익을 침해하는 죄로서, 동조의 '추행'

1267) 대법원 1983. 4. 26, 선고 83도323 판결; 대법원 1984. 8. 21, 선고 84도1550 판결; 대법원 1997. 1. 21, 선고 96도2715 판결.

1268) 대법원 1983. 4. 26, 선고 83도323 판결.

이란 일반인에게 성적 수치심이나 혐오감을 일으키고 선량한 성적 도덕관념에 반하는 행위인 것만으로는 부족하고 그 행위의 상대방인 피해자의 성적 자기결정의 자유를 침해하는 것이어야 한다.[1269)]

나. 본죄에서 요구되는 폭행·협박은 상대의 **항거를 곤란**하게 할 정도이면 족하고,[1270)] 반드시 상대방의 의사를 억압할 정도일 것은 요하지 않는다. 폭행·협박이 피해자의 항거를 곤란하게 할 정도의 것이었는지 여부는 그 폭행·협박의 내용과 정도는 물론, 유형력을 행사하게 된 경위, 피해자와의 관계, 추행 당시와 그 후의 정황 등 모든 사정을 종합하여 판단해야 한다.[1271)]

상대방에게 폭행·협박을 가하여 항거를 곤란하게 한 뒤에 추행행위를 하는 경우만을 말하는 것이 아니고 폭행행위 자체가 추행행위라고 인정되는 경우도 포함된다.[1272)] 뒤의 경우에 있어서의 폭행은 반드시 상대방의 의사를 억압할 정도의 것임을 요하지 않고 다만 상대방의 의사에 반하는 유형력의 행사가 있는 이상 그 힘의 대소 강약을 불문한다.[1273)] 따라서 갑자기 피해자를 껴안고 유방을 만지는 것처럼 폭행 자체가 추행행위가 되는 **기습추행**도 추행이 될 수 있다.[1274)][1275)]

한편 본죄는 협박만을 수단으로 하여서도 가능하므로, 유부녀인 피해자에게 혼외 성관계를 폭로하겠다고 협박하여 의사에 반하여 신체에 접촉하면 강제추행이 된다. 이 때 협박과 간음 또는 추행 사이에 시간적 간격이 있더라도 협박에 의하여 간음 또는 추행이 이루어진 것으로 인정될 수 있다면 달리 볼 것

1269) 대법원 2012. 7. 26, 선고 2011도8805 판결.

1270) 대법원 1983. 6. 28, 선고 83도399 판결; 대법원 2006. 2. 23, 선고 2005도9422 판결; 대법원 2007. 1. 25, 선고 2006도5979 판결.

1271) 대법원 2007. 1. 25, 선고 2006도5979 판결.

1272) 대법원 1983. 6. 28, 선고 83도399 판결; 대법원 1994. 8. 23, 선고 94도630 판결; 대법원 2002. 4. 26, 선고 2001도2417 판결.

1273) 대법원 1983. 6. 28, 선고 83도399 판결; 대법원 1992. 2. 28, 선고 91도3182 판결; 대법원 1994. 8. 23, 선고 94도630 판결.

1274) 대법원 2002. 4. 26, 선고 2001도2417 판결.

1275) 한편 **기습강간**을 인정한 최근의 판례로는, 대법원 2019. 2. 28, 선고 2018도20835 판결. 대법원은 1, 2심이 설시한 강간죄에 관한 법리가 정당하다고 판시했다. 1, 2심은 "강간죄에서의 폭행·협박과 간음 사이에는 인과관계가 있어야 하나, 폭행·협박이 반드시 간음행위보다 선행돼야 하는 것은 아니다. 이 사건 피고인이 비록 간음행위 시작 전 피해자에게 어떠한 유형력을 행사하지는 않았다 하더라도 간음행위와 거의 동시 또는 그 직후에 피해자를 항거할 수 없거나 현저히 곤란하도록 제압한 것은 강간죄에 있어서의 폭행에 해당한다"는 판단을 하였다.

은 아니다. 그리고 그 협박의 정도가 피해자의 항거를 불가능하게 하거나 현저히 곤란하게 할 정도의 것이면 강간죄, 피해자의 항거를 곤란하게 할 정도의 것이면 강제추행죄가 성립하는 것이다.[1276)]

다. 추행이란 무엇인가

'추행'이라 함은 객관적으로 일반인에게 성적 수치심이나 혐오감을 일으키게 하고 선량한 성적 도덕관념에 반하는 행위로서 피해자의 성적 자유를 침해하는 것이라고 할 것이고, 이에 해당하는지 여부는 피해자의 의사, 성별, 연령, 행위자와 피해자의 이전부터의 관계, 그 행위에 이르게 된 경위, 구체적 행위태양, 주위의 객관적 상황과 그 시대의 성적 도덕관념 등을 종합적으로 고려하여 신중히 결정되어야 할 것이다.[1277)] 추행이 성립되기 위해 성욕을 자극·흥분·만족시키려는 행위자의 주관적 동기나 목적은 필요 없다.[1278)]

여성에 대한 추행에 있어 신체 부위에 따라 본질적인 차이가 있다고 볼 수는 없으므로, 반드시 신체의 은밀한 부위를 만지는 것이 아니라도, 즉 어깨를 주무른 것에 불과하더라도 피해자의 성적 수치심을 일으키고 성적 자유를 침해한 것이 된다.[1279)]

그러나 추행은 객관적으로 성적 수치심을 현저히 해할 수 있을 정도의 중요한 행위에 제한된다.[1280)] 따라서 피고인이 자신의 성기를 피해자 앞에서 꺼내놓는 것이 (공연음란죄로 처벌하는 것은 별론으로 하고) 피해자(48세)의 성적 자유를 침해하는 것으로 평가될 수 없는 것이라면 본죄의 추행에 해당하지 않는다.[1281)]

추행 인정사례

◉ 피해자가 옛 애인 공소외인으로 행세하는 피고인에게 속아 어두운 모텔방에서 우연히 1회 성관계를 맺기는 하였으나, 그 후 옛 애인으로 행세하는 피고인으로부터 '제3자가 피고인을 만나기 위하여 애를 업고 모텔로 들어가는 피해자의 모습과 모텔 방호수를 사진으로 찍었다고 하면서 돈은 필요 없고 성관계를 요구

1276) 대법원 2007. 1. 25, 선고 2006도5979 판결.

1277) 대법원 2002. 4. 26, 선고 2001도2417 판결; 대법원 2002. 8. 23, 선고 2002도2860 판결; 대법원 2004. 4. 16, 선고 2004도52 판결; 대법원 2015. 9. 10, 선고 2015도6980,2015모2524 판결.

1278) 대법원 2013. 9. 26, 선고 2013도5856 판결; 고등군사법원 2015. 4. 9, 선고 2014노315 판결.

1279) 대법원 2004. 4. 16, 선고 2004도52 판결.

1280) 이재상·장영민·강동범, 형법각론, 제10판 보정판, 박영사, 2017, 168면.

1281) 대법원 2012. 7. 26, 선고 2011도8805 판결.

한다'라는 말을 듣는 등 마치 '사진 찍은 자'의 성관계 요구에 불응하면 사진이 피해자의 집으로 보내지고 옛 애인과 성관계를 가진 사실이 남편과 가족들에게 알려질 듯이 협박받아, 아무런 저항도 하지 못한 채, '사진 찍은 자'로도 행세하는 피고인으로부터 간음 및 추행을 당한 것,[1282] ◉ 피고인이 엘리베이터라는 폐쇄된 공간에서 피해자들을 칼로 위협하는 등으로 꼼짝하지 못하도록 자신의 실력적인 지배하에 둔 다음 피해자들에게 성적 수치심과 혐오감을 일으키는 자신의 자위행위 모습을 보여 주고 피해자들로 하여금 이를 외면하거나 피할 수 없게 한 행위는 강제추행죄의 추행에 해당한다.[1283] ◉ 피해자의 집 방안에서 **갑자기** 피해자의 상의를 걷어 올려서 유방을 만지고, 하의를 끄집어 내린 기습추행,[1284] ◉ 피고인이 피고인의 처가 경영하는 식당의 지하실에서 종업원들인 피해자(35세의 유부녀) 및 홍○○과 노래를 부르며 놀던 중 홍○○이 노래를 부르는 동안 피해자를 뒤에서 껴안고 부루스를 추면서 피해자의 유방을 만진 것,[1285] ◉ 컨트리클럽 내 식당에서 식사를 하면서 그곳에서 근무 중인 여종업원인 피해자들에게 함께 술을 마실 것을 요구하였다가 피해자들로부터 거절당하였음에도 불구하고, 위 컨트리클럽의 회장인 위 공소외인과의 친분관계를 내세워 피해자들에게 어떠한 신분상의 불이익을 가할 것처럼 협박하여 피해자들로 하여금 목 뒤로 팔을 감아 돌림으로써 얼굴이나 상체가 밀착되어 서로 포옹하는 것과 같은 신체접촉이 있게 되는 이른바 러브샷의 방법으로 술을 마시게 한 행위는 피고인과 피해자들의 관계, 성별, 연령 및 위 러브샷에 이르게 된 경위나 그 과정에서 나타난 피해자들의 의사 등에 비추어 볼 때 강제추행죄의 구성요건인 '강제추행'에 해당하고, 이 때 피해자들의 유효한 승낙이 있었다고 볼 수 없다.[1286] ◉ 사무실에서 자신의 어깨를 주무르라는 요구를 피해자가 거절하자 피해자의 등 뒤로 가 '이렇게 하는 거야.'라고 말하면서 양손으로 피해자의 어깨를 주무른 것은 20대 초반의 미혼 여성인 피해자의 성적 자유를 침해할 뿐만 아니라 일반인의 입장에서도 도덕적 비난을 넘어 추행행위라고 평가할 만한 것이라 할 것이고, 나아가 추행행위의 행태와 당시의 경위 등에 비추어 볼 때 피고인의 범의나 업무상 위력이 행사된 점 또한 넉넉히 인정할 수 있다.[1287] ◉ 피고인이 밤에 술을 마시고 배회하던 중 버스에서 내려 혼자 걸어가는 피해자(여, 17세)를 발견하고 마스크를 착용한 채 뒤따라가다가 인적이 없고 외진 곳에서 (피고인의 팔이 갑의 몸에 닿지 않았더라도) 양팔을 높이 들어 갑자기 뒤에서 피해자를 껴안으려고 한

1282) 대법원 2007. 1. 25, 선고 2006도5979 판결.
1283) 대법원 2010. 2. 25, 선고 2009도13716 판결.
1284) 대법원 1994. 8. 23, 선고 94도630 판결.
1285) 대법원 2002. 4. 26, 선고 2001도2417 판결.
1286) 대법원 2008. 3. 13, 선고 2007도10050 판결.
1287) 대법원 2004. 4. 16, 선고 2004도52 판결.

행위는 의사에 반하는 유형력의 행사로서 폭행행위에 해당하며, 그때 '기습추행'에 관한 실행의 착수가 있는데, 마침 갑이 뒤돌아보면서 소리치는 바람에 몸을 껴안는 추행의 결과에 이르지 못하고 미수에 그쳤으므로, 피고인의 행위는 아동·청소년에 대한 강제추행미수죄에 해당한다.[1288] **이 판결은 직접적 신체접촉이 없더라도 성범죄 유죄판결을 받을 수도 있다는 점에서 사회생활 중 특별히 조심해야 할 점을 시사하고 있다.** ◉ 강제추행죄에서 말하는 '추행'은 반드시 성욕을 만족시킬 목적이나 주관적 동기를 요건으로 하는 것은 아니고, 또 피고인의 주장과 같이 피해자에게 고통을 줄 의도였을 뿐이었다고 인정하더라도 피해자가 안티프라민을 성기에 바르게 되면 성기가 따끔거리고 그 정도 또한 고통스러웠을 것을 인식하고 있었던 피고인 1은 피해자가 성기의 고통으로 인해 성적 수치심을 느낄 수 있다는 것을 인식하고 있었다고 판단되는 점, 피고인 1의 이 부분 공소사실은 성적인 의미의 행위를 폭력적인 방법으로 표출한 것으로서 이를 당하는 피해자는 물론 일반인에게 성적 수치심이나 혐오감을 일으키게 하는 행위라고 판단되는 점을 고려하면 행위 당시에 적어도 추행의 범의가 병존하고 있었다고 보기에 충분하다.[1289]

추행 부정사례

피고인이 피해자 갑(여, 48세)에게 욕설을 하면서 자신의 바지를 벗어 성기를 보여준 것은 갑의 성별·연령, 행위에 이르게 된 경위, 갑에 대하여 어떠한 신체접촉도 없었던 점, 행위 장소가 사람 및 차량의 왕래가 빈번한 도로로서 공중에게 공개된 곳인 점, 피고인이 한 욕설은 성적인 성질을 가지지 아니하는 것으로서 '추행'과 관련이 없는 점, 갑이 자신의 성적 결정의 자유를 침해당하였다고 볼 만한 사정이 없는 점 등 제반 사정을 고려할 때, 폭행 또는 협박으로 '추행'을 하였다고 볼 수 없다.[1290] 공연음란죄를 예비적 죄명으로 기소했다면 유죄판결을 받을 수 있었던 사안이다.

라. 미수

추행의 고의로 상대방의 의사에 반하는 유형력의 행사, 즉 폭행행위를 하여 그 실행행위에 착수하였으나 추행의 결과에 이르지 못한 때에는 강제추행미수죄가 성립하며, 이러한 법리는 폭행행위 자체가 추행행위라고 인정되는 이른바 '기습추행'의 경우에도 마찬가지로 적용된다. 따라서 피고인이 밤에 술을 마시고 배회

1288) 대법원 2015. 9. 10, 선고 2015도6980,2015모2524 판결.
1289) 고등군사법원 2015. 4. 9, 선고 2014노315 판결.
1290) 대법원 2012. 7. 26, 선고 2011도8805 판결.

하던 중 버스에서 내려 혼자 걸어가는 피해자 갑(여, 17세)을 발견하고 마스크를 착용한 채 뒤따라가다가 인적이 없고 외진 곳에서 가까이 접근하여 껴안으려 하였으나, 갑이 뒤돌아보면서 소리치자 그 상태로 몇 초 동안 쳐다보다가 다시 오던 길로 되돌아갔다고 하여 아동·청소년의 성보호에 관한 법률 위반으로 기소된 사안에서, 피고인과 갑의 관계, 갑의 연령과 의사, 행위에 이르게 된 경위와 당시 상황, 행위 후 갑의 반응 및 행위가 갑에게 미친 영향 등을 고려하여 보면, 피고인은 갑을 추행하기 위해 뒤따라간 것으로 추행의 고의를 인정할 수 있고, 피고인이 가까이 접근하여 갑자기 뒤에서 껴안는 행위는 일반인에게 성적 수치심이나 혐오감을 일으키게 하고 선량한 성적 도덕관념에 반하는 행위로서 갑의 성적 자유를 침해하는 행위여서 그 자체로 이른바 '기습추행' 행위로 볼 수 있으므로, 피고인의 팔이 갑의 몸에 닿지 않았더라도 양팔을 높이 들어 갑자기 뒤에서 껴안으려는 행위는 갑의 의사에 반하는 유형력의 행사로서 폭행행위에 해당하며, 그때 '기습추행'에 관한 실행의 착수가 있는데, 마침 갑이 뒤돌아보면서 소리치는 바람에 몸을 껴안는 추행의 결과에 이르지 못하고 미수에 그쳤으므로, 피고인의 행위는 아동·청소년에 대한 강제추행미수죄에 해당한다.[1291]

마. 2013. 6. 19.까지는 친고죄였고, 익일부터 친고죄 규정인 제306조가 완전 폐지되었다. 친고죄 존치 당시에는 합의서가 제출되면 공소권이 없었으므로 수사가 즉시 종결되었다.

3. 준강간, 준강제추행죄

가. 심신상실 또는 항거불능의 상태를 이용하여 간음 또는 추행하면 각 강간 및 강제추행의 예에 따라 처벌한다(제299조).

나. 심신상실의 상태란 정신기능의 장애 또는 정신능력의 상실로 인하여

1291) ▶ 「…(전략) 그럼에도 이와 달리 원심은, 이 사건에서 그 행위 자체로 피해자에 대한 추행행위에 해당하는 폭행행위가 존재하지 아니하여 이른바 '기습추행'에 해당하지 않고, 피고인의 위와 같은 행위만으로는 피해자의 항거를 곤란하게 하는 정도의 폭행이나 협박이라고 보기 어려워 강제추행의 실행의 착수가 있었다고 볼 수 없다고 인정하여, 이 사건 공소사실 중 아동·청소년에 대한 강제추행미수죄인 아동·청소년의 성보호에 관한 법률 위반 부분에 대하여 유죄로 인정한 제1심판결을 파기하고 무죄로 판단했다.

따라서 이러한 원심의 판단에는 이른바 '기습추행' 및 그 실행의 착수 등에 관한 법리를 오해하거나 논리와 경험의 법칙에 반하여 자유심증주의의 한계를 벗어나 판단을 그르침으로써 판결에 영향을 미친 위법이 있다. 이를 지적하는 상고이유 주장은 이유 있다.」(대법원 2015. 9. 10, 선고 2015도6980,2015모2524 판결)

정상적 판단능력이 없는 상태 내지 정상적인 성적 자기 결정을 할 수 없는 상태[1292]를 말하고, 심신장애라는 생물학적 기초에 제한되지 않는다. 따라서 깊은 잠에 빠져있는 여성의 상태를 이용하여 간음하여도 준강간에 해당되고,[1293] 피고인이 잠을 자고 있는 피해자의 옷을 벗긴 후 자신의 바지를 내린 상태에서 피해자의 음부 등을 만지고 자신의 성기를 피해자의 음부에 삽입하려고 하였으나 피해자가 몸을 뒤척이고 비트는 등 잠에서 깨어 거부하는 듯한 기색을 보이자 더 이상 간음행위에 나아가는 것을 포기한 경우에도 준강간죄의 실행의 착수가 있다.[1294] 완전무의식상태뿐만 아니라 정신기능의 이상인 상태를 이용하는 것도 본죄에 해당한다.[1295] 정신기능의 이상은 만취가 원인이 될 수도 있다. 심신상실자는 정상적 판단능력이 결여돼 있으므로 성행위를 인식하고 유효한 동의를 할 수 없다.

다. 항거불능의 상태란 심신상실 이외의 사유로 인해 심리적·물리적으로 반항이 절대적으로 불가능하거나 현저히 곤란한 경우이다.[1296] 의사가 진료를 빙자하여 환자를 추행, 교회 노회장이 교회 여신도를 간음·추행할 때 여신도들이 종교적 믿음에 대한 충격 등 정신적 혼란으로 인해 항거불능의 상태에 있었던 경우[1297]를 예로 들 수 있다. 피해자 스스로 이미 항거불능상태가 되어 있고 피고인은 이를 이용해야 하지, 피고인이 수면제 등을 먹여 간음하면 폭행에 의한 강간죄가 된다.

1292) 김일수·서보학, 새로쓴 형법각론, 제9판, 박영사, 2018, 141면.

1293) 대법원 1976. 12. 14, 선고 76도3673 판결.

1294) 대법원 2000. 1. 14, 선고 99도5187 판결.

1295) 同旨 정진연·신이철, 형법각론, 3판, SSUP, 2013, 142면.

1296) ▶「형법 제299조는 사람의 심신상실 또는 항거불능의 상태를 이용하여 간음 또는 추행을 한 자를 같은 법 제297조, 제298조의 강간 또는 강제추행의 죄와 같이 처벌하도록 규정하고 있는바, 이 죄가 정신적 또는 신체적 사정으로 인하여 성적인 자기방어를 할 수 없는 사람에게 성적 자기결정권을 보호해 주는 것을 보호법익으로 하고 있고, 같은 법 제302조에서 미성년자 또는 심신미약자에 대하여 위계 또는 위력으로써 간음 또는 추행을 한 자의 처벌에 관하여 따로 규정하고 있는 점 등에 비추어 보면, 형법 제299조에서의 항거불능의 상태라 함은 위 제297조, 제298조와의 균형상 심신상실 이외의 원인 때문에 심리적 또는 물리적으로 반항이 절대적으로 불가능하거나 현저히 곤란한 경우를 의미한다고 보아야 할 것이다.」(대법원 2000. 5. 26, 선고 98도3257 판결; 대법원 2009. 4. 23, 선고 2009도2001 판결)

1297) 대법원 2009. 4. 23, 선고 2009도2001 판결.

본죄가 인정되지 않은 사례

▶ 「원심은, 이 사건 공소사실 중 준강간 및 준강제추행의 점에 대하여, 피해자들이 본인이나 가족의 병을 낫게 하려는 마음에서 목사인 피고인의 요구에 응했고, 당시 피고인과 대화를 주고받기도 한 사실을 인정한 다음, 피고인의 이 사건 범행의 경위 및 횟수, 당시 피고인과 피해자들이 **주고받은 대화의 내용** 등에 비추어 피해자들은 당시 피고인의 성적 행위를 인식하고 이에 따른 것이 항거가 현저히 곤란한 상태였다고 보기 어렵고 달리 이를 인정할 증거가 없다는 이유로 피고인에 대하여 무죄를 선고한 제1심판결을 유지하고 검사의 항소를 기각하였는바, 위에 본 법리와 기록에 비추어 살펴보면, 원심의 위 사실인정과 판단은 정당하다고 수긍이 되고(기록에 의하면 위에서 인정한 사실 이외에 피해자들은 그 교육 정도, 혼인생활 등에 비추어 모두 정상적인 판단능력을 가진 성인 여자들일 뿐만 아니라, 통상적으로는 피고인의 안수, 안찰기도 시 그 대상자가 정신이 혼미해져 의지대로 행동할 수 없게 되는 것은 아닌 사실까지도 인정된다), 거기에 검사가 상고이유로 주장하는 바와 같은 채증법칙 위배의 위법 또는 준강간죄, 준강제추행죄에 관한 법리오해의 위법이 있다고 할 수 없다.」[1298]

본죄가 인정된 사례

▶ 「**1. 피해자 공소외 16에 대한 준강제추행의 점에 대하여**

형법 제299조는 사람의 심신상실 또는 항거불능의 상태를 이용하여 간음 또는 추행을 한 자를 형법 제297조, 제298조의 강간 또는 강제추행의 죄와 같이 처벌하도록 규정하고 있다. 여기서 항거불능의 상태라 함은 형법 제297조, 제298조와의 균형상 심신상실 이외의 원인 때문에 심리적 또는 물리적으로 반항이 절대적으로 불가능하거나 현저히 곤란한 경우를 의미한다.[1299]

원심은, 그 판시와 같은 사정들에 비추어 보면 위 피해자의 진술에 신빙성이 있다고 인정하고, 이에 배치되는 공소외 1, 2, 3, 4 등의 진술은 그 신빙성을 배척했다. 나아가 위와 같이 신빙성이 있는 위 피해자의 진술 및 그 채택증거들에 의하여 판시와 같은 사실을 인정한 다음, 위 피해자가 피고인에 대하여 갖고 있던 믿음과 경외감, 추행 당시의 피고인 및 피해자의 행위 내용과 태도, 그 당시 피해자를 둘러싼 제반 환경과 피해자의 심리상태, 연령, 지적능력 등에 비추어 보면, 피고인에 대한 종교적 믿음이 무너지는 정신적 충격을 받으면서 피고인의 행위가 종교적으로 필요한 행위로서 이를 용인해야 하는지에 관해 판단과 결정

1298) 대법원 2000. 5. 26, 선고 98도3257 판결.
1299) 대법원 2000. 5. 26, 선고 98도3257 판결.

을 하지 못한 채 곤혹과 당황, 경악 등 정신적 혼란을 겪어 피고인의 행위를 거부하지 못하는 한편, 피고인의 행위를 그대로 용인하는 다른 신도들이 주위에 있는 상태에서 위와 같은 정신적 혼란이 더욱 가중된 나머지, 피고인의 행위가 성적 행위임을 알면서도 이에 대한 반항이 현저하게 곤란한 상태에 있었다고 판단하고, 피고인의 위 피해자에 대한 이 사건 준강제추행의 공소사실에 대하여 무죄를 선고한 제1심 판결을 파기하고 유죄를 인정했다.

앞서 본 법리와 기록에 비추어 살펴보면, 원심의 위와 같은 사실인정 및 판단은 사실심 법관의 합리적인 자유심증에 따른 것으로 정당하다. 원심판결에 상고이유에서 주장하는 바와 같이 합리적인 의심이 없는 정도의 증명에 이르지 아니하였음에도 불구하고 범죄사실을 인정하였다거나 합리적인 자유심증의 범위와 한계를 넘어난 위법 등의 채증법칙 위반 또는 그로 인하여 판결에 영향을 미친 중대한 사실오인, 준강제추행죄에 관한 법리 오해, 이유 모순 등의 위법이 없다.

2. 피해자 공소외 9, 10에 대한 준강간의 점에 대하여

원심은, 그 판시와 같은 사정에 비추어 위 피해자들의 진술은 충분히 신빙성이 있고, 위 피해자들의 진술과 상당 부분 일치하는 피고인의 검찰 제2회 진술도 신빙성이 있으며, 위 피해자들의 진술과 배치되는 공소외 5, 6, 7, 8의 진술은 그 신빙성을 배척했다. 나아가 위 피해자들의 진술 및 그 채택증거들에 의하여 판시사실을 인정한 다음 그 판시 사정들에 비추어 피고인의 행위가 성적 행위임을 알면서도 이에 대한 반항이 현저하게 곤란한 상태에 있었다고 판단하고, 피고인의 위 피해자들에 대한 이 사건 준강간의 공소사실에 대하여 유죄를 인정한 제1심 판결을 그대로 유지했다.

기록에 비추어 살펴보면, 원심의 위와 같은 사실인정 및 판단은 사실심 법관의 합리적인 자유심증에 따른 것으로 정당하다. 원심판결에 상고이유에서 주장하는 바와 같은 합리적인 의심이 없는 정도의 증명에 이르지 아니하였음에도 불구하고 범죄사실을 인정하였다거나 합리적인 자유심증의 범위와 한계를 넘어난 위법 등의 채증법칙 위반 또는 그로 인하여 판결에 영향을 미친 중대한 사실오인, 준강간죄에 관한 법리 오해, 이유 모순 등의 위법이 있다고 할 수 없다.

3. 피해자 공소외 9에 대한 준강제추행 및 피해자 공소외 10에 대한 강제추행의 점에 대하여

원심은, 신빙성 있는 위 피해자들의 진술에 의하면 피해자 공소외 9에 대한 이 사건 준강제추행 및 피해자 공소외 10에 대한 이 사건 강제추행의 공소사실이 유죄로 인정된다고 판단했다.

기록에 비추어 살펴보면, 원심의 위와 같은 사실인정 및 판단은 사실심 법관의 합리적인 자유심증에 따른 것으로 정당하다. 원심판결에 상고이유에서 주장하는 바와 같은 채증법칙 위반, 강제추행죄 또는 준강제추행죄에 관한 법리 오해 등의 위법이 없다.

4. 피해자 공소외 11에 대한 강간치상의 점에 대하여

원심은, 그 판시와 같은 사정에 비추어 위 피해자의 진술은 충분히 신빙성이 있고, 위 피해자의 진술과 일부 일치하는 피고인의 검찰 제2회 진술도 신빙성이 있으며, 위 피해자의 진술과 배치되는 공소외 12의 제1심 법정에서의 진술 및 공소외 13, 14, 15의 원심법정에서의 진술은 그 신빙성을 배척했다. 나아가 신빙성이 인정되는 위 피해자의 진술 및 그 채택증거에 의하여 피고인의 행위는 위 피해자의 항거를 현저히 곤란하게 할 정도의 폭행이나 협박에 해당하고, 이러한 강간행위로 인하여 피해자가 처녀막 파열상을 입은 것으로 인정된다고 판단하여, 피고인의 위 피해자에 대한 이 사건 강간치상의 공소사실에 대하여 피고인이 피해자를 강간하여 처녀막 파열상을 입힌 범위 내에서 유죄로 인정했다.

기록에 비추어 살펴보면, 원심의 위와 같은 사실인정 및 판단은 사실심 법관의 합리적인 자유심증에 따른 것으로 정당하다. 원심판결에 상고이유에서 주장하는 바와 같은 채증법칙 위반 또는 그로 인하여 판결에 영향을 미친 중대한 사실오인, 강간죄의 구성요건 및 강간치상죄에 있어서의 상당인과관계에 관한 법리 오해, 심리미진, 이유 모순 등의 위법이 없다.」[1300]

라. 2013. 6. 19.까지는 친고죄였고, 익일부터 친고죄 규정인 제306조가 완전 폐지되었다. 친고죄 존치 당시에는 합의서가 제출되면 공소권이 없었으므로 수사가 즉시 종결되었다.

4. 미성년자의제강간·추행(등)죄

가. 13세 미만의 사람에 대해 간음 또는 추행한 자는 미성년자의제강간, 의제유사강간, 의제추행, 의제강간상해·치상, 의제강간살인·치사죄 해당 각 규정의 예에 따라 처벌된다(형법 제305조).

나. 아동이 외부로부터의 부적절한 성적 자극이나 물리력의 행사가 없는 상태에서 심리적 장애 없이 성적 정체성 및 가치관을 형성할 권익을 보호법익으로 하므로 별도의 폭행·협박, 위계·위력이 없이 합의간음해도 본죄로 처벌된다.[1301] 처음부터 폭행 등이 있었으면 일반 강간죄가 됨은 당연하다.

1300) 대법원 2009. 4. 23, 선고 2009도2001 판결.

1301) 대법원 1982. 10. 12, 선고 82도2183 판결.

다. 초등학교 교사가 만 9세(초등학교 4학년)인 남학생의 성기를 수차례 만졌다면 미성년자의제강제추행죄가 되고,[1302] 미성년자의제강간, 미성년자의제강제추행죄를 저지른 초등학교 여교사가 피해자를 사랑했다고 주장하였으나 이를 배척하고 징역 5년, 성폭력 치료프로그램 80시간 이수, 10년간의 신상공개를 명령한 사례가 있다.[1303]

▶ 「형법 제305조의 미성년자의제강제추행죄는 '13세 미만의 아동이 외부로부터의 부적절한 성적 자극이나 물리력의 행사가 없는 상태에서 심리적 장애 없이 성적 정체성 및 가치관을 형성할 권익'을 보호법익으로 하는 것으로서, 그 성립에 필요한 주관적 구성요건요소는 고의만으로 충분하고, 그 외에 성욕을 자극·흥분·만족시키려는 주관적 동기나 목적까지 있어야 하는 것은 아니다.

원심은 그 설시 증거들을 종합하여 초등학교 4학년 담임교사(남자)인 피고인이 교실에서 자신이 담당하는 반의 남학생인 피해자의 성기를 4회에 걸쳐 만진 사실을 인정한 다음, 그와 같은 피고인의 각 행위는 비록 교육적인 의도에서 비롯된 것이라 하여도 교육방법으로서는 적정성을 갖추고 있다고 볼 수 없고, 그로 인하여 정신적·육체적으로 미숙한 피해자의 심리적 성장 및 성적 정체성의 형성에 부정적 영향을 미쳤으며, 현재의 사회환경과 성적 가치기준·도덕관념에 부합되지 아니하므로, 형법 제305조에서 말하는 '추행'에 해당한다고 판단하였는바, 이러한 원심의 사실인정과 판단은 위의 법리나 이 사건 기록에 비추어 정당한 것으로 수긍되고, 거기에 피고인이 상고이유로 내세운 것처럼 채증법칙 위배로 사실을 오인하거나 미성년자의제강제추행죄의 성립요건에 관한 법리를 오해하는 등으로 판결 결과에 영향을 미친 위법이 없다.」[1304]

라. 미성년자(여, 8세)에 대한 추행행위로 인하여 그 피해자의 외음부 부위에 염증이 발생한 것이라면, 그 증상이 약간의 발적과 경도의 염증이 수반된 정도에 불과하다고 하더라도 그로 인하여 피해자 신체의 건강상태가 불량하게 변경되고 생활기능에 장애가 초래된 것이 아니라고 볼 수 없으니, 이러한 상해

1302) 대법원 2006. 1. 13, 선고 2005도6791 판결.

1303) 재판부는 "처음 간음을 한 장소가 피고가 담임을 맡은 1학년 교실이라는 점, 그리고 피해아동과의 만남·연락·추행 및 간음에 이르기까지 피고가 주도했다는 점에서 죄질이 불량하다", "만13세 미만의 초등학생은 육체적 사랑의 대상이 될 수 없고 설령 성관계를 합의했더라도 사실상 강간과 다름이 없다"라고 판시함으로써 과거보다 피해아동들이 조숙한 상태라거나, 진의로 관계에 합의했다고 주장하더라도 배척될 것을 분명히 했다(창원지방법원 진주지원 2017. 11. 14, 선고 2017고합67 판결).

1304) 대법원 2006. 1. 13, 선고 2005도6791 판결.

는 미성년자의제강제추행치상죄의 상해의 개념에 해당한다.[1305] 또 피고인이 7세 1월 남짓밖에 안 되는 피해자의 질내에 손가락을 넣어 만지는 등 추행을 하여 피해자의 음순 좌우 양측에 생긴 남적색 피하일혈반이 타박이나 마찰로 말미암아 음순내부에 피멍이 든 것으로서 그 상처부위에 소변의 독소가 들어가면 염증이 생길 수도 있는 것이라면, 그 상처를 치료하는데 필요한 기간이 2일에 불과하더라도, 형법 제301조 소정의 상해의 개념에 해당하는 것으로 보아야 한다.[1306]

마. 미성년자의제강간죄, 미성년자의제강제추행죄는 2013. 6. 19.까지는 친고죄였고, 익일부터 친고죄 규정인 제306조가 완전 폐지되었다. 친고죄 존치 당시에는 합의서가 제출되면 공소권이 없었으므로 수사가 즉시 종결되었다.

5. 강간등 상해·치상, 강간등 살인·치사죄

제297조(강간), 제297조의2(유사강간), 제298조(강제추행), 제299조(준강간, 준강제추행), 제300조(미수범)까지의 죄를 범한 자가 사람을 상해하거나 상해에 이르게 한 때에는 무기 또는 5년 이상의 징역에 처한다(**제301조**). 또 위와 같은 죄를 범한 자가 사람을 살해한 때에는 사형 또는 무기징역에 처한다. 사망에 이르게 한 때에는 무기 또는 10년 이상의 징역에 처한다(**제301조의2**).

가. 강간상해·치상죄가 성립하기 위해서는 피고인의 유형력의 행사가 피해자의 반항을 불가능하게 하거나 현저히 곤란하게 할 정도에 이르러야 하고, 그러한 강간과정에서 피해자에게 상해, 치상의 결과가 발생해야 한다. 따라서 피고인의 행위가 단순히 피해자의 의사에 반하는 정도의 유형력에 불과했다면 그 경우의 간음은 강간이 아니므로 본죄가 성립되지 않는다.[1307] 폭행, 협박이 피해자의 항거를 불가능하게 하거나 현저히 곤란하게 할 정도의 것이었는지 여부는 그 폭행, 협박의 내용과 정도는 물론, 유형력을 행사하게 된 경위, 피해자와의 관계, 성교 당시와 그 후의 정황 등 모든 사정을 종합하여 판단해야 한다.[1308]

1305) 대법원 1996. 11. 22, 선고 96도1395 판결.
1306) 대법원 1990. 4. 13, 선고 90도154 판결.
1307) 대법원 1999. 9. 21, 선고 99도2608 판결.
1308) 대법원 1992. 4. 14, 선고 92도259 판결.

▶ 「강간죄에 있어 폭행 또는 협박은 피해자의 항거를 현저히 곤란하게 할 정도의 것이어야 하고, 그 폭행 또는 협박이 피해자의 항거를 현저히 곤란하게 할 정도의 것이었는지 여부는 유형력을 행사한 당해 폭행 및 협박의 내용과 정도는 물론이고, 유형력을 행사하게 된 경위, 피해자와의 관계, 범행 당시의 정황 등 제반 사정을 종합하여 판단해야 한다.[1309]

원심이 같은 취지에서, 피고인은 1997. 6.경 친구의 소개로 피해자(여, 19세)를 만나 사귀면서 같은 달 24. 01:00경 같이 술을 마신 뒤 여관에 들어가 한 방에서 같이 잠을 자다가 성교를 시도하였으나 피해자가 적극적으로 거부하므로 성교를 포기하고 잠만 같이 잔 일이 있었고, 그 후 같은 해 7. 2. 18:00경 피해자로부터 호출기에 의한 연락을 받고 만나 호프집에서 같이 술을 마신 뒤 여관에서 같이 잠을 자기로 하여 그 날 23:30경 피해자가 여관비를 계산하여 여관에 들어갔는데, 피고인은 피해자의 어깨를 감싸고 침대에 앉아 텔레비전을 보다가 피곤하여 먼저 침대에 누워 잠을 잤고, 피해자는 피고인이 잠든 뒤에 그 옆에 엎드려 잠을 잔 사실, 피고인은 아침에 깨어 보니 피해자가 옆에서 잠을 자고 있어서 순간적으로 욕정을 느껴 피해자의 옷을 벗기고 성교하려고 하자 피해자는 잠에서 깨어나 하지 말라고 하면서 몸을 좌·우로 흔드는 등 거부하였으나 몸을 일으켜 그 장소에서 탈출하려고 하거나 소리를 질러 구조를 요청하는 등 적극적인 반항은 하지 않은 사실, 피고인은 피해자의 몸을 누른 채 한 번만 하게 해달라고 애원하듯이 말하면서 피해자의 반항이 덜해지자 피해자의 다리를 벌려 성교를 시도하였으나 잘 되지 않자 피해자의 다리를 올려 성교하던 도중 호출기가 여러 번 울리자 더 이상 계속하지 않았고, 이로 인하여 피해자에게 약 2주간의 치료를 요하는 질 열상을 입힌 사실, 그 후 피고인은 피해자에게 연락할 때까지 잘 지내라고 하면서 피해자와 같이 여관에서 나온 사실 등을 인정한 다음, 피고인이 피해자를 간음하게 된 경위와 피해자와의 관계, 당시의 정황 등 모든 사정을 종합할 때 피고인은 피해자의 의사에 반하는 정도의 유형력을 행사하여 피해자를 간음한 것에 불과하고, 그 유형력의 행사가 피해자의 반항을 현저히 곤란하게 할 정도에 이른 것은 아니므로 피고인의 행위는 강간치상죄에 해당하지 않는다고 판단한 것은 옳고, 거기에 상고이유의 주장과 같은 채증법칙 위반이나 법리오해의 잘못이 없다. 따라서 상고이유는 받아들이지 아니한다.」[1310]

나. 상대적 상해개념

강간상해·치상, 강간살인·치사 등은 무기징역형이 규정된 점에서 형량이

1309) 대법원 1999. 4. 9, 선고 99도519 판결.
1310) 대법원 1999. 9. 21, 선고 99도2608 판결.

매우 높다. 그리고 강간 등 성범죄가 기수에 도달하지 못한 미수범도 주체가 되므로 적용에 신중을 요한다. **법원은 그러한 이유로 상처가 경미하여 굳이 치료를 요하지 않고 일상생활을 하는 데 아무런 지장이 없으며 시일이 경과함에 따라 자연치유 될 수 있는 경우에는 본죄의 상해로 인정하지 않는다.** 이를 상대적 상해개념이라고 한다. 피해자의 건강상태가 나쁘게 변경되고 생활기능에 장애가 초래된 것인지는 객관적, 일률적으로 판단할 것이 아니라 피해자의 연령, 성별, 체격 등 신체, 정신상의 구체적 상태를 기준으로 판단한다.

▶ 「강간행위에 수반하여 생긴 상해가 극히 경미한 것으로서 굳이 치료할 필요가 없어서 자연적으로 치유되며 일상생활을 하는 데 아무런 지장이 없는 경우에는 강간치상죄의 상해에 해당되지 아니한다고 할 수 있을 터이나, 그러한 논거는 피해자의 반항을 억압할 만한 폭행 또는 협박이 없어도 일상생활 중 발생할 수 있는 것이거나 합의에 따른 성교행위에서도 통상 발생할 수 있는 상해와 같은 정도임을 전제로 하는 것이므로 그러한 정도를 넘는 상해가 그 폭행 또는 협박에 의하여 생긴 경우라면 상해에 해당된다고 할 것이며, 피해자의 건강상태가 나쁘게 변경되고 생활기능에 장애가 초래된 것인지는 객관적, 일률적으로 판단될 것이 아니라 피해자의 연령, 성별, 체격 등 신체, 정신상의 구체적 상태를 기준으로 판단되어야 한다.」[1311]

강간치상·강제추행치상 불성립 사례

◉ 피해자가 입은 좌측 어깨 반상출혈상은 피고인 1이 피해자와 성교하는 도중에 흥분 끝에 왼쪽 어깨를 입으로 빨아서 생긴 것으로서 동전크기 정도로 빨갛게 멍이 들어 있는 상태이고 별다른 통증이나 자각증상도 없어 피해자는 그 상처를 알아차릴 수도 없었는데 의사가 진찰을 하던 과정에서 우연히 발견한 것이고 성행위시 입으로 빨아서 생긴 반상출혈상은 의학상 치료를 받지 아니하더라도 자연 흡수되어 보통 1주 정도가 지나면 자연 치유되는데 특히 피해자가 입은 위 반상출혈은 자연치유기간이 1주까지도 소요되지 아니하였다면 치상의 경위, 상해의 정도, 내용 등에 비추어 피해자가 입은 반상출혈상은 인체의 생활기능에 장해를 주고 건강상태를 불량하게 변경하였다고도 보기 어려워 강간치상죄의 상해에 해당한다 할 수 없다.[1312] ◉ 피고인이 피해자를 강간하려다가 미수에 그치고 그 과정에서 위 피해자의 왼쪽 손바닥에 약 2센티미터 정도의 긁힌 가벼

1311) 대법원 2003. 9. 26, 선고 2003도4606 판결; 대법원 2005. 5. 26, 선고 2005도1039 판결.
1312) 대법원 1986. 7. 8, 선고 85도2042 판결.

운 상처가 발생하기는 하였으나 그 정도의 상처는 일상생활에서 얼마든지 생길 수 있는 극히 경미한 상처로서 굳이 치료할 필요도 없고 그 때문에 치료를 받기 위하여 병원에 오는 사람도 거의 없으며, 그대로 두어도 2, 3일 정도 지나면 원상회복되는 매우 일상적인 상처인 사실 및 위 피해자가 위의 상처를 입은 직후에는 그 상처에 약간 피가 비쳤고 쓰라림이 있었으나 그날 오후에 병원에 갈 때만 해도 피도 비치지 않았고, 통증도 없었으며, 동인이 병원에 가게 된 것은 위 상처의 치료를 받으러 자진하여 간 것이 아니라 경찰관이 증거수집을 위해 진단서가 필요하다고 강조하여 부득이 가게 된 것이라면 위와 같은 상해의 정도 및 내용에 비추어 피해자가 입은 소상은 그 정도가 워낙 경미하고 일상적이어서 인체의 완전성을 해하거나 건강상태를 불량하게 변경하였다고 보기 어려워 강간치상죄의 상해에 해당된다고 볼 수 없다.[1313] ◉ 피해자는 이미 성행위의 경험이 있는 자로서 동인이 입은 상처는 3, 4일간의 가료를 요하는 외음부 충혈과 양 상박부근육통으로서 피해자가 병원에 가서 치료를 받지 않더라도 일상생활을 하는 데 아무런 지장이 없을 뿐만 아니라 자연적으로 치유가 될 수 있는 정도이고 위와 같은 의사의 진단을 받게 된 경위가 피해자가 치료를 받기 위한 것이 아니고 경찰의 권유에 의하여 진단서의 발부를 받을 목적으로 병원을 찾아가서 받은 것이며 실제 아무런 치료를 받은 일이 없다면 그 상처의 부위와 정도 등에 비추어 볼 때 이로 인하여 신체의 완전성이 손상되고 생활기능에 장애가 왔다거나 건강상태가 불량하게 변경되었다고 보기는 어려우므로 위 상처가 강간치상죄의 상해에 해당된다고는 할 수 없다.[1314] ◉ 피고인이 피해자를 강간하려다가 미수에 그치고 그 과정에서 피해자에게 경부 및 전흉부 피하출혈, 통증으로 약 7일 간의 가료를 요하는 상처가 발생하였으나, 그 상처의 내용은 경부와 전흉부에 동전 크기의 멍이 들어 있는 정도로서 굳이 치료를 받지 않더라도 일상생활을 하는 데 아무런 지장이 없고 시일이 경과함에 따라 자연적으로 치유될 수 있는 정도인 사실 및 범행 당일 피해자는 경찰관에게 상처가 없고 피고인의 처벌을 원하지 않는다고 하였으나 경찰관의 권유에 따라 정확한 진단을 받기 위하여 경찰관과 함께 병원으로 갔으나 피해자가 한사코 진료를 거부하는 바람에 그냥 파출소로 돌아왔는데 피해자는 그 다음날 피고인을 고소하기 위하여 위와 같은 내용의 상해진단서를 발부받기에 이른 사실이 인정되는 경우, 위와 같은 상처의 정도나 그 내용에 비추어볼 때 피해자가 위 상처로 인하여 신체의 완전성이 손상되고 생활기능에 장애가 왔다거나 건강상태가 불량하게 변경되었다고 보기는 어려워 강간치상죄의 상해에 해당된다고 볼 수 없다.[1315] ◉ 음모는 성적 성숙함을 나타내거

1313) 대법원 1987. 10. 26, 선고 87도1880 판결.
1314) 대법원 1989. 1. 31, 선고 88도831 판결.
1315) 대법원 1994. 11. 4, 선고 94도1311 판결.

나 치부를 가려주는 등의 시각적·감각적인 기능 이외에 특별한 생리적 기능이 없는 것이므로, 피해자의 음모의 모근(모근) 부분을 남기고 모간(모간) 부분만을 일부 잘라냄으로써 음모의 전체적인 외관에 변형만이 생겼다면, 이로 인하여 피해자에게 수치심을 야기하기는 하겠지만, 병리적으로 보아 피해자의 신체의 건강상태가 불량하게 변경되거나 생활기능에 장애가 초래되었다고 할 수는 없을 것이므로, 그것이 폭행에 해당할 수 있음은 별론으로 하고 강제추행치상죄의 상해에 해당한다고 할 수는 없다.[1316]

강간치상·강제추행치상 인정 사례

◉ 피해자는 이 사건 사고 당일 16:00경 병원을 방문하여 팔꿈치 부위에 대한 X-Ray 촬영과 무릎부분의 치료를 했고, 위 병원에서 발부한 상해진단서에 의하면, 피해자의 상해부위는 '우측 슬관절 부위 찰과상 및 타박상, 우측 주관절 부위 찰과상'이고, 예상치료기간은 수상일로부터 2주이며, 입원 및 향후 치료(정신과적 치료를 포함)가 필요할 수도 있는 사실, 피해자는 만 14세의 중학교 3학년 여학생으로 154㎝의 신장에 40㎏의 체구인데, 이러한 피해자가 40대의 건장한 군인인 피고인과 소형승용차의 좁은 공간에서 밖으로 빠져나오려고 실랑이를 하고 위 차량을 벗어난 후에는 다시 타지 않으려고 격렬한 몸싸움을 하는 과정에서 적지 않은 물리적 충돌로 인하여 위와 같은 상해를 입게 된 사실을 알 수 있는바, 이러한 사실들을 위의 법리에 비추어 보면, 피해자가 입은 위 상해의 정도가 일상생활에 지장이 없고 단기간 내에 자연치유가 가능한 극히 경미한 상처라고 할 수 없고, 그러한 정도의 상처로 인하여 피해자의 신체의 건강상태가 불량하게 변경되고 생활기능에 장애가 초래된 것이 아니라고 단정하기도 어렵다.[1317] ◉ 피고인들이 피해자를 강간하여 피해자에게 요치 10일의 회음부찰과상을 입혔다면 상해의 정도가 0.1cm 정도의 찰과상에 불과하더라도 이것도 형법상 상해의 개념에 해당하므로 강간치상죄의 성립에 영향이 없다.[1318] ◉ **미성년자**에 대한 추행행위로 인하여 그 피해자의 **외음부** 부위에 염증이 발생한 것이라면, 그 증상이 약간의 발적과 경도의 염증이 수반된 정도에 불과하다고 하더라도 그로 인하여 피해자 신체의 건강상태가 불량하게 변경되고 생활기능에 장애가 초래된 것이 아니라고 볼 수 없으니, 이러한 상해는 미성년자의제강제추행치상죄의 상해의 개념에 해당한다.[1319] ◉ 피고인이 7세 1월 남짓밖에 안 되는 피해자의 질

1316) 대법원 2000. 3. 23, 선고 99도3099 판결.
1317) 대법원 2005. 5. 26, 선고 2005도1039 판결.
1318) 대법원 1983. 7. 12, 선고 83도1258 판결.
1319) 대법원 1996. 11. 22, 선고 96도1395 판결.

내에 손가락을 넣어 만지는 등 추행을 하여 피해자의 음순 좌우 양측에 생긴 남적색 피하일혈반이 타박이나 마찰로 말미암아 음순내부에 피멍이 든 것으로서 그 상처부위에 소변의 독소가 들어가면 염증이 생길 수도 있는 것이라면, 그 상처를 치료하는데 필요한 기간이 2일에 불과하더라도, 형법 제301조 소정의 상해의 개념에 해당하는 것으로 보아야 한다.[1320] ◉ 보행불능, 식욕감퇴, 수면장애 등 기능 장해를 일으킨 때에는 외관상 상처가 없더라도 형법상 상해를 입힌 경우에 해당하여 강간치상죄로 처단할 수 있다.[1321] ◉ 성폭력범죄의처벌및피해자보호등에관한법률 제9조 제1항의 상해는 피해자의 신체의 완전성을 훼손하거나 생리적 기능에 장애를 초래하는 것으로, 반드시 외부적인 상처가 있어야만 하는 것이 아니고, 여기서의 생리적 기능에는 육체적 기능뿐만 아니라 정신적 기능도 포함된다. 따라서 피고인들의 강간행위로 인하여 피해자가 불안, 불면, 악몽, 자책감, 우울감정, 대인관계 회피, 일상생활에 대한 무관심, 흥미상실 등의 증상을 보였고, 이와 같은 증세는 의학적으로는 통상적인 상황에서는 겪을 수 없는 극심한 위협적 사건에서 심리적인 충격을 경험한 후 일으키는 특수한 정신과적 증상인 외상 후 스트레스 장애에 해당하고, 피해자는 그와 같은 증세로 인하여 2일간 치료약을 복용했고, 6개월간의 치료를 요하는 사실이 인정되고, 피해자가 겪은 위와 같은 증상은 강간을 당한 모든 피해자가 필연적으로 겪는 증상이라고 할 수도 없으므로 결국 피해자는 피고인들의 강간행위로 말미암아 위 법률 제9조 제1항이 정하는 상해를 입은 것이다.[1322] ◉ 피고인이 피해자의 반항을 억압하는 과정에서 주먹으로 피해자의 얼굴과 머리를 때려 피해자가 코피를 흘리고 콧등이 부었다면 비록 병원에서 치료를 받지 않더라도 일상생활에 지장이 없고 또 자연적으로 치료될 수 있는 것이라 하더라도 강간치상죄에 있어서의 상해에 해당한다.[1323] ◉ 피해자가 강제추행 과정에서 가해자로부터 왼쪽 젖가슴을 꽉 움켜잡힘으로 인하여 왼쪽 젖가슴에 약 10일간의 치료를 요하는 좌상을 입고, 심한 압통과 약간의 종창이 있어 그 치료를 위하여 병원에서 주사를 맞고 3일간 투약을 한 경우, 피해자는 위와 같은 상처로 인하여 신체의 건강상태가 불량하게 변경되고 생활기능에 장애가 초래되었다 할 것이어서 이는 강제추행치상죄에 있어서의 상해의 개념에 해당한다.[1324] ◉ 처녀막은 부녀자의 신체에 있어서 생리조

1320) 대법원 1990. 4. 13, 선고 90도154 판결.

1321) 대법원 1969. 3. 11, 선고 69도161 판결. "타인의 신체에 폭행을 가하여 보행불능, 수면장애, 식욕감퇴등 **기능의 장해**를 일으킨 때에는 외관상 상처가 없더라도 형법상 상해를 입힌 경우에 해당한다 할 것이므로, 원심이 피해자 공소외 1에게 위 상해를 가한 피고인을 **강간치상**으로 처단한 것은 정당하며,…"

1322) 대법원 1999. 1. 26, 선고 98도3732 판결.

1323) 대법원 1991. 10. 22, 선고 91도1832 판결.

1324) 대법원 2000. 2. 11, 선고 99도4794 판결.

직의 일부를 구성하는 것으로서, 그것이 파열되면 정도의 차이는 있어도 생활기능에 장애가 오는 것이라고 보아야 하고, 처녀막 파열이 그와 같은 성질의 것인 한 비록 피해자가 성경험을 가진 여자로서 특이체질로 인해 새로 형성된 처녀막이 파열되었다 하더라도 강간치상죄를 구성하는 상처에 해당된다.[1325)]

다. 사상의 결과는 간음·추행의 기회에 또는 이와 밀접하게 관련된 행위에서 생긴 것이어야 한다.[1326)]

강간·추행의 기회

▶ 「강간 등에 의한 치사상죄에 있어서 사상의 결과는 **간음행위 그 자체로부터 발생한 경우**나 **강간의 수단으로 사용한 폭행으로부터 발생한 경우**는 물론 **강간에 수반하는 행위에서 발생한 경우**도 포함한다 할 것인바, 원심이 확정한 바와 같이 피고인이 판시 일시 경 피해자의 집에 침입하여 잠을 자고 있는 피해자를 강제로 간음할 목적으로 동인을 향해 손을 뻗는 순간 놀라 소리치는 동인의 입을 왼손으로 막고 오른손으로 음부 부위를 더듬던 중 동인이 피고인의 손가락을 깨물며 반항하자 물린 손가락을 비틀며 잡아 뽑아 동인으로 하여금 우측하악측절치치아결손의 상해를 입게 하였다면, 피해자가 입은 위 상해는 결국 피고인이 저지르려던 강간에 수반하여 일어난 행위에서 비롯된 것이라 할 것이고, 기록상 나타난 피해자의 반항을 뿌리친 형태 등에 비추어 보면 그 결과 또한 능히 예견할 수 있었던 것임을 부인할 수는 없다 하겠으니, 위와 같은 소위에 대하여 피고인을 강간치상죄로 처단한 제1심판결을 유지한 원심의 조처는 옳게 수긍이 되고, 거기에 소론과 같이 강간치상죄의 법리를 오해한 위법이 없다.

또 피고인이 스스로 야기한 범행의 와중에서 피해자에게 위와 같은 상해를 입힌 소위를 가리켜 법에 의하여 용인되는 피난행위라 할 수도 없고, 위와 같이 소리치며 반항하는 피해자의 입을 손으로 막고 음부까지 만진 소위에 대하여 주장과 같이 강간의 수단인 폭행이나 협박이 개시되지 않았다고 할 수도 없다. 논지가 들고 있는 당원판결은 이 사건과 사안을 달리 하는 것이어서 적절한 선례가 되지 못한다.」[1327)]

라. 본죄의 기수시기는 강간·추행의 기수여부를 불문하고 상해·사망의 결

1325) 대법원 1995. 7. 25, 선고 94도1351 판결.

1326) 김일수·서보학, 새로쓴 형법각론, 제9판, 박영사, 2018, 146면.

1327) 대법원 1995. 1. 12, 선고 94도2781 판결; 대법원 1999. 4. 9, 선고 99도519 판결; 대법원 2003. 5. 30, 선고 2003도1256 판결.

과가 발생하면 기수가 된다.

▶ 「강간이 미수에 그친 경우라도 그 수단이 된 폭행에 의하여 피해자가 **상해를 입었으면** 강간치상죄가 성립하는 것이며, 미수에 그친 것이 피고인이 자의로 실행에 착수한 행위를 중지한 경우이든 실행에 착수하여 행위를 종료하지 못한 경우이든 가리지 않는다.」[1328]

마. 강간등상해, 강간등살인죄는 고의범이므로 미수가 가능하나, 형법상 처벌규정이 없다. 다만 성폭법 제15조에서 동법 제8조의 강간등상해·치상죄, 동법 제9조의 강간등살인·치사죄의 미수범을 처벌하고 있다. 규정은 이와 같지만, 동조는 고의범인 강간등상해죄와 강간등살인죄의 미수범 처벌만을 규정한 것으로 보고, 결과적 가중범인 강간등치상죄와 강간등치사죄의 미수범 처벌은 부정하는 견해가 유력하다.[1329]

성폭력범죄의처벌등에관한특례법

제15조(미수범) 제3조부터 제9조까지 및 제14조의 미수범은 처벌한다.

제8조(강간 등 상해·치상) ① 제3조 제1항(**특수강도강간 등**), 제4조(**특수강간 등**), 제6조(**장애인에 대한 강간·강제추행 등**), 제7조(**13세 미만의 미성년자에 대한 강간, 강제추행 등**) 또는 제15조(**제3조 제1항, 제4조, 제6조 또는 제7조의 미수범**으로 한정한다)의 죄를 범한 사람이 다른 사람을 상해하거나 상해에 이르게 한 때에는 무기징역 또는 10년 이상의 징역에 처한다.

② 제5조(**친족관계에 의한 강간 등**) 또는 제15조(**제5조의 미수범**으로 한정한다)의 죄를 범한 사람이 다른 사람을 상해하거나 상해에 이르게 한 때에는 무기징역 또는 7년 이상의 징역에 처한다.

제9조(강간 등 살인·치사) ① **제3조부터 제7조까지,** 제15조(**제3조부터 제7조까지의 미수범**으로 한정한다)의 죄 또는 **「형법」 제297조(강간), 제297조의2(유사강간) 및 제298조(강제추행)부터 제300조(미수범)까지의 죄**를 범한 사람이 다른 사람을 살해한 때에는 사형 또는 무기징역에 처한다.

② **제4조, 제5조** 또는 제15조(**제4조 또는 제5조의 미수범**으로 한정한다)의 죄를 범한 사람이 다른 사람을 사망에 이르게 한 때에는 무기징역 또는 10년 이상의 징역에 처한다.

1328) 대법원 1988. 11. 8, 선고 88도1628 판결.
1329) 김일수·서보학, 새로쓴 형법각론, 제9판, 박영사, 2018, 147면, 149면.

③ **제6조, 제7조** 또는 제15조(**제6조 또는 제7조의 미수범**으로 한정한다)의 죄를 범한 사람이 다른 사람을 사망에 이르게 한 때에는 사형, 무기징역 또는 10년 이상의 징역에 처한다.

바. 강간치사·상죄와 같은 결과적 가중범은 기본범죄의 고의 이외에 중한 결과에 대한 예견가능성을 필요로 함은 앞서 보았다. 따라서 피고인과 피해자가 여관에 투숙하여 별다른 저항이나 마찰 없이 성행위를 한 후, 피고인이 잠시 방 밖으로 나간 사이에 피해자가 방문을 안에서 잠그고 구내전화를 통하여 여관종업원에게 구조요청까지 한 후라면, 일반경험칙상 이러한 상황 아래에서 피해자가 피고인의 방문 흔드는 소리에 겁을 먹고 강간을 모면하기 위하여 3층에서 창문을 넘어 탈출하다가 상해를 입을 것이라고 예견할 수는 없다고 할 것이므로 이를 강간치상죄로 처단할 수 없다.[1330]

사. 강간범인이 피해자를 사망에 이르게 한 경우에 그 사망의 결과가 간음행위 자체뿐만 아니라 강간의 수단으로 사용한 폭행으로 인하여 초래된 경우에도 강간치사죄가 성립하는 것이나, 다만 범인이 강간의 목적으로 피해자에게 폭행을 가할 때에 살해의 범의가 있었다면 살인죄와 강간치사죄의 상상적 경합범이 성립한다고 할 것이므로, 강간범인이 살해의 미필적 고의를 가지고 피해자의 입을 막고 경부를 눌러 피해자를 질식으로 인한 실신상태에 빠뜨려 강간한 후 그즈음 피해자를 경부압박으로 인한 질식으로 사망케 하였다면 살인죄와 강간치사죄의 상상적 경합범으로 보아 가장 무거운 살인죄에 정한 형으로 처벌한 원심판결은 정당하다.[1331]

아. 강간치상 범행 후 피해자에게 용서를 구하였으나 피해자가 이에 불응하면서 강간사실을 부모에게 알리겠다고 하자 피해자를 살해하였다면, 이는 강간살인죄가 아니라 강간치상죄와 살인죄의 경합범이 된다.[1332]

자. 강간치상죄를 범하고 실신한 피해자를 구호하지 않고 방치하였더라도 별도로 유기죄가 성립되지 않고, 강간치상죄만 성립한다.[1333] 피고인에게는 법

1330) 대법원 1985. 10. 8, 선고 85도1537 판결.
1331) 대법원 1990. 5. 8, 선고 90도670 판결.
1332) 대법원 1987. 1. 20, 선고 86도2360 판결.
1333) 대법원 1980. 6. 24, 선고 80도7260 판결.

륜상·계약상 보호의무가 없기 때문이다(형법 제271조).

차. 수인이 공모하여 피해자에게 항거불능의 폭행을 가한 후 순차 강간하여 피해자에게 전치 2주일을 요할 찰과상 등을 입게 하였다면 그로 인한 강간치상의 죄수는 강간회수에 따라 성립되며 그 수개의 죄는 형법 37조 전단의 경합관계에 있다.[1334]

역사의 유물

친고죄가 존속 중이던 2013. 6. 19.까지도 **본죄는 친고죄가 아니었다.**

따라서 **강간상해·치상 사건의 변호전략은** 강간의 기회와 별도로 상해가 발생했다고 주장하여 결합범(강간살인, 강간상해) 또는 결과적 가중범(강간치사, 강간치상)을 **경합범으로 분리하는 것**(강간과 상해의 경합범 기소를 꾀함) 또는 아예 **강간상해죄의 상해로 인정할 수 없다는 것**이 주를 이루었다. 후자의 것은 상대적 상해개념에 따라 자연치유될 정도의 경미한 상처라고 주장하여 상해를 없애는 것이었다.

이후 혐의가 가벼워져 홀로 남은 강간죄는 친고죄였으므로 합의를 통해 공소기각판결을 받는 것이 정통적 변론이었다.

이 과정에서 피해자가 상해진단서를 낼 것인지, 상처부위가 이미 치유되었다고 피해자가 진술해줄 것인지가 중요 관건이 되었고, 합의금의 액수를 높여서라도 피해자가 수사와 재판에서 우호적 태도를 취해주길 바라는 경우가 흔히 있었다. 실체진실의 왜곡이 충분히 우려되던 역사의 유물이고, 낡은 변론방식이다.

6. 위계·위력 미성년자 간음·추행죄

가. 미성년자 또는 심신미약자에 대하여 위계 또는 위력으로써 간음 또는 추행을 한 자는 5년 이하의 징역에 처한다(**형법 제302조**).

나. 위계란 행위자가 간음의 목적으로 상대방에게 오인, 착각, 부지를 일으키고는 상대방의 그러한 심적 상태를 이용하여 간음의 목적을 달성하는 것을 말하는 것이고, 여기에서 오인, 착각, 부지란 간음행위 자체에 대한 오인, 착각, 부지를 말하는 것이지, 간음행위와 불가분적 관련성이 인정되지 않는 다른 조건에 관한 오인, 착각, 부지를 가리키는 것은 아니다.[1335]

1334) 서울고등법원 1974. 11. 8, 선고 74노733 제2형사부판결 : 확정.

1335) 대법원 2001. 12. 24, 선고 2001도5074 판결.

▶ 「청소년의성보호에관한법률(이하 **'특별법'**이라 한다) 제10조는 "① 여자 청소년에 대하여 형법 제297조(강간)의 죄를 범한 자는 5년 이상의 유기징역에 처한다. ② 청소년에 대하여 형법 제298조(강제추행)의 죄를 범한 자는 1년 이상의 유기징역 또는 500만원 이상 2천만원 이하의 벌금에 처한다. ③ 청소년에 대하여 형법 제299조(준강간, 준강제추행)의 죄를 범한 자는 제1항 또는 제2항의 예에 의한다. ④ 위계 또는 위력으로써 여자 청소년을 간음하거나 청소년에 대하여 추행을 한 자는 제1항 또는 제2항의 예에 의한다. ⑤ 제1항 내지 제4항의 미수범은 처벌한다."라고 규정하고 있고, **형법** 제2편 제32장은 제297조에서 강간, 제298조에서 강제추행, 제299조에서 준강간, 준강제추행에 대하여 각 규정하고 있으며 제302조에서 "미성년자 또는 심신미약자에 대하여 위계 또는 위력으로써 간음 또는 추행을 한 자는 5년 이하의 징역에 처한다."라고 규정하고 있으므로, **특별법** 제10조는 형법 제297조, 제298조, 제299조 및 제302조의 죄에 대하여 피해자가 청소년인 경우에 이를 **가중처벌하는 규정일 뿐이지 그 구성요건을 형법과 달리하는 규정은 아니라고 할 것**이다. 한편, **형법 제302조의 위계에 의한 미성년자간음죄에 있어서 위계라 함은** 행위자가 간음의 목적으로 상대방에게 오인, 착각, 부지를 일으키고는 상대방의 그러한 심적 상태를 이용하여 간음의 목적을 달성하는 것을 말하는 것이고, 여기에서 오인, 착각, 부지란 **간음행위 자체에 대한 오인, 착각, 부지를 말하는 것**이지, 간음행위와 불가분적 관련성이 인정되지 않는 다른 조건에 관한 오인, 착각, 부지를 가리키는 것은 아니라고 보아야 한다. 원심은, 피해자가 이 사건 당시 16세 남짓 된 상업고등학교 1학년 여학생으로 종전에 성경험이 있었고, 이 사건 당일 컴퓨터 채팅을 통하여 피고인으로부터 **성관계를 가지면 50만원을 주겠다**는 제의를 받자 이를 승낙한 뒤 자신의 집이 비어 있다면서 피고인으로 하여금 같은 날 23:00경 자신의 집으로 찾아오도록 하여 피고인과 성교행위를 한 사실을 인정하고, 그렇다면 피해자는 성교에 대한 사리판단력이 있는 사람으로서 피고인으로부터 성교의 대가를 받기로 하고 스스로 성교행위에 나아간 것이므로 공소사실 기재와 같이 피고인이 피해자에게 성교의 대가로 50만원을 줄 의사나 능력이 없으면서도 위 돈을 주겠다고 거짓말을 하고 피해자가 이 말에 속아 피고인과 성교행위를 하였다고 하더라도, 사리판단력이 있는 피해자에 관하여는 그러한 금품의 제공과 성교행위 사이에 불가분의 관련성이 인정되지 아니하는 만큼 이로 인하여 피해자가 간음행위 자체에 대한 착오에 빠졌다거나 이를 알지 못하였다고 할 수 없다는 이유로 피고인의 행위가 특별법 제10조 제4항의 '위계'로 청소년인 피해자를 간음한 것에 해당하지 아니한다고 판단했다. 원심의 판단은 위와 같은 법리에 따른 것으로 정당하고, 원심판결에 상고이유로 주장하는 바와 같이 특별법 제10조 제4항의 '위계'에 관한 법리를 오해한 위법이 있다고 할 수 없다(피고인이 청소년에게 금품의 제공을

약속하고 성교행위를 한 것인 이상 그것이 특별법 제2조 제2호에 규정된 '청소년의 성을 사는 행위'에 해당하여 특별법 제5조에 따른 처벌 대상이 되는 것은 별도의 문제일 것이다).」[1336]

▶ 「이 사건에서는 피고인이 공소외 1에게 남자를 소개시켜 주겠다고 거짓말을 하였다는 점 외에는 달리 공소외 1을 간음하기 위하여 어떠한 위계를 하였음을 인정할 다른 증거가 없는바, 피고인이 공소외 1을 여관으로 유인하기 위하여 위와 같은 거짓말을 하고 공소외 1이 이에 속아 여관으로 오게 되었고 거기에서 성관계를 하게 되었다 할지라도, 그녀가 여관으로 온 행위와 성교행위 사이에는 불가분의 관련성이 인정되지 아니하는 만큼 이로 인하여 공소외 1이 간음행위 자체에 대한 착오에 빠졌다거나 이를 알지 못하였다고 할 수는 없다 할 것이어서, 피고인의 위 행위는 역시 형법 제302조 소정의 위계에 의한 심신미약자간음죄에 있어서 위계에 해당하지 아니한다 할 것이다. 그렇다면 원심이 피고인이 공소외 1에게 **남자를 소개시켜 준다**고 거짓말을 했고, 또 그 거짓말이 형법 제302조 소정의 위계에 의한 심신미약자간음죄에 있어서 위계에 해당한다고 판단하여 피고인에 대하여 유죄를 선고한 것은, 형법 제302조 소정의 위계에 의한 심신미약자간음죄에 있어서 위계에 관한 법리를 오해하여 판결 결과에 영향을 미친 위법을 저지른 것이라고 보아야 할 것이다(피고인의 위 간음 행위를 위력에 의한 심신미약자간음죄로 의율할 가능성이 없다 할 수는 없으나 이는 별 문제다). 이 점을 지적하는 취지가 포함된 상고이유 역시 그 이유가 있다.」[1337]

▶ 「구 성폭력범죄의 처벌 등에 관한 특례법(2012. 12. 18. 법률 제11556호로 전부 개정되기 전의 것) 제6조 제5항, 제6항은 **위계로써 장애인을 간음하거나 추행**한 사람을 처벌하는 규정이다. 위 규정에서 말하는 위계라고 함은, 행위자가 간음 또는 추행의 목적으로 상대방에게 오인, 착각, 부지를 일으키고는 상대방의 그러한 심적 상태를 이용하여 간음 또는 추행의 목적을 달성하는 것을 말하는 것이고, 여기에서 오인, 착각, 부지라고 함은 간음행위 또는 추행행위 자체에 대한 오인, 착각, 부지를 말하는 것이지, 간음행위 또는 추행행위와 불가분적 관련성이 인정되지 않는 다른 조건에 관한 오인, 착각, 부지를 가리키는 것이 아니다. 이 사건 공소사실의 요지는, 피고인이 피해자에게 정신장애가 있음을 알면서 **인터넷 쪽지를 이용하여 피해자를 피고인의 집으로 유인**한 후 성교행위와 제모행위를 함으로써 장애인인 피해자를 간음하고 추행하였다는 것이다. 그러나 설

1336) 대법원 2001. 12. 24, 선고 2001도5074 판결.
1337) 대법원 2002. 7. 12, 선고 2002도2029 판결.

령 피고인이 성교 등의 목적을 가지고 피해자를 유인하여 피고인의 집으로 오게 하였다고 하더라도, 피고인의 유인행위는 피해자를 피고인의 집으로 오게 하기 위한 행위에 불과하고, 피해자가 피고인의 집으로 온 것과 성교행위나 제모행위 사이에 불가분적 관련성이 인정되지 아니하므로, 피해자가 피고인의 유인행위로 인하여 간음행위나 추행행위 자체에 대한 착오에 빠졌다거나 이를 알지 못하게 되었다고 할 수 없다. 그렇다면 피고인의 행위는 위 특례법에서 정한 장애인에 대한 위계에 의한 간음죄 또는 추행죄에 해당하지 아니한다.」[1338)]

다. 위력은 사람의 의사를 제압할 수 있는 세력을 말하고, 강간·추행의 폭행·협박에 이르지 않을 정도의 폭행·협박[1339)] 및 지위·권세를 이용한 의사제압을 포함한다.

▶「원심판결 이유에 의하면 원심은, 그 채택 증거들을 종합하여 판시 사실들을 인정한 다음, 피고인이 이 사건 당시 피해자에게 인상을 쓴다거나 피해자와 성교를 위하여 피해자의 몸 위로 올라간 것 이외에 별다른 유형력을 행사한 것으로 보이지 않는 점 등에 비추어, 피해자가 이 사건 당시 피고인에게 압도당하여 정상적인 반항을 한다는 것이 상당히 어려웠다고 보이지 않을 뿐만 아니라, 피고인이 피해자에게 위력을 행사하여 피해자가 심리적으로 위축된 상태에서 겁을 먹은 나머지 그 의사에 반하여 간음을 당하였다고 보기는 부족하다는 이유로 무죄를 선고했다.

그러나 원심의 위와 같은 판단은 다음과 같은 이유로 이를 수긍할 수 없다.

청소년의 성보호에 관한 법률 위반(청소년강간등)죄는 '위계 또는 위력으로써 여자 청소년을 간음하거나 청소년에 대하여 추행한' 것인 바, 이 경우 **위력**이라 함은 피해자의 자유의사를 제압하기에 충분한 세력을 말하고, 유형적이든 무형적이든 묻지 않으므로 폭행·협박뿐 아니라 행위자의 사회적·경제적·정치적인 지위나 권세를 이용하는 것도 가능하며, **'위력으로써' 간음 또는 추행한 것인지 여부**는 행사한 유형력의 내용과 정도 내지 이용한 행위자의 지위나 권세의 종류, 피해자의 연령, 행위자와 피해자의 이전부터의 관계, 그 행위에 이르게 된 경위, 구체적인 행위 태양, 범행 당시의 정황 등 제반 사정을 종합적으로 고려하여 판단해야 한다.[1340)]

1338) 대법원 2014. 9. 4, 선고 2014도8423,2014전도151 판결.

1339) 이재상·장영민·강동범, 형법각론, 제10판 보정판, 박영사, 2017, 178면; 김일수·서보학, 새로쓴 형법각론, 제9판, 박영사, 2018, 151면.

1340) 대법원 1998. 1. 23, 선고 97도2506 판결; 대법원 2008. 2. 15, 선고 2007도11013 판결.

그런데 원심판결 이유인 기록에 나타나는 다음과 같은 사정, 즉 피해자는 1991. 7. 26.생으로 이 사건 당시 만 15세 8개월 남짓의 키 164㎝, 체중 48㎏인 여자인데 비해, 피고인은 1979. 8. 20.생으로 이 사건 당시 만 27세 8개월 남짓의 신장 185㎝, 체중 87㎏인 남자인바, 피고인이 피해자의 반바지를 벗기려고 하자 피해자가 '안 하신다고 하셨잖아요' '하지 마세요'라고 하면서 계속해서 명시적인 거부 의사를 밝혔음에도, '괜찮다' '가만히 있어'라고 말하면서 피해자의 바지와 팬티를 벗기고 몸으로 피해자를 누르면서 간음하기에 이른 점, 피해자가 처음 만난 피고인의 요구에 순순히 응하여 성관계를 가진다는 것은 경험칙상 납득되지 않는 점, 피고인이 공소외인과 피해자 및 공소외인의 다른 친구 2명과 함께 모텔을 찾으러 다닐 때만 하여도 피해자는 피고인과 단둘이 모텔방에 남게 될 것을 예상하지 못했던 것으로 보이는 점, 술에 취한 데다가 나이, 키, 체중에서 현저한 차이가 나는 피고인과 단둘이 모텔방에 있게 된 피해자로서는 피고인에게 압도당하여 정상적인 반항을 하기가 어려웠으리라고 보이는 점 등에 비추어, **피고인이 이 사건 당시 피해자와 성교를 위하여 피해자의 몸 위로 올라간 것 이외에 별다른 유형력을 행사하지 않았더라도, 피고인이 몸으로 짓누르고 있어서 저항할 수가 없었고 겁을 먹은 나머지 그 의사에 반하여 간음을 당하였다는 피해자의 진술은 이를 가볍게 배척할 수 없을 것**으로 여겨진다.

그럼에도, 원심은 그 판시와 같은 이유만으로 피해자의 진술을 배척하고 피고인이 위력으로써 피해자를 간음한 사실에 대한 증명이 없다고 판단하였으니, 거기에는 채증법칙을 위반하여 사실을 오인하였거나 청소년의 성보호에 관한 법률 위반(청소년강간등)죄에 있어서의 위력의 개념에 관한 법리를 오해하여 판결에 영향을 미친 위법이 있다.」[1341]

라. 2013. 6. 19.까지는 친고죄였고, 익일부터 친고죄 규정인 제306조가 완전 폐지되었다. 친고죄 존치 당시에는 합의서가 제출되면 공소권이 없었으므로 수사가 즉시 종결되었다.

7. 미수범

제297조(강간), 제297조의2(유사강간), 제298조(강제추행), 제299조(준강간, 준강제추행)의 미수범은 처벌한다(**형법 제300조**). 강도강간의 미수범도 처벌한다(**형법 제342조**). 미성년자의제강간·의제강제추행은 별도의 미수범 처벌규정을 준용하고

1341) 대법원 2008. 7. 24, 선고 2008도4069 판결.

있지 않으나, 미수범을 인정하는 것이 판례이다.

▶ 「형벌법규는 문언에 따라 엄격하게 해석·적용되어야 하고 피고인에게 불리한 방향으로 지나치게 확장해석하거나 유추해석 하여서는 아니되나, 형벌법규의 해석에 있어서도 법률문언으로서의 통상적인 의미를 벗어나지 않는 한 그 법의 입법 취지와 목적, 입법연혁 등 여러 요소를 고려한 목적론적 해석이 배제되는 것은 아니라고 할 것이다.[1342] 미성년자의제강간·강제추행죄를 규정한 형법 제305조가 "13세 미만의 부녀를 간음하거나 13세 미만의 사람에게 추행을 한 자는 제297조, 제298조, 제301조 또는 제301조의2의 예에 의한다."로 되어 있어 강간죄와 강제추행죄의 미수범의 처벌에 관한 형법 제300조를 명시적으로 인용하고 있지 아니하나, 형법 제305조의 입법 취지는 성적으로 미성숙한 13세 미만의 미성년자를 특별히 보호하기 위한 것으로 보이는바 이러한 입법 취지에 비추어 보면 동조에서 규정한 형법 제297조와 제298조의 '예에 의한다'는 의미는 미성년자의제강간·강제추행죄의 처벌에 있어 그 법정형뿐만 아니라 미수범에 관하여도 강간죄와 강제추행죄의 예에 따른다는 취지로 해석된다. 따라서 이러한 해석이 형벌법규의 명확성의 원칙에 반하는 것이거나 죄형법정주의에 의하여 금지되는 확장해석이나 유추해석에 해당하는 것으로 볼 수 없다고 할 것이다. 원심이 피고인이 11세인 피해자를 간음하려다 미수에 그친 이 사건 공소사실에 대하여 형법 제305조, 형법 제300조 및 형법 제297조를 적용하여 미성년자의제강간미수죄로 처벌한 것은 정당하고 거기에 상고이유 제1점으로 주장하는 죄형법정주의에 관한 법리를 오해한 위법이 없다.」[1343]

성폭법에서는 특수강도강간 등(제3조), 특수강간(제4조), 친족관계에 의한 강간 등(제5조), 장애인에 대한 강제추행 등(제6조), 13세 미만의 미성년자에 대한 강간·강제추행 등(제7조), 강간 등 상해·치상(제8조), 강간 등 살인·치사(제9조), 카메라 등을 이용한 촬영(제14조)에 대해 미수범을 처벌하고 있다(**제15조**).

8. 상습범

상습으로 제297조(강간), 제297조의2(유사강간), 제298조(강제추행), 제299조(준강간, 준강제추행), 제300조(미수범), 제302조(미성년자등에 대한 간음), 제303조(업무상 위

1342) 대법원 2002. 2. 21, 선고 2001도2819 전원합의체 판결; 대법원 2003. 1. 10, 선고 2002도2363 판결; 대법원 2006. 5. 12, 선고 2005도6525 판결.

1343) 대법원 2007. 3. 15, 선고 2006도9453 판결.

력등에 의한 간음), 제305조(미성년자에 대한 간음, 추행)의 죄를 범한 자는 그 죄에 정한 형의 1/2까지 가중한다(형법 제305조의2).

9. 강도강간죄

제339조(강도강간) 강도가 사람을 강간한 때에는 무기 또는 10년 이상의 징역에 처한다.

제342조(미수범) 제329조 내지 제341조의 미수범은 처벌한다.

가. 재물강취 목적으로 폭행·협박하여 **강도의 실행에 착수한 자**가 **강간**한 경우 강도강간죄로 무기 또는 10년 이상의 징역형에 처해진다. 강도의 실행에 착수한 이상 미수·기수를 불문하고 본죄의 주체가 된다.[1344] 다만 본죄의 기수 여부는 강간의 기수에 따른다.

나. 형법 제339조의 강도강간죄는 강도범인이 강도의 기회에 강간행위를 한 경우에 성립되는 것으로서 강도가 실행에 착수하였으나 아직 강도행위를 완료하기 전에 강간을 한 경우도 이에 포함되는 것이라 할 것인 바, 원심이 피고인이 강도행위에 착수한 뒤 그 완료 전에 피해자를 **강간**하려다가 **중지**하고 금품을 강취하고 그로 인하여 피해자에게 상해를 입힌 사실을 확정하고 이를 **강도강간미수**와 **강도치상죄**로 의율하였음은 정당하다.[1345] 강간이 미수에 그쳤으므로 강도강간은 미수가 되고, 상해의 결과가 강도행위로 인한 경우이므로 강도치상죄가 성립한다.[1346]

다. 강도가 피해자에게 상해를 입혔으나 재물강취에는 이르지 못하고, 그 자리에서 항거불능 상태의 피해자를 **간음**하면 **강도상해죄**(제337조, 무기 또는 7년 이상의 징역)와 **강도강간죄**(제339조, 무기 또는 10년 이상의 징역)의 상상적 경합이 되고, 더 무거운 강도강간죄로 처벌된다. 이때도 상해의 결과는 강도행위로 인해 발생했고 강도상해는 강도의 기수·미수를 불문하고 상해의 결과 발생을 중시하므로 강도상해죄 기수[1347]와 강간 성공으로 인해 강도강간죄 기수가 함께 성

1344) 대법원 1984. 10. 10, 선고 84도1880 판결; 대법원 1986. 5. 27, 선고 86도507 판결.
1345) 대법원 1984. 10. 10, 선고 84도1880 판결.
1346) 김일수·서보학, 새로쓴 형법각론, 제9판, 박영사, 2018, 283면.
1347) 김일수·서보학, 새로쓴 형법각론, 제9판, 박영사, 2018, 278면.

립한다.

라. 강도가 재물을 강취하려고 폭행하여 피해자가 상해를 입었으나 피해자가 가진 것이 없어 강취에 실패하고, 이어 항거불능상태의 피해자를 **간음하려 하였으나 역시 반항으로 실패**한 경우 **강도치상기수**와 **강도강간미수**의 상상적 경합이 된다. 강도행위로 인해 상해가 발생한 것이므로 강도치상죄가 성립하고, 강간이 실패했으므로 강도강간미수도 성립한다. 애초부터 상해고의가 없었다는 점에서 결과적 가중범인 강도치상죄가 성립했다.

마. 거꾸로 강간범이 강도하면 강간과 강도의 실체적 경합범이 된다. 따라서 **강간범**이 강간 후 강도의 범의를 일으켜 재물을 강취하면 강도강간죄가 아니라 **강간죄**와 **강도죄**의 경합범이 되지만,[1348] **강간행위의 종료 전 즉 그 실행행위의 계속 중**에 강도를 하면 이때에 바로 **강도의 신분을 취득**하는 것이므로 이후에 그 자리에서 강간행위를 계속하는 때에는 강도가 부녀를 강간한 때에 해당하여 **강도강간죄**가 된다는 점은 유의해야 한다. 강간죄가 즉시범이고 그 기수시기가 강도죄의 착수시기보다 앞섰다는 사유만으로는 강도강간죄의 성립에 영향이 없다.[1349] 같은 취지로 특수강간범이 강간행위 종료 전에 특수강도의 행위를 한 이후에 그 자리에서 강간행위를 계속하면 **성폭법상 특수강도강간죄**가 된다.[1350] 야간에 피해자의 집에 침입하여 드라이버를 들이대며 협박하여 피해자의 반항을 억압한 상태에서 강간행위의 실행 도중 범행현장에 있던 피해자 소유의 핸드백을 탈취한 후 다시 강간행위를 계속한 사건이다.

> ▶ 「…(전략) 강간범이 강간행위 후에 강도의 범의를 일으켜 그 부녀의 재물을 강취하는 경우에는 강도강간죄가 아니라 강간죄와 강도죄의 경합범이 성립될 수 있을 뿐이지만, 강간행위의 종료 전 즉 그 실행행위의 계속 중에 강도의 행위를 할 경우에는 이때에 바로 **강도의 신분을 취득**하는 것이므로 이후에 그 자리에서 강간행위를 계속하는 때에는 강도가 부녀를 강간한 때에 해당하여 형법 제339조 소정의 강도강간죄를 구성하고,[1351] 구 성폭력범죄의 처벌 및 피해자보호

1348) 강도강간죄는 강도가 강간하는 것을 그 요건으로 하므로 부녀를 강간한 자가 강간행위 후에 강도의 범의를 일으켜 재물을 강취하는 경우에는 강간죄와 강도죄의 경합범이 성립된다(대법원 1977. 9. 28, 선고 77도1350 판결; 대법원 2002. 2. 8, 선고 2001도6425 판결).

1349) 대법원 1988. 9. 9, 선고 88도1240 판결; 대법원 2010. 7. 15, 선고 2010도3594 판결.

1350) 대법원 2010. 7. 15, 선고 2010도3594 판결; 대법원 2010. 12. 9, 선고 2010도9630 판결.

1351) 대법원 1988. 9. 9, 선고 88도1240 판결.

등에 관한 법률(2010. 4. 15. 법률 제10258호 성폭력범죄의 피해자보호 등에 관한 법률로 개정되기 전의 것) 제5조 제2항은 형법 제334조(특수강도) 등의 죄를 범한 자가 형법 제297조(강간) 등의 죄를 범한 경우에 이를 특수강도강간 등의 죄로 가중하여 처벌하는 것이므로, 다른 특별한 사정이 없는 한 특수강간범이 강간행위 종료 전에 특수강도의 행위를 한 이후에 그 자리에서 강간행위를 계속하는 때에도 특수강도가 부녀를 강간한 때에 해당하여 구 성폭력범죄의 처벌 및 피해자보호 등에 관한 법률 제5조 제2항에 정한 특수강도강간죄로 의율할 수 있다.[1352]

또한, 강도죄는 재물탈취의 방법으로 폭행, 협박을 사용하는 행위를 처벌하는 것이므로 폭행, 협박으로 타인의 재물을 탈취한 이상 피해자가 우연히 재물탈취 사실을 알지 못하였다고 하더라도 강도죄는 성립하고, 폭행, 협박당한 자가 탈취당한 재물의 소유자 또는 점유자일 것을 요하지도 아니하며,[1353] 강간범인이 부녀를 강간할 목적으로 폭행, 협박에 의하여 반항을 억업한 후 반항억압 상태가 계속 중임을 이용하여 재물을 탈취하는 경우에는 재물탈취를 위한 새로운 폭행, 협박이 없더라도 강도죄가 성립한다.[1354]

원심이 피해자 공소외 1에 대한 판시 강간행위 도중 범행현장에 있던 피해자 공소외 2 소유의 핸드백을 가져간 피고인의 행위를 포괄하여 구 성폭력범죄의 처벌 및 피해자보호 등에 관한 법률 위반(특수강도강간등)죄에 해당한다고 판단한 조치는 위와 같은 법리에 따른 것으로 정당하고, 거기에 상고이유에서 주장하는 채증법칙 위배로 인한 사실오인 및 법리오해의 위법은 없다.」[1355]

바. 데이트 중인 남자에게 강도하고, 이어 그의 여자친구를 강간해도 강도강간죄가 된다. 강도의 기회에 강간이 이루어지면 본죄가 성립하기 때문이다.

▶「피고인이 원심피고인들과 강도하기로 모의를 한 후 판시와 같이 피해자 C로부터 금품을 빼앗고 이어서 피해자 D를 강간하였다면 강도강간죄를 구성하는 것이므로 피고인의 행위에 대하여 형법 제339조를 적용한 것은 정당하고 거기에 강도강간죄의 법리를 오해한 위법이 없다.」[1356]

1352) 대법원 2010. 7. 15, 선고 2010도3594 판결.
1353) 대법원 1967. 6. 13, 선고 67도610 판결; 대법원 1979. 9. 25, 선고 79도1735 판결.
1354) 대법원 1985. 10. 22, 선고 85도1527 판결.
1355) 대법원 2010. 12. 9, 선고 2010도9630 판결.
1356) 대법원 1991. 11. 12, 선고 91도2241 판결.

사. 본죄와 공범

강도강간을 공모한 적이 없다면, 일부가 본래의 공모내용인 강도를 넘어서 강간할 때에 가담하지 않은 피고인은 본죄의 공범이 되지 않는다.

공모공동정범으로 기소된 사건에서, 강도강간의 '공모'가 부인된 사례

▶ 「변호인의 상고이유에 대하여,

원심이 옳다고 판단한 제1심 판결에 보면 피고인이 실체적 경합범으로 유죄판결을 받은 같은 판결설시 여러 개의 범죄사실 가운데 강도강간죄에 관한 부분은 다음과 같이 되어 있다.

즉 피고인과 원심공동피고인 1, 2는 1987. 8. 1. 04:30경 서울 관악구 ○동 303의43호 ○○주택 4동 101호 피해자 의 집 안방에 들어가 피고인과 원심공동피고인 2가 피해자에게 과도를 들이대고 다시 피고인이 전화선으로 피해자의 손발을 묶고 원심공동피고인 2가 주먹과 발로 피해자를 수회 때려 반항을 억압한 다음 피고인이 장농 등을 뒤져 여자 손목시계 1개 등 3점 및 현금 150,000원 시가 합계 510,000원 상당을 가지고 나와 이를 강취하고 피고인을 포함한 위에서 본 세 사람은 공모하여 피고인은 위와 같이 피해자의 손발을 전화선으로 묶어 반항을 억압하고 원심공동피고인 2는 그녀의 유방을 만지고 원심공동피고인 1은 그 설시와 같은 방법으로 강제로 1회 간음하여 강간한 것이라는 것이다.

그런데 공모공동정범에 있어서의 모의는 사전모의를 필요로 하거나 범인 전원이 일정한 시간과 장소에 집합하여 행할 필요는 없고 그 가운데 한 사람 또는 두 사람 이상을 통하여 릴레이식으로 하거나 또는 암묵리에 서로 의사가 상통해도 된다 하겠으나 그 모의의 내용만은 두 사람 이상이 공동의 의사로 특정한 범죄행위를 하기 위하여 일체가 되어 서로가 다른 사람의 행위를 이용하여 각자 자기의 의사를 실행에 옮기는 것을 내용으로 하는 것이어야 하고 그에 따라 범죄를 실행한 사실이 인정되어야만 공모공동정범이 성립되는 것이고 이와 같은 공모에 참여한 사실이 인정되는 이상 직접 실행행위에 관여하지 않았더라도 다른 사람의 행위를 자기 의사의 수단으로 하여 범죄를 하였다는 점에서 자기가 직접 실행행위를 분담한 경우와 형사책임의 성립에 차이를 둘 이유가 없는 것이다.[1357]

한편 위에서 본 바와 같은 공모나 모의는 공모공동정범에 있어서의 "범죄될 사실"이라 할 것이므로 이를 인정하기 위하여서는 엄격한 증명에 의하지 않으면

1357) 대법원 1988. 4. 12, 선고 87도2368 판결.

안 된다 할 것이고 그 증거는 판결에 표시되어야 하는 것이다.

이와 같이 공모나 모의가 공모공동정범에 있어서의 "범죄될 사실"인 이상 모의가 이루어진 일시, 장소 또는 실행방법, 각자 행위의 분담역할 따위의 구체적 내용을 상세하게 판시할 필요는 없다 하겠으나 공모의 판시는 위에서 본 취지대로 성립된 것이 밝혀져야만 하는 것이다.

위와 같은 공모공동정범에 관한 법리를 염두에 두고 이 사건을 보건대, 우선 위에서 본 제1심 판결에 나타난 증거에 의하여 문제의 **강간이 이루어진 경위**와 **그 때의 세 사람의 역할 동정**을 보면 다음과 같다.

즉 제1심 판결의 증거의 요지에 나타난 증거들에 의하면 위에서 본 사실 가운데 공모의 점을 제외하고 그 나머지의 사실은 모두 인정되나 **공모의 점에 관하여는** 피해자의 집에 들어가기 전에 서로 **강간하기로 이야기한 일이 없었다**는 것은 피고인뿐만 아니라 원심공동피고인들까지도 제1심 법정에서 진술하고 있고 특히 **피고인은** 당시 복면을 하였었고 물건을 뒤지느라 정신이 팔려 원심공동피고인 1이 피해자를 강간하는 것을 못 보았는데 물건을 챙겨 돌아서면서 보니까 원심공동피고인 1이 강간을 하고 있어 빨리 가지고 재촉하여 그 집을 나왔다고 말하고 있으며(공판기록85장), 원심공동피고인들은 피해자를 원심공동피고인 1이 강간할 때 피고인은 알고 있었는지 모르겠다고 진술하고 있고(같은 기록 87장), 검사의 피고인에 대한 피의자신문조서에 보면 피고인은 사전에 강간 공모는 없었고 피고인이 장농을 뒤지다 보니 원심공동피고인 1이 그 아주머니 배 위로 올라가 강간하고 있더라고 진술하면서 같은 방에 있었으면서도 처음 원심공동피고인 1이 강간하는 것을 보지 못하였단 말인가요 라는 검사의 신문에 처음 유방을 원심공동피고인 2가 만지고 하였는데 나중에 원심공동피고인 1이 아주머니 배 위로 올라가 강간했고 나중에 저희들이 나오면서 원심공동피고인 1이 그 아주머니 바지를 올려 주더라고 진술하고 있고(검찰기록 292장) 검사의 **피해자에 대한 진술조서**에 보면 원심공동피고인 2가 당시 먼저 저의 가슴을 만지고 원심공동피고인 1이 저를 강간할 때 저의 얼굴을 잡고 강간하기 쉽도록 하여 주었고 이불을 저의 얼굴에 씌운 사람이며 복면한 사람(피고인을 지칭)은 원심공동피고인 1 등이 저를 강간할 때 다만 장농 등만 뒤지고 있었다고 진술하고 있으며 당시 세 사람은 서로 상의하여 강간한 것이 아니고 다만 복면한 사람이 저의 집 화장대 등을 뒤지고 있을 때 원심공동피고인 1이 저를 강간하고 안경 쓴 원심공동피고인 2가 저의 얼굴을 붙잡고 원심공동피고인 1이 강간하도록 도와주며 이불을 저의 얼굴에 씌워 놓았으며 당시 복면한 사람(피고인을 지칭)은 원심공동피고인 1에게 강간하라고 권한 일도 없었고 다만 뒤돌아서 화장대와 장농을 뒤져 가져갈 물건만 찾고 있었고 반지 등을 찾아낸 다음 뒤돌아서서 강간하고 있는 사람에게 빨리 가자고 독촉한 일이 있었을 뿐이라고 진술하고 있고(이상 검찰기록

299장에서 301장까지) 다음 검사의 **원심공동피고인 2에 대한 피의자신문조서**(4)에 보면 피고인이 피해자를 원심공동피고인 1이 강간할 때 머리위에서 붙잡고 있다가 이불로 얼굴을 가려준 것은 원심공동피고인 1이 강간하는 것을 도와주기 위한 것이었고 원심공동피고인 1이 강간하기 전에 서로 강간까지 하자고 한 일은 없고 다만원심공동피고인 1이 혼자 충동적으로 강간하여 친구된 도리로 옆에서 도와주었을 뿐이며 피고인은 당시 돌아서서 물건을 뒤지기만 하였지 처음에 원심공동피고인 1이 강간하는 것을 보지 못하였다고 진술하고 있고(검찰기록 305장) 검사의 **원심공동피고인 1에 대한 피의자신문조서(4회)**에 보면 저와 원심공동피고인 2, 정○○가 위 지하실 창문으로 함께 들어가 그 집 안방으로 들어가 미리 준비한 과도를 … 원심공동피고인 2와 피고인이 아주머니에게 들이대고 꼼짝 말라고 조용히 하라고 위협한 다음 피고인이 전화선 등을 잘라 아주머니의 손을 뒤로 하여 묶고 다시 양발을 묶었는데 당시 원심공동피고인 2가 소리 지르지 말라고 하며 주먹과 발로 때렸으며 피고인은 장롱 등을 뒤지고 하는데 원심공동피고인 2가 그 아주머니 유방을 만졌으며 제가 그 아주머니를 묶어놓은 채로 아주머니 반바지와 팬티를 … 강간하였으며 당시 제가 강간할 때 원심공동피고인 2는 아주머니 머리 위에서 아주머니를 붙잡고 있다 이불로 얼굴을 가렸으며 제가 아주머니에게 강간할 때 신고하면 자기가 창피할 테니 신고하라고 하였으며 그곳에서 장농 등을 뒤져 금반지 등을 빼앗아 가지고 나오면서 신고를 하면 죽여 버린다고 위협한 후 빼앗은 물건 등을 가지고 창문을 넘어 도망하여 왔다(검찰기록 318장)고 되어 있고 **같은 피의자신문조서(5회)**에 보면 피고인은 당시 뒤돌아서서 장농을 뒤져 물건을 찾고 있었고 원심공동피고인 2는 피해자의 머리위에서 피해자를 붙잡아 저의 강간을 도와주었고 피해자 집에 들어갈 때 강간에 대하여는 사전에 서로 전혀 이야기는 없었으며 당시 제가 강간할 때 피고인은 몰랐으며 제가 강간하고 나서 위 피고인이 저희들에게 뒤돌아서서 빨리 가자고 하면서 뒤돌아서 제가 강간하는 것을 알았습니다(같은 기록 332의 끝에서 333장 첫머리까지)고 되어 있고 그 밖에 제1심판결의 증거의 요지 란에 나타나 있는 사법경찰관의 위에서 본 사람들의 피의자신문조서들이나 진술조서 등에는 위에 나타난 것 이외의 별다른 사실관계는 없는 것으로 되어 있다.

이로써 본다면 피고인은 원심공동피고인의 강간사실을 알게 된 것은 이미 실행의 착수가 이루어지고 난 다음이었음이 명백하고 강간사실을 알고 나서도 암묵리에 그것을 용인하여 그로 하여금 강간하도록 할 의사로 강간의 실행범인 원심공동피고인 1과 강간 피해자의 머리 등을 잡아준 원심공동피고인 2와 함께 일체가 되어 원심공동피고인들의 행위를 통하여 자기의 의사를 실행하였다고는 볼 수 없다 할 것이고 따라서 **결국 강도강간의 공모사실을 인정할 증거가 없다**고 하지 않을 수 없다.

더구나 제1심 판결이 밝힌 피고인의 범죄사실은 이미 위에서 옮긴 대로인바 그에 의하더라도 공모자들이 무엇을 하기로 공모 또는 모의한 것인지가 밝혀져 있지 아니하여 이유불비의 위법을 남겼다 할 것이다.

그럼에도 불구하고 피고인을 강도강간의 공모공동정범으로 처단한 제1심판결을 옳다고 판단한 원심판결의 이 부분은 판결에 영향을 미친 법률위반이 있다 할 것으로서 이 점을 비난하는 논지는 이유 있고 다른 논점에 대한 판단의 필요 없이 원심의 이 부분 판결은 파기를 면할 수 없다 할 것인바 이미 이 판결 첫머리에서 밝힌 바와 같이 피고인은 이 죄 외에도 여러 죄의 실체적 경합범으로 유죄판결을 받고 있으며 이런 때에는 그 가운데 한 가지 죄에 대하여 파기사유가 있을 때에는 그 판결전부를 파기해야 하는 것이므로[1358] 원심판결을 파기하고 사건을 다시 심리 판단케 하기 위하여 원심법원에 환송하기로 관여법관의 의견이 일치되어 주문과 같이 판결하는 것이다.」[1359]

10. 성폭법상 특수강도강간 등

성폭법 제3조(특수강도강간 등) ① 「형법」 제319조 제1항(**주거침입**), 제330조(**야간주거침입절도**), 제331조(**특수절도**) 또는 제342조(미수범. 다만, 제330조 및 제331조의 미수범으로 한정한다)의 죄를 범한 사람이 같은 법 제297조(강간), 제297조의2(유사강간), 제298조(강제추행) 및 제299조(준강간, 준강제추행)의 죄를 범한 경우에는 무기징역 또는 5년 이상의 징역에 처한다.

② 「형법」 제334조(**특수강도**) 또는 제342조(미수범. 다만, 제334조의 미수범으로 한정한다)의 죄를 범한 사람이 같은 법 제297조(강간), 제297조의2(유사강간), 제298조(강제추행) 및 제299조(준강간, 준강제추행)의 죄를 범한 경우에는 사형, 무기징역 또는 10년 이상의 징역에 처한다.

가. 본조 제1항

가정파괴범을 엄벌하여 일반예방을 기대하는 대표적 조항이다. 가정에 침입하여 성범죄를 저지르지 못하게 하는데 의의가 있다.

한편 원룸이나 오피스텔 계단, 현관, 복도도 주거로 보아 본조의 적용이 있다. 따라서 방실에 직접 침입하지 않았으므로 주거침입 후 강간한 것이 아니라고 변명하더라도 이러한 주장은 확립된 대법원 판례에 배치되는 주장으로 받아들일 수 없다.

1358) 대법원 1980. 12. 23, 선고 80도135 판결.
1359) 대법원 1988. 9. 13, 선고 88도1114 판결.

나. 본조 제2항

(1) 성폭법 제3조 제2항의 특수강도강제추행죄의 주체는 형법 제334조 소정의 특수강도범 및 특수강도미수범의 신분을 가진 자에 한정되고, 형법 제335조, 제342조에서 규정하고 있는 준강도범 내지 준강도미수범은 행위주체가 될 수 없다.[1360)]

▶ 「형벌법규의 해석은 엄격해야 하고 명문규정의 의미를 피고인에게 불리한 방향으로 지나치게 확장해석하거나 유추해석하는 것은 죄형법정주의의 원칙에 어긋나는 것으로서 허용되지 않는다.[1361)] 성폭력범죄의 처벌 및 피해자보호 등에 관한 법률(이하 '법'이라고만 한다) 제5조 제2항(현행 제3조 제2항)은 "형법 제334조(특수강도) 또는 제342조(미수범, 다만, 제334조의 미수범에 한한다)의 죄를 범한 자가 동법 제297조(강간) 내지 제299조(준강간, 준강제추행)의 죄를 범한 때에는 사형·무기 또는 10년 이상의 징역에 처한다."라고 규정하고 있는바, 법 제5조 제2항이 형법의 특정조문을 명시하는 규정형식을 취하고 있다는 점, 법 제5조 제2항, 형법 제298조의 특수강도강제추행죄는 특수강도죄와 강제추행죄의 결합범으로서 특수강도의 신분을 가지게 된 자가 강제추행이라는 새로운 고의 아래 강제추행에 나아갈 때 성립하는 범죄라는 점[1362)] 등에 비추어 보면, 법 제5조 제2항 소정의 특수강도강제추행죄의 주체는 형법의 제334조 소정의 특수강도범 및 특수강도미수범의 신분을 가진 자에 한정되는 것으로 보아야 하고, 형법 제335조, 제342조에서 규정하고 있는 준강도범 내지 준강도미수범은 법 제5조 제2항의 행위주체가 될 수 없다. 같은 취지에서 나온 원심판결은 정당하고, 거기에 상고이유로 주장하는 바와 같은 법리오해 등의 위법이 있다고 할 수 없다.

이 사건 공소사실 중 성폭력범죄의 처벌 및 피해자보호 등에 관한 법률 위반(특수강도강간 등)의 점은 제1항에서 본 바와 같은 이유로 형사소송법 제325조 전단의 죄가 되지 아니하는 경우에 해당하나, 위 성폭력범죄의 처벌 및 피해자보호 등에 관한 법률 위반(특수강도강간 등)의 공소사실에는 강제추행의 공소사실이 포함되어 있어 판시 강제추행죄를 유죄로 인정한 이상 주문에서 따로 무죄의 선고를 하지 아니한다.」[1363)]

1360) 대법원 2006. 8. 25, 선고 2006도2621 판결.

1361) 대법원 1992. 10. 13, 선고 92도1428 전원합의체 판결; 대법원 1995. 4. 7, 선고 95도94 판결 참조.

1362) 대법원 2003. 10. 24, 선고 2003도4772 판결 참조.

1363) 대법원 2006. 8. 25, 선고 2006도2621 판결.

(2) 강간범이 강간행위 후에 강도의 범의를 일으켜 그 부녀의 재물을 강취하는 경우에는 형법상 강도강간죄가 아니라 강간죄와 강도죄의 경합범이 성립될 수 있을 뿐인바,[1364] 성폭법 제5조 제2항(현행 제3조 제2항)은 형법 제334조(특수강도) 등의 죄를 범한 자가 형법 제297조(강간) 등의 죄를 범한 경우에 이를 특수강도강간 등의 죄로 가중하여 처벌하고 있으므로, 다른 특별한 사정이 없는 한 강간범이 강간의 범행 후에 특수강도의 범의를 일으켜 그 부녀의 재물을 강취한 경우에는 이를 성폭법 제5조 제2항(현행 제3조 제2항) 소정의 특수강도강간죄로 의율할 수 없다.[1365]

▶ 「원심판결 이유와 원심이 인용하고 있는 제1심판결 이유에 의하면, 원심은 이 사건 공소사실 중 피해자 2, 3에 대한 각 특수강도강간의 점을 각 성폭력처벌법 제5조 제2항(현행 제3조 제2항)으로 의율·처단하고 있으나, 원심이 확정한 범죄사실에 의하더라도 피고인이 위 각 피해자들을 강간한 후에 강취범행을 한 것으로만 설시되어 있어, 과연 피고인이 처음부터 특수강도의 범의를 가진 상태에서 그 폭행·협박의 한 방법으로 강간을 한 것인지 또는 강간 후에 비로소 특수강도의 범의가 발동되어 이를 실행한 것인지 여부 등이 불분명하므로 원심으로서는 이 점에 관하여 더 나아가 심리해 본 다음, 위 각 행위에 적용할 형벌법규를 정하였어야 할 것임에도 이에 관한 심리를 제대로 하지 아니한 채 법령을 적용한 위법이 있음을 아울러 지적해 둔다.」[1366]

(3) 특수강간범이 강간행위 종료 전에 특수강도의 행위를 한 이후에 그 자리에서 강간행위를 계속하면 **성폭법상 특수강도강간죄**가 된다.[1367] 야간에 피해자의 집에 침입하여 드라이버를 들이대며 협박하여 피해자의 반항을 억압한 상태에서 강간행위의 실행 도중 범행현장에 있던 피해자 소유의 핸드백을 탈취한 후 다시 강간행위를 계속한 사건(대법원 2010도9630 판결)을 앞서 보았다.

(4) 특수강도강제추행죄 형량과 위헌문제

▶ 「(1) **책임**과 형벌 간의 비례원칙 위반 여부

1364) 대법원 1977. 9. 28, 선고 77도1350 판결.
1365) 대법원 2002. 2. 8, 선고 2001도6425 판결.
1366) 대법원 2002. 2. 8, 선고 2001도6425 판결.
1367) 대법원 2010. 7. 15, 선고 2010도3594 판결; 대법원 2010. 12. 9, 선고 2010도9630 판결.

성폭법 제5조 제2항(현행 제3조 제2항) 부분이 규정한 특수강도강제추행죄는 야간에 사람의 주거 등에 침입하여 또는 흉기를 휴대하거나 2인 이상이 합동하여 강도를 하였거나 그 실행의 종료에 이르지 못한 자가 피해자를 강제추행한 경우에 성립하는 것으로 특수강도죄(형법 제334조)와 강제추행죄(형법 제298조)의 결합범이다. 특수강도가 강도의 기회에 피해자를 강제추행한 경우에는 그 동기가 자신의 강도범행을 은폐하려는 데에 있는 경우가 많고, 특수강도범행으로 인하여 극도로 반항이 억압된 상태에서 피해자의 성적 자기결정권이 현저하게 침해되었다고 할 것이므로 죄질과 범정이 무겁고 비난가능성이 매우 크다.

그러므로 입법자가 이러한 경우에 행위자를 단순한 특수강도죄와 강제추행죄의 경합범으로 처벌하여서는 그와 같은 범죄를 예방하고 척결하기에 미흡하다는 형사정책적 고려에서 특별법을 제정하여 특수강도강제추행죄의 구성요건을 신설한 것은 필요하고도 바람직하다고 할 것이다. 또한, 그 보호법익의 중요성과 범죄의 죄질, 형사정책적 측면 등 여러 가지 요소를 고려하여 형법상 강도강간죄의 **법정형에 사형을 추가**하여 사형·무기 또는 10년 이상의 징역형이라는 비교적 중한 법정형을 정한 것은 합리적인 이유가 있다.

입법자는 특수강도의 기회에 피해자를 강제추행한 자에 대하여 그 범정과 비난가능성의 정도를 높게 평가하여 특단의 사정이 없는 한, 즉 법률상의 감경사유가 없는 한 법관이 작량감경은 할 수 있으되 집행유예는 선고하지 못하도록 입법적 결단을 내린 것이라 할 것이고, 이러한 입법자의 결단은 위에서 본 여러 가지 사정에 비추어 수긍할 만한 합리적인 이유가 있고 법률상 감경사유가 경합되거나 법률상 감경사유와 작량감경사유가 경합되는 때에는 그 형의 집행을 유예받을 수도 있으므로 이 사건 법률조항이 법관의 양형결정권을 침해하였다고 할 수 없다.

(2) 형벌체계상의 균형을 상실하여 **평등**원칙에 위반되는지 여부

강제추행이란 성욕을 만족시키거나 성욕을 자극하기 위하여 상대방의 성적 수치심이나 혐오감을 불러일으키는 성기삽입 외의 일체의 행위를 말하는 것으로서 그 범위가 매우 넓기 때문에 강간의 경우에 비해 그 피해가 상대적으로 경미하고 불법의 정도도 낮은 경우가 많지만, 경우에 따라서 강간의 경우보다 죄질이 나쁘고 피해가 중대한 경우도 얼마든지 있을 수 있다. 또한, 통상적인 추행행위라고 하더라도 범행의 동기와 범행 당시의 정황 및 보호법익에 대한 침해의 정도 등을 고려할 때 강간보다 무겁게 처벌하거나 적어도 동일하게 처벌해야 할 필요가 있는 경우도 있으므로 강간과 강제추행을 일률적으로 구분하여 강간에 비해 강제추행을 가볍게 처벌하는 것은 구체적인 경우에 있어 오히려 불균형적인 처벌결과를 가져올 염려가 있다. 따라서 특수강도를 저지른 자가 피해자를 강제추행한 경우에 대한 비난가능성의 정도가 피해자를 강간한 경우에 비하여 반

드시 가볍다고 단정할 수는 없고 오히려 구체적인 추행행위의 태양에 따라서는 강간의 경우보다도 더 무거운 처벌을 해야 할 필요도 있다고 할 것이다. 따라서 성폭법 제5조 제2항이 양 죄의 법정형을 동일하게 정하였다고 하여 이를 두고 형벌체계상의 균형을 잃은 자의적인 입법이라고 할 수는 없으므로 성폭법 제5조 제2항 부분이 평등원칙에 위반된다고 할 수도 없다.」[1368)]

11. 성폭법상 특수강간 등

성폭법 제4조(특수강간 등) ① 흉기나 그 밖의 위험한 물건을 지닌 채 또는 2명 이상이 합동하여 「형법」 제297조(강간)의 죄를 범한 사람은 무기징역 또는 5년 이상의 징역에 처한다.

② 제1항의 방법으로 「형법」 제298조(강제추행)의 죄를 범한 사람은 3년 이상의 유기징역에 처한다.

③ 제1항의 방법으로 「형법」 제299조(준강간, 준강제추행)의 죄를 범한 사람은 제1항 또는 제2항의 예에 따라 처벌한다.

가. '흉기, 그 밖의 위험한 물건'을 지니고 강간, 강제추행 등에 나아갔는지는 실제 변론과정에서 치열히 다투어지는 쟁점이다. 특수상해나 특수폭행에서 판례가 설시한 기준이 그대로 참고가 될 것이다.

나. '지닌 채'와 관련하여서도, 피고인 자신도 수중 또는 범행의 장소가 된 차량 내에 위험한 물건이 있는지 알지 못했고 제시하지도 않았으며, 피해자도 그러한 물건을 인식하고 외포당한 것이 아니라면 본조의 적용을 받지 않는다고 봄이 타당하다. 특수상해, 특수폭행죄에서 '휴대하여'의 개념을 그대로 참고할 수 있다.

다. '2인 이상이 합동'하여 형법 제297조의 죄를 범함으로써 특수강간죄가 성립하기 위하여는 주관적 요건으로서의 공모와 객관적 요건으로서의 실행행위의 분담이 있어야 하는바, 그 공모는 법률상 어떠한 정형을 요구하는 것이 아니어서 공범자 상호간에 직접 또는 간접으로 범죄의 공동가공의사가 암묵리에 상통하여도 되고 반드시 사전에 모의과정이 있어야 하는 것이 아니며, 그 실행행위는 시간적으로나 장소적으로 협동관계에 있다고 볼 정도에 이르면 된

1368) 헌법재판소 2010. 7. 29, 선고 2009헌바350 전원재판부 성폭력범죄의처벌및피해자보호등에관한법률제5조제2항위헌소원[헌공제166호,1449]

다고 할 것이다.[1369)]

▶ 「피고인들은 술에 만취한 피해자를 강○○과 함께 귀가시킬 방도를 취한 것이 아니라 피고인 2의 집으로 데려가 피해자의 바지를 벗긴 채 강○○만 귀가시킴으로써 이미 육체적으로 성숙한 피해자가 아무런 보호자 없이 혼자 있게 했고, 강○○을 버스정류장에 데려다 준 사이에 피고인 1은 정신을 못 차리는 피해자를 간음하기 시작하였는가 하면, 피고인 2는 피해자의 바지를 빨면서 밖에 있다가 피고인 1이 간음을 마치고 방에서 나오자 방에 들어가 교대로 피해자를 간음하려 하였다는 것이고, 한편 기록에 의하면, 피고인 2는 적어도 30분 내지 40분 동안 피해자 옆에 누워서 간음을 시도하였으며(수사기록 88, 127, 128면), 그 동안 피고인 1은 피해자의 친구인 공소외 1이 피해자를 데리러 오자 그를 폭행했고 피고인 2까지 방에서 나와 함께 공소외 1을 폭행하여 결국 공소외 1는 그날 아침 08:00경까지 피해자를 데려가지 못하였다는 것이며, 피고인 1은 검찰에서 처음부터 짜고 한 것은 아니지만 어느 순간부터 피고인 2와 뜻이 맞아 범행을 한 것임을 자백하고 있다(수사기록 83면). 사실관계가 위와 같은 이상 피고인들에게는 강간범행에 대한 공동가공의 의사가 암묵리에 서로 상통하여 그 의사의 결합이 이루어져 있었다고 보아야 할 것이고, 강간범행도 양인이 연속적으로 행하면서 상대방이 강간범행의 실행행위를 하는 동안에 방문 밖에서 교대로 대기하고 있었던 이상 강간범행의 실행행위도 **시간적으로나 장소적으로 협동관계에 있었다**고 보아야 할 것이다. 그럼에도 불구하고 원심이 피고인들이 합동하여 피해자를 간음한 것으로 보기 어렵고, 그 밖에 피고인들의 공모·합동사실을 인정할 만한 증거가 없다고 하여 피고인들에 대한 성폭력처벌법위반의 점을 무죄라고 판단한 것은 채증법칙에 위배하였거나 합동범에 관한 법리를 오해하여 판결에 영향을 미친 위법이 있다고 보아야 할 것이다. 상고이유는 이 점을 지적하는 범위 내에서 이유 있다.」[1370)]

▶ 「피고인 1이 피해자를 강간하려고 하다가 피해자가 도망가자 피고인 2는 피해자를 뒤쫓아가 붙잡은 다음 피고인 1과 성교를 할 것을 강요하면서 발로 그녀의 배와 등을 1회씩 차 피해자가 도망가기를 단념하자 그녀를 피고인 1의 집으로 데리고 왔고, 위 제1심 공동피고인은 피해자가 피고인 1의 방으로 돌아오자 피해자를 폭행했고, 이어 피고인 2와 위 제1심 공동피고인은 피고인 1이 피해자를 간음하는 동안에 바로 그 옆방에 함께 있었다는 것이고, 한편 기록에 의하면

1369) 대법원 1996. 7. 12, 선고 95도2655 판결; 대법원 1998. 2. 27, 선고 97도1757 판결.
1370) 대법원 1996. 7. 12, 선고 95도2655 판결.

위 제1심 공동피고인은 1996. 10. 4. 10:00경 피고인 1으로부터 성교를 하고 싶으니 여자를 소개하여 달라는 부탁을 받고서 피해자를 소개하여 주었을 뿐 아니라, 피해자가 강간당하지 않으려고 도망하였다가 피고인 2에게 붙잡혀 피고인 1의 방으로 돌아오자 그 곳에서 피해자에게 피고인 1과 성교를 할 것을 강요하면서 피해자의 뺨을 3회 때리고 머리카락을 잡아 당겼음을 알 수 있다(수사기록 8면, 85 내지 86면). 사실관계가 위와 같다면 피고인들 및 위 제1심 공동피고인간에는 강간범행에 대한 공동가공의 의사가 암묵리에 상통하였다고 할 것이고, 한편 피고인 2가 피고인 1에게 강간당하지 않으려고 도망가는 피해자를 붙잡아 위 피고인과 성교를 할 것을 강요하면서 폭행을 하여 피해자로 하여금 도망가는 것을 단념하게 한 후 그녀를 피고인 1이 있는 방으로 데려왔고, 위 제1심 공동피고인 역시 피해자에게 피고인 1과 성교를 할 것을 강요하면서 피해자를 폭행했고, 피고인 1이 피해자를 간음하는 동안 피고인 2와 위 제1심 공동피고인이 바로 그 옆방에 있었던 이상 피고인 2 및 위 제1심 공동피고인은 강간죄의 실행행위를 분담하였다 할 것이고 그 실행행위의 분담은 **시간적으로나 공간적으로 피고인 1과 협동관계에 있다**고 보아야 할 것이다. 그럼에도 불구하고 원심이 피고인 2 및 위 제1심 공동피고인의 행위는 피고인 1의 강간범행을 방조한 것에 해당한다고 볼 수 있을지언정 시간적으로나 공간적으로 피고인 1과의 협동관계에서 강간죄의 실행행위를 분담한 것에 해당한다고 볼 수 없어 피고인들의 강간범행이 성폭력범죄의처벌및피해자보호등에관한법률 제6조 제1항의 특수강간죄에 해당하지 아니한다고 판단한 데에는 합동범에 관한 법리를 오해한 잘못이 있다고 할 것이고 원심의 위와 같은 잘못은 판결에 영향을 미쳤음이 명백하므로 이를 지적하는 논지는 이유 있다.」[1371)]

12. 성폭법상 친족관계에 의한 강간 등

성폭법 제5조(친족관계에 의한 강간 등) ① 친족관계인 사람이 폭행 또는 협박으로 사람을 강간한 경우에는 7년 이상의 유기징역에 처한다.

② 친족관계인 사람이 폭행 또는 협박으로 사람을 강제추행한 경우에는 5년 이상의 유기징역에 처한다.

③ 친족관계인 사람이 사람에 대하여 「형법」 제299조(준강간, 준강제추행)의 죄를 범한 경우에는 제1항 또는 제2항의 예에 따라 처벌한다.

④ 제1항부터 제3항까지의 **친족의 범위는 4촌 이내의 혈족·인척과 동거하는 친족으로 한다.**

1371) 대법원 1998. 2. 27, 선고 97도1757 판결.

⑤ 제1항부터 제3항까지의 **친족은 사실상의 관계에 의한 친족을 포함한다.**

가. 친족 간 피해를 당하기가 쉽고, 신고하기가 용이하지 않으며, 신고하더라도 가족의 회유로 가해자를 엄히 처벌하기 어려운 사정, 한 번 피해를 당하면 반복적으로 당하기 쉬운 실태, 미성년자가 피해자가 되는 경우가 많다는 점에서 불법성이 높다.

나. 혼인신고를 기준으로 하지 않고, 사실상의 관계에 의한 친족도 포함되므로 적용범위가 넓다. 따라서 모의 사실혼 동거남으로부터 성폭력 피해를 당한 경우 본조가 적용된다. 친족관계강간죄, 친족관계준강간죄는 높은 형량으로 인해 이중감경이 없는 한 집행유예 선고가 불가능하다.

▶ 「이 사건에서 원심이 인정한 바와 같이 피고인과 피해자의 생모인 공소외인 사이에 혼인신고가 없었다 하더라도 법률이 정한 혼인의 실질관계는 모두 갖추어 이른바 사실혼관계가 성립되었다면, 피고인은 공소외인이 전 남편과의 사이에서 난 딸인 피해자에 대하여 위 법률 제7조 제5항이 규정한 사실상의 관계에 의한 친족(2촌 이내의 인척)에 해당하므로 피고인이 피해자를 강간한 행위에 대하여는 위 법률 제7조 제1항이 적용된다. 같은 취지의 원심판결은 정당하고, 거기에 상고이유의 주장과 같은 법리오해의 위법이 없다.」[1372)]

▶ 「법률이 정한 혼인의 실질관계는 모두 갖추었으나 법률이 정한 방식, 즉 혼인신고가 없기 때문에 법률상 혼인으로 인정되지 않는 이른바 사실혼으로 인하여 형성되는 인척도 같은 법 제7조 제5항(현행 제5조 제5항)이 규정한 사실상의 관계에 의한 친족에 해당하고, 비록 우리 법제가 일부일처주의를 채택하여 중혼을 금지하는 규정을 두고 있다 하더라도 이를 위반한 때를 혼인 무효의 사유로 규정하고 있지 아니하고 단지 혼인 취소의 사유로만 규정함으로써 중혼에 해당하는 혼인이라도 취소되기 전까지는 유효하게 존속하는 것이므로 중혼적 사실혼이라 하여 달리 볼 것은 아니다. 그럼에도 불구하고, 원심이 이와 달리 혼인의 실체를 갖춘 사실혼관계라고 하더라도 법률혼의 당사자 중 일방이 제3자와 맺은 중혼적 사실혼관계에 대하여는 특별한 사정이 없는 한 법률혼에 준하는 법적 보호를 할 수 없다는 이유를 들어 중혼적 사실혼으로 인하여 형성된 인척을 위 법률 제7조 제5항이 규정한 사실상의 관계에 의한 친족에 해당하지 아니한다는 취

1372) 대법원 2000. 2. 8, 선고 99도5395 판결.

지로 판단한 것은 잘못이라고 할 것이다. 그러나 기록과 대조하여 보면, 원심이 채택한 증거들에 의하여 그 판시와 같은 사실을 인정한 다음, 피고인과 공소외인이 동거하게 된 경위, 동거생활의 기간 및 내용, 가족 간의 유대, 두 사람 사이의 혼인의사 유무 등에 비추어 피고인과 공소외인이 혼인의 의사를 가지고 사회통념상 혼인생활의 실체를 이루었다고 볼 수 없다고 판단한 것은 옳다고 여겨지고, 거기에 상고이유로 주장하는 채증법칙 위배로 인한 사실오인의 위법이 없으며, 피고인과 공소외인의 동거관계가 사실혼에 해당하지 않는다는 원심의 사실인정 및 판단이 정당한 이상, 앞서 본 원심의 잘못은 판결 결과에 영향이 없다고 할 것이다.」[1373]

▶「피고인은 2000. 4. 11. 조선족인 피해자와 사이에 피고인이 피해자의 교육을 지원하고, 피해자는 결혼한 후에도 피고인의 사망 시까지 피고인과 함께 살며 피고인은 사망 시 재산의 30%와 함께 살던 집을 피해자에게 주기로 약정한 사실, 위 약정에 따라 피고인은 2000. 9. 16. 피해자를 중국에서 우리나라로 데려온 후 피고인의 집에서 함께 생활하면서 피해자에게 생활비와 교육비를 지원했고, 2002. 4. 9.에는 피해자를 자신과 처 공소외 1 사이의 친생자로 출생신고까지 한 사실, 피해자의 모인 공소외 2는 법정대리인으로서 위 약정 및 출생신고에 동의한 사실이 인정되는바, 위 인정 사실에 비추어 보면, 피고인과 피해자는 입양의 합의를 포함하여 입양의 실질적 요건을 모두 갖추고 있었던 것으로 보이고, 다만 피고인이 처인 공소외 1과 상의 없이 혼자만의 의사로 친생자출생신고를 한 것은 사실이나 공소외 1의 취소 청구에 의하여 취소가 이루어지지 않은 이상 피고인과 피해자 사이의 입양은 유효하다고 할 것이다. 따라서 원심이 피고인이 원심 판시 제1항 및 제2항의 각 범행 당시(친생자로 출생신고 전) 피해자의 사실상의 양부로서 법 제7조 제5항(현행 제5조 제5항) 소정의 '사실상의 관계에 의한 친족'에, 판시 제3항의 각 범행 당시(친생자출생신고 후) 피해자의 양부로서 법 제7조 제1항 소정의 '친족'에 각 해당한다고 본 것은 위와 같은 법리에 따른 것으로서 옳고, 거기에 법 제7조 제5항의 해석 또는 입양의 요건에 관한 법리오해 등의 위법이 있다고 할 수 없다.」[1374]

13. 성폭법상 장애인에 대한 강간·강제추행 등

성폭법 제6조(장애인에 대한 강간·강제추행 등) ① 신체적인 또는 정신적인 장애가 있는 사람에 대하여 「형법」 제297조(강간)의 죄를 범한 사람은 무기징

1373) 대법원 2002. 2. 22, 선고 2001도5075 판결.
1374) 대법원 2006. 1. 12, 선고 2005도8427 판결.

역 또는 7년 이상의 징역에 처한다.

② 신체적인 또는 정신적인 장애가 있는 사람에 대하여 폭행이나 협박으로 다음 각 호의 어느 하나에 해당하는 행위를 한 사람은 5년 이상의 유기징역에 처한다.

1. 구강·항문 등 신체(성기는 제외한다)의 내부에 성기를 넣는 행위
2. 성기·항문에 손가락 등 신체(성기는 제외한다)의 일부나 도구를 넣는 행위

③ 신체적인 또는 정신적인 장애가 있는 사람에 대하여 「형법」 제298조(강제추행)의 죄를 범한 사람은 3년 이상의 유기징역 또는 2천만원 이상 5천만원 이하의 벌금에 처한다.

④ 신체적인 또는 정신적인 장애로 항거불능 또는 항거곤란 상태에 있음을 이용하여 사람을 간음하거나 추행한 사람은 제1항부터 제3항까지의 예에 따라 처벌한다.

⑤ 위계(僞計) 또는 위력(威力)으로써 신체적인 또는 정신적인 장애가 있는 사람을 간음한 사람은 5년 이상의 유기징역에 처한다.

⑥ 위계 또는 위력으로써 신체적인 또는 정신적인 장애가 있는 사람을 추행한 사람은 1년 이상의 유기징역 또는 1천만원 이상 3천만원 이하의 벌금에 처한다.

⑦ 장애인의 보호, 교육 등을 목적으로 하는 시설의 장 또는 종사자가 보호, 감독의 대상인 장애인에 대하여 제1항부터 제6항까지의 죄를 범한 경우에는 그 죄에 정한 형의 2분의 1까지 가중한다.

가. 범행에 취약한 장애인에 대해 강간, 유사강간, 추행, 준강간·준강제추행, 위계·위력 간음, 위계·위력 추행한 자는 엄히 처벌해야 한다. 객체, 범행방법, 피해결과 면에서 불법과 재범위험성이 높다.

그런데 **문제는 정신적 장애가 있는 피해자**는 비록 공부상으로는 정신장애 6급 등으로 등록되어 있지만, 정신장애 6급은 현실에서 채팅앱을 이용하고 친구와 카톡을 주고받거나 최신 유행가를 따라 부르는 등 **얼핏 보아서는 정신적 장애를 인식하기 쉽지 않다.** 따라서 정신장애가 있는 피해자를 상대로 성범죄를 저질렀을 경우 과연 피고인이 피해자의 **'정신상태를 알았다고 볼 만한 사정이 있는가' 혹은 '몰랐다고 볼 만한 정황이 있는가'가 주요 쟁점이자 수사대상이 된다.** 이 경우 피해자의 실제 정신상태에 대해 보호관찰소 또는 성폭력상담소의 전문상담사가 피해자의 피해 당시 대응태도, 수사 시 진술태도와 의사표현의 수준 등을 토대로 정신상태에 대한 전문적 의견을 개진하기도 한다. 다만

여러 사정에 대한 조사가 이루어졌더라도 피해자의 상태를 어떻게 평가할지, 피고인이 피해자의 상태를 알고도 범행을 감행한 것인지에 대해서는 검사 또는 법관이 마음대로 판단할 수 있는 규범적 영역이다.

나. 본조 제2항의 유사강간 규정은 정신장애를 가진 피해자에게 마사지나 로션을 발라주는 것처럼 위장하고, 실제로는 성노리개로 활용하는 사례에 적용될 수 있다.

다. 본조가 적용되기 위해서는 피해자가 장애인이라는 점 이외에도 행위수단으로 폭행·협박, 항거불능 또는 항거곤란 상태 이용, 위계·위력이 요구된다.

14. 성폭법상 13세 미만 미성년자에 대한 강간·추행 등

성폭법 제7조(13세 미만의 미성년자에 대한 강간, 강제추행 등) ① 13세 미만의 사람에 대하여 「형법」 제297조(강간)의 죄를 범한 사람은 무기징역 또는 10년 이상의 징역에 처한다.

② 13세 미만의 사람에 대하여 폭행이나 협박으로 다음 각 호의 어느 하나에 해당하는 행위를 한 사람은 7년 이상의 유기징역에 처한다.

1. 구강·항문 등 신체(성기는 제외한다)의 내부에 성기를 넣는 행위
2. 성기·항문에 손가락 등 신체(성기는 제외한다)의 일부나 도구를 넣는 행위

③ 13세 미만의 사람에 대하여 「형법」 제298조(강제추행)의 죄를 범한 사람은 5년 이상의 유기징역 또는 3천만원 이상 5천만원 이하의 벌금에 처한다.

④ 13세 미만의 사람에 대하여 「형법」 제299조(준강간, 준강제추행)의 죄를 범한 사람은 제1항부터 제3항까지의 예에 따라 처벌한다.

⑤ 위계 또는 위력으로써 13세 미만의 사람을 간음하거나 추행한 사람은 제1항부터 제3항까지의 예에 따라 처벌한다.

가. 13세 미만의 미성년자에 대해 폭행·협박, 심신상실 또는 항거불능 상태 이용, 위계·위력을 수단으로 한 경우를 예정하고 있다. 따라서 13세 미만 미성년자를 상대로 법문에서 열거하지 않은 행위수단을 사용한 경우에는 본조가 적용되지 않고, 형법 제305조의 미성년자의제강간·의제강제추행죄가 적용된다. 본조는 형법 제305조보다 처벌형량이 매우 높다.

나. 위계·위력으로 13세 미만의 사람을 간음·추행한 것을 폭행·협박에

의한 강간, 유사강간, 강제추행의 예에 따라 처벌한다는 점에서 특색이 있다(성폭법 제7조 제5항). 위력은 폭행·협박보다 넓은 개념이란 점을 고려하면 적용범위의 확대가 우려스럽다.

15. 성폭법상 강간 등 상해·치상

성폭법 제8조(강간 등 상해·치상) ① **제3조 제1항**{주거침입, 야간주거침입절도, 특수절도, 미수범(다만, 야간주거침입절도 및 특수절도의 미수범으로 한정한다)의 죄를 범한 사람이 강간, 유사강간, 강제추행, 준강간, 준강제추행의 죄를 범한 경우}, **제4조**{흉기나 그 밖의 위험한 물건을 지닌 채 또는 2명 이상이 합동하여 강간죄, 강제추행죄, 준강간죄, 준강제추행죄를 범한 경우}, **제6조**{신체적인 또는 정신적인 장애가 있는 사람에 대하여 강간죄, 유사강간죄, 강제추행죄, 준강간죄, 준강제추행죄, 위계·위력 간음죄, 위계·위력 강제추행죄를 저지르거나, 장애인의 보호, 교육 등을 목적으로 하는 시설의 장 또는 종사자가 열거된 죄를 저지른 경우}, **제7조**{13세 미만의 사람에 대하여 강간죄, 유사강간죄, 강제추행죄, 준강간죄, 준강제추행죄, 위계·위력 간음·추행죄를 범한 경우}, 또는 **제15조**(제3조 제1항, 제4조, 제6조 또는 제7조의 **미수범**으로 한정한다)의 죄를 범한 사람이 다른 사람을 **상해하거나 상해에 이르게 한 때**에는 무기징역 또는 **10년 이상**의 징역에 처한다.

② **제5조**{4촌 이내의 법률상·사실상 친족관계인 사람이 강간, 강제추행, 준강간, 준강제추행죄를 범한 경우} 또는 **제15조**(제5조의 미수범으로 한정한다)의 죄를 범한 사람이 다른 사람을 상해하거나 상해에 이르게 한 때에는 무기징역 또는 **7년 이상**의 징역에 처한다.

가. 주거침입강간상해죄 입법취지

강간죄는 성적 자기결정권을 보호하고 있는바, 성적 자기결정권은 개인적 인격과 불가분적으로 연결되어 있어 피해자는 심각한 정신적·정서적 장애를 경험할 수 있고, 그 후유증으로 장기간 사회생활에 큰 지장을 받을 수 있다. 한편, 주거침입죄는 주거의 평온과 안전을 보호법익으로 하고 있는바, 주거 또한 사생활의 중심으로서 개인의 인격과 불가분적으로 연결되어 있어 그 불가침이 보장되지 않고서는 개인의 생명, 신체, 재산의 안전은 물론 나아가 인간 행복의 최소한의 조건인 개인의 사적 영역이 지켜질 수 없다. 그런데 이러한 주거에서 성적 자기결정권이 침해당한다면 그로 인한 피해는 보다 심각할 수 있고, 이러한 범행이 배우자 또는 가족이 목격하는 가운데 행해지는 경우에는 피해자의 성적 자기결정권의 한계를 넘어 생활의 기초단위로서 한 과정을 파괴하는 결과에까지 이르게 될 수 있다. 따라서 입법자는 특별법을 통하여 이러한 법익침해자에게 그 불법에 상응하는 책임을 묻고 그와 같은 범죄를 예방하고 근절하기 위한 형사정책적 고려를 더하여 형법상의 강간죄 또는 강간상해죄의 법정형을 가중하는 특별구성요건을 신설한 것이라고 보아야 할 것이다.[1375)]

나. 주거침입강간미수범이 상해한 때를 기수범과 같이 처벌하는 문제

▶ 「(1) 일반적인 경우 미수범이 기수범보다는 그 범죄로 인한 피해가 상대적으로 경미하고 불법의 정도가 낮은 경우가 많을 것이지만, 강간죄의 기수와 미수는 성기의 삽입 여부만을 기준으로 판단하는 것이고, 강간미수의 경우라 할지라도 그 행위태양에 따라서는 강간기수의 경우보다 피해자에게 미치는 영향이나 불법의 정도가 심한 경우가 얼마든지 있을 수 있다. 또한 이 사건 법률조항과 같이 주거침입, 강간미수, 상해 등 여러 가지 불법요소가 결합되어 위험성이 극대화된 경우를 가중처벌하기 위하여 결합범적 구성요건을 규정한 경우에는, 불법요소의 하나인 강간의 불법에 있어서 강간행위가 기수에 이르렀는지, 미수에 이르렀는지는 결합범 전체의 불법 크기에 본질적인 차이를 가져온다고 보기도 어렵다. 특히 강간죄의 경우에는 그 자체의 미수범도 그 불법의 정도와 피해의 정도가 기수범에 비해 결코 무시할 수 없는 것이기 때문에 미수범에 대한 처벌규정이 존재하는 것이다. 그래서 형법 제301조도 기수범과 미수범을 구별하지 아니한 채 "강간죄, 강제추행죄, 준강간, 준강제추행죄를 범한 자 및 위 각 죄의 미수범이 사람을 상해하거나 상해에 이르게 한 때에는 무기 또는 5년 이상의 징역에 처한다."고 규정하고 있는 것이다.

따라서 이 사건 법률조항이 강간기수범과 강간미수범을 구별하지 아니하고 동일한 법정형을 규정하고 있다고 하여 형벌체계상의 균형을 잃은 자의적인 입법이라거나 평등원칙에 어긋난다고 볼 수 없다.

(2) 현행 형벌체계상 주간에 주거침입을 한 자가 강도나 상해의 죄를 범한 경우에는 형법상의 주거침입죄와 강도죄 또는 주거침입죄와 상해죄의 경합범으로 처벌되는 것에 그치나, **주거침입**을 한 자가 **강간죄를 범**한 경우에는 성폭법 제5조 제1항에 의해 주거침입강간죄라는 **결합범**으로 가중처벌되고, 주거침입을 한 자가 강간등상해죄를 범한 경우에는 이 사건 법률조항에 의해 가중처벌된다. 이처럼 주거침입을 한 자가 강도나 상해의 죄를 범한 경우에는 경합범으로 처벌하

1375) 헌법재판소 2006. 12. 28, 선고 2005헌바85 결정; 대전고등법원 2009. 4. 22, 선고 2009노22 판결.

고, 주거침입을 한 자가 강간죄를 범한 경우에는 성폭법 제5조 제1항에 의해 주거침입강간죄라는 결합범으로 가중처벌하는 것은 각 보호법익에 대한 보호의 필요성이 다르다고 보아 다르게 취급하는 것이므로 평등원칙에 위반된다고 할 수 없다. 더구나 강간과 같은 성폭력범죄에서 보호법익으로 하고 있는 성적 자기결정권은 개인의 인격과 불가분적으로 연결되어 있기 때문에 그 피해자들은 심각한 정신적, 정서적 장애를 경험하게 되고 그 후유증으로 장기간 사회생활에 큰 지장을 받는다는 점 등에 비추어 볼 때, 그 불법의 정도가 크다고 할 것이므로 그 예방과 근절을 위해서는 어느 정도의 가중처벌의 필요성이 인정된다 할 것이다.

따라서 이 사건 법률조항이 주거를 침입하여 강간등상해죄를 범한 경우에 이를 경합범으로 처벌하지 않고 결합범으로 가중처벌하는 것이 자의적인 입법이라거나 평등원칙에 어긋난다고 볼 수 없다.」[1376]

다. 주거침입강제추행치상죄의 형량과 위헌문제

▶ 「(1) 주거침입강제추행치상죄는 성적 자기결정권, 주거의 평온과 안전 및 신체의 안정성을 보호법익으로 한다. 입법자가 이와 같이 중요한 보호법익을 모두 침해한 중대한 법익 침해자를 단순히 형법상의 주거침입죄와 강제추행치상죄의 경합범으로 처벌하여서는 범죄를 예방하고 척결하기에 미흡하다고 보고, 결합범으로 더 무겁게 처벌함으로써 그 범행행위에 상응하는 **책임**을 묻고 이러한 범죄를 **예방**하고 근절하겠다는 형사정책적 고려에 따라, 특별형법인 성폭력처벌법에 주거침입강제추행치상죄라는 새로운 구성요건을 신설하고 법정형을 무기징역 또는 10년 이상의 징역으로 정하여 법관의 작량감경만으로는 집행유예를 선고하지 못하도록 한 것에는 합리적인 이유가 있으므로, 심판대상조항은 **비례원칙**에 위배되지 않는다.

(2) 형법 제297조의2에 규정된 유사강간에 해당하지 않는 추행행위를 한 경우라 할지라도 그 행위태양이나 불법의 정도 등에 비추어 강간이나 유사강간을 한 경우보다 무겁게 처벌하거나 동일하게 처벌해야 할 필요가 있고, 이러한 사정을 감안하지 않은 채 주거침입하여 저지른 강간치상죄와 강제추행치상죄를 일률적으로 구분하여 강간치상에 비해 강제추행치상을 항상 가볍게 처벌하도록 법정형을 정하는 것은 구체적인 경우에 있어서 오히려 균형에 맞지 않는 처벌 결과를 가져올 염려가 있다. 따라서 주거침입강제추행치상죄의 법정형을 주거침입강간치상죄보다 가볍게 정하지 않은 것이 현저히 형벌체계상의 균형성을 잃은 자의

1376) 헌법재판소 2010. 3. 25, 선고 2008헌바84 전원재판부 성폭력범죄의처벌및피해자보호등에관한법률 제9조 제1항등 위헌소원 [헌공제162호,673]

적인 입법이라고 할 수 없다.

(3) 입법자가 주거침입과 성적 자기결정권 및 신체의 안정성 침해라는 공통요소에 착안하여 심판대상조항의 법정형을 야간주거침입절도강간치상죄 및 특수절도강간치상죄와 동일하게 정한 것이 형벌체계상 균형성을 상실하였다고 할 수 없다. 주거침입죄, 야간주거침입절도죄, 형법 제331조 제1항의 특수절도죄(야간에 문호 등을 손괴하고 주거 등에 침입하여 타인의 재물을 절취한 경우)는 모두 주거침입을 공통으로 하는 범죄들인데, 사생활의 중심인 주거에서 성적 자기결정권이 침해당하는 경우 그로 인한 피해가 심각한 점, 강간치상에 비해 강제추행치상을 항상 가볍게 처벌하도록 법정형을 정하는 것은 구체적인 경우에 있어서 오히려 균형에 맞지 않는 처벌 결과를 가져올 염려가 있는 점 등을 고려하면, 입법자가 주거침입과 성적 자기결정권 및 신체의 안정성의 침해라는 공통요소에 착안하여 위 각 범죄와 주거침입강제추행치상죄에 대하여 법정형을 같게 규정한 것을 두고 입법자의 판단이 자의적이라고 할 수는 없기 때문이다.

(4) 보호법익의 중요성 등을 고려하여 심판대상조항이 정한 불법의 크기가 성폭력처벌법 제4조(특수강간 등), 제6조(장애인에 대한 강간·강제추행 등), 제7조(13세 미만의 미성년자에 대한 강간·강제추행 등)의 죄를 범한 자 또는 그 미수범이 다른 사람을 상해하거나 상해에 이르게 한 때와 유사하고, 성폭력처벌법 제8조 제2항의 죄보다 중하다고 본 입법자의 판단이 자의적이라고 하기도 어렵다. 주거침입강제추행치상죄는 인간 행복의 최소한의 조건인 주거에 침입하여 저지른 성폭력범죄로서 피해자의 일상적인 생활을 파괴하고 경우에 따라서는 가정의 파탄을 초래할 수 있다는 점 및 개인적 법익 중 생명권 다음으로 중요한 신체의 안정성을 해쳤다는 점에서 그 불법의 크기가 성폭력처벌법 제4조(특수강간 등), 제6조(장애인에 대한 강간·강제추행 등), 제7조(13세 미만의 미성년자에 대한 강간·강제추행 등)의 죄를 범한 자 또는 위 각 죄의 미수범이 다른 사람을 상해하거나 상해에 이르게 한 때와 유사하고, 친족관계에 의한 강간치상죄(성폭력처벌법 제8조 제2항)보다 중하다고 본 입법자의 판단이 자의적이라고 하기 어렵기 때문이다.

(5) 청구인은 주거침입강제추행치상죄를 사망의 결과가 발생한 형법 제301조의2 후문 및 성폭력처벌법 제9조 제2항의 강간치사죄와 동일한 법정형으로 처벌하는 것은 형벌체계상의 정당성과 균형성을 상실한 것이라고 주장하나, 일반적으로 사망의 결과가 상해의 결과보다 불법의 정도가 중하다고 할 수 있지만, 구체적인 행위태양에 따라서는 사망의 결과를 발생시킨 행위보다도 상해의 결과를 발생시킨 행위의 불법 정도가 전체적으로 더 큰 경우도 얼마든지 있을 수 있다. 따라서 사망의 결과가 발생하기만 하면 그 행위태양에 관계없이 언제나 상해의 결과를 발생시킨 행위에 비해 무거운 법정형으로 처벌해야 하는 것은 아니므로,

주거침입강제추행치상죄의 법정형을 형법 제301조의2 후문 및 성폭력처벌법 제9조 제2항의 강간치사죄와 동일하게 정한 것이 현저히 형벌체계상의 균형성을 잃은 자의적인 입법이라고 할 수 없다.

(6) 주거침입, 절도, 강제추행, 강간, 상해 등과 같은 여러 가지 **불법요소가 결합되어 위험성이 극대화된 경우를 가중처벌하기 위하여 결합범**적 구성요건을 규정한 경우에는 주거침입을 하였는지, 야간주거침입절도 또는 특수절도를 하였는지, 강제추행을 하였는지, 강간, 유사강간을 하였는지 등은 결합범 전체의 불법크기에 본질적인 차이를 가져온다고 보기도 어렵다. 이러한 점을 감안하여 형법 제301조도 강간죄, 유사강간죄와 강제추행죄를 구별하지 아니한 채 그러한 죄를 범한 자가 사람을 상해하거나 상해에 이르게 한 때에는 '무기 또는 5년 이상의 징역'이라는 동일한 법정형으로 처벌하도록 규정하고 있는 것이다.

(7) 또한 범죄행위의 죄질과 그에 상응한 법정형을 규정하는 데 있어 죄질과 그에 따른 법정형을 수학적·기계적인 정비례 관계로 유지하는 것은 입법기술상 불가능한 것이기도 하다. 어떤 범죄행위에 대하여 일정한 형벌을 규정하는 것은 그 형벌을 부과함으로써 범죄를 저지른 자에 대한 응보효과 및 위하에 따른 범죄의 일반예방효과 등을 달성하고자 하는 것인데, 죄질의 중한 정도가 어느 수준을 넘어서게 되면 비록 구체적 범죄유형에 따라 죄질에 있어 약간의 차이가 있다고 하더라도 그러한 범죄행위에 대하여 일반인이 느끼는 비난가능성이나 그 범죄의 일반예방효과를 달성하기 위해서 요구되는 법정형의 수준은 별반 차이가 없는 경우도 발생한다. 이러한 현상은 해당 범죄의 죄질이 무거우면 무거울수록 나타나기가 쉬운데, 예컨대 강간죄와 강제추행죄, 주거침입죄와 야간주거침입절도죄, 특수절도죄 또는 상해죄와 살인죄를 단순히 비교하는 경우라면 강간죄가 강제추행죄보다, 야간주거침입절도죄, 특수절도죄가 주거침입죄보다, 그리고 살인죄가 상해죄보다 그 죄질이 더 중하고 이를 예방하기 위해 요구되는 형벌의 강도도 더 높아야 한다는 판단 하에 법정형에 현실적으로 반영되어 있지만, 주거침입강제추행치상죄와 주거침입강간치상죄, 야간주거침입절도강간치상죄, 특수절도강간치상죄, 강간치사죄 등을 비교하는 경우라면 그 각각의 범죄 자체가 갖는 매우 높은 불법성 때문에 그들 상호간의 불법성의 차이는 상대적으로 미미한 것이라고 판단할 수 있게 된다. 즉, 비교대상인 각 범죄행위의 죄질이 무거워질수록 그들 범죄 상호간 죄질의 상대적 차이는 줄어든다고 보아야 한다.

(8) 법관의 **양형으로** 불법과 책임을 일치시킬 수 있으면 법정형이 내포하고 있는 **약간의 위헌성은 극복**될 수 있는 것이므로, 만약 구체적인 사건에서 주거침입강제추행죄치상죄와 앞서 살펴본 범죄들에 대한 법정형이 동일한 결과 형량에 있어 불합리성이 나타난다면, 이는 법관이 구체적인 양형을 통하여 시정하면 된다. 따라서 이 사건 법률조항이 현저히 형벌체계상의 정당성이나 균형싱을 상

실하여 평등원칙에 위반된다고 할 수 없다.」[1377)]

라. 특수강간상해죄의 형량과 위헌문제

▶ 「가. 특수강간은 흉기 그 밖의 위험한 물건을 휴대하거나 2인 이상이 합동할 것이 요구되는바, 강간 행위가 이러한 상황에서 이루어지는 경우 피해자는 두려움으로 인해 쉽게 항거불능의 상태에 빠지게 되고, 가해자는 범죄수법이 대담해지고 잔인해질 가능성이 있어 피해자에 대한 구체적 위험성과 사회 일반에 대한 위험성이 모두 증가한다는 점에서 가중처벌이 불가피하다. 게다가 피해자에게 상해까지 입게 한 경우에는 개인의 인격과 불가분적으로 연결되어 있는 성적 자기결정권을 침해한 데 더하여 신체의 안정성을 해쳤다는 점에서 죄질과 범정이 매우 무겁고 비난가능성 또한 대단히 높다. 입법자가 형사정책적 고려에 따라 이를 무기 또는 10년 이상의 징역으로 처벌하고 작량감경을 하더라도 법관이 집행유예를 선고할 수 없도록 한 것에는 합리적 이유가 있다.

나. 위험한 물건의 휴대, 강간미수, 상해 등 여러 가지 불법요소가 결합되어 위험성이 극대화된 경우를 가중처벌하기 위하여 결합범적 구성요건을 규정한 경우에는, 불법요소의 하나인 강간의 불법에 있어서 강간행위가 기수에 이르렀는지, 미수에 이르렀는지는 결합범 전체의 불법 크기에 본질적인 차이를 가져온다고 보기 어렵다. 강간죄의 기수 여부는 성기의 삽입 여부만을 기준으로 판단하는 것이어서, 강간미수의 경우라 할지라도 그 행위 태양에 따라서는 강간 기수의 경우보다 피해자에게 미치는 영향이나 불법의 정도가 심한 경우가 얼마든지 있을 수 있다. 따라서 특수강간죄의 실행에 착수하여 피해자를 상해한 이상 강간의 기수, 미수를 묻지 않고 동일한 법정형으로 처벌하도록 한 것이 자의적인 것이라고 할 수 없다.」[1378)]

마. 특수강간치상죄와 흉기 그 밖의 위험한 물건, 기수 문제

▶ 「성폭력범죄의 처벌 및 피해자보호 등에 관한 법률 제9조 제1항에 의하면 같은 법 제6조 제1항에서 규정하는 특수강간의 죄를 범한 자뿐만 아니라 특수강간이 미수에 그쳤다고 하더라도 그로 인하여 피해자가 상해를 입었으면 특수강

1377) 헌법재판소 2015. 11. 26, 선고 2014헌바436 전원재판부 성폭력범죄의처벌등에관한특례법 제8조 제1항 위헌소원 [헌공제230호,1802]

1378) 헌법재판소 2018. 1. 25, 선고 2016헌바379 전원재판부 성폭력범죄의처벌등에관한특례법 제8조 제1항 위헌소원 [헌공제256호,309]

간치상죄가 성립하는 것이고, 같은 법 제12조에서 규정한 위 제9조 제1항에 대한 미수범처벌규정은 제9조 제1항에서 특수강간치상죄와 함께 규정된 특수강간상해죄의 미수에 그친 경우, 즉 특수강간의 죄를 범하거나 미수에 그친 자가 피해자에 대하여 상해의 고의를 가지고 피해자에게 상해를 입히려다가 미수에 그친 경우 등에적용된다. 원심이 그 판시의 증거를 종합하여 피고인이 위험한 물건인 전자충격기를 피해자의 허리에 대고 피해자를 폭행하여 강간하려다가 미수에 그치고 피해자에게 약 2주간의 치료를 요하는 안면부 좌상 등의 상해를 입힌 사실을 인정하고, 이에 대하여 성폭력범죄의 처벌 및 피해자보호 등에 관한 법률 소정의 특수강간치상죄의 기수에 해당한다고 인정한 것은 기록과 앞서 본 법리에 비추어 정당하고, 상고이유에서 주장하는 바와 같은 결과적 가중범의 미수범에 관한 법리오해 등의 위법은 없다.」[1379]

바. 본조의 상해

(1) 성폭법상 상해는 피해자의 신체의 완전성을 훼손하거나 생리적 기능에 장애를 초래하는 것으로, 반드시 외부적인 상처가 있어야만 하는 것이 아니고, 여기서의 생리적 기능에는 육체적 기능뿐만 아니라 정신적 기능도 포함된다. 제1심이 조사·채택한 증거들에 ○신경외과의원 원장 장○○에 대한 사실조회에 대한 회신의 기재를 종합하여 피고인들의 강간행위로 인하여 피해자가 불안, 불면, 악몽, 자책감, 우울감정, 대인관계 회피, 일상생활에 대한 무관심, 흥미상실 등의 증상을 보였고, 이와 같은 증세는 의학적으로는 통상적인 상황에서는 겪을 수 없는 극심한 위협적 사건에서 심리적인 충격을 경험한 후 일으키는 특수한 정신과적 증상인 **외상 후 스트레스 장애**에 해당하고, 피해자는 그와 같은 증세로 인하여 2일간 치료약을 복용했고, 6개월간의 치료를 요하는 사실이 인정되고, 피해자가 겪은 위와 같은 증상은 강간을 당한 모든 피해자가 필연적으로 겪는 증상이라고 할 수도 없으므로 결국 피해자는 피고인들의 강간행위로 말미암아 성폭법이 정하는 상해를 입은 것이라고 판단할 수 있다.[1380]

(2) 피고인이 7세 1월 남짓밖에 안 되는 피해자의 질 내에 손가락을 넣어 만지는 등 추행을 하여 피해자의 음순 좌우 양측에 생긴 남적색 피하일혈반이 타박이나 마찰로 말미암아 음순내부에 피멍이 든 것으로서 그 상처부위에 소변의 독소가 들어가면 염증이 생길 수도 있는 것이라면, 그 상처를 치료하는데 필요한 기간이 2일에 불과하더라도, 형법 제301조 소정의 상해의 개념에 해당하는 것으

1379) 대법원 2008. 4. 24, 선고 2007도10058 판결.
1380) 대법원 1999. 1. 26, 선고 98도3732 판결.

로 보아야 한다.[1381] 또 미성년자(여, 8세)에 대한 추행행위로 인하여 그 피해자의 외음부 부위에 염증이 발생한 것이라면, 그 증상이 약간의 발적과 경도의 염증이 수반된 정도에 불과하다고 하더라도 그로 인하여 피해자 신체의 건강상태가 불량하게 변경되고 생활기능에 장애가 초래된 것이 아니라고 볼 수 없으니, 이러한 상해는 미성년자의제강제추행치상죄의 상해의 개념에 해당한다.[1382]

죽음의 조항

성폭법 제8조 제1항은 피고인들에게 무덤이다.

제1항의 예로 주거침입 후 강간상해(치상), 주거침입 후 강제추행상해(치상)를 들 수 있는데, 최소 법정형이 징역 10년 이상이므로 이 조항에 걸릴 경우 피고인은 정상변론이 필요 없을 정도로 엄청나게 무거운 징역형을 선고받는 것이 보통이다. 검사가 징역 15년을 전후하여 구형해도 하등 과도하다 생각되지 않을 뿐 아니라 법관도 징역 10년을 가뿐히 넘겨 선고하거나 적어도 7년 전후의 실형을 선고하는 경우가 많다.

항소심에서, 전관변호사를 선임하면 파기될 수 있을지를 문의하는 피고인이 종종 있는데, 심신미약이나 자수 감경 등 {작량감경(정상참작 감경)과는 별도의} 이중감경[1383]을 받을 수 있는 객관적 증거가 없다면[1384][1385] 항소비용은 그저 날리는 것이

1381) 대법원 1990. 4. 13, 선고 90도154 판결.

1382) 대법원 1996. 11. 22, 선고 96도1395 판결.

1383) "**법률상 감경**사유가 있을 때에는 **작량감경**보다 우선하여 해야 할 것이고, 작량감경은 이와 같은 법률상 감경을 다하고도 그 처단형의 범위를 완화하여 그보다 낮은 형을 선고하고자 할 때에 하는 것이 옳다."(대법원 1991. 6. 11, 선고 91도985 판결)

1384) <기록상 심신미약 사유가 확인되지 않는 사례>

▶ 「…(전략) 기록에 의하면 피고인은 원심에서 한 국선변호인의 반대신문 중에 이 사건 발생 전에 막걸리 1병을 마셨다고 진술한 사실은 인정되나(공판기록 73면), 이는 피고인이 평소 승용차로 출·퇴근을 하는데 그 날은 위와 같이 술을 마셨기 때문에 걸어서 집으로 가게 되었다는 경위를 진술한 것에 불과하고 음주로 인한 **심신미약주장을 한 것으로 볼 수 없으며, 달리 기록을 살펴보아도 피고인은 시종일관 이 사건 범행을 부인하는 진술만을 하였을 뿐 주취상태로 인한 심신미약주장을 하였음을 찾아볼 수 없으므로, 원심판결에 심신미약주장에 대한 판단유탈의 위법이 있다는 상고이유의 주장은 받아들일 수 없다.**」(대법원 2000. 2. 11, 선고 99도4794 판결)

1385) <자수감경을 할 수 없는 사정이 현저한데도 자수감경 후 작량감경을 거듭한 원심을 파기>

▶ 「원심판결 이유기재에 의하면, 원심은 원심이 유지한 피고인의 제1심 판시 범죄행위가 강도상해죄의 공동정범에 관한 법조인 형법 제337조, 제30조에 해당한다 하여 소정 형 중 유기징역형을 선택한 후 피고인이 이 사건 범행 후 공소외 권○○을 통하여 자수하였다고 인정하고 형법 제52조 제1항, 제55조 제1항 제3호에 의하여 **자수감경을 한 다음 다시** 형법 제53조, 제55조 제1항 제3호에 의하여 **작량감경**을 하여 그 형기 범위 내에서 형을 정했다.

그러나 피고인이 자수한 사실이 인정되는지의 여부를 기록에 의하여 살피건대, 수사기록에 편철된 기소중지자 발견보고서의 기재에 의하면 이 사건 범행 후 공범인 공소외 1만이 수사기관에 검거되고, 피고인은 도주하여 일단 기소중지자로 처리되었다가 피고인이 현거주지에 거주한다는 제보를 받고 그곳에 임한 서울 북부경찰서 소속 형사들에 의하여 검거되었

되고, 피고인의 가족에게도 허튼 기대를 품게 하는 가혹한 처사가 되므로 분명한 답변을 주어야 한다.

한편 원룸 건물의 계단에서 피해자를 강간 내지 추행하려다가 실패하고 그 과정에서 피해자에게 상해를 가한 것을 두고, '계단이 주거에 해당한다'는 대법원 판결의 일관된 태도를 도외시하고 일방적으로 '그 곳을 주거로 볼 수 없다'는 (실패가 예견된) 주장을 하는 경우가 있는데, 이 역시 의뢰인으로 하여금 헛된 기대를 심어주는 행위가 되므로 피해야 한다. **아래 사건은 2심에서 주거침입이 부정되었지만, 대법원에서 주거침입강간상해가 인정되면서 성폭법 적용대상이 되었다.** 원심은 주거침입을 부정한 후 징역 3년 6월을 선고했다.

성폭법 제8조 제1항 주거침입강간상해 인정사례

「2. 검사의 상고이유에 관한 판단

가. 이 사건 공소사실

피고인은 2008. 6. 13. 04:00경 대전 중구 유천동에 있는 아파트 앞에서 술에 취한 채 집으로 돌아가는 피해자를 발견하고 그녀를 강간할 것을 마음먹고, 피해자를 따라가 엘리베이터를 같이 탐으로써 피해자를 비롯한 위 아파트 입주민들의 **주거에 침입**하고, 엘리베이터가 4층에 이르렀을 때 갑자기 피해자를 엘리베이터 구석으로 밀고 주먹으로 얼굴을 수회 때려 반항을 억압한 후 9층에서 피해자를 끌고 엘리베이터에서 내린 다음 12~13층 계단으로 피해자를 끌고 가 그곳에서 피해자를 1회 **간음**하여 강간하고, 그로 인하여 피해자에게 약 2주간의 치료를 요하는 좌안 전방 출혈**상**을 가했다.

나. 원심의 판단

원심은 그 채용증거에 의하여 피고인이 2008. 6. 13. 04:00경 대전 중구 유천동에 있는 아파트 앞에서 술에 취한 채 집으로 돌아가는 피해자를 발견하고 그녀를 강간할 것을 마음먹고 피해자를 따라가 엘리베이터를 같이 탄 사실, 피고인은 엘리베이터가 4층에 이르렀을 때 갑자기 피해자를 엘리베이터 구석으로 밀고 주먹으로 얼굴을 수회 때려 반항을 억압한 후 9층에서 피해자를 끌고 엘리베이터에서 내린 다음 12~13층 계단으로 피해자를 끌고 가 그곳에서 피해자를 1회 간음하여 강간하고, 그로 인하여 피

다는 것이고, 다만 제1심 및 원심증인 권○○의 증언에 의하면 피고인은 위와 같이 경찰에 검거되기 전에 그가 다니던 학원강사인 위 권○○에게 전화를 걸어 자수의사를 전달하였다는 것이나 그것만으로서는 자수로 볼 수 없을 뿐만 아니라 피고인은 자수하기 위하여 위 권○○을 다방에서 만나기로 약속하고서도 그 장소에 나타나지 조차 않았다는 것이며 기록을 정사하여 보아도 피고인이 자수한 흔적을 발견할 수 없다.

원심이 피고인이 자수하였다고 인정하고 자수감경을 한 것은 증거 없이 자수사실을 인정한 위법이 있다 할 것이고 이는 판결결과에 영향을 미쳤다 할 것이므로 이 점을 지적하는 논지는 이유 있다.」(대법원 1985. 9. 24, 선고 85도1489 판결)

해자에게 약 2주간의 치료를 요하는 좌안 전방 출혈상을 가한 사실을 인정한 다음, 아파트의 엘리베이터 및 그 옆의 공용계단은 피해자의 개인적인 사적 공간에 해당하지 않는다는 이유로 피고인의 주거침입을 인정하지 않고 강간상해죄로만 처벌하면서, 주거침입을 전제로 한 성폭력범죄의 처벌 및 피해자보호 등에 관한 법률위반(강간등상해)죄에 대하여는 무죄를 선고할 것이나 이와 일죄의 관계에 있는 강간상해죄를 유죄로 인정한 이상 주문에서 따로 무죄를 선고하지 아니한다고 판시했다.

다. 대법원의 판단

주거침입죄에 있어서 주거라 함은 단순히 가옥 자체만을 말하는 것이 아니라 그 정원 등 위요지를 포함하는 것인바,[1386] 다가구용 단독주택이나 다세대주택·연립주택·아파트 등 공동주택 안에서 공용으로 사용하는 엘리베이터, 계단과 복도는 주거로 사용하는 각 가구 또는 세대의 전용 부분에 필수적으로 부속하는 부분으로서 그 거주자들에 의하여 일상생활에서 감시·관리가 예정되어 있고 사실상의 주거의 평온을 보호할 필요성이 있는 부분이므로, 다가구용 단독주택이나 다세대주택·연립주택·아파트 등 공동주택의 내부에 있는 엘리베이터, 공용 계단과 복도는 특별한 사정이 없는 한 주거침입죄의 객체인 '사람의 주거'에 해당하고, 위 장소에 거주자의 명시적, 묵시적 의사에 반하여 침입하는 행위는 주거침입죄를 구성한다.

위 법리에 비추어 보면, 피고인이 피해자를 강간할 목적으로 피해자를 따라 피해자가 거주하는 아파트 내부의 공용부분에 들어온 행위는 주거침입행위이므로, 피고인이 **성폭력범죄의 처벌 및 피해자보호 등에 관한 법률 제5조 제1항 소정의 주거침입범의 신분**을 가지게 되었음은 분명하다.

따라서 피고인의 위와 같은 행위를 주거침입으로 보지 않은 원심판결에는 성폭력범죄의 처벌 및 피해자보호 등에 관한 법률 제5조 제1항 소정의 주거침입에 관한 법리를 오해하여 판결에 영향을 미친 위법이 있다.」[1387]

16. 성폭법상 강간 등 살인·치사

성폭법 제9조(강간 등 살인·치사) ① **제3조부터 제7조까지**(특수강도강간 등, 특수강간 등, 친족관계에 의한 강간 등, 장애인에 대한 강간·강제추행 등, 13세 미만의 미성년자에 대한 강간, 강제추행 등), **제15조**(제3조부터 제7조까지의 미수범으로 한정한다)의 죄 또는 「**형법**」 **제297조(강간), 제297조의2(유사강간) 및 제298조(강제추행)부터 제300조(미수범)**까지의 죄를 범한 사람이 다른 사람을 살해한 때에는 사형 또는 무기징역에 처한다.

② **제4조**(특수강간 등), **제5조**(친족관계의 의한 강간 등) 또는 **제15조**(제4조 또는 제5조의 미수범으로 한정한다)의 죄를 범한 사람이 다른 사람을 사망에 이

1386) 대법원 1983. 3. 8, 선고 82도1363 판결; 대법원 2001. 4. 24, 선고 2001도1092 판결.
1387) 대법원 2009. 9. 10, 선고 2009도4335 판결.

르게 한 때에는 무기징역 또는 10년 이상의 징역에 처한다.

③ **제6조**(장애인에 대한 강간·강제추행 등), **제7조**(13세 미만의 미성년자에 대한 강간, 강제추행 등) 또는 **제15조**(제6조 또는 제7조의 미수범으로 한정한다)의 죄를 범한 사람이 다른 사람을 사망에 이르게 한 때에는 사형, 무기징역 또는 10년 이상의 징역에 처한다.

17. 성폭법상 업무상 위력 등에 의한 추행

성폭법 제10조(업무상 위력 등에 의한 추행) ① 업무, 고용이나 그 밖의 관계로 인하여 자기의 보호, 감독을 받는 사람에 대하여 위계 또는 위력으로 추행한 사람은 2년 이하의 징역 또는 500만원 이하의 벌금에 처한다.

② 법률에 따라 구금된 사람을 감호하는 사람이 그 사람을 추행한 때에는 3년 이하의 징역 또는 1천500만원 이하의 벌금에 처한다.

가. 형법은 제298조 강제추행에서 '폭행·협박을 수단'으로 요구하고 있고, 제303조 업무상 위력 등에 의한 간음에서는 '간음의 결과'만을 요구하고 있다. 결국 업무상 위력으로 추행할 경우 그것이 폭행·협박으로 평가되지 않는 한 형법 제298조의 강제추행죄를 적용할 수 없고, 또 업무상 위력을 이용하여 간음 없이 추행만 한 경우라면 형법 제303조의 업무상 위력 등에 의한 간음죄 규정을 적용할 수 없다. 형법만으로는 이와 같이 업무상 '위력'을 사용하여 '추행'만 한 경우라면 처벌할 수 없는 흠결이 발생한다.

이에 따라 성폭법은 제10조에서 업무상 위계·위력으로 보호, 감독을 받는 사람을 추행만 한 경우에도 처벌할 수 있도록 별도의 규정을 두고 있다.

나. 장래에는 형법 제303조의 제목을 '업무상 위력 등에 의한 간음 **등**'으로 수정하고, 간음과 별도로 추행도 규정하여 법률을 정비할 필요가 있다.[1388]

18. 성폭법상 공중 밀집 장소에서의 추행

성폭법 제11조(공중 밀집 장소에서의 추행) 대중교통수단, 공연·집회 장소, 그 밖에 공중(公衆)이 밀집하는 장소에서 사람을 추행한 사람은 1년 이하의 징역 또

1388) 참고로 **2018. 12. 18.부터 시행된 개정 형법**은 제303조의 업무상위력등에의한간음죄의 법정형을 제1항은 5년 이하 징역 또는 1천500만원 이하 벌금에서 7년 이하 징역 또는 3천만원 이하 벌금으로, 제2항은 7년 이하 징역에서 10년 이하 징역으로 각 상향하였다.

는 300만원 이하의 벌금에 처한다.

가. 형법 제298조에서는 폭행·협박으로 사람을 추행한 경우 10년 이하 징역 또는 1천500만원 이하의 벌금에 처한다고 규정하는데, 성폭법 제11조는 공중밀집장소를 특징적 징표로 삼고 추행의 방법으로 폭행·협박을 명시하고 있지 않다. 따라서 폭행·협박보다 약한 유형력(예컨대 찜질방에서 잠든 피해자의 가슴을 만지는 것, 대중이 밀집한 대중교통수단 내에서 피해자의 몸을 더듬거나 신체를 접촉시키는 것)이 사용되더라도 본조에 따라 처벌이 가능하다. 실제 대중교통 내에서 강한 폭행·협박으로 사람을 추행하는 경우를 상정하기 쉽지 않다. 현실적 필요에 따라 성폭법은 본조를 두는 한편 사용된 유형력이 약할 것으로 보고 형량도 형법상의 강제추행죄보다 훨씬 낮게 규정하고 있다.

▶ 「성폭력범죄의 처벌 및 피해자보호 등에 관한 법률(이하 '성폭력법'이라고 한다) 제13조는 "대중교통수단, 공연·집회장소 기타 공중이 밀집하는 장소에서 사람을 추행한 자"를 1년 이하의 징역 또는 300만원 이하의 벌금에 처할 수 있도록 규정하고 있는데, 위 규정은 도시화된 현대사회에서 인구의 집중으로 다중이 출입하는 공공연한 장소에서 추행 발생의 개연성 및 그에 대한 처벌의 필요성이 과거보다 높아진 반면, 피해자와의 접근이 용이하고 추행장소가 공개되어 있는 등의 사정으로 피해자의 명시적·적극적인 저항 내지 회피가 어려운 상황을 이용하여 유형력을 행사하는 것 이외의 방법으로 이루어지는 추행행위로 말미암아 형법등 다른 법률에 의한 처벌이 여의치 아니한 상황에 대처하기 위한 것이라 할 것이고, 이와 같은 입법취지 및 위 법률 조항에서 그 범행장소를 공중이 '밀집한' 장소로 한정하는 대신 공중이 '밀집하는' 장소로 달리 규정하고 있는 문언의 내용, 그 규정상 예시적으로 열거한 대중교통수단, 공연·집회장소 등의 가능한 다양한 형태 등에 비추어 보면, 여기서 말하는 '공중이 밀집하는 장소'에는 현실적으로 사람들이 빽빽이 들어서 있어 서로간의 신체적 접촉이 이루어지고 있는 곳만을 의미하는 것이 아니라 이 사건 찜질방 등과 같이 공중의 이용에 상시적으로 제공·개방된 상태에 놓여 있는 곳 일반을 의미한다 할 것이고, 위 공중밀집장소의 의미를 이와 같이 해석하는 한 그 장소의 성격과 이용현황, 피고인과 피해자 사이의 친분관계 등 구체적 사실관계에 비추어 공중밀집장소의 일반적 특성을 이용한 추행행위라고 보기 어려운 특별한 사정이 있는 경우에 해당하지 않는 한 그 행위 당시의 현실적인 밀집도 내지 혼잡도에 따라 그 규정의 적용 여부를 달리한다고 할 수는 없다.

위 법리와 원심의 인정사실에 의하면, 그 판시 **찜질방 수면실**에서 옆에 누워 있던 피해자의 가슴 등을 손으로 만진 피고인의 행위가 성폭력법 제13조에서 정한 공중밀집장소에서의 추행행위에 해당한다고 본 원심의 판단은 정당하다.

나아가 원심이 그 인정사실에 터 잡아 들고 있는 여러 사정들에 비추어 보면, 위와 같이 피해자의 신체를 만진 피고인의 행위는 피해자가 잠결에 비몽사몽의 상태에 놓인 것을 이용한 것에 불과할 뿐 그에 대한 피해자의 승낙이 있다고 오인하여 한 것으로는 볼 수 없다고 한 원심의 판단[1389] 역시 정당하다.」[1390]

나. 형법상 강제추행죄를 적용하여 기소할지, 아니면 성폭법상 공중밀집장소 추행으로 기소할지는 사용된 유형력의 행사 및 피해결과 등을 고려해 검사가 결정한다(정확히는 사경의 의견이 중요하다).

19. 성폭법상 성적 목적을 위한 다중이용장소 침입

성폭법 제12조(성적 목적을 위한 다중이용장소 침입행위) 자기의 성적 욕망을 만족시킬 목적으로 화장실, 목욕장·목욕실 또는 발한실(發汗室), 모유수유시설, 탈의실 등 **불특정 다수가 이용하는 다중이용장소**에 침입하거나 같은 장소에서 퇴거의 요구를 받고 응하지 아니하는 사람은 1년 이하의 징역 또는 300만원 이하의 벌금에 처한다.

가. 형법 제319조(주거침입, 퇴거불응)는 주거, 건조물, 선박, 항공기, 방실에

1389) "나. 피해자의 승낙에 대한 오인 주장에 관하여. 원심이 적법하게 채택하여 조사한 증거들에 의하여 인정되는 다음과 같은 사정, 즉, 피고인은 평소 찜질방에서 이불을 반으로 접어 반은 깔고 반은 배를 덮고 자는데 피고인이 피해자의 신체를 만질 당시에는 이불을 머리 부분까지 덮고 있었던 사실, 피해자는 자신의 신체를 만지는 사람이 피고인인 것을 확인하고는 일어나 바로 옆에 누워있던 남자친구인 공소외 2에게 이야기했고 이에 공소외 2가 피고인을 불렀으나 피고인은 경찰관이 출동하기까지 약 10~15분 가량 자는 척하면서 일어나지 아니한 사실을 인정할 수 있는바, 위 인정사실에서 본 바와 같은 피고인이 피해자의 신체를 만질 당시 및 그 이후의 정황, 그리고 이 사건 장소는 찜질방으로 다중이 밀집하는 장소인바, 이러한 장소에서 1984년생으로 만 24세의 젊은 피해자가 만 50세로 자신보다 나이가 배 정도 많은 피고인과 신체접촉을 원한다는 것은 그리 흔한 일이 아닌 것으로 보이는 점, 그럼에도 피고인은 이 사건 당시 피해자가 자신의 이불 속으로 들어와 자신의 팔을 잡자 조심스럽게 피해자의 배 부위부터 만지기 시작하여 가슴 등을 만졌다고 진술하고 있는 점 등에 비추어 보면, 피고인으로서는 피해자가 승낙하였다고 오인하여 피해자의 신체를 만진 것이 아니라 피해자의 비몽사몽 상태를 이용하여 피해자의 신체부위를 만졌다고 밖에 볼 수 없으므로, 피고인의 이 부분 주장은 받아들이지 아니한다."(대구고등법원 2009. 6. 11, 선고 2009노36 판결)

1390) 대법원 2009. 10. 29, 선고 2009도5704 판결.

침입하거나 퇴거에 불응한 경우 3년 이하의 징역 또는 500만원 이하의 벌금에 처한다고 규정하고 있다. 따라서 형법상 주거침입죄 규정이 위 성폭법 규정보다 더 높은 처벌형량을 갖고 있는데도, 별도로 1년 이하로 감경처벌하는 규정을 특별법에 두고 있다는 것을 알 수 있다.

형법상 주거침입은 개인의 주거와 방실에 침입하는 점, 침입의 목적이 본조보다 위험한 경우가 흔히 있는 점에서 높은 불법성을 가지는 반면, 성폭법상 본조는 오직 성적 욕망을 만족시킬 목적으로 다중이용장소에 침입하는 것을 예정하고 있어 차이가 있다.

나. 본조는 2012. 12. 18. 개정 성폭법에 신설되었고, 시행일은 2013. 12. 19.부터였다.

다. 본조는 1차례 개정되었다. 2017. 12. 12.부터 개정법률이 시행되었다.

▶ 「구법은 자기의 성적 욕망을 만족시킬 목적으로 공중화장실 등 공공장소에 침입하는 행위에 대한 처벌규정을 두고 있었으나, 최근 판례는 **주점 화장실**에 침입하여 피해자가 용변을 보는 모습을 엿보았다고 하더라도 그 화장실이 현행법의 적용 대상인 「공중화장실 등에 관한 법률」에 따른 공중화장실에 해당하지 않는다는 이유로 무죄를 선고하여 논란이 되었고, 이러한 상황은 입법 과정에서 명확성의 원칙을 충실히 준수하기 위해 이 법의 입법 목적과 관련성이 없는 각종 행정 법률의 조문을 인용하여 성폭력범죄 처벌의 적용 대상으로 삼았기 때문으로 보이며, 이는 오히려 그 적용 대상을 불분명하게 만드는 문제점이 있었다. 이에 제12조에서 장소적 범위를 사적인 공간이 아닌 "불특정 다수가 이용하는" 등으로 제한하여 처벌 대상이 지나치게 확장되는 것을 방지하는 한편, "불특정 다수"라는 표현은 판례와 법률에서 이미 널리 사용되는 용어이므로 명확성의 원칙에 반하는 것으로 보기 어렵고, 「개인정보 보호법」 제25조 제2항에서의 "불특정 다수가 이용하는 목욕실, 화장실, 발한실, 탈의실 등"의 법문 및 「실내공기질 관리법」 제2조 제1호에 따른 불특정다수인이 이용하는 시설인 다중이용시설 등의 용어의 정의 등을 참고하여 개정 방향을 검토할 필요가 있으므로, 성적 목적을 위한 침입 금지 대상 공공장소의 개념을 "화장실, 목욕장·목욕실 또는 발한실, 모유수유시설, 탈의실 등 불특정 다수가 이용하는 다중이용장소"로 개정함으로써 명확성의 원칙을 준수하는 범위에서 장소의 범위를 확대 설정하여 입법적 공백을 방지하기 위해 개정한 것이다.」[1391]

20. 성폭법상 통신매체를 이용한 음란행위

성폭범 제13조(통신매체를 이용한 음란[1392]행위) 자기 또는 다른 사람의 성적 욕망을 유발하거나 만족시킬 목적으로 전화, 우편, 컴퓨터, 그 밖의 통신매체를 통하여 성적 수치심이나 혐오감을 일으키는 말, 음향, 글, 그림, 영상 또는 물건을 상대방에게 도달하게 한 사람은 2년 이하의 징역 또는 500만원 이하의 벌금에 처한다.

가. 본조의 '통신매체이용음란죄'는 '성적 자기결정권에 반하여 성적 수치심을 일으키는 그림 등을 개인의 의사에 반하여 접하지 않을 권리'를 보장하기 위한 것으로 성적 자기결정권과 일반적 인격권의 보호, 사회의 건전한 성풍속 확립을 보호법익으로 하므로,[1393] **상대방의 동의, 승낙이 있었다면 본죄는 성립**

1391) 법제처 제정·개정 이유 참조.
http://www.law.go.kr/lsInfoP.do?lsiSeq=199502&lsId=&viewCls=lsRvsDocInfoR&chrClsCd=010102#0000

1392) **음란성에 대한 대법원의 판단**을 본다.
▶ 예 1. 일반적으로 법규는 그 규정의 문언에 표현력의 한계가 있을 뿐만 아니라 그 성질상 어느 정도의 추상성을 가지는 것은 불가피하고, 형법 제243조, 제244조에서 규정하는 "음란"은 평가적, 정서적 판단을 요하는 규범적 구성요건 요소이고, "음란"이란 개념이 일반 보통인의 성욕을 자극하여 성적 흥분을 유발하고 정상적인 성적 수치심을 해하여 성적 도의관념에 반하는 것이라고 풀이되고 있으므로 이를 불명확하다고 볼 수 없기 때문에, 형법 제243조(음화반포등)와 제244조(음화제조등)의 규정이 죄형법정주의에 반하는 것이라고 할 수 없다(대법원 1995. 6. 16, 선고 94도2413 판결).
▶ 예 2. 예술성과 음란성은 차원을 달리하는 관념이고 어느 예술작품에 예술성이 있다고 하여 그 작품의 음란성이 당연히 부정되는 것은 아니다(대법원 2005. 7. 22, 선고 2003도2911 판결).
▶ 예 3. 사진첩에 남자 모델이 전혀 등장하지 아니하고 남녀간의 정교 장면에 관한 사진이나 여자의 국부가 완전히 노출된 사진이 수록되어 있지 않다 하더라도 사진 전체로 보아 선정적 측면을 강조하여 주로 독자의 호색적 흥미를 돋구는 것으로서 일반 보통인의 성욕을 자극하여 성적 흥분을 유발하고 정상적인 성적 수치심을 해하는 것으로서 성적 도의관념에 반하는 것이므로, 그 사진첩은 음란한 도화에 해당한다(대법원 1997. 8. 22, 선고 97도937 판결).
▶ 예 4. '음란한 행위'라 함은 일반 보통인의 성욕을 자극하여 성적 흥분을 유발하고 정상적인 성적 수치심을 해하여 성적 도의관념에 반하는 행위를 가리키는 것이고, 그 행위가 반드시 성행위를 묘사하거나 성적인 의도를 표출할 것을 요하는 것은 아니다(대법원 2006. 1. 13, 선고 2005도1264 판결).
▶ 예 5. 행패를 부리던 자가 이를 제지하려는 경찰관에 대항하여 공중 앞에서 알몸이 되어 성기를 노출한 경우, 음란한 행위에 해당하고 그 인식도 있다(대법원 2000. 12. 22, 선고 2000도4372 판결).

1393) 대법원 2017. 6. 8, 선고 2016도21389 판결.

하지 않는다. 상대방의 성적 자기결정권을 침해했다고 볼 수 없기 때문이다.

나. 성적 수치심이나 혐오감을 일으키는 내용의 글, 그림, 영상 등을 상대에게 도달하게 해야 하므로, 그 정도에 미치지 못하는 내용의 사진 등을 전송하면 본조의 적용이 없다.

▶ 「'자기 또는 다른 사람의 성적 욕망을 유발하거나 만족시킬 목적'이 있는지는 **피고인과 피해자의 관계, 행위의 동기와 경위, 행위의 수단과 방법, 행위의 내용과 태양, 상대방의 성격과 범위 등 여러 사정을 종합하여 사회통념에 비추어 합리적으로 판단**해야 한다. 또한 **'성적 수치심이나 혐오감을 일으키는 것'은** 피해자에게 단순한 부끄러움이나 불쾌감을 넘어 인격적 존재로서의 수치심이나 모욕감을 느끼게 하거나 싫어하고 미워하는 감정을 느끼게 하는 것으로서 사회 평균인의 성적 도의관념에 반하는 것을 의미한다. 이와 같은 성적 수치심 또는 혐오감의 유발 여부는 일반적이고 평균적인 사람들을 기준으로 하여 판단함이 타당하고, 특히 성적 수치심의 경우 피해자와 같은 성별과 연령대의 일반적이고 평균적인 사람들을 기준으로 하여 그 유발 여부를 판단해야 한다.」[1394] 그러므로 피해자의 특수한 피해감수성을 고려한 주관적 판단을 배제해야 한다. 자칫하면 처벌범위가 매우 확대될 수 있기 때문이다.

다. 말, 글, 영상 등을 보내는 방법으로 인터넷 링크를 보내어 상대가 볼 수 있게 하는 것도 본조의 적용대상에 속한다. 링크방식이 아닌 **직접 동영상을 보내는 방식**은 근거리라면 블루투스, 적외선 통신을 고려할 수 있지만 이 방법은 상대가 전송을 수락하지 않는 한 도달되지 않고, 또 원거리라면 블루투스 전송방식은 애초 가능하지 않다. 그리고 **카톡에 첨부하여 보내는 방법**은 상대방이 다음카카오사의 카톡앱을 이용하는 사람이어야 하고, 이 역시 전송용량의 제한이 있으므로 재생시간이 긴 동영상을 보내는 점에 적합하지 않다. **그래서 최근 빈번하게 사용되고 있는 전송방법은 '링크전달 방식'**이고, 상대의 전화번호를 알기만 하면 쉽게 상대의 의사에 반해 야한 동영상을 보내 인식할 수 있는 상태에 둘 수 있으므로 효과성이 높다.

▶ 「'성적 수치심이나 혐오감을 일으키는 말, 음향, 글, 그림, 영상 또는 물건을 **상대방에게 도달하게 한다'는 것은** '상대방이 성적 수치심을 일으키는 그림

1394) 대법원 2017. 6. 8, 선고 2016도21389 판결.

등을 직접 접하는 경우뿐만 아니라 상대방이 실제로 이를 인식할 수 있는 상태에 두는 것'을 의미한다. 따라서 행위자의 의사와 그 내용, 웹페이지의 성격과 사용된 링크기술의 구체적인 방식 등 모든 사정을 종합하여 볼 때 상대방에게 **성적 수치심을 일으키는 그림 등이 담겨 있는 웹페이지 등에 대한 인터넷 링크(internet link)를 보내는 행위**를 통해 그와 같은 그림 등이 상대방에 의하여 인식될 수 있는 상태에 놓이고 실질에 있어서 이를 직접 전달하는 것과 다를 바 없다고 평가되고, 이에 따라 상대방이 이러한 링크를 이용하여 별다른 제한 없이 성적 수치심을 일으키는 그림 등에 바로 접할 수 있는 상태가 실제로 조성되었다면, 그러한 행위는 전체로 보아 성적 수치심을 일으키는 그림 등을 상대방에게 도달하게 한다는 구성요건을 충족한다.」[1395]

라. 한편 위 규정은 자기 또는 다른 사람의 성적 욕망을 유발하는 등의 목적으로 **'전화, 우편, 컴퓨터나 그 밖에 일반적으로 통신매체라고 인식되는 수단을 이용하여'** 성적 수치심 등을 일으키는 말, 글, 물건 등을 상대방에게 전달하는 행위를 처벌하고자 하는 것임이 문언상 명백하므로, 위와 같은 통신매체를 이용하지 아니한 채 '직접' 상대방에게 말, 글, 물건 등을 도달하게 하는 행위까지 포함하여 위 규정으로 처벌할 수 있다고 보는 것은 법문의 가능한 의미의 범위를 벗어난 해석으로서 실정법 이상으로 처벌 범위를 확대하는 것이다.[1396]

21. 성폭법상 카메라 등을 이용한 촬영[1397]

성폭법 제14조(카메라 등을 이용한 촬영) ① 카메라나 그 밖에 이와 유사한 기능을 갖춘 기계장치를 이용하여 **성적 욕망 또는 수치심을 유발할 수 있는 사람의 신체**를 **촬영대상자의 의사에 반하여 촬영**한 자는 **5년 이하의 징역 또는 3천만원 이하의 벌금**에 처한다. <개정 2018. 12. 18.>

② **제1항에 따른 촬영물** 또는 **복제물(복제물의 복제물을 포함한다.** 이하 이 항에서 같다)을 반포·판매·임대·제공 또는 공공연하게 전시·상영(이하 **"반포등"**이라 한다)한 자 또는 제1항의 촬영이 촬영 당시에는 촬영대상자의 의사에 반하지 아니한 경우에도 **사후에** 그 촬영물 또는 복제물을 촬영대상자의 **의사에 반하여 반포등**을 한 자는 **5년 이하의 징역 또는 3천만원 이하의 벌금**에 처한다.

1395) 대법원 2017. 6. 8, 선고 2016도21389 판결.
1396) 대법원 2016. 3. 10, 선고 2015도17847 판결.
1397) 이 부분을 상세히 풀어쓴 곳으로는, 본서 제1편 [100] 리벤지포르노 법 개정.

<개정 2018. 12. 18>

③ **영리를 목적**으로 **촬영대상자의 의사에 반하여** 「정보통신망 이용촉진 및 정보보호 등에 관한 법률」 제2조 제1항 제1호의 **정보통신망**(이하 "정보통신망"이라 한다)**을 이용**하여 **제2항의 죄를 범**한 자는 7년 이하의 **징역**에 처한다. <개정 2018. 12. 18.>

※ **이 조항은 처벌의 실효성 미약 내지 처벌 흠결의 이유로 2018. 12. 18. 개정되었다.** 주된 내용은 다음과 같다(법제처 법령 제정·개정 이유 참조).

가) **자의에 의해 스스로 자신의 신체를 촬영한 촬영물**도 촬영당사자의 **의사에 반해** 유포될 경우 **처벌**키로 하고 (이로써 음화반포죄보다 실효성 있는 처벌이 가능),

나) 카메라 촬영죄와 불법촬영물의 반포등죄의 벌금형을 1천만원 이하에서 3천만원 이하로 **상향**하고,

다) 촬영 당시에는 의사에 반하지 않았으나 **사후 의사에 반해 반포등** 하는 경우 3년 이하의 징역 또는 5백만원 이하의 벌금에서 5년 이하의 징역 또는 3천만원 이하의 벌금으로 **대폭 상향**하고,

라) **영리목적**으로 촬영대상자의 **의사에 반해** 촬영물 또는 복제물을 정보통신망을 이용해 **반포등** 한 경우 **징역형으로만 처벌**하고,

마) 사람의 신체를 직접 촬영한 촬영물 외에 **복제물, 복제물의 복제물**을 **반포등** 하는 것도 **처벌**키로 하여 법의 흠결을 메웠다.

'성적 수치심을 유발하는 타인의 신체인지'에 대한 판단기준

▶ 「카메라 기타 이와 유사한 기능을 갖춘 기계장치를 이용하여 성적 욕망 또는 수치심을 유발할 수 있는 타인의 신체를 그 의사에 반하여 촬영하는 행위를 처벌하는 성폭력범죄의 처벌 등에 관한 특례법 제14조 제1항은 인격체인 피해자의 성적 자유 및 함부로 촬영당하지 않을 자유를 보호하기 위한 것이므로, **촬영한 부위가 '성적 욕망 또는 수치심을 유발할 수 있는 다른 사람의 신체'에 해당하는지 여부는,** 객관적으로 피해자와 같은 성별, 연령대의 일반적이고도 평균적인 사람들의 입장에서 성적 욕망 또는 수치심을 유발할 수 있는 신체에 해당되는지 여부를 고려함과 아울러, 당해 피해자의 **옷차림, 노출의 정도** 등은 물론, **촬영자의 의도와 촬영에 이르게 된 경위, 촬영장소와 촬영 각도 및 촬영 거리, 촬영된 원판의 이미지, 특정 신체부위의 부각 여부** 등을 종합적으로 고려하여 구체적·개별적·상대적으로 결정해야 한다.[1398]

원심판결 이유에 의하면, 피고인이 화장실에서 재래식 변기를 이용하는 여성의 모습을 촬영하였던 점, 피해자들의 용변 보는 모습이 촬영되지는 않았으나, 용변을 보기 직전의 무릎 아래 맨 다리 부분과 용변을 본 직후의 무릎 아래 맨 다리 부분이 각 촬영된 점, 피해자들은 수사기관에서 피고인의 행동으로 상당한 성적 수치심을 느꼈다고 각 진술한 점, 그 밖에 이 사건 촬영 장소와 촬영 각도 및 촬영 거리, 촬영된 원판의 이미지 등을 종합적으로 고려하여, 피고인이 촬영한 피해자들의 다리 부분은 '수치심을 유발할 수 있는 다른 사람의 신체'에 해당한다고 봄이 타당하다는 이유로 이 사건 공소사실을 유죄로 판단하였음을 알 수 있다. 앞서 본 법리 및 원심과 제1심이 적법하게 채택하여 조사한 증거들에 의하여 살펴보면, 원심의 판단은 정당하고, 거기에 논리와 경험의 법칙을 위반하여 자유심증주의의 한계를 벗어나 사실을 잘못 인정하거나, 성폭력범죄의 처벌 등에 관한 특례법 제14조 제1항의 '성적 욕망 또는 수치심을 유발할 수 있는 다른 사람의 신체'에 관한 법리를 오해한 위법이 없다.」[1399)]

의사에 반한 촬영인지 판단하는 기준

▶ 「1. 원심은 '피고인이 피해자의 바지와 속옷을 내린 후 피해자의 의사에 반하여 그 하반신을 휴대전화기로 촬영하였다'는 구 성폭력범죄의 처벌 및 피해자보호 등에 관한 법률 위반의 공소사실에 대하여, **피해자의 의사에 반하여 그와 같은 촬영이 이루어졌다는 점**에 부합하는 피해자 진술의 신빙성을 그 촬영 당시의 정황, 피고인과 피해자의 친분관계, 피해자의 고소 경위, 피해자의 진술번복 내용 등 판시와 같은 여러 사정에 비추어 배척하고 그 범죄의 증명이 없다는 이유로 무죄를 선고했다. 원심판결의 이유를 관련 증거와 기록에 비추어 살펴보면 원심의 판단은 정당하고, 상고이유의 주장과 같이 증거의 증명력 판단에 있어 자유심증주의의 한계를 벗어나거나 위 법률 제14조의2 제1항에 규정된 '그 의사에 반하여'의 구성요건 해석을 그르친 잘못이 없다.

2. 카메라 등 이용 촬영죄를 정한 구 성폭력범죄의 처벌 및 피해자보호 등에 관한 법률 제14조의2 제1항 규정의 문언과 그 입법 취지 및 연혁, 보호법익 등에 비추어, 위 규정에서 말하는 '그 촬영물'이란 성적 욕망 또는 수치심을 유발할 수 있는 타인의 신체를 그 의사에 반하여 촬영한 영상물을 의미하고, 타인의 승낙을 받아 촬영한 영상물은 포함되지 않는다고 해석된다.[1400)]

원심이 이러한 법리를 전제로, 앞서 본 바와 같이 피고인이 피해자의 의사에

1398) 대법원 2008. 9. 25, 선고 2008도7007 판결.
1399) 대법원 2014. 7. 24, 선고 2014도6309 판결.
1400) 대법원 2009. 10. 29, 선고 2009도7973 판결.

반하여 그 하반신을 촬영하였음이 인정되지 않는 이상 피고인이 그 촬영한 사진을 반포하였다 하더라도 위 법률 제14조의2 제1항 후단이 규정하는 '그 촬영물을 반포한 자'에 해당하지 않는다고 판단하여 그에 관한 판시 공소사실에 대하여도 무죄를 선고한 것은 정당하고, 거기에 상고이유의 주장과 같이 관련 법리를 오해한 위법이 없다.」[1401]

※ 현재는 반포행위가 동법 제14조 제2항에 따라 처벌된다.

신체가 아닌 영상(映像)을 촬영한 것 (복제물 또는 복제물의 복제물)

▶ 「원심은 이 사건 공소사실 중 성폭력범죄의 처벌 등에 관한 특례법 위반(카메라등이용촬영)의 점에 대하여, 구 성폭력범죄의 처벌 등에 관한 특례법(2012. 12. 18. 법률 제11556호로 전부 개정되기 전의 것, 이하 '법'이라 한다) 제13조 제1항은 "카메라나 그 밖에 이와 유사한 기능을 갖춘 기계장치를 이용하여 성적 욕망 또는 수치심을 유발할 수 있는 다른 사람의 신체를 그 의사에 반하여 촬영"하는 행위를 처벌 대상으로 삼고 있는데, "촬영"의 사전적·통상적 의미는 "사람, 사물, 풍경 따위를 사진이나 영화로 찍음"이라고 할 것이고, 위 촬영의 대상은 "성적 욕망 또는 수치심을 유발할 수 있는 다른 사람의 신체"라고 보아야 함이 문언상 명백하므로 **위 규정의 처벌 대상은 '다른 사람의 신체 그 자체'를 카메라 등 기계장치를 이용해서 '직접' 촬영하는 경우에 한정된다고 해석함이 타당하다**고 전제한 다음, 이 사건의 경우 피해자는 스스로 자신의 신체 부위를 화상카메라에 비추었고 카메라 렌즈를 통과한 상의 정보가 디지털화되어 피고인의 컴퓨터에 전송되었으며, 피고인은 수신된 정보가 영상으로 변환된 것을 휴대전화 내장 카메라를 통해 동영상 파일로 저장하였으므로 **피고인이 촬영한 대상은 피해자의 신체 이미지가 담긴 영상일 뿐** 피해자의 신체 그 자체는 아니라고 할 것이어서 법 제13조 제1항의 구성요건에 해당하지 않으며, 검사가 주장하는 형벌법규의 목적론적 해석도 해당 법률문언의 통상적인 의미 내에서만 가능한 것으로, 다른 사람의 신체 이미지가 담긴 영상도 위 규정의 "다른 사람의 신체"에 포함된다고 해석하는 것은 법률문언의 통상적인 의미를 벗어나는 것이므로 죄형법정주의 원칙상 허용될 수 없다는 이유로 이 부분 공소사실에 대하여 범죄가 되지 않는 경우에 해당한다고 보아 무죄를 선고한 제1심판결을 그대로 유지했다.

법 제13조 제1항의 해석과 입법 취지, 관련 법리 등에 비추어 보면, 원심의 위와 같은 판단은 정당하고, 거기에 상고이유의 주장과 같은 법 제13조 제1항의 해

1401) 대법원 2010. 10. 28, 선고 2010도6668 판결.

석에 관한 법리오해의 위법이 없다.」[1402)]

※ **현재도 단순히 복제물을 제작하는 것을 동조 제1항에 따라 처벌할 수는 없고, 다만 반포등을 할 경우에는 동조 제2항에 따라 처벌된다.**

영구저장되기 전 임시저장 단계에서 이미 기수

▶ 「구 성폭력범죄의 처벌 및 피해자보호 등에 관한 법률(2010. 4. 15. 법률 제10258호 성폭력범죄의 피해자보호 등에 관한 법률로 개정되기 전의 것) 제14조의2 제1항에서 정한 '카메라 등 이용 촬영죄'는 카메라 기타 이와 유사한 기능을 갖춘 기계장치 속에 들어 있는 필름이나 저장장치에 피사체에 대한 영상정보가 입력됨으로써 기수에 이른다고 보아야 한다. 그런데 최근 기술문명의 발달로 등장한 디지털카메라나 동영상 기능이 탑재된 휴대전화 등의 기계장치는, **촬영된 영상정보가 사용자 등에 의해 전자파일 등의 형태로 저장되기 전이라도 일단 촬영이 시작되면 곧바로 촬영된 피사체의 영상정보가 기계장치 내 RAM(Random Access Memory) 등 주기억장치에 입력되어 임시저장**되었다가 이후 저장명령이 내려지면 기계장치 내 보조기억장치 등에 저장되는 방식을 취하는 경우가 많고, 이러한 저장방식을 취하고 있는 카메라 등 기계장치를 이용하여 동영상 촬영이 이루어졌다면 범행은 촬영 후 일정한 시간이 경과하여 영상정보가 기계장치 내 주기억장치 등에 입력됨으로써 기수에 이르는 것이고, 촬영된 영상정보가 전자파일 등의 형태로 **영구저장되지 않은 채 사용자에 의해 강제종료되었다고 하여 미수에 그쳤다고 볼 수는 없다.**

따라서 피고인이 지하철 환승에스컬레이터 내에서 짧은 치마를 입고 있는 피해자의 뒤에 서서 카메라폰으로 성적 수치심을 느낄 수 있는 치마 속 신체 부위를 피해자 의사에 반하여 동영상 촬영하였다고 하여 구 성폭력범죄의 처벌 및 피해자보호 등에 관한 법률(2010. 4. 15. 법률 제10258호 성폭력범죄의 피해자보호 등에 관한 법률로 개정되기 전의 것) 위반으로 기소된 사안에서, 피고인이 휴대폰을 이용하여 **동영상 촬영**을 시작하여 일정한 시간이 경과하였다면 설령 촬영 중 경찰관에게 발각되어 **저장버튼을 누르지 않고 촬영을 종료하였더라도 카메라 등 이용 촬영 범행은 이미 '기수'에 이르렀다**고 볼 여지가 매우 큰데도, 피고인이 동영상 촬영 중 저장버튼을 누르지 않고 촬영을 종료하였다는 이유만으로 위 범행이 기수에 이르지 않았다고 단정하여, 피고인에 대한 위 공소사실 중 '기수'의 점을 무죄로 인정한 원심판결에 법리오해로 인한 심리미진 또는 이유모순의 위법이 있다.」[1403)]

1402) 대법원 2013. 6. 27, 선고 2013도4279 판결.
1403) 대법원 2011. 6. 9, 선고 2010도10677 판결.

'반포'에 이르지 못하는 '제공'

▶ 「성폭력처벌법 제14조 제2항은 카메라나 그 밖에 이와 유사한 기능을 갖춘 기계장치를 이용하여 성적 욕망 또는 수치심을 유발할 수 있는 다른 사람의 신체를 촬영한 촬영물이 촬영 당시에는 촬영대상자의 의사에 반하지 아니하는 경우에도 사후에 그 의사에 반하여 촬영물을 반포·판매·임대·제공 또는 공공연하게 전시·상영한 사람을 처벌하도록 규정하고 있다. 여기에서 **'반포'는** 불특정 또는 **다수인**에게 무상으로 교부하는 것을 말하고, 계속적·반복적으로 전달하여 불특정 또는 다수인에게 반포하려는 의사를 가지고 있다면 특정한 1인 또는 소수의 사람에게 교부하는 것도 반포에 해당할 수 있다. 한편 '반포'와 별도로 열거된 **'제공'**은 '반포'에 이르지 아니하는 무상 교부 행위를 말하며, '반포'할 의사 없이 **특정한 1인 또는 소수의 사람**에게 무상으로 교부하는 것은 '제공'에 해당한다.

피고인은 2015. 1.경 피해자를 만나 사귀는 관계로서 피해자의 동의를 얻어 피해자와의 성관계 동영상, 나체 사진 등을 자신의 휴대전화로 촬영했다. 피고인은 2015. 11. 27. 밤늦게 귀가한 피해자로부터 공소외인과 함께 모텔에 있었다는 말을 듣고 화가 나 피해자와 다투었고, 다음 날 오전에 화가 난 상태에서 공소외인의 휴대전화에 이제는 피고인의 여자이니 피해자를 만나지 말라는 말과 함께 위 동영상 및 나체 사진의 일부(이하 '이 사건 촬영물'이라 한다)를 전송했다. 공소외인은 2013년경부터 피해자와 교제하면서 피해자에게 생활비 등을 지원해주는 관계였고, 이 사건 촬영물을 전송받기 전에 이미 피해자로부터 피고인과의 관계에 대하여 들어서 알고 있었으며, 피고인도 피해자와 교제를 시작한 후 피해자로부터 공소외인과의 관계에 대하여 들어서 알고 있었다. 공소외인은 이 사건 촬영물을 전송받은 후 바로 삭제했다.

위와 같은 사실관계를 앞에서 본 법리에 비추어 살펴보면, 피고인은 피해자가 공소외인을 다시 만난 것을 알고 **화가 나자** 공소외인에게 피고인과 피해자의 관계를 분명히 알려 공소외인이 더 이상 피해자를 만나지 못하게 할 의도로 공소외인에게 이 사건 촬영물을 **전송**한 것으로 보이고, **불특정 또는 다수인에게 교부하거나 전달할 의사로 공소외인에게 이 사건 촬영물을 전송하였다고 보기는 어렵다.** 따라서 피고인의 행위는 성폭력처벌법 제14조 제2항에서 정한 촬영물의 **'제공'에 해당할 수는 있어도 그 촬영물의 '반포'에는 해당하지 아니한다.**」[1404]

1404) 대법원 2016. 12. 27, 선고 2016도16676 판결.

촬영물 유포행위자의 불법성

▶ 「성폭력범죄의 처벌 등에 관한 특례법 제14조 제1항 후단의 문언 자체가 "촬영하거나 그 촬영물을 반포·판매·임대 또는 공연히 전시·상영한 자"라고 함으로써 촬영행위 또는 반포 등 유통행위를 선택적으로 규정하고 있을 뿐 아니라, 위 조항의 **입법 취지**는, 개정 전에는 카메라 등을 이용하여 성적 욕망 또는 수치심을 유발할 수 있는 타인의 신체를 그 의사에 반하여 **촬영한 자만을 처벌하였으나,** '타인의 신체를 그 의사에 반하여 촬영한 촬영물'(이하 '촬영물'이라 한다)이 인터넷 등 정보통신망을 통하여 급속도로 광범위하게 유포됨으로써 피해자에게 엄청난 피해와 고통을 초래하는 사회적 문제를 감안하여, 죄책이나 비난 가능성이 촬영행위 못지않게 크다고 할 수 있는 **촬영물의 시중 유포 행위를 한 자에 대해서도 촬영자와 동일하게 처벌하기 위한 것**인 점을 고려하면, 위 조항에서 촬영물을 반포·판매·임대 또는 공연히 전시·상영한 자는 반드시 촬영물을 촬영한 자와 동일인이어야 하는 것은 아니고, 행위의 대상이 되는 촬영물은 누가 촬영한 것인지를 묻지 아니한다.」[1405]

22. 아청법상 아동·청소년[1406]에 대한 강간·강제추행 등

아청법 제7조(아동·청소년에 대한 강간·강제추행 등) ① **폭행 또는 협박**으로 아동·청소년을 강간한 사람은 무기징역 또는 5년 이상의 유기징역에 처한다.

② 아동·청소년에 대하여 **폭행이나 협박**으로 다음 각 호의 어느 하나에 해당하는 행위를 한 자는 5년 이상의 유기징역에 처한다.

1. 구강·항문 등 신체(성기는 제외한다)의 내부에 성기를 넣는 행위
2. 성기·항문에 손가락 등 신체(성기는 제외한다)의 일부나 도구를 넣는 행위

③ 아동·청소년에 대하여 「형법」 제298조(강제추행)의 죄를 범한 자는 2년 이상의 유기징역 또는 1천만원 이상 3천만원 이하의 벌금에 처한다.

④ 아동·청소년에 대하여 「형법」 제299조(준강간·준강제추행)의 죄를 범한 자는 제1항부터 제3항까지의 예에 따른다.

⑤ **위계(僞計) 또는 위력**으로써 아동·청소년을 간음하거나 아동·청소년을 추행한 자는 제1항부터 제3항까지의 예에 따른다.

1405) 대법원 2016. 10. 13, 선고 2016도6172 판결.

1406) 아청법 제2조 제1호. "아동·청소년"이란 19세 미만의 자를 말한다. 다만, 19세에 도달하는 연도의 1월 1일을 맞이한 자는 제외한다.

⑥ 제1항부터 제5항까지의 **미수범**은 처벌한다.

가. 본조 제1항에서 아동·청소년에 대하여 폭행·협박으로 강간하면 무기징역 또는 5년 이상의 징역에 처하는 반면, **형법상 강간죄**는 3년 이상의 징역에 처하고(형법 제297조), **성폭법상 13세미만 미성년자에 대한 강간죄**는 무기징역 또는 10년 이상의 징역에 처하므로 차이가 있다(성폭법 제7조 제1항).

나. 본조 제2항에서 아동·청소년에 대한 유사강간은 5년 이상의 징역에 처하는 반면, **형법상 유사강간죄**는 2년 이상의 징역에 처하고(형법 제297조의2), **성폭법상 13세미만 미성년자에 대한 유사강간**은 7년 이상의 징역에 처하므로 차이가 있다(성폭법 제7조 제2항).

다. 본조 제3항에서 아동·청소년에 대한 강제추행은 2년 이상의 징역 또는 1천만원 이상 3천만원 이하의 벌금에 처하는 반면, **형법상 강제추행죄**는 10년 이하의 징역 또는 1천500만원 이하의 벌금에 처하고(제298조), **성폭법상 13세미만 미성년자에 대한 강제추행죄**는 5년 이상의 징역 또는 3천만원 이상 5천만원 이하의 벌금에 처하므로 차이가 있다(성폭법 제7조 제3항).

라. 본조 제4항에서 아동·청소년에 대한 준강간, 준강제추행은 본조 제1항 내지 제3항의 예에 따라 처벌하고, **형법상 준강간, 준강제추행죄**는 제297조, 제297조의2, 제298조의 예에 따라 처벌하고(제299조), **성폭법상 13세미만 준강간, 준강제추행죄**는 제7조 제1항 내지 제3항의 예에 따라 처벌하므로 형량에서 차이가 발생하게 된다(성폭법 제7조 제4항).

마. 본조 제5항에서 아동·청소년에 대한 위계·위력 간음·추행은 본조 제1항 내지 제3항의 예에 따라 처벌하고, **형법상 미성년자에 대한 위계·위력 간음·추행죄**는 5년 이하의 징역에 처하고(제302조), **성폭법상 13세미만 위계·위력 간음·추행죄**는 제7조 제1항 내지 제3항의 예에 따라 처벌하므로 형량에서 차이가 발생하게 된다(성폭법 제7조 제5항).

23. 아청법상 장애인인 아동·청소년에 대한 간음 등

아청법 제8조(장애인인 아동·청소년에 대한 간음 등) ① 19세 이상의 사람이 장애 아동·청소년[1407]을 간음하거나 장애 아동·청소년으로 하여금 다른 사람을 간음하게 하는 경우에는 3년 이상의 유기징역에 처한다.

② 19세 이상의 사람이 장애 아동·청소년을 추행한 경우 또는 장애 아동·청소년으로 하여금 다른 사람을 추행하게 하는 경우에는 10년 이하의 징역 또는 1천500만원 이하의 벌금에 처한다.

가. 「형법」은 13세 이상 장애인을 대상으로 한 성범죄를 별도로 처벌하는 규정을 두고 있지 않다. 심신상실에까지 이른 자를 상대로 한 준강간·준강제추행죄가 있으나(**제299조**), 장애인이라 하여 범행 당시 항상 심신상실 상태에 있다고 단정하기 어렵다.

본조의 객체인 장애인인 아동·청소년과 비슷한 상태에 놓여 있다고 볼 수 있는 것이 형법 **제302조**의 미성년자·심신미약자에 대한 위계·위력 간음죄 조항이라고 볼 수 있다. 그런데 형법 제302조가 적용되기 위해서는 미성년자 또는 심신미약자에 대해 위계·위력으로 간음·추행해야만 하므로, 심신미약상태에 있던 피해자를 간음·추행하였더라도 당시 폭행·협박도, 위계·위력도 사용하지 않았다면 제297조, 제298조 및 제302조 어느 것으로도 피고인을 처벌할 수 없게 된다.

또 폭행·협박, 위계·위력을 사용하지 않더라도 피해자의 연령을 고려하여 무조건 처벌하는 규정이 형법에 존재하지만, 형법 **제305조**의 미성년자의제강간·의제강제추행이 적용되기 위해서는 피해자의 연령이 13세 미만이어야만 한다. 결국 이 조항을 적용하여 처벌할 수도 없다. **본조는 위와 같은 「형법」의 공백을 메우고 있다.**

나. 「**성폭법**」상으로도 신체적·정신적 장애가 있는 사람에 대하여 강간, 유사강간, 강제추행 시 처벌하는 규정을 두고 있으나(**제6조 제1항 내지 제3항**), 이 규정들은 모두 폭행·협박을 수단으로 하였을 때에만 적용된다.

또 신체적·정신적 장애로 항거불능·항거곤란 상태에 있었다고 단정할 수 없으므로 성폭법 **제6조 제4항**의 준강간, 준강제추행 규정을 적용하기도 쉽지 않다.

또 위계·위력을 사용하지 않았다면 성폭법 **제6조 제5항**의 간음, **같은 조**

1407) 「장애인복지법」 제2조 제1항에 따른 **장애인**으로서 신체적인 또는 정신적인 장애로 사물을 변별하거나 의사를 결정할 능력이 미약한 **13세 이상의 아동·청소년**을 말한다.

제6항의 추행으로 처벌할 수 없다.

결국 성폭법에 따르더라도 13세 이상 장애인에 대하여 폭행·협박, 위계·위력을 사용하지 않고 간음·추행할 경우 처벌할 수 없는 한계가 있다. **본조는 위와 같은 「성폭법」의 공백을 메우고 있다.**

다. 결국 13세 이상의 장애인인 아동·청소년을 상대로, 폭행·협박, 위계·위력을 사용하지 않고 간음·추행한 경우를 처벌할 규정이 필요하고, 본조가 그것이다.

24. 아청법상 강간 등 상해·치상

아청법 제9조(강간 등 상해·치상) 제7조의 죄를 범한 사람이 다른 사람을 상해하거나 상해에 이르게 한 때에는 무기징역 또는 7년 이상의 징역에 처한다.

가. 본조의 강간 등 상해·치상은 무기징역 또는 7년 이상의 징역형을, **형법** 제301조의 강간 등 상해·치상은 무기 또는 5년 이상의 징역형을 규정하고 있다.

나. 성폭법 제8조(강간 등 상해·치상)는 사안에 따라 무기 또는 10년 이상의 징역에 처하는 경우[1408]와 무기 또는 7년 이상에 처하는 경우[1409]를 구분하여 규정하고 있다.

1408) 성폭법 제8조 ① **제3조 제1항**{주거침입, 야간주거침입절도, 특수절도, 미수범(다만, 야간주거침입절도 및 특수절도의 미수범으로 한정한다)의 죄를 범한 사람이 강간, 유사강간, 강제추행, 준강간, 준강제추행의 죄를 범한 경우}, **제4조**{흉기나 그 밖의 위험한 물건을 지닌 채 또는 2명 이상이 합동하여 강간죄, 강제추행죄, 준강간죄, 준강제추행죄를 범한 경우}, **제6조**{신체적인 또는 정신적인 장애가 있는 사람에 대하여 강간죄, 유사강간죄, 강제추행죄, 준강간죄, 준강제추행죄, 위계·위력 간음죄, 위계·위력 강제추행죄를 저지르거나, 장애인의 보호, 교육 등을 목적으로 하는 시설의 장 또는 종사자가 열거된 죄를 저지른 경우}, **제7조**{13세 미만의 사람에 대하여 강간죄, 유사강간죄, 강제추행죄, 준강간죄, 준강제추행죄, 위계·위력 간음·추행죄를 범한 경우}, 또는 **제15조**(제3조제1항, 제4조, 제6조 또는 제7조의 미수범으로 한정한다)의 죄를 범한 사람이 다른 사람을 **상해하거나 상해에 이르게** 한 때에는 무기징역 또는 10년 이상의 징역에 처한다.

1409) 성폭법 제8조 ② **제5조**{4촌 이내의 법률상·사실상 친족관계인 사람이 강간, 강제추행, 준강간, 준강제추행죄를 범한 경우} 또는 **제15조**(제5조의 미수범으로 한정한다)의 죄를 범한 사람이 다른 사람을 **상해하거나 상해에 이르게** 한 때에는 무기징역 또는 7년 이상의 징역에 처한다.

25. 아청법상 강간 등 살인·치사

아청법 제10조(강간 등 살인·치사) ① 제7조의 죄를 범한 사람이 다른 사람을 살해한 때에는 사형 또는 무기징역에 처한다.
② 제7조의 죄를 범한 사람이 다른 사람을 사망에 이르게 한 때에는 사형, 무기징역 또는 10년 이상의 징역에 처한다.

가. 본조의 강간등살인은 사형 또는 무기징역, 강간등치사는 사형, 무기징역 또는 10년 이상의 징역형을 규정하고 있고, **형법** 제301조의2의 강간등살인은 사형 또는 무기징역, 강간등치사는 무기 또는 10년 이상의 징역형을 규정하고 있다. 형법상 강간등치사죄에는 아청법 본조와 같은 사형이 규정되어 있지 않은 것이 차이이다.

나. 성폭법 제9조(강간 등 살인·치사)는, '① 제3조부터 제7조까지(제3조 특수강도강간 등, 제4조 특수강간 등, 제5조 친족관계에 의한 강간 등, 제6조 장애인에 대한 강간·강제추행 등, 제7조 13세 미만의 미성년자에 대한 강간·강제추행 등), 제15조(제3조부터 제7조까지의 미수범으로 한정한다)의 죄 또는 「형법」 제297조(강간), 제297조의2(유사강간) 및 제298조(강제추행)부터 제300조(미수범)까지의 죄를 범한 사람이 다른 사람을 **살해**한 때에는 사형 또는 무기징역에 처하고, ② 제4조(특수강간 등), 제5조(친족관계에 의한 강간 등) 또는 제15조(제4조 또는 제5조의 미수범으로 한정한다)의 죄를 범한 사람이 다른 사람을 사망에 이르게 한 때에는 무기징역 또는 10년 이상의 징역에 처하고, ③ 제6조(장애인에 대한 강간·강제추행 등), 제7조(13세 미만의 미성년자에 대한 강간·강제추행 등) 또는 제15조(제6조 또는 제7조의 미수범으로 한정한다)의 죄를 범한 사람이 다른 사람을 사망에 이르게 한 때에는 사형, 무기징역 또는 10년 이상의 징역에 처한다'고 구분하여 규정하고 있다.

[34] 명예훼손과 모욕죄

제307조(명예훼손) ① 공연히 **사실**을 적시하여 사람의 명예를 훼손한 자는 2년 이하의 징역이나 금고 또는 500만원 이하의 벌금에 처한다.

② 공연히 **허위의 사실**을 적시하여 사람의 명예를 훼손한 자는 5년 이하의 징역, 10년 이하의 자격정지 또는 1천만원 이하의 벌금에 처한다.

제308조(사자의 명예훼손) 공연히 **허위의 사실**을 적시하여 사자의 명예를 훼손한 자는 2년 이하의 징역이나 금고 또는 500만원 이하의 벌금에 처한다.

제309조(출판물 등에 의한 명예훼손) ① 사람을 **비방할 목적**으로 신문, 잡지 또는 라디오 기타 출판물에 의하여 **제307조 제1항의 죄**를 범한 자는 3년 이하의 징역이나 금고 또는 700만원 이하의 벌금에 처한다.

② 제1항의 방법으로 **제307조 제2항의 죄**를 범한 자는 7년 이하의 징역, 10년 이하의 자격정지 또는 1천500만원 이하의 벌금에 처한다.

제310조(위법성의 조각) 제307조 제1항의 행위가 **진실한 사실**로서 오로지 **공공의 이익**에 관한 때에는 처벌하지 아니한다.

제311조(모욕) 공연히 사람을 모욕한 자는 1년 이하의 징역이나 금고 또는 200만원 이하의 벌금에 처한다.

제312조(고소와 피해자의 의사) ① 제308조와 제311조의 죄는 고소가 있어야 공소를 제기할 수 있다.

② 제307조와 제309조의 죄는 피해자의 명시한 의사에 반하여 공소를 제기할 수 없다.

1. 명예훼손과 모욕의 구별

사람의 가치에 대한 사회적 평가인 외부적 명예를 손상하면 명예훼손죄와 모욕죄가 가능하다. 구체적 사실을 적시하면 명예훼손죄, 추상적 판단이나 경멸적 감정 표현을 통해 사회적 평가를 저하시키면 모욕죄이다.[1410]

▶ 「명예훼손죄와 모욕죄의 보호법익은 다 같이 사람의 가치에 대한 사회적 평가인 이른바 외부적 명예인 점에서는 차이가 없으나 다만 명예훼손은 사람의 사회적 평가를 저하시킬만한 구체적 사실을 적시하여 명예를 침해함을 요하는 것으로서 구체적 사실이 아닌 단순한 추상적 판단이나 경멸적 감정의 표현으로서 사회적 평가를 저하시키는 모욕죄에 비하여 그 형을 무겁게 하고 있다.」[1411]

1410) 대법원 1987. 5. 2, 선고 87도739 판결.
1411) 대법원 1985. 10. 22, 선고 85도1629 판결.

2. 명예의 주체(피해자)

죽은 사람, 법인,[1412] 법인격 없는 단체도 명예의 주체가 되지만, 사교단체, 동리는 통일된 의사를 가지고 대외적으로 활동하는 단체가 아니므로 명예의 주체가 되지 않는다.

한편 A법대 교수, B병원 의사에 대해 사실을 적시한 경우 집단구성원이 일반인과 명백히 구별할 정도로 집합명칭이 특정된 것이어서 명예훼손이 되지만, 단순히 학자들, 대구시민에 대한 사실적시는 명예훼손이 될 수 없다.[1413]

3. 공연성

가. 명예훼손행위는 공연히 사실 또는 허위사실을 적시하여 명예를 훼손하는 것이다. 불특정 또는 다수인이 인식할 수 있는 상태를 공연성이라 한다. 개별적으로 한 사람에 대하여 사실을 유포하더라도 이로부터 불특정 또는 다수인에게 전파될 가능성이 있다면 공연성의 요건을 충족한다.[1414] 이를 전파성이론이라 한다. 처의 행실을 남편에게 알리는 것은 유포될 가능성이 없으므로 공연성이 없다. 또 이혼소송 계속 중인 처가 남편의 친구에게 서신을 보내면서 남편의 명예를 훼손하는 문구가 기재된 서신을 동봉한 경우에도 공연성이 결여되었다.[1415]

▶ 「기록에 의하면 피고인 1이 공소사실 기재와 같은 사실을 적시한 장소는 다방이기는 하지만 피고인 1의 말을 들은 사람은 이태○ 단 한 사람뿐이었고, 이태○은 거창군 농촌지도소에서 피해자인 공소외 3과 함께 근무하는 동료로서 공소외 3의 명예가 훼손될 것을 염려하여 피고인 1이 발설한 내용을 함부로 소문내지 않을 것을 기대할 수 있는 사람이고, 피고인 1이 그와 같은 발언을 한 이유는 공소외 3에게 그 사실을 전달하여 합의를 하고 싶었기 때문이었다는 것이고, 실제로 이태○은 오직 공소외 3에게만 그와 같은 말을 전했고, 다른 사람에게는 그와 같은 말을 전파하지 아니하였음을 알 수 있는바, 이에 의하면 피고인 1이

1412) 대법원 2018. 12. 28, 선고 2018도14171 판결.
1413) 대법원 1960. 11. 16, 선고 4293형상244 판결 참조.
1414) 대법원 1992. 5. 26, 선고 92도445 판결; 대법원 1994. 9. 30, 선고 94도1880 판결; 대법원 1996. 7. 12, 선고 96도1007 판결; 대법원 1998. 9. 8, 선고 98도1949 판결.
1415) 대법원 2000. 2. 11, 선고 99도4579 판결.

개별적으로 이태○ 한 사람에 대하여 사실을 유포한 것으로부터 불특정 또는 다수인에게 전파될 가능성이 없기 때문에 공연성이 없다고 판단하여 위 공소사실에 대하여 무죄를 선고한 원심의 조치는 정당하고, 여기에 논하는 바와 같은 공연성에 대한 법리오해나 채증법칙 위반으로 인한 사실오인의 위법이 있다고 할 수 없다. 검사가 들고 있는 판결들은 모두 이 사건과는 그 사안을 달리하는 것들이다. 논지는 이유가 없다.」[1416]

▶「…(전략) 3. 공연성에 대하여

원심판결 이유에 의하면 원심은, 피고인이 김춘○ 또는 전숙○과 공소사실 기재와 같이 공소외 1의 여자 문제 등에 관하여 대화한 것은 김춘○나 전숙○이 신도 또는 동료였으므로 그러한 신분관계가 있어 상호 비밀로 할 만한 신뢰관계가 형성되어서 전파될 가능성이 없다고 보아야 할 것이지만, 그 옆에서 대화를 함께 들은 장화○, 김미○이나 최희○, 최애○은 모두 피고인이 처음 또는 두 번 만나는 사람들이어서 피고인이 적시한 사실을 비밀로 할 만한 아무런 신분관계나 신뢰관계가 형성되어 있지 아니하여 그들을 통하여 전파될 가능성이 있다고 보아야 할 것이므로, 피고인이 한 그 판시사실의 적시는 공연성이 있다고 판단했다.

그러나 기록에 의하면, 위 김춘○, 전숙○은 구원파의 신자들로서 피고인이 구원파를 떠난 후에는 거의 만난 일이 없는 사람들인데 갑자기 피고인을 찾아와 피고인에게 신앙 상담을 하러 왔다며 구원파로 인하여 그녀들의 신상이나 가정에 큰 문제가 생겼다고 구원파에 대하여 비판적인 말을 하고 피고인을 통하여 구원파나 공소외 1의 정체에 관하여 정확한 사실을 알게 되면 구원파를 떠나고 싶다고 거짓말을 하면서 공소외 1의 사생활 등에 관한 많은 질문을 하여 피고인으로 하여금 공소사실 기재와 같은 발언을 하도록 유도하고, 그녀들과 함께 온 장화○, 김미○이나 최희○, 최애○도 그녀들의 친한 친구이거나 구원파의 피해자로서 함께 신앙 상담을 하러 온 것처럼 행세하였으며, 당시 장화○은 주식회사 세○의 디자인실에, 김미○은 위 회사에서 생산하는 제품의 판매원으로 각 근무하고 있었음에도 불구하고 피고인에게 이를 알리지 아니한 사실, 그리하여 피고인은 김춘○, 전숙○의 말을 믿고 신앙 상담의 차원에서 구원파의 교리가 왜 잘못되었는가를 상세히 설명하면서 김춘○에게는 이에 관한 서적이나 설교테이프를 주고 교회를 추천하여 주었으며, 전숙○을 위하여는 기도까지 한 사실, 그런데 김춘○는 피고인 몰래 피고인의 발언을 녹음했고, 장화○은 그 후 수사기관이나 법원에 제출하기 위하여 그 녹음테이프를 계속 보관하였음을 자인하고 있으

1416) 대법원 1998. 9. 8, 선고 98도1949 판결.

며, 공소외 1 등은 피고인이 위와 같은 발언을 하는 것을 위 김춘○ 등 6명의 여자들이 직접 들었다는 진술과 위 녹음테이프를 증거로 하여 피고인을 명예훼손죄로 고소하게 된 사실, 피고인이 위와 같은 발언을 한 장소는 김춘○의 집 거실 또는 일식집 내실이고, 김춘○의 집 거실에는 김춘○, 장화○, 김미○만이, 일식집 내실에는 전숙○, 최희○, 최애○만이 있었던 사실을 알 수 있다.

사실관계가 위와 같다면, 위 김춘○ 등 6명의 여자들은 구원파 신자이거나 구원파와 밀접한 관계에 있는 자들로서 장차 공소외 1 등이 피고인을 명예훼손죄로 고소할 수 있도록 그 증거자료를 미리 은밀하게 수집, 확보하기 위하여 공소사실 기재와 같은 피고인의 발언을 유도하였다고 의심되므로, 이로 미루어 보면 그녀들이 위 공소외 1의 여자 문제 등 사생활에 관한 피고인의 발언을 **수사기관 이외의 다른 사람들에게 전파할 가능성이 있다고 단정하기는 어렵다**고 여겨질 뿐만 아니라, 명예훼손죄에 있어서의 공연성은 구성요건 요소이므로 행위자에게 고의의 한 내용으로서 공연성에 대한 인식을 필요로 한다고 할 것인데, 위와 같은 사정 아래에서라면 당시 피고인은 적어도 위와 같은 발언이 위 김춘○ 등 6명의 여자들 이외의 불특정 또는 다수인에게 전파될 가능성이 있다는 점에 관하여는 인식이 없었던 것으로 봄이 상당하다고 할 것이다.

원심이 이와 달리 판단한 데에는 명예훼손죄에 있어서의 공연성에 관한 법리를 오해하고 채증법칙을 위배하여 사실을 오인함으로써 판결에 영향을 미친 위법이 있다고 할 것이므로, 이 점을 지적하는 상고이유의 주장도 이유 있다 하겠다.」[1417]

나. 일반인(一般人)에게 사실을 적시한 것은 그때부터 곧 전파가능성을 따져 공연성 여부를 판단해야 하지만, 기자(記者)에게 사실을 적시하면 기사화되어 보도되어야만 적시된 사실이 외부에 공표된다고 보아야 할 것이므로 기사가 취재를 한 상태에서 아직 기사화하여 보도하지 아니하였다면 전파가능성이 없고 공연성이 없다.[1418] 따라서 개인 블로그의 비공개 대화방에서 기자가 아닌 상대방으로부터 비밀을 지키겠다는 말을 듣고 일대일로 대화하면서 타인을 비방한 경우, 대화 상대방이 대화내용을 불특정 또는 다수에게 전파할 가능성이 있다고 본다.[1419]

1417) 대법원 1996. 4. 12, 선고 94도3309 판결.
1418) 대법원 2000. 5. 16, 선고 99도5622 판결.
1419) 대법원 2008. 2. 14, 선고 2007도8155 판결.

4. 사실 적시

가. 명예훼손죄에 있어서의 사실의 적시란 가치판단이나 평가를 내용으로 하는 의견표현에 대치되는 개념으로서 시간과 공간적으로 구체적인 과거 또는 현재의 사실관계에 관한 보고 내지 진술을 의미하는 것이며, 그 표현내용이 증거에 의한 입증이 가능한 것을 말하고 판단할 진술이 **사실인가** 또는 **의견인가**를 구별함에 있어서는 언어의 통상적 의미와 용법, 입증가능성, 문제된 말이 사용된 문맥, 그 표현이 행하여진 사회적 상황 등 전체적 정황을 고려하여 판단해야 할 것이다.[1420] 따라서 다른 사람의 말이나 글을 비평하면서 사용한 표현이 겉으로 보기에 증거에 의해 입증 가능한 구체적인 사실관계를 서술하는 형태를 취하고 있더라도, 글의 집필의도, 논리적 흐름, 서술체계 및 전개방식, 해당 글과 비평의 대상이 된 말 또는 글의 전체적인 내용 등을 종합하여 볼 때, 평균적인 독자의 관점에서 문제 된 부분이 실제로는 비평자의 주관적 의견에 해당하고, 다만 비평자가 자신의 의견을 강조하기 위한 수단으로 그와 같은 표현을 사용한 것이라고 이해된다면 명예훼손죄에서 말하는 사실의 적시에 해당한다고 볼 수 없다.[1421]

구체적 사실 적시로 볼 수 없는 사례

◉ 피해자에 대하여 "야 이 개같은 잡년아, 시집을 열두번을 간 년아, 자식도 못 낳는 창녀같은 년"이라고 큰소리 친 경우, 위 발언내용은 그 자체가 피해자의 사회적 평가를 저하시킬 만한 구체적 사실이라기보다는 피해자의 도덕성에 관하여 가지고 있는 추상적 판단이나 경멸적인 감정표현을 과장되게 강조한 욕설에 지나지 아니하여 형법 제311조의 모욕에는 해당할지언정, 형법 제307조 제1항의 명예훼손에 해당한다고 보기 어렵다.[1422] ◉ "애꾸눈, 병신"이라는 발언 내용은 피고인이 피해자를 모욕하기 위하여 경멸적인 언사를 사용하면서 욕설을 한 것에 지나지 아니하고, 피해자의 사회적 가치나 평가를 저하시키기에 충분한 구체적 사실을 적시한 것이라고 보기는 어렵다.[1423] ◉ 피고인이 판시 각개의 경우

1420) 대법원 1996. 11. 22, 선고 96도1741 판결; 대법원 1997. 4. 25, 선고 96도2910 판결; 대법원 1998. 3. 24, 선고 97도2956 판결; 대법원 2011. 9. 2, 선고 2010도17237 판결; 대법원 2017. 5. 11, 선고 2016도19255 판결.

1421) 대법원 2017. 5. 11, 선고 2016도19255 판결.

1422) 대법원 1985. 10. 22, 선고 85도1629 판결.

전시 공소외 1에 대하여 「도둑놈」「죽일놈」 등등이라고 한 언설은 동 표시 언설만으로는 구체적으로 사실을 적시한 것으로 볼 수 없는 것임으로 이를 가리켜 명예훼손이라 할 수 없고 단지 모욕일 따름임에 불구하고 원심은 이를 간과하고 동 사실을 그릇 인정한 위법이 있다할 것이다.[1424] ◉ 피고인이 어촌계 임원인 피해자가 피고인의 각종 비행을 확인하여 진정서를 만들면서 그 진정서에 각 계원의 서명날인을 받으러 돌아다닌 것을 알아차리고 공소외인의 집에 설치된 주민계도 홍보용앰프방송시설을 통하여 "아무것도 아닌 똥꼬다리 같은 놈이 들어와서 잘 운영되어 가는 어촌계를 파괴하려는데 주민들은 이에 동조 현혹되지 말라"는 방송을 실시하여 50여 세대 어민에 청취케 한 부분 중, "아무것도 아닌 똥꼬다리 같은 놈"이라는 구절은 모욕적인 언사일 뿐 구체적인 사실의 적시라고는 할 수 없고 "잘 운영되어 가는 어촌계를 파괴하려 한다"는 구절 또한 어느 구체적인 사실의 적시라고는 할 수가 없어서 결국 이는 명예훼손죄에 있어서의 사실의 적시에 해당한다고 볼 수 없다.[1425] ◉ 피고인이 "E도 군에서 옷 벗고 나와 장기집권하다 망했다 군정은 몸서리 친다. 우리도 F 대통령 때부터 현재까지 군정의 연속이다"라고 말했다고 하더라도 그것은 피고인이 우리 정부의 성격을 민간주도의 정부라기보다는 군인주도의 정부라는 주관적 판단을 표시한 것이라고 볼 것이고 G 대통령의 불명예가 될 만한 구체적인 사실의 적시가 있었다고 하기 어렵다. 그리고 피고인이 "H회사 주인은 현 정부 고위층에 있는 I 것이다. 지금 국민들은 상당히 말이 많다 대통령 마누라 I는 사치가 심하여 옷이 상당히 많다"고 말하였다고 하더라도 그 말이 G 대통령의 불명예가 될 만한 구체적인 사실의 적시라고 하기 어렵다.[1426] ◉ 피고인 1이 허가 없이 직업소개를 한 일로 서울북부경찰서에 불려가서 조사받은 바 있었는데 이는 평소 사이가 좋지 않은 피해자와 공소외인의 밀고에 의한 것이라고 잘못 생각한 나머지 위 피해자는 참석하지 아니하고 공소외인 외 6명이 참석한 효도친목회 월례회의 석상에서 피해자와 공소외인을 지칭하면서 "고발당해서 경찰서에 갔다 왔다. 년놈이 신고해서 경찰서에 갔다 왔다. 년은 안 나오고 놈만 나왔다"라고 큰 소리로 말한 것은, 위 발언내용은 그 자체가 피해자의 사회적 가치나 평가를 저하시킬 만한 구체적 사실의 적시라기보다는 그 자리에 있던 다른 친목회 회원들에게 자신이 경찰서에서 조사를 받고 왔다는 처지를 알리면서 이에 부수하여 피해자가 피고인을 고발한 것으로 오해한 나머지 피해자에 대하여 가지고 있던 분한 감정을 다소 과격하게 표현한 것에 불과한 것으로 보이고, 누구든지 범죄가 있다고 생각하는 때에는 고

1423) 대법원 1994. 10. 25, 선고 94도1770 판결.
1424) 대법원 1961. 2. 24, 선고 4293형상864 판결.
1425) 대법원 1989. 3. 14, 선고 88도1397 판결.
1426) 대법원 1988. 9. 20, 선고 86도2683 판결.

발할 수 있는 것이므로(형사소송법 제234조 제1항), 어떤 사람이 범죄를 고발하였다는 사실이 주위에 알려졌다고 하여 그 고발사실 자체만으로 고발인의 사회적 가치나 평가가 침해될 가능성이 있다고 볼 수는 없을 터이고, 다만 그 고발의 동기나 경위가 불순하다거나 온당하지 못하다는 등의 사정이 있고 이러한 사정이 함께 알려진 경우에 고발인의 명예가 침해될 가능성이 있다고 할 것인데, 피고인 1이 실제로 당국의 허가를 얻지 아니하고 직업소개를 하였음은 분명한 사실이고, 또한 피해자가 피고인 1과 같은 친목회의 회원이면서도 같은 피고인의 무허가 직업소개라는 범죄를 고발할 만한 필요나 부득이한 사정이 있는 경우도 능히 상정할 수 있으므로, 피고인이 피해자가 같은 피고인의 범죄를 고발하였다는 내용의 언사만을 하고 그 고발의 동기나 경위에 관하여는 전혀 언급을 하지 아니하였다면, 그와 같은 언사만으로는 피해자의 사회적 가치나 평가를 침해하기에 충분한 구체적인 사실이 적시되었다고 보기는 어려우므로 명예훼손죄가 성립할 수 없다.[1427] ◉ "뚱뚱해서 돼지 같은 것이 자기 몸도 이기지 못한 것이 무슨 남을 돌보는가"라는 표현도 명예훼손이 아니라 모욕에 해당한다.[1428] ◉ 유인물의 내용 중에서 "공소외인은 구원파 계열의 이단이다.", "공소외인은 체계적으로 신학을 공부한 적이 없다."라는 기재부분은 그 의견의 기초가 되는 사실을 함께 기술하면서 의견을 표명한 것으로서 피고인들의 주관적인 종교적·교리적 분석에 기초한 순수한 의견 또는 논평에 해당하는 것이고, "공소외인이 기성교회를 공격하고 폄하하며 자기들을 드러내기만을 고집하려고 시도했다." 또는 "공소외인의 시도를 막아 우리 고장 대전이 이단들이 발호하는 도시라는 불명예를 씻어내고 우리 고장 대전과 우리 가정 및 자녀를 지켜내자."라는 등의 기재부분이나 "성경 위에 활동하는 마귀나 벌레 등을 젓가락으로 집어내는 형상"을 희화한 그림부분 역시 전체적인 맥락에서 피고인들의 의견을 표명하고 있는 것일 뿐 이를 사실의 적시에 해당한다고 보기 어려우며, "구원파는 '성경세미나'라는 모임을 통하여 대전시민에게 다가간다."라는 기재부분 등은 공소외인의 사회적 가치 내지 평가를 침해할 수 있는 명예훼손적 표현에 해당하지 않으므로, 피고인들이 이 사건 유인물을 배포한 행위를 명예훼손죄로 의율할 수 없다.[1429] ◉ 법집행을 하려는 경찰관 개인을 향하여 경멸적 표현을 담은 욕설을 하여 개인의 인격적 가치에 대한 평가를 저하시킨 것이라면 이는 모욕행위로 볼 것이고, 이를 단순히 당면 상황에 대한 분노의 감정을 표출하거나 무례한 언동을 한 정도에 그친 것으로 평가하기는 어렵다.[1430] ◉ "이단 중에 이단이다"라고 설교했다고 하더라도

1427) 대법원 1994. 6. 28, 선고 93도696 판결.
1428) 수원지방법원 2007. 1. 30, 선고 2006고정1777 판결.
1429) 대법원 2007. 10. 26, 선고 2006도5924 판결.
1430) 대법원 2016. 10. 13, 선고 2016도9674 판결.

정단인지 이단인지에 대한 청중의 평가가 달라질 수 있으므로 명예훼손으로 볼 수 없고,[1431] ◉ 방송국 프로듀서 등 피고인들이 특정 프로그램 방송보도를 통하여 '미국산 쇠고기 수입을 위한 제2차 한미 전문가 기술협의'(이른바 '한미 쇠고기 수입 협상')의 협상단 대표와 주무부처 장관이 미국산 쇠고기 실태를 제대로 파악하지 못하였다는 취지의 허위사실을 적시하여 이들의 명예를 훼손하였다는 내용으로 기소된 사안에서, 명예훼손죄의 사실적시에 관한 법리 및 대법원 2011. 9. 2, 선고 2009다52649 전원합의체 판결에서 정부 협상단의 미국산 쇠고기 실태 파악 관련 방송보도에 관하여, 정부가 미국 도축시스템의 실태 중 아무 것도 본 적이 없다는 구체적 사실을 적시한 것이 아니라, 미국산 쇠고기 수입위생조건 협상에 필요한 만큼 미국 도축시스템의 실태를 제대로 알지 못하였다는 **주관적 평가**를 내린 것이라고 판시한 점 등에 비추어, 이 부분 보도내용을 비판 내지 의견 제시로 보아 명예훼손죄에서 말하는 '사실의 적시'에 해당하지 않는다.[1432] ◉ 원심이 피고인의 판시 발언 중 사실을 적시한 부분인 '(주)진로가 일본 아사히 맥주에 지분이 50% 넘어가 일본 기업이 됐다'는 부분은 가치중립적인 표현으로서, 우리나라와 일본의 특수한 역사적 배경과 소주라는 상품의 특수성 때문에 '참이슬' 소주를 생산하는 공소사실 기재 피해자 회사의 대주주 내지 지배주주가 일본 회사라고 적시하는 경우 일부 소비자들이 '참이슬' 소주의 구매에 소극적이 될 여지가 있다 하더라도 이를 사회통념상 공소사실 기재 피해자 회사의 사회적 가치 내지 평가가 침해될 가능성이 있는 명예훼손적 표현이라고 볼 수 없을 뿐만 아니라, 한편 판시 증거들만으로는 피고인의 판시 발언이 공연히 이루어졌다거나, 피고인이 판시 발언이 허위라고 인식하였다고 인정하기에 부족하고 달리 이를 인정할 증거가 없다는 등의 이유로, 이 부분 공소사실을 무죄로 인정한 제1심판결을 그대로 유지하였는바, 위 법리 및 기록에 의하여 살펴보면, 원심의 조치는 정당하고, 상고이유의 주장과 같이 채증법칙을 위반하거나, 명예훼손죄에 관한 법리를 오해한 위법 등이 없다.[1433] ◉ 피고인의 집에서 제1군의회 의장인 피해자를 비방할 목적으로 컴퓨터를 이용하여 제1군청 홈페이지 게시판 소리샘에 접속한 후 '안하무인의 피해자 의장 축사 등 작태'라는 제목으로 "피해자 의장의 축사가 꼴불견이었다. 먼저 '제1군민의 대표이신 공소외인 제1군수님이 여러분께 서 계신 것이 불편하실 테니 앉으시라는 선물을 주셨으니 나도 여러분들에게 선물을 드리겠습니다. 이 세상에서 제일 편한 자세인 누워서 들으십시오'라고 하였는데, 이러한 언행이 제1군의회의 대표인 의장의 축사인가? 정말 되고 말고식의 피해자 의장의 작태다. 마을의 대표가 모두 모인 뜻 깊은 자리이기에 자중

1431) 대법원 2008. 10. 9, 선고 2007도1220 판결.
1432) 대법원 2011. 9. 2, 선고 2010도17237 판결.
1433) 대법원 2008. 11. 27, 선고 2008도6728 판결.

하고 겸손했어야 하는데 어찌 안하무인으로 마을의 대표들을 유치원 원생 다루는 식으로 할 수 있는가. 앞으로는 군민 앞에서 되고 말고 식의 껍데기 연설은 하지 말고 진정 깊이 있고 주민이 공감할 수 있는 연설문을 작성하여(공부하고) 연설할 것을 충고한다."라는 글을 게재한 것은, 게시물의 내용 중 피고인이 피해자의 연설내용을 적시한 부분은 객관적인 사실에 부합하는 것으로 그 내용이 그 자체로써 피해자의 사회적 가치 내지 평가가 침해될 가능성이 있을 정도로 구체성이 있는 것이라고 할 수 없고, 관련 사실과 연결되면 명예훼손적 사실이 될 수 있는 특별한 사정이 보이지도 아니한다. 또 게시물의 내용 중 피고인의 의견을 표명한 부분은 의견의 기초가 되는 사실을 함께 기술하면서 의견을 표명한 것으로서 간접적으로 증거에 의하여 그 진위를 결정하는 것이 가능한 타인에 관한 특정의 사항을 주장하는 경우에 해당하지 아니하는 순수한 의견 또는 논평이라고 할 것이므로 그 부분에 간접적이고 우회적인 표현에 의한 사실의 적시가 있었다고 볼 수도 없다.[1434] ◉ 이 사건 공소사실의 요지는, 피해자가 「○○○○○ ○○ ○○○○」라는 저서(이하 '피해자 책'이라고 한다)에서 임나일본부라는 명칭을 부정함은 물론, 일본이 고대사의 특정시기에 가야를 비롯한 한반도 남부 일정지역을 점령하거나 통치했다는 사실을 일본인이 신봉하는 일본서기의 사료를 이용해 반박하였을 뿐이고 피해자 책에는 아래 ①, ②, ③과 같은 내용이 들어있지 않음에도 불구하고, 피고인은 피해자 책의 내용을 다룬 「△△ △△ △△△△」이라는 책(이하 '이 사건 책'이라고 한다)을 집필·발간하면서, 피해자가 ① "임나일본부설이 사실이다.", ② "백제는 야마토 조정의 속국·식민지이고, 야마토 조정이 백제를 통해 한반도 남부를 통치했다."라고 주장했다고 기술하고, ③ "일본서기를 사실로 믿고, 스에마쓰 야스카즈의 임나일본부설을 비판하지 않고 있다."라고 기술함으로써, 피해자를 비방할 목적으로 출판물에 의하여 공연히 허위의 사실을 적시하여 피해자의 명예를 훼손하였다는 것이다. 법리와 기록에 의하여 알 수 있는 다음과 같은 사정, 즉 위 ①, ②, ③ 부분은 겉으로는 증거에 의해 입증 가능한 구체적인 사실관계를 서술하는 형태를 취하고 있어 그 부분만을 놓고 보면 사실의 적시로 오인될 소지가 없지 않으나, 이 사건 책은 피고인이 그 머리말에서 밝히고 있는 것과 같이 식민사관에 대한 비판을 목적으로 집필되었고 시종일관 위와 같은 시각에서 기존 주류사학계의 연구성과를 비판하는 내용으로 전개되는 점, 위 ①, ②, ③ 부분은 피해자 책의 특정 부분을 인용한 후 그 부분의 논리구조를 설명하거나 피해자 책의 내용을 요약한 다음 이에 대한 피고인의 해석을 제시하고, 여기에 피고인 나름대로의 비판적 평가를 덧붙이는 서술체계를 취하고 있는 점 등과 이 사건 책 및 피해자 책의 전체적인 내용 등을 종

1434) 대법원 2003. 6. 24, 선고 2003도1868 판결.

합하여 볼 때, 이 사건 책을 읽게 될 평균적인 독자의 관점에서 보면 위 ①, ②, ③ 부분은 피고인이 이 사건 책의 다른 부분에서 제시하고 있는 것과 같은 자료 내지 논증을 근거로 하여, '피해자는 임나의 지배주체가 백제라고 주장하였지만 그 밖에는 스에마쓰 야스카즈의 임나일본부설과 일본서기의 내용 대부분을 사실로 받아들였고, 표면적으로는 백제와 야마토 조정이 대등한 관계에 있는 것처럼 기술하였으나 실질적으로는 백제가 야마토 조정의 속국인 것처럼 묘사하였으므로, 결과적으로 야마토 조정이 한반도 남부를 통치했다는 임나일본부설이 사실이라고 주장한 것과 다름없다'는 취지의 피고인의 주장을 함축적이고 단정적인 문장으로 서술한 것으로서 피고인의 주관적 의견에 해당하고, 다만 피고인이 위 의견을 강조하기 위한 수단으로 그와 같은 표현을 사용한 것이라고 이해된다고 할 것이다. 비록 위와 같은 피고인의 주장 내지 의견에 대해서는 그 내용의 합리성이나 서술방식의 공정성 등과 관련하여 비판의 여지가 있다고 할지라도 그러한 비판은 가급적 학문적 논쟁과 사상의 자유경쟁 영역에서 다루어지도록 하는 것이 바람직하고, 명예훼손죄의 구성요건을 해석하면서 겉으로 드러난 표현방식을 문제 삼아 사실의 적시에 해당한다고 쉽사리 단정함으로써 형사처벌의 대상으로 함부로 끌어들일 일은 아니다.[1435]

나. 반드시 사실을 직접적으로 표현한 경우에 한정할 것은 아니고, 간접적이고 우회적인 표현에 의하더라도 그 표현의 전 취지에 비추어 그와 같은 사실의 존재를 암시하고, 또 이로써 특정인의 사회적 가치 내지 평가가 침해될 가능성이 있을 정도의 구체성이 있으면 족하다.[1436]

다. 명예훼손죄가 성립하기 위하여는 사실의 적시가 있어야 하는데, 여기에서 적시의 대상이 되는 사실이란 현실적으로 발생하고 증명할 수 있는 과거 또는 현재의 사실을 말하며, 장래의 일을 적시하더라도 그것이 과거 또는 현재의 사실을 기초로 하거나 이에 대한 주장을 포함하는 경우에는 명예훼손죄가 성립한다고 할 것이고, 장래의 일을 적시하는 것이 과거 또는 현재의 사실을 기초로 하거나 이에 대한 주장을 포함하는지 여부는 그 적시된 표현 자체는 물론 전체적인 취지나 내용, 적시에 이르게 된 경위 및 전후 상황, 기타 제반 사정을 종합적으로 참작하여 판단해야 할 것이다.[1437]

1435) 대법원 2017. 5. 11, 선고 2016도19255 판결.
1436) 대법원 2008. 10. 9, 선고 2007도1220 판결.
1437) 대법원 2003. 5. 13, 선고 2002도7420 판결.

▶「피고인은 수년 전부터 공소외 1 등과 땅 문제로 분쟁이 시작된 이후 상호 고발과 진정이 거듭되는 과정에서 경찰서, 도청, 시청 등지에 수시로 찾아가 민원을 제기하기도 하고 사건을 담당하는 공무원 등을 상대로 고발, 진정하기도 했던 사실, 이 사건 명예훼손 무렵 피고인은 자신에 대한 형사사건을 담당했던 경찰관인 피해자 1을 상대로 진정을 제기하여 경찰이 그 진정사건을 내사한 결과 혐의가 없는 것으로 판단하여 2001. 8. 14. 검찰에 입건 여부에 대한 지휘를 품신한 상태였던 사실, 피고인은 종전부터 이 사건 명예훼손 범행 장소인 경북도청에 수차례 찾아가 민원을 제기하기도 하고 자신의 사정을 하소연하기도 하던 차에 위 공소사실과 같이 "사건을 조사한 경산경찰서 경찰관인 피해자 1, 피해자 2가 내일부로 대구지방검찰청에서 구속영장이 떨어진다."고 말했고 그 며칠 후에 다시 찾아가 "피해자 1, 피해자 2가 구속되었다."고 말하기도 한 사실, 그러나 피고인이 피해자 1을 상대로 진정한 사건은 2001. 8. 20. 검사의 지휘에 따라 내사종결 되었고 피해자 1, 피해자 2에 대하여 구속영장이 청구된 적은 없던 사실을 알 수 있는바, 이와 같이 피고인이 위 공소사실과 같은 말을 한 전체적인 취지나 내용, 이에 이르게 된 경위나 전후 상황, 기타 기록에 나타나는 제반 사정에 비추어 보면, 피고인이 위 공소사실과 같은 말을 한 것은 단순히 피고인의 희망이나 의견을 진술한 것이라거나 또는 피고인의 가치판단을 나타낸 것에 불과하다고 볼 수 없고 피해자 1, 피해자 2에 대한 사건이 수사 중이라거나 검사가 구속영장을 청구하였다는 현재의 사실을 기초로 하거나 이에 대한 주장을 포함하고 있다고 할 것이므로 이는 명예훼손죄에 있어서의 사실의 적시에 해당한다고 할 것이다.」[1438]

라. 가치중립적인 표현을 사용하였다 하더라도 사회 통념상 그로 인하여 특정인의 사회적 평가가 저하되었다고 판단된다면 명예훼손죄가 성립할 수 있다.[1439]

▶「원심은 그 설시의 증거를 종합하여, 사실은 피해자가 동성애자가 아님에도 불구하고 피고인은 인터넷사이트 싸이월드에 7회에 걸쳐 피해자가 동성애자라는 내용의 글을 게재한 사실을 인정한 다음, 현재 우리사회에서 자신이 스스로 동성애자라고 공개적으로 밝히는 경우 사회적으로 상당한 주목을 받는 점, 피고인이 피해자를 괴롭히기 위하여 이 사건 글을 게재한 점 등 그 판시의 사정에 비추어 볼 때, 피고인이 위와 같은 글을 게시한 행위는 피해자의 명예를 훼손한 행

1438) 대법원 2003. 5. 13, 선고 2002도7420 판결.
1439) 대법원 2007. 10. 25, 선고 2007도5077 판결; 대법원 2008. 11. 27, 선고 2008도6728 판결.

위에 해당한다고 하여 피고인을 유죄로 인정한 제1심판결을 유지하였는바, 위의 법리 및 기록에 비추어 이러한 원심의 판단은 옳고, 거기에 상고이유의 주장과 같이 채증법칙 위배, 심리미진 또는 명예훼손죄에 관한 법리오해 등의 위법이 있다고 볼 수 없다.」[1440)]

5. 고의

가. 명예훼손죄의 주관적 구성요건으로서의 범의는 행위자가 피해자의 명예가 훼손되는 결과를 발생케 하는 사실을 인식함으로 족하다 할 것이나 새로 목사로서 부임한 피고인이 전임목사에 관한 교회내의 불미스러운 소문의 진위를 확인하기 위하여 이를 교회집사들에게 물어보았다면 이는 경험칙상 충분히 있을 수 있는 일로서 명예훼손의 고의 없는 단순한 확인에 지나지 아니하여 사실의 적시라고 할 수 없다 할 것이므로 이 점에서 피고인에게 명예훼손의 고의 또는 미필적 고의가 있을 수 없다고 할 수 밖에 없다.[1441)]

나. 또 명예훼손사실을 발설한 것이 사실이냐는 질문에 대답하는 과정에서 타인의 명예를 훼손하는 사실을 발설하게 된 것이라면, 발설내용과 동기에 비추어 명예훼손의 고의를 인정할 수 없고, 질문에 대한 단순한 확인대답이 사실적시라고도 할 수 없다.[1442)]

▶ 「원심은 제1심이 적법하게 채용한 증거들을 종합하여 판시 사실을 인정한 다음, 피고인이 이 사건 관리단 임원들이던 공소외 1 등에 대하여 "피해자가 전과 13범인 것이 확실하다", "경찰서에 가서 확인해 보자"라고 말을 했다 하더라도, 이는 그 발언의 경위에 비추어 피해자의 전과에 대한 진위가 확인되었다거나 또는 그 진위를 확인해보자는 소극적인 확인답변에 불과하므로 명예훼손죄에서 말하는 **사실의 적시라고 할 수 없고, 명예훼손의 범의도 인정할 수 없다고 판단**하여 이 부분 공소사실에 대하여 무죄를 선고한 제1심판결을 유지하였는바, 이러한 원심의 조치는 앞서 본 법리와 기록에 비추어 정당한 것으로 수긍이 가고 거기에 상고이유의 주장과 같은 채증법칙 위반, 명예훼손죄에 있어서의 사실의 적시에 관한 법리오해 등의 위법이 없다.」[1443)]

1440) 대법원 2007. 10. 25, 선고 2007도5077 판결.
1441) 대법원 1985. 5. 28, 선고 85도588 판결.
1442) 대법원 1983. 8. 23, 선고 83도1017 판결; 대법원 2008. 10. 23, 선고 2008도6515 판결; 대법원 2010. 10. 28, 선고 2010도2877 판결.

▶ 「원심은, 그 판시와 같은 사실을 인정한 다음, 김종○가 입주자대표 등이 모인 삼성아파트 자치회의에서 피고인이 자신에게 허위의 사실을 말하였는데, 피고인에게 그와 같은 말을 한 적이 있는지 그리고 그에 관한 증거가 있는지 해명을 요구했고, 피고인은 이에 대한 답을 하는 차원에서 이 부분 공소사실 기재와 같은 발언을 하였던 것으로 보이며, 검사가 제출한 증거들만으로는 피고인에게 이 부분 공소사실과 관련하여 명예훼손의 고의가 있음을 인정할 수 없다는 이유로, 이 부분 공소사실을 유죄로 인정한 제1심판결을 파기하고 무죄를 선고하였는바, 앞서 본 법리에 비추어 기록을 살펴보면 원심의 위와 같은 조치는 정당하고, 거기에 상고이유에서 주장하는 바와 같은 명예훼손죄의 고의에 관한 법리를 오해한 잘못이 없다.」[1444)]

다. 방송국 프로듀서 등 피고인들이 특정 프로그램 방송보도를 통하여 '미국산 쇠고기 수입을 위한 제2차 한미 전문가 기술협의'(이른바 '한미 쇠고기 수입 협상')의 협상단 대표와 주무부처 장관이 협상을 졸속으로 체결하여 국민을 인간광우병(vCJD) 위험에 빠뜨리게 하였다는 취지로 표현하는 등 그 자질 및 공직수행 자세를 비하하여 이들의 명예를 훼손하였는지에 대하여, 보도내용 중 일부가 객관적 사실과 다른 허위사실 적시에 해당하나, 위 방송보도가 국민의 먹을거리와 이에 대한 정부 정책에 관한 여론형성이나 공개토론에 이바지할 수 있는 공공성 및 사회성을 지닌 사안을 대상으로 하고 있는 점, 허위사실의 적시로 인정되는 방송보도 내용은 미국산 쇠고기의 광우병 위험성에 관한 것으로 공직자인 피해자들의 명예와 직접적인 연관을 갖는 것이 아닐 뿐만 아니라 피해자들에 대한 악의적이거나 현저히 상당성을 잃은 공격으로 볼 수 없는 점 등의 사정에 비추어, 피고인들에게 피해자들 개인의 명예를 훼손한다는 점에 대한 인식이 있었다고 인정하기 어려우므로 명예훼손의 고의를 인정하기 어렵고 달리 피고인들의 명예훼손에 관한 범의를 인정할 증거가 없다.[1445)]

라. 전파가능성을 이유로 명예훼손죄의 공연성을 인정하는 경우에는 적어도 범죄구성요건의 주관적 요소로서 미필적 고의가 필요하므로 전파가능성에 대한 인식이 있음은 물론 나아가 그 위험을 용인하는 내심의 의사가 있어야 하고, 그 행위자가 전파가능성을 용인하고 있었는지의 여부는 외부에 나타난 행

1443) 대법원 2008. 10. 23, 선고 2008도6515 판결.
1444) 대법원 2010. 10. 28, 선고 2010도2877 판결.
1445) 대법원 2011. 9. 2, 선고 2010도17237 판결.

위의 형태와 행위의 상황 등 구체적인 사정을 기초로 하여 일반인이라면 그 전파가능성을 어떻게 평가할 것인가를 고려하면서 행위자의 입장에서 그 심리상태를 추인해야 한다.[1446)]

명예훼손 고의, 전파가능성, 위법성 부정사례

▶「조합의 긴급이사회에서 불신임을 받아 조합장직을 사임한 피해자가 그 후 개최된 대의원총회에서 피고인 등의 음모로 조합장직을 박탈당한 것이라고 대의원들을 선동하여 회의 진행이 어렵게 되자 새조합장이 되어 사회를 보던 피고인이 그 회의진행의 **질서유지를 위한 필요조처**로서 이사회의 불신임결의 과정에 대한 진상보고를 하면서 피해자는 긴급 이사회에서 불신임을 받고 쫓겨나간 사람이라고 발언한 것이라면, 피고인에게 **명예훼손의 범의가 있다고 볼 수 없을 뿐만 아니라 그러한 발언은 업무로 인한 행위이고 사회상규에 위배되지 아니한 행위**라고 한 원심의 판단은 수긍된다.

나아가 명예훼손죄에 있어서의 공연성은 불특정 또는 다수인이 인식할 수 있는 상태를 의미하므로 비록 개별적으로 한 사람에 대하여 사실을 유포하였더라도 이로부터 불특정 또는 다수인에게 전파될 가능성이 있다면 공연성의 요건을 충족한다고 할 것이나, 이와 달리 전파될 가능성이 없는 경우라면 특정한 한 사람에 대한 사실의 유포는 공연성을 결여한 것이라고 보아야 할 것인 바, 조합장으로 취임한 피고인이 조합의 원만한 운영을 위하여 **피해자의 측근**이며 피해자의 불신임을 적극 반대하였던 갑에게 조합운영에 대한 협조를 구하기 위하여 동인과 단둘이 있는 자리에서 이사회가 피해자를 불신임하게 된 사유를 설명하는 과정에서 피해자에 대한 여자관계의 소문이 돌고 있다는 취지의 말을 한 것이라면 그것은 **전파될 가능성이 있다고 할 수 없다.**」[1447)]

6. 언론의 자유

▶「공적인·사회적 의미를 가진 사안에 관한 언론보도에 대해서는 그 평가를 사적 영역에 속하는 사안에 대한 보도와 평가를 달리해야 하고 언론자유에 대한 제한이 완화된다.[1448)] 또 정부 또는 국가기관은 명예훼손죄의 피해자가 될 수 없

1446) 대법원 2004. 4. 9, 선고 2004도340 판결; 대법원 2007. 12. 13, 선고 2007도6014 판결; 대법원 2008. 10. 23, 선고 2008도6515 판결.
1447) 대법원 1990. 4. 27, 선고 89도1467 판결.
1448) 헌법재판소 1999. 6. 24, 선고 97헌마265 전원재판부 결정; 대법원 2002. 1. 22, 선고 2000다37524,37531 판결; 대법원 2011. 9. 2, 선고 2010도17237 판결.

고, 정부 또는 국가기관의 정책결정 또는 업무수행과 관련된 사항을 주된 내용으로 하는 언론보도로 정책결정이나 업무수행에 관여한 공직자에 대한 사회적 평가가 다소 저하될 수 있더라도, 그 보도의 내용이 공직자 개인에 대한 악의적이거나 심히 경솔한 공격으로서 현저히 상당성을 잃은 것으로 평가되지 않는 한, 그 보도로 인하여 곧바로 공직자 개인에 대한 명예훼손이 될 수 없다. 공직자의 도덕성·청렴성이나 그 업무처리가 정당하게 이루어지고 있는지 여부는 항상 국민의 감시와 비판의 대상이 되어야 하기 때문이다. 따라서 이러한 감시와 비판기능은 그것이 악의적이거나 현저히 상당성을 잃은 공격이 아닌 한 쉽게 제한되어서는 아니 되는 것이다.[1449] 따라서 방송국 피디가 방송보도를 통하여 '미국산 소고기 수입을 위한 제2차 한미 전문가 기술협의의 협상단 대표와 주무부처 장관이 협상을 졸속으로 체결하여 국민을 인간광우병 위험에 빠뜨리게 하였다'는 취지로 표현했고, 심지어 보도내용 중 일부가 객관적 사실과 달라 허위사실 적시가 있다고 하더라도, 해당 행위를 통해 피고인들이 명예훼손의 고의를 가졌다고 볼 수 없고, 미국산 소고기 수입·판매업자들에 대한 업무방해의 고의도 없었다고 볼 것이다.」[1450]

▶「언론이 사설을 통하여 공적인 존재에 대하여 비판적인 의견을 표명하는 것은 언론 본연의 기능에 속하는 것이므로 원칙적으로 위법하다고 볼 수 없다. 다만 표현행위의 형식 및 내용 등이 모욕적이고 경멸적인 인신공격에 해당하거나 또는 타인의 신상에 관하여 다소간의 과장을 넘어서서 사실을 왜곡하는 공표행위를 하는 등으로써 인격권을 침해한 경우에는 의견표명으로서의 한계를 일탈한 것으로서 불법행위가 될 수 있다.[1451] 특히 공직자나 정치인과 같은 공적인 존재의 도덕성, 청렴성의 문제나 직무활동이 정당하게 이루어지고 있는지 여부는 항상 국민의 감시와 비판의 대상이 되어야 한다는 점을 감안할 때, 그에 대한 감시와 비판 기능은 그것이 악의적이거나 현저히 상당성을 잃었다고 볼 정도에 이르지 아니하는 한 쉽게 제한되어서는 아니 된다.[1452] 더욱이 국민의 대표자인 국회의원은 입법과 국정통제 등에 관한 광범위한 권한을 부여받고 나아가 직무를 적절히 수행할 수 있도록 면책특권을 보장받는 등으로 통상의 공직자 등과 현격히 다른 발언의 자유를 누리는 만큼 직무활동에 대한 비판도 보다 신축성 있게 수인되어야 하고, 그에 대한 감시·비판·견제라는 언론 본연의 기능이 함부

1449) 대법원 2003. 7. 22, 선고 2002다62494 판결; 대법원 2004. 2. 27, 선고 2001다53387 판결; 대법원 2006. 5. 12, 선고 2004다35199 판결; 대법원 2011. 9. 2, 선고 2010도17237 판결.
1450) 대법원 2011. 9. 2, 선고 2010도17237 판결.
1451) 대법원 2009. 4. 9, 선고 2005다65494 판결; 대법원 2014. 8. 20, 선고 2012다19734 판결.
1452) 대법원 2003. 1. 24, 선고 2000다37647 판결; 대법원 2013. 2. 14, 선고 2010다108579 판결; 대법원 2014. 8. 20, 선고 2012다19734 판결.

로 위축되어서는 아니 된다. 따라서 **국회의원 갑**이 국회 여성위원회에서 "언론사는 권력기관이기 때문에 성매매 예방교육을 강제해야 한다"는 취지의 발언을 하였는데, **을 신문사**가 사설 제목에서 갑이 언론을 상대로 '성폭행적 폭언'을 하였다고 표현하고, 본문에서 "언론인들 얼굴에 오물을 던진 것", "모략성 흑색 유언비어를 악용해 특정인과 특정 직업집단 전체에 침을 뱉는 파렴치한 탈선", "정상적 의원으로서, 정상적 인간으로서의 선을 넘었다"라고 표현하였다면, 위 사설의 전체적인 취지는 국회의원의 국회 발언에 면책특권이 있다고 하여 언론인과 같은 특정 집단 전체를 성상납을 받거나 성매매를 하는 집단으로 모욕을 주어서는 안 된다는 내용인 점, 사설의 전체적인 내용과 취지로 볼 때 갑에게 악의적으로 모욕을 가할 목적으로 작성된 사설이라고 보기 어려운 점, 갑의 발언은 종국적으로 언론인에 대하여 성매매 예방교육을 강제하는 법안 발의에 관련된 것으로서 공공의 이해에 관한 사항이고 다양한 비판과 문제제기가 허용되어야 할 사안인 점 등에 비추어 보면, 위와 같은 표현들이 지나치게 모멸적인 언사에 의한 인신공격에 해당하여 의견표명으로서의 한계를 일탈하였다고 보기 어렵다.」[1453]

▶ 「방송 등 언론매체가 사실을 적시하여 타인의 명예를 훼손하는 행위를 한 경우에도 그것이 공공의 이해에 관한 사항으로서 그 목적이 오로지 공공의 이익을 위한 것일 때에는 적시된 사실이 진실이라는 증명이 있거나 그 증명이 없다 하더라도 행위자가 그것을 진실이라고 믿었고 또 그렇게 믿을 상당한 이유가 있으면 위법성이 없다고 보아야 할 것인바,[1454] 여기서 '그 목적이 오로지 공공의 이익을 위한 것일 때'라 함은 적시된 사실이 객관적으로 볼 때 공공의 이익에 관한 것으로서 행위자도 공공의 이익을 위하여 그 사실을 적시한 것을 의미하는데, 행위자의 주요한 목적이나 동기가 공공의 이익을 위한 것이라면 부수적으로 다른 사익적 목적이나 동기가 내포되어 있더라도 무방하고,[1455] 여기서 '진실한 사실'이라고 함은 그 내용 전체의 취지를 살펴볼 때 중요한 부분이 객관적 사실과 합치되는 사실이라는 의미로서 세부에 있어 진실과 약간 차이가 나거나 다소 과장된 표현이 있더라도 무방하다.[1456]

그리고 언론·출판의 자유와 명예보호 사이의 한계를 설정함에 있어서는 당해 표현으로 인하여 명예를 훼손당하게 되는 피해자가 공적인 존재인지 사적인 존재인지, 그 표현이 공적인 관심 사안에 관한 것인지 순수한 사적인 영역에 속하

1453) 대법원 2014. 8. 20, 선고 2012다19734 판결.
1454) 대법원 1988. 10. 11, 선고 85다카29 판결.
1455) 대법원 1996. 10. 25, 선고 95도1473 판결.
1456) 대법원 1998. 10. 9, 선고 97도158 판결; 대법원 2002. 1. 22, 선고 2000다37524,37531 판결.

는 사안에 관한 것인지 등에 따라 그 심사기준에 차이를 두어 공공적·사회적인 의미를 가진 사안에 관한 표현의 경우에는 언론의 자유에 대한 제한이 완화되어야 하고,[1457] 특히 당해 표현이 언론사에 대한 것인 경우에는, 언론사가 타인에 대한 비판자로서 언론의 자유를 누리는 범위가 넓은 만큼 그에 대한 비판의 수인 범위 역시 넓어야 하고, 언론사는 스스로 반박할 수 있는 매체를 가지고 있어서 이를 통하여 잘못된 정보로 인한 왜곡된 여론의 형성을 막을 수 있으며, 일방 언론사의 인격권의 보장은 다른 한편 타방 언론사의 언론자유를 제약하는 결과가 된다는 점을 감안하면, **언론사에 대한 감시와 비판 기능은 그것이 악의적이거나 현저히 상당성을 잃은 공격이 아닌 한 쉽게 제한되어서는 아니 되고,** 수사적인 과장 표현도 언론기관이 서로 반박할 수 있다는 점을 고려하여 개인에 대한 명예훼손의 경우보다 넓게 용인될 수 있다고 할 것이다.[1458]

원심은, ① 법적으로 언론사의 주식투자가 명시적으로 금지되어 있지는 아니할지라도, 언론사가 특정 회사의 주식을 매입하는 등의 투자활동을 할 경우 객관적이고 공정하게 그 회사와 관련된 정보를 제공하고 보도를 할 수 있느냐는 의문이 제기될 수 있고, 소속 기자들도 투자 대상 회사가 보도의 대상이 되는 경우 현실적으로 상당한 부담감을 가질 수 있고, 언론수용자인 독자나 시청자들로부터 공정성과 독립성에 대한 의혹과 불신을 살 수도 있다는 점에 비추어 보면, 언론사의 주식투자 문제에 관한 공적 논쟁을 촉발시킬 수 있는 이 사건 방송보도는 공공의 이해에 관한 사항이라고 할 것이고, 그 목적도 공익을 위한 것으로 판단되며, 다만 이 사건 방송보도를 함에 있어 공익적 목적 이외에 부수적으로 원고를 비난하고자 하는 의도가 다소 내포되어 있음이 엿보이기는 하나, 피고의 이 사건 방송보도의 주요한 목적이나 동기가 공공의 이익을 위한 것이므로 부수적으로 다른 사익적 동기가 내포되어 있었다고 하더라도 공공의 이익을 위한 것으로 보아야 하고, ② 피고가 이 사건 방송보도에서 원고가 은연 중에 언론사로서 힘을 행사하여 싼 이자로 대출을 받을 수 있었던 것이 아닌가 하는 의혹을 제기한 부분은, 의혹제기 차원을 넘어 원고가 언론사로서 부당하게 힘을 행사하였다는 단정적 표현을 쓰고 있지 않은 점과 원고가 실제로 일반 기업들보다는 싼 이자로 대출을 받아왔으며, 공적 존재인 언론사에 대한 의문이나 의혹은 그 개연성이 있는 한 광범위하게 문제제기가 허용되어야 하고, 악의적인 공격이라고는 보이지 아니한 점에 비추어 보면, 위와 같은 의혹제기는 언론의 자유 범위 내에 속하는 것으로 정당하고, ③ 원고가 1996년경 취득한 ○프리텔 주식은 50만 주이

1457) 대법원 2003. 7. 8, 선고 2002다64384 판결; 대법원 2003. 7. 22, 선고 2002다62494 판결; 대법원 2003. 9. 2, 선고 2002다63558 판결; 대법원 2004. 2. 27, 선고 2001다53387 판결.
1458) 대법원 2006. 3. 23, 선고 2003다52142 판결; 대법원 2008. 2. 1, 선고 2005다8262 판결; 대법원 2008. 2. 14, 선고 2005다75736 판결; 대법원 2008. 4. 24, 선고 2006다53214 판결.

고, 그 후 유상증자 등으로 79,380주를 취득하여 소유하고 있었음에도 불구하고 피고는 원고가 174만 주를 44억원에 사들였다고 적시하여 원고가 취득한 ㅇ프리텔의 주식 수를 사실과 다르게 보도하기는 하였으나, 이 사건 방송보도는 취득한 주식 수가 얼마나 되는가에 관계없이 44억원에 취득한 주식이 3년 만에 1,000억원대로 20배 불어나 막대한 평가이익을 거두었다는 점에 중점이 있다고 여겨지고, 원고가 취득시의 1주당 가격이 얼마인지를 꼬집어 적시하지 아니한 이상, 당시 원고만이 다른 여러 컨소시엄 가입자와 비교해서도 상대적으로 특혜를 받아 액면가 이하로 주식을 취득하였다고까지 볼 여지가 있다고 하기는 어려운 점 등에 비추어 볼 때, 일반 시청자가 이 부분 방송보도를 통하여 원고가 ㅇ프리텔 주식을 액면가 이하로 대량 취득했다는 인상을 받았다고 보기 어렵고, 나아가 이 부분 방송보도가 시청자에게 원고가 액면가 이하로 ㅇ프리텔 주식을 대량 취득했음을 암시하고 있다고 할 수도 없으므로, 원고가 취득한 주식 수를 사실과 달리 보도한 것은 사소한 부분에 오류가 있거나 다소 수치를 과장한 정도에 불과하고 주요 부분에 허위사실의 적시가 있었다고 할 수 없어, 이 사건 방송보도는 위법성이 없다고 판단했다.

앞서 본 법리와 기록에 비추어 살펴보면, 위와 같은 원심의 판단은 옳은 것으로 수긍이 가고, 거기에 명예훼손에 관한 법리를 오해한 위법이 있다고 할 수 없다.」[1459)]

▶ 「우리 헌법 제20조 제1항은 "모든 국민은 종교의 자유를 가진다."라고 규정하고 있는데, 종교의 자유에는 자기가 신봉하는 종교를 선전하고 새로운 신자를 규합하기 위한 선교의 자유가 포함되고 선교의 자유에는 다른 종교를 비판하거나 다른 종교의 신자에 대하여 개종을 권고하는 자유도 포함되는바, 종교적 선전, 타 종교에 대한 비판 등은 동시에 표현의 자유의 보호대상이 되는 것이나, 그 경우 종교의 자유에 관한 헌법 제20조 제1항은 표현의 자유에 관한 헌법 제21조 제1항에 대하여 특별 규정의 성격을 갖는다 할 것이므로 **종교적 목적을 위한 언론·출판의 경우에는 그 밖의 일반적인 언론·출판에 비하여 보다 고도의 보장을 받게 된다**고 할 것이다. 따라서 다른 종교나 종교집단을 비판할 권리는 최대한 보장받아야 할 것인데, 그로 인하여 타인의 명예 등 인격권을 침해하는 경우에 종교의 자유 보장과 개인의 명예보호라는 두 법익을 어떻게 조정할 것인지는, 그 비판행위로 얻어지는 이익, 가치와 공표가 이루어진 범위의 광협, 그 표현 방법 등 그 비판행위 자체에 관한 제반 사정을 감안함과 동시에 그 비판에 의하여 훼손되거나 훼손될 수 있는 타인의 명예 침해의 정도를 비교·고려하여 결

1459) 대법원 2006. 3. 23, 선고 2003다52142 판결.

정해야 한다 할 것이다.」[1460]

7. 가중처벌

허위사실을 적시하거나 **출판물** 및 **정보통신망**을 이용하면 가중 처벌된다.

가. 제307조 제2항의 허위사실적시 명예훼손

(1) 적시된 사실의 내용 전체의 취지를 살펴 중요부분이 객관적 사실과 합치되는 경우에는 세부에 있어서 진실과 약간 차이가 나거나 다소 과장된 표현이 있더라도 이를 허위사실로 볼 수는 없다.[1461]

적시사실이 허위로 볼 수 없는 사례 1.

▶ 「1. 적시한 사실이 허위인지 여부에 대하여

원심판결 이유에 의하면 원심은, 피고인이 적시한 "구원파의 실질적 지도자인 공소외 1 사장은 독일에서 15분간의 간증을 부탁받고 40분간 지리멸렬하게 얘기하다 강단에서 끌려 내려져 망신을 당하였다"는 사실이 허위임은 증인 공소외 1, 최재○의 각 진술, 독일인 ◈의 서신의 기재를 종합하여 이를 인정할 수 있다고 판단했다.

그러나 기록에 의하여 원심이 채용한 증거들을 살펴보면, 먼저 증인 공소외 1은 1990. 10. 5.경 그가 경영하는 회 공소외 2 주식회사는 구원파와 전혀 무관한데도, 피고인이 마치 위 회사가 공소외 1이 실질적 지도자로 있는 구원파에서 경영하는 회사로서 신자들의 헌금으로 운영되고 있고 신자들의 노동을 착취하고 있으며 구원파는 이단 종파라는 등의 허위 사실을 유포하여 공소외 1의 명예를 훼손함은 물론 위 회사의 경영에 막대한 지장을 초래하고 있다고 이 사건 고소를 제기한 이래 제1심 법정에 이르기까지 일관하여 공소외 1이나 위 회사가 구원파와는 전혀 무관하다고 진술하고 있으나, 한편 공소외 1은 피고인에 대한 이 사건 공소가 제기되기 전에 그가 1976.경 구원파 신자들의 헌금, 출자 등으로 조성한 자금으로 위 회사의 전신인 공소외 3 주식회사를 인수하여 경영해 오다가 자금 사정이 어려워지자 구원파 신자들 사이에 자신이 종교적으로 존경을 받고 있음을 기화로 산하 교회 등지에서의 강론 등을 통하여 구원파 신자들이 주축이 된 위 회사를 돕는 것이 구원받은 성도들의 교제를 확산하는 유력한 방법이라는 취지 등으로 설교하여 신자들로 하여금 금원을 대여하도록 유도하고 공소외 4와

1460) 대법원 1996. 9. 6, 선고 96다19246,19253 판결.
1461) 대법원 2008. 10. 9, 선고 2007도1220 판결.

공모하여 1982.경부터 1984.경 사이에 구원파신자들로부터 도합 금 6억여 원을 위 회사에 대한 차용금 명목으로 교부받아 이를 편취하였다는 상습사기죄로 기소되어 실형을 선고받은 사실을 알 수 있으므로, 구원파와의 관련성을 부인하는 공소외 1의 위 진술은 믿기 어렵다고 할 것이고, 여기에다가 공소외 1은 이 사건 고소인으로서 피고인과는 이해관계와 감정이 전적으로 상반되는 지위에 있는 점을 더하여 보면, 이 사건에 관하여 한 공소외 1의 진술 전체의 신빙성을 의심하지 않을 수 없다.

다음으로 증인 최재○은 자신이 구원파 교인임을 부인하고 있으나 1976.경 공소외 1이 베를린에서 독일에 있는 구원파 간호원을 위하여 개최한 수양회에 참석하였던 사실을 시인하고 있으며, 이 사건 수사절차에서 공소외 1에게 유리하고 피고인에게는 불리한 자료로 사용될 수 있게 하기 위하여 공소외 1과 그의 측근에게 진술서를 3회나 작성하여 주고 또 독일인 ◈로부터 무려 14년 전의 사건에 관하여 스스로 아래에서 보는 바와 같은 서신까지 받아 이를 수사기관에 제출하고 있을 뿐만 아니라, 원심 법정에서는 문제의 강연 직후에 찍은 사진 원본을 자신이 그 때까지 보관하여 왔다면서 이를 제출하였음을 알 수 있는 점 등을 종합하여 보면, 최재○ 또한 구원파의 교인이 아니라고 하더라도 구원파나 공소외 1과 매우 밀접한 관계에 있는 자임을 쉽사리 추지할 수 있으므로, 과연 증인 최재○에게 객관적이고 공정한 진술을 기대할 수 있을는지 의문이라고 아니할 수 없다.

나아가 공소외 1이 독일에서 문제의 강연을 할 때 현장에 있었다는 독일인 ◈의 서신에 관하여 보면, 이는 ◈이 1990. 10.경 위 최재○ 앞으로 보낸 서신으로서, 위 강연이 두 번의 통역을 거치는 관계로 약간 길어지기는 했지만 아무런 문제나 항의 없이 마쳐졌으며 참석한 모든 사람들이 많은 관심을 가지고 진지하게 강연을 듣는 분위기였다는 내용의 것이나, 한편 피고인이 ◈로부터 1977. 10.경 받았다는 서신에는 자신이 추천한 공소외 1이 보잘 것 없는 강연을 하여 참석자들에게 망신스러웠다는 내용이 기재되어 있는 점에 비추어 보면, 최재○이 ◈로부터 받았다는 위 서신 또한 선뜻 믿기 어려운 것이라고 하겠다.

그 밖에 원심은 구원파 내부 인사나 위 강연을 들은 사람들이 현재까지 10년 이상 특별한 문제를 제기함이 없이 지내온 점으로도 위 강연이 원만하게 진행되었다고 보아져 위 적시된 사실의 허위성은 추정된다고 설시하고 있으나, 도대체 위 사실 자체가 이에 대하여 사람들이 특별히 문제를 제기할 만한 성질의 것이라고 여겨지지 아니하므로, 원심의 이 부분 설시도 수긍이 가지 아니한다.

형사재판에 있어서 유죄의 인정은 법관으로 하여금 합리적인 의심을 할 여지가 없을 정도로 공소사실이 진실한 것이라는 확신을 가지게 할 수 있는 증명력을 가진 증거에 의해야 할 것이고, 이와 같은 증거가 없다면 설령 피고인에게 유죄의 의심이 간다고 하더라도 피고인의 이익으로 판단할 수밖에 없다고 할 것인바, **원심은 위에서 본 바와 같이 그 신빙성이 의심되는 증거들을 채용하였거나 합리적인 근거도 없이 그 적시 사실의 허위성이 추정된다고 단정**하여 이 부분 공소사실을 유죄로 인정하였으니, 원심판결에는 **채증법칙에 위배**하여 사실을 잘못 인정함으로써 판결에 영향을 미친 위법이 있다고 할 것이므로, 이 점을 지적하는 상고이유의 주장은 이유 있다.」[1462)]

적시사실이 허위로 볼 수 없는 사례 2.

▶ 「형법은 명예에 관한 죄에 대하여 제307조 및 제309조에서 적시한 사실이 **진실인지 허위인지**에 따라 법정형을 달리 규정하고 제310조에서 **진실한 사실로서** 오로지 공공의 이익에 관한 때에는 처벌하지 아니하다고 규정하고 있는바, 여기서 진실한 사실이란 그 내용 전체의 취지를 살펴볼 때 중요한 부분이 객관적 사실과 합치되는 사실이라는 의미로서 세부(세부)에 있어 진실과 약간 차이가 나거나 다소 과장된 표현이 있더라도 무방하다고 할 것이다.

기록에 의하여 살펴보면, 피고인이 1995. 6. 15.경 실시된 서울특별시 개인택시운송사업조합(이하 이 사건 조합이라고 한다) 이사장 선거에 출마하여 경쟁 후보자였던 피해자와 당선 경쟁을 하면서 선거운동을 하던 중 조합원들에게 배포한 이 사건 인쇄물에서 적시한 사실은 '이 사건 조합의 전(전) 이사장이 대의원총회에서 불신임당하고 업무상의 비리로 인하여 구속된 사실', '피해자가 조합을 상대로 소송을 제기한 사실', '피해자가 전 이사장과 같은 친목회에 소속하여 있는 등 친밀한 관계를 유지하고 있었던 사실', '피고인이 합동유세를 공개 제의하였는데 피해자가 반응을 보이지 않다가 선거일에 임박해서야 반박한 사실' 등 그 중요한 부분이 객관적 사실과 합치하고, 그 문맥 중에 "탄생시킨 주역", "추종", "저의", "조합원을 기만하고 우롱하는 행위" 등의 다소 감정적이고 과격한 표현방법이 사용되었다 하여 그 적시한 사실이 전체적으로 보아 허위라고 보기 어렵다.」[1463)]

(2) 형법 제307조 제2항의 허위사실적시에 의한 명예훼손죄에서, 적시된 사실이 객관적으로 진실에 부합하지 아니하여 허위일 뿐만 아니라 그 적시된 사실이 허위라는 것을 피고인이 인식하고서 이를 적시하였다는 점은 모두 검사가 입증해야 한다.[1464)]

1462) 대법원 1996. 4. 12, 선고 94도3309 판결.
1463) 대법원 1998. 10. 9, 선고 97도158 판결.
1464) 대법원 2006. 4. 14, 선고 2004도207 판결; 대법원 2011. 5. 13, 선고 2009도14442 판결.

▶ 「**원심은,** 피고인이 2005. 5. 11. 11:00경 경기도 용인군 ○○면 소재 ▲▲대학교 ▣▣대학원 100주년 기념관 채플실에서 1,200여 명의 학생들이 모인 가운데 위 대학교수이자 목사로서 예배를 인도하면서 대한예수교장로회 (이름 생략)교회 목사인 고소인 공소외 1에 대해 "(이름 생략)교회 공소외 1은 이단 중에 이단입니다. 그는 피가름을 실천에 옮겨야 된다고 가르치는 사람, 그것도 비밀리에 가르치고 있습니다."라고 공연히 허위의 사실을 적시하여 그의 명예를 훼손하였다는 이 사건 공소사실에 대해, 위 **적시한 사실이 허위라는 점에 대해 합리적인 의심의 여지가 없을 정도로 입증이 되었다고 볼 수 없다며 무죄를 선고**했다. 기록에 비추어 살피건대, 피고인이 행한 위 설교의 전체적인 취지 및 설교의 내용 중에 위 '피가름'의 의미에 대한 별도의 언급이 없어 피고인이 기존 기독교계의 주류적인 입장과 같이 위 '피가름'의 의미를 다의적인 것으로 이해하여 설교하였던 것으로 보이는 점 등 제반 사정을 종합하여 보면, 피고인이 위 설교에서, 고소인의 주장과 같이, 마치 고소인이 위 '피가름'의 교리에 의해 혼음의 교리를 실천하도록 가르치고 있다는 내용의 사실을 적시하였다고 단정할 수는 없을 것이다. 또한, 원심이 위 사실인정을 함에 있어 제1심이 채택하였던 공소외 2의 경찰에서의 진술 및 공소외 3, 공소외 4 작성의 각 감정서를 다른 증거들에 비추어 믿기 어렵다며 배척한 것에 어떠한 채증법칙 위반의 잘못이 있다고도 볼 수 없는바, 검사의 이 부분 상고논지는 이유 없다.

…(중략) **원심은** "공소외 1은 이단 중에 이단이다"라고 설교한 부분에 대해, 어느 교리가 정통 교리이고 어느 교리가 여기에 배치되는 교리인지 여부는 교단을 구성하는 대다수의 목회자나 신도들이 평가하는 관념에 따라 달라지는 것이라며 피고인이 **사실을 적시한 것으로 보기 어렵다고 판단**하였는바, 원심의 이러한 판단은 위 법리에 부합하는 것으로서 정당하다.」[1465]

(3) 발설사실은 허위인데 피고인은 진실로 알고 착각에 빠져 한 행위라면 피고인의 인식을 중시하여 경한 죄인 진실사실 명예훼손죄가 성립한다(형법 제15조 제1항).[1466]

(4) 형법 제307조 제2항의 허위사실적시 명예훼손의 공소사실 중에는 같은 조 제1항의 사실적시 명예훼손의 공소사실이 포함되어 있으므로, 허위사실적시 명예훼손으로 기소된 사안에서 적시한 사실이 허위임에 대한 입증이 없다

1465) 대법원 2008. 10. 9, 선고 2007도1220 판결.

1466) 대법원 1994. 10. 28, 선고 94도2186 판결; 이재상·장영민·강동범, 형법각론, 제10판 보정판, 박영사, 2017, 193면; 김일수·서보학, 새로쓴 형법각론, 제9판, 박영사, 2018, 163면.

면 법원은 공소장변경절차 없이도 직권으로 위 사실적시에 의한 명예훼손죄를 인정할 수 있다. 그러나 법원이 공소사실의 동일성이 인정되는 범위 내에서 공소가 제기된 범죄사실에 포함된 이보다 가벼운 범죄사실을 공소장변경 없이 직권으로 인정할 수 있는 경우라고 하더라도, 공소가 제기된 범죄사실과 대비하여 볼 때 실제로 인정되는 범죄사실의 사안이 중대하여 공소장이 변경되지 않았다는 이유로 이를 처벌하지 않는다면 적정절차에 의한 신속한 실체적 진실의 발견이라는 형사소송의 목적에 비추어 현저히 정의와 형평에 반하는 것으로 인정되는 경우가 아닌 한, 법원이 직권으로 그 범죄사실을 인정하지 아니하였다고 하여 위법한 것이라고까지 볼 수는 없다.[1467]

▶「기록에 비추어 살펴보면, 이 사건 공소사실의 핵심은 피고인이 '허위사실'을 적시함으로써 고소인의 명예를 훼손하였다는 점에 있으므로, 위 공소가 제기된 범죄사실과 대비하여 볼 때 실제로 인정되는 범죄사실의 **사안이 중대하여 공소장변경이 없음을 이유로 이를 처벌하지 않는 것이 현저히 정의와 형평에 반한다고 보기 어려울 뿐 아니라,** 원심판결에 이르기까지의 대부분의 심리과정 및 피고인의 방어방법 제출이 위 허위성 여부에 집중되어 왔던 점에 비추어 보더라도 원심이 공소장 기재 적용법조의 변경 없이 위 사실적시에 의한 명예훼손에 대해 직권으로 판단하는 것이 피고인의 방어권행사에 불이익을 초래할 우려가 없다고는 볼 수 없으므로, 위와 같이 직권으로 판단하지 아니하고 무죄를 선고한 원심판결에 어떠한 잘못이 있다고 보기 어렵다. 또한, 법원이 검사에게 공소장변경을 요구할 것인지 여부는 재량에 속하는 것으로서 검사에게 이를 석명하지 않았다 하여 위법하다고 볼 수 없는바,[1468] 원심판결에 심리미진의 위법이 있다는 이 부분 상고논지는 모두 이유 없다.」[1469]

나. 제309조의 출판물에 의한 명예훼손

(1) 사람을 **비방할 목적**으로 신문, 잡지 또는 라디오 기타 출판물에 의하여 **사실**(동조 제1항) **또는 허위사실**(동조 제2항)을 적시하여 사람의 명예를 훼손하는 것이다.

기타 출판물이란 등록·출판된 제본인쇄물 정도의 효용과 기능을 가진 인쇄물이어야 하므로 낱장의 인쇄물, 프린트, 장수가 2장에 불과하여 제본방법도

1467) 대법원 2008. 10. 9, 선고 2007도1220 판결; 대법원 2011. 5. 13, 선고 2009도14442 판결.
1468) 대법원 1999. 12. 24, 선고 99도3003 판결.
1469) 대법원 2008. 10. 9, 선고 2007도1220 판결.

조잡한 것으로 보이는 최고서 사본,[1470] 손으로 쓴 것은 해당하지 않는다. 적어도 사실상 출판물로 유통·통용될 수 있는 외관을 가진 인쇄물이어야 한다.

구체적 사실을 적시하는 점은 제307조에서 상세히 서술한 부분과 같다.

▶ 「형법은 제309조 제1항에서 '사람을 비방할 목적으로 신문, 잡지 또는 라디오 기타 출판물에 의하여 제307조 제1항의 죄를 범한 자'를 제307조 제1항의 명예훼손죄보다 가중 처벌하는 규정을 두고 있는바, 형법 제309조 제1항 소정의 출판물에의한명예훼손죄의 구성요건에 해당하기 위하여는 **주관적** 요건으로서 비방 목적 및 **객관적** 요건으로서 출판물 등의 방법에 의할 것을 모두 구비해야 하고 그 중 하나라도 결한 때에는 위 죄는 성립하지 않는 것이다. 여기의 '기타 출판물'에 해당한다고 하기 위하여는, 사실적시의 방법으로서 출판물 등을 이용하는 경우 그 성질상 다수인이 견문할 수 있는 높은 전파성과 신뢰성 및 장기간의 보존가능성 등 피해자에 대한 법익침해의 정도가 더욱 크다는 데 그 가중처벌의 이유가 있는 점에 비추어 보면, 그것이 등록·출판된 제본 인쇄물이나 제작물은 아니라고 할지라도 적어도 그와 같은 정도의 효용과 기능을 가지고 사실상 출판물로 유통·통용될 수 있는 외관을 가진 인쇄물로 볼 수 있어야 할 것이다.[1471] 피고인이 배포한 이 사건 인쇄물은 가로 25㎝ 세로 35㎝ 정도 되는 일정한 제호가 표시되었다고 볼 수 없는 낱장의 종이에 단지 단편적으로 피고인의 주장을 광고하는 문안이 인쇄되어 있는 것에 불과한 것인바, 이와 같은 이 사건 인쇄물의 외관이나 형식에 비추어 볼 때 이 사건 인쇄물이 등록된 간행물과 동일한 정도의 높은 전파성, 신뢰성, 보존가능성 등을 가지고 사실상 유통·통용될 수 있는 출판물이라고는 보기 어렵다 할 것이다.」[1472]

▶ 「신문이나 월간지 등 언론매체의 어떠한 표현행위가 특정인의 명예를 훼손하는 내용인지 여부는 당해 기사의 객관적인 내용과 아울러 일반의 독자가 보통의 주의로 기사를 접하는 방법을 전제로 기사에 사용된 어휘의 통상적인 의미, 기사의 전체적인 흐름, 문구의 연결 방법 등을 기준으로 판단해야 하고, 여기에다가 당해 기사가 게재된 보다 넓은 문맥이나 배경이 되는 사회적 흐름 등도 함께 고려해야 할 것이다.[1473] 또 신문이나 월간지 등 언론매체의 기사 중에 특정인의 사회적 가치나 평가를 저하시키기에 충분한 구체적인 사실의 적시가 있다고 하기 위해서는, 반드시 그러한 구체적인 사실이 기사 내용 중에 직접적으로

1470) 대법원 1997. 8. 26, 선고 97도133 판결.
1471) 대법원 1997. 8. 26, 선고 97도133 판결.
1472) 대법원 1998. 10. 9, 선고 97도158 판결.
1473) 대법원 1999. 2. 9, 선고 98다31356 판결; 대법원 2000. 2. 25, 선고 98도2188 판결.

명시되어 있을 것을 요구하는 것은 아니지만, 적어도 기사 내용 중의 특정 문구에 의하여 그러한 사실이 곧바로 유추될 수 있을 정도의 표현은 있어야 할 것이다.」[1474)]

(2) 형사재판에서 공소가 제기된 범죄의 구성요건을 이루는 사실은 그것이 주관적 요건이든 객관적 요건이든 그 입증책임이 검사에게 있으므로, 형법 제309조 제2항의 출판물에 의한 명예훼손죄에서도 사람의 사회적 평가를 떨어뜨리는 사실이 적시되었다는 점, 그 적시된 사실이 객관적으로 진실에 부합하지 아니하여 허위일 뿐만 아니라 그 적시된 사실이 허위라는 것을 피고인이 인식하고서 이를 적시하였다는 점은 모두 검사가 입증해야 하고, 이 경우 적시된 사실이 허위의 사실인지 여부를 판단함에 있어서는 적시된 사실의 내용 전체의 취지를 살펴보아 중요한 부분이 객관적 사실과 합치되는 경우에는 그 세부에 있어서 진실과 약간 차이가 나거나 다소 과장된 표현이 있다고 하더라도 이를 허위의 사실이라고 볼 수는 없다.[1475)]

(3) 형법 제309조 제2항에서 출판물에 의한 명예훼손죄의 요건으로 정하고 있는 '사람을 비방할 목적'이란 가해의 의사 내지 목적을 요하는 것으로서 사람을 비방할 목적이 있는지 여부는 당해 적시 사실의 내용과 성질, 당해 사실의 공표가 이루어진 상대방의 범위, 그 표현의 방법 등 그 표현 자체에 관한 제반 사정을 감안함과 동시에 그 표현에 의하여 훼손되거나 훼손될 수 있는 명예의 침해 정도 등을 비교·형량하여 판단해야 할 것이다.[1476)]

(4) 사실 또는 허위사실을 적시하는 과정에서 정을 모르는 기자(記者)에게 허위기사를 신문에 보도케 하면 간접정범이 된다.[1477)] 그리고 이미 사회의 일부에 잘 알려진 사실이라고 하더라도 이를 적시하여 사람의 평가를 저하시킬 만

1474) 대법원 2007. 6. 15, 선고 2004도4573 판결.

1475) 대법원 1997. 2. 14, 선고 96도2234 판결; 대법원 2000. 2. 25, 선고 99도4757 판결; 대법원 2006. 4. 14, 선고 2004도207 판결.

1476) 대법원 1998. 10. 9, 선고 97도158 판결; 대법원 2003. 12. 26, 선고 2003도6036 판결; 대법원 2006. 4. 14, 선고 2004도207 판결.

1477) 타인을 비방할 목적으로 허위사실은 기사의 재료를 신문기자에게 제공한 경우에 기사를 신문지상에 게재하느냐의 여부는 신문 편집인의 권한에 속한다고 할 것이나 이를 편집인이 신문지상에 게재한 이상 기사의 게재는 기사재료를 제공한 자의 행위에 기인한 것이므로 기사재료의 제공행위는 출판물에 의한 명예훼손죄의 죄책을 면할 수 없다(대법원 2002. 3. 29, 선고 2001도2624 판결).

한 내용을 기자에게 기사재료로 제공하여 보도된 경우에도 본죄의 간접정범이 성립할 수 있다.[1478]

본죄와 간접정범

▶ 「1. 상고이유 제1점에 대하여

가. 출판물에 의한 명예훼손죄는 간접정범에 의하여 범하여질 수도 있으므로 타인을 **비방할 목적으로 허위의 기사 재료를 그 정을 모르는 기자에게 제공**하여 신문 등에 보도되게 한 경우에도 성립할 수 있다. 그러나 제보자가 기사의 **취재·작성과 직접적인 연관이 없는 자에게 허위의 사실을 알렸을 뿐인 경우**에는, 제보자가 피제보자에게 그 알리는 사실이 기사화 되도록 특별히 부탁하였다거나 피제보자가 이를 기사화 할 것이 고도로 예상되는 등의 특별한 사정이 없는 한, 피제보자가 언론에 공개하거나 기자들에게 취재됨으로써 그 사실이 신문에 게재되어 일반 공중에게 배포되더라도 제보자에게 출판·배포된 기사에 관하여 출판물에 의한 명예훼손죄의 책임을 물을 수는 없다고 할 것이다.

나. 원심은, 이 사건 공소사실 중 피고인이 1996. 10. 중순 A당 소속 서울시 정무부시장이던 김○○을 통하여 같은 당 국회의원 이△△에게 "○○사는 기술력이 외국에 비해 떨어지는 기업이나 정부의 보호정책과 권력자의 비호 등에 의해 급성장했다. ○○사의 급성장에는 정부고위층의 1백억원 특혜금융지원이 있었다, 피고인이 ○○사를 사기로 고소했으나 대통령 주치의 고△△이 담당검사에게 압력을 넣어 무혐의 처리되도록 했다."는 취지로 제보하고, 1996. 10. 22. 이△△로 하여금 국회에서 위 제보내용을 공개하도록 하여, 1996. 10. 23. 한겨레신문, ▲▲일보, ◈◈신문 등에 그 내용대로 기사가 게재되어 다수의 독자들에게 배포되게 함으로써 허위의 사실을 적시하여 피해자 회사의 명예를 훼손하였다는 점을 유죄로 인정하고 있다.

다. **그러나** 원심이 인정한 사실에 의하더라도, 피고인은 피고인과 ○○사 사이에 발생한 분쟁을 해결하고자 1996. 3.경 ○○사의 대표이사인 이민△를 사기혐의로 고소하였으나 1996. 7. 30.경 검찰에 의하여 혐의 없다는 결정이 내려지자, 다시 이 문제를 야당 국회의원들을 통하여 해결하고자 1996. 9.경 당시 A당 소속으로서 서울시 정무부시장이었던 김○○에게 그 동안의 분쟁 경위와 검찰의 사건처리를 설명하고 국회 차원에서 ○○사의 비리를 조사해 줄 것을 부탁하면서 관련자료를 넘겨주었고, 김○○은 그 무렵 같은 당 소속 이△△ 의원에게 위 자료를 넘겨주었다는 것이고, 한편 기록에 의하면 1996. 10. 22. 당시 여당인 B당

1478) 대법원 1994. 4. 12, 선고 93도3535 판결.

이△○ 대표가 국회 대표연설에서 ○○사를 '우리 시대의 영웅'이라고 치켜세웠는데, 야당의 이△△ 의원이 여당 대표연설에 대한 비판으로 김○○을 통하여 넘겨받은 자료를 바탕으로 그 내용을 국회에서 공개적으로 주장하자 공소사실 기재와 같이 각 일간신문에 게재되어 일반에게 배포된 사실을 인정할 수 있다. 위 인정 사실에 의하면 피고인은 단지 ○○사와의 분쟁을 야당 국회의원을 통하여 정치적으로 해결하려 하였던 것으로 보이고, 달리 피고인이 이△△에게 이를 알리면서 신문에 기사화 되도록 특별히 부탁하였다거나 이△△가 이를 언론에 공개하여 기사화 할 것이 고도로 예상되는 특별한 사정이 있다고 보기 어렵다고 할 것이므로, 그 후 국회의원인 이△△가 여당 대표연설에 대한 비판으로 이를 공개하고, 그것이 신문에 보도되었다고 할지라도 피고인에게 출판물에 의한 명예훼손죄의 책임이 있다고 보기는 어렵다.

라. 그럼에도 불구하고, 원심이 앞서 본 바와 같이 이 부분 공소사실을 유죄로 인정한 것은 출판물에 의한 명예훼손죄의 법리를 오해하였거나 채증법칙에 위배하여 사실을 오인한 위법을 저질렀다 할 것이고, 이러한 위법은 판결의 결과에 영향을 미쳤음이 분명하므로, 이 점을 지적하는 상고이유의 주장은 이유 있다.

2. 상고이유 제2점에 대하여

형법 제309조 제1항, 제2항 소정의 '사람을 비방할 목적'이란 가해의 의사 내지 목적을 요하는 것으로서 사람을 비방할 목적이 있는지 여부는 당해 적시 사실의 내용과 성질, 당해 사실의 공표가 이루어진 상대방의 범위, 그 표현의 방법 등 그 표현 자체에 관한 제반 사정을 감안함과 동시에 그 표현에 의하여 훼손되거나 훼손될 수 있는 명예의 침해 정도 등을 비교, 고려하여 결정해야 할 것이다.[1479]

위와 같은 법리와 기록에 비추어 살펴보면, 원심이 이 사건 판시 제2 내지 제4항 범죄사실 부분에 관하여 피고인에게 비방할 목적이 있다고 인정한 것은 정당하고, 거기에 상고이유로 주장하는 바와 같은 출판물에 의한 명예훼손죄에 있어서 비방 목적에 관한 법리를 오해한 위법이나 채증법칙을 위배하여 사실을 오인한 위법이 있다고 할 수 없다.

3. 상고이유 제3 내지 제4점에 대하여

원심판결 이유에 의하면 원심은, 거시 증거를 종합하여 판시와 같은 이유로 ○○사가 정부의 보호정책과 권력자의 비호 및 100억원의 특혜금융에 의하여 급성장하였다거나, 대통령 주치의 고△△이 ○○사의 배후세력으로서 담당검사에게 압력을 넣어 이민△에 대한 사기 사건을 무혐의 처리되도록 하고, 피고인에게도 전화를 걸어 이민△를 봐주라고 요구하였다거나, ○○사의 초음파진단기의 성능

1479) 대법원 2001. 9. 14, 선고 2001도2372 판결.

은 엉터리이다 라는 피고인 주장의 이 사건 제보내용이 모두 허위 사실이라고 할 것이고, 나아가 이 사건에 나타난 원심 판시의 피고인이 이 사건 일련의 행위를 하게 된 동기와 경위 및 결과를 종합하여 보면 피고인은 자기의 ○○사에 대한 주장이 옳다는 것을 공적으로 인정받기 위한 **욕심**에서 진실이라는 확신이 없는 사실들에 관하여 함부로 기자들에게 제보하였음을 인정할 수 있으므로, 피고인에게 위 제보 내용에 관하여 **허위의 인식이 있었다**고 하지 않을 수 없다고 판단하고 있다.

기록에 비추어 살펴보면, 원심의 위와 같은 사실인정과 판단은 수긍이 되고, 거기에 상고이유로 지적하는 바와 같은 출판물에 의한 명예훼손죄에 있어서 허위 사실에 관한 법리를 오해하거나 채증법칙을 위배하여 사실을 오인한 위법 혹은 허위의 인식 여부에 관한 사실오인의 위법이 있다고 할 수 없다.

4. 결 론

그렇다면 원심판결 중 판시 범죄사실 제1항의 이△△에게 제보하여 출판물에 의한 명예훼손을 하였다는 부분은 위법하여 더 이상 유지될 수 없다고 할 것인바, 원심은 위 부분을 이 사건 나머지 유죄 부분과 형법 제37조 전단의 경합범 관계에 있다고 하여 하나의 형을 선고하였으므로 원심판결을 전부 파기하고, 사건을 다시 심리·판단하게 하기 위하여 원심법원에 환송하기로 관여 대법관의 일치된 의견으로 주문과 같이 판결한다.」[1480]

다. 정보통신망이용촉진및정보보호등에관한법률 제70조(벌칙) ① 사람을 **비방할 목적으로 정보통신망을 통하여** 공공연하게 **사실**을 드러내어 다른 사람의 명예를 훼손한 자는 3년 이하의 징역 또는 3천만원 이하의 벌금에 처한다. ② 사람을 **비방할 목적으로 정보통신망을 통하여** 공공연하게 **거짓의 사실**을 드러내어 다른 사람의 명예를 훼손한 자는 7년 이하의 징역, 10년 이하의 자격정지 또는 5천만원 이하의 벌금에 처한다. ③ 제1항과 제2항의 죄는 피해자가 구체적으로 밝힌 의사에 반하여 공소를 제기할 수 없다.

▶ 「정보통신망이용촉진및정보보호등에관한법률 제61조 제1항(현행 제70조 제1항) 위반죄가 성립하기 위하여는 사실의 적시가 있어야 하며 적시된 사실은 이로써 특정인의 사회적 가치 내지 평가가 침해될 가능성이 있을 정도로 구체성을 띠어야 할 것이고, 정보통신망을 통하여 게시된 어떠한 표현행위가 위 죄와 관련하여 문제가 되는 경우 그 표현이 사실을 적시하는 것인가, 아니면 단순히

1480) 대법원 2002. 6. 28, 선고 2000도3045 판결.

의견 또는 논평을 표명하는 것인가, 또는 의견 또는 논평을 표명하는 것이라면 그와 동시에 묵시적으로라도 그 전제가 되는 사실을 적시하고 있는 것인가 그렇지 아니한가의 구별은, 당해 게시물의 객관적인 내용과 아울러 일반의 독자가 보통의 주의로 게시물을 접하는 방법을 전제로 게시물에 사용된 어휘의 통상적인 의미, 게시물의 전체적인 흐름, 문구의 연결 방법 등을 기준으로 판단해야 하고, 여기에다가 당해 게시물이 게재된 보다 넓은 문맥이나 배경이 되는 사회적 흐름 등도 함께 고려해야 하는 것이다.」[1481]

8. 특수한 위법성조각사유

명예훼손죄에 적용되는 특수한 위법성조각사유가 있고, 일반적 위법성조각사유에 앞서 우선 적용된다.

가. 명예훼손행위가 진실한 사실로서 오로지 공공의 이익에 관한 때에는 처벌하지 아니한다(형법 제310조). 조문상으로는 ① 진실한 사실, ② 오로지 공공의 이익에 관한 때가 요구된다. **이 조항은 오직 제307조 제1항의 진실사실적시 명예훼손에만 적용되므로, 제307조 제2항**(허위 명예훼손), **제309조**(출판물에 의한 명예훼손), **정보통신망이용촉진및정보보호등에관한법률 제70조**(정보통신망을 통한 명예훼손)**에는 적용이 없다.**

▶ 「형법 제310조의 진실한 사실로서 공공의 이익에 관한 때에는 처벌하지 아니한다는 규정은 사람을 비방할 목적이 있는 경우인 같은 법 제309조 제1항 소정의 행위에 대하여는 적용되지 아니하고 위 목적을 필요로 하지 않는 같은 법 제307조 제1항의 행위에 한하여 적용된다.」[1482]

▶ 「정보통신망을 통한 명예훼손이나 허위사실적시 명예훼손 행위에는 위법성조각에 관한 형법 제310조가 적용될 수 없다.」[1483]

나. 형법 제310조에서 '오로지 공공의 이익에 관한 때'라 함은 적시된 사실이 객관적으로 볼 때 공공의 이익에 관한 것으로서 행위자도 주관적으로 공공

1481) 대법원 1994. 10. 25, 선고 94도1770 판결; 대법원 1999. 2. 9, 선고 98다31356 판결; 대법원 2000. 2. 25, 선고 98도2188 판결; 대법원 2003. 6. 24, 선고 2003도1868 판결.
1482) 대법원 1960. 10. 26, 선고 4293형상823 판결; 대법원 1984. 9. 11, 선고 84도1547 판결.
1483) 대법원 2003. 5. 16, 선고 2003도601,2003감도9 판결; 대법원 2005. 2. 17, 선고 2004도8484 판결; 대법원 2006. 8. 25, 선고 2006도648 판결.

의 이익을 위하여 그 사실을 적시한 것이어야 하는 것인데, 여기의 공공의 이익에 관한 것에는 널리 국가·사회 기타 일반 다수인의 이익에 관한 것뿐만 아니라 특정한 사회집단이나 그 구성원 전체의 관심과 이익에 관한 것도 포함하는 것이다.[1484] 그리고 **개인의 사적인 신상에 관한 사실이라고 하더라도** 그가 관계하는 사회적 활동의 성질이나 이를 통하여 사회에 미치는 영향력의 정도 등의 여하에 따라서는 그 사회적 활동에 대한 비판 내지 평가의 한 자료가 될 수 있는 것이므로 개인의 사적인 신상에 관하여 적시된 사실도 그 적시의 주요한 동기가 공공의 이익을 위한 것이라면 위와 같은 의미에서 형법 제310조 소정의 공공의 이익에 관한 것으로 볼 수 있는 경우가 있다고 할 것이다.[1485]

다. 진실한 사실로서 오로지 공공의 이익에 관한 때에 해당한다는 점은 행위자가 증명해야 하고, 오로지 공공의 이익에 관한 때라 함은 적시된 사실이 객관적으로 볼 때 공공의 이익에 관한 것으로서 행위자도 공공의 이익을 위하여 그 사실을 적시한 것이어야 하고, 이 경우에 적시된 사실이 공공의 이익에 관한 것인지 여부는 당해 적시 사실의 구체적인 내용, 당해 사실의 공표가 이루어진 상대방의 범위, 그 표현의 방법 등 그 표현 자체에 관한 제반 사정을 감안함과 동시에 그 표현에 의하여 훼손되거나 훼손될 수 있는 명예의 침해 정도 등을 비교·고려하여 결정해야 하며, 행위자의 주요한 목적이나 동기가 공공의 이익을 위한 것이라면 **부수적으로 다른 사익적 목적이나 동기가 내포되어 있더라도** 형법 제310조의 적용을 배제할 수 없다.[1486][1487]

1484) 대법원 1997. 4. 11, 선고 97도88 판결; 대법원 1998. 10. 9, 선고 97도158 판결.

1485) 대법원 1996. 4. 12, 선고 94도3309 판결.

1486) 대법원 1989. 2. 14, 선고 88도899 판결; 대법원 1995. 11. 10, 선고 94도1942 판결; 대법원 1996. 10. 25, 선고 95도1473 판결; 대법원 1998. 10. 9, 선고 97도158 판결; 대법원 2002. 9. 24, 선고 2002도3570 판결.

1487) **공직선거법상 후보자비방죄의 위법성조각사유도 대동소이하다.**

▶ **공직선거법 제251조(후보자비방죄)** 당선되거나 되게 하거나 되지 못하게 할 목적으로 연설·방송·신문·통신·잡지·벽보·선전문서 기타의 방법으로 공연히 사실을 적시하여 후보자(候補者가 되고자 하는 者를 포함한다), 그의 배우자 또는 직계존·비속이나 형제자매를 비방한 자는 3년 이하의 징역 또는 500만원 이하의 벌금에 처한다. **다만, 진실한 사실로서 공공의 이익에 관한 때에는 처벌하지 아니한다.**

▶ 인터넷 사이트 대통령선거 관련 토론장 게시판에 특정 후보자를 비방하는 내용으로 올린 게시물이 어떤 구체적인 사실을 적시하고 있는 것이 아니라 단순히 위 후보자에 대한 피고인 개인의 가치판단이나 평가를 내용으로 하는 의견표현에 불과하다면 공직선거및선거부정방지법 제251조 소정의 후보자비방죄가 성립하지 아니한다(대법원 2004. 3. 11, 선고 2003도4023 판결).

▶ 공직선거및선거부정방지법 소정의 후보자비방죄가 성립되기 위하여는 '사실을 적시하여 후보자(후보자가 되고자 하는 자를 포함한다), 그의 배우자 또는 직계존·비속이나 형제자매(이하 그의 가족이라 한다)를 비방'할 것을 요하는바, '사실을 적시하여 후보자를 비방한다'라고 함은 후보자와 관련된 사실을 적시하여 당해 후보자를 비방함을 의미하는 것으로서 그 사실적시 중에는 후보자 개인의 신분, 경력 또는 인격 등 직접 그 후보자 자신에 관한 것뿐만 아니라 간접적인 사실이라 하더라도 이를 적시하는 것이 후보자의 당선을 방해할 염려가 많은 것은 이에 포함된다 할 것이나, 후보자가 소속한 정당의 정책 및 정당소속 인사에 관한 사항은 그것이 후보자의 당락과 밀접한 관련 있는 사항이 아닌 이상 후보자비방에 포함된다 할 수 없다. 또한 후보자비방죄는 그 객체가 '후보자와 그의 가족'으로 한정되어 있으므로 후보자와 그의 가족 이외의 사람이나 단체에 대한 사실의 적시나 비난을 후보자에 대한 비방으로 보는 것은 죄형법정주의의 유추해석 및 확장해석 금지의 원칙상 극히 제한적으로만 인정되어야 할 것이다(서울지법 1995. 8. 17, 선고 95고합661 판결 : 확정).

▶ 공직선거법 제251조의 후보자비방죄에서 정한 '비방'이란 정당한 이유 없이 상대방을 깎아내리거나 헐뜯는 것을 의미한다. 한편, 위 조항 단서의 규정에 의하여 **위법성이 조각되기 위하여서는** 적시된 사실이 전체적으로 보아 진실에 부합하고, 그 내용과 성질에 비추어 객관적으로 볼 때 공공의 이익에 관한 것으로서 행위자도 공공의 이익을 위하여 그 사실을 적시한다는 동기를 가지고 있어야 하되, 반드시 공공의 이익이 사적 이익보다 우월한 동기에서 된 것이 아니더라도 양자가 동시에 존재하고 거기에 상당성이 인정되어야 한다(대법원 2009. 6. 25, 선고 2009도1936 판결; 대법원 2003. 11. 13, 선고 2003도3606 판결).

▶ 공직선거법 제251조 본문에 해당하는 후보자비방 행위라 하더라도 적시된 사실이 진실에 부합하고 공공의 이익에 관한 때에는 같은 조 단서에 의하여 위법성이 조각되는바, 여기서 **적시된 사실이 진실에 부합한다 함은** 그 내용 전체의 취지를 살펴볼 때 중요한 부분이 객관적 사실과 합치되면 족한 것이고 세부에 있어 약간의 상위가 있거나 다소 과장된 표현이 있더라도 무방하고, 공공의 이익에 관한 때라 함은 반드시 공공의 이익이 사적 이익보다 우월한 동기가 된 것이 아니더라도 양자가 동시에 존재하고 거기에 상당성이 인정된다면 이에 해당한다(대법원 2004. 10. 27, 선고 2004도3919 판결).

▶ 형법 제310조나 구 대통령선거법, 구 국회의원선거법, 구 지방의회의원선거법하의 규정에 의하여서는 공공의 이익이 적어도 주된 동기가 되어야 하고 부수적으로 사적 이익이 포함되는 경우까지 만을 위법성이 조각되는 것으로 해석하였으므로 적어도 공공의 이익이 사적 이익보다 우월한 경우에만 위법성이 조각되었다고 할 것이다. 그러나 이러한 해석으로는 선거운동의 자유를 충분히 보장할 수 없고 유권자에게 후보자에 대한 충분한 정보를 제공함으로써 유능하고 적합한 인물이 공직의 담당자로 선출되도록 기여하는데 부족하다는 반성적 고려에서 공직선거및선거부정방지법 제251조 단서는 **"오로지"라는 단어를 삭제**한 것이라고 할 것이므로, 이제는 진실한 사실의 적시에 관한 한 그것이 반드시 공공의 이익이 사적 이익보다 우월한 동기가 된 것이 아니더라도 양자가 동시에 존재하고 거기에 상당성이 인정된다면 위 단서 조항에 의하여 위법성이 조각된다고 보아야 한다(대법원 1996. 6. 28, 선고 96도977 판결).

▶ 후보지원을 위한 연설의 내용이 다른 정당의 후보자의 오래 전의 이혼과정을 그릇되게 추단하도록 하는 것으로서 위 후보자에 대한 비방에 의하여 동인을 낙선시키고 자신이 지지하는 다른 후보자를 당선시키겠다는 사적 이익이 결정적으로 중요한 동기였다고 할 것이어서 양자 사이에 상당성을 인정할 수 없으므로 그 위법성이 조각되지 않는다(대법원 2002. 6. 14, 선고 2000도4595 판결).

▶ 공직선거 후보자 합동연설회장에서 후보자 갑이 적시한 연설 내용이 다른 후보자 을에 대한 명예훼손 또는 후보자비방의 요건에 해당되나 그 위법성이 조각되는 경우, 갑의 연설 도중에 을이 마이크를 빼앗고 욕설을 하는 등 물리적으로 갑의 연설을 방해한 행위가 갑의 '위법하지 않은 정당한 침해'에 대하여 이루어진 것일 뿐만 아니라 '상당성'을 결여하여 정

라. 판례는 위 조문을 확대해석하여 폭넓게 사안에 적용해 왔다. 즉 ① 진실한 사실이거나 진실한 사실로 **믿을 만한** 상당한 이유, ② 오로지 공공의 이익에 관한 때 또는 **주된 목적**이 공공의 이익에 관한 때로 사실상 확대한 것이다. 판례에 따를 때 피고인이 면책되기 위해서는, 적시된 사실이 객관적으로 볼 때 공공의 이익에 관한 것으로서 행위자도 주로 공공의 이익을 위하여 그 사실을 적시한 것이어야 하고, 적시된 사실이 진실한 것이거나 적어도 행위자가 그 사실을 진실한 것으로 믿었고, 또 그렇게 믿을 만한 상당한 이유가 있었어야 한다. 적시사실의 중요부분이 진실과 합치되면 위 조항의 적용을 받으므로, 세부에 있어서 약간 다르거나 다소 과장된 표현이 있는 것은 무방하다.

마. 한편 출판물을 이용하여 타인의 명예를 훼손하더라도 비방의 목적이 없었다면(적시한 사실이 공공의 이익에 관한 것인 경우) 출판물 명예훼손 규정인 제309조가 적용되지 않고 제307조 제1항 소정의 명예훼손죄의 성립여부가 문제되고, 진실성과 공익성이 있는 경우 다시 형법 제310조에 의해 위법성이 조각된다.[1488] 따라서 비방의 목적과 공공의 이익을 위한 동기·목적 중에서 어떤 고의로 명예훼손 행위에 나아갔는지는 참으로 중요하다. 비방의 목적과 공공의 이익을 위한 동기는 상반관계에 있기 때문이다. 적시사실이 공공의 이익에 관한 것이면 비방의 목적은 부인된다.[1489] 대법원이 명예훼손죄 성부를 판단하는 중요한 기준이다.

▶ 「형법 제309조 제1항 소정의 '사람을 비방할 목적'이란 가해의 의사 내지 목적을 요하는 것으로서 공공의 이익을 위한 것과는 행위자의 주관적 의도의 방향에 있어 서로 상반되는 관계에 있다고 할 것이므로, 형법 제310조의 공공의 이익에 관한 때에는 처벌하지 아니한다는 규정은 사람을 비방할 목적이 있어야 하는 형법 제309조 제1항 소정의 행위에 대하여는 적용되지 아니하고 그 목적을 필요로 하지 않는 형법 제307조 제1항의 행위에 한하여 적용되는 것이고, 반면에 적시한 사실이 공공의 이익에 관한 것인 경우에는 특별한 사정이 없는 한 비방 목적은 부인된다고 봄이 상당하므로 이와 같은 경우에는 형법 제307조 제1항 소정의 명예훼손죄의 성립 여부가 문제될 수 있고 이에 대하여는 **다시** 형법 **제310**

당방위의 요건을 갖추지 못하였다(대법원 2003. 11. 13, 선고 2003도3606 판결).

1488) 대법원 2003. 12. 26, 선고 2003도6036 판결; 대법원 1998. 10. 9, 선고 97도158 판결.

1489) 대법원 2000. 2. 25, 선고 98도2188 판결; 대법원 2005. 4. 29, 선고 2003도2137 판결; 대법원 2009. 6. 11, 선고 2009도156 판결.

조에 의한 위법성 조각 여부가 문제로 될 수 있다. …(중략) **결국 이 사건 공소사실은 적시 사실이 허위가 아닐 뿐만 아니라, 피고인에게 피해자를 "비방할 목적"도 있었다고 보기 어려우므로, 형법 제309조 제1항 소정의 출판물에 의한 명예훼손죄에 해당하지 않는다고 할 것이고, 나아가 이 사건 공소사실이 형법 제307조 제1항의 명예훼손죄에 해당한다고 하더라도 그것은 위에서 본 바와 같이 형법 제310조에 의하여 위법성이 조각된다**고 봄이 상당하다고 할 것이다.

그럼에도 불구하고 원심이, 피고인에게 피해자를 "비방할 목적"이 있었음을 전제로 이 사건 공소사실이 형법 제309조 제1항 소정의 출판물에 의한 명예훼손죄에 해당한다고 판단한 것은 상고이유의 주장과 같은 채증법칙에 위반하여 사실을 오인하였거나 형법 제309조 및 제310조의 법리를 오해한 위법을 범하였다고 할 것이다. 이 점을 지적하는 상고이유의 주장은 이유 있다.」[1490]

출판물이 아니고, 비방의 목적 없이 공공의 이익을 위한 행위

▶ 「…(전략) 결국, 이 사건 공소사실은 적시 사실이 허위가 아닐 뿐만 아니라, 이 사건 인쇄물이 '기타 출판물'에 해당한다고 보기 어렵고 피고인에게 피해자를 '비방할 목적'도 있었다고 보기 어려우므로, **형법 제309조 제2항이나 제1항 소정의 출판물에의한명예훼손죄에 해당하지 않는다** 할 것이고, 나아가 이 사건 공소사실이 **형법 제307조 제1항의 명예훼손죄에 해당한다고 하더라도** 그것은 위에서 본 바와 같이 **형법 제310조에 의하여 위법성이 조각된다**고 봄이 상당하다고 할 것이다.

그런데 원심은 이 사건 인쇄물이 '기타 출판물'에 해당하고 피고인에게 피해자를 '비방할 목적'이 있었음을 전제로 이 사건 공소사실이 형법 제309조 제1항 소정의 사실적시 출판물에의한명예훼손죄에는 해당한다고 한 다음, 피고인의 이와 같은 명예훼손행위에 대하여 대통령 선거·국회의원 선거·지방의회의원 및 지방자치단체의 장의 선거에 적용되는 공직선거및선거부정방지법 제251조 단서에 의한 위법성 조각의 특수한 법리까지 끌어들여 사회통념상 허용될 만한 정도의 상당성이 있어 위법성이 없다고 판단하였는바, **원심판결의 이와 같은 판단의 과정은 옳다고 할 수 없으나** 위법성이 없다는 결론은 정당하여 판결 결과에 영향이 없으므로, 이 점에 관련한 상고이유의 주장은 이유 없음에 돌아간다고 할 것이다.」[1491]

1490) 대법원 2003. 12. 26, 선고 2003도6036 판결; 대법원 1998. 10. 9, 선고 97도158 판결.
1491) 대법원 1998. 10. 9, 선고 97도158 판결.

공공의 이익 VS. 비방의 목적

◉ 소설이 일반 독자들에게 소설 상의 내용을 진실한 것이라고 주장하는 것이 아니라 피고인들이 가지고 있는 의혹을 소설의 형식으로 제기하고 있는 것이고, 피고인들이 이 사건 소설을 집필, 출간한 행위는 대한항공 858기 폭파사건에 관한 새로운 진상 규명의 필요성을 사회적으로 호소하기 위한 목적으로 공공의 이익을 위한 것으로 봄이 상당하며 비방의 목적을 인정할 수 없으므로 공소사실은 범죄의 증명이 없는 경우에 해당한다.[1492] ◉ 초등학교 여성 기간제교사가 같은 학교 교장의 차 접대 요구의 부당성을 주장하는 글을 해당 군청의 홈페이지에 게재한 행위는 교장에 대한 명예훼손은 인정되나 위 글의 주요한 동기 내지 목적이 공공의 이익에 관한 것이고 그 글이 헌법이 보장하고 있는 언론의 자유의 한계 내에 있다고 보이므로 형법 제310조에 의하여 위법성이 조각된다.[1493] ◉ 국립대학교 교수가 자신의 연구실 내에서 제자인 여학생을 성추행하였다는 내용의 글을 지역 여성단체가 자신의 인터넷 홈페이지 또는 소식지(대구여성의 전화 45호의 인권소식란)에 게재한 다음 위 소식지 1,500권을 제작하여 대구여성의 전화 성명불상의 회원, 여성의 전화 각 지부 및 대구지역 시민단체 등에 배포하였더라도, 국립대학교 교수인 피해자의 지위, 적시사실의 내용 및 성격, 표현의 방법, 동기 및 경위 등 제반 사정을 종합하여 볼 때, 비록 성범죄에 관한 내용이어서 명예의 훼손정도가 심각하다는 점까지를 감안한다 할지라도 인터넷 홈페이지 또는 소식지에 위와 같은 내용을 게재한 행위는 학내 성폭력 사건의 철저한 진상조사와 처벌 그리고 학내 성폭력의 근절을 위한 대책마련을 촉구하기 위한 목적으로 공공의 이익을 위한 것으로서 달리 비방의 목적이 있다고 단정할 수 없다.[1494] ◉ 피고인이 강연, 대담이나 기고를 하게 된 경위는 교회 또는 기독교

1492) 대법원 2009. 6. 11, 선고 2009도156 판결.

1493) 대전지방법원 홍성지원 2007. 2. 7, 선고 2004고단230 판결.

1494) ▶「…(전략) 이 사건의 경우 기록에 의하면, 여기서 문제가 되는 명예훼손적 표현은 **국립대학교의 교수가 자신의 연구실 내에서 제자인 여학생을 성추행을 하였다는 내용**으로서 공인의 공적 활동과 밀접한 관련이 있는 내용인 사실, 이와 같이 학내에서 발생한 성폭력 문제는 국민이 알아야 할 공공성, 사회성을 갖춘 공적 관심사안으로서 사회의 여론형성에 기여하는 측면이 강하고 순수한 사적인 영역에 속하는 것이라 할 수 없으며, 특히 피고인들은 성폭력 및 가정폭력으로부터 여성을 보호하는 것을 설립 목적으로 하는 지역 민간단체의 대표들로서 사건 발생 이후 피해 여학생 등과의 상담을 거쳐 사건 내용을 파악하고 (대학명 생략) 학생회 그리고 지역 여성단체들과 함께 비상대책위원회를 구성하여 수사기관과 학교 당국을 상대로 철저한 진상조사와 처벌 그리고 학내 성폭력의 근절을 위한 대책 마련을 촉구하는 활동을 벌이던 중 자신들의 활동내용을 알려 이를 지지하는 여론을 형성하기 위하여 자신들의 홈페이지의 인권란 또는 소식지의 인권소식란에 그 주장 내용을 담은 성명서를 옮겨 담거나 요약하여 게재하였을 뿐이고 위 피해자와 사이에 어떠한 개인적인 감정도 존재하지 아니하였던 사실, 피해자는 스스로 강제추행을 저질러 위와 같은 명예훼손적 표현의 위험을 자초한 사실, 그리고 그 표현 자체에 있어서도 피해자를 비하하는 등의 모욕적인

단체나 텔레비젼 방송국, 잡지사 등의 요청에 의한 것이고, 그 강연의 청취자 또한 대부분 기독교 신자들이나 목회자들이며, 그 잡지나 텔레비젼 방송도 주로 기독교 신자들이 읽거나 시청하는 것인 사실, 위 강연, 대담이나 기고한 글의 내용은 주로 구원파의 교리가 기존 기독교의 그것과 어떻게 다르고 그로 인한 폐해는 무엇인가에 관한 것으로서, 구원파의 성서관, 하나님관, 구원관, 기도관, 예배관, 교회관, 종말관 등 구원파의 교리 전반에 대한 비판과 피고인이 왜 구원파에 몸담고 있다가 기존 기독교로 복귀하였는가 하는 피고인의 신앙적 역정에 대한 회고로 이루어져 있으며, 공소사실 기재와 같이 공소외 1이 독일에서 문제의 강연을 하다가 망신을 당하였다는 언급은 피고인이 구원파를 떠나게 된 동기를 설명하는 부분에서 있었던 사실, 구원파는 공소외 1과 공소외 4 등이 구원파의 신도들에게 구원의 계기와 방법으로 헌금을 하거나 돈을 빌려줄 것을 유도하여 조성한 자금으로 공소외 1이 경영하는 기업체의 사업 자금을 조달함으로써 많은 돈을 헌금하거나 대여하게 된 일부 신도들의 가정이 파탄지경에 이르는 등 피고인이 위와 같은 강연, 대담이나 기고를 할 무렵에는 구원파로 인한 사회적 물의가 적지 않았고, 또 여러 가지 사정 때문에 공소외 1은 종교계뿐만 아니라 사회 일반에서도 구원파의 실질적 지도자로 알려져 있었던 사실 등이 인정되고, 피고인이 적시한 사실이 허위라고 단정할 수 없음은 앞서 본 바와 같다. 위와 같은 제반 사정을 종합, 고찰하면, **피고인이 위 강연, 대담이나 기고한 글 중에 언급한 공소외 1의 행태는 객관적으로 볼 때 사회 일반에 상당한 영향력을 행사하고 있던 동인의 사회적 활동에 대한 비판 내지 평가의 한 자료가 될 수 있다**는 의미에서 공공의 이익에 관한 것이라고 봄이 상당하고, 또 피고인으로서도 공소외 1 개인을 비방할 목적에서라기보다는 기독교 신자 등에게 공소외 1에 대한 실망이 피고인이 구원파를 떠나게 된 동기의 하나가 되었음을 설명하고 공소외 1이 지도자로서의 자질이나 덕목이 부족함을 부각함으로써 **구원파를 경계케**

표현은 전혀 없고 객관적인 진실과 함께 자신들의 요구사항을 적시하고 있을 뿐인 사실을 알아 볼 수 있는바, 이러한 **피해자의 지위, 적시사실의 내용 및 성격, 표현의 방법, 동기 및 경위 등 제반 사정을 종합**하여 볼 때 비록 성범죄에 관한 내용이어서 명예의 훼손정도가 심각하다는 점까지를 감안한다 할지라도 인터넷 홈페이지 또는 소식지에 위와 같은 내용을 게재한 행위는 학내 성폭력 사건의 철저한 진상조사와 처벌 그리고 학내 성폭력의 근절을 위한 대책마련을 촉구하기 위한 목적으로 공공의 이익을 위하여 한 것으로 봄이 상당하고, 달리 비방의 목적이 있다고 단정할 수는 없다고 할 것이다.

그럼에도 불구하고, 원심은 그 설시의 이유만으로 피고인들이 피해자 2에 대하여 적시한 사실은 공공의 이익에 관한 것이라고 볼 수 없고 오히려 피고인들에게 비방의 목적이 있었다고 판단하였으니, 이 부분 원심판결에는 명예훼손죄의 위법성 조각사유와 출판물에 의한 명예훼손죄에 있어서의 비방의 목적에 관한 법리를 오해하였거나 채증법칙을 위배하여 사실을 오인한 위법이 있다고 하지 않을 수 없고, 이러한 위법은 판결에 영향을 미친 것임이 분명하다. 이 점을 지적하는 상고이유의 주장은 이유 있다.」(대법원 2005. 4. 29, 선고 2003도2137 판결)

할 목적으로 공공의 이익을 위하여 한 행위라고 보아야 옳을 것이다. 그럼에도 불구하고 원심은 그 설시의 이유만으로 피고인이 적시한 사실은 공공의 이익에 관한 것이라고 볼 수 없고, 피고인에게 공소외 1 개인에 대한 비방의 목적이 있었다고 판단하였으니, 원심판결에는 명예훼손죄의 위법성 조각사유와 출판물 등에 의한 명예훼손죄에 있어서의 비방의 목적에 관한 법리를 오해하였거나 채증법칙을 위배하여 사실을 오인한 위법이 있다고 하지 않을 수 없고, 이러한 위법은 판결에 영향을 미친 것임이 분명하므로, 이 점을 지적하는 상고이유의 주장은 이유 있다.[1495] ◉ 교회담임목사를 출교처분 한다는 취지의 교단산하 재판위원회의 판결문은 성질상 교회나 교단 소속신자들 사이에서는 당연히 전파, 고지될 수 있는 것이므로 위 판결문을 복사하여 예배를 보러온 신도들에게 배포한 행위에 의하여 그 목사의 개인적인 명예가 훼손된다 하여도 그것은 진실한 사실로서 오로지 교단 또는 그 산하교회 소속신자들의 이익에 관한 때에 해당하거나 적어도 사회상규에 위배되지 아니하는 행위에 해당하여 위법성이 없고, 가사 피고인들의 소행에 피해자를 비방할 목적이 함께 숨어 있었다고 하더라도 그 주요한 동기가 공공의 이익을 위한 것이라면 형법 제310조의 적용을 배제할 수 없다.[1496] ◉ 이 사건 조합은 구 자동차운수사업법(1997. 12. 13. 전면 개정에 의하여 여객자동차운수사업법으로 되었다)에 따라 서울특별시 일원에서 개인택시운송사업을 영위하는 사람들을 조합원으로 하여 택시운송사업의 공익성을 발휘하고 조합원 상호간의 공동복리와 친목도모를 목적으로 설립된 법인으로서 그 조합원수가 약 4만여 명에 이르고, 이 사건 조합의 이사장은 조합의 업무를 총괄하고 조합을 대표하는 자로서 조합원들이 직선에 의하여 선출하고 그 선거운동을 함에 있어 조합선거관리규정에 의하여 사실 근거가 있는 경우 후보자를 비판하는 내용의 인쇄물을 제작 배포할 수 있으며, 이 사건 조합의 제12대 이사장 선거에 있어서는 전이사장을 비롯한 조합 집행부의 업무상 비리 등의 문제가 큰 쟁점으로 되었던 사실을 알 수 있는바, 이와 같은 이 사건 조합의 목적과 성격, 이사장의 지위, 그 선출방법과 과정 및 피고인이 이 사건 인쇄물을 작성하게 된 경위와 그 배포 상대방 등 여러 가지 사정을 고려하여 보면, 피고인이 이 사건 인쇄물에서 적시한 사실은 피해자의 조합 활동상의 전력에 관한 사실로서 조합원 전체의 관심과 이익에 관한 사항으로 공공의 이익에 관한 것이고, 피고인의 주관적 동기도 상대방 후보자의 조합 이사장으로서의 자질과 전력에 관한 정보를 투표권자인 조합원들에게 제공한다는 측면에서 주로 공공의 이익을 위한 것이었다고 봄이 상당하다고 할 것이다.[1497]

1495) 대법원 1996. 4. 12, 선고 94도3309 판결.
1496) 대법원 1989. 2. 14, 선고 88도899 판결.
1497) 대법원 1998. 10. 9, 선고 97도158 판결.

반면 ◉ 피고인이 적시한 사실의 요지는 "피고인은 벼농사에 우수한 효능을 가진 제초제 신 물질 일명 C를 개발하였는데 제초제 연구실 실장인 D는 위 제초제에 대하여 특허가 출원되지 않은 약점을 알고 있으면서도 위 제초제에 관하여 다국적기업인 바이엘사와 접촉하고 국내 농약회사인 E, F 등과 공동연구협약을 체결하여 연구기밀을 외부에 알려 주었고, 위 제초제를 합성한 피고인에게 위 제초제에 대한 연구를 중단시키기 위하여 피고인을 다른 곳으로 쫓아내려고 하고 있다. D는 국가의 업적을 개인의 것으로 이양하는 교묘한 계책을 쓰고 있고, D 실장의 비뚤어진 사고방식과 반국가적 행위를 개선하여 주도록 G연구소에 요청하였으나 연구소 당국은 D의 부패된 악습을 덮어주고 변호할 뿐이다"라는 것이고, 한편 피고인은 위와 같은 내용의 청원서를 원심이 유지한 제1심 판시와 같이 35명에게 발송하였다는 것으로서, 피고인이 작성·발송한 청원서의 내용이 진실한 사실로서 시정되어야 할 연구소의 사정이 포함되어 있기는 하나 위 **D를 비방하는 취지가 그 내용의 주조를 이루고 있는 점** 등 그 표현의 방법 외에도 피고인이 위 청원서를 그의 주장을 심사할 수 있는 권한을 가진 사람들에게 발송하여 그 시정을 구하였음에도 불구하고 그러한 조치가 제대로 이루어지지 않았다면 모르되 감독관청인 과기처장관에게 보냄과 더불어 **막바로 그러한 권한과는 무관한 정치인에게 발송하는 것을 시발로 하여 약간의 시차를 두고 정치인, 언론인, 언론기관 등에게 광범위하게 발송**한 사정에 비추어 볼 때, 이 사건 범행이 오로지 공공의 이익에 관한 것이라고는 할 수 없다. …(중략) **명예훼손죄의 위법성조각사유에 관한 법리오해의 위법이나, 정당행위에 관한 법리를 오해한 잘못이 없다.**[1498] ◉ 피고인은 공소외 주식회사의 대표이사인 **피해자에게 압력을 가하여 단체협상에서 양보를 얻어내기 위한 방법의 하나로** 위 회사의 다른 직원들과 함께 "공소외 주식회사 사장 피해자는 체불임금 지급하고 단체교섭에 성실히 임하라.", "노동임금 갈취하는 악덕업주 피해자 사장은 각성하라."는 등의 내용이 기재된 현수막과 피켓을 들고 확성기를 사용하여 위와 같은 내용을 반복해서 불특정다수의 행인을 상대로 소리치면서 위 회사의 정문을 출발하여 부산광역시청을 경유, 부산지방경찰청 앞 인도까지 거리행진을 함으로써 피해자의 명예를 훼손한 사실이 인정되는바, 이와 같은 피고인의 이 사건 행위의 동기 및 목적, 당해 사실의 공표가 이루어진 상대방의 범위 등에 비추어 볼 때, 피고인의 판시 행위가 **공공의 이익을 위하여 사실을 적시한 것으로 볼 수는 없다.** …(중략) 또한, 피고인의 이 사건 각 행위는 근로조건의 개선을 위한 노사 간의 자치적 교섭을 조성하려는 행위로 볼 수 없고, 수단과 방법에 있어서의 **정당성도 없다.**[1499]

1498) 대법원 1995. 11. 10, 선고 94도1942 판결.

9. 제310조의 특수한 위법성조각사유가 적용되지 못하더라도 형법 제20조 내지 제24조의 일반적 위법성조각사유가 적용될 수도 있다. 피해자가 미리 승낙하였거나 법령·업무로 인한 행위 또는 사회상규에 위배되지 않는 행위일 것을 요한다. 따라서 형사재판에서 검사가 기소요지 진술을 통해 피고인의 명예훼손적 발언을 하는 것, 증인의 증언, 피고인과 변호인의 방어권 내지 변호권 행사는 **법령**에서 허용하거나 강제하는 행위이고, 보도기관의 보도나 학술에서 공정한 논평을 하며 남을 깎아 내리는 것은 **업무**로 인한 행위로 허용된다. 또 피고인이 소속한 교단협의회에서 조사위원회를 구성하여 피고인이 목사로 있는 교회의 이단성 여부에 대한 조사활동을 하고 보고서를 그 교회 사무국장에게 작성토록 하자, 피고인이 조사보고서의 관련 자료에 피해자를 명예훼손죄로 고소했던 고소장의 사본을 첨부한 경우, 이는 자신의 주장의 정당성을 입증하기 위한 자료의 제출행위로서 **사회상규**에 위배되지 않는 정당한 행위로 볼 것이지, 고소장의 내용에 다소 피해자의 명예를 훼손하는 내용이 들어 있다 하더라도 이를 이유로 고소장을 첨부한 행위가 위법하다고까지는 할 수 없다.[1500]

10. 정보통신망을 이용하여 비방할 목적으로 명예를 훼손하면 정보통신망이용촉진및정보보호등에관한법률위반죄(동법 제70조)가 성립하는데, 비방할 목적

1499) 대법원 2004. 10. 15, 선고 2004도3912 판결.

1500) ▶ 「…(전략) 공연히 위 사실을 적시하여 피해자의 명예를 훼손한 것이라는 공소사실에 대하여, 먼저 위 종교신문에 게재된 신문기사부분에 대하여, 공소사실 적시와 같은 경위로 피고인이 위 황△△ 기자에게 그와 같은 내용의 진술을 하여 그 내용이 기사화 된 사실은 인정되나 원심이 설시한 여러 가지 사정 등에 비추어 피고인이 피해자를 비방할 목적으로 허위사실을 적시하여 피해자 측의 명예를 훼손한 것이라고는 할 수 없다 할 것이고, 다음으로 피고인이 작성 제출한 고소장의 사본을 첨부하여 위 조사보고서를 제작하여 배포하였다는 점에 대하여, 위 조사보고서의 작성목적에 비추어 위 조사보고서에 관련되는 자료는 위 △△교회의 이단성 조사와 관련된 것이면 양측에서 어느 것이나 제출할 수 있는 것이고, 또 조사보고서에 어떤 자료를 넣을 것인가의 여부의 결정권은 최종적으로는 위 위원회에 있다고 보이는 점 등에 비추어 보면, 피고인이 위 조사보고서의 관련 자료에 위 고소장 등을 첨부한 위 행위는 자신의 주장의 정당성을 입증하기 위한 자료의 제출행위로서 정당한 행위로 볼 것이지, 고소장의 내용에 다소 피해자의 명예를 훼손하는 내용이 들어 있다 하더라도 이를 이유로 위 고소장을 첨부한 행위가 위법하다고 까지는 할 수 없을 것이고, 또 피고인이 피해자 측을 비방할 목적으로 위 행위를 한 것이라고 단정하기도 어렵다고 하여 위 각 공소사실은 **출판물에 의한 명예훼손죄의 구성요건에 해당하지 아니하거나 사회상규에 위배되지 아니하는 행위로서 위법성이 없어 죄가 되지 아니한다**고 판단하였는바, 관계 증거와 법령을 살펴보면 원심의 위와 같은 판단은 정당하다고 수긍이 되고 원심판결에 소론과 같이 채증법칙을 위반하여 사실을 잘못 인정한 위법이나 명예훼손죄에 있어서의 위법성에 관한 법리를 오해한 위법이 있다고 볼 수 없다. 논지는 이유 없다.」(대법원 1995. 3. 17, 선고 93도923 판결)

이 없이 공공의 이익을 위한 것이라면 동죄는 성립되지 않는다. 비방할 목적이 없으면 구성요건 결여로 무죄가 되지, 형법 제310조의 위법성조각사유가 적용되어 무죄가 되는 것이 아니다.

사실적시는 맞으나, 비방의 목적이 없는 사례

▶ 「1. 사실의 적시 여부에 관한 상고이유에 대하여

'구 정보통신망 이용촉진 및 정보보호 등에 관한 법률'(2007. 12. 21. 법률 제8778호로 개정되기 전의 것, 이하 '이 사건 법률'이라 한다.) 제61조 제1항(현행 제70조 제1항) 소정의 명예훼손죄의 구성요건요소인 '사실의 적시'란 가치판단이나 평가를 내용으로 하는 의견표현에 대치되는 개념으로서 시간과 공간적으로 구체적인 과거 또는 현재의 사실관계에 관한 보고 내지 진술을 의미하는 것이며, 그 표현내용이 증거에 의한 입증이 가능한 것을 말하고, 판단할 진술이 사실인가 또는 의견인가를 구별함에 있어서는 언어의 통상적 의미와 용법, 입증가능성, 문제된 말이 사용된 문맥, 그 표현이 행하여진 사회적 상황 등 전체적 정황을 고려하여 판단해야 한다.[1501]

원심은 그 채택 증거를 종합하여, 피해자 공소외인이 운영하는 '○○'성형외과에서 턱부위 고주파시술을 받았다가 그 결과에 불만을 품은 피고인이 인터넷 포털사이트 네이버의 지식검색 질문·답변 게시판에 2007. 5. 2. 10:22경 "아.. 공소외인씨가 가슴전문이라.. 눈이랑 턱은 그렇게 망쳐놨구나... 몰랐네..."라는 글을, 같은 날 10:27경 "내 눈은 지방제거를 잘못 했다고... 모양도 이상하다고 다른 병원에서 그러던데... 인생 망쳤음... ㅠ.ㅠ"이라는 글을 각 게시한 사실을 인정한 다음, 위 각 표현물이 '피고인이 피해자로부터 눈, 턱을 수술받았으나 수술 후 결과가 좋지 못하다', '피고인이 피해자 운영의 ○○성형외과에서 눈 수술을 받았으나 지방제거를 잘못하여 모양이 이상해졌고, 다른 병원에서도 모두 이를 인정한다'라는 취지의 피해자의 명예를 훼손할 만한 구체적인 사실을 적시한 것이라고 판단하였는바, 앞서 본 법리에 비추어 보면 위와 같은 원심의 판단은 정당한 것으로 받아들일 수 있고, 거기에 이 사건 법률 제61조 제1항 소정의 명예훼손죄의 구성요건요소인 '사실의 적시'에 관한 법리오해 등의 위법이 없다.

2. 비방의 목적 유무에 관한 상고이유에 대하여

…(중략) 원심은 위와 같은 적시 사실의 내용과 성질, 당해 공표가 이루어진 상대방의 범위, 그 표현의 방법 등 그 표현 자체에 관한 제반 사정을 감안함과 동시에 그 표현에 의하여 훼손될 수 있는 명예 침해의 정도 등을 비교·고려하고,

1501) 대법원 1998. 3. 24, 선고 97도2956 판결; 대법원 2008. 10. 9, 선고 2007도1220 판결.

여기에 피고인이 수사기관 이래 일관되게 자신이 피해자로부터 눈, 턱의 성형수술을 받았으나 부작용이 발생하였음에도 피해자가 자신의 잘못을 인정하지 않아 반성하도록 하기 위해 위와 같은 글을 작성하였다고 진술하고 있는 점 등을 종합하여 보면, 피고인에게는 피해자를 비방할 목적이 있었다고 봄이 상당하다고 판단했다.

그러나 위와 같은 원심의 판단은 다음과 같은 이유에서 그대로 수긍할 수 없다. 기록에 의하면, 위 각 표현물은 인터넷 사용자들이 질문을 올리면 이에 대해 답변하면서 질문사항에 의견과 정보를 공유하는 기능을 가진 인터넷 포털사이트의 지식검색 질문·답변 게시판에 단 한 줄의 댓글 형태로 각 게시된 점, 그 동기에 대해 피고인은 제1심 및 원심 법정에서 피해자의 성형시술 결과에 불만을 품고 있던 중 인터넷에서 피해자의 성형시술능력에 대한 질문·답변을 보고 다른 피해사례를 막아야겠다는 생각에 자신의 경험과 의견을 다른 사람들과 공유하고자 위 각 표현물을 게시하였다고 진술하기도 한 점, 피고인은 피해자로부터 피고인의 글을 삭제해 달라는 요청을 받고 즉시 삭제한 점 등을 알 수 있는바, 이러한 점들과 원심이 인정한 사실관계를 위 법리에 비추어 보면, 위 각 표현물의 공표가 이루어진 상대방은 피해자의 성형시술능력에 관심을 가지고 이에 대해 검색하는 인터넷 사용자들에 한정되고 그렇지 않은 인터넷 사용자들에게 무분별하게 노출되는 것이라고 보기는 어려우며, 그 분량도 각 한 줄에 불과하고, 그 내용 또한 피고인의 입장에서는 피해자의 시술 결과가 만족스럽지 못하다는 주관적인 평가가 주된 부분을 차지하고 있으며, 성형시술을 제공받은 모든 자들이 그 결과에 만족할 수는 없는 것이므로 그러한 불만을 가진 자들이 존재한다는 사실에 의한 피해자의 명예훼손의 정도는 위와 같은 인터넷 이용자들의 자유로운 정보 및 의견 교환으로 인한 이익에 비해 더 크다고 보기는 어려우므로, 피해자의 입장에서는 어느 정도 그러한 불만을 가진 자들의 자유로운 의사의 표명을 수인해야 할 것이라는 점을 고려해 볼 때, 위 각 표현물의 표현방법에 있어서도 인터넷 사용자들의 의사결정에 도움을 주는 범위를 벗어나 인신공격에 이르는 등 과도하게 피해자의 명예를 훼손한 것이라고 보기는 어렵다고 평가할 수 있어, **위 각 표현물은 전체적으로 보아 피해자로부터 성형시술을 받을 것을 고려하고 있는 다수의 인터넷 사용자들의 의사결정에 도움이 되는 정보 및 의견의 제공이라는 공공의 이익에 관한 것**이라고 볼 수 있고, 이와 같이 피고인의 주요한 동기 내지 목적이 공공의 이익을 위한 것이라면 부수적으로 원심이 인정한 바와 같은 다른 목적이나 동기가 내포되어 있더라도 그러한 사정만으로 피고인에게 비방할 목적이 있었다고 보기는 어렵다고 할 것이다.

그럼에도 불구하고 원심이 그 판시와 같은 사정만을 들어 피고인에게 피해자를 비방할 목적이 있었다고 판단한 것은 이 사건 법률 제61조 제1항 소정의 명예훼손죄의 구성요건요소인 '사람을 비방할 목적'에 관한 법리를 오해하여 판결에 영향을 미친 위법이 있다고 할 것이다.」[1502]

소비자의 불편사항 후기

▶ 「…(전략) 국가는 건전한 소비행위를 계도(계도)하고 생산품의 품질향상을 촉구하기 위한 소비자보호운동을 법률이 정하는 바에 따라 보장해야 하며(헌법 제124조), 소비자는 물품 또는 용역을 선택하는 데 필요한 지식 및 정보를 제공받을 권리와 사업자의 사업활동 등에 대하여 소비자의 의견을 반영시킬 권리가 있고(소비자기본법 제4조), 공급자 중심의 시장 환경이 소비자 중심으로 이전되면서 사업자와 소비자 사이의 정보 격차를 줄이기 위해 인터넷을 통한 물품 또는 용역에 대한 정보 및 의견 제공과 교환의 필요성이 증대되므로, 실제로 물품을 사용하거나 용역을 이용한 소비자가 인터넷에 자신이 겪은 객관적 사실을 바탕으로 사업자에게 불리한 내용의 글을 게시하는 행위에 비방의 목적이 있는지는 앞서 든 제반 사정을 두루 심사하여 더욱 신중하게 판단해야 한다. …(중략)

이러한 사실관계에서 알 수 있는 다음 사정, 즉 ① 피고인이 인터넷 카페 게시판 등에 올린 글은 피고인이 이 사건 산후조리원을 실제 이용한 소비자로서 겪은 일과 이에 대한 주관적 평가를 담은 이용 후기인 점, ② 이 사건 글에 '피해자의 막장 대응' 등과 같이 다소 과장된 표현이 사용되기도 했지만, 이는 출산으로 몸과 마음 모두 급격하고 예민한 변화를 겪는 피고인이 제기한 불만에 대응하는 피해자 태도의 문제점을 지적하는 것이고, 인터넷 게시글에 적시된 주요 내용은 객관적 사실에 부합하는 점, ③ 산후조리원에 관한 정보는 출산을 앞둔 임산부들의 관심과 이익에 관한 것으로, 피고인은 자신도 이용 후기를 보고 이 사건 산후조리원을 선택한 것처럼 산후조리원을 이용하려는 임산부의 신중한 선택에 도움을 주기 위해 인터넷에 이 사건 글을 게시하게 됐다고 동기를 밝힌 점, ④ 피고인이 같은 내용의 글을 반복 게시하였지만, 이는 자신의 글이 피해자 측의 요청 등으로 인터넷에서 삭제되거나 게시가 중단된 것에서 기인한 것으로 볼 수 있는 점, ⑤ 피고인이 게시한 글의 공표 상대방은 인터넷 카페 회원이나 산후조리원 정보를 검색하는 인터넷 사용자들에 한정되고 그렇지 않은 인터넷 사용자들에게 무분별하게 노출되는 것이라고 보기 어려운 점, ⑥ 산후조리원을 이용한 모든 산모가 만족할 수는 없으므로 영리 목적으로 산후조리 서비스를 제공하는 피해자로서는 불만이 있는 산모들의 자유로운 의사 표명을 어느 정도 수인해야 하는 점, ⑦ 산후조리원 이용에 불편을 겪었다는 내용의 글로 피해자의 사회적 평가가

1502) 대법원 2009. 5. 28, 선고 2008도8812 판결.

저하한 정도는 인터넷 이용자들의 자유로운 정보 및 의견 교환에 따른 이익에 비해 더 크다고 보기 어려운 점 등의 제반 사정을 앞서 본 법리에 비추어 보면, **피고인이 적시한 사실은 산후조리원에 대한 정보를 구하고자 하는 임산부의 의사결정에 도움이 되는 정보 및 의견 제공이라는 공공의 이익에 관한 것이라고 봄이 타당**하고, 이처럼 피고인의 주요한 동기나 목적이 공공의 이익을 위한 것이라면 부수적으로 산후조리원 이용대금 환불과 같은 다른 사익적 목적이나 동기가 내포되어 있더라도 그러한 사정만으로 피고인에게 비방할 목적이 있다고 보기는 어렵다.」[1503]

언론사의 이유 있는 반격

▶ 「피고인은 ○○일보 없는 아름다운 세상을 만드는 시민모임(약칭 ○▣세)의 무차별적인 공격에 대항하여 독자들에게 ○▣세의 정체와 활동상황에 대해 알려줌으로써 건전한 언론비판의 한계를 일탈한 ○▣세 활동의 부당성을 지적하고, ○○일보 독자들의 동요를 막기 위하여 이 사건 기사를 게재한 것으로서, 그 기사의 내용이 객관적 사실에 부합할 뿐만 아니라 그 표현방식도 비교적 절제되어 있는 점 등에 비추어 보면 피고인에게 ○▣세 회원들을 비방할 목적이 있었다고 보기는 어렵다.」[1504]

11. 모욕죄와 위법성

▶ 「1. 이 사건 공소사실은, 피고인은 2002. 2. 21. 23:47경 △시 ◈◈동 77에 있는 리△ 호프집에서, 같은 날 ◐◑ 방송 '△△시대'라는 프로그램에서 피해자(교사)를 대상으로 하여 방영한 '○○ 외로운 싸움'을 시청한 직후 위 프로그램이 위 피해자의 입장에서 편파적으로 방송하였다는 이유로 그 곳에 설치된 컴퓨터를 이용하여 ◐◑ 홈페이지(http://www.i◐◑.com)에 접속하여 위 '△△시대' 프로그램 시청자 의견란에 불특정 다수인이 볼 수 있도록 "오선생님 대단하십니다", "학교 선생님이 불법주차에 그렇게 소중한 자식을 두고 내리시다니 … 그렇게 소중한 자식을 범법행위의 변명의 방패로 쓰시다니 정말 대단하십니다. 한 가지 더 견인을 우려해 아이를 두고 내리신 건 아닌지…"라는 글을 작성·게시함으로써 공연히 피해자를 모욕하였다는 것이다.

이에 대하여 원심은, 피고인이 게시판에 올린 글을 전체적인 맥락에서 파악하면, '○○ 외로운 싸움'이라는 프로그램을 시청한 후 그에 대한 느낌과 방송사 및

1503) 대법원 2012. 11. 29, 선고 2012도10392 판결.
1504) 대법원 2006. 8. 25, 선고 2006도648 판결(**출판물에 의한 명예훼손의 점**).

피해자와의 가치관이나 판단의 차이에 따른 자신의 의견을 개진하고 피해자에게 자신의 의견에 대한 반박이나 반론을 구하는 것으로, 그 의견의 표현에 있어 부분적으로 부적절하고 과도한 표현을 사용한 것에 불과하다 할 것이고(글의 내용은 전체적인 문맥과 맥락 속에서 파악해야 하는 것이지 그 중 문제되는 일부만을 발췌하여 그 부분만으로 판단할 것은 아니다), 이로써 곧 사회통념상 피해자의 사회적 평가를 저하시키는 내용의 경멸적 판단을 표시한 것으로 인정하기 어렵다는 이유로, 무죄를 선고한 제1심판결을 유지했다.

2. 모욕죄에서 말하는 모욕이란 사실을 적시하지 아니하고 사람의 사회적 평가를 저하시킬 만한 추상적 판단이나 경멸적 감정을 표현하는 것인바, 피고인이 게시한 글 중 특히, "그렇게 소중한 자식을 범법행위의 변명의 방패로 쓰시다니 정말 대단하십니다."는 등의 표현은 그 게시글 전체를 두고 보더라도, 교사인 피해자에 대한 사회적 평가를 훼손할 만한 모욕적 언사라고 할 것이다.

그러나 한편, 기록에 비추어 살펴보면, 우선, 피고인이 게시판에 글을 올리게 된 동기나 경위 및 그 배경에 관하여, 그 방송 프로그램을 시청한 후 그에 대한 느낌과 이를 방송한 방송사와 피해자와의 가치관이나 판단의 차이에 따른 자신의 의견을 개진하고, 피해자에게 자신의 의견에 대한 반박이나 반론을 구하는 것이라고 본 원심의 판단은 옳은 것으로 수긍이 가고, 나아가 그 글의 전체적인 내용도 "불법주차와 아이를 차에 두고 내린 어머니로서의 과실이라는 근본적인 원인제공을 피해자가 했고, 그 방송된 내용은 개인적인 사정이다. 그럼에도 불구하고, 피해자는 자신의 잘못은 생각하지 않고, 견인업체 등의 잘못을 탓하며 자신의 범법행위를 변명하고 있다."는 취지로서, 그 전제한 객관적 사실관계는 이미 방송된 프로그램의 내용에 기초한 것이고, 이러한 의견 또는 판단 자체가 합당한 것인지 여부는 차치하고 전혀 터무니없는 것이라고까지 할 수 없으며, 그 방송 후에 충주시청 홈페이지와 ◐◑ 홈페이지에 그 프로그램의 방영 취지나 피해자의 주장에 찬성하는 글과 함께 피고인의 글과 유사한 취지의 글이 적지 않게 게시된 점(피해자가 수사기관에 진정한 글만 해도 피고인의 것을 포함하여 모두 10개이다. 수사기록 9, 10쪽 참조)도 이를 뒷받침한다고 할 것이고, 특히, "그렇게 소중한 자식을 범법행위의 변명의 방패로 쓰시다니 정말 대단하십니다."라는 표현은 상당히 모욕적인 언사이기는 하나, 그 글 전체에서 차지하는 비중이 크다고는 할 수 없고, 그 글의 전체적인 내용에서 크게 벗어나 있는 표현이라고도 할 수 없다.

이러한 여러 사정에 비추어 보면, 이 사건 피고인의 표현은 이미 방송된 프로그램에 나타난 기본적인 사실을 전제로 한 뒤, 그 사실관계나 이를 둘러싼 견인업체와 피해자의 책임 문제에 관한 자신의 판단과 나아가 이러한 경우에 피해자가 충주시청의 홈페이지 등을 통하여 충주시장의 공개사과 등을 계속 요구하고,

방송에 출연하여 그러한 내용의 주장을 펴는 것이 합당한가 하는 점에 대하여 자신의 의견을 개진하고, 피해자에게 자신의 의견에 대한 반박이나 반론을 구하면서, 자신의 판단과 의견의 타당함을 강조하는 과정에서, 부분적으로 그와 같은 표현을 사용한 것으로서, 공소사실에 기재된 행위는 사회상규에 위배되지 않는다고 봄이 상당하다. 원심의 판단은 그 판결 이유를 이와 달리 하고 있으나, 이 사건 공소사실을 무죄로 판단한 결론은 옳은 것으로 수긍이 간다.」[1505]

12. 사자명예훼손죄[1506]와 모욕죄는 친고죄이고, 진실사실적시 명예훼손, 허위사실적시 명예훼손, 출판물에 의한 진실사실적시 명예훼손, 출판물에 의한 허위사실적시 명예훼손죄, 정통법 제70조의 정보통신망을 통한 명예훼손죄는 반의사불벌죄이다.

13. 고소장에 명예훼손죄의 죄명을 붙이고 그 죄에 관한 사실을 적었으나 그 사실이 명예훼손죄를 구성하지 않고 모욕죄를 구성하는 경우에는 위 고소는 모욕죄에 대한 고소로서의 효력을 갖는다.[1507]

14. 공소장변경요부와 법원의 의무

▶ 「…(전략) 형법 제309조 제2항의 허위사실적시 출판물에의한명예훼손의 공소사실 중에는 동조 제1항 소정의 사실적시 출판물에의한명예훼손의 공소사실이나 같은 법 제307조 제1항의 명예훼손 공소사실도 포함되어 있으므로, 피고인에게 적시한 사실이 허위사실이라는 인식이 없었다면 법원은 공소장변경절차 없이도 같은 법 제309조 제1항의 사실적시 출판물에의한명예훼손죄로 인정할 수 있고,[1508] 또 비방의 목적이 인정되지 아니하면 심리의 과정에 비추어 피고인의 방어권행사에 실질적 불이익을 초래할 염려가 없다고 인정되는 때에는 같은 법 제307조 제1항의 명예훼손죄로 인정할 수도 있다고 할 것이다.

그러나 법원이 공소사실의 동일성이 인정되는 범위 내에서 공소가 제기된 범죄사실에 포함된 이보다 가벼운 범죄사실을 공소장변경 없이 직권으로 인정할

1505) 대법원 2003. 11. 28, 선고 2003도3972 판결.

1506) 피고인이 사망자의 사망사실을 알면서 위 망인은 사망한 것이 아니고 빚 때문에 도망다니며 죽은 척 하는 나쁜 놈이라고 함은, 사자의 명예를 훼손하였다고 볼 것이다(대법원 1983. 10. 25, 선고 83도1520 판결). 사자의 명예훼손죄는 공연히 허위의 사실을 적시하여 사자의 명예를 훼손함으로써 성립하기 때문이다.

1507) 대법원 1981. 6. 23, 선고 81도1250 판결.

1508) 대법원 1993. 9. 24, 선고 93도1732 판결.

수 있는 경우라고 하더라도 공소가 제기된 범죄사실과 대비하여 볼 때 실제로 인정되는 범죄사실의 사안이 중대하여 공소장이 변경되지 않았다는 이유로 이를 처벌하지 않는다면 적정절차에 의한 신속한 실체적 진실의 발견이라는 형사소송의 목적에 비추어 현저히 정의와 형평에 반하는 것으로 인정되는 경우가 아닌 한 법원이 직권으로 그 범죄사실을 인정하지 아니하였다고 하여 위법한 것이라고까지 볼 수는 없다.[1509)]

이 사건의 경우에도 위 인정사실을 공소가 제기된 범죄사실과 대비하여 보고, 특히 일죄로 기소된 이 사건 출판물에의한명예훼손죄의 일부의 점에 대하여는 원심이 유죄로 인정한 점 등과 이 사건의 진행경위 등에 비추어 보면 이 사건에서 위의 점에 관하여 피고인을 형법 제309조 제1항이나 제307조 제1항으로 처벌하지 아니한다고 하여 현저히 정의와 형평에 반하는 것으로 인정되지는 아니하므로 원심이 이를 직권으로 유죄로 인정하지 아니하였다고 하여 위법이라고 할 수 없다.」[1510)]

15. 죄수

가. 형법 제307조의 명예훼손죄와 공직선거및선거부정방지법 제251조의 후보자비방죄는 보호법익과 구성요건의 내용이 서로 다른 별개의 범죄로서 상상적경합의 관계에 있다.[1511)]

나. 출판물에 의한 명예훼손의 방법으로 업무도 방해하였다면 두 죄는 상상적경합관계에 있다.[1512)]

16. 명예훼손과 손해배상책임

▶ 「…(전략)

3. **국가정보원의 위법한 정보수집활동 등에 의한 피고 대한민국의 손해배상책임**

가. 원고들에 관한 정보수집활동의 위법성

…(중략)

나. 원고들의 **자기정보통제권 침해**로 인한 손해의 발생

(1) 헌법 제10조는 '모든 국민은 인간으로서의 존엄과 가치를 가지며, 행복을

1509) 대법원 1993. 12. 28, 선고 93도3058 판결.
1510) 대법원 1997. 2. 14, 선고 96도2234 판결.
1511) 대법원 1998. 3. 24, 선고 97도2956 판결.
1512) 대법원 1993. 4. 13, 선고 92도3035 판결.

추구할 권리를 진다. 국가는 개인이 가지는 불가침의 기본적 인권을 확인하고 이를 보장할 의무를 가진다.'고 규정하고, 헌법 제17조는 '모든 국민은 사생활의 비밀과 자유를 침해받지 아니한다.'라고 규정하고 있는바, 이들 헌법 규정은 개인의 사생활 활동이 타인으로부터 침해되거나 사생활이 함부로 공개되지 아니할 소극적인 권리는 물론, 오늘날 고도로 정보화된 현대사회에서 자신에 대한 정보를 자율적으로 통제할 수 있는 적극적인 권리까지도 보장하려는 데에 그 취지가 있는 것으로 해석되고,[1513] 이러한 자기정보통제권은 기업의 영업 및 그 밖의 활동과 관련된 정보에 대해서도 인정되며, 그 정보가 설령 불법적인 기업 활동이나 범죄행위를 대상으로 한다고 하더라도 법률의 규정과 적법한 절차에 근거하지 아니하고 이러한 헌법적 권리를 제한할 수 있는 것은 아니라고 판단된다.

(2) 앞서 본 바와 같이, 피고 대한민국 산하의 국가정보원이 국외정보 및 국내보안정보의 수집, 내란죄 등과 같은 특정 범죄의 수사 등 법령에 규정된 직무범위를 벗어나 원고들을 대상으로 원고들의 영업 및 그와 관련된 범죄 의혹에 관한 정보를 조사, 수집하고 이에 관한 보고서를 작성하여 이를 수사기관 및 언론 등에 제공하는 방법으로 정보를 이용, 관리한 행위는 위와 같이 헌법에 의하여 보장된 원고들의 기본권을 침해한 불법행위로서, 피고 대한민국은 이로 인한 원고들의 손해를 배상할 책임이 있다.

(3) 이에 대하여 피고 대한민국은, 원고들은 국가정보원이 원고들에 대한 정보를 수집할 당시에는 그에 관하여 전혀 인지하지 못했고 그로부터 상당 정도 시간이 지난 뒤인 검찰 수사과정에서 원고들에 대한 정보가 수집되었다는 사실을 알게 되었으므로, 국가정보원의 정보수집활동 자체로 인하여는 명예훼손으로 인한 손해를 포함하여 어떠한 손해도 입지 않았다고 주장하나, 국가정보원이 위법하게 원고들에 대한 정보를 조사, 수집하고 이를 수사기관과 언론 등에 제공함으로써 원고 회사가 입은 기업 활동과 관련된 손해 및 원고 주○○가 입은 정신적 손해는 원고들의 자기정보통제권의 침해로 인한 손해인바, 이러한 손해는 원고들이 국가정보원의 정보수집 사실을 인지하게 됨으로써 비로소 발생하는 것은 아니라고 판단된다.

4. 이 사건 기사의 보도와 관련된 원고들의 명예훼손으로 인한 피고들의 손해배상책임

가. 피고 2와 소외 2의 공동불법행위책임

기초사실에 의하면, 피고 대한민국 산하 국가정보원 소속 공무원인 소외 2는 이 사건 보고서 중 일부를 ○○뉴스 기자인 피고 2에게 보여 주거나 교부하고, 피고 2는 위와 같이 교부받은 이 사건 보고서의 내용을 거의 그대로 인용하여 대

1513) 대법원 1998. 7. 24, 선고 96다42789 판결.

부분이 허위인 이 사건 기사를 작성한 후 인터넷 신문에 이를 게재함으로써 원고들의 명예를 훼손하였으므로, 피고 2와 소외 2는 이 사건 기사의 보도로 인한 원고들의 명예훼손에 관하여 공동불법행위자로서 그로 인한 손해를 배상할 책임이 있고, 따라서 피고 대한민국은 피고 2와 각자 원고들에게 위와 같은 불법행위로 인한 손해를 배상할 책임이 있다.

나. 피고 대한민국의 주장에 관한 판단

이에 대하여 피고 대한민국은, 소외 2가 피고 2에게 이 사건 보고서를 전달하면서 사실을 확인한 후 보도하도록 당부하였으므로 소외 2에게는 명예훼손의 고의나 비방의 목적이 없었다고 주장하나, 을 제1호증 3, 4, 7, 8, 10의 각 기재만으로는 소외 2가 피고 2에게 사실확인을 당부하였다는 사실을 인정하기 부족하고, 달리 이를 인정할 증거가 없을 뿐만 아니라, 설령 사실확인을 당부하였다고 하더라도 소외 2가 이 사건 보고서 중 일부를 피고 2에게 보여 주거나 건네줌으로써 이 사건 기사가 작성되게 된 이상 공동불법행위자로서 책임을 면할 수는 없다.

다. 피고 2의 주장에 관한 판단

(1) 이에 대하여 피고 2는, 이 사건 기사는 그 내용이 공공의 이해에 관한 사항으로서 이 사건 기사를 보도한 것은 그 목적이 오로지 공공의 이익을 위한 것이고, 전체적인 취지로 보아 진실한 사실이거나 그 내용이 진실이라고 믿을 만한 상당한 이유가 있으므로 이 사건 기사를 보도한 행위가 위법하지 않다고 주장한다.

(2) 이 사건 기사는 ○○그룹이 경찰관, 검사, 판사 및 공정거래위원회 간부들에게 금품을 제공하고 대규모의 로비활동을 벌였다는 내용으로서 이 사건 기사에 적시된 금품수수 및 로비활동이 실제로 있었다는 사실을 증명할 수 있는 아무런 증거가 없고, 기초사실에 의하면 검찰의 수사결과, 이 사건 기사 내용의 대부분이 허위인 것으로 밝혀졌다.

나아가 **언론매체의 보도를 통한 명예훼손에 있어서 행위자가 보도 내용이 진실이라고 믿을 만한 상당한 이유가 있는지 여부는** 적시된 사실의 내용, 진실이라고 믿게 된 근거나 자료의 확실성과 신빙성, 사실 확인의 용이성, 보도로 인한 피해자의 피해 정도 등 여러 사정을 종합하여 행위자가 보도 내용의 진위 여부를 확인하기 위하여 적절하고도 충분한 조사를 다하였는가, 그 진실성이 객관적이고도 합리적인 자료나 근거에 의하여 뒷받침되는가 하는 점에 비추어 판단해야 한다.[1514]

갑 제7호증의 19(을 제1호증의 9)의 기재에 의하면, 피고 2는 이 사건 보고서만을 근거로 **진위 여부를 확인하기 위한 아무런 조사를 하지 아니한 채** 이 사건 기사를 작성, 보도한 사실이 인정되고, 이 사건 기사는 구체적인 인물의 금품

1514) 대법원 2006. 5. 12, 선고 2004다35199 판결.

수수를 내용으로 하고 있어 허위내용이 보도될 경우, 금품을 수수한 것으로 보도된 공무원들의 명예뿐만 아니라, 그 제공자인 ○○그룹의 명예 및 신용의 훼손으로 인한 피해는 엄청날 것으로 보이는 점에 비추어 볼 때, 피고 2가 국가정보기관인 국가정보원에서 작성된 이 사건 보고서를 근거로 이 사건 기사를 작성하였다는 점만으로는 그 내용이 진실이라고 믿을 만한 상당한 이유가 있다고 볼 수 없다.

5. 손해배상책임의 범위

가. 원고들의 자기정보통제권 침해에 의한 손해(피고 대한민국)

기초사실 및 갑 제7호증, 을 제1호증의 각 기재에 의해 인정되는 다음과 같은 사정, 즉 국가정보원의 원고들에 대한 정보수집의 범위가 광범위했던 것으로 보이는 점(을 제1호증의 8의 기재에 의하면 갑 제1호증으로서 이 법정 및 수사기관에 현출된 부분 9쪽 분량 이외 30쪽 가량의 보고서가 작성된 것으로 인정된다), 위와 같은 국가정보원의 광범위한 정보수집과 수사기관 및 언론기관 등에 유출로 인하여 원고들의 자기정보통제권이 침해됨으로써 원고 회사의 기업활동과 관련된 영업상 비밀 또는 원고 주○○의 사생활의 비밀 등의 침해 정도가 심각하였을 것으로 보이는 점, 국가정보원이 수집한 정보의 내용도 수사결과 상당 부분 허위인 것으로 밝혀진 점 등에 비추어 볼 때, 피고 대한민국은 원고들에게 자기정보통제권의 침해로 인한 손해배상으로서 각 10,000,000원을 지급함이 상당하다.

나. 명예훼손에 의한 손해(피고들)

앞서 본 바와 같이 이 사건 기사 내용은 ○○그룹의 다단계판매업을 통한 사기범행 자체와는 관련이 없는 금품수수 및 로비 관련 의혹에 관한 것으로서 그 내용의 대부분이 허위인 것으로 밝혀졌는바, 이 사건 기사의 허위성의 정도, 이 사건 기사가 보도된 인테넷 언론매체의 파급효과, 허위내용의 보도로 인한 원고들의 명예 및 신용의 훼손 정도 등에 비추어 볼 때, 피고들은 각자 원고들에게 명예훼손으로 인한 손해배상으로서 각 10,000,000원을 지급함이 상당하다.」[1515]

변호 조언

종중, 교회, 아파트입주자대표회의에서 회무를 진행하거나 설교 중 명예훼손적 언동으로 경쟁 후보, 전직 회장, 일부 운영위원의 사회적 가치를 떨어뜨리는 행위가 자주 발생하고, 법적으로 심각한 문제가 되기도 한다.

그런데 진짜 문제는 그 행위가 **어떻게 보면 명예훼손처럼 보이고, 어떻게 보면**

1515) 서울중앙지방법원 2009. 5. 29, 선고 2008가합40668 판결 : 항소.

모욕처럼 보이며, 경우에 따라 언동이 심히 거칠면 업무방해처럼 보이기도 한다.

이 경우 범죄피해를 당한 피해자는 당황하지 말고, 정확히 가해자가 무슨 말을 하였는지 메모, 녹음하거나 지인에게 즉시 문자를 보내어 발언내용을 토씨 하나 빼지 않고 정확히 기록해 두어야 한다. 그리해야 고소과정에서 역사적 사실 그대로를 법적으로 분석해 정확한 고소를 할 수 있다. 또 발언의 동기와 경위를 입체적으로 파악할 수도 있다.

정확한 고소는 빠른 수사의 원동력이 되고, 수사범위를 설계할 수 있도록 할 뿐만 아니라 수사의 중요내용을 빠트리지 않게 한다. 수사기관이 확인할 범죄사실이 간단·명료해져 수사 효율성이 높아지는 장점도 있다.

[35] 업무방해죄

제314조(업무방해) ① 제313조의 방법(**허위사실 유포**, 기타 **위계**) 또는 **위력**으로써 사람의 업무를 방해한 자는 5년 이하의 징역 또는 1천500만원 이하의 벌금에 처한다.

② **컴퓨터등 정보처리장치 또는 전자기록등 특수매체기록**을 손괴하거나 정보처리장치에 허위의 정보 또는 부정한 명령을 입력하거나 기타 방법으로 정보처리에 장애를 발생하게 하여 사람의 업무를 방해한 자도 제1항의 형과 같다.

1. 허위사실 유포, 기타 위계로 사람의 신용을 훼손하면 신용훼손죄가 되고(제313조),[1516] 허위사실 유포, 기타 위계 또는 위력으로써 사람의 업무를 방해

1516) **허위사실 유포로 인한 신용훼손 사례**를 보자.

▶ 「…(전략) **라. 신용훼손의 점에 대하여**

형법 제313조에 정한 신용훼손죄에서의 '신용'은 경제적 신용, 즉 사람의 지불능력 또는 지불의사에 대한 사회적 신뢰를 말한다(대법원 2006. 5. 25, 선고 2004도1313 판결 참조). 또한 신용훼손죄의 성립에 있어서는 신용훼손의 결과가 실제로 발생함을 요하는 것이 아니고 신용훼손의 결과를 초래할 위험이 발생하는 것이면 족하다.

원심은, 공소외 2 주식회사와 공소외 5 주식회사 사이의 물품공급계약, 공소외 2 주식회사와 공소외 7 주식회사('공소외 8 등'의 오기로 보인다) 사이의 주식 및 경영권양수도계약이 각 허위이므로, 피고인 3이 인터넷 신문 기자에게 **'공소외 5 주식회사 등 채권단이 공소외 2 주식회사에 대하여 위 각 계약 등에 기하여 367억원 상당의 채권을 가지고 있으며, 이를 곧 행사할 것이다'**는 취지로 말하여 그와 같은 내용의 기사가 게재되도록 한 것은 허위사실의 유포에 해당한다고 판단했다. 나아가 원심은 위 허위사실 유포로 인하여 공소외 2 주식회사의 경제적 신용 훼손을 초래할 위험이 발생하였다고 보아 이 부분 공소사실을 유죄로 인정했다.

위 법리와 기록에 비추어 살펴보면, 원심의 조치는 정당하고 거기에 상고이유 주장과 같이 신용훼손죄에 관한 법리를 오해한 등의 위법이 없다.」(대법원 2011. 9. 8, 선고 2011도

하면 업무방해죄가 성립한다(제314조). 업무방해죄는 신용훼손죄에 비해 위력(威力)을 추가하고 있다.

제314조 제2항은 컴퓨터업무방해죄이고, 손괴, 허위정보·부정명령 입력, 기타 방법으로 정보처리에 장애를 발생케 함을 요하고 있다.

2. 허위사실의 유포는 객관적으로 진실과 부합하지 않는 과거 또는 현재의 사실을 유포하는 것으로서(미래의 사실도 증거에 의한 입증이 가능할 때에는 여기의 사실에 포함된다.) 피고인의 단순한 의견이나 가치판단을 표시하는 것은 이에 해당하지 않는다.[1517]

▶「피해자가 대표이사인 공소외 회사의 소방사업부에서 용역 등을 수주하고 구체적인 업무를 지휘·감독하는 권한은 소방사업부장으로 근무하던 피고인에게 속한다고 볼 수 있지만, 위 소방사업부에 대한 인적·물적 설비지원과 전반적인 수익관리·배분에 관한 권한은 공소외 회사에 속하는 것임을 인정할 수 있으므로, 위 소방사업부에 관한 업무가 피고인의 독점 업무가 아닌 피해자의 업무도 될 수 있는데도, 피고인이 위 소방사업부 직원들에게 공소외 회사에서 소방사업부를 정리하기로 하였으며 자신이 독립하여 이를 운영하기로 하였다는 취지의 허위의 사실을 유포하는 등의 방법을 사용하여 소방사업부 직원들로부터 사표를 제출받은 것은 허위사실 유포로써 업무를 방해한 것이다. 나아가 소방사업부 직원들이 집단적으로 사표를 제출함으로써 일시적으로나마 위 직원들이 소방사업부의 업무에서 이탈하거나 소방사업부 업무를 중단할 위험이 생겼고 그로 인하여 피해자의 소방사업부 업무의 경영을 저해할 위험성이 발생하였다고 볼 것이므로, 업무방해죄는 기수에 이르렀다.」[1518]

3. '위계'라 함은 행위자의 행위목적을 달성하기 위하여 상대방에게 오인·착각 또는 부지를 일으키게 하여 이를 이용하는 것을 말하고,[1519] '위력'이라 함은 사람의 자유의사를 제압·혼란케 할 만한 일체의 세력으로 유형적이든 무형적이든 묻지 아니하므로, 폭행·협박은 물론 사회적·경제적·정치적 지위와 권세에 의한 압박 등도 이에 포함되는 것이다.[1520]

7262 판결)

1517) 대법원 1983. 2. 8, 선고 82도2486 판결.
1518) 대법원 2002. 3. 29, 선고 2000도3231 판결.
1519) 대법원 1992. 6. 9, 선고 91도2221 판결.

위계는 거짓말 또는 허위자료의 제출로 공정한 사무처리를 해하는 것으로, 그 수단은 무궁무진하다. 다만 위계는 업무방해의 유효한 수단이 되어야 하고, 위계에 의해 업무가 방해된 것이 아니라 불충분한 심사로 방해의 결과가 발생하고 말았다면 위계에 의한 본죄는 성립하지 않는다. 즉 상대방으로부터 신청을 받아 상대방이 일정한 자격요건 등을 갖춘 경우에 한하여 그에 대한 수용여부를 결정하는 업무에 있어서는 신청서에 기재된 사유가 사실과 부합하지 않을 수 있음을 전제로 그 자격요건 등을 심사·판단하는 것이므로, 그 업무담당자가 사실을 충분히 확인하지 아니한 채 신청인이 제출한 허위의 신청사유나 허위의 소명자료를 가볍게 믿고 이를 수용하였다면 이는 업무담당자의 불충분한 심사에 기인한 것으로서 신청인의 위계가 업무방해의 위험성을 발생시켰다고 할 수 없어 위계에 의한 업무방해죄를 구성하지 않는 것이다. 반면, 신청인이 업무담당자에게 허위의 주장을 하면서 이에 부합하는 허위의 소명자료를 첨부하여 제출한 경우 그 수리 여부를 결정하는 업무담당자가 관계 규정이 정한 바에 따라 그 요건의 존부에 관하여 나름대로 충분히 심사를 하였음에도 신청사유 및 소명자료가 허위임을 발견하지 못하여 그 신청을 수리하게 될 정도에 이르렀다면, 이는 업무담당자의 불충분한 심사가 아니라 신청인의 위계행위에 의하여 업무방해의 위험성이 발생한 것이어서 위계에 의한 업무방해죄가 성립한다.[1521] **이 법리는 위계공무집행방해죄 성부를 결정하는 기준이 되기도 한다.**[1522]

한편 컴퓨터 등 정보처리장치에 정보를 입력하는 등의 행위가 그 입력된 정보 등을 바탕으로 업무를 담당하는 사람의 오인, 착각 또는 부지를 일으킬 목적으로 행해진 경우에는 그 행위가 업무를 담당하는 사람을 직접적인 대상으

1520) 대법원 2005. 3. 25, 선고 2003도5004 판결; 대법원 2009. 4. 23, 선고 2007도9924 판결.

1521) 대법원 2002. 9. 10, 선고 2002도2131 판결; 대법원 2009. 1. 30, 선고 2008도6950 판결.

1522) 행정청이 당사자의 신청에 따라 인·허가처분을 함에 있어서는 그 신청사유가 사실과 들어맞지 아니하는 경우가 있음을 전제로 하여 인·허가 여부를 심사·결정하는 것이므로, 행정청이 사실을 충분히 확인하지 아니한 채 신청인이 제출한 사실과 다른 신청사유나 소명자료를 믿고 인·허가를 하였다면, 이는 행정청의 불충분한 심사로 인한 것으로서 신청인의 위계에 의한 것이었다고 볼 수 없어 위계에 의한 공무집행방해죄가 성립하지 아니한다 할 것이나, 당사자가 행정청에 사실과 다른 신청사유를 주장하면서 이에 들어맞는 거짓 소명자료를 첨부하여 제출한 경우 행정청이 관계 법령에 따라 인·허가요건에 해당하는지 여부에 관하여 충분히 심사하였으나 신청사유와 소명자료가 거짓임을 발견하지 못하여 인·허가처분을 하게 되었다면 이는 행정청의 불충분한 심사로 인한 것이 아니라 신청인의 위계에 의한 것으로서 위계에 의한 공무집행방해죄가 성립된다(대법원 2002. 9. 10, 선고 2002도2131 판결).

로 이루어진 것이 아니라고 하여 위계가 아니라고 할 수는 없다.[1523]

▶ 「○○○○당의 제19대 국회의원 비례대표 후보를 추천하기 위한 당내 경선에 직접·평등·비밀투표의 원칙이 모두 적용되고 대리투표는 허용되지 않는데도, 이 사건 당내 경선과정에서 피고인들이 선거권자들로부터 인증번호만을 전달받은 뒤 그들 명의로 자신들이 지지하는 후보자인 공소외인에게 전자투표를 한 행위는 이 사건 당내 경선업무에 참여하거나 관여한 여러 ○○○○당 관계자들로 하여금 비례대표 후보자의 지지율 등에 관한 사실관계를 오인, 착각하도록 하여 경선**업무의 적정성**이나 **공정성**을 방해한 경우에 해당하고, 위와 같은 범행에 **컴퓨터를 이용한 것은 단지 그 범행 수단에 불과하다.**」[1524]

본죄의 위계에 해당하는 사례

◉ 학부모들이 대학교 교무처장 등에게 자녀들의 부정입학을 청탁하면서 그 대가로 대학교 측에 기부금명목의 금품을 제공하고 이에 따라 교무처장 등이 그들의 실제 입학시험성적을 임의로 고쳐 그 석차가 모집정원의 범위 내에 들도록 사정부를 허위로 작성한 다음 이를 그 정을 모르는 입학사정위원들에게 제출하여 그들로 하여금 그 사정부에 따라 입학사정을 하게 함으로써 자녀들을 합격자로 사정처리 하게 한 것은 위계로써 입학사정위원들의 사정업무를 방해한 것이다. 한편 2인 이상이 공모하여 범죄에 공동 가공하는 공범관계에 있어 공모는 법률상 어떤 정형을 요구하는 것이 아니고 공범자 상호간에 직접 또는 간접적으로 범죄의 공동실행에 관한 암묵적인 의사의 연락이 있으면 족한 것으로, 비록 전체의 모의과정이 없었다고 하더라도 수인 사이에 의사의 연락이 있으면 공동정범이 성립될 수 있으므로 피고인들과 그들로부터 부정입학을 알선의뢰받은 교수나 실제로 부정입학을 주도한 위 교무처장 등과의 사이에 서로 암묵적인 의사의 연락에 의한 순차공모관계가 있다고 보아 위 피고인들에게 업무방해죄의 공동정범으로서의 죄책을 인정한 것은 타당하다.[1525] ◉ 피고인이 이화여자대학교를 제외한 나머지 대학교들에 대한 시간강사나 조교수의 임용 또는 재단법인 광주비엔날레의 예술감독 선임과 관련하여 허위의 학력이 기재된 이력서를 제출하고 이를 뒷받침하는 소명자료로서 위조된 학위 관련 서류를 함께 제출하여 마치 허위 학력이 진정한 것처럼 행세한 것은 위계에 해당한다.[1526] ◉ 위계에 의한 업무방

1523) 대법원 2013. 11. 28, 선고 2013도5117 판결.
1524) 대법원 2013. 11. 28, 선고 2013도5117 판결.
1525) 대법원 1994. 3. 11, 선고 93도2305 판결.
1526) 대법원 2009. 1. 30, 선고 2008도6950 판결.

해죄에 있어서 위계라 함은 행위자의 행위목적을 달성하기 위하여 상대방에게 오인, 착각 또는 부지를 일으키게 하여 이를 이용하는 것을 말하며, 상대방이 이에 따라 그릇된 행위나 처분을 하였다면 위계에 의한 업무방해죄가 성립된다고 할 것이다. 이 사건에서 기록에 의하면, ㅇㅇ상사주식회사가 공원모집을 함에 있어 학력, 경력을 기재한 이력서와 주민등록등본, 생활기록부 및 각서 등 서류를 교부받고, 응모자를 상대로 중학교 2, 3학년 수준의 객관식 문제와 '노사분규를 어떻게 생각하는가?'라는 주관식 문제를 출제하여 시험을 보게 한 것은 단순히 응모자의 노동력을 평가하기 위한 것만이 아니라 노사 간의 신뢰형성 및 기업질서 유지를 위한 응모자의 지능과 경험, 교육정도, 정직성 및 직장에 대한 적응도 등을 감안하여 위 회사의 근로자로서 고용할 만한 적격자인지 여부를 결정하기 위한 자료를 얻기 위함인 것으로 인정되고, 또 피고인은 노동운동을 하기 위하여 노동현장에 취업하고자 하나, 자신이 서울대학교 정치학과에 입학한 학력과 국가보안법위반죄의 처벌전력 때문에 쉽사리 입사할 수 없음을 알고, 판시 범죄사실과 같이 공소외인 명의로 허위의 학력과 경력을 기재한 이력서를 작성하고, 공소외인의 고등학교 생활기록부 등 그 판시 기재의 서류를 작성 제출하여 시험에 합격하였다면, 피고인은 위계에 의하여 위 회사의 근로자로서의 적격자를 채용하는 업무를 방해하였음이 분명하다고 할 것이다.[1527] ◉ 피고인이 서류배달업회사가 고객으로부터 배달을 의뢰받은 서류의 포장 안에 특정종교를 비방하는 내용의 전단을 집어넣어 함께 배달되게 한 경우, 위 회사의 서류배달업무를 방해한 것으로 업무방해죄가 성립한다.[1528] ◉ 피고인이 원심공동피고인의 미국방문비자를 주한미국대사관 영사부에 신청함에 있어서 허위의 사실을 기재하여 신청서를 제출한 것에 그치지 않고, 그 소명을 위하여 허위로 작성한 서류를 제출하고 위 원심공동피고인으로 하여금 비자 면접 때 그에 맞추어 허위의 답변을 하도록 연습을 시켜 그와 같이 면접을 하게 하고 위 원심공동피고인의 회사 재직 여부를 묻는 미국대사관 직원의 문의 전화에 대하여 허위 답변을 한 것은 위계에 의한 업무방해죄를 구성한다. 주한외국영사관의 비자발급업무와 같이 상대방으로부터 신청을 받아 일정한 자격요건 등을 갖춘 경우에 한하여 그에 대한 수용 여부를 결정하는 업무에 있어서는 신청서에 기재된 사유가 사실과 부합하지 않을 수 있음을 전제로 하여 그 자격요건 등을 심사·판단하는 것이므로, 그 업무담당자가 사실을 충분히 확인하지 아니한 채 신청인이 제출한 허위의 신청사유나 허위의 소명자료를 가볍게 믿고 이를 수용하였다면 이는 업무담당자의 불충분한 심사에 기인한 것으로서 신청인의 위계가 업무방해의 위험성을 발생시켰다

1527) 대법원 1992. 6. 9, 선고 91도2221 판결.
1528) 대법원 1995. 5. 14, 선고 98도3767 판결.

고 할 수 없어 위계에 의한 업무방해죄를 구성하지 않는다고 할 것이지만, 신청인이 업무담당자에게 허위의 주장을 하면서 이에 부합하는 허위의 소명자료를 첨부하여 제출한 경우 그 수리 여부를 결정하는 업무담당자가 관계 규정이 정한 바에 따라 그 요건의 존부에 관하여 나름대로 충분히 심사를 하였으나 신청사유 및 소명자료가 허위임을 발견하지 못하여 그 신청을 수리하게 될 정도에 이르렀다면 이는 업무담당자의 불충분한 심사가 아니라 신청인의 위계행위에 의하여 업무방해의 위험성이 발생된 것이어서 이에 대하여 위계에 의한 업무방해죄가 성립되는 것이다.[1529] ◉ 한국도로공사가 공소외 금성○주식회사의 고속도로 통행요금징수 기계화시스템의 성능에 대한 2차 현장평가를 하게 되었는데, 위 금성○주식회사와는 반대의 이해관계를 가진 공소외 삼성○주식회사의 직원들인 피고인들이 위 설비가 차량판별 시 타이어의 접지면을 고려하고 있어 타이어의 접지면이 통상 예정했던 경우와 달라지면 그 차량판별에 오차가 발생하는 등의 문제점이 있음을 알아내어, 위 설비의 차량판별에 있어서의 문제점을 부각시키기 위하여, 한국도로공사에 알리지 아니한 채, 인위적으로 각종 소형화물차 16대의 타이어 공기압을 낮추어 접지면을 증가시킨 후 위 설비가 설치되어 있는 동서울톨게이트 하행선 우측 2번 라인을 통과하도록 하였다면, 이와 같은 **피고인들의 행위는 위계를 사용하여 한국도로공사의 현장시험업무에 지장을 줄 위험을 발생케 한 것**으로서, 이에 의하여 실지로 업무방해의 결과가 발생하였는지 여부에 상관없이 업무방해죄를 구성함에 충분하므로,[1530] 피고인들의 행위는 업무방해죄에 해당한다. 또 피고인들의 위와 같은 행위가 금성○주식회사의 설비에 대한 문제점을 파악하여 한국도로공사로 하여금 옳은 설비를 선택하도록 하기 위한 것이라거나, 또는 피고인들이 위 설비의 차종판별의 구체적인 원리를 사전에 몰랐음이 소론과 같다 하더라도, 이로써 업무방해에 대한 인식이 없었다고 볼 수는 없고, 또 피고인들이 차량운행이 가능한 범위 내에서 또는 한국공업표준협회의 적정공기압 규정치 내에서 타이어의 공기압을 낮추었다거나, 한국도로공사의 현장시험업무가 궁극적으로 타이어의 공기압이 낮은 차량들을 포함한 각종 차량들의 차종의 정확한 식별을 가리기 위한 것이라는 등의 사유가 있다 하여 피고인들의 위와 같은 행위가 위법성이 없다고 할 수 없다.[1531]

본죄의 위계로 보지 않은 사례

▶ 「…(전략) 피고인이 **이화여자대학교를 제외한 나머지 대학교들**에 대한

1529) 대법원 2004. 3. 26, 선고 2003도7927 판결.
1530) 대법원 1992. 11. 10, 선고 92도1315 판결.
1531) 대법원 1994. 6. 14, 선고 93도288 판결.

시간강사나 조교수의 임용 또는 재단법인 광주비엔날레의 예술감독 선임과 관련하여 허위의 학력이 기재된 이력서를 제출하고 이를 뒷받침하는 소명자료로서 위조된 학위 관련 서류를 함께 제출하여 마치 허위 학력이 진정한 것처럼 행세한 것이 위계에 해당한다고 한 원심의 판단은 정당하고 거기에 상고이유의 주장과 같은 법리오해의 위법이 없다. **그러나** 원심이 그 설시의 증거들을 종합하여 이 사건 공소사실 중 피고인의 **이화여자대학교**에 대한 위계에 의한 업무방해의 범행도 유죄로 인정하였으나, 위와 같은 법리와 기록에 비추어 원심의 이러한 판단은 수긍할 수 없다. 이 부분 공소사실에 의하더라도 **피고인이 이화여자대학교에 제출한 서류는 허위 학력이 기재된 이력서뿐**이었고, 원심이 적법하게 채택하여 조사한 증거에 의하면 ① 이화여자대학교는 피고인의 문화예술계 활동경력이 학생들에게 도움이 될 것이라는 점을 고려하여 피고인을 시간강사로 임용했고, ② 피고인이 강의한 과목은 학위취득 여부와 무관한 문화예술 활동 경험이 뒷받침되어야 하는 것이었으며, ③ 시간강사 임용심사업무 담당자는 피고인의 ▲미술관 큐레이터 경력을 보고 이력서에 기재한 학력을 믿었기 때문에 학위증이나 졸업증명서를 따로 요구하지 않았던 사정을 인정할 수 있는바, 임용심사업무 담당자로서는 피고인에게 학력 관련 서류의 제출을 요구하여 이력서와 대조심사하였더라면 문제를 충분히 인지할 수 있었음에도 불구하고, 업무담당자의 불충분한 심사로 인하여 허위 학력이 기재된 이력서를 믿은 것이므로 피고인의 위계행위에 의하여 업무방해의 위험성이 발생하였다고 할 수 없다.」[1532)]

4. 위력은 사람의 자유의사를 제압·혼란케 할 만한 일체의 세력을 말하고, 유형적이든 무형적이든 묻지 아니하며, 폭행·협박은 물론 사회적, 경제적 지위와 권세에 의한 압박 등을 포함한다고 할 것이고, 위력에 의해 현실적으로 피해자의 자유의사가 제압되는 것을 요하는 것은 아니다.[1533)] 위력은 범인의 위세, 사람 수, 주위의 상황 등에 비추어 피해자의 자유의사를 제압하기 족한 세력을 의미하는 것으로서, 위력에 해당하는지는 범행의 일시·장소, 범행의 동기, 목적, 인원수, 세력의 태양, 업무의 종류, 피해자의 지위 등 제반 사정을 고려하여 객관적으로 판단해야 한다.[1534)] 또한 업무방해죄의 위력에는 반드시 업무에 종사 중인 사람에게 직접 가해지는 세력이 아니더라도 사람의 자유의사나 행동을 제압할 만한 일정한 물적 상태를 만들어 그 결과 사람으로 하여금 정상적인

1532) 대법원 2009. 1. 30, 선고 2008도6950 판결.
1533) 대법원 2005. 5. 27, 선고 2004도8447 판결.
1534) 대법원 2009. 1. 30, 선고 2008도7124 판결; 대법원 2009. 9. 10, 선고 2009도5732 판결.

업무수행 활동을 불가능하게 하거나 현저히 곤란하게 하는 행위도 포함될 수 있다.[1535)]

본죄의 위력으로 본 사례

◉ 공소외 1 주식회사(이하 회사라고 한다)의 1991. 2. 27.자 임시주주총회 결과 대표이사로 선임된 공소외 1 주식회사 공소외 1 주식회사이 업무집행을 위하여 위 회사 사무실에 들어가려고 하자 피고인들이 같은 해 3. 4.부터 같은 해 4. 30.까지 이를 제지한 행위는 공소외 1 주식회사의 업무방해의 결과를 초래할 위험을 야기하였다고 인정하기에 충분하다. 나아가 원래 법원이 소집을 허가한 위 임시주주총회의 목적사항에는 대표이사와 이사에 대한 해임의 건과 후임 이사 선임의 건이 함께 들어 있었으나, 그 후 1991. 1. 12.자로 대표이사와 이사의 임기가 만료한 관계로 임시주주총회에서는 그 해임결의를 거치지 아니한 채 바로 후임 이사 선임결의를 하였다는 것이므로, 위 선임결의가 회의의 목적사항 이외의 결의라고 할 수 없을 뿐더러, 그 결의가 이사의 임기에 관한 정관의 규정에 위반된다고 단정할 수도 없는 것이므로, 대표이사 선임결의가 무효라는 이유로 공소외 1 주식회사의 업무를 방해할 수는 없다 할 것이다. 한편 위 범행 당시의 상황이 법정절차에 의하여 권리를 보전하기 불능한 경우라고 볼 수 없으므로 피고인들의 행위는 자구행위에 해당하지 아니하고, 또 피고인들이 고문변호사의 자문에 따라 이 사건 행위가 위법하지 않다고 믿었다고 하더라도 그와 같이 믿은 데에 정당한 이유가 있었다고 볼 수 없다.[1536)] ◉ 공소외 종중의 종원들인 피고인들이 공모하여, 위 종중의 정기총회장에서 종중 집행부와 별도로 참배록을 준비하여 종중원들로 하여금 자기들 참배록에 서명하게 하고 또 미리 준비한 검은 색 리본을 패용하게 하여 지지 세력을 과시한 후, 종중 총회를 진행하던 회장 이호○이 인사말을 끝낼 즈음에 피고인 2가 회장 이호○의 자진 퇴진을 요구하면서 회장의 신임 여부를 묻자는 발언을 하여 지지자들로 하여금 "옳소"라는 연호를 유도하고, 부회장 이희○이 재판경과보고를 마치자 원심 공동피고인이 발언권도 얻지 아니한 채 연단에 올라가 핸드마이크로 집행부의 재판경과 보고가 잘못 되었다는 이유로 보충설명을 시도하였으며, 이때 집행부측에서 원심 공동피고인의 발언을 제지하려하자 피고인들이 다수의 공소외인들과 함께 집행부측 종원들을 밀어내는 등으로 위세를 가하고 고성을 질러 수십 분 동안 회의장 전체를 통제불능의 아수라장으로 만들어 집행부측의 회의진행을 포기하게 한 것은

1535) 대법원 2009. 9. 10, 선고 2009도5732 판결; 대법원 2012. 5. 24, 선고 2009도4141 판결; 대법원 2013. 1. 31, 선고 2012도3475 판결.

1536) 대법원 1997. 3. 11, 선고 96도2801 판결.

위력으로 종중 회장인 위 이호○의 종중 총회 의사진행업무를 방해한 것이다. 나아가 형법 제314조의 업무방해죄의 구성요건의 일부인 "위력"이라 함은 범인의 위세, 사람 수 및 주위의 상황 등에 비추어 피해자의 자유의사를 제압하기 족한 세력을 말하는 것이고, 현실적으로 피해자의 자유의사가 제압된 것을 요하는 것은 아니라 할 것 인바,[1537] 이 사건 **범행의 동기와 목적, 피고인들 측에 동조한 종중원들의 숫자, 그 세력의 태양, 업무의 종류, 피해자의 지위 등 제반사정**을 고려하여 보면, 피고인들의 행위가 업무방해죄를 구성하는 위력에 해당하고, 회장 이호○이 회장 불신임 안건을 토의사항 시간에 논의하기로 결정하고 회의를 적법하게 진행하여 온 사실이 인정되므로, 위와 같은 회장의 적법한 의사진행업무를 방해한 피고인들의 행위가 사회상규에 위배되지 아니하는 정당한 행위라거나 자기 또는 타인의 법익에 대한 현재의 위난을 피하기 위한 긴급한 행위라고는 볼 수 없음이 명백하다.[1538] ◉ 피고인들이 마이크를 빼앗으며 유림총회의 회의를 진행하지 못하게 하고 피해자를 비방하면서 걸려 있는 현수막을 제거하고 회의장에 들어가려는 대의원들을 회의에 참석하지 못하게 하였다면 위력으로 피해자의 유림총회 개최업무를 방해한 것이라고 보아야 할 것이고, 피해자가 유림대표 선출에 관한 규정에 위배하여 위 회의를 개최했고, 결국 총회의 무기연기가 선언되었다고 하여도 업무방해죄의 성립에 영향이 없다.[1539] ◉ 전보된 노조원의 원직 복귀를 요구하였으나 거절당하고 그 과정에서 노조원이 폭행당하였음을 구실로 노조 간부 및 노조원 80여 명과 농성에 돌입한 후 병원 복도를 점거하여 철야농성하면서 노래와 구호를 부르고 병원 직원들의 업무 수행을 방해하고, 출입을 통제하거나 병원장을 방에서 나오지 못하게 한 행위는 다중의 위력을 앞세워 근무 중인 병원 직원들의 업무를 적극적으로 방해한 것으로서 노동조합활동의 정당성의 범위를 벗어난 것으로 위법하다.[1540] ◉ 회사 노동조합 구로지부 부지부장으로 피선되었다가 제명된 피고인이 위 공소외인 등 10여명과 공동하여 제1심 공동피고인 3이 동일 불법쟁의 협의로 경찰서에 연행된데 대하여 항의하면서 회사 구로공장 정문을 봉쇄하고 출입자를 통제하여 규찰을 보며 노사분규에 따른 회의차 공장에 들렀다가 공장관리직 사원들과 함께 밖으로 나가려는 전무이사 김수○에게 공장에 들어올 때는 마음대로 들어왔지만 나갈 때는 마음대로 나갈 수 없다고 하면서 약 3시간 동안 동인을 공장 밖으로 나가지 못하게 한 사실을 볼 때, 피고인등 10여 명이 저지른 위와 같은 일련의 행위과정에 나타난 위세는 위 회사를 위한 업무종사자들의 자유의사를 제압하거나 혼란케 할 만한

1537) 대법원 1987. 4. 28, 선고 87도453,87감도41 판결.
1538) 대법원 1995. 10. 12, 선고 95도1589 판결.
1539) 대법원 1991. 2. 12, 선고 90도2501 판결.
1540) 대법원 1992. 4. 10, 선고 91도3044 판결.

정도의 세력이어서 업무방해죄에 있어서의 행위수단인 위력에 해당된다.[1541] ◉ 피고인은 1991. 4. 26. 이 사건 비상대책위원회 의장이 되기 이전부터 판시 공소외인들과 공모하여 이 사건 파업농성 및 집회 등을 주도하였으며, 또한 이 사건 ○○중공업(주)에서 같은 날 휴업공고를 하였다 하더라도 피고인 등은 판시 근로자들로 하여금 작업을 거부하게 함과 아울러 판시와 같이 이 사건 ○○중공업(주)으로 통하는 모든 출입문에 바리케이트 등을 설치하고 다수의 근로자들로 하여금 위 회사의 관리직사원을 포함한 모든 출입자의 출입을 통제하였다는 것이므로 피고인들의 위와 같은 행위는 위력으로 위 회사의 업무를 방해하였다고 보여지며 또한 위 업무방해에 이른 경위가 소론과 같다 하더라도 그와 같은 행위에 정당성이 있어 그 행위가 위법성을 결여하게 된다고는 할 수 없다.[1542] ◉ 업무방해죄에 있어서의 위력이란 의사의 자유를 제압, 혼란케 할 정도의 세력을 가리키는 것이고 이 사건에서 업무방해의 주체는 위 피고인들을 포함하여 9 내지 10명 정도였으며 위 광업소의 근로자들은 300여명 또는 600여명이었다고 하여도 원심이 인정한 바와 같이 위 피고인들이 철제옷장으로 출입구를 봉쇄하고 바리케이트를 설치한 후 출근한 근로자 300여명 또는 600여명이 탈의실에 들어가지 못하도록 하고 근로자들에게 입갱을 하지 말도록 선동 및 탈의실을 점거 농성하여 위 광업소의 조업을 방해하였다면 이는 위력으로 사람의 업무를 방해한 경우로서 업무방해죄에 해당한다.[1543] ◉ 원심은, 그 채택 증거에 의하여 인정되는 여러 사정을 종합하여, 위 사업은 실질적으로 피해자가 단독으로 운영하여 온 것으로 봄이 상당하고 위 사업장의 재산은 피해자의 단독 소유라고 할 것이므로, 피고인이 위 사업이 자신의 것이라고 주장하며 위 사업장의 사무실 출입문에 설치된 자물쇠의 비밀번호를 변경하여 피해자가 사무실을 출입하지 못하도록 한 것은 위계로써 피해자의 ○○전동지게차 운영업무를 방해한 것이라는 이유로 이 사건 업무방해의 공소사실을 유죄로 인정했다. 위 사업장은 실질적으로 피해자가 단독으로 운영하여 온 것이라고 본 원심의 판단은 정당하고, 또한 피고인이 위 사업장의 출입문에 설치된 자물쇠의 비밀번호를 변경하여 피해자가 사무실을 출입하지 못하게 한 이상, 피고인이 피해자의 ○○전동지게차 운영업무를 방해하였다고 판단한 것도 정당하다 할 것이다. 그런데 기록에 의하면, 피해자가 2006. 1.경부터 피고인에게 피고인 명의의 ○○전동지게차 사업을 정리하고 새로운 상호로 지게차 판매 등을 직영하겠다고 하자, 피고인은 위 사업장이 자신의 소유라고 주장하며 피해자에게 "사업장에는 얼씬도 하지 말고 일절 관여하지 말라"고 말하면서 위와 같이 자물쇠의 비밀번호를 변경한 사실을 인정할 수 있다.

1541) 대법원 1992. 2. 11, 선고 91도1834 판결.
1542) 대법원 1991. 6. 11, 선고 91도753 판결.
1543) 대법원 1990. 7. 10, 선고 90도755 판결.

사실관계가 위와 같다면, 피고인이 피해자의 승낙을 받지 아니하고 자물쇠의 비밀번호를 변경하였다고 하더라도, 피해자에게 사전에 위와 같이 말하면서 자물쇠의 비밀번호를 변경한 이상, 피해자에게 오인·착각 또는 부지를 일으켜 이를 이용하여 피해자의 업무를 방해한 것으로 보기는 어렵고, 오히려 피해자가 운영하는 위 사업이 자신의 명의로 사업자등록이 되어 있고 자신이 상주하여 지게차 판매 등을 하고 있는 지위를 이용하여 자물쇠의 비밀번호를 변경함으로써 피해자의 업무를 **위력**으로 방해하였다고 봄이 상당하다고 할 것이다. 따라서 원심이 이 사건 공소사실을 위력에 의한 업무방해죄로 보지 않고 위계에 의한 업무방해죄로 본 것은 잘못이라 할 것이지만, 결국 업무방해죄를 유죄로 판단한 이상, 위와 같은 잘못은 판결 결과에 영향을 미치지는 아니한다고 할 것이다. 거기에 상고이유로 주장하는 바와 같은 업무방해죄에 관한 법리 오해, 심리 미진의 위법이 있다고 할 수 없다.[1544] ◉ 노동쟁의가 중재에 회부된 때에는 그 날부터 15일간 쟁의행위를 할 수 없음에도 위 기간 동안에 노조원들로 하여금 집단적으로 노무의 제공을 거부하도록 하였다면, 이는 위력에 의한 업무방해죄에 해당한다.[1545] ◉ 대부업체 직원이 대출금을 회수하기 위하여 소액의 지연이자를 문제 삼아 법적 조치를 거론하면서 소규모 간판업자인 채무자의 휴대전화로 수백 회에 이르는 전화공세를 한 것이 사회통념상 허용한도를 벗어난 채권추심행위로서 채무자의 간판업 업무가 방해되는 결과를 초래할 위험이 있었다고 보아 업무방해죄를 구성한다.[1546] ◉ 갑 주식회사 임원인 피고인이 자동차 판매수수료율과 관련하여 대리점 사업자들과 갑 회사 사이에 의견대립이 고조되자, 대리점 사업자 을이 일정액의 사용료를 지급하고 판매정보 교환 등에 이용해 오던 갑 회사의 내부전산망 전체 및 고객관리시스템 중 자유게시판에 대한 접속권한을 차단한 행위는 피고인이 위력으로 을의 업무를 방해한 것으로 평가된다. 또 위 접속차단 당시 피고인에게는 업무방해의 결과 또는 위험에 대한 미필적 인식이 있었음이 인정되고, 접속차단 행위가 사회통념상 허용될 만한 정도의 상당성이 있는 정당행위라고 볼 수 없다.[1547] ◉ 피고인은 시장번영회 회장으로서 피해자가 시장번영회를 상대로 잦은 진정을 하고 협조를 하지 않는다는 이유로 시장번영회 총회결의에 의하여 피해자 소유점포에 대하여 정당한 권한 없이 단전조치를 한 것이라면 이 경우에는 그 결의에 참가한 회원의 위력에 의한 업무방해 행위가 성립하고 피해자에게 사전통고를 한 여부나 피고인이 회장의 자격으로 단전조치를 한 여부는 위 죄의 성립에 영향이 없다.[1548] ◉ 피고인이 자신의 명의로 등록되어 있는 피

1544) 대법원 2009. 4. 23, 선고 2007도9924 판결.
1545) 대법원 2003. 12. 26, 선고 2001도1863 판결.
1546) 대법원 2005. 5. 27, 선고 2004도8447 판결.
1547) 대법원 2012. 5. 24, 선고 2009도4141 판결.

해자 운영의 학원에 대하여 피해자의 승낙을 받지 아니하고 폐원신고를 한 행위는 위력에 의한 업무방해죄에 해당한다.[1549] ◉ 피고인이 1,900㎡의 논밭에서 피해자들이 경작 중이던 농작물을 농기계(트랙터)를 이용하여 갈아엎어 버린 다음 그곳에 피고인을 위해 이랑을 만들고 새로운 농작물을 심어 놓는 방법으로 피해자들의 자유의사를 제압하기에 족한 물적 상태를 만들어 피해자들로 하여금 자유로운 논밭 경작 행위를 불가능하게 하거나 현저히 곤란하게 한 것은 위력에 의한 업무방해죄에 해당한다.[1550] ◉ 피고인들은 관할 경찰서장에게 옥외집회(시위)신고서를 제출한 후 2002. 10. 12.부터 2002. 12. 31.까지 10여 회에 걸쳐 민주노총 대구지부, 참여연대 등의 단체 소속 회원들을 포함하여 매회 평균 15명(많을 때는 40명) 정도를 동원하여 옥외집회를 개최했고, 당시 대구 중구청 종합민원실 앞 인도를 점거하고 현수막, 피켓 등을 설치한 채 승합차에 장착된 **고성능** 확성기, 앰프 등을 사용하여 "부당해고자 원직 복직, 중구청장 물러가라"는 구호를 외치고, 노동가를 불러 소음을 발생시켰으며, 중구청 소속 직원에 의한 소음측정결과에 의하면 당시 집회 및 시위소음은 82.9dB 내지 100.1dB에 이르렀고, 이로 인하여 중구청사 내에서는 전화통화, 대화 등이 어려웠으며, 밖에서는 부근을 통행하기조차 곤란했고, 인근 음식점, 자전거대리점, 제과점 등의 상인들도 소음으로 인한 고통을 호소한 사실이 인정되는바, 이는 위력으로 중구청 인근 상인 및 사무실 종사자들의 업무를 방해한 업무방해죄를 구성하고, 형법 제20조의 사회상규에 위배되지 아니하는 정당한 행위에 해당하여 위법성이 조각된다고 볼 수 없다. 그리고 위와 같은 **소음의 측정은 반드시 소음·진동규제법 등의 공정시험방법에 의한 것만을 인정해야 한다는 것은 피고인들의 독자적인 주장에 불과하다.** 집회 및 시위의 자유는 표현의 자유의 집단적인 형태로서 집단적인 의사표현을 통하여 공동의 이익을 추구하고 자유민주국가에 있어서 국민의 정치적·사회적 의사형성과정에 효과적인 역할을 하는 것이므로 민주정치의 실현에 매우 중요한 기본권인 것은 사실이지만, 그 수단과 방법이 폭행·협박·손괴·방화 등으로 질서를 문란하게 하는 행위에 해당하여 형사상 범죄를 성립시키는 경우에 있어서는 집회 및 시위행위 자체에 성질상 집단성이 내포되어 있는 것이라는 이유만으로 일반 형사범죄와는 다른 특별한 취급을 해야 할 근거는 없기 때문이다.[1551] ◉ 욕설이 업무방해죄 각 요건에 해당하는 여부에 있어서는 형법 제314조에 이른바 위력이라 함은 무릇 의사의 자유를 제압 혼란케 할 세력을 널리 호칭하는 것으로서 이에 본건의 경우를 비추어보면 본시 휴식과 담화의 장소로

1548) 대법원 1983. 11. 8, 선고 83도1798 판결.
1549) 대법원 2005. 3. 25, 선고 2003도5004 판결.
1550) 대법원 2009. 9. 10, 선고 2009도5732 판결.
1551) 대법원 2004. 10. 15, 선고 2004도4467 판결.

서 정온을 필요로 하는 다방 내에서 불의의 침입자에 의하여 상당시간 **고성**으로 악담을 반복하고 혹은 격외의 기물을 반입하는 등 사로 취합중의 내객에게 혐오와 염정을 일게 함으로써 불가불이산을 촉구함이 될 것인즉 이는 십분 다방 업무의 방해라고 아니할 수 없다.[1552]

위력 업무방해죄 VS. 정상적 쟁의행위

▶ 「업무방해죄는 위계 또는 위력으로써 사람의 업무를 방해한 경우에 성립한다(「형법」 제314조 제1항). 여기에서 위력이라 함은 사람의 자유의사를 제압·혼란케 할 만한 일체의 세력을 말한다.

근로자가 그 주장을 관철할 목적으로 근로의 제공을 거부하여 업무의 정상적인 운영을 저해하는 쟁의행위로서의 파업도, 단순히 근로계약에 따른 노무의 제공을 거부하는 부작위에 그치지 아니하고 이를 넘어서 사용자에게 압력을 가하여 근로자의 주장을 관철하고자 집단적으로 노무제공을 중단하는 실력행사이므로, 업무방해죄에서 말하는 위력에 해당하는 요소를 포함하고 있다.

그런데 근로자는, 헌법 제37조 제2항에 의하여 국가안전보장·질서유지 또는 공공복리 등의 공익상의 이유로 제한될 수 있고 그 권리의 행사가 정당한 것이어야 한다는 내재적 한계가 있어 절대적인 권리는 아니지만, 원칙적으로는 헌법상 보장된 기본권으로서 근로조건 향상을 위한 자주적인 단결권·단체교섭권 및 단체행동권을 가진다(헌법 제33조 제1항).

그러므로 쟁의행위로서의 파업이 언제나 업무방해죄에 해당하는 것으로 볼 것은 아니고, 전후 사정과 경위 등에 비추어 사용자가 예측할 수 없는 시기에 전격적으로 이루어져 사용자의 사업운영에 심대한 혼란 내지 막대한 손해를 초래하는 등으로 사용자의 사업계속에 관한 자유의사가 제압·혼란될 수 있다고 평가할 수 있는 경우에 비로소 그 집단적 노무제공의 거부가 위력에 해당하여 업무방해죄가 성립한다고 봄이 상당하다.[1553]

원심은 그 채택 증거들을 종합하여 그 판시와 같은 사실을 인정한 다음, 이 사건 2008. 7. 2. 파업은 단체교섭의 대상이 될 수 없는 미국산 쇠고기 수입 반대 등을 주된 목적으로 한 것으로서 그 쟁의행위 전체가 정당성을 갖지 못하는 불법파업에 해당한다고 함으로써, 이와 달리 위 파업이 매년 상반기에 집중되는 단위사업장 노동조합의 단체교섭과 쟁의행위의 시기를 한 시기로 집중하는 이른바 '시기집중 동시파업'으로서 각 단위사업장 노동조합의 주된 쟁의 목적도 임금과 단체협약 체결 등이었다는 피고인의 주장을 배척했다.

1552) 대법원 1961. 2. 24, 선고 4293형상864 판결.

1553) 대법원 2011. 3. 17, 선고 2007도482 전원합의체 판결.

원심판결 이유를 기록에 비추어 살펴보면, 원심의 위와 같은 판단은 정당한 것으로 수긍할 수 있다.

그러나 이 사건 2008. 7. 2. 파업이 피해자인 개별 사용자가 예측할 수 없는 시기에 전격적으로 이루어져 개별 사용자의 사업운영에 심대한 혼란 내지 막대한 손해를 초래하였는지에 관하여 보건대, 이 부분 공소사실에는, 근로자 100명 중 2명이 지역집회 참가를 이유로 2시간 파업에 참여하는 등 그 파업 규모에 비추어 사용자의 사업운영에 심대한 혼란이나 막대한 손해가 초래되었다고 볼 수 없는 사업장까지 업무방해죄의 피해 사업장으로 적시되어 있는 점에 비추어, 이 부분 공소사실에 적시된 사업장들 가운데 일부는 사용자의 사업계속에 관한 자유의사가 제압·혼란될 수 있다고 평가할 수 있는 경우에 해당하지 아니한다고 볼 여지가 있다. 그럼에도 원심은 위와 같은 사정에 관하여 제대로 심리·판단하지 아니한 채 피고인의 행위가 업무방해죄에 해당한다고 단정하여 이 부분 공소사실 전부를 유죄로 인정하였는바, 이 부분 원심판결에는 업무방해죄에 관한 법리를 오해하여 판결 결과에 영향을 미친 위법이 있다.

따라서 원심판결 중 2008. 7. 2. 파업으로 인한 각 업무방해의 점은 파기되어야 할 것인데, 원심은 이 부분이 나머지 범죄사실과 「형법」제37조 전단의 경합범 관계에 있는 것으로 보아 하나의 형을 선고하였으므로, 결국 원심판결 전부가 파기되어야 한다.」[1554)]

집단조퇴, 월차휴가신청에 의한 결근 및 집회 등 쟁의행위 VS. 본죄

▶ 「가. 쟁의조정법 제3조에 규정된 쟁의행위는 쟁의관계 당사자가 그 주장을 관철 할 목적으로 행하는 행위로서 여기에서 그 주장이라 함은 같은 법 제2조에 규정된 임금·근로시간·후생·해고 기타 대우 등 근로조건에 관한 노동관계 당사자 간의 주장을 의미한다고 볼 것이므로, 위와 같은 근로조건의 유지 또는 향상을 주된 목적으로 하지 않는 쟁의행위는 노동쟁의조정법의 규제대상인 쟁의행위에 해당하지 않는다고 보아야 할 것인바, 피고인이 노동조합의 위원장으로서 조합원들과 함께 한 집단조퇴, 월차휴가신청에 의한 결근 및 집회 등 쟁의행위가 주로 구속 근로자에 대한 항소심구형량이 1심보다 무거워진 것에 대한 항의와 석방 촉구를 목적으로 이루어진 것이라면 피고인의 행위는 근로조건의 유지 또는 향상을 주된 목적으로 한 쟁의행위라고 볼 수 없어 노동쟁의조정법의 적용대상인 쟁의행위에 해당하지 않는다고 할 것이다.

나. 근로조건의 유지 또는 향상 등 쟁의행위의 목적이 아닌 다른 목적을 위하

1554) 대법원 2011. 10. 27, 선고 2009도3390 판결.

여 다수 근로자들이 상호 의사연락 하에 집단적으로 일시에 조퇴하거나 결근하는 등 노무제공을 거부함으로써 회사업무의 정상적인 운영을 저해하였다면 이는 다중의 위력에 의한 업무방해행위에 해당한다고 보아야 할 것이다.

다. 근로기준법상 월차유급휴가의 사용은 근로자의 자유의사에 맡겨진 것으로서 연차유급휴가와는 달리 사용자에게 그 시기를 변경할 수 있는 권한조차 없는 것이지만, 정당한 쟁의행위의 목적이 없이 오직 업무방해의 수단으로 이용하기 위하여 다수의 근로자가 집단적으로 일시에 월차유급휴가를 신청하여 일제히 결근함으로써 회사 업무의 정상적인 운영을 저해한 경우에는 업무방해행위를 구성한다고 볼 수밖에 없다.」[1555)]

절차를 위반하여 조합원들의 출근시간을 늦춘 사례

▶ 「한국통신공사의 직원들의 경우 단체협약에 따른 공사 사장의 지시로 09 : 00 이전에 출근하여 업무준비를 한 후 09 : 00부터 근무를 하도록 되어 있음에도 피고인이 쟁의행위의 적법한 절차를 거치지도 아니한 채 조합원들로 하여금 집단으로 09 : 00 정각에 출근하도록 지시를 하여 이에 따라 수백, 수천 명의 조합원들이 집단적으로 09 : 00 정각에 출근함으로써 전화고장수리가 지연되는 등으로 위 공사의 업무수행에 지장을 초래하였다면 이는 실질적으로 피고인 등이 위 공사의 정상적인 업무수행을 저해함으로써 그들의 주장을 관철시키기 위하여 한 쟁의행위라 할 것이나 쟁의행위의 적법한 절차를 거치지 아니하였음은 물론 이로 인하여 공익에 커다란 영향을 미치는 위 공사의 정상적인 업무운영이 방해되었을 뿐만 아니라 전화고장수리 등을 받고자 하는 수요자들에게도 상당한 지장을 초래하게 된 점 등에 비추어 정당한 쟁의행위의 한계를 벗어난 것으로 업무방해죄를 구성한다 할 것이고, 피고인의 이와 같은 행위가 노동3권을 보장받고 있는 근로자의 당연한 권리행사로서 형법 제20조 소정의 정당행위에 해당한다고 볼 수 없으므로 같은 취지의 원심의 사실인정과 판단은 정당하고 달리 원심판결에 소론과 같은 사실오인, 법리오해 등의 위법이나 법률적용의 잘못이 없다. 논지는 모두 이유가 없다.」[1556)]

5. 타인의 업무

가. 업무방해죄에 있어서의 행위의 객체는 타인의 업무이고, 여기서 **타인이라 함은** 범인 이외의 **자연인**과 **법인** 및 **법인격 없는 단체**를 가리키므로, 법

1555) 대법원 1991. 1. 23, 선고 90도2852 판결.
1556) 대법원 1996. 5. 10, 선고 96도419 판결.

적 성질이 영조물에 불과한 대학교 자체는 업무방해죄에 있어서의 업무의 주체가 될 수 없다.[1557)]

나. 형법 제314조 소정의 업무방해죄에 있어서의 **업무라 함은,** 직업 또는 사회생활상의 지위에 기하여 계속적으로 종사하는 사무 또는 사업을 말하는 것인바, 여기에서 말하는 사무 또는 사업은 그것이 사회생활적인 지위에 기한 것이면 족하고 경제적인 것이어야 할 필요는 없으며, 또 그 행위 자체는 1회성을 갖는 것이라고 하더라도 계속성을 갖는 본래의 업무수행의 일환으로서 행하여지는 것이라면, 업무방해죄에 의하여 보호되는 업무에 해당된다고 할 것이다. 그러므로 종중 정기총회를 주재하는 종중 회장의 의사진행업무 자체는 1회성을 갖는 것이라고 하더라도 그것이 종중 회장으로서의 사회적인 지위에서 계속적으로 행하여 온 종중 업무수행의 일환으로 행하여진 것이라면, 그와 같은 의사진행업무도 형법 제314조 소정의 업무방해죄에 의하여 보호되는 업무에 해당된다고 할 것이고, 또 종중 회장의 위와 같은 업무는 종중원들에 대한 관계에서는 타인의 업무에 해당한다.[1558)]

다. 업무방해죄의 업무방해는 널리 그 경영을 저해하는 경우에도 성립하는데, 업무로서 행해져 온 회사의 경영행위에는 그 목적 사업의 직접적인 수행뿐만 아니라 그 확장, 축소, 전환, 폐지 등의 행위도 정당한 경영권 행사의 일환으로서 이에 포함된다.[1559)]

본조가 보호하는 업무사례

◉ 회사가 사업장의 이전을 계획하고 그 이전을 전후하여 사업을 중단 없이 영위할 목적으로 이전에 따른 사업의 지속적인 수행방안, 새 사업장의 신축 및 가동개시와 구 사업장의 폐쇄 및 가동중단 등에 관한 일련의 경영상 계획의 일환으로서 시간적·절차적으로 일정기간의 소요가 예상되는 사업장 이전을 추진, 실시하는 행위는 그 자체로서 일정기간 계속성을 지닌 업무의 성격을 지니고 있을 뿐만 아니라 회사의 본래 업무인 목적 사업의 경영과 밀접불가분의 관계에서

1557) 대법원 1999. 1. 15, 선고 98도663 판결.

1558) 대법원 1995. 10. 12, 선고 95도1589 판결.

1559) 대법원 1992. 2. 11, 선고 91도1834 판결; 대법원 1995. 10. 12, 선고 95도1589 판결; 대법원 1999. 5. 14, 선고 98도3767 판결; 2003. 11. 13, 선고 2003도687 판결; 대법원 2005. 4. 15, 선고 2004도8701 판결.

그에 수반하여 이루어지는 것으로 볼 수 있으므로 이 점에서도 업무방해죄에 의한 보호의 대상이 되는 업무에 해당한다.[1560] ◉ 주간에 있어서의 공장 조업이 끝났다고 하더라도 공장을 가동하여 섬유제품을 생산, 가공, 판매하는 회사 본래의 주된 영업활동을 원활하게 수행하기 위하여 위 회사는 공장건물 및 기자재 관리나 당직근무자 등을 통한 공장출입자에 대한 통제를 야간에도 계속해야 함은 물론 전체 회사 직원들의 출퇴근이 제대로 이루어질 수 있도록 공장 정문의 정상적인 개폐 등에도 만전을 기하여야 하는 것이며, 이러한 업무는 위 회사의 주된 업무와 밀접불가분의 관계에 있으면서 계속적으로 수행되어지는 회사의 부수적 업무라 할 것이므로 이는 업무방해죄에서 보호의 대상으로 삼고 있는 업무에 해당된다.[1561]

라. 보호받는 업무는 반드시 적법해야 하는 것은 아니고 그 사무가 실제 평온상태에서 일정기간 계속적으로 운영됨으로써 사회생활의 기반을 이루고 있느냐에 따라 결정된다. 즉 "업무"라 함은 직업 또는 계속적으로 종사하는 사무나 사업을 말하는 것으로서 타인의 위법한 행위에 의한 침해로부터 보호할 가치가 있는 것이면 되고, 그 업무의 기초가 된 계약 또는 행정행위 등이 반드시 적법해야 하는 것은 아니다.[1562] 그러나 그 경우에도 어떤 사무나 활동 자체가 위법의 정도가 중하여 사회생활상 도저히 용인될 수 없는 정도로 반사회성을 띠는 경우에는 업무방해죄의 보호대상이 되는 '업무'에 해당한다고 볼 수 없다.[1563]

본조로 보호받을 수 없는 업무

◉ 구 부동산중개업법(2005. 7. 29. 법률 제7638호로 전문 개정되기 전의 것, 이하 '법'이라고만 한다) 제4조, 법 시행령 제5조는 공인중개사 혹은 임원이 공인중개사나 중개인인 법인만이 중개사무소의 개설등록을 할 수 있도록 하고, 법 제38조 제1항 제1호에서 중개사무소의 개설등록을 하지 아니하고 중개업을 한 자는 3년 이하의 징역 또는 2,000만원 이하의 벌금에 처하도록 규정하고 있으며, 법 제38조 제2항 제3호에서는 중개업등록증 또는 공인중개사자격증을 다른 사람에게 양도·대여하거나 다른 사람으로부터 양수·대여받은 자는 1년 이하의 징역

1560) 대법원 2005. 4. 15, 선고 2004도8701 판결.
1561) 대법원 1992. 2. 11, 선고 91도1834 판결.
1562) 대법원 1991. 6. 28, 선고 91도944 판결.
1563) 대법원 1996. 11. 12, 선고 96도2214 판결; 대법원 2001. 11. 30, 선고 2001도2015 판결; 대법원 2002. 8. 23, 선고 2001도5592 판결.

또는 1,000만원 이하의 벌금에 처하도록 규정하고 있으므로, 공인중개사 등이 아닌 자의 중개업 행위는 법에 의하여 금지된 행위로서 형사처벌의 대상이 되는 범죄행위에 해당한다. 피해자는 공인중개사가 아닌 사람으로서 공인중개사인 피고인에게 공인중개사 자격증을 대여해 달라고 요청하였으나 피고인이 이를 거절하여, 결국 피해자가 자본을 투입하고 피고인은 자격증을 제공하는 한편 이 사건 중개사무소에 직접 출근하여 부동산계약에 관한 최종서류를 검토하는 방법으로 동업하기로 약정한 후 피고인 명의로 중개사무소의 개설등록을 마친 사실, 그 후 피해자는 위 약정과는 달리 피고인에게 부동산 서류를 최종확인하지 말고 피고인의 인감도장을 자신에게 맡길 것을 요청함에 따라 분쟁이 발생하여 피고인이 이 사건 중개사무소의 폐업신고를 하게 된 사실을 알 수 있는바, 그렇다면 이 사건 중개사무소의 운영에 관한 피고인과 피해자 사이의 동업관계는 피해자의 귀책사유로 종료되었다고 볼 수 있고, 공인중개사인 피고인이 동업관계의 종료로 이 사건 부동산중개업을 그만두기로 한 이상 공인중개사가 아닌 피해자의 중개업은 법에 의하여 금지된 행위로서 형사처벌의 대상이 되는 범죄행위에 해당하는 것으로서 사회통념상 도저히 용인될 수 없는 정도로 반사회성을 띠는 경우에 해당하여 업무방해죄의 보호대상이 되는 업무라고 볼 수 없다. 그런데도 피해자가 공인중개사무소를 독단적으로 운영하려는 의도가 있었다고 하더라도 그 사정만으로는 그 위법의 정도가 중하여 사회생활상 도저히 용인할 수 없는 정도의 반사회성을 띠는 경우에 해당한다고 보기 어렵다는 이유로 피고인이 자신의 명의로 등록되어 있는 지위를 이용하여 임의로 폐업신고를 함으로써 피해자의 업무를 위력으로 방해하였다고 본 원심판결에는 업무상방해죄의 보호대상이 되는 업무에 관한 법리를 오해한 위법이 있고, 이러한 위법은 판결 결과에 영향을 미쳤다고 할 것이어서, 이 점을 지적하는 상고이유의 주장은 이유 있다.[1564] ◉ 의료법은 제30조 제2항에서 의료인이나 의료법인이 아닌 자가 의료기관을 개설하여 운영하는 경우에 초래될 국민 보건위생상의 중대한 위험을 방지하기 위하여 의료인이나 의료법인이 아닌 자의 의료기관개설을 원천적으로 금지하고, 제66조 제3호에서는 이를 위반하는 경우 5년 이하의 징역 또는 2천만원 이하의 벌금에 처하도록 규정하고 있어 의료인이나 의료법인이 아닌 자의 의료기관개설행위는 의료법에 의하여 금지된 행위로서 형사처벌의 대상이 되는 범죄행위에 해당할 뿐 아니라, 의료인이나 의료법인이 아닌 자가 의료기관을 개설하여 운영하는 행위는 거기에 따를 수 있는 국민보건상의 위험성에 비추어 사회통념상으로 도저히 용인될 수 없다고 할 것이다. 따라서 의료인이나 의료법인이 아닌 자가 의료기관을 개설하여 운영하는 행위는 그 위법의 정도가 중하여 사회생활상 도저히

1564) 대법원 2007. 1. 12, 선고 2006도6599 판결.

용인될 수 없는 정도로 반사회성을 띠고 있으므로 업무방해죄의 보호대상이 되는 '업무'에 해당하지 않는다고 하겠다. 같은 취지에서 원심이 의사가 아닌 공소외인이 김포○○의원을 개설하여 운영하여 왔다고 하더라도 공소외인의 의원운영업무는 업무방해죄의 보호대상이 되는 업무에 해당하지 아니한다고 본 것은 정당하고, 거기에 업무방해죄의 법리를 오해한 위법이 없다.[1565] ◉ 구 성매매알선 등 행위의 처벌에 관한 법률(2010. 4. 15. 법률 제10261호로 개정되기 전의 것, 이하 '법'이라 한다)은 제2조 제1항 제2호에서 성매매알선 등 행위에 해당하는 행위로 '성매매를 알선·권유·유인 또는 강요하는 행위', '성매매의 장소를 제공하는 행위' 등을 규정하고, 그 제4조 제2호 및 제4호에서는 성매매알선행위와 성을 파는 행위를 하게 할 목적으로 타인을 고용·모집하는 행위를 금지하고, 이에 위반하여 성매매알선 등 행위를 한 자 및 그 미수범을 형사처벌하도록 규정하고 있으므로(법 제19조 제1항 제1호, 제19조 제2항 1호, 제23조 등 참조), 성매매알선 등 행위는 법에 의하여 원천적으로 금지된 행위로서 형사처벌의 대상이 되는 중대한 범죄행위일 뿐 아니라 정의 관념상 용인될 수 없는 정도로 반사회성을 띠는 경우에 해당하므로 이는 업무방해죄의 보호대상이 되는 업무라고 볼 수 없다. 피해자 공소외 1은 2005. 4.경부터 3년간 수원역 인근 사창가 골목에서 윤락녀를 고용하여 성매매업소를 운영하여 온 사실 등을 알 수 있고, 위 성매매업소 운영에는 성매매를 알선·권유하거나 성매매장소를 제공하는 행위 등이 필연적으로 수반되는 것이어서 그 업소의 운영자는 법 제19조 제1항 제1호의 성매매알선 등 행위를 한 자 또는 법 제19조 제2항 제1호의 영업으로 성매매알선 등 행위를 한 자에 해당하므로, 이 부분 공소사실에 적시된 위 피해자의 성매매업소 운영업무는 업무방해죄의 보호대상이 되는 업무라고 볼 수 없다. 따라서 폭력조직 간부인 피고인이 조직원들과 공모하여 피해자가 운영하는 성매매업소 앞에 속칭 '병풍'을 치거나 차량을 주차해 놓는 등 위력으로써 업무를 방해하였더라도 업무방해죄로 처벌할 수 없다.[1566] ◉ 피고인들은 공소외 회사의 대표이사 또는 전무이사로서 위 회사에서 경영하는 의류판매 영업을 하는 백화점의 입주상인들이 위 회사의 입주상인들을 상대로 한 건물명도소송 제1심판결의 가집행 저지를 위하여 법원으로부터 강제집행정지결정을 얻어 계속 영업을 하자 단전, 단수 및 출입문 폐쇄조치 등을 하여 입주상인들의 업무를 방해하였다는 취지의 공소사실에 대하여, 피고인들이 단수조치와 출입문을 폐쇄하였다는 점은 이를 인정할 증거가 없고, 이 사건 당시 단전조치를 한 사실은 인정되나, 그 무렵 입주상인들이 영업을 하지 않고 매장 내에서 점거 농성만을 하면서 매장내의 기존의 전기시설

1565) 대법원 2001. 11. 30, 선고 2001도2015 판결.
1566) 대법원 2011. 10. 13, 선고 2011도7081 판결.

에 임의로 전선을 연결하여 각종 전열기구를 사용함으로써 화재위험이 높아 부득이 단전조치를 취한 것이 확인되고, 위와 같은 단전조치 당시 보호받을 업무가 존재하지 않았을 뿐만 아니라 화재예방 등 건물의 안전한 유지관리를 위한 정당한 권한 행사의 범위 내의 행위에 해당하므로 피고인들의 이러한 행위는 업무방해죄를 구성한다고 볼 수 없다.[1567] ◉ 법원의 직무집행정지 가처분결정에 의하여 그 직무집행이 정지된 자가 법원의 결정에 반하여 직무를 수행함으로써 업무를 계속 행하는 경우 그 업무는 국법질서와 재판의 존엄성을 무시하는 것으로서 사실상 평온하게 이루어지는 사회적 활동의 기반이 되는 것이라 할 수 없고, 비록 그 업무가 반사회성을 띠는 경우라고까지는 할 수 없다고 하더라도 법적 보호라는 측면에서는 그와 동등한 평가를 받을 수밖에 없으므로, 그 업무자체는 법의 보호를 받을 가치를 상실하였다고 하지 않을 수 없어 업무방해죄에서 말하는 업무에 해당하지 않는다.[1568] ◉ 고소인 공소외인이 대구시로부터 대구시 서문시장 제1지구 건물과 제4지구 건물사이의 연교 가설 공사허가를 받았다 하더라도, 동인이 공사를 함에 있어 피고인들이 점유하는 점포를 철거할 권한이 당연히 생기는 것은 아니라 할 것이고 또 법원으로부터 피고인들에게 대하여 공사방해금지 가처분결정을 받은바 있다고 하여서, 그 결론을 달리할 수는 없는 것이므로, 위 공사를 함에 있어 정당한 권한 없이 피고인들의 점포를 철거하려고 하므로 피고인들이 단지 점포철거만을 못하게 방해하였다고 하여서 업무방해죄가 성립할 수는 없다.[1569]

6. 위계로써 공무를 방해하면 (위계)공무집행방해죄가 성립하고, 사기업, 사립학교, 외국 대사관[1570]을 속이면 업무방해죄가 성립하여 차이가 있다.

▶ 「형법상 업무방해죄의 보호법익은 업무를 통한 사람의 사회적·경제적 활동을 보호하려는 데 있으므로, 그 보호대상이 되는 '업무'란 직업 또는 계속적으로 종사하는 사무나 사업을 말하고, 여기서 '사무' 또는 '사업'은 단순히 경제적 활동만을 의미하는 것이 아니라 널리 사람이 그 사회생활상의 지위에서 계속적으로 행하는 일체의 사회적 활동을 의미한다. 한편, 형법상 업무방해죄와 별도로 규정한 공무집행방해죄에서 '직무의 집행'이란 널리 공무원이 직무상 취급할 수 있는 사무를 행하는 것을 의미하는데, 이 죄의 보호법익이 공무원에 의하여 구체

1567) 대법원 1995. 6. 30, 선고 94도3136 판결.
1568) 대법원 2002. 8. 23, 선고 2001도5592 판결.
1569) 대법원 1967. 10. 31, 선고 67도1086 판결.
1570) 대법원 2004. 3. 26, 선고 2003도7927 판결.

적으로 행하여지는 국가 또는 공공기관의 기능을 보호하고자 하는 데 있는 점을 감안할 때, 공무원의 직무집행이 적법한 경우에 한하여 공무집행방해죄가 성립하고, 여기에서 적법한 공무집행이란 그 행위가 공무원의 추상적 권한에 속할 뿐 아니라 구체적 직무집행에 관한 법률상 요건과 방식을 갖춘 경우를 가리키는 것으로 보아야 한다. 이와 같이 업무방해죄와 공무집행방해죄는 그 보호법익과 보호대상이 상이할 뿐만 아니라 업무방해죄의 행위유형에 비하여 공무집행방해죄의 행위유형은 보다 제한되어 있다. 즉 공무집행방해죄는 폭행, 협박에 이른 경우를 구성요건으로 삼고 있을 뿐 이에 이르지 아니하는 위력 등에 의한 경우는 그 구성요건의 대상으로 삼고 있지 않다. 또한, 형법은 공무집행방해죄 외에도 여러 가지 유형의 공무방해행위를 처벌하는 규정을 개별적·구체적으로 마련하여 두고 있으므로, 이러한 처벌조항 이외에 공무의 집행을 업무방해죄에 의하여 보호받도록 해야 할 현실적 필요가 적다는 측면도 있다. 그러므로 형법이 업무방해죄와는 별도로 공무집행방해죄를 규정하고 있는 것은 사적 업무와 공무를 구별하여 공무에 관해서는 공무원에 대한 폭행, 협박 또는 위계의 방법으로 그 집행을 방해하는 경우에 한하여 처벌하겠다는 취지라고 보아야 한다. **따라서 공무원이 직무상 수행하는 공무를 방해하는 행위에 대해서는 업무방해죄로 의율할 수는 없다**고 해석함이 상당하다. 이와 달리 대법원 1996. 1. 26. 선고 95도1959 판결, 대법원 2003. 3. 14. 선고 2002도5883 판결 등에서 위력을 행사하여 공무원들의 정상적인 업무수행을 방해하거나 업무방해의 결과를 초래한 경우에는 업무방해죄가 성립한다고 판시한 의견은 이 판결로써 변경하기로 한다. 따라서 피고인들이 충남지방경찰청 1층 민원실에서 자신들이 진정한 사건의 처리와 관련하여 지방경찰청장의 면담 등을 요구하면서 이를 제지하는 경찰관들에게 큰소리로 욕설을 하고 행패를 부린 행위가 경찰관들의 수사관련 업무를 방해한 것이라는 이유로 업무방해죄를 인정하여서는 아니되고, **폭행·협박으로 인정된다면 공무집행방해죄가 성립된다고 보아야 하고, 단순히 위력에 그친 경우에는 공무집행방해죄가 성립되지 않는다.**」[1571]

▶「형법이 업무방해죄와는 별도로 공무집행방해죄를 규정하고 있는 것은 사적 업무와 공무를 구별하여 공무에 관해서는 공무원에 대한 폭행, 협박 또는 위계의 방법으로 그 집행을 방해하는 경우에 한하여 처벌하겠다는 취지라고 보아야 할 것이고, 따라서 공무원이 직무상 수행하는 공무를 방해하는 행위에 대해서는 업무방해죄로 의율할 수는 없다. 그럼에도 원심은 이와 다른 견해에서, 위 공소사실 중 마산시장 공소외 1의 기자회견 업무에 대한 업무방해의 점을 유죄로

1571) 대법원 2009. 11. 19, 선고 2009도4166 전원합의체 판결.

인정하고 말았으니, 이 부분 원심판결에는 업무방해죄의 성립범위에 관한 법리를 오해하여 판결에 영향을 미친 위법이 있다.」[1572)]

7. 업무의 방해

가. 본죄의 성립에 있어서 업무방해의 결과가 실제로 발생함을 요하는 것은 아니고 업무방해의 결과를 초래할 **위험**이 발생하면 족하다고 할 것이며,[1573)] 업무를 '방해한다'함은 업무의 집행 자체를 방해하는 것은 물론이고 널리 업무의 경영을 저해(업무수행의 원활한 진행을 저해)하는 것도 포함한다.[1574)]

나. 업무수행 자체가 아니라 업무의 적정성 내지 공정성이 방해된 경우에도 업무방해죄가 성립한다는 말이 된다.[1575)]

▶「한국자산관리공사가 공적자금을 회수하기 위하여 공적자금 투입업체의 출자전환주식을 매각하기로 하고 그 매각업무의 주간사를 선정하는 과정에서 우선 공사 내부구성원들이 1차 선정위원회를 구성하여 후보기관을 심사·선정하면서, 위 선정위원회가 준수해야 하는 매각심사소위원회의 평가표에 따를 경우 갑업체의 제안서 심사결과가 경쟁상대인 을업체보다 불리하다고 판단되자, 위 평가표의 평가항목별 배점을 갑업체에 유리하게 수정하여 갑업체를 1순위로, 을업체를 2순위로 선정한 다음, 이러한 사실을 고지하지 않은 채 별도의 민간전문가가 참여한 2차 선정위원회에 위 심사결과와 수정된 평가표를 제출하여 평가절차를 진행하게 한 경우, 위 평가표의 임의 수정 및 제출행위는 위계에 해당하고 이로 인하여 위 2차 선정위원회의 민간전문가가 매각 주간사를 선정하는 **업무의 적정성** 내지 **공정성**을 해할 위험이 발생하였으므로 위계에 의한 업무방해죄가 성립한다.」[1576)]

▶「…(전략) 원심은, 피고인이 2006년 3월경 전항과 같이 공소외인의 이 사건

1572) 대법원 2011. 7. 28, 선고 2009도11104 판결.

1573) 대법원 1960. 8. 3, 선고 4293형상397 판결; 대법원 1991. 6. 28, 선고 91도944 판결; 대법원 1994. 6. 14, 선고 93도288 판결; 대법원 1997. 3. 11, 선고 96도2801 판결; 대법원 2002. 3. 29, 선고 2000도3231 판결; 대법원 2013. 1. 31, 선고 2012도3475 판결.

1574) 대법원 1999. 5. 14, 선고 98도3767 판결; 대법원 2002. 3. 29, 선고 2000도3231 판결; 대법원 2012. 5. 24, 선고 2009도4141 판결.

1575) 대법원 2002. 10. 2, 선고 2000도5669 판결; 대법원 2006. 12. 21, 선고 2006도4487 판결; 대법원 2008. 1. 17, 선고 2006도1721 판결.

1576) 대법원 2008. 1. 17, 선고 2006도1721 판결.

각 논문을 자신의 논문인 것처럼 발표한 논문연구실적을 부교수 승진심사 서류에 포함하여 담당직원에게 제출하여 다음 달인 4월경 부교수로 승진함으로써 위계로써 ○○▲▲대학 심사위원들의 승진심사 업무를 방해하였다는 공소사실에 대하여는, 피고인이 승진심사 시에 제출한 이 사건 각 논문을 제외한 다른 논문만으로도 부교수 승진요건을 월등히 충족하고 있었고, 피고인이 위 각 논문을 제출하였다고 하더라도 위 승진심사에 있어서 더 유리한 지위에 있게 되는 것도 아닌 사실을 인정한 다음, 그렇다면 피고인이 이 사건 각 논문에 관한 연구실적을 부교수 승진심사 서류에 포함하여 제출하였다고 하더라도 이로 인하여 승진심사 업무의 적정성이나 공정성을 침해할 염려가 없다고 할 것이니 업무방해의 위험성도 없다 할 것이어서 이를 위계에 의한 업무방해죄로 처벌할 수 없다고 판단했다.

그러나 원심이 적법하게 확정한 사실 및 기록에 의하면, ○○▲▲대학 교원인사규정에는 교원에 대한 승진 임용기준으로서 원심이 판시한 바와 같은 승진소요 근무기간, 교육 및 연구업적 등의 요건 이외에도 교원의 자격에 관하여 교육자로서 인격과 품위를 갖출 것을 기본적인 전제로 정하고 있으며, 징계처분 등을 받은 경우에는 승진할 수 없도록 제한하고 있음을 알 수 있으므로, 교원에 대한 승진 임용을 위한 심사에서는 원심이 인정한 바와 같은 승진소요 근무기간, 교육 및 연구업적 등의 요건 이외에도 교원으로서의 인격과 품위를 갖추고 있는지 여부나 징계사유가 있는지 여부 등도 당연한 심사항목으로 포함되어 있다고 보아야 할 것이다. 그런데 피고인의 경우 원심이 인정한 바와 같이 공소외인이 작성한 이 사건 각 논문을 피고인 자신이나 공소외인 및 피고인이 공동으로 작성한 논문인 것처럼 학술지에 제출하여 발표한 논문연구실적을 부교수 승진심사 서류에 포함하여 제출하였다면, 이는 교육자로서의 인격과 품위를 손상시키는 행위에 해당함이 명백하고 그에 따라 징계처분 등을 받을 만한 사유에도 해당할 것이며(실제로 피고인은 위와 같은 사유로 징계에 회부된 것으로 보인다), 따라서 승진 임용심사 과정에서 이러한 사정이 확인되었을 경우, 피고인이 승진 임용을 위한 연구업적 등 다른 기준을 충족하고 있다고 하더라도 교원으로서의 인격과 품위에 관하여 고도의 윤리성을 요구하는 승진임용심사의 특성상 피고인이 승진대상자에서 배제되었을 가능성이 높았을 것이고, 승진 임용을 심사하는 위원들로서는 통상적인 심사절차를 통해서는 피고인의 위와 같은 논문연구실적의 일부가 허위라는 사정을 밝혀내기 어려울 것이라는 점 등을 고려하여 보면, 원심이 들고 있는 바와 같이 피고인이 승진 임용심사 시에 제출한 논문들 중 이 사건 각 논문을 제외한 다른 논문만으로도 부교수 승진요건을 월등히 충족하고 있었다는 등의 사정만으로 승진 임용심사 **업무의 적정성**이나 **공정성**을 해할 위험이 없었다고 단정할 수는 없을 것이다.

그럼에도 원심은, 위와 같은 원심 판시의 사정만을 들어 피고인이 이 사건 각 논문에 관한 연구실적을 부교수 승진심사 서류에 포함하여 제출하였다고 하더라도 이로 인하여 승진심사 업무의 적정성이나 공정성을 침해할 염려가 없다고 단정하였으니, 이러한 원심판결에는 업무방해죄에 있어서의 업무방해의 위험성에 관한 법리를 오해하여 판결 결과에 영향을 미친 위법이 있다.」[1577]

▶ 「…(전략) 이 사건 조합의 신규직원 채용에 응시한 공소외 1, 공소외 2가 필기시험에서 합격선에 미치지 못하는 점수를 받게 되자, 피고인의 지시에 따라 이 사건 채점업무 담당자들이 이 사건 점수조작행위를 통하여 공소외 1, 공소외 2를 필기시험에 합격시킴으로써 필기시험 합격자를 대상으로 하는 면접시험에 응시할 수 있도록 한 경우, 이와 같이 조작되지 않은 필기시험 점수에 의할 경우 면접시험에 응시할 자격이 없는 공소외 1, 공소외 2를 이 사건 점수조작행위에 의하여 면접시험에 응시할 수 있게 하였다면, 이 사건 점수조작행위는 면접위원으로 하여금 면접시험 응시자의 정당한 자격 유무에 관하여 오인·착각 또는 부지를 일으키게 하는 위계에 해당하고, 면접위원이 이 사건 점수조작행위에 관하여 공모 또는 양해하였다는 등의 특별한 사정이 없는 한 그 위계에 의하여 면접위원이 수행하는 **면접업무의 적정성** 또는 **공정성**이 저해되었다고 보아야 한다.

그리고 면접업무가 최종합격의 가부만을 가리는 소극적 성격의 것이고 또 형식적으로 수행된 면이 있다 하더라도, 이를 이 사건 조합에 대한 관계에서 보호할 가치가 없는 업무라고 할 수 없다. 또 이 사건 점수조작행위에 의하여 면접위원이 응시무자격자를 상대로 면접에 임하게 하고 그에 상응하는 응시자격자를 면접할 수 없게 하였다는 그 자체로 면접업무의 적정성 또는 공정성이 저해되는 것이고 이러한 결과는 면접업무의 수행이 소극적·형식적이었는지 여부와 무관하게 발생하는 것이므로, 면접업무에 대한 방해가 없다고 할 수 없다.

그렇다면 기록상 일부 면접위원들이 이 사건 점수조작행위에 관하여 공모 또는 양해하였다고 볼 자료가 없는 이 사건에서, 이들이 이 사건 조합의 신규직원 채용업무로서 수행한 면접업무는 이 사건 점수조작행위에 의하여 방해되었다고 보아야 한다.

그런데도 원심은 이와 달리 위와 같은 업무방해가 없다고 보아 이 사건 공소사실에 대하여 무죄를 선고한 제1심판결을 그대로 유지하고 말았으니, 위계에 의한 업무방해죄의 법리를 오해하여 판결에 영향을 미친 위법이 있다. 이를 지적하는 상고이유의 주장은 이유 있다.」[1578]

1577) 대법원 2009. 9. 10, 선고 2009도4772 판결.

1578) 대법원 2010. 3. 25, 선고 2009도8506 판결.

8. 고의

업무방해죄의 고의는 반드시 업무방해의 목적이나 계획적인 업무방해의 의도가 있어야만 하는 것은 아니고, 자신의 행위로 인하여 타인의 업무가 방해될 가능성 또는 위험에 대한 인식이나 예견으로 충분하며, 그 인식이나 예견은 확정적인 것은 물론 불확정적인 것이라도 이른바 미필적 고의로도 족하다.[1579]

다만 허위사실을 유포하는 방법에 의하여 타인의 업무를 방해함으로써 성립하는 업무방해죄에 있어서는, 허위사실을 유포한다고 함은 실제의 객관적 사실과 서로 다른 사항을 내용으로 하는 사실을 불특정 다수인에게 전파시키는 것을 말하고, 특히 이러한 경우 그 행위자에게 행위 당시 자신이 유포한 사실이 허위라는 점을 적극적으로 인식하였을 것을 요한다.[1580]

▶ 「방송국 프로듀서 등 피고인들이 특정 프로그램 방송보도를 통하여 미국산 쇠고기는 광우병 위험성이 매우 높은 위험한 식품이고 우리나라 사람들이 유전적으로 광우병에 몹시 취약하다는 취지의 허위사실을 유포하여 미국산 쇠고기 수입·판매업자들의 업무를 방해하였는지와 관련하여, 방송보도의 전체적인 취지와 내용이 미국산 쇠고기의 식품 안전성 문제 및 쇠고기 수입 협상의 문제점을 지적하고 협상체결과 관련한 정부 태도를 비판한 것이어서 피고인들에게 업무방해의 고의가 있었다고 볼 수 없고 달리 이를 인정할 증거가 없다.」[1581]

9. 위법성

▶ 「피고인이 점유 경작하고 있는 논에 공소외인이 그 논의 소유권을 취득하였다는 이유로 적법한 절차에 의한 인도를 받지 아니한 채 묘판을 설치하려고 하자 피고인이 그 묘판을 허물어뜨린 행위는 피고인의 점유에 대한 **부당한 침탈 또는 방해행위의 배제를 위한 행위**이므로 이를 업무방해라고 할 수 없다.」[1582]

1579) 대법원 2009. 1. 15, 선고 2008도9410 판결; 대법원 2012. 5. 24, 선고 2009도4141 판결; 대법원 2013. 1. 31, 선고 2012도3475 판결.

1580) 대법원 1994. 1. 28, 선고 93도1278 판결; 대법원 2008. 11. 27, 선고 2008도6728 판결. **이 두 개의 판결은 모두 피고인이 유포사실이 허위인 것을 인식하지 못하였다고 보아 업무방해죄 무죄를 선고하거나 무죄취지로 파기했다.**

1581) 대법원 2011. 9. 2, 선고 2010도17237 판결.

1582) 대법원 1980. 9. 9, 선고 79도249 판결.

▶ 「피고인들이 회장 및 임원으로 되어있는 동대문종합상가상인협의회(이하 상인협의회라 한다)는 동대문종합시장주식회사(이하 회사라 한다)측의 임차보증금과 임료의 일방적인 인상과 증평수문제등 불합리한 문제에 대하여 피해상인들이 이에 대항하기 위하여 자발적으로 결성한 단체이며 상인협의회의 임원들인 피고인들이 가입상인들로부터 1980. **5월**분부터 임관리비 상당액을 징수하여 은행에 예치한 것은 상인협의회의 구성원들의 총의에 따른 사무를 집행한데 불과한 이상 피고인들의 의사는 계약조건의 절충에 있었다고 보여지고 이로써 그들에게 회사의 업무를 방해할 범의가 있었다거나 위와 같은 행위만으로서 회사의 업무를 방해할만한 위력을 행사한 것으로는 보기 어렵고, 1980. 8. 13 **업무방해의 점**에 대하여는 피고인 2가 계약갱신 및 체납임 관리비 상당액 독려차 나온 회사사원인 김장○에게 "너희들이 무엇인데 상인협의회에서 하는 일을 방해하며 협의회에서 돌리는 유인물을 압수하느냐 당장 해임시켜야 하겠다"고 욕설을 한 사실은 인정할 수 있으나 다른 피고인들이 공모한 사실을 인정할 수 없고 위와 같은 행위만으로는 업무방해죄의 위력을 행사한 것으로 보기 어렵고, 1980. 8. 16. **업무방해의 점**에 대하여는 피고인 1 등이 회사직원에게 폭력으로 위력을 행사한 사실이 인정되지 아니할 뿐만 아니라 당시 회사직원들의 행위가 정당한 업무수행이라고 할 수 없으니 피고인들의 이를 **위력으로 방해하였다 하더라도 오히려 피고인들의 수납업무에 대한 부당한 침탈 또는 방해행위의 배제를 위한 것**이어서 업무방해죄가 성립되지 아니하므로 결국 업무방해의 점은 모두 범죄가 되지 아니하거나 범죄사실의 증명이 없는 때에 해당한다.」[1583)]

▶ 「피고인이 계원들로 하여금 공소외 (갑)대신 피고인을 계주로 믿게 하여 계금을 지급하고 불입금을 지급받아 위계를 사용하여 공소외 (갑)의 계운영업무를 방해하였다고 하여도 피고인에 대하여 다액의 채무를 부담하고 있던 공소외 (갑)으로서는 채권확보를 위한 피고인의 요구를 거절할 수 없었기 때문에 피고인이 계주의 업무를 대행하는데 대하여 이를 승인 내지 묵인한 사실이 인정된다면 피고인의 소위는 이른바 위 공소외 (갑)의 **승낙**이 있었던 것으로서 위법성이 조각되어 업무방해죄가 성립되지 않는다.」[1584)]

▶ 「시장번영회 회장이 이사회의 결의와 시장번영회의 관리규정에 따라서 관리비 체납자의 점포에 대하여 실시한 단전조치는 **정당행위**로서 업무방해죄를 구성하지 아니한다.」[1585)]

1583) 대법원 1983. 10. 11, 선고 82도2584 판결.
1584) 대법원 1983. 2. 8, 선고 82도2486 판결.
1585) 대법원 2004. 8. 20, 선고 2003도4732 판결; 대법원 1994. 4. 15, 선고 93도2899 판결.

▶ 「(1) 호텔 내 주점의 임대인이 임차인의 차임 연체를 이유로 계약서상 규정에 따라 단전·단수조치를 취한 것은, 약정 기간이 만료되었고 임대차보증금도 차임연체 등으로 공제되어 이미 남아있지 않은 상태에서 영업을 하고 있는 **피해자 공소외 4의 주점**이 월 1,000만원씩의 차임지급을 연체하고 있어 약정 임대차기간 만료 전부터 계약해지의 의사표시를 하고, 약정 임대차기간 만료 후에는 2회에 걸쳐 연체차임의 지급을 최고함과 아울러 단전·단수조치를 예고한 후에 1회의 단전·단수조치를 한 것인바, 위 피고인의 행위는 자신의 궁박한 상황에서 임차인의 부당한 의무 불이행에 대해 불가피하게 취한 조치로서, 임차인의 권리를 합리적인 범위를 벗어나 과도하게 침해하거나 제한하는 것으로 사회통념상 현저하게 타당성을 잃은 것으로 보이지 아니하며, 그 동기와 목적, 수단과 방법, 그와 같은 조치에 이르게 된 경위 등 여러 가지 사정에 비추어 볼 때, 사회통념상 허용될 만한 정도의 상당성이 있는 위법성이 결여된 행위로서 형법 제20조에 정하여진 **정당행위**에 해당하는 것으로 볼 여지가 있다. (2) 그러나 **피해자 공소외 1**에 대한 2004. 3. 17.자 및 2004. 5. 26.자 각 단전·단수조치의 경우, 약정 임대차기간이 7 내지 9개월 이상 남아 있고, 임대차보증금이 7,000만원 이상 남아있는 상태에서 많은 비용을 들여 영업을 하고 있는 주점이 월 300만원씩의 차임지급 등을 연체하고 있다는 이유로 계약해지의 의사표시와 단전·단수조치의 경고만을 한 후에 2회에 걸쳐 단전·단수조치를 한 것인바, 위 피고인의 행위는 비록 자신의 궁박한 상황에서 한 것이라고 할지라도 임차인의 권리를 합리적인 범위를 벗어나 과도하게 침해하거나 제한하는 것으로 사회통념상 현저하게 타당성을 잃은 것이어서, 그 동기와 목적, 수단과 방법, 그와 같은 조치에 이르게 된 경위 등 여러 가지 사정에 비추어 볼 때, 사회통념상 허용될 만한 정도의 상당성이 있는 위법성이 결여된 행위로서 형법 제20조에 정하여진 정당행위에 해당한다고 볼 여지가 없을 뿐만 아니라, 위 피고인이 위와 같은 사정 하에서 자신의 행위가 위법하지 않은 것으로 오인함에 정당한 이유가 있다고 볼 수도 없으므로, 원심이 피해자 공소외 1에 대한 2004. 3. 17.자 및 2004. 5. 26.자 각 단전·단수조치에 대하여 그 판시와 같은 이유로 무죄를 선고한 것은 법률의 착오에 관한 법리오해의 위법이 있고, 이는 판결에 영향을 미쳤음이 분명하다. (3) 한편 원심은, 피고인 1의 **피해자 공소외 1**에 대한 2004. 7. 26.자 단전·단수조치는 공소외 1의 아들인 공소외 5가 '카멜롯의 전설' 유흥주점에 대한 휴업신고를 한 이후에 이루어진 것으로서 위 피고인의 위 단전·단수조치로 인하여 공소외 1의 위 유흥주점 운영업무가 방해되는 결과를 초래할 위험이 생길 수 없다는 이유에서, 이 부분은 범죄로 되지 아니하는 경우에 해당한다고 판단하여 유죄를 선고한 제1심판결을 파기하고 무죄를 선고하였는바, 기록에 비추어 살펴보면, 이러한 원심의 조치는 옳은 것으로 수긍이 가고, 거기에 채증법칙 위배의 위법이 있다고 할

수 없다.」[1586)]

▶「헌법 제23조 제1항, 제119조 제1항, 제15조 규정들의 취지를 기업활동의 측면에서 보면, 모든 기업은 그가 선택한 사업 또는 영업을 자유롭게 경영하고 이를 위한 의사결정의 자유를 가지며, 사업 또는 영업을 변경(확장·축소·전환)하거나 처분(폐지·양도)할 수 있는 자유를 가지고 있고, 이는 헌법에 의하여 보장되고 있는 것인데, 이러한 경영권이 노동3권과 서로 충돌하는 경우 이를 조화시키는 한계를 설정함에 있어서는 기업의 경제상의 창의와 투자의욕을 훼손시키지 않고 오히려 이를 증진시키며 기업의 경쟁력을 강화하는 방향으로 해결책을 찾아야 하는바, 이와 같은 관점에서 볼 때 구조조정이나 합병 등 기업의 경쟁력을 강화하기 위한 경영주체의 경영상 조치는 원칙적으로 노동쟁의의 대상이 될 수 없고, 그것이 긴박한 경영상의 필요나 합리적인 이유 없이 불순한 의도로 추진되는 등의 특별한 사정이 없는 한 노동조합이 그 실시를 반대하기 위하여 벌이는 쟁의행위에는 목적의 정당성을 인정할 수 없다 할 것이다.[1587)]

한편, 근로자의 쟁의행위가 형법상 정당행위가 되기 위하여는 첫째 그 주체가 단체교섭의 주체로 될 수 있는 자이어야 하고, 둘째 그 목적이 근로조건의 향상을 위한 노사 간의 자치적 교섭을 조성하는 데에 있어야 하며, 셋째 사용자가 근로자의 근로조건 개선에 관한 구체적인 요구에 대하여 단체교섭을 거부하였을 때 개시하되 특별한 사정이 없는 한 조합원의 찬성결정 등 법령이 규정한 절차를 거쳐야 하고, 넷째 그 수단과 방법이 사용자의 재산권과 조화를 이루어야 함은 물론 폭력의 행사에 해당되지 아니해야 한다는 여러 조건을 모두 구비해야 한다.[1588)] 원심판결 이유에 의하면, 원심은 그 채택증거에 의하여 인정되는 사실에 기초하여 이 사건 쟁의행위의 목적이 경영권의 본질에 속하는 공장이전 자체의 반대를 위한 것이므로 그 목적에 있어 정당성을 상실하였을 뿐만 아니라 그 수단과 방법이 사용자의 재산권과 조화를 이루지 못하고 폭력을 행사한 것이므로 이 사건 쟁의행위는 정당행위에 해당하지 아니한다고 판단하였는바, 앞서 본 법리와 기록에 비추어 살펴보면 원심의 사실인정 및 판단은 정당하고 거기에 상고이유로 주장하는 바와 같은 위법이 있다고 할 수 없다.」[1589)]

1586) 대법원 2007. 9. 20, 선고 2006도9157 판결.

1587) 대법원 2002. 2. 26, 선고 99도5380 판결; 대법원 2003. 7. 22, 선고 2002도7225 판결.

1588) 대법원 2000. 5. 12, 선고 98도3299 판결; 대법원 2001. 10. 2, 선고 99도4837 전원합의체 판결.

1589) 대법원 2003. 11. 13, 선고 2003도687 판결.

사회상규에 반하는 위법한 권리행사

▶ 「1. 공소사실의 요지

이 사건 공소사실의 요지는, 피고인은 2003. 9. 8.경부터 같은 해 10. 23.경까지 부산 ○구 ▲동 266-2 소재 피고인이 근무하는 ○○머니 주식회사 부산지점 사무실에서 피해자가 위 회사로부터 대출받은 200만원에 대한 이자를 지급하지 않는다는 이유로 그 지급을 독촉하기 위하여 동인의 집과 핸드폰 등에 460여 통의 전화를 걸어 동인으로 하여금 정상적인 업무를 보지 못하게 함으로써 위력으로 동인이 운영하는 간판업 업무를 방해하였다는 것이다.

2. 원심의 판단

원심은, 간판업에 종사하는 피해자가 2002. 9. 6. 그의 처인 공소외인을 연대보증인으로 하여 ○○머니 주식회사로부터 200만원을 대출받았는데, 2003. 2. 12. 당초의 계약을 갱신하면서 이율 연 65.7%, 변제기 2008. 2. 12., 약정이자지급일 매월 2일로 정한 사실, 피해자가 2003. 9. 2.에 지급해야 할 약정이자 10여 만원을 지급하지 못하자 담당자인 피고인은 피해자에게 그 이자의 지급을 독촉하는 전화를 하였는데, 피해자는 같은 달 5. 57,991원이 부족한 50,000원을 입금하였을 뿐, 나머지 돈을 입금하지 아니한 사실, 이에 피고인을 비롯한 ○○머니 주식회사 부산지점 직원들이 같은 달 8. 및 9. 피해자에게 다시 독촉전화를 하였으나, 피해자는 같은 달 9. 42,447원이 부족한 합계 30,000원을 입금한 채 알아서 하라는 식의 태도를 보이면서 피고인 등의 전화를 받지 아니한 사실, 피고인을 비롯한 ○○머니 주식회사 부산지점 직원들은 2003. 9. 8.부터 같은 해 10. 25.까지 460여 회에 걸쳐 피해자에게 전화를 하였는데, 이 중 실제 통화가 된 것은 19여 회에 불과하고(9. 8. 및 9. 9.이 14번 정도 된다), 나머지는 통화가 되지 않거나 피고인이 발신번호를 확인하고 바로 끊어 버린 사실(피해자가 계속하여 전화를 받지 않아 전화횟수가 많아진 것으로 보이며, 이와는 달리 피고인이 피해자에게 전화를 건 460여 통 중 실제로 통화가 이루어진 것이 2/3 정도라는 피해자의 증언은 검증 결과에 비추어 믿기 어렵다.), 게다가 피고인 등은 오전 8시 이전이나 오후 8시 이후에는 피해자에게 전화를 하지 아니했고, 대부분의 전화를 피해자의 휴대폰(전화번호 기재 생략)에 건 사실(피해자가 운영하는 회사에 전화한 것은 10회에 불과한데, 회사의 여직원이 아닌 피해자와 통화된 것은 단 한 번임)을 인정한 다음, 위 인정 사실에 의할 때 채권회수를 위하여 채무자에게 전화를 건 피고인의 행위가 피해자의 자유의사를 제압하기에 족한 세력, 즉 업무방해죄의 위력에 해당한다고 보기는 어려울 뿐만 아니라, 그로 인하여 피해자의 간판업 업무가 방해 당했다고 보기도 어렵다는 이유로 무죄를 선고했다.

3. 이 법원의 판단

업무방해죄에 있어서의 '위력'이란 사람의 자유의사를 제압·혼란케 할 만한 일체의 세력을 말하고, 유형적이든 무형적이든 묻지 아니하며, 폭행·협박은 물론 사회적, 경제적, 정치적 지위와 권세에 의한 압박 등을 포함한다고 할 것이고, 위력에 의해 현실적으로 피해자의 자유의사가 제압되는 것을 요하는 것은 아니며,[1590] 업무방해죄의 성립에 있어서는 업무방해의 결과가 실제로 발생함을 요하는 것이 아니고 업무방해의 결과를 초래할 위험이 발생하는 것이면 족하다 할 것인바,[1591] 채권자의 권리행사는 **사회통념상 허용되는 방법**에 의해야 하는 것이므로, 가령 우월한 경제적 지위를 가진 대부업자가 그 지위를 이용하여 채무자를 압박하는 방법으로 채권추심행위를 하였다면 이는 위력을 이용한 행위로서 위법하고 그로 인하여 채무자의 업무가 방해될 위험이 발생하였다면 업무방해죄의 죄책을 면할 수 없다 할 것이다.

기록에 비추어 살펴보면, 비록 피해자가 2003. 9.부터 대출이자를 연체하고 있었다고는 하나 그 금액이 소액일 뿐만 아니라, 일부씩 변제를 하고 있었음에도 피고인의 주도로 한 달여에 걸쳐 매일 평균 10통 가량, 어떤 날은 심지어 90여 통에 이르는 전화 공세를 하였다는 것이고, 비록 실제 통화연결된 횟수가 19회에 불과하다고 추정하더라도 비정상적인 전화 공세에 압박감을 느낀 나머지 통화를 피할 수밖에 없었던 것으로 봄이 상당하며 심한 채무독촉을 당한 후에는 계속해서 걸려오는 전화 그 자체만으로도 심리적 압박감과 두려움을 느낄 수밖에 없다고 할 것이고, 원심은 피해자가 통화과정에서 알아서 하라는 식의 태도를 보였다는 사실을 들고 있으나 위력에 상당한지는 주관적인 기준이 아니라 객관적인 기준에 따라 판단할 문제이고 더욱이 피해자의 증언에 의하면 피고인이 먼저 고문변호사를 통해서 법적으로 하겠다는 말을 하기에 그렇게 말하였다는 것에 불과한 사정을 알아볼 수 있는바, 이러한 사정뿐만 아니라, 대부업을 이용하는 사람들은 주로 은행이나 카드사와 같은 제도권 금융회사에서 소외된 저신용자들로서 사회·경제적으로 곤궁한 약자들이라는 점까지를 감안해 볼 때(사채업의 양성화를 목적으로 제정된 대부업의등록및금융이용자보호에관한법률이 제8조에서 이자율의 제한에 관한 규정을, 제10조에서 불법적 채권추심행위의 금지에 관한 규정을 둔 것도, 이처럼 대부업 이용자들이 특별한 보호를 필요로 하는 경제적 약자임을 감안한 조치라 할 수 있다.) 위 피해자에게 소액의 지연이자를 문제 삼아 법적조치를 거론하면서 무차별적인 전화공세를 하는 식의 채권추심행위는 사회통념상의 허용한도를 벗어나 경제적 약자인 피해자의 자유의사를 제압하기에 족

1590) 대법원 1995. 10. 12, 선고 95도1589 판결.
1591) 대법원 1991. 6. 28, 선고 91도944 판결.

한 위력에 해당한다고 할 것이고, 또한 기록에 의하면 위 피해자는 소규모 간판업을 경영하는 자로서 업무상 휴대폰의 사용이 긴요하다고 할 수 있는데 대부분의 전화가 그 휴대폰에 집중된 이상 이로 인하여 동인의 간판업 업무가 방해되는 결과를 초래할 위험이 발생하였다고 인정하기에 충분하다고 보여진다.

그럼에도 불구하고, 원심이 위와 같은 이유만으로 이 사건 공소사실에 대하여 무죄를 선고한 것은 업무방해죄에 있어서의 위력 또는 업무방해의 의미에 관한 법리를 오해한 나머지 필요한 심리를 다하지 아니한 위법을 저지른 것이라고 하지 않을 수 없고, 따라서 이 점을 지적하는 상고이유의 주장은 이유 있다.」[1592]

피해자의 승낙, 정당행위, 법률의 착오 주장을 모두 배척한 사례

「1. 상고이유 제1점(**피해자의 승낙의 존재 여부**)에 관하여

기록에 의하면, 이 사건 임대차계약서 제16조 제2항은 "제16조 제1항의 경우 임대인이 임차인에게 단전조치 등을 요구할 수 있다."는 취지로 규정되어 있으나, 피해자는 임대차계약의 종료 후 '갱신계약에 관한 의사표시 혹은 명도의무를 지체'하였을 뿐 차임, 관리비의 연체 등과 같은 위 제16조 제1항 각 호의 위반행위를 한 적이 없기 때문에 이 사건의 경우 단전조치에 관한 계약상의 근거가 없고(가사 계약상의 근거가 있다 하여도 피해자의 승낙은 언제든지 철회할 수 있는 것이므로 이 사건에 있어서와 같이 피해자 측이 단전조치에 대해 즉각 항의하였다면 그 승낙은 이미 철회된 것으로 보아야 할 것이다), 피해자가 이 사건 단전조치와 같은 이유로 2003. 12.경에도 피고인에 의한 단전조치를 당한 경험이 있다거나 이 사건 단전조치 전 수십 차례에 걸쳐 피고인으로부터 단전조치를 통지받았다거나, 혹은 피고인에게 기한유예 요청을 하였다는 사정만으로는 이 사건 단전조치를 묵시적으로 승낙하였던 것으로 볼 수도 없으므로, 이 사건 단전조치는 피해자의 승낙에 의한 행위로서 무죄라고 볼 수 없다.

원심이 같은 취지에서 피해자의 승낙에 관한 피고인의 주장을 배척한 조치는 이유 설시가 다소 미흡하나, 결론에 있어서는 정당하고 피해자의 승낙에 관한 법리를 오해한 위법이 없으므로, 이 사건 단전조치가 피해자의 승낙에 의한 행위로서 무죄라는 상고이유의 주장은 받아들일 수 없다.

2. 상고이유 제2점(**정당행위 해당 여부**)에 관하여

어떠한 행위가 사회상규에 위배되지 아니하는 정당한 행위로서 위법성이 조각되는 것인지는 구체적인 사정 아래서 합목적적, 합리적으로 고찰하여 개별적으로 판단해야 할 것이고, 이와 같은 정당행위를 인정하려면, 첫째 그 행위의 동기

1592) 대법원 2005. 5. 27, 선고 2004도8447 판결.

나 목적의 정당성, 둘째 행위의 수단이나 방법의 상당성, 셋째 보호이익과 침해이익과의 법익균형성, 넷째 긴급성, 다섯째 그 행위 외에 다른 수단이나 방법이 없다는 보충성 등의 요건을 갖추어야 할 것인바,[1593] 차임이나 관리비를 단 1회도 연체한 적이 없는 피해자가 임대차계약의 종료 후 임대료와 관리비를 인상하는 내용의 갱신계약 여부에 관한 의사표시나 명도의무를 지체하고 있다는 이유만으로 그 종료일로부터 16일 만에 피해자의 사무실에 대하여 단전조치를 취한 피고인의 행위는 그 권리를 확보하기 위하여 다른 적법한 절차를 취하는 것이 매우 곤란하였던 것으로 보이지 않아 그 동기와 목적이 정당하다거나 수단이나 방법이 상당하다고 할 수 없고, 또한 그에 관한 피고인의 이익과 피해자가 침해받은 이익 사이에 균형이 있는 것으로도 보이지 않으므로, 같은 취지의 원심 판단은 정당하고, 이 사건 단전조치가 사회상규에 위배되지 아니하는 정당행위로서 무죄라는 상고이유의 주장도 받아들일 수 없다.

3. 상고이유 제3점(**법률의 착오 여부**)에 관하여

형법 제16조에서 "자기가 행한 행위가 법령에 의하여 죄가 되지 아니한 것으로 오인한 행위는 그 오인에 정당한 이유가 있는 때에 한하여 벌하지 아니한다."라고 규정하고 있는 것은 단순한 법률의 부지를 말하는 것이 아니고, 일반적으로 범죄가 되는 경우이지만 자기의 특수한 경우에는 법령에 의하여 허용된 행위로서 죄가 되지 아니한다고 그릇 인식하고 그와 같이 그릇 인식함에 정당한 이유가 있는 경우에는 벌하지 않는다는 취지인바,[1594] 사무실 임대를 업으로 하는 피고인이 위와 같은 사정에서 일방적으로 취한 단전조치가 죄가 되지 않는다고 오인한 것에는 정당한 이유가 있다고 볼 수 없으므로, 같은 취지의 원심 판단은 정당하고, 이 사건 단전조치가 정당한 이유가 있는 법률의 착오로서 무죄라는 상고이유의 주장 또한 받아들일 수 없다.」[1595]

10. 기수시기

형법 제314조의 위계 또는 위력에 의한 업무방해죄가 성립하려면 업무방해의 결과가 실제로 발생할 것을 요하지 아니하지만 업무방해의 결과를 초래할 위험은 발생해야 하고,[1596] 그 위험의 발생은 위계 또는 위력으로 인한 것이어

1593) 대법원 1986. 10. 28, 선고 86도1764 판결; 대법원 1994. 4. 15, 선고 93도2899 판결; 대법원 2000. 4. 25, 선고 98도2389 판결; 대법원 2001. 2. 23, 선고 2000도4415 판결.
1594) 대법원 2006. 1. 13, 선고 2005도8873 판결.
1595) 대법원 2006. 4. 27, 선고 2005도8074 판결.
1596) 대법원 1992. 4. 10, 선고 91도3044 판결; 대법원 1997. 3. 11, 선고 96도2801 판결; 대법원 2002. 3. 29, 선고 2000도3231 판결; 대법원 2005. 4. 15, 선고 2002도3453 판결.

야 한다.[1597)]

▶ 「원심은, 공소외인이 직장폐쇄를 철회하고, 인력감축을 하지 않으려는 경영방침을 포기한 후 조폐창을 조기에 통합하기로 결정한 것은 피고인의 위 전화행위로 인한 것이 아니므로, 피고인의 위 전화행위로 인하여 공소외인의 경영업무가 방해될 위험이 발생하였다고 볼 수 없다는 이유로, 피고인에 대한 업무방해죄의 공소사실에 대하여 무죄를 선고한 제1심판결을 그대로 유지하였는바, 위 법리와 기록에 비추어 살펴보면, 원심의 위와 같은 사실인정과 판단은 수긍이 가고, 거기에 주장과 같은 채증법칙 위배 또는 업무방해죄에 관한 법리오해의 위법이 없다.」[1598)]

▶ 「소론은 업무가 방해되었다는 구체적인 증거가 없다는 취지이나, 위 죄는 **업무를 방해할 우려 있는 상태가 발생하면 족한 위험범**일 뿐더러 위와 같이 위 회사의 근로자 채용을 위한 업무는 피고인의 행위로 방해된 것이므로, 원심이 피고인을 위계에 의한 업무방해죄로 의율한 것은 정당하고 논지는 이유 없다.」[1599)]

11. 죄수

가. 업무를 방해하면서 명예도 훼손하였다면 두 죄는 상상적 경합관계에 있다.

나. 피고인이 판시 슈퍼마켓사무실에서 식칼을 들고 피해자를 협박한 행위와 식칼을 들고 매장을 돌아다니며 손님을 내쫓고 영업을 방해한 행위는 별개의 행위라 할 것이고 피고인이 판시 슈퍼마켓의 점장으로 근무한 일이 있었다 하여도 판시와 같이 그 점포의 영업을 방해하였다면 그것은 점장인 피고인의 업무가 아니라 경영주의 업무를 방해하였다 할 것이며 피고인의 판시 업무방해행위는 정당한 노동쟁의행위라고는 보여지지 아니한다. 피해자가 판시 점포의 경영주인 그의 남편 공소외인 대신 위 점포의 영업을 돌보고 있던 중 판시와 같이 피고인이 그 점포의 영업을 방해한 사실이 인정되는 이 사건에서 원심이 그 업무를 방해당한 사람을 공소외인 아닌 피해자로 판시하였다 하여도 그것이 업무방해죄를 구성하는 데는 아무런 차이가 없는 것이므로 원심을 파기할 만한 어떤 잘못이

1597) 대법원 2004. 3. 26, 선고 2003도7927 판결; 대법원 2005. 4. 15, 선고 2002도3453 판결.
1598) 대법원 2005. 4. 15, 선고 2002도3453 판결.
1599) 대법원 1992. 6. 9, 선고 91도2221 판결.

있다고 할 수는 없다. 논지는 모두 이유 없다.[1600]

12. 컴퓨터업무방해

컴퓨터 등 정보처리장치 또는 전자기록등 특수매체기록을 손괴하거나 정보처리장치에 허위의 정보 또는 부정한 명령을 입력하거나 기타 방법으로 정보처리에 장애를 발생하게 하여 사람의 업무를 방해한 경우에 성립한다(**형법 제314조 제2항**).

가. 컴퓨터 등 정보처리장치란 자동적으로 계산이나 데이터처리를 할 수 있는 전자장치로서 하드웨어와 소프트웨어를 모두 포함하고,[1601] **손괴**란 유형력을 행사하여 물리적으로 파괴·멸실시키는 것뿐 아니라 전자기록의 소거나 자력에 의한 교란도 포함하며,[1602] **허위의 정보 또는 부정한 명령의 입력**이란 객관적으로 진실에 반하는 내용의 정보를 입력하거나 정보처리장치를 운영하는 본래의 목적과 상이한 명령을 입력하는 것이고,[1603] **기타방법**이란 컴퓨터의 정보처리에 장애를 초래하는 가해수단으로서 컴퓨터의 작동에 직접·간접으로 영향을 미치는 일체의 행위이다.

▶「형법 제314조 제2항은 '컴퓨터 등 정보처리장치 또는 전자기록 등 특수매체기록을 손괴하거나 정보처리장치에 허위의 정보 또는 부정한 명령을 입력하거나 기타 방법으로 정보처리에 장애를 발생하게 하여 사람의 업무를 방해한 자'를 처벌하도록 규정하고 있는바, 여기에서 '컴퓨터 등 정보처리장치'란 자동적으로 계산이나 데이터처리를 할 수 있는 전자장치로서 하드웨어와 소프트웨어를 모두 포함하고, '기타 방법'이란 컴퓨터의 정보처리에 장애를 초래하는 가해수단으로서 컴퓨터의 작동에 직접·간접으로 영향을 미치는 일체의 행위를 말하며, 위 죄가 성립하기 위해서는 위와 같은 가해행위의 결과 정보처리장치가 그 사용목적에 부합하는 기능을 하지 못하거나 사용목적과 다른 기능을 하는 등 **정보처리의 장애가 현실적으로 발생하였을 것**을 요한다고 할 것이다.

한편, 메인 컴퓨터의 비밀번호는 시스템관리자가 시스템에 접근하기 위하여

1600) 대법원 1991. 1. 29, 선고 90도2445 판결.
1601) 대법원 2004. 7. 9, 선고 2002도631 판결.
1602) 同旨 이재상·장영민·강동범, 형법각론, 제10판 보정판, 박영사, 2017, 218면.
1603) 바이러스 침투, 홈페이지 관리자의 아이디와 비밀번호를 무단으로 변경한 것은 부정한 명령의 예다. 후자의 사례는, 대법원 2006. 3. 10, 선고 2005도382 판결.

사용하는 보안 수단에 불과하므로, 단순히 메인 컴퓨터의 비밀번호를 알려주지 아니한 것만으로는 정보처리장치의 작동에 직접 영향을 주어 그 사용목적에 부합하는 기능을 하지 못하게 하거나 사용목적과 다른 기능을 하게 하였다고 볼 수 없어 형법 제314조 제2항에 의한 컴퓨터등장애업무방해죄로 의율할 수 없다 할 것이다.」[1604)]

나. 업무를 방해할 우려가 있는 상태가 발생한 때 기수가 되고, 업무방해의 현실적 결과는 요하지 않는다. 따라서 **정보처리에 장애를 발생하게 하여 업무방해의 결과를 초래할 위험이 발생한 이상,** 나아가 **업무방해의 결과가 실제로 발생하지 않더라도 본죄가 성립한다.**

▶ 「형법 제314조 제2항은 '컴퓨터 등 정보처리장치 또는 전자기록 등 특수매체기록을 손괴하거나 정보처리장치에 허위의 정보 또는 부정한 명령을 입력하거나 기타 방법으로 정보처리에 장애를 발생하게 하여 사람의 업무를 방해한 자'를 처벌하도록 규정하고 있는바, 위 죄가 성립하기 위해서는 위와 같은 가해행위 결과 정보처리장치가 그 사용목적에 부합하는 기능을 하지 못하거나 사용목적과 다른 기능을 하는 등 정보처리에 장애가 현실적으로 발생하였을 것을 요한다고 할 것이나,[1605)] **정보처리에 장애를 발생하게 하여 업무방해의 결과를 초래할 위험이 발생한 이상,** 나아가 **업무방해의 결과가 실제로 발생하지 않더라도 위 죄가 성립**하는 것이다. 따라서 포털사이트 운영회사의 통계집계시스템 서버에 허위의 클릭정보를 전송하여 검색순위 결정 과정에서 위와 같이 전송된 허위의 클릭정보가 실제로 통계에 반영됨으로써 **정보처리에 장애가 현실적으로 발생하였다면,** 그로 인하여 **실제로 검색순위의 변동을 초래하지는 않았다 하더라도 컴퓨터 등 장애 업무방해죄가 성립**하는 것이다.

원심판결 이유에 의하면, 원심은 그 채용 증거들을 종합하여 판시 사실들을 인정한 다음, 포털사이트 운영회사의 통계집계시스템 서버에 허위의 클릭정보를 전송한 피고인의 행위는 허위의 정보 또는 부정한 명령을 입력한 것에 해당하고, 피고인이 전송한 허위의 클릭정보가 통계에 반영된 이상 정보처리의 장애가 현실적으로 발생했고 그로 인하여 피해자들의 검색서비스 제공업무는 방해된 것으로 보아야 한다는 이유로, 피고인에 대한 컴퓨터 등 장애 업무방해의 각 공소사실을 모두 유죄로 인정했다. 위 법리 및 기록에 의하여 살펴보면, 원심의 위 인정 및 판단은 정당하고, 상고이유의 주장과 같은 사실오인의 위법이나, 정보처리

1604) 대법원 2004. 7. 9, 선고 2002도631 판결.
1605) 대법원 2004. 7. 9, 선고 2002도631 판결.

의 장애발생의 인과관계에 관한 법리를 오해한 위법이 있다고 할 수 없다.」[1606]

▶ 「피고인 4는 이 부분 공소사실과 같이 2006. 7.경부터 2007. 10.경 이 사건 프로그램을 유포하기 전까지는 피고인 2에게 의뢰하는 방법으로, 그 후부터 2008. 8. 29.까지는 이 사건 프로그램을 이용하는 방법으로 피고인 1이 운영하는 꽃배달 업체인 공소외 2 주식회사 및 제1심판결의 별지 범죄일람표 3 기재 네이버의 해당 업체와 관련된 검색어의 '연관검색어' 생성, '자동완성어' 생성 및 순위 상향 작업을 하여 준 사실, 피고인 2가 한 작업은 수십 대의 전용 컴퓨터에 수십 회선의 ADSL 전용회선을 설치하여 자동으로 인터넷 프로토콜(IP)을 변환하여 실제는 얼마 되지 않는 컴퓨터에서 자동으로 네이버의 검색창을 띄워 '꽃배달' 등의 검색어로 검색을 실시하고 그 검색 결과에서 해당 업체의 웹사이트를 클릭한 것임에도 마치 수많은 컴퓨터 사용자들이 그와 같은 검색을 실시하고 해당 업체의 웹사이트를 클릭한 것처럼 가장한 것이고, 한편 이 사건 프로그램을 이용한 방법은 이 사건 프로그램 등이 설치된 피해 컴퓨터 사용자들이 실제로 네이버의 검색창에 검색어를 입력하지 않고 해당 업체의 웹사이트를 클릭하지 않았음에도 피해 컴퓨터 사용자들이 모르는 사이에 피해 컴퓨터에서 이 사건 프로그램을 구동시켜 이 사건 프로그램이 자동으로 피고인 4가 관리하는 공소외 1 회사의 서버 컴퓨터로부터 수행할 작업 리스트를 내려받고 그 작업 리스트에 따라 네이버의 검색창에 지시된 검색어를 입력하고 그 검색 결과에서 지시된 업체의 웹사이트를 클릭하도록 한 것으로서, 그로 인하여 네이버의 관련 시스템 서버는 피해 컴퓨터 사용자들이 실제로 검색어를 입력하고 해당 웹사이트를 클릭한 것으로 정보처리를 하여 위 피고인들이 의도한 대로 '꽃배달' 등의 검색어에 대하여 '연관검색어', '자동완성어'를 생성하거나 해당 웹사이트의 순위를 향상시킨 사실을 알 수 있다.

위 피고인들이 네이버의 관련 시스템 서버에 마치 컴퓨터 사용자들이 실제로 네이버의 검색창에 검색어를 입력하였거나 해당 업체의 웹사이트를 클릭한 것처럼 사실과 다른 정보자료를 보냈다고 하더라도 그것이 네이버의 관련 시스템에서 통상적인 처리가 예정된 종류의 정보자료여서 정보통신망의 안정적 운영을 방해하는 장애가 발생될 수 있는 방법이 사용되었다고 보기 어려우므로 위 규정들에서 정한 '부정한 명령'을 처리하게 한 것은 아니고, 나아가 위 피고인의 위행위로 네이버의 관련 시스템 서버가 컴퓨터 사용자들이 실제로 검색어를 입력하고 해당 웹사이트를 클릭한 것으로 정보처리를 하고 자동완성어나 연관검색어를 생성하거나 해당 웹사이트의 순위를 향상시켰다고 하더라도 위 사실관계에

1606) 대법원 2009. 4. 9, 선고 2008도11978 판결.

나타난 사정만으로는 그로써 네이버의 관련 시스템에서 정보를 수집·가공·저장·검색·송신 또는 수신하는 기능을 물리적으로 수행하지 못하게 되거나 그 기능 수행이 저해되었다고 할 수 없어 '정보통신망 장애'가 발생되었다고 할 수 없다. 따라서 아래에서 보는 바와 같이 허위의 정보를 입력하여 정보처리에 장애를 발생시켜 네이버의 검색어 제공서비스 등의 업무를 방해함으로써 **컴퓨터등장애업무방해죄가 성립됨은 별론**으로 하고, 위 행위에 관한 이 부분 공소사실에 대하여 위 규정들에서 정한 **정보통신망 장애에 의한 정보통신망법 위반죄가 성립된다고 할 수는 없다.**

…(중략) 이 사건 프로그램이 설치된 피해 컴퓨터 사용자들이 실제로 네이버 검색창에 해당 검색어로 검색하거나 검색 결과에서 해당 스폰서링크를 클릭하지 않았음에도 위 피고인이 이 사건 프로그램을 이용하여 그와 같이 검색하고 클릭한 것처럼 네이버의 관련 시스템 서버에 허위의 신호를 발송하는 방법의 작업을 하였으므로, 이는 객관적으로 진실에 반하는 내용의 정보인 **'허위의 정보'를 입력**한 것에 해당하고, 그 결과 네이버의 관련 시스템 서버에서 실제적으로 검색어가 입력되거나 특정 스폰서링크가 클릭된 것으로 인식하여 그에 따른 정보처리가 이루어졌으므로 이는 네이버의 관련 시스템 등 정보처리장치가 그 사용목적에 부합하는 기능을 하지 못하거나 사용목적과 다른 기능을 함으로써 **정보처리의 장애가 현실적으로 발생**하였다고 할 것이고, 나아가 이로 인하여 **네이버의 검색어 제공서비스 등의 업무나 네이버의 스폰서링크 광고주들의 광고 업무가 방해되었다.**」[1607)]

[36] 위계공무집행방해죄

제137조(위계에 의한 공무집행방해) 위계로써 공무원의 직무집행을 **방해한 자**는 5년 이하의 징역 또는 1천만원 이하의 벌금에 처한다.

1. 위계로써 공무원의 직무집행을 방해한 것이다. 본죄에서 위계라 함은 행위자의 행위목적을 이루기 위하여 상대방에게 오인, 착각, 부지를 일으키게 하여 그 오인, 착각, 부지를 이용하는 것을 말하는 것으로, **상대방이 이에 따라 그릇된 행위나 처분을 하였다면 이 죄가 성립**된다.[1608)] 만약 그러한 행위가 구

1607) 대법원 2013. 3. 28, 선고 2010도14607 판결.

1608) 대법원 1983. 9. 27, 선고 83도1864 판결; 대법원 1995. 5. 9, 선고 94도2990 판결; 대법원 1997. 2. 28, 선고 96도2825 판결; 대법원 2008. 3. 13, 선고 2007도7724 판결; 대법원 2009.

체적인 직무집행을 저지하거나 현실적으로 곤란하게 하는 데까지는 이르지 않은 경우에는 위계에 의한 공무집행방해죄로 처벌할 수 없다.[1609]

2. 공무원의 본죄 주체성

공무원도 위계공무집행방해죄를 저지를 수 있다. 따라서 출원에 대한 심사업무를 담당하는 공무원이 출원인의 출원사유가 허위라는 사실을 알면서도 결재권자로 하여금 오인, 착각, 부지를 일으키게 하고 그 오인, 착각, 부지를 이용하여 인허가처분에 대한 결재를 받아낸 경우에는 출원자가 허위의 출원사유나 허위의 소명자료를 제출한 경우와는 달리 더 이상 출원에 대한 적정한 심사업무를 기대할 수 없게 되었다고 할 것이어서 본죄가 성립하고,[1610] 담당자가 아닌 공무원이 출원인의 청탁을 들어줄 목적으로 자신의 업무 범위에 속하지도 않는 업무에 관하여 그 일부를 담당공무원을 대신하여 처리하면서 위계를 써서 담당공무원으로 하여금 오인, 착각, 부지를 일으키게 하고 그 오인, 착각, 부지를 이용하여 인·허가 처분을 하게 하였다면, 이는 허가관청의 불충분한 심사가 그의 원인이 된 것이 아니라 담당자가 아닌 공무원의 위계행위가 원인이 된 것이어서 위계에 의한 공무집행방해죄가 성립한다.[1611]

3. 위계와 관청의 심사

오인, 착각, 부지를 발생케 하여 이를 이용하는 일체의 행위가 위계이다. 위계를 써서 담당공무원으로 하여금 오인, 착각, 부지를 일으키게 하고 그 오인, 착각, 부지를 이용하여 인·허가 처분을 하게 하였다면, 이는 허가관청의 불충분한 심사가 그의 원인이 된 것이 아니라 위계행위가 원인이 된 것이어서 본죄가 성립한다.[1612] 불충분한 심사가 원인이었다면 본죄가 성립되지 않지만,[1613]

---

4. 23, 선고 2007도1554 판결.

1609) 대법원 1977. 9. 13, 선고 77도284 판결; 대법원 2000. 3. 24, 선고 2000도102 판결; 대법원 2003. 2. 11, 선고 2002도4293 판결; 대법원 2009. 4. 23, 선고 2007도1554 판결; 대법원 2017. 12. 21, 선고 2015도8335 전원합의체 판결.

1610) 대법원 1997. 2. 28, 선고 96도2825 판결.

1611) 대법원 2008. 3. 13, 선고 2007도7724 판결.

1612) 대법원 2008. 3. 13, 선고 2007도7724 판결; 대법원 2009. 3. 12, 선고 2008도1321 판결.

1613) 대법원 1975. 7. 8, 선고 75도324 판결; 대법원 1988. 5. 10, 선고 87도2079 판결; 대법원 1997. 2. 28, 선고 96도2825 판결; 대법원 2008. 4. 11, 선고 2007도10467 판결; 대법원 2010. 10. 28, 선고 2008도9590 판결.

위계행위로 인해 올바른 심사 자체를 기대할 수 없었다면 공무집행방해의 원인은 위계로 보아야 옳다는 뜻이다. 본죄의 성립여부를 판가름하는 주요한 기준이 이것이고, 이는 위계 업무방해죄 판단기준과 같다.

충분한 심사를 하여도 위계를 밝혀낼 수 없어, 본죄가 인정된 사례

▶ 「1. 이 사건 공소사실 중 위계에 의한 공무집행방해의 점의 요지

가. 피고인 피고인 1, 피고인 2, 피고인 3은 공소외 1, 공소외 2 등과 공모하여 2001. 6. 12. 서울 강남구청 교통행정과에서 질병이 있는 노숙자로 하여금 개인택시 운전사인 공소외 1을 대신하여 의사의 진료를 받게 하여 발급받은 허위 진단서를 첨부하여 공소외 1이 1년 이상의 치료를 요하는 질병에 걸려 있음을 이유로 그 개인택시운송사업에 대한 양도·양수 인가신청을 하는 등으로 위계로써 담당 공무원의 개인택시운송사업 양도·양수 인가업무를 방해하고,

나. 피고인 1, 피고인 3, 피고인 4는 (1) 공소외 3, 공소외 4 등과 공모하여 2001. 8. 20. 서울 동대문구청 교통과 운수관리팀에서 위와 같은 방법으로 공소외 3의 개인택시운송사업에 대한 양도·양수 인가신청을 하고, (2) 공소외 4, 공소외 5, 공소외 6, 공소외 7 등과 공모하여 2001. 8. 26. 서울 동대문구청 교통과 운수관리팀에서 같은 방법으로 공소외 5의 개인택시운송사업에 대한 양도·양수 인가신청을 하는 등으로 위계로써 담당 공무원의 개인택시운송사업 양도·양수 인가업무를 방해했다.

2. 원심의 판단

원심은, 면허를 받은 날부터 5년이 경과되지 아니한 개인택시운송사업 양도·양수의 인가 신청이 있는 경우 행정청은 과연 양도인이 관계 법령에 정하여진 양도요건을 갖추었는지를 심사하여 그 인가 여부를 결정해야 하고 그 신청서에 첨부된 소명자료가 진실한 것인지 여부를 가리지 아니하고 무조건 인가를 결정하는 것은 아니므로, 행정관청이 개인택시운송사업 양도·양수 인가신청서에 소명자료로 첨부된 허위의 진단서에 대하여 그 진위 여부를 확인하지 아니한 채 신청을 인가하였으면, 그 인가처분은 행정청의 불충분한 심사에 기인한 것으로서 피고인의 위계에 의한 것이었다고 할 수 없다는 이유로 이 사건 위계에 의한 공무집행방해의 공소사실은 범죄로 되지 아니하는 때에 해당한다고 판단했다.

3. 이 법원의 판단

가. 행정청이 당사자의 신청에 따라 인·허가처분을 함에 있어서는 그 신청사유가 사실과 들어맞지 아니하는 경우가 있음을 전제로 하여 인·허가 여부를 심사·결정하는 것이므로, 행정청이 사실을 충분히 확인하지 아니한 채 신청인이

제출한 사실과 다른 신청사유나 소명자료를 믿고 인·허가를 하였다면, 이는 행정청의 불충분한 심사로 인한 것으로서 신청인의 위계에 의한 것이었다고 볼 수 없어 위계에 의한 공무집행방해죄가 성립하지 아니한다.[1614] 그러나 당사자가 행정청에 사실과 다른 신청사유를 주장하면서 **이에 들어맞는 거짓 소명자료를 첨부하여 제출**한 경우 행정청이 관계 법령에 따라 인·허가요건에 해당하는지 여부에 관하여 **충분히 심사하였으나 신청사유와 소명자료가 거짓임을 발견하지 못하여** 인·허가처분을 하게 되었다면 이는 행정청의 불충분한 심사로 인한 것이 아니라 신청인의 **위계에 의한 것**으로서 위계에 의한 공무집행방해죄가 성립된다.

나. 여객자동차운수사업법 제15조 제2항, 같은법시행령 제10조, 같은법시행규칙 제17조 제6항, 제35조 제4항에 따르면, 개인택시운송사업의 면허를 받은 사람이 그 사업을 양도하려면 면허를 받은 날부터 5년이 경과되어야 하고, 다만 면허를 받은 사람이 1년 이상의 치료를 요하는 질병으로 인하여 본인이 직접 운전할 수 없는 경우 등 일정한 요건에 해당하는 때에는 그러한 제한 없이 사업을 양도할 수 있는데, 면허를 받은 날부터 5년 이전에 개인택시 운송사업 양도·양수의 인가를 받으려면 그 인가신청서에 진단서 등 양도의 사유를 증명할 수 있는 서류를 첨부해야 한다.

이와 같은 관계 법령의 규정내용과 취지에 비추어 볼 때, 개인택시운송사업 면허를 받았으나 면허를 받은 날부터 5년이 지나지 아니한 사람이 1년 이상의 치료를 요하는 질병으로 인하여 직접 운전할 수 없다는 사유로 개인택시운송사업의 양도·양수인가신청을 하면서 그 양도 사유를 증명하는 서류로 진단서를 제출한 경우 행정청으로서는 양도인이 1년 이상의 치료를 요하는 질병으로 인하여 본인이 직접 운전할 수 없는지의 여부를 심사하여 그에 따라 인가 여부를 결정해야 한다. 그런데 양도인이 1년 이상의 치료를 요하는 질병에 걸려 직접 운전할 수 없는지의 여부를 판단하려면 상당한 수준의 의학적인 지식과 경험이 필요한데, 이러한 전문적인 지식이나 경험이 없는 행정청으로서는 의사의 진단이나 소견에 의존할 수밖에 없다. 또 의사가 진단서를 허위로 작성한 때에는 형법 제233조에 따라 형벌을 받게 되어 진단서는 일반적으로 그 기재 내용을 신뢰할 수 있으므로, 행정청의 업무담당자가 양도인이 소명자료로 제출한 진단서를 믿어 양도인이 1년 이상의 치료를 요하는 질병에 걸려 직접 운전할 수 없다고 인정하고 개인택시운송사업 양도·양수 인가처분을 하였다면, 설령 나중에 그 진단서의 내용이 거짓으로 밝혀졌다고 하더라도 행정청으로서는 인가요건의 존부에 관하여

1614) 대법원 1975. 7. 8, 선고 75도324 판결; 대법원 1988. 5. 10, 선고 87도2079 판결; 대법원 1997. 2. 28, 선고 96도2825 판결; 대법원 2008. 4. 11, 선고 2007도10467 판결; 대법원 2010. 10. 28, 선고 2008도9590 판결.

충분히 심사를 한 것으로 보아야 한다. 따라서 이러한 경우에는 행정청이 개인택시운송사업의 양도·양수에 대한 인가처분을 한 것이 행정청의 불충분한 심사로 인한 것이 아니라 출원인의 위계에 의한 것으로서 위계에 의한 공무집행방해죄가 성립한다.

다. 이 사건에서 피고인들은 개인택시운송사업 면허를 받은 지 5년이 지나지 아니하여 원칙적으로 개인택시운송사업을 양도할 수 없는 사람 등과 공모하여 질병이 있는 노숙자들로 하여금 그들이 개인택시운송사업을 양도하려고 하는 사람인 것처럼 위장하여 의사의 진료를 받게 한 뒤 이러한 사정을 모르는 의사로부터 개인택시운송사업의 양도인이 1년 이상의 질병에 걸려 있는 것으로 된 허위 진단서를 발급받고 이를 소명자료로 삼아 행정청에 개인택시운송사업의 양도·양수 인가신청을 하여 그 진단서를 믿은 행정청으로부터 인가처분을 받았다. 그렇다면 이러한 행정청의 인가처분은 피고인들의 위계에 의한 것으로서 피고인들의 위와 같은 행위는 위계에 의한 공무집행방해죄에 해당한다.

그럼에도 불구하고, 원심이 이와 같은 경우 위계에 의한 공무집행방해죄가 성립하지 아니한다고 판단한 것은 위계에 의한 공무집행방해죄의 법리를 오해하여 판결에 영향을 미친 잘못을 저지른 것이고, 이를 지적하는 상고이유는 이유가 있다.」[1615]

출원에 대한 심사업무를 담당하는 공무원이 결재권자를 속여 출원에 대한 적정한 심사업무를 기대할 수 없게 돼 본죄가 인정된 사례

▶「출원에 대한 심사업무를 담당하는 공무원이 출원인의 출원사유가 허위라는 사실을 알면서도 결재권자로 하여금 오인, 착각, 부지를 일으키게 하고 그 오인, 착각, 부지를 이용하여 인·허가처분에 대한 결재를 받아낸 경우라면, 출원자가 허위의 출원사유나 허위의 소명자료를 제출한 경우와는 달리 더 이상 출원에 대한 적정한 심사업무를 기대할 수 없게 되었다고 할 것이어서 위와 같은 행위는 위계로써 결재권자의 직무집행을 방해한 것이라고 하지 않을 수 없다. 따라서 전라북도청 수산과 계장으로서 어업허가 신청업무를 담당하고 있던 피고인이 공소외 1의 어업허가처리를 부탁받은 전라북도청 수산과 직원인 공소외 2으로부터 어선이 없고 선박증서만 있는 공소외 1의 석박에 대한 어업허가장이 발부되도록 처리하여 달라는 청탁을 받고 이를 승낙한 다음 어업허가담당자인 공소외3에게 어업허가 시 필요한 선박실체확인 등 어업허가 실태조사를 하지 말고 어업허가 처리기안문을 작성하도록 지시하여 동인으로 하여금 어업허가 처리기안문을 작

1615) 대법원 2002. 9. 10, 선고 2002도2131 판결.

성하게 한 다음 피고인 스스로 중간결재를 하고 그 정을 모르는 농수산국장으로부터 최종결재를 받아 전라북도지사 명의의 허가장을 발급하였다면 피고인을 위계에 의한 공무집행방해죄로 처단할 수 있다.」[1616]

공무원의 불충분한 심사가 원인이지, 위계가 원인이 아니었던 사례

▶ 「**출원**에 의한 행정관청의 **허가**는 그 허가 요건에 해당하는지의 여부를 심사하여 그 허가 여부를 결정하는 것이고 심사를 하는 것은 출원사유가 사실에 부합되지 아니하는 경우가 있음을 전제로 하는 것이므로 출원자가 그 출원사유에 허위사실을 기재하고 **이에 부합되는 허위의 소명자료를 첨부 제출**한 출원자에 대하여 허가관청이 그 출원사유를 사실인 것으로 경신하고 이를 허가하였다면 이는 허가관청의 불충분한 심사에 기인하였다 할 것이고 출원자의 위계로 인하여 공무집행이 방해되었다고는 할 수 없다 할 것이다.[1617] 그렇다면 이건의 경우에 있어서 피고인이 위와 같이 허위의 소명자료 등을 첨부하여 사실에 반하는 허위의 출원사유로 당진군수에게 출원하였다 하여도 그 출원을 받은 당진군수가 출원사유의 사실여부를 정당하게 조사하였더라면 바로 출원사유가 허위임을 알 수 있을 것인데 이건 출원사유가 사실인가의 여부를 조사하기 위하여 현지에 나갔던 당진군 보건소 기원보 김○○의 불충분한 조사결과와 그 의견에 의하여 이건 허가를 한 것이라면 이는 당진군수의 불충분한 심사의 결과라 할 것이고 위 피고인의 행위로 인하여 당진군수의 공무의 집행이 방해되었다고는 할 수 없다.」[1618]

▶ 「수출입화물방제업체 운영자인 피고인이 국립식물검역소 출장소에 허위의 소독작업결과서가 첨부된 수출식물검사신청서를 제출하여 수출검사합격증명서를 발급받음으로써 위계로써 위 출장소의 수출식물 검역 및 검사합격증명서 발급 업무의 집행을 방해하였다는 공소사실에 대하여, 담당공무원이 신청사유를 정당하게 조사하였다면 허위임을 알 수 있었을 터인데 그 사실 여부를 조사하지 아니한 채 신청사유 및 첨부서류가 진실한 것으로 가볍게 믿은 나머지 위 합격증명서를 발급한 것이라면, 이는 위 담당공무원이 신청사유를 충분히 심사하지 못한 데에 기인한 결과라고 할 것이므로 그 공무집행이 방해되었다고 단정할 수

1616) 대법원 1997. 2. 28, 선고 96도2825 판결.
1617) 대법원 1975. 7. 8, 선고 75도324 판결; 대법원 1988. 5. 10, 선고 87도2079 판결; 대법원 1997. 2. 28, 선고 96도2825 판결; 대법원 2008. 4. 11, 선고 2007도10467 판결; 대법원 2010. 10. 28, 선고 2008도9590 판결.
1618) 대법원 1975. 7. 8, 선고 75도324 판결.

없다.」[1619)]

4. 위계와 수사업무 방해

수사기관이 범죄사건을 수사함에 있어서는 피의자나 참고인의 진술 여하에 불구하고 피의자를 확정하고 그 피의사실을 인정할 만한 객관적인 제반 증거를 수집·조사해야 할 권리와 의무가 있는 것이고, 한편, 피의자는 진술거부권과 자기에게 유리한 진술을 할 권리와 유리한 증거를 제출할 권리가 있지만 수사기관에 대하여 진실만을 진술해야 할 의무가 있는 것은 아니며, 또한 수사기관에서의 참고인은 형사소송절차에서 선서를 한 증인이 허위로 공술을 한 경우에 위증죄가 성립하는 것과 달리 반드시 진실만을 말하도록 법률상의 의무가 부과되어 있는 것은 아니므로, **피의자나 참고인이 피의자의 무고함을 입증하는 등의 목적으로 수사기관에 대하여 허위사실을 진술하거나 허위의 증거를 제출하였다 하더라도,** 수사기관이 충분한 수사를 하지 아니한 채 이와 같은 허위의 진술과 증거만으로 잘못된 결론을 내렸다면, 이는 수사기관의 불충분한 수사에 의한 것으로서 피의자 등의 위계에 의하여 수사가 방해되었다고 볼 수 없어 위계에 의한 공무집행방해죄가 성립된다고 할 수 없을 것이나, **피의자나 참고인이 피의자의 무고함을 입증하는 등의 목적으로 적극적으로 허위의 증거를 조작하여 제출**했고 그 증거 조작의 결과 수사기관이 그 진위에 관하여 나름대로 충실한 수사를 하더라도 제출된 증거가 허위임을 발견하지 못하여 잘못된 결론을 내리게 될 정도에 이르렀다면, 이는 위계에 의하여 수사기관의 수사행위를 적극적으로 방해한 것으로서 위계에 의한 공무집행방해죄가 성립된다. 그리고 헌법에 의하여 누구든지 형사상 자기에게 불리한 진술을 강요당하지 아니할 특권이 부여되어 있으나, 그렇다고 하여 자기의 형사처벌을 면하기 위하여 위법한 방법으로 허위의 증거를 조작하는 것까지 허용되는 것은 아니다.[1620)]

위 논리는 특별검사의 업무를 방해하는 경우에도 똑같이 적용된다. 삼성비자금 의혹 관련 특별검사의 임명 등에 관한 법률 제18조 제1항에 정한 '위계에 의한 특별검사 등의 직무방해죄'에서 '위계'란 행위자가 행위 목적을 달성하기 위하여 상대방에게 오인, 착각, 부지를 일으키게 하여 그 오인, 착각, 부지를

1619) 대법원 2010. 10. 28, 선고 2008도9590 판결.

1620) 대법원 2003. 7. 25, 선고 2003도1609 판결; 대법원 2007. 10. 11, 선고 2007도6101 판결; 대법원 2011. 2. 10, 선고 2010도15986 판결.

이용하는 것을 의미한다. 그리고 수사기관이 범죄사건을 수사하는 때에는 피의자나 참고인의 진술 여하에 불구하고 피의자를 확정하고 그 피의사실을 인정할 만한 객관적인 모든 증거를 수집·조사해야 할 직무상 권한과 의무가 있지만, 피의자나 참고인은 수사기관에 진실만을 진술하거나 증거를 제출해야 할 법률상의 의무를 지는 것은 아니므로, 피의자나 참고인 등이 적극적으로 피의자의 무고함을 입증하는 등의 목적으로 허위의 증거를 조작하여 제출한 것이 아니라 **단순히 증거를 감추거나 없애 버린 것만으로는 위계로써 수사기관으로 하여금 오인, 착각, 부지를 일으키게 하였다고 할 수 없다.**[1621]

수사기관을 속인 사례

◉ 피고인이 교통사고 조사를 담당하는 경찰관에게 **타인의 혈액을 마치 자신의 혈액인 것처럼 건네주어** 위 경찰관으로 하여금 그것으로 국립과학수사연구소에 의뢰하여 혈중알콜농도를 감정하게 하고 그 결과에 따라 피고인의 음주운전 혐의에 대하여 공소권 없음의 의견으로 송치하게 한 행위는, 단순히 피의자가 수사기관에 대하여 허위사실을 진술하거나 자신에게 불리한 증거를 은닉하는 데 그친 것이 아니라 수사기관의 착오를 이용하여 적극적으로 피의사실에 관한 증거를 조작한 것이다.[1622] ◉ 피고인이 **타인의 소변을 마치 자신의 소변인 것처럼 건네주어** 필로폰 음성반응이 나오게 한 행위는, 단순히 피의자가 수사기관에 대하여 허위사실을 진술하거나 자신에게 불리한 증거를 은닉하는 데 그친 것이 아니라 수사기관의 착오를 이용하여 적극적으로 피의사실에 관한 증거를 조작한 것이므로 위계에 의한 공무집행방해죄가 성립한다.[1623] ◉ 피고인 2는 2009. 2. 25.경 광주지방검찰청 목포지청에서 공소외 8로부터 공소외 9 화백의 동양화 1점을 뇌물로 수수한 혐의에 대하여 조사받으면서 '2008년 3월경 피고인 1로부터 아무런 부탁 없이 동양화 1점을 기증받아 즉시 기증물관리대장에 기재하게 한 후 이를 대회의실에 걸어두었다'는 취지로 진술하고 이 사건 기증물관리대장을 증거자료로 제출한 사실, 그런데 사실은 2008년 3월 당시 ○○수산업협동조합에는 기증물관리대장 자체가 없었으며, 피고인 2는 위 뇌물수수 사건 수사 직전인 2009년 2월경 총무계장 공소외 11에게 작성일자를 소급하여 **허위 기재한 기증물관리대장을 만들게 하고,** '이 사건 기증물관리대장은 2006년 3월경 최초 작성하였으며 기증물관리대장에 기재된 바와 같이 2008. 3. 21. 동양화 1점을 기증받

1621) 대법원 2009. 6. 11, 선고 2008도9437 판결.
1622) 대법원 2003. 7. 25, 선고 2003도1609 판결.
1623) 대법원 2007. 10. 11, 선고 2007도6101 판결.

았다'는 취지로 **허위 진술할 것을 지시**했고, 공소외 11이 검찰청에서 같은 취지로 허위 진술한 사실, 그 결과 피고인 2는 위 동양화 수수 행위에 관하여 일단 무혐의처분을 받았다가 다시 이 사건 공소가 제기된 사실을 알 수 있다. 사실관계가 위와 같다면, 피고인 2가 위 뇌물수수 사건의 조사 직전에 이 사건 기증물관리대장을 조작하도록 지시하고, 담당 직원으로 하여금 위 동양화 1점을 정상적인 절차에 따라 기증받아 종전부터 존재하는 기증물관리대장에 등재하여 관리하고 있는 것처럼 허위 진술하도록 지시한 행위는, 단순히 수사기관에 대하여 허위사실을 진술하거나 자신에게 불리한 증거를 은닉하는 데 그친 것이 아니라 적극적으로 피의사실에 관한 증거를 조작한 것으로 볼 수 있고, 이는 위계에 의한 공무집행방해죄에 해당한다.[1624]

5. 단순한 금지규정 위반 VS. 적발하기 어려운 위계 사용

구체적이고 현실적으로 감시·단속업무를 수행하는 교도관에 대하여 위계를 사용하여 그 업무집행을 못하게 하였다면 본죄가 성립하지만, **수용자**가 교도관의 감시·단속을 피하여 규율위반행위를 하는 것만으로는 단순히 금지규정에 위반되는 행위를 한 것에 지나지 아니할 뿐 이로써 위계공무집행방해죄는 성립되지 않는다. 또 **수용자가 아닌 자**가 교도관의 검사 또는 감시를 피해 금지물품을 교도소 내로 반입했다고 하더라도 교도관에게 교도소 등의 출입자와 반·출입 물품을 단속·검사하거나 수용자의 거실 또는 신체를 검사하여 금지물품을 회수해야 할 권한과 의무가 있는 이상, 그러한 수용자 아닌 자의 행위를 위계공무집행방해로 볼 수 없고, 교도관이 수용자의 규율위반행위를 알면서도 이를 방치하거나 도와주었더라도, 이를 다른 교도관 등에 대한 관계에서 위계공무집행방해죄가 성립하는 것으로도 볼 수 없다.

그러나 구체적이고 현실적으로 감시·단속업무를 수행하는 교도관에 대하여 그가 충실히 직무를 수행한다고 하더라도 통상적인 업무처리과정 하에서는 사실상 적발이 어려운 위계를 적극적으로 사용하여 그 업무집행을 하지 못하게 하였다면 사정은 다르다. 예컨대 변호사가 접견을 핑계로 수용자를 위하여 휴대전화와 증권거래용 단말기를 구치소 내로 몰래 반입하여 이용하게 하였다면 교도관은 비밀이 보장되는 변호인접견실에서의 불법을 적발하기가 사실상 어려우므로 위계공무집행방해죄가 인정될 수 있다.[1625]

1624) 대법원 2011. 2. 10, 선고 2010도15986 판결.

6. 공무집행방해

위계에 의한 공무집행방해죄는 행위목적을 이루기 위하여 상대방에게 오인, 착각, 부지를 일으키게 하여 이를 이용함으로써 법령에 의하여 위임된 공무원의 적법한 직무에 관하여 **그릇된 행위나 처분을 하게 하는 경우에 성립**하고,[1626][1627] 여기에서 공무원의 직무집행이란 법령의 위임에 따른 공무원의 적법한 직무집행인 이상 공권력의 행사를 내용으로 하는 권력적 작용뿐만 아니라 사경제주체로서의 활동을 비롯한 비권력적 작용도 포함되는 것으로 봄이 상당하다.[1628]

본죄 인정사례

◉ 중국인 조선족인 피고인이 강제퇴거 이후 이름과 생년월일을 바꾸고 종전과 다른 인적사항을 기초로 하여 강제퇴거 전력을 숨긴 채 귀화허가신청을 한 이상, 이로써 그 담당공무원의 귀화허가요건심사에 관한 직무의 집행이 방해되는 결과가 야기될 위험성이 있는 상태가 초래되어 위계에 의한 공무집행방해죄가 성립한다고 봄이 상당하고, 이후 피고인에 대한 귀화허가가 실제로 이루어지지 않았다고 하여 본 범죄의 성립이 부정되는 것은 아니라고 할 것이다.[1629] ◉ 간호보조원 교육과정이수에 관한 사문서인 수료증명서의 허위작성은 무형위조로서 처벌대상이 되지 아니하고 피고인들의 행위가 허위작성 및 교부로 끝났다고 하더라도 간호보조원자격시험 응시자격을 증명하는 위 문서의 용도와 그 사용의 결과를 인식하고 공소외인 들로 하여금 사용케 할 의도로 작성교부한 것이고 그들이 위 문서를 진정한 문서인 것처럼 시험관리당국에 제출하여 응시자격을 인정받아 응시함으로써 그 시험관리에 관한 공무집행을 방해하는 상태를 초래하였다면 피고인들은 위 공소외인들과 공무집행방해죄의 공동정범의 죄책을 면할 수

1625) 대법원 2005. 8. 25, 선고 2005도1731 판결.

1626) 대법원 1983. 9. 27, 선고 83도1864 판결; 대법원 1995. 5. 9, 선고 94도2990 판결; 대법원 1997. 2. 28, 선고 96도2825 판결; 대법원 2008. 3. 13, 선고 2007도7724 판결; 대법원 2009. 4. 23, 선고 2007도1554 판결.

1627) 학설은 위계에 의한 공무집행방해죄가 성립하기 위해서는 현실적으로 공무 집행이 방해되는 결과가 발생해야만 하는 것은 아니고, 공무의 집행이 방해되는 결과가 야기될 위험이 있는 상태가 발생하면 충분하다고 보는 점에서 추상적 위험범설이 다수설이다(同旨 대법원 1966. 4. 26, 선고 66도30 판결; 인천지방법원 2010. 10. 22, 선고 2010노1955 판결).

1628) 대법원 2003. 12. 26, 선고 2001도6349 판결.

1629) 인천지방법원 2010. 10. 22, 선고 2010노1955 판결.

없고, 무형위조의 사후행위로써 처벌의 대상이 되지 않는다고 볼 수 없다.[1630) ◉ 피고인이 고등학교입학원서 추천서 란을 사실과 다르게 조작, 허위기재하여 그 추천서 성적이 고등학교입학 전형의 자료가 되었다면 위계에 의하여 고등학교입학 전형업무를 방해하였음이 분명하다.[1631) ◉ 피고인이 마치 그의 형 인양 시험감독자를 속이고 원동기장치 자전거운전면허시험에 대리로 응시하였다면 피고인의 소위는 위계에 의한 공무집행방해죄가 성립하고, 피고인이 이 사건 범행에 대한 법정형이 징역형만 있다는 사실을 모르고 범행하였다거나 시험감독자가 감독을 게을리 하여 미리 적발하지 못했다는 사유들은 이 사건 범죄의 성립에 아무런 영향을 줄 수 없다.[1632) ◉ 지방자치단체의 공사입찰에 있어서 허위서류를 제출하여 입찰참가자격을 얻고 낙찰자로 결정되어 계약을 체결한 행위는 위계에 의한 공무집행방해죄가 성립한다.[1633) ◉ 감척어선 입찰자격이 없는 자가 제3자와 공모하여 제3자의 대리인 자격으로 제3자 명의로 입찰에 참가하고, 낙찰받은 후 자신의 자금으로 낙찰대금을 지급하여 감척어선에 대한 실질적 소유권을 취득한 경우, 위계에 의한 공무집행방해죄가 성립한다.[1634) ◉ 피고인은 공소외 1과 공모하고, 5급 을류 행정직 국가공무원 공개경쟁 시험장소인 청주고등학교 제1시험 교실에서 필기시험 응시 중 피고인이 작성한 시험답안지의 해답을 종이쪽지에 적어서 이를 같은 응시자인 공소외 1에게 전달해 주었으나, 공소외 1은 이를 펴보지도 아니하고, 즉시 동인의 책상앞 교실바닥에 버렸다고 함에 있는바, 이와 같이 피고인과 공소외 1이 공모하고, 피고인이 시험감독관의 감시의 틈을 타서 시험답안지의 내용이 적혀 있는 쪽지를 공소외 1에게 전달한 이상 공소외 1의 행위 여하에 불구하고 시험의 공정을 기하기 위하여 이와 같은 부정한 행위가 없도록 감시할 직책을 가지고 그 직무를 집행중인 시험감독관인 공무원의 시험감독에 관한 직무집행을 위계로써 방해한 경우에 해당한다 할 것임에도 불구하고, 원판결은 그 판시와 같은 이유로 이는 위계에 의한 공무집행방해죄가 성립되지 아니한다고 판단한 것은 법률해석을 잘못하여 판결에 영향을 미칠 법률위반이 있는 때에 해당한다.[1635) ◉ 입시문제를 절취하여 이용한 경우 본죄가 성립한다.[1636) ◉ 피고인이 혼자 술을 마시던 중 갑 정당이 국회에서 예산안을 강행처리하였다는 것에 화가 나서 공중전화를 이용하여 경찰서에 여러 차례 전화를 걸어 전화를 받은 각 경찰관에게 경찰서 관할구역 내에 있는 갑 정당의 당사

1630) 대법원 1982. 7. 27, 선고 82도1301 판결.
1631) 대법원 1983. 9. 27, 선고 83도1864 판결.
1632) 대법원 1986. 9. 9, 선고 86도1245 판결.
1633) 대법원 2003. 10. 9, 선고 2000도4993 판결.
1634) 대법원 2003. 12. 26, 선고 2001도6349 판결.
1635) 대법원 1967. 5. 23, 선고 67도650 판결.
1636) 대법원 1966. 4. 26, 선고 66도30 판결.

를 폭파하겠다는 말을 한 것은 어디까지나 피고인이 갑 정당에 관한 해악을 고지한 것에 불과하고 각 경찰관 개인에 관한 해악을 고지하였다고 할 수 없고, 갑 정당과 각 경찰관 개인은 서로 밀접한 관계에 있다고 보기 어려워 갑 정당에 대한 해악의 고지가 경찰관 개인에게 공포심을 일으킬 수 없으므로 각 경찰관에 대한 협박죄는 성립할 수 없지만, 피고인이 실제로 갑 정당 당사를 폭파할 생각 없이 경찰관에게 거짓신고를 하여 경찰관들로 하여금 직무상 경비조치 등을 불필요하게 취하도록 한 결과를 초래한 것이라면 공무집행방해 등의 죄책에 해당하는 경우가 있을 수 있다.[1637] ◉ 병역법상의 지정업체에서 산업기능요원으로 근무할 의사가 없음에도 해당 지정업체의 장과 공모하여 허위내용의 편입신청서를 제출하여 관할관청으로부터 산업기능요원 편입을 승인받고, 나아가 관할관청의 실태조사를 회피하기 위하여 허위서류를 작성·제출하는 등의 방법으로 파견근무를 신청하여 관할관청으로부터 파견근무를 승인받았다면, 이러한 파견근무의 승인 등은 관할관청의 불충분한 심사가 원인이 된 것이 아니라 출원인의 위계행위가 원인이 된 것이어서 위계에 의한 공무집행방해죄가 성립한다고 할 것이다.[1638]

본죄 부정사례

◉ 피고인 2가 삼성화재해상보험 주식회사의 전산시스템에서 관리하고 있던 보험금 출금 관련 데이터가 압수될 상황에 이르게 되자, 삼성화재해상보험 주식회사의 2002. 4. 1. 이전의 보험금 출금관련 전산데이터를 **삭제**한 행위는 위계로써 특별검사 등의 직무수행을 방해한 것이라고 볼 수 없다.[1639] ◉ 민사소송을 제기함에 있어 피고의 주소를 **허위**로 기재하여 법원공무원으로 하여금 변론기일 소환장 등을 허위주소로 송달케 하였다는 사실만으로는 이로 인하여 법원공무원의 구체적이고 현실적인 어떤 직무집행이 방해되었다고 할 수는 없으므로 이로써 바로 위계에 의한 공무집행방해죄가 성립한다고 볼 수는 없다.[1640] ◉ 초등학교를 졸업하였음에도 초등학교 중퇴 이하의 학력자라는 **허위** 내용의 인우보증서를 첨부하여 운전면허 구술시험에 응시하였다는 사실만으로는 위계에 의한 공무집행방해죄가 성립하지 않는다.[1641] ◉ 피고인들이 공소외 3, 7, 8, 9과 공모하여, 피고인 11은 대구지방법원 95타경6625호로 입찰에 회부된 경산시 ⊛⊛동 863의 11 대 2,223.8㎡ 및 그 지상 건물에 관하여 제3차 입찰기일이 공고되자 1995. 8.

1637) 대법원 2012. 8. 17, 선고 2011도10451 판결의 이유 중 판단.
1638) 대법원 2009. 3. 12, 선고 2008도1321 판결.
1639) 대법원 2009. 6. 11, 선고 2008도9437 판결.
1640) 대법원 1996. 10. 11, 선고 96도312 판결; 대법원 1977. 9. 13, 선고 77도284 판결.
1641) 대법원 2007. 3. 29, 선고 2006도8189 판결.

21. 피고인 1에게 입찰에 참가하게 하고, 피고인 1은 공소외 3과 함께 위 부동산을 답사한 다음 공소외 7, 8, 9에게 연락하여 함께 입찰에 참가하기로 합의한 후 같은 달 28일 09:30경 대구지방법원 경매법정에 갔으나, 남○○가 입찰에 참가한다는 사실을 알고서 **피고인 1 등이 낙찰받는 방법을 논의하다가 남○○의 입찰가격을 알아내어 그보다 높은 가격으로 입찰**하기로 하고, 피고인 11은 자신이 대구지방법원 집행관실의 사무원이기 때문에 평소 잘 알고 있던 남○○측 경매브로커인 정○○으로부터 남○○의 입찰가액을 알아내어 피고인 1 등에게 알려주기로 하여, 같은 날 10:00경 위 경매법정에서 공소외 3은 입찰참가표시를 한 다음 밖으로 나오고, 피고인 11은 경매브로커로서 자신의 말을 들을 수밖에 없는 정○○으로부터 남○○의 입찰가격이 금 2,428,964,800원이라는 사실을 알아내어 이를 피고인 1 및 공소외 3, 7, 8, 9에게 알려주고, 피고인 1 및 공소외 7, 8, 9은 금 2,455,000,000원으로 입찰함으로써 위 부동산을 낙찰받아 위계로써 대구지방법원 집행관의 입찰에 관한 직무집행을 방해하였다는 것인바, 이에 대하여 **원심은,** 구 형법은 위계 또는 위력으로써 공적 기관의 경매 또는 입찰의 공정을 해하는 경매·입찰방해죄를 공무의 집행을 방해하는 죄의 한 태양으로 규정하였는데 신 형법은 경매·입찰방해죄를 제8장 공무방해에 관한 죄의 편별에서 분리하여 제34장 신용, 업무와 경매에 관한 죄에 편입하면서 그 보호대상을 국가나 공공단체의 경매·입찰로 한정하지 아니하고 사인의 경매·입찰도 포함하는 모든 경매·입찰로 확대하였으니, 이러한 입법연혁과 입법취지 등에 비추어 보면, **국가나 공공단체의 경매·입찰이라고 하더라도 위계로써 그 공정을 해하는 행위는** 위계에 의한 공무집행방해죄가 아니라 그 **특별죄**로서의 성질을 겸비하는 **경매·입찰방해죄에만 해당**하고 **위계에 의한 공무집행방해죄**로 의율할 수는 없다는 이유로 **무죄**라고 판단했다. 피고인들의 범죄행위가 법원경매업무를 담당하는 집행관의 구체적인 직무집행을 저지하거나 현실적으로 곤란하게 하는 데까지는 이르지 않고 **입찰의 공정을 해하는 정도의 것**임이 공소사실 자체에 의하여 명백한바, 이러한 행위라면 형법 제315조의 **경매·입찰방해죄에만 해당**될 뿐, 형법 제137조의 위계에 의한 공무집행방해죄에는 해당되지 않는다고 할 것이므로, 같은 취지에서 위 공소사실에 대하여 무죄로 처단한 원심의 판단에 경매·입찰방해죄 또는 위계에 의한 공무집행방해죄에 관한 법리오해 또는 판단유탈의 위법이 없다.[1642] ◉ 건물점유자로서 명도집행을 저지할 수 있는 정당한 권능이 있는 자가 그 점유사실을 입증하기 위한 수단으로 임대차계약서 사본을 제시하면서 그 실효된 사실을 고지하지 아니하고 자신이 정당한 임차인인 **것처럼 주장**하였다고 하더라도 이로써 형법 제137조 소정의 위계에 해당한다고는 볼 수 없

1642) 대법원 2000. 3. 24, 선고 2000도102 판결.

다.[1643] ◉ 피고인들이 방해하였다고 하는 검사의 몰수판결 집행업무란 몰수를 명한 판결이 확정된 후 검사의 집행지휘에 의하여 몰수집행을 하는 것을 뜻하는 것으로서 몰수물이 압수되어 있는 경우에는 집행지휘만으로 집행이 종료되게 되며, 몰수물이 압수되어 있지 아니한 경우에는 검사가 몰수선고를 받은 자에게 그 제출을 명하고, 이에 불응할 경우 몰수집행명령서를 작성하여 집달관에게 강제집행을 명하는 방법으로 집행하는 것으로 족하므로, 이 사건 니코호가 압수되어 있는 이상 검사가 타인의 위계에 의하여 집행을 방해당할 수는 없는 성질의 업무라 할 것이고, 가사 몰수판결의 집행을 종료한 후 공매처분하거나 정당한 권리자의 교부청구에 응하는 것까지를 몰수판결의 집행업무에 포함되는 것으로 본다 하더라도 피고인들이 위계에 의하여 제3자로 하여금 이 사건 니코호의 소유권을 취득하게 한 당시에는 아직 니코호에 대한 몰수판결조차 없었던 만큼 이로써 검사의 구체적인 공무집행이 방해당했다고 볼 수 없다.[1644] ◉ 국립대학교의 전임교원 공채와 관련하여 학과장인 피고인 1이 서류전형에서 연구실적심사의 일부 심사기준을 강화하는 제안을 한 것이 공채에 지원하려는 피고인 2에게 유리한 결과가 되었다 하더라도, 그러한 제안은 당초 위 사회과교육과가 전임교원을 새로 임용하려는 목적에 부합하는 것으로서 전문성을 가진 모든 사람에게 가점을 주는 공정한 경우에 해당하고, 또한 그 제안이 학과회의를 거쳐 적정한 수준으로 변경되었으며, 피고인 1이 피고인 2가 논문을 추가 게재할 수 있도록 도운 행위가 공채심사위원으로서 다소 부적절한 행위라고 볼 측면이 없지 않다고 하더라도, 피고인 2로서는 자신의 노력에 의한 연구결과물로써 그러한 심사기준을 충족한 것이고 이후 어학시험, 교수능력심사, 면접심사 등의 전형 절차를 거쳐 최종 선발된 것이므로, 피고인들의 행위가 위계로써 공채관리위원회 위원들로 하여금 피고인 2의 자격에 관하여 오인이나 착각, 부지를 일으키게 하였다거나 그로 인하여 그릇된 행위나 처분을 하게 한 경우에는 해당하지 않는다고 할 것이다.[1645] ◉ 원심은, 피고인 1, 피고인 2의 허위진술 등에도 불구하고 국토교통부가 피고인 1의 행위를 밝혀내어 항공보안법 위반으로 형사고발을 하였으므로 결국 국토교통부의 그릇된 행위나 처분이 있었다고 보기 어렵다는 이유 등으로, 무죄로 판단했다. 법리와 기록에 비추어 살펴보면 원심의 판단은 정당하다.[1646] ◉ 피고인 2가 이 사건 통보서를 입찰서류에 첨부하여 제출하여 전주시청의 폐기물이전매립공사 입찰업체심사업무를 위계로써 방해할 가능성이 있기는 하였으나, 그 제출 이전에 피고인 1이 이 사건 통보서가 무효임을 전주시청에 통보함으로써 전

1643) 대법원 1984. 1. 31, 선고 83도2290 판결.
1644) 대법원 1995. 5. 9, 선고 94도2990 판결.
1645) 대법원 2009. 4. 23, 선고 2007도1554 판결.
1646) 대법원 2017. 12. 21, 선고 2015도8335 전원합의체 판결.

주시청 담당공무원으로서는 오인, 착각, 부지상태가 될 가능성이 전혀 없었음을 알 수 있는바, 그렇다면 이 사건 통보서를 제출하였다고 하여도 전주시의 구체적인 공무집행을 저지하거나 현실적으로 곤란하게 하는 데까지 이른 적이 없다 할 것이어서, 위 행위를 위계에 의한 공무집행방해죄로 처벌할 수 없음이 명백하다.[1647]

7. 미수

위계공무집행방해의 착수를 하였으나 실제로 구체적 공무집행을 저지하거나 현실적으로 곤란하게 하는 데까지는 이르지 아니하고 미수에 그쳤다면 동죄는 이론상 미수이지만, 처벌규정이 없으므로 처벌할 수 없다.

▶ 「위계에 의한 공무집행방해죄에 있어서 위계라 함은 행위자의 행위목적을 이루기 위하여 상대방에게 오인, 착각, 부지를 일으키게 하여 그 오인, 착각, 부지를 이용하는 것을 말하는 것으로 상대방이 이에 따라 그릇된 행위나 처분을 해야만 이 죄가 성립하는 것이고, 만약 범죄행위가 구체적인 공무집행을 저지하거나 현실적으로 곤란하게 하는 데까지는 이르지 아니하고 미수에 그친 경우에는 위계에 의한 공무집행방해죄로 처벌할 수 없다.」[1648]

▶ 「범죄행위가 법원경매업무를 담당하는 집행관의 구체적인 직무집행을 저지하거나 현실적으로 곤란하게 하는 데까지는 이르지 않고 입찰의 공정을 해하는 정도의 행위라면 형법 제315조의 경매·입찰방해죄에만 해당될 뿐, 형법 제137조의 위계에 의한 공무집행방해죄에는 해당되지 않는다.」[1649]

8. 고의, 방해의사

고의와 별도로 공무집행을 방해한다는 방해의사가 필요하다.[1650]

▶ 「위계에 의한 공무집행방해죄가 성립되려면 자기의 위계행위로 인하여 공무집행을 방해하려는 의사가 있을 경우에 한한다고 보는 것이 상당하다할 것이므로 피고인이 경찰관서에 허구의 범죄를 신고한 까닭은 피고인이 생활에 궁하

1647) 대법원 2003. 2. 11, 선고 2002도4293 판결.
1648) 대법원 2003. 2. 11, 선고 2002도4293 판결.
1649) 대법원 2000. 3. 24, 선고 2000도102 판결.
1650) 반대하는 견해로는, 이재상·장영민·강동범, 형법각론, 제10판 보정판, 박영사, 2017, 753면.

여 오로지 직장을 구하여 볼 의사로서 허위로 간첩이라고 자수를 한 데 불과하고 한 걸음 더 나아가서 그로 말미암아 공무원의 직무집행을 방해하려는 의사까지 있었던 것이라고는 인정되지 아니한다.」[1651)]

▶ 「자가용차를 운전하다가 교통사고를 낸 사람이 경찰관서에 신고함에 있어 가해차량이 자가용일 경우 피해자와 합의하는데 불리하다고 생각하여 영업용택시를 운전하다가 사고를 내었다고 허위신고를 하였다 하더라도 이 사실만으로 공무원의 직무집행을 방해할 의사가 있었다고 단정하기 어려우므로 위계로 인한 공무집행방해죄가 성립하지 않는다.」[1652)]

9. 죄수, 타죄와의 관계

가. 피고인이, 출원인이 어업허가를 받을 수 없는 자라는 사실을 알면서도 그 직무상의 의무에 따른 적절한 조치를 취하지 않고 오히려 부하직원으로 하여금 어업허가 처리기안문을 작성하게 한 다음 피고인 스스로 중간결재를 하는 등 위계로써 농수산국장의 최종결재를 받았다면, 직무위배의 위법상태가 위계에 의한 공무집행방해행위 속에 포함되어 있는 것이라고 보아야 할 것이므로, 이와 같은 경우에는 작위범인 위계에 의한 공무집행방해죄만이 성립하고 부작위범인 직무유기죄는 따로 성립하지 아니한다. 두 죄는 법조경합 관계이다.[1653)]

나. 원래 수사기관이 범죄사건을 수사함에 있어서는 피의자나 피의자로 자처하는 자 또는 참고인의 진술여하에 불구하고 피의자를 확정하고 그 피의사실을 인정할만한 객관적인 제반증거를 수집조사해야 할 권리와 의무가 있는 것이라고 할 것이므로 이러한 자들이 수사기관에 대하여 허위사실을 진술하였다 하여 바로 이를 위계에 의한 공무집행방해죄가 성립된다고 할 수는 없다고 봄이 상당할 것이다.[1654)] 위와 같이 보지 않는다면 형사피의자나 그 밖의 모든 사람은 항상 수사기관에 대하여 진실만을 진술해야 할 법률상의 의무가 있는 결과가 되어 이는 형사피의자와 수사기관에 대립적 위치에서 서로 공격방어를 할 수 있는 취지의 형사소송법의 규정과 법률에 의한 선서를 한 증인이 허위로 진술을 한 경우에 한하여 위증죄가 성립된다는 형법의 규정취지에 어긋나기 때문이다. 이 사건에서 피고인이 공동피고인과 공모하고 피고인이 당시의 청구권자금의 운용 및

1651) 대법원 1970. 1. 27, 선고 69도2260 판결.
1652) 대법원 1974. 12. 10, 선고 74도2841 판결.
1653) 대법원 1997. 2. 28, 선고 96도2825 판결.
1654) 대법원 1971. 3. 9, 선고 71도186 판결.

관리에 관한 법률위반사건의 형사 피의자인 공동피고인을 가장하여 검사 앞에 출석한 다음 공소적시와 같은 허위진술을 하였다는 사실에 관하여 원심의 위와 같은 취지에서 피고인에 대하여 위 형사피의자인 공동피고인에 대한 범인은익죄만을 적용하여 처벌을 하고 위계에 의한 공무집행죄에 관하여 무죄를 선고한 제1심판결을 유지하였음은 정당하다 할 것이며 피고인이 위와 같은 허위진술을 하게 된 경위가 소론과 같이 자발적이고 계획적이었다고 하여 위 결론을 달리할 바는 되지 못한다 할 것이므로 원심판결에 위계에 의한 공무집행방해죄의 법리오해가 있다고 할 수 없다.[1655]

다. 범죄행위가 법원경매업무를 담당하는 집행관의 구체적인 직무집행을 저지하거나 현실적으로 곤란하게 하는 데까지는 이르지 않고 입찰의 공정을 해하는 정도의 행위라면 형법 제315조의 경매·입찰방해죄에만 해당될 뿐, 형법 제137조의 위계에 의한 공무집행방해죄에는 해당되지 않는다.[1656]

[37] 사기죄

제347조(사기) ① **사람을** 기망하여 **재물**의 교부를 받거나 **재산상의 이익**을 취득한 자는 10년 이하의 징역 또는 2천만원 이하의 벌금에 처한다.

② 전항의 방법으로 제삼자로 하여금 재물의 교부를 받게 하거나 재산상의 이익을 취득하게 한 때에도 전항의 형과 같다.

제347조의2(컴퓨터등 사용사기) **컴퓨터 등 정보처리장치에** 허위의 정보 또는 부정한 명령을 입력하거나 권한 없이 정보를 입력·변경하여 정보처리를 하게 함으로써 **재산상의 이익**을 취득하거나 제3자로 하여금 취득하게 한 자는 10년 이하의 징역 또는 2천만원 이하의 벌금에 처한다.

제351조(상습범) 상습으로 제347조 내지 전조의 죄를 범한 자는 그 죄에 정한 형의 2분의 1까지 가중한다.

제352조(미수범) 제347조 내지 제348조의2, 제350조, 제350조의2와 제351조의 미수범은 처벌한다.

제354조(친족간의 범행, 동력) 제328조와 제346조의 규정은 본장의 죄에 준용한다.

1655) 대법원 1977. 2. 8, 선고 76도3685 판결.
1656) 대법원 2000. 3. 24, 선고 2000도102 판결.

1. 의의

사기죄는 타인을 기망하여 착오에 빠뜨리고 그 처분행위를 유발하여 재물을 교부받거나 재산상 이익을 얻음으로써 성립하는 것으로서, 기망, 착오, 재산적 처분행위 사이에 인과관계가 있어야 한다.[1657)]

2. 객체

가. '**재물**'이란 시각과 촉각에 의하여 특정화될 수 있는 개개의 재화를 말하며, '**재산상 이익**'이란 전체적으로 고찰할 때 재산상태의 증가를 가져오는 일체의 이익 내지 가치로서 재물을 제외한 것을 의미한다.[1658)]

사기의 객체로서의 **재물**은 무효사유가 존재하는 약속어음공정증서,[1659)] 인감증명서[1660)]도 포함된다. 그러나 보험가입사실증명원은 재물이나 재산상 이익의 처분에 관한 사항을 포함하고 있지 아니하므로 해당되지 아니한다.[1661)]

▶ 「이 사건 각 약속어음공정증서에 앞서 본 바와 같이 증서를 무효로 하는 사유가 존재한다고 하더라도 그 증서 자체에 이를 무효로 하는 사유의 기재가 없고 외형상 권리의무를 증명함에 족한 체제를 구비하고 있는 한 그 증서는 형법상의 재물로서 사기죄의 객체가 됨에 아무런 지장이 없다.」[1662)]

▶ 「인감증명서는 인감과 함께 소지함으로써 인감 자체의 동일성을 증명함과 동시에 거래행위자의 동일성과 거래행위가 행위자의 의사에 의한 것임을 확인하

1657) 대법원 1991. 1. 11, 선고 90도2180 판결; 대법원 1994. 5. 24, 선고 93도1839 판결; 대법원 1998. 6. 23, 선고 98도903 판결; 대법원 2000. 6. 27, 선고 2000도1155 판결.

1658) 헌법재판소 2010. 5. 27, 선고 2007헌바100 결정.

1659) 대법원 1995. 12. 22, 선고 94도3013 판결.

1660) 대법원 1986. 9. 23, 선고 85도1775 판결; 대법원 2008. 7. 24, 선고 2006다63273 판결; 대법원 2011. 11. 10, 선고 2011도9919 판결.

1661) ▶ 「보험가입사실증명원은 교통사고를 일으킨 차가 교통사고처리특례법 제4조에서 정한 취지의 보험에 가입하였음을 보험회사가 증명하는 내용의 문서일 뿐이고 거기에 재물이나 재산상의 이익의 처분에 관한 사항을 포함하고 있는 것은 아니므로, 이러한 문서의 불법취득에 의해 침해된 또는 침해될 우려가 있는 법익은 보험가입사실증명원인 서면 그 자체가 아니고 그 문서가 교통사고처리특례법 제4조에 정한 보험에 가입한 사실의 진위에 관한 내용이라고 할 것이고, 따라서 이러한 증명에 의하여 사기죄에서 말하는 재물이나 재산상의 이익이 침해된 것으로 볼 것은 아니어서 보험가입사실증명원은 사기죄의 객체가 되지 아니한다.」(대법원 1997. 3. 28, 선고 96도2625 판결)

1662) 대법원 1995. 12. 22, 선고 94도3013 판결.

는 자료로서 개인의 권리의무에 관계되는 일에 사용되는 등 일반인의 거래상 극히 중요한 기능을 가진다. 따라서 그 문서는 다른 특별한 사정이 없는 한 재산적 가치를 가지는 것이어서 형법상의 '재물'에 해당한다고 할 것이다. 이는 그 내용 중에 재물이나 재산상 이익의 처분에 관한 사항이 포함되어 있지 아니하다고 하여 달리 볼 것이 아니다. 따라서 위 용도로 발급되어 그 소지인에게 재산적 가치가 있는 것으로 인정되는 인감증명서를 그 소지인을 기망하여 편취하는 것은 그 소지인에 대한 관계에서 사기죄가 성립한다고 할 것이다.」[1663)]

나. 재산상 이익은 노무나 담보의 제공과 같은 적극 이익, 채무면제나 변제유예와 같은 소극 이익을 모두 포함한다.[1664)] 따라서 채무이행을 연기받는 것도 재산상의 이익이 되므로, 채무자가 채권자에 대하여 소정기일까지 지급할 의사와 능력이 없음에도 종전 채무의 변제기를 늦출 목적에서 어음을 발행 교부한 경우에는 사기죄가 성립하고, 이때 재산상의 이익은 계산적으로 산출할 수 있는 이익에 한정하지 아니하므로 범죄사실을 판시함에 있어서도 그 이익의 수액을 명시하지 않았다 하더라도 위법이라고 할 수 없다.[1665)]

이익취득은 사법상 유효할 것을 요하지 않고, **외관상** 재산적 이익을 취득했다고 볼 수 있는 사실관계만 있으면 충분하다.[1666)]

▶「사기죄의 구성요건에 있어서 재산상 이익이라 함은 반드시 사법상 유효한 것일 필요는 없고, **외형상** 재산상 이익을 얻을 것이라고 인정되는 정도이면 된다.」[1667)]

▶「형법 제347조 소정의 재산상 이익 취득은 그 재산상의 이익을 법률상 유효하게 취득함을 필요로 하지 아니하고 그 이익취득이 법률상 무효라 하여도 **외형상** 취득한 것이면 족한 것으로서 본건에 있어 소론 피전부채권이 법률상으로는 유효한 것이 아니고 전부명령이 효력을 발생할 수 없다 하여도 피전부채권이

1663) 대법원 2011. 11. 10, 선고 2011도9919 판결.

1664) ▶「채무이행을 연기받는 것도 재산상의 이익이 되므로(대법원 1997. 7. 25, 선고 97도1095 판결 참조), 채무이행을 연기받은 사기죄는 성립할 수 있으나, 채무이행을 연기받은 것에 의한 재산상의 이익액은 산출할 수 없으므로, 특정경제범죄법 제3조 제1항 제2호의 이득액을 계산할 때에 합산할 것은 아니다.」(대법원 1998. 12. 9, 선고 98도3282 판결; 대법원 2017. 12. 22, 선고 2017도12649 판결)

1665) 대법원 1997. 7. 25, 선고 97도1095 판결.

1666) 대법원 1975. 5. 27, 선고 75도760 판결; 대법원 2012. 5. 24, 선고 2010도12732 판결; 대법원 2015. 2. 12, 선고 2014도10086 판결.

1667) 마산지방법원 1987. 12. 11, 선고 87노192 제1형사부 판결 : 확정.

나 전부명령이 외형상으로 존재하는 한 재산상 이익취득으로 보아 사기죄로 인정한 원판결 판단에 위법이 있을 수 없다.」[1668]

▶ 「상가건물 임대차보호법 제6조에 의한 임차권등기명령이 임대인에게 고지되어 효력이 발생하면 법원사무관 등은 지체 없이 촉탁서에 재판서 등본을 첨부하여 등기관에게 임차권등기의 기입을 촉탁하도록 되어 있고(임차권등기명령 절차에 관한 규칙 제5조), 상가건물 임대차보호법 제6조 제5항에 의하면, 위와 같이 임차권등기명령의 집행에 의한 임차권등기가 경료되면 임차인은 제3조 제1항의 규정에 의한 대항력 및 제5조 제2항의 규정에 의한 우선변제권을 취득하고(임차인이 임차권등기 이전에 이미 대항력 또는 우선변제권을 취득한 경우에는 그 대항력 또는 우선변제권이 그대로 유지된다), 임차권등기 이후에는 제3조 제1항의 대항요건을 상실하더라도 이미 취득한 대항력 또는 우선변제권을 상실하지 아니하는 효력이 있으므로, 그 임차권등기의 기초가 되는 임대차계약이 통정허위표시로서 무효라 하더라도, 장차 피신청인의 이의신청 또는 취소신청에 의한 법원의 재판을 거쳐 그 임차권등기가 말소될 때까지는 신청인은 **외형상**으로 우선변제권 있는 임차인으로서 부동산 담보권에 유사한 권리를 취득하게 된다 할 것이니, 이러한 이익은 재산적 가치가 있는 구체적 이익으로서 사기죄의 객체인 재산상 이익에 해당한다고 봄이 상당하다.」[1669]

다. 사기죄의 객체는 타인이 점유하는 '타인의' 재물 또는 재산상의 이익이므로, 피해자와의 관계에서 살펴보아 그것이 **피해자 소유의 재물**인지 아니면 **피해자가 보유하는 재산상의 이익**인지에 따라 '재물'이 객체인지 아니면 '재산상의 이익'이 객체인지 구별해야 하는 것으로서, 피해자가 본범의 기망행위에 속아 현금을 피고인 명의의 은행 예금계좌로 송금하였다면, 이는 재물에 해당하는 현금을 교부하는 방법이 예금계좌로 송금하는 형식으로 이루어진 것에 불과하여, 피해자의 은행에 대한 예금채권은 당초 발생하지 않는다.[1670]

라. 검사가 재물 편취의 사기죄로 공소를 제기하였으나 실제로는 이익 편취의 사기죄가 인정되는 경우, **재물** 편취의 범죄사실과 **이익** 편취의 범죄사실을 비교하여 볼 때, 그 금액, 기망의 태양, 피해의 내용이 실질에 있어 동일하여 피해자를 기망하여 금원을 편취하였다는 기본적 사실에 아무런 차이가 없으

1668) 대법원 1975. 5. 27, 선고 75도760 판결; 대법원 2015. 2. 12, 선고 2014도10086 판결.
1669) 대법원 2012. 5. 24, 선고 2010도12732 판결.
1670) 대법원 2010. 12. 9, 선고 2010도6256 판결.

므로 공소사실의 동일성을 벗어났다고 볼 수 없고, 피고인도 편취의 범의를 제외한 나머지 공소사실을 인정하고 있어 피고인의 방어에 불이익이 있다고 볼 수도 없다면, 공소장변경절차가 없더라도 이 부분 공소사실을 이익 편취의 사기죄로 인정할 수 있는지 여부에 대하여 심리해야 한다.[1671)]

마. 변제할 의사와 능력 없이 피해자로부터 **금원**을 편취하였다고 기소된 사실을 공소장변경 절차 없이 피해자에게 제3자를 소개케 하여 동액의 금원을 차용하고 피해자에게 그에 대한 보증채무를 부담케 하여 **재산상의 이익**을 취득하였다고 인정하였다 할지라도 위 양 범죄사실을 비교하여 보면 차용액, 기망의 태양, 피해의 내용이 실질에 있어 동일한 것이어서 피해자를 기망하여 금원을 편취하였다는 기본적 사실에 아무런 차이도 없으므로 원심의 인정사실이 공소사실의 동일성을 벗어난 것도 아닐 뿐더러 피고인이 스스로 이를 시인하고 있는 이상 피고인의 방어에 하등의 불이익을 주었다고 볼 수도 없으므로 거기에 위법이 있다 할 수 없다.[1672)]

3. 기망과 처분행위

가. **기망행위**는 허위의 의사표시에 의해 타인을 착오에 빠뜨리는 **일체**의 행위이고, 이미 착오에 빠져있는 상태를 이용하는 것도 해당한다.

또한 착오에 빠진 원인 중에 피기망자 측의 과실이 있는 경우에도 사기죄가 성립하는 데는 아무런 지장이 없다.[1673)]

▶ 「대부업자가 새마을금고와 제3자에 대한 차량담보대출채권을 담보로 제공하고 개개 자동차담보채권액만큼 대출받는 것을 내용으로 하는 '대출채권담보대출 중개운용에 관한 업무협약 및 채권담보계약'을 체결하였음에도, 계약 취지와 달리 대출금을 기존 채무의 변제에 사용하고 새마을금고의 허락 없이 임의로 차량에 설정된 근저당권을 해제하는 등 새마을금고에 대한 채무변제를 성실히 이행하지 않았다면, 위 대부업자가 대출 당시 대출금채무를 변제할 의사나 능력이 없음에도 있는 것처럼 새마을금고를 기망하여 이에 속은 새마을금고로부터 대출금을 편취했고 그 편취의 범의도 인정된다고 볼 것이고, 위 대출이 새마을금고의

1671) 대법원 2004. 4. 9, 선고 2003도7828 판결.
1672) 대법원 1984. 9. 25, 선고 84도312 판결.
1673) 대법원 2009. 6. 23, 선고 2008도1697 판결.

재무상태 등에 대한 실사를 거쳐 실행됨으로써 새마을금고가 위 대출이 가능하다는 착오에 빠지는 원인 중에 새마을금고 측의 과실이 있더라도 사기죄는 성립한다.」[1674)]

기망으로 인정된 사례

◉ 채권자에게 채권을 추심하여 줄 것 같이 속여 채권의 추심승낙을 받아 그 채권을 추심하여 이를 취득하였다면 이는 채권자의 착오에 기한 재산처분행위라고 할 것이므로 이는 사기죄를 구성한다.[1675)] ◉ 피고인은 주유소를 운영하면서 위 주유소에서 농민들에게 면세된 가격으로 석유류를 공급해 준 사실이 없음에도 농업협동조합으로부터 면세유류공급확인서를 부당하게 발급받아 이를 이용하여 농민들에게 석유류를 면세된 가격에 공급한 것처럼 현대오일뱅크 주식회사(이하 '현대오일뱅크'라 한다)를 기망하여 위 주유소가 위 회사로부터 석유류를 공급받으면서 부담한 부가가치세나 교통세 등에 상당하는 석유류를 교부받았는바, 피고인이 현대오일뱅크를 기망하여 재물의 교부를 받은 이상 현대오일뱅크에 대하여 사기죄가 성립한다.[1676)] ◉ 피고인이 타인의 가입신청서와 단말기할부판매약정서를 위조하는 방법으로 피해자인 공소외 주식회사를 기망하여 휴대폰을 부정발급받은 다음 휴대폰의 사용료를 납부하지 않더라도 최소한 2개월간은 통화정지되지 않고 사용할 수 있다는 점을 악용하여, 그 정을 아는 제1심 공동피고인들 및 성명불상자들과 위 휴대폰을 사용하고도 통화료를 지급하지 아니하기로 순차 공모하여 피해자로부터 통화 용역을 제공받아 판시와 같이 통화료 상당 이익을 취득했다.[1677)] ◉ 피고인은 인터넷상에서 성인사이트를 운영하면서 사실은 영상물등급위원회의 심의를 받은 성인비디오물만을 제공할 뿐 무삭제 포르노 등 음란한 동영상을 보여 줄 의사나 능력이 없으면서도 음란한 글과 남녀의 노골적인 성행위 장면 등이 담긴 광고를 보여주면서 마치 회원으로 가입하면 광고내용과 같은 음란한 내용의 동영상을 보여줄 것처럼 기망하는 방법으로 불특정 다수인들로부터 회원가입비 명목의 돈을 편취하기로 마음먹고, 2004. 4.경부터 2005. 8.경까지 약 1년 4개월에 걸쳐 총 17개의 성인사이트를 순차로 개설한 후 위와 같은 허위 광고를 반복함으로써 이에 속은 피해자들로부터 40,171회에 걸쳐 합계 982,794,000원의 회원가입비를 편취했다.[1678)] ◉ 변제할 의사나 능력이

1674) 대법원 2009. 6. 23, 선고 2008도1697 판결.
1675) 대법원 1983. 10. 25, 선고 83도1520 판결.
1676) 대법원 2009. 1. 15, 선고 2006도6687 판결.
1677) 대법원 2000. 9. 5, 선고 2000도2855 판결.
1678) 대법원 2006. 9. 8, 선고 2006도2860 판결.

없는 상황에 처하였음에도 불구하고 신용카드를 사용하는 경우,[1679] ◉ 사무장병원이 의료법을 위반하여 부적법 요양급여비용을 청구하거나,[1680] 정상병원이라 하여도 과잉진료 또는 허위진료로 보험금을 청구하여 국민건강보험공단으로부터 보험료를 지급받는 경우, 의사인 피고인이 전화를 이용하여 진찰한 것임에도 내원 진찰인 것처럼 가장하여 국민건강보험관리공단에 요양급여비용을 청구함으로써 진찰료 등을 편취한 것은 모두 사기죄의 기망에 해당한다.[1681] ◉ 신도들을 상대로 하여 자신을 스스로 "하나님", "구세주", "이긴자", "생미륵불", "정도령", "완성자" 등으로 지칭하면서 자신은 성경의 완성이고 모든 경전의 완성이자 하나님의 완성으로서 자기를 믿으면 모든 병을 고칠 수 있을 뿐만 아니라 핏속의 마귀를 박멸 소탕하여 영원히 죽지 않고 영생할 수 있으며, 자신이 인간들의 길흉화복과 우주의 풍운조화를 좌우하므로 1981년부터 10년 동안 한국 땅에 태풍이나 장마가 오지 못하도록 태풍의 진로를 바꿔 놓고 풍년이 들게 하였으며, 재물을 자신에게 맡기고 충성하며 자기들이 시행하는 건축공사에 참여하면 피 속의 마귀를 빨리 박멸소탕해 주겠다고 하고, 자신이 하나님인 사실이 알려져 세계 각국에서 금은보화가 모이면 마지막 날에 1인당 1,000억원씩을 나누어 주겠으며, 헌금하지 않는 신도는 하나님이 깍쟁이 하나님이므로 영생할 수 없다는 취지의 설교를 사실인 것처럼 계속하여 신도들을 기망하여 이에 속은 신도들로부터 헌금명목으로 고액의 금원을 교부받은 것은 형법상 사기죄에 해당하고,[1682] ◉ 어음이 지급기일에 결제되지 않으리라는 점을 예견하였거나 지급기일에 지급될 수 있다는 확신이 없으면서도 그러한 내용을 수취인에게 고지하지 아니하고 이를 속여서 할인을 받았다면 사기죄가 성립한다고 할 것이고, 사기죄의 주관적 구성요건인 편취의 범의는 피고인이 자백하지 않는 이상 범행 전후의 피고인의 재력, 환경, 범행의 내용, 거래의 이행과정 등과 같은 객관적인 사정 등을 종합하여 판단할 수밖에 없다 할 것이고, 그 범의는 확정적인 고의가 아닌 미필적인 고의로도 족하다.[1683] ◉ 융통어음을 할인함에 있어 그 상대방에 대하여 그 어음이 이

1679) 대법원 2005. 8. 19, 선고 2004도6859 판결.

1680) 서울남부지방법원 2013. 12. 5, 선고 2013고단1712 판결.

1681) 대법원 2013. 4. 26, 선고 2011도10797 판결.

1682) 위와 같은 행위는 형법상 사기죄에 해당하므로 처단해야 하고 헌법상 종교의 자유나 양심의 자유, 종교적 행복추구권에 관한 법리를 잘못 오해한 데 기인한 것이라고 할 수 없다. 종교의 자유는 인간의 정신세계에 기초를 둔 것으로서 인간의 내적 자유인 신앙의 자유를 의미하는 한도 내에서는 밖으로 표현되지 아니한 양심의 자유에 있어서와 같이 제한할 수 없는 것이지만 그것이 종교적 행위로 표출되는 경우에 있어서는 대외적 행위의 자유이기 때문에 질서유지를 위하여 당연히 제한을 받아야 하며 공공복리를 위하여서는 법률로써 이를 제한할 수 있기 때문이다(대법원 1995. 4. 28, 선고 95도250 판결; 대법원 1997. 6. 27, 선고 97도508 판결)

1683) 대법원 1997. 12. 26, 선고 97도2609 판결.

른바 진성어음인 것처럼 하기 위하여 적극적인 위장수단을 강구하는 것은 명백한 기망행위에 해당되어 상대방으로 하여금 그 뜻을 오신케 하고 할인명목으로 돈을 교부케 한 행위도 사기죄를 구성하고, 그 할인을 받음에 있어 일부의 담보를 제공하였다 하여 결론이 달라지는 것은 아니므로, 담보가액을 공제하지 아니한 편취 금액 전부에 대하여 사기죄가 성립한다.[1684] ◉ 편취한 약속어음을 그와 같은 사실을 모르는 제3자에게 편취사실을 숨기고 할인받는 행위는 당초의 어음편취와는 별개의 새로운 법익을 침해하는 행위로서 기망행위와 할인금의 교부행위 사이에 상당인과관계가 있어 새로운 사기죄를 구성한다 할 것이고, 설령 그 약속어음을 취득한 제3자가 선의이고 약속어음의 발행인이나 배서인이 어음금을 지급할 의사와 능력이 있었다 하더라도 이러한 사정은 사기죄의 성립에 영향이 없다.[1685] ◉ 수표 또는 어음의 발행인이 그 지급기일에 결제되지 않으리라는 정을 예견하면서도 이를 발행하고 거래상대방을 속여 그 할인을 받거나 물품을 매수하였다면 위 발행인의 사기행위는 이로써 완성되는 것이고, 위 거래상대방이 그 수표 또는 어음을 타에 양도함으로써 전전유통되고 최후소지인이 지급기일에 지급제시하였으나 부도되었다고 하더라도 특별한 사정이 없는 한 동 소지인에 대한 관계에서 발행인의 행위를 사기죄로 의율할 수 없다.[1686] ◉ 특별한 자금공급 없이는 도산이 불가피한 상황에서 신용과대조작, 변태적 지급보증 및 재력과시 등의 방법으로 변제자력을 가장하여 대출, 지급보증 및 어음할인을 받은 행위가 사기죄에 해당하고, 한편 기망에 의하여 채무의 변제기를 연장받은 경우에도 사기죄가 성립하므로, 타인을 기망하여 대출을 받은 것이 신규대출이 아니라 대환에 해당한다고 하더라도 사기죄로 의율함에 지장이 없다.[1687] ◉ 충분한 담보 등이 제공되었지만 금융기관을 기망하여 대출받은 것,[1688] ◉ 사기죄는 타인을 기망하여 그로 인한 하자있는 의사에 기하여 재물을 교부받거나 재산상 이익을 취득함으로써 성립되는 범죄인만큼, 설사 피고인과 피해자들 사이의 매매계약이 토지거래허가를 받지 아니하여 유동적 무효의 상태에 있었다 하더라도, 피고인이 대출금 및 매매대금을 정산해 줄 것처럼 피해자 공소외 2를 기망하여 그로 하여금 근저당권을 설정하게 함으로써 재산상의 이익을 취득한 이상 피고인으로서는 사기죄의 죄책을 면할 수 없다.[1689] ◉ 채권의 담보로 가옥소유권이 채권자에게 이전등기 되었음에도 피고인이 이런 사실을 숨긴 채 채무자와 공모하여 동 가옥이 채무자의 소유인양 타인에게 임대하고 그 임대보증금등 명목으로 금원을

1684) 대법원 1997. 7. 25, 선고 97도1095 판결.
1685) 대법원 2000. 9. 5, 선고 99도3590 판결; 대법원 2005. 9. 30, 선고 2005도5236 판결.
1686) 대법원 1981. 12. 22, 선고 81도2605 판결.
1687) 대법원 1997. 2. 14, 선고 96도2904 판결.
1688) 대법원 2005. 4. 29, 선고 2002도7262 판결.
1689) 대법원 2008. 2. 14, 선고 2007도10658 판결.

수령한 소위는 사기죄를 구성한다.[1690] ◉ 국민주택선매청약예금의 예금주가 이미 갑에게 동 예금증서를 양도하였음에도 위 증서를 분실한 것처럼 은행에 통장 및 인감분실신고를 하여 예금증서를 재발급 받은 다음 위 1차 매매계약사실 및 예금증서의 재발급사실을 숨긴 채 2차로 을에게 다시 양도한 소위는 사기죄에 해당한다.[1691] ◉ 절도범인이 절취한 장물을 자기 것인 양 제3자에게 담보로 제공하고 금원을 편취한 경우에는 별도의 사기죄가 성립된다.[1692] ◉ 판매하다 남은 식품에 부착되어 있는 바코드와 비닐랩 포장을 뜯어내고 다시 포장을 하면서 가공일이 당일로 기재된 바코드와 백화점 상표를 부착하여 진열대에 진열하여 마치 위 상품이 판매 당일 구입되어 가공된 신선한 것처럼 고객에게 판매한 행위,[1693] ◉ 백화점 식품부 차장으로서 삼계탕용 닭 등 계육제품, 아지, 병어 등 해산물제품 등의 생식품을 판매하면서 위 생식품의 바코드라벨에 가공일자를 표시하고 있었는데, 전날 판매하고 남은 재고품에 대하여는 가공일자가 전날로 된 바코드라벨을 그대로 두고 판매하는 경우에는 소비자들이 신선하지 아니한 것으로 판단하여 구매하지 아니할 것을 염려하여 포장지를 교체하면서 가공일자가 재포장일자로 기재된 바코드라벨을 부착하여 냉장매대에 진열해 놓음으로써 그것이 마치 판매 당일 가공된 신선한 상품인 것처럼 소비자들을 기망하여 판매한 행위는 기망행위에 해당하고,[1694] ◉ 변칙세일은 물품구매동기에 있어서 중요한 요소인 가격조건에 관하여 기망이 이루어진 것으로서 **그 사술의 정도가 사회적으로 용인될 수 있는 상술의 정도를 넘은 것**이어서 위법성이 있다.[1695] ◉ 대형마트가 **원플러스원(1+1) 행사광고**를 하고는, 사실은 행사 직전 제품가격을 올려 제값을 다 받았다면 거짓·과장광고에 해당한다. 거짓·과장광고는 사실과

1690) 대법원 1984. 1. 31, 선고 83도1501 판결.

1691) 대법원 1987. 6. 23, 선고 87도1045 판결.

1692) ▶「**절도범인이 그 절취한 장물을 자기 것인양 제3자를 기망하여 금원을 편취한 경우**에는 장물에 관하여 소비 또는 손괴하는 경우와는 달리 제3자에 대한 관계에 있어서는 새로운 법익의 침해가 있다고 할 것이므로 절도죄 외에 사기죄의 성립을 인정할 것인 바, 원심은 이와 배치되는 이론 아래 피고인이 절취한 장물을 제3자에게 담보로 제공하고 금원을 차용한 사실을 인정하고 담보제공 물건이 장물 아닌 자기의 물건인 것처럼 행세 하였거나 차용금을 변제할 의사가 없다고 하더라도 그것만으로는 새로운 법익의 침해가 없으므로 피고인의 행위는 절도죄의 불가벌적 사후행위라고 볼 것이며 따라서 피고인의 행위가 별도로 사기죄를 구성하지 아니한다는 취지로 판단하고 있어 원심판결에는 불가벌적 사후행위 및 사기죄의 법리오해가 있다고 아니할 수 없고 이 점에 관한 논지는 이유 있으므로 원심판결을 파기한다. 이 사건의 기록과 원심 및 제1심 법원이 조사한 증거에 의하여 본원이 판결하기에 충분하다고 인정되므로 형사소송법 제396조의 규정에 따라 본원이 직접 판결하기로 하고 본원이 인정하는 범죄사실과 그 증거의 요지는 제1심 판결판시와 같으므로 이를 그대로 인용한다.」(대법원 1980. 11. 25, 선고 80도2310 판결)

1693) 대법원 1996. 2. 13, 선고 95도2121 판결.

1694) 대법원 1995. 8. 22, 선고 95도594 판결.

1695) 대법원 1993. 8. 13, 선고 92다52665 판결.

다르거나 사실을 지나치게 부풀려 광고한 것을 말하고, 이러한 광고로 소비자가 속거나 잘못 알게 될 우려가 있는지는 일반 소비자가 그 광고를 받아들이는 전체적·궁극적 인상을 기준으로 판단해야 하는 바, 일반 소비자 관점에서 적어도 '1+1' 판매를 하는 상품을 구매하면 경제적으로 유리하다고 인식할 여지가 높은데도 롯데마트가 광고한 '1+1'가격은 종전 1개 가격의 2배이거나 그보다 높은 가격이었으므로 소비자에게 아무런 경제적 이익이 없거나 오히려 불리했고, 결국 '1+1'을 강조해 광고한 것은 거짓·광고를 한 것에 해당한다.[1696] ◉ 피고인이 원심공동피고인 1, 원심공동피고인 2, 원심공동피고인 3 등과 공모하여, 관광여행사로 하여금 고령의 노인들을 무료로 온천관광을 시켜주겠다고 모집하여 피고인 경영의 ○○농산으로 유치해 오도록 하고, 위 원심공동피고인 1, 원심공동피고인 2가 ○○농산의 이른바 강의실에서 의약에 관한 전문지식이 없음에도 그 분야의 전문가나 의사인 양 행세하면서 ○○농산이 오리, 하명, 누에, 동충하초, 녹용 등 여러가지 재료를 혼합하여 제조·가공한 '녹동달오리골드'라는 제품이 당뇨병, 관절염, 신경통 등의 성인병 치료에 특별한 효능이 있는 좋은 약이라는 허위의 강의식 선전·광고행위를 하여 이에 속은 위 노인들로 하여금 위 제품을 고가에 구입하도록 한 것은 **그 사술의 정도가 사회적으로 용인될 수 있는 상술의 정도를 넘은 것**이어서 모두 사기죄의 기망행위를 구성한다.[1697] ◉ 피고인이 보험금을 편취할 의사로 허위로 보험사고를 신고하거나 고의적으로 사고를 유발한 경우 보험금에 관한 사기죄가 성립하고, 나아가 설령 피고인이 보험사고에 해당할 수 있는 사고로 인하여 경미한 상해를 입었다고 하더라도 이를 기화로 보험금을 편취할 의사로 그 상해를 과장하여 병원에 장기간 입원하고 이를 이유로 실제 피해에 비하여 과다한 보험금을 지급받는 경우에는 그 **보험금 전체에 대해 사기죄가 성립한다**고 할 것이다.[1698] ◉ 산업재해보상 보험급여를 지급받을 수 있는 지위에 있었다고 하더라도 특정 일자에 업무상 재해를 입은 사실이 전혀 없음에도 불구하고, 허위 내용의 목격자진술서를 첨부하는 등의 부정한 방법으로 요양신청을 하여 산업재해보상 보험급여를 지급받았다면 사기죄에 해당한다.[1699] ◉ 절도행위의 완성 후 그 장물을 처분하는 것은 재산죄에 수반하는 사후처분행위에 불과하므로 별죄를 구성하지 않음은 소론과 같으나 그 **사후처분이 새로운 다른 법익을 침해하는 경우에는 별죄가 성립한다**고 보아야 할 것인바, 원심이 유지한 제1심판결에서 피고인이 이○○양복점에서 동인 명의의 은행예금

1696) 대법원 2018. 7. 12, 선고 2017두60109 판결.

1697) 대법원 2004. 1. 15, 선고 2001도1429 판결.

1698) 대법원 2003. 6. 13, 선고 2003도477 판결; 대법원 2005. 9. 9, 선고 2005도3518 판결; 대법원 2007. 5. 11, 선고 2007도2134 판결; 대법원 2011. 2. 24, 선고 2010도17512 판결.

1699) 대법원 2003. 6. 13, 선고 2002도6410 판결.

통장을 절취하여 그를 이용하여 은행원을 기망하여 진실한 명의인이 예금을 찾는 것으로 오신시켜 예금의 인출명의 하의 금원을 편취한 것이라고 인정하고 이는 절도죄 외 새로운 법익을 침해한 것이라는 견지에서 사기죄를 인정한 조치는 정당하고, 위 절도행위 후에 예금인출행위가 그 절도행위의 연장이라든가 또는 그에 흡수되는 것이라고도 볼 수 없다 할 것이고, 사기의 피해자는 은행이 되는 수도 있고, 은행이 피해자가 되지 아니하는 경우에는 예금통장 명의인이 피해자가 되는 수도 있다.[1700]

나. 부작위의 기망성

(1) 작위뿐만 아니라 부작위에 의해서도 기망이 가능하다. 상대방이 스스로 착오에 빠져 있고, 행위자는 상대의 착오를 제거할 **보증인지위**에 있으며, 이에 따른 **고지의무**가 있는데도 불구하고 부작위함으로써 실제로는 작위로 속인 것과 다를 바 없는 경우이다.[1701][1702] 고지의무는 법령, 계약, 선행행위, 신의칙에 의해 발생할 수 있다. 그러나 계약관계 그 자체만으로 신의칙상 고지의무가 발생하는 것이라기보다는 특별한 신뢰관계가 있어야 한다.[1703] 일반거래의 경험칙상 **상대방이 그 사실을 알았더라면 당해 법률행위를 하지 않았을 것이 명백한 경우 신의칙(信義則)에 비추어 사실고지의 법적 의무가 인정된다.**[1704]

1700) 대법원 1974. 11. 26, 선고 74도2817 판결.

1701) 김일수·서보학, 새로쓴 형법각론, 제9판, 박영사, 2018, 342면; 이재상·장영민·강동범, 형법각론, 제10판 보정판, 박영사, 2017, 336면; 대법원 1980. 7. 8, 선고 79도2734 판결.

1702) **사기죄 이외**에도 **부작위에 의한 범죄가 인정된 예**를 본다.

예 1. 백화점의 직원은 자신이 관리하는 특정매장의 점포에 가짜 상표가 새겨진 상품이 진열·판매되고 있는 사실을 발견하였다면 점주나 그 종업원에게 즉시 그 시정을 요구하고 바이어 등 상급자에게 보고하여 이를 시정하도록 할 근로계약상·조리상의 의무가 있다고 할 것이므로 백화점 직원인 피고인은 부작위에 의하여 공동피고인인 점주의 상표법 위반 및 부정경쟁방지법 위반행위를 방조하였다고 인정할 수 있다(대법원 1997. 3. 14, 선고 96도1639 판결).

예 2. 맡고 있는 입찰사건의 입찰보증금이 계속적으로 횡령되고 있는 사실을 알았다면, 담당 공무원으로서는 이를 제지하고 즉시 상관에게 보고하는 등의 방법으로 횡령행위를 방지해야 할 법적인 작위의무를 지는 것이 당연하므로 작위에 의한 법익 침해와 동등한 형법적 가치가 있는 것이 아니라고 볼 수는 없으므로 그 담당 공무원은 업무상 횡령죄의 종범의 죄책을 면할 수 없다(대법원 1996. 9. 6, 선고 95도2551 판결).

예 3. 피고인이 폭약을 호송하던 중 화차 내에서 금지된 촛불을 켜 놓은 채 잠자다가 폭약상자에 불이 붙는 순간 잠에서 깨어나 이를 발견하였다면 불이 붙은 상자를 뒤집어 쉽게 진화할 수 있었음에도 진화 및 위험발생원인 제거에 관한 의무에 위반하여 이를 그대로 방치하면 화차 안 모든 화약류가 한꺼번에 폭발하리라는 점을 예견하면서도 화차 밖으로 도주하였음은 부작위에 의한 폭발물파열죄(현행 제119조 제1항 폭발물사용죄)가 성립한다(대법원 1978. 9. 26, 선고 78도1996 판결).

1703) 김일수·서보학, 새로쓴 형법각론, 제9판, 박영사, 2018, 343면; 이재상·장영민·강동범, 형법각론, 제10판 보정판, 박영사, 2017, 336면.

(2) 부작위에 의한 기망은 보험계약자가 보험자와 보험계약을 체결하면서 상법상 고지의무를 위반한 경우에도 인정될 수 있다. 다만 보험계약자가 보험자와 보험계약을 체결하더라도 우연한 사고가 발생해야만 **보험금**이 지급되는 것이므로, 고지의무 위반은 보험사고가 이미 발생하였음에도 이를 묵비한 채 보험계약을 체결하거나 보험사고 발생의 개연성이 농후함을 인식하면서도 보험계약을 체결하는 경우 또는 보험사고를 임의로 조작하려는 의도를 가지고 보험계약을 체결하는 경우와 같이 '보험사고의 우연성'이라는 보험의 본질을 해할 정도에 이르러야 비로소 보험금 편취를 위한 고의의 기망행위에 해당한다.[1705] **특히 상해·질병보험계약을 체결하는 보험계약자가 보험사고 발생의 개연성이 농후함을 인식하였는지**는 보험계약 체결 전 기왕에 입은 상해의 부위 및 정도, 기존 질병의 종류와 증상 및 정도, 상해나 질병으로 치료받은 전력 및 시기와 횟수, 보험계약 체결 후 보험사고 발생 시까지의 기간과 더불어 이미 가입되어 있는 보험의 유무 및 종류와 내역, 보험계약 체결의 동기 내지 경과 등을 두루 살펴 판단해야 한다.[1706]

부작위가 기망으로 인정된 사례

◉ 사채업자가 대출희망자로부터 대출을 의뢰받은 다음 대출희망자가 자동차의 실제 구입자가 아니어서 자동차할부금융의 대상이 되지 아니함에도 그가 실제로 자동차를 할부로 구입하는 것처럼 그 명의의 대출신청서 등 관련 서류를 작성한 후 이를 할부금융회사에 제출하여 자동차할부금융으로 대출금을 받은 경우, 할부금융회사로서는 사채업자가 할부금융의 방법으로 대출의뢰인들 명의로 자동차를 구입하여 보유할 의사 없이 단지 자동차할부금융대출의 형식을 빌려 자금을 융통하려는 의도로 할부금융대출을 신청하였다는 사정을 알았더라면 할부금융대출을 실시하지 않았을 것이므로, 사채업자로서는 신의성실의 원칙상 사전에 할부금융회사에게 자동차를 구입하여 보유할 의사 없이 자동차할부금융대출의 방법으로 자금을 융통하려는 사정을 고지할 의무가 있다 할 것이고, 그럼에도 불구하고 이를 고지하지 아니한 채 대출의뢰인들 명의로 자동차할부금융을 신청하여 그 대출금을 지급하도록 한 행위는 고지할 사실을 묵비함으로써 거래상대방인 할부금융회사를 기망한 것이 되어 사기죄를 구성한다.[1707] ◉ 보험계약

1704) 同旨 이재상·장영민·강동범, 형법각론, 제10판 보정판, 박영사, 2017, 335면.
1705) 대법원 2012. 11. 15, 선고 2010도6910 판결; 대법원 2017. 4. 26, 선고 2017도1405 판결.
1706) 대법원 2017. 4. 26, 선고 2017도1405 판결.

체결 당시 이미 발생한 교통사고 등으로 생긴 '요추, 경추, 사지' 부분의 질환과 관련하여 입·통원치료를 받고 있었을 뿐 아니라 그러한 기왕증으로 인해 향후 추가 입원치료를 받거나 유사한 상해나 질병으로 보통의 경우보다 입원치료를 더 받게 될 개연성이 농후하다는 사정을 인식하고 있었음에도 자신의 과거 병력과 치료이력을 모두 묵비한 채 보험계약을 체결하여 피해회사로부터 보험금을 편취한 것은 부작위에 의한 기망에 해당한다.[1708] ◉ 임대인이 임대차계약을 체결하면서 임차인에게 목적물이 경매진행 중인 사실을 알리지 않은 것,[1709] ◉ 매매목적물에 관하여 소유권귀속에 관한 분쟁이 있어 재심소송 중인데도 그러한 사실을 고지하지 않고 매각을 강행한 것은 기망에 해당하고,[1710] ◉ 부동산을 매수함에 있어 소송계속중인 사실을 모르고 그 대금을 교부하려는 경우에는 신의성실을 원칙으로 하는 거래의 필요상 매도자측은 이를 매수자에게 고지할 법률상 의무 있다고 할 것이므로 매수자가 소송계속중인 사실을 알았다면 매수 아니할 것으로 보여지는 본건에 있어 소송계속 사실을 은폐하여 매도하여 그 대금을 교부받았다면 사기죄가 성립한다고 할 것이며 매도자가 교부받은 대금의 대가로 소유권이전등기를 넘겨준 여부 즉 피해자 이○○가 현실적으로 재산상 손해를 받은 여부는 사기죄의 성립에 아무런 소장이 없다 할 것이다.[1711] ◉ 매매에 있어서 매수인이 알았다면 매수하지 아니할 것이 거래의 경험칙상 명백한 사실에 대하여는 매도인은 신의성실의 원칙에 따라 이를 상대방에게 고지할 법률상 의무가 있다고 보아야 할 것이므로 제3자가 매도인을 상대로 대지 및 지상건물에 대한 명도소송을 제기하여 계속 중이고 점유이전금지가처분까지 되어 있는 사실을 매수인이 알았다면 거래의 경험칙상 위 대지를 매수하지 아니하였을 것이 분명하므로 신의성실의 원칙에 따라 매도인은 위와 같은 소송관계를 매수인에게 고지할 법률상 의무가 있다.[1712] ◉ 토지에 대하여 도시계획이 입안되어 있어 장차 협의매수되거나 수용될 것이라는 사정을 매수인에게 고지하지 아니한 행위가

1707) 대법원 2004. 4. 9, 선고 2003도7828 판결.

1708) 대법원 2017. 4. 26, 선고 2017도1405 판결.

1709) 대법원 1998. 12. 8, 선고 98도3263 판결. "이 사건에서 피해자가 임대차계약 당시 임차할 여관건물에 관하여 법원의 경매개시결정에 따른 경매절차가 이미 진행 중인 사실을 알았더라면 그 건물에 관한 임대차계약을 체결하지 않았을 것임이 명백한 이상, 피고인은 신의칙상 피해자에게 이를 고지할 의무가 있고, 피해자 스스로 그 건물에 관한 등기부를 확인 또는 열람하는 것이 가능하다고 하여 결론을 달리 할 것은 아니다."

1710) 대법원 1986. 9. 9, 선고 86도956 판결. "원심판결 이유에 의하면, 피고인들은 이건 부동산을 각 피해자에게 매도함에 있어 재심소송이 계속 중인 사실을 숨겼을 뿐만 아니라 단순히 고지하지 아니한 정도를 넘어 적극적으로 이를 은폐하여 각 피해자를 기망하였다 하여 사기죄로 의률하였음은 정당하고 여기에 부작위에 의한 사기죄의 법리 및 편취의사에 관한 법리를 오해한 위법이 없고 논지는 이유 없다."

1711) 대법원 1983. 3. 22, 선고 82도2837 판결.

1712) 대법원 1985. 3. 26, 선고 84도301 판결.

부작위에 의한 사기죄를 구성한다.[1713] ◉ 토지를 매도함에 있어서 채무담보를 위한 가등기와 근저당권설정등기가 경료되어 있는 사실을 숨기고 이를 고지하지 아니하여 매수인이 이를 알지 못한 탓으로 그 토지를 매수하였다면 이는 사기죄를 구성한다.[1714] ◉ 원인무효의 등기로 인한 피해자로서 동 무효등기의 목적물을 매수한 또 한사람이 기망당하고 있다는 것을 알고 있는 경우 동 매수자에게 위 원인무효의 사실을 고지할 의무가 있다. 그러하지 아니하고 피해변상을 강력히 요구하던 등기부상 권리자인 피고인의 사무소에 온 후매수인이 매매대금 중 상당액을 제공하자 그 돈을 피고인이 교부받고 영수하였다면, 주범인 원심공동피고인과 함께 후매수인을 기망한 것이 된다.[1715] ◉ 비록 토지의 소유자로 등기되어 있다고 하더라도 자신이 진정한 소유자가 아닌 사실을 알게 된 이상, 당해 토지의 수용보상금을 수령함에 있어서 당해 토지를 수용한 기업자나 공탁공무원에게 그러한 사실을 고지해야 할 의무가 있다고 보아야 할 것이고, 이러한 사실을 고지하지 아니한 채 수용보상금으로 공탁된 공탁금의 출급을 신청하여 이를 수령한 이상 기망행위가 없다고 할 수 없다. 나아가 이 사건 행위가 비난가능성이나 기대가능성 또는 가벌성이 없거나 사회상규에 위반하지 않는 경우에 해당한다고 할 수 없다.[1716] ◉ 피고인이 이 사건 토지에 대하여 여객정류장시설 또는 유통업무설비시설을 설치하는 도시계획이 입안되어 있어 장차 위 토지가 시에 의하여 협의매수되거나 수용될 것이라는 점을 알고 있었으므로, 이러한 사정을 모르고 위 토지를 매수하려는 피해자 B에게 위와 같은 사정을 고지할 신의칙상 의무가 있고, 이러한 사정을 고지하지 아니한 피고인의 행위는 부작위에 의한 사기죄를 구성한다. 원심판결에 소론과 같은 부작위에 의한 사기죄에 있어서 고지의무에 관한 법리 및 고의의 수준 내지는 미필적 고의에 관한 법리를 오해하였거나, 그로 인하여 채증법칙을 위배하여 사실을 잘못 인정하였거나, 심리미진 또는 이유불비의 위법이 있다고 할 수 없다.[1717] ◉ 화물자동차 위수탁관리운영계약(일명 지입계약)체결 시, 목적물인 차량들에 대하여 이미 근저당권이 설정되어 그 경매절차가 진행 중에 있었다면, 피고인으로서는 의당 위와 같은 사정을 고지해야 할 신의칙상 의무가 있다 할 것임에도 이를 고지하지 아니한 채 숨기고 지입차주의 명의를 피해자명의로 변경해주겠다는 내용의 계약을 체결하고 지입차량대금을 지급받았다면 사기죄에 해당한다.[1718] ◉ 제3자에게 경락허가결정이 된 부동산을 그런 사실을 묵비한 채 전세를 놓았다면 경락허가 사실의 불고

1713) 대법원 1993. 7. 13, 선고 93도14 판결.
1714) 대법원 1981. 8. 20, 선고 81도1638 판결.
1715) 대법원 1967. 12. 5, 선고 67도1152 판결.
1716) 대법원 1994. 10. 14, 선고 94도1911 판결.
1717) 대법원 1993. 7. 13, 선고 93도14 판결.
1718) 대법원 1985. 4. 9, 선고 85도242 판결.

지는 사기죄에 해당한다. 원심이 거시한 증거를 기록에 대조하여 보면 소외 C는 본건 아파트가 이미 제3자에게 경락허가 결정이 되어 있는 사실을 모르고 있었음을 피고인은 짐작하고 있었음이 역력히 엿보일 뿐만 아니라 이와 같이 만일 본건 아파트가 이미 제3자에게 경락되었다는 사실을 위 C가 알았다면 특별한 사정이 없는 한 결코 본건 계약을 체결안 할 것이 일상 경험칙상 분명하다고 인정함에 족한 계약의 중요한 조건의 하나라고 볼 것이므로 이와 같은 사실을 고지 아니하고 본건 계약을 체결하였다고 원심이 인정한 후 이 불고지를 사기에 해당한다고 판단한 원판결은 타당하고 소론 본원 판례들은 본건과 그 사안이 다른 경우의 것이다. 즉, 그 판례들은 보통 상당한 고가의 부동산을 매매함에 있어서는 매수자는 특별한 사정이 없는 한 등기부등본을 보고 매수하는 것이 상례이므로 등기부상 저당권 내지 근저당권이 설정되어 있는 사실은 매도인이 적극적으로 고지를 아니하여도 매수인이 후에 저당권이 설정되었다는 이유를 구실로 삼아 공연히 계약의 해제를 주장하는 등의 사례도 있는 경우를 고려한 판결이므로 본건의 경우에 적합한 것이 못되고 또 경락허가 결정이 있었으나, 소유권이 아직 경락자에게 이전등기가 경료 안 되었다 하여도 이상과 같은 사기죄의 소장에는 영향을 미치지 않는다고 보므로 결국 소론은 모두 이유 없다.[1719] ◉ 피고인이 임대차계약서상의 임차인의 명의를 처로부터 자기명의로 고친 다음 자기가 임차인이라면서 임대차계약서를 피해자에게 보이고 건물소유자에게는 전대사실을 알리지 않기로 하는 한편 임차보증금 반환청구채권에 대하여 채권압류 및 전부명령이 있는 사실을 고지하지 아니하고 점포를 전대하고 보증금을 교부받았다면 위 불고지는 피해자를 기망하기 위하여 적극적으로 동 사실을 은폐한 것이라고 보지 않을 수 없고, 위 임차보증금 반환청구채권이 전부된 사실은 사실상 상대적으로 피해자의 전차보증금 반환청구 등을 곤란하게 하는 사유가 됨이 명백하므로 피해자에게 보증금 반환채권이 있다는 사실은 사기죄의 성립에 아무런 소장이 없다.[1720] ◉ 피고인이 그가 설치한 주차장시설 및 전화가입권을 매각하고 아니하고는 그의 권리행위에 속한다 할 것이나 피고인이 임차하고 있다가 기간만료로 인하여 명도 반환키로 약정까지 하고 있던 주차장부지에 관하여 그런 사정을 속이고 계속 그 부지를 임차할 수 있다고 거짓말을 하여 그 위에 설치된 주차장시설과 부지 임차권리, 전화가입권 등을 피해자 정○○에게 양도하기로 약정한 점을 기망행위로 보았음이 제1, 2심판결 취지인바, 주차장을 양도하는 피고인으로서는 주차장부지의 임차기간이 만료되고 또 이를 임대인에게 명도 반환하기로 약정한 사실을 양수인인 위 정○○에게 고지할 의무가 있다고 할 것이며 기

1719) 대법원 1974. 3. 12, 선고 74도164 판결.
1720) 대법원 1983. 2. 22, 선고 82도3139 판결.

록에 의하면 그런 사정을 고지하였다면 위 정○○이 양수치 아니할 것임이 분명하므로 그를 고지 아니한 점에 기망행위가 있다할 것이니 이런 취지에서 한 원판시는 정당하다.[1721] ◉ 피고인은 피해자 김○○과 이 사건 극장의 양도계약을 체결하기 전에 이미 이 사건 극장 건물의 소유자인 공소외 주식회사 ○○유통과 이 사건 극장건물에 대한 임대차계약의 기간이 종료하면 무조건 명도하여 주기로 약정했고, 그 명도집행을 위한 제소전 화해조서의 작성을 위한 서류까지 교부하여 더 이상 극장용도로서의 재임대차계약이 불가능하다는 사실을 알고 있었음에도 이를 알려주지 아니하였을 뿐 아니라 위 김○○에게 위 ○○유통과 재임대차계약을 체결할 수 있도록 적극적으로 협조하겠다고 까지 말하여 이를 믿은 위 김○○이 피고인과 이 사건 극장에 대한 양도계약을 체결한 점을 기망행위로 보았음이 원심판결의 취지인 바, 극장을 양수함에 있어 이를 운영할 수 있는 기간의 보장은 중요한 요소가 된다고 할 것이므로 피고인은 위 극장을 위 김○○이 양수하더라도 임대차기간종료일까지만 운영할 수 있고 그 이후에는 이 사건 건물에 대한 재임대차계약이 불가능함을 고지해야 할 의무가 있다고 할 것이며, 기록에 의하면 피고인이 그런 사정을 고지하였다면 위 김○○이 위 극장을 양수하지 아니하였을 것인데 피고인이 이를 고지하지 아니하여 임대차기간이 종료 후에도 재계약이 가능하리라고 믿고 위 극장을 양수하였음이 명백하므로, 피고인이 위와 같은 사정을 고지하지 아니한 것은 기망행위에 해당한다.[1722] ◉ 국내독점판매계약을 체결하면서 그 물건이 이미 다른 사람에 의해 판매되고 있음을 알면서도 숨기고 계약한 것은 신의칙상 고지의무를 위배했다.[1723] ◉ 이 사건에서 특별한 사정이 없는 한 피해자는 공장가동에 별 이상이 없을 것으로 믿고 이를 매수하려 하였다고 보아야 할 것이고, 공장의 정상가동 여부는 매매계약의 체결 여부를 결정짓는 중요한 요소이므로 이 사건 플라스틱 공장의 가동이 불가능하거나 공장을 이전하지 아니하고서는 공장을 계속 가동할 수 없는 사정을 위 피해자가 알았다면 이 사건 공장을 매수하지 않았으리라는 것은 경험법칙상 쉽게 추측할 수 있으므로 신의성실의 원칙상 매도인에게 위와 같은 사정에 관한 고지의무가 있다고 보아야 할 것이며, 그러함에도 불구하고 피고인이 위와 같은 사정을 고지하지 아니하고, 더욱이 공장을 운영하는데 아무런 문제가 없다고 말하였다면 이는 피해자를 기망한 경우라고 보아야 할 것이다. 제1심은 피고인이 폐쇄명령서를 송달 받은 바 없어 폐쇄명령 사실을 숨기고 매매계약을 체결한 것으로 인정되지 않음을 무죄를 선고하는 주요이유의 하나로 삼았으나, 이 사건 공소사실은 폐쇄명령의 불고지만을 들고 있는 것이 아니고 그 장소에서는 더 이상

1721) 대법원 1981. 6. 9, 선고 81도277 판결.
1722) 대법원 1993. 6. 8, 선고 92도2622 판결.
1723) 대법원 1996. 7. 30, 선고 96도1081 판결.

공장경영을 할 수 없다는 사정을 알고서도 공장운영에 아무런 하자가 없다며 이를 고지하지 아니한 점을 기망행위로 적시한 것이라고 보아야 하는데, 제1심이나 원심은 이 부분에 대하여는 심리하여 판단하고 있지도 아니하다. 결국 위와 같은 여러 증거들이 합리적으로 배척되지 아니하고서는 피고인에게 사기의 범의가 없다거나 공소외 1과 공모하지 않았다고 하기는 어려울 것이므로 원심판결에는 사기죄의 법리를 오해하여 심리를 미진하였거나 채증법칙에 위배하여 사실인정을 잘못한 위법이 있다고 할 것이고, 논지는 이 범위 안에서 이유가 있다.[1724] ◉ 피해자가 피고인에게 매매잔금을 지급함에 있어 착오에 빠져 지급해야 할 금액을 초과하는 돈을 교부하는 경우, 피고인이 사실대로 고지하였다면 피해자가 그와 같이 초과하여 교부하지 아니하였을 것임은 경험칙상 명백하므로, 피고인이 **매매잔금을 교부받기 전 또는 교부받던 중에 그 사실을 알게 되었을 경우**에는 특별한 사정이 없는 한 피고인으로서는 피해자에게 사실대로 **고지**하여 피해자의 그 착오를 제거해야 할 신의칙상 **의무**를 지므로 그 의무를 이행하지 아니하고 피해자가 건네주는 돈을 그대로 수령한 경우에는 사기죄에 해당될 것이지만, **그 사실을 미리 알지 못하고 매매잔금을 건네주고 받는 행위를 끝마친 후에야 비로소 알게 되었을 경우**에는 주고받는 행위는 이미 종료되어 버린 후이므로 피해자의 착오 상태를 제거하기 위하여 그 사실을 고지해야 할 법률상 의무의 불이행은 더 이상 그 초과된 금액 편취의 수단으로서의 의미는 없으므로, 교부하는 돈을 그대로 받은 그 행위는 점유이탈물횡령죄가 될 수 있음은 별론으로 하고 사기죄를 구성할 수는 없다.[1725]

부작위가 기망이 아닌 사례

◉ 부동산을 매매함에 있어서 매도인이 매수인에게 매매와 관련된 어떤 구체적인 사정을 고지하지 아니함으로써, 장차 매매의 효력이나 매매에 따르는 채무의 이행에 장애를 가져와 매수인이 매매목적물에 대한 권리를 확보하지 못할 위험이 생길 수 있음을 알면서도, 매수인에게 그와 같은 사정을 고지하지 아니한 채 매매계약을 체결하고 매매대금을 교부받는 한편, 매수인은 그와 같은 사정을 고지 받았더라면 매매계약을 체결하지 아니하거나 매매대금을 지급하지 아니하였을 것임이 경험칙상 명백한 경우에는, 신의성실의 원칙상 매수인에게 미리 그와 같은 사정을 고지할 의무가 매도인에게 있다고 할 것이므로, 매도인이 매수인에게 그와 같은 사정을 고지하지 아니한 것이 사기죄의 구성요건인 기망에 해당한다고 할 것이지만, 매매로 인한 법률관계에 아무런 영향도 미칠 수 없는 것이

1724) 대법원 1991. 7. 23, 선고 91도458 판결.
1725) 대법원 2004. 5. 27, 선고 2003도4531 판결.

어서 매수인의 권리의 실현에 장애가 되지 아니하는 사유까지 매도인이 매수인에게 고지할 의무가 있다고는 볼 수 없는 것인바, 부동산의 2중매매에 있어서 소론과 같이 매도인이 제1의 매매계약을 일방적으로 해제할 수 없는 처지에 있었다는 사정만으로는, 바로 제2의 매매계약의 효력이나 그 매매계약에 따르는 채무의 이행에 장애를 가져오는 것이라고 볼 수 없음은 물론, 제2의 매수인의 매매목적물에 대한 권리의 실현에 장애가 된다고도 볼 수 없는 것이므로(제2의 매수인의 권리의 실현으로 인하여 제1의 매수인에 대한 관계에서 배임죄가 성립할 것인지의 여부는 별문제로 하고), 매도인이 제2의 매수인에게 그와 같은 사정을 고지하지 아니하였다고 하여 제2의 매수인을 기망한 것이라고 평가할 수는 없을 것이다.[1726] ◉ 부동산의 등기부상 소유명의를 신탁받은 자는 대외적으로 그 부동산의 처분권한이 있으므로, 피고인 단독명의로 소유권이전등기가 된 이 사건 부동산 중 1/2 지분은 공소외 한명○의 소유로서 그 부분은 명의신탁에 의한 등기임에도 불구하고 피고인이 동인의 승낙을 받음이 없이 위 부동산 전부를 피해자 이호○에게 매도하여 그 소유권이전등기를 마쳐 주었다고 하여도 매수인은 위 명의신탁여부를 알은 여부에 관계없이 유효하게 위 부동산의 소유권을 취득한다. 그러므로 신탁자인 위 한명○과의 관계에서 횡령죄를 구성함은 별론으로 하고 매수인인 피해자에 대하여 사기죄를 구성하지 않는다고 할 것이다.[1727]

다. 과장광고, 허위광고

일반적으로 상품의 선전·광고에 있어 다소의 과장이 수반되는 것은 그것이 일반 상거래의 관행과 신의칙에 비추어 시인될 수 있는 한 기망성이 결여된다고 하겠으나, 거래에 있어서 중요한 사항에 관하여 구체적 사실을 거래상의 신의성실의 의무에 비추어 비난받을 정도의 방법으로 허위 고지한 경우 과장광고의 한계를 넘어 허위광고에 해당하여, 사기죄의 기망행위가 된다.[1728]

▶ 「오리, 하명, 누에, 동충하초, 녹용 등 여러 가지 재료를 혼합하여 제조·가공한 '녹동달오리골드'라는 제품이 당뇨병, 관절염, 신경통 등의 성인병 치료에 특별한 효능이 있는 좋은 약이라는 허위의 강의식 선전·광고행위를 하여 이에 속은 노인들로 하여금 위 제품을 고가에 구입하도록 한 것은 그 사술의 정도가

1726) 대법원 1991. 12. 24, 선고 91도2698 판결; 대법원 2005. 11. 25, 선고 2005도5021 판결; 대법원 2008. 5. 8, 선고 2008도1652 판결.
1727) 대법원 1990. 11. 13, 선고 90도1961 판결.
1728) 대법원 1993. 8. 13, 선고 92다52665 판결; 대법원 2001. 5. 29, 선고 99다55601,99다55618(반소) 판결; 대법원 2008. 11. 27, 선고 2008다56118 판결.

사회적으로 용인될 수 있는 상술의 정도를 넘은 것이어서 사기죄의 기망행위를 구성하고,[1729] 유사한 것으로, 원료의 성질, 제조원을 숨기는 것, 100% 치료된다거나, 100% 석방시킬 수 있다고 장담하는 것도 상술의 한계를 넘었다.」

▶ 「피고 1이 피고 회사의 회원으로 등록된 방문판매자로서 사실은 판매하는 체형보정용 속옷이 고혈압, 다이어트, 허리디스크, 피부질환 등 각종 질병 치료와는 무관함에도 위와 같은 질병 치료에 효과가 있는 것처럼 선전, 광고하는 방법으로 일부 원고들 등에게 속옷을 판매하는 등 허위 또는 과장된 사실을 알리거나 기만적인 방법을 사용하여 거래한 범죄사실로 유죄 확정판결을 받은 사실 등에 의하면, 피고 1이 각종 질병 치료와는 무관한 이 사건 속옷을 판매하면서 대부분 본인이나 가족들이 각종 질환을 앓고 있는 원고들에게 위 속옷이 질병 치료에 효과가 있는 것처럼 허위 또는 과장광고를 한 것은 그 사술의 정도가 사회적으로 용인될 수 있는 상술의 정도를 넘은 것이어서 위법성이 있다고 할 것이다.」[1730]

▶ 「현대산업화 사회에 있어 소비자가 갖는 상품의 품질이나 가격 등에 대한 정보는 대부분 생산자 및 유통업자의 광고에 의존할 수밖에 없는 것이므로, 이 사건 백화점들과 같은 대형유통업체의 매장에서 판매되는 상품의 품질과 가격에 대한 소비자들의 신뢰나 기대는 백화점들 스스로의 대대적인 광고에 의하여 창출된 것으로서 특히 크고 이는 보호되어야 할 것이다. 따라서 백화점의 변칙세일은 물품구매동기에 있어서 중요한 요소인 가격조건에 관하여 기망이 이루어진 것으로서 그 사술의 정도가 사회적으로 용인될 수 있는 상술의 정도를 넘은 것이어서 위법성이 있다고 판단하였음은 옳고, 거기에 소론과 같이 상거래의 본질 또는 허용될 수 있는 기망행위의 범위에 관한 법리오해의 위법이 있다고 할 수 없다.」[1731]

▶ 「상가를 분양하면서 그 곳에 첨단 오락타운을 조성·운영하고 전문경영인에 의한 위탁경영을 통하여 분양계약자들에게 일정액 이상의 수익을 보장한다는 광고를 하고, 분양계약 체결 시 이러한 광고내용을 계약상대방에게 설명하였더라도, 체결된 분양계약서에는 이러한 내용이 기재되지 않은 점과, 그 후의 위 상가 임대운영경위 등에 비추어 볼 때, 위와 같은 광고 및 분양계약 체결시의 설명은 청약의 유인에 불과할 뿐 상가 분양계약의 내용으로 되었다고 볼 수 없고, 따

1729) 대법원 2004. 1. 15, 선고 2001도1429 판결.
1730) 대법원 2008. 11. 27, 선고 2008다56118 판결.
1731) 대법원 1993. 8. 13, 선고 92다52665 판결.

라서 분양 회사는 위 상가를 첨단 오락타운으로 조성·운영하거나 일정한 수익을 보장할 의무를 부담하지 않는다. 한편 상품의 선전 광고에 있어서 거래의 중요한 사항에 관하여 구체적 사실을 신의성실의 의무에 비추어 비난받을 정도의 방법으로 허위로 고지한 경우에는 기망행위에 해당한다고 할 것이나, 그 선전 광고에 다소의 과장 허위가 수반되는 것은 그것이 일반 상거래의 관행과 신의칙에 비추어 시인될 수 있는 한 기망성이 결여된다고 할 것이고, 또한 용도가 특정된 특수시설을 분양받을 경우 그 운영을 어떻게 하고, 그 수익은 얼마나 될 것인지와 같은 사항은 투자자들의 책임과 판단 하에 결정될 성질의 것이므로, 상가를 분양하면서 그 곳에 첨단 오락타운을 조성하고 전문경영인에 의한 위탁경영을 통하여 일정 수익을 보장한다는 취지의 광고를 하였다고 하여 이로써 상대방을 기망하여 분양계약을 체결하게 하였다거나 상대방이 계약의 중요부분에 관하여 착오를 일으켜 분양계약을 체결하게 된 것이라 볼 수 없다.」[1732)]

▶「대형마트가 원플러스원(1+1) 행사광고를 하고는, 사실은 행사 직전 제품 가격을 올려 제값을 다 받았다면 거짓·과장광고에 해당한다. 거짓·과장광고는 사실과 다르거나 사실을 지나치게 부풀려 광고한 것을 말하고, 이러한 광고로 소비자가 속거나 잘못 알게 될 우려가 있는지는 일반 소비자가 그 광고를 받아들이는 전체적·궁극적 인상을 기준으로 판단해야 하는 바, 일반 소비자 관점에서 적어도 '1+1' 판매를 하는 상품을 구매하면 경제적으로 유리하다고 인식할 여지가 높은데도 롯데마트가 광고한 '1+1'가격은 종전 1개 가격의 2배이거나 그보다 높은 가격이었으므로 소비자에게 아무런 경제적 이익이 없거나 오히려 불리했고, 결국 '1+1'을 강조해 광고한 것은 거짓·과장광고를 한 것에 해당한다.」[1733)]

라. 용도사기

돈을 빌릴 때 용도를 속인 경우, 진정한 용도를 알았더라면 빌려주지 않았을 피해자에게는 불의타가 된다. 따라서 창업자금 대출금으로 쓰지 않고 개인 소비할 생각이면서 대출금을 신청하여 임의로 사용하거나,[1734)] 농지를 구입할 생각이 없고 빚을 갚을 생각이었으면서 농지구입자금을 신청하여 돈을 받으면 용도사기가 된다.[1735)]

1732) 대법원 2001. 5. 29, 선고 99다55601,55618 판결.
1733) 대법원 2018. 7. 12, 선고 2017두60109 판결.
1734) 대법원 2003. 12. 12, 선고 2003도4450 판결.
1735) 대법원 2005. 5. 26, 선고 2002도5566 판결.

▶ 「명의상의 학원 원장에 불과한 자가 외환위기 후 신규창업 자금을 지원하기 위한 생계형 창업특별보증제도의 목적 및 대출금의 용도에 반하여 창업자금 대출금 중 일부를 개인적인 **용도로 사용할 생각이었음에도 불구하고 이를 속이고** 위 대출금을 위 학원 운전자금 용도로 사용하겠다면서 보증을 신청한 행위는 사기죄의 기망행위에 해당한다.」[1736)]

▶ 「피고인이 전업농 육성 정책자금인 농지구입자금을 융자받아 농지 구입과 **관련 없는 다른 채무의 변제에 사용할 생각이면서도** 농지 매매대금에 **충당할 것처럼** 농지구입자금의 융자신청서류인 매매계약서의 내용을 허위로 작성하는 등으로써 농지구입자금을 융자받은 것은 사기죄에 해당한다.」[1737)]

▶ 「사기죄의 실행행위로서의 기망은 반드시 법률행위의 중요 부분에 관한 허위표시임을 요하지 아니하고, 상대방을 착오에 빠지게 하여 행위자가 희망하는 재산적 처분행위를 하도록 하기 위한 판단의 기초가 되는 사실에 관한 것이면 충분하므로 용도를 속이고 돈을 빌린 경우에 만일 진정한 용도를 고지하였더라면 상대방이 빌려 주지 않았을 것이라는 관계에 있는 때에는 사기죄의 실행행위인 기망은 있는 것으로 보아야 할 것이다. …(중략) **피해자가 대법원에 상고한 경매방해 등 사건에 관한 교제비, 변호사선임비 등으로 사용한다는 피고인의 말만 믿고 위 약속어음을 빌려 주게 된 것을 엿볼 수 있는데,** 원심 인정과 같이 피고인이 위 금원 중 금 1천만원만 변호사 선임비로 쓰고 나머지는 자신의 사업자금으로 사용하였다면 특단의 사정이 보이지 아니하는 이 사건에 있어서 피고인은 피해자의 이러한 상태를 이용하여 **소송비용 등을 빌미로 자신의 사업자금에 사용하기 위하여** 피해자로부터 위 금원을 차용한 것으로 보여지는 바, 사정이 위와 같다면 피고인은 용도를 속이고 돈을 빌린 것으로 보여지고 만약 진정한 용도를 고지하였으면 당시 자신 소유의 호텔이 경매에 처하는 등의 어려운 상황에 처해 있었던 피해자가 피고인에게 금 1억 5천만원이나 되는 약속어음을 선뜻 빌려 주지 않았을 것으로 추단되므로 피고인의 이러한 행위는 사기죄에 있어서 기망에 해당한다고 보아야 할 것이다.」[1738)]

마. 기망의 상대방

기망의 상대방은 반드시 재산상 피해자와 동일할 필요가 없다. 피기망자에

1736) 대법원 2003. 12. 12, 선고 2003도4450 판결.
1737) 대법원 2005. 5. 26, 선고 2002도5566 판결.
1738) 대법원 1995. 9. 15, 선고 95도707 판결.

게 피해자의 재산에 대해서 처분행위를 할 수 있는 권한이나 지위가 있으면 사기가 된다. 반대로 피기망자에게 피해자의 재산을 처분할 수 있는 권한이 없었다면 사기죄가 성립하지 않는다.

> ▶ 「사기죄는 다른 사람을 기망하여 착오에 빠뜨리고 그로 인한 처분행위로 재물의 교부를 받거나 재산상 이익을 얻음으로써 성립하는 것이므로, **피고인이 피해자인 공소외 이○○ 명의의 등기서류를 위조하여 등기공무원에게 제출함으로써 피고인 명의로 위 피해자 소유의 부동산에 대한 소유권이전등기를 마쳤다고 하여도** 위 피해자의 처분행위가 없을 뿐 아니라 등기공무원에게는 위 부동산의 처분권한이 있다고 볼 수 없어 결국 사기죄가 성립하지 않는다고 판단한 원심조치는 정당하다.
>
> 사기죄의 성립에 있어서 피기망자와 재산상 피해자가 동일인임을 요하지 않음은 소론과 같으나 이 경우에도 피기망자는 사기의 목적이 된 재물 또는 재산상 이익에 대하여 처분할 수 있는 권한이 있음을 요하므로 위 부동산에 대한 처분권한을 가졌다고 볼 수 없는 등기공무원을 기망하였다고 하여도 사기죄의 구성요건을 충족할 수 없는 것이고, 또 위와 같은 이유로 사기죄가 성립되지 않는 이상 사기죄의 미수를 인정할 여지도 없으므로 원심판결이 사기죄의 법리를 오해하였다는 논지는 이유 없다.」[1739]

바. 기망과 실행의 착수

(1) 기망행위를 개시한 때 실행의 착수가 인정된다. 따라서 장해보상지급청구권자에게 보상금을 찾아주겠다고 거짓말을 하여 동인을 보상금 지급기관(노동청 부산지방 중부사무소)까지 유인한 것만으로는 사기죄에 있어서의 기망행위의 착수에 이르렀다고 보기 어렵다.[1740]

(2) 보험사기는 보험금 지급청구 시가 실행의 착수시기이다.[1741]

(3) 특이한 것은 보조금의 지원 여부 및 금액을 결정하기 위해서는 신청인의 자료에 구애되지 않고 단체나 기관이 심사를 하여 임의로 결정할 수 있거나 직권조사를 개시하기 위한 참고자료로만 사용될 뿐인 경우에는 아직 사기의 착

1739) 대법원 1981. 7. 28, 선고 81도529 판결.
1740) 대법원 1980. 5. 13, 선고 78도2259 판결.
1741) 이재상·장영민·강동범, 형법각론, 제10판 보정판, 박영사, 2017, 352면; 김일수·서보학, 새로쓴 형법각론, 제9판, 박영사, 2018, 353면.

수에 이르지 않았다고 본다는 점이다. 따라서 장애인단체의 지회장이 지방자치단체로부터 보조금을 더 많이 지원받기 위하여 허위의 보조금 정산보고서를 제출한 경우, 보조금 정산보고서는 보조금의 지원 여부 및 금액을 결정하기 위한 참고자료에 불과하고 직접적인 서류라고 할 수 없으므로 보조금 편취범행(기망)의 실행에 착수한 것으로 보기 어렵고,[1742] 태풍 피해복구보조금 지원절차가 행정당국에 의한 실사를 거쳐 피해자로 확인된 경우에 한하여 보조금 지원신청을 할 수 있도록 되어 있는 경우, 피해신고는 국가가 보조금의 지원 여부 및 정도를 결정함에 있어 그 직권조사를 개시하기 위한 참고자료에 불과하다는 이유로 허위의 피해신고 만으로는 위 보조금 편취범행의 실행에 착수한 것이라고 볼 수 없다.[1743]

사. 처분행위

(1) 위와 같은 기망행위로 피기망자는 착오가 야기되어 처분행위를 해야 한다. 따라서 착오 없이 처분행위를 하였거나 또는 기망으로 착오는 있었지만 선의로 피고인을 도와준 것이라면 사기죄가 성립되지 않고,[1744] 의사에 반해 절취나 강도를 당한 것이라면 피해자의 처분행위가 있을 수 없어 절도죄와 강도죄로 의율된다.

(2) 처분행위를 함에 있어, 종래에는 피해자가 주관적으로 **처분의사**, 즉 처분결과를 인식하고 객관적으로는 이러한 의사에 지배되어 행위 했을 것이 필요하다고 보았는데,[1745] **최근 대법원은 처분의사에 대하여 착오에 빠진 피기망자가 어떤 행위를 한다는 인식이 있으면 충분하고, 그 행위가 가져오는 결과에 대한 인식까지 필요하지는 않다고 판시**하면서 종전의 견해를 배치되는 범위에서 변경했다(아래 '서명사취' 사건). 피기망자에게 자신의 행위로 인한 결과에 대한 인식이 있는 경우에만 처분의사를 인정할 수 있다고 한다면, 행위자가 교묘하

1742) 대법원 2003. 6. 13, 선고 2003도1279 판결.

1743) 대법원 1999. 3. 12, 선고 98도3443 판결.

1744) 김일수·서보학, 새로쓴 형법각론, 제9판, 박영사, 2018, 350면; 대법원 1994. 5. 24, 선고 93도1839 판결(**정확히 말하면, 이 판결은 기망과 처분 사이의 인과관계 문제를 다루고 있다.**). 이재상 교수는 인과관계를 인정할 수 없다면 사기미수죄로 본다(이재상·장영민·강동범, 형법각론, 제10판 보정판, 박영사, 2017, 352면).

1745) 대법원 1987. 10. 26, 선고 87도1042 판결; 대법원 1999. 7. 9, 선고 99도1326 판결; 대법원 2011. 4. 14, 선고 2011도769 판결.

고 지능적인 수법을 사용하는 바람에 피기망자가 자신의 행위가 낳을 결과를 인식하지 못할 정도로 심하게 착오에 빠질수록 오히려 처분의사가 부정될 가능성이 높아지게 될 것이므로 종전의 견해를 변경한 것이다.[1746)]

(3) 한편 처분행위라 함은 재산적 처분행위로서 피기망자가 자유의사로 직접 재산상 손해를 초래하는 작위에 나아가거나 또는 부작위에 이른 것을 말하므로, 피기망자가 착오에 빠진 결과 채권의 존재를 알지 못하여 채권을 행사하지 아니하였다면 그와 같은 부작위도 재산의 처분행위에 해당한다.[1747)]

'서명사취'와 처분행위

▶ 「[1] [다수의견] 사기죄에서 처분행위는 행위자의 기망행위에 의한 피기망자의 착오와 행위자 등의 재물 또는 재산상 이익의 취득이라는 최종적 결과를 중간에서 매개·연결하는 한편, 착오에 빠진 피해자의 행위를 이용하여 재산을 취득하는 것을 본질적 특성으로 하는 사기죄와 피해자의 행위에 의하지 아니하고 행위자가 탈취의 방법으로 재물을 취득하는 절도죄를 구분하는 역할을 한다. 처분행위가 갖는 이러한 역할과 기능을 고려하면, 피기망자의 의사에 기초한 어떤 행위를 통해 행위자 등이 재물 또는 재산상의 이익을 취득하였다고 평가할 수 있는 경우라면 사기죄에서 말하는 처분행위가 인정된다.

사기죄에서 피기망자의 처분의사는 기망행위로 착오에 빠진 상태에서 형성된 하자 있는 의사이므로 불완전하거나 결함이 있을 수밖에 없다. 처분행위의 법적 의미나 경제적 효과 등에 대한 피기망자의 주관적 인식과 실제로 초래되는 결과가 일치하지 않는 것이 오히려 당연하고, 이 점이 사기죄의 본질적 속성이다. 따라서 처분의사는 착오에 빠진 피기망자가 어떤 행위를 한다는 인식이 있으면 충분하고, 그 행위가 가져오는 결과에 대한 인식까지 필요하다고 볼 것은 아니다.

사기죄의 성립요소로서 기망행위는 널리 거래관계에서 지켜야 할 신의칙에 반하는 행위로서 사람으로 하여금 착오를 일으키게 하는 것을 말하고, 착오는 사실과 일치하지 않는 인식을 의미하는 것으로, 사실에 관한 것이든, 법률관계에 관한 것이든, 법률효과에 관한 것이든 상관없다.[1748)] 또한 사실과 일치하지 않는 하자 있는 피기망자의 인식은 처분행위의 동기, 의도, 목적에 관한 것이든, 처분행위 자체에 관한 것이든 제한이 없다. **따라서 피기망자가 기망당한 결과 자신**

1746) 대법원 2017. 2. 16, 선고 2016도13362 전원합의체 판결.
1747) 대법원 2007. 7. 12, 선고 2005도9221 결정.
1748) 대법원 1984. 2. 14, 선고 83도2995 판결; 대법원 2006. 1. 26, 선고 2005도1160 판결.

의 작위 또는 부작위가 갖는 의미를 제대로 인식하지 못하여 그러한 행위가 초래하는 결과를 인식하지 못하였더라도 그와 같은 착오 상태에서 재산상 손해를 초래하는 행위를 하기에 이르렀다면 피기망자의 처분행위와 그에 상응하는 처분의사가 있다고 보아야 한다.

피해자의 처분행위에 처분의사가 필요하다고 보는 근거는 처분행위를 피해자가 인식하고 한 것이라는 점이 인정될 때 처분행위를 피해자가 한 행위라고 볼 수 있기 때문이다. 다시 말하여 사기죄에서 피해자의 처분의사가 갖는 기능은 피해자의 처분행위가 존재한다는 객관적 측면에 상응하여 이를 주관적 측면에서 확인하는 역할을 하는 것일 뿐이다. 따라서 처분행위라고 평가되는 어떤 행위를 피해자가 인식하고 한 것이라면 피해자의 처분의사가 있다고 할 수 있다. 결국 피해자가 처분행위로 인한 결과까지 인식할 필요가 있는 것은 아니다.

결론적으로 사기죄의 본질과 구조, 처분행위와 그 의사적 요소로서 처분의사의 기능과 역할, 기망행위와 착오의 의미 등에 비추어 보면, 비록 피기망자가 처분행위의 의미나 내용을 인식하지 못하였더라도, 피기망자의 작위 또는 부작위가 직접 재산상 손해를 초래하는 재산적 처분행위로 평가되고, 이러한 작위 또는 부작위를 피기망자가 인식하고 한 것이라면 처분행위에 상응하는 처분의사는 인정된다. 다시 말하면 피기망자가 자신의 작위 또는 부작위에 따른 결과까지 인식해야 처분의사를 인정할 수 있는 것은 아니다.

[2] [다수의견] 이른바 **'서명사취' 사기**는 기망행위에 의해 유발된 착오로 인하여 피기망자가 내심의 의사와 다른 처분문서에 서명 또는 날인함으로써 재산상 손해를 초래한 경우이다. 여기서는 행위자의 기망행위 태양 자체가 피기망자가 자신의 처분행위의 의미나 내용을 제대로 인식할 수 없는 상황을 이용하거나 피기망자로 하여금 자신의 행위로 인한 결과를 인식하지 못하게 하는 것을 핵심적인 내용으로 하고, 이로 말미암아 피기망자는 착오에 빠져 처분문서에 대한 자신의 서명 또는 날인행위가 초래하는 결과를 인식하지 못하는 특수성이 있다. **피기망자의 하자 있는 처분행위를 이용하는 것이 사기죄의 본질인데, 서명사취 사안에서는 그 하자가 의사표시 자체의 성립과정에 존재한다.**

이러한 서명사취 사안에서 피기망자가 처분문서의 내용을 제대로 인식하지 못하고 처분문서에 서명 또는 날인함으로써 내심의 의사와 처분문서를 통하여 객관적·외부적으로 인식되는 의사가 일치하지 않게 되었더라도, 피기망자의 행위에 의하여 행위자 등이 재물이나 재산상 이익을 취득하는 결과가 초래되었다고 할 수 있는 것은 그러한 재산의 이전을 내용으로 하는 처분문서가 피기망자에 의하여 작성되었다고 볼 수 있기 때문이다. 이처럼 피기망자가 행위자의 기망행위로 인하여 착오에 빠진 결과 내심의 의사와 다른 효과를 발생시키는 내용의 처분문서에 서명 또는 날인함으로써 처분문서의 내용에 따른 재산상 손해가 초래되었다면 그와 같은 처분문서에 서명 또는 날인을 한 피기망자의 행위는 사기죄에서 말하는 **처분행위**에 해당한다. 아울러 비록 피기망자가 **처분결과, 즉 문서의 구체적 내용과 법적 효과를 미처 인식하지 못하였더라도,** 어떤 문서에 스스로 서명 또는 날인함으로써 처분문서에 서명 또는 날인하는 행위에 관한 인식이 있었던 이상 피기망자의 **처분의사** 역시 인정된다.

[3] 피고인 등이 토지의 소유자이자 매도인인 피해자 갑 등에게 토지거래허가 등에 필요한 서류라고 속여 **근저당권설정계약서 등에 서명·날인하게 하고** 인감증명서를 교부받은 다음, 이를 이용하여 갑 등의 소유 토지에 피고인을 채무자로 한 근저당권을 을 등에게 설정하여 주고 돈을 차용하는 방법으로 재산상 이익을 취득하였다고 하여 특정경제범죄 가중처벌 등에 관한 법률 위반(사기) 및 사기로 기소된 사안에서, 갑 등은 피고인 등의 기망행위로 착오에 빠진 결과 토지거래허가 등에 필요한 서류로 잘못 알고 처분문서인 근저당권설정계약서 등에 서명 또는 날인함으로써 재산상 손해를 초래하는 행위를 하였으므로 갑 등의 행위는 사기죄에서 말하는 **처분행위**에 해당하고, 갑 등이 비록 자신들이 서명 또는 날인하는 문서의 정확한 내용과 문서의 작성행위가 어떤 결과를 초래하는지를 미처 인식하지 못하였더라도 토지거래허가 등에 관한 서류로 알고 그와 다른 근저당권설정계약에 관한 내용이 기재되어 있는 문서에 스스로 서명 또는 날인함으로써 그 문서에 서명 또는 날인하는 행위에 관한 인식이 있었던 이상 **처분의사**도 인정됨에도, **갑 등에게 그 소유 토지들에 근저당권 등을 설정하여 줄 의사가 없었다는 이유만으로 갑 등의 처분행위가 없다고 보아 공소사실을 무죄로 판단한 원심판결에 사기죄의 처분행위에 관한 법리오해의 잘못**이 있다.」[1749]

4. 인과관계

사기죄는 타인을 기망하여 착오에 빠뜨리고 그 처분행위를 유발하여 재물을 교부받거나 재산상 이익을 얻음으로써 성립하는 것으로서, 기망, 착오, 재산적 처분행위 사이에 인과관계가 있어야 한다.[1750]

▶ 「사기죄는 타인을 기망하여 착오에 빠뜨리고 그로 인하여 피기망자가 처분행위를 하도록 유발하여 재물 또는 재산상의 이익을 얻음으로써 성립하는 범죄이다. 따라서 사기죄가 성립하려면 행위자의 기망행위, 피기망자의 착오와 그에

1749) 대법원 2017. 2. 16, 선고 2016도13362 전원합의체 판결.

1750) 대법원 1991. 1. 11, 선고 90도2180 판결; 대법원 1994. 5. 24, 선고 93도1839 판결; 대법원 1998. 6. 23, 선고 98도903 판결; 대법원 2000. 6. 27, 선고 2000도1155 판결; 대법원 2003. 10. 10, 선고 2003도3516 판결.

따른 처분행위, 그리고 행위자 등의 재물이나 재산상 이익의 취득이 있고, **그 사이에 순차적인 인과관계가 존재해야 한다.**」[1751)]

인과관계가 긍정된 사례 1.

▶ 「…(전략) **나. 피고인 1의 허위로 작성된 ○포리머의 1997 회계연도 재무제표 등을 이용하여 ○생명보험 주식회사로부터 31억 5,000만원을 편취한 점에 대한 판단**

(1) 원심판결 이유에 의하면, 원심은 피고인 1은 공소외 1과 공모하여 적자인 ○포리머의 1997 회계연도 재무제표 등을 흑자인 것처럼 분식회계한 후 ○생명보험의 담당자에게 허위로 작성된 위 재무제표 등을 제출하여 ○생명보험으로부터 1998. 6. 26.경 5억 5,000만원, 같은 해 12. 22.경 26억원 등 합계 31억 5,000만원을 신용대출받아 편취하였다는 공소사실에 대하여, 위 5억 5,000만원의 대출은 ○포리머가 같은 액수를 보험료로 하는 ○생명보험의 종업원 퇴직보험에 가입하는 것을 조건으로 실행되었고, 위 26억원의 대출은 ○포리머가 ○생명보험에 20억원짜리 저축형 금융상품에 가입하는 것을 조건으로 실행되어 실질적으로 위 퇴직보험 및 저축형 금융상품에 입금된 금원을 담보로 위 각 대출이 실행된 점, ○포리머는 위 5억 5,000만원의 대출을 받아 위 대출금 전액을 위 보험료로 납부했고, 위 26억원의 대출금도 이를 수령하여 그 중 20억원은 위 금융상품에 가입한 사실, **○생명보험이 위와 같이 보험 가입이나 금융상품 가입을 조건으로 대출을 하는 것은 영업 실적과 이로 인한 영업 수익을 올리기 위한 경영상의 판단에 따른 것인 사실,** 위 26억원의 대출은 보험과 관련이 없다면 그 이자가 원래 10.25%나 되는데 보험 가입이 있는 것으로 보아 9.5%로 하향 책정된 사실 등을 인정한 다음, 위 각 금원의 대출 조건 및 대출에 이르게 된 경위, 위 26억원에 대한 이자 결정 경위 등에 비추어 보면, ○생명보험이 위와 같이 허위로 작성된 재무제표 등에 속아 위 각 대출을 하였다고 단정하기는 어렵고, 따라서 위 공소사실에 부합하는 증인 이광○, 김덕○의 각 진술은 믿기 어려우며, 달리 위 공소사실을 인정할 만한 증거가 없다는 이유로 위 공소사실을 유죄로 인정한 원심판결을 파기하고 무죄를 선고했다.

(2) **그러나 원심의 위와 같은 사실인정과 판단은 다음과 같은 점에서 수긍하기 어렵다.**

기록에 의하면, 위 각 대출 당시 ○생명보험의 대출업무를 담당하였던 이광○과 ○생명보험의 기업심사업무를 담당하면서 위 각 대출 당시 ○포리머에 대한

1751) 대법원 1989. 7. 11, 선고 89도346 판결; 대법원 2000. 6. 27, 선고 2000도1155 판결; 대법원 2017. 2. 16, 선고 2016도13362 전원합의체 판결.

신용평가를 하였던 김덕○은 검찰이나 제1심 또는 원심에서 일관하여, 위 각 대출이 신용대출이고, 보험 및 예금을 대출 조건으로 하였으나 그것들이 위 각 대출금 채무에 대한 담보는 아니라는 점, 위 각 대출 당시 대출 여부를 심사하기 위하여 ○포리머로부터 재무제표를 제출받은 것이지 대출을 결정한 후에 형식적으로 서류를 구비하기 위하여 재무제표를 제출받은 것이 아니라는 점, ○포리머와 ○생명의 각 임원들 사이에 위 각 대출에 관하여 사전교섭하여 대출이 결정된 것이 아니라 실무진 차원에서 정상적인 절차를 거쳐 대출이 결정되었다는 점, 당시 ○포리머의 재무 상태를 분석한 후 신용대출을 취급해 줄 수 있다고 판단되어 대출한 것이지 **회계 분식 사실을 알았더라면 대출해 줄 수가 없었다**는 점을 분명히 진술하고 있고, 위 김덕○의 진술과 기록에 나타난 위 각 대출 관계 서류에 의하면, 위 각 대출에 앞서 ○포리머에 대한 엄격한 신용평가가 이루어졌음을 알 수 있으며, 한편 기록에 의하면, 이 사건 대출은 형식상 담보대출이 아닌 신용대출로서, 신용대출의 경우 ○생명보험은 재무사항을 70% 비율로, 비재무사항을 30% 비율로 평가하는 신용조사를 근거로 여신심의위원회의 결의를 거쳐 대출이 이루어지는바, 신용조사의 대상이 되는 재무사항으로는 수신회사로부터 최근 3개년간의 감사보고서를 징구하여 그 감사보고서 상에 나타나 있는 수치를 보고 재무구조의 건전성, 이익의 실현 여부를 파악한 후 회사의 업력, 인지도, 동업계 현황, 기말 감사보고서가 나온 이후의 차입현황 등 비재무사항과 함께 종합평가한 다음, 기업체 등급을 A등급부터 E등급까지 분류하는 사실, 위와 같은 분류심사등급 중 B등급은 순수신용이 가능하고, C등급은 선별적으로 지원이 가능한바, 위 1997 회계연도 분식한 재무제표에 의하면 ○포리머는 B등급으로 분류되나 분식을 하지 않은 경우에는 C등급으로 분류되는 사실 및 C등급의 업체의 경우에는 사실상 담보가 있는 경우에는 여신이 결정될 수도 있으나, 위 대출 당시 ○포리머의 경우에는 적자가 늘어난 규모 및 그 급격성, 손실기간에 따른 재무구조의 악화상태 등에 비추어 보면 이 사건 대출이 불가능하였을 것으로 보이는 사실, 위 각 대출이 종업원퇴직보험 및 저축형금융상품과 연계되어 그로 인한 이익을 얻는다고 하더라도 ○생명보험이 ○포리머에게 그 신용상태를 형식적으로 심사하면서까지 대출을 해 줄 특별한 사정이나 필요성이 인정되지 아니하는 사실을 알 수 있는바, 이러한 사정에 비추어 보면, **비록 위 각 대출이 ○생명보험의 영업정책에 따라 영업 실적과 이로 인한 영업 수익을 올리기 위한 경영상의 판단에 따른 것이라고 하더라도,** ○생명보험이 ○포리머의 분식회계 사실을 알았더라도 위 각 대출을 하였을 것으로 볼 수는 없다 할 것이므로, ○생명보험이 위 각 대출 당시 ○포리머의 신용상태를 엄격히 분석했고, 만일 ○포리머의 1997 회계연도 **재무제표가 허위로 분식된 사실을 알았더라면 위 각 대출이 이루어지지 않았을 것**이라는 취지의 이광○, 김덕○의 위 공소사실에 부합하는 각 진술은 그 신빙성이 충분히 있다 할 것이다.

그럼에도 불구하고, 원심이 위 공소사실에 부합하는 이광○, 김덕○의 각 진술을 합리적인 근거도 없이 배척하고, 위 공소사실을 인정할 증거가 없다고 판단하여 위 공소사실에 대하여 무죄를 선고한 것은 채증법칙을 위반하여 사실을 잘못 인정하고, **사기죄에 있어서 기망행위와 처분행위 사이의 인과관계에 관한 법리를 오해함**으로써 판결 결과에 영향을 미친 위법을 저지른 경우에 해당한다 할 것이므로, 이 점에 관한 상고이유의 주장은 그 이유 있다.」[1752]

인과관계가 긍정된 사례 2.

▶ 「…(전략) 2) **정책금융기관인 한국산업은행, 한국수출입은행 등의 담보부 대출에 관한 기망행위와 처분행위 간의 인과관계 존부에 관한 주장**

금원 편취를 내용으로 하는 사기죄에서는 기망으로 인한 금원 교부가 있으면 그 자체로써 피해자의 재산침해가 되어 바로 사기죄가 성립하고, 상당한 대가가 지급되었다거나 피해자의 전체 재산상에 손해가 없다 하여도 사기죄의 성립에는 그 영향이 없다. 그러므로 사기죄에 있어서 그 대가가 일부 지급되거나 담보가 제공된 경우에도 그 편취액은 피해자로부터 교부된 금원으로부터 그 대가 또는 담보 상당액을 공제한 차액이 아니라 교부받은 금원 전부라고 보아야 한다.[1753]

한편 기업의 재무제표 및 이에 대한 외부감사인의 회계감사결과를 기재한 감사보고서는 대상 기업의 정확한 재무상태를 드러내는 가장 객관적인 자료로서 증권거래소 등을 통하여 일반에 공시되고, 기업의 신용도와 상환능력 등의 기초자료로서 그 기업이 발행하는 회사채 및 기업어음의 신용등급평가와 금융기관의 여신제공 여부의 결정에 중요한 판단근거가 된다. 그 결과 해당 기업의 재무제표의 중요한 사항에 관하여 회계처리기준에 위반되는 분식이 있음을 알면서도, 대규모의 여신을 제공하는 것과 같은 사례는 이례적이라고 하지 않을 수 없고, 당기순이익이 흑자인지 적자인지와 같은 사정은 해당 기업체의 신용도를 판단할 때에 보통 중요한 사항의 하나에 해당한다.[1754] 나아가 금융기관의 통상적인 여신처리기준에 의하면, 적자상태인 당해 기업에 대한 여신이 가능했을 수도 있다고 하더라도, 이로 인하여 획일적으로 **부실 재무제표 제출로 인한 기망행위와 여신 결정 사이의 인과관계가 단절된다고 볼 수는 없고,** 기업이 적자상태를 숨기기 위하여 흑자 상황인 것처럼 작성한 재무제표를 제출하였다는 사실이 발각될 경우 초래될 수 있는 신뢰성 평가에 미치는 부정적인 영향까지 적절하게

1752) 대법원 2003. 10. 10, 선고 2003도3516 판결.
1753) 대법원 2007. 1. 25, 선고 2006도7470 판결.
1754) 대법원 2007. 4. 27, 선고 2004도5163 판결.

고려·평가하여 인과관계 단절 여부를 살펴보아야 한다.[1755)]

원심은 그 판시와 같은 사정을 종합하여, 피고인들이 **허위의 재무제표를 작성하여 제출한 행위**와 피해자 한국수출입은행, 한국산업은행의 **각 대출** 사이에는 **인과관계가 인정**되고, **편취된 이득액은 대출금 전액이 된다고 판단**했다.

원심판결 이유를 적법하게 채택된 증거들 및 위 법리에 비추어 살펴보면, 원심의 위와 같은 판단은 수긍할 수 있고, 이와 다른 전제에서 공소외 1 회사가 원심 판시 '제작금융' 대출을 받기 위해 한국수출입은행에 설정해 준 채권이나 선박 등에 관한 담보권 실행을 통하여 변제받을 수 있는 부분을 편취액에서 공제해야 한다거나, 이 사건은 편취행위에 따른 이득액을 산정할 수 없는 경우에 해당한다는 취지의 상고이유 주장은 받아들일 수 없다. 또한 상고이유에서 지적하고 있는 대법원 2007. 4. 19, 선고 2005도7288 전원합의체 판결은 이 사건과 사안을 달리하는 것으로, 이 사건에 원용하기에 적절하지 아니하다.」[1756)]

인과관계가 부정된 사례 1.

▶「…(전략)기록에 의하면, 피고인이 위 은행에 제출한 '1998. 1. 1.-1998. 12. 31. 중기회사 사업계획서'에 "사업계획 : 1977. 3. 22. 설립한 중기임대업체로 96년 매출액 17억 4,700만원을 시현하였음. 인천공항, 송도신도시, 인천지하철 공사 등으로 동 업종 현황 양호함. 주요기계시설 : 크로라 크레인 14대(2-3년 12대, 15년 2대) 65억원. 1997년 실적 : 중기임대수입 3억 9,800만원. 1998년 계획 : 중기임대수입 9억원."이라고 기재한 것은 사실이다. 그러나 이 사건 대출을 담당한 **영업부 대리 공소외 3**의 검찰 및 원심법정에서의 진술에 의하면, 이 사건 대출신청 당시 위 중기회사는 이미 부실징후가 큰 기업으로서 만약 위 은행이 피고인에게 대출을 하게 되면 부실채권으로 될 것임이 쉽게 예상되어 영업부에서는 절대로 신규 여신을 하여서는 아니 된다는 의견을 올렸음에도 불구하고, 은행장인 피고인 4등이 영업부장에게 빨리 여신승인신청서를 올리라는 지시를 하였다는 것이고, 이 사건 대출 심사를 담당하였던 **심사역 최상○**의 검찰에서의 진술에 의하면, 여신심사결과 위 중기회사가 1997년도에는 거의 사업을 하지 않았다는 사실 및 피고인이 ○○리스에서 리스한 중기들에 관한 소유 명의를 제3자 앞으로 이전한 사실이 밝혀져 위 중기회사의 운영자금이 필요하다는 대출신청 이유는 거짓임을 알게 되었으며, 또한 자신은 피고인에 대한 여신지원이 불합리하다고 판단하여 결재를 올렸으나 결재과정에서 '피고인에게 꼭 대출을 해주어야 하는데, 심사역 의견서가 대출을 해주어서는 아니되는 업체로 기재되어 있으면

1755) 대법원 2007. 6. 1, 선고 2006도1813 판결; 대법원 2012. 6. 14, 선고 2012도1283 판결.
1756) 대법원 2017. 12. 22, 선고 2017도12649 판결.

곤란하지 않느냐'는 지적이 있어, 결재권자들의 요구대로 마지못해 여신승인신청서상의 심사의견란에 이례적으로 간단히 "본건 신청대로 품의합니다."라고만 기재하였다는 것이며, **은행장**인 공동 피고인 피고인 4의 제1심 및 원심 법정에서의 진술에 의하더라도 피고인이 이른바 IMF 외환위기 이후 사업운영상 사정이 어렵다고 하면서 20억원 정도의 신용융자를 부탁하기에, 다른 업체와 비교하여 융자신청액이 적고 담보력도 상대적으로 괜찮은 편이며 피고인이 위 은행 주식을 16만주 이상 보유하고 있는데다가 그 동안의 거래관계 등으로 보아 15억원 정도는 신용으로 대출해 주어도 고객관리 차원에서 괜찮겠다고 생각되어, 피고인에게 곧바로 대출서류를 구비하여 제출하라고 했고 대출관련 부서에 피고인에 대한 대출편의를 봐 주도록 지시를 한 것이지, 피고인이 제출한 사업계획서 내용에 속아서 한 것은 아니며, 자신으로서는 사업계획서 자체는 본 바도 없다는 것이므로, 피고인 4 등이 위 사업계획서 내용에 속아서 이 사건 대출을 하였다고 보기 어렵고, 또한 일반 사인이나 회사가 금원을 대여한 경우와는 달리 전문적으로 대출을 취급하면서 차용인에 대한 체계적인 신용조사를 행하는 금융기관이 금원을 대출한 경우에는, 비록 대출 신청 당시 차용인에게 변제기 안에 대출금을 변제할 능력이 없었고, 금융기관으로서 자체 신용조사 결과에는 관계없이 '변제기 안에 대출금을 변제하겠다'는 취지의 차용인 말만을 그대로 믿고 대출하였다고 하더라도, 차용인의 이러한 **기망행위와 금융기관의 대출행위 사이에 인과관계를 인정할 수는 없다** 할 것이다.

그렇다면 이 사건 대출과 관련한 피고인의 기망행위와 위 은행의 대출금 15억원 교부 사이에는 인과관계를 인정하기 어렵다 할 것이고, 한편 이 사건 대출 신청 당시 피고인에게 변제의 의사가 없었다고 볼 증거도 없다.

그런데도 원심은 위 공소사실을 유죄로 인정하였으니, 원심판결에는 채증법칙을 위배하여 사실을 오인하였거나 **사기죄의 법리를 오해한 위법이 있다** 할 것이고, 이 점을 지적하는 상고이유의 주장은 이유 있다.」[1757)]

인과관계가 부정된 사례 2.

▶ 「…(전략) **나. 피고인 1, 피고인 2의 허위로 작성된 주식회사 ○○인터내셔날**(이하 '○○인터내셔날'이라 하고, 그 외 다른 주식회사들도 모두 두 번째 지칭할 때부터 '주식회사'를 생략하기로 한다)**의 1997 회계연도 재무제표 등을 이용하여 ○○종합금융 주식회사로부터 합계 200억원의 재물을 편취한 점** 및 **피고인 1, 피고인 3의 허위로 작성된 주식회사 닉○**

1757) 대법원 2000. 6. 27, 선고 2000도1155 판결.

○의 1998 회계연도 재무제표 등을 이용하여 ○○종합금융으로부터 합계 60억원을 편취한 점에 대한 판단

(1) 원심판결 이유에 의하면, 원심은 피고인 1, 피고인 2이 공소외 1과 공모하여 적자인 ○○인터내셔날의 1997 회계연도 재무제표 등을 흑자인 것처럼 분식회계한 후 이를 ○○종합금융 담당자에게 제출하여 그로부터 1999. 3. 12.경 30억원, 같은 해 3. 23.경 170억원 등 합계 200억원을 신용대출받아 재물을 편취하고, 피고인 1, 피고인 3이 공소외 1과 공모하여 적자인 닉○○의 1997 회계연도 재무제표 등을 흑자인 것처럼 분식회계한 후 이를 ○○종합금융 담당자에게 제출하여 그로부터 1999. 4. 28.경 30억원, 같은 해 5. 24.경 30억원 합계 60억원을 신용대출받아 재물을 편취하였다는 각 공소사실에 대하여, 각 그 채용 증거들에 의하여 그 판시 사실을 인정한 다음, 비록 판시 각 대출이 모두 ○○종합금융의 유상증자에 참여하는 조건으로 이루어진 것이기는 하나, 그에 관한 판시 약정에서 유상증자 참여 조건으로 실시되는 ○○그룹 5개사에 대한 회사별 대출 금액은 각 자금 수요를 감안하여 신축적으로 여신(차입) 한도 범위 내에서 조정할 수 있다라고 규정하고 있는바, 이는 위와 같이 유상증자 참여 조건으로 실시되는 대출이라도 여신 한도를 심사할 것임을 전제로 한 규정이라고 볼 수밖에 없는 점, 이 사건 각 대출과 같은 신용대출에 대한 여신 한도를 심사하기 위해서는 재무제표 등을 통한 재무 상황의 분석이 필수적인 점, 이 사건 각 대출 금액이 ○○종합금융의 유상증자 참여분을 초과하여 약 3배 가까이 되고, 유상증자 참여분을 초과하는 금액은 유상증자 참여분과는 달리 당연히 ○○종합금융으로 환입되는 것이 아니므로, ○○종합금융으로서는 비록 유상증자가 시급하긴 하더라도, 당연히 그 회수 가능성 여부를 판단하기 위하여 대출받는 회사의 재무제표 등을 고려하지 않을 수 없을 것으로 보이는데, ○○인터내셔날 및 닉○○가 손실이 난 회사라는 사정을 알면서도 이 사건 각 대출을 하기란 쉽지 않았을 것인 점 등에 비추어, 피고인 1, 피고인 2가 ○○인터내셔날의 **1997 회계연도 재무제표 등을 허위로 작성하여 제출한 행위와 ○○종합금융이 위와 같이 합계 200억원의 대출을 한 행위 사이**와, 피고인 1, 피고인 3이 **닉○○의 1998 회계연도 재무제표 등을 허위로 작성하여 제출한 행위와 ○○종합금융이 위와 같이 각 30억원의 대출을 한 행위 사이**에는 각 상당인과관계가 존재한다고 판단하여 위 각 공소사실을 유죄로 인정했다.

(2) **그러나** 위 각 피고인들이 위 각 대출을 받기 위하여 ○○종합금융에 허위로 작성된 재무제표 등을 각 제출하여 ○○종합금융을 **기망**하였다거나 위 각 피고인들의 위 각 기망행위와 대출 사이에 **상당인과관계**가 있다고 한 원심의 사실인정과 판단은 다음과 같은 점에서 **수긍하기 어렵다.**

(가) 위 각 피고인들이 ○○종합금융에 허위로 작성된 재무제표 등을 제출하

였다는 점에 부합하는 증거로는 김○○의 원심 법정에서의 진술과 홍○○의 검찰 진술이 있으나, 당시 재무제표 등이 제출되었는지 여부에 관한 김○○의 진술의 취지는 통상적인 대출의 경우에는 재무제표의 제출을 받거나 키스라인을 통하여 재무제표를 확인하여 신용평가를 하는데, 위 각 대출의 경우에는 재무제표를 제출받았는지 잘 모르겠고, 키스라인을 통하여 확인한 것 같다는 것으로서 그 진술이 추측에 불과하거나 애매하고 일관성이 없어 이를 재무제표 등이 제출되었음을 인정할 증거로 삼기 어렵고, 홍○○은 위 각 대출 당시 ○○종합금융의 채권관리팀에서 채권회수업무를 담당하였을 뿐 위 각 대출 업무를 직접 담당하지 아니하여 그 진술은 위 각 대출 자체에 관한 진술이라기보다는 통상의 대출 절차에 관한 진술인 것으로 보이는 점, 홍○○이 진술 당시 검찰에 제출한 위 각 대출 관련 서류 중에는 재무제표 등이 들어있지 아니한 점 등에 비추어 홍○○의 진술 역시 위 각 대출 당시 재무제표 등이 제출되었음을 인정할 증거로 삼기 어려우며, 달리 이를 인정할 자료를 기록상 발견할 수 없다(홍○○이 제출한 위 각 대출 관련 서류 중에 재무제표 등이 없다는 사실에 비추어 보아도 위 각 대출 당시 재무제표 등이 제출되었음을 인정하기 어렵다).

(나) 그리고 사기죄는 타인을 기망하여 착오에 빠뜨리고 그 처분행위를 유발하여 재물을 교부받거나 재산상 이익을 얻음으로써 성립하는 것으로서, **기망, 착오, 재산적 처분행위 사이에 인과관계가 있어야 한다** 할 것이므로,[1758] 가사 위 각 피고인들이 위 각 대출 당시 허위의 재무제표 등을 제출하여 ○○종합금융을 기망하였다 하더라도 그로 인하여 사기죄가 성립하기 위하여는 위 각 피고인들의 위와 같은 기망행위와 위 각 대출 사이에 인과관계가 있어야 할 것인바, 이에 부합하는 듯한 위 김○○의 진술 부분은, 김○○가 '○○종합금융은 1999. 3. 20. 800억원 상당의 유상증자를 하지 못하면 정부가 요구한 BIS비율 8%를 맞추지 못하여 퇴출당할 위기에 놓여 있었다.', '○○종합금융은 당시 ○○계열사 이외에 유상증자에 참여할 업체들을 물색하였으나 유상증자에 참여할 업체를 구하기가 어려운 상황이었다.', '피고인 2 가 300억원을 대출해주지 않으면 우리는 유상증자에 참여하지 않겠다는 말이 오고 간 기억이 있는 것 같다.', '○○종합금융과 ○○계열사 간에 유상증자 약정을 함에 있어서 쟁점이 된 것은 ㅁ○의 각 계열사의 재무제표에 의한 재무상태가 아니라 배수대출을 2배수로 할 것인지, 3배수로 할 것인지가 쟁점이었다.', '○○종합금융이 ㅁ○과 위 약정을 체결하면서 ○○그룹에 300억원을 대출해 주기로 한 것은 유상증자 참여 액수의 3배수 대출을 해 주기로 한 것이기 때문에 약속을 이행한 것뿐이지, ㅁ○의 각 계열사의 재무제표를 분석한 후 여신한도가 300억원이었기 때문에 대출해 준 것은 아니다.'

1758) 대법원 2000. 6. 27, 선고 2000도1155 판결.

라는 취지의 진술을 하고 있는 점에 비추어, 위 홍○○의 진술은 위 (가)항에서 본 바와 같은 이유로 모두 위 인과관계를 인정할 증거로 삼기 어렵고, 달리 이를 인정할 만한 자료를 기록상 발견하기 어려우며, **오히려 위 각 대출은 통상의 신용대출이 아니라** 유상증자를 통하여 BIS비율을 맞추려는 ○○종합금융이 같은 사정을 겪고 있는 ▲▲종합금융 주식회사의 대주주인 ○○그룹을 유상증자의 파트너로 선택하여 ○○그룹의 계열사인 주식회사 ■아이씨, ○피혁 주식회사, 주식회사 ○에이디가 ○○종합금융에 100억원을 유상증자하는 것을 조건으로 위 회사들 또는 주식회사 ㅁ○어페럴, ○○인터내셔날(실제로는 ㅁ○어패럴 대신 닉○○가 대출을 받았다)에게 300억원을 대출하기로 한 약정에 따라 대출된 점, ○○종합금융은 1999. 3. 20. 800억원 상당의 유상증자를 하지 못하면 정부가 요구한 BIS비율 8%를 맞추지 못하여 퇴출당할 위기에 놓여 있었던 점, ○○종합금융은 당시 ○○계열사 이외에 유상증자에 참여할 업체들을 물색하였으나 유상증자에 참여할 업체를 구하기가 어려운 상황이었던 점, **위 약정 당시나 그 후에 이루어진 위 각 대출 당시에도 ○○인터내셔날의 1997 회계연도 재무제표나 닉○○의 1998 회계연도의 재무제표 등이 제출되었다고 보기 어려운 점, 당시 ○○종합금융은 대출하는 돈의 회수가능성보다는 일단 유상증자를 할 수 있는지 여부에 관심이 더 있었다고 보이는 점** 등 기록에 의하여 알 수 있는 제반 사정에 비추어 보면, ○○종합금융으로서는 ○○인터내셔날이나 닉○○가 분식회계를 통하여 재무제표를 허위로 작성하였다는 것을 알았다고 하더라도 위 각 대출을 하였을 것으로 볼 여지가 충분히 있다 할 것이다.

(다) 그럼에도 불구하고, 원심이 위 각 피고인들이 위 각 대출 당시 재무제표 등을 제출하여 ○○종합금융을 각 기망하였다거나 위 각 기망행위와 위 각 대출 사이에 인과관계가 있다고 인정하여 위 각 공소사실을 유죄로 인정한 것은 채증법칙을 위반하여 사실을 잘못 인정하였거나 사기죄에 있어서 기망행위 및 **인과관계에 관한 법리를 오해**하여 판결 결과에 영향을 미친 위법을 저지른 경우에 해당한다 할 것이므로, 이 점에 관한 위 각 피고인들의 상고이유의 주장은 모두 이유 있다.

다. 피고인 1의 허위로 작성된 주식회사 ○○포리머의 1997 회계연도 재무제표 등을 이용하여 신용보증기금 김포지점으로부터 9억원 상당의 재산상 이익을 편취한 점에 대한 판단

(1) 원심판결 이유에 의하면, 원심은 위 피고인이 공소외 1과 공모하여 1998. 6. 3.경 적자인 ○○포리머의 1997 회계연도 재무제표 등을 흑자인 것처럼 분식회계한 후 신용보증기금 김포지점의 신용보증업무 담당자에게 ◆◆은행 신용대출금 9억원에 대한 지급보증을 의뢰하면서, 허위로 작성된 위 재무제표와 이에 따른 감사보고서 등을 제출하여 신용보증기금으로부터 위 신용대출금에 대한 신

용보증채무 9억원 상당을 편취하였다는 공소사실에 대하여, 판시와 같은 제반 사정에 비추어 보면, 이 사건 신용보증서 발급 신청 당시 위 피고인에게는 편취의 범의가 있었다고 할 것이고, 비록 ○○포리머가 이 사건 신용 보증 하에 ◆◆은행으로부터 차입한 대출금을 모두 상환하였다 하더라도 이는 범행 후의 정황에 관한 것으로서 위와 같은 편취의 범의를 인정하는 데 방해가 되지 아니하며, 나아가 이 사건 재무제표의 분식 및 제출 행위와 이 사건 신용보증서 발급 사이의 상당인과관계도 충분히 인정된다고 판단하여, 위 공소사실을 유죄로 인정했다.

(2) **그러나** 기록에 의하면, 위 피고인은 **위 신용보증은** 신규보증이 아닌 **갱신보증이고,** 당시 허위로 작성된 위 1997 회계연도 재무제표와 이에 따른 감사보고서 등을 신용보증기금에 제출한 사실이 없다고 주장하고 있으며, 신용보증이 신규보증이 아닌 **갱신보증인 경우 신용보증기금은 통상 보증서 발급의뢰인으로부터 재무제표 등을 제출받지 아니하는 사실**을 알 수 있으므로, 원심으로서는 당연히 위 신용보증이 신규보증인지, 갱신보증인지 여부(위 피고인의 변호인이 제출한 2003. 7. 10.자 상고이유서에 첨부된 기안용지와 보증원장의 각 기재에 의하면 위 신용보증이 **갱신보증인 것으로 보인다**), 만일 갱신보증이라면 그 경우에도 보증서 발급의뢰인이 신용보증기금에 재무재표 등을 제출하는지 여부 등을 심리하여 보았어야 함에도 불구하고, 원심이 이에 이르지 아니한 채 만연히 위 피고인이 허위의 재무제표 등을 제출하여 신용보증기금을 기망하였다고 판단하여 위 공소사실을 유죄로 인정한 것은 심리를 다하지 아니하여 사실을 잘못 인정함으로써 판결 결과에 영향을 미친 위법을 저지른 경우에 해당한다 할 것이므로, 이 점에 관한 위 피고인의 상고이유의 주장은 그 이유 있다.」[1759)]

5. 재물 또는 재산상 이익의 취득

가. 재산상의 손해가 발생한 때 사기죄는 기수가 되지만, 재물 또는 재산상 이익취득이 없다면 범죄는 완수되지 않는다.[1760)]

▶ 「피고인이 교부받은 본건 지급보증서는 지급보증인이 특정채무자의 특정채권자에 대한 특정채무의 보증인으로서의 채무를 부담하겠다는 청약의 의사표시를 기재한 서면으로서 그 보증서가 상대방 채권자에게 제공되어 채권자가 그 청약을 승낙함으로써 비로소 피해자인 지급보증인은 보증채무를 부담하게 되고 이와 동시에 피고인은 기도한대로 금원의 융자 또는 융자금의 변제기연장을 받을

1759) 대법원 2003. 10. 10, 선고 2003도3516 판결.
1760) 김일수·서보학, 새로쓴 형법각론, 제9판, 박영사, 2018, 354면.

수 있는 재산상의 이익을 취득한 것으로 된다 할 것이고, 더욱이 본건 지급보증서는 유가증권도 아니고 또 일반거래의 대상이 될 수도 없는 것이라 할 것이니 피고인이 지급보증서라는 서면의 취득만 하고 이를 채권자에게 교부하기 전 단계에서는 채권자로부터 금원의 융자 또는 융자금의 변제기 연장을 받을 수 있는 재산상의 이익을 취득한 것이라고는 할 수 없고 더 나아가 그 보증서가 채권자에게 제공되어 보증채무가 성립됨으로써 비로소 위와 같은 재산상의 이익을 취득한 것이 되어 이득 사기죄로서 완성된다 할 것이므로 피고인이 본건 피해자은행으로부터 지급보증서를 교부만 받아 이를 채권자에게 교부하지 아니한 단계라면 재산상의 이득에 대한 본건 사기죄에 있어서는 그것의 취득만으로서 범죄가 완성되었다 할 수 없다 할 것임에도 불구하고 피고인이 본건 피해자은행으로부터 지급보증서를 교부받은 사실만을 적시하고 이에 대하여 사기죄의 기수에 해당하는 것으로 판단한 원심판결에는 필경 사기죄의 기수에 관한 법리를 오해하여 이유불비의 위법을 저질렀다.」[1761)]

나. 사기죄는 타인을 기망하여 착오에 빠뜨리고 그로 인한 처분행위로 재물의 교부를 받거나 재산상 이익을 얻음으로써 성립하는 것인 바,[1762)] 피고인들이 위조된 약속어음을 마치 진정한 약속어음인 것처럼 속여 기왕의 물품대금 채무의 변제를 위하여 이를 채권자에게 교부하였다고 하여도 어음이 결제되지 않는 한 물품대금 채무가 소멸되지 아니하므로 사기죄는 성립되지 않는다.[1763)]

다. 피고인에게 속아 피해자가 항소를 취하하거나 이미 설정된 가압류를 해제·가등기를 말소하는 것은 하자있는 의사표시로 재산적 처분행위를 한 것이고 피고인은 동액 상당의 재산상 이익을 얻은 것인 반면,[1764)] 단순히 병원비를 지급하지 않으려고 야반도주한 것만으로는 병원비 채무가 면제되거나 연기된 것이 아니므로 사기죄가 되지 않는다.[1765)]

▶ 「채무이행을 연기받는 것도 재산상의 이익이 되므로,[1766)] 채무이행을 연기받은 사기죄는 성립할 수 있으나, 채무이행을 연기받은 것에 의한 재산상의 이익

1761) 대법원 1982. 4. 13, 선고 80도2667 판결.
1762) 대법원 1970. 9. 29, 선고 70도1734 판결.
1763) 대법원 1983. 4. 12, 선고 82도2938 판결.
1764) 대구지방법원 서부지원 2010. 12. 9, 선고 2009고합190 판결; 김일수·서보학, 새로쓴 형법각론, 제9판, 박영사, 2018, 354면.
1765) 대법원 1970. 9. 22, 선고 70도1615 판결.
1766) 대법원 1997. 7. 25, 선고 97도1095 판결.

액은 산출할 수 없으므로, 특정경제범죄법 제3조 제1항 제2호의 이득액을 계산할 때에 합산할 것은 아니다.」[1767]

라. 한편 사기죄는 사람을 기망하여 재물의 교부를 받거나 재산상의 이득을 취함으로써 성립하는 것이므로, 사기죄의 판시에 있어서 그 범죄행위로 인하여 재산권을 침해받은 자가 누구인가 하는 것을 구체적으로 명시하지 아니하여도 그 재산권이 범인 이외의 다른 사람의 것이라는 것이 판문상 명백하면 이유에 불비가 있는 것이라고는 할 수 없다.[1768]

마. 제3자로 하여금 재물의 교부를 받게 하거나 재산상의 이익을 취하게 한 경우(형법 제347조 제2항)

▶ 「**원심이**, 피고인의 행위가 부작위에 의한 기망행위라고 판단하면서도, 피고인에게 제3자인 성명불상자나 공소외 1에게 매매대금을 불법영득시킬 의사가 있었다고 보기 어렵다는 이유로 이 부분 **공소사실을 무죄라고 판단한 것은** 다음과 같은 이유로 **수긍하기 어렵다**.

범인이 기망행위에 의해 스스로 재물을 취득하지 않고 제3자로 하여금 재물의 교부를 받게 한 경우에 사기죄가 성립하려면, 그 제3자가 범인과 사이에 정을 모르는 도구 또는 범인의 이익을 위해 행동하는 대리인의 관계에 있거나, 그렇지 않다면 적어도 불법영득의사와의 관련상 범인에게 그 제3자로 하여금 재물을 취득하게 할 의사가 있어야 할 것인바,[1769] 위와 같은 의사는 반드시 적극적 의욕이나 확정적 인식이어야 하는 것은 아니고 미필적 인식이 있으면 충분하며, 그 의사가 있는지 여부는 범인과 그 제3자 및 피해자 사이의 관계, 기망행위 혹은 편취행위의 동기, 경위와 수단·방법, 그 행위의 내용과 태양 및 당시의 거래관행 등 여러 사정을 종합하여 사회통념에 비추어 합리적으로 판단해야 한다. 한편, 재물편취를 내용으로 하는 사기죄에 있어서는 기망으로 인한 재물교부가 있으면 그 자체로써 피해자의 재산침해가 되어 곧 사기죄는 성립하는 것이고, 그로 인한 이익이 결과적으로 누구에게 귀속하는지는 사기죄의 성부에 아무런 영향이 없다.

원심이 확정한 사실관계에 의하여 인정되는 다음과 같은 사정, 즉 이 사건 각 매매계약은 당초 피고인이 이 사건 분양권을 이중으로 매도함으로써 초래된 것

1767) 대법원 2017. 12. 22, 선고 2017도12649 판결; 대법원 1998. 12. 9, 선고 98도3282 판결.
1768) 대법원 1983. 4. 26, 선고 83도188 판결.
1769) 대법원 2009. 1. 30, 선고 2008도9985 판결; 대법원 2012. 5. 24, 선고 2011도15639 판결.

이고, 그 각 매매대금을 교부받은 성명불상자나 공소외 1은 피고인과 사이에 직접적 또는 형식적으로 이 사건 분양권에 관한 매매계약을 체결한 자들로서 피고인과 전혀 무관계한 제3자라고는 볼 수 없는 점, **피고인은** 그 자신의 의사에 기해 **형식상 매도인**의 지위에서 피해자들에게 각 매매계약서를 작성해 주었고, 그에 따른 사례금도 수령하였던 점, 만약 피고인이 이 사건 각 매매계약에 협력하지 않았더라면, 그 각 실질적 매도인인 성명불상자나 공소외 1은 공소외 1이나 공소외 2로부터 각 매매대금을 교부받을 수 없었고, 피고인의 협력으로 인하여 결과적으로 각 상당액의 전매차익을 취하게 되었던 점 등을 앞서 본 법리에 비추어 보면, 피고인에게는 이 사건 각 매매계약에 있어 **실질적 매도인인 성명불상자나 공소외** 1로 하여금 그 각 매매대금을 취득하게 할 의사가 있었다고 볼 여지가 충분하고, 이는 위 각 매매대금 상당의 경제적 이익이 궁극적으로 피고인에게 연결되지 않았다 하여 달리 볼 것도 아니라 할 것이다.

그럼에도 불구하고, 원심은 성명불상자나 공소외 1이 자신의 경제적 이익을 위하여 이 사건 분양권을 전매한 것일 뿐 그것이 피고인의 경제적 이익에 연결된다고 볼 수 없다는 이유만으로 피고인에게 제3자인 성명불상자나 공소외 1로 하여금 각 매매대금을 불법영득 시킬 의사가 있었다고 보기 어렵다고 판단하여 이 부분 공소사실에 대하여 무죄를 선고하고 말았으니, 원심판결에는 제3자로 하여금 재물의 교부를 받게 한 경우에 있어서의 사기죄의 성립에 관한 법리를 오해한 위법이 있고, 이러한 위법은 판결에 영향을 미쳤음이 분명하다.」[1770]

6. 손해발생 요부, 피해액 산정

가. 사기의 본질은 기망행위에 의한 재산·재산상 이익의 취득에 있는 것이고 상대방에게 현실적으로 재산상 손해가 발생함을 요건으로 하지 않는다.[1771] 따라서 재물편취를 내용으로 하는 사기죄에 있어서는 기망으로 인한 재물교부가 있으면 그 자체로써 피해자의 재산침해가 되어 이로써 곧 사기죄가 성립하는 것이고, 상당한 대가가 지급되었다거나 피해자의 전체 재산상에 손해가 없다 하여도 사기죄의 성립에는 그 영향이 없으므로 사기죄에 있어서 그 대가가 일부 지급된 경우에도 그 편취액은 피해자로부터 교부된 재물의 가치로부터 그 대가를 공제한 차액이 아니라 교부받은 재물 전부라 할 것이다.[1772]

1770) 대법원 2009. 1. 30, 선고 2008도9985 판결.

1771) 대법원 1983. 2. 22, 선고 82도3139 판결; 대법원 1985. 11. 26, 선고 85도490 판결; 대법원 1988. 6. 28, 선고 88도740 판결; 대법원 1998. 11. 10, 선고 98도2526 판결; 대법원 2004. 4. 9, 선고 2003도7828 판결.

1772) 대법원 2000. 7. 7, 선고 2000도1899 판결; 대법원 1995. 3. 24, 선고 95도203 판결; 대법원

▶ 「사기죄는 타인을 기망하여 그로 인한 하자 있는 의사에 기하여 재물의 교부를 받거나 재산상의 이득을 취득함으로써 성립되는 범죄로서 그 본질은 기망행위에 의한 재산이나 재산상 이익의 취득에 있는 것이고 상대방에게 현실적으로 재산상 손해가 발생함을 요건으로 하지 아니하므로, 대출의뢰인들이 그들 명의의 예금통장에서 자동이체 방법으로 대출원리금을 전액 납부하였거나 비교적 장기간에 걸쳐 여러 차례 납부하였다는 점도 사기죄의 성립에 아무런 지장이 없다.」[1773)]

▶ 「피고인은 (상호 생략)주유소를 운영하면서 위 주유소에서 농민들에게 면세된 가격으로 석유류를 공급해 준 사실이 없음에도 농업협동조합으로부터 면세유류공급확인서를 부당하게 발급받아 이를 이용하여 농민들에게 석유류를 면세된 가격에 공급한 것처럼 현대오일뱅크 주식회사(이하 '현대오일뱅크'라 한다)를 기망하여 위 주유소가 위 회사로부터 석유류를 공급받으면서 부담한 부가가치세나 교통세 등에 상당하는 석유류를 교부받았는바, 피고인이 현대오일뱅크를 기망하여 재물의 교부를 받은 이상 현대오일뱅크에 대하여 사기죄가 성립한다고 할 것이고, 이로 인하여 현대오일뱅크에 현실적으로 재산상 손해가 없다고 하여 달리 볼 것은 아니다. 그리고 재물편취를 내용으로 하는 사기죄에 있어서 편취액은 특별한 사정이 없는 한 피해자로부터 교부된 재물인바, 피고인이 농민에게 면세된 가격으로 석유류를 공급한 것처럼 현대오일뱅크를 기망하기 위해 원심 공동피고인들로부터 면세유구매전표를 구입하는 데 비용이 소요되었고 피고인이 편취한 석유류로 인한 이익금 중 일부가 위 비용의 지급을 위해 원심 공동피고인들에게 건네졌다고 하더라도 편취액을 산정함에 있어 그와 같은 금액이 공제되어야 하는 것은 아니다.」[1774)]

나. 손해액을 정하는 기준은 객관적이고 개별적 평가방법에 따른다. 객관적 요소를 따질 때는 재산의 전체적 가치감소가 있는지를 보고, 개별적 요소를 따질 때는 피해자가 의도한 거래의 목적을 고려하여 판단한다.[1775)]

따라서 재물을 편취한 후 현실적인 자금의 수수 없이 형식적으로 기왕에 편취한 금원을 새로이 **장부상으로만 재투자**하는 것으로 처리한 경우, 그 재투

1999. 7. 9, 선고 99도1040 판결; 대법원 2005. 10. 28, 선고 2005도5774 판결; 대법원 2007. 1. 25, 선고 2006도7470 판결.

1773) 대법원 2004. 4. 9, 선고 2003도7828 판결.

1774) 대법원 2009. 1. 15, 선고 2006도6687 판결.

1775) 同旨 이재상·장영민·강동범, 형법각론, 제10판 보정판, 박영사, 2017, 348면; 김일수·서보학, 새로쓴 형법각론, 제9판, 박영사, 2018, 353면.

자금액은 이를 편취액의 합산에서 제외해야 한다.[1776] 반면 그와 달리 재물을 편취한 후 예금계좌 등으로 그 일부를 수당 등의 명목으로 입금해 주어 피해자가 이를 현실적으로 수령한 다음, 일정기간 후 이를 가지고 **다시 물품을 구매하는 형식으로 재투자**하였다면, 이는 새로운 법익의 침해가 발생한 경우라고 할 것이어서 그 재구매 금액은 편취액에서 제외할 성질의 것이 아니다.[1777]

7. 편취 범의

가. 사기죄의 주관적 구성요건인 편취의 범의는 **피고인이 자백하지 않는 이상** 범행 전후의 피고인 등의 재력, 환경, 직업, 경제활동, 범행의 경위와 내용, 거래의 이행과정 등 제반의 객관적인 사정을 종합하여 판단할 수밖에 없고,[1778] 한편 유죄의 인정은 법관으로 하여금 합리적인 의심을 할 여지가 없을 정도로 공소사실이 진실한 것이라는 확신을 가지게 하는 증명력을 가진 증거에 의해야 하므로, 그와 같은 증거가 없다면 설령 피고인에게 유죄의 의심이 간다고 하더라도 피고인의 이익으로 판단할 수밖에 없으며, 이는 사기죄의 주관적 요소인 범의를 인정함에 있어서도 마찬가지이다.[1779]

▶ 「피고인의 재산상태, 피고인과 원심상피고인과의 관계, 공소외 박○○으로부터 3차례에 걸쳐서 경매보증금 명목으로 돈을 빌린 경위와 방법 등에 비추어 보면 원심이 그 증거에 의하여 피고인에 대한 이 사건 사기범죄사실을 인정한 것은 옳게 수긍이 가고 거기에 불법영득의 의사에 관한 법리의 오해나 채증법칙을 어긴 위법이 없다.」[1780]

▶ 「원심이 들고 있는 위 모든 증거의 내용을 정사해 보아도 이는 피고인이 이 사건 금원을 차용한 사실에 관한 것일 뿐 피고인이 위 차용금원을 변제할 능력이 없었거나 기망의 수법으로 편취하려는 고의가 있었다고 추정할만한 객관적 사정을 인정할 자료로는 미흡하고 달리 이를 인정할 다른 증거가 없다. 즉 **피고인은 시종일관 기망이나 편취의 고의를 부인하면서 이 사건 차용당시나 지금이나 변제의 의사와 능력이 충분하지만, 불의의 교통사고 등 돌발사정의 발**

1776) 대법원 2001. 7. 13, 선고 2001도1707 판결; 대법원 2007. 1. 25, 선고 2006도7470 판결.
1777) 대법원 2000. 7. 7, 선고 2000도1899 판결; 대법원 2005. 10. 28, 선고 2005도5774 판결.
1778) 대법원 1984. 9. 25, 선고 84도312 판결; 대법원 1994. 10. 21, 선고 94도2048 판결.
1779) 대법원 2004. 5. 14, 선고 2004도74 판결; 대법원 2005. 10. 14, 선고 2005도12 판결.
1780) 대법원 1989. 11. 28, 선고 89도1309 판결.

생으로 그 변제시기가 다소 지연되고 있을 따름이라는 취지로 변소하고 있고 제1심 및 원심증인 허옥○, 제1심증인 김화○의 법정에서의 증언과 검찰 및 경찰에서의 진술조서의 기재는 물론 원심증인 김일○, 김도○의 증언을 종합하여 보면 피고인은 원래 상당히 재산이 많은 집안에 살고 택시를 사서 운전영업을 하여 왔고, 그의 부친도 상당한 부동산을 가지고 표고버섯재배업에 종사하여 살기도 괜찮은 편이어서 이 사건 이전부터 충분히 변제능력이 있는 것으로 보고 허옥○, 김화○등과도 자금거래를 해오다 교통사고가 발생하여 그 수습과 차량의 수리관계로 이 건 금원을 고소인 허옥○의 보증아래 공소외 김일○ 및 김도○으로부터 빌려 각각 1부는 약정에 따라 갚아 오다가 나머지는 지체되었으나 이 건 고소 이후 피고인 또는 그의 아버지로부터 모두 변제받았다는 것이고, 채권자인 김일○은 도리어 피고인으로부터 이 건 1부 채권의 변제도 받아왔고 변제능력도 있다고 믿고 있었는데 그 보증인인 허옥○이 무슨 연유인지 모르나 이 건 고소를 했다는 것이고 같은 채권자인 김도○도 고소사실을 뒤에야 알았다는 것이다. 위 증거에 의하여 인정되는 피고인과 고소인 허옥○ 사이의 계속적 금전거래관계, 미혼인 피고인과 그 부친의 재산상태, 이 사건 차용금원의 규모 및 채무변제 연체의 동기, 경위 등 제반사정을 참작해 보면 피고인의 위 변소를 수긍못할 바도 아니다. 그렇다면 피고인의 위 소위는 단순히 채무1부의 일시적 이행지체에 불과하다 할 것임에도 원심은 증거 없이 피고인에게 기망과 편취의 고의를 인정한 잘못을 범하였다 할 것이므로 이를 탓하는 상고논지는 이유 있어 원심판결은 파기를 면할 수 없다 할 것이다.」[1781)]

▶ 「**(나) 편취의 범의가 있었는지에 관하여(피고인 3, 7, 11에 대하여)**

원심은, 그 인정사실, 특히 공소외 39 주식회사 등이 피해자들로부터 투자금을 지급받은 후 재투자를 하여 수익을 발생시킨 적이 없음에도, 피해자들에게 32주에 걸쳐 130% 내지 150%에 해당하는 금원을 꾸준히 지급하여 피해자들로 하여금 공소외 39 주식회사 등이 다른 곳에 투자하여 수익을 발생시키고 있는 것처럼 오인하도록 하였던 점, 위 피고인들이 투자금으로 수익금을 지급하였을 뿐 수익을 발생시킬 만한 곳에 투자한 적이 없고, 또한 투자를 위한 구체적인 계획을 마련하고 있지도 않았던 점 등을 종합하여, 위 피고인들이 투자자들로부터 금원을 편취할 의사로 투자자들을 기망하였다고 판단하였는바, 기록과 대조하여 살펴보면, 원심의 이러한 사실인정과 판단은 정당하다.」[1782)]

1781) 대법원 1984. 9. 25, 선고 84도312 판결.
1782) 서울고등법원 2009. 10. 23, 선고 2009노1291 판결.

▶ 「…(전략) **다. 상습사기 및 허위 또는 과장된 사실을 알리거나 기만적 방법을 사용하여 소비자를 유인 또는 거래를 유도하는 등의 행위에 관한 주장에 대한 판단**

(1) 상습사기 및 허위 또는 과장된 사실을 알리거나 기만적 방법을 사용하여 소비자를 유인 또는 거래를 유도하는 등의 행위에 대하여(**피고인 1, 2, 3**)

앞서 적법하게 채택하여 조사한 증거들을 종합하면, DK 마케팅플랜은 기본적으로 143만원의 물품을 구매하면 공휴일 등을 제외한 매일 1만원씩 합계 250만원의 수당의 지급을 보장한다는 것으로서, 누적 점수의 신속한 소멸이나 수당 지급 재원의 조달, 상품별 원가나 DV 비율의 수학적·통계학적 분석에 의한 상품가격의 산정 등이 마련되어 있지 않는 한 사실상 실현이 불가능한 마케팅플랜이다.

이와 관련하여, 피고인 1, 2, 3은 회사나 공소외 8의 말을 믿었을 뿐이라고 주장하고 있지만, 위 피고인들이 ○○○ 임원으로서 오랜 기간 공소외 14 주식회사의 판매원으로 활동했고, 다른 판매원들을 상대로 강의를 하거나 판매원들을 대표하는 지위에 있었던 점 등 위 피고인들의 지위와 업무 내용, 공소외 14 주식회사 및 공소외 15 주식회사에서의 역할, ○○○의 지위와 역할 등을 감안할 때, 공소외 14 주식회사 및 공소외 15 주식회사가 수당을 지급할 마땅한 재원이나 별다른 수익 사업이 없음에도 매출을 늘리기 위한 목적으로 DK 마케팅플랜을 도입하여 시행했고, 그 후 운영과정에서도 수당지급률을 줄이거나 1점에 해당하는 DV를 늘리는 등의 임시방편으로 영업을 계속하여 왔으며, 1점당 인위적으로 산정한 1만원의 수당을 지급하면서 매출을 독려하여 왔음을 **위 피고인들로서는 확정적이거나 적어도 미필적으로는 인식하고 있었다**고 보인다.

나아가, 대다수의 판매원들은 확정적·고정적으로 수당이 지급된다는 사업설명을 듣고 물품의 구매보다는 수당을 지급받기 위해 DK 마케팅플랜에 참가한 것이고, 이는 공소외 15 주식회사에서 판매하는 물품의 가격이 통상의 시장가격보다 터무니없이 비싸서 정상적인 재판매가 불가능함에도 급격히 매출이 증가하였다는 점에서도 명백한데, 위 **피고인들의 지위와 역할** 등에 비추어 볼 때, 위 피고인들은 이러한 사정을 충분히 알고 있었다고 보인다.

또한, 위 피고인들은 공소외 14 주식회사의 상위 판매원들이자 ○○○의 임원으로서 하위 판매원들의 매출이 늘어날수록 수당이 증가하는 지위에 있었기 때문에, 위와 같은 사정을 인식하면서도 판매원을 모집하여 매출을 증대시킬 충분한 경제적 동기가 있었고, 이에 따라 위 피고인들은 공유마케팅플랜의 도입에 관여한 후 그에 따른 매출을 독려하기 위하여 전국의 센터를 방문하는 등 노력했다.

이러한 여러 사정들을 종합하여 보면, 위 피고인들은 전국 센터를 통하여 허위 또는 과장을 사실을 알리거나 기만적 방법을 사용하여 소비자를 유인 또는 거래를 유도하고, 위 **소비자들을 기망하여 재물을 교부받는다는 점을 확정적이거나 적어도 미필적으로는 인식**하고 있으면서도 공범인 공소외 8, 9 등과 공모하였음을 인정하기에 충분하다.

(2) 허위 또는 과장된 사실을 알리거나 기만적 방법을 사용하여 소비자를 유인 또는 거래를 유도하는 등의 행위에 대한 판단(**피고인 4, 5, 6, 12, 13, 14, 15**)

앞서 본 여러 사정들 이외에 위 피고인들은 센터 대표이자 상위 판매원들로서 판매원과 센터매출의 증가에 따라 자신에게 지급되는 센터지원비가 증가하고, 하위 판매원들의 매출이 늘어날수록 수당이 증가하는 지위에 있었기 때문에, 허위 또는 과장되거나 기만적 방법을 사용한 사업설명을 통하여 판매원을 모집하여 매출을 증대시킬 충분한 경제적 동기가 있었던 점, 위 피고인들이 경찰에서 마케팅플랜을 설명함에 있어 허위의 요소가 있었다거나 과장된 부분이 있었고, 마케팅플랜에서 정한 대로 매출액에 따른 수당을 지급하는 대신 매출액의 증대를 위하여 본사에서 임의로 정한 1일 1만원씩의 수당을 고정적으로 지급하고 있다는 것도 알고 있었다고 진술하였던 점 등 제반 사정을 종합하면, 위 피고인들은 사업설명을 통해 방문판매 등에 관한 법률이 금지하는 허위 또는 과장된 사실을 알리거나 기만적 방법을 사용하여 소비자를 유인 또는 거래를 유도하는 등의 행위가 이루어지고 있음을 적어도 미필적으로는 인식하면서도 공소외 8, 9 등과 공모하여 이 사건 범행을 저지른 것임이 분명하다.

…(중략)

라. 편취의 범의가 없었다는 주장에 대한 판단(피고인 1, 2, 3, 4, 7, 11)

앞서 적법하게 채택하여 조사한 증거들을 종합하여 인정되는 다음과 같은 사정들, 즉, ① 피고인 39 주식회사 등은 피해자들로부터 투자금을 지급받은 후 재투자를 하여 수익을 발생시킨 적이 없음에도 불구하고, 피해자들에게 32주에 걸쳐 130% 내지 150%에 해당하는 금원을 꾸준히 지급하여 피해자들로 하여금 피고인 39 주식회사 등이 다른 곳에 투자하여 수익을 발생시키고 있는 것처럼 오신하도록 하였던 점, ② 위 피고인들 대부분은 종전에 공소외 14 주식회사에서 다단계판매원으로 근무하였을 뿐 특별한 사업능력을 가지고 있지 않았고, 실제로 피고인 39 주식회사 등의 설립 후 피해자들로부터 지급받은 투자금으로 수익금을 지급하였을 뿐 수익을 발생시킬 만한 곳에 투자한 적이 없고, 또한 투자를 위한 구체적인 계획을 마련하고 있지도 않았던 점, ③ 그 결과 피고인 39 주식회사 등은 사실상 나중에 가입한 투자자들의 돈으로 먼저 가입한 투자자들의 수당을 지급하게 되어 투자자의 무한확대가 이루어지지 않는 한 언젠가는 수당을 지급할 재원이 고갈될 형편이었던 점, ④ 실제로 처음부터 투자자들에게 과도한 배당금이 지급됨으로 인하여, 피고인 39 주식회사는 2007년도에 7억 3,000만원 정도의 자본잠식이 있었고, 2008. 9.경에도 2차례에 걸쳐 투자자들에게 수익배당금을 지급하지 못하는 경우가 발생하였던 점, ⑤ 이에 피고인 1은 2008. 9. 말경 공소외 75 주식회사로부터 금원을 빌려 피해자들에게 수익금을 지급하기도 했고, 2008. 10. 9.경에는 매출이 발생하지 않아 수당을 지급하지 못하는 경우가 발생하여 결국 2008. 10. 13.경 컨텐츠 출자 보상플랜 내용을 변경하여 투자자들에게 지급하는 수당지급률을 축소하였던 점, ⑥ 위 피고인들은 위와 같이 수익이 악화되는 상황에서도 사업설명회 또는 ○○그룹 선포식 등에 참석하여 피고인 39 주식회사 등의 비전을 제시하면서 피해자들에게 금원을 투자하면 틀림없이 고율의 수당을 지급하겠다고 말하며 계속 투자금을 모집한 점 등에 비추어 보면, **위 피고인들은 투자자들에 대한 수당을 약정대로 지급하기 어려울 뿐만 아니라 일정한 단계가 지나면 투자금의 원금조차 지급할 수 없을 것이라는 사정을 인식하면서도 이를 숨긴 채 피해자들을 상대로 고수익을 보장한다고 선전하면서 투자를 권유하여 투자금 명목의 돈을 받은 것으로 봄이 상당하므로, 위 피고인들이 투자자들로부터 금원을 편취할 의사로 투자자들을 기망하였다**는 사실을 충분히 인정할 수 있다.」[1783]

▶ 「…(전략) **나. 피고인들의 항소이유 중 특정경제범죄 가중처벌 등에 관한 법률위반(사기) 부분에 대한 사실오인 및 법리오해에 관하여**

(1) 피고인 1, 2, 3, 5, 6의 항소이유 중 편취 범의 없다는 주장에 관하여

(가) 인정사실

원심에서 적법하게 채택한 증거들을 종합하면 다음의 사실들이 인정된다.

1) 이 사건 상품권 판매 및 상환 구조

◆◆토탈 상품권 발행사인 ▲씨앤아이는 상품권 판매사인 ○인터내셔널에 상품권을 액면가의 88%에 해당하는 금액으로 판매하고, ○인터내셔널은 딜러, 상근딜러 등의 영업조직을 통하여 구매자들에게 상품권 구입금액에 따라 원금 대비 125~140%의 상품권(5천원권, 만원권, 5만원권, 10만원권, 50만원권, 100만원권의 6종류)을 할증하여 교부한다. 상품권을 소지한 구매자들은 4~5개월 내에 상품권 환전사인 ▼캐시에서 6~10%의 수수료를 공제하고 현금으로 상환받거나, ▲씨앤아이와 사이에 가맹점계약을 체결한 가맹점에서 물품이나 용역을 구입하면서 현금과 동일하게 사용한다.

이 과정에서 구매자들은 상품권 구매 당시의 할증율 25~40%와 상품권 상환 당시의 수수료율 6~10%와의 차액 상당의 이득을 취하고, ▲씨앤아이, ○인터내

1783) 서울중앙지방법원 2009. 5. 7, 선고 2007고합1375(분리)-2,2008고합1247(병합),2009고합10(병합),2008초기4062,2009초기398 판결.

셔널은 구매자들이 얻는 이득에 상응하는 적자를 볼 수밖에 없다.

▼캐시는 ▲씨앤아이로부터 차입한 금원으로 구매자에게 상품권을 상환하여 주고, 매입한 상품권은 다시 5% 할인된 금액으로 가맹점인 주유대리점, 프랜차이즈업체, 농산물취급업체, 쇼핑몰에 재판매해서 그 판매대금으로 ▲씨앤아이에 대한 대여금을 변제하고, 가맹점은 구매자들로부터 물품이나 용역의 구입대금으로 받은 상품권을 1.5~6%의 수수료를 공제하고 ▲씨앤아이로부터 현금으로 상환받는다.

이 과정에서 가맹점은 위와 같이 ▼캐시로부터 5% 할인된 금액으로 구입하거나, ○인터내셔널의 판매원으로 등록하여 125~140%로 할증하여 구입한 상품권을 마치 소비자들이 실제로 가맹점에서 물품이나 용역을 구입한 것처럼 가장하여 ▲씨앤아이로부터 현금을 상환받아 상품권 구입가와 상환가액과의 차액 및 판매원으로서의 판매수당의 이득을 보는 경우도 있는데, ▲씨앤아이, ○인터내셔널은 그 이득에 상응하는 적자를 볼 수밖에 없다.

2) ○인터내셔널의 각종 수당

○인터내셔널은 등록된 판매원(딜러)이 상품권을 판매하는 경우 딜러는 판매금액의 5%(2006. 10. 이후에는 3~4%)의 판매지원비를, 상근딜러는 판매금액의 2%(2006. 10. 이후에는 0.5~2%), 부장은 판매금액의 2%(2006. 10. 이후에는 0.88%), 본부장은 판매금액의 1%(2006. 10. 이후에는 0.44%)의 판매장려금을, 부장과 본부장들에게는 판매금액의 각 1%(2006. 10. 이후에는 0.44%)의 판매촉진비를, 지점장들에게는 판매금액의 2%(2006. 10. 이후에는 1,000만원에서 5,000만원의 정액제)의 지점운영비를, 딜러와 상근딜러들에게는 20일 이상 출근하며 영업활동을 하였을 경우 월 80만원의 영업지원비를 각 지급했다.

위와 같은 각종 수당들의 지급으로 인하여 ▲씨앤아이, ○인터내셔널은 그에 해당하는 적자를 볼 수밖에 없다.

3) 수익사업으로 위 적자들을 충당할 수 있는지 여부

▲씨앤아이는 위와 같은 적자를 가맹점수수료 수익(B2B사업 수익 포함), ◆◆서리(화장품, 액세서리), ◆◆듀(정수기), ◭빌라(해외부동산) 등의 수익사업, 구매자들이 상품권을 훼손하거나 분실하는 바람에 상환되지 않음으로써 발생하는 낙전수익(발행 상품권의 약 20%)으로 충당하려는 계획을 가지고 있었으나, 위 가맹점 수수료 수익은 사실상 수수료를 공제한 금액만을 가맹점에 상환하는 방식으로 이루어지는 것으로 매출액의 100%가 카드사용자의 결제로 이루어지는 신용카드사의 카드수수료와는 전혀 다른 개념이어서 실제로 수수료 수익이 회사에 입금되는 것은 아니고, ◆◆서리, ◆◆듀 사업은 2007. 4.경 이후에 비로소 시작되어 그 사업으로 인한 수익도 10억원 정도에 불과하였으며, ◭빌라 사업은 2007. 8.경에야 부동산 개발업자에게 의뢰하였는데 2007. 9. 말경 부지도 매입하

지 못한 채 중단되었고, 온라인 쇼핑몰이라는 ◐◐마켓은 25억원에 인수하였는데 전혀 수익을 얻지 못하고 있으며, 낙전수익이라고 하는 상품권 훼손, 분실의 경우도 실제로 회사에 수익이 발생하는 것이 아니다.

실제로 ▲씨앤아이에 대한 2006년 외부감사에서 '회사의 계속기업으로서의 존속능력에 중대한 의문을 불러일으킬 만한 불확실성이 존재한다'는 내용의 의견거절 결과가 나왔는데, 이는 ▲씨앤아이가 계속기업으로서의 수익을 추정할 수 없다는 것에 기인한다.

4) 피고인들의 각 행위

피고인들은 ▲씨앤아이 및 ○인터내셔널의 직원, 본부장으로서 소속 판매원들에 대한 교육, 상담 등을 통하여 피해자들에게 ▲씨앤아이, ○인터내셔널의 위와 같은 재정상태나 구체적인 사업계획, 상품권 판매에 따라 지급될 각종 수당의 실질적 재원 등 이 사건 상품권 구매에 따른 구조적 위험성을 정확하게 고지하지 아니한 채, "◆◆토탈 상품권을 구입하면 구입금액에 따라 원금 대비 125%~140%의 상품권을 지급하겠다. 그 상품권은 회사에서 정한 사용시점에 이르렀을 때 우리 회사 가맹점에서 현금처럼 사용하거나 ▼캐시에서 6%~10%의 수수료를 공제하고 상환받을 수 있다. 현재 대기업에서도 우리 회사와 가맹계약을 체결할 예정이기 때문에 앞으로 시간이 지날수록 상품권을 사용할 수 있는 가맹점이 엄청나게 늘어날 것이다. 빨리 상환받는 경우를 가정하면 4~5개월 내에도 상환받을 수 있다. 아울러 상품권을 다른 사람에게 많이 판매하여 매출액 및 하위판매원 수가 증가하면 회사에서 정한 기준에 따라 딜러 ⇒ 상근딜러(컨설턴트) ⇒ 부장(수석 컨설턴트) ⇒ 본부장으로 승진하게 되고, 직급에 따라 영업지원비, 판매지원비, 판매장려금, 판매촉진비를 지급하며, 지점을 개설해 운영하게 되면 지점운영비와 지점 추천비를 지급하겠다. 원금을 초과하여 지급하는 25%~40%의 상품권 및 수당은 1.5%~20%의 가맹점 수수료 수익(B2B 사업 수익 포함)과 ◆◆서리, ◆◆듀, ⧍빌라 사업, 구매자들이 실수로 상품권을 훼손하거나 분실하는 바람에 지급제시 되지 않는 상품권을 통한 낙전수입 등으로 해결되므로 걱정할 필요가 없다. 지금 안 사면 회사가 성장할수록 할인율도 낮아지는데다가 서로 사려고 할 것이므로 판매할 수량이 턱없이 부족하게 되어 사고 싶어도 사지 못하는 때가 곧 올 것이다."고 말하는 등 상품권의 구매를 통한 이득을 얻을 수 있다는 점 및 각종 후원수당을 지급받을 수 있다는 점만을 부각하여 이를 믿은 피해자들로 하여금 상품권을 구입하게 했다.

(나) 판단

피고인이 편취의 범의를 부인하는 경우, 이러한 범죄의 주관적 요소로 되는 사실은 사물의 성질상 범의와 상당한 관련성이 있는 간접사실 또는 정황사실을 증명하는 방법에 의하여 이를 입증할 수밖에 없고, 이 때 무엇이 상당한 관련성이 있는 간접사실 또는 정황사실에 해당하는가는 정상적인 경험칙에 바탕을 두고 치밀한 관찰력이나 분석력에 의하여 사실의 연결상태를 합리적으로 판단하는 방법에 의하여 판단해야 한다.[1784] 한편, 범죄구성요건의 주관적 요소로서 미필적 고의란 범죄사실의 발생 가능성을 불확실한 것으로 표상하면서 이를 용인하고 있는 경우를 말하고, **미필적 고의가 있었다고 하려면** 범죄사실의 발생 가능성에 대한 인식이 있음은 물론 나아가 범죄사실이 발생할 위험을 용인하는 내심의 의사가 있어야 하며, 그 **행위자가 범죄사실이 발생할 가능성을 용인하고 있었는지의 여부는 행위자의 진술에 의존하지 아니하고** 외부에 나타난 행위의 형태와 행위의 상황 등 구체적인 사정을 기초로 하여 일반인이라면 당해 범죄사실이 발생할 가능성을 어떻게 평가할 것인가를 고려하면서 행위자의 입장에서 그 심리상태를 추인해야 한다.[1785]

위 인정사실 및 위 각 증거들에 의하여 인정되는 다음과 같은 피고인들의 경력, 직책, 가담경위 등의 사정들, 즉 ① 피고인 1은 다단계판매 창업컨설팅회사, 한국특수판매공제조합에 근무한 경험이 있고, ▲씨앤아이의 대표이사로서 ▲씨앤아이, ○인터내셔널, ▼캐시를 설립하였으며, 위 회사들을 실질적으로 운영하면서 위에서 본 바와 같은 상품권의 판매 및 상환구조, ○인터내셔널의 판매수당 등의 영업형태를 결정하는 주도적 역할을 했고, 영업 및 관리 등 회사 업무 전반에 관하여 중요한 결정을 하였으며, 수익사업의 현실도 모두 알고 있었던 점 ② 피고인 2는 피고인 1과 함께 ▲씨앤아이, ○인터내셔널, ▼캐시를 설립하면서 상품권의 판매 및 상환구조, ○인터내셔널의 판매수당 등의 영업형태의 기본적 아이디어를 제공했고, 본부장회의 등을 통하여 ○인터내셔널의 상품권 판매 및 판매조직 관리 업무 전반을 관장하였으며, 가맹점에 대하여도 관리업무를 담당했고, 24억원에 상당하는 인센티브를 받은 점 ③ 피고인 3은 다단계회사인 ▲▼K, 공제조합에 근무한 경험이 있고, 피고인 1이 위 회사들을 설립할 때부터 참여하여 사업계획을 수립하였으며, ▲씨앤아이 차장으로서 본부장회의에서 보상플랜을 설명하는 등 상품권 영업을 담당했고, 가맹점과 관련된 상환, 상품권 폐기 등 업무를 담당한 점 ④ 피고인 5는 피고인 1과 친구 사이로 2006. 7.경 ○인터내셔널의 이사로 취임하여 피고인 1, 2의 지시를 받아 상품권 판매 및 판매조직 관리 업무를 중간에서 전체적으로 관리했고, ○인터내셔널의 은행계좌에 입금된 상품권 판매대금의 입출금을 관장하였으며, 이 사건 수사가 개시되자 피의자들에 대하여 답변요령을 교육한 점 ⑤ 피고인 6은 2000년경부터 2002년경까지 다른 다단계회사인 주식회사 ⊛⊛⊛ 인터내셔널에서 최상위 직급의 바로 아래 직

1784) 대법원 2006. 2. 23, 선고 2005도8645 판결.
1785) 대법원 2004. 5. 14, 선고 2004도74 판결.

급인 다이아몬드 직급까지 승진하여 근무한 경험이 있고, 피고인 1이 이 사건 상품권 판매회사인 ○인터내셔널을 설립할 당시부터 본부장으로 영입되어 1본부장으로, 2006. 11.경부터는 수석본부장으로서 상품권 판매 및 산하 판매조직 관리 업무를 담당하였으며, 본부장회의의 교육내용을 다른 본부장, 부장들에게 전달하기도 했고, 이 사건 상품권 판매로 인하여 총 29억원 상당의 수당을 받은 점 등을 종합하여 보면, 피고인들은 위와 같은 구매자들에 대한 상품권 할증판매, 허위가맹점 매출, 각종 판매수당의 지급을 통하여 적자가 계속적으로 증가할 수밖에 없고, ◆◆서리, ◆◆듀, ◭빌라 등의 수익사업으로는 이러한 적자를 충당할 수 없으므로, 지속적인 신규 상품권 구매자들로부터의 상품권 구매대금의 유입이 있어야만 기존에 판매된 상품권의 상환 및 판매원들에 대한 각종 수당을 지급할 수 있고, 그러한 경우 계속 적자가 누적되어 일정한 단계가 지나면 상품권 상환이 불가능하게 되리라는 것을 내심 용인하였다고 봄이 상당하여, 피고인들에게는 편취의 범의가 있다고 충분히 인정할 수 있으므로 이 부분 주장은 이유 없다.」[1786)]

▶ 「…(전략) 【무죄부분】

1. 피고인 1의 증자대금 명목 편취의 점에 관하여

가. 이 부분 공소사실의 요지

피고인은 2006. 6.경 서울 강남구 대치동 소재 주식회사 '○인터내셔널' 사무실에서 피해자 피고인 6, 7, 15, 16, 18 등에게 "○이라는 회사가 자본금이 5,000만원으로 시작한 회사이니 대외적으로 볼 때 증자를 할 필요성이 있으니까 증자를 해야 한다. 본부장은 각 5,000만원, 부장은 각 2,000만원씩을 내면 자본금 5억원 이상의 법인을 만들겠다. 출자한 돈에 대해서는 금액만큼의 지분등기를 해 주겠다"고 제의했다.

피고인은 2006. 6. 말경부터 같은 해 8. 9.경까지 사이에 서울 강남구 대치동 소재 주식회사 '○인터내셔널' 사무실에서 주식회사 '○인터내셔널' 증자금 명목으로 피해자 피고인 6으로부터 5,000만원, 피해자 피고인 16으로부터 5,000만원, 피해자 피고인 15로부터 2,000만원, 피해자 피고인 18로부터 2,000만원, 피해자 피고인 7로부터 2,500만원을 각각 송금 내지 교부받았다. 그러나 사실 피고인은 피해자들로부터 증자금 명목으로 돈을 받더라도 이를 증자금으로 사용할 의사가 없었다. 이로써 피고인은 피해자들을 기망하여 1억 6,500만원을 교부받았다.

1786) 서울고등법원 2009. 5. 13, 선고 2008노3261,2009초기27,92,93,99,101～115,118～127,129～149,152～166,169～197,199～273,275～329,335 판결.

나. 판단

(1) 피고인의 주장

피고인은 2006. 6. 말경부터 2달 동안 피고인 6, 7, 15, 16, 18 등 본부장 및 부장들로부터 증자대금 명목으로 위와 같이 금원을 교부받은 것은 사실이나, 위와 같은 증자대금을 교부받은 것은 증자에 관한 회사의 방침에 본부장 및 부장들이 자율적으로 참여하였기 때문이고, 2007. 초경 증자를 하려고 하였으나 2007. 2.경 서울지방경찰청 광역수사대가 압수수색을 시작으로 수사를 시작하여 시기를 놓쳐 증자를 하지 못하였기 때문이라며 그 편취 범의를 부인하고 있다.

(2) 검토

사기죄의 주관적 구성요건인 편취의 범의는 피고인이 자백하지 않는 이상 범행 전후의 피고인 등의 재력, 환경, 범행의 경위와 내용, 거래의 이행과정 등과 같은 객관적인 사정 등을 종합하여 판단할 수밖에 없고, 한편 유죄의 인정은 법관으로 하여금 합리적인 의심을 할 여지가 없을 정도로 공소사실이 진실한 것이라는 확신을 가지게 하는 증명력을 가진 증거에 의해야 하므로, 그와 같은 증거가 없다면 설령 피고인에게 유죄의 의심이 간다고 하더라도 피고인의 이익으로 판단할 수밖에 없으며, 이는 사기죄의 주관적 요소인 범의를 인정함에 있어서도 마찬가지이다.[1787)]

이 사건 기록에 의하면, 당심 증인 피고인 14는 2006. 6.경 본부장 및 부장 회의에서 상피고인 2가 회사가 커졌으니 자본금을 늘려야 하므로 증자대금이 필요하다는 말에 본부장 및 부장들이 동의했고, 당시 본부장과 부장만 증자에 참여하자 상근딜러 중 일부는 자기들은 왜 배제하였느냐고 항의까지도 하였다고 진술하고 있는 점, 당심 증인 피고인 14의 증언, 공소외 11에 대한 검찰 피의자신문조서의 진술기재(2008형제128525호 증거기록의 231면), 증 제44호증의 1(내용증명), 2(수령증)의 각 기재에 의하면 피고인은 피고인 6 등으로부터 교부받은 이 사건 증자대금 1억 6,500만원을 포함하여 본부장 및 부장들로부터 증자대금으로 받은 약 4－5억원 가량을 보관하고 있다가 2007. 11.경 피고인 6 등이 변호사비용이 없다며 납부한 증자대금을 돌려달라고 하여 ▲씨앤아이에서 자금담당을 하던 공소외 11을 통하여 6,000만원을 반환했고, 나머지 금원 중 3억원은 상피고인 2의 고향친구인 공소외 12가 '피고인 2 고문의 변호사를 선임하지 아니하면 피고인을 평생 감옥에서 썩게 해주겠다'고 말하여 공소외 12에게 3억원을 교부한 것으로 보여 **피고인이 위 증자대금 상당액을 2007. 11.경까지는 임의로 사용하지 않고 보관하고 있었던 점,** 실제로 서울중앙지방경찰청 광역수사대는 2007. 2. 7. ○인터내셔널 사무실을 압수수색하면서 이 사건 수사를 개시했고, **피고인**

1787) 대법원 2005. 10. 14, 선고 2005도12 판결.

은 2007. 10. 2. 구속되어 피고인의 증자계획에 어느 정도 차질이 생긴 것으로 보이는 점 등을 종합하여 보면, 피고인의 위 증자대금 명목의 돈을 피고인 6 등으로부터 받아 보관하고 있다가 이를 임의로 사용한 것으로 보이기는 하나, 검사가 제출한 증거들만으로는 합리적 의심을 배제하여 피고인에게 ○인터내셔널의 증자를 할 의사가 없이 피해자들로부터 위 금원을 증자대금을 교부받아 이를 편취하였다고 단정하기에 부족하고, 달리 이를 인정할 증거가 없으므로 이 부분 공소사실은 범죄의 증명이 없는 경우에 해당하여 형사소송법 제325조 후단에 의하여 무죄를 선고해야 하나, 이와 포괄일죄에 관계에 있는 판시 특정범죄가중처벌 등에 관한 법률위반(사기)죄를 유죄로 인정한 이상 따로 주문에서 무죄를 선고하지 아니한다.

2. 피고인 1의 변호사선임비 명목 편취의 점에 관하여

가. 이 부분 공소사실의 요지

피고인은 2007. 6. 초순경 서울 강남구 대치동 소재 위 '○인터내셔널' 사무실에서, 피해자 피고인 6, 7, 15, 16, 18에게 '현재 광역수사대에서 피의자신분으로 조사를 받을 사람이 180명이 넘는 등 국내에서 최대로 많이 조사를 받게 되었는데 현재 벌금형이 나올 것 같으므로 회사에서 변호사를 선임해 주겠다. 변호사 선임비로 들어가는 100억 정도를 피의자 신분으로 조사를 받을 사람에게 전부 거둬서 변호사를 선임해야 한다. 변호사를 선임하면 회사만 벌금형이 나오고 나머지 본부장 및 부장 그 이하의 사람들은 99.9프로 무죄로 정리할 수가 있다. 이에 필요한 변호사선임비용으로 100억원을 달라. 돈이 없으니 ◆◆토탈 상품권으로도 변호사비용을 지불하겠으니 상품권으로 지불시 현금으로 교환시 할인되는 10프로를 상품권으로 추가 지불하라'고 약속하면서 변호사 선임비 명목으로 피해자 피고인 6으로부터 6,000만원과 시가 2억 6,400만원 상당의 ◆◆토탈 상품권을, 피해자 피고인 15로부터 2,200만원과 시가 9,680만원 상당의 ◆◆토탈 상품권을, 피해자 피고인 18로부터 600만원과 시가 1억 1,500만원 상당의 ◆◆토탈 상품권을, 피해자 피고인 16으로부터 5,000만원과 시가 1억 8,700만원 상당의 ◆◆토탈 상품권을, 피해자 피고인 7로부터 3,000만원과 시가 2,200만원의 ◆◆토탈 상품권을 각각 교부받았다.

그러나 사실 피고인은 피해자들로부터 변호사 선임 명목으로 돈을 받더라도 이를 유사수신행위의규제에관한법률위반등으로 입건 중인 피해자들의 변호사 선임비용으로 사용할 의사가 없었다.

이로써 피고인은 상습으로 피해자들을 기망하여 1억 6,800만원과 6억 8,480만원(2009. 3. 26.자 제출 공소장변경허가신청서 상의 '6억 6,280만원'은 오기임) 상당의 ◆◆토탈 상품권을 교부받았다.

나. 판단

(1) 피고인의 주장

피고인은 서울중앙지방경찰청 광역수사대의 수사가 개시되어 수사가 장기화되자 본부장, 부장, 판매원들 개개인이 변호사를 선임하기 보다는 회사에서 일괄적으로 변호사를 선임하는 것이 효율적이고, 판매원을 관리하는 본부장과 부장들이 변호사비용을 내는 것이 타당하다는 판단 아래 본부장 및 부장들이 변호사비용을 갹출하기로 하여 그 돈을 모아 회사 차원에서 변호사를 선임하였다고 주장하며 그 편취 범의를 부인하고 있다.

(2) 검토

위에서 본 사기죄에 있어서 편취의 범의에 관한 법리와 이 사건 기록에 의하여 인정되는 다음과 같은 사정들 즉, 피고인은 ○인터내셔널에 대한 이 사건 수사가 개시되자 피의자 신분으로 조사받을 사람들에 대하여 회사에서 변호사를 선임해주는데 필요하다며 돈을 갹출하자고 제의했고, 결국 회의를 거쳐 본부장, 부장들이 범죄수익의 10%를 내기로 한 점, 피고인은 피고인 6, 7, 15, 16, 18로부터 받은 현금 1억 6,800만원과 상품권 6억 8,480만원 상당을 포함하여 본부장 및 부장들로부터 합계 현금 약 11억원 및 상품권 약 17억원 상당을 변호사선임비 명목으로 교부받았으나, 그 중 상품권 17억원 상당은 당시 이 사건 수사가 개시되어 현금으로의 상환이 곤란한 상황이고 실제로 사용할 수 없어서 폐기처분되어 현금 11억원만이 실제로 변호사 선임에 사용될 수 있었던 점, 당심 증인 피고인 4, 14의 각 증언, 증 제43호증의 1(사실확인서), 2(변호인선임서)의 각 기재에 의하면 피고인은 위와 같이 변호사선임비를 피해자 등으로부터 교부받아 2007. 4.경 공소외 13 변호사를 ▲씨앤아이와 ○인터내셔널의 변호인으로 선임하여 위 변호사가 이 사건 전반에 관하여 경찰청에서의 수사 당시부터 변호를 시작하여 공소제기 후의 서울중앙지방법원의 재판과정 및 다른 판매원들의 약식기소 사건에 관하여 변론활동을 한 것으로 보이고, 또한 피고인은 피고인 6, 7, 15, 16, 18을 포함하여 ○인터내셔널의 직원, 본부장, 부장 등 25명에게 공소외 14 변호사를 선임하여 주는 등 피고인 6 등을 위하여 실제로 변호사를 선임했고, 그와 같이 변호사들을 선임하는데 상당한 돈을 사용한 것으로 보이는 점 등을 종합하여 보면, 검사가 제출한 증거들만으로는 합리적 의심을 배제하여 피고인에게 피고인 6 등에게 변호사를 선임하여 줄 의사가 없이 피해자들로부터 위 금원을 변호사선임비 명목으로 교부받아 이를 편취하였다고 단정하기에 부족하고 달리 이를 인정할 증거가 없으므로, 이 부분 공소사실은 범죄의 증명이 없는 경우에 해당하여 형사소송법 제325조 후단에 의하여 무죄를 선고해야 하나, 이와 포괄일죄에 관계에 있는 판시 특정범죄가중처벌 등에 관한 법률위반(사기)죄를 유죄로 인정한 이상 따로 주문에서 무죄를 선고하지 아니한다. 이상의 이유로 주문과 같이 판결한다.」[1788]

나. 소비대차와 편취범의

사기죄가 성립하는지는 행위 당시를 기준으로 판단해야 하므로, 소비대차 거래에서 차주가 돈을 빌릴 당시에는 변제할 의사와 능력을 가지고 있었다면 비록 그 후에 변제하지 않고 있더라도 이는 민사상 채무불이행에 불과하며 형사상 사기죄가 성립하지 않는다.

그런데 소비대차 거래에서, 대주와 차주 사이의 친척·친지와 같은 인적 관계 및 계속적인 거래 관계 등에 의하여 **대주가 차주의 신용 상태를 인식하고 있어 장래의 변제 지체 또는 변제불능에 대한 위험을 예상하고 있었거나 충분히 예상할 수 있는 경우**에는, 차주가 차용 당시 구체적인 변제의사, 변제능력, 차용 조건 등과 관련하여 소비대차 여부를 결정지을 수 있는 중요한 사항에 관하여 허위 사실을 말하였다는 등의 다른 사정이 없다면, 차주가 그 후 제대로 변제하지 못하였다는 사실만을 가지고 변제능력에 관하여 대주를 기망하였다거나 차주에게 편취의 범의가 있었다고 단정할 수 없다.[1789] **따라서 계속적인 금전거래나 대차관계**를 가지고 있으면서 일시적인 자금궁색 등의 이유로 채무를 이행하지 못하게 되었다면 그러한 결과만으로 금전차용자의 행위가 편취의 범의에서 비롯된 것이라고 단정할 수는 없고 또한 금전차용에 있어서 단순히 차용금의 진실한 용도를 고지하지 아니하였다는 것만으로 사기죄가 성립된다 할 수 없으나, 이미 과다한 부채의 누적으로 변제의 능력이나 의사마저 극히 의심스러운 상황에 처하고서도 이러한 사실을 숨긴 채 피해자들에게 사업에의 투자로 큰 이익을 볼 수 있다고 속여 금전을 차용한 후 이를 주로 상환이 급박해진 기존채무 변제를 위한 용도에 사용한 사실이 인정된다면 금전차용에 있어서 편취의 범의가 있었다고 볼 수 있다.[1790]

다. 물품대금과 편취범의

피고인이 경영하던 기업이 과다한 금융채무부담, 덤핑판매로 인한 재무구조악화 등으로 특별한 금융혜택을 받지 않는 한 도산이 불가피한 상황에 이르

1788) 서울고등법원 2009. 5. 13, 선고 2008노3261,2009초기27,92,93,99,101~115,118~127,129~149,152~166,169~197,199~273,275~329,335 판결.

1789) 대법원 2016. 4. 28, 선고 2012도14516 판결.

1790) 대법원 1993. 1. 15, 선고 92도2588 판결.

렀는데 피고인이 특별한 금융혜택을 받을 수 없음에도 위 상황을 숨기고 대금지급이 불가능하게 될 가능성을 충분히 인식하면서 피해자로부터 생산자재용 물품을 납품받았다면 편취의 미필적 범의가 인정된다.[1791]

▶ 「컴퓨터 관련 장비를 납품할 목적으로 수개의 회사를 설립하여 관공서 등과 납품계약을 체결한 다음, 피해자들로부터 위 납품할 장비 등을 공급받고도 그 대금을 지급하지 아니한 사안에서, 피고인이 컴퓨터 관련 장비를 납품할 목적으로 수개의 회사를 설립하여 그 중 하나의 회사가 부당거래업체로 지정되면 다른 회사 명의로 낙찰을 받아 납품하여 왔고, 낙찰이 되어도 직접 납품할 능력이나 자금력이 부족하여 하청업체에 대납을 시키면서 무리하게 사업을 운영하였으며, 이 사건 피해자들로부터 컴퓨터 관련 장비 등을 납품받거나 금원을 차용할 당시에도 관공서 등으로부터 지급받은 납품대금을 기존의 차용금채무 또는 물품대금채무의 변제에 돌려막기 식으로 사용하는 등 자금부족 상태에 있어 피해자들에게 그 납품대금을 변제하거나 변제계획을 세우기 어려웠음에도 불구하고, 판시와 같은 방법으로 이를 납품받았으므로, 편취의 범의를 인정할 수 있다.」[1792]

그러나 차입 등 행위 이후의 경제사정의 변화 등으로 인하여 피고인이 채무불이행 상태에 이르게 된 것을 두고 사기죄로 처벌할 수 없는 점은 앞서 본 일반론과 동일하다.[1793]

이처럼 편취범의는 **실무상 가장 맹렬히 다투어지는 부분이다.** '행위 당시 이미 편취범의가 있었느냐', 아니면 '행위 당시에는 지불능력과 의사가 있었다가 후일 경제사정의 변화로 채무불이행 상태로 접어들게 되었는가'에 대한 것

1791) ▶ 「원심판결에서 거시한 증거를 기록에 의하여 살펴보면, 피고인이 경영하던 기업은 원심판시와 같은 과다한 금융채무 부담으로 그 이자지급에 급급한 처지에서 동종업체와의 경쟁을 위하여 원가 이하로 투매하는 덤핑판매를 강행한 결과 1981년경부터는 극도로 재무구조가 악화되어 특별한 금융혜택을 받지 않는 한 기업의 도산이 불가피한 상황에 이르렀는데 당시 피고인이 특별한 금융혜택을 받을 수 있는 가능성은 없었던 사실과 피고인은 위와 같은 상황을 숨기고 이 사건 피해자들로부터 원심판시와 같은 생산자재용 물품을 납품받은 사실이 적법하게 인정된다. 위와 같은 사실관계에 비추어 보면, **피고인은 그 대금지급이 불가능하게 될 가능성을 충분히 인식하면서도 피해자들로부터 이 사건 물품을 납품받은 것**이라고 하겠으므로 원심이 피고인에게 편취의 미필적 범의가 인정된다고 판단하여 피고인을 사기죄로 의율하였음은 정당하고, 소론과 같이 심리를 다하지 아니하거나 편취의 범의 또는 기망과 재물교부간의 인과관계에 관하여 법리를 오해한 위법이 있다고 볼 수 없으니 논지는 이유 없다.」(대법원 1983. 5. 10, 선고 83도340 전원합의체 판결)

1792) 대법원 2006. 6. 27, 선고 2006도2864 판결.

1793) 대법원 1997. 4. 11, 선고 97도249 판결; 대법원 2001. 3. 27, 선고 2001도202 판결; 대법원 2008. 9. 25, 선고 2008도5618 판결.

이다.

▶「사기 고의 판단 시 부도 이후 물품을 계속 공급하여 주면 영업을 재개하여 부도 당시의 기 발생 물품대금채무를 줄여가겠다고 약속하여 피해자들이 계속하여 물품을 공급했고 그 후 다시 거래가 중단되었으나 중단 당시의 잔존 물품대금 액이 부도 당시의 기 발생 물품대금 액보다 줄어들었다면 사기 고의를 인정할 수 없다.」[1794)]

▶「거래물품의 편취에 의한 사기죄의 성립 여부는 거래 당시를 기준으로 피고인에게 납품대금을 변제할 의사나 능력이 없음에도 피해자에게 납품대금을 변제할 것처럼 거짓말을 하여 피해자로부터 물품을 편취할 고의가 있었는지의 여부에 의하여 판단해야 하므로 납품 후 경제사정 등의 변화로 납품대금을 일시 변제할 수 없게 되었다고 하여 사기죄에 해당한다고 볼 수 없다.」[1795)]

라. 분양대금과 편취범의

분양대금 편취에 의한 사기죄의 성립 여부를 판단함에 있어서도 이 사건 전전대분양계약을 체결할 당시 또는 그 분양대금을 수령할 당시에 피고인에게 그 편취의 범의가 있었는지 여부, 즉 그 당시에 이 사건 점포에 관하여 전전대분양계약을 체결하고 그 분양대금을 수령하더라도 수분양자에게 해당 점포를 전전대분양해 주는 것이 불가능하게 될 가능성을 인식하고 이를 용인한 채 그러한 행위를 한 것인지 여부를 기준으로 판단해야 한다.[1796)]

▶「피고인은 각 전전대분양계약에 관하여 각 사기죄 또는 특정경제범죄 가중처벌 등에 관한 법률 위반(사기)죄로 공소 제기되었고, 위 각 죄는 상호 간에 실체적 경합범 관계에 있는바, 피고인에게 편취의 범의가 인정되는지 여부도 이 사건 각 전전대분양계약마다 개별적, 구체적으로 판단해야 할 것이다. …(중략) 그렇다면 원심으로서는 피고인의 이 사건 전전대분양사업의 시행과 관련하여, 자금조달계획의 합리성 내지 타당성, 피고인이 자금조달에 어려움을 겪게 된 사유 및 그 시기, 피고인이 이 사건 전대차계약에 의한 금원지급의무를 지체하게 된 사유 및 그 시기와 그 지급기일의 연장 가능성 여부, 이 사건 전대차계약의 해제

1794) 대법원 2002. 9. 24, 선고 2002도3488 판결.

1795) 대법원 1998. 3. 10, 선고 98도180 판결; 대법원 1999. 7. 23, 선고 99도1682 판결; 대법원 2003. 1. 24, 선고 2002도5265 판결.

1796) 대법원 2008. 9. 25, 선고 2008도5618 판결.

경위 및 시기 등에 관하여 심리하고, 그에 따라 구체적으로 어느 시기에 피고인에게 위와 같은 편취의 범의가 있었다고 인정할 수 있는지 및 그 시기에 체결된 전전대분양계약이나 수령한 분양대금은 어느 것인지 등을 살펴서 개별적으로 그 각 사기죄의 성립 여부를 판단해야 함에도 불구하고, 그 판시와 같은 사정들만으로 바로 이 사건 각 전전대분양계약을 처음 체결할 당시부터 이미 피고인에게 위와 같은 편취의 범의가 있었다고 인정한 원심판결에는 심리미진 내지 사기죄의 고의에 관한 법리오해로 인하여 판결 결과에 영향을 미친 위법이 있다.」[1797]

8. 권리실현과 위법성

기망행위를 수단으로 한 권리행사의 경우 그 권리행사에 속하는 행위와 그 수단에 속하는 기망행위를 전체적으로 관찰하여 그와 같은 기망행위가 사회통념상 권리행사의 수단으로서 용인할 수 없는 정도라면 그 권리행사에 속하는 행위는 사기죄를 구성한다.[1798]

▶ 「산업재해보상 보험급여를 지급받을 수 있는 지위에 있었다고 하더라도 특정 일자에 업무상 재해를 입은 사실이 전혀 없음에도 불구하고, 허위 내용의 목격자진술서를 첨부하는 등의 부정한 방법으로 요양신청을 하여 산업재해보상 보험급여를 지급받았다면, 피고인의 이러한 행위는 특별한 사정이 없는 한 그 자체로 이미 **사회통념상 권리행사의 수단으로 용인할 수 없는 정도**이다.」[1799]

▶ 「토지를 20년 이상 점유하여 왔더라도 그 점유권원의 성질이 불분명하여 일단 자주점유로 추정받기는 하나, 상대방이 그 추정을 번복시킬 수 있는 사실을 입증하면 취득시효를 인정받을 수 없어 결국 상대방의 입증 여부에 따라 소송의 승패가 결정되는 소송에서, 소송의 승패에 결정적인 증거인 자주점유의 권원에 관한 처분문서를 위조하고, 그 성립에 관한 위증을 교사함으로써 상대방의 추정 번복의 입증을 원천적으로 봉쇄하고 법원으로서도 그 처분문서의 성립이 인정되는 한 채증법칙상 그 문서의 내용대로 인정할 수밖에 없도록 하는 등의 소송행위는 사회통념상 도저히 용인될 수 없다고 할 것이므로, 비록 점유자가 자주점유

1797) 대법원 2008. 9. 25, 선고 2008도5618 판결.
1798) 대법원 1969. 12. 23, 선고 65도1544 판결; 대법원 1997. 10. 14, 선고 96도1405 판결; 대법원 2002. 12. 24, 선고 2002도5085 판결; 대법원 2003. 6. 13, 선고 2002도6410 판결; 대법원 2007. 5. 10, 선고 2007도1780 판결; 대법원 2009. 7. 9, 선고 2009도295 판결; 대법원 2011. 3. 10, 선고 2010도14856 판결.
1799) 대법원 2003. 6. 13, 선고 2002도6410 판결.

로 추정받는다고 하더라도 위와 같은 기망행위에 의하여 적극적으로 법원을 기망하여 착오에 빠지게 함으로써 승소판결을 받고, 등기까지 했던 것이라면 그 행위는 **정당한 권리행사라 할 수 없어** 사기죄를 구성한다.」[1800)]

▶ 「피고인의 소위가 피해자에 대하여 소론의 채권을 변제받기 위한 방편이었다 하더라도 판시와 같은 기망수단에 의하여 판시 약속어음을 교부받은 행위는 **위법성을 조각할만한 정당한 권리행사 방법이라고 볼 수는 없고,** 설사 그와 같은 행위가 허용된다 하더라도 교부받은 재물이 불가분인 경우에는 그 전부에 대하여 사기죄가 성립되는 것인바, 약속어음은 그 자체가 재산적 가치를 지닌 유가증권으로서 재물성이 있고 소론의 채권은 판시 약속어음의 금액의 일부에 해당함이 분명하고 판시 어음은 단일하여 불가분하다 할 것이니 위 어음을 기망행위에 의하여 교부받은 이상 그 어음금 전액에 대하여 사기죄가 성립한다.」[1801)]

▶ 「피고인이 피해자에 대하여 동시이행 조건 없이 이 사건 부동산에 관한 소유권이전등기절차의 이행을 명하는 승소확정판결을 받아 단독으로 이전등기를 경료할 수 있었다 하더라도, 피고인이 그 판결에 기해 이전등기를 경료하지 않고 위 판결 확정 후 피해자에게 매매잔금을 공탁해 줄 것처럼 거짓말을 하여 '이 사건 부동산에 관한 이전등기를 경료받은 후 피해자에게 매매잔금을 공탁해 주는 조건으로 이 사건 부동산의 소유권을 임의로 이전받기로' 피해자와 합의하고 그에 기해 이 사건 부동산의 소유권을 이전받은 이상, 이와 같은 피고인의 행위는 **사회통념상 권리행사의 수단으로서 용인할 수 있는 범위를 벗어난 것**으로 사기죄에 있어서의 기망행위에 해당한다.」[1802)]

▶ 「근저당권자의 대리인인 피고인이 채무자 겸 소유자인 피해자를 대리하여 경매개시결정 정본을 받을 권한이 없음에도, 경매개시결정 정본 등 서류의 수령을 피고인에게 위임한다는 내용의 피해자 명의의 위임장을 위조하여 법원에 제출하는 방법으로 경매개시결정 정본을 교부받음으로써 경매절차가 진행되도록 하는 행위는 **사회통념상 도저히 용인될 수 없다**고 할 것이므로, 비록 위 근저당권이 유효하다고 하더라도 사기죄에 있어서의 기망행위에 해당한다 할 것이다.」[1803)]

1800) 대법원 1997. 10. 14, 선고 96도1405 판결.
1801) 대법원 1982. 9. 14, 선고 82도1679 판결.
1802) 대법원 2011. 3. 10, 선고 2010도14856 판결.
1803) 대법원 2009. 7. 9, 선고 2009도295 판결.

9. 기수시기

가. 재산상의 손해가 발생한 때 기수가 되고, 재물 또는 재산상 이익을 취득한 때가 사기죄의 완수시가 된다.[1804)]

나. 재물 편취를 내용으로 하는 사기죄에 있어서는 피해자가 기망으로 인하여 재물을 교부하면 그 자체로 피해자의 재산침해가 되어 이로써 곧 사기죄의 기수에 이르는 것인바, 위와 같이 피고인들이 피해자들을 기망하여 피해자들로부터 물품대금 명목의 돈을 받음으로써 곧 사기죄의 기수에 이르렀다 할 것이므로, 그 후 피고인들이 범행을 계속하는 과정에서 일부 피해자들에게 당초 약속한 수당을 일부 또는 전부 지급하였다 하더라도 사기죄의 성립에는 아무런 영향이 없다.[1805)]

10. 죄수

가. 피고인이 당초부터 피해자를 기망하여 약속어음을 교부받은 경우에는 그 교부받은 즉시 사기죄가 성립하고 그 후 이를 피해자에 대한 피고인의 채권의 변제에 충당하였다 하더라도 불가벌적 사후행위가 됨에 그칠 뿐, 별도로 횡령죄를 구성하지 않는다.[1806)]

나. 수개의 기망행위로 **동일 피해자**로부터 재물을 계속적으로 편취하면 범의가 단일(單一)하고 범행방법이 동일(同一)하다면 포괄일죄이다. 그러나 **수인의 피해자**에게 각별로 기망하여 각각 재물을 편취한 것은 비록 범의가 단일하고 방법이 동일하더라도 각 피해자의 피해법익은 독립한 것이므로 포괄일죄가 될 수 없다. 수개의 사기죄의 실체적 경합관계이다.[1807)]

1804) 김일수·서보학, 새로쓴 형법각론, 제9판, 박영사, 2018, 354면; 이재상·장영민·강동범, 형법각론, 제10판 보정판, 박영사, 2017, 352면.

1805) 서울고등법원 2006. 10. 20, 선고 2006노1275 판결; 유가증권을 편취할 경우에는 당좌수표등 유가증권의 교부를 받은 단계에서 재물편취의 기수가 된다(대법원 1985. 12. 24, 선고 85도2317 판결).

1806) 대법원 1983. 4. 26, 선고 82도3079 판결.

1807) **<판례 1.>**
▶「단일한 범의의 발동에 의하여 상대방을 기망하고 그 결과 착오에 빠져 있는 동일인으로부터 어떤 기간 동안 동일한 방법에 의하여 금원을 편취한 경우에는 이를 포괄적으로 관찰하여 일죄로 처단하는 것이 상당하나, **수인의 피해자**에 대하여 각별로 기망행위를 하여 각각 재물을 편취한 경우에는 비록 범의가 단일하고 범행방법이 동일하더라도 각 피해자의

피해법익은 독립한 것이므로 이를 포괄일죄로 파악할 수는 없고 피해자별로 독립한 수개의 사기죄가 성립된다.」(대법원 1989. 6. 13, 선고 89도582 판결)

<판례 2.>

▶ 「1. 피고인의 상고이유를 본다.

원심은 피고인이 백화점 상계점의 식품팀을 총괄하는 식품담당 차장으로서 정육팀 종업원인 공소외인 등과 공모하여 1994. 7. 7. 12:13경 위 백화점 지하 1층 식품판매장에서 이틀 전인 1994. 7. 5. 판매하다 남은 재고 정육상품으로서 가공일이 같은 달 4. 또는 같은 달 5.로 표시된 소천엽, 소양 등에 부착되어 있는 바코드와 비닐랩 포장을 벗겨낸 다음 다시 새로운 비닐랩으로 재포장한 후 그 위에 가공일이 1994. 7. 7.로 기재된 바코드와 백화점 상표를 부착하여 진열대에 진열하여 마치 위 상품이 판매 당일 구입되어 가공된 신선한 것처럼 고객인 피해자 배국○을 기망하여 그에게 위 소천엽 1개를 대금 2,440원에, 위 소양 1개를 대금 1,201원에 판매하여 그 대금 상당액을 편취한 사실을 유죄로 인정하였는바, 기록에 비추어 검토하여 보면, 원심의 판단은 정당한 것으로 충분히 수긍이 가고, 거기에 어떤 위법이 있다고 할 수 없다.

피고인은 상품에 부착되어 있는 바코드와 비닐랩 포장을 뜯어내고 다시 포장을 하면서 가공일이 당일로 기재된 바코드와 비닐랩 포장을 부착한 것은 **백화점의 관행**상의 행위일 뿐 거기에 가공일자에 관하여 고객을 기망함으로써 판매를 촉진한다는 **편취의 고의**가 있었던 것은 아니라고 주장하나, 이러한 주장은 결국 원심의 전권에 속하는 사실의 인정을 비난하는 것에 지나지 아니하여 받아들일 수 없다.

2. 검사의 상고이유를 본다.

사기죄에 있어서 **수인의 피해자**에 대하여 각별로 기망행위를 하여 각각 재물을 편취한 경우에 그 범의가 단일하고 범행방법이 동일하다고 하더라도 포괄1죄가 되는 것이 아니라 피해자별로 1개씩의 죄가 성립하는 것으로 보아야 할 것이고, 이러한 경우 그 공소사실은 각 피해자와 피해자별 피해액을 특정할 수 있도록 기재해야 할 것인바, 따라서 '일정한 기간 사이에 성명불상의 고객들에게 1일 평균 매상액 상당을 판매하여 그 대금 상당액을 편취하였다'는 내용은 피해자나 피해액이 특정되었다고 할 수 없을 것이다.

원심이 같은 취지에서, 이 사건 공소사실 중 '피고인이 1994. 7. 7. 12:13경 피해자 배국○을 기망하여 소천엽 1개를 대금 2,440원에, 소양 1개를 대금 1,201원에 판매하여 그 대금 상당액을 편취하였다'는 부분에 관하여는 범죄의 일시와 장소, 범행의 방법이 구체적으로 특정되어 있다고 할 것이나, 이를 제외한 나머지 공소사실인 '피고인이 1992. 9. 1.경부터 1994. 7. 11.까지 사이에 성명불상의 고객들에게 위와 같은 방법으로 가공일을 변작한 소양, 소천엽, 닭다리, 닭가슴살, 닭어깨살, 닭날개 등 소부산물 및 계육 등 1일 평균 10개, 대금 합계 25,000원 상당을 판매하여 그 대금 상당액을 편취하였다'는 부분에 관하여는 피해자의 숫자조차 특정되어 있지 않는 등 공소장에 구체적인 범죄사실의 기재가 없어 그 공소제기의 절차가 법률의 규정에 위반하여 무효인 경우에 해당한다고 판단한 것은 정당하고, 거기에 소론과 같이 공소사실 특정의 정도에 관한 법리를 오해한 위법이 있다고 할 수 없다. 논지는 이유 없다.」(대법원 1996. 2. 13, 선고 95도2121 판결)

<판례 3.>

▶ 「1. 원심은 제1심판결이유를 인용하여 피고인에 대한 다음과 같은 범죄사실을 유죄로 인정했다. 즉, 피고인은 백화점 식품부 차장으로서 삼계탕용 닭 등 계육제품, 아지, 병어 등 해산물제품 등의 생식품을 판매하면서 위 생식품의 바코드라벨에 가공일자를 표시하고 있었는데, 전날 판매하고 남은 재고품에 대하여는 가공일자가 전날로 된 바코드라벨을 그대로 두고 판매하는 경우에는 소비자들이 신선하지 아니한 것으로 판단하여 구매하지 아니할 것을 염려하여 포장지를 교체하면서 가공일자가 재포장일자로 기재된 바코드라벨을 부착하여 냉장매대에 진열해 놓음으로써 그것이 마치 판매 당일 가공된 신선한 상품인 것처럼 소비자들을 기망하여 판매하여 오던 중, 1994. 7. 6. 11:00경 공소외 이향○에게 전날 가공된 삼계탕용 닭 1개를 2,500원, 닭날개 1개를 1,755원에 판매함으로써 위 대금 상당액을 편

다. 사기죄에 있어 **동일한 피해자**에 대하여 수회에 걸쳐 기망행위를 하여 금원을 편취한 경우 범의가 단일하고 범행방법이 동일하다면 사기죄의 포괄1죄만이 성립한다고 할 것이나, 범의의 단일성과 계속성이 인정되지 아니하거나 범행방법이 동일하지 않은 경우에는 각 범행은 **실체적 경합범**에 해당한다.[1808] 따라서 피고인이 동일한 피해자로부터 3회에 걸쳐 돈을 편취함에 있어서 그 시간적 간격이 각 2개월 이상이 되고 그 기망방법에 있어서도 **처음에는** 경매보증금을 마련하여 시간을 벌어주면 경매목적물을 처분하여 갚겠다고 거짓말을 했고, **두 번째는** 한번만 더 시간을 벌면 위 부동산이 처분될 수 있다고 하여 돈을 빌려주게 하고, **마지막에는** 돈을 빌려주지 않으면 두 번에 걸쳐 빌려준 돈도 갚을 수 없게 되었다고 거짓말을 함으로써 피해자로 하여금 부득이 그 돈을 빌려주지 않을 수 없는 상태에 놓이게 하였다면 피고인에게 범의의 단일성과 계속성이 있었다고 보여지지 아니하므로 위의 각 범행은 실체적 경합범에 해당한다.[1809]

라. 피고인들이 공소외 주식회사가 석유를 수입하는 것처럼 가장하여 신용장 개설은행의 직원들을 기망하여 신용장 개설은행들로 하여금 신용장을 개설하게 하고 신용장 대금 상당액의 지급을 보증하게 함으로써 동액 상당의 재산상 이익을 취득한 행위는 피해자들인 신용장 개설은행별로 각각 포괄하여 1죄가 성립하고, 분식회계에 의한 재무제표 및 감사보고서 등으로 농업협동조합 함열지점의 직원들을 기망하여 위 농협으로 하여금 신용장을 개설하게 하여 신용장 대금 상당액의 지급을 보증하게 함으로써 동액 상당의 재산상 이익을 취득한 행위도 포괄하여 1죄가 성립한다고 할 것이나, 위와 같이 **가장거래에 의한 사기죄**와 **분식**

취한 것을 비롯하여 1991. 9. 5.경부터 1994. 7. 11.까지 사이에 위와 같이 가공일자를 변작한 바코드라벨이 부착된 재고품을 성명미상의 고객들에게 1일 평균 200,000원 상당씩 판매함으로써 그 대금상당액을 편취하였다는 것이다.

2. 상고이유 제2점을 본다.

사기죄에 있어서 **수인의 피해자**에 대하여 각별로 기망행위를 하여 각각 재물을 편취한 경우, 그 범의가 단일하고 범행방법이 동일하다고 하더라도 포괄1죄가 되는 것이 아니라, 피해자별로 1개씩의 죄가 성립하는 것으로 보아야 할 것이고, 이러한 경우 그 공소사실은 각 피해자와 피해자별 피해액을 특정할 수 있도록 기재해야 할 것인바, '일정한 기간 사이에 성명미상의 고객들로부터 1일 평균 매상액 상당의 생식품을 판매함으로써 그 대금 상당액을 편취하였다'는 내용은 피해자나 피해액이 특정되었다고 할 수 없을 것이다. 그렇다면, 이 사건 피고인에 대한 범죄사실은 위 이향○를 제외한 나머지 고객들에 관한 부분에 있어서는 피해자와 피해액이 구체적으로 특정되었다고 할 수 없다. 그럼에도 원심은 위 공소사실 전부가 포괄하여 1죄를 구성하는 것임을 전제로 공소사실을 그대로 유죄로 인정하고 말았으니, 원심에는 결국 사기죄의 특정에 관한 법리를 오해하거나 포괄 1죄에 관한 법리를 오해한 위법이 있어 파기를 면할 수 없다고 할 것이므로, 이 점을 탓하는 논지는 이유 있다.」(대법원 1995. 8. 22, 선고 95도594 판결)

1808) 대법원 1997. 6. 27, 선고 97도508 판결; 대법원 2004. 6. 25, 선고 2004도1751 판결.

1809) 대법원 1989. 11. 28, 선고 89도1309 판결.

회계에 의한 사기죄는 범행 방법이 동일하지 않아 그 피해자가 동일하더라도 포괄일죄가 성립한다고 할 수 없다.[1810]

마. 공무원이 거짓말로 돈을 받은 경우 직무관련성이 있다면 **사기죄**와 **수뢰죄**의 상상적 경합이다.[1811]

▶ 피고인 1이 그 뇌물을 수수함에 있어서 상피고인 2를 기망한 점이 있다 하여도 피고인들에 대한 뇌물수수, 뇌물공여죄의 성립에는 아무런 소장이 없다.[1812]

▶ 뇌물을 수수함에 있어서 공여자를 기망한 점이 있다 하여도 뇌물수수죄, 뇌물공여죄의 성립에는 영향이 없고,[1813] 이 경우 뇌물을 수수한 공무원에 대하여는 한 개의 행위가 뇌물죄와 사기죄의 각 구성요건에 해당하므로 형법 제40조에 의하여 상상적 경합으로 처단해야 할 것이다.[1814]

바. 공무원이 취급하는 사건에 관하여 청탁 또는 알선을 할 의사와 능력이 없음에도 청탁 또는 알선을 한다고 기망하고, 이에 속은 피해자로부터 이른바 로비자금 명목으로 금원을 송금 받은 피고인의 행위는 형법 제347조 제1항과 구 변호사법 제111조에 각 해당하고, 이러한 **사기죄**와 **변호사법 위반죄**는 상상적 경합의 관계에 있다.[1815] 그렇다고 하여 그 중 어느 한 죄로만 공소가 제기된 경우에 법원이 공소장변경절차를 거치지 아니하고 다른 죄로 바꾸어 인정하거나 다른 죄를 추가로 인정하는 것은 불고불리의 원칙에 위배된다고 할 것이다.[1816]

1810) 대법원 2010. 5. 27, 선고 2007도10056 판결.

1811) 대법원 1977. 6. 7, 선고 77도1069 판결; 대법원 1985. 2. 8, 선고 84도2625 판결; 대법원 2015. 10. 29, 선고 2015도12838 판결.

1812) 대법원 1977. 6. 7, 선고 77도1069 판결; 대법원 1985. 2. 8, 선고 84도2625 판결.

1813) 대법원 1985. 2. 8, 선고 84도2625 판결 참조.

1814) 대법원 2015. 10. 29, 선고 2015도12838 판결; 대법원 1977. 6. 7, 선고 77도1069 판결.

1815) ▶ 「…(전략) 4. 추징의 선고가 위법하다는 주장에 대하여

형법 제40조가 규정하는 1개의 행위가 수개의 죄에 해당하는 경우에는 '가장 중한 죄에 정한 형으로 처벌한다.'함은 그 수개의 죄명 중 가장 중한 형을 규정한 법조에 의하여 처단한다는 취지와 함께 다른 법조의 최하한의 형보다 가볍게 처단할 수는 없다는 취지 즉, 각 법조의 상한과 하한을 모두 중한 형의 범위 내에서 처단한다는 것을 포함하는 것으로 새겨야 할 것이다(대법원 1984. 2. 28, 선고 83도3160 판결 참조).

원심이 같은 취지에서, 상상적 경합의 관계에 있는 사기죄와 변호사법 위반죄에 대하여 형이 더 무거운 사기죄에 정한 형으로 처벌하기로 하면서도, 판시의 금품은 공무원이 취급하는 사건에 관하여 청탁을 한다는 명목으로 받은 것으로서 몰수할 수 없으므로 구 변호사법 제116조, 제111조에 의하여 그 상당액을 추징한 것은 옳고, 거기에 상고이유의 주장과 같은 상상적 경합범의 처리에 관한 법리를 오해한 위법도 없다.」(대법원 2006. 1. 27, 선고 2005도8704 판결)

사. 공무원이 취급하는 사건에 관하여 청탁 또는 알선을 할 의사와 능력이 없음에도 청탁 또는 알선을 한다고 기망하고, 이에 속은 피해자로부터 청탁 또는 알선을 한다는 명목으로 금품을 받은 경우, 그 행위가 **공무원이 취급하는 사건에 관하여 청탁 또는 알선**을 한다는 명목으로 금품·향응 기타 이익을 받은 것으로서 구 변호사법(2007. 3. 29. 법률 제8321호로 개정되기 전의 것) 제111조 위반죄가 성립하거나 **공무원의 직무에 속한 사항의 알선**에 관하여 금품을 수수한 경우로서 특정범죄 가중처벌 등에 관한 법률 위반(알선수재)죄가 성립하는 것과 상관없이, 그 행위는 다른 사람을 속여 재물을 받은 행위로서 **사기죄**를 구성한다. 따라서 피고인 1이 검찰에 청탁하여 공소외 3을 석방케 해 줄 의사나 능력이 없음에도 피해자로부터 사건 해결 여부를 의뢰받자 피해자에게 **"검사한테 말해서 풀어주겠으니 돈을 가지고 와라"고 말하여 이를 진실로 믿은 피해자로부터 돈을 받은 경우 사기죄가 별도로 성립하고 이들 죄는 상상적 경합**관계에 있다.[1817)]

아. 금융회사 등의 임직원의 직무에 속하는 사항의 알선에 관하여 금품이나 그 밖의 이익을 수수한 때에는 위와 같은 금품 등을 수수하는 것으로써 특정경제범죄 가중처벌 등에 관한 법률 위반(알선수재)죄가 성립되고, 위와 같은 금품 등을 수수한 자가 실제로 알선할 생각이 없었다 하더라도 금품 등을 수수하는 것이 자기의 이득을 취하기 위한 것이라면 위 죄의 성립에는 영향이 없다. 따라서 피고인이 금융회사 등의 임직원의 직무에 속하는 사항에 관하여 알선할 의사와 능력이 없음에도 알선을 한다고 기망하고 이에 속은 피해자로부터 알선을 한다는 명목으로 금품 등을 수수하였다면 이러한 피고인의 행위는 형법 제347조 제1항의 **사기죄**와 **특정경제범죄 가중처벌 등에 관한 법률 제7조 위반죄**에 각 해당하고 위 두 죄는 상상적 경합의 관계에 있다.[1818)]

자. 국회의원 선거에서 정당의 공천을 받게 하여 줄 의사나 능력이 없음에도 이를 해 줄 수 있는 것처럼 기망하여 공천과 관련하여 금품을 받은 경우, **공직선거법상 공천관련금품수수죄**와 **사기죄**가 모두 성립하고 양자는 상상적 경합의 관계에 있다.[1819)]

1816) 대법원 2007. 5. 10, 선고 2007도2372 판결.

1817) 대법원 2008. 2. 28, 선고 2007도10004 판결.

1818) 대법원 2006. 1. 27, 선고 2005도8704 판결; 대법원 2007. 5. 10, 선고 2007도2372 판결; 대법원 2008. 2. 28, 선고 2007도10004 판결; 대법원 2012. 6. 28, 선고 2012도3927 판결.

1819) 대법원 2009. 4. 23, 선고 2009도834 판결.

차. 위조문서를 행사하여 기망으로 재물을 교부받으면 **위조문서행사죄**와 **사기죄**의 실체적 경합이다.[1820)]

카. 위조통화를 행사하여 성을 매수하고 대가로 그 통화를 주면 **위조통화행사죄**와 **사기죄**의 실체적 경합범이 된다.[1821)]

타. 사기의 수단으로 발행한 수표가 지급거절된 경우 **부정수표단속법위반죄**와 **사기죄**는 그 행위의 태양과 보호법익을 달리하므로 실체적 경합범의 관계에 있다.[1822)]

파. 대표이사가 회사의 상가분양 사업을 수행하면서 수분양자들을 기망하여 **편취**한 분양대금은 회사의 소유로 귀속되는 것이므로, 대표이사가 그 분양대금을 **횡령**하는 것은 사기 범행이 침해한 것과는 다른 법익을 침해하는 것이어서 회사를 피해자로 하는 별도의 횡령죄가 성립되는 것이고,[1823)] 주식회사는 주주와 독립된 별개의 권리주체로서 그 이해가 반드시 일치하는 것은 아니므로 회사의 자금을 회사의 업무와 무관하게 주주나 대표이사의 개인 채무 변제, 다른 업체 지분 취득 내지 투자, 개인적인 증여 내지 대여 등과 같은 사적인 용도로 임의 지출하였다면 그 지출에 관하여 주주총회나 이사회의 결의가 있었는지 여부와는 관계없이 횡령죄의 죄책을 면할 수는 없는 것이고, 이는 1인 회사인 경우에도 마찬가지이다.[1824)]

하. 타인의 사무처리자가 본인을 속여 재산상 이익을 얻으면 배임과 사기의 상상적 경합관계이다. 사기죄는 사람을 기망하여 재물의 교부를 받거나 재산상의 이익을 취득하는 것을 구성요건으로 하는 범죄로서 임무위배를 그 구성요소로 하지 아니하고 사기죄의 관념에 임무위배 행위가 당연히 포함된다고 할 수도 없으며, 업무상배임죄는 업무상 타인의 사무를 처리하는 자가 그 업무상의 임무

1820) "위조사문서행사죄와 이로 인한 사기죄와는 상상적 경합관계에 있다고 볼 수 없다."(대법원 1981. 7. 28, 선고 81도529 판결)

1821) ▶「통화위조죄에 관한 규정은 공공의 거래상의 신용 및 안전을 보호하는 공공적인 법익을 보호함을 목적으로 하고 있고, 사기죄는 개인의 재산법익에 대한 죄이어서 양 죄는 그 보호법익을 달리하고 있으므로 위조통화를 행사하여 재물을 불법영득한 때에는 위조통화행사죄와 사기죄의 양 죄가 성립된다.」(대법원 1979. 7. 10, 선고 79도840 판결)

1822) 대법원 1983. 11. 22, 선고 83도2495 판결; 대법원 2004. 6. 25, 선고 2004도1751 판결.

1823) 대법원 1989. 10. 24, 선고 89도1605 판결.

1824) 대법원 1989. 10. 13, 선고 89도1012 판결; 1990. 2. 23, 선고 89도2466 판결; 1999. 7. 9, 선고 99도1040 판결; 대법원 2005. 4. 29, 선고 2005도741 판결. **배임죄와 관련하여 同旨의 판결로는, 대법원 2000. 5. 26, 선고 99도2781 판결.**

에 위배하는 행위로써 재산상의 이익을 취득하거나 제3자로 하여금 이를 취득하게 하여 본인에게 손해를 가하는 것을 구성요건으로 하는 범죄로서 기망적 요소를 구성요건의 일부로 하는 것이 아니어서 양 죄는 그 구성요건을 달리하는 별개의 범죄이고 형법상으로도 각각 별개의 장(장)에 규정되어 있어, 1개의 행위에 관하여 **사기죄**와 **업무상배임죄**의 각 구성요건이 모두 구비된 때에는 양 죄를 법조경합 관계로 볼 것이 아니라 상상적 경합관계로 봄이 상당하다 할 것이고, 나아가 업무상배임죄가 아닌 **단순배임죄**라고 하여 양 죄의 관계를 달리 보아야 할 이유도 없다. 이와 달리 위와 같은 경우 사기죄와 배임죄의 관계에서 **사기죄만이 성립하고 별도로 배임죄를 구성하지 아니한다는 견해를 표명한 대법원 1983. 7. 12, 선고 82도1910 판결은 이와 저촉되는 한도 내에서 이를 변경**하기로 한다. 그렇다면 위 각 사기죄와 각 업무상배임죄를 법조경합 관계로 보아 사기죄에 대하여만 유죄를 선고하고 업무상배임죄에 대하여는 무죄로 판단한 원심판결에는 상상적 경합범에 관한 법리를 오해함으로써 판결에 영향을 미친 위법이 있다.[1825)]

거. 방문판매등에관한법률 제45조 제2항 제1호는 "누구든지 다단계판매조직 또는 이와 유사하게 순차적·단계적으로 가입한 가입자로 구성된 다단계조직을 이용하여 상품 또는 용역의 거래 없이 금전거래만을 하거나 상품 또는 용역의 거래를 가장하여 사실상 금전거래만을 하는 행위를 하여서는 아니 된다."고 규정하고 있어서 그 행위 자체를 사기행위라고 볼 수는 없고, 그러한 금전거래를 통한 형법 제347조 제1항의 **사기죄**와 **방문판매등에관한법률 제45조 제2항 제1호의 위반죄**는 법률상 1개의 행위로 평가되는 경우에 해당하지 않으며, 또 각 그 구성요건을 달리하는 별개의 범죄로서, 서로 보호법익을 달리하고 있어 양 죄를 상상적 경합관계나 법조경합관계로 볼 것이 아니라 실체적 경합관계로 봄이 상당하다.[1826)]

방문판매등에관한법률 제28조 제1항은 "다단계판매업을 하고자 하는 자는 시·도지사에게 등록해야 한다."고 규정하고 있고, 같은 법률 제45조 제2항 제1호는 "누구든지 다단계판매조직 또는 이와 유사하게 순차적·단계적으로 가입한 가입자로 구성된 다단계조직을 이용하여 상품 또는 용역의 거래 없이 금전거래만을 하거나 상품 또는 용역의 거래를 가장하여 사실상 금전거래만을 하는 행위를 하여서는 아니 된다."고 규정하고 있어서 그 각 행위들 자체를 사기행위라고 볼 수는 없고, 그러한 무등록영업행위나 금전거래를 통한 형법 제347조 제1항의 **사기**

1825) 대법원 2002. 7. 18, 선고 2002도669 전원합의체 판결.
1826) 대법원 2000. 7. 7, 선고 2000도1899 판결.

죄와 **방문판매등에관한법률 제28조 제1항 및 같은 법률 제45조 제2항 제1호의 각 위반죄**는 법률상 1개의 행위로 평가되는 경우에 해당하지 않으며, 또 각 그 구성요건을 달리하는 별개의 범죄로서, 서로 보호법익을 달리하고 있어 양 죄를 각 상상적 경합관계로 볼 것이 아니라 실체적 경합관계로 봄이 상당하다.[1827]

너. **방문판매등에관한법률위반죄**와 **유사수신행위의규제에관한법률위반죄, 특정경제범죄가중처벌등에관한법률위반(사기)죄**는 각 그 구성요건과 보호법익을 달리할 뿐 아니라, 이 사건 각 죄의 판시사실 자체의 범죄 일시나 행위태양도 서로 일치하지 않으므로 위 각 죄는 법률상 1개의 행위로 평가되는 경우에 해당하지 않는다 할 것이어서, 위 각 죄는 상상적 경합관계가 아닌 실체적 경합관계로 봄이 상당하다.[1828]

더. 판매의 목적으로 휘발유에 솔벤트 벤젠 등을 혼합하여 판매한 행위는 **석유사업법 제24조, 제22조 위반죄**와 형법상 **사기죄**의 상상적 경합관계에 있다.[1829]

러. 보건범죄단속에관한특별조치법 제3조 제1항 제2호는 약사법 제26조 제1항의 허가를 받지 아니하고 의약품을 제조한 자가 그 가액이 소매가격으로 연간 1천만원 이상인 경우를 처벌하고 있는 바, 위와 같은 무허가 의약품 제조행위 자체를 사기행위라고 볼 수는 없고, 형법 제347조 제1항의 **사기죄**와 위 **보건범죄단속에관한특별조치법위반죄**는 각 그 구성요건을 달리하는 별개의 범죄로서, 서로 보호법익을 달리 하고 있어 양 죄를 법조경합관계로 볼 것이 아니라 실체적 경합관계로 봄이 상당하다.[1830]

머. 절도범인이 그 절취한 장물을 자기 것인 양 제3자를 기망하여 금원을 편취한 경우에는 장물에 관하여 소비 또는 손괴하는 경우와는 달리 제3자에 대한 관계에 있어서는 새로운 법익의 침해가 있다고 할 것이므로 **절도죄** 외에 **사기죄**의 성립을 인정할 것인 바, 원심은 이와 배치되는 이론 아래 피고인이 절취한 장물을 제3자에게 담보로 제공하고 금원을 차용한 사실을 인정하고 담보제공 물건이 장물 아닌 자기의 물건인 것처럼 행세 하였거나 차용금을 변제할 의사가 없

1827) 대법원 2001. 3. 27, 선고 2000도5318 판결; 대법원 2000. 7. 7, 선고 2000도1899 판결.

1828) 서울동부지방법원 2006. 6. 19, 선고 2005고합216,2006고합15(병합),2006고합106(병합),2006고합107(병합) 판결; 대법원 2003. 1. 24, 선고 2002도6427 판결; 대법원 2001. 12. 24, 선고 2001도205 판결.

1829) 대법원 1980. 12. 9, 선고 80도384 전원합의체 판결.

1830) 대법원 2004. 1. 15, 선고 2001도1429 판결.

다고 하더라도 그것만으로는 새로운 법익의 침해가 없으므로 피고인의 행위는 절도죄의 불가벌적 사후행위라고 볼 것이며 따라서 피고인의 행위가 별도로 사기죄를 구성하지 아니한다는 취지로 판단하고 있어 원심판결에는 불가벌적 사후행위 및 사기죄의 법리오해가 있다고 아니할 수 없고 이 점에 관한 논지는 이유 있으므로 원심판결을 파기한다.[1831]

11. 특수문제

가. 간접정범 피이용자의 피해자성 부인

간접정범을 통한 범행에서 피이용자는 간접정범의 의사를 실현하는 수단으로서의 지위를 가질 뿐이므로, 피해자에 대한 사기범행을 실현하는 수단으로서 타인을 기망하여 그를 피해자로부터 편취한 재물이나 재산상 이익을 전달하는 도구로서만 이용한 경우에는 편취의 대상인 재물 또는 재산상 이익에 관하여 피해자에 대한 사기죄가 성립할 뿐 도구로 이용된 타인에 대한 사기죄가 별도로 성립한다고 할 수 없다.[1832]

▶ 「피고인 1에 대한 공소사실 중 피해자 공소외 1에 대한 사기의 점의 요지는, '피고인 1이 피고인 2 등과 공모하여 2015. 11. 5. 피해자 공소외 1에게 금융감독원 직원 등을 사칭하면서 거짓말하여 피해자 공소외 1로 하여금 1,880만원을 인출하여 전달하게 함으로써 피해자 공소외 1로부터 1,880만원을 편취하였다'는 것이고, 피해자 공소외 2에 대한 사기의 점의 요지는, '피고인 1이 피고인 2 등과 공모하여 2015. 11. 5. 피해자 공소외 2에게 금융감독원 직원 등을 사칭하면서 공소외 1의 계좌에 1,400만원을 입금하라고 하고, 공소외 1에게도 같은 취지로 거짓말하여 입금된 돈을 찾아서 전달하도록 하여 피해자 공소외 2로부터 1,400만원을 편취하였다'는 것이다. 위 각 공소사실과 증거에 의하여 살펴보면, 피해자 공소외 1이 인출하여 전달한 1,880만원 중 1,400만원은 피해자 공소외 2가 입금한 돈이고, 피해자 공소외 1은 피고인 1 등을 금융감독원이나 검찰 직원 등으로 알고 자신의 계좌번호를 제공한 후 그 계좌에 입금된 위 돈을 공공기관에 전달하는 것으로 인식한 상태에서 이를 전달하였을 뿐인 사실을 알 수 있다. 위와 같은 사실관계를 앞서 본 법리에 비추어 살펴보면, 피해자 공소외 1에 대한 사기의 점 중 피해자 공소외 2가 피해자 공소외 1의 계좌에 입금한 위 1,400만원 부분에 대하여는 피해자 공소외 1이 피고인 1 등의 기망에 따라 단지 피해자 공

1831) 대법원 1980. 11. 25, 선고 80도2310 판결.
1832) 대법원 2017. 5. 31, 선고 2017도3894 판결.

소외 2에 대한 사기범행을 실현하기 위한 도구로 이용되었을 뿐이므로 피해자 공소외 2에 대한 사기죄가 성립할 뿐 피해자 공소외 1에 대한 사기죄가 별도로 성립한다고 보기 어렵다. 그런데도 피고인 1에 대한 공소사실 중 피해자 공소외 1에 대한 1,400만원 부분에 관한 사기의 점을 유죄로 판단한 원심판결에는 사기죄에서의 처분행위에 관한 법리를 오해하여 판결에 영향을 미친 잘못이 있고, 이를 지적하는 취지의 상고이유 주장은 이유 있다.」[1833)]

나. 범죄의 비양립성

외형상으로는 공소사실의 기초가 되는 피고인의 일련의 행위가 여러 개의 범죄에 해당되는 것 같지만 합쳐져서 하나의 사회적 사실관계를 구성하는 경우에 그에 대한 법률적 평가는 하나밖에 성립되지 않는 관계, 즉 일방의 범죄가 성립되는 때에는 타방의 범죄는 성립할 수 없고, 일방의 범죄가 무죄로 될 경우에만 타방의 범죄가 성립할 수 있는 비양립적인 관계가 있을 수 있다.[1834)]

▶ 「피고인이 피해자 갑에게서 돈을 빌리면서 담보 명목으로 을에 대한 채권을 양도하였는데도 을에게 채권양도 통지를 하기 전에 이를 추심하여 임의로 소비한 경우, 차용금 편취의 점과 담보로 양도한 채권을 추심하여 임의 소비한 횡령의 점은 양도된 채권의 가치, 채권양도에 관한 피고인의 진정성 등의 사정에 따라 비양립적인 관계라 할 것이어서, 이러한 사정을 심리하여 피고인의 위 일련의 행위가 그 중 어느 죄에 해당하는지를 가렸어야 할 것인데도, 사기죄 및 횡령죄를 모두 인정한 원심판단에 법리오해 및 심리미진의 위법이 있다.」[1835)]

▶ 「아파트 소유권자인 피고인이 가등기권리자 갑에게 아파트에 관한 소유권이전청구권가등기를 말소해 주면 대출은행을 변경한 후 곧바로 다시 가등기를 설정해 주겠다고 속여 가등기를 말소하게 하여 재산상 이익을 편취하고, 가등기를 회복해 줄 임무에 위배하여 아파트에 제3자 명의로 근저당권 및 전세권설정등기를 마침으로써 갑에게 손해를 가하였다고 하여 사기 및 배임으로 기소된 경우, 사기죄를 인정하는 이상 비양립적 관계에 있는 배임죄는 별도로 성립하지 않는다고 본 원심판단은 정당하다.」[1836)]

1833) 대법원 2017. 5. 31, 선고 2017도3894 판결.
1834) 대법원 2011. 5. 13, 선고 2011도1442 판결; 대법원 2017. 2. 15, 선고 2016도15226 판결.
1835) 대법원 2011. 5. 13, 선고 2011도1442 판결.
1836) 대법원 2017. 2. 15, 선고 2016도15226 판결.

다. 돈을 준다고 속여 매춘부와 간음하면 매음료 상당의 사기가 된다. 부녀를 기망하여 성행위 대가의 지급을 면탈했기 때문이다.[1837] 사기의 객체가 되는 재산상 이익은 사법상 보호되는 경제적 이익에 국한되지 않는다.

▶ 「일반적으로 부녀와의 성행위 자체는 경제적으로 평가할 수 없고, 부녀가 상대방으로부터 금품이나 재산상 이익을 받을 것을 약속하고 성행위를 하는 약속 자체는 선량한 풍속 기타 사회질서에 위반한 사항을 내용으로 하는 법률행위로서 무효이나, 사기죄의 객체가 되는 재산상의 이익이 반드시 사법상 보호되는 경제적 이익만을 의미하지 아니하고, **부녀가 금품 등을 받을 것을 전제로 성행위**를 하는 경우 그 행위의 대가는 사기죄의 객체인 경제적 이익에 해당하므로, 부녀를 기망하여 성행위 대가의 지급을 면하는 경우 사기죄가 성립한다.」[1838]

라. 도박자금을 빌리는 행위도 차용인이 갚을 생각 없이 기망한 것이라면 사기죄가 된다.

▶ 「민법 제746조의 불법원인급여에 해당하여 급여자가 수익자에 대한 반환청구권을 행사할 수 없다고 하더라도, **수익자가 기망**을 통하여 급여자로 하여금 불법원인급여에 해당하는 재물을 제공하도록 하였다면 사기죄가 성립한다고 할 것인바,[1839] 피고인이 피해자 공소외인으로부터 도박자금으로 사용하기 위하여 금원을 차용하였더라도 사기죄의 성립에는 영향이 없다고 한 원심의 판단은 옳은 것으로 수긍이 가고, 거기에 불법원인급여와 사기죄의 성립에 관한 법리오해의 위법이 있다고 할 수 없다.」[1840]

12. 소송사기

가. 의의

(1) 소송사기란 피기망자와 피해자가 다른 경우의 전형적인 예로 일반적으로 법원을 기망하여 자기에게 유리한 판결을 얻고 이에 기하여 상대방으로부터 재물 혹은 재산상의 이익을 취득하는 경우를 일컫는바,[1841] 이 경우 재산적 처

1837) 대법원 2001. 10. 23, 선고 2001도2991 판결.
1838) 대법원 2001. 10. 23, 선고 2001도2991 판결.
1839) 대법원 1995. 9. 15, 선고 95도707 판결.
1840) 대법원 2006. 11. 23, 선고 2006도6795 판결.
1841) 대법원 2003. 7. 22, 선고 2003도1951 판결.

분행위가 되는 것은 법원의 판결이지만, 모든 판결이 이에 해당하는 것은 아니고 그것이 피해자의 처분행위에 갈음하는 내용과 효력이 있는 경우에만 처분행위로 평가된다고 할 것이다.[1842]

(2) 법원을 기망하여 자기에게 유리한 판결을 얻고 그 판결 확정에 의하여 타인의 협력 없이 자신의 의사만으로 재물이나 재산상 이익을 얻을 수 있는 지위를 취득하게 되면, 그 지위는 재산적 가치가 있는 구체적 이익으로서 사기죄의 객체인 재산상 이익에 해당하므로, 사기죄가 성립된다.[1843]

나. 근거

별도의 소송사기죄 조문이 있는 것이 아니고, 형법상 사기죄로 의율 된다.

다. 주체

원고, 피고 모두가 본죄를 저지를 수 있다. **원고**는 먼저 허위의 소를 제기하고 허위주장과 증거방법을 제출한 자라는 점에서 이해가 가나, **피고**는 응소하는 소극적 위치에 있는 자인데 본죄가 성립될 수 있다고 하는 점이 특이하다. 그러나 피고도 허위내용의 서류를 작성하여 이를 증거로 제출하거나 위증을 시키는 등의 적극적 방법으로 법원을 기망할 수 있으므로 단죄할 필요가 있다.[1844] 단순히 부인하거나 불리한 사실에 대해 묵비하는 것은 기망이 되기 부족하므로 피고가 소송사기죄로 처벌되기 위해서는 허위증거를 제출하거나, 그 주장이 법원을 기망하기 족한 것이어야 한다.

▶ 「적극적 소송당사자인 원고뿐만 아니라 방어적인 위치에 있는 피고라 하더라도 허위내용의 서류를 작성하여 이를 증거로 제출하거나 위증을 시키는 등의 적극적인 방법으로 법원을 기망하여 착오에 빠지게 한 결과 승소확정판결을 받음으로써 자기의 재산상의 의무이행을 면하게 된 경우에는 그 재산가액 상당에 대하여 사기죄가 성립한다고 할 것이다. 그런데 소송사기는 법원을 기망하여 자기에게 유리한 판결을 얻음으로써 상대방의 재물 또는 재산상 이익을 취득하는 것을 내용으로 하는 범죄로서, **원고 측에 의한 소송사기가 성립하기 위하여는** 제소 당시에 그 주장과 같은 채권이 존재하지 아니하다는 것만으로는 부족하고

1842) 대법원 2002. 1. 11, 선고 2000도1881 판결; 서울고등법원 2006. 8. 7, 선고 2006노509(분리) 판결.

1843) 대법원 2006. 4. 7, 선고 2005도9858 전원합의체 판결.

1844) 대법원 1998. 2. 27, 선고 97도2786 판결; 대법원 2004. 3. 12, 선고 2003도333 판결.

그 주장의 채권이 존재하지 아니한 사실을 잘 알고 있으면서도 허위의 주장과 입증으로써 법원을 기망한다는 인식을 하고 있어야만 하는 것이고,[1845] 이와 마찬가지로, **피고 측에 의한 소송사기가 성립하기 위하여는** 원고 주장과 같은 채무가 존재한다는 것만으로는 부족하고 그 주장의 채무가 존재한다는 사실을 잘 알고 있으면서도 허위의 주장과 입증으로써 법원을 기망한다는 인식을 하고 있어야만 하는 것이다.」[1846]

라. 편취의 대상

사기죄와 같이 **재물** 또는 **재산상 이익**이다. 소송사기에서는 편취판결로 피고인이 얻은 것이 재물인지, 재산상 이익인지 쉽게 구분되지 않는 경우가 있다. 다만 피고인이 재산상 이익을 취득하였음에도 불구하고 재물을 편취한 것으로 잘못 판단하였다 하더라도 그것이 판결에 영향을 미쳤다고는 할 수 없다.[1847]

▶ 「원심은 피고인이 그 판시와 같이 다세대주택 4동에 관한 건축허가명의변경청구 소송에서 승소확정판결을 받음으로써 위 다세대주택 그 자체를 편취한 것으로 판단하였으나, 신축중인 건물에 관하여 건축허가 명의가 변경되었다 하여 그 소유권이 변경된 건축허가 명의인에게 이전되는 것은 아니므로, 피고인이 위 소송에서 승소확정판결을 받았다거나 나아가 이에 기하여 위 각 다세대주택에 관한 건축허가 명의를 변경하였다 하여 위 각 다세대주택 그 자체를 편취한 것으로는 볼 수 없고, 단지 건축주로서 공사를 계속하여 다세대주택을 완공하고 사용승인을 받은 다음 건축물대장에 등재하여 완공된 다세대주택에 관하여 그의 명의로 소유권보존등기를 경료할 수 있는 등 건축허가에 따른 **재산상 이익**을 취득한 것으로 보아야 할 것인바, 이 점에 있어 원심은 사기죄의 객체에 관한 법리를 오해한 위법이 있다 할 것이나, 피고인이 편취한 것이 다세대주택 그 자체인가 아니면 건축허가로 인한 재산상 이익인가 하는 점은 동일한 사실관계에 기초한 법률적 평가의 차이에 불과할 뿐이고 양자 모두 동일한 법조항에 규정된 죄로서 그 죄질과 처벌이 동일한 이상, 원심이 피고인이 재산상 이익을 취득하였음에도 불구하고 재물을 편취한 것으로 잘못 판단하였다 하더라도 그것이 판결에 영향을 미쳤다고는 할 수 없다.」[1848]

1845) 대법원 2003. 5. 16, 선고 2003도373 판결.
1846) 대법원 2004. 3. 12, 선고 2003도333 판결.
1847) 대법원 1997. 7. 11, 선고 95도1874 판결.
1848) 대법원 1997. 7. 11, 선고 95도1874 판결.

마. 요구되는 기망의 정도

(1) 소송사기는 법원을 기망하여 제3자의 재물을 편취할 것을 기도하는 것을 내용으로 하는 범죄로서, 그 이면에는 필연적으로 누구든지 자기에게 유리한 법률상의 주장을 하고 민사재판을 통하여 권리구제를 받을 수 있다는 이념과의 상치가 문제되므로 양자의 조정을 위하여서도 그 적용은 엄격함을 요한다 할 것이니, 피고인이 범행을 인정한 경우 외에는 그 소송상의 주장이 사실과 다른 것임이 객관적으로 명백하거나 증거를 조작하려고 한 흔적이 있는 등의 경우 외에는 이를 유죄로 인정하기 위하여는 각별한 주의가 필요하다.[1849]

(2) 소송사기는 법원을 속여 자기에게 유리한 판결을 얻음으로써 상대방의 재물 또는 재산상 이익을 취득하는 범죄로서, 이를 쉽사리 유죄로 인정하게 되면 누구든지 자기에게 유리한 주장을 하고 소송을 통하여 권리구제를 받을 수 있는 민사재판제도의 위축을 가져올 수밖에 없으므로, 피고인이 그 범행을 인정한 경우 외에는 그 소송상의 주장이 사실과 다름이 객관적으로 명백하고 피고인이 그 주장이 명백히 거짓인 것을 인식하였거나 증거를 조작하려고 하였음이 인정되는 때와 같이 범죄가 성립되는 것이 명백한 경우가 아니면 이를 유죄로 인정하여서는 아니 되고, 단순히 사실을 잘못 인식하였다거나 법률적 평가를 잘못하여 존재하지 않는 권리를 존재한다고 믿고 제소한 행위는 사기죄를 구성하지 아니하며, 소송상 주장이 다소 사실과 다르더라도 존재한다고 믿는 권리를 이유 있게 하기 위한 과장표현에 지나지 아니하는 경우 사기의 범의가 있다고 볼 수 없고, 또한, 소송사기에서 말하는 **증거의 조작이란** 처분문서 등을 거짓으로 만들어 내거나 증인의 허위 증언을 유도하는 등으로 객관적·제3자적 증거를 조작하는 행위를 말한다.[1850]

▶ 「원심은 이 사건 소송사기미수죄에 대하여 대물변제로 인하여 이 사건 난의 소유권이 확정적으로 공소외 2(공소외 3)에게 넘어갔고, 피고인 1도 그와 같은 사실을 잘 인식하고 있었음을 전제로 판단하고 있다. 그러나 이 사건 난은 대물변제 되었다고 보기 어렵고, 오히려 피고인 1이 주장하는 바와 같이 양도담보 목적으로 인도되었다고 봄이 상당하고, 피고인 1이 1996. 4. 26. 월계리 난농장을

1849) 대법원 1992. 2. 25, 선고 91도2666 판결; 대법원 1997. 7. 22, 선고 96도2422 판결; 대법원 1998. 2. 27, 선고 97도2786 판결; 대법원 1998. 9. 8, 선고 98도1949 판결.

1850) 대법원 2004. 6. 25, 선고 2003도7124 판결.

공소외 3에게 양도할 때에 이 사건 난이 담보목적물에서 제외된 것은 아닌가 하는 점에 대하여도 의심할 여지가 있다. 한편 기록상 공소외 1이 피고인 1 모르게 공소외 2로부터 이 사건 난 중 제주한란 1,200촉과 한국춘란중투 352촉을 인도받아 제주한란 1,200촉을 대금 4,800,000원에, 한국춘란중투 300촉을 대금 6,000,000원에 김성○에게 매도하였음을 인정하기에 충분하고, 아직 공소외 2(공소외 3)와 피고인 1 사이에 채무에 대한 정산이 이루어지지 아니하고 있으나, 공소외 2(공소외 3)는 위 각 난의 매도대금이 변제된 것으로 인정하고 있는 것도 아니고, 공소외 1 역시 그 매도대금을 공소외 2(공소외 3)에게 교부하지 아니했고, 피고인 1과의 동업조직에 편입시키지도 아니했다.

한편 피고인 1이 공소외 2에게 이 사건 난을 인도할 당시 이 사건 난의 상태와 그 가격 등에 관하여 공소외 2와 공소외 3은 이 사건 난은 모두가 배양병에서 막 꺼낸 것으로서 살리기가 힘든 것이었기 때문에 상품가치가 없는 것이었으며, 피고인 1과 공소외 1이 가져다 판 것은 그 중 상품가치가 있는 것만을 추린 것이었다고 주장하고, 반면에 피고인 1은 이 사건 난은 배양병에서 꺼낸지 3개월 내지 1년 된 것으로서 공소외 3은 난배양기술이 있어서 이를 살릴 수 있었으며, 이 사건 난 중 한국춘란중투는 촉당 금 250,000원, 제주한란은 촉당 금 10,000원, 한란백중투는 촉당 금 200,000원, 비아란중투는 촉당 금 30,000원을 받을 수 있다고 주장하고 있으며, 기록상 동양난을 조직배양하는 김태○나 난을 매매하는 상인으로 보이는 이상○, 김진○, 김창○, 백덕○ 등의 확인서도 위 각 종류의 난 가격에 대하여 피고인 1의 주장에 가까운 내용이다.

이와 같은 사정이라면 설령 사후적으로 피고인 1이 소를 제기하며 주장한 난의 가격 등이 지나치게 높게 책정된 것임이 밝혀진다 하더라도 피고인 1의 소송상의 주장이 사실과 다른 것임이 객관적으로 명백하다고 보기 어렵고, 또한 **기록상** 피고인 1이 **증거를 조작하려고 한 흔적이 있다는 등의 사정도 없는 것**이고, 반면에 공소외 3과 공소외 1이 피고인 모르게 이 사건 난 중 1,552촉을 반출하여 처분하였음은 사실이라 할 것이므로 **피고인 1의 이 사건 제소를 소송사기 행위의 착수로 단정할 수는 없다** 할 것이다. 결국 원심이 판시 증거만으로 피고인 1에 대하여 사기미수죄를 유죄로 인정한 것은 소송사기죄에 대한 법리오해와 앞서 본 바와 같은 채증법칙 위반의 위법을 범한 것이라 할 것이고, 이 점을 지적하는 논지도 이유가 있다.」[1851)]

▶ 「소송사기는 법원을 기망하여 제3자의 재물을 편취할 것을 기도하는 것을 내용으로 하는 것으로서, 사기죄로 인정하기 위하여는 제소 당시 그 주장과 같은

1851) 대법원 1998. 9. 8, 선고 98도1949 판결.

권리가 존재하지 않는다는 것만으로는 부족하고, 그 주장의 권리가 존재하지 않는 사실을 잘 알고 있으면서도 허위의 주장과 입증으로 법원을 기망한다는 인식을 요한다.[1852] 그러나 허위의 내용으로 소송을 제기하여 법원을 기망한다는 고의가 있는 경우에 법원을 기망하는 것은 반드시 허위의 증거를 이용하지 않더라도 당사자의 주장이 법원을 기망하기에 충분한 것이라면 기망수단이 된다.[1853]

원심판결 이유에 의하면, 원심은, 그 판시와 같은 사정을 종합하여 피고인 3이 운영하는 공소외 5 주식회사와 공소외 2 주식회사 사이의 물품공급계약서는 피고인 1, 3이 공소외 2 주식회사 명의의 어음을 할인하여 자금을 조달할 목적으로 허위로 작성한 것일 뿐 물품공급을 목적으로 체결한 것이 아니고 실제로 공소외 5 주식회사가 위 계약에 따른 물품공급을 한 사실도 전혀 없다고 인정했다. 위 인정사실을 기초로 원심은, 피고인 3이 위 물품공급계약에 따른 공급을 완료하였음을 전제로 하여 공소외 2 주식회사를 상대로 물품대금 청구소송을 제기하면서 그 증거자료로 위 물품공급계약서를 제출한 행위는 사기미수죄에 해당하고, 공소외 6 등 공소외 2 주식회사 임원을 같은 취지로 고소한 것도 허위 사실의 신고로서 무고죄에 해당한다고 판단했다.

법리와 기록에 비추어 살펴보면, 원심의 사실인정 및 판단은 모두 정당한 것으로 수긍할 수 있고, 거기에 상고이유 주장과 같이 소송사기의 범의에 관한 법리를 오해하거나 논리와 경험칙에 위배하여 자유심증주의의 한계를 벗어난 등의 위법이 없다.」[1854]

바. 구체적 형태

(1) 사망자 상대 제소

소송사기에 있어서 피기망자인 법원의 재판은 피해자의 처분행위에 갈음하는 내용과 효력이 있는 것이어야 하고, 그렇지 아니하는 경우에는 착오에 의한 재물의 교부행위가 있다고 할 수 없어서 사기죄는 성립되지 아니한다고 할 것이므로,[1855] 피고인의 제소가 사망한 자를 상대로 한 것이라면 이와 같은 사망한 자에 대한 판결은 그 내용에 따른 효력이 생기지 아니하여 상속인에게 그 효력이 미치지 아니하고 따라서 사기죄를 구성한다고는 할 수 없다.[1856]

1852) 대법원 2003. 5. 16, 선고 2003도373 판결.
1853) 대법원 2004. 6. 24, 선고 2002도4151 판결.
1854) 대법원 2011. 9. 8, 선고 2011도7262 판결.
1855) 대법원 2002. 1. 11, 선고 2000도1881 판결; 서울고등법원 2011. 6. 24, 선고 2011노639 판결.
1856) 대법원 1986. 10. 28, 선고 84도2368 판결; 대법원 1987. 12. 22, 선고 87도852 판결; 대법원 1997. 7. 8, 선고 97도632 판결; 대법원 2002. 1. 11, 선고 2000도1881 판결.

(2) 사위판결

사위판결의 경우에 사망자에 대한 판결과 달리 판결의 효력이 당연무효가 되는 것이 아니라 아직 확정되지 아니한 상태에 있는 것에 불과하여 차후 공시송달이 이루어져 형식적 확정력이 생기게 될 수도 있으며, 더구나 앞서 인정한 사실관계에 의하면, 피고인 등은 변호사를 소송대리인으로 선임하여 이 사건 소송을 수행하려고 했고 그 후 실제로도 변호사를 선임하여 그로 하여금 피해자 공소외 4를 대리하게 하였으므로 이러한 경우라면 차후 소송대리인에게 판결정본을 송달함으로써 판결은 확정되어 위 피해자에게 판결의 효력이 미치고 위 피해자는 다만 대리권 흠결을 이유로 재심을 청구할 수 있을 뿐이라고 할 것이므로 피고인 등의 이 사건 소송행위가 처음부터 실행의 수단 또는 대상의 착오로 결과발생이 불가능한 범행이었다고 할 수는 없다고 할 것이다. 그러므로 피고인의 이 사건 행위를 불능범이나 불능미수에 해당한다고 볼 수도 없다.[1857]

(3) 화해권고결정

소송사기에 있어서 피기망자인 법원의 재판은 피해자의 처분행위에 갈음하는 내용과 효력이 있는 것이어야 하고, 그렇지 아니하는 경우에는 착오에 의한 재물의 교부 행위가 있다고 할 수 없어서 사기죄는 성립되지 않는데, 법원의 화해권고결정의 경우 그 결정이 확정되면 확정판결과 같은 효력을 갖고(민사소송법 제231조, 제220조), 화해권고결정은 **재판상화해나 임의조정과는 달리** 법원의 결정이라는 재판이 요구되므로, 화해권고결정은 피해자의 처분행위에 갈음하는 내용과 효력이 있는 처분행위에 해당한다.[1858]

▶ 「갑이 일제시대 사정(사정)받은 토지에 대하여 소유자 미복구를 원인으로 국가 명의의 소유권보존등기가 되어 있는 상태에서, 피고인이 제1심 공동피고인과 공모하여 을이 사정명의인 갑의 소유권을 대습상속한 것처럼 상속인의 사망시기 등을 조작한 다음 을을 원고로 하여 국가를 상대로 소유권보존등기 말소등기 청구소송을 제기하여 이를 **일부 인용하는 취지의 화해권고결정이 확정**되었다면, 위 부동산에 대하여 민법 제1053조 이하의 절차에 따른 국가귀속 절차가 이루어지거나 국가가 소유권을 가지게 된 다른 특별한 사정이 있지 않는 한 당

1857) 서울고등법원 2006. 8. 7, 선고 2006노509(분리) 판결.
1858) 서울고등법원 2011. 6. 24, 선고 2011노639 판결.

연히 국가 소유가 되는 것은 아니라고 할 것이나, 이미 국가 명의로 소유권보존등기가 되어 있는 상태에서 소유권보존등기의 말소 청구를 하고 청구의 일부인용 판결에 준하는 화해권고결정이 확정된 이상, 청구인용 부분에 대하여는 법원을 기망하여 유리한 결정을 받음으로써 '대상 토지의 소유명의를 얻을 수 있는 지위'라는 재산상 이익을 취득하였다고 할 것이고, 이는 사기죄의 대상인 재산상 이익의 편취에 해당하므로, 위 청구인용 부분에 대하여 사기죄, 그리고 화해권고결정에 의하여 등기말소청구를 포기한 부분에 대하여는 사기미수죄를 각 인정할 수 있다.」[1859]

▶ 「이 사건 소송은 원고대리인과 피고대리인 사이의 **임의조정**에 의하여 종료되었는데(민사조정규칙 제4조 제3항은 조정성립이 있는 경우 기존의 소송계속중인 사건은 소의 취하가 있는 것으로 본다고 규정한다), 비록 위와 같이 성립한 임의조정에 확정판결과 같은 기판력이 인정된다고 하더라도 원심이 적절히 지적한 바와 같이 임의조정의 경우 법원이 하는 일은 당사자 사이에 조정이 성립된 것을 인정하고, 이것을 조서에 기재하도록 하는 것 밖에 없으므로 이를 두고 피해자의 처분행위에 갈음할 수 있는 법원의 처분행위가 있다고 할 수 없다. 또한, 공소외 2 앞으로 이 사건 임야에 관한 소유권이전등기를 경료한 남양주등기소 등기관 역시 형식적 심사권한에 따라 허위의 내용이 기재된 조정조서를 기초로 등기를 경료한 것에 불과하므로 그에게 피해자 공소외 4를 위하여 이 사건 임야를 처분할 권한이나 지위가 있다고 할 수도 없다. 그러므로 비록 조정조서가 존재하고 이를 기초로 이 사건 임야에 관하여 피해자 공소외 4로부터 공소외 2 앞으로 소유권이전등기가 경료되었다고 하더라도 위 피해자의 처분행위 내지 위 피해자의 처분행위에 갈음하는 내용과 효력을 가진 처분행위가 존재하지 않는 이상 사기의 객관적 구성요건이 결여되어 있으므로 사기의 기수로는 처벌할 수 없다고 할 것이다.」[1860]

(4) 가압류

가압류는 강제집행의 보전방법에 불과하고 그 기초가 되는 허위의 채권에 의하여 실제로 청구의 의사표시를 한 것이라고 할 수 없으므로 소의 제기 없이 가압류신청을 한 것만으로는 사기죄의 실행에 착수한 것이라고 할 수 없다.[1861]

1859) 대법원 2011. 12. 13, 선고 2011도8873 판결(※ **서울고등법원 2011. 6. 24, 선고 2011노639 판결의 상고심 판결임**).

1860) 서울고등법원 2006. 8. 7, 선고 2006노509(분리) 판결.

1861) 대법원 1988. 9. 13, 선고 88도55 판결; 대법원 1982. 10. 26, 선고 82도1529 판결.

(5) 허위 유치권 신고

부동산 경매절차에서 피고인들이 허위의 공사대금채권을 근거로 유치권 신고를 한 경우, 소송사기의 실행의 착수가 있다고 볼 수 없다. 유치권자가 경매절차에서 유치권을 신고하는 경우 법원은 이를 매각물건명세서에 기재하고 그 내용을 매각기일공고에 적시하나, 이는 경매목적물에 대하여 유치권 신고가 있음을 입찰예정자들에게 고지하는 것에 불과할 뿐 처분행위로 볼 수는 없고, 또한 유치권자는 권리신고 후 이해관계인으로서 경매절차에서 이의신청권 등 몇 가지 권리를 얻게 되지만 이는 법률의 규정에 따른 것으로서 재물 또는 재산상 이득을 취득하는 것으로 볼 수도 없기 때문이다.[1862]

(6) 임차권등기명령 신청

임차권등기명령의 절차 및 그 집행에 의한 임차권등기의 법적 효력을 고려하면, 다른 특별한 사정이 없는 한, 법원의 임차권등기명령은 피신청인의 재산상의 지위 또는 상태에 영향을 미칠 수 있는 행위로서 피신청인의 처분행위에 갈음하는 내용과 효력이 있다고 보아야 하고, 따라서 이러한 법원의 임차권등기명령을 이용한 소송사기의 경우 피해자인 피신청인이 직접 처분행위를 하였는지 여부는 사기죄의 성부에 아무런 영향을 주지 못한다. 위와 같이 법원의 임차권등기명령을 피해자의 재산적 처분행위에 갈음하는 내용과 효력이 있는 것으로 보고 그 집행에 의한 임차권등기가 마쳐짐으로써 신청인이 재산상 이익을 취득하였다고 보는 이상, 진정한 임차권자가 아니면서 허위의 임대차계약서를 법원에 제출하여 임차권등기명령을 신청하면 그로써 소송사기의 실행행위에 착수한 것으로 보아야 하고, 나아가 그 임차보증금 반환채권에 관하여 현실적으로 청구의 의사표시를 해야만 사기죄의 실행의 착수가 있다고 볼 것은 아니다.[1863]

(7) 기타 방법

그 외 이중집행,[1864] 부당집행,[1865] 허위 제권판결,[1866] 배당금 편취시도[1867]

1862) 대법원 2009. 9. 24, 선고 2009도5900 판결.

1863) 대법원 2012. 5. 24, 선고 2010도12732 판결.

1864) 민사판결에 나타난 채권을 변제받고도 이중만족을 꾀하기 위해 별도로 강제집행.

1865) 강제집행 승낙의 취지 기재 있는 약속어음의 원인관계가 소멸하였음에도 강제집행.

1866) 약속어음 발행인이 그 어음을 타인이 교부받아 적법히 소지 중임을 알면서도 허위 분실사유로 공시최고신청을 하여 제권판결.

가 소송사기와 관련이 있다.

사. 고의

법원을 기망하여 승소판결을 받아가지고 패소한 상대방으로부터 재물의 교부를 받거나 재산상 이익을 취득하는 이른바 소송사기가 사기죄를 구성하려면, 원고가 제소할 당시 주장한 권리가 존재하지 않는다는 것만으로는 부족하고, 그와 같은 권리가 존재하지 않는다는 사실을 알고 있으면서도 허위의 주장을 하여 법원을 기망한다는 사실을 인식해야만 된다고 할 것이므로, 단순히 사실을 잘못 인식하거나 법률적인 평가를 잘못하여 존재하지도 않는 권리를 존재한다고 믿고 제소한 경우에는 사기죄가 성립되지 않는다.[1868]

▶ 「원심은 그 판결 이유에서 피고인의 이 사건 소송의 제기경위와 과정을 설시한 다음, 피고인은 B로부터 C에게 속아서 매수인에 관한 착오를 일으켜 이 사건 대지를 잘못 매도하였다는 말을 듣고, D와 C가 짜고서 B를 속여 매매계약이 체결된 것으로 판단한 나머지 D를 상대로 피고인은 이 사건 대지와 인접한 대지 소유자로서 통행지역권 또는 주위토지통행권에 기하여 담장철거를 구하고, 위 B는 매매계약의 당사자로서 이를 취소하여 소유권이전등기말소를 구한 것으로써, 피고인이나 B에게는 실제로 그와 같은 청구권이 존재하거나 존재하는 것으로 믿기에 충분한 사정이 있었다고 판시했다. 원심의 위와 같은 사실인정의 과정에 소론과 같은 채증법칙을 위배한 잘못이 있다고 할 수 없다. 그리하여 위에서 본 사실관계에 있어서는 피고인은 제소 당시 이 사건 대지에 관한 매매계약이 매수인을 오인하고 이루어짐으로써 취소할 수 있는 것이고 따라서 매도인에게 소유권이전등기말소청구권과 담장철거청구권이 존재하는 것으로 생각하고 있었던 것이므로 피고인에게 사기의 범의를 인정할 수 없을 것이다. 피고인은 그 소장에서 D가 이 사건 대지를 통로로만 사용하기로 한 매수조건을 위반하여 담장을 설치하였다고 기재한 부분은 다소 사실과 다르나, 이러한 청구원인 사실은 피고인이 사실의 일부를 잘못 인식한 데에 기인한 것이거나, 존재한다고 믿는 담장철거청구권을 이유 있게 하기 위한 과장표현에 지나지 아니하는 것으로서 사기의 범의를 인정하는 자료로 삼을 수 없는 것이다. 원심의 위와 같은 판단은 정당하고 소론과 같은 법리오해의 위법이 있다고 할 수 없다.」[1869]

1867) 법원을 속여 초과 배당금을 편취하려고 시도.

1868) 대법원 1982. 9. 28, 선고 81도2526 판결; 대법원 1984. 4. 24, 선고 83도973 판결; 대법원 1992. 4. 10, 선고 91도2427 판결; 대법원 1993. 9. 28, 선고 93도1941 판결.

1869) 대법원 1992. 4. 10, 선고 91도2427 판결.

아. 착수시기

(1) 원고가 허위의 소송을 제기한 때, 피고가 허위의 답변서나 준비서면을 제출하면서 허위 증거를 제출한 때에 각기 고의를 충족하는 한 본죄의 실행의 착수가 인정된다.

▶ 「소송사기는 불실한 청구를 목적으로 하는 **소의 제기**로써 그 행위의 착수가 있었다고 할 것이다.」[1870)]

▶ 「소송사기는 법원을 기망하여 자기에게 유리한 판결을 얻고 이에 터잡아 상대방으로부터 재물의 교부를 받거나 재산상 이익을 취득하는 것을 말하는 것으로서 소송에서 주장하는 권리가 존재하지 않는 사실을 알고 있으면서도 법원을 기망한다는 인식을 가지고 **소를 제기**하면 이로써 그 실행의 착수가 있었다고 할 것이고, 피해자에 대한 직접적인 기망이 있어야 하는 것은 아니다.」[1871)]

▶ 「소송사기는 법원을 기망하여 자기에게 유리한 판결을 얻고 이에 터잡아 상대방으로부터 재물의 교부를 받거나 재산상 이익을 취득하는 것을 말하는 것으로서 소송에서 주장하는 권리가 존재하지 않는 사실을 알고 있으면서도 법원을 기망한다는 인식을 가지고 **소를 제기**하면 이로써 실행의 착수가 있고 소장의 유효한 송달을 요하지 아니한다고 할 것인바, 이러한 법리는 제소자가 상대방의 주소를 허위로 기재함으로써 그 허위주소로 소송서류가 송달되어 그로 인하여 상대방 아닌 다른 사람이 그 서류를 받아 소송이 진행된 경우에도 마찬가지로 적용된다.」[1872)]

▶ 「피고인이 특정 권원에 기하여 민사소송을 진행하던 중 **법원에 조작된 증거를 제출하면서 종전에 주장하던 특정 권원과 별개의 허위의 권원을 추가로 주장**하는 경우에 그 당시로서는 종전의 특정권원의 인정 여부가 확정되지 아니했고, 만약 종전의 특정 권원이 배척될 때에는 조작된 증거에 의하여 법원을 기망하여 추가된 허위의 권원을 인정받아 승소판결을 받을 가능성이 있으므로, 가사 나중에 법원이 종전의 특정 권원을 인정하여 피고인에게 승소판결을 선고하였다고 하더라도, 피고인의 이러한 행위는 특별한 사정이 없는 한 소송사기의 실행의 착수에 해당된다.」[1873)]

1870) 대법원 1974. 3. 26, 선고 74도196 판결.
1871) 대법원 1993. 9. 14, 선고 93도915 판결.
1872) 대법원 2006. 11. 10, 선고 2006도5811 판결.

▶ 「소유권이전등기말소청구사건에 대한 재심의 소가 계속 중 재심원고를 승소시키기 위하여 재심피고명의로 **허위의 내용을 기재한 준비서면과 자술서를 작성하여 법원에 제출**한 행위는 허위의 증거를 조작하고 적극적으로 사술을 사용하여 법원을 기망하는 행위로서 소송사기의 실행의 착수에 해당한다.」[1874)]

▶ 「사위판결의 경우에 사망자에 대한 판결과 달리 판결의 효력이 당연무효가 되는 것이 아니라 아직 확정되지 아니한 상태에 있는 것에 불과하여 차후 공시송달이 이루어져 형식적 확정력이 생기게 될 수도 있으며, 더구나 앞서 인정한 사실관계에 의하면, 피고인 등은 변호사를 소송대리인으로 선임하여 이 사건 소송을 수행하려고 했고 그 후 실제로도 변호사를 선임하여 그로 하여금 피해자 공소외 4를 대리하게 하였으므로 이러한 경우라면 차후 소송대리인에게 판결정본을 송달함으로써 판결은 확정되어 위 피해자에게 판결의 효력이 미치고 위 피해자는 다만 대리권 흠결을 이유로 재심을 청구할 수 있을 뿐이라고 할 것이므로 피고인 등의 이 사건 소송행위가 처음부터 실행의 수단 또는 대상의 착오로 결과발생이 불가능한 범행이었다고 할 수는 없다고 할 것이다. 그러므로 피고인의 이 사건 행위를 불능범이나 불능미수에 해당한다고 볼 수도 없다. 그렇다면, 공소외 2 등이 피해자 공소외 4를 상대로 이 사건 임야에 대한 **소를 제기**할 때 사기의 실행의 착수는 있었다고 할 것이고, 다만, 그 후 확정판결이 이루어지지 않음으로써 그 죄는 기수에 이르지 못하고 미수에 그쳤다고 할 것이다.」[1875)]

▶ 「피고인이 갑 명의로, 갑이 이 건 임야를 매수한 일이 없음에도 매수한 것처럼 허위의 사실을 주장하여 위 임야에 대한 소유권이전등기를 거친 자들을 상대로 각 그 소유권이전등기말소를 구하는 소송을 제기하였다가 취하하였다고 하여도, 위 소송의 결과 원고로 된 갑이 승소한다고 가정하더라도 위 피고들의 등기가 말소될 뿐이고 이것만으로 피고인이 위 임야에 관한 어떠한 권리를 취득하거나 의무를 면하는 것은 아니므로 법원을 기망하여 재물이나 재산상 이익을 편취한 것이라고 보기 어려우니 위 소제기 행위를 가리켜 사기의 실행에 착수한 것이라고 할 수 없다.」[1876)]

▶ 「예고등기로 인한 경매대상 부동산의 경매가격 하락 등을 목적으로 허위의 채권을 주장하며 채권자대위의 방식에 의한 원인무효로 인한 소유권보존등기 말

1873) 대법원 2004. 6. 25, 선고 2003도7124 판결.
1874) 대법원 1988. 9. 20, 선고 87도964 판결.
1875) 서울고등법원 2006. 8. 7, 선고 2006노509(분리) 판결.
1876) 대법원 1981. 12. 8, 선고 81도1451 판결.

소청구소송을 제기한 경우, 소송사기의 불법영득의사 및 실행의 착수가 인정되지 않는다.」[1877]

▶ 「적극적 소송당사자인 원고뿐만 아니라 방어적인 위치에 있는 **피고**라 하더라도 허위내용의 서류를 작성하여 이를 증거로 제출하거나 위증을 시키는 등의 적극적인 방법으로 법원을 기망하여 착오에 빠지게 한 결과 승소확정판결을 받음으로써 자기의 재산상의 의무이행을 면하게 된 경우에는 그 재산가액 상당에 대하여 사기죄가 성립한다고 할 것이고, 그와 같은 경우에는 적극적인 방법으로 법원을 기망할 의사를 가지고 허위내용의 서류를 증거로 제출하거나 그에 따른 주장을 담은 답변서나 준비서면을 제출한 경우에 사기죄의 실행의 착수가 있다고 볼 것이다.」[1878]

(2) 강제집행절차를 통한 소송사기는 집행절차의 개시신청을 한 때 또는 진행 중인 집행절차에 배당신청을 한 때에 실행에 착수하였다고 볼 것이다.

따라서 민사집행법 제244조에서 규정하는 부동산에 관한 권리이전청구권에 대한 강제집행은 그 자체를 처분하여 대금으로 채권에 만족을 기하는 것이 아니고, 부동산에 관한 권리이전청구권을 압류하여 청구권의 내용을 실현시키고 부동산을 채무자의 책임재산으로 귀속시킨 다음 다시 부동산에 대한 경매를 실시하여 매각대금으로 채권에 만족을 기하는 것이다. 이러한 경우 소유권이전등기청구권에 대한 압류는 당해 부동산에 대한 경매의 실시를 위한 사전 단계로서의 의미를 가지나, 전체로서의 강제집행절차를 위한 일련의 시작행위라고 할 수 있으므로, 허위 채권에 기한 공정증서를 집행권원으로 하여 채무자의 소유권이전등기청구권에 대하여 압류신청을 한 시점에 소송사기의 실행에 착수하였다고 볼 것이다. 그럼에도 원심은 그 판시와 같은 이유로 피고인이 소유권이전등기청구권에 대하여 압류신청을 한 것만으로는 소송사기의 실행에 착수하지 않았다고 보아 이 부분 공소사실을 무죄로 판단하였으니, 이러한 원심의 판단에는 소송사기의 실행의 착수에 관한 법리를 오해하여 판결에 영향을 미친 잘못이 있다.[1879]

1877) 대법원 2009. 4. 9, 선고 2009도128 판결.
1878) 대법원 1998. 2. 27, 선고 97도2786 판결.
1879) 대법원 2015. 2. 12, 선고 2014도10086 판결.

자. 기수시기

승소확정판결을 받으면 소송사기죄 기수가 되고,[1880] 예상과 달리 패소하거나 중간에 소를 취하하면 소송사기 미수죄가 성립한다.

승소판결에 기하여 재물을 교부받거나 등기를 경료하면 사기는 완수된다.[1881]

▶「갑 주식회사의 경영자인 피고인이, 갑 회사와 을 주식회사 사이에 허위로 작성된 물품공급계약서에 따른 공급을 완료하였음을 전제로 을 회사를 상대로 물품대금 청구소송을 제기하면서 증거자료로 위 물품공급계약서를 제출하였다가 그 후 소송을 취하하였더라도, 피고인의 행위는 사기미수죄에 해당한다.」[1882]

▶「소송사기의 경우에는 당해 소송의 판결이 확정된 때에 범행이 기수에 이르는 것이므로, 신축중인 다세대주택 4동의 건축주 명의변경을 목적으로 하는 사기소송을 제기하여 4동 전부에 대하여 승소판결을 선고받아 그 판결이 확정된 이상 승소판결을 받은 후 3동에 관하여만 건축주 명의변경이 이루어졌다 하더라도 4동 전부에 대하여 건축허가에 따른 재산상 이익을 취득한 사기죄의 기수에 이른 것으로 보아야 한다.」[1883]

▶「피고인 또는 그와 공모한 자가 자신이 토지의 소유자라고 허위의 주장을 하면서 소유권보존등기 명의자를 상대로 보존등기의 말소를 구하는 소송을 제기한 경우 그 소송에서 위 토지가 피고인 또는 그와 공모한 자의 소유임을 인정하여 보존등기 말소를 명하는 내용의 승소확정판결을 받는다면, 이에 터 잡아 언제든지 단독으로 상대방의 소유권보존등기를 말소시킨 후 위 판결을 부동산등기법 제130조 제2호 소정의 소유권을 증명하는 판결로 하여 자기 앞으로의 소유권보존등기를 신청하여 그 등기를 마칠 수 있게 되므로, 이는 법원을 기망하여 유리한 판결을 얻음으로써 '대상 토지의 소유권에 대한 방해를 제거하고 그 소유명의를 얻을 수 있는 지위'라는 재산상 이익을 취득한 것이고, 그 경우 기수시기는 위 판결이 확정된 때이다.

1880) "소송사기의 경우 그 기수시기는 소송의 판결이 확정된 때이다."(대법원 1983. 4. 26, 선고 83도188 판결), "타인의 토지소유권을 편취할 목적으로 하는 사기 소송에 의하여 목적토지에 대한 소유권이전 등기절차이행에 관한 승소의 확정판결을 받으면 이때 불법한 이익을 취득한 사기죄가 성립되는 것"(대법원 1980. 4. 22, 선고 80도533 판결).

1881) 김일수·서보학, 새로쓴 형법각론, 제9판, 박영사, 2018, 354면.

1882) 대법원 2011. 9. 8, 선고 2011도7262 판결.

1883) 대법원 1997. 7. 11, 선고 95도1874 판결.

이와는 달리, 소유권보존등기 명의자를 상대로 그 보존등기의 말소를 구하는 소송을 제기한 경우, 설령 승소한다고 하더라도 상대방의 소유권보존등기가 말소될 뿐이고 이로써 원고가 당해 부동산에 대하여 어떠한 권리를 회복 또는 취득하거나 의무를 면하는 것은 아니므로 법원을 기망하여 재물이나 재산상 이익을 편취한 것이라고 볼 수 없다는 취지로 판시한 대법원 1983. 10. 25, 선고 83도1566 판결과 같은 취지의 판결들은 위 법리에 저촉되는 범위 내에서 이를 변경하기로 한다. 같은 취지에서 피고인 3의 판시 소송사기로 인한 특정경제범죄 가중처벌 등에 관한 법률 위반(사기)죄를 유죄로 인정한 원심의 판단은 정당하고, 거기에 상고이유에서 주장하는 바와 같은 소송사기의 성립요건 및 기수시기에 관한 법리오해 등의 위법이 없다.」[1884]

차. 불능범

소송사기란 법원에 허위의 사실을 주장하거나 허위의 증거를 제출함으로써 법원을 기망하여 승소판결을 받는 경우를 말하는바, 소송사기죄는 부실한 청구를 목적으로 법원에 소장을 제출하거나 허위 내용의 서류를 증거로 제출한 때에 실행의 착수가 있으며, 법원을 기망하여 승소판결을 받아 확정되면 기수에 이르게 되고, 한편 민사소송법은 소송비용의 청구는 소송비용액 확정절차에 의하도록 규정하고 있으므로, 위 절차에 의하지 아니하고 손해배상금 청구의 소 등으로 소송비용의 상환을 구하는 것은 소의 이익이 없는 부적법한 소로서 허용될 수 없다고 할 것이다.[1885] 따라서 피고인이 각하를 면할 수 없는 부적법한 소를 제기한 것은 애당초 승소할 수 없는 경우에 해당하여 실행수단의 착오로 인하여 결과발생이 불가능하며 위험성도 없으므로 기수로도, 미수로도 처벌할 수 없고, 불가벌적인 불능범에 해당한다.

카. 간접정범

자기에게 유리한 판결을 얻기 위하여 소송상의 주장이 사실과 다름이 객관적으로 명백하거나 증거가 조작되어 있다는 정을 인식하지 못하는 제3자를 이용하여 그로 하여금 소송의 당사자가 되게 하고 법원을 기망하여 소송 상대방의 재물 또는 재산상 이익을 취득하려 하였다면 간접정범의 형태에 의한 소송사기죄가 성립하게 된다.[1886]

1884) 대법원 2006. 4. 7, 선고 2005도9858 전원합의체 판결.
1885) 전주지방법원 2005. 10. 7, 선고 2005노1035 판결.
1886) 대법원 2007. 9. 6, 선고 2006도3591 판결.

타. 죄수

판결을 받아 재물을 편취까지 하면 사기의 포괄일죄,[1887] 법원을 기망하여 승소판결을 받고 그 확정판결에 의하여 소유권이전등기를 경료한 경우에는 사기죄와 별도로 공정증서원본 불실기재죄가 성립하고 양 죄는 실체적 경합범 관계에 있다.[1888]

파. 공소시효

공소시효는 범죄행위가 종료한 때로부터 진행하는 것으로서(형사소송법 제252조 제1항), 법원을 기망하여 유리한 판결을 얻어내고 이에 터 잡아 상대방으로부터 재물이나 재산상 이익을 취득하려고 소송을 제기하였다가 법원으로부터 패소의 종국판결을 선고받고 그 판결이 확정되는 등 법원으로부터 유리한 판결을 받지 못하고 소송이 종료됨으로써 미수에 그친 경우에, 그러한 소송사기미수죄에 있어서 범죄행위의 종료시기는 위와 같이 소송이 종료된 때라고 할 것이므로, 원심이 같은 취지에서 이 사건 공소시효는 1996. 9. 10. 대법원에서 피고인의 상고를 기각하는 내용의 판결이 선고된 때로부터 진행하는 것이라고 판단한 조치는 정당하다고 할 것이고, 이와 달리 1988. 9. 1. 이 사건 소장을 법원에 제출한 때를 공소시효의 기산점으로 삼아야 한다는 상고이유의 주장은 받아들일 수 없다.[1889]

13. 컴퓨터등 사용사기죄

제347조의2(컴퓨터등 사용사기) 컴퓨터등 정보처리장치에 **허위의 정보 또는 부정한 명령을 입력**하거나 **권한 없이 정보를 입력·변경**하여 정보처리를 하게 함으로써 **재산상의 이익**을 취득하거나 제3자로 하여금 취득하게 한 자는 10년 이하의 징역 또는 2천만원 이하의 벌금에 처한다.

가. 신설취지

사람을 속인 것이 아니어서 제347조의 사기죄를 적용할 수 없는 문제를 해결하기 위해 1995. 12. 29. 본조를 별도로 신설했다. 컴퓨터를 조작하여 사기

1887) 김성돈, 형법각론, 제3판, SKKUP, 2013, 363면.
1888) 대법원 1983. 4. 26, 선고 83도188 판결.
1889) 대법원 2000. 2. 11, 선고 99도4459 판결.

범행을 한 경우 사람에 대한 기망이 없을 뿐만 아니라 재물의 점유이전을 수반하지 않아서 사기죄로도 절도죄로도 벌할 수 없었는데, 본조 신설로 처벌흠결을 메우게 되었다.[1890] 기본 사기죄인 제347조와 형량은 정확히 같다.

▶ 「형법 제347조의2는 컴퓨터 등 정보처리장치에 허위의 정보 또는 부정한 명령을 입력하거나 권한 없이 정보를 입력·변경하여 정보처리를 하게 함으로써 재산상의 이익을 취득하거나 제3자로 하여금 취득하게 하는 행위를 처벌하고 있다. 이는 재산변동에 관한 사무가 사람의 개입 없이 컴퓨터 등에 의하여 기계적·자동적으로 처리되는 경우가 증가함에 따라 이를 악용하여 불법적인 이익을 취하는 행위도 증가하였으나 이들 새로운 유형의 행위는 사람에 대한 기망행위나 상대방의 처분행위 등을 수반하지 않아 기존 사기죄로는 처벌할 수 없다는 점 등을 고려하여 신설한 규정이다.」[1891]

나. 객체

컴퓨터 등 정보처리장치이다. 이에는 현금자동지급기도 포함된다.[1892]

다. 행위

(1) **허위정보의 입력**은 당해 사무처리시스템에 예정되어 있는 사무처리의 목적이나 진실한 내용에 반하는 자료를 정보처리장치에 입력시키는 것을 말하며,[1893] 허위의 입금데이터 입력이 대표적이다.

네이버 스폰서링크 부정클릭

▶ 「…(전략) 마. 컴퓨터등사용사기의 점에 대하여

원심은 통상은 공소외 3 유한회사가 '클릭방지시스템'을 구축하여 실시간으로 이를 운용하면서 불법시스템으로 인한 클릭, 특정 형태의 반복 클릭 패턴을 분석하여 걸러진 클릭에 대하여 요금을 청구하지 않는다고 하더라도, 피고인 4가 이 사건 프로그램을 이용하는 방법으로 ○○○○○, △△△△△의 네이버 스폰서링크를 부정클릭함으로써 네이버의 스폰서링크 광고대행사인 공소외 3 유한회사

1890) 김일수·서보학, 새로쓴 형법각론, 제9판, 박영사, 2018, 362면; 이재상·장영민·강동범, 형법각론, 제10판 보정판, 박영사, 2017, 356면.

1891) 대법원 2014. 3. 13, 선고 2013도16099 판결.

1892) 김일수·서보학, 새로쓴 형법각론, 제9판, 박영사, 2018, 363면; 이재상·장영민·강동범, 형법각론, 제10판 보정판, 박영사, 2017, 356면.

1893) 김일수·서보학, 새로쓴 형법각론, 제9판, 박영사, 2018, 363면.

에 제1심판결이 적시한 범죄일람표 1－1 기재 중의 일부 범죄사실과 같이 광고비를 지급하게 한 사실을 충분히 인정할 수 있다는 이유로, 이 부분 공소사실에 대하여 유죄를 선고한 제1심판결을 그대로 유지했다.

원심판결 이유를 적법하게 채택된 증거들에 비추어 살펴보면, 원심의 위와 같은 판단에 상고이유 주장과 같이 **허위의 정보** 내지 **부정한 명령**, 인과관계 및 재산상의 이익 등과 관련하여 컴퓨터등사용사기죄에 관한 법리를 오해하거나 논리와 경험의 법칙에 반하여 자유심증주의의 한계를 벗어나는 등의 위법이 없다.」[1894]

(2) **부정한 명령의 입력**은 당해 사무처리시스템에 예정되어 있는 사무처리의 목적에 비추어 지시해서는 안 될 명령을 입력하는 것을 의미한다.[1895] 따라서 설령 '허위의 정보'를 입력한 경우가 아니라고 하더라도, 당해 사무처리시스템의 프로그램을 구성하는 개개의 명령을 부정하게 변개·삭제하는 행위는 물론 프로그램 자체에서 발생하는 오류를 적극적으로 이용하여 그 사무처리의 목적에 비추어 정당하지 아니한 사무처리를 하게 하는 행위도 특별한 사정이 없는 한 위 '부정한 명령의 입력'에 해당한다고 보아야 할 것이다.[1896]

▶ 「원심은 제1심이 적법하게 채택한 증거들에 의하여, 피고인은 피해자인 공소외 주식회사가 운영하는 인터넷사이트의 가상계좌에서 은행환불명령을 입력하여 가상계좌의 잔액이 1,000원 이하로 되었을 때 전자복권 구매명령을 입력하면 가상계좌로 복권 구매요청금과 동일한 액수의 가상현금이 입금되는 프로그램 오류가 발생하는 사실을 인식하였던 사실, 피고인은 이를 이용하여 그 잔액을 1,000원 이하로 만들고 다시 전자복권 구매명령을 입력하는 행위를 반복함으로써 피고인의 가상계좌로 합계 18,123,800원이 입금되게 한 사실을 인정한 다음, 피고인의 위와 같은 행위는 당해 사이트에서 허용하는 절차에 따라 은행환불명령이나 복권구매명령을 입력한 것으로서, 당해 프로그램상의 오류를 이용한 피고인의 행위에 대하여 '허위의 정보 입력'으로 볼 수 없을 뿐 아니라 '부정한 명령 입력'의 구성요건에도 해당하지 아니한다고 판단하여, 이 사건 공소사실에 대하여 무죄를 선고한 제1심판결을 그대로 유지했다.

그러나 위와 같은 사실관계를 앞서 본 법리에 비추어 보면, 피고인은 일정한 조건하에 전자복권구매시스템을 구성하는 프로그램의 작동상 오류가 발생한

1894) 대법원 2013. 3. 28, 선고 2010도14607 판결.
1895) 김일수·서보학, 새로쓴 형법각론, 제9판, 박영사, 2018, 363면.
1896) 대법원 2013. 11. 14, 선고 2011도4440 판결.

다는 점을 분명히 인식하고서도, 부정한 재산상 이익을 취득할 의도로 일부러 은행환불명령을 통하여 가상계좌의 잔액 1,000원 이하인 상태를 설정한 뒤 전자복권 구매명령을 입력함으로써, 정상적인 사무처리절차와 달리 오히려 자신의 가상계좌에 그 구매요청금 상당의 금액이 입금되도록 한 것이니, 피고인의 이러한 행위가 설령 형법 제347조의2 소정의 **'허위의 정보 입력'에 해당하지는 않는다고 하더라도,** 이는 프로그램 자체에서 발생하는 오류를 적극적으로 이용하여 그 사무처리의 목적에 비추어 정당하지 아니한 사무처리를 하게 한 행위로서 위와 동일한 형벌규정에 정하여진 **'부정한 명령의 입력'에 해당한다**고 보아야 할 것이다. 그렇다면 이러한 경우 원심으로서는 피고인의 행위에 대한 정당한 법적 평가로서 이를 형법 제347조의2 소정의 '부정한 명령의 입력'에 의한 컴퓨터 등 사용사기죄로 의율·처단하였어야 할 것임에도, 이와 다른 전제에서 피고인에게 무죄를 선고하였으니, 이러한 원심의 판단에는 컴퓨터 등 사용사기죄의 구성요건 및 그 적용범위에 관한 법리를 오해하여 판결 결과에 영향을 미친 위법이 있다.」[1897]

(3) **권한 없이 정보를 입력·변경**하는 것은 정당한 정보의 권한 없는 사용을 말한다.[1898] 인터넷뱅킹을 위해 타인의 아이디와 비밀번호를 이용하는 것, 타인의 명의를 이용하여 발급받은 신용카드의 번호와 비밀번호를 이용하여 인터넷 등을 통하여 신용대출을 받는 것이 이에 해당한다.[1899]

▶ 「…(전략) 피고인이 타인의 명의를 모용하여 신용카드를 발급받은 경우, 비록 카드회사가 피고인으로부터 기망을 당한 나머지 피고인에게 피모용자 명의로 발급된 신용카드를 교부하고, 사실상 피고인이 지정한 비밀번호를 입력하여 현금자동지급기에 의한 현금대출(현금서비스)을 받을 수 있도록 하였다 할지라도, 카드회사의 내심의 의사는 물론 표시된 의사도 어디까지나 카드명의인인 피모용자에게 이를 허용하는 데 있을 뿐, 피고인에게 이를 허용한 것은 아니라는 점에서 피고인이 타인의 명의를 모용하여 발급받은 신용카드를 사용하여 현금자동지급기에서 **현금대출**을 받는 행위는 카드회사에 의하여 미리 포괄적으로 허용된 행위가 아니라, 현금자동지급기의 관리자의 의사에 반하여 그의 지배를 배제한 채 그 현금을 자기의 지배하에 옮겨 놓는 행위로서 **절도죄에 해당한다** 할 것이다.[1900] **또한**, 위와 같이 타인의 명의를 모용하여 발급받은 신용카드의 번호와

1897) 대법원 2013. 11. 14, 선고 2011도4440 판결.
1898) 이재상·장영민·강동범, 형법각론, 제10판 보정판, 박영사, 2017, 357면.
1899) 대법원 2006. 7. 27, 선고 2006도3126 판결.
1900) 대법원 2002. 7. 12, 선고 2002도2134 판결.

그 비밀번호를 이용하여 ARS 전화서비스나 인터넷 등을 통하여 **신용대출**을 받는 방법으로 재산상 이익을 취득하는 행위 역시 미리 포괄적으로 허용된 행위가 아닌 이상, 컴퓨터등 정보처리장치에 **권한 없이 정보를 입력**하여 정보처리를 하게 함으로써 재산상 이익을 취득하는 행위로서 **컴퓨터등사용사기죄에 해당한다**고 할 것이다. 따라서 타인의 명의를 모용하여 발급받은 신용카드를 이용하여 현금자동지급기에서 현금을 인출하거나 ARS 전화서비스나 인터넷 등으로 신용대출을 받는 행위를 기망당한 카드회사가 카드사용을 포괄적으로 허용한 것에 기초한 것으로 파악하여 포괄적으로 카드회사에 대한 사기죄가 된다고 볼 수는 없다.

그렇다면 이 사건에서 피고인이 공소외인의 명의를 모용하여 신용카드를 발급받았다고 하더라도 카드회사가 피고인에게 공소외인 명의의 신용카드를 사용할 권한을 주었다고 볼 수 없는 이상, 피고인이 각 신용카드를 사용하여 현금자동지급기에서 현금을 인출한 행위는 현금자동지급기의 관리자에 대한 **절도죄**가, ARS 전화서비스 등을 이용하여 신용대출을 받은 행위에 관하여는 대출금융기관에 대한 **컴퓨터등사용사기죄**가 각 성립할 뿐이며, 이를 카드회사에 대한 사기죄가 된다고 볼 수는 없다.

그럼에도 불구하고, 원심이 그 판시와 같이 위 주위적 공소사실 부분이 사기죄에 해당한다고 판단하여 제1심판결을 유지한 조치는 타인 명의를 모용하여 발급받은 신용카드의 사용에 의한 범죄의 죄책에 관한 법리를 오해한 위법이 있고, 이는 판결에 영향을 미쳤음이 분명하다.」[1901]

▶ 「피고인이 타인의 명의를 모용하여 신용카드를 발급받은 경우, 비록 카드회사가 피고인으로부터 기망을 당한 나머지 피고인에게 피모용자 명의로 발급된 신용카드를 교부하고, 사실상 피고인이 지정한 비밀번호를 입력하여 현금자동지급기에 의한 **현금대출(현금서비스)**을 받을 수 있도록 하였다 할지라도, 카드회사의 내심의 의사는 물론 표시된 의사도 어디까지나 카드명의인인 피모용자에게 이를 허용하는 데 있을 뿐, 피고인에게 이를 허용한 것은 아니라는 점에서 피고인이 타인의 명의를 모용하여 발급받은 신용카드를 사용하여 현금자동지급기에서 현금대출을 받는 행위는 카드회사에 의하여 미리 포괄적으로 허용된 행위가 아니라, 현금자동지급기의 관리자의 의사에 반하여 그의 지배를 배제한 채 그 현금을 자기의 지배하에 옮겨 놓는 행위로서 **절도죄에 해당한다**고 봄이 상당하다. 한편, 형법 제347조의2에서 규정하는 **컴퓨터등사용사기죄의 객체는** 재물이 아닌 **재산상의 이익에 한정**되어 있으므로, 타인의 명의를 모용하여 발급받은 신용

1901) 대법원 2006. 7. 27, 선고 2006도3126 판결.

카드로 현금자동지급기에서 **현금을 인출하는 행위를 이 법조항을 적용하여 처벌할 수는 없다.**」[1902)]

타인의 인적 사항을 도용하여 타인 명의로 발급받은 신용카드의 번호와 그 비밀번호를 인터넷사이트에 입력함으로써 재산상 이익을 취득한 행위가 구 형법 제347조의2 소정의 컴퓨터등사용사기죄에 해당하지 않는다고 보아 무죄를 선고한 원심판결을 파기한 사례

▶「【주문】

원심판결 중 무죄 부분을 파기하고, 이 부분 사건을 서울지방법원 본원 합의부에 환송한다.

【이유】

상고이유를 본다.

1. 원심의 판단

원심판결 이유에 의하면, 원심은, 이 사건 변경된 공소사실 중 컴퓨터 등 사용사기의 점, 즉 '피고인은 2001. 10. 6. 11:05경 서울 이하 불상지에서 컴퓨터 등 정보처리장치인 인터넷사이트 피해자 한국신용정보 주식회사에 유종○ 명의로 접속하여 그의 신용정보 조회를 하면서 피고인이 마치 유종○인 것처럼 자신이 부정발급받은 유종○ 명의의 삼성스카이패스카드의 카드번호와 비밀번호 등을 입력하고 그 사용료 2,000원을 지급하도록 부정한 명령을 입력하여 정보처리를 하게 함으로써 그 금액 상당의 재산상 이익을 취득했다.'는 사실이 형사상 범죄를 구성하는지 여부에 대하여 다음과 같이 판단하여 무죄를 선고했다.

검사가 그 공소사실에 적용한 형법 제347조의2는 컴퓨터 등 정보처리장치에 허위의 정보 또는 부정한 명령을 입력하여 정보처리를 하게 함으로써 재산상의 이익을 취득하거나 제3자로 하여금 취득하게 한 행위를 처벌하도록 규정하고 있는데, 여기에서 규정하고 있는 허위의 정보를 입력한다는 것은 객관적 진실에 반하는 내용의 정보를 입력하는 행위를, 부정한 명령을 입력한다는 것은 프로그램을 구성하는 개개의 명령을 부정하게 변경, 삭제, 추가하는 행위를 각 의미한다는 것에는 이론이 없으나, 나아가 **권한이 없는 자가 프로그램에 진실한 정보 또는 프로그램이 허용하는 명령을 입력하는 경우**까지를 허위의 정보 또는 부정한 명령의 입력으로 볼 수 있는지의 여부에 대하여는 견해가 일치하지 아니한다.

피고인은 이 사건에서 컴퓨터를 이용, 신용정보 조회 서비스사이트에 접속하

1902) 대법원 2002. 7. 12, 선고 2002도2134 판결.

여 신용정보를 조회하면서 그 서비스이용대금의 결제를 위하여 피고인이 타인의 인적 사항을 도용하여 타인 명의로 발급받은 신용카드의 번호와 그 비밀번호를 입력하는 행위를 하였는데, 비록 피고인이 타인의 인적 사항을 도용하여 발급받았다고는 하나, 일단 유효하게 발급받은 카드의 번호와 비밀번호가 객관적 진실에 반하는 정보라고 볼 수 없고, 진실한 번호를 입력하여 컴퓨터프로그램이 허용하는 방법으로 대금을 결제하는 것이 곧바로 부정한 명령에 해당된다고 볼 수도 없으므로, 피고인의 그 행위는 결국 권한 없는 자가 진실한 정보를 입력하거나 허용된 명령을 입력한 행위에 불과하다.

그런데 2001. 12. 29. **개정되어** 2002. 6. 29. **시행을 앞두고 있는 형법 제347조의2의 개정조항**에서는 이 사건과 같이 컴퓨터 등 정보처리장치에 권한 없이 정보를 입력, 변경하여 정보처리를 하게 하는 행위를 처벌하도록 하는 규정을 추가하였는바, 이는 국가가 형벌법규의 해석을 둘러싼 그 동안의 논란을 종식시키기 위하여 그 흠결을 인정하고 처벌의 대상을 확대한 것으로 봄이 상당하므로, **형벌법규의 명확성과 유추적용 금지의 원칙에 비추어 볼 때 피고인에 대한 이 부분 공소사실은 처벌법규가 없어 범죄로 되지 아니하는 경우에 해당된다**고 보아야 할 것이다.

2. 이 법원의 판단

그러나 이러한 원심의 판단은 수긍하기 어렵다.

형벌법규는 문언에 따라 엄격하게 해석·적용해야 하고 피고인에게 불리한 방향으로 지나치게 확장해석하거나 유추해석 하여서는 아니 되지만, 형벌법규의 해석에서도 법률문언의 통상적인 의미를 벗어나지 않는 한 그 법률의 입법취지와 목적, 입법연혁 등을 고려한 목적론적 해석이 배제되는 것은 아니다.[1903)]

기록에 비추어 보면, 구 형법(2001. 12. 29. 법률 제6543호로 개정되기 전의 것, 이하 '구 형법'이라 한다.) 제347조의2 규정의 입법취지와 목적은 프로그램 자체는 변경(조작)함이 없이 명령을 입력(사용)할 권한 없는 자가 명령을 입력하는 것도 부정한 명령을 입력하는 행위에 포함한다고 보아, 진실한 자료의 권한 없는 사용에 의한 재산상 이익 취득행위도 처벌대상으로 삼으려는 것이었음을 알 수 있고, 오히려 그러한 범죄 유형이 프로그램을 구성하는 개개의 명령을 부정하게 변경, 삭제, 추가하는 방법에 의한 재산상 이익 취득의 범죄 유형보다 훨씬 손쉽게 또 더 자주 저질러질 것임도 충분히 예상되었던 점에 비추어 이러한 입법취지와 목적은 충분히 수긍할 수 있다.

나아가 그와 같은 권한 없는 자에 의한 명령 입력행위를 '명령을 부정하게 입력하는 행위' 또는 '부정한 명령을 입력하는 행위'에 포함된다고 해석하는 것이

1903) 대법원 2002. 2. 21, 선고 2001도2819 전원합의체 판결.

그 문언의 통상적인 의미를 벗어나는 것이라고 할 수도 없다.

그렇다면 그 문언의 해석을 둘러싸고 학설상 일부 논란이 있었고, 이러한 논란을 종식시키기 위해 그와 같이 권한 없이 정보를 입력, 변경하여 정보처리를 하게 하는 행위를 따로 규정하는 내용의 개정을 하게 되었다고 하더라도, 구 형법상으로는 그와 같은 권한 없는 자가 명령을 입력하는 방법에 의한 재산상 이익 취득행위가 처벌대상에서 제외되어 있었다고 볼 수는 없는바, 이러한 해석이 죄형법정주의에 의하여 금지되는 유추적용에 해당한다고 할 수도 없다.

따라서 원심판결에는 구 형법 제347조의2의 해석을 그르치고, 죄형법정주의에 관한 법리를 오해한 위법이 있고, 이는 판결 결과에 영향을 미쳤음이 분명하다. 상고이유 중 이 점을 지적하는 부분은 이유 있다.」[1904)]

라. 정보처리를 하게 하여 행위자나 제3자가 재산상 이익 취득

'정보처리'는 사기죄에서 피해자의 처분행위에 상응하므로 입력된 허위의 정보 등에 의하여 계산이나 데이터의 처리가 이루어짐으로써 직접적으로 재산처분의 결과를 초래해야 하고, 행위자나 제3자의 '재산상 이익 취득'은 사람의 처분행위가 개재됨이 없이 컴퓨터 등에 의한 정보처리 과정에서 이루어져야 한다.[1905)]

마. 기수시기

형법 제347조의2는 정보처리장치에 허위의 정보 또는 부정한 명령을 입력하거나 권한 없이 정보를 입력·변경하여 정보처리를 하게 함으로써 재산상의 이익을 취득하거나 제3자로 하여금 취득하게 한 자는 이를 처벌하도록 규정하고 있는바, 금융기관 직원이 전산단말기를 이용하여 다른 공범들이 지정한 특정계좌에 돈이 입금된 것처럼 허위의 정보를 입력하는 방법으로 위 계좌로 입금되도록 한 경우, 이러한 입금절차를 완료함으로써 장차 그 계좌에서 이를 인출하여 갈 수 있는 재산상 이익의 취득이 있게 되었다고 할 것이므로 형법 제347조의2에서 정하는 컴퓨터등 사용사기죄는 기수에 이르렀다고 할 것이고, 그 후 그러한 입금이 취소되어 현실적으로 인출되지 못하였다고 하더라도 이미 성립한 컴퓨터등 사용사기죄에 어떤 영향이 있다고 할 수는 없다. 원심이 ○농협 ▲지소 직원인 공소외인이 피고인 등 다른 공범들의 지시에 따라 위 농협지소

1904) 대법원 2003. 1. 10, 선고 2002도2363 판결.
1905) 대법원 2014. 3. 13, 선고 2013도16099 판결.

에 설치된 컴퓨터 단말기를 이용하여 특정계좌에 무자원 송금의 방식으로 입금을 완료한 행위에 대하여 이를 형법 제347조의2에서 정한 컴퓨터등 사용사기죄의 기수로 처벌한 것은 위 법리에 따른 것으로 정당하다.[1906]

바. 본죄 범행으로 취득한 예금채권의 인출금과 장물죄

형법 제41장의 장물에 관한 죄에 있어서의 '장물'이라 함은 재산범죄로 인하여 취득한 물건 그 자체를 말하므로, 재산범죄를 저지른 이후에 별도의 재산범죄의 구성요건에 해당하는 사후행위가 있었다면 비록 그 행위가 불가벌적 사후행위로서 처벌의 대상이 되지 않는다 할지라도 그 사후행위로 인하여 취득한 물건은 재산범죄로 인하여 취득한 물건으로서 장물이 될 수 있다. 그러나 기록에 의하면, 공소외인은 권한 없이 주식회사 ○기획의 아이디와 패스워드를 입력하여 인터넷뱅킹에 접속한 다음 위 회사의 예금계좌로부터 자신의 예금계좌로 합계 180,500,000원을 이체하는 내용의 정보를 입력하여 자신의 예금액을 증액시킴으로서 컴퓨터등사용사기죄의 범행을 저지른 다음 자신의 현금카드를 사용하여 현금자동지급기에서 현금을 인출한 사실을 인정할 수 있는바, 이와 같이 자기의 현금카드를 사용하여 현금자동지급기에서 현금을 인출한 경우에는 그것이 비록 컴퓨터등사용사기죄의 범행으로 취득한 예금채권을 인출한 것이라 할지라도 현금카드 사용권한 있는 자의 정당한 사용에 의한 것으로서 현금자동지급기 관리자의 의사에 반하거나 기망행위 및 그에 따른 처분행위도 없었으므로, 별도로 절도죄나 사기죄의 구성요건에 해당하지 않는다 할 것이고, 그 결과 그 인출된 현금은 재산범죄에 의하여 취득한 재물이 아니므로 장물이 될 수 없다고 할 것이다. 또 장물인 현금 또는 수표를 금융기관에 예금의 형태로 보관하였다가 이를 반환받기 위하여 동일한 액수의 현금 또는 수표를 인출한 경우에 예금계약의 성질상 그 인출된 현금 또는 수표는 당초의 현금 또는 수표와 물리적인 동일성은 상실되었지만 액수에 의하여 표시되는 금전적 가치에는 아무런 변동이 없으므로, 장물로서의 성질은 그대로 유지되지만,[1907] 공소외인이 컴퓨터등사용사기죄에 의하여 **취득한 예금채권은** 재물이 아니라 **재산상 이익**이므로, 그가 자신의 예금구좌에서 6,000만원을 인출하였더라도 장물을 금융기관에 예치하였다가 인출한 것으로 볼 수 없다. 같은 취지에서 원심이 피고인이 공소외인으로부터 교부받은 6,000만원은 장물이 아니라는 이유로 피고인에 대하여 무죄를 선고한 제1심판결을 그대로 유지한 원심의 판단은 정당하고, 거기에 주장과 같은 장물에 관한 법

1906) 대법원 2006. 9. 14, 선고 2006도4127 판결.
1907) 대법원 1999. 9. 17, 선고 98도2269 판결; 대법원 2000. 3. 10, 선고 98도2579 판결; 대법원 2002. 4. 12, 선고 2002도53 판결.

리를 오해한 위법이 없다.[1908)]

14. 상습범

제351조(상습범) 상습으로 제347조 내지 전조의 죄를 범한 자는 그 죄에 정한 형의 2분의 1까지 가중한다.

상습사기, 상습 컴퓨터 등 사용사기, 상습 준사기, 상습 편의시설부정이용, 상습 부당이득을 저지른 자는 가중 처벌된다.

상습사기에 있어서의 상습성은 반복하여 사기행위를 하는 습벽으로서 행위자의 속성을 말하고, 이러한 습벽의 유무를 판단함에 있어서는 사기의 전과가 중요한 판단자료가 되나 사기의 전과가 없다고 하더라도 범행의 횟수, 수단과 방법, 동기 등 제반 사정을 참작하여 사기의 습벽이 인정되는 경우에는 상습성을 인정해야 하는 것이다.[1909)] 특히 처음부터 장기간에 걸쳐 불특정 다수로부터 회원가입비 명목의 금원을 편취할 목적으로 상당한 자금을 투자하여 성인사이트를 개설하고 직원까지 고용하여 사기행위를 영업으로 한 경우에는 그 행위의 반복성이 영업이라는 면에서 행위 그 자체의 속성에서 나아가 행위자의 속성으로서 상습성을 내포하는 성질을 갖게 되고, 또한 이미 투자한 자금에 얽매여 그러한 사기행위를 쉽게 그만둘 수 없다는 자본적 또는 경제활동상의 의존성도 습벽의 내용이 될 수 있으므로 상습성을 인정할 수 있다.[1910)]

판례 1. 상습사기 인정사례

▶ 「원심이 적법히 확정한 사실에 의하면 피고인은 우렁이 양식 및 분양업자로서 피해자들에게 우렁이를 분양받아 양식하여도 단기간에 큰 폭의 이익을 가져다 줄 의사와 능력이 없음에도 마치 그러한 이익을 볼 수 있을 것처럼 거짓말을 하여 1984. 3. 15부터 같은 해 6. 25.까지 13회에 걸쳐 피해자 김정○ 외 8명으로부터 분양대금 및 관리비조로 합계 금71,750,000원을 편취한 죄 등으로 1985. 10. 19. 서울형사지방법원에서 징역 3년의 형을 선고받고 항소하여 1986. 2. 28. 위 법원 항소심에서 징역 2년의 형을 선고받아 그 무렵 확정되어 서울구

1908) 대법원 2004. 4. 16, 선고 2004도353 판결.
1909) 대법원 2001. 1. 19, 선고 2000도4870 판결; 대법원 2006. 9. 8, 선고 2006도2860 판결; 대법원 2009. 9. 10, 선고 2009도5075 판결.
1910) 대법원 2006. 9. 8, 선고 2006도2860 판결.

치소에서 수감 복역 중 1987. 5. 11. 그 형기가 종료되었으며, 한편 당초의 이 사건 공소사실은 1984. 3. 15.부터 같은 해 6. 15.까지 4회에 걸쳐 이정○ 외 1명으로부터 위와 같은 우렁이 분양사기 수법으로 금 5,050,000원을 편취하였다는 것이고, 원심에서 새로 추가된 공소사실은 1984. 3. 15.부터 같은 해 6. 22.까지 17회에 걸쳐 최순○ 외 7명으로부터 위와 같은 수법으로 금 45,550,000원을 편취하였다는 것이다. 그러하다면 앞서 확정된 범죄사실과 이 사건 피고인의 행위는 그 범행의 동기, 수단방법이 동일하고 같은 무렵의 약 3개월 남짓 되는 기간에 걸쳐 동종의 범행을 다수의 피해자들에게 반복한 점 등에 비추어 모두 피고인의 **사기의 습벽의 발로**에 의하여 저질러진 범행이라 할 것이므로 같은 취지의 원심판결은 옳고 거기에 소론과 같은 상습사기죄의 법리오해가 있다고 할 수 없다.

또한 사정이 그렇다면 위 확정판결을 받은 범죄사실과 이 사건 공소사실은 실체법상 일죄인 상습사기죄의 포괄일죄의 관계에 있다 할 것이고, 위 사기 등 죄에 대한 확정판결의 기판력은 그와 포괄일죄의 관계에 있으나 단순한 사기죄로 기소된 이 사건 공소사실에 대하여도 미치게 되는 것이라 할 것이므로 이 사건 범죄사실에 대하여는 면소의 판결을 해야 할 것이다.[1911] 같은 취지의 원심판결은 옳고 거기에 소론과 같은 기판력에 관한 법리오해의 위법이 없다.」[1912]

판례 2. 상습사기 인정사례

▶ 「원심판결의 확정사실은 피고인은 해외취업을 시켜줄 의사나 능력이 없는데도 마치 있는 것처럼 가장하여 사우디에 용접공으로 가는데 교제비로 쓴다고 거짓말을 하여 1982. 1. 7.부터 같은 해 5. 7.까지 9회에 걸쳐 피해자 김준○ 외 8인으로부터 합계 금 5,200,000원을 편취한 죄로 1982. 8. 20. 광주지방법원에서 징역 2년을 선고받고 항소하여 같은 해 12. 21. 위 법원 항소심에서 징역1년 6월을 선고받아 그 무렵 확정되어 현재 광주교도소에서 복역 중인데 이 사건 공소사실은 1982. 6. 2. 정영○으로부터 위와 동일한 해외취업사기수법으로 금 800,000원을 편취하였다는 것으로서 앞의 확정된 범죄사실과 이 사건 공소사실을 합쳐 살펴보면, 그 범행의 동기, 수법이 동일하며 단기간 내에 동종의 범행을 반복한 점 등에 비추어 모두 피고인의 **사기의 습벽의 발로**에 의하여 저질러진 범행이라는 것이다.

그렇다면 위 확정판결을 받은 범죄사실과 이 사건 공소사실은 실체법상 일죄인 상습사기죄의 포괄일죄의 관계에 있다 할 것이고 위 사기죄에 대한 확정판결

1911) 대법원 1978. 2. 14, 선고 77도3564 전원합의체 판결; 대법원 1983. 12. 13, 선고 83도2609 판결; 대법원 1988. 2. 23, 선고 87도2193 판결.

1912) 대법원 1988. 2. 23, 선고 87도2193 판결.

의 기판력은 그와 포괄일죄의 관계에 있으나 단순한 사기죄로 기소된 이 사건 공소사실에 대하여도 미치게 되는 것이라고 할 것이므로 이 사건 범죄사실에 대하여는 면소의 판결을 해야 할 것인바[1913] 이와 같은 취지인 원심판결은 정당하고 반대의 견해에 입각하여 원심판결을 비난하는 논지는 채용할 수 없다.」[1914]

판례 3. 상습사기 인정사례

▶ 「…(전략) (3) 피고인 2의 상습범이 아니라는 주장에 관하여

상습사기에 있어서의 상습성은 반복하여 사기행위를 하는 습벽으로서 행위자의 속성을 말하고, 이러한 습벽의 유무를 판단함에 있어서는 사기의 전과가 중요한 판단자료가 되나 사기의 전과가 없다고 하더라도 범행의 횟수, 수단과 방법, 동기 등 제반 사정을 참작하여 사기의 습벽이 인정되는 경우에는 상습성을 인정해야 하는 것이며, 특히 처음부터 장기간에 걸쳐 불특정 다수로부터 회원가입비 명목의 금원을 편취할 목적으로 상당한 자금을 투자하여 성인사이트를 개설하고 직원까지 고용하여 사기행위를 영업으로 한 경우에는 그 행위의 반복성이 영업이라는 면에서 행위 그 자체의 속성에서 나아가 행위자의 속성으로서 상습성을 내포하는 성질을 갖게 되고, 또한 이미 투자한 자금에 얽매여 그러한 사기행위를 쉽게 그만둘 수 없다는 자본적 또는 경제활동상의 의존성도 습벽의 내용이 될 수 있으므로 상습성을 인정할 수 있다.[1915]

이 사건에 관하여 보건대, 앞서 본 바와 같이 피고인은 상피고인 1, 3, 5, 6과 공모하여 2005. 6. 8.경부터 2007. 10. 8.경까지 사이에 ○인터내셔널을 통하여 불특정다수의 피해자들로부터 상품권구입대금 명목으로 무려 54,716회에 걸쳐 합계 964,345,316,976원을 편취한 사실이 인정되고, 그밖에 이 사건 범행의 수법과 횟수, 동기와 수단 등 제반 사정에 비추어 보면, **비록 피고인에게 이 사건 범행 이전에 사기의 전과가 없었다고 하더라도 이 사건 범행 당시 피고인에게는 사기의 습벽이 있었다**고 봄이 상당하므로 피고인의 위 주장은 이유 없다.」[1916]

판례 4. 상습사기 배척사례

▶ 「…(전략) 원심판결 이유에 의하면, 원심은, 피고인의 이 사건 범행은 범행의 동기, 수단, 방법, 일시, 장소가 동일할 뿐 아니라, 그 내용도 일정기간 내에

1913) 대법원 1978. 2. 14, 선고 77도3564 전원합의체 판결.
1914) 대법원 1983. 12. 13, 선고 83도2609 판결.
1915) 대법원 2006. 9. 8, 선고 2006도2860 판결.
1916) 서울고등법원 2009. 5. 13, 선고 2008노3261,2009초기27,92,93,99,101～115,118～127,129～149,152～166,169～197,199～273,275～329,335 판결.

수십 명의 신도들로부터 금원을 편취한 것이어서 피고인의 사기 습벽의 발현에 의하여 저질러진 범행으로 보아야 하는바, 피고인은 이 사건 이전에 이 사건과 동일한 기망방법으로 신도들로부터 금원을 편취한 사실로 사기죄의 확정판결을 받은 바 있으므로 피고인은 면소되어야 한다는 주장에 대하여, 피고인은 이 사건 범행 이전에 사기죄로 처벌받은 전력이 전혀 없는 점, 피고인의 판시 범행의 횟수가 수회이기는 하나 피해자별로 그 편취명목이 다르고 그에 따른 구체적, 직접적인 기망의 수단과 방법도 다를 뿐 아니라 종교적인 행사라는 일련의 계속된 과정에서 종교적인 명목을 내세워 이루어진 점 및 판시 범행의 경위, 피고인의 생활환경, 지위, 성격 등 제반 사정을 종합하여 보면 이 사건 범행은 피고인의 **사기 습벽의 발현에 의하여 저질러진 범행이라고 볼 수 없다**는 이유로 이를 배척했다. 기록에 비추어 살펴보면 원심의 위와 같은 판단은 정당한 것으로 수긍이 가고 거기에 상습범에 대한 법리오해가 있다고 볼 수 없다. 소론이 지적하는 당원의 판례는 이 사건과 사안의 내용이 다르므로 이 사건에 원용하기에 적절하지 아니하다. 논지 역시 이유 없다.」[1917]

15. 미수범

제352조(미수범) 제347조 내지 제348조의2, 제350조, 제350조의2와 제351조의 미수범은 처벌한다.

사기, 컴퓨터 등 사용사기, 준사기, 편의시설부정이용에 실행에 착수한 후 범죄를 완성하지 못한 자는 미수범으로 처벌된다.

16. 방조

형법상 방조행위는 정범이 범행을 한다는 정을 알면서 그 실행행위를 용이하게 하는 직접·간접의 행위를 말하므로, 방조범은 정범의 실행을 방조한다는 이른바 방조의 고의와 정범의 행위가 구성요건에 해당하는 행위인 점에 대한 정범의 고의가 있어야 하나, 이와 같은 고의는 내심적 사실이므로 피고인이 이를 부정하는 경우에는 사물의 성질상 고의와 상당한 관련성이 있는 간접사실을 증명하는 방법에 의하여 증명할 수밖에 없고, 이 때 무엇이 상당한 관련성이 있는 간접사실에 해당할 것인가는 정상적인 경험칙에 바탕을 두고 치밀한

1917) 대법원 1997. 6. 27, 선고 97도508 판결.

관찰력이나 분석력에 의하여 사실의 연결상태를 합리적으로 판단하는 외에 다른 방법이 없다고 할 것이며, 또한 방조범에 있어서 정범의 고의는 정범에 의하여 실현되는 범죄의 구체적 내용을 인식할 것을 요하는 것은 아니고 미필적 인식 또는 예견으로 족하다.[1918)]

사기방조 인정사례

▶ 「원심은, 그 판시 사실 및 사정들을 종합하여, 피고인 2로서도 원심공동피고인 4가 관리지역으로 기재된 허위의 토지이용계획확인서를 이용하여 타인에게 토지를 매도하여 매매대금 상당을 편취하려 한다는 것을 미필적으로나마 인식 또는 예견하였다고 봄이 상당하므로 정범의 고의를 가지고 있음이 인정되고, 위와 같은 피고인 2의 행위는 정범의 사기범행의 실행을 직접적으로 용이하게 하는 것이어서 피고인 2에게 방조의 고의도 있었음이 명백하므로, 피고인 2에게 각 특정경제범죄 가중처벌 등에 관한 법률 위반(사기) 방조의 죄책을 물을 수 있다고 판단했다. 원심판결 이유를 앞서 본 법리와 기록에 비추어 살펴보면, 원심의 위와 같은 사실인정과 판단은 정당한 것으로 수긍할 수 있다.」[1919)]

▶ 「…(전략) 피고인 1이 피해자들로부터 계 불입금을 수령할 당시 계금을 지급할 의사나 능력이 없었던 것으로 볼 수 있고, 또한 적법하게 채택한 판시 증거들을 종합하면 피고인 1의 위와 같은 사정을 잘 알고 있던 피고인 김○○가 피고인 1을 위해 계원들의 계 불입금 납입 여부를 확인하고 일부 계원들에게는 피고인 1을 대신하여 직접 계 불입금의 지급을 독촉하거나 계 불입금을 지급받기도 하였으며, 또한 피고인 1이 계원들로부터 계금의 지급을 독촉 받거나 항의를 받을 때마다 이를 저지했고, 계금을 수령하는 계원으로부터 장차의 계 불입금 지급을 담보하기 위하여 그 계원의 가족으로부터 피고인 김○○를 수취인으로 한 약속어음 공증을 받기도 한 사실이 인정되므로, 피고인 김○○는 피고인 1의 계 운영을 통한 사기범행을 미필적으로나마 인식 또는 예견하면서도 위 범행의 실행행위를 직·간접적으로 도와 이를 용이하게 한 것이라고 판단하였는바, 원심이 적법하게 인정한 사실관계에 비추어 보면 피고인들의 행위가 사기죄 및 사기방조죄에 해당한다고 본 원심판단은 정당하고, 거기에 상고이유 주장과 같은 사기죄 및 사기방조죄의 성립에 관한 법리를 오해한 위법 등이 없다.」[1920)]

1918) 대법원 2005. 4. 29, 선고 2003도6056 판결.
1919) 대법원 2010. 1. 14, 선고 2009도9963 판결.
1920) 대법원 2010. 4. 29, 선고 2010도2810 판결.

사기방조 부정사례

▶ 「…(전략) 4. 피고인 2에 대한 공소사실 중 무죄가 선고된 사기방조 부분에 관한 판단

방조는 정범이 범행을 한다는 것을 알면서 그 실행행위를 용이하게 하는 종범의 행위이므로 종범은 정범의 실행을 방조한다는 방조의 고의와 정범의 행위가 구성요건에 해당한다는 점에 대한 정범의 고의가 있어야 한다.[1921]

원심이 같은 취지에서, 공소사실 중 위 피고인이 피고인 1, 피고인 3이 주식회사 ㅇ전자통신을 코스닥에 등록하는 과정에서 허위의 감사보고서를 작성하여 줌으로써 이를 도와준 행위가 사기방조로 기소된 부분에 관하여 피고인 1, 피고인 3이 코스닥등록을 한 뒤 주식공모를 통해 청약금을 교부받는 행위가 편취행위에 해당한다는 사실을 인식하고 이러한 사기범행을 도와주려 하였다고 보기 어렵다고 판단한 것은 옳고, 거기에 상고이유로 든 주장과 같은 잘못이 없다.」[1922]

17. 특경가법 가중처벌

제3조(특정재산범죄의 가중처벌) ①「형법」 제347조(**사기**), 제347조의2(**컴퓨터등 사용사기**), 제350조(공갈), 제350조의2(특수공갈), 제351조(제347조, 제347조의2, 제350조 및 제350조의2의 상습범만 해당한다), 제355조(횡령·배임) 또는 제356조(업무상의 횡령과 배임)의 죄를 범한 사람은 그 범죄행위로 인하여 취득하거나 제3자로 하여금 취득하게 한 재물 또는 재산상 이익의 가액(이하 이 조에서 "이득액"이라 한다)이 5억원 이상일 때에는 다음 각 호의 구분에 따라 가중처벌한다.

1. 이득액이 50억원 이상일 때: 무기 또는 5년 이상의 징역
2. 이득액이 5억원 이상 50억원 미만일 때: 3년 이상의 유기징역

② 제1항의 경우 이득액 이하에 상당하는 벌금을 병과(併科)할 수 있다.

판례 1. 본 법에서의 이득액 1.

▶ 「…(전략) **가. 특정경제범죄 가중처벌 등에 관한 법률 제3조의 '이득액'의 의미에 관하여**

특정경제범죄 가중처벌 등에 관한 법률 제3조 제1항에서 말하는 이득액은 일반적으로 단순일죄의 이득액이나 혹은 포괄일죄가 성립하는 경우의 이득액의 합

1921) 대법원 1986. 12. 9, 선고 86도198 판결; 대법원 1999. 1. 29, 선고 98도4031 판결.
1922) 대법원 2003. 4. 8, 선고 2003도382 판결.

산액을 의미하는 것이지만, 그 입법취지에 비추어 볼 때 그 이득액은 실질적인 이득액을 말하는 것으로서 실질적으로 보아 기존 투자금에 대한 사기 범행을 은폐하거나 편취금의 반환을 회피하기 위한 방편으로 재투자하도록 한 경우에는 새로운 법익을 침해하는 것이 아니므로 별도의 사기죄를 구성하지 않는다.[1923)]

그러나 위와 같이 특정경제범죄 가중처벌 등에 관한 법률상의 이득액이 실질적 이득액을 의미하는 것이라 할지라도, 그 '실질적 이득액'이 경제적인 의미에서 궁극적으로 이득이 실현되었거나 실현될 가능성이 충분한 것인지 여부에 따라 이득 여부가 결정되는 것은 아니고, 현실적인 자금의 수수가 있는 등 새로운 법익의 침해가 발생하였다는 의미에서 법률적 의미의 이득이 있는 여부에 따라 결정되어야 하는 것이라 할 것이다.[1924)]

나아가 이 사건 각 범죄사실에 포함된 편취액의 단순합계가 위와 같은 의미의 실질적 이득액을 초과하는 것인지 여부에 관하여 살피건대, 원심에서 적법하게 조사하여 채택한 증거들을 종합하면, 피고인들은 이 사건 투자금 사기 피해자들로부터 투자금을 교부받은 후 약정된 투자원리금을 피해자들에게 실제로 반환하였다가 다시 그 돈을 재투자받는 방식으로 투자금을 수수한 사실, 이 사건 투자금 사기에 관한 범죄사실은 모두 피고인들 및 피해자들의 은행거래 계좌를 조사한 결과에 따른 것으로서 피고인들과 피해자들 사이에 실제로 있었던 자금수수 내역을 그대로 반영한 것인 사실을 인정할 수 있는바, 비록 피고인들이 이 사건 투자금 사기 범행으로 얻은 궁극적인 경제적 이득은 이 사건 투자금 사기 범행의 편취액 합계보다 현저히 적다 할 것이라 하더라도, 앞서 본 법리에 의한다면 이 사건 투자금 사기 범행에 의한 편취액의 합계는 법률적 의미에서의 피고인들의 실질적 이득액을 그대로 반영하는 것이라 할 것이므로, 피고인 2의 위 주장은 이유 없다.」[1925)]

(위 서울고법 2005노177, 2782 판결의 상고심인 대법원 판결 중에서)

▶「사기죄는 기망으로 인한 재물의 교부가 있으면 바로 성립하고, 특정경제범죄 가중처벌 등에 관한 법률(이하 '특경법'이라고 한다) 제3조 제1항 소정의 '이득액'이란 거기에 열거된 범죄행위로 인하여 취득하거나 제3자로 하여금 취득하게 한 불법영득의 대상이 된 재물이나 재산상 이익의 가액 합계이지 **궁극적으로 그와 같은 이득이 실현되었는지 여부는 영향이 없는 것**이다. 따라서 피고인이 원금 및 수익금을 제대로 지불하여 줄 의사나 능력 없이 피해자들로부터

1923) 대법원 2000. 11. 10, 선고 2000도3483 판결.
1924) 대법원 2004. 10. 15, 선고 2004도4705 판결; 대법원 2004. 3. 26, 선고 2003도8231 판결; 대법원 2000. 2. 25, 선고 99도4305 판결.
1925) 서울고등법원 2006. 2. 8, 선고 2005노177,2005노2782(병합) 판결.

투자금을 교부받아 이를 편취하였다면 그 투자금을 교부받을 때마다 각별로 사기죄가 성립하는 것이므로, 교부받은 투자금을 피해자들에게 반환하였다가 다시 그 돈을 재투자받는 방식으로 계속적으로 투자금을 수수하였다면 그 각 편취범행으로 교부받은 투자금의 합계액이 특경법 제3조 제1항 소정의 이득액이 되는 것이지, **반환한 원금 및 수익금을 공제하여 이득액을 산정해야 하는 것은 아니다.** 같은 취지인 **원심의 판단은 정당**하고, 거기에 상고이유로 주장하는 바와 같은 특경법 제3조 제1항 소정의 이득액에 관한 법리오해 등의 위법이 없다.」[1926]

판례 2. 본 법에서의 이득액 2.

▶ 「특정경제범죄 가중처벌 등에 관한 법률 제3조 제1항이 정한 '이득액'이란 거기에 열거된 범죄행위로 인하여 취득하거나 제3자로 하여금 취득하게 한 불법영득의 대상이 된 재물 또는 재산상 이익의 가액이지, **궁극적으로 실현된 이익의 가액이 아니다.** 따라서 피고인들의 사기행위로 신용장 개설은행들이 수회에 걸쳐 신용장을 개설하여 공소외 주식회사가 각 신용장 대금 상당액의 지급보증을 받음으로써 재산상 이익을 취득하였다면, 그 편취범행으로 취득한 재산상 이익의 가액으로 볼 수 있는 신용장 대금의 합계액이 특정경제범죄 가중처벌 등에 관한 법률 제3조 제1항이 정한 이득액이 되는 것이지, **공소외 주식회사가 이후 신용장 대금을 결제하였다고 하여 그 결제한 대금을 공제하여 이득액을 산정해야 하는 것은 아니다.**」[1927]

판례 3. 본 법에서의 이득액 3.

▶ 「특정경제범죄가중처벌등에관한법률 제3조 제1항 소정의 '이득액'이란 거기에 열거된 범죄행위로 인하여 취득하거나 제3자로 하여금 취득하게 한 불법영득의 대상이 된 재물이나 재산상 이익의 가액의 합계인 것이지 **궁극적으로 그와 같은 이득을 실현할 것인지, 거기에 어떠한 조건이나 부담이 붙었는지 여부는 영향이 없다**[1928]는 점에 관한 원심의 판시취지는 옳다. 그러나 합자회사에서의 지분의 양도는 사원으로서의 지위의 양도를 가리키는 것으로, 합자회사의 지분의 양도로 인하여 취득하는 것은 지분권, 즉 **사원권이므로 그 이득액은 지분권이 표창하는 객관적인 재산적 가치**라고 보아야 할 것이고, 그러한 객관적인

1926) 대법원 2006. 5. 26, 선고 2006도1614 판결.
1927) 대법원 2010. 5. 27, 선고 2007도10056 판결.
1928) 대법원 1990. 10. 16, 선고 90도1815 판결.

재산적 가치는 감정 등을 통하여 객관적으로 확정할 것이지만 거래약정 당사자 사이에 양도가액이 정해져 있으면 그것이 객관적인 재산적 가치를 평가하였다고 볼 수 없는 특별한 사정이 없는 한 **그 양도가액**을 지분권이 갖는 객관적인 재산적 가치로 봄이 상당하다고 할 것이다.」[1929)]

판례 4. 본 법에서의 이득액 4.

▶ 「…(전략) 2) **대출 관련 사기 부분 중 대환, 기한연장에 관한 주장**

채무이행을 연기받는 것도 재산상의 이익이 되므로,[1930)] 채무이행을 연기받은 사기죄는 성립할 수 있으나, **채무이행을 연기받은 것에 의한 재산상의 이익액은 산출할 수 없으므로, 특정경제범죄법 제3조 제1항 제2호의 이득액을 계산할 때에 합산할 것은 아니다.**[1931)]

원심은 판시와 같은 이유로, 제1심판결 범죄일람표(2) 중 순번 7, 14, 20, 24번, 범죄일람표(3) 중 순번 3, 6번, 범죄일람표(4) 기재 각 범죄사실은 모두 피고인 2의 판시 각 회계분식 범행이 있기 전에 피해자들과 대출계약, 신용장보증계약 또는 선수금반환보증계약이 체결되었다가 기한만 연장되어 온 대환 또는 기한유예에 불과하여, 채무이행을 연기받은 사기죄는 성립할 수 있으나, 그에 따른 재산상의 이익액을 산출할 수 없다고 보아, 특정경제범죄법 제3조 제1항의 이득액에 합산되어서는 아니 된다고 판단했다. 이어 이 부분 특정경제범죄법 위반(사기)의 공소사실은 범죄의 증명이 없는 경우에 해당하여 무죄라고 판단하되, 피해자 ○○은행, 피해자 한국정책금융공사에 대해서만 단순사기죄로 의율했다.

원심판결 이유를 기록에 비추어 살펴보면, 원심의 위와 같은 판단은 위 법리에 따른 것으로서, 거기에 상고이유 주장과 같이 사기죄의 성립, 특정경제범죄법 제3조 제1항의 이득액 산정에 관한 법리를 오해하는 등의 위법이 없다.」[1932)]

판례 5. 단순사기의 특경가법 위반

▶ 「1. 특정경제범죄가중처벌등에관한법률(이하 특경법이라고 한다) 제3조 제1항은 형법상의 사기, 공갈, 상습사기, 상습공갈, 횡령, 배임, 업무상횡령, 업무상배임의 각 죄를 범한 자를 그 범죄행위로 인하여 취득한 이득액이 1억원 이상인 때 그 이득액에 따라 가중처벌하도록 규정하고 있는 바, **여기서 말하는 이득액**

1929) 대법원 2000. 2. 25, 선고 99도4305 판결.
1930) 대법원 1997. 7. 25, 선고 97도1095 판결.
1931) 대법원 1998. 12. 9, 선고 98도3282 판결.
1932) 대법원 2017. 12. 22, 선고 2017도12649 판결.

은 단순1죄의 이득액이나 혹은 포괄1죄가 성립되는 경우의 이득액의 합산액을 의미하는 것이라 할 것이고 경합범으로 처벌될 수죄에 있어서 그 이득액을 합한 금액을 말한다고 볼 수는 없는 것이다.

한편 단일한 범의의 발동에 의하여 상대방을 기망하고 그 결과 착오에 빠져있는 동일인으로부터 어떤 기간 동안 동일한 방법에 의하여 금원을 편취한 경우에 있어서는 이를 포괄적으로 관찰하여 1죄로 처단하는 것이 상당하다 할 것이나, 수인의 피해자에 대하여 각별로 기망행위를 하여 각각 재물을 편취한 경우에는 비록 범의가 단일하고 범행방법이 동일하다 하더라도 각 피해자의 피해법익은 독립한 것이므로 이를 포괄1죄로 파악할 수는 없고 피해자별로 독립한 수개의 사기죄가 성립된다고 보아야 할 것이다.

이와 같은 취지에서 원심이 ▲▲은행 청주지점 보통예금계 기계조작업무 에 종사하던 피고인이 고객이 재형저축을 중도 해약할 경우 사실상 해약절차를 거치지 아니하고 고객에게는 해약금만 반환하고 잔여금액을 불입하면 만기에 많은 이자소득을 얻을 수 있는 사실을 이용하여 금원을 편취할 것을 마음먹고 1987. 6.초순경부터 1988. 4. 20.까지 피해자 18명에게 재형저축중도해약자가 있는데 그 해약금을 대납하고 만기까지의 월불입금을 납부하면 많은 이익을 볼 수 있으니 위 해약금을 대납하고 월불입금을 납부하여 만기가 되면 피고인이 원금과 이자를 수령하여 전해 주겠다고 거짓말을 하여 이에 속은 피해자들로부터 각각 원판시 금액을 편취한 범죄사실을 인정한 다음, 피고인의 위 범죄사실은 각 피해자마다 1개의 사기죄가 성립된다는 전제하에 피고인의 기망행위로 인한 이득액을 각 피해자별로 산정하여 그 금액이 1억원 이상 10억원 미만인 때에는 특경법 제3조 제1항 제3호를, 1억원 미만인 때에는 형법 제347조 제1항을 각 적용한 것은 옳고 거기에 논지가 지적하는 바와 같이 특경법 제3조 제1항의 법리를 오해하였거나 이유모순의 위법이 있다고 할 수 없다.

2. 검사가 단순사기의 공소사실에 특경법 제3조 제1항 제2호와 형법 제347조 제1항을 적용하여 **단순사기의 특경법위반으로 기소한 경우에는 비록 피고인에게 상습성이 인정된다고 하더라도 공소장의 변경이 없는 한 법원이 상습사기의 특경법위반으로 인정하여 처벌할 수는 없는 것이다.**

원심이 위와 같은 취지에서 피고인을 단순사기의 특경법위반으로 의율 처단한 것은 정당하고 이러한 원심의 조치에 논지와 같은 법리오해의 위법이 없다.

3. 사기죄의 이득액이 1억원 이상이 되어 특경법 제3조 제1항에 의해 가중처벌되는 경우에도 형법상 사기죄의 성질은 그대로 유지되는 것이고, 특별법인 위 법률에 친족상도례에 관한 형법 제354조, 제328조의 적용을 배제한다는 명시적인 규정이 없으므로 형법 제354조는 특경법 제3조 제1항 위반죄에도 그대로 적용된다고 보아야 할 것이다.

같은 취지에서 원심이 피고인과 친족관계에 있는 피해자들에 대한 각 사기의 특경법위반죄를 형법 제354조, 제328조에 의하여 피해자의 고소가 있어야 논할 수 있는 친고죄라고 보고 제1심판결선고전에 각 고소를 취소한 피고인과 친족관계에 있는 피해자들에 대한 특경법위반의 공소사실에 대하여 형사소송법 제327조 제5호에 의하여 공소기각의 판결을 선고하였음은 옳고 거기에 논지가 주장하는 바와 같은 법리오해의 위법이 없다.」[1933]

판례 6. 상습사기의 특경가법 위반

▶ 「…(전략) 법리오해의 주장에 관하여

특정경제범죄가중처벌등에관한법률 제3조에서 말하는 이득액은 단순일죄의 이득액이나 혹은 포괄일죄가 성립하는 경우의 이득액의 합산액을 의미하는 것이고, 경합범으로 처벌될 수죄의 각 이득액을 합한 금액을 의미하는 것은 아니며,[1934] 수인의 피해자에 대하여 각별로 기망행위를 하여 각각 재물을 편취한 경우에는 범의가 단일하고 범행방법이 동일하더라도 각 피해자의 피해법익은 독립한 것이므로 이를 포괄일죄로 파악할 수 없고 피해자별로 독립한 사기죄가 성립되는 점[1935]은 상고이유의 주장과 같다.

그러나 이 사건 피고인들에 대한 특정경제범죄가중처벌등에관한법률위반(상습사기)죄는 **상습범으로써 포괄일죄에 해당하므로 피해자별 이득액의 합산액을 기준**으로 하여 특정경제범죄가중처벌등에관한법률위반죄를 적용한 원심의 조치는 옳고, 거기에 특정경제범죄가중처벌등에관한법률위반죄에 정한 이득액의 해석에 관한 법리오해의 위법이 없다.」[1936]

판례 7. 특경가법 적용불가 사례

▶ 「나. 특정경제범죄가중처벌등에관한법률위반(사기)의 점에 관하여

(1) 원심은 위 피고인들이 감만동 ○○맨션(이 사건 2단지 아파트)을 분양할

1933) ▶ 「…(전략) 형법 제354조, 제328조의 규정에 의하면, 직계혈족, 배우자, 동거친족, 동거가족 또는 그 배우자 간의 사기죄는 그 형을 면제해야 하고 그 외의 친족 간에는 고소가 있어야 공소를 제기할 수 있는바, 형법상 사기죄의 성질은 특정경제범죄 가중처벌 등에 관한 법률 제3조 제1항에 의해 가중처벌되는 경우에도 그대로 유지되고 같은 법률에 친족상도례의 적용을 배제한다는 명시적인 규정이 없으므로, 형법 제354조는 같은 법률 제3조 제1항 위반죄에도 그대로 적용된다.」(대법원 1989. 6. 13, 선고 89도582 판결; 대법원 2010. 2. 11, 선고 2009도12627 판결)

1934) 대법원 2000. 3. 24, 선고 2000도28 판결; 대법원 1993. 6. 22, 선고 93도743 판결.

1935) 대법원 1993. 6. 22, 선고 93도743 판결.

1936) 대법원 2000. 7. 7, 선고 2000도1899 판결.

권한이 없고 또 분양권한이 있는 상피고인 1, 공소외 최영○로부터 그 권한을 위임받은 사실이 없음에도 불구하고 공모하여, 1990. 7. 10. 피해자 조성○에게 피고인 2가 위 아파트를 분양할 권한이 있고 피고인 3은 피고인 2로부터 위임을 받아 정당하게 분양한다고 거짓말을 하여 이에 속은 위 피해자와 위 아파트 9동 1102호를 분양하는 계약을 체결하고 동인으로부터 계약금 및 중도금 등 합계 금 4,800만원을 교부받아 편취하는 등 그 시경부터 1992. 8. 중순경까지 1심판결 별지 6 기재와 같이 같은 방법으로 135회에 걸쳐 135명의 분양희망자로부터 각 분양대금입금액(도합 금 4,783,500,000원)을 편취한 사실을 인정한 1심판결을 유지하였는바, 기록에 의하여 원심이 유지한 1심판결 채용증거를 살펴보면 원심의 위와 같은 판단에 수긍이 가고 거기에 소론과 같이 채증법칙위반이나 심리미진으로 사실을 오인하였거나 사기죄에 관한 법리를 오해한 위법이 없으므로 이 점에 관한 논지는 이유 없다.

(2) 원심판결 이유에 의하면 원심은 피고인들의 이 사건 사기 범행에 대하여 각 포괄하여 특경법 제3조 제1항 제2호를 적용하여 처벌했다.

그러나 직권으로 살피건대 수인의 피해자에 대하여 각별로 기망행위를 하여 각각 재물을 편취한 경우에는 비록 범의가 단일하고 범행방법이 동일하다고 하더라도 각 피해자의 피해법익은 독립한 것이므로 이를 포괄 1죄로 파악할 수는 없고 피해자별로 독립한 사기죄가 성립된다고 보아야 할 것인바,[1937] 원심이 적법하게 확정한 바와 같이 위 피고인들이 이 사건 사기 범행의 각 피해자들에 대하여 각 별로 기망행위를 하였다면 피고인들의 사기 범행은 포괄 1죄가 아니라 각 피해자별로 독립한 사기죄가 성립한다고 볼 것이며 또 원심이 적법하게 확정한 사실에 의하면 이 사건 각 피해자별 사기 범행의 이득액은 특경법 제3조 제1항 소정의 5억원 이상이 되지 못하므로 위 각 사기죄에 대하여 위 특경법 조항을 적용할 수도 없다.

그럼에도 불구하고 원심이 위 피고인들의 이 사건 사기범행을 위와 같이 의율처단한 것은 죄수에 관한 법리를 오해하여 판결에 영향을 미친 위법을 저지른 것이다.」[1938]

판례 8. 다단계판매조직을 통해 유사수신으로 편취한 사례 1.

▶ 「…(전략) 3. **특정경제범죄가중처벌등에관한법률위반(사기)**

피고인 1, 2, 3은 공소외 8, 9 등과 공모하여 2005. 1. 20.경부터 2006. 9. 25.경까지 사이에 공소외 14 주식회사 및 공소외 15 주식회사 사무실에서 피해자 공

1937) 대법원 1989. 6. 13, 선고 89도582 판결.
1938) 대법원 1993. 6. 22, 선고 93도743 판결.

소외 20(순번 생략) 등을 만나 실질적으로 투자의 성격을 갖는 물품 구매를 권유하게 되었다.

그 자리에서 위 피고인들은 피해자 공소외 20에게 "공소외 15 주식회사는 품질은 우수한데 판로가 없어서 특수마케팅으로 유통을 할 수 밖에 없는 벤처기업 제품을 유통비용 없이 판매하고, 레저·전원주택사업·통신사업 및 바나나스윙 체인점 사업 등 다양한 수익사업도 운영하여 고수익을 창출한 다음, 이를 판매원들에게 수당으로 지급하는 회사다. 전국에 200만 명 이상의 활동 회원을 확보하고 있어 월 2,500억원 이상의 매출이 안정적으로 발생하고 있다. 벤처기업 등 제품 판매와 관련하여 통상의 다단계업체처럼 거리에 나가 판매할 필요 없이 소비하는 것만으로도 이익을 창출할 수 있다. 수익사업과 관련하여 무선통신사업은 SK텔레콤, LG텔레콤, KTF 등 이동통신 3사와 제휴하고 있고, 유선통신사업, 즉 인터넷망 사업은 2005년 기준 400여 개 업체에 서비스를 제공하여 한국통신 국제전화 시장의 60% 이상을 장악하고 있다. 공소외 8 대표는 부시 미국 대통령이 인정할 만큼 믿을만한 사람이고, 한국특수판매공제조합에 가입되어 있어 제도적인 보장도 받을 수 있다. 100만 DV를 부여받는 물품을 구입하여 1점을 획득할 때마다 토, 일요일 및 공휴일을 제외하고 매일 1만원씩 250만원의 수당을 틀림없이 지급하겠다. 1만원은 수학적으로 얘기하는 고정 값이다. 고수익 창출을 통한 수당 지급은 영속적이어서 100년, 200년이 지나도 계속되고, 일정 비율로 재충전(재구매)만 계속 해주면 평생 수당을 받을 수 있고, 상속도 가능하다. 기존에 투자한 판매원들처럼 월 3,000만원 이상의 수익을 올리도록 해주겠다."라고 거짓말하여 이에 속은 피해자 공소외 20으로부터 물품 구입비 명목으로 4,285,000원을 교부받았다.

그러나 사실은 당시 공소외 15 주식회사에서 판매원들에게 판매하는 물품은 저가의 조악한 물품이고, 위 회사의 수당 지급 구조는 하위 판매원들로부터 물품 구입비 명목으로 받는 금원 대부분을 고스란히 상위 판매원들의 수익배당금, 각종 수당, 직원 급여 등에 지출하는 형태이며(이 사건 범행 기간 중인 2005.경부터 2006.경까지 사이에 공소외 14 주식회사 및 공소외 15 주식회사 자금 일보를 분석한 결과, 총 매출액 중 수당으로 70.76%를 지급하고, 직원 급여, 교육장 지원금, 제세공과금 등으로 15.16%를 지급했다. 사업설명의 내용과 같이 수당을 지급받은 0.33%의 상위 판매원들을 위해 나머지 99.67%의 하위 판매원들이 희생하는 구조였다), 하위 판매원들에게 고액의 수익배당금을 지급할 정도의 자산이나 수익 사업체가 없기 때문에 단기간 내 상당한 수익의 실현이 불가능했고(이 사건 범행 초기에 회사의 보유 자산은 거의 없는 상태였고, 총 매출액 중 수익사업에 대한 투자 비율은 2%에 불과한데, 그마저도 2007. 11. 28. 이 사건 공소가 제기될 때까지 투자수익은 전무하였다), 투자자들의 무한 확대가 이루어지지 않는 한 판매원들에게 지급될 수당 금액이 떨어지게 되고, 그러한 경우 회사 매출도 감소하다가 결국 중단되어 필연적으로 수당 지급을 중단할 수밖에 없는 상황으로서(2006. 9. 25. 당시 판매원들의 DV 누적점수는 89만 점으로 미지급 수당 총액이 약 2조 2,250억원이나 되었으나, 미지급 수당을 지급할 만한 현금이나 매출, 수익 창출이 없어 2006. 9. 26. 후에는 수당 지급이 중단되었다가 마케팅플랜을 변경한 후 재개되었다. 2007. 1.말 기준으로 현금 시재는 20억원에 불과하고, 체납세금이 390억원에 이르는 상태인데, 전체 판매원 중 사업설명회의 내용대로 수당을 지급받은 판매원은 0.33%, 원금 이상을 수당으로 지급받은 판매원은 13.39%, 원금조차 반환받지 못한 판매원은 86.28%였다), 판매원들인 피해자들로부터 물품구입비 명목으로 돈을 받더라도 고액의 수익 배당금을 지급할 의사나 능력이 없었다.

그럼에도 불구하고, 피고인 1, 2, 3은 공소외 8, 9 등과 공모하여, 이를 포함하여 같은 방법으로 별지 범죄일람표 2에 기재된 것과 같이 피해자 28,294명으로부터 합계 1,961,187,965,000원을 교부받았다.

이로써 피고인 1, 2, 3은 공소외 8, 9과 위와 같이 각 공모하여 상습으로, 사람을 기망하여 재물의 교부를 받았다.

…(중략)

6. 특정경제범죄가중처벌등에관한법률위반(사기)

피고인 1, 2, 3, 4, 7, 11은 공모하여, 피고인 38 주식회사 및 피고인 39 주식회사 사무실 및 전국 26개 지점에서, 사실은 피고인 38 주식회사, 피고인 39 주식회사가 판매원들에게 판매하는 물품은 저가의 조악한 물품이고, 고율의 배당금을 지급하기로 하고 피해자들로부터 'IP－TV ◎◎박스', 'TV LCD' 사업 등에 투자한다는 명목으로 출자금을 유치하더라도 당시 'IP－TV ◎◎박스', 'TV LCD'를 실제로 개발할 능력이 없었고, 위 회사의 수당 지급 구조는 하위 판매원들로부터 출자비 명목으로 받는 금원 대부분을 고스란히 상위 판매원들의 수익 배당금, 각종 수당, 직원 급여 등에 지출하는 형태이며, 하위 판매원들에게 고액의 수익 배당금을 지급할 정도의 자산이나 수익 사업체가 없기 때문에 단기간 내 상당한 수익의 실현이 불가능하였으며, 투자자들의 무한 확대가 이루어지지 않는 한 판매원들에게 지급될 수당 금액이 떨어지게 되고, 그러한 경우 회사 매출도 감소하다가 결국 중단되어 필연적으로 수당 지급을 중단할 수밖에 없는 상황으로, 판매원들인 피해자들로부터 출자비 등의 명목으로 금원을 교부받더라도 고액의 수익 배당금을 지급할 의사나 능력이 없음에도 불구하고, 2007. 5. 29. 충청지점에서 피해자 공소외 24{별지 범죄일람표 3－10(충정) 중 순번 5128번}에게 위와 같은 사실을 숨긴 채 오히려 적극적으로 IP－TV 사업 등에 대한 전망을 밝게 이야기하면서 "IP－TV ◎◎박스 즉 컨텐트 출자의 1구좌가 기본적으로 100만원인데,

1~10구좌를 출자하면 30%, 11~20구좌를 출자하면 40%, 21구좌 이상을 출자하면 50%의 수익률을 각각 적용하여 매주 원금을 분할 지급하고, 수익금은 금요일 마감 기준으로 그 다음 주 환매보너스 지급일로부터 32주 동안 분할하여 지급하겠다. 아울러, 하위 투자자 유치 실적에 따라 승급하게 되면 직급수당을 지급하고, 직급장려금, 지점지원금도 지급하겠다."고 거짓말을 하여 이에 속은 피해자 공소외 24로부터 투자금을 지급받은 것을 비롯하여 그 무렵부터 2008. 10. 17.경까지 사이에 본점 및 전국 26개 지점에서 별지 범죄일람표 3 기재와 같이 총 5,399명의 피해자들로부터 출자금 명목으로 합계 224,617,000,000원을 교부받아 이를 편취했다.」[1939]

판례 9. 다단계판매조직을 통해 유사수신으로 편취한 사례 2.

▶ 「【주 문】

피고인 1을 징역 10년에, 피고인 2를 징역 7년에, 피고인 3 주식회사를 벌금 30,000,000원에 각 처한다.

이 판결 선고 전의 구금일수 57일을 피고인 1에 대한, 39일을 피고인 2에 대한 위 각 형에 산입한다.

피고인 3 주식회사에 대하여 위 벌금 상당액의 가납을 명한다.

【이 유】

【범죄사실】

피고인 1은 서울 강서구 방화2동 712-1 김포공항 국제선2청사 소재 다단계판매업체인 피고인 3 주식회사의 창립자 겸 대표이사, 같은 피고인 2는 위 업체의 창립자 겸 최상위 다단계판매원인 속칭 1번사업자, 같은 피고인 3 주식회사는 같은 피고인 1, 2가 다단계판매를 업으로 하기 위하여 화장품 및 건강식품 도·소매업 등을 그 목적으로 하여 설립한 법인으로서,

1. 가. 피고인 1, 같은 피고인 2는,

다단계판매업자는 다단계판매원의 등록 또는 자격유지의 조건으로 연간 5만원 이상의 부담을 지우는 행위를 하여서는 아니 됨에도 불구하고, 불특정다수인을 상대로 다단계판매원을 모집하면서 후원수당을 받을 수 있는 다단계판매원인 속칭 일반회원, 우수회원, 최우수회원이 되는 조건으로 가격에 비하여 매우 조악한 건강보조물품 등을 제공하면서 반드시 본인 명의로 1인당 44만원{35만 에스브이(SV, 세일즈 볼륨의 약자 : 물품의 회원판매가에 따라 회사 측에서 부여해 놓은 수치로서, 일반적으로 44만원 상당의 물품을 구입하면 35만 에스브이를 취득하

1939) 서울중앙지방법원 2009. 5. 7, 선고 2007고합1375(분리)-2,2008고합1247(병합),2009고합10(병합),2008초기4062,2009초기398 판결.

게 된다)} 상당을 납입해야만 '일반회원'이 될 수 있고, 반드시 본인 명의로 1인당 115만원(75만 에스브이) 상당을 납입해야만 '우수회원'이 될 수 있고, 반드시 본인 명의로 1인당 230만원(155만 에스브이) 상당을 납입해야만 '최우수회원'이 될 수 있고, 위와 같이 반드시 본인 명의로 44만원, 115만원, 230만원 상당의 물품을 구입하여 일반회원, 우수회원, 최우수회원이 된 후 하위에 일정한 매출실적을 올리면 그 실적에 따라 매일 최소 7만원 내지 350만원을 후원수당으로 지급받는 등으로 단기간에 엄청난 돈을 벌 수 있다고 현혹하여 다단계판매원 등록 또는 자격유지를 하고자 하는 자로부터 물품구입비 명목으로 금원을 교부받아 부당이득을 취득하기로 결의하고, 공모하여,

2004. 5. 초순경부터 2005. 2. 25.경까지 위 업체 본사 및 전국 1개 지사, 36개 센터에서 공소외 8 등을 위와 같은 방법으로 현혹시켜 위 공소외 8 등 위 업체의 다단계판매원 등록 또는 자격유지를 하려는 자들로부터 다단계판매원 등록조건부 물품구입비 명목으로 1인당 44만원, 115만원, 230만원 상당을 각 교부받아 다단계판매원 등록 또는 자격유지의 조건으로 부담을 지게 하고,

나. 피고인 3 주식회사는, 피고인 회사의 대표자인 피고인 1 등이

가.항 기재 일시 장소에서 가.항과 같은 방법으로 위 공소외 8 등 피고인 회사의 다단계판매원 등록 또는 자격유지를 하려는 자들로부터 다단계판매원 등록조건부 물품구입비 명목으로 1인당 44만원, 115만원, 230만원 상당을 각 교부받아 다단계판매원 등록 또는 자격유지의 조건으로 부담을 지게 함으로써 피고인 회사의 업무에 관하여 부담부과 금지의무 위반행위를 하고,

2. 누구든지 당국의 인가·허가 등을 받지 아니하고 장래에 출자금의 전액 또는 이를 초과하는 금액을 지급할 것을 약정하고 불특정다수인으로부터 출자금을 수입하는 유사수신행위를 하여서는 아니 됨에도 불구하고,

가. 피고인 1, 2는 공모하여, 당국의 인가·허가 등을 받지 아니하고,

2004. 5. 1.경부터 2004. 9. 30.경까지 서울 강서구 방화2동 712-1 김포공항 국제선2청사 소재 피고인 3 주식회사 본사 및 전국 1개 지사, 36개 센터에서 불특정다수인을 상대로 건강보조식품 등 회사 구입가가 판매가에서 부여되는 에스브이를 뺀 금액 보다 적은 판매가의 약 20%에 미치지 못하는 저가의 물품을 제공하면서 "일정 금액 이상의 물품을 구입하고 판매원이 된 후 1단위(비즈)를 속칭 30만 에스브이(평균 41만원)로 하여 투자한도 제한 없이 투자하면 그 투자금 중 25%만을 공유수당지급에 사용하고, 수당, 운영비, 물품대금 등을 제외한 자금은 수익사업에 투자하며, 그리하여 투자금 10단위(비즈) 약 410만원에 대하여 원금을 초과하는 540만원을, 100단위(비즈) 약 4,100만원에 대하여 원금을 초과하는 7,560만원을 틀림없이 지급해 주겠다. 후순위 투자금이 영속적으로 납입되지 않더라도 수당, 운영비, 물품대금 등으로 사용하고 남은 자금을 수익사업에 투자

하여 발생하는 수익금으로 투자금 10단위(비즈) 약 410만원에 대하여 원금을 초과하는 540만원을, 100단위(비즈) 약 4,100만원에 대하여 원금을 초과하는 7,560만원을 틀림없이 지급하겠다"라고 약정하여 공소외 8 등으로부터 물품구입을 가장한 투자금 명목으로 총 40,165회에 걸쳐 합계금 18,881,415,592원을 수입함으로써 유사수신행위를 하고,

나. 피고인 3 주식회사는, 피고인 회사의 대표자인 피고인 1 등이 당국의 인가·허가 등을 받지 아니하고,

위 가.항 기재 일시 장소에서 가.항 기재와 같은 방법으로 공소외 8 등으로부터 물품구입을 가장한 투자금 명목으로 총 40,165회에 걸쳐 합계금 18,881,415,592원을 수입하여 유사수신행위를 함으로써 피고인 회사의 업무에 관하여 유사수신행위 금지의무 위반행위를 하고,

3. 피고인 1, 같은 피고인 2는 공모하여,

사실은 위 업체의 판매원인 피해자들로부터 1단위(비즈)를 속칭 30만 에스브이(평균 41만원)으로 하여 10단위(비즈) 약 410만원을 납입받더라도 사실은 그 투자금 중 58.5%를 공유수당 지급에 사용하고, 10.5%를 추천수당 지급에 사용하고, 20%를 물품대금으로 사용하고, 6%를 운영비로 사용하여 수익사업에 투자한 비율이 3% 이내로 극히 미미하고, 그로 인하여 발생한 투자수익이 전혀 없으며, 따라서 피해자들의 투자금 10단위(비즈) 약 410만원에 대하여 540만원을, 투자금 100단위(비즈) 약 4,100만원에 대하여 7,560만원을 지급할 수 없고, 후순위 투자금으로 선순위 투자금에 대한 수당을 지급하는 방식으로는 결과적으로 피해자들에게 투자원금마저도 지급하지 못하게 될 것이라는 것을 잘 알고 있으며, 실제로도 2005. 6. 30. 기준으로 피해자들에게 지급해야 할 미지급 약정수당이 약 7,700억원 이상이나 회사 자금이 거의 없어 위 금액을 지급하는 것이 전혀 불가능한 상태에 이르게 되었음에도 불구하고, 마치 위 업체가 피해자들로부터 교부받은 투자금 중 25%만을 공유수당 지급에 사용하고, 투자금 중 수당, 운영비, 물품대금 등을 제외한 나머지 자금을 수익사업 등에 투자하고, 그로 인하여 발생하는 수익금으로 피해자들에게 위와 같은 투자원금을 초과하는 고액의 수당을 돌려줄 수 있는 것처럼 피해자들을 속여 피해자들로부터 물품구입을 가장한 투자금 명목으로 금원을 편취하기로 결의한 후, 각 상습으로,

2004. 5. 1.경부터 2005. 6. 30.경까지 제2의 가.항 기재 장소에서 피해자 공소외 8(별지 범죄일람표 피해자 구분 1698번) 등에게 건강보조식품 등 회사 구입가가 판매가의 약 20%에 불과하여 판매가에 전혀 미치지 못하는 저가의 물품을 제공하면서 "일정 금액 이상의 물품을 구입하고 판매원이 된 후 1단위(비즈)를 약 41만원으로 하여 투자하면 그 투자금 중 25%만을 공유수당 지급에 사용하고, 수당, 운영비, 물품대금 등을 제외한 자금은 수익사업에 투자하며, 그리하여 투자금

10단위(비즈) 약 410만원에 대하여 540만원을, 100단위(비즈) 약 4,100만원에 대하여 7,560만원을 틀림없이 지급해 주겠다. 후순위 투자금이 영속적으로 납입되지 않더라도 수당, 운영비, 물품대금 등으로 사용하고 남은 자금을 수익사업에 투자하여 발생하는 수익금으로 투자금 10단위(비즈) 약 410만원에 대하여 원금을 초과하는 540만원을, 100단위(비즈) 약 4,100만원에 대하여 원금을 초과하는 7,560만원을 틀림없이 지급하겠다"라고 거짓말하여, 이에 속은 피해자 공소외 8로부터 물품구입을 가장한 투자금 명목으로 금 9,721,500원을 교부받는 등 같은 방법으로 별지 범죄일람표 기재와 같이 위 업체의 피해자 총 19,274명으로부터 합계금 225,165,649,651원을 교부받아 이를 편취했다.

【증거의 요지】

…(중략)

판시 **상습성**은 피고인 1, 2가 단기간 내에 불특정 다수의 피해자들을 상대로 거액의 금원을 반복적으로 편취하는 등 이 사건 범행의 수법, 범행횟수, 피해자들의 수, 피해금액, 범행 후의 정황 및 피고인들의 다단계판매와 방문판매 참여 전력 등에 비추어 볼 때 각 사기의 습벽이 인정되므로, 판시 각 사실은 모두 그 증명이 있다.

【변호인들의 주장에 대한 판단】

…(중략)

다. 특정경제범죄가중처벌등에관한법률위반(사기)의 점에 관하여

(1) 공소사실의 특정

공소사실의 기재는 범죄의 일시, 장소와 방법을 명시하여 사실을 특정할 수 있도록 해야 하는 것이므로, 범죄의 일시는 이중기소나 시효에 저촉되지 않는 정도로 기재하면 되는 것이고, 이와 같은 요소들에 의하여 공소사실의 특정을 요구하는 법의 취지는 피고인의 방어권 행사를 쉽게 해주기 위한 데에 있는 것이므로, 공소사실은 이러한 요소를 종합하여 구성요건 해당사실을 다른 사실과 식별할 수 있는 정도로 기재하면 족하고, 공소장에 범죄의 일시, 장소 등이 구체적으로 적시되지 않았더라도 위의 정도에 반하지 아니하고 더구나 공소범죄의 성격에 비추어 그 개괄적 표시가 부득이하며 또한, 그에 대한 피고인의 방어권 행사에 지장이 없다고 보여지는 경우에는 그 공소내용이 특정되지 않았다고 볼 수 없는 바,[1940] **공소범죄의 성격에 비추어 어느 정도 그 개괄적 표시가 부득이**한 이 사건에서 검사가 공소장변경을 통하여 변호인들의 주장과는 달리 사기범행의 피해자 별 피해금액을 각 특정하여 적시한 이상 공소사실이 특정되지 않았다고 볼 수는 없다.

1940) 대법원 2002. 10. 11, 선고 2002도2939 판결.

(2) 기망행위

판시 증거들에 의하여 인정되는 바와 같이 다수 증인들이 피고인 3 주식회사가 사업설명회 등에서 수익사업에 투자하여 그 이익금으로 수당을 지급한다고 설명하여 투자를 하였다고 진술하고 있는 점, 사업설명회 강사인 공소외 9도 피고인 3 주식회사가 일으킨 매출을 통하여 돈이 모여지면 그 돈으로 계열사나 제3의 수익창출을 할 수 있는 사업을 해서 거기에서 발생하는 잉여자금으로 수당을 채워줄 수 있다고 설명한 점, 위와 같은 사업설명회는 본사에서 매일 2회씩 이루어지고 회사에서는 담당부서를 두어 교육시간을 배정하며, 이러한 사업설명회의 강사가 되기 위하여는 공식적인 오디션을 받아야 하는데 이러한 오디션에 피고인 1, 2도 참석하였던 점, 피고인 2를 포함한 사업자들과 사업설명회 강사들은 1~2개월에 1회씩 워크샵에서 강연내용을 토론하고 강연의 방향을 정하는데 이러한 워크샵은 회사에서 장소를 섭외할 뿐 아니라 회사의 임원들도 참석하였던 것에 비추어 단순한 사업자들만의 모임이 아니고 회사의 공식적인 행사였다고 볼 여지가 충분한 점, 앞서 살핀 바와 같이 피고인 1, 2가 위와 같은 사업설명회 강연이 본사에서 이루어지고 있다는 것을 알고 있으면서도 적극적으로 위와 같은 강연이 잘못되었음을 홍보하지 않은 사실에 비추어 보면 설령 피고인 1, 2가 직접 위와 같은 설명행위를 하지 않았다고 하더라도 많은 수의 사업자들의 영업형태 및 그 문제점 등을 익히 알면서도 오히려 그러한 사업자들의 행위에 **순차적으로 또는 암묵적으로 상통하여 공동 가공**한 것으로 보이는 점, 변호인 측에서 신청한 증인들을 포함한 대다수의 판매원들이 공유수당은 전체 매출의 25% 내지 35%의 범위 내에서만 지급되고 있는 것으로 알고 있었던 점, 피고인 3 주식회사가 그 동안 막대한 매출을 올리면서도 그 대부분을 수당지급에 사용했고 수익사업에 투자하거나 회사에 보유하고 있는 것이 거의 없으며 계열사 등에서의 수익도 거의 내지 못하고 있었던 점, 변호인들은 앞으로 SR 매출이 발생하면 그것으로 미지급 약정수당을 줄 수 있는 것이므로 미지급 수당에 비하여 현저히 시재가 부족하지는 않다고 주장하지만 SR 매출이 발생하면 그만큼 새로운 비즈(BIZ)가 늘어나서 결국은 발생하는 매출로 인한 시재의 증가분보다 지급할 수당의 증가분이 더 커질 것으로 예상되는 점, 피고인 1이 검찰에서 "강사들이 후순위 매출이 떨어져도 회사자금으로 엄청난 수익사업에 투자하여 많은 수익을 내어 위 금액을 지급해 줄 수 있다고 사업설명을 하고 사업설명을 들은 사람들이 물품을 구입하였다"(○○검찰청 2005형 제13481호 등 수사기록 3290쪽) "저도 위와 같은 내용으로 설명을 하고, 회사에서 일반적으로 위와 같은 내용으로 사업설명을 한다"(같은 기록 3291쪽) "현재(05. 6. 22.) 지급해야할 것은 총 40만 비즈(BIZ), 수당총액은 800억원 정도 되며, 회사 자금은 150억원 정도 있다"(같은 기록 3291쪽), "본사 사업설명회에서 설명한 내용과 제가 수당지급표를 통하여 밝힌 내용에 따르면 25%를 직접판매수당에 사용하고, 10.5%를 추천수당 등으로 사용하고, 그 외 회사운영비 6%, 물품구입비 20%를 사용하고, 남는 회사의 잉여 수익을 사업에 투자하여 향후 막대한 이익발생이 예상된다고 설명했다. 그러므로 회사 잉여 이익이 상당히 많이 남으며, 그 잉여 이익을 수익사업에 투자한다고 설명했다. 제가 전체 매출액의 35.5%만으로도 당시 지급하고 있던 고율수당을 지급하는 것처럼 설명한 것은 잘못된 점을 인정한다"(같은 기록 3613쪽) "지급해야할 수당이 총 800억원 가량인데 마련할 수 있는 총 자금은 400억원이다. 그렇게 지급하지 못하게 된 것은 그동안 수당이 총 매출의 69%로 너무 많이 지출되었고, 수익사업으로 인한 수익이 발생하지 않고 있기 때문이다"(같은 기록 3617쪽) "지급되는 수당에 대하여 사실과 다르게 설명하여 35.5%만으로 당시 지급되고 있는 고율수당을 지급하는 것처럼 설명한 점은 잘못되었다"(같은 기록 3618쪽)고 각 진술한 점, 피고인 2도 검찰에서 "수익사업으로 엔터테인먼트사업인 케넷엔터테인먼트, 케넷렌트카, 오토플러스 등의 수익사업을 진행하는 것으로 알고 있는데, 매출이 적으면 수익사업 등을 통하여 돈을 지급해야 한다"(같은 기록 3282쪽), "물품구입액 중 일부를 렌터카사업, 엔터테인먼트사업, 생수산업 등에 투자하고 그로 인하여 발생하는 이익금과 위에서 말한 후순위 매출액 중 25%를 합하여 440만원의 물품구입액에 대하여 540만원을 지급하고, 100비즈(BIZ) 4,400만원 상당의 물품을 구입하면(4,400만원 상당을 투자하면) 같은 방법으로 7,560만원을 지급해 준다고 설명하였다"(같은 기록 3366쪽), "매출의 25%로만 지급하기 위하여는 후순위매출이 4,400만－3억－21억－140억－900억－6300억－4조 2000억－28조－150조 등으로 기하급수적으로 증가해야 하는데, 결국 그렇다면 사업설명회에서 설명한 고율의 수당을 지급하기 위하여는 수익사업에 많은 돈이 투자되고, 그로 인한 수익이 막대하게 발생해야만 하는 것이다"(같은 기록 3603쪽), "저희 회사가 투자한 사업 등이 그러한 막대한 수익을 발생시킬 수 있는 투자처는 아닌 것은 알고 있다"(같은 기록 3603쪽) "사실과 다르게 설명한 것이 사실이다"(같은 기록 3607쪽)라고 각 진술한 점, 그렇다면 피해자들로서는 피고인 3 주식회사의 재정상태, 제공된 물품의 원가, 피해자들에게 지급될 수당의 재원, 약속된 수당 지급을 위하여 향후 추가로 필요한 매출액, 수익사업의 현황과 수익사업에의 투자 여부 등에 관하여 정확히 알고 있었다면 판시사실과 같이 단기간 내에 막대한 양의 물품구매를 쉽사리 하지는 않았을 것으로 보이는 점, 앞서 본 설문조사결과에서 응답자의 89.5%가 피고인 3 주식회사가 총 매출액의 35%를 초과하는 금액을 수당으로 지급하여 온 것을 알았더라도 사업을 계속하였을 것이라고 답하였으나 앞서 살핀 바와 같이 위 설문조사는 그 성립의 진정성이나 조사의 공정성을 확실히 담보할 수 있다고 볼 수 없을 뿐 아니라 위 설문의 내용 자체도 단순히 매출액의 35%를 초과하는 것을 알았더라는 것만 묻고 있을 뿐 애초에 수익사업에서의 이익이 없거나 영속적인 납입의 불가능으로 인한 수당 지급 자체가 불가능하였던 경우 등을 상정한 것이 아니어서 그 결과만으로 응답자들에 대한 피고인 1, 2의 기망행위와 그들의 투자가 인과관계가 없다고 단정할 수는 없는 점 등과 함께 위에서 유사수신행위의규제에관한법률위반의 점과 관련하여 살핀 여러 사정들 및 이 사건의 경위, 마케팅 플랜의 채택과 영업과정 및 영업으로 인한 이득관계(피고인 1은 매출액을 직접 받는 피고인 3 주식회사의 대표이사이고, 피고인 2는 매출액의 대부분으로 지급되는 수당을 받는 1번 사업자인 점) 등을 종합적으로 고려하면, 피고인 1, 2가 수익사업에 거의 투자를 하지 않고 수익을 거둔 바도 없으면서도 비록 구체적으로 정확히 몇 퍼센트 이상이라고 특정하지는 않았더라도 수익사업을 통해 수당을 지급할 것이라고 약속하였거나, 적어도 피고인들 스스로 그러한 수익사업이 없다면 영속적인 납입 자체가 불가능할 뿐 아니라 영속적인 납입이 있다고 하더라도 결국은 후순위 매출에 대하여는 지급이 불가능하다는 것을 알면서도 판시 사실과 같이 마치 수당을 지급받는데 아무런 문제가 없는 것처럼 판매원들을 기망하여 이에 속은 피해자들로부터 납입금을 편취하였음을 넉넉히 인정할 수 있다.

(3) **상습성**

상습사기에 있어서의 상습성이라 함은 반복하여 사기행위를 하는 습벽으로서 행위자의 속성을 말하고, 이러한 습벽의 유무를 판단함에 있어서는 사기의 전과가 중요한 판단자료가 되나 사기의 전과가 없다 하더라도 범행의 회수, 수단과 방법, 동기 등 제반 사정을 참작하여 사기의 습벽이 인정되는 경우에는 상습성을 인정해야 할 것이다.[1941]

판시 증거들에 의하여 인정되는 이 사건 범행의 수법과 회수, 동기와 수단, 단기간 내에 동종의 범행을 수없이 되풀이하여 온 점 등 제반 사정에 비추어 보면 비록 피고인 1, 2에게 이 사건 범행 이전에 사기의 전과가 없었다 하더라도 이 사건 범행 당시 위 피고인들에게는 반복하여 사기행위를 하는 습벽이 있었다고 봄이 상당하다.

따라서 변호인들의 이 부분 주장도 모두 받아들이지 아니한다.

라. 피고인 2의 공모관계

판시 증거들에 의하여 인정되는 바와 같이 피고인 2는 피고인 3 주식회사를 직접 설립하였던 점, 피고인 2를 비롯한 대표사업자들이 피고인 3 주식회사의 모든 마케팅 플랜과 영업 전반에 관하여 본사에서 매일 2회씩 하는 사업설명회 및 사업설명회 강사의 오디션과 1~2개월에 1회씩 개최되는 워크샵 등을 주도적으

1941) 대법원 1986. 6. 10, 선고 86도778 판결; 대법원 1995. 7. 11, 선고 95도955 판결; 대법원 2000. 11. 10, 선고 2000도3483 판결.

로 주최했고, 앞서 살핀 바와 같이 이러한 것들은 회사가 장소를 제공하고 임원도 참가하며 그 영업으로 인한 매출액을 직접 받게 되는 점 등에 비추어 단순한 사업자들의 영업활동으로만 볼 수 없고 회사의 경영 및 발전 방향까지도 논의하는 자리였던 것으로 보이는 점, 피고인 2는 1번 사업자로서 구조적으로 피고인 3 주식회사의 구체적인 영업으로 인한 모든 방식의 마케팅플랜에서 회사의 매출로 인한 이득을 보게 되어 있는 점, 피고인 2는 검찰에서 "SB 마케팅은 인도네시아에서 만든 것을 피고인 1 대표이사와 제가 상의해서 채택한 것이고, SR 마케팅은 사업자였던 공소외 10이 만든 것을 피고인 1 대표이사와 제가 상의해서 채택한 것이다"(○○검찰청 2005형 제13481호 등 수사기록 3366쪽), "2002. 3.경 인도네시아 다단계판매업체의 한국지사를 설립하기 위하여 준비하던 중 2002. 12.경 피고인 1을 만나 상황을 설명하고, 함께 일을 하기로 했고, 2002. 11.경 피고인 3 주식회사를 설립하여 제가 2003. 3. 20.경까지 대표이사를 맡고, 그 후에는 피고인 1이 대표이사를 맡고 나는 최상위판매원을 맡았다"(같은 기록 3599쪽)라고 각 진술하고 있는 점, 피고인 1도 "피고인 2의 권유로 2002. 11. 피고인 3 주식회사를 설립했고 나는 회사 총괄 업무를 담당, 피고인 2는 사업설명을 담당하였다"(같은 기록 3606)라고 진술하고 있는 점 등을 종합적으로 고려하면 피고인 2는 단순한 1번사업자가 아닌 피고인 1과 역할분담을 통하여 판시사실 전체를 공모하였거나 적어도 암묵적으로 상통하여 상호 공동 가공하여 그 범죄를 실현하려는 의사가 있었음을 넉넉히 인정할 수 있다.

따라서 피고인 2의 변호인의 이 부분 주장도 받아들이지 아니한다.

마. 죄수

판시사실 중 **방문판매등에관한법률위반죄**와 **유사수신행위의규제에관한법률위반죄, 특정경제범죄가중처벌등에관한법률위반(사기)죄**는 각 그 구성요건과 보호법익을 달리할 뿐 아니라, 이 사건 각 죄의 판시사실 자체의 범죄 일시나 행위 태양도 서로 일치하지 않으므로 위 각 죄는 법률상 1개의 행위로 평가되는 경우에 해당하지 않는다 할 것이어서, 위 각 죄는 상상적 경합관계가 아닌 실체적 경합관계로 봄이 상당하여,[1942] 변호인들의 위 주장도 받아들이지 아니한다.

…(중략)

【양형의 이유】

이 사건 범행은, 피고인 1, 2가 피고인 3 주식회사라는 불법적인 다단계판매조직의 회사를 만들고 투자자들로부터 물품구입비 명목으로 돈을 교부받더라도 그 투자금 중 상당 부분을 수당 지급 등에 사용하고 수익사업에 투자한 금원은 극히 미미하여 그로 인한 투자수익이 거의 없음에도 불구하고 위 회사가 마치 수

1942) 대법원 2003. 1. 24, 선고 2002도6427 판결; 대법원 2001. 12. 24, 선고 2001도205 판결.

당 지급에 투자금 중 일부만 사용하면서 고수익의 사업에 투자하여 일반 시중의 금리보다 훨씬 높은 이익금을 줄 수 있는 것처럼 가장하여, 불특정다수인을 상대로 다단계판매원을 모집하면서 다단계판매원으로 등록하고자 하는 자에게 일정한 부담을 지운 채 상품의 거래를 가장하여 실질적으로 금전거래를 행했고, 다수의 투자자들로 하여금 그 투자 자금 이상의 이익을 얻을 수 있다고 오인케 하여 그들을 계속적으로 그 판매원으로 끌어들여 약 2,250억원(이는 한국특수판매공제조합에 신고된 금액 기준이고, 피고인 1의 진술에 의하더라도 2004. 5.경부터 2005. 2.까지의 매출액만도 1조 2,980억원 가량이 된다)이 넘는 거액을 편취한 것으로서 그 죄질이 극히 불량하고 편취 금액이 다액일 뿐 아니라, 많은 수의 피해자들이 이미 다른 다단계조직에서 피해를 봤음에도 불구하고 기존 다단계조직들과는 다른 새로운 이익구조를 창출한 것처럼 형언하는 위 피고인들의 거짓말에 속아 투자를 결심하게 되는 등 그 범행과정이 치밀하고, 특히 그 편취방법이 판매원들이 많이 납입하면 할수록 더 많은 후순위 판매원들의 납입을 필요로 하여 구조적으로 후순위 판매원들의 납입금을 통하여 상위 판매원들의 이익을 도모하는 것이어서 결국 먼저 사기당한 피해자들이 또다시 친척이나 친구 등을 다단계방식으로 사기범행의 피해자로 끌어들이게 되어 있어 범행수법이 정상적인 인간관계를 파괴하는 것이기에 더욱 사회적 비난가능성이 높고, 위 피고인들의 기망행위에 속아 돈을 빌리면서까지 투자를 한 수많은 피해자들은 피해가 상당부분 회복되지 아니하여 그 채무로 인하여 극심한 고통을 받고 있고 1인당 피해액도 수천만원에서 수억원에 이르고 있어 피해가 극심하여 수많은 피해자들이 위 피고인들의 엄벌을 탄원하고 있다.

이처럼 위 피고인들의 행위는 **전형적인 기획사기**로서 그 범행이 진행되면 될수록 기하급수적인 피해자들을 양산하게 됨에도 불구하고, 위 피고인들은 2005. 2.경 방문판매등에관한법률위반으로 구속되어 이 사건 재판을 받던 중 2005. 4.경 보석으로 석방된 이후에도 잘못을 전혀 반성하지 아니하고 오히려 기존의 피해자들의 절박한 심정을 이용하여 새로운 마케팅 영업을 벌이면서 수많은 새로운 피해자들과 추가적인 피해를 발생시키는 한편, 일부 피해자들과 합의를 하면서 자신들의 잘못을 가리기 위하여 경영 실패의 모든 책임을 사법기관에 떠넘기는 언동을 함으로써 2005. 7.경 특정경제범죄가중처벌등에관한법률위반(사기) 등으로 구속영장이 청구되자 급기야 이성을 잃은 일부 피해자들로 하여금 위세를 과시하여 국가재판권을 무력화하겠다는 의도로 법원과 검찰 청사를 봉쇄하는 등의 상식에 벗어난 행위를 하게 하고, 이 사건 재판과정에서도 절박한 상황에 있는 피해자들에게 합의금을 지급해 줄듯 한 태도를 보이면서도 재판이 끝날 때까지 계속 그 시기를 미룸으로써 그들로 하여금 자신들의 재판 진행에 조금이라도 유리한 진술을 해 줄 것을 유도하려는 의도마저 엿보이는 등 그 범행후의 정황도 극히 불량하고 교활하다.

더구나 피고인 1은 유사수신행위의규제에관한법률위반죄, 방문판매등에관한법률위반죄로, 피고인 2는 방문판매등에관한법률위반죄로 각 처벌받은 전과가 있고, 각 특정경제범죄가중처벌등에관한법률위반(사기)과 유사수신행위의규제관한법률위반의 점으로 수사받은 경험도 있어 어떤 행위를 하면 처벌을 받게 된다는 것을 잘 알고 있으면서도, 오히려 이를 악용하여 기존에 사회적으로 문제가 되고 있는 다단계방식에 의한 사기범행과 실질적으로 같은 위법행위를 행하면서도 단순히 그 법령 문언상의 허점을 찾아가며 문제될 수 있는 증거를 은폐하고 명목상으로만 새로운 마케팅 방식을 개발해 가면서 계획적·고의적으로 이 사건 범행을 행한 점, 현재도 이들을 모방하여 일확천금을 꿈꾸며 유사하거나 좀 더 발전된 수법으로 수많은 피해자들을 현혹하며 피해를 양산하고 있는 자들이 적지 않은 점, 이처럼 고도화되는 범행수법으로 인하여 수많은 선의의 피해자들은 대부분 평생 극심한 경제적 고통을 겪게 되고 자녀들의 교육기회 박탈 및 가난의 대물림이 이어지게 될 개연성이 높으며, 이러한 상황은 우리 사회의 구조적인 위기를 초래하게 될 수도 있는 점 등에 비추어보면 피고인들을 엄벌하지 아니할 수 없다.

다만 판시사실의 편취액 중 상당 부분은 수당 등으로 보전되어 실제 피해액은 그보다는 훨씬 적을 것으로 보이고, 피고인들이 이 사건 재판 진행 도중 피고인들의 엄벌을 탄원하던 피해자들 중 일부(약 574명)와 합의를 하고 일부 고소인들의 대표에게 피고인 3 주식회사의 한국특수판매공제조합에 대한 출자금반환채권 약 150억여 원을 양도하기로 약정하는 등 일부이나마 피해자들의 피해 회복을 위해 노력한 점이 엿보이므로, 이러한 점들과 함께 앞서 본 여러 사정과 피고인 1, 2의 피고인 3 주식회사에서의 지위, 실질적 역할, 전력 및 전과관계, 나이, 피고인 3 주식회사의 영업의 방법 및 기간, 매출의 규모, 재정상태 등 제반사정을 두루 참작하여 주문과 같이 형을 정하기로 한다.」[1943]

[38] 사문서죄

제231조(사문서등의 위조·변조) 행사할 목적으로 **권리·의무 또는 사실증명에 관한** 타인의 **문서** 또는 도화를 위조 또는 변조한 자는 5년 이하의 징역 또는 1천만원 이하의 벌금에 처한다.

1943) 서울동부지방법원 2006. 6. 19. 선고 2005고합216,2006고합15(병합),2006고합106(병합),2006고합107(병합) 판결.

제234조(위조사문서등의 행사) 제231조 내지 제233조의 죄에 의하여 만들어진 문서, 도화 또는 전자기록 등 특수매체기록을 행사한 자는 그 각 죄에 정한 형에 처한다.

제235조(미수범) 제225조 내지 제234조의 미수범은 처벌한다.

제237조의2(복사문서 등) 이 장의 죄에 있어서 전자복사기, 모사전송기 기타 이와 유사한 기기를 사용하여 복사한 문서 또는 도화의 사본도 문서 또는 도화로 본다.

1. 행사할 목적

가. 본죄(사문서위조·변조)는 고의 이외에 행사할 목적을 별도로 요하는 진정 목적범이다.[1944] 위·변조된 문서를 진정한 문서인 것처럼 사용할 목적을 말하는 것으로 적극적 의욕이나 확정적 인식을 요하지 않고 미필적 인식으로도 족하다.[1945]

나. 진정한 문서인 것처럼 사용할 목적이 있어야 하는 것은 통화죄도 같다. 단순히 자신의 신용력을 증명하기 위하여 타인에게 보일 목적으로 통화를 위조한 경우에는 행사할 목적이 있다고 할 수 없으므로 통화위조죄가 성립되지 않는다.[1946] 진정한 통화인 것처럼 사용할 목적이 있었다고 볼 수 없기 때문이다.

다. 사문서위조죄의 범죄사실을 설시하면서 범죄구성요건인 "행사할 목적"에 관한 설시를 빠뜨렸더라도 행사할 목적으로 위조한 것임이 증거들과 피고인 자신의 변소에 의하여 분명하다면 판결에 영향을 미친 위법이 아니다.[1947]

1944) 이와 달리 목적의 존재가 범죄의 성립요건으로 작용하는 것이 아니라 형의 가중·감경사유로 되는 경우가 있다. 영리목적약취·유인죄, 모해위증죄 등은 부진정목적범이다.

1945) 대법원 2006. 1. 26, 선고 2004도788 판결.
반면 목적을 고의와 같이 해석할 수 없고, 초과주관적 구성요건요소인 '행사의 목적'은 직접적 인식임을 요한다는 견해(이재상·장영민·강동범, 형법각론, 제10판 보정판, 박영사, 2017, 589면), 확정적·직접적 인식을 기초로 한 목표지향적 의사여야 하고, 그 목적은 강한 정도의 의식형태를 요구한다는 견해(김일수·서보학, 새로쓴 형법각론, 제9판, 박영사, 2018, 583면)도 유력하다.

1946) 대법원 2012. 3. 29, 선고 2011도7704 판결.

1947) 대법원 1993. 1. 15, 선고 92도2588 판결.

2. 객체

가. 권리·의무에 관한 문서·도화란 공·사법상의 권리의무의 발생, 유지, 변경, 소멸에 관한 사항을 내용으로 하는 사인 명의 문서를 말하며, 위임장, 차용증, 보관증, 유언장, 각서, 매매계약서, 임대차계약서, 신용카드신청서, 예금청구서, 핸드폰가입신청서, 타인 명의 항소장,[1948] 소취하서[1949]가 그에 해당한다.

사실증명에 관한 문서·도화란 권리·의무에 관한 문서 외의 문서로 거래상 중요사항을 증명하는 문서이다.[1950] 학생증, 추천장, 성적증명서가 그 예이다.

나. 형법 제237조의2에 따라 전자복사기, 모사전송기 기타 이와 유사한 기기를 사용하여 복사한 **문서의 사본**도 문서원본과 동일한 의미를 가지는 문서로서 이를 다시 복사한 **문서의 재사본**도 문서위조죄 및 동 행사죄의 객체인 문서에 해당한다 할 것이고, 진정한 문서의 사본을 전자복사기를 이용하여 복사하면서 일부 조작을 가하여 그 사본 내용과 전혀 다르게 만드는 행위는 공공의 신용을 해할 우려가 있는 별개의 문서사본을 창출하는 행위로서 문서위조 행위에 해당한다.[1951]

3. 위조

가. 사문서위조죄는 작성권한 없는 자가 타인 명의를 모용하여 사문서를 작성하는 것을 말하는 것이다. 따라서 문서명의인이 문서작성자에게 사전에 문서작성이 포함된 사무를 처리할 권한을 포괄적으로 위임했고, 문서작성자가 위임된 권한의 범위 내에서 그 사무처리를 위하여 문서를 작성한 것이라면, 비록 문서작성자가 개개의 문서작성에 관하여 문서명의인으로부터 승낙을 받지 않았다 하더라도 사문서위조죄는 성립하지 않는다. 그러나 그와 같은 포괄적인 명의사용의 근거가 되는 위임관계 내지 대리관계가 종료된 경우에는 특단의 사

1948) 대법원 1994. 11. 8, 선고 94도1657 판결.
1949) 앞서 제1편 변호인 리포트에서 사례 [49]로 살펴보았다.
1950) 이재상·장영민·강동범, 형법각론, 제10판 보정판, 박영사, 2017, 583면.
1951) 대법원 1989. 9. 12, 선고 87도506 전원합의체 판결; 대법원 1996. 5. 14, 선고 96도785 판결; 대법원 2000. 9. 5, 선고 2000도2855 판결; 대법원 2004. 10. 28, 선고 2004도5183 판결.

정이 없는 한 더 이상 위임받은 사무의 처리와 관련하여 위임인의 명의를 사용하는 것이 허용된다고 볼 수 없다.[1952)]

나. 문서를 작성할 권한을 위임받지 아니한 문서기안자가 문서 작성권한을 가진 사람의 결재를 받은 바 없이 권한을 초과하여 문서를 작성하였다면 이는 사문서위조죄가 된다.[1953)] 권한을 위임받은 자가 권한을 초과하여 내용을 기재함으로써 날인자의 의사에 반하는 사문서를 작성한 것도 위조가 된다.[1954)]

다. 사문서의 위·변조죄는 작성권한 없는 자가 타인 명의를 모용하여 문서를 작성하는 것을 말하는 것이므로 사문서를 작성·수정함에 있어 그 명의자의 명시적이거나 묵시적인 승낙(위임)이 있었다면 사문서의 위·변조죄에 해당하지 않고,[1955)] 한편 행위 당시 명의자의 현실적인 승낙은 없었지만 행위 당시의 모든 객관적 사정을 종합하여 명의자가 행위 당시 그 사실을 알았다면 당연히 승낙했을 것이라고 추정되는 경우 역시 사문서의 위·변조죄가 성립하지 않는다고 할 것이나,[1956)] 명의자의 명시적인 승낙이나 동의가 없다는 것을 알고 있으면서도 명의자 이외의 자의 의뢰로 문서를 작성하는 경우 명의자가 문서작성 사실을 알았다면 승낙하였을 것이라고 기대하거나 예측한 것만으로는 그 승낙이 추정된다고 단정할 수 없다.[1957)]

라. 상속인은 망인의 생존 중의 일자로 소급하여 작성된 망인 명의 위조문서에 대해 유효한 승낙 내지 동의를 할 수 없다.[1958)]

▶ 「사자명의로 된 문서를 작성함에 있어 사망자의 처로부터 사망자의 인장을 교부받아 생존 당시 작성한 것처럼 문서의 작성일자를 그 명의자의 생존 중의 일자로 소급하여 작성한 때에는 작성명의인의 승낙이 있다고 볼 수 없다 할 것

1952) 대법원 2011. 9. 29, 선고 2011도6223 판결.
1953) 대법원 1997. 2. 14, 선고 96도2234 판결.
1954) 대법원 1966. 11. 22, 선고 66도1199 판결; 대법원 1976. 7. 13, 선고 74도2035 판결; 대법원 1982. 10. 12, 선고 82도2023 판결; 대법원 1983. 10. 25, 선고 83도2257 판결; 대법원 1992. 12. 22, 선고 92도2047 판결; 대법원 1997. 3. 28, 선고 96도3191 판결; 대법원 2005. 10. 28, 선고 2005도6088 판결; 대법원 2006. 9. 28, 선고 2006도1545 판결.
1955) 대법원 1988. 1. 12, 선고 87도2256 판결; 대법원 1993. 3. 9, 선고 92도3101 판결; 대법원 1998. 2. 24, 선고 97도183 판결.
1956) 대법원 1993. 3. 9, 선고 92도3101 판결; 대법원 2003. 5. 30, 선고 2002도235 판결,
1957) 대법원 2008. 4. 10, 선고 2007도9987 판결.
1958) 대법원 2011. 7. 14, 선고 2010도1025 판결.

이니 사문서위조죄에 해당한다.」[1959)]

▶「사자 명의로 된 약속어음을 작성함에 있어 사망자의 처로부터 사망자의 인장을 교부받아 생존 당시 작성한 것처럼 약속어음의 발행일자를 그 명의자의 생존 중의 일자로 소급하여 작성한 때에는 발행명의인의 승낙이 있었다고 볼 수 없다. 원심은, 피고인이 위 망인의 명의로 발행일자를 위 망인의 사망일자 이전의 일자로 한 이 사건 각 약속어음을 작성한 사실을 인정한 후, 위 망인의 상속인인 처 공소외 1이 이를 승낙 또는 동의하였다는 이유로 이 사건 각 유가증권위조 및 동행사의 점에 대하여 무죄를 선고했다. 그러나 앞서 본 법리에 비추어 이 사건 각 약속어음의 작성명의인이 위 망인이고 그 작성일자가 위 망인의 사망일자 이전인 이상, 위 망인의 상속인에 불과한 공소외 1이 승낙 내지 동의하였다고 하여 위 망인의 승낙 내지 동의가 있었던 것으로 볼 수는 없다고 할 것이다.」[1960)]

마. 변호사나 법무사라도 위임인이 문서명의자로부터 문서작성권한을 위임받지 않았음을 알면서도 확인절차를 거치지 않고 권리의무에 중대한 영향을 미칠 수 있는 문서를 작성하면 사문서위조가 된다.

▶「…(전략) 법무사법 제25조에 의하면 법무사가 사건의 위임을 받은 경우에는 주민등록증·인감증명서 등 법령에 의하여 작성된 증명서의 제출이나 제시 기타 이에 준하는 확실한 방법으로 위임인이 본인 또는 그 대리인임을 확인해야 하는바, 법무사가 타인의 권리의무에 중대한 영향을 미칠 수 있는 문서를 작성함에 있어 이 규정에 위반하여 문서명의자 본인의 동의나 승낙이 있었는지에 대한 아무런 확인절차를 거치지 아니하고 오히려 명의자 본인의 동의나 승낙이 없음을 알면서도 권한 없이 문서를 작성한 경우에는 사문서위조 및 동행사죄의 고의를 인정할 수 있다.

원심은, 피고인에 대한 판시 공소사실에 대하여, 통상 청구이의의 소를 제기하여 강제경매절차를 중지하는 것은 부동산 소유자에게 이익이 되고, 이 사건과 같이 부동산 소유자가 경매절차중지로 인하여 오히려 손해를 입었다고 주장하는 경우는 이례에 속한다고 할 것인데 그러한 사정을 피고인이 알고 있었다고 보기 어렵고, 피고인이 의뢰인들의 문서위조의 의도를 알았다거나 그로 인하여 피고인이 특별한 이익을 챙겼다고 볼 만한 정황이 없으므로 피고인에게 사문서위조

1959) 대법원 1983. 10. 25, 선고 83도1520 판결.
1960) 대법원 2011. 7. 14, 선고 2010도1025 판결.

및 동행사죄의 고의 혹은 미필적 고의가 있었다고 인정하기 부족하고, 달리 이를 인정할 만한 증거가 없다고 판단하여 이 사건 공소사실을 무죄로 인정한 제1심을 그대로 유지했다.

그러나 앞서 본 법리에 비추어 원심의 위와 같은 판단은 수긍하기 어렵다.

원심 및 제1심이 적법하게 채택한 증거들에 의하면, 공소외 1은 그 소유인 이 사건 건물과 부지를 담보로 대출받아 운영하던 음식점이 잘 되지 아니하자 공소외 2(본명 ○○○)에게 대출금의 이자를 상환하는 조건으로 식당운영권을 넘겼고, 공소외 3은 모 공소외 4 명의로 공소외 2로부터 이 사건 건물을 임차하여 음식점을 운영해 온 사실, 공소외 1의 채권자 공소외 5는 이 사건 건물과 부지에 대하여 의정부지방법원 고양지원에 부동산강제경매신청을 하여 2005. 10. 21. 2005타경25188호로 강제경매개시결정이 내려진 사실, 공소외 3은 위 강제경매절차의 진행으로 인하여 식당 시설투자금 등을 상실당할 위기에 처하자 법무사인 피고인에게 경매로 인한 손실을 막을 방법을 문의했고 피고인은 강제경매신청채권자에게 공소외 1의 채무를 대신 변제하고 경매신청취하서, 변제영수증 등을 받아오면 이를 기초로 법원에 소장 등을 작성·제출하여 강제집행정지를 할 수 있다고 상담한 사실, 이에 공소외 3이 공소외 5에게 공소외 1의 채무를 대신 변제하고 변제확인서, 경매신청취하서, 영수증을 받아오자 피고인은 공소외 1 명의의 2006. 12. 20.자 청구이의 소장 및 강제집행정지신청서, 위임장을 작성하면서 공소외 3에게 공소외 1로부터 작성권한 등의 동의를 받을 수 있느냐고 물었고 공소외 3이 공소외 1은 마약 등의 혐의로 도망다니기 때문에 연락이 되지 않지만 공소외 1의 애첩인 공소외 2에게 연락하여 동의를 받겠다고 대답하여 위 각 문서를 작성하여 준 사실, 공소외 3은 위 각 문서를 서울남부지방법원에 제출하여 강제집행정지결정을 받았으나 공소외 1이 이를 알고 위 강제집행정지와 청구이의의 소를 취하하여 버리자 다시 공소외 4를 원고로, 공소외 5를 피고로 하여 같은 법원에 청구이의의 소를 제기하고 공소외 4를 신청인으로 한 강제집행정지신청을 하여 강제집행정지결정을 받은 사실, **공소외 1은 공소외 2가 2005년 말경부터 대출이자를 상환하지 않아 대출원리금이 연체되는데다가 상환능력이 없었기 때문에 강제집행이 완료되어 채무를 조금이라도 줄여 보겠다는 입장이었던 사실**을 알 수 있다.

앞서 본 법리와 이러한 사실관계에 비추어 보면, **법무사인 피고인은 위 각 문서작성 당시 공소외 3이 문서명의자인 공소외 1로부터 문서작성권한을 위임받지 않았음을 알면서도** 법무사법 제25조에 따른 문서명의자의 동의나 승낙 여부의 확인조치를 취하지 아니하고 만연히 권한 없이 공소외 1 명의의 위 각 문서를 작성, 행사한 점이 인정된다. 또한 위에서 본 **모든 객관적 사정을 종합하여 볼 때, 명의자인 공소외 1이 피고인의 위 각 문서작성 사실을 알았다면 당연**

히 이를 승낙했을 것이라고 추정된다고 볼 수 없고, 사정이 이러하다면 통상 청구이의의 소를 제기하여 강제경매절차를 중지하는 것이 부동산 소유자에게 이익이 되고, 이 사건에서와 같이 부동산 소유자가 경매절차중지로 인하여 오히려 손해를 입었다고 주장하는 경우는 이례에 속하여 그러한 점을 피고인이 알고 있었다고 보기 어렵다는 사정은 강제경매절차를 중지시키는 것이 부동산 소유자에게 일반적으로 이익이 되므로 명의자가 피고인의 위 각 문서작성 행위를 승낙할 것이라는 막연한 기대나 예측이 어긋난 것에 불과하여 이것만으로는 사문서위조 및 동행사죄의 고의가 부정된다고 할 수 없다.

따라서 위 각 문서의 작성, 행사에 있어 피고인에게 사문서 위조 및 동행사죄의 고의가 있었음을 인정하기에 충분하다고 할 것임에도 이와 달리 원심이 피고인에게 무죄를 선고한 제1심을 그대로 유지한 조치는 사문서위조 및 동행사죄의 주관적 요건인 고의 또는 미필적 고의에 관한 채증법칙 위배의 위법이 있고, 이는 판결 결과에 영향을 미쳤다 할 것이다.」[1961]

바. 주식회사의 대표이사가 그 대표자격을 표시하는 방식으로 작성된 문서에 표현된 의사 또는 관념이 귀속되는 주체는 대표이사 개인이 아닌 주식회사이므로 그 문서의 명의자는 주식회사라고 보아야 한다. 따라서 위와 같은 문서 작성행위가 위조에 해당하는지는 그 작성자가 **주식회사 명의의 문서를 적법하게 작성할 권한이** 있는지에 따라 판단해야 하고, 문서에 대표이사로 표시되어 있는 사람으로부터 그 문서 작성에 관하여 위임 또는 승낙을 받았는지에 따라 판단할 것은 아니다.[1962]

한편 원래 주식회사의 적법한 대표이사는 회사의 영업에 관하여 재판상 또는 재판외의 모든 행위를 할 권한이 있으므로, **대표이사가 직접 주식회사 명의 문서를 작성하는 행위는 자격모용사문서작성 또는 위조에 해당하지 않는 것이 원칙**이다. 이는 그 문서의 내용이 진실에 반하는 허위이거나 대표권을 남용하여 자기 또는 제3자의 이익을 도모할 목적으로 작성된 경우에도 마찬가지이다.[1963]

1961) 대법원 2008. 4. 10, 선고 2007도9987 판결.

1962) 대법원 1975. 9. 23, 선고 74도1684 판결; 대법원 2008. 11. 17, 선고 2006도2016 판결; 대법원 2008. 12. 24, 선고 2008도7836 판결.

1963) 대법원 1980. 4. 22, 선고 79도3034 판결; 대법원 1983. 10. 25, 선고 83도2257 판결; 대법원 2008. 12. 24, 선고 2008도7836 판결.

사. 사문서위조죄는 그 명의자가 진정으로 작성한 문서로 볼 수 있을 정도의 형식과 외관을 갖추어 일반인이 명의자의 진정한 사문서로 오신하기에 충분한 정도이면 성립하고, 반드시 그 작성명의자의 서명이나 날인이 있어야 하는 것은 아니나, 일반인이 명의자의 진정한 사문서로 오신하기에 충분한 정도인지 여부는 문서의 형식과 외관은 물론 문서의 작성 경위, 종류, 내용 및 거래에 있어서 그 문서가 가지는 기능 등 여러 가지 사정을 종합하여 판단해야 한다.[1964)]

▶「작성명의자의 승낙이나 위임이 없이 그 명의를 모용하여 토지사용에 관한 책임각서 등을 작성하면서 **작성명의자의 서명이나 날인은 하지 않고** 다만 피고인이 자신의 이름으로 보증인 란에 서명·날인한 경우, 사문서위조죄가 성립되기 어렵다.」[1965)]

▶「이 사건 각 문서의 기재 및 형상을 위 법리에 비추어 보면, 이 사건 각 문서는 피고인이 직인을 오려붙인 흔적을 감추기 위하여 복사한 것으로서 일반적으로 문서가 갖추어야 할 형식을 다 구비하고 있고, 주의 깊게 관찰하지 아니하면 그 외관에 비정상적인 부분이 있음을 **알아차리기가 어려울 정도**이므로, 일반인이 그 명의자의 진정한 사문서로 오신하기에 충분한 정도의 형식과 외관을 갖추었다고 판단된다.」[1966)]

1964) 대법원 1988. 3. 22, 선고 88도3 판결; 대법원 1997. 12. 26, 선고 95도2221 판결; 대법원 2011. 2. 10, 선고 2010도8361 판결.

1965) ▶「…(전략) 위 공소사실에 의하면, 위 책임각서는 전북 장수읍 장수리 ○의 1 토지에 관하여 그 소유자인 위 박재○이 건축허가를 받을 때까지의 모든 책임을 지고 허가가 나온 후의 주택건축에 관한 모든 권한을 위임하기로 위 이희○에게 약속하는 내용을, 위 토지주시행포기각서는 위 토지에 관하여 위 박재○이 위 이희○에게 공사 및 모든 권한을 위임하고 사업을 포기한다는 내용을 각 타자기를 이용하여 타자한 것으로서, 모두 각서를 받는 지위에 있는 위 이희○이 있는 자리에서 그 직원을 시켜 작성하였다는 것이고, 각서인인 위 박재○의 난에는 위 박재○의 성명, 주소 및 주민등록번호(책임각서의 경우) 또는 성명 및 주소(토지주시행포기각서의 경우)만이 기재되었을 뿐 위 박재○의 서명이나 날인은 없었다는 것인바, 위 문서들의 위와 같은 형식, 외관과 기재방식 및 작성경위에다 위 문서들이 위 토지에 관하여 위 박재○이 소유자로서의 권한을 포기하고 그 권한을 위 이희○에게 위임하였음을 증명하는 서류로서 각서인은 그 내용에 따른 의무를 부담하게 된다는 각서의 기능 등에 비추어 보면, 위 책임각서와 토지주시행포기각서는 공소사실 기재와 같은 정도만으로는 위 토지의 소유자인 박재○이 작성한 **진정한 각서로 오신하기에 충분한 정도의 외관과 형식을 갖춘 완성된 문서라고 보기에 부족하다** 할 것이고, 위 박재○ 명의의 책임각서 기재란 다음에 피고인이 보증인으로서 성명과 주소, 주민등록번호 등을 기재하고 피고인의 성명 옆에 피고인의 도장을 날인하였다고 하여도 위 **박재○ 명의의 책임각서** 부분과 **피고인 명의의 보증** 부분은 별개의 문서인 점에 비추어 볼 때, 위와 같은 결론을 좌우할 수 없다고 할 것이다.」(대법원 1997. 12. 26, 선고 95도2221 판결)

1966) 대법원 2011. 2. 10, 선고 2010도8361 판결.

▶ 「문서위조죄는 문서의 진정에 대한 공공의 신용을 그 보호법익으로 하는 것이므로, 피고인이 위조하였다는 국제운전면허증이 그 유효기간을 경과하여 본래의 용법에 따라 사용할 수는 없게 되었다고 하더라도, 이를 행사하는 경우 그 상대방이 유효기간을 쉽게 알 수 없도록 되어 있거나 위 문서 자체가 진정하게 작성된 것으로서 피고인이 명의자로부터 국제운전면허를 받은 것으로 **오신하기에 충분**한 정도의 형식과 외관을 갖추고 있다면 피고인의 행위는 문서위조죄에 해당한다고 보아야 할 것이다. 기록에 의하면, 피고인은 자동차 운전면허를 받은 바 없이 서울 시내에서 승용차를 운전하면서 경찰관에게 적발당할 경우 위 국제운전면허증을 제시하려고 하였다고 진술하고 있으며, 피고인이 사진을 바꾸어 붙인 국제운전면허증을 살펴보면 거기에는 이를 발행받은 자의 성명·출생지·생년월일·주소가 영문으로 기재되어 있고, 표지에 고무인으로 발행일이 날인되어 있으며, 표지의 뒷면에 작은 활자의 영문으로 위 면허증이 효력을 가지는 국가와 유효기간이 발행일로부터 1년이라는 취지가 기재되어 있는바, 이와 같은 경우 위 국제운전면허증은 비록 유효기간을 일정기간 경과하였기는 하지만, 이를 행사할 경우 그 상대방이 유효기간에 관한 기재를 쉽게 인식할 수 없다고 보일 뿐 아니라, 그 문서의 형식과 외관으로 볼 때 이는 명의자인 홍콩 당국이 피고인에게 국제운전면허를 부여하였음을 증명하는 내용의 진정한 문서라고 오신할 위험성이 충분하다고 할 것이다. 따라서 위 국제운전면허증은 문서위조죄의 문서에 해당한다고 보아야 할 것임에도 불구하고 거기에 표시된 유효기간이 경과하였다는 이유만으로 위와 같이 판단한 원심의 판단에는 문서위조죄에 있어서의 문서에 관한 법리를 오해한 위법이 있다 할 것이므로, 이 점을 지적하는 상고이유의 주장은 정당하다.」[1967]

▶ 「예금청구서에 작성명의자의 기명만 있고 날인이 빠져있다 하여도 일반인이 그 작성명의자에 의하여 작성된 예금청구서라고 **오신할 만한 형식과 외관**을 갖추고 있는 이상 권한 없이 위 예금청구서를 작성한 행위는 사문서위조죄에 해당하고 날인이 없다하여 이를 미완성문서로 볼 수는 없다.」[1968]

아. 형식, 내용이 완전할 필요가 없고, 일반인이 진정한 것으로 오인할 정도의 형식, 외관이면 위조가 될 수 있는 점은 통화죄와 유가증권도 같다. 따라서 한국은행발행 일만원권 지폐의 앞·뒷면을 전자복사기로 복사하여 비슷한 크기로 자른 정도의 것은 객관적으로 진정한 통화로 오인할 정도에 이르지 못

1967) 대법원 1998. 4. 10, 선고 98도164,98감도12 판결.
1968) 대법원 1984. 10. 23, 선고 84도1729 판결.

하여 통화위조죄 및 위조통화행사죄의 객체가 될 수 없고,[1969] 유가증권도 반드시 유통성을 가질 필요는 없지만 일반인이 진정한 것으로 오신할 정도의 형식과 외관을 갖추고 있어야 한다.[1970] 이와 같이 **문서든, 통화든, 유가증권이든** 위조죄 또는 행사죄가 성립되기 위해서는 **일반인이 진정한 것으로 오인할 정도의 형식, 외관**을 갖추어야만 한다.

▶「찢어서 폐지로 된 타인발행명의의 약속어음 파지면을 이용하여 이를 조합하여 어음의 외형을 갖춘 경우에는 새로운 약속어음을 작성한 것으로서 그 행사의 목적이 있는 이상 유가증권위조죄가 성립하는 것이므로 조합된 것임을 용이하게 식별할 수 있다 하여도 동 죄의 성립에 아무런 소장이 있을 수 없다.」[1971]

자. 명의인이 반드시 실재할 것을 요하지 않으므로, 사자(死者), 허무인(虛無人) 명의로도 위조가 된다.[1972] 유가증권도 이와 같다.

▶「1. 사문서위조죄는 작성권한 없는 자가 타인 명의를 모용하여 사문서를 작성하는 것을 말하는 것이므로, 문서명의인이 문서작성자에게 사전에 문서작성이 포함된 사무를 처리할 권한을 포괄적으로 위임했고, 문서작성자가 위임된 권한의 범위 내에서 그 사무처리를 위하여 문서를 작성한 것이라면, 비록 문서작성자가 개개의 문서작성에 관하여 문서명의인으로부터 승낙을 받지 않았다 하더라도 사문서위조죄는 성립하지 않는다 할 것이지만, 그와 같은 포괄적인 명의사용의 근거가 되는 위임관계 내지 대리관계가 종료된 경우에는 특단의 사정이 없는 한 더 이상 위임받은 사무의 처리와 관련하여 위임인의 명의를 사용하는 것이 허용된다고 볼 수 없다. 또한 문서위조죄는 문서의 진정에 대한 공공의 신용을 그 보호법익으로 하는 것이므로 행사할 목적으로 작성된 사문서가 일반인으로 하여금 당해 명의인의 권한 내에서 작성된 문서라고 믿게 할 수 있는 정도의 형식과 외관을 갖추고 있으면 사문서위조죄가 성립하는 것이고, 위와 같은 요건을 구비한 이상 그 명의인이 문서의 작성일자 전에 이미 사망하였하더라도 그러한 문서 역시 공공의 신용을 해할 위험성이 있으므로 사문서위조죄가 성립한다.[1973] 위와 같이 사망한 사람 명의의 사문서에 대하여도 그 문서에 대한 공공의 신용

1969) 대법원 1986. 3. 25, 선고 86도255 판결.
1970) 대법원 2001. 8. 24, 선고 2001도2832 판결.
1971) 대법원 1976. 1. 27, 선고 74도3442 판결.
1972) 대법원 2011. 9. 29, 선고 2011도6223 판결; 대법원 2005. 2. 24, 선고 2002도18 판결.
1973) 대법원 2005. 2. 24, 선고 2002도18 전원합의체 판결 참조.

을 보호할 필요가 있다는 점을 고려하면, 문서명의인이 이미 사망하였는데도 문서명의인이 생존하고 있다는 점이 문서의 중요한 내용을 이루거나 그 점을 전제로 문서가 작성되었다면 이미 그 문서에 관한 공공의 신용을 해할 위험이 발생하였다 할 것이므로, 그러한 내용의 문서에 관하여 사망한 명의자의 승낙이 추정된다는 이유로 사문서위조죄의 성립을 부정할 수는 없다고 할 것이다.

2. **이 사건 공소사실의 요지는,** '피고인은 2010. 2. 24. 15:00경 인천 남동구 만수동 소재 만수○동 주민센터 내에서 행사할 목적으로 망 공소외 1로부터 그의 인감증명서를 발급받을 수 있는 권한을 위임받은 것처럼 함부로 인감증명 위임장 또는 법정대리인 동의서의 위임자란에 "공소외 1", 주민등록번호란에 "(주민등록번호 생략)", 주소란에 "인천 남구 용현동 (이하 생략)"라고 기재하고, 공소외 1의 성명 옆에 "공소외 1"의 도장을 날인하여 공소외 1의 **권리의무에 관한 사문서인 인감증명 위임장 또는 법정대리인 동의서 1매를 위조**하고, 즉석에서 그 정을 모르는 위 만수○동 주민센터 성명불상 담당직원에게 마치 진정하게 성립한 인감증명 위임장 또는 법정대리인 동의서인 것처럼 제출하여 이를 **행사**하였다'는 것이다. 이에 대하여 **원심은** 그 채용 증거를 종합하여 다음의 사실, 즉 피고인의 아버지인 공소외 1 소유의 인천 남구 용현동 (이하 생략) 대지 및 그 지상 건물(이하 '이 사건 부동산'이라 한다)에 관하여 임차인 공소외 2가 인천지방법원 2009가단71373호 임대차보증금반환 사건의 집행력있는 판결 정본에 기하여 강제경매를 신청하여 2009. 12. 9. 강제경매 개시결정이 내려진 사실, 공소외 1은 2010. 2. 4. 이 사건 부동산의 매매에 관한 권한 일체를 피고인에게 위임하여, 같은 날 이 사건 부동산을 공소외 3 외 1인에게 매매대금 1억 3,500만원으로 정하여 매도하였는데, 이 사건 부동산에 관한 매매계약서에는 '대리인'란에 피고인의 이름이 기재되어 있고, 피고인 명의의 도장도 날인되어 있는 사실, 피고인은 공소외 3으로부터 매매대금 중 4,000만원을 교부받아 2010. 2. 10.경 공소외 2에게 임대차보증금반환 채권액 3,470만원을 입금하여 주었고, 그에 따라 공소외 2가 위 경매를 취하한 사실, 공소외 1이 2010. 2. 11.경 갑자기 사망하게 되자, 이 사건 부동산의 매매에 관한 권한 일체를 위임받은 피고인은 2010. 2. 24.경 매수인들에게 이 사건 부동산에 관한 소유권이전등기를 마쳐주는 데에 사용할 목적으로 공소외 1이 피고인에게 인감증명 발급을 위임한다는 취지의 인감증명 위임장을 작성한 후 인감증명서를 발급받아 이를 매수인들에게 교부한 사실, 위 인감증명 위임장에는 위임사유로 '병안 중임'이라고 기재되어 있는 사실을 인정한 다음, 피고인의 아버지인 공소외 1이 사망하기 전에 피고인에게 이 사건 부동산의 매매에 관한 일체의 권한을 위임했고, 피고인은 이에 따라 이 사건 인감증명 위임장을 작성한 것이므로, 피고인에 대하여 사문서위조죄 및 위조사문서행사죄는 성립하지 아니하고, 설령 공소외 1의 사망으로 인하여 그 위임관계가 종료되어

피고인이 공소외 1의 명시적이거나 현실적인 승낙이 없이 이 사건 인감증명 위임장을 작성하였다고 하더라도, 피고인에게 이 사건 부동산의 매매에 관한 일체의 대리권을 수여하였던 공소외 1에게 묵시적이거나 추정적인 승낙이 있었다고 보아야 한다는 이유로 이 사건 공소사실을 **무죄로 판단했다**.

3. **그러나 앞서 본 법리에 비추어 보면, 원심의 위와 같은 판단은 그대로 수긍하기 어렵다.** 원심이 인정한 사실관계에 의할지라도, 피고인이 이 사건 부동산의 매매에 관한 포괄적인 권한을 갖게 된 것은 공소외 1의 2010. 2. 4.자 위임 내지 대리권 수여에 기한 것이라 할 것인데, 공소외 1이 2010. 2. 11. 사망함으로써 포괄적인 명의사용의 근거가 되는 이 사건 부동산 매매에 관한 위임관계 내지 포괄적인 대리관계는 종료된 것으로 보아야 하므로 특별한 사정이 없는 한 피고인은 더 이상 위임받은 사무의 처리와 관련하여 공소외 1의 명의를 사용하는 것이 허용된다고 볼 수 없다. 또한 기록을 살펴보아도 피고인이 사망한 공소외 1의 명의를 모용한 인감증명 위임장을 작성하여 인감증명서를 발급받아야 할 급박한 사정이 있었다고 볼 만한 사정도 없다. 다음, 인감증명 위임장은 본래 생존한 사람이 타인에게 인감증명서 발급을 위임한다는 취지의 문서라는 점을 고려하면, 이미 사망한 공소외 1이 '병안 중'이라는 사유로 피고인에게 인감증명서 발급을 위임한다는 취지의 인감증명 위임장이 작성됨으로써 그 문서에 관한 공공의 신용을 해할 위험성이 발생하였다 할 것이고, 피고인이 명의자인 공소외 1이 승낙하였을 것이라고 기대하거나 예측한 것만으로는 그러한 내용의 문서에 관하여 사망한 공소외 1의 승낙이 추정된다고 단정할 수 없다. 그런데도 **원심은 그 판시와 같은 이유로 이 사건 공소사실을 무죄로 판단하고 말았으니, 이러한 원심의 판단에는 사망한 사람 명의의 사문서위조죄에 있어서 승낙 내지 추정적 승낙에 관한 법리를 오해**하여 판결에 영향을 미친 위법이 있다. 이 점을 지적하는 취지의 상고이유 주장은 이유 있다.」[1974)]

▶ 「작성된 문서가 일반인으로 하여금 당해 명의인의 권한 내에서 작성된 것이라고 믿을 수 있는 정도의 형식과 외관을 구비하면 성립되는 것이고 자연인 아닌 법인 또는 단체명의의 문서에 있어서는 요건이 구비된 이상 그 문서작성자로 표시된 사람의 실존여부는 위조죄의 성립에 아무런 소장이 없다.[1975)] 따라서 그가 허무인이라 할지라도 사문서위조죄가 성립된다.」

▶ 「약속어음과 같이 유통성을 가진 유가증권의 위조는 일반거래의 신용을 해

1974) 대법원 2011. 9. 29, 선고 2011도6223 판결; 대법원 2005. 2. 24, 선고 2002도18 판결.
1975) 대법원 1975. 2. 10, 선고 73도2296 판결.

하게 될 위험성이 매우 크다는 점에서 적어도 행사할 목적으로 외형상 일반인으로 하여금 진정하게 작성된 유가증권이라고 오신케 할 수 있을 정도로 작성된 것이라면 그 발행명의인이 가령 실재하지 않은 사자 또는 허무인이라 하더라도 그 위조죄가 성립된다고 해석함이 상당하다.」[1976)]

차. 전자복사기로 복사한 문서의 사본도 문서위조죄 및 동행사죄의 객체인 문서에 해당하고, 위조된 문서 원본을 단순히 전자복사기로 복사하여 그 사본을 만드는 행위도 공공의 신용을 해할 우려가 있는 별개의 문서 사본을 창출한 행위로서 문서위조행위에 해당한다.[1977)] 은행명의 통장사본을 위조한 것도 문서위조죄가 된다.[1978)]

반면 위조유가증권행사죄에 있어서의 유가증권이라 함은 위조된 유가증권의 원본을 말하는 것이지 전자복사기 등을 사용하여 기계적으로 복사한 사본은 이에 해당하지 않는다.[1979)]

▶ 「…(전략) 3. 사문서위조 및 위조사문서행사의 점에 대하여

복사한 문서의 사본도 문서위조 및 동행사죄의 객체인 문서에 해당하고,[1980)] 사문서위조죄는 그 명의자가 진정으로 작성한 문서로 볼 수 있을 정도의 형식과 외관을 갖추어 일반인이 명의자의 진정한 사문서로 오신하기에 충분한 정도이면 성립하는 것이다.[1981)]

위 법리와 기록에 비추어 살펴보면, 피고인이 위조한 우리은행 명의의 통장사본은 우리은행 통장을 참조하여 컴퓨터 그래픽 프로그램을 이용하여 우리은행 통장을 작성한 후 우리은행 명의의 문자 및 기호상표를 새겨 넣은 것으로서, 그 형식과 외관에 비추어 일반인이 진정한 통장사본으로 오신하기에 충분한 정도라고 할 것이므로, 사문서위조죄 및 위조사문서행사죄가 성립한다.

예금통장이 유가증권과 마찬가지로 그 사본에 대해서는 위조죄가 성립하지 않는다는 상고이유의 주장은 받아들일 수 없다.」[1982)]

카. 타인의 학생증사본의 사진 란에 피고인 사진을 붙여 복사하였다면 사

1976) 대법원 1971. 7. 27, 선고 71도905 판결; 대법원 2011. 7. 14, 선고 2010도1025 판결.
1977) 대법원 1996. 5. 14, 선고 96도785 판결.
1978) 대법원 2011. 11. 10, 선고 2011도10539 판결.
1979) 대법원 1998. 2. 13, 선고 97도2922 판결.
1980) 대법원 1989. 9. 12, 선고 87도506 전원합의체 판결.
1981) 대법원 2009. 7. 23, 선고 2008도10195 판결.
1982) 대법원 2011. 11. 10, 선고 2011도10539 판결.

문서위조가 된다. 공문서인 주민등록증사본의 사진 란에 피고인의 사진을 붙여 복사한 것이 공문서위조가 된다는 판례[1983]가 있다.

타. 타인의 학생증에 붙어 있는 사진을 떼어내고 그 자리에 피고인의 사진을 붙인 것도 별개 사문서를 작성한 경우에 해당하므로 사문서위조가 된다. 이러한 법리는 "피고인이 행사할 목적으로 타인의 주민등록증에 붙어있는 사진을 떼어내고 그 자리에 피고인의 사진을 붙였다면 이는 기존 공문서의 본질적 또는 중요 부분에 변경을 가하여 새로운 증명력을 가지는 별개의 공문서를 작성한 경우에 해당하므로 공문서위조죄를 구성한다."는 공문서 판결[1984]을 보면 쉽게 이해할 수 있다.

파. 명의인을 기망하여 문서를 작성케 하는 경우는 서명·날인이 정당히 성립된 경우에도 기망자는 명의인을 이용하여 서명 날인자의 의사에 반하는 문서를 작성케 하는 것이므로 사문서위조죄가 성립한다.[1985]

하. 상대방의 동의 없이 일방적으로 혼인신고서를 작성하여 혼인신고를 한 경우 사문서위조, 동행사죄, 공정증서원본불실기재, 동행사죄가 성립한다.

> ▶ 「혼인신고 당시에는 피해자가 피고인과의 동거관계를 청산하고 피고인을 만나주지 아니하는 등으로 피하여 왔다면 당초에는 피해자와 사실혼 관계에 있었고 또 피해자에게 혼인의 의사가 있었다 하더라도 위 혼인신고 당시에는 그 혼인의사가 철회되었다고 보아야 할 것이므로 피고인이 일방적으로 혼인신고서를 작성하여 혼인신고를 한 소위는 설사 혼인신고서 용지에 피해자 도장이 미리 찍혀 있었다 하더라도 사문서 위조 기타 관계법조의 범죄에 해당한다 할 것이다.」[1986]

거. 사문서위조나 공정증서원본불실기재가 성립한 후, 사후에 피해자의 동의 또는 추인 등의 사정으로 문서에 기재된 대로의 효과의 승인을 받거나, 등기가 실체적 권리관계에 부합하게 되었다 하더라도, 이미 성립한 범죄에는 아무런 영향이 없다.[1987]

1983) 대법원 2000. 9. 5, 선고 2000도2855 판결; 대법원 2004. 10. 28, 선고 2004도5183 판결.
1984) 대법원 1991. 9. 10, 선고 91도1610 판결.
1985) 대법원 2000. 6. 13, 선고 2000도778 판결.
1986) 대법원 1987. 4. 11, 선고 87도399 판결.

너. 위법성

▶ 「원심판결 이유에 의하면 원심은 거시증거에 의하여 피고인은 며느리인 공소외 1이 피고인과 피고인의 아들인 공소외 2, 남편인 공소외 3등 3인을 상대로 하여 창원지방법원에 이혼 및 위자료 청구소송을 제기하여 피고인 등의 패소판결이 선고되자, 남편인 공소외 3이 이미 가출하여 항소할 수 없음에도 불구하고, 그 명의의 항소장을 위조하여서라도 항소할 것을 결의하고 판시 일시 및 장소에서 판시와 같이 공소외 3 명의의 항소장 1장을 위조하고, 이를 창원지방법원에 제출하여 행사한 사실을 적법하게 확정한 다음 남편을 상대로 한 제소행위에 대하여 응소하는 행위가 처의 일상가사대리권에 속한다고 할 수 없음은 물론이고, 행방불명된 남편에 대하여 불리한 민사판결이 선고되었다 하더라도 그러한 사정만으로써는 적법한 다른 방법을 강구하지 아니하고 남편 명의의 항소장을 임의로 작성하여 법원에 제출한 피고인의 소위가 사회통념상 용인되는 극히 정상적인 생활형태의 하나로서 위법성이 없다 할 수 없다고 판단하고 있는 바, 원심의 이와 같은 판단은 당원의 판례의 취지에 따른 것으로서 정당하며 거기에 소론과 같이 정당행위에 관한 법리를 오해한 위법이 있다고 볼 수 없다.」[1988]

더. 죄수

(1) 문서가 2명 이상의 연명으로 작성되었을 때는 명의자마다 1개의 문서가 성립되는 것으로 보아야 할 것이다.[1989]

(2) 2인 이상의 연명으로 된 문서를 위조한 때에는 작성명의인의 수대로 수개의 문서위조죄가 성립하고 그 연명문서를 위조하는 행위는 자연적 관찰이나 사회통념상 하나의 행위라 할 것이므로 위 수개의 문서위조죄는 형법 제40조가 규정하는 상상적 경합범에 해당한다.[1990]

▶ …(전략) 따라서 원심이 이와 같은 견해에서 피고인이 유죄의 확정판결을 받은 원심판시 동의서 가운데 공소외 박○○ 명의부분을 위조한 죄와 이 사건 공소사실인 같은 동의서의 공소외 문△△ 명의 부분을 위조한 죄를 상상적 경합

1987) 대법원 1983. 6. 28, 선고 82도1823 판결; 대법원 1998. 4. 14, 선고 98도16 판결; 대법원 1999. 5. 14, 선고 99도202 판결.

1988) 대법원 1994. 11. 8, 선고 94도1657 판결.

1989) 대법원 1956. 3. 2, 선고 4288형상343 판결.

1990) 대법원 1956. 3. 2, 선고 4288형상343 판결; 대법원 1977. 7. 12, 선고 77도1736 판결; 대법원 1987. 7. 21, 선고 87도564 판결.

범이라고 보고, 위 박○○ 명의부분에 관하여 유죄의 확정판결을 받은 이상 그 판결의 효력은 이와 상상적 경합관계에 있는 이 사건 공소사실에도 미친다는 전제 아래 피고인에 대하여 면소의 판결을 한 것은 정당하고 거기에 주장하는 바와 같은 문서위조죄의 죄수에 관한 법리오해의 위법이 없다.[1991)]

(3) 회사 명의의 합의서를 임의로 작성·교부한 행위에 대하여 약식명령이 확정된 사문서위조 및 그 행사죄의 범죄사실과 그로 인하여 회사에 재산상 손해를 가하였다는 업무상 배임의 공소사실은 그 객관적 사실관계가 하나의 행위이므로 1개의 행위가 수개의 죄에 해당하는 경우로서 형법 제40조에 정해진 상상적 경합관계에 있다.[1992)]

(4) 공동대표이사로 법인등기를 하기로 하여 이사회의사록 작성 등 그 등기절차를 위임받았음에도 단독대표이사 선임의 이사회의사록을 작성하여 단독대표이사로 법인등기한 행위는 사문서위조, 동행사, 공정증서원본불실기재, 동행사의 죄에 해당한다.[1993)]

(5) 피고인이 부모가 이미 사망한 공소외 1, 2의 외할머니인 고소인으로부터 위 아동들의 입양을 승낙받아 고소인으로부터 친권포기서를 받고 그 입양절차에 갈음하여 위 아동들을 마치 피고인과 피고인의 처 사이에 출생한 친생자인 것처럼 공소외 1(성만 변경), 2(성만 변경)라는 성명으로 출생신고를 하면서 첨부서류로서 고소인 명의의 인우인증명서를 작성, 제출하고, 이를 근거로 담당공무원으로 하여금 공소외 1, 2가 피고인의 친생자인 것처럼 호적부에 등재, 비치하게 하였다면 피고인이 멋대로 공소외 1, 2의 성을 바꾸어 공소외 1(성만 변경), 2(성만 변경)로 출생신고를 하는 데 사용하기 위하여 고소인 명의의 인우인증명서를 작성, 행사한 행위는 중요한 부분에 있어 고소인으로부터 승낙을 받은 범위를 일탈한 것이어서 문서전체로 보아 사문서위조 및 동행사죄가 성립되고, 나아가 위 아동들을 피고인의 성에 따라 친생자로 출생신고하여 그대로 호적부에 등재, 비치케 한 피고인의 행위는 설사 고소인으로부터 그 승낙을 받았다 하더라도 중요한 부분에 있어 실체적 진실에 반하는 것으로서 공정증서원본부실기재 및 동행사죄가 성립된다.[1994)]

1991) 대법원 1987. 7. 21, 선고 87도564 판결.
1992) 대법원 2009. 4. 9, 선고 2008도5634 판결.
1993) 대법원 1994. 7. 29, 선고 93도1091 판결.
1994) 인천지방법원 1994. 1. 13, 선고 93노1041 제1형사부 판결 : 확정.

4. 변조

가. 변조란 작성권한 없는 자가 이미 진정하게 성립된 타인명의 문서의 내용을 변경하는 것이다. 내용의 추가, 변경, 삭제 행위가 모두 변조에 해당한다.

나. 유의할 것은 동일성을 해칠 정도로 변경할 경우 변조가 아니라 위조가 된다는 점이다. 유가증권의 변조도 동일성을 해하지 않는 범위의 변경을 요구한다.[1995)]

▶ 「사문서변조죄는 권한 없는 자가 이미 진정하게 성립된 타인 명의의 문서 내용에 대하여 동일성을 해하지 않을 정도로 변경을 가하여 새로운 증명력을 작출케 함으로써 공공적 신용을 해할 위험성이 있을 때 성립한다.」[1996)]

▶ 「유가증권변조죄에 있어서 변조라 함은 진정으로 성립된 유가증권의 내용에 권한 없는 자가 그 유가증권의 동일성을 해하지 않는 한도에서 변경을 가하는 것을 말하고, 설사, 진실에 합치하도록 변경한 것이라 하더라도 권한 없이 변경한 경우에는 변조로 되는 것이고 정을 모르는 제3자를 통하여 간접정범의 형태로도 범할 수 있는 것인 바, 신용카드를 제시받은 상점점원이 그 카드의 금액란을 정정 기재하였다 하더라도 그것이 카드소지인이 위 점원에게 자신이 위 금액을 정정기재 할 수 있는 권리가 있는 양 기망하여 이루어졌다면 이는 간접정범에 의한 유가증권변조로 봄이 상당하다.」[1997)]

▶ 「유가증권변조죄에 있어서 변조라 함은 진정으로 성립된 유가증권의 내용에 권한 없는 자가 그 유가증권의 동일성을 해하지 않는 한도에서 변경을 가하는 것을 말하므로, 이미 타인에 의하여 위조된 약속어음의 기재사항을 권한 없이 변경하였다고 하더라도 유가증권변조죄는 성립하지 아니한다고 할 것이다. 그리고 약속어음의 액면금액을 권한 없이 변경하는 것은 유가증권변조에 해당할 뿐 유가증권위조는 아니므로, 약속어음의 액면금액을 권한 없이 변경하는 행위가 당초의 위조와는 별개의 새로운 유가증권위조로 된다고 할 수도 없다.」[1998)]

1995) 대법원 1984. 11. 27, 선고 84도1862 판결; 대법원 2006. 1. 26, 선고 2005도4764 판결; 대법원 2012. 9. 27, 선고 2010도15206 판결.
1996) 대법원 2011. 9. 29, 선고 2010도14587 판결.
1997) 대법원 1984. 11. 27, 선고 84도1862 판결.
1998) 대법원 2006. 1. 26, 선고 2005도4764 판결.

▶ 「유가증권변조죄에서 '변조'는 진정하게 성립된 유가증권의 내용에 권한 없는 자가 유가증권의 동일성을 해하지 않는 한도에서 변경을 가하는 것을 의미하고, 이와 같이 권한 없는 자에 의해 변조된 부분은 진정하게 성립된 부분이라 할 수 없다. 따라서 유가증권의 내용 중 권한 없는 자에 의하여 이미 변조된 부분을 다시 권한 없이 변경하였다고 하더라도 유가증권변조죄는 성립하지 않는다.」[1999)]

다. 타인명의 진정문서를 변경하는 것이어야 하고, 위조문서, 허위문서의 내용을 변경하는 것은 변조죄에 해당하지 않는다.

▶ 「공문서변조라 함은 권한 없이 이미 진정하게 성립된 공무원 또는 공무소 명의의 문서내용에 대하여 그 동일성을 해하지 아니할 정도로 변경을 가하는 것을 말한다 할 것이므로 이미 허위로 작성된 공문서는 형법 제225조 소정의 공문서변조죄의 객체가 되지 아니한다.」[2000)]

라. 타인이 소지 중인 자기명의 문서를 변경할 경우 (문서)손괴죄로 처벌될 뿐,[2001)] 변조는 아니다.

5. 동행사

가. 위조, 변조, 자격모용에 의해 작성된 사문서·사도화, 위작, 변작한 전자기록 등 특수매체기록[2002)]을 진정문서 또는 내용이 진실한 것인 양 속여 행사하면 각 죄의 동행사죄로 처벌된다(형법 제234조).

나. 위조 등의 사실을 모르는 자를 상대로 행사해야 한다.

▶ 「위조, 변조, 허위작성된 문서의 행사죄는 이와 같은 문서를 진정한 것 또는 그 내용이 진실한 것으로 각 사용하는 것을 말하는 것이므로, 그 문서가 위조,

---

1999) 대법원 2012. 9. 27, 선고 2010도15206 판결.
2000) 대법원 1986. 11. 11, 선고 86도1984 판결.
2001) 대법원 1987. 4. 14, 선고 87도177 판결.
2002) 램에 올려진 전자기록은 원본파일과 불가분적인 것으로 원본파일의 개념적 연장선상에 있는 것이므로, 비록 원본파일의 변경까지 초래하지는 아니하였더라도 이러한 전자기록에 허구의 내용을 권한없이 수정입력한 것은 그 자체로 그러한 사전자기록을 변작한 행위의 구성요건에 해당된다고 보아야 할 것이며 그러한 수정입력의 시점에서 사전자기록변작죄의 기수에 이르렀다(대법원 2003. 10. 9, 선고 2000도4993 판결).

변조, 허위작성되었다는 정을 아는 공범자등에게 제시, 교부하는 경우 등에 있어서는 행사죄가 성립할 여지가 없다.」[2003]

다. 위조등문서행사죄에 있어서 행사라 함은 위조·변조된 문서를 진정한 문서인 것처럼 그 문서의 효용방법에 따라 이를 사용하는 것을 말하고,[2004] 행사의 방법에는 제한이 없다. 위·변조된 문서 그 자체를 직접 상대방에게 제시 또는 교부하거나 비치하여 열람할 수 있게 두거나 우편물로 발송하여 도달하게 하는 등 위조된 문서를 진정한 문서인 것처럼 사용하는 한 그 행사의 방법에 제한이 없는 것이다. 또 위조된 문서 그 자체를 직접 상대방에게 제시하거나 이를 기계적인 방법으로 복사하여 그 복사본을 제시하는 경우는 물론, 이를 팩스(모사전송)로 제시하거나,[2005] 컴퓨터에 연결된 스캐너(Scanner)로 읽어 들여 이미지화한 다음 이를 전송하여 컴퓨터 화면상에서 보게 하는 경우도 행사에 해당하여 위조문서행사죄가 성립한다고 할 것이다.[2006] 심지어 위조된 매매계약서를 피고인으로부터 교부받은 변호사가 복사본을 작성하여 원본과 동일한 문서임을 인증한 다음 소장에 첨부하여 법원에 제출한 경우도 위조문서행사죄가 된다.[2007]

한편 범인 자신이 스스로 위조된 문서 등을 제시하거나 교부 내지 송부하는 것만을 의미하는 것이 아니라 범인이 제시 내지 교부하는 것과 다를 바가 없고 또 그 효용방법에 따라 이를 사용한 것이라면 위조문서등 행사죄가 성립한다.[2008]

▶ 「피고인들이 위조한 공장임대차계약서의 복사본을 제시하거나 그 문서를 모사전송한 행위가 위조사문서행사죄에 해당한다.」[2009]

▶ 「위조문서행사죄에 있어서의 행사는 위조된 문서를 진정한 문서인 것처럼

2003) 대법원 1986. 2. 25, 선고 85도2798 판결.
2004) 대법원 1975. 3. 25, 선고 75도422 판결; 대법원 1988. 1. 19, 선고 87도1217 판결; 대법원 2008. 10. 23, 선고 2008도5200 판결.
2005) 대법원 1994. 3. 22, 선고 94도4 판결.
2006) 대법원 2008. 10. 23, 선고 2008도5200 판결.
2007) 대법원 1988. 1. 19, 선고 87도1217 판결.
2008) 대법원 1975. 3. 25, 선고 75도422 판결; 서울고등법원 1984. 8. 30, 선고 84노399 제3형사부 판결 : 확정.
2009) 대법원 1994. 3. 22, 선고 94도4 판결.

타인에게 제시함으로써 성립하는 것이므로 위 매매계약서를 피고인으로부터 교부받은 변호사가 복사본을 작성하여 원본과 동일한 문서임을 인증한 다음 소장에 첨부하여 법원에 제출함으로써 위조문서행사죄는 성립되는 것이다. 그럼에도 불구하고 원심이 그 사건 피고들이 변론에 출석하지 아니하여 아무런 증거제출이나 증거조사도 없었다는 이유로 아직 위조문서를 행사하지 아니한 것으로 판단한 것은 위조문서행사죄의 법리를 오해한 위법이 있다.」[2010)]

▶ 「피고인은 인터넷 쇼핑사이트인 'G-마켓'에 들어가 휴대전화기 구입신청을 하면서 인터넷상에 게시된 케이. 티. 에프.(KTF) 신규 가입신청서 양식에 컴퓨터를 이용하여 공소외 1의 인적사항 및 그 계좌번호, 청구지 주소 등을 각 입력하고 이를 출력한 다음, 그 신청서 용지 하단 고객명란과 서명란에 ' 공소외 1' 이라고 각 기재함으로써 행사할 목적으로 권한 없이 권리의무에 관한 사문서인 공소외 1 명의로 된 휴대전화 신규 가입신청서 1장을 위조한 후, 이와 같이 위조한 휴대전화 신규 가입신청서를 컴퓨터에 연결된 스캐너로 읽어 들여 이미지화한 다음, 그 이미지 파일을 이메일로 그 위조사실을 모르는 공소외 2에게 마치 진정하게 성립된 것처럼 전송하여 컴퓨터 화면상에서 보게 한 사실을 알 수 있는바, 그렇다면 피고인은 이미 자신이 위조한 휴대전화 신규 가입신청서를 스캐너로 읽어 들여 이미지화한 다음 그 이미지 파일을 그대로 공소외 2에게 이메일로 전송하여 컴퓨터 화면상에서 보게 한 것이므로, 위와 같이 스캐너로 읽어 들여 이미지화한 것이 문서에 관한 죄에 있어서의 '문서'에 해당하지 않는다고 하더라도, 자신이 이미 위조한 휴대전화 신규 가입신청서를 행사한 것에 해당하여 위조문서행사죄가 성립한다.」[2011)]

라. 위조문서가 상대방에게 도달된 때 기수이다. 문서의 내용을 상대방이 인식할 수 있는 상태에 두는 것이면, 제시, 제출, 교부, 우송, 비치 등 그 방법 여하를 불문한다. 그러한 상태에 놓인 문서를 실제로 상대가 보아야 기수가 되는 것은 아니다.[2012)]

마. 위조, 변조, 자격모용에 의해 작성된 사문서·사도화, 위작, 변작한 전자기록 등 특수매체기록을 행사한다는 점을 인식하고 의욕해야 한다. 고의를 요하고, 법문상 별도로 행사의 목적은 요구하고 있지 않다.

2010) 대법원 1988. 1. 19, 선고 87도1217 판결.
2011) 대법원 2008. 10. 23, 선고 2008도5200 판결.
2012) 대법원 2005. 1. 28, 선고 2004도4663 판결.

바. 위조된 문서를 행사할 의사가 분명한 자에게 교부하여 그가 이를 행사한 때에는 위조문서행사죄의 공동정범이 성립된다. 위조·변조·허위작성·허위기재유가증권행사죄의 경우에도 같다. 허위작성된 유가증권을 피교부자가 그것을 유통하게 하다는 사실을 인식하고 교부한 때에는 동행사죄에 해당하고, 행사할 의사가 분명한 자에게 교부하여 그가 이를 행사한 때에는 허위작성유가증권행사죄의 공동정범이 성립된다.[2013)]

사. 죄수

위조사문서행사죄와 이로 인한 사기죄와는 상상적 경합관계에 있다고 볼 수 없고, 실체적 경합관계에 있다.[2014)]

6. 미수

문서 위·변조죄와 동행사죄의 미수범은 처벌한다(형법 제235조).

2013) 대법원 1995. 9. 29, 선고 95도803 판결.
2014) 대법원 1981. 7. 28, 선고 81도529 판결.

제 4 편

실무 논문

[1] 피해자 변호권 강화방안*

Ⅰ. 서 론

현대 형사소송법의 발전은 주로 피의자(피고인)의 지위 및 권리향상의 역사이고, 변호권 확대의 역사였다고 해도 과언이 아니다. 우리 형사소송법의 개정역사도 바로 피의자 또는 피고인의 절차권을 강화하고, 권리보장을 위한 전제로서 변호인의 방어권도 더불어 보충·발전시키는 데에 중점을 두어왔다.

반면, 범죄피해자의 권리와 지위 및 피해자의 변호인에 대해서는 우리 법이 상대적으로 불충분한 관심과 보호를 하여 왔고, 따라서 그간 피해자학의 집중적 연구대상이었다. 물론 고소제도에서부터 시작하여 참고인조사, 불기소처분에 대한 불복방법 등에서 간간이 피해자의 형사소송법상 지위가 규정되어 있었으나, 상대적으로 범죄피해자에 대한 국가의 보호의무가 소홀하고 특히 수사 및 재판절차에서 고립되어 제2차 피해를 당하는 사례가 빈번히 지적되어 왔던 점을 부인할 수 없다. 이러한 문제점을 해결하기 위하여 최근 피해자를 위한 변호사가 우리 법에서 정식으로 소송관여자로 등장하였는바, 2011. 9. 15. 개정「아동·청소년의 성보호에 관한 법률」 제18조의6(현행법 제30조), 같은 취지로 개정된「성폭력범죄의 처벌 등에 관한 특례법」 제27조가 그것이다.

따라서 위와 같은 범죄피해자를 위한 보호장치가 입법화된 현 시점에서 우리 변호인의 전통적 활동영역이 아닌 다소간은 생소한 피해자를 위한 변호활동의 의의와 변호권의 구현형태에 대해 살펴볼 때가 되었다고 본다. 아래 Ⅱ.에서는 총설적 성격으로 형사절차상 피해자의 지위를 살펴보고, Ⅲ.에서는 각론적 성격이자 이 글의 중심이 되고 있는 아동·청소년의 성보호에 관한 법률 및 성폭력범죄의 처벌 등에 관한 법률상의 피해자 변호사 제도를 상세하게 소개하기로 한다.

---

* 이 논문은 대구지방변호사회 회지「형평과 정의」 제29집(2014년)에 게재된 필자의 논문을 단순 수정한 것이다.

Ⅱ. 형사절차상 피해자의 지위

종래 우리 형사절차상 범죄피해자는 별도의 절차적 권리를 보장받지 못하였거나 보호의 수준이 높지 아니했고, 설령 법에 정해진 권리가 있다고 하더라도 수사기관 및 법원에서 피해자의 각종 권리에 대해 깊이 고려하지 않고 피의자에 대한 범죄수사 또는 피고인에 대한 재판진행에 초점을 맞추다 보니 피해자는 형사절차에서 소외되고 잊혀진 존재가 되어 왔다. 간혹 수사과정에서의 참고인 조사, 재판과정에서의 증인신문과정에 피해자가 등장하더라도 피해자의 권리를 찾아준다는 이유로 오히려 피해자의 형사절차상 권리를 침해한 경우가 많았다. 즉 범죄피해자는 그간 우리 형사절차에서 조사의 객체, 증인신문의 객체에 머물러 왔던 것이 현실이었다.

위와 같은 문제점을 해결하기 위해 그간 입법과정의 변화를 살펴보면, 1987년 헌법 개정으로 타인의 권리로 생명·신체적 피해를 당한 국민이 국가로부터 구조를 받을 수 있는 권리와 당해 사건의 재판절차에서 진술할 수 있는 권리가 도입된 후 1988년 「범죄피해자구조법」이, 2005년에는 범죄피해자를 위한 일반법인 「범죄피해자보호법」이 제정되어 범죄피해자보호를 위한 기틀을 마련했고, 「아동·청소년의 성보호에 관한 법률[1)]」과 「성폭력범죄의 처벌 등에 관한 특례법」이 개정되면서 드디어 피해자보호를 위한 입법이 거의 완결되었다고 볼 수 있다.[2)] 이 같은 입법의 정비로 범죄피해자는 수사절차 또는 재판절차에서 당사자지위에 있는 것은 아니지만, 실제에서 상당한 절차권을 행사하게 되었으며 보호범위도 넓어졌다. 즉 범죄피해자가 형사절차에 실질적으로 참여

---

1) 아동성폭력은 아동에 대한 성적 침해행위의 특수성과 아동 피해의 중대성을 인정하여 일반 성년 성폭력과는 다른 각도에서 형사법적으로 접근해야 하는데도, 우리 법제는 지나치게 아동성폭력에 대하여 처벌조항이 형법 제297조(강간)와 제298조(강제추행)을 기본 유형으로 출발하고 있으며 그에 따라 가중, 감경, 특별 구성요건으로 기본법 외에 다수의 특별법의 산재한 규정을 통하여 아동성폭력범죄를 다루고 있는데, 이는 아동성폭력의 특수성에 대한 통합적·체계적 입법정책이라고 보기 어렵다는 비판이 있다(이런 입장으로는 황은영, "수사실무에서 아동 피해자 조사의 문제점과 개선 방향", 「피해자학연구」 제18권 제2호, 한국피해자학회, 2010. 10, 65면 참조).

2) 모든 범죄피해자를 보호하는 단일형태의 입법이 필요하다는 주장이 있다. 범죄피해자보호법을 구체화하여 모든 범죄의 피해자를 대상으로 형사소송법에 규정할 필요가 있다는 것이다(이런 입장으로는 도중진/박광섭, "형사사법절차에서 범죄피해자 참여제도 실효화 방안", 「피해자학연구」 21권 2호, 한국피해자학회, 2013, 285면).

할 수 있도록 수사기관에서는 형사절차 진행상황을 통지(通知)하고, 피해자가 별도의 정보제공을 신청하면 형사절차 진행단계별로 법에 저촉되지 않는 범위에서 서면, 구두, 팩스 등의 방법으로 통지한다(형사소송법 제268조, 제259조, 제259조의2[3], 범죄피해자보호법 제8조 제2항, 같은 법 시행령 제10조).[4] 또한 피해자는 스스로도 경찰 수사단계에서는 경찰청 민원실에 문의하여 사건의 접수, 진행경과와 처리결과 등 수사진행상황을 확인할 수 있고, 검찰 수사 및 공판단계에서는 검찰청 민원실 또는 검찰청 피해자지원실에 문의하여 당해 사건의 공소제기여부, 공판일시·장소, 재판결과, 피의자·피고인의 구속·석방 여부 등에 관한 정보(情報)를 제공(提供)받을 수 있으며, 형 집행단계에서는 검찰청 민원실 또는 피해자지원실에 문의하여 형 집행상황, 보호관찰 집행상황을 확인할 수 있다.

위와 같은 방식으로 수사정보를 제공받은 피해자가 형사절차에 참여(參與)하는 방법으로는, (1) 고소권의 행사, 수사과정에서의 참여권 행사(구체적으로는 참고인진술, 사실관계나 양형에 관한 의견진술, 수사기록 및 공소장 사본 등 열람·등사), (2) 재판과정에의 참여권 행사[5](재판절차에 증인으로 참가하여 피해의 정도 및 결과·피고인의 처

3) 종래 대검찰청의 범죄피해자보호지침을 형사소송법에 입법한 것이다. 이로써, 경찰과 검찰의 내부규정, 범죄피해자보호법 및 형사소송법 규정에 의하여 수사절차와 공판절차에 있어서 범죄피해자에 대한 정보제공의 기본원칙이 명확히 정립되었다고 평가하는 견해로는 김용세/윤민석, “개정 형사소송법의 범죄피해자 보호규정”, 「피해자학연구」 제15권 제2호, 한국피해자학회, 2007. 10, 136면.

4) 현행법상 피해자에 대한 통지제도(제259조의2)는 피해자의 신청이 있는 경우에만 인정되고 있으나, 미국(美國)의 ‘피해자및증인보호법(Victim and Witness Protection Act 1982 : VWPA)’ 제6조는 피해자의 체포여부, 치안판사에의 송치여부, 보석여부, 공판 및 유죄답변, 형선고, 석방심사 등 양형 전반에 이르기까지 당연한 통지의무를 규정하고 있어 비교된다(도중진/박광섭, “형사사법절차에서 범죄피해자 참여제도 실효화 방안”, 「피해자학연구」21권 2호, 한국피해자학회, 2013, 281면 참조).

5) 외국의 피해자 참가제도를 보면, ① 일본(日本)의 경우, 2008. 12. 1.부터 살인, 상해, 강간, 미성년자약취 및 유괴 등 일정한 범죄의 피해자에게 형사재판에 참여할 권리, 증인 또는 피고인을 신문할 권리, 의견을 진술할 권리를 인정하는 등 피해자 참가제도를 도입했고(일본 형사소송법 제316조의33 내지 제316조의39), ② 미국(美國)의 경우, 연방형사소송법에서 범죄피해자의 권리(Crime Victim's Rights Act)로 재판절차에서 배제되지 않을 권리, 피고인의 석방·양형·가석방·유죄인정협상 절차에서 진술할 권리, 충분하고 시의적절한 배상을 받을 권리 등을 인정하여 피해자참가제도를 광범위하게 도입하고 있으며, ③ 독일(獨逸)는 1986년 형사소송법 개정으로 피해자 및 유족이 검사가 공소제기한 소송의 당사자로 참가하여 검사 및 피고인, 피고인의 변호인과 거의 대등하게 권리를 행사하도록 하는 ‘공소참가(Nebenklage)’ 제도를 도입하여 공소참가인에게는 피고인 및 증인신문권, 재판관 및 감정인 기피신청권, 재판관의 소송지휘와 질문에 대한 이의신청권, 증거조사청구권, 의견진술권, 상소권 등의 권리가 인정되며, ④ 프랑스(佛蘭西)도 중죄의 경우에는 피해자가 예심수사판사에게, 경죄나 위경죄의 경우에는 직접 관할법원에 기소할 수 있는 권리를 인정하고 있으며, 공소제기뿐만 아니라 검사가 기소한 사건에 피해자가 참여하여 실질적으로 민사적 배상을 받을 수 있도록 제도화되어 있으며, ⑤ 국제형사재판소의 절차 및 증거규칙에서도 피해자참가제도(Participation of victims in

벌에 관한 의견 진술[6], 피고인이 보석청구시 검사를 통하여 법원에 의견진술, 공판조서 및 증인신문조서, 변론요지서 등 공판기록 등사 청구[7]), (3) 형 집행과정에서의 의견진술(수형자의 석방시 그 취지 및 석방날짜에 대해 통지받을 권리, 가석방 심사시 피해자 및 그 과정과 가해자의 관계 등 중요 고려사항에 대해 교정당국에 의견을 제시할 권리)의 방법이 있다.

수사 및 재판과정에 참여한 피해자(특히 성폭력 피해자)를 배려하는 제도에 대해 간략히 보면(상세한 것은 Ⅲ.에서 후술), 우선 참고인 조사 또는 증인 진술시 피해자가 미성년자이거나 신체적·정신적 장애 등의 사정으로 자신의 권리를 제대로 행사하지 못할 염려가 있는 경우 또는 심리적인 안정을 위하여 필요한 경우에는 가족 등 신뢰관계(信賴關係)에 있는 者의 동석(同席)을 요구할 수 있다. 특히 개정 형사소송법에서는 범죄로 인한 피해자를 증인으로 신문하는 경우 증인의 연령, 심신의 상태, 그 밖의 사정을 고려하여 증인이 현저하게 불안 또는 긴장을 느낄 우려가 있다고 인정하는 때에는 직권 또는 피해자·법정대리인·검사의 신청에 따라 피해자와 신뢰관계에 있는 자를 동석하게 할 수 있고(형사소송법 제163조의2 제1항), 피해자가 13세 미만이거나 신체적·정신적 장애로 인해 사물을 변별하거나 의사를 결정할 능력이 미약한 경우에 재판에 지장을 초래할 우려가 있는 등 부득이한 경우가 아닌 한 피해자와 신뢰관계에 있는 자를 동석하게 해야 한다(같은 조 제2항)고 규정하여 의무규정을 두고 있다.[8] 특히 2012. 5. 29. 개

---

the proceedings)를 도입하여 피해자의 증인신문권, 피고인신문, 의견진술권 등을 보장하고 있다. 우리나라의 경우 직접적으로 피해자참가제도 또는 공소참가제도를 인정하고 있지는 않고, 제한적 범위에서 절차권을 보장하고 있다. 즉 피해자에게 증인신문권, 피고인 신문권이 없고, 다만 형사소송법 및 아동·청소년의 성보호에 관한 법률 등에서 피해자 및 피해자의 변호인에게 통지받을 권리, 열람·등사권, 의견진술권 등 일정한 권리를 보장하고 있는 점에서 위 선진국들과 차이가 있다{법무부, "우리나라 형사사법제도 이렇게 바뀝니다(선진형사사법제도 입법관련 Q&A)", 2010. 10, 53-54면 참조}.

6) 형사소송법 제294조의2 제1항, 제2항. 피해자의견진술을 제한할 수 있는 경우를 규정한 제294조의2 제1항 제2호 및 동조 제3항은 타당하지 않거나 적용에 신중을 기해야 할 것이란 견해로는 도중진/박광섭, "형사사법절차에서 범죄피해자 참여제도 실효화 방안", 「피해자학연구」21권 2호, 한국피해자학회, 2013, 283면.

7) 형사소송법 제294조의4. 신설조문으로 인하여 피해자의 공판기록 열람·등사권이 명시적으로 인정된 것은 타당하고 당연한 것이나, 열람·등사를 불허한다 하더라도 이에 대하여 불복할 수 없도록 규정한 제6항은 차제 삭제함이 타당하다 할 것이다. 재판장의 자의를 막을 길이 없다.

8) 미성년 피해자보호라는 세계적 기준에 맞게 18세로 상향조정함이 바람직하다는 견해가 있다(이런 입장으로는 도중진/박광섭, "형사사법절차에서 범죄피해자 참여제도 실효화 방안", 「피해자학연구」21권 2호, 한국피해자학회, 2013, 286면). 독일(獨逸)은 2009. 10. 1. 시행된 제2차 피해자권리개혁법(Opferrechtsreformgesetz), 즉 '형사절차에서 피해자와 증인의 권리강화를 위한 법률'에서 종전 16세에서 18세로 상향조정하였다(이에 대해서는 김성룡, "독일 제2차 피해자권리개혁법의 주요내용·쟁점을 통해 본 국내 피해자보호 관련논의의 합리적 방향", 「피

정된 형사소송규칙에 의해 '피해자의 변호사'도 신뢰관계자에 해당되어 이제 동석이 가능해졌다(형사소송규칙 제84조의3). 특별법으로는 아동·청소년의 성보호에 관한 법률 제28조 제1항, 성폭력범죄의 처벌 등에 관한 특례법 제34조 제1항이 같은 내용을 상세하여 규정하고 있다.

범행 당시의 충격이나 불안감, 수치심 등으로 공개된 장소에서 충분한 진술을 할 수 없다고 인정되는 경우에는 전용조사실(專用調査室)를 이용하기도 하며, 의사소통이 어려운 성폭력 피해 아동이나 장애인을 위해 수사나 재판 등 형사사법절차에 동석하여 중립성을 유지하며 의사소통을 중개 또는 보조하는 전문 인력으로 진술조력인(陳述助力人)[9]을 참여케 할 수 있다. 진술조력인은 검사 또는 사법경찰관의 직권이나 성폭력 피해자, 그 법정대리인 또는 변호사의 신청에 의한다(성폭력범죄의 처벌 등에 관한 특례법 제36조 1항 본문). 재판과정도 이와 같다(동법 제37조).

성폭력 피해자에 대한 전담조사제(專擔調査制)에 대한 명문규정이 있는 바, 검찰총장은 각 지방검찰청 검사장으로 하여금 성폭력범죄 전담 검사를 지정하도록 하여 특별한 사정이 없으면 이들로 하여금 성폭력 피해자를 조사하게 해야 하고(성폭력범죄의 처벌 등에 관한 특례법 제26조 제1항),[10] 경찰청장은 각 경찰서장

해자학연구」 제18권 제1호, 한국피해자학회, 2010, 57면, 62면 및 주19), 65면, 73면 각 참조; 원혜욱, "성폭력 피해아동을 위한 법률조력인 제도 도입방안", 법무부 연구용역 보고서, 법무부 여성아동정책팀, 2011, 44-48면).

9) 진술조력인은 검사·사법경찰관·법원의 직권 또는 피해자 등의 신청에 의해 13세 미만 아동·장애인의 조사·재판과정에 참여하여 피해자와 수사기관·재판부 간의 의사소통 중개 및 보조, 의견개진 역할을 하고 있다. 조사나 신문과정에 참여하는 진술조력인은 피해자의 의사소통이나 표현 능력, 특성 등에 관한 의견을 수사기관이나 법원에 제출할 수 있다. 법무부는 제도 도입 당시 "수사와 재판과정에서 2차 피해를 방지하고 성폭력 피해 아동, 장애인에 대한 진술조서를 최소화하면서도 풍부한 진술확보가 가능해질 수 있을 것"으로 내다봤다(법률신문, 기사, "법무부, 진술조력인 제도 도입", 2012. 8. 16, 6면; 도중진/박광섭, "형사사법절차에서 범죄피해자 참여제도 실효화 방안", 「피해자학연구」 제21권 제2호, 한국피해자학회, 2013, 286면 참조).

10) 법무부는 기존 서울중앙지검에만 설치한 '여성아동범죄 조사부'를 대전, 대구, 부산, 광주 등 5대 지검으로 확대 설치키로 하였다(법률신문, 기사, "황 법무장관 '성폭력 없는 안전한 사회로'", 2013. 3. 18.자. 참조). 그러나 필자가 확인한 바로는 이후 1년이 지났으나, 대구지방검찰청의 경우 2014. 4. 14. 현재 별도의 '여성아동범죄 조사부'는 구성되지 않았고, 다만 형사 3부에 3인의 검사가 성폭력 아동피해자지원팀에 소속되어 있으며(경력 14년차 부 수석검사인 여자검사가 팀장으로 활동을 하고 있으며, 그 외 6년차 남자검사 1인, 1년차 남자검사 1인으로 구성되어 있다), 대구지방검찰청 서부지청도 형사2부에 여성·아동·성폭력·가정폭력 전담 검사 3명(5년차 남자검사 1인, 3년차 여자검사 1인, 1년차 여자검사 1인으로 구성)만이 존재할 뿐이어서 결국 법무부장관의 발표내용은 지켜지지 않고 있다(대구지방검찰청 및 대구지방검찰청 서부지청, 검사실배치표, 2014. 2. 6. 및 2014. 2. 7.자 각 참조).

으로 하여금 성폭력범죄 전담 사법경찰관을 지정하도록 하여 특별한 사정이 없으면 이들로 하여금 성폭력 피해자를 조사하게 해야 한다(같은 법 제26조 제2항).[11]

재판절차[12]에서도 아동·청소년 또는 성폭력범죄 피해자 등 일정한 범위에 있는 피해자의 경우 비디오 중계방식(中繼方式)[13] 또는 차폐시설(遮蔽施設)을 통하여 범죄자와 직접 대면하지 않고 증인신문(證人訊問)을 받을 수 있거나(형사소송법 제165조의 2, 형사소송규칙 제84조의4), 증인이 피고인의 면전에서 충분히 진술할 수 없다고 인정되면 피고인을 퇴정(退廷)하게 하고 증언할 수 있으며(형사소송법 제297조 제1항), 자신의 사생활의 보호 또는 신변보호를 위하여 재판을 비공개(非公開)로 심리(審理)할 것을 신청할 수 있다(형사소송법 제294조의3, 성폭력범죄의 처벌 등에 관한 특례법 제31조).[14]

Ⅲ. 피해자의 변호사[15]

1. 도입배경

2011. 9. 15. 개정 「아동·청소년의 성보호에 관한 법률」은 아동·청소년대상 성범죄 피해자의 형사절차상 입을 수 있는 피해를 방어하고 법률적 조력을 보장하기 위하여 피해자의 변호인 선임 및 국선변호인 지정 등에 관한 제18조

---

11) 전담재판부와 관련해서는 성폭력범죄의 처벌 등에 관한 특례법 제28조.

12) 법무부 형사소송법개정특별위원회가 형사소송법 제294조의5에서 제294조의9까지 총 4개 조문을 신설하여 피해자참가제도를 도입하는 '형사소송법 개정안(의안번호 제1812633호)'을 2011. 7. 14. 정부법안으로 국회에 제출하였으나 2012. 5. 29. 임기만료로 폐기되었다{도중진/박광섭, "형사사법절차에서 범죄피해자 참여제도 실효화 방안", 「피해자학연구」 제21권 제2호, 한국피해자학회, 2013, 289-291면; 법무부, "우리나라 형사사법제도 이렇게 바뀝니다(선진형사사법제도 입법관련 Q&A).", 2010. 10, 50-60면 참조}. 만약 개정입법이 이루어진다면 피해자에게 검사와 별도의 형사소송법상 지위가 부여될 수 있어 피해자의 공판정 내에서의 권리보호에 획기적 도움이 될 것으로 보인다.

13) 형사소송법 제165조의2, 형사소송규칙 제84조의4, 성폭력범죄의 처벌 등에 관한 특례법 제40조, 성폭력범죄 사건의 심리·재판 및 피해자 보호에 관한 규칙 제26조 제1항.

14) 피해자 진술의 비공개는 단지 피해자의 절차참여 욕구를 실질적으로 보장하는 취지를 넘어, 사건을 직접 경험한 피해자가 자유로이 진술할 수 있는 환경을 조성함으로써 실체진실의 발견에 기여한다는 의미가 있다(김용세/윤민석, "개정 형사소송법의 범죄피해자 보호규정", 「피해자학연구」 제15권 제2호, 한국피해자학회, 2007. 10, 142-143면 참조).

15) 「아동·청소년의 성보호에 관한 법률」 및 「성폭력범죄의 처벌 등에 관한 특례법」상 피해자의 변호사.

의6(피해아동·청소년 등에 대한 변호인 선임의 특례) 규정(현행 제30조)을 신설함으로써, 우리 법제 처음으로 명시적으로 피해자에게도 변호인 선임권이 있다는 점과 아동·청소년(이하, '아동 등'이라 한다)을 위해 국선변호인의 도움을 받을 수 있다는 점, 그리고 수사단계에서도 국선변호인의 조력을 받을 수 있음을 명백히 했다.

종래 심리상담위원 등 기초조사를 수행하였던 사람이 신뢰관계 있는 자로 재판에 동석할 수 있긴 하였으나, 사건 초기부터 고소장 작성, 수사절차 및 공판절차 전반에 대한 절차소개, 경찰 조사시 동석, 영상녹화시 올바른 녹화가 되는지를 확인, 중복조사가 되지 않도록 경찰관과 상의하거나 인권침해에 이의, 공판절차 참석 및 증인 신청 시 의견진술, 각종 공소장 및 증거기록 열람·등사, 증인신문과정에서 피해아동의 인격권이 침해될 경우 이의권 행사, 양형에 영향을 미칠 수 있는 의견제시 등 일련의 포괄적인 형사절차를 대리해 줄 조력인은 없었기 때문에 피해아동들은 혼자 거대한 형사절차에서 고립된 것과 다를 바 없는 상태에서 불안해했고, 때로는 거짓진술로 오해받아 피해를 감수하기도 했다. 이러한 불안감은 아동으로 하여금 고소를 머뭇거리게 했고, 고소 후 조사에서도 법률조력인이 없어 2차 피해를 수시로 겪어 왔다.[16] 이러한 폐해를 보완하기 위한 제도적 장치가 아동·청소년의 성보호에 관한 법률상의 피해자의 변호사 제도이다. 실무상 피해자의 변호인 중 지정된 국선변호인을 '법률조력인(法律助力人)'이라고도 한다.

현재는 아동·청소년 성폭력 피해자를 넘어서 모든 성폭력 피해자를 위하여 「성폭력범죄의 처벌 등에 관한 특례법」이 개정되어 피해자가 변호인을 선임하거나 검사가 국선변호인을 지정할 수 있고[17], 보호방식과 변호인의 권한에 대해서는 아동·청소년의 성보호에 관한 법률과 내용적으로 동일하거나, 오히려 더 세밀하여 아동·청소년의 성보호에 관한 법률이 성폭력범죄의 처벌 등에 관한 특례법 규정을 준용하고 있다(아동·청소년의 성보호에 관한 법률 제30조 제2항).

---

16) 상담소 상담위원→전담경찰관→담당경찰관→검사→법정에 이르기까지 반복질문을 당하면서 지속적으로 범행당시를 떠올려야 하며, 답변에 의심을 받을 경우 집요한 추궁을 당하기도 하며, 공개법정에서 피고인 및 피고인의 변호인에게 반대신문을 당하기도 한 점.
  2차 피해에 대한 상세한 정의를 실은 문헌으로는, 원혜욱, "성폭력 피해아동을 위한 법률조력인 제도 도입방안", 법무부 연구용역 보고서, 법무부 여성아동정책팀, 2011, 10−11면. 한편, 같은 보고서 7−9면에서는, 특히 친족·친인척에 의한 성폭행 피해아동에 대한 법률조력의 필요성에 대한 사례를 상세히 소개하고 있다.

17) 「성폭력범죄의 처벌 등에 관한 특례법」 제27조(성폭력범죄 피해자에 대한 변호사선임의 특례), 「아동·청소년의 성보호에 관한 법률」 제30조(피해아동·청소년 등에 대한 변호사선임의 특례).

2. 변호인 선임·지정

아동·청소년대상 성범죄의 피해자 및 그 법정대리인은 형사절차상 입을 수 있는 피해를 방어하고 법률적 조력을 보장하기 위하여 변호인을 선임(選任)할 수 있고, 검사는 피해아동·청소년에게 변호인이 없는 경우 국선변호인을지정(指定)하여 형사절차에서 피해아동·청소년의 권익을 보호할 수 있다(아동·청소년의 성보호에 관한 법률 제30조, 성폭력범죄의 처벌 등에 관한 특례법 제27조, 검사의 국선변호사 선정 등에 관한 규칙 제8조).[18] 검사에 의해 지정된 국선변호인을 법무부에서는 실무상 '법률조력인'이라 하고 있다.[19]

법률조력인은 원칙적으로 피해자조사 전에 검사에 의해서 지정된다. 특히 13세 미만 아동 및 장애인 대상 성폭력 범죄는 필요한 수사개시 보고대상사건[20]이므로, 해당사건 발생 시 담당검사가 지정되며 법률조력인 지정도 이 때 이루어진다. 다만, 피해자의 지정신청이 있거나, 성폭력피해상담소의 협조요청[21]이 있는 경우에는 고소 단계부터 법률조력인이 지정되어 고소장 작성 당시부터 법률조력인이 피해자를 조력할 수도 있다.

3. 변호인의 권한

아동 등 성범죄의 피해자의 변호인은 수사기관에의 출석권,[22] 증거보전절차 청구권,[23] 증거보전 후 증거물에 대한 열람·등사권[24] 및 증거보전절차 출석·

18) 독일(獨逸)은 1987년 형사소송법 개정을 통하여 모든 피해자에게 변호인 선임권을 보장하고 있고, 특히 피해자에게 변호사가 선정되거나 피고인이 스스로 변호할 수 없음이 분명한 때에는 재판장이 직권 또는 신청에 의하여 피고인에게 변호인을 선임할 수 있도록 규정(stPO §140(2), §406f)하고 있어 우리보다 국선변호인 의무선임범위가 넓다(도중진/박광섭, "형사사법절차에서 범죄피해자 참여제도 실효화 방안", 「피해자학연구」 제21권 제2호, 한국피해자학회, 2013, 303면 및 주81) 참조). 한편 뉴질랜드는 법무부가 각 지방법원에 피해자 조언자(Victim Advisor)를 배치하여 피해자 등에게 법적절차와 관련정보를 제공하고 있다(법률신문, 기사, "[해외견학·연수기] 뉴질랜드의 피해자 지원제도를 돌아보고", 2013. 2. 28.자 참조).

19) 법무부, 법률조력인 업무 매뉴얼, 2012, 9면.

20) 검사의 사법경찰관리에 대한 수사지휘 및 사법경찰관리의 수사준칙에 관한 규정 제74조(수사개시규정) 제8호.

21) 검사의 국선변호인 선정 등에 관한 규칙 제11조(성폭력피해상담소 등의 협조 요청).

22) 아동·청소년의 성보호에 관한 법률 제30조 제2항에서 준용하는 성폭력범죄의 처벌 등에 관한 특례법 제27조 제2항.

23) 아동·청소년의 성보호에 관한 법률 제27조, 성폭력범죄의 처벌 등에 관한 특례법 제41조.

24) 아동·청소년의 성보호에 관한 법률 제30조 제2항에서 준용하는 성폭력범죄의 처벌 등에 관한

의견진술권,[25] 공판절차 출석권[26]을 가지며, 그 외 형사절차에서 대리가 허용될 수 있는 모든 소송행위에 대한 포괄적인 대리권을 가진다.[27] 상세하게는 아래와 같다.

가. 수사단계

(1) 출석 및 동석

피해자 조사 시 변호인은 수사기관에 출석하여 신뢰관계 있는 사람으로 동석할 수 있다.[28] 출석한 법률조력인은 피해아동·청소년이 수사기관에서 진술하는 경우 아동 등의 상황에 맞는 적합한 조사환경을 조성하기 위해 노력하게 된다. 특히 수사기관에 대해 여성 조사관으로의 변경 등 피해아동에게 적합한 조사방법이 되도록 요청할 수 있고, 조사 시 동석하여 피해아동에게 심리적으로 도움을 줄 수 있다. 아동·청소년의 성보호에 관한 법률 개정 이후 2012. 5. 29. 형사소송규칙까지 개정되어 드디어 피해자의 변호사도 피해자와 신뢰관계에 있는 사람에 포함되어 동석이 가능해졌다. 변호인은 피해자 진술시 동석하여 조서 작성 시 누락된 것이 있는지 확인하여 누락된 진술이 있다면 수사관과 상의하여 반드시 보충될 수 있도록 해야 한다. 2차, 3차 조사를 피할 수 있어 1회 진술로 피해아동의 2차 피해를 방지할 수 있기 때문이다.

(2) 영상녹화와 증거능력의 특칙

아동·청소년대상 성범죄 피해자의 진술내용과 조사과정은 반드시 영상물 녹화장치로 촬영, 보존해야 하며, 다만 피해자 또는 법정대리인이 원치 않을 경우에는 촬영하지 아니한다.[29] 이렇게 영상녹화된 증거는 피해아동이 법정 출석하지 않더라도 동석했던 변호인이 진정성립을 하면 본증(本證)으로 사용하는 특칙(特則)[30]이 있다. 특칙이 적용되는 것은 성폭력범죄의 처벌 등에 관한 특례법

특례법 제27조 제4항.

25) 아동·청소년의 성보호에 관한 법률 제30조 제2항에서 준용하는 성폭력범죄의 처벌 등에 관한 특례법 제27조 제3항.

26) 아동·청소년의 성보호에 관한 법률 제30조 제2항에서 준용하는 성폭력범죄의 처벌 등에 관한 특례법 제27조 제3항.

27) 아동·청소년의 성보호에 관한 법률 제30조 제2항에서 준용하는 성폭력범죄의 처벌 등에 관한 특례법 제27조 제5항.

28) 아동·청소년의 성보호에 관한 법률 제28조 제2항, 성폭력범죄의 처벌 등에 관한 특례법 제27조 제2항, 제34조 제2항, 형사소송규칙 제84조의 3.

29) 아동·청소년의 성보호에 관한 법률 제26조 제1항, 제2항, 성폭력범죄의 처벌 등에 관한 특례법 제30조 제1항, 제2항.

30) 아동·청소년의 성보호에 관한 법률 제26조 제6항, 성폭력범죄의 처벌 등에 관한 특례법 제30

상의 19세미만·장애인에 대한 성폭력범죄, 아동·청소년의 성보호에 관한 법률상의 아동·청소년 대상 성범죄의 경우뿐이다. 이러한 특칙이 적용되는 영상녹화물 이외에는 실질적 진정성립의 확인이나 증인의 기억환기를 위한 경우에만 제한적으로 영상녹화물의 이용이 허용될 뿐이다. 본증으로도 반증으로도, 탄핵증거로도 사용할 수 없다.

변호인은 영상녹화 도중 아동이 조사 시 당황하거나 당황으로 인하여 진술을 번복하지 않도록 녹화 전 미리 영상녹화의 취지를 상세히 설명할 필요가 있다. 증거능력의 특칙이 있더라도 증명력을 상실할 가능성을 사전에 차단해야 하기 때문이다.[31)]

(3) 의견 개진, 증거보전청구

변호인은 피해자 조사 후에도 피해자 진술의 신빙성을 강조하고 피해자의 상태를 나타내는 의견을 개진할 수 있는데 변호인의견서의 형태가 적합할 것이며, 각종 자료는 참고자료로 첨부하여 수사기관에 제출하면 될 것이다. 그 내용으로는 피해자의 상태, 피해자 진술의 신빙성, 피의자의 주장에 대한 반박(범행에 이르게 된 구체적 경위, 피해 직후 피해상태, 피해상태를 나타내는 객관적 증거[32)] 또는 간접증거[33)]의 제출 및 적시, 피의자의 초기 태도 및 돌변한 태도 등), 친권상실요청, 피해자보호

조 제6항. 이 규정들은 피해자 본인이 공판정에 등장하지 않을 수 있도록 허용함으로써 피고인의 반대신문권을 원천적으로 제한하고 있다. 이 점에서 후술하는 비디오 등 중계장치에 의한 신문과 차폐시설을 이용한 신문과 구별된다{권순민, "형사절차에서 아동의 증언능력과 신빙성 판단에 대한 연구 : 대법원 판례 분석을 중심으로", 「형사정책연구」 제23권 제4호(통권 제92호), 한국형사정책연구원, 2012, 146면 참조}.

31) 권순민, "형사절차에서 아동의 증언능력과 신빙성 판단에 대한 연구 : 대법원 판례 분석을 중심으로", 「형사정책연구」23권 4호(통권 제92호), 한국형사정책연구원, 2012, 147면에서는 피해자 진술의 신빙성을 높이는 방안을 잘 소개하고 있다. 즉 영상녹화는 全과정이 객관적으로 녹화되어 있고 그 과정에서 질문자의 질문내용이 아동의 답변을 강요하거나 암시적이어서는 아니 되고, 일체의 예단을 초래하지 않는 것 등이 확인되어야만 비로소 높은 수준의 증명력 판단이 가능해진다는 내용이다(녹음테이프상의 아동 증언이 부모의 회유 내지 강요에 의해 이루어져 신빙성이 배척된 사례인 대법원 2000. 3. 10, 선고 2000도159 판결을 참조할 수 있다); 임정엽, "「성폭력 피해아동을 위한 법률조력인 제도 도입방안」토론문", 성폭력 피해아동 법률조력인 제도 입법 공청회, 법무부 인권정책과 여성아동정책팀, 2011. 5. 4, 103–104면에서, 임정엽 판사도 특별법에 의해 증거능력이 인정된 피해아동의 진술이라고 하더라도 여러 가지 상황을 종합하여 신빙성을 판단하는 것은 재판의 본질상 당연한 것으로서, 증거능력을 완화하는 법률이 제정됨에 따라 당해 증거에 대한 법원의 신빙성 인정비율이 당연히 높아져야 하는 것은 아니므로, 피해아동에 대한 보다 전문적이고 체계적인 수사를 통하여 법관이 믿을 수 있는 피해자의 진술을 확보하는 것이 필요하다고 보고 있다.

32) 찢어진 의복, 멍든 눈, 채취된 정액, 정액이 채취되지 않은 경우라면 질 상처 등.

33) 죽고 싶다는 미니 홈피 글, 미안하다는 내용이 담긴 피의자가 보낸 핸드폰 문자내역 등.

를 위한 임시조치, 기타 추가 지원방안 등이 될 것이다.

한편, 변호인은 증거보전청구권 및 참여권, 증거보전 후 증거물에 대한 열람·등사권을 가진다. 증거보전이 필요한 현실적 사례로는, 피해자가 가출청소년 등으로 향후 공판 출석을 보장할 수 없는 경우, 피해자가 친족관계 등 가해자와의 특수한 관계로 인하여 진술을 번복할 우려가 있는 경우를 들 수 있고,[34] 피해자가 16세 미만이거나 신체적인 또는 정신적인 장애로 사물을 변별하거나 의사를 결정할 능력이 미약한 경우에는 공판기일에 출석하여 증언하는 것에 현저히 곤란한 사정이 있는 것으로 본다.[35]

(4) 열람·등사

사건기록 열람·등사에 관한 업무처리 지침(대검예규) 제4조에 따라 법률조력인은 수사기록 중 피해자 본인진술서류 및 본인제출 서류의 전부 또는 일부에 대해 열람·등사를 청구할 수 있고, 검사는 검찰보존사무규칙 제22조 제1항 각호에 해당하는 사유가 있는 때에는 사유를 명시하여 제한할 수 있다(위 지침 제4조 제1항). 피해자가 피해회복을 목적으로 열람·등사를 신청하는 경우 검사는 그 필요성을 인정하는 때에는 피해회복을 목적으로 하는 범위로 한정하여 본인제출 서류 이외의 서류도 열람·등사를 허가할 수 있다(위 지침 제4조 제2항).

영상녹화물의 경우 조서사본에 대한 교부는 규정하고 있으나, 영상물 자체에 대한 사본 교부는 규정하지 않고 다만 재생하여 시청할 권리만을 규정하고 있다.[36] 따라서 검사는 진술을 요약한 수사보고서는 등사하여 주어야 하나, 영상녹화물 자체에 대한 등사는 불허할 수 있다.

(5) 처분결과 확인, 공판대비

범죄피해자 보호 및 지원에 관한 지침(대검예규) 제6조 제1호, 제19조[37] 내지 제20조[38]에 따라 수사기관은 피해자의 신청이 있거나 통지가 필요하다고 검사가 결정한 사건에 대하여 피해자의 변호인에게 사건결과 등을 통지하나, 통지되지 아니할 경우를 대비해 변호인은 적극적으로 검찰 및 법원에 조회해 보

34) 법무부, 법률조력인 업무 매뉴얼, 2012, 22면.

35) 성폭력범죄의 처벌 등에 관한 특례법 제41조 제1항.

36) 아동·청소년의 성보호에 관한 법률 제26조 제5항, 성폭력범죄의 처벌 등에 관한 특례법 제30조 제5항.

37) 지침 제19조에 따라 피해자에게 통지할 대상은 당해 사건 처분결과, 공판의 일시·장소, 재판결과, 구속·석방 등 구금에 관한 사실, 출소사실, 보호관찰 집행상황 등이다.

38) 지침 제20조에는 명시적으로 피해자의 변호인에 대한 통지를 규정하고 있다.

아야 할 것이며, 사건처분결과를 확인한 후 불기소 처분된 경우에는 그 이유를 발부받아 검토하여 수사미진 또는 법리오해로 보일 경우 피해자와 상의하여 항고, 재항고 또는 재정신청 등의 불복절차를 고려해야 할 것이다.[39]

한편, 기소사실을 확인하였다면 범행동기, 범행경위, 피해자의 유발 또는 귀책, 범행방법, 피해정도, 범행 후 태도 등 중요내용이 공소장에 제대로 반영되었는지를 살펴 재판진행을 미리 예측함으로써 피고인에게 정당한 형벌권이 부과되도록 노력해야 할 것이다.

나. 공판단계

(1) 증거기록 열람·등사

아동·청소년대상 성범죄의 피해자, 그 법정대리인 또는 변호인은 재판장의 허가를 받아 소송계속 중의 관계 서류 또는 증거물을 열람하거나 등사할 수 있다.[40] 형사소송법은 범죄피해자 등의 공판기록 열람·등사의 구체적 내용에 대해 같은 취지로 제294조의4의 규정을 두고 있다. 형사소송법의 규정을 보면 재판장은 피해자 등의 권리구제를 위하여 필요하다고 인정하거나 그 밖의 정당한 사유가 있는 경우 범죄의 성질, 심리의 상황, 그 밖의 사정을 고려하여 상당하다고 인정하는 때에는 열람 또는 등사를 허가할 수 있고, 이 경우 등사한 소송기록의 사용목적을 제한하거나 적당하다고 인정하는 조건을 붙일 수 있다(형사소송법 제294조의4 제3항, 제4항). 피고인 및 그의 변호인보다 권리보장 범위가

---

39) 아동성폭력 사건의 처분결과를 보면, ① 2006년에는 844건 접수, 구공판 기소는 448건, 구약식 기소는 90건, 불기소는 183건(혐의없음 76건, 기소유예 67건, 죄 안됨 9건, 공소권없음 19건, 각하 12건), 기타 133건, ② 2007년에는 851건 접수, 구공판 기소는 423건, 구약식 기소는 66건, 불기소는 226건(혐의없음 90건, 기소유예 58건, 죄 안됨 2건, 공소권없음 60건, 각하 16건), 기타 125건, ③ 2008년에는 971건 접수, 구공판 기소는 540건, 구약식 기소는 69건, 불기소는 211건(혐의없음 84건, 기소유예 68건, 죄 안됨 8건, 공소권없음 44건, 각하 7건), 기타 155건, ④ 2009년에는 874건 접수, 구공판 기소 457건, 구약식 기소 95건, 불기소는 217건(혐의없음 95건, 기소유예 74건, 죄 안됨 4건, 공소권없음 38건, 각하 6건), 기타 161건, ⑤ 2010년에는 1,004건 접수, 구공판 기소 552건, 구약식 기소 30건, 불기소는 227건(혐의없음 100건, 기소유예 64건, 죄 안됨 10건, 공소권없음 37건, 각하 16건), 기타 186건 이었다고 한다(박은정, "「성폭력 피해아동을 위한 법률조력인 제도 도입방안」토론문", 성폭력 피해아동 법률조력인 제도 입법 공청회, 법무부 인권정책과 여성아동정책팀, 2011. 5. 4, 88면 참조). 박은정 검사는 2006년 이래 13세 미만 아동에 대한 성폭력사건의 기소율은 평균 60%에 근접하고 있고 이는 전체 형사사건 기소율에 비해 매우 높다고 평가하고 있다. 다만 법원의 지나친 온정주의로 인해 아동성폭력 가해자에 대한 양형이 종종 국민들의 기대에 미치지 못하고 있다는 지적을 덧붙이고 있다.

40) 아동·청소년의 성보호에 관한 법률 제29조, 성폭력범죄의 처벌 등에 관한 특례법 제27조 제4항, 성폭력범죄 사건의 심리·재판 및 피해자 보호에 관한 규칙 제12조.

약하다.[41) 42)]

소송기록 및 증거물 일체에 대한 적극적인 열람·등사를 통해 피해자의 변호인은 실체진실 발견 및 피해자 조력을 위한 노력을 계속해 가게 된다. 중요한 것은 열람·등사를 초기에 했고 증거기록을 모두 검토하였다 하여 변호인이 기록에만 의존하여 소송에 참여하여서는 피해자를 위한 올바른 조력을 할 수 없다는 것이다. 공판 중 각 회 공판조서, 증인신문조서, 피고인이 신청하여 회시된 각 사실조회 또는 정신감정신청 또는 문서송부촉탁신청 등에 대한 각 회시에 대하여도 지속적으로 관심을 기울여야 하고, 진행된 증인신문과 회시된 조회기록을 피고인 측이 어떻게 이용하여 어떠한 추가 변론을 하고 있는지를 수시로 확인(열람·등사)해야만 피고인의 항변사실에 대해서까지 추가반박을 할 수 있고, 피고인 제출의 반증 또는 정상자료에 대한 탄핵을 할 수 있기 때문이다.

(2) 공판기일 확인 및 출석

헌법 제72조 제5항에 의해 형사피해자는 피해자의 권리구제를 위하여 법률이 정하는 바에 의하여 당해 사건의 재판절차에서 진술할 수 있고, 형사소송법 제294조의2(피해자등의 진술권) 및 범죄피해자보호법 제8조(형사절차 참여 보장 등)에서 헌법규정을 구체화하고 있으며, 피해자의 변호인은 아동·청소년의 성보호에 관한 법률 제30조 제2항이 준용하는 성폭력범죄의 처벌 등에 관한 특례법

41) 아쉬워하는 견해로는 도중진/박광섭, “형사사법절차에서 범죄피해자 참여제도 실효화 방안”, 「피해자학연구」 제21권 제2호, 한국피해자학회, 2013, 301－302면; 김용세/윤민석, “개정 형사소송법의 범죄피해자 보호규정”, 「피해자학연구」 제15권 제2호, 한국피해자학회, 2007. 10, 136－138면.

42) 실제 2014. 3. 19. 열린 법무부 주최 ‘피해자 국선변호사제도의 현황과 과제’ 심포지엄에서 발표된 내용을 보면, 피해자 국선변호사 111명 중 60명(56.8%)가 신청한 소송기록에 대해 ‘열람·등사’ 허가가 잘 이뤄지지 않고 있다고 답했고, 허용이 잘 된다는 응답은 23.9%에 그친 것을 알 수 있다. 법적 근거도 마련돼 있지만 실무상 열람·등사가 허용되는 범위가 재판부마다 달라 피해자 변호사들이 업무를 수행하는 데 어려움을 겪고 있는 것이다. 또 실제 열람·등사할 수 있었던 서류의 범위도 제한적이어서, ‘피해자가 제출한 자료, 진술만 제한적으로 열람·등사가 가능했다’는 응답이 46%로 가장 많았고, ‘전부 열람·등사가 가능했다’는 응답은 24%에 불과했다. 재판부가 이처럼 관련 서류를 공개하는 데 제한적인 태도를 보이는 것은 피고인의 방어권이나 사생활이 침해당할 우려가 있기 때문인데, 토론자로 나선 박선영 서울중앙지법 성폭력 전담재판부 판사는 “우리 형사소송법에서 검사가 유죄의 입증책임을 지고 있다는 점과 피고인의 소송절차상 방어권 보장 등을 고려할 때 피해자 변호인의 열람·등사권을 피고인이나 검사와 동일선상에서 볼 수는 없고, 전면적인 소송기록 열람·등사권을 허용해야 한다는 주장은 현재로서는 받아들이기 어렵다”는 반론을 제기했다(법률신문, 기사, “피해자 국선변호사, ‘관련기록 제대로 볼 수 있었으면…’”, 2014. 3. 20.자, 6면 참조).

제27조 제3항에 따라 피의자에 대한 구속전 피의자심문, 증거보전절차, 공판준비기일 및 공판절차에 출석하여 의견을 진술할 수 있다.

(3) 의견개진

2011년부터 피해자의 변호인 지위가 법에 명시되어 있고 각종 권한이 신설되어 있었으나, 정작 규칙 등 하위법규에서 상세한 운영규정을 마련하지 않아 실무상 문제가 있었다. 예컨대, 공판기일에 실제 출석해도 피해자의 변호인을 위해 별도의 자리가 배치되어 있지 않아 어디에 앉아야 할지 두리번거리던 모습, 별도의 의견개진의 기회를 재판부가 주지 않을 경우 어느 타이밍에 의견을 진술해야 할지 등과 관련하여 재판부는 혼선을, 변호인은 불편을, 피해자는 답답함을 겪었다.

그 점을 해결하기 위하여 「성폭력범죄 사건의 심리·재판 및 피해자 보호에 관한 규칙」이 개정[43)]되었고 그 내용을 보면, 법원은 선임 또는 지정된 피해자 변호사에게 공판기일을 통지하고(동 규칙 제4조),[44)] 피해자 변호사는 법관의

43) 대법원 규칙의 규칙명 변경까지 2차례 있고 현재에 이르렀으니, 주의해야 한다. **성폭력범죄의처벌및피해자보호등에관한법률 제22조의4 제1항의 증인신문에 관한 규칙**[대법원규칙 제1878호, 2004. 3. 12., 제정] → 같은 규칙[대법원규칙 제2110호, 2007. 10. 29., 일부개정] → **성폭력범죄 사건의 증인신문 및 피해자 보호에 관한 규칙**[대법원규칙 제2385호, 2012. 2. 24., 일부개정], 개정이유는, 가. 「성폭력범죄의 처벌 등에 관한 특례법」이 제정되어 「성폭력범죄의처벌및피해자보호등에관한법률」을 대체하게 되었으므로 이를 반영하고, 나. 「아동·청소년의 성보호에 관한 법률」 제18조 제2항이 아동·청소년대상 성범죄의 피해자를 위한 공판절차에서의 피해자 보호조치를 대법원규칙에 위임하였으므로 그 보호조치의 내용을 구체적으로 규정하고자 하고, 다. 그 밖에 「성폭력범죄의 처벌 등에 관한 특례법」과 「아동·청소년의 성보호에 관한 법률」상의 증인신문에 관한 규정 및 피해자보호에 관한 규정의 취지를 규칙에서 재판절차상 구체화하여 재판절차의 통일을 기하고자 하며, 제명을 '성폭력범죄의처벌및피해자보호등에관한법률 제22조의4 제1항의 증인신문에 관한 규칙'에서 '성폭력범죄 사건의 증인신문 및 피해자 보호에 관한 규칙'으로 변경함 → **성폭력범죄 사건의 심리·재판 및 피해자 보호에 관한 규칙**[대법원규칙 제2468호, 2013. 6. 5., 전부개정], 규칙명 변경이유는, 「성폭력범죄의 처벌 등에 관한 특례법」과 「아동·청소년의 성보호에 관한 법률」의 개정에 따라 대법원규칙으로 규율할 범위가 넓어졌으므로 명칭을 「성폭력범죄 사건의 증인신문 및 피해자 보호에 관한 규칙」에서 「성폭력범죄 사건의 심리·재판 및 피해자 보호에 관한 규칙」으로 변경함. → **現** 같은 규칙[대법원규칙 제2696호, 2016. 11. 29., 타법개정](국가법령정보센터, 법령, 제·개정이유 참조).

44) 그간 실제 운영과정의 문제점이 최근 심포지엄에서 드러났다. 2014. 3. 19. 열린 법무부 주최 '피해자 국선변호사제도의 현황과 과제' 심포지엄의 발표내용을 보면, 피해자 국선변호사 111명 중 64.8%가 공판준비기일이나 공판기일, 구속전피의자심문절차에 대한 통지가 '잘 이뤄지지 않는다'고 답했고, '보통이다'라고 답한 비율은 18.9%, '매우 잘 이뤄진다'는 답변은 1.8%에 불과했다. 이에 대해 토론자로 나선 서울중앙지법 성폭력 전담재판부 판사는 "그동안 제도에 대한 인식 부족 등으로 인해 법원에서 공판기일 통지를 피해자 변호사에게 누락하는 경우도 있었다"면서도 "피해자 변호사들은 연락처가 기재된 선임증명서를 제출하는 절차를 간과하지 않도록 주의해야 한다"고 당부했다(법률신문, 기사, "피해자 국선변호사, '관련기록 제대로 볼

정면에 위치하며(동 규칙 제5조), 법원은 공판절차에서 피해자 변호사로부터 피해의 정도 및 결과, 피고인의 처벌에 관한 의견, 그 밖에 당해 사건에 관한 의견진술의 신청이 있는 때에는 공판기일에서 그 의견을 진술하게 하고(동 규칙 제6조 제1항),[45] 재판장은 피해자 변호사의 의견진술에 대하여 그 취지를 명확하게 하기 위하여 피해자 변호사에게 질문할 수 있고, 설명을 촉구할 수 있으며(동조 제4항), 합의부원도 재판장에게 알리고 제4항의 행위를 할 수 있다(동조 제5항). 검사, 피고인 또는 변호인은 피해자 변호사가 의견을 진술한 후 그 취지를 명확하게 하기 위하여 재판장의 허가를 받아 피해자 변호사에게 질문할 수 있다(동조 제6항). 그러나 재판장은 다음 각 호의 어느 하나에 해당하는 경우에는 피해자 변호사의 의견진술이나 검사, 피고인 또는 변호인의 피해자 변호사에 대한 질문을 제한할 수 있다(동조 제7항). 1. 이미 해당 사건에 관하여 충분히 진술하여 다시 진술할 필요가 없다고 인정되는 경우, 2. 의견진술 또는 질문으로 인하여 공판절차가 현저하게 지연될 우려가 있다고 인정되는 경우, 3. 의견진술과 질문이 해당사건과 관계없는 사항에 해당된다고 인정되는 경우, 4. 기타 피해자 변호사의 의견진술로서 상당하지 아니하다고 인정되는 경우이다.

한편, 재판장은 동 규칙 제6조 제7항의 사유가 있거나 재판의 진행상황 기타의 사정을 고려하여 의견의 진술이 상당하지 아니하다고 인정하는 때에는 피해자 변호사에게 의견의 진술에 갈음하여 의견을 기재한 서면을 제출하도록 할 수 있으며(동 규칙 제8조 제1항), 피해자 변호사의 의견진술에 갈음하는 서면이 법원에 제출된 때에는 검사 및 피고인 또는 변호인에게 그 취지를 통지해야 하며(동조 제2항), 제1항에 따라 서면이 제출된 경우 재판장은 공판기일에서 의견진술에 갈음하는 서면의 취지를 명확하게 해야 한다. 이 경우 재판장은 상당하다고 인정하는 때에는 그 서면을 낭독하거나 요지를 고지할 수 있다(동조 제3항). 동 규칙 제6조 제1항에 따른 진술과 제8조 제1항에 따른 서면은 범죄사실의 인정

수 있었으면…'", 2014. 3. 20.자, 6면 참조).

45) 위 같은 심포지엄에서, 피해자 국선변호사 111명 중 29.2%만이 '의견진술권을 행사해본 경험이 있다'고 답하였다(법률신문, 기사, "피해자 국선변호사, '관련기록 제대로 볼 수 있었으면…'", 2014. 3. 20.자, 6면 참조). 사견으로는, 검사는 구형의견을, 피고인의 변호인은 최종변론을 할 수 있으며, 재판장이 그들에게 의견진술기회를 먼저 주는데 비해 피해자의 변호사에게 그간 별도의 의견진술 기회를 주지 않은 것이 아닌가 사료된다. 차제에는 의견진술 신청을 한 피해자의 변호사에게만 의견진술기회를 줄 것이 아니라 검사의 구형의견 이후 피해자 변호사가 양형의견 등을 추가로 진술하고, 이어 피고인의 변호인이 마지막으로 최종변론을 하는 방향으로 개정되는 것이 보다 좋을 것으로 본다.

을 위한 증거로 할 수 없으므로 양형과 관련한 자료로 활용할 수 있을 뿐이다(제9조). 따라서 피해자의 변호인은 현장에서 적기에 의견진술기회를 얻는다고 보장할 수 없고, 또한 미리 준비되지 않아 내용상 적절하지 않은 의견을 진술할 가능성도 충분히 있으므로 미리 의견서로 피고인의 주장을 배척하는 내용 즉, 피해자와 피고인의 관계, 피해의 경위, 범행방법, 피해결과, 범행 후 피고인의 태도 등과 관련하여 피고인의 주장과 상반된 내용을 담은 반대주장, 미합의 사정 또는 미반성 등의 가중 양형인자를 조목조목 지적할 필요가 있고, 특히 피고인의 주장 중 범행의 우발성, 방법의 단순성, 피해의 경미성, 합의의 노력, 심신미약, 피해자의 귀책 등에 대해 상세히 반박해야 할 것이다. 의견서에는 실체적 내용 이외 절차적 요청도 함께 할 수 있음은 물론이다.[46] 절차적 요청과 관련된 주된 것은 증인신문방식이 될 것이다.

(4) 증인신문 준비[47]

(가) 유의점

직접 피해자가 증인으로 출석하겠다고 하면, 변호인은 피고인 측의 반대신문의 성격을 이해시킬 필요가 있다. 주로 수사과정상 피해자 진술에 대해 신빙성을 탄핵하는 내용이 될 것이므로 처음 이 과정을 대하는 경우 성인도 감당하기 쉽지 않다. 사실대로 진술하되, "모르는 것은 모른다"거나, 기억나지 않는 것은, "현재 기억나지 않는데, 수사기관에서 진술한 적 있다"라고 진술함으로써 전후 모순되는 진술을 피할 수 있다. 또한 이 같은 방식은 일부러 끼워 맞춘 듯한 인상을 피하는 것으로 더욱 자연스러울 수 있어 자유심증주의 원칙상 더 신뢰감이 갈 수 있다.[48]

(나) 신뢰관계자 동석

피해자가 증인으로 신문받는 경우 피해자의 변호인은 신뢰관계자 동석[49]

46) 그러나 곧바로 증거신청권을 인정하고 있지는 않다. 검사를 통하여 증거신청을 촉구할 수 있을 뿐이다. 아쉬워하는 견해로는 도중진/박광섭, "형사사법절차에서 범죄피해자 참여제도 실효화 방안", 「피해자학연구」 제21권 제2호, 한국피해자학회, 2013, 298면.

47) 피해자가 증인으로 나오는 경우이다. 이와 달리 피해자 이외의 자가 증인으로 나올 경우 피해자 및 피해자의 변호인에게 증인신문을 할 권리는 현행법상 인정되지 않는다. 피해자참가제도와 관련한 법무부의 개정 법률안이 통과되지 못했기 때문이다. 향후 이러한 점까지도 개선되어야 할 것으로 보는 견해로는 도중진/박광섭, "형사사법절차에서 범죄피해자 참여제도 실효화 방안", 「피해자학연구」 제21권 제2호, 한국피해자학회, 2013, 301면.

48) 진술의 신빙성(증명력)의 문제로 무죄판결이 선고된 사례가 있음은 앞서 살펴보았다.

49) 독일(獨逸)의 경우 형사소송법 제406조의f에 '피해자 변호인제도와 신뢰관계자 동석제도'에 대해 규정하고 있다. 피해자는 변호사인 보좌인을 동석시킬 수 있다(원혜욱, "성폭력 피해아동

신청을 할 수 있고(형사소송법 제163조의2),[50)51)] 아동·청소년의 성보호에 관한 법률 제28조 제1항, 성폭력범죄의 처벌 등에 관한 특례법 제34조 제1항), 특히 2012. 5. 29. 개정된 형사소송규칙에 의해 '피해자의 변호사'도 신뢰관계자에 해당되어 이제 동석이 가능해졌다(형사소송규칙 제84조의 3).[52)]

피해자는 신뢰관계자를 의식하고 사실관계를 왜곡하거나 축소하여 진술하는 경우가 있으므로, 신뢰관계자로 동석하는 경우 피해자에게 부당한 영향력을 행사하거나 재판진행을 방해하지 않도록 주의해야 할 것이다.[53)]

(다) 의견진술

피해자의 변호사는 증인신문과정에서 '당해 사건과 무관한 피해자의 사생활에 관한 신문 또는 진술이 이루어지거나 피해자가 성적 수치심 또는 공포감을 느낄 수 있는 신문(성폭력범죄 사건의 심리·재판 및 피해자 보호에 관한 규칙 제2조 제2항), 위협적이거나 모욕적인 신문, 전의 신문과 중복되는 신문, 의견을 묻거나 의논에 해당하는 신문, 증인이 직접 경험하지 아니한 사항에 해당하는 신문(형사소송규칙 제74조 제2항), 증인의 명예를 해치는 내용의 신문(형사소송규칙 제77조 제2항 단서)'에 대하여 제한하여 줄 것을 요청할 수 있다.

(라) 비디오 중계방식 및 차폐시설을 이용한 증인신문

피해자가 증인신문에 나가고 싶어 하나 피고인과 대면하고 싶지는 않다고

을 위한 법률조력인 제도 도입방안", 법무부 연구용역 보고서, 법무부 여성아동정책팀, 2011, 3면 참조). 일본(日本)의 경우는 형사소송법 제157조의2에서 보좌인을 규정하고 있다. 독일과의 차이는 독일(獨逸)는 증인 외에 피해자의 보좌인 제도를 별도로 인정하고 있는데, 일본(日本)는 증인으로서 진술하는 피해자만이 보좌인을 선임할 수 있게 한 데서 차이가 있다(김용세/윤민석, "개정 형사소송법의 범죄피해자 보호규정", 「피해자학연구」 제15권 제2호, 한국피해자학회, 2007. 10, 144면 참조).

50) 이로써 종래 성폭력범죄 피해자 또는 노인이나 아동 피해자에게만 허용되었던 신뢰관계자 동석을 일반범죄에까지 확대하였다(김용세/윤민석, "개정 형사소송법의 범죄피해자 보호규정", 「피해자학연구」 제15권 제2호, 한국피해자학회, 2007. 10, 145면 참조).

51) 수사단계에서의 피해자를 위한 신뢰관계자 동석은 형사소송법 제221조 제3항, 피고인에게 신뢰관계자 동석을 허용하는 것으로는 형사소송법 제276조의2가 있다.

52) 그러나 변호사의 동석을 허용한 것이 피해자에 대한 신문과정에서 질문에 대해 이의를 제기하는 등 절차진행에 적극 개입하는 것까지 허용하는 것은 아니라고 보는 견해가 있다. 즉 형사소송법 제163조의2 제3항은 일본 형사소송법 제157조의2 제2항과 마찬가지로, 동석자가 법원·소송관계인의 신문 또는 증인의 진술을 방해하거나 그 진술의 내용에 부당한 영향을 미칠 수 있는 행위를 하여서는 아니 된다고 규정하는바, 동석자는 신문 또는 진술에 영향을 미치지 않는 범위 내에서 증인을 보조하고 증인의 불안이나 긴장을 해소하기 위해 휴정을 요청하는 등의 행위를 할 수 있을 뿐이라는 것이다(이런 입장으로는 김용세/윤민석, "개정 형사소송법의 범죄피해자 보호규정", 「피해자학연구」 제15권 제2호, 한국피해자학회, 2007. 10, 145-146면).

53) 법무부, 법률조력인 업무 매뉴얼, 2012, 29면.

할 경우, 변호인은 피해자의 심리적 부담을 덜어줄 수 있는 방법으로 비디오 등 중계장치에 의한 증인신문을 요청하거나, 차폐시설 설치 후 증인신문을 하여 줄 것을 요청할 수 있다(형사소송법 제165조의2, 형사소송규칙 제84조의4 내지 제84조의9, 성폭력범죄의 처벌 등에 관한 특례법 제40조, 성폭력범죄 사건의 심리·재판 및 피해자 보호에 관한 규칙 제26조).[54] 법원은 비디오 등 중계장치에 의한 중계시설 또는 차폐시설을 통하여 증인을 신문하는 경우에도 직권 또는 증인 등의 신청에 의하여 비공개로 심리를 진행할 수 있고(형사소송규칙 제84조의6), 비디오 등 중계장치에 의한 중개시설을 통하여 증인신문을 하는 경우에 법 제163조의2의 규정에 의하여 신뢰관계에 있는 자를 동석하게 할 때에는 증언실에 함께 들어가 동석하도록 한다(형사소송규칙 제84조의7 제1항).

비디오 등 중계장치에 의한 증인신문은 단순히 피해자의 심리적 부담을 덜어주는 것뿐만이 아니라 피고인도 피해자의 증언내용을 직접 듣는 것은 물론 피해자의 진술태도나 표정도 관찰할 수 있어 다른 증인신문방식에 비하여 피해자의 보호이념을 실현하면서도 피고인의 반대신문권이 보장[55]되고 직접주의·구두변론주의와도 상충하지 않는다는 점에서 우수한 증거조사방식으로 평가되고 있으나, 차폐시설 설치에 의한 증인신문은 피고인이 증인의 목소리를 들을 수 있을 뿐이어서 증인의 진술태도와 표정 등을 포착하여 반대신문에 활용할 기회를 박탈함으로써 피고인의 반대신문권이 제한된다는 단점[56]과 더불어 현재

54) 일본(日本)의 경우, 형사소송법 제157조의3에서 피고인과 증인 사이에 서로 상대방의 상태를 인식할 수 없도록 하는 조치를 취할 수 있으며(동조 제1항), 방청객과 증인 사이에도 서로를 인식할 수 없도록 하는 조치를 취할 수 있다(동조 제2항). 이 규정의 적용대상은 반드시 피해자인 증인에 한정되지 않는다. 이 제도는 칸막이와 같은 차폐장치를 취할 뿐 증인은 피고인과 같은 법정 내에 재석하고 있다는 점에서 우리나라의 개정 형사소송법상의 비디오 등 중계장치를 이용한 증인신문(제165조의2)와는 구별된다. 한편, 독일(獨逸)의 경우에는 증인을 위한 차폐조치를 아예 인정하지 않고 있으며, 분리신문, 피고인의 퇴정, 퇴정 밖에서의 증인신문 등 증인보호를 위한 전통적 제도들을 규정하고 있을 뿐이다(김용세/윤민석, “개정 형사소송법의 범죄피해자 보호규정”, 「피해자학연구」 제15권 제2호, 한국피해자학회, 2007. 10, 147면 참조).

55) 김용세/윤민석, “개정 형사소송법의 범죄피해자 보호규정”, 「피해자학연구」 제15권 제2호, 한국피해자학회, 2007. 10, 152면; 권순민, “형사절차에서 아동의 증언능력과 신빙성 판단에 대한 연구 : 대법원 판례 분석을 중심으로”, 「형사정책연구」 제23권 제4호(통권 제92호), 한국형사정책연구원, 2012, 145－146면.

56) 이에 대해서 안경옥 교수는, 피고인으로서는 증인과 직접 대면한 자리에서 교차신문을 통하여 자기에게 불리한 증언을 반대신문할 기회를 상실하게 되는 문제점이 있긴 하나, 수정 헌법 제6조에 의해 대면할 권리를 보장한 미국에서조차 대면권이 반드시 실제로 얼굴을 맞댄 상태에서의 증언을 의미하는 것은 아니며, 다른 이익과 비교할 때 분리증언의 필요성이 우월하다면 영상재판을 이용한 증언을 허용하고 있어 대면권은 절대적 권리가 아니며 중요한 공익상의 필요성이 있는 경우 제한이 가능하다고 보고 있으므로 우리의 경우에도 크게 문제되지 않는

와 같이 피고인 및 변호인석이 검사석을 마주보며 나란히 있고 증인이 가운데 있는 법정 구조상 차폐시설 설치 자체가 적합하지 않다는 문제점도 있다.[57]

실무상으로는 성폭력범죄 피해자의 경우 원칙적으로 비공개 심리와 함께 중계장치에 의한 신문을 이용하고 있으며, 서울중앙지방법원에서는 합의부 사건은 비디오 중계장치를 이용한 화상 피해자 증인신문방식을, 단독 사건의 경우에는 차폐시설을 이용한 증인신문방식을 주로 활용하고 있다.[58]

한편, 개정법은 일본(日本) 형사소송법 제321조의2와는 달리, 비디오 등 중계장치를 이용한 증인신문의 과정을 기록한 영상녹화물의 증거능력에 관한 규정을 두고 있지 않으나, 비디오 등 중계장치 또는 차폐시설을 활용한 증인신문도 영상 및 음향 송수신장치를 활용하거나 칸막이 등을 설치한 상태에서 행해질 뿐 공판장에서의 증인신문에 해당하므로, 그 과정에서 작성된 조서는 법원 및 법관의 면전조서(형사소송법 제311조)에 해당하고, 형사소송법 제56조의2에 의하여 그 과정을 기록한 영상녹화물은 소송기록에 첨부하여 공판조서의 일부로 삼을 수 있으므로 형사소송법 제292조의3, 형사소송규칙 제134조의2 제6항의 규정에 의하여 조사하는 방식을 거쳐 증거능력을 인정할 수 있고, 이렇게 해석하는 한 신문과정에 대해 녹화한 영상녹화물을 활용하여 증인에게 동일한 내용을 되풀이 진술할 것을 강요할 필요가 없어져 피해자 보호의 취지에 부합한다.[59]

외국의 경우를 보면, 1) 미국(美國)에서는 이미 1970년대에 이러한 증인신문방법이 사용되기 시작했고, 연방차원에서는 1990년 Victims of Child Abuse Act를 제정하여 수사단계에서 비디오신문을 할 수 있는 조건을 규정했고, 동시중계를 허용하는 요건이나 대상연령, 대상 범죄는 주마다 차이가 있다고 한다. 실제 동시중계를 하는 형태도 다양하다.[60] 2) 독일(獨逸)은 영상 및 음향 송수신장치에 의한 증인신문방식을 채용하고 있다. 즉 범죄로 인하여 피해를 당한 16

다고 소개하고 있다. 한편, 안경옥 교수는 화상증언의 경우에도 직접주의, 구두주의 피고인의 방어권을 침해하는 것이 아니라고 주장한다(안경옥, “[제12부] 형사재판절차에서 테크놀로지의 활용과 형사소송법적 문제점”, 「연구총서」 제04-05, 한국형사정책연구원, 2004. 12, 137-138면 참조).

57) 법무부, 법률조력인 업무 매뉴얼, 2012, 31면.

58) 법무부, 법률조력인 업무 매뉴얼, 2012, 31면.

59) 김용세/윤민석, “개정 형사소송법의 범죄피해자 보호규정”, 「피해자학연구」 제15권 제2호, 한국피해자학회, 2007. 10, 152-153면 참조.

60) 안경옥, “[제12부] 형사재판절차에서 테크놀로지의 활용과 형사소송법적 문제점”, 「연구총서」 제04-05, 한국형사정책연구원, 2004. 12, 132-137면 참조.

세 미만의 자에 대하여 신문하는 경우 증인이 주된 심리에서 신문받을 수 없을 때 또는 진실발견을 위하여 그러한 기록이 필요한 경우에는 영상 및 음향송수신 장치에 의하여 증인을 신문할 수 있다(StPO 제58조a 제1항). 영상 및 음향 송수신 장치에 의한 증인신문 규정은 분리신문(StPO 제247조a[61])과 법정 밖에서의 증인신문(StPO 제168조e)시에 준용된다.[62] 3) 영국(英國)은 1988년의 Criminal Justice Act 규정에 의해 비디오 기기를 이용하여 증인신문을 법정에 중계하는 것이 가능해졌다. 동시 중계하는 방법은 아동을 격리된 장소에 있게 하고 법정에 중계되는 비디오 앞에서 진술하게 하며, 이때 아동은 신뢰관계 있는 성인과 동행하고, 법정에 설치된 비디오의 화면을 판사나 배심원 그리고 변호인이나 피고인이 보고 아동에게 질문할 수 있으나, 아동으로서는 질문자의 얼굴을 보지 못한다. 그러나 비디오 증인신문을 녹화하여 공판정에서 증거로 사용할 수 있게 된 것은 1991년의 Criminal Justice Act에 의해서였다.[63] 4) 일본(日本) 형사소송법 제157조의4 제1항에 따르면, 법원은 상당하다고 인정하는 때에는 검사·피고인 또는 변호인의 의견을 들어 법관 및 소송관계인이 증인을 신문하기 위해 재석하는 곳 이외의 장소(다만 동일구내에 한한다)에 그 증인을 재석시키고, 영상 및 음성 송수신에 의하여 서로 상대의 상태를 살피면서 통화하는 방식으로 신문할 수 있다. 가능한 증인의 유형은 성범죄 피해자, 아동피해자(제1호, 제2호), 기타 사정으로 인하여 법정에서 신문하는 때에는 '정신의 평온을 현저하게 해할 우려'가 있는 자(제3호)가 있다. 이 규정에 의해 증인신문을 행하는 경우, 법원은 그 증인이 이후의 형사절차에서 동일한 사실에 관하여 다시 증언할 필요가 있

---

61) 1998년 4월 30일 '형사절차상의 증인신문에 있어 증인보호와 피해자보호의 개선을 위한 법률(Gesetz zum Schutz von Zeugen bei Vernehmungen im Strafverfahren und zur Verbesserung des Opferschutzes)'에 의해 형사소송법의 증인 관련 규정에 대한 개정이 있었고, 주요내용은 영상-음향기기를 사용하여 법정 이외의 증인신문을 공판정에 동시중계(Simultanübertragung)하거나, 공판기일 이전에 일정한 요건 하에 행해지는 증인신문을 녹화(Bild-Ton-Aufzeichnung)하여 법정에서 신문조서를 낭독하는 대신에 재생하여 볼 수 있도록 하는 내용이었다. 동법을 통해 독일에서는 처음으로 비디오 기기를 이용한 증인신문이 가능해졌다. 독일 형사소송법 제247조a에 따라 증인은 법정 이외의 다른 장소에서 증인신문을 받을 수 있으며, 그 증인신문은 비디오 화면과 스피커를 통해 법정에 중계된다(안경옥, "[제12부] 형사재판절차에서 테크놀로지의 활용과 형사소송법적 문제점", 「연구총서」 제04-05, 한국형사정책연구원, 2004. 12, 132-137면 참조).

62) 김용세/윤민석, "개정 형사소송법의 범죄피해자 보호규정", 「피해자학연구」 제15권 제2호, 한국피해자학회, 2007. 10, 150-151면 참조.

63) 안경옥, "[제12부] 형사재판절차에서 테크놀로지의 활용과 형사소송법적 문제점", 「연구총서」 제04-05, 한국형사정책연구원, 2004. 12, 132-137면 참조.

다고 인정하는 때에는, 증인의 동의가 있는 경우에 한하여 검사피고인 또는 변호인의 의견을 들어 그 증인의 신문 및 진술 내용과 상황을 영상 및 음성을 동시에 기록하는 것이 가능한 기록매체에 기록할 수 있다(형사소송법 제157조의4 제2항). 나아가 그 증인신문 및 진술, 그리고 그 상황을 기록한 기록매체가 그 일부로 된 조서는 증거로 할 수 있다(형사소송법 제321조의2 제1항).[64)]

(마) 비공개심리

변호인은 피해자에 대한 증인신문이 예정된 경우 범죄의 특성과 피해자의 상태를 고려하여 비공개심리를 요청할 수 있고,[65)] 더불어 진술녹화CD, 동영상, 사진 등의 증거조사에 대해서도 비공개로 심리하여 달라는 요청을 할 수 있다. 피해자인 증인을 방청객으로부터 분리하여 그의 프라이버시가 부당하게 침해되거나, 방청객들의 편견이나 호기심으로 인하여 피해자가 상처받는 것을 방지하고 나아가 피고인 또는 방청인의 면전에서 증언할 경우에 당할 수 있는 정신적 압박을 감경할 수 있도록 했다. 개정법은 일본 형사소송법 제157조의3 제1항과 같이 피해자인 증인과 피고인을 분리하는 조치를 별도로 규정하지 않았지만, 형사소송법 제297조에 의해 피고인을 퇴정하게 하거나 개정법 제165조의2에서 도입한 비디오 등 중계장치에 의한 증인신문과 함께 증인을 위한 차폐시설을 할 수 있도록 하였으므로 피해자 보호에 문제가 생길 가능성은 없다.[66)]

(바) 피고인 퇴정

나아가 형사소송법 제297조 제1항에서는, 「재판장은 증인 또는 감정인이 피고인 또는 어떤 재정인의 면전에서 충분한 진술을 할 수 없다고 인정한 때에는 그를 퇴정하게 하고 진술하게 할 수 있다. 피고인이 다른 피고인의 면전에서 충분한 진술을 할 수 없다고 인정한 때에도 같다」고 하여 피고인을 법정에서 퇴정시킨 후 증인이 더욱 자유롭게 법관의 면전에서 증언할 수 있도록 규정하고 있다.

이와 같은 방법은 법관 면전에서 검사와 법관의 다양한 질문을 바로 이해하고 신속하고도 상세한 답변을 하는 것까지 가능하게 하는 것으로 피해자의 진술권을 최대한 보장한 반면, 피고인으로서는 퇴정으로 인해 증언을 듣지 못

---

64) 김용세/윤민석, "개정 형사소송법의 범죄피해자 보호규정", 「피해자학연구」 제15권 제2호, 한국피해자학회, 2007. 10, 149－150면 참조.

65) 형사소송법 제294조의3, 성폭력범죄의 처벌 등에 관한 특례법 제31조 제2항.

66) 김용세/윤민석, "개정 형사소송법의 범죄피해자 보호규정", 「피해자학연구」 제15권 제2호, 한국피해자학회, 2007. 10,148－149면 참조.

했고 반대신문도 하지 못하였기에 방어권의 침해를 겪게 된다. 물론 피고인의 변호인까지 퇴정시키는 경우는 없으므로 변호인에 의한 반대신문은 당연히 가능하지만, 피고인이 묻고 싶은 사항이 항상 별도로 발생한다는 점에서 피고인은 적기의 적절한 반대신문을 행사할 수는 없는 것이다.

재판장은 증인의 진술이 종료한 때에는 퇴정한 피고인을 입정하게 한 후 법원사무관등으로 하여금 진술의 요지를 고지하게 해야 한다(동조 제2항). 이 같은 방식의 증인진술 또는 증인신문에 대해 필자도 요청해 본 사실이 있고, 이것이 받아들여져 피고인의 퇴정 후 대단히 상세히 문답하고 또 미리 적어간 증인의 장문의 글을 낭독함으로써 재판부에 보다 더 자유롭게 양형인자와 처벌의사가 전달된 사실이 있다.[67]

(사) 증인 불출석의 경우

한편 출석을 희망하지 않는 피해자의 경우에는 불출석사유서를 법원에 제출하고, 검사에게는 사전에 불출석사유를 소명한 후 변호인이 수사기관 참여 신뢰관계자로서 영상녹화물의 진정성립을 위해 증인으로 출석하겠다는 의사를 밝힘으로써 검사로 하여금 증인철회 및 재신청을 촉구할 필요가 있다. 아동의 법정 진술이 없더라도 수사기관에서 아동이 한 진술이 기재된 영상녹화물은 변호인의 진정성립으로 유죄의 증거로 삼을 수 있기 때문이다.[68]

변호인 역시 증인으로 출석할 경우 피고인 측의 반대신문을 받게 될 것이나, 직접 피해자가 아니므로 주된 진술내용은 영상녹화의 전후과정, 조사과정에서 피해자가 진술한 것이 사실대로 기재되었는지 등이 전부일 것이다. 그것만으로는 영상녹화에 기재된 피해자의 진술을 탄핵하는데 대단히 부족할 것이어서 피고인의 변호인으로서는 답답할 수 있겠으나, 우리 법은 피고인의 반대신문권 행사에 제약이 초래되더라도 피해자를 더 보호하는 입법결단을 했다.

---

67) 대구지방법원 2012. 8. 8, 선고 2012고합190 판결.

68) 영상녹화물의 특칙이 작동된 까닭이다. 종전에는 법원은 피해아동의 법정출석이 불가피하다고 보았고, 다만 비디오 중계장치 또는 차폐시설로 충분히 피해자를 보호할 수 있다고 생각했다. 임정엽, "「성폭력 피해아동을 위한 법률조력인 제도 도입방안」토론문", 성폭력 피해아동 법률조력인 제도 입법 공청회, 법무부 인권정책과 여성아동정책팀, 2011. 5. 4, 102－103면에서, 임정엽 판사(정책심의관)는 피고인이 피해자에 대한 반대신문을 요청함에도 이를 무시하고 영상녹화물만을 근거로 유죄를 인정하는 해외 재판실무는 드문 것으로 조사되었으며, 피해자의 방어권 보장과 실체진실에 부합하는 판결을 하기 위하여 필요한 경우 피해아동을 증인으로 소환하는 것은 불가피하다는 의견을 개진했다. 개정법 시행 전 법원의 입장이다.

Ⅳ. 결어

위에서 살핀 바와 같이 2011년 아동·청소년의 성보호에 관한 법률의 개정으로 아동 성범죄 피해자를 위한 피해자의 변호사 제도가 탄생되었고, 아동·청소년의 성보호에 관한 법률의 내용을 반영한 형사소송법 개정규정, 성폭력범죄의 처벌 등에 관한 특례법 개정규정으로 인하여 이제 성범죄 피해자의 인권은 적어도 법문만으로 보면 다른 범죄 피해자보다 월등히 높은 절차보호를 받게 되었다. 즉 피해자 변호사 선임 또는 지정, 통지제도, 전담조사실 운영, 전담수사관 및 전담검사제, 피해자의 인격이나 명예훼손방지를 위한 조사환경의 개선, 영상녹화제도 및 증거능력의 특칙, 신뢰관계자 동석, 진술조력인 제도, 의견진술 및 증거보전청구, 열람·등사권 보장, 비디오 등 중계장치, 차폐시설을 이용한 증인신문허용, 피고인퇴정 및 비공개심리, 신상정보등록 및 공개제도로 인해 이제 성범죄 피해자가 형사절차에서 소외되어 2차 피해를 입거나 보복피해를 입으며 홀로 싸우던 시절은 겉으로 보기엔 끝이 난 것 같고, 피해 진술의 획득방식도 과학적으로 발전하여 유죄판결 및 형량확보에도 성공하였다고 할 수 있다.

나아가 최근 성폭력범죄의 처벌 등에 관한 특례법의 개정으로 성범죄에 대한 처벌수위가 높아졌으며, 형법에서도 유사성행위 처벌규정이 신설되거나 성폭력범죄의 처벌 등에 관한 특례법상 성범죄 목적의 건조물침입행위도 새롭게 처벌되는 등 과거보다 실효적 제재를 위한 노력까지 더해졌다. 또 수사와 처벌의 실효성을 높이기 위해 형법상 성범죄의 친고죄 전면 폐지 및 성폭력범죄의 처벌 등에 관한 특례법상 친고죄 폐지, 공소시효 배제 확대 및 공소시효 연장 입법, 전자장치 부착 강화, 화학적 거세 도입, 심신미약 주장 배척영역 확대, 형 집행 종료 후 보호관찰제도 실시, 수사기관 간 공조체계 구축 등 실로 제도적으로는 우리 역사상 가장 눈부신 발전과 변화의 시간을 거쳐 왔다고 볼 수 있다.[69] 형사소송법이 현대적으로 대폭 개선된 시간은 수십 년에 걸쳐 있거나 적어도 십 수 년에 걸쳐 온 것인 반면, 특별법을 통한 성범죄자 제재 및 재

69) 2013. 6. 19. 시행된 성범죄 관련 6개 법률의 150여개 신설·개정 조항의 핵심적 내용을 소개한 것으로는, 법률신문, 기사, "19일부터 성범죄 친고죄 폐지…강간 객체 '부녀 → 사람'", 2013. 6. 18.자.

범방지, 피해자 보호정책은 최근 몇 년 사이 급속도로 불붙은 주제들이었고 정부 및 입법기관 모두 너나 나나 할 것 없이 이구동성으로 특별법 정비를 위해 노력해 온 결과이다.

그렇다면 이제 성범죄 관련 법률은 거의 완비된 상태라 보아도 과언이 아닐 것이다. 이제 남은 것은 위 제도들의 안정적 정착이다. 실무운용상으로는 많은 문제점이 노정되었다. 현장에서 법률조력인(피해자의 변호사)로 활동한 변호인들이 공소제기 및 공판기일을 통지받지 못하였다거나, 공소장 및 기록 열람·등사를 거절당한 사례,[70] 법정 지정좌석조차 없어 곤란을 겪거나, 공판절차 진술기회 보장이 안 돼 손을 들고 재판장의 허락을 받아야 했던 점, 국민참여재판으로 진행해 달라고 피고인의 변호인이 신청하자 재판부는 피해자의 의견을 묻지도 않고 검사와 상의한 뒤 일반재판으로 진행해 버린 사례, 피해자가 고소하지 않은 친고죄 아닌 성폭력범죄의 처벌 등에 관한 특례법 사건에서는 기소여부를 통지받지 못한 후 피고인이 법정 자백해 피해자가 모른 채 선고되기도 한 사례, 증인소환일정 등과 관련한 재판과정 의견진술기회를 보장하지 않아 피해자를 당황스럽게 한 사례, 보수 산정이 까다로워 피해자 상담일 등 일일이 적어내고 입증해야 했던 문제점을 지적했다.[71] 이 점을 개선시키기 위해 앞서 본 바와 같이 최근 규칙 개정을 통해 법문 상으로는 문제점을 해결하였다고 볼 수 있겠지만, 여전히 실제 운영과정의 잡음과 불편은 법원의 인식전환과 법 제도 이해에 달려있다고 할 것이어서 향후 법원의 노력과 애정을 기대해 본다.[72]

---

70) 피고인 측은 피해자의 진술을 비롯해 증거기록 전부를 열람·등사할 수 있지만, 피해자는 자신이 제출한 증거서류와 진술조서 외에 일체 서류에 대해서는 열람·등사할 수 없고, 심지어 공판에서 피해자가 증인으로 나가 증언한 증인신문조서도 재판장의 허가가 있어야만 열람·등사가 가능하다. 검찰도 검찰보존사무규칙에 따라 피의자신문조서 등의 열람·등사를 불허하고 있어 조사 과정에서 담당 수사관의 질문을 통해 피의자의 진술내용을 유추할 수밖에 없다. 법원과 검찰은 열람·등사의 제한 이유로 '피해자 측이 재판기록을 열람·등사한 후 증언을 변경할 수 있다'거나 '개인정보 보호'등을 내세우고 있다(법률신문, 기사, "법률조력인 '찬밥 신세'… 법률상 권한은 법전에만", 2012. 10. 22.자. 참조).

71) 법률신문, 기사, "법률조력인 '찬밥 신세'… 법률상 권한은 법전에만", 2012. 10. 22.자. 참조.

72) 同旨 김용세/윤민석, "개정 형사소송법의 범죄피해자 보호규정", 「피해자학연구」 제15권 제2호, 한국피해자학회, 2007. 10, 153-154면에서도, 우리나라의 피해자 대책은 적어도 형식상으로는 선진국 수준에 도달했다고 평가할 수 있지만, 형사사법 종사자들의 의식과 실무관행의 혁신이 반드시 필요하다며, 하위규정 정립과 더불어 실무자들의 체계적인 교육이 뒤따라야 한다고 지적하고 있다.

[2] 피의자신문시 변호인참여권 강화방안*

Ⅰ. 본 논의와 관련한 문제점

변호인의 권한 중 수사실무상 크게 문제 되어온 것 중에서 최근 대한변호사협회의 실태조사에서 수사기관에 의한 권한침해가 가장 심각한 것으로 피의자신문 시 변호인참여권을 들 수 있다. 과거 임의소환된 또는 구속된 피의자가 변호인 없이 홀로 조사받는 동안 일어난 자백강요, 진술거부권 불고지, 유인, 사술에 의한 비신사적 수사방식을 방지하기 위해 2007년 개정 형사소송법에서 신설되었던 변호인의 참여제도를 수사방해로 보고 침해하는 까닭이다.

변호인참여권은 명문으로 인정되기 이전부터 실무상 가부와 관련하여, 학계의 논의는 일반적으로 허용되어야 한다는 입장이었고, 구속피의자에 대해서는 대법원이, 불구속피의자에 대해서는 헌법재판소가 헌법 및 형사소송법상의 변호인조력권에서 변호인참여권을 도출하여 허용하였음에도 수사실무는 여러 가지 이유로 이를 불허하여 인권을 침해할 소지가 있었다.[1) 2)]

이에 국회는 2007년 형사소송법을 개정하여 명문규정을 마련하기에 이르렀다.[3) 4)]

---

* 이 논문은 대한변호사협회가 주최한 「피의자신문시 변호인참여권 개선을 위한 공청회(2016. 6. 29.)」에서 필자가 주제발표한 논문을 단순 수정한 것이다.

1) 유엔자유권규약위원회도 2006년 한국 정부보고서 심의에서 수사단계(특히 신문과정)에서 변호인의 조력을 받을 권리가 거부될 수 있다는 점에 대해 우려를 표한 바 있다(박찬운, "변호인참여권의 현실과 문제점 그리고 활성화를 위한 제안－대한변협의 설문조사를 바탕으로－", 「인권과정의」 통권 제453호, 대한변호사협회, 2015. 11, 57면).

2) **특히 2010년부터 2014년까지의 경찰 형사사건 검거인원이 연간 최소 135만 건을 꾸준히 넘었지만, 변호사의 신문참여는 가장 낮은 2010년의 경우 0.08%, 가장 높은 2014년의 경우 0.28%에 불과**한 것을 볼 때 이 제도의 중요성과 제대로 시행되지 못할 경우의 문제점을 확인할 수 있다(통계수치는, 박찬운, "변호인참여권의 현실과 문제점 그리고 활성화를 위한 제안－대한변협의 설문조사를 바탕으로－", 「인권과정의」 통권 제453호, 대한변호사협회, 2015. 11, 59면 참조).

3) 형사소송법에 입법되기 전에도 수사실무상 제약이 상당하였다는 것이지, 경찰청과 법무부에서 변호인참여 지침 등의 내부규정을 마련하지 않은 것은 아니었다. 예컨대 경찰청은 1999. 6. '피의자신문시 변호인 참여지침'을, 법무부는 2002. 11. '변호인의 피의자신문참여운영지침'과 '인권보호수사준칙'을 제정한 사실이 있다(송강호, "피의자 신문시 변호인 참여제도의 활성화 방안", 「한림법학 FORUM」 제20권, 한림대학교 법학연구소, 2009. 12, 42면 참조).

4) 피의자신문 시 변호인의 참여권을 보장하는 국제규약으로는 시민적 및 정치적 권리에 대한

그러나 현행 형사소송법상 이미 참여권이 허용되고 있는데도, 법문에서 참여권을 제한할 수 있는 “정당한 이유”라는 지극히 추상적·개방적 규정을 둠으로써 실무에서 수사기관은 하위규정 또는 수사지침을 자체 마련하여 다양한 사례에서 참여권을 배제 또는 제한했다.

대한변호사협회가 위법하다고 본 구체적 사례는 피의자신문참여 시 이의를 하거나 피의자에게 조언하려 할 경우 수사방해를 거론하며 변호인에게 퇴실을 요구하거나, 변호인이 위법한 신문과정 또는 수갑문제와 관련하여 이의하였음에도 받아들이지 않고 수사를 강행하거나, 변론준비를 위한 메모조차 불허하는 문제가 대표적이다.

Ⅱ. 본 제도의 의의 및 입법배경

수사단계의 피의자에 대한 변호권 보장과 관련하여서는 구속피의자에 대한 접견교통권 제약, 수사기록 열람·등사의 불가능 또는 제약, 피의자신문 시 참여권 제약의 3가지가 종래부터 불충분하다는 지적을 받아온 문제점이었다.[5)]

이 중에서도 특히 피의자신문과 변호인의 참여문제와 관련해서는 종래부터 대부분의 변호인이 피의자로부터 청취한 진술을 토대로 유리한 내용과 방식으로 서면변호를 할 뿐 피의자신문 시 참여권을 행사하지 않아 왔으므로, 결국 수사과정에서 사실상 고립무원에 빠진 피의자가 법률전문가인 검사 또는 사법경찰관의 수사에 제대로 대처하지 못하는 일이 비일비재했고, 간혹 참여하려는 의욕적인 변호사가 있더라도 수사기관과 정면으로 대결하는 과정에서 부당한

국제규약(B 규약) 제14조 제3항, 유럽인권조약 제6조 제3항, 피구금처우 최저기준규칙 제93조, 유럽형사시설규칙 제93조, 미주인권조약 제8조 제2항, 모든 형태의 억류, 구금하에 있는 사람들을 보호하기 위한 원칙 제18조가 있다[수사기관 피고인(피의자)접견 및 신문참여 매뉴얼, 서울지방변호사회, 2013. 1, 46면].

유럽인권재판소도 적법절차원칙을 규정하고 있는 유럽인권보호조약 제6조에 의거해서 경찰에 의한 피의자신문의 경우에도 변호인의 조력을 받을 권리가 원칙적으로 인정되며, 예외적으로 제한이 가능한 경우에도 그 본질적 권한은 침해받을 수 없다고 판시했다. 동 재판소의 논거로는 수사기관의 불법한 강제로부터 피의자를 보호할 수 있고, 오판결의 위험을 피할 수 있으며 특히 수사기관과 피의자 간의 무기평등의 원칙을 실현하기 위해 꼭 필요하다는 점이다(주승희, “피의자신문에 참여한 변호인의 진술거부권행사 권고와 변호인윤리”, 「숭실대학교 법학논총」 제33집, 숭실대학교, 2015. 1, 429면 참조).

5) 상세한 내용은 拙著, 수사와 변호, 박영사, 2015; 천주현, “수사단계의 변호권 강화방안”, 경북대학교 법학박사학위논문, 2014. 참조.

대우를 당하기 일쑤였다.

그렇다면 그간 변호인참여권이 제대로 행사되지 못하고 피의자에게 실질적 변호인조력이 미치지 못한 데에는 체면을 중시한 변호사와 변호인 참여를 수사방해로 인식한 수사기관의 태도가 상통한 까닭으로 볼 수 있다.[6)]

특히 종래에는 명문규정조차 없어 수사기관의 일방적 처분으로 변호인참여권을 배제할 경우 준항고,[7) 8)] 헌법소원, 국가배상청구를 통해 위법성을 확인

---

6) 同旨 송강호, "피의자 신문시 변호인 참여제도의 활성화 방안", 「한림법학 FORUM」 제20권, 한림대학교 법학연구소, 2009. 12, 39면에서 당시 송강호 강원지방경찰청장은 변호인참여권 비활성화의 원인으로, 변호사의 수익저조, 별도 비용부담으로 인한 피의자의 기피, 국선변호제도의 미흡, 수사관들의 사실상 거부감, 변호인 참여활동에 대한 지나친 제약을 그 원인으로 들고 있다. 특히 송강호 변호사는 경찰은 피의자 신문 전에 변호인 선임권을 고지하지만, 막상 피의자가 변호인을 선임하겠다고 진술할 경우 비용이나 시간적 부담을 언급하거나 불구속 사건에는 변호인을 선임할 필요가 없다고까지 회유한다고 하니 **경찰 고위직 신분에서 쓴 논문인 점을 감안하면 경찰관들의 변호사 선임에 대한 거부반응을 잘 느낄 수 있다.**

7) **지금은 형사소송법 제417에 의해 준항고 불복이 명문에 의해 가능하다.** 다만 준항고는 집행정지효가 없고, 준항고 법원이 결정으로 준항고 결정이 있을 때까지 피항고인의 변호인 참여제한행위를 정지할 수는 있다.
형사소송법 제417조(동전) 검사 또는 사법경찰관의 구금, 압수 또는 압수물의 환부에 관한 처분과 **제243조의2에 따른 변호인의 참여 등에 관한 처분에 대하여 불복**이 있으면 그 직무집행지의 관할법원 또는 검사의 소속검찰청에 대응한 법원에 그 처분의 취소 또는 변경을 청구할 수 있다.
제418조(준항고의 방식) 전2조의 청구는 서면으로 관할법원에 제출해야 한다.
제419조(준용규정) 제409조, 제413조, 제414조, 제415조의 규정은 제416조, 제417조의 청구있는 경우에 준용한다.
제409조(보통항고와 집행정지) 항고는 즉시항고 외에는 재판의 집행을 정지하는 효력이 없다. 단, 원심법원 또는 항고법원은 결정으로 항고에 대한 결정이 있을 때까지 집행을 정지할 수 있다.

8) **형사소송법에 피의자신문 시 변호인참여권이 들어오기 전에도 대법원은** 변호인의 참여권은 접견교통권의 일환으로 당연히 인정되고, 이를 불허한 것은 접견교통권의 침해로써 **법 제417조에 따라 준항고 대상이 된다고 보았다**(대법원 2003. 11. 11, 선고 2003모402 결정[준항고인용에대한재항고]).
「【이유】
1. 재항고이유 제1점에 대하여
형사소송법 제417조는 검사 또는 사법경찰관의 구금에 관한 처분에 불복이 있으면 법원에 그 처분의 취소 또는 변경을 청구할 수 있다고 규정하고 있는바, 이는 피의자의 구금 또는 구금 중에 행하여지는 검사 또는 사법경찰관의 처분에 대한 유일한 불복방법인 점에 비추어 볼 때, 영장에 의하지 아니한 구금이나 변호인 또는 변호인이 되려는 자와의 접견교통권을 제한하는 처분뿐만 아니라 구금된 피의자에 대한 신문에 변호인의 참여(입회)를 불허하는 처분 역시 구금에 관한 처분에 해당하는 것으로 보아야 할 것이다.
원심이 같은 취지에서 준항고인에 대한 피의자신문에 변호인의 참여를 불허한 처분이 준항고의 대상이 됨을 전제로 판단한 조치는 정당하고, 거기에 재항고이유의 주장과 같은 준항고에 관한 법리오해 등의 위법이 있다고 할 수 없다. 이 점에 관한 재항고이유의 주장은 받아들일 수 없다.
2. 재항고이유 제2점에 대하여

받을 수밖에 없었고, 이어 재판단계에서는 조서의 증거능력을 문제 삼아 증거에서 배제하는 방법밖에 없었다.[9] 그러나 그러한 방식으로는 해당 개별 사례의 위법성을 확인하였더라도 대체로 사후적인 조치에 불과하여 효과적 구제책이 될 수 없었으므로, 미리 입법으로 허용하는 경우를 명문으로 규정할 필요가 있었다.

피의자신문 시 변호인참여권을 최초로 규정한 2007년 개정 형사소송법 이전에는, ① 수사기관은 명문규정이 없고, 구속기간이 제한되어 있어 수사에 사실상 저해가 되며, 진술증거의 확보와 수사기밀누설 방지책이 마련되지 않았다는 이유로 변호인의 신문참여를 인정하지 않았고(否定說), ② 2003년 대법원(大法院)

가. 생략

나. 신체구속을 당한 사람의 변호인의 조력을 받을 권리는 변호인과의 자유로운 접견교통을 통하여 실현될 수 있는 것이므로 형사소송법은 이를 실질적으로 보장해 주기 위하여 제89조 및 제209조에서 구속 피고인 또는 피의자의 타인과의 접견교통권을 규정하는 한편, 이를 보다 더 확실히 보장하기 위한 방편으로 제34조에서는 변호인 또는 변호인이 되려는 자의 신체구속을 당한 피고인 또는 피의자와의 접견교통권을 규정하고 있는바, 이러한 신체구속을 당한 사람의 변호인과의 접견교통권은 그 인권보장과 방어준비를 위하여 필수불가결한 권리이므로 법령에 의한 제한이 없는 한 어떠한 명분으로도 제한될 수 있는 성질의 것이 아님은 물론, 수사기관의 처분이나 법원의 결정으로도 이를 제한할 수 없는 것이고(대법원 1991. 3. 28, 선고 91모24 결정 및 위 헌법재판소 1992. 1. 28, 선고 91헌마111 결정 등 참조), 현행법상 신체구속을 당한 사람과 변호인 사이의 접견교통을 제한하는 규정은 마련되어 있지 아니하므로 신체구속을 당한 사람은 수사기관으로부터 피의자신문을 받는 도중에라도 언제든지 변호인과 접견교통하는 것이 보장되고 허용되어야 할 것이고, 이를 제한하거나 거부하는 것은 신체구속을 당한 사람의 변호인과의 접견교통권을 제한하는 것으로서 위법임을 면치 못한다고 할 것이다.

형사소송법이 아직은 구금된 피의자의 피의자신문에 변호인이 참여할 수 있다는 명문규정을 두고 있지는 아니하지만, 위와 같은 내용의 접견교통권이 헌법과 법률에 의하여 보장되고 있을 뿐 아니라 누구든지 체포 또는 구속을 당한 때에는 즉시 변호인의 조력을 받을 권리를 가진다고 선언한 헌법규정에 비추어, 구금된 피의자는 형사소송법의 위 규정을 유추·적용하여 피의자신문을 받음에 있어 변호인의 참여를 요구할 수 있고 그러한 경우 수사기관은 이를 거절할 수 없는 것으로 해석해야 하고, 이렇게 해석하는 것은 인신구속과 처벌에 관하여 "적법절차주의"를 선언한 헌법의 정신에도 부합한다 할 것이다.

그러나 구금된 피의자가 피의자신문시 변호인의 참여를 요구할 수 있는 권리가 형사소송법 제209조, 제89조 등의 유추적용에 의하여 보호되는 권리라 하더라도 헌법상 보장된 다른 기본권과 사이에 조화를 이루어야 하며, 구금된 피의자에 대한 신문시 무제한적으로 변호인의 참여를 허용하는 것 또한, 헌법이 선언한 적법절차의 정신에 맞지 아니하므로 신문을 방해하거나 수사기밀을 누설하는 등의 염려가 있다고 의심할 만한 상당한 이유가 있는 특별한 사정이 있음이 객관적으로 명백하여 변호인의 참여를 제한해야 할 필요가 있다고 인정되는 경우에는 변호인의 참여를 제한할 수 있음은 당연하다고 할 것이다.」

9) 변호인참여권의 법적 성질을 변호인 접견교통권과 실질적으로 같은 것으로 보아, 변호인의 조력을 받을 권리의 일내용을 침해한 것이므로 위법수집증거라는 주장{수사기관 피고인(피의자)접견 및 신문참여 매뉴얼, 서울지방변호사회, 2013. 1, 62면 참조}.

이 "구금된 피의자는 변호인 접견교통권에 대한 형사소송법 규정을 유추 적용하여 체포 또는 구속을 당한 경우에 준하여 피의자신문 시 변호인의 참여를 요구할 수 있고, 이 경우 수사기관은 거절할 수 없는 것으로 해석한다"고 판시했고,[10] ③ 헌법재판소(憲法裁判所) 역시 형사소송법상 특별한 명문의 규정이 없더라도 헌법상의 변호인 조력권을 근거로 불구속피의자에 대하여도 피의자신문 참여권을 인정한 바 있자,[11] [12] ④ 드디어 2007년 개정 형사소송법이 이를 명문

---

10) 대법원 2003. 11. 11, 선고 2003모402 결정.
박찬운 교수는 위 대법원 결정과 관련하여, "대법원은 송두율 교수사건에서 변호인의 피의자신문참여를 변호인의 조력을 받을 권리를 실현하기 **위한 방법**으로 이해하면서 접견교통권과는 **별개의 권리**임을 전제로 접견교통권규정을 유추적용해야 한다고 판시"한 것으로 평가하고 있는 반면(박찬운, "변호인참여권의 현실과 문제점 그리고 활성화를 위한 제안", 대한변호사협회 토론회, 2015. 9, 43면), 주승희 교수는 대법원이 **변호인의 피의자신문참여권과 접견교통권과의 관계에 대하여 양자를 동일한 내용의 것으로 이해한 듯**하지만 그럴 경우에는 형사소송법 제89조와 제209조를 유추적용할 것이 아니라 직접 적용하도록 판시했어야 하는데 유추적용을 논한 것은 논리적으로 매끄럽지 못한 면이 있다고 보고 있다(주승희, "피의자신문에 참여한 변호인의 진술거부권행사 권고와 변호인윤리", 「법학논총」 제33집, 숭실대학교 법학연구소, 2015. 1, 431면).

11) 헌법재판소 2004. 9. 23, 선고 2000헌마138 결정. 「…(전략) 2.우리 헌법은 변호인의 조력을 받을 권리가 불구속 피의자·피고인 모두에게 포괄적으로 인정되는지 여부에 관하여 명시적으로 규율하고 있지는 않지만, 불구속 피의자의 경우에도 변호인의 조력을 받을 권리는 **우리 헌법에 나타난 법치국가원리, 적법절차원칙에서 인정되는 당연한 내용**이고, 헌법 제12조 제4항도 이를 전제로 특히 신체구속을 당한 사람에 대하여 변호인의 조력을 받을 권리의 중요성을 강조하기 위하여 별도로 명시하고 있다. 피의자·피고인의 구속 여부를 불문하고 조언과 상담을 통하여 이루어지는 변호인의 조력자로서의 역할은 변호인선임권과 마찬가지로 변호인의 조력을 받을 권리의 내용 중 가장 핵심적인 것이고, 변호인과 상담하고 조언을 구할 권리는 변호인의 조력을 받을 권리의 내용 중 구체적인 입법형성이 필요한 다른 절차적 권리의 필수적인 전제요건으로서 **변호인의 조력을 받을 권리 그 자체에서 막바로 도출되는 것**이다. 3. 불구속 피의자나 피고인의 경우 형사소송법상 특별한 명문의 규정이 없더라도 스스로 선임한 변호인의 조력을 받기 위하여 변호인을 옆에 두고 조언과 상담을 구하는 것은 수사절차의 개시에서부터 재판절차의 종료에 이르기까지 언제나 가능하다. 따라서 불구속 피의자가 **피의자신문시 변호인을 대동하여 신문과정에서 조언과 상담**을 구하는 것은 신문과정에서 필요할 때마다 퇴거하여 변호인으로부터 조언과 상담을 구하는 번거로움을 피하기 위한 것으로서 불구속 피의자가 피의자신문장소를 이탈하여 변호인의 조언과 상담을 구하는 것과 본질적으로 아무런 차이가 없다. 형사소송법 제243조는 피의자신문시 의무적으로 참여해야 하는 자를 규정하고 있을 뿐 적극적으로 위 조항에서 규정한 자 이외의 자의 참여나 입회를 배제하고 있는 것은 아니다. 따라서 불구속 피의자가 피의자신문시 변호인의 조언과 상담을 원한다면, 위법한 조력의 우려가 있어 이를 제한하는 다른 규정이 있고 그가 이에 해당한다고 하지 않는 한 수사기관은 피의자의 위 요구를 거절할 수 없다.」

12) 학계에서는 이 결정을 통해 헌법재판소가 변호인의 피의자신문참여권과 변호인접견권을 구분하지 않고 있으며, 국가기관의 입법이나 행위가 없이도 그 권리의 행사가 가능한 **자유권적 기본권으로 이해**하는 견해가 우세하거나 유력하다(주승희, "피의자신문에 참여한 변호인의 진술거부권행사 권고와 변호인윤리", 「법학논총」 제33집, 숭실대학교 법학연구소, 2015. 1, 431면; 김대웅, "불구속 피의자의 변호인의 조력을 받을 권리 －피의자신문시 변호인참여권을 중심으로－", 「사법연수원논문집」 제5집, 사법연수원, 2008, 314면 이하; 문재완, "변호인의 조력을 받을 권리와 법률자문의 보호", 「인권과 정의」 통권 335호, 대한변호사협회, 2004. 7, 5면;

화하기에 이르렀다(형사소송법 제243조의2).[13) 14)]

정진연, "헌법상 변호인의 조력을 받을 권리의 내용과 한계", 「성균관법학」 제18권 제3호, 성균관대학교 법학연구소, 2006, 648면; 조기영, "변호인의 피의자신문참여권", 「형사법연구」 제19권 제4호, 한국형사법학회, 2007, 311면 이하; 이재상, 형사소송법, 제9판, 박영사, 2013, 148면). 그렇다면 **제한규정의 타당성에 대해서 보다 엄격한 잣대로 평가할 필요성**이 제기된다. 자유권은 초국가적 기본권 및 대국가적 방어권으로서 과잉제한금지원칙이 적용되는 까닭이다(주승희, "피의자신문에 참여한 변호인의 진술거부권행사 권고와 변호인윤리", 「법학논총」 제33집, 숭실대학교 법학연구소, 2015. 1, 433면 참조).

13) 이재상, 형사소송법, 제9판, 박영사, 2013, 147－148면

14) 외국의 경우를 보면, **미국(美國)**은 수사기관이 체포 또는 구금된 피의자를 신문할 때 변호인의 참여요구에 반드시 응해야 하고, 이 경우 변호인 참여 전에는 신문을 중지하며 나아가 변호인과 접견 전 신문하여 얻은 자백은 증거능력을 부정하나(이재상, 형사소송법, 제9판, 박영사, 2013, 147면; 이은모, "김기수, 배준상 교수 정년기념논문집 : 공법 ; 수사절차에서의 변호권 보장의 의미와 내용", 「법학논총」 제14권, 한양대 법학연구소, 1997, 265－266면에서는 Escobedo 판결과 이를 구체화한 Miranda 판결을 피의자신문 시 변호인 참여권의 대표적 예로 소개하고 있다.), **독일(獨逸)**은 검사의 신문에는 변호인 참여권을 인정하지만(형사소송법 제163조의a 제3항에서 제168조c를 준용), 경찰의 신문에는 통설 판례가 부정하고, 다만 실무상 경찰이 필요하다고 인정할 경우 참여를 허용하는 것이 가능하므로 실무상 광범위하게 인정되고 있다{최석윤, "변호인의 피의자신문참여권에 대한 비교법적 연구", 「형사정책연구」 제23권 제4호(통권 제92호), 한국형사정책연구원, 2012, 73면; 송강호, "피의자 신문시 변호인 참여제도의 활성화 방안", 「한림법학 FORUM」 제20권, 한림대학교 법학연구소, 2009. 12, 45면}.

일본(日本) 판례는 형사소송법이 변호인의 접견교통권만을 규정할 뿐이고 변호인의 참여권을 규정하고 있지 않은 것을 근거로 "피의자 취조에 대한 변호인의 참여권은 인정되지 않는다."고 하여, 접견교통권과는 별개의 권리로 보고 있다{최석윤, "변호인의 피의자신문참여권에 대한 비교법적 연구", 「형사정책연구」 제23권 제4호(통권 제92호), 한국형사정책연구원, 2012, 66면}.

한편, **영국(英國)**은 PACE 제65조에 따라 제정된 경찰관에 의한 피의자구금, 처우, 신문에 관한 실행규칙에서 구금된 피의자에 한해 참여권을 인정하되 일정한 경우 제한하고 있고{최석윤, "변호인의 피의자신문참여권에 대한 비교법적 연구", 「형사정책연구」 제23권 제4호(통권 제92호), 한국형사정책연구원, 2012, 74면; 송강호, "피의자 신문시 변호인 참여제도의 활성화 방안", 「한림법학 FORUM」 제20권, 한림대학교 법학연구소, 2009. 12, 45면}, **호주(濠洲)**도 원칙적으로 변호인참여권을 인정하되 제한사유를 두고 있고, **프랑스(佛蘭西)**는 예심수사판사에 의한 신문에는 변호인참여권을 인정하고, 경찰의 신문에서는 불허하고 있으므로 독일과 흡사하다(정웅석, 변호인의 피의자신문 참여권 개선방안 토론문, 대한변호사협회, 2015. 9. 23, 77－78면; 최석윤, "변호인의 피의자신문참여권에 대한 비교법적 연구", 「형사정책연구」 제23권 제4호(통권 제92호), 한국형사정책연구원, 2012, 76면; 주승희, "피의자신문에 참여한 변호인의 진술거부권행사 권고와 변호인윤리", 「법학논총」 제33집, 숭실대학교 법학연구소, 2015. 1, 429면 참조).

따라서 외형상으로 보면 우리나라는 구속피의자, 불구속피의자를 구분하지 않고, 또 경찰단계, 검찰단계를 가리지 않고 변호인참여권을 인정하고 있으므로 위 선진각국보다 권리의 범위가 넓다고 할 수 있다{同旨 최석윤, "변호인의 피의자신문참여권에 대한 비교법적 연구", 「형사정책연구」 제23권 제4호(통권 제92호), 한국형사정책연구원, 2012, 76면}. **문제는 권리의 깊이도 가장 깊다고 할 수 있을 것인가**이다. 독일은 실무상으로는 경찰 피의자신문에서도 변호인참여가 광범위하게 허용되고 있으면서 특별히 참여권을 제한하는 규정이 없고, 미국도 일단 변호인의뢰권을 행사한 후에는 변호인 입회 없이 조사할 수 없으며 나아가 참여권을 제한하는 규정이 없다고 하니 말이다{최석윤, "변호인의 피의자신문참여권에 대한 비교법적 연구", 「형사정책연구」 제23권 제4호(통권 제92호), 한국형사정책연구원, 2012, 76면 참조}.

따라서 현행 형사소송법 하에서 피의자신문참여권 보장은 법률전문가인 변호사의 조력을 통하여 수사기관으로부터 받는 피의자의 심리적 압력을 완화하고 수사기관의 위법한 행위를 감시하는 기능을 가진다 할 것이므로 피의자의 방어권 보장의 절대불가결한 중요전제이며, 변호인의 참여권 보장은 형사절차 전체에서 대단히 중요한 의미를 가진다고 볼 수 있다.[15)]

변호인참여권 보장이 그만큼 중요한데도 입법내용이 불충분하고, 실무상 수사기관의 자의적 제도운용이 있어 왔으므로, 대한변호사협회는 아래와 같이 법 개정 TF를 구성하여 운용하여 오다가 금번에 법 개정 논의를 제의하기에 이르렀다.

Ⅲ. 법 개정논의를 위한 대한변협의 TF 활동

대한변호사협회(大韓辯護士協會)는 하창우 협회장 취임 후 곧바로 변호인참여권의 개선을 위한 TF를 구성하여 변호인참여 수준에 관한 사례를 수집해 실태를 파악하고, 회원의견 수렴을 위한 설문조사 및 사례조사를 실시했다.[16)]

협회는 2015. 6. 3.부터 6. 30.까지 4주간에 걸쳐 전국 개업 변호사 회원 16,070명을 상대로 변호인참여권 행사와 관련하여 설문조사했고, 1,912명이 회신함으로써 이 제도 시행 후 협회가 시행한 가장 큰 규모의 설문조사로 의미를 가질 수 있었다.[17)] [18)]

회신한 1,912명의 회원 중 48.8%인 716명이 신문참여에서 부당한 대우를 받았다고 답했고, 구체적으로는 ① 부당한 신문방법에 대한 이의제기 등 변호인의 의견진술을 제지한 사례가 405건, ② 수사기관의 강압적 행동 또는 월권행위를 목격한 사례가 333건, ③ 신문내용의 메모조차도 불허한 사례가 323건, ④ 피의자 옆자리에 동석을 요청하였음에도 허용되지 않은 사례가 128건, ⑤

---

15) 수사기관 피고인(피의자)접견 및 신문참여 매뉴얼, 서울지방변호사회, 2013. 1, 46면 참조.

16) 대한변협신문, 기사, “변협, 변호인참여권 개선 나선다”, 2014. 4. 20.자, 5면 참조.

17) 박찬운, “변호인참여권의 현실과 문제점 그리고 활성화를 위한 제안-대한변협의 설문조사를 바탕으로-”, 「인권과정의」 통권 제453호, 대한변호사협회, 2015. 11, 59면 참조.

18) 위 설문에 답한 변호사 숫자는, 2012년 서울지방변호사회가 당시 전회원 8,149명을 상대로 같은 취지의 설문조사를 하여 응답한 변호사 수가 203명이었던 점과 비교하면 상당히 높은 회신율이다{수사기관 피고인(피의자)접견 및 신문참여 매뉴얼, 서울지방변호사회, 2013. 1, 95면 참조}.

참여 자체를 불허한 사례도 49건 임이 확인되었다.[19]

따라서 설문조사의 내용에서 드러난 문제점에 대하여 협회는, 내부적으로는 수사과정에서 부당한 요구에 신속히 대응할 수 있도록 대응매뉴얼을 작성하여 2016. 5. 전국 회원들에게 배포했고, 금번 공청회를 통하여 올바른 개정입법의 방향을 제시하게 되었다.

참고로 대한변협은 위 설문조사 이외에도 검사의 수사능력과 공정성과 관련한 포괄적 검사평가를 2015. 10.부터 3개월간 실시하여 2016. 1. 검사평가 사례집(전국)을 발간하여 전국 유관부서와 언론에 배포했고, 2016. 6. 현재 앞으로는 상시 검사평가제를 실시하고 있다.

Ⅳ. 형사소송법 규정과 해석상 문제점

1. 형사소송법

제243조의2(변호인 참여 등) ① 검사 또는 사법경찰관은 피의자 또는 그 변호인·법정대리인·배우자·직계친족·형제자매의 신청에 따라 변호인을 피의자와 접견하게 하거나 **정당한 사유가 없는 한 피의자에 대한 신문에 참여하게 해야 한다.**[20][21]

---

19) 박찬운, "변호인참여권의 현실과 문제점 그리고 활성화를 위한 제안－대한변협의 설문조사를 바탕으로－", 「인권과정의」 통권 제453호, 대한변호사협회, 2015. 11, 453면 참조.

20) **이와 같이 형사소송법(刑事訴訟法)은 신청권자의 신청이 있는 경우 '정당한 사유가 없는 한' 변호인을 참여하게 해야 한다고 규정**하고 있고, **하위법규(下位法規) 또는 지침들**(검사의 사법경찰관리에 대한 수사지휘 및 사법경찰관리의 수사준칙에 관한 규정, 검찰사건사무규칙, 변호인의 피의자신문 참여 운영지침, 범죄수사규칙)**에서는 '정당한 사유'를 '변호인의 참여로 인해 신문 방해, 수사기밀 누설 등 수사에 현저한 지장을 줄 우려가 있다고 인정되는 경우'로 정의하면서, 그러한 예로써** 1. 수사기관의 승인 없이 부당하게 신문에 개입하거나 모욕적인 언동 등을 하는 경우, 2. 피의자를 대신하여 답변하거나 특정한 답변 또는 진술 번복을 유도하는 경우, 3. 형사소송법 제243조의2 제3항 단서에 반하여 부당하게 이의를 제기하는 경우, 4. 피의자신문 내용을 촬영·녹음·기록하는 **경우를 들고 있다.**
이러한 규제방식에 대하여 학계에서는 헌법적 권리에 근거한 변호인의 피의자신문참여의 제한사유를 형사소송법의 구체적 위임 없이 행정규칙에 불과한 훈령 등에 규정하는 것은 **기본권의 법률유보원칙에 위배**될 수 있고, 또 수사실무상 변호인 참여의 제한 기준을 사실상 위 준칙이나 훈령에 의할 경우 수사기관의 자의적인 참여 제한이 이루어질 가능성이 크므로 **장차 정당한 사유의 의의와 범위를 형사소송법에 규정할 필요가 크다고 본다**(이영돈, "변호인의 피의자신문 참여권의 범위와 한계", 「법학논고」 제47집, 경북대학교 법학연구원, 2014. 8, 275면; 신동운, 신형사소송법, 제5판, 법문사, 2014, 257면).

② 신문에 참여하고자 하는 변호인이 2인 이상인 때에는 피의자가 신문에 참여할 변호인 1인을 지정한다. 지정이 없는 경우에는 검사 또는 사법경찰관이 이를 지정할 수 있다.

③ 신문에 참여한 **변호인은 신문 후 의견을 진술**할 수 있다. 다만, **신문 중이라도 부당한 신문방법에 대하여 이의**를 제기할 수 있고, 검사 또는 사법경찰관의 **승인을 얻어 의견을 진술**할 수 있다.

④ 제3항에 따른 변호인의 의견이 기재된 피의자신문조서는 변호인에게 열람하게 한 후 변호인으로 하여금 그 조서에 기명날인 또는 서명하게 해야 한다.

⑤ 검사 또는 사법경찰관은 변호인의 신문참여 및 그 제한에 관한 사항을 피의자신문조서에 기재해야 한다.

[본조신설 2007. 6. 1] [[시행일 2008. 1. 1]]

2. 문제점

현행 형사소송법은 해석상 몇 가지 의문을 낳는다.[22)]

---

21) 참여권을 제한할 수 있는 위 "정당한 사유"는 헌법재판소 2004. 9. 23, 선고 2000헌마138 결정과 대법원 2003. 11. 11, 선고 2003모402 결정에서 이미 확인되고 있고, 적법한 참여를 전제로 허용되는 것으로 무제한적 허용은 아니라는 취지이다; 同旨 박찬운, "변호인참여권의 현실과 문제점 그리고 활성화를 위한 제안－대한변협의 설문조사를 바탕으로－",「인권과정의」통권 제453호, 대한변호사협회, 2015. 11, 63면; 수사기관 피고인(피의자)접견 및 신문참여 매뉴얼, 서울지방변호사회, 2013. 1, 48－55면.

서울변호사회의 매뉴얼에서는 변호인의 지위와 관련하여 보호자적 지위를 우선하되 공익적 지위를 함께 고려하여, 변호인은 피의자를 보호하되 공익적 차원에서 허용되지 않는 수단이나 국가의 법질서에 반하는 변호활동은 할 수 없다는 선에서 이 문제를 해결해야 한다고 보고 있다. 따라서 ① 증거인멸·은닉·조작 또는 조작된 증거의 사용, ② 테러범죄, 조직범죄, 마약범죄 등에 있어서 수사기밀 누설로 체포되지 아니한 공범이 도주할 우려가 있거나 피해자, 당해 사건의 수사 또는 재판에 필요한 사실을 알고 있다고 인정되는 자 등에 대한 생명·신체나 재산에 대한 위해가 우려되는 경우, ③ 물리력이나 모욕적 언동에 의한 신문의 제지·중단, 신문 중 일방적인 촬영·녹음 등 조사 장소의 질서를 훼손하는 행위, ④ 허위진술 유도 등 이미 확보된 증거에 비추어 진실에 반하는 사실을 주장하는 것으로 인정할 만한 타당한 이유가 있을 때에는 공익적인 이유로 신문 참여의 제한이 가능하다고 소개하고 있다.

22) **아래의 문제점을 2007년 형사소송법 개정 전에도 대한변호사협회는 미리 예상하고 다음과 같은 의견을 법무부에 제출했다.** 즉 대한변협은 당시 법무부가 마련한 형사소송법 개정안에 대해 개정안 제243조의2 '피의자신문과 변호인의 참여'규정을 비롯한 일부 규정에 대해 삭제하거나 보완해야 한다는 의견으로, '변호인의 피의자신문 참여를 참여도 하기 전에 수사기관이 제한하는 것은 인정할 수 없다'며 제한규정의 삭제를 주장하고, '신문에 참여한 변호인에 대해 신문 중 진술을 제한하고 진술이 필요한 경우 검사 등의 승인을 받도록 한 규정도 삭제해야 한다'고 밝혔고, 오히려 '피의자와 변호인은 필요한 경우 수사기관에 신문과정을 촬영하거나 녹음을 신청할 수 있다'로 바꿔야 하며, 변호인참여권을 제대로 보장하기 위해 '신문 도중이라도 변호인은 제34조의 접견, 교통, 수진권을 행사할 수 있다'는 규정을 신설해야 한다고 주장하였던 것이다(송강호, "피의자 신문시 변호인 참여제도의 활성화 방안",「한림법학 FORUM」제20권, 한림대학교 법학연구소, 2009. 12, 50면 참조).

첫째, 변호인 참여를 배제할 '정당한 사유'는 무엇을 말하는가.[23]

둘째, 신문 중에는 수사기관의 승인을 받고 의견을 진술할 수 있는데, 수사기관은 무슨 기준으로 의견진술을 승인하거나 불승인할 수 있는가.[24]

셋째, 변호인이 이의할 수 있는 부당한 신문방법은 어떤 경우인가.[25] [26]

넷째, 이의와 의견진술은 반드시 구별되는가.[27]

다섯째, 신문 중 정당한 이의제기를 하는데도 수사기관이 수사방해로 보아 참여권을 배제할 수 있는가.[28]

여섯째, 수사과정과 문답 내용에 대해 변호인은 기록할 수 없는가. 이러한 입법흠결을 이용하여 수사기관은 하위규정을 통해 기록을 금지시킬 수 있는가. 그것은 합헌적인가.

일곱째, 신문 중 또는 신문 후 의견을 진술한 변호인의 의견은 무조건 피의자신문조서에 기재되어야 하는가. 또는 실무상 반드시 기재되고 있는가.[29] [30]

---

23) **오히려 법무부 2004년 형사소송법 개정시안에서는 변호인 참여권 제한사유가 상세히 나열되어 있었다.** 죄증의 인멸·은닉·조작 또는 조작된 증거의 사용, 공범의 도주, 피해자·당해 사건의 수사 또는 재판에 필요한 사실을 알고 있다고 인정되는 자 또는 그 친족의 생명·신체나 재산에 대한 위해가 예상되는 경우가 그것이다(송강호, "피의자 신문시 변호인 참여제도의 활성화 방안", 「한림법학 FORUM」 제20권, 한림대학교 법학연구소, 2009. 12, 58면 참조).

24) 변호인의 의견진술에 수사기관의 승인을 필요로 하는 것은 여러 가지 문제가 있다고 답변한 변호사는 앞서 본 변협의 설문조사 응답자 1,912명 중 1,676명에 달했다. 의견진술이 사실상 어렵게 되고, 불승인시 신속한 구제방법이 없다는 점 때문이다(박찬운, "변호인참여권의 현실과 문제점 그리고 활성화를 위한 제안－대한변협의 설문조사를 바탕으로－", 「인권과정의」 통권 제453호, 대한변호사협회, 2015. 11, 66면 참조); 최영승, 형사소송법, 피앤씨미디어, 2013, 61면 이하.

25) 규정모호로 인해 명확성에 반한다는 답변을 한 변호사는 위 1,676명 중 703명에 달하였다(박찬운, "변호인참여권의 현실과 문제점 그리고 활성화를 위한 제안－대한변협의 설문조사를 바탕으로－", 「인권과정의」 통권 제453호, 대한변호사협회, 2015. 11, 67면).

26) 종래 서울지방변호사회는 '부당한 신문방법'의 예시로, 고문, 폭행, 기망 등에 의한 신문과 같이 위법한 신문, 그 외 반말, 고압적 표현, 모욕적 조롱, 부당한 협박, 압력, 회유, 약속, 불가피한 사정이 없는 철야신문과 같이 피의자의 소송주체의 지위를 상당히 침해하는 신문방법 또는 피의자를 단순히 수사의 객체로 취급하는 신문방법과 같은 부당한 신문방법을 포함하여 이해하였다{수사기관 피고인(피의자)접견 및 신문참여 매뉴얼, 서울지방변호사회, 2013. 1, 47면}.

27) 同旨 피의자신문 참여를 위한 매뉴얼, 대한변호사협회, 2016. 5, 15면. 매뉴얼에서는 둘 사이의 구별이 명확하지 않지만, 적어도 피의자에 대한 반말, 고압적 표현, 모욕적인 조롱, 협박성 언사, 회유, 부득이한 사유 없는 철야신문 등에 대해서는 얼마든지 이의제기를 할 수 있어야 할 것으로 보고 있다.

28) 대한변호사협회는 이러한 경우에는 진술거부권 및 접견교통권을 행사하겠다고 하여, 피의자와 함께 조사실 밖으로 나가 조용한 곳에서 조언할 수 있도록 조치해야 한다고 권고하면서, 변호인의 피의자신문 참여 운영지침(대검찰청) 제8조를 근거로 신문 중의 접견신청을 이용해야 한다고 보고 있다(피의자신문 참여를 위한 매뉴얼, 대한변호사협회, 2016. 5, 15면).

29) 변호인의 의견진술 시 조서에 기재하는 강제규정이 없어 문제가 있다고 답변한 변호사는

여덟째, 변호인의 의견이 기재되지 아니한 신문조서에도 변호인의 서명날인을 받으려하는 수사기관이 있다면 이는 적법한가.[31]

아홉째, 하위규정인 범죄수사규칙에는 변호인에 대한 신문일시 통지규정이 있는데, 형사소송법에 이 같은 규정을 마련하는 것이 마땅하지 않는가.[32]

위와 같은 의문점을 내포하고 있는 불충분한 입법으로 인해 수사기관과 변호인 간에 해석의 차이를 가져왔고, 심한 경우 변호인 퇴실조치와 준항고 불복의 요인이 되어 왔다.[33] 이러한 예는 **대한변호사협회의 검사평가 결과 다수**

1,676명 중 842명에 달하였다(박찬운, "변호인참여권의 현실과 문제점 그리고 활성화를 위한 제안－대한변협의 설문조사를 바탕으로－", 「인권과정의」 통권 제453호, 대한변호사협회, 2015. 11, 66면).

30) 오히려 하위규정인 변호인의 피의자신문 참여운영 지침(대검찰청) 제7조는 변호인이 의견을 진술한 경우 그 내용을 조서에 기재하도록 강제하고 있다.
그리고 형사소송법 제244조 제2항에서는 피의자가 증감 또는 변경의 청구 등 이의를 제기하거나 의견을 진술한 때에는 이를 추가로 기재해야 한다고 규정하고 있으므로 이러한 점과 **균형을 맞출 필요가 있다.**

31) 하위규정인 변호인의 피의자신문 참여운영 지침(대검찰청) 제7조 제3항은 변호인의 의견이 기재된 조서뿐만 아니라 변호인이 열람한 조서에 대하여도 변호인으로 하여금 조서에 서명 또는 기명날인하게 강제하고 있다. 이에 대하여 대한변호사협회는 특별히 변호인의 의견진술이 없었던 조서는 날인하지 않아도 무방하며, 위 대검규칙은 법규성이 없으므로 수인의무가 없다고 보고 있다(피의자신문 참여를 위한 매뉴얼, 대한변호사협회, 2016. 5, 21－27면).

32) 이영돈, "변호인의 피의자신문 참여권의 범위와 한계", 「법학논고」 제47집, 경북대학교 법학연구원, 2014. 8, 273면에서는 범죄수사규칙(제59조 제2항 내지 제3항)은 이를 위반하여도 특별한 제재나 불이익이 없으므로, 신문기일의 사전통지를 통한 변호인 참여권을 실질적으로 보장하려면 통지규정을 법에 두어야 한다고 주장한다.

33) 대한변호사협회는 2015. 6. 16.자로 위법한 피의자신문 참여배제사례에 대한 성명서를 발표하면서 규탄했고, 이 사건의 준항고 결정에서, 수원지방법원은 검사가 변호사를 퇴거시킨 처분은 변호인의 피의자신문 참여권을 침해한 것으로 위법하다고 결정했고, 변호인이 잠시 기다려 달라는 검사의 요청을 거부하고 15분간 계속 수갑해제를 요구한 것이 수사방해에 해당하기 때문에 3차례에 걸쳐 중단을 요구했으나 이를 듣지 않아 부득이하게 퇴실 조치했다는 검찰의 주장을 받아들이지 않았다(수원지방법원 2015. 7. 28, 선고 2015보6 준항고 인용결정).

성 명 서

－ 검찰의 위법적인 수갑 사용과 변호인의 변론권 침해 행위를 강력히 규탄한다 －

대한변협은 최근 수원지방검찰청에서 발생한 검사의 위법적인 수갑 사용과 변호인의 변론권 침해 행위를 강력히 규탄하며, 이에 대해 깊은 유감을 표시한다.

2015. 5. 26. 수원지방검찰청의 모 검사는 피의자에게 수갑을 채운 상태에서 조사를 시작했고, **피의자의 수갑을 풀고 조사를 진행해달라는 변호인의 요청**에 대해 '인정신문은 조사가 아니다'라는 이유를 들어 거부했다. 이에 대해 변호인이 피의자 신문 시에 계구 사용은 허용되지 않는다는 헌법재판소 결정을 들면서 **거듭 수갑을 풀어달라고 요청하며** 이의를 제기하자, 검사가 수사방해를 이유로 두 명의 수사관에게 변호인을 퇴거시키라고 지시

의 사례에서 확인되었다.[34)]

3. 개정안 제시

따라서 당해 형사소송법 규정에 대해 대한변호사협회는 다음과 같은 <개정안>을 제시한다.[35)]

제243조의 2(변호인의 참여 등) ① 검사 또는 사법경찰관은 피의자 또는 그 변호인·법정대리인·배우자·직계친족 형제자매의 신청에 따라 **변호인을 피의자와 접견하게 하거나 피의자에 대한 신문에 참여하게 해야 한다. 다만 검사 또는 사법경찰관은 신문에 참여한 변호인이 의도적으로 신문을 방해하는 등 수사를 현저히 방해하는 경우 퇴거를 요구할 수 있다.** <내용 변경>[36)]

하여 변호인은 강제로 끌려 나가는 과정에서 전치 2주의 상해를 입게 되었고, 심지어 이후 피의자가 변호인의 조력을 원한다는 의사를 밝혔음에도 검찰이 이를 무시하고 변호인이 동석하지 않은 상태에서 피의자 신문을 진행한 충격적인 사건이 발생했다.

피의자는 조사를 받는 과정에서 신체적으로나 심리적으로 위축되지 않은 상태에서 자기의 방어권을 충분히 행사할 수 있어야 하고, 헌법재판소도 2005. 5. 26. '검사가 피의자 신문을 할 때에는 원칙적으로 계구를 사용하지 않아야 한다'라는 결정을 내려(2004헌마49 결정) 이점을 명확히 확인했다. 나아가 헌법상 보장된 무죄추정의 원칙과 불구속 수사의 원칙을 지키기 위해서는 변호인의 변론권과 피의자신문 참여권이 최대한 보장되어야 한다.

그럼에도 불구하고 검찰은 피의자에게 위법적인 방법으로 수갑을 사용하여 피의자의 인권을 침해하였을 뿐만 아니라, 이에 항의하는 변호인을 강제로 끌어내고 상해까지 입히면서 피의자의 방어권과 변호인의 변론권을 중대하게 훼손했다.

지난 해 검찰 수사 과정에서 스스로 목숨을 끊은 피의자가 22명에 달하는 등 피의자의 인권 보호에 중대한 문제가 있음에도 불구하고, 계속되는 검찰의 위법적인 수갑 사용 및 변호인의 변론권 무시행위는 변호인의 조력을 받을 권리 자체의 근간을 흔드는 것일 뿐만 아니라 피의자의 인권을 심각하게 침해하는 행위이다.

대한변협은 이번 사건의 경위에 대하여 그 진상을 밝히고 향후 유사한 사례가 재발하지 않도록 대책을 마련할 것을 검찰에 강력히 촉구하며, 이번 사태는 한 개인 변호사에 국한된 사건이 아니라 피의자의 인권 보호 및 변호인의 변론권이라는 헌법상의 원칙과도 직결되는 것이므로 이러한 사태의 중대성을 인식하여 향후 강력하게 대응할 것임을 밝힌다.

2015. 6. 16.

대한변호사협회
협회장 하 창 우

34) 2015년 검사평가 사례집(전국), 대한변호사협회, 2016. 1, 22면 이하 참조.
35) 개정안은 대한변협 TF 회의의 결과물이다. 다만, 각주의 설명들은 필자의 글이다.
36) 이로써 앞으로는 초기부터 참여배제를 할 수 없다. 일단 참여시킨 후 일정한 경우 퇴거시킬 수 있을 뿐이다.

② 신문에 참여하고자 하는 변호인이 2인 이상인 때에는 피의자가 신문에 참여할 변호인 1인을 지정한다. 지정이 없는 경우에는 검사 또는 사법경찰관이 이를 지정할 수 있다. <동일>

③ 변호인이 선임된 경우에는 검사 또는 사법경찰관은 신문일시 및 장소를 변호인에게 신문 전에 통지해야 한다.[37] <신설>

④ 신문에 참여한 변호인은 피의자의 옆이나 뒤에 동석하여 신문내용을 기록할 수 있고, 필요한 경우 피의자에게 조언을 할 수 있으며, 담당 검사 및 경찰관에게 신문내용에 대한 의견 및 부당한 신문방법에 대한 이의를 진술할 수 있다. <현행 3항이 개정안 4항이 되고, 내용 변경>[38]

⑤ 제1항에 따른 신문참여 및 그 제한, 제4항에 따른 변호인의 의견 및 이의가 있는 경우 담당 검사 또는 사법경찰관은 피의자신문조서에 그 요지를 기재해야 하며, 이 조서는 변호인에게 열람하게 한 후 변호인으로 하여금 그 조서에 기명날인 또는 서명하게 해야 한다. <현행 4항이 5항으로 되고, 내용 변경>[39]

⑥ 신문에 참여한 변호인은 신문 중이라도 제34조 제1항에 따라 피의자를 접견하고 서류 또는 물건을 수수할 수 있으며 의사로 하여금 진료하게 할 수 있다. <신설>[40]

⑦ 신문에 참여한 변호인이나 피의자는 검사 또는 사법경찰관에 의해 본조에 따른 변호인참여가 부당하게 제한된 경우 제34조 제2항을 준용한다. <신설>[41]

⑧ 제1항 내지 제7항은 피의자가 아닌 수사대상자 또는 참고인에게 변호인이 있는 경우에도 준용한다. <신설>[42]

제34조(피고인, 피의자와의 접견, 교통, 수진) ① 변호인 또는 변호인이 되려는 자는 신체구속을 당한 피고인 또는 피의자와 접견하고 서류 또는 물건을 수수할 수 있으며

---

37) 이로써 통지와 관련한 통일성을 기할 수 있게 되었다.

38) 이로써 변호인은 피의자의 옆에서 수사과정의 문답을 **기록**할 수 있고, 피의자에게 시의적절히 **조언**할 수 있으므로 충분한 조력을 할 수 있고, 피의자는 방어권을 보충받게 된다. 나아가 수사기관의 승인 없이도 신문 중에 **의견진술과 이의**를 할 수 있으므로 부당한 신문을 제지하거나 위법수사를 억지할 수 있게 된다. 그리고 이 과정에서 수사기관은 변호인의 참여를 배제할 수 없게 되었다.

39) 이로써 변호인의 의견 및 이의는 반드시 조서에 기재하게 되었고, 이를 위반할 경우 위법한 조서가 된다.

40) 이로써 피의자신문 과정에 참여한 변호인은 실질적 조력인이 될 수 있고, **피의자신문에 변호인이 참여하는 것은 헌법상 변호인 접견교통권의 일내용임이 분명하다.**
이미 대법원은 2007년 개정법 이전에도 "신체구속을 당한 사람은 수사기관으로부터 피의자신문을 받는 도중에라도 언제든지 변호인과 접견교통하는 것이 보장되고 허용되어야 할 것이고, 이를 제한하거나 거부하는 것은 신체구속을 당한 사람의 변호인과의 접견교통권을 제한하는 것으로서 위법임을 면치 못한다고 할 것이다."고 판시한 바 있다(대법원 2003. 11. 11, 선고 2003모402 결정[준항고인용에대한재항고]).

41) 이로써 수사상 인권침해가 수사기관 내부에서 신속히 시정될 수 있게 되었다.

42) 이로써 피의자에 제한된 것으로 해석된 현행법상 변호인의 참여권이 실질적 도움을 필요로 하는 다른 사람에게도 확대 적용될 수 있다.

의사로 하여금 진료하게 할 수 있다. <현행 제34조와 동일>

② 검사 또는 사법경찰관에 의해 제1항에 따른 변호인접견 등이 부당하게 제한된 경우 해당 검사·사법경찰관의 직속 소속기관 장에게 이의를 제기할 수 있고, 해당 소속기관의 장은 이에 대해 즉시 결정해야 한다. <신설>

V. 검찰사건사무규칙(법무부령)의 내용과 문제점

1. 검찰사건사무규칙

제9조의2(변호인의 피의자신문 참여)[43] ①「형사소송법」 제243조의2 제1항의 **"정당한 사유"란 변호인의 참여로 인하여 신문 방해, 수사기밀 누설 등 수사에 현저한 지장을 초래할 우려가 있다고 인정되는 경우**를 말한다.[44]

② 검사는「형사소송법」 제243조의2 제1항의 신청이 있는 경우 신청인에게 변호인 참여 전에 변호인선임에 관한 서면을 제출하도록 해야 한다.

③ 제2항의 변호인 참여 신청이 있는 경우에도 변호인이 상당한 시간 내에 출석하지 아니하거나 출석할 수 없는 경우에는 변호인의 참여 없이 피의자를 신문할 수 있다.

④ 검사는 변호인의 참여로 인하여 **다음 각 호**의 어느 하나의 사유가 발생하여 신문 방해, 수사기밀 누설 등 수사에 현저한 지장을 초래하는 경우에는 피의자신문 중이라도 변호인의 참여를 **제한**할 수 있다.[45]

---

43) **검찰사건사무규칙 제9조의2**와 검사의 사법경찰관리에 대한 수사지휘 및 사법경찰관리의 수사준칙에 관한 규정 제21조는 대법원과 헌법재판소의 결정취지에 따라 '정당한 사유'를 구체화하고 있지만, 형사소송법의 규정취지에 위배될 수 있다고 보는 견해로는 최석윤, "변호인의 피의자신문참여권에 대한 비교법적 연구",「형사정책연구」 제23권 제4호(통권 제92호), 한국형사정책연구원, 2012, 79면.

최석윤 교수는 그 이유로 특정한 답변을 유도하거나 진술번복을 유도하는 것을 제한사유로 인정하여 변호인조력권의 핵심적 내용을 부정하는 점, 부당하게 이의를 제기하는 경우는 내용이 포괄적으로 불필요한 갈등을 유발할 수 있는 점을 들고 있다.

44) 검찰의 2008년 검찰사건사무규칙 개정으로 이 조항이 대법원과 헌법재판소의 판결취지를 그대로 반영한 것으로 평가한 것으로는, 수사기관 피고인(피의자)접견 및 신문참여 매뉴얼, 서울지방변호사회, 2013. 1, 56면; 이영돈, "변호인의 피의자신문 참여권의 범위와 한계",「법학논고」 제47집, 경북대학교 법학연구원, 2014. 274면에서는 **정당한 사유로 신문방해, 수사기밀 누설 등이라는 기준을 제시한 대법원 판례**(대법원 2003. 11. 11, 선고 2003모402 결정)**와 헌법재판소 결정**(헌법재판소 2004. 9. 23, 선고 2000헌마138 결정)**을 재확인함과 동시에 '수사에 현저한 지장을 초래할 우려'라는 다소 추장적 기준을 추가한 것으로 평가**하고 있다.

45) 앞서 본 대한변협의 설문조사에서 응답자 1,912명 중 1,726명이 해당 규칙 조항으로 인해 변호인참여권 제한을 경험한 바 있다고 답하였다(박찬운, "변호인참여권의 현실과 문제점 그리고 활성화를 위한 제안－대한변협의 설문조사를 바탕으로－",「인권과정의」 통권 제453호, 대한변호사협회, 2015. 11, 68면 참조).

1. **검사의 승인 없이 부당하게 신문에 개입하거나 모욕적인 언동 등을 행하는 경우**
2. **피의자를 대신하여 답변하거나 특정한 답변 또는 진술 번복을 유도하는 경우**
3. **「형사소송법」 제243조의2 제3항 단서에 반하여 부당하게 이의를 제기하는 경우**
4. **피의자 신문내용을 촬영·녹음·기록하는 경우.** 다만, 기록의 경우 피의자에 대한 법적 조언을 위해 변호인이 기억환기용으로 간략히 메모를 하는 것은 제외한다.

2. 문제점

이 검찰규칙에 대해서도 다음과 같은 의문이 제기된다.

첫째, 변호인의 참여로 인하여 신문이 방해되는 경우는 흔히 예상되기 마련인데 수사기관 입장에서 방해로 느껴지기만 하면 언제나 참여를 배제할 수 있는가. 또 미리부터 참여를 배제한다면 도대체 이 제도는 왜 두었는가.

둘째, 수사에 참여한 변호인이 당해 수사내용을 탐지·파악하는 것은 변론의 핵심적 전제요소인데, 수사기밀 누설을 이유로 참여를 미리부터 배제할 경우 배제될 수 있는 경우의 수는 무한대가 아닌가.[46)]

셋째, 신문 중 검사의 승인 없이 부당하게 신문에 개입하거나 모욕적인 언동을 하는 경우 일단 시작된 참여를 제한할 수 있는데, 만약 검사가 고의로 승인해주지 않을 경우 변호인은 진행 중인 수사에 전혀 개입할 수 없는가. 또 항의하는 과정을 검사가 모욕적이라거나 부당하게 신문에 개입한 것으로 자의적 판단을 할 여지는 없는가.[47)]

넷째, 피의자를 대신해 답변하거나 특정한 답변 또는 진술 번복을 유도하는 것 중 상당수는 정당한 변론권 범위 안의 것이 있을 수 있는데,[48)49)] 변호인

---

46) 同旨 조성제, "피의자신문에 있어서 헌법상 적법절차원리의 구현", 「세계헌법연구」 제14권 제1호, 국제헌법학회, 2008, 379면.

47) 변협 설문조사에서는 1,249명의 변호사가 검사의 자의적 판단을 우려하였다(박찬운, "변호인참여권의 현실과 문제점 그리고 활성화를 위한 제안－대한변협의 설문조사를 바탕으로－", 「인권과정의」 통권 제453호, 대한변호사협회, 2015. 11, 68면 참조); 이영돈, "변호인의 피의자신문 참여권의 범위와 한계", 「법학논고」 제47집, 경북대학교 법학연구원, 2014. 8, 276－277면.

48) 이러한 문제점에 대해 답변한 변호사는 1,245명이었다(박찬운, "변호인참여권의 현실과 문제점 그리고 활성화를 위한 제안－대한변협의 설문조사를 바탕으로－", 「인권과정의」 통권 제453호, 대한변호사협회, 2015. 11, 68면). 정당한 변론권 범위 내로 볼 경우와 그렇지 않은 경우의 경계가 모호하다는 것이다; 최석윤, "변호인의 피의자신문참여권에 대한 비교법적 연구", 「형사정책연구」 제23권 제4호(통권 제92호), 한국형사정책연구원, 2012, 69면에서 최석윤 교

의 변론권은 이 같은 피의자신문에서는 전혀 사용될 수 없는 것인가. 수사 도중 적당한 조언을 주기 위해 변호인참여권이 존재하는데 지나치게 참여권을 제한하게 되는 것이 아닌가.[50)]

다섯째, 원칙적으로 기록을 금지하고, 예외적으로 기억환기를 위한 간략한 메모만 허락하는 것이 타당한가. 간략한 메모인지를 판단하는 주체는 누구이며, 그 기준은 무엇인가.[51)] [52)] [53)]

수도 '특정한 답변을 유도하는 것이나 진술번복을 유도하는 것을 제한사유로 인정하는 것은 경우에 따라 변호인의 조력을 받을 권리의 핵심적인 내용을 부정하는 것이 될 수 있기 때문에 특히 문제된다'고 보고 있다; 배종대/이상돈/정승환/이주원, 신형사소송법, 제5판, 홍문사, 2013, 115면; 이영돈, "변호인의 피의자신문 참여권의 범위와 한계", 「법학논고」 제47집, 경북대학교 법학연구원, 2014. 8, 276면.

49) 박찬운 교수는 이러한 경우로, 피의자가 지적 능력이 부족하고, 조사과정의 분위기 때문에 제대로 답변하지 못하는 경우 변호인이 대신 답변하는 것이 필요할 수 있다고 보고 있다. 따라서 대신답변을 일률적으로 금지하는 것은 부당하다는 것이다(박찬운, "변호인참여권의 현실과 문제점 그리고 활성화를 위한 제안－대한변협의 설문조사를 바탕으로－", 「인권과정의」 통권 제453호, 대한변호사협회, 2015. 11, 69면).

반면, 서울지방변호사회는 변호인의 대신 답변 및 진술번복 유도는 원칙적으로 참여권의 범위를 벗어나는 것으로 보았다{수사기관 피고인(피의자)접견 및 신문참여 매뉴얼, 서울지방변호사회, 2013. 1, 54면}.

50) 同旨 국가인권위원회는 "형사소송법 제243조의2 제3항은 변호인의 의견진술 시기에 대해 규정한 것으로, 이는 피의자신문 과정에 참여한 변호인으로 하여금 피의자신문 과정 및 신문의 내용 등에 대한 의견을 종합적, 최종적으로 진술할 수 있도록 기회를 부여한 것일 뿐, 이를 피의자와 변호인 간의 자유로운 상담, 조언에 대한 제한의 근거로 볼 수 없다."고 보아 충분한 조력권은 변호인의 조언을 필수요소로 함을 밝히고 있고(국가인권위원회 12진정0456100 결정, 2013. 7. 16.), 대법원도 최근 변호인의 진술거부권 행사권유에 대해 수사방해를 이유로 변호인을 끌어낸 행위가 변호사의 직업수행의 자유, 신체의 자유와 인격권을 침해한 위법행위라고 판시하였다(대법원 2014. 10. 27, 선고 2014다44547 판결; 대법원 2007. 1. 31, 선고 2006모656 결정; 대법원 2003. 11. 11, 선고 2003모402 결정; 서울중앙지방법원 2012. 7. 19, 선고 2009가소328669 판결); 피의자신문 참여를 위한 매뉴얼, 대한변호사협회, 2016. 5, 20면.

51) 변협 설문조사에서 1,201명의 변호사가 검사의 자의적 판단에 따라 기억환기용 기록 유무가 결정된다고 보고, 그 중 1,069명은 신문을 촬영·녹음·기록하는 것이 수사에 현저한 장애를 초래하지 않을 것이라고 보았다(박찬운, "변호인참여권의 현실과 문제점 그리고 활성화를 위한 제안－대한변협의 설문조사를 바탕으로－", 「인권과정의」 통권 제453호, 대한변호사협회, 2015. 11, 69면 참조); 이영돈, "변호인의 피의자신문 참여권의 범위와 한계", 「법학논고」 제47집, 경북대학교 법학연구원, 2014. 8, 277－278면에서도 촬영이나 녹음이 수사를 방해하거나 수사기밀을 누설할 염려가 있음이 명백한 경우가 아니라면 허용되어야 할 것으로 보았다.

52) 피의자신문에 참여하는 변호인은 당연히 메모할 수 있으며 이를 금지하는 것은 피의자의 방어권을 제한하는 것이라는 국가인권위원회의 결정으로는 2014. 2. 12, 13진정0573200 결정(피의자신문 참여를 위한 매뉴얼, 대한변호사협회, 2016. 5, 2면, 18－19면 참조).

위 인권위 결정은 참여는 참관에 그치는 것이 아니라는 점, 참여의 목적이 신문 중 변론과 방어권 보충, 신문 후의 남은 수사에 대한 대비라는 점에서 지극히 타당한 결정이라고 본다. 참여한 변호사는 당연히 조언할 수 있고, 기록할 수 있어야 할 것이다.

영국에서는 피의자신문에 참여한 변호인의 역할 4개를 ① 피의자가 신문에 대한 답변여부와 관계없이 신문에서 최선을 다하는 것을 보장, ② **신문 내용이 정확하게 기록되도록 하고**

3. 개정안 제시

따라서 당해 규칙에 대해 대한변호사협회는 다음과 같은 **<개정 가이드라인>**을 제시한다.[54]

제9조의2(변호인의 피의자신문 참여) ① 검사는 「형사소송법」 제243조의2 제1항의 신청이 있는 경우 신청인에게 변호인 참여 전에 변호인선임에 관한 서면을 제출하도록 해야 한다. <현행 1항 내용 삭제[55] 후 현행 2항이 개정안 1항이 됨>

② **제1항의** 변호인 참여 신청이 있는 경우에도 변호인이 상당한 시간 내에 출석하지 아니하거나 출석할 수 없는 경우에는 변호인의 참여 없이 피의자를 신문할 수 있다. <현행 3항이 개정안 2항이 되고, 단순 변경>

③ 「형사소송법」 제243조의2 제1항 단서에 따라 검사가 신문에 참여한 변호인에게 퇴거를 요구한 경우 검사는 그 사유를 피의자 및 변호인에게 고지해야 한다. 검사는 퇴거를 요구한 사실 및 그 사유를 피의자신문조서에 기재해야 하고, 변호인의 신청이 있는 경우 즉시 퇴거요구 사실 및 그 사유를 기재한 문서를 변호인에게 교부해야 한다. <신설>[56]

④항 삭제[57]

변호인 스스로 기록, ③ 경찰이 모든 신문절차에서 공정하고, 법률과 실무규칙을 준수하는지 여부를 관찰, ④ 피의자를 불필요한 압력과 고통으로부터 보호**하는 것으로 인식하고 있다고 하니**(이영돈, "변호인의 피의자신문 참여권의 범위와 한계", 「법학논고」 제47집, 경북대학교 법학연구원, 2014. 8, 264면), **수사내용에 대한 변호인의 기록이 얼마나 중요한지 알 수 있다.**

53) 수사기관이 변호인의 메모행위를 심각하게 제지하거나 제한하여 사실상 메모를 금지하는 것과 같은 결과를 초래한 경우, 피의자의 방어권에 대한 중대한 침해라고 보아 피의자에게 진술거부권을 행사하도록 하여 간접적으로 수사기관의 부당한 메모금지 행위에 저항할 수 있다고 보는 견해로는, 피의자신문 참여를 위한 매뉴얼, 대한변호사협회, 2016. 5, 11면.

더 나아가 대한변호사협회는 만약 수사기관이 변호인의 메모를 제지하거나 메모를 빼앗아 찢는 행위에까지 나아갈 경우에는 형사소송법 제417조의 준항고 또는 헌법소원을 제기하고, 동시에 직권남용 권리행사방해죄, 업무방해죄, 재물손괴죄로 고소하거나 국가배상청구를 제기하는 등 적극적 법대응이 필요하다고 권고하고 있다(같은 매뉴얼 17면).

54) 개정 가이드라인은 대한변협 TF 회의의 결과물이다. 다만, 각주의 설명들은 필자의 글이다.

55) 이로써 '정당한 사유'를 빙자하여 참여권을 애초부터 불허할 수 있는 근거를 삭제했다. 따라서 이제는 일단 참여권은 무조건 보장한 후 특별한 몇 가지 경우 참여권을 제한할 수 있을 뿐이다.

56) 이로써 퇴거요구의 정황이 명시적으로 기재되어 증거로 남을 수 있다. 따라서 향후 재판에서 수사과정의 적법성이 본격적으로 논해지고 조서의 증거능력에 영향을 미칠 수 있게 된다. 변호인도 서둘러 상급 수사기관 또는 법원을 통하여 시정을 구할 수 있다.

57) 이로써 여러 가지 사유로 참여배제를 당할 수 있었던 나열된 예시들이 삭제되어 참여권 보장에 도움이 될 수 있다. **특히 앞으로는 정당한 이의를 하는데 신문방해라며 내쫓는 행위, 기록하는 것을 수사기밀 누설로 보아 금지시키는 행위, 조언하는 것을 특정답변을 유도하는 것으로 치부하는 행위가 사라지게 되었다.**

Ⅵ. 검사의 사법경찰관리에 대한 수사지휘 및 사법경찰관리의 수사준칙에 관한 규정(대통령령)의 내용과 문제점

1. 동 규정

제21조(변호인의 피의자신문 참여) ① 사법경찰관은 법 제243조의2제1항에 규정된 자의 신청을 받았을 때에는 **정당한 사유가 없으면 변호인을 피의자신문에 참여하게 해야 한다.** 이 경우 정당한 사유란 변호인의 참여로 인하여 신문 방해, 수사기밀 누설 등 수사에 현저한 지장을 줄 우려가 있다고 인정되는 경우를 말한다.

② 사법경찰관은 제1항의 신청을 받았을 때에는 신청인으로 하여금 변호인 참여 전에 변호인 선임에 관한 서면을 제출하도록 해야 한다.

③ 제1항의 변호인 참여 신청을 받았을 때에도 변호인이 상당한 시간 내에 출석하지 아니하거나 출석할 수 없으면 변호인의 참여 없이 피의자를 신문할 수 있다.

④ 사법경찰관은 변호인의 참여로 인하여 **다음 각 호**의 어느 하나에 해당하는 사유가 발생하여 신문 방해, 수사기밀 누설 등 수사에 현저한 지장이 있을 때에는 피의자신문 중이라도 변호인의 참여를 제한할 수 있다.

1. 사법경찰관의 승인 없이 부당하게 신문에 개입하거나 모욕적인 말과 행동 등을 하는 경우
2. 피의자를 대신하여 답변하거나 특정한 답변 또는 진술 번복을 유도하는 경우
3. 법 제243조의2 제3항 단서에 반하여 부당하게 이의를 제기하는 경우
4. 피의자신문 내용을 촬영·녹음·기록하는 경우. 다만, 기록의 경우 피의자에 대한 법적 조언을 위하여 변호인이 기억을 되살리기 위해 하는 간단한 메모는 제외한다.

2. 문제점

이 규정은 바로 앞에서 살핀 검찰사건사무규칙의 규정을 그대로 답습하되, 다만 그 주체를 검사에서 사법경찰관으로 바꾸었을 뿐이다.

따라서 검찰사건사무규칙에 해석상 문제점이 그대로 존재하고, 개정 가이드라인 제시도 같은 것이 될 수밖에 없다.

다만 학계에서는 다음과 같은 '규정형식에 대한 비판'을 별도로 하고 있다.

변호인의 피의자신문참여권은 법치국가원칙과 적법절차원칙에서 도출된

원리인데 이를 제한하는 **'정당한 사유'를 행정입법**으로서 수사기관의 내부준칙에 불과한 수사준칙규정에서 구체화하여 제한하는 것이 형사소송법의 개정취지에 부합하는가.[58)]

3. 개정안 제시

따라서 당해 대통령령에 대해 대한변호사협회는 다음과 같은 **<개정 가이드라인>**을 제시한다.[59)]

제21조(변호인의 피의자신문 참여) ① 사법경찰관은 법 제243조의2 제1항에 규정된 자의 신청을 받았을 때에는 **변호인을 피의자신문에 참여하게 해야 한다. 다만, 사법경찰관은 피의자신문에 참여한 변호인이 의도적으로 신문을 방해하는 등 수사를 현저히 방해하는 것이 명백한 경우에 한하여 변호인에게 퇴거를 요구할 수 있고, 퇴거 요구 시에는 그 사유를 피의자 및 변호인에게 고지해야 한다.** <현행 규정의 참여를 제한할 수 있는 '정당한 사유'와 그 예시를 삭제하되,[60)] 일단 개시된 참여가 부당하게 작동될 경우 퇴거요구를 허용>

② 사법경찰관은 제1항의 신청을 받았을 때에는 신청인으로 하여금 변호인 참여 전에 변호인 선임에 관한 서면을 제출하도록 해야 한다. <동일>

③ 제1항의 변호인 참여 신청을 받았을 때에도 변호인이 상당한 시간 내에 출석하지 아니하거나 출석할 수 없으면 변호인의 참여 없이 피의자를 신문할 수 있다. <동일>

④ 사법경찰관은 제1항에 따라 신문에 참여한 변호인에게 퇴거를 요구한 경우 퇴거요구 사실 및 그 사유를 수사보고서와 조서에 각 기재해야 하고, 작성한 수사보고서는 기록에 첨부해야 한다. 변호인의 신청이 있는 경우 즉시 퇴거 요구 사실 및 그 사유를 기재한 문서를 변호인에게 교부해야 한다. <신설[61)], 현행 ④항은 삭제[62)]>

---

58) 신동운, 신형사소송법, 제5판, 법문사, 2014, 257면; 이영돈, "변호인의 피의자신문 참여권의 범위와 한계", 「법학논고」 제47집, 경북대학교 법학연구원, 2014. 8, 275면.

59) 개정 가이드라인은 대한변협 TF 회의의 결과물이다. 다만, 각주의 설명들은 필자의 글이다.

60) 이로써 '정당한 사유'를 빙자하여 참여권을 애초부터 불허할 수 있는 근거를 삭제했다. 따라서 이제는 일단 참여권은 무조건 보장한 후 특별한 몇 가지 경우 참여권을 제한할 수 있을 뿐이다.

61) 이로써 퇴거요구의 정황이 명시적으로 기재되어 증거로 남을 수 있다. 따라서 향후 재판에서 수사과정의 적법성이 본격적으로 논해지고 조서의 증거능력에 영향을 미칠 수 있게 된다. 변호인도 서둘러 상급 수사기관 또는 법원을 통하여 시정을 구할 수 있다.

62) 이로써 여러 가지 사유로 참여배제를 당할 수 있었던 나열된 예시들이 삭제되어 참여권 보장에 도움이 될 수 있다.

Ⅶ. 변호인의 피의자신문 참여 운영지침 (대검 규칙)의 내용과 문제점

1. 변호인의 피의자신문참여 운영지침

제2조(변호인의 피의자신문 참여) ① 검사는 피의자나 변호인의 신청이 있는 경우 피의자의 신문에 변호인의 **참여를 허용해야 한다.** 다만, **다음 각 호**의 1에 해당하는 결과가 발생할 것이라고 믿을 만한 상당한 이유가 있는 때에는 **그러하지 아니하다.**

1. 증거의 인멸, 은닉, 조작 또는 조작된 증거의 사용
2. 공범의 도주 등 형사소송법 제11조에 규정된 관련사건의 수사에 대한 지장
3. 피해자, 당해 사건의 수사 또는 재판에 필요한 사실을 알고 있다고 인정되는 자 또는 그 친족의 생명, 신체나 재산에 대한 침해

② 피의자에게 형사소송법 제33조 제1호 내지 제4호에 해당하는 사유가 있는 경우에는 피의자의 법정대리인, 배우자, 직계친족, 형제자매와 호주는 독립하여 제2조 제1항의 신청을 할 수 있다.

③ 피의자 또는 제2항에 규정된 자가 변호인의 참여를 신청하였으나 변호인이 원하지 아니하는 경우와 변호인이 참여를 신청하였으나 피의자가 명시적으로 원하지 아니하는 경우에는 변호인 없이 신문할 수 있다.

④ 피의자 또는 제2항에 규정된 자나 변호인의 신청이 있는 경우 검사는 신청인으로 하여금 별지 제1호 서식에 의한 변호인 참여신청서와 변호인선임신고서를 제출하도록 해야 한다.

⑤ 피의자 신문에 참여하고자 하는 변호인이 2인 이상 있는 때에는 검사는 피의자 신문에 참여할 대표변호인 1인을 지정하도록 할 수 있다.

⑥ 검사는 제1항 각호에 의하여 변호인의 피의자신문참여를 허용하지 않는 경우에도 형사소송법 제34조에 규정된 변호인의 피의자와의 접견·교통을 제한하여서는 아니 된다.

제3조(변호인 신문참여권의 고지) 검사는 피의자의 진술을 들을 때에는 미리 피의자에 대하여 변호인을 참여시킬 수 있음을 알려야 한다.

제4조(피의자신문 참여 결정) ① 검사는 피의자 또는 제2조 제2항에 규정된 자나 변호인으로부터 변호인의 신문 참여 요청을 받은 경우 신속하게 허용 여부를 결정해야 한다. 변호인 참여 허부 결정은 당해 신문에 한하여 효력이 있다.

② 검사는 변호인 참여신청서 상단에 참여 허용 여부 등을 기재한 후 원본은 기록에 편철하고, 부본 1부를 사건사무담당직원에게 송부하여 이를 관리하도록 해야

한다.

③ 변호인의 신문 참여를 거부하는 경우 별지 제2호 서식에 의하여 변호인 신문 참여를 신청한 피의자나 제2조 제2항에 규정된 자 또는 변호인에게 그 취지를 통지하고, 그 부본을 기록에 첨부해야 한다.

제5조(변호인의 좌석) ① 검사는 피의자 후방의 적절한 위치에 신문에 참여하는 변호인의 좌석을 마련해야 한다.

② 검사는 변호인이 참여하여 피의자를 신문할 경우, 변호인 참여에 적절한 조사실에서 피의자를 신문할 수 있다.

제6조(변호인에 대한 퇴거요구) ① 검사는 변호인의 신문 참여로 인하여 제2조 제1항 단서에 해당하는 사유 또는 다음 각호의 사유가 발생하거나 발생할 염려가 있는 때에는 변호인에게 **퇴거를 요구**하고 변호인 없이 신문할 수 있다. 변호인이 상당한 시간 내에 출석하지 아니하거나 출석할 수 없는 경우에도 변호인의 참여없이 피의자를 신문할 수 있다.

1. 검사의 승인없이 신문에 개입·제지하거나 중단시키는 경우
2. 피의자를 대신하여 답변하거나 특정한 답변 또는 진술 번복을 유도하는 경우
3. 모욕적인 언동 등으로 신문 방해를 야기하는 경우
4. 피의자 신문내용을 촬영, 녹음, 기록하는 경우
5. 기타 위 제1호 내지 제4호의 경우에 준하여 수사에 현저한 지장을 초래하는 경우

② 제1항의 사유로 신문에 참여한 변호인을 퇴거하게 한 경우 그 구체적 정황을 수사보고서로 작성하여 기록에 첨부해야 한다.

제7조(변호인의 의견진술과 조서열람) ① 신문에 참여한 변호인은 **신문 후 의견을 진술**할 수 있다. 다만, **신문 중이라도 필요한 때에는 검사의 승인을 받아 의견을 진술**할 수 있다. **변호인이 의견을 진술한 경우 그 내용을 조서에 기재**하고 변호인에게 열람하게 하거나 읽어 주어야 한다.

② 검사는 신문에 참여한 변호인이 조서의 열람을 요청하는 경우 형사소송법 제244조의 규정에 의하여 조서 작성을 완료한 다음 이를 열람하게 할 수 있다.

③ 제1항에 의하여 변호인의 의견이 기재된 조서와 제2항에 의하여 변호인이 열람한 조서에 대하여는 변호인으로 하여금 그 조서에 서명 또는 기명날인하게 한다.

④ 변호인은 조서 열람 후 조서기재의 정확성 등에 관한 의견서를 제출할 수 있고, 검사는 변호인이 이를 제출하는 경우 당해 조서 다음 순서에 편철해야 한다.

제8조(변호인의 접견교통) ① 검사는 피의자 **신문 중 변호인이 접견을 신청하는 경우 이를 허용**해야 한다.

② 검사는 변호인의 접견으로 인하여 신문을 계속할 수 없는 경우 그 취지를 조서에 기재하고 신문을 중지하거나 종료할 수 있다.

제9조(변호인 참여 등의 기재) ① 검사는 피의자 신문 중 변호인이 시종 참여한 경

우는 물론 신문을 진행하고 있는 중간에 변호인이 참여하는 경우, 신문 중 변호인이 퇴거하는 경우에도 조서에 그 취지를 기재해야 한다.

② 검사는 피의자를 신문함에 있어 피의자가 변호인의 참여를 요청하며 진술을 거부하는 경우 그 취지를 조서에 기재하고 신문을 계속하거나 종료할 수 있다.

제10조(고소인 등과의 대질 조사) ① 검사는 피의자와 고소인 등 이해관계가 대립하는 사건관계자를 대질조사함에 있어 피의자의 변호인이 참여할 경우 고소인 등이 선임한 변호사를 참여하게 할 수 있다.

② 제2조 제2항, 제4항, 제4조 내지 제7조, 제9조 제1항의 규정은 고소인 등이 선임한 변호사를 참여시킴에 있어 준용한다.

제11조(수사기밀 누설 방지) 검사는 변호인의 피의자 신문 참여로 인하여 수사기밀이 누설되지 않도록 필요한 조치를 해야 한다.

제12조(준용규정) 본 지침은 검찰수사관 등 사법경찰관의 직무를 수행하는 검찰청직원이 피의자를 신문하는 경우에 준용한다.

2. 문제점

위 대검찰청 지침에 대해서도 다음과 같은 추가 의문이 제기된다.

첫째, 참여를 불허할 사유 예시가 지나치게 넓은 것이 아닌가. 의도적으로 신문을 방해하는 등 수사를 현저히 방해하는 것이 객관적으로 명백한 경우로 한정된다면 폭넓은 사유 예시는 불필요한 것이 아닌가.

둘째, 변호인선임신고서를 제출한 변호인이 형사소송법상 명문으로 허용된 변호인참여권 행사를 하기 위해 왜 별도로 검찰이 별지로 마련한 서식 변호인 참여신청서를 제출해야 하는가.

셋째, 형사소송법상 명문으로 허용된 변호인참여권을 행사하는 데에 검사의 허용 여부 결정이 왜 필요한가.

넷째, 변호인의 좌석을 피의자 후방으로만 고정하여 허용할 경우 적절한 변호권 조력이 가능한가.[63)]

다섯째, 일단 참여한 변호인을 퇴거요구할 수 있는 사유 역시 지나치게 추상적이거나 포괄적이지 않는가. 그리고 변호사의 기록을 금지하는 것은 변호인

63) 헌법재판소는 “불구속 피의자나 피고인의 경우 형사소송법상 특별한 명문의 규정이 없더라도 스스로 선임한 변호인의 조력을 받기 위하여 변호인을 옆에 두고 조언과 상담을 구하는 것은 수사절차의 개시에서부터 재판절차의 종료에 이르기까지 언제나 가능하다.”고 판시하고 있다(헌법재판소 2004. 9. 23, 선고 2000헌마138 결정). 물론 물리적 의미에서의 옆으로 형식해석할 수는 없다.

조력권을 사실상 형해화시키는 조치가 되지 않는가.

여섯째, 신문 중에는 변호인의 의견진술을 검사의 승인을 요건으로만 허용하는데, 신문 중 자유로운 의견진술을 금지하는 것이 타당한가.

일곱째, 신문 중 피의자가 비로소 변호인 참여를 요청하며 진술을 거부할 경우 그 취지 기재를 불문하고 신문은 중단되어야 하는 것이 아닌가.

여덟째, 고소사건의 대질조사 시 고소인의 변호사에게도 독립적으로 참여권을 보장하는 것이 타당하지 않는가. 피의자의 변호사가 참여할 것을 조건으로만 인정하는 것은 피해자 보호에 미흡한 조치가 아닌가.

3. 개정안 제시

따라서 당해 운영지침에 대해 대한변호사협회는 다음과 같은 **<개정 가이드라인>**을 제시한다.[64)]

제2조(변호인의 피의자신문 참여) ① 검사는 피의자나 변호인의 신청이 있는 경우 피의자의 신문에 변호인의 참여를 허용해야 한다. **다만, 검사는 피의자 신문에 참여한 변호인이 의도적으로 신문을 방해하는 등 수사를 현저히 방해하는 것이 명백한 경우에 한하여 변호인에게 퇴거를 요구할 수 있고, 퇴거 요구 시에는 그 사유를 피의자 및 변호인에게 고지해야 한다.** <내용 변경>[65)]

② 검사는 제1항에 따라 신문에 참여한 변호인에게 퇴거를 요구한 경우 퇴거요구 사실 및 그 사유를 수사보고서와 조서에 각 기재해야 하고, 작성한 수사보고서는 기록에 첨부해야 한다. 변호인의 신청이 있는 경우 즉시 퇴거요구 사실 및 그 사유를 기재한 문서를 변호인에게 교부해야 한다. <신설>[66)]

③ 피의자에게 형사소송법 제33조 제1호 내지 제4호에 해당하는 사유가 있는 경우에는 피의자의 법정대리인, 배우자, 직계친족, 형제자매는 독립하여 제2조 제1항의 신청을 할 수 있다. <현행 2항이 개정안 3항으로 되고, 내용 중 **호주 삭제**>

④ 피의자 또는 **제3항**에 규정된 자가 변호인의 참여를 신청하였으나 변호인이 원하지 아니하는 경우와 변호인이 참여를 신청하였으나 피의자가 명시적으로 원하지 아니하는 경우, **변호인이 상당한 시간 내에 출석하지 아니하거나 출석할 수 없는 경**

64) 개정 가이드라인은 대한변협 TF 회의의 결과물이다. 다만, 본문과 각주의 설명들은 필자의 글이다.

65) 이로써 여러 가지 사유를 들어 애초부터 참여를 불허할 수 있었던 독소조항을 제거했다. 따라서 개정안에 따를 때 일단 참여시킨 후 의도적 수사방해에 한하여 퇴거를 요구할 수 있을 뿐이다.

66) 이로써 수사과정의 적법성을 사후 심사하기 용이해졌다. 또 빠른 불복이 손쉬워졌다.

우에는 변호인 없이 신문할 수 있다. <현행 3항이 개정안 4항으로 되고, 일부 내용 변경>

⑤ 피의자 또는 **제3항**에 규정된 자나 변호인의 신청이 있는 경우 검사는 신청인으로 하여금 **변호인선임신고서**를 제출하도록 해야 한다. <현행 4항이 개정안 5항으로 되고, 일부 내용 변경>[67)]

⑥ 피의자 신문에 참여하고자 하는 변호인이 2인 이상 있는 때에는 검사는 피의자 신문에 참여할 대표변호인 1인을 지정하도록 할 수 있다. <현행 5항이 개정안 6항으로 되고, **종전 6항은 삭제**>

제3조(변호인 신문참여권의 고지) ① 검사는 피의자의 진술을 들을 때에는 미리 피의자에 대하여 변호인을 참여시킬 수 있음을 알려야 한다. <현행 3조 내용이 개정안 3조 1항이 됨>

② **변호인이 선임된 경우 검사는 신문일시 및 장소를 신문 전에 변호인에게 통지해야 한다.** <신설>[68)]

제4조(피의자신문 참여의 효력) 검사는 피의자 또는 **제2조 제3항**에 규정된 자나 변호인으로부터 변호인의 신문 참여 요청을 받은 경우 **신속하게 해당 변호인을 신문절차에 참여시켜야 한다.** <현행 4조 1항이 개정안 4조 내용이 되고, 일부 내용 변경하고, 현행 4조 2항 및 동조 3항은 삭제>[69)]

제5조(변호인의 좌석) ① 검사는 **피의자의 옆이나 뒤에** 신문에 참여하는 변호인의 좌석을 마련해야 한다. <내용 변경>[70)]

② 검사는 변호인이 참여하여 피의자를 신문할 경우, 변호인 참여에 적절한 조사실에서 피의자를 신문할 수 있다.

제6조(변호인의 의견진술 및 기록과 조서열람) ① 신문에 참여한 변호인은 **필요한 경우 의견을 진술할 수 있다.** 변호인이 의견을 진술한 경우 검사는 그 내용을 조서에 기재하고 변호인에게 열람하게 하거나 읽어 주어야 한다. <**변호인에 대한 퇴거요구를 규정한 현행 6조를 삭제**하고, 현행 7조가 개정안 6조로 이동, 일부 내용 변경>[71)]

---

67) 이로써 별도의 변호인 참여신청서를 제출하지 않아도 된다.

68) 이로써 변호인이 피의자신문에 참여하기가 보다 용이해졌다.
종래 서울지방변호사회의 설문조사에서 변호인참여 경험이 있던 회원들은 불구속 사건은 신문일시를 미리 알고 출석의사를 표시해 왔지만, 구속사건은 별도로 통보가 오지 않는 한 신문일시를 인지하지 못하여 참석하기가 어려운 경우가 대부분이라고 답변한 사실이 있었다{수사기관 피고인(피의자)접견 및 신문참여 매뉴얼, 서울지방변호사회, 2013. 1, 108면}.

69) 이로써 참여신청에 대해 검사가 허용여부를 결정하던 방식에서 무조건 신속하게 참여시켜야 하는 방식으로 변경되었고, 변호인 참여의 효력이 당해 신문 이외 후속 신문에서도 유효하게 되었다.

70) 이로써 피의자 후방에서 적절한 도움을 적기에 주기 어려웠던 조사환경이 개선되었다.

71) 현행 6조는 퇴거요구사유로 다양한 사유를 두고 있다{제2조 제1항 단서에 해당하는 사유 또는 다음 각 호의 사유(1. 검사의 승인 없이 신문에 개입·제지하거나 중단시키는 경우, 2. 피의자를 대신하여 답변하거나 특정한 답변 또는 진술 번복을 유도하는 경우, 3. 모욕적인 언동

② 신문에 참여한 변호인은 신문 내용을 자유롭게 기록할 수 있다. <신설>[72]

③ 검사는 신문에 참여한 변호인이 조서의 열람을 요청하는 경우 형사소송법 제244조의 규정에 의하여 조서 작성을 완료한 다음 이를 열람하게 할 수 있다. <현행 7조 2항에서 개정안 6조 3항으로 이동>

④ 제1항에 의하여 변호인의 의견이 기재된 조서와 제3항에 의하여 변호인이 열람한 조서에 대하여는 변호인으로 하여금 그 조서에 서명 또는 기명날인하게 한다. <현행 7조 3항에서 개정안 6조 4항으로 이동, 일부 내용 변경>

⑤ 변호인은 조서 열람 후 조서기재의 정확성 등에 관한 의견서를 제출할 수 있고, 검사는 변호인이 이를 제출하는 경우 당해 조서 다음 순서에 편철해야 한다. <현행 7조 4항이 개정안 6조 5항으로 이동>

제7조(변호인의 접견교통) ① 검사는 피의자 신문 중 변호인이 접견을 신청하는 경우 이를 허용해야 한다. **변호인은 신문 중이라도 피의자를 접견하고 서류 또는 물건을 수수할 수 있으며, 의사로 하여금 피의자를 진료하게 할 수 있다.** <현행 8조가 개정안 7조가 되고, 일부 내용 추가>[73]

② 검사는 변호인의 접견으로 인하여 신문을 계속할 수 없는 경우 그 취지를 조서에 기재하고 신문을 중지하거나 종료할 수 있다. <동일>

제8조(변호인 참여 등의 기재) ① 검사는 피의자 신문 중 변호인이 시종 참여한 경우는 물론 신문을 진행하고 있는 중간에 변호인이 참여하는 경우, 신문 중 변호인이 퇴거하는 경우에도 조서에 그 취지를 기재해야 한다. <현행 9조가 개정안 8조가 되고, 내용은 동일>

② 검사는 피의자를 신문함에 있어 피의자가 변호인의 참여를 요청하며 진술을 거부하는 경우 그 취지를 조서에 기재하고 **신문을 중단해야 한다.** <일부 내용 변

등으로 신문 방해를 야기하는 경우, 4. 피의자 신문내용을 촬영, 녹음, 기록하는 경우, 5. 기타 위 제1호 내지 제4호의 경우에 준하여 수사에 현저한 지장을 초래하는 경우)}.

72) 이로써 기록의 가부, 기록의 범위에 대한 다툼이 없어졌다. 촬영 및 녹음 역시 적어도 무조건적 불허대상은 아니다.

녹음에 대해서는 금번 대한변협의 설문조사에서는 다수의 변호사가 녹음이 수사방해의 요인이 되지 않을 것이라고 답한 반면(박찬운, "변호인참여권의 현실과 문제점 그리고 활성화를 위한 제안－대한변협의 설문조사를 바탕으로－", 「인권과정의」 통권 제453호, 대한변호사협회, 2015. 11, 69면), 변호사단체 중 서울변호사회에서는 허용되지 않는다고 해석한 적이 있다. 수사기관의 동의 없는 촬영 내지 녹음은 수사관의 초상권, 인격권을 침해할 소지가 있고, 이를 의식한 수사관의 신문이 방해될 우려가 있다는 것을 근거로 들었다{수사기관 피고인(피의자)접견 및 신문참여 매뉴얼, 서울지방변호사회, 2013. 1, 22면, 54면}.

한편 **녹음 허부는 정웅석 교수가 주장하는 의무적 영상녹화와는 추구하는 본질이 다르다**(정웅석, 변호인의 피의자신문 참여권 개선방안 토론문, 대한변호사협회, 2015. 9, 81－83면 참조). 변호인이 녹음을 하려는 것은 메모를 대신하여 손의 수고를 덜고 나아가 수사 문답을 복기하여 남은 수사에 대응하기 위한 목적이 강한 반면, 의무적 영상녹화 주장은 차후 재판과정에서 위법수사가 있었는지, 진술 임의성이 있었는지를 확인하는 한편 진정성립의 보조적 인정과 기억환기를 위해 사용될 것을 고려한 주장이기 때문이다.

73) 이로써 변호사가 피의자의 사실상 보호자 역할을 할 수 있다.

경>[74]

제9조(고소인 등과의 대질 조사) ① 검사는 피의자와 고소인 등 이해관계가 대립하는 사건관계자를 대질조사함에 있어 **고소인이나 변호인의 신청이 있는 경우 고소인 등이 선임한 변호사를 참여하게 해야 한다.** <현행 10조가 개정안 9조가 되고, 일부 내용 변경>[75]

② 제2조 **제3항, 제5항, 제4조 내지 제6조, 제8조 제1항**의 규정은 고소인 등이 선임한 변호사를 참여시킴에 있어 준용한다. <단순 조문 표현 변경>

제10조(수사기밀 누설 방지) 검사는 변호인의 피의자 신문 참여로 인하여 수사기밀이 누설되지 않도록 필요한 조치를 해야 한다. <현행 11조가 개정안 10조가 됨>

제11조(준용규정) 본 지침은 검찰수사관 등 사법경찰관의 직무를 수행하는 검찰청직원이 피의자를 신문하는 경우에 준용한다. <현행 12조가 개정안 11조가 됨>

Ⅷ. 범죄수사규칙(경찰청 훈령)의 내용과 문제점

1. 범죄수사규칙

제59조(변호인의 피의자신문 등 참여)[76] ① 경찰관은 피의자 또는 그 변호인·법정대리인·배우자·직계친족 또는 형제자매의 **신청이 있는 경우에는 정당한 사유가 없는 한 변호인을 피의자의 신문과정에 참여하게 해야 한다.** 이 경우 정당한 사유란 변호인의 참여로 인하여 신문방해, 수사기밀 누설 등 수사에 현저한 지장을 줄 우려가 있다고 인정되는 경우를 말한다.

② 경찰관은 제1항의 경우에 피의자 또는 피의자가 선임한 변호인에게 신문 일시를 통보해야 한다.

③ 경찰관은 변호인의 참여 신청을 받은 경우에는 변호인과 신문 일시를 협의하고,

---

74) 이로써 변호인 참여를 희망하는 피의자의 의사에 반한 불법수사를 금지할 수 있게 되었다.

75) 이로써 피해자 보호에 만전을 기할 수 있게 되었다.

76) 국가인인위원회는 사건 12진정0456100 결정(경찰에 의한 변호인의 조력을 받을 권리 침해)에서, 범죄수사규칙 제59조가 상위법의 위임 없이 규정하고 있어 기본권의 법률유보원칙에 반하므로 변호인이 피의자신문에 참여하여 자유롭게 상담·조언을 하는 등 변호인의 조력을 받을 권리가 보장되도록 범죄수사규칙을 개정할 것을 경찰청장에게 권고하였다(주승희, "피의자신문에 참여한 변호인의 진술거부권행사 권고와 변호인윤리", 「법학논총」 제33집, 숭실대학교 법학연구소, 2015. 1, 426면 참조). 그러나 경찰청은 범죄수사규칙 제59조는 변호인의 피의자 신문참여권이 규정된 형사소송법 제243조의2 제1항 및 검사의 사법경찰관리에 대한 수사지휘 및 사법경찰관리의 수사준칙에 관한 규정 제21조 제4항을 근거로 만들어졌으며, 동 규칙만을 개정하는 것은 수용하기 곤란하다고 회신하였다(위 같은 논문 427면 참조).

변호인이 참여할 수 있도록 상당한 시간을 주어야 한다. 다만 변호인이 상당한 시간 내에 출석하지 않거나 변호인 사정으로 출석하지 않는 경우에는 변호인의 참여 없이 피의자를 신문할 수 있다.

④ 사법경찰관은 피의자신문 중이라도 변호인의 참여로 인하여 **다음 각호**의 어느 하나의 사유가 발생하여 신문방해, 수사기밀 누설 등 수사에 현저한 지장을 초래한 경우에는 변호인의 참여를 **제한**할 수 있다.

1. 사법경찰관의 승인 없이 부당하게 신문에 개입하거나 모욕적인 언동 등을 행하는 경우
2. 피의자를 대신하여 답변하거나 특정한 답변 또는 진술 번복을 유도하는 경우
3. 「형사소송법」 제243조의2 제3항의 취지에 반하여 부당하게 이의를 제기하는 경우
4. 피의자 신문내용을 촬영, 녹음, 기록하는 경우. 다만, 기록의 경우 피의자에 대한 법적 조언을 위해 변호인이 기억환기용으로 간략히 메모를 하는 것은 제외한다.

⑤ 경찰관은 신문에 참여한 변호인에게 **신문 후 의견을 진술**할 수 있는 기회를 주고 해당 의견을 **조서에 기재**해야 한다. 다만, **신문 중이라도 부당한 신문방법에 대한 이의 제기**나 조사 중인 경찰관의 **승인을 받은 경우에도 의견 진술권**을 줄 수 있다.

⑥ 경찰관은 변호인의 의견이 기재된 피의자신문조서는 변호인에게 열람하게 한 후 변호인으로 하여금 그 조서에 기명날인 또는 서명하게 해야 한다.

⑦ 경찰관은 피의자신문조서 등에 변호인 참여 및 제한에 관한 사항을 기재해야 한다.

제60조(변호인이 수인인 경우 신문참여 변호인 선정) 사법경찰관은 신문에 참여하고자 하는 변호인이 2인 이상이고 피의자가 신문에 참여할 변호인을 지정하지 않는 경우에는 이를 직접 지정할 수 있다.

2. 문제점

위 규칙과 관련한 문제점은 다음과 같다.

첫째, 처음부터 변호인의 참여를 배제할 사유를 두는 것이 타당한가.

둘째, 신문장소는 통보되지 않아도 되는가. 또 미리 통보하지 않고 늦게 통보한다면 경찰관은 면책되는가. 범죄수사규칙은 법규성이 있는가.

셋째, 경찰 규정에도 별도로 변호인의 좌석배치규정을 두는 것이 현장 갈등을 차단하는 방법이 되지 않겠는가.

넷째, 신문 중이라도 의견을 진술할 수 있어야 하고, 자유롭게 수사내용을 기록할 수 있어야만 변호권이 실질적으로 작동할 수 있지 않겠는가.

다섯째, 신문 중 변호인이 의견을 진술한 것을 경찰관이 조서에 기재하도

록 강제규정이 있는가. 특히 이의제기나 신문 중 승인받지 않은 의견진술을 조서에 남길 방법이 있는가.

3. 개정안 제시

따라서 해당 규칙에 대해 대한변호사협회는 다음과 같은 **<개정 가이드라인>**을 제시한다.[77)]

제59조(변호인의 피의자신문 등 참여) ① 경찰관은 피의자 또는 그 변호인·법정대리인·배우자·직계친족 또는 형제자매의 신청이 있는 경우에는 **변호인을 피의자의 신문과정에 참여하게 해야 한다. 다만, 경찰관은 신문에 참여한 변호인이 의도적으로 신문을 방해하는 등 수사를 현저히 방해하는 것이 명백한 경우에 한하여 변호인에게 퇴거를 요구할 수 있고, 퇴거 요구 시에는 그 사유를 피의자 및 변호인에게 고지해야 한다.** <일부 내용 변경>[78)]

② 경찰관은 제1항의 경우에 피의자 또는 피의자가 선임한 변호인에게 **신문일시 및 장소를 신문 전에** 통보해야 한다. <일부 내용 변경>[79)]

③ 경찰관은 변호인의 참여 신청을 받은 경우에는 변호인과 신문 일시를 협의하고, 변호인이 참여할 수 있도록 상당한 시간을 주어야 한다. 다만 변호인이 상당한 시간 내에 출석하지 않거나 변호인 사정으로 출석하지 않는 경우에는 변호인의 참여 없이 피의자를 신문할 수 있다. <동일>

④ **경찰관은 피의자의 옆이나 뒤에 신문에 참여하는 변호인의 좌석을 마련해야 한다.** <현행 4항의 광범위한 참여배제사유를 삭제하고, 개정안 4항은 좌석배치규정을 새롭게 규정>[80)]

⑤ **신문에 참여한 변호인은 필요한 경우 의견을 진술할 수 있고, 신문내용을 자유롭게 기록할 수 있다.** <삭제된 현행 4항과 현행 5항의 내용을 대체하여 개정안 5항에서는 의견진술과 기록을 허용>[81)]

⑥ **제1항 단서에 따른 변호인에 대한 퇴거요구, 제5항에 따른 변호인의 의견 진**

---

77) 개정 가이드라인은 대한변협 TF 회의의 결과물이다. 다만, 본문과 각주의 설명들은 필자의 글이다.

78) 이로써 애초부터 참여배제할 수 있었던 규정이 삭제되고, 일단 참여 후 의도적 신문방해에 한하여 퇴거를 요구할 수 있을 뿐이다.

79) 이로써 신문장소를 통보받지 못해 변호인이 헤메거나, 통보서를 늦게 받아보게 되어 참여를 할 수 없었던 사정이 해소될 수 있다.

80) 이로써 좌석배치와 관련한 현장 갈등이 해소될 수 있고, 광범위하고 모호한 퇴거사유가 삭제되었다.

81) 이로써 의견진술을 하다가 퇴거당하거나 기록하다가 퇴거당하던 어처구니없는 장면이 사라지게 되었다. 또 촬영 및 녹음 역시 적어도 무조건적 불허대상은 아니다.

술이 있는 경우 경찰관은 그 요지를 조서에 기재해야 하고, 변호인의 신청이 있는 경우 즉시 퇴거요구 사실 및 그 사유를 기재한 문서를 변호인에게 교부해야 한다. <일부 내용 변경>[82)]

⑦항 삭제[83)]

제60조(변호인이 수인인 경우 신문참여 변호인 선정) 사법경찰관은 신문에 참여하고자 하는 변호인이 2인 이상이고 피의자가 신문에 참여할 변호인을 지정하지 않는 경우에는 이를 직접 지정할 수 있다. <동일>

Ⅸ. 결어

과거 다수의 변호사들이 피의자조사가 임박할 때 애호하던 변론방식은 피의자에 대한 조사 또는 수사 일정을 파악한 후 담당검사를 방문하여 변호인의 견서를 전달하고 구술변론을 하고 돌아오는 것이었다. 따라서 경찰 수사단계에는 피의자신문은 피의자 혼자 받고 오는 것이 일상이었고, 형사소송법 개정 이후에도 여전히 흔한 모습이다.[84)85)]

---

82) 이로써 변호인의 의견진술이 있으면 반드시 조서에 기재해야 하므로 수사과정은 더욱 투명해질 수밖에 없게 되었다.

83) 변호인 참여를 애초부터 배제할 수 있었던 조문이 사라지게 된 까닭이다. 또 광범위한 제한사유도 삭제하였기 때문이다. 개정안대로라면 애초부터 배제할 수 없고, 수사 중 자유롭게 의견진술할 수 있고 기록하여도 더 이상 퇴거당하지 않게 된다.

84) 同旨 송강호, "피의자 신문시 변호인 참여제도의 활성화 방안", 「한림법학 FORUM」 제20권, 한림대학교 법학연구소, 2009. 12, 48－49면.

85) 개정 형사소송법 시행 이후인 2008년의 형사범 검거건수는 1백만여 명인데 이 중 변호인참여건수는 988건으로 참여비율은 0.092%였고(송강호, "피의자 신문시 변호인 참여제도의 활성화 방안", 「한림법학 FORUM」 제20권, 한림대학교 법학연구소, 2009. 12, 39면), 2010년에는 0.11%, 2011년은 전체 형사사건에서 변호인이 피의자신문과정에 참여한 비율은 0.17% 이었던 점을 보면 알 수 있다{김민지, "한국형 미란다 경고의 문제점과 개선 방안", 「형사정책연구」 제23권 제3호(통권 제91호), 한국형사정책연구원, 2012, 77면; 법률신문, 기사, "피의자 신문과정 변호인 참여 전체사건의 1%도 안 된다", 2012. 4. 20.자; 법률신문, 기사, "'피의자 신문에 변호인 참여' 허울 뿐", 2012. 12. 7; 최석윤/천진호, "형사절차에서 변호인의 참여실태와 재판운영상 개선점, 법원행정처 용역과제 연구보고서, 2011, 5면 이하; 최석윤, "변호인의 피의자신문참여권에 대한 비교법적 연구", 「형사정책연구」 제23권 제4호(통권 제92호), 한국형사정책연구원, 2012, 76－77면; 이영돈, "변호인의 피의자신문 참여권의 범위와 한계", 「법학논고」 제47집, 경북대학교 법학연구원, 2014. 8, 262－263면, 265면 참조}.
위와 같은 문제점을 현실적으로 해결하는 한 방편으로, 박찬운, "변호인참여권의 현실과 문제점 그리고 활성화를 위한 제안－대한변협의 설문조사를 바탕으로－", 「인권과정의」 통권 제453호, 대한변호사협회, 2015. 11, 59면; 박찬운, "변호인참여권의 현실과 문제점 그리고 활성화를 위한 제안", 대한변호사협회 토론회, 2015. 9, 37－38면에서는 변호인의 적극적 참여를 높이기 위해 변호사 보수를 시간당보수로 전환할 것을 제안하고 있다(같은 논문에서 제시한 이러한 이유로 수사기관에서 피의자는 고립된 상태로 법적 조언을 듣지 못하고 진술해 왔고, 그마저도 진술한 대로 정확하게 조서에 기재되는 것이 아니라 수사관에 의해 취지가 요약·왜곡 정리되어 기재되었던 것이어서, 이용훈 전 대법원장이 왜 "검찰이 밀실에서 받아놓은 조서는 …(중략) 검찰의 수사기록을 던져버려야 한다"고 말하였는지 수긍할 점이 있고,[86] 2007년 개정 형사소송법에는 피의자의 절차적 권리보장과 관련하여 핵심요소인 변호인의 피의자신문참여권이 명문으로 규정되기에 이르렀다. **이제 이론상으로는 밀실에서 받는 조서가 아니다.** 적어도 변호인이 동석할 수 있기 때문이다.

제도의 기본취지가 피의자신문 시 방어권을 보충하는 점이라는 것을 감안하면 **변호인들의 적극적 참여가 필요**하지 않을 수 없고, 변호인의 정당한 참여가 제한되지 않도록 수사실무상 배제기준을 명확히 세밀하게 입법해야 한다.[87]

특히 형사소송법과 수사기관의 하위규정을 통틀어 다음과 같은 점이 반드시 개선되어야 한다.

첫째, 미리부터 변호인의 참여를 막아서는 아니 된다. 또한 참여의 허용여부를 수사기관이 결정할 수 없다. 나아가 변호인선임서 외에 별도의 참여신청서식은 필요 없다.

둘째, 다만 수사방해의도가 명백할 경우에 한해서 퇴거시킬 수는 있다.

셋째, 변호인참여권이 현실적으로 잘 행사되도록 선임된 변호인에게 신문일시와 장소를 반드시 사전에 통지해야 하고, 가급적 변호인과 일시를 조율토록 노력한다.

넷째, 신문 중 의견을 진술할 수 있고, 기록할 수 있어야 한다. 이러한 점과 관련하여 수사기관의 승인은 있을 수 없다. 나아가 변호인의 의견진술은 반드시 조서에 기재한다.

다섯째, 변호인이 수사기관에게 촬영·녹음을 요청할 경우 장래 물적 시설구비가 완료 되는대로 의무적 영상녹화를 해야 한다.

여섯째, 변호인을 퇴거케 할 경우 퇴거사유를 납득되게 설명하고, 반드시

변호인참여 비율은 2010년-2014년까지 경찰단계 전체 형사사건의 0.3%선, 2008년-2011년까지 검찰단계 전체 형사사건의 0.2%선임).

86) 연합뉴스, 기사, "이용훈 대법원장 '발언파문' 사과(종합)", 2006. 9. 26.자 참조; YTN, 뉴스, "대법원장 '발언 파문' 사과…법조 갈등 일단 봉합", 2006. 9. 26. 17:03; 국민일보, 기사, "대법원장 발언에 검찰이 발끈한 까닭은", 2006. 9. 21.자.

87) 同旨 대한변협신문, 사설, "변호인의 피의자신문참여권 보장돼야", 2015. 5. 25.자.

조서에 기재해야 한다.

일곱째, 변호인은 변론의 편의를 위해 피의자의 옆에 앉든 뒤에 앉든 선택할 수 있다.

여덟째, 변호인은 필요한 경우 피의자에게 법적·사실적 조언을 할 수 있고, 신문 중이라도 자유롭게 접견 등을 행사할 수 있어야 한다. 나아가 피의자는 변호인의 조언에 따라 잘못된 진술을 바로잡아 번복진술할 수 있다.

아홉째, 참여가 부당하게 제한된 경우 해당 수사기관의 장에게 이의할 수 있고, 장은 즉시 당부를 결정해야 한다.

열째, 피의자가 변호인 참여를 요구하며 진술을 거부할 경우 신문을 계속할 수 없다.

열한번째, 고소인의 대리인인 변호사도 자유롭게 신문에 참여할 수 있다.

열두번째, 위와 같은 대부분의 중요 개선사항은 반드시 형사소송법에 상세히 입법하고, 하위법규는 피의자신문참여권을 충분히 보장하는 내용으로 본법을 뒷받침해야 한다.

[3] 구속제도 연구*

- 실무운용상 문제점과 해법을 중심으로 -

Ⅰ. 서설

현대적 법치주의에 앞선 봉건적 군주제는 특히 인신의 처리에 대한 기준이 없고 예측 불가능하여 시민은 실로 수범자로 전락하여 지대한 인권의 침해를 받았다. 군주제에 대항한 근대 유럽의 연속된 혁명으로 인해 입헌군주제와 민주공화정이 탄생하게 되면서 비로소 시민은 법률에 의해 인신의 자유를 보장받게 되었고, 이것이 각국의 헌법상 신체의 자유라는 중요 기본권이 되었다.

우리나라도 인신의 자유를 보장하기 위한 법적 제도가 곳곳에 존재하며, 특히 수사의 영역에서는 무죄추정원칙, 강제처분법정주의, 불구속수사원칙이 대표적이다. 그로부터 파생된 기술적 제도가 바로 영장제도이다. 법관이 발부한 영장 없이는 시민을 장기간 구금할 수 없고, 재산권과 프라이버시를 침해하는 압수·수색을 할 수 없다. 따라서 법률가에게 있어 영장주의에 대한 올바른 이해는 중요하고, 영장과 관련하여 문제가 제기되고 있는 곳은 대부분 구속과 관련되어 있다.

아래에서는 구속제도를 둘러싸고 최근 제기되고 있는 문제가 무엇인지를 살피면서 연구주제를 선정하고, 이어서 수사단계 구속제도의 의의와 운영실무, 문제점과 해법에 대해 실무적 관점에서 조명하기로 한다.

Ⅱ. 구속제도를 둘러싼 최근의 문제와 연구주제의 선정

1. 4가지 문제점

형식적 민주화에서 실질적 민주화로 변화되고 그 속도가 고도화됨에 따라

---

* 이 논문은 대구지방변호사회 회지「형평과 정의」제32집(2017년)에 게재된 필자의 논문을 단순 수정한 것이다.

구속제도도 존재 그 자체에서 나아가 국민의 기본권 보장을 위한 수단적·역할적 측면에서 고찰되어야 한다. 따라서 기능적 측면의 합목적성과 효율성을 고려해야 하고, 그렇다면 현재의 구속제도는 몇 가지 점에서는 부족하고, 또 몇 가지 점과 관련하여서는 의문이 제기된다.

첫째, 구속제도는 투명하게 운영되고 있는가. 그리고 투명성 부족으로 변호인의 변론권에 제약요소가 존재하지는 않는가(운영상의 투명성 문제).

둘째, 불구속수사원칙이 2007년 형사소송법에 신설된 이후 10년이 지난 시점에도 검찰의 불만이 여전한 것은 실제로 법원이 검찰의 수사권 약화를 의도하여서인가(불구속수사원칙의 작동원리와 이유).

셋째, 영장기각과 관련한 법원의 의도가 수사방해나 수사권 약화가 아니라면 형사소송법상 구속사유가 실무상 세밀한 기준으로 정립되어 있지 아니한 까닭이고, 그로 인하여 불필요한 의심을 받아온 것이 아닌가(구속기준의 미정립, 미공개 문제).

넷째 구속영장청구권한을 검사에게만 부여하고 있는 헌법 규정(제12조 제3항)이 경찰의 수사권을 위축시키고, 경찰 길들이기의 수단으로 사용되고 있다고 볼 것인가(영장청구권의 독점과 남용 문제).[1) 2)]

---

1) 일본(日本)은 ① 체포영장의 청구권자를 검사로 한정하고 있지 않다. 통상체포의 경우 검사와 경부(警部－우리나라의 '경감') 이상의 사법경찰관에게(형사소송법 제199조 제2항), 긴급체포의 경우 모든 수사기관에게 사후영장을 청구할 권한이 부여되어 있고(동법 제210조 제1항), 실무상으로도 당해 긴급체포를 행한 경찰관이 직접 사후영장을 청구할 수 있도록 되어 있다(일본범죄수사규칙 제120조 제1항). ② 그러나, 압수·수색·검증영장 및 감정유치장·감정처분허가장은 형사소송법 제정 당시부터 현재까지 순사부장 이상의 사법경찰관이 영장을 청구할 수 있다(형사소송법 제218조 제3항, 제224조 제1항, 제225조 제2항). ③ 기본권 제한이 심각하고 남용의 여지가 매우 강한 감청(通信傍受)영장의 경우에는 체포영장에 비해 보다 엄격한 자격제한을 가하여 국가공안위원회 또는 도도부현공안위원회가 지정한 경시(警視－우리나라의 '경정') 이상의 경찰관, 검찰총장(檢事總長)이 지정한 검사에 한하여 청구할 수 있다(범죄수사를위한통신방수에관한법률 제4조 제1항){이동희, "한국과 일본의 체포·구속제도에 대한 비교연구－체포·구속의 법제 및 실무운용을 중심으로－", 「비교형사법연구」 제11권 제1호, 한국비교형사법학회, 2009, 71면 참조}. ④ 그러나 구속의 경우에는 체포와 달리 검사만이 영장을 청구할 수 있는 점(형사소송법 제204조 제1항, 제205조 제1항)에서 우리와 같다(위 같은 논문, 74면).

2) 경찰 수사권을 약화시키는 측면의 검찰의 영장반려 뿐만이 아니라 일반 국민의 입장에서는 검찰이 영장청구를 과도하게 행사하는 남용의 문제점도 충분히 제기될 수 있다. 검사에게 영장청구권을 독점하게 한 헌법 규정은 검찰이 세상에서 가장 객관적 관청이라는 것을 전제로 설계된 것이므로, 객관의무를 위배하여 수사의 무기로 사용할 경우 구속제도가 본질과 다르게 사용될 수 있는 것이다. 2014. 1. 춘천지검에 근무하던 현직 검사가 서울 강남의 성형외과 원장에게 압수·수색·구속 등의 위협을 가하여 금품을 갈취한 사건을 보면 영장청구권의 독점 문제는 남용될 경우 당사자에게 미치는 해악이 실로 지대하다고 볼 것이다(법률신문, 2014. 1.

2. 변호인의 입장에서

위 네 가지의 문제점 중 변호인에게 가장 심각한 문제로 작용하는 것은 투명성 문제(첫째 문제)와 구속기준의 미정립·미공개(셋째 문제)로 보아야 한다.

투명성과 방어권 차원에서 제기할 수 있는 실무상의 구체적 의문은 다음과 같다. 「미체포 피의자마저도 영장심문기일은 왜 그리 촉박하게 잡혀 왔는가. 구속영장청구서 확보는 왜 그리 어려웠는가. 실제에서 영장청구서 이외의 수사서류를 열람·등사하여 변론에 사용할 수 있는가. 영장심문기일에 변호인의 역할은 왜 그토록 미미한 수준으로 보장된 것인가. 구속전피의자심문조서는 누구를 위하여 허술하게 작성되는가. 변호인에 대한 영장결과통보는 은혜적인 것인가. 발부에 따른 구속영장 등본과 기각에 따른 구속영장불허이유를 확보할 수 있는 제반여건이 마련되어 있는가. 구속의 재판에서 결정문은 존재하지도 않으며 불복방법이 없는데, 이는 법원의 편의를 위한 것인가, 피의자를 위한 것인가, 검사의 수사기밀유지와 재영장청구를 위한 공익적 배려인가.[3]」

구속기준과 관련한 문제는 다음과 같다. 「구속기준이 정립되어 있다면 법원도 비교적 상세한 결정문을 작성하게 될 것이고, 오판단에 대해 불복할 수 있지 않겠는가.[4][5] 재영장청구와 구속적부심사청구가 직접적 불복방법이 되겠는가.[6] 이 제도는 법관의 전지전능을 전제로 설계된 제도인가.」

27.자 15면; 같은 신문 2014. 2. 10.자 6면). 같은 논리로 전관변호사가 수사변호를 직·간접으로 시작하고 난 후 종전 영장실질심사를 통해 구속까지 되었던 피의자를 별 이유 없이 영장을 청구했던 바로 그 검사가 구속취소를 하는 사례도 결국 크게 보면 구속에 대한 결정권을 검사가 전적으로 행사하는 문제점의 단면이다(拙著 수사와 변호, 박영사, 2015, 40-41면).

3) 변호인이 위와 같은 불만을 느낄 수 있는 반면, 검사는 구속기각 이유가 짧은 점에 불만을 가지고 있다. 이러한 점에 대해 법원 관계자는 "기각 사유를 자세히 적어서 주면 수사단계에서 피의사실 공표에 해당하고, 검찰 측에서도 수사기법이 노출돼 피해를 입는다"고 설명했다(한국일보 2017. 9. 14.자).

4) 수도권의 한 부장판사는 인터뷰에서 "서울중앙지법의 경우 영장전담판사 사이에 축적돼온 나름의 심사 기준이 있고, 사건별로 판단을 내리는 것"이라며 "세세하게 기준 자체를 만든다는 것은 불가능하다"고 답하였는데(한국일보 2017. 9. 14.자), 나름대로 축적된 심사 기준이 있다는 것이 통제가능하고 공개된 투명한 심사 기준이 있다는 것과 동의어가 될 수 없음은 당연하다. 이 부분의 문제는 서울중앙지법 영장전담부에 나름대로의 심사 기준이 있건 없건 계속하여 제기될 당위가 있다.

5) 검사장 출신 변호사는 "1심 영장판사들의 판단에 대해 고등법원에서 재차 판단을 받을 수 있는 '영장 항고제'가 입법으로 해결되면 검찰의 불만도 줄어들고, 좀더 공정한 영장심사가 이뤄질 수 있을 것"이라고 주장했다(한국일보 2017. 9. 14.자).

6) 대법원은 영장재판에 대해 직접적 불복을 금지하고 간접적 방법으로 불복하도록 규정한 것은 입법형성의 자유라고 설시하면서, 검사의 영장기각재판의 변경을 구하는 재항고 신청을 배척

3. 기관 간 충돌 문제

법원과 검찰의 충돌문제(위 둘째 문제)와 검찰과 경찰의 갈등부분(위 넷째 문제)은 불구속수사원칙을 주요한 기준으로 해석상 해결될 수 있다.

무죄추정을 받는 피의자에게 불필요한 고통을 가하지 말라는 점,[7] 구속은 피의자에게 가할 수 있는 가장 중대한 고통이란 점은 이미 헌법재판소에 의해 거듭 확인되었다. 그 결과 탄생한 원칙이 불구속수사원칙이고,[8] 실현수단으로 경찰권에 대한 검찰권의 합리적 통제, 검찰권에 대한 법원의 합리적 통제를 두고 있음은 헌법상 의문의 여지가 없다.[9] 따라서 검찰제도가 본래의 모습인 지구상에서 가장 객관적 관청을 유지하는 한 검찰의 경찰영장반려를 비난할 수 없고,[10] 법원이 인권보장의 최후의 보루인 한 법원의 검찰영장불허에 문제를

하였다(대법원 2006. 12. 18, 선고 2006모646 결정).

7) 무죄추정의 원칙(헌법 제27조 제4항, 형사소송법 제275조의2)은 구속을 제한하는 지도 원리로 작용할 뿐만 아니라 일단 구속된 경우에도 가급적 석방되어 시민적 자유를 향유시킬 것을 요구하고 있다. 무죄의 추정을 받는 자에게 형벌과 같은 성격의 강제처분은 과할 수 없으므로 인신구속은 어떠한 경우에도 사전형벌(vorgenommene Strafe)로서의 성질을 가질 수 없으며, 이것에 의한 형벌의 목적을 추구하기 위한 일방예방(혹은 특별예방)의 효과를 기대하는 것도 허용되지 않는다. 또 수사의 편의나 자백획득의 수단, 범죄에 대한 응징 그리고 피해회복의 수단으로서 인신구속을 악용하는 것은 허용되어지지 않는다. **위장된 구속사유**(apokryphen Haftgründe)**는 무죄추정의 법리에 반**하기 때문이다. 결국 무죄추정의 원칙을 고려할 때 구속은 수사 및 재판에 있어서 원칙이 아니라 다른 방법에 의해서는 형사소송의 목적을 달성할 수 없다고 인정되는 경우 불가피한 최후의 수단(ultima ratio)으로 사용될 때에만 정당성이 부여되어진다고 할 것이다(이재석, "수사와 인권", 「비교형사법연구」 제5권 제2호, 한국비교형사법학회, 2003, 814-815면).

8) 헌법재판소 1992. 1. 28, 선고 91헌마111 결정; 헌법재판소 1992. 4. 14, 선고 90헌마82 결정에서 유래.

9) 헌법재판소(憲法裁判所)도 「피의자, 피고인의 구속은 무죄추정을 받고 있는 사람에 대하여 만부득이 인정되고 있는 제도이므로 구속이 도망의 방지나 증거인멸의 방지라는 구속의 목적을 넘어서 수사편의나 재판편의를 위하여 이용되어서는 아니 됨에도 불구하고 이것이 **수사기관이나 재판기관에 의하여 남용되기 쉬우며** 구속된 피의자나 피고인은 그것만으로도 불안, 공포, 절망, 고민, 정신혼란 등 불안정한 상태에 빠지게 되고 수입상실, 수입감소, 사회활동의 억제, 명예의 추락 등 많은 불이익을 입게 되는데 특히 구속된 피의자의 경우는 자칫 자백을 얻어 내기 위한 고문·폭행 등이 자행되기 쉽고, 헌법이 보장하고 있는 진술거부권(헌법 제12조 제2항 후단)도 보장되기 어렵게 되며, 구속이 그 목적을 일탈하여 수사편의나 재판편의로 이용될 때 공소제기가 잘못되거나 재판이 잘못되어 원죄(寃罪)사건이 생기기 쉽다.」고 하여 구속제도의 남용을 우려하였다(헌법재판소 1992. 1. 28, 선고 91헌마111 결정).

10) 따라서 최근 경찰이 신청한 구속영장을 검찰이 반려한 종▲▲ 회장의 욕설·강요 사건, 같은 취지로 영장이 반려된 ◆◆치킨 회장의 여직원 성추행 사건, 또 경부고속도로에서 졸음운전 참사를 낸 버스회사 경영진에 대한 검찰의 영장 반려 건을 함부로 비판하여서는 아니 된다. 불구속수사원칙이 영장반려의 주요 기준이 되었다면, 이는 검·경 수사권 갈등의 현상으로 볼 수 없다(영남일보, 「변호인 리포트」 칼럼, 2017. 9. 8.자).

제기하여서는 아니 된다.[11] 그렇다면 위 4가지 문제 중 두 가지는 해결되었다고 보아야 한다. 기관 간의 불만이 있다 하여 지금처럼 언론을 통한 난타전을 벌여서는 아니 되고, 기관 상호간 이해와 소통을 토대로 법이 부여한 상대방의 권한을 존중해야 한다. 애초에 기관 간의 상호견제를 통해 헌법이 꾀하고 있는 것은 바로 국민의 인권보장이기 때문이다. 물론 제도적으로 종국적 해결을 돕는 방법도 있다. 구속제도 운영상의 불투명성을 해소하고, 구체적 구속기준을 정립하여 공개하는 것이다.

4. 연구주제의 선정

本誌의 특성과 지면을 감안하여 위 4가지 문제 중에서 기관 간의 충돌문제는 현재 수사권 조정과 검찰·경찰의 자체 개혁이 진행되고 있으므로 논의에서 제외하고, 제도 불투명성과 구속기준의 문제에 대해 논의의 주제를 제한하기로 한다. 이하에서는 구속제도의 일반론과 문제점 및 해결방안에 대하여 변호인의 입장을 최대한 반영하여 논의를 전개한다.

Ⅲ. 구속제도 일반론

1. 구속제도

가. 구속의 의의

구속은 피의자·피고인을 구금하는 강제처분으로, 기간이 체포에 비해 장기이다. 구속은 반드시 체포를 전제하지 않는다. 사전영장에 따라 미체포피의자에 대하여 바로 구속영장을 발부하고 집행할 수 있기 때문이다(형사소송법 제

11) 법원과 검찰은 A 전 청와대 민정수석, 최▽▽ 딸 B씨, 비선진료 C 전 행정관, '국정원 댓글' 관련자, 한국항공우주(KAI) 관련자 등에 대한 구속영장 기각 문제를 두고 언론을 통한 공방을 벌였다(뉴스토마토 2017. 9. 14.자). 검찰이 법원의 영장기각을 두고 법과 원칙 외에 또 다른 요소가 작용하는 것이 아닌가 하는 의구심도 제기되고 있다고 하자(노컷뉴스 2017. 9. 14.자), 서울 소재 법원 형사재판부 부장판사는 "헌법과 형사소송법 취지에 따라 검찰의 무리한 영장청구를 견제하기 위해 영장판사들이 존재하는데 최근 검찰 행태는 법관에게 모욕감을 줄 정도로 지나치다"며 "검찰이 법원을 수사를 도와야만 하는 기관으로 착각하고 있다"고 비판했고, 한 형사단독 판사는 "영장 기각을 거듭 부각시켜 여론전을 펴는 건 자신들의 수사상 잘못을 광고하는 셈일 수 있다"며 "발부되면 수사가 잘 된 것이고, 기각되면 법원이 무조건 잘못한 거냐"고 반문했다고 한다(한국일보 2017. 9. 14.자).

201조, 제201조의2 제2항, 이하 형사소송법을 '법'이라 한다). 반면, 체포 후 구속영장을 발부받아 구속하는 경우를 실무상 사후영장이라 한다(법 제201조, 제201조의2 제1항). 구속은 체포와 달리 무영장구속이라는 예외가 없다. 오직 법관에 의해 발부된 영장에 의해서만 구속이 가능하다.

2014 사법연감에 따를 때, 2013년 구속영장은 33,116건이 청구되고 27,089건이 발부되어 81.8%가 발부되었고,[12] 2016년 구속된 인원은 32,396명으로 늘어났다.[13]

나. 제도의 목적

구속은 형사소송의 진행과 형벌의 집행을 확보함을 목적으로 하므로 재판출석보장, 증거인멸에 의한 수사와 심리의 방해제거, 확정된 형벌의 집행을 확보하기 위해서만 사용되어야 하고, 수사를 용이하게 하기 위한 제도가 아니다.[14] 수사의 편의를 위한 것으로는 체포제도로 충분하다. 재판 확정 전 형벌을 부과할 수는 없으므로 구속이 사전형벌의 성질을 가졌다고 볼 수도 없다.[15]

따라서 구속의 위와 같은 목적을 고려하여 검사는 법치주의를 확립하고 형사사법에 대한 국민의 신뢰를 제고하기 위하여 구속 여부를 판단할 때 다음의 사항을 유의해야 한다. ① 피의자의 범죄혐의가 객관적인 증거에 의해 소명되었는지 충분히 검토하고, ② 범행의 성격, 예상되는 선고형량, 피의자의 성행, 전과, 가족관계, 직업, 사회적 관계, 범행 후의 정황 등을 종합적으로 고려하여 도망이나 증거 인멸의 염려 등 구속사유가 있는지 신중하게 판단해야 하며, ③ 피의자가 범행을 부인하거나 진술거부권을 행사한다는 이유 또는 그 사건이 여론의 주목을 받는다는 이유만으로 곧바로 도망이나 증거 인멸의 염려가 있다고 단정하지 말아야 한다(인권보호수사준칙 제16조). 나아가 검사는 공익의 수호자로서 사법경찰관으로부터 신청을 받아 구속영장 청구 여부를 판단하는 경우에 인권침해가 의심되거나 그 밖에 구속 사유를 판단하기 위하여 필요하다고 인정할 때에는 피의자를 면담·조사해야 한다(동 준칙 제17조). 위와 같은 기준을 충분히 검토하고도 구속사유나 구속의 필요성이 없는 경우에는 원칙적으로 불구속수사를 해야 한다(법 제198조 제1항).

---

12) 법률신문, 기사, "법원, 작년 '감청 영장' 발부율 94%", 2014. 10. 23, 1면 참조.
13) 조선일보 2017. 9. 28.자 기사.
14) 이재상, 형사소송법, 제9판, 박영사, 2013, 254면.
15) 이재상, 형사소송법, 제9판, 박영사, 2013, 254면.

구속은 사전형벌이 아니고, 법 제70조 제3항, 제201조 제1항 단서를 보아도 구속제도에는 비례성 원칙이 작동하고 있으므로, 예컨대 구속기간이 선고될 형보다 더 오래 지속되는 경우, 피고인 또는 피의자에게 집행유예판결을 선고할 것임에도 불구하고 구속을 계속하는 경우, 구속사유가 소멸되었거나 구속의 집행정지나 보석에 의하여 구속의 목적을 달성할 수 있는 경우에는 구속을 취소해야 한다.[16)17)]

다. 구속의 요건

피고인이나 피의자가 죄를 범하였다고 의심할 만한 상당한 이유가 있고, 일정한 주거가 없을 때, 증거를 인멸할 염려가 있을 때, 도망 또는 도망할 염려가 있을 때의 하나에 해당할 경우 구속할 수 있다(법 제70조, 법 제201조).

(1) 범죄혐의는 무죄의 추정을 깨뜨릴 정도로 유죄판결에 대한 고도의 개연성이 인정되는 경우에 제한되어야 한다. 죄를 범하였다고 의심할 만한 상당한 이유와 고도의 개연성은 같은 의미로 해석되고 있다. 다만 그것은 입증의 정도에 이를 것까지는 요구하지 않고 가변적인 수사실무를 고려하면 완벽한 입증까지 요구할 수는 없기 때문에 소명으로서도 족하다. 따라서 수사기관은 죄를 범하였다고 의심할 고도의 개연성(또는 상당한 이유)을 소명해야 한다.[18)] 범죄혐의는 구속시를 기준으로 하는 것이어서 수사나 심리의 진행에 따라 더 이상 구속할 필요가 없을 경우 검사는 구속취소절차를 밟아야 한다. 다만 실무상 범죄혐의가 있어 구속시킨 검사가 수사 중 혐의소멸로 구속을 취소하는 사례는 없고, 구속의 필요성이 소멸하여 구속취소를 하는 경우는 있다.[19)]

(2) 형사소송법이 인정하는 구속사유는, 주거부정, 증거인멸 염려, 도망 또는 도망염려이다(법 제70조 제1항).[20)] 구속사유는 구체적 사실을 기초로 판단되어

---

16) 비례성의 원칙(법 제199조 제1항)은 강제처분의 실행과 기간 및 방법을 제한하는 이념이 된다(이재석, "수사와 인권", 「비교형사법연구」 제5권 제2호, 한국비교형사법학회, 2003, 815-816면; 이재상, 형사소송법, 제9판, 박영사, 2013, 258-259면 참조).

17) 비례성의 원칙(Grundsatz der Verhältnismäßigkeit)이 구속법의 지배원리라고 보는 견해로, 이재상, 형사소송법, 제9판, 박영사, 2013, 255면.

18) 이재상, 형사소송법, 제9판, 박영사, 2013, 256면.

19) 거액의 회사 돈을 횡령하였거나 거액의 대출사기를 행하여 구속시켰는데, 사비로 피해액 대부분을 변제하거나 별도의 확실한 담보를 피해변제조로 제공하여 도주우려가 없다고 보아 구속을 취소하는 경우.

20) 일본 형사소송법은 우리 구속사유와 내용적으로 같으나, 다만 학설과 실무는 이에 더하여 구

야 하므로 검사는 구속영장의 청구 시 구속의 필요를 인정할 수 있는 자료를 제출해야 한다(법 제201조 제2항).

(가) 도망할 염려(逃亡念慮)란 구체적 사정을 평가한 결과 피고인 또는 피의자가 형사소송에서 떠날 고도의 개연성이 있는 것을 말한다.[21] 선고될 형량은 도망염려를 판단할 중요한 자료가 되고, 특별히 중형이 선고될 것이 예상되는 때에는 그 사유만으로 도망할 염려를 인정할 수 있게 된다는 논리가 나온다.[22] 그러나 이에는 동의할 수 없다.[23] 실무상으로도 영장 발부사유로 「■ 도주 우려, 그 이유 란에 "중형 선고 예상" 또는 "실형 선고 예상"」이라고 기재한 사례가 흔히 존재했다. 이러한 판단은 다음과 같은 이유에서 성급하다. 피의자가 어떤 논리로 혐의사실을 부인하고 있는지, 향후 어떤 변론을 통해 구체적 입증이 가능할 것인지를 감안하여 과연 본안에서 어떤 선고가 내려질지 고민한 흔적이 없으며, 나아가 본안판단을 선취했다는 인상을 지울 수 없다. 자신이 본안의 법관이 아닐진대 함부로 중형 또는 실형 선고가 예상된다고 단정할 수 없고, 상당기간 수사한 결과를 불과 하루 이틀 만에 검토하여 중형·실형 선고를 단정한다면 이는 무리이다. 특히 수사가 객관적이지 못한 경우였다면 아무리 기록을 상세히 검토했다 하더라도 오판의 위험이 상당하다. 나아가 오판하여 구속시킬 경우 구속영장 판단법관은 통상 부장판사이고, 구속된 후 이어지는 본안 중 단독법관은 후배법관인 경우가 많으므로 실무상 구속기소 사건의 경우 암묵

속의 필요성도 구속의 실질적 요건으로 보고 있다. '구속의 필요성이 없는 경우'에는, 소송조건이 결여되어 기소가능성이 없는 경우, 주거가 부정하지만 확실한 신병인수자가 있는 경우, 도망이나 증거인멸의 염려가 없지는 않지만 사안이 경미하여 구속함이 비례칙에 반하는 경우 등이 예시되고 있다(이동희, "한국과 일본의 체포·구속제도에 대한 비교연구－체포·구속의 법제 및 실무운용을 중심으로－", 「비교형사법연구」 제11권 제1호, 한국비교형사법학회, 2009, 74면 참조).

21) 이재상, 형사소송법, 제9판, 박영사, 2013, 257면.

22) 이재상, 형사소송법, 제9판, 박영사, 2013, 257면. 물론 이재상 교수도, 이러한 경우라 하더라도 경제적 지위나 직장 또는 가족관계 등에 비추어 예외적으로 도망할 염려를 부정할 수 있다고 보고 있으나, **일단 중형선고예상을 도망우려로 보고 나면** 이재상 교수가 주장하는 **기타의 예외사정에 주목하여 법원이 영장을 기각한다는 보장이 없다.** 따라서 필자는 후술하듯이 이에 동의할 수 없다.

23) 同旨 하태훈 교수도, 도망의 염려를 판단함에는 병, 주거, 직장, 가족상황 등과 예상되는 형벌의 양, 전과유무, 연쇄범행여부 등을 모두 고려해야 하므로, 어느 하나의 사실만으로 도망의 염려를 인정하는 것은 올바른 평가가 아니며, 또한 범죄혐의가 짙다거나 예상되는 형벌이 중하다는 이유만으로, 또는 전과가 있다는 사실만으로 일정한 주거, 가족상황, 고정된 직업과 직장에도 불구하고 경험상 도망의 염려가 있다고 판단하는 것은 불충분한 평가라고 보고 있다(하태훈, "인권보장을 위한 수사상의 인신구속제도의 개선방안", 「안암법학」 제3권, 안암법학회, 1994, 365－366면 참조).

적으로 실형선고를 통해 구속이 유지되는 관행이 많아 한 번 오판으로 입게 될 피의자, 피고인의 피해도 상당하다. 또 실형 선고가 예상된다 하여 미리 도주할 것으로 곧바로 연결한다면 이도 무리이다. 기소 당하더라도 소송절차에서 끝까지 다투는 경우도 흔히 있으므로 구속영장 발부법관은 신중을 기해 도주우려를 판단해야 한다.

향후 충분한 해석론이 공론화되어 도주우려 부분이 세밀한 방식으로 보강 입법된다면 법관의 자의를 막을 수 있을 것이다. 양형에 대한 통제방안은 수십 년 전부터 학계에서 주장되다가 대법원이 이를 수용한 후 권고적 기준을 만들자 일선 법관 중 상당수가 이를 준수하고 있음은 공지의 사실이다. 따라서 구속영장 심사와 관련해서도 현재와 같은 판단기준과 발부관행으로는 피의자의 방어권을 미리부터 형해화하기 쉬우므로 향후 이 부분에 대한 구속법 법리가 충실하게 발전하여 구속영장 발부에 신중함이 필요하다고 본다.

(나) 주거부정(住居否定)에 대해서는, 주거가 일정하지 않다고 하여 그것만으로 도망할 위험이 있다고 할 수 없으며, 한편 주거가 일정하다고 하여 도망의 위험이 없는 것도 아니므로 이를 독립된 구속사유로 규정한 것은 타당하지 않다는 견해가 유력하다.[24]

(다) 증거인멸 염려(證據湮滅念慮)는 피고인 또는 피의자를 구속하지 않으면 증거방법을 훼손·변경·위조하거나, 공범자·증인·감정인에게 허위의 진술을 하게 하여 진실발견을 곤란하게 할 구체적 위험이 있는 경우에 인정된다.[25] 부정한 방법으로 증거를 인멸할 현저한 우려가 있어야 하므로 단순히 수사가 종결되지 않았다거나, 피의자가 자백하지 않고 다투고 있다거나 하는 사정만으로 증거인멸의 위험을 인정해서는 안 된다. 또 피고인 또는 피의자가 방어를 위하여 유리한 증거를 수집하거나 진술거부권을 행사하는 것도 부정한 방법이라 할 수 없으므로 증거인멸의 위험을 인정할 자료가 되지 않는다.[26]

실무상으로는 이미 대부분의 중요 증거가 압수되어 더 이상 은닉할 증거가 없는 경우에는 증거인멸의 위험이 없다고 보고, 또 적극적으로 피의자가 자

---

24) 이재상, 형사소송법, 제9판, 박영사, 2013, 257면.

25) 이재상, 형사소송법, 제9판, 박영사, 2013, 258면.

26) 이재상, 형사소송법, 제9판, 박영사, 2013, 258면; 하태훈, "인권보장을 위한 수사상의 인신구속제도의 개선방안", 「안암법학」 제3권, 안암법학회, 1994, 366면. 하태훈 교수는 심지어 증인과 접촉했다는 사실이 있더라도 증거인멸의 염려가 있는 경우에 해당하지 않는다고 보고 있다. **법적으로 허용된 방어권행사를 위한 준비행위로 볼 수 있다**는 이유이다.

신에게 유리한 자료의 제출을 충분히 하여 더 이상 은닉할 증거가 없을 뿐만 아니라 불구속 상태에서 방어권 보장을 받으며 추가로 다툴 여지가 있는 경우에는 도주의 우려 및 증거인멸의 위험 모두 없다고 보아 영장을 기각하고 있다. 반면 객관적 증거는 별반 없고 참고인의 진술이 중요한 사건에서 참고인과 피의자의 관계를 고려할 때 진술을 번복시키거나 말을 맞추게 할 가능성이 있다면 이는 인적 증거의 인멸 위험으로 보고 있다.

(3) 법원은 위 3가지의 구속사유를 심사함에 있어서 범죄의 중대성, 재범의 위험성,[27] 피해자 및 중요 참고인 등에 대한 위해우려 등을 고려해야 한다(법 제70조 제2항). 이러한 고려사유는 독립된 구속사유가 아니다. 구속사유를 심사함에 있어서 고려해야 할 사정에 불과하다. 따라서 구속사유가 없는 경우 범죄의 중대성이나 재범의 위험성을 이유로 구속할 수는 없다. 실무상으로도 구속과 관련한 재범의 위험성이 발부영장에 표시되기는 어렵다. 비록 검사가 재범의 위험성도 함께 표기하여 주장하더라도, 법원은 어디까지나 주거부정, 도주우려, 증거인멸위험을 공식적으로 전면에 내세우며 발부한다. 그러나 만약 현주건조물방화죄를 저지른 피의자가 자백하고 주거도 일정하나, 석방된 후 병적으로 다시 방화한다면 영장법관이 비난을 면치 못할 것이므로, 결국 특정 위험한 범죄군은 구속사유와 더불어 재범의 위험성을 명시적으로 판단할 수밖에 없을 것이다. 한편, 범죄의 중대성과 재범의 위험성이 독립적으로는 고려되지 못하더라도 도망염려의 요소로 작동하거나, 피해자 및 중요 참고인에 대한 위해우려가 증거인멸염려의 내용으로 포함되어 해석되는 것은 당연히

27) 재범의 위험성은 형사소송법에 명문으로 들어오기 전에도 구속사유로 논의되어 왔다. 당시 재범의 위험성에 대하여 하태훈 교수는, 이는 특히 연쇄방화범, 강도범, 강간 등 성범죄, 마약범죄에서 구속사유로 논의되고 있는데, 이 구속사유는 도망의 염려 또는 증거인멸의 염려와는 달리 형사절차의 확보를 목적으로 하는 것이 아니라 아주 개연적인 중범죄로부터 공동체를 보호하기 위한 예방적 조치로서 구속을 인정하기 위한 사유이고, 이 구속사유는 개개인의 자유와 효과적인 범죄해결이라는 공적 이익과의 긴장관계를 나타내준다고 보았다. 즉 이미 행한 범죄의 침해와 종류와 정도에서 불법이 표현되고 행위자의 범죄적 성향이 표출되어 공동체의 안전성이 동요되는 상황이기 때문에 범죄로부터의 공동체보호가 포기될 수 없는 상황에서 구속이라는 예방적 조치가 필요하나, 다만 개인의 자유권보장을 고려하여 동일한 수법의 범죄를 범할 고도의 개연성이라는 일반적 요건 외에 실제 연쇄적으로 행하여지는 범죄 중 법익의 중대성을 고려하여 제한적인 범죄영역에서만 구속사유로서 인정되어야 한다는 것이다. 더불어 하 교수는 독일 연방헌법재판소도 독일 형사소송법 제120조a의 구속사유로서의 재범의 위험성을 합헌으로 보았다고 소개하였다(BVerf Beschluß v. 30. 5. 1973; BVerfGE 35, 185){하태훈, “인권보장을 위한 수사상의 인신구속제도의 개선방안”, 「안암법학」 제3권, 안암법학회, 1994, 366–367면 및 주33) 각 참조}.

허용된다.[28)]

(4) 다액 50만원 이하의 벌금, 구류 또는 과료에 해당하는 사건에 관하여는 주거부정을 제한 외에는 구속할 수 없다(법 제70조 제3항, 제201조 제1항 단서). 비례성의 표현이다.

2. 영장실질심사

가. 필요적 실시

2007년 개정 형사소송법은 제201조의2에서 기존의 임의적 심문을 필요적 심문으로 변경했고, 10년간 운용되었다. 체포된 피의자의 경우 구속영장을 청구받은 판사는 지체 없이 피의자를 심문해야 하고(법 제201조의2 제1항), 미체포 피의자의 경우 피의자가 죄를 범하였다고 의심할 만한 사유가 있는 한(곧바로 영장을 기각할 사안이 아닌 한) 필요적으로 실시해야 한다(법 제201조의2 제2항 본문). 다만 피의자가 도망하는 등의 사유로 심문할 수 없는 경우에는 피의자심문절차를 진행하지 않고 구속영장을 발부할 수 있다(법 제201조의2 제2항 단서). 이 제도는 수사기관의 일방적 주장에 기초하여 영장을 발부하지 않고 법관이 직접 피의자를 심문하여 구속의 사유와 필요성을 판단함으로써 영장주의의 실효성을 담보함과 동시에 법치주의의 보루로서의 기능을 한다.[29)] 담당법관이 피의자의 얼굴을 대면하고 수사기록 속에 나타나지 않는 피의자만이 알고 있는 변소내용을 들어본 후 발부여부를 결정할 수 있어 더욱 정확한 판단이 될 수 있고, 수사절차의 위법을 발견할 수 있는 장점이 있다.[30)]

---

28) 이재상, 형사소송법, 제9판, 박영사, 2013, 256면; 오기두, "개정된 형사소송법의 운용", 「저스티스」 통권 제103호, 한국법학원, 2008, 75면.

29) 김용세, "형사절차상 기본권 보장을 위한 형사소송법규정 및 실무현실에 관한 연구: 헌법적 형사소송의 원리에 기초한 분석적 고찰", 「형사정책연구」 제19권 제3호(통권 제75호), 한국형사정책연구원, 2008, 87면 참조.

30) 同旨 이재상, 형사소송법, 제9판, 박영사, 2013, 261면. 이재상 교수는, 형사소송법의 필요적 피의자심문제도는 ① 영장주의와 법적 청문권의 보장은 피의자의 구속을 제한하기 위한 법치국가원리의 내용이므로 비용과 소송경제를 이유로 제한할 수 있는 것이 아니고, ② 임의적 피의자심문제도는 체포 또는 구금된 피의자가 법관 또는 법률에 의하여 사법권을 행사할 권한을 부여받은 관헌에게 신속히 인치될 것을 요구하는 국제인권규약의 기준을 충족할 수 없을 뿐만 아니라, ③ 구속전피의자심문은 구속피의자에게 국선변호인을 선정해 주는 절차이며 구속영장이 발부된 때에는 그 선정의 효력이 제1심까지 미친다는 점(제201조의2 제8항)에 비추어 타당한 태도라고 소개하고 있다.

나. 실시시기

형사소송법 제200조의2·제200조의3 또는 제212조에 따라 체포된 피의자에 대하여 구속영장을 청구 받은 판사는 지체 없이 피의자를 심문해야 한다. 이 경우 특별한 사정이 없는 한 구속영장이 청구된 날의 다음 날까지 심문해야 한다(법 제201조의2 제1항). 법문에서 '특별한 사정이 없는 한 청구된 날의 다음날까지' 실시하는 것으로 규정하였으므로 영장담당 판사가 판단하여 특별한 사정이 있다고 인정할 경우에는 구속영장이 청구된 날의 다음날이 아닌 그 이후에 실시해도 무방하다고 보는 견해[31]가 있으나, 이때의 피의자는 체포된 피의자이므로 부당한 구금이 있을 수도 있다는 점을 고려한다면 타당하지 않은 해석이다.[32]

제1항 외의 피의자에 대하여 구속영장을 청구 받은 판사는 피의자가 죄를 범하였다고 의심할 만한 이유가 있는 경우에 구인을 위한 구속영장을 발부하여 피의자를 구인한 후 심문해야 한다. 다만, 피의자가 도망하는 등의 사유로 심문할 수 없는 경우에는 그러하지 아니하다(법 제201조의2 제2항). 미체포 피의자에 대한 심문기일은 관계인에 대한 심문기일의 통지 및 그 출석에 소요되는 시간 등을 고려하여 피의자가 법원에 인치된 때로부터 가능한 한 빠른 일시로 지정해야 한다(형사소송규칙 제96조의12 제2항, 이하 형사소송규칙을 '규칙'이라 한다).

다. 심문기일의 절차

판사는 피의자가 심문기일에의 출석을 거부하거나 질병 그 밖의 사유로 출석이 현저하게 곤란하고, 피의자를 심문 법정에 인치할 수 없다고 인정되는 때에는 피의자의 출석 없이 심문절차를 진행할 수 있으나(규칙 제96조의13 제1항), 그 외의 경우에는 피의자와 대면하여 심문한다. 관계인에 대한 심문기일의 통지는 서면, 구술, 전화, 모사전송, 전자우편, 휴대전화 문자전송 그 밖에 적당한

---

31) 오기두, "개정된 형사소송법의 운용", 「저스티스」 통권 제103호, 한국법학원, 2008, 76면.

32) 영장실질심사가 아니더라도 평소 민·형사 사건을 불문하고, 더러 "추가로 심리할 필요", 또는 "재판부의 기록검토를 위하여", 또는 "검사의 공소장변경신청을 지켜보기 위하여" 등의 이유로 재판이 지연되는 경우가 있는데, 특히 구속피의자 등 다급한 사건을 변호하는 변호인 입장에서는 답답한 경우가 종종 있다. 물론 기일연기 또는 속행사유로 "피고인의 소재탐지를 위하여" 라거나 "합의여부를 지켜보기 위하여" 또는 "증인소환을 위하여"라는 사유일 경우에는 납득할 수 있지만, 재판부의 사정이 뻔해 보이는데 전자와 같은 사유들을 들어 일방적으로 공판기일(또는 변론기일)을 속행하는 경우, 또 심하게는 이미 결심된 사건에 대해 별다른 사정없이 지정된 선고기일을 취소하고 변론을 재개하거나 선고기일을 미루는 경우 사법부의 신의 또는 능력에 의심을 품을 수밖에 없다.

방법으로 신속하게 해야 한다. 이 경우 통지의 증명은 그 취지를 심문조서에 기재함으로써 할 수 있다(규칙 제96조의12 제3항). 판사는 지정된 심문기일에 피의자를 심문할 수 없는 특별한 사정이 있는 경우에는 그 심문기일을 변경할 수 있다(규칙 제96조의22).

피의자 심문에 참여할 변호인은 지방법원 판사에게 제출된 구속영장청구서 및 그에 첨부된 고소·고발장, 피의자의 진술을 기재한 서류와 피의자가 제출한 서류를 열람할 수 있으나 그 외의 서류를 열람할 수는 없다(규칙 제96조의21 제1항). 위와 같은 서류라도 검사가 증거인멸 또는 공범자의 도망염려 등 수사에 방해가 될 염려를 이유로 지방법원 판사에게 열람 제한에 관한 의견을 제출하고 판사가 검사의 의견이 상당하다고 인정한 때에는 구속영장청구서를 제외한 나머지 서류에 대한 전부 또는 일부의 열람이 제한된다(동조 제2항).

심문기일에 지방법원판사는 구속사유를 판단하기 위하여 피의자를 심문하고, 통지받은 검사와 변호인은 심문기일에 출석하여 의견을 진술할 수 있다(법 제201조의2 제4항). 심문을 함에 있어 지방법원판사는 공범의 분리심문이나 기타 수사상의 비밀보호를 위하여 필요한 조치를 취해야 한다(법 제201조의2 제5항). 심문은 법원청사 내에서 해야 하나, 피의자가 출석을 거부하거나 출석할 수 없는 때에는 경찰서, 구치소 기타 적당한 장소에서 할 수 있다(규칙 제96조의15). 피의자에 대한 심문절차는 공개하지 아니하나, 다만 판사는 상당하다고 인정하는 경우에는 피의자의 친족, 피해자 등 이해관계인의 방청을 허가할 수 있다(규칙 제96조의14).

심문에 앞서 판사는 피의자에게 구속영장청구서에 기재된 범죄사실에 대하여 진술을 거부할 수 있으며, 이익 되는 사실을 진술할 수 있음을 알려 주어야 한다(규칙 제96조의16 제1항). 판사는 피의자를 심문함에 있어서 구속 여부를 판단하기 위하여 필요한 사항에 관하여 신속하고 간결하게 심문해야 한다. 증거인멸 또는 도망의 염려를 판단하기 위하여 필요한 때에는 피의자의 경력, 가족관계나 교우관계 등 개인적인 사항에 관하여 심문할 수 있다(규칙 제96조의16 제2항).

검사와 변호인은 판사의 심문이 끝난 후에 의견을 진술할 수 있다. 다만, 필요한 경우에는 심문 도중에도 판사의 허가를 얻어 의견을 진술할 수 있다(규칙 제96조의16 제3항). 피의자는 판사의 심문 도중에도 변호인에게 조력을 구할 수 있고(규칙 제96조의16 제4항), 판사는 구속의 여부를 판단하기 위하여 필요하다고 인정하는 때에는 심문 장소에 출석한 피해자 그 밖의 제3자를 심문할 수 있다

(규칙 제96조의16 제5항). 심문할 피의자에게 변호인이 없는 때에는 지방법원판사는 직권으로 변호인을 선정해야 한다. 이 경우 변호인의 선정은 피의자에 대한 구속영장 청구가 기각되어 효력이 소멸한 경우를 제외하고는 제1심까지 효력이 있다(법 제201조의2 제8항). 이에 의하여 모든 구속된 피의자에게 국선변호인이 선정될 수 있게 되었다. 법원은 변호인의 사정이나 그 밖의 사유로 변호인 선정 결정이 취소되어 변호인이 없게 된 때에는 직권으로 변호인을 다시 선정할 수 있다(법 제201조의2 제9항).

라. 변호인의 의견진술

검사와 변호인은 심문기일에 출석하여 의견을 진술할 수 있으나(법 제201조의2 제3항), 심문기일에 심문할 수는 없다. 형사소송규칙 제96조의16 제3항은 "검사와 변호인은 판사의 심문이 끝난 후에 의견을 진술할 수 있다. 다만, 필요한 경우에는 심문 도중에도 판사의 허가를 얻어 의견을 진술할 수 있다."라고 규정하고 있고, 종전의 "검사와 변호인은 판사의 심문이 끝난 후에 판사의 허가를 얻어 피의자를 심문할 수 있다."는 규정을 현재와 같이 개정하였기 때문이다.[33]

그러나 이는 판사의 질문취지를 효과적으로 이해하지 못한 피의자가 충분한 자기방어를 할 수 없는 방식이므로 변명에 불충분하고 변호권 행사의 제약이 된다고 본다. 변호인이 심문 또는 신문할 수 있어야만 통상의 공판절차에서처럼 피의자에게 구속사유가 없다는 점을 폭넓게 현출시킬 수 있을 것이다.[34]

---

33) 이와 같이 개악한 이유를 두고(필자가 볼 때에는 분명히 개악이다), 신동운 교수와 노명선 교수 및 이완규 전 지청장, 김인회 교수는 구속재판이 본안재판화되는 것을 막고, 심문이 증거보전절차로 악용되는 것을 막는다는 점에서 의의를 찾을 수 있다고 보았다. 특히 신동운 교수는 이 같은 규칙 개정에 대해 판사를 면전에 두고 검사가 신문하는 것이 피의자의 자백을 이끌어내는 손쉬운 수단이 될 수 있으므로 검사와 변호인의 신문을 삭제한 것이라고 호평했고, 김인회 교수는 영장재판 중 검사와 변호인의 신문권을 보장하지 않는 것이야말로 공판중심주의를 지키는 길이며, 이를 임의의 절차에 그치게 한 본안의 피고인신문절차와 균형을 이룬다고 찬동하였다(신동운, 신형사소송법, 법문사, 2008, 233면; 노명선/이완규, 형사소송법 제4판, SKKUP, 2013, 258면; 김인회, 형사소송법, 피앤씨미디어, 2015, 134면).

34) 물론 **통상의 공판절차에서도 피고인신문이 충실히 보장되지 않는다.** 형사법관 중 상당수가 증거조사절차 완료 즉시 검사에게 구형의견을, 변호인에게 최후변론할 것을 기계적으로 권고하고 있어서 증거조사와 최후변론 중간에 위치하고 있는 피고인신문절차를 소홀히 취급하는 경우가 많다. 임의적 절차로 규정된 피고인신문절차(법 제296조의2)를 필수적 절차로 법조문을 변경하든가 아니면 피고인신문을 할 것인지를 법관이 의무적으로 변호인에게 묻도록 법을 개정할 필요성이 시급하다. 현재는 다 끝나가는 즈음에 생뚱맞게 변호인이 번거로운 절차를 요청하는 것으로 상황이 흘러가고 있는 점에서 문제이다. 나아가 피고인신문을 실시하는 중에도 법관에 의해 차단되는 경우가 있는데, 소송지휘권이 남용되어 변론권이 형해화되는 경우가 될

장차 변호인의 신문권(또는 심문권[35])을 인정하는 방향으로 개선되어야 할 것으로, 후술한다.[36] 현재도 판사의 허가를 얻고 피의자의 동의를 얻은 경우라면 변호인도 심문이 가능할 것으로 보는 견해[37]가 있으나, 과연 법에 규정되어 있지 않은 변호인의 피의자심문권을 동의라는 점을 매개로 법관의 허가를 얻어 실시할 수 있을지 의문이다. 통상 변호인이 의견진술을 길고 상세하게 할 경우만 하더라도 영장법관은 인상을 찌푸리며 간결히 의견진술을 마무리해 줄 것을 요청하는 경우가 많은 점을 보면 그 전망이 어둡다고 본다.

마. 조서작성

구속영장이 청구되어 법원이 구속전피의자심문을 하는 경우 법원사무관 등은 심문의 요지 등을 조서로 작성해야 하고(법 제201조의2 제6항), 법원이 피의

수 있어 위험하다. 모호하게 입법된 법 제299조의 (불필요한 변론등의 제한) 규정으로 예견된 문제점이다. 소송지휘권을 행사한다는 명분으로 피고인신문절차의 중요성을 간과하고 본질적 부분을 침해할 소지가 있으므로, 장래 피고인신문절차는 필수적으로 운영하고, 적대적 증인이 아닌 우호적 증인과 피고인에 대한 신문에서는 원칙적으로 재판부의 중간개입과 차단을 방지하는 쪽으로 형사소송법을 개정해야 한다(이러한 악용가능성이 있는 또 다른 조문으로, 형사소송규칙 제156조의6 항소심에서의 피고인 신문 규정). 참고로 증거조사신청의 채택 확률과 증인 및 피고인신문에서 보여주는 재판부의 태도를 오해하여 비전관변호사와 국민들은 전관예우가 존재한다고 보는 경우가 많다.

※ 피고인신문을 일부 제한한 원심을 바라보는 대법원의 입장은 다음과 같다.

「…(중략) (2) 반대신문을 제한하였다는 점에 대하여,

재판장은 소송관계인의 진술 또는 신문이 중복된 사항이거나 그 소송에 관계없는 사항인 때에는 소송관계인의 본질적 권리를 해하지 아니하는 한도에서 이를 제한할 수 있는 것이다(형사소송법 제299조). 제1심 제1 내지 제7 각 회 공판조서와 변호인들이 제1심 제7회 공판기일에서 제출한 피고인 2에 대한 반대신문서의 각 기재내용을 검토하여 보면, 변호인들이 위 공판기일에 피고인 2에 대한 반대신문으로 신문하기를 원한 피고인 2의 통일관·남북한의 통일정책·통일사에 있어서의 피고인들의 이 사건 방북의 성과 등은, 그 전까지의 공판기일에서 검사의 주신문이나 변호인들의 반대신문을 통하여 피고인 2가 이미 충분하게 진술을 하였거나 이 사건 소송에 직접적인 관계도 없는 사항들로서, 제1심 재판장이 위와 같은 사항들에 대한 변호인들의 반대신문을 일부 제한하였다고 하더라도 소송관계인의 본질적 권리를 해한 것이라고 볼 여지가 없으므로, 소송지휘권에 기하여 이 점에 관한 변호인들의 반대신문을 제한한 제1심 재판장의 조치를 비난하는 논지는 이유가 없다.」(대법원 1990. 6. 8, 선고 90도646 판결 [국가보안법위반])

35) **명칭은 그 무엇이라도 좋다.** 형사소송법 제296조의2와 같이 공소사실 및 정상에 관한 사항에 관한 신문이어도 좋고, 제201조의2와 같이 판사의 심문에 준하는 심문이어도 좋다. **필자가 주장하는 절차는 문언적 의미의 신문과 심문의 차이를 넘어서서 범죄사실 및 구속사유에 대해 상세히 물어 현출시킬 절차가 필요하다는 의미이다.**

36) 현재 체포적부심 청구사건, 구속적부심 청구사건을 심리할 때도 심문기일에 출석한 검사, 변호인은 피의자를 심문할 수 없으며, 의견을 진술할 수 있을 뿐이다(형사소송법 제214조의2 제9항, 형사소송규칙 제105조 제1항). **같은 지적을 할 수 있겠으며, 현행법은 법관의 전지전능을 전제로 체포·구속사유를 직권으로 판단하는 쪽에 가깝다고 볼 수 있는 방증이다.**

37) 오기두, "개정된 형사소송법의 운용", 「저스티스」 통권 제103호, 한국법학원, 2008, 76-77면.

자심문조서를 작성하는 때에는 조서 작성의 일반원칙에 따라 조서 기재의 정확성 여부를 진술자에게 확인하고, 조서에 간인하여 서명날인을 받아야 하며, 검사·피의자 또는 변호인이 조서 기재의 정확성에 관하여 이의를 제기한 때에는 그 진술의 요지를 기재해야 한다(법 제201조의2 제10항, 제48조). 구속전피의자심문조서는 형사소송법 제311조의 법원 또는 법관의 조서에는 해당하지 않지만, 제315조의 기타 특히 신빙할 만한 정황에 의하여 작성된 서류로서 증거능력을 가질 수 있다.[38)]

법 제48조와의 관계상 구속영장심문조서에 진술자인 피의자의 간인, 서명날인을 받아야 하므로 법원사무관 등의 업무가 너무 번거롭게 되었고, 따라서 실무상으로는 1쪽으로 작성된 간략한 심문조서에 피의자의 서명, 무인만을 받고 있다고 소개하는 견해가 있는데,[39)]이러한 관행은 잘못되었다. 법관의 묵인 아래 법원사무관이 직권을 남용한 것이 된다. 구속을 결정하기 위해 법관이 피의자를 심문하는 절차이고 단 1회 만에 구속·불구속이 판가름 나는 심문절차에서 역사적 근거로 피의자심문조서만이 남았다 해도 과언이 아닌데, 피의자의 간인, 서명날인을 필요로 하게 된 것이 법원사무관에게 번거로운 일이 되어 간인을 피하게 되었고, 따라서 1쪽짜리 조서관행이 생겼다는 것은 쉽게 이해되지 않는다. 앞으로 영장전담법관은 법문의 취지를 헤아려 심문의 요지에조차 이르지 못할 정도로 부실한 조서작성에 대해 적극적으로 소송지휘권을 행사해야 하며, 조서는 1쪽을 넘어서는 것이 맞고, 간인을 회피하기 위하여 조서를 고의로 1쪽으로 축약기재하면 아니 된다. 그것이 올바른 형사법관의 책무이다. 현재 심문조서를 보면 대개 「피의자 "선처를 바란다고 진술"」, 「변호인 "도주우려와 증거인멸의 우려가 없다고 진술"」로만 기재되는 관행이 심한데, 변호인 입장에서는 범죄혐의, 구속사유, 구속의 필요성과 관련하여 답답한 점이 많다.[40)] 따라서 향후에는 피의자가 자신이 받은 신병재판에 대해 실질적 불복권을 보장받을

38) 이재상, 형사소송법, 제9판, 박영사, 2013, 264면.

39) 오기두, "개정된 형사소송법의 운용", 「저스티스」 통권 제103호, 한국법학원, 2008, 77면, 주 11).

40) 그렇게 구속전피의자심문조서가 허무하게도 한 쪽짜리에 불과한 형식적 요점만 남게 되어 발생되는 문제점은 다음과 같다. 심문과정에서의 피의자의 변소내용과 변호인의 변론내용이 상세히 남지 않았으므로 장래 석방을 위한 다른 절차를 밟더라도 종전의 심문내용에 대해 충분한 이해가 없는 다른 법관을 새롭게 설득해야 하고, 따라서 주된 변론 방향은 사정변경에 초점이 맞추어지는 것이다. 현재 시점의 구속 계속의 필요성에 대한 것으로, 결국 구속영장 발부를 문제 삼는 진정한 불복이 아니다(대한변협신문, 형사전문분야 칼럼, "법원의 영장판단과 남겨진 변호인의 역할", 2017. 9. 11.자).

수 있도록 '심문조서에 심문의 요지 등을 기재한다'고 애매하게 규정하지 말고, 상세하게 기재되도록 입법개선이 이루어져야 한다. 상세한 조서에서 연속성을 입증하는 간인은 당연하다. 또 조서작성의 정확성에 대해 변호인에게 확인시키지 않고 피의자에게만 열람케 하고 서명날인케 하는 실무관행도 법 제48조 제5항(조서의 작성방법), 제51조 제2항 제11호(공판조서의 기재요건 중 변론의 요지)의 취지에 반하므로 개선되어야 한다.[41)]

바. 심문조서에 대한 검찰 입장

구속전피의자심문조서는 거의 모든 법원에서 간략히 작성하는 바 증인신문조서와 같은 문답식이 아니라 개괄식으로 간략하게 기재되고,[42)] 이러한 심문조서는 법원이 보관하고 검사의 청구 시 사본을 교부한다. 그간 법원이 교부를 거부한 사례는 없었고, 검찰 또한 조서 사본을 증거로 제출하거나 채택한 사례는 없었다.[43)] 그러함에도 법원의 심문조서의 간략한 작성방식에 대해 검찰은 검찰대로 비판적으로 보고 있다. 대법원 '인신구속사무의 처리에 관한 예규'에 따라 일선 법원에서는 구속 전 심문조서를 작성하고 법원에 보관하고 있다가 검찰 등의 신청이 있는 경우 조서 사본을 교부하는데, 법률에서 조서를 작성하도록 규정한 취지는 피의자의 진술 취지를 충실하게 기재하고 사건 기록에 편철한 다음, 수사 및 재판 과정에서 활용하게 하려는 취지로 보이는데도 지나치게 짧아 법 취지에 충실하지 못한 작성방법이라고 비판하고 있는 것이다.[44)] 그렇다면 결국 검찰도 필자와 같은 변호인과 동일한 불만을 제기한 것이다.

Ⅳ. 영장실질심사 개선점

구속전피의자심문은 수사권의 남용을 수사단계에서부터 법원이 적극적으로 개입하여 피의자의 부당한 구금을 방지하기 위해 도입된 헌법 실현수단이다. 따라서 아래와 같은 실무상의 문제점을 개선하여 인권친화적 제도로 운영

41) 대구지방법원과 김천지원의 최근 구속전피의자심문조서 작성·확인과정에서 그와 같은 일이 거듭 목격되었다.

42) '돈을 받은 사실이 있다고 진술하다', '범죄사실을 대체로 인정함' 등.

43) 서울동부지방검찰청, 법학교수·검찰 실무연구회 발표자료, 2008. 6. 3, 170－171면.

44) 서울동부지방검찰청, 법학교수·검찰 실무연구회 발표자료, 2008. 6. 3, 178면.

되어야 하며, 그 과정에서 변호인의 변론권도 상향조정되어야 한다.

1. 촉박한 영장심문준비

형사소송법과 형사소송규칙은 '체포된 피의자에 대하여 구속영장을 청구받은 판사는 지체 없이 피의자를 심문해야 한다. 이 경우 특별한 사정이 없는 한 구속영장이 청구된 날의 다음 날까지 심문해야 하나(법 제201조의2 제1항), 제1항 외의 피의자(미체포 피의자)에 대하여 구속영장을 청구 받은 판사는 피의자가 도망하는 등의 사유로 심문할 수 없는 경우를 제외하고는 피의자가 죄를 범하였다고 의심할 만한 이유가 있는 경우 구인을 위한 구속영장을 발부하여 피의자를 구인한 후 심문해야 하고(법 제201조의2 제2항), 그 심문기일은 관계인에 대한 심문기일의 통지 및 그 출석에 소요되는 시간 등을 고려하여 피의자가 법원에 인치된 때로부터 가능한 한 빠른 일시로 지정해야 한다(규칙 제96조의12 제2항)'고 규정하고 있다. 따라서 영장판사는 구속영장청구일로부터 매우 촉박하게 심문기일을 정하는 경우가 통상인데,[45] 그 같은 경우 영장심문통지를 받은 피의자나 그의 가족이 변호인을 선임하여 그 변호인이 영장청구서를 확보하고 변론에 착수하는 시점은 이미 심문기일의 전날 밤이 되는 경우가 많다. 그렇다면 충실한 변론을 준비하는 것은 눈앞의 심문기일을 감안할 때 거의 불가능하고, 충분한 증거를 수집하여 제출하는 것도 희망에 불과하다. 결국 피의자와의 면담 과정에서 범죄사실과 관련한 인부를 놓고 합의 아닌 합의를 하고 나서 서둘러 정리하는 주된 부분은 도주우려와 증거인멸우려와 관련한 부분으로, 정상도 아닌 것이 구속불비사정도 아닌 어정쩡한 변론의 모습이 될 것임은 어렵지 않게 예상할 수 있다. 이는 검사가 구속의 필요를 인정할 수 있는 증거자료를 제출하기 위해(법 제201조 제2항) 상당한 기간 동안 갖가지의 방법으로 수사한 것과 비교하면 애초부터 많은 차이를 가져오게 한다. 그 와중에 부딪히는 뜻밖의 난관도 있다. 예컨대 대구지방법원과 같은 본원은 야간 당직실을 통하여 영장청구서 사본 교부가 신속히 이루어지는 경우가 있으나, 김천지원과 같은 지원에서는

45) 미체포 피의자의 심문기일이 약간의 여유를 갖고 지정되는 경우는 인신구속사무의 처리에 관한 예규 제28조 제3항에 규정되어 있는데, 피의자가 수사협조를 하였는지가 관건인 것처럼 규정되어 있어 문제이다. "판사는 미체포 피의자가 수사기관의 출석요구에 성실히 응하여 조사를 받고 귀가하였거나 수사기관에 임의출석하여 대기하고 있는 등 미리 심문예정일시를 기재하면 그 무렵 피의자가 법원에 인치될 것으로 인정되는 경우에는 구인영장의 '인치할 장소'란 옆의 공란에 '심문예정일시'를 미리 기재하여 지정할 수 있다."

야간 당직실을 통한 절차지원이 불가능한 점을 알게 되는 경우가 그것이다.

이 같은 사정을 두루 고려하면, 특히 미체포 피의자의 경우 도주와 증거인멸 우려만을 우선시하여 영장심문기일이 촉박하게 지정되지 않도록 법문을 명확히 개정할 필요가 있고, 심문기일의 변경도 실무상 폭넓게 허용되어야 하며,[46] 심문기일 변경신청이 피의자의 도주우려와 증거인멸우려를 인정하는 쪽으로 심증 형성되지 아니하도록 운용되어야 할 것이다.

2. 열람·등사 문제

체포피의자의 경우 48시간 이내 구속영장이 청구되고 피의자의 가족이 이러한 사실을 우편으로 통지받은 후 이것을 들고 변호인을 선임한 순간에는 이미 영장실질심사 시각이 너무나 목전이다. 이러한 시간적 제약으로 인해 충실한 변론을 하기 어렵다는 점은 상술했다. 이러한 문제점은 미체포 피의자(사전구속영장)의 경우라 하더라도 별반 다르지 않다. 어차피 예고 없이 신속하게 구속영장이 청구되고, 피의자가 그러한 사실을 통지받은 시점부터 심문기일까지는 불과 수일 이내이기 때문이다. 이런 가운데 변호인에게 시급히 필요한 것은 영장청구서와 수사기록 열람·등사인데, 이마저도 쉽지 않고 상당부분은 불가능하다.

영장청구서에 대해 본다. 변호인은 판사에게 제출된 구속영장청구서 및 그에 첨부된 고소장, 피의자의 진술을 기재한 서류와 피의자가 제출한 서류를 열람할 수 있으나 등사규정은 명백히 존재하지 않고, 일시, 장소가 지정된 후 영장청구서를 열람해야 하는 시간적 어려움에 처해 있다(규칙 제96조의21, 인신구속사무의 처리에 관한 예규 제9조 제1항). 이러한 어려움을 감안하여 통상 법원은 규칙 제101조[47]를 허용근거로 보고 아예 영장청구서 등본을 교부해 온 것으로 보이나, 정확히 말하자면 이 조문은 영장 변호인에게 허용된 영장청구서 등본교부청구

46) 현재도 형사소송규칙 제96조의22에서 판사는 지정된 심문기일에 피의자를 심문할 수 없는 특별한 사정이 있는 경우 기일을 변경할 수 있다고 규정하고 있으나, 변호인의 변론준비 시간부족이 피의자를 심문할 수 없는 특별한 사정으로 해석될 것인지 미지수다.

47) 형사소송규칙 제101조(체포·구속적부심사청구권자의 체포·구속영장등본 교부청구 등) 구속영장이 청구되거나 체포 또는 구속된 피의자, 그 변호인, 법정대리인, 배우자, 직계친족, 형제자매나 동거인 또는 고용주는 긴급체포서, 현행범인체포서, 체포영장, 구속영장 또는 그 청구서를 보관하고 있는 검사, 사법경찰관 또는 법원사무관 등에게 그 등본의 교부를 청구할 수 있다.

권이 아니라 체포적부심사청구를 한 변호인 또는 구속적부심사청구를 한 변호인에게 허용된 등본교부청구권으로 읽혀진다. 따라서 장래 형사소송규칙 제96조의21을 명확히 개정하여 영장청구서에 대한 열람을 넘어선 등사청구권을 규정해야 한다. 최근 김명수 대법원장이 취임 직후 인신구속사무의처리에관한예규를 개정하여 변호인이 법원을 방문하지 않고도 영장청구서 사본을 팩스로 교부받을 수 있도록 한 것은 적절한 조치 중 하나이다.

나아가 수사서류는 열람의 범위가 제한적이며 그마저도 검사의 불허의견이 있을 경우 대체로 수용되어 열람이 금지된다는 점(규칙 제96조의21, 인신구속사무의 처리에 관한 예규 제9조 제2항), 등사의 규정은 아예 존재하지 아니하는 점, 검찰이 전가의 보도로 내세우는 사건기록열람·등사에관한업무처리지침(대검예규)과 검찰보존사무규칙(법무부령)에 영장 변호인이 수사서류를 열람·등사할 수 있는 규정이 없거나 결국은 검사가 수사기밀로 보아 불허할 것임이 분명한 점을 고려하면 형사소송법 또는 형사소송규칙을 개정하여 변론에 반드시 필요한 범위 내의 수사서류 항목을 예시하여 그 허용을 명시해야 한다.[48)]

위와 같은 문제로 인해 판단하는 법관은 전체 기록을 숙지하고 있는데, 변호인은 고소장, 참고인진술조서 등 고소인의 주장요지, 계좌내역 등 객관적 증거자료, 수사보고서 등을 확인하지 못한 채로 미흡한 상태에서 영장심문을 준비한다면 이는 패착의 기본원인이 될 수밖에 없다. 경우에 따라서는 거짓말 변론이 될 수도 있다. 영장을 기각시키기 위해서는 만연히 피의자의 진술만을 토대로 변명하여서 될 것이 아니다. 고소인의 주장 및 객관적 증거에 대해 상세 반박 할 수 있고 반증자료를 충분히 제출해야만 승산이 있고, 비로소 법관은 혐의를 인정하기 어렵다는 심증을 형성할 수 있다. 그렇다면 법관으로서는 다툴 여지와 용의가 있는 피의자가 도주하지 않을 것이란 점, 방어권을 보장해 주어도 되겠다는 점에까지 생각이 다다르게 되는 것이다. 따라서 충실한 변론을 위해 변호인의 기록 열람·등사권은 최대한의 분량으로 가장 신속히 법적으로 보장받아야 할 것이란 결론에 이른다. 따라서 향후 충분한 변호권이 보장될 수 있도록 검찰은 애초부터 법원에 기록 2부(기록 전체의 원본 1부, 기록 일부의 사본

---

48) 현재 인신구속사무의 처리에 관한 예규 제9조 제3항도 (영장청구서를 제외한) 영장 청구사건의 소명자료로 제출된 수사기록 전반에 대하여 비공개를 명시하고 있어 함께 개정되어야 한다. "제1항·제2항 및 규칙 제101조에 따라 체포영장청구서 또는 구속영장청구서의 등본을 교부하는 경우를 제외하고는 체포영장 또는 구속영장 청구사건의 소명자료로 제출된 수사기록 등은 공개하지 아니한다."

1부)를 제출하고, 변호인은 그에 맞는 복사비용을 지급하고 즉시 법원으로부터 사본 1부를 수령하는 방향 등 극단적 조치를 고려하지 않을 수 없다. 변호인의 변론권 행사가 단순히 개인의 영업에 불과하다면 그 같은 수고는 당연히 사치이나, 그것이 헌법의 핵심적 가치이자 수단이라면 수긍할 점이 있다. 충분한 변론권 보장, 세밀한 심사, 억울한 구속이 없는 사회야말로 우리 모두가 추구해야 할 이상적 사법모델이 아니겠는가. 우리는 늘 이상 또는 법의 정신과 실무가 어긋나는 불일치 현상에 대해 주목해야만 한다.

3. 변호인에 의한 피의자신문절차 부재

영장실질심사는 원칙적으로 판사에 의해 직권 진행된다. 법관은 피의자에게 범죄의 객관, 주관을 질문하고, 부인할 경우 구체적 이유, 주거, 직장, 수입 및 재산, 가족관계, 피해자와의 합의 또는 위해적 접촉사실을 피의자로부터 듣게 된다. 이는 직권심문으로, 원칙적으로 변호인이 중간에 나설 수 없고(예외는 있다), 당연히 변호인에 의한 피의자신문절차(또는 심문)도 존재하지 않는다. 변호인의 역할은 입회와 최후변론 뿐이라 해도 과언이 아니다. 법관의 직권심문과 피의자의 답변이 끝나고, 출석한 검사가 있다면 검사의 의견을, 없다면 검사가 선정한 피해자 국선 변호사가 의견을, 그리고 마지막으로 변호인의 의견을 청취한다.[49] 그리고 남는 것은 구속전피의자심문조서이고, 대부분의 사건에서 그 조서는 1쪽 짜리에 불과하다. 내용의 기재 또한 심문의 요지만을 간단하게 적고 있어서, 고작해야 조서에 남는 것은 피의자가 "선처를 바란다.", 변호인이 "도주우려와 증거인멸의 위험이 없다."고 주장한 정도이다. 그리고 최근에는 피해자 변호사가 "피해자가 겪은 충격이 크므로, 구속수사하여 주길 바란다. 또는 강력히 처벌해 주기를 바란다."라고 주장한 내용의 취지도 조서에 담기고 있다. 그렇게 구속전피의자심문조서는 허무하게도 한 쪽짜리에 불과한 형식적 요점만 남게 되었다.[50]

비록 재판장이 직권으로 상당시간을 할애하여 기록을 토대로 피의자에게 질문하는 경우가 있고, 변호인 역시 사전에 변호인의견서를 제출한 후 의견서 기재 내용을 장시간 구술 변론할 수 있기는 하나, 변호인에 의한 피의자신문절

49) 피의자심문의 정확한 절차에 대해서는, 인신구속사무의 처리에 관한 예규 제45조 참조.
50) 대한변협신문, 형사전문분야 칼럼, "법원의 영장판단과 남겨진 변호인의 역할", 2017. 9. 11.자

차가 형사소송규칙에서 삭제되어 더 이상 존재하지 않는다는 것은 아쉽기 짝이 없다. 현재의 제도로는 변호인이 피의자신문을 통해 현출시키고 싶었던 다음의 사항들을 제대로 현출시키지 못한다. 부인하는 부분과 구체적 이유, 해당 사건의 특별한 경위, 고소인과의 관계 및 고소내용 중 불순한 부분과 그 동기, 수사과정 중 진술획득방법의 위법성, 조서작성에서 사실과 다르게 진술기재된 부분과 그 이유, 피해변제를 위한 노력과 구체적 계획, 구속 시 초래될 수 있는 막대한 피해와 피해변제 이행에 미칠 영향, 현재 확보하고 있지는 못하지만 정당한 방어권 행사로 남은 절차에서 계획된 변론방법 등이 그것이다.

4. 구속영장 발부기준 문제

주거부정, 도주의 우려, 증거인멸의 위험의 각 사유를 판단할 구체적 기준은 형사소송법과 형사소송규칙에 존재하지 않는다. 그나마 상세한 것이 인신구속사무의 처리에 관한 예규 제48조,[51] 제49조인데,[52] 자의가 개입될 여지가 없이 상세하다고 보기는 어렵다. 최근 검찰이 법원의 각개 영장판단에 대해 심각한 불만을 제기하는 이유도 구속기준이 일정치 않아 각 사건에서 복불복이라고 보는 까닭이다. 그렇다면 금번 연구와 같은 논의가 앞으로 심화되어 향후 구속법리가 지속적으로 발전됨으로써 인신구속과 관련한 국가 사법기능에 대해 국민적 신뢰가 형성되어야 할 것이다. 인신에 대해 법의 예측가능성과 안정성이 정확히 적용되어야 함은 지극히 당연하고 중요하다. 그간 인신구속의 문제에

51) 증거인멸 염려에 대한 내용이다. "1. 인멸의 대상이 되는 증거가 존재하는지 여부, 2. 그 증거가 범죄사실의 입증에 결정적으로 영향을 주는지 여부, 3. 피의자측에 의하여 그 증거를 인멸하는 것이 물리적·사회적으로 가능한지 여부, 4. 피의자측이 피해자 등 증인에 대하여 어느 정도의 압력이나 영향력을 행사할 수 있는지 여부"

52) 도망할 염려에 대한 내용이다. "1. 범죄사실에 관한 사정 (1) 범죄의 경중, 태양, 동기, 횟수, 수법, 규모, 결과 등, (2) 자수 여부, 2. 피의자의 개인적 사정 (1) 직업이 쉽게 포기할 수 있는 것인지 여부, (2) 경력, 범죄전력, 범죄에 의존하지 아니하고도 생계를 유지하였는지 등 그 동안의 생계수단의 변천, (3) 약물복용이나 음주의 경력, 피의자의 도망을 억제할 만한 치료 중인 질병이 있는지 또는 출산을 앞두고 있는지 여부, (4) 다른 곳 특히 외국과의 연결점이 있는지 여부, 여권의 소지 여부 및 여행 특히 해외여행의 빈도, 3. 피의자의 가족관계 (1) 가족간의 결속력, (2) 가족 중에 보호자가 있는지 여부, (3) 배우자 또는 나이가 어리거나 학생인 자녀가 있는지 여부, (4) 연로한 부모와 함께 거주하거나 부모를 부양하고 있는지 여부, (5) 피의자에 대한 가족들의 의존 정도, (6) 가족들이 피의자에게 양심에 호소하는 권고나 충고를 하여 피의자를 선행으로 이끌만한 능력과 의사가 있는지 여부, 4. 피의자의 사회적 환경 (1) 피의자의 지역사회에서의 거주기간 및 지역사회에서의 정착성의 정도, (2) 피의자 가족의 지역사회와의 유대의 정도, (3) 교우 등 지원자가 있는지 여부"

대해 실체재판에 부수하는 2차적 의미로만 바라보던 법조계 내부의 인식은 우리 사회의 인권의식의 변화를 감안할 때 더 이상 유지될 수 없다고 보아야 한다.[53)]

가. 도주우려

실무상 가장 문제되고 흔한 사유이다. 통상 법정형이 높은 사건의 경우 "중형예상, 도주우려"라는 이유만을 기재한 후 영장을 발부하는 관행이 있다. 검찰은 검찰대로 영장심사 단계에서부터 미리 영장을 기각함으로써 수사를 통제하거나 수사에 간섭하지 말라며 불만을 갖고 있으나, 변호인으로서는 '미리부터 유죄예단을 갖고 실형이 선고될 사건이라느니, 중형이 선고될 사건이라느니 판단해서는 안 된다'는 주장을 하고 싶다. 그것에 대한 확신은 본안 법관이 할 일이다.[54)] 특히 부인사건의 경우라면, '중형이 선고될 가능성이 있는데 부인까지 하는 것을 볼 때 도주우려가 있다'는 식으로 예단해 버리는 것은 지나치게 왜곡된 단순 도식이라고 본다. 본안에서 다투어 다른 결론이 나올 가능성은 미리부터 배제한 것이고, 유죄선고의 예상 또는 심지어 중형선고의 예상이 있더라도 반드시 모든 피의자가 도주하는 것은 아니다. 요컨대 도주우려 자체가 영장발부사유로 부적절하다는 것이 아니라 실형선고 또는 중형선고 예상을 곧바로 도주우려로 직결시키는 판단은 대단히 성급한 것이라는 주장이다. 이 점에서 현재의 실무는 다소 극단적 판단방식을 취하고 있다고 할 수 있다.

나. 증거인멸 위험

실무상 부인하고 있으며 참고인들이 피의자의 회사직원 등일 경우 진술을 짜 맞추거나 회계장부 등을 은닉·훼손할 가능성이 있다는 이유로 증거인멸의 위험을 인정한다. 그러나 피의자와 참고인들의 관계를 고려할 때 가까운 장래에 진술번복 또는 회유의 가능성이 있는 경우라면 그것은 신속히 참고인 조사

53) 신동운, "한국사회의 변화와 형사법학의 과제", 「서울대학교 법학」 제28권 제1호, 서울대학교 법학연구소, 1987, 86면; 이재석, "체포제도의 운용과 현실", 「비교형사법연구」 제1권(창간호), 한국비교형사법학회, 1999, 237-238면. 이재석 교수도 인신구속제도 운용의 기본원칙은 그 요건을 보다 엄격하게 하고 체포·구속기간을 단축함과 함께 체포 및 구속에 있어서 적정절차의 원칙을 유지하여 인신구속의 예외적 성격을 관철하는 것이 그 요체라고 보고 있다. 그런데도 현실에서는 규문적 수사관에 입각한 수사편의를 우선 고려하는 입장에서 개선의 기미를 보이지 않고 많은 문제점이 노정되고 있어 인신구속제도 체계 전반에 대한 상호 제도보완이 요구된다는 것이다.

54) 상급법원 또는 법관의 판단을 선취하지 말아야 한다는 주장에 대해서는, 법률신문, 오피니언, "법정구속", 2014. 12. 22.자, 14면.

를 마쳐두지 않았던 수사미숙을 나무라야 한다. 수사기관으로서는 서둘러 참고인 조사를 함과 동시에 참고인의 동의를 받아 영상녹화를 하고, 나아가 허위진술에 대해 범인도피 또는 위계공무집행방해죄를 경고함으로써 고의로 진술을 바꾸려는 시도를 막을 수 있다. 이것이 세련된 수사방식이라 할 것이므로, 피의자와 참고인과의 관계를 고려하여 바로 구속사유로 삼아 피의자에게 불이익을 주어서는 아니 된다고 봐야 한다.

물적 증거의 은닉·훼손의 염려가 있다는 것도 그러하다. 미리 압수·수색영장을 발부받아 자료를 확보하지 못한 수사기관의 잘못을 고려하지 않고 무조건 피의자가 은닉할 가능성이 있다고 판단하는 것은 잘못이다. 그리고 위와 같은 증거인멸의 위험 속에는 많은 경우 피의자가 부인하고 있는 점이 전제되고 있다. 그렇다면 부인하는 피의자는 항상 증거를 인멸할 생각만 하고 자신에게 유리한 증거를 제출할 생각은 하지 않는다는 말이 된다. 그러나 피의자는 불구속 상태에서 재판받으며 자신에게 유리한 증거를 제출하기에도 바쁘다. 따라서 지나친 과장이라 아니할 수 없다.

물론 범죄의 은밀성과 참고인 진술 이외에는 사실상 다른 증거를 쉽게 발견하기 어려운 범죄 군이 있다. 바로 부패범죄이고, 타당한 구속 건도 많을 것이다. 부패범죄는 은밀성 및 피의자의 사회적 지위로 인해 적발하기 쉽지 않은 반면, 참고인이 보복을 우려하여 진술하지 않는 경우가 많다.[55] 이런 이유로 부패범죄의 경우 일정 금액 이상을 수수한 경우 반드시 구속수사를 원칙으로 예정하고 있고, 실제 구속율도 일반범죄보다 상당히 높다.[56] 요컨대 이 같은 특성을 지닌 범죄 군에 대해서는 비교적 쉽게 증거인멸 우려를 인정하여도 수긍할 수 있겠으나, 일반범죄에까지 증거인멸의 위험을 추측하여 영장을 남발하여서는 아니 될 것이다.

---

55) 증거확보의 어려움을 해결하기 위해 법무부가 법제화 작업을 시도한 것으로는, 2011년 7월 12일 국무회의를 통과한 정부 형사소송법과 형법 개정안에 포함되어 있던 '내부증언자 불기소처분제'와 '내부증언자 형벌감면제'.

56) 2009년의 경우 전체 범죄자 중 구속기소율은 34%인데, 뇌물수뢰 피의자 537명 중 309명이 구속 기소되어 구속율이 57.5%인 점을 보면 구속율이 대단히 높다(류전철, "부패범죄의 척결과 예방을 위한 형사절차상 대응방안", 「비교형사법연구」 제13권 제2호, 한국비교형사법학회, 2011, 837－838면 참조).

5. 충실한 이유기재 필요

법원은 영장을 발부할 때 구속영장 중단 왼편에 구속사유의 해당사항을 체크하고, 오른쪽 빈란에 '범죄 혐의가 중대하고(또는 "범죄혐의 인정되고", 또는 "범죄혐의 소명되고") 구속 사유와 필요성이 인정된다'는 식의 이유를 기재한다.[57] 영장을 기각할 때에는 '제출된 증거만으로는 범죄혐의를 인정하기 어렵고(또는 혐의가 충분히 소명되었다고 보기 어렵고), 구속의 필요성과 상당성이 인정되지 않는다' 혹은 '피의자의 주장과 수사태도, 그의 변호인이 제출한 자료를 볼 때 장래 방어권을 보장할 필요성이 있고, 증거인멸의 위험 및 도망할 염려가 없다'고 기재하고 있다.[58] 그러나 이러한 추상적이고 짧은 이유기재는 검찰이나 피의자에게 실제 합리적인 설명이 되지 않아서 검찰은 어느 부분이 미진하다는 것인지 정확히 알 수가 없고, 피의자는 왜 구속돼야 하는지 납득하기 어려울 수 있다. 물론 범죄사실이 확정되지 않은 피의자의 혐의에 대해 이렇다 저렇다 말하는 것은 무리한 판단으로 보아 간단한 이유만을 기재하는 것일 수 있겠으나, 향후에는 구체적 사유를 밝혀 검찰과 피의자 모두를 납득시키는 것이 합리적이다. 따라서 장래 대법원 재판예규 등에 구속영장 이유기재 방법을 상세하게 정립하는 것이 타당하다.[59] 그래야만 장차 영장발부에 대한 예측가능성이 향상되고, 방어권 보장에 충실을 기할 수 있다. 조금 더 바란다면 구속기준이 정립되고 충실한 이유기재도 가능한 정도라면 정형문구가 아닌 상세한 모양새로 「구속결정문」을 작성하고, 검찰도 변호인도 열람·등사토록 법을 개정하는 것이 이상적일 것이다.

6. 발부된 영장(칼)과 기각한 영장청구서 이유(방패) 입수문제

검사는 영장이 발부될 경우 구속영장과 증거기록 일체를 반환받는다. 심지

---

57) 인신구속사무의 처리에 관한 예규 제50조 참조. "판사는 구속영장을 발부하는 경우 구속영장의 해당란에 구속의 사유를 표시해야 한다. 다만, 필요한 경우에는 증거를 인멸할 염려 또는 도망할 염려가 있다고 인정하는 주된 요소를 간략하게 기재할 수 있다."

58) 인신구속사무의 처리에 관한 예규 제51조 참조. "구속영장의 청구를 기각하는 경우에는 구속영장청구서 하단의 해당란 또는 별지에 구속영장을 기각하는 취지와 이유를 간략하게 기재한 다음 연월일을 적고 서명날인하여 검사에게 교부한다."

59) 조선일보, 기사, "['사법致死' 고리 끊자][中] 법원, 영장발부 기준 모호… 이유 설명도 한줄뿐", 2015. 5. 14.자 참조.

어 반환시각도 기재하게 되어 있다(규칙 제96조의18). 발부의 경우 구속영장 중단 왼편에는 발부사유가 체크되어 있고 오른편에는 그 이유가 기재된 것이 보통인데, 비록 그 내용 전부를 보아도 정형적이고 간단하여 크게 쓸모가 없더라도 변호인은 향후의 다른 절차를 통해 피의자를 석방시키기 위해 발부된 구속영장 등본의 빠른 입수가 필요하다. 이를 위해 형사소송규칙이 구속된 피의자와 변호인이 구속영장 등본교부를 청구할 수 있다고 규정하고 있으나(규칙 제101조), 일단 검찰로 기록이 넘어가고 나면 검찰은 뜻밖의 사유를 들어 거부할 수 있다. 해당 조문명이 '체포·구속적부심사청구권자의 체포·구속영장등본 교부청구등'이므로, 이러한 청구를 받은 검찰 영장계와 수사검사는 구속적부심사청구를 하였거나 할 태세임이 확인되지 않는 한 응하지 않을 가능성이 있다. 김천지원 등 일부 지원(支院)도 영장발부 직후 검찰기록반환 전 교부불가 처분한 사례가 있으므로[60] 이 조항은 편협하게 오 해석될 소지를 품고 있다. 따라서 영장이 발부된 바로 그 날이나 익일에 변호인은 검찰을 통해 구속영장의 등본을 교부받지 못할 가능성이 높다. 이러한 문제점을 해소하기 위해 영장기록을 보관하고 있는 법원이나 검찰에 변호인이 영장등본교부를 청구할 경우 그가 구속적부심사청구를 하였거나 할 태세인 것을 불문하고 즉각 이에 응해야 하는 것으로 보다 분명히 개정할 필요가 있다. 그 방법은 형사소송규칙 제101조의 조문명을 오해없이 개정하거나,[61] 제100조의 준용규정에 규칙 제50조(피고인 및 그의 변호인에게 인정되는 구속영장등본 교부청구 조항)를 추가로 넣는 것이다. 이로써 피고인과 그의 변호인에게 인정된 구속영장 등본교부청구권 규정(형사소송규칙 제50조 제1항)과 균형을 맞출 수 있다. 물론 전항에서 제시한 바와 같이 장래 법원이 「구속결정문」을 작성하고 그것을 열람·등사할 수 있을 때는 이러한 규칙개정은 필요하지 않다.

한편 구속영장청구를 기각할 경우 판사는 영장청구서에 그 취지 및 불허이유를 기재하고 서명·날인하여 청구한 검사에게 교부하는데(법 제201조 제4항, 인

---

60) 법원 공무원의 거부취지는 "해준 사례가 없다. 나가서 안 되는 문서이다. 검찰에 가서 하라. 어차피 기소되면 기록에 붙지 않는가?"였다. 해당 직원은 아마 인신구속사무의 처리에 관한 예규 제12조의2(영장 등 공개 제한) 규정("체포·구속영장 및 그 청구서는 법령에 의하여 허용되는 경우를 제외하고는 이를 열람하게 하거나 그 사본을 교부하는 등으로 공개하여서는 아니 된다.")을 근거로 삼은 것 같으나, 형사소송규칙 제101조의 규정을 위반한 것이다.

61) 현재의 조문명인 '체포·구속적부심사청구권자의 체포·구속 영장등본 교부청구등'을 '체포·구속된 자 및 그의 변호인, 구속영장이 청구된 자 및 그의 변호인의 체포·구속 영장등본 등 교부청구'로 개정해야 한다.

신구속사무의 처리에 관한 예규 제51조), 한 번 검사에게 반환된 영장청구서의 등본을 교부받기는 쉽지 않다. 변호인은 이를 통해 영장불허 사유를 중심으로 검사의 재영장청구에 대비해야 하는데도 검찰은 형사소송법, 형사소송규칙, 사건기록열람·등사에관한업무처리지침(대검예규), 검찰보존사무규칙(법무부령) 어디에도 등사규정(또는 등본교부규정)을 두고 있지 않다고 주장하거나,[62] 수사기밀로 보아 열람·등사를 불허한다. 이를 해결하기 위한 방법으로 역시 형사소송규칙 제101조를 개정할 수 있다.

결국 청구검사는 발부사유와 불허사유를 실시간으로 알게 되고 후속절차를 도모하는 반면, 변호인은 발부된 구속영장도, 불허이유가 기재된 영장청구서도 받아볼 수 없게 된 것이다.[63] 영장심문기일 직후 변호인의 불충분한 변론권이 피의자에게 이로울 리 없음은 명백하다. 따라서 형사소송법과 형사소송규칙을 개정하여 영장판단 직후 (수사기밀일 리가 없는) 발부된 구속영장과 기각의 이유가 기재된 영장청구서를 변호인이 즉시 입수할 수 있도록 해야 할 것이다. 물론 거듭 밝히지만, 법원이 장래에 「구속결정문」을 작성하고 이것을 변호인이 등사할 수 있다면 이러한 번거로운 주장은 할 필요가 없다.

Ⅴ. 결 어

불구속수사·불구속재판을 지향하고 있는 점은 바람직하다. 그리고 영장심사단계에서도 무죄추정원칙을 강조하여 무턱댄 발부를 지양하는 근거도 타당하다. 그러나 위 몇 가지 문제점을 추가로 개선하여 장래에는, (1) 미체포 피의자의 경우 심문기일은 변론준비가 충분할 수 있도록 세심히 고려하여 정해야 하고, (2) 심문 전 변호인의 열람·등사권이 신속하고도 최대한으로 보장되어야

62) 형사소송규칙 제101조를 근거로 (기각이유가 기재된) 영장청구서 등본교부를 청구하여도 검찰(영장계 및 수사검사)은 이미 영장심문이 종결된 마당에 변론목적이 소멸되었고, 피의자는 구속되지 않았으므로 요건에 해당하지 않는다는 취지의 답변으로 해당 조문을 형해화시킨다.

63) 한편 구속영장의 직접적 확보 이외에 구속이유의 통지라도 정확히 이루어진다면 구속영장의 등본을 교부받을 필요성이 줄어들겠지만, 실제 구속사실과 이유의 통지가 변호인에게 정확히 이루어지지 않아 왔다. 피의자를 구속한 때에도 수사기관은 (피고인에 대한 구속과 동일하게) 변호인에게 법 제87조 제1항의 事項(사건명, 구속일시·장소, 범죄사실 요지, 구속의 이유)을 서면으로 통지해야 하는데(형사소송법 제209조, 제87조, 형사소송규칙 제100조, 제51조), 실제 이러한 통지가 잘 되지 않아 변호인이 결과확인을 위해 동분서주해 왔음은 주지의 사실이다.

할 것이며, (3) 변호인에게도 심문기일 피의자신문권을 행사할 수 있도록 하여 중요사항이 법정에 현출되도록 제도개선이 필요하다. 검찰은 '범죄피해자보호및지원에관한지침(대검예규)' 제17조, '체포·구속 업무처리지침(대검예규)' V.의 9.의 라.항에 따라 피해자를 구속전피의자심문절차에 참여시켜 의견을 진술할 수 있도록 적극 지원하고 있는데,[64][65] 검찰이 피해자 진술권을 본안에 준하여 보장하려는 이면에는 영장발부를 보다 용이하게 하기 위한 이유와 피의자 및 변호인의 의견진술을 사실상 제약하는 목적이 있는 만큼[66] 피의자를 위하여 변호인이 보다 적극적으로 변론할 수 있도록 여건을 마련할 필요가 크다. (4) 구속사유를 판단하는 법관이 일정한 기준을 갖고 판단할 수 있도록 양형기준에 준하여 구속기준을 정립하는 노력을 게을리 하지 말아야 하며, (5) 영장기각의 경우에는 그래도 10줄 이상의 기각 사유를 기재한 후 기각하나, 발부의 경우에는 지나치게 짧은 사유만(단어의 집합, 예컨대 "중형예상 되어 도주우려 있음")을 기재하거나 체크하는 것은 고쳐져야 한다. (6) 불필요한 의심이 들지 않도록, 그리고 검찰과 변호인이 모두 효과적으로 후속절차를 도모할 수 있게 아예 구속결정문을 작성하여 교부한다면 문제의 상당수를 해결할 수 있다. 끝.

64) 이재상/조균석, 형사소송법, 제11판, 박영사, 2017, 268면.

65) 형사소송규칙에 따라 피해자는 판사의 허가를 받고 방청할 수 있고(규칙 제96조의14 단서), 판사가 구속 여부 판단을 위해 필요할 경우 심문장소에 출석한 피해자를 '심문'할 수 있도록 하고 있는 점(규칙 제96조의16 제5항)에서 착안한 것이다.

66) 법률신문, 기사, "영장실질심사에 피해자 참여 시켜라", 2015. 5. 18, 1-2면 참조.

[부록 1]

형사 실무상 문제점

(수사)

1. 소환 방식의 통일성과 소환 회수의 기준 마련이 필요.

1. 조서작성 시 피의자의 진술을 그대로 담는 것이 아니라, 답변내용을 수사관이 임의로 정리(整理)하는 방식. **조작(造作)의 위험**이 항상 존재한다. 이러한 조작, 편집의 위험은 참고인 진술을 전화로 청취한 후 축약 기재한 수사보고서에도 그대로 적용된다.

1. 피의자 1인과 피해자 3인 대질시 피해자 3인을 한 자리에 동석시켜, 각인의 진술을 서로 듣고 참작하며 진술토록 하는 것은 실체진실발견에 저해되고, **통모(通謀) 진술**을 가능케 하므로 금지되어야 함.
   이 같은 조사방식은, 범인식별절차에서 피해자들을 한 자리에 모아놓고 범인을 지목하게 하는 것이 범인식별절차를 위배했고 피해진술의 신빙성에 문제가 있다고 보아 무죄로 판시해 온 대법원의 일관된 태도에 비추어 바람직하지 않음.

1. 피의자신문(被疑者訊問) 시 변호인 입회를 꺼리고, 변호인의 진술 조언과 이의에 대해 퇴정을 경고하던 과거 고질적 문제. 나아가 간략한 메모 등의 허부에 대해 담당수사관이 임의로 정해왔던 과거 고질적 문제.
   이러한 문제점을 적극적으로 개선한 조직은 경찰이다. 심지어 경찰은 자유로운 입회에 그치지 않고, 피의자에게 자기변호노트 작성을 허락했다.

1. **상당수 경찰이 "변호인 선임하느니 합의하라"**면서 변호인 선임을 힐난(詰難)하는 문제. **방어권을 정면으로 침해**하는 헌법위반행위가 됨.
   경찰(警察)의 최대 단점은 법리가 낮아 수사작용의 본질을 이해하지 못하는 경우가 많고, 인권을 경시하며, 그들 간 상호 유리한 참고인이 되어주어 범법의 죄증을 감추는 유대감이다.

반면 검찰(檢察)의 최대 단점은 오만하며, 실적주의와 승진에 취해 있으며, 증거와 법리 장난에 능하다는 점이다.

따라서 **앞으로 수사업무를 맡길 사람의 자질**로, 현재의 검찰과 같은 높은 법리 능력, 현재의 경찰과 같은 빠른 증거수집·분석·복원능력을 모두 갖추었으되 **인권을 중시하는지가** 기준이 돼야 한다. 진실을 밝히는 과정에서 사심을 발휘하거나 억울한 사람을 양산하는 것을 국가는 반드시 막아야 한다. 이것 하나만 성공해도 세상은 매우 공정해지며, 크게 발전하게 된다.

1. 긴급·현행범체포 후 조서작성 끝에 곧바로 석방하는 사안이 많아 **무영장체포 제도의 남용(濫用)**이 우려된다. 결국 수갑 차고 구속을 예감한 피의자로부터 자백진술만 받은 것. 따라서 이 상태에서 작성된 조서는 의도적으로 증명력을 낮추어 보아야 한다. 피의자의 신체는 수사 편의를 위한 수단이 결코 아니다.

1. **고소사건** 처리시한 위배 및 과도한 **지연(遲延)** 문제. 향후 '2개월 경과의 정당한 사유'를 고소인에게도 통보해 주는 것이 **수사진행 상황에 대한 국민적 신뢰를 얻는 방법**이 될 것임. 해결책으로 대법원 사건검색란과 같이 **상세한 수사경과를 공개하는 것을 제안함.**

   한편 일본처럼 점차 민사적 영역으로 치부하거나, 경제사건, 사이버범죄, 명예훼손사건 수사를 등한시(等閒視)하는 것은 또 다른 큰 문제.

1. 검사실 외 별도 조사과에서 고소사건을 지나치게 오랫동안 잡고서 **반복 소환조사**하여 의혹을 제기시키는 문제.

1. **경제범죄, 장물범죄, 명예훼손범죄** 등 수사관의 수사업무가 난이도를 가질 경우 **고소인에게 입증책임을 부과함**으로써 손쉽게 수사하려는 **사실상의 직무유기(職務遺棄)** 문제.

1. 참고인 조사 시 **고소인에게 무혐의 예단(豫斷)을 함부로 내비치는 문제.** 사실상 고소를 취하하도록 유도하는 것이라면 사법기관과 피의자와의 모종의 관계를 암시하고 **장래의 불공정(不公正) 수사가 예상**되는 큰 문제점.

1. 고소이유에서 밝힌 '수사의 필요성' 중 상당수 필요했던 수사를 누락(漏落)하여 수사미진(搜査未盡)이 자주 발생하는 문제. 또 고소 범죄사실 및 죄명 중 판단 자체를 누락하는 판단유탈(判斷遺脫)은 더 큰 문제점. 어떤 식으로건 법적 판단을 경솔(輕率)히 누락하는 것은 임무방기임.

   법리를 오해하는 경우는 잘 없는 것에 비해 **수사미진과 판단유탈**이 나타나는 이유는 단순히 검사의 실력부족이 아님. 수사자세의 문제임.

1. **불기소이유서가 지나치게 도식적이고 짧은 것**도 문제. 수사종결 후 수사기록 전부에 대한 열람·등사를 불허하면서[1] 불기소이유서마저 무성의(無誠意)하면 고소인은 수사기관을 불신하게 되고, 그의 불복 등 권리구제는 더욱 요원해짐.

1. 검사 처분인데도 경찰 의견을 그대로 원용(援用)하는 것은 경찰 수사권 독립의 명분에 부합하고, 검사의 역할과 관련해 의문이 제기되는 관행이었음. 시민은 자신이 낸 세금만큼 정확한 사법서비스를 받고 싶어 하지, 지나가는 그저 그런 사건으로 취급되는 것을 원하지 않음.

1. 반대로 다수 죄에 대해 혐의가 있다고 보고 사경의 참고인 조사, 검·경의 영장 압수·수색, 사경의 피의자신문이 있었음에도 경찰이 일부 죄만 송치하고 일부 죄는 송치하지 않은 경우, 검사는 송치받은 일부 죄만 공소사실로 정리하고 미송치 범죄는 명시적 불기소 처분을 하지 않는 경우가 있다(대구지검 2018년 형제52816호, 대구지검 2018년 압제2079호).
   사경이 써둔 불기소 이유가 없으므로 원용할 자료가 없고, 검사 자신이 인지한 범죄가 아니었으므로 별도의 불기소 주문을 내지 않은 것인데, 이는 직무유기로 인한 판단유탈이 되며, 피의자로 하여금 불안정한 지위에 놓이게 하여 위법·부당하다.
   한편 결과와 이유서를 발급해 주어야 하는 민원공무원은 전산에 뜨지 않으니 발급이 불가하다며 극도의 짜증을 부릴 뿐 처분의 문제점을 파악해 고지하려는 노력조차 하지 않아 '벽보고 말하기'가 된다.

1. 검사의 **수사지휘** 사항이 재빨리 이행되지 못하여 보완수사 후 재송치가 늦어지는 문제.

1. 검찰과 경찰의 이원적 구성 문제. 한 부로 통일시킴이 옳지 않을지(예컨대 치안은 행안부, 사법경찰의 수사업무는 법무부).
   아니면 검찰은 공소제기와 공소유지에만 집중하고, 경찰은 수사를 독점하되 전문성을 강화하고 변호사 특채를 통해 자질향상을 꾀함도 미래에는 한 방안.
   → 위 내용이 저자의「수사와 변호」책에 2015년 기술된 것과 별도로 현재 청와대 국정방향이기도 하다.

1. 지나치게 높은 **항고 기각율. 항고 절차의 투명성(透明性)** 부족 문제. 그리고 **항고 수사의 열의(熱意) 부족 문제.**

---

1) 同旨 매일신문, 기사, "내부지침 근거로 사건기록 열람 거부하는 검찰에 법원이 제동," 2019. 3. 11.자.

1. **항고 기각 사유가 지나치게 짧은 문제**. 항고가 왜 이유 없는지, 어떤 내용의 수사를 더 하였는지에 대해 아무런 언급이 없어 재정신청이나 재항고를 하려 해도 답답하고, **사법불신(司法不信)을 조장함.**

1. **항고심사위원회, 상고심의위원회** 활성화 필요 및 위원회의 민주적 구성 문제.

1. **재정신청** 결정 기한을 준수하지 않고 지나치게 **장기화**하는 문제 및 **심리비공개**로 인해 도대체 무슨 심리 중인지(심리 중이긴 한 것인지) 전혀 알 수 없는 문제.

1. 항고 기각 및 재정신청 기각 결정 후 어떤 경우에도 수사기록을 비공개하는 문제.
   특히 재정신청 기각 결정 후에는 재항고권의 실질적 보장을 위해 수사기록 공개가 매우 필요하나, 대법원조차도 재정신청의 등장 배경과 재항고 제도의 존재 의의를 제대로 이해하지 못하고 있어 수사기록열람·등사처분을 불허하는데 동조함.

1. 변호인과 피의자가 수사기관에 제출하는 변호인의견서 및 각종 자료들을 기소시 상당부분 제외하고, 유죄의 증거 또는 가중적 양형요소만 묶어 기소하는 **객관의무(客觀義務) 위배 문제**.[2)]
   나아가 피의자로부터 임의제출받은 전자파일 등 **자료를 삭제한 후 전자기기를 반환**하는 해괴한 수사방식. 타인소유 물건에 대한 손괴가 된다.

1. 피해자 진단서라도 제출되면 그 외 유죄증거가 부족한데도, 막상막하의 피의자 진술 및 피의자에게 유리한 (간접, 정황)증거는 모두 무시하고 기소하는 **기소재량의 남용(濫用) 문제**. 기소 직전 피의자에게 "솔직히 잘 모르겠으니, 판사 앞에서 가려보라"고 하고 기소하는 **책임감(責任感) 문제.**

1. 특수사건의 경우 영장이 기각되어도 무리하게 영장 청구를 반복해서 구속시키려는 문제.[3)4)5)] 도주우려를 앞세우지만, 실제로는 **구속을 통한 자백획득의**

---

2) 이 문제는 현재 개선의 모습이 보인다.
3) 조선일보, 기사, "['사법致死' 고리 끊자][中] 구속에 목매는 검찰, 영장 기각되면 법원에 삿대질", 2015. 5. 15.자의 내용을 보면, 검찰은 횡령·배임·도박 등 혐의로 청구한 장** 동국** 회장에 대한 사전구속영장이 기각되자, "유전(有錢) 불구속, 무전(無錢) 구속"이라며 법원을 비난한 후 기각 사흘 만에 다시 12억원대 횡령과 6억원대 배임수재 혐의를 추가해 결국 영장을 발부받았고, 2014. 4. 신** 롯데** 전 대표에 대한 1차 구속영장이 기각되자 두 달 뒤 혐의를 추가해 구속했으며, 2006년에는 외환은행 헐값 매각 의혹 사건과 관련해 ***코리아 유** 대표에 대한 영장이 기각되자 이후 3차례나 더 청구했다가 기각당한 사실이 있다(심지어 두 번째로 기각됐을 때에는 한 글자도 고치지 않고 재청구). 이러한 문제는 검찰 내부에서 **구속을 '골인'으로 표현하면서 마치 수사의 성공으로 여기는 분위기가 팽배해 빚어진 문제다.**
4) 조선일보, 기사, "['사법致死' 고리 끊자][中] '윗선 뜻' 따른 표적 수사, 성과 보이려 먼지털이

유혹(誘惑)에서 기인함.

1. 영장 변론준비가 항상 촉박한데도 기록 열람이 불가능하거나 매우 제한되는 문제. 이는 **구속을 앞둔 피의자의 방어권을 형해화(形骸化)**시킨다. 심지어 불과 얼마 전까지만 하더라도 영장청구서 등본을 교부받는 것조차 쉽지 않았고, 토요일 잡힌 영장심사를 앞에 두고 금요일 저녁과 토요일 아침 시간까지 법원의 비협조로 영장청구서를 교부받지 못한 사례도 있음.

1. 미체포 피의자라면 영장심문기일을 충분한 여유를 두고 지정하는 것이 방어권 보장에 바람직한데, **영장심문기일은 매우 촉박(促迫)**하게 잡힘. 모름지기 **체포는 신속히 하고, 구속은 신중히 해야 함**.

1. 영장심사에서 중형선고가 예상된다는 이유로 도주우려를 강조하여 판사 성향에 따라 무조건 구속시키는 것은 큰 문제. 본안을 미리 과신(過信)하여 예단(豫斷)하는 문제가 되므로, **향후 구속사유에 대한 상세한 입법이 필요**할 것으로 사료됨.
   영장심사 법관은 검사의 수사 조력자가 아니란 점을 명심해야 함.

1. 영장심사에서 변호인 의견 진술이 길 경우 인상을 찌푸리고 짧게 종결해 줄 것을 강요하는 문제.
   중요 사건 또는 중요 피의자의 경우와 법원 전관 변호사가 들어온 영장재판 사건에 비해 경시하는 태도를 보이면 안 됨. **공정한 재판, 신중한 재판을 기치(旗幟)로 한 대법원의 기조와는 심각한 차이** 있음.

1. 영장기각 시 검사는 영장청구서에 메모된 법관의 기각 이유를 보고 재청구를 도모하게 되는 반면, 변호인은 **영장 기각 사유**가 기재된 영장청구서 등본 또

式 악습 되풀이", 2015. 5. 14.자에서는, 검찰 인사와의 인터뷰를 통해 "MB정부 시절에도 공기업 비리 수사 지시가 떨어졌는데, 검사 별로 공기업 3~4개씩을 할당받아 '무조건 찾아내라'는 지시가 내려오기도 했다"며 "그럴 때는 실적을 채워야 하는 부담과 더 큰 건을 만들려는 욕심 때문에 100% 무리한 수사를 하게 된다"는 점을 밝히면서, **무리한 수사는 특수부 등에서 진행하는 인지수사 부서에서 자주 일어난다**고 보았다. 인지수사는 장시간 꼼꼼한 내사를 거쳐 혐의 입증에 자신이 있을 때 수사 개시를 하는 것이 일반적인데, 하명(下命) 수사의 경우 단기간에 가시적인 결과를 내야 하는 부담 때문에 감사원, 국세청 등에서 제보, 신고, 첩보 자료 등을 제공받아 시작하는 경우가 많고, 설익은 자료로 수사하다 보면 증거보다는 자백에 의존하게 되고, 자백받기가 쉽지 않으면 광범위한 압수수색·가족 등 주변인들 조사, 별건 수사 등으로 이어지며, 특히 검사들 사이에 '인지수사=구속'이라는 인식이 있어 불구속한 사건은 실패로 보는 경향이 있어서, 기업 수사는 당초 예상했던 성과가 나오지 않으면 분식회계를 밝혀 사기로, 경영주의 가지급금을 문제 삼아 업무상 횡령과 배임으로 처벌하는 것이 공식이라는 것이다.

5) 언론에 등장하는 대형 사건에서 이러한 과잉수사가 발견되는 것과는 대조적으로, **민생 사건에서는 책임감 있는 공정·신속한 수사를 하지 않는 경우가 종종 보인다**는 우려의 견해로는, 대한변협신문, 법조단상, "책임감", 2015. 7. 20, 15면.

는 사본을 받아볼 수 없는 것은 큰 문제다. 애초 **구속영장결정문을 쓰고, 등본을 교부하도록 해야 한다.**

반대로 구속영장을 발부하면서 체크되거나 메모된 영장 발부 사유를 변호인은 알 수 없거나 매우 늦게 통보받게 되므로, 구속적부심사청구와 관련해 피의자와 빠른 상의를 할 수 없어 문제다.

이처럼 **법원과 검찰의 밀착관계, 검찰에 유리하고 피고인에게 불리한 형사절차**가 형사소송법뿐만 아니라 규칙, 예규, 지침 등에 매우 광범위하게 자리잡고 있는데도 변호사협회의 광범위한 대응이 부족해 독소조항과 불법관행은 더욱 광범위하게 번져왔다. 과거 군사정권 시절에는 군홧발로 국민을 짓밟았지만, 현재 형식적 민주주의 시대에는 **배운 자의 펜 끝에 국민의 기본권이 속절없이 침해**되는 사례가 너무 많다. **정치적 통제가 반드시 요구된다(입법적 통제를 말함).** 그래야만 실질적 민주주의가 구현된다.

1. 피해변제 등 사정변경이 없는 한 **구속적부심**을 기각시키는 문제. 피의자보석을 사문화(死文化)시키는 문제.

1. 형사조정위원들의 자질 및 사건 파악 부족으로 인한 전문성 결여 문제. 한편 처분결과에 대한 예단 암시도 문제.

(재판 - 1심)

1. 공소권남용론 주장이 실무에서 받아들여지지 않는 문제.[6] 따라서 검사는 자의적 차별기소를 감행할 수 있다. 형사소송법 제247조의 기소편의주의를 삭제하고 기소법정주의를 도입해야 하고, 법정요건 충족에 의문이 드는 사건은 기소배심제를 통해 민주적 통제를 받게 해야 한다.

---

6) 검사는 피의자의 연령·성행·지능과 환경, 피해자에 대한 관계, 범행의 동기·수단과 결과, 범행후의 정황 등의 사항을 참작하여 공소를 제기할 것인지의 여부를 결정할 수 있는 것으로서(형사소송법 제247조 제1항), 똑같은 범죄구성요건에 해당하는 행위라고 하더라도 그 행위자 또는 그 행위 당시의 상황에 따라서 위법성이 조각되거나 책임이 조각되는 경우도 있을 수 있는 것이므로, 자신의 행위가 범죄구성요건에 해당된다는 이유로 공소가 제기된 사람은 단순히 자신과 동일한 범죄구성요건에 해당하는 행위를 하였음에도 불구하고 공소가 제기되지 아니한 다른 사람이 있다는 사유만으로는 평등권이 침해되었다고 주장할 수는 없는 것일 뿐만 아니라, 현재까지 국가보안법이 그대로 시행되고 있는 우리나라에서 반국가단체나 그 구성원 또는 그 지령을 받은 자와 접촉하는 등의 일체의 행위에 대하여 국가보안법을 적용하지 아니하기로 하는 내용의 법집행의 관행은 있지 아니함은 물론 있을 수도 없다고 할 것인바, 피고인들에 대한 이 사건 공소사실의 내용에 비추어 볼 때, 이 사건 공소의 제기가 피고인들의 평등권을 침해하였다고 볼 수는 없으므로, 이와 같은 취지에서 검사가 공소권을 남용하여 이 사건 공소를 제기한 것이 아니라고 본 원심의 판단은 정당하고 논지는 이유가 없다(대법원 1990. 6. 8, 선고 90도646 판결).

1. 약식명령에 대해 무조건 불복하고 보는 문제. 이는 정식재판이나 항소심에서 감경 관례가 많기 때문인데, 해결방안으로는, 다툴 것이 명백한 사건의 경우 애초부터 정식기소하는 방안, 불이익변경금지칙을 삭제하는 방안, 정식재판에서 형감경을 남용하지 않는 방안이 거론될 수 있으나, 두 번째 방안은 고려해서는 아니 될 것임.[7] 그런데도 2017. 12. 19. 국회는 형사소송법을 개정해 불이익변경금지원칙을 훼손했다. 제457조의2 규정에 따라 중한 종류의 형 선고는 금지되나, 같은 종류의 형인 한 형량 가중이 가능하게 됐기 때문이다.

1. 성범죄에 대한 정식재판청구 시 벌금형이 신상정보공개 및 이수명령에서 유리하다며 취하를 요구하는 것은 정식재판청구권을 침해하고, 불이익변경금지원칙에 대한 이해가 부족한 자세임.

1. 공소제기 후 공소장일본주의로 인해 유죄 취지의 공소장만이 판사에게 제출되므로 법관이 사건에 대한 이해가 부족하여 변호인의 증거신청 취지를 제대로 이해하지 못하는 의외의 부작용이 있음. **유죄예단을 막기 위한 장치가 오히려 무죄 입증 노력을 저해(沮害)**하는 형국이 됨.

1. **피고인신문제도**는 임의적으로 운영되어서는 안 되고, 현재의 공소장일본주의하의 형사재판에서는 오히려 재판 **초기**에 실시하는 것이 바람직하며, **의무적**으로 실시하는 것이 피고인의 방어권에 유리함.

1. **증인신문** 과정에서 **재판장의 직권 개입(介入)과 차단(遮斷)이 매우 심**하여 '사또재판'과 비슷하고, 이는 법관의 예단(豫斷)과 관련이 되어 판결이 나오기 전부터 불공정성(不公正性)이 의심됨.
   때로 피고인신문과 변호인의 최후변론을 반복 차단하여 형해화시키는 초법적 법관도 있음.

1. 증인신문 시 수사기록상 진술을 물어보는 것은 **공판중심주의**와 **실질적 반대신문권**을 위해 필수적인데도, 상당수 재판장은 그 같은 진술을 묻지 못하게 함. 공판중심주의와 실질적 반대신문권 보장의 필요성은 **대법원(大法院)이 설계한 이론인데, 하급심(下級審) 법관에 의해 실제 재판에서는 마구 무시(無視)됨.**

1. 증거신청 기각과 증인신문 중간 차단에 대해 이의해도 그대로 재판이 강행(强行)될 수 있고, 그것이 상소이유가 될 수 있더라도 이미 가장 중요한 1심 재판이 망쳐졌으므로 피고인에게는 매우 억울한 상황이 됨.

---

7) 同旨 대한변협신문, 쓴소리 바른소리(김선수 변호사), "퇴임 대법관의 변호사 개업 문제", 2015. 4. 13, 10면.

증거 및 소송지휘권의 기준을 전국적으로 통일(統一)하고, 이의 시 상급심의 판단이 속히 내려져야 함.

1. 한편 재판장의 자의적 소송지휘권에 대해 이의한 후 그것이 받아들여져 증인에 대한 추가 탄핵에 성공하더라도 **결국은 자유심증주의(自由心證主義)에 따라 자의(恣意)적 판결서**를 작성하게 될 것이므로, 실익이 의심스러워 함부로 이의하지 못하는 형국이 됨.

   형사소송법과 민사소송법 상의 자유심증주의를 삭제(削除)해야 함. 21세기에 자유대로 재판한다는 것이 가능한지, 그것은 법관의 양심과 인격을 전적으로 믿으라는 말이 되고 그를 **신격화하는 것에 다름 아니므로 제도적(制度的)으로 통제(統制)해야 함.** 수십 년간의 노력으로 **양형통제**가 가능해진 것처럼 **소송지휘권의 통제, 증거채부권의 통제, 자의적 판결의 통제**가 당해 심급에서 곧바로 이루어져야 함. 상급심에 의한 통제를 믿는 만큼 어리석고 비효율적인 것이 없음.

   하필 대법원도 수년 전부터 사실심 충실화 정책을 강조하고 있었으니, **충실화와 자유 간에 얼마나 큰 차이가 있는지 재판 현실을 면밀히 파악하여 국민을 위한 재판 정책을 마련**해야 함.

   만약 그것이 실패로 돌아가면 미국처럼 전면적 배심원(陪審員) 제도로 가야 함.

1. 증거 부동의가 곧 참고인 소환으로 이어지므로 많은 증거에 대해 부동의할 경우 법관이 벼르고 있다는 인상을 풍기는 문제.

   반면, 피고인 측 증인은 대폭 제한하는 문제. 유죄예단에서 기인함.

   검사는 수사단계에서 유죄입증을 위해 상당한 참고인을 수사하고 갖가지 수사를 한 반면, 피고인은 자신의 요구가 받아들여지지 않고 편파수사를 당한 후 재판에서도 법관이 중요 주장 및 중요 증인에 눈 감아버릴 경우 매우 억울하게 됨. **형사 절차 전체를 감안하면 무기 대등에도 어긋남.**

   변호인은 검찰 증거를 탄핵하는 소극적 제도가 아니고, 적극적으로 공판에서 무죄 입증을 실질적으로 할 수 있어야 하므로(형사소송법상의 검사의 입증책임원칙을 고려한 제안은 아님. 이론과 실제의 차이 속에서 변호인의 실제적 역할을 강조한 것임), 그러한 제반 여건이 마련되어야 할 것임.

1. 증거(증인)신청 시 지나치게 입증취지를 완벽히 요구하거나, 증인의 수를 일단 제한하고 보는 문제. 또 직접 필요한 입증방법인지를 거듭 물어 **입증의 어려움을 가중시키는 문제.**

   대법원조차 고의 부정 시 간접증거와 정황증거로 판단한다고 하는데, 피고인 및 변호인은 직접증거만 신청하고 채택받을 수 있다면 **입증방법이 지나치게 제한(制限)되고 방어권이 위축(萎縮)됨**.

반면, 검찰 증거 중 참고인들은 피고인의 증거 부동의시 자동으로 증인으로 채택되므로, 신청되고 심리되는 증거의 수만 놓고 보더라도 **공성(攻城)과 수성(守城)의 차이**처럼 일방만 매우 불리해지는 문제. **무기대등의 실현을 위해 형사소송법 전반을 개정해야 함.**

1. 앞서 언급된 증거신청의 문제 중에서 특히 피고인의 (사실)조회**신청** 중 상당수를 **제한**하는 문제. 그러함에도 **사실상 1심에서의 불복방법이 없는 문제**. 그리고도 1심에서 채택하지 않았던 입증방법은 특별한 사정이 없는 한 2심에서도 기각시키는 문제. 그러면서도 사실심 강화의 필요성만큼은 법원도 천명하는 문제. **지행합일(知行合一)을 해야 함.**

1. 증거동의를 하되 증명력만 다투겠다고 할 경우, **증거능력과 증명력을** 이원화해서 보지 않고 **사실상 일원화**해 보려는 법관의 태도 문제.

1. 위증 요소가 드러나더라도 증언 중 이어진 번복 진술에 대해 취신하고, 조금 전의 위증 문제에 대해 적극적으로 해당 재판부가 나서지 않는 문제. 결국 대체로 믿을만하다고 하며 위증한 증인의 진술을 증거로 사용하고, 그것을 믿는 문제. 이 역시 자유심증주의 때문에 발생하는 문제이다. 그런데도 대법원은 명문규정이 있다는 이유로 사실심 또는 하급심의 전권사항이라며 손을 놓고 **수수방관(袖手傍觀)**함(상당수의 상고심 판결이유에서 언급).

1. 바로 전항의 문제(거짓 고소, 허위 증언으로 억울한 사건)에서, 결국 피고인의 재판 중 피해자에 대한 무고 유죄판결이 있어야만 피고인이 무죄를 받을 수 있다는 것인데, 당해 피고인의 재판이 진행되는 한 고소인에 대한 무고 수사는 진행되지 않고(수사는 멈춤 상태), 또 당해 피고인의 재판이 유죄로 선고되는 한 무고 고소는 무혐의로 돌아가므로, **피고인의 재판장은 위증한 피해자의 수사기관 진술 및 법정 증언의 신빙성에 대해 깊이 숙고하고, 의심을 가져야 함**. 피해자의 허위 진술에 속아 넘어간 법관이 얼마든지 많을 수 있는데도 법관들은 자신을 과신(過信)한 나머지 그러한 사실을 일체 인정하지 않음.

   법관 등 공무원의 신분보장은 국가기능의 최대화와 그로 인한 국민 수혜의 목적으로만 이루어져야 하고, 그것이 복지부동의 원인이 되어서는 안 됨. 애초 직업공무원제도를 도입한 헌법정신에 어긋나고, 재판의 독립을 보장한 헌법정신을 현실에서 남용하는 사례가 됨.

1. **공판조서** 작성 시 진술 및 변론 내용, 소송지휘 내용을 완전히 빼거나 이상하

게 기록하는 방식. 그러함에도 반증이 불가능한 절대적 증명력을 갖고 있으므로, 매우 기이한 결과가 된다. **법원 무오류성을 보여주는 독소(毒素)**적 조항이 명문 법률에 너무 많다.

1. 증인신문조서도 위와 같은 문제가 계속되었고, 이를 개선하기 위해 나온 것이 증인신문 시 녹음(錄音)제도이다. 증인신문조서 대신에 증인신문녹취서가 들어왔듯이 공판조서 대신에 **공판녹취서가 도입(導入)되어야 하고,** 나아가 수사단계에도 피의자신문조서 대신에 **피의자신문녹취서가 도입(導入)될 필요가 있다.**

1. **증인신문조서 및 공판조서 열람·등사**신청 시 제때 복사가 되는 일이 거의 없다. 이는 **조서에 대한 이의권을 형해화시키고, 차회 공판준비에 결정적 차질을 준다.** 형사소송 전자기록화를 안 하려야 안 할 수가 없다. 정책 추진을 가속시켜야 한다.

1. **법관·검사와 일반직 공무원이 지휘·감독·순응·협력하지 않고 별도로 움직이는 문제**는 반드시 시정되어야 함. 법원·검찰 직원의 직무유기, 불친절 사례를 수집하면 매우 많을 것이고, 그것들은 100% 법에 어긋난 행위들이다.

1. **정당방위**를 받아주지 않는 문제. 정당방위는 정당행위와 달리 소극적 제도가 아닌 점에 유의해야 한다.

1. 음주 명정을 대부분 불인정하는 문제. 책임 문제는 범죄 성립 여부 및 양형에서 너무나 중요한 문제임에도.
   음주운전을 제외한 대부분의 범죄에서 피고인의 음주 명정은 당시의 음주량을 확인할 남아 있는 방법이 없다는 점에서 **폭넓게 간접증거·정황증거를 허용해 주어야 함.**

1. **유죄의 이유(理由)**가 매우 빈약하여 상소권 및 상급심 방어권의 침해를 가져올 가능성이 높다. 따라서 법관은 판결문을 간소하게 작성하기 위해 노력하거나 반대로 유명 사건의 판결문은 상세히 작성하는 등 인위적 조절을 하지 말고, 모든 사건을 공평하게 취급할 것이며 전(全) 사건을 **매우 상세(詳細)하게 판시해야 한다.** 변호인의 무죄 입증 노력에 비하면 법관은 대체로 소송 과정을 관찰하고 일부 관여하였을 뿐이므로,[8] 그의 **실력과 노력을 보일 유일한**

---

8) 이 점에서 필자의 주장은 대법원의 성공보수 무효 기획 판결의 판시 이유와 정면으로 배치된다. 대법원은 당시 변호인의 노력이 판결에 미치는 영향은 매우 미미하며, 검사와 법관이 좌지우지한다는 괴이한 주장을 했다. 그러한 판결이 나오게 된 이유는 대법원에 의해 저질러진 사법농단 수사에서 밝혀졌고, 상고법원 도입에 부정적이던 대한변협을 길들이기 위한 목적이었음을 알고는 전국의 변호사들은 몹시 허탈했고 법원에 대한 존경심이 완전히 사라졌다.

순간이 판결서 작성 단계이다. 그러므로 법관은 모든 사건에서 유죄의 이유를 상세히 밝혀야 하고, 앞으로 판결서 작성 강도를 오히려 높일 필요가 있다. 이것이 **형식적 재판에서 실질적 재판으로 거듭나는 길이다.** 만약 사건이 많아 체력적으로 힘들다면 법관을 대거 충원하면 된다. **국민은 자신의 세금으로 훌륭한 치료(治療)를 받을 권리가 있듯 상세하고 우수한 판결(判決)을 받을 권리가 있다. 그것이 의무와 권리의 동반관계이며, 국민주권적 해석이다.**

1. 피해자의 모순 진술, 무고, 수사 내용에 대한 의심이 분명히 존재하는데도 대체로는 사실이므로 유죄 판결하고, 이유에도 기재하지 않는 상술한 문제는 **판결문 작성방법이 지나치게 형식화(形式化)되어 사실인정의 자의를 감출 수 있기 때문에 발생하는 문제이다.**

1. 범행동기와 경위가 다르게 나타났는데도, 범죄사실로 그대로 수용한 후 양형에서만 고려하는 것은 **실체진실에 의하지 않은 처벌**이 되어 문제다.
   때로는 간접적 수정 방법으로 공소사실 중 범행동기 또는 경위 일부를 삭제하고 양형의 이유에서 설시하기도 하나, 이 경우도 공소장변경을 하지 않는 것이 피고인의 방어권 침해로 작동될 소지가 있다.
   공소장변경의 대상으로 삼아야 할 것이 객관적이고 주된 범죄사실에 국한되는지, 범행동기와 범행경위도 포함하는 것으로 폭넓게 이해해야 할지 생각해 볼 문제.

1. **부인 사건**의 경우 공탁 불문하고, **실형선고 후 법정구속**하는 것은 문제.
   상급심 방어권을 형해화시키고, 유죄 예단의 필벌주의가 발현된 것으로 무죄추정 원칙의 헌법정신을 훼손(毁損)시킨다. 헌법은 판결확정 전까지는 피고인의 무죄를 추정하도록 명령하고 있다.
   나아가 공탁 등 피해 변제라는 양형요소를 온전히 반영하지 않고, 부인하므로 무시하는 것은 피해회복적 사법정신에 위배되고, 예측가능성을 저해한다. 법관마다 공탁을 양형에 반영하기도 하고, 안하기도 하는 등 차이를 둔다면 결국은 법적 안정성이 침해된다. 법관에게 양형권을 주지 말고, 시민으로 구성된 배심원단이 형을 정하는 것도 이제는 고려해야 한다.

1. 위 부인 사례의 경우 선고시 **법정구속**하는 것은 중요한 문제다.

요컨대 변호의 성질을 언제든 불법에 이를 수 있다고 단정 짓는 것은 불법 판결에 다름 아니어서 변호사단체는 지속적인 입법 활동으로 변호사 성공보수를 부활시켜야 한다. 다만 상한을 두어 폭리를 막을 필요가 있는데, 이 경우 종전 대법원 판결들이 설시한 보수 산정기준을 참고할 수 있다.

법정구속을 면하는 사례는 기껏해야 임산부, 병원 치료가 절대적으로 필요한 경우, 기업회생개시결정이 있은 후 피고인이 관리인으로 선임된 관계로 회생절차에 지장을 줄 염려가 있는 경우, 변제의사를 거듭 밝히고 있어 추가변제 유도가 가능한 경우 등에 불과한데, **구속사유가 도주 우려, 증거인멸 우려임에도 불구하고 구속 실무가 다른 각도로 운용**되고 있다는 말이 된다.
향후 실형 선고가 있을 경우 판결문에 법정구속을 요하는 사유와 불요하는 사유를 의무적으로 기재하게 하여 항소심에서 보석 판단에 참고가 되도록 해야 한다. 법정구속의 자의도 막아야 한다.

1. 지나치게 합의나 변제를 강요하는 문제. 겁을 주며 속행을 강요.
반면, 변제의사를 밝히기라도 할 경우 속절없이 반복 속행하고, 선고기일을 잡고서도 수시로 변론 재개하며 또다시 선고기일을 재지정하는 문제.
향후 민·형사 불문하고 결심 후 예정된 선고기일에 선고하지 않은 사건의 통계수치를 확보하고, 재판권 행사의 자의를 통제할 필요 있음.
사법부에 대한 대국민 신뢰는 전자소송을 도입하거나 전자등기제도를 마련하는 등 국민편익을 제공한다고 형성되는 것이 아니라 **각 절차가 공정하게 진행된다는 기본적 신뢰가 쌓여 집적되었을 때 자연스럽게 가능**한 문제임.

1. 피해자 탄원서에 지나치게 의존하여 법관이 필벌의지를 불태우는 문제. 형사법관 이외에도 대부분의 법관들이 법원에 제출되는 탄원서에 크게 좌우되는 문제.

1. 양형조사 시 피해자의 필벌 탄원과 그간의 미합의만 보고받는 방식은 문제.
법원 조사관으로, 형사에서는 양형조사관, 이혼에서는 가사조사관, 도산에서는 관리위원 및 조사위원이 있으나, 상당수 **권한을 남용하는 비전문가(非專門家)**들이 있을 수 있음. 법원의 지속적 관리 강화와 여론 수렴 절차 필요.

1. 피해자 공탁(供託)을 위해서는 인적사항을 공개해야 하는데, 비협조 문제. **형사소송법 또는 공탁법을 반드시 개선해야 한다.**

1. 피해변제 등 사정변경이 없는 한 **보석을 기각**시키는 문제. 필요적 보석이 원칙인데도 **임의적으로 운영된다는 인상**을 지울 수 없는 문제.

1. 보석청구 시 본안 진행 경과를 감안 내지 예측해 미리 결정하는 관행이 자리 잡혀야 함에도, 본안 판단과 함께 하겠다는 말을 한 후 결심 때까지도 아무런 결정을 하지 않는 방법을 취함. 이후 유죄 선고와 동시에 보석을 기각시켜(또는 불판단) 재판 중 불구속 상태에서 다툴 수 있었던 **방어권을 함부로 침해하는** 문제.

1. 법정 내에서의 판사, 검사, 변호인의 호칭 문제.
형사법정은 대등한 자격자 2인이 실체진실발견을 위해 피고인을 사이에 두고 겨루는 곳으로 봐야 하고(당사자주의), 재판장은 질서유지와 심판자 역할을 하는 것으로 봄이 타당(보충적 직권주의). 따라서 변호사의 자격을 가진 변호인을 '변호인'이라고 격하(格下)해 부르게 할 필요가 없고, 재판장 상당수의 언행 태도도 그 같은 호칭을 사용하며 변호사에 대한 무시와 독선을 보이는 경우가 많은 점을 유념.

1. **공판검사의 자질과 예의** 문제. 그리고 이를 효과적으로 제지하지 못하는 법관. 피고인 측 증인을 조롱하는 것이 적법한 탄핵방법이 아닐진대, 무례한 태도와 강경한 눈빛, 반복신문으로 **부당하게 증인을 제압(制壓)하려 하는 경우가 많음.**
한편 피해자 또는 검찰 측 증인에 대해서는 답변이 쉽도록 유도신문을 쓰는 등 위법한 신문기법을 사용하는 경우가 많아 매우 대비됨.
이러한 문제를 목격하더라도 법관은 변호인의 신문 때와는 달리 검사에게 우호적 태도를 취하거나 방임하는 경우가 많아 검사·법관의 유착관계에 대해 적지 않은 의심(疑心)이 발생됨. 검사와 법관은 한 법정에서 계속 대면하는 관계로 자주 보게 되어 있으나, 친해져서는 안 되는 사이임. 만약 법관이 검사의 공소유지와 입증에 도움을 주는 역할을 하고 말았다면 그는 이미 공정한 심판자의 자격을 상실한 사람임.

1. 공판검사 중 **필벌의식(必罰意識)**이 지나치게 강해 강경함을 보이는 사람, 직접 수사를 한 사람이 아닌데도 수사 불법성을 인정하지 않을 뿐만 아니라 이러한 주장을 하는 변호인에게 공공연한 적대감과 무례를 보이는 **오만(傲慢)**한 사람, 소송경과 중 피고인에게 명백히 유리한 증거가 현출되어도 이를 일부러 무시하고 터무니없는 공소장변경을 시도하는 등 객관의무를 전혀 고려하지 않는 검사가 많은 점은 매우 우려됨.
검찰은 자신들이 객관적 관청이어서 경찰을 지휘해야 하고 영장청구권을 독점해야 한다고 주장하나, 위와 같은 반인권적 속성을 볼 때 **수사자와 기소자(공소유지자)를 반드시 분리(分離)**해야 한다. 그리하여 검사는 경찰의 위법수사를 기소 과정에서 통제하는 역할만 수행해야 하며, 애초 **검사는 수사능력을 가진 수사관이 아니라 법률을 공부한 법조인이므로 본연(本然)의 역할(役割)로 돌아와야 함.**

1. 법관[9] 및 검사 중 위와 같은 혈기 또는 오만함을 보이는 사람 중 상당수는 군

9) 형사단독법관이 아닌 민사부, 파산부 배석 신분에서 심문기일 또는 조정기일에서 수명법관이

법무관을 갓 마친 사람이 드물지 않게 발견됨. 법무연수원에서 **법정예절** 지도 필요.

1. 법관 중 유죄예단을 강하게 풍기고 신사적 진행을 하지 않는 사람 중 검사 출신 판사가 종종 발견됨. 또 진행과정에서 풍겨진 **예단(豫斷)**대로 실제 판결하는 경우가 상당함.
   피고인은 공정한 법관으로부터 재판받을 헌법상 기본권이 있음. 따라서 **법관은 전직(前職) 경험을 고려해서는 안 됨.** 법관 윤리교육을 강화할 필요.

1. 국선변호인의 성의 문제 및 재판부에의 예속 문제.

1. 집행유예 배제요건을 규정한 형법 제62조 제1항 단서를 분명하게 개정해야 한다. 지금은 이중적으로 해석될 수 있다.

1. 후발 기소 예정인 사건과의 사건 병합을 위해 언제까지 기다려줄 수 있는지 재판부마다 재량 판단. 하나의 형을 받을 피고인의 이익이 예측 불가능해지는 문제.

1. 사건 이송신청 시 서로 사건을 내주지 않으려고 하거나(상당 부분 심리가 된 경우), 서로 사건을 안 하겠다고 하는 문제. 고등법원에서도 사물관할을 달리 하는 판사들에게 전화하여 입장을 듣고는 판단이 애매하다며 결정을 내려주지 않는 문제.

(재판 - 2심)

1. 1심에서 증거인부한 것을 항소심에서 번복 불가능한 것은 큰 문제.[10] 소송경제보다 실체진실발견을 더 중시해야 하므로 문제가 된다.

1. **신규 증거 제출을 최소화하라는 소송지휘 문제.** 그리고 정상(情狀)증인은 다시 부르지 말라는 지휘 문제.

1. **항소심에서 피고인신문을 꺼리는 문제.**

1. **대법원의 판시[11]에 따라 원심 파기가 매우 어려워진 문제.** 실질적 3심제가

된 사람을 지칭하고 있음.

10) 증거조사 완료 후에는 예외적으로 증거배제결정을 받지 않는 한 원칙적으로 증거의견을 번복할 수 없다(대법원 2008. 7. 10, 선고 2007도7760 판결; 대법원 2007. 7. 26, 선고 2007도3906 판결; 대법원 2004. 6. 25, 선고 2004도2611 판결; 대법원 1994. 7. 29, 선고 93도955 판결; 대법원 1991. 1. 11, 선고 90도2525 판결; 대법원 1990. 2. 13, 선고 89도2366 판결; 대법원 1988. 11. 8, 선고 88도1628 판결; 대법원 1983. 4. 26, 선고 83도267 판결).

보장되어야 하나, 이것이 판결의 형식을 빌린 대법원의 지침에 의해 침해되는 문제 발생.

1. **재정신청을 기각하는 이유**로, "이 사건 기록과 신청인이 제출한 모든 자료를 (면밀히) 살펴보면, 검사의 불기소처분을 수긍할 수 있고, 달리 검사의 불기소처분이 부당하다고 인정할 만한 자료가 부족하다."는 **부동문자**로 결정서를 쓰고 있는 바, 항고 검사의 부실한 항고 기각 결정문에 이어 고등법원의 재정신청 기각 결정문도 이 같이 부실하고, 나아가 재항고 기각 결정문도 아래와 같이 부실할 경우 충실한 답변을 기대하는 재판절차진술권의 보유 주체인 고소인의 권리를 실질적으로 침해하는 문제.[12)]

1. 비록 형사소송법 제262조의2(재정신청사건 기록의 열람·등사 제한)에서 "재정신청사건의 심리 중에는 관련 서류 및 증거물을 열람 또는 등사할 수 없다. 다만, 법원은 제262조 제2항 후단의 증거조사과정에서 작성된 서류의 전부 또는 일부의 열람 또는 등사를 허가할 수 있다."라는 규정이 있으나,[13)] 일단 **재정신청 기각 결정이 나온 후에도 열람·등사를 전면적으로 불허**하는 것은 위 규정을 확대 해석해보아도 법에 어긋나는 잘못된 결정이며, 동법 제262조 제4항, 동법 제415조의 재항고(즉시항고)를 제기할 수 있는 재항고 신청인의 권리를 제약하는 결과가 되므로 큰 문제임.

(재판 - 3심)

1. 상고 또는 재항고 이유에 대한 상세한 판단 없이 "상고이유로 주장하는 사유를 관련 법리 및 기록에 비추어 살펴보아도, 원심의 판단에 재판에 영향을 미

---

11) 최근 대법원(대법원 2015. 7. 23, 선고 2015도3260 판결)은 항소심의 사후심적 성격을 강조하며, 1심과 비교해 양형 조건에 변화가 없고 1심의 양형이 합리적인 범위를 벗어나지 않는 경우에는 이를 존중함이 타당하고, 1심의 형량이 합리적인 범위 내에 있음에도 항소심의 견해와 다소 다르다는 이유만으로 1심 판결을 파기해 1심과 별로 차이 없는 형을 선고하는 것은 자제하는 것이 바람직하다고 판단했다. 다만 항소심이 이러한 바람직한 판단방법을 따르지 않는다고 하더라도 이를 두고 양형심리 및 양형판단 방법이 위법하다고까지 할 수는 없다고 보았다.

12) **배척사유가 상세하지 않다는 점을 상고사유로 삼더라도 대법원은 다음과 같이 판단할 것이다.** ▶「동 제2점을 보건대, 원심이 소론과 같이 변호인의 사실 오인의 점에 대한 항소이유를 일괄하여 이유 없다고 판시하였다 하더라도 원심의 배척한 판단이 있는 것이므로, 이를 들어 위법이라 할 수 없고, …」(대법원 1969. 3. 11, 선고 69도161 판결)

13) 2019. 4. 23. 국가인권위원회는 "동 조항이 재정신청인의 재판청구권과 알 권리를 침해하고 있으므로, 개정이 필요하다"는 의견을 국회의장에게 전달했다. 원칙적 허용이 바람직하다는 의견이다(법률신문, 기사, "재정신청 사건 관련 서류·증거물 열람·복사 허용돼야", 2019. 4. 25. 자. 참조).

친 헌법·법률·명령 또는 규칙의 위반이 없어 기각한다."[14]는 형식적 답변만 하는 것은 충실한 재판을 요구하는 국민의 입장에서 문제이고, 이는 형사소송법 제398조(재판서의 기재방식)의 "재판서에는 상고의 이유에 관한 판단을 기재해야 한다."는 규정을 형식적으로만 해석하여 판결문·결정문을 쓰는 나쁜 관행임.

반면 대법원은 상고인에게는 형사소송법 제379조 제2항에 따라 상고이유서에 소송기록과 원심의 증거조사에 표현된 사실을 인용하여 이유를 명시할 것까지 요구하면서, 단순히 항소이유를 원용하는 것을 금지해 왔다.[15] 특히 형사소송법 제384조(심판범위)에 따라 원칙적으로 상고법원은 상고이유서에 포함된 사유에 관하여만 심판하므로, 상고이유서에 구체적이고도 명시적인 이유를 설시하지 않을 경우 그 즉시 상고를 기각시켜 왔다.[16]

한편 상고심이 요구하는 바를 성실히 준비하여 상고이유 속에 원심의 법리오해를 상세히 담았더라도 형사소송법 제391조, 제383조 제1호에 의해 원심의 위법이 판결(결과)에 영향을 미친 경우에만 파기하므로, **(대)법원은 타인(他人)에게 엄격하고 자신(自身)에게 매우 관대함**을 알 수 있다.

장래에는 형사소송법 제398조(재판서의 기재방식)의 "재판서에는 상고의

---

14) **이 같은 기각 이유는** 상고이유로 주장하는 사유가 아예 존재하지 않는다는 것인지, 아니면 상고 또는 재항고 이유로 주장하는 원심의 위법이 존재하지만 그러한 위법이 판결 결과에 영향을 미친 정도가 아니므로 기각한다는 것인지 **도무지 알 도리가 없어 매우 큰 문제이다.** 국가는 국민에게 명백한 답을 해줄 의무가 있다.

15) 대법원 1983. 9. 13, 선고 83도375 판결.

16) ▶ 「…(전략) 2. 무죄 부분에 관한 판단

상고법원은 상고이유에 의하여 불복신청한 한도 내에서만 조사·판단할 수 있으므로, 상고이유서에는 상고이유를 특정하여 원심판결의 어떤 점이 법령에 어떻게 위반되었는지에 관하여 구체적이고도 명시적인 이유의 설시가 있어야 할 것이고, 상고인이 제출한 상고이유서에 위와 같은 구체적이고도 명시적인 이유의 설시가 없이 상고이유로 단순히 원심판결에 사실오인 내지 법리오해의 위배가 있다고만 기재함에 그치고만 경우는 어느 증거에 관한 취사조치가 채증법칙에 위배되었다는 것인지, 또 어떠한 법령적용의 잘못이 있고 어떠한 점이 부당하다는 것인지 전혀 구체적 사유를 주장하지 아니한 것이어서 적법한 상고이유가 제출된 것이라고 볼 수 없다.

기록에 의하면, 검사는 상고를 제기하면서 상고의 범위 란에 '전부', 상고의 이유 란에 '채증법칙 위배 및 법리오해로 판결에 영향을 미친 위법이 있음'이라고만 간단히 기재한 상고장을 제출한 다음, 상고이유서에는 무죄 부분에 관한 상고이유를 기재하지 않고 있는바, 위 법리에 비추어 볼 때, 무죄 부분에 대하여는 적법한 상고이유가 제출된 것으로 보기 어려우므로, 검사의 이 부분 상고는 이유 없다.」(대법원 2009. 4. 9, 선고 2008도5634 판결; 대법원 2010. 12. 9, 선고 2010도11015 판결; 대법원 2000. 4. 21, 선고 99도5513 판결; 대법원 1983. 5. 24, 선고 83도887 판결)

이유에 관한 판단을 기재해야 한다."는 규정을 **다음과 같이 개정해야 한다.**
"재판서에는 상고의 이유에 관한 판단을 **상세하게** 기재해야 한다."

1. 국민의 기본권을 직접 제약하는 내용을 담은 대법원규칙은 바람직하지 않다. 국민의 대표인 국회가 제정하는 형식적 법률의 형식을 띠어야 민주적 통제가 가능하다. 따라서 대법원규칙제정권의 범위를 매우 제한해야 한다.

(변호)

1. "집행유예를 도과한 후 재판받도록 무조건 도주해야 한다"고 범인도피를 교사하는 행위.[17)]

17) 집행유예 기간 중 집행유예가 원칙적으로 허용되지 않으므로 본문과 같은 변호인이 하여서는 안 되는 조언을 하는 변호사가 있고, 형식은 정상적이나 실질은 이상한 항소이유·상고이유로 상소권을 남용하는 변호사도 존재한다.
▶ 「2. 피고인 1의 상고이유에 대하여,
피고인은 1984. 8. 22. 서울지방법원 동부지원에서 절도미수죄로 징역 1년에 2년간 집행유예의 선고를 받아 그 집행유예기간 중에 있기 때문에 위 집행유예기간을 넘기기 위하여 이 사건 상고에 이르렀다는 것인바, 이와 같은 사유는 적법한 상고이유가 되지 못한다.」(대법원 1986. 9. 9, 선고 86도1273 판결)

[부록 2]

민원
(국민의 법원)

○○ 원장님께.

음악이 흐르던 민주적이고 아름답던 법원을 시민에게 돌려주고, 현재의 전(全) 법정을 향해 설치된 보안검색대는 지금처럼 운영될 바에야 당장 철거되어야 합니다.

저는 대구변호사회의 천주현 변호사라고 합니다.

10년째 ○○법원[1]을 시민으로써, 변호사로써 매우 칭찬하며 이용하였으나, 금일 겪고(본인), 보게 된(운영의 객관적 상황) 점을 토대로 인식이 완전히 바뀌었으며, 지금처럼 이라면 현재 및 장래 그 누구든 ○○ 법원을 관리하는 ○○ 원장은 들어오고 나가는 사람마다에게 욕을 먹을 수밖에 없는 모습으로 보안검색이 실시되고 있는 실정인지라 실명으로 민원을 제기하오니, 확인하시어 처리하시고 회시하여 주시길 바랍니다.

첫째, 건물 중앙의 1층 한쪽에는 엘리베이터와 더불어 보안검색대가, 반대편에는 계단과 함께 보안검색대가 설치되어 있으나, 금일 오후 1시 50분경에는 계단 쪽의 보안검색대에는 청원경찰(외부용역 방호요원으로 추정)이 누구도 대기하지 않고 자리를 비워 무용지물이었습니다.

---

1) 대구지방법원이 아님을 밝혀둔다.

그리하여 재판과 관련된 모든 시민은 엘리베이터 앞에 설치된 좁고 긴 줄을 따라 혼란스럽고도 불편하게 검색대를 통과해야 했고, 한 곳만을 거쳐 통과해야 했던지라 고작 2대밖에 없는 엘리베이터 앞에는 이미 20여 명의 시민들이 몰려있는 진풍경이 연출되고 있었습니다.

둘째, 그러한 관계로 본인은 약 4천 쪽의 기록 4권을 여직원과 나누어 들고 계단을 통해 속히 올라가고 싶었으나 통과시켜 줄 사람이 없어 엘리베이터 앞 보안검색대 쪽으로 향했고, 소송기록 두 권을 든 본인이 검색 없이 통과하였으나, 저를 뒤따르던 여직원은 한 손에는 기록봉투를 한 손에는 기록이 든 개방형 검정 천 가방을 들고 함께 통과할 수 없었고 파란색 상의의 방호요원 A에게 통과를 제지당하였습니다.

여직원이 소송기록이라고 항변하여 A의 뒤쪽에 있던 방호요원이 그냥 들어가라고 하였으나, A에 의해 거듭 제지되어 검정색 가방 속의 물건을 꺼내어 검색대에 올리라는 요구가 거듭되었고, 이러한 사정을 근소한 시간차로 알게 된 본인이 변호사의 직원이고 소송기록을 들고 있으니 통과시켜도 된다고 하였으나, A의 태도는 매우 강경하였습니다.

보안검색 시 변호사의 출입에 여지와 편의가 있다면[2] 그 이유는 변호사의 분명한 신원과 소송대리 또는 변론권 행사의 목적이 분명할 뿐만 아니라 그의 소지물 역시 거의 변론 용도일 가능성이 높다는 점 때문일 것입니다.

이 사건의 본인을 수행하던 직원 역시 20대 중반의 여성으로 해당 직원 및 본인이 신원을 분명히 밝혔으며, 그의 한 손에는 1천 쪽이 넘는 기록 봉투가, 다른 손에 든 쇼핑백에 준한 검정색 개방형 천 가방에도 역시 그보다 더 두꺼운 기록 봉투와 증인신문사항이 들어 있었으므로, 이 수행원 역시 신원과 출입목적이 분명할 뿐만 아니라 소지한 물품도 변론용 기록이라는 것이 단번에 확인되고 있었으므로 바로 통과시켰어야 합니다.

나아가 위 A의 단속 태도는 매우 강경할 뿐만 아니라 불친절하여 전형적 파쇼 경찰로 느껴질 정도였으며, 젊은 완장 앞에 시민들은 더 이상 아름다운 민주법원이라 느낄 마음도 겨를도 없이 오직 불안감과 불편함에 검색대 뒤편에서 운집한 채로 두 대의 엘리베이터를 기다리는 상황이 되고 말았습니다. 보안검색으로 인해 다수의 사람이 검색을 통과해 엘리베이터를 타면 승차인원은 매우 늘어나 만차가 될 뿐만

2) ○○법원은 2018. 1. 3. 대구지방변호사회 소속 회원 및 직원이 검사 없이 통과할 수 있음을 알려왔고, 대구지방변호사회는 이를 공문으로 배포한 사실이 있다.

아니라 각층마다 내리는 사람이 발생하여 엘리베이터의 운행속도도 과거보다 매우 느려진 상태로 기다리는 시간이 늘어남은 말할 것도 없습니다.

더 두고 볼 수 없어 본인이 A에게 이름이 뭐냐고 묻자 왜 그러냐는 거만한 답변이 돌아왔고, 민원을 제기할 것을 예고하자, 규정상 가방 속의 것을 꺼내 통과시켜야 한다는 말만 반복하였습니다. 이 순간 그와 동반 근무를 보던 동료 방호원은 거듭 검색 없는 통과를 독려 중이었던 것은 여전합니다.

셋째, 금일 보안요원의 반복적 가방 검색에 화가 난 다른 시민 역시 왜 또 올리라 하느냐 면서 방호요원에게 거칠게 항의한 점을 볼 때 시민, 그리고 잠금형 가방에 대한 검색 역시 원활하지 않았을 뿐만 아니라 매우 불친절했다는 점을 알 수 있습니다.

보안요원이 말하는 규정은 대체 무엇인가요.

대외적, 대국민적 효력이 있는 법규적 효력을 가진 것인가요.

혹시 기본권을 제한할 수 없는 형태의 법원 내부 직무 규범은 아닌지요.

설사 법규의 형태를 띠었더라도 그 내용과 운영절차가 기본권 제한방법과 강도에서 매우 엄격하고 국가편의적으로 규정되어 있다면 그것은 내용면에서 헌법과 상위법을 위배한 무효의 것이 될 공산이 크고, 반면 그것이 법원방호규정 등 법원 내부용 직무 규범에 불과하다면 그러한 것을 운영할 때에는 더더욱 시민이 불편을 느끼지 않게 조심스럽게 선한 목적을 위해서만 사용되어야 합니다. 애초부터 대외적 효력이 없는 규정을 토대로 시민에게 불편을 가중시키고 충돌을 야기시킨다면 형태적 측면에서도 내용적 측면에서도 이중으로 위헌적 공권력 행사가 되기 때문입니다.

나아가 법원 건물은 공공영조물로 국민의 세금으로 운영되므로 제한 없이 출입이 자유로워야 하며 또 국민의 편익대로 관리되어야 하고,[3] 헌법에 따를 때 재판업무는 원칙적으로 공개되어야 하며 출입을 제한하는 것 자체가 그다지 타당하지 않습

---

3) 따라서 ○○법원이 2017. 12. 26. 발표한 'X-Ray 소형화물투시기 등 보안검색대 운용 계획'의 "법원을 방문하는 민원인에 대한 검색을 철저히 하여 위험물 반입을 사전에 차단하고, 법원 청사의 시설보호와 직원의 안전을 보장하기 위함" 또는 "청사 내 불특정다수인에게 공개된 장소(민원실, 식당, 은행 등) 외의 업무구역에 외부 인원의 출입을 통제하여 신체·재산·정보 등을 보호하고, 보다 안전한 근무환경을 제공하기 위함"이라는 목적은 **국민을 경계하고 통제해야 할 '불특정다수인', '외부 인원', 심하게는 잠재적 범죄자로 취급**하는 반면 법원 건물과 법원 직원의 안전을 보호하겠다는 **기발한 발상**으로, 전근대적이고 반민주적이라고 할 것이다. 법원 건물은 국민의 접근을 막음으로써 법원 직원이 안전한 근무환경을 제공받기 위해 존재하는 것이 아니다. 그리고 원칙적으로 민원실, 식당, 은행뿐만 아니라 법원의 각 과, 법정도 헌법과 행정법규상의 국민에게 공개돼야 하고 국민의 편익을 위해 제공돼야 할 장소에 당연히 포함된다. 국민의 세금으로 설치되고 운영되는 공공영조물(내지 공공시설)이기 때문이다. 한편 법원은 기밀이 가득한 군사보호시설이 아니다.

니다. 법관의 개인 직무 공간에 대한 스크린도어조차 매우 조심스럽게 조용히 설치되었음을 잘 아실 것입니다. 법원 청사는 국민의 것이고, 비밀업무를 수행하는 어두운 건물이 아니므로 그들이 말하는 규정도, 운영목적도, 운영방법도, 적용 예외대상도 모두 두루 재고되어야 할 것입니다.

넷째, 재판을 마치고 내려올 때에는 방호요원이 교체되어 있었고, 바로 앞서 근무하던 A의 정확한 이름이 무엇이냐고 물은 사실이 있습니다. 이러한 질의에 대해 교체되어 근무 중이던 두 사람의 방호원은 왜 그러냐고 되물을 뿐 이름을 알려주지 않아 본인이 약속대로 민원을 제기하려 한다고 하자, 그제서야 두 사람은 입을 모아 이름을 모른다고 하였습니다. 이에 본인이 공무원은 직책과 이름을 밝힐 의무가 있으니 알려줄 것을 요구하였으나, 역시 똑같은 답변이 돌아왔습니다. 사람이 교체되어 그 곳에 다른 사람이 있더라도 직무교육과 마음가짐이 똑같다면 얼마든지 반복될 일임을 어렵지 않게 예측할 수 있었습니다. 공무원이든 공무수탁사인이든 공무를 수행하는 과정에서 자신과 동료의 행위가 떳떳하다면 이름을 밝힐 의무가 있고, 또 당연히 자신의 행위에 책임을 질 자세가 된 채로 시민 앞에 서야 할 것임은 자명합니다.

요컨대, 금일 제가 목격한 생생한 바를 존경하는 ○○ 원장님께 전해드리면서, 보수적이나 질서를 지킬 줄 알고, 원칙이 있으나 과도하게 사용되지 않으며, 장유유서와 여성을 존중할 줄 아는 대구 사회에 귀 법원의 보안검색대가 앞으로 두고두고 흉물이 될까 우려스런 마음을 표하는 바입니다. 그 무엇도 국민 위에 있지 않습니다. 그리고 금일의 청원경찰, 방호요원들이 외부용역요원이 맞다면 초래될 수 있는 부작용을 법원 측에서 더욱 면밀히 살펴야 합니다.[4)]

국민의 법원, 국민을 위한 법원으로 속히 돌아오길 바라며, 금일은 ○○ 원장님

---

4) 법원보안관리대의 설치, 조직 및 분장사무 등에 관한 규칙 제6조에는 "임무를 수행할 때에 **청사출입자의 인격이 부당하게 훼손당하지 않도록 세심한 주의**를 기울여야 한다.", 제7조에는 "각급 기관의 장은 법원보안관리대원에 대하여 그 **임무수행에 필요한 정신교육, 직무교육** 등을 실시해야 하며, 필요한 경우 법원공무원교육원에 교육을 위탁 또는 요청할 수 있다.", 제8조 제1항은 "법원보안관리대원은 법령을 준수하며 지휘감독자의 지시에 따라 성실히 직무를 수행해야 한다.", 동조 제2항 제1호에서는 "법원보안관리대원은 **허가없이 근무장소를 이탈하는 행위를 하여서는 아니된다.**", 동조 제3항에서는 "법원보안관리대장은 법원보안관리대원의 직무수행을 감독하고, 법령 또는 지시에 위반한 자에 대하여 징계요구 또는 병무청 기타 관계기관에의 통보 등 적절한 조치를 취해야 한다."고 규정하고 있으므로, 본건 ○○법원의 법원보안관리대는 제6조, 제8조 제2항 제1호를 위반한 사실이 있고, 제7조를 위반했을 가능성이 농후하다.

께 불편하셨을 서신으로 오랜만의 인사를 대신합니다. 항상 건강하시고, 사랑받는 법원이 되도록 응원하겠습니다.

2018. 8. 9.

천 주 현 올림.

[부록 3]

변호사의 공공적 활동의 의미와 구현방법

최근 법률신문 월요법창에 '변호사가 배워야 할 것'이라는 기고글이 실려 저자의 관심을 끌었다. 변호사가 배워야 할 것으로 형사법, 민사법, 가사법, 행정법의 각 지식이 거론될 줄 알았는데, 뜻밖에도 콘텐츠와 미디어를 가까이 하여 국민의 눈높이에서 재미있는 법률콘텐츠를 많이 만들어야 한다는 내용이었다.

저자는 위 기고글에 적극 공감한다. 저자 역시 제대로 된 법률콘텐츠의 생산과 확산을 위해 점진적인 노력을 해왔기 때문이다.

저자는, 2012년 법의 날 기념 대구일보 특별기고문 '법춘(法春)'에서 법이 봄날의 꽃처럼 세상에 널리 퍼지기를 기원했고, 2011~2018년까지 다수의 논문을 작성하여 게재하거나 발표했다. 그 중 상당수는 실무 논문으로, 대구지방변호사회지 「형평과 정의」에 소개되었다.

2015년에는 형사소송법의 대중 실무서 「수사와 변호」를 출간하였고, 이 책은 법원의 공식 비치 도서가 되었다.

시민을 위해서는 영남일보 '변호인 리포트' 칼럼(2017~2019년)을, 전문가를 위해서는 대한변협신문 '형사법 전문분야 이야기' 칼럼(2017~2018년)을 썼다.

이러한 칼럼의 재료가 된 사회 각 분야 법률문제는 불심검문, 고소, 수사, 수사권 조정, 변호, 재판, 재심, 체포, 구속, 적부심, 보석, 압수·수색, 밤샘수사, 함정수사, 별건수사, 과학수사, 증거, 정보공개 및 열람·등사, 친족상도례, 공소시효와 같은 형사소송법 문제는 물론이고, 사기, 보이스피싱, 보험사기, 횡령, 배임, 공갈, 협박, 강요, 직권남용, 직무유기, 절도, 강도, 강제집행면탈, 명예훼손, 모욕, 성범죄, 카메라촬영, 음주·무면허운전 등 도로교통법위반, 업무상과실치상, 교특법위반, 도주운전·위험운전치사상 등 특가법위반, 업무방해, 컴퓨터업무방해, 손괴, 입찰방해, 공무집행방해, 공무상비밀누설, 공무원자격사칭, 국정원법위반, 국가보안법위반, 폭행, 상해, 폭처법위반, 살인, 자살방조, 주거침입, 퇴거불응, 무고, 위증, 의료법위반, 문서위조, 증거위조, 증거인멸, 학대, 유기, 사체유기, 마약, 배임수재, 뇌물, 정치자금법위반, 선거법위반, 지방교육자치법위반, 개인정보보호법위반, 통신비밀보호법위반 등 다양한 범죄와 형벌을 다루고 있어 형법적으로도 광범위한 접근을 하고 있다.

등장인물은 전직 대통령, 전직 장관, 중앙행정기관장, 현직 시장, 현직 교육감, 대학총장, 교수, 교육자, 전 대법원장, 전 고위 법관, 판사, 법원공무원, 강제집행관, 외교부 공무원, 공사 직원, 금융권 직원, 검찰총장, 검사장, 검사, 변호사, 의사, 전직 군사령관, 경찰, 국회의원, 정당인, 국회의원 출신 변호사, 재벌 총수 및 일가, 기업인, 노조, 일본 기업인, 미국 대통령, 연예인 등 매우 다양하며, 당사자의 신분이 무엇인지에 따라 차이를 두지 아니하였다.

그러한 일련의 노력을 합한 것이 본서 「시민과 형법」이다.

변호사는 일방 당사자의 변호인이 되어 법정에 들어갈 때에는 그 당사자의 법률상 이익만을 고려해야 하는 소극적 위치에 있지만(변호인의 지위), 사건과 무관한 입장에서 글을 쓰거나 인터뷰에 응할 때에는 특정 이념이나 친분에 구애받지 말고 법적 정의가 무엇인지를 양심에 따라 서술 내지 진술할 사회적 책무를 진다(법률전문가인 변호사의 사회적 임무 내지 법치수호를 위한 법조삼륜의 한 구성원으로서의 의무). 따라서 후자의 경우라면 변호사는 검찰의 수사관행을 나무랄 수 있고, 법원의 판단을 비판하거나 예상해 볼 수도 있다. 법 전문가의 의견이 시민의 답답함을 해소하고 더 나아가 입법에 반영된다면 더할 나위 없을 것이다.

위 후자의 의무는 저자와 같이 그가 학자의 신분도 가진 경우라면 지식인으로서의 사회적 책무와도 연결된다. 법조인 스스로가 사회 여러 문제에 대해 법적 의견을 성실히 밝혀 국민의 알 권리 실현에 기여한다면, 이는 변호사의 사명(변호사법 제1조)에 전적으로 부합하고, 법조적극주의라고 부를 만하다.

미국에서는 법관이 사회 문제에 대해 전향적 소신으로 법의 흠결을 메우는 창조적 현상이 두드러지는데, 이를 사법적극주의라고 한다. 이는 학교에서 학생을 가르치는 교수, 강의용 전공서적을 쓰는 교수들이 할 수 없는 분야가 된다. 법 실무를 담당하는 판사, 검사, 변호사가 담당하기에 적합한 사무이고, 훌륭한 공익활동이 되며, 삼자 중에서는 언론, 블로그, SNS(Social Network Service)에 보다 자유롭게 접근할 수 있는 변호사에게 가장 적합한 임무일지도 모른다. 변호사의 사명이 사회정의 실현과 법제도 개선에까지 확장되는 것이 맞는지 실정법을 통해 보자.

〈변호사법〉

제1조(변호사의 사명) ① 변호사는 기본적 인권을 옹호하고 사회정의를 실현함을 사명으로 한다.

② 변호사는 그 사명에 따라 성실히 직무를 수행하고 사회질서 유지와 법률제도 개선에 노력하여야 한다.

제2조(변호사의 지위) 변호사는 공공성을 지닌 법률 전문직으로서 독립하여 자유롭게 그 직무를 수행한다.

위 법률을 보면, 변호사의 직무권한이 소송사무 등의 처리임은 당연하고, 그의 사명은 인권옹호와 사회정의 실현, 사회질서 유지와 법률제도 개선의 노력이며, 그는 공공성을 지닌 법률전문직임을 알 수 있다.

그렇다면 변호사는 자신이 맡은 소송사무의 피고인 내지 의뢰인의 이익을 법정에서 대변하는 것 이외에 법정 밖에서 사회의 여러 문제점에 대해 법률적 의견을 밝힐 수 있고, 그 방법은 인터뷰, 강의, 민원, 청원, 성명, 집필, 칼럼, 블로그, SNS 등 다양한 수단이 가능하다.

변호사의 사명과 지위, 변호사의 공공적 지위와 파생의무에다가 국민의 알 권리, 각 필자의 표현권까지 함께 감안하면, 이는 변호사의 품위와 윤리에도 부합한다.

사항색인

판례색인

저자 약력

천 주 현

학력

경희대학교 법과대학 졸업
경북대학교 법학석사(刑事法)
경북대학교 법학박사(刑事法)

경력

제48회 사법시험 합격
사법연수원 제38기(刑事法 專攻)
대한변호사협회 형사법 전문변호사
대한변호사협회 피의자신문시변호인참여권개선 TF 위원
대한변호사협회 피의자신문시 변호인참여권 개선을 위한 공청회 주제발표자
대구지방변호사회 신입회원 간담회 형사법 전문연수 강사
경북지방경찰청 교통사고민간심의위원회 위원
대구광역시 성과평가위원회 위원
북대구세무서 및 서대구세무서 국세심사위원
법무부 창조경제혁신센터 법률지원단 자문변호사
경북대학교 테크노파크 기업경영자문단 자문위원
경북대학교 최고경영자과정 총동창회 감사
경북대학교 법학전문대학원 형법 외래교수
계명대학교 정책대학원 형사법 특강 강사
변호사 천주현 법률사무소 대표
(www.brotherlaw.co.kr)

저서

수사와 변호, 박영사, 2015

논문

"공소장일본주의와 실제사례분석", 경북대학교, 법학석사학위논문, 2011
"수사단계의 변호권 강화방안", 경북대학교, 법학박사학위논문, 2014
"영상녹화물의 증거법상 의미와 기능", 「형평과 정의」 제26집, 대구지방변호사회, 2011
"위법소득에 대한 과세", 「형평과 정의」 제27집, 대구지방변호사회, 2012
"불심검문의 적법요건", 「형평과 정의」 제28집, 대구지방변호사회, 2013
"명의신탁과세제도에 대한 법적 검토", 대구세법판례연구회 학술발표논문, 2013. 10. 31
"피해자 변호권 강화방안", 「형평과 정의」 제29집, 대구지방변호사회, 2014
"공동피고인의 증인적격", 「형평과 정의」 제30집, 대구지방변호사회, 2015
"피의자신문시 변호인참여권 강화방안", 「형평과 정의」 제31집, 대구지방변호사회, 2016

“구속제도 연구－실무운용상 문제점과 해법을 중심으로－”, 「형평과 정의」 제32집, 대구지방변호사회, 2017
“수사권 조정안에 대한 각계 입장 연구”, 「형평과 정의」 제33집, 대구지방변호사회, 2018

칼럼

영남일보 「변호인 리포트」, 2017~2019
대한변협신문 「형사법 전문분야 이야기」, 2017~2018

기타

대구일보, ‘법의 날’ 기념 특별기고, 「법춘(法春)」, 2012. 4. 24.
「대구지방변호사회보」 통권 제96호, 인터뷰, 「형사전문변호사, ‘수사와 변호’ 저자」, 2018. 7.
「월간 로스쿨」 통권 제4호, 특별기고, 「SPECIAL REPORT(수사와 변호 : 변호사가 알아야 할 수사기법과 조력자로서의 역할)」, 2018. 9.

언론 인터뷰

KBS, MBC, SBS, TBC, tbs, 영남일보, 매일신문, 동아일보, 서울신문, 한겨레신문, 법률신문, 뉴시스 등(선거법 수사 및 재판, 국가보안법, 수사권 조정, 함정수사, 성폭력처벌법, 미투 운동, 아동학대, 소년범죄, 윤창호법, 간병살인, 낙태죄, 댓글, 청와대 국민청원, 재판독립, 형사재판과 증거, 법정구속, 사후적 경합범, 검찰 정보공개, 형사보상 등)

시민과 형법

초판 발행 2019년 6월 4일

지은이 천주현
펴낸이 안종만 · 안상준

편 집 윤혜경
기획/마케팅 장규식
표지디자인 박현정
제 작 우인도 · 고철민

펴낸곳 (주) 박영사
서울특별시 종로구 새문안로3길 36, 1601
등록 1959. 3. 11. 제300-1959-1호(倫)
전 화 02)733-6771
f a x 02)736-4818
e-mail pys@pybook.co.kr
homepage www.pybook.co.kr
ISBN 979-11-303-3282-6 93360

정 가 58,000원